D0895829

DIE
HEILIGE SCHRIFT

AUS DEM GRUNDTEXT
ÜBERSETZT

VERLAG R. BROCKHAUS, WUPPERTAL

ISBN 3—417—25531—7 Lacron, Volksausgabe
ISBN 3—417—25533—3 Leder Rotschnitt
ISBN 3—417—25534—1 Saffian Goldschnitt
ISBN 3—417—25536—8 Saff. Gold. Schutzkl.
ISBN 3—417—25537—6 Saff. Gold. Reißverschluß

Druck von Omnitypie-Gesellschaft Nachf.
Leopold Zechnall, Stuttgart

Gedruckt auf Rikoprint-Dünndruckpapier
der Papierfabrik Schoeller & Hoesch, Gernsbach

DIE
HEILIGE SCHRIFT

ERSTER TEIL

GENANNT
DAS ALTE TESTAMENT

60. AUFLAGE
1979

Vorwort

Wir blicken mit freudigem Dank zu dem Gott aller Gnade empor, der es uns ermöglicht hat, nach langer, schwieriger Zeit wieder an den Druck dieser beliebten, handlichen Ausgabe heranzutreten und damit den langjährigen Wünschen vieler Freunde der „Elberfelder Bibel" entgegenzukommen. Herzlich danken wir auch allen denen, die uns bei der Beschaffung der zum Druck erforderlichen erheblichen Mittel geholfen haben.

Eingegangene Verbesserungsvorschläge sind sorgfältig geprüft und zum größten Teil berücksichtigt worden. Wenn auch naturgemäß nicht alle Vorschläge angenommen werden können, sollte sich doch niemand dadurch abhalten lassen, uns auf vermeintliche Fehler, oder auch nur Ungenauigkeiten im Ausdruck und dergleichen aufmerksam zu machen. Wir sind aufrichtig dankbar für jeden Hinweis, umsomehr als wir nach wie vor unbedingt an der wörtlichen Eingebung der Heiligen Schriften festhalten und mit schmerzlichem Bedauern wahrnehmen müssen, daß man neuerdings vielfach auf eine schöne, fließende Sprache mehr Wert zu legen scheint als auf eine unbedingt genaue Wiedergabe der Worte Gottes.

Vorwort

zur 1. Auflage der Perlbibel 1905

Mit Dank gegen den Herrn übergeben wir die vorliegende z w e i t e T a s c h e n - a u s g a b e der „Elberfelder Bibel" der Oeffentlichkeit. Um den Wünschen vieler nach einem kleineren und handlicheren Format zu entsprechen, haben wir uns entschlossen, diesmal die sogenannte P e r l s c h r i f t anzuwenden, und zwar wählten wir l a t e i n i s c h e Typen, weil diese in den kleinen Schriftgattungen klarer und leserlicher sind als die deutschen. Zur weiteren Beschränkung des Umfangs des Buches lassen wir das Verzeichnis der abweichenden Lesarten am Schlusse des Neuen Testamentes fehlen und bringen aus den Vorreden, welche die früheren Ausgaben begleiteten, nur einen längeren Auszug, um den Leser mit den Gesichtspunkten bekannt zu machen, welche die Uebersetzer geleitet haben, und die auch bei den späteren Bearbeitungen stets maßgebend geblieben sind.

Nach kurzer Besprechung der Beweggründe, welche die Uebersetzer veranlaßten, das Wort Gottes neu in die deutsche Sprache zu übertragen, fahren sie fort:

„Unsere Arbeit ist nicht eine Verbesserung der lutherischen Uebersetzung; denn auf diesem Wege kann der gewünschte Zweck nicht erreicht werden. Die vermittelst einer solchen Verbesserung eingefügten Sätze passen meistens nicht zu dem alten und würdigen Stil eines seit Jahrhunderten bestehenden Werkes. Die Vermischung liefert ein unangenehmes Stückwerk: das was von dem Alten geblieben, weckt den Wunsch nach dem, was durch die Veränderung beseitigt ist, sowie eine Abneigung gegen die eingefügte genauere Uebersetzung. . . ."

Und weiter, in der Vorrede zum Neuen Testament:

„. . . Durch die Herausgabe einer neuen Uebersetzung gibt man zu verstehen, daß man mit keiner der vorhandenen völlig zufrieden ist. Wir sind weit davon entfernt, die Mängel der Arbeiten anderer aufsuchen und lieblos richten zu wollen; jedoch beweisen die häufigen Anführungen des Grundtextes auf den Kanzeln, sowie die Verbesserungen der lutherischen Uebersetzung, sowie endlich die in den letzten Jahren erschienenen Uebersetzungen auf das klarste das Bedürfnis unserer Zeit.

„Als Gott zu Anfang des 16. Jahrhunderts Sein Licht vor den Augen der in tiefe Finsternis versunkenen Welt hervorbrechen ließ, wurde besonders Martin Luther von Ihm als Werkzeug ausersehen, die Wahrheit in Deutschland zu verbreiten. Dieser treue, glaubensstarke Arbeiter übersetzte zur Förderung des Werkes, welches Gott ihm anvertraut hatte, schon bald nach seinem ersten öffentlichen Auftreten die Heilige Schrift in die Sprache seines Volkes. Hierin folgten ihm andere Männer in verschiedenen Ländern nach, von denen etliche das Ziel ihres heiligen Eifers sogar um den Preis ihres Lebens erringen mußten. — Es sei fern von uns, die Mühe und Liebesarbeit dieser gesegneten Werkzeuge des Herrn gering zu achten; wahrlich, Gott selbst hat sie nicht gering geachtet, und viele Länder genießen seit mehr als drei Jahrhunderten die Frucht ihrer Mühe! Allein die Bedürfnisse unserer Zeit sind andere geworden. Während die Wirksamkeit des Heiligen Geistes vor dreihundert Jahren dahinging, die Fundamente der durch eine unzählige Menge menschlicher Satzungen und Ueberlieferungen verhüllten Wahrheit wieder aufzudecken, und für dieses Werk die Uebersetzung von Luther als ein unschätzbares Mittel segnete, ist Er in der Jetztzeit tätig, anderen Bedürfnissen zu entsprechen. In unseren Tagen geht man weiter als ehemals. Alles wird untersucht, die Schriften werden erforscht, und wer wollte dieses tadeln? Man will nicht nur einige, unbedingt zur Seligkeit erforderliche Wahrheiten, sondern die ganze Wahrheit und also die Gedanken und den Willen Gottes verstehen lernen, insofern es sich um Seine Ratschlüsse und Offenbarungen, sowohl in Bezug auf die Welt als auch auf die Kirche, handelt.

„Der Heilige Geist selbst macht uns aufmerksam auf die Notwendigkeit des Verständnisses des göttlichen Willens, als auf ein Mittel unserer Sicherheit in den letzten Tagen; und die Wertschätzung der Heiligen Schriften in diesen Tagen ist ein Beweis, daß Gott verehrt wird. Auch sind die Anstrengungen des Feindes hauptsächlich wider Sein Wort gerichtet. Während nun der Gelehrte dasselbe im Urtext untersuchen kann, ist dem Nichtgelehrten und der Sprache des Grundtextes Unkundigen der Weg dazu versperrt. Es war daher unser Bemühen und unser Zweck, diesen letzteren hilfreich die Hand zu bieten und ihnen mit wenigen Kosten eine möglichst treue und genaue Wiedergabe des Wortes Gottes in ihrer eigenen Sprache darzureichen. Freilich wird jede Uebersetzung mehr oder weniger mangelhaft sein, und wie groß die Schwierigkeiten sind, die Ausdrücke einer Sprache, zumal die der reichen griechischen, in eine andere zu übertragen, das werden allein diejenigen anerkennen, welche versucht haben, eine Uebersetzung in Ausführung zu bringen. Wir können jedoch mit gutem Gewissen behaupten, daß wir mit aller Sorgfalt gearbeitet haben, um das Wort Gottes möglichst treu wiederzugeben, und wir hegen die Hoffnung, daß selbst der ungeübte Leser unsere Uebersetzung einfach und verständlich finden wird. Wohl ist es möglich, daß wir manche Stelle in ein schöneres Deutsch hätten kleiden können; allein, ohne Sklaven der Wörter zu sein, leitete uns stets der Gedanke, daß eine möglichst treue Wiedergabe des Grundtextes jede andere Rücksicht überwiege, umsomehr als wir mit vollkommener Ueberzeugung an die göttliche Eingebung der Heiligen Schrift glauben, als der Offenbarung der unendlichen Weisheit Gottes und des Ausdrucks Seines gnadenreichen Charakters in Christo Jesu. Weil nun aber niemand die ganze Tragweite dieser Offenbarung zu erfassen vermag und oft in einem Satze ein das Verständnis des Uebersetzers übersteigender Sinn verborgen liegt, der in einer freien Uebersetzung verloren geht, in einer genaueren hingegen durch eine tiefere Belehrung des Heiligen Geistes gefunden werden könnte, so ist es eine gebieterische Notwendigkeit, das Wort des Grundtextes gleichsam wie in einem Spiegel wieder hervorzubringen. Selbstredend darf die Grenze dieser Genauigkeit nicht so eng gezogen werden, daß dadurch der in eine andere Sprache übertragene Satz alle Verständlichkeit verlieren und folglich ohne Sinn bleiben würde.

„Ein weiterer Grund, die Uebersetzung so genau wie möglich zu geben, war die Ueberzeugung, daß es für den des Grundtextes unkundigen Leser nicht ohne Nutzen sein werde, etwas von dem Stil, den Gewohnheiten, den Gedanken und den Sitten der Schriftsteller der Evangelien kennen zu lernen. Denn da sowohl das Herz als auch das Verständnis in dem Worte Gottes Nahrung findet, so sind die von ihnen gewählten bildlichen Ausdrücke nicht ohne Wichtigkeit, und durch die Veränderung derselben können, selbst wenn der Sinn des Satzes unverändert bleibt, die Empfindungen des Herzens verloren gehen. Ueberhaupt bewegte uns stets das tiefe Gefühl, daß es das Wort Gottes sei, welches uns beschäftigte; und wir waren daher bemüht, dieses unser Werk, welches wir der Beurteilung rücksichtsvoller Richter anheimgeben, so verständlich und zugleich so wörtlich, wie uns irgend möglich, auszuführen. . . .

„Wir hielten uns für verpflichtet, unserer Uebersetzung einen möglichst genauen Text, so wie ihn die mühevolle Arbeit der Gelehrten hergestellt hat, zu Grunde zu legen. Wie schon bemerkt, lag uns der Gedanke fern, eine kritische Ausgabe zu veranstalten; aber wir taten folgendes:

„Da wo die Gelehrten, nach Vergleichung der vorhandenen Manuskripte, in betreff der Lesart einstimmig waren, sind wir ihnen gefolgt; und wir dürfen zu unserer Freude sagen, daß sie, wenige Stellen ausgenommen, in allen wichtigen Fällen in der Lesart übereinstimmen. Infolge der von uns eingeschlagenen Methode mußten wir nicht selten von dem unvollkommenen, durch mancherlei Einschiebungen entstellten Texte des Textus receptus abweichen, den fast alle früheren Uebersetzer in Ermangelung eines besseren ihrer Arbeit zu Grunde legten. . . . Nur da, wo man in betreff der Veränderungen in der Lesart unschlüssig war, übersetzten wir nach dem Textus receptus . . ."

Immerhin konnte es trotz des Fleißes der Uebersetzer nicht ausbleiben, daß sich in jene erste Ausgabe manche Fehler und Ungenauigkeiten einschlichen, wie das ja bei jedem erstmaligen Versuch der Uebertragung des Wortes Gottes aus der schwierigen hebräischen Sprache in eine neuere der Fall sein wird. Außerdem wurde ihr zum Vorwurf gemacht, daß sie viele unnötige sprachliche Härten enthalte. Es war nun unser Bemühen, die späteren Auflagen von diesen Fehlern und sprachlichen Mängeln zu reinigen und möglichste Gleichmäßigkeit im Ausdruck herzustellen. Wir erstrebten indes, wie wir schon bei einer früheren Gelegenheit gesagt haben, „nicht so sehr Schönheit der Sprache, als vielmehr eine möglichst treue Wiedergabe des Urtextes". Worte, die zur Abrundung und zum Verständnis in den Text eingeschoben werden mußten, sind durch schrägliegende Schrift kenntlich gemacht. Die eckigen Klammern [], die im Neuen Testament einzelne Worte oder Satzteile, hie und da auch kleinere oder größere Stellen einschließen, sollen nicht das Eingeklammerte als ungewiß oder zweifelhaft hinstellen, sondern nur andeuten, daß es in vielen guten Handschriften fehlt.

Wir fügen hier einige kurze Erklärungen über verschiedene Namen und Ausdrücke bei, welche dem Leser unverständlich sein möchten. Wir beginnen mit dem Alten Testament:

Die Namen Gottes.

a) El = der Starke. — b) Eloah. Bedeutet nach einigen: der Mächtige, Unumschränkte; nach anderen: der Furcht Einflößende. — c) Elohim (Mehrzahl von Eloah) = Gott, der Schöpfer und Erhalter des Weltalls, die Gottheit im absoluten Sinne. — Wo in dem Text der Name „Gott" ohne Anmerkung vorkommt, steht im Hebräischen immer Elohim. — d) Jehova. Wir haben diesen Namen des Bundesgottes Israels beibehalten, weil der Leser seit Jahren an denselben gewöhnt ist. Er kommt in zweierlei Form vor: erstens, und das ist das Gewöhnliche, mit den Vokalen des Namens Adonai (Herr); zweitens mit den Vokalen des Namens Elohim, dies jedoch nur dann, wenn er in Verbindung mit dem Namen Adonai (d. h. also: Herr, Jehova) steht. Tatsächlich lesen daher die Juden im ersten Falle stets Adonai (Herr), im zweiten stets Elohim (Gott). Von den neueren Gelehrten wird fast einstimmig angenommen, daß anstatt Jehova oder Jehovi „Jahwe" (d. i. der ewig Seiende, der Unwandelbare, vergl. 2. Mose 3, 14. 15; Jes. 40, 28) zu lesen sei.

Der in 2. Mose 15, 2 und in den Psalmen häufig vorkommende Ausdruck Jah ist wahrscheinlich eine abgekürzte Form desselben Namens; sie weist vielleicht noch mehr auf das absolute als auf das immerwährende Dasein Jehovas hin.

Astoreth (Griech. Astarte) = eine weibliche Gottheit, welche von den semitischen Völkern als Mondgöttin oder Königin des Himmels (auch Liebesgöttin) verehrt wurde. — Astaroth = Bildsäulen der Astoreth. — Aschera (Mehrzahl Ascherim, seltener Ascheroth) = ein zu Ehren der Astoreth in die Erde gepflanzter Baumstamm ohne Zweige, aber mit stehengelassenen Zweigen, welcher gewöhnlich neben den Altären des Baal aufgerichtet wurde. An einzelnen Stellen gleichbedeutend mit Astoreth. — Baal (Herr) = die höchste männliche Gottheit der semitischen Völker, der Sonnengott. — Kamos = der höchste Gott der Moabiter, dessen Verehrung derjenigen des Molech ähnlich war. — Molech, auch Milkom (König) = der höchste Gott der Ammoniter, welchem Kinderopfer dargebracht wurden.

Scheol. Bedeutet ursprünglich wahrsch.: Senkung, Tiefe, und wird im ganzen Alten Testament in dem gleichen Sinne gebraucht wie das griechische Wort Hades im Neuen. (Sieh über letzteres die Vorrede zur ersten Ausgabe des Neuen Testamentes.)

Verbannen. Das hebr. Wort bedeutet eigentlich: abschneiden, ausschließen; daher in übertragenem Sinne: a) aussondern, weihen; b) dem Bannfluch anheimgeben, vertilgen. Die Ausdrücke: Verbanntes, zu einem Banne werden usw. erklären sich hieraus von selbst.

Bezüglich der Schreibung der Eigennamen sei schließlich noch bemerkt, daß wir bei den bekannteren Namen die hergebrachte Schreibweise beibehielten, während wir die seltener vorkommenden der hebräischen Form möglichst nachgebildet haben.

Aus den Erläuterungen zum Neuen Testament geben wir folgende wieder: „Wir haben, soweit es uns zulässig schien, den Stil eines jeden der verschiedenen Schriftsteller unverändert gelassen, indem wir unseren Zweck festhielten, das geschriebene Wort so treu wie möglich zu übersetzen. Wir haben da, wo für den Leser kein Mißverständnis entstand, stets den Satz in seiner ursprünglichen Form, wie wir ihn im Grundtext fanden, beibehalten, und uns nur dann, wenn eine Nachahmung jener Form Zweideutigkeiten hervorgerufen haben würde, eine Veränderung erlaubt, um, so gut wir es vermochten, den Sinn wie derzugeben. Da, wo eine Redeweise die Sitten des Morgenlandes bezeichnet, haben wir dieselbe nicht denen des Abendlandes anzupassen gesucht, um dem Leser auf diese Weise ein möglichst treues Bild jener Sitten und Gebräuche vor Augen zu führen, wodurch zugleich der Sinn mancher Stellen verständlicher wird. So erklärt z. B. die wörtlich wiedergegebene Redeweise: „zu Tische liegen", wie Lazarus im Schoße Abrahams und Johannes im Schoße des Herrn lag. Man wird ohne große Mühe noch andere gleichartige Beispiele auffinden können.

In der Apostelgeschichte wird man das Wort „Weg" in einer besonderen Weise angewandt finden. (Apostelgesch. 19, 9; 24, 22.) Wir haben uns jedoch zu einer Umschreibung dieses Ausdrucks nicht veranlaßt gefunden, da der Leser bald verstehen wird, daß man in jener Zeit sich desselben in einer ähnlichen Weise bediente, wie man in unseren Tagen zur Bezeichnung der Christen das Wort „Pietist" gebraucht. . . .

„Eine fast unüberwindliche Schwierigkeit bot uns das mit „Taufe" verbundene Vorwort eis dar, weil die deutsche Sprache kein Wort hat, welches dem griechischen in allen Fällen entspricht. Die Juden waren eis Mosen getauft. (1. Kor. 10, 2.) In Beziehung auf den Namen Jesu übersetzten einige das griechische eis durch „auf", andere durch „in": „auf den Namen Jesu", oder „in dem Namen Jesu". In Röm. 6, 3. 4 sagt der Apostel: „Wir sind getauft eis Christum Jesum eis den Tod", mithin: „begraben durch die Taufe eis den Tod". — Wollte man übersetzen: „getauft in Christum", so würde man auch, dem Zweck dieser Handlung zuwider, sagen müssen: „getauft in Mosen"; und ein ähnliches Hindernis würde der Ausdruck „an Christum" bieten, indem es dann auch gegen allen Sprachgebrauch „an den Tod" heißen müßte. Für den Uebersetzer handelt es sich indes nicht um eine Lehre von der Taufe, sondern um eine möglichst genaue Uebersetzung, deren Ausführung, wie schon gesagt, sehr erschwert ist, weil die deutsche Sprache für das griechische eis kein entsprechendes Wort hat. Dieses, eine Richtung bezeichnend, kann, wenn von einem Orte die Rede ist, ohne Schwierigkeit übersetzt werden; z. B. „ich gehe nach Rom". Wenn es jedoch in Bezug auf einen sittlichen Zweck, den man erreichen, oder eine Person oder Sache, der man sich anschließen will, angewandt ist, so ist für den Uebersetzer das Hindernis auf befriedigende Art nicht zu besiegen. Wir sind daher, gleich mehreren anderen Uebersetzern, gezwungen gewesen, die Frage mit Hilfe des Wörtchens „auf" zu beantworten, so wenig uns auch unsere Wahl befriedigte.

„Der Ausdruck „zweit-erster Sabbath" (Luk. 6, 1) bietet auf den ersten Blick dem Verständnis einige Schwierigkeit dar, die jedoch bei einer näheren Beleuchtung der jüdischen Gebräuche schwinden wird. Das religiöse Jahr begann mit dem Monat Abib (d. i. grünes Korn), der von Mitte März bis Mitte April dauerte. In dem 23. Kapitel des dritten Buches Mose, wo wir die jüdischen Feste beschrieben finden, bemerken wir neben dem allgemeinen und wöchentlich wiederkehrenden Feste des Sabbaths, daß die Hauptfeste mit dem Passah (14. Abib) beginnen, und daß in unmittelbarer Verbindung damit verordnet wird, am Tage nach dem darauffolgenden Sabbath die Erstlinge des Korns in der Aehre zu opfern: ein Vorbild der Auferstehung Jesu, welche am Morgen nach dem Sabbath der Passahwoche oder des Festes der ungesäuerten Brote stattfand. Der auf den Tag des Passah unmittelbar folgende Sabbath war also der „erste" oder Hauptsabbath; und nach der am andern Morgen, dem ersten Tage der Woche, stattfindenden Darbringung der Erstlinge durfte man ernten und neues Korn essen, was vorher, selbst wenn die Frucht schon reif im Felde stand, nicht erlaubt war. An dem folgenden Sabbath, der mithin der „zweite" nach dem „ersten" oder Hauptsabbath war, sehen wir, da schon am ersten Tage der Woche die Opferung der Erstlinge geschehen war, daß die Jünger auf dem Wege Aehren aßen; und da man von diesem Tage an sieben Wochen oder Sabbathe bis zum Pfingstfest zählte, so war derselbe folglich der „erste" dieser sieben Sabbathe, aber der „zweite" in Bezug auf den Hauptsabbath des Passah. Nach diesen Erläuterungen glauben wir die Bezeichnung: „zweit-erster Sabbath" gerechtfertigt und die Schwierigkeit für das Verständnis des Lesers gehoben zu haben.

„Die von uns gebrauchten, etwas fremd klingenden Ausdrücke: „der Christus, des Christus" anstatt: „Christus, Christi", sind von uns in der Absicht gewählt worden, um dadurch den Unterschied zwischen der Stellung und dem Namen des Herrn zu bezeichnen. „Christus" ist nach dem Sprachgebrauch der Jetztzeit ein einfacher Name geworden; früher war das nicht der Fall. „Christus" (griechisch) oder „Messias" (hebräisch) bedeutet: „der Gesalbte", den man nach der Verheißung Gottes erwartete. Dieses Wort ist also mehr als eine bloße Bezeichnung des Namens einer Person, wiewohl dieser Gebrauch schon in der Zeit, als die Schriften des Neuen Testamentes geschrieben wurden, aufkam; und da nach unserer Meinung die Bezeichnung der Stellung und die des Namens nicht verwechselt werden darf, so haben wir, um die Kraft des Wortes zu erhalten, da, wo es sich um den Namen handelt, „Christus", wo aber mehr die Stellung des Messias, des Gesalbten, bezeichnet werden soll, „der Christus" gesagt. Im Griechischen gibt an vielen Stellen der Artikel den Unterschied an.

„Der Leser wird ferner finden, daß wir „Nationen" anstatt „Heiden" übersetzt haben. Es ist dies aus dem Grunde geschehen, weil die letzte Bezeichnung, in unseren Tagen als Name für unbekehrte Götzendiener gebraucht, nicht überall am Platze ist. Allerdings waren alle Nichtjuden der alten Zeit Götzendiener, denn die Menschen waren von Gott abgewichen. Die Gnade jedoch, welche die Nationen besucht hat, veränderte alles; und obgleich diese im Gegensatz zu den Juden nicht aufgehört haben, „Nationen" zu sein, so sind sie doch keine „Heiden" mehr. Dies war die Ursache, weshalb wir „Nationen" als eine allgemeine Bezeichnung wählten. Wir konnten nicht „Völker" sagen, weil die Juden das vornehmste Volk waren. An den Stellen, wo *ta ethnä* eine Klasse bedeutet und nicht die Völker, haben wir das Wort durch den Ausdruck „die aus den Nationen" übersetzt.

„Nicht minder auffallend wird man die Anwendung des nichtdeutschen Wortes „Hades" finden. Der Grund zu dieser unserer Wahl war wichtig genug. Luther hat nämlich zwei Wörter durch „Hölle" übersetzt, obwohl deren Bedeutung ganz und gar verschieden ist, indem durch den einen Ausdruck der Ort zukünftiger Qual, bereitet für den Teufel und seine Engel, durch den anderen aber im allgemeinen die unsichtbare Geisterwelt bezeichnet wird. Das hebräische Wort Scheol, welchem wir in den Büchern des Alten Testamentes so oft begegnen, bezeichnet dieselbe Sache. DeWette hat die etwas heidnische Bezeichnung „Unterwelt" gebraucht. Da wir aber dasselbe Wort auf Christum, der ins „Paradies" gegangen ist, angewandt finden, so zogen wir vor, das griechische Wort „Hades" beizubehalten, auf daß es nicht mit „Hölle" (gehenna), dem Orte ewiger Pein, verwechselt werde. Im „Hades" kann sowohl Freude als Pein sein. Der reiche Mann und der arme Lazarus waren beide im Hades. In der Hölle ist nur Pein.

„Etwas ausführlicher müssen wir des gewöhnlich durch „Kirche" oder „Gemeinde", von uns aber durch „Versammlung" übersetzten Wortes *ecclesia* gedenken. Wenn wir auch im allgemeinen bezüglich dieses Ausdrucks unbesorgt sein konnten, so dürfen wir es nie in betreff einer falschen Darstellung des Wortes Gottes sein. Das griechische Wort ecclesia bedeutet „Versammlung" und bezeichnet besonders eine Versammlung derer, welche in den griechischen Staaten, ähnlich wie in einigen Republiken der Jetztzeit, Bürgerrecht hatten, gegenüber solchen Einwohnern, welche desselben ermangelten, und die den schwer zu übersetzenden Namen *paroikos* trugen, den wir durch „Fremdling" oder „ohne Bürgerrecht" verdeutscht haben. Daß wir *ecclesia* nicht durch „Gemeinde" übersetzt haben, geschah deshalb, weil diese Bezeichnung nie die wahre Bedeutung des Wortes in seinem ursprünglichen Charakter nicht wiedergibt. Um daher jeder Begriffsverwirrung vorzubeugen, haben wir es durch „Versammlung" übersetzt, und so findet es der Leser in Apostelgesch. 19, 41 unzweifelhaft gebraucht, wo wir lesen: „Der Stadtschreiber entließ die Versammlung". Das Wort wird auf jede Art von Versammlung angewandt, sowohl auf diejenige der Kinder Israel in der Wüste, als auch auf diejenige der ins Theater stürzenden Aufrührer und Gesetzeseiferer zu Ephesus (Apostelgesch. 19); sowohl auf die allgemeine Versammlung der Christen im Himmel, als auch auf die sogenannte Gemeinde auf der Erde, auf die Versammlung an einem Orte oder auch in irgend einem Hause.

„Das Wort „Aelteste" entspricht nicht vollkommen dem griechischen *presbyteros*, weil dieses letztere, obwohl es unzweifelhaft für ein Amt gebraucht wird, in verschiedenen Stellen einen Gegensatz zu *neoteros*, Jüngere, bildet, den in dem deutschen Ausdruck ganz und gar verloren ist. Allerdings ist presbyteros nicht bloß ein alter Mann: *presbytäs*, sondern wird für die ganze Klasse der Alten, im Gegensatz zu den Jüngeren, gebraucht.

„Zu erwähnen ist ferner der durch „Diener" übersetzte Ausdruck *hypärétäs*. Es gibt außer diesem Worte noch zwei andere, die ebenso übersetzt werden können, nämlich *doulos* und *diakonos*. Doulos ist ein Sklave; diakonos ein gewöhnlicher Diener, bei Tische usw.; *hypärétäs* aber ist mehr amtlich oder offiziell. Die ursprüngliche Bedeutung dieses Wortes ist „Ruderer" und bezeichnet im allgemeinen jemand, der sich in einem bestimmten Dienst befindet. Da wir dieses Wort aber nur durch „Diener" übersetzen konnten, so geben wir hier die Stellen an, in welchen es vorkommt: Matth. 5, 25; 26, 58; Mark. 14, 54. 65; Luk. 1, 2; 4, 20; Joh. 7, 32. 45. 46; 18, 3. 12. 18. 22. 36; 19, 6; Apstgsch. 5, 22. 26; 13, 5; 26, 16; 1. Kor. 4, 1.

„Dem Leser wird in 2. Kor. 2, 16 der ungewöhnliche Ausdruck „Wohlgeruch des Todes" auffallen. Zum Verständnis desselben wird ihm die Bemerkung von Nutzen sein, daß dieser Ausdruck bildlich ist und auf die römischen Triumphzüge anspielt. Man verbrannte nämlich bei denselben wohlriechende Kräuter, Weihrauch usw. und tötete bei dieser Gelegenheit oft viele Gefangene, während andere Gefangene verschont wurden. Der „Wohlgeruch" war also für die einen ein „Geruch des Todes", für die anderen „ein Geruch des Lebens". Ebenso, sagt der Apostel, sei auch das Evangelium, wenn es angenommen werde, ein Mittel des Lebens; wenn es aber nicht angenommen werde, so kostbar es auch sei, ein Anlaß zur Verurteilung."

Der mit den Sitten, Gebräuchen und Einrichtungen der damaligen Zeit wenig vertraute Leser wird nicht selten auf noch andere Ausdrücke stoßen, die unseres Erachtens, da wir sie ohne Umschreibung nicht deutsch wiederzugeben vermochten, einer kurzen Erläuterung bedürfen. Wir lassen sie der Reihe nach folgen.

Das „Prätorium". Durch dieses Wort wurde das Hauptquartier eines römischen Lagers, wo der Oberbefehlshaber seine amtliche Stellung hatte, oder in Rom dasjenige der kaiserlichen Garde bezeichnet, und war also im allgemeinen das befestigte Hauptquartier der Kriegsknechte; und weil die von dem Kaiser abhängenden Landpfleger einer Provinz Prätoren hießen, so wurde auch der Saal, in welchem diese, wie der Oberbefehlshaber in dem Hauptquartier, Anordnungen trafen und Urteile fällten, „Prätorium" genannt. Das Wort wird in allen diesen Bedeutungen, die erste ausgenommen, im Neuen Testament gebraucht, und wir haben es deshalb unverändert gelassen.

Das „Synedrium" war die oberste Verwaltungsbehörde und der höchste Gerichtshof der Juden, der seine Sitzungen in Jerusalem abhielt, 71 Mitglieder zählte und aus Priestern, Schriftgelehrten und Aeltesten gebildet wurde; der jeweilige Hohepriester führte den Vorsitz in demselben.

Die „Synagoge" war für das Judentum dasselbe, was heute für die bekennende Christenheit die „Kirche" ist. Man brachte zwar die Opfer nur im Tempel dar, aber in den Synagogen fanden die gewöhnlichen Gottesdienste statt. Hier las man das Wort, hier predigte man; von hier ging auch die Zucht aus, indem man diejenigen, welche man nicht für treue Juden hielt, ausschloß.

„Asiarchen" waren Beamte des prokonsularischen Asiens (eines Teiles von Kleinasien), welche jährlich von den Vornehmsten der Provinz gewählt wurden, um bei den verschiedenen Götzendiensten als Vorsteher zu dienen und die zu Ehren der Götter gefeierten Festspiele anzuordnen.

Der „Areopagus" war ein von Solon, dem Gesetzgeber von Athen, eingerichteter Gerichtshof, um sowohl über die Sitten der Athener, als auch darüber zu wachen, daß den Göttern die gebührende Ehre erwiesen würde. Diese Einrichtung wurde, obgleich ihrer Wichtigkeit beraubt, auch unter der Herrschaft der Römer beibehalten. Dieser Gerichtshof hielt auf dem Hügel des Mars oder Ares, wovon der Name „Areopagus", d. h. Ares- oder Marshügel, abgeleitet ist, seine Sitzungen. Man kann daher Apstgsch. 17, 19 sowohl: „Sie führten ihn zum Areopag" (oder Areshügel), als auch: „vor den Gerichtshof, genannt Areopagus", übersetzen.

„Sandalen" waren Sohlen, welche mit ledernen Riemen unter die Füße gebunden wurden. Als die römische Ueppigkeit sich ausbreitete, trugen die Männer Schuhe oder Halbstiefel, *hypodámata koila*, und, wie es scheint, später bloß *hypodámata* genannt. Im Neuen Testament finden sich sowohl „Hypodámata" als auch „Sandalen". Es ist jedoch nicht wahrscheinlich, daß jene Ueppigkeit die Jünger erreicht hat; und da die Schriftsteller des Neuen Testaments zwei Wörter für dieselbe Sache gebrauchen, so wird der Leser unter „Sandalen" jene mit ledernen Riemen unter die Füße gebundenen Sohlen verstehen.

Münzen und Maße. Die genaue Kenntnis des Wertes der verschiedenen Geldmünzen ist nicht sehr wichtig, weil dieselben im Neuen Testament im allgemeinen nur gebraucht werden, um große oder geringere Summen zu bezeichnen, und dieser Unterschied aus den betreffenden Stellen selbst hervorgeht. Weil wir aber einige griechische Namen gebraucht haben, so geben wir hier den ungefähren Wert der verschiedenen Münzen an. Hinsichtlich der Drachme bemerken wir nur, daß einige den Wert derselben geringer angeben als wir. — Lepton: Ein halber Pfennig oder noch weniger; die kleinste Geldmünze. — Quadrans: so viel wie 2 Lepta. — Assarion (As) = 4 Quadrans oder 8 Lepta. — Denar: beinahe so viel wie eine Drachme. — Drachme: etwa 75 Pfennig. — Doppeldrachme: 1 Mark 50 Pfennig. — Mine (= 50 Sekel): die Silbermine ungefähr 125 Mark; die Goldmine ungefähr 2250 Mark. — Talent (= 60 Minen): der Wert eines Talentes war in den verschiedenen Ländern verschieden. Im Neuen Testament ist wahrscheinlich das syrische Talent gemeint. Das silberne Talent in Syrien belief sich nach heutigem Geldeswert auf etwa 7500 Mark, das goldene auf rund 135 000 Mark. — Chönix: ungefähr ein Liter. — Bath: 6 Hin (1 Hin = 12 Log) oder ungefähr 24 Liter. — Corus: 10 Bath oder etwa 240 Liter. — Stadium: ein Längenmaß, 600 griech. Fuß oder ungefähr 190 Meter betragend.

Gerade fünfzig Jahre sind verflossen, seitdem die erste Auflage des Neuen Testamentes unserer Uebersetzung erschien. Der Herr hat unserer geringen Arbeit Seine gnädige Anerkennung nicht versagt. Die Uebersetzung hat im Laufe der Jahre eine immer weitere Verbreitung gefunden und sich zahlreiche Freunde erworben. Möge der Herr auch dieser neuen Ausgabe Sein Geleit schenken und sie dazu beitragen lassen, daß Sein teures Wort mehr gelesen werde, zur Befestigung der Herzen in dieser bewegten letzten Zeit!

Verzeichnis der Bücher des Alten Testamentes

Verzeichnis der Bücher des Neuen Testamentes

Erklärung der Abkürzungen in den Anmerkungen

A. (And.) = Andere.
A. (And.) üb. = Andere übersetzen.
A. (And.) l. = Andere lesen.
And. L. (Les.) = Andere Lesart.
W. = Wörtlich.
Eig. = Eigentlich.
H. (Hebr.) = Hebräisch.
Gr. = Griechisch.
O. = Oder.
S. = Siehe.
Vergl. = Vergleiche.
Zugl. = Zugleich.

Das erste Buch Mose

1 Im Anfang schuf Gott die Himmel*a* und die Erde.

2 Und die Erde war wüst und leer, und Finsternis war über der*b* Tiefe*c*; und der Geist Gottes schwebte über den*b* Wassern.

3 Und Gott sprach: Es werde Licht!

4 und es ward Licht. Und Gott sah das Licht, daß es gut war; und Gott schied

5 das Licht von der Finsternis. Und Gott nannte das Licht Tag, und die Finsternis nannte er Nacht. Und es ward Abend und es ward Morgen: erster Tag *d*.

6 Und Gott sprach: Es werde eine Ausdehnung inmitten der Wasser, und sie scheide die Wasser von den

7 Wassern! Und Gott machte die Ausdehnung und schied die Wasser, welche unterhalb der Ausdehnung, von den Wassern, die oberhalb der Aus-

8 dehnung sind. Und es ward also. Und Gott nannte die Ausdehnung Himmel. Und es ward Abend und es ward Morgen: zweiter Tag.

9 Und Gott sprach: Es sammeln sich die Wasser unterhalb des Himmels an einen Ort, und es werde sichtbar das

10 Trockene! Und es ward also. Und Gott nannte das Trockene Erde, und die Sammlung der Wasser nannte er Meere. Und Gott sah, daß es gut war.

11 Und Gott sprach: Die Erde lasse Gras hervorsprossen, Kraut, das Samen hervorbringe, Fruchtbäume, die Frucht tragen nach ihrer Art, in welcher ihr Same sei auf der Erde! Und es ward

12 also. Und die Erde brachte Gras hervor, Kraut, das Samen hervorbringt nach seiner Art, und Bäume, die Frucht tragen, in welcher ihr Same ist nach ihrer Art. Und Gott sah, daß

13 es gut war. Und es ward Abend und es ward Morgen: dritter Tag.

14 Und Gott sprach: Es werden Lichter an der Ausdehnung des Himmels, um den Tag von der Nacht zu scheiden, und sie seien zu Zeichen und zur *Bestimmung von* Zeiten und Tagen

15 und Jahren; und sie seien zu Lichtern an der Ausdehnung des Himmels, um auf die Erde zu leuchten! Und es ward

16 also. Und Gott machte die zwei großen Lichter: das große Licht zur Beherrschung des Tages, und das kleine Licht zur Beherrschung der Nacht,

17 und die Sterne. Und Gott setzte sie an die Ausdehnung des Himmels,

18 auf die Erde zu leuchten, und um zu herrschen am Tage und in der*e* Nacht und das Licht von der Finsternis zu scheiden. Und Gott sah, daß es gut

19 war. Und es ward Abend und es ward Morgen: vierter Tag.

20 Und Gott sprach: Es wimmeln die Wasser vom Gewimmel lebendiger Wesen*f*, und Gevögel fliege über der Erde angesichts der Ausdehnung des

21 Himmels! Und Gott schuf die großen Seeungeheuer und jedes sich regende, lebendige Wesen, wovon die Wasser wimmeln, nach ihrer Art, und alles geflügelte Gevögel nach seiner Art. Und Gott sah, daß es gut war.

22 Und Gott segnete sie und sprach: Seid fruchtbar und mehret euch und füllet die Wasser in den Meeren, und das Gevögel mehre sich auf der Erde! Und es ward Abend und es ward

23 Morgen: fünfter Tag.

24 Und Gott sprach: Die Erde bringe hervor lebendige Wesen nach ihrer Art: Vieh und Gewürm *g* und Getier der Erde nach seiner Art! Und es

25 ward also. Und Gott machte das Getier der Erde nach seiner Art, und das Vieh nach seiner Art, und alles was sich auf dem Erdboden regt, nach seiner Art. Und Gott sah, daß es gut war.

26 Und Gott sprach: Lasset uns Menschen*h* machen in unserem Bilde, nach unserem Gleichnis; und sie sollen herrschen über die Fische des Meeres und über das Gevögel des Himmels und über das Vieh und über die ganze Erde und über alles Gewürm*g*, das sich auf der Erde regt! Und Gott

27 schuf den Menschen in seinem Bilde, im Bilde Gottes schuf er ihn; Mann und Weib*i* schuf er sie. Und Gott

28 segnete sie, und Gott sprach zu ihnen: Seid fruchtbar und mehret euch und füllet die Erde und machet sie *euch* untertan; und herrschet über die Fische des Meeres und über das Gevögel des Himmels und über das Getier, das sich auf der Erde regt! Und

29 Gott sprach: Siehe, ich habe euch gegeben alles samenbringende Kraut, das auf der Fläche der ganzen Erde ist, und jeden Baum, an welchem samenbringende Baumfrucht ist: es soll euch zur Speise sein; und allem Ge-

30 tier der Erde und allem Gevögel des Himmels und allem was sich auf der Erde regt, in welchem eine lebendige Seele ist, *habe ich* alles grüne Kraut

---

31 zur Speise *gegeben.* Und es ward also. Und Gott sah alles was er gemacht hatte, und siehe, es war sehr gut. Und es ward Abend und es ward Morgen: der sechste Tag.

2 So wurden vollendet der Himmel und die Erde und all ihr Heer.
2 Und Gott hatte am siebenten Tage sein Werk vollendet a, das er gemacht hatte; und er ruhte am siebenten Tage von all seinem Werk, das er gemacht
3 hatte. Und Gott segnete den siebenten Tag und heiligte ihn; denn an demselben ruhte er von all seinem Werk, das Gott geschaffen hatte, indem er es machte.
4 Dies ist die Geschichte b des Himmels und der Erde, als sie geschaffen wurden, an dem Tage, da Jehova
5 Gott Erde und Himmel machte, und ehe alles Gesträuch des Feldes auf der Erde war, und ehe alles Kraut des Feldes sproßte; denn Jehova Gott hatte nicht regnen lassen auf die Erde, und kein Mensch war da, um den
6 Erdboden zu bebauen. Ein Dunst aber stieg auf von der Erde und befeuchtete die ganze Oberfläche des Erd-
7 bodens. Und Jehova Gott bildete den Menschen, Staub von dem Erdboden, und hauchte in seine Nase *den* Odem des Lebens; und der Mensch wurde
8 eine lebendige Seele. Und Jehova Gott pflanzte einen Garten in Eden c gegen Osten, und er setzte dorthin den Menschen, den er gebildet hatte.
9 Und Jehova Gott ließ aus dem Erdboden allerlei Bäume wachsen, lieblich anzusehen und gut zur Speise; und den Baum des Lebens in der Mitte des Gartens, und den Baum der Erkenntnis des Guten und Bösen.
10 Und ein Strom ging aus von Eden, den Garten zu bewässern; und von dort aus teilte er sich und wurde zu
11 vier Flüssen d. Der Name des ersten ist Pison; dieser ist es, der das ganze Land Hawila umfließt, wo das Gold
12 ist; und das Gold dieses Landes ist gut; daselbst ist das Bdellion e und
13 der Stein Onyx f. Und der Name des zweiten Flusses: Gihon; dieser ist es, der das ganze Land Kusch umfließt.
14 Und der Name des dritten Flusses: Hiddekel g; dieser ist es, der vor Assyrien fließt. Und der vierte Fluß, das ist der Phrath h.
15 Und Jehova Gott nahm den Menschen und setzte ihn in den Garten Eden, ihn zu bebauen und ihn zu be-
16 wahren. Und Jehova Gott gebot dem Menschen und sprach: Von jedem Baume des Gartens darfst du nach
17 Belieben essen; aber von dem Baume der Erkenntnis des Guten und Bösen, davon sollst du nicht essen; denn welches Tages du davon issest, wirst du gewißlich sterben.

18 Und Jehova Gott sprach: Es ist nicht gut, daß der Mensch allein sei; ich will ihm eine Hilfe machen, seines Gleichen i.
19 Und Jehova Gott bildete aus dem Erdboden alles Getier des Feldes und alles Gevögel des Himmels, und er brachte sie zu dem Menschen, um zu sehen, wie er sie nennen würde; und wie irgend der Mensch ein lebendiges Wesen nennen würde, so sollte sein Name sein.
20 Und der Mensch gab Namen allem Vieh und dem Gevögel des Himmels und allem Getier des Feldes. Aber für Adam fand er keine Hilfe seines Gleichen i.
21 Und Jehova Gott ließ einen tiefen Schlaf auf den Menschen fallen, und er entschlief. Und er nahm eine von seinen Rippen und verschloß ihre Stelle mit Fleisch;
22 und Jehova Gott baute aus der Rippe, die er von dem Menschen genommen hatte, ein Weib j, und er brachte sie zu dem Menschen.
23 Und der Mensch sprach: Diese ist einmal Gebein von meinen Gebeinen und Fleisch von meinem Fleische; diese soll Männin heißen, denn vom Manne ist diese genommen.
24 Darum wird ein Mann seinen Vater und seine Mutter verlassen und seinem Weibe anhangen, und sie werden ein k Fleisch sein.
25 Und sie waren beide nackt, der Mensch und sein Weib, und sie schämten sich nicht.

3 Und die Schlange war listiger als alles Getier des Feldes, das Jehova Gott gemacht hatte; und sie sprach zu dem Weibe: Hat Gott wirklich gesagt: Ihr sollt nicht essen von je-
2 dem Baume des Gartens? Und das Weib sprach zu der Schlange: Von der Frucht der Bäume des Gartens
3 essen wir; aber von der Frucht des Baumes, der in der Mitte des Gartens ist, hat Gott gesagt, davon sollt ihr nicht essen und sie nicht anrühren,
4 auf daß ihr nicht sterbet. Und die Schlange sprach zu dem Weibe: Mit
5 nichten werdet ihr sterben! sondern l Gott weiß, daß, welches Tages ihr davon esset, eure Augen aufgetan werden, und ihr sein werdet wie Gott, erkennend Gutes und Böses. Und das
6 Weib sah, daß der Baum gut zur Speise, und daß er eine Lust für die Augen, und daß der Baum begehrenswert wäre, um Einsicht zu geben; und sie nahm von seiner Frucht und aß, und sie gab auch ihrem Manne mit ihr, und er aß.
7 Da wurden ihrer beider Augen aufgetan, und sie erkannten, daß sie nackt waren; und sie hefteten Feigenblätter zusammen und machten sich Schürzen.
8 Und sie hörten die Stimme m Jehovas Gottes, der im Garten wandelte bei der Kühle des Tages. Und der Mensch und sein Weib versteckten

---

a Eig. vollendete . . . sein Werk. — b Eig. sind die Erzeugungen, Geschlechter; so auch Kap. 6, 9; 37, 2. — c Wonne, Lieblichkeit. — d W. Häuptern, d. i. Flußanfängen. — e Hebr. Bedolach; ein durchsichtiges, wohlriechendes Harz. — f O. Beryll. — g der Tigris. — h der Euphrath. — i Eig. ihm entsprechend. — j dasselbe Wort wie Männin in V. 23; so auch V. 24 und später. — k Eig. zu einem. — l Eig. denn. — m O. den Hall, das Geräusch; so auch V. 10.

sich vor dem Angesicht Jehovas Gottes mitten unter die Bäume des Gartens. 9 Und Jehova Gott rief den Menschen und sprach zu ihm: Wo bist 10 du? Und er sprach: Ich hörte deine Stimme im Garten, und ich fürchtete mich, denn ich bin nackt, und ich ver- 11 steckte mich. Und er sprach: Wer hat dir kundgetan, daß du nackt bist? Hast du gegessen von dem Baume, von dem ich dir geboten habe, nicht 12 davon zu essen? Und der Mensch sprach: Das Weib, das du mir beigegeben hast, sie gab mir von dem Bau- 13 me, und ich aß. Und Jehova Gott sprach zu dem Weibe: Was hast du da getan! Und das Weib sprach: Die Schlange betrog *a* mich, und ich aß. 14 Und Jehova Gott sprach zu der Schlange: Weil du dieses getan hast, sollst du verflucht sein vor *b* allem Vieh und vor *b* allem Getier des Feldes! Auf deinem Bauche sollst du kriechen und Staub fressen alle Tage deines 15 Lebens. Und ich werde Feindschaft setzen zwischen dir und dem Weibe und zwischen deinem Samen und ihrem Samen; er wird dir den Kopf zermalmen, und du, du wirst ihm die 16 Ferse zermalmen. Zu dem Weibe sprach er: Ich werde sehr mehren die Mühsal deiner Schwangerschaft *c*, mit Schmerzen sollst du die Kinder gebären; und nach deinem Manne wird dein Verlangen sein, er aber wird 17 über dich herrschen. Und zu Adam sprach er: Weil du auf die Stimme deines Weibes gehört und gegessen hast vom dem Baume, von dem ich dir geboten und gesprochen habe: Du sollst nicht davon essen, — so sei der Erdboden verflucht um deinetwillen: mit Mühsal sollst du davon essen alle 18 Tage deines Lebens; und Dornen und Disteln wird er dir sprossen lassen, und du wirst das Kraut des Feldes 19 essen. Im Schweiße deines Angesichts wirst du dein Brot essen, bis du zurückkehrst zur Erde *d*, denn von ihr bist du genommen. Denn Staub bist du, und zum Staube wirst du zu- 20 rückkehren! Und der Mensch gab seinem Weibe den Namen Eva *e*, denn sie war die Mutter aller Lebendigen. 21 Und Jehova Gott machte Adam und seinem Weibe Röcke von Fell und bekleidete sie. 22 Und Jehova Gott sprach: Siehe, der Mensch ist geworden wie unser einer, zu erkennen Gutes und Böses; und nun, daß er seine Hand nicht ausstrecke und nehme auch von dem Baume des Lebens und esse und lebe 23 ewiglich! Und Jehova Gott schickte ihn aus dem Garten Eden hinaus, um den Erdboden zu bebauen, davon er

genommen war; und er trieb den Men- 24 schen aus, und ließ lagern gegen Osten vom Garten Eden die Cherubim und die Flamme des kreisenden Schwertes, um den Weg zum Baume des Lebens zu bewahren.

Und der Mensch erkannte Eva, sein **4** Weib, und sie ward schwanger und gebar Kain *f*; und sie sprach: Ich habe einen Mann erworben mit Jehova. Und sie gebar ferner seinen 2 Bruder, den Abel *g*. Und Abel wurde ein Schafhirt *h*, und Kain wurde ein Ackerbauer. Und es geschah nach 3 Verlauf einer Zeit, da brachte Kain dem Jehova eine Opfergabe von der Frucht des Erdbodens; und Abel, auch 4 er brachte von den Erstlingen seiner Herde *i* und von ihrem Fett. Und Jehova blickte auf Abel und auf seine Opfergabe; aber auf Kain und auf 5 seine Opfergabe blickte er nicht. Und Kain ergrimmte sehr, und sein Antlitz senkte sich. Und Jehova sprach 6 zu Kain: Warum bist du ergrimmt, und warum hat sich dein Antlitz gesenkt? Ist es nicht so, daß es sich 7 erhebt, wenn du wohl tust? *j* und wenn du nicht wohl tust, so lagert die Sünde *k* vor der Tür. Und nach dir wird sein Verlangen sein, du aber wirst über ihn herrschen.

Und Kain sprach zu seinem Bruder 8 Abel; und es geschah, als sie auf dem Felde waren, da erhob sich Kain wider seinen Bruder Abel und erschlug ihn. Und Jehova sprach zu Kain: 9 Wo ist dein Bruder Abel? Und er sprach: Ich weiß nicht; bin ich meines Bruders Hüter? Und er sprach: 10 Was hast du getan! Horch! Das Blut deines Bruders schreit zu mir *l* vom Erdboden her. Und nun, verflucht seiest 11 du von dem Erdboden hinweg, der seinen Mund aufgetan hat, das Blut deines Bruders von deiner Hand zu empfangen! Wenn du den Erdboden 12 bebaust, soll er dir hinfort seine Kraft nicht geben; unstet und flüchtig sollst du sein auf der Erde. Und Kain 13 sprach zu Jehova: Zu groß ist meine Strafe, um sie zu tragen *m*. Siehe, 14 du hast mich heute von der Fläche des Erdbodens vertrieben, und ich werde verborgen sein vor deinem Angesicht, und werde unstet und flüchtig sein auf der Erde; und es wird geschehen: wer irgend mich findet, wird mich erschlagen. Und Jehova sprach 15 zu ihm: Darum, jeder, der Kain erschlägt — siebenfältig soll es gerächt werden. Und Jehova machte an Kain ein Zeichen, auf daß ihn nicht erschlüge, wer irgend ihn fände. Und 16 Kain ging weg von dem Angesicht Jehovas und wohnte im Lande Nod *n*, östlich von Eden.

---

a O. verführte. — *b* O. unter. — *c* Eig. ich werde groß machen deine Mühsal und deine Schwangerschaft. — *d* Eig. zum Erdboden. — *e* H. Chawa: Leben. — *f* Erworbenes, Gewinn. — *g* H. Hevel: Hauch, Nichtigkeit. — *h* W. Kleinviehhirt. — *i* Eig. seines Kleinviehs. — *j* W. Ist nicht, wenn du wohl tust, Erhebung? (Vergl. Hiob 11, 15.) — *k* Viell.: ein Sündopfer; das hebräische Wort bedeutet beides. — *l* W. Stimme des Blutes deines Bruders, die zu mir schreit. — *m* O. meine Missetat, um vergeben zu werden. — *n* Flucht.

17 Und Kain erkannte sein Weib, und sie ward schwanger und gebar Hanoch. Und er baute eine Stadt *a* und benannte die Stadt nach dem Na-
18 men seines Sohnes Hanoch. Und dem Hanoch wurde Irad geboren; und Irad zeugte Mehujael, und Mehujael zeugte Methusael, und Methusael zeugte
19 Lamech. Und Lamech nahm sich zwei Weiber; der Name der einen war Ada, und der Name der anderen
20 Zilla. Und Ada gebar Jabal; dieser war der Vater der Zeltbewohner und
21 Herdenbesitzer *b*. Und der Name seines Bruders war Jubal; dieser war der Vater aller derer, welche mit der
22 Laute *c* und der Flöte umgehen. Und Zilla, auch sie gebar Tubalkain, einen Hämmerer von allerlei Schneidewerkzeug aus Erz und Eisen. Und die Schwester Tubalkains war Naama.
23 Und Lamech sprach zu seinen Weibern:
Ada und Zilla, höret meine Stimme; Weiber Lamechs, horchet auf meine Rede!
Einen Mann *d* erschlug *e* ich für meine Wunde und einen Jüngling für meine Strieme!
24 Wenn Kain siebenfältig gerächt wird, so Lamech siebenundsiebenzigfältig.
25 Und Adam erkannte abermals sein Weib, und sie gebar einen Sohn und gab ihm den Namen Seth *f*; denn Gott hat mir einen anderen Samen gesetzt an Stelle Abels, weil Kain ihn er-
26 schlagen hat. Und dem Seth, auch ihm wurde ein Sohn geboren, und er gab ihm den Namen Enos *g*. Damals fing man an, den Namen Jehovas anzurufen.

5 Dies ist das Buch von Adams Geschlechtern. An dem Tage, da Gott Adam schuf, machte er ihn im Gleich-
2 nis Gottes. Mann und Weib *h* schuf er sie, und er segnete sie und gab ihnen den Namen Mensch *i*, an dem Tage, da sie geschaffen wurden. —
3 Und Adam lebte hundert und dreißig Jahre und zeugte *einen Sohn* in seinem Gleichnis, nach seinem Bilde,
4 und gab ihm den Namen Seth. Und die Tage Adams, nachdem er Seth gezeugt hatte, waren achthundert Jahre, und er zeugte Söhne und Töchter.
5 Und alle Tage Adams, die er lebte, waren neunhundert und dreißig Jah-
6 re, und er starb. — Und Seth lebte hundert und fünf Jahre und zeugte
7 Enos. Und Seth lebte, nachdem er Enos gezeugt hatte, achthundert und sieben Jahre und zeugte Söhne und
8 Töchter. Und alle Tage Seths waren neunhundert und zwölf Jahre, und er
9 starb. — Und Enos lebte neunzig Jah-
10 re und zeugte Kenan. Und Enos leb-

te, nachdem er Kenan gezeugt hatte, achthundert und fünfzehn Jahre und zeugte Söhne und Töchter. Und alle 11 Tage Enos' waren neunhundert und fünf Jahre, und er starb. — Und Ke- 12 nan lebte siebenzig Jahre und zeugte Mahalalel. Und Kenan lebte, nach- 13 dem er Mahalalel gezeugt hatte, achthundert und vierzig Jahre und zeugte Söhne und Töchter. Und alle Tage 14 Kenans waren neunhundert und zehn Jahre, und er starb. — Und Mahalal- 15 el lebte fünfundsechzig Jahre und zeugte Jered. Und Mahalalel lebte, 16 nachdem er Jered gezeugt hatte, achthundert und dreißig Jahre und zeugte Söhne und Töchter. Und alle Tage 17 Mahalalels waren achthundert fünfundneunzig Jahre, und er starb. — Und 18 Jered lebte hundert zweiundsechzig Jahre und zeugte Henoch *j*. Und Je- 19 red lebte, nachdem er Henoch gezeugt hatte, achthundert Jahre und zeugte Söhne und Töchter. Und alle Tage 20 Jereds waren neunhundert zweiundsechzig Jahre, und er starb. — Und 21 Henoch lebte fünfundsechzig Jahre und zeugte Methusalah. Und Henoch 22 wandelte mit Gott, nachdem er Methusalah gezeugt hatte, dreihundert Jahre und zeugte Söhne und Töchter. Und alle Tage Henochs waren drei- 23 hundert fünfundsechzig Jahre. Und 24 Henoch wandelte mit Gott; und er war nicht mehr, denn Gott nahm ihn hinweg. — Und Methusalah lebte hun- 25 dert siebenundachtzig Jahre und zeugte Lamech. Und Methusalah lebte, 26 nachdem er Lamech gezeugt hatte, siebenhundert zweiundachtzig Jahre und zeugte Söhne und Töchter. Und 27 alle Tage Methusalahs waren neunhundert neunundsechzig Jahre, und er starb. — Und Lamech lebte hun- 28 dert zweiundachtzig Jahre und zeugte einen Sohn. Und er gab ihm den 29 Namen Noah *k*, indem er sprach: Dieser wird uns trösten über unsere Arbeit und über die Mühe unserer Hände wegen des Erdbodens, den Jehova verflucht hat. Und Lamech lebte, nach- 30 dem er Noah gezeugt hatte, fünfhundert fünfundneunzig Jahre und zeugte Söhne und Töchter. Und alle Tage 31 Lamechs waren siebenhundert siebenundsiebenzig Jahre, und er starb. — Und 32 Noah war fünfhundert Jahre alt; und Noah zeugte Sem *l*, Ham *m* und Japhet *n*.

Und es geschah, als die Menschen **6** begannen sich zu mehren auf der Fläche des Erdbodens, und ihnen Töchter geboren wurden, da sahen 2 die Söhne Gottes, daß die Töchter der Menschen schön waren, und sie nahmen sich zu Weibern, welche sie irgend erwählten. Und Jehova sprach: 3 Mein Geist soll nicht ewiglich mit dem

---

a W. er wurde ein Stadterbauer. — *b* Eig. derer, die in Zelten und unter Herden wohnen. — *c* Nicht unsere heutige Laute, sondern eine Art Leier; so auch später, wo das Wort vorkommt. — *d* O. Fürwahr, einen Mann. — *e* O. erschlage. — *f* H. Scheth: Ersatz. — *g* H. Enosch: Mensch, mit dem Nebenbegriff: schwach, hinfällig. — *h* W. Männlich und weiblich. — *i* H. Adam. — *j* H. Chanok: eingeweiht, belehrt. — *k* H. Noach: Trost, Ruhe. — *l* H. Schem: Name, Ruf. — *m* H. Cham: Bedeutung ungewiß. — *n* Erweiterung, Ausbreitung; vergl. Kap. 9, 27.

Menschen rechten, da er ja Fleisch ist; und seine Tage seien hundert und 4 zwanzig Jahre. In jenen Tagen waren die Riesen auf der Erde, und auch nachher, als *a* die Söhne Gottes zu den Töchtern der Menschen eingingen, und diese ihnen gebaren. Das sind die Helden, welche von alters her waren, die Männer von Ruhm gewesen 5 sind. Und Jehova sah, daß des Menschen Bosheit groß war auf Erden, und alles Gebilde der Gedanken seines Herzens nur böse den ganzen Tag. 6 Und es reute Jehova, daß er den Menschen gemacht hatte auf der Erde, und es schmerzte ihn in sein Herz 7 hinein. Und Jehova sprach: Ich will den Menschen, den ich geschaffen habe, von der Fläche des Erdbodens vertilgen, vom Menschen bis zum Vieh, bis zum Gewürm und bis zum Gevögel des Himmels; denn es reut mich, 8 daß ich sie gemacht habe. Noah aber fand Gnade in den Augen Jehovas. 9 Dies ist die Geschichte Noahs: Noah war ein gerechter, vollkommener *b* Mann unter seinen Zeitgenossen; Noah 10 wandelte mit Gott. Und Noah zeugte drei Söhne: Sem, Ham und Japhet. 11 Und die Erde war verderbt vor Gott, 12 und die Erde war voll Gewalttat. Und Gott sah die Erde, und siehe, sie war verderbt; denn alles Fleisch hatte seinen Weg verderbt auf Erden. 13 Und Gott sprach zu Noah: Das Ende alles Fleisches ist vor mich gekommen; denn die Erde ist voll Gewalttat durch sie; und siehe, ich will sie verderben 14 mit der Erde. Mache dir eine Arche von Gopherholz; mit Kammern sollst du die Arche machen und sie von innen und von außen mit Harz ver- 15 pichen *c*. Und also sollst du sie machen: Dreihundert Ellen *sei* die Länge der Arche, fünfzig Ellen ihre Breite, 16 und dreißig Ellen ihre Höhe. Eine Lichtöffnung *d* sollst du der Arche machen, und bis zu einer Elle *e* sollst du sie fertigen *f* von oben her; und die Tür der Arche sollst du in ihre Seite setzen; mit einem unteren, zweiten und dritten *Stockwerk* sollst du 17 sie machen. Denn ich, siehe, ich bringe die Wasserflut über die Erde, um alles Fleisch unter dem Himmel zu verderben, in welchem ein Hauch des Lebens ist; alles was auf der Erde ist, 18 soll verscheiden. Aber mit dir will ich meinen Bund errichten, und du sollst in die Arche gehen, du und deine Söhne und dein Weib und die 19 Weiber deiner Söhne mit dir. Und von allem Lebendigen, von allem Fleische, zwei von jeglichem sollst du in die Arche bringen, um sie mit dir am Leben zu erhalten; ein Männliches und ein Weibliches sollen sie 20 sein. Von dem Gevögel nach seiner Art und von dem Vieh nach seiner Art, von allem Gewürm des Erdbodens nach seiner Art: zwei von jeglichem sollen zu dir hineingehen, um sie am Leben zu erhalten. Und du, nimm dir 21 von aller Speise, die gegessen wird, und sammle sie bei dir auf, daß sie dir und ihnen zur Nahrung sei. Und 22 Noah tat es; nach allem, was Gott ihm geboten hatte, also tat er.

Und Jehova sprach zu Noah: Gehe 7 in die Arche, du und dein ganzes Haus; denn dich habe ich gerecht vor mir erfunden in diesem Geschlecht. Von allem reinen Vieh sollst du sie- 2 ben und sieben zu dir nehmen, ein Männchen und sein Weibchen; und von dem Vieh, das nicht rein ist, zwei, ein Männchen und sein Weibchen; auch von dem Gevögel des Himmels 3 sieben und sieben, ein Männliches und ein Weibliches: um Samen am Leben zu erhalten auf der Fläche der ganzen Erde. Denn in noch sieben 4 Tagen, so lasse ich auf die Erde regnen vierzig Tage und vierzig Nächte und werde vertilgen von der Fläche des Erdbodens alles Bestehende, das ich gemacht habe. — Und Noah tat 5 nach allem, was Jehova ihm geboten hatte.

Und Noah war sechshundert Jahre 6 alt, als die Flut kam, Wasser über die Erde. Und Noah und seine Söhne 7 und sein Weib und die Weiber seiner Söhne mit ihm gingen in die Arche vor den Wassern der Flut. Von den 8 reinen Vieh und von dem Vieh, das nicht rein ist, und von dem Gevögel und von allem was sich auf dem Erdboden regt, kamen zwei und zwei 9 zu Noah in die Arche, ein Männliches und ein Weibliches, wie Gott dem Noah geboten hatte.

Und es geschah nach sieben Tagen, 10 da kamen die Wasser der Flut über die Erde. Im sechshundertsten Jahre 11 des Lebens Noahs, im zweiten Monat, am siebenzehnten Tage des Monats, an diesem Tage brachen auf alle Quellen der großen Tiefe, und die Fenster des Himmels taten sich auf. Und der 12 Regen fiel auf die Erde vierzig Tage und vierzig Nächte. An ebendemsel- 13 ben Tage gingen Noah und Sem und Ham und Japhet, die Söhne Noahs, und das Weib Noahs und die drei Weiber seiner Söhne mit ihnen in die Arche: sie und alles Getier nach sei- 14 ner Art und alles Vieh nach seiner Art und alles Gewürm, das sich auf der Erde regt, nach seiner Art, und alles Gevögel nach seiner Art, jeder Vogel von allerlei Gefieder. Und sie 15 gingen zu Noah in die Arche, je zwei und zwei von allem Fleische, in welchem ein Hauch des Lebens war. Und 16 die hineingingen, waren *h* ein Männliches und ein Weibliches von allem Fleische, wie Gott ihm geboten hatte. Und Jehova schloß hinter ihm zu.

Und die Flut kam vierzig Tage lang 17 über die Erde. Und die Wasser mehrten sich und hoben die Arche empor;

---

a O. und auch nachdem. — *b* O. untadeliger, redlicher. — *c* Eig. überziehen. — *d* Eig. Ein Licht. — *e* d. i. eine Elle hoch. — *f* Eig. völlig durchführen, d. h. wahrscheinlich rundum anbringen. — *g* d. h. paarweise. — *h* Eig. gingen hinein.

18 und sie erhob sich über die Erde. Und die Wasser nahmen überhand und mehrten sich sehr auf der Erde; und die Arche fuhr auf der Fläche der
19 Wasser. Und die Wasser nahmen gar sehr überhand auf der Erde, und es wurden bedeckt alle hohen Berge, die
20 unter dem ganzen Himmel sind. Fünfzehn Ellen darüber nahmen die Wasser überhand, und die Berge wurden
21 bedeckt. Da verschied alles Fleisch, das sich auf der Erde regte, an Gevögel und an Vieh und an Getier und an allem Gewimmel, das auf der Erde
22 wimmelte, und alle Menschen; alles starb, in dessen Nase ein Odem des Lebenshauches war, von allem, das
23 auf dem Trockenen war. Und vertilgt wurde a alles Bestehende, das auf der Fläche des Erdbodens war, vom Menschen bis zum Vieh, bis zum Gewürm und bis zum Gevögel des Himmels; und sie wurden vertilgt von der Erde. Und nur Noah blieb übrig und was
24 mit ihm in der Arche war. Und die Wasser hatten überhand auf der Erde hundert und fünfzig Tage.

8 Und Gott gedachte des Noah und alles Getieres und alles Viehes, das mit ihm in der Arche war; und Gott ließ einen Wind über die Erde fahren,
2 und die Wasser sanken. Und es wurden verschlossen die Quellen der Tiefe und die Fenster des Himmels, und dem Regen vom Himmel ward ge-
3 wehrt. Und die Wasser wichen von der Erde, fort und fort weichend; und die Wasser nahmen ab nach Verlauf
4 von hundert und fünfzig Tagen. Und im siebenten Jahr, am siebenzehnten Tage des Monats, ruhte die Arche
5 auf dem Gebirge Ararat. Und die Wasser nahmen fort und fort ab bis zum zehnten Monat; im zehnten Monat, am ersten des Monats, wurden die Spitzen der Berge sichtbar.
6 Und es geschah nach Verlauf von vierzig Tagen, da öffnete Noah das Fenster der Arche, das er gemacht
7 hatte, und ließ den Raben aus; und der flog hin und wieder, bis die Wasser
8 von der Erde vertrocknet waren. Und er ließ die Taube von sich aus, um zu sehen, ob die Wasser sich verlaufen hätten von der Fläche des Erdbo-
9 dens; aber die Taube fand keinen Ruheplatz für ihren Fuß b und kehrte zu ihm in die Arche zurück; denn die Wasser waren noch auf der Fläche der ganzen Erde; und er streckte seine Hand aus und nahm sie und
10 brachte sie zu sich in die Arche. Und er wartete noch sieben andere Tage und ließ die Taube abermals aus der
11 Arche; und die Taube kam zu ihm um die Abendzeit, und siehe, ein abgerissenes Olivenblatt war in ihrem Schnabel. Und Noah erkannte, daß die Wasser sich verlaufen hatten von
12 der Erde. Und er wartete noch sieben andere Tage und ließ die Taube aus;

und sie kehrte hinfort nicht wieder zu ihm zurück.
13 Und es geschah im sechshundertundersten Jahre, im ersten Monat, am ersten des Monats, da waren die Wasser von der Erde vertrocknet. Und Noah tat die Decke von der Arche und sah: und siehe, die Fläche des Erdbodens war getrocknet. Und im zweiten Mo-
14 nat, am siebenundzwanzigsten Tage des Monats, war die Erde trocken.
15 Und Gott redete zu Noah und sprach:
16 Gehe aus der Arche, du und dein Weib und deine Söhne und die Wei-
17 ber deiner Söhne mit dir. Alles Getier, das bei dir ist, von allem Fleische, an Gevögel und an Vieh und an allem Gewürm, das sich auf der Erde regt, laß mit dir hinausgehen, daß sie wimmeln auf Erden und fruchtbar seien und sich mehren auf Erden.
18 Und Noah ging hinaus und seine Söhne und sein Weib und die Weiber seiner Söhne mit ihm. Alles Getier,
19 alles Gewürm und alles Gevögel, alles was sich auf der Erde regt, nach ihren Arten, gingen aus der Arche.
20 Und Noah baute Jehova einen Altar; und er nahm von allem reinen Vieh und von allem reinen Gevögel und opferte Brandopfer auf dem Altar.
21 Und Jehova roch den lieblichen Geruch c, und Jehova sprach in seinem Herzen: Nicht mehr will ich hinfort den Erdboden verfluchen um des Menschen willen; denn das Dichten d des menschlichen Herzens ist böse von seiner Jugend an; und nicht mehr will ich hinfort alles Lebendige schlagen, wie ich getan habe. Forthin, alle
22 Tage der Erde, sollen nicht aufhören Saat und Ernte, und Frost und Hitze, und Sommer und Winter, und Tag und Nacht.

9 Und Gott segnete Noah und seine Söhne und sprach zu ihnen: Seid fruchtbar und mehret euch, und füllet die
2 Erde; und die Furcht und der Schrekken vor euch sei auf allem Getier der Erde und auf allem Gevögel des Himmels! Alles was sich auf dem Erdboden regt und alle Fische des Meeres, in eure Hände sind sie ge-
3 geben: alles, was sich regt, was da lebt, soll euch zur Speise sein; wie das grüne Kraut gebe ich es euch alles.
4 Nur das Fleisch mit seiner Seele, seinem Blute, sollt ihr nicht essen;
5 und wahrlich, euer Blut, nach euren Seelen, werde ich fordern e; von jedem Tiere f werde ich es fordern, und von der Hand des Menschen, von der Hand eines jeden, seines Bruders, werde ich die Seele des Menschen fordern.
6 Wer Menschenblut vergießt, durch den Menschen soll sein Blut vergossen werden; denn im Bilde Gottes hat er den Menschen gemacht. Ihr nun,
7 seid fruchtbar und mehret euch, wimmelt auf der Erde und mehret euch auf ihr!

---

a Nach and. Lesart: Und er vertilgte. — b W. für die Sohle ihres Fußes. — c Eig. den Geruch (Duft) der Beruhigung. — d Eig. das Gebilde; wie Kap. 6, 5. — e d. h. euer Blut werde ich rächen, wessen es auch sei. — f W. von der Hand jedes Tieres.

8 Und Gott sprach zu Noah und zu sei-
9 nen Söhnen mit ihm und sagte: Und ich,
siehe, ich errichte meinen Bund mit
euch und mit eurem Samen nach euch;
10 und mit jedem lebendigen Wesen,
das bei euch ist, an Gevögel, an Vieh
und an allem Getier der Erde bei
euch, was irgend von allem Getier der
11 Erde aus der Arche gegangen ist. Und
ich errichte meinen Bund mit euch; und
nicht mehr soll alles Fleisch ausgerottet werden durch die Wasser der
Flut, und keine Flut soll mehr sein,
12 die Erde zu verderben. Und Gott
sprach: Dies ist das Zeichen des Bundes, den ich stifte zwischen mir und euch
und jeder lebendigen Seele, die bei euch
13 ist, auf ewige Geschlechter hin: Meinen Bogen setze ich in die Wolken,
und er soll das Zeichen des Bundes
14 sein zwischen mir und der Erde. Und
es wird geschehen, wenn ich Wolken
über die Erde führe, so soll der Bo-
15 gen in den Wolken erscheinen, und
ich werde meines Bundes gedenken,
der zwischen mir und euch ist und
jedem lebendigen Wesen, von allem
Fleische; und nicht mehr sollen die
Wasser zu einer Flut werden, alles
16 Fleisch zu verderben. Und der Bogen
wird in den Wolken sein; und ich
werde ihn ansehen, um zu gedenken
des ewigen Bundes zwischen Gott
und jedem lebendigen Wesen von
allem Fleische, das auf Erden ist.
17 Und Gott sprach zu Noah: Das ist
das Zeichen des Bundes, den ich errichtet habe zwischen mir und allem
Fleische, das auf Erden ist.
18 Und die Söhne Noahs, die aus der
Arche gingen, waren Sem und Ham
und Japhet; und Ham ist der Vater
19 Kanaans. Diese drei sind die Söhne
Noahs, und von diesen aus ist die
ganze Erde bevölkert worden *a*.
20 Und Noah fing an ein Ackersmann
zu werden *b* und pflanzte einen Wein-
21 berg. Und er trank von dem Weine
und ward trunken, und er entblößte
22 sich in seinem Zelte. Und Ham, der
Vater Kanaans, sah die Blöße seines
Vaters und berichtete es seinen bei-
23 den Brüdern draußen. Da nahmen
Sem und Japhet das Obergewand und
legten es beide auf ihre Schultern
und gingen rücklings und bedeckten
die Blöße ihres Vaters; und ihre Angesichter waren abgewandt, und sie
sahen die Blöße ihres Vaters nicht.
24 Und Noah erwachte von seinem Weine
und erfuhr, was sein jüngster Sohn
25 ihm getan hatte. Und er sprach:
Verflucht sei Kanaan! ein Knecht
der Knechte sei er seinen Brüdern!
26 Und er sprach:
Gepriesen *c* sei Jehova, der Gott

Sems; und Kanaan sei sein *d* Knecht!
Weit mache es Gott dem Japhet, 27
und er wohne in den Zelten Sems;
und Kanaan sei sein *d* Knecht!
Und Noah lebte nach der Flut drei- 28
hundert und fünfzig Jahre; und alle 29
Tage Noahs waren neunhundert und
fünfzig Jahre, und er starb.

Und dies sind die Geschlechter der **10**
Söhne Noahs, Sem, Ham und Japhet:
es wurden ihnen Söhne geboren nach
der Flut.
Die Söhne Japhets: Gomer und Ma- 2
gog und Madai und Jawan und Tubal
und Mesech und Tiras. Und die Söh- 3
ne Gomers: Askenas und Riphat und
Togarma. Und die Söhne Jawans: 4
Elisa und Tarsis, die Kittim und die
Dodanim. Von diesen aus verteilten 5
sich die *Bewohner der Inseln e* der
Nationen in ihren Ländern, eine jede
nach ihrer Sprache, nach ihren Familien, in ihren Nationen.
Und die Söhne Hams: Kusch und 6
Mizraim und Put *f* und Kanaan. Und 7
die Söhne Kuschs: Seba und Hawila
und Sabta und Raghma und Sabteka.
Und die Söhne Raghmas: Scheba und
Dedan. Und Kusch zeugte Nimrod; 8
der fing an, ein Gewaltiger zu sein
auf der Erde. Er war ein gewaltiger Jä- 9
ger vor Jehova; darum sagt man: Wie
Nimrod, ein gewaltiger Jäger vor Jehova! Und der Anfang seines Reiches 10
war Babel und Erek und Akkad und
Kalne im Lande Sinear. Von diesem 11
Lande zog er aus nach Assur *g* und
baute Ninive und Rechobot-Ir und
Kalach, und Resen zwischen Ninive 12
und Kalach: das ist die große Stadt.
— Und Mizraim zeugte die Ludim 13
und die Anamim und die Lehabim
und die Naphtuchim und die Pathru- 14
sim und die Kasluchim, (von welchen
die Philister *h* ausgegangen sind,) und
die Kaphtorim. — Und Kanaan zeug- 15
te Zidon, seinen Erstgeborenen, und
Heth, und den Jebusiter und den 16
Amoriter und den Girgasiter, und den 17
Hewiter und den Arkiter und den Siniter, und den Arwaditer und den 18
Zemariter und den Hamathiter. Und
nachher haben sich die Familien der
Kanaaniter zerstreut. Und das Gebiet 19
der Kanaaniter erstreckte sich von
Zidon nach Gerar hin *i*, bis Gasa; nach
Sodom und Gomorra und Adama und
Zeboim hin *i*, bis Lescha. — Das sind 20
die Söhne Hams nach ihren Familien,
nach ihren Sprachen, in ihren Län-
dern, in ihren Nationen.
Und dem Sem, dem Vater aller 21
Söhne Hebers, dem Bruder Japhets,
des *j* ältesten, auch ihm wurden Söhne
geboren. Die Söhne Sems: Elam und 22
Assur und Arpaksad und Lud und

---

a W. hat sich die ganze Erde (Erdbevölkerung) zerstreut. — *b* O. Noah, der ein
Ackersmann war, fing an. — *c* Im Hebr. dasselbe Wort wie „segnen". — *d* W. ihr, d. h.
des Geschlechtes Sems (Japhets). — *e* O. Küstengebiete. Das hebräische Wort bezeichnet überall im Alten Testament die Inseln und Küstengebiete des Mittelländischen
Meeres von Kleinasien bis Spanien. — *f* Aethiopien und Aegypten und Mauretanien.
— *g* And. üb.: Von diesem Lande ging Assur aus. — *h* H. Pelischtim. — *i* W. wenn
du nach . . . kommst oder gehst: eine stehende Redensart. So auch V. 30; Kap. 13,
10; 25, 18 usw. — *j* O. dem.

23 Aram. Und die Söhne Arams: Uz und
24 Hul und Gether und Masch. Und Arpaksad zeugte Schelach, und Schelach
25 zeugte Heber. Und dem Heber wurden zwei Söhne geboren: der Name
des einen war Peleg a, denn in seinen
Tagen wurde die Erde verteilt b; und
der Name seines Bruders war Joktan.
26 Und Joktan zeugte Almodad und
Scheleph und Hazarmaweth und Je-
27 rach und Hadoram und Usal und
28 Dikla und Obal und Abimael und
29 Scheba und Ophir und Hawila und
Jobab; diese alle waren Söhne Jok-
30 tans. Und ihr Wohnsitz war von Me-
schar nach Sephar hin, dem Gebirge
31 des Ostens. — Das sind die Söhne Sems
nach ihren Familien, nach ihren Sprachen, in ihren Ländern, nach ihren
Nationen.
32   Das sind die Familien der Söhne
Noahs nach ihren Geschlechtern, in
ihren Nationen; und von diesen aus
haben sich nach der Flut die Nationen
auf der Erde verteilt.

11 Und die ganze Erde hatte c e i n e
Sprache und einerlei Worte. Und
2 es geschah, als sie nach d Osten zogen,
da fanden sie eine Ebene im Lande
3 Sinear und wohnten daselbst. Und
sie sprachen einer zum anderen: Wohlan, laßt uns Ziegel streichen und
hart brennen! Und der Ziegel diente
ihnen als Stein, und das Erdharz
4 diente ihnen als Mörtel. Und sie sprachen: Wohlan, bauen wir uns eine
Stadt und einen Turm, dessen Spitze
an den Himmel reiche, und machen
wir uns einen Namen, daß wir nicht
zerstreut werden über e die ganze Erde!
5 Und Jehova fuhr hernieder, die Stadt
und den Turm zu sehen, welche die
6 Menschenkinder bauten. Und Jehova
sprach: Siehe, sie sind ein Volk, und
haben alle e i n e Sprache, und dies
haben sie angefangen zu tun; und nun
wird ihnen nichts verwehrt werden,
7 was sie zu tun ersinnen. Wohlan,
laßt uns herniederfahren und ihre
Sprache daselbst verwirren, daß sie
einer des anderen Sprache nicht ver-
8 stehen! Und Jehova zerstreute sie von
dannen über die ganze Erde; und sie
9 hörten auf, die Stadt zu bauen. Darum
gab man ihr den Namen Babel f; denn
daselbst verwirrte Jehova die Sprache
der ganzen Erde, und von dannen
zerstreute sie Jehova über die ganze
Erde.
10 Dies sind die Geschlechter Sems: Sem
war hundert Jahre alt und zeugte
Arpaksad, zwei Jahre nach der Flut.
11 Und Sem lebte, nachdem er Arpaksad
gezeugt hatte, fünfhundert Jahre und
12 zeugte Söhne und Töchter. — Und Arpaksad lebte fünfunddreißig Jahre
13 und zeugte Schelach. Und Arpaksad
lebte, nachdem er Schelach gezeugt
hatte, vierhundert und drei Jahre und
14 zeugte Söhne und Töchter. — Und

Schelach lebte dreißig Jahre und
zeugte Heber. Und Schelach lebte, 15
nachdem er Heber gezeugt hatte, vierhundert und drei Jahre und zeugte
Söhne und Töchter. — Und Heber 16
lebte vierunddreißig Jahre und zeugte
Peleg. Und Heber lebte, nachdem er 17
Peleg gezeugt hatte, vierhundert und
dreißig Jahre und zeugte Söhne und
Töchter. — Und Peleg lebte dreißig 18
Jahre und zeugte Reghu. Und Peleg 19
lebte, nachdem er Reghu gezeugt hatte,
zweihundert und neun Jahre und
zeugte Söhne und Töchter. — Und Re- 20
ghu lebte zweiunddreißig Jahre und
zeugte Serug. Und Reghu lebte, nach- 21
dem er Serug gezeugt hatte, zweihundert und sieben Jahre und zeugte
Söhne und Töchter. — Und Serug lebte 22
dreißig Jahre und zeugte Nahor. Und 23
Serug lebte, nachdem er Nahor gezeugt hatte, zweihundert Jahre und
zeugte Söhne und Töchter. — Und 24
Nahor lebte neunundzwanzig Jahre
und zeugte Tarah g. Und Nahor lebte, 25
nachdem er Tarah gezeugt hatte, hundert und neunzehn Jahre und zeugte
Söhne und Töchter. — Und Tarah 26
lebte siebenzig Jahre und zeugte Abram,
Nahor und Haran.
Und dies sind die Geschlechter Ta- 27
rahs: Tarah zeugte Abram, Nahor und
Haran; und Haran zeugte Lot. Und 28
Haran starb vor dem Angesicht seines
Vaters Tarah, in dem Lande seiner
Geburt, zu Ur in Chaldäa h. Und Ab- 29
ram und Nahor nahmen sich Weiber;
der Name des Weibes Abrams war
Sarai, und der Name des Weibes
Nahors Milka, die Tochter Harans,
des Vaters der Milka und des Vaters
der Jiska. Und Sarai war unfruchtbar, 30
sie hatte kein Kind. Und Tarah nahm 31
seinen Sohn Abram, und Lot, den
Sohn Harans, seines Sohnes Sohn, und
Sarai, seine Schwiegertochter, das
Weib seines Sohnes Abram; und sie
zogen miteinander i aus Ur in Chaldäa, um in das Land Kanaan zu gehen; und sie kamen bis Haran j und
wohnten daselbst. Und die Tage Ta- 32
rahs waren zweihundert und fünf Jahre, und Tarah starb in Haran.
Und Jehova sprach zu Abram: Gehe **12**
aus deinem Lande und aus deiner
Verwandtschaft und aus deines Vaters
Hause, in das Land, das ich dir zeigen
werde. Und ich will dich zu einer 2
großen Nation machen und dich segnen, und ich will deinen Namen groß
machen; und du sollst ein Segen sein!
Und ich will segnen, die dich segnen, 3
und wer dir flucht, den werde ich
verfluchen; und in dir sollen gesegnet
werden alle Geschlechter der Erde!
Und Abram ging hin, wie Jehova zu 4
ihm geredet hatte, und Lot ging mit
ihm; und Abram war fünfundsiebenzig
Jahre alt, als er aus Haran zog. Und 5
Abram nahm Sarai, sein Weib, und

---

a Teilung. — b O. verteilte sich die *Bevölkerung der* Erde. — c W. war. — d O. von.
— e W. über die Fläche der ganzen Erde; so auch V. 8. 9. — f Verwirrung. — g H.
Terach. — h W. der Chaldäer; ebenso V. 31 und Kap. 15, 7. — i W. mit ihnen. And.
l.: und führte sie hinweg. — j im nordwestlichen Mesopotamien.

Lot, seines Bruders Sohn, und alle ihre Habe, die sie erworben, und die Seelen, die sie in Haran gewonnen hatten, und sie zogen aus, um in das Land Kanaan zu gehen; und sie ka-
6 men in das Land Kanaan. Und Abram durchzog das Land bis zu dem Orte Sichem, bis zur Terebinthe Mores. Und die Kanaaniter waren damals im
7 Lande. Und Jehova erschien dem Abram und sprach: Deinem Samen will ich dieses Land geben. Und er baute daselbst Jehova, der ihm er-
8 schienen war, einen Altar. Und er brach auf von dannen nach dem Gebirge ostwärts von Bethel und schlug sein Zelt auf, Bethel gegen Westen und Ai gegen Osten; und er baute daselbst Jehova einen Altar und rief den Namen Jehovas an.
9 Und Abram zog fort, immer weiter
10 ziehend, nach dem Süden a. Es entstand aber eine Hungersnot im Lande; und Abram zog nach Aegypten hinab, um sich daselbst aufzuhalten b, denn die Hungersnot war schwer im Lande.
11 Und es geschah, als er nahe daran war, nach Aegypten zu kommen, da sprach er zu Sarai, seinem Weibe: Siehe doch, ich weiß, daß du ein
12 Weib, schön von Ansehen, bist; und es wird geschehen, wenn die Aegypter dich sehen, so werden sie sagen: Sie ist sein Weib; und sie werden mich erschlagen und dich leben lassen
13 Sage doch, du seiest meine Schwester, auf daß es mir wohlgehe um deinetwillen, und meine Seele am Leben bleibe deinethalben.
14 Und es geschah, als Abram in Aegypten ankam, da sahen die Aegypter
15 daß das Weib sehr schön war. Und die Fürsten des Pharao sahen sie und priesen sie dem Pharao; und das Weib wurde in das Haus des Pharao geholt.
16 Und er tat Abram Gutes um ihretwillen; und er bekam Kleinvieh und Rinder und Esel und Knechte und Mägde und Eselinnen und Kamele.
17 Und Jehova schlug den Pharao und sein Haus mit großen Plagen, um Sarais willen, des Weibes Abrams.
18 Und der Pharao ließ Abram rufen und sprach: Was hast du mir da getan? Warum hast du mir nicht kund-
19 getan, daß sie dein Weib ist? warum hast du gesagt: Sie ist meine Schwester, so daß ich sie mir zum Weibe nahm? Und nun siehe, da ist dein
20 Weib, nimm sie und gehe hin. Und der Pharao entbot seinetwegen Männer, und sie geleiteten ihn und sein Weib und alles was er hatte.

13 Und Abram zog herauf aus Aegypten, er und sein Weib und alles was er hatte, und Lot mit ihm, nach
2 dem Süden c. Und Abram war sehr reich an Vieh, an Silber und an Gold.
3 Und er ging auf seinen Zügen vom Süden bis Bethel, bis zu dem Orte, wo

im Anfang sein Zelt gewesen war, zwischen Bethel und Ai, zu der Stätte 4 des Altars, den er zuvor daselbst gemacht hatte. Und Abram rief daselbst den Namen Jehovas an.

Und auch Lot, der mit Abram zog, 5 hatte Kleinvieh und Rinder und Zelte. Und das Land ertrug es nicht, daß 6 sie beisammen wohnten; denn ihre Habe war groß, und sie konnten nicht beisammen wohnen. Und es gab Zank 7 zwischen den Hirten von Abrams Vieh und den Hirten von Lots Vieh. Und die Kanaaniter und die Perisiter wohnten damals im Lande. Da sprach 8 Abram zu Lot: Laß doch kein Gezänk sein zwischen mir und dir und zwischen meinen Hirten und deinen Hirten; denn wir sind Brüder! Ist nicht 9 das ganze Land vor dir? Trenne dich doch von mir! Willst du d zur Linken, so will ich mich zur Rechten wenden, und willst du d zur Rechten, so will ich mich zur Linken wenden. Und 10 Lot hob seine Augen auf und sah die ganze Ebene e des Jordan, daß sie ganz bewässert war, (bevor Jehova Sodom und Gomorra zerstört hatte,) gleich dem Garten Jehovas, wie das Land Aegypten, bis nach Zoar hin. Und 11 Lot erwählte sich die ganze Ebene des Jordan, und Lot zog ostwärts; und sie trennten sich voneinander. Abram wohnte im Lande Kanaan, 12 und Lot wohnte in den Städten der Ebene und schlug Zelte auf bis nach Sodom. Und die Leute von Sodom 13 waren böse und große Sünder vor Jehova.

Und Jehova sprach zu Abram, 14 nachdem Lot sich von ihm getrennt hatte: Hebe doch deine Augen auf und schaue von dem Orte, wo du bist, gegen Norden und gegen Süden und gegen Osten und gegen Westen! Denn 15 das ganze Land, das du siehst, dir will ich es geben und deinem Samen auf ewig. Und ich will deinen Samen 16 machen wie den Staub der Erde, so daß, wenn jemand den Staub der Erde zu zählen vermag, auch dein Same gezählt werden wird. Mache 17 dich auf und durchwandle das Land nach seiner Länge und nach seiner Breite; denn dir will ich es geben. Und Abram schlug Zelte auf, und 18 kam und wohnte unter den Terebinthen Mamres, die bei Hebron sind; und er baute daselbst Jehova einen Altar.

Und es geschah in den Tagen Am- **14** raphels, des Königs von Sinear, Ariochs, des Königs von Ellasar, Kedorlaomers, des Königs von Elam, und Thidhals, des Königs von Gojim f, daß sie Krieg führten mit Bera, dem 2 Könige von Sodom, und mit Birscha, dem Könige von Gomorra, Schineab, dem Könige von Adama, und Schemeber, dem Könige von Zeboim, und

---

a Das hebr. Wort bezeichnet die Südgegend von Palästina. — *b* O. um daselbst als Fremdling zu weilen, d. h. ohne ansässig zu werden; vergl. Kap. 19, 9; 20, 1; 21, 23 und viele and. Stellen. — *c* S. die Anmerkung zu Kap. 12, 9. — *d* W. Wenn. — *e* Eig. Kreis, Umkreis; so auch V. 12. — *f* O. der Nationen.

mit dem Könige von Bela, das
3 ist Zoar. Alle diese verbündeten sich
und kamen in das Tal Siddim, das
4 ist das Salzmeer. Zwölf Jahre hatten
sie Kedorlaomer gedient, und im drei-
5 zehnten Jahre empörten sie sich. Und
im vierzehnten Jahre kamen Kedorlaomer und die Könige, die mit ihm
waren, und schlugen die Rephaim zu
Asteroth-Karnaim, und die Susim zu
Ham, und die Emim in der Ebene
6 von Kirjathaim, und die Horiter auf
ihrem Gebirge Seir, bis El-Paran, das
7 an der Wüste liegt. Und sie wandten
sich und kamen nach En-Mischpat,
das ist Kades; und sie schlugen das
ganze Gefilde der Amalekiter und
auch die Amoriter, die zu Hazazon-
8 Tamar wohnten. Und es zogen aus
der König von Sodom und der König
von Gomorra und der König von Adama und der König von Zeboim und
der König von Bela, das ist Zoar; und
sie stellten sich gegen sie in Schlacht-
9 ordnung auf im Tale Siddim: gegen
Kedorlaomer, den König von Elam,
und Thidhal, den König von Gojim,
und Amraphel, den König von Sinear,
und Arioch, den König von Ellasar,
10 vier Könige gegen die fünf. Das Tal
Siddim war aber voll von Erdharz-
Quellen; und die Könige von Sodom
und Gomorra flohen und fielen daselbst *a*, und die übrigen flohen ins
11 Gebirge. Und sie nahmen alle Habe
von Sodom und Gomorra und alle
12 ihre Speise und zogen davon. Und
sie nahmen Lot, Abrams Bruders Sohn,
und seine Habe, und zogen davon;
denn er wohnte in Sodom.
13   Und es kam ein Entronnener und
berichtete es Abram, dem Hebräer;
er wohnte aber unter den Terebinthen
Mamres, des Amoriters, des Bruders
von Eskol und des Bruders von Aner,
und diese waren Abrams Bundesge-
14 nossen. Und als Abram hörte, daß
sein Bruder gefangen weggeführt war,
ließ er seine Geübten, seine Hausgeborenen, ausrücken, dreihundert-
achtzehn *Mann*, und jagte *ihnen* nach
15 bis Dan. Und er teilte sich wider sie
des Nachts, er und seine Knechte,
und schlug sie und jagte ihnen nach
bis Hoba, das zur Linken *b* von Da-
16 maskus liegt. Und er brachte alle
Habe zurück; und auch Lot, seinen
Bruder, und dessen Habe brachte er
zurück, und auch die Weiber und
das Volk.
17   Und als er zurückgekehrt war, nachdem er Kedorlaomer und die Könige,
die mit ihm gewesen, geschlagen hatte,
zog der König von Sodom aus, ihm
entgegen, in das Tal Schawe, das ist
18 das Königstal. Und Melchisedek *c*,
König von Salem *d*, brachte Brot und
Wein heraus; und er war Priester
19 Gottes *e*, des Höchsten. Und er segnete
ihn und sprach: Gesegnet sei Abram

von Gotte, dem Höchsten, der Himmel und Erde besitzt! Und gepriesen *f* 20
sei Gotte, der Höchste, der deine Feinde in deine Hand geliefert hat! — Und
Abram *g* gab ihm den Zehnten von
allem. Und der König von Sodom 21
sprach zu Abram: Gib mir die Seelen,
und die Habe nimm für dich. Und 22
Abram sprach zu dem König von Sodom: Ich hebe meine Hand auf zu
Jehova, *zu* Gotte, dem Höchsten, der
Himmel und Erde besitzt: Wenn vom 23
Faden bis zum Schuhriemen, ja, wenn
ich irgend etwas nehme von dem, was
dein ist . . .! auf daß du nicht sagest:
Ich habe Abram reich gemacht. Nichts 24
für mich! nur was die Knaben *h* verzehrt
haben, und das Teil der Männer, die
mit mir gezogen sind: Aner, Eskol
und Mamre, die mögen ihr Teil nehmen!

Nach diesen Dingen geschah das
Wort Jehovas zu Abram in einem **15**
Gesicht also: Fürchte dich nicht, Abram; ich bin dir ein Schild, dein sehr
großer Lohn. Und Abram sprach: 2
Herr, Jehova, was willst du mir geben? ich gehe ja kinderlos dahin,
und der Erbe *i* meines Hauses, das
ist Elieser von Damaskus. Und Abram 3
sprach: Siehe, mir hast du keinen
Samen gegeben, und siehe, der Sohn
meines Hauses *j* wird mich beerben.
Und siehe, das Wort Jehovas *geschah* 4
zu ihm also: Nicht dieser wird dich
beerben, sondern der aus deinem Leibe
hervorgehen wird, der wird dich beerben. Und er führte ihn hinaus und 5
sprach: Blicke doch gen Himmel und
zähle die Sterne, wenn du sie zählen
kannst! Und er sprach zu ihm: Also
wird dein Same sein! Und er glaubte 6
Jehova; und er rechnete es ihm zur
Gerechtigkeit. Und er sprach zu ihm: 7
Ich bin Jehova, der dich herausgeführt
hat aus Ur in Chaldäa, um dir dieses
Land zu geben, es zu besitzen. Und 8
er sprach: Herr, Jehova, woran soll
ich erkennen, daß ich es besitzen
werde? Da sprach er zu ihm: Hole mir 9
eine dreijährige Färse und eine dreijährige Ziege und einen dreijährigen
Widder und eine Turteltaube und
eine junge Taube. Und er holte ihm 10
diese alle und zerteilte sie in der
Mitte und legte die Hälfte eines jeden
der anderen gegenüber; aber das Geflügel zerteilte er nicht. Und die Raub- 11
vögel stürzten auf die Aeser herab;
und Abram scheuchte sie hinweg. Und 12
es geschah, als die Sonne untergehen
wollte, da fiel ein tiefer Schlaf auf
Abram; und siehe, Schrecken, dichte
Finsternis überfiel ihn. Und er sprach 13
zu Abram: Gewißlich sollst du wissen,
daß dein Same ein Fremdling sein
wird in einem Lande, das nicht das
ihre ist; und sie werden ihnen dienen,
und sie werden sie bedrücken vierhundert Jahre. Aber ich werde die 14

---

a O. versanken darin. — *b* d. h. nördlich. — *c* König der Gerechtigkeit. —
d Friede, Wohlfahrt. — *e* El. — *f* S. die Anm. zu Kap. 9, 26. — *g* W. und er.
— *h* Eig. Burschen, Knappen; so auch an vielen anderen Stellen. — *i* W. der Sohn
des Besitzes. — *j* d. h. mein Hausgeborener.

Nation auch richten, welcher sie dienen werden; und danach werden sie
15 ausziehen mit großer Habe. Und du, du wirst zu deinen Vätern eingehen in Frieden, wirst begraben werden
16 in gutem Alter. Und im vierten Geschlecht werden sie hierher zurückkehren; denn die Ungerechtigkeit der Amoriter *a* ist bis hierher *noch* nicht
17 voll. Und es geschah, als die Sonne untergegangen und dichte Finsternis geworden war, siehe da, ein rauchender Ofen und eine Feuerflamme, die zwischen jenen Stücken hindurch-
18 fuhr *b*. An selbigem Tage machte Jehova einen Bund mit Abram und sprach: Deinem Samen gebe ich dieses Land vom Strome Aegyptens bis an den großen Strom, den Strom
19 Phrath: die Keniter und die Kenisiter
20 und die Kadmoniter und die Hethiter und die Perisiter und die Rephaim,
21 und die Amoriter und die Kanaaniter und die Girgasiter und die Jebusiter.

16 Und Sarai, Abrams Weib, gebar ihm nicht. Und sie hatte eine ägyptische
2 Magd, und ihr Name war Hagar. Und Sarai sprach zu Abram: Siehe doch, Jehova hat mich verschlossen, daß ich nicht gebäre; gehe doch ein zu meiner Magd, vielleicht werde ich aus ihr erbaut werden *c*. Und Abram
3 hörte auf die Stimme Sarais. Und Sarai, Abrams Weib, nahm Hagar, die Aegypterin, ihre Magd, nach Verlauf von zehn Jahren, die Abram im Lande Kanaan gewohnt hatte, und gab sie Abram, ihrem Manne, ihm zum
4 Weibe. Und er ging zu Hagar ein, und sie ward schwanger; und als sie sah, daß sie schwanger war, da wurde ihre Herrin gering in ihren Augen.
5 Und Sarai sprach zu Abram: Das Unrecht, das mir widerfährt, *fällt* auf dich! Ich habe meine Magd in deinen Schoß gegeben; und da sie sieht, daß sie schwanger geworden ist, bin ich gering in ihren Augen. Jehova richte
6 zwischen mir und dir! Und Abram sprach zu Sarai: Siehe, deine Magd ist in deiner Hand; tue ihr was gut ist in deinen Augen. Und Sarai behandelte sie hart, und sie floh von ihr hinweg.
7 Und der Engel Jehovas fand sie an einer Wasserquelle in der Wüste, an der Quelle auf dem Wege nach
8 Sur. Und er sprach: Hagar, Magd Sarais, woher kommst du, und wohin gehst du? Und sie sprach: Ich fliehe hinweg von meiner Herrin Sarai.
9 Und der Engel Jehovas sprach zu ihr: Kehre zu deiner Herrin zurück und
10 demütige dich unter ihre Hände. Und der Engel Jehovas sprach zu ihr: Ich will sehr mehren deinen Samen, daß

er nicht gezählt werden soll vor Menge. Und der Engel Jehovas sprach 11 zu ihr: Siehe, du bist schwanger und wirst einen Sohn gebären; und du sollst ihm den Namen Ismael *d* geben, denn Jehova hat auf dein Elend gehört. Und er, er wird ein Wildesel 12 von Mensch sein; seine Hand wider alle und die Hand aller wider ihn, und angesichts aller seiner Brüder *e* wird er wohnen. Da nannte sie 13 Jehova, der zu ihr redete: Du bist ein Gott *f*, der sich schauen läßt *g*! denn sie sprach: Habe ich nicht auch hier geschaut, nachdem er sich hat schauen lassen *h*? Darum nannte man 14 den Brunnen: Beer-Lachai-Roi *i*; siehe, er ist zwischen Kades und Bered.

Und Hagar gebar dem Abram einen 15 Sohn; und Abram gab seinem Sohne, den Hagar geboren hatte, den Namen Ismael. Und Abram war sechsund- 16 achtzig Jahre alt, als Hagar dem Abram Ismael gebar.

17 Und Abram war neunundneunzig Jahre alt, da erschien Jehova dem Abram und sprach zu ihm: Ich bin Gott *f*, der Allmächtige; wandle vor meinem Angesicht und sei vollkommen *j*. Und ich will meinen Bund 2 setzen zwischen mir und dir, und will dich sehr, sehr mehren. Da fiel Abram 3 auf sein Angesicht, und Gott redete mit ihm und sprach: Ich, siehe, mein 4 Bund ist mit dir, und du wirst zum Vater einer Menge Nationen werden. Und nicht soll hinfort dein Name 5 Abram *k* heißen, sondern Abraham *l* soll dein Name sein; denn zum Vater einer Menge Nationen habe ich dich gemacht. Und ich werde dich sehr, 6 sehr fruchtbar machen, und ich werde dich zu Nationen machen, und Könige sollen aus dir hervorkommen. Und 7 ich werde meinen Bund errichten zwischen mir und dir und deinem Samen nach dir, nach ihren Geschlechtern *m*, zu einem ewigen Bunde, um dir zum Gott zu sein und deinem Samen nach dir. Und ich werde dir und deinem 8 Samen nach dir das Land deiner Fremdlingschaft geben, das ganze Land Kanaan, zum ewigen Besitztum, und ich werde ihr *n* Gott sein. Und 9 Gott sprach zu Abraham: Und du, du sollst meinen Bund halten, du und dein Same nach dir, nach ihren Geschlechtern. Dies ist mein Bund, den 10 ihr halten sollt zwischen mir und euch und deinem Samen nach dir: alles Männliche werde *bei* euch beschnitten; und 11 ihr sollt das Fleisch eurer Vorhaut beschneiden. Und das soll das Zeichen des Bundes sein zwischen mir und euch. Und acht Tage alt soll alles 12 Männliche *bei* euch beschnitten werden

---

a Die Amoriter stehen hier und anderswo, als das Hauptvolk des Landes, für alle Kanaaniter. — *b* Vergl. Jer. 34, 18. 19. — *c* d. i. durch sie Nachkommen erhalten. — *d* Gott hört. — *e* Zugl. östlich von allen seinen Brüdern. — *f* El. — *g* O. der mich sieht; W. des Schauens. — *h* W. nach dem Schauen; And. üb.: Habe ich auch hier dem nachgeschaut, der mich sieht, od. gesehen hat? — *i* Brunnen des Lebendigen, der sich schauen läßt, od. der mich gesehen hat. — *j* S. die Anm. zu Kap. 6, 9. — *k* erhabener Vater. — *l* Vater einer Menge. — *m* d. h. so viele deren sein werden; so auch V. 9 und 12. — *n* W. ihnen zum Gott.

nach euren Geschlechtern, der Hausgeborene und der für Geld Erkaufte, von allen Fremden, die nicht von deinem Samen sind; es soll gewißlich beschnitten werden dein Hausgeborener und der für dein Geld Erkaufte. Und mein Bund soll an eurem Fleische sein als ein ewiger Bund. Und der unbeschnittene Männliche, der am Fleische seiner Vorhaut nicht beschnitten wird, selbige Seele soll ausgerottet werden aus ihrem Volke a; meinen Bund hat er gebrochen!

15 Und Gott sprach zu Abraham: Sarai, dein Weib, sollst du nicht Sarai nennen, sondern Sara b soll ihr Name 16 sein. Und ich werde sie segnen, und auch von ihr gebe ich dir einen Sohn; und ich werde sie segnen, und sie wird zu Nationen werden; Könige von Völkern sollen aus ihr kommen. 17 Und Abraham fiel auf sein Angesicht und lachte und sprach in seinem Herzen: Sollte einem Hundertjährigen geboren werden, und sollte Sara, soll- 18 te eine Neunzigjährige gebären? Und Abraham sprach zu Gott: Möchte doch 19 Ismael vor dir leben! Und Gott sprach: Fürwahr, Sara, dein Weib, wird dir einen Sohn gebären, und du sollst ihm den Namen Isaak c geben; und ich werde meinen Bund mit ihm errichten zu einem ewigen Bunde für 20 seinen Samen nach ihm. Und um Ismael habe ich dich erhört: Siehe, ich habe ihn gesegnet und werde ihn fruchtbar machen und ihn sehr, sehr mehren; zwölf Fürsten wird er zeugen, und ich werde ihn zu einer gro- 21 ßen Nation machen. Aber meinen Bund werde ich mit Isaak errichten, den Sara dir gebären wird um diese bestimmte Zeit im folgenden Jahre. 22 Und er hörte auf mit ihm zu reden; und Gott fuhr auf von Abraham.

23 Und Abraham nahm Ismael, seinen Sohn, und alle seine Hausgeborenen und alle mit seinem Geld Erkauften, alles Männliche unter den Hausleuten Abrahams, und beschnitt das Fleisch ihrer Vorhaut an diesem selbigen Tage, wie Gott zu ihm geredet hatte. 24 Und Abraham war neunundneunzig Jahre alt, als er am Fleische seiner 25 Vorhaut beschnitten wurde. Und Ismael, sein Sohn, war dreizehn Jahre alt, als er am Fleische seiner Vor- 26 haut beschnitten wurde. An diesem selbigen Tage wurde Abraham be- 27 schnitten und Ismael, sein Sohn; und alle Männer seines Hauses, der Hausgeborene und der für Geld Erkaufte, von den Fremden, wurden mit ihm beschnitten.

18 Und Jehova erschien ihm bei den Terebinthen Mamres; und er saß an dem Eingang des Zeltes bei der 2 Hitze des Tages. Und er hob seine Augen auf und sah: und siehe, drei Männer standen vor ihm; und als er sie sah, lief er ihnen entgegen von dem Eingang des Zeltes und beugte sich nieder zur Erde; und er sprach: 3 Herr, wenn ich anders Gnade gefunden habe in deinen Augen, so gehe doch nicht an deinem Knechte vorüber! Es werde doch ein wenig Was- 4 ser geholt, und waschet eure Füße; und lagert euch d unter dem Baume, und ich will einen Bissen Brot holen, 5 und stärket euer Herz; darnach möget ihr weitergehen; da ihr nun einmal e vorbeigekommen seid bei eurem Knechte. Und sie sprachen: Tue also, wie du geredet hast. Da eilte Abraham ins 6 Zelt zu Sara und sprach: Nimm schnell drei Maß Feinmehl, knete und mache Kuchen f! Und Abraham lief zu den 7 Rindern und nahm ein Kalb, zart und gut, und gab es dem Knaben; und der beeilte sich, es zuzubereiten. Und er holte dicke und süße Milch 8 und das Kalb, das er zubereitet hatte, und setzte es ihnen vor; und er stand vor ihnen unter dem Baume, und sie aßen.

Und sie sprachen zu ihm: Wo ist 9 Sara, dein Weib? Und er sprach: Siehe, im Zelte. Und er sprach: Gewißlich 10 werde ich übers Jahr wieder zu dir kommen, und siehe, Sara, dein Weib, wird einen Sohn haben. Und Sara horchte am Eingang des Zeltes, der hinter ihm war. Und Abraham und 11 Sara waren alt, wohlbetagt; es hatte aufgehört, Sara zu ergehen nach der Weiber Weise. Und Sara lachte in 12 ihrem Innern und sprach: Nachdem ich alt geworden g bin, sollte ich Wollust haben? und mein Herr ist ja alt! Und Jehova sprach zu Abraham: War- 13 um hat Sara denn gelacht und gesagt: Sollte ich auch wirklich gebären, da ich doch alt bin? Ist für Jehova 14 eine Sache zu wunderbar? Zur bestimmten Zeit übers Jahr werde ich wieder zu dir kommen, und Sara wird einen Sohn haben. Und Sara leugnete 15 und sprach: Ich habe nicht gelacht! denn sie fürchtete sich. Er aber sprach: Nein, sondern du hast gelacht.

Und die Männer erhoben sich von 16 dannen und blickten hin nach Sodom; und Abraham ging mit ihnen, sie zu geleiten. Und Jehova sprach: Sollte 17 ich vor Abraham verbergen, was ich tun will? Wird doch Abraham ge- 18 wißlich zu einer großen und mächtigen Nation werden, und sollen doch in ihm gesegnet werden alle Nationen der Erde! Denn ich habe ihn erkannt, 19 auf daß er seinen Kindern und seinem Hause nach ihm befehle h, daß sie den Weg Jehovas bewahren, Gerechtigkeit und Recht zu üben i, damit Jehova auf Abraham kommen lasse, was er über ihn geredet hat. Und Jehova sprach: Weil das Geschrei 20

---

a W. aus ihren Völkern, d. h. Volksgenossen. — b Fürstin. — c H. Jizchak, auch Jischak: Lacher. — d Eig. lehnet euch nieder. — e O. denn darum seid ihr. — f Brotkuchen, die in heißer Asche rasch gebacken werden konnten. — g Eig. abgewelkt. — h And. üb.: Ich kenne ihn, daß er seinen Kindern . . . befehlen wird. — i O. indem sie Gerechtigkeit und Recht üben.

von Sodom und Gomorra groß, und
21 weil ihre Sünde sehr schwer ist, so
will ich doch hinabgehen und sehen,
ob sie nach ihrem Geschrei, das vor
mich gekommen ist, völlig getan haben; und wenn nicht, so will ich's
wissen.
22   Und die Männer wandten sich von
dannen und gingen nach Sodom; Abraham aber blieb noch vor Jehova ste-
23 hen. Und Abraham trat hinzu und
sprach: Willst du denn den Gerechten
24 mit dem Gesetzlosen wegraffen? Vielleicht sind fünfzig Gerechte innerhalb der Stadt; willst du sie denn
wegraffen und dem Orte nicht vergeben um der fünfzig Gerechten willen,
25 die darin sind? Fern sei es von dir, so
etwas zu tun, den Gerechten mit dem
Gesetzlosen zu töten, so daß der Gerechte sei wie der Gesetzlose; fern
sei es von dir! Sollte der Richter der
26 ganzen Erde nicht Recht üben? Und
Jehova sprach: Wenn ich in Sodom,
innerhalb der Stadt, fünfzig Gerechte
finde, so will ich um ihretwillen den
27 ganzen Orte vergeben. Und Abraham
antwortete und sprach: Siehe doch,
ich habe mich unterwunden zu dem
Herrn zu reden, und ich bin Staub
28 und Asche. Vielleicht mögen an den
fünfzig Gerechten fünf fehlen; willst
du wegen der fünf die ganze Stadt
verderben? Und er sprach: Ich will
sie nicht verderben, wenn ich fünf-
29 undvierzig daselbst finde. Und er fuhr
fort, weiter zu ihm zu reden, und
sprach: Vielleicht mögen vierzig daselbst gefunden werden. Und er sprach:
Ich will es nicht tun um der vierzig
30 willen. Und er sprach: Möge doch
der Herr nicht zürnen, und ich will
reden. Vielleicht mögen dreißig daselbst gefunden werden. Und er sprach:
Ich will es nicht tun, wenn ich drei-
31 ßig daselbst finde. Und er sprach:
Siehe doch, ich habe mich unterwunden, zu dem Herrn zu reden; vielleicht mögen zwanzig daselbst gefunden werden. Und er sprach: Ich
will nicht verderben um der zwanzig
32 willen. Und er sprach: Möge doch
der Herr nicht zürnen, und ich will
nur *noch* diesmal reden. Vielleicht
mögen zehn daselbst gefunden werden. Und er sprach: Ich will nicht
33 verderben um der zehn willen. Und
Jehova ging weg, als er mit Abraham
ausgeredet hatte; und Abraham kehrte zurück an seinen Ort.

19 Und die beiden Engel kamen am
Abend nach Sodom; und Lot saß
im Tore Sodoms. Und als Lot sah,
stand er auf, ihnen entgegen, und
beugte sich nieder, mit dem Angesicht
2 zur Erde, und sprach: Ach siehe,
meine Herren! kehret doch ein in
das Haus eures Knechtes und übernachtet und waschet eure Füße; und
ihr machet euch früh auf und gehet
eures Weges. Aber sie sprachen: Nein,
sondern wir wollen auf dem Platze *a*

übernachten. Und er drang sehr in 3
sie; und sie kehrten bei ihm ein und
kamen in sein Haus. Und er machte
ihnen ein Mahl, und er backte ungesäuerte Kuchen, und sie aßen. Noch 4
hatten sie sich nicht niedergelegt,
da umringten die Männer der Stadt,
die Männer von Sodom, das Haus, vom
Jüngling bis zum Greise, das ganze
Volk insgesamt. Und sie riefen Lot 5
und sprachen zu ihm: Wo sind die
Männer, die diese Nacht zu dir gekommen sind? Führe sie zu uns heraus,
daß wir sie erkennen! Und Lot trat 6
zu ihnen hinaus an den Eingang und
schloß die Tür hinter sich zu; und 7
er sprach: Tut doch nicht übel, meine Brüder! Siehe doch, ich habe zwei 8
Töchter, die keinen Mann erkannt
haben; laßt mich sie doch zu euch
herausbringen, und tut ihnen, wie es
gut ist in euren Augen; allein diesen
Männern tut nichts, da sie nun einmal *b* unter den Schatten meines Da-
ches gekommen sind. Aber sie spra- 9
chen: Zurück da! Und sie sprachen:
Der eine da ist gekommen, als Fremdling *hier* zu weilen, und will den
Richter machen? Nun, wir wollen
dir ärger tun als jenen. Und sie drangen hart ein auf den Mann, auf Lot,
und traten herzu, die Tür zu erbrechen. Und die Männer streckten 10
ihre Hand aus und brachten Lot zu
sich herein ins Haus und verschlossen
die Tür. Und die Männer, die am 11
Eingang des Hauses waren, schlugen
sie mit Blindheit, vom kleinsten bis
zum größten; und sie wurden müde,
den Eingang zu finden.
Und die Männer sprachen zu Lot: 12
Wen du noch hier hast, einen Eidam
und deine Söhne und deine Töchter
und wen irgend du in der Stadt hast,
führe hinaus aus diesem Orte! Denn 13
wir wollen diesen Ort verderben, weil
ihr *c* Geschrei groß geworden ist vor
Jehova; und Jehova hat uns gesandt,
die Stadt *d* zu verderben. Und Lot 14
ging hinaus und redete zu seinen Ei-
damen, die seine Töchter genommen
hatten, und sprach: Machet euch auf,
gehet aus diesem Orte; denn Jehova
will die Stadt verderben. Aber er war
in den Augen seiner Eidame wie einer,
der Scherz treibt. Und sowie die Mor- 15
genröte aufging, da drangen die Engel in Lot und sprachen: Mache dich
auf, nimm dein Weib und deine zwei
Töchter, die vorhanden sind, damit
du nicht weggerafft werdest in der
Ungerechtigkeit *e* der Stadt! Und als 16
er zögerte, ergriffen die Männer seine
Hand und die Hand seines Weibes
und die Hand seiner zwei Töchter,
weil Jehova sich seiner erbarmte *f*,
und führten ihn hinaus und ließen
ihn außerhalb der Stadt. Und es ge- 17
schah, als sie sie hinausgeführt hatten
ins Freie, da sprach er: Rette dich um
deines Lebens willen; sieh nicht hinter
dich, und bleibe nicht stehen in der

---

a der Marktplatz am Stadttor. O. auf der Straße. — *b* O. denn darum sind sie.
— *c* d. h. der Einwohner. — *d* W. sie. — *e* O. Strafe. — *f* Eig. ihn verschonte.

ganzen Ebene *a*; rette dich auf das
Gebirge, damit du nicht weggerafft
18 werdest! Und Lot sprach zu ihnen:
19 Nicht doch, Herr! Siehe doch, dein
Knecht hat Gnade gefunden in deinen Augen, und du hast deine Güte
groß gemacht, die du an mir erwiesen hast, meine Seele am Leben zu
erhalten; aber ich kann mich nicht
auf das Gebirge retten, es möchte
mich das Unglück erhaschen, daß ich
20 stürbe. Siehe doch, diese Stadt ist
nahe, um dahin zu fliehen, und sie
ist klein; laß mich doch dahin mich
retten, (ist sie nicht klein?) damit
21 meine Seele am Leben bleibe. Und
er sprach zu ihm: Siehe, auch in diesem Stücke habe ich dich angesehen,
daß ich die Stadt nicht umkehre, von
22 der du geredet hast. Eile, rette dich
dorthin; denn ich kann nichts tun,
bis du dorthin gekommen bist. Daher hat man der Stadt den Namen
Zoar *b* gegeben.
23 Die Sonne ging auf über der Erde,
24 als Lot in Zoar ankam. Und Jehova
ließ auf Sodom und auf Gomorra
Schwefel und Feuer regnen von Je-
25 hova aus dem Himmel; und er kehrte
diese Städte um und die ganze Ebene
und alle Bewohner der Städte und
26 das Gewächs des Erdbodens. Und
sein Weib sah sich hinter ihm um
und ward zu einer Salzsäule.
27 Und Abraham machte sich des Morgens früh auf an den Ort, wo er vor
28 Jehova gestanden hatte; und er blickte hin nach Sodom und Gomorra und
nach dem ganzen Lande der Ebene;
und er sah: und siehe, ein Rauch
stieg auf von der Erde *c*, wie der
Rauch eines Schmelzofens.
29 Und es geschah, als Gott die Städte
der Ebene verderbte, da gedachte
Gott des Abraham und entsandte Lot
mitten aus der Umkehrung, als er die
Städte umkehrte, in welchen Lot gewohnt hatte.
30 Und Lot zog hinauf von Zoar und
wohnte im Gebirge, und seine beiden
Töchter mit ihm; denn er fürchtete
sich, in Zoar zu wohnen. Und er
wohnte in einer Höhle, er und seine
31 beiden Töchter. Und die Erstgeborene
sprach zu der Jüngeren: Unser Vater ist alt, und kein Mann ist im Lande, um zu uns einzugehen nach der
32 Weise aller Welt. Komm, laß uns
unserm Vater Wein zu trinken geben
und bei ihm liegen, damit wir von
unserm Vater Samen am Leben er-
33 halten *d*. Und sie gaben ihrem Vater
Wein zu trinken in selbiger Nacht,
und die Erstgeborene ging hinein und
lag bei ihrem Vater; und er wußte
weder um ihr Niederlegen noch um
34 ihr Aufstehen. Und es geschah am
Morgen, da sprach die Erstgeborene
zu der Jüngeren: Siehe, ich habe gestern Nacht bei meinem Vater gelegen;

laß uns ihm auch diese Nacht Wein
zu trinken geben, und gehe hinein,
liege bei ihm, damit wir von unserm
Vater Samen am Leben erhalten *d*.
Und sie gaben auch in selbiger Nacht 35
ihrem Vater Wein zu trinken, und
die Jüngere stand auf und lag bei
ihm; und er wußte weder um ihr Niederlegen noch um ihr Aufstehen. Und 36
die beiden Töchter Lots wurden
schwanger von ihrem Vater. Und die 37
Erstgeborene gebar einen Sohn, und
sie gab ihm den Namen Moab; dieser ist der Vater der Moabiter *f* bis
auf diesen Tag. Und die Jüngere, auch 38
sie gebar einen Sohn, und sie gab
ihm den Namen Ben Ammi *g*; dieser
ist der Vater der Kinder Ammon bis
auf diesen Tag.

Und Abraham brach auf von da-　**20**
nen nach dem Lande des Südens
und wohnte zwischen Kades und
Sur; und er hielt sich auf zu Gerar.
Und Abraham sagte von Sara, seinem 2
Weibe: Sie ist meine Schwester. Da
sandte Abimelech *h*, der König von
Gerar, und ließ Sara holen *i*. Und 3
Gott kam zu Abimelech in einem
Traume der Nacht und sprach zu
ihm: Siehe, du bist des Todes wegen
des Weibes, das du genommen hast;
denn sie ist eines Mannes Eheweib.
Abimelech aber hatte sich ihr nicht 4
genaht; und er sprach: Herr, willst
du auch eine gerechte Nation töten?
Hat er nicht zu mir gesagt: Sie ist 5
meine Schwester? Und auch sie selbst
hat gesagt: Er ist mein Bruder. In
Lauterkeit meines Herzens und in
Unschuld meiner Hände habe ich dies
getan. Und Gott sprach zu ihm im 6
Traume: Auch i c h weiß, daß du in
Lauterkeit deines Herzens dies getan
hast, und so habe i c h dich auch davon abgehalten, gegen mich zu sündigen; darum habe ich dir nicht gestattet, sie zu berühren. Und nun gib 7
das Weib des Mannes zurück; denn
er ist ein Prophet und wird für dich
bitten, und du wirst am Leben bleiben. Wenn du sie aber nicht zurück-
gibst, so wisse, daß du gewißlich
sterben wirst, du und alles was dein
ist! Und Abimelech stand des Mor- 8
gens früh auf und rief alle seine
Knechte und redete alle diese Worte
vor ihren Ohren; und die Männer
fürchteten sich sehr. Und Abimelech 9
rief Abraham und sprach zu ihm:
Was hast du uns angetan! Und was
habe ich wider dich gesündigt, daß
du über mich und über mein Reich
eine große Sünde gebracht hast? Dinge, die nicht getan werden sollten,
hast du mir angetan. Und Abimelech 10
sprach zu Abraham: Was hast du be-
absichtigt, daß du dies getan hast?
Und Abraham sprach: Weil ich *mir* 11
sagte: Gewiß ist keine *j* Gottesfurcht
an diesem Orte, und sie werden mich

---

a Eig. in dem ganzen Kreise (des Jordan); ebenso V. 25. 28. 29. — *b* Kleinheit.
— *c* O. vom Lande. — *d* O. ins Leben rufen. — e d. h. vom Vater. — *f* W.
Moabs. — *g* Sohn meines Volkes. — *h* Abimelech war ein gemeinschaftlicher Titel
aller Könige der Philister. — *i* W. nahm Sara. — *j* O. Es ist gar keine.

12 töten um meines Weibes willen. Auch ist sie wahrhaftig meine Schwester, die Tochter meines Vaters, nur nicht die Tochter meiner Mutter; und sie 13 ist mein Weib geworden. Und es geschah, als Gott mich wandern ließ aus meines Vaters Hause, da sprach ich zu ihr: Dies sei deine Güte, die du mir erweisen mögest; an jedem Orte, wohin wir kommen werden, sa-14 ge von mir: Er ist mein Bruder. Da nahm Abimelech Kleinvieh und Rinder, und Knechte und Mägde, und gab sie dem Abraham; und er gab ihm 15 Sara, sein Weib, zurück. Und Abimelech sprach: Siehe, mein Land ist vor dir; wohne, wo es gut ist in dei-16 nen Augen. Und zu Sara sprach er: Siehe, ich habe deinem Bruder tausend Silber*sekel* gegeben; siehe, das sei dir eine Augendecke vor allen, die bei dir sind, und in Bezug auf alles ist *die Sache* rechtlich geschlich-17 tet*a*. Und Abraham betete zu Gott; und Gott heilte Abimelech und sein Weib und seine Mägde, so daß sie 18 gebaren. Denn Jehova hatte um Saras, des Weibes Abrahams, willen jeden Mutterleib im Hause Abimelechs gänzlich verschlossen.

21 Und Jehova suchte Sara heim, wie er gesagt hatte, und Jehova tat der 2 Sara, wie er geredet hatte. Und Sara wurde schwanger und gebar dem Abraham einen Sohn in seinem Alter, zu der bestimmten Zeit, von welcher 3 Gott ihm gesagt hatte. Und Abraham gab seinem Sohne, der ihm geboren worden, welchen Sara ihm gebar, 4 den Namen Isaak. Und Abraham beschnitt Isaak, seinen Sohn, als er acht Tage alt war, wie Gott ihm geboten 5 hatte. Und Abraham war hundert Jahre alt, als ihm sein Sohn Isaak ge-6 boren wurde. Und Sara sprach: Gott hat mir ein Lachen bereitet*b*; jeder, der es hört, wird mit mir lachen*c*. 7 Und sie sprach: Wer hätte Abraham gesagt: Sara säugt Söhne! Denn ich habe ihm einen Sohn geboren in sei-8 nem Alter. Und das Kind wuchs und ward entwöhnt; und Abraham machte ein großes Mahl an dem Tage, da Isaak entwöhnt wurde. 9 Und Sara sah den Sohn Hagars, der Aegypterin, den sie dem Abraham 10 geboren hatte, spotten*d*. Und sie sprach zu Abraham: Treibe diese Magd und ihren Sohn hinaus; denn der Sohn dieser Magd soll nicht erben mit meinem Sohne, mit Isaak! 11 Und die Sache war sehr übel in den Augen Abrahams um seines Sohnes 12 willen. Aber Gott sprach zu Abraham: Laß es nicht übel sein in deinen Augen wegen des Knaben und wegen deiner Magd; was immer Sara zu dir sagt, höre auf ihre Stimme; denn in Isaak soll dir ein Same genannt wer-13 den. Doch auch den Sohn der Magd

werde ich zu einer Nation machen, weil er dein Same ist. Und Abraham stand des Morgens 14 früh auf, und er nahm Brot und einen Schlauch Wasser und gab es der Hagar, indem er es auf ihre Schulter legte; und *er gab ihr* den Knaben und entließ sie. Und sie ging hin und irrte umher in der Wüste von Beerseba. Und als das Wasser im Schlau-15 che ausging, da warf sie das Kind unter einen der Sträucher; und sie 16 ging hin und setzte sich gegenüber, einen Bogenschuß weit, denn sie sprach: Daß ich das Sterben des Kindes nicht ansehe! und sie setzte sich gegenüber und erhob ihre Stimme und weinte. Und Gott hörte die Stim-17 me des Knaben. Und der Engel Gottes rief der Hagar vom Himmel zu und sprach zu ihr: Was ist dir, Hagar? Fürchte dich nicht! denn Gott hat auf die Stimme des Knaben gehört, da, wo er ist; stehe auf, nimm 18 den Knaben und fasse ihn mit deiner Hand, denn ich will ihn zu einer großen Nation machen. Und Gott öffnete 19 ihre Augen, und sie sah einen Wasserbrunnen; und sie ging hin und füllte den Schlauch mit Wasser und tränkte den Knaben. Und Gott war 20 mit dem Knaben, und er wuchs heran; und er wohnte in der Wüste und wurde ein Bogenschütze. Und er 21 wohnte in der Wüste Paran, und seine Mutter nahm ihm ein Weib aus dem Lande Aegypten. Und es geschah zu selbiger Zeit, 22 da sprach Abimelech und Pikol, sein Heeroberster, zu Abraham und sagte: Gott ist mit dir in allem, was du tust. So schwöre mir nun hier bei 23 Gott, daß du weder an mir noch an meinem Sohne, noch an meinem Enkel*e* trüglich handeln wirst! Nach der Güte, die ich dir erwiesen habe, sollst du an mir tun und an dem Lande, in welchem du dich aufhältst. Und 24 Abraham sprach: Ich will schwören. Und Abraham stellte Abimelech zur 25 Rede wegen eines Wasserbrunnens, den Abimelechs Knechte mit Gewalt genommen hatten. Und Abimelech 26 sprach: Ich weiß nicht, wer das getan hat; weder hast d u es mir berichtet, noch habe i c h davon gehört außer heute. Da nahm Abraham Klein-27 vieh und Rinder und gab sie Abimelech, und sie schlossen beide einen Bund. Und Abraham stellte sieben 28 junge Schafe der Herde besonders. Und Abimelech sprach zu Abraham: 29 Was sollen diese sieben jungen Schafe, die du besonders gestellt hast? Und 30 er sprach: Die sieben jungen Schafe sollst du von meiner Hand annehmen, damit es mir zum Zeugnis sei, daß ich diesen Brunnen gegraben habe. Daher nannte man diesen Ort 31 Beerseba*f*, weil sie beide daselbst

---

a O. ist dir recht geschehen; O. und so bist du vor allen gerechtfertigt. And. üb.: . . . und bei allen. So wurde sie gestraft. — *b* Siehe die Anm. zu Kap. 17, 19. — *c* Eig. mir lachen (zulachen). — *d* O. lachen. — *e* W. noch an meinem Sproß, noch an meinem Schoß. — *f* Eides-Brunnen.

32 geschworen hatten. So schlossen sie
einen Bund zu Beerseba. Und Abimelech machte sich auf und Pikol, sein
Heeroberster, und sie kehrten in das
33 Land der Philister zurück. — Und
Abraham *a* pflanzte eine Tamariske
zu Beerseba und rief daselbst den
Namen Jehovas, des ewigen Gottes *b*,
34 an. Und Abraham hielt sich eine lange Zeit auf im Lande der Philister.

22 Und es geschah nach diesen Dingen,
daß Gott den Abraham versuchte;
und er sprach zu ihm: Abraham! Und
2 er sprach: Hier bin ich! Und er
sprach: Nimm deinen Sohn, deinen
einzigen, den du lieb hast, den
Isaak, und ziehe hin in das Land
Morija, und opfere ihn daselbst als
Brandopfer auf einem der Berge,
3 den ich dir sagen werde. Und Abraham stand des Morgens früh auf und
sattelte seinen Esel und nahm mit
sich zwei von seinen Knaben und
Isaak, seinen Sohn; und er spaltete
Holz zum Brandopfer und machte sich
auf und zog hin an den Ort, den Gott
4 ihm gesagt hatte. Am dritten Tage,
da erhob Abraham seine Augen und
5 sah den Ort von ferne. Und Abraham
sprach zu seinen Knaben: Bleibet ihr
hier mit dem Esel; ich aber und der
Knabe wollen bis dorthin gehen und
anbeten und *dann* zu euch zurückkeh-
6 ren. Und Abraham nahm das Holz des
Brandopfers und legte es auf Isaak,
seinen Sohn; und in seine Hand nahm
er das Feuer und das Messer; und
7 sie gingen beide miteinander. Und
Isaak sprach zu seinem Vater Abraham und sagte: Mein Vater! Und er
sprach: Hier bin ich, mein Sohn. Und
er sprach: Siehe, das Feuer und das
Holz; wo aber ist das Schaf zum
8 Brandopfer? Und Abraham sprach:
Gott wird sich ersehen das Schaf zum
Brandopfer, mein Sohn. Und sie gin-
9 gen beide miteinander. Und sie kamen an den Ort, von dem Gott ihm
gesagt hatte; und Abraham baute daselbst den Altar und schichtete das
Holz; und er band seinen Sohn Isaak
und legte ihn auf den Altar oben auf
10 das Holz. Und Abraham streckte seine
Hand aus und nahm das Messer, um
11 seinen Sohn zu schlachten. Da rief
ihm der Engel Jehovas vom Himmel
zu und sprach: Abraham, Abraham!
12 Und er sprach: Hier bin ich! Und er
sprach: Strecke deine Hand nicht
aus nach dem Knaben, und tue ihm
gar nichts! Denn nun weiß ich, daß
du Gott fürchtest und deinen Sohn,
deinen einzigen, mir nicht vorenthal-
13 ten hast. Und Abraham erhob seine
Augen und sah, und siehe, da war ein
Widder dahinten im Dickicht festgehalten durch seine Hörner; und Abraham ging hin und nahm den Widder
und opferte ihn als Brandopfer an
14 seines Sohnes Statt. Und Abraham
gab diesem Orte den Namen: Jehova
wird ersehen *c*; daher heutigen Ta-

ges gesagt wird: Auf dem Berge Jehovas wird ersehen werden. Und der 15
Engel Jehovas rief Abraham ein zweites Mal vom Himmel zu und sprach: 16
Ich schwöre bei mir selbst, spricht
Jehova *d*, daß, weil du dieses getan
und deinen Sohn, deinen einzigen,
mir nicht vorenthalten hast, ich dich 17
reichlich segnen und deinen Samen
sehr mehren werde, wie die Sterne
des Himmels und wie der Sand,
der am Ufer des Meeres ist; und dein
Same wird besitzen das Tor seiner
Feinde; und in deinem Samen wer- 18
den sich segnen *e* alle Nationen der
Erde: darum daß du meiner Stimme
gehorcht hast. Und Abraham kehrte 19
zu seinen Knaben zurück, und sie
machten sich auf und zogen miteinander nach Beerseba; und Abraham
wohnte zu Beerseba.

Und es geschah nach diesen Din- 20
gen, da wurde dem Abraham berichtet: Siehe, Milka, auch sie hat deinem
Bruder Nahor Söhne geboren: Uz, 21
seinen Erstgeborenen, und Bus, seinen
Bruder, und Kemuel, den Vater Arams,
und Kesed und Haso und Pildasch 22
und Jidlaph und Bethuel. (Und Be- 23
thuel zeugte Rebekka.) Diese acht
gebar Milka dem Nahor, dem Bruder
Abrahams. Und sein Kebsweib, na- 24
mens Reuma, auch sie gebar Tebach
und Gacham und Tachasch und Maaka.

Und das Leben Saras war hundert
siebenundzwanzig Jahre; *das wa-* **23**
ren die Lebensjahre Saras. Und Sa- 2
ra starb zu Kirjath-Arba, das ist Hebron, im Lande Kanaan. Und Abraham kam, um über Sara zu klagen
und sie zu beweinen. Und Abraham 3
erhob sich weg von seiner Toten und
redete zu den Kindern Heth und
sprach: Ich bin ein Fremdling und 4
Beisasse bei euch; gebet mir ein Erbbegräbnis *f* bei euch, daß ich meine
Tote begrabe vor meinem Angesicht
hinweg. Und die Kinder Heth ant- 5
worteten dem Abraham und sprachen
zu ihm: Höre uns, mein Herr! Du 6
bist ein Fürst Gottes unter uns, begrabe deine Tote in dem auserlesen-
sten unserer Gräber; keiner von uns
wird dir sein Grab verwehren, um
deine Tote zu begraben. Da stand 7
Abraham auf und verneigte sich vor
dem Volke des Landes, vor den Kindern Heth, und redete mit ihnen und 8
sprach: Wenn es euer Wille ist, daß
ich meine Tote begrabe vor meinem
Angesicht hinweg, so höret mich und
leget Fürsprache für mich ein bei
Ephron, dem Sohne Zohars, daß 9
er mir die Höhle von Machpela
gebe, die ihm gehört, die am Ende
seines Feldes ist; um das volle Geld
gebe er sie mir zu einem Erbbegräbnis in eurer Mitte. Ephron 10
aber saß *g* inmitten der Kinder Heth;
und Ephron, der Hethiter, antwortete dem Abraham vor den Ohren der
Kinder Heth, vor allen, die zum Tore

---

a W. er. — *b* El. — *c* H. Jahve-jireh. — *d* Eig. ist der Spruch Jehovas. — *e* O.
gesegnet werden. — *f* Eig. ein Grabeigentum. — *g* O. wohnte.

seiner Stadt eingingen, und sprach:
11 Nein, mein Herr, höre mich! Das
Feld gebe ich dir; und die Höhle, die
darin ist, dir gebe ich sie; vor den
Augen der Kinder meines Volkes gebe ich sie dir; begrabe deine Tote.
12 Da verneigte sich Abraham vor dem
13 Volke des Landes; und er redete zu
Ephron vor den Ohren des Volkes
des Landes und sprach: Doch, wenn
du nur auf mich hören wolltest! Ich
gebe den Preis des Feldes, nimm
ihn von mir; und ich will meine Tote
14 daselbst begraben. Und Ephron antwortete dem Abraham und sprach zu
15 ihm: Mein Herr, höre mich! Ein
Land von vierhundert Sekel Silber,
was ist das zwischen mir und dir?
16 so begrabe deine Tote. Und Abraham
hörte auf Ephron; und Abraham wog
dem Ephron das Geld dar, wovon er
vor den Ohren der Kinder Heth geredet hatte, vierhundert Sekel Silber,
17 gangbar beim Kaufmann. So wurde
das Feld Ephrons, welches bei Machpela, vor *b* Mamre, lag, das Feld und
die Höhle, die darin war, und alle
Bäume, die auf dem Felde innerhalb
seiner ganzen Grenze ringsum *stan-*
18 *den*, dem Abraham zum Besitztum
bestätigt vor den Augen der Kinder
Heth, vor allen, die zum Tore seiner
19 Stadt eingingen. Und danach begrub
Abraham Sara, sein Weib, in der
Höhle des Feldes von Machpela, vor
Mamre, das ist Hebron, im Lande
20 Kanaan. So wurde das Feld und die
Höhle, welche darin war, dem Abraham zum Erbbegräbnis bestätigt von
seiten der Kinder Heth.

24 Und Abraham war alt, wohlbetagt,
und Jehova hatte Abraham ge-
2 segnet in allem. Und Abraham sprach
zu seinem Knechte, dem ältesten seines Hauses, der alles verwaltete, was
er hatte: Lege doch deine Hand unter
3 meine Hüfte *c*, und ich werde dich
schwören lassen bei Jehova, dem Gott
des Himmels und dem Gott der Erde,
daß du meinem Sohne nicht ein Weib
nehmen wirst von den Töchtern der
Kanaaniter, in deren Mitte ich wohne;
4 sondern in mein Land und zu meiner
Verwandtschaft sollst du gehen und
ein Weib nehmen meinem Sohne, dem
5 Isaak. Und der Knecht sprach zu
ihm: Vielleicht wird das Weib mir
nicht in dieses Land folgen wollen;
soll ich dann deinen Sohn in das
Land zurückbringen, aus welchem
6 du weggezogen bist? Da sprach Abraham zu ihm: Hüte dich, daß du meinen Sohn nicht dorthin zurückbrin-
7 gest! Jehova, der Gott des Himmels,
der mich aus dem Hause meines Vaters und aus dem Lande meiner Verwandtschaft *d* genommen, und der zu
mir geredet und der mir also geschworen hat: Deinem Samen will
ich dieses Land geben! der wird seinen Engel vor dir hersenden, daß du

meinem Sohne von dannen ein Weib
nehmest. Wenn aber das Weib dir 8
nicht folgen will, so bist du dieses
meines Eides ledig; nur sollst du
meinen Sohn nicht dorthin zurückbringen. Und der Knecht legte seine Hand 9
unter die Hüfte Abrahams, seines
Herrn, und schwur ihm über dieser
Sache.
Und der Knecht nahm zehn Ka- 10
mele von den Kamelen seines Herrn,
und zog hin; und allerlei Gut seines
Herrn hatte er bei sich. Und er machte sich auf und zog nach Mesopotamien *e*, nach der Stadt Nahors. Und 11
er ließ die Kamele draußen vor der
Stadt niederknieen beim Wasserbrunnen, zur Abendzeit, zur Zeit, da die
Schöpferinnen herauskommen. Und 12
er sprach: Jehova, Gott meines Herrn
Abraham, laß es mir doch heute begegnen, und erweise Güte an meinem
Herrn Abraham! Siehe, ich stehe bei 13
der Wasserquelle, und die Töchter
der Leute der Stadt kommen heraus,
um Wasser zu schöpfen; möge es 14
nun geschehen, daß das Mädchen, zu
dem ich sagen werde: Neige doch
deinen Krug, daß ich trinke, und
welches sagen wird: Trinke, und auch
deine Kamele will ich tränken, diejenige sei, welche du für deinen
Knecht, für Isaak, bestimmt hast; und
daran werde ich erkennen, daß du
Güte an meinem Herrn erwiesen hast.
Und es geschah, er hatte noch nicht 15
ausgeredet, siehe, da kam Rebekka *f*
heraus, die dem Bethuel geboren worden, dem Sohne der Milka, des Weibes Nahors, des Bruders Abrahams,
mit ihrem Kruge auf ihrer Schulter.
Und das Mädchen war sehr schön von 16
Ansehen, eine Jungfrau, und kein
Mann hatte sie erkannt; und sie stieg
zur Quelle hinab und füllte ihren
Krug und stieg *wieder* herauf. Und 17
der Knecht lief ihr entgegen und
sprach: Laß mich doch ein wenig
Wasser aus deinem Kruge schlürfen.
Und sie sprach: Trinke, mein Herr. 18
Und eilends ließ sie ihren Krug auf
ihre Hand hernieder und gab ihm zu
trinken. Und als sie ihm genug zu 19
trinken gegeben hatte, sprach sie: Ich
will auch für deine Kamele schöpfen,
bis sie genug getrunken haben. Und 20
sie eilte und goß ihren Krug aus in
die Tränke und lief abermals zum
Brunnen, um zu schöpfen; und sie
schöpfte für alle seine Kamele. Und 21
der Mann sah ihr staunend zu und
schwieg, um zu erkennen, ob Jehova
zu seiner Reise Glück gegeben habe
oder nicht. Und es geschah, als die 22
Kamele genug getrunken hatten, da
nahm der Mann einen goldenen Ring *g*,
ein halber Sekel sein Gewicht, und
zwei Spangen für ihre Arme *h*, zehn
Sekel Gold ihr Gewicht; und er sprach: 23
Wessen Tochter bist du? sage mir's
doch an. Ist im Hause deines Vaters

---

a W. das Geld. — *b* d. h. östlich von. — *c* O. Lende. — *d* O. Geburt; wie
Kap. 11, 28. — *e* H. Aram der zwei Flüsse. — *f* H. Rivka: die Fesselnde, An-
ziehende. — *g* Eig. Nasenring; siehe V. 47. — *h* Eig. Hände, d. i. Handgelenke.

24 Raum für uns zu herbergen? Und sie sprach zu ihm: Ich bin die Tochter Bethuels, des Sohnes der Milka, den 25 sie dem Nahor geboren hat. Und sie sprach zu ihm: Sowohl Stroh als auch Futter ist bei uns in Menge, auch Raum 26 zu herbergen. Da verneigte sich der Mann und warf sich nieder vor Jeho- 27 va und sprach: Gepriesen a sei Jehova, der Gott meines Herrn Abraham, der von seiner Güte und seiner Wahrheit nicht abgelassen hat gegen meinen Herrn! Mich hat Jehova geleitet auf den Weg zum b Hause der Brüder meines Herrn.

28 Und das Mädchen lief und berichtete diese Dinge dem Hause ihrer 29 Mutter. Und Rebekka hatte einen Bruder, sein Name war Laban; und Laban lief zu dem Manne hinaus zur Quel- 30 le. Und es geschah, als er den Ring sah und die Spangen an den Armen seiner Schwester, und als er die Worte seiner Schwester Rebekka hörte, welche sagte: Also hat der Mann zu mir geredet, da kam er zu dem Manne; und siehe, er stand bei den Kamelen, 31 an der Quelle. Und er sprach: Komm herein, Gesegneter Jehovas! warum stehst du draußen? denn ich habe das Haus aufgeräumt, und Raum ist 32 für die Kamele. Und der Mann kam in das Haus; und man sattelte die Kamele ab und gab den Kamelen Stroh und Futter, und Wasser, um seine Füße zu waschen und die Fü- 33 ße der Männer, die bei ihm waren. Und es wurde ihm zu essen vorgesetzt; aber er sprach: Ich will nicht essen, bis ich meine Worte geredet 34 habe. Und er sprach: Rede! Da sprach 35 er: Ich bin Abrahams Knecht; und Jehova hat meinen Herrn sehr gesegnet, so daß er groß geworden ist; und er hat ihm Kleinvieh gegeben und Rinder, und Silber und Gold, und Knechte und Mägde, und Kamele 36 und Esel. Und Sara, das Weib meines Herrn, hat meinem Herrn einen Sohn geboren, nachdem sie alt geworden war; und er hat ihm alles gegeben, 37 was er hat. Und mein Herr hat mich schwören lassen und gesagt: Du sollst meinem Sohne nicht ein Weib nehmen von den Töchtern der Kanaani- 38 ter, in deren Lande ich wohne; sondern zu dem Hause meines Vaters und zu meinem Geschlecht sollst du gehen und meinem Sohne ein Weib 39 nehmen! Und ich sprach zu meinem Herrn: Vielleicht wird das Weib mir 40 nicht folgen. Da sprach er zu mir: Jehova, vor dessen Angesicht ich gewandelt habe, wird seinen Engel mit dir senden und Glück zu deiner Reise geben, daß du meinem Sohne ein Weib nehmest aus meinem Geschlecht und aus dem Hause meines Vaters. 41 Wenn du zu meinem Geschlecht kommst, dann sollst du, meines Eides ledig sein; und wenn sie sie dir nicht geben, so bist du meines Eides ledig.

So kam ich heute zu der Quelle und 42 sprach: Jehova, Gott meines Herrn Abraham, wenn du doch Glück geben wolltest zu meinem Wege, auf dem ich gehe! Siehe, ich stehe bei der Was- 43 serquelle; möge es nun geschehen, daß die Jungfrau, die herauskommt, um zu schöpfen, und zu der ich sagen werde: Gib mir doch ein wenig Wasser aus deinem Kruge zu trinken! und welche zu mir sagen wird: Trin- 44 ke du, und auch für deine Kamele will ich schöpfen, daß sie das Weib sei, welches Jehova für den Sohn meines Herrn bestimmt hat. Ich hatte in 45 meinem Herzen noch nicht ausgeredet, siehe, da kam Rebekka heraus mit ihrem Kruge auf ihrer Schulter; und sie stieg zur Quelle hinab und schöpfte. Da sprach ich zu ihr: Gib mir doch zu trinken! Und eilends ließ sie ihren 46 Krug von ihrer Schulter c hernieder und sprach: Trinke, und auch deine Kamele will ich tränken. Und ich trank, und sie tränkte auch die Kamele. Und 47 ich fragte sie und sprach: Wessen Tochter bist du? Und sie sprach: Die Tochter Bethuels, des Sohnes Nahors, den Milka ihm geboren hat. Und ich legte den Ring an ihre Nase und die Spangen an ihre Arme; und ich ver- 48 neigte mich und warf mich nieder vor Jehova; und ich pries Jehova, den Gott meines Herrn Abraham, der mich den rechten Weg geleitet hat, um die Tochter des Bruders meines Herrn für seinen Sohn zu nehmen. Und nun, 49 wenn ihr Güte und Treue an meinem Herrn erweisen wollt, so tut es mir kund; und wenn nicht, so tut es mir kund, und ich werde mich zur Rechten oder zur Linken wenden.

Da antworteten Laban und Bethuel 50 und sprachen: Von Jehova ist die Sache ausgegangen; wir können dir nichts sagen, weder Böses noch Gutes. Siehe, Rebekka ist vor dir: nimm sie 51 und ziehe hin; und sie sei das Weib des Sohnes deines Herrn, wie Jehova geredet hat. Und es geschah, als Abra- 52 hams Knecht ihre Worte hörte, da beugte er sich zur Erde nieder vor Jehova. Und der Knecht zog hervor 53 silbernes Geschmeide und goldenes Geschmeide und Kleider und gab sie der Rebekka; und Kostbarkeiten gab er ihrem Bruder und ihrer Mutter. Und 54 sie aßen und tranken, er und die Männer, die bei ihm waren, und übernachteten. Und des Morgens standen sie auf, und er sprach: Entlasset mich zu meinem Herrn! Da sprachen ihr 55 Bruder und ihre Mutter: Laß das Mädchen einige Tage oder zehn bei uns bleiben, danach magst du d ziehen. Er aber sprach zu ihnen: Haltet 56 mich nicht auf, da Jehova Glück gegeben hat zu meiner Reise; entlasset mich, daß ich zu meinem Herrn ziehe! Und sie sprachen: Laßt uns das Mäd- 57 chen rufen und ihren Mund befragen. Und sie riefen Rebekka und sprachen 58

---

a S. die Anm. zu Kap. 9, 26. — b And. üb.: Während ich auf dem Wege war, hat Jehova mich geleitet zum usw. — c W. von auf sich. — d O. mag sie.

zu ihr: Willst du mit diesem Manne
gehen? Und sie antwortete: Ich will
59 gehen. Und sie entließen ihre Schwester Rebekka mit ihrer Amme, und
den Knecht Abrahams und seine Männer.
60 Und sie segneten Rebekka und sprachen zu ihr: Du, unsere Schwester, werde zu tausendmal Zehntausenden, und dein Same besitze das Tor seiner Feinde a!
61 Und Rebekka machte sich auf mit ihren Mägden, und sie bestiegen die Kamele und folgten dem Manne; und der Knecht nahm Rebekka und zog
62 hin. Isaak aber war von einem Gange nach dem Brunnen Lachai-Roi b gekommen; er wohnte nämlich im
63 Lande des Südens. Und Isaak ging aus, um auf dem Felde zu sinnen beim Anbruch des Abends; und er hob seine Augen auf und sah, und
64 siehe, Kamele kamen. Und Rebekka hob ihre Augen auf und sah Isaak; und sie warf sich vom Kamele herab
65 und sprach zu dem Knechte: Wer ist der Mann, der uns da auf dem Felde entgegenwandelt? Und der Knecht sprach: Das ist mein Herr. Da nahm sie den Schleier c und verhüllte sich.
66 Und der Knecht erzählte Isaak all die Dinge, die er ausgerichtet hatte.
67 Und Isaak führte sie in das Zelt seiner Mutter Sara, und er nahm Rebekka, und sie wurde sein Weib, und er hatte sie lieb. Und Isaak tröstete sich nach dem Tode seiner Mutter.

25 Und Abraham nahm wieder ein Weib, mit Namen Ketura. Und sie
2 gebar ihm Simran und Jokschan und Medan und Midian und Jischbak und
3 Schuach. Und Jokschan zeugte Scheba und Dedan; und die Söhne Dedans waren die Assurim und Letuschim
4 und Leummim. Und die Söhne Midians: Epha und Epher und Hanok und Abida und Eldaba. Diese alle wa-
5 ren Söhne der Ketura. — Und Abraham gab dem Isaak alles was er
6 hatte. Und den Söhnen der Kebsweiber d, die Abraham hatte, gab Abraham Geschenke; und er ließ sie, während er noch lebte, von seinem Sohne Isaak wegziehen nach Osten,
7 in das Land des Ostens. — Und dies sind die Tage der Lebensjahre Abrahams, die er gelebt hat: hundert fünf-
8 undsiebenzig Jahre. Und Abraham verschied und starb in gutem Alter, alt und der Tage satt, und wurde
9 versammelt zu seinen Völkern. Und seine Söhne Isaak und Ismael begruben ihn in der Höhle von Machpela, auf dem Felde Ephrons, des Sohnes Zohars, des Hethiters, das vor Mam-
10 re liegt, dem Felde, welches Abraham von den Kindern Heth gekauft hatte; dort wurden Abraham und sein Weib
11 Sara begraben. Und es geschah nach dem Tode Abrahams, da segnete Gott

Isaak, seinen Sohn; und Isaak wohnte bei dem Brunnen Lachai-Roi.
Und dies sind die Geschlechter Is-12 maels, des Sohnes Abrahams, den Hagar, die Aegypterin, die Magd Saras, dem Abraham geboren hat; und dies 13 sind die Namen der Söhne Ismaels mit ihren Namen, nach ihren Geschlechtern: Der Erstgeborene Ismaels: Nebajoth, und Kedar und Adbeel und Mibsam und Mischma und Duma 14 und Massa, Hadad und Tema, Jetur, 15 Naphisch und Kedma. Das sind die 16 Söhne Ismaels, und das ihre Namen in ihren Gehöften und in ihren Zeltlagern; zwölf Fürsten nach ihren Stämmen. Und dies sind die Lebens-17 jahre Ismaels: hundert siebenunddreißig Jahre; und er verschied und starb und wurde versammelt zu seinen Völkern. Und sie wohnten von 18 Hawila e bis Sur, das vor f Aegypten liegt, nach Assyrien hin. Er ließ sich nieder angesichts g aller seiner Brüder.
Und dies sind die Geschlechter Isa-19 aks, des Sohnes Abrahams: Abraham zeugte Isaak. Und Isaak war vierzig 20 Jahre alt, als er sich Rebekka zum Weibe nahm, die Tochter Bethuels, des Aramäers aus Paddan-Aram h, die Schwester Labans, des Aramäers. Und 21 Isaak bat Jehova für sein Weib, denn sie war unfruchtbar; und Jehova ließ sich von ihm erbitten, und Rebekka, sein Weib, wurde schwanger. Und die Kinder stießen sich 22 in ihr; und sie sprach: Wenn es so steht, warum bin ich dies i? Und sie ging hin, Jehova zu befragen. Und 23 Jehova sprach zu ihr:
Zwei Nationen sind in deinem Leibe, und zwei Völkerschaften werden sich scheiden aus deinem Innern; und eine Völkerschaft wird stärker sein als die andere, und der Aeltere wird dem Jüngeren dienen.
Und als ihre Tage erfüllt waren, 24 daß sie gebären sollte, siehe, da waren Zwillinge in ihrem Leibe. Und der 25 erste kam heraus, rötlich, am ganzen Leibe wie ein härener Mantel; und man gab ihm den Namen Esau j. Und 26 danach kam sein Bruder heraus, und seine Hand hielt die Ferse Esaus; und man gab ihm den Namen Jakob k. Und Isaak war sechzig Jahre alt, als sie geboren wurden.
Und die Knaben wuchsen heran. 27 Und Esau wurde ein jagdkundiger Mann, ein Mann des Feldes; Jakob aber war ein sanfter l Mann, der in den Zelten blieb. Und Isaak hatte 28 Esau lieb, denn Wildbret war nach seinem Munde; Rebekka aber hatte Jakob lieb. Und Jakob kochte ein 29 Gericht; und Esau kam vom Felde und war matt. Da sprach Esau zu Ja-30 kob: Laß mich doch essen von dem

---

a W. Hasser. — b Siehe die Anm. zu Kap. 16, 14. — c ein Ueberwurf, den man über den Kopf zog. — d Vergl. 1. Chron. 1, 32. — e am persischen Meerbusen. — f d. i. östlich von. — g S. die Anm. zu Kap. 16, 12. — h d. i. das Flachland Arams (vergl. Hos. 12, 13); ein Teil von Mesopotamien. — i O. da. — j behaart. — k Fersenhalter, Ueberlister. — l O. ruhiger, häuslicher. — m W. schlingen.

Roten, dem Roten da, denn ich bin matt! darum gab man ihm den Namen 31 Edom a. Und Jakob sprach: Verkaufe mir heute b dein Erstgeburtsrecht. 32 Und Esau sprach: Siehe, ich gehe hin zu sterben, und wozu mir da das Erst- 33 geburtsrecht? Und Jakob sprach: Schwöre mir heute b! Und er schwur ihm und verkaufte sein Erstgeburts- 34 recht dem Jakob. Und Jakob gab Esau Brot und ein Gericht Linsen; und er aß und trank und stand auf und ging davon. So verachtete Esau das Erstgeburtsrecht.

26 Und es entstand eine Hungersnot im Lande, außer der vorigen Hungersnot, die in den Tagen Abrahams gewesen war. c Und Isaak zog zu Abimelech, dem Könige der Philister, 2 nach Gerar. Und Jehova erschien ihm und sprach: Ziehe nicht hinab nach Aegypten; bleibe in dem Lande, 3 von dem ich dir sage. Halte dich auf in diesem Lande, und ich werde mit dir sein und dich segnen; denn dir und deinem Samen werde ich alle diese Länder geben, und ich werde den Eid aufrecht halten, den ich deinem Vater Abraham geschworen habe. 4 Und ich werde deinen Samen mehren, wie die Sterne des Himmels, und deinem Samen alle diese Länder geben; und in deinem Samen werden sich segnen d alle Nationen der Erde: 5 darum daß Abraham meiner Stimme gehorcht und beobachtet hat meine Vorschriften e, meine Gebote, meine 6 Satzungen und meine Gesetze. So blieb Isaak in Gerar.

7 Und die Männer des Ortes erkundigten sich nach seinem Weibe, und er sprach: Sie ist meine Schwester. Denn er fürchtete sich zu sagen: mein Weib, indem er dachte: die Männer des Ortes möchten mich sonst töten wegen Rebekka; denn sie ist schön 8 von Ansehen. Und es geschah, als er längere Zeit daselbst gewesen war, da blickte Abimelech, der König der Philister, durchs Fenster, und er sah, und siehe, Isaak scherzte mit Rebek- 9 ka, seinem Weibe. Da rief Abimelech den Isaak und sprach: Siehe, fürwahr, sie ist dein Weib; und wie hast du gesagt: Sie ist meine Schwester? Und Isaak sprach zu ihm: Weil ich mir sagte: daß ich nicht sterbe ihretwe- 10 gen. Und Abimelech sprach: Was hast du uns da getan! Wenig fehlte, so hätte einer aus dem Volke bei deinem Weibe gelegen, und du hättest eine 11 Schuld über uns gebracht. Und Abimelech gebot allem Volke und sprach: Wer diesen Mann und sein Weib antastet, soll gewißlich getötet werden.

12 Und Isaak säte in selbigem Lande und gewann in selbigem Jahre das Hundertfältige; und f Jehova segnete 13 ihn. Und der Mann ward groß und wurde fort und fort größer, bis 14 er sehr groß war. Und er hatte Her-

den von Kleinvieh und Herden von Rindern und ein großes Gesinde; und die Philister beneideten ihn. Und alle 15 Brunnen, welche die Knechte seines Vaters in den Tagen seines Vaters Abraham gegraben hatten, verstopften die Philister und füllten sie mit Erde. Und Abimelech sprach zu Isaak: Zie- 16 he weg von uns, denn du bist viel mächtiger geworden als wir. Da zog 17 Isaak von dannen und schlug sein Lager auf im Tale Gerar und wohnte daselbst.

Und Isaak grub die Wasserbrunnen 18 wieder auf, welche sie in den Tagen seines Vaters Abraham gegraben, und welche die Philister nach dem Tode Abrahams verstopft hatten; und er benannte sie mit denselben Namen, womit sein Vater sie benannt hatte. Und die Knechte Isaaks gruben im 19 Tale und fanden daselbst einen Brunnen lebendigen Wassers. Da haderten 20 die Hirten von Gerar mit den Hirten Isaaks und sprachen: Das Wasser ist unser! Und er gab dem Brunnen den Namen Esek g, weil sie mit ihm gezankt hatten. Und sie gruben einen 21 anderen Brunnen, und sie haderten auch über diesen, und er gab ihm den Namen Sitna h. Und er brach auf von 22 dannen und grub einen anderen Brunnen, und über diesen haderten sie nicht; und er gab ihm den Namen Rechoboth i und sprach: Denn nun hat Jehova uns Raum gemacht, und wir werden fruchtbar sein im Lande. Und er zog von dannen hinauf nach 23 Beerseba. Und Jehova erschien ihm 24 in selbiger Nacht und sprach: Ich bin der Gott Abrahams, deines Vaters; fürchte dich nicht, denn ich bin mit dir, und ich werde dich segnen und deinen Samen mehren um Abrahams, meines Knechtes, willen. Und er bau- 25 te daselbst einen Altar und rief den Namen Jehovas an; und er schlug daselbst sein Zelt auf; und die Knechte Isaaks gruben daselbst einen Brunnen.

Und Abimelech zog zu ihm von 26 Gerar mit Achusat, seinem Freunde, und Pikol, seinem Heerobersten. Und 27 Isaak sprach zu ihnen: Warum kommet ihr zu mir, da ihr mich doch hasset und mich von euch weggetrieben habt? Und sie sprachen: Wir haben 28 deutlich gesehen, daß Jehova mit dir ist; und wir haben uns gesagt: Möge doch ein Eid sein zwischen uns, zwischen uns und dir, und wir wollen einen Bund mit dir machen, daß du 29 uns nichts Uebles tuest, so wie wir dich nicht angetastet haben, und wie wir dir nur Gutes erwiesen und dich haben ziehen lassen in Frieden. Du bist nun einmal ein Gesegneter Jehovas. Und er machte ihnen ein Mahl, und 30 sie aßen und tranken. Und sie stan- 31 den des Morgens früh auf und schwuren einer dem anderen; und Isaak ent-

---

a O. rot. — b O. zuvor. — c S. Kap. 12, 10. — d O. gesegnet werden. — e Eig. was gegen mich zu beobachten ist. — f O. denn. — g Zank. — h Anfeindung. — i Räume.

ließ sie, und sie zogen von ihm in
32 Frieden. — Und es geschah an selbigem Tage, da kamen Isaaks Knechte
und berichteten ihm wegen des Brunnens, den sie gegraben hatten, und
sprachen zu ihm: Wir haben Wasser
33 gefunden. Und er nannte ihn Sibea *a*;
daher der Name der Stadt Beerseba
bis auf diesen Tag.
34 Und Esau war vierzig Jahre alt,
da nahm er zum Weibe Judith, die
Tochter Beeris, des Hethiters, und
Basmath, die Tochter Elons, des He-
35 thiters. Und sie waren ein Herzeleid
für Isaak und Rebekka.

27 Und es geschah, als Isaak alt geworden und seine Augen zu schwach
waren, um zu sehen, da rief er Esau,
seinen älteren Sohn, und sprach zu
ihm: Mein Sohn! Und er sprach zu
2 ihm: Hier bin ich! Und er sprach:
Siehe doch, ich bin alt geworden, ich
weiß nicht den Tag meines Todes.
3 Und nun nimm doch dein Jagdgerät,
deinen Köcher und deinen Bogen, und
gehe hinaus aufs Feld und erjage mir
4 ein Wildbret; und bereite mir ein
schmackhaftes Gericht, wie ich es
gern habe, und bringe es mir her,
daß ich esse, damit meine Seele dich
5 segne, ehe ich sterbe. Und Rebekka
hörte zu, als Isaak zu seinem Sohne
Esau redete. Und Esau ging aufs Feld,
ein Wildbret zu erjagen, um es *heimzu-*
6 bringen. Und Rebekka sprach zu
ihrem Sohne Jakob und sagte: Siehe,
ich habe deinen Vater zu deinem
7 Bruder Esau also reden hören: Bringe mir ein Wildbret und bereite mir
ein schmackhaftes Gericht, daß ich
esse, und daß ich dich vor Jehova
8 segne vor meinem Tode. Und nun,
mein Sohn, höre auf meine Stimme
9 in dem, was ich dich heiße: Gehe
doch zur Herde und hole mir von
dannen zwei zwei Ziegenböcklein,
und ich will sie zu einem schmack-
haften Gericht bereiten für deinen
10 Vater, wie er es gern hat; und du
sollst es deinem Vater bringen, daß
er esse, damit er dich segne vor sei-
11 nem Tode. Da sprach Jakob zu Rebekka, seiner Mutter: Siehe, mein
Bruder Esau ist ein haariger Mann,
12 und ich bin ein glatter Mann. Vielleicht wird mein Vater mich betasten,
und ich werde in seinen Augen sein
wie einer, der Spott *mit ihm* treibt,
und ich werde Fluch auf mich brin-
13 gen und nicht Segen. Seine Mutter
aber sprach zu ihm: Dein Fluch komme auf mich, mein Sohn! Höre nur
auf meine Stimme, und gehe, hole mir.
14 Und er ging und holte und brachte
sie seiner Mutter. Und seine Mutter
bereitete ein schmackhaftes Gericht,
15 wie sein Vater es gern hatte. Und
Rebekka nahm die Kleider Esaus,
ihres älteren Sohnes, die kostbaren,
die bei ihr im Hause waren, und zog
sie Jakob, ihrem jüngeren Sohne, an;
16 und die Felle der Ziegenböcklein zog
sie über seine Hände und über die

Glätte seines Halses, und sie gab das 17
schmackhafte Gericht und das Brot,
das sie bereitet hatte, in die Hand
ihres Sohnes Jakob.
Und er ging zu seinem Vater hin- 18
ein und sprach: Mein Vater! Und er
sprach: Hier bin ich; wer bist du,
mein Sohn? Und Jakob sprach zu 19
seinem Vater: Ich bin Esau, dein
Erstgeborener; ich habe getan, wie
du zu mir geredet hast. Stehe doch
auf, setze dich und iß von meinem
Wildbret, damit deine Seele mich
segne. Und Isaak sprach zu seinem 20
Sohne: Wie hast du es denn so
bald gefunden, mein Sohn? Und er
sprach: Weil Jehova, dein Gott, es
mir begegnen ließ. Da sprach Isaak 21
zu Jakob: Tritt doch herzu, daß ich
dich betaste, mein Sohn, ob du wirklich mein Sohn Esau bist oder nicht.
Und Jakob trat hin zu seinem Vater 22
Isaak; und er betastete ihn und sprach:
Die Stimme ist Jakobs Stimme, aber
die Hände sind Esaus Hände. Und er 23
erkannte ihn nicht, denn seine Hände waren haarig, wie die Hände seines Bruders Esau; und er segnete
ihn. Und er sprach: Bist du wirklich 24
mein Sohn Esau? Und er sprach: Ich
bin's. Da sprach er: Reiche es mir 25
her, daß ich esse von dem Wildbret
meines Sohnes, damit meine Seele
dich segne. Und er reichte es ihm hin,
und er aß; und er brachte ihm Wein,
und er trank. Und sein Vater Isaak 26
sprach zu ihm: Tritt doch herzu und
küsse mich, mein Sohn. Und er trat
hinzu und küßte ihn; und er roch den 27
Geruch seiner Kleider, und er segnete
ihn und sprach:
Siehe, der Geruch meines Sohnes
ist wie der Geruch eines Feldes, das
Jehova gesegnet hat.
Und Gott gebe dir *b* vom Tau des 28
Himmels und von der Fettigkeit der
Erde, und Fülle von Korn und Most!
Völker sollen dir dienen und Völ- 29
kerschaften sich vor dir niederbeugen!
Sei Herr über deine Brüder, und vor
dir sollen sich niederbeugen die Söhne
deiner Mutter! Wer dir flucht, sei
verflucht, und wer dich segnet, sei
gesegnet!
Und es geschah, sowie Isaak geen- 30
det hatte, Jakob zu segnen, ja, es geschah, als Jakob nur eben von seinem
Vater Isaak hinausgegangen war, da
kam sein Bruder Esau von seiner
Jagd. Und auch er bereitete ein 31
schmackhaftes Gericht und brachte
es zu seinem Vater und sprach zu
seinem Vater: Mein Vater stehe auf und
esse von dem Wildbret seines Sohnes,
damit deine Seele mich segne. Und sein 32
Vater Isaak sprach zu ihm: Wer bist
du? Und er sprach: Ich bin dein
Sohn, dein Erstgeborener, Esau. Da 33
erschrak Isaak mit großem Schrecken
über die Maßen und sprach: Wer
war denn der, welcher ein Wildbret
erjagt und mir gebracht hat? und ich
habe von allem gegessen, ehe du

---

a Schwur, Eidvertrag; vergl. Kap. 21, 31. — *b* O. wird dir geben.

kamst, und habe ihn gesegnet; er
34 wird auch gesegnet sein. Als Esau
die Worte seines Vaters hörte, da
schrie er mit einem großen und bit-
terlichen Geschrei über die Maßen
und sprach zu seinem Vater: Segne
35 mich, auch mich, mein Vater! Und
er sprach: Dein Bruder ist mit Betrug gekommen und hat deinen Se-
36 gen weggenommen. Da sprach er:
Ist es nicht, weil man ihm den Namen
Jakob gegeben, daß er mich nun
zweimal überlistet hat? Mein Erstgeburtsrecht hat er weggenommen,
und siehe, nun hat er meinen Segen
weggenommen! Und er sprach: Hast
du mir keinen Segen aufbehalten?
37 Da antwortete Isaak und sprach zu
Esau: Siehe, ich habe ihn zum Herrn
über dich gesetzt und alle seine Brüder ihm zu Knechten gegeben, und
mit Korn und Most habe ich ihn versehen, und nun, was könnte ich für
38 dich tun, mein Sohn? Und Esau
sprach zu seinem Vater: Hast du nur
diesen einen Segen, mein Vater!
Segne mich, auch mich, mein Vater!
Und Esau erhob seine Stimme und
39 weinte. Da antwortete sein Vater
Isaak und sprach zu ihm:
Siehe, fern von der Fettigkeit der
Erde wird dein Wohnsitz sein und ohne
den Tau a des Himmels von oben her b.
40 Und von deinem Schwerte wirst
du leben, und deinem Bruder wirst
du dienen; und es wird geschehen,
wenn du umherschweifst, wirst du sein
Joch zerbrechen von deinem Halse.
41 Und Esau feindete Jakob an wegen
des Segens, womit sein Vater ihn gesegnet hatte; und Esau sprach in seinem Herzen: Es nahen die Tage der
Trauer um meinen Vater, dann werde ich meinen Bruder Jakob erschla-
42 gen. Und es wurden der Rebekka die
Worte Esaus, ihres älteren Sohnes,
berichtet; und sie sandte hin und ließ
Jakob, ihren jüngeren Sohn, rufen
und sprach zu ihm: Siehe, dein Bruder Esau will sich an dir rächen e,
43 indem er dich erschlägt. Und nun,
mein Sohn, höre auf meine Stimme
und mache dich auf, fliehe zu meinem
44 Bruder Laban nach Haran; und bleibe einige Zeit bei ihm, bis der Grimm
45 deines Bruders sich wendet, bis der
Zorn deines Bruders sich von dir abwendet, und er vergißt, was du ihm
getan hast; dann will ich hinsenden
und dich von dort holen lassen. Warum sollte ich euer beider zugleich
beraubt werden an einem Tage?
46 Und Rebekka sprach zu Isaak: Ich
bin des Lebens überdrüssig wegen
der Töchter Heths; wenn Jakob ein
Weib nähme von den Töchtern Heths,
wie diese, von den Töchtern des Landes, wozu sollte mir das Leben?

28 Und Isaak rief Jakob und segnete
ihn; und er gebot ihm und sprach zu
ihm: Du sollst nicht ein Weib neh-
2 men von den Töchtern Kanaans. Mache

dich auf, gehe nach Paddan-Aram d,
zum Hause Bethuels, des Vaters deiner Mutter; und nimm dir von dort
ein Weib von den Töchtern Labans,
des Bruders deiner Mutter. Und Gott e, 3
der Allmächtige, segne dich, und mache dich fruchtbar und mehre dich,
daß du zu einer Schar von Völkern
werdest; und er gebe dir den Segen 4
Abrahams, dir und deinem Samen
mit dir, auf daß du besitzest das
Land deiner Fremdlingschaft, das Gott
dem Abraham gegeben hat! Und 5
Isaak entließ Jakob; und er ging
nach Paddan-Aram zu Laban, dem
Sohne Bethuels, des Aramäers, dem
Bruder Rebekkas, der Mutter Jakobs
und Esaus. — Und als Esau sah, daß 6
Isaak den Jakob gesegnet und ihn
nach Paddan-Aram entlassen hatte,
um sich von dort ein Weib zu nehmen, indem er ihn segnete und ihm
gebot und sprach: Du sollst nicht ein
Weib nehmen von den Töchtern Kanaans, und daß Jakob seinem Vater 7
und seiner Mutter gehorcht hatte und
nach Paddan-Aram gegangen war:
als Esau sah, daß die Töchter Kana- 8
ans übel waren in den Augen seines
Vaters Isaak, da ging Esau hin zu 9
Ismael und nahm sich zum Weibe Machalath, die Tochter Ismaels, des Sohnes Abrahams, die Schwester Nebajoths, zu seinen anderen Weibern hinzu.
Und Jakob zog aus von Beerseba 10
und ging nach Haran. Und er gelang- 11
te an einen Ort und übernachtete daselbst; denn die Sonne war untergegangen. Und er nahm einen von den
Steinen des Ortes und legte ihn zu
seinen Häupten und legte sich nieder
an selbigem Orte. Und er träumte: 12
und siehe, eine Leiter war auf die
Erde gestellt, und ihre Spitze rührte
an den Himmel; und siehe, Engel
Gottes stiegen auf und nieder an ihr.
Und siehe, Jehova stand über ihr und 13
sprach: Ich bin Jehova, der Gott Abrahams, deines Vaters, und der Gott
Isaaks; das Land, auf welchem du
liegst, dir will ich es geben und deinem Samen. Und dein Same soll wer- 14
den wie der Staub der Erde, und du
wirst dich ausbreiten nach Westen
und nach Osten und nach Norden und
nach Süden hin; und in dir und in
deinem Samen sollen gesegnet werden alle Geschlechter der Erde. Und 15
siehe, ich bin mit dir, und ich will
dich behüten überall, wohin du gehst,
und dich zurückbringen in dieses
Land; denn ich werde dich nicht verlassen, bis ich getan was ich zu dir
geredet habe. Und Jakob erwachte 16
von seinem Schlafe und sprach: Fürwahr, Jehova ist an diesem Orte, und
ich wußte es nicht! Und er fürchtete 17
sich und sprach: Wie furchtbar ist
dieser Ort! dies ist nichts anderes als
Gottes Haus, und dies die Pforte des
Himmels. Und Jakob stand des Mor- 18
gens früh auf und nahm den Stein,

---

den er zu seinen Häupten gelegt hatte, und stellte ihn auf als Denkmal 19 und goß Oel auf seine Spitze. Und er gab selbigem Orte den Namen Bethel*a*; aber im Anfang war Lus 20 der Name der Stadt. Und Jakob tat ein Gelübde und sprach: Wenn Gott mit mir ist und mich behütet auf diesem Wege, den ich gehe, und mir Brot zu essen gibt und Kleider anzu-21 ziehen, und ich in Frieden zurückkehre zum Hause meines Vaters, so 22 soll Jehova mein Gott*b* sein. Und dieser Stein, den ich als Denkmal aufgestellt habe, soll ein Haus Gottes sein; und von allem, was du mir geben wirst, werde ich dir gewißlich den Zehnten geben.

29 Und Jakob erhob seine Füße und ging nach dem Lande der Kinder 2 des Ostens. Und er sah: und siehe, ein Brunnen auf dem Felde; und siehe, daselbst waren drei Herden Schafe*c* an demselben gelagert, denn aus diesem Brunnen tränkte man*d* die Herden; und der Stein auf der Oeff-3 nung des Brunnens war groß. Und waren alle Herden dort zusammengetrieben, so wälzte man den Stein von der Oeffnung des Brunnens und tränkte die Schafe; und man brachte den Stein wieder auf die Oeffnung 4 des Brunnens an seinen Ort. Und Jakob sprach zu ihnen: Meine Brüder, woher seid ihr? Und sie sprachen: 5 Wir sind von Haran. Da sprach er zu ihnen: Kennet ihr Laban, den Sohn Nahors? Und sie sprachen: Wir 6 kennen ihn. Und er sprach zu ihnen: Geht es ihm wohl? Und sie sprachen: Es geht ihm wohl; und siehe, da kommt seine Tochter Rahel*e* mit den Scha-7 fen. Da sprach er: Siehe, es ist noch hoch am Tage, es ist nicht Zeit, das Vieh zusammenzutreiben; tränket die 8 Schafe und gehet hin, weidet. Und sie sprachen: Wir können nicht, bis alle Herden zusammengetrieben werden; dann wälzt man den Stein von der Oeffnung des Brunnens, und wir tränken die Schafe.

9 Noch redete er mit ihnen, da kam Rahel mit den Schafen, die ihrem Vater gehörten; denn sie war eine 10 Hirtin. Und es geschah, als Jakob die Rahel sah, die Tochter Labans, des Bruders seiner Mutter, und die Schafe Labans, des Bruders seiner Mutter, da trat Jakob hinzu und wälzte den Stein von der Oeffnung des Brunnens und tränkte die Schafe La-11 bans, des Bruders seiner Mutter. Und Jakob küßte Rahel und erhob seine 12 Stimme und weinte. Und Jakob tat Rahel kund, daß er ein Bruder ihres Vaters, und daß er der Sohn Rebekkas wäre; und sie lief und berichtete es 13 ihrem Vater. Und es geschah, als La-

ban die Kunde von Jakob, dem Sohne seiner Schwester, hörte, da lief er ihm entgegen und umarmte ihn und küßte ihn, und führte ihn in sein Haus; und er erzählte dem Laban alle diese Dinge. Und Laban sprach 14 zu ihm: Fürwahr, du bist mein Bein und mein Fleisch. Und er blieb bei ihm einen Monat lang.

Und Laban sprach zu Jakob: Soll-15 test du mir darum, weil du mein Bruder bist, umsonst dienen?*f* Tue mir kund, was soll dein Lohn sein? Und 16 Laban hatte zwei Töchter; der Name der älteren war Lea*g*, und der Name der jüngeren Rahel. Und die 17 Augen der Lea waren blöde; Rahel aber war schön von Gestalt und schön von Angesicht*h*. Und Jakob liebte 18 Rahel und sprach: Ich will dir sieben Jahre dienen um Rahel, deine jüngere Tochter. Und Laban sprach: Es 19 ist besser, ich gebe sie dir, als daß ich sie einem anderen Manne gebe; bleibe bei mir. Und Jakob diente um 20 Rahel sieben Jahre; und sie waren in seinen Augen wie einzelne Tage, weil er sie liebte.

Und Jakob sprach zu Laban: Gib 21 mir mein Weib; denn meine Tage sind erfüllt, daß ich zu ihr eingehe. Und Laban versammelte alle Männer 22 des Ortes und machte ein Mahl. Und 23 es geschah am Abend, da nahm er seine Tochter Lea und brachte sie zu ihm; und er ging zu ihr ein. Und 24 Laban gab seine Magd Silpa seiner Tochter Lea zur Magd. Und es ge-25 schah am Morgen, siehe, da war es Lea. Da sprach er zu Laban: Was hast du mir da getan! Habe ich nicht um Rahel bei dir gedient? und warum hast du mich betrogen? Und La-26 ban sprach: Es geschieht nicht also an unserm Orte, die Jüngere vor der Erstgeborenen zu geben. Vollende 27 die Woche*i* mit dieser, so wollen wir dir auch jene geben, um den Dienst, den du bei mir dienen sollst noch andere sieben Jahre. Und Jakob tat al-28 so und vollendete die Woche *mit* dieser; und er gab ihm seine Tochter Rahel zum Weibe. Und Laban gab 29 seiner Tochter Rahel seine Magd Bilha zur Magd. Und er ging auch 30 zu Rahel ein; und er liebte auch Rahel mehr als Lea. Und er diente bei ihm noch andere sieben Jahre.

Und als Jehova sah, daß Lea ge-31 haßt war, da öffnete er ihren Mutterleib; Rahel aber war unfruchtbar. Und Lea ward schwanger und gebar 32 einen Sohn, und sie gab ihm den Namen Ruben*k*; denn sie sprach: Weil Jehova*k* mein Elend angesehen hat; denn nun wird mein Mann mich lieben. Und sie ward wiederum schwan-33 ger und gebar einen Sohn; und sie

---

a Haus Gottes. — *b* Eig. mir zum Gott. — *c* Eig. Kleinvieh, d. h. Schafe und Ziegen, desgl. V. 6 usw. — *d* O. tränkten sie (die Hirten). — *e* H. Rachel: Mutterschaf; and. Lamm. — *f* O. Bist du nicht mein Bruder? und du solltest mir umsonst dienen? — *g* Ermüdete, Schlaffe. — *h* O. Ansehen. — *i* d. h. die siebentägige Dauer des Hochzeitsfestes. (Vergl. Richter 14, 12. 17.) — *j* Sehet, ein Sohn! — *k* O. sprach: Jehova hat.

sprach: Weil Jehova*a* gehört hat, daß ich gehaßt bin, so hat er mir auch diesen gegeben. Und sie gab ihm 34 den Namen Simeon*b*. Und sie ward wiederum schwanger und gebar einen Sohn; und sie sprach: Nun, diesmal wird sich mein Mann an mich anschließen, denn ich habe ihm drei Söhne geboren! Darum gab man ihm 35 den Namen Levi*c*. Und sie ward wiederum schwanger und gebar einen Sohn; und sie sprach: Diesmal will ich Jehova preisen! Darum gab sie ihm den Namen Juda*d*. Und sie hörte auf zu gebären.

30 Und als Rahel sah, daß sie dem Jakob nicht gebar, da beneidete Rahel ihre Schwester und sprach zu Jakob: Gib mir Kinder! und wenn 2 nicht, so sterbe ich. Da entbrannte der Zorn Jakobs wider Rahel, und er sprach: Bin ich an Gottes Statt, der dir die Leibesfrucht versagt hat? 3 Und sie sprach: Siehe, da ist meine Magd Bilha; gehe zu ihr, daß sie auf meine Kniee*e* gebäre, und auch ich 4 aus ihr erbaut werde*f*. Und sie gab ihm ihre Magd Bilha zum Weibe; 5 und Jakob ging zu ihr ein. Und Bilha ward schwanger und gebar Jakob 6 einen Sohn. Da sprach Rahel: Gott hat mir Recht verschafft und auch auf meine Stimme gehört und mir einen Sohn gegeben! Darum gab sie 7 ihm den Namen Dan*g*. Und Bilha, die Magd Rahels, ward wiederum schwanger und gebar dem Jakob einen zwei- 8 ten Sohn. Da sprach Rahel: Kämpfe Gottes habe ich mit meiner Schwester gekämpft, habe auch obgesiegt! Und sie gab ihm den Namen Naphtali*h*. 9 Und als Lea sah, daß sie aufhörte zu gebären, da nahm sie ihre Magd Silpa und gab sie Jakob zum Weibe. 10 Und Silpa, die Magd Leas, gebar dem 11 Jakob einen Sohn. Da sprach Lea: Zum Glück*i*! Und sie gab ihm den 12 Namen Gad*j*. Und Silpa, die Magd Leas, gebar dem Jakob einen zweiten 13 Sohn. Da sprach Lea: Zu meiner Glückseligkeit! denn glückselig preisen mich die Töchter. Und sie gab ihm den Namen Aser*k*. 14 Und Ruben ging aus in den Tagen der Weizenernte und fand Dudaim*l* auf dem Felde; und er brachte sie seiner Mutter Lea. Und Rahel sprach zu Lea: Gib mir doch von den Duda- 15 im deines Sohnes. Und sie sprach zu ihr: Ist es zu wenig, daß du meinen Mann genommen hast, daß du auch die Dudaim meines Sohnes nehmen willst? Da sprach Rahel: So mag er denn diese Nacht bei dir liegen für 16 die Dudaim deines Sohnes. Und als

Jakob am Abend vom Felde kam, da ging Lea hinaus, ihm entgegen, und sprach: Zu mir sollst du eingehen, denn ich habe dich gewißlich gedungen um die Dudaim meines Sohnes. Und er lag bei ihr in selbiger Nacht. Und Gott hörte auf Lea, und sie ward 17 schwanger und gebar dem Jakob einen fünften Sohn. Da sprach Lea: Gott 18 hat mir meinen Lohn gegeben, daß ich meine Magd meinem Manne gegeben habe! Und sie gab ihm den Namen Issaschar*m*. Und Lea ward wiederum 19 schwanger und gebar dem Jakob einen sechsten Sohn. Da sprach Lea: Mir 20 hat Gott ein schönes Geschenk gegeben; diesmal wird mein Mann bei mir wohnen, denn ich habe ihm sechs Söhne geboren! Und sie gab ihm den Namen Sebulon*n*. Und danach ge- 21 bar sie eine Tochter und gab ihr den Namen Dina*o*.

Und Gott gedachte an Rahel, und Gott 22 hörte auf sie und öffnete ihren Mutterleib. Und sie ward schwanger und 23 gebar einen Sohn; und sie sprach: Gott hat meine Schmach weggenommen! Und sie gab ihm den Namen 24 Joseph*p* und sprach: Jehova füge mir einen anderen Sohn hinzu!

Und es geschah, als Rahel den Jo- 25 seph geboren hatte, da sprach Jakob zu Laban: Entlaß mich, daß ich an meinen Ort und in mein Land ziehe. Gib mir meine Weiber und meine 26 Kinder, um welche ich dir gedient habe, daß ich hinziehe; denn du kennst ja meinen Dienst, womit ich dir gedient habe. Und Laban sprach zu ihm: 27 Wenn ich doch Gnade gefunden habe in deinen Augen . . .! Ich habe gespürt, daß Jehova mich um deinetwillen gesegnet hat. Und er sprach: 28 Bestimme mir deinen Lohn, und ich will ihn geben. Da sprach er zu ihm: 29 Du weißt ja, wie ich dir gedient habe, und was dein Vieh bei mir geworden ist. Denn wenig war, was du vor mir 30 hattest, und es hat sich ausgebreitet zu einer Menge, und Jehova hat dich gesegnet auf jedem meiner Tritte; und nun, wann soll ich auch für m e i n Haus schaffen? Und er sprach: Was 31 soll ich dir geben? Und Jakob sprach: Du sollst mir gar nichts geben; wenn du mir dieses tust, so will ich wiederum deine Herde*q* weiden *und* hüten: Ich will heute durch deine ganze Her- 32 de gehen und daraus absondern jedes gesprenkelte und gefleckte Tier, und jedes dunkelfarbige Tier unter den Schafen, und das Gefleckte und Gesprenkelte unter den Ziegen; und das sei mein Lohn. Und meine Gerechtig- 33 keit wird für mich*r* zeugen am mor-

---

a O. sprach: Jehova hat. — *b* Erhörung. — *c* Anschließung, Anhänglichkeit. — *d* H. Jehuda: Gegenstand des Preises. — *e* Vergl. Kap. 50, 23; Ruth 4, 16. 17; Hiob 3, 12. — *f* Siehe die Anm. zu Kap. 16, 2. — *g* Richter; einer, der Recht verschafft. — *h* Mein Kampf. — *i* Nach and. L.: Glück ist gekommen. — *j* Glück. — *k* Glückselig. — *l* Liebesäpfel, Alraunen. — *m* H. Issakar: er bringt Lohn; od. es gibt Lohn. — *n* Wohnung. — *o* Gerichtliche Entscheidung. — *p* Er füge hinzu! od. er nimmt (nahm) weg. — *q* Eig. dein Kleinvieh; so auch V. 32. 36 usw. — *r* Eig. wider mich, d. h. die Gerechtigkeit Jakobs wird gleichsam als seine Gegenpartei auftreten und bezeugen, daß er nichts gestohlen hat.

genden Tage *a*, wenn sie wegen meines Lohnes vor dich kommt *b*; alles was nicht gesprenkelt und gefleckt ist unter den Ziegen, und dunkelfarbig unter den Schafen, das sei gestohlen bei 34 mir. Und Laban sprach: Siehe, es ge-35 schehe nach deinem Worte! Und er sonderte an selbigem Tage die gestreiften und gefleckten Böcke ab und alle gesprenkelten und gefleckten Ziegen, alles woran Weißes war, und alles Dunkelfarbige unter den Schafen, und gab sie in die Hand seiner 36 Söhne. Und er setzte einen Weg von drei Tagereisen zwischen sich und Jakob; und Jakob weidete die übrige Herde Labans.

37 Und Jakob nahm sich frische Stäbe von Weißpappel, Mandelbaum und Platane und schälte weiße Streifen daran, indem er das Weiße ent-38 blößte, das an den Stäben war. Und er legte die Stäbe, die er geschält hatte, in die Tränkrinnen, in die Wassertränken, wohin die Herde zum Trinken kam, vor die Herde hin; und 39 sie wurde brünstig, wenn sie zum Trinken kam. Und die Herde wurde brünstig vor den Stäben, und die Herde gebar gestreifte, gesprenkelte und 40 gefleckte. Und Jakob schied die Lämmer aus, und er richtete das Gesicht der Herde auf das Gestreifte und alles Dunkelfarbige in der Herde Labans; und so machte er sich Herden besonders und tat sie nicht zu der 41 Herde Labans. Und es geschah, so oft das kräftige Vieh brünstig wurde, dann legte Jakob die Stäbe vor die Augen der Herde in die Tränkrinnen, damit sie bei den Stäben brünstig 42 würden; wenn aber das Vieh schwächlich war, legte er sie nicht hin. Also wurden die schwächlichen dem Laban 43 und die kräftigen dem Jakob. Und der Mann breitete sich sehr, sehr aus, und er bekam viele Herden, und Mägde und Knechte, und Kamele und Esel.

31 Und er hörte die Worte der Söhne Labans, welche sprachen: Jakob hat alles genommen, was unserem Vater gehörte; und von dem, was unserem Vater gehörte, hat er all diesen Reich-2 tum verschafft. Und Jakob sah das Angesicht Labans, und siehe, es war nicht gegen ihn wie früher *c*. 3 Und Jehova sprach zu Jakob: Kehre zurück in das Land deiner Väter und zu deiner Verwandtschaft, und 4 ich will mit dir sein. Da sandte Jakob hin und ließ Rahel und Lea aufs 5 Feld rufen zu seiner Herde. Und er sprach zu ihnen: Ich sehe das Angesicht eures Vaters, daß es nicht gegen mich ist wie früher; aber der Gott meines Vaters ist mit mir gewesen. 6 Ihr selbst wisset ja, daß ich mit all meiner Kraft eurem Vater gedient 7 habe. Und euer Vater hat mich betrogen und hat meinen Lohn zehnmal verändert; aber Gott hat ihm nicht

gestattet, mir Uebles zu tun. Wenn 8 er so sprach: Die gesprenkelten sollen den Lohn sein, dann gebaren alle Herden gesprenkelte; und wenn er so sprach: Die gestreiften sollen dein Lohn sein, dann gebaren alle Herden gestreifte. Und Gott hat 9 das Vieh eures Vaters genommen und mir gegeben. Und es geschah 10 zur Brunstzeit der Herde, da hob ich meine Augen auf und sah im Traume: und siehe, die Böcke, welche die Herde besprangen, waren gestreift, gesprenkelt und getüpfelt. Und der En-11 gel Gottes sprach im Traume zu mir: Jakob! Und ich sprach: Hier bin ich! Und er sprach: Hebe doch deine Au-12 gen auf und sieh: alle Böcke, welche die Herde besprangen, sind gestreift, gesprenkelt und getüpfelt; denn ich habe alles gesehen, was Laban dir tut. Ich bin der Gott von Bethel, wo du 13 ein Denkmal gesalbt, wo du mir ein Gelübde getan hast. Nun mache dich auf, ziehe aus diesem Lande und kehre zurück in das Land deiner Verwandtschaft *d*. Und Rahel und Lea 14 antworteten und sprachen zu ihm: Haben wir noch ein Teil und ein Erbe im Hause unseres Vaters? Sind 15 wir nicht als Fremde von ihm geachtet worden? Denn er hat uns verkauft und hat auch unser Geld völlig verzehrt. Denn aller Reichtum, den Gott unse-16 rem Vater entrissen hat, uns gehört er und unseren Kindern. So tue nun alles, was Gott zu dir geredet hat. Da machte Jakob sich auf und hob 17 seine Kinder und seine Weiber auf die Kamele, und führte weg all sein 18 Vieh und all seine Habe, die er erworben, das Vieh seines Eigentums, das er erworben hatte in Paddan-Aram, um zu seinem Vater Isaak zu kommen in das Land Kanaan. Und 19 Laban war gegangen, um seine Schafe zu scheren; und Rahel stahl die Teraphim *e*, die ihr Vater hatte. Und 20 Jakob hinterging Laban, den Aramäer, indem er ihm nicht kundtat, daß er fliehe. Und er floh, er und al-21 les was er hatte; und er machte sich auf und setzte über den Strom *f* und richtete sein Angesicht nach dem Gebirge Gilead.

Und am dritten Tage wurde dem 22 Laban berichtet, daß Jakob geflohen wäre. Und er nahm seine Brüder mit 23 sich und jagte ihm sieben Tagereisen nach und ereilte ihn auf dem Gebirge Gilead. Und Gott kam zu Laban, dem 24 Aramäer, in einem Traume der Nacht und sprach zu ihm: Hüte dich, daß du mit Jakob weder Gutes noch Böses redest! Und Laban erreichte Ja-25 kob, und Jakob hatte sein Zelt auf dem Gebirge aufgeschlagen; und Laban schlug es auf mit seinen Brüdern auf dem Gebirge Gilead. Und Laban 26 sprach zu Jakob: Was hast du getan, daß du mich hintergangen und mei-

---

a d. h. in Zukunft. — *b* O. wenn du kommst wegen meines Lohnes vor dir. — *c* W. wie gestern, vorgestern; eine stehende Redensart. — *d* O. Geburt. — *e* Hausgötter. — *f* den Euphrath.

ne Töchter wie Kriegsgefangene weg-
27 geführt hast? Warum bist du heimlich
geflohen und hast mich hintergangen
und hast es mir nicht kundgetan —
ich hätte dich ja begleitet mit Freude
und mit Gesängen, mit Tamburin und
28 mit Laute — und hast mir nicht zugelassen, meine Söhne und meine Töchter
zu küssen? Nun, du hast töricht ge-
29 handelt. Es wäre in der Macht meiner
Hand, euch Uebles zu tun; aber der
Gott eures Vaters hat gestern Nacht
zu mir geredet und gesagt: Hüte dich,
mit Jakob weder Gutes noch Böses
30 zu reden! Und nun, da du einmal
weggegangen bist, weil du dich so
sehr nach dem Hause deines Vaters
sehntest, warum hast du meine Götter
31 gestohlen? Da antwortete Jakob und
sprach zu Laban: Weil ich mich fürchtete; denn ich sagte *mir*, du möchtest
mir etwa deine Töchter entreißen.
32 Bei wem du deine Götter findest, der
soll nicht leben. Erforsche vor unseren Brüdern, was bei mir ist, und
nimm es dir. Jakob aber wußte nicht,
33 daß Rahel sie gestohlen hatte. Und
Laban ging in das Zelt Jakobs und
in das Zelt Leas und in das Zelt der
beiden Mägde und fand nichts; und
er ging aus dem Zelte Leas und kam
34 in das Zelt Rahels. Rahel aber hatte
die Teraphim genommen und sie in
den Kamelsattel gelegt und sich darauf gesetzt. Und Laban durchtastete
35 das ganze Zelt und fand nichts. Und
sie sprach zu ihrem Vater: Mein Herr
möge nicht zürnen, *a* daß ich nicht
vor dir aufstehen kann; denn es ergeht mir nach der Weiber Weise.
Und er durchsuchte *alles* und fand
36 die Teraphim nicht. Da entbrannte
Jakob und haderte mit Laban. Und
Jakob antwortete und sprach zu Laban: Was ist mein Vergehen, was
meine Sünde, daß du mir hitzig nach-
37 gesetzt bist? Da du all mein Gerät
durchtastet hast, was hast du gefunden
von allem Geräte deines Hauses? Lege
es hierher vor meine Brüder und deine Brüder, und sie mögen zwischen
38 uns beiden entscheiden! Zwanzig Jahre bin ich nun bei dir gewesen; deine
Mutterschafe und deine Ziegen haben
nicht fehlgeboren, und die Widder
deiner Herde habe ich nicht gegessen.
39 Das Zerrissene habe ich nicht zu dir
gebracht, i c h habe es büßen müssen;
von meiner Hand hast du es gefordert,
mochte es gestohlen sein bei Tage
40 oder gestohlen bei Nacht. Es war mit
mir *also:* des Tages verzehrte mich
die Hitze, und der Frost des Nachts,
und mein Schlaf floh von meinen Au-
41 gen. Zwanzig Jahre bin ich nun in
deinem Hause gewesen; ich habe dir
vierzehn Jahre gedient um deine beiden Töchter und sechs Jahre um deine Herde, und du hast meinen Lohn
42 zehnmal verändert. Wenn nicht der

Gott meines Vaters, der Gott Abrahams, und die Furcht *b* Isaaks, du würdest mich nicht jetzt leer entlassen haben.
Gott hat mein Elend und die Arbeit
meiner Hände angesehen und hat
gestern Nacht entschieden. Und La-43
ban antwortete und sprach zu Jakob:
Die Töchter sind meine Töchter, und
die Söhne sind meine Söhne, und die
Herde ist meine Herde, und alles
was du siehest ist mein; aber meinen
Töchtern, was könnte ich ihnen heute tun, oder ihren Söhnen, die sie geboren haben? Und nun komm, laß 44
uns einen Bund machen, ich und du,
und er sei zum Zeugnis zwischen mir
und dir!
Und Jakob nahm einen Stein und 45
richtete ihn auf als Denkmal. Und 46
Jakob sprach zu seinen Brüdern: Sammelt Steine! Und sie nahmen Steine
und errichteten einen Haufen und
aßen daselbst auf dem Haufen. Und 47
Laban nannte ihn Jegar Sahadutha *c*,
und Jakob nannte ihn Galed *d*. Und 48
Laban sprach: Dieser Haufe sei heute ein Zeuge zwischen mir und dir!
Darum gab man ihm den Namen Galed, und Mizpa *e*, weil er sprach: Je-49
hova sei Wächter zwischen mir und
dir, wenn wir einer vor dem anderen
verborgen sein werden! Wenn du mei-50
ne Töchter bedrücken, und wenn du
noch Weiber nehmen solltest zu meinen Töchtern . . . kein Mensch ist bei
uns; siehe, Gott ist Zeuge zwischen
mir und dir. Und Laban sprach zu 51
Jakob: Siehe, dieser Haufe, und siehe,
das Denkmal, das ich errichtet habe
zwischen mir und dir: dieser Haufe 52
sei Zeuge, und das Denkmal ein Zeugnis, daß weder i c h über diesen Haufen zu dir hinausgehe, noch daß d u
über diesen Haufen und dieses Denkmal zu mir hinausgehest zum Bösen.
Der Gott Abrahams und der Gott 53
Nahors richte zwischen uns, der Gott
ihres Vaters! Da schwur Jakob bei
der Furcht seines Vaters Isaak. Und 54
Jakob opferte ein Schlachtopfer auf
dem Gebirge und lud seine Brüder
ein, zu essen; und sie aßen *f* und
übernachteten auf dem Gebirge.
Und Laban stand des Morgens früh 55
auf und küßte seine Söhne und seine
Töchter und segnete sie; und Laban zog
hin und kehrte zurück an seinen Ort.

Und Jakob zog seines Weges, und **32**
es begegneten ihm Engel Gottes.
Und Jakob sprach, als er sie sah: 2
Dies ist das Heerlager Gottes. Und
er gab jenem Orte den Namen Machanaim *g*.
Und Jakob sandte Boten vor sich 3
her zu seinem Bruder Esau, in das
Land Seir, das Gefilde Edom. Und 4
er gebot ihnen und sprach: So sollt
ihr zu meinem Herrn, zu Esau, sprechen: So spricht dein Knecht Jakob:

---

a Eig. Es entbrenne nicht in den Augen meines Herrn. — *b* O. der Schrecken; so
auch V. 53. — *c* Aramäisch: Haufe des Zeugnisses. — *d* Haufe des Zeugnisses, od.
des Zeugen. — *e* Warte. — *f* W. Brot zu essen: und sie aßen Brot: eine stehende
Redensart. — *g* Doppellager.

Bei Laban habe ich mich aufgehalten 5 und bin geblieben bis jetzt; und ich habe Rinder und Esel, Kleinvieh und Knechte und Mägde erworben; und ich habe gesandt, es meinem Herrn kundzutun, um Gnade zu finden in 6 deinen Augen. Und die Boten kehrten zu Jakob zurück und sprachen: Wir sind zu deinem Bruder, zu Esau, gekommen, und er zieht dir auch entgegen und vierhundert Mann mit ihm. 7 Da fürchtete sich Jakob sehr, und ihm ward angst; und er teilte das Volk, das bei ihm war, und das Kleinvieh und die Rinder und die Kamele in 8 zwei Züge. Und er sprach: Wenn Esau wider den einen Zug kommt und ihn schlägt, so wird der übriggebliebene Zug entrinnen können. 9 Und Jakob sprach: Gott meines Vaters Abraham und Gott meines Vaters Isaak, Jehova, der du zu mir geredet hast: Kehre zurück in dein Land und zu deiner Verwandtschaft, und ich 10 will dir wohltun! Ich bin zu gering all der Gütigkeiten und all der Treue, die du deinem Knechte erwiesen hast; denn mit meinem Stabe bin ich über diesen Jordan gegangen, und nun bin 11 ich zu zwei Zügen geworden. Rette mich doch von der Hand meines Bruders, von der Hand Esaus! denn ich fürchte ihn, daß er etwa komme und mich schlage, die Mutter samt den 12 Kindern. Du hast ja gesagt: Gewißlich werde ich dir wohltun und werde deinen Samen machen wie der Sand des Meeres, der nicht gezählt wird vor Menge.

13   Und er übernachtete daselbst in jener Nacht; und er nahm von dem, was in seine Hand gekommen war, ein Geschenk für seinen Bruder Esau: 14 Zweihundert Ziegen und zwanzig Böcke, zweihundert Mutterschafe und 15 zwanzig Widder, dreißig säugende Kamele mit ihren Füllen, vierzig Kühe und zehn Stiere, zwanzig Ese- 16 linnen und zehn junge Esel. Und er gab sie in die Hand seiner Knechte, je eine Herde besonders, und er sprach zu seinen Knechten: Ziehet vor mir her und lasset Raum zwischen Herde 17 und Herde. Und er gebot dem ersten und sprach: Wenn mein Bruder Esau dir begegnet und dich fragt und spricht: Wem gehörst du an, und wohin gehst du, und wem gehören 18 diese *da* vor dir? so sollst du sagen: Deinem Knechte Jakob; es ist ein Geschenk, gesandt meinem Herrn, dem Esau; und siehe, er selbst ist 19 hinter uns. Und er gebot auch dem zweiten, auch dem dritten, auch allen, die hinter den Herden hergingen, und sprach: Nach diesem Worte sollt ihr zu Esau reden, wenn ihr ihn findet, 20 und sollt sagen: Siehe, dein Knecht Jakob ist selbst hinter uns. Denn er sagte: Ich will ihn versöhnen*a* durch das Geschenk, das vor mir hergeht, und danach will ich sein Angesicht

sehen; vielleicht wird er mich annehmen. Und das Geschenk zog vor ihm 21 her, und er übernachtete in jener Nacht im Lager.
Und er stand in jener Nacht auf 22 und nahm seine zwei Weiber und seine zwei Mägde und seine elf Söhne, und zog über die Furt des Jabbok; und er nahm sie und führte sie über 23 den Fluß, und führte hinüber was er hatte. Und Jakob blieb allein übrig; 24 und es rang ein Mann mit ihm, bis die Morgenröte aufging. Und als er 25 sah, daß er ihn nicht übermochte, da rührte er sein Hüftgelenk an; und das Hüftgelenk Jakobs ward verrenkt, indem er mit ihm rang. Da sprach 26 er: Laß mich los, denn die Morgenröte ist aufgegangen; und er sprach: Ich lasse dich nicht los, du habest mich denn gesegnet. Da sprach er 27 zu ihm: Was ist dein Name? Und er sprach: Jakob. Da sprach er: Nicht 28 Jakob soll hinfort dein Name heißen, sondern Israel*b* ; denn du hast mit Gott und mit Menschen gerungen und hast obgesiegt. Und Jakob fragte und 29 sprach: Tue *mir* doch deinen Namen kund! Da sprach er: Warum doch fragst du nach meinem Namen? Und er segnete ihn daselbst. Und Jakob 30 gab dem Orte den Namen Pniel *c* : denn ich habe Gott von Angesicht zu Angesicht gesehen, und meine Seele ist gerettet worden! Und die 31 Sonne ging ihm auf, als er über Pniel *d* hinaus war; und er hinkte an seiner Hüfte. Darum essen die Kinder Is- 32 rael nicht die Spannader *e*, die über dem Hüftgelenk ist, bis auf den heutigen Tag, weil er das Hüftgelenk Jakobs, die Spannader, angerührt hat.

Und Jakob hob seine Augen auf **33** und sah: und siehe, Esau kam und mit ihm vierhundert Mann. Und er verteilte die Kinder auf Lea und auf Rahel und auf die beiden Mägde; und er stellte die Mägde und ihre 2 Kinder vornan, und Lea und ihre Kinder dahinter, und Rahel und Joseph zuletzt. Er aber ging vor ihnen her 3 und beugte sich siebenmal zur Erde nieder, bis er nahe zu seinem Bruder kam. Esau lief ihm entgegen 4 und umarmte ihn und fiel ihm um den Hals und küßte ihn; und sie weinten. Und er hob seine Augen 5 auf und sah die Weiber und die Kinder und sprach: Wer sind diese *bei* dir? Und er sprach: Die Kinder, die Gott deinem Knechte beschert hat. Und die Mägde traten herzu, sie und 6 ihre Kinder, und verneigten sich. Und 7 auch Lea trat herzu und ihre Kinder, und sie verneigten sich. Und danach traten Joseph und Rahel herzu und verneigten sich. Und er sprach: Was 8 willst du mit diesem ganzen Zug, dem ich begegnet bin? Und er sprach: Daß ich Gnade fände in den Augen meines Herrn. Da sprach Esau: Ich 9 habe genug, mein Bruder; es sei dein

---

a W. sein Angesicht zudecken. — *b* Kämpfer Gottes. — *c* Angesicht Gottes. — *d* H. Pnuel. —*e* Eig. den Sehnenstrang.

10 was du hast. Und Jakob sprach: Nicht doch; wenn ich anders Gnade gefunden habe in deinen Augen, so nimm mein Geschenk von meiner Hand, da ich nun einmal dein Angesicht gesehen habe a, als hätte ich Gottes Angesicht gesehen, und du Wohlgefallen 11 an mir gehabt hast. Nimm doch mein Geschenk b, das dir überbracht worden ist; denn Gott hat es mir beschert c, und ich habe alles. Und er drang in 12 ihn, und er nahm es. Und Esau d sprach: Laß uns aufbrechen und weiterziehen, und ich will vor e dir 13 herziehen. Und er sprach zu ihm: Mein Herr weiß, daß die Kinder zart sind, und daß ich säugende Schafe f und Kühe bei mir habe; wenn man sie nur einen Tag übertriebe, so wür- 14 de die ganze Herde sterben. Mein Herr ziehe doch vor seinem Knechte hin, und ich will einherziehen nach meiner Gemächlichkeit, nach dem Gange des Viehes, das vor mir ist, und nach dem Gange der Kinder, bis ich zu meinem Herrn komme nach 15 Seir. Und Esau sprach: Ich will doch von dem Volke bei dir zurücklassen, das bei mir ist. Und er sprach: Wozu das? Möchte ich Gnade finden in den 16 Augen meines Herrn! Und Esau kehrte an selbigem Tage seines Weges zurück nach Seir.

17 Und Jakob brach auf nach Sukkoth und baute sich ein Haus, und seinem Vieh machte er Hütten; darum gab er dem Orte den Namen Sukkoth g. 18 Und Jakob kam wohlbehalten nach der Stadt Sichem, die im Lande Kanaan ist, als er aus Paddan-Aram 19 kam, und lagerte vor der Stadt. Und er kaufte das Stück Feld, wo er sein Zelt aufgeschlagen hatte, von der Hand der Söhne Hemors, des Vaters Sichems, 20 um hundert Kesita. Und er richtete daselbst einen Altar auf und nannte ihn: Gott h, der Gott Israels.

34 Und Dina, die Tochter Leas, die sie dem Jakob geboren hatte, ging aus, die Töchter des Landes zu sehen. 2 Und es sah sie Sichem, der Sohn Hemors, des Hewiters, des Fürsten des Landes, und er nahm sie und lag bei ihr 3 und schwächte sie. Und seine Seele hing an Dina, der Tochter Jakobs, und er liebte das Mädchen und rede- 4 te zum Herzen des Mädchens. Und Sichem sprach zu Hemor, seinem Vater, und sagte: Nimm mir dieses Mäd- 5 chen zum Weibe. Und Jakob hörte, daß er seine Tochter Dina entehrt hatte; seine Söhne aber waren mit seinem Vieh auf dem Felde, und Ja- 6 kob schwieg, bis sie kamen. Und Hemor, der Vater Sichems, kam heraus 7 zu Jakob, um mit ihm zu reden. Und die Söhne Jakobs kamen vom Felde, sobald sie es hörten; und die Männer kränkten sich und ergrimmten sehr, weil eine Schandtat in Israel verübt hatte, bei der Tochter Jakobs zu

liegen; und also sollte nicht geschehen. Und Hemor redete mit ihnen 8 und sprach: Sichem, mein Sohn — seine Seele hängt an eurer Tochter; gebet sie ihm doch zum Weibe, und 9 verschwägert euch mit uns: gebet uns eure Töchter und nehmet euch unsere 10 Töchter; und wohnet bei uns, und das Land soll vor euch sein: wohnet und verkehret darin, und machet euch darin ansässig. Und Sichem sprach 11 zu ihrem Vater und zu ihren Brüdern: Möge ich Gnade finden in euren Augen! und was ihr mir sagen werdet, will ich geben. Leget mir sehr viel 12 auf als Heiratsgabe und Geschenk, und ich will es geben, so wie ihr mir sagen werdet; und gebet mir das Mädchen zum Weibe. Und die Söhne 13 Jakobs antworteten Sichem und seinem Vater Hemor betrüglich und redeten, weil er ihre Schwester Dina entehrt hatte; und sie sprachen zu 14 ihm: Wir können dies nicht tun, unsere Schwester einem unbeschnittenen Manne zu geben, denn das wäre eine Schande für uns. Nur i unter der 15 Bedingung wollen wir euch zu Willen sein, wenn ihr werdet wie wir, indem alles Männliche bei euch beschnitten wird; dann wollen wir euch unsere 16 Töchter geben, und eure Töchter uns nehmen, und wir wollen bei euch wohnen und ein Volk sein. Wenn 17 ihr aber nicht auf uns hört, euch beschneiden zu lassen, so nehmen wir unsere Tochter und ziehen weg.

Und ihre Worte waren gut in den 18 Augen Hemors und Sichems, des Sohnes Hemors. Und der Jüngling zöger- 19 te nicht dies zu tun, denn er hatte Gefallen an der Tochter Jakobs. Und er war geehrt vor allen im Hause seines Vaters. Und Hemor und Sichem, 20 sein Sohn, kamen in das Tor ihrer Stadt, und sie redeten zu den Männern ihrer Stadt und sprachen: Diese 21 Männer sind friedlich gegen uns, so mögen sie im Lande wohnen und darin verkehren; und das Land, siehe, weit nach beiden Seiten ist es vor ihnen. Wir wollen uns ihre Töchter zu Weibern nehmen und unsere Töchter ihnen geben. Nur unter der Bedingung wol- 22 len die Männer uns zu Willen sein, bei uns zu wohnen, ein Volk zu sein, wenn bei uns alles Männliche beschnitten werde, so wie sie beschnitten sind. Ihre Herden und ihr Besitz 23 und all ihr Vieh j, werden die nicht unser sein? Nur laßt uns ihnen zu Willen sein, und sie werden bei uns wohnen. Und sie hörten auf Hemor 24 und auf Sichem, seinen Sohn, alle die zum Tore seiner Stadt ausgingen; und alles Männliche wurde beschnitten, alle die zum Tore seiner Stadt ausgingen.

Und es geschah am dritten Tage, 25 als sie in Schmerzen waren, da nahmen die zwei Söhne Jakobs, Simeon

---

a O. denn darum habe ich usw. — b Eig. meinen Segen, wie 1. Sam. 25, 27. — c O. hat mir Gnade erwiesen. — d W. er. — e O. neben. — f Eig. Kleinvieh. — g Hütten. — h El. — i O. Doch; so auch V. 22. — j d. h. Zug- und Lastvieh.

und Levi, die Brüder Dinas, ein jeder sein Schwert und kamen kühn wider die Stadt *a* und ermordeten allen 26 Männliche; auch Hemor und seinen Sohn Sichem ermordeten sie mit der Schärfe des Schwertes und nahmen Dina aus dem Hause Sichems und 27 gingen davon. Die Söhne Jakobs kamen über die Erschlagenen und plünderten die Stadt, weil sie ihre Schwe-28 ster entehrt hatten. Ihr Kleinvieh und ihre Rinder und ihre Esel, und was in der Stadt und was auf dem Felde 29 war, nahmen sie; und all ihr Vermögen und alle ihre Kinder und ihre Weiber führten sie gefangen hinweg und raubten sie, und alles was in den 30 Häusern war. Da sprach Jakob zu Simeon und zu Levi: Ihr habt mich in Trübsal gebracht, indem ihr mich stinkend machet unter den Bewohnern des Landes, unter den Kanaanitern und unter den Perisitern. Ich aber bin ein zählbares Häuflein, und sie werden sich wider mich versammeln und mich schlagen, und ich werde vertilgt werden, ich und mein 31 Haus. Und sie sprachen: Sollte man unsere Schwester wie eine Hure behandeln?

35 Und Gott sprach zu Jakob: Mache dich auf, ziehe hinauf nach Bethel und wohne daselbst, und mache daselbst einen Altar dem Gott *b*, der dir erschienen ist, als du vor deinem 2 Bruder Esau flohest. Da sprach Jakob zu seinem Hause und zu allen, die bei ihm waren: Tut die fremden Götter hinweg, die in eurer Mitte sind, und reiniget euch, und wechselt eure 3 Kleider; und wir wollen uns aufmachen und nach Bethel hinaufziehen, und ich werde daselbst einen Altar machen dem Gott *b*, der mir geantwortet hat am Tage meiner Drangsal und mit mir gewesen ist auf dem 4 Wege, den ich gewandelt bin. Und sie gaben Jakob alle fremden Götter, die in ihrer Hand, und die Ringe, die in ihren Ohren waren *c*, und Jakob vergrub sie unter der Terebinthe, die 5 bei Sichem ist. Und sie brachen auf. Und der Schrecken Gottes kam über die Städte, die rings um sie her waren, so daß sie den Söhnen Jakobs nicht nachjagten.
6 Und Jakob kam nach Lus, welches im Lande Kanaan liegt, das ist Bethel, er und alles Volk, das bei ihm 7 war. Und er baute daselbst einen Altar und nannte den Ort El-Bethel *d*; denn Gott hatte sich ihm daselbst geoffenbart, als er vor seinem Bruder 8 floh. Und Debora, die Amme Rebekkas, starb, und sie wurde begraben unterhalb Bethel unter der Eiche; und man gab ihr den Namen Allon Bakuth *e*.
9 Und Gott erschien dem Jakob wiederum, als er aus Paddan-Aram kam, 10 und segnete ihn. Und Gott sprach zu

ihm: Dein Name ist Jakob; dein Name soll hinfort nicht Jakob heißen, sondern Israel soll dein Name sein. Und er gab ihm den Namen Israel. Und Gott sprach zu ihm: Ich bin Gott *b*, 11 der Allmächtige, sei fruchtbar und mehre dich; eine Nation und ein Haufe von Nationen soll aus dir werden, und Könige sollen aus deinen Lenden hervorkommen. Und das Land, 12 das ich Abraham und Isaak gegeben habe, dir will ich es geben, und deinem Samen nach dir will ich das Land geben. Und Gott fuhr von ihm 13 auf an dem Orte, wo er mit ihm geredet hatte. Und Jakob richtete ein Denk-14 mal auf an dem Orte, wo er mit ihm geredet hatte, ein Denkmal von Stein, und spendete darauf ein Trankopfer und goß Oel darauf. Und Jakob gab 15 dem Orte, woselbst Gott mit ihm geredet hatte, den Namen Bethel.
Und sie brachen auf von Bethel. 16 Und es war noch eine Strecke Landes, um nach Ephrath zu kommen, da gebar Rahel, und es wurde ihr schwer bei ihrem Gebären. Und es 17 geschah, als es ihr schwer wurde bei ihrem Gebären, da sprach die Hebamme zu ihr: Fürchte dich nicht, denn auch dieser ist dir ein Sohn! Und es 18 geschah, als ihre Seele ausging (denn sie starb), da gab sie ihm den Namen Benoni *f*; sein Vater aber nannte ihn Benjamin *g*. Und Rahel starb und 19 wurde begraben an dem Wege nach Ephrath, das ist Bethlehem. Und Ja-20 kob richtete über ihrem Grabe ein Denkmal auf, das ist das Grabmal Rahels bis auf diesen Tag.
Und Israel brach auf und schlug 21 sein Zelt auf jenseit von Migdal-Heder *h*. Und es geschah, als Israel in 22 jenem Lande wohnte, da ging Ruben hin und lag bei Bilha, dem Kebsweibe seines Vaters. Und Israel hörte es.
Und der Söhne Jakobs waren zwölf. Die Söhne Leas: Ruben, der Erstge-23 borene Jakobs, und Simeon und Levi und Juda und Issaschar und Sebulon. Die Söhne Rahels: Joseph und Ben-24 jamin. Die Söhne Bilhas, der Magd 25 Rahels: Dan und Naphtali. Und die 26 Söhne Silpas, der Magd Leas: Gad und Aser. Das sind die Söhne Jakobs, welche ihm in Paddan-Aram geboren wurden.
Und Jakob kam zu seinem Vater 27 Isaak nach Mamre, nach Kirjath-Arba, das ist Hebron, woselbst Abraham und Isaak als Fremdlinge geweilt hatten. Und die Tage Isaaks waren hun-28 dert und achtzig Jahre. Und Isaak 29 verschied und starb, und wurde versammelt zu seinen Völkern, alt und der Tage satt. Und Esau und Jakob, seine Söhne, begruben ihn.
Und dies sind die Geschlechter **36** Esaus, das ist Edom. Esau nahm seine Weiber von den Töchtern Ka- 2

---

a O kamen wider die sorglose Stadt. — *b* El. — *c* d. h. die sie als Amulette trugen. — *d* Gott des Gotteshauses. — *e* Eiche des Weinens. — *f* Sohn meiner Not. — *g* Sohn der Rechten, d. h. des Glückes. — *h* Herdenturm.

naans: Ada, die Tochter Elons, des Hethiters, und Oholibama, die Tochter Anas, der Tochter Zibeons, des He- 3 witers, und Basmath, die Tochter 4 Ismaels, die Schwester Nebajoths. Und Ada gebar dem Esau Eliphas, und 5 Basmath gebar Reghuel. Und Oholibama gebar Jeghusch und Jaghlam und Korach. Das sind die Söhne Esaus, welche ihm im Lande Kanaan gebo- 6 ren wurden. Und Esau nahm seine Weiber und seine Söhne und seine Töchter und alle Seelen seines Hauses, und seine Herden und all sein Vieh a' und all sein Besitztum, das er im Lande Kanaan erworben hatte, und zog in ein Land b, von sei- 7 nem Bruder Jakob hinweg. Denn ihre Habe war zu groß, daß sie hätten beieinander wohnen können, und das Land ihres Aufenthaltes vermochte sie nicht zu tragen wegen ihrer Herden. 8 Und Esau wohnte auf dem Gebirge Seir. Esau, das ist Edom.

9 Und dies sind die Geschlechter Esaus, des Vaters von Edom, auf dem 10 Gebirge Seir. Dies sind die Namen der Söhne Esaus: Eliphas, der Sohn Adas, des Weibes Esaus; Reghuel, der Sohn Basmaths, des Weibes Esaus. 11 Und die Söhne des Eliphas waren: Teman, Omar, Zepho und Gaetam 12 und Kenas. Und Timna war das Kebsweib des Eliphas, des Sohnes Esaus, und sie gebar dem Eliphas Amalek. Das sind die Söhne Adas, des Weibes 13 Esaus. Und dies sind die Söhne Reghuels: Nachath und Serach, Schamma und Missa. Das waren die Söhne 14 Basmaths, des Weibes Esaus. Und dies waren die Söhne Oholibamas, der Tochter Anas, der Tochter Zibeons, des Weibes Esaus: sie gebar dem Esau Jeghusch, Jaghlam und Korach.

15 Dies sind die Fürsten c der Söhne Esaus: Die Söhne Eliphas', des Erstgeborenen Esaus: der Fürst Teman, der Fürst Omar, der Fürst Zepho, der 16 Fürst Kenas, der Fürst Korach, der Fürst Gaetam, der Fürst Amalek. Das sind die Fürsten des Eliphas im Lande Edom; das sind die Söhne Adas. 17 Und dies sind die Söhne Reghuels, des Sohnes Esaus: der Fürst Nachath, der Fürst Serach, der Fürst Schamma, der Fürst Missa. Das sind die Fürsten des Reghuel im Lande Edom; das sind die Söhne Basmaths, des 18 Weibes Esaus. Und dies sind die Söhne Oholibamas, des Weibes Esaus: der Fürst Jeghusch, der Fürst Jaghlam, der Fürst Korach. Das sind die Fürsten Oholibamas, der Tochter Anas, 19 des Weibes Esaus. Das sind die Söhne Esaus und das ihre Fürsten; das ist Edom.

20 Dies sind die Söhne Seirs, des Horiters, die Bewohner des Landes: Lotan und Schobal und Zibeon und Ana 21 und Dischon und Ezer und Dischan. Das sind die Fürsten der Horiter, der Söhne Seirs, im Lande Edom. Und 22 die Söhne Lotans waren: Hori und Hemam, und die Schwester Lotans: Timna. Und dies sind die Söhne Scho- 23 bals: Alwan und Manachath und Ebal, Schepho und Onam. Und dies sind 24 die Söhne Zibeons: Aja und Ana. Das ist der Ana, welcher die warmen Quellen in der Wüste fand, als er die Esel Zibeons, seines Vaters, weidete. Und dies sind die Söhne Anas: Di- 25 schon, und Oholibama, die Tochter Anas. Und dies sind die Söhne Di- 26 schons d: Hemdan und Eschban und Jithran und Keran. Dies sind die 27 Söhne Ezers: Bilhan und Saawan und Akan. Dies sind die Söhne Di- 28 schans: Uz und Aran. Dies sind die 29 Fürsten der Horiter: der Fürst Lotan, der Fürst Schobal, der Fürst Zibeon, der Fürst Ana, der Fürst Di- 30 schon, der Fürst Ezer, der Fürst Dischan. Das sind die Fürsten der Horiter, nach ihren Fürsten im Lande Seir.

Und dies sind die Könige, die im 31 Lande Edom regiert haben, ehe ein König über die Kinder Israel regierte: Bela, der Sohn Beors, wurde König 32 in Edom; und der Name seiner Stadt war Dinhaba. Und Bela starb; und 33 es ward König an seiner Statt Jobab, der Sohn Serachs, aus Bozra. Und 34 Jobab starb; und es ward König an seiner Statt Huscham, aus dem Lande der Temaniter. Und Huscham starb; 35 und es ward König an seiner Statt Hadad, der Sohn Bedads, welcher Midian schlug im Gefilde Moabs; und der Name seiner Stadt war Awith. Und Hadad starb; und es ward Kö- 36 nig an seiner Statt Samla aus Masreka. Und Samla starb; und es ward 37 König an seiner Statt Saul aus Rechoboth am Strome. Und Saul starb, und 38 es ward König an seiner Statt Baal-Hanan, der Sohn Akbors. Und Baal- 39 Hanan, der Sohn Akbors, starb; und es ward König an seiner Statt Hadar; und der Name seiner Stadt war Paghu, und der Name seines Weibes Mehetabeel, die Tochter Matreds, der Tochter Mesahabs.

Und dies sind die Namen der Für- 40 sten Esaus, nach ihren Familien, nach ihren Ortschaften, mit ihren Namen: der Fürst Timna, der Fürst Alwa, der Fürst Jetheth, der Fürst Oholi- 41 bama, der Fürst Ela, der Fürst Pinon, der Fürst Kenas, der Fürst Teman, 42 der Fürst Mibzar, der Fürst Magdiel, 43 der Fürst Iram. Das sind die Fürsten von Edom nach ihren Wohnsitzen, im Lande ihres Eigentums. Das ist Esau, der Vater Edoms.

Und Jakob wohnte in dem Lande, **37** in welchem sein Vater als Fremdling geweilt hatte, im Lande Kanaan. Dies ist die Geschichte Jakobs: Jo- 2 seph, siebenzehn Jahre alt, weidete die Herde mit seinen Brüdern; und

---

a d. h. Zug- und Lastvieh. — b O. landeinwärts. Nach einigen fehlt hier das Wort Seir, wie es die Syrische Uebersetzung hat. — c Eig. Stammhäupter, Häuptlinge. — d H. Dischans.

er war als Knabe bei den Söhnen Bilhas und bei a den Söhnen Silpas, der Weiber seines Vaters. Und Joseph hinterbrachte ihrem Vater die üble 3 Nachrede von ihnen. Und Israel hatte Joseph lieber als alle seine Söhne, weil er der Sohn seines Alters war; und er machte ihm einen langen Leibrock b. 4 Und als seine Brüder sahen, daß ihr Vater ihn lieber hatte als alle seine Brüder, da haßten sie ihn und vermochten nicht, ihn zu grüßen.

5 Und Joseph hatte einen Traum und teilte ihn seinen Brüdern mit; und 6 sie haßten ihn noch mehr. Und er sprach zu ihnen: Höret doch diesen 7 Traum, den ich gehabt habe: Siehe, wir banden Garben auf dem Felde, und siehe, meine Garbe richtete sich auf und blieb auch aufrecht stehen; und siehe, eure Garben kamen ringsum und verneigten sich vor meiner Gar-8 be. Da sprachen seine Brüder zu ihm: Solltest du gar König über uns sein, solltest du gar über uns herrschen? Und sie haßten ihn noch mehr um seiner Träume und um seiner 9 Worte willen. Und er hatte noch einen anderen Traum und erzählte ihn seinen Brüdern und sprach: Siehe, noch einen Traum habe ich gehabt, und siehe, die Sonne und der Mond und elf Sterne beugten sich vor mir 10 nieder. Und er erzählte es seinem Vater und seinen Brüdern. Da schalt ihn sein Vater und sprach zu ihm: Was ist das für ein Traum, den du gehabt hast? Sollen wir gar kommen, ich und deine Mutter und deine Brü-11 der, um uns vor dir zur Erde nieder-zubeugen? Und seine Brüder waren eifersüchtig auf ihn; aber sein Vater bewahrte das Wort.

12 Und seine Brüder gingen hin, um die Herde c ihres Vaters zu weiden 13 zu Sichem. Und Israel sprach zu Joseph: Weiden nicht deine Brüder zu Sichem? Komm, daß ich dich zu ihnen sende! Und er sprach zu ihm: Hier 14 bin ich. Und er sprach zu ihm: Gehe doch hin, sieh nach dem Wohlergehen deiner Brüder und nach dem Wohlergehen der Herde und bringe mir Antwort. Und er sandte ihn aus dem Tale von Hebron, und er 15 nach Sichem. Und ein Mann fand ihn, und siehe, er irrte auf dem Felde umher; und der Mann fragte ihn und 16 sprach: Was suchst du? Und er sprach: Ich suche meine Brüder; tue 17 mir doch kund, wo sie weiden. Und der Mann sprach: Sie sind von hier aufgebrochen, denn ich hörte sie sagen: Laßt uns nach Dothan ziehen! Da ging Joseph seinen Brüdern nach 18 und fand sie zu Dothan. Und sie sahen ihn von ferne; und ehe er nahe an sie te, da ersannen sie gegen ihn den An-19 schlag, ihn zu töten. Und sie sprachen einer zum anderen: Siehe, da kommt

jener Träumer! So kommt nun und 20 laßt uns ihn erschlagen und ihn in eine der Gruben d werfen, und wir wollen sagen: Ein böses Tier hat ihn gefressen; und wir werden sehen, was aus seinen Träumen wird. Und 21 Ruben hörte es und errettete ihn aus ihrer Hand und sprach: Laßt uns ihn nicht totschlagen! Und Ruben sprach 22 zu ihnen: Vergießet nicht Blut; werfet ihn in diese Grube, die in der Wüste ist, und leget nicht Hand an ihn — auf daß er ihn aus ihrer Hand errettete, um ihn wieder zu seinem Vater zu bringen. Und es geschah, 23 als Joseph zu seinen Brüdern kam, da zogen sie Joseph seinen Leibrock aus, den langen Leibrock, den er anhatte; und sie nahmen ihn und warfen ihn 24 in die Grube; die Grube aber war leer, es war kein Wasser darin.

Und sie setzten sich, um zu essen. 25 Und sie hoben ihre Augen auf und sahen: und siehe, ein Zug Ismaeliter kam von Gilead her; und ihre Kamele trugen Tragant e und Balsamharz und Ladanum; sie zogen hin, um es nach Aegypten hinabzubringen. Da 26 sprach Juda zu seinen Brüdern: Was für ein Gewinn ist es, daß wir unseren Bruder erschlagen und sein Blut verhehlen? Kommt, laßt uns 27 ihn an die Ismaeliter verkaufen; aber unsere Hand sei nicht an ihm, denn unser Bruder, unser Fleisch ist er! Und seine Brüder hörten darauf. Als 28 nun die midianitischen Männer, die Kaufleute, vorüberkamen, da zogen und holten sie Joseph aus der Grube herauf und verkauften Joseph an die Ismaeliter um zwanzig Silbersekel; und sie brachten Joseph nach Aegypten. Und als Ruben zur Grube zurück- 29 kam, und siehe, Joseph war nicht in der Grube, da zerriß er seine Kleider. Und er kehrte zu seinen Brüdern 30 zurück und sprach: Der Knabe ist nicht da, und ich, wohin soll ich gehen?

Und sie nahmen den Leibrock Jo- 31 sephs und schlachteten einen Ziegenbock und tauchten den Leibrock in das Blut; und sie schickten den lan- 32 gen Leibrock hin und ließen ihn ihrem Vater bringen und sagen: Dieses haben wir gefunden; erkenne doch, ob es der Leibrock deines Sohnes ist oder nicht. Und er erkannte ihn und sprach: 33 Der Leibrock meines Sohnes! — ein böses Tier hat ihn gefressen, Joseph ist gewißlich zerrissen worden! Und 34 Jakob zerriß seine Kleider und legte Sacktuch um seine Lenden, und er trug Leid um seinen Sohn viele Tage. Und alle seine Söhne und alle seine 35 Töchter machten sich auf, um ihn zu trösten; aber er verweigerte es, sich trösten zu lassen, und sprach: Denn leidtragend werde ich zu meinem Sohne hinabfahren in den Scheol! Und sein Vater beweinte ihn.

---

a O. (und er war noch ein Knabe), mit den Söhnen Bilhas und mit. — b d. h. ein bis auf die Knöchel reichendes Unterkleid mit Aermeln und farbigen Rändern, das nur Vornehme trugen. — c Eig. das Kleinvieh. — d d. h. Cisternen, Regenbrunnen. — e ein wohlriechendes Harz.

36   Und die Midianiter *a* verkauften ihn nach Aegypten, an Potiphar, einen Kämmerer des Pharao, den Obersten der Leibwache.

38 Und es geschah zu selbiger Zeit, daß Juda von seinen Brüdern hinabzog und zu einem Manne von Adullam 2 einkehrte, mit Namen Hira. Und Juda sah daselbst die Tochter eines kanaanitischen Mannes, mit Namen Schua; und er nahm sie und ging zu 3 ihr ein. Und sie wurde schwanger und gebar einen Sohn, und er gab ihm 4 den Namen Gher. Und sie wurde abermals schwanger und gebar einen Sohn, und sie gab ihm den Namen 5 Onan. Und wiederum gebar sie einen Sohn, und sie gab ihm den Namen Schela; Juda *b* war aber zu Kesib, als sie 6 ihn gebar. Und Juda nahm ein Weib für Gher, seinen Erstgeborenen, und 7 ihr Name war Tamar. Und Gher, der Erstgeborene Judas, war böse in den Augen Jehovas, und Jehova tötete 8 ihn. Da sprach Juda zu Onan: Gehe ein zu dem Weibe deines Bruders, und leiste ihr die Schwagerpflicht und erwecke deinem Bruder Samen. 9 Da aber Onan wußte, daß der Same nicht sein eigen sein sollte, so geschah es, wenn er zu dem Weibe seines Bruders einging, daß er *ihn* verderbte zur Erde, um seinem Bruder kei- 10 nen Samen zu geben. Und es war übel in den Augen Jehovas, was er 11 tat; und er tötete auch ihn. Da sprach Juda zu Tamar, seiner Schwiegertochter: Bleibe Witwe im Hause deines Vaters, bis mein Sohn Schela groß sein wird; denn er sagte: daß nicht auch e r sterbe wie seine Brüder! Und Tamar ging hin und blieb im Hause ihres Vaters.

12   Als der Tage viele geworden, da starb die Tochter Schuas, das Weib Judas. Und als Juda getröstet war, ging er zu seinen Schafscherern hinauf, er und Hira, sein Freund, der 13 Adullamiter, nach Timna. Und es wurde der Tamar berichtet und gesagt: Siehe, dein Schwiegervater geht nach Timna hinauf, um seine Schafe 14 zu scheren. Da legte sie die Kleider ihrer Witwenschaft von sich, und bedeckte sich mit einem Schleier *c* und verhüllte sich; und sie setzte sich an den Eingang von Enaim, das am Wege nach Timna liegt; denn sie sah, daß Schela groß geworden war und sie ihm nicht zum Weibe gegeben 15 wurde. Und Juda sah sie und hielt sie für eine Hure, denn sie hatte ihr 16 Angesicht bedeckt. Und er bog zu ihr ab in den Weg und sprach: Wohlan, laß mich zu dir eingehen! denn er wußte nicht, daß es seine Schwiegertochter war. Und sie sprach: Was willst du mir geben, daß du zu mir 17 eingehst? Da sprach er: Ich will dir ein Ziegenböcklein von der Herde

senden. Und sie sprach: Wenn du ein Pfand gibst, bis du es sendest. Und er sprach: Was für ein Pfand 18 soll ich dir geben? Und sie sprach: Deinen Siegelring und deine Schnur und deinen Stab, der in deiner Hand ist. Da gab er es ihr und ging zu ihr ein, und sie ward schwanger von ihm. Und sie stand auf und ging hin, und 19 sie legte ihren Schleier von sich und zog die Kleider ihrer Witwenschaft an. Und Juda sandte das Ziegenböck- 20 lein durch die Hand seines Freundes, des Adullamiters, um das Pfand aus der Hand des Weibes zu nehmen; aber er fand sie nicht. Und er fragte 21 die Leute ihres Ortes und sprach: Wo ist jene Buhlerin *d,* die zu Enaim am Wege war? Und sie sprachen: Hier ist keine Buhlerin gewesen. Und er 22 kehrte zu Juda zurück und sprach: Ich habe sie nicht gefunden, und auch sagten die Leute des Ortes: Hier ist keine Buhlerin gewesen. Da sprach 23 Juda: Sie behalte es für sich, daß wir nicht zum Gespött werden; siehe, ich habe dieses Böcklein gesandt, und du hast sie ja nicht gefunden.

Und es geschah nach etwa drei 24 Monaten, da wurde dem Juda berichtet und gesagt: Tamar, deine Schwiegertochter, hat gehurt, und siehe, sie ist auch schwanger von Hurerei. Da sprach Juda: Führet sie hinaus, daß 25 sie verbrannt werde! Als sie hinausgeführt wurde, da sandte sie zu ihrem Schwiegervater und ließ *ihm* sagen: Von dem Manne, dem dieses gehört, bin ich schwanger; und sie sprach: Erkenne doch, wem dieser Siegelring und diese Schnur und dieser Stab gehören! Und Juda erkannte es und 26 sprach: Sie ist gerechter als ich, darum daß ich sie nicht meinem Sohne Schela gegeben habe; und er erkannte sie hinfort nicht mehr. Und es ge- 27 schah zur Zeit, als sie gebären sollte, siehe, da waren Zwillinge in ihrem Leibe. Und es geschah, während sie 28 gebar, da streckte *einer* die Hand heraus, und die Hebamme nahm sie und band einen Karmesinfaden um seine Hand und sprach: Dieser ist zuerst herausgekommen. Und es geschah, als 29 er seine Hand zurückzog, siehe, da kam sein Bruder heraus; und sie sprach: Wie bist du durchgebrochen! auf dir sei der Bruch! *e* Und man gab ihm den Namen Perez *f.* Und 30 danach kam sein Bruder heraus, um dessen Hand der Karmesinfaden war, und man gab ihm den Namen Serach *g.*

Und Joseph wurde nach Aegypten **39** hinabgeführt; und Potiphar, ein Kämmerer des Pharao, der Oberste der Leibwache, ein ägyptischer Mann, kaufte ihn aus der Hand der Ismaeliter, die ihn dorthin hinabgeführt hatten. Und Jehova war mit Joseph, 2 und er war ein Mann, dem alles ge-

---

a H. Medanim. (S. Kap. 25, 2.) — *b* W. er; and. l. sie. — *c* Vergl. die Anm. zu Kap. 24, 65. — *d* Eig. Geweihte, d. h. dem Dienste der Astarte, der Liebesgöttin der Kananiter, geweiht. — *e* O. sprach: Was für einen Riß hast du um dich gerissen! — *f* Bruch, Riß. — *g* Aufgang, Glanz.

lang; und er war im Hause seines
3 Herrn, des Aegypters. Und sein Herr
sah, daß Jehova mit ihm war, und
daß Jehova alles was er tat in seiner
4 Hand gelingen ließ. Und Joseph fand
Gnade in seinen Augen und diente
ihm; und er bestellte ihn über sein
Haus, und alles was er hatte gab er
5 in seine Hand. Und es geschah, seitdem er ihn über sein Haus bestellt
und über alles was er hatte, daß Jehova das Haus des Aegypters segnete
um Josephs willen; und der Segen
Jehovas war auf allem was er hatte,
6 im Hause und auf dem Felde. Und
er überließ alles was er hatte der
Hand Josephs und kümmerte sich um
gar nichts bei ihm, außer um das Brot,
das er aß. Und Joseph war schön
von Gestalt und schön von Angesicht a.
7 Und es geschah nach diesen Dingen,
da warf das Weib seines Herrn ihre
Augen auf Joseph und sprach: Liege
8 bei mir! Er aber weigerte sich und
sprach zu dem Weibe seines Herrn:
Siehe, mein Herr kümmert sich um
nichts bei mir im Hause; und alles
was er hat, hat er in meine Hand ge-
9 geben. Niemand ist größer in diesem
Hause als ich, und er hat mir gar
nichts vorenthalten, als nur dich, indem du sein Weib bist; und wie sollte ich dieses große Uebel tun und
10 wider Gott sündigen? Und es geschah,
als sie Joseph Tag für Tag ansprach
und er nicht auf sie hörte, bei ihr zu
11 liegen, bei ihr zu sein, da geschah es
an einem solchen Tage b, daß er ins
Haus ging, um sein Geschäft zu besorgen, und kein Mensch von den
Leuten des Hauses war daselbst im
12 Hause; und sie ergriff ihn bei seinem
Kleide und sprach: Liege bei mir!
Er aber ließ sein Kleid in ihrer Hand
13 und floh und lief hinaus. Und es geschah, als sie sah, daß er sein Kleid
in ihrer Hand gelassen hatte und hin-
14 ausgeflohen war, da rief sie den Leuten ihres Hauses und sprach zu ihnen
und sagte: Sehet, er hat uns einen
hebräischen Mann hergebracht, um
Spott mit uns zu treiben. Er ist zu
mir gekommen, um bei mir zu liegen,
und ich habe mit lauter Stimme ge-
15 rufen. Und es geschah, als er hörte
daß ich meine Stimme erhob und
rief, da ließ er sein Kleid neben mir
16 und floh und ging hinaus. Und sie
legte c sein Kleid neben sich, bis sein
17 Herr nach Hause kam. Und sie redete zu ihm nach diesen Worten und
sprach: Der hebräische Knecht, den
du uns hergebracht hast, ist zu mir
gekommen, um Spott mit mir zu trei-
18 ben; und es geschah, als ich meine
Stimme erhob und rief, da ließ er
sein Kleid neben mir und floh hinaus.
19 Und es geschah, als sein Herr die
Worte seines Weibes hörte, die sie
zu ihm redete, indem sie sprach: Nach
diesen Worten hat mir dein Knecht
20 getan, da entbrannte sein Zorn. Und
Josephs Herr nahm ihn und legte ihn

in die Feste, an den Ort, wo die Gefangenen des Königs gefangen lagen;
und er war daselbst in der Feste. Und 21
Jehova war mit Joseph und wandte
ihm Güte zu, und gab ihm Gnade in
den Augen des Obersten der Feste.
Und der Oberste der Feste übergab 22
alle Gefangenen, die in der Feste
waren, der Hand Josephs; und alles
was daselbst zu tun war, das tat er.
Der Oberste der Feste sah nicht nach 23
dem Geringsten, das unter seiner
Hand war, weil Jehova mit ihm war;
und was er tat ließ Jehova gelingen.

Und es geschah nach diesen Din- **40**
gen, da versündigten sich der Schenke des Königs von Aegypten und der
Bäcker gegen ihren Herrn, den König
von Aegypten. Und der Pharao ward 2
sehr zornig über seine beiden Kämmerer, über den Obersten der Schenken und über den Obersten der Bäk-
ker; und er setzte sie in Gewahrsam 3
in das Haus des Obersten der Leibwache, in die Feste, an den Ort, wo
Joseph gefangen lag. Und der Ober- 4
ste der Leibwache bestellte Joseph
zu ihnen, und er bediente sie; und sie
waren eine Zeitlang in Gewahrsam.
Und sie hatten beide einen Traum, 5
ein jeder seinen Traum in einer
Nacht, ein jeder nach der Deutung
seines Traumes, der Schenke und der
Bäcker des Königs von Aegypten, die
in der Feste gefangen lagen. Und Jo- 6
seph kam am Morgen zu ihnen und
sah sie, und siehe, sie waren mißmutig. Und er fragte die Kämmerer des 7
Pharao, die mit ihm im Hause seines
Herrn in Gewahrsam waren, und
sprach: Warum sind eure Angesichter heute so trübe? Und sie sprachen 8
zu ihm: Wir haben einen Traum gehabt, und da ist niemand, der ihn
deute. Und Joseph sprach zu ihnen:
Sind die Deutungen nicht Gottes?
Erzählet mir doch. Da erzählte der 9
Oberste der Schenken dem Joseph
seinen Traum und sprach zu ihm: In
meinem Traume, siehe, da war ein
Weinstock vor mir, und an dem Wein- 10
stock drei Reben; und sowie er knosp-
te, schoß seine Blüte auf, seine Trau-
benkämme reiften zu Trauben. Und 11
der Becher des Pharao war in meiner
Hand, und ich nahm die Trauben und
preßte sie aus in den Becher des
Pharao und gab den Becher in des
Pharao Hand. Und Joseph sprach zu 12
ihm: Dies ist seine Deutung: Die
drei Reben sind drei Tage. In noch 13
drei Tagen wird der Pharao dein
Haupt erheben und dich wieder in
deine Stelle einsetzen, und du wirst
den Becher des Pharao in seine Hand
geben, nach der früheren Weise, da
du sein Schenke warst. Aber gedenke 14
meiner bei dir, wenn es dir wohlgeht,
und erweise doch Güte an mir und
erwähne meiner bei dem Pharao und
bringe mich aus diesem Hause heraus;
denn gestohlen bin ich aus dem Lan- 15
de der Hebräer, und auch hier habe

---

a O. Ansehen. — b O. um diese Zeit. — c O. ließ liegen.

16 ich gar nichts getan, daß sie mich in den Kerker a gesetzt haben. Und der Oberste der Bäcker sah, daß er gut gedeutet hatte, und er sprach zu Joseph: Auch ich sah in meinem Traume, und siehe, drei Körbe mit Weißbrot b 17 waren auf meinem Kopfe, und im obersten Korbe allerlei Eßwaren des Pharao, Backwerk; und das Gevögel fraß sie aus dem Korbe auf meinem 18 Kopfe weg. Und Joseph antwortete und sprach: Dies ist seine Deutung: 19 Die drei Körbe sind drei Tage. In noch drei Tagen wird der Pharao dein Haupt erheben c und dich an ein Holz hängen, und das Gevögel wird dein Fleisch von dir wegfressen. 20 Und es geschah am dritten Tage, dem Geburtstage des Pharao, da machte er allen seinen Knechten ein Mahl; und er erhob das Haupt des Obersten der Schenken und das Haupt des Obersten der Bäcker unter seinen 21 Knechten. Und er setzte den Obersten der Schenken wieder in sein Schenkamt, daß er den Becher in 22 des Pharao Hand gab; und den Obersten der Bäcker ließ er hängen, so 23 wie Joseph ihnen gedeutet hatte. Aber der Oberste der Schenken gedachte nicht an Joseph und vergaß ihn.

41 Und es geschah nach Verlauf von zwei vollen Jahren, daß der Pharao träumte: und siehe, er stand am Stro- 2 me. Und siehe, aus dem Strome stiegen sieben Kühe herauf, schön von Ansehen und fett an Fleisch, und sie 3 weideten im Riedgrase. Und siehe, sieben andere Kühe stiegen nach ihnen aus dem Strome herauf, häßlich von Ansehen und mager an Fleisch, und sie standen neben den Kühen am Ufer 4 des Stromes. Und die Kühe, die häßlich von Ansehen und mager an Fleisch waren, fraßen die sieben Kühe, die schön von Ansehen und fett waren. 5 Und der Pharao erwachte. Und er schlief ein und träumte zum zweiten Male: und siehe, sieben Aehren wuchsen auf an einem Halme, fett und 6 schön. Und siehe, sieben Aehren, mager und vom Ostwinde versengt, 7 sproßten nach ihnen auf. Und die mageren Aehren verschlangen die sieben fetten und vollen Aehren. Und der Pharao erwachte, und siehe, es 8 war ein Traum. Und es geschah am Morgen, da war sein Geist voll Unruhe, und er sandte hin und ließ alle Schriftgelehrten d Aegyptens und alle seine Weisen rufen; und der Pharao erzählte ihnen seine Träume f, aber da war keiner, der sie dem Pharao deutete. 9 Da redete der Oberste der Schenken zum Pharao und sprach: Ich ge- 10 denke heute meiner Sünden g. Der Pharao war sehr zornig über seine Knechte und setzte mich in Gewahrsam in das Haus des Obersten der Leibwache, mich und den Obersten

der Bäcker. Und wir hatten einen 11 Traum in einer Nacht, ich und er; wir träumten ein jeder nach der Deutung seines Traumes. Und daselbst 12 war bei uns ein hebräischer Jüngling, ein Knecht des Obersten der Leibwache, und wir erzählten sie ihm; und er deutete uns unsere Träume, einem jeden deutete er nach seinem Traume. Und es geschah, wie er uns 13 deutete, also ist es geschehen: mich hat der Pharao h wieder in meine Stelle eingesetzt, und ihn hat er gehängt. Da sandte der Pharao hin und ließ 14 Joseph rufen; und sie ließen ihn eilends aus dem Kerker gehen. Und er schor sich und wechselte seine Kleider und kam zu dem Pharao. Und 15 der Pharao sprach zu Joseph: Ich habe einen Traum gehabt, und da ist keiner, der ihn deute; ich habe aber von dir sagen hören, du verstehest einen Traum, ihn zu deuten. Und Jo- 16 seph antwortete dem Pharao und sprach: Das steht nicht bei mir; Gott wird antworten, was dem Pharao zum Heil ist. Da sprach der Pharao zu 17 Joseph: In meinem Traume, siehe, da stand ich am Ufer des Stromes. Und 18 siehe, aus dem Strome stiegen sieben Kühe herauf, fett an Fleisch und schön von Gestalt, und sie weideten im Riedgrase. Und siehe, sieben andere Kühe 19 stiegen nach ihnen herauf, dürr und sehr häßlich von Gestalt und mager an Fleisch; ich habe wie diese an Häßlichkeit keine gesehen im ganzen Lande Aegypten. Und die mageren 20 und häßlichen Kühe fraßen die sieben ersten fetten Kühe; und sie kamen 21 in ihren Bauch, und man merkte nicht, daß sie in ihren Bauch gekommen waren, und ihr Ansehen war häßlich, wie im Anfang. Und ich erwachte. Und ich sah in meinem Trau- 22 me, und siehe, sieben Aehren wuchsen auf an einem Halme, voll und schön. Und siehe, sieben Aehren, dürftig, 23 mager, vom Ostwinde versengt, sproßten nach ihnen auf; und die mageren 24 Aehren verschlangen die sieben schönen Aehren. Und ich habe es den Schriftgelehrten gesagt; aber da war keiner, der es mir kundtat. Und Joseph sprach zum Pharao: 25 Der Traum des Pharao ist einer; was Gott tun will, hat er dem Pharao kundgetan. Die sieben schönen Kühe 26 sind sieben Jahre, und die sieben schönen Aehren sind sieben Jahre; ein Traum ist es. Und die sieben 27 mageren und häßlichen Kühe, die nach ihnen heraufstiegen, sind sieben Jahre, so auch die sieben leeren, vom Ostwinde versengten Aehren: es werden sieben Jahre der Hungersnot sein. Das ist das Wort, das ich zu dem 28 Pharao geredet habe: Was Gott tun will, hat er den Pharao sehen lassen. Siehe, sieben Jahre kommen, großer 29

---

a Eig. in die Grube. So auch Kap. 41, 14. — b And. üb.: drei geflochtene Körbe. — c ein Wortspiel; vergleiche V. 13 und 20. — d die Schreiber und Deuter der heiligen Geheimschrift. — e d. i. Aegyptens. — f Eig. seinen Traum. g O. Ich muß heute meine Sünden in Erinnerung bringen. — h W. er.

Ueberfluß *wird sein* im ganzen Lan-
30 de Aegypten. Und nach ihnen werden
sieben Jahre der Hungersnot entstehen, und aller Ueberfluß wird im Lande Aegypten vergessen sein, und die
Hungersnot wird das Land ver-
31 zehren. Und man wird nichts mehr
von dem Ueberfluß im Lande wissen
vor selbiger Hungersnot danach, denn
32 sie wird sehr schwer sein. Und was die
zweimalige Wiederholung des Traumes an den Pharao anlangt, *es bedeutet,* daß die Sache von seiten Gottes
fest beschlossen ist, und daß Gott eilt,
33 sie zu tun. Und nun ersehe sich der
Pharao einen verständigen und weisen Mann und setze ihn über das
34 Land Aegypten. *Dies* tue der Pharao,
daß er Aufseher über das Land bestelle, und den Fünften vom Lande
Aegypten nehme in den sieben Jahren
35 des Ueberflusses; und man sammle
alle Speise dieser kommenden guten
Jahre und schütte Getreide auf unter
des Pharao Hand zur Speise in den
36 Städten, und bewahre es auf. Und
die Speise sei zum Vorrat für das
Land für die sieben Jahre der Hungersnot, welche im Lande Aegypten
sein werden, daß das Land nicht vertilgt werde durch die Hungersnot.
37 Und das Wort war gut in den Augen des Pharao und in den Augen
38 aller seiner Knechte. Und der Pharao sprach zu seinen Knechten: Werden wir einen finden wie diesen,
einen Mann, in welchem der Geist
39 Gottes *a* ist? Und der Pharao sprach
zu Joseph: Nachdem Gott dir dies
alles kundgetan hat, ist keiner so
40 verständig und weise wie du. Du
sollst über mein Haus sein, und deinem Befehle soll mein ganzes Volk
sich fügen; nur um den Thron will
41 ich größer sein als du. Und der Pharao sprach zu Joseph: Siehe, ich habe dich über das ganze Land Aegypten
42 gesetzt. Und der Pharao nahm seinen
Siegelring von seiner Hand und tat
ihn an die Hand Josephs, und er kleidete ihn in Kleider von Byssus *b* und
legte die goldene Kette um seinen
43 Hals. Und er ließ ihn auf dem zweiten Wagen fahren, der er hatte, und
man rief vor ihm her: Werfet euch
nieder! — Und er setzte ihn über das
44 ganze Land Aegypten. Und der Pharao sprach zu Joseph: Ich bin der
Pharao, und ohne dich soll kein
Mensch seine Hand oder seinen Fuß
aufheben im ganzen Lande Aegypten.
45 Und der Pharao gab Joseph den Namen: Zaphnath-Pahneach *c*, und gab
ihm Asnath, die Tochter Potipheras,
des Priesters von On *d*, zum Weibe.
Und Joseph zog aus in das Land
46 Aegypten. Und Joseph war dreißig
Jahre alt, als er vor dem Pharao, dem
Könige von Aegypten, stand. Und

Joseph ging weg von dem Pharao und
zog durch das ganze Land Aegypten.
47 Und das Land trug in den sieben
Jahren des Ueberflusses händevoll.
48 Und er sammelte alle Speise der sieben Jahre, die im Lande Aegypten
waren, und legte die Speise in die
Städte: die Speise des Gefildes der
Stadt, das um sie her war, legte er
49 darein. Und Joseph schüttete Getreide auf wie Sand des Meeres, über die
Maßen viel, bis man aufhörte zu zählen, denn es war ohne Zahl.
50 Und dem Joseph wurden zwei Söhne geboren, ehe das Jahr der Hungersnot kam, welche Asnath ihm gebar, die Tochter Potipheras, des Prie-
51 sters von On. Und Joseph gab den
Erstgeborenen den Namen Manasse *e*:
denn Gott hat mich vergessen lassen
all meine Mühsal und das ganze Haus
52 meines Vaters. Und dem zweiten gab
er den Namen Ephraim *f*: denn Gott
hat mich fruchtbar gemacht im Lande
meines Elends.
53 Und es endigten die sieben Jahre des
Ueberflusses, der im Lande Aegypten
54 gewesen war; und die sieben Jahre
der Hungersnot begannen zu kommen,
so wie Joseph gesagt hatte. Und es
war Hungersnot in allen Ländern,
55 aber im ganzen Lande Aegypten war
Brot. Und das ganze Land Aegypten
hungerte; und das Volk schrie zum
Pharao um Brot. Da sprach der Pharao zu allen Aegyptern: Gehet zu
56 Joseph; tut, was er euch sagt! Und
die Hungersnot war auf der ganzen
Erde; und Joseph tat alles auf, worin
Getreide war, und verkaufte es den
Aegyptern; und die Hungersnot war
57 stark im Lande Aegypten. Und alle
Welt *g* kam nach Aegypten zu Joseph,
um Getreide zu kaufen; denn die Hungersnot war stark auf der ganzen Erde.
Und Jakob sah, daß Getreide in **42**
Aegypten war, und Jakob sprach zu
seinen Söhnen: Was sehet ihr einan-
2 der an? Und er sprach: Siehe, ich
habe gehört, daß Getreide in Aegypten
ist; ziehet hinab und kaufet uns von
dort Getreide, daß wir leben und nicht
3 sterben. Und die zehn Brüder Josephs zogen hinab, um Getreide aus
4 Aegypten zu kaufen. Aber Benjamin,
Josephs Bruder, sandte Jakob nicht
mit seinen Brüdern; denn er sprach:
Daß ihm nicht etwa ein Unfall begeg-
5 ne. Und so kamen die Söhne Israels
unter den Ankommenden, um Getreide zu kaufen; denn die Hungersnot
war im Lande Kanaan.
6 Und Joseph, er war der Gebieter
über das Land, er verkaufte das Getreide allem Volke des Landes. Und
die Brüder Josephs kamen und beugten sich vor ihm nieder, mit dem Ant-
7 litz zur Erde. Und Joseph sah seine
Brüder und erkannte sie; aber er stellte

---

a O. der Götter. — *b* feinste weiße Baumwolle. — *c* Wahrsch. ein entstelltes
ägypt. Wort, welches bedeutet: Retter der Welt od. Erhalter des Lebens. — *d* Aegyp-
tisch: An, der alte Name der Stadt Heliopolis (Sonnenstadt), die unweit des heutigen
Kairo lag. (Vergl. Jer. 43, 13.) — *e* der vergessen macht. — *f* doppelte Fruchtbar-
keit. — *g* W. die ganze Erde.

sich fremd gegen sie und redete hart mit ihnen und sprach zu ihnen: Woher kommet ihr? Und sie sprachen: Aus dem Lande Kanaan, um Speise 8 zu kaufen. Und Joseph erkannte seine Brüder; sie aber erkannten ihn nicht. 9 Und Joseph gedachte der Träume, die er von ihnen gehabt hatte, und er sprach zu ihnen: Ihr seid Kundschafter; um zu sehen, wo das Land 10 offen ist *a*, seid ihr gekommen. Da sprachen sie zu ihm: Nein, mein Herr; sondern deine Knechte sind gekom- 11 men, um Speise zu kaufen. Wir alle sind e i n e s Mannes Söhne; wir sind redlich, deine Knechte sind nicht 12 Kundschafter. Und er sprach zu ihnen: Nein, sondern ihr seid gekommen, um 13 zu sehen, wo das Land offen ist. Und sie sprachen: Zwölf Brüder sind wir, deine Knechte, Söhne e i n e s Mannes im Lande Kanaan: und siehe, der jüngste ist heute bei unserem Vater, 14 und der eine ist nicht mehr. Da sprach Joseph zu ihnen: Das ist es, was ich zu euch gesagt habe: Kundschafter 15 seid ihr! Daran sollt ihr geprüft werden: Beim Leben des Pharao! wenn ihr von hier weggehet, es sei denn daß euer jüngster Bruder hier- 16 her komme! Sendet einen von euch hin, daß er euren Bruder hole; ihr aber bleibet gefangen, und eure Worte sollen geprüft werden, ob Wahrheit bei euch ist; und wenn nicht, beim Leben des Pharao! so seid ihr Kund- 17 schafter. Und er setzte sie drei Tage zusammen in Gewahrsam. 18 Und am dritten Tage sprach Joseph zu ihnen: Tut dieses, und ihr sollt 19 leben: ich fürchte Gott: Wenn ihr redlich seid, so bleibe einer eurer Brüder gefangen im Hause eures Gewahrsams; ihr aber, ziehet hin, bringet Getreide für den Bedarf *b* eurer Häu- 20 ser; und euren jüngsten Bruder sollt ihr zu mir bringen, daß eure Worte sich bewähren, und ihr nicht sterbet. 21 Und sie taten also. Da sprachen sie einer zum anderen: Fürwahr, wir sind schuldig *c* wegen unseres Bruders, dessen Seelenangst wir sahen, als er zu uns flehte, und wir hörten nicht; darum ist diese Drangsal über uns ge- 22 kommen. Und Ruben antwortete ihnen und sprach: Habe ich nicht zu euch gesprochen und gesagt: Versündiget euch nicht an dem Knaben? Aber ihr hörtet nicht; und siehe, sein Blut wird 23 auch gefordert! Sie aber wußten nicht, daß Joseph es verstand, denn ein 24 Dolmetscher war zwischen ihnen. Und er wandte sich von ihnen ab und weinte. Und er kehrte zu ihnen zurück und redete zu ihnen; und er nahm Simeon aus ihrer Mitte und band ihn 25 vor ihren Augen. Und Joseph gebot, daß man ihre Gefäße mit Getreide fülle und ihr Geld zurückgebe, einem jeden in seinen Sack, und ihnen Zehrung gebe auf den Weg. Und man 26 tat ihnen also. Und sie luden ihr Ge-

treide auf ihre Esel und zogen von dannen. 27 Und einer öffnete seinen Sack, um seinem Esel in der Herberge Futter zu geben; und er sah sein Geld, und siehe, es war oben in seinem *d* Sacke. 28 Und er sprach zu seinen Brüdern: Mein Geld ist mir wieder geworden, und siehe, es ist sogar in meinem Sakke. Da entfiel ihnen das Herz, und sie sahen einander erschrocken an und sprachen: Was hat Gott uns da getan! 29 Und sie kamen in das Land Kanaan zu ihrem Vater Jakob, und berichteten ihm alles was ihnen widerfahren war, und sprachen: 30 Der Mann, der Herr des Landes, redete hart mit uns und behandelte uns wie Kundschafter des Landes. 31 Und wir sprachen zu ihm: Wir sind redlich, wir sind nicht Kundschafter; 32 zwölf Brüder sind wir, Söhne unseres Vaters; der eine ist nicht mehr, und der jüngste ist heute bei unserem Vater im Lande Kanaan. 33 Und der Mann, der Herr des Landes, sprach zu uns: Daran werde ich erkennen, daß ihr redlich seid: Einen eurer Brüder lasset bei mir, und nehmet den Bedarf eurer Häuser und ziehet hin; 34 und bringet ihr euren jüngsten Bruder zu mir, so werde ich erkennen, daß ihr nicht Kundschafter, sondern redlich seid; euren Bruder werde ich euch *zurück-* geben, und ihr möget im Lande verkehren. 35 Und es geschah, als sie ihre Säcke leerten, siehe, da hatte ein jeder sein Geldbündel in seinem Sacke; und sie sahen ihre Geldbündel, sie und ihr Vater, und sie fürchteten sich. 36 Und ihr Vater Jakob sprach zu ihnen: Ihr habt mich der Kinder beraubt: Joseph ist nicht mehr; und Simeon ist nicht mehr; und Benjamin wollt ihr nehmen! dies alles kommt über *e* mich! Und Ruben sprach 37 zu seinem Vater und sagte: Meine beiden Söhne darfst du töten, wenn ich ihn nicht zu dir *zurückbringe.* Gib ihn in meine Hand, und ich werde ihn zu dir zurückbringen. Er aber 38 sprach: Mein Sohn soll nicht mit euch hinabziehen; denn sein Bruder ist tot, und er allein ist übriggeblieben, und begegnete ihm ein Unfall auf dem Wege, auf welchem ihr ziehet, so würdet ihr mein graues Haar mit Kummer hinabbringen in den Scheol.

Und die Hungersnot war schwer **43** im Lande. Und es geschah, als sie 2 das Getreide aufgezehrt hatten, das sie aus Aegypten gebracht, da sprach ihr Vater zu ihnen: Ziehet wiederum 3 hin, kaufet uns ein wenig Speise. Und Juda sprach zu ihm und sagte: Der Mann hat uns ernstlich bezeugt und gesagt: Ihr sollt mein Angesicht nicht sehen, es sei denn euer Bruder bei 4 euch. Wenn du unseren Bruder mit uns senden willst, so wollen wir hinabziehen und dir Speise kaufen; wenn 5 du ihn aber nicht sendest, so werden

---

a W. die Blöße des Landes zu sehen. So auch V. 12. — *b* W. den Hunger; so auch V. 33. — *c* O. wir büßen. — *d* W. an der Oeffnung seines. — *e* And. üb.: ist wider.

wir nicht hinabziehen; denn der Mann hat zu uns gesagt: Ihr sollt mein Angesicht nicht sehen, es sei denn euer 6 Bruder bei euch. Da sprach Israel: Warum habt ihr mir das Leid angetan, dem Manne kundzutun, daß ihr 7 noch einen Bruder habt? Und sie sprachen: Der Mann erkundigte sich genau nach uns und unserer Verwandtschaft und sprach: Lebt euer Vater noch? Habt ihr *noch* einen Bruder? und wir taten es ihm kund nach diesen Worten. Konnten wir denn wissen, daß er sagen würde: Bringet euren 8 Bruder herab? Und Juda sprach zu Israel, seinem Vater: Sende den Knaben mit mir, und wir wollen uns aufmachen und ziehen, daß wir leben und nicht sterben, sowohl wir als du, 9 als auch unsere Kinder a. Ich will Bürge für ihn sein, von meiner Hand sollst du ihn fordern; wenn ich ihn nicht zu dir bringe und ihn vor dein Angesicht stelle, so will ich alle Tage 10 gegen dich gesündigt haben; denn hätten wir nicht gezögert, gewiß, wir wären jetzt schon zweimal zurückge- 11 kehrt. Und Israel, ihr Vater, sprach zu ihnen: Wenn es denn also ist, so tut dieses: Nehmet von dem Besten b des Landes in eure Gefäße und bringet dem Manne ein Geschenk hinab: ein wenig Balsam und ein wenig Traubenhonig, Tragant und Ladanum, Pi- 12 stazien und Mandeln. Und nehmet doppeltes Geld in eure Hand, und bringet das Geld, das euch oben in euren Säcken wieder geworden ist, in eurer Hand zurück; vielleicht ist 13 es ein Irrtum. Und nehmet euren Bruder und machet euch auf, kehret zu 14 dem Manne zurück. Und Gott c, der Allmächtige, gebe euch Barmherzigkeit vor dem Manne, daß er euch euren anderen Bruder und Benjamin loslasse. Und ich, wenn ich der Kinder beraubt bin, so bin ich der Kinder 15 beraubt! Da nahmen die Männer dieses Geschenk und nahmen doppeltes Geld in ihre Hand und Benjamin, und machten sich auf und zogen nach Aegypten hinab. Und sie traten vor Joseph.

16 Und als Joseph den Benjamin bei ihnen sah, sprach er zu dem, der über sein Haus war: Führe die Männer ins Haus und schlachte Schlachtvieh und richte zu; denn die Männer sol- 17 len bei mir zu Mittag essen. Und der Mann tat, wie Joseph gesagt hatte; und der Mann führte die Männer in 18 das Haus Josephs. Da fürchteten sich die Männer, daß sie in das Haus Josephs geführt wurden, und sprachen: Um des Geldes willen, das im Anfang wieder in unsere Säcke gekommen ist, werden wir hineingeführt, daß man über uns herstürze und über uns herfalle und uns zu Knechten nehme, samt unseren Eseln. 19 Und sie traten zu dem Manne, der über das Haus Josephs war, und re-

deten zu ihm am Eingang des Hauses und sprachen: Bitte, mein Herr! wir 20 sind im Anfang herabgezogen, um Speise zu kaufen. Und es geschah, 21 als wir in die Herberge kamen und unsere Säcke öffneten, siehe, da war eines jeden Geld oben in seinem Sakke, unser Geld nach seinem Gewicht; und wir haben es in unserer Hand zurückgebracht. Und anderes Geld ha- 22 ben wir in unserer Hand herabgebracht, um Speise zu kaufen. Wir wissen nicht, wer unser Geld in unsere Säcke gelegt hat. Und er sprach: 23 Friede euch! Fürchtet euch nicht! Euer Gott und der Gott eures Vaters hat euch einen Schatz in eure Säcke gegeben; euer Geld ist mir zugekommen. Und er führte Simeon zu ihnen heraus. Und der Mann führte die 24 Männer in das Haus Josephs und gab *ihnen* Wasser, und sie wuschen ihre Füße; und er gab ihren Eseln Futter. Und sie bereiteten das Geschenk 25 zu, bis Joseph am Mittag kam; denn sie hatten gehört, daß sie daselbst essen sollten.

Als Joseph nach Hause kam, da 26 brachten sie ihm das Geschenk, das in ihrer Hand war, ins Haus und beugten sich vor ihm nieder zur Erde. Und er fragte nach ihrem Wohl- 27 ergehen und sprach: Geht es eurem Vater wohl, dem Greise, von dem ihr spracht? Lebt er noch? Da sprachen 28 sie: Es geht deinem Knechte, unserem Vater, wohl; er lebt noch. Und sie verneigten sich und beugten sich nieder. Und er erhob seine Augen 29 und sah seinen Bruder Benjamin, den Sohn seiner Mutter, und sprach: Ist das euer jüngster Bruder, von dem ihr mir sprachet? Und er sprach: Gott sei dir gnädig, mein Sohn! Und Joseph eilte (denn sein 30 Innerstes wurde erregt über seinen Bruder) und suchte *einen Ort* d, um zu weinen, und er ging in das innere Gemach und weinte daselbst. Und 31 er wusch sein Angesicht und kam heraus und bezwang sich und sprach: Traget Speise auf! Und man trug für 32 ihn besonders auf, und für sie besonders, und für die Aegypter, die mit ihm aßen, besonders; denn die Aegypter dürfen nicht mit den Hebräern essen, denn das ist den Aegyptern ein Greuel. Und sie saßen vor ihm, 33 der Erstgeborene nach seiner Erstgeburt, und der Jüngste nach seiner Jugend; und die Männer sahen einander staunend an. Und man trug 34 Ehrengerichte e von ihm zu ihnen; und das Ehrengericht Benjamins war fünfmal größer als die Ehrengerichte von ihnen allen. Und sie tranken und tranken sich fröhlich mit ihm.

Und er gebot dem, der über sein Haus war, und sprach: Fülle die **44** Säcke der Männer mit Speise, so viel sie tragen können, und lege das Geld eines jeden oben in seinen Sack. Und 2

---

a O. Kindlein; so öfters. — b And. üb.: dem Ertrag. — c El. — d O. viell.: und es drängte ihn. — e O. Gastgeschenke. (Vergl. 2. Sam. 11, 8.)

meinen Kelch, den silbernen Kelch, sollst du oben in den Sack des Jüngsten legen mit dem Gelde für sein Getreide. Und er tat nach dem Worte 3 Josephs, das er geredet hatte. Als der Morgen anbrach a, da wurden die Männer entlassen, sie und ihre Esel. 4 Sie waren eben zur Stadt hinausgegangen, sie waren noch nicht weit, da sprach Joseph zu dem, der über sein Haus war: Mache dich auf, jage den Männern nach, und hast du sie erreicht, so sage zu ihnen: Warum habt 5 ihr Böses für Gutes vergolten? Ist es nicht der, aus welchem mein Herr trinkt, und aus dem er zu wahrsagen pflegt? Ihr habt übel getan, was ihr 6 getan habt! Und er erreichte sie und 7 redete diese Worte zu ihnen. Und sie sprachen zu ihm: Warum redet mein Herr solche Worte? Fern sei es von deinen Knechten, eine solche 8 Sache zu tun! Siehe, das Geld, das wir oben in unseren Säcken fanden, haben wir dir aus dem Lande Kanaan zurückgebracht, und wie sollten wir aus dem Hause deines Herrn 9 Silber oder Gold stehlen? Bei welchem von deinen Knechten er gefunden wird, der sterbe; und dazu wollen w i r meines Herrn Knechte 10 sein. Da sprach er: Nun, nach euren Worten, so sei es auch: bei wem er gefunden wird, der sei mein Knecht, 11 ihr aber sollt schuldlos b sein. Und sie eilten und hoben ein jeder seinen Sack auf die Erde herab und öffneten 12 ein jeder seinen Sack. Und er durchsuchte: beim Aeltesten fing er an, und beim Jüngsten hörte er auf; und der Kelch fand sich im Sacke Ben-13 jamins. Da zerrissen sie ihre Kleider, und ein jeder belud seinen Esel, und sie kehrten in die Stadt zurück. 14 Und Juda und seine Brüder kamen in das Haus Josephs, und er war noch daselbst, und sie fielen vor ihm 15 nieder zur Erde. Und Joseph sprach zu ihnen: Was ist das für eine Tat, die ihr getan habt! Wußtet ihr nicht, daß solch ein Mann, wie ich, wahrsagen 16 kann? Und Juda sprach: Was sollen wir meinem Herrn sagen? Was sollen wir reden und wie uns rechtfertigen? Gott hat die Missetat deiner Knechte gefunden; siehe, wir sind die Knechte meines Herrn, sowohl wir, als auch der, in dessen Hand der Kelch gefunden worden ist. 17 Und er sprach: Fern sei es von mir, solches zu tun! Der Mann, in dessen Hand der Kelch gefunden worden ist, der soll mein Knecht sein; und ihr, ziehet in Frieden hinauf zu eu-18 rem Vater. Da trat Juda zu ihm und sprach: Bitte, mein Herr, laß doch deinen Knecht ein Wort reden in die Ohren meines Herrn, und es entbrenne nicht dein Zorn gegen deinen Knecht, denn du bist gleich dem Pha-19 rao. Mein Herr fragte seine Knechte und sprach: Habt ihr noch einen Va-20 ter oder einen Bruder? Und wir

sprachen zu meinem Herrn: Wir haben einen alten Vater und einen jungen Knaben, der ihm im Alter geboren wurde; und dessen Bruder ist tot, und er allein ist von seiner Mutter übriggeblieben, und sein Vater hat ihn lieb. Und du sprachst zu 21 deinen Knechten: Bringet ihn zu mir herab, daß ich mein Auge auf ihn richte. Und wir sprachen zu meinem 22 Herrn: Der Knabe kann seinen Vater nicht verlassen; verließe er seinen Vater, so stürbe er. Da sprachst 23 du zu deinen Knechten: Wenn euer jüngster Bruder nicht mit euch herabkommt, so sollt ihr mein Angesicht nicht mehr sehen. Und es geschah, 24 als wir hinaufgezogen waren zu deinem Knechte, meinem Vater, da berichteten wir ihm die Worte meines Herrn. Und unser Vater sprach: Zie-25 het wieder hin, kaufet uns ein wenig Speise. Wir aber sprachen: Wir kön-26 nen nicht hinabziehen. Wenn unser jüngster Bruder bei uns ist, so wollen wir hinabziehen; denn wir dürfen das Angesicht des Mannes nicht sehen, wenn unser jüngster Bruder nicht bei uns ist. Und dein Knecht, mein 27 Vater, sprach zu uns: Ihr wisset, daß mein Weib mir zwei geboren hat; und der eine ist von mir weggegan-28 gen, und ich sprach: Fürwahr, er ist gewißlich zerrissen worden; und ich habe ihn nicht mehr gesehen bis jetzt. Und nehmet ihr auch diesen von mir 29 hinweg, und es begegnet ihm ein Unfall, so werdet ihr mein graues Haar mit Unglück hinabbringen in den Scheol. Und nun, wenn ich zu deinem Knech-30 te, meinem Vater, komme, und der Knabe ist nicht bei uns, — und seine Seele hängt an dessen Seele, — so 31 wird es geschehen, daß er stirbt, wenn er sieht, daß der Knabe nicht da ist; und deine Knechte werden das graue Haar deines Knechtes, unseres Vaters, mit Kummer hinabbringen in den Scheol. Denn dein Knecht ist für den 32 Knaben Bürge geworden bei meinem Vater, indem ich sprach: Wenn ich ihn nicht zu dir bringe, so will ich alle Tage gegen meinen Vater gesündigt haben. Und nun, laß doch 33 deinen Knecht anstatt des Knaben bleiben, als Knecht meines Herrn, und der Knabe ziehe hinauf mit seinen Brüdern; denn wie sollte ich zu 34 meinem Vater hinaufziehen, wenn der Knabe nicht bei mir wäre? — daß ich nicht das Unglück ansehen müsse, welches meinen Vater treffen würde!

Da konnte Joseph sich nicht mehr **45** bezwingen vor allen, die um ihn standen, und er rief: Laßt jedermann von mir hinausgehen! Und es stand niemand bei ihm, als Joseph sich den seinen Brüdern zu erkennen gab. Und 2 er erhob seine Stimme mit Weinen; und die Aegypter hörten es, und das Haus des Pharao hörte es. Und Jo-3 seph sprach zu seinen Brüdern: Ich

---

a W. hell wurde. — b O. frei.

bin Joseph. Lebt mein Vater noch?
Und seine Brüder konnten ihm nicht
antworten, denn sie waren bestürzt a
4 vor ihm. Da sprach Joseph zu seinen
Brüdern: Tretet doch zu mir her!
Und sie traten herzu. Und er sprach:
Ich bin Joseph, euer Bruder, den ihr
5 nach Aegypten verkauft habt. Und
nun betrübet euch nicht, und es entbrenne nicht in euren Augen, daß
ihr mich hierher verkauft habt; denn
zur Erhaltung des Lebens hat Gott
6 mich vor euch hergesandt. Denn
schon zwei Jahre ist die Hungersnot
im Lande, und noch sind fünf Jahre, daß
kein Pflügen noch Ernten sein wird.
7 Und Gott hat mich vor euch hergesandt, um euch einen Ueberrest zu
setzen auf Erden und euch am Leben zu erhalten für b eine große Er-
8 rettung. Und nun, nicht ihr habt mich
hierher gesandt, sondern Gott; und
er hat mich zum Vater des Pharao
gemacht und zum Herrn seines ganzen Hauses und zum Herrscher über
9 das ganze Land Aegypten. Eilet und
ziehet hinauf zu meinem Vater und
sprechet zu ihm: So spricht dein
Sohn Joseph: Gott hat mich zum
Herrn von ganz Aegypten gemacht;
komm zu mir herab, säume nicht!
10 Und du sollst im Lande Gosen wohnen und nahe bei mir sein, du und
deine Söhne und die Söhne deiner
11 Rinder und alles was du hast. Und
ich will dich daselbst versorgen, denn
noch fünf Jahre ist Hungersnot; daß
du nicht verarmest, du und dein
12 Haus und alles was du hast. Und
siehe, eure Augen sehen es und die
Augen meines Bruders Benjamin, daß
mein Mund es ist, der zu euch redet.
13 Und berichtet meinem Vater alle
meine Herrlichkeit in Aegypten, und
alles was ihr gesehen habt; und eilet
und bringet meinen Vater hierher
14 herab. Und er fiel seinem Bruder
Benjamin um den Hals und weinte;
und Benjamin weinte an seinem Hal-
15 se. Und er küßte alle seine Brüder
und weinte an ihnen; und danach
redeten seine Brüder mit ihm.
16 Und das Gerücht wurde im Hause
des Pharao gehört, indem man sprach:
Josephs Brüder sind gekommen! Und
es war gut in den Augen des Pharao und in den Augen seiner Knech-
17 te. Und der Pharao sprach zu Joseph:
Sage deinen Brüdern: Tut dieses:
Beladet eure Tiere und ziehet hin,
18 gehet nach dem Lande Kanaan, und
nehmet euren Vater und eure Haus-
haltungen und kommet zu mir; und
ich will euch das Beste des Landes
Aegypten geben, und ihr sollt das
19 Fett des Landes essen. Und du bist
beauftragt: Tut dieses: nehmet euch
aus dem Lande Aegypten Wagen für
eure Kinder und für eure Weiber,
und holet euren Vater und kommet.
20 Und laßt es euch nicht leid sein
um euren Hausrat, denn das Beste
des ganzen Landes Aegypten soll
euer sein. Und die Söhne Israels ta- 21
ten also, und Joseph gab ihnen Wagen nach dem Befehl des Pharao,
und gab ihnen Zehrung auf den Weg.
Er gab ihnen allen, einem jeden, 22
Wechselkleider, und Benjamin gab
er dreihundert Silbersekel und fünf
Wechselkleider. Und seinem Vater 23
sandte er dieses c: zehn Esel, beladen
mit dem Besten Aegyptens, und zehn
Eselinnen, beladen mit Getreide und
Brot und Nahrung für seinen Vater
auf den Weg. Und er entließ seine 24
Brüder, und sie zogen hin; und er
sprach zu ihnen: Erzürnet euch nicht
auf dem Wege!
Und sie zogen aus Aegypten hin- 25
auf und kamen in das Land Kanaan
zu ihrem Vater Jakob. Und sie be- 26
richteten ihm und sprachen: Joseph
lebt noch, und er ist Herrscher über
das ganze Land Aegypten. Da er-
starrte sein Herz, denn er glaubte
ihnen nicht. Und sie redeten zu ihm 27
alle Worte Josephs, die er zu ihnen
geredet hatte; und er sah die Wagen, die Joseph gesandt hatte, ihn
zu holen. Und der Geist ihres Vaters
Jakob lebte auf; und Israel sprach: 28
Genug! Joseph, mein Sohn, lebt noch!
Ich will hinziehen und ihn sehen,
ehe ich sterbe.

Und Israel brach auf und alles
was er hatte, und kam nach Beer- **46**
seba; und er opferte Schlachtopfer
dem Gott seines Vaters Isaak. Und 2
Gott sprach zu Israel in den Gesichten der Nacht und sagte: Jakob! Jakob! Und er sprach: Hier bin ich.
Und er sprach: Ich bin Gott d, der 3
Gott deines Vaters; fürchte dich nicht,
nach Aegypten hinabzuziehen; denn
zu einer großen Nation will ich dich
daselbst machen. Ich will mit dir 4
nach Aegypten hinabziehen, und ich
will dich auch gewißlich heraufführen; und Joseph soll seine Hand auf
deine Augen legen. Da machte sich 5
Jakob von Beerseba auf, und die Söhne Israels führten Jakob, ihren Vater, und ihre Kinder und ihre Weiber auf den Wagen, die der Pharao
gesandt hatte, ihn zu holen. Und sie 6
nahmen ihr Vieh und ihre Habe, die
sie im Lande Kanaan erworben hatten, und kamen nach Aegypten, Jakob und all sein Same mit ihm:
seine Söhne und die Söhne seiner 7
Söhne mit ihm, seine Töchter und
die Töchter seiner Söhne, und all
seinen Samen brachte er mit sich
nach Aegypten.
Und dies sind die Namen der Söh- 8
ne Israels, die nach Aegypten kamen: Jakob und seine Söhne; der Erstgeborene Jakobs: Ruben. Und die 9
Söhne Rubens: Hanok und Pallu
und Hezron und Karmi. Und die 10
Söhne Simeons: Jemuel und Jamin
und Ohad und Jakin und Zochar
und Saul, der Sohn der Kanaaniterin.
Und die Söhne Levis: Gerson, Ke- 11

---

a O. schraken zurück. — b And.: durch. — c O. desgleichen. — d W. der Gott (El).

12 hath und Merari. Und die Söhne Judas: Gher und Onan und Schela und Perez und Serach; Gher und Onan aber starben im Lande Kanaan. Und 13 die Söhne des Perez waren Hezron und Hamul. Und die Söhne Issaschars: 14 Tola und Puwa und Job und Schimron. Und die Söhne Sebulons: Sered 15 und Elon und Jachleel. Das sind die Söhne Leas, welche sie dem Jakob in Paddan-Aram gebar, und Dina, seine Tochter. Aller Seelen seiner Söhne und seiner Töchter waren 16 dreiunddreißig. — Und die Söhne Gads: Ziphjon und Haggi, Schuni und Ezbon, Eri und Arodi und Areli. 17 Und die Söhne Asers: Jimna und Jischwa und Jischwi und Beria, und Serach, ihre Schwester. Und die Söh- 18 ne Berias: Heber und Malkiel. Das sind die Söhne Silpas, die Laban seiner Tochter Lea gab; und sie gebar diese dem Jakob, sechzehn See- 19 len. — Die Söhne Rahels, des Weibes 20 Jakobs: Joseph und Benjamin. Und dem Joseph wurden im Lande Aegypten Manasse und Ephraim geboren, welche Asnath ihm gebar, die Tochter Potipheras, des Priesters von On. 21 Und die Söhne Benjamins: Bela und Beker und Aschbel, Gera und Naaman, Echi und Rosch, Muppim und 22 Huppim und Ard. Das sind die Söhne Rahels, die dem Jakob geboren wurden; aller Seelen waren vierzehn. 23 — Und die Söhne Dans: Huschim. 24 Und die Söhne Naphtalis: Jachzeel und Guni und Jezer und Schillem. 25 Das sind die Söhne Bilhas, die Laban seiner Tochter Rahel gab; und sie gebar diese dem Jakob; aller 26 Seelen waren sieben. — Aller dem Jakob angehörenden Seelen, die nach Aegypten kamen, die aus seinen Lenden hervorgegangen waren, ausgenommen die Weiber der Söhne Jakobs, aller Seelen waren sechsund- 27 sechzig. Und die Söhne Josephs, die ihm in Aegypten geboren wurden, waren zwei Seelen. Aller Seelen des Hauses Jakob, die nach Aegypten kamen, waren siebenzig a. 28   Und er sandte Juda vor sich hin zu Joseph, um vor ihm her zu weisen nach Gosen b; und sie kamen in 29 das Land Gosen. Da spannte Joseph seinen Wagen an und zog hinauf, seinem Vater Israel entgegen nach Gosen; und als er seiner ansichtig wurde, fiel er ihm um den Hals und 30 weinte lange c an seinem Halse. Und Israel sprach zu Joseph: Nunmehr mag ich sterben, nachdem ich dein Angesicht gesehen habe, daß du noch 31 lebst! Und Joseph sprach zu seinen Brüdern und zum Hause seines Vaters: Ich will hinaufziehen und dem Pharao berichten und zu ihm sagen: Meine Brüder und das Haus meines Vaters, die im Lande Kanaan waren, sind

zu mir gekommen. Und die Männer 32 sind Schafhirten d, denn sie haben Viehzucht getrieben; und sie haben ihr Kleinvieh und ihre Rinder und alles was sie haben mitgebracht. Und 33 geschieht es, daß der Pharao euch ruft und spricht: Was ist eure Hantierung? so saget: Deine Knechte 34 haben Viehzucht getrieben, von Jugend auf bis jetzt, sowohl wir als auch unsere Väter, auf daß ihr wohnen möget im Lande Gosen; denn alle Schafhirten sind den Aegyptern ein Greuel.

Und Joseph kam und berichtete **47** dem Pharao und sprach: Mein Vater und meine Brüder und ihr Kleinvieh und ihre Rinder und alles was sie haben sind aus dem Lande Kanaan gekommen; und siehe, sie sind im Lande Gosen. Und er nahm aus der 2 Gesamtheit seiner Brüder fünf Männer und stellte sie vor den Pharao. Und der Pharao sprach zu seinen 3 Brüdern: Was ist eure Hantierung? Und sie sprachen zum Pharao: Deine Knechte sind Schafhirten, sowohl wir als auch unsere Väter. Und sie spra- 4 chen zum Pharao: Wir sind gekommen, um uns im Lande aufzuhalten; denn es gibt keine Weide für das Kleinvieh, das deine Knechte haben, denn die Hungersnot ist schwer im Lande Kanaan; und nun laß doch deine Knechte im Lande Gosen wohnen. Da sprach der Pharao zu Joseph 5 und sagte: Dein Vater und deine Brüder sind zu dir gekommen. Das 6 Land Aegypten ist vor dir: laß deinen Vater und deine Brüder in dem besten *Teile* des Landes wohnen; sie mögen wohnen im Lande Gosen. Und wenn du weißt, daß tüchtige Männer unter ihnen sind, so setze sie als Aufseher über das Vieh, das ich habe.

Und Joseph brachte seinen Vater 7 Jakob und stellte ihn vor den Pharao. Und Jakob segnete den Pharao. Und der Pharao sprach zu Jakob: 8 Wie viel sind der Tage deiner Lebensjahre? Und Jakob sprach zum 9 Pharao: Die Tage der Jahre meiner Fremdlingschaft sind hundert und dreißig Jahre; wenig und böse waren die Tage meiner Lebensjahre, und sie haben nicht erreicht die Tage der Lebensjahre meiner Väter in den Tagen ihrer Fremdlingschaft. Und 10 Jakob segnete den Pharao und ging von dem Pharao hinaus. Und Joseph 11 schaffte seinem Vater und seinen Brüdern Wohnung und gab ihnen ein Besitztum in dem Lande Aegypten, im besten *Teile* des Landes, im Lande Raemses, so wie der Pharao geboten hatte. Und Joseph versorgte 12 seinen Vater und seine Brüder und das ganze Haus seines Vaters mit Brot, nach der Zahl der Kinder. Und es war kein Brot im ganzen 13

---

a Nach der Alex. Uebersetzung, welche in V. 20 noch einen Sohn und einen Enkel des Manasse sowie zwei Söhne und einen Enkel des Ephraim erwähnt, sind es 75 Seelen. (Vergl. Apstgsch. 7, 14.) — *b* O. vor ihm Anzeige zu machen, daß er nach Gosen käme. — *c* O. in einem fort. — *d* Eig. Kleinviehhirten; so auch später.

Lande, denn die Hungersnot war sehr schwer; und das Land Aegypten und das Land Kanaan verschmachteten

14 vor Hunger. Und Joseph brachte alles Geld zusammen, das sich im Lande Aegypten und im Lande Kanaan vorfand, für das Getreide, das man kaufte; und Joseph brachte das Geld in

15 das Haus des Pharao. Und als das Geld im Lande Aegypten und im Lande Kanaan ausging, da kamen alle Aegypter zu Joseph und sprachen: Gib uns Brot! warum sollen wir denn vor dir sterben? denn das Geld ist

16 zu Ende. Und Joseph sprach: Gebet euer Vieh her, und ich will euch *Brot* geben um euer Vieh, wenn das Geld

17 zu Ende ist. Da brachten sie ihr Vieh zu Joseph, und Joseph gab ihnen Brot um die Pferde und um das Kleinvieh und um das Rindvieh und um die Esel; und so ernährte er sie mit Brot um all ihr Vieh in selbigem Jahre.

18 Als selbiges Jahr zu Ende war, da kamen sie im zweiten Jahre zu ihm und sprachen zu ihm: Wir wollen es meinem Herrn nicht verhehlen, daß, da das Geld ausgegangen ist und der Besitz des Viehes *a* an meinen Herrn *gekommen*, nichts mehr übrigbleibt vor meinem Herrn, als nur unser Leib

19 und unser Land. Warum sollen wir vor deinen Augen sterben, sowohl wir als auch unser Land? Kaufe uns und unser Land um Brot, so wollen w i r und unser Land des Pharao Knechte sein; und gib Samen, daß wir leben und nicht sterben und das

20 Land nicht wüst werde! Und Joseph kaufte das ganze Land Aegypten für den Pharao; denn die Aegypter verkauften ein jeder sein Feld, weil der Hunger sie drängte. Und so ward das

21 Land dem Pharao. Und das Volk, das versetzte er in die verschiedenen Städte *b*, von einem Ende der Grenze Aegyptens bis zu ihrem anderen En-

22 de. Nur das Land der Priester kaufte er nicht; denn die Priester hatten ein Bestimmtes vom dem Pharao, und sie aßen ihr Bestimmtes, das der Pharao ihnen gab; deshalb verkauften sie ihr

23 Land nicht. Und Joseph sprach zu dem Volke: Siehe, ich habe euch und euer Land heute für den Pharao gekauft; siehe, da ist Samen für euch,

24 und besäet das Land. Und es soll geschehen mit dem Ertrage, daß ihr den Fünften dem Pharao gebet, und die vier Teile sollen für euch sein zur Saat des Feldes und zur Speise für euch und für die, welche in euren Häusern sind, und zur Speise für eure Kinder.

25 Und sie sprachen: Du hast uns am Leben erhalten; möchten wir Gnade finden in den Augen meines Herrn, so wollen wir des Pharao Knechte

26 sein. Und Joseph legte es dem Lande Aegypten bis auf diesen Tag als Satzung auf, daß dem Pharao der Fünfte gehöre. Nur das Land der Priester allein ward nicht dem Pharao.

27 Und Israel wohnte im Lande Aegypten, im Lande Gosen; und sie machten sich darin ansässig und waren fruchtbar und mehrten sich sehr. Und

28 Jakob lebte im Lande Aegypten siebenzehn Jahre; und der Tage Jakobs, der Jahre seines Lebens, waren hundert siebenundvierzig Jahre. Und als

29 die Tage Israels herannahten, daß er sterben sollte, da rief er seinen Sohn Joseph und sprach zu ihm: Wenn ich doch Gnade gefunden habe in deinen Augen, so lege doch deine Hand unter meine Hüfte *c*, und erweise Güte und Treue an mir: begrabe mich doch nicht in Aegypten! Wenn ich mit mei-

30 nen Vätern liegen werde, so führe mich aus Aegypten und begrabe mich in ihrem Begräbnis. Und er sprach: Ich werde tun nach deinem Worte.

31 Da sprach er: Schwöre mir! Und er schwur ihm. Und Israel betete an zu den Häupten des Bettes *d*.

Und es geschah nach diesen Dingen, daß man dem Joseph sagte: Siehe, dein Vater ist krank. Und er nahm seine beiden Söhne, Manasse und Eph-

48

2 raim, mit sich. Und man berichtete dem Jakob und sprach: Siehe, dein Sohn Joseph kommt zu dir. Und Israel machte sich stark und setzte sich

3 aufs Bett. Und Jakob sprach zu Joseph: Gott *e*, der Allmächtige, erschien mir zu Lus im Lande Kanaan, und

4 er segnete mich und sprach zu mir: Siehe, ich will dich fruchtbar machen und dich mehren und dich zu einem Haufen Völker machen, und ich will dieses Land deinem Samen nach dir

5 zum ewigen Besitztum geben. Und nun, deine beiden Söhne, welche dir im Lande Aegypten geboren sind, ehe ich zu dir nach Aegypten kam, sollen mein sein; Ephraim und Manasse sol-

6 len mein sein wie Ruben und Simeon. Aber dein Geschlecht, das du nach ihnen gezeugt hast *f*, soll dein sein; nach dem Namen ihrer Brüder sollen sie genannt werden in ihrem Erb-

7 teil. Denn ich — als ich aus Paddan kam, starb Rahel bei mir im Lande Kanaan auf dem Wege, als noch eine Strecke Landes war, um nach Ephrath zu kommen; und ich begrub sie daselbst auf dem Wege nach Ephrath, das ist Bethlehem.

8 Und Israel sah die Söhne Josephs

9 und sprach: Wer sind diese? Und Joseph sprach zu seinem Vater: Das sind meine Söhne, die Gott mir hier gegeben hat. Da sprach er: Bringe sie doch zu mir her, daß ich sie segne!

10 Die Augen Israels aber waren schwer vor Alter, er konnte nicht sehen. Und er führte sie näher zu ihm, und er küßte sie und umarmte sie. Und Is-

11 rael sprach zu Joseph: Ich hatte nicht gedacht, dein Angesicht *wieder* zu sehen, und siehe, Gott hat mich sogar deinen Samen sehen lassen! Und Jo-

12 seph führte sie von seinen Knieen heraus und beugte sich auf sein An-

---

a O. der Viehstand, die Viehherden. — *b* W. je nach den Städten. — *c* O. Lende. — *d* Nach anderer Vokalisation: über seinem Stabe. — *e* El. — *f* O. haben wirst.

13 gesicht zur Erde nieder. Und Joseph nahm sie beide, Ephraim mit seiner Rechten, zur Linken Israels, und Manasse mit seiner Linken, zur Rechten Israels, und führte sie näher zu ihm. 14 Und Israel streckte seine Rechte aus und legte sie auf das Haupt Ephraims — er war aber der Jüngere — und seine Linke auf das Haupt Manasses; er legte seine Hände absichtlich *a also*, denn Manasse war der Erstgeborene. 15 Und er segnete Joseph und sprach: Der Gott, vor dessen Angesicht meine Väter, Abraham und Isaak, gewandelt haben, der Gott, der mich geweidet hat, seitdem ich bin bis auf 16 diesen Tag, der Engel, der mich erlöst hat von allem Uebel, segne die Knaben; und in ihnen werde mein Name genannt und der Name meiner Väter, Abraham und Isaak, und sie sollen sich mehren zu einer Menge inmitten des Landes *b*! 17 Und als Joseph sah, daß sein Vater seine rechte Hand auf das Haupt Ephraims legte, war es übel in seinen Augen; und er faßte seines Vaters Hand, um die Hand Ephraims hinwegzutun auf das Haupt Manas-18 ses. Und Joseph sprach zu seinem Vater: Nicht also, mein Vater! denn dieser ist der Erstgeborene; lege deine Rech-19 te auf sein Haupt. Aber sein Vater weigerte sich und sprach: Ich weiß es, mein Sohn, ich weiß es. Auch er wird zu einem Volke werden, und auch er wird groß sein; aber doch wird sein jüngerer Bruder größer sein als er, und sein Same wird eine Fülle 20 von Nationen werden. Und er segnete sie an selbigem Tage und sprach: In dir wird Israel segnen und sprechen: Gott mache dich wie Ephraim und wie Manasse! und er setzte Eph-21 raim vor Manasse. Und Israel sprach zu Joseph: Siehe, ich sterbe; und Gott wird mit euch sein und euch in das Land eurer Väter zurückbringen. 22 Und i ch gebe dir einen Landstrich über deine Brüder hinaus, den ich von der Hand der Amoriter genommen habe mit meinem Schwerte und mit meinem Bogen.

49 Und Jakob rief seine Söhne und sprach: Versammelt euch, und ich will euch verkünden, was euch begeg-2 nen wird in künftigen Tagen *c*. Kommet zusammen und höret, ihr Söhne Jakobs, und höret auf Israel, euren Vater! 3 Ruben, mein Erstgeborener bist du, meine Kraft und der Erstling meiner Stärke! Vorzug an Hoheit und Vor-4 zug an Macht! Ueberwallend wie die Wasser, sollst du keinen Vorzug haben, denn du hast das Lager deines Vaters bestiegen; da hast du es entweiht. Mein Bett hat er bestiegen!

Simeon und Levi sind Brüder, Werk- 5 zeuge der Gewalttat ihre Waffen *d*. Meine Seele komme nicht in ihren 6 geheimen Rat, meine Ehre *e* vereinige sich nicht mit ihrer Versammlung! denn in ihrem Zorn haben sie den Mann erschlagen, und in ihrem Mutwillen aber den Stier gelähmt. Verflucht 7 sei ihr Zorn, denn er war gewalttätig, und ihr Grimm, denn er war grausam! Ich werde sie verteilen in Jakob und sie zerstreuen in Israel.

Dich, Juda, dich werden deine Brü- 8 der preisen *f*; deine Hand wird sein auf dem Nacken deiner Feinde, vor dir werden sich niederbeugen die Söhne deines Vaters. Juda ist ein junger 9 Löwe; vom Raube, mein Sohn, bist du emporgestiegen. Er duckt sich, er legt sich nieder wie ein Löwe und wie eine Löwin; wer will ihn aufreizen? *g* Nicht weichen wird das 10 Szepter von Juda, noch der Herrscherstab *h* zwischen seinen Füßen hinweg, bis Schilo *i* kommt, und ihm werden die Völker gehorchen *j*. Er bindet an 11 den Weinstock sein Eselsfüllen und an die Edelrebe das Junge seiner Eselin; er wäscht im Weine sein Kleid und im Blute der Trauben sein Gewand; die Augen sind trübe von Wein, 12 und weiß die Zähne von Milch.

Sebulon, am Gestade der Meere 13 wird er wohnen, und am Gestade der Schiffe wird er sein, und seine Seite gegen Sidon hin.

Issaschar ist ein knochiger Esel, 14 der sich lagert zwischen den Hürden. Und er sieht, daß die Ruhe *k* gut, und 15 daß das Land lieblich ist; und er beugt seine Schulter zum Lasttragen und wird zum fronpflichtigen Knecht.

Dan wird sein Volk richten, wie 16 einer der Stämme Israels. Dan wird 17 eine Schlange sein am Wege, eine Hornotter am Pfade, die da beißt in die Fersen des Rosses, und rücklings fällt sein Reiter.

Auf deine Rettung harre ich, Je- 18 hova!

Gad, Scharen werden ihn drängen, 19 und er, er wird ihnen nachdrängen auf der Ferse.

Von Aser *kommt* Fettes, sein Brot; 20 und er, königliche Leckerbissen wird er geben.

Naphtali ist eine losgelassene *l* Hin- 21 din; er, der schöne Worte gibt.

Sohn eines Fruchtbaumes *m* ist Jo- 22 seph, Sohn eines Fruchtbaumes *m* am Quell; die Schößlinge treiben über die Mauer. Und es reizen ihn und 23 schießen, und es befehden ihn die Bogenschützen *n*; aber sein Bogen bleibt 24 fest, und gelenkig *o* sind die Arme *p* seiner Hände, durch die Hände des Mächtigen Jakobs. Von dannen ist

---

a And. üb.: er kreuzte seine Hände. — *b* O. der Erde. — *c* O. am Ende der Tage. — *d* Der Sinn des Wortes ist zweifelhaft; And. üb.: Anschläge. — *e* Viell. wie Ps. 7, 5. — *f* Der Segen Judas und Dans enthält eine Anspielung auf die Bedeutung ihrer Namen. — *g* Vergl. 4. Mose 24, 9. — *h* And.: Gesetzgeber. — *i* d. h. der Ruhebringende, Friedenschaffende. — *j* And. üb.: sich anschließen. — *k* O. Ruhestätte. — *l* Viell. schlanke. — *m* d. h. ein junger Fruchtbaum, od. Zweig eines Fruchtbaumes. — *n* Eig. Pfeilschützen. — *o* O. stark, rüstig. — *p* O. ist die Kraft.

25 der Hirte, der Stein Israels: von dem Gott *a* deines Vaters, und er wird dir helfen, und dem Allmächtigen, und er wird dich segnen mit Segnungen des Himmels droben, mit Segnungen der Tiefe, die unten liegt, mit Segnungen der Brüste und des Mutterleibes.
26 Die Segnungen deines Vaters überragen die Segnungen meiner Voreltern *b* bis zur Grenze der ewigen Hügel. Sie werden sein auf dem Haupte Josephs und auf dem Scheitel des Abgesonderten *c* unter seinen Brüdern.
27 Benjamin ist ein Wolf, der zerreißt; am Morgen verzehrt er Raub, und am Abend verteilt er Beute.
28 Alle diese sind die zwölf Stämme Israels, und das ist es, was ihr Vater zu ihnen redete und womit er sie segnete; einen jeden nach seinem Segen
29 segnete er sie. Und er gebot ihnen und sprach zu ihnen: Bin ich versammelt zu meinem Volke, so begrabet mich zu meinen Vätern in der Höhle, die in dem Felde Ephrons, des Hethi-
30 ters, ist, in der Höhle, die in dem Felde Machpela vor Mamre ist, im Lande Kanaan, welche Abraham samt dem Felde von Ephron, dem Hethiter, zum
31 Erbbegräbnis gekauft hat. Dort haben sie Abraham begraben und sein Weib Sara; dort haben sie Isaak begraben und sein Weib Rebekka; und
32 dort habe ich Lea begraben; das Feld und die Höhle, die darin ist, sind er-
33 kauft von den Kindern Heth. Und als Jakob geendet hatte, seinen Söhnen Befehle zu geben, zog er seine Füße aufs Bett herauf und verschied und wurde versammelt zu seinen Völkern.

50 Und Joseph fiel auf das Angesicht seines Vaters und weinte über ihm
2 und küßte ihn. Und Joseph gebot seinen Knechten, den Aerzten, seinen Vater einzubalsamieren. Und die Aerzte bal-
3 samierten Israel ein. Und es wurden vierzig Tage für ihn erfüllt, denn also werden erfüllt die Tage der Einbalsamierens. Und die Aegypter be-
4 weinten ihn siebenzig Tage. Und als die Tage seines Beweinens vorüber waren, da redete Joseph zum Hause des Pharao und sprach: Wenn ich doch Gnade gefunden habe in euren Augen, so redet doch vor den Ohren
5 des Pharao und saget: Mein Vater hat mich schwören lassen und gesagt: Siehe, ich sterbe; in meinem Grabe, das ich mir im Lande Kanaan gegraben *d* habe, daselbst sollst du mich begraben. Und nun laß mich doch hinaufziehen, daß ich meinen Vater
6 begrabe und zurückkomme. Und der Pharao sprach: Ziehe hinauf und begrabe deinen Vater, so wie er dich
7 hat schwören lassen. Und Joseph zog hinauf, um seinen Vater zu begraben; und mit ihm zogen hinauf alle Knechte des Pharao, die Aeltesten seines

Hauses, und alle Aeltesten des Lan-
8 des Aegypten, und das ganze Haus Josephs und seine Brüder und das Haus seines Vaters; nur ihre Kinder und ihr Kleinvieh und ihre Rinder ließen sie im Lande Gosen zurück.
9 Auch zogen sowohl Wagen als Reiter mit ihm hinauf, und der Zug war
10 sehr groß. Und sie kamen bis zur Tenne Atad, die jenseit des Jordan liegt, und sie hielten daselbst eine sehr große und schwere Klage; und er stellte um seinen Vater eine Trau-
11 er von sieben Tagen an. Und die Bewohner des Landes, die Kanaaniter, sahen die Trauer bei der Tenne Atad, und sie sprachen: Das ist eine schwere Trauer der Aegypter; daher gab man ihr den Namen Avel-Mizraim *e*, die jenseit des Jordan liegt.
12 Und seine Söhne taten ihm, so wie
13 er ihnen geboten hatte; und seine Söhne führten ihn in das Land Kanaan und begruben ihn in der Höhle des Feldes Machpela, die Abraham samt dem Felde zum Erbbegräbnis gekauft hatte von Ephron, dem Hethiter, vor
14 Mamre. Und Joseph kehrte wieder nach Aegypten zurück, er und seine Brüder und alle, die mit ihm hinaufgezogen waren, um seinen Vater zu begraben, nachdem er seinen Vater begraben hatte.
15 Und als die Brüder Josephs sahen, daß ihr Vater gestorben war, da sprachen sie: Wenn nun Joseph uns anfeindete und uns gar all das Böse vergelten würde, das wir ihm angetan
16 haben! Und sie entboten dem Joseph und sprachen: Dein Vater hat vor
17 seinem Tode befohlen und gesagt: So sollt ihr zu Joseph sprechen: Ach, vergib doch die Uebertretung deiner Brüder und ihre Sünde! denn *f* sie haben dir Böses angetan. Und nun vergib doch die Uebertretung der Knechte des Gottes deines Vaters! Und Jo-
18 seph weinte, als sie zu ihm redeten. Und auch seine Brüder gingen und fielen vor ihm nieder und sprachen:
19 Siehe, wir sind deine Knechte. Da sprach Joseph zu ihnen: Fürchtet euch nicht; denn bin ich an Gottes
20 Statt? Ihr zwar, ihr hattet Böses wider mich im Sinne; Gott *aber* hatte im Sinne, es gut zu machen *g*, auf daß er täte, wie es an diesem Tage ist, um ein großes Volk am Leben zu erhalten.
21 Und nun, fürchtet euch nicht; i c h werde euch und eure Kinder versorgen. Und er tröstete sie und redete zu ihrem Herzen.
22 Und Joseph wohnte in Aegypten, er und das Haus seines Vaters; und Joseph lebte hundert und zehn Jahre.
23 Und Joseph sah von Ephraim Kinder des dritten Gliedes; auch die Söhne Makirs, des Sohnes Manasses, wurden auf die Kniee *h* Josephs geboren.
24 Und Joseph sprach zu seinen Brüdern:

---

a El. — *b* W. Erzeuger. — *c* Eig. des Nasiräers; And. üb.: des Gekrönten. — *d* O. gekauft, wie 5. Mose 2, 6. — *e* Aegypter-Au; vielleicht ist zu lesen: Evel-Mizraim, d. h. Aegypter-Trauer. — *f* O. daß. — *g* W. zum Guten. — *h* Vergl. Kap. 30, 3; Ruth 4, 16. 17; Hiob 3, 12.

Ich sterbe; und Gott wird euch gewißlich heimsuchen und euch aus diesem Lande hinaufführen in das Land, das er Abraham, Isaak und Jakob 25 zugeschworen hat. Und Joseph ließ die Söhne Israels schwören und

sprach: Gott wird euch gewißlich heimsuchen; so führet meine Gebeine von hier hinauf! Und Joseph starb, 26 hundert und zehn Jahre alt; und sie balsamierten ihn ein, und man legte ihn in eine Lade in Aegypten.

Das zweite Buch Mose

1 Und dies sind die Namen der Söhne Israels, die nach Aegypten kamen: mit Jakob kamen sie, ein jeder mit 2 seinem Hause: Ruben, Simeon, Levi 3 und Juda; Issaschar, Sebulon und 4 Benjamin; Dan und Naphtali, Gad und 5 Aser. Und es waren aller Seelen, die aus den Lenden Jakobs hervorgegangen waren, siebenzig Seelen. Und 6 Joseph war in Aegypten. Und Joseph starb und alle seine Brüder und das-7 selbige ganze Geschlecht. Und die Kinder Israel waren fruchtbar und wimmelten und mehrten sich und wurden sehr, sehr stark, und das Land wurde voll von ihnen.

8 Da stand ein neuer König über Aegyp-9 ten auf, der Joseph nicht kannte. Und er sprach zu seinem Volke: Siehe, das Volk der Kinder Israel ist zahlreicher 10 und stärker als wir. Wohlan, laßt uns klug gegen dasselbe handeln, daß es sich nicht mehre, und es nicht geschehe, wenn Krieg eintritt, daß es sich auch zu unseren Feinden schlage und wider uns streite und aus dem Lande hinauf-11 ziehe. Und sie setzten Fronvögte über dasselbe, um es mit ihren Lastarbeiten zu drücken; und es baute dem Pharao Vorratsstädte: Pithom und Raemses. 12 Aber so wie sie es drückten, also mehrte es sich, und also breitete es sich aus; und es graute ihnen vor den 13 Kindern Israel. Und die Aegypter hielten die Kinder Israel mit Härte 14 zum Dienst an. Und sie machten ihnen das Leben bitter durch harten Dienst in Lehm und in Ziegeln, und durch allerlei Dienst auf dem Felde, neben all ihrem Dienst, zu welchem sie sie anhielten mit Härte a.

15 Und der König von Aegypten sprach zu den hebräischen Hebammen, von denen der Name der einen Schiphra 16 und der Name der anderen Pua war, und sagte: Wenn ihr den Hebräerinnen bei der Geburt helfet und ihr sie auf dem Geburtsstuhl b sehet: wenn es ein Sohn ist, so tötet ihn, und wenn 17 eine Tochter, so mag sie leben. Aber die Hebammen fürchteten Gott und taten nicht, wie der König von Aegypten zu ihnen gesagt hatte, und erhiel-18 ten die Knäblein am Leben. Und der König von Aegypten rief die Hebammen und sprach zu ihnen: Warum habt ihr dieses getan und die Knäblein 19 am Leben erhalten? Und die Hebam-

men sprachen zum Pharao: Weil die hebräischen Weiber nicht sind wie die ägyptischen, denn sie sind kräftig; ehe die Hebamme zu ihnen kommt, haben sie geboren. Und Gott tat den Heb-20 ammen Gutes; und das Volk mehrte sich und wurde sehr stark. Und es 21 geschah, weil die Hebammen Gott fürchteten, so machte er ihnen Häuser c. Da gebot der Pharao all seinem 22 Volke und sprach: Jeden Sohn, der geboren wird, sollt ihr in den Strom werfen, jede Tochter aber sollt ihr leben lassen.

Und ein Mann vom Hause Levi ging **2** hin und nahm eine Tochter Levis. Und das Weib ward schwanger und 2 gebar einen Sohn. Und sie sah, daß er schön war, und verbarg ihn drei Monate. Und als sie ihn nicht länger 3 verbergen konnte, nahm sie für ihn ein Kästlein von Schilfrohr und verpichte es mit Erdharz und mit Pech und legte das Kind darein, und legte es in das Schilf am Ufer des Stromes. Und seine Schwester stellte sich von 4 ferne, um zu erfahren, was ihm geschehen würde. Und die Tochter des 5 Pharao ging hinab, um an dem Strome zu baden, und ihre Mägde gingen an der Seite des Stromes. Und sie sah das Kästlein mitten im Schilf und sandte ihre Magd hin und ließ es holen. Und 6 sie öffnete es und sah das Kind, und siehe, der Knabe weinte a. Und es erbarmte sie seiner, und sie sprach: Von den Kindern der Hebräer ist dieses. Und seine Schwester sprach zu der 7 Tochter des Pharao: Soll ich hingehen und dir ein säugendes Weib von den Hebräerinnen rufen, daß sie dir das Kind säuge? Und die Tochter des 8 Pharao sprach zu ihr: Gehe hin. Da ging die Jungfrau hin und rief des Kindes Mutter. Und die Tochter des 9 Pharao sprach zu ihr: Nimm dieses Kind mit und säuge es mir, und ich werde dir deinen Lohn geben. Und das Weib nahm das Kind und säugte es. Und als das Kind groß wurde, brachte 10 sie es der Tochter des Pharao, und es wurde ihr zum Sohne; und sie gab ihm den Namen Mose und sprach: denn aus dem Wasser habe ich ihn gezogen.

Und es geschah in selbigen Tagen, 11 als Mose groß geworden war, da ging er aus zu seinen Brüdern und sah ihren Lastarbeiten zu; und er sah

---

a O. . . . Felde. All ihr Dienst . . . war mit Härte. — *b* der Sinn des hebräischen Wortes ist zweifelhaft. — *c* d. h. Familien; vergl. 2. Sam. 7, 11; 1. Kön. 2, 24 usw. — *d* O. ein weinender Knabe.

einen ägyptischen Mann, der einen hebräischen Mann von seinen Brüdern 12 schlug. Und er wandte sich dahin und dorthin, und als er sah, daß kein Mensch da war, erschlug er den Aegyp- 13 ter und verscharrte ihn im Sande. Und er ging am zweiten Tage aus, und siehe, zwei hebräische Männer zank- ten sich. Da sprach er zu dem Schuldi- gen: Warum schlägst du deinen Näch- 14 sten? Und er sprach: Wer hat dich zum Obersten und Richter über uns gesetzt? Gedenkst du mich zu töten, wie du den Aegypter getötet hast? Da fürchtete sich Mose und sprach: Fürwahr, die Sache ist kund gewor- 15 den! Und der Pharao hörte diese Sache und suchte Mose zu töten.

Und Mose floh vor dem Pharao und weilte im Lande Midian. Und er saß 16 an einem Brunnen. Und der Priester von Midian hatte sieben Töchter; und sie kamen und schöpften und füllten die Tränkrinnen, um die Herde *a* ihres 17 Vaters zu tränken. Und die Hirten kamen und trieben sie hinweg. Da stand Mose auf und half ihnen und 18 tränkte ihre Herde. Und sie kamen zu Reghuel, ihrem Vater, und er sprach: Warum seid ihr heute so bald gekom- 19 men? Und sie sprachen: Ein ägypti- scher Mann hat uns aus der Hand der Hirten errettet, und hat auch sogar für uns geschöpft und die Herde ge- 20 tränkt. Da sprach er zu seinen Töch- tern: Und wo ist er? warum habt ihr denn den Mann zurückgelassen? Rufet 21 ihn, daß er mit uns esse. — Und Mose willigte ein, bei dem Manne zu blei- ben; und er gab Mose Zippora, seine 22 Tochter. Und sie gebar einen Sohn, und er gab ihm den Namen Gersom *b*, denn er sprach: Ein Fremdling bin ich geworden in fremdem Lande. 23 Und es geschah, während jener vie- len Tage, da starb der König von Aegypten; und die Kinder Israel seufz- ten wegen des Dienstes und schrieen; und ihr Geschrei wegen des Dienstes 24 stieg hinauf zu Gott. Und Gott hörte ihr Wehklagen, und Gott gedachte seines Bundes mit Abraham, mit Isaak 25 und mit Jakob; und Gott sah die Kin- der Israel, und Gott nahm Kenntnis von ihnen *c*.

3 Und Mose weidete die Herde Je- thros, seines Schwiegervaters, des Priesters von Midian. Und er trieb die Herde hinter die Wüste und kam an 2 den Berg Gottes, an den Horeb. Da erschien ihm der Engel Jehovas in einer Feuerflamme mitten aus einem Dornbusche; und er sah: und siehe, der Dornbusch brannte im Feuer, und der Dornbusch wurde nicht verzehrt. 3 Und Mose sprach: Ich will doch hin- zutreten und dieses große Gesicht sehen, warum der Dornbusch nicht 4 verbrennt. Und als Jehova sah, daß er herzutrat, um zu sehen, da rief Gott ihm mitten aus dem Dornbusche

zu und sprach: Mose! Mose! Und er sprach: Hier bin ich. Und er sprach: 5 Nahe nicht hierher! Ziehe deine Schuhe aus von deinen Füßen, denn der Ort, auf dem du stehst, ist heiliges Land. Und er sprach: Ich bin der Gott deines 6 Vaters, der Gott Abrahams, der Gott Isaaks und der Gott Jakobs. Da ver- barg Mose sein Angesicht, denn er fürchtete sich, Gott anzuschauen. Und 7 Jehova sprach: Gesehen habe ich das Elend meines Volkes, das in Aegypten ist, und sein Geschrei wegen seiner Treiber habe ich gehört; denn ich kenne seine Schmerzen. Und ich bin 8 herabgekommen, um es aus der Hand der Aegypter zu erretten und es aus diesem Lande hinaufzuführen in ein gutes und geräumiges Land, in ein Land, das von Milch und Honig fließt, an den Ort der Kanaaniter und der Hethiter und der Amoriter und der Perisiter und der Hewiter und der Jebusiter. Und nun siehe, das Geschrei 9 der Kinder Israel ist vor mich gekom- men; und ich habe auch den Druck gesehen, womit die Aegypter sie drük- ken. Und nun gehe hin, denn ich will 10 dich zu dem Pharao senden, daß du mein Volk, die Kinder Israel, aus Aegypten herausführest. Und Mose 11 sprach zu Gott: Wer bin ich, daß ich zu dem Pharao gehen, und daß ich die Kinder Israel aus Aegypten her- ausführen sollte? Und er sprach: Weil 12 ich mit dir sein werde *d*; und dies sei dir das Zeichen, daß ich dich gesandt habe: wenn du das Volk aus Aegyp- ten herausgeführt hast, werdet ihr auf diesem Berge Gott dienen. Und 13 Mose sprach zu Gott: Siehe, wenn ich zu den Kindern Israel komme und zu ihnen spreche: Der Gott eurer Väter hat mich zu euch gesandt, und sie zu mir sagen werden: Welches ist sein Name? was soll ich zu ihnen sagen? Da sprach Gott zu Mose: Ich bin, 14 der ich bin. Und er sprach: Also sollst du zu den Kindern Israel sagen: „Ich bin" hat mich zu euch gesandt. Und Gott sprach weiter zu Mose: Also 15 sollst du zu den Kindern Israel sagen: Jehova, der Gott eurer Väter, der Gott Abrahams, der Gott Isaaks und der Gott Jakobs, hat mich zu euch ge- sandt. Das ist mein Name in Ewigkeit, und das ist mein Gedächtnis *e* von Ge- schlecht zu Geschlecht. Gehe hin und 16 versammle die Aeltesten Israels und sprich zu ihnen: Jehova, der Gott eurer Väter, ist mir erschienen, der Gott Abrahams, Isaaks und Jakobs, und hat gesagt: Angesehen habe ich euch und was euch in Aegypten ge- schehen ist, und ich habe gesagt: Ich 17 will euch aus dem Elend Aegyptens heraufführen in das Land der Kanaa- niter und der Hethiter und der Amo- riter und der Perisiter und der Hewiter und der Jebusiter, in ein Land, das von Milch und Honig fließt. Und sie 18

---

a Eig. das Kleinvieh; so auch V. 17; 3, 1. — *b* Fremdling daselbst; O. Verbannung. — *c* O. bekümmerte sich um sie. — *d* O. sprach: Denn ich werde mit dir sein. — *e* d. h. mein Gedenkname; wie Hos. 12. 6.

werden auf deine Stimme hören; und du sollst hineingehen, du und die Aeltesten Israels, zu dem Könige von Aegypten, und ihr sollt zu ihm sagen: Jehova, der Gott der Hebräer, ist uns begegnet; und nun laß uns doch drei Tagereisen weit in die Wüste ziehen, daß wir Jehova, unserem Gott, opfern.

19 Aber ich weiß wohl, daß der König von Aegypten euch nicht ziehen lassen wird, auch nicht durch eine starke

20 Hand. Und ich werde meine Hand ausstrecken und Aegypten schlagen mit allen meinen Wundern, die ich in seiner Mitte tun werde; und danach

21 wird er euch ziehen lassen. Und ich werde diesem Volke Gnade geben in den Augen der Aegypter, und es wird geschehen, wenn ihr *ausziehet*, sollt

22 ihr nicht leer *ausziehen*: und es soll jedes Weib von ihrer Nachbarin und von ihrer Hausgenossin silberne Geräte und goldene Geräte und Kleider fordern; und ihr sollt sie auf eure Söhne und auf eure Töchter legen und die Aegypter berauben.

4 Und Mose antwortete und sprach: Aber siehe, sie werden mir nicht glauben und nicht auf meine Stimme hören; denn sie werden sagen: Jehova

2 ist dir nicht erschienen. Da sprach Jehova zu ihm: Was ist das in deiner

3 Hand? Und er sprach: Ein Stab. Und er sprach: Wirf ihn auf die Erde. Da warf er ihn auf die Erde, und er wurde zur Schlange; und Mose floh

4 vor ihr. Und Jehova sprach zu Mose: Strecke deine Hand aus und fasse sie beim Schwanze. Und er streckte seine Hand aus und ergriff sie, und sie wurde zum Stabe in seiner Hand —:

5 auf daß sie glauben, daß Jehova dir erschienen sei, der Gott ihrer Väter, der Gott Abrahams, der Gott Isaaks

6 und der Gott Jakobs. Und Jehova sprach weiter zu ihm: Stecke doch deine Hand in deinen Busen. Und er steckte seine Hand in seinen Busen; und er zog sie heraus, und siehe, seine

7 Hand war aussätzig wie Schnee. Und er sprach: Tue deine Hand wieder in deinen Busen. Und er tat seine Hand wieder in seinen Busen; und er zog sie aus seinem Busen heraus, und siehe, sie war wieder wie sein Fleisch.

8 Und es wird geschehen, wenn sie dir nicht glauben und nicht auf die Stimme des ersten Zeichens hören, so werden sie der Stimme des anderen Zeichens

9 glauben. Und es wird geschehen, wenn sie selbst diesen zwei Zeichen nicht glauben und nicht auf deine Stimme hören, so sollst du von dem Wasser des Stromes nehmen und es auf das Trockene gießen; und das Wasser, das du aus dem Strome nehmen wirst, es wird zu Blut werden auf dem Trockenen.

10 Und Mose sprach zu Jehova: Ach, Herr! ich bin kein Mann der Rede, weder seit gestern noch seit vorgestern, noch seitdem du zu deinem Knechte redest; denn ich bin schwer von Mund

11 und schwer von Zunge. Da sprach Jehova zu ihm: Wer hat dem Menschen den Mund gemacht? Oder wer macht stumm, oder taub, oder sehend, oder blind? Nicht ich, Jehova? Und 12 nun gehe hin, und ich will mit deinem Munde sein und dich lehren was du reden sollst. Und er sprach: Ach, 13 Herr! sende doch, durch wen du senden willst! Da entbrannte der Zorn 14 Jehovas wider Mose, und er sprach: Ist nicht Aaron, der Levit, dein Bruder? Ich weiß, daß er reden kann; und siehe, er geht auch aus, dir entgegen; und sieht er dich, so wird er sich freuen in seinem Herzen. Und 15 du sollst zu ihm reden und die Worte in seinen Mund legen, und ich will mit deinem Munde sein, und mit seinem Munde sein, und will euch lehren was ihr tun sollt. Und er soll für dich 16 zum Volke reden; und es wird geschehen, er wird dir zum Munde sein, und du wirst ihm zum Gott sein. Und diesen 17 Stab sollst du in deine Hand nehmen, mit welchem du die Zeichen tun sollst.

Und Mose ging hin und kehrte zu 18 Jethro, seinem Schwiegervater, zurück und sprach zu ihm: Laß mich doch gehen und zu meinen Brüdern zurückkehren, die in Aegypten sind, daß ich sehe, ob sie noch leben. Und Jethro sprach zu Mose: Gehe hin in Frieden! Und Jehova sprach zu Mose in Mi- 19 dian: Gehe hin, kehre nach Aegypten zurück; denn alle die Männer sind gestorben, die nach deinem Leben trachteten. Und Mose nahm sein Weib 20 und seine Söhne und ließ sie auf Eseln reiten und kehrte in das Land Aegypten zurück; und Mose nahm den Stab Gottes in seine Hand.

Und Jehova sprach zu Mose: Wenn 21 du hinziehst, um nach Aegypten zurückzukehren, so sieh zu, daß du alle die Wunder, die ich in deine Hand gelegt habe, vor dem Pharao tuest. Und ich, ich will sein Herz verhärten, so daß er das Volk nicht ziehen lassen wird. Und du sollst zu dem Pharao sa- 22 gen: So spricht Jehova: Mein Sohn, mein erstgeborener, ist Israel; und ich 23 sage zu dir: Laß meinen Sohn ziehen, daß er mir diene! und weigerst du dich, ihn ziehen zu lassen, siehe, so werde ich deinen Sohn, deinen erstgeborenen, töten.

Und es geschah auf dem Wege, in 24 der Herberge, da fiel Jehova ihn an und suchte ihn zu töten. Da nahm 25 Zippora einen scharfen Stein und schnitt die Vorhaut ihres Sohnes ab und warf sie an seine Füße und sprach: Fürwahr, du bist mir ein Blutbräutigam! Da ließ er von ihm ab. 26 Damals sprach sie „Blutbräutigam" der Beschneidung wegen.

Und Jehova sprach zu Aaron: Gehe 27 hin, Mose entgegen in die Wüste. Und er ging hin und traf ihn am Berge Gottes und küßte ihn. Und Mose be- 28 richtete dem Aaron alle Worte Jehovas, der ihn gesandt, und alle die Zeichen, die er ihm geboten hatte. Und Mose und Aaron gingen hin und 29 sie versammelten alle Aeltesten der Kinder Israel. Und Aaron redete alle 30 die Worte, welche Jehova zu Mose geredet hatte, und er tat die Zeichen

31 vor den Augen des Volkes. Und das Volk glaubte; und als sie hörten, daß Jehova die Kinder Israel heimgesucht, und daß er ihr Elend gesehen habe, da neigten sie sich und beteten an.

5 Und danach gingen Mose und Aaron hinein und sprachen zu dem Pharao: So spricht Jehova, der Gott Israels: Laß mein Volk ziehen, daß sie
2 mir ein Fest halten in der Wüste! Da sprach der Pharao: Wer ist Jehova, auf dessen Stimme ich *a* hören soll, Israel ziehen zu lassen? Ich kenne Jehova nicht, und auch werde ich
3 Israel nicht ziehen lassen. Und sie sprachen: Der Gott der Hebräer ist uns begegnet. Laß uns doch drei Tagereisen weit in die Wüste ziehen und Jehova, unserem Gott, opfern, daß er uns nicht schlage mit der Pest oder
4 mit dem Schwerte. Und der König von Aegypten sprach zu ihnen: Warum, Mose und Aaron, wollt ihr das Volk von seinen Arbeiten losmachen? Gehet
5 an eure Lastarbeiten! Und der Pharao sprach: Siehe, das Volk des Landes ist nun zahlreich, und ihr wollt sie von ihren Lastarbeiten feiern lassen!
6 Und der Pharao befahl selbigen Tages den Treibern des Volkes und seinen
7 Vorstehern und sprach: Ihr sollt nicht mehr, wie früher, dem Volke Stroh geben, um Ziegel zu streichen; sie sollen selbst hingehen und sich Stroh sam-
8 meln. Und die Anzahl Ziegel, die sie früher gemacht haben, sollt ihr ihnen auflegen; ihr sollt nichts daran mindern, denn sie sind träge; darum schreien sie und sprechen: Wir wollen hinziehen, wir wollen unserem Gott
9 opfern! Schwer laste der Dienst auf den Männern, daß sie damit zu schaffen haben und nicht achten auf Worte des Trugs.
10 Und die Treiber des Volkes und seine Vorsteher gingen hinaus und redeten zu dem Volke und sprachen: So spricht der Pharao: Ich werde euch
11 kein Stroh geben; gehet ihr selbst hin, holet euch Stroh, wo ihr es findet; doch an eurem Dienste wird nichts
12 gemindert werden. Und das Volk zerstreute sich im ganzen Lande Aegypten, um Stoppeln zu sammeln zu Stroh.
13 Und die Treiber drängten sie und sprachen: Vollendet eure Arbeiten, das Tagewerk an seinem Tage, wie *früher*,
14 als ihr Stroh da war! Und die Vorsteher der Kinder Israel, welche die Treiber des Pharao über sie gesetzt hatten, wurden geschlagen, indem man sagte: Warum habt ihr euren Satz Ziegel, sowohl gestern als heute, nicht vollendet wie früher?
15 Da gingen die Vorsteher der Kinder Israel hinein und schrieen zu dem Pharao und sprachen: Warum tust du
16 deinen Knechten also? Stroh wird deinen Knechten nicht gegeben, und man sagt zu uns: Machet Ziegel! und siehe, deine Knechte werden geschlagen, und

es ist die Schuld deines Volkes. Und 17 er sprach: Ihr seid träge, träge seid ihr! darum sprechet ihr: Wir wollen hinziehen, wir wollen Jehova opfern. Und nun gehet hin, arbeitet! und 18 Stroh wird euch nicht gegeben werden, und das Maß Ziegel sollt ihr liefern. Da sahen die Vorsteher der Kinder 19 Israel, daß es übel mit ihnen stand, weil man sagte: Ihr sollt nichts mindern an euren Ziegeln: das Tagewerk an seinem Tage! Und sie begegneten 20 Mose und Aaron, die ihnen entgegentraten, als sie von dem Pharao herauskamen. Und sie sprachen zu ihnen: 21 Jehova sehe auf euch und richte, daß ihr unseren Geruch stinkend gemacht habt vor dem *b* Pharao und vor seinen *b* Knechten, so daß ihr ihnen das Schwert in die Hand gegeben habt, uns zu töten. Da wandte sich Mose zu Jehova 22 und sprach: Herr, warum hast du *so* übel an diesem Volke getan? Warum doch hast du mich gesandt? denn seit- 23 dem ich zu dem Pharao hineingegangen bin, um in deinem Namen zu reden, hat er diesem Volke übel getan, und du hast dein Volk durchaus nicht errettet. Und Jehova sprach zu Mose: **6** Nun sollst du sehen, was ich dem Pharao tun werde; denn durch eine starke Hand *gezwungen* soll er sie ziehen lassen, und durch eine starke Hand *gezwungen* soll er sie aus seinem Lande wegtreiben.

Und Gott redete zu Mose und sprach 2 zu ihm: Ich bin Jehova. Und ich bin 3 Abraham, Isaak und Jakob erschienen als Gott *c*, der Allmächtige; aber mit meinem Namen Jehova habe ich mich ihnen nicht kundgegeben. Und auch 4 habe ich meinen Bund mit ihnen aufgerichtet, ihnen das Land Kanaan zu geben, das Land ihrer Fremdlingschaft, in welchem sie als Fremdlinge geweilt haben. Und auch habe ich das 5 Wehklagen der Kinder Israel gehört, welche die Aegypter zum Dienst anhalten, und habe meines Bundes gedacht. Darum sprich zu den Kindern 6 Israel: Ich bin Jehova, und ich werde euch herausführen unter den Lastarbeiten der Aegypter hinweg, und werde euch erretten aus ihrem Dienste, und euch erlösen mit ausgestrecktem Arm und durch große Gerichte. Und 7 ich will euch annehmen mir zum Volke, und will euer Gott *d* sein; und ihr sollt erkennen, daß ich Jehova, euer Gott, bin, der euch herausführt unter den Lastarbeiten der Aegypter hinweg. Und ich werde euch in das Land 8 bringen, welches dem Abraham, Isaak und Jakob zu geben ich meine Hand erhoben habe, und werde es euch zum Besitztum geben, ich, Jehova *e*. Und 9 Mose redete also zu den Kindern Israel; aber sie hörten nicht auf Mose vor Ungeduld *f* und vor hartem Dienste. Und Jehova redete zu Mose und sprach: 10 Gehe hinein, rede zu dem Pharao, dem 11 Könige von Aegypten, daß er die

---

a O. daß ich auf seine Stimme. — *b* W. in den Augen des (seiner). — *c* El. — *d* W. euch zum Gott. — *e* And.: Ich bin Jehova; so auch Kap. 12. 12 u. a. St. — *f* O. Unmut.

Kinder Israel aus seinem Lande ziehen
12 lasse. Und Mose redete vor Jehova
und sprach: Siehe, die Kinder Israel
haben nicht auf mich gehört, und wie
sollte der Pharao mich hören, zumal
13 ich unbeschnitten an Lippen bin? Und
Jehova redete *a* zu Mose und zu Aaron
und gab ihnen Befehl an die Kinder
Israel und an den Pharao, den König
von Aegypten, um die Kinder Israel
aus dem Lande Aegypten hinauszu-
führen.
14 Dies sind die Häupter ihrer Vaterhäuser: Die Söhne Rubens, des Erstgeborenen Israels: Hanok und Pallu,
Hezron und Karmi; das sind die Ge-
15 schlechter Rubens. Und die Söhne
Simeons: Jemuel und Jamin und Ohad
und Jakin und Zochar und Saul, der
Sohn der Kanaaniterin; das sind die
16 Geschlechter Simeons. Und dies sind
die Namen der Söhne Levis nach ihren
Geschlechtern: Gerson und Kehath
und Merari und die Lebensjahre
Levis waren hundert siebenunddreißig
17 Jahre. Die Söhne Gersons: Libni und
18 Simei, nach ihren Familien. Und die
Söhne Kehaths: Amram und Jizhar
und Hebron und Ussiel; und die Lebensjahre Kehaths waren hundert drei-
19 unddreißig Jahre. Und die Söhne
Meraris: Machli und Musi; das sind
die Familien Levis nach ihren Ge-
20 schlechtern. Und Amram nahm Jokebed, seine Muhme, sich zum Weibe,
und sie gebar ihm Aaron und Mose;
und die Lebensjahre Amrams waren
21 hundert siebenunddreißig Jahre. Und
die Söhne Jizhars: Korah und Nepheg
22 und Sikri. Und die Söhne Ussiels:
23 Mischael und Elzaphan und Sithri. Und
Aaron nahm Elischeba, die Tochter
Amminadabs, die Schwester Nachschons, sich zum Weibe; und sie gebar
ihm Nadab und Abihu, Eleasar und
24 Ithamar. Und die Söhne Korahs: Assir
und Elkana und Abiasaph; das sind
25 die Familien der Korhiter. Und Eleasar, der Sohn Aarons, nahm eine von
den Töchtern Putiels sich zum Weibe,
und sie gebar ihm Pinehas; das sind
die Häupter der Väter der Leviten nach
26 ihren Geschlechtern. Dieser Aaron
und dieser Mose sind es, zu denen
Jehova gesprochen hat: Führet die
Kinder Israel aus dem Lande Aegyp-
27 ten hinaus, nach ihren Heeren. Diese
sind es, die zu dem Pharao, dem Könige von Aegypten, redeten, um die
Kinder Israel aus Aegypten hinauszu-
führen: dieser Mose und dieser Aaron.
28 Und es geschah an dem Tage, da
Jehova zu Mose redete im Lande
29 Aegypten, da redete Jehova zu Mose
und sprach: Ich bin Jehova; rede zu
dem Pharao, dem Könige von Aegyp-
30 ten, alles was ich zu dir rede. Und
Mose sprach vor Jehova: Siehe, ich
bin unbeschnitten an Lippen, und wie
sollte der Pharao auf mich hören?
7 Und Jehova sprach zu Mose: Siehe,
ich habe dich dem Pharao zum Gott
gesetzt, und dein Bruder Aaron soll

dein Prophet *b* sein. Du sollst alles 2
reden, was ich dir gebieten werde, und
dein Bruder Aaron soll zu dem Pharao
reden, daß er die Kinder Israel aus
seinem Lande ziehen lasse. Und ich 3
will das Herz des Pharao verhärten,
und meine Zeichen und meine Wunder
mehren im Lande Aegypten. Und der 4
Pharao wird nicht auf euch hören; und
ich werde meine Hand an Aegypten
legen, und meine Heere, mein Volk,
die Kinder Israel, aus dem Lande
Aegypten herausführen durch große
Gerichte. Und die Aegypter sollen 5
erkennen, daß ich Jehova bin, wenn
ich meine Hand über Aegypten ausstrecke und die Kinder Israel aus ihrer Mitte herausführe. Und Mose und 6
Aaron taten es; so wie Jehova ihnen
geboten hatte, also taten sie. Und Mose 7
war achtzig Jahre alt, und Aaron drei-
undachtzig Jahre alt, als sie zu dem
Pharao redeten.
Und Jehova redete zu Mose und zu 8
Aaron und sprach: Wenn der Pharao 9
zu euch reden und sagen wird: Tut
ein Wunder für euch! so sollst du zu
Aaron sagen: Nimm deinen Stab und
wirf ihn hin vor dem Pharao; er soll
zur Schlange werden. Und Mose und 10
Aaron gingen zu dem Pharao hinein
und taten also, wie Jehova geboten
hatte; und Aaron warf seinen Stab
hin vor dem Pharao und vor seinen
Knechten, und er wurde zur Schlange.
Da berief auch der Pharao die Weisen 11
und die Zauberer; und auch sie, die
Schriftgelehrten Aegyptens, taten also
mit ihren Zauberkünsten und warfen 12
ein jeder seinen Stab hin, und sie wurden zu Schlangen; aber Aarons Stab
verschlang ihre Stäbe. Und das Herz 13
des Pharao verhärtete sich, und er
hörte nicht auf sie, so wie Jehova
geredet hatte.
Und Jehova sprach zu Mose: Das 14
Herz des Pharao ist verstockt; er weigert sich, das Volk ziehen zu lassen.
Gehe am Morgen zum Pharao — siehe, 15
er wird ans Wasser hinausgehen —
und tritt ihm entgegen an dem Ufer
des Stromes, und nimm den Stab, der
in eine Schlange verwandelt worden,
in deine Hand und sprich zu ihm: 16
Jehova, der Gott der Hebräer, hat mich
zu dir gesandt und gesagt: Laß mein
Volk ziehen, daß sie mir dienen in
der Wüste! Aber siehe, du hast bisher
nicht gehört. So spricht Jehova: Daran 17
sollst du erkennen, daß ich Jehova
bin: Siehe, ich will mit dem Stabe,
der in meiner Hand ist, auf das Wasser schlagen, das in dem Strome ist,
und es wird in Blut verwandelt werden. Und die Fische, die im Strome 18
sind, werden sterben, und der Strom
wird stinken, und die Aegypter wird's
ekeln, Wasser aus dem Strome zu trinken. Und Jehova sprach zu Mose: 19
Sprich zu Aaron: Nimm deinen Stab
und strecke deine Hand aus über die
Wasser Aegyptens, über seine Flüsse,
über seine Kanäle und über seine

---

a O. Also redete Jehova. — *b* Eig. Sprecher, Vortragender.

Teiche und über alle seine Wasser-
sammlungen, daß sie zu Blut werden;
und es wird Blut sein im ganzen Lande
Aegypten, sowohl in hölzernen, als
20 auch in steinernen Gefäßen. Und Mose
und Aaron taten also, wie Jehova geboten hatte; und er erhob den Stab und
schlug das Wasser, das im Strome
war, vor den Augen des Pharao und
vor den Augen seiner Knechte. Da
wurde alles Wasser, das im Strome
21 war, in Blut verwandelt; und die
Fische, die im Strome waren, starben,
und der Strom wurde stinkend, und
die Aegypter konnten das Wasser aus
dem Strome nicht trinken; und das
Blut war im ganzen Lande Aegypten.
22 Und die Schriftgelehrten Aegyptens
taten ebenso mit ihren Zauberkünsten;
und das Herz des Pharao verhärtete
sich, und er hörte nicht auf sie, so
23 wie Jehova geredet hatte. Und der
Pharao wandte sich und ging in sein
Haus und nahm auch dies nicht zu
24 Herzen. Und alle Aegypter gruben
rings um den Strom nach Wasser zum
Trinken, denn von dem Wasser des
Stromes konnten sie nicht trinken.
25 Und es wurden sieben Tage erfüllt,
nachdem Jehova den Strom geschlagen
hatte.

8 Und Jehova sprach zu Mose: Gehe
zu dem Pharao hinein und sprich
zu ihm: So spricht Jehova: Laß mein
2 Volk ziehen, daß sie mir dienen! Und
wenn du dich weigerst, es ziehen zu
lassen, siehe, so will ich dein ganzes
3 Gebiet mit Fröschen schlagen. Und
der Strom wird von Fröschen wimmeln, und sie werden heraufsteigen
und in dein Haus kommen und in dein
Schlafgemach und auf dein Bett und
in die Häuser deiner Knechte und
unter dein Volk und in deine Oefen
4 und in deine Backtröge. Und die
Frösche werden heraufkommen über
dich und über dein Volk und über alle
5 deine Knechte. Und Jehova sprach zu
Mose: Sprich zu Aaron: Strecke deine
Hand mit deinem Stabe aus über die
Flüsse, über die Kanäle und über die
Teiche, und laß die Frösche über das
6 Land Aegypten heraufkommen. Da
streckte Aaron seine Hand aus über
die Wasser in Aegypten, und die
Frösche kamen herauf und bedeckten
7 das Land Aegypten. Und die Schriftgelehrten taten ebenso mit ihren Zauberkünsten und ließen die Frösche
über das Land Aegypten heraufkommen.
8 Und der Pharao rief Mose und Aaron
und sprach: Flehet zu Jehova, daß er
die Frösche von mir und von meinem
Volke wegnehme, so will ich das Volk
ziehen lassen, daß sie Jehova opfern.
9 Und Mose sprach zum Pharao: Bestimme über mich, auf wann ich a für
dich und für deine Knechte und für
dein Volk flehen soll, um die Frösche von
dir und aus deinen Häusern auszurotten; nur im Strome sollen sie übrig-

bleiben. Und er sprach: Auf morgen. 10
Da sprach er: Es sei nach deinem
Worte, auf daß du wissest, daß niemand ist wie Jehova, unser Gott. Und 11
die Frösche werden von dir weichen
und von deinen Häusern und von deinen Knechten und von deinem Volke;
nur im Strome sollen sie übrigbleiben.
Und Mose und Aaron gingen von dem 12
Pharao hinaus; und Mose schrie zu
Jehova wegen der Frösche, die er über
den Pharao gebracht hatte. Und Je- 13
hova tat nach dem Worte Moses, und
die Frösche starben weg aus den Häusern, aus den Gehöften und von den
Feldern. Und sie sammelten sie hau- 14
fenweise, und das Land stank. Und 15
als der Pharao sah, daß Erleichterung
geworden war, da verstockte er sein
Herz, und er hörte nicht auf sie, so
wie Jehova geredet hatte.

Und Jehova sprach zu Mose: Sprich 16
zu Aaron: Strecke deinen Stab aus
und schlage den Staub der Erde, und
er wird zu Stechmücken werden im
ganzen Lande Aegypten. Und sie taten 17
also; und Aaron streckte seine Hand
mit seinem Stabe aus und schlug den
Staub der Erde, und die Stechmücken
kamen über die Menschen und über
das Vieh; aller Staub der Erde wurde
zu Stechmücken im ganzen Lande
Aegypten. Und die Schriftgelehrten 18
taten ebenso mit ihren Zauberkünsten,
um die Stechmücken hervorzubringen; aber sie konnten es nicht. Und
die Stechmücken kamen über die Menschen und über das Vieh. Da sprachen 19
die Schriftgelehrten zum Pharao: Das
ist Gottes Finger! Aber das Herz des
Pharao verhärtete sich, und er hörte
nicht auf sie, so wie Jehova geredet
hatte.

Und Jehova sprach zu Mose: Mache 20
dich des Morgens früh auf und tritt vor
den Pharao — siehe, er wird ans Wasser hinausgehen — und sprich zu ihm:
Also spricht Jehova: Laß mein Volk
ziehen, daß sie mir dienen! Denn 21
wenn du mein Volk nicht ziehen lässest, siehe, so werde ich die Hundsfliegen b senden über dich und über
deine Knechte und über dein Volk
und in deine Häuser; und die Häuser der Aegypter werden voll Hundsfliegen sein, und auch der Erdboden,
auf dem sie sind. Und ich werde 22
an selbigem Tage das Land Gosen aussondern, in welchem mein Volk weilt,
daß daselbst keine Hundsfliegen seien,
auf daß du wissest, daß ich, Jehova,
in der Mitte des Landes bin. Und ich 23
werde eine Scheidung setzen zwischen
meinem Volke und deinem Volke;
morgen wird dieses Zeichen geschehen.
Und Jehova tat also; und es kamen 24
Hundsfliegen in Menge in das Haus
des Pharao und in die Häuser seiner
Knechte; und im ganzen Lande Aegypten wurde das Land von den Hundsfliegen verderbt.
Und der Pharao rief Mose und Aaron 25

---

a And.: Habe du die Ehre über (od. vor) mir: auf wann soll ich. — b Der Sinn des hebräischen Wortes ist zweifelhaft.

und sprach: Gehet hin und opfert
26 eurem Gott in dem Lande. Und Mose
sprach: Es geziemt sich nicht, also zu
tun; denn wir würden Jehova, unserem Gott, der Aegypter Greuel opfern;
siehe a, opferten wir der Aegypter
Greuel vor ihren Augen, würden sie
27 uns nicht steinigen? Drei Tagereisen
weit wollen wir in die Wüste ziehen
und Jehova, unserem Gott, opfern, so
28 wie er zu uns geredet hat. Und der
Pharao sprach: Ich will euch ziehen
lassen, daß ihr Jehova, eurem Gott,
in der Wüste opfert; nur entfernet
euch nicht so weit! Flehet für mich!
29 Da sprach Mose: Siehe, ich gehe von dir
hinaus und will zu Jehova flehen; und
morgen werden die Hundsfliegen von
dem Pharao weichen, von seinen Knechten und von seinem Volke; nur handle
der Pharao ferner nicht betrüglich,
daß er das Volk nicht ziehen lasse,
30 um Jehova zu opfern. Und Mose ging
von dem Pharao hinaus und flehte zu
31 Jehova. Und Jehova tat nach dem
Worte Moses, und die Hundsfliegen
wichen von dem Pharao, von seinen
Knechten und von seinem Volke; nicht
32 eine blieb übrig. Aber der Pharao
verstockte sein Herz auch dieses Mal
und ließ das Volk nicht ziehen.

9   Und Jehova sprach zu Mose: Gehe zu dem Pharao hinein und sprich
zu ihm: So spricht Jehova, der Gott
der Hebräer: Laß mein Volk ziehen,
2 daß sie mir dienen! Denn wenn du
dich weigerst, sie ziehen zu lassen, und
3 und du sie noch festhältst, siehe,
so wird die Hand Jehovas über dein
Vieh kommen, das auf dem Felde ist:
über die Pferde, über die Esel, über
die Kamele, über die Rinder und über
das Kleinvieh, eine sehr schwere Pest.
4 Und Jehova wird einen Unterschied
machen zwischen dem Vieh Israels
und dem Vieh der Aegypter, und von
allem, was den Kindern Israel gehört,
5 wird nichts sterben. Und Jehova bestimmte eine Zeit und sprach: Morgen
wird Jehova dieses tun im Lande.
6 Und Jehova tat dieses am anderen
Tage, und alles Vieh der Aegypter
starb, aber von dem Vieh der Kinder
7 Israel starb nicht eines. Und der
Pharao sandte hin, und siehe, von dem
Vieh Israels war auch nicht eines
gestorben. Aber das Herz des Pharao
verstockte sich, und er ließ das Volk
nicht ziehen.
8   Und Jehova sprach zu Mose und zu
Aaron: Nehmet eure Fäuste voll Ofenruß b, und Mose streue ihn gen Him-
9 mel vor den Augen des Pharao; und
er wird zu Staub werden über dem
ganzen Lande Aegypten, und wird an
Menschen und Vieh zu Geschwüren c
werden, die in Blattern ausbrechen,
10 im ganzen Lande Aegypten. Und
sie nahmen den Ofenruß und stellten sich vor den Pharao, und Mose
streute ihn gen Himmel; und er wurde
zu Blatter-Geschwüren, die an Men-

schen und Vieh ausbrachen. Und die 11
Schriftgelehrten vermochten nicht vor
Mose zu stehen wegen der Geschwüre; denn die Geschwüre waren an
den Schriftgelehrten und an allen Aegyptern. Und Jehova verhärtete das 12
Herz des Pharao, und er hörte nicht
auf sie, so wie Jehova zu Mose geredet hatte.
Und Jehova sprach zu Mose: Mache 13
dich des Morgens früh auf und tritt
vor den Pharao und sprich zu ihm:
So spricht Jehova, der Gott der Hebräer: Laß mein Volk ziehen, daß
sie mir dienen! Denn dieses Mal will 14
ich alle meine Plagen in dein Herz
senden, und über deine Knechte und
über dein Volk, auf daß du wissest,
daß niemand ist wie ich auf der ganzen Erde. Denn jetzt hätte ich meine 15
Hand ausgestreckt und hätte dich und
dein Volk mit der Pest geschlagen,
und du wärest vertilgt worden von
der Erde; aber eben deswegen habe 16
ich dich bestehen lassen, um dir meine
Kraft zu zeigen, und damit man meinen Namen verkündige auf der ganzen
Erde. Erhebst du dich noch wider 17
mein Volk, daß du sie nicht ziehen
lässest, siehe, so will ich morgen um 18
diese Zeit einen sehr schweren Hagel
regnen lassen, desgleichen nicht in
Aegypten gewesen ist, von dem Tage
seiner Gründung an bis jetzt. Und 19
nun sende hin, und bringe dein Vieh
in Sicherheit und alles was du auf
dem Felde hast. Alle Menschen und
alles Vieh, die auf dem Felde gefunden und nicht ins Haus aufgenommen
werden, auf die fällt der Hagel herab,
und sie werden sterben. — Wer unter 20
den Knechten des Pharao das Wort
Jehovas fürchtete, der flüchtete seine
Knechte und sein Vieh in die Häuser.
Wer aber das Wort Jehovas nicht zu 21
Herzen nahm, der ließ seine Knechte
und sein Vieh auf dem Felde.
Und Jehova sprach zu Mose: Strecke 22
deine Hand aus gen Himmel, daß im
ganzen Lande Aegypten Hagel komme
auf die Menschen und auf das Vieh
und auf alles Kraut des Feldes im
Lande Aegypten. Und Mose streckte 23
seinen Stab aus gen Himmel, und Jehova sandte Donner d und Hagel, und
Feuer fuhr zur Erde. Und Jehova
ließ Hagel auf das Land Aegypten
regnen. Und es kam Hagel, und Feuer, 24
mitten im Hagel sich ineinander schlingend e, sehr schwer, desgleichen im
ganzen Lande Aegypten nicht gewesen war, seitdem es eine Nation geworden ist. Und der Hagel schlug im 25
ganzen Lande Aegypten alles was auf
dem Felde war, vom Menschen bis
zum Vieh; und alles Kraut des Feldes
schlug der Hagel, und alle Bäume des
Feldes zerbrach er. Nur im Lande 26
Gosen, wo die Kinder Israel waren,
war kein Hagel.
Und der Pharao sandte hin und ließ 27
Mose und Aaron rufen und sprach zu

---

a O. wenn wir . . . opferten. — b O. Ofenasche. — c O. Beulen. — d Eig. gab Stimmen;
so auch V. 28 usw. — e Eig. zusammengeballtes Feuer mitten im Hagel.

ihnen: Ich habe dieses Mal gesündigt. Jehova ist der Gerechte, ich aber und 28 mein Volk sind die Schuldigen. Flehet zu Jehova, und es sei genug des Donners Gottes und des Hagels; so will ich euch ziehen lassen, und ihr sollt 29 nicht länger bleiben. Da sprach Mose zu ihm: Sowie ich zur Stadt hinausgehe, will ich meine Hände zu Jehova ausbreiten; der Donner wird aufhören, und der Hagel wird nicht mehr sein, auf daß du wissest, daß die Erde 30 Jehova gehört. Du aber und deine Knechte, ich weiß, daß ihr euch noch 31 nicht vor Jehova Gott fürchten werdet. — Und der Flachs und die Gerste wurden geschlagen; denn die Gerste war in der Aehre, und der Flachs 32 hatte Knospen. Aber der Weizen und der Spelt wurden nicht geschlagen, 33 weil sie spätzeitig sind. — Und Mose ging von dem Pharao zur Stadt hinaus und breitete seine Hände aus zu Jehova; und der Donner und der Hagel hörten auf, und der Regen ergoß sich nicht mehr auf die Erde. 34 Und als der Pharao sah, daß der Regen und der Hagel und der Donner aufgehört hatten, da fuhr er fort zu sündigen und verstockte sein Herz, er 35 und seine Knechte. Und das Herz des Pharao verhärtete sich, und er ließ die Kinder Israel nicht ziehen, so wie Jehova durch Mose geredet hatte.

10 Und Jehova sprach zu Mose: Gehe zu dem Pharao hinein, denn ich habe sein Herz verstockt und das Herz seiner Knechte, um diese meine Zei- 2 chen in seiner Mitte zu tun, und damit du vor den Ohren deiner Kinder und deiner Kindeskinder erzählest, was ich in Aegypten *a* ausgerichtet, und meine Zeichen, die ich unter ihnen getan habe; und ihr werdet wissen, 3 daß ich Jehova bin. Da gingen Mose und Aaron zu dem Pharao hinein und sprachen zu ihm: So spricht Jehova, der Gott der Hebräer: Bis wann weigerst du dich, dich vor mir zu demütigen? Laß mein Volk ziehen, daß 4 sie mir dienen! Denn wenn du dich weigerst, mein Volk ziehen zu lassen, siehe, so will ich morgen Heuschrecken 5 in dein Gebiet bringen; und sie werden das Angesicht *b* des Landes bedecken, daß man das Land nicht wird sehen können; und sie werden das Uebrige fressen, das entronnen, das euch übriggeblieben ist von dem Hagel, und werden alle Bäume fressen, 6 die euch auf dem Felde wachsen; und sie werden deine Häuser erfüllen und die Häuser aller deiner Knechte und die Häuser aller Aegypter, wie es deine Väter und die Väter deiner Väter nicht geschen haben, seit dem Tage, da sie auf Erden gewesen sind, bis auf diesen Tag. Und er wandte sich und ging von dem Pharao hinaus. 7 Und die Knechte des Pharao sprachen zu ihm: Bis wann soll uns dieser zum Fallstrick sein? Laß die Leute

ziehen, daß sie Jehova, ihrem Gott, dienen! Erkennst du noch nicht, daß Aegypten zu Grunde geht? Und Mose 8 und Aaron wurden wieder zu dem Pharao gebracht, und er sprach zu ihnen: Ziehet hin, dienet Jehova, eurem Gott! Welche alle sind es, die ziehen sollen? Da sprach Mose: 9 Mit unseren Jungen und mit unseren Alten wollen wir ziehen, mit unseren Söhnen und mit unseren Töchtern, mit unserem Kleinvieh und mit unseren Rindern wollen wir ziehen; denn wir haben ein Fest Jehovas. Und er sprach 10 zu ihnen: Jehova sei so mit euch, wie ich euch und eure Kinder ziehen lasse! Sehet zu, denn ihr habt Böses *c* vor! Nicht also! ziehet doch hin, ihr Män- 11 ner, und dienet Jehova; denn das ist es, was ihr begehrt habt. Und man trieb sie von dem Pharao hinaus.

Und Jehova sprach zu Mose: Strecke 12 deine Hand aus über das Land Aegypten wegen der Heuschrecken, daß sie über das Land Aegypten heraufkommen und alles Kraut des Landes fressen, alles was der Hagel übriggelassen hat. Und Mose streckte seinen Stab 13 aus über das Land Aegypten, und Jehova führte einen Ostwind ins Land selbigen ganzen Tag und die ganze Nacht. Als es Morgen wurde, da trieb der Ostwind die Heuschrecken herbei. Und die Heuschrecken kamen herauf 14 über das ganze Land Aegypten und ließen sich in dem ganzen Gebiet Aegyptens nieder, in gewaltiger Menge; vor ihnen sind nicht derart Heuschrecken gewesen wie diese, und nach ihnen werden nicht derart sein. Und sie bedeckten das Angesicht des 15 ganzen Landes, so daß das Land verfinstert wurde; und sie fraßen alles Kraut des Landes und alle Früchte der Bäume, die der Hagel übriggelassen hatte; und es blieb nichts Grünes übrig an den Bäumen und am Kraut des Feldes im ganzen Lande Aegypten. Und der Pharao rief Mose und Aaron 16 eilends und sprach: Ich habe gesündigt gegen Jehova, euren Gott, und gegen euch! Und nun vergib doch 17 meine Sünde nur dieses Mal, und flehet zu Jehova, eurem Gott, daß er nur diesen Tod von mir wegnehme! Da ging er von dem Pharao hinaus 18 und flehte zu Jehova. Und Jehova 19 wandte *den Wind in* einen sehr starken Westwind, der hob die Heuschrecken auf und warf sie ins Schilfmeer. Es blieb nicht e i n e Heuschrecke übrig in dem ganzen Gebiet Aegyptens. Und 20 Jehova verhärtete das Herz des Pharao, und er ließ die Kinder Israel nicht ziehen.

Und Jehova sprach zu Mose: Strecke 21 deine Hand aus gen Himmel, daß eine Finsternis über das Land Aegypten komme, so daß man die Finsternis greifen möge. Und Mose streckte seine 22 Hand aus gen Himmel; da entstand im ganzen Lande Aegypten eine dichte

---

a O. unter den Aegyptern. — *b* Eig. den Anblick ; so auch V. 15. — *c* O. Sehet, daß Böses euch bevorsteht! W. daß Böses (od. denn Böses ist) vor eurem Angesicht ist.

23 Finsternis drei Tage lang. Sie sahen einer den anderen nicht, und keiner stand von seinem Platze auf drei Tage lang; aber alle Kinder Israel hatten 24 Licht in ihren Wohnungen. — Und der Pharao rief Mose und sprach: Ziehet hin, dienet Jehova; nur euer Kleinvieh und eure Rinder sollen zurückbleiben; auch eure Kinder mögen mit 25 euch ziehen. Und Mose sprach: Auch Schlachtopfer und Brandopfer mußt du in unsere Hände geben, daß wir 26 Jehova, unseren Gott, opfern. So muß auch unser Vieh mit uns ziehen, nicht eine Klaue darf zurückbleiben; denn davon werden wir nehmen, um Jehova, unserem Gott, zu dienen; wir wissen ja nicht, womit wir Jehova dienen 27 sollen, bis wir dorthin kommen. Aber Jehova verhärtete das Herz des Pharao, und er wollte sie nicht ziehen 28 lassen. Und der Pharao sprach zu ihm: Gehe hinweg von mir; hüte dich, sieh mein Angesicht nicht wieder! denn an dem Tage, da du mein Angesicht siehst, 29 wirst du sterben. Und Mose sprach: Du hast recht geredet, ich werde dein Angesicht nicht mehr wiedersehen.

11 Und Jehova sprach zu Mose: Noch eine Plage will ich über den Pharao und über Aegypten bringen; danach wird er euch von hinnen ziehen lassen. Wenn er euch vollends ziehen lassen wird, so wird er euch sogar von 2 hier wegtreiben. Rede doch zu den Ohren des Volkes, daß sie ein jeder von seinem Nachbarn und eine jede von ihrer Nachbarin silberne Geräte 3 und goldene Geräte fordern. Und Jehova gab dem Volke Gnade in den Augen der Aegypter. Auch war der Mann Mose sehr groß im Lande Aegypten, in den Augen der Knechte des Pharao und in den Augen des Volkes. 4 Und Mose sprach: So spricht Jehova: Um Mitternacht will ich ausgehen 5 mitten durch Aegypten; und alle Erstgeburt im Lande Aegypten soll sterben, von dem Erstgeborenen des Pharao, der auf seinem Throne sitzt, bis zum Erstgeborenen der Magd, der hinter der Mühle ist, und alle Erst- 6 geburt des Viehes. Und es wird ein großes Geschrei sein im ganzen Lande Aegypten, desgleichen nie gewesen ist und desgleichen nicht mehr sein wird. 7 Aber gegen alle Kinder Israel wird nicht ein Hund seine Zunge spitzen, vom Menschen bis zum Vieh; auf daß ihr wisset, daß Jehova einen Unterschied macht zwischen den Aegyptern 8 und den Israeliten. Und alle diese deine Knechte werden zu mir herabkommen und sich vor mir niederbeugen und sagen: Ziehe aus, du und alles Volk, das dir folgt! Und danach werde ich ausziehen. — Und er ging von dem Pharao hinaus in glühendem Zorn.

Und Jehova hatte zu Mose gesagt: 9 Der Pharao wird nicht auf euch hören, auf daß meine Wunder sich mehren im Lande Aegypten. Und Mose und 10 Aaron haben alle diese Wunder getan vor dem Pharao; aber Jehova verhärtete das Herz des Pharao, und er ließ die Kinder Israel nicht aus seinem Lande ziehen.

Und Jehova redete zu Mose und **12** Aaron im Lande Aegypten und sprach: Dieser Monat soll euch der 2 Anfang der Monate sein, er soll euch der erste sein von den Monaten des Jahres *a*. Redet zu der ganzen Ge- 3 meinde Israel und sprechet: Am zehnten dieses Monats, da nehme sich ein jeder ein Lamm *b* für ein Vaterhaus, ein Lamm für ein Haus. Und wenn 4 das Haus nicht zahlreich genug ist für ein Lamm, so nehme er es und sein Nachbar, der nächste an seinem Hause, nach der Zahl der Seelen; einen jeden sollt ihr nach dem Maße seines Essens rechnen auf das Lamm. Ein Lamm 5 ohne Fehl *c* sollt ihr haben, ein männliches, einjährig; von den Schafen oder von den Ziegen sollt ihr es nehmen. Und ihr sollt es in Verwahrung haben 6 bis auf den vierzehnten Tag dieses Monats; und die ganze Versammlung der Gemeinde Israel soll es schlachten zwischen den zwei Abenden *d*. Und 7 sie sollen von dem Blute nehmen und es an die beiden Pfosten und an die Oberschwelle tun, an den Häusern, in welchen sie es essen. Und sie sollen 8 in selbiger Nacht das Fleisch essen, gebraten am Feuer, und ungesäuertes *Brot*; mit bittern Kräutern sollen sie es essen. Ihr sollt nichts roh davon 9 essen und keineswegs in Wasser gesotten, sondern am Feuer gebraten: seinen Kopf samt seinen Schenkeln und samt seinem Eingeweide. Und 10 ihr sollt nichts davon übriglassen bis an den Morgen; und was davon bis an den Morgen übrigbleibt, sollt ihr mit Feuer verbrennen. Und also sollt 11 ihr es essen: Eure Lenden gegürtet, eure Schuhe an euren Füßen, und euren Stab in eurer Hand; und ihr sollt es essen in Eile. Es ist das Passah *e* Jehovas. Und ich werde in dieser 12 Nacht durch das Land Aegypten gehen und alle Erstgeburt im Lande Aegypten schlagen vom Menschen bis zum Vieh, und ich werde Gericht üben an allen Göttern Aegyptens, ich, Jehova. Und das Blut soll euch zum Zeichen 13 sein an den Häusern, worin ihr seid; und sehe ich das Blut, so werde ich an euch vorübergehen; und es wird keine Plage zum Verderben unter euch sein, wenn ich das Land Aegypten schlage. Und dieser Tag soll euch zum 14 Gedächtnis sein, und ihr sollt ihn feiern als Fest dem Jehova; als ewige

---

a d. h. des heiligen Jahres das mit dem ersten Neumond nach der Frühlings-Nachtgleiche anfing; das bürgerliche Jahr begann mit dem ersten Neumond nach der Herbst-Nachtgleiche. — *b* Eig. ein junges Schaf, od. eine junge Ziege. — *c* Eig. vollkommen, vollständig. — *d* Wahrscheinlich die Zeit zwischen dem Sonnenuntergang und dem Einbruch der Nacht. (Vergl. 5. Mose 16, 6.) — *e* Vorübergehen; vergl. V. 13.

Satzung bei euren Geschlechtern *a* sollt
15 ihr ihn feiern. Sieben Tage sollt ihr
Ungesäuertes essen; ja, am ersten
Tage sollt ihr den Sauerteig aus euren
Häusern wegtun; denn jeder, der Gesäuertes isset, von dem ersten Tage
bis zum siebenten Tage, selbige Seele
soll ausgerottet werden aus Israel.
16 Und am ersten Tage soll euch eine
heilige Versammlung *b* und am iebenten Tage eine heilige Versammlung
sein; k inerlei Arbeit soll an ihnen
getan v erden; nur was von jeder
Seele ge essen wird, das allein soll
17 von euc bereitet werden. Und so
beobacht t das Fest der ungesäuerten
Brote *c*; denn an diesem selbigen Tage
habe ich eure Heere aus dem Lande
Aegypten herausgeführt. Und ihr sollt
diesen Tag beobachten bei euren Ge-
18 schlechtern als ewige Satzung. Im
ersten *Monat*, am vierzehnten Tage
des Monats, am Abend, sollt ihr Ungesäuertes essen bis zu dem einundzwanzigsten Tage des Monats, am
19 Abend. Sieben Tage soll kein Sauerteig in euren Häusern gefunden werden; denn jeder, der Gesäuertes isset,
selbige Seele soll aus der Gemeinde
Israel ausgerottet werden, er sei
Fremdling oder Eingeborener des Lan-
20 des. Nichts Gesäuertes sollt ihr essen;
in allen euren Wohnungen sollt ihr
Ungesäuertes essen.
21 Und Mose rief alle Aeltesten Israels
und sprach zu ihnen: Greifet *d* und
nehmet euch Kleinvieh nach euren
Familien und schlachtet das Passah
22 und nehmet einen Büschel Ysop und
tauchet ihn in das Blut, das in dem
Becken ist, und streichet von dem
Blute, das in dem Becken ist, an
die Oberschwelle und an die beiden Pfosten; ihr aber, keiner von
euch soll zur Türe seines Hauses
hinausgehen bis an den Morgen.
23 Und Jehova wird hindurchgehen, die
Aegypter zu schlagen; und sieht er
das Blut an der Oberschwelle und an
den beiden Pfosten, so wird Jehova
an der Tür vorübergehen und wird
dem Verderber nicht erlauben, in eure
Häuser zu kommen, um zu schlagen.
24 Und ihr sollt dieses beobachten als
eine Satzung für dich und deine Kin-
25 der ewiglich. Und es soll geschehen,
wenn ihr in das Land kommet, das
Jehova euch geben wird, so wie er
geredet hat, so sollt ihr diesen Dienst
26 beobachten. Und es soll geschehen,
wenn eure Kinder zu euch sagen wer-
27 den: Was soll euch dieser Dienst? so
sollt ihr sagen: Es ist ein Passahopfer
dem Jehova, der an den Häusern der
Kinder Israel in Aegypten vorüberging, als er die Aegypter schlug und
unsere Häuser rettete. Und das Volk
28 neigte sich und betete an. Und die
Kinder Israel gingen hin und taten

es; so wie Jehova Mose und Aaron
geboten hatte, also taten sie.
Und es geschah um Mitternacht, da 29
schlug Jehova alle Erstgeburt im
Lande Aegypten, von dem Erstgeborenen des Pharao, der auf seinem Throne
saß, bis zum Erstgeborenen des Gefangenen, der im Kerker war, und alle
Erstgeburt des Viehes. Und der Pha- 30
rao stand in der Nacht auf, er und alle
seine Knechte und alle Aegypter, und
es entstand ein großes Geschrei in
Aegypten; denn es war kein Haus,
worin nicht ein Toter war. Und er 31
rief Mose und Aaron in der Nacht und
sprach: Machet euch auf, ziehet weg
aus der Mitte meines Volkes, sowohl ihr
als auch die Kinder Israel, und gehet
hin, dienet Jehova, wie ihr geredet
habt; auch euer Kleinvieh und eure 32
Rinder nehmet mit, so wie ihr geredet
habt, und gehet hin und segnet mich
auch! Und die Aegypter drängten das 33
Volk, sie eilends aus dem Lande ziehen zu lassen; denn sie sagten: Wir
alle sind des Todes! Und das Volk 34
trug seinen Teig, ehe er gesäuert
war, ihre Backschüsseln in ihre Kleider *e* gebunden, auf ihren Schultern.
Und die Kinder Israel taten nach dem 35
Worte Moses und forderten von den
Aegyptern silberne Geräte und goldene Geräte und Kleider *e*. Und Je- 36
hova gab dem Volke Gnade in den
Augen der Aegypter, und sie gaben
ihnen das Geforderte; und sie beraubten die Aegypter.
Und die Kinder Israel brachen auf 37
von Raemses nach Sukkoth, bei sechshunderttausend Mann zu Fuß, die
Männer ohne die Kinder. Und auch 38
viel Mischvolk zog mit ihnen herauf,
und Kleinvieh und Rinder, sehr viel
Vieh. Und sie backten den Teig, den 39
sie aus Aegypten gebracht hatten, zu
ungesäuerten Kuchen *f*; denn er war
nicht gesäuert, weil sie aus Aegypten
getrieben worden waren und nicht
hatten verziehen können; und sie hatten auch keine Zehrung für sich bereitet. Und die Wohnzeit der Kinder 40
Israel, die sie in Aegypten zugebracht
haben, ist vierhundert und dreißig
Jahre. Und es geschah am Ende der 41
vierhundert und dreißig Jahre, und
es geschah an diesem selbigen Tage,
daß alle Heere Jehovas aus dem Lande
Aegypten auszogen. Dies ist eine 42
Nacht, dem Jehova zu beobachten,
ist, weil er sie aus dem Lande Aegypten herausführte; diese selbige Nacht
gehört dem Jehova, sie ist zu beobachten von allen Kindern Israel bei
ihren Geschlechtern.
Und Jehova redete zu Mose und 43
Aaron: Dies ist die Satzung des Passah: Kein Fremdling soll davon essen;
jedes Mannes Knecht aber, ein für 44
Geld Erkaufter, — wenn du ihn be-

---

a W. nach euren Geschlechtern, d. h. so viele ihrer sein werden. — *b* Eig. Berufung,
Zusammenberufung; so auch nachher. — *c* W. beobachtet die ungesäuerten (Brote od.
Kuchen). — *d* O. Sondert aus; eig. ziehet. — *e* Eig. Oberkleider; das Obergewand
bestand meist aus einem großen viereckigen Stück Zeug, das man in verschiedener
Weise umwarf. — *f* S. die Anm. zu 1. Mose 18, 6.

3

schneidest, dann darf er davon essen.
45 Ein Beisaß und ein Mietling soll nicht
46 davon essen. In einem Hause soll
es gegessen werden; du sollst nichts
von dem Fleische aus dem Hause hinausbringen, und ihr sollt kein Bein an
47 ihm zerbrechen. Die ganze Gemeinde
48 Israel soll es feiern a. Und wenn ein
Fremdling bei dir weilt und das Passah dem Jehova feiern a will, so werde
alles Männliche bei ihm beschnitten,
und dann komme er herzu, es zu feiern; und er soll sein wie ein Eingeborener des Landes. Aber kein Un-
49 beschnittener soll davon essen. Ein
Gesetz soll sein für den Eingeborenen
und für den Fremdling, der in eurer
50 Mitte weilt. Und alle Kinder Israel
taten, wie Jehova Mose und Aaron
geboten hatte; also taten sie.
51 Und es geschah an diesem selbigen
Tage, da führte Jehova die Kinder
Israel aus dem Lande Aegypten heraus nach ihren Heeren.

13 Und Jehova redete zu Mose und
sprach: Heilige mir alles Erstge-
2 borene, was irgend der Mutter bricht
unter den Kindern Israel, an Menschen und an Vieh; es ist mein. —
3 Und Mose sprach zu dem Volke: Gedenket dieses Tages, an welchem ihr aus
Aegypten gezogen seid, aus dem Hause
der Knechtschaft b; denn mit starker
Hand hat Jehova euch von hier herausgeführt; und es soll nichts Gesäuertes
4 gegessen werden. Heute ziehet ihr
5 aus, im Monat Abib c. Und es soll
geschehen, wenn Jehova dich bringt
in das Land der Kanaaniter und der
Hethiter und der Amoriter und der
Hewiter und der Jebusiter, das er
deinen Vätern geschworen hat, dir zu
geben, ein Land, das von Milch und
Honig fließt, so sollst du diesen Dienst
6 in diesem Monat halten. Sieben Tage
sollst du Ungesäuertes essen, und am
siebenten Tage ist ein Fest dem Je-
7 hova. Die sieben Tage soll Ungesäuertes gegessen werden; und nicht soll
Gesäuertes bei dir gesehen werden,
noch soll Sauerteig bei dir gesehen
8 werden in allen deinen Grenzen. Und
du sollst deinem Sohne an selbigem
Tage kundtun und sprechen: Es ist
um deswillen, was Jehova mir getan
9 hat, als ich aus Aegypten zog. Und
es sei dir zu einem Zeichen an deiner
Hand und zu einem Denkzeichen zwischen deinen Augen, damit das Gesetz Jehovas in deinem Munde sei;
denn mit starker Hand hat Jehova
10 dich aus Aegypten herausgeführt. Und
du sollst diese Satzung beobachten zu
ihrer bestimmten Zeit, von Jahr zu
11 Jahr. Und es soll geschehen, wenn
Jehova dich in das Land der Kanaaniter bringt, wie er dir und deinen
Vätern geschworen hat, und es dir gibt,
12 so sollst du Jehova alles darbringen,
was die Mutter bricht; und alles zuerst Geworfene vom Vieh, das dir zuteil

wird, die Männlichen, gehören Jehova.
13 Und jedes Erstgeborene des Esels sollst
du mit einem Lamme d lösen, und
wenn du es nicht lösest, so brich ihm
das Genick; und jedes Erstgeborene
des Menschen unter deinen Söhnen
14 sollst du lösen. Und es soll geschehen,
wenn dein Sohn dich künftig fragt
und spricht: Was ist das? so sollst du
zu ihm sagen: Mit starker Hand hat
Jehova uns aus Aegypten herausgeführt, aus dem Hause der Knecht-
15 schaft. Und es geschah, da der Pharao
sich hartnäckig weigerte, uns ziehen
zu lassen, tötete Jehova alle Erstgeburt
im Lande Aegypten, vom Erstgeborе-
nen des Menschen bis zum Erstgeborenen des Viehes; darum opfere ich dem
Jehova alles was die Mutter bricht,
die Männlichen, und jeden Erstgebore-
16 nen meiner Söhne löse ich. Und es soll
zu einem Zeichen an deiner Hand und
zu Stirnbändern zwischen deinen Augen; denn mit starker Hand hat Jehova uns aus Aegypten herausgeführt.
17 Und es geschah, als der Pharao das
Volk ziehen ließ, da führte Gott sie
nicht den Weg durch das Land der
Philister, wiewohl er nahe war; denn
Gott sprach: Damit es das Volk nicht
gereue, wenn sie den Streit sehen, und
sie nicht nach Aegypten zurückkehren.
18 Und Gott führte das Volk herum, den
Weg der Wüste des Schilfmeeres; und
die Kinder Israel zogen gerüstet aus
19 dem Lande Aegypten herauf. Und
Mose nahm die Gebeine Josephs mit
sich; denn er hatte die Kinder Israel
ausdrücklich schwören lassen und gesagt: Gott wird euch gewißlich heimsuchen; so führet denn meine Gebeine
20 mit euch von hier hinauf! Und sie
brachen auf von Sukkoth und lagerten
sich in Etham, am Rande der Wüste.
21 Und Jehova zog vor ihnen her, des
Tages in einer Wolkensäule, um sie
auf dem Wege zu leiten, und des
Nachts in einer Feuersäule, um ihnen
zu leuchten, damit sie Tag und Nacht
22 ziehen könnten e. Des Tages wich nicht
die Wolkensäule, noch des Nachts die
Feuersäule vor dem Volke.

14 Und Jehova redete zu Mose und
sprach: Sprich zu den Kindern
2 Israel, daß sie umkehren und sich
lagern vor Pi-Hachiroth, zwischen
Migdol und dem Meere; vor Baal-
Zephon, ihm gegenüber, sollt ihr euch
3 am Meere lagern. Und der Pharao wird
von den Kindern Israel sagen: Verwirrt irren sie im Lande umher, die
4 Wüste hat sie umschlossen. Und ich
will das Herz des Pharao verhärten,
daß er ihnen nachjage; und ich will
mich verherrlichen an dem Pharao und
an seiner ganzen Heeresmacht, und
die Aegypter sollen erkennen, daß ich
Jehova bin. Und sie taten also.
5 Und es wurde dem König von Aegypten berichtet, daß das Volk entflohen
wäre; da verwandelte sich das Herz

---

a An and. Stellen mit „opfern" übersetzt; eig. tun, bereiten. — b W. der Knechte. — c Aehrenmonat; vergleiche Kap. 12, 2. — d S. die Anm. zu Kap. 12, 3. — e O. so daß sie . . . ziehen konnten.

des Pharao und seiner Knechte gegen das Volk, und sie sprachen: Was haben wir da getan, daß wir Israel aus unserem Dienste haben ziehen lassen!

6 Und er spannte seinen Wagen an, 7 nahm sein Volk mit sich. Und er nahm sechshundert auserlesene Wagen und alle Wagen Aegyptens, und Wagen-8 kämpfer auf jedem derselben. Und Jehova verhärtete das Herz des Pharao, des Königs von Aegypten, und er jagte den Kindern Israel nach; und die Kinder Israel zogen aus mit erhobener 9 Hand. Und die Aegypter jagten ihnen nach, alle Rosse, Wagen *a* des Pharao und seine Reiter und seine Heeresmacht, und erreichten sie, als sie sich am Meere gelagert hatten, bei Pi-10 Hachiroth, vor Baal-Zephon. Und als der Pharao nahte, da hoben die Kinder Israel ihre Augen auf, und siehe, die Aegypter zogen hinter ihnen her; und die Kinder Israel fürchteten sich sehr 11 und schrieen zu Jehova. Und sie sprachen zu Mose: Hast du uns darum, weil in Aegypten keine Gräber waren, weggeholt, um in der Wüste zu sterben? Warum hast du uns das getan, daß du uns aus Aegypten heraus-12 geführt hast? Ist dies nicht das Wort, das wir in Aegypten zu dir geredet haben, indem wir sprachen: Laß ab von uns, daß wir den Aegyptern dienen? denn besser wäre es uns, den Aegyptern zu dienen, als in der Wüste 13 zu sterben. Und Mose sprach zu dem Volke: Fürchtet euch nicht! stehet und sehet die Rettung Jehovas, die er euch heute schaffen wird; denn die Aegypter, die ihr heute sehet, die werdet ihr hinfort nicht mehr sehen ewiglich. 14 Jehova wird für euch streiten, und ihr werdet stille sein *b*.

15 Und Jehova sprach zu Mose: Was schreiest du zu mir? Rede zu den Kin-16 dern Israel, daß sie aufbrechen. Und du, erhebe deinen Stab und strecke deine Hand aus über das Meer und spalte es, daß die Kinder Israel mitten in das Meer hineingehen auf dem 17 Trockenen. Und ich, siehe, ich will das Herz der Aegypter verhärten, und sie werden hinter ihnen herkommen; und ich will mich verherrlichen an dem Pharao und an seiner ganzen Heeresmacht, an seinen Wagen und 18 an seinen Reitern. Und die Aegypter sollen erkennen, daß ich Jehova bin, wenn ich mich verherrlicht habe an dem Pharao, an seinen Wagen und an 19 seinen Reitern. Und der Engel Gottes, der vor dem Heere Israels herzog, brach auf und trat hinter sie; und die Wolkensäule brach auf von vorn *c* und 20 stellte sich hinter sie. Und sie kam zwischen das Heer der Aegypter und das Heer Israels, und sie wurde *dort* Wolke und Finsternis, und erleuchtete *hier* die Nacht; und so nahte sich diesem nicht die ganze Nacht.

21 Und Mose streckte seine Hand aus

über das Meer, und Jehova trieb das Meer durch einen starken Ostwind hinweg, die ganze Nacht, und machte das Meer trocken *d*, und die Wasser 22 wurden gespalten. Und die Kinder Israel gingen mitten in das Meer hinein auf dem Trockenen, und die Wasser waren ihnen eine Mauer zur Rechten und zur Linken. Und die Aegypter 23 jagten ihnen nach und kamen hinter ihnen her, alle Rosse des Pharao, seine Wagen und seine Reiter, mitten ins Meer. Und es geschah in der Morgen-24 wache, da schaute Jehova in der Feuer- und Wolkensäule auf das Heer der Aegypter und verwirrte das Heer der Aegypter. Und er stieß die Räder von 25 seinen Wagen, und ließ es fahren mit Beschwerde. Und die Aegypter sprachen: Laßt uns vor Israel fliehen, denn Jehova streitet für sie wider die Aegypter! Und Jehova sprach zu Mose: Strek-26 ke deine Hand aus über das Meer, daß die Wasser über die Aegypter zurückkehren, über ihre Wagen und über ihre Reiter. Da streckte Mose seine Hand 27 aus über das Meer, und das Meer kehrte beim Anbruch des Morgens zu seiner Strömung zurück; und die Aegypter flohen ihm entgegen; und Jehova stürzte die Aegypter mitten ins Meer. Und die 28 Wasser kehrten zurück und bedeckten die Wagen und die Reiter der ganzen Heeresmacht des Pharao, die hinter ihnen her ins Meer gekommen waren; es blieb auch nicht einer von ihnen übrig. Und die Kinder Israel gingen auf 29 dem Trockenen mitten durch das Meer, und die Wasser waren ihnen eine Mauer zur Rechten und zur Linken. So rettete 30 Jehova Israel an selbigem Tage aus der Hand der Aegypter, und Israel sah die Aegypter tot am Ufer des Meeres. Und Israel sah die große Macht *e*, die 31 Jehova an den Aegyptern betätigt hatte; und das Volk fürchtete Jehova, und sie glaubten an Jehova und an Mose, seinen Knecht.

Damals sangen Mose und die Kinder Israel dieses Lied dem Jehova **15** und sprachen also:

Singen will ich Jehova, denn hoch erhaben ist er *f*; das Roß und seinen Reiter hat er ins Meer gestürzt.

Meine Stärke *g* und mein Gesang ist 2 Jah, denn er ist mir zur Rettung geworden; dieser ist mein Gott *h*, und ich will ihn verherrlichen *i*, meines Vaters Gott, und ich will ihn erheben.

Jehova ist ein Kriegsmann, Jehova 3 sein Name.

Die Wagen des Pharao und seine Hee-4 resmacht hat er ins Meer gestürzt, und die Auserlesenen seiner Wagenkämpfer sind versunken im Schilfmeer.

Die Fluten bedeckten sie, sie sind 5 hinuntergefahren in die Tiefen wie ein Stein.

Deine Rechte, Jehova, ist herrlich in 6 Macht; deine Rechte, Jehova, hat zerschmettert den Feind.

---

a O. alle Wagenrosse. — *b* O. sollt schweigen. — *c* W. von vor ihnen. — *d* Eig. zu trockenem Lande. — *e* W. Hand. — *f* O. hoch hat er sich erhoben; so auch V. 21. — *g* And.: Mein Lob, Preis. — *h* El. — *i* And.: ihm eine Wohnung machen.

7 Und in der Größe deiner Hoheit hast du niedergerissen die sich wider dich erhoben; du ließest deine Zornglut los: sie hat sie verzehrt wie Stoppeln.

8 Und durch den Hauch deiner Nase türmten sich die Wasser, es standen die Strömungen wie ein Damm, es gerannen die Fluten im Herzen des Meeres.

9 Der Feind sprach: Ich will nachjagen, einholen, Beute teilen; meine Gier soll sich sättigen an ihnen; ich will mein Schwert ziehen, meine Hand soll sie vertilgen.

10 Du hauchtest mit deinem Odem — das Meer bedeckte sie; sie sanken unter wie Blei in die gewaltigen Wasser.

11 Wer ist dir gleich unter den Göttern, Jehova! wer ist dir gleich, herrlich in Heiligkeit, furchtbar an Ruhm, Wunder tuend!

12 Du strecktest deine Rechte aus — die Erde verschlang sie.

13 Du hast durch deine Güte geleitet das Volk, das du erlöst, hast es durch deine Stärke geführt zu deiner heiligen Wohnung.

14 Es hörten's die Völker, sie bebten; Angst ergriff die Bewohner Philistäas.

15 Da wurden bestürzt die Fürsten Edoms; die Starken Moabs, sie ergriff Beben; es verzagten alle Bewohner Kanaans.

16 Es überfiel sie Schrecken und Furcht; ob der Größe deines Armes verstummten sie gleich einem Stein, bis hindurchzog dein Volk, Jehova, bis hindurchzog das Volk, das du erworben hast.

17 Du wirst sie bringen und pflanzen auf den Berg deines Erbteils, die Stätte, die du, Jehova, zu deiner Wohnung gemacht, das Heiligtum, Herr, das deine Hände bereitet haben.

18 Jehova wird König sein immer und ewiglich! —

19 Denn der Rosse des Pharao mit seinen Wagen und mit seinen Reitern sind ins Meer gekommen, und Jehova hat die Wasser des Meeres über sie zurückgeführt; und die Kinder Israel gingen auf dem Trockenen mitten durchs Meer.

20 Und Mirjam, die Prophetin, Aarons Schwester, nahm das Tamburin in ihre Hand; und alle Weiber zogen aus, hinter ihr her, mit Tamburinen und

21 in Reigen. Und Mirjam antwortete ihnen a:

Singet Jehova, denn hoch erhaben ist er; das Roß und seinen Reiter hat er ins Meer gestürzt! —

22 Und Mose ließ Israel vom Schilfmeer aufbrechen, und sie zogen aus in die Wüste Sur; und sie wanderten drei Tage in der Wüste und fanden kein

23 Wasser. Und sie kamen nach Mara; aber sie konnten das Wasser von Mara nicht trinken, denn es war bitter; darum gab man ihm den Namen Mara b.

24 Und das Volk murrte wider Mose und

25 sprach: Was sollen wir trinken? Und er schrie zu Jehova, und Jehova wies ihm ein Holz; und er warf es in das Wasser, und das Wasser wurde süß. Dort stellte er ihm Satzung und Recht, und dort versuchte er es; und er sprach: 26 Wenn du fleißig auf die Stimme Jehovas, deines Gottes, hören wirst, und tun was recht ist in seinen Augen, und horchen wirst auf seine Gebote und beobachten alle seine Satzungen, so werde ich keine der Krankheiten auf dich legen, die ich auf Aegypten gelegt habe; denn ich bin Jehova, der dich heilt.

27 Und sie kamen nach Elim, und daselbst waren zwölf Wasserquellen und siebenzig Palmbäume; und sie lagerten sich daselbst an den Wassern.

16 Und sie brachen auf von Elim, und die ganze Gemeinde der Kinder Israel kam in die Wüste Sin, die zwischen Elim und Sinai ist, am fünfzehnten Tage des zweiten Monats nach ihrem Auszuge aus dem Lande Aegyp-

2 ten. Und die ganze Gemeinde der Kinder Israel murrte wider Mose und

3 wider Aaron in der Wüste. Und die Kinder Israel sprachen zu ihnen: Wären wir doch im Lande Aegypten durch die Hand Jehovas gestorben, als wir bei den Fleischtöpfen saßen, als wir Brot aßen bis zur Sättigung! denn ihr habt uns in diese Wüste herausgeführt, um diese ganze Versammlung Hungers sterben zu lassen. Da sprach

4 Jehova zu Mose: Siehe, ich werde euch Brot vom Himmel regnen lassen; und das Volk soll hinausgehen und den täglichen Bedarf an seinem Tage sammeln, damit ich es versuche, ob es wandeln wird in meinem Gesetz oder

5 nicht. Und es soll geschehen, am sechsten Tage, da sollen sie zubereiten was sie einbringen, und es wird das Doppelte dessen sein, was sie täg-

6 lich sammeln werden. Und Mose und Aaron sprachen zu allen Kindern Israel: Am Abend, da werdet ihr erkennen, daß Jehova euch aus dem Lande Aegypten herausgeführt hat;

7 und am Morgen, da werdet ihr die Herrlichkeit Jehovas sehen, indem er euer Murren wider Jehova gehört hat; denn was sind wir, daß ihr wider uns

8 murret! Und Mose sprach: Dadurch *werdet ihr's erkennen*, daß Jehova euch am Abend Fleisch zu essen geben wird und am Morgen Brot bis zur Sättigung, indem Jehova euer Murren gehört hat, womit ihr wider ihn murret. Denn was sind wir? Nicht wider uns ist euer Murren, sondern wider Je-

9 hova. Und Mose sprach zu Aaron: Sprich zu der ganzen Gemeinde der Kinder Israel: Nahet herzu vor Jehova, denn er hat euer Murren gehört. Und 10 es geschah, als Aaron zu der ganzen Gemeinde der Kinder Israel redete, da wandten sie sich gegen die Wüste; und siehe, die Herrlichkeit Jehovas erschien in der Wolke. Und Jehova 11 redete zu Mose und sprach: Ich habe 12 das Murren der Kinder Israel gehört; rede zu ihnen und sprich: Zwischen den zwei Abenden c werdet ihr Fleisch

---

essen, und am Morgen werdet ihr von Brot satt werden; und ihr werdet erkennen, daß ich Jehova bin, euer Gott.

13 Und es geschah am Abend, da kamen Wachteln herauf und bedeckten das Lager; und am Morgen war eine Tau-
14 schicht rings um das Lager. Und die Tauschicht stieg auf, und siehe, *da lag's* auf der Fläche der Wüste fein, körnig *a*, fein, wie der Reif auf der
15 Erde. Und die Kinder Israel sahen es und sprachen einer zum anderen: Was ist das?*b* Denn sie wußten nicht, was es war. Und Mose sprach zu ihnen: Dies ist das Brot, das Jehova euch
16 zur Nahrung gegeben hat. Dies ist das Wort, das Jehova geboten hat: Sammelt davon, ein jeder nach dem Maße seines Essens; einen Ghomer für den Kopf, nach der Zahl eurer Seelen, sollt ihr nehmen, ein jeder für die, welche
17 in seinem Zelte sind. Und die Kinder Israel taten also und sammelten, der
18 viel und der wenig. Und sie maßen mit dem Ghomer: da hatte, wer viel gesammelt hatte, nicht übrig, und wer wenig gesammelt hatte, dem mangelte nicht; sie hatten gesammelt, ein jeder
19 nach dem Maße seines Essens. Und Mose sprach zu ihnen: Niemand lasse
20 davon übrig bis an den Morgen. Aber sie hörten nicht auf Mose, und etliche ließen davon übrig bis an den Morgen; da wuchsen Würmer darin, und es ward stinkend. Und Mose wurde
21 zornig über sie. Und sie sammelten es Morgen für Morgen, ein jeder nach dem Maße seines Essens; und wenn die Sonne heiß wurde, so zerschmolz
22 es. Und es geschah am sechsten Tage, da sammelten sie das Doppelte an Brot, zwei Ghomer für einen; und alle Fürsten der Gemeinde kamen und berich-
23 teten es Mose. Und er sprach zu ihnen: Dies ist es, was Jehova geredet hat: Morgen ist Ruhe, ein heiliger Sabbath dem Jehova; was ihr backen wollt, backet, und was ihr kochen wollt, kochet. Alles aber, was übrigbleibt, leget euch hin zur Aufbewahrung bis
24 an den Morgen. Und sie legten es hin bis an den Morgen, so wie Mose geboten hatte; und es stank nicht. Und
25 es war kein Wurm darin. Da sprach Mose: Esset es heute, denn heute ist Sabbath dem Jehova; ihr werdet es heute auf dem Felde nicht finden.
26 Sechs Tage sollt ihr es sammeln; aber am siebenten Tage ist Sabbath, an
27 dem wird es nicht sein. Und es geschah am siebenten Tage, daß etliche von dem Volke hinausgingen, um zu sam-
28 meln, und sie fanden nichts. Und Jehova sprach zu Mose: Bis wann weigert ihr euch, meine Gebote und meine
29 Gesetze zu beobachten? Sehet, weil *c* Jehova euch den Sabbath gegeben hat, darum gibt er euch am sechsten Tage Brot für zwei Tage; bleibet ein jeder an seiner Stelle, niemand gehe am siebenten Tage von seinem Orte her-

aus. Und das Volk ruhte am sieben- 30 ten Tage.

Und das Haus Israel gab ihm den 31 Namen Man; und es war wie Koriandersamen, weiß, und sein Geschmack wie Kuchen mit Honig. Und Mose 32 sprach: Dies ist das Wort, das Jehova geboten hat: Ein Ghomer voll davon sei zur Aufbewahrung für eure Geschlechter, damit sie das Brot sehen, womit ich euch in der Wüste gespeist habe, als ich euch aus dem Lande Aegypten herausführte. Und Mose 33 sprach zu Aaron: Nimm einen Krug und tue Man darein, einen Ghomer voll, und lege es vor Jehova nieder zur Aufbewahrung für eure Geschlechter. So wie Jehova Mose geboten hatte, 34 legte Aaron es vor das Zeugnis nieder, zur Aufbewahrung. — Und die Kinder 35 Israel aßen das Man vierzig Jahre, bis sie in ein bewohntes Land kamen; sie aßen das Man, bis sie an die Grenze des Landes Kanaan kamen. Der Ghomer aber ist ein Zehntel von 36 Epha.

Und die ganze Gemeinde der Kin- **17** der Israel brach auf aus der Wüste Sin, nach ihren Zügen *d*, nach dem Befehl Jehovas; und sie lagerten sich zu Rephidim; und da war kein Wasser zum Trinken für das Volk. Und 2 das Volk haderte mit Mose, und sie sprachen: Gebet uns Wasser, daß wir trinken! Und Mose sprach zu ihnen: Was hadert ihr mit mir? was versuchet ihr Jehova? Und das Volk dürstete 3 daselbst nach Wasser, und das Volk murrte wider Mose und sprach: Warum doch hast du uns aus Aegypten heraufgeführt, um mich und meine Kinder und mein Vieh vor Durst sterben zu lassen? Da schrie Mose zu Je- 4 hova und sprach: Was soll ich mit diesem Volke tun? Noch ein wenig, und sie steinigen mich. Und Jehova 5 sprach zu Mose: Gehe hin vor dem Volke, und nimm mit dir von den Aeltesten Israels; und deinen Stab, womit du den Strom geschlagen hast, nimm in deine Hand und gehe hin. Siehe, ich will daselbst vor dir stehen 6 auf dem Felsen am Horeb; und du sollst auf den Felsen schlagen, und es wird Wasser aus demselben herauskommen, daß das Volk trinke. Und Mose tat also vor den Augen der Aeltesten Israels. Und er gab dem Orte 7 den Namen Massa *e* und Meriba *f*, wegen des Haderns der Kinder Israel und weil sie Jehova versucht hatten, indem sie sagten: Ist Jehova in unserer Mitte oder nicht?

Und es kam Amalek und stritt wider 8 Israel in Rephidim. Und Mose sprach 9 zu Josua *g*: Erwähle uns Männer und ziehe aus, streite wider Amalek; morgen will ich auf dem Gipfel des Hügels stehen, mit dem Stabe Gottes in meiner Hand. Und Josua tat, wie Mose 10 ihm gesagt hatte, um wider Amalek

---

a Eig. schuppenartig. — *b* H. Man hu? — *c* O. daß. — *d* Eig. Reisestationen; and. üb.: zu ihren Zügen. — *e* Versuchung. — *f* Hader. — *g* H. Jehoschua: Jehova ist Rettung (Griech. J e s u s); vergl. 4. Mose 13, 16.

zu streiten; und Mose, Aaron und Hur
11 stiegen auf den Gipfel des Hügels. Und
es geschah, wenn Mose seine Hand
erhob, so hatte Israel die Oberhand,
und wenn er seine Hand ruhen ließ,
12 so hatte Amalek die Oberhand. Und
die Hände Moses wurden schwer. Und
nahmen sie einen Stein und legten
denselben unter ihn, und er setzte sich
darauf; und Aaron und Hur unterstützten seine Hände, hier einer und
dort einer; und so waren seine Hände
13 fest, bis die Sonne unterging. Und
Josua streckte Amalek und sein Volk
nieder mit der Schärfe des Schwer-
14 tes. — Und Jehova sprach zu Mose:
Schreibe dieses zum Gedächtnis in
ein *a* Buch, und lege in die Ohren
Josuas, daß ich das Gedächtnis Amaleks gänzlich unter dem Himmel aus-
15 tilgen werde. Und Mose baute einen
Altar und gab ihm den Namen: Je-
16 hova, mein Panier! *b* Und er sprach:
Denn die Hand ist *c* am Throne Jahs *d*:
Krieg hat Jehova wider Amalek von
Geschlecht zu Geschlecht!

18. Und Jethro, der Priester von Midian, der Schwiegervater Moses, hörte
alles was Gott an Mose und an Israel,
seinem Volke, getan, daß Jehova Israel aus Aegypten herausgeführt hatte.
2 Und Jethro, der Schwiegervater Moses,
nahm Zippora, das Weib Moses, nach
3 ihrer Heimsendung, und ihre zwei
Söhne, von denen der Name des einen
Gersom war, denn er sprach: Ein
Fremdling bin ich geworden in frem-
4 dem Lande, *e* und der Name des anderen Elieser *f*: denn der Gott meines
Vaters ist meine Hilfe gewesen und
hat mich errettet vom Schwerte des
5 Pharao; und Jethro, der Schwiegervater Moses, und seine Söhne und sein
Weib kamen zu Mose in die Wüste,
wo er gelagert war am Berge Gottes.
6 Und er ließ Mose sagen: Ich, dein
Schwiegervater Jethro, bin zu dir gekommen, und dein Weib und ihre bei-
7 den Söhne mit ihr. Da ging Mose hinaus, seinem Schwiegervater entgegen,
und beugte sich nieder und küßte ihn;
und sie fragten einer den anderen
nach ihrem Wohlergehen und gingen
8 ins Zelt. Und Mose erzählte seinem
Schwiegervater alles, was Jehova an
dem Pharao und an den Aegyptern
getan hatte um Israels willen, all die
Mühsal, die sie auf dem Wege getroffen, und daß Jehova sie errettet habe.
9 Und Jethro freute sich über all das
Gute, das Jehova an Israel getan, daß
er es errettet hatte aus der Hand der
10 Aegypter. Und Jethro sprach: Gepriesen sei Jehova, der euch errettet hat
aus der Hand der Aegypter und aus
der Hand des Pharao, der das Volk
errettet hat unter der Hand der Aegyp-
11 ter hinweg! Nun weiß ich, daß Jehova größer ist als alle Götter; denn
in der Sache, worin sie in Uebermut
12 handelten, war er über ihnen. Und
Jethro, der Schwiegervater Moses,

nahm ein Brandopfer und Schlachtopfer für Gott; und Aaron und alle
Aeltesten Israels kamen, um mit dem
Schwiegervater Moses zu essen vor
dem Angesicht Gottes.

Und es geschah am anderen Tage, 13
da setzte sich Mose, um das Volk zu
richten; und das Volk stand bei Mose
vom Morgen bis zum Abend. Und der 14
Schwiegervater Moses sah alles was
er mit dem Volke tat, und er sprach:
Was ist das, das du mit dem Volke
tust? warum sitzest du allein, und
alles Volk steht bei dir vom Morgen
bis zum Abend? Und Mose sprach zu 15
seinem Schwiegervater: Weil das Volk
zu mir kommt, um Gott zu befragen.
Wenn sie eine Sache haben, so kommt 16
es zu mir, und ich richte zwischen
dem einen und dem anderen und tue
ihnen die Satzungen Gottes und seine
Gesetze kund. Da sprach der Schwie- 17
gervater Moses zu ihm: Die Sache ist
nicht gut, die du tust; du wirst ganz 18
erschlaffen, sowohl du, als auch dieses
Volk, das bei dir ist; denn die Sache
ist zu schwer für dich, du kannst sie
nicht allein ausrichten. Höre nun auf 19
meine Stimme, ich will dir raten, und
Gott wird mit dir sein *g*: Sei du für
das Volk vor Gott, und bringe du die
Sachen zu Gott; und erläutere ihnen 20
die Satzungen und die Gesetze, und
tue ihnen kund den Weg, auf dem sie
wandeln, und das Werk, das sie tun
sollen. Du aber ersieh dir aus dem 21
ganzen Volke tüchtige, gottesfürchtige
Männer, Männer der Wahrheit, die den
ungerechten Gewinn hassen, und setze
sie über sie: Oberste über tausend,
Oberste über hundert, Oberste über
fünfzig und Oberste über zehn, daß 22
sie das Volk richten zu aller Zeit; und
es geschehe, daß sie jede große Sache
vor dich bringen, und daß sie jede
kleine Sache selbst richten; so erleichtere es dir, und sie mögen mit dir
tragen. Wenn du dieses tust, und Gott 23
es dir gebietet, so wirst du bestehen
können, und auch dieses ganze Volk
wird in Frieden an seinen Ort kommen. Und Mose hörte auf die Stimme 24
seines Schwiegervaters und tat alles
was er gesagt hatte. Und Mose wählte 25
tüchtige Männer aus ganz Israel und
setzte sie zu Häuptern über das Volk:
Oberste über tausend, Oberste über
hundert, Oberste über fünfzig und
Oberste über zehn. Und sie richteten 26
das Volk zu aller Zeit: die schwierige
Sache brachten sie vor Mose, und jede
kleine Sache richteten sie selbst. Und 27
Mose ließ seinen Schwiegervater ziehen, und er zog hin in sein Land.

Im dritten Monat nach dem Aus- **19**
zuge der Kinder Israel aus dem Lande Aegypten, an diesem selbigen Tage
kamen sie in die Wüste Sinai: Sie 2
brachen auf von Rephidim und kamen
in die Wüste Sinai und lagerten sich
in der Wüste; und Israel lagerte sich
daselbst dem Berge gegenüber. Und 3

---

a O. das. — *b* H. Jahwe-Nissi. — *c* O. sprach: Die Hand ist. — *d* d. h. zum Schwur. —
e S. Kap. 2, 22. — *f* Mein Gott ist Hilfe. — *g* O. sei mit dir.

Mose stieg hinauf zu Gott; und Jehova rief ihm vom Berge zu und sprach: So sollst du zum Hause Jakob sprechen und den Kindern Israel kundtun: 4 Ihr habt gesehen, was ich an den Aegyptern getan habe, wie ich euch getragen auf Adlers Flügeln und euch 5 zu mir gebracht habe. Und nun, wenn ihr fleißig auf meine Stimme hören und meinen Bund halten werdet, so sollt ihr mein Eigentum sein aus *a* allen Völkern; denn die ganze Erde 6 ist mein; und ihr sollt mir ein Königreich von Priestern und eine heilige Nation sein. Das sind die Worte, die du zu den Kindern Israel reden sollst. 7 Und Mose kam und rief die Aeltesten des Volkes und legte ihnen alle diese Worte vor, die Jehova ihm geboten 8 hatte. Da antwortete das ganze Volk insgesamt und sprach: Alles was Jehova geredet hat, wollen wir tun! Und Mose brachte die Worte des Volkes zu 9 Jehova zurück. Und Jehova sprach zu Mose: Siehe, ich werde zu dir kommen im Dunkel des Gewölks, damit das Volk höre, wenn ich mit dir rede, und dir auch glaube ewiglich. Und Mose tat Jehova die Worte des Volkes 10 kund. Und Jehova sprach zu Mose: Gehe zum Volke und heilige sie heute und morgen, und daß sie ihre Kleider 11 waschen; und sie seien bereit auf den dritten Tag; denn am dritten Tage wird Jehova vor den Augen des ganzen Volkes auf den Berg Sinai herab-12 steigen. Und mache eine Grenze um das Volk ringsum und sprich: Hütet euch, auf den Berg zu steigen und sein Aeußerstes anzurühren; alles was den Berg anrührt, soll gewißlich getötet 13 werden — keine Hand soll ihn anrühren — denn es soll gewißlich gesteinigt oder erschossen *b* werden; ob Vieh oder Mensch, es darf nicht leben. Wenn das Lärmhorn *c* anhaltend ertönt, sollen sie gegen den Berg hin-14 ansteigen. Und Mose stieg vom Berge zu dem Volke hinab; und er heiligte das Volk, und sie wuschen ihre Klei-15 der. Und er sprach zu dem Volke: Seid bereit auf den dritten Tag; nahet nicht zum Weibe. 16 Und es geschah am dritten Tage, als es Morgen war, da waren Donner und Blitze und eine schwere Wolke auf dem Berge und ein sehr starker Posaunenschall; und das ganze Volk zit-17 terte, das im Lager war. Und Mose führte das Volk aus dem Lager hinaus, Gott entgegen; und sie stellten sich 18 auf am Fuße des Berges. Und der ganze Berg Sinai rauchte, darum, daß Jehova auf ihn herabstieg im Feuer; und sein Rauch stieg auf, wie der Rauch eines Schmelzofens, und der 19 ganze Berg bebte sehr. Und der Posaunenschall wurde fort und fort stärker; Mose redete, und Gott antwortete 20 ihm mit einer Stimme *d*. Und Jehova

stieg auf den Berg Sinai herab, auf den Gipfel des Berges; und Jehova rief Mose auf den Gipfel des Berges, und Mose stieg hinauf. Und Jehova 21 sprach zu Mose: Steige hinab, warne das Volk, daß sie nicht zu Jehova durchbrechen, um zu schauen, und viele von ihnen fallen. Und auch die 22 Priester, die zu Jehova nahen, sollen sich heiligen, daß Jehova nicht in sie einbreche. Und Mose sprach zu Jehova: 23 Das Volk wird den Berg Sinai nicht ersteigen können; denn du hast uns ja gewarnt und gesagt: Mache eine Grenze um den Berg und heilige ihn. Und Jehova sprach zu ihm: Gehe, 24 steige hinab, und du sollst heraufkommen, du und Aaron mit dir; aber die Priester und das Volk sollen nicht durchbrechen, um zu Jehova hinaufzusteigen, daß er nicht in sie einbreche. Da stieg Mose zu dem Volke 25 hinab und sagte es ihnen.

Und Gott redete alle diese Worte und sprach: Ich bin Jehova, dein **20** Gott, der ich dich herausgeführt habe 2 aus dem Lande Aegypten, aus dem Hause der Knechtschaft *e*. Du sollst 3 keine anderen Götter haben neben mir *f*. — Du sollst dir kein geschnitztes 4 Bild machen, noch irgend ein Gleichnis dessen, was oben im Himmel, und was unten auf der Erde, und was in den Wassern unter der Erde ist. Du 5 sollst dich nicht vor ihnen niederbeugen und ihnen nicht dienen; denn ich, Jehova, dein Gott, bin ein eifernder Gott *g*, der die Ungerechtigkeit der Väter heimsucht an den Kindern, am dritten und am vierten Gliede derer, die mich hassen; und der Güte er- 6 weist, auf Tausende hin, an denen *h*, die mich lieben und meine Gebote beobachten. — Du sollst den Namen 7 Jehovas, deines Gottes, nicht zu Eitlem *i* aussprechen; denn Jehova wird den nicht für schuldlos halten *j*, der seinen Namen zu Eitlem ausspricht. — Gedenke des Sabbathtages, ihn zu hei- 8 ligen. Sechs Tage sollst du arbeiten 9 und all dein Werk tun; aber der sie- 10 bente Tag ist Sabbath dem Jehova, deinem Gott *k*: du sollst keinerlei Werk tun, du und dein Sohn und deine Tochter, dein Knecht und deine Magd, und dein Vieh, und dein Fremdling, der in deinen Toren ist. Denn in sechs 11 Tagen hat Jehova den Himmel und die Erde gemacht, das Meer und alles was in ihnen ist, und er ruhte am siebenten Tage; darum segnete Jehova den Sabbathtag und heiligte ihn. — Ehre 12 deinen Vater und deine Mutter, auf daß deine Tage verlängert werden in dem Lande, das Jehova, dein Gott, dir 13 gibt. — Du sollst nicht töten. — Du 14 sollst nicht ehebrechen. — Du sollst 15 nicht stehlen. — Du sollst kein fal- 16 sches Zeugnis ablegen wider deinen Nächsten. — Du sollst nicht begehren 17

---

a O. vor. — *b* d. h. mit einem Pfeile oder Wurfgeschoß. — *c* And.: Widderhorn. — *d* And.: im Donner; vergl. die Anm. zu Kap. 9, 23. — *e* W. der Knechte. — *f* Eig. zu meinem Angesicht hinzu. — *g* El. — *h* And.: an Tausenden derer. — *i* O. zur Lüge; vergl. 3. Mose 19, 12. — *j* O. ungestraft lassen. — *k* O. Jehovas, deines Gottes.

deines Nächsten Haus; du sollst nicht begehren deines Nächsten Weib, noch seinen Knecht, noch seine Magd, noch sein Rind, noch seinen Esel, noch alles was dein Nächster hat.

18 Und das ganze Volk gewahrte die Donner und die Flammen und den Posaunenschall und den rauchenden Berg. Und als das Volk es gewahrte, zitterten sie und standen von ferne;

19 und sie sprachen zu Mose: Rede du mit uns, und wir wollen hören; aber Gott möge nicht mit uns reden, daß

20 wir nicht sterben! Da sprach Mose zu dem Volke: Fürchtet euch nicht; denn um euch zu versuchen ist Gott gekommen, und damit seine Furcht vor eurem Angesicht sei, daß ihr

21 nicht sündiget. Und das Volk stand von ferne; und Mose nahte sich zum Dunkel, wo Gott war.

22 Und Jehova sprach zu Mose: Also sollst du zu den Kindern Israel sprechen: Ihr habt gesehen, daß ich vom Himmel her mit euch geredet habe.

23 Ihr sollt nichts neben mir machen, Götter von Silber und Götter von Gold

24 sollt ihr euch nicht machen. Einen Altar von Erde sollst du mir machen und darauf opfern deine Brandopfer und deine Friedensopfer a, dein Kleinvieh und deine Rinder; an jedem Orte, wo ich meines Namens werde gedenken lassen, werde ich zu dir kommen und dich segnen.

25 Und wenn du mir einen Altar von Steinen machst, so sollst du ihn nicht von behauenen Steinen bauen; denn hast du deinen Meißel darüber geschwungen, so hast du ihn entweiht.

26 Und du sollst nicht auf Stufen zu meinem Altar hinaufsteigen, damit nicht deine Blöße an ihm aufgedeckt werde.

21 Und dies sind die Rechte, die du ihnen vorlegen sollst:

2 So du einen hebräischen Knecht kaufst, soll er sechs Jahre dienen, und im siebenten soll er frei ausgehen,

3 umsonst. Wenn er allein b gekommen ist, soll er allein ausgehen; wenn er eines Weibes Mann war, soll sein Weib

4 mit ihm ausgehen. Wenn sein Herr ihm ein Weib gegeben und sie ihm Söhne oder Töchter geboren hat, so sollen das Weib und ihre Kinder ihrem Herrn gehören, und er soll

5 allein ausgehen. Wenn aber der Knecht etwa sagt: Ich liebe meinen Herrn, mein Weib und meine Kinder, ich will

6 nicht frei ausgehen, so soll sein Herr ihn vor die Richter c bringen und ihn an die Tür oder an die Pfosten stellen, und sein Herr soll ihm das Ohr mit einer Pfrieme durchbohren; und er soll ihm dienen auf ewig.

7 Und so jemand seine Tochter zur Magd verkauft, soll sie nicht ausgehen,

8 wie die Knechte ausgehen. Wenn sie in den Augen ihres Herrn mißfällig ist, die er für sich bestimmt hatte, so

lasse er sie loskaufen: er soll nicht Macht haben, sie an ein fremdes Volk zu verkaufen, weil er treulos an ihr

9 gehandelt hat. Und wenn er sie seinem Sohne bestimmt, so soll er ihr tun nach dem Rechte der Töchter.

10 Wenn er sich d eine andere nimmt, so soll er ihre Nahrung, ihre Kleidung und ihre Beiwohnung nicht vermin-

11 dern. Und wenn er ihr diese drei Dinge nicht tut, so soll sie umsonst ausgehen, ohne Geld.

12 Wer einen Menschen schlägt, daß er stirbt, soll gewißlich getötet wer-

13 den; hat er ihm aber nicht nachgestellt, und Gott hat es seiner Hand begegnen lassen, so werde ich dir einen Ort bestimmen, wohin er fliehen

14 soll. Und so jemand wider seinen Nächsten vermessen handelt, daß er ihn umbringt mit Hinterlist — von meinem Altar sollst du ihn wegneh-

15 men, daß er sterbe. Und wer seinen Vater oder seine Mutter schlägt, soll

16 gewißlich getötet werden. Und wer einen Menschen stiehlt und ihn verkauft, oder er wird in seiner Hand gefunden, der soll gewißlich getötet

17 werden. Und wer seinem Vater oder seiner Mutter flucht, soll gewißlich

18 getötet werden. Und wenn Männer hadern, und einer schlägt den anderen mit einem Steine oder mit der Faust, und er stirbt nicht, sondern wird bett-

19 lägerig: wenn er aufsteht und draußen an seinem Stabe wandelt, so soll der Schläger schuldlos sein; nur soll er sein Versäumnis e erstatten und ihn

20 völlig heilen lassen. Und so jemand seinen Knecht oder seine Magd mit dem Stocke schlägt, daß er unter seiner Hand stirbt, so soll er gewißlich

21 gerächt werden: nur wenn er einen Tag oder zwei Tage leben bleibt, soll er nicht gerächt werden, denn er ist

22 sein Geld f. Und wenn Männer sich streiten und stoßen ein schwangeres Weib, daß ihr die Frucht abgeht, und es geschieht kein Schaden, so soll er gewißlich an Geld gestraft werden, jenachdem der Mann des Weibes ihm auferlegen wird, und er soll es geben

23 durch die Richter g. Wenn aber Schaden geschieht, so sollst du geben Leben

24 um Leben, Auge um Auge, Zahn um Zahn, Hand um Hand, Fuß um Fuß,

25 Brandmal um Brandmal, Wunde um

26 Wunde, Strieme um Strieme. Und so jemand in das Auge seines Knechtes oder in das Auge seiner Magd schlägt und verdirbt es, so soll er ihn frei entlassen um sein Auge. Und wenn er

27 den Zahn seines Knechtes oder den Zahn seiner Magd ausschlägt, so soll er ihn frei entlassen um seinen Zahn.

28 Und wenn ein Ochse h einen Mann oder ein Weib stößt, daß sie sterben i, so soll der Ochse gewißlich gesteinigt, und sein Fleisch soll nicht gegessen werden; aber der Besitzer des Ochsen

---

29 soll schuldlos sein. Wenn aber der Ochse vordem stößig war, und sein Besitzer ist gewarnt worden, und er hat ihn nicht verwahrt, und er tötet einen Mann oder ein Weib, so soll der Ochse gesteinigt, und auch sein Be- 30 sitzer soll getötet werden. Wenn ihm eine Sühne auferlegt wird, so soll er das Lösegeld seines Lebens geben nach allem, was ihm auferlegt wird. 31 Mag er einen Sohn stoßen oder eine Tochter stoßen, so soll ihm nach die- 32 sem Rechte getan werden. Wenn der Ochse einen Knecht stößt oder eine Magd, so soll sein Besitzer*a* ihrem Herrn dreißig Silber*sekel* geben, und der Ochse soll gesteinigt werden.

33 Und wenn jemand eine Grube öff- net, oder wenn jemand eine Grube gräbt und sie nicht zudeckt, und es fällt ein Ochse oder ein Esel hinein, 34 so soll es der Besitzer der Grube er- statten: Geld soll er dem Besitzer des- selben zahlen*b*, und das tote Tier soll 35 ihm gehören. Und wenn jemandes Ochse den Ochsen seines Nächsten stößt, daß er stirbt, so sollen sie den lebenden Ochsen verkaufen und den Erlös*c* teilen, und auch den toten sollen 36 sie teilen. Ist es aber bekannt gewesen, daß der Ochse vordem stößig war, und sein Besitzer hat ihn nicht verwahrt, so soll er gewißlich Ochsen für Ochsen erstatten, und der tote soll ihm gehören.

22 Wenn jemand einen Ochsen stiehlt oder ein Stück Kleinvieh, und schlach- tet es oder verkauft es, so soll er fünf Ochsen erstatten für den Och- sen, und vier Stück Kleinvieh für das 2 Stück. — Wenn der Dieb beim Ein- bruch betroffen wird, und er wird geschlagen, daß er stirbt, so ist es 3 ihm*d* keine Blutschuld; wenn die Sonne über ihm aufgegangen ist, so ist es ihm eine Blutschuld. Er soll gewißlich erstatten; wenn er nichts hat, soll er für seinen Diebstahl ver- 4 kauft werden. Wenn das Gestohlene lebend in seiner Hand gefunden wird, es sei ein Ochse oder ein Esel oder ein Stück Kleinvieh, soll er das Dop- pelte erstatten.

5 So jemand ein Feld oder einen Wein- garten*e* abweiden läßt, und er sein Vieh hintreibt, und es weidet auf dem Felde eines anderen, so soll er es vom Besten seines Feldes und vom Besten seines Weingartens erstatten.

6 Wenn Feuer ausbricht und Dornen*f* erreicht, und es wird ein Garbenhau- fen verzehrt, oder das stehende Ge- treide oder das Feld, so soll der gewißlich erstatten, der den Brand angezündet hat.

7 So jemand seinem Nächsten Geld oder Geräte in Verwahrung gibt, und es wird aus dem Hause dieses Mannes gestohlen — wenn der Dieb gefunden wird, so soll er das Doppelte erstatten;

wenn der Dieb nicht gefunden wird, 8 so soll der Besitzer des Hauses vor die Richter treten, ob er nicht seine Hand nach der Habe seines Nächsten ausgestreckt hat. — Bei jedem Falle 9 von Veruntreuung betreffs eines Och- sen, eines Esels, eines Stückes Klein- vieh, eines Kleides, betreffs alles Ver- lorenen, wovon man sagt: „das ist es", soll beider Sache vor die Richter kommen; wen die Richter schuldig sprechen, der soll seinem Nächsten das Doppelte erstatten. — So jemand 10 seinem Nächsten einen Esel oder einen Ochsen oder ein Stück Kleinvieh gibt, oder irgend ein Vieh in Verwahrung gibt, und es stirbt oder wird beschädigt oder weggeführt, und niemand sieht es, so soll der Eid Jehovas zwischen 11 ihnen beiden sein, ob er nicht seine Hand nach der Habe seines Nächsten ausgestreckt hat; und sein*g* Besitzer soll es annehmen, und jener soll nichts erstatten. Und wenn es ihm wirklich 12 gestohlen worden ist, so soll er es seinem Besitzer erstatten. Wenn es 13 aber zerrissen worden ist, so soll er es als Zeugnis bringen; er soll das Zerrissene nicht erstatten. Und wenn 14 jemand von seinem Nächsten *ein Stück* *Vieh* entlehnt, und es wird beschädigt oder stirbt — war sein Besitzer nicht dabei, so soll er es gewißlich erstat- ten; wenn sein Besitzer dabei war, 15 soll er es nicht erstatten. Wenn es gemietet war, so ist es für seine Miete gekommen.

Und so jemand eine Jungfrau betört, 16 die nicht verlobt ist, und liegt bei ihr, so soll er sie gewißlich durch eine Heiratsgabe sich zum Weibe erkaufen. Wenn ihr Vater sich durchaus wei- 17 gert, sie ihm zu geben, so soll er Geld darwägen nach der Heiratsgabe der Jungfrauen. — Eine Zauberin sollst 18 du nicht leben lassen. — Jeder, der 19 bei einem Vieh liegt, soll gewißlich getötet werden. — Wer den Göttern 20 opfert außer Jehova allein, soll ver- bannt*h* werden.

Und den Fremdling sollst du nicht 21 bedrängen und ihn nicht bedrücken, denn Fremdlinge seid ihr im Lande Aegypten gewesen. Keine Witwe und 22 Waise sollt ihr bedrücken. Wenn du 23 sie irgend bedrückst, so werde ich, wenn sie irgendwie zu mir schreit, ihr Geschrei gewißlich erhören; und mein 24 Zorn wird entbrennen, und ich werde euch mit dem Schwerte töten, und eure Weiber sollen Witwen und eure Kinder Waisen werden. — Wenn du 25 meinem Volke, dem Armen bei dir, Geld leihst, so sollst du ihm nicht sein wie ein Gläubiger*i*; ihr sollt ihm keinen Zins auferlegen. — Wenn du 26 irgend deines Nächsten Mantel*j* zum Pfande nimmst, so sollst du ihm den- selben zurückgeben, ehe die Sonne

---

a W. er. — *b* W. zurückgeben. — *c* W. sein Geld. — *d* d. h. dem Schläger des Diebes; O. so ist seinetwegen, d. h. des Diebes wegen; so auch V. 3. — *e* O. ein Gartenland. — *f* d. h. wahrsch. eine Dornhecke. — *g* d. h. des Viehes. — *h* S. die Vorrede. — *i* Eig. jemand, der um Zins Geld ausleiht. — *j* Eig. Obergewand, das als Decke benutzt wurde. (Vergl. die Anm. zu Kap. 12, 34; 5. Mose 22, 30.)

27 untergeht; denn es ist seine einzige Decke, sein Kleid für seine Haut; worin soll er liegen? Und es wird geschehen, wenn er zu mir schreit, so werde ich ihn erhören, denn ich bin 28 gnädig. — Die Richter sollst du nicht lästern, und einem Fürsten deines Volkes sollst du nicht fluchen.

29 Mit der Fülle deines Getreides und dem Ausfluß deiner Kelter *a* sollst du nicht zögern. — Den erstgeborenen deiner Söhne sollst du mir geben. 30 Desgleichen sollst du mit deinem Ochsen tun *und* mit deinem Kleinvieh; sieben Tage soll es bei seiner Mutter sein, am achten Tage sollst du 31 es mir geben. — Und heilige Männer sollt ihr mir sein, und Fleisch, das auf dem Felde zerrissen worden ist, sollt ihr nicht essen; ihr sollt es den Hunden vorwerfen.

23 Du sollst kein falsches Gerücht aufnehmen *b*; du sollst deine Hand nicht den Gesetzlosen reichen, um 2 ein ungerechter Zeuge zu sein. Du sollst der Menge nicht folgen zum Uebeltun; und du sollst bei einem Rechtsstreit nicht antworten, indem du dich der Menge nach neigest, *das* 3 *Recht* zu beugen. Und den Armen sollst du in seinem Rechtsstreit nicht 4 begünstigen. — Wenn du den Ochsen deines Feindes oder seinen Esel umherirrend antriffst, sollst du ihn dem-5 selben jedenfalls zurückbringen. Wenn du den Esel deines Hassers unter seiner Last liegen siehst, so hüte dich, ihn demselben zu überlassen; du sollst ihn jedenfalls mit ihm losmachen. — 6 Du sollst das Recht deines Armen nicht beugen in seinem Rechtsstreit. 7 Von der Sache *c* der Lüge sollst du dich fernhalten; und den Unschuldigen und Gerechten sollst du nicht töten, denn ich werde den Gesetz-8 losen *d* nicht rechtfertigen. Und kein Geschenk sollst du nehmen; denn das Geschenk blendet die Sehenden und verkehrt die Worte der Gerechten. 9 Und den Fremdling sollst du nicht bedrücken; ihr selbst wisset ja, wie es dem Fremdling zu Mute ist, denn Fremdling seid ihr im Lande Aegyp-10 ten gewesen. — Und sechs Jahre sollst du dein Land besäen und seinen Er-11 trag einsammeln; aber im siebenten sollst du es ruhen und liegen lassen, daß die Armen deines Volkes davon essen; und was sie übriglassen, soll das Getier des Feldes fressen. Desgleichen sollst du mit deinem Weinberge tun *und* mit deinem Oliven-12 baum. — Sechs Tage sollst du deine Arbeiten tun; aber am siebenten Tage sollst du ruhen, damit dein Ochse und dein Esel raste, und der Sohn deiner Magd und der Fremdling sich erhole. 13 Und auf alles, was ich euch gesagt habe, sollt ihr acht haben; und den Namen anderer Götter sollt ihr nicht erwähnen, er soll in deinem Munde nicht gehört werden.

Dreimal im Jahre sollst du mir ein 14 Fest feiern. Das Fest der ungesäuerten 15 Brote sollst du beobachten: sieben Tage sollst du Ungesäuertes essen, so wie ich dir geboten habe, zur bestimmten Zeit im Monat Abib, denn in demselben bist du aus Aegypten gezogen; und man soll nicht leer vor meinem Angesicht erscheinen; und das Fest 16 der Ernte, der Erstlinge deiner Arbeit, dessen was du auf dem Felde säen wirst; und das Fest der Einsammlung im Ausgang des Jahres, wenn du deine Arbeit vom Felde einsammelst. Drei-17 mal im Jahre sollen alle deine Männlichen vor dem Angesicht des Herrn Jehova erscheinen. — Du sollst nicht 18 das Blut meines Schlachtopfers zu Gesäuertem opfern; und nicht soll das Fett meines Festes über Nacht bleiben bis an den Morgen. Das erste der 19 Erstlinge deines Landes sollst du in das Haus Jehovas, deines Gottes, bringen. — Du sollst ein Böcklein nicht kochen in der Milch seiner Mutter.

Siehe, ich sende einen Engel vor dir 20 her, um dich auf dem Wege zu bewahren und dich an den Ort zu bringen, den ich bereitet habe. Hüte dich vor 21 ihm und höre auf seine Stimme und reize ihn nicht *e*; denn er wird eure Uebertretung nicht vergeben, denn mein Name ist in ihm. Doch wenn du 22 fleißig auf seine Stimme hörst und alles tust, was ich sagen werde, so werde ich deine Feinde befeinden und deine Dränger bedrängen. Denn 23 mein Engel wird vor dir hergehen, und wird dich bringen zu den Amoritern und den Hethitern und den Perisitern und den Kanaanitern, den Hewitern und den Jebusitern; und ich werde sie vertilgen. Du sollst dich vor 24 ihren Göttern nicht niederbeugen und ihnen nicht dienen, und du sollst nicht tun nach ihren Taten; sondern du sollst sie ganz und gar niederreißen und ihre Bildsäulen gänzlich zerbrechen. Und ihr sollt Jehova, eurem 25 Gott, dienen: so wird er dein Brot und dein Wasser segnen, und ich werde Krankheit aus deiner Mitte entfernen. Keine Fehlgebärende und Un-26 fruchtbare wird in deinem Lande sein; die Zahl deiner Tage werde ich voll machen. Meinen Schrecken werde ich 27 vor dir hersenden und alle Völker verwirren, zu denen du kommst, und dir zukehren den Rücken aller deiner Feinde. Und ich werde die Hornisse 28 vor dir hersenden, daß sie vor dir vertreibe die Hewiter, die Kanaaniter und die Hethiter. Nicht in e i n e m 29 Jahre werde ich sie vor dir vertreiben, damit nicht das Land eine Wüste werde, und das Getier des Feldes sich wider dich mehre. Nach und nach 30 werde ich sie vor dir vertreiben, bis du fruchtbar bist, und das Land besitzest. Und ich werde deine Grenze 31 setzen vom Schilfmeer bis an das Meer der Philister, und von der Wüste

---

a W. mit deiner Fülle und deinem Ausfluß. — *b* O. aussprechen, d. h. verbreiten. — *c* O. dem Worte. — *d* O. Schuldigen. — *e* O. sei nicht widerspenstig gegen ihn.

bis an den Strom *a*; denn ich werde die Bewohner des Landes in deine Hand geben, daß du sie vor dir ver-
32 treibest. Du sollst mit ihnen und mit ihren Göttern keinen Bund machen.
33 Sie sollen nicht in deinem Lande wohnen, damit sie dich nicht wider mich sündigen machen; denn du würdest ihren Göttern dienen, denn es würde dir zum Fallstrick sein.

24 Und er sprach zu Mose: Steige zu Jehova herauf, du und Aaron, Nadab und Abihu, und siebenzig von den Aeltesten Israels, und betet an von
2 ferne. Und Mose allein nahe sich zu Jehova; sie aber sollen sich nicht nahen, und das Volk soll nicht mit ihm heraufsteigen.
3 Und Mose kam und erzählte dem Volke alle Worte Jehovas und alle Rechte; und das ganze Volk antwortete mit e i n e r Stimme und sprach: Alle Worte, die Jehova geredet hat,
4 wollen wir tun. Und Mose schrieb alle Worte Jehovas nieder. Und er machte sich des Morgens früh auf und baute einen Altar unten am Berge und zwölf Denksteine nach den zwölf Stämmen
5 Israels. Und er sandte Jünglinge der Kinder Israel hin, und sie opferten Brandopfer und schlachteten Friedens
6 opfer *b* von Farren dem Jehova. Und Mose nahm die Hälfte des Blutes und tat es in Schalen, und die Hälfte des
7 Blutes sprengte er an den Altar. Und er nahm das Buch des Bundes und las es vor den Ohren des Volkes; und sie sprachen: Alles was Jehova geredet hat, wollen wir tun und gehorchen.
8 Und Mose nahm das Blut und sprengte es auf das Volk und sprach: Siehe, das Blut des Bundes, den Jehova mit euch gemacht hat über alle diese Worte *c*.
9 Und es stiegen hinauf Mose und Aaron, Nadab und Abihu, und sieben
10 zig von den Aeltesten Israels; und sie sahen den Gott Israels; und unter seinen Füßen war es wie ein Werk von Saphirplatten und wie der Himmel
11 selbst *d* an Klarheit. Und er streckte seine Hand nicht aus gegen die Edlen der Kinder Israel; und sie schauten Gott und aßen und tranken.
12 Und Jehova sprach zu Mose: Steige zu mir herauf auf den Berg und sei daselbst; und ich werde dir die steinernen Tafeln geben und das Gesetz *e* und das Gebot, das ich geschrieben
13 habe, um sie zu belehren. Und Mose machte sich auf und Josua, seinem Diener, und Mose stieg auf den Berg
14 Gottes. Und er sprach zu den Aeltesten: Wartet hier auf uns, bis wir zu euch zurückkehren; und siehe, Aaron und Hur sind bei euch: wer irgend
15 eine Sache hat, trete vor sie. Und Mose stieg auf den Berg, und die

Wolke bedeckte den Berg. Und die 16 Herrlichkeit Jehovas ruhte auf dem Berge Sinai, und die Wolke bedeckte ihn sechs Tage; und am siebenten Tage rief er Mose aus der Mitte der Wolke. Und das Ansehen der Herr 17 lichkeit Jehovas war wie ein verzehrendes Feuer auf dem Gipfel des Berges vor den Augen der Kinder Israel. Und Mose ging mitten in die Wolke 18 hinein und stieg auf den Berg; und Mose war auf dem Berge vierzig Tage und vierzig Nächte.

Und Jehova redete zu Mose und **25** sprach: Rede zu den Kindern Israel, daß sie mir ein Hebopfer bringen; 2 von einem jeden, der willigen Herzens ist, sollt ihr mein Hebopfer nehmen. Und dies ist das Hebopfer, das 3 ihr von ihnen nehmen sollt: Gold und Silber und Erz, und blauer und roter 4 Purpur und Karmesin und Byssus und Ziegenhaar, und rotgefärbte Widder 5 felle und Dachsfelle *f* und Akazienholz; Oel zum Licht, Gewürze zum 6 Salböl und zum wohlriechenden Räucherwerk; Onyxsteine und Steine zum 7 Einsetzen für das Ephod und für das Brustschild. Und sie sollen mir ein 8 Heiligtum machen, daß ich in ihrer Mitte wohne. Nach allem was ich dir 9 zeige, das Muster der Wohnung und das Muster aller ihrer Geräte, also sollt ihr es machen.

Und sie sollen eine Lade von Aka- 10 zienholz machen: zwei und eine halbe Elle ihre Länge, und eine und eine halbe Elle ihre Breite, und eine und eine halbe Elle ihre Höhe. Und du 11 sollst sie überziehen mit reinem Golde: inwendig und auswendig sollst du sie überziehen; und mache einen goldenen Kranz daran ringsum. Und gieße 12 für dieselbe vier Ringe von Gold und setze sie an ihre vier Ecken *g*, und zwar zwei Ringe an ihrer einen Seite und zwei Ringe an ihrer anderen Seite. Und mache Stangen von Aka- 13 zienholz und überziehe sie mit Gold. Und bringe die Stangen in die Ringe 14 an den Seiten der Lade, um die Lade mit denselben zu tragen. Die Stangen 15 sollen in den Ringen der Lade sein, sie sollen nicht daraus entfernt werden. Und lege in die Lade das Zeug- 16 nis, das ich dir geben werde. Und 17 mache einen Deckel *h* von reinem Golde: zwei und eine halbe Elle seine Länge, und eine und eine halbe Elle seine Breite. Und mache zwei Cheru- 18 bim von Gold; in getriebener Arbeit sollst du sie machen an beiden Enden des Deckels; und mache einen Cherub 19 an dem Ende der einen Seite und einen Cherub an dem Ende der anderen Seite; aus dem Deckel *i* sollt ihr die Cherubim machen an seinen beiden Enden. Und die Cherubim sollen die 20

---

a der Euphrat; vergl. 1. Mose 15, 18; 4. Mose 34, 1—12. — *b* O. Dankopfer. — *c* O. nach allen diesen Worten. — *d* Eig. wie das Wesen des Himmels. — *e* Eig. die Lehre, Unterweisung. — *f* O. Seekuhfelle, wie Hes. 16, 10; desgl. auch Kap. 26, 14; 35, 7. 23. — *g* And. üb.: Füße. — *h* O. Sühndeckel; eig. wohl: Versöhnungs-, Sühngerät. Das hebr. Wort ist von einem Zeitwort abgeleitet, welches ursprünglich „zudecken“, gewöhnlich aber „sühnen, vergeben“ bedeutet. — *i* d. h. aus e i n e m Stück mit ihm.

Flügel nach oben ausbreiten, den Dek-kel mit ihren Flügeln überdeckend, und ihre Angesichter einander gegenüber; die Angesichter der Cherubim sollen gegen den Deckel *gerichtet* sein.

21 Und lege den Deckel oben über die Lade; und in die Lade sollst du das Zeugnis legen, das ich dir geben

22 werde. Und daselbst werde ich mit dir zusammenkommen und von dem Deckel herab, zwischen den zwei Cherubim hervor, die auf der Lade des Zeugnisses sind, alles zu dir reden, was ich dir an die Kinder Israel gebieten werde.

23 Und du sollst einen Tisch von Akazienholz machen: zwei Ellen seine Länge, und eine Elle seine Breite, und eine und eine halbe Elle seine

24 Höhe. Und überziehe ihn mit reinem Golde und mache ihm einen Kranz

25 von Gold ringsum. Und mache ihm eine Leiste, eine Hand breit, ringsum, und mache einen Kranz von Gold an

26 seine Leiste ringsum. Und mache ihm vier Ringe von Gold und setze die Ringe an die vier Ecken *a*, die an sei-

27 nen vier Füßen sind. Dicht bei der Leiste sollen die Ringe sein, zu Behältern für die Stangen, um den Tisch

28 zu tragen. Und mache die Stangen von Akazienholz und überziehe sie mit Gold, und der Tisch soll daran

29 getragen werden. Und mache seine Schüsseln und seine Schalen und seine Kannen und seine Spendschalen, mit welchen das Trankopfer ausgegossen wird; von reinem Golde sollst du sie

30 machen. Und auf den Tisch sollst du Schaubrote *b* legen vor meinem Angesicht beständig.

31 Und du sollst einen Leuchter von reinem Golde machen; in getriebener Arbeit soll der Leuchter gemacht werden, sein Fuß und sein Schaft; seine Kelche, seine Knäufe und seine Blu-

32 men sollen aus ihm *c* sein. Und sechs Arme sollen von seinen Seiten ausgehen: drei Arme des Leuchters aus seiner einen Seite und drei Arme des Leuchters aus seiner anderen Seite.

33 Drei Kelche, mandelblütenförmig, an dem einen Arme: Knauf und Blume; und drei Kelche, mandelblütenförmig, an dem anderen Arme: Knauf und Blume; also für die sechs Arme, die

34 von dem Leuchter ausgehen. Und an dem Leuchter *d* vier Kelche, mandelblütenförmig: seine Knäufe und seine

35 Blumen; und zwar ein Knauf unter zwei Armen aus ihm, und *wieder* ein Knauf unter zwei Armen aus ihm, und *wieder* ein Knauf unter zwei Armen aus ihm, für die sechs Arme,

36 die von dem Leuchter ausgehen. Ihre Knäufe und ihre Arme sollen aus ihm *c* sein; der ganze *Leuchter* eine getriebene Arbeit, von reinem Golde.

37 Und du sollst seine sieben Lampen machen; und man soll seine Lampen anzünden *e*, so daß sie gerade vor ihm hin scheinen *f*; und seine Lichtschneu-

38 zen und seine Löschnäpfe von reinem Golde. Aus einem Talent reinen Goldes

39 soll man ihn machen mit allen diesen Geräten. Und sieh zu, daß du sie

40 nach ihrem Muster machest, welches dir auf dem Berge gezeigt worden ist.

26 Und die Wohnung sollst du aus zehn Teppichen machen; von gezwirntem Byssus *g* und blauem und rotem Purpur und Karmesin, mit Cherubim in Kunstweberarbeit sollst du

2 sie machen. Die Länge eines Teppichs achtundzwanzig Ellen, und vier Ellen die Breite eines Teppichs: ein Maß

3 für alle Teppiche. Fünf Teppiche sollen zusammengefügt werden, einer an den anderen, und *wieder* fünf Teppiche zusammengefügt, einer an den ande-

4 ren. Und mache Schleifen von blauem Purpur an den Saum des einen Teppichs am Ende, bei der Zusammenfügung; und also sollst du es machen an dem Saume des äußersten Teppichs bei der anderen Zusammenfügung.

5 Fünfzig Schleifen sollst du an den einen Teppich machen, und fünfzig Schleifen sollst du an das Ende des Teppichs machen, der bei der anderen Zusammenfügung ist; die Schleifen

6 eine der anderen gegenüber. Und mache fünfzig Klammern von Gold, und füge die Teppiche mit den Klammern zusammen, einen an den anderen, so daß die Wohnung ein *Ganzes* sei.

7 Und du sollst Teppiche von Ziegenhaar machen zum Zelte über die Wohnung; elf solcher Teppiche sollst du

8 machen. Die Länge eines Teppichs dreißig Ellen, und vier Ellen die Breite eines Teppichs: ein Maß für

9 die elf Teppiche. Und füge fünf Teppiche besonders zusammen und sechs Teppiche besonders, und den sechsten Teppich an der Vorderseite des Zel-

10 tes lege doppelt. Und mache fünfzig Schleifen an den Saum des einen Teppichs, des äußersten, bei der Zusammenfügung, und fünfzig Schleifen an den Saum des Teppichs der anderen

11 Zusammenfügung. Und mache fünfzig Klammern von Erz, und bringe die Klammern in die Schleifen und füge das Zelt zusammen, so daß es ein

12 *Ganzes* sei. Und das Ueberhangende, das übrig ist an den Teppichen des Zeltes, der halbe Teppich, der übrig ist, soll über die Hinterseite der Woh-

13 nung hangen. Und die Elle diesseits und die Elle jenseits, von dem, was übrig ist an der Länge der Teppiche des Zeltes, soll über die Seiten der Wohnung hangen, diesseits und jenseits, sie zu bedecken.

14 Und mache für das Zelt eine Decke von rotgefärbten Widderfellen und eine Decke von Dachsfellen oben dar-über.

15 Und die Bretter zu der Wohnung

---

a O. Seiten. — *b* W. Brot des Angesichts, d. h. das beständig vor Jehova lag. — *c* d. h. aus **einem** Stück mit ihm. — *d* d. h. dem Schafte. — *e* Eig. aufsteigen lassen; dasselbe Wort, welches für das Opfern der Brandopfer gebraucht wird. — *f* Eig. so daß eine jede gerade vor ihm hin scheine. — *g* Feinste, weiße Baumwolle.

sollst du von Akazienholz machen,
16 aufrechtstehend: zehn Ellen die Länge
eines Brettes, und eine und eine halbe
17 Elle die Breite eines Brettes; zwei
Zapfen an einem Brette, einer dem
anderen gegenüber eingefügt: also
sollst du es machen an allen Brettern
18 der Wohnung. Und mache die Bretter
zu der Wohnung: zwanzig Bretter an
19 der Seite gegen Mittag, südwärts; und
vierzig Füße von Silber sollst du
unter die zwanzig Bretter machen:
zwei Füße unter ein Brett für seine
zwei Zapfen, und *wieder* zwei Füße
unter ein Brett für seine zwei Zapfen;
20 und an der anderen Seite der Wohnung, an der Nordseite, zwanzig Bret-
21 ter, und ihre vierzig Füße von Silber:
zwei Füße unter ein Brett, und *wieder*
22 zwei Füße unter ein Brett; und an
der Hinterseite der Wohnung gegen
Westen sollst du sechs Bretter machen;
23 und zwei Bretter sollst du für die
Winkel der Wohnung an der Hinter-
24 seite machen; und sie sollen zweifach
sein von unten auf, und sollen an a
ihrem Oberteil völlig aneinander sein
in einem Ringe; also soll es mit ihnen
beiden sein, an den beiden Winkeln
25 sollen sie sein. Und so sollen es acht
Bretter sein, und ihre Füße von Silber, sechzehn Füße: zwei Füße unter
einem Brette, und *wieder* zwei Füße
unter einem Brette.
26 Und du sollst Riegel von Akazienholz machen: fünf zu den Brettern
27 der einen Seite der Wohnung, und
fünf Riegel zu den Brettern der anderen Seite der Wohnung, und fünf
Riegel zu den Brettern der Seite der
Wohnung an der Hinterseite gegen
28 Westen; und den mittleren Riegel in
der Mitte der Bretter durchlaufend
29 von einem Ende zum anderen. Und
die Bretter sollst du mit Gold überziehen; und ihre Ringe, die Behälter
für die Riegel, sollst du von Gold
machen, und die Riegel mit Gold über-
30 ziehen. Und so richte die Wohnung
auf, nach ihrer Vorschrift, wie sie dir
auf dem Berge gezeigt worden ist.
31 Und du sollst einen Vorhang b machen von blauem und rotem Purpur
und Karmesin und gezwirntem Byssus; in Kunstweberarbeit soll man ihn
32 machen, mit Cherubim. Und hänge ihn
auf c an vier Säulen von Akazienholz,
überzogen mit Gold, ihre Haken von
33 Gold, auf vier Füßen von Silber; und
hänge den Vorhang auf unter die
Klammern; und bringe dorthin, innerhalb des Vorhangs, die Lade des Zeugnisses. Und der Vorhang soll euch
eine Scheidung machen zwischen dem
Heiligen und dem Allerheiligsten d.
34 Und lege den Deckel auf die Lade
des Zeugnisses im Allerheiligsten.
35 Und stelle den Tisch außerhalb des
Vorhangs, und den Leuchter dem Ti-

sche gegenüber an die Seite der Wohnung gegen Süden; und den Tisch
sollst du an die Nordseite setzen. Und 36
mache für den Eingang des Zeltes
einen Vorhang e von blauem und rotem
Purpur und Karmesin und gezwirntem Byssus, in Buntwirkerarbeit. Und 37
mache zu dem Vorhang fünf Säulen
von Akazienholz und überziehe sie
mit Gold, ihre Haken von Gold, und
gieße für sie fünf Füße von Erz.

Und du sollst den Altar f von Aka- **27**
zienholz machen: fünf Ellen die
Länge, und fünf Ellen die Breite —
quadratförmig soll der Altar sein —
und drei Ellen seine Höhe. Und mache 2
seine Hörner an seine vier Ecken;
aus ihm g sollen seine Hörner sein;
und überziehe ihn mit Erz. Und mache 3
seine Töpfe, um ihn von der Fettasche
zu reinigen, und seine Schaufeln und
seine Sprengschalen und seine Gabeln
und seine Kohlenpfannen h; für alle
seine Geräte sollst du Erz verwenden.
Und mache ihm ein Gitter von Netz- 4
werk aus Erz, und mache an das Netz
vier eherne Ringe an seine vier Ecken;
und setze es unter die Einfassung des 5
Altars, unterwärts, daß das Netz bis
zur Hälfte des Altars reiche. Und 6
mache Stangen für den Altar, Stangen
von Akazienholz, und überziehe sie
mit Erz. Und seine Stangen sollen in 7
die Ringe gebracht werden, daß die
Stangen an beiden Seiten des Altars
seien, wenn man ihn trägt. Hohl, von 8
Brettern sollst du ihn machen; so
wie dir auf dem Berge gezeigt worden ist, also soll man ihn machen.
Und du sollst den Vorhof i der Woh- 9
nung machen: an der Mittagseite, südwärts, Umhänge für den Vorhof von
gezwirntem Byssus, hundert Ellen die
Länge auf der einen Seite; und seine 10
zwanzig Säulen und ihre zwanzig
Füße von Erz, die Haken der Säulen
und ihre Bindestäbe von Silber. Und 11
ebenso an der Nordseite in die Länge:
Umhänge, hundert *Ellen* lang; und
seine zwanzig Säulen und ihre zwanzig Füße von Erz, die Haken der
Säulen und ihre Bindestäbe von Silber. Und die Breite des Vorhofs an 12
der Westseite: fünfzig Ellen Umhänge,
ihre zehn Säulen und ihre zehn Füße.
Und die Breite des Vorhofs an der 13
Ostseite, gegen Aufgang, fünfzig Ellen: fünfzehn Ellen Umhänge auf der 14
einen Seite j, ihre drei Säulen und
ihre drei Füße; und auf der anderen 15
Seite j fünfzehn *Ellen* Umhänge, ihre
drei Säulen und ihre drei Füße; und 16
für das Tor des Vorhofs einen Vorhang
von zwanzig Ellen von blauem und
rotem Purpur und Karmesin und gezwirntem Byssus, in Buntwirkerarbeit,
ihre vier Säulen und ihre vier Füße.
Alle Säulen des Vorhofs ringsum sol- 17
len mit Bindestäben von Silber ver-

---

a O. bis zu. — b W. ein Scheidendes. So auch V. 33 u. 35. — c W. setze (tue)
ihn; so auch nachher. — d W. dem Heiligen der Heiligen. — e W. eine Decke;
desgl. V. 37; 27, 16 usw. — f S. Kap. 38, 1. — g d. h. aus einem Stück mit ihm. —
h O. Räucherpfannen. — i Eig. den Hof. — j W. Schulter; die beiden Seitenstücke
neben dem Eingang. Vergl. Kap. 38, 15.

sehen *sein*, ihre Haken von Silber
18 und ihre Füße von Erz. Die Länge des Vorhofs hundert Ellen, und die Breite fünfzig gegen fünfzig, und die Höhe fünf Ellen, von gezwirntem
19 Byssus; und ihre Füße von Erz. Alle Geräte der Wohnung zu ihrem ganzen Dienst und alle ihre Pflöcke und alle Pflöcke des Vorhofs sollen von Erz sein.

20 Und du, du sollst den Kindern Israel gebieten, daß sie dir reines, zerstoßenes Olivenöl bringen zum Licht, um die Lampen anzuzünden beständig.
21 Im Zelte der Zusammenkunft, außerhalb des Vorhangs, der vor dem Zeugnis ist, sollen Aaron und seine Söhne sie zurichten vom Abend bis zum Morgen, vor Jehova. Eine ewige Satzung bei ihren Geschlechtern von seiten der Kinder Israel.

28 Und du, du sollst zu dir nahen lassen deinen Bruder Aaron und seine Söhne mit ihm, aus der Mitte der Kinder Israel, um mir den Priesterdienst auszuüben: Aaron, Nadab und Abihu, Eleasar und Ithamar, die Söhne
2 Aarons. Und du sollst heilige Kleider für deinen Bruder Aaron machen zur
3 Herrlichkeit und zum Schmuck. Und du sollst zu allen reden, die weisen Herzens sind, die ich mit dem Geiste der Weisheit erfüllt habe, daß sie die Kleider Aarons machen, ihn zu heiligen, um mir den Priesterdienst
4 auszuüben. Und dies sind die Kleider, die sie machen sollen: ein Brustschild und ein Ephod und ein Oberkleid, und einen Leibrock von zellenförmigem Gewebe, einen Kopfbund und einen Gürtel; und sie sollen heilige Kleider machen für deinen Bruder Aaron und für seine Söhne, um mir den Priesterdienst auszuüben.
5 Und sie sollen das Gold und den blauen und den roten Purpur und den Karmesin und den Byssus nehmen,
6 und sollen das Ephod machen von Gold, blauem und rotem Purpur, Karmesin und gezwirntem Byssus, in
7 Kunstweberarbeit. Es soll zwei zusammenfügende Schulterstücke haben an seinen beiden Enden, und so werde
8 es zusammengefügt. Und der gewirkte Gürtel, mit dem es angebunden wird, der darüber ist, soll von gleicher Arbeit mit ihm sein, von gleichem Stoffe *a*: von Gold, blauem und rotem Purpur und Karmesin und gezwirn-
9 tem Byssus. Und du sollst zwei Onyxsteine nehmen und der Namen der
10 Söhne Israels darauf stechen: sechs ihrer Namen auf den einen Stein und die sechs übrigen Namen auf den anderen Stein, nach ihrer Geburtsfolge.
11 In Steinschneider-Arbeit, in Siegelstecherei sollst du die beiden Steine stechen nach den Namen der Söhne Israels; mit Einfassungen von Gold
12 umgeben sollst du sie machen. Und setze die beiden Steine auf die Schulterstücke des Ephods, als Steine des

Gedächtnisses für die Kinder Israel; und Aaron soll ihre Namen auf seinen beiden Schultern tragen vor Jehova zum Gedächtnis. Und mache Einfas- 13 sungen von Gold; und zwei Ketten 14 von reinem Golde: schnurähnlich sollst du sie machen, in Flechtwerk, und die geflochtenen Ketten an die Einfassungen befestigen.

Und mache das Brustschild des Ge- 15 richts *b* in Kunstweberarbeit; gleich der Arbeit des Ephods sollst du es machen: von Gold, blauem und rotem Purpur und Karmesin und gezwirntem Byssus sollst du es machen. Quadrat- 16 förmig soll es sein, gedoppelt, eine Spanne seine Länge und eine Spanne seine Breite. Und besetze es mit 17 eingesetzten Steinen, vier Reihen von Steinen; eine Reihe: Sardis, Topas und Smaragd, die erste Reihe; und die zweite Reihe: Karfunkel, 18 Saphir und Diamant; und die dritte 19 Reihe: Opal, Achat und Amethyst; und die vierte Reihe: Chrysolith und 20 Onyx und Jaspis; mit Gold sollen sie eingefaßt sein in ihren Einsetzungen. Und der Steine sollen nach den 21 Namen der Söhne Israels zwölf sein, nach ihren Namen; in Siegelstecherei sollen sie sein, ein jeder nach seinem Namen, für die zwölf Stämme. Und 22 mache an das Brustschild schnurähnliche Ketten in Flechtwerk, von reinem Golde. Und mache an das Brust- 23 schild zwei Ringe von Gold, und befestige die zwei Ringe an die beiden Enden des Brustschildes. Und befe- 24 stige die zwei geflochtenen Schnüre von Gold an die beiden Ringe an den Enden des Brustschildes; und die 25 beiden *anderen* Enden der zwei geflochtenen Schnüre sollst du an die beiden Einfassungen befestigen und sie an die Schulterstücke des Ephods befestigen, an seine Vorderseite. Und 26 mache zwei Ringe von Gold und befestige sie an die beiden Enden des Brustschildes, an seinen Saum, der gegen das Ephod hin ist, einwärts; und mache zwei Ringe von Gold und 27 befestige sie an die beiden Schulterstücke des Ephods, unten an seine Vorderseite, gerade bei seiner Zusammenfügung, oberhalb des gewirkten Gürtels des Ephods. Und man soll das 28 Brustschild mit seinen Ringen an die Ringe des Ephods binden mit einer Schnur von blauem Purpur, daß es über dem gewirkten Gürtel des Ephods sei, und das Brustschild sich nicht von dem Ephod verrücke. Und Aaron 29 soll die Namen der Söhne Israels an dem Brustschilde des Gerichts auf seinem Herzen tragen, wenn er vor das Heiligtum hineingeht, zum Gedächtnis vor Jehova beständig. Und lege in 30 das Brustschild des Gerichts die Urim und die Thummim *c*, daß sie auf dem Herzen Aarons seien, wenn er vor Jehova hineingeht; und Aaron soll das Gericht der Kinder Israel auf sei-

---

a W. aus ihm, wie Kap. 25, 31. 36; 27, 2. — *b* O. des Rechts. — *c* Lichter und Vollkommenheiten.

nem Herzen tragen vor Jehova beständig.

31 Und mache das Oberkleid des Ephods
32 ganz von blauem Purpur. Und seine Kopföffnung soll in seiner Mitte sein; eine Borte soll es an seiner Oeffnung haben ringsum, in Weberarbeit; wie die Oeffnung eines Panzers soll daran
33 sein, daß es nicht einreiße. Und an seinen Saum mache Granatäpfel von blauem und rotem Purpur und Karmesin, an seinen Saum ringsum, und Schellen von Gold zwischen ihnen
34 ringsum: eine Schelle von Gold und einen Granatapfel, eine Schelle von Gold und einen Granatapfel an den
35 Saum des Oberkleides ringsum. Und Aaron soll es anhaben, um den Dienst zu verrichten, daß sein Klang gehört werde, wenn er ins Heiligtum hineingeht vor Jehova, und wenn er hinausgeht, daß er nicht sterbe.

36 Und mache ein Blech von reinem Golde und stich darauf mit Siegelstecherei: Heiligkeit dem Je-
37 hova! Und tue es an eine Schnur von blauem Purpur; und es soll an dem Kopfbunde sein, an der Vorder-
38 seite des Kopfbundes soll es sein. Und es soll auf der Stirn Aarons sein, und Aaron soll die Ungerechtigkeit der heiligen Dinge tragen, welche die Kinder Israel heiligen werden, bei allen *a* Gaben ihrer heiligen Dinge; und es soll beständig an seiner Stirn sein, zum Wohlgefallen für sie vor Jehova.

39 Und mache den Leibrock von zellenförmigem Gewebe von Byssus, und mache einen Kopfbund von Byssus; und einen Gürtel sollst du machen in
40 Buntwirkerarbeit. Und den Söhnen Aarons sollst du Leibröcke machen und sollst ihnen Gürtel machen, und hohe Mützen sollst du ihnen machen zur Herrlichkeit und zum Schmuck.
41 Und du sollst deinen Bruder Aaron damit bekleiden und seine Söhne mit ihm; und du sollst sie salben und sie weihen *b* und sie heiligen, daß sie
42 mir die Priesterdienste ausüben. Und mache ihnen Beinkleider von Linnen, um das Fleisch der Blöße *u* zu *u'* bedecken; von den Hüften bis an die
43 Schenkel sollen sie reichen. Und Aaron und seine Söhne sollen sie anhaben, wenn sie in das Zelt der Zusammenkunft hineingehen, oder wenn sie dem Altar nahen, um den Dienst im Heiligtum zu verrichten, daß sie nicht eine Ungerechtigkeit tragen *c* und sterben: eine ewige Satzung für ihn und für seinen Samen nach ihm.

29 Und dies ist es, was du ihnen tun sollst, sie zu heiligen, um mir den Priesterdienst auszuüben: Nimm einen jungen Farren und zwei Widder,
2 ohne Fehl, und ungesäuertes Brot, und ungesäuerte Kuchen, gemengt mit Oel, und ungesäuerte Fladen, gesalbt

mit Oel: von Feinmehl des Weizens
3 sollst du sie machen. Und lege sie in einen Korb und bringe sie in dem Korbe dar, und den Farren und die
4 zwei Widder. Und Aaron und seine Söhne sollst du herzunahen lassen an den Eingang des Zeltes der Zusammenkunft und sie mit Wasser waschen.
5 Und du sollst die Kleider nehmen und Aaron bekleiden mit dem Leibrock und dem Oberkleide des Ephods und dem Ephod und dem Brustschilde, und es *d* ihm anbinden mit dem gewirkten
6 Gürtel des Ephods. Und setze den Kopfbund auf sein Haupt und lege das
7 heilige Diadem an den Kopfbund. Und
8 nimm das Salböl und gieße es auf sein Haupt und salbe ihn. Und seine Söhne
9 sollst du herzunahen lassen und sie mit den Leibröcken bekleiden; und umgürte sie mit dem Gürtel, Aaron und seine Söhne, und binde ihnen die hohen Mützen um; und das Priestertum sei ihnen zu einer ewigen Satzung. Und du sollst Aaron und seine Söhne
10 weihen. Und du sollst den Farren herzubringen vor die Zelt der Zusammenkunft, und Aaron und seine Söhne sollen ihre Hände auf den Kopf des
11 Farren legen. Und schlachte den Farren vor Jehova, an dem Eingang des Zeltes der Zusammenkunft; und nimm
12 von dem Blute des Farren und tue es mit deinem Finger an die Hörner des Altars, und alles Blut sollst du
13 an den Fuß des Altars gießen. Und nimm alles Fett, welches das Eingeweide bedeckt, und das Netz über der Leber und die beiden Nieren und das Fett, das an ihnen ist, und räuchere es auf dem Altar. Und das
14 Fleisch des Farren und seine Haut und seinen Mist sollst du mit Feuer verbrennen außerhalb des Lagers: es ist ein Sündopfer. Und du sollst den
15 einen Widder nehmen, und Aaron und seine Söhne sollen ihre Hände auf den
16 Kopf des Widders legen. Und du sollst den Widder schlachten und sein Blut nehmen und an den Altar sprengen
17 ringsum. Und den Widder sollst du in seine Stücke zerlegen, und sein Eingeweide und seine Schenkel waschen und sie auf seine *e* Stücke und
18 auf seinen *f* Kopf legen. Und den ganzen Widder sollst du auf dem Altar räuchern: es ist ein Brandopfer dem Jehova, ein lieblicher Geruch *g*; es ist
19 ein Feueropfer dem Jehova. Und du sollst den zweiten Widder nehmen, und Aaron und seine Söhne sollen ihre Hände auf den Kopf des Widders
20 legen. Und du sollst den Widder schlachten und von seinem Blute nehmen und es auf das rechte Ohrläppchen Aarons tun und auf das rechte Ohrläppchen seiner Söhne und auf den Daumen ihrer rechten Hand und auf die große Zehe ihres rechten Fußes; und du sollst das Blut an den

---

a Eig. nach allen, d. h. so viele ihrer sein werden. — *b* W. ihre Hand füllen. So auch Kap. 29, 9. 33. 35; 32, 29 u. a. St.; (vergl. die Anm. zu 3. Mose 8, 28.) — *c* O. Schuld auf sich laden. — *d* d. h. das Ephod; vergl. 3. Mose 8, 7. — *e* O. zu seinen. — *f* O. zu seinem. — *g* Vergl. die Anm. zu 1. Mose 8, 21.

21 Altar sprengen ringsum. Und nimm von dem Blute, das auf dem Altar ist, und von dem Salböl, und sprenge es auf Aaron und auf seine Kleider, und auf seine Söhne und auf die Kleider seiner Söhne mit ihm; und er wird heilig sein und seine Kleider, und seine Söhne und die Kleider seiner 22 Söhne mit ihm. Und nimm von dem Widder das Fett und den Fettschwanz, und das Fett, welches das Eingeweide bedeckt, und das Netz der Leber und die beiden Nieren und das Fett, das an ihnen ist, und den rechten Schenkel — denn es ist ein Widder der 23 Einweihung — und einen Laib Brot und einen Kuchen geölten Brotes und einen Fladen aus dem Korbe des Un-24 gesäuerten, der vor Jehova ist; und lege das alles auf die Hände Aarons und auf die Hände seiner Söhne, und webe es als Webopfer *a* vor Jehova. 25 Und nimm es von ihren Händen und räuchere es auf dem Altar, auf dem Brandopfer, zum lieblichen Geruch vor Jehova: es ist ein Feueropfer dem 26 Jehova. Und nimm die Brust von dem Einweihungswidder, der für Aaron ist, und webe sie als Webopfer vor Jehova; und sie soll dein Anteil sein. 27 Und heilige die Brust des Webopfers und den Schenkel des Hebopfers *b*, die gewoben und der gehoben worden ist von dem Einweihungswidder, von dem, der für Aaron, und von dem, 28 der für seine Söhne ist; und es soll Aaron und seinen Söhnen gehören als eine ewige Gebühr *c* von seiten der Kinder Israel, denn es ist ein Hebopfer; und es soll ein Hebopfer sein von seiten der Kinder Israel, von ihren Friedensopfern: ihr Hebopfer 29 dem Jehova. — Und die heiligen Kleider Aarons sollen für seine Söhne sein nach ihm, um sie darin zu salben und 30 sie darin zu weihen. Sieben Tage soll sie anziehen, wer von seinen Söhnen Priester wird an, seiner Statt, welcher in das Zelt der Zusammenkunft hineingehen wird *d*, um im Hei-31 ligtum zu dienen. Und den Einweihungswidder sollst du nehmen und sein Fleisch an heiligem Orte kochen. 32 Und Aaron und seine Söhne sollen das Fleisch des Widders und das Brot, das im Korbe ist, essen an dem Eingang des Zeltes der Zusam-33 menkunft: sie sollen die Dinge essen, durch welche Sühnung geschehen ist, um sie zu weihen, um sie zu heiligen; ein Fremder aber soll nicht davon 34 essen, denn sie *e* sind heilig. Und wenn von dem Fleische der Einweihung und von dem Brote etwas übrigbleibt bis an den Morgen, so sollst du das Uebriggebliebene mit Feuer verbrennen; es soll nicht gegessen werden,

denn es ist heilig. Und du sollst Aaron 35 und seinen Söhnen also tun, nach allem was ich dir geboten habe; sieben Tage sollst du sie einweihen. Und einen Farren als Sündopfer 36 sollst du täglich zur Sühnung opfern und den Altar entsündigen, indem du Sühnung für ihn tust; und du sollst ihn salben, um ihn zu heiligen. Sieben 37 Tage sollst du Sühnung tun für den Altar und ihn heiligen; und der Altar soll hochheilig sein: alles, was den Altar anrührt, wird heilig sein. Und dies ist es, was du auf dem 38 Altar opfern sollst: zwei einjährige Lämmer des Tages beständig. Das eine 39 Lamm sollst du am Morgen opfern, und das zweite Lamm sollst du opfern zwischen den zwei Abenden *f*, und ein 40 Zehntel *g* Feinmehl, gemengt mit einem Viertel Hin zerstoßenen Oeles, und ein Trankopfer *h*, ein Viertel Hin Wein, zu dem einen Lamme. Und das 41 zweite Lamm sollst du opfern zwischen den zwei Abenden; wie das Morgen-Speisopfer *i* und wie dessen Trankopfer, *so* sollst du zu diesem opfern, zum lieblichen Geruch, ein Feueropfer dem Jehova: ein bestän-42 diges Brandopfer bei euren Geschlechtern an dem Eingang des Zeltes der Zusammenkunft vor Jehova, wo ich mit euch zusammenkommen werde, um daselbst mit dir zu reden. Und 43 ich werde daselbst mit den Kindern Israel zusammenkommen, und es *j* wird geheiligt werden durch meine Herrlichkeit. Und ich werde das Zelt 44 der Zusammenkunft und den Altar heiligen; und Aaron und seine Söhne werde ich heiligen, daß sie mir den Priesterdienst ausüben. Und ich werde 45 in der Mitte der Kinder Israel wohnen und werde ihr Gott *k* sein. Und 46 sie werden wissen, daß ich Jehova bin, ihr Gott, der ich sie aus dem Lande Aegypten herausgeführt habe, um in ihrer Mitte zu wohnen; ich bin Jehova, ihr Gott.

Und du sollst einen Altar machen **30** zum Räuchern des Räucherwerks, von Akazienholz sollst du ihn machen; eine Elle seine Länge, und eine 2 Elle seine Breite — quadratförmig soll er sein — und zwei Ellen seine Höhe; aus ihm *l* sollen seine Hörner sein. Und überziehe ihn mit reinem 3 Golde, seine Platte und seine Wände ringsum und seine Hörner; und mache ihm einen Kranz von Gold ringsum. Und mache ihm zwei Ringe von Gold 4 unter seinen Kranz: an seine beiden Seiten sollst du sie machen, an seine beiden Wände; und sie sollen zu Behältern sein für die Stangen, um ihn mit denselben zu tragen. Und mache 5 die Stangen von Akazienholz und

---

6 überziehe sie mit Gold. Und stelle ihn dem Vorhang gegenüber, der vor der Lade des Zeugnisses ist, dem Deckel gegenüber, der über dem Zeugnis ist, woselbst ich mit dir zusammenkom-
7 men werde. Und Aaron soll wohlriechendes Räucherwerk auf ihm räuchern; Morgen für Morgen, wenn er die Lampen zurichtet, soll er es räu-
8 chern; und wenn Aaron die Lampen anzündet zwischen den zwei Abenden, soll er es räuchern: ein beständiges Räucherwerk vor Jehova bei euren
9 Geschlechtern. Ihr sollt kein fremdes Räucherwerk auf ihm opfern, noch Brandopfer, noch Speisopfer; und kein Trankopfer sollt ihr auf ihn gießen.
10 Und Aaron soll einmal im Jahre für dessen Hörner Sühnung tun mit dem Blute des Sündopfers der Versöhnung; einmal im Jahre soll er Sühnung für ihn tun bei euren Geschlechtern: hochheilig ist er dem Jehova.

11 Und Jehova redete zu Mose und
12 sprach: Wenn du die Summe der Kinder Israel aufnehmen wirst nach ihren Gemusterten, so sollen sie bei ihrer Musterung ein jeder seine Sühne seiner Seele dem Jehova geben, daß keine Plage unter ihnen entstehe bei
13 ihrer Musterung. Dies sollen sie geben: jeder zu den Gemusterten Uebergehende a die Hälfte eines Sekels, nach dem Sekel des Heiligtums, (zwanzig Gera der Sekel) die Hälfte eines Se-
14 kels als Hebopfer dem Jehova. Jeder zu den Gemusterten Uebergehende b, von zwanzig Jahren und darüber, soll
15 das Hebopfer Jehovas geben. Der Reiche soll nicht mehr geben, und der Arme nicht weniger als die Hälfte eines Sekels, wenn ihr das Hebopfer Jehovas gebet, um Sühnung zu tun
16 für eure Seelen. Und du sollst das Sühngeld von seiten der Kinder Israel nehmen und es für die Arbeit c des Zeltes der Zusammenkunft geben; und es soll den Kindern Israel zum Gedächtnis sein vor Jehova, um Sühnung zu tun für eure Seelen.
17 Und Jehova redete zu Mose und
18 sprach: Mache auch ein Becken von Erz und sein Gestell von Erz zum Waschen; und setze es zwischen das Zelt der Zusammenkunft und den
19 Altar und tue Wasser darein. Und Aaron und seine Söhne sollen ihre Hände und ihre Füße daraus waschen.
20 Wenn sie in das Zelt der Zusammenkunft hineingehen, sollen sie sich mit Wasser waschen, daß sie nicht sterben, oder wenn sie dem Altar nahen zum Dienst, um Jehova ein Feuer-
21 opfer zu räuchern. Und sie sollen ihre Hände und ihre Füße waschen, daß sie nicht sterben; und das soll ihnen eine ewige Satzung sein, ihm und seinem Samen bei ihren Geschlechtern.
22 Und Jehova redete zu Mose und
23 sprach: Und du, nimm dir die besten Gewürze: von selbst ausgeflossene Myrrhe fünfhundert Sekel, und würzi-

gen Zimmet die Hälfte davon, zweihundert und fünfzig, und Würzrohr zweihundert und fünfzig, und Kassia 24 fünfhundert, nach dem Sekel des Heiligtums, und ein Hin Olivenöl; und 25 mache daraus ein Oel der heiligen Salbung, eine Mischung von Gewürzsalbe, ein Werk des Salbenmischers; es soll ein Oel der heiligen Salbung sein. Und du sollst damit salben die 26 Zelt der Zusammenkunft und die Lade des Zeugnisses, und den Tisch und 27 alle seine Geräte, und den Leuchter und seine Geräte, und den Räucheraltar d, und den Brandopferaltar und 28 alle seine Geräte, und das Becken und sein Gestell, und du sollst sie 29 heiligen; und sie sollen hochheilig sein: alles was sie anrührt, wird heilig sein. Und Aaron und seine Söhne 30 sollst du salben und sollst sie heiligen, um mir den Priesterdienst auszuüben. Und zu den Kindern Israel sollst du 31 also reden: Ein Oel der heiligen Salbung soll mir dieses sein bei euren Geschlechtern. Auf keines Menschen 32 Fleisch soll man es gießen, und nach dem Verhältnis seiner Bestandteile sollt ihr keines desgleichen machen; es ist heilig, heilig soll es euch sein. Wer desgleichen mischt, und wer da- 33 von auf einen Fremden tut, der soll ausgerottet werden aus seinen Völkern.

Und Jehova sprach zu Mose: Nimm 34 dir wohlriechende Gewürze, Stakte und Räuchermuschel und Galban, wohlriechende Gewürze und reinen Weihrauch; zu gleichen Teilen sollen sie sein. Und mache Räucherwerk 35 daraus, Würzwerk, ein Werk des Salbenmischers, gesalzen, rein, heilig. Und zerstoße davon zu Pulver, und 36 lege davon vor das Zeugnis in das Zelt der Zusammenkunft, woselbst ich mit dir zusammenkommen werde; hochheilig soll es euch sein. Und das 37 Räucherwerk, das du machen sollst, nach dem Verhältnis seiner Bestandteile sollt ihr es euch nicht machen; heilig dem Jehova soll es dir sein. Wer desgleichen macht, um daran zu 38 riechen, der soll ausgerottet werden aus seinen Völkern.

Und Jehova redete zu Mose und **31** sprach: Siehe, ich habe Bezaleel, den Sohn Uris, des Sohnes Hurs, vom 2 Stamme Juda, mit Namen berufen und habe ihn mit dem Geiste Gottes 3 erfüllt, in Weisheit und in Verstand und in Kenntnis und in jeglichem Werk; um Künstliches zu ersinnen, 4 zu arbeiten in Gold und in Silber und in Erz, und im Schneiden von 5 Steinen zum Einsetzen und im Holzschneiden, um zu arbeiten in jeglichem Werk. Und ich, siehe, ich habe 6 ihm Oholiab, den Sohn Achisamaks, vom Stamme Dan, beigegeben; und in das Herz eines jeden, der weisen Herzens ist, habe ich Weisheit gelegt, daß sie alles machen, was ich dir geboten habe: das Zelt der Zusammen- 7

---

a O. auf, an. — b O. durch die Musterung Gehende. — c O. den Dienst. — d W. Altar des Räucherwerks.

kunft und die Lade des Zeugnisses, und den Deckel, der darauf ist, und
8 alle Geräte des Zeltes; und den Tisch und alle seine Geräte, und den reinen Leuchter und alle seine Geräte, und
9 den Brandopferaltar und alle seine Geräte, und
10 das Becken und sein Gestell; und die Dienstkleider a und die heiligen Kleider für Aaron, den Priester, und die Kleider seiner Söhne, um den Priester-
11 dienst auszuüben; und das Salböl und das wohlriechende Räucherwerk für das Heiligtum: nach allem was ich dir geboten habe, sollen sie es machen.
12 Und Jehova redete zu Mose und
13 sprach: Und du, rede zu den Kindern Israel und sprich: Fürwahr, meine Sabbathe sollt ihr beobachten; denn sie sind b ein Zeichen zwischen mir und euch bei euren Geschlechtern, damit ihr wisset, daß ich, Jehova, es
14 bin c, der euch heiligt; und beobachtet den Sabbath, denn heilig ist er euch; wer ihn entweiht, soll gewißlich getötet werden; denn wer irgend an ihm eine Arbeit tut, selbige Seele soll ausgerottet werden aus der Mitte ihrer
15 Völker. Sechs Tage soll man Arbeit tun, aber am siebenten Tage ist der Sabbath der Ruhe, heilig dem Jehova; wer irgend am Tage des Sabbaths eine Arbeit tut, soll gewißlich getötet
16 werden. Und die Kinder Israel sollen den Sabbath beobachten, um den Sabbath zu feiern bei ihren Geschlech-
17 tern: ein ewiger Bund. Er ist ein Zeichen zwischen mir und den Kindern Israel ewiglich; denn in sechs Tagen hat Jehova den Himmel und die Erde gemacht, und am siebenten Tage hat er geruht und sich erquickt.
18 Und er gab dem Mose, als er auf dem Berge Sinai mit ihm ausgeredet hatte, die zwei Tafeln des Zeugnisses, Tafeln von Stein, beschrieben mit dem Finger Gottes.

32 Und als das Volk sah, daß Mose verzog, von dem Berge herabzukommen, da versammelte sich das Volk zu Aaron, und sie sprachen zu ihm: Auf! mache uns einen Gott d, der vor uns hergehe! denn dieser Mose, der Mann, der uns aus dem Lande Aegypten heraufgeführt hat, — wir wissen nicht, was ihm geschehen
2 ist. Und Aaron sprach zu ihnen: Reißet die goldenen Ringe ab, die in den Ohren eurer Weiber, eurer Söhne und eurer Töchter sind, und bringet
3 sie zu mir. Und das ganze Volk riß sich die goldenen Ringe ab, die in ihren Ohren waren, und sie brachten
4 sie zu Aaron. Und er nahm es aus ihrer Hand und bildete es mit einem Meißel e und machte ein gegossenes Kalb daraus. Und sie sprachen: Das ist dein Gott, Israel, der dich aus dem Lande Aegypten heraufgeführt hat.
5 Und als Aaron es sah, baute er einen Altar vor ihm; und Aaron rief aus und sprach: Ein Fest dem Jehova ist

morgen! Und sie standen des folgenden 6 Tages früh auf und opferten Brandopfer und brachten Friedensopfer; und das Volk setzte sich nieder, um zu essen und zu trinken, und sie standen auf, um sich zu belustigen.
7 Da sprach Jehova zu Mose: Gehe, steige hinab! denn dein Volk, das du aus dem Lande Aegypten heraufgeführt hast, hat sich verderbt. Sie sind 8 schnell von dem Wege abgewichen, den ich ihnen geboten habe; sie haben sich ein gegossenes Kalb gemacht und sich vor ihm niedergebeugt und haben ihm geopfert und gesagt: Das ist dein Gott, Israel, der dich aus dem Lande Aegypten heraufgeführt hat.
9 Und Jehova sprach zu Mose: Ich habe dieses Volk gesehen, und siehe, es ist ein hartnäckiges Volk; und nun laß 10 mich, daß mein Zorn wider sie entbrenne und ich sie vernichte; dich aber will ich zu einer großen Nation machen. Und Mose flehte zu Jehova, 11 seinem Gott, und sprach: Warum, Jehova, sollte dein Zorn entbrennen wider dein Volk, das du aus dem Lande Aegypten herausgeführt hast mit großer Kraft und mit starker 12 Hand? Warum sollten die Aegypter also sprechen: Zum Unglück hat er sie herausgeführt, um sie in den Bergen zu töten und sie von der Fläche des Erdbodens zu vernichten? Kehre um von der Glut deines Zornes und laß dich des Uebels wider dein Volk gereuen. Gedenke Abrahams, Isaaks 13 und Israels, deiner Knechte, denen du bei dir selbst geschworen hast, und hast zu ihnen gesagt: Mehren will ich euren Samen wie die Sterne des Himmels; und dieses ganze Land, von dem ich geredet habe, werde ich eurem Samen geben, daß sie es als Erbteil besitzen ewiglich. Und es ge- 14 reute Jehova des Uebels, wovon er geredet hatte, daß er es seinem Volke tun werde.
15 Und Mose wandte sich und stieg von dem Berge hinab, die zwei Tafeln des Zeugnisses in seiner Hand, Tafeln, beschrieben auf ihren beiden Seiten: auf dieser und auf jener Seite waren sie beschrieben. Und die Ta- 16 feln waren das Werk Gottes, und die Schrift war die Schrift Gottes, eingegraben in die Tafeln. Und Josua hörte 17 die Stimme des Volkes, als es jauchzte, und sprach zu Mose: Kriegsgeschrei ist im Lager! Und er sprach: Es ist 18 nicht der Schall von Siegesgeschrei und nicht der Schall von Geschrei der Niederlage; den Schall von Wechselgesang höre ich. Und es geschah, 19 als er dem Lager nahte und das Kalb und die Reigentänze sah, da entbrannte der Zorn Moses, und er warf die Tafeln aus seinen Händen und zerbrach sie unten am Berge. Und er 20 nahm das Kalb, das sie gemacht hatten, und verbrannte es im Feuer und zermalmte es, bis es zu Staub wurde;

---

a And.: die gestickten Kleider. — b W. er ist. — c O. daß ich Jehova bin. — d O. Götter; ebenso V. 4. 8. 23. 31. — e And.: in einer Form.

und er streute es auf das Wasser und ließ es die Kinder Israel trinken.

21 Und Mose sprach zu Aaron: Was hat dir dieses Volk getan, daß du eine große Sünde über dasselbe gebracht 22 hast? Und Aaron sprach: Es entbrenne nicht der Zorn meines Herrn! Du kennst das Volk, daß es im Bösen ist. 23 Und sie sprachen zu mir: Mache uns einen Gott, der vor uns hergehe; denn dieser Mose, der Mann, der uns aus dem Lande Aegypten heraufgeführt hat, — wir wissen nicht, was ihm ge- 24 schehen ist. Und ich sprach zu ihnen: Wer hat Gold? Sie rissen es sich ab und gaben es mir, und ich warf es ins Feuer, und dieses Kalb ging hervor. 25 Und Mose sah das Volk, daß es zügellos war; denn Aaron hatte es zügellos gemacht, zum Gespött unter ihren 26 Widersachern. Und Mose stellte sich auf im Tore des Lagers und sprach: Her zu mir, wer für Jehova ist! Und es versammelten sich zu ihm alle Söhne 27 Levis. Und er sprach zu ihnen: Also spricht Jehova, der Gott Israels: Leget ein jeder sein Schwert an seine Hüfte, gehet hin und wieder, von Tor zu Tor im Lager, und erschlaget ein jeder seinen Bruder und ein jeder seinen Freund 28 und ein jeder seinen Nachbar a. Und die Söhne Levis taten nach dem Worte Moses; und es fielen von dem Volke an selbigem Tage bei dreitausend 29 Mann. Und Mose sprach: Weihet euch heute dem Jehova, ja, ein jeder in seinem Sohne und in seinem Bruder b, um heute Segen auf euch zu bringen. 30 Und es geschah am anderen Tage, da sprach Mose zu dem Volke: Ihr habt eine große Sünde begangen; und nun will ich zu Jehova hinaufsteigen, vielleicht möchte ich Sühnung 31 tun für eure Sünde. Und Mose kehrte zu Jehova zurück und sprach: Ach! dieses Volk hat eine große Sünde begangen, und sie haben sich einen 32 Gott von Gold gemacht. Und nun, wenn du ihre Sünde vergeben wolltest! . . wenn aber nicht, so lösche mich doch aus deinem Buche, das du 33 geschrieben hast. Und Jehova sprach zu Mose: Wer gegen mich gesündigt hat, den werde ich aus meinem Buche 34 auslöschen. Und nun gehe hin, führe das Volk, wohin ich dir gesagt habe. Siehe, mein Engel wird vor dir herziehen; und am Tage meiner Heimsuchung, da werde ich ihre Sünde an 35 ihnen heimsuchen. Und Jehova schlug das Volk, darum daß sie das Kalb gemacht, welches Aaron gemacht hatte.

33 Und Jehova redete zu Mose: Gehe, ziehe hinauf von hinnen, du und das Volk, das du aus dem Lande Aegypten heraufgeführt hast, in das Land, das ich Abraham, Isaak und Jakob zugeschworen habe, indem ich sprach: Deinem Samen werde ich es geben! — 2 und ich werde einen Engel vor dir hersenden und vertreiben die Kanaaniter, die Amoriter und die Hethiter

und die Perisiter, die Hewiter und 3 die Jebusiter, — in ein Land, das von Milch und Honig fließt; denn ich werde nicht in deiner Mitte hinaufziehen, denn du bist ein hartnäckiges Volk, daß ich dich nicht vernichte 4 auf dem Wege. Und als das Volk dieses böse Wort hörte, da trauerten sie, und keiner legte seinen Schmuck 5 an. Denn Jehova hatte zu Mose gesagt: Sprich zu den Kindern Israel: Ihr seid ein hartnäckiges Volk; zöge ich nur einen Augenblick in deiner Mitte hinauf, so würde ich dich vernichten. Und nun, lege deinen Schmuck von dir, und ich werde wissen, was 6 ich dir tun will. Und die Kinder Israel rissen sich ihren Schmuck ab an dem Berge Horeb c.

7 Und Mose nahm das Zelt und schlug es sich auf außerhalb des Lagers, fern vom Lager, und nannte es: Zelt der Zusammenkunft. Und es geschah, ein jeder, der Jehova suchte, ging hinaus zu dem Zelte der Zusammenkunft, das außerhalb des Lagers war. 8 Und es geschah, wenn Mose zu dem Zelte hinausging, so erhob sich das ganze Volk, und sie standen, ein jeder am Eingang seines Zeltes; und sie schauten Mose nach, bis er in das 9 Zelt trat. Und es geschah, wenn Mose in das Zelt trat, so stieg die Wolkensäule hernieder und stand am Eingang des Zeltes; und Jehova d redete 10 mit Mose. Und das ganze Volk sah die Wolkensäule am Eingang des Zeltes stehen; und das ganze Volk erhob sich, und sie warfen sich nieder, ein jeder am Eingang seines Zel- 11 tes. Und Jehova redete mit Mose von Angesicht zu Angesicht, wie ein Mann mit seinem Freunde redet; und er kehrte zum Lager zurück. Sein Diener aber, Josua, der Sohn Nuns, ein Jüngling, wich nicht aus dem Innern des Zeltes.

12 Und Mose sprach zu Jehova: Siehe, du sprichst zu mir: Führe dieses Volk hinauf, aber du hast mich nicht wissen lassen, wen du mit mir senden willst. Und du hast doch gesagt: Ich kenne dich mit Namen, und du hast auch Gnade gefunden in meinen Au- 13 gen. Und nun, wenn ich denn Gnade gefunden habe in deinen Augen, so laß mich doch deinen Weg e wissen, daß ich dich erkenne, damit ich Gnade finde in deinen Augen; und sieh, daß 14 diese Nation dein Volk ist! Und er sprach: Mein Angesicht wird mitgehen, und ich werde dir Ruhe geben. 15 Und er sprach zu ihm: Wenn dein Angesicht nicht mitgeht, so führe uns 16 nicht hinauf von hinnen. Und woran soll es denn erkannt werden, daß ich Gnade gefunden habe in deinen Augen, ich und dein Volk? Nicht daran, — daß du mit uns gehst, und wir ausgesondert werden, ich und dein Volk, aus jedem Volke, das auf dem Erdboden ist? Und Jehova sprach zu 17

---

a O. Verwandten. — b O. Jehova; ein jeder sei gegen seinen Sohn und gegen seinen Bruder. — c Eig. von dem Berge Horeb an. — d W. er. — e W. deine Wege.

Mose: Auch dieses, was du gesagt hast, werde ich tun; denn du hast Gnade gefunden in meinen Augen, 18 und ich kenne dich mit Namen. Und er sprach: Laß mich doch deine Herr-19 lichkeit sehen! Und Jehova *a* sprach: Ich werde alle meine Güte vor deinem Angesicht vorübergehen lassen, und werde den Namen Jehovas vor dir ausrufen; und ich werde begnadigen, wen ich begnadigen werde, und werde mich erbarmen, wessen ich 20 mich erbarmen werde. Und er sprach: Du vermagst nicht mein Angesicht zu sehen, denn nicht kann ein Mensch 21 mich sehen und leben. Und Jehova sprach: Siehe, es ist ein Ort bei mir, da sollst du auf dem Felsen stehen. 22 Und es wird geschehen, wenn meine Herrlichkeit vorübergeht, so werde ich dich in die Felsenkluft stellen und meine Hand über dich decken, bis ich 23 vorübergegangen bin. Und ich werde meine Hand hinwegtun, und du wirst mich von hinten sehen; aber mein Angesicht soll nicht gesehen werden.

34 Und Jehova sprach zu Mose: Haue dir zwei steinerne Tafeln aus wie die ersten, und ich werde auf die Tafeln die Worte schreiben, welche auf den ersten Tafeln waren, die du zer-2 brochen hast. Und sei bereit auf den Morgen, und steige am Morgen auf den Berg Sinai und stehe daselbst vor 3 mir auf dem Gipfel des Berges. Und niemand soll mit dir heraufsteigen, und es soll selbst niemand auf den ganzen Berge gesehen werden; sogar Kleinvieh und Rinder sollen nicht 4 gegen diesen Berg hin weiden. Und er hieb zwei steinerne Tafeln aus wie die ersten; und Mose stand des Morgens früh auf und stieg auf den Berg Sinai, so wie Jehova ihm geboten hatte, und nahm die zwei steinernen Tafeln in seine Hand.
5 Und Jehova stieg in der Wolke hernieder, und er stand daselbst bei ihm 6 und rief den Namen Jehovas aus. Und Jehova ging vor seinem Angesicht vorüber und rief: Jehova, Jehova, Gott *b*, barmherzig und gnädig, langsam zum Zorn und groß an Güte und 7 Wahrheit, der Güte bewahrt auf Tausende hin *c*, der Ungerechtigkeit, Uebertretung und Sünde vergibt, — aber keineswegs hält er für schuldlos *d* den Schuldigen, — der die Ungerechtigkeit der Väter heimsucht an den Kindern und Kindeskindern, am 8 dritten und vierten Gliede. Und Mose neigte sich eilends zur Erde 9 und betete an und sprach: Wenn ich doch Gnade gefunden habe in deinen Augen, Herr, so ziehe doch der Herr in unserer Mitte — denn es ist ein hartnäckiges Volk — und vergib unsere Ungerechtigkeit und unsere Sünde, und 10 nimm uns an zum Eigentum *e*. Und er sprach: Siehe, ich mache einen Bund: vor deinem ganzen Volke will

ich Wunder tun, die nicht gewirkt *f* worden sind auf der ganzen Erde und unter allen Nationen; und das ganze Volk, in dessen Mitte du bist, soll das Werk Jehovas sehen; denn *g* furchtbar ist, was ich mit dir tun werde.
Beobachte, was ich dir heute ge-11 biete. Siehe, ich will vor dir vertreiben die Amoriter und die Kanaaniter und die Hethiter und die Perisiter und die Hewiter und die Jebusiter. Hüte dich, daß du nicht einen Bund 12 machest mit den Bewohnern des Landes, wohin du kommen wirst, daß sie nicht zum Fallstrick werden in deiner Mitte; sondern ihre Altäre sollt ihr 13 niederreißen und ihre Bildsäulen zerbrechen und ihre Ascherim *h* ausrotten, — denn du sollst nicht einen an-14 deren Gott *b* anbeten; denn Jehova, dessen Name Eiferer ist, ist ein eifernder Gott; — daß du nicht einen 15 Bund machest mit den Bewohnern des Landes und, wenn sie ihren Göttern nachhuren und ihren Göttern opfern, man dich einlade, und du von 16 ihrem Schlachtopfer essest, und du von ihren Töchtern für deine Söhne nehmest, und ihre Töchter ihren Göttern nachhuren und machen, daß deine Söhne ihren Göttern nachhuren. Gegossene Götter sollst du dir nicht 17 machen. — Das Fest der ungesäuer-18 ten Brote sollst du beobachten; sieben Tage sollst du Ungesäuertes essen, wie ich dir geboten habe, zur bestimmten Zeit des Monats Abib; denn im Monat Abib bist du aus Aegypten ausgezogen. — Alles was die Mutter 19 bricht, ist mein; und all dein Vieh, das männlich geboren wird, das Erstgeborene vom Rind- und Kleinvieh. Und das Erstgeborene vom Esel sollst 20 du lösen mit einem Lamme *i*; und wenn du es nicht lösest, so sollst du ihm das Genick. Jeden Erstgeborenen deiner Söhne sollst du lösen. Und man soll nicht leer erscheinen vor meinem Angesicht. — Sechs Tage 21 sollst du arbeiten, aber am siebenten Tage sollst du ruhen; in der Pflügezeit und in der Ernte sollst du ruhen. — Und das Fest der Wochen, der 22 Erstlinge der Weizenernte, sollst du feiern; und das Fest der Einsammlung beim Umlauf des Jahres. — Drei-23 mal im Jahre sollen alle deine Männlichen erscheinen vor dem Angesicht des Herrn Jehova, des Gottes Israels. Denn ich werde die Nationen vor dir 24 austreiben und deine Grenze erweitern; und niemand wird deines Landes begehren, wenn du hinaufziehst, um vor dem Angesicht Jehovas, deines Gottes, zu erscheinen dreimal im Jahre. — Du sollst nicht das Blut 25 meines Schlachtopfers zu Gesäuertem opfern; und das Schlachtopfer des Passahfestes soll nicht über Nacht bleiben bis an den Morgen. — Das 26 Erste der Erstlinge deines Landes

---

a W. er. — *b* El. — *c* O. Tausenden. — *d* O. läßt er ungestraft. — *e* O. Erbteil. — *f* Eig. erschaffen. — *g* O. daß. — *h* S. die Vorrede. — *i* S. die Anm. zu Kap. 12, 3.

sollst du in das Haus Jehovas, deines Gottes, bringen. — Du sollst ein Böcklein nicht kochen in der Milch seiner Mutter.

27 Und Jehova sprach zu Mose: Schreibe dir diese Worte auf; denn nach dem Inhalt dieser Worte habe ich mit dir und mit Israel einen Bund gemacht.

28 Und er war daselbst bei Jehova vierzig Tage und vierzig Nächte; er aß kein Brot und trank kein Wasser. Und er *a* schrieb auf die Tafeln die Worte des Bundes, die zehn Worte.

29 Und es geschah, als Mose von dem Berge Sinai herabstieg, — und die zwei Tafeln des Zeugnisses waren in der Hand Moses, als er von dem Berge herabstieg, — da wußte Mose nicht, daß die Haut seines Angesichts strahlte, weil er mit ihm geredet hatte *b*.

30 Und Aaron und alle Kinder Israel sahen Mose an, und siehe, die Haut seines Angesichts strahlte; und sie fürchteten sich, ihm zu nahen.

31 Und Mose rief ihnen zu, und sie wandten sich zu ihm, Aaron und alle Fürsten in der Gemeinde; und Mose

32 redete zu ihnen. Und danach nahten sich alle Kinder Israel; und er gebot ihnen alles, was Jehova auf dem Berge Sinai zu ihm geredet hatte.

33 Und Mose hörte auf, mit ihnen zu reden. Und er hatte eine Decke auf

34 sein Angesicht gelegt. Und wenn Mose vor Jehova hineinging, um mit ihm zu reden, tat er die Decke ab, bis er hinausging; und er ging hinaus und redete zu den Kindern Israel was ihm

35 geboten war; und die Kinder Israel sahen das Angesicht Moses, daß die Haut des Angesichts Moses strahlte; und Mose tat die Decke wieder auf sein Angesicht, bis er hineinging, um mit ihm zu reden.

35 Und Mose versammelte die ganze Gemeinde der Kinder Israel und sprach zu ihnen: Dies sind die Worte, die Jehova geboten hat, sie zu tun:

2 Sechs Tage soll man Arbeit tun, aber am siebenten Tage soll euch ein heiliger Tag sein, ein Sabbath der Ruhe dem Jehova; wer irgend an ihm eine

3 Arbeit tut, soll getötet werden. Ihr sollt am Tage des Sabbaths kein Feuer anzünden in allen euren Wohnungen.

4 Und Mose sprach zu der ganzen Gemeinde der Kinder Israel und sagte: Dies ist das Wort, das Jehova gebo-

5 ten hat, indem er sprach: Nehmet von euch ein Hebopfer *c* für Jehova; jeder, der willigen Herzens ist, soll es bringen, das Hebopfer Jehovas: Gold und

6 Silber und Erz, und blauen und roten Purpur und Karmesin und Byssus

7 und Ziegenhaar, und rotgefärbte Widderfelle und Dachsfelle und Akazien-

8 holz, und Oel zum Licht und Gewürze

zum Salböl und zum wohlriechenden Räucherwerk, und Onyxsteine und 9 Steine zum Einsetzen für das Ephod und für das Brustschild. Und alle, die 10 weisen Herzens sind unter euch, sollen kommen und alles machen, was Jehova geboten hat: die Wohnung, 11 ihr Zelt und ihre Decke, ihre Klammern und ihre Bretter, ihre Riegel, ihre Säulen und ihre Füße; die Lade 12 und ihre Stangen, den Deckel und den Scheide-Vorhang *d*; den Tisch und 13 seine Stangen und alle seine Geräte und die Schaubrote *e*; und den Leuch- 14 ter zum Licht und seine Geräte und seine Lampen und das Oel zum Licht; und den Räucheraltar und seine Stan- 15 gen und das Salböl und das wohlriechende Räucherwerk; und den Eingangs-Vorhang *f* für den Eingang der Wohnung; den Brandopferaltar und 16 das eherne Gitter an demselben, seine Stangen und alle seine Geräte; das Becken und sein Gestell; die Um- 17 hänge des Vorhofs, seine Säulen und seine Füße, und den Vorhang vom Tore des Vorhofs; die Pflöcke der 18 Wohnung und die Pflöcke des Vorhofs und ihre Seile; die Dienstkleider *g* 19 zum Dienst im Heiligtum, die heiligen Kleider für Aaron, den Priester, und die Kleider seiner Söhne, um im Priesterdienst auszuüben.

Und die ganze Gemeinde der Kin- 20 der Israel ging von Mose hinweg. Und sie kamen, ein jeder, den sein 21 Herz trieb; und ein jeder, der willigen Geistes war, brachte das Hebopfer Jehovas für das Werk des Zeltes der Zusammenkunft und für all seine Arbeit und für die heiligen Kleider. Und die Männer kamen mit 22 den Weibern; ein jeder, der willigen Herzens war, brachte Nasenringe und Ohrringe und Fingerringe und Spangen, allerlei goldene Geräte; und jeder, der dem Jehova ein Webopfer an Gold webte. Und ein jeder, bei dem 23 sich blauer und roter Purpur fand, und Karmesin und Byssus und Ziegenhaar und rotgefärbte Widderfelle und Dachsfelle, brachte es. Jeder, der ein 24 Hebopfer an Silber und Erz hob, brachte das Hebopfer Jehovas; und jeder, bei dem sich Akazienholz fand zu allerlei Werk der Arbeit, brachte es. Und alle Weiber, die weisen Her- 25 zens waren, spannen mit ihren Händen und brachten das Gespinst: den blauen und den roten Purpur, den Karmesin und den Byssus. Und alle 26 verständigen Weiber, die ihr Herz trieb *i*, spannen das Ziegenhaar. Und 27 die Fürsten brachten Onyxsteine und Steine zum Einsetzen für das Ephod und für das Brustschild, und das Ge- 28 würz und das Oel zum Licht und zum Salböl und zum wohlriechenden Räu-

---

a d. i. Jehova. — *b* O. während er mit ihm redete. — *c* Vergl. Kap. 25, 2 u. die Anm. zu Kap. 29, 27. — *d* Eig. den Vorhang, die Decke; O. den deckenden Vorhang. (Siehe über das Wort „Vorhang" Kap. 26, 31.) — *e* S. die Anm. zu Kap. 25, 30. — *f* Eig. die Eingangs-Decke. Desgl. V. 17; 36, 37; 38, 18 usw. — *g* And.: die gestickten Kleider. — *h* O. seinen Dienst; so auch V. 24; 36, 1. 3. 5. — *i* W. alle Weiber, die ihr Herz trieb in Weisheit.

29 cherwerk. Die Kinder Israel, alle Männer und Weiber, die willigen Herzens waren, um zu all dem Werke zu bringen, das Jehova durch Mose zu machen geboten hatte, brachten eine freiwillige Gabe dem Jehova.

30 Und Mose sprach zu den Kindern Israel: Sehet, Jehova hat Bezaleel, den Sohn Uris, des Sohnes Hurs, vom Stamme Juda, mit Namen berufen

31 und hat ihn mit dem Geiste Gottes erfüllt, in Weisheit, in Verstand und in Kenntnis und in jeglichem Werke;

32 und zwar um Künstliches zu ersinnen, zu arbeiten in Gold und in Sil-

33 ber und in Erz, und im Schneiden von Steinen zum Einsetzen und im Holzschneiden, um zu arbeiten in

34 jeglichem Kunstwerk; und zu unterweisen hat er ihm ins Herz gelegt, ihm und Oholiab, dem Sohne Achisa-

35 maks, vom Stamme Dan. Er hat sie mit Weisheit des Herzens erfüllt, um jegliches Werk des Künstlers und des Kunstwebers und des Buntwirkers zu machen, in blauem und rotem Purpur und Karmesin und Byssus, und des Webers; derer, die allerlei Werk machen und Künstliches ersinnen.

36 Und Bezaleel und Oholiab und alle Männer, die weisen Herzens waren, in welche Jehova Weisheit und Verstand gelegt hatte, damit sie alles Werk der Arbeit des Heiligtums zu machen wüßten, taten nach allem was Jehova geboten hatte.

2 Und Mose rief Bezaleel und Oholiab und jeden Mann, der weisen Herzens war, in dessen Herz Gott Weisheit gelegt hatte, jeden, den sein Herz trieb, ans Werk zu gehen, um es zu

3 machen. Und sie nahmen von Mose das ganze Hebopfer, das die Kinder Israel gebracht hatten zum Werke der Arbeit des Heiligtums, um es zu machen; und diese brachten ihm noch *a* freiwillige Gaben, Morgen für Mor-

4 gen. Und es kamen alle weisen Männer, die alles Werk des Heiligtums machten, ein jeder von seinem Werke,

5 das sie machten, und sprachen zu Mose und sagten: Das Volk bringt viel, mehr als genug für die Arbeit des Werkes, das Jehova zu machen

6 geboten hat. Da gebot Mose, und man ließ einen Ruf durchs Lager ergehen also: Weder Mann noch Weib soll ferner ein Werk machen für das Hebopfer des Heiligtums! und so wurde dem Volke das Bringen gewehrt *b*.

7 Und das Verfertigte *c* war genug für das ganze Werk, um es zu machen; und es war übrig.

8 Und alle, die weisen Herzens waren unter den Arbeitern des Werkes, machten die Wohnung aus zehn Teppichen; von gezwirntem Byssus und blauem und rotem Purpur und Karmesin, mit Cherubim in Kunstweber-

9 arbeit machte er *d* sie. Die Länge eines Teppichs war achtundzwanzig Ellen, und vier Ellen die Breite eines

Teppichs: ein Maß für alle Teppiche. Und er fügte fünf Teppiche zusam-
10 men, einen an den anderen, und er fügte *wieder* fünf Teppiche zusam-
11 men, einen an den anderen. Und er machte Schleifen von blauem Purpur an den Saum des einen Teppichs am Ende, bei der Zusammenfügung; also machte er es an dem Saume des äußersten Teppichs bei der anderen Zusammenfügung. Fünfzig Schleifen
12 machte er an den einen Teppich, und fünfzig Schleifen machte er an das Ende des Teppichs, der bei der anderen Zusammenfügung war, die Schleifen eine der anderen gegenüber. Und
13 er machte fünfzig Klammern von Gold und fügte die Teppiche zusammen, einen an den anderen, mit den Klammern, so daß die Wohnung ein *Ganzes* wurde.

Und er machte Teppiche von Zie-
14 genhaar zum Zelte über die Wohnung; elf solcher Teppiche machte
15 er. Die Länge eines Teppichs war dreißig Ellen, und vier Ellen die Breite eines Teppichs: ein Maß für die elf Teppiche. Und er fügte zu-
16 sammen fünf Teppiche besonders und sechs Teppiche besonders. Und er
17 machte fünfzig Schleifen an den Saum des äußersten Teppichs bei der Zusammenfügung, und fünfzig Schleifen machte er an den Saum des Teppichs der anderen Zusammenfügung. Und er machte fünfzig Klammern von
18 Erz, um das Zelt zusammenzufügen, so daß es ein *Ganzes* wurde.

Und er machte für das Zelt eine
19 Decke von rotgefärbten Widderfellen und eine Decke von Dachsfellen oben darüber.

Und er machte die Bretter zu der
20 Wohnung von Akazienholz, aufrechtstehend: zehn Ellen die Länge eines
21 Brettes, und eine und eine halbe Elle die Breite eines Brettes; zwei Zapfen
22 an einem Brette, einer dem anderen gegenüber eingefügt: also machte er es an allen Brettern der Wohnung. Und er machte die Bretter zu der
23 Wohnung: zwanzig Bretter an der Seite gegen Mittag, südwärts; und er
24 machte vierzig Füße von Silber unter die zwanzig Bretter: zwei Füße unter ein Brett für seine zwei Zapfen, und *wieder* zwei Füße unter ein Brett für
25 seine zwei Zapfen; und an der anderen Seite der Wohnung, an der Nordseite, machte er zwanzig Bretter, und
26 ihre vierzig Füße von Silber: zwei Füße unter ein Brett, und *wieder*
27 zwei Füße unter ein Brett; und an
27 der Hinterseite der Wohnung gegen Westen machte er sechs Bretter; und
28 zwei Bretter machte er für die Winkel der Wohnung an der Hinterseite; und sie waren zweifach von unten
29 auf und waren an *e* ihrem Oberteil völlig aneinander in einem Ringe; also machte er es mit ihnen beiden an den beiden Winkeln. Und es wa-
30

---

a O. fortwährend. — *b* O. hörte das Volk auf zu bringen. — *c* W. des Werkes. — *d* d. h. Bezaleel. (S. Kap. 37, 1 usw.) — *e* O. bis zu.

ren acht Bretter, und ihre Füße von Silber: sechzehn Füße, je zwei Füße unter einem Brette.

31 Und er machte Riegel von Akazienholz: fünf zu den Brettern der einen
32 Seite der Wohnung, und fünf Riegel zu den Brettern der anderen Seite der Wohnung, und fünf Riegel zu den Brettern der Wohnung an der Hinter-
33 seite gegen Westen; und er machte den mittleren Riegel in der Mitte der Bretter durchlaufend von einem Ende
34 zum anderen. Und er überzog die Bretter mit Gold; und ihre Ringe, die Behälter für die Riegel, machte er von Gold, und überzog die Riegel mit Gold.

35 Und er machte den Vorhang von blauem und rotem Purpur und Karmesin und gezwirntem Byssus; in Kunstweberarbeit machte er ihn, mit
36 Cherubim. Und er machte zu demselben vier Säulen von Akazienholz und überzog sie mit Gold, ihre Haken von Gold, und er goß zu denselben vier Füße von Silber.

37 Und er machte für den Eingang des Zeltes einen Vorhang von blauem und rotem Purpur und Karmesin und gezwirntem Byssus, in Buntwirker-
38 arbeit; und seine fünf Säulen und ihre Haken; und er überzog ihre Köpfe und ihre Bindestäbe mit Gold; und ihre fünf Füße waren von Erz.

37 Und Bezaleel machte die Lade von Akazienholz: zwei und eine halbe Elle ihre Länge, und eine und eine halbe Elle ihre Breite, und eine und
2 eine halbe Elle ihre Höhe. Und er überzog sie mit reinem Golde inwendig und auswendig, und machte einen
3 goldenen Kranz daran ringsum. Und er goß für dieselbe vier Ringe von Gold an ihre vier Ecken *a*, zwei Ringe an ihrer einen Seite und zwei Ringe
4 an ihrer anderen Seite. Und er machte Stangen von Akazienholz und über-
5 zog sie mit Gold. Und er brachte die Stangen in die Ringe an den Seiten der Lade, um die Lade zu tragen.
6 Und er machte einen Deckel *b* von reinem Golde: zwei und eine halbe Elle seine Länge, und eine und eine
7 halbe Elle seine Breite. Und er machte zwei Cherubim von Gold; in getriebener Arbeit machte er sie, an beiden
8 Enden des Deckels: einen Cherub an dem Ende der einen Seite und einen Cherub an dem Ende der anderen Seite; aus dem Deckel machte er die Cherubim, aus *c* seinen beiden Enden.
9 Und die Cherubim breiteten die Flügel aus nach oben, den Deckel mit ihren Flügeln überdeckend, und ihre Angesichter waren einander gegenüber; die Angesichter der Cherubim waren gegen den Deckel *gerichtet*.
10 Und er machte den Tisch von Akazienholz: zwei Ellen seine Länge und eine Elle seine Breite, und eine und
11 eine halbe Elle seine Höhe. Und er

überzog ihn mit reinem Golde und machte ihm einen Kranz von Gold ringsum. Und er machte ihm eine 12 Leiste, eine Hand breit, ringsum und machte einen Kranz von Gold an seiner Leiste ringsum. Und er goß für 13 denselben vier Ringe von Gold, und setzte die Ringe an die vier Ecken *d*, die an seinen vier Füßen waren. Dicht bei die Leiste waren die Ringe, 14 als Behälter für die Stangen, um den Tisch zu tragen. Und er machte die 15 Stangen von Akazienholz und überzog sie mit Gold, um den Tisch zu tragen. Und er machte die Geräte, 16 die auf dem Tische waren: seine Schüsseln und seine Schalen und seine Spendschalen und die Kannen, mit welchen *das Trankopfer* ausgegossen wird, von reinem Golde.

Und er machte den Leuchter von 17 reinem Golde; in getriebener Arbeit machte er den Leuchter, seinen Fuß und seinen Schaft; seine Kelche, seine Knäufe und seine Blumen waren aus ihm *e*. Und sechs Arme gingen von 18 seinen Seiten aus: drei Arme des Leuchters aus seiner einen Seite, und drei Arme des Leuchters aus seiner anderen Seite. Drei Kelche, mandel- 19 blütenförmig, an dem einen Arme: Knauf und Blume; und drei Kelche, mandelblütenförmig, an dem anderen Arme: Knauf und Blume; also für die sechs Arme, die von dem Leuchter ausgingen. Und an dem Leuchter 20 vier Kelche, mandelblütenförmig: seine Knäufe und seine Blumen; und 21 zwar ein Knauf unter zwei Armen aus ihm, und *wieder* ein Knauf unter zwei Armen aus ihm, und *wieder* ein Knauf unter zwei Armen aus ihm, für die sechs Arme, die von ihm ausgingen. Ihre Knäufe und ihre Arme 22 waren aus ihm; der ganze *Leuchter* eine getriebene Arbeit von reinem Golde. Und er machte seine sieben 23 Lampen, und seine Lichtschneuzen und seine Löschnäpfe von reinem Golde. Aus einem Talent reinen Gol- 24 des machte er ihn und alle seine Geräte.

Und er machte den Räucheraltar *f* 25 von Akazienholz: eine Elle seine Länge, und eine Elle seine Breite, quadratförmig, und zwei Ellen seine Höhe; aus ihm waren seine Hörner. Und er überzog ihn mit reinem Golde, 26 seine Platte und seine Wände ringsum und seine Hörner; und er machte ihm einen Kranz von Gold ringsum. Und er machte ihm zwei Ringe von 27 Gold, unter seinen Kranz, an seine beiden Seiten, an seine beiden Wände, zu Behältern für die Stangen, um ihn mit denselben zu tragen. Und er 28 machte die Stangen von Akazienholz und überzog sie mit Gold.

Und er machte das heilige Salböl 29 und das reine wohlriechende Räucherwerk, ein Werk des Salbenmischers.

---

a And. üb.: Füße. — *b* S. die Anm. zu Kap. 25, 17. — *c* Viell. zu lesen: „an“, wie Kap. 25, 19. — *d* O. Seiten. — *e* S. die Anm. zu Kap. 27, 2. — *f* S. Kap. 30, 1.

38 Und er machte den Brandopferaltar *a* von Akazienholz: fünf Ellen seine Länge, und fünf Ellen seine Breite, quadratförmig, und drei Ellen 2 seine Höhe; und er machte seine Hörner an seine vier Ecken; aus ihm waren seine Hörner; und er überzog 3 ihn mit Erz. Und er machte alle die Geräte des Altars: die Töpfe und die Schaufeln und die Sprengschalen, die Gabeln und die Kohlenpfannen; alle 4 seine Geräte machte er von Erz. Und er machte dem Altar ein Gitter von Netzwerk aus Erz, unter seiner Einfassung, unterwärts, bis zu seiner 5 Hälfte. Und er goß vier Ringe an die vier Ecken des ehernen Gitters als 6 Behälter für die Stangen. Und er machte die Stangen von Akazienholz 7 und überzog sie mit Erz. Und er brachte die Stangen in die Ringe, an die Seiten des Altars, um mit ihnen denselben zu tragen; hohl, von Brettern machte er ihn.

8 Und er machte das Becken von Erz und sein Gestell von Erz, von den Spiegeln der sich scharenden Weiber, die sich scharten am Eingang des Zeltes der Zusammenkunft.

9 Und er machte den Vorhof *b*: an der Mittagseite, südwärts, die Umhänge des Vorhofs von gezwirntem Byssus, 10 hundert Ellen; ihre zwanzig Säulen und ihre zwanzig Füße von Erz, die Haken der Säulen und ihre Binde- 11 stäbe von Silber. Und an der Nordseite hundert Ellen; ihre zwanzig Säulen und ihre zwanzig Füße von Erz, die Haken der Säulen und 12 ihre Bindestäbe von Silber. Und an der Westseite fünfzig Ellen Umhänge; ihre zehn Säulen und ihre zehn Füße, die Haken der Säulen und 13 ihre Bindestäbe von Silber. Und an der Ostseite gegen Aufgang, fünf- 14 zig Ellen: fünfzehn Ellen Umhänge auf der einen Seite *c*, ihre drei Säulen 15 und ihre drei Füße; und auf der anderen Seite — diesseit und jenseit vom Tore des Vorhofs — fünfzehn Ellen Umhänge, ihre drei Säulen und 16 ihre drei Füße. Alle Umhänge des Vorhofs ringsum waren von gezwirn- 17 tem Byssus; und die Füße der Säulen von Erz, die Haken der Säulen und ihre Bindestäbe von Silber und der Ueberzug ihrer Köpfe von Silber; und die Säulen des Vorhofs waren alle mit Bindestäben von Silber versehen. 18 Und den Vorhang vom Tore des Vorhofs machte er in Buntwirkerarbeit, von blauem und rotem Purpur und Karmesin und gezwirntem Byssus; und zwar zwanzig Ellen die Länge; und die Höhe, in der Breite *d*, fünf Ellen, gerade wie die Umhänge des 19 Vorhofs; und ihre vier Säulen und ihre vier Füße waren von Erz, ihre Haken von Silber und der Ueberzug ihrer Köpfe und ihre Bindestäbe von

Silber. Und alle Pflöcke zur Wohnung 20 und zum Vorhof ringsum waren von Erz.

Dies ist die Berechnung der Woh- 21 nung, der Wohnung des Zeugnisses, die berechnet wurde auf Befehl Moses, durch den Dienst der Leviten unter der Hand Ithamars, des Sohnes Aarons, des Priesters; — und Beza- 22 leel, der Sohn Uris, des Sohnes Hurs, vom Stamme Juda, machte alles was Jehova dem Mose geboten hatte; und 23 mit ihm Oholiab, der Sohn Achisamaks, vom Stamme Dan, ein Künstler *e* und Kunstweber und Buntwirker in blauem und rotem Purpur und Karmesin und Byssus —: Alles Gold, 24 das zum Werke verwendet *f* wurde an dem ganzen Werke des Heiligtums, das Gold des Webopfers, betrug neunundzwanzig Talente *g* und siebenhundert und dreißig Sekel, nach dem Sekel des Heiligtums. Und das Silber 25 von den Gemusterten der Gemeinde betrug hundert Talente und tausend siebenhundert fünfundsiebenzig Sekel, nach dem Sekel des Heiligtums: ein 26 Beka auf den Kopf, die Hälfte eines Sekels, nach dem Sekel des Heiligtums, von einem jeden, der zu den Gemusterten überging, von zwanzig Jahren und darüber, von sechshundertunddreitausend fünfhundert und fünfzig *Mann*. Und die hundert Ta- 27 lente Silber waren zum Gießen der Füße des Heiligtums und der Füße des Vorhangs, hundert Füße auf hundert Talente, ein Talent auf einen Fuß. Und von den tausend siebenhun- 28 dert fünfundsiebenzig *Sekeln* machte er *die* Haken für die Säulen und überzog ihre Köpfe und verband sie *mit Stäben*. Und das Erz des Web- 29 opfers betrug siebenzig Talente und zweitausend und vierhundert Sekel. Und er machte daraus die Füße vom 30 Eingang des Zeltes der Zusammenkunft und den ehernen Altar und sein ehernes Gitter und alle Geräte des Altars; und die Füße des Vorhofs 31 ringsum und die Füße vom Tore des Vorhofs und alle Pflöcke der Wohnung und alle Pflöcke des Vorhofs ringsum.

Und aus dem blauen und dem ro- **39** ten Purpur und dem Karmesin machten sie die Dienstkleider *h* zum Dienst im Heiligtum, und sie machten die heiligen Kleider für Aaron, so wie Jehova dem Mose geboten hatte. Und 2 man *i* machte das Ephod von Gold, blauem und rotem Purpur und Karmesin und gezwirntem Byssus. Und 3 sie plätteten Goldbleche, und man *i* zerschnitt sie zu Fäden, zum Verarbeiten unter den blauen und unter den roten Purpur und unter den Karmesin und unter den Byssus, in Kunstweberarbeit. Sie machten zusammenfügende Schulterstücke daran: an sei- 4 nen beiden Enden wurde es zusam-

---

a S. Kap. 27, 1. — *b* S. Kap. 27, 9. — *c* S. die Anm. zu Kap. 27, 14. — *d* d. h. des ganzen gewebten Stückes; W. die Höhe in Breite. — *e* O. ein Stein- und Holzschneider. — *f* O. verarbeitet. — *g* ein Talent = 3000 Sekel. — *h* And.: die gestickten Kleider; so auch V. 41. — *i* O. er.

5 mengefügt. Und der gewirkte Gürtel, mit dem es angebunden wurde, der darüber war, war von gleichem Stoffe *a*, von gleicher Arbeit mit ihm: von Gold, blauem und rotem Purpur und Karmesin und gezwirntem Byssus: so wie Jehova dem Mose geboten hatte.

6 Und sie machten die Onyxsteine, umgeben mit Einfassungen von Gold, gestochen in Siegelstecherei, nach den

7 Namen der Söhne Israels. Und man *b* setzte sie auf die Schulterstücke des Ephods, als Steine des Gedächtnisses für die Kinder Israel: so wie Jehova dem Mose geboten hatte.

8 Und er machte die Brustschild in Kunstweberarbeit, gleich der Arbeit des Ephods: von Gold, blauem und rotem Purpur und Karmesin und ge-

9 zwirntem Byssus. Es war quadratförmig; das Brustschild machten sie gedoppelt, eine Spanne seine Länge und eine Spanne seine Breite, gedop-

10 pelt. Und sie besetzten es mit vier Reihen von Steinen; eine Reihe: Sardis, Topas und Smaragd, die erste

11 Reihe; und die zweite Reihe: Kar-

12 funkel, Saphir und Diamant; und die dritte Reihe: Opal, Achat und Ane-

13 thyst; und die vierte Reihe: Chrysolith, Onyx und Jaspis; umgeben mit Einfassungen von Gold in ihren Ein-

14 setzungen. Und die Steine waren nach den Namen der Söhne Israels zwölf, nach ihren Namen; in Siegelstecherei, ein jeder nach seinem Namen, für die

15 zwölf Stämme. Und sie machten an das Brustschild schnürähnliche Ketten, in Flechtwerk, von reinem Golde.

16 Und sie machten zwei Einfassungen von Gold und zwei Ringe von Gold, und befestigten die zwei Ringe an die

17 beiden Enden des Brustschildes. Und die zwei geflochtenen Schnüre von Gold befestigten sie an die beiden Ringe an

18 den Enden des Brustschildes; und die beiden *anderen* Enden der zwei geflochtenen Schnüre befestigten sie an die beiden Einfassungen und befestigten sie an die Schulterstücke des

19 Ephods, an seine Vorderseite. Und sie machten zwei Ringe von Gold und befestigten sie an die beiden Enden des Brustschildes, an seinen Saum, der gegen das Ephod hin war, ein-

20 wärts; und sie machten zwei Ringe von Gold und befestigten sie an die beiden Schulterstücke des Ephods, unten an seine Vorderseite, gerade bei seiner Zusammenfügung, oberhalb des gewirkten Gürtels des Ephods.

21 Und sie banden die Brustschild mit seinen Ringen an die Ringe des Ephods mit einer purpurblauen Schnur, daß es über dem gewirkten Gürtel des Ephods wäre und das Brustschild sich nicht von dem Ephod verrückte: so wie Jehova dem Mose geboten hatte.

22 Und er machte das Oberkleid des Ephods in Weberarbeit, ganz von

23 blauem Purpur. Und die Oeffnung des Oberkleides war in seiner Mitte, wie die Oeffnung eines Panzers; eine Borte hatte es an seiner Oeffnung ringsum, damit es nicht einrisse. Und 24 sie machten an den Saum des Oberkleides Granatäpfel von blauem und rotem Purpur und Karmesin, gezwirnt. Und sie machten Schellen von 25 reinem Golde und setzten die Schellen zwischen die Granatäpfel an den Saum des Oberkleides ringsum, zwischen die Granatäpfel: eine Schelle 26 und einen Granatapfel, eine Schelle und einen Granatapfel an den Saum des Oberkleides ringsum, um den Dienst zu verrichten: so wie Jehova dem Mose geboten hatte.

Und sie machten die Leibröcke von 27 Byssus, in Weberarbeit, für Aaron und für seine Söhne; und den Kopf- 28 bund von Byssus, und den Kopfschmuck der hohen Mützen von Byssus, und die leinenen Beinkleider von gezwirntem Byssus, und den Gürtel 29 von gezwirntem Byssus und von blauem und rotem Purpur und Karmesin, in Buntwirkerarbeit: so wie Jehova dem Mose geboten hatte.

Und sie machten das Blech, das 30 heilige Diadem, von reinem Golde, und schrieben darauf mit Siegelstecherschrift: Heiligkeit dem Jehova! Und sie taten daran eine 31 Schnur von blauem Purpur, um es oben an den Kopfbund zu befestigen: so wie Jehova dem Mose geboten hatte.

Und es wurde vollendet die ganze 32 Arbeit der Wohnung des Zeltes der Zusammenkunft; und die Kinder Israel taten nach allem, was Jehova dem Mose geboten hatte, also taten sie. Und sie brachten die Wohnung 33 zu Mose: das Zelt und alle seine Geräte, seine Klammern, seine Bretter, seine Riegel und seine Säulen und seine Füße; und die Decke von Rot- 34 gefärbten Widderfellen und die Decke von Dachsfellen und den Scheide-Vorhang; die Lade des Zeugnisses und 35 ihre Stangen und den Deckel; den 36 Tisch, alle seine Geräte und die Schaubrote; den reinen Leuchter, 37 seine Lampen, die zuzurichtenden Lampen, und alle seine Geräte und das Oel zum Licht; und den goldenen 38 Altar und das Salböl und das wohlriechende Räucherwerk; und den Vorhang 39 vom Eingange des Zeltes; den ehernen Altar und sein ehernes Gitter, seine Stangen und alle seine Geräte; das Becken und sein Gestell; die Umhänge des Vorhofs, seine Säu- 40 len und seine Füße; und den Vorhang für das Tor des Vorhofs, seine Seile und seine Pflöcke; und alle Geräte zum Dienst der Wohnung des Zeltes *c* der Zusammenkunft; die Dienstkleider 41 zum Dienst im Heiligtum, die heiligen Kleider für Aaron, den Priester, und die Kleider seiner Söhne, um den Priesterdienst auszuüben. Nach allem 42 was Jehova dem Mose geboten hatte, also hatten die Kinder Israel die ganze Arbeit gemacht. Und Mose sah 43 das ganze Werk, und siehe, sie hatten

---

a W. war aus ihm; wie Kap. 28, 8. — *b* O. er. — *c* O. für das Zelt.

es gemacht; so wie Jehova geboten hatte, also hatten sie es gemacht; und Mose segnete sie.

40 Und Jehova redete zu Mose und sprach: Am Tage des ersten Monats, 2 am ersten des Monats, sollst du die Wohnung des Zeltes der Zusammen- 3 kunft aufrichten. Und du sollst die Lade des Zeugnisses darein stellen, und die Lade mit dem Vorhang ver- 4 decken. Und bringe den Tisch hinein und richte zu, was auf ihm zuzurich- ten ist; und bringe den Leuchter hin- 5 ein und zünde seine Lampen an. Und stelle den goldenen Altar zum Räu- cherwerk vor die Lade des Zeugnisses, und hänge den Vorhang des Eingangs 6 zur Wohnung auf. Und stelle den Brandopferaltar vor den Eingang der Wohnung des Zeltes der Zusammen- 7 kunft. Und stelle das Becken zwischen das Zelt der Zusammenkunft und den 8 Altar, und tue Wasser darein. Und richte den Vorhof auf ringsum und hänge den Vorhang vom Tore des 9 Vorhofs auf. Und nimm das Salböl und salbe die Wohnung und alles was darin ist, und heilige sie und alle ihre 10 Geräte; und sie soll heilig sein. Und salbe den Brandopferaltar und alle seine Geräte, und heilige den Altar; und der Altar soll hochheilig sein. 11 Und salbe das Becken und sein Ge- 12 stell, und heilige sie. Und laß Aaron und seine Söhne herzunahen an den Eingang des Zeltes der Zusammen- kunft und wasche sie mit Wasser. 13 Und bekleide Aaron mit den heiligen Kleidern und salbe ihn und heilige ihn, daß er mir den Priesterdienst 14 ausübe. Und seine Söhne sollst du herzunahen lassen und sie mit den 15 Leibröcken bekleiden. Und du sollst sie salben, so wie du ihren Vater ge- salbt hast, daß sie mir den Priester- dienst ausüben. Und ihre Salbung soll geschehen, um ihnen zu einem ewigen Priestertum zu sein bei ihren Ge- 16 schlechtern. Und Mose tat es; nach allem was Jehova ihm geboten hatte, also tat er.

17 Und es geschah im ersten Monat, im zweiten Jahre, am ersten des Mo- nats, da wurde die Wohnung auf- 18 gerichtet. Und Mose richtete die Woh- nung auf und setzte ihre Füße und stellte ihre Bretter auf und setzte ihre Riegel ein und richtete ihre Säulen 19 auf; und er breitete das Zelt über die Wohnung und legte die Decke des Zeltes oben darüber: so wie Jehova 20 dem Mose geboten hatte. Und er nahm das Zeugnis und legte es in die Lade

und tat die Stangen an die Lade und legte den Deckel auf die Lade, oben darauf; und er brachte die Lade in 21 die Wohnung und hing den Scheide- Vorhang auf und verdeckte die Lade des Zeugnisses: so wie Jehova dem Mose geboten hatte. Und er setzte den 22 Tisch in das Zelt der Zusammenkunft an die Seite der Wohnung gegen Norden, außerhalb des Vorhangs; und 23 er richtete darauf eine Brotschicht *a* zu vor Jehova: so wie Jehova dem Mose geboten hatte. Und er stellte 24 den Leuchter in das Zelt der Zusam- menkunft, dem Tische gegenüber, an die Seite der Wohnung gegen Mittag, und er zündete die Lampen an vor 25 Jehova: so wie Jehova dem Mose ge- boten hatte. Und er stellte den golde- 26 nen Altar in das Zelt der Zusammen- kunft vor den Vorhang, und räucherte 27 darauf wohlriechendes Räucherwerk: so wie Jehova dem Mose geboten hatte. Und er hing den Vorhang des Eingangs 28 zur Wohnung auf. Und den Brand- 29 opferaltar stellte er an den Eingang der Wohnung des Zeltes der Zusam- menkunft, und er opferte darauf das Brandopfer und das Speisopfer: so wie Jehova dem Mose geboten hatte. Und er stellte das Becken zwischen 30 das Zelt der Zusammenkunft und den Altar und tat Wasser darein zum Waschen. Und Mose und Aaron und 31 seine Söhne wuschen daraus ihre Hände und ihre Füße; wenn sie in 32 das Zelt der Zusammenkunft hinein- gingen, und wenn sie dem Altar nah- ten, wuschen sie sich, so wie Jehova dem Mose geboten hatte. Und er rich- 33 tete den Vorhof auf, rings um die Wohnung und um den Altar, und hing den Vorhang vom Tore des Vor- hofs auf. Und so vollendete Mose das Werk.

Und die Wolke bedeckte das Zelt 34 der Zusammenkunft, und die Herr- lichkeit Jehovas erfüllte die Wohnung. Und Mose konnte nicht in das Zelt der 35 Zusammenkunft hineingehen; denn die Wolke ruhte darauf, und die Herr- lichkeit Jehovas erfüllte die Wohnung. Und wenn die Wolke sich von der 36 Wohnung erhob, so brachen die Kin- der Israel auf, auf allen ihren Zügen. Und wenn die Wolke sich nicht erhob, 37 so brachen sie nicht auf, bis zu dem Tage, da sie sich erhob. Denn die 38 Wolke Jehovas war des Tages auf der Wohnung, und des Nachts war ein Feuer darin *b* vor den Augen des ganzen Hauses Israel, auf allen ihren Zügen.

---

a O. Brotreihe. And. üb.: und er legte darauf das Brot in Ordnung. — *b* d. h. in der Wolke.

Das dritte Buch Mose

1 Und Jehova rief Mose, und er redete zu ihm aus dem Zelte der Zu-2 sammenkunft und sprach: Rede zu den Kindern Israel und sprich zu ihnen: Wenn ein Mensch von euch dem Jehova eine Opfergabe *a* darbringen will, so sollt ihr vom Vieh, vom Rind- und Kleinvieh, eure Opfer-3 gabe darbringen. Wenn seine Opfergabe ein Brandopfer ist vom Rindvieh, so soll er sie darbringen, ein Männliches ohne Fehl; an dem Eingang des Zeltes der Zusammenkunft soll er sie darbringen, zum Wohl-4 gefallen für ihn vor Jehova. Und er soll seine Hand auf den Kopf des Brandopfers legen, und es wird wohlgefällig für ihn sein, um Sühnung für 5 ihn zu tun. Und er soll das junge Rind schlachten vor Jehova; und die Söhne Aarons, die Priester, sollen das Blut herzubringen und das Blut ringsum an den Altar sprengen, der an dem Eingang des Zeltes der Zusam-6 menkunft ist. Und er soll dem Brandopfer die Haut abziehen und es in 7 seine Stücke zerlegen. Und die Söhne Aarons, des Priesters, sollen Feuer auf den Altar legen und Holz auf 8 dem Feuer zurichten; und die Söhne Aarons, die Priester, sollen die Stücke, den Kopf und das Fett auf dem Holze zurichten über dem Feuer, das auf 9 dem Altar ist. Und sein Eingeweide und seine Schenkel soll er mit Wasser waschen; und der Priester soll das Ganze auf dem Altar räuchern: *es ist* ein Brandopfer, ein Feueropfer lieblichen Geruchs dem Jehova.
10 Und wenn seine Opfergabe vom Kleinvieh ist, von den Schafen oder von den Ziegen, zum Brandopfer, so soll er sie darbringen, ein Männliches 11 ohne Fehl. Und er soll es *b* schlachten an der Seite des Altars gegen Norden, vor Jehova; und die Söhne Aarons, die Priester, sollen sein Blut an den Altar 12 sprengen ringsum. Und er soll es in seine Stücke zerlegen mit seinem Kopf und seinem Fett; und der Priester soll sie auf dem Holze zurichten, über dem 13 Feuer, das auf dem Altar ist. Und das Eingeweide und die Schenkel soll er mit Wasser waschen; und der Priester soll das Ganze darbringen und auf dem Altar räuchern: *es ist* ein Brandopfer, ein Feueropfer lieblichen Geruchs dem Jehova.

Und wenn ein Brandopfer vom Ge-14 flügel seine Opfergabe ist dem Jehova, so soll er von den Turteltauben oder von den jungen Tauben seine Opfergabe darbringen. Und der Priester 15 bringe sie zum Altar und kneipe ihr den Kopf ein und räuchere sie auf dem Altar, und ihr Blut soll ausgedrückt werden an die Wand des Altars. Und er trenne ihren Kropf 16 mit seinem Unrat ab und werfe ihn neben den Altar gegen Osten, an den Ort der Fettasche *c*. Und er soll sie an 17 den Flügeln einreißen, er soll sie nicht zertrennen; und der Priester soll sie auf dem Altar räuchern, auf dem Holze, das über dem Feuer ist: es ist ein Brandopfer, ein Feueropfer lieblichen Geruchs dem Jehova.

Und wenn jemand *d* die Opfergabe **2** eines Speisopfers *e* dem Jehova darbringen will, so soll seine Opfergabe Feinmehl sein; und er soll Oel darauf gießen und Weihrauch darauf legen. Und er soll es zu den Söhnen Aarons, 2 den Priestern, bringen; und er *f* nehme davon seine Hand voll, von seinem Feinmehl und von seinem Oel samt all seinem Weihrauch, und der Priester räuchere das Gedächtnis*teil g* desselben auf dem Altar: *es ist* ein Feueropfer lieblichen Geruchs dem Jehova. Und das Uebrige von dem 3 Speisopfer soll für Aaron und für seine Söhne sein: ein Hochheiliges von den Feueropfern Jehovas.

Und wenn du als Opfergabe eines 4 Speisopfers ein Ofengebäck darbringen willst, so soll es Feinmehl sein, ungesäuerte Kuchen, gemengt mit Oel, und ungesäuerte Fladen, gesalbt mit Oel. Und wenn deine Opfergabe ein 5 Speisopfer in der Pfanne ist, so soll es Feinmehl sein, gemengt mit Oel, ungesäuert; du sollst es in Stücke 6 zerbrechen und Oel darauf gießen: es ist ein Speisopfer. Und wenn deine 7 Opfergabe ein Speisopfer im Napfe ist, so soll es von Feinmehl mit Oel gemacht werden. Und du sollst das 8 Speisopfer, das von diesen Dingen gemacht wird, dem Jehova bringen; und man soll es dem Priester überreichen, und er soll es an den Altar tragen. Und der Priester hebe von 9 dem Speisopfer dessen Gedächtnis*teil* ab und räuchere es auf dem Altar: es ist ein Feueropfer lieblichen Ge-

---

a H. Korban: eig. Darbringung (vergl. Kap. 7, 15). So überall in diesem Buche. — *b* Eig. sie (die Opfergabe; vergl. die Anm. zu Kap. 3, 2). — *c* d. h. der Asche alles dessen, was als Opfer verbrannt wurde. — *d* Eig. eine Seele; so öfter in diesem Buche. — *e* Das hebr. Wort bedeutet eig. Geschenk, Gabe. — *f* d. h. der Priester. — *g* O. Gedächtnisopfer; der Teil des Opfers, der zum Gedächtnis für Jehova verbrannt wurde.

10 ruchs dem Jehova. Und das Uebrige von dem Speisopfer soll für Aaron und für seine Söhne sein: ein Hochheiliges von den Feueropfern Jehovas.
11 Alles Speisopfer, das ihr dem Jehova darbringet, soll nicht aus Gesäuertem gemacht werden; denn aller Sauerteig und aller Honig, davon sollt ihr kein Feueropfer dem Jehova räu-
12 chern. Was die Opfergabe der Erstlinge betrifft, so sollt ihr sie Jehova darbringen; aber auf den Altar sollen sie nicht kommen zum lieblichen Ge-
13 ruch. Und alle Opfergaben deines Speisopfers sollst du mit Salz salzen und sollst das Salz des Bundes deines Gottes nicht fehlen lassen bei a allen deinem Speisopfer; bei a allen deinen Opfer-
14 gaben sollst du Salz darbringen. Und wenn du ein Speisopfer von den ersten Früchten dem Jehova darbringen willst, so sollst du Aehren, am Feuer geröstet, Schrot von Gartenkorn, darbringen als Speisopfer von deinen
15 ersten Früchten. Und du sollst Oel darauf tun und Weihrauch darauf le-
16 gen: es ist ein Speisopfer. Und der Priester soll das Gedächtnisteil desselben räuchern, von seinem Schrote und von seinem Oele, samt allem seinem Weihrauch: es ist ein Feueropfer dem Jehova.

3 Und wenn seine Opfergabe ein Friedensopfer b ist: wenn er sie von den Rindern darbringt, es sei ein Männliches oder ein Weibliches, so soll er sie ohne Fehl vor Jehova darbringen.
2 Und er soll seine Hand auf den Kopf seines Opfers c legen und es schlachten an dem Eingang des Zeltes der Zusammenkunft; und die Söhne Aarons, die Priester, sollen das Blut an den
3 Altar sprengen ringsum. Und er soll von dem Friedensopfer ein Feueropfer dem Jehova darbringen: das Fett, welches das Eingeweide bedeckt, und alles Fett, das am Eingeweide
4 ist, und die beiden Nieren und das Fett, das an ihnen, das an den Lenden ist, und das Netz über der Leber: samt den Nieren soll er es ab-
5 nen. Und die Söhne Aarons sollen es auf dem Altar räuchern, auf dem Brandopfer, welches auf dem Holze über dem Feuer ist: es ist ein Feueropfer lieblichen Geruchs dem Jehova.
6 Und wenn seine Opfergabe vom Kleinvieh ist zum Friedensopfer dem Jehova, ein Männliches oder ein Weibliches, so soll er sie ohne Fehl dar-
7 bringen. Wenn er ein Schaf darbringt als seine Opfergabe, so soll er es vor
8 Jehova herzubringen; und er soll seine Hand auf den Kopf seines Opfers legen und es schlachten vor dem Zelte der Zusammenkunft; und die Söhne Aarons sollen sein Blut an
9 den Altar sprengen ringsum. Und er soll von dem Friedensopfer als Feueropfer dem Jehova darbringen: sein Fett, den ganzen Fettschwanz; dicht

beim Rückgrat soll er ihn abtrennen; und das Fett, welches das Eingeweide bedeckt, und alles Fett, das am Eingeweide ist, und die beiden Nieren 10 und das Fett, das an ihnen, das an den Lenden ist, und das Netz über der Leber: samt den Nieren soll er es 11 abtrennen. Und der Priester soll es auf dem Altar räuchern: es ist eine Speise e des Feueropfers dem Jehova. — Und wenn seine Opfergabe eine 12 Ziege ist, so soll er sie vor Jehova herzubringen; und er soll seine Hand 13 auf ihren Kopf legen und sie schlachten vor dem Zelte der Zusammenkunft; und die Söhne Aarons sollen ihr Blut an den Altar sprengen ringsum. Und er soll davon seine Opfer- 14 gabe als Feueropfer dem Jehova darbringen: das Fett, welches das Eingeweide bedeckt, und alles Fett, das am Eingeweide ist, und die beiden 15 Nieren und das Fett, das an ihnen, das an den Lenden ist, und das Netz über der Leber: samt den Nieren soll er es abtrennen. Und der Priester soll 16 es auf dem Altar räuchern: es ist eine Speise e des Feueropfers zum lieblichen Geruch; alles Fett gehört Jehova. Eine ewige Satzung bei euren 17 Geschlechtern in allen euren Wohnsitzen: alles Fett und alles Blut sollt ihr nicht essen.

Und Jehova redete zu Mose und **4** sprach: Rede zu den Kindern Israel 2 und sprich: Wenn jemand aus Versehen sündigt gegen irgend eines der Verbote Jehovas, die nicht getan werden sollen, und irgend eines derselben tut, — wenn der gesalbte Priester 3 sündigt nach einem Vergehen des Volkes f, so soll er für seine Sünde, die er begangen hat, einen jungen Farren ohne Fehl dem Jehova darbringen zum Sündopfer. Und er soll den Far- 4 ren an den Eingang des Zeltes der Zusammenkunft vor Jehova bringen und seine Hand auf den Kopf des Farren legen und den Farren schlachten vor Jehova. Und der gesalbte 5 Priester nehme von dem Blute des Farren und bringe es in das Zelt der Zusammenkunft; und der Priester 6 tauche seinen Finger in das Blut und sprenge von dem Blute siebenmal vor Jehova gegen den Vorhang des Heiligtums hin. Und der Priester tue von 7 dem Blute an die Hörner des Altars des wohlriechenden Räucherwerks, der im Zelte der Zusammenkunft ist, vor Jehova; und alles Blut des Farren soll er an den Fuß des Brandopferaltars gießen, der vor dem Zelte der Zusammenkunft ist. Und alles Fett von dem Farren 8 des Sündopfers soll er von ihm abheben: das Fett, welches das Eingeweide bedeckt, und alles Fett, das am Eingeweide ist, und die beiden Nieren 9 und das Fett, das an ihnen, das an den Lenden ist, und das Netz über

---

a O. auf. — b O. Dankopfer. — c Eig. seiner Opfergabe; so auch V. 8. — d O. bei den Nieren; so auch V. 10. 15; Kap. 4, 9; 7, 4 usw.; And.: bis an die Nieren. — e Eig. ein Brot. — f And.: zur Verschuldung des Volkes.

der Leber: samt den Nieren soll er
10 es abtrennen, so wie es abgehoben
wird von dem Rinde des Friedensopfers; und der Priester soll es auf
11 dem Brandopferaltar räuchern. Und
die Haut des Farren und all sein
Fleisch samt seinem Kopfe und seinen
Schenkeln und seinem Eingeweide
12 und seinem Mist: den ganzen Farren
soll er a hinausbringen außerhalb des
Lagers an einen reinen Ort, nach
dem Schutthaufen der Fettasche, und
soll ihn auf Holzscheiten mit Feuer
verbrennen; auf dem Schutthaufen der
Fettasche soll er verbrannt werden.
13 Und wenn die ganze Gemeinde Israel aus Versehen sündigt und die
Sache ist verborgen vor den Augen
der Versammlung, und sie tun eines
von allen Verboten Jehovas, die nicht
getan werden sollen, und verschulden
14 sich, und die Sünde wird bekannt b,
die sie wider dasselbe begangen haben, so soll die Versammlung einen
jungen Farren darbringen zum Sündopfer und ihn vor das Zelt der Zu-
15 sammenkunft bringen. Und die Aeltesten der Gemeinde sollen ihre Hände
auf den Kopf des Farren legen vor
Jehova, und man soll den Farren vor
16 Jehova schlachten. Und der gesalbte
Priester bringe von dem Blute des
Farren in das Zelt der Zusammen-
17 kunft, und der Priester tauche seinen
Finger in das Blut und sprenge siebenmal vor Jehova gegen den Vor-
18 hang hin. Und er tue von dem Blute
an die Hörner des Altars, der vor
Jehova, der im Zelte der Zusammenkunft ist; und alles Blut soll er an
den Fuß des Brandopferaltars gießen,
der an dem Eingang des Zeltes der
19 Zusammenkunft ist. Und all sein Fett
soll er von ihm abheben und auf dem
20 Altar räuchern. Und er soll mit dem
Farren tun, wie er mit dem Farren
des Sündopfers getan hat; also soll er
damit tun. Und so tue der Priester
Sühnung für sie, und es wird ihnen
21 vergeben werden. Und er a soll den
Farren hinausbringen außerhalb des
Lagers und ihn verbrennen, so wie
er a den ersten Farren verbrannt hat:
es ist ein Sündopfer der Versammlung.
22 Wenn ein Fürst sündigt und tut aus
Versehen eines von allen den Verboten Jehovas, seines Gottes, die nicht
getan werden sollen, und verschuldet
23 sich, und seine Sünde wird ihm kundgetan c, worin er gesündigt hat, so
soll er seine Opfergabe bringen, einen
Ziegenbock, ein Männlein ohne Fehl.
24 Und er soll seine Hand auf den Kopf
des Bockes legen und ihn schlachten
an dem Orte, wo man das Brandopfer
vor Jehova schlachtet: es ist ein
25 Sündopfer. Und der Priester nehme
von dem Blute des Sündopfers mit
seinem Finger und tue es an die Hörner des Brandopferaltars; und sein
Blut soll er an den Fuß des Brand-

opferaltars gießen. Und all sein Fett 26
soll er auf dem Altar räuchern, wie
das Fett des Friedensopfers. Und so
tue der Priester Sühnung für ihn
wegen seiner Sünde, und es wird ihm
vergeben werden.
Und wenn jemand vom Volke des 27
Landes d aus Versehen sündigt, indem
er eines von den Verboten Jehovas
tut, die nicht getan werden sollen,
und sich verschuldet, und seine Sünde 28
wird ihm kundgetan c, die er begangen hat, so soll er seine Opfergabe
bringen, eine Ziege ohne Fehl, ein
Weiblein, wegen seiner Sünde, die er begangen hat. Und er soll seine Hand 29
auf den Kopf des Sündopfers legen
und das Sündopfer schlachten an dem
Orte des Brandopfers. Und der Prie- 30
ster nehme von seinem Blute mit seinem Finger und tue es an die Hörner
des Brandopferaltars; und all sein
Blut soll er an den Fuß des Altars
gießen. Und all sein Fett soll er ab- 31
trennen, so wie das Fett von dem
Friedensopfer abgetrennt wird; und
der Priester soll es auf dem Altar
räuchern zum lieblichen Geruch dem
Jehova. Und so tue der Priester Sühnung für ihn, und es wird ihm vergeben werden. — Und wenn er ein Schaf 32
bringt als seine Opfergabe zum Sündopfer, so soll es ein Weiblein ohne
Fehl sein, das er bringt. Und er soll 33
seine Hand auf den Kopf des Sündopfers legen und es zum Sündopfer
schlachten an dem Orte, wo man das
Brandopfer schlachtet. Und der Prie- 34
ster nehme von dem Blute des Sündopfers mit seinem Finger und tue es
an die Hörner des Brandopferaltars;
und all sein Blut soll er an den Fuß
des Altars gießen. Und all sein Fett 35
soll er abtrennen, so wie das Fett
des Schafes von dem Friedensopfer
abgetrennt wird; und der Priester soll
es auf dem Altar räuchern, auf e den
Feueropfern Jehovas. Und so tue der
Priester Sühnung für ihn wegen seiner Sünde, die er begangen hat, und
es wird ihm vergeben werden.
Und wenn jemand sündigt, daß er 5
die Stimme des Fluches f hört, und er
war Zeuge, sei es daß er es gesehen
oder gewußt hat, — wenn er es nicht
anzeigt, so soll er seine Ungerechtig- 2
keit tragen; oder wenn jemand irgend
etwas Unreines anrührt, sei es das
Aas eines unreinen wilden Tieres,
oder das Aas eines unreinen Viehes,
oder das Aas eines unreinen kriechenden Tieres g, — ist es ihm auch
verborgen, so ist er unrein und schul- 3
dig; oder wenn er die Unreinigkeit
eines Menschen anrührt, was für eine
Unreinigkeit von ihm es auch sei,
durch welche er unrein wird, und es
ist ihm verborgen, — erkennt er es,
so ist er schuldig; oder wenn jemand 4
schwört, indem er unbesonnen mit
den Lippen redet, Böses oder Gutes

---

a O. man. — b Eig. wird die Sünde bekannt. — c Eig. ist ihm seine Sünde kundgetan worden. — d d. i. vom gemeinen Volke. — e O. bei, mit; so auch Kap. 5, 12. —
f O. der Beschwörung; vergl. Spr. 29, 24. — g W. unreinen Gewimmels, wie 1. Mose 1, 20.

zu tun, nach allem was ein Mensch mit einem Schwur unbesonnen reden mag, und es ist ihm verborgen, — erkennt er es, so ist er schuldig in 5 einem von diesen. Und es soll geschehen, wenn er sich in einem von diesen verschuldet, so bekenne er, worin 6 er gesündigt hat; und er bringe sein Schuldopfer dem Jehova für seine Sünde, die er begangen hat: ein Weiblein vom Kleinvieh, ein Schaf oder eine Ziege zum Sündopfer; und der Priester soll Sühnung für ihn tun wegen seiner Sünde.

7 Und wenn seine Hand das zu einem Stück Kleinvieh Hinreichende nicht aufbringen kann, so soll er für *a* seine Schuld, die er auf sich geladen hat, zwei Turteltauben oder zwei junge Tauben dem Jehova bringen: eine zum Sündopfer und eine zum Brand8 opfer. Und er soll sie zu dem Priester bringen; und dieser bringe die zum Sündopfer *bestimmte* zuerst dar und kneipe ihr den Kopf ein dicht beim Genick; er soll ihn aber nicht abtren-9 nen. Und er sprenge von dem Blute des Sündopfers an die Wand des Altars, und das Uebrige von dem Blute soll ausgedrückt werden an den Fuß des 10 Altars: es ist ein Sündopfer. Und die andere soll er als Brandopfer opfern nach der Vorschrift. Und so tue der Priester Sühnung für ihn wegen seiner Sünde, die er begangen hat, und es wird ihm vergeben werden.

11 Und wenn seine Hand zwei Turteltauben oder zwei junge Tauben nicht aufbringen kann, so bringe der, welcher gesündigt hat, als seine Opfergabe ein Zehntel Epha Feinmehl zum Sündopfer; er soll kein Oel darauf tun und keinen Weihrauch darauf 12 legen, denn es ist ein Sündopfer. Und er soll es zu dem Priester bringen; und der Priester nehme davon seine Hand voll, das Gedächtnis*teil* desselben, und räuchere es auf dem Altar, auf den Feueropfern Jehovas: es ist 13 ein Sündopfer. Und so tue der Priester Sühnung für ihn wegen seiner Sünde, die er begangen hat in einem von diesen, und es wird ihm vergeben werden; und es soll dem Priester gehören, wie das Speisopfer.

14 Und Jehova redete zu Mose und 15 sprach: Wenn jemand Untreue begeht und aus Versehen an den heiligen Dingen Jehovas sündigt, so soll er sein Schuldopfer dem Jehova bringen, einen Widder ohne Fehl vom Kleinvieh, nach deiner Schätzung an Sekeln Silber, nach dem Sekel des Hei-16 ligtums, zum Schuldopfer. Und was er an den Heiligen *b* gesündigt hat, soll er erstatten und dessen Fünftel darüber hinzufügen und es dem Priester geben; und der Priester soll Sühnung für ihn tun mit dem Widder des Schuldopfers, und es wird ihm vergeben werden.

17 Und wenn jemand sündigt und eines

von allen den Verboten Jehovas tut, die nicht getan werden sollen, — hat er es auch nicht gewußt, so ist er schuldig und soll seine Ungerechtigkeit tragen. Und er soll einen Widder 18 ohne Fehl vom Kleinvieh nach deiner Schätzung zu dem Priester bringen, zum Schuldopfer; und der Priester soll Sühnung für ihn tun wegen seines Versehens, das er begangen hat, ohne es zu wissen; und es wird ihm vergeben werden. Es ist ein Schuld-19 opfer; er hat sich gewißlich an Jehova verschuldet.

Und Jehova redete zu Mose und 20 sprach: Wenn jemand sündigt und 21 Untreue wider Jehova begeht, daß er seinem Nächsten ein anvertrautes Gut ableugnet oder ein Darlehn oder etwas Geraubtes; oder er hat von seinem Nächsten etwas erpreßt, oder er hat 22 Verlorenes gefunden, und leugnet es ab; und er schwört falsch über irgend etwas von allem, was ein Mensch tun mag, sich darin zu versündigen: so 23 soll es geschehen, wenn er gesündigt und sich verschuldet hat, daß er zurückerstatte das Geraubte, das er geraubt, oder das Erpreßte, das er erpreßt hat, oder das Anvertraute, das ihm anvertraut worden ist, oder das Verlorene, das er gefunden hat, oder 24 alles, worüber er falsch geschworen hat; und er soll es erstatten nach seiner *vollen* Summe und dessen Fünftel darüber hinzufügen; wem es gehört, dem soll er es geben am Tage seines Schuldopfers. Und sein Schuldopfer 25 soll er Jehova bringen, einen Widder ohne Fehl vom Kleinvieh, nach deiner Schätzung, zum Schuldopfer, zu dem Priester; und der Priester soll Süh-26 nung für ihn tun vor Jehova, und es wird ihm vergeben werden wegen irgend etwas von allem was er getan hat, sich darin zu verschulden.

Und Jehova redete zu Mose und **6** sprach: Gebiete Aaron und seinen 2 Söhnen und sprich: Dies ist das Gesetz des Brandopfers. Dieses, das Brandopfer, soll auf seiner Feuerstelle sein, auf dem Altar, die ganze Nacht bis an den Morgen; und das Feuer des Altars soll auf demselben in Brand erhalten werden. Und der Priester 3 soll sein leinenes Kleid anziehen, und soll seine leinenen Beinkleider anziehen über sein Fleisch; und er soll die Fettasche abheben, zu welche das Feuer das Brandopfer auf dem Altar verzehrt hat, und soll sie neben den Altar schütten *c*. Und er soll seine Klei-4 der ausziehen und andere Kleider anlegen und die Fettasche hinaustragen außerhalb des Lagers an einen reinen Ort. Und das Feuer auf dem 5 Altar soll auf demselben in Brand erhalten werden, es soll nicht erlöschen; und der Priester soll Holz auf ihm *d* anzünden, Morgen für Morgen, und das Brandopfer auf ihm zurichten, und die Fettstücke der Friedensopfer

---

a W. als. — *b* Eig. von den heiligen (od. geheiligten, geweihten) Dingen weg, d. h. was er von den heiligen Dingen weggenommen hat. — *c* W. setzen. — *d* d. h. dem Feuer.

6 auf ihm räuchern. Ein beständiges Feuer soll auf dem Altar in Brand erhalten werden, es soll nicht erlöschen.

7 Und dies ist das Gesetz des Speisopfers: Einer der Söhne Aarons soll es vor Jehova darbringen vor dem 8 Altar. Und er soll davon seine Hand voll nehmen a, vom Feinmehl des Speisopfers und von dessen Oel, und allen Weihrauch, der auf dem Speisopfer ist, und es auf dem Altar räuchern: *es ist* ein lieblicher Geruch, 9 sein b Gedächtnis*teil* für Jehova. Und das Uebrige davon sollen Aaron und seine Söhne essen; ungesäuert soll es gegessen werden an heiligem Orte; im Vorhofe des Zeltes der Zusammen-10 kunft sollen sie es essen. Es soll nicht gesäuert gebacken werden; als ihren Anteil habe ich es ihnen gegeben von meinen Feueropfern: hochheilig ist es, wie das Sündopfer und wie das 11 Schuldopfer. Alles Männliche unter den Kindern Aarons soll es essen: ein für ewig Bestimmtes bei euren Geschlechtern von den Feueropfern Jehovas. Alles was sie anrührt, wird heilig sein.

12 Und Jehova redete zu Mose und 13 sprach: Dies ist die Opfergabe Aarons und seiner Söhne, welche sie Jehova darbringen sollen an dem Tage, da er gesalbt wird: ein Zehntel Epha Feinmehl als beständiges Speisopfer, die Hälfte davon am Morgen und die 14 Hälfte davon am Abend. Es soll in der Pfanne mit Oel bereitet werden, eingerührt *mit Oel* sollst du es bringen; gebackene Speisopferstücke sollst du darbringen als einen lieblichen 15 Geruch dem Jehova. Und der Priester, der unter seinen Söhnen an seiner Statt gesalbt wird, soll es opfern; eine ewige Satzung: es soll dem Je-16 hova ganz geräuchert werden. Und jedes Speisopfer des Priesters soll ein Ganzopfer c sein; es soll nicht gegessen werden.

17 Und Jehova redete zu Mose und 18 sprach: Rede zu Aaron und zu seinen Söhnen und sprich: Dies ist das Gesetz des Sündopfers. An dem Orte, wo das Brandopfer geschlachtet wird, soll das Sündopfer geschlachtet werden vor Jehova: hochheilig ist es. 19 Der Priester, der es als Sündopfer opfert, soll es essen; an heiligem Orte soll es gegessen werden, im Vorhofe 20 des Zeltes der Zusammenkunft. Alles was sein Fleisch anrührt, wird heilig sein; und wenn von seinem Blute auf ein Kleid spritzt — das, worauf es spritzt, sollst du waschen an heiligem 21 Orte. Und das irdene Gefäß, in welchem es gekocht wird, soll zerbrochen werden, und wenn es in einem ehernen Gefäß gekocht wird, so soll dieses gescheuert und mit Wasser 22 gespült werden. Alles Männliche unter den Priestern soll es essen: hoch-

heilig ist es. Aber alles Sündopfer, 23 von dessen Blut in das Zelt der Zusammenkunft gebracht wird, um im Heiligtum Sühnung zu tun, soll nicht gegessen werden; es soll mit Feuer verbrannt werden.

Und dies ist das Gesetz des Schuld- 7 opfers; es ist hochheilig. An dem Orte, wo man das Brandopfer schlach- 2 tet, soll man das Schuldopfer schlachten; und sein Blut soll er d an den Altar sprengen ringsum. Und alles 3 Fett soll er davon darbringen, den Fettschwanz und das Fett, welches das Eingeweide bedeckt, und das Fett, welches das Ein-geweide bedeckt, und die beiden Nie- 4 ren und das Fett, das an ihnen, das an den Lenden ist, und das Netz über der Leber: samt den Nieren soll er es abtrennen. Und der Priester soll 5 es auf dem Altar räuchern als ein Feueropfer dem Jehova: es ist ein Schuldopfer. Alles Männliche unter 6 den Priestern soll es essen; an heiligem Orte soll es gegessen werden: hochheilig ist es. Wie das Sündopfer, 7 so das Schuldopfer: ein Gesetz soll für sie sein. Der Priester, der damit Sühnung tut, ihm soll es gehören. — Und der Priester, der jemandes Brand- 8 opfer darbringt: ihm, dem Priester, soll die Haut des Brandopfers gehören, das er dargebracht hat. Und 9 alles Speisopfer, das im Ofen gebacken wird, und alles was im Napfe oder in der Pfanne bereitet wird: dem Priester, der es darbringt, ihm soll es gehören. Und alles Speisopfer, das mit Oel 10 gemengt oder trocken ist, soll allen Söhnen Aarons gehören, dem einen wie dem anderen.

Und dies ist das Gesetz des Frie- 11 densopfers, das man Jehova darbringt: Wenn man es zum Danke e 12 darbringt, so bringe man nebst dem Dankopfer ungesäuerte Kuchen dar, gemengt mit Oel, und ungesäuerte Fladen, gesalbt mit Oel, und Feinmehl, eingerührt *mit Oel*: Kuchen, gemengt mit Oel. Nebst den Kuchen 13 soll man gesäuertes Brot als Opfergabe darbringen, nebst seinem Dank-Friedensopfer f. Und man soll je ei- 14 nes davon, von der ganzen Opfergabe, dem Jehova als Hebopfer darbringen; dem Priester, der das Blut des Friedensopfers sprengt, ihm soll es gehören. Und das Fleisch seines g Dank- 15 Friedensopfers soll am Tage seiner Darbringung gegessen werden; er soll nichts davon liegen lassen bis an den Morgen. Und wenn das Schlacht- 16 opfer seiner Opfergabe ein Gelübde oder eine freiwillige Gabe ist, so soll es an dem Tage, da er sein Schlachtopfer darbringt, gegessen werden; und am anderen Tage soll dann was davon übrigbleibt gegessen werden; und 17 was vom Fleische des Schlachtopfers am dritten Tage übrigbleibt, soll mit Feuer verbrannt werden. Und wenn 18 irgendwie vom Fleische seines Frie-

---

a Eig. abheben. — b nämlich des Opfers; vergl. Kap. 2, 2. — c ein Opfer, das ganz verbrannt wurde. — d d. h. der Priester. — e Anderswo: Lob; eig. Anerkennung. — f O. Lob-Dankopfer. — g des Opfernden.

densopfers am dritten Tage gegessen wird, so wird es nicht wohlgefällig sein; wer es dargebracht hat, dem wird es nicht zugerechnet werden: ein Greuel wird es sein; und die Seele, die davon isset, wird ihre Un-

19 gerechtigkeit tragen. Und das Fleisch, das irgend etwas Unreines berührt, soll nicht gegessen werden, mit Feuer soll es verbrannt werden. Und *was das Fleisch betrifft*, jeder Reine darf

20 das Fleisch essen; aber die Seele, welche Fleisch von dem Friedensopfer isset, das Jehova gehört, und ihre Unreinigkeit ist an ihr, selbige Seele soll ausgerottet werden aus

21 ihren Völkern. Und wenn eine Seele irgend etwas Unreines anrührt, die Unreinigkeit eines Menschen oder ein unreines Vieh oder irgend ein unreines Scheusal, und sie isset von dem Fleische des Friedensopfers, das Jehova gehört: selbige Seele soll ausgerottet werden aus ihren Völkern.

22 Und Jehova redete zu Mose und

23 sprach: Rede zu den Kindern Israel und sprich: Kein Fett vom Rindvieh und von Schaf und Ziege sollt ihr

24 essen. Und das Fett vom Aas und das Fett vom Zerrissenen kann verwendet werden zu allerlei Werk; aber

25 ihr sollt es durchaus nicht essen. Denn jeder, der Fett isset vom Vieh, wovon man ein Feueropfer dem Jehova darbringt — die Seele, die es isset, soll ausgerottet werden aus ihren Völkern.

26 Und kein Blut sollt ihr essen in allen euren Wohnsitzen, es sei vom Ge-

27 vögel oder vom Vieh. Jede Seele, die irgend Blut isset, selbige Seele soll ausgerottet werden aus ihren Völkern.

28 Und Jehova redete zu Mose und

29 sprach: Rede zu den Kindern Israel und sprich: Wer sein Friedensopfer dem Jehova darbringt, soll von seinem Friedensopfer seine Opfergabe

30 dem Jehova bringen. Seine Hände sollen die Feueropfer Jehovas bringen; das Fett, samt der Brust soll er es bringen: die Brust, um sie als

31 Webopfer vor Jehova zu weben. Und der Priester soll das Fett auf dem Altar räuchern, und die Brust soll Aaron und seinen Söhnen gehören.

32 Und den rechten Schenkel sollt ihr als Hebopfer von euren Friedens-

33 opfern dem Priester geben. Wer von den Söhnen Aarons das Blut des Friedensopfers und das Fett darbringt, dem soll der rechte Schenkel

34 zuteil werden. Und die Brust des Webopfers und den Schenkel des Hebopfers habe ich von den Kindern Israel genommen, von ihren Friedensopfern, und habe sie Aaron, dem Priester, und seinen Söhnen gegeben als eine ewige Gebühr *a* von seiten

35 der Kinder Israel. — Das ist das Salbungsteil *b* Aarons und das Salbungsteil seiner Söhne von den Feueropfern Jehovas, an dem Tage *c*, da man *d* sie herzunahen ließ, um Je-

hova den Priesterdienst auszuüben, das Jehova geboten hat, ihnen zu 36 geben von seiten der Kinder Israel, an dem Tage, da man *d* sie salbte: eine ewige Satzung bei ihren Geschlechtern.

Das ist das Gesetz des Brandopfers, 37 des Speisopfers und des Sündopfers und des Schuldopfers und des Einweihungsopfers und des Friedensopfers, welches Jehova dem Mose 38 geboten hat auf dem Berge Sinai, an dem Tage, da er den Kindern Israel gebot, ihre Opfergaben dem Jehova darzubringen, in der Wüste Sinai.

Und Jehova redete zu Mose und **8** sprach: Nimm *e* Aaron und seine Söhne mit ihm, und die Kleider und 2 das Salböl und den Farren des Sündopfers und die zwei Widder und den Korb des Ungesäuerten; und ver- 3 sammle die ganze Gemeinde am Eingang des Zeltes der Zusammenkunft. Und Mose tat, so wie Jehova ihm 4 geboten hatte; und die Gemeinde versammelte sich am Eingang des Zeltes der Zusammenkunft. Und Mose 5 sprach zu der Gemeinde: Dies ist es, was Jehova zu tun geboten hat. Und 6 Mose ließ Aaron und seine Söhne herzunahen und wusch sie mit Wasser. Und er legte ihm den Leibrock 7 an und umgürtete ihn mit dem Gürtel; und er bekleidete ihn mit dem Oberkleide und legte ihm das Ephod an und umgürtete ihn mit dem gewirkten Gürtel des Ephods und band es ihm damit an; und er setzte das 8 Brustschild darauf und legte in das Brustschild die Urim und die Thummim; und er setzte den Kopfbund 9 auf sein Haupt und setzte an den Kopfbund, an seine Vorderseite, das Goldblech, das heilige Diadem: so wie Jehova dem Mose geboten hatte. Und Mose nahm das Salböl und 10 salbte die Wohnung und alles was darin war, und heiligte sie. Und er 11 sprengte davon siebenmal auf den Altar, und er salbte den Altar und alle seine Geräte und das Becken und sein Gestell, um sie zu heiligen. Und 12 er goß von dem Salböl auf das Haupt Aarons und salbte ihn, um ihn zu heiligen. Und Mose ließ die Söhne 13 Aarons herzunahen und bekleidete sie mit den Leibröcken und umgürtete sie mit den Gürteln und band ihnen die hohen Mützen um: so wie Jehova dem Mose geboten hatte.

Und er brachte den Farren 14 des Sündopfers herzu; und Aaron und seine Söhne legten ihre Hände auf den Kopf des Farren des Sündopfers. Und er schlachtete ihn, und Mose 15 nahm das Blut und tat davon mit seinem Finger an die Hörner des Altars ringsum und entsündigte den Altar; und das Blut goß er an den Fuß des Altars und heiligte ihn, indem er Sühnung für ihn tat. Und er 16 nahm das ganze Fett, das am Ein-

---

a Eig. ein für ewig Bestimmtes. — *b* W. die Salbung. — *c* d. h. von dem Tage an. — *d* O. er. — *e* Vergl. 2. Mose 29, 1—35.

geweide ist, und das Netz der Leber und die beiden Nieren und ihr Fett, und Mose räucherte es auf dem Al- 17 tar. Und den Farren und seine Haut und sein Fleisch und seinen Mist verbrannte er mit Feuer außerhalb des Lagers: so wie Jehova dem Mose ge- 18 boten hatte. — Und er brachte den Widder des Brandopfers herzu; und Aaron und seine Söhne legten ihre Hände auf den Kopf des Widders. 19 Und er schlachtete ihn, und Mose sprengte das Blut an den Altar rings- 20 um. Und den Widder zerlegte er in seine Stücke, und Mose räucherte den Kopf und die Stücke und das Fett; 21 und das Eingeweide und die Schenkel wusch er mit Wasser. Und Mose räucherte den ganzen Widder auf dem Altar: es war ein Brandopfer zum lieblichen Geruch, es war ein Feueropfer dem Jehova, so wie Jehova dem Mose geboten hatte. — 22 Und er brachte den zweiten Widder, den Widder der Einweihung, herzu; und Aaron und seine Söhne legten ihre Hände auf den Kopf des 23 Widders. Und er schlachtete ihn, und Mose nahm von seinem Blute und tat es auf das rechte Ohrläppchen Aarons und auf den Daumen seiner rechten Hand und auf die große Zehe seines rechten Fußes. 24 Und er ließ die Söhne Aarons nahen, und Mose tat von dem Blute auf ihr rechtes Ohrläppchen und auf den Daumen ihrer rechten Hand und auf die große Zehe ihres rechten Fußes; und Mose sprengte das Blut an 25 den Altar ringsum. Und er nahm das Fett und den Fettschwanz und alles Fett, das am Eingeweide ist, und das Netz der Leber und die beiden Nieren und ihr Fett und den rechten 26 Schenkel; und er nahm aus dem Korbe des Ungesäuerten, der vor Jehova war, einen ungesäuerten Kuchen und einen Kuchen geölten Brotes und einen Fladen, und legte es auf die Fettstücke und auf die rech- 27 ten Schenkel; und er legte das alles auf die Hände Aarons und auf die Hände seiner Söhne, und webte es 28 als Webopfer vor Jehova. Und Mose nahm es von ihren Händen weg und räucherte es auf dem Altar, auf dem Brandopfer: es war ein Einweihungsopfer a zum lieblichen Geruch, es war 29 ein Feueropfer dem Jehova. Und Mose nahm die Brust und webte sie als Webopfer vor Jehova; vom dem Einweihungswidder ward sie dem Mose zuteil, so wie Jehova dem Mose 30 geboten hatte. Und Mose nahm von dem Salböl und von dem Blute, das auf dem Altar war, und sprengte es auf Aaron, auf seine Kleider, und auf seine Söhne und auf die Kleider seiner Söhne mit ihm; und er heiligte Aaron, seine Kleider, und seine Söhne und die Kleider seiner Söhne mit ihm.

Und Mose sprach zu Aaron und zu 31 seinen Söhnen: Kochet das Fleisch an dem Eingang des Zeltes der Zusammenkunft; und ihr sollt es daselbst essen und das Brot, das im Korbe des Einweihungsopfers ist, so wie ich geboten habe und gesagt: Aaron und seine Söhne sollen es essen. Und das Uebrige von dem 32 Fleische und von dem Brote sollt ihr mit Feuer verbrennen. Und von dem 33 Eingang des Zeltes der Zusammenkunft sollt ihr nicht weggehen sieben Tage lang, bis zu dem Tage, da die Tage eures Einweihungsopfers erfüllt sind; denn sieben Tage sollt ihr eingeweiht werden b. So wie man an 34 diesem Tage getan, hat Jehova zu tun geboten, um Sühnung für euch zu tun. Und ihr sollt an dem Ein- 35 gang des Zeltes der Zusammenkunft Tag und Nacht bleiben, sieben Tage lang, und sollt die Vorschriften Jehovas c beobachten, daß ihr nicht sterbet; denn also ist mir geboten worden. Und Aaron und seine Söhne 36 taten alles was Jehova durch Mose geboten hatten.

Und es geschah am achten Tage, **9** da rief Mose Aaron und seine Söhne und die Aeltesten Israels; und er 2 sprach zu Aaron: Nimm dir ein junges Kalb zum Sündopfer und einen Widder zum Brandopfer, ohne Fehl, und bringe sie dar vor Jehova. Und 3 zu den Kindern Israel sollst du reden und sprechen: Nehmet einen Ziegenbock zum Sündopfer und ein Kalb und ein Lamm, einjährige, ohne Fehl, zum Brandopfer; und einen Stier und 4 einen Widder zum Friedensopfer, um sie vor Jehova zu opfern; und ein Speisopfer, gemengt mit Oel; denn heute wird Jehova euch erscheinen. Und sie brachten was Mose geboten 5 hatte vor das Zelt der Zusammenkunft, und die ganze Gemeinde nahte herzu und stand vor Jehova. Und 6 Mose sprach: Dies ist es, was Jehova geboten hat, daß ihr es tun sollt; und die Herrlichkeit Jehovas wird euch erscheinen.

Und Mose sprach zu Aaron: Nahe 7 zum Altar, und opfere dein Sündopfer und dein Brandopfer, und tue Sühnung für dich und für das Volk; und opfere die Opfergabe des Volkes und tue Sühnung für sie, so wie Jehova geboten hat. Und Aaron nahte 8 zum Altar und schlachtete das Kalb des Sündopfers, das für ihn war. Und 9 die Söhne Aarons reichten ihm das Blut dar; und er tauchte seinen Finger in das Blut und tat davon an die Hörner des Altars, und er goß das Blut an den Fuß des Altars. Und 10 das Fett und die Nieren und das Netz der Leber vom Sündopfer räucherte er auf dem Altar, so wie Jehova dem Mose geboten hatte. Und 11 das Fleisch und die Haut verbrannte

---

a W. eine Füllung, weil die Hände der Priester mit den in V. 25 und 26 erwähnten Dingen gefüllt wurden. — b W. sollen eure Hände gefüllt werden; desgl. Kap. 16, 32; 21. 10; vergl. Kap. 9, 17. — c Eig. was gegen Jehova zu beobachten ist.

er mit Feuer außerhalb des Lagers.

12 Und er schlachtete das Brandopfer; und die Söhne Aarons reichten ihm das Blut, und er sprengte es an den 13 Altar ringsum. Und das Brandopfer reichten sie ihm in seinen Stücken und den Kopf, und er räucherte es 14 auf dem Altar. Und er wusch das Eingeweide und die Schenkel und räucherte sie auf dem Brandopfer, 15 auf dem Altar. — Und er brachte herzu a die Opfergabe des Volkes und nahm den Bock des Sündopfers, der b für das Volk war, und schlachtete ihn und opferte ihn als Sündopfer, wie 16 das vorige. Und er brachte das Brandopfer herzu a und opferte es nach der 17 Vorschrift. Und er brachte das Speisopfer herzu a und füllte seine Hand davon und räucherte es auf dem Altar, außer dem Morgen-Brandopfer. 18 Und er schlachtete den Stier und den Widder, das Friedensopfer, welches für das Volk war. Und die Söhne Aarons reichten ihm das Blut, und er sprengte es an den Altar ringsum; 19 und die Fettstücke von dem Stier; und von dem Widder den Fettschwanz, und was *das Eingeweide* bedeckt und die Nieren und das Netz der Leber; 20 und sie legten die Fettstücke auf die Bruststücke, und er räucherte die 21 Fettstücke auf dem Altar. Und die Bruststücke und den rechten Schenkel webte Aaron als Webopfer vor Jehova, so wie Mose geboten hatte. 22 Und Aaron erhob seine Hände gegen das Volk und segnete sie; und er stieg herab nach der Opferung des Sündopfers und des Brandopfers 23 und des Friedensopfers. Und Mose und Aaron gingen hinein in das Zelt der Zusammenkunft; und sie kamen heraus und segneten das Volk. Und die Herrlichkeit Jehovas erschien dem 24 ganzen Volke; und es ging Feuer aus von Jehova c und verzehrte auf dem Altar das Brandopfer und die Fettstücke; und das ganze Volk sah es, und sie jauchzten und fielen auf ihr Angesicht.

10 Und die Söhne Aarons, Nadab und Abihu, nahmen ein jeder seine Räucherpfanne und taten Feuer hinein und legten Räucherwerk darauf und brachten fremdes Feuer vor Jehova dar, das er ihnen nicht geboten 2 hatte. Da ging Feuer von Jehova c aus und verzehrte sie, und sie star- 3 ben vor Jehova. Und Mose sprach zu Aaron: Dies ist es, was Jehova geredet hat, indem er sprach: In d denen, die mir nahen e, will ich geheiligt, und vor dem ganzen Volke will ich verherrlicht werden. Und Aaron 4 schwieg. Und Mose rief Misael und Elzaphan, die Söhne Ussiels, des Oheims Aarons, und sprach zu ihnen: Tretet herzu, traget eure Brüder von dem Heiligtum hinweg außerhalb des 5 Lagers. Und sie traten herzu und trugen sie in ihren Leibröcken hin-

weg außerhalb des Lagers, so wie Mose geredet hatte. — Und Mose 6 sprach zu Aaron und zu Eleasar und zu Ithamar, seinen Söhnen: Eure Häupter sollt ihr nicht entblößen und eure Kleider nicht zerreißen, damit ihr nicht sterbet, und er nicht erzürne über die ganze Gemeinde; aber eure Brüder, das ganze Haus Israel, sollen diesen Brand beweinen, den Jehova angerichtet hat. Und von 7 dem Eingang des Zeltes der Zusammenkunft sollt ihr nicht weggehen, daß ihr nicht sterbet; denn das Oel der Salbung Jehovas ist auf euch. Und sie taten nach dem Worte Moses.

Und Jehova redete zu Aaron und 8 sprach: Wein und starkes Getränk 9 sollst du nicht trinken, du und deine Söhne mit dir, wenn ihr in das Zelt der Zusammenkunft hineingehet, daß ihr nicht sterbet — eine ewige Satzung bei euren Geschlechtern — und 10 damit ihr unterscheidet zwischen dem Heiligen und dem Unheiligen und zwischen dem Reinen und dem Unreinen, und damit ihr die Kinder Is- 11 rael lehret alle die Satzungen, die Jehova durch Mose zu euch geredet hat.

Und Mose redete zu Aaron und zu 12 Eleasar und zu Ithamar, seinen Söhnen, den übriggebliebenen: Nehmet das Speisopfer, das von den Feueropfern Jehovas übrigbleibt, und esset es ungesäuert neben dem Altar; denn hochheilig ist es. Und ihr sollt es 13 essen an heiligem Orte, denn es ist dein Bestimmtes und das Bestimmte deiner Söhne von den Feueropfern Jehovas; denn also ist mir geboten. Und die Brust des Webopfers und 14 den Schenkel des Hebopfers sollt ihr essen an reinem Orte, du und deine Söhne und deine Töchter mit dir; denn als dein Bestimmtes und das Bestimmte deiner Söhne sind sie gegeben von den Friedensopfern der Kinder Israel. Den Schenkel des 15 Hebopfers und die Brust des Webopfers sollen sie nebst den Feueropfern der Fettstücke bringen, um sie als Webopfer vor Jehova zu weben; und sie sollen dir gehören und deinen Söhnen mit dir, als eine ewige Gebühr f, so wie Jehova geboten hat.

Und Mose suchte eifrig den Bock 16 des Sündopfers, und siehe, er war verbrannt. Und er erzürnte über Eleasar und über Ithamar, die Söhne Aarons, die übriggebliebenen, und 17 sprach: Warum habt ihr nicht das Sündopfer an heiligem Orte gegessen? denn es ist hochheilig; und er hat es euch gegeben, um die Ungerechtigkeit der Gemeinde zu tragen, um Sühnung für sie zu tun vor Jehova. Siehe, das Blut desselben ist 18 nicht in das Innere des Heiligtums gebracht worden; ihr solltet g es jedenfalls im Heiligtum essen, so wie ich

---

a O. dar. — b O. das. — c W. von vor Jehova. — d O. An. — e W. nahe sind. — f Eig. ein für ewig Bestimmtes. — g O. ihr hättet sollen.

19 geboten habe. Und Aaron redete zu Mose: Siehe, heute haben sie ihr Sündopfer und ihr Brandopfer vor Jehova dargebracht; und solches ist mir begegnet; und hätte ich heute das Sündopfer gegessen, würde es gut gewesen sein in den Augen Je-
20 hovas? Und Mose hörte es, und es war gut in seinen Augen.

11 Und Jehova redete zu Mose und zu Aaron und sprach zu ihnen:
2 Redet zu den Kindern Israel und sprechet: Dies sind die Tiere, die ihr essen sollt von allen Tieren a, die
3 auf der Erde sind. Alles was gespaltene Hufe, und zwar ganz gespaltene Hufe hat, und wiederkäut unter den
4 Tieren, das sollt ihr essen. Nur diese sollt ihr nicht essen von den wiederkäuenden und von denen, die gespaltene Hufe haben: das Kamel, denn es wiederkäut, aber es hat keine gespaltenen Hufe: unrein soll es euch
5 sein; und den Klippendachs, denn er wiederkäut, aber er hat keine gespaltenen Hufe: unrein soll er euch
6 sein; und den Hasen, denn er wiederkäut, aber er hat keine gespaltenen
7 Hufe: unrein soll er euch sein; und das Schwein, denn es hat gespaltene Hufe, und zwar ganz gespaltene Hufe, aber es wiederkäut nicht: unrein soll
8 es euch sein. Von ihrem Fleische sollt ihr nicht essen und ihr Aas nicht anrühren: unrein sollen sie euch sein.
9 Dieses sollt ihr essen von allem, was in den Wassern ist: alles was Floßfedern und Schuppen hat in den Wassern, in den Meeren und in den
10 Flüssen, das sollt ihr essen; aber alles was keine Floßfedern und Schuppen hat in den Meeren und in den Flüssen, von allem Gewimmel der Wasser und von jedem lebendigen Wesen, das in den Wassern ist,
11 sie sollen euch ein Greuel sein; ja, ein Greuel sollen sie euch sein: von ihrem Fleische sollt ihr nicht essen, und ihr Aas sollt ihr verabscheuen.
12 Alles was nicht Floßfedern und Schuppen hat in den Wassern, soll euch ein Greuel sein.
13 Und diese sollt ihr verabscheuen von den Vögeln; sie sollen nicht gegessen werden, ein Greuel sind sie: den Adler und den Beinbrecher und
14 den Meeradler, und den Falken und
15 die Weihe nach ihrer Art, alle Raben
16 nach ihrer Art, und die Straußhenne b und den Straußhahn c und die Seemöve und den Habicht nach seiner
17 Art, und die Eule und den Sturz-
18 pelikan und die Rohrdommel d, und das Purpurhuhn und den Pelikan
19 und den Aasgeier, und den Storch und den Fischreiher nach seiner Art, und den Wiedehopf und die Fleder-
20 maus. Alles geflügelte Gewürm e, das auf vieren geht, soll euch ein Greuel

sein. Nur dieses sollt ihr essen von 21 allem geflügelten Gewürm, das auf vieren geht: was Schenkel hat oberhalb seiner Füße, um damit auf der Erde zu hüpfen. Diese sollt ihr von 22 ihnen essen: den Arbeh nach seiner Art und den Solham nach seiner Art und den Chargol nach seiner Art und den Chagab nach seiner Art f.
Aber alles geflügelte Gewürm, das 23 vier Füße hat, soll euch ein Greuel sein. Und durch diese g werdet ihr 24 euch verunreinigen; jeder, der ihr Aas anrührt, wird unrein sein bis an den Abend; und jeder, der von ihrem 25 Aase trägt, soll seine Kleider waschen und wird unrein sein bis an den Abend.
Jedes Tier, das gespaltene Hufe, 26 aber nicht ganz gespaltene Hufe hat und nicht wiederkäut: unrein sollen sie euch sein; jeder, der sie anrührt, wird unrein sein. Und alles was auf 27 seinen Tatzen geht, unter allem Getier, das auf vieren geht, sie sollen euch unrein sein; jeder, der ihr Aas anrührt, wird unrein sein bis an den Abend. Und wer ihr Aas trägt, soll 28 seine Kleider waschen und wird unrein sein bis an den Abend; sie sollen euch unrein sein.
Und diese sollen euch unrein sein 29 unter dem Gewimmel, das auf der Erde wimmelt: der Maulwurf h und die Maus und die Eidechse nach ihrer Art, und die Anaka und der Koach 30 und der Letaah und der Chomet i und das Chamäleon. Diese sollen euch 31 unrein sein unter allem Gewimmel; jeder, der sie anrührt, wenn sie tot sind, wird unrein sein bis an den Abend. Und alles, worauf eines von 32 ihnen fällt, wenn sie tot sind, wird unrein sein: jedes Holzgerät oder Kleid oder Fell oder Sack, jedes Gerät, womit eine Arbeit verrichtet wird, es soll ins Wasser getan werden und wird unrein sein bis an den Abend; dann wird es rein sein. Und jedes irdene Gefäß, in welches 33 eines von ihnen hineinfällt: alles was darin ist, wird unrein sein, und es selbst sollt ihr zerbrechen. Alle Speise, 34 die gegessen wird, auf welche solches Wasser kommt, wird unrein sein; und alles Getränk, das getrunken wird, wird unrein sein in jedem solchen Gefäße. Und alles, worauf von ihrem 35 Aase fällt, wird unrein sein; Ofen und Herd sollen niedergerissen werden, sie sind unrein, und unrein sollen sie euch sein. Doch Quelle und 36 Cisterne, Wasserbehälter, werden rein sein; wer aber das Aas darin j anrührt, wird unrein sein. Und wenn 37 von ihrem Aase auf irgend welchen Saatsamen fällt, der gesät wird, so ist er rein; wenn aber Wasser auf 38 den Samen getan wurde, und es fällt von ihrem Aase auf denselben, so soll

---

a Anderswo: Vieh. — b And.: den Strauß. — c And.: die Ohreule; auch.: den Kuckuck. — d And.: den Uhu. — e W. Gewimmel. — f Vier verschiedene Arten von Heuschrecken. — g Eig. bezüglich dieser. — h And.: das Wiesel. — i Vier verschiedene Arten von Eidechsen. — j W. ihr Aas.

39 er euch unrein sein. Und wenn eines von dem Vieh stirbt, das euch zur Nahrung dient: wer dessen Aas anrührt, wird unrein sein bis an den 40 Abend. Und wer von dessen Aas isset, soll seine Kleider waschen und wird unrein sein bis an den Abend; und wer dessen Aas trägt, soll seine Kleider waschen und wird unrein sein bis an den Abend.

41 Und alles Gewimmel, das auf der Erde wimmelt, ist ein Greuel; es soll 42 nicht gegessen werden. Alles was auf dem Bauche kriecht, und alles was auf vieren geht, bis zu allem Vielfüßigen von allem Gewimmel, das auf der Erde wimmelt: ihr sollt sie nicht 43 essen; denn sie sind ein Greuel. Machet euch selbst *a* nicht zum Greuel durch irgend ein kriechendes Gewürm *b*, und verunreiniget euch nicht durch sie, so daß ihr dadurch unrein 44 werdet. Denn ich bin Jehova, euer Gott; so heiliget euch und seid heilig, denn ich bin heilig. Und ihr sollt euch selbst *a* nicht verunreinigen durch irgend ein Gewürm, das sich 45 auf der Erde regt. Denn ich bin Jehova, der euch aus dem Lande Aegypten heraufgeführt hat, um euer Gott zu sein: so seid heilig, denn ich bin heilig.

46 Das ist das Gesetz von dem Vieh und dem Gevögel und von jedem lebendigen Wesen, das sich in den Wassern regt, und von jedem Wesen, das 47 auf der Erde kriecht; um zu unterscheiden zwischen dem Unreinen und dem Reinen, und zwischen dem Getier, das gegessen wird, und dem Getier, das nicht gegessen werden soll.

12 Und Jehova redete zu Mose und sprach: Rede zu den Kindern Israel 2 und sprich: Wenn ein Weib empfängt und ein männliches Kind gebiert, so wird sie unrein sein sieben Tage; wie in den Tagen der Unreinheit ihrer Krankheit wird sie unrein sein. 3 Und am achten Tage soll das Fleisch seiner Vorhaut beschnitten werden. 4 Und sie soll dreiunddreißig Tage im Blute der Reinigung bleiben; nichts Heiliges soll sie anrühren, und zum Heiligtum soll sie nicht kommen, bis die Tage ihrer Reinigung erfüllt sind. 5 Und wenn sie ein weibliches Kind gebiert, so wird sie zwei Wochen unrein sein, wie bei ihrer Unreinheit; und sechsundsechzig Tage soll sie im Blute der Reinigung daheim 6 bleiben. Und wenn die Tage ihrer Reinigung erfüllt sind für einen Sohn oder für eine Tochter, so soll sie ein einjähriges Lamm bringen zum Brandopfer, und eine junge Taube oder eine Turteltaube zum Sündopfer an den Eingang des Zeltes der Zusammen-7 kunft zu dem Priester. Und er soll es vor Jehova darbringen und Sühnung für sie tun, und sie wird rein sein von dem Flusse ihres Blutes. Das ist das Gesetz der Gebärenden,

bei einem männlichen oder bei einem weiblichen Kinde. Und wenn ihre 8 Hand das zu einem Schafe Hinreichende nicht aufbringen kann, so soll sie zwei Turteltauben oder zwei junge Tauben nehmen, eine zum Brandopfer und eine zum Sündopfer; und der Priester soll Sühnung für sie tun, und sie wird rein sein.

Und Jehova redete zu Mose und **13** zu Aaron und sprach: Wenn ein Mensch in der Haut seines Fleisches 2 eine Erhöhung oder einen Grind oder einen Flecken bekommt, und es wird in der Haut seines Fleisches zu einem Aussatz-Uebel, so soll er zu Aaron, dem Priester, gebracht werden, oder zu einem von seinen Söhnen, den Priestern. Und besieht der Priester das 3 Uebel in der Haut des Fleisches, und das Haar in dem Uebel hat sich in weiß verwandelt, und das Uebel erscheint tiefer als die Haut seines Fleisches, so ist es das Uebel des Aussatzes; und sieht es der Priester, so soll er ihn für unrein erklären. Und 4 wenn der Flecken in der Haut seines Fleisches weiß ist, und er nicht tiefer erscheint als die Haut, und sein Haar hat sich nicht in weiß verwandelt, so soll der Priester den, der das Uebel hat, sieben Tage einschließen. Und 5 besieht es der Priester am siebenten Tage, und siehe, das Uebel ist in seinen Augen stehen geblieben, das Uebel hat nicht um sich gegriffen in der Haut, so soll der Priester ihn *d* zum zweiten Male sieben Tage einschließen. Und besieht es der Priester am 6 siebenten Tage zum zweiten Male, und siehe, das Uebel ist blaß geworden, und das Uebel hat nicht um sich gegriffen in der Haut, so soll der Priester ihn für rein erklären: es ist ein Grind; und er soll seine Kleider waschen, und er ist rein. Wenn aber 7 der Grind in der Haut um sich greift, nachdem er sich dem Priester gezeigt hat zu seiner Reinigung, so soll er sich dem Priester zum zweiten Male zeigen; und besieht *ihn* der Priester, 8 und siehe, der Grind hat in der Haut um sich gegriffen, so soll der Priester ihn für unrein erklären: es ist der Aussatz.

Wenn ein Aussatz-Uebel an einem 9 Menschen entsteht, so soll er zu dem Priester gebracht werden. Und besieht 10 *ihn* der Priester, und siehe, es ist eine weiße Erhöhung in der Haut, und sie hat das Haar in weiß verwandelt, und ein Mal rohen Fleisches ist in der Erhöhung, so ist es ein alter Aussatz 11 in der Haut seines Fleisches, und der Priester soll ihn für unrein erklären; er soll ihn nicht einschließen, denn er ist unrein. Wenn aber der Aussatz 12 in der Haut ausbricht, und der Aussatz die ganze Haut dessen, der das Uebel hat, *e* bedeckt, von seinem Kopfe bis zu seinen Füßen, wohin auch die Augen des Priesters blicken; und der 13

---

a W. eure Seelen. — *b* Eig. Gewimmel, das wimmelt. — *c* Eig. wimmelt. — *d* Eig. es (das Uebel). — *e* W. die ganze Haut des Uebels.

Priester besieht *ihn*, und siehe, der Aussatz hat sein ganzes Fleisch bedeckt, so soll er *den, der* das Uebel *hat*, für rein erklären; hat es sich ganz in weiß verwandelt, so ist er 14 rein. An dem Tage aber, da rohes Fleisch an ihm gesehen wird, wird er 15 unrein sein. Und sieht der Priester das rohe Fleisch, so soll er ihn für unrein erklären; das rohe Fleisch ist 16 unrein: es ist der Aussatz. Wenn aber das rohe Fleisch sich ändert und in weiß verwandelt wird *a*, so soll er 17 zu dem Priester kommen; und besieht ihn *b* der Priester, und siehe, das Uebel ist in weiß verwandelt, so soll der Priester *den, der* das Uebel *hat*, für rein erklären: er ist rein.

18 Und wenn im Fleische, in dessen Haut, eine Beule entsteht und *wieder* 19 heilt, und es entsteht an der Stelle der Beule eine weiße Erhöhung oder ein weiß-röthlicher Flecken, so soll er 20 sich dem Priester zeigen; und besieht *ihn* der Priester, und siehe, der Flecken *c* erscheint niedriger als die Haut, und sein Haar hat sich in weiß verwandelt, so soll der Priester ihn für unrein erklären; es ist das Uebel des Aussatzes, er ist in der Beule ausge-21 brochen. Und wenn der Priester ihn besieht, und siehe, es ist kein weißes Haar darin, und der Flecken *c* ist nicht niedriger als die Haut und ist blaß, so soll der Priester ihn sieben 22 Tage einschließen. Wenn er aber in der Haut um sich greift, so soll der Priester ihn für unrein erklären: es ist 23 das Uebel. Und wenn der Flecken an seiner Stelle stehen bleibt, *wenn er* nicht um sich gegriffen hat, so ist es die Narbe der Beule; und der Priester soll ihn für rein erklären.

24 Oder wenn in der Haut des Fleisches eine feurige Entzündung *d* entsteht, und das Mal der Entzündung wird ein weiß-röthlicher oder weißer 25 Flecken, und der Priester besieht ihn, und siehe, das Haar ist in weiß verwandelt in dem Flecken, und es erscheint tiefer als die Haut, so ist es der Aussatz; er ist in der Entzündung ausgebrochen, und der Priester soll ihn für unrein erklären: es ist das Uebel 26 des Aussatzes. Und wenn der Priester ihn besieht, und siehe, es ist kein weißes Haar in dem Flecken, und er ist nicht niedriger als die Haut und ist blaß, so soll der Priester ihn 27 sieben Tage einschließen. Und der Priester soll ihn am siebenten Tage besehen; wenn er in der Haut um sich greift, so soll der Priester ihn für unrein erklären: es ist das Uebel 28 des Aussatzes. Und wenn der Flekken an seiner Stelle stehen bleibt, *wenn er* nicht um sich gegriffen hat in der Haut und ist blaß, so ist es die Erhöhung der Entzündung; und der Priester soll ihn für rein erklären, denn es ist die Narbe der Entzündung. 29 Und wenn ein Mann oder ein Weib

ein Uebel am Haupte oder am Barte 30 bekommt, und der Priester besieht das Uebel, und siehe, es erscheint tiefer als die Haut, und goldgelbes, dünnes Haar ist darin, so soll der Priester ihn für unrein erklären: es ist Schorf, es ist der Aussatz des Hauptes oder des Bar-31 tes. Und wenn der Priester das Uebel des Schorfes besieht, und siehe, es erscheint nicht tiefer als die Haut, und es ist kein schwarzes Haar darin, so soll der Priester *den, der* das Uebel des Schorfes *hat*, sieben Tage einschließen. 32 Und besieht der Priester das Uebel am siebenten Tage, und siehe, der Schorf hat nicht um sich gegriffen, und es ist kein goldgelbes Haar darin, und der Schorf erscheint nicht tiefer als die 33 Haut, so soll er sich scheren; aber den Schorf soll er nicht scheren; und der Priester schließe *den, der* den Schorf *hat*, zum zweiten Male sieben Tage 34 ein. Und besieht der Priester den Schorf am siebenten Tage, und siehe, der Schorf hat nicht um sich gegriffen in der Haut, und er erscheint nicht tiefer als die Haut, so soll der Priester ihn für rein erklären; und er soll seine Kleider waschen, und er ist rein. 35 Wenn aber, nach seiner Reinigung, der Schorf in der Haut um sich greift, 36 und der Priester besieht ihn, und siehe, der Schorf hat in der Haut um sich gegriffen, so soll der Priester nicht nach dem goldgelben Haare forschen; 37 er ist unrein. Und wenn in seinen Augen der Schorf stehen geblieben ist, und es ist schwarzes Haar darin gewachsen, so ist der Schorf geheilt; er ist rein, und der Priester soll ihn für rein erklären.

38 Und wenn ein Mann oder ein Weib in der Haut ihres Fleisches Flecken 39 bekommen, weiße Flecken, und der Priester besieht *sie*, und siehe, in der Haut ihres Fleisches sind blasse, weiße Flecken, so ist es ein Ausschlag, der in der Haut ausgebrochen ist: er ist rein.

40 Und wenn einem Manne das Haupthaar ausfällt, so ist er ein Glatzkopf: 41 er ist rein; und wenn ihm das Haupthaar gegen das Gesicht zu ausfällt, so ist er ein Kahlkopf: er ist rein. Und 42 wenn an der Hinter- oder an der Vorderglatze ein weiß-röthliches Uebel ist, so ist es der Aussatz, der an seiner Hinter- oder an seiner Vorderglatze ausgebrochen ist. Und besieht ihn der 43 Priester, und siehe, die Erhöhung des Uebels ist weiß-röthlich an seiner Hinter- oder an seiner Vorderglatze, gleich dem Aussehen des Aussatzes in der Haut des Fleisches, so ist er ein aussätzi- 44 ger Mann: er ist unrein; der Priester soll ihn für gänzlich unrein erklären; sein Uebel ist an seinem Haupte.

Und der Aussätzige, an dem das Ue- 45 bel ist, — seine Kleider sollen zerrissen, und sein Haupt soll entblößt sein, und er soll seinen Bart verhüllen und ausrufen: Unrein, unrein! Alle 46

---

a O. das rohe Fleisch wieder in weiß verwandelt wird. — *b* Eig. es (das Uebel). — *c* W. er. — *d* O. eine Brandwunde.

die Tage, da das Uebel an ihm ist,
soll er unrein sein; er ist unrein: allein soll er wohnen, außerhalb des Lagers soll seine Wohnung sein.

47 Und wenn an einem Kleide ein Aussatz-Uebel entsteht, an einem Kleide
von Wolle oder an einem Kleide von
48 Linnen; oder an einer Kette oder
an einem Einschlag von Linnen oder
von Wolle; oder an einem Felle oder
49 an irgend einem Fellwerk; und das
Uebel ist grünlich oder rötlich am
Kleide, oder am Felle, oder an der
Kette oder am Einschlag, oder an irgend einem Gerät von Fell, so ist es
50 das Uebel des Aussatzes, und man soll
es den Priester besehen lassen. Und
der Priester besehe das Uebel und
schließe *das, woran* das Uebel *ist*, sie-
51 ben Tage ein. Und sieht er das Uebel
am siebenten Tage, daß das Uebel um
sich gegriffen hat am Kleide, oder an
der Kette oder am Einschlag, oder am
Felle nach allem, wozu das Fell verarbeitet wird, so ist das Uebel ein
52 fressender Aussatz: es ist unrein. Und
man soll das Kleid, oder die Kette
oder den Einschlag von Wolle oder
von Linnen, oder jedes Gerät von Fell,
woran das Uebel ist, verbrennen; denn
es ist ein fressender Aussatz: es soll
53 mit Feuer verbrannt werden. Und
wenn der Priester es besieht, und siehe, das Uebel hat nicht um sich gegriffen am Kleide, oder an der Kette
oder am Einschlag, oder an irgend
54 einem Gerät von Fell, so soll der Priester gebieten, daß man das wasche, woran das Uebel ist; und er soll es zum
zweiten Male sieben Tage einschlie-
55 ßen. Und besieht der Priester das Uebel nach dem Waschen, und siehe, das
Uebel hat sein Aussehen nicht geändert, und das Uebel hat nicht um sich
gegriffen, so ist es unrein; du sollst
es mit Feuer verbrennen: es ist eine
Vertiefung *a* auf seiner kahlen Hinter-
56 oder Vorderseite. Und wenn der Priester es besieht, und siehe, das Uebel
ist blaß geworden nach dem Waschen,
so soll er es abreißen vom Kleide,
oder vom Felle, oder von der Kette
57 oder vom Einschlag. Und wenn es
noch gesehen wird am Kleide, oder
an der Kette oder am Einschlag, oder
an irgend einem Gerät von Fell, so ist
es ein ausbrechender *Aussatz*: du sollst
mit Feuer verbrennen, woran das Ue-
58 bel ist. Und das Kleid, oder die Kette oder der Einschlag, oder irgend ein
Gerät von Fell, das du wäschest, und
das Uebel weicht daraus: es soll zum
zweiten Male gewaschen werden, und
es ist rein.

59 Das ist das Gesetz des Aussatz-Ue-
bels an einem Kleide von Wolle oder
von Linnen, oder an einer Kette oder
an einem Einschlag, oder an irgend
einem Gerät von Fell, um es für rein
oder für unrein zu erklären.

14 Und Jehova redete zu Mose und
sprach: Dies soll das Gesetz des

Aussätzigen sein am Tage seiner Rei- 2
nigung: Er soll zu dem Priester gebracht werden; und der Priester soll 3
außerhalb des Lagers gehen; und besieht ihn der Priester, und siehe, das
Uebel des Aussatzes ist heil geworden
an dem Aussätzigen, so soll der Prie- 4
ster gebieten, daß man für den, der
zu reinigen ist, zwei lebendige, reine
Vögel nehme und Cedernholz und Karmesin und Ysop. Und der Priester 5
soll gebieten, daß man den einen Vogel schlachte in ein irdenes Gefäß über
lebendigem *b* Wasser. Den lebendigen 6
Vogel soll er nehmen, ihn und das
Cedernholz und das Karmesin und den
Ysop, und dieses und den lebendigen
Vogel in das Blut des Vogels tauchen,
der geschlachtet worden ist über dem
lebendigen Wasser; und er soll auf 7
den, der vom Aussatze zu reinigen ist,
siebenmal sprengen und ihn für rein
erklären *c*; und den lebendigen Vogel
soll er ins freie Feld fliegen lassen.
Und der zu reinigen ist, soll seine 8
Kleider waschen und all sein Haar
scheren und sich im Wasser baden;
und er ist rein. Und danach darf er
ins Lager kommen, aber er soll sieben Tage außerhalb seines Zeltes bleiben. Und es soll geschehen, an sie- 9
benten Tage soll er all sein Haar scheren, sein Haupt und seinen Bart und
seine Augenbrauen; ja, all sein Haar
soll er scheren und seine Kleider waschen und sein Fleisch im Wasser
baden; und er ist rein. Und am ach- 10
ten Tage soll er zwei Lämmer nehmen, ohne Fehl, und ein weibliches
Lamm, einjährig, ohne Fehl, und drei
Zehntel Feinmehl, gemengt mit Oel,
zum Speisopfer, und ein Log Oel. Und 11
der reinigende Priester soll den Mann,
der zu reinigen ist, und diese Dinge
vor Jehova stellen an den Eingang
des Zeltes der Zusammenkunft. Und 12
der Priester nehme das eine Lamm
und bringe es zum Schuldopfer dar
mit dem Log Oel, und webe sie als
Webopfer vor Jehova; und er schlach- 13
te das Lamm an dem Orte, wo man
das Sündopfer und das Brandopfer
schlachtet, an heiligem Orte; denn
wie das Sündopfer, so gehört das
Schuldopfer dem Priester: es ist hochheilig. Und der Priester nehme von 14
dem Blute des Schuldopfers, und der
Priester tue es auf das rechte Ohrläppchen dessen, der zu reinigen ist,
und auf den Daumen seiner rechten
Hand und auf die große Zehe seines
rechten Fußes. Und der Priester neh- 15
me von dem Log Oel und gieße es in
seine *d* linke Hand; und der Priester 16
tauche seinen rechten Finger in das
Oel, das in seiner linken Hand ist,
und sprenge von dem Oele mit seinem
Finger siebenmal vor Jehova. Und 17
von dem Uebrigen des Oeles, das in
seiner Hand ist, soll *d* er Priester auf
das rechte Ohrläppchen dessen tun,
der zu reinigen ist, und auf den Dau-

---

a Eig. eine Einfressung. — *b* d. h. nicht aus einer Cisterne geschöpftem. — *c* O.
ihn reinigen. — *d* W. des Priesters; so auch V. 26.

men seiner rechten Hand und auf die große Zehe seines rechten Fußes, auf 18 das Blut des Schuldopfers. Und das Uebrige des Oeles, das in der Hand des Priesters ist, soll er auf das Haupt dessen tun, der zu reinigen ist; und der Priester soll Sühnung für ihn tun 19 vor Jehova. Und der Priester soll das Sündopfer opfern und Sühnung tun für den, der von seiner Unreinheit zu reinigen ist; und danach soll er das 20 Brandopfer schlachten. Und der Priester soll das Brandopfer und das Speisopfer auf dem Altar opfern. Und so tue der Priester Sühnung für ihn; und er ist rein.

21 Und wenn er arm ist und seine Hand es nicht aufbringen kann, so soll er ein Lamm als Schuldopfer nehmen zum Webopfer, um Sühnung für ihn zu tun; und ein Zehntel Feinmehl, gemengt mit Oel, zum Speisopfer, und 22 ein Log Oel; und zwei Turteltauben oder zwei junge Tauben, die seine Hand aufbringen kann; und die eine soll ein Sündopfer und die andere ein 23 Brandopfer sein. Und er soll sie am achten Tage seiner Reinigung zu dem Priester bringen an den Eingang des Zeltes der Zusammenkunft vor Jeho-24 va. Und der Priester nehme das Lamm des Schuldopfers und das Log Oel, und der Priester webe sie als Web-25 opfer vor Jehova. Und er schlachte das Lamm des Schuldopfers; und der Priester nehme von dem Blute des Schuldopfers und tue es auf das rechte Ohrläppchen dessen, der zu reinigen ist, und auf den Daumen seiner rechten Hand und auf die große Zehe 26 seines rechten Fußes. Und der Priester gieße von dem Oele in seine lin-27 ke Hand; und der Priester sprenge mit seinem rechten Finger von dem Oele, das in seiner linken Hand ist, 28 siebenmal vor Jehova. Und der Priester tue von dem Oele, das in seiner Hand ist, auf das rechte Ohrläppchen dessen, der zu reinigen ist, und auf den Daumen seiner rechten Hand und auf die große Zehe seines rechten Fußes, auf die Stelle des Blutes des Schuldop-29 fers. Und das Uebrige des Oeles, das in der Hand des Priesters ist, soll er auf das Haupt dessen tun, der zu reinigen ist, um Sühnung für ihn zu tun vor 30 Jehova. Und er soll die eine von den Turteltauben oder von den jungen Tauben opfern, von dem was seine 31 Hand aufbringen kann, — das was seine Hand aufbringen kann: die eine als Sündopfer und die andere als Brandopfer, nebst dem Speisopfer. Und so tue der Priester Sühnung vor Jehova für den, der zu reinigen ist.
32 Das ist das Gesetz für den, an welchem das Uebel des Aussatzes ist, dessen Hand bei seiner Reinigung nicht aufbringen kann, *was vorgeschrieben ist.*

33 Und Jehova redete zu Mose und zu 34 Aaron und sprach: Wenn ihr in das Land Kanaan kommet, das ich euch zum Eigentum gebe, und ich ein Aussatz-Uebel an ein Haus setze im Lan-35 de eures Eigentums, so soll der, dem das Haus gehört, kommen und es dem Priester anzeigen und sprechen: Es sieht mir aus wie ein Uebel am Hau-36 se. Und der Priester soll gebieten, daß man das Haus ausräume, ehe der Priester hineingeht, das Uebel zu besehen, damit nicht unrein werde alles was im Hause ist; und danach soll der Priester hineingehen, das Haus zu be-37 sehen. Und besieht er das Uebel, und siehe, das Uebel ist an den Wänden des Hauses, grünliche oder rötliche Vertiefungen, und sie erscheinen tiefer als die Wand, so soll der Priester 38 aus dem Hause hinaus an den Eingang des Hauses gehen und das Haus 39 sieben Tage verschließen. Und der Priester soll am siebenten Tage wiederkommen; und besieht er es, und siehe, das Uebel hat um sich gegriffen an den Wänden des Hauses, so soll 40 der Priester gebieten, daß man die Steine, an denen das Uebel ist, herausreiße, und sie hinauswerfe außerhalb der Stadt an einen unreinen Ort. Und das Haus soll man inwendig rings-41 um abkratzen, und den Lehm, den man abgekratzt hat, hinausschütten außerhalb der Stadt an einen unreinen Ort. Und man soll andere Steine 42 nehmen und sie an die Stelle der Steine bringen, und man soll anderen Lehm nehmen und das Haus bewerfen. Und wenn das Uebel wiederkehrt 43 und am Hause ausbricht nach dem Ausreißen der Steine und nach dem Abkratzen des Hauses und nach dem Bewerfen, so soll der Priester kom-44 men; und besieht er es, und siehe, das Uebel hat um sich gegriffen am Hause, so ist es ein fressender Aussatz am Hause: es ist unrein. Und 45 man soll das Haus niederreißen, seine Steine und sein Holz und allen Lehm des Hauses, und es hinausschaffen außerhalb der Stadt an einen unreinen Ort. Und wer in das Haus hin-46 eingeht, so lange es verschlossen ist, wird unrein sein bis an den Abend; und wer in dem Hause schläft, soll 47 seine Kleider waschen; und wer in dem Hause isset, soll seine Kleider waschen. Wenn aber der Priester hin-48 eingeht und es besieht, und siehe, das Uebel hat nicht um sich gegriffen am Hause nach dem Bewerfen des Hauses, so soll der Priester das Haus für rein erklären; denn das Uebel ist heil geworden. Und er soll, um das Haus 49 zu entsündigen, zwei Vögel nehmen und Cedernholz und Karmesin und Ysop; und er schlachte den einen Vo-50 gel in ein irdenes Gefäß über lebendigem Wasser; und er nehme das Ce-51 dernholz und den Ysop und das Karmesin und den lebendigen Vogel und tauche sie in das Blut des geschlachteten Vogels und in das lebendige Wasser und besprenge das Haus sie-52 benmal; und er entsündige das Haus mit dem Blute des Vogels und mit dem lebendigen Wasser und mit dem lebendigen Vogel und mit dem Cedernholz und mit dem Ysop und mit dem Karmesin; und den lebendigen Vogel 53 soll er ins freie Feld fliegen lassen

außerhalb der Stadt. Und so tue er
Sühnung für das Haus; und es wird
rein sein.

54 Das ist das Gesetz für alles Uebel
55 des Aussatzes und für den Schorf, und
für den Aussatz der Kleider und der
56 Häuser, und für die Erhöhung und für
57 den Grind und für den Flecken; um
zu belehren, wann für unrein und
wann für rein zu erklären ist: das ist
das Gesetz des Aussatzes.

15 Und Jehova redete zu Mose und
zu Aaron und sprach: Redet zu
2 den Kindern Israel und sprechet zu
ihnen: Wenn irgend ein Mann an seinem Fleische flüssig ist, so ist er un-
3 rein durch seinen Fluß. Und dies
wird seine Unreinheit sein bei seinem
Flusse: Läßt sein Fleisch seinen Fluß
triefen, oder hält sein Fleisch seinen
Fluß zurück, so ist das seine Unrein-
4 heit. Jedes Lager, worauf der Flüssige liegt, wird unrein sein, und jedes
Gerät, worauf er sitzt, wird unrein
5 sein. Und wer sein Lager anrührt,
soll seine Kleider waschen und sich
im Wasser baden, und er wird unrein
6 sein bis an den Abend. Und wer sich
auf das Gerät setzt, worauf der Flüssige gesessen hat *a*, soll seine Kleider
waschen und sich im Wasser baden,
und er wird unrein sein bis an den
7 Abend. Und wer das Fleisch des Flüssigen anrührt, soll seine Kleider waschen und sich im Wasser baden, und
er wird unrein sein bis an den Abend.
8 Und wenn der Flüssige auf einen Reinen speit, so soll dieser seine Kleider
waschen und sich im Wasser baden,
und er wird unrein sein bis an den
9 Abend. Und jeder Wagen, auf welchem der Flüssige fährt *b*, wird un-
10 rein sein. Und jeder, der irgend etwas anrührt, was er unter sich hat *c*,
wird unrein sein bis an den Abend;
und wer es trägt, soll seine Kleider
waschen und sich im Wasser baden,
und er wird unrein sein bis an den
11 Abend. Und jeder, den der Flüssige
anrührt, und er hat seine Hände nicht
im Wasser abgespült, der soll seine
Kleider waschen und sich im Wasser
baden, und er wird unrein sein bis
12 an den Abend. Und das irdene Gefäß,
das der Flüssige anrührt, soll zerbrochen werden, und jedes hölzerne Gefäß soll im Wasser gespült werden.
13 Und wenn der Flüssige rein wird von
seinem Flusse, so soll er sich sieben
Tage zählen zu seiner Reinigung, und
er soll seine Kleider waschen und sein
Fleisch in lebendigem Wasser baden,
14 und er wird rein sein. Und am achten
Tage soll er sich zwei Turteltauben
oder zwei junge Tauben nehmen und
vor Jehova kommen an den Eingang
des Zeltes der Zusammenkunft, und
15 sie dem Priester geben; und der Priester soll sie opfern, die eine als Sündopfer und die andere als Brandopfer.
Und so tue der Priester Sühnung für
ihn vor Jehova wegen seines Flusses.

Und wenn einem Manne der Samen- 16
erguß entgeht, so soll er sein ganzes
Fleisch im Wasser baden, und er wird
unrein sein bis an den Abend. Und 17
jedes Kleid und jedes Fell, worauf der
Samenerguß kommt, soll im Wasser
gewaschen werden, und es wird unrein sein bis an den Abend. Und ein 18
Weib, bei welchem ein Mann liegt
mit Samenerguß, — sie sollen sich
im Wasser baden, und werden unrein
sein bis an den Abend.

Und wenn ein Weib flüssig ist, und 19
ihr Fluß an ihrem Fleische Blut ist,
so soll sie sieben Tage in ihrer Unreinheit sein; und jeder, der sie anrührt, wird unrein sein bis an den
Abend. Und alles, worauf sie in ihrer 20
Unreinheit liegt, wird unrein sein,
und alles, worauf sie sitzt, wird unrein sein. Und jeder, der ihr Lager 21
anrührt, soll seine Kleider waschen
und sich im Wasser baden, und er
wird unrein sein bis an den Abend.
Und jeder, der irgend ein Gerät an- 22
rührt, worauf sie gesessen hat, soll
seine Kleider waschen und sich im
Wasser baden, und er wird unrein
sein bis an den Abend. Und wenn et- 23
was auf dem Lager oder auf dem Gerät ist, worauf sie gesessen hat, —
wenn er es anrührt, wird er unrein
sein bis an den Abend. Und wenn 24
etwa ein Mann neben ihr liegt, und
ihre Unreinigkeit kommt an ihn, so
wird er sieben Tage unrein sein; und
jedes Lager, worauf er liegt, wird unrein sein.

Und wenn ein Weib ihren Blutfluß 25
viele Tage hat außer der Zeit ihrer
Unreinheit, oder wenn sie den Fluß
hat über ihre Unreinheit hinaus, so
soll sie alle die Tage des Flusses ihrer
Unreinigkeit sein wie in den Tagen
ihrer Unreinheit: sie ist unrein. Je- 26
des Lager, worauf sie alle Tage ihres
Flusses liegt, soll ihr sein wie das Lager ihrer Unreinheit, und jedes Gerät,
worauf sie sitzt, wird unrein sein nach
der Unreinigkeit ihrer Unreinheit. Und 27
jeder, der es anrührt, wird unrein
sein; und er soll seine Kleider waschen und sich im Wasser baden, und
er wird unrein sein bis an den Abend.
Und wenn sie rein geworden ist von 28
ihrem Flusse, so soll sie sich sieben
Tage zählen, und danach wird sie rein
sein. Und am achten Tage soll sie 29
sich zwei Turteltauben oder zwei junge Tauben nehmen und sie zu dem
Priester bringen an den Eingang des
Zeltes der Zusammenkunft; und der 30
Priester soll die eine als Sündopfer
und die andere als Brandopfer opfern.
Und so tue der Priester Sühnung für
sie vor Jehova wegen des Flusses ihrer Unreinigkeit.

Und ihr sollt die Kinder Israel ab- 31
sondern von ihrer Unreinigkeit, daß sie
nicht in ihrer *d* Unreinigkeit sterben,
indem sie meine Wohnung verunreinigen, die in ihrer Mitte ist.

---

a O. zu sitzen pflegt; so auch V. 22. 23. — *b* O. jeder Sattel, auf welchem . . .
reitet. — *c* O. hatte. — *d* O. durch ihre.

32 Das ist das Gesetz für den Flüssigen und für den, dem der Samenerguß entgeht, so daß er durch ihn unrein wird; 33 und für die, welche krank ist in ihrer Unreinheit, und für den, der seinen Fluß hat, es sei Mann oder Weib, und für den Mann, der neben einer Unreinen liegt.

16 Und Jehova redete zu Mose nach dem Tode der beiden Söhne Aarons, als sie vor Jehova nahten und starben; 2 und Jehova sprach zu Mose: Rede zu deinem Bruder Aaron, daß er nicht zu aller Zeit in das Heiligtum hineingehe innerhalb des Vorhangs, vor den Deckel, der auf der Lade ist, damit er nicht sterbe; denn ich erscheine in der Wolke über dem Deckel. 3 Auf diese Weise soll Aaron in das Heiligtum hineingehen: mit einem jungen Farren zum Sündopfer und einem Widder zum Brandopfer. 4 Er soll einen heiligen Leibrock von Linnen anziehen, und Beinkleider von Linnen sollen auf seinem Fleische sein, und mit einem Gürtel von Linnen soll er sich umgürten, und einen Kopfbund von Linnen sich umbinden: das sind heilige Kleider; und er soll sein Fleisch im Wasser baden und sie 5 anziehen. Und von der Gemeinde der Kinder Israel soll er zwei Ziegenböcke nehmen zum Sündopfer und einen 6 Widder zum Brandopfer. Und Aaron soll den Farren des Sündopfers, der *a* für ihn ist, herzubringen und Sühnung 7 tun für sich und für sein Haus. Und er soll die zwei Böcke nehmen und sie vor Jehova stellen an den Eingang 8 des Zeltes der Zusammenkunft. Und Aaron soll Lose werfen über die zwei Böcke, ein Los für Jehova und ein 9 Los für Asasel *b*. Und Aaron soll den Bock herzubringen, auf welchen das Los für Jehova gefallen ist, und ihn 10 opfern als Sündopfer. Und der Bock, auf welchen das Los für Asasel gefallen ist, soll lebendig vor Jehova gestellt werden, um auf ihm Sühnung zu tun, um ihn als Asasel fortzuschikken in die Wüste. 11 Und Aaron bringe den Farren des Sündopfers, der für ihn ist, herzu und tue Sühnung für sich und für sein Haus, und schlachte den Farren des 12 Sündopfers, der für ihn ist. Und er nehme eine Pfanne voll Feuerkohlen von dem Altar, vor *c* Jehova, und seine beiden Hände voll wohlriechenden, kleingestoßenen Räucherwerks, und bringe es innerhalb des Vorhangs. 13 Und er lege das Räucherwerk auf das Feuer vor Jehova, damit die Wolke des Räucherwerks den Deckel bedekke, der auf dem Zeugnis ist, und er 14 nicht sterbe. Und er nehme von dem Blute des Farren und sprenge mit seinem Finger auf die Vorderseite *d* des Deckels gegen Osten; und vor dem Deckel soll er von dem Blute siebenmal sprengen mit seinem Finger. 15 Und er schlachte den Bock des Sünd-

opfers, der für das Volk ist, und bringe sein Blut innerhalb des Vorhangs, und tue mit seinem Blute, so wie er mit dem Blute des Farren getan hat, und sprenge es auf den Deckel und vor den Deckel; und er tue Sühnung 16 für das Heiligtum wegen der Unreinigkeiten der Kinder Israel und wegen ihrer Uebertretungen, nach allen ihren Sünden; und ebenso soll er für das Zelt der Zusammenkunft tun, das bei ihnen weilt, inmitten ihrer Unreinigkeiten. Und kein Mensch soll 17 in dem Zelte der Zusammenkunft sein, wenn er hineingeht, um Sühnung zu tun im Heiligtum, bis er hinausgeht. Und so tue er Sühnung für sich und für sein Haus und für die ganze Versammlung Israels. Und er soll hinaus- 18 gehen zu dem Altar, der vor Jehova ist, und Sühnung für ihn tun; und er nehme von dem Blute des Farren und von dem Blute des Bockes und tue es an die Hörner des Altars ringsum, und er sprenge von dem Blute mit 19 seinem Finger siebenmal an denselben und reinige ihn und heilige ihn von den Unreinigkeiten der Kinder Israel.

Und hat er die Sühnung des Hei- 20 ligtums und des Zeltes der Zusammenkunft und des Altars vollendet, so soll er den lebendigen Bock herzubringen. Und Aaron lege seine beiden Hände 21 auf den Kopf des lebendigen Bockes und bekenne auf ihn alle Ungerechtigkeiten der Kinder Israel und alle ihre Uebertretungen nach allen ihren Sünden; und er lege sie auf den Kopf des Bockes und schicke ihn durch einen bereitstehenden Mann fort in die Wüste, damit der Bock alle ihre Un- 22 gerechtigkeiten auf sich trage in ein ödes Land; und er schicke den Bock fort in die Wüste.

Und Aaron soll in das Zelt der Zu- 23 sammenkunft hineingehen und die Kleider von Linnen ausziehen, die er anzog, als er in das Heiligtum hineinging, und sie dort niederlegen; und er 24 soll sein Fleisch im Wasser baden an heiligem Orte und seine Kleider anziehen; und er soll hinausgehen und sein Brandopfer und das Brandopfer des Volkes opfern und Sühnung tun für sich und für das Volk. Und das 25 Fett des Sündopfers soll er auf dem Altar räuchern. Und wer den Bock 26 als Asasel fortführt, soll seine Kleider waschen und sein Fleisch im Wasser baden; und danach darf er ins Lager kommen. Und den Farren des Sünd- 27 opfers und den Bock des Sündopfers, deren Blut hineingebracht worden ist, um Sühnung zu tun im Heiligtum, soll man hinausschaffen außerhalb des Lagers, und ihre Häute und ihr Fleisch und ihren Mist mit Feuer verbrennen. Und der sie verbrennt, soll seine Klei- 28 der waschen und sein Fleisch im Wasser baden; und danach darf er ins Lager kommen.

---

a O. das; so auch V. 11. 15. — *b* Abwendung, od. der abwendet, od. der davongeht. — *c* W. von vor. — *d* O. Oberfläche.

29 Und dies soll euch zur ewigen Satzung sein: Im siebenten Monat, am zehnten des Monats, sollt ihr eure Seelen kasteien und keinerlei Arbeit tun, der Eingeborene und der Fremdling, 30 der in eurer Mitte weilt; denn an diesem Tage wird man Sühnung für euch tun, um euch zu reinigen: von allen euren Sünden werdet ihr rein sein 31 vor Jehova. Ein Sabbath der Ruhe soll er euch sein, und ihr sollt eure Seelen kasteien, eine ewige Satzung. 32 Und es soll Sühnung tun der Priester, den man salben und den man weihen wird, um den Priesterdienst auszuüben an seines Vaters Statt; und er soll die Kleider von Linnen anziehen, 33 die heiligen Kleider; und er soll Sühnung tun für das heilige Heiligtum und für das Zelt der Zusammenkunft, und für den Altar soll er Sühnung tun, und für die Priester und für das ganze Volk der Gemeinde soll er Süh-34 nung tun. Und das soll euch zur ewigen Satzung sein, um für die Kinder Israel Sühnung zu tun wegen aller ihrer Sünden einmal im Jahre. Und er tat, so wie Jehova dem Mose geboten hatte.

17 Und Jehova redete zu Mose und sprach: Rede zu Aaron und zu sei-2 nen Söhnen und zu allen Kindern Israel und sprich zu ihnen: Dies ist es, was Jehova geboten und gesagt hat: 3 Jedermann aus dem Hause Israel, der ein Rind oder ein Schaf oder eine Ziege im Lager schlachtet a, oder der 4 außerhalb des Lagers schlachtet, und es nicht an den Eingang des Zeltes der Zusammenkunft gebracht hat, um es Jehova als Opfergabe darzubringen vor der Wohnung Jehovas, selbigem Manne soll Blut zugerechnet werden: Blut hat er vergossen, und selbiger Mann soll ausgerottet werden aus der Mitte 5 seines Volkes; auf daß die Kinder Israel ihre Schlachtopfer b bringen, die sie auf freiem Felde schlachten, daß sie sie Jehova bringen an den Eingang des Zeltes der Zusammenkunft zu dem Priester und sie als Friedens-6 opfer dem Jehova schlachten. Und der Priester soll das Blut an den Altar Jehovas sprengen vor dem Eingang des Zeltes der Zusammenkunft und das Fett räuchern zum lieblichen 7 Geruch dem Jehova. Und sie sollen nicht mehr ihre Schlachtopfer b den Dämonen c schlachten, denen sie nachhuren. Das soll ihnen eine ewige Satzung sein bei ihren Geschlechtern.

8 Und du sollst zu ihnen sagen: Jedermann aus dem Hause Israel und von den Fremdlingen, der in ihrer Mitte weilen, der ein Brandopfer oder 9 Schlachtopfer opfert und es nicht an den Eingang des Zeltes der Zusammenkunft bringt, um es Jehova zu opfern, selbiger Mann soll ausgerottet werden aus seinen Völkern.

Und jedermann aus dem Hause Is-10 rael und von den Fremdlingen, die in ihrer Mitte weilen, der irgend Blut essen wird, — wider die Seele, die das Blut isset, werde ich mein Angesicht richten und sie ausrotten aus der Mitte ihres Volkes. Denn die See-11 le des Fleisches ist im Blute, und ich habe es euch auf den Altar gegeben, um Sühnung zu tun für eure Seelen; denn das Blut ist es, welches Sühnung tut durch d die Seele. Darum habe ich 12 zu den Kindern Israel gesagt: Niemand e von euch soll Blut essen; auch der Fremdling, der in eurer Mitte weilt, soll nicht Blut essen. Und je-13 dermann von den Kindern Israel und von den Fremdlingen, die in eurer Mitte weilen, der ein Wildbret oder einen Vogel erjagt, die gegessen werden, soll ihr Blut ausfließen lassen und es mit Erde bedecken. Denn die See-14 le alles Fleisches: sein Blut, das ist seine Seele f; und ich habe zu den Kindern Israel gesagt: Das Blut irgend welches Fleisches sollt ihr nicht essen, denn die Seele alles Fleisches ist sein Blut; jeder, der es isset, soll ausgerottet werden. — Und jeder, der g ein 15 Aas oder Zerrissenes isset, er sei Eingeborener oder Fremdling, der soll seine Kleider waschen und sich im Wasser baden, und er wird unrein sein bis an den Abend; dann wird er rein sein. Und wenn er sie nicht wäscht 16 und sein Fleisch nicht badet, so wird er seine Ungerechtigkeit tragen.

Und Jehova redete zu Mose und **18** sprach: Rede zu den Kindern Israel und sprich zu ihnen: Ich bin Jeho-2 va, euer Gott. Nach dem Tun des Lan-3 des Aegypten, in welchem ihr gewohnt habt, sollt ihr nicht tun; und nach dem Tun des Landes Kanaan, wohin ich euch bringe, sollt ihr nicht tun; und in ihren Satzungen sollt ihr nicht wandeln. Meine Rechte sollt ihr 4 tun, und meine Satzungen sollt ihr beobachten, darin zu wandeln. Ich bin Jehova, euer Gott. Und meine 5 Satzungen und meine Rechte sollt ihr beobachten, durch welche der Mensch, wenn er sie tut, leben wird. Ich bin Jehova.

Kein Mensch soll sich irgend einer 6 seiner Blutsverwandten nahen, um ihre Blöße aufzudecken. Ich bin Jeho-va. Die Blöße deines Vaters und die 7 Blöße deiner Mutter sollst du nicht aufdecken; sie ist deine Mutter, du sollst ihre Blöße nicht aufdecken. Die 8 Blöße des Weibes deines Vaters sollst du nicht aufdecken; es ist die Blöße deines Vaters. Die Blöße deiner Schwe-9 ster, der Tochter deines Vaters, oder der Tochter deiner Mutter, daheim geboren oder draußen geboren, — ihre Blöße sollst du nicht aufdecken. Die 10 Blöße der Tochter deines Sohnes oder der Tochter deiner Tochter — ihre

---

a Vergl. 5. Mose 12, 13—28. — b O. Schlachttiere. — c Eig. den Böcken (welche abgöttisch verehrt wurden). Vergl. 2. Chron. 11, 15. — d O. für. — e W. Keine Seele. — f Vergl. 5. Mose 12, 23; W. sein Blut ist als seine Seele. — g W. jede Seele, die.

Blöße sollst du nicht aufdecken, denn
11 es ist deine Blöße. Die Blöße der
Tochter des Weibes deines Vaters,
von deinem Vater gezeugt, — sie ist
deine Schwester, ihre Blöße sollst du
12 nicht aufdecken. Die Blöße der Schwester
deines Vaters sollst du nicht aufdecken;
sie ist die Blutsverwandte
13 deines Vaters. Die Blöße der Schwester
deiner Mutter sollst du nicht aufdecken,
denn sie ist die Blutsverwand-
14 te deiner Mutter. Die Blöße des Bruders
deines Vaters sollst du nicht aufdecken:
zu seinem Weibe sollst du
15 nicht nahen, sie ist deine Muhme. Die
Blöße deiner Schwiegertochter sollst
du nicht aufdecken; sie ist das Weib
deines Sohnes, ihre Blöße sollst du
16 nicht aufdecken. Die Blöße des Weibes
deines Bruders sollst du nicht aufdecken;
es ist die Blöße deines Bru-
17 ders. Die Blöße eines Weibes und ihrer
Tochter sollst du nicht aufdecken;
die Tochter ihres Sohnes und die Tochter
ihrer Tochter sollst du nicht nehmen,
um ihre Blöße aufzudecken;
sie sind Blutsverwandte: es ist ei-
18 ne Schandtat. Und du sollst nicht
ein Weib zu ihrer Schwester nehmen,
sie eifersüchtig zu machen, indem
du ihre Blöße neben derselben
19 aufdeckst bei ihrem Leben. — Und
einem Weibe in der Unreinheit ihrer
Unreinigkeit sollst du nicht na-
20 hen, um ihre Blöße aufzudecken. Und
bei dem Weibe deines Nächsten
sollst du nicht liegen zur Begattung,
daß du durch sie unrein werdest. —
21 Und von deinen Kindern sollst du
nicht hingeben, um sie *a* dem Molech
durch *das Feuer* gehen zu lassen, *b*
und du sollst den Namen Jehovas,
deines Gottes, nicht entweihen. Ich
22 bin Jehova. — Und bei einem Manne
sollst du nicht liegen, wie man bei
einem Weibe liegt: es ist ein Greuel.
23 Und bei keinem Vieh sollst du liegen,
so daß du dich an ihm verunreinigst;
und ein Weib soll sich nicht vor ein
Vieh hinstellen, um mit ihm zu schaffen
zu haben: es ist eine schändliche
Befleckung.
24 Verunreiniget euch nicht durch alles
dieses; denn durch alles dieses
haben die Nationen sich verunreinigt,
25 die ich vor euch vertreibe. Und das
Land wurde verunreinigt, und ich
suchte seine Ungerechtigkeit an ihm
heim, und das Land spie seine Be-
26 wohner aus. Ihr aber, ihr sollt meine
Satzungen und meine Rechte beobachten,
und ihr sollt nichts tun von
allen diesen Greueln, der Eingeborene
und der Fremdling, der in eurer
27 Mitte weilt, — denn alle diese Greuel
haben die Leute dieses Landes getan,
die vor euch waren, und das Land ist
28 verunreinigt worden,— damit das Land
euch nicht ausspeie, wenn ihr es verunreinigt,
so wie es die Nation ausge-

spieen hat, die vor euch war: denn 29
jeder, der einen von allen diesen Greueln
tut, — die Seelen, die ihn tun, sollen
ausgerottet werden aus der Mitte
ihres Volkes. Und ihr sollt meine Vor- 30
schriften *c* beobachten, daß ihr keine
der greulichen Bräuche übet, die vor
euch geübt worden sind, und euch
nicht durch dieselben verunreiniget.
Ich bin Jehova, euer Gott.

Und Jehova redete zu Mose und **19**
sprach: Rede zu der ganzen Gemeinde
der Kinder Israel und sprich 2
zu ihnen: Ihr sollt heilig sein; denn
ich, Jehova, euer Gott, bin heilig. Ihr 3
sollt ein jeder seine Mutter und seinen
Vater fürchten; und meine Sabbathe
sollt ihr beobachten. Ich bin Jehova,
euer Gott. — Ihr sollt euch nicht zu 4
den Götzen *d* wenden, und gegossene
Götter sollt ihr euch nicht machen.
Ich bin Jehova, euer Gott.

Und wenn ihr ein Friedensopfer dem 5
Jehova opfert, so sollt ihr es zum
Wohlgefallen für euch opfern. An 6
dem Tage, da ihr es opfert, und am
anderen Tage soll es gegessen werden;
und was bis zum dritten Tage übrigbleibt,
soll mit Feuer verbrannt werden.
Und wenn es irgend am dritten 7
Tage gegessen wird, so ist es ein Greuel,
es wird nicht wohlgefällig sein;
und wer es isset, wird seine Ungerechtigkeit
tragen, denn das Heilige 8
Jehovas hat er entweiht; und selbige
Seele soll ausgerottet werden aus ihren
Völkern.

Und wenn ihr die Ernte eures Landes 9
erntet, so sollst du den Rand deines
Feldes nicht gänzlich abernten und
sollst keine Nachlese deiner Ernte halten.
Und in deinem Weinberge sollst 10
du nicht nachlesen, und die abgefallenen
Beeren deines Weinberges sollst
du nicht auflesen: für den Armen und
für den Fremdling sollst du sie lassen.
Ich bin Jehova, euer Gott.

Ihr sollt nicht stehlen; und ihr sollt 11
nicht lügen und nicht trüglich handeln
einer gegen den anderen. Und ihr 12
sollt nicht falsch schwören bei meinem
Namen, daß du den Namen deines
Gottes entweihest. Ich bin Jehova.
— Du sollst deinen Nächsten nicht 13
bedrücken *e* und sollst ihn nicht berauben;
der Lohn des Tagelöhners
soll nicht bei dir über Nacht bleiben
bis an den Morgen. Du sollst einem 14
Tauben nicht fluchen und vor einen
Blinden keinen Anstoß legen, und du
sollst dich fürchten vor deinem Gott.
Ich bin Jehova. — Ihr sollt nicht un- 15
recht tun im Gericht; du sollst nicht
die Person des Geringen ansehen und
nicht die Person des Großen ehren;
in Gerechtigkeit sollst du deinen Nächsten
richten. Du sollst nicht als ein 16
Verleumder unter deinen Völkern umhergehen.
Du sollst nicht wider das
Blut deines Nächsten auftreten. Ich

---

a W. und von deinem Samen . . ., um ihn. — *b* And. üb.: um sie dem Molech
darzubringen. Molech war ein ammonitischer Götze, welchem Kinder geopfert wurden.
(Vergl. 2. Kön. 23, 10.) — *c* S. die Anm. zu Kap. 8, 35. — *d* W. den Nichtigen.
— *e* O. übervorteilen.

17 bin Jehova. — Du sollst deinen Bruder nicht hassen in deinem Herzen. Du sollst deinen Nächsten ernstlich zurechtweisen, damit du nicht seinet-
18 wegen Schuld *a* tragest. Du sollst dich nicht rächen und den Kindern deines Volkes nichts nachtragen, und sollst deinen Nächsten lieben wie dich selbst. Ich bin Jehova.
19 Meine Satzungen sollt ihr beobachten. Dein Vieh von zweierlei Art sollst du sich nicht begatten lassen; dein Feld sollst du nicht mit zweierlei Samen besäen, und ein Kleid, aus zweierlei Stoff gewebt, soll nicht auf dich kommen.
20 Und wenn ein Mann bei einem Weibe liegt zur Begattung, und sie ist eine Magd, einem Manne verlobt, und sie ist keineswegs losgekauft, noch ist ihr die Freiheit geschenkt, so soll Züchtigung stattfinden; sie sollen nicht getötet werden, denn sie ist nicht frei
21 gewesen. Und er soll sein Schuldopfer dem Jehova bringen an den Eingang des Zeltes der Zusammenkunft,
22 einen Widder als Schuldopfer; und der Priester soll vor Jehova Sühnung für ihn tun mit dem Widder des Schuldopfers für seine Sünde, die er begangen hat; und seine Sünde, die er begangen hat, wird ihm vergeben werden.
23 Und wenn ihr in das Land kommet und allerlei Bäume zur Speise pflanzet, so sollt ihr ihre *erste* Frucht als ihre Vorhaut *b* achten; drei Jahre sollen sie euch als unbeschnitten gelten, es soll nichts von ihnen gegessen wer-
24 den; und im vierten Jahre soll all ihre Frucht heilig sein, Jehova zum
25 Preise; und im fünften Jahre sollt ihr ihre Frucht essen, um euch ihren Ertrag zu mehren. Ich bin Jehova, euer Gott.
26 Ihr sollt nichts mit Blut essen. Ihr sollt nicht Wahrsagerei noch Zaube-
27 rei treiben. Ihr sollt nicht den Rand eures Haupthaares *c* rund scheren, und den Rand deines Bartes sollst du nicht
28 zerstören. Und Einschnitte wegen eines Toten sollt ihr an eurem Fleische nicht machen; und Aetzschrift sollt ihr an euch nicht machen. Ich bin Jehova.
29 Du sollst deine Tochter nicht entweihen, sie der Hurerei hinzugeben, daß das Land nicht Hurerei treibe und das Land voll Schandtaten werde.
30 Meine Sabbathe sollt ihr beobachten, und mein Heiligtum sollt ihr fürchten. Ich bin Jehova.
31 Ihr sollt euch nicht zu den Totenbeschwörern und zu den Wahrsagern wenden; ihr sollt sie nicht aufsuchen, euch an ihnen *d* zu verunreinigen. Ich bin Jehova, euer Gott.
32 Vor grauem Haare sollst du aufstehen und die Person *e* eines Greises ehren, und du sollst dich fürchten vor deinem Gott. Ich bin Jehova.

Und wenn ein Fremdling bei dir 33 weilt in eurem Lande, so sollt ihr ihn nicht bedrücken. Wie ein Eingebore- 34 ner unter euch soll euch der Fremdling sein, der bei euch weilt, und du sollst ihn lieben wie dich selbst; denn Fremdlinge seid ihr gewesen im Lande Aegypten. Ich bin Jehova, euer Gott.
Ihr sollt nicht unrecht tun im Ge- 35 richt, im Längenmaß, im Gewicht und im Hohlmaß; gerechte Wage, gerech- 36 te Gewichtsteine, gerechtes Epha und gerechtes Hin sollt ihr haben. Ich bin Jehova, euer Gott, der ich euch aus dem Lande Aegypten herausgeführt habe.
Und so sollt ihr alle meine Satzun- 37 gen und alle meine Rechte beobachten und sie tun. Ich bin Jehova.

Und Jehova redete zu Mose und **20** sprach: Und zu den Kindern Israel sollst du sprechen: Jedermann 2 von den Kindern Israel und von den Fremdlingen, die in Israel weilen, der von seinen Kindern *f* dem Molech gibt, soll gewißlich getötet werden; das Volk des Landes soll ihn steinigen. Und ich werde mein Angesicht wider 3 selbigen Mann richten und ihn ausrotten aus der Mitte seines Volkes, weil er von seinen Kindern dem Molech gegeben hat, mein Heiligtum zu verunreinigen und meinen heiligen Namen zu entweihen. Und wenn das 4 Volk des Landes seine Augen irgend verhüllt vor selbigem Manne, wenn er von seinen Kindern dem Molech gibt, so daß es ihn nicht tötet, so wer- 5 de ich mein Angesicht wider selbigen Mann richten und wider sein Geschlecht *g*, und werde ihn und alle, die ihm nachhuren, um dem Molech nachzuhuren, ausrotten aus der Mitte ihres Volkes. Und die Seele, die sich 6 zu den Totenbeschwörern und zu den Wahrsagern wendet, um ihnen nachzuhuren, wider selbige Seele werde ich mein Angesicht richten und sie ausrotten aus der Mitte ihres Volkes. — So heiliget euch und seid heilig, 7 denn ich bin Jehova, euer Gott; und 8 beobachtet meine Satzungen und tut sie. Ich bin Jehova, der euch heiligt.
Jedermann, der seinem Vater oder 9 seiner Mutter flucht, soll gewißlich getötet werden; er hat seinem Vater oder seiner Mutter geflucht, sein Blut *h* ist auf ihm.
Und wenn ein Mann Ehebruch treibt 10 mit dem Weibe eines Mannes, wenn er Ehebruch treibt mit dem Weibe seines Nächsten, so sollen der Ehebrecher und die Ehebrecherin gewißlich getötet werden. Und wenn ein 11 Mann bei dem Weibe seines Vaters liegt: er hat die Blöße seines Vaters aufgedeckt; beide sollen gewißlich getötet werden, ihr Blut ist auf ihnen. Und wenn ein Mann bei seiner 12 Schwiegertochter liegt, so sollen beide

---

a Eig. Sünde; and. üb.: und sollst Sünde auf ihm nicht ertragen. — *b* d. h. als unrein. — *c* Eig. Hauptes. — *d* O. durch sie. — *e* W. das Antlitz. — *f* W. seinem Samen; so auch V. 3 u. 4. — *g* O. seine Familie. — *h* O. seine Blutschuld; so auch ncchher.

gewißlich getötet werden; sie haben eine schändliche Befleckung verübt, ihr

13 Blut ist auf ihnen. Und wenn ein Mann bei einem Manne liegt, wie man bei einem Weibe liegt, so haben beide einen Greuel verübt; sie sollen gewißlich getötet werden, ihr Blut ist

14 auf ihnen. Und wenn ein Mann ein Weib nimmt und ihre Mutter, das ist eine Schandtat; man soll ihn und sie mit Feuer verbrennen, daß keine

15 Schandtat in eurer Mitte sei. Und wenn ein Mann bei einem Vieh liegt, so soll er gewißlich getötet werden, und das Vieh sollt ihr umbringen.

16 Und wenn ein Weib sich irgend einem Vieh naht, um mit ihm zu schaffen zu haben, so sollst du das Weib und das Vieh umbringen; sie sollen gewißlich getötet werden, ihr Blut ist

17 auf ihnen. Und wenn ein Mann seine Schwester nimmt, die Tochter seines Vaters oder die Tochter seiner Mutter, und er sieht ihre Blöße, und sie sieht seine Blöße: das ist eine Schande, und sie sollen ausgerottet werden vor den Augen der Kinder ihres Volkes; er hat die Blöße seiner Schwester aufgedeckt, er soll seine Unge-

18 rechtigkeit tragen. Und wenn ein Mann bei einem Weibe liegt in ihrer Krankheit und ihre Blöße aufdeckt, so hat er ihre Quelle enthüllt, und sie hat die Quelle ihres Blutes aufgedeckt; sie sollen beide ausgerottet werden

19 aus der Mitte ihres Volkes. Und die Blöße der Schwester deiner Mutter und der Schwester deines Vaters sollst du nicht aufdecken; denn wer das tut, hat *a* seine Blutsverwandte entblößt: sie sollen ihre Ungerechtigkeit tragen.

20 Und wenn ein Mann bei dem Weibe seines Oheims liegt, so hat er die Blöße seines Oheims aufgedeckt; sie sollen ihre Sünde tragen, kinderlos sol-

21 len sie sterben. Und wenn ein Mann das Weib seines Bruders nimmt, das ist eine Unreinigkeit; er hat die Blöße seines Bruders aufgedeckt, sie sollen kinderlos sein.

22 Und ihr sollt alle meine Satzungen und alle meine Rechte beobachten und sie tun, damit euch das Land nicht ausspeie, wohin ich euch bringe, um

23 darin zu wohnen. Und ihr sollt nicht wandeln in den Satzungen der Nationen, die ich vor euch vertreibe; denn alle jene Dinge haben sie getan, und

24 sie sind mir zum Ekel geworden; und ich habe zu euch gesagt: I h r sollt ihr Land besitzen, und i c h werde es euch zum Besitz geben, ein Land, das von Milch und Honig fließt. Ich bin Jehova, euer Gott, der ich euch von den

25 Völkern abgesondert habe. Und ihr sollt unterscheiden zwischen dem reinen Vieh und dem unreinen, und zwischen dem unreinen Gevögel und dem reinen, und sollt euch selbst nicht zu einem Greuel machen durch das Vieh und durch das Gevögel und durch alles was sich auf dem Erdboden regt, welches ich euch als unrein ausgeson-

dert habe. Und ihr sollt mir heilig 26 sein, denn i c h bin heilig, ich, Jehova; und ich habe euch von den Völkern abgesondert, um mein zu sein. Und 27 wenn in einem Manne oder einem Weibe ein Totenbeschwörer- oder Wahrsagergeist ist, so sollen sie gewißlich getötet werden; man soll sie steinigen, ihr Blut ist auf ihnen.

Und Jehova sprach zu Mose: Re- **21**
de zu den Priestern, den Söhnen Aarons, und sprich zu ihnen: Keiner von ihnen soll sich *b* wegen einer Leiche verunreinigen unter seinen Völkern: außer wegen seines Blutsver- 2 wandten, der ihm nahe steht: wegen seiner Mutter und wegen seines Vaters und wegen seines Sohnes und wegen seiner Tochter und wegen seines Bruders; und wegen seiner Schwe- 3 ster, der Jungfrau, die ihm nahe steht, die noch keines Mannes geworden ist: wegen dieser darf er sich verunreinigen. Er soll sich nicht 4 verunreinigen als Herr unter seinen Völkern, sich zu entweihen. Sie sol- 5 len keine Glatze auf ihrem Haupte machen, und den Rand ihres Bartes sollen sie nicht abscheren, und an ihrem Fleische sollen sie keine Einschnitte machen. Sie sollen ihrem Gott 6 heilig sein, und den Namen ihres Gottes sollen sie nicht entweihen, denn die Feueropfer Jehovas, das Brot ihres Gottes, bringen sie dar; und sie sollen heilig sein. Eine Hure und ei- 7 ne Entehrte sollen sie nicht *zum Weibe* nehmen, und ein von ihrem Manne verstoßenes Weib sollen sie nicht nehmen; denn heilig ist er seinem Gott. Und du sollst ihn für heilig achten, 8 denn das Brot deines Gottes bringt er dar; er soll dir heilig sein; denn heilig bin ich, Jehova, der euch heiligt. Und wenn die Tochter eines Priesters 9 sich durch Hurerei entweiht, so entweiht sie ihren Vater: sie soll mit Feuer verbrannt werden. — Und der 10 Hohepriester unter seinen Brüdern, auf dessen Haupt das Salböl gegossen worden, und der geweiht ist, um die *heiligen* Kleider anzulegen, soll sein Haupt nicht entblößen und soll seine Kleider nicht zerreißen. Und er soll 11 zu keiner Leiche kommen; wegen seines Vaters und wegen seiner Mutter soll er sich nicht verunreinigen. Und 12 aus dem Heiligtum soll er nicht hinausgehen und nicht entweihen das Heiligtum seines Gottes; denn die Weihe des Salböls seines Gottes ist auf ihm. Ich bin Jehova. Und dersel- 13 be soll ein Weib in ihrer Jungfrauschaft nehmen. Eine Witwe und eine 14 Verstoßene und eine Entehrte, eine Hure, diese soll er nicht nehmen; sondern eine Jungfrau aus seinen Völkern soll er zum Weibe nehmen. Und 15 er soll seinen Samen nicht entweihen unter seinen Völkern; denn ich bin Jehova, der ihn heiligt.

Und Jehova redete zu Mose und 16 sprach: Rede zu Aaron und sprich: 17

---

a W. denn er hat. — *b* W. Er (der Priester) soll sich nicht.

Jemand von deinem Samen bei ihren Geschlechtern, an dem ein Gebrechen ist, soll nicht herzunahen, um das Brot 18 seines Gottes darzubringen; denn jedermann, an dem ein Gebrechen ist, soll nicht herzunahen, *es sei* ein blinder Mann oder ein lahmer oder ein stumpfnasiger *a*, oder der ein Glied zu 19 lang hat, oder ein Mann, der einen Bruch am Fuße oder einen Bruch an 20 der Hand hat, oder ein Höckeriger oder ein Zwerg *b*, oder der einen Flekken an seinem Auge *c* hat, oder der die Krätze oder Flechte, oder der zer-21 drückte Hoden hat. Jedermann vom Samen Aarons, des Priesters, der ein Gebrechen hat, soll nicht herzutreten, die Feueropfer Jehovas darzubringen; ein Gebrechen ist an ihm, er soll nicht herzutreten, das Brot seines Gottes 22 darzubringen. Das Brot seines Gottes von dem Hochheiligen und von dem 23 Heiligen mag er essen; allein zum Vorhang soll er nicht kommen, und zum Altar soll er nicht nahen, denn ein Gebrechen ist an ihm, daß er nicht meine Heiligtümer *d* entweihe; denn ich bin Jehova, der sie heiligt.

24 Und so redete Mose zu Aaron und zu seinen Söhnen und zu allen Kindern Israel.

22 Und Jehova redete zu Mose und sprach: Rede zu Aaron und zu sei-2 nen Söhnen, daß sie sich enthalten von den heiligen Dingen der Kinder Israel, die sie mir heiligen, und meinen heiligen Namen nicht entweihen. 3 Ich bin Jehova. Sprich zu ihnen: Wer irgend von all eurem Samen, bei euren Geschlechtern, sich den heiligen Dingen naht, welche die Kinder Israel Jehova heiligen, und seine Unreinigkeit ist an ihm, selbige Seele soll ausgerottet werden vor meinem An-4 gesicht hinweg. Ich bin Jehova. Jedermann vom Samen Aarons, der aussätzig oder flüssig ist, soll nicht von den heiligen Dingen essen, bis er rein ist. Und wer irgend einen anrührt, der durch eine Leiche verunreinigt ist, oder jemanden, dem der Samen-5 erguß entgeht; oder wer irgend ein kriechendes Tier *e* anrührt, durch welches er unrein wird, oder einen Menschen, durch den er unrein wird nach irgend welcher Unreinigkeit, die *er* hat; 6 einer, der solches anrührt, der wird unrein sein bis an den Abend; und er soll nicht von den heiligen Dingen essen, sondern soll sein Fleisch im 7 Wasser baden; und ist die Sonne untergegangen, so ist er rein; und danach darf er von den heiligen Dingen 8 essen, denn es ist sein Brot. Aas und Zerrissenes soll er nicht essen, daß er sich dadurch verunreinige. Ich bin 9 Jehova. Und sie sollen meine Vorschriften *f* beobachten, damit sie nicht deswegen Sünde auf sich laden *g* und

dadurch sterben, weil sie es *h* entweihen. Ich bin Jehova, der sie heiligt.

Und kein Fremder *i* soll Heiliges es-10 sen; der Beisasse und der Tagelöhner eines Priesters sollen Heiliges nicht essen. Wenn aber ein Priester eine 11 Seele für Geld kauft, so darf diese davon essen; und seine Hausgeborenen, s i e dürfen von seinem Brote essen. Und wenn die Tochter eines Prie-12 sters *das Weib* eines fremden Mannes wird, so soll sie nicht von dem Hebopfer *j* der heiligen Dinge essen. Und 13 wenn die Tochter eines Priesters Witwe oder verstoßen wird, und keine Kinder *k* hat und in das Haus ihres Vaters zurückkehrt, wie in ihrer Jugend, so darf sie von dem Brote ihres Vaters essen. Aber kein Fremder soll davon essen. Und wenn jemand 14 aus Versehen Heiliges isset, so soll er das Fünftel davon hinzufügen und dem Priester das Heilige erstatten. Und man soll die heiligen Dinge der 15 Kinder Israel nicht entweihen, die sie dem Jehova heben *l*, und ihnen so 16 die Ungerechtigkeit einer Schuld aufladen, wenn sie ihre heiligen Dinge essen; denn ich bin Jehova, der sie heiligt.

Und Jehova redete zu Mose und 17 sprach: Rede zu Aaron und zu seinen 18 Söhnen und zu allen Kindern Israel und sprich zu ihnen: Jedermann vom Hause Israel und von den Fremdlingen in Israel, der seine Opfergabe darbringt, nach allen ihren Gelübden und nach allen ihren freiwilligen Gaben, welche sie Jehova als Brandopfer darbringen, — zum Wohlgefallen für euch 19 soll es sein, ohne Fehl, männlich, von den Rindern, von den Schafen oder von den Ziegen. Alles, woran ein Gebre-20 chen ist, sollt ihr nicht darbringen, denn es wird nicht zum Wohlgefallen für euch sein. Und wenn jemand dem 21 Jehova ein Friedensopfer darbringt, um ein Gelübde zu erfüllen *m*, oder als freiwillige Gabe vom Rind- oder vom Kleinvieh: ohne Fehl soll es sein, zum Wohlgefallen; keinerlei Gebrechen soll an ihm sein. Ein blindes oder verletz-22 tes oder verstümmeltes *Tier*, oder *eines*, das Geschwüre oder die Krätze oder die Flechte hat, diese sollt ihr Jehova nicht darbringen, und sollt Jehova keine Feueropfer davon auf den Altar geben. Und ein Stück Rind- oder 23 Kleinvieh, an welchem ein Glied zu lang oder zu kurz ist, das magst du als freiwillige Gabe opfern; aber zu einem Gelübde wird es nicht wohlgefällig sein. Und dem die Hoden zer-24 quetscht oder zerstoßen oder ausgerissen oder ausgeschnitten sind, sollt ihr Jehova nicht darbringen; und in eurem Lande sollt ihr *dergleichen* nicht tun. Und aus der Hand eines Fremden 25 sollt ihr das Brot eures Gottes aus al-

---

a And. üb.: spaltnasiger. — *b* W. ein Dünner, Elender. — *c* And. üb.: ein triefendes Auge. — *d* O. heiligen Dinge. — *e* W. ein Gewimmel. — *f* S. die Anm. zu Kap. 8, 35. — *g* Eig. Sünde tragen. — *h* Wahrsch. das Geheiligte, das Brot. — *i* S. 4. Mose 16, 40. — *j* auch Opfer im allgemeinen. — *k* W. keinen Samen. — *l* O. opfern. — *m* Eig. abzusondern, zu weihen.

len diesen nicht darbringen; denn ihr Verderben ist an ihnen, ein Gebrechen ist an ihnen; sie werden nicht wohlgefällig für euch sein.

26 Und Jehova redete zu Mose und
27 sprach: Wenn ein Rind oder ein Schaf oder eine Ziege geboren wird, so soll es sieben Tage unter seiner Mutter sein; und vom achten Tage an und weiterhin wird es wohlgefällig sein zur Opfergabe eines Feueropfers dem
28 Jehova. — Und ein Stück Rind- oder Kleinvieh, es selbst und sein Junges, sollt ihr nicht schlachten an e i n e m Ta-
29 ge. Und wenn ihr dem Jehova ein Dankopfer opfert, so sollt ihr es zum Wohl-
30 gefallen für euch opfern: an demselben Tage soll es gegessen werden; ihr sollt nichts davon übriglassen bis
31 an den Morgen. Ich bin Jehova. Und ihr sollt meine Gebote beobachten und
32 sie tun. Ich bin Jehova. Und ihr sollt meinen heiligen Namen nicht entweihen, damit ich geheiligt werde in der Mitte der Kinder Israel. Ich bin Je-
33 hova, der euch heiligt, der euch aus dem Lande Aegypten herausgeführt hat, um euer Gott zu sein. Ich bin Jehova.

23 Und Jehova redete zu Mose und sprach: Rede zu den Kindern Is-
2 rael und sprich zu ihnen: Die Feste a Jehovas, die ihr als heilige Versammlungen b ausrufen sollt, meine Feste sind diese:
3 Sechs Tage soll man Arbeit tun; aber am siebenten Tage ist ein Sabbath der Ruhe, eine heilige Versammlung; keinerlei Arbeit sollt ihr tun; es ist ein Sabbath dem Jehova in allen euren Wohnsitzen.
4 Dies sind die Feste Jehovas, heilige Versammlungen, die ihr ausrufen
5 sollt zu ihrer bestimmten Zeit: Im ersten Monat c, am vierzehnten des Monats, zwischen den zwei Abenden d,
6 ist Passah dem Jehova. Und am fünfzehnten Tage dieses Monats ist das Fest der ungesäuerten Brote dem Jehova; sieben Tage sollt ihr Ungesäu-
7 ertes essen. Am ersten Tage soll euch eine heilige Versammlung sein, kei-
8 nerlei Dienstarbeit sollt ihr tun. Und ihr sollt Jehova ein Feueropfer darbringen sieben Tage; am siebenten Tage ist eine heilige Versammlung, keinerlei Dienstarbeit sollt ihr tun.
9 Und Jehova redete zu Mose und
10 sprach: Rede zu den Kindern Israel und sprich zu ihnen: Wenn ihr in das Land kommet, das ich euch gebe, und ihr seine Ernte erntet, so sollt ihr eine Garbe der Erstlinge eurer Ernte
11 zu dem Priester bringen; und er soll die Garbe vor Jehova weben zum Wohlgefallen für euch; am anderen Tage nach dem Sabbath soll sie der Prie-
12 ster weben. Und ihr sollt an dem Tage, da ihr die Garbe webet, ein Lamm opfern, ohne Fehl, einjährig, zum

Brandopfer dem Jehova; und sein 13 Speisopfer: zwei Zehntel Feinmehl, gemengt mit Oel, ein Feueropfer dem Jehova, ein lieblicher Geruch; und sein Trankopfer: ein viertel Hin Wein.
Und Brot und geröstete Körner und 14 Gartenkorn sollt ihr nicht essen bis zu diesem selbigen Tage, bis ihr die Opfergabe eures Gottes gebracht habt: eine ewige Satzung bei euren Geschlechtern in allen euren Wohnsitzen.
Und ihr sollt euch zählen vom an- 15 deren Tage nach dem Sabbath, von dem Tage, da ihr die Webe-Garbe gebracht habt: es sollen sieben volle Wochen sein. Bis zum anderen Tage nach dem 16 siebenten Sabbath sollt ihr fünfzig Tage zählen; und ihr sollt Jehova ein neues Speisopfer darbringen. e Aus 17 euren Wohnungen sollt ihr zwei Webe-Brote bringen, zwei von zwei Zehnteln Feinmehl sollen es sein, gesäuert sollen sie gebacken werden, als Erstlinge dem Jehova. Und ihr sollt zu dem 18 Brote darbringen sieben einjährige Lämmer ohne Fehl, und einen jungen Farren und zwei Widder (sie sollen ein Brandopfer dem Jehova sein) und ihr Speisopfer und ihre Trankopfer: ein Feueropfer lieblichen Geruchs dem Jehova. Und ihr sollt einen Ziegen- 19 bock zum Sündopfer opfern und zwei einjährige Lämmer zum Friedensopfer. Und der Priester soll sie weben 20 samt dem Brote der Erstlinge als Webopfer vor Jehova, samt den zwei Lämmern: sie sollen Jehova heilig sein für den Priester. Und ihr sollt an diesem 21 selbigen Tage einen Ruf ergehen lassen — eine heilige Versammlung soll f euch sein; keinerlei Dienstarbeit sollt ihr tun: eine ewige Satzung in allen euren Wohnsitzen bei euren Geschlechtern.
— Und wenn ihr die Ernte eures Lan- 22 des erntet, sollst du den Rand deines Feldes nicht gänzlich abernten, und sollst keine Nachlese deiner Ernte halten; für den Armen und für den Fremdling sollst du sie lassen. Ich bin Jehova, euer Gott.
Und Jehova redete zu Mose und 23 sprach: Rede zu den Kindern Israel 24 und sprich: Im siebenten Monat, am ersten des Monats, soll euch Ruhe sein, ein Gedächtnis des Posaunenhalls, eine heilige Versammlung. Keinerlei 25 Dienstarbeit sollt ihr tun, und ihr sollt Jehova ein Feueropfer darbringen. g
Und Jehova redete zu Mose und 26 sprach: Doch am zehnten dieses sie- 27 benten Monats ist der Versöhnungstag; h eine heilige Versammlung soll euch sein, und ihr sollt eure Seelen kasteien, und sollt Jehova ein Feueropfer darbringen. Und keinerlei Ar- 28 beit sollt ihr tun an diesem selbigen Tage; denn es ist der Versöhnungstag, um Sühnung für euch zu tun vor Jehova, eurem Gott. Denn jede See- 29 le, die sich nicht kasteit an diesem sel-

---

a Eig. bestimmte Zeiten (um Gott zu nahen); so auch V. 4. 37. 44. — b S. die Anm. zu 2. Mose 12, 16; desgl. V. 3. 4. 7 usw. — c Vergl. 2. Mose 12, 2. — d Vergl. die Anm. zu 2. Mose 12, 6. — e Vergl. 4. Mose 28, 26—31. — f O. soll er. — g Vergl. 4. Mose 29, 1—6. — h Vergl. Kap. 16.

bigen Tage, die soll ausgerottet wer-
30 den aus ihren Völkern; und jede Seele, die irgend eine Arbeit tut an diesem selbigen Tage, selbige Seele werde ich vertilgen aus der Mitte ihres
31 Volkes. Keinerlei Arbeit sollt ihr tun:
eine ewige Satzung bei euren Geschlechtern in allen euren Wohnsit-
32 zen. Ein Sabbath der Ruhe soll er
für euch sein, und ihr sollt eure Seelen kasteien; am neunten des Monats,
am Abend, vom Abend bis zum Abend
sollt ihr euren Sabbath feiern *a*.

33 Und Jehova redete zu Mose und
34 sprach: Rede zu den Kindern Israel
und sprich: Am fünfzehnten Tage dieses siebenten Monats ist das Fest der
Laubhütten *b* sieben Tage dem Jeho-
35 va. Am ersten Tage soll eine heilige
Versammlung sein, keinerlei Dienst-
36 arbeit sollt ihr tun. Sieben Tage sollt
ihr Jehova ein Feueropfer darbringen;
am achten Tage soll euch eine heilige Versammlung sein, und ihr sollt
Jehova ein Feueropfer darbringen:
es ist eine Festversammlung, keinerlei Dienstarbeit sollt ihr tun. *c*

37 Das sind die Feste Jehovas, die ihr
ausrufen sollt als heilige Versammlungen, um Jehova darzubringen Feueropfer, Brandopfer und Speisopfer,
Schlachtopfer und Trankopfer, die Ge-
38 bühr des Tages an seinem Tage: außer den Sabbathen Jehovas und außer
euren Gaben und außer allen euren
Gelübden und außer allen euren freiwilligen Gaben, die ihr Jehova gebet.
39 Doch am fünfzehnten Tage des siebenten Monats, wenn ihr den Ertrag
des Landes eingesammelt habt, sollt
ihr das Fest Jehovas feiern sieben
Tage; am ersten Tage soll Ruhe sein,
und am achten Tage soll Ruhe sein.
40 Und ihr sollt euch am ersten Tage
Frucht von schönen Bäumen nehmen,
Palmzweige und Zweige von dichtbelaubten Bäumen und von Bach-
weiden, und sollt euch vor Jehova,
41 eurem Gott, freuen sieben Tage. Und
ihr sollt dasselbe sieben Tage im Jahre als Fest dem Jehova feiern: eine
ewige Satzung bei euren Geschlechtern; im siebenten Monat sollt ihr
42 dasselbe feiern. In Laubhütten sollt
ihr wohnen sieben Tage; alle Eingeborenen in Israel sollen in Laubhüt-
43 ten wohnen; auf daß eure Geschlechter wissen, daß ich die Kinder Israel
in Laubhütten habe wohnen lassen,
als ich sie aus dem Lande Aegypten
herausführte. Ich bin Jehova, euer
44 Gott. — Und Mose sagte den Kindern
Israel die Feste Jehovas.

24 Und Jehova redete zu Mose und
sprach: Gebiete den Kindern Israel,
2 daß sie dir reines, zerstoßenes Olivenöl bringen zum Licht, um die Lam-
3 pen *d* anzuzünden beständig. Außerhalb des Vorhangs des Zeugnisses, im
Zelte der Zusammenkunft, soll Aaron
sie zurichten, vom Abend bis zum

Morgen, vor Jehova beständig: eine
ewige Satzung bei euren Geschlechtern. Auf dem reinen Leuchter soll 4
er die Lampen beständig vor Jehova
zurichten.

Und du sollst Feinmehl nehmen und 5
daraus zwölf Kuchen backen: von
zwei Zehnteln soll ein Kuchen sein.
Und du sollst sie in zwei Schichten *e* 6
legen, sechs in eine Schicht, auf den
reinen Tisch vor Jehova. Und du 7
sollst auf jede Schicht reinen Weihrauch legen, und er soll dem Brote
zum Gedächtnis *f* sein, ein Feueropfer
für den Jehova. Sabbathtag für Sab- 8
bathtag soll er es beständig vor Jehova zurichten: ein ewiger Bund von
seiten der Kinder Israel. Und es soll 9
Aaron und seinen Söhnen gehören,
und sie sollen es essen an heiligem
Orte; denn als ein Hochheiliges von
den Feueropfern Jehovas soll es ihm
gehören: eine ewige Satzung.

Und der Sohn eines israelitischen 10
Weibes — er war aber der Sohn ei-
nes ägyptischen Mannes — ging aus
unter die Kinder Israel; und der Sohn
der Israelitin und ein israelitischer
Mann zankten sich im Lager. Und 11
der Sohn des israelitischen Weibes lästerte den Namen *Jehovas* und fluchte
ihm; und sie brachten ihn zu Mose.
Der Name seiner Mutter aber war
Schelomith, die Tochter Dibris, vom
Stamme Dan. Und sie legten ihn in 12
Gewahrsam, damit ihnen nach dem
Munde Jehovas beschieden werde. Und 13
Jehova redete zu Mose und sprach:
Führe den Flucher außerhalb des La- 14
gers; und alle, die es gehört haben,
sollen ihre Hände auf seinen Kopf legen, und die ganze Gemeinde soll ihn
steinigen. Und zu den Kindern Israel 15
sollst du reden und sprechen: Wenn
irgend jemand seinem Gott flucht, so
soll er seine Sünde tragen. Und wer 16
den Namen Jehovas lästert, soll gewißlich getötet werden, steinigen soll
ihn die ganze Gemeinde; wie der
Fremdling, so der Eingeborene: wenn
er den Namen lästert, soll er getötet
werden. Und wenn jemand irgend ei- 17
nen Menschen totschlägt, so soll er
gewißlich getötet werden. Und wer 18
ein Vieh totschlägt, soll es erstatten:
Leben um Leben. Und wenn jemand 19
seinem Nächsten eine Verletzung zufügt: wie er getan hat, also soll ihm
getan werden: Bruch um Bruch, Au- 20
ge um Auge, Zahn um Zahn; wie er
einem Menschen eine Verletzung zufügt, also soll ihm zugefügt werden.
Und wer ein Vieh totschlägt, soll es 21
erstatten; wer aber einen Menschen
totschlägt, soll getötet werden. Einer- 22
lei Recht sollt ihr haben: wie der
Fremdling, so soll der Eingeborene
sein; denn ich bin Jehova, euer Gott.
— Und Mose redete zu den Kindern 23
Israel, und sie führten den Flucher
vor das Lager hinaus und steinigten

---

a Eig. ruhen. — *b* H. Sukkoth: Hütten. — *c* Vergl. 4. Mose 29, 12—38. — *d* W. die
Lampe, wie 1. Sam. 3, 3; so auch 2. Mose 27, 20. — *e* O. Reihen. — *f* O. Gedächtnisteil (vergl. Kap. 2, 2); der Opferteil, der anstatt der Brote verbrannt wurde.

ihn; und die Kinder Israel taten, wie Jehova dem Mose geboten hatte.

25 Und Jehova redete zu Mose auf dem Berge Sinai und sprach: Rede 2 zu den Kindern Israel und sprich zu ihnen: Wenn ihr in das Land kommet, das ich euch geben werde, so soll das Land dem Jehova einen Sab-3 bath feiern a. Sechs Jahre sollst du dein Feld besäen und sechs Jahre deinen Weinberg beschneiden und den 4 Ertrag des Landes b einsammeln. Aber im siebenten Jahre soll ein Sabbath der Ruhe für das Land sein, ein Sabbath dem Jehova; dein Feld sollst du nicht besäen und deinen Weinberg 5 nicht beschneiden; den Nachwuchs deiner Ernte sollst du nicht einernten, und die Trauben deines unbeschnittenen Weinstocks sollst du nicht abschneiden: es soll ein Jahr der Ruhe 6 für das Land sein. Und der Sabbath des Landes soll euch zur Speise dienen c, dir und deinem Knechte und deiner Magd und deinem Tagelöhner und deinem Beisassen, die sich bei 7 dir aufhalten; und deinem Vieh und dem wilden Getier, das in deinem Lande ist, soll all sein Ertrag zur Speise dienen.

8 Und du sollst dir sieben Jahrsabbathe zählen, siebenmal sieben Jahre, so daß die Tage von sieben Jahrsabbathen dir neunundvierzig Jahre aus-9 machen. Und du sollst im siebenten Monat, am zehnten des Monats, den Posaunenschall d ergehen lassen; an dem Versöhnungstage sollt ihr die Posaune ergehen lassen durch euer gan-10 zes Land. Und ihr sollt das Jahr des fünfzigsten Jahres heiligen und sollt im Lande Freiheit ausrufen für alle seine Bewohner. Ein Jubeljahr e soll es euch sein, und ihr werdet ein jeder wieder zu seinem Eigentum kommen, und ein jeder zurückkehren zu 11 seinem Geschlecht. Ein Jubeljahr soll dasselbe, das Jahr des fünfzigsten Jahres, euch sein; ihr sollt nicht säen und seinen Nachwuchs nicht ernten und seine unbeschnittenen Weinstök-12 ke nicht lesen f; denn ein Jubeljahr ist es: es soll euch heilig sein; vom Felde weg sollt ihr seinen Ertrag es-13 sen. In diesem Jahre des Jubels sollt ihr ein jeder wieder zu seinem Eigentum kommen.

14 Und wenn ihr eurem Nächsten etwas verkaufet oder von der Hand eures Nächsten etwas kaufet, so soll keiner seinen Bruder bedrücken g. 15 Nach der Zahl der Jahre seit dem Jubeljahre sollst du von deinem Nächsten kaufen, nach der Zahl der Erntejahre soll er dir verkaufen. Nach Verhältnis der größeren Zahl von Jahren sollst du ihm den Kaufpreis mehren, und nach Verhältnis der geringeren Zahl von Jahren sollst du ihm den Kaufpreis mindern; denn eine 17 Zahl von Ernten verkauft er dir. Und

so soll keiner von euch seinen Nächsten bedrücken g, und du sollst dich fürchten vor deinem Gott; denn ich bin Jehova, euer Gott. Und so tut 18 meine Satzungen, und beobachtet meine Rechte und tut sie, so werdet ihr sicher wohnen in eurem Lande. Und 19 das Land wird seine Frucht geben, und ihr werdet essen bis zur Sättigung und sicher in demselben wohnen. Und wenn ihr sprechet: Was 20 sollen wir im siebenten Jahre essen? siehe, wir säen nicht, und unseren Ertrag sammeln wir nicht ein —: ich 21 werde euch ja im sechsten Jahre meinen Segen entbieten, daß es den Ertrag für drei Jahre bringe; und wenn 22 ihr im achten Jahre säet, werdet ihr noch vom alten Ertrage essen; bis ins neunte Jahr, bis sein Ertrag einkommt, werdet ihr Altes essen.

Und das Land soll nicht für immer 23 verkauft werden, denn mein ist das Land; denn Fremdlinge und Beisassen seid ihr bei mir. Und im ganzen 24 Lande eures Eigentums sollt ihr dem Lande Lösung gestatten.

Wenn dein Bruder verarmt und von 25 seinem Eigentum verkauft, so mag h sein Löser, sein nächster Verwandter, kommen und das Verkaufte seines Bruders lösen. Und wenn jemand kei- 26 nen Löser hat, und seine Hand erwirbt und findet was zu seiner Lösung hinreicht, so soll er die Jahre seines Ver- 27 kaufs berechnen und das Uebrige dem Manne zurückzahlen, an den er verkauft hat, und so wieder zu seinem Eigentum kommen. Und wenn 28 seine Hand nicht gefunden hat, was hinreicht, um ihm zurückzuzahlen, so soll das von ihm Verkaufte in der Hand des Käufers desselben bleiben bis zum Jubeljahre; und im Jubeljahre soll es frei ausgehen, und er soll wieder zu seinem Eigentum kommen.

Und wenn jemand ein Wohnhaus 29 in einer ummauerten Stadt verkauft, so soll sein Lösungsrecht bestehen bis zum Ende des Jahres seines Verkaufs; ein volles Jahr soll sein Lösungsrecht bestehen. Wenn es aber nicht gelöst 30 wird, bis ihm ein ganzes Jahr voll ist, so soll das Haus, das in der ummauerten Stadt ist, für immer dem Käufer desselben verbleiben, bei seinen Geschlechtern; es soll im Jubeljahre nicht frei ausgehen. Aber die Häuser 31 der Dörfer, welche keine Mauer ringsum haben, sollen dem Felde des Landes gleichgeachtet werden; es soll Lösungsrecht für sie sein, und im Jubeljahre sollen sie frei ausgehen. Und was die Städte der Leviten, die 32 Häuser der Städte ihres Eigentums betrifft, so soll ein ewiges Lösungsrecht für die Leviten sein. Und wenn 33 jemand von einem der Leviten löst, so soll das verkaufte Haus in der Stadt seines i Eigentums im Jubeljahre frei ausgehen; denn die Häuser der Städte

---

a Eig. ruhen. — b W. seinen Ertrag. — c S. Vers 12. — d Eig. die Lärmposaune. — e Eig. Halljahr; H. Jobel: Schall, Hall. — f Eig. abschneiden. — g O. übervorteilen. — h O. soll. — i d. h. des Leviten, der verkauft hat.

der Leviten sind ihr Eigentum unter
34 den Kindern Israel. Aber das Feld
des Bezirks ihrer Städte soll nicht
verkauft werden, denn es gehört ihnen als ewiges Eigentum.

35   Und wenn dein Bruder verarmt und
seine Hand bei dir wankend wird, so
sollst du ihn unterstützen; wie der
Fremdling und der Beisasse soll er
36 bei dir leben. Du sollst nicht Zins
und Wucher a von ihm nehmen, und
sollst dich fürchten vor deinem Gott,
37 damit dein Bruder bei dir lebe. Dein
Geld sollst du ihm nicht um Zins geben und deine Nahrungsmittel nicht
38 um Wucher geben. Ich bin Jehova,
euer Gott, der ich euch aus dem Lande Aegypten herausgeführt habe, um
euch das Land Kanaan zu geben, um
euer Gott zu sein.

39   Und wenn dein Bruder bei dir verarmt und sich dir verkauft, so sollst
du ihn nicht Sklavendienst tun lassen;
40 wie ein Tagelöhner, wie ein Beisasse
soll er bei dir sein; bis zum Jubel-
41 jahre soll er bei dir dienen. Dann
soll er frei von dir ausgehen, er und
seine Kinder mit ihm, und zu seinem
Geschlecht zurückkehren und wieder
zu dem Eigentum seiner Väter kom-
42 men. Denn sie sind meine Knechte,
die ich aus dem Lande Aegypten herausgeführt habe; sie sollen nicht verkauft werden, wie man Sklaven ver-
43 kauft. Du sollst nicht mit Härte über
ihn herrschen, und sollst dich fürch-
44 ten vor deinem Gott. Was aber deinen Knecht und deine Magd b betrifft,
die du haben wirst: von den Nationen,
die rings um euch her sind, von ihnen
möget ihr Knecht und Magd kaufen.
45 Und auch von den Kindern der Beisassen, die sich bei euch aufhalten,
von ihnen möget ihr kaufen und von
ihrem Geschlecht, das bei euch ist,
das sie in eurem Lande gezeugt haben;
und sie mögen euch zum Eigentum
46 sein, und ihr möget sie euren Söhnen
nach euch vererben, um sie als Eigentum zu besitzen. Diese möget ihr
auf ewig dienen lassen; aber über
eure Brüder, die Kinder Israel, sollt
ihr nicht einer über den anderen herrschen mit Härte.

47   Und wenn die Hand eines Fremdlings oder eines Beisassen bei dir etwas erwirbt, und dein Bruder bei ihm
verarmt und sich dem Fremdling, dem
Beisassen bei dir, oder einem Spröß-
48 ling aus dem Geschlecht des Fremdlings verkauft, so soll, nachdem er
sich verkauft hat, Lösungsrecht für
ihn sein; einer von seinen Brüdern
49 mag c ihn lösen. Entweder sein Oheim
oder der Sohn seines Oheims mag ihn
lösen, oder einer von seinen nächsten Blutsverwandten aus seinem Geschlecht mag ihn lösen; oder hat seine Hand etwas erworben, so mag er
50 sich selbst lösen. Und er soll mit seinem Käufer rechnen von dem Jahre

an, da er sich ihm verkauft hat, bis
zum Jubeljahre; und der Preis, um
den er sich verkauft hat, soll der Zahl
der Jahre gemäß sein; nach den Tagen eines Tagelöhners soll er bei ihm
sein d. Wenn der Jahre noch viele sind, 51
so soll er nach ihrem Verhältnis seine
Lösung von seinem Kaufgelde zurückzahlen; und wenn wenig übrig ist an 52
den Jahren bis zum Jubeljahre, so
soll er es ihm berechnen: nach Verhältnis seiner Jahre soll er seine Lösung zurückzahlen. Wie ein Tagelöh- 53
ner soll er Jahr für Jahr bei ihm sein;
er soll nicht vor deinen Augen mit
Härte über ihn herrschen. Und wenn 54
er nicht in dieser Weise gelöst wird,
so soll er im Jubeljahre frei ausgehen, er und seine Kinder mit ihm.
Denn mir sind die Kinder Israel 55
Knechte; meine Knechte sind sie, die
ich aus dem Lande Aegypten herausgeführt habe. Ich bin Jehova, euer
Gott.

Ihr sollt euch keine Götzen ma- **26**
chen, und sollt euch kein geschnitztes Bild und keine Bildsäule aufrichten, und keinen Stein mit Bildwerk
sollt ihr in eurem Lande setzen, um
euch davor niederzubeugen; denn ich
bin Jehova, euer Gott. Meine Sab- 2
bathe sollt ihr beobachten, und mein
Heiligtum sollt ihr fürchten. Ich bin
Jehova.

Wenn ihr in meinen Satzungen wan- 3
delt und meine Gebote beobachtet und
sie tut, so werde ich eure Regen ge- 4
ben zu ihrer Zeit, und das Land wird
seinen Ertrag geben, und die Bäume
des Feldes werden ihre Frucht geben;
und die Dreschzeit wird bei euch rei- 5
chen bis an die Weinlese, und die
Weinlese wird reichen bis an die Saat-
zeit; und ihr werdet euer Brot essen
bis zur Sättigung und werdet sicher
in eurem Lande wohnen. Und ich 6
werde Frieden im Lande geben, daß
ihr euch niederleget und niemand sei,
der euch aufschreckt; und ich werde
die bösen Tiere aus dem Lande vertilgen, und das Schwert wird nicht
durch euer Land gehen. Und ihr wer- 7
det eure Feinde jagen, und sie werden vor euch fallen durchs Schwert;
und fünf von euch werden hundert 8
jagen, und hundert von euch werden
zehntausend jagen, und eure Feinde
werden vor euch fallen durchs Schwert.
Und ich werde mich zu euch wenden 9
und euch fruchtbar machen und euch
mehren und meinen Bund mit euch
aufrechthalten; und ihr werdet das 10
altgewordene Alte essen, und das Alte
wegräumen vor dem Neuen. Und ich 11
werde meine Wohnung in eure Mitte
setzen, und meine Seele wird euch
nicht verabscheuen; und ich werde 12
in eurer Mitte wandeln und werde
euer Gott sein, und ihr werdet mein
Volk sein. Ich bin Jehova, euer Gott, 13
der ich euch aus dem Lande Aegyp-

---

a Eig. Aufschlag bei der Rückerstattung entlehnter Nahrungsmittel. — b O. deinen
Sklaven und deine Sklavin. — c O. soll. — d d. h. seine Arbeitszeit soll derjenigen
eines Tagelöhners entsprechend ihm angerechnet werden.

ten herausgeführt habe, daß ihr nicht ihre Knechte sein solltet; und ich habe die Stäbe eures Joches zerbrochen und euch aufrecht wandeln lassen.

14 Wenn ihr mir aber nicht gehorchet 15 und nicht alle diese Gebote tut, und wenn ihr meine Satzungen verachtet *a*, und eure Seele meine Rechte verabscheut, so daß ihr nicht alle meine Gebote tut, und daß ihr meinen Bund 16 brechet, so werde auch ich euch dieses tun: ich werde Schrecken über euch bestellen, Schwindsucht und Fieberglut, welche machen werden, daß die Augen erlöschen und die Seele verschmachtet; und ihr werdet vergeblich euren Samen säen, denn eure 17 Feinde werden ihn verzehren; und ich werde mein Angesicht wider euch richten, daß ihr vor euren Feinden geschlagen werdet; und eure Hasser werden über euch herrschen, und ihr werdet fliehen, obwohl niemand euch jagt.

18 Und wenn ihr auf dieses hin mir nicht gehorchet, so werde ich euch siebenmal mehr züchtigen wegen eu- 19 rer Sünden. Und ich werde euren starren Hochmut *b* brechen, und werde eure Himmel wie Eisen machen 20 und eure Erde wie Erz; und eure Kraft wird sich umsonst verbrauchen, und euer Land wird seinen Ertrag nicht geben, und die Bäume des Feldes werden ihre Frucht nicht geben.

21 Und wenn ihr mir entgegen wandelt und mir nicht gehorchen wollt, so werde ich euch *noch* siebenmal mehr schlagen, nach euren Sünden. 22 Und ich werde das Getier des Feldes unter euch senden, daß es euch eurer Kinder beraube und euer Vieh ausrotte und euer weniger mache; und eure Straßen sollen öde werden.

23 Und wenn ihr euch durch dieses nicht von mir zurechtweisen laßt und 24 mir entgegen wandelt, so werde auch ich euch entgegen wandeln, und auch ich werde euch siebenfach schlagen 25 wegen eurer Sünden. Und ich werde das Schwert über euch bringen, das die Rache des Bundes vollzieht; und ziehet ihr euch in eure Städte zurück, so werde ich die Pest in eure Mitte senden, und ihr werdet in die Hand 26 des Feindes gegeben werden. Indem ich euch die Stütze des Brotes zerbreche, werden zehn Weiber euer Brot backen in e i n e m Ofen, und sie werden euch das Brot zurückgeben nach dem Gewicht; und ihr werdet essen und nicht satt werden.

27 Und wenn ihr bei *alle* dem mir nicht gehorchet und mir entgegen wandelt, 28 so werde auch ich euch entgegen wandeln im Grimm, und werde euch siebenfach züchtigen wegen eurer Sün- 29 den. Und ihr werdet das Fleisch eurer Söhne essen, und das Fleisch eurer 30 Töchter werdet ihr essen. Und ich

werde eure Höhen *c* vertilgen und eure Sonnensäulen ausrotten, und werde eure Leichname auf die Leichname eurer Götzen *d* werfen, und meine Seele wird euch verabscheuen. Und ich werde eure Städte zur Oede 31 machen und eure Heiligtümer verwüsten, und werde euren lieblichen Geruch nicht riechen. Und ich werde das 32 Land verwüsten, daß eure Feinde, die darin wohnen, sich darüber entsetzen sollen. Euch aber werde ich unter die 33 Nationen zerstreuen, und ich werde das Schwert ziehen hinter euch her; und euer Land wird eine Wüste sein und eure Städte eine Oede. Dann 34 wird das Land seine Sabbathe genießen *e* alle die Tage seiner Verwüstung, während ihr im Lande eurer Feinde seid; dann wird das Land ruhen und seine Sabbathe genießen; alle die Ta- 35 ge seiner Verwüstung wird es ruhen, was es nicht geruht hat in euren Sabbathen, als ihr darin wohntet. Und 36 die Uebriggebliebenen von euch — in ihr Herz werde ich Feigheit bringen in den Ländern ihrer Feinde: und es wird sie jagen das Rauschen eines verwehten Blattes, und sie werden fliehen, wie man vor dem Schwerte flieht, und fallen, obwohl niemand sie jagt; und sie werden einer vor 37 den anderen hinstürzen, wie vor dem Schwerte, obwohl niemand sie jagt; und ihr werdet nicht standhalten können vor euren Feinden. Und ihr wer- 38 det umkommen unter den Nationen, und das Land eurer Feinde wird euch fressen. Und die Uebriggebliebenen 39 von euch werden in den Ländern eurer Feinde hinschwinden in ihrer *f* Ungerechtigkeit, und auch in den *f* Ungerechtigkeiten ihrer Väter mit ihnen hinschwinden.

Und sie werden ihre Ungerechtig- 40 keit bekennen und die Ungerechtigkeit ihrer Väter infolge ihrer Treulosigkeit, die sie gegen mich begangen haben, und auch daß, weil sie mir entgegen gewandelt sind, auch ich 41 ihnen entgegen wandelte und sie in das Land ihrer Feinde brachte. Wenn alsdann ihr unbeschnittenes Herz sich demütigt und sie dann die Strafe ihrer Ungerechtigkeit annehmen *g*, so werde ich meines Bundes 42 mit Jakob gedenken; und auch meines Bundes mit Isaak und auch meines Bundes mit Abraham werde ich gedenken, und des Landes werde ich gedenken. Denn das Land wird von 43 ihnen verlassen sein, und es wird seine Sabbathe genießen, in seiner Verwüstung ohne sie; und sie selbst werden die Strafe ihrer Ungerechtigkeit annehmen *g*, darum, ja darum, daß sie meine Rechte verachtet *h* und ihre Seele meine Satzungen verabscheut hat. Aber selbst auch dann, wenn sie 44 in dem Lande ihrer Feinde sind, werde

---

a O. verwerfet. — *b* W. den Hochmut eurer Stärke. — *c* Höhenaltäre oder Höhentempel. (1. Kön. 13, 32.) — *d* Eig. Ge*r*ölle, Klötze; ein verächtlicher Ausdruck. — *e* O. abtragen. — *f* O. durch ihre . . . durch die. — *g* O. ihre Schuld (oder Missetat) abtragen, d. h. dafür büßen. — *h* O. verworfen.

ich sie nicht verachten a und sie nicht verabscheuen, ihnen den Garaus zu machen, meinen Bund mit ihnen zu brechen; denn ich bin Jehova, ihr 45 Gott. Und ich werde ihnen meines Bundes mit den Vorfahren gedenken, die ich aus dem Lande Aegypten vor den Augen der Nationen herausgeführt habe, um ihr Gott zu sein. Ich bin Jehova. 46 Das sind die Satzungen und die Rechte und die Gesetze, welche Jehova zwischen ihm und den Kindern Israel auf dem Berge Sinai durch Mose gegeben hat.

27 Und Jehova redete zu Mose und sprach: Rede zu den Kindern Isra-2 el und sprich zu ihnen: Wenn jemand ein Gelübde erfüllt b, so sollen die Seelen nach deiner Schätzung für Je-3 hova sein. Und es sei deine Schätzung eines Mannes c von zwanzig Jahren alt bis zu sechzig Jahren alt, und zwar sei deine Schätzung fünfzig Sekel Silber, nach dem Sekel des Heiligtums; 4 und wenn es ein Weib d ist, so sei dei-5 ne Schätzung dreißig Sekel. Und wenn es von fünf Jahren alt ist bis zu zwanzig Jahren alt ist, so sei deine Schätzung einer männlichen Person e zwanzig Sekel, und einer weiblichen zehn 6 Sekel; und wenn es von einem Monat alt bis zu fünf Jahren alt ist, so sei deine Schätzung eines Knaben e fünf Sekel Silber, und deine Schätzung eines Mädchens e drei Sekel Sil-7 ber; und wenn es von sechzig Jahren alt und darüber ist, so sei deine Schätzung, wenn es ein Mann ist, fünfzehn Sekel, und eines Weibes zehn 8 Sekel. Und wenn der Gelobende f zu arm ist für deine Schätzung, so soll man ihn vor den Priester stellen, und der Priester soll ihn schätzen; nach Verhältnis dessen, was die Hand des Gelobenden aufbringen kann, soll der Priester ihn schätzen.

9 Und wenn es ein Vieh ist, wovon man Jehova eine Opfergabe darbringt g, so soll alles, was man Jehova davon h 10 gibt, heilig sein. Man soll es nicht auswechseln noch vertauschen, ein gutes um ein schlechtes, oder ein schlechtes um ein gutes; und wenn man dennoch Vieh um Vieh vertauscht, so wird dasselbe heilig und das ein-11 getauschte heilig sein. Und wenn es irgend ein unreines Vieh ist, wovon man Jehova keine Opfergabe darbringt, so soll man das Vieh vor den 12 Priester stellen, und der Priester soll es schätzen, ob es gut oder schlecht sei; nach deiner, des Priesters, Schät-13 zung, also soll es sein. Wenn man es aber lösen will, so soll man zu deiner Schätzung ein Fünftel hinzufügen.

14 Und wenn jemand sein Haus heiligt, daß es Jehova heilig sei, so soll es der Priester schätzen, ob es gut oder schlecht sei; so wie der Priester es schätzt, also soll es festgestellt sein. 15 Und wenn der Heiligende sein Haus lösen will, so soll er das Fünftel des Geldes deiner Schätzung darüber hinzufügen, und es soll ihm gehören. 16 Und wenn jemand von den Felde seines Eigentums Jehova heiligt, so soll deine Schätzung nach Verhältnis seiner Aussaat sein: ein Homer Gerste Aussaat zu fünfzig Sekel Silber. 17 Wenn er vom Jubeljahre an sein Feld heiligt, so soll es nach deiner Schätzung festgestellt sein; und wenn er 18 nach dem Jubeljahre sein Feld heiligt, so soll der Priester ihm das Geld berechnen nach Verhältnis der Jahre, die bis zum Jubeljahre übrig sind, und es soll von deiner Schätzung abgezogen werden. Wenn aber der Hei-19 ligende das Feld lösen will, so soll er das Fünftel des Geldes deiner Schätzung darüber hinzufügen, und soll es ihm verbleiben. Und wenn er das Feld 20 nicht löst, oder wenn er das Feld einem anderen Manne verkauft, so kann es nicht wieder gelöst werden; und 21 das Feld soll, wenn es im Jubeljahre frei ausgeht, Jehova heilig sein, wie ein verbanntes i Feld; es soll dem Priester als Eigentum gehören.

Und wenn er ein ihm erkauf-22 tes Feld, das nicht zum Felde seines Eigentums gehört, Jehova heiligt, so 23 soll ihm der Priester den Betrag seiner Schätzung berechnen bis zum Jubeljahre; und er soll deine Schätzung am gleichen Tage, als ein dem Jeho-24 va Heiliges, entrichten. Im Jubeljahr-re soll das Feld wieder an den kommen, von welchem er es gekauft hatte, an den, welchem das Land eigentümlich gehörte.

Und all deine Schätzung soll nach 25 dem Sekel des Heiligtums geschehen; zwanzig Gera soll der Sekel sein. Nur das Erstgeborene unter dem 26 Vieh, das als Erstgeburt Jehova gehört j, das soll kein Mensch heiligen; sei es ein Stück Rind- oder Kleinvieh, es gehört Jehova. Wenn es aber 27 vom unreinen Vieh ist, so soll man es lösen nach deiner Schätzung und dessen Fünftel darüber hinzufügen; und wenn es nicht gelöst wird, so soll es verkauft werden nach deiner Schätzung. — Jedoch alles Verbannte, das 28 jemand dem Jehova verbannt, von allem was sein ist, es seien Menschen oder Vieh oder Feld seines Eigentums, soll nicht verkauft und nicht gelöst werden; alles Verbannte ist dem Jehova hochheilig. Alles, was k 29 an Menschen verbannt wird, soll nicht gelöst werden: es soll gewißlich getötet werden.

Und aller Zehnte des Landes, vom 30 Samen des Landes, von der Frucht der Bäume, gehört Jehova; er ist Je-31 hova heilig. Wenn aber jemand von

---

a O. verwerfen. — b Eig. absondert, weiht. — c Eig. eines Männlichen. — d Eig. ein Weibliches. — e Eig. eines Weiblichen. — f W. wenn er. — g d. h. welches zum Opfer tauglich ist. — h d. h. von dieser Art Vieh. — i d. h. geweihtes; s. Vorrede und hier V. 28. — j W. das dem Jehova erstgeboren wird. — k Eig. alles Verbannte, das.

seinem Zehnten lösen will, so soll er
32 dessen Fünftel hinzufügen. Und aller
Zehnte vom Rind- und Kleinvieh, von
allem was unter dem Stabe *a* vorüberzieht, das Zehnte soll Jehova hei-
33 lig sein; man soll nicht untersuchen,
ob es gut oder schlecht sei, und soll

es nicht vertauschen; und wenn man
es dennoch vertauscht, so wird dasselbe heilig und das eingetauschte heilig sein; es soll nicht gelöst werden.

Das sind die Gebote, welche Jeho- 34
va dem Mose auf dem Berge Sinai
an die Kinder Israel aufgetragen hat.

Das vierte Buch Mose

1 Und Jehova redete zu Mose in der
Wüste Sinai im Zelte der Zusammenkunft, am ersten des zweiten Monats,
im zweiten Jahre nach ihrem Auszuge
aus dem Lande Aegypten und sprach:
2 Nehmet auf die Summe der ganzen
Gemeinde der Kinder Israel nach ihren Geschlechtern, nach ihren Vaterhäusern, nach der Zahl der Namen,
alle Männlichen nach ihren Köpfen;
3 von zwanzig Jahren und darüber,
jeden, der zum Heere auszieht in Israel, die sollt ihr mustern nach ihren
4 Heeren, du und Aaron. Und je ein
Mann für den Stamm soll bei euch
sein, ein Mann, der das Haupt von
5 seinem Vaterhause ist. Und dies sind
die Namen der Männer, die euch bei-
stehen sollen: für Ruben: Elizur, der
6 Sohn Schedeurs; für Simeon: Sche-
7 lumiel, der Sohn Zurischaddais; für
Juda: Nachschon, der Sohn Ammina-
8 dabs; für Issaschar: Nethaneel, der
9 Sohn Zuars; für Sebulon: Eliab, der
10 Sohn Helons; für die Söhne Josephs:
für Ephraim: Elischama, der Sohn
Ammihuds; für Manasse: Gamliel,
11 der Sohn Pedazurs; für Benjamin:
12 Abidan, der Sohn Gideonis; für Dan:
Achieser, der Sohn Ammischaddais;
13 für Aser: Pagiel, der Sohn Ok-
14 rans; für Gad: Eljasaph, der Sohn
15 Deghuels; für Naphtali: Achira, der
16 Sohn Enans. Das waren die Berufenen *b* der Gemeinde, die Fürsten der
Stämme ihrer Väter; sie waren die
17 Häupter der Tausende Israels. Und
Mose und Aaron nahmen diese mit
18 Namen bezeichneten Männer, und sie
versammelten die ganze Gemeinde
am ersten des zweiten Monats. Und
sie ließen sich in die Geburtsverzeich-
nisse eintragen nach ihren Geschlechtern, nach ihren Vaterhäusern, nach
der Zahl der Namen, von zwanzig
Jahren und darüber, nach ihren Köp-
19 fen; wie Jehova dem Mose geboten
hatte. Und so musterte er sie in der
Wüste Sinai.
20 Und es waren die Söhne Rubens, des
Erstgeborenen Israels: ihre Geschlechter nach ihren Familien, nach ihren
Vaterhäusern, nach der Zahl der Namen, nach ihren Köpfen, alle Männlichen von zwanzig Jahren und darüber,
21 jeder, der zum Heere auszog, ihre Gemusterten vom Stamme Ruben, sechsundvierzigtausend und fünfhundert.

Von den Söhnen Simeons: ihre Ge- 22
schlechter nach ihren Familien, nach
ihren Vaterhäusern, seine Gemusterten nach der Zahl der Namen, nach
ihren Köpfen, alle Männlichen von
zwanzig Jahren und darüber, jeder,
der zum Heere auszog, ihre Gemu- 23
sterten vom Stamme Simeon, neunundfünfzigtausend und dreihundert.

Von den Söhnen Gads: ihre Ge- 24
schlechter nach ihren Familien, nach
ihren Vaterhäusern, nach der Zahl
der Namen, von zwanzig Jahren und
darüber, jeder, der zum Heere auszog,
ihre Gemusterten vom Stamme Gad, 25
fünfundvierzigtausend   sechshundert und fünfzig.

Von den Söhnen Judas: ihre Ge- 26
schlechter nach ihren Familien, nach
ihren Vaterhäusern, nach der Zahl der
Namen, von zwanzig Jahren und darüber, jeder, der zum Heere auszog,
ihre Gemusterten vom Stamme Juda, 27
vierundsiebenzigtausend und sechshundert.

Von den Söhnen Issaschars: ihre 28
Geschlechter nach ihren Familien,
nach ihren Vaterhäusern, nach der
Zahl der Namen, von zwanzig Jahren
und darüber, jeder, der zum Heere
auszog, ihre Gemusterten vom Stam- 29
me Issaschar, vierundfünfzigtausend
und vierhundert.

Von den Söhnen Sebulons: ihre 30
Geschlechter nach ihren Familien,
nach ihren Vaterhäusern, nach der
Zahl der Namen, von zwanzig Jahren
und darüber, jeder, der zum Heere
auszog, die Gemusterten vom Stam- 31
me Sebulon, siebenundfünfzigtausend
und vierhundert.

Von den Söhnen Josephs: von den 32
Söhnen Ephraims: ihre Geschlechter
nach ihren Familien, nach ihren Vaterhäusern, nach der Zahl der Namen,
von zwanzig Jahren und darüber, jeder, der zum Heere auszog, ihre Ge- 33
musterten vom Stamme Ephraim,
vierzigtausend und fünfhundert.

Von den Söhnen Manasses: ihre 34
Geschlechter nach ihren Familien,
nach ihren Vaterhäusern, nach der
Zahl der Namen, von zwanzig Jahren
und darüber, jeder, der zum Heere
auszog, ihre Gemusterten vom Stam- 35
me Manasse, zweiunddreißigtausend
und zweihundert.

Von den Söhnen Benjamins: ihre 36

---

a d. h. des Hirten. — *b* d. h. diejenigen, welche gewöhnlich zusammengerufen
wurden, um die Angelegenheiten der Gemeinde zu besorgen.

Geschlechter nach ihren Familien, nach ihren Vaterhäusern, nach der Zahl der Namen, von zwanzig Jahren und darüber, jeder, der zum Heere
37 auszog, ihre Gemusterten vom Stamme Benjamin, fünfunddreißigtausend und vierhundert.

38 Von den Söhnen Dans: ihre Geschlechter nach ihren Familien, nach ihren Vaterhäusern, nach der Zahl der Namen, von zwanzig Jahren und dar-
39 über, jeder, der zum Heere auszog, ihre Gemusterten vom Stamme Dan, zweiundsechzigtausend und siebenhundert.

40 Von den Söhnen Asers: ihre Geschlechter nach ihren Familien, nach ihren Vaterhäusern, nach der Zahl der Namen, von zwanzig Jahren und darüber, jeder, der zum Heere auszog,
41 ihre Gemusterten vom Stamme Aser, einundvierzigtausend und fünfhundert.

42 Die Söhne Naphtalis: ihre Geschlechter nach ihren Familien, nach ihren Vaterhäusern, nach der Zahl der Namen, von zwanzig Jahren und darüber, jeder, der zum Heere
43 auszog, ihre Gemusterten vom Stamme Naphtali, dreiundfünfzigtausend und vierhundert.

44 Das sind die Gemusterten, welche Mose und Aaron und die Fürsten Israels musterten, *die* zwölf Männer: es waren je ein Mann für sein Vaterhaus.
45 Und es waren alle Gemusterten der Kinder Israel, nach ihren Vaterhäusern, von zwanzig Jahren und darüber, jeder, der zum Heere auszog
46 in Israel: es waren alle die Gemusterten sechshundertunddreitausend fünfhundert und fünfzig.

47 Aber die Leviten nach dem Stamme ihrer Väter wurden nicht unter ihnen
48 gemustert. Denn Jehova hatte zu
49 Mose geredet und gesagt: Nur den Stamm Levi sollst du nicht mustern und ihre Summe nicht aufnehmen un-
50 ter den Kindern Israel, sondern bestelle du die Leviten über die Wohnung des Zeugnisses und über all ihr Gerät und über alles was zu ihr gehört: s i e sollen die Wohnung und all ihr Gerät tragen, und s i e sollen sie bedienen und sich rings um die Wohnung
51 lagern. Und wenn die Wohnung aufbricht, sollen die Leviten sie abnehmen; und wenn die Wohnung sich lagert, sollen die Leviten sie aufrichten. Der Fremde *a* aber, der herzu-
52 naht, soll getötet werden. Und die Kinder Israel sollen sich lagern, ein jeder in seinem Lager und ein jeder bei seinem Panier, nach ihren Heeren.
53 Die Leviten aber sollen sich rings um die Wohnung des Zeugnisses lagern, daß nicht ein Zorn über die Gemeinde der Kinder Israel komme; und die Leviten sollen der Hut der Wohnung
54 des Zeugnisses warten *b*. Und die Kinder Israel taten nach allem was Jehova dem Mose geboten hatte; also taten sie.

Und Jehova redete zu Mose und zu **2** Aaron und sprach: Die Kinder Israel sollen sich lagern, ein jeder bei sei- 2 nem Panier, bei den Zeichen ihrer Vaterhäuser; dem Zelte der Zusammenkunft gegenüber sollen sie sich rings-um lagern. Und zwar die gegen Osten, 3 gegen *Sonnen*aufgang Lagernden: das Panier des Lagers Judas, nach ihren Heeren; und der Fürst der Söhne Judas, Nachschon, der Sohn Amminadabs; und sein Heer und ihre Gemu- 4 sterten, vierundsiebenzigtausend und sechshundert. Und die neben ihm 5 Lagernden: der Stamm Issaschar; und der Fürst der Söhne Issaschars, Nethaneel, der Sohn Zuars; und sein 6 Heer und dessen Gemusterte, vierundfünfzigtausend und vierhundert. Der 7 Stamm Sebulon; und der Fürst der Söhne Sebulons, Eliab, der Sohn Helons; und sein Heer und dessen Ge- 8 musterte, siebenundfünfzigtausend und vierhundert. Alle Gemusterten vom 9 Lager Judas: hundertsechsundachtzigtausend und vierhundert, nach ihren Heeren; sie sollen zuerst aufbrechen.

Das Panier des Lagers Rubens gegen 10 Süden, nach ihren Heeren; und der Fürst der Söhne Rubens, Elizur, der Sohn Schedeurs; und sein Heer und 11 dessen Gemusterte, sechsundvierzigtausend und fünfhundert. Und die 12 neben ihm Lagernden: der Stamm Simeon; und der Fürst der Söhne Simeons, Schelumiel, der Sohn Zurischaddais; und sein Heer und ihre 13 Gemusterten, neunundfünfzigtausend und dreihundert. Und der Stamm Gad; 14 und der Fürst der Söhne Gads, Eljasaph, der Sohn Reghuels *c*; und sein 15 Heer und ihre Gemusterten, fünfundvierzigtausend sechshundert und fünfzig. Alle Gemusterten vom Lager 16 Rubens: hundertundfünfzigtausend vierhundert und fünfzig nach ihren Heeren; und *als* die zweiten sollen sie aufbrechen.

Und dann soll das Zelt der Zusam- 17 menkunft aufbrechen, das Lager der Leviten in der Mitte der Lager; so wie sie lagern, also sollen sie aufbrechen, ein jeder an seiner Stelle, nach ihren Panieren.

Das Panier des Lagers Ephraims, 18 nach ihren Heeren, gegen Westen; und der Fürst der Söhne Ephraims, Elischama, der Sohn Ammihuds; und 19 sein Heer und ihre Gemusterten, vierzigtausend und fünfhundert. Und 20 neben ihm der Stamm Manasse; und der Fürst der Söhne Manasses, Gamliel, der Sohn Pedazurs; und sein 21 Heer und ihre Gemusterten, zweiunddreißigtausend und zweihundert. Und 22 der Stamm Benjamin; und der Fürst der Söhne Benjamins, Abidan, der Sohn Gideonis; und sein Heer und 23 ihre Gemusterten, fünfunddreißigtausend und vierhundert. Alle Gemu- 24

---

a d. h. wer nicht Levit ist. — *b* d. h. alles das besorgen, was betreffs der Wohnung des Zeugnisses zu besorgen war. So auch Kap. 31, 30. 47. — *c* in Kap. 1, 14: Deghuel.

sterten vom Lager Ephraims: hundertundachttausend und hundert, nach ihren Heeren; und *als* die dritten sollen sie aufbrechen.

25 Das Panier des Lagers Dans gegen Norden, nach ihren Heeren; und der Fürst der Söhne Dans, Achieser, der 26 Sohn Ammischaddais; und sein Heer und ihre Gemusterten, zweiundsech-27 zigtausend und siebenhundert. Und die neben ihm Lagernden: der Stamm Aser; und der Fürst der Söhne Asers, 28 Pagiel, der Sohn Okrans; und sein Heer und ihre Gemusterten, einund-29 vierzigtausend und fünfhundert. Und der Stamm Naphtali; und der Fürst der Söhne Naphtalis, Achira, der Sohn 30 Enans; und sein Heer und ihre Gemusterten, dreiundfünfzigtausend und 31 vierhundert. Alle Gemusterten vom Lager Dans: hundertsiebenundfünfzigtausend und sechshundert; sie sollen zuletzt aufbrechen nach ihren Panieren.

32 Das sind die Gemusterten der Kinder Israel nach ihren Vaterhäusern. Alle Gemusterten der Lager, nach ihren Heeren, waren sechshundertunddreitausend fünfhundert und fünf-33 zig. Aber die Leviten wurden nicht unter den Kindern Israel gemustert, so wie Jehova dem Mose geboten hatte. 34 Und die Kinder Israel taten nach allem was Jehova dem Mose geboten hatte: also lagerten sie sich nach ihren Panieren, und also brachen sie auf, ein jeder nach seinen Geschlechtern, nach *a* seinem Vaterhause.

3 Und dies sind die Geschlechter Aarons und Moses, an dem Tage da Jehova auf dem Berge Sinai mit Mo-2 se redete. Und dies sind die Namen der Söhne Aarons: der Erstgeborene Nadab, und Abihu, Eleasar und Itha-3 mar. Das sind die Namen der Söhne Aarons, der gesalbten Priester, die geweiht worden waren, um den Prie-4 sterdienst auszuüben. Und Nadab und Abihu starben vor Jehova, als sie in der Wüste Sinai fremdes Feuer vor Jehova darbrachten; *b* und sie hatten keine Söhne. Und Eleasar und Ithamar übten den Priesterdienst vor ihrem Vater Aaron aus.

5 Und Jehova redete zu Mose und 6 sprach: Laß den Stamm Levi herzunahen und stelle ihn vor Aaron, den 7 Priester, daß sie ihm dienen; und sie sollen seiner Hut warten und der Hut der ganzen Gemeinde *c* vor dem Zelte der Zusammenkunft, um den Dienst 8 der Wohnung zu verrichten; und sie sollen warten aller Geräte des Zeltes der Zusammenkunft und der Hut der Kinder Israel, um den Dienst der 9 Wohnung zu verrichten. Und du sollst die Leviten dem Aaron und seinen Söhnen geben; ganz zu eigen sind sie ihm gegeben von seiten der Kinder 10 Israel. Und Aaron und seine Söhne sollst du bestellen, daß sie ihres Prie-

stertums warten. Der Fremde aber, der herzunaht, soll getötet werden.

Und Jehova redete zu Mose und 11 sprach: Und ich, siehe, ich habe die 12 Leviten aus der Mitte der Kinder Israel genommen, anstatt aller Erstgeburt, welche die Mutter bricht unter den Kindern Israel; und die Leviten sollen mir gehören. Denn mein ist 13 alle Erstgeburt: an dem Tage, da ich alle Erstgeburt im Lande Aegypten schlug, habe ich mir alle Erstgeburt in Israel geheiligt vom Menschen bis zum Vieh; mir sollen sie gehören, mir, Jehova.

Und Jehova redete zu Mose in der 14 Wüste Sinai und sprach: Mustere die 15 Söhne Levis nach ihren Vaterhäusern, nach ihren Familien; alle Männlichen von einem Monat und darüber sollst du sie mustern. Und Mose musterte 16 sie nach dem Befehl Jehovas, so wie ihm geboten war. Und dies waren 17 die Söhne Levis nach ihren Namen: Gerson und Kehath und Merari. Und 18 dies sind die Namen der Söhne Gersons nach ihren Familien: Libni und Simei. Und die Söhne Kehaths nach 19 ihren Familien: Amram und Jizhar, Hebron und Ussiel. Und die Söhne 20 Meraris nach ihren Familien: Machli und Muschi. Das sind die Familien Levis nach ihren Vaterhäusern.

Von Gerson die Familie der Lib-21 niter und die Familie der Simeiter; das sind die Familien der Gersoniter. Ihre Gemusterten nach der Zahl aller 22 Männlichen von einem Monat und darüber, ihre Gemusterten: siebentausend und fünfhundert. Die Fami-23 lien der Gersoniter lagerten hinter der Wohnung gegen Westen. Und 24 der Fürst des Vaterhauses der Gersoniter war Eljasaph, der Sohn Laels. Und die Hut *d* der Söhne Gersons am 25 Zelte der Zusammenkunft war: die Wohnung und das Zelt, seine Decke *e*, und der Vorhang vom Eingang des Zeltes der Zusammenkunft, und die 26 Umhänge des Vorhofs und der Vorhang vom Eingang des Vorhofs, der rings um die Wohnung und um den Altar ist, und seine *f* Seile zu *g* all seinem Dienst.

Und von Kehath die Familie der 27 Amramiter und die Familie der Jizhariter und die Familie der Hebroniter und die Familie der Ussieliter; das sind die Familien der Kehathiter. Nach der Zahl aller Männlichen von 28 einem Monat und darüber, achttausend und sechshundert, welche die Hut des Heiligtums warteten. Die Fami-29 lien der Söhne Kehaths lagerten an der Seite der Wohnung gegen Süden. Und der Fürst des Vaterhauses der 30 Familien der Kehathiter war Elizaphan, der Sohn Ussiels. Und ihre Hut 31 war: die Lade und der Tisch und der Leuchter und die Altäre, und die Geräte des Heiligtums, mit welchen man

---

a O. bei. — *b* 3. Mose 10, 1. — *c* d. h. das besorgen, was für Aaron und die Gemeinde zu besorgen war. — *d* d. h. das was ihnen zu besorgen oblag. — *e* Vergl. 2. Mose 26, 1. 7. 14. — *f* des Zeltes der Zusammenkunft. — *g* O. nach.

den Dienst verrichtet, und der Vorhang, und dessen *a* ganzer Dienst.

32 Und der Fürst der Fürsten Levis war Eleasar, der Sohn Aarons, des Priesters; er war Aufseher über die, welche der Hut des Heiligtums warteten.

33 Von Merari die Familie der Machliter und die Familie der Muschiter;

34 das sind die Familien Meraris. Und ihre Gemusterten nach der Zahl aller Männlichen von einem Monat und darüber: sechstausend und zweihundert.

35 Und der Fürst des Vaterhauses der Familien Meraris war Zuriel, der Sohn Abichails. Sie lagerten an der Seite der Wohnung gegen Norden.

36 Und die Hut *b* der Söhne Meraris war: die Bretter der Wohnung, und ihre Riegel und ihre Säulen und ihre Füße und alle ihre Geräte und ihr

37 ganzer Dienst, und die Säulen des Vorhofs ringsum und ihre Füße und ihre Pflöcke und ihre Seile.

38 Und die vor der Wohnung gegen Osten, vor dem Zelte der Zusammenkunft gegen Sonnenaufgang Lagernden waren Mose und Aaron und seine Söhne, welche der Hut des Heiligtums warteten, betreffs desjenigen, was den Kindern Israel oblag. — Der Fremde aber, der herzunaht, soll getötet werden.

39 Aller gemusterten Leviten, welche Mose und Aaron nach dem Befehl Jehovas nach ihren Familien musterten, aller Männlichen von einem Monat und darüber, waren zweiundzwanzigtausend.

40 Und Jehova sprach zu Mose: Mustere alle männlichen Erstgeborenen der Kinder Israel, von einem Monat und darüber, und nimm die Zahl ihrer

41 Namen auf. Und du sollst die Leviten für m i c h, Jehova, nehmen, anstatt aller Erstgeborenen unter den Kindern Israel, und das Vieh der Leviten anstatt alles Erstgeborenen un-

42 ter dem Vieh der Kinder Israel. Und Mose musterte, so wie Jehova ihm geboten hatte, alle Erstgeborenen

43 unter den Kindern Israel. Und es waren aller männlichen Erstgeborenen, nach der Zahl der Namen, von einem Monat und darüber, nach ihren Gemusterten, zweiundzwanzigtausend zweihundert dreiundsiebzig.

44 Und Jehova redete zu Mose und

45 sprach: Nimm die Leviten anstatt aller Erstgeborenen unter den Kindern Israel und das Vieh der Leviten anstatt ihres Viehes; und mir sollen die

46 Leviten gehören, mir, Jehova. Und was die Lösung der zweihundert dreiundsiebzig betrifft, welche von den Erstgeborenen der Kinder Israel über-

47 zählig sind über die Leviten, so sollst du je fünf Sekel auf den Kopf nehmen; nach dem Sekel des Heiligtums sollst du sie nehmen, zwanzig Gera ist der

48 Sekel. Und das Geld sollst du als Lösung der Ueberzähligen unter ihnen Aaron und seinen Söhnen geben.

49 Und Mose nahm das Lösegeld von denen, welche überzählig waren über

50 die durch die Leviten Gelösten; von den Erstgeborenen der Kinder Israel nahm er das Geld, tausend dreihundert fünfundsechzig *Sekel*, nach dem Sekel des Heiligtums. Und Mose gab das

51 Geld der Lösung Aaron und seinen Söhnen, nach dem Befehl Jehovas, so wie Jehova dem Mose geboten hatte.

4 Und Jehova redete zu Mose und zu Aaron und sprach: Nehmet auf die

2 Summe der Söhne Kehaths aus der Mitte der Söhne Levis, nach ihren Familien, nach ihren Vaterhäusern,

3 von dreißig Jahren und darüber bis zu fünfzig Jahren, alle welche in die Arbeit *c* treten, um das Werk am Zelte der Zusammenkunft zu verrichten.

4 Dies ist der Dienst der Söhne Kehaths am Zelte der Zusammenkunft:

5 das Hochheilige. Und Aaron und seine Söhne sollen beim Aufbruch des Lagers hineingehen und den Scheide-Vorhang *d* abnehmen und die Lade

6 des Zeugnisses damit bedecken; und sie sollen eine Decke von Dachsfell darüber legen und ein Tuch, ganz von blauem Purpur, oben darüber breiten und ihre Stangen daran tun.

7 Und über den Tisch der Schaubrote sollen sie ein Tuch von blauem Purpur breiten und darauf stellen die Schüsseln und Schalen und Spendschalen und die Kannen zum Trankopfer; und das beständige Brot soll auf

8 demselben sein; und hierüber sollen sie ein Tuch von Karmesin breiten und es mit einer Decke von Dachsfell bedecken; und sie sollen seine Stangen daran tun. Und sie sollen ein

9 Tuch von blauem Purpur nehmen und den Leuchter des Lichts bedecken und seine Lampen und seine Lichtschneuzen und seine Löschnäpfe und alle seine Oelgefäße, womit man den

10 Dienst an ihm verrichtet; und sie sollen ihn und alle seine Geräte in eine Decke von Dachsfell tun und auf die Trage legen. Und über den

11 goldenen Altar sollen sie ein Tuch von blauem Purpur breiten und ihn mit einer Decke von Dachsfell bedecken und seine Stangen daran tun. Und sie sollen alle Geräte des Dien-

12 stes nehmen, womit man den Dienst im Heiligtum verrichtet, und sie in ein Tuch von blauem Purpur legen und sie mit einer Decke von Dachsfell bedecken und auf die Trage legen. Und sie sollen den Altar von der

13 Fettasche reinigen und ein Tuch von rotem Purpur über ihn breiten,

14 und darauf legen alle seine Geräte, womit man den Dienst auf ihm verrichtet: die Kohlenpfannen und die Gabeln und die Schaufeln und die Sprengschalen, alle Geräte des Altars; und sie sollen eine Decke von Dachsfell darüber breiten und seine Stangen daran tun. Und wenn Aaron und

15 seine Söhne beim Aufbruch des Lagers das Bedecken des Heiligtums und

---

a des Heiligtums. — *b* W. das Amt der Hut. — *c* Anderswo: Kriegsdienst; so auch V. 35. 39. 43. — *d* S. 2. Mose 35, 12.

aller Geräte des Heiligtums vollendet haben, so sollen danach die Söhne Kehaths kommen, um es zu tragen, damit sie das Heilige nicht anrühren und sterben. Das ist es, was die Söhne Kehaths vom Zelte der Zusammenkunft zu tragen haben.

16 Und Eleasar, der Sohn Aarons, des Priesters, hat die Aufsicht über das Oel zum Licht und das wohlriechende Räucherwerk und das beständige Speisopfer und das Salböl, die Aufsicht über die ganze Wohnung und alles was darin ist, über das Heiligtum wie über seine Geräte.

17 Und Jehova redete zu Mose und zu
18 Aaron und sprach: Ihr sollt den Stamm der Familien der Kehathiter nicht ausgerottet werden lassen aus der
19 Mitte der Leviten; sondern dies sollt ihr ihnen tun, damit sie leben und nicht sterben, wenn sie dem Allerheiligsten nahen: Aaron und seine Söhne sollen hineingehen und jeden einzelnen von ihnen an seinen Dienst und an seine Traglast stellen; aber
20 sie sollen nicht hineingehen, um *auch nur* einen Augenblick das Heilige sehen und sterben.

21 Und Jehova redete zu Mose und
22 sprach: Nimm auch die Summe der Söhne Gersons auf, nach ihren Vater-
23 häusern, nach ihren Familien; von dreißig Jahren und darüber bis zu fünfzig Jahren sollst du sie mustern, alle welche in die Arbeit treten, um den Dienst am Zelte der Zusammen-
24 kunft zu verrichten. Dies ist der Dienst der Familien der Gersoniter
25 im Dienen und im Tragen: sie sollen die Teppiche der Wohnung tragen und das Zelt der Zusammenkunft, seine Decke und die Decke von Dachsfell, die oben darüber ist, und den Vorhang vom Eingang des Zeltes der
26 Zusammenkunft, und die Umhänge des Vorhofs und den Vorhang vom Eingang des Tores des Vorhofs, welcher rings um die Wohnung und um den Altar ist, und ihre Seile, und alle Geräte ihres Dienstes; und alles was an ihnen zu tun ist, sollen sie verrichten.
27 Nach dem Befehl Aarons und seiner Söhne soll aller Dienst der Söhne der Gersoniter sein hinsichtlich all ihrer Traglast und all ihres Dienstes; und ihr sollt ihnen die Hut alles dessen auftragen, was sie zu tragen haben.
28 Das ist der Dienst der Familien der Söhne der Gersoniter am Zelte der Zusammenkunft; und ihre Hut sei unter der Hand Ithamars, des Sohnes Aarons, des Priesters.
29 Die Söhne Meraris — nach ihren Familien, nach ihren Vaterhäusern
30 sollst du sie mustern; von dreißig Jahren und darüber bis zu fünfzig Jahren sollst du sie mustern, alle welche in die Arbeit treten, um den Dienst am Zelte der Zusammenkunft zu verrich-
31 ten. Und dies ist es, was ihnen zu tragen obliegt *a*, nach ihrem ganzen Dienst am Zelte der Zusammenkunft: die Bretter der Wohnung und ihre Riegel und ihre Säulen und ihre Fü-
32 ße, und die Säulen des Vorhofs rings-um und ihre Füße und ihre Pflöcke und ihre Seile, nach allen ihren Geräten und nach all ihrem Dienst; und mit Namen sollt ihr *ihnen* die Geräte zuzählen, die ihnen zu tragen oblie-
33 gen *b*. Das ist der Dienst der Familien der Söhne Meraris, nach all ihrem Dienst am Zelte der Zusammenkunft, unter der Hand Ithamars, des Sohnes Aarons, des Priesters.
34 Und Mose und Aaron und die Fürsten der Gemeinde musterten die Söhne der Kehathiter nach ihren Familien und nach ihren Vaterhäusern,
35 von dreißig Jahren und darüber bis zu fünfzig Jahren, alle welche in die Arbeit traten zum Dienst am Zelte
36 der Zusammenkunft. Und es waren ihrer Gemusterten, nach ihren Familien, zweitausend siebenhundert und
37 fünfzig. Das sind die Gemusterten der Familien der Kehathiter, alle welche am Zelte der Zusammenkunft dienten, die Mose und Aaron musterten nach dem Befehl Jehovas durch Mose.
38 Und die Gemusterten der Söhne Gersons, nach ihren Familien und nach ih-
39 ren Vaterhäusern, von dreißig Jahren und darüber bis zu fünfzig Jahren, alle welche in die Arbeit traten zum Dienst
40 am Zelte der Zusammenkunft: es waren ihrer Gemusterten, nach ihren Familien, nach ihren Vaterhäusern,
41 zweitausend sechshundert und dreißig. Das sind die Gemusterten der Familien der Söhne Gersons, alle welche am Zelte der Zusammenkunft dienten, die Mose und Aaron musterten nach dem Befehl Jehovas.
42 Und die Gemusterten der Familien der Söhne Meraris, nach ihren Familien, nach ihren Vaterhäusern, von
43 dreißig Jahren und darüber bis zu fünfzig Jahren, alle welche in die Arbeit traten zum Dienst am Zelte
44 der Zusammenkunft: es waren ihrer Gemusterten, nach ihren Familien,
45 dreitausend und zweihundert. Das sind die Gemusterten der Familien der Söhne Meraris, die Mose und Aaron musterten nach dem Befehl Jehovas durch Mose.
46 Alle Gemusterten, welche Mose und Aaron und die Fürsten Israels musterten, der Leviten nach ihren Familien und nach ihren Vaterhäusern, von drei-
47 ßig Jahren und darüber bis zu fünfzig Jahren, aller welche antraten, um den Dienst der Bedienung und den
48 Dienst des Tragens am Zelte der Zusammenkunft zu verrichten: ihrer Gemusterten waren achttausend fünfhundert und achtzig. Nach dem Befehl
49 Jehovas musterte *c* man sie durch Mose *d*, jeden einzelnen zu seinem Dienst und zu seiner Traglast; und

---

a W. dies ist die Hut ihrer Traglast. — *b* W. die Geräte der Hut ihrer Traglast. — *c* O. beorderte, bestellte. — *d* And. üb.: Nach dem Befehl Jehovas durch Mose musterte man (oder er) sie.

sie wurden von ihm gemustert, wie Jehova dem Mose geboten hatte.

5 Und Jehova redete zu Mose und sprach: Gebiete den Kindern Israel, 2 daß sie alle Aussätzigen und alle Flüssigen und alle wegen einer Leiche Verunreinigten aus dem Lager hinaustun; 3 sowohl Mann als Weib sollt ihr hinaustun, vor das Lager sollt ihr sie hinaustun, damit sie nicht ihre Lager verunreinigen, in deren Mitte 4 ich wohne. Und die Kinder Israel taten also und taten sie vor das Lager hinaus; so wie Jehova zu Mose geredet hatte, also taten die Kinder Israel.

5 Und Jehova redete zu Mose und 6 sprach: Rede zu den Kindern Israel: Wenn ein Mann oder ein Weib irgend eine von allen Sünden der Menschen tun, so daß sie eine Untreue gegen Jehova begehn, a und selbige Seele sich 7 verschuldet, so sollen sie ihre Sünde bekennen, die sie getan haben; und der Täter b soll seine Schuld erstatten nach ihrer vollen Summe und soll das Fünftel davon hinzufügen und soll dem geben, an welchem er sich ver- 8 schuldet hat. Und wenn der Mann keinen Blutsverwandten c hat, um diesem die Schuld zu erstatten, so soll die Schuld, welche Jehova erstattet wird, dem Priester gehören außer dem Widder der Versöhnung, womit 9 man Sühnung für ihn tut. — Und jedes Hebopfer von allen heiligen Dingen der Kinder Israel, welche sie dem Priester darbringen, soll ihm gehören. 10 Ja, ihm sollen eines jeden heilige Dinge gehören; was jemand dem Priester gibt, soll ihm gehören.

11 Und Jehova redete zu Mose und 12 sprach: Rede zu den Kindern Israel und sprich zu ihnen: Wenn irgend eines Mannes Weib ausschweift und 13 Untreue gegen ihn begeht, und ein Mann liegt bei ihr zur Begattung, und es ist verborgen vor den Augen ihres Mannes, und sie hat sich im geheimen verunreinigt, und es ist kein Zeuge gegen sie, und sie ist nicht er- 14 tappt worden; und der Geist der Eifersucht kommt über ihn, und er wird eifersüchtig auf sein Weib, und sie hat sich verunreinigt; oder der Geist der Eifersucht kommt über ihn, und er wird eifersüchtig auf sein Weib, und sie hat sich nicht verunreinigt: 15 so soll der Mann sein Weib zu dem Priester bringen und ihre Opfergabe d ihrethalben bringen, ein Zehntel Epha Gerstenmehl; er soll kein Oel darauf gießen und keinen Weihrauch darauf legen; denn es ist ein Speisopfer der Eifersucht, ein Speisopfer des Gedächtnisses, welches Ungerechtigkeit 16 ins Gedächtnis bringt. Und der Priester soll sie herzunahen lassen und 17 sie vor Jehova stellen. Und der Priester nehme heiliges Wasser in einem irdenen Gefäße; und der Priester neh- me von dem Staube, der auf dem Fußboden der Wohnung ist, und tue 18 ihn in das Wasser. Und der Priester stelle das Weib vor Jehova und entblöße das Haupt des Weibes, und lege auf ihre Hände das Speisopfer des Gedächtnisses; es ist ein Speisopfer der Eifersucht; und das fluchbringende Wasser der Bitterkeit soll in der Hand des Priesters sein. Und der Priester 19 soll sie beschwören und zu dem Weibe sagen: Wenn kein Mann bei dir gelegen hat, und wenn du, unter deinem Manne seiend, nicht ausgeschweift bist in Unreinigkeit, so bleibe unversehrt von diesem fluchbringenden Wasser der Bitterkeit; wenn du aber, 20 unter deinem Manne seiend, ausgeschweift bist und dich verunreinigt hast, und ein Mann bei dir gelegen hat außer deinem Manne, — und zwar 21 soll der Priester das Weib beschwören mit dem Schwure des Fluches, und der Priester soll zu dem Weibe sagen —: so mache dich Jehova zum Fluche und zum Schwure in der Mitte deines Volkes, indem Jehova deine Hüfte schwinden und deinen Bauch schwellen mache, und es komme die- 22 ses fluchbringende Wasser in deine Eingeweide, um den Bauch schwellen und die Hüfte schwinden zu machen! Und das Weib soll sagen: Amen, 23 Amen! Und der Priester soll diese Flüche in ein Buch e schreiben und sie in das Wasser der Bitterkeit auslöschen f; und er soll das Weib das 24 fluchbringende Wasser der Bitterkeit trinken lassen, damit das fluchbringende Wasser in sie komme zur Bitterkeit. Und der Priester nehme aus 25 der Hand des Weibes das Speisopfer der Eifersucht und webe das Speisopfer vor Jehova und bringe es zum Altar; und der Priester nehme eine 26 Handvoll von dem Speisopfer als dessen Gedächtnisteil und räuchere es auf dem Altar; und danach soll er das Weib das Wasser trinken lassen. Und hat er sie das Wasser trinken 27 lassen, so wird es geschehen, wenn sie sich verunreinigt und Untreue begangen hat gegen ihren Mann, daß das fluchbringende Wasser in sie kommen wird zur Bitterkeit, und ihr Bauch wird schwellen und ihre Hüfte schwinden; und das Weib wird zum Fluche werden in der Mitte ihres Volkes. Wenn aber das Weib sich nicht 28 verunreinigt hat und rein ist, so wird sie unversehrt bleiben und Samen empfangen.

Das ist das Gesetz der Eifersucht: 29 Wenn ein Weib, unter ihrem Manne seiend, ausschweift und sich verunreinigt, oder wenn über einen Mann 30 der Geist der Eifersucht kommt, und er wird eifersüchtig auf sein Weib, so soll er das Weib vor Jehova stellen, und der Priester soll ihr tun nach diesem ganzen Gesetz. Und der Mann 31

---

a Vergl. 3. Mose 5, 21 usw. — b W. er. — c dasselbe Wort wie „Löser". — d S. die Anm. zu 3. Mose 1, 2. — e O. auf eine Rolle. — f damit die Flüche gleichsam in das Wasser übergehen.

wird frei sein von Schuld *a*; selbiges Weib aber soll ihre Missetat *a* tragen.

6 Und Jehova redete zu Mose und sprach: Rede zu den Kindern Israel 2 und sprich zu ihnen: Wenn ein Mann oder ein Weib sich weiht, indem er das Gelübde eines Nasirs *b* gelobt, um 3 sich für Jehova abzusondern, so soll er sich des Weines und des starken Getränks enthalten: Essig von Wein und Essig von starkem Getränk soll er nicht trinken; und keinerlei Traubensaft soll er trinken, und Trauben, frische oder getrocknete, soll er nicht 4 essen. Alle die Tage seiner Absonderung soll er von allem was vom Weinstock bereitet wird, von den Kernen bis zur Hülse, nicht essen. 5 Alle die Tage des Gelübdes seiner Absonderung soll kein Schermesser über sein Haupt gehen; bis die Tage erfüllt sind, die er sich für Jehova absondert, soll er heilig sein; er soll das Haar seines Hauptes frei wachsen 6 lassen. Alle die Tage, die er sich für Jehova absondert, soll er zu keiner 7 Leiche kommen. Wegen seines Vaters und wegen seiner Mutter, wegen seines Bruders und wegen seiner Schwester, ihretwegen soll er sich nicht verunreinigen, wenn sie sterben; denn die Weihe *c* seines Gottes ist 8 auf seinem Haupte. Alle die Tage seiner Absonderung ist er dem Jehova 9 va heilig. Und wenn jemand unversehens, plötzlich, bei ihm stirbt, und er das Haupt seiner Weihe *c* verunreinigt, so soll er sein Haupt an dem Tage seiner Reinigung scheren; am siebenten Tage soll er es scheren. 10 Und am achten Tage soll er zwei Turteltauben oder zwei junge Tauben zu dem Priester bringen an den Eingang des Zeltes der Zusammenkunft. 11 Und der Priester soll eine zum Sündopfer und eine zum Brandopfer opfern, und Sühnung für ihn tun deswegen, daß er sich an der Leiche versündigt hat; und er soll sein Haupt an sel- 12 bigem Tage heiligen. Und er soll die Tage seiner Absonderung *nochmals* für Jehova absondern und ein einjähriges Lamm zum Schuldopfer bringen; die vorigen Tage aber sind verfallen, denn seine Weihe ist verunreinigt worden.

13 Und dies ist das Gesetz des Nasirs: An dem Tage, an welchem die Tage seiner Absonderung erfüllt sind, soll man ihn an den Eingang des Zeltes 14 der Zusammenkunft bringen. Und er soll Jehova seine Opfergabe darbringen: ein einjähriges Lamm ohne Fehl zum Brandopfer, und ein einjähriges weibliches Lamm ohne Fehl zum Sündopfer; und einen Widder ohne 15 Fehl zum Friedensopfer, und einen Korb mit Ungesäuertem: Feinmehlkuchen, gemengt mit Oel, und ungesäuerte Fladen, gesalbt mit Oel; nebst ihrem *d* Speisopfer und ihren *d* Trank-

opfern. Und der Priester soll sie vor 16 Jehova darbringen und sein Sündopfer und sein Brandopfer opfern. Und den Widder soll er als Friedens- 17 opfer dem Jehova opfern samt dem Korbe des Ungesäuerten; und der Priester soll dessen Speisopfer und dessen Trankopfer opfern. Und der 18 Nasir soll an dem Eingang des Zeltes der Zusammenkunft das Haupt seiner Weihe scheren und das Haar des Hauptes seiner Weihe nehmen und es auf das Feuer legen, das unter dem Friedensopfer ist. Und der Priester 19 nehme den gekochten Bug von dem Widder und einen ungesäuerten Kuchen und einen ungesäuerten Fladen aus dem Korbe und lege sie auf die Hände des Nasirs, nachdem er *das Zeichen* seiner Weihe geschoren hat. Und der Priester webe sie als Web- 20 opfer vor Jehova; es ist dem Priester heilig nebst der Brust des Webopfers und nebst dem Schenkel des Hebopfers *e*. Und danach mag der Nasir Wein trinken.

Das ist das Gesetz des Nasirs, der 21 ein Gelübde tut, *und das* seine Opfergabe dem Jehova wegen seiner Weihe, außer dem, was seine Hand aufbringen kann. Gemäß seinem Gelübde, das er getan hat, also soll er tun nach dem Gesetz seiner Weihe.

Und Jehova redete zu Mose und 22 sprach: Rede zu Aaron und zu seinen 23 Söhnen und sprich: So sollt ihr die Kinder Israel segnen; sprechet zu ihnen:

Jehova segne dich und behüte dich! 24 Jehova lasse sein Angesicht über dir 25 leuchten und sei dir gnädig! Jehova 26 erhebe sein Angesicht auf dich und gebe *f* dir Frieden!

Und so sollen sie meinen Namen 27 auf die Kinder Israel legen, und i ch werde sie segnen.

Und es geschah an dem Tage, da **7** Mose das Aufrichten der Wohnung vollendet und sie gesalbt und sie geheiligt hatte mit allen ihren Geräten, sowie den Altar und alle seine Geräte, und er sie gesalbt und sie geheiligt hatte, da brachten die Fürsten Israels, 2 die Häupter ihrer Vaterhäuser, sie, die Fürsten der Stämme, die Vorsteher der Gemusterten, sie brachten 3 ihre Opfergabe dar vor Jehova: sechs bedeckte Wagen und zwölf Rinder, einen Wagen für zwei Fürsten und ein Rind für einen; und sie brachten sie dar vor der Wohnung. Und Jeho- 4 va redete zu Mose und sprach: Nimm 5 sie von ihnen, und sie seien zum Verrichten des Dienstes des Zeltes der Zusammenkunft, und gib sie den Leviten, einem jeden nach Verhältnis seines Dienstes. Und Mose nahm die 6 Wagen und die Rinder und gab sie den Leviten. Zwei Wagen und vier 7 Rinder gab er den Söhnen Gersons nach Verhältnis ihres Dienstes; und 8

---

a Anderswo: Ungerechtigkeit. — *b* Abgesonderter, Geweihter. — *c* O. Absonderung, wie V. 4. — *d d* h. nebst den zu den Brand- und Friedensopfern gehörenden Speis- und Trankopfern. Vergl. Kap. 15, 3—11. — *e* 3. Mose 7, 32—34. — *f* Eig. setze, mache.

vier Wagen und acht Rinder gab er den Söhnen Meraris nach Verhältnis ihres Dienstes —: unter der Hand Ithamars, des Sohnes Aarons, des 9 Priesters. Aber den Söhnen Kehaths gab er nichts; denn ihnen lag der Dienst des Heiligtums ob: auf der Schulter trugen sie.

10 Und die Fürsten brachten die Einweihungsgabe des Altars dar an dem Tage, da er gesalbt wurde; und die Fürsten brachten ihre Opfergabe dar 11 vor dem Altar. Und Jehova sprach zu Mose: Je ein Fürst auf einen Tag sollen sie ihre Opfergabe zur Einweihung des Altars darbringen.

12 Und es geschah, der am ersten Tage seine Opfergabe darbrachte, war Nachschon, der Sohn Amminadabs, vom 13 Stamme Juda. Und seine Opfergabe war: eine silberne Schüssel, hundert und dreißig *Sekel* ihr Gewicht, eine silberne Sprengschale, siebenzig Sekel, nach dem *Sekel* des Heiligtums, beide voll Feinmehl, gemengt mit 14 Oel, zum Speisopfer; eine Schale, zehn *Sekel* Gold, voll Räucherwerk; 15 ein junger Farre, ein Widder, ein einjähriges Lamm, zum Brandopfer; 16 ein Ziegenbock zum Sündopfer; und 17 zum Friedensopfer zwei Rinder, fünf Widder, fünf Böcke, fünf einjährige Lämmer. Das war die Opfergabe Nachschons, des Sohnes Amminadabs.

18 Am zweiten Tage brachte Nethaneel dar, der Sohn Zuars, der Fürst 19 von Issaschar; er brachte seine Opfergabe dar: eine silberne Schüssel, hundert und dreißig *Sekel* ihr Gewicht, eine silberne Sprengschale, siebenzig Sekel, nach dem Sekel des Heiligtums, beide voll Feinmehl, gemengt mit Oel, 20 zum Speisopfer; eine Schale, zehn 21 *Sekel* Gold, voll Räucherwerk; einen jungen Farren, einen Widder, ein einjähriges Lamm, zum Brandopfer; 22 einen Ziegenbock zum Sündopfer; 23 und zum Friedensopfer zwei Rinder, fünf Widder, fünf Böcke, fünf einjährige Lämmer. Das war die Opfergabe Nethaneels, des Sohnes Zuars.

24 Am dritten Tage der Fürst der Söhne Sebulons, Eliab, der Sohn He25 lons. Seine Opfergabe war: eine silberne Schüssel, hundert und dreißig *Sekel* ihr Gewicht, eine silberne Sprengschale, siebenzig Sekel, nach dem Sekel des Heiligtums, beide voll Feinmehl, gemengt mit Oel, zum 26 Speisopfer; eine Schale, zehn *Sekel* 27 Gold, voll Räucherwerk; ein junger Farre, ein Widder, ein einjähriges 28 Lamm, zum Brandopfer; ein Ziegen29 bock zum Sündopfer; und zum Friedensopfer zwei Rinder, fünf Widder, fünf Böcke, fünf einjährige Lämmer. Das war die Opfergabe Eliabs, des Sohnes Helons.

30 Am vierten Tage der Fürst der Söhne Rubens, Elizur, der Sohn Sche31 deurs. Seine Opfergabe war: eine silberne Schüssel, hundert und dreißig *Sekel* ihr Gewicht, eine silberne Sprengschale, siebenzig Sekel, nach dem Sekel des Heiligtums, beide voll Feinmehl, gemengt mit Oel, zum Speis-

opfer; eine Schale, zehn *Sekel* Gold, 32 voll Räucherwerk; ein junger Farre, 33 ein Widder, ein einjähriges Lamm, zum Brandopfer; ein Ziegenbock zum Sünd- 34 opfer; und zum Friedensopfer zwei 35 Rinder, fünf Widder, fünf Böcke, fünf einjährige Lämmer. Das war die Opfergabe Elizurs, des Sohnes Schedeurs.

Am fünften Tage der Fürst der Söh- 36 ne Simeons, Schelumiel, der Sohn Zurischaddais. Seine Opfergabe war: 37 eine silberne Schüssel, hundert und dreißig *Sekel* ihr Gewicht, eine silberne Sprengschale, siebenzig Sekel, nach dem Sekel des Heiligtums, beide voll Feinmehl, gemengt mit Oel, zum Speisopfer; eine Schale, zehn *Sekel* 38 Gold, voll Räucherwerk; ein junger 39 Farre, ein Widder, ein einjähriges Lamm, zum Brandopfer; ein Ziegen- 40 bock zum Sündopfer; und zum Frie- 41 densopfer zwei Rinder, fünf Widder, fünf Böcke, fünf einjährige Lämmer. Das war die Opfergabe Schelumiels, des Sohnes Zurischaddais.

Am sechsten Tage der Fürst der 42 Söhne Gads, Eljasaph, der Sohn Deghuels. Seine Opfergabe war: eine sil- 43 berne Schüssel, hundert und dreißig *Sekel* ihr Gewicht, eine silberne Sprengschale, siebenzig Sekel, nach dem Sekel des Heiligtums, beide voll Feinmehl, gemengt mit Oel, zum Speisopfer; eine Schale, zehn *Sekel* 44 Gold, voll Räucherwerk; ein junger 45 Farre, ein Widder, ein einjähriges Lamm, zum Brandopfer; ein Ziegen- 46 bock zum Sündopfer; und zum Frie- 47 densopfer zwei Rinder, fünf Widder, fünf Böcke, fünf einjährige Lämmer. Das war die Opfergabe Eljasaphs, des Sohnes Deghuels.

Am siebenten Tage der Fürst der 48 Söhne Ephraims, Elischama, der Sohn Ammihuds. Seine Opfergabe war: 49 eine silberne Schüssel, hundert und dreißig *Sekel* ihr Gewicht, eine silberne Sprengschale, siebenzig Sekel, nach dem Sekel des Heiligtums, beide voll Feinmehl, gemengt mit Oel, zum Speisopfer; eine Schale, zehn *Sekel* 50 Gold, voll Räucherwerk; ein junger 51 Farre, ein Widder, ein einjähriges Lamm, zum Brandopfer; ein Ziegen- 52 bock zum Sündopfer; und zum Frie- 53 densopfer zwei Rinder, fünf Widder, fünf Böcke, fünf einjährige Lämmer. Das war die Opfergabe Elischamas, des Sohnes Ammihuds.

Am achten Tage der Fürst der Söh- 54 ne Manasses, Gamliel, der Sohn Pedazurs. Seine Opfergabe war: eine 55 silberne Schüssel, hundert und dreißig *Sekel* ihr Gewicht, eine silberne Sprengschale, siebenzig Sekel, nach dem Sekel des Heiligtums, beide voll Feinmehl, gemengt mit Oel, zum Speisopfer; eine Schale, zehn *Sekel* 56 Gold, voll Räucherwerk; ein junger 57 Farre, ein Widder, ein einjähriges Lamm, zum Brandopfer; ein Ziegen- 58 bock zum Sündopfer; und zum Frie- 59 densopfer zwei Rinder, fünf Widder, fünf Böcke, fünf einjährige Lämmer. Das war die Opfergabe Gamliels, des Sohnes Pedazurs.

60 Am neunten Tage der Fürst der Söhne Benjamins, Abidan, der Sohn
61 Gideonis. Seine Opfergabe war: eine silberne Schüssel, hundert und dreißig *Sekel* ihr Gewicht, eine silberne Sprengschale, siebenzig Sekel, nach dem Sekel des Heiligtums, beide voll Feinmehl, gemengt mit Oel, zum Speis-
62 opfer; eine Schale, zehn *Sekel* Gold,
63 voll Räucherwerk; ein junger Farre, ein Widder, ein einjähriges Lamm,
64 zum Brandopfer; ein Ziegenbock zum
65 Sündopfer; und zum Friedensopfer zwei Rinder, fünf Widder, fünf Böcke, fünf einjährige Lämmer. Das war die Opfergabe Abidans, des Sohnes Gideonis.

66 Am zehnten Tage der Fürst der Söhne Dans, Achieser, der Sohn Am-
67 mischaddais. Seine Opfergabe war: eine silberne Schüssel, hundert und dreißig *Sekel* ihr Gewicht, eine silberne Sprengschale, siebenzig Sekel, nach dem Sekel des Heiligtums, beide voll Feinmehl, gemengt mit Oel,
68 zum Speisopfer; eine Schale, zehn
69 *Sekel* Gold, voll Räucherwerk; ein junger Farre, ein Widder, ein einjäh-
70 riges Lamm, zum Brandopfer; ein
71 Ziegenbock zum Sündopfer; und zum Friedensopfer zwei Rinder, fünf Widder, fünf Böcke, fünf einjährige Lämmer. Das war die Opfergabe Achiesers, des Sohnes Ammischaddais.

72 Am elften Tage der Fürst der Söhne Asers, Pagiel, der Sohn Okrans.
73 Seine Opfergabe war: eine silberne Schüssel, hundert und dreißig *Sekel* ihr Gewicht, eine silberne Sprengschale, siebenzig Sekel, nach dem Sekel des Heiligtums, beide voll Feinmehl, gemengt mit Oel, zum Speis-
74 opfer; eine Schale, zehn *Sekel* Gold,
75 voll Räucherwerk; ein junger Farre, ein Widder, ein einjähriges Lamm,
76 zum Brandopfer; ein Ziegenbock zum
77 Sündopfer; und zum Friedensopfer zwei Rinder, fünf Widder, fünf Böcke, fünf einjährige Lämmer. Das war die Opfergabe Pagiels, des Sohnes Okrans.

78 Am zwölften Tage der Fürst der Söhne Naphtalis, Achira, der Sohn
79 Enans. Seine Opfergabe war: eine silberne Schüssel, hundert und dreißig *Sekel* ihr Gewicht, eine silberne Sprengschale, siebenzig Sekel, nach dem Sekel des Heiligtums, beide voll Feinmehl, gemengt mit Oel, zum
80 Speisopfer; eine Schale, zehn *Sekel*
81 Gold, voll Räucherwerk; ein junger Farre, ein Widder, ein einjähriges
82 Lamm, zum Brandopfer; ein Ziegen-
83 bock zum Sündopfer; und zum Friedensopfer zwei Rinder, fünf Widder, fünf Böcke, fünf einjährige Lämmer. Das war die Opfergabe Achiras, des Sohnes Enans.

84 Dies war die Einweihungsgabe des Altars, seitens der Fürsten Israels, an dem Tage, da er gesalbt wurde: zwölf silberne Schüsseln, zwölf silberne Sprengschalen, zwölf goldene Schalen;

85 hundert und dreißig *Sekel* eine silberne Schüssel, und siebenzig eine Sprengschale: alles Silber der Gefäße zweitausend und vierhundert *Sekel*, nach
86 dem Sekel des Heiligtums; zwölf goldene Schalen voll Räucherwerk, je zehn *Sekel* eine Schale, nach dem Sekel des Heiligtums: alles Gold der Schalen hundert und zwanzig *Sekel*.
87 Aller Rinder zum Brandopfer waren zwölf Farren; *dazu* zwölf Widder, zwölf einjährige Lämmer, nebst ihrem Speisopfer; und zwölf Ziegen-
88 böcke zum Sündopfer. Und aller Rinder zum Friedensopfer waren vierundzwanzig Farren; *dazu* sechzig Widder, sechzig Böcke, sechzig einjährige Lämmer. Das war die Einweihungsgabe des Altars, nachdem er gesalbt worden war.

89 Und wenn Mose in das Zelt der Zusammenkunft hineinging, um mit ihm zu reden, so hörte er die Stimme zu ihm reden von dem Deckel herab, der auf der Lade des Zeugnisses war, zwischen den beiden Cherubim hervor; und er redete zu ihm.

8

Und Jehova redete zu Mose und sprach: Rede zu Aaron und sprich
2 zu ihm: Wenn du die Lampen anzündest, so sollen die sieben Lampen gerade vor dem Leuchter hinscheinen.
3 Und Aaron tat also: vor *den* Lampen an, *so daß sie* gerade vor dem Leuchter hin*schienen*, so wie Jehova
4 dem Mose geboten hatte. Und dies war die Arbeit des Leuchters: getriebene Arbeit von Gold; von seinem Fuße bis zu seinen Blumen, alles war getriebene Arbeit; nach dem Bilde, das Jehova dem Mose gezeigt, also hatte man *a* den Leuchter gemacht.

5 Und Jehova redete zu Mose und
6 sprach: Nimm die Leviten aus der Mitte der Kinder Israel und reinige
7 sie. Und also sollst du mit ihnen tun, um sie zu reinigen: Sprenge Entsündigungswasser auf sie, und sie sollen das Schermesser über ihr ganzes Fleisch gehen lassen und ihre Kleider
8 waschen und sich reinigen. Und sie sollen einen jungen Farren nehmen, und sein Speisopfer: Feinmehl, gemengt mit Oel; und einen anderen jungen Farren sollst du nehmen zum
9 Sündopfer. Und du sollst die Leviten vor das Zelt der Zusammenkunft herzutreten lassen, und die ganze Gemeinde der Kinder Israel versammeln.
10 Und du sollst die Leviten vor Jehova herzutreten lassen, und die Kinder
11 Israel sollen ihre Hände auf die Leviten legen. Und Aaron soll die Leviten als Webopfer vor Jehova weben, damit sie zum Verrichten des Dienstes
12 Jehovas seien. Und die Leviten sollen ihre Hände auf den Kopf der Farren legen; und den einen sollst du als Sündopfer und den anderen als Brandopfer dem Jehova opfern, um für die Leviten Sühnung zu tun. Und so sollst
13 du die Leviten vor Aaron und vor

---

a O. er.

seine Söhne stellen und sie dem Je-
14 hova als Webopfer weben; und du
sollst die Leviten aus der Mitte der
Kinder Israel aussondern, daß die Le-
15 viten mir gehören. Und danach sollen
die Leviten kommen, um das Zelt der
Zusammenkunft zu bedienen. So sollst
du sie reinigen und sie als Webopfer
16 weben. Denn sie sind mir ganz zu
eigen gegeben aus der Mitte der Kinder Israel; anstatt alles dessen, was
die Mutter bricht, *anstatt* jedes Erstgeborenen aus den Kindern Israel ha-
17 be ich sie mir genommen. Denn mein
ist alles Erstgeborene unter den Kindern Israel an Menschen und an Vieh.
An dem Tage, da ich alle Erstgeburt
im Lande Aegypten schlug, habe ich
18 sie mir geheiligt. Und ich habe die
Leviten genommen anstatt aller Erstgeborenen unter den Kindern Israel;
19 und ich habe die Leviten dem Aaron
und seinen Söhnen als Gabe *a* aus der
Mitte der Kinder Israel gegeben, um
den Dienst der Kinder Israel am Zelte der Zusammenkunft zu verrichten
und um für die Kinder Israel Sühnung zu tun, damit unter den Kindern Israel keine Plage dadurch entstehe, daß die Kinder Israel dem Hei-
20 ligtum nahen. Und Mose und Aaron
und die ganze Gemeinde der Kinder
Israel taten so mit den Leviten; nach
allem was Jehova dem Mose geboten
hatte wegen der Leviten, also taten
21 die Kinder Israel mit ihnen. Und die
Leviten entsündigten sich und wuschen ihre Kleider; und Aaron webte
sie als Webopfer vor Jehova; und
Aaron tat Sühnung für sie zu ihrer
22 Reinigung. Und danach kamen die
Leviten, um ihren Dienst am Zelte
der Zusammenkunft zu verrichten vor
Aaron und vor seinen Söhnen. So wie
Jehova dem Mose betreffs der Leviten
geboten hatte, also taten sie mit ihnen.
23 Und Jehova redete zu Mose und
24 sprach: Dies ist es, was die Leviten
betrifft: Von fünfundzwanzig Jahren
an und darüber soll er eintreten, um
die Arbeit zu tun im Dienste des Zel-
25 tes der Zusammenkunft. Aber von
fünfzig Jahren an soll er aus der Arbeit des Dienstes austreten und nicht
26 mehr dienen; er mag seinen Brüdern
helfen am Zelte der Zusammenkunft,
um der Hut zu warten; aber Dienst
soll er nicht tun. So sollst du mit den
Leviten tun in ihren Obliegenheiten.

9 Und Jehova redete zu Mose in der
Wüste Sinai, im zweiten Jahre nach
ihrem Auszug aus dem Lande Aegypten, im ersten Monat, und sprach:
2 Die Kinder Israel sollen das Passah
3 feiern zu seiner bestimmten Zeit; am
vierzehnten Tage in diesem Monat,
zwischen den zwei Abenden, sollt ihr
es feiern zu seiner bestimmten Zeit;
nach allen seinen Satzungen und nach
allen seinen Vorschriften sollt ihr es
4 feiern. Und Mose redete zu den Kindern Israel, daß sie das Passah feiern

sollten. Und sie feierten das Passah 5
im ersten *Monat*, am vierzehnten Tage des Monats, zwischen den zwei
Abenden, in der Wüste Sinai; nach
allem was Jehova dem Mose geboten
hatte, also taten die Kinder Israel.
Und es waren Männer da, die un- 6
rein waren wegen der Leiche eines
Menschen und an jenem Tage das Passah nicht feiern konnten; und sie traten an jenem Tage vor Mose und vor
Aaron. Und diese Männer sprachen 7
zu ihm: Wir sind unrein wegen der
Leiche eines Menschen; warum sollen
wir verkürzt werden, daß wir die Opfergabe Jehovas nicht zur bestimmten
Zeit in der Mitte der Kinder Israel
darbringen? Und Mose sprach zu ih- 8
nen: Bleibet stehen, und ich will hören, was Jehova euerthalben gebieten wird. — Und Jehova redete zu 9
Mose und sprach: Rede zu den Kin- 10
dern Israel und sprich: Wenn irgend
jemand von euch oder von euren Geschlechtern unrein ist wegen einer
Leiche oder ist auf einem fernen Wege, so soll er dem Jehova Passah feiern; im zweiten Monat, am vierzehn- 11
ten Tage, zwischen den zwei Abenden, sollen sie es feiern; mit Ungesäuertem und bittern Kräutern sollen
sie es essen; sie sollen nichts davon 12
übrig lassen bis an den Morgen, und
sollen kein Bein an ihm zerbrechen;
nach allen Satzungen des Passah sollen sie es feiern. Der Mann aber, der 13
rein und nicht auf dem Wege ist, und es
unterläßt, das Passah zu feiern, selbige Seele soll ausgerottet werden aus
ihren Völkern; denn er hat die Opfergabe Jehovas nicht zur bestimmten
Zeit dargebracht; selbiger Mann soll
seine Sünde tragen. Und wenn ein 14
Fremdling bei euch weilt und dem
Jehova Passah feiern, will, so soll er
es feiern nach der Satzung des Passah
und nach seiner Vorschrift. Eine
Satzung soll für euch sein, sowohl für
den Fremdling als auch für den Eingeborenen des Landes.
Und an dem Tage, da die Wohnung 15
aufgerichtet wurde, bedeckte die Wolke die Wohnung des Zeltes des Zeugnisses; und am Abend war es über
der Wohnung wie das Ansehen eines
Feuers bis an den Morgen. So war 16
es beständig: die Wolke bedeckte sie,
und des Nachts *war es wie* das Ansehen eines Feuers. Und so wie die 17
Wolke sich von dem Zelte erhob, brachen danach die Kinder Israel auf;
und an dem Orte, wo die Wolke sich
niederließ *b*, daselbst lagerten sich die
Kinder Israel. Nach dem Befehl Je- 18
hovas brachen die Kinder Israel auf,
und nach dem Befehl Jehovas lagerten sie sich; alle die Tage, da die Wolke auf der Wohnung ruhte, lagerten
sie. Und wenn die Wolke viele Tage 19
auf der Wohnung verweilte, so warteten die Kinder Israel der Hut Jehovas *c* und brachen nicht auf. Und 20

---

a W. als Gegebene. — *b* O. ruhte; desgl. Kap. 10, 12. — *c* d. h. sie beobachteten
das, was für Jehova zu beobachten war.

geschah es, daß die Wolke wenige Tage auf der Wohnung war — nach dem Befehl Jehovas lagerten sie sich, und nach dem Befehl Jehovas brachen 21 sie auf. Und geschah es, daß die Wolke da war vom Abend bis an den Morgen, und die Wolke erhob sich am Morgen, so brachen sie auf; oder einen Tag und eine Nacht, und die Wolke erhob sich, so brachen sie auf; 22 oder zwei Tage oder einen Monat oder eine geraume Zeit a — wenn die Wolke auf der Wohnung verweilte, indem sie darauf ruhte, so lagerten die Kinder Israel und brachen nicht auf; und wenn sie sich erhob, so brachen sie 23 auf. Nach dem Befehl Jehovas lagerten sie sich, und nach dem Befehl Jehovas brachen sie auf; sie warteten der Hut Jehovas nach dem Befehl Jehovas durch Mose.

10 Und Jehova redete zu Mose und sprach: Mache dir zwei Trompeten 2 von Silber; in getriebener Arbeit sollst du sie machen; und sie sollen dir dienen zur Berufung der Gemeinde und 3 zum Aufbruch der Lager. Und stößt man in dieselben, so soll die ganze Gemeinde sich zu dir versammeln an den Eingang des Zeltes der Zusam-4 menkunft. Und wenn man in eine stößt, so sollen die Fürsten sich zu dir versammeln, die Häupter der Tau-5 sende Israels. Und blaset ihr Lärm, so sollen die Lager aufbrechen, die 6 gegen Osten lagern; und blaset ihr Lärm zum zweiten Male, so sollen die Lager aufbrechen, die gegen Süden lagern: zu ihrem Aufbruch sollen 7 sie Lärm blasen. Aber um die Versammlung zu versammeln, sollt ihr hineinstoßen und nicht Lärm blasen. 8 Und die Söhne Aarons, die Priester, sollen in die Trompeten stoßen. Und sie sollen euch zu einer ewigen Satzung 9 sein bei euren Geschlechtern. Und wenn ihr in eurem Lande in den Streit ziehet wider den Bedränger, der euch bedrängt, so sollt ihr mit den Trompeten Lärm blasen; und es wird euer gedacht werden vor Jehova, eurem Gott, und ihr werdet gerettet werden 10 von euren Feinden. Und an euren Freudentagen und an euren Festen b und an euren Neumonden c, da sollt ihr in die Trompeten stoßen bei euren Brandopfern und bei euren Friedensopfern; und sie sollen euch zum Gedächtnis sein vor eurem Gott. Ich bin Jehova, euer Gott.

11 Und es geschah im zweiten Jahre, im zweiten Monat, am zwanzigsten des Monats, da erhob sich die Wolke 12 von der Wohnung des Zeugnisses. Und die Kinder Israel brachen auf aus der Wüste Sinai nach ihren Zügen d; und die Wolke ließ sich nieder in der Wüste 13 Paran. Und sie brachen zum ersten Male auf nach dem Befehl Jehovas durch Mose.

Und das Panier des Lagers der Kin-14 der Juda brach zuerst auf nach ihren Heeren; und über sein Heer war Nachschon, der Sohn Amminadabs. Und 15 über das Heer des Stammes der Kinder Issaschar war Nethaneel, der Sohn Zuars; und über das Heer des Stam-16 mes der Kinder Sebulon war Eliab, der Sohn Helons. Und die Wohnung 17 wurde abgenommen, und es brachen auf die Söhne Gersons und die Söhne Meraris, welche die Wohnung trugen.

Und das Panier des Lagers Rubens 18 brach auf nach seinen Heeren; und über sein Heer war Elizur, der Sohn Schedeurs. Und über das Heer des 19 Stammes der Kinder Simeon war Schelumiel, der Sohn Zurischaddais; und 20 über das Heer des Stammes der Kinder Gad war Eljasaph, der Sohn Deghuels. Und die Kehathiter brachen 21 auf, welche das Heiligtum trugen; und jene richteten die Wohnung auf, bis diese kamen.

Und das Panier des Lagers der Kin-22 der Ephraim brach auf nach ihren Heeren; und über sein Heer war Elischama, der Sohn Ammihuds. Und 23 über das Heer des Stammes der Kinder Manasse war Gamliel, der Sohn Pedazurs; und über das Heer des 24 Stammes der Kinder Benjamin war Abidan, der Sohn Gideonis.

Und das Panier des Lagers der Kin-25 der Dan, welches die Nachhut aller Lager bildete, brach auf nach ihren Heeren; und über sein Heer war Achieser, der Sohn Ammischaddais. Und 26 über das Heer des Stammes der Kinder Aser war Pagiel, der Sohn Okrans; und über das Heer des Stam-27 mes der Kinder Naphtali war Achira, der Sohn Enans. — Das war die Marsch-28 ordnung der Kinder Israel nach ihren Heeren; und so brachen sie auf.

Und Mose sprach zu Hobab, dem 29 Sohne Reghuels, dem Midianiters, des Schwiegervaters e Moses: Wir brechen auf nach dem Orte, von welchem Jehova gesagt hat: ich will ihn euch geben. Ziehe mit uns, so werden wir dir Gutes tun; denn Jehova hat Gutes über Israel geredet. Und er sprach 30 zu ihm: Ich will nicht mitziehen, sondern in mein Land und zu meiner Verwandtschaft f will ich gehen. Und 31 er sprach: Verlaß uns doch nicht! denn du weißt ja, wo wir in der Wüste lagern sollen; und du wirst unser Auge g sein. Und es soll geschehen, 32 wenn du mit uns ziehst, und uns jenes Gute geschieht, das Jehova an uns tun will, so werden wir dir auch Gutes tun.

Und sie brachen auf von dem Berg 33 ge Jehovas, drei Tagereisen weit, und die Lade des Bundes Jehovas zog drei Tagereisen vor ihnen her, um ihnen einen Ruheort zu erkunden; und die 34 Wolke Jehovas war über ihnen am

---

a W. oder Tage. — b Eig. bestimmten Zeiten (um Gott zu nahen). — c Eig. an den Anfängen eurer Monate. — d Eig. nach ihren Aufbrüchen; d. h. nach der in V. 14—28 beschriebenen Reihenfolge. — e O. dem Schwager. — f O. in meinen Geburtsort; so auch 1. Mose 12, 1; 24, 4 usw. — g Eig. unsere Augen.

Tages, wenn sie aus dem Lager zo-
35 gen. Und es geschah, wenn die Lade
aufbrach, so sprach Mose: Stehe auf,
Jehova, daß deine Feinde sich zerstreuen, und deine Hasser vor dir
36 fliehen! Und wenn sie ruhte, so sprach
er: Kehre wieder, Jehova, zu den
Myriaden der Tausende Israels!

11 Und es geschah, als das Volk sich
beklagte, daß es übel war in den
Ohren Jehovas; und als Jehova es
hörte, da erglühte sein Zorn, und ein
Feuer Jehovas brannte unter ihnen
2 und fraß am Ende des Lagers. Und
das Volk schrie zu Mose; und Mose
betete zu Jehova, da legte sich das
3 Feuer. Und man gab selbigem Orte
den Namen Tabhera a, weil ein Feuer
Jehovas unter ihnen gebrannt hatte.
4 Und das Mischvolk, das in ihrer
Mitte war, wurde lüstern, und auch
die Kinder Israel weinten wiederum
und sprachen: Wer wird uns Fleisch
5 zu essen geben? Wir gedenken der
Fische, die wir in Aegypten umsonst
aßen, der Gurken und der Melonen
und des Lauchs und der Zwiebeln
6 und des Knoblauchs; und nun ist unsere Seele dürre; gar nichts ist da,
nur auf das Man *sehen* unsere Augen.
7 Das Man aber war wie Koriandersamen, und sein Ansehen wie das An-
8 sehen des Bdellion b. Das Volk lief
umher, und sie sammelten und mahl-
ten es mit Handmühlen oder zerstie-
ßen es in Mörsern; und sie kochten
es in Töpfen, auch machten sie Kuchen daraus; und sein Geschmack war
wie der Geschmack von Oelkuchen.
9 Und wenn des Nachts der Tau auf
das Lager herabfiel, so fiel das Man
auf dasselbe herab.
10 Und als Mose das Volk nach seinen
Geschlechtern, einen jeden am Eingang seines Zeltes, weinen hörte, und
der Zorn Jehovas heftig entbrannte,
da war es übel in den Augen Moses.
11 Und Mose sprach zu Jehova: Warum
hast du an deinem Knechte übel getan, und warum habe ich nicht Gnade gefunden in deinen Augen, daß du
die Last dieses ganzen Volkes auf
12 mich legst? Bin i c h mit diesem ganzen Volke schwanger gegangen, oder
habe i c h es geboren, daß du zu mir
sprichst: Trage es in deinem Busen,
gleichwie der Wärter den Säugling
trägt, in das Land, das du ihren Vä-
13 tern zugeschworen hast? Woher soll
ich Fleisch haben, um es diesem ganzen Volke zu geben? Denn sie weinen
gegen mich und sagen: Gib uns Fleisch,
14 daß wir essen! Ich allein vermag nicht
dieses ganze Volk zu tragen, denn es
15 ist mir zu schwer. Und wenn du also
mit mir tust, so bringe mich doch um,
wenn ich Gnade gefunden habe in
deinen Augen, damit ich mein Unglück nicht ansehe.
16 Und Jehova sprach zu Mose: Versammle mir siebenzig Männer aus
den Aeltesten Israels, von denen du

weißt, daß sie die Aeltesten des Volkes und seine Vorsteher sind, und
führe sie zu dem Zelte der Zusammenkunft, daß sie sich daselbst mit
dir hinstellen. Und ich werde hernie- 17
derkommen und daselbst mit dir reden, und ich werde von dem Geiste
nehmen, der auf dir ist, und auf sie
legen, daß sie mit dir an der Last
des Volkes tragen, und du sie nicht
allein tragest. Und zu dem Volke sollst 18
du sagen: Heiliget euch auf morgen,
und ihr werdet Fleisch essen; denn
ihr habt vor den Ohren Jehovas geweint und gesprochen: Wer wird uns
Fleisch zu essen geben? denn in Aegypten ging es uns wohl; und Jehova
wird euch Fleisch geben, und ihr
werdet essen. Nicht einen Tag sollt 19
ihr essen, und nicht zwei Tage und
nicht fünf Tage und nicht zehn Tage
und nicht zwanzig Tage: bis zu einem 20
ganzen Monat, bis es euch zur Nase
herauskommt, und es euch zum
Ekel wird; weil ihr Jehova, der in
eurer Mitte ist, verachtet c und vor
ihm geweint und gesprochen habt:
Warum doch sind wir aus Aegypten
herausgezogen? Und Mose sprach: 21
Sechshunderttausend Mann zu Fuß ist
das Volk, in dessen Mitte ich bin, und
d u sprichst: Fleisch will ich ihnen
geben, daß sie einen ganzen Monat
essen! Soll Klein- und Rindvieh für 22
sie geschlachtet werden, daß es für
sie ausreiche? oder sollen alle Fische
des Meeres für sie gesammelt werden,
daß es für sie ausreiche? Und Jeho- 23
va sprach zu Mose: Ist die Hand Jehovas *zu* kurz? Jetzt sollst du sehen,
ob mein Wort dir eintrifft oder nicht.
Da ging Mose hinaus und redete 24
zu dem Volke die Worte Jehovas; und
er versammelte siebenzig Männer aus
den Aeltesten des Volkes und stellte
sie rings um das Zelt. Und Jehova 25
kam in der Wolke hernieder und redete zu ihm und nahm von dem Geiste, der auf ihm war, und legte ihn
auf die siebenzig Männer, die Aeltesten. Und es geschah, sobald der Geist
auf sie kam d, weissagten sie; aber sie
fuhren nicht fort. Und zwei Männer 26
blieben im Lager zurück, der Name
des einen war Eldad, und der Name
des anderen Medad; und auch auf sie
kam der Geist, (sie waren nämlich
unter den Aufgeschriebenen, waren
aber nicht zum Zelte hinausgegangen)
und sie weissagten im Lager. Da lief 27
ein Jüngling hin und berichtete es
Mose und sprach: Eldad und Medad
weissagen im Lager. Und Josua, der 28
Sohn Nuns, der Diener Moses, einer von seinen Jünglingen e, antwortete und sprach: Mein Herr Mose,
wehre ihnen! Aber Mose sprach zu 29
ihm: Eiferst du für mich? Möchte
doch das ganze Volk Jehovas Propheten sein, daß Jehova seinen Geist auf
sie legte!
Und Mose zog sich in das Lager 30

---

a Brand. — b S. die Anm. zu 1. Mose 2, 12. — c O. verworfen. — d Eig. sich auf sie niederließ: so auch V. 26. — e O. Auserlesenen; and. üb.: der Diener Moses von seiner Jugend an.

zurück, er und die Aeltesten Israels.
31 Und ein Wind fuhr von Jehova aus und trieb Wachteln vom Meere herbei und warf sie auf das Lager, bei einer Tagereise hier und bei einer Tagereise dort, rings um das Lager, und bei zwei Ellen hoch über der
32 Oberfläche der Erde. Und das Volk machte sich auf, denselben ganzen Tag und die ganze Nacht und den ganzen folgenden Tag, und sie sammelten die Wachteln; wer wenig gesammelt, hatte zehn Homer gesammelt; und sie breiteten sich dieselben aus
33 rings um das Lager her. Das Fleisch war noch zwischen ihren Zähnen, war noch nicht zerkaut, da entbrannte der Zorn Jehovas wider das Volk, und Jehova richtete unter dem Volk
34 eine sehr große Niederlage an a. Und man gab selbigem Orte den Namen Kibroth-Hattaawa b, weil man daselbst das Volk begrub, das lüstern gewesen
35 war. Von Kibroth-Hattaawa brach das Volk auf nach Hazeroth; und sie waren zu Hazeroth.

12 Und Mirjam und Aaron redeten wider Mose wegen des kuschitischen Weibes, das er genommen hatte; denn er hatte ein kuschitisches Weib ge-
2 nommen. Und sie sprachen: Hat Jehova nur mit c Mose allein geredet? hat er nicht auch mit c uns geredet?
3 Und Jehova hörte es. Der Mann Mose aber war sehr sanftmütig, mehr als alle Menschen, die auf dem Erdboden waren.
4 Da sprach Jehova plötzlich zu Mose und zu Aaron und zu Mirjam: Gehet hinaus, ihr drei, zum Zelte der Zusammenkunft! Und sie gingen hin-
5 aus, sie drei. Und Jehova kam in der Wolkensäule hernieder und stand an dem Eingang des Zeltes; und er rief Aaron und Mirjam, und die beiden
6 traten hinaus. Und er sprach: Höret denn meine Worte! Wenn ein Prophet unter euch ist, dem will ich, Jehova, in einem Gesicht mich kundtun, in einem Traume will ich mit ihm
7 reden. Nicht also mein Knecht Mose. Er ist treu in meinem ganzen Hause;
8 mit ihm rede ich von Mund zu Mund, und deutlich und nicht in Rätseln, und das Bild Jehovas schaut er. Und warum habt ihr euch nicht gefürchtet, wider meinen Knecht, wider Mose, zu
9 reden? Und der Zorn Jehovas entbrannte wider sie, und er ging weg.
10 Und die Wolke wich von d dem Zelte, und siehe, Mirjam war aussätzig wie Schnee; und Aaron wandte sich zu Mirjam, und siehe, sie war aussätzig.
11 Da sprach Aaron zu Mose: Ach, mein Herr! lege doch nicht die Sünde auf uns, durch welche wir töricht gehan-
12 delt und uns versündigt haben! Möge sie doch nicht sein wie ein Kind, dessen Fleisch, wenn es aus seiner Mutter Leibe hervorkommt, zur Hälf-

te verwest ist! Und Mose schrie zu 13 Jehova und sprach: O Gott e, bitte, heile sie doch! Und Jehova sprach zu 14 Mose: Hätte ihr Vater ihr etwa ins Angesicht gespieen, sollte sie nicht sieben Tage lang schämen? f Sie soll sieben Tage außerhalb des Lagers eingeschlossen werden, und danach mag sie wieder aufgenommen werden. Und 15 Mirjam wurde sieben Tage außerhalb des Lagers eingeschlossen; und das Volk brach nicht auf, bis Mirjam wieder aufgenommen war. Danach aber 16 brach das Volk von Hazeroth auf; und sie lagerten sich in der Wüste Paran.

13 Und Jehova redete zu Mose und sprach: Sende dir Männer aus, daß 2 sie das Land Kanaan auskundschaften, welches ich den Kindern Israel gebe; je einen Mann für den Stamm seiner Väter sollt ihr aussenden, jeder ein Fürst unter ihnen. Und Mose sandte 3 sie aus der Wüste Paran nach dem Befehl Jehovas, allesamt Männer, welche Häupter der Kinder Israel waren.
Und dies sind ihre Namen: für den 4 Stamm Ruben, Schammua, der Sohn Sakkurs; für den Stamm Simeon, Scha- 5 phat, der Sohn Choris; für den Stamm 6 Juda, Kaleb, der Sohn Jephunnes; für den Stamm Issaschar, Jigal, der 7 Sohn Josephs; für den Stamm Eph- 8 raim, Hosea, der Sohn Nuns; für den 9 Stamm Benjamin, Palti, der Sohn Raphus; für den Stamm Sebulon, Gad- 10 diel, der Sohn Sodis; für den Stamm 11 Joseph, für den Stamm Manasse, Gaddi, der Sohn Susis; für den Stamm 12 Dan, Ammiel, der Sohn Gemallis; für 13 den Stamm Aser, Sethur, der Sohn Michaels; für den Stamm Naphtali, 14 Nachbi, der Sohn Waphsis; für den 15 Stamm Gad, Geuel, der Sohn Makis. Das sind die Namen der Männer, wel- 16 che Mose aussandte, um das Land auszukundschaften. Und Mose nannte Hosea g, den Sohn Nuns, Josua h.
Und Mose sandte sie, um das Land 17 Kanaan auszukundschaften, und sprach zu ihnen: Ziehet hier hinauf an der Südseite i, und steiget auf das Gebirge, und besehet das Land, wie es ist; 18 und das Volk, das darin wohnt, ob es stark oder schwach, ob es gering oder zahlreich ist; und wie das Land ist, 19 in welchem es wohnt, ob es gut oder schlecht ist; und wie die Städte sind, in denen es wohnt, ob es in Lagern oder in Festungen wohnt; und wie das 20 Land ist, ob es fett oder mager ist, ob Bäume darin sind oder nicht. Und fasset Mut und nehmet von der Frucht des Landes. Die Tage aber waren die Tage der ersten Trauben.
Und sie zogen hinauf und kund- 21 schafteten das Land aus, von der Wüste Zin bis Rechob, wenn man nach Hamath geht. Und sie zogen an der Süd- 22 seite hinauf und kamen bis Hebron,

---

a W. schlug . . . einen sehr großen Schlag. — b Gräber des Gelüstes. — c O. durch. — d Eig. von über. — e El. — f O. sollte sie nicht . . . beschimpft sein. — g H. Hoschea: Rettung. — h S. 2. Mose 17, 9. — i O. durch das Land des Südens; so auch V. 22.

5

und daselbst waren Achiman, Sche-
schai und Talmai, die Kinder Enaks.
Hebron aber war sieben Jahre vor Zoan
23 in Aegypten erbaut worden. Und sie
kamen bis in das Tal *a* Eskol *b* und
schnitten daselbst eine Rebe mit einer Weintraube ab und trugen sie
zu zweien an einer Stange, auch Gra-
24 natäpfel und Feigen. Jenen Ort nannte man Tal Eskol wegen der Traube,
welche die Kinder Israel daselbst ab-
25 geschnitten hatten. Und sie kehrten
nach Verlauf von vierzig Tagen vom
Auskundschaften des Landes zurück.
26 Und sie gingen und kamen zu Mose
und zu Aaron und zu der ganzen Gemeinde der Kinder Israel in die Wüste Paran nach Kades; und sie brachten ihnen und der ganzen Gemeinde
Bescheid und zeigten ihnen die Frucht
27 des Landes. Und sie erzählten ihm
und sprachen: Wir sind in das Land
gekommen, wohin du uns gesandt hast;
und wirklich, es fließt von Milch und
28 Honig, und dies ist seine Frucht. Nur
daß das Volk stark ist, welches in dem
Lande wohnt, und die Städte befestigt,
sehr groß; und auch die Kinder Enaks
29 haben wir dort gesehen. Amalek
wohnt im Lande des Südens, und die
Hethiter und die Jebusiter und die
Amoriter wohnen auf dem Gebirge,
und die Kanaaniter wohnen am Meere
30 und an der Seite des Jordan. Und
Kaleb beschwichtigte das Volk gegen
Mose und sprach: Laßt uns nur hinaufziehen und es in Besitz nehmen,
denn wir werden es gewißlich über-
31 wältigen. Aber die Männer, die mit
ihm hinaufgezogen waren, sprachen:
Wir vermögen nicht gegen das Volk
hinaufzuziehen, denn es ist stärker
32 als wir. Und sie brachten unter die
Kinder Israel ein böses Gerücht über
das Land aus, das sie ausgekundschaftet hatten, und sprachen: Das Land,
welches wir durchzogen haben, um
es auszukundschaften, ist ein Land,
das seine Bewohner frißt; und alles
Volk, das wir darin gesehen haben,
33 sind Leute von hohem Wuchse; auch
haben wir dort die Riesen *c* gesehen,
die Kinder Enaks, von den Riesen;
und wir waren in unseren Augen wie
Heuschrecken, und also waren wir
auch in ihren Augen.

14 Da erhob die ganze Gemeinde ihre
Stimme und schrie, und das Volk
2 weinte in selbiger Nacht. Und alle
Kinder Israel murrten wider Mose
und wider Aaron, und die ganze Gemeinde sprach zu ihnen: O wären
wir doch im Lande Aegypten gestorben, oder wären wir doch in dieser Wü-
3 ste gestorben! Und warum bringt uns
Jehova in dieses Land, daß wir durchs
Schwert fallen *und* unsere Weiber
und unsere Kindlein zur Beute werden? Wäre es nicht besser für uns,
4 nach Aegypten zurückzukehren? Und

sie sprachen einer zum anderen: Laßt
uns ein Haupt *über uns* setzen und
nach Aegypten zurückkehren! — Da 5
fielen Mose und Aaron auf ihr Angesicht vor der ganzen Versammlung der
Gemeinde der Kinder Israel. Und 6
Josua, der Sohn Nuns, und Kaleb,
der Sohn Jephunnes, von denen, die
das Land ausgekundschaftet hatten,
zerrissen ihre Kleider, und sie spra- 7
chen zu der ganzen Gemeinde der
Kinder Israel und sagten: Das Land,
das wir durchzogen haben, um es auszukundschaften, das Land ist sehr,
sehr gut. Wenn Jehova Gefallen an 8
uns hat, so wird er uns in dieses Land
bringen und es uns geben, ein Land,
das von Milch und Honig fließt. Nur 9
empöret euch nicht wider Jehova;
und fürchtet ja nicht das Volk des
Landes, denn unser Brot werden sie
sein. Ihr Schirm *d* ist von ihnen gewichen, und Jehova ist mit uns; fürchtet sie nicht! Und die ganze Gemein- 10
de sagte, daß man sie steinigen solle.
Da erschien die Herrlichkeit Jehovas an dem Zelte der Zusammenkunft
allen Kindern Israel. Und Jehova 11
sprach zu Mose: Wie lange will mich
dieses Volk verachten, und wie lange
wollen sie mir nicht glauben *e* bei all
den Zeichen, die ich in ihrer Mitte
getan habe? Ich will es mit der Pest 12
schlagen und es vertilgen; und ich
will *dich* zu einer Nation machen,
größer und stärker als sie.
Und Mose sprach zu Jehova: So 13
werden die Aegypter es hören; denn
durch deine Macht hast du dieses
Volk aus ihrer Mitte heraufgeführt;
und man wird es den Bewohnern die- 14
ses Landes sagen, welche gehört haben *f*, daß du, Jehova, in der Mitte
dieses Volkes bist, daß du, Jehova,
Auge in Auge dich sehen läßt, und
daß deine Wolke über ihnen steht,
und du in einer Wolkensäule vor ihnen hergehst bei Tage und in einer
Feuersäule bei Nacht. Und tötest du 15
dieses Volk wie e i n e n Mann, so werden die Nationen, die deinen Ruf gehört haben, sprechen und sagen: Weil 16
Jehova nicht vermochte, dieses Volk
in das Land zu bringen, das er ihnen
zugeschworen hatte, so hat er sie in
der Wüste hingeschlachtet. Und nun 17
möge doch die Macht des Herrn sich
groß erweisen, so wie du geredet hast,
indem du sprachst: Jehova ist lang- 18
sam zum Zorn und groß an Güte, der
Ungerechtigkeit und Uebertretung
vergibt, — aber keineswegs hält er
für schuldlos *g* den *Schuldigen* — der
die Ungerechtigkeit der Väter heimsucht an den Kindern am dritten und
am vierten Gliede. Vergib doch die 19
Ungerechtigkeit dieses Volkes nach
der Größe deiner Güte, und so wie
du diesem Volke verziehen hast von
Aegypten an bis hierher! Und Je- 20

---

a Das hebr. Wort bezeichnet allgemein alle Wildbäche und Flüsse Palästinas, und zwar
sowohl den Fluß selbst, als auch die Schlucht oder das Tal, in welchem er fließt. — *b* Traube.
— *c* H. Nephilim; kommt nur in diesem Verse und in 1. Mose 6, 4 vor. — *d* W. Schatten. — *e* O.
mir mißtrauen. — *f* O. sie haben gehört. — *g* O. läßt er ungestraft; vergl. 2. Mose 34, 6 usw.

hova sprach: Ich habe vergeben nach
21 deinem Worte. Doch aber, *so wahr*
ich lebe, soll von der Herrlichkeit
Jehovas erfüllt werden die ganze Er-
22 de; denn alle die Männer, die meine
Herrlichkeit und meine Zeichen gesehen haben, welche ich in Aegypten
und in der Wüste getan, und mich
nun zehnmal versucht und nicht ge-
23 hört haben auf meine Stimme — wenn
sie das Land sehen werden *a*, das ich
ihren Vätern zugeschworen habe! ja,
alle, die mich verachtet haben, sollen
24 es nicht sehen. Aber meinen Knecht
Kaleb, weil ein anderer Geist in ihm
gewesen und er mir völlig nachgefolgt
ist, ihn werde ich in das Land bringen,
in welches er gekommen ist; und sein
25 Same soll es besitzen. Die Amalekiter
aber und die Kanaaniter wohnen in der
Niederung; morgen wendet euch und
brechet auf nach der Wüste, des Weges zum Schilfmeer.

26 Und Jehova redete zu Mose und zu
27 Aaron und sprach: Wie lange soll es
mit dieser bösen Gemeinde währen,
daß sie wider mich murrt? Das Murren der Kinder Israel, das sie wider
28 mich murren, habe ich gehört. Sprich
zu ihnen: *So wahr* ich lebe, spricht
Jehova *b*, wenn ich euch nicht also
tun werde, wie ihr vor meinen Ohren
29 geredet habt! In dieser Wüste sollen
eure Leichname fallen, ja, alle eure
Gemusterten nach eurer ganzen Zahl,
von zwanzig Jahren und darüber, die
30 ihr wider mich gemurrt habt. Wenn
i h r in das Land kommen werdet, darinnen euch wohnen zu lassen ich meine Hand erhoben habe, außer Kaleb,
dem Sohne Jephunnes, und Josua,
31 dem Sohne Nuns! Und eure Kindlein,
von denen ihr gesagt habt: sie werden zur Beute werden! die will ich
hineinbringen, und sie sollen das Land
kennen lernen, das ihr verschmäht
32 habt. Ihr aber, eure Leichname sol-
33 len in dieser Wüste fallen; und eure
Kinder sollen vierzig Jahre lang in der
Wüste weiden und eure Hurereien tragen, bis eure Leichname in der Wüste
34 aufgerieben sind. Nach der Zahl der Tage, die ihr das Land ausgekundschaftet
habt, vierzig Tage, je einen Tag für
ein Jahr, sollt ihr vierzig Jahre lang
eure Ungerechtigkeiten tragen, und
ihr sollt erfahren, was es ist, wenn
35 ich mich abwende: Ich, Jehova, habe
es geredet; wenn ich dies nicht tun
werde an dieser ganzen bösen Gemeinde, die sich wider mich zusammenge-
rottet hat! In dieser Wüste sollen sie
aufgerieben werden, und daselbst sollen sie sterben!

36 Und die Männer, welche Mose ausgesandt hatte, um das Land auszukundschaften, und die zurückkehrten
und die ganze Gemeinde wider ihn
murren machten, indem sie ein böses
Gerücht über das Land ausbrachten,
jene Männer, die ein böses Gerücht über 37
das Land ausgebracht hatten, starben
durch eine Plage vor Jehova. Aber 38
Josua, der Sohn Nuns, und Kaleb,
der Sohn Jephunnes, blieben am Leben von jenen Männern, welche gegangen waren, das Land auszukundschaften.

Und als Mose jene Worte zu allen 39
Kindern Israel redete, da trauerte das
Volk sehr. Und sie machten sich des 40
Morgens früh auf, um auf den Gipfel
des Gebirges hinaufzuziehen, und sprachen: Hier sind wir und wollen an
den Ort hinaufziehen, von welchem
Jehova geredet hat; denn wir haben
gesündigt. Aber Mose sprach: Warum 41
übertretet ihr doch den Befehl Jehovas? Es wird ja nicht gelingen! Zie- 42
het nicht hinauf, denn Jehova ist nicht
in eurer Mitte, daß ihr nicht vor euren Feinden geschlagen werdet, denn 43
die Amalekiter und die Kanaaniter
sind dort vor euch, und ihr werdet
durchs Schwert fallen. Weil ihr euch
von der Nachfolge Jehovas *c* abgewandt habt, wird Jehova nicht mit
euch sein. Doch sie vermaßen sich, 44
auf den Gipfel des Gebirges hinaufzuziehen; aber die Lade des Bundes Jehovas und Mose wichen nicht aus der
Mitte des Lagers. Da kamen die Ama- 45
lekiter und die Kanaaniter, die auf
jenem Gebirge wohnten, herab und
schlugen und zersprengten sie bis Horma.

Und Jehova redete zu Mose und **15**
sprach: Rede zu den Kindern Israel und sprich zu ihnen: Wenn ihr 2
in das Land eurer Wohnsitze kommet, das ich euch geben werde, und 3
ihr dem Jehova ein Feueropfer opfert,
ein Brandopfer oder ein Schlachtopfer,
um ein Gelübde zu erfüllen *d*, oder eine freiwillige Gabe, oder an euren
Festen *e*, um Jehova einen lieblichen
Geruch zu bereiten, vom Rind- oder
vom Kleinvieh: so soll der, welcher 4
Jehova seine Opfergabe darbringt, als
Speisopfer darbringen ein Zehntel
Feinmehl, gemengt mit einem viertel
Hin Oel; und als Trankopfer sollst 5
du ein viertel Hin Wein opfern zu *f*
dem Brandopfer oder zu dem Schlachtopfer, bei jedem Schafe. Oder bei ei- 6
nem Widder sollst du als Speisopfer
zwei Zehntel Feinmehl opfern, gemengt mit einem drittel Hin Oel; und 7
als Trankopfer sollst du ein drittel
Hin Wein darbringen: ein lieblicher
Geruch dem Jehova. Und wenn du 8
ein junges Rind als Brandopfer oder
als Schlachtopfer opferst, um ein Gelübde zu erfüllen *d*, oder als Friedensopfer für Jehova, so soll man zu dem 9
jungen Rinde als Speisopfer darbringen drei Zehntel Feinmehl, gemengt
mit einem halben Hin Oel; und als 10

---

a O. *so wahr* ich lebe und von der Herrlichkeit Jehovas erfüllt werden wird
die ganze Erde, wenn alle die Männer . . . . das Land sehen werden. — *b* S.
die Anm. zu 1. Mose 22, 16. — *c* Eig. von hinter Jehova her. — *d* Eig. aus-
zusondern, zu weihen. — *e* Eig. bestimmten Zeiten (um Gott zu nahen). — *f* And.
auf.

Trankopfer sollst du ein halbes Hin Wein darbringen: ein Feueropfer lieb-
11 lichen Geruchs dem Jehova. Also soll getan werden bei jedem Rinde oder bei jedem Widder oder bei jedem
12 Schafe oder bei jeder Ziege; nach der Zahl, die ihr opfert, sollt ihr also tun
13 bei einem jeden nach ihrer Zahl. Jeder Eingeborene soll dieses also tun, wenn er ein Feueropfer lieblichen
14 Geruchs dem Jehova darbringt. Und wenn ein Fremdling bei euch weilt, oder wer in eurer Mitte ist bei euren Geschlechtern, und er opfert dem Jehova ein Feueropfer lieblichen Geruchs, so soll er ebenso tun, wie ihr
15 tut. — Was die Versammlung betrifft, so soll einerlei Satzung für euch sein und für den Fremdling, der *bei euch* weilt; eine ewige Satzung bei euren Geschlechtern: wie ihr, so soll der
16 Fremdling sein vor Jehova. Einerlei Gesetz und einerlei Recht soll für euch sein und für den Fremdling, der bei euch weilt.

17 Und Jehova redete zu Mose und
18 sprach: Rede zu den Kindern Israel und sprich zu ihnen: Wenn ihr in das Land kommet, wohin ich euch
19 bringen werde, so soll es geschehen, wenn ihr von dem Brote des Landes esset, so sollt ihr Jehova ein Hebopfer heben: als Erstling eures Schrotmehls sollt ihr einen Kuchen als Heb-
21 opfer heben; wie das Hebopfer der Tenne, also sollt ihr dieses heben. Von dem Erstling eures Schrotmehls sollt ihr Jehova ein Hebopfer geben, bei euren Geschlechtern.

22 Und wenn ihr aus Versehen sündiget und nicht tut alle diese Gebote,
23 die Jehova zu Mose geredet hat, alles was Jehova euch durch Mose geboten hat, von dem Tage an, da Jehova Gebote gab, und fernerhin bei euren Ge-
24 schlechtern, so soll es geschehen, wenn es vor den Augen der Gemeinde verborgen, aus Versehen geschehen ist, so soll die ganze Gemeinde einen jungen Farren als Brandopfer opfern zum lieblichen Geruch dem Jehova, nebst seinem Speisopfer und seinem Trankopfer, nach der Vorschrift, und einen Ziegenbock zum Sündopfer.
25 Und der Priester soll Sühnung tun für die ganze Gemeinde der Kinder Israel, und es wird ihnen vergeben werden; denn es war eine *Sünde aus* Versehen, und sie haben ihre Opfergabe, ein Feueropfer dem Jehova, und ihr Sündopfer vor Jehova gebracht wegen ihrer Sünde aus Versehen a.
26 Und es wird der ganzen Gemeinde der Kinder Israel vergeben werden und dem Fremdling, der in ihrer Mitte weilt; denn von dem ganzen Volke *ist es geschehen* aus Versehen.
27 Und wenn eine einzelne Seele aus Versehen sündigt, so soll sie eine einjährige Ziege zum Sündopfer darbrin-
28 gen. Und der Priester soll Sühnung tun für die Seele, die ein Versehen begangen hat durch eine Sünde aus Versehen vor Jehova, um Sühnung für sie zu tun; und es wird ihr vergeben
29 werden. Für den Eingeborenen unter den Kindern Israel und für den Fremdling, der in ihrer Mitte weilt, sollt ihr *ein* Gesetz haben, für den, der
30 aus Versehen etwas tut. Aber die Seele, welche mit erhobener Hand etwas tut, von den Eingeborenen und von den Fremdlingen, die schmäht Jehova; und selbige Seele soll ausgerottet werden aus der Mitte ihres Volkes,
31 denn das Wort Jehovas hat sie verachtet und sein Gebot gebrochen; selbige Seele soll gewißlich ausgerottet werden: ihre Ungerechtigkeit ist auf ihr.

32 Und als die Kinder Israel in der Wüste waren, da fanden sie einen Mann, der am Sabbathtage Holz auf-
33 las. Und die ihn, Holz auflesend, gefunden hatten, brachten ihn zu Mose und zu Aaron und zu der ganzen Ge-
34 meinde. Und sie legten ihn in Gewahrsam, denn es war nicht genau bestimmt, was ihm getan werden soll-
35 te. Da sprach Jehova zu Mose: Der Mann soll gewißlich getötet werden; die ganze Gemeinde soll ihn außerhalb des Lagers steinigen. Da führte
36 ihn die ganze Gemeinde vor das Lager hinaus, und sie steinigten ihn, daß er starb, so wie Jehova dem Mose geboten hatte.

37 Und Jehova sprach zu Mose und
38 sagte: Rede zu den Kindern Israel und sprich zu ihnen, daß sie sich eine Quaste an den Zipfeln ihrer Oberkleider b machen; bei ihren Geschlechtern, und daß sie an die Quaste des
39 Zipfels eine Schnur von blauem Purpur setzen; und es soll euch zu einer Quaste sein, daß ihr, wenn ihr sie ansehet, aller Gebote Jehovas gedenket und sie tuet, und daß ihr nicht umherspähet eurem Herzen nach und euren Augen nach, denen ihr nachhuret;
40 damit ihr aller meiner Gebote gedenket und sie tuet, und heilig seiet eurem Gott. Ich bin Jehova, euer Gott,
41 der ich euch aus dem Lande Aegypten herausgeführt habe, um euer Gott zu sein; ich bin Jehova, euer Gott.

16 Und Korah, der Sohn Jizhars, des Sohnes Kehaths, des Sohnes Levis, unternahm es, und *mit ihm* Dathan und Abiram, die Söhne Eliabs, und On, der Sohn Pelets, die Söhne Rubens,
2 und sie standen auf gegen Mose, mit zweihundert und fünfzig Männern von den Kindern Israel, Fürsten der Gemeinde, Berufenen c der Versamm-
3 lung, Männern von Namen. Und sie versammelten sich wider Mose und wider Aaron und sprachen zu ihnen: Laßt es genug sein! denn die ganze Gemeinde, sie allesamt sind heilig, und Jehova ist in ihrer Mitte! Und warum erhebet ihr euch über die Versammlung Jehovas?
4 Als Mose es hörte, fiel er auf sein
5 Angesicht. Und er redete zu Korah

---

a Eig. wegen ihres Versehens. — b S. die Anm. zu 2. Mose 12, 34. — c S. die Anm. zu Kap. 1, 16.

und zu seiner ganzen Rotte und sprach: Morgen, da wird Jehova kundtun, wer sein ist und wer heilig *a* ist, daß er ihn zu sich nahen lasse; und wen er erwählt, den wird er zu sich nahen 6 lassen. Dieses tut: Nehmet euch Räucherpfannen, Korah und seine ganze 7 Rotte, und morgen tut Feuer darein und leget Räucherwerk darauf vor Jehova; und es soll geschehen, der Mann, den Jehova erwählen wird, der sei der Heilige. Laßt es genug sein, 8 ihr Söhne Levis! Und Mose sprach zu Korah: Höret doch, ihr Söhne Le-9 vis! Ist es euch zu wenig, daß der Gott Israels euch aus der Gemeinde Israel ausgesondert hat, um euch zu sich nahen zu lassen, damit ihr den Dienst der Wohnung Jehovas verrichtet, und vor der Gemeinde stehet, 10 um sie zu bedienen, daß er dich und alle deine Brüder, die Söhne Levis, mit dir hat herzunahen lassen? Und ihr trachtet auch nach dem Priestertum! 11 Darum rottet ihr euch zusammen, du und deine ganze Rotte, wider Jehova; denn Aaron, was ist er, daß ihr wider ihn murret?

12 Und Mose sandte hin, um Dathan und Abiram, die Söhne Eliabs, zu rufen. Aber sie sprachen: Wir kommen 13 nicht hinauf! Ist es zu wenig, daß du uns aus einem Lande, das von Milch und Honig fließt, heraufgeführt hast, um uns in der Wüste sterben zu lassen, daß du dich auch gar zum Herr-14 scher über uns aufwirfst? Du hast uns keineswegs in ein Land gebracht, das von Milch und Honig fließt, noch uns Aecker und Weinberge als Erbteil gegeben! Willst du diesen Leuten die Augen ausstechen? Wir kommen 15 nicht hinauf! Da ergrimmte Mose sehr und sprach zu Jehova: Wende dich nicht zu ihrer Opfergabe! nicht einen Esel habe ich von ihnen genommen, und keinem einzigen unter ihnen ein Leid getan.

16 Und Mose sprach zu Korah: Du und deine ganze Rotte, ihr sollt morgen vor Jehova erscheinen *b*, du und 17 sie und Aaron. Und nehmet ein jeder seine Räucherpfanne und leget Räucherwerk darauf, und bringet ein jeder seine Räucherpfanne dar vor Jehova, zweihundert und fünfzig Räucherpfannen; und du und Aaron, ein 18 jeder seine Räucherpfanne. Und sie nahmen ein jeder seine Räucherpfanne und taten Feuer darauf und legten Räucherwerk darauf; und sie traten hin an den Eingang des Zeltes der Zusammenkunft, auch Mose und Aa-19 ron. Und Korah versammelte wider sie die ganze Gemeinde an den Eingang des Zeltes der Zusammenkunft. Da erschien die Herrlichkeit Jeho-20 vas vor der ganzen Gemeinde. Und Jehova redete zu Mose und zu Aaron 21 und sprach: Sondert euch ab aus der Mitte dieser Gemeinde, und ich will sie vernichten in einem Augenblick!

Und sie fielen auf ihr Angesicht und 22 sprachen: Gott *c*, du Gott der Geister alles Fleisches! der eine Mann sündigt, und du solltest über die ganze Gemeinde zürnen? Und Jehova re-23 dete zu Mose und sprach: Rede zu 24 der Gemeinde und sprich: Hebet euch ringsum weg von der Wohnung Korahs, Dathans und Abirams.

Da stand Mose auf und ging zu Da-25 than und Abiram, und ihm nach gingen die Aeltesten Israels. Und er re-26 dete zu der Gemeinde und sprach: Weichet doch von den Zelten dieser gesetzlosen Männer und rühret nichts an, was ihnen gehört, daß ihr nicht weggerafft werdet in allen ihren Sünden! Und sie hoben sich ringsum weg 27 von der Wohnung Korahs, Dathans und Abirams. Und Dathan und Abiram traten heraus und standen am Eingang ihrer Zelte mit ihren Weibern und ihren Söhnen und ihren Kindlein. Und Mose sprach: Daran 28 sollt ihr erkennen, daß Jehova mich gesandt hat, alle diese Taten zu tun, daß ich nicht aus meinem Herzen gehandelt habe: Wenn diese sterben, 29 wie alle Menschen sterben, und mit der Heimsuchung aller Menschen heimgesucht werden, so hat Jehova mich nicht gesandt; wenn aber Jehova ein 30 Neues *d* schafft und der Erdboden seinen Mund auftut und sie verschlingt mit allem was ihnen angehört, und sie lebendig in den Scheol hinabfahren, so werdet ihr erkennen, daß diese Männer Jehova verachtet haben. — Und es geschah, als er alle diese Wor-31 te ausgeredet hatte, da spaltete sich der Erdboden, der unter ihnen war, und die Erde tat ihren Mund auf und 32 verschlang sie und ihre Familien *e* und alle Menschen, die Korah angehörten, und die ganze Habe. Und sie fuhren, 33 sie und alles was ihnen angehörte, lebendig in den Scheol hinab; und die Erde bedeckte sie, und sie wurden mitten aus der Versammlung vertilgt. Und ganz Israel, das rings um sie her 34 war, floh bei ihrem Geschrei; denn sie sprachen: Daß die Erde uns nicht verschlinge! Und Feuer ging aus von 35 Jehova und fraß die zweihundert und fünfzig Männer, die das Räucherwerk dargebracht hatten.

Und Jehova redete zu Mose und 36 sprach: Sprich zu Eleasar, dem Soh-37 ne Aarons, dem Priester *f*, daß er die Räucherpfannen aus dem Brande herausnehme; und streue das Feuer hinweg, denn sie sind heilig. Die Räu-38 cherpfannen dieser *Männer*, welche wider ihre Seele gesündigt haben, — man mache daraus breitgeschlagene Bleche zum Ueberzug für den Altar; denn sie haben sie vor Jehova dargebracht, und so sind sie heilig; und sie sollen den Kindern Israel zum Zeichen sein. Und Eleasar, 39 der Priester, nahm die ehernen Räucherpfannen, welche die Verbrannten

---

a Eig. der Heilige. — *b* W. sein. — *c* El. — *d* W. eine Schöpfung, d. h. etwas noch nie Geschehenes. — *e* W. ihre Häuser. — *f* O. des Priesters.

dargebracht hatten, und man schlug sie breit zum Ueberzug für den Altar,
40 als ein Gedächtnis für die Kinder Israel, auf daß kein Fremder, der nicht vom Samen Aarons ist, herzunahe, um Räucherwerk vor Jehova zu räuchern, und es ihm nicht ergehe wie Korah und seiner Rotte, — so wie Jehova durch Mose zu ihm a geredet hatte.
41 Und die ganze Gemeinde der Kinder Israel murrte am anderen Morgen wider Mose und wider Aaron und sprach: Ihr habt das Volk Jehovas
42 getötet! Und es geschah, als die Gemeinde wider Mose und wider Aaron versammelte, da wandten sich zu dem Zelte der Zusammenkunft, und siehe, die Wolke bedeckte es, und die Herrlichkeit Jehovas er-
43 schien. Da gingen Mose und Aaron
44 vor das Zelt der Zusammenkunft. Und
45 Jehova redete zu Mose und sprach: Hebet euch weg aus der Mitte dieser Gemeinde, und ich will sie vernichten in einem Augenblick! Da fielen sie
46 auf ihr Angesicht. Und Mose sprach zu Aaron: Nimm die Räucherpfanne und tue Feuer vom Altar darauf und lege Räucherwerk auf, und bringe es eilends zu der Gemeinde und tue Sühnung für sie; denn der Zorn ist ausgegangen von b Jehova, die Plage hat
47 begonnen. Und Aaron nahm die Räucherpfanne, so wie Mose geredet hatte, und lief mitten unter die Versammlung, und siehe, die Plage hatte unter dem Volke begonnen; und er legte das Räucherwerk auf und tat Süh-
48 nung für das Volk. Und er stand zwischen den Toten und den Lebendigen,
49 und die Plage ward gewehrt. Und es waren derer, die an der Plage starben, vierzehntausend und siebenhundert, außer denen, die Korahs wegen
50 gestorben waren. Und Aaron kam wieder zu Mose an den Eingang des Zeltes der Zusammenkunft, als der Plage gewehrt war.

17 Und Jehova redete zu Mose und sprach: Rede zu den Kindern Isra-
2 el und nimm von ihnen je einen Stab für ein Vaterhaus, von allen ihren Fürsten, nach ihren Vaterhäusern, zwölf Stäbe; du sollst den Namen eines jeden auf seinen Stab schreiben.
3 Und den Namen Aarons sollst du auf den Stab Levis schreiben; denn ein Stab soll für jedes Haupt ihrer Vater-
4 häuser sein. Und du sollst sie in das Zelt der Zusammenkunft vor das Zeugnis niederlegen, woselbst ich mit euch
5 zusammenkomme. Und es wird geschehen: der Mann, den ich erwählen werde, dessen Stab wird sprossen; und so werde ich vor mir stillen das Murren der Kinder Israel, das sie wider euch murren.
6 Und Mose redete zu den Kindern Israel, und alle ihre Fürsten gaben ihm je einen Stab für einen Fürsten, nach ihren Vaterhäusern, zwölf Stäbe;

und der Stab Aarons war unter ihren Stäben. Und Mose legte die Stäbe vor 7 Jehova nieder in das Zelt des Zeugnisses. Und es geschah des anderen 8 Tages, als Mose in das Zelt des Zeugnisses hineinging, siehe, da hatte der Stab Aarons, vom Hause Levi, gesproßt: er hatte Sprossen getrieben und Blüten gebracht und Mandeln gereift. Und Mose brachte alle die Stä- 9 be heraus vor Jehova weg zu allen Kindern Israel, und sie sahen sie und nahmen ein jeder seinen Stab. Und Jeho- 10 va sprach zu Mose: Bringe den Stab Aarons vor das Zeugnis zurück, um ihn als ein Zeichen für die Widerspenstigen c aufzubewahren, so daß du ihrem Murren vor mir ein Ende machest, und sie nicht sterben. Und Mose tat es; 11 so wie Jehova ihm geboten hatte, also tat er.

Und die Kinder Israel sprachen 12 zu Mose und sagten: Siehe, wir vergehen, wir kommen um, wir alle kommen um! Jeder, der irgend dem Woh- 13 nung Jehovas naht, der stirbt: sollen wir denn allzumal vergehen?

18 Und Jehova sprach zu Aaron: Du und deine Söhne und das Haus deines Vaters mit dir, ihr sollt die Ungerechtigkeit des Heiligtums tragen; und du und deine Söhne mit dir, ihr sollt die Ungerechtigkeit eures 2 Priestertums tragen. Und auch deine Brüder, den Stamm Levi, den Stamm deines Vaters, laß mit dir herzunahen, daß sie sich dir anschließen d und dir dienen; du aber und deine Söhne mit dir, ihr sollt vor dem Zelte des Zeug- 3 nisses dienen. Und sie sollen deiner Hut warten und der Hut des ganzen Zeltes; nur den Geräten des Heiligtums und dem Altar sollen sie nicht nahen, daß sie nicht sterben, sowohl 4 sie als auch ihr. Und sie sollen sich dir anschließen und der Hut des Zeltes der Zusammenkunft warten nach allem Dienste des Zeltes; aber kein Fremder soll euch nahen. Und ihr 5 sollt der Hut des Heiligtums und der Hut des Altars warten, daß kein Zorn mehr über die Kinder Israel komme. Und ich, siehe, ich habe eure Brüder, 6 die Leviten, aus der Mitte der Kinder Israel genommen; euch als Geschenk sind sie dem Jehova gegeben, um den Dienst des Zeltes der Zusammenkunft zu verrichten. Du aber und 7 deine Söhne mit dir, ihr sollt eures Priestertums warten, in allem was den Altar betrifft und innerhalb des Vorhangs, und so den Dienst tun; als einen geschenkten Dienst gebe ich euch das Priestertum. Der Fremde aber, der herzunaht, soll getötet werden.

Und Jehova redete zu Aaron: Und 8 ich, siehe, ich habe dir die Hut meiner Hebopfer gegeben; von allen heiligen Dingen der Kinder Israel habe ich sie dir und deinen Söhnen gegeben, als Salbungsteil f, als eine ewige

---

a d. h. zu Eleasar. — b Eig. von vor. — c W. die Söhne der Widerspenstigkeit. — d S. die Anm. zu 1. Mose 29, 34. — e Vergl. Kap. 8, 16. 19. — f Vergl. 3. Mose 7, 35.

9 Gebühr *a*. Dies soll dir gehören von dem Hochheiligen, das nicht verbrannt wird: alle ihre Opfergaben nach allen ihren Speisopfern und nach allen ihren Sündopfern und nach allen ihren Schuldopfern, die sie mir darbringen *b*, als ein Hochheiliges soll es dir und deinen Söhnen gehören.
10 An hochheiligem Orte sollst du es essen, alles Männliche soll es essen; 11 es soll dir heilig sein. Und dies soll dir gehören: die Hebopfer ihrer Gaben, nach allen Webopfern der Kinder Israel; dir und deinen Söhnen und deinen Töchtern mit dir habe ich sie gegeben als eine ewige Gebühr; jeder Reine in deinem Hause soll es 12 essen. Alles Beste *c* vom Oel und alles Beste vom Most und Getreide, ihre Erstlinge, die sie Jehova geben, dir 13 habe ich sie gegeben. Die ersten Früchte von allem, was in ihrem Lande *wächst*, die sie Jehova bringen, sollen dir gehören; jeder Reine in deinem 14 Hause soll davon essen. Alles Verbannte *d* in Israel soll dir gehören.
15 Alles was die Mutter bricht, von allem Fleische, das sie Jehova darbringen, an Menschen und an Vieh, soll dir gehören; nur sollst du den Erstgeborenen vom Menschen jedenfalls lösen, und das Erstgeborene vom unreinen 16 Vieh sollst du lösen. Und die zu Lösenden unter ihnen sollst du von einem Monat an lösen, nach deiner Schätzung, um fünf Sekel Silber, nach dem Sekel des Heiligtums, der zwan- 17 zig Gera ist. Aber das Erstgeborene vom Rinde oder das Erstgeborene von den Schafen oder das Erstgeborene von den Ziegen sollst du nicht lösen; sie sind heilig. Ihr Blut sollst du an den Altar sprengen, und ihr Fett sollst du als Feueropfer räuchern zum lieb- 18 lichen Geruch für Jehova. Und ihr Fleisch soll dir gehören; wie die Brust des Webopfers und wie der rechte 19 Schenkel soll es dir gehören. Alle Hebopfer der heiligen Dinge, welche die Kinder Israel dem Jehova heben, habe ich dir gegeben, und deinen Söhnen und deinen Töchtern mit dir, als eine ewige Gebühr; es ist ein ewiger Salzbund vor Jehova für dich und für deinen Samen mit dir.
20 Und Jehova sprach zu Aaron: In ihrem Lande sollst du nichts erben und sollst kein Teil in ihrer Mitte haben; ich bin dein Teil und dein Er- 21 be inmitten der Kinder Israel. Und siehe, den Kindern Levi habe ich allen Zehnten in Israel zum Erbteil gegeben für ihren Dienst, den sie verrichten, den Dienst des Zeltes der 22 Zusammenkunft. Und die Kinder Israel sollen nicht mehr dem Zelte der Zusammenkunft nahen, um Sünde auf 23 sich zu laden *e*, daß sie sterben; die

Leviten vielmehr sollen *f* den Dienst des Zeltes der Zusammenkunft verrichten, und s i e sollen ihre Ungerechtigkeit tragen: eine ewige Satzung bei euren Geschlechtern. Aber inmitten der Kinder Israel sollen sie kein Erbteil besitzen; denn den Zehnten 24 der Kinder Israel, welchen sie Jehova als Hebopfer heben, habe ich den Leviten zum Erbteil gegeben; darum habe ich von ihnen gesagt, daß sie inmitten der Kinder Israel kein Erbteil besitzen sollen.
Und Jehova redete zu Mose und 25 sprach: Und zu den Leviten sollst du 26 reden und zu ihnen sprechen: Wenn ihr von den Kindern Israel den Zehnten nehmet, den ich euch von ihnen als euer Erbteil gegeben habe, so sollt ihr davon ein Hebopfer für Jehova heben, den Zehnten von dem Zehnten. Und euer Hebopfer wird euch gerech- 27 net werden wie das Getreide von der Tenne und wie die Fülle von der Kelter. Also sollt auch ihr ein Hebopfer 28 für Jehova heben von allen euren Zehnten, die ihr von den Kindern Israel nehmet, und davon das Hebopfer für Jehova Aaron, dem Priester, geben. Von allem euch Gegebenen 29 sollt ihr alles Hebopfer Jehovas heben, von allem Besten desselben das Geheiligte davon. Und du sollst zu ih- 30 nen sagen: Wenn ihr das Beste davon hebet, so soll es den Leviten gerechnet werden wie der Ertrag der Tenne und wie der Ertrag der Kelter. Und 31 ihr möget ihn *g* essen an jedem Orte, ihr und euer Haus; denn das ist euer Lohn für euren Dienst am Zelte der Zusammenkunft. Und ihr werdet 32 seinethalben keine Sünde auf euch laden, wenn ihr das Beste davon hebet, und werdet die heiligen Dinge der Kinder Israel nicht entweihen und nicht sterben.
Und Jehova redete zu Mose und **19** zu Aaron und sprach: Dies ist die Satzung des Gesetzes, das Jehova ge- 2 boten hat, indem er sprach: Rede zu den Kindern Israel, daß sie dir eine rote junge Kuh bringen, ohne Fehl, an der kein Gebrechen, auf welche kein Joch gekommen ist; und ihr sollt 3 sie Eleasar, dem Priester, geben, und er soll sie vor das Lager hinausführen, und man soll sie vor ihm schlachten. Und Eleasar, der Priester, nehme 4 von ihrem Blute mit seinem Finger und sprenge von ihrem Blute siebenmal gegen die Vorderseite des Zeltes der Zusammenkunft hin. Und man 5 soll die junge Kuh vor seinen Augen verbrennen: ihre Haut und ihr Fleisch und ihr Blut samt ihrem Mist soll man verbrennen. Und der Priester soll 6 Cedernholz und Ysop und Karmesin nehmen und es mitten in den Brand

---

a W. als ein für ewig Bestimmtes; so auch V. 11. 19. — *b* Eig. erstatten, entrichten. — *c* Eig. Fett; so auch nachher und V. 29. 30. 32. — *d* d. h. Geweihte. S. die Vorrede und 3. Mose 27. 28. — *e* Eig. Sünde zu tragen; so auch V. 32. — *f* W. der Levit aber, er soll. — *g* den Zehnten, nach Abhub des Hebopfers für Jehova.

7 der jungen Kuh werfen. Und der Priester soll seine Kleider waschen und sein Fleisch im Wasser baden, und danach soll er in das Lager gehen; und der Priester wird unrein 8 sein bis an den Abend. Und der sie verbrennt, soll seine Kleider mit Wasser waschen und sein Fleisch im Wasser baden, und er wird unrein sein 9 bis an den Abend. Und ein reiner Mann soll die Asche der jungen Kuh sammeln und sie außerhalb des Lagers an einen reinen Ort schütten a, und sie soll für die Gemeinde der Kinder Israel aufbewahrt werden zum Wasser der Reinigung; es ist eine 10 Entsündigung. Und der die Asche der jungen Kuh gesammelt hat, soll seine Kleider waschen, und er wird unrein sein bis an den Abend. Und es soll den Kindern Israel und dem Fremdling, der in ihrer Mitte weilt, zur ewigen Satzung sein. 11 Wer einen Toten anrührt, irgend eine Leiche eines Menschen, wird 12 sieben Tage unrein sein. Selbiger soll sich am dritten Tage damit entsündigen, und am siebenten Tage wird er rein sein; und wenn er sich nicht entsündigt am dritten Tage, so wird er am siebenten Tage nicht rein sein. 13 Jeder, der einen Toten anrührt, die Leiche irgend eines Menschen, der gestorben ist, und sich nicht entsündigt, hat die Wohnung Jehovas verunreinigt; und selbige Seele soll ausgerottet werden aus Israel. Weil das Wasser der Reinigung nicht auf ihn gesprengt wurde, ist er unrein; seine Unreinigkeit ist noch an ihm. 14 Dies ist das Gesetz, wenn ein Mensch im Zelte stirbt: Jeder, der ins Zelt geht, und jeder, der im Zelte ist, wird 15 sieben Tage unrein sein. Und jedes offene Gefäß, auf dem kein festgebundener Deckel ist, wird unrein sein. 16 — Und jeder, der auf freiem Felde einen mit dem Schwerte Erschlagenen oder einen Gestorbenen oder das Gebein eines Menschen oder ein Grab anrührt, wird sieben Tage unrein sein. 17 Und man soll für den Unreinen von dem Staube des zur Entsündigung Verbrannten nehmen und lebendiges 18 Wasser darauf tun in ein Gefäß; und ein reiner Mann soll Ysop nehmen und ihn in das Wasser tauchen, und soll auf das Zelt sprengen und auf alle Geräte und auf die Personen, die daselbst sind, und auf den, der das Gebein oder den Erschlagenen oder den Gestorbenen oder das Grab an-19 gerührt hat. Und zwar soll der Reine auf den Unreinen sprengen am dritten Tage und am siebenten Tage, und ihn am siebenten Tage entsündigen; und er soll seine Kleider waschen und sich im Wasser baden, und am Abend wird 20 er rein sein. — Und wenn jemand unrein wird, und sich nicht entsündigt, selbige Seele soll ausgerottet werden aus der Mitte der Versamm-

lung; denn er hat das Heiligtum Jehovas verunreinigt: das Wasser der Reinigung ist nicht auf ihn gesprengt worden, er ist unrein. Und es soll 21 ihnen zur ewigen Satzung sein. Und wer das Wasser der Reinigung sprengt, soll seine Kleider waschen; und wer das Wasser der Reinigung anrührt, wird unrein sein bis an den Abend. Und alles was der Unreine anrührt, 22 wird unrein sein; und wer b ihn anrührt, wird unrein sein bis an den Abend.

Und die Kinder Israel, die ganze **20** Gemeinde, kamen in die Wüste Zin, im ersten Monat c; und das Volk blieb zu Kades; und Mirjam starb daselbst und wurde daselbst begraben. Und 2 es war kein Wasser da für die Gemeinde, und sie versammelten sich wider Mose und wider Aaron. Und 3 das Volk haderte mit Mose, und sie sprachen und sagten: Wären wir doch umgekommen, als unsere Brüder vor Jehova umkamen! Und warum habt 4 ihr die Versammlung Jehovas in diese Wüste gebracht, daß wir daselbst sterben, wir und unser Vieh? Und 5 warum habt ihr uns aus Aegypten heraufgeführt, um uns an diesen bösen Ort zu bringen? Es ist kein Ort der Aussaat und der Feigenbäume und der Weinstöcke und der Granatbäume, und kein Wasser ist da zu trinken.

Und Mose und Aaron gingen von 6 der Versammlung hinweg zum Eingang des Zeltes der Zusammenkunft und fielen auf ihr Angesicht; und die Herrlichkeit Jehovas erschien ihnen. Und Jehova redete zu Mose und sprach: 7 Nimm den Stab und versammle die 8 Gemeinde, du und dein Bruder Aaron, und redet vor ihren Augen zu dem Felsen, so wird er sein Wasser geben; und du wirst ihnen Wasser aus dem Felsen hervorbringen und die Gemeinde tränken und ihr Vieh. Und 9 Mose nahm den Stab vor Jehova weg, so wie er ihm geboten hatte. Und Mose 10 und Aaron versammelten die Versammlung vor dem Felsen; und er sprach zu ihnen: Höret doch, ihr Widerspenstigen! werden wir euch Wasser aus diesem Felsen hervorbringen? Und Mose erhob seine Hand und schlug 11 den Felsen mit seinem Stabe zweimal; da kam viel Wasser heraus, und die Gemeinde trank und ihr Vieh. Da 12 sprach Jehova zu Mose und zu Aaron: Weil ihr mir nicht geglaubt habt, mich vor den Augen der Kinder Israel zu heiligen, deswegen sollt ihr diese Versammlung nicht in das Land bringen, das ich ihnen gegeben habe. Das ist 13 das Wasser von Meriba d, wo die Kinder Israel mit Jehova haderten, und er sich an ihnen heiligte.

Und Mose sandte Boten aus Kades 14 an den König von Edom: So spricht dein Bruder Israel: Du kennst all das Ungemach, das uns betroffen hat: un-15

---

a Eig. niederlegen. — b W. die Seele, die. — c des 40. Jahres nach dem Auszug aus Aegypten; vergl. V. 28 mit Kap. 33, 38. — d O. das Haderwasser.

sere Väter zogen nach Aegypten hinab, und wir haben eine lange Zeit in Aegypten gewohnt; und die Aegypter behandelten uns und unsere Väter 16 übel. Da schrieen wir zu Jehova, und er hat unsere Stimme gehört und einen Engel gesandt und uns aus Aegypten herausgeführt; und siehe, wir sind zu Kades, einer Stadt am Aeußer-17 sten deines Gebiets. Laß uns doch durch dein Land ziehen! wir wollen nicht durch die Aecker und durch die Weinberge ziehen und wollen kein Wasser aus den Brunnen *a* trinken; auf der Straße des Königs wollen wir ziehen *und* nicht ausbiegen zur Rechten noch zur Linken, bis wir durch 18 dein Gebiet gezogen sind. Aber Edom sprach zu ihm: Du sollst nicht bei mir durchziehen, daß ich dir nicht 19 mit dem Schwerte entgegenrücke. Und die Kinder Israel sprachen zu ihm: Auf der Landstraße *b* wollen wir hinaufziehen; und wenn wir von deinem Wasser trinken, ich und mein Vieh, so will ich den Preis dafür geben; mit meinen Füßen will ich durchzie-20 hen, weiter nichts *c*. Und er sprach: Du sollst nicht durchziehen! Und Edom zog aus, ihm entgegen, mit zahlreichem Volk und mit starker 21 Hand. Und so weigerte sich Edom, Israel zu gestatten, durch sein Gebiet zu ziehen; und Israel bog von ihm ab.

22 Und sie brachen auf von Kades; und die Kinder Israel, die ganze Ge-23 meinde, kamen an den Berg Hor. Und Jehova redete zu Mose und zu Aaron am Berge Hor, an der Grenze des Lan-24 des Edom, und sprach: Aaron soll zu seinen Völkern versammelt werden; denn er soll nicht in das Land kommen, das ich den Kindern Israel gegeben habe, weil ihr meinem Befehle widerspenstig gewesen seid bei dem 25 Wasser von Meriba. Nimm Aaron und Eleasar, seinen Sohn, und laß sie 26 hinaufsteigen auf den Berg Hor; und ziehe Aaron seine Kleider aus und lege sie seinem Sohne Eleasar an; und Aaron soll versammelt werden 27 und daselbst sterben. Und Mose tat, so wie Jehova geboten hatte, und sie stiegen auf den Berg Hor, vor den 28 Augen der ganzen Gemeinde. Und Mose zog Aaron seine Kleider aus und legte sie seinem Sohne Eleasar an; und Aaron starb daselbst auf dem Gipfel des Berges; und Mose und Eleasar stiegen von dem Berge herab. 29 Und als die ganze Gemeinde sah, daß Aaron verschieden war, da beweinte das ganze Haus Israel Aaron dreißig Tage lang.

21 Und der Kanaaniter, der König von Arad, der im Süden wohnte, hörte, daß Israel des Weges nach Atha-

rim *d* kam, und er stritt wider Israel und führte Gefangene von ihm hinweg. Da tat Israel Jehova ein Gelüb- 2 de und sprach: Wenn du dieses Volk gewißlich in meine Hand gibst, so werde ich seine Städte verbannen. Und 3 Jehova hörte auf die Stimme Israels und gab die Kanaaniter *in seine Hand*; und es verbannte sie und ihre Städte. Und man gab dem Orte den Namen Horma *e*.

Und sie brachen auf vom Berge 4 Hor, des Weges zum Schilfmeer, um das Land Edom zu umgehen. Und die Seele des Volkes wurde ungeduldig *f* auf dem Wege; und das Volk redete 5 wider Gott und wider Mose: Warum habt ihr uns aus Aegypten heraufgeführt, daß wir in der Wüste sterben? denn da ist kein Brot und kein Wasser, und unserer Seele ekelt vor dieser elenden Speise. Da sandte Jehova feurige 6 Schlangen *g* unter das Volk, und sie bissen das Volk; und es starb viel Volks aus Israel. Da kam das Volk zu Mo- 7 se, und sie sprachen: Wir haben gesündigt, daß wir wider Jehova und wider dich geredet haben; flehe zu Jehova, daß er die Schlangen von uns wegnehme. Und Mose flehte für das Volk. Und Jehova sprach zu Mose: 8 Mache dir eine feurige Schlange und tue sie auf eine Stange; und es wird geschehen, jeder, der gebissen ist und sie ansieht, der wird am Leben bleiben. Und Mose machte eine Schlange 9 von Erz und tat sie auf die Stange; und es geschah, wenn eine Schlange jemand gebissen hatte, und er schaute auf zu der ehernen Schlange, so blieb er am Leben.

Und die Kinder Israel brachen auf 10 und lagerten sich zu Oboth. Und sie 11 brachen auf von Oboth und lagerten sich zu Ijje-Abarim, in der Wüste, die vor Moab gegen Sonnenaufgang ist. Von dort brachen sie auf und la- 12 gerten sich am Bache *h* Sered. Von dort 13 brachen sie auf und lagerten sich jenseit *i* des Arnon, der in der Wüste ist, der aus dem Gebiete der Amoriter hervorgeht. Denn der Arnon ist die Grenze von Moab, zwischen Moab und den Amoritern. Darum heißt es in 14 dem Buche der Kämpfe Jehovas: Waheb in Sufa und die Bäche des Arnon; und die Ergießung der Bäche, 15 die sich erstreckt nach dem Wohnsitze Ar *j*, und sich lehnt an die Grenze von Moab.

Und von dort *zogen sie* nach Beer *k*; 16 das ist der Brunnen, von welchem Jehova zu Mose sprach: Versammle das Volk, und ich will ihnen Wasser geben. Damals sang Israel dieses 17 Lied: Herauf, Brunnen! Singet ihm zu! Brunnen, den die Fürsten gegraben, den 18

---

a d. h. Cisternen. — *b* Eig. ein aufgeschütteter, erhöhter Weg. — *c* W. es ist gar keine Sache (nichts Außerordentliches), mit meinen Füßen usw. — *d* And. üb.: auf dem Wege der Kundschafter. — *e* Bann, Vernichtung. — *f* O. mutlos —. *g* W. Saraph = (brennende) Schlangen, deren Biß eine brennende Schmerz verursachte. — *h* O. im Tale; siehe die Anm. zu Kap. 13, 2³. — *i* O. diesseit. — *j* d. h. nach Ar-Moab, der Hauptstadt des Landes. — *k* Brunnen.

die Edlen des Volkes, mit dem Gesetzgeber, gehöhlt haben *a* mit ihren Stäben!

Und aus der Wüste *zogen sie* nach 19 Mattana; und von Mattana nach Nachaliel, und von Nachaliel nach Bamoth; 20 und von Bamoth nach dem Tale *b*, das im Gefilde Moabs ist, nach dem Gipfel des Pisga, der emporragt über die Fläche der Wildnis.

21 Und Israel sandte Boten zu Sihon, dem Könige der Amoriter, und ließ 22 *ihm* sagen: Laß mich durch dein Land ziehen! Wir wollen nicht in die Aekker und in die Weinberge ausbiegen, wir wollen kein Wasser aus den Brunnen trinken; auf der Straße des Königs wollen wir ziehen, bis wir durch dein 23 Gebiet gezogen sind. Aber Sihon gestattete Israel nicht, durch sein Gebiet zu ziehen; und Sihon versammelte all sein Volk und zog aus, Israel entgegen in die Wüste, und kam nach Jahaz und stritt wider Israel. 24 Und Israel schlug ihn mit der Schärfe des Schwertes und nahm sein Land in Besitz, vom Arnon bis an den Jabbok, bis zu den Kindern Ammon; denn die Grenze der Kinder Ammon 25 war fest. Und Israel nahm alle diese Städte, und Israel wohnte in allen Städten der Amoriter, in Hesbon und 26 in allen seinen Tochterstädten. Denn Hesbon war die Stadt Sihons, des Königs der Amoriter; und dieser hatte wider den früheren König von Moab gestritten und hatte sein ganzes Land bis an den Arnon aus seiner Hand 27 genommen. Daher sagen die Dichter *c*: Kommet nach Hesbon; aufgebaut und befestigt werde die Stadt Sihons! 28 Denn Feuer ging aus von Hesbon, eine Flamme von der Stadt Sihons; es fraß Ar-Moab, die Herren der Höhen des Arnon. 29 Wehe dir, Moab; du bist verloren, Volk des Kamos *d*! Er hat seine Söhne zu Flüchtlingen gemacht und seine Töchter in die Gefangenschaft Sihons geführt, des Königs *e* der Amoriter. 30 Da haben wir auf sie geschossen *f*; Hesbon ist verloren bis Dibon; da haben wir verwüstet bis Nophach — Feuer bis Medeba! 31 Und Israel wohnte im Lande der 32 Amoriter. Und Mose sandte *Männer* aus, um Jaser auszukundschaften; und sie nahmen seine Tochterstädte ein, und er trieb die Amoriter aus, die daselbst waren. 33 Und sie wandten sich und zogen hinauf des Weges nach Basan; und Og, der König von Basan, zog aus, ihnen entgegen, er und all sein Volk, 34 zum Streite nach Edrei. Und Jehova sprach zu Mose: Fürchte ihn nicht! denn in deine Hand habe ich ihn gegeben und all sein Volk und sein Land; und tue ihm, so wie du Sihon,

dem Könige der Amoriter, getan hast, der zu Hesbon wohnte. Und sie schlu- 35 gen ihn und seine Söhne und all sein Volk, bis ihm kein Entronnener übrigblieb; und sie nahmen sein Land in Besitz.

Und die Kinder Israel brachen auf **22** und lagerten sich in den Ebenen *g* Moabs, jenseit des Jordan von Jericho.

Und Balak, der Sohn Zippors, sah 2 alles was Israel den Amoritern getan hatte. Und Moab fürchtete sich sehr 3 vor dem Volke, weil es groß war, und es graute Moab vor den Kindern Israel. Und Moab sprach zu den Aeltesten von Midian: Nun wird dieser 4 Haufe alle unsere Umgebungen abfressen, wie das Rind das Grüne des Feldes abfrißt. Und Balak, der Sohn Zippors, war zu jener Zeit König von Moab. Und er sandte Boten zu Bile- 5 am, dem Sohne Beors, nach Pethor, das am Strome *h* ist, in das Land der Kinder seines Volkes, um ihn zu rufen, und er ließ ihm sagen: Siehe, ein Volk ist aus Aegypten gezogen; siehe, es bedeckt die Fläche *i* des Landes, und es liegt mir gegenüber. Und nun, 6 komm doch, verfluche mir dieses Volk, denn es ist stärker als ich. Vielleicht gelingt es mir, daß wir es schlagen und ich es aus dem Lande vertreibe; denn ich weiß, wen du segnest, der ist gesegnet, und wen du verfluchst, der ist verflucht. Und die Aeltesten von 7 Moab und die Aeltesten von Midian zogen hin mit dem Wahrsagerlohn in der Hand. Und sie kamen zu Bileam und redeten zu ihm die Worte Balaks. Und er sprach zu ihnen: Ueber- 8 nachtet hier diese Nacht, und ich werde euch Antwort bringen, so wie Jehova zu mir reden wird. Und die Fürsten von Moab blieben bei Bileam.

Und Gott kam zu Bileam und sprach: 9 Wer sind diese Männer bei dir? Und 10 Bileam sprach zu Gott: Balak, der Sohn Zippors, der König von Moab, hat zu mir gesandt: Siehe, das Volk, 11 das aus Aegypten gezogen ist, es bedeckt die Fläche des Landes; komm nun, verwünsche es mir, vielleicht vermag ich wider dasselbe zu streiten und es zu vertreiben. Und Gott sprach 12 zu Bileam: Du sollst nicht mit ihnen gehen; du sollst das Volk nicht verfluchen, denn es ist gesegnet. Und 13 Bileam stand des Morgens auf und sprach zu den Fürsten Balaks: Ziehet in euer Land; denn Jehova hat sich geweigert, mir zu gestatten, mit euch zu gehen. Und die Fürsten von Moab 14 machten sich auf und kamen zu Balak und sprachen: Bileam hat sich geweigert, mit uns zu gehen.

Da sandte Balak noch einmal Für- 15 sten, mehr und geehrtere als jene.

---

a O. des Volkes gehöhlt haben mit dem Herrscherstabe. — *b* auf der Hochebene des Pisga-Gebirges. — *c* Eig. Spruchredner. — *d* H. Kemosch, der Kriegsgott der Moabiter und der Amoriter. S. Richt. 11, 24. — *e* O. seine Söhne als Flüchtlinge und seine Töchter als Gefangene preisgegeben Sihon, dem Könige. — *f* And. üb.: haben wir sie niedergestreckt. — *g* O. Steppen. — *h* der Euphrat. — *i* Eig. Anblick; siehe die Anm. zu 2. Mose 10, 5; so auch V. 11.

16 Und sie kamen zu Bileam und sprachen zu ihm: So spricht Balak, der Sohn Zippors: Laß dich doch nicht 17 abhalten, zu mir zu kommen; denn sehr hoch will ich dich ehren, und alles was du mir sagen wirst, will ich tun; so komm doch, verwün- 18 sche mir dieses Volk! Und Bileam antwortete und sprach zu den Knechten Balaks: Wenn Balak mir sein Haus voll Silber und Gold gäbe, so vermöchte ich nicht den Befehl Jehovas, meines Gottes, zu übertreten, um Klei- 19 nes oder Großes zu tun. Und nun bleibet doch hier, auch ihr, diese Nacht, und ich werde erfahren, was Jehova 20 ferner mit mir reden wird. Da kam Gott des Nachts zu Bileam und sprach zu ihm: Wenn die Männer gekommen sind, um dich zu rufen, so mache dich auf, gehe mit ihnen; aber nur dasjenige, was ich dir sagen werde, sollst 21 du tun. Und Bileam machte sich am Morgen auf und sattelte seine Eselin und zog mit den Fürsten von Moab. 22 Da entbrannte der Zorn Gottes, daß er hinzog; und der Engel Jehovas stellte sich in den Weg, ihm zu widerstehen *a*. Er aber ritt auf seiner Eselin, und seine beiden Jünglinge 23 waren mit ihm. Und die Eselin sah den Engel Jehovas auf dem Wege stehen mit seinem gezückten Schwert in seiner Hand, und die Eselin bog vom Wege ab und ging ins Feld; und Bileam schlug die Eselin, um sie wie- 24 der auf den Weg zu lenken. Da trat der Engel Jehovas in einen Hohlweg zwischen den Weinbergen: eine Mauer war auf dieser, und eine Mauer 25 auf jener Seite. Und die Eselin sah den Engel Jehovas und drängte sich an die Wand und drückte den Fuß Bileams an die Wand; und er schlug 26 sie noch einmal. Da ging der Engel Jehovas nochmals weiter und trat an einen engen Ort, wo kein Weg war auszubiegen, weder zur Rechten noch 27 zur Linken. Und als die Eselin den Engel Jehovas sah, legte sie sich nieder unter Bileam; und es entbrannte der Zorn Bileams, und er schlug die 28 Eselin mit dem Stabe. Da tat Jehova den Mund der Eselin auf, und sie sprach zu Bileam: Was habe ich dir getan, daß du mich nun dreimal ge- 29 schlagen hast? Und Bileam sprach zu der Eselin: Weil du Spott mit mir getrieben hast; wäre doch ein Schwert in meiner Hand, so hätte ich dich 30 jetzt totgeschlagen *b*! Und die Eselin sprach zu Bileam: Bin ich nicht deine Eselin, auf der du geritten bist von jeher *c* bis auf diesen Tag? war ich je gewohnt, dir also zu tun? Und er sprach: Nein. 31 Da enthüllte Jehova die Augen Bileams, und er sah den Engel Jehovas auf dem Wege stehen, mit seinem gezückten Schwert in seiner Hand; und

er neigte sich und warf sich nieder auf sein Angesicht. Und der Engel 32 Jehovas sprach zu ihm: Warum hast du deine Eselin nun dreimal geschlagen? Siehe, i c h bin ausgegangen, *dir* zu widerstehen *d*, denn der Weg ist verderblich *e* vor mir. Und die Eselin 33 sah mich und bog vor mir aus nun dreimal; wenn sie nicht vor mir ausgebogen wäre, so hätte ich d i c h jetzt auch erschlagen, sie aber am Leben gelassen. Und Bileam sprach zu dem 34 Engel Jehovas: Ich habe gesündigt, denn ich wußte nicht, daß du mir auf dem Wege entgegenstandest; und nun, wenn es übel ist in deinen Augen, so will ich umkehren. Und der En- 35 gel Jehovas sprach zu Bileam: Gehe mit den Männern; aber nur dasjenige, was ich dir sagen werde, sollst du reden. Und Bileam zog mit den Fürsten Balaks.

Und als Balak hörte, daß Bileam 36 käme, da ging er aus, ihm entgegen, nach der Stadt Moabs *f*, an der Grenze des Arnon, der an der äußersten Grenze *fließt g*. Und Balak sprach zu 37 Bileam: Habe ich nicht ausdrücklich zu dir gesandt, um dich zu rufen? Warum bist du nicht zu mir gekommen? Fürwahr, vermag ich nicht dich zu ehren? Und Bileam sprach 38 zu Balak: Siehe, ich bin zu dir gekommen; vermag ich nun wohl irgend etwas zu reden? Das Wort, das Gott mir in den Mund legt, das werde ich reden. Und Bileam ging mit Balak; 39 und sie kamen nach Kirjath-Chuzoth. Und Balak opferte *h* Rind- und Klein- 40 vieh und schickte *davon* dem Bileam und den Fürsten, die bei ihm waren.

Und es geschah am Morgen, da 41 nahm Balak den Bileam und führte ihn hinauf nach den Höhen des Baal, und er sah von dort aus das Äußerste des Volkes.

Und Bileam sprach zu Balak: **23** Baue mir hier sieben Altäre, und stelle mir hier bereit sieben Farren und sieben Widder. Und Balak tat, 2 so wie Bileam gesagt hatte; und Balak und Bileam opferten einen Farren und einen Widder auf jedem Altar. Und Bileam sprach zu Balak: 3 Stelle dich neben dein Brandopfer, und ich will gehen; vielleicht wird Jehova mir entgegenkommen, und was er mich sehen lassen wird, das werde ich dir kundtun. Und er ging auf eine kahle Höhe. Und Gott kam 4 dem Bileam entgegen; und dieser sprach zu ihm: Die sieben Altäre habe ich zugerichtet und auf jedem Altar einen Farren und einen Widder geopfert. Und Jehova legte ein Wort 5 in den Mund Bileams und sprach: Kehre zu Balak zurück, und so sollst du reden. Und er kehrte zu ihm zu- 6 rück; und siehe, er stand neben seinem Brandopfer, er und alle Fürsten

---

a W. als sein Widersacher. — *b* O. gewiß, ich hätte dich jetzt totgeschlagen; so auch V. 33. — *c* Eig. seitdem du bist. — *d* W. als Widersacher. — *e* O. stürzt ins Verderben. — *f* H. nach Ir-Moab; dasselbe wie Ar oder Ar-Moab, Kap. 21, 15. 28. — *g* O. die an . . . liegt. — *h* O. schlachtete.

7 von Moab. Da hob er seinen Spruch an und sprach:

Aus Aram hat Balak mich hergeführt, der König von Moab von den Bergen des Ostens: Komm, verfluche mir Jakob; ja, komm, verwünsche Israel!

8 Wie soll ich verfluchen, den Gott *a* nicht verflucht, und wie verwünschen, den Jehova nicht verwünscht hat?

9 Denn vom Gipfel der Felsen sehe ich es, und von den Höhen herab schaue ich es: siehe, ein Volk, das abgesondert wohnt und unter die Nationen nicht gerechnet wird.

10 Wer könnte zählen den Staub *b* Jakobs und, der Zahl nach, den vierten Teil *c* Israels? Meine Seele sterbe den Tod der Rechtschaffenen, und mein Ende sei gleich dem ihrigen *d*!

11 Da sprach Balak zu Bileam: Was hast du mir getan! Meine Feinde zu verwünschen habe ich dich holen lassen, und siehe, du hast sie sogar gesegnet!

12 Und er antwortete und sprach: Muß ich nicht darauf achten, das zu reden, was Jehova in meinen Mund legt?

13 Und Balak sprach zu ihm: Komm doch mit mir an einen anderen Ort, von wo aus du es sehen wirst; nur sein Äußerstes wirst du sehen, und ganz wirst du es nicht sehen; und

14 verwünsche mir es von dort aus. Und er nahm ihn mit nach dem Felde der Wächter, auf den Gipfel des Pisga; und er baute sieben Altäre und opferte einen Farren und einen Widder auf je-

15 dem Altar. Und er sprach zu Balak: Stelle dich hier neben dein Brandopfer, und ich, ich will dort entgegengehen *e*.

16 Und Jehova kam dem Bileam entgegen und legte ein Wort in seinen Mund und sprach: Kehre zu Balak

17 zurück, und so sollst du reden. Und er kam zu ihm, und siehe, er stand neben seinem Brandopfer, und die Fürsten von Moab mit ihm. Und Balak sprach zu ihm: Was hat Jehova

18 geredet? Da hob er seinen Spruch an und sprach:

Stehe auf, Balak, und höre! Horche auf mich, Sohn Zippors!

19 Nicht ein Mensch ist Gott *a*, daß er lüge, noch ein Menschensohn, daß er bereue. Sollte er gesprochen haben und es nicht tun, und geredet haben und es nicht aufrecht halten?

20 Siehe, zu segnen habe ich empfangen; und er hat gesegnet, und ich kann *f* es nicht wenden.

21 Er erblickt keine Ungerechtigkeit in Jakob und sieht kein Unrecht in Israel; Jehova, sein Gott, ist mit ihm, und Jubelgeschrei wie um einen König *g* ist in seiner Mitte.

22 Gott *a* hat ihn aus Aegypten herausgeführt; sein ist die Stärke *i* des Wildochsen.

23 Denn da ist keine Zauberei wider Jakob, und keine Wahrsagerei wider Israel. Um diese Zeit wird von Jakob und von Israel gesagt werden, was Gott *a* gewirkt hat *j*.

24 Siehe, ein Volk: gleich einer Löwin steht es auf, und gleich einem Löwen erhebt es sich! Es legt sich nicht nieder, bis es den Raub verzehrt und das Blut der Erschlagenen getrunken hat.

25 Da sprach Balak zu Bileam: Du sollst es gar nicht verwünschen, und du sollst es gar nicht segnen. Und Bi-

26 leam antwortete und sprach zu Balak: Habe ich nicht zu dir geredet und gesagt: Alles was Jehova reden wird, das werde ich tun? Und Balak sprach

27 zu Bileam: Komm doch, ich will dich an einen anderen Ort mitnehmen; vielleicht wird es in den Augen Gottes recht sein, daß du es mir von dort

28 aus verwünschest. Und Balak nahm den Bileam mit auf den Gipfel des Peor, der emporragt über die Fläche

29 der Wildnis. Und Bileam sprach zu Balak: Baue mir hier sieben Altäre, und stelle mir hier bereit sieben Far-

30 ren und sieben Widder. Und Balak tat, so wie Bileam gesagt hatte; und er opferte einen Farren und einen Widder auf jedem Altar.

24 Und als Bileam sah, daß es gut war in den Augen Jehovas, Israel zu segnen, so ging er nicht, wie die anderen Male, auf Wahrsagerei aus *k*, sondern richtete sein Angesicht nach

2 der Wüste hin. Und Bileam erhob seine Augen und sah Israel, gelagert nach seinen Stämmen; und der Geist Got-

3 tes kam über ihn. Und er hob seinen Spruch an und sprach:

Es spricht Bileam *l*, der Sohn Beors, und es spricht der Mann *l* geöffneten Auges;

4 Es spricht, der da hört die Worte Gottes *a*, der ein Gesicht des Allmächtigen sieht, der hinfällt und enthüllter Augen ist:

5 Wie schön sind deine Zelte, Jakob, deine Wohnungen, Israel!

6 Gleich Tälern breiten sie sich aus, gleich Gärten am Strome, gleich Aloebäumen, die Jehova gepflanzt hat, gleich Cedern am Gewässer!

7 Wasser wird fließen aus seinen Eimern, und sein Same wird in großen Wassern sein; und sein König wird höher sein als Agag, und sein Königreich wird erhaben sein.

8 Gott *a* hat ihn aus Aegypten herausgeführt; sein ist die Stärke des Wildochsen. Er wird die Nationen, seine Feinde, fressen und ihre Gebeine zermalmen und mit seinen Pfeilen sie zerschmettern.

9 Er duckt sich, er legt sich nieder wie ein Löwe und wie eine Löwin; wer will ihn aufreizen? *m* Die dich

---

a El. — *b* Vergl. 1. Mose 13, 16. — *c* And. l.: und wer berechnen die Myriaden. — *d* W. dem seinigen. — *e* nämlich einer Offenbarung. — *f* O. und hat er gesegnet, so kann ich. — *g* W. Königsjubel. — *h* W. sie. — *i* And. Schnelligkeit; so auch Kap. 24, 8. — *j* O. wie hat Gott gewirkt! — *k* Eig. Wahrzeichen entgegen; vergl. Kap. 23, 15. — *l* Eig. Spruch Bileams . . . und Spruch des Mannes. So auch V. 4. 15. 16. — *m* Vergl. 1. Mose 49, 9.

segnen, sind *a* gesegnet, und die dich
verfluchen, sind *a* verflucht!

10 Da entbrannte der Zorn Balaks wider Bileam, und er schlug seine Hände
zusammen; und Balak sprach zu Bileam: Meine Feinde zu verwünschen
habe ich dich gerufen, und siehe, du
hast sie sogar gesegnet, nun dreimal!

11 Und nun fliehe an deinen Ort. Ich
hatte gesagt, ich wolle dich hoch ehren; und siehe, Jehova hat dir die

12 Ehre verwehrt. Und Bileam sprach
zu Balak: Habe ich nicht auch zu
deinen Boten, die du zu mir gesandt

13 hast, geredet und gesagt: Wenn Ba-
lak mir sein Haus voll Silber und
Gold gäbe, so vermöchte ich nicht den
Befehl Jehovas zu übertreten, um aus
meinem eigenen Herzen Gutes oder
Böses zu tun; was Jehova reden wird,

14 das werde ich reden? Und nun siehe,
ich gehe zu meinem Volke. Komm,
ich will dir anzeigen, was dieses Volk
deinem Volke tun wird am Ende der

15 Tage. Und er hob seinen Spruch ¡an
und sprach:
Es spricht Bileam, der Sohn Beors,
und es spricht der Mann geöffneten
Auges;

16 Es spricht, der da hört die Worte
Gottes *b*, und der die Erkenntnis des
Höchsten besitzt, der ein Gesicht des
Allmächtigen sieht, der hinfällt und
enthüllter Augen ist:

17 Ich sehe ihn, aber nicht jetzt *c*, ich
schaue ihn, aber nicht nahe; es tritt
hervor ein Stern aus Jakob, und ein
Zepter erhebt sich aus Israel und
zerschlägt die Seiten Moabs und zerschmettert alle Söhne des Getümmels.

18 Und Edom wird ein Besitz sein und
Seir ein Besitz, *sie*, seine Feinde; und
Israel wird Mächtiges tun.

19 Und einer aus Jakob wird herrschen,
und er wird aus der Stadt den Ueberrest *d* vertilgen. —

20 Und er sah Amalek und hob seinen
Spruch an und sprach:
Die erste der Nationen war Amalek,
aber sein Letztes wird dem Untergang verfallen. —

21 Und er sah die Keniter und hob
seinen Spruch an und sprach:
Fest ist dein Wohnsitz, und auf den

22 Felsen gesetzt dein Nest; doch der
Keniter *e* soll vertilgt werden, bis *f*
Assur dich gefangen wegführen. —

23 Und er hob seinen Spruch an und
sprach:
Wehe! Wer wird am Leben bleiben,

24 sobald Gott dieses herbeiführt? Und
Schiffe *werden kommen* von der Küste
von Kittim *g* und werden Assur demütigen, und Heber demütigen, und auch
er wird dem Untergang verfallen. —

25 Und Bileam machte sich auf und
ging und kehrte zurück an seinen Ort;
und auch Balak zog seines Weges.

25 Und Israel blieb in Sittim. Und
das Volk fing an zu huren mit den

2 Töchtern Moabs; und diese luden das

Volk zu den Opfern ihrer Götter, und
das Volk aß und beugte sich nieder vor
ihren Göttern. Und Israel hängte sich 3
an den Baal-Peor; und der Zorn Jehovas entbrannte wider Israel. Da 4
sprach Jehova zu Mose: Nimm alle
Häupter des Volkes und hänge sie
dem Jehova auf *h* vor der Sonne, damit die Glut des Zornes Jehovas sich
von Israel abwende. Und Mose sprach 5
zu den Richtern Israels: Erschlaget
ein jeder seine Leute, die sich an den
Baal-Peor gehängt haben!

Und siehe, ein Mann von den Kin- 6
dern Israel kam und brachte eine Midianitin zu seinen Brüdern, vor den
Augen Moses und vor den Augen der
ganzen Gemeinde der Kinder Israel,
als diese an dem Eingang des Zeltes
der Zusammenkunft weinten. Und als 7
Pinehas, der Sohn Eleasars, des Sohnes Aarons, des Priesters, es sah, da
stand er auf aus der Mitte der Gemeinde und nahm eine Lanze in seine Hand; und er ging dem israeliti- 8
schen Manne nach in das Innere des
Zeltes und durchstach sie beide, den
israelitischen Mann und das Weib,
durch ihren Bauch *i*. Da ward die
Plage von den Kindern Israel abgewehrt. Und es waren der an der Plage 9
Gestorbenen vierundzwanzigtausend.

Und Jehova redete zu Mose und 10
sprach: Pinehas, der Sohn Eleasars, 11
des Sohnes Aarons, des Priesters, hat
meinen Grimm von den Kindern Israel abgewendet, indem er in meinem
Eifer in ihrer Mitte geeifert hat, sodaß ich die Kinder Israel nicht in
meinem Eifer vertilgt habe. Darum 12
sprich: Siehe, ich gebe ihm meinen
Bund des Friedens; und er wird ihm 13
und seinem Samen nach ihm ein Bund
ewigen Priestertums sein, darum daß
er für seinen Gott geeifert und für
die Kinder Israel Sühnung getan hat.
— Und der Name des erschlagenen 14
israelitischen Mannes, der mit der
Midianitin erschlagen wurde, war Simri, der Sohn Salus, der Fürst eines
Vaterhauses der Simeoniter; und der 15
Name des erschlagenen midianitischen
Weibes war Kosbi, die Tochter Zurs;
er war Stammhaupt eines Vaterhauses unter den Midianitern.

Und Jehova redete zu Mose und 16
sprach: Befeindet die Midianiter und 17
schlaget sie; denn sie haben euch be- 18
feindet durch ihre List, womit sie euch
überlistet haben in der Sache des Pe-
or und in der Sache der Kosbi, der
Tochter eines Fürsten von Midian,
ihrer Schwester, welche am Tage der
Plage wegen des Peor erschlagen
wurde.

Und es geschah nach der Plage, **26**
da sprach Jehova zu Mose und zu
Eleasar, dem Sohne Aarons, dem Priester *j*, und sagte: Nehmet auf die Sum- 2
me der ganzen Gemeinde der Kinder
Israel, von zwanzig Jahren und dar-

---

a O. seien. Vergl. 1. Mose 27, 29. — *b* El. — *c* d. h. nicht als bereits erschienen.
— *d* O. den Ueberrest der Stadt. — *e* W. Kain. — *f* O. wenn. — *g* Cypern. — *h* Eig.
und hefte sie . . . *an den Pfahl.* — *i* Eig. Unterleib. — *j* O. des Priesters.

über, nach ihren Vaterhäusern, einen jeden, der zum Heere auszieht in Is-
3 rael. Und Mose und Eleasar, der Prie-
ster, redeten zu ihnen in den Ebenen a
Moabs, am Jordan von Jericho, und
4 sprachen: Von zwanzig Jahren und
darüber . . ., so wie Jehova dem Mose geboten hatte. — Und es waren die
Kinder Israel, die aus dem Lande
Aegypten ausgezogen waren:

5 Ruben, der Erstgeborene Israels;
die Söhne Rubens: von Hanok das
Geschlecht der Hanokiter; von Pallu
6 das Geschlecht der Palluiter; von Hezron das Geschlecht der Hezroniter;
von Karmi das Geschlecht der Kar-
7 miter. Das sind die Geschlechter der
Rubeniter; und ihrer Gemusterten waren dreiundvierzigtausend siebenhun-
8 dert und dreißig. Und die Söhne Pal-
9 lus: Eliab. Und die Söhne Eliabs:
Nemuel und Dathan und Abiram; das
ist der Dathan und der Abiram, Berufene b der Gemeinde, welche wider
Mose und wider Aaron haderten in
der Rotte Korahs, als sie wider Je-
10 hova haderten. Und die Erde tat ihren Mund auf und verschlang sie und
Korah, als die Rotte starb, indem das
Feuer die zweihundert und fünfzig
Männer verzehrte, und sie zu einem
11 Zeichen wurden. Aber die Söhne Korahs starben nicht.

12 Die Söhne Simeons nach ihren Geschlechtern: von Nemuel das Geschlecht der Nemueliter; von Jamin
das Geschlecht der Jaminiter; von
Jakin das Geschlecht der Jakiniter;
13 von Serach das Geschlecht der Sarchiter; von Saul das Geschlecht der
14 Sauliter. Das sind die Geschlechter
der Simeoniter: zweiundzwanzigtausend und zweihundert.

15 Die Söhne Gads nach ihren Geschlechtern: von Zephon das Geschlecht der Zephoniter; von Haggi
das Geschlecht der Haggiter; von
Schuni das Geschlecht der Schuniter;
16 von Osni das Geschlecht der Osniter;
von Eri das Geschlecht der Eriter;
17 von Arod das Geschlecht der Arodi-
ter; von Areli das Geschlecht der Are-
18 liter. Das sind die Geschlechter der
Söhne Gads, nach ihren Gemusterten,
vierzigtausend und fünfhundert.

19 Die Söhne Judas: Gher und Onan;
Gher und Onan aber starben im Lande
20 Kanaan. Und es waren die Söhne Judas nach ihren Geschlechtern: von
Schela das Geschlecht der Schelani-
ter; von Perez das Geschlecht der
Parziter; von Serach das Geschlecht
21 der Sarchiter. Und die Söhne Perez'
waren: von Hezron das Geschlecht
der Hezroniter; von Hamul das Ge-
22 schlecht der Hamuliter. Das sind die
Geschlechter Judas nach ihren Gemusterten: sechsundsiebenzigtausend
und fünfhundert.

23 Die Söhne Issaschars nach ihren Geschlechtern: von Tola das Geschlecht
der Tolaiter; von Puwa das Geschlecht
24 der Puniter; von Jaschub das Geschlecht der Jaschubiter; von Schimron das Geschlecht der Schimroniter.
Das sind die Geschlechter Issaschars, 25
nach ihren Gemusterten: vierundsechzigtausend und dreihundert.

Die Söhne Sebulons nach ihren Ge- 26
schlechtern: von Sered das Geschlecht
der Sarditer; von Elon das Geschlecht
der Eloniter; von Jachleel das Geschlecht der Jachleeliter. Das sind 27
die Geschlechter der Sebuloniter, nach
ihren Gemusterten: sechzigtausend
und fünfhundert.

Die Söhne Josephs nach ihren Ge- 28
schlechtern: Manasse und Ephraim.
Die Söhne Manasses: von Makir das 29
Geschlecht der Makiriter (und Makir
zeugte Gilead); von Gilead das Geschlecht der Gileaditer. Dies sind die 30
Söhne Gileads: *von* Jieser das Geschlecht der Jieseriter; von Helek das
Geschlecht der Helkiter; und *von* As- 31
riel das Geschlecht der Asrieliter; und
von Sichem das Geschlecht der Sik-
miter; und *von* Schemida das Ge- 32
schlecht der Schemidaiter; und *von*
Hepher das Geschlecht der Hephriter.
— Und Zelophchad, der Sohn He- 33
phers, hatte keine Söhne, sondern *nur*
Töchter; und die Namen der Töchter
Zelophchads waren: Machla und Noa,
Chogla, Milka und Tirza. — Das sind 34
die Geschlechter Manasses; und ihrer Gemusterten waren zweiundfünf-
zigtausend und siebenhundert.

Dies sind die Söhne Ephraims nach 35
ihren Geschlechtern: von Schuthelach
das Geschlecht der Schuthalchiter;
von Beker das Geschlecht der Bak-
riter; von Tachan das Geschlecht der
Tachaniter. Und dies sind die Söhne 36
Schuthelachs: von Eran das Geschlecht
der Eraniter. Das sind die Geschlechter 37
der Söhne Ephraims, nach ihren Gemusterten: zweiunddreißigtausend und
fünfhundert. Das sind die Söhne Josephs nach ihren Geschlechtern.

Die Söhne Benjamins nach ihren 38
Geschlechtern: von Bela das Geschlecht
der Baliter; von Aschbel das Geschlecht der Aschbeliter; von Achi-
ram das Geschlecht der Achiramiter;
von Schephupham das Geschlecht der 39
Schuphamiter; von Hupham das Geschlecht der Huphamiter. Und die 40
Söhne Belas waren: Ard und Naaman; *von* Ard das Geschlecht der Ar-
diter, von Naaman das Geschlecht der
Naamaniter. Das sind die Söhne Ben- 41
jamins nach ihren Geschlechtern; und
ihrer Gemusterten waren fünfundvierzigtausend und sechshundert.

Dies sind die Söhne Dans nach ih- 42
ren Geschlechtern: von Schucham
das Geschlecht der Schuchamiter; das 43
sind die Geschlechter Dans nach ihren Geschlechtern. Alle Geschlechter
der Schuchamiter, nach ihren Gemusterten: vierundsechzigtausend und
vierhundert.

Die Söhne Asers nach ihren Ge- 44
schlechtern: von Jimna das Geschlecht
der Jimna; von Jischwi das Geschlecht

---

a O. Steppen. — b S. Kap. 1, 16.

der Jischwiter; von Beria das Ge-
45 schlecht der Beriiter. Von den Söhnen Berias: von Heber das Geschlecht
der Hebriter; von Malkiel das Ge-
46 schlecht der Malkieliter. Und der Name
47 der Tochter Asers war Serach. Das
sind die Geschlechter der Söhne Asers,
nach ihren Gemusterten: dreiundfünfzigtausend und vierhundert.

48 Die Söhne Naphtalis nach ihren Geschlechtern: von Jachzeel das Geschlecht der Jachzeeliter; von Guni
49 das Geschlecht der Guniter; von Jezer das Geschlecht der Jizriter; von
Schillem das Geschlecht der Schille-
50 miter. Das sind die Geschlechter Naphtalis nach ihren Geschlechtern; und
ihrer Gemusterten waren fünfundvierzigtausend und vierhundert.

51 Das sind die Gemusterten der Kinder Israel: sechshundertundeintau-
send siebenhundert und dreißig.

52 Und Jehova redete zu Mose und
53 sprach: Diesen soll das Land nach
der Zahl der Namen als Erbteil ver-
54 teilt werden. Den Vielen sollst du ihr
Erbteil mehren und den Wenigen ihr
Erbteil mindern; einem jeden soll nach
Verhältnis seiner Gemusterten sein
55 Erbteil gegeben werden. Doch soll
das Land durchs Los verteilt werden;
nach den Namen der Stämme ihrer
56 Väter sollen sie erben; nach der Entscheidung des Loses a soll jedem *Stamme* sein Erbteil zugeteilt werden, sowohl den Vielen, als auch den Wenigen b.

57 Und dies sind die Gemusterten Levis nach ihren Geschlechtern: von
Gerson das Geschlecht der Gersoniter; von Kehath das Geschlecht der
Kehathiter; von Merari das Geschlecht
58 der Merariter. Dies sind die Geschlechter Levis: das Geschlecht der
Libniter, das Geschlecht der Hebroniter, das Geschlecht der Machliter, das Geschlecht der Muschiter, das
Geschlecht der Korhiter. Und Kehath
59 zeugte Amram. Und der Name des
Weibes Amrams war Jokebed, eine
Tochter Levis, die dem Levi in Aegypten geboren wurde c; und sie gebar dem Amram Aaron und Mose und
60 Mirjam, ihre Schwester. Und dem Aaron wurden geboren Nadab und Abi-
61 hu, Eleasar und Ithamar. Und Nadab und Abihu starben, als sie fremdes Feuer vor Jehova darbrachten. d
62 Und ihrer Gemusterten, aller Männlichen von einem Monat und darüber,
waren dreiundzwanzigtausend; denn
sie wurden nicht unter den Kindern
Israel gemustert, weil ihnen kein Erbteil unter den Kindern Israel gegeben wurde.

63 Das sind die durch Mose und Eleasar, den Priester, Gemusterten, welche die Kinder Israel in den Ebenen
Moabs, am Jordan von Jericho, mu-
64 sterten. Und unter diesen war kein
Mann von denen, welche durch Mose
und Aaron, den Priester, gemustert

worden waren, welche die Kinder Israel in der Wüste Sinai musterten. e Denn 65
Jehova hatte von ihnen gesagt: Sie sollen gewißlich in der Wüste sterben! und
kein Mann von ihnen war übriggeblieben außer Kaleb, dem Sohne Jephunnes, und Josua, dem Sohne Nuns.

Und es nahten herzu die Töchter **27**
Zelophchads, des Sohnes Hephers,
des Sohnes Gileads, des Sohnes Makirs, des Sohnes Manasses, von den
Geschlechtern Manasses, des Sohnes
Josephs; und dies waren die Namen
seiner Töchter: Machla, Noa und Chogla und Milka und Tirza. Und sie tra- 2
ten vor Mose und vor Eleasar, den
Priester, und vor die Fürsten und die
ganze Gemeinde an den Eingang des
Zeltes der Zusammenkunft und sprachen: Unser Vater ist in der Wüste 3
gestorben; er war aber nicht unter
der Rotte derer, die sich in der Rotte
Korahs wider Jehova zusammenrot-
teten, sondern er ist in seiner Sünde f
gestorben; und er hatte keine Söhne.
Warum soll der Name unseres Vaters 4
abgeschnitten werden aus der Mitte
seines Geschlechts, weil er keinen
Sohn hat? Gib uns ein Eigentum unter den Brüdern unseres Vaters! Und 5
Mose brachte ihre Rechtssache vor Jehova. Und Jehova redete zu Mose und 6
sprach: Die Töchter Zelophchads reden recht; du sollst ihnen sicherlich
ein Erbbesitztum unter den Brüdern
ihres Vaters geben, und sollst das Erbteil ihres Vaters auf sie übergehen
lassen. Und zu den Kindern Israel 8
sollst du reden und sprechen: Wenn
ein Mann stirbt und keinen Sohn hat,
so sollt ihr sein Erbteil auf seine
Tochter übergehen lassen. Und wenn 9
er keine Tochter hat, so sollt ihr sein
Erbteil seinen Brüdern geben. Und 10
wenn er keine Brüder hat, so sollt ihr
sein Erbteil den Brüdern seines Vaters geben. Und wenn sein Vater kei- 11
ne Brüder hat, so sollt ihr sein Erbteil seinem Blutsverwandten geben,
dem ihm am nächsten stehenden aus
seinem Geschlechte, daß er es erbe. —
Und das soll den Kindern Israel zu
einer Rechtssatzung sein, so wie Jehova dem Mose geboten hat.

Und Jehova sprach zu Mose: Stei- 12
ge auf dieses Gebirge Abarim und
sieh das Land, das ich den Kindern
Israel gegeben habe. Und hast du es 13
gesehen, so wirst auch du zu deinen
Völkern versammelt werden, so wie
dein Bruder Aaron versammelt worden ist; weil ihr in der Wüste Zin, 14
beim Hadern der Gemeinde, widerspenstig gewesen seid gegen meinen
Befehl, mich durch das Wasser vor
ihren Augen zu heiligen. (Das ist das
Haderwasser von Kades in der Wüste Zin.) Und Mose redete zu Jehova 15
und sprach: Es bestelle Jehova, der 16
Gott der Geister alles Fleisches, einen
Mann über die Gemeinde, der vor ih- 17
nen her aus- und einziehe, und der

---

a O. dem Lose gemäß. — b O. es sei viel oder wenig. — c Eig. die sie (das Weib)
dem Levi . . . gebar. — d 3. Mose 10. — e Kap. 1, 1 usw. — f d. h. wie alle anderen.

sie aus- und einführe; damit die Gemeinde Jehovas nicht sei wie Schafe,
18 die keinen Hirten haben. Und Jehova sprach zu Mose: Nimm dir Josua, den Sohn Nuns, einen Mann, in dem der Geist ist, und lege deine Hand auf ihn;
19 und stelle ihn vor Eleasar, den Priester, und vor die ganze Gemeinde, und gib ihm Befehl vor ihren Augen,
20 und lege von deiner Würde a auf ihn, damit die ganze Gemeinde der Kin-
21 der Israel ihm gehorche. Und er soll vor Eleasar, den Priester, treten, und der soll für ihn das Urteil der Urim vor Jehova befragen: nach seinem Befehle sollen sie ausziehen, und nach seinem Befehle sollen sie einziehen, er und alle Kinder Israel mit ihm, ja, die
22 ganze Gemeinde. Und Mose tat, so wie Jehova ihm geboten hatte, und nahm Josua und stellte ihn vor Eleasar, den Priester, und vor die ganze Gemeinde,
23 und er legte seine Hände auf ihn und gab ihm Befehl, so wie Jehova durch Mose geredet hatte.

28 Und Jehova redete zu Mose und sprach: Gebiete den Kindern Israel
2 und sprich zu ihnen: Meine Opfergabe, meine Speise b zu c meinen Feueropfern, mir zum lieblichen Geruch, sollt ihr acht haben mir darzubrin-
3 gen zu ihrer bestimmten Zeit. Und sprich zu ihnen: Dies ist das Feueropfer, das ihr Jehova darbringen sollt: zwei einjährige Lämmer ohne Fehl, täglich, als beständiges Brandopfer.
4 Das eine Lamm sollst du am Morgen opfern, und das zweite Lamm sollst du opfern zwischen den zwei Aben-
5 den; und zum Speisopfer ein zehntel Epha Feinmehl, gemengt mit einem
6 viertel Hin zerstoßenen Oeles; (ein beständiges Brandopfer, das am Berge Sinai eingesetzt d wurde, zum lieblichen Geruch, ein Feueropfer dem
7 Jehova;) und sein Trankopfer, ein viertel Hin zu dem einen Lamme; im Heiligtum sollst du das Trankopfer von starkem Getränk dem Jehova
8 spenden. Und das zweite Lamm sollst du opfern zwischen den zwei Abenden; wie das Morgen-Speisopfer und sein Trankopfer, so sollst du zu diesem opfern, ein Feueropfer lieblichen Geruchs dem Jehova.
9 Und am Sabbathtage zwei einjährige Lämmer ohne Fehl, und zwei Zehntel Feinmehl, gemengt
10 mit Oel, und sein Trankopfer. Es ist das Brandopfer des Sabbaths an jedem Sabbath nebst dem beständigen Brandopfer und seinem Trankopfer.
11 Und im Anfang eurer Monate sollt ihr Jehova ein Brandopfer darbringen: zwei junge Farren und einen Widder, sieben einjährige Lämmer
12 ohne Fehl; und zu jedem Farren drei Zehntel Feinmehl, gemengt mit Oel, als Speisopfer; und zu dem einen Widder zwei Zehntel Feinmehl, gemengt
13 mit Oel, als Speisopfer; und zu jedem

Lamme je ein Zehntel Feinmehl, gemengt mit Oel, als Speisopfer. Es ist ein Brandopfer, ein lieblicher Geruch, ein Feueropfer dem Jehova. Und ihre 14 Trankopfer: ein halbes Hin Wein soll zu einem Farren sein, und ein drittel Hin zu dem Widder, und ein viertel Hin zu einem Lamme. Das ist das monatliche Brandopfer in jedem Monat, nach den Monaten des Jahres. Und ein Ziegenbock zum Sündopfer 15 dem Jehova soll nebst dem beständigen Brandopfer und seinem Trankopfer geopfert werden.

Und im ersten Monat, am vierzehn- 16 ten Tage des Monats, ist Passah dem Jehova. Und am fünfzehnten Tage 17 dieses Monats ist das Fest; sieben Tage soll Ungesäuertes gegessen werden. Am ersten Tage soll eine heili- 18 ge Versammlung sein; keinerlei Dienstarbeit sollt ihr tun. Und ihr 19 sollt dem Jehova ein Feueropfer, ein Brandopfer darbringen: zwei junge Farren und einen Widder und sieben einjährige Lämmer; ohne Fehl sollen sie euch sein; und ihr Speisopfer, Fein- 20 mehl, gemengt mit Oel: drei Zehntel sollt ihr opfern zu einem Farren, und zwei Zehntel zu dem Widder; je ein 21 Zehntel sollst du opfern zu jedem Lamme, zu den sieben Lämmern; und ei- 22 nen Bock als Sündopfer, um Sühnung für euch zu tun. Außer dem Morgen- 23 Brandopfer, das zum beständigen Brandopfer ist, sollt ihr das opfern. Solches sollt ihr täglich opfern, sie- 24 ben Tage lang, als Speise f eines Feueropfers lieblichen Geruchs dem Jehova; nebst dem beständigen Brandopfer und seinem Trankopfer soll es geopfert werden. Und am siebenten Tage 25 soll euch eine heilige Versammlung sein; keinerlei Dienstarbeit sollt ihr tun.

Und am Tage der Erstlinge, wenn 26 ihr dem Jehova ein neues Speisopfer darbringet, an eurem Wochenfeste g, soll euch eine heilige Versammlung sein; keinerlei Dienstarbeit sollt ihr tun. Und ihr sollt ein Brandopfer dar- 27 bringen zum lieblichen Geruch dem Jehova: zwei junge Farren, einen Widder, sieben einjährige Lämmer; und ihr Speisopfer, Feinmehl, gemengt 28 mit Oel: drei Zehntel zu jedem Farren, zwei Zehntel zu dem einen Widder, je ein Zehntel zu jedem Lamme, zu 29 den sieben Lämmern; und einen Zie- 30 genbock, um Sühnung für euch zu tun. Außer dem beständigen Brand- 31 opfer und seinem Speisopfer sollt ihr sie opfern (ohne Fehl sollen sie euch sein) nebst ihren Trankopfern.

Und im siebenten Monat, am er- **29** sten des Monats, soll euch eine heilige Versammlung sein; keinerlei Dienstarbeit sollt ihr tun; ein Tag des Posaunenhalls soll es euch sein. Und 2 ihr sollt ein Brandopfer opfern zum lieblichen Geruch dem Jehova: einen

---

a Eig. Hoheit. — b W. mein Brot. — c O. von. — d And. üb.: geopfert. — e S. die Anm. zu 2. Mose 12, 16. — f W. Brot. — g W. an euren Wochen. S. 3. Mose 23, 15 usw.; 5. Mose 16, 9—12.

jungen Farren, einen Widder, sieben
3 einjährige Lämmer, ohne Fehl; und
ihr Speisopfer, Feinmehl, gemengt mit
Oel: drei Zehntel zu dem Farren, zwei
4 Zehntel zu dem Widder, und ein Zehntel zu jedem Lamme, zu den sieben
5 Lämmern; und einen Ziegenbock als
Sündopfer, um Sühnung für euch zu
6 tun; außer dem monatlichen Brandopfer und seinem Speisopfer und dem
beständigen Brandopfer und seinem
Speisopfer und ihren Trankopfern,
nach ihrer Vorschrift, zum lieblichen
Geruch, ein Feueropfer dem Jehova.

7 Und am zehnten dieses siebenten
Monats soll euch eine heilige Versammlung sein, und ihr sollt eure Seelen kasteien; keinerlei Arbeit sollt
8 ihr tun. Und ihr sollt dem Jehova ein
Brandopfer darbringen als lieblichen
Geruch: einen jungen Farren, einen
Widder, sieben einjährige Lämmer;
9 ohne Fehl sollen sie euch sein; und
ihr Speisopfer, Feinmehl, gemengt mit
Oel: drei Zehntel zu dem Farren, zwei
10 Zehntel zu dem einen Widder, je ein
Zehntel zu jedem Lamme, zu den sie-
11 ben Lämmern; *und* einen Ziegenbock
als Sündopfer; außer dem Sündopfer
der Versöhnung und dem beständigen
Brandopfer und seinem Speisopfer und
ihren Trankopfern.

12 Und am fünfzehnten Tage des siebenten Monats soll euch eine heilige
Versammlung sein; keinerlei Dienstarbeit sollt ihr tun, und ihr sollt dem
Jehova ein Fest feiern sieben Tage.
13 Und ihr sollt ein Brandopfer darbringen, ein Feueropfer lieblichen Geruchs dem Jehova: dreizehn junge
Farren, zwei Widder, vierzehn einjährige Lämmer; ohne Fehl sollen sie
14 sein; und ihr Speisopfer, Feinmehl,
gemengt mit Oel: drei Zehntel zu jedem Farren, zu den dreizehn Farren,
zwei Zehntel zu jedem Widder, zu
15 den zwei Widdern, und je ein Zehntel zu jedem Lamme, zu den vierzehn
16 Lämmern; und einen Ziegenbock als
Sündopfer; außer dem beständigen
Brandopfer, seinem Speisopfer und
seinem Trankopfer.

17 Und am zweiten Tage zwölf junge
Farren, zwei Widder, vierzehn ein-
18 jährige Lämmer ohne Fehl; und ihr
Speisopfer und ihre Trankopfer, zu
den Farren, zu den Widdern und zu
den Lämmern, nach ihrer Zahl, nach
19 der Vorschrift; und einen Ziegenbock
als Sündopfer; außer dem beständigen Brandopfer und seinem Speisopfer und ihren Trankopfern.

20 Und am dritten Tage elf Farren,
zwei Widder, vierzehn einjährige Läm-
21 mer, ohne Fehl; und ihr Speisopfer
und ihre Trankopfer, zu den Farren,
zu den Widdern und zu den Lämmern, nach ihrer Zahl, nach der Vor-
22 schrift; und einen Bock als Sündopfer; außer dem beständigen Brandopfer und seinem Speisopfer und seinem Trankopfer.

Und am vierten Tage zehn Farren, 23
zwei Widder, vierzehn einjährige Lämmer, ohne Fehl; ihr Speisopfer und 24
ihre Trankopfer, zu den Farren, zu
den Widdern und zu den Lämmern,
nach ihrer Zahl, nach der Vorschrift;
und einen Ziegenbock als Sündopfer; 25
außer dem beständigen Brandopfer,
seinem Speisopfer und seinem Trankopfer.

Und am fünften Tage neun Farren, 26
zwei Widder, vierzehn einjährige
Lämmer, ohne Fehl; und ihr Speis- 27
opfer und ihre Trankopfer, zu den
Farren, zu den Widdern und zu den
Lämmern, nach ihrer Zahl, nach der
Vorschrift; und einen Bock als Sünd- 28
opfer; außer dem beständigen Brandopfer und seinem Speisopfer und seinem Trankopfer.

Und am sechsten Tage acht Farren, 29
zwei Widder, vierzehn einjährige
Lämmer, ohne Fehl; und ihr Speisop- 30
fer und ihre Trankopfer, zu den Farren, zu den Widdern und zu den Lämmern, nach ihrer Zahl, nach der Vorschrift; und einen Bock als Sündop- 31
fer; außer dem beständigen Brandopfer, seinem Speisopfer und seinen
Trankopfern.

Und am siebenten Tage sieben Far- 32
ren, zwei Widder, vierzehn einjährige
Lämmer, ohne Fehl; und ihr Speis- 33
opfer und ihre Trankopfer, zu den
Farren, zu den Widdern und zu den
Lämmern, nach ihrer Zahl, nach ih-
rer Vorschrift; und einen Bock als 34
Sündopfer; außer dem beständigen
Brandopfer, seinem Speisopfer und
seinem Trankopfer.

Am achten Tage soll euch eine Fest- 35
versammlung sein; keinerlei Dienstarbeit sollt ihr tun. Und ihr sollt ein 36
Brandopfer darbringen, ein Feueropf-
fer lieblichen Geruchs dem Jehova:
einen Farren, einen Widder, sieben
einjährige Lämmer, ohne Fehl; ihr 37
Speisopfer und ihre Trankopfer, zu
dem Farren, zu dem Widder und zu
den Lämmern, nach ihrer Zahl, nach
der Vorschrift; und einen Bock als 38
Sündopfer; außer dem beständigen
Brandopfer und seinem Speisopfer und
seinem Trankopfer.

Das sollt ihr bei euren Festen *a* dem 39
Jehova opfern, außer euren Gelübden
und euren freiwilligen Gaben an
Brandopfern und an Speisopfern und
an Trankopfern und an Friedensopfern *b*.

Und Mose redete zu den Kindern 40
Israel nach allem, was Jehova dem
Mose geboten hatte.

Und Mose redete zu den Häuptern **30**
der Stämme der Kinder Israel und
sprach: Dies ist es, was Jehova ge- 2
boten hat: Wenn ein Mann dem Je- 3
hova ein Gelübde tut, oder einen Eid
schwört, ein Verbindnis auf seine Seele zu nehmen, so soll er sein Wort
nicht brechen: nach allem, was aus
seinem Munde hervorgegangen ist,

a S. die Anm. zu 3. Mose 23, 2. — *b* W. an euren Brandopfern und an euren
Speisopfern usw.

4 soll er tun. — Und wenn ein Weib dem Jehova ein Gelübde tut oder ein Verbindnis auf sich nimmt im Hause 5 ihres Vaters, in ihrer Jugend, und ihr Vater hört ihr Gelübde oder ihr Verbindnis, das sie auf ihre Seele genommen hat, und ihr Vater schweigt gegen sie: so sollen alle ihre Gelübde bestehen, und jedes Verbindnis, das sie auf ihre Seele genommen hat, soll bestehen. 6 Wenn aber ihr Vater ihr gewehrt hat an dem Tage, da er es hört, so sollen alle ihre Gelübde und alle ihre Verbindnisse, die sie auf ihre Seele genommen hat, nicht bestehen; und Jehova wird ihr vergeben, weil ihr 7 Vater ihr gewehrt hat. Und wenn sie etwa eines Mannes wird, und ihre Gelübde sind auf ihr, oder ein unbesonnener Ausspruch ihrer Lippen, wozu 8 sie ihre Seele verbunden hat, und ihr Mann hört es und schweigt gegen sie an dem Tage, da er es hört: so sollen ihre Gelübde bestehen, und ihre Verbindnisse, die sie auf ihre Seele ge-9 nommen hat, sollen bestehen. Wenn aber ihr Mann an dem Tage, da er es hört, ihr wehrt, so hebt er ihr Gelübde auf, das auf ihr ist, und den unbesonnenen Ausspruch ihrer Lippen, wozu sie ihre Seele verbunden hat; und Jehova wird ihr vergeben. 10 — Aber das Gelübde einer Witwe und einer Verstoßenen: alles wozu sie ihre Seele verbunden hat, soll für sie 11 bestehen. — Und wenn ein Weib*a* im Hause ihres Mannes ein Gelübde getan oder durch einen Eid ein Verbind-12 nis auf ihre Seele genommen hat, und ihr Mann hat es gehört und gegen sie geschwiegen, er hat ihr nicht gewehrt: so sollen alle ihre Gelübde bestehen, und jedes Verbindnis, das sie auf ihre Seele genommen hat, soll bestehen. 13 Wenn aber ihr Mann dieselben irgend aufgehoben hat an dem Tage, da er sie hörte, so soll alles, was über ihre Lippen gegangen ist an*b* Gelübden und an Verbindnissen ihrer Seele, nicht bestehen; ihr Mann hat dieselben aufgehoben, und Jehova wird ihr ver-14 geben. Jedes Gelübde und jeder Eid des Verbindnisses, um die Seele zu kasteien — ihr Mann kann es bestätigen, und ihr Mann kann es aufhe-15 ben. Und wenn ihr Mann von Tag zu Tage gänzlich gegen sie schweigt, so bestätigt er alle ihre Gelübde oder alle ihre Verbindnisse, die auf ihr sind; er hat sie bestätigt, denn er hat gegen sie geschwiegen an dem Tage, 16 da er sie hörte. Wenn er sie aber irgend aufhebt, nachdem er sie gehört hat, so wird er ihre Ungerechtigkeit tragen.

17 Das sind die Satzungen, welche Jehova dem Mose geboten hat, zwischen einem Manne und seinem Weibe, zwischen einem Vater und seiner Tochter in ihrer Jugend, im Hause ihres Vaters.

Und Jehova redete zu Mose und **31** sprach: Uebe Rache für die*c* Kinder Israel an den Midianitern; da-2 nach sollst du zu deinen Völkern versammelt werden. Und Mose redete zu 3 dem Volke und sprach: Rüstet von euch Männer zum Heere*d* aus, daß sie wider Midian ziehen*e*, um die Rache Jehovas an Midian auszuführen. Je tausend vom Stamme, von allen 4 Stämmen Israels, sollt ihr zum Heere absenden. Und es wurden aus den 5 Tausenden Israels tausend von jedem Stamme ausgehoben: zwölftausend zum Heere Gerüstete. Und Mose sandte 6 sie, tausend von jedem Stamme, zum Heere ab, sie und Pinehas, den Sohn Eleasars, des Priesters, zum Heere; und die heiligen Geräte, die*f* Trompeten zum Lärmblasen, *waren* in seiner Hand. Und sie stritten wider Mi-7 dian, so wie Jehova dem Mose geboten hatte, und töteten alles Männliche. Und sie töteten die Könige von Midi-8 an, samt ihren Erschlagenen: Ewi und Rekem und Zur und Hur und Reba, fünf Könige von Midian; und auch Bileam, den Sohn Beors, töteten sie mit dem Schwerte. Und die Kinder 9 Israel führten die Weiber der Midianiter und ihre Kinder gefangen hinweg, und erbeuteten all ihr Vieh und alle ihre Herden und alle ihre Habe; und alle ihre Städte in ihren Wohn-10 sitzen und alle ihre Gehöfte verbrannten sie mit Feuer. Und sie nahmen alle 11 Beute und allen Raub an Menschen und an Vieh, und brachten die Gefan-12 genen und den Raub und die Beute zu Mose und zu Eleasar, dem Priester, und zu der Gemeinde der Kinder Israel ins Lager, in die Ebenen Moabs, die am Jordan von Jericho sind.

Und Mose und Eleasar, der Priester, 13 und alle Fürsten der Gemeinde gingen ihnen entgegen außerhalb des Lagers. Und Mose ward zornig über 14 die Vorgesetzten des Heeres, die Obersten über tausend und die Obersten über hundert, die von dem Kriegszuge kamen; und Mose sprach zu ihnen: 15 Habt ihr alle Weiber am Leben gelassen? Siehe, sie sind ja auf den 16 Rat*g* Bileams den Kindern Israel ein Anlaß geworden, in der Sache des Peor eine Untreue gegen Jehova zu begehen, sodaß die Plage über die Gemeinde Jehovas kam. So tötet nun 17 alles Männliche unter den Kindern, und tötet alle Weiber, die einen Mann im Beischlaf erkannt haben; aber al-18 le Kinder, alle Mädchen*h*, welche den Beischlaf eines Mannes nicht gekannt haben, laßt euch am Leben. Ihr aber 19 lagert euch außerhalb des Lagers sieben Tage; ein jeder, der einen Menschen getötet, und ein jeder, der einen Erschlagenen angerührt hat, ihr sollt euch entsündigen am dritten Tage und am siebenten Tage, ihr und eure Gefangenen. Und alle Kleider und 20

a W. wenn sie. — *b* W. an ihren. — *c* W. Vollziehe die Rache der. — *d* O. Kriege; so auch V. 4 usw.; Kap. 1, 3; 26, 2. — *e* W. seien. — *f* O. und die. — *g* W. das Wort. — *h* W. alle Kinder unter den Weibern.

alles Gerät von Fell und alle Arbeit von Ziegenhaar und alles Gerät von Holz sollt ihr entsündigen.

21 Und Eleasar, der Priester, sprach zu den Kriegsleuten, die in den Streit gezogen waren: Dies ist die Satzung des Gesetzes, das Jehova dem Mose

22 geboten hat: Nur das Gold und das Silber, das Erz, das Eisen, das Zinn

23 und das Blei, alles was das Feuer verträgt, sollt ihr durchs Feuer gehen lassen, und es wird rein sein; nur soll es mit dem Wasser der Reinigung *a* entsündigt werden; und alles was das Feuer nicht verträgt, sollt ihr durchs

24 Wasser gehen lassen. Und am siebenten Tage sollt ihr eure Kleider waschen, und ihr werdet rein sein; und danach möget ihr ins Lager kommen.

25 Und Jehova redete zu Mose und

26 sprach: Nimm auf die Summe der weggeführten Beute, an Menschen und an Vieh, du und Eleasar, der Priester, und die Häupter der Väter *b*

27 der Gemeinde; und teile die Beute zur Hälfte zwischen denen, welche den Krieg geführt haben, die ins Feld gezogen sind, und der ganzen Gemein-

28 de. Und erhebe von den Kriegsleuten, die ins Feld gezogen sind, eine Abgabe für Jehova: eine Seele von fünfhundert, von den Menschen und von den Rindern und von den Eseln und

29 vom Kleinvieh; von ihrer Hälfte sollt ihr sie nehmen, und du sollst sie Eleasar, dem Priester, geben als ein Heb-

30 opfer Jehovas. Und von der Hälfte der Kinder Israel sollst du eines nehmen, fünfzig herausgegriffen, von den Menschen, von den Rindern, von den Eseln und vom Kleinvieh, von allem Vieh; und du sollst sie den Leviten geben, welche der Hut der Woh-

31 nung Jehovas warten. Und Mose und Eleasar, der Priester, taten, so wie

32 Jehova dem Mose geboten hatte. Und das Erbeutete, was von der Beute übrigbleibt, welche das Kriegsvolk gemacht hatte, war: sechshundert fünfundsiebenzigtausend *Stück* Kleinvieh,

33 und zweiundsiebenzigtausend Rinder,

34 und einundsechzigtausend Esel; und

35 was die Menschenseelen betrifft, so waren der Mädchen, welche den Beischlaf eines Mannes nicht gekannt hatten, insgesamt zweiunddreißigtau-

36 send Seelen. Und die Hälfte, der Anteil derer, welche zum Heere ausgezogen waren, die Zahl des Kleinviehes, war: dreihundert siebenunddreißigtausend und fünfhundert *Stück,*

37 und die Abgabe vom Kleinvieh für Jehova war sechshundert fünfundsie-

38 benzig *Stück;* und *die Zahl* der Rinder sechsunddreißigtausend, und die Abgabe davon für Jehova zweiund-

39 siebenzig; und der Esel sechsunddreißigtausend und fünfhundert, und die Abgabe davon für Jehova einunddreißig;

40 und der Menschenseelen sechszehntausend, und die Abgabe davon für Je-

41 hova zweiunddreißig Seelen. Und Mo-

se gab die Abgabe des Hebopfers Jehovas Eleasar, dem Priester, so wie

42 Jehova dem Mose geboten hatte. Und von der Hälfte der Kinder Israel, welche Mose von den zum Heere ausgezogenen Männern *c* abgeteilt hatte,

43 (die Hälfte der Gemeinde war nämlich: dreihundert siebenunddreißigtausend und fünfhundert *Stück* Klein-

44 vieh, und sechsunddreißigtausend Rinder, und dreißigtausend und fünfhun-

45 dert Esel, und siebenzehntausend Menschenseelen) und von der Hälfte der

47 Kinder Israel nahm Mose das Herausgegriffene, eines von fünfzig, von den Menschen und von dem Vieh, und gab sie den Leviten, welche der Hut der Wohnung Jehovas warteten; so wie Jehova dem Mose geboten hatte.

48 Und es traten zu Mose die Vorgesetzten über die Tausende des Heeres, die Obersten über tausend und die

49 Obersten über hundert, und sprachen zu Mose: Deine Knechte haben die Summe der Kriegsleute aufgenommen, die unter unserer Hand waren, und

50 es fehlt von uns nicht ein Mann. Und so bringen wir eine Opfergabe für Jehova dar, ein jeder was er an goldenem Geschmeide gefunden hat: Armspangen und Handspangen *d,* Fingerringe, Ohrringe und Spangen, um für unsere Seelen Sühnung zu tun vor

51 Jehova. Und Mose und Eleasar, der Priester, nahmen das Gold von ihnen, allerlei verarbeitetes Geschmeide. Und

52 alles Gold des Hebopfers, das sie für Jehova hoben, war sechzehntausend siebenhundert und fünfzig Sekel, von den Obersten über tausend und von den

53 Obersten über hundert. (Die Kriegsleute *aber* hatten ein jeder für sich

54 geplündert.) Und Mose und Eleasar, der Priester, nahmen das Gold von den Obersten über tausend und über hundert und brachten es in das Zelt der Zusammenkunft, als ein Gedächtnis der *e* Kinder Israel vor Jehova.

32
Und die Kinder Ruben und die Kinder Gad hatten viel Vieh, in gewaltiger Menge; und sie sahen das Land Jaser und das Land Gilead, und siehe, der Ort war ein Ort für Vieh. Und die Kinder Gad und die Kinder Ruben kamen und sprachen zu Mose und zu Eleasar, dem Priester, und zu

2 den Fürsten der Gemeinde und sag-

3 ten: Ataroth und Dibon und Jaser und Nimra und Hesbon und Elale und Se-

4 bam und Nebo und Beon, das Land, welches Jehova vor der Gemeinde Israel geschlagen hat, ist ein Land für Vieh, und deine Knechte haben Vieh.

5 Und sie sprachen: Wenn wir Gnade in deinen Augen gefunden haben, so möge dieses Land deinen Knechten zum Eigentum gegeben werden; laß uns nicht über den Jordan ziehen!

6 Und Mose sprach zu den Kindern Gad und zu den Kindern Ruben: Sollen eure Brüder in den Streit ziehen,

7 und ihr wollt hier bleiben? Und wa-

---

a S. Kap. 19, 9. — *b* d. h. die Stamm- oder Familienhäupter; so auch später. — *c* d. h. von ihrem Teil. — *d* S. die Anm. zu 1. Mose 24, 22. — *e* O. für die.

rum wollt ihr das Herz der Kinder Israel davon abwendig machen, in das Land hinüber zu ziehen, welches 8 Jehova ihnen gegeben hat? So haben eure Väter getan, als ich sie von Kades-Barnea aussandte, das Land zu 9 besehen: sie zogen hinauf bis zum Tale Eskol und besahen das Land; und sie machten das Herz der Kinder Israel abwendig, daß sie nicht in das Land gingen, welches Jehova ihnen 10 gegeben hatte. Und der Zorn Jehovas entbrannte an jenem Tage, und er 11 schwur und sprach: Wenn die Männer, die aus Ägypten hinaufgezogen sind, von zwanzig Jahren und darüber, das Land sehen werden, das ich Abraham und Isaak und Jakob zugeschworen habe! denn sie sind mir 12 nicht völlig nachgefolgt; ausgenommen Kaleb, der Sohn Jephunnes, der Kenisiter, und Josua, der Sohn Nuns; denn sie sind Jehova völlig nachge- 13 folgt. Und der Zorn Jehovas entbrannte wider Israel, und er ließ sie vierzig Jahre lang in der Wüste umherirren, bis das ganze Geschlecht aufgerieben war, welches getan hatte was böse war in den Augen Jehovas. 14 Und siehe, ihr seid aufgestanden an eurer Väter Statt, eine Brut von sündigen Männern, um die Glut des Zornes Jehovas gegen Israel noch zu 15 mehren. Wenn ihr euch hinter ihm[a] abwendet, so wird er es noch länger in der Wüste lassen, und ihr werdet dieses ganze Volk verderben.

16   Und sie traten zu ihm und sprachen: Kleinviehhürden wollen wir hier bauen für unsere Herden, und 17 Städte für unsere Kinder; wir selbst aber wollen uns eilends rüsten vor den Kindern Israel her, bis wir sie an ihren Ort gebracht haben; und unsere Kinder sollen in den festen Städten bleiben vor den[b] Bewohnern 18 des Landes. Wir wollen nicht zu unseren Häusern zurückkehren, bis die Kinder Israel ein jeder sein Erbteil emp- 19 fangen haben. Denn wir wollen nicht mit ihnen erben jenseit des Jordan und weiterhin, denn unser Erbteil ist uns diesseit des Jordan gegen Sonnenaufgang zugekommen.

20   Da sprach Mose zu ihnen: Wenn ihr dieses tut, wenn ihr euch vor Je- 21 hova zum Streite rüstet, und alle unter euch, die gerüstet sind, vor Jehova über den Jordan ziehen, bis er seine 22 Feinde vor sich ausgetrieben hat, und das Land vor Jehova unterjocht ist, und ihr danach zurückkehret, so sollt ihr schuldlos sein gegen Jehova und gegen Israel; und dieses Land soll euch zum Eigentum sein vor Jehova. 23 Wenn ihr aber nicht also tut, siehe, so habt ihr wider Jehova gesündigt; und wisset, daß eure Sünde euch fin- 24 den wird. Bauet euch Städte für eure Kinder und Hürden für euer Kleinvieh, und tut was aus eurem Munde hervorgegangen ist.

25 Und die Kinder Gad und die Kinder Ruben sprachen zu Mose und sagten: Deine Knechte werden tun, so 26 wie mein Herr gebietet. Unsere Kinder, unsere Weiber, unsere Herden und all unser Vieh[c] sollen daselbst in 27 den Städten Gileads sein; deine Knechte aber, alle zum Heere[d] Gerüsteten, werden vor Jehova hinüberziehen in den Streit, so wie mein Herr redet.

28 Und Mose gebot ihrethalben Eleasar, dem Priester, und Josua, dem Sohne Nuns, und den Häuptern der Väter der Stämme der Kinder Israel; 29 und Mose sprach zu ihnen: Wenn die Kinder Gad und die Kinder Ruben, alle zum Streit Gerüsteten, mit euch vor Jehova über den Jordan ziehen, und das Land vor euch unterjocht 30 sein wird, so sollt ihr ihnen das Land Gilead zum Eigentum geben; wenn sie aber nicht gerüstet mit euch hinüberziehen, so sollen sie sich unter 31 euch ansässig machen im Lande Kanaan. Und die Kinder Gad und die Kinder Ruben antworteten und sprachen: Wie Jehova zu deinen Knechten geredet hat, so wollen wir tun. 32 Wir wollen gerüstet vor Jehova in das Land Kanaan hinüberziehen, und unser Erbbesitztum verbleibe uns diesseit des Jordan.

33 Und Mose gab ihnen, den Kindern Gad und den Kindern Ruben und der Hälfte des Stammes Manasse, des Sohnes Josephs, das Königreich Sihons, des Königs der Amoriter, und das Königreich Ogs, des Königs von Basan, das Land nach seinen Städten in ihren[e] Grenzen, die Städte des Landes 34 ringsum. Und die Kinder Gad bauten 35 Dibon und Ataroth und Aroer, und Ateroth-Schofan und Jaser und Jogbeha, und Beth-Nimra und Beth-Haran, 36 feste Städte und Kleinviehhürden. Und 37 die Kinder Ruben bauten Hesbon und Elale und Kirjathaim, und Nebo und 38 Baal-Meon, deren Namen geändert wurden, und Sibma; und sie benannten die Städte, die sie bauten, mit anderen Namen. — Und die Söhne Ma- 39 kirs, des Sohnes Manasses, zogen nach Gilead und nahmen es ein; und sie trieben[e] die Amoriter, die darin wohnten, aus. Und Mose gab Gilead dem 40 Makir, dem Sohne Manasses; und er wohnte darin. Und Jair, der Sohn 41 Manasses, zog hin und nahm ihre Dörfer ein und nannte sie Dörfer Jairs. Und Nobach zog hin und nahm Ke- 42 nath und seine Tochterstädte ein und nannte es Nobach nach seinem Namen.

33

Dies sind die Züge der Kinder Israel, welche aus dem Lande Aegypten ausgezogen sind nach ihren Heeren, unter der Hand Moses und Aarons. Und Mose schrieb ihre Auszüge auf, 2 nach ihren Zügen, nach dem Befehle Jehovas; und dies sind ihre Züge, nach ihren Auszügen: Sie brachen 3 auf von Raemses im ersten Monat, am fünfzehnten Tage des ersten Monats.

---

[a] W. von hinter ihm her. — [b] And. üb.: wegen der. — [c] d. h. Zug- und Lastvieh. — [d] O. Kriege. — [e] O. er trieb.

Am anderen Tage nach dem Passah zogen die Kinder Israel aus mit erhobener Hand, vor den Augen aller 4 Aegypter, als die Aegypter diejenigen begruben, welche Jehova unter ihnen geschlagen hatte, alle Erstgeborenen; und Jehova hatte an ihren Göttern 5 Gericht geübt. Und die Kinder Israel brachen auf von Raemses und lager- 6 ten sich in Sukkoth. Und sie brachen auf von Sukkoth und lagerten sich in Etham, das am Rande der Wüste 7 liegt. Und sie brachen auf von Etham und wandten sich nach Pi-Hachiroth, das Baal-Zephon gegenüber liegt, und 8 lagerten sich vor Migdol. Und sie brachen auf von Hachiroth und zogen mitten durchs Meer nach der Wüste hin, und sie zogen drei Tagereisen in der Wüste Etham und la- 9 gerten sich in Mara. Und sie brachen auf von Mara und kamen nach Elim; und in Elim waren zwölf Wasserquellen und siebenzig Palmbäume; und sie 10 lagerten sich daselbst. Und sie brachen auf von Elim und lagerten sich am 11 Schilfmeer. Und sie brachen auf vom Schilfmeer und lagerten sich in der Wü- 12 ste Sin. Und sie brachen auf aus der Wüste Sin und lagerten sich in Dophka. 13 Und sie brachen auf von Dophka und 14 lagerten sich in Alusch. Und sie brachen auf von Alusch und lagerten sich in Rephidim; und das Volk hatte 15 daselbst kein Wasser zu trinken. Und sie brachen auf von Rephidim und 16 lagerten sich in der Wüste Sinai. Und sie brachen auf aus der Wüste Sinai und lagerten sich in Kibroth-Hattaa- 17 wa. Und sie brachen auf von Kibroth-Hattaawa und lagerten sich in Haze- 18 roth. Und sie brachen auf von Haze- 19 roth und lagerten sich in Rithma. Und sie brachen auf von Rithma und la- 20 gerten sich in Rimmon-Perez. Und sie brachen auf von Rimmon-Perez und 21 lagerten sich in Libna. Und sie brachen auf von Libna und lagerten sich 22 in Rissa. Und sie brachen auf von Rissa und lagerten sich in Kehelatha. 23 Und sie brachen auf von Kehelatha und lagerten sich am Berge Schepher. 24 Und sie brachen auf vom Berge Sche- 25 pher und lagerten sich in Harada. Und sie brachen auf von Harada und la- 26 gerten sich in Makheloth. Und sie brachen auf von Makheloth und la- 27 gerten sich in Tachath. Und sie brachen auf von Tachath und lagerten 28 sich in Terach. Und sie brachen auf von Terach und lagerten sich in Mith- 29 ka. Und sie brachen auf von Mithka und 30 lagerten sich in Haschmona. Und sie brachen auf von Haschmona und la- 31 gerten sich in Moseroth. Und sie brachen auf von Moseroth und lagerten 32 sich in Bne-Jaakan. Und sie brachen auf von Bne-Jaakan und lagerten sich 33 in Hor-Gidgad. Und sie brachen auf von Hor-Gidgad und lagerten sich in 34 Jotbatha. Und sie brachen auf von

Jotbatha und lagerten sich in Abrona. Und sie brachen auf von Abrona und 35 lagerten sich in Ezjon-Geber. Und sie 36 brachen auf von Ezjon-Geber und lagerten sich in der Wüste Zin, das ist Kades. Und sie brachen auf von Ka- 37 des und lagerten sich am Berge Hor, am Rande des Landes Edom.

Und Aaron, der Priester, stieg auf 38 den Berg Hor nach dem Befehle Jehovas; und er starb daselbst im vierzigsten Jahre nach dem Auszuge der Kinder Israel aus dem Lande Aegypten, im fünften Monat, am ersten des Monats. Und Aaron war hundert und 39 dreiundzwanzig Jahre alt, als er auf dem Berge Hor starb. Und der Kana- 40 aniter, der König von Arad, der im Süden wohnte im Lande Kanaan, hörte von dem Kommen der Kinder Israel.

Und sie brachen auf vom Berge Hor 41 und lagerten sich in Zalmona. Und 42 sie brachen auf von Zalmona und lagerten sich in Punon. Und sie bra- 43 chen auf von Punon und lagerten sich in Oboth. Und sie brachen auf von 44 Oboth und lagerten sich in Ijje-Abarim, an der Grenze von Moab. Und 45 sie brachen auf von Ijjim und lagerten sich in Dibon-Gad. Und sie brachen 46 auf von Dibon-Gad und lagerten sich in Almon-Diblathaim. Und sie bra- 47 chen auf von Almon-Diblathaim und lagerten sich an a Gebirge Abarim vor Nebo. Und sie brachen auf vom 48 Gebirge Abarim und lagerten sich in den Ebenen b Moabs, am Jordan von Jericho. Und sie lagerten sich am Jor- 49 dan, von Beth-Jesimoth bis Abel-Sittim in den Ebenen Moabs.

Und Jehova redete zu Mose in den 50 Ebenen Moabs, am Jordan von Jericho, und sprach: Rede zu den Kin- 51 dern Israel und sprich zu ihnen: Wenn ihr über den Jordan in das Land Kanaan ziehet, so sollt ihr alle Be- 52 wohner des Landes vor euch austreiben und alle ihre Bildwerke c zerstören; und alle ihre gegossenen Bilder sollt ihr zerstören, und alle ihre Höhen d sollt ihr vertilgen; und ihr sollt 53 das Land in Besitz nehmen und darin wohnen, denn euch habe ich das Land gegeben, es zu besitzen. Und 54 ihr sollt das Land durchs Los als Erbteil empfangen, nach euren Geschlechtern: den Vielen sollt ihr ihr Erbteil mehren, und den Wenigen sollt ihr ihr Erbteil mindern; wohin das Los einem fällt, das soll ihm gehören; nach den Stämmen eurer Väter sollt ihr erben. Wenn ihr aber 55 die Bewohner des Landes nicht vor euch austreibet, so werden diejenigen, welche ihr von ihnen übriglasset, zu Dornen in euren Augen und zu Stacheln in euren Seiten werden, und sie werden euch bedrängen in dem Lande, in welchem ihr wohnet. Und es 56 wird geschehen: so wie ich gedachte, ihnen zu tun, werde ich euch tun.

---

a O. auf dem. — b O. Steppen; so auch Kap. 35, 1 usw. — c d. h. Steine, die zu Götzenbildern verarbeitet waren; vergl. 3. Mose 26, 1. — d Höhenaltäre oder Höhentempel (1. Kön. 13, 32).

34 Und Jehova redete zu Mose und sprach: Gebiete den Kindern Israel 2 und sprich zu ihnen: Wenn ihr in das Land Kanaan kommet, so ist dies das Land, welches euch als Erbteil zufallen soll: das Land Kanaan nach 3 seinen Grenzen. Und die Südseite soll euch sein von der Wüste Zin an, Edom entlang, und die Südgrenze soll euch sein vom Ende des Salzmeeres gegen 4 Osten. Und die Grenze soll sich euch südlich von der Anhöhe Akrabbim wenden und nach Zin hinübergehen, und ihr Ausgang *a* sei südlich von Kades-Barnea; und sie laufe nach Hazar-Addar hin, und gehe hinüber 5 nach Azmon; und die Grenze wende sich von Azmon nach dem Bache Aegyptens, und ihr Ausgang sei nach 6 dem Meere hin. — Und die Westgrenze: sie sei euch das große Meer und das Angrenzende *b*; das soll euch die 7 Westgrenze sein. — Und dies soll euch die Nordgrenze sein: vom großen Meere aus sollt ihr euch den Berg Hor 8 abmarken; vom Berge Hor sollt ihr abmarken bis man nach Hamath kommt, und der Ausgang der Grenze 9 sei nach Zedad hin; und die Grenze laufe nach Siphron hin, und ihr Ausgang sei bei Hazar-Enan. Das soll 10 euch die Nordgrenze sein. — Und zur Ostgrenze sollt ihr euch abmarken 11 von Hazar-Enan nach Schepham. Und die Grenze gehe hinab von Schepham nach Ribla, östlich von Ajin; und die Grenze gehe hinab und stoße an die Seite *c* des Sees Kinnereth *d* gegen 12 Osten; und die Grenze gehe an den Jordan hinab, und ihr Ausgang sei am Salzmeere. Das soll euer Land sein nach seinen Grenzen ringsum. 13 Und Mose gebot den Kindern Israel und sprach: Das ist das Land, welches ihr durchs Los als Erbteil empfangen sollt, das Jehova den neun Stämmen und dem halben Stamme zu 14 geben geboten hat. Denn der Stamm der Kinder der Rubeniter nach ihren Vaterhäusern, und der Stamm der Kinder der Gaditer nach ihren Vaterhäusern, und die Hälfte des Stammes Manasse, die haben ihr Erbteil emp- 15 fangen. Die zwei Stämme und der halbe Stamm haben ihr Erbteil empfangen diesseit des Jordan von Jericho, gegen Osten, gegen Sonnenaufgang. 16 Und Jehova redete zu Mose und 17 sprach: Dies sind die Namen der Männer, welche euch das Land als Erbe austeilen sollen: Eleasar, der Priester, 18 und Josua, der Sohn Nuns. Und je einen Fürsten vom Stamme sollt ihr nehmen, um das Land als Erbe aus- 19 zuteilen. Und dies sind die Namen der Männer: für den *e* Stamm Juda: 20 Kaleb, der Sohn Jephunnes; und für den Stamm der Kinder Simeon: Sa- 21 muel, der Sohn Ammihuds; für den Stamm Benjamin: Elidad, der Sohn

Kislons; und für den Stamm der Kin- 22 der Dan ein Fürst: Bukki, der Sohn Joglis; für die Söhne Josephs: für 23 den Stamm der Kinder Manasse ein Fürst: Hanniel, der Sohn Ephods, und 24 für den Stamm der Kinder Ephraim ein Fürst: Kemuel, der Sohn Schiph- tans; und für den Stamm der Kinder 25 Sebulon ein Fürst: Elizaphan, der Sohn Parnaks; und für den Stamm 26 der Kinder Issaschar ein Fürst: Pal- tiel, der Sohn Assans; und für den 27 Stamm der Kinder Aser ein Fürst: Achihud, der Sohn Schelomis; und 28 für den Stamm der Kinder Naphtali ein Fürst: Pedahel, der Sohn Ammi- huds. Diese sind es, welchen Jehova 29 gebot, den Kindern Israel ihr Erbe im Lande Kanaan auszuteilen.

Und Jehova redete zu Mose in den **35** Ebenen Moabs, am Jordan von Je- richo, und sprach: Gebiete den Kin- 2 dern Israel, daß sie von ihrem Erbbe- sitztum den Leviten Städte zum Woh- nen geben; und zu den Städten sollt ihr einen Bezirk *f* rings um dieselben her den Leviten geben. Und die Städ- 3 te seien ihnen zum Wohnen, und deren Bezirke seien für ihr Vieh und für ihre Habe und für alle ihre Tie- re. Und die Bezirke der Städte, wel- 4 che ihr den Leviten geben sollt, sol- len von der Stadtmauer nach außen hin tausend Ellen betragen ringsum; und ihr sollt außerhalb der Stadt auf 5 der Ostseite zweitausend Ellen ab- messen, und auf der Südseite zwei- tausend Ellen, und auf der Westseite zweitausend Ellen und auf der Nord- seite zweitausend Ellen, daß die Stadt in der Mitte sei; das sollen die Be- zirke ihrer Städte sein. Und die Städ- 6 te, die ihr den Leviten geben sollt: sechs Zufluchtstädte sind es, die ihr *ihnen* geben sollt, damit dahin fliehe, wer einen Totschlag begangen hat; und zu diesen hinzu sollt ihr zwei- undvierzig Städte geben. Alle die 7 Städte, die ihr den Leviten geben sollt, sie und ihre Bezirke, *sollen* achtund- vierzig Städte *sein*. Und was die Städ- 8 te betrifft, die ihr von dem Eigentum der Kinder Israel geben sollt — von dem *Stamme*, der viel hat *g*, sollt ihr viel nehmen, und von dem, der wenig hat *g*, sollt ihr wenig nehmen; jeder *Stamm* soll nach Verhältnis seines Erbteils, das er erben wird, von sei- nen Städten den Leviten geben.

Und Jehova redete zu Mose und 9 sprach: Rede zu den Kindern Israel 10 und sprich zu ihnen: Wenn ihr über den Jordan in das Land Kanaan zie- het, so sollt ihr euch Städte bestim- 11 men: Zufluchtstädte sollen sie für euch sein, daß dahin fliehe ein Totschläger, der einen Menschen aus Versehen er- schlagen hat. Und die Städte sollen 12 euch zur Zuflucht sein vor dem Blut- rächer *h*, daß der Totschläger nicht ster- be, bis er vor der Gemeinde gestan-

---

a W. ihre Ausgänge; so auch V. 5 usw. — *b* d. h. die Küste. — *c* W. Schulter. — *d* Genezareth. — *e* O. von dem (so bis V. 29). — *f* Eig. eine Weidetrift. — *g* Eig. von den Vielen . . . von den Wenigen. — *h* Eig. Löser, der nächste Verwandte.

13 den hat zum Gerichte. Und die Städte, die ihr geben sollt, sollen sechs Zu-
14 fluchtstädte für euch sein. Drei Städte sollt ihr geben diesseit des Jordan, und drei Städte sollt ihr geben im Lande Kanaan; Zufluchtstädte sollen
15 sie sein. Den Kindern Israel und dem Fremdling und dem Beisassen in ihrer Mitte sollen diese sechs Städte zur Zuflucht sein, daß dahin fliehe ein jeder, der einen Menschen aus Versehen erschlagen hat.
16 Wenn er ihn aber mit einem eisernen Werkzeug geschlagen hat, daß er gestorben ist, so ist er ein Mörder *a*; der Mörder soll gewißlich getötet wer-
17 den. Und wenn er ihn mit einem Stein, den er in der Hand führte *b*, wodurch man sterben kann, geschlagen hat, daß er gestorben ist, so ist er ein Mörder; der Mörder soll ge-
18 wißlich getötet werden. Oder wenn er ihn mit einem hölzernen Werkzeug *c*, das er in der Hand führte, wodurch man sterben kann, geschlagen hat, daß er gestorben ist, so ist er ein Mörder; der Mörder soll gewißlich
19 getötet werden. Der Bluträcher, der soll den Mörder töten; wenn er ihn
20 antrifft, soll e r ihn töten. Und wenn er ihn aus Haß gestoßen oder mit Absicht auf ihn geworfen hat, daß er
21 gestorben ist, oder ihn aus Feindschaft mit seiner Hand geschlagen hat, daß er gestorben ist, so soll der Schläger gewißlich getötet werden; er ist ein Mörder; der Bluträcher soll den Mörder töten, wenn er ihn antrifft.
22 Wenn er aber von ungefähr, nicht aus Feindschaft, ihn gestoßen, oder unabsichtlich irgend ein Werkzeug
23 auf ihn geworfen hat, oder, ohne es zu sehen, irgend einen Stein, wodurch man sterben kann, auf ihn hat fallen lassen, daß er gestorben ist, er war ihm aber nicht feind und suchte sei-
24 nen Schaden nicht: so soll die Gemeinde zwischen dem Schläger und dem Bluträcher nach diesen Rechten
25 richten; und die Gemeinde soll den Totschläger aus der Hand des Bluträchers erretten, und die Gemeinde soll ihn in seine Zufluchtstadt zurückbringen, wohin er geflohen ist; und er soll darin bleiben bis zum Tode des Hohenpriesters, den man mit dem
26 heiligen Oele gesalbt hat. Wenn aber der Totschläger über die Grenze seiner Zufluchtstadt, wohin er geflohen
27 ist, irgend hinausgeht, und der Bluträcher findet ihn außerhalb der Grenze seiner Zufluchtstadt, und der Bluträcher tötet den Totschläger, so hat
28 er keine Blutschuld. Denn er soll in seiner Zufluchtstadt bleiben bis zum Tode des Hohenpriesters; und nach dem Tode des Hohenpriesters darf der Totschläger in das Land seines Eigen-
29 tums zurückkehren. — Und dies soll euch zu einer Rechtssatzung sein bei euren Geschlechtern in allen euren Wohnsitzen.

Jeder, der einen Menschen erschlägt: 30 auf die Aussage von Zeugen soll man den Mörder töten; aber ein einzelner Zeuge kann nicht wider einen Menschen aussagen *d*, daß er sterbe. Und 31 ihr sollt keine Sühne annehmen für die Seele eines Mörders, der schuldig ist zu sterben, sondern er soll gewißlich getötet werden. Auch sollt ihr 32 keine Sühne annehmen für den in seine Zufluchtstadt Geflüchteten, daß er vor e dem Tode des Priesters zurückkehre, um im Lande zu wohnen. Und 33 ihr sollt das Land nicht entweihen, in welchem ihr seid; denn das Blut, das entweiht das Land; und für das Land kann keine Sühnung getan werden wegen des Blutes, das darin vergossen worden, außer durch das Blut dessen, der es vergossen hat. Und du 34 sollst nicht das Land verunreinigen, in welchem ihr wohnet, in dessen Mitte ich wohne; denn ich, Jehova, wohne inmitten der Kinder Israel.

Und es traten herzu die Häupter **36** der Väter vom Geschlecht der Söhne Gileads, des Sohnes Makirs, des Sohnes Manasses, aus den Geschlechtern der Söhne Josephs; und sie redeten vor Mose und vor den Fürsten, den Häuptern der Väter der Kinder Israel, und sprachen: Jehova hat mei- 2 nem Herrn geboten, den Kindern Israel das Land durchs Los als Erbteil zu geben; und meinem Herrn ist von Jehova geboten worden, das Erbteil Zelophchads, unseres Bruders, seinen Töchtern zu geben. Werden sie nun 3 einem von den Söhnen der *anderen* Stämme der Kinder Israel zu Weibern, so wird ihr Erbteil dem Erbteil unserer Väter entzogen und zu dem Erbteil des Stammes hinzugefügt werden, welchem sie angehören werden; und dem Lose unseres Erbteils wird es entzogen werden. Und *auch* wenn 4 das Jubeljahr der Kinder Israel kommt, wird ihr Erbteil zu dem Erbteil des Stammes hinzugefügt werden, welchem sie angehören werden; und ihr Erbteil wird dem Erbteil des Stammes unserer Väter entzogen werden.

Da gebot Mose den Kindern Israel, 5 nach dem Befehle Jehovas, und sprach: Der Stamm der Kinder Joseph redet recht. Dies ist das Wort, welches Je- 6 hova betreffs der Töchter Zelophchads geboten hat, indem er sprach: Sie mögen dem, der in ihren Augen gut ist, zu Weibern werden; nur sollen sie *einem aus* dem Geschlecht des Stammes ihres Vaters zu Weibern werden, damit nicht ein Erbteil der 7 Kinder Israel von Stamm zu Stamm übergehe; denn die Kinder Israel sollen ein jeder dem Erbteil des Stammes seiner Väter anhangen. Und jede 8 Tochter, die ein Erbteil aus den Stämmen der Kinder Israel besitzt, soll

---

a Hier und nachher dasselbe Wort wie „Totschläger“. — *b* Eig. mit einem Handstein, d. h. mit einem Stein, den man handhaben kann. Desgl. V. 18: Handwerkzeug. — *c* O. Gegenstand. — *d* Eig. antworten. — *e* Eig. bis zu.

einem aus dem Geschlecht des Stammes ihres Vaters zum Weibe werden, damit die Kinder Israel ein jeder das
9 Erbteil seiner Väter besitzen, und nicht ein Erbteil von einem Stamme auf einen anderen Stamm übergehe. Denn die Stämme der Kinder Israel sollen in jeder seinem Erbteil anhangen.
10 So wie Jehova dem Mose geboten hatte, also taten die Töchter Zeloph-
11 chads. Und Machla, Tirza und Chogla

und Milka und Noa, die Töchter Zelophchads, wurden den Söhnen ihrer Oheime zu Weibern. *Männern* aus 12 den Geschlechtern der Kinder Manasse, des Sohnes Josephs, wurden sie zu Weibern. Und so verblieb ihr Erbteil bei dem Stamme des Geschlechts ihres Vaters.

Das sind die Gebote und die Rech- 13 te, welche Jehova in den Ebenen Moabs, am Jordan von Jericho, den Kindern Israel durch Mose geboten hat.

Das fünfte Buch Mose

1 Dies sind die Worte, welche Mose zu ganz Israel geredet hat diesseit *a* des Jordan, in der Wüste, in der Ebene *b*, Suph gegenüber, zwischen Paran und Tophel und Laban und Hazeroth
2 und Di-Sahab. Elf Tage*reisen* sind vom Horeb, auf dem Wege des Gebirges Seir, bis Kades-Barnea.
3 Und es geschah im vierzigsten Jahre, im elften Monat, am ersten des Monats, da redete Mose zu den Kindern Israel nach allem, was Jehova
4 ihm an sie geboten hatte, nachdem er Sihon geschlagen, den König der Amoriter, der zu Hesbon wohnte, und Og, den König von Basan, der zu
5 Astaroth *und* zu Edrei wohnte *c*. Diesseit *a* des Jordan, im Lande Moab, fing Mose an, dieses Gesetz auszulegen,
6 indem er sprach: Jehova, unser Gott, redete zu uns am Horeb und sprach: Lange genug seid ihr an diesem Be-
7 ge geblieben; wendet euch und brechet auf und ziehet nach dem Gebirge der Amoriter und zu allen ihren Anwohnern in der Ebene *b*, auf dem Gebirge und in der Niederung *d* und im Süden und am Ufer des Meeres, in das Land der Kanaaniter und zum Libanon, bis zu dem großen Strome,
8 dem Strome Phrat. Siehe, ich habe das Land vor euch gestellt; gehet hinein und nehmet das Land in Besitz, welches Jehova euren Vätern, Abraham, Isaak und Jakob, geschworen hat, ihnen zu geben und ihrem Samen
9 nach ihnen. Und ich sprach zu euch in selbiger Zeit und sagte: Ich allein
10 kann euch nicht tragen. Jehova, euer Gott, hat euch gemehrt, und siehe, ihr seid heute wie die Sterne des Him-
11 mels an Menge. Jehova, der Gott eurer Väter, füge zu euch, so viele ihr seid, tausendmal hinzu und segne euch,
12 wie er zu euch geredet hat! Wie könnte ich allein eure Bürde und eure Last
13 und euren Hader tragen? Nehmet euch weise und verständige und bekannte Männer, nach euren Stämmen, daß ich sie zu Häuptern über euch

setze. Und ihr antwortetet mir und 14 sprachet: Gut ist die Sache, die du zu tun *e* gesagt hast. Und ich nahm 15 die Häupter eurer Stämme, weise und bekannte Männer, und setzte sie als Häupter über euch, als Oberste über tausend und Oberste über hundert und Oberste über fünfzig und Oberste über zehn, und als Vorsteher eurer Stämme *f*. Und ich gebot euren Richtern 16 in selbiger Zeit und sprach: Höret *die Streitsachen* zwischen euren Brüdern und richtet in Gerechtigkeit zwischen einem Manne und seinem Bruder und dem Fremdling bei ihm. Ihr sollt 17 nicht die Person ansehen im Gericht; den Kleinen wie den Großen sollt ihr hören; ihr sollt euch vor niemand fürchten, denn das Gericht ist Gottes. Die Sache aber, die zu schwierig für euch ist, sollt ihr vor mich bringen, daß ich sie höre. Und ich gebot euch 18 in selbiger Zeit alle die Sachen, die ihr tun solltet.

Und wir brachen auf vom Horeb 19 und zogen durch diese ganze große und schreckliche Wüste, die ihr gesehen habt, des Weges nach dem Gebirge der Amoriter, so wie Jehova, unser Gott, uns geboten hatte; und wir kamen bis Kades-Barnea. Und 20 ich sprach zu euch: Ihr seid gekommen bis zu dem Gebirge der Amoriter, das Jehova, unser Gott, uns gibt. Siehe, Jehova, dein Gott, hat das Land 21 vor dir gestellt; ziehe hinauf, nimm in Besitz, so wie Jehova, der Gott deiner Väter, zu dir geredet hat; fürchte dich nicht und verzage nicht! Und 22 ihr tratet alle zu mir und sprachet: Laßt uns Männer vor uns hersenden, daß sie uns das Land erforschen und uns Bescheid bringen über den Weg, auf dem wir hinaufziehen, und über die Städte, zu denen wir kommen sollen. Und die Sache war gut in mei- 23 nen Augen; und ich nahm aus euch zwölf Männer, je einen Mann für den Stamm. Und sie wandten sich und 24 zogen ins Gebirge hinauf, und sie ka-

---

a And. jenseit. — *b* H. Araba; die Niederung, welche zu beiden Seiten des Jordan und des Toten Meeres liegt und bis zum elanitischen Meerbusen hin erstreckt. So auch Kap. 2, 8; 3, 17; 4, 49; 11, 30. — *c* Vergl. Jos. 12, 2. 4. — *d* H. Schephela; der Küstenstrich zwischen Joppe und Gaza. — *e* O. die Sache, von der du geredet hast, ist gut zu tun. — *f* O. nach euren Stämmen.

men bis zum Tale Eskol und kund-
25 schafteten es *a* aus. Und sie nahmen
von der Frucht des Landes in ihre
Hand und brachten sie zu uns herab.
Und sie brachten uns Bescheid und
sprachen: Das Land ist gut, das Jehova,
26 unser Gott, uns gibt. Aber ihr wolltet
nicht hinaufziehen und waret widerspenstig gegen den Befehl Jehovas,
27 eures Gottes. Und ihr murrtet in euren Zelten und sprachet: Weil Jehova uns haßte, hat er uns aus dem Lande Aegypten herausgeführt, um uns
in die Hand der Amoriter zu geben,
28 daß sie uns vertilgen. Wohin sollen
wir hinaufziehen? Unsere Brüder haben unser Herz verzagt gemacht, indem sie sagten: Ein Volk, größer und
höher als wir, Städte, groß und befestigt bis an den Himmel, und auch
die Kinder der Enakim haben wir dort
29 gesehen! Da sprach ich zu euch: Erschrecket nicht und fürchtet euch nicht
30 vor ihnen! Jehova, euer Gott, der vor
euch herzieht, er wird für euch streiten, nach allem, was er in Aegypten
vor euren Augen für euch getan hat,
31 und in der Wüste, wo du gesehen
hast, daß Jehova, dein Gott, dich getragen hat, wie ein Mann seinen Sohn
trägt, auf dem ganzen Wege, den ihr
gezogen seid, bis ihr an diesen Ort
32 kamet. Aber in dieser Sache *b* glaub-
33 tet ihr nicht Jehova, eurem Gott, der
auf dem Wege vor euch herzog, um
euch einen Ort zu erkunden, daß ihr
euch lagern konntet: des Nachts im
Feuer, daß ihr auf dem Wege sehen
konntet, auf welchem ihr zoget, und
34 des Tages in der Wolke. Und Jehova
hörte die Stimme eurer Reden und
ward zornig und schwur und sprach:
35 Wenn ein Mann unter diesen Männern,
diesem bösen Geschlecht, das gute
Land sehen wird, das ich geschworen
36 habe euren Vätern zu geben, außer
Kaleb, dem Sohne Jephunnes! Er soll
es sehen, und ihm und seinen Söhnen
werde ich das Land geben, auf welches er getreten ist, darum daß er Jeho-
37 va völlig nachgefolgt ist. — Auch wider mich erzürnte Jehova eurethalben und sprach: Auch du sollst nicht
38 hineinkommen! Josua, der Sohn Nuns,
der vor dir steht, er soll hineinkommen; ihn stärke, denn er soll es Israel
39 als Erbe austeilen. — Und eure Kindlein, von denen ihr sagtet: sie werden
zur Beute werden! und eure Söhne, die
heute weder Gutes noch Böses kennen,
sie sollen hineinkommen, und ihnen
werde ich es geben, und sie sollen
40 es in Besitz nehmen. Ihr aber, wendet euch und brechet auf nach der
Wüste, des Weges zum Schilfmeere!
41 Da antwortetet ihr und sprachet zu
mir: Wir haben wider Jehova gesündigt; wir wollen hinaufziehen und
streiten, nach allem, was Jehova, unser Gott, uns geboten hat. Und ihr
gürtetet ein jeder sein Kriegsgerät
um und zoget leichtfertig in das Ge-

birge hinauf. Und Jehova sprach zu 42
mir: Sprich zu ihnen: Ziehet nicht
hinauf und streitet nicht, denn ich bin
nicht in eurer Mitte; daß ihr nicht vor
euren Feinden geschlagen werdet! Und 43
ich redete zu euch, aber ihr hörtet
nicht; und ihr waret widerspenstig
gegen den Befehl Jehovas, und han-
deltet vermessen und zoget in das Gebirge hinauf. Und die Amoriter, die 44
auf selbigem Gebirge wohnten, zogen
aus, euch entgegen, und verfolgten
euch, wie die Bienen tun, und zersprengten euch in Seir bis Horma.
Und ihr kehrtet zurück und weintet 45
vor Jehova; aber Jehova hörte nicht
auf eure Stimme und neigte sein Ohr
nicht zu euch. — Und ihr bliebet in 46
Kades viele Tage, nach den Tagen,
die ihr bliebet.

Und wir wandten uns und brachen **2**
auf nach der Wüste, des Weges zum
Schilfmeere, wie Jehova zu mir geredet hatte; und wir umzogen das Gebirge Seir viele Tage. Und Jehova 2
redete zu mir und sprach: Lange ge- 3
nug habt ihr dieses Gebirge umzogen;
wendet euch gegen Norden. Und ge- 4
biete dem Volke und sprich: Ihr werdet nun durch das Gebiet eurer Brüder, der Kinder Esau, ziehen, die in
Seir wohnen, und sie werden sich vor
euch fürchten; so habt acht wohl acht!
Laßt euch nicht in Streit mit ihnen 5
ein, denn ich werde euch von ihrem
Lande auch nicht den Tritt einer Fußsohle geben; denn das Gebirge Seir
habe ich dem Esau als Besitztum gegeben. Speise sollt ihr um Geld von 6
ihnen kaufen, daß ihr esset, und auch
Wasser sollt ihr um Geld von ihnen
kaufen, daß ihr trinket. Denn Jehova, 7
dein Gott, hat dich gesegnet in allem
Werke deiner Hand. Er kannte dein
Ziehen durch diese große Wüste: diese vierzig Jahre ist Jehova, dein Gott,
mit dir gewesen; es hat dir an nichts
gemangelt.
Und wir zogen weiter, an unseren 8
Brüdern, den Kindern Esau, vorüber,
die in Seir wohnen, von dem Wege
der Ebene, von Elath und von Ezjon-
Geber her; und wir wandten uns und
zogen des Weges nach der Wüste von
Moab. Und Jehova sprach zu mir: 9
Befeinde Moab nicht und laß dich
nicht in Streit mit ihnen ein, denn ich
werde dir von seinem Lande kein Besitztum geben; denn Ar habe ich den
Kindern Lot als Besitztum gegeben.
— Die Emim wohnten vordem darin, 10
ein großes und zahlreiches und hohes
Volk, wie die Enakim. Auch sie wer- 11
den für Riesen *c* gehalten, wie die Enakim; und die Moabiter nennen sie
Emim. Und in Seir wohnten vordem 12
die Horiter; aber die Kinder Esau
trieben sie aus und vertilgten sie vor
sich und wohnten an ihrer Statt, so
wie Israel dem Lande seines Besitztums getan, das Jehova ihnen gegeben hat. — Nun machet euch auf und 13

---

a d. h. das Land. — *b* O. Aber trotzdem. — *c* O. Rephaim; so auch V. 20. Vergl.
1. Mose 14, 5.

ziehet über den Bach *a* Sered. Und wir zogen über den Bach Sered.

14 Die Tage aber, die wir von Kades-Barnea gegangen sind, bis wir über den Bach Sered zogen, waren achtunddreißig Jahre, bis das ganze Geschlecht der Kriegsleute aus dem Lager aufgerieben war, so wie Jehova 15 ihnen geschworen hatte. Und auch war die Hand Jehovas wider sie, um sie aus dem Lager zu vertilgen, bis sie aufgerieben waren.

16 Und es geschah, als die Kriegsleute insgesamt *b* aus der Mitte des Volkes 17 weggestorben waren, da redete Jeho-18 va zu mir und sprach: Du wirst heute die Grenze von Moab, von Ar, über-19 schreiten, und dich nähern gegenüber den Kindern Ammon; du sollst sie nicht befeinden und dich nicht in Streit mit ihnen einlassen, denn ich werde dir von dem Lande der Kinder Ammon kein Besitztum geben; denn ich habe es den Kindern Lot als Be-20 sitztum gegeben. — Für ein Land der Riesen wird auch dieses gehalten: Riesen wohnten vordem darin, und die Ammoniter nennen sie Samsum-21 mim: ein großes und zahlreiches und hohes Volk, wie die Enakim; und Jehova vertilgte sie vor ihnen, und sie trieben sie aus und wohnten an ihrer 22 Statt; so wie er für die Kinder Esau getan hat, die in Seir wohnen, vor welchen er die Horiter vertilgte; und sie trieben sie aus und wohnten an 23 ihrer Statt bis auf diesen Tag. Und die Awim, welche in Dörfern wohnten bis Gasa *c* — die Kaphtorim, die aus Kaphtor kamen, vertilgten dieselben und wohnten an ihrer Statt. — 24 Machet euch auf, brechet auf und ziehet über den Fluß Arnon. Siehe, ich habe Sihon, den König von Hesbon, den Amoriter, und sein Land in deine Hand gegeben; beginne, nimm in 25 Besitz und bekriege ihn! An diesem Tage will ich beginnen, deinen Schrecken und deine Furcht auf die Völker unter dem ganzen Himmel zu legen, welche das Gerücht von dir hören und *d* vor dir zittern und beben werden.

26 Und ich sandte Boten aus der Wüste Kedemoth an Sihon, den König von Hesbon, mit Worten des Friedens, 27 und sprach: Laß mich durch dein Land ziehen! nur auf der Straße will ich gehen, ich will weder zur Rechten 28 noch zur Linken weichen; Speise sollst du mir um Geld verkaufen, daß ich esse, und Wasser sollst du mir um Geld geben, daß ich trinke. Nur mit meinen Füßen will ich durchziehen, 29 — wie mir die Kinder Esau getan haben, die in Seir wohnen, und die Moabiter, die in Ar wohnen — bis ich über den Jordan in das Land ziehe, 30 das Jehova, unser Gott, uns gibt. Aber Sihon, der König von Hesbon, wollte

uns nicht bei sich durchziehen lassen; denn Jehova, dein Gott, hatte seinen Geist verhärtet und sein Herz verstockt, auf daß er ihn in deine Hand gäbe, wie *es* an diesem Tage *ist*. Und 31 Jehova sprach zu mir: Siehe, ich habe begonnen, Sihon und sein Land vor dir dahinzugeben; beginne, nimm in Besitz, damit du sein Land besitzest. Und Sihon zog aus, uns entgegen, er 32 und all sein Volk, zum Streite nach Jahaz. Aber Jehova, unser Gott, gab 33 ihn vor uns dahin; und wir schlugen ihn und seine Söhne und all sein Volk. Und in selbiger Zeit nahmen wir alle 34 seine Städte ein, und wir verbannten *e* ihre ganze Bevölkerung: Männer und Weiber und Kinder *f*; wir ließen keinen Entronnenen übrig. Nur das Vieh 35 erbeuteten wir für uns und den Raub der Städte, die wir einnahmen. Von 36 Aroer, das am Ufer des Flusses Arnon ist, und zwar von der Stadt, die im Fluß*tale a liegt*, bis Gilead war keine Stadt, die uns zu stark *g* gewesen wäre: alles gab Jehova, unser Gott, vor uns dahin. Nur dem Lande der Kin- 37 der Ammon, der ganzen Seite des Flusses Jabbok, bist du nicht genaht, noch den Städten des Gebirges, noch allem was Jehova, unser Gott, verboten hatte.

Und wir wandten uns und zogen **3** des Weges nach Basan hinauf; und Og, der König von Basan, zog aus, uns entgegen, er und all sein Volk, zum Streite nach Edrei. Und Jehova 2 sprach zu mir: Fürchte ihn nicht! denn in deine Hand habe ich ihn und all sein Volk und sein Land gegeben; und tue ihm, wie du Sihon, dem Könige der Amoriter, getan hast, der zu Hesbon wohnte. Und Jehova, un- 3 ser Gott, gab auch Og, den König von Basan, und all sein Volk in unsere Hand; und wir schlugen ihn, bis ihm kein Entronnener übrigblieb. Und in 4 selbiger Zeit nahmen wir alle seine Städte ein; es war keine Stadt, die wir ihnen nicht nahmen: sechzig Städte, den ganzen Landstrich Argob, das Königreich Ogs in Basan; alle diese 5 Städte waren befestigt mit hohen Mauern, Toren und Riegeln; außer den sehr vielen offenen Städten *h*. Und 6 wir verbannten sie, wie wir Sihon, dem Könige von Hesbon, getan hatten; wir verbannten ihre ganze Bevölkerung: Männer, Weiber und Kinder. Aber alles Vieh und den Raub der 7 Städte erbeuteten wir für uns. Und 8 wir nahmen in selbiger Zeit aus der Hand der zwei Könige der Amoriter das Land, welches diesseit des Jordan ist, vom Flusse Arnon bis an den Berg Hermon (die Zidonier nennen den Her- 9 mon Sirjon, und die Amoriter nennen ihn Senir): alle Städte der Ebene und 10 das ganze Gilead, und das ganze Basan bis Salka und Edrei, die Städte

---

a Vergl. die Anm. zu 4. Mose 13, 23. — *b* O. vollends. — *c* H. Gassa. — *d* O. daß, wenn sie . . . hören, sie usw. — *e* S. die Vorrede. — *f* W. jede Stadtbevölkerung an Männern, und die Weiber und die Kinder. So auch Kap. 3, 6. — *g* W. hoch. — *h* Eig. Städten des platten Landes.

11 des Königreichs Ogs in Basan. Denn nur Og, der König von Basan, war von dem Ueberrest der Riesen a übriggeblieben. Siehe, sein Bett, ein Bett von Eisen, ist es nicht in Rabba der Kinder Ammon? Seine Länge *mißt* neun Ellen und seine Breite vier Ellen, nach dem Ellenbogen eines Man-
12 nes. Und dieses Land nahmen wir in selbiger Zeit in Besitz. Von Aroer an, das am Flusse Arnon ist, und die Hälfte des Gebirges Gilead und seine Städte gab ich den Rubenitern und den
13 Gaditern; und das Uebrige von Gilead und das ganze Basan, das Königreich Ogs, gab ich dem halben Stamme Manasse. (Der ganze Landstrich Argob, das ganze Basan, dieses wird das Land
14 der Riesen a genannt. Jair, der Sohn Manasses, nahm den ganzen Landstrich Argob bis an die Grenze der Gesuriter und der Maakathiter und nannte sie b, das Basan, nach seinem Namen:
15 Dörfer Jairs, bis auf diesen Tag.) Und
16 dem Makir gab ich Gilead c. Und den Rubenitern und den Gaditern gab ich von Gilead bis zum Flusse Arnon, bis zur Mitte des Flusses und das Angrenzende d, und bis zum Flusse Jabbok, der Grenze der Kinder Ammon;
17 und die Ebene und den Jordan und das Angrenzende d, von Kinnereth bis zum Meere der Ebene, dem Salzmeere, unter den Abhängen des Pisga gegen *Sonnen*aufgang.
18 Und ich gebot euch in selbiger Zeit und sprach: Jehova, euer Gott, hat euch dieses Land gegeben, es zu besitzen. Gerüstet sollt ihr, alle streitbaren Männer, vor euren Brüdern, den
19 Kindern Israel, hinüberziehen. Nur eure Weiber und eure Kinder und euer Vieh — ich weiß, daß ihr viel Vieh habt — sollen in euren Städten bleiben, die ich euch gegeben habe,
20 bis Jehova euren Brüdern Ruhe schafft wie euch, und auch sie das Land besitzen, welches Jehova, euer Gott, ihnen jenseit des Jordan gibt; dann sollt ihr zurückkehren, ein jeder zu seinem Besitztum, das ich euch ge-
21 geben habe. Und dem Josua gebot ich in selbiger Zeit und sprach: Deine Augen haben alles gesehen, was Jehova, euer Gott, diesen zwei Königen getan hat; also wird Jehova allen Königreichen tun, wohin du hinüber-
22 ziehen wirst. Fürchtet sie nicht! denn Jehova, euer Gott, er ist es, der für euch streitet.
23 Und ich flehte zu Jehova in selbi-
24 ger Zeit und sprach: Herr, Jehova! du hast begonnen, deinem Knechte deine Größe und deine starke Hand zu zeigen; denn welcher Gott e ist im Himmel und auf Erden, der tun könnte gleich deinen Werken und gleich dei-
25 nen Machttaten? Laß mich doch hinüberziehen und das gute Land sehen, welches jenseit des Jordan ist, dieses
26 gute Gebirge und den Libanon. Aber

Jehova war über mich erzürnt um euretwillen und hörte nicht auf mich; und Jehova sprach zu mir: Laß es genug sein; rede mir fortan nicht 27 mehr von dieser Sache! Steige auf den Gipfel des Pisga, und hebe deine Augen auf gegen Westen und gegen Norden und gegen Süden und gegen Osten, und sieh mit deinen Augen; denn du wirst nicht über diesen Jordan gehen. Und gebiete dem Josua 28 und stärke ihn und befestige ihn; denn er soll vor diesem Volke her hinüberziehen, und er soll ihnen das Land, das du sehen wirst, als Erbe austeilen. — Und wir blieben im Tale, Beth- 29 Peor gegenüber.

Und nun, Israel, höre auf die Satzungen und auf die Rechte, die ich **4** euch lehre zu tun, auf daß ihr lebet und hineinkommet und das Land in Besitz nehmet, welches Jehova, der Gott eurer Väter, euch gibt. Ihr sollt 2 nichts hinzutun zu dem Worte, das ich euch gebiete, und sollt nichts davon tun, damit ihr beobachtet die Gebote Jehovas, eures Gottes, die ich euch gebiete. Eure Augen haben ge- 3 sehen, was Jehova wegen des Baal Peor getan hat; denn alle Männer, welche dem Baal Peor nachgegangen sind, hat Jehova, dein Gott, aus deiner Mitte vertilgt; ihr aber, die ihr 4 Jehova, eurem Gott, anhinget, seid heute alle am Leben. Siehe, ich habe 5 euch Satzungen und Rechte gelehrt, so wie Jehova, mein Gott, mir geboten hat, damit ihr also tuet inmitten des Landes, wohin ihr kommet, um es in Besitz zu nehmen. Und so be- 6 obachtet und tut sie! denn das wird eure Weisheit und euer Verstand sein vor den Augen der Völker, welche alle diese Satzungen hören und sagen werden: Diese große Nation ist ein wahrhaft weises und verständiges Volk. Denn welche große Nation gibt 7 es, die Götter hätte, welche f ihr so nahe wären, wie Jehova, unser Gott, in allem, worin wir zu ihm rufen? Und welche große Nation gibt es, die 8 so gerechte Satzungen und Rechte hätte, wie dieses ganze Gesetz, das ich euch heute vorlege? Nur hüte 9 dich und hüte deine Seele sehr, daß du die Dinge nicht vergessest, die deine Augen gesehen haben, und daß sie nicht aus deinem Herzen weichen alle Tage deines Lebens! Und tue sie kund deinen Kindern und deinen Kindeskindern. — An dem Tage, da du 10 vor Jehova, deinem Gott, am Horeb standest, als Jehova zu mir sprach: Versammle mir das Volk, daß ich sie meine Worte hören lasse, welche sie lernen sollen, um mich zu fürchten alle die Tage, die sie auf dem Erdboden leben, und welche sie ihre Kinder lehren sollen g: da nahte ihr hin- 11 zu und standet unten an dem Berge; und der Berg brannte im Feuer bis

---

ins Herz des Himmels: Finsternis, 12 Gewölk und Dunkel. Und Jehova redete zu euch mitten aus dem Feuer; die Stimme der Worte hörtet ihr, aber ihr sahet keine Gestalt außer der 13 Stimme. Und er verkündigte euch seinen Bund, den er euch zu tun gebot, die zehn Worte; und er schrieb sie 14 auf zwei steinerne Tafeln. Und mir gebot Jehova in selbiger Zeit, euch Satzungen und Rechte zu lehren, damit ihr sie tätet in dem Lande, wohin ihr hinüberziehet, um es in Besitz zu nehmen.

15 So hütet eure Seelen sehr, — denn ihr habt keinerlei Gestalt gesehen an dem Tage, da Jehova am Horeb, mitten aus dem Feuer, zu euch redete — 16 daß ihr euch nicht verderbet und euch ein geschnitztes Bild machet, das Gleichnis irgend eines Bildes, das Abbild eines männlichen oder eines 17 weiblichen *Wesens*, das Abbild irgend eines Tieres, das auf Erden ist, das Abbild irgend eines geflügelten Vo- 18 gels, der am Himmel fliegt, das Abbild von irgend etwas, das sich auf dem Erdboden regt, das Abbild irgend eines Fisches. der im Wasser unter 19 der Erde ist; und daß du deine Augen nicht zum Himmel erhebest und die Sonne und den Mond und die Sterne, das ganze Heer des Himmels, sehest und verleitet werdest und dich vor ihnen bückest und ihnen dienest, welche Jehova, dein Gott, allen Völkern unter dem ganzen Himmel zugeteilt 20 hat. Euch aber hat Jehova genommen und euch herausgeführt aus dem eisernen Schmelzofen, aus Aegypten, damit ihr das Volk seines Erbteils wäret *a*, wie *es* an diesem Tage *ist*.

21 Und Jehova war eurethalben über mich erzürnt, und er schwur, daß ich nicht über den Jordan gehen und nicht in das gute Land kommen sollte, welches Jehova, dein Gott, dir als Erb- 22 teil gibt; denn ich werde in diesem Lande sterben, ich werde nicht über den Jordan gehen; ihr aber werdet hinüberziehen und werdet dieses gute 23 Land besitzen. Hütet euch, daß ihr nicht des Bundes Jehovas, eures Gottes, vergesset, den er mit euch gemacht hat, und euch ein geschnitztes Bild machet, ein Gleichnis von irgend et- 24 was, das Jehova, dein Gott, dir verboten hat. Denn Jehova, dein Gott, ist ein verzehrendes Feuer, ein eifernder Gott *b*!

25 Wenn du Kinder und Kindeskinder zeugen wirst, und ihr eingelebt seid im Lande, und ihr euch verderbet und euch ein geschnitztes Bild machet, ein Gleichnis von irgend etwas, und tut was böse ist in den Augen Jehovas, 26 deines Gottes, ihn zu reizen: so nehme ich heute den Himmel und die Erde zu Zeugen gegen euch, daß ihr gewißlich schnell aus dem Lande umkommen werdet, wohin ihr über den Jor-

dan ziehet, um es in Besitz zu nehmen; ihr werdet eure Tage darin nicht verlängern, sondern gänzlich vertilgt werden. Und Jehova wird euch unter 27 die Völker zerstreuen, und ihr werdet übrigbleiben, ein zählbares Häuflein *c* unter den Nationen, wohin Jehova euch führen wird; und ihr werdet 28 daselbst Göttern dienen, dem Werke von Menschenhänden, Holz und Stein, die nicht sehen und nicht hören und nicht essen und nicht riechen.

Aber ihr werdet von dort Jehova, 29 deinen Gott, suchen; und du wirst ihn finden, wenn du mit deinem ganzen Herzen und mit deiner ganzen Seele nach ihm fragen wirst *d*. In deiner 30 Bedrängnis, und wenn alle diese Dinge dich treffen werden am Ende der Tage, wirst du umkehren zu Jehova, deinem Gott, und seiner Stimme gehorchen. Denn ein barmherziger Gott *b* 31 ist Jehova, dein Gott; er wird dich nicht lassen und dich nicht verderben und wird des Bundes deiner Väter nicht vergessen, den er ihnen geschworen hat. Denn frage nach doch nach 32 den vorigen Tagen, die vor dir gewesen sind, von dem Tage an, da Gott den Menschen auf der Erde geschaffen hat, und von einem Ende des Himmels bis zum anderen Ende des Himmels, ob *je* eine solch große Sache geschehen, oder ob desgleichen gehört worden sei. Hat *je* ein Volk die Stim- 33 me Gottes mitten aus dem Feuer reden gehört, wie du sie gehört hast, und ist am Leben geblieben? — oder 34 hat Gott *je* versucht zu kommen, um sich eine Nation aus der Mitte einer Nation zu nehmen durch Versuchungen, durch Zeichen und durch Wunder, und durch Krieg und mit starker Hand und mit ausgestrecktem Arme, und durch große Schrecknisse, nach allem was Jehova, euer Gott, in Aegypten, vor deinen Augen, für euch getan hat? Dir ist es gezeigt worden, damit 35 du wissest, daß Jehova Gott *e* ist, keiner sonst außer ihm. Vom Himmel her 36 hat er dich seine Stimme hören lassen, um dich zu unterweisen; und auf der Erde hat er dich sein großes Feuer sehen lassen, und mitten aus dem Feuer hast du seine Worte gehört. Und darum, daß er deine Väter ge- 37 liebt und ihren Samen nach ihnen erwählt hat, hat er dich mit seinem Angesicht, mit seiner großen Kraft aus Aegypten herausgeführt, um Nationen 38 vor dir auszutreiben, größer und stärker als du, um dich hinzubringen, damit *er* dir ihr Land als Erbteil gäbe, wie *es* an diesem Tage *geschieht*.

So erkenne denn heute und nimm 39 zu Herzen, daß Jehova Gott *e* ist im Himmel oben und auf der Erde unten, keiner sonst. Und beobachte seine 40 Satzungen und seine Gebote, die ich dir heute gebiete, damit es dir und deinen Kindern nach dir wohlgehe,

---

a W. ihm zum Erbteilsvolk würdet. — *b* El. — *c* Eig. als eine zählbare Mannschaft. — *d* O. denn du wirst . . . nach ihm fragen (eig. trachten); vergl. Jer. 29, 11—13. — *e* Eig. der Gott.

und damit du deine Tage verlängerst in dem Lande, welches Jehova, dein Gott, dir für immer gibt.

41 Damals sonderte Mose drei Städte ab diesseit des Jordan, gegen Sonnenaufgang, 42 damit ein Totschläger dahin fliehe, der seinen Nächsten unabsichtlich *a* erschlagen hat, und er haßte ihn vordem nicht, — daß er in eine von diesen Städten fliehe und am Le-43 ben bleibe: Bezer in der Wüste, im Lande der Ebene, für die Rubeniter, und Ramoth in Gilead für die Gaditer, und Golan in Basan für die Manassiter.

44 Und dies ist das Gesetz, welches Mose den Kindern Israel vorlegte; 45 dies sind die Zeugnisse und die Satzungen und die Rechte, welche Mose zu den Kindern Israel redete, als sie 46 aus Aegypten zogen, diesseit des Jordan, im Tale, Beth-Peor gegenüber, im Lande Sihons, des Königs der Amoriter, der zu Hesbon wohnte, den Mose und die Kinder Israel geschlagen haben, als sie aus Aegypten zogen. 47 Und sie nahmen sein Land in Besitz, und das Land Ogs, des Königs von Basan, *das Land* der zwei Könige der Amoriter, welche diesseit des Jordan 48 waren, gegen Sonnenaufgang; von Aroer, das am Ufer des Flusses Arnon ist, bis an den Berg Sion *b*, 49 ist der Hermon; und die ganze Ebene diesseit des Jordan, gegen *Sonnen*aufgang, und bis an das Meer der Ebene *c* unter den Abhängen des Pisga.

5 Und Mose berief das ganze Israel und sprach zu ihnen: Höre, Israel, die Satzungen und die Rechte, die ich heute vor euren Ohren rede; und lernet sie, und achtet darauf, sie zu tun. 2 Jehova, unser Gott, hat am Horeb 3 einen Bund mit uns gemacht. Nicht mit unseren Vätern hat Jehova diesen Bund gemacht, sondern mit uns, die wir heute hier alle am Leben sind. 4 Von Angesicht zu Angesicht hat Jehova auf dem Berge, mitten aus dem 5 Feuer, mit euch geredet, — ich stand zwischen Jehova und euch in selbiger Zeit, um euch das Wort Jehovas zu verkünden; denn ihr fürchtetet euch vor dem Feuer und stieget nicht auf den Berg — indem er sprach: 6 Ich *d* bin Jehova, dein Gott, der ich dich herausgeführt habe aus dem Lande Aegypten, aus dem Hause der 7 Knechtschaft *e*. Du sollst keine ande-8 ren Götter haben neben mir *f*. — Du sollst dir kein geschnitztes Bild machen, irgend ein Gleichnis dessen, was oben im Himmel, und was unten auf der Erde, und was in den Was-9 sern unter der Erde ist. Du sollst dich nicht vor ihnen niederbeugen und ihnen nicht dienen; denn ich, Jehova, dein Gott, bin ein eifernder Gott *g*, der die Ungerechtigkeit der Väter heimsucht an den Kindern, ja, am dritten

und am vierten Gliede derer, die mich hassen; und der Güte erweist, auf 10 Tausende hin, an denen, die mich lieben und meine Gebote beobachten. — Du sollst den Namen Jehovas, deines 11 Gottes, nicht zu Eitlem aussprechen; denn Jehova wird den nicht für schuldlos halten *h*, der seinen Namen zu Eitlem ausspricht. — Beobachte den Sab-12 bathtag, ihn zu heiligen, so wie Jehova, dein Gott, dir geboten hat. Sechs 13 Tage sollst du arbeiten und all dein Werk tun; aber der siebente Tag ist 14 Sabbath dem Jehova, deinem Gott: du sollst keinerlei Werk tun, du und dein Sohn und deine Tochter und dein Knecht und deine Magd, und dein Rind und dein Esel und all dein Vieh, und dein Fremdling, der in deinen Toren ist; auf daß dein Knecht und deine Magd ruhen gleichwie du. Und 15 gedenke, daß du ein Knecht gewesen bist im Lande Aegypten, und daß Jehova, dein Gott, dich mit starker Hand und mit ausgestrecktem Arme von dannen herausgeführt hat; darum hat Jehova, dein Gott, dir geboten, den Sabbathtag zu feiern. — Ehre deinen 16 Vater und deine Mutter, so wie Jehova, dein Gott, dir geboten hat, auf daß deine Tage verlängert werden, und auf daß es dir wohlgehe in dem Lande, welches Jehova, dein Gott, dir gibt. — Du sollst nicht töten. — Und du 17 sollst nicht ehebrechen. — Und du 18 sollst nicht stehlen. — Und du sollst 19 kein falsches Zeugnis ablegen wider 20 deinen Nächsten. — Und du sollst nicht 21 begehren deines Nächsten Weib; und du sollst dich nicht gelüsten lassen deines Nächsten Hauses, *noch* seines Feldes, noch seines Knechtes, noch seiner Magd, *noch* seines Rindes, noch seines Esels, noch alles dessen, was dein Nächster hat.

Diese Worte hat Jehova auf dem 22 Berge zu eurer ganzen Versammlung geredet, mitten aus dem Feuer, dem Gewölk und dem Dunkel, mit starker Stimme, und er fügte nichts hinzu. Und er schrieb sie auf zwei steinerne Tafeln und gab sie mir. Und 23 es geschah, als ihr die Stimme mitten aus der Finsternis hörtet, während der Berg im Feuer brannte, da nahtet ihr zu mir, alle Häupter eurer Stämme und eure Aeltesten, und sprachet: 24 Siehe, Jehova, unser Gott, hat uns seine Herrlichkeit und seine Größe sehen lassen, und wir haben seine Stimme mitten aus dem Feuer gehört; an diesem Tage haben wir gesehen, daß Jehova mit dem Menschen redet, und er am Leben bleibt. Und nun, 25 warum sollten wir sterben? denn dieses große Feuer wird uns verzehren. Wenn wir die Stimme Jehovas, unseres Gottes, noch weiter hören, so werden wir sterben. Denn wer ist 26 von allem Fleische, der die Stimme

---

a W. ohne Wissen. — *b* Wahrsch. ist Sirjon zu lesen, wie Kap. 3. 9. — *c* das Tote Meer. — *d* Vergl. 2. Mose 20, 1—17; auch betreffs der Anmerkungen. — *e* Eig. aus dem Sklavenhause. So auch Kap. 6, 12; 7, 8; 8, 14 usw. — *f* Eig. zu meinem Angesicht hinzu. — *g* El. — *h* O. ungestraft lassen.

des lebendigen Gottes mitten aus dem Feuer hätte reden hören, wie wir, 27 und wäre am Leben geblieben? Nahe du hinzu und höre alles, was Jehova, unser Gott, sagen wird; und du, du sollst alles zu uns reden, was Jehova, unser Gott, zu dir reden wird, und 28 wir wollen hören und es tun. Und Jehova hörte die Stimme eurer Worte, als ihr zu mir redetet; und Jehova sprach zu mir: Ich habe die Stimme der Worte dieses Volkes gehört, welche sie zu dir geredet haben; es ist alles gut, was sie geredet haben. 29 Möchte doch dieses ihr Herz ihnen bleiben *a*, mich allezeit zu fürchten und alle meine Gebote zu beobachten, auf daß es ihnen und ihren Kindern 30 wohlgehe ewiglich! Gehe hin, sprich zu ihnen: Kehret in eure Zelte zu- 31 rück! Du aber bleibe hier bei mir, und ich will zu dir reden alle die Gebote und die Satzungen und die Rechte, welche du sie lehren sollst, damit sie sie tun in dem Lande, das 32 ich ihnen gebe, es zu besitzen. — So achtet den darauf, zu tun, wie Jehova, euer Gott, euch geboten hat; weichet nicht ab zur Rechten noch 33 zur Linken. Auf dem ganzen Wege, den Jehova, euer Gott, euch geboten hat, sollt ihr wandeln, auf daß ihr lebet und es euch wohlgehe, und ihr eure Tage verlängert in dem Lande, das ihr besitzen werdet.

6 Und dies sind die Gebote *b*, die Satzungen und die Rechte, welche Jehova, euer Gott, geboten hat, euch zu lehren, damit ihr sie tuet in dem Lan- 2 de, wohin ihr hinüberziehet, um es in Besitz zu nehmen; auf daß du Jehova, deinen Gott, fürchtest alle Tage deines Lebens, um zu beobachten alle seine Satzungen und seine Gebote, die ich dir gebiete, du und dein Sohn und deines Sohnes Sohn, und auf daß 3 deine Tage sich verlängern. So höre denn, Israel, und achte darauf, sie zu tun, damit es dir wohlgehe, und ihr euch sehr mehret — so wie Jehova, der Gott deiner Väter, zu dir geredet hat — in einem Lande, das von Milch und Honig fließt! 4 Höre, Israel: Jehova, unser Gott, 5 ist ein einiger Jehova *c*! Und du sollst Jehova, deinen Gott, lieben mit deinem ganzen Herzen und mit deiner ganzen Seele und mit deiner ganzen 6 Kraft. Und diese Worte, die ich dir heute gebiete, sollen auf deinem Her- 7 zen sein. Und du sollst sie deinen Kindern einschärfen und davon reden, wenn du in deinem Hause sitzest, und wenn du auf dem Wege gehst, und wenn du dich niederlegst, und wenn 8 du aufstehst. Und du sollst sie zum Zeichen auf deine Hand binden, und sie sollen zu Stirnbändern sein zwi- 9 schen deinen Augen; und du sollst sie auf die Pfosten deines Hauses und 10 an deine Tore schreiben. Und es soll geschehen, wenn Jehova, dein Gott,

dich in das Land bringt, das er deinen Vätern, Abraham, Isaak und Jakob, geschworen hat, dir zu geben: große und gute Städte, die du nicht 11 gebaut hast, und Häuser, voll von allem Gut, die du nicht gefüllt, und gehauene Zisternen, die du nicht gehauen, Weinberge und Olivengärten, die du nicht gepflanzt hast, und du essen und satt werden wirst: so hüte dich, 12 daß du Jehovas nicht vergessest, der dich herausgeführt hat aus dem Lande Aegypten, aus dem Hause der Knechtschaft. Jehova, deinen Gott, sollst du 13 fürchten und ihm dienen, und bei seinem Namen sollst du schwören. Ihr 14 sollt nicht anderen Göttern nachgehen, von den Göttern der Völker, die rings um euch her sind; denn ein ei- 15 fernder Gott *d* ist Jehova, dein Gott, in deiner Mitte: damit nicht der Zorn Jehovas, deines Gottes, wider dich entbrenne, und er dich vertilge vom Erdboden hinweg.

Ihr sollt Jehova, euren Gott, nicht 16 versuchen, wie ihr ihn zu Massa versucht habt. Ihr sollt fleißig beobachten 17 die Gebote Jehovas, eures Gottes, und seine Zeugnisse und seine Satzungen, die er dir geboten hat. Und du sollst 18 tun was recht und gut ist in den Augen Jehovas, auf daß es dir wohlgehe und du hineinkommest und das gute Land in Besitz nehmest, welches Jehova deinen Vätern zugeschworen hat, in- 19 dem er alle deine Feinde vor dir ausstößt, so wie Jehova geredet hat.

Wenn dein Sohn dich künftig fragt 20 und spricht: Was bedeuten die Zeugnisse und die Satzungen und die Rechte, welche Jehova, unser Gott, euch geboten hat? so sollst du deinem Soh- 21 ne sagen: Wir waren Knechte des Pharao in Aegypten, und Jehova hat uns mit starker Hand aus Aegypten herausgeführt; und Jehova tat vor unse- 22 ren Augen große und verderbenbringende Zeichen und Wunder an Aegypten, an dem Pharao und an seinem ganzen Hause; und uns führte er von 23 dannen heraus, um uns herzubringen, uns das Land zu geben, welches er unseren Vätern zugeschworen hat. Und 24 Jehova hat uns geboten, alle diese Satzungen zu tun, Jehova, unseren Gott, zu fürchten, uns zum Guten alle Tage, daß er uns am Leben erhalte, wie es an diesem Tage ist. Und es 25 wird unsere Gerechtigkeit sein, wenn wir darauf achten, dieses ganze Gebot vor Jehova, unserem Gott, zu tun, so wie er uns geboten hat.

Wenn Jehova, dein Gott, dich in **7** das Land bringt, wohin du kommst, um es in Besitz zu nehmen, und viele Nationen vor dir hinaustreibt: die Hethiter und die Girgasiter und die Amoriter und die Kanaaniter und die Perisiter und die Hewiter und die Jebusiter, sieben Nationen, größer und stärker als du, und Jehova, dein Gott, sie vor dir dahingibt, und du sie

---

a W. sein. — *b* W. das Gebot. — *c* d. h. einzig und allein derjenige, welchem der Name Jehova zukommt. (Vergl. Sach. 14, 9.) — *d* El.

schlägst, so sollst du sie ganz und gar verbannen; du sollst keinen Bund mit ihnen machen, noch Gnade gegen sie 3 üben. Und du sollst dich nicht mit ihnen verschwägern: deine Tochter sollst du nicht seinem Sohne geben, und seine Tochter sollst du nicht für 4 deinen Sohn nehmen; denn sie würden *a* deine Söhne *b* von mir abwendig machen, daß sie anderen Göttern dienten; und der Zorn Jehovas würde *c* wider euch entbrennen, und er 5 würde *c* dich schnell vertilgen. Sondern also sollt ihr ihnen tun: ihre Altäre sollt ihr niederreißen und ihre Bildsäulen zerbrechen und ihre Ascherim *d* umhauen und ihre geschnitzten 6 Bilder mit Feuer verbrennen. Denn ein heiliges Volk bist du Jehova, deinem Gott; dich hat Jehova, dein Gott, erwählt, ihm zum Eigentumsvolke zu sein aus allen Völkern, die auf dem 7 Erdboden sind. Nicht weil euer mehr wären als aller Völker, hat Jehova sich euch zugeneigt und euch erwählt; denn ihr seid das geringste unter al- 8 len Völkern; sondern wegen Jehovas Liebe zu euch, und weil er den Eid hielt, den er euren Vätern geschworen, hat Jehova euch mit starker Hand herausgeführt und dich erlöst aus dem Hause der Knechtschaft, aus der Hand des Pharao, des Königs von Aegypten. 9 So wisse denn, daß Jehova, dein Gott, Gott *e* ist; der treue Gott *f*, der den Bund und die Güte auf tausend Geschlechter hin denen bewahrt, die ihn lieben und seine Gebote beobach-10 ten, und denen, die ihn hassen, ins Angesicht vergilt, sie zu vertilgen: nicht zögert er mit seinem Hasser. 11 ins Angesicht vergilt er ihm! So sollst du das Gebot und die Satzungen und die Rechte beobachten, die ich dir 12 heute zu tun gebiete. Und es wird geschehen: dafür daß ihr diesen Rechten gehorchet und sie beobachtet und sie tut, wird Jehova, dein Gott, dir den Bund und die Güte bewahren, die er deinen Vätern geschworen hat; 13 und er wird dich lieben und dich segnen und dich mehren: er wird segnen die Frucht deines Leibes und die Frucht deines Landes, dein Getreide und deinen Most und dein Oel, das Geworfene deiner Rinder und die Zucht deines Kleinviehes, in dem Lande, das er deinen Vätern geschwo-14 ren hat, dir zu geben. Gesegnet wirst du sein vor allen Völkern; kein Unfruchtbarer und keine Unfruchtbare wird unter dir sein, noch un-15 ter deinem Vieh. Und Jehova wird jede Krankheit von dir abwenden; und keine der bösen Seuchen Aegyptens, die du kennst, wird er auf dich legen, sondern er wird sie auf alle 16 deine Hasser bringen. Und du wirst alle Völker verzehren, die Jehova, dein Gott, dir geben wird. Dein Auge soll ihrer nicht schonen, und du sollst ihren Göttern nicht dienen; denn das

würde dir ein Fallstrick sein. Wenn du 17 in deinem Herzen sprichst: Diese Nationen sind größer als ich; wie vermöchte ich sie auszutreiben? — fürchte dich 18 nicht vor ihnen; gedenke doch dessen, was Jehova, dein Gott, dem Pharao und allen Aegyptern getan hat, der 19 großen Versuchungen, die deine Augen gesehen, und der Zeichen und der Wunder, und der starken Hand und des ausgestreckten Armes, womit Jehova, dein Gott, dich herausgeführt hat. Also wird Jehova, dein Gott, all den Völkern tun, vor denen du dich fürchtest; und auch die Hornissen 20 wird Jehova, dein Gott, gegen sie entsenden, bis die Uebriggebliebenen und die sich vor dir Verbergenden umgekommen sind. Erschrick nicht 21 vor ihnen! denn Jehova, dein Gott, ist in deiner Mitte, ein großer und furchtbarer Gott *f*. Und Jehova, dein 22 Gott, wird diese Nationen nach und nach vor dir austreiben; du wirst sie nicht eilends vernichten können, damit nicht das Wild des Feldes sich wider dich mehre. Und Jehova, dein 23 Gott, wird sie vor dir dahingeben und sie in große Verwirrung versetzen, bis sie vertilgt sind. Und er wird ihre 24 Könige in deine Hand geben, und du wirst ihre Namen vernichten unter dem Himmel hinweg; kein Mensch wird vor dir bestehen, bis du sie vertilgt hast. Die geschnitzten Bilder ih- 25 rer Götter sollt ihr mit Feuer verbrennen; du sollst nicht das Silber und das Gold an ihnen begehren und es dir nehmen, daß du nicht dadurch verstrickt werdest; denn es ist ein Greuel für Jehova, deinen Gott; und 26 du sollst keinen Greuel in dein Haus bringen, sodaß du ein Bann werdest gleich ihm; du sollst es ganz und gar verabscheuen und es gänzlich für einen Greuel halten, denn es ist ein Bann.

Das ganze Gebot, das ich dir heute **8** gebiete, sollt ihr beobachten, es zu tun; auf daß ihr lebet und euch mehret und hineinkommet und das Land in Besitz nehmet, welches Jehova euren Vätern zugeschworen hat. Und du 2 sollst gedenken des ganzen Weges, den Jehova, dein Gott, dich hat wandern lassen diese vierzig Jahre in der Wüste, um dich zu demütigen, um dich zu versuchen, um zu erkennen, was in deinem Herzen ist, ob du seine Gebote beobachten würdest oder nicht. Und er demütigte dich und ließ dich 3 hungern; und er speiste dich mit dem Man, das du nicht kanntest und das deine Väter nicht kannten, um dir kundzutun, daß der Mensch nicht von Brot allein lebt, sondern daß der Mensch von allem lebt, was aus dem Munde Jehovas hervorgeht. Dein Kleid 4 ist nicht an dir zerfallen, und dein Fuß ist nicht geschwollen diese vierzig Jahre. So erkenne in deinem 5 Herzen, daß, wie ein Mann seinen Sohn züchtigt, Jehova, dein Gott, dich

---

a O. werden. — *b* W. deinen Sohn. — *c* O. wird. — *d* S. die Vorrede. — *e* W. der Gott. — *f* El.

6 züchtigt; und beobachte die Gebote Jehovas, deines Gottes, um auf seinen Wegen zu wandeln und ihn zu fürch-
7 ten. Denn Jehova, dein Gott, bringt dich in ein gutes Land, ein Land von Wasserbächen, Quellen und Gewässern *a*, die in der Niederung und im
8 Gebirge entspringen; ein Land von Weizen und Gerste und Weinstöcken und Feigenbäumen und Granatbäumen; ein Land von ölreichen Oliven-
9 bäumen und Honig; ein Land, in welchem du nicht in Dürftigkeit Brot essen wirst, in welchem es dir an nichts mangeln wird; ein Land, dessen Steine Eisen sind, und aus dessen
10 Bergen du Erz hauen wirst. Und hast du gegessen und bist satt geworden, so sollst du Jehova, deinen Gott, für das gute Land preisen, das er dir
11 gegeben hat. Hüte dich, daß du Jehovas, deines Gottes, nicht vergessest, sodaß du nicht beobachtest seine Gebote und seine Rechte und seine Satzungen, die ich dir heute gebiete!
12 damit nicht, wenn du issest und satt wirst, und schöne Häuser baust und
13 bewohnst, und dein Rind- und dein Kleinvieh sich mehrt, und Silber und Gold sich dir mehren, und alles was
14 du hast sich mehrt, dein Herz sich erhebe, und du Jehovas, deines Gottes, vergessest, der dich aus dem Lande Aegypten, aus dem Hause der Knecht-
15 schaft, herausführte; der dich wandern ließ in der großen und schrecklichen Wüste, wo feurige Schlangen *b* und Skorpione sind, und Dürre, wo kein Wasser ist; der dir Wasser aus
16 dem Kieselfelsen hervorbrachte; der dich in der Wüste mit Man speiste, welches deine Väter nicht kannten, um dich zu demütigen und um dich zu versuchen, damit er dir wohltue
17 an deinem Ende *c*, und du in deinem Herzen sprechest: Meine Kraft und die Stärke meiner Hand hat mir die-
18 ses Vermögen geschafft! Sondern du sollst Jehovas, deines Gottes, gedenken, daß er es ist, der dir Kraft gibt, Vermögen zu schaffen; auf daß er seinen Bund aufrecht halte, den er deinen Vätern geschworen hat, wie
19 *es* an diesem Tage *ist*. Und es wird geschehen, wenn du irgend Jehovas, deines Gottes, vergissest und anderen Göttern nachgehst und ihnen dienst und dich vor ihnen niederbeugst — ich zeuge heute gegen euch, daß ihr
20 gewißlich umkommen werdet; wie die Nationen, welche Jehova vor euch vernichtet hat, also werdet ihr umkommen, dafür daß ihr auf die Stimme Jehovas, eures Gottes, nicht höret.

9 Höre, Israel! du gehst heute über den Jordan, um hineinzukommen, Nationen in Besitz zu nehmen, größer und stärker als du, Städte, groß und
2 befestigt bis an den Himmel, ein großes und hohes Volk, die Söhne der Enakim, die du ja kennst, und von denen du ja gehört hast: Wer kann

vor den Kindern Enaks bestehen? So 3 wisse heute, daß Jehova, dein Gott, es ist, der vor dir her hinübergeht, ein verzehrendes Feuer; er wird sie vertilgen, und e r wird sie vor dir beugen; und du wirst sie austreiben und sie schnell vernichten, so wie Jehova zu dir geredet hat. Sprich nicht 4 in deinem Herzen, wenn Jehova, dein Gott, sie vor dir ausstößt: Um meiner Gerechtigkeit willen hat Jehova mich hierher gebracht, um dieses Land in Besitz zu nehmen; denn um der Gesetzlosigkeit dieser Nationen willen treibt Jehova sie vor dir aus. Nicht 5 um deiner Gerechtigkeit und der Geradheit deines Herzens willen kommst du hinein, um ihr Land in Besitz zu nehmen; sondern um der Gesetzlosigkeit dieser Nationen willen treibt Jehova, dein Gott, sie vor dir aus, und damit er das Wort aufrecht halte, welches Jehova deinen Vätern, Abraham, Isaak und Jakob, geschworen hat. So 6 wisse denn, daß nicht um deiner Gerechtigkeit willen Jehova, dein Gott, dir dieses gute Land gibt, es zu besitzen; denn ein hartnäckiges Volk bist du.

Gedenke, vergiß nicht, wie du Jehova, deinen Gott, in der Wüste erzürnt hast! Von dem Tage an, da du aus dem Lande Aegypten herausgezogen bist, bis ihr an diesen Ort kamet, seid ihr widerspenstig gegen Jehova gewesen. Und am Horeb erzürntet ihr 8 Jehova; und Jehova ergrimmte über euch, sodaß er euch vertilgen wollte. Als ich auf den Berg stieg, um die 9 steinernen Tafeln zu empfangen, die Tafeln des Bundes, den Jehova mit euch gemacht hatte, da blieb ich auf dem Berge vierzig Tage und vierzig Nächte, — Brot aß ich nicht, und Wasser trank ich nicht — und Jehova gab 10 mir die zwei steinernen Tafeln, beschrieben mit dem Finger Gottes; und auf ihnen standen alle die Worte *d*, welche Jehova auf dem Berge mit euch geredet hatte, mitten aus dem Feuer, am Tage der Versammlung. Und es geschah am Ende von vierzig 11 Tagen und vierzig Nächten, da gab mir Jehova die zwei steinernen Tafeln, die Tafeln des Bundes. Und Je- 12 hova sprach zu mir: Mache dich auf, steige eilends von hier hinab! denn dein Volk, das du aus Aegypten herausgeführt hast, hat sich verderbt. Sie sind schnell von dem Wege abgewichen, den ich ihnen geboten habe; sie haben sich ein gegossenes Bild gemacht. Und Jehova sprach zu mir 13 und sagte: Ich habe dieses Volk gesehen, und siehe, es ist ein hartnäckiges Volk. Laß ab von mir, daß ich sie 14 vertilge und ihren Namen unter dem Himmel auslösche; und ich will d i c h zu einer Nation machen, stärker und größer als sie. Und ich wandte 15 mich und stieg von dem Berge herab, (und der Berg brannte mit Feuer)

---

a Eig. Tiefen, Fluten. — *b* S. die Anm. zu 4. Mose 21, 6. — *c* O. in der (eig. deiner) Zukunft. — *d* W. auf ihnen nach all den Worten.

und die zwei Tafeln des Bundes wa-
16 ren auf meinen beiden Händen. Und
ich sah, und siehe, ihr hattet gegen
Jehova, euren Gott, gesündigt; ihr
hattet euch ein gegossenes Kalb gemacht; ihr waret schnell von dem
Wege abgewichen, den Jehova euch
17 geboten hatte. Und ich faßte die beiden Tafeln und warf sie aus meinen
beiden Händen und zerbrach sie vor
euren Augen.
18   Und ich warf mich vor Jehova nieder, wie zuerst, vierzig Tage und
vierzig Nächte, — Brot aß ich nicht,
und Wasser trank ich nicht — um all
eurer Sünden willen, die ihr begangen hattet, indem ihr tatet was übel
war in den Augen Jehovas, ihn zu
19 reizen. Denn mir war bange vor dem
Zorn und dem Grimm, womit Jehova
über euch ergrimmt war, sodaß er
euch vertilgen wollte. Und Jehova
20 erhörte mich auch dieses Mal. Auch
über Aaron zürnte Jehova sehr, sodaß er ihn vertilgen wollte; und ich
bat auch für Aaron in selbiger Zeit.
21 Und ich nahm eure Sünde, das Kalb,
das ihr gemacht hattet, und verbrannte
es mit Feuer, und ich zerstieß es, indem ich es wohl zermalmte, bis es zu
feinem Staube ward; und ich warf
seinen Staub in den Bach, der von
22 dem Berge herabfließt. — Und zu Tabhera und zu Massa und zu Kibroth-
Hattaawa erzürntet ihr Jehova. —
23 Und als Jehova euch aus Kades-Barnea sandte und sprach: Ziehet hinauf
und nehmet das Land in Besitz, das
ich euch gegeben habe, da waret ihr
widerspenstig gegen den Befehl Jehovas, eures Gottes, und ihr glaubtet
ihm nicht und gehorchtet seiner Stim-
24 me nicht. Widerspenstige seid ihr gegen Jehova gewesen von dem Tage
an, da ich euch gekannt habe.
25   Und ich warf mich vor Jehova nieder, die vierzig Tage und die vierzig
Nächte, die ich mich niederwarf; denn
Jehova hatte gesagt, daß er euch ver-
26 tilgen wolle; und ich betete zu Jehova und sprach: Herr, Jehova! verdirb
nicht dein Volk und dein Erbteil, das
du durch deine Größe erlöst, das du
mit starker Hand aus Aegypten heraus-
27 geführt hast. Gedenke deiner Knechte, Abrahams, Isaaks und Jakobs;
kehre dich nicht an die Härtigkeit
dieses Volkes und an seine Gesetz-
28 losigkeit und an seine Sünde, damit
das Land, aus welchem du uns herausgeführt hast, nicht sage: Weil Jehova nicht imstande war, sie in das
Land zu bringen, wovon er zu ihnen
geredet hatte, und weil er sie haßte,
hat er sie herausgeführt, um sie in
29 der Wüste sterben zu lassen. Sie sind
ja dein Volk und dein Erbteil, das du
herausgeführt hast mit deiner großen
Kraft und mit deinem ausgestreckten
Arme.
10 In selbiger Zeit sprach Jehova zu
mir: Haue dir zwei steinerne Tafeln
aus, wie die ersten, und steige zu mir

herauf auf den Berg; und mache dir
eine Lade von Holz; und ich werde 2
auf die Tafeln die Worte schreiben,
welche auf den ersten Tafeln waren,
die du zerbrochen hast; und du sollst
sie in die Lade legen. Und ich machte 3
eine Lade von Akazienholz und hieb
zwei steinerne Tafeln aus, wie die ersten; und ich stieg auf den Berg, und
die zwei Tafeln waren in meiner
Hand. Und er schrieb auf die Tafeln 4
wie die erste Schrift, die zehn Worte,
welche Jehova auf dem Berge zu euch
geredet hatte, mitten aus dem Feuer
am Tage der Versammlung; und Jehova gab sie mir. Und ich wandte 5
mich und stieg von dem Berge herab.
Und ich legte die Tafeln in die Lade,
die ich gemacht hatte; und sie sind
daselbst, wie Jehova mir geboten hat.
    Und die Kinder Israel brachen auf 6
von Beeroth-Bne-Jaakan nach Mosera.
Daselbst starb Aaron, und er wurde
daselbst begraben; und Eleasar, sein
Sohn, übte den Priesterdienst aus an
seiner Statt. Von dannen brachen sie 7
auf nach Gudgoda, und von Gudgoda
nach Jotbatha, einem Lande von Wasserbächen.
    In selbiger Zeit sonderte Jehova 8
den Stamm Levi aus, um die Lade
des Bundes Jehovas zu tragen, vor
Jehova zu stehen, um ihm zu dienen
und in seinem Namen zu segnen, bis
auf diesen Tag. Darum ward dem 9
Levi kein Teil noch Erbe mit seinen
Brüdern; Jehova ist sein Erbteil, so
wie Jehova, dein Gott, zu ihm geredet hat.
    Ich aber blieb auf dem Berge, wie 10
die vorigen Tage, vierzig Tage und
vierzig Nächte, und Jehova erhörte
mich auch dieses Mal; Jehova wollte
dich nicht verderben. Und Jehova 11
sprach zu mir: Mache dich auf, gehe
hin, um vor dem Volke herzuziehen,
damit sie hineinkommen und das Land
in Besitz nehmen, das ich ihren Vätern geschworen habe, ihnen zu geben.
    Und nun, Israel, was fordert Jeho- 12
va, dein Gott, von dir, als nur, Jehova, deinen Gott, zu fürchten, auf
allen seinen Wegen zu wandeln und
ihn zu lieben, und Jehova, deinem
Gott, zu dienen mit deinem ganzen
Herzen und mit deiner ganzen Seele,
indem du die Gebote Jehovas und 13
seine Satzungen, die ich dir heute
gebiete, beobachtest, dir zum Guten?
Siehe, Jehovas, deines Gottes, sind 14
die Himmel und die Himmel der Himmel, die Erde und alles was in ihr
ist. Jedoch a deinen Vätern hat Jehova 15
sich zugeneigt, sie zu lieben; und er
hat euch, ihren Samen nach ihnen,
aus allen Völkern erwählt, wie es an
diesem Tage ist. So beschneidet denn 16
die Vorhaut eures Herzens und verhärtet euren Nacken nicht mehr! Denn 17
Jehova, euer Gott, er ist der Gott der
Götter und der Herr der Herren, der
große, mächtige und furchtbare Gott b,
der keine Person ansieht und kein

a O. Nur. — b El.

6

18 Geschenk annimmt; der Recht schafft der Waise und der Witwe, und den Fremdling liebt, sodaß er ihm Brot 19 und Kleider gibt. Und ihr sollt den Fremdling lieben; denn ihr seid Fremdlinge gewesen im Lande 20 Aegypten. Jehova, deinen Gott, sollst du fürchten, ihm sollst du dienen und ihm anhangen, und bei seinem Na- 21 men sollst du schwören. Er ist dein Ruhm, und er dein Gott, der jene großen und furchtbaren Dinge an dir getan hat, die deine Augen gesehen 22 haben. Zu siebenzig Seelen zogen deine Väter nach Aegypten hinab; und nun hat Jehova, dein Gott, dich gemacht wie die Sterne des Himmels an Menge.

11 So sollst du denn Jehova, deinen Gott, lieben und seine Vorschriften *a* beobachten und seine Satzungen und seine Rechte und seine Gebote alle 2 Tage. Und erkennet *b* heute — denn nicht mit euren Kindern *rede ich*, die es nicht wissen und die es nicht gesehen haben — die Zucht Jehovas, eures Gottes, seine Größe, seine starke Hand und seinen ausgestreckten Arm, 3 und seine Zeichen und seine Taten, die er in Aegypten getan hat, an dem Pharao, dem Könige von Aegypten, 4 und an seinem ganzen Lande; und was er getan hat an der Heeresmacht Aegyptens, an seinen Rossen und seinen Wagen, über welche er die Wasser des Schilfmeeres hinströmen ließ, als sie euch nachjagten; und Jehova hat sie vernichtet bis auf diesen Tag; 5 und was *er* euch in der Wüste getan 6 hat, bis ihr an diesen Ort kamet; und was er an Dathan und Abiram getan hat, den Söhnen Eliabs, des Sohnes Rubens: wie die Erde ihren Mund auftat und sie inmitten von ganz Israel verschlang samt ihren Familien *c* und ihren Zelten und allem Bestehen- 7 den, das in ihrem Gefolge war. Denn eure Augen haben all das große Werk Jehovas gesehen, das er getan hat. 8 Und so beobachtet das ganze Gebot, das ich dir heute gebiete, damit ihr stark seiet und hineinkommet und das Land besitzet, wohin ihr hinüberziehet, um es in Besitz zu nehmen; 9 und damit ihr eure Tage verlängert in dem Lande, das Jehova euren Vätern geschworen hat, ihnen und ihrem Samen zu geben, ein Land, das von 10 Milch und Honig fließt. Denn das Land, wohin du kommst, um es in Besitz zu nehmen, ist nicht wie das Land Aegypten, von wo ihr ausgezogen seid, wo du deine Saat sätest und mit deinem Fuße *d* wässertest, wie 11 einen Krautgarten; sondern das Land, wohin ihr hinüberziehet, um es in Besitz zu nehmen, ist ein Land mit Bergen und Tälern; vom Regen des 12 Himmels trinkt es Wasser; ein Land, auf welches Jehova, dein Gott, achthat: beständig sind die Augen Jehovas, deines Gottes, darauf *gerichtet*,

vom Anfang des Jahres bis zum Ende des Jahres. Und es wird geschehen, 13 wenn ihr fleißig auf meine Gebote höret, die ich euch heute gebiete, Jehova, euren Gott, zu lieben und ihm zu dienen mit eurem ganzen Herzen und mit eurer ganzen Seele, so werde 14 ich den Regen eures Landes geben zu seiner Zeit, den Frühregen und den Spätregen, damit du dein Getreide und deinen Most und dein Oel einsammelst; und ich werde deinem Vieh 15 Kraut geben auf deinem Felde, und du wirst essen und satt werden. Hü- 16 tet euch, daß euer Herz nicht verführt werde, und ihr abweichet und anderen Göttern dienet und euch vor ihnen niederbeuget, und der Zorn Jeho- 17 vas wider euch entbrenne, und er den Himmel verschließe, daß kein Regen sei, und der Erdboden seinen Ertrag nicht gebe, und ihr bald aus dem guten Lande vertilgt werdet, das Jehova euch gibt.

Und ihr sollt diese meine Worte 18 auf euer Herz und auf eure Seele legen, und sie zum Zeichen auf eure Hand binden, und sie sollen zu Stirnbändern zwischen euren Augen sein. Und lehret sie eure Kinder, indem 19 ihr davon redet, wenn du in deinem Hause sitzest, und wenn du auf dem Wege gehst, und wenn du dich niederlegst, und wenn du aufstehst: und 20 schreibe sie auf die Pfosten deines Hauses und an deine Tore, auf daß 21 eure Tage und die Tage eurer Kinder sich mehren in dem Lande, welches Jehova euren Vätern geschworen hat, ihnen zu geben, wie die Tage des Himmels über der Erde. Denn wenn 22 ihr dieses ganze Gebot, das ich euch *e* zu tun gebiete, fleißig beobachtet, Jehova, euren Gott, zu lieben, auf allen seinen Wegen zu wandeln und ihm anzuhangen, so wird Jehova alle diese 23 Nationen vor euch austreiben; und ihr werdet Nationen in Besitz nehmen, größer und stärker als ihr. Jeder 24 Ort, auf welchen eure Fußsohle treten wird, wird euer sein: von der Wüste und dem Libanon, *und* vom Strome, dem Strome Phrat, bis an das hintere *f* Meer wird eure Grenze sein. Niemand 25 wird vor euch bestehen; euren Schrecken und eure Furcht wird Jehova, euer Gott, auf das ganze Land legen, auf welches ihr treten werdet, so wie er zu euch geredet hat.

Siehe, ich lege euch heute Segen 26 und Fluch vor: den Segen, wenn ihr 27 den Geboten Jehovas, eures Gottes, gehorchet, die ich euch heute gebiete; und den Fluch, wenn ihr den Geboten 28 Jehovas, eures Gottes, nicht gehorchet und von dem Wege abweichet, den ich euch heute gebiete, um anderen Göttern nachzugehen, die ihr nicht kennet. Und es soll geschehen, wenn 29 Jehova, dein Gott, dich in das Land bringt, wohin du kommst, um es in Besitz zu nehmen, so sollst du den

---

a S. die Anm. zu 3. Mose 8, 35. — *b* O. ihr erkennet. — *c* Eig. ihren Häusern. — *d* d. h. durch Treten eines Schöpfrades. — *e* E. l. euch heute. — *f* d. h. westliche.

Segen erteilen auf *a* dem Berge Gerisim und den Fluch auf *a* dem Berge
30 Ebal. Sind sie nicht jenseit des Jordan, hinter dem Wege gegen Sonnenuntergang im Lande der Kanaaniter *b*, die in der Ebene wohnen, Gilgal gegenüber, bei den Terebinthen Mores?
31 Denn ihr gehet über den Jordan, um hineinzukommen, das Land in Besitz zu nehmen, das Jehova, euer Gott, euch gibt; und ihr werdet es in Besitz nehmen und darin wohnen.
32 Und so achtet darauf, alle die Satzungen und die Rechte zu tun, die ich euch heute vorlege.

12 Dies sind die Satzungen und die Rechte, welche ihr beobachten sollt, sie zu tun in dem Lande, das Jehova, der Gott deiner Väter, dir gegeben hat, es zu besitzen alle die Tage, die ihr auf den Erdboden lebet:
2 Ihr sollt alle die Orte gänzlich zerstören, wo die Nationen, die ihr austreiben werdet, ihren Göttern gedient haben: auf den hohen Bergen und auf den Hügeln und unter jedem grü-
3 nen Baume; und ihr sollt ihre Altäre niederreißen und ihre Bildsäulen zerbrechen und ihre Ascherim mit Feuer verbrennen und die geschnitzten Bilder ihrer Götter umhauen; und ihr sollt ihre Namen aus selbigem Orte vertilgen.
4 Jehova, eurem Gott, sollt ihr nicht
5 also tun; sondern den Ort sollt ihr aufsuchen, welchen Jehova, euer Gott, aus allen euren Stämmen erwählen wird, um seinen Namen dahin zu setzen, daß er dort wohne, und dahin
6 sollst du kommen. Und ihr sollt dahin bringen eure Brandopfer und eure Schlachtopfer, und eure Zehnten, und das Hebopfer eurer Hand, und eure Gelübde und eure freiwilligen Gaben, und die Erstgeborenen eures Rind-
7 und eures Kleinviehes; und daselbst sollt ihr vor Jehova, eurem Gott, essen und euch erfreuen, ihr und eure Häuser, an allem Geschäft eurer Hand, worin Jehova, dein Gott, dich geseg-
8 net hat. Ihr sollt nicht tun nach allem, was wir heute hier tun, in jeder was irgend recht ist in seinen
9 Augen; denn ihr seid bis jetzt noch nicht zu der Ruhe und zu dem Erbteil gekommen, das Jehova, dein Gott,
10 dir gibt. Seid ihr aber über den Jordan gezogen und wohnet ihr in dem Lande, das Jehova, euer Gott, euch erben läßt, und er schafft euch Ruhe vor allen euren Feinden ringsum, und
11 ihr wohnet sicher, so soll es geschehen: der Ort, welchen Jehova, euer Gott, erwählen wird, seinen Namen daselbst wohnen zu lassen, dahin sollt ihr alles bringen, was ich euch gebiete: eure Brandopfer und eure Schlachtopfer, eure Zehnten und das Hebopfer eurer Hand, und alle Auswahl eurer Gelübde, die ihr Jehova geloben wer-

det. Und ihr sollt euch freuen vor 12 Jehova, eurem Gott, ihr und eure Söhne und eure Töchter und eure Knechte und eure Mägde, und der Levit, der in euren Toren ist, denn er hat kein Teil noch Erbe mit euch.
Hüte dich, daß du nicht deine Brand- 13 opfer an jedem Orte opferst, den du siehst! sondern an dem Orte, welchen 14 Jehova in einem deiner Stämme erwählen wird, daselbst sollst du deine Brandopfer opfern und daselbst alles tun, was ich dir gebiete. Doch magst 15 du nach allem Begehr deiner Seele schlachten und Fleisch essen in allen deinen Toren, nach dem Segen Jehovas, deines Gottes, den er dir gegeben hat: der Unreine und der Reine mögen es essen, wie die Gazelle und wie den Hirsch *c*. Nur das Blut sollt 16 ihr nicht essen, ihr sollt es auf die Erde gießen wie Wasser. — Du darfst 17 in deinen Toren nicht essen den Zehnten deines Getreides und deines Mostes und deines Oeles, noch die Erstgeborenen deines Rind- und deines Kleinviehes, noch alle deine Gelübde, die du tust, noch deine freiwilligen Gaben, noch das Hebopfer deiner Hand; sondern vor Jehova, deinem 18 Gott, an dem Orte, welchen Jehova, dein Gott, erwählen wird, sollst du es essen, du und dein Sohn und deine Tochter, und dein Knecht und deine Magd, und der Levit, der in deinen Toren ist; und du sollst dich vor Jehova, deinem Gott, erfreuen an allem Geschäft deiner Hand. Hüte dich, daß 19 du den Leviten nicht verlässest, alle deine Tage in deinem Lande.
Wenn Jehova, dein Gott, dein Ge- 20 biet erweitern wird, so wie er zu dir geredet hat, und du sprichst: Ich will Fleisch essen, weil deine Seele Fleisch zu essen begehrt, so magst du Fleisch essen nach allem Begehr deiner Seele. Wenn der Ort, den Jehova, dein Gott, 21 erwählen wird, um seinen Namen dahin zu setzen, fern von dir ist, so magst du schlachten von deinem Rind- und von deinem Kleinvieh, das Jehova dir gegeben hat, so wie ich dir geboten habe, und in deinen Toren essen nach allem Begehr deiner Seele; gerade so wie die Gazelle und der 22 Hirsch gegessen werden, also magst du es essen: der Unreine und der Reine mögen es gleicherweise essen. Nur halte daran fest, kein Blut zu essen, 23 denn das Blut ist die Seele *d*; und du sollst nicht die Seele mit dem Fleische essen; du sollst es nicht essen, auf 24 daß es dir und deinen Kindern nach 25 dir wohlgehe, weil du tust was recht ist in den Augen Jehovas. Jedoch 26 deine heiligen Dinge, die du haben wirst, und deine Gelübde sollst du nehmen und an den Ort kommen, den

---

a O. an. Vergl. Kap. 27, 12 usw.; Jos. 8, 33. — *b* O. *der* durch das Land der Kanaaniter *führt*. — *c* d. h. Tiere, die, obwohl rein, nicht geopfert werden konnten, und die jedermann essen durfte. (Vergl. 3. Mose 7, 19.) — *d* O. das Leben; vergl. 3. Mose 17, 11 usw.

27 Jehova erwählen wird; und deine Brandopfer, das Fleisch und das Blut, sollst du auf dem Altar Jehovas, deines Gottes, opfern; und das Blut deiner Schlachtopfer soll an *a* dem Altar Jehovas, deines Gottes, gegossen werden, und das Fleisch magst du essen.

28 Habe acht und höre auf alle diese Worte, die ich dir gebiete, auf daß es dir und deinen Kindern nach dir wohlgehe ewiglich, weil du tust was gut und recht ist in den Augen Jehovas, deines Gottes.

29 Wenn Jehova, dein Gott, die Nationen vor dir ausrottet, zu welchen du kommst, um sie auszutreiben, und du treibst sie aus und wohnst in ihrem Lande, so hüte dich, daß du nicht

30 verstrickt werdest ihnen nach, nachdem sie vor dir vertilgt sind, und daß du nicht fragest nach ihren Göttern und sprechest: Wie dienten diese Nationen ihren Göttern? so will auch

31 ich ebenso tun. Jehova, deinem Gott, sollst du nicht also tun; denn alles was für Jehova ein Greuel ist, den er haßt, haben sie ihren Göttern getan; denn sogar ihre Söhne und ihre Töchter haben sie ihren Göttern mit Feuer

32 verbrannt. Das ganze Wort, das ich euch gebiete, das sollt ihr beobachten, es zu tun; du sollst nichts hinzufügen und nichts davontun.

13 Wenn in deiner Mitte ein Prophet aufsteht, oder einer, der Träume hat, und er gibt dir ein Zeichen oder

2 ein Wunder; und das Zeichen oder das Wunder trifft ein, von welchem er zu dir geredet hat, indem er sprach: Laß uns anderen Göttern nachgehen (die du nicht gekannt hast) und ihnen

3 dienen; so sollst du nicht hören auf die Worte dieses Propheten oder auf den, der die Träume hat; denn Jehova, euer Gott, versucht euch, um zu erkennen, ob ihr Jehova, euren Gott, liebet mit eurem ganzen Herzen und

4 mit eurer ganzen Seele. Jehova, eurem Gott, sollt ihr nachfolgen und ihn fürchten; und ihr sollt seine Gebote beobachten und seiner Stimme gehorchen und ihm dienen und ihm anhangen.

5 Und jener Prophet oder jener, der die Träume hat, soll getötet werden; denn er hat Abfall geredet wider Jehova, euren Gott, der euch aus dem Lande Aegypten herausgeführt und dich erlöst hat aus dem Hause der Knechtschaft, — um dich abzuleiten von dem Wege, auf welchem zu wandeln Jehova, dein Gott, dir geboten hat. Und du sollst das Böse aus deiner Mitte hinwegschaffen.

6 Wenn dein Bruder, der Sohn deiner Mutter, oder dein Sohn, oder deine Tochter, oder das Weib deines Busens, oder dein Freund, der *dir* wie deine Seele ist, dich heimlich anreizt und spricht: Laß uns gehen und anderen Göttern dienen, (die du nicht gekannt hast, du noch deine Väter,

7 von den Göttern der Völker, die rings um euch her sind, nahe bei dir oder

fern von dir, von einem Ende der Erde bis zum anderen Ende der Erde)

8 so sollst du ihm nicht zu Willen sein und nicht auf ihn hören; und dein Auge soll seiner nicht schonen, und du sollst dich seiner nicht erbarmen, noch ihn verbergen; sondern du sollst

9 ihn gewißlich töten. Deine Hand soll zuerst an ihm sein, ihn zu töten, und danach die Hand des ganzen Volkes;

10 und du sollst ihn steinigen, daß er sterbe. Denn er hat gesucht, dich abzuleiten von Jehova, deinem Gott, der dich herausgeführt hat aus dem Lande Aegypten, aus dem Hause der Knechtschaft. Und ganz Israel soll es

11 hören und sich fürchten, damit man nicht mehr eine solche Uebeltat in deiner Mitte begehe.

12 Wenn du von einer deiner Städte, die Jehova, dein Gott, dir gibt, um daselbst zu wohnen, sagen hörst: Es

13 sind Männer, Söhne Belials *b*, aus deiner Mitte ausgegangen und haben die Bewohner ihrer Stadt verleitet und gesprochen: Laßt uns gehen und anderen Göttern dienen, (die ihr nicht

14 gekannt habt) so sollst du genau untersuchen und nachforschen und fragen; und siehe, ist es Wahrheit, steht die Sache fest, ist dieser Greuel in deiner Mitte verübt worden, so sollst

15 du die Bewohner jener Stadt gewißlich schlagen mit der Schärfe des Schwertes; du sollst sie verbannen und alles was in ihr ist, und ihr Vieh,

16 mit der Schärfe des Schwertes. Und alle ihre Beute sollst du mitten auf ihren Platz zusammentragen und die Stadt und alle ihre Beute Jehova, deinem Gott, gänzlich mit Feuer verbrennen; und sie soll ein Schutthaufen sein ewiglich, sie soll nicht wie-

17 der aufgebaut werden. Und nicht soll irgend etwas von dem Verbannten an deiner Hand haften, auf daß Jehova sich von der Glut seines Zornes wende und dir Erbarmung gebe und sich deiner erbarme und dich mehre, so

18 wie er deinen Vätern geschworen hat, wenn du der Stimme Jehovas, deines Gottes, gehorchst, alle seine Gebote zu beobachten, die ich dir heute gebiete, daß du tust was recht ist in den Augen Jehovas, deines Gottes.

14 Ihr seid Kinder Jehovas, eures Gottes; ihr sollt euch nicht wegen eines Toten Einschnitte machen *c* und euch nicht kahl scheren zwischen euren Augen. Denn ein heiliges Volk

2 bist du Jehova, deinem Gott; und dich hat Jehova erwählt, ihm ein Eigentumsvolk zu sein, aus allen Völkern, die auf den Erdboden sind.

3 Du sollst keinen Greuel essen. Dies

4 sind die Tiere, die ihr essen sollt:

5 Rind, Schaf und Ziege, Hirsch und Gazelle und Damhirsch und Steinbock und Antilope und Bergziege und Wildschaf. Und jedes Tier, das gespaltene

6 Hufe hat, und zwar ganz durchgespaltene Hufe, *und* das wiederkäut unter den Tieren, das sollt ihr essen.

---

a O. auf. — *b* d. h. ruchlose Männer. — *c* Eig. euch nicht ritzen.

7 Nur diese sollt ihr nicht essen von den wiederkäuenden und von denen, die mit gespaltenen Hufen versehen sind: das Kamel und den Hasen und den Klippendachs; denn sie wiederkäuen, aber sie haben keine gespaltenen Hufe: unrein sollen sie euch 8 sein; und das Schwein, denn es hat gespaltene Hufe, aber es wiederkäut nicht: unrein soll es euch sein. Von ihrem Fleische sollt ihr nicht essen, und ihr Aas sollt ihr nicht anrühren.

9 Dieses sollt ihr essen von allem was in den Wassern ist: alles was Floßfedern und Schuppen hat, sollt 10 ihr essen; aber alles was keine Floßfedern und Schuppen hat, sollt ihr nicht essen: unrein soll es euch sein.

11 Alle reinen Vögel sollt ihr essen. 12 Aber diese sind es, die ihr von ihnen nicht essen sollt: der Adler und der 13 Beinbrecher und der Seeadler, und der Falke und die Weihe, und der 14 Geier nach seiner Art, und alle Ra- 15 ben nach ihrer Art, und die Straußhenne und der Straußhahn und die Seemöve, und der Habicht nach sei- 16 ner Art, die Eule und die Rohrdom- 17 mel und das Purpurhuhn, und der Pelikan und der Aasgeier und der 18 Sturzpelikan, und der Storch, und der Fischreiher nach seiner Art, und der 19 Wiedehopf und die Fledermaus. Und alles geflügelte Gewürm *a* soll euch unrein sein; es soll nicht gegessen 20 werden. Alles reine Gevögel sollt ihr essen.

21 Ihr sollt kein Aas essen; dem Fremdling, der in deinen Toren ist, magst du es geben, daß er es esse, oder verkaufe es einem Fremden; denn ein heiliges Volk bist du Jehova, deinem Gott. — Du sollst ein Böcklein nicht kochen in der Milch seiner Mutter.

22 Du sollst treulich verzehnten allen Ertrag deiner Saat, die *b* aus dem 23 Felde erwächst, Jahr für Jahr. Und du sollst essen vor Jehova, deinem Gott, an dem Orte, den er erwählen wird, um seinen Namen daselbst wohnen zu lassen, den Zehnten deines Getreides, deines Mostes und deines Oeles, und die Erstgeborenen deines Rind- und deines Kleinviehes, auf daß du Jehova, deinen Gott, fürchten 24 lernest alle Tage. Und wenn der Weg zu weit für dich ist, daß du es nicht hinbringen kannst, weil der Ort fern von dir ist, den Jehova, dein Gott, erwählen wird, um seinen Namen dahin zu setzen, wenn Jehova, dein 25 Gott, dich segnet: so sollst du es um Geld geben; und binde das Geld in deine Hand zusammen, und gehe an den Ort, den Jehova, dein Gott, er- 26 wählen wird. Und gib das Geld für alles was deine Seele begehrt, für Rinder und für Kleinvieh und für Wein und für starkes Getränk, und für alles was deine Seele wünscht;

und iß daselbst vor Jehova, deinem Gott, und freue dich, du und dein Haus. Und den Leviten, der in deinen 27 Toren ist, den sollst du nicht verlassen; denn er hat kein Teil noch Erbe mit dir.

Am Ende von drei Jahren sollst du 28 allen Zehnten deines Ertrages in jenem Jahre aussondern und ihn in deinen Toren niederlegen; und der Le- 29 vit — denn er hat kein Teil noch Erbe mit dir — und der Fremdling und die Waise und die Witwe, die in deinen Toren sind, sollen kommen und essen und sich sättigen; auf daß Jehova, dein Gott, dich segne in allem Werke deiner Hand, das du tust.

Am Ende von sieben Jahren sollst **15** du einen Erlaß halten. Und dies ist die Sache mit dem Erlasse: Jeder 2 Schuldherr soll erlassen das Darlehn seiner Hand, das er seinem Nächsten geliehen hat; er soll seinen Nächsten und seinen Bruder nicht drängen; denn man hat einen Erlaß dem Jehova ausgerufen. Den Fremden magst 3 du drängen; was du aber bei deinem Bruder hast, soll deine Hand erlassen; es sei denn daß kein Armer un- 4 ter dir ist. Denn *c* Jehova wird dich reichlich segnen in dem Lande, welches Jehova, dein Gott, dir als Erbteil gibt, es zu besitzen, wenn du nur 5 der Stimme Jehovas, deines Gottes, fleißig gehorchst, darauf zu achten, dieses ganze Gebot zu tun, das ich dir heute gebiete. Denn Jehova, dein 6 Gott, wird dich segnen, wie er zu dir geredet hat; und du wirst vielen Nationen auf Pfand leihen, du aber wirst nichts auf Pfand entlehnen; und du wirst über viele Nationen herrschen, über dich aber werden sie nicht herrschen.

Wenn ein Armer unter dir sein 7 wird, irgend einer deiner Brüder, in einem deiner Tore in deinem Lande, das Jehova, dein Gott, dir gibt, so sollst du dein Herz nicht verhärten und deine Hand vor deinem Bruder, dem Armen, nicht verschließen; son- 8 dern du sollst ihm deine Hand weit auftun und ihm willig auf Pfand leihen was hinreicht für den Mangel, den er hat. Hüte dich, daß nicht in 9 deinem Herzen ein Belialswort sei, daß du sprechest: Es naht das siebente Jahr, das Erlaßjahr! und dein Auge böse sei gegen deinen Bruder, den Armen, und du ihm nichts gebest, und er über dich *e* zu Jehova schreie, und Sünde an dir sei! Wil- 10 lig sollst du ihm geben, und dein Herz soll nicht ärgerlich sein, wenn du ihm gibst; denn um dieser Sache willen wird Jehova, dein Gott, dich segnen in all deinem Werke und in allem Geschäft deiner Hand. Denn 11 der Arme wird nicht aufhören inmitten des Landes; darum gebiete ich dir und spreche: Du sollst deinem Bruder, deinem Dürftigen und dei-

---

a Eig. Gewimmel. — *b* O. was. — *c* O. erlassen. Jedoch wird kein Armer unter dir sein; denn usw. — *d* Eig. hat dich gesegnet. — *e* O. wider dich.

nem Armen in deinem Lande, deine Hand weit auftun.

12 Wenn dein Bruder, ein Hebräer oder eine Hebräerin, sich dir verkauft *a*, so soll er dir sechs Jahre dienen; und im siebenten Jahre sollst 13 du ihn frei von dir entlassen. Und wenn du ihn frei von dir entlässest, so sollst du ihn nicht leer entlassen: 14 du sollst ihm reichlich aufladen von deinem Kleinvieh und von deiner Tenne und von deiner Kelter; von dem, womit Jehova, dein Gott, dich gesegnet hat, sollst du ihm geben. 15 Und du sollst gedenken, daß du ein Knecht gewesen bist im Lande Aegypten, und daß Jehova, dein Gott, dich erlöst hat; darum gebiete ich dir 16 heute diese Sache. Und es soll geschehen, wenn er zu dir spricht: Ich will nicht von dir weggehen, — weil er dich und dein Haus liebt, weil ihm 17 wohl bei dir ist — so sollst du eine Pfrieme nehmen und sie durch sein Ohr in die Tür stechen, und er wird dein Knecht sein für immer; und auch deiner Magd sollst du also tun. 18 Es soll nicht schwer sein in deinen Augen, wenn du ihn frei von dir entlässest; denn was an Wert das Doppelte des Lohnes eines Tagelöhners ausmacht hat er dir sechs Jahre lang gedient; und Jehova, dein Gott, wird dich segnen in allem was du tust.

19 Alles männliche Erstgeborene, das unter deinen Rindern und unter deinem Kleinvieh geboren wird, sollst du Jehova, deinem Gott, heiligen. Du sollst mit dem Erstgeborenen deines Rindes nicht arbeiten, und du sollst das Erstgeborene deines Kleinviehes 20 nicht scheren: vor Jehova, deinem Gott, sollst du es essen, Jahr für Jahr, du und dein Haus, an dem Orte, den 21 Jehova erwählen wird. Wenn aber ein Gebrechen an ihm ist, *daß es* lahm oder blind *ist*, irgend ein schlimmes Gebrechen, so sollst du es Jeho-22 va, deinem Gott, nicht opfern. In deinen Toren magst du es essen, der Unreine und der Reine gleicherweise, wie die Gazelle und wie der Hirsch. 23 Nur sein Blut sollst du nicht essen; du sollst es auf die Erde gießen wie Wasser.

16 Beobachte den Monat Abib und feiere *das* Passah Jehova, deinem Gott; denn im Monat Abib hat Jehova, dein Gott, dich des Nachts aus 2 Aegypten herausgeführt. Und du sollst Jehova, deinem Gott, das Passah schlachten, Klein- und Rindvieh, an dem Orte, den Jehova erwählen wird, um seinen Namen daselbst wohnen 3 zu lassen. Du sollst kein Gesäuertes dazu essen; sieben Tage sollst du Ungesäuertes dazu essen, Brot des Elendes, — denn in Eile bist du aus dem Lande Aegypten herausgezogen — auf daß du gedenkest des Tages deines Auszugs aus dem Lande Aegypten 4 alle Tage deines Lebens. Und sieben

Tage soll kein Sauerteig bei dir gesehen werden in deinem ganzen Gebiet; und von dem Fleische, das du am Abend schlachtest, am ersten Tage, soll nichts über Nacht bleiben bis an den Morgen. — Du kannst das 5 Passah nicht in einem deiner Tore schlachten, die Jehova, dein Gott, dir gibt; sondern an dem Orte, den Je-6 hova, dein Gott, erwählen wird, um seinen Namen *daselbst* wohnen zu lassen, dort sollst du das Passah schlachten, am Abend, beim Untergang der Sonne, zur Zeit deines Auszuges aus Aegypten; und du sollst es braten 7 und essen an dem Orte, den Jehova, dein Gott, erwählen wird. Und am Morgen sollst du dich wenden und nach deinen Zelten gehen. Sechs Tage 8 sollst du Ungesäuertes essen; und am siebenten Tage sei eine Festversammlung Jehova, deinem Gott; du sollst kein Werk tun.

Sieben Wochen sollst du dir zäh-9 len; von da an, wo man beginnt, die Sichel an die Saat zu legen, sollst du anfangen, sieben Wochen zu zählen. Und du sollst das Fest der Wochen 10 Jehova, deinem Gott, feiern, je nach der freiwilligen Gabe deiner Hand, die du geben magst, so wie Jehova, dein Gott, dich segnen wird; und du 11 sollst dich vor Jehova, deinem Gott, freuen, du und dein Sohn und deine Tochter, und dein Knecht und deine Magd, und der Levit, der in deinen Toren ist, und der Fremdling und die Waise und die Witwe, die in deiner Mitte sind, an dem Orte, den Jehova, dein Gott, erwählen wird, um seinen Namen daselbst wohnen zu lassen. Und du sollst gedenken, daß du ein 12 Knecht in Aegypten gewesen bist, und sollst diese Satzungen beobachten und tun.

Das Fest der Laubhütten *b* sollst du 13 dir sieben Tage feiern, wenn du den *Ertrag* von deiner Tenne und von deiner Kelter einsammelst; und du sollst 14 dich an deinem Feste freuen, du und dein Sohn und deine Tochter, und dein Knecht und deine Magd, und der Levit und der Fremdling und die Waise und die Witwe, die in deinen Toren sind. Sieben Tage sollst du Jehova, 15 deinem Gott, das Fest feiern an dem Orte, den Jehova erwählen wird; denn Jehova, dein Gott, wird dich segnen in all deinem Ertrag und in allem Werke deiner Hände, und du sollst nur fröhlich sein.

Dreimal im Jahre sollen alle deine 16 Männlichen vor Jehova, deinem Gott, erscheinen an dem Orte, den er erwählen wird: am Feste der ungesäuerten Brote und am Feste der Wochen und am Feste der Laubhütten; und man soll nicht leer vor Jehova erscheinen: ein jeder nach dem was 17 seine Hand geben kann *c*, nach dem Segen Jehovas, deines Gottes, den er dir gegeben hat.

---

a O. dir verkauft wird; vergl. 2. Mose 21, 2 usw.; 3. Mose 25, 39. — *b* W. Hütten. — *c* Eig. nach der Gabe seiner Hand.

18 Richter und Vorsteher sollst du dir einsetzen, nach deinen Stämmen, in allen deinen Toren, die Jehova, dein Gott, dir gibt, damit sie das Volk 19 richten mit gerechtem Gericht. Du sollst das Recht nicht beugen, du sollst die Person nicht ansehen und kein Geschenk nehmen, denn das Geschenk blendet die Augen der Weisen und verkehrt die Worte der Gerechten.
20 Der Gerechtigkeit, der Gerechtigkeit sollst du nachjagen, auf daß du lebest und das Land besitzest, welches Jehova, dein Gott, dir gibt.
21 Du sollst dir keine Aschera *a* pflanzen, irgend ein Holz neben dem Altar Jehovas, deines Gottes, den du 22 dir machen wirst. Und du sollst dir keine Bildsäule aufrichten, die Jehova, dein Gott, haßt.

17 Du sollst Jehova, deinem Gott, kein Rind- oder Kleinvieh opfern, an welchem ein Gebrechen ist, irgend etwas Schlimmes; denn es ist ein Greuel für Jehova, deinen Gott.
2 Wenn in deiner Mitte, in einem deiner Tore, die Jehova, dein Gott, dir gibt, ein Mann oder ein Weib gefunden wird, welche das tun was böse ist in den Augen Jehovas, deines Gottes, indem sie seinen Bund über-3 treten, sodaß sie hingehen und anderen Göttern dienen und sich vor ihnen oder vor der Sonne oder vor dem Monde oder vor dem ganzen Heere des Himmels niederbeugen, was ich 4 nicht geboten habe, und es wird dir berichtet, und du hörst es, so sollst du genau nachforschen; und siehe, ist es Wahrheit, steht die Sache fest, ist dieser Greuel in Israel verübt worden, 5 so sollst du jenen Mann oder jenes Weib, die diese böse Sache getan haben, zu deinen Toren hinausführen, den Mann oder das Weib, und sollst 6 sie steinigen, daß sie sterben. Auf die Aussage zweier Zeugen oder dreier Zeugen soll getötet werden, wer sterben soll; er soll nicht auf die Aussage eines einzelnen Zeugen getötet 7 werden. Die Hand der Zeugen soll zuerst an ihm sein, ihn zu töten, und danach die Hand des ganzen Volkes. Und du sollst das Böse aus deiner Mitte hinwegschaffen.
8 Wenn dir eine Sache zwischen Blut und Blut, zwischen Rechtssache und Rechtssache, und zwischen Verletzung und Verletzung, zu schwierig ist zum Urteil, *irgendwelche* Streitsachen in deinen Toren, so sollst du dich aufmachen und an den Ort hinaufziehen, den Jehova, dein Gott, erwählen wird.
9 Und du sollst zu den Priestern, den Leviten, kommen und zu dem Richter, der in jenen Tagen sein wird, und dich erkundigen; und sie werden 10 dir den Rechtsspruch verkünden. Und du sollst dem Spruche gemäß tun, welchen sie dir verkünden werden von jenem Orte aus, den Jehova erwählen wird, und sollst darauf achten, zu tun nach allem, was sie dich leh-

ren werden. Dem Gesetze gemäß, das 11 sie dich lehren, und nach dem Rechte, das sie dir sagen werden, sollst du tun; von dem Spruche, den sie dir verkünden werden, sollst du weder zur Rechten noch zur Linken abweichen. Der Mann aber, der mit Vermes- 12 senheit handeln würde, daß er auf den Dienst Jehovas, deines Gottes, daselbst zu verrichten, oder auf den Richter nicht hörte: selbiger Mann soll sterben. Und du sollst das Böse aus Israel hinwegschaffen. Und das ganze 13 Volk soll es hören und sich fürchten, und nicht mehr vermessen sein.
Wenn du in das Land kommst, das 14 Jehova, dein Gott, dir gibt, und es besitzest und darin wohnst und sagst: Ich will einen König über mich setzen, gleich allen Nationen, die rings um mich her sind: so sollst du nur 15 den König über dich setzen, den Jehova, dein Gott, erwählen wird; aus der Mitte deiner Brüder sollst du einen König über dich setzen; du sollst nicht einen fremden Mann über dich setzen, der nicht dein Bruder ist. Nur 16 soll er sich die Rosse nicht mehren und soll das Volk nicht nach Aegypten zurückführen, um sich die Rosse zu mehren; denn Jehova hat euch gesagt: Ihr sollt fortan nicht wieder dieses Weges zurückkehren. Und er soll 17 sich die Weiber nicht mehren, daß sein Herz nicht abwendig werde; und Silber und Gold soll er sich nicht sehr mehren. Und es soll geschehen, wenn 18 er auf dem Throne seines Königtums *b* sitzt, so soll er sich eine Abschrift dieses Gesetzes in ein Buch schreiben, aus *dem was* vor den Priestern, den Leviten, *liegt.* Und es soll bei ihm 19 sein, und er soll alle Tage seines Lebens darin lesen, auf daß er Jehova, seinen Gott, fürchten lerne, um zu beobachten alle Worte dieses Gesetzes und diese Satzungen, sie zu tun; damit sein Herz sich nicht über seine 20 Brüder erhebe, und damit er von dem Gebote weder zur Rechten noch zur Linken abweiche, auf daß er die Tage in seinem Königtum verlängere, er und seine Söhne, in der Mitte Israels.
Die Priester, die Leviten, der gan- **18** ze Stamm Levi, sollen kein Teil noch Erbe mit Israel haben; die Feueropfer Jehovas und sein Erbteil *c* sollen sie essen. Aber er soll kein Erb- 2 teil haben inmitten seiner Brüder; Jehova ist sein Erbteil, so wie er zu ihm geredet hat. — Und dies soll das 3 Recht der Priester sein von seiten des Volkes, von seiten derer, die ein Schlachtopfer opfern, es sei Rind- oder Kleinvieh: man soll dem Priester die Schulter geben und die Kinnbacken und den rauhen Magen. Die Erstlinge 4 deines Getreides, deines Mostes und deines Oeles, und die Erstlinge von der Schur deiner Schafe sollst du ihm geben; denn ihn hat Jehova, dein 5

Gott, erwählt aus allen deinen Stämmen, damit er dastehe, um den Dienst im Namen Jehovas zu verrichten, 6 und seine Söhne, alle Tage. — Und wenn der Levit kommen wird aus einem deiner Tore, aus ganz Israel, wo er sich aufhält, und er kommt nach aller Lust seiner Seele an den Ort, 7 den Jehova erwählen wird, und verrichtet den Dienst im Namen Jehovas, seines Gottes, wie alle seine Brüder, die Leviten, die daselbst 8 vor Jehova stehen: so sollen sie zu gleichen Teilen essen, außer dem was er von seinem väterlichen Eigentum verkauft hat.

9　Wenn du in das Land kommst, das Jehova, dein Gott, dir gibt, so sollst du nicht lernen, nach den Greueln 10 dieser Nationen zu tun. Es soll keiner unter dir gefunden werden, der seinen Sohn oder seine Tochter durchs Feuer gehen läßt, keiner, der Wahrsagerei treibt, kein Zauberer oder 11 Beschwörer oder Magier, oder Bannsprecher oder Totenbeschwörer oder Wahrsager oder der die Toten be- 12 fragt. Denn ein Greuel für Jehova ist ein jeder, der diese Dinge tut; und um dieser Greuel willen treibt Jeho- 13 va, dein Gott, sie vor dir aus. Du sollst vollkommen*a* sein gegen Jeho- 14 va, deinen Gott. Denn diese Nationen, die du austreiben wirst, hören auf Zauberer und auf Wahrsager; du aber — nicht also hat Jehova, dein Gott, dir gestattet.

15　Einen Propheten aus deiner Mitte, aus deinen Brüdern, gleich mir, wird Jehova, dein Gott, dir erwecken; auf 16 ihn sollt ihr hören; nach allem was du von Jehova, deinem Gott, am Horeb begehrt hast am Tage der Versammlung, indem du sprachest: Ich möchte nicht weiter die Stimme Jehovas, meines Gottes, hören, und dieses große Feuer möchte ich nicht mehr 17 sehen, daß ich nicht sterbe! Und Jehova sprach zu mir: Gut ist, was 18 sie geredet haben *b*. Einen Propheten, gleich dir, will ich ihnen aus der Mitte ihrer Brüder erwecken; und ich will meine Worte in seinen Mund legen, und er wird zu ihnen reden alles was ich ihm gebieten werde. 19 Und es wird geschehen, der Mann, der nicht hört auf meine Worte, die er in meinem Namen reden wird, von 20 dem werde i c h es fordern. — Doch der Prophet, der sich vermessen wird, in meinem Namen ein Wort zu reden, das ich ihm nicht geboten habe zu reden, oder der im Namen anderer Götter reden wird: selbiger Prophet soll ster- 21 ben. Und wenn du in deinem Herzen sprichst: Wie sollen wir das Wort erkennen, das Jehova nicht geredet hat? 22 Wenn der Prophet im Namen Jehovas redet, und das Wort geschieht nicht und trifft nicht ein, so ist das das Wort, welches Jehova nicht geredet hat; mit Vermessenheit hat der

Prophet es geredet; du sollst dich nicht vor ihm fürchten.

Wenn Jehova, dein Gott, die Nationen ausrotten wird, deren Land **19** Jehova, dein Gott, dir gibt, und du sie austreibst und in ihren Städten und in ihren Häusern wohnst: so sollst 2 du dir drei Städte aussondern inmitten deines Landes, das Jehova, dein Gott, dir gibt, es zu besitzen. Du sollst 3 dir den Weg *dahin* zurichten, und das Gebiet deines Landes, das Jehova, dein Gott, dir als Erbteil geben wird, in drei Teile teilen; und das soll geschehen, damit jeder Totschläger dahin fliehe. Und dies ist die Sache mit 4 dem Totschläger, der dahin fliehen soll, damit er am Leben bleibe: wer seinen Nächsten unabsichtlich*c* erschlägt, und er haßte ihn vordem nicht, wie *etwa* wenn jemand *d* 5 mit seinem Nächsten in den Wald geht, um Holz zu hauen, und seine Hand holt aus mit der Axt, um das Holz abzuhauen, und das Eisen fährt vom Stiele und trifft seinen Nächsten, daß er stirbt: der soll in eine dieser Städte fliehen, damit er am Leben bleibe; auf daß nicht der Bluträcher, 6 weil sein Herz entbrannt ist, dem Totschläger nachsetze und ihn erreiche, weil der Weg lang ist, und ihn totschlage, obwohl ihm kein Todesurteil *gebührt*, da er ihn vordem nicht haßte. Darum gebiete ich dir und sa- 7 ge: drei Städte sollst du dir aussondern. — Und wenn Jehova, dein Gott, 8 deine Grenzen erweitert, so wie er deinen Vätern geschworen hat, und dir das ganze Land gibt, welches er deinen Vätern zu geben verheißen *e* hat, (wenn du darauf achtest, dieses 9 ganze Gebot zu tun, das ich dir heute gebiete, indem du Jehova, deinen Gott, liebst und auf seinen Wegen wandelst alle Tage) so sollst du dir zu diesen dreien noch drei Städte hinzufügen; damit nicht unschuldiges Blut 10 vergossen werde inmitten deines Landes, das Jehova, dein Gott, dir als Erbteil gibt, und Blutschuld auf dir sei. — Wenn aber ein Mann seinen 11 Nächsten haßt, und ihm auflauert und sich wider ihn erhebt und ihn totschlägt, sodaß er stirbt, und er flieht in eine dieser Städte: so sollen die 12 Aeltesten seiner Stadt hinsenden und ihn von dannen holen lassen und ihn in die Hand des Bluträchers liefern, daß er sterbe. Dein Auge soll seiner 13 nicht schonen; und du sollst das unschuldige Blut aus Israel hinwegschaffen, und es wird dir wohlgehen.

Du sollst nicht die Grenze deines 14 Nächsten verrücken, welche die Vorfahren in deinem Erbteil gesetzt haben, das du erben wirst in dem Lande, welches Jehova, dein Gott, dir gibt, es zu besitzen.

Ein einzelner Zeuge soll nicht wi- 15 der jemand auftreten wegen irgend einer Ungerechtigkeit und wegen ir-

---

a O. untadelig, lauter. — *b* O. Sie haben wohl geredet. — *c* W. ohne Wissen. — *d* O. er. — *e* W. geredet.

gend einer Sünde, bei irgend einer Sünde, die er *a* begeht; auf zweier Zeugen Aussage oder auf dreier Zeugen Aussage soll eine Sache bestä-
16 tigt werden. — Wenn ein ungerechter Zeuge wider jemand auftritt, um ein Vergehen *b* wider ihn zu bezeu-
17 gen, so sollen die beiden Männer, die den Hader haben, vor Jehova treten, vor die Priester und die Richter, die in jenen Tagen sein wer-
18 den. Und die Richter sollen wohl nachforschen; und siehe, ist der Zeuge ein falscher Zeuge, hat er Falsches
19 wider seinen Bruder bezeugt, so sollt ihr ihm tun, wie er seinem Bruder zu tun gedachte; und du sollst das Böse aus deiner Mitte hinwegschaffen.
20 Und die Uebrigen sollen es hören und sich fürchten und fortan nicht mehr eine solche Uebeltat in deiner Mitte
21 begehen. Und dein Auge soll nicht schonen: Leben um Leben, Auge um Auge, Zahn um Zahn, Hand um Hand, Fuß um Fuß!

20 Wenn du wider deine Feinde zum Kriege ausziehst und siehst Roß und Wagen, ein Volk, zahlreicher als du, so sollst du dich nicht vor ihnen fürchten; denn Jehova, dein Gott, ist mit dir, der dich aus dem Lande Aegyp-
2 ten heraufgeführt hat. Und es soll geschehen, wenn ihr zum Streite heranrücket, so soll der Priester herzu-
3 treten und zu dem Volke reden und zu ihnen sprechen: Höre, Israel! ihr rücket heute zum Streite heran wider eure Feinde; euer Herz verzage nicht, fürchtet euch nicht und ängstiget euch nicht und erschrecket nicht vor ihnen;
4 denn Jehova, euer Gott, ist es, der mit euch zieht, um für euch zu streiten mit euren Feinden, um euch zu
5 retten. Und die Vorsteher sollen zu dem Volke reden und sprechen: Wer ist der Mann, der ein neues Haus gebaut und es noch nicht eingeweiht hat? er gehe und kehre nach seinem Hause zurück, damit er nicht in der Schlacht sterbe, und ein anderer Mann
6 es einweihe. Und wer ist der Mann, der einen Weinberg gepflanzt und ihn noch nicht benutzt *c* hat? er gehe und kehre nach seinem Hause zurück, damit er nicht in der Schlacht sterbe, und ein anderer Mann ihn be-
7 nutze. Und wer ist der Mann, der sich ein Weib verlobt und es noch nicht genommen hat? er gehe und kehre nach seinem Hause zurück, damit er nicht in der Schlacht sterbe,
8 und ein anderer Mann sie nehme. Und die Vorsteher sollen weiter zu dem Volke reden und sprechen: Wer ist der Mann, der sich fürchtet und verzagten Herzens ist? er gehe und kehre nach seinem Hause zurück, damit nicht das Herz seiner Brüder verzagt
9 werde wie sein Herz. Und es soll geschehen, wenn die Vorsteher aufgehört haben, zu dem Volke zu reden,

so sollen sie Heeroberste an die Spitze des Volkes stellen.

Wenn du dich einer Stadt näherst, 10 wider sie zu streiten, so sollst du ihr Frieden anbieten. Und es soll gesche- 11 hen, wenn sie dir Frieden erwidert und dir auftut, so soll alles Volk, das sich darin befindet, dir fronpflichtig sein und dir dienen. Und wenn sie 12 nicht Frieden mit dir macht, sondern Krieg mit dir führt, so sollst du sie belagern; und gibt Jehova, dein Gott, sie in 13 deine Hand, so schlage alle ihre Männlichen mit der Schärfe des Schwertes. Doch die Weiber und die Kinder, 14 und das Vieh und alles was in der Stadt sein wird, alle ihre Beute, sollst du für dich rauben; und du sollst die Beute deiner Feinde essen, die Jehova, dein Gott, dir gegeben hat. Also 15 sollst du allen Städten tun, die sehr fern von dir sind, die nicht sind von den Städten dieser Nationen hier. Je- 16 doch von den Städten dieser Völker, die Jehova, dein Gott, dir als Erbteil gibt, sollst du nichts leben lassen was Odem hat; sondern du sollst sie gänz- 17 lich verbannen: die Hethiter und die Amoriter, die Kanaaniter und die Perisiter, die Hewiter und die Jebusiter, wie Jehova, dein Gott, dir geboten hat; auf daß sie euch nicht lehren, 18 zu tun nach allen ihren Greueln, die sie ihren Göttern getan haben, und ihr nicht sündiget wider Jehova, euren Gott.

Wenn du eine Stadt viele Tage be- 19 lagern wirst, indem du Krieg wider sie führst, um sie einzunehmen, so sollst du ihre Bäume nicht verderben, indem du die Axt gegen sie schwingst, (denn du kannst davon essen) und sollst sie nicht abhauen; denn ist der Baum des Feldes ein Mensch, daß er vor dir in Belagerung kommen sollte? Nur die 20 Bäume, von denen du weißt, daß sie keine Bäume sind, von denen man ißt, die darfst du verderben und abhauen; und du magst Belagerungswerke davon bauen wider die Stadt, die Krieg mit dir führt, bis sie gefallen ist.

Wenn in dem Lande, das Jehova, **21** dein Gott, dir gibt, es zu besitzen, ein Erschlagener auf dem Felde liegend gefunden wird, ohne daß es bekannt ist, wer ihn erschlagen hat, so 2 sollen deine Aeltesten und deine Richter hinausgehen und nach den Städten hin messen, die rings um den Erschlagenen sind. Und es geschehe: 3 die Stadt, welche dem Erschlagenen am nächsten ist — die Aeltesten jener Stadt sollen eine Färse nehmen, mit der noch nicht gearbeitet worden ist, die noch nicht am Joche gezogen hat; und die Aeltesten jener Stadt sollen 4 die Färse zu einem immer fließenden Bache *d* hinabführen, in welchem nicht gearbeitet und nicht gesät wird, und sollen der Färse daselbst im Bache das Genick brechen. Und die Priester, 5

---

a O. man. — *b* Eig. eine Abweichung (vom Gesetz). — *c* W. entheiligt, d. h. durch den Gebrauch im fünften Jahre. S. 3. Mose 19, 23—25. — *d* Vergl. die Anm. zu 4. Mose 13, 23.

die Söhne Levis, sollen herzutreten; denn s i e hat Jehova, dein Gott, erwählt, ihm zu dienen und im Namen Jehovas zu segnen; und nach ihrem Ausspruch soll bei jedem Rechtsstreit und bei jeder Verletzung *a* geschehen.

6 Und alle Aeltesten jener Stadt, die dem Erschlagenen am nächsten sind, sollen ihre Hände über der Färse waschen, welcher das Genick im Bache 7 gebrochen worden ist, und sollen anheben und sprechen: Unsere Hände haben dieses Blut nicht vergossen, und unsere Augen haben es nicht ge-8 sehen; vergib, Jehova, deinem Volke Israel, das du erlöst hast, und lege nicht unschuldiges Blut in deines Volkes Israel Mitte *b*. Und die Blutschuld 9 wird ihnen vergeben werden. Und du, du sollst das unschuldige Blut aus deiner Mitte hinwegschaffen; denn du sollst tun was recht ist in den Augen Jehovas.

10 Wenn du wider deine Feinde zum Kriege ausziehst, und Jehova, dein Gott, sie in deine Hand gibt, und du 11 ihre Gefangenen wegführst, und du siehst unter den Gefangenen ein Weib, schön von Gestalt, und hast Lust zu ihr und nimmst sie dir zum Weibe, 12 so sollst du sie in das Innere deines Hauses führen; und sie soll ihr Haupt scheren und ihre Nägel be-13 schneiden und die Kleider ihrer Gefangenschaft von sich ablegen; und sie soll in deinem Hause bleiben und ihren Vater und ihre Mutter einen Monat lang beweinen; und danach magst du zu ihr eingehen und sie ehe-14 lichen, daß sie dein Weib sei. Und es soll geschehen, wenn du kein Gefallen *mehr* an ihr hast, so sollst du sie nach ihrem Wunsche entlassen *c*; aber du darfst sie keineswegs um Geld verkaufen; du sollst sie nicht als Sklavin *d* behandeln, darum daß du sie geschwächt hast.

15 Wenn ein Mann zwei Weiber hat, eine geliebte und eine gehaßte, und sie gebären ihm Söhne, die geliebte und die gehaßte, und der erstgeborene 16 Sohn ist von der gehaßten: so soll es geschehen, an dem Tage, da er seine Söhne erben läßt was sein ist: er kann nicht den Sohn der geliebten zum Erstgeborenen machen vor dem Sohne der ge-17 haßten, dem Erstgeborenen; sondern den Erstgeborenen, den Sohn der gehaßten, soll er anerkennen, daß er ihm zwei Teile gebe von allem was in seinem Besitz gefunden wird; denn er ist der Erstling seiner Kraft, ihm gehört das Recht der Erstgeburt.

18 Wenn ein Mann einen unbändigen und widerspenstigen Sohn hat, welcher der Stimme seines Vaters und der Stimme seiner Mutter nicht gehorcht, und sie züchtigen ihn, aber 19 er gehorcht ihnen nicht: so sollen sein Vater und seine Mutter ihn ergreifen und ihn zu den Aeltesten seiner Stadt und zum Tore seines Ortes hinausführen, und sollen zu den Aeltesten 20 seiner Stadt sprechen: Dieser unser Sohn ist unbändig und widerspenstig, er gehorcht unserer Stimme nicht, er ist ein Schlemmer und Säufer! Und 21 alle Leute seiner Stadt sollen ihn steinigen, daß er sterbe; und du sollst das Böse aus deiner Mitte hinwegschaffen. Und ganz Israel soll es hören und sich fürchten.

Und wenn an einem Manne eine 22 todeswürdige Sünde ist, und er wird getötet, und du hängst ihn an ein Holz, so soll sein Leichnam nicht über Nacht 23 an dem Holze bleiben, sondern du sollst ihn jedenfalls an demselben Tage begraben; denn ein Fluch Gottes ist ein Gehängter; und du sollst dein Land nicht verunreinigen, das Jehova, dein Gott, dir als Erbteil gibt.

Du sollst nicht das Rind deines **22** Bruders oder sein Kleinvieh irregehen sehen und dich ihnen entziehen; du sollst sie deinem Bruder jedenfalls zurückbringen. Wenn aber 2 dein Bruder nicht nahe bei dir ist, und du kennst ihn nicht, so sollst du sie in dein Haus aufnehmen, daß sie bei dir seien, bis dein Bruder sie sucht; dann gib sie ihm zurück. Und 3 ebenso sollst du mit seinem Esel tun, und ebenso sollst du mit seinem Gewande tun, und ebenso sollst du mit allem Verlorenen deines Bruders tun, das ihm verloren geht, und das du findest; du kannst dich nicht entziehen. Du sollst nicht den Esel deines 4 Bruders oder sein Rind auf dem Wege fallen sehen und dich ihnen entziehen; du sollst sie jedenfalls mit ihm aufrichten.

Es soll nicht Mannszeug auf einem 5 Weibe sein, und ein Mann soll nicht das Gewand eines Weibes anziehen; denn wer irgend solches tut, ist ein Greuel für Jehova, deinen Gott.

Wenn sich zufällig ein Vogelnest 6 vor dir auf dem Wege findet, auf irgend einem Baume oder auf der Erde, mit Jungen oder mit Eiern, und die Mutter sitzt auf den Jungen oder auf den Eiern, so sollst du nicht die Mutter samt den Jungen nehmen; du 7 sollst die Mutter jedenfalls fliegen lassen, und die Jungen magst du dir nehmen: auf daß es dir wohlgehe und du deine Tage verlängerst.

Wenn du ein neues Haus baust, so 8 sollst du ein Geländer um dein Dach machen, damit du nicht eine Blutschuld auf dein Haus bringest, wenn irgend jemand von demselben herabfiele.

Du sollst deinen Weinberg nicht 9 mit zweierlei Samen besäen, damit nicht die Fülle des Samens, den du gesät hast, und der Ertrag des Weinberges geheiligt werde *e*. — Du sollst 10 nicht pflügen mit einem Rinde und einem Esel zusammen. — Du sollst 11

---

a O. Beschädigung. — *b* d. h. ihm zur Last. — *c* d. h. sie gehen lassen, wohin es ihr beliebt. — *d* Eig. gewaltsam. — *e* d. h. **als** Strafe dafür dem Heiligtum verfallen.

nicht Zeug von verschiedenartigem Stoffe anziehen, Wolle und Leinen zusammen.

12 Quasten sollst du dir machen an den vier Zipfeln deiner Hülle *a*, womit du dich umhüllst.

13 Wenn ein Mann ein Weib nimmt und zu ihr eingeht, und er haßt sie 14 und bürdet ihr Dinge zum Gerede auf und bringt einen bösen Namen über sie aus und spricht: Dieses Weib habe ich genommen und mich ihr genaht und habe die Zeichen der Jung-15 fraußchaft nicht an ihr gefunden: so sollen der Vater des jungen Weibes und ihre Mutter die Zeichen der Jungfrauschaft des jungen Weibes nehmen und zu den Aeltesten der Stadt in das Tor 16 hinausbringen; und der Vater des jungen Weibes soll zu den Aeltesten sprechen: Ich habe meine Tochter diesem Manne zum Weibe gegeben, 17 und er haßt sie; und siehe, er bürdet ihr Dinge zum Gerede auf und spricht: Ich habe an deiner Tochter die Zeichen der Jungfrauschaft nicht gefunden. Und hier sind die Zeichen der Jungfrauschaft meiner Tochter. Und sie sollen das Tuch vor den Aeltesten 18 der Stadt ausbreiten. Und die Aeltesten selbiger Stadt sollen den Mann 19 nehmen und ihn züchtigen; und sie sollen ihn strafen um hundert *Sekel* Silber und sie dem Vater des jungen Weibes geben, weil er einen bösen Namen über eine Jungfrau in Israel ausgebracht hat. Und sie soll sein Weib sein; er kann sie nicht entlas-20 sen alle seine Tage. — Wenn aber jene Sache Wahrheit gewesen ist, die Zeichen der Jungfrauschaft sind an dem jungen Weibe nicht gefunden 21 worden, so sollen sie das junge Weib hinausführen an den Eingang des Hauses ihres Vaters, und die Männer ihrer Stadt sollen sie steinigen, daß sie sterbe, weil sie eine Schandtat in Israel verübt hat, zu huren im Hause ihres Vaters. Und du sollst das Böse aus deiner Mitte hinwegschaffen.

22 Wenn ein Mann bei einem Weibe liegend gefunden wird, das eines Mannes Eheweib ist, so sollen sie alle beide sterben, der Mann, der bei dem Weibe gelegen hat, und das Weib. Und du sollst das Böse aus Israel hinwegschaffen.

23 Wenn ein Mädchen, eine Jungfrau, einem Manne verlobt ist, und es findet sie ein Mann in der Stadt und 24 liegt bei ihr, so sollt ihr sie beide zum Tore selbiger Stadt hinausführen und sie steinigen, daß sie sterben: das Mädchen deshalb, weil sie nicht in der Stadt geschrieen hat, und den Mann deshalb, weil er das Weib seines Nächsten geschwächt hat. Und du sollst das Böse aus deiner Mitte hinweg-25 schaffen. — Wenn aber der Mann das verlobte Mädchen auf dem Felde findet, und der Mann ergreift sie und liegt bei ihr, so soll der Mann, der

bei ihr gelegen hat, allein sterben. 26 Aber dem Mädchen sollst du nichts tun, an dem Mädchen ist keine Sünde zum Tode; denn gleichwie ein Mann sich erhebt wider seinen Nächsten und ihn totschlägt, also ist diese Sache. 27 Denn er hat sie auf dem Felde gefunden; das verlobte Mädchen schrie, aber niemand rettete sie.

28 Wenn ein Mann ein Mädchen findet, eine Jungfrau, die nicht verlobt ist, und ergreift sie und liegt bei ihr, und 29 sie werden gefunden: so soll der Mann, der bei ihr gelegen hat, dem Vater des Mädchens fünfzig *Sekel* Silber geben; und sie soll sein Weib sein, darum daß er sie geschwächt hat, er kann sie nicht entlassen alle seine Tage.

30 Ein Mann soll nicht das Weib seines Vaters nehmen und soll die Decke *b* seines Vaters nicht aufdecken.

23

Es soll keiner, dem die Hoden zerstoßen sind oder der Harnstrang abgeschnitten ist, in die Versammlung Jehovas kommen. Es soll kein Ba-2 stard in die Versammlung Jehovas kommen; auch das zehnte Geschlecht von ihm soll nicht in die Versammlung Jehovas kommen. — Es soll kein 3 Ammoniter noch Moabiter in die Versammlung Jehovas kommen; auch das zehnte Geschlecht von ihnen soll nicht in die Versammlung Jehovas kommen ewiglich: deshalb weil sie euch nicht 4 mit Brot und mit Wasser entgegengekommen sind auf dem Wege, als ihr aus Aegypten zoget; und weil sie Bileam, den Sohn Beors, aus Pethor in Mesopotamien, wider dich gedungen haben, um dich zu verfluchen. Aber Je-5 hova, dein Gott, wollte nicht auf Bileam hören, und Jehova, dein Gott, wandelte dir den Fluch in Segen; denn Jehova, dein Gott, hatte dich lieb. Du sollst ihren Frieden und ihr Wohl 6 nicht suchen alle deine Tage, ewiglich.

Den Edomiter sollst du nicht ver-7 abscheuen, denn er ist dein Bruder. Den Aegypter sollst du nicht verabscheuen, denn du bist ein Fremdling in seinem Lande gewesen. Kin-8 der, die ihnen im dritten Geschlecht geboren werden, mögen von ihnen in die Versammlung Jehovas kommen.

Wenn du wider deine Feinde ins 9 Lager ausziehst, so sollst du dich vor allem Bösen hüten:

Wenn ein Mann unter dir ist, der 10 nicht rein ist durch ein Begegnis der Nacht, so soll er aus dem Lager hinausgehen; er soll nicht in das Lager hineinkommen; und es soll geschehen, 11 wenn der Abend sich neigt, soll er sich im Wasser baden; und beim Untergang der Sonne darf er in das Lager *zurückkommen*. Und du sollst 12 einen Platz außerhalb des Lagers haben, daß du dahin hinausgehest. Und 13 du sollst eine Schaufel unter deinem Geräte haben; und es soll geschehen,

---

a d. h. deines Obergewandes. Vergl. 4. Mose 15, 38. — *b* Eig. den Zipfel (des Obergewandes); vergl. die Anm. zu 2. Mose 22, 26.

wenn du dich draußen hinsetzest, so
sollst du damit graben, und sollst dich
umwenden und deine Ausleerung be-
14 decken. Denn Jehova, dein Gott, wandelt inmitten deines Lagers, um dich
zu erretten und deine Feinde vor dir
dahinzugeben; und dein Lager soll
heilig sein, daß er nichts Schamwür-
diges unter dir sehe und sich von dir
abwende.

15 Einen Knecht, der sich vor seinem
Herrn zu dir rettet, sollst du seinem
16 Herrn nicht ausliefern. Er soll bei
dir wohnen, in deiner Mitte, an dem
Orte, den er in einem deiner Tore
erwählen wird, wo es ihm gut dünkt:
du sollst ihn nicht bedrücken.

17 Es soll keine Buhlerin a sein unter
den Töchtern Israels, und es soll kein
Buhler a sein unter den Söhnen Isra-
18 els. Du sollst nicht den Lohn einer
Hure, noch den Preis eines Hundes
in das Haus Jehovas, deines Gottes,
bringen zu irgend einem Gelübde;
denn auch diese beiden sind ein Greuel für Jehova, deinen Gott.

19 Du sollst deinem Bruder keinen
Zins auflegen, Zins von b Geld, Zins
von b Speise, Zins von b irgend einer
20 Sache, die verzinst wird. Dem Fremden magst du Zins auflegen, aber deinem Bruder sollst du keinen Zins auflegen; damit Jehova, dein Gott, dich
segne in allem Geschäft deiner Hand
in dem Lande, wohin du kommst, um
es in Besitz zu nehmen.

21 Wenn du Jehova, deinem Gott, ein
Gelübde tust, so sollst du nicht zögern, es zu bezahlen; denn Jehova,
dein Gott, wird es gewißlich von dir
fordern, und es wird Sünde an dir
22 sein. Wenn du aber unterlässest zu
geloben, so wird keine Sünde an dir
23 sein. Was über deine Lippen gegangen ist, sollst du halten und tun, so
wie du Jehova, deinem Gott, freiwillig gelobt, was du mit deinem Munde
geredet hast.

24 Wenn du in den Weinberg deines
Nächsten kommst, so magst du Trauben essen nach deiner Lust, bis du
satt bist; aber in dein Gefäß sollst
25 du nichts tun. Wenn du in das Ge-
treidefeld deines Nächsten kommst,
so magst du Aehren mit deiner Hand
abpflücken; aber die Sichel sollst du
nicht über das Getreide deines Nächsten schwingen.

24 Wenn ein Mann ein Weib nimmt
und sie ehelicht, und es geschieht,
wenn sie keine Gnade in seinen Augen findet, weil er etwas Schamwür-
diges an ihr gefunden hat, daß er ihr
einen Scheidebrief schreibt und ihn
in ihre Hand gibt und sie aus seinem
2 Hause entläßt; und sie geht aus seinem Hause und geht hin und wird
3 das Weib eines anderen Mannes; und

der andere Mann haßt sie, und schreibt
ihr einen Scheidebrief und gibt ihn
in ihre Hand und entläßt sie aus seinem Hause; oder wenn der andere
Mann stirbt, der sie sich zum Weibe
genommen hat: so kann ihr erster 4
Mann, der sie entlassen hat, sie nicht
wiederum nehmen, daß sie sein Weib
sei, nachdem sie verunreinigt worden
ist. Denn das ist ein Greuel vor Jehova; und du sollst nicht das Land sündigen machen, welches Jehova, dein
Gott, dir als Erbteil gibt.

Wenn ein Mann kürzlich ein Weib 5
genommen hat c, so soll er nicht in
den Krieg ziehen, und es soll ihm
keinerlei Sache auferlegt werden; er
soll ein Jahr lang frei sein für sein d
Haus und sein Weib erfreuen, das er
genommen hat.

Man soll nicht Mühle e noch Mühl- 6
stein f pfänden; denn wer das tut, pfändet g das Leben.

Wenn ein Mann gefunden wird, der 7
einen von seinen Brüdern, von den
Kindern Israel, stiehlt, und ihn als
Sklaven h behandelt oder ihn verkauft,
so soll selbiger Dieb sterben. Und du
sollst das Böse aus deiner Mitte hinwegschaffen.

Habe acht bei dem Uebel des Aus- 8
satzes, daß du sehr behutsam seiest
und nach allem tuest, was euch die
Priester, die Leviten, lehren werden;
so wie ich ihnen geboten habe, sollt
ihr achthaben zu tun. Gedenke des- 9
sen, was Jehova, dein Gott, an Mirjam getan hat auf dem Wege, als ihr
aus Aegypten zoget.

Wenn du deinem Nächsten irgend 10
ein Darlehn leihst, so sollst du nicht
in sein Haus hineingehen, um ihm
ein Pfand abzupfänden; draußen sollst 11
du stehen bleiben, und der Mann,
dem du geliehen hast, soll das Pfand
zu dir hinausbringen. Und wenn er ein 12
dürftiger Mann ist, so sollst du dich
nicht mit seinem Pfande schlafen legen;
du sollst ihm das Pfand jedenfalls 13
beim Untergang der Sonne zurückgeben, daß er sich in seinem Mantel i
schlafen lege und dich segne; und es
wird dir Gerechtigkeit sein vor Jehova, deinem Gott.

Du sollst nicht bedrücken den dürf- 14
tigen und armen Mietling j von deinen Brüdern oder von deinen Fremdlingen, die in deinem Lande, in deinen Toren sind. An seinem Tage sollst 15
du ihm seinen Lohn geben, und die
Sonne soll nicht darüber untergehen;
denn er ist dürftig, und er sehnt
sich danach: damit er nicht über
dich k zu Jehova schreie, und Sünde
an dir sei.

Nicht sollen Väter getötet werden 16
um der Kinder willen l, und Kinder
sollen nicht getötet werden um der

---

a Eig. Geweihte . . . Geweihter, d. h. dem Dienste der Astarte geweiht (vergl. 1.
Mose 38, 21). Der Lohn der Hurerei war für den Tempel jener heidnischen Gottheit
bestimmt. — b O. an. — c W. ein neues Weib nimmt. — d O. in seinem. — e d. h.
eine Handmühle. — f d. h. den oberen Stein, den Läufer. — g W. denn er pfändet.
— h O. Knecht. — i Vergl. die Anm. zu 2. Mose 22, 26. — j O. Tagelöhner. — k O.
wider dich. — l O. samt den Kindern . . . samt den Vätern.

Väter willen *a*; sie sollen ein jeder für seine Sünde getötet werden.

17 Du sollst das Recht eines Fremdlings *und* einer Waise nicht beugen; und das Kleid einer Witwe sollst du 18 nicht pfänden. Und du sollst gedenken, daß du ein Knecht in Aegypten gewesen bist, und daß Jehova, dein Gott, dich von dannen erlöst hat; darum gebiete ich dir, solches zu tun.

19 Wenn du deine Ernte auf deinem Felde hältst und eine Garbe auf dem Felde vergissest, so sollst du nicht umkehren, um sie zu holen: für den Fremdling, für die Waise und für die Witwe soll sie sein, auf daß Jehova, dein Gott, dich segne in allem Werke 20 deiner Hände. Wenn du deine Oliven *b* abschlägst, so sollst du nicht hinterdrein die Zweige absuchen: für den Fremdling, für die Waise und 21 für die Witwe soll es sein. Wenn du deinen Weinberg liesest, so sollst du nicht hinterdrein Nachlese halten: für den Fremdling, für die Waise und 22 für die Witwe soll es sein. Und du sollst gedenken, daß du ein Knecht im Lande Aegypten gewesen bist; darum gebiete ich dir, solches zu tun.

25 Wenn ein Hader zwischen Männern entsteht, und sie vor Gericht treten, und man richtet sie, so soll man den Gerechten gerecht sprechen 2 und den Schuldigen schuldig. Und es soll geschehen, wenn der Schuldige Schläge verdient hat, so soll der Richter ihn niederlegen und ihm eine Anzahl Schläge geben lassen vor seinem Angesicht, nach Maßgabe seiner 3 Schuld. Mit vierzig *Schlägen* mag er ihn schlagen lassen, nicht mehr; damit nicht, wenn er fortführe, ihn über diese hinaus mit vielen Schlägen zu schlagen, dein Bruder verächtlich werde in deinen Augen.

4 Du sollst dem Ochsen *c* das Maul nicht verbinden, wenn er drischt.

5 Wenn Brüder beisammen wohnen, und einer von ihnen stirbt und hat keinen Sohn, so soll das Weib des Verstorbenen nicht auswärts eines fremden Mannes werden; ihr Schwager soll zu ihr eingehen und sie sich zum Weibe nehmen und ihr die Schwa-6 gerpflicht leisten. Und es soll geschehen: der Erstgeborene, den sie gebiert, soll nach dem Namen seines verstorbenen Bruders aufstehen *d*, damit dessen Name nicht ausgelöscht 7 werde aus Israel. Wenn aber der Mann keine Lust hat, seine Schwägerin zu nehmen, so soll seine Schwägerin ins Tor hinaufgehen zu den Aeltesten und sprechen: Mein Schwager weigert sich, seinem Bruder einen Namen in Israel zu erwecken; er will mir die Schwagerpflicht nicht leisten. 8 Und die Aeltesten seiner Stadt sollen ihn rufen und mit ihm reden; und besteht er darauf und spricht: Ich 9 habe keine Lust, sie zu nehmen, so soll seine Schwägerin vor den Augen

der Aeltesten zu ihm hintreten, und ihm den Schuh von seinem Fuße ausziehen und ihm ins Angesicht speien; und sie soll antworten und sprechen: Also soll dem Manne getan werden, der das Haus seines Bruders nicht bauen will! Und sein Name soll in Is- 10 rael „das Haus des Barfüßigen" heißen.

Wenn Männer miteinander streiten, 11 ein Mann und sein Bruder, und das Weib des einen eilt herbei, um ihren Mann aus der Hand seines Schlägers zu retten, und streckt ihre Hand aus und ergreift ihn bei seiner Scham; so 12 sollst du ihr die Hand abhauen; dein Auge soll nicht schonen.

Du sollst nicht zweierlei Gewicht- 13 steine in deinem Beutel haben, einen großen und einen kleinen. Du sollst 14 nicht zweierlei Epha in deinem Hause haben, ein großes und ein kleines. Vollen und gerechten Gewichtstein 15 sollst du haben, und volles und gerechtes Epha sollst du haben, auf daß deine Tage verlängert werden in dem Lande, welches Jehova, dein Gott, dir gibt. Denn ein Greuel für Jehova, 16 deinen Gott, ist jeder, der solches tut, jeder, der unrecht tut.

Gedenke dessen, was Amalek dir 17 getan hat auf dem Wege, als ihr aus Aegypten zoget, wie er dir auf dem 18 Wege entgegentrat und deinen Nachtrab schlug, alle Schwachen hinter dir her, als du matt und müde warst; und er fürchtete Gott nicht. Und wenn 19 Jehova, dein Gott, dir Ruhe geschafft hat vor allen deinen Feinden ringsum, in dem Lande, welches Jehova, dein Gott, dir als Erbteil gibt, es zu besitzen, so soll es geschehen, daß du das Gedächtnis Amaleks unter dem Himmel austilgest. Vergiß es nicht!

Und es soll geschehen, wenn du **26** in das Land kommst, welches Jehova, dein Gott, dir als Erbteil gibt, und du besitzest es und wohnst darin, so 2 sollst du von den Erstlingen aller Frucht des Erdbodens nehmen, die du von deinem Lande einbringen wirst, das Jehova, dein Gott, dir gibt, und sollst sie in einen Korb legen und an den Ort gehen, welchen Jehova, dein Gott, erwählen wird, um seinen Namen daselbst wohnen zu lassen; und 3 du sollst zu dem Priester kommen, der in jenen Tagen sein wird, und zu ihm sagen: Ich tue heute Jehova, deinem Gott, kund, daß ich in das Land gekommen bin, welches Jehova unseren Vätern geschworen hat, uns zu geben. Und der Priester soll den Korb 4 von deiner Hand nehmen und ihn vor dem Altar Jehovas, deines Gottes, niedersetzen. Und du sollst vor Jehova, 5 deinem Gott, anheben und sprechen: Ein umherirrender *e* Aramäer war mein Vater; und er zog nach Aegypten hinab und hielt sich daselbst auf als ein geringes Häuflein; und er wurde daselbst zu einer großen, starken und zahlreichen Nation. Und die 6

---

a O. samt den Kindern . . . samt den Vätern. — *b* Eig. deinen Olivenbaum. — *c* Eig. dem Rinde. — *d* d. h. seinen Namen tragen. — *e* Zugleich: umkommender.

Aegypter mißhandelten uns und bedrückten uns und legten uns einen 7 harten Dienst auf. Da schrieen wir zu Jehova, dem Gott unserer Väter; und Jehova hörte unsere Stimme und sah unser Elend und unsere Mühsal 8 und unseren Druck. Und Jehova führte uns aus Aegypten heraus mit starker Hand und mit ausgestrecktem Arm und mit großem Schrecken, und mit 9 Zeichen und mit Wundern; und er brachte uns an diesen Ort und gab uns dieses Land, ein Land, das von 10 Milch und Honig fließt. Und nun siehe, ich habe die Erstlinge der Frucht des Landes gebracht, das du, Jehova, mir gegeben hast. — Und du sollst sie vor Jehova, deinem Gott, niederlegen und anbeten vor Jehova, dei- 11 nem Gott; und du sollst dich freuen all des Guten, das Jehova, dein Gott, dir und deinem Hause gegeben hat, du und der Levit und der Fremdling, der in deiner Mitte ist.

12   Wenn du fertig bist mit dem Abtragen alles Zehnten deines Ertrages im dritten Jahre, dem Jahre des Zehnten, und du ihn dem Leviten, dem Fremdling, der Waise und der Witwe gegeben hast, damit sie in deinen To- 13 ren essen und sich sättigen: so sollst du vor Jehova, deinem Gott, sprechen: Ich habe das Heilige aus dem Hause weggeschafft und habe es auch dem Leviten und dem Fremdling, der Waise und der Witwe gegeben, nach all deinem Gebot, das du mir geboten hast; ich habe deine Gebote nicht 14 übertreten noch vergessen. Ich habe nicht davon gegessen in meiner Trauer, und habe nicht davon weggeschafft als ein Unreiner, und habe nicht davon für einen Toten *a* gegeben; ich habe der Stimme Jehovas, meines Gottes, gehorcht, ich habe getan nach 15 allem was du mir geboten hast. Blicke hernieder von deiner heiligen Wohnung, vom Himmel, und segne dein Volk Israel, und das Land, das du uns gegeben, wie du unseren Vätern geschworen hast, ein Land, das von Milch und Honig fließt!

16   An diesem Tage gebietet dir Jehova, dein Gott, diese Satzungen und Rechte zu tun: so beobachte und tue sie mit deinem ganzen Herzen und 17 mit deiner ganzen Seele. Du hast heute dem Jehova sagen lassen, daß er dein Gott sein soll, und daß du auf seinen Wegen wandeln und seine Satzungen und seine Gebote und seine Rechte beobachten und seiner Stimme 18 gehorchen willst. Und Jehova hat dir heute sagen lassen, daß du ihm ein Eigentumsvolk sein sollst, so wie er zu dir geredet hat, und daß du alle 19 seine Gebote beobachten sollst; und daß er dich zur höchsten über alle Nationen machen will, die er gemacht hat, zum Ruhm und zum Namen und zum Schmuck; und daß du Jehova, deinem Gott, ein heiliges Volk sein sollst, so wie er geredet hat.

Und Mose und die Aeltesten von **27** Israel geboten dem Volke und sprachen: Beobachtet das ganze Gebot, das ich euch heute gebiete! Und es 2 soll geschehen, an dem Tage, da ihr über den Jordan in das Land hinüberziehet, das Jehova, dein Gott, dir gibt, sollst du dir große Steine aufrichten und sie mit Kalk bestreichen; und 3 wenn du hinübergezogen bist, sollst du alle Worte dieses Gesetzes auf dieselben schreiben, damit du in das Land kommest, welches Jehova, dein Gott, dir gibt, ein Land, das von Milch und Honig fließt, so wie Jehova, der Gott deiner Väter, zu dir geredet hat. Und es soll geschehen, wenn ihr über 4 den Jordan gezogen seid, so sollt ihr diese Steine, betreffs welcher ich euch heute gebiete, auf dem Berge Ebal aufrichten; und du sollst sie mit Kalk bestreichen. Und du sollst daselbst 5 Jehova, deinem Gott, einen Altar bauen, einen Altar von Steinen; du sollst kein Eisen über dieselben schwingen: von ganzen Steinen sollst du den Al- 6 tar Jehovas, deines Gottes, bauen. Und du sollst Jehova, deinem Gott, Brandopfer darauf opfern, und du 7 sollst Friedensopfer opfern, und daselbst essen und dich freuen vor Jehova, deinem Gott. — Und auf die 8 Steine sollst du alle Worte dieses Gesetzes schreiben, indem du sie deutlich eingräbst.

Und Mose und die Priester, die Le- 9 viten, redeten zu dem ganzen Israel und sprachen: Schweige und höre, Israel! An diesem Tage bist du Jehova, deinem Gott, zum Volke geworden. So gehorche der Stimme Jeho- 10 vas, deines Gottes, und tue seine Gebote und seine Satzungen, die ich dir heute gebiete.

Und Mose gebot dem Volke an sel- 11 bigem Tage und sprach: Wenn ihr 12 über den Jordan gezogen seid, sollen diese auf *b* dem Berge Gerisim stehen, um das Volk zu segnen: Simeon und Levi und Juda und Issaschar und Joseph und Benjamin; und diese sollen 13 auf *b* dem Berge Ebal stehen zum Fluchen: Ruben, Gad und Aser und Se- 14 bulon, Dan und Naphtali. Und die Leviten sollen anheben und zu allen Männern von Israel mit lauter Stimme sprechen:

Verflucht sei der Mann, der ein ge- 15 schnitztes oder gegossenes Bild macht, einen Greuel vor Jehova, ein Machwerk von Künstlerhand, und es im geheimen aufstellt! und das ganze Volk antworte und sage: Amen!

Verflucht sei, wer seinen Vater oder 16 seine Mutter verachtet! und das ganze Volk sage: Amen!

Verflucht sei, wer die Grenze sei- 17 nes Nächsten verrückt! und das ganze Volk sage: Amen!

Verflucht sei, wer einen Blinden auf 18 dem Wege irreführt! und das ganze Volk sage: Amen!

Verflucht sei, wer das Recht des 19

---

a d. h. wahrsch. für eine Leichenmahlzeit. — *b* O. an; vergl. Jos. 8, 33.

Fremdlings, der Waise und der Witwe beugt! und das ganze Volk sage: Amen!

20 Verflucht sei, wer bei dem Weibe seines Vaters liegt, denn er hat die Decke *a* seines Vaters aufgedeckt! und das ganze Volk sage: Amen!

21 Verflucht sei, wer bei irgend einem Vieh liegt! und das ganze Volk sage: Amen!

22 Verflucht sei, wer bei seiner Schwester liegt, der Tochter seines Vaters, oder der Tochter seiner Mutter! und das ganze Volk sage: Amen!

23 Verflucht sei, wer bei seiner Schwiegermutter liegt! und das ganze Volk sage: Amen!

24 Verflucht sei, wer seinen Nächsten im geheimen erschlägt! und das ganze Volk sage: Amen!

25 Verflucht sei, wer ein Geschenk nimmt, um jemand zu erschlagen, unschuldiges Blut *zu vergießen*! und das ganze Volk sage: Amen!

26 Verflucht sei, wer nicht aufrecht hält die Worte dieses Gesetzes, sie zu tun! und das ganze Volk sage: Amen!

28 Und es wird geschehen, wenn du der Stimme Jehovas, deines Gottes, fleißig gehorchst, daß du darauf achtest, zu tun alle seine Gebote, die ich dir heute gebiete, so wird Jehova, dein Gott, dich zur höchsten über alle 2 Nationen der Erde machen; und alle diese Segnungen werden über dich kommen und werden dich erreichen, wenn du der Stimme Jehovas, deines 3 Gottes, gehorchst. Gesegnet wirst du sein in der Stadt, und gesegnet wirst 4 du sein auf dem Felde. Gesegnet wird sein die Frucht deines Leibes und die Frucht deines Landes und die Frucht deines Viehes, das Geworfene deiner Rinder und die Zucht deines Klein-5 viehes. Gesegnet wird sein dein Korb 6 und dein Backtrog. Gesegnet wirst du sein bei deinem Eingang, und gesegnet wirst du sein bei deinem Aus-7 gang. Jehova wird deine Feinde, die wider dich aufstehen, geschlagen vor dir dahingeben; auf e i n e m Wege werden sie wider dich ausziehen, und auf sieben Wegen werden sie vor dir 8 fliehen. Jehova wird dir den Segen entbieten in deine Speicher und zu allem Geschäft deiner Hand, und er wird dich segnen in dem Lande, wel-9 ches Jehova, dein Gott, dir gibt. Jehova wird dich als ein heiliges Volk für sich bestätigen, wie er dir geschworen hat, wenn du die Gebote Jehovas, deines Gottes, beobachtest 10 und auf seinen Wegen wandelst; und alle Völker der Erde werden sehen, daß du nach dem Namen Jehovas genannt bist *b*, und werden sich vor dir 11 fürchten. Und Jehova wird dir Ueberfluß geben an der Frucht deines Leibes und an der Frucht deines Viehes und an der Frucht deines Landes, zur Wohlfahrt in dem Lande, das Jehova deinen Vätern geschworen hat, dir zu 12 geben. Jehova wird dir seinen guten

Schatz, den Himmel auftun, um den Regen deines Landes zu geben zu seiner Zeit, und um alles Werk deiner Hand zu segnen; und du wirst vielen Nationen leihen, d u aber wirst nicht entlehnen. Und Jehova wird dich 13 zum Haupte machen und nicht zum Schwanze, und du wirst nur immer höher kommen und nicht abwärts gehen, wenn du den Geboten Jehovas, deines Gottes, gehorchst, die ich dir heute zu beobachten und zu tun gebiete, und nicht abweichst von all 14 den Worten, die ich euch heute gebiete, weder zur Rechten noch zur Linken, um anderen Göttern nachzugehen, ihnen zu dienen.

Es wird aber geschehen, wenn du 15 der Stimme Jehovas, deines Gottes, nicht gehorchst, daß du darauf achtest, zu tun alle seine Gebote und seine Satzungen, die ich dir heute gebiete, so werden alle diese Flüche über dich kommen und dich treffen. Verflucht wirst du sein in der Stadt, 16 und verflucht wirst du sein auf dem Felde. Verflucht wird sein dein Korb 17 und dein Backtrog. Verflucht wird 18 sein die Frucht deines Leibes und die Frucht deines Landes, das Geworfene deiner Rinder und die Zucht deines Kleinviehes. Verflucht wirst du sein 19 bei deinem Eingang, und verflucht wirst du sein bei deinem Ausgang. — Jehova wird den Fluch, die Bestür-20 zung und die Verwünschung wider dich senden in allem Geschäft deiner Hand, das du tust, bis du vertilgt bist, und bis du schnell umkommst wegen der Bosheit deiner Handlungen, daß du mich verlassen hast. Jehova wird 21 die Pest an dir haften lassen, bis er dich aufreibt aus dem Lande, wohin du kommst, um es in Besitz zu nehmen. Jehova wird dich schlagen mit 22 Schwindsucht und mit Fieberglut und mit Hitze und mit Entzündung, und mit Dürre und mit Kornbrand und mit Vergilben *des Getreides*, und sie werden dich verfolgen, bis du umkommst. Und dein Himmel, der über 23 deinem Haupte ist, wird Erz sein, und die Erde, die unter dir ist, Eisen. Jehova wird als Regen deines Landes 24 Staub und Sand geben *c*: vom Himmel wird er auf dich herabkommen, bis du vertilgt bist. Jehova wird dich 25 geschlagen vor deinen Feinden dahingeben; auf e i n e m Wege wirst du wider sie ausziehen, und auf sieben Wegen wirst du vor ihnen fliehen, und du wirst umhergetrieben werden in allen *d* Königreichen der Erde. Und 26 dein Leichnam wird allem Gevögel des Himmels und den Tieren der Erde zum Fraße werden, und niemand wird sie wegscheuchen. Jehova wird dich 27 schlagen mit den Geschwüren Aegyptens, und mit Beulen und mit Krätze und mit Grind, daß du nicht wirst geheilt werden können. Jehova wird 28 dich schlagen mit Wahnsinn und mit

---

a S. die Anm. zu Kap. 22, 30. — *b* O. daß der Name Jehovas über dir angerufen wird. — *c* O. den Regen . . . zu Staub und Sand machen. — *d* O. wirst zum Entsetzen sein allen.

Blindheit und mit Erstarrung *a* des
29 Herzens; und du wirst am Mittag umhertappen, wie der Blinde im Finstern tappt, und du wirst kein Gelingen haben auf deinen Wegen; und du
wirst nur bedrückt und beraubt sein
alle Tage, und niemand wird retten.
30 Ein Weib wirst du dir verloben, und
ein anderer Mann wird sie beschlafen; ein Haus wirst du bauen und
nicht darin wohnen; einen Weinberg
wirst du pflanzen und ihn nicht be
31 nutzen *b*. Dein Rind wird geschlachtet
werden vor deinen Augen, und du
wirst nicht davon essen; dein Esel
wird geraubt werden vor deinem Angesicht und nicht zu dir zurückkehren; dein Kleinvieh wird deinen Feinden gegeben werden, und du wirst
32 niemand haben, der rettet. Deine Söhne und deine Töchter werden einem
anderen Volke gegeben werden, und
deine Augen werden es sehen und
werden nach ihnen schmachten den
ganzen Tag; aber es wird nicht in
33 der Macht deiner Hand stehen. Die
Frucht deines Landes und alle deine
Arbeit wird ein Volk verzehren, das
du nicht kennst; und du wirst nur
bedrückt und geplagt sein alle Tage.
34 Und du wirst wahnsinnig werden vor
dem Anblick deiner Augen, den du
35 erblickst. Jehova wird dich schlagen
mit bösen Geschwüren an den Knieen
und an den Schenkeln, von deiner
Fußsohle bis zu deinem Scheitel, daß
du nicht wirst geheilt werden können.
36 Jehova wird dich und deinen König,
den du über dich setzen wirst, zu einer Nation führen, die du nicht gekannt hast, du noch deine Väter; und
du wirst daselbst anderen Göttern
37 dienen, Holz und Stein. Und du wirst
zum Entsetzen werden, zum Sprichwort und zur Spottrede unter allen
Völkern, wohin Jehova dich wegtrei
38 ben wird. Viel Samen wirst du aufs
Feld hinausführen; aber du wirst wenig einsammeln, denn die Heuschrecke
39 wird ihn abfressen. Weinberge wirst
du pflanzen und bauen; aber Wein
wirst du weder trinken noch einsammeln, denn der Wurm wird sie fres
40 sen. Olivenbäume wirst du haben in
allen deinen Grenzen; aber mit Oel
wirst du dich nicht salben, denn der
Olivenbaum wird *die Frucht* abwer
41 fen. Söhne und Töchter wirst du zeugen; aber sie werden dir nicht gehören, denn sie werden in die Gefangen
42 schaft gehen. Alle deine Bäume und
die Frucht deines Landes wird die
43 Grille *c* in Besitz nehmen. Der Fremdling, der in deiner Mitte ist, wird höher und höher über dich emporkommen, und du, du wirst tiefer und tie
44 fer hinabsinken. Er wird dir leihen,
du aber wirst ihm nicht leihen; er
wird zum Haupte, du aber wirst zum
Schwanze werden.
45 Und alle diese Flüche werden über
dich kommen und dich verfolgen und

dich treffen, bis du vertilgt bist; weil
du der Stimme Jehovas, deines Gottes, nicht gehorcht hast, seine Gebote
und seine Satzungen zu beobachten,
die er dir geboten hat. Und sie wer 46
den zum Zeichen und zum Wunder
sein an dir und an deinem Samen bis
in Ewigkeit. Dafür daß du Jehova, 47
deinem Gott, nicht mit Freude und
mit fröhlichem Herzen gedient hast
wegen des Ueberflusses an allem, wirst 48
du deinen Feinden dienen, die Jehova
wider dich senden wird, in Hunger
und in Durst und in Blöße und in
Mangel an allem; und er wird ein
eisernes Joch auf deinen Hals legen,
bis er dich vertilgt hat. Jehova wird 49
von ferne, vom Ende der Erde her,
eine Nation gegen dich herbeiführen,
gleichwie der Adler fliegt, eine Nation, deren Sprache du nicht verstehst; eine Nation harten Angesichts, 50
welche die Person des Greises nicht
ansieht und des Knaben sich nicht erbarmt; und *welche* die Frucht deines 51
Viehes und die Frucht deines Landes
verzehren wird, bis du vertilgt bist;
welche dir weder Getreide, *noch* Most,
noch Oel, *noch* das Geworfene deiner
Rinder, noch die Zucht deines Kleinviehes übriglassen wird, bis sie dich
zu Grunde gerichtet hat. Und sie 52
wird dich belagern in allen deinen
Toren, bis deine Mauern, die hohen
und festen, auf welche du vertraust,
in deinem ganzen Lande gefallen
sind; und sie wird dich belagern in
allen deinen Toren, in deinem ganzen Lande, das Jehova, dein Gott,
dir gegeben hat. Und in der Belage 53
rung und in der Bedrängnis, womit
dein Feind dich bedrängen wird, wirst
du essen die Frucht deines Leibes,
das Fleisch deiner Söhne und deiner
Töchter, welche Jehova, dein Gott,
dir gegeben hat. Der weichlichste und 54
am meisten verzärtelte Mann wird
dir, dessen Auge wird scheel sehen
auf seinen Bruder und auf das Weib
seines Busens und auf die übrigen
seiner Kinder, die er übrigbehalten
hat, daß er keinem von ihnen von 55
dem Fleische seiner Kinder geben
wird, das er isset; weil ihm nichts
übriggeblieben ist in der Belagerung
und in der Bedrängnis, womit dein
Feind dich bedrängen wird in allen
deinen Toren. Die Weichlichste unter 56
dir und die Verzärteltste, welche vor
Verzärtelung und vor Verweichlichung
nie versucht hat, ihre Fußsohle auf
die Erde zu setzen, deren Auge wird
scheel sehen auf den Mann ihres Busens und auf ihren Sohn und auf ihre
Tochter, wegen *d* ihrer Nachgeburt, 57
die zwischen ihren Beinen hervorgeht, und wegen ihrer Kinder, die sie
gebiert; denn sie wird sie im geheimen aufessen aus Mangel an allem,
in der Belagerung und in der Bedrängnis, womit dein Feind dich bedrängen wird in deinen Toren. —

---

a Eig. Entsetzen. — *b* S. die Anm. zu Kap. 20, 6. — *c* O. die Heuschrecke; w. der
Schwirrende. — *d* Eig. und zwar wegen.

58 Wenn du nicht darauf achtest, alle Worte dieses Gesetzes zu tun, die in diesem Buche geschrieben sind, daß du diesen herrlichen und furchtbaren Namen, Jehova, deinen Gott, fürch-
59 test, so wird Jehova deine Plagen und die Plagen deines Samens außergewöhnlich machen: große und andauernde Plagen, und böse und an-
60 dauernde Krankheiten. Und er wird alle Seuchen Aegyptens über dich bringen a, vor denen du dich fürchtest; und sie werden an dir haften.
61 Auch alle Krankheiten und alle Plagen, die nicht in dem Buche dieses Gesetzes geschrieben sind, — Jehova wird sie über dich kommen lassen,
62 bis du vertilgt bist. Und ihr werdet übrigbleiben als ein geringes Häuflein, anstatt daß ihr waret wie die Sterne des Himmels an Menge; weil du der Stimme Jehovas, deines Gottes,
63 nicht gehorcht hast. — Und es wird geschehen: so wie Jehova sich über euch freute, euch wohlzutun und euch zu mehren, also wird Jehova sich über euch freuen, euch zu Grunde zu richten und euch zu vertilgen; und ihr werdet herausgerissen werden aus dem Lande, wohin du kommst, um es
64 in Besitz zu nehmen. Und Jehova wird dich unter alle Völker zerstreuen, von einem Ende der Erde bis zum anderen Ende der Erde; und du wirst daselbst anderen Göttern dienen, die du nicht gekannt hast, du noch deine
65 Väter, — Holz und Stein. Und unter jenen Nationen wirst du nicht rasten, und deine Fußsohle wird keine Ruhestätte finden; und Jehova wird dir daselbst ein zitterndes Herz geben, Erlöschen der Augen und Verschmach-
66 ten der Seele. Und dein Leben wird schwebend vor dir hangen, und du wirst dich fürchten Nacht und Tag
67 und deinem Leben nicht trauen. Am Morgen wirst du sagen: Wäre es doch Abend! und am Abend wirst du sagen: Wäre es doch Morgen! wegen der Furcht deines Herzens, womit du dich fürchten, und wegen des Anblicks deiner Augen, den du erblicken wirst.
68 Und Jehova wird dich auf Schiffen nach Aegypten zurückführen, auf dem Wege, von dem ich dir gesagt habe: du sollst ihn nie mehr wiedersehen! und ihr werdet daselbst euren Feinden zu Knechten und zu Mägden verkauft werde n b, aber niemand wird kaufen.
69 Das sind die Worte des Bundes, welchen Jehova im Lande Moab dem Mose geboten hat, mit den Kindern Israel zu machen, außer dem Bunde, den er am Horeb mit ihnen gemacht hatte.

29 Und Mose berief ganz Israel und sprach zu ihnen: Ihr habt alles ge-
2 sehen, was Jehova vor euren Augen im Lande Aegypten getan hat, an dem Pharao und an allen seinen Knechten
3 und an seinem ganzen Lande: die

großen Versuchungen, welche deine Augen gesehen haben, jene großen Zeichen und Wunder. Aber Jehova 4 hat euch nicht ein Herz gegeben, zu erkennen, und Augen, zu sehen, und Ohren, zu hören, bis auf diesen Tag. Und ich habe euch vierzig Jahre in 5 der Wüste geführt: eure Kleider sind nicht an euch zerfallen, und dein Schuh ist nicht abgenutzt an deinem Fuße; Brot habt ihr nicht gegessen, 6 und Wein und starkes Getränk habt ihr nicht getrunken; auf daß ihr erkänntet, daß ich Jehova, euer Gott, bin. Und als ihr an diesen Ort kamet, 7 da zogen Sihon, der König von Hesbon, und Og, der König von Basan, aus, uns entgegen zum Streit, und wir schlugen sie; und wir nahmen 8 ihr Land ein und gaben es den Rubenitern und den Gaditern und dem halben Stamme der Manassiter zum Erbteil. So beobachtet denn die Wor- 9 te dieses Bundes und tut sie, auf daß ihr Gelingen habet in allem was ihr tut.

Ihr stehet heute allesamt vor Jeho- 10 va, eurem Gott: eure Häupter, eure Stämme, eure Aeltesten und eure Vorsteher, alle Männer von Israel, eure 11 Kinder, eure Weiber und dein Fremdling, der inmitten deiner Lager ist, von deinem Holzhauer bis zu deinem Wasserschöpfer, damit du in den Bund 12 Jehovas, deines Gottes, eintretest und in seinen Eidschwur, den Jehova, dein Gott, heute mit dir macht; auf daß er 13 dich heute als sein Volk bestätige c, und er dein Gott sei, wie er zu dir geredet, und wie er deinen Vätern, Abraham, Isaak und Jakob, geschworen hat. Und nicht mit euch allein 14 mache ich diesen Bund und diesen Eidschwur, sondern mit dem, der 15 heute hier ist, der mit uns vor Jehova, unserem Gott, steht, und mit dem, der heute nicht mit uns hier ist. Denn ihr wisset ja, wie wir im Lande 16 Aegypten gewohnt haben, und wie wir mitten durch die Nationen gezogen sind, durch die ihr gezogen seid; und ihr habt ihre Scheusale gesehen, 17 und ihre Götzen d von Holz und Stein, Silber und Gold, die bei ihnen sind, daß kein Mann oder Weib, oder Ge- 18 schlecht oder Stamm unter euch sei, dessen Herz sich heute von Jehova, unserem Gott, abwende, um hinzugehen, den Göttern jener Nationen zu dienen; daß nicht eine Wurzel unter euch sei, die Gift und Wermut trage, und es geschehe, wenn er die Worte 19 dieses Eidschwures hört, daß er sich in seinem Herzen segne und spreche: Ich werde Frieden haben, wenn ich auch in der Verstocktheit meines Herzens wandle! damit zu Grunde gehe das Getränkte mit dem Durstigen. Nicht wird Jehova ihm vergeben wol- 20 len, sondern alsdann wird der Zorn Jehovas und sein Eifer rauchen wider selbigen Mann; und der ganze Fluch,

a Eig. wieder über dich bringen, wider dich wenden. — b O. euch verkaufen. — c O. einsetze. — d S. die Anm. zu 3. Mose 26, 30.

der in diesem Buche geschrieben ist, wird auf ihm ruhen, und Jehova wird seinen Namen unter dem Himmel 21 austilgen; und Jehova wird ihn aus allen Stämmen Israels zum Unglück aussondern, nach all den Flüchen des Bundes, der in diesem Buche des Ge- 22 setzes geschrieben ist. Und das künftige Geschlecht, eure Kinder, die nach euch aufkommen werden, und der Ausländer, der aus fernem Lande kommen wird, werden sagen, wenn sie die Plagen dieses Landes sehen und seine Krankheiten, womit Jehova es 23 geschlagen hat, daß sein ganzes Land Schwefel und Salz, ein Brand, ist, daß es nicht besät wird und nichts sprossen läßt, und keinerlei Kraut darin aufkommt, gleich der Umkehrung von Sodom und Gomorra, Adama und Zeboim, welche Jehova umkehrte in seinem Zorn und in seinem Grimm, — 24 und alle Nationen werden sagen: Warum hat Jehova diesem Lande also getan? Weshalb diese große Zorn- 25 glut? Und man wird sagen: Darum daß sie den Bund Jehovas, des Gottes ihrer Väter, verlassen haben, den er mit ihnen gemacht hat:e, als er sie aus dem Lande Aegypten heraus- 26 führte, und hingingen und anderen Göttern dienten und sich vor ihnen niederbeugten, Göttern, die sie nicht kannten, und die er ihnen nicht zu- 27 geteilt hatte: da entbrannte der Zorn Jehovas über dieses Land, sodaß er den ganzen Fluch über dasselbe gebracht hat, der in diesem Buche ge- 28 schrieben ist; und Jehova hat sie herausgerissen aus ihrem Lande im Zorn und im Grimm und in großem Unwillen, und hat sie in ein anderes Land geworfen, wie *es* an diesem Ta- 29 ge *ist*. — Das Verborgene ist Jehovas, unseres Gottes; aber das Geoffenbarte ist unser und unserer Kinder ewiglich, damit wir alle Worte dieses Gesetzes tun.

30 Und es wird geschehen, wenn alle diese Worte über dich kommen, der Segen und der Fluch, die ich dir vorgelegt habe, und du es zu Herzen nimmst unter all den Nationen, wohin Jehova, dein Gott, dich vertrieben hat, 2 und umkehrst zu Jehova, deinem Gott, und seiner Stimme gehorchst nach allem was ich dir heute gebiete, du und deine Kinder, mit deinem ganzen Her- 3 zen und mit deiner ganzen Seele: so wird Jehova, dein Gott, deine Gefangenschaft wenden und sich deiner erbarmen; und er wird dich wiederum sammeln aus all den Völkern, wohin Jehova, dein Gott, dich zerstreut hat. 4 Wenn deine Vertriebenen am Ende des Himmels wären, so wird Jehova, dein Gott, von dannen dich sammeln 5 und von dannen dich holen; und Jehova, dein Gott, wird dich in das Land bringen, welches deine Väter besessen haben, und du wirst es besitzen; und er wird dir wohltun und dich mehren über deine Väter hinaus. 6 Und Jehova, dein Gott, wird dein Herz und das Herz deiner Kinder a beschneiden, damit du Jehova, deinen Gott, liebest mit deinem ganzen Herzen und mit deiner ganzen Seele, auf daß du am Leben bleibest. Und Jeho- 7 va, dein Gott, wird alle diese Flüche auf deine Feinde und auf deine Hasser legen, die dich verfolgt haben. 8 Und du, du wirst umkehren und der Stimme Jehovas gehorchen, und wirst alle seine Gebote tun, die ich dir heute gebiete. Und Jehova, dein Gott, 9 wird dir Ueberfluß geben bei allem Werke deiner Hand, an der Frucht deines Leibes und an der Frucht deines Viehes und an der Frucht deines Landes, zur Wohlfahrt; denn Jehova wird sich wieder über dich freuen zum Guten, so wie er sich über deine Väter gefreut hat: wenn du der Stim- 10 me Jehovas, deines Gottes, gehorchst b, um seine Gebote und seine Satzungen zu beobachten, die in diesem Buche des Gesetzes geschrieben sind, wenn du umkehrst b zu Jehova, deinem Gott, mit deinem ganzen Herzen und mit deiner ganzen Seele. Denn dieses 11 Gebot, das ich dir heute gebiete, ist nicht zu wunderbar c für dich und ist 12 nicht fern. Es ist nicht im Himmel, daß du sagen könntest: Wer wird für uns in den Himmel steigen und es uns holen und es uns hören lassen, daß wir es tun? Und es ist nicht 13 jenseits des Meeres, daß du sagen könntest: Wer wird für uns jenseit des Meeres hinüberfahren und es uns holen und es uns hören lassen, daß wir 14 es tun? sondern nahe ist dir das Wort, in deinem Munde und in deinem Herzen, um es zu tun. 15 Siehe, ich habe dir heute das Leben und das Glück, und den Tod und das 16 Unglück vorgelegt, da ich dir heute gebiete, Jehova, deinen Gott, zu lieben, auf seinen Wegen zu wandeln und seine Gebote und seine Satzungen und seine Rechte zu beobachten, damit du lebest und dich mehrest, und Jehova, dein Gott, dich segne in 17 dem Lande, wohin du kommst, um es in Besitz zu nehmen. Wenn aber dein Herz sich abwendet, und du nicht gehorchst, und du dich verleiten lässest und vor anderen Göttern dich niederbeugst und ihnen dienst, so künde 18 ich euch heute an, daß ihr gewißlich umkommen werdet; ihr werdet eure Tage nicht verlängern in dem Lande, wohin zu kommen du über den Jordan gehst, um es in Besitz zu nehmen. 19 Ich nehme heute den Himmel und die Erde zu Zeugen gegen euch: das Leben und den Tod habe ich euch vorgelegt, den Segen und den Fluch! So wähle das Leben, auf daß du lebest, 20 du und dein Same, indem du Jehova, deinen Gott, liebst und seiner Stimme gehorchst und ihm anhängst; denn das ist dein Leben und die Länge

---

a W. deines Samens (deiner Nachkommenschaft). — b O. denn du wirst gehorchen . . ., denn du wirst umkehren; vergl. die Anm. zu Kap. 4, 29. — c O. schwierig.

deiner Tage, daß du in dem Lande wohnest, welches Jehova deinen Vätern, Abraham, Isaak und Jakob, geschworen hat, ihnen zu geben.

31 Und Mose ging hin und redete diese Worte zu dem ganzen Israel. 2 Und er sprach zu ihnen: Hundert und zwanzig Jahre bin ich heute alt, ich vermag nicht mehr aus- und einzugehen; und Jehova hat zu mir gesagt: Du sollst nicht über diesen Jordan 3 gehen. Jehova, dein Gott, er zieht hinüber vor dir her; er selbst wird diese Nationen vor dir vertilgen, daß du sie austreibest. Josua, er zieht hinüber vor dir her, wie Jehova ge- 4 redet hat. Und Jehova wird an ihnen tun, wie er an Sihon und an Og, den Königen der Amoriter, und an ihrem 5 Lande getan, die er vertilgt hat. Und wenn Jehova sie vor euch dahingibt, so sollt ihr ihnen tun nach dem ganzen Gebot, das ich euch geboten habe. 6 Seid stark und mutig, fürchtet euch nicht und erschrecket nicht vor ihnen! denn Jehova, dein Gott, er ist es, der mit dir geht; er wird dich nicht versäumen und dich nicht verlassen.

7 Und Mose rief Josua und sprach zu ihm vor den Augen des ganzen Israel: Sei stark und mutig! denn du, du wirst mit diesem Volke in das Land kommen, welches Jehova ihren Vätern geschworen hat, ihnen zu geben; und du, du wirst es ihnen als 8 Erbe austeilen. Und Jehova, er ist es, der vor dir herzieht; er selbst wird mit dir sein, er wird dich nicht versäumen und dich nicht verlassen; fürchte dich nicht und erschrick nicht!

9 Und Mose schrieb dieses Gesetz nieder; und er gab es den Priestern, den Söhnen Levis, welche die Lade des Bundes Jehovas trugen, und allen 10 Aeltesten von Israel. Und Mose gebot ihnen und sprach: Am Ende von sieben Jahren, zur Zeit *a* des Erlaßjah- 11 res, am Feste der Laubhütten, wenn ganz Israel kommt, um vor Jehova, deinem Gott, zu erscheinen an dem Orte, den er erwählen wird, sollst du dieses Gesetz vor dem ganzen Israel 12 lesen, vor ihren Ohren. Versammle das Volk, die Männer und die Weiber und die Kindlein, und deinen Fremdling, der in deinen Toren ist: auf daß sie hören, und auf daß sie lernen, und Jehova, euren Gott, fürchten und darauf achten, alle Worte dieses Gesetzes 13 zu tun. Und ihre Kinder, die es nicht wissen, sollen es hören, damit sie Jehova, euren Gott, fürchten lernen alle Tage, die ihr in dem Lande lebet, wohin ihr über den Jordan ziehet, um es in Besitz zu nehmen.

14 Und Jehova sprach zu Mose: Siehe, deine Tage sind herangenaht, daß du sterben sollst; rufe Josua, und stellet euch in das Zelt der Zusammenkunft, daß ich ihm Befehl erteile. Und Mose und Josua gingen hin, und sie stellten

sich in das Zelt der Zusammenkunft. Und Jehova erschien in dem Zelte, 15 in der Wolkensäule; und die Wolkensäule stand über *b* dem Eingang des Zeltes. Und Jehova sprach zu Mose: 16 Siehe, du wirst dich zu deinen Vätern legen; und dieses Volk wird sich aufmachen und den fremden Göttern des Landes nachhuren, in dessen Mitte es kommt; und es wird mich verlassen und meinen Bund brechen, den ich mit ihnen gemacht habe. Und mein 17 Zorn wird an jenem Tage wider dasselbe entbrennen, und ich werde sie verlassen und mein Angesicht vor ihnen verbergen; und es wird verzehrt werden, und viele Uebel und Drangsale werden es treffen. Und es wird an jenem Tage sagen: Haben nicht darum diese Uebel mich getroffen, weil mein Gott nicht in meiner Mitte ist? Ich aber, ich werde an jenem 18 Tage mein Angesicht gänzlich verbergen um all des Bösen willen, das es getan, weil es sich zu anderen Göttern hingewandt hat. Und nun, 19 schreibet euch dieses Lied auf, und lehre es die Kinder Israel, lege es in ihren Mund, auf daß dieses Lied mir zum Zeugen sei gegen die Kinder Israel. Denn ich werde sie in das Land 20 bringen, welches ich ihren Vätern zugeschworen habe, das von Milch und Honig fließt; und sie werden essen und satt und fett werden; und sie werden sich zu anderen Göttern wenden und ihnen dienen, und mich verachten und meinen Bund brechen. Und es wird geschehen, wenn viele 21 Uebel und Drangsale sie treffen, so wird dieses Lied Zeugnis gegen sie ablegen; denn es wird nicht vergessen werden aus dem Munde ihrer Nachkommen *c*. Denn ich kenne ihr Sinnen, womit sie *schon* heute umgehen, ehe ich sie in das Land bringe, von dem ich geschworen habe.

Und Mose schrieb dieses Lied an 22 selbigem Tage auf, und er lehrte es die Kinder Israel. Und er *d* gebot Jo- 23 sua, dem Sohne Nuns, und sprach: Sei stark und mutig! denn du, du sollst die Kinder Israel in das Land bringen, das ich ihnen zugeschworen habe; und ich will mit dir sein.

Und es geschah, als Mose geendigt 24 hatte, die Worte dieses Gesetzes in ein Buch zu schreiben bis zu ihrem Schlusse, da gebot Mose den Leviten, 25 welche die Lade des Bundes Jehovas trugen, und sprach: Nehmet dieses 26 Buch des Gesetzes und leget es zur Seite der Lade des Bundes Jehovas, eures Gottes, daß es daselbst zum Zeugen gegen dich sei. Denn ich kenne deine Widerspenstigkeit und dei- 27 nen harten Nacken wohl. Siehe, während ich heute noch bei euch lebe, seid ihr widerspenstig gegen Jehova gewesen; und wieviel mehr nach meinem Tode! Versammelt zu mir alle 28 Aeltesten eurer Stämme und eure Vor-

---

a Eig. zur bestimmten Zeit. — *b* O. an. — *c* W. ihres Samens. — *d* d. h. Jehova.

steher, daß ich diese Worte vor ihren Ohren rede und den Himmel und die Erde gegen sie zu Zeugen nehme.

29 Denn ich weiß, daß ihr euch nach meinem Tode ganz und gar verderben und von dem Wege abweichen werdet, den ich euch geboten habe; und es wird euch das Unglück begegnen am Ende der Tage, weil ihr tun werdet was böse ist in den Augen Jehovas, ihn zu reizen durch das Werk eurer Hände.

30 Und Mose redete vor den Ohren der ganzen Versammlung Israels die Worte dieses Liedes bis zu ihrem Schlusse:

32 Horchet, ihr Himmel, und ich will reden; und die Erde höre die Worte meines Mundes!

2 Es träufle wie Regen meine Lehre, es fließe wie Tau meine Rede, wie Regenschauer auf das Gras und wie Regengüsse auf das Kraut!

3 Denn den Namen Jehovas will ich ausrufen: Gebet Majestät a unserem Gott!

4 Der Fels: vollkommen ist sein Tun; denn alle seine Wege sind recht. Ein Gott b der Treue und sonder Trug, gerecht und gerade ist er!

5 Es hat sich gegen ihn verderbt — nicht seiner Kinder ist ihr Schandfleck — ein verkehrtes und verdrehtes Geschlecht.

6 Vergeltet ihr also Jehova, du törichtes und unweises Volk? Ist er nicht dein Vater, der dich erkauft c hat? Er hat dich gemacht und dich bereitet.

7 Gedenke der Tage der Vorzeit, merket auf die Jahre von Geschlecht zu Geschlecht; frage deinen Vater, und er wird es dir kundtun, deine Aeltesten, und sie werden es dir sagen.

8 Als der Höchste den Nationen das Erbe austeilte, als er voneinander schied die Menschenkinder, da stellte er fest die Grenzen der Völker nach der Zahl der Kinder Israel.

9 Denn Jehovas Teil ist sein Volk, Jakob die Schnur seines Erbteils.

10 Er fand ihn im Lande der Wüste und in der Oede, dem Geheul der Wildnis; er umgab ihn, gab acht auf ihn, er behütete ihn wie seinen Augapfel.

11 Wie der Adler sein Nest aufstört, über seinen Jungen schwebt, seine Flügel ausbreitet, sie d aufnimmt, sie trägt auf seinen Schwingen,

12 So leitete ihn Jehova allein e, und kein fremder Gott b war mit ihm.

13 Er ließ ihn einherfahren auf den Höhen der Erde, und er aß den Ertrag des Feldes; und er ließ ihn Honig saugen aus dem Felsen und Oel aus dem Kieselfelsen;

14 Geronnene Milch der Kühe und Milch der Schafe f, samt dem Fette der Mastschafe und Widder, der Söhne Basans, und der Böcke, samt dem Nierenfett des Weizens; und der Traube Blut trankest du, feurigen Wein.

15 Da ward Jeschurun g fett und schlug aus; du wurdest fett, dick, feist! Und er verließ h Gott i, der ihn gemacht hatte, und verachtete den Fels seiner Rettung.

16 Sie reizten ihn zur Eifersucht durch fremde Götter, durch Greuel erbitterten sie ihn.

17 Sie opferten den Dämonen, die Nicht-Gott i sind, Göttern, die sie nicht kannten, neuen, die vor kurzem aufgekommen waren, die eure Väter nicht verehrten k.

18 Den Felsen, der dich gezeugt, vernachlässigtest du, und vergaßest den Gott b, der dich geboren.

19 Und Jehova sah und verwarf sie, vor Unwillen über seine Söhne und seine Töchter.

20 Und er sprach: Ich will mein Angesicht vor ihnen verbergen, will sehen, was ihr Ende sein wird; denn ein Geschlecht voll Verkehrtheit sind sie, Kinder, in denen keine Treue ist.

21 Sie haben mich zur Eifersucht gereizt durch Nicht-Götter l, mich erbittert durch ihre Nichtigkeiten m; so will auch ich sie zur Eifersucht reizen durch ein Nicht-Volk, durch eine törichte Nation will ich sie erbittern.

22 Denn ein Feuer ist entbrannt in meinem Zorn und wird brennen bis in den untersten Scheol, und es wird verzehren die Erde und ihren Ertrag und entzünden die Grundfesten der Berge.

23 Ich werde Unglück über sie häufen, meine Pfeile wider sie verbrauchen.

24 Vergehen sie vor Hunger, und sind sie aufgezehrt von Fieberglut n und giftiger Pest, so werde ich den Zahn wilder Tiere gegen sie senden, samt dem Gifte der im Staube Schleichenden.

25 Draußen wird das Schwert rauben, und in den Gemächern der Schrecken: den Jüngling wie die Jungfrau, den Säugling mit dem greisen Manne.

26 Ich hätte gesagt: Ich will sie zerstreuen, ihrem Gedächtnis unter den Menschen ein Ende machen!

27 Wenn ich die Kränkung von seiten des Feindes nicht fürchtete, daß ihre Widersacher es verkännten, daß sie sprächen: Unsere Hand war erhaben, und nicht Jehova hat dies alles getan!

28 Denn sie sind eine Nation, die alen Rat verloren hat; und kein Verständnis ist in ihnen.

29 Wenn sie weise wären, so würden sie dieses verstehen, ihr Ende bedenken.

---

a W. Größe. — b El. — c And.: geschaffen. — d Eig. es, d. h. das Nest. — e O. ... schwebt, breitete er seine Flügel aus, nahm ihn auf, trug ihn auf seinen Fittichen. Jehova allein leitete ihn. — f Eig. des Kleinviehes. — g der Gerade, Rechtschaffene. — h O. verwarf. — i Eloah. — k Eig. scheuten. — l W. Nicht-Gott (El). — m O. Götzen. — n O. Seuche.

30 Wie könnte einer Tausend jagen, und zwei Zehntausend in die Flucht treiben, wäre es nicht, daß ihr Fels sie verkauft und Jehova sie preisgegeben hätte?

31 Denn nicht wie unser Fels ist ihr Fels: *dessen* sind unsere Feinde selbst Richter!

32 Denn von dem Weinstock Sodoms ist ihr Weinstock und von den Fluren Gomorras; ihre Beeren sind Giftbeeren, bitter sind ihre Trauben.

33 Gift der Drachen *a* ist ihr Wein und grausames Gift der Nattern.

34 Ist dieses nicht bei mir verborgen, versiegelt in meinen Schatzkammern?

35 Mein ist die Rache und die Vergeltung für die Zeit, da ihr Fuß wanken wird; denn nahe ist der Tag ihres Verderbens, und was ihnen bevorsteht, eilt herbei.

36 Denn Jehova wird sein Volk richten *b*, und er wird sich's gereuen lassen *c* über seine Knechte, wenn er sehen wird, daß geschwunden die Kraft, und der Gebundene und der Freie dahin ist.

37 Und er wird sagen: Wo sind ihre Götter, der Fels, auf den sie vertrauten,

38 Welche das Fett ihrer Schlachtopfer aßen, den Wein ihrer Trankopfer tranken? Sie mögen aufstehen und euch helfen, mögen sein ein Schirm über euch sein!

39 Sehet nun, daß ich, ich bin, der da ist *d*, und kein Gott neben mir! Ich töte, und ich mache lebendig, ich zerschlage, und ich heile; und niemand ist, der aus meiner Hand errettet!

40 Denn ich erhebe zum Himmel meine Hand und spreche: Ich lebe ewiglich! *e*

41 Wenn ich mein blitzendes Schwert *f* geschärft habe, und meine Hand zum Gericht greift, so werde ich Rache erstatten meinen Feinden und Vergeltung geben meinen Hassern.

42 Meine Pfeile werde ich berauschen mit Blut, und mein Schwert wird Fleisch fressen — mit dem Blute der Erschlagenen und Gefangenen — von dem Haupte der Fürsten des Feindes *g*.

43 Jubelt, ihr Nationen, *mit* seinem Volke! *h* Denn er wird rächen das Blut seiner Knechte und wird Rache erstatten seinen Feinden, und seinem Lande, seinem Volke, vergeben. —

44 Und Mose kam und redete alle Worte dieses Liedes vor den Ohren des Volkes, er und Hosea *i*, der Sohn Nuns.

45 Und als Mose alle diese Worte zu dem ganzen Israel ausgeredet hatte, da sprach er zu ihnen:

46 Richtet euer Herz auf alle die Worte, die ich euch heute bezeuge, damit ihr sie euren Kindern befehlet, daß sie darauf achten, alle Worte dieses Gesetzes zu tun. Denn es ist nicht ein leeres Wort 47 für euch, sondern es ist euer Leben; und durch dieses Wort werdet ihr eure Tage verlängern in dem Lande, wohin ihr über den Jordan ziehet, um es in Besitz zu nehmen.

Und Jehova redete zu Mose an die- 48 sem selbigen Tage und sprach: Steige 49 auf dieses Gebirge Abarim, den Berg Nebo, der im Lande Moab *liegt*, der Jericho gegenüber ist, und sieh das Land Kanaan, das ich den Kindern Israel zum Eigentum gebe; und du 50 wirst sterben auf dem Berge, auf welchen du steigen wirst, und zu deinen Völkern versammelt werden; gleichwie dein Bruder Aaron auf dem Berge Hor gestorben ist und zu seinen Völkern versammelt wurde; darum 51 daß ihr treulos gegen mich gehandelt habt inmitten der Kinder Israel an dem Wasser von Meriba-Kades *k* in der Wüste Zin, darum daß ihr mich nicht geheiligt habt inmitten der Kinder Israel. Denn vor dir sollst du 52 das Land sehen, aber du sollst nicht in das Land hineinkommen, das ich den Kindern Israel gebe.

Und dies ist der Segen, womit **33** Mose, der Mann Gottes, die Kinder Israel vor seinem Tode gesegnet hat. Und er sprach: 2

Jehova ist vom Sinai hergekommen und ist ihnen aufgegangen von Seir; er ist hervorgestrahlt von dem Berge Paran und ist gekommen von heiligen Myriaden. Aus seiner Rechten *ging* Gesetzesfeuer für sie *hervor*.

Ja, er liebt die Völker *l*; alle seine 3 Heiligen sind in deiner Hand; und sie lagern *m* zu deinen Füßen, ein jeder *n* empfängt *m* von deinen Worten.

Ein Gesetz hat uns Mose geboten, 4 ein Erbe der Versammlung Jakobs.

Und er ward König in Jeschurun, 5 als sich versammelten die Häupter des Volkes, die Stämme Israels allzumal. —

Ruben lebe und sterbe nicht, und 6 seiner Männer sei eine Zahl!

Und dieses von Juda; und er sprach: 7 Höre, Jehova, die Stimme Judas und bringe ihn zu seinem Volke; seine Hände seien mächtig für ihn *o*, und hilf ihm von seinen Bedrängern!

Und von Levi sprach er: Deine 8 Thummim und deine Urim sind für deinen Frommen *p*, den du versucht hast zu Massa, mit dem du hadertest bei dem Wasser von Meriba; der von 9 seinem Vater und von seiner Mutter sprach: Ich sehe ihn nicht; und der seine Brüder nicht kannte und von seinen Söhnen nichts wußte *q*. Denn sie haben dein Wort beobachtet, und deinen Bund bewahrten sie. Sie wer- 10

---

a O. Schlangen. — *b* O. seinem Volke Recht verschaffen. — *c* O. sich erbarmen. Vergl. Ps. 135, 14. — *d* W. daß ich, ich bin er, oder derselbe. Dieser Ausdruck wird zu einem Namen Gottes; vergl. Neh. 9, 6; Ps. 102, 27 usw. — *e* O. So wahr ich ewiglich lebe! — *f* W. den Blitz meines Schwertes. — *g* And. üb.: vom behaarten Haupte des Feindes. — *h* O. Jubelt . . . seinem Volke Zu. Eig. Bejubelt . . . sein Volk. — *i* Vergl. 4. Mose 13, 16. — *k* O. an dem Haderwasser von Kades. — *l* O. Stämme. — *m* O. lagerten . . . empfing. — *n* W. er. — *o* O. mit seinen Händen sei er mächtig für dasselbe. — *p* W. den Mann, deinen Frommen. — *q* Vergl. 2. Mose 32, 26 usw.

den Jakob lehren deine Rechte, und Israel dein Gesetz; sie werden Weihrauch legen vor deine Nase und
11 Ganzopfer auf deinen Altar. Segne, Jehova, sein Vermögen *a*, und das Werk seiner Hände laß dir wohlgefallen; zerschmettere die Lenden derer, die sich wider ihn erheben, und seiner Hasser, daß sie nicht mehr aufstehen!
12 Von Benjamin sprach er: Der Liebling Jehovas! in Sicherheit wird er bei ihm wohnen; er beschirmt ihn den ganzen Tag, und zwischen seinen Schultern wohnt er.
13 Und von Joseph sprach er: Gesegnet von Jehova sei sein Land — vom Köstlichsten des Himmels, vom Tau, und von der Tiefe, die unten lagert;
14 und vom Köstlichsten der Erträge der Sonne und vom Köstlichsten der
15 Triebe der Monde *b*; und vom Vorzüglichsten der Berge der Urzeit und vom Köstlichsten der ewigen Hügel;
16 und vom Köstlichsten der Erde und ihrer Fülle; — und das Wohlgefallen dessen, der im Dornbusch wohnte: Es komme auf das Haupt Josephs und auf den Scheitel des Abgesonder-
17 ten unter seinen Brüdern *c*! Sein ist die Majestät des Erstgeborenen seines Stieres; und Hörner des Wildochsen sind seine Hörner. Mit ihnen wird er die Völker niederstoßen allzumal *bis an* die Enden der Erde. Und das sind die Zehntausende Ephraims, und das die Tausende Manasses.
18 Und von Sebulon sprach er: Freue dich, Sebulon, deines Auszugs, und
19 du, Issaschar, deiner Zelte! Sie werden Völker zum Berge laden; daselbst werden sie Opfer der Gerechtigkeit opfern; denn sie werden saugen die Fülle der Meere und die verborgenen Schätze des Sandes *d*.
20 Und von Gad sprach er: Gesegnet sei, der Gad Raum schafft! Wie eine Löwin lagert er und zerreißt Arm
21 und Scheitel. Und er hat das Erste *des Landes* sich ersehen, denn dort war der Anteil des Gesetzgebers aufbewahrt *e*; und er ist an der Spitze *f* des Volkes gezogen, hat ausgeführt die Gerechtigkeit Jehovas und seine Gerichte mit *g* Israel. *h*
22 Und von Dan sprach er: Dan ist ein junger Löwe, der hervorspringt aus Basan.
23 Und von Naphtali sprach er: Naphtali, gesättigt mit Huld und voll des Segens Jehovas! Westen und Süden nimm in Besitz!
24 Und von Aser sprach er: Gesegnet an Söhnen sei Aser; er sei wohlgefällig seinen Brüdern, und er tauche in
25 Oel seinen Fuß! Eisen und Erz seien deine Riegel, und wie deine Tage, so deine Kraft *i*!

Keiner ist wie der Gott *j* Jeschu- 26 runs, der auf den Himmeln einherfährt zu deiner Hilfe, und in seiner Hoheit auf den Wolken.
Deine Wohnung ist der Gott der 27 Urzeit, und unter *dir* sind ewige Arme; und er vertreibt vor dir den Feind und spricht: Vertilge!
Und Israel wohnt sicher, abgeson- 28 dert der Quell Jakobs, in einem Lande von Korn und Most; und sein Himmel träufelt Tau.
Glückselig bist du, Israel! wer ist 29 wie du, ein Volk, gerettet durch Jehova, den Schild deiner Hilfe, und der das Schwert deiner Hoheit ist? Und es werden dir schmeicheln *k* deine Feinde, und du, du wirst einherschreiten auf ihren Höhen.

Und Mose stieg von den Ebenen **34** Moabs auf den Berg Nebo, den Gipfel des Pisga, der Jericho gegenüber ist. Und Jehova ließ ihn das ganze Land sehen: das Gilead bis Dan, und 2 das ganze Naphtali und das Land Ephraim und Manasse, und das ganze Land Juda bis zum hinteren Meere; und den Süden und den *Jordan*-Kreis, 3 die Niederung von Jericho, der Palmenstadt, bis Zoar. Und Jehova sprach 4 zu ihm: Das ist das Land, welches ich Abraham, Isaak und Jakob zugeschworen habe, indem ich sprach: Deinem Samen will ich es geben. Ich habe es dich mit deinen Augen sehen lassen, aber du sollst nicht hinübergehen. Und Mose, der Knecht Jeho- 5 vas, starb daselbst im Lande Moab, nach dem Worte *l* Jehovas. Und er 6 begrub ihn im Tale, im Lande Moab, Beth-Peor gegenüber; und niemand weiß sein Grab bis auf diesen Tag. Und Mose war hundert und zwanzig 7 Jahre alt, als er starb; sein Auge war nicht schwach geworden, und seine Kraft nicht geschwunden. Und 8 die Kinder Israel beweinten Mose in den Ebenen Moabs dreißig Tage lang; und es wurden die Tage des Weinens der Trauer um Mose vollendet.
Und Josua, der Sohn Nuns, war er- 9 füllt mit dem Geiste der Weisheit; denn Mose hatte seine Hände auf ihn gelegt; und die Kinder Israel gehorchten ihm und taten, so wie Jehova dem Mose geboten hatte.
Und es stand in Israel kein Pro- 10 phet mehr auf wie Mose, welchen Jehova gekannt hätte von Angesicht zu Angesicht, nach all den Zeichen und 11 Wundern, die Jehova ihn gesandt hatte zu tun im Lande Aegypten, an dem Pharao und an allen seinen Knechten und an seinem ganzen Lande; und 12 nach all der starken Hand und nach all dem Großen und Furchtbaren *m*, das Mose vor den Augen des ganzen Israel getan hat.

---

a O. seine Kraft. — *b* Sonne und Monde sind hier wohl gleichbedeutend mit Jahr und Monaten. — *c* Vergl. 1. Mose 49, 26. — *d* d. h. des Festlandes. — *e* d. h. für ihn; oder für Mose, da Mose auf dem Gebiete Gads begraben wurde. — *f* O. mit den Häuptern. — *g* And.: seine Rechte gegenüber. — *h* Vergl. 4. Mose 32, 29—33. — *i* And.: Ruhe. — *j* El. — *k* Eig. dir Gehorsam heucheln. — *l* W. Munde. — *m* Eig. nach all dem großen Furchtbaren.

Das Buch Josua

1 Und es geschah nach dem Tode Moses, des Knechtes Jehovas, da sprach Jehova zu Josua a, dem Sohne Nuns,
2 dem Diener Moses, und sagte: Mein Knecht Mose ist gestorben; und nun, mache dich auf, gehe über diesen Jordan, du und dieses ganze Volk, in das Land, das ich ihnen, den Kindern
3 Israel, gebe. Jeden Ort, auf den eure Fußsohle treten wird, euch habe ich ihn gegeben, so wie ich zu Mose ge-
4 redet habe. Von der Wüste und diesem Libanon bis zum großen Strome, dem Strome Phrat, das ganze Land der Hethiter, und bis zum großen Meere gegen Sonnenuntergang, soll eu-
5 re Grenze sein. Es soll niemand vor dir bestehen alle Tage deines Lebens: so wie ich mit Mose gewesen bin, werde ich mit dir sein; ich werde dich nicht versäumen und dich nicht ver-
6 lassen. Sei stark und mutig! denn du, du sollst diesem Volke das Land als Erbe austeilen, das ich ihren Vätern ge-
7 schworen habe, ihnen zu geben. Nur sei sehr stark und mutig, daß du darauf achtest, zu tun nach dem ganzen Gesetz, welches mein Knecht Mose dir geboten hat. Weiche nicht davon ab zur Rechten noch zur Linken, auf daß es dir gelinge überall, wohin du
8 gehst. Dieses Buch des Gesetzes soll nicht von deinem Munde weichen, und du sollst darüber sinnen Tag und Nacht, auf daß du darauf achtest, zu tun nach allem was darin geschrieben ist; denn alsdann wirst du auf deinem Wege Erfolg haben, und alsdann
9 wird es dir gelingen. Habe ich dir nicht geboten: Sei stark und mutig? Erschrick nicht und fürchte dich nicht! denn Jehova, dein Gott, ist mit dir überall, wohin du gehst.
10 Und Josua gebot den Vorstehern des Volkes und sprach: Gehet mitten durch das Lager und gebietet dem Vol-
11 ke und sprechet: Bereitet euch Zehrung; denn in noch drei Tagen werdet ihr über diesen Jordan ziehen, um hinzukommen, das Land in Besitz zu nehmen, welches Jehova, euer Gott, euch gibt, es zu besitzen.
12 Und zu den Rubenitern und zu den Gaditern und zu dem halben Stamme
13 Manasse sprach Josua und sprach: Gedenket des Wortes, das Mose, der Knecht Jehovas, euch geboten hat, indem er sprach: Jehova, euer Gott, schafft euch Ruhe und gibt euch die-

ses Land. Eure Weiber, eure Kinder 14 und euer Vieh sollen in dem Lande bleiben, das Mose euch diesseit des Jordan gegeben hat; ihr aber, alle streitbaren Männer, sollt gerüstet vor euren Brüdern hinüberziehen und ihnen helfen, bis Jehova euren Brüdern 15 Ruhe schafft wie euch, und auch sie das Land besitzen, welches Jehova, euer Gott, ihnen gibt. Dann sollt ihr in das Land eures Besitztums zurückkehren und es besitzen, welches Mose, der Knecht Jehovas, euch gegeben hat, diesseit des Jordan, gegen Sonnenaufgang.

Und sie antworteten Josua und 16 sprachen: Alles was du uns geboten hast, wollen wir tun, und wohin irgend du uns senden wirst, wollen wir gehen. Nach allem wie wir Mose ge- 17 horcht haben, also wollen wir dir gehorchen. Nur möge Jehova, dein Gott, mit dir sein, wie er mit Mose gewesen ist! Jedermann, der deinem Be- 18 fehle widerspenstig ist und nicht auf deine Worte hört in allem was du uns gebietest, soll getötet werden. Nur sei stark und mutig!

Und Josua, der Sohn Nuns, sandte **2** von Sittim heimlich zwei Männer als Kundschafter aus und sprach: Gehet, besehet das Land und Jericho. Und sie gingen hin und kamen in das Haus einer Hure, namens Rahab; und sie legten sich daselbst nieder. Und es 2 wurde dem König von Jericho berichtet und gesagt: Siehe, es sind in dieser Nacht Männer von den Kindern Israel hierhergekommen, um das Land zu erforschen. Da sandte der König 3 von Jericho zu Rahab und ließ ihr sagen: Führe die Männer heraus, die zu dir gekommen, die in dein Haus eingekehrt sind; denn sie sind gekommen, um das ganze Land zu erforschen. Das Weib aber nahm die zwei 4 Männer und verbarg sie. Und sie sprach: Allerdings sind die Männer zu mir gekommen, aber ich wußte nicht, woher sie waren; und als das 5 Tor beim Dunkelwerden geschlossen werden sollte, da gingen die Männer hinaus; ich weiß nicht, wohin die Männer gegangen sind. Jaget ihnen eilends nach, denn ihr werdet sie erreichen. Sie hatte sie aber auf das Dach 6 hinaufgeführt und unter Flachsstengel versteckt, die sie sich auf dem Dache aufgeschichtet b hatte. Und die 7

---

a S. die Anm. zu 2. Mose 17, 9. — b O. ausgebreitet.

Männer jagten ihnen nach, des Weges zum Jordan, nach den Furten hin a; und man schloß das Tor, sobald die, welche ihnen nachjagten, hinaus waren.

8 Und ehe sie sich niederlegten, stieg 9 sie zu ihnen auf das Dach hinauf und sprach zu den Männern: Ich weiß, daß Jehova euch das Land gegeben hat, und daß euer Schrecken auf uns gefallen ist, und daß alle Bewohner des Landes vor euch verzagt sind. 10 Denn wir haben gehört, daß Jehova die Wasser des Schilfmeeres vor euch ausgetrocknet hat, als ihr aus Aegypten zoget, und was ihr den beiden Königen der Amoriter getan, die jenseit des Jordan waren, dem Sihon und 11 dem Og, die ihr verbannt habt. Und wir hörten es, und unser Herz zerschmolz, und es blieb kein Mut mehr vor euch in irgend einem Menschen; denn Jehova, euer Gott, ist Gott im Himmel oben und auf der Erde unten. 12 Und nun schwöret mir doch bei Jehova, weil ich euch Güte erwiesen habe, daß auch ihr an meines Vaters Hause Güte erweisen werdet; und 13 gebet mir ein zuverlässiges Zeichen, und lasset meinen Vater und meine Mutter und meine Brüder und meine Schwestern und alle ihre Angehörigen am Leben und errettet unsere Seelen 14 vom Tode b! Und die Männer sprachen zu ihr: Unsere Seele soll an eurer Statt sterben, wenn ihr diese unsere Sache nicht verratet; und es soll geschehen, wenn Jehova uns das Land gibt, so werden wir Güte und Treue c 15 an dir erweisen. Da ließ sie sie an einem Seile durch das Fenster hinunter; denn ihr Haus war in der Stadtmauer d, und sie wohnte in der Stadt- 16 mauer. Und sie sprach zu ihnen: Gehet in das Gebirge, damit die Nachjagenden euch nicht treffen; und verberget euch daselbst drei Tage, bis die Nachjagenden zurückgekehrt sind, und danach gehet eures Weges. 17 Und die Männer sprachen zu ihr: Wir werden dieses deines Eides ledig sein, den du uns hast schwören las- 18 sen: Siehe, wenn wir in das Land kommen, so sollst du diese Schnur von Karmesinfaden in das Fenster binden, durch welches du uns heruntergelassen hast, und sollst deinen Vater und deine Mutter und deine Brüder und das ganze Haus deines Vaters zu dir ins Haus versammeln; 19 und es soll geschehen, wer irgend aus der Tür deines Hauses auf die Straße gehen wird, dessen Blut sei auf seinem Haupte, und wir werden *unseres Eides* ledig sein. Jeder aber, der bei dir im Hause sein wird, dessen Blut sei auf unserem Haupte, wenn Hand 20 an ihn gelegt wird. Und wenn du diese unsere Sache verrätst, so werden wir deines Eides ledig sein, den du 21 uns hast schwören lassen. Und sie

sprach: Nach euren Worten, also sei es! Und sie entließ sie, und sie gingen weg. Und sie band die Karmesinschnur ins Fenster.

Und sie gingen weg und kamen in 22 das Gebirge und blieben daselbst drei Tage, bis die Nachjagenden zurückgekehrt waren. Und die Nachjagenden suchten sie auf dem ganzen Wege und fanden sie nicht. Und die beiden 23 Männer kehrten zurück und stiegen von dem Gebirge herab, und sie gingen hinüber und kamen zu Josua, dem Sohne Nuns; und sie erzählten ihm alles was ihnen begegnet war. Und 24 sie sprachen zu Josua: Jehova hat das ganze Land in unsere Hand gegeben, und auch sind alle Bewohner des Landes vor uns verzagt.

Da machte sich Josua des Morgens **3** früh auf, und sie brachen auf von Sittim und kamen an den Jordan, er und alle Kinder Israel; und sie rasteten daselbst, ehe sie hinüberzogen. Und 2 es geschah am Ende von drei Tagen, da gingen die Vorsteher mitten durch das Lager, und sie geboten dem Vol- 3 ke und sprachen: Sobald ihr die Lade des Bundes Jehovas, eures Gottes, sehet, und die Priester, die Leviten, sie tragen, dann sollt ihr von eurem Orte aufbrechen und ihr nachfolgen. Doch soll zwischen euch und ihr eine 4 Entfernung sein bei zweitausend Ellen an Maß. Ihr sollt ihr nicht nahen, auf daß ihr den Weg wisset, auf dem ihr gehen sollt; denn ihr seid des Weges früher nicht gezogen. Und Josua 5 sprach zu dem Volke: Heiliget euch; denn morgen wird Jehova in eurer Mitte Wunder tun. Und Josua sprach 6 zu den Priestern und sagte: Nehmet die Lade des Bundes auf und ziehet vor dem Volke hinüber. Und sie nahmen die Lade des Bundes auf und zogen vor dem Volke her.

Und Jehova sprach zu Josua: An 7 diesem Tage will ich beginnen, dich in den Augen von ganz Israel groß zu machen, damit sie wissen, daß, so wie ich mit Mose gewesen bin, ich mit dir sein werde. Und du sollst den 8 Priestern, welche die Lade des Bundes tragen, gebieten und sprechen: Wenn ihr an den Rand des Wassers des Jordan kommet, so bleibet im Jordan stehen.

Und Josua sprach zu den Kindern 9 Israel: Tretet herzu und höret die Worte Jehovas, eures Gottes! Und Jo- 10 sua sprach: Hieran sollt ihr wissen, daß der lebendige Gott e in eurer Mitte ist, und daß er die Kanaaniter und die Hethiter und die Hewiter und die Perisiter und die Girgasiter und die Amoriter und die Jebusiter gewißlich vor euch austreiben wird. Siehe, die Lade 11 des Bundes des Herrn der ganzen Erde zieht vor euch her in den Jordan. Und 12 nun nehmet euch zwölf Männer aus den Stämmen Israels, je einen Mann

---

a O. bis zu den Furten. — b O. daß ihr meinen Vater . . . am Leben lassen und unsere Seelen vom Tode erretten werdet. — c Eig. Wahrheit. — d Eig. in der Wand der Stadtmauer. — e El.

13 für den a Stamm. Und es wird geschehen, wenn die Fußsohlen der Priester, welche die Lade Jehovas, des Herrn der ganzen Erde, tragen, in den Wassern des Jordan ruhen, so werden die Wasser des Jordan, die von den herabfließenden Wasser, abgeschnitten werden, und sie werden stehen bleiben wie ein Damm.

14 Und es geschah, als das Volk aus seinen Zelten aufbrach, um über den Jordan zu ziehen, indem die Priester die Lade des Bundes vor dem Volke 15 hertrugen, und sobald die Träger der Lade an den Jordan kamen, und die Füße der Priester, welche die Lade trugen, in den Rand des Wassers tauchten, — der Jordan aber ist voll über alle seine Ufer die ganze Zeit 16 der Ernte hindurch — da blieben die von oben herabfließenden Wasser stehen; sie richteten sich auf wie ein Damm, sehr fern, bei Adam, der Stadt, die seitwärts von Zarethan liegt; und die nach dem Meere der Ebene b, dem Salzmeere, hinabfließenden wurden völlig abgeschnitten. Und das Volk 17 zog hindurch, Jericho gegenüber. Und die Priester, welche die Lade des Bundes Jehovas trugen, standen festen Fußes auf dem Trockenen in der Mitte des Jordan; und ganz Israel zog auf dem Trockenen hinüber, bis die ganze Nation vollends über den Jordan gegangen war.

4 Und es geschah, als die ganze Nation vollends über den Jordan gezogen war, da sprach Jehova zu Josua 2 und sagte: Nehmet euch aus dem Volke zwölf Männer, je einen Mann aus 3 einem Stamme, und gebietet ihnen und sprechet: Hebet euch auf von hier, aus der Mitte des Jordan, von dem Standorte, wo die Füße der Priester festgestanden haben, zwölf Steine; und bringet sie mit euch hinüber und leget sie nieder in dem Nachtlager, wo ihr diese Nacht übernachten wer-4 det. Und Josua rief die zwölf Männer, die er aus den Kindern Israel bestellt hatte, je einen Mann aus einem Stam-5 me. Und Josua sprach zu ihnen: Gehet hinüber, vor die Lade Jehovas, eures Gottes, in die Mitte des Jordan, und hebet euch ein jeder einen Stein auf seine Schulter, nach der Zahl der 6 Stämme der Kinder Israel, damit dies ein Zeichen unter euch sei. Wenn eure Kinder künftig fragen und sprechen: Was bedeuten euch diese Stei-7 ne? so sollt ihr zu ihnen sagen: daß c die Wasser des Jordan vor der Lade des Bundes Jehovas abgeschnitten wurden; als sie durch den Jordan ging, wurden die Wasser des Jordan abgeschnitten. Und diese Steine sollen für die Kinder Israel zum Gedächtnis 8 sein ewiglich. Und die Kinder Israel taten also, wie Josua geboten hatte, und hoben zwölf Steine aus aus der Mitte des Jordan, so wie Jehova zu Josua geredet hatte, nach der Zahl der

Stämme der Kinder Israel; und sie brachten sie mit sich in das Nachtlager hinüber und legten sie daselbst nieder.

Und zwölf Steine richtete Josua 9 auf in der Mitte des Jordan, an der Stelle, wo die Füße der Priester gestanden hatten, welche die Lade des Bundes trugen; und sie sind daselbst bis auf diesen Tag.

Und die Priester, welche die Lade 10 trugen, blieben in der Mitte des Jordan stehen, bis alles vollendet war, was Jehova dem Josua geboten hatte, zu dem Volke zu reden, nach allem was Mose dem Josua geboten hatte. Und das Volk eilte und zog hinüber. Und 11 es geschah, als das ganze Volk vollends hinübergezogen war, da zogen die Lade Jehovas und die Priester angesichts des Volkes hinüber.

Und die Kinder Ruben und die Kin- 12 der Gad und der halbe Stamm Manasse zogen gerüstet vor den Kindern Israel her, wie Mose zu ihnen geredet hatte. Bei vierzigtausend zum 13 Heere d Gerüstete zogen sie vor Jehova her zum Streit in die Ebenen von Jericho.

An selbigem Tage machte Jehova 14 den Josua groß in den Augen von ganz Israel; und sie fürchteten ihn, wie sie Mose gefürchtet hatten, alle Tage seines Lebens.

Und Jehova sprach zu Josua und 15 sagte: Gebiete den Priestern, welche 16 die Lade des Zeugnisses tragen, daß sie aus dem Jordan heraufsteigen. Und Josua gebot den Priestern und 17 sprach: Steiget aus dem Jordan herauf! Und es geschah, als die Priester, 18 welche die Lade des Bundes Jehovas trugen, aus der Mitte des Jordan heraufstiegen, als die Fußsohlen der Priester sich abgerissen hatten auf das Trockene, da kehrten die Wasser des Jordan an ihren Ort zurück, und sie flossen wie früher über alle seine Ufer.

Und das Volk stieg aus dem Jordan 19 herauf am zehnten des ersten Monats; und sie lagerten sich in Gilgal an der Ostgrenze von Jericho. Und jene zwölf 20 Steine, die sie aus dem Jordan genommen hatten, richtete Josua zu Gilgal auf. Und er sprach zu den Kin- 21 dern Israel und sagte: Wenn eure Kinder künftig ihre Väter fragen und sprechen: Was bedeuten diese Steine? so sollt ihr es euren Kindern 22 kundtun und sprechen: Auf trockenem Boden ist Israel durch diesen Jordan gezogen. Denn Jehova, euer Gott, hat 23 die Wasser des Jordan vor euch ausgetrocknet, bis ihr hinübergezogen waret, so wie Jehova, euer Gott, mit dem Schilfmeere tat, das er vor uns austrocknete, bis wir hinübergezogen waren: damit alle Völker der Erde 24 die Hand Jehovas erkännten, daß sie stark ist; damit ihr Jehova, euren Gott, fürchtet alle Tage.

Und es geschah, als alle Könige 5 der Amoriter, die diesseit des Jordan

---

a O. vom. — b H. Araba; vergl. die Anm. zu 5. Mose 1, 1. — c O. weil. — d O. zum Kriege.

westwärts, und alle Könige der Kanaaniter, die am Meere waren, hörten, daß Jehova die Wasser des Jordan vor den Kindern Israel ausgetrocknet hatte, bis wir *a* hinübergezogen waren, da zerschmolz ihr Herz, und es war kein Mut mehr in ihnen vor den Kindern Israel.

2 In selbiger Zeit sprach Jehova zu Josua: Mache dir Steinmesser *b* und beschneide wiederum die Kinder
3 Israel zum zweiten Male. Und Josua machte sich Steinmesser und beschnitt die Kinder Israel am Hügel Araloth *c*.
4 Und dies ist die Sache, warum Josua sie beschnitt: Das ganze Volk, das aus Aegypten gezogen war, die Männlichen, alle Kriegsleute, waren in der Wüste gestorben, auf dem Wege, als
5 sie aus Aegypten zogen. Denn das ganze Volk, welches auszog, war beschnitten; aber das ganze Volk, das in der Wüste geboren war, auf dem Wege, als sie aus Aegypten zogen,
6 hatte man nicht beschnitten. Denn die Kinder Israel wanderten vierzig Jahre in der Wüste, bis die ganze Nation der Kriegsleute, die aus Aegypten gezogen, aufgerieben war, welche nicht gehört hatten auf die Stimme Jehovas, denen Jehova geschworen hatte, sie das Land nicht sehen zu lassen, welches Jehova ihren Vätern geschworen hatte, uns zu geben, ein Land, das von Milch und Honig
7 fließt. Und ihre Söhne, die er an ihrer Statt aufkommen ließ, diese beschnitt Josua; denn sie hatten Vorhaut, weil man sie auf dem Wege
8 nicht beschnitten hatte. Und es geschah, als die ganze Nation vollends beschnitten war, da blieben sie an ihrem Orte
9 im Lager, bis sie heil waren. Und Jehova sprach zu Josua: Heute habe ich die Schande Aegyptens von euch abgewälzt. Und man gab selbigem Orte den Namen Gilgal *d* bis auf diesen Tag.
10 Und die Kinder Israel lagerten in Gilgal; und sie feierten das Passah am vierzehnten Tage des Monats, am Abend, in den Ebenen von Jericho.
11 Und sie aßen am anderen Tage nach dem Passah von dem Erzeugnis *e* des Landes, ungesäuertes Brot und geröstete Körner, an diesem selbigen Ta-
12 ge. Und das Man hörte auf am anderen Tage, als sie von dem Erzeugnis *e* des Landes aßen, und es gab für die Kinder Israel kein Man mehr; und sie aßen von dem Ertrage des Landes Kanaan in jenem Jahre.
13 Und es geschah, als Josua bei Jericho war, da hob er seine Augen auf und sah: und siehe, ein Mann stand vor ihm, und sein Schwert gezückt in seiner Hand. Und Josua ging auf ihn zu und sprach zu ihm: Bist du für

uns oder für unsere Feinde? *f* Und 14
er sprach: Nein, sondern als der Oberste des Heeres Jehovas bin ich *g* jetzt gekommen. Da fiel Josua auf sein Angesicht zur Erde und huldigte *h* *ihm* und sprach zu ihm: Was redet mein Herr zu seinem Knechte? Und 15
der Oberste des Heeres Jehovas sprach zu Josua: Ziehe deinen Schuh aus von deinem Fuße; denn der Ort, auf dem du stehst, ist heilig! Und Josua tat also.

Und Jericho hatte *seine Tore* ge- **6**
schlossen und war verriegelt vor den Kindern Israel; niemand ging aus, und niemand ging ein. Und Jehova 2
sprach zu Josua: Siehe, ich habe Jericho und seinen König *und* die streitbaren Männer in deine Hand gegeben. Und ihr sollt die Stadt umziehen, alle 3
Kriegsleute, einmal rings um die Stadt her; also sollst du sechs Tage tun. Und sieben Priester sollen sieben 4
Hall-*i*-Posaunen vor der Lade hertragen. Und am siebenten Tage sollt ihr die Stadt siebenmal umziehen, und die Priester sollen in die Posaunen stoßen. Und es soll geschehen, wenn 5
man das Lärmhorn *j* anhaltend bläst, wenn ihr den Schall der Posaune höret, so soll das ganze Volk ein großes Geschrei *k* erheben; und die Mauer der Stadt wird an ihrer Stelle einstürzen, und das Volk soll hinaufsteigen, ein jeder gerade vor sich hin.

Und Josua, der Sohn Nuns, rief 6
die Priester und sprach zu ihnen: Nehmet die Lade des Bundes auf, und sieben Priester sollen sieben Hall-Posaunen vor der Lade Jehovas hertragen. Und er sprach zu dem Volke: 7
Gehet hin und umziehet die Stadt; und die Gerüsteten sollen vor der Lade Jehovas hergehen.

Und es geschah, als Josua zu dem 8
Volke geredet hatte, da zogen die sieben Priester hin, welche die sieben Hall-Posaunen vor Jehova hertrugen, und stießen in die Posaunen; und die Lade des Bundes Jehovas folgte hinter ihnen. Und die Gerüsteten zogen 9
vor den Priestern her, welche in die Posaunen stießen, und der Nachzug ging hinter der Lade her, indem sie *l* fort und fort in die Posaunen stießen.

Und Josua hatte dem Volke gebo- 10
ten und gesagt: Ihr sollt kein Geschrei erheben und eure Stimme nicht hören lassen, und kein Wort soll aus eurem Munde gehen; bis zu dem Tage, da ich zu euch sage: Erhebet ein Geschrei! dann sollt ihr ein Geschrei erheben. Und die Lade Jehovas um- 11
zog die Stadt, einmal rings um sie her; und sie kamen in das Lager und übernachteten im Lager.

Und Josua machte sich des Morgens 12
früh auf, und die Priester trugen die

---

a Nach and. Lesart: sie. — *b* And. üb.: scharfe Messer. — *c* d. h. der Vorhäute. — *d* Abwälzung. — *e* O. Getreide. — *f* O. Gehörst du zu uns oder zu unseren Feinden? — *g* O. sondern ich bin der Oberste . . ., ich bin. — *h* Anderswo: sich niederwerfen, anbeten. — *i* Dasselbe Wort wie „Jubel", 3. Mose 25, 10. — *j* And.: Widderhorn; vergl. 2. Mose 19, 13. — *k* Eig. Jauchzen, Feldgeschrei; so auch V. 10 usw. — *l* d. h. die Priester.

13 Lade Jehovas. Und die sieben Priester, welche die sieben Hall-Posaunen vor der Lade Jehovas hertrugen, gingen fort und fort und stießen in die Posaunen; und die Gerüsteten zogen vor ihnen her, und der Nachzug ging hinter der Lade Jehovas her, indem sie *a* fort und fort in die Posaunen 14 stießen. Und sie umzogen die Stadt am zweiten Tage einmal und kehrten in das Lager zurück. Also taten sie sechs Tage.

15 Und es geschah am siebenten Tage, da machten sie sich früh auf, beim Aufgange der Morgenröte, und umzogen die Stadt nach dieser Weise siebenmal; nur an selbigem Tage umzogen 16 sie die Stadt siebenmal. Und es geschah beim siebenten Male, als die Priester in die Posaunen stießen, da sprach Josua zu dem Volke: Erhebet ein Geschrei! denn Jehova hat euch 17 die Stadt gegeben. Und die Stadt, sie und alles was darin ist, soll dem Jehova ein Bann *b* sein; nur Rahab, die Hure, soll am Leben bleiben, sie und alle, die bei ihr im Hause sind, weil sie die Boten versteckt hat, die wir 18 ausgesandt haben. Ihr aber, hütet euch nur vor dem Verbannten, damit ihr nicht verbannet und *doch* von dem Verbannten nehmet und das Lager Israels zum Banne machet und es in 19 Trübsal bringet. Und alles Silber und Gold, samt den ehernen und eisernen Geräten, soll Jehova heilig sein: in den Schatz Jehovas soll es kommen. 20 Und das Volk erhob ein Geschrei, und sie stießen in die Posaunen. Und es geschah, als das Volk den Schall der Posaunen hörte, und als das Volk ein großes Geschrei erhob, da stürzte die Mauer an ihrer Stelle ein, und das Volk stieg in die Stadt hinein, ein jeder gerade vor sich hin, und sie nah- 21 men die Stadt ein. Und sie verbannten alles was in der Stadt war, vom Manne bis zum Weibe, vom Knaben bis zum Greise, und bis zu den Rindern und Schafen *c* und Eseln, mit der 22 Schärfe des Schwertes. — Und Josua sprach zu den beiden Männern, die das Land ausgekundschaftet hatten: Gehet in das Haus der Hure, und führret das Weib und alle ihre Angehörigen von dannen heraus, wie ihr es ihr 23 geschworen habt. Da gingen die Jünglinge, die Kundschafter, hinein und führten Rahab und ihren Vater und ihre Mutter und ihre Brüder und alle ihre Angehörigen hinaus: alle ihre Geschlechter führten sie hinaus; und sie ließen sie außerhalb des Lagers 24 Israels. — Und die Stadt und alles was darin war verbrannten sie mit Feuer; nur das Silber und das Gold und die ehernen und die eisernen Geräte legten sie in den Schatz des Hauses Je- 25 hovas. — So ließ Josua Rahab, die Hure, und das Haus ihres Vaters und alle ihre Angehörigen am Leben; und

sie hat in der Mitte Israels gewohnt bis auf diesen Tag, weil sie die Boten versteckte, welche Josua abgesandt hatte, um Jericho auszukundschaften.

Und Josua schwur *d* in selbiger Zeit 26 und sprach: Verflucht vor Jehova sei der Mann, der sich aufmachen und diese Stadt Jericho bauen wird! Mit seinem *e* Erstgeborenen wird er ihren Grund legen, und mit seinem *e* Jüngsten ihre Tore aufstellen. *f* — Und Jeho- 27 va war mit Josua, und sein Ruf verbreitete sich durch das ganze Land.

Und die Kinder Israel begingen Untreue an dem Verbannten; und Achan, **7** der Sohn Karmis, des Sohnes Sabdis, des Sohnes Serachs, vom Stamme Juda, nahm von dem Verbannten; und der Zorn Jehovas entbrannte wider die Kinder Israel. — Und Josua sand- 2 te Männer von Jericho nach Ai, das bei Beth-Awen, östlich von Bethel, *liegt*, und sprach zu ihnen und sagte: Gehet hinauf und kundschaftet das Land aus. Und die Männer gingen hinauf und kundschafteten Ai aus. Und sie kehrten zu Josua zurück und 3 sprachen zu ihm: Es ziehe nicht das ganze Volk hinauf; bei zweitausend Mann oder bei dreitausend Mann mögen hinaufziehen und Ai schlagen; bemühe nicht das ganze Volk dahin, denn ihrer sind wenige. Da zogen von dem Volke bei drei- 4 tausend Mann dort hinauf; aber sie flohen vor den Männern von Ai; und 5 die Männer von Ai erschlugen von ihnen bei sechsunddreißig Mann, und sie jagten ihnen nach vor dem Tore bis Schebarim und schlugen sie am Abhange. Da zerschmolz das Herz des Volkes und wurde wie Wasser.

Und Josua zerriß seine Kleider und 6 fiel vor der Lade Jehovas auf sein Angesicht zur Erde bis an den Abend, er und die Aeltesten von Israel, und sie warfen Staub auf ihre Häupter. Und Josua sprach: Ach, Herr, Jeho- 7 va! warum hast du denn dieses Volk über den Jordan ziehen lassen, um uns in die Hand der Amoriter zu geben, uns zu Grunde zu richten? O hätten wir es uns doch gefallen lassen und wären jenseit des Jordan geblieben! Bitte, Herr, was soll ich sa- 8 gen, nachdem Israel vor seinen Feinden den Rücken gekehrt hat? Und 9 hören es die Kanaaniter und alle Bewohner des Landes, so werden sie uns umzingeln und unseren Namen von der Erde ausrotten; und was wirst du für deinen großen Namen tun? Da 10 sprach Jehova zu Josua: Stehe auf! warum liegst du denn auf deinem Angesicht? Israel hat gesündigt, und 11 auch haben sie meinen Bund übertreten, den ich ihnen geboten habe; und auch haben sie von dem Verbannten genommen, und auch gestohlen, und es auch verheimlicht, und es auch unter ihr Geräte gelegt! Und die 12

---

a d. h. die Priester. — *b* S. die Vorrede. — *c* Eig. dem Kleinvieh. — *d* Eig. beschwur, d. h. verpflichtete *das Volk* durch einen Eid. — *e* O. Um den Preis seines. — *f* Vergl. 1. Kön. 16, 34.

Kinder Israel werden vor ihren Feinden nicht zu bestehen vermögen; sie werden vor ihren Feinden den Rücken kehren, denn sie sind zum Banne geworden. Ich werde nicht mehr mit euch sein, wenn ihr nicht den Bann 13 aus eurer Mitte vertilget. Stehe auf, heilige das Volk und sprich: Heiliget euch auf morgen; denn so spricht Jehova, der Gott Israels: Ein Bann ist in deiner Mitte, Israel; du wirst vor deinen Feinden nicht zu bestehen vermögen, bis ihr den Bann aus eurer Mitte 14 hinwegtut. Und ihr sollt am Morgen herzutreten nach euren Stämmen; und es soll geschehen: der Stamm, welchen Jehova treffen a wird, soll herzutreten nach den Geschlechtern; und das Geschlecht, welches Jehova treffen wird, soll herzutreten nach den Häusern; und das Haus, welches Jehova treffen wird, soll herzutreten nach den Männern. 15 Und es soll geschehen: wer mit dem Banne getroffen wird, der soll mit Feuer verbrannt werden, er und alles was er hat; denn er hat den Bund Jehovas übertreten und eine Schandtat in Israel begangen. 16	Und Josua machte sich des Morgens früh auf und ließ Israel herzutreten nach seinen Stämmen; und es 17 ward getroffen der Stamm Juda. Und er ließ die Geschlechter Judas herzutreten; und er traf das Geschlecht der Sarchiter. Und er ließ das Geschlecht der Sarchiter herzutreten nach den Männern; und es ward getroffen Sab- 18 di. Und er ließ sein Haus herzutreten nach den Männern; und es ward getroffen Achan, der Sohn Karmis, des Sohnes Sabdis, des Sohnes Serachs, 19 vom Stamme Juda. Und Josua sprach zu Achan: Mein Sohn, gib doch Jehova, dem Gott Israels, Ehre und lege ihm ein Bekenntnis ab; und tue mir doch kund, was du getan hast, verhehle es 20 mir nicht! Und Achan antwortete Josua und sprach: Fürwahr, ich habe gegen Jehova, den Gott Israels, gesündigt, 21 und so und so habe ich getan: Ich sah unter der Beute einen schönen Mantel aus Sinear und zweihundert Sekel Silber und eine goldene Stange, fünfzig Sekel ihr Gewicht, und mich gelüstete danach, und ich nahm sie; und siehe, sie sind im Innern meines Zeltes in der Erde vergraben, und das 22 Silber darunter b. Und Josua sandte Boten hin, und sie liefen zum Zelte; und siehe, er c war in seinem Zelte vergraben, und das Silber darunter. 23 Und sie nahmen es aus dem Innern des Zeltes und brachten es zu Josua und zu allen Kindern Israel, und sie 24 legten es vor Jehova hin. Da nahm Josua, und ganz Israel mit ihm, Achan, den Sohn Serachs, und das Silber und den Mantel und die goldene Stange, und seine Söhne und seine Töchter, und seine Rinder und seine Esel und sein Kleinvieh, und sein Zelt und alles was er hatte, und sie brachten sie

hinauf in das Tal Achor. Und Josua 25 sprach: Wie hast du uns in Trübsal gebracht! Jehova wird dich in Trübsal bringen an diesem Tage! Und ganz Israel steinigte ihn, und sie verbrannten sie mit Feuer und bewarfen sie mit Steinen; und sie errichteten ei- 26 nen großen Steinhaufen über ihm, der bis auf diesen Tag da ist. Und Jehova wandte sich von der Glut seines Zornes. Darum gab man jenem Orte den Namen Tal Achor d bis auf diesen Tag.

Und Jehova sprach zu Josua: Fürch- **8** te dich nicht und erschrick nicht! Nimm alles Kriegsvolk mit dir und mache dich auf, ziehe hinauf nach Ai. Siehe, ich habe den König von Ai und sein Volk und seine Stadt und sein Land in deine Hand gegeben. Und du sollst an Ai und an seinem 2 König tun, so wie du an Jericho und an seinem König getan hast; jedoch seine Beute und sein Vieh dürft ihr für euch plündern. Lege dir einen Hinterhalt gegen die Stadt, in ihren Rücken. Da machte sich Josua mit allem 3 Kriegsvolk auf, um nach Ai hinaufzuziehen. Und Josua wählte dreißigtausend Mann aus, streitbare Männer, und sandte sie ab bei der Nacht. Und 4 er gebot ihnen und sprach: Sehet, ihr sollt den Hinterhalt bilden gegen die Stadt, im Rücken der Stadt; entfernet euch nicht allzuweit von der Stadt, sondern seid alle bereit. Und ich und 5 alles Volk, das bei mir ist, wir wollen uns der Stadt nähern; und es soll geschehen, wenn sie herauskommen, uns entgegen, wie das erste Mal, so wollen wir vor ihnen fliehen. Und 6 sie werden herausziehen hinter uns her, bis wir sie von der Stadt abgerissen haben; denn sie werden sagen: Sie fliehen vor uns wie das erste Mal! und wir wollen vor ihnen fliehen. Dann sollt ihr euch aus dem Hinter- 7 halt aufmachen und die Stadt in Besitz nehmen; und Jehova, euer Gott, wird sie in eure Hand geben. Und 8 es soll geschehen, wenn ihr die Stadt eingenommen habt, so sollt ihr die Stadt mit Feuer anzünden; nach dem Worte Jehovas sollt ihr tun. Sehet, ich habe es euch geboten. — Und Josua 9 sandte sie ab, und sie zogen in den Hinterhalt und hielten zwischen Bethel und Ai, westlich von Ai. Und Josua brachte jene Nacht in der Mitte des Volkes zu.

Und Josua machte sich des Morgens früh auf und musterte das Volk; und er zog hinauf, er und die Aeltesten von Israel, vor dem Volke her nach Ai. Und alles Kriegsvolk, das bei ihm 11 war, zog hinauf und rückte heran, und sie kamen der Stadt gegenüber; und sie lagerten sich nördlich von Ai, und das Tal war zwischen ihm und Ai. Er hatte aber bei fünftausend 12 Mann genommen und sie als Hinter-

---

a W. ergreifen (durchs Los; vergl. 1. Sam. 14, 41 usw.). — b W. unter ihm, d. h. unter dem Mantel. — c d. h. der Mantel. — d Trübsal, Unglück.

halt zwischen Bethel und Ai gelegt,
13 westlich von der Stadt. Und so stellten sie das Volk auf, das ganze Lager, das nördlich von der Stadt war, und dessen Hinterhalt westlich von der Stadt; und Josua zog in selbiger Nacht mitten in das Tal.

14 Und es geschah, als der König von Ai es sah, da eilten die Männer der Stadt und machten sich früh auf und zogen hinaus, Israel entgegen zum Streit, er und all sein Volk, an den bestimmten Ort, vor *a* der Ebene *b*. Er wußte aber nicht, daß ihm im Rücken
15 der Stadt ein Hinterhalt *gelegt war*. Und Josua und ganz Israel ließen sich vor ihnen schlagen und flohen des Weges zur
16 Wüste. Da wurde das ganze Volk, das in der Stadt war, zusammengerufen, um ihnen nachzujagen; und sie jagten Josua nach und wurden
17 von der Stadt abgerissen. Und es blieb kein Mann in Ai und Bethel übrig, der nicht hinter Israel her ausgezogen wäre; und sie ließen die Stadt offen und jagten Israel nach.
18 Da sprach Jehova zu Josua: Strecke den Spieß, der in deiner Hand ist, gegen Ai aus; denn ich will es in deine Hand geben. Und Josua streckte den Spieß, der in seiner Hand war, gegen
19 die Stadt aus. Und der Hinterhalt machte sich eilends von seinem Orte auf und lief, als er seine Hand ausstreckte, und sie kamen in die Stadt und nahmen sie ein; und sie eilten und zündeten die Stadt mit Feuer an.
20 Und die Männer von Ai wandten sich um und sahen, und siehe, der Rauch der Stadt stieg gen Himmel empor; und sie hatten keine Kraft, dahin noch dorthin zu fliehen. Denn das Volk, das nach der Wüste hin geflohen war, wandte sich um gegen die
21 Nachjagenden. Denn als Josua und ganz Israel sahen, daß der Hinterhalt die Stadt eingenommen hatte, und daß der Rauch der Stadt emporstieg, da kehrten sie um und schlugen die
22 Männer von Ai. Jene aber zogen aus der Stadt ihnen entgegen, sodaß sie mitten zwischen Israel waren, die einen von hierher und die anderen von dorther. Und sie schlugen sie, bis ihnen kein Entronnener oder Entkom-
23 mener übrigblieb. Und den König von Ai griffen sie lebendig und brachten ihn zu Josua.
24 Und es geschah, als Israel das Würgen aller Bewohner von Ai auf dem Felde, in der Wüste, wo sie ihnen nachgejagt waren, beendigt hatte, und sie alle durch die Schärfe des Schwertes gefallen, bis sie aufgerieben waren, da kehrte ganz Israel um nach
25 Ai, und sie schlugen es mit der Schärfe des Schwertes. Und alle an selbigem Tage Gefallenen, sowohl Männer als Weiber, waren zwölftausend, alle

Leute von Ai. Und Josua zog seine 26 Hand, die er mit dem Spieße ausgestreckt hatte, nicht zurück, bis man alle Bewohner von Ai vertilgt *e* hatte.
Nur das Vieh und die Beute jener 27 Stadt plünderte Israel für sich, nach dem Worte Jehovas, das er dem Josua geboten hatte. Und Josua ver- 28 brannte Ai und machte es zu einem ewigen Trümmerhaufen, bis auf diesen Tag. Und den König von Ai ließ 29 er an einen Baum *d* hängen bis zur Abendzeit; und beim Untergang der Sonne gebot Josua, und sie nahmen seinen Leichnam von dem Baume herab und warfen ihn an den Eingang des Stadttores und errichteten einen großen Steinhaufen über ihm, *der* bis auf diesen Tag *da ist*.

Damals baute Josua dem Jehova, 30 dem Gott Israels, einen Altar auf dem Berge Ebal, so wie Mose, der Knecht 31 Jehovas, den Kindern Israel geboten hatte, wie im Buche des Gesetzes Moses geschrieben ist, einen Altar von ganzen Steinen, über die man kein Eisen geschwungen hatte. Und sie opferten darauf dem Jehova Brandopfer und schlachteten Friedensopfer. Und 32 er schrieb daselbst auf die Steine eine Abschrift des Gesetzes Moses, welches er vor den Kindern Israel geschrieben hatte. Und ganz Israel und 33 seine Aeltesten und Vorsteher und seine Richter standen an dieser und an jener Seite der Lade, den Priestern, den Leviten, gegenüber, welche die Lade des Bundes Jehovas trugen, der Fremdling wie der Eingeborene, die eine Hälfte gegen den Berg Gerisim hin und die andere Hälfte gegen den Berg Ebal hin, wie Mose, der Knecht Jehovas, im Anfang geboten hatte, das Volk Israel zu segnen *f*. Und da- 34 nach las er alle Worte des Gesetzes, den Segen und den Fluch, nach allem, was im Buche des Gesetzes geschrieben ist. Es war kein Wort von al- 35 lem was Mose geboten hatte, das Josua nicht der ganzen Versammlung Israels vorlas, samt den Weibern und den Kindern und dem Fremdling, der in ihrer Mitte wandelte.

Und es geschah, als alle die Köni- **9** ge es hörten, die diesseit des Jordan waren, auf dem Gebirge und in der Niederung *g*, und an der ganzen Küste des großen Meeres gegen den Libanon hin, die Hethiter und die Amoriter, die Kanaaniter, die Perisiter, die Hewiter und die Jebusiter: da 2 versammelten sie sich allzumal, um einmütig wider Josua und wider Israel zu streiten.

Als aber die Bewohner von Gibeon 3 hörten, was Josua an Jericho und an Ai getan hatte, handelten sie auch 4 ihrerseits mit List und gingen und stellten sich als Boten *h*: sie nahmen

---

a d. h. östlich von. — *b* H. Araba, wie Kap. 3, 16; so auch Kap. 11, 2. 16; 12, 1. 3. 8; 18, 18. — *c* Eig. verbannt. So auch Kap. 10, 1. — *d* W. an das Holz. — *e* Vergl. 5. Mose 21, 22. 23. — *f* O. geboten hatte, das Volk Israel im Anfang zu segnen. — *g* Vergl. 5. Mose 1, 7. So auch Jos. 10, 40; 11, 2. 16; 12, 8; 15, 33. — *h* E. l.: nahmen Zehrung mit sich.

abgenutzte Säcke für ihre Esel, und abgenutzte und geborstene und zusammengebundene Weinschläuche, und abgenutzte und geflickte Schuhe an ihre Füße, und abgenutzte Kleider auf sich; und alles Brot ihrer Zehrung war vertrocknet *und* war schimmlig *a*.

6 Und sie gingen zu Josua in das Lager nach Gilgal und sprachen zu ihm und zu den Männern von Israel: Aus fernem Lande sind wir gekommen, und nun machet einen Bund mit uns.

7 Aber die Männer von Israel sprachen zu dem Hewiter: Vielleicht wohnst du in meiner Mitte, und wie sollte

8 ich einen Bund mit dir machen? Und sie sprachen zu Josua: Wir sind deine Knechte. Und Josua sprach zu ihnen: Wer seid ihr, und woher kom-

9 met ihr? Und sie sprachen zu ihm: Aus sehr fernem Lande sind deine Knechte gekommen, um des Namens Jehovas, deines Gottes, willen; denn wir haben seinen Ruf gehört und al-

10 les was er in Aegypten getan, und alles was er den beiden Königen der Amoriter getan hat, die jenseit des Jordan waren, Sihon, dem König von Hesbon, und Og, dem König von Ba-

11 san, der zu Astaroth *wohnte*. Da sprachen unsere Aeltesten und alle Bewohner unseres Landes zu uns und sagten: Nehmet Zehrung mit euch auf den Weg und gehet ihnen entgegen, und sprechet zu ihnen: Wir sind eure Knechte; und nun machet einen

12 Bund mit uns! Dieses unser Brot, warm haben wir es aus unseren Häusern als Zehrung mitgenommen, an dem Tage, da wir auszogen, um zu euch zu gehen; und nun siehe, es ist vertrocknet und schimmlig geworden.

13 Und diese Weinschläuche, die wir neu gefüllt haben, siehe da, sie sind geborsten; und diese unsere Kleider und unsere Schuhe sind abgenutzt in-

14 folge des sehr langen Weges. — Und die Männer nahmen von ihrer Zehrung; aber den Mund Jehovas befrag-

15 ten sie nicht. Und Josua machte Frieden mit ihnen und machte mit ihnen einen Bund, sie am Leben zu lassen; und die Fürsten der Gemeinde schwuren ihnen.

16 Und es geschah am Ende von drei Tagen, nachdem sie einen Bund mit ihnen gemacht hatten, da hörten sie, daß sie nahe bei ihnen waren und mitten unter ihnen wohnten.

17 Da brachen die Kinder Israel auf und kamen zu ihren Städten am dritten Tage; und ihre Städte waren Gibeon und Kephira und Beeroth und

18 Kirjath-Jearim. Und die Kinder Israel schlugen sie nicht, weil die Fürsten der Gemeinde ihnen bei Jehova, dem Gott Israels, geschworen hatten. Da murrte die ganze Gemeinde wider

19 die Fürsten. Und alle Fürsten sprachen zu der ganzen Gemeinde: Wir haben ihnen bei Jehova, dem Gott

Israels, geschworen, und nun können wir sie nicht antasten. Das wollen 20 wir ihnen tun und sie am Leben lassen, damit nicht ein Zorn über uns komme wegen des Eides, den wir ihnen geschworen haben. Und 21 die Fürsten sprachen zu ihnen: Sie sollen am Leben bleiben. Und sie wurden Holzhauer und Wasserschöpfer für die ganze Gemeinde, so wie die Fürsten betreffs ihrer *b* geredet hatten.

Und Josua rief sie und redete zu 22 ihnen und sprach: Warum habt ihr uns betrogen und gesagt: Wir sind sehr weit von euch, da ihr doch mitten unter uns wohnet? Und nun, ver- 23 flucht seid ihr; und nicht sollt ihr aufhören, Knechte zu sein, *c* sowohl Holzhauer als Wasserschöpfer für das Haus meines Gottes! Und sie antwor- 24 teten Josua und sprachen: Weil deinen Knechten für gewiß berichtet wurde, daß Jehova, dein Gott, Mose, seinem Knechte, geboten hat, euch das ganze Land zu geben und alle Bewohner des Landes vor euch zu vertilgen, so fürchteten wir sehr für unser Leben euretwegen und taten diese Sache. Und nun siehe, wir sind 25 in deiner Hand; tue, wie es gut und wie es recht ist in deinen Augen, uns zu tun. Und er tat ihnen also und er- 26 rettete sie von der Hand der Kinder Israel; und sie töteten sie nicht. Und 27 Josua machte sie an jenem Tage zu Holzhauern und Wasserschöpfern für die Gemeinde und für den Altar Jehovas, bis auf diesen Tag, an dem Orte, den er erwählen würde.

Und es geschah, als Adoni-Zedek, **10** der König von Jerusalem, hörte, daß Josua Ai eingenommen und vertilgt habe, daß er Ai und seinem König ebenso getan, wie er Jericho und seinem König getan hatte, und daß die Bewohner von Gibeon Frieden mit Israel gemacht hätten und in ihrer Mitte wären: da fürchteten sie sich 2 sehr; denn Gibeon war eine große Stadt, wie eine der Königsstädte, und es war größer als Ai, und alle seine Männer waren Helden. Und Adoni- 3 Zedek, der König von Jerusalem, sandte zu Hoham, dem König von Hebron, und zu Piream, dem König von Jarmuth, und zu Japhija, dem König von Lachis, und zu Debir, dem König von Eglon, und ließ *ihnen* sagen: Kommt zu mir herauf und helft mir, 4 daß wir Gibeon schlagen; denn es hat mit Josua und mit den Kindern Israel Frieden gemacht! Da versammelten 5 sich und zogen herauf die fünf Könige der Amoriter, der König von Jerusalem, der König von Hebron, der König von Jarmuth, der König von Lachis, der König von Eglon, sie und alle ihre Heerlager; und sie lagerten sich wider Gibeon und stritten wider dasselbe. Und die Männer von Gibeon 6

---

a And.: zerbröckelt; so auch V. 12. — *b* And.: zu ihnen. — *c* W. sollen aus euch ausgerottet werden Knechte.

sandten zu Josua in das Lager nach Gilgal und ließen *ihm* sagen: Ziehe deine Hände nicht ab von deinen Knechten; komm eilends zu uns herauf und rette uns und hilf uns; denn alle Könige der Amoriter, die das Gebirge bewohnen, haben sich wider uns versammelt.

7 Und Josua zog von Gilgal hinauf, er und alles Kriegsvolk mit ihm und 8 alle streitbaren Männer. Und Jehova sprach zu Josua: Fürchte dich nicht vor ihnen, denn ich habe sie in deine Hand gegeben; kein Mann von ihnen 9 wird vor dir standhalten. Und Josua kam plötzlich über sie; die ganze Nacht 10 zog er von Gilgal hinauf. Und Jehova verwirrte sie vor Israel; und er richtete eine große Niederlage unter ihnen an *a* zu Gibeon und jagte ihnen nach auf dem Wege der Anhöhe von Beth-Horon und schlug sie bis Aseka und 11 bis Makkeda. Und es geschah, als sie vor Israel flohen, — sie stiegen hinunter *b* von Beth-Horon — da warf Jehova große Steine vom Himmel auf sie herab, bis Aseka, daß sie starben. Es waren derer, welche durch die Hagelsteine starben, mehr als derer, welche die Kinder Israel mit dem Schwerte töteten.

12 Damals redete Josua zu Jehova, an dem Tage, da Jehova die Amoriter vor den Kindern Israel dahingab, und sprach vor den Augen Israels: Sonne, stehe still zu Gibeon; und du, Mond, 13 im Tale Ajjalon! Und die Sonne stand still, und der Mond blieb stehen, bis die Nation sich an ihren Feinden gerächt hatte. (Ist das nicht geschrieben im Buche Jaschar *c*?) Und die Sonne blieb mitten am Himmel stehen und eilte nicht zum Untergang, ungefähr 14 einen ganzen Tag. Und es war kein Tag wie dieser, vor ihm und nach ihm, daß Jehova auf die Stimme eines Menschen gehört hätte; denn Jehova stritt für Israel.

15 Und Josua, und ganz Israel mit ihm, kehrte in das Lager nach Gilgal zurück.

16 Jene fünf Könige aber flohen und versteckten sich in der Höhle zu Mak- 17 keda. Und es wurde Josua berichtet und gesagt: Die fünf Könige sind gefunden worden, versteckt in der Höh- 18 le zu Makkeda. Und Josua sprach: Wälzet große Steine an die Mündung der Höhle, und bestellet Männer über 19 dieselbe, um sie zu bewachen. Ihr aber, stehet nicht still, jaget euren Feinden nach und schlaget ihren Nachtrab; laßt sie nicht in ihre Städte kommen, denn Jehova, euer Gott, hat sie in eure Hand gegeben!

20 Und es geschah, als Josua und die Kinder Israel geendigt hatten, eine sehr große Niederlage unter ihnen anzurichten, bis sie aufgerieben waren, (die Entronnenen von ihnen entrannen aber und kamen in die festen

Städte) da kehrte das ganze Volk in 21 Frieden zu Josua zurück, in das Lager nach Makkeda; niemand spitzte seine Zunge gegen die Kinder Israel. Und Josua sprach: Oeffnet die Mün- 22 dung der Höhle und bringet diese fünf Könige aus der Höhle zu mir heraus! Und sie taten also und brach- 23 ten diese fünf Könige aus der Höhle zu ihm heraus: den König von Jerusalem, den König von Hebron, den König von Jarmuth, den König von Lachis, den König von Eglon. Und 24 es geschah, als sie diese Könige zu Josua herausgebracht hatten, da rief Josua alle Männer von Israel und sprach zu den Anführern der Kriegsleute, die mit ihm gezogen waren: Tretet herzu, setzet eure Füße auf die Hälse dieser Könige! Und sie traten herzu und setzten ihre Füße auf ihre Hälse. Und Josua sprach zu ih- 25 nen: Fürchtet euch nicht und erschrecket nicht, seid stark und mutig! denn so wird Jehova allen euren Feinden tun, wider die ihr streitet. Und 26 danach erschlug Josua sie und tötete sie und hängte sie an fünf Bäume *d*; und sie hingen an den Bäumen bis zum Abend. Und es geschah zur Zeit 27 des Sonnenuntergangs, da gebot Josua, und man nahm sie von den Bäumen herab und warf sie in die Höhle, wo sie sich versteckt hatten; und man legte große Steine an die Mündung der Höhle, *die* bis auf diesen selbigen Tag *da sind.*

Und Josua nahm an jenem Tage 28 Makkeda ein und schlug es mit der Schärfe des Schwertes; und seinen König, die Stadt *e* und alle Seelen, die darin waren, verbannte er: er ließ keinen Entronnenen übrig; und er tat dem König von Jericho getan hatte. — Und Josua, und ganz Israel mit 29 ihm, zog von Makkeda nach Libna und stritt wider Libna. Und Jehova 30 gab es auch in die Hand Israels, samt seinem König; und er schlug es mit der Schärfe des Schwertes und alle Seelen, die darin waren: er ließ keinen Entronnenen darin übrig; und er tat seinem König, so wie er dem König von Jericho getan hatte. — Und 31 Josua, und ganz Israel mit ihm, zog von Libna nach Lachis; und er belagerte es und stritt wider dasselbe. Und Jehova gab Lachis in die Hand 32 Israels; und er nahm es am zweiten Tage ein, und schlug es mit der Schärfe des Schwertes und alle Seelen, die darin waren, nach allem was er Libna getan hatte. Damals zog Horam, 33 der König von Geser, herauf, um Lachis zu helfen; aber Josua schlug ihn und sein Volk, bis ihm kein Entronnener übrigblieb. — Und Josua, und 34 ganz Israel mit ihm, zog von Lachis nach Eglon; und sie belagerten es und stritten wider dasselbe. Und sie 35

---

a W. schlug sie mit einem großen Schlag; so auch V. 20. — *b* W. sie waren am Abstiege. — *c.* d. h. des Rechtschaffenen. — *d* O. Hölzer. — *e* W. es.

nahmen es an selbigem Tage ein und schlugen es mit der Schärfe des Schwertes; und alle Seelen, die darin waren, verbannte er an selbigem Tage, nach allem was er Lachis getan hatte. —

36 Und Josua, und ganz Israel mit ihm, zog von Eglon nach Hebron hinauf,
37 und sie stritten wider dasselbe. Und sie nahmen es ein und schlugen es mit der Schärfe des Schwertes, samt seinem König und allen seinen Städten und allen Seelen, die darin waren: er ließ keinen Entronnenen übrig, nach allem was er Eglon getan hatte; und er verbannte es und alle Seelen,
38 die darin waren. — Und Josua, und ganz Israel mit ihm, wandte sich nach Debir und stritt wider dasselbe.
39 Und er nahm es ein, samt seinem König und allen seinen Städten, und sie schlugen sie mit der Schärfe des Schwertes und verbannten alle Seelen, die darin waren: er ließ keinen Entronnenen übrig; wie er Hebron getan, und wie er Libna und seinem König getan hatte, also tat er Debir und seinem König.
40 Und Josua schlug das ganze Land, das Gebirge und den Süden und die Niederung und die Abhänge und alle ihre Könige: er ließ keinen Entronnenen übrig; und alles was Odem hatte verbannte er, so wie Jehova,
41 der Gott Israels, geboten hatte. Und Josua schlug sie von Kades-Barnea bis Gasa, und das ganze Land Gosen
42 bis Gibeon. Und alle diese Könige und ihr Land nahm Josua auf einmal; denn Jehova, der Gott Israels, stritt
43 für Israel. Und Josua, und ganz Israel mit ihm, kehrte in das Lager nach Gilgal zurück.

11 Und es geschah, als Jabin, der König von Hazor, es hörte, sandte er zu Jobab, dem König von Madon, und zu dem König von Schimron, und zu
2 dem König von Akschaph, und zu den Königen, die gegen Norden waren im Gebirge, und in der Ebene *a* südlich von Kinneroth, und in der Niederung und im Hügelgebiet von
3 Dor gegen Westen, zu den Kanaanitern gegen Osten *b* und gegen Westen, und zu den Amoritern und den Hethitern und den Perisitern und den Jebusitern im Gebirge, und zu den Hewitern am Fuße des Hermon im
4 Lande Mizpa. Und sie zogen aus, sie und alle ihre Heerlager mit ihnen, ein großes Volk, wie der Sand, der am Ufer des Meeres ist, an Menge, und sehr viele Rosse und Wagen.
5 Und alle diese Könige trafen zusammen und kamen und lagerten sich miteinander am Wasser Merom, um mit Israel zu streiten.
6 Da sprach Jehova zu Josua: Fürchte dich nicht vor ihnen; denn morgen um diese Zeit will i c h sie allesamt erschlagen vor Israel dahingeben: ih-

re Rosse sollst du lähmen und ihre Wagen mit Feuer verbrennen. Und Josua, und alles Kriegsvolk mit ihm, 7 kam plötzlich über sie am Wasser Merom, und sie überfielen sie. Und 8 Jehova gab sie in die Hand Israels, und sie schlugen sie und jagten ihnen nach bis Zidon, der großen *Stadt*, und bis Misrephot-Majim, und bis in die Talebene v〈o〉1 Mizpe gegen Osten; und sie schlugen sie, bis ihnen kein Entronnener übrigblieb. Und Josua tat 9 ihnen, so wie Jehova ihm gesagt hatte: ihre Rosse lähmte er, und ihre Wagen verbrannte er mit Feuer.

Und Josua kehrte in selbiger Zeit 10 zurück und nahm Hazor ein, und seinen König erschlug er mit dem Schwerte; denn Hazor war vordem die Hauptstadt aller dieser Königreiche. Und sie 11 schlugen alle Seelen, die darin waren, mit der Schärfe des Schwertes, indem sie sie verbannten: nichts blieb übrig was Odem hatte; und Hazor verbrannte er mit Feuer. Und alle Städte 12 dieser Könige, samt allen ihren Königen, nahm Josua ein und schlug sie mit der Schärfe des Schwertes, *und* verbannte sie, so wie Mose, der Knecht Jehovas, geboten hatte. Nur alle die 13 Städte, die auf ihren Hügeln standen *c*, verbrannte Israel nicht; ausgenommen Hazor allein, das verbrannte Josua. Und alle Beute dieser Städte und 14 das Vieh plünderten die Kinder Israel für sich; doch alle Menschen schlugen sie mit der Schärfe des Schwertes, bis sie sie vertilgt hatten: sie ließen nichts übrig was Odem hatte. Wie Jehova Mose, seinem Knechte, 15 geboten hatte, also gebot Mose Josua, und also tat Josua; er ließ nichts fehlen von allem was Jehova dem Mose geboten hatte.

Und Josua nahm dieses ganze Land, 16 das Gebirge und den ganzen Süden und das ganze Land Gosen und die Niederung und die Ebene, und das Gebirge Israel und seine Niederung, von dem kahlen Gebirge *d*, das gegen 17 Seir aufsteigt, bis Baal-Gad in der Talebene des Libanon, am Fuße des Berges Hermon; und alle ihre Könige ergriff er und erschlug sie und tötete sie. Lange Zeit führte Josua Krieg 18 mit allen diesen Königen. Es war 19 keine Stadt, die sich den Kindern Israel friedlich ergab, außer den Hewitern, die zu Gibeon wohnten; alles nahmen sie mit Krieg ein. Denn von 20 Jehova war es, daß sie ihr Herz verhärteten zum Kriege mit Israel, damit sie vertilgt würden, ohne daß ihnen Gnade widerführe, sondern damit sie vertilgt würden, so wie Jehova dem Mose geboten hatte.

Und Josua kam in selbiger Zeit und 21 rottete die Enakim aus von dem Gebirge, von Hebron, von Debir, von Anab und von dem ganzen Gebirge

---

a H. Araba; so auch in den folgenden Kapiteln. S. die Anm. zu 5. Mose 1, 1. — *b* Eig. gegen *Sonnen*aufgang. So auch später. — *c* And.: ruhig blieben. — *d* O. dem Berge Chalak. — *e* Eig. verbannet.

Juda und von dem ganzen Gebirge Israel: mit ihren Städt r verbannte 22 sie Josua. Es blieben keine Enakim in dem Lande der Kinder Israel übrig; nur zu Gasa, zu Gath und zu As- 23 dod blieben sie übrig. Und so nahm Josua das ganze Land, nach allem was Jehova zu Mose geredet hatte; und Josua gab es Israel zum Erbteil, nach ihren Abteilungen, nach ihren Stämmen. Und das Land hatte Ruhe vom Kriege.

12 Und dies sind die Könige des Landes, welche die Kinder Israel schlugen, und deren Land sie in Besitz nahmen jenseit des Jordan, gegen Sonnenaufgang, vom Flusse Arnon bis zum Berge Hermon, und die ganze 2 Ebene gegen Osten: Sihon, der König der Amoriter, der zu Hesbon wohnte; er herrschte von Aroer an, das am Ufer des Flusses Arnon *liegt*, und zwar von der Mitte des Flußtales an *a*, und über das halbe Gilead bis an den Fluß Jabbok, die Grenze der Kinder Am- 3 mon, und über die Ebene bis an den See Kinneroth, gegen Osten, und bis an das Meer der Ebene, das Salzmeer, gegen Osten, nach Beth-Jesimoth hin, und gegen Süden unter den Abhän- 4 gen des Pisga; und das Gebiet Ogs, des Königs von Basan, von dem Ueberrest der Rephaim *b*, der zu Asta- 5 roth und zu Edrei wohnte; und er herrschte über den Berg Hermon und über Salka und über das ganze Basan, bis an die Grenze der Gesuriter und der Maakathiter, und *über* das halbe Gilead, die Grenze Sihons, 6 Königs von Hesbon. Mose, der Knecht Jehovas, und die Kinder Israel schlugen sie; und Mose, der Knecht Jehovas, gab es *c* als Besitztum den Rubenitern und den Gaditern und dem halben Stamme Manasse. 7 Und dies sind die Könige des Landes, welche Josua und die Kinder Israel schlugen diesseit des Jordan, nach Westen hin, von Baal-Gad in der Talebene des Libanon, bis an das kahle Gebirge, das gegen Seir aufsteigt. Und Josua gab es *c* den Stämmen Israels als Besitztum, nach ihren 8 Abteilungen, im Gebirge und in der Niederung und in der Ebene und an den Abhängen und in der Wüste und im Süden: die Hethiter und die Amoriter und die Kanaaniter, die Perisiter, die Hewiter und die Jebusiter: 9 der König von Jericho, einer; der König von Ai, das zur Seite von Be- 10 thel *liegt*, einer; der König von Jerusalem, einer; der König von Hebron, ei- 11 ner; der König von Jarmuth, einer; der 12 König von Lachis, einer; der König von Eglon, einer; der König von Ge- 13 ser, einer; der König von Debir, einer; 14 der König von Geder, einer; der Kö-

nig von Horma, einer; der König von Arad, einer; der König von Libna, 15 einer; der König von Adullam, einer; der König von Makkeda, einer; der 16 König von Bethel, einer; der König 17 von Tappuach, einer; der König von Hepher, einer; der König von Aphek, 18 einer; der König von Lascharon, einer; der König von Madon, einer; 19 der König von Hazor, einer; der Kö- 20 nig von Schimron-Meron, einer; der König von Akschaph, einer; der Kö- 21 nig von Taanak, einer; der König von Megiddo, einer; der König von 22 Kedesch, einer; der König von Jokneam, am Karmel, einer; der König 23 von Dor, in dem Hügelgebiet von Dor, einer; der König von Gojim *d* zu Gilgal, einer; der König von Tir- 24 za, einer. Aller Könige waren einunddreißig.

Und Josua war alt, wohlbetagt, **13** und Jehova sprach zu ihm: Du bist alt, wohlbetagt, und vom Lande ist sehr viel übrig in Besitz zu nehmen. Dies ist das Land, das *noch* übrig ist: 2 alle Bezirke der Philister und das ganze Gesuri; von dem Sihor, der vor Aegypten *e* *fließt*, bis an die Grenze von Ekron gegen Norden, wird es zu den Kanaanitern gerechnet; die fünf Fürsten *f* der Philister: der Gasiter, der Asdoditer, der Askaloniter, der Gathiter *g* und der Ekroniter, und die Awim. Im Süden das *h* ganze Land 4 der Kanaaniter und Meara, das den Zidoniern gehört, bis Aphek, bis an die Grenze der Amoriter; und das 5 Land der Gibliter und der ganze Libanon gegen Sonnenaufgang von Baal-Gad, am Fuße des Berges Hermon, bis man nach Hamath kommt; alle 6 Bewohner des Gebirges, vom Libanon bis Misrephot-Majim, alle Zidonier. Ich selbst werde sie vor den Kindern Israel austreiben; nur verlose es Israel als Erbteil, so wie ich dir geboten habe. Und nun verteile dieses 7 Land als Erbteil den neun Stämmen und dem halben Stamme Manasse. — Mit ihm *i* haben die Rubeniter und 8 die Gaditer ihr Erbteil empfangen, welches Mose ihnen gegeben hat jenseit des Jordan gegen Osten, so wie Mose, der Knecht Jehovas, es ihnen gegeben hat: von Aroer an, das am 9 Ufer des Flusses Arnon ist, und zwar von der Stadt, die mitten im Flußtale *liegt*, und die ganze Ebene *j* Medeba bis Dibon, und alle Städte Sihons, 10 des Königs der Amoriter, der zu Hesbon regierte, bis zur Grenze der Kinder Ammon; und Gilead und das Ge- 11 biet der Gesuriter und der Maakathiter und den ganzen Berg Hermon und das ganze Basan bis Salka, das gan- 12 ze Reich Ogs in Basan, der zu Astaroth und zu Edrei regierte; (er war

---

a Vergl. die Anm. zu 4. Mose 13, 23; (desgl. Jos. 13, 9. 16). — *b* O. Riesen; vergl. 1. Mose 15, 20. — *c* d. h. das Land. — *d* O. der Nationen; wie 1. Mose 14, 1. — *e* d. h. östlich von Aegypten. — *f* H. Seren, Titel der Häupter der fünf Philister-Städte. — *g* Eig. der Eschkeloniter, der Gittiter. — *h* O. die Awim, im Süden; das usw. — *i* d. h. Manasse. — *j* die amoritische Hochebene.

7

von dem Ueberrest der Rephaim übriggeblieben;) und Mose schlug sie
13 und trieb sie aus. Aber die Kinder Israel trieben die Gesuriter und die Maakathiter nicht aus; und Gesur und Maakath haben in der Mitte Israels
14 gewohnt bis auf diesen Tag. Nur dem Stamme Levi gab er kein Erbteil; die Feueropfer Jehovas, des Gottes Israels, sind sein Erbteil, so wie er zu ihm geredet hat.

15 Und Mose gab dem Stamme der Kinder Ruben nach ihren Geschlech-
16 tern. Und es wurde ihnen als Gebiet zuteil: von Aroer an, das am Ufer des Flusses Arnon ist, und zwar von der Stadt, die mitten im Flußtale liegt, und die ganze Ebene a bei Medeba;
17 Hesbon und alle seine Städte, die in der Ebene a sind: Dibon und Bamoth-
18 Baal und Beth-Baal-Meon, und Jahza
19 und Kedemoth und Mephaath, und Kirjathaim und Sibma und Zereth-Schachar auf dem Berge der Talebe-
20 ne, und Beth-Peor und die Abhänge
21 des Pisga und Beth-Jesimoth, und alle Städte der Ebene a, und das ganze Reich Sihons, des Königs der Amoriter, der zu Hesbon regierte, welchen Mose schlug, ihn und die Fürsten von Midian: Ewi und Rekem und Zur und Hur und Reba, die Herrscher b Sihons, Bewohner des Landes.
22 Und Bileam, den Sohn Beors, den Wahrsager, töteten die Kinder Israel mit dem Schwerte, nebst ihren Er-
23 schlagenen. Und die Grenze der Kinder Ruben war der Jordan und das Angrenzende c. Das war das Erbteil der Kinder Ruben, nach ihren Geschlechtern, die Städte und ihre Dörfer.

24 Und Mose gab dem Stamme Gad, den Kindern Gad, nach ihren Ge-
25 schlechtern. Und es wurde ihnen als Gebiet zuteil: Jaser und alle Städte Gileads, und die Hälfte des Landes der Kinder Ammon bis Aroer, das
26 vor Rabba liegt; und von Hesbon bis Ramath-Mizpe und Betonim, und von Machanaim bis an die Grenze von
27 Lidebir; und in der Talebene: Beth-Haram und Beth-Nimra und Sukkoth und Zaphon, der Rest von dem Reiche Sihons, des Königs von Hesbon, der Jordan und das Angrenzende bis an das Ende des Sees Kinnereth, jen-
28 seit des Jordan gegen Osten. Das war das Erbteil der Kinder Gad nach ihren Geschlechtern, die Städte und ihre Dörfer.

29 Und Mose gab dem halben Stamme Manasse. Und dem halben Stamme der Kinder Manasse wurde nach ihren
30 Geschlechtern zuteil. Und ihr Gebiet war von Machanaim an, das ganze Basan, das ganze Reich Ogs, des Königs von Basan, und alle Dörfer Jairs, die in Basan sind, sechzig Städte.
31 Und das halbe Gilead, und Astaroth und Edrei, die Städte des Reiches Ogs,

in Basan, wurden den Söhnen Makirs, des Sohnes Manasses, zuteil, der Hälfte der Söhne Makirs, nach ihren Geschlechtern.

Das ist es, was Mose in den Ebenen 32 Moabs als Erbe ausgeteilt hat, jenseit des Jordan von Jericho, gegen Osten. Aber dem Stamme Levi gab Mose 33 kein Erbteil; Jehova, der Gott Israels, ist ihr Erbteil, so wie er zu ihnen geredet hat.

Und dies ist es, was die Kinder **14** Israel als Erbe im Lande Kanaan erhielten, was Eleasar, der Priester, und Josua, der Sohn Nuns, und die Häupter der Väter d der Stämme der Kinder Israel ihnen als Erbe austeilten, durch das Los ihres Erbteils; so 2 wie Jehova durch Mose geboten hatte betreffs der neun Stämme und des halben Stammes. Denn das Erbteil 3 der zwei Stämme und des halben Stammes hatte Mose jenseit des Jordan gegeben; den Leviten aber hatte er kein Erbteil in ihrer Mitte gegeben. Denn die Söhne Josephs bil- 4 deten zwei Stämme, Manasse und Ephraim; und man gab den Leviten kein Teil im Lande, außer Städten zum Wohnen und deren Bezirken für ihr Vieh und für ihre Habe. So wie 5 Jehova dem Mose geboten hatte, also taten die Kinder Israel, und sie teilten das Land.

Und die Kinder Juda traten in Gil- 6 gal zu Josua; und Kaleb, der Sohn Jephunnes, der Kenisiter, sprach zu ihm: Du kennst das Wort, welches Jehova zu Mose, dem Manne Gottes, meinet- und deinetwegen in Kades-Barnea geredet hat. Vierzig Jahre war ich alt, 7 als Mose, der Knecht Jehovas, mich von Kades-Barnea aussandte, um das Land auszukundschaften; und ich brachte ihm Antwort, wie es mir ums Herz war. Und meine Brüder, die 8 mit mir hinaufgezogen waren, machten das Herz des Volkes verzagt; ich aber bin Jehova, meinem Gott, völlig nachgefolgt. Da schwur Mose an sel- 9 bigem Tage und sprach: Wenn nicht das Land, auf welches dein Fuß getreten ist, dir und deinen Söhnen zum Erbteil wird ewiglich! denn du bist Jehova, meinem Gott, völlig nachgefolgt. Und nun siehe, Jehova hat 10 mich am Leben erhalten, so wie er geredet hat, diese fünfundvierzig Jahre, seitdem Jehova dieses Wort zu Mose geredet hat, als Israel in der Wüste umherwanderte; und nun siehe, ich bin heute fünfundachtzig Jahre alt. Ich bin heute noch so stark 11 wie an dem Tage, da Mose mich aussandte; wie meine Kraft damals, so ist meine Kraft jetzt zum Streite und um aus- und einzuziehen. Und nun 12 gib mir dieses Gebirge, von welchem Jehova an jenem Tage geredet hat; denn du hast an jenem Tage gehört, daß die Enakim daselbst sind und

---

a die amoritische Hochebene. — b Eig. die Eingesetzten, d. h. die Vasallen. — c d. h. der Uferrand. — d d. h. Stamm- oder Familienhäupter; so auch Kap. 21, 1 usw.

große, feste Städte. Vielleicht ist Jehova mit mir, daß ich sie austreibe, 13 so wie Jehova geredet hat. Und Josua segnete ihn und gab dem Kaleb, dem Sohne Jephunnes, Hebron zum 14 Erbteil. Daher ward Hebron dem Kaleb, dem Sohne Jephunnes, dem Kenisiter, zum Erbteil bis auf diesen Tag, weil er Jehova, dem Gott Israels, völlig nachgefolgt war. Der Name Hebrons war aber vordem: Stadt Arbas *a*; er war der größte Mann unter den Enakim. — Und das Land hatte Ruhe vom Kriege.

15 Und das Los fiel *b* für den Stamm der Kinder Juda, nach ihren Geschlechtern, nach der Grenze Edoms hin, der Wüste Zin, gegen Mittag, 2 im äußersten Süden. Und ihre Südgrenze war vom Ende des Salzmeeres, von der Zunge, die sich gegen 3 Süden wendet; und sie lief aus südwärts von der Anhöhe Akrabbim und ging hinüber nach Zin, und sie stieg hinauf südlich von Kades-Barnea und ging hinüber nach Hezron, und sie stieg hinauf nach Addar und wandte 4 sich nach Karka, und sie ging hinüber nach Azmon und lief aus an dem Bache Aegyptens; und der Ausgang der Grenze war nach dem Meere hin. Das soll eure Südgrenze *c* sein. 5 — Und die Grenze gegen Osten war das Salzmeer bis an das Ende des Jordan. — Und die Grenze an der Nordseite war von der Meereszunge 6 an, vom Ende des Jordan; und die Grenze stieg hinauf nach Beth-Hogla und ging hinüber nördlich von Beth-Araba; und die Grenze stieg hinauf zum Steine Bohans, des Sohnes Ru-7 bens; und die Grenze stieg von dem Tale Achor hinauf nach Debir, und sie wandte sich nördlich nach Gilgal *d*, welches der Anhöhe Adummim gegenüber *liegt*, die südlich von dem Bache ist; und die Grenze ging hinüber zum Wasser En-Semes, und ihr 8 Ausgang war nach En-Rogel hin; und die Grenze stieg das Tal des Sohnes Hinnoms hinauf, nach der Südseite der Jebusiter, das ist Jerusalem; und die Grenze stieg zu dem Gipfel des Berges hinauf, welcher vor dem Tale Hinnom, gegen Westen, am Ende der Talebene der Rephaim, gegen Norden 9 *liegt*; und die Grenze zog sich herum von dem Gipfel des Berges nach der Quelle des Wassers Nephtoach, und lief nach den Städten des Gebirges Ephron hin; und die Grenze zog sich herum nach Baala, das ist Kirjath-10 Jearim; und von Baala wandte sich die Grenze gegen Westen nach dem Gebirge Seir und ging hinüber nach der Nordseite des Berges Jearim *e*, das ist Kesalon, und sie stieg hinab nach Beth-Semes und ging hinüber 11 nach Timna; und die Grenze lief nach der Nordseite von Ekron hin; und die Grenze zog sich herum nach Schikkeron und ging hinüber nach dem Berge von Baala, und sie lief aus bei Jabneel; und der Ausgang der Grenze war nach dem Meere hin. — Und 12 die Westgrenze war das große Meer und das Angrenzende *f*. Das war die Grenze der Kinder Juda ringsum nach ihren Geschlechtern.

Und Kaleb, dem Sohne Jephunnes, 13 gab er ein Teil inmitten der Kinder Juda, nach dem Befehle Jehovas an Josua: die Stadt Arbas *a*, des Vaters Enaks, das ist Hebron. Und Kaleb 14 trieb von dannen aus die drei Söhne Enaks, Schescha und Achiman und Talmai, Kinder Enaks. Und von dan-15 nen zog er hinauf gegen die Bewohner von Debir; der Name von Debir war aber vordem Kirjath-Sepher. Und 16 Kaleb sprach: Wer Kirjath-Sepher schlägt und sie einnimmt, dem gebe ich meine Tochter Aksa zum Weibe. Da nahm es Othniel ein, der Sohn 17 Kenas', ein Bruder Kalebs; und er gab ihm seine Tochter Aksa zum Weibe. Und es geschah, als sie einzog, 18 da trieb sie ihn an, ein Feld von ihrem Vater zu fordern. Und sie sprang von dem Esel herab. Und Kaleb 19 sprach zu ihr: Was ist dir? Und sie sprach: Gib mir einen Segen; denn ein Mittagsland hast du mir gegeben, so gib mir auch Wasserquellen! Da gab er ihr die oberen Quellen und die unteren Quellen.

Das war das Erbteil des Stammes 20 der Kinder Juda, nach ihren Geschlechtern.

Und die Städte am Ende des Stam-21 mes der Kinder Juda, gegen die Grenze Edoms hin im Süden, waren: Kabzeel und Eder und Jagur, und Kina 22 und Dimona und Adada, und Ke-23 desch und Hazor und Jithnan; Siph 24 und Telem und Bealoth, und Neu-Ha-25 zor und Kerijoth-Hezron, das ist Hazor; Amam und Schema und Molada, 26 und Hazor-Gadda und Heschmon und 27 Beth-Pelet, und Hazar-Schual und 28 Beerseba und Bisjothja; Baala und 29 Ijim und Ezem, und El-Tolad und 30 Kesil und Horma, und Ziklag und Mad-31 manna und Sansanna, und Lebaoth 32 und Schilchim und Ajin und Rimmon: aller Städte waren neunundzwanzig und ihre Dörfer. — In der 33 Niederung: Eschtaol und Zorha und Aschna, und Sanoach und En-Gan-34 nim, Tappuach und Enam, Jarmuth 35 und Adullam, Soko und Aseka, und 36 Schaaraim und Adithaim und Gedera und Gederothaim: vierzehn Städte und ihre Dörfer. Zenan und Hada-37 scha und Migdal-Gad, und Dilhan und 38 Mizpe und Joktheel, Lachis und Boz-39 kath und Eglon, und Kabbon und 40 Lachmas *g* und Kithlisch, und Gede-41

---

a H. Kirjath-Arba; vergl. 1. Mose 23,2; 35, 27. — *b* Eig. ward. — *c* d. h. zugleich die Südgrenze des Landes Kanaan (4. Mose 34, 3—5). — *d* Ein unbekannter Ort dieses Namens; wohl dasselbe wie Geliloth in Kap. 18, 17. — *e* O. nach der Nordseite von Har-Jearim. — *f* d. h. die Küste; so auch V. 47. — *g* And.: Lachmam.

roth, Beth-Dagon und Naama und Makkeda: sechzehn Städte und ihre
42 Dörfer. Libna und Ether und Aschan,
43 und Jiphtach und Aschna und Nezib,
44 und Kehila und Aksib und Marescha:
45 neun Städte und ihre Dörfer. Ekron und seine Tochterstädte und seine
46 Dörfer. Von Ekron an und westwärts, alle die zur Seite von Asdod *lagen*,
47 und ihre Dörfer: Asdod, seine Tochterstädte und seine Dörfer; Gasa, seine Tochterstädte und seine Dörfer, bis an den Bach Aegyptens, und das große Meer und das Angrenzende.
48 Und im Gebirge: Schamir und Jattir
49 und Soko, und Danna und Kirjath-
50 Sanna, das ist Debir, und Anab und
51 Eschtemo und Anim, und Gosen und Holon und Gilo: elf Städte und ihre
52 Dörfer. Arab und Duma und Eschhan,
53 und Janum und Beth-Tappuach und
54 Apheka, und Humta und Kirjath-Arba, das ist Hebron, und Zior: neun
55 Städte und ihre Dörfer. Maon, Kar-
56 mel und Siph und Juta, und Jisreel
57 und Jokdeam und Sanoach, Kajin, Gibea und Timna: zehn Städte und
58 ihre Dörfer. Halchul, Beth-Zur und
59 Gedor, und Maarath und Beth-Anoth und Eltekon: sechs Städte und ihre
60 Dörfer. Kirjath-Baal, das ist Kirjath-Jearim, und Rabba: zwei Städte und
61 ihre Dörfer. — In der Wüste: Beth-
62 Araba, Middin und Sekaka, und Nibschan und Ir-Hammelach *a* und Engedi: sechs Städte und ihre Dörfer.
63 Aber die Jebusiter, die Bewohner von Jerusalem, — die Kinder Juda vermochten sie nicht auszutreiben; und die Jebusiter haben mit den Kindern Juda in Jerusalem gewohnt bis auf diesen Tag.

16 Und das Los kam heraus für die Söhne Josephs vom Jordan von Jericho an, bei dem Wasser von Jericho gegen Osten: die Wüste, die von Jericho auf das Gebirge von Bethel
2 hinaufsteigt; und *die Grenze b* lief von Bethel nach Lus und ging hinüber nach der Grenze der Arkiter, nach
3 Ataroth; und sie stieg westwärts hinab nach der Grenze der Japhletiter, bis an die Grenze von Unter-Beth-Horon und bis Geser; und ihr Aus-
4 gang war nach dem Meere hin. So erhielten die Söhne Josephs, Manasse und Ephraim, ihr Erbteil.
5 Und es war die Grenze der Kinder Ephraim, nach ihren Geschlechtern: die Grenze ihres Erbteils gegen Osten war Ateroth-Addar bis Ober-Beth-
6 Horon, und die Grenze lief gegen Westen nach Mikmethath hin, nördlich; und die Grenze wandte sich gegen Osten nach Taanath-Silo und ging daran vorbei gegen Osten nach
7 Janocha; und sie stieg von Janocha hinab nach Ataroth und Naarath, und stieß an Jericho und lief aus am
8 Jordan; von Tappuach ging die Grenze gegen Westen nach dem Bache Kana, und ihr Ausgang war nach dem

Meere hin. Das war das Erbteil des Stammes der Kinder Ephraim nach ihren Geschlechtern, nebst den Städten, 9 welche für die Kinder Ephraim abgesondert wurden inmitten des Erbteils der Kinder Manasse: alle Städte und ihre Dörfer. — Aber sie trieben die Ka- 10 naaniter nicht aus, die zu Geser wohnten; und die Kanaaniter haben inmitten von Ephraim gewohnt bis auf diesen Tag, und sie wurden fronpflichtig.

Und das Los kam heraus *c* für **17** den Stamm Manasse, denn er war der Erstgeborene Josephs — für Makir, den Erstgeborenen Manasses, den Vater Gileads; da er ein Kriegsmann war, so wurden ihm Gilead und Basan *zuteil*. Und es kam heraus für 2 die übrigen Söhne Manasses, nach ihren Geschlechtern: für die Söhne Abiesers und für die Söhne Heleks und für die Söhne Asriels und für die Söhne Sichems und für die Söhne Hephers und für die Söhne Schemidas; das waren die Kinder Manasses, des Sohnes Josephs, die Männlichen, nach ihren Geschlechtern. Und Zelophchad, 3 der Sohn Hephers, des Sohnes Gileads, des Sohnes Makirs, des Sohnes Manasses, hatte keine Söhne, sondern nur Töchter; und dies sind die Namen seiner Töchter: Machla und Noa, Chogla, Milka und Tirza. Und sie 4 traten herzu vor Eleasar, den Priester, und vor Josua, den Sohn Nuns, und vor die Fürsten, und sprachen: Jehova hat Mose geboten, uns ein Erbteil unter unseren Brüdern zu geben. Und er gab ihnen, nach dem Befehle Jehovas, ein Erbteil unter den Brüdern ihres Vaters. Und so fie- 5 len dem Manasse zehn Anteile *d* zu, außer dem Lande Gilead und Basan, das jenseit des Jordan *liegt*; denn die 6 Töchter Manasses erhielten ein Erbteil unter seinen Söhnen. Das Land Gilead aber wurde den übrigen Söhnen Manasses *zuteil*.

Und die Grenze Manasses war von 7 Aser nach Mikmethath, das vor Sichem *liegt*; und die Grenze ging nach rechts zu den Bewohnern von En-Tappuach hin. Dem Manasse gehörte 8 das Land Tappuach; aber Tappuach, an der Grenze Manasses, gehörte den Kindern Ephraim. Und die Grenze 9 stieg hinab nach dem Bache Kana, südlich vom Bache. Diese Städte gehörten Ephraim inmitten der Städte Manasses. Und das Gebiet Manasses war nördlich vom Bache, und sein Ausgang war nach dem Meere hin. Ge- 10 gen Süden gehörte es dem Ephraim, und gegen Norden dem Manasse; und das Meer war seine Grenze. Und gegen Norden stießen sie *e* an Aser, und gegen Osten an Issaschar. Und Ma- 11 nasse erhielt in Issaschar und in Aser: Beth-Schean und seine Tochterstädte, und Jibleam und seine Tochterstädte, und die Bewohner von Dor und seine Tochterstädte, und die Bewohner

---

a Salzstadt (am Toten Meere). — *b* Eig. und es, d. h. das Los. — *c* Eig. ward; so auch V. 2. — *d* W. Meßschnüre. — *e* d. h. die Manassiter.

von En-Dor und seine Tochterstädte, und die Bewohner von Taanak und seine Tochterstädte, und die Bewohner von Megiddo und seine Tochter- 12 städte: das Dreihügelgebiet. — Aber die Kinder Manasse vermochten diese Städte nicht in Besitz zu nehmen, und die Kanaaniter wollten in diesem 13 Lande bleiben. Und es geschah, als die Kinder Israel erstarkten, da machten sie die Kanaaniter fronpflichtig; aber sie trieben sie keineswegs aus.

14 Und die Kinder Joseph redeten zu Josua und sprachen: Warum hast du mir *nur* ein Los und eine Meßschnur als Erbteil gegeben, da ich doch ein zahlreiches Volk bin, soweit Jehova mich bis jetzt gesegnet hat? 15 Und Josua sprach zu ihnen: Wenn du ein zahlreiches Volk bist, so ziehe in den Wald hinauf und haue dir daselbst aus in dem Lande der Perisiter und der Rephaim *a*, wenn dir das Ge- 16 birge Ephraim zu enge ist. Und die Kinder Joseph sprachen: Das Gebirge reicht für uns nicht aus, und *b* bei allen Kanaanitern, die im Tallande wohnen, sind eiserne Wagen: bei denen, die in Beth-Schean und seinen Tochterstädten, und bei denen, die 17 im Tale Jisreel *wohnen*. Da sprach Josua zum Hause Joseph, zu Ephraim und zu Manasse, und sagte: Du bist ein zahlreiches Volk und hast eine große Kraft; nicht ein Los sollst du 18 haben, sondern das Gebirge soll dir *zuteil* werden. Da es ein Wald ist, so haue ihn aus, und seine Ausläufer sollen dir gehören; denn du wirst die Kanaaniter austreiben, wenn sie auch eiserne Wagen haben, *und* wenn sie auch stark sind.

18 Und die ganze Gemeinde der Kinder Israel versammelte sich nach Silo, und sie schlugen daselbst das Zelt der Zusammenkunft auf; und das 2 Land war vor ihnen unterjocht. Und es blieben unter den Kindern Israel sieben Stämme übrig, deren Erbteil 3 man noch nicht ausgeteilt hatte. Da sprach Josua zu den Kindern Israel: Wie lange werdet ihr euch lässig zeigen hinzugehen, um das Land in Besitz zu nehmen, welches Jehova, der Gott eurer Väter, euch gegeben hat? 4 Nehmet euch drei Männer für den Stamm, und ich will sie aussenden; und sie sollen sich aufmachen und das Land durchwandern und es aufschreiben nach Verhältnis ihres Erb- 5 teils, und *dann* zu mir kommen. Und sie sollen es unter sich in sieben Teile verteilen. Juda soll auf seinem Gebiet bleiben gegen Süden, und das Haus Joseph soll auf seinem Gebiet 6 bleiben gegen Norden. Ihr aber sollt das Land aufschreiben zu sieben Teilen und mir *das Verzeichnis* hierherbringen; und ich werde euch das Los werfen, hier vor Jehova, unserem 7 Gott. Denn die Leviten haben kein

Teil in eurer Mitte, denn das Priestertum Jehovas ist ihr Erbteil. Und Gad und Ruben und der halbe Stamm Manasse haben jenseit des Jordan, gegen Osten, ihr Erbteil empfangen, welches Mose, der Knecht Jehovas, ihnen gegeben hat. Und die Männer 8 machten sich auf und gingen hin. Und Josua gebot denen, die hingingen, um das Land aufzuschreiben, und sprach: Gehet hin und durchwandert das Land und schreibet es auf und kommet wieder zu mir; und hier werde ich euch das Los werfen vor Jehova, zu Silo. Und die Männer 9 gingen hin und durchzogen das Land und schrieben es, nach den Städten, zu sieben Teilen auf in ein Buch; und sie kamen zu Josua in das Lager nach Silo *zurück*. Da warf ihnen 10 Josua das Los zu Silo vor Jehova. Und Josua teilte daselbst das Land den Kindern Israel aus nach ihren Abteilungen.

Und es kam herauf das Los den 11 Stammes der Kinder Benjamin nach ihren Geschlechtern. Und das Gebiet ihres Loses kam heraus zwischen den Kindern Juda und den Kindern Joseph. Und ihre Grenze auf der Nord- 12 seite fing am Jordan an; und die Grenze stieg hinauf nach der Nordseite von Jericho und stieg auf das Gebirge gegen Westen, und ihr Ausgang war nach der Wüste von Beth-Awen hin; und von dort ging die 13 Grenze hinüber nach Lus, nach der Südseite von Lus, das ist Bethel; und die Grenze stieg hinab nach Ateroth-Addar, bei dem Berge *c*, der südlich von Unter-Beth-Horon ist. — Und die 14 Grenze zog sich herum und wandte sich nach der Westseite, südwärts von dem Berge, der vor Beth-Horon nach Süden *liegt*, und ihr Ausgang war nach Kirjath-Baal hin, das ist Kirjath-Jearim, einer Stadt der Kinder Juda; das war die Westseite. — Und die Südseite fing an am Ende *d* 15 von Kirjath-Jearim; und die Grenze lief aus nach Westen hin, und sie lief nach der Quelle des Wassers Nephtoach hin; und die Grenze stieg hinab 16 zu dem Ende des Berges, welcher vor dem Tale des Sohnes Hinnoms in der Talebene der Rephaim gegen Norden *liegt*; und sie stieg das Tal Hinnom hinab nach der Südseite der Jebusiter, und sie stieg hinab nach En-Rogel; und sie bog sich nordwärts 17 herum und lief nach En-Semes, und sie lief nach Geliloth hin, das der Anhöhe Adummim gegenüber *liegt*; und sie stieg hinab zum Steine Bohans, des Sohnes Rubens, und ging 18 hinüber nach der Seite, die der Araba *e* nordwärts gegenüber *liegt*, und stieg hinab nach der Araba; und die 19 Grenze ging hinüber nach der Nordseite von Beth-Hogla, und der Ausgang der Grenze war nach der nörd-

---

a O. Riesen. — *b* And.: werden wir nicht erlangen, denn usw. — *c* O. über den Berg. — *d* W. Und die Südseite: vom Ende. — *e* O. der Ebene; vergl. die Anm. zu 5. Mose 1, 1.

lichen Zunge des Salzmeeres, nach dem südlichen Ende des Jordan hin.
20 Das war die Südgrenze. — Und der Jordan begrenzte es an der Ostseite. Das war das Erbteil der Kinder Benjamin, nach seinen Grenzen ringsum, nach ihren Geschlechtern.
21 Und die Städte des Stammes der Kinder Benjamin, nach ihren Geschlechtern, waren: Jericho und Beth-
22 Hogla und Emek-Keziz, und Beth-
23 Araba und Zemaraim und Bethel, und
24 Awim und Para und Ophra, und Ke-phar-Ammoni a und Ophni und Geba:
25 zwölf Städte und ihre Dörfer; Gibeon
26 und Rama und Beeroth, und Mizpe
27 und Kephira und Moza, und Rekem
28 und Jirpeel und Tarala, und Zela, Eleph, und die Jebusiter, das ist Jerusalem, Gibeath, Kirjath: vierzehn Städte und ihre Dörfer. Das war das Erbteil der Kinder Benjamin nach ihren Geschlechtern.

19 Und das zweite Los kam herauf für Simeon, für dem Stamm der Kinder Simeon, nach ihren Geschlechtern; und ihr Erbteil war mitten in
2 dem Erbteil der Kinder Juda. Und es ward ihnen zum Erbteil: Beerseba
3 und Scheba und Molada, und Hazar-
4 Schual und Bala und Ezem, und El-
5 tolad und Bethul und Horma, und Ziklag und Beth-Markaboth und Ha-
6 zar-Susa, und Beth-Lebaoth und Scharuchen: dreizehn Städte und ihre Dör-
7 fer; Ain, Rimmon und Ether und Aschan: vier Städte und ihre Dörfer;
8 und alle Dörfer, die rings um diese Städte *liegen*, bis Baalath-Beer, *das ist* Süd-Ramath. Das war das Erbteil des Stammes der Kinder Simeon, nach
9 ihren Geschlechtern. Von der Meßschnur der Kinder Juda war das Erbteil der Kinder Simeon; denn das Teil der Kinder Juda war zu groß für sie, und so erhielten die Kinder Simeon ihr Erbteil mitten in ihrem Erbteil.
10 Und das dritte Los kam herauf für die Kinder Sebulon, nach ihren Geschlechtern. Und die Grenze ihres
11 Erbteils war bis Sarid; und ihre Grenze stieg hinauf westwärts, und zwar nach Marhala, und stieß an Dabbescheth und stieß an den Bach, der
12 vor Jokneam *fließt*; und sie kehrte um von Sarid, ostwärts, gegen Sonnenaufgang, nach der Grenze von Kisloth-Tabor, und lief nach Daberath hin und stieg hinauf nach Japhija;
13 und von dort ging sie hinüber ostwärts gegen *Sonnenaufgang*, nach Gath-Hepher, nach Eth-Kazin, und lief aus bei Rimmon, das sich nach
14 Nea hin erstreckt b. Und die Grenze wandte sich um dasselbe nördlich nach Hannathon, und ihr Ausgang war das
15 Tal Jiphtach-El; . . . . und Kattath und Nahalal und Schimron und Jidala und Bethlehem: zwölf Städte und
16 ihre Dörfer. Das war das Erbteil der

Kinder Sebulon, nach ihren Geschlechtern, diese Städte und ihre Dörfer.
17 Für Issaschar kam das vierte Los heraus, für die Kinder Issaschar, nach
18 ihren Geschlechtern. Und ihr Gebiet war nach Jisreel hin, und Kesulloth und Schunem, und Hapharaim und
19 Schion und Anacharath, und Rabbith
20 und Kischjon und Ebez, und Remeth
21 und En-Gannim und En-Hadda und Beth-Pazez; und die Grenze stieß an
22 Tabor und Schachazuma und Beth-Semes, und der Ausgang ihrer Grenze war am Jordan: sechzehn Städte und
23 ihre Dörfer. Das war das Erbteil des Stammes der Kinder Issaschar, nach ihren Geschlechtern, die Städte und ihre Dörfer.
24 Und das fünfte Los kam heraus für den Stamm der Kinder Aser, nach ih-
25 ren Geschlechtern. Und ihre Grenze war: Helkath und Hali und Beten
26 und Akschaph, und Allammelek und Amhad und Mischeal; und sie stieß
27 an den Karmel, gegen Westen, und an den Sihor-Libnath; und sie kehrte um gegen Sonnenaufgang nach Beth-Dagon und stieß an Sebulon und an
28 das Tal Jiphtach-El, nördlich von Beth-Emek und Nehiel, und sie lief nach Kabul hin zur Linken c, und Ebron und Rechob und Hammon und Kana, bis Zidon, der großen *Stadt*;
29 und die Grenze kehrte um nach Rama und bis zur festen Stadt Tyrus d; und die Grenze kehrte um nach Hosa, und ihr Ausgang war nach dem
30 Meere hin von dem Striche Aksib an e; . . . . und Umma und Aphek und Rechob: zweiundzwanzig Städte und
31 ihre Dörfer. Das war das Erbteil des Stammes der Kinder Aser, nach ihren Geschlechtern, diese Städte und ihre Dörfer.
32 Für die Kinder Naphtali kam das sechste Los heraus, für die Kinder Naphtali, nach ihren Geschlechtern.
33 Und ihre Grenze war von Heleph, von der Terebinthe zu Zaanannim, und Adami-Nekeb und Jabneel bis Lakum, und ihr Ausgang war am Jor-
34 dan; und die Grenze kehrte um westwärts nach Asnoth-Tabor und lief von dort nach Hukkok hin. Und so stieß sie an Sebulon gegen Süden, und an Aser stieß sie gegen Westen, und an Juda f am Jordan gegen Sonnenaufgang. Und die festen Städte waren: 3.
35 Ziddim, Zer und Hammath, Rakkath und Kinnereth, und Adama und Ra-
36 ma und Hazor, und Kedes und Edrei 3.
37 und En-Hazor, und Jiron und Migdal-El, Horem und Beth-Anath und Beth-
38 Semes: neunzehn Städte und ihre Dörfer. Das war das Erbteil des Stammes der Kinder Naphtali, nach ihren Geschlechtern, die Städte und ihre Dörfer.

Für den Stamm der Kinder Dan, 4
nach ihren Geschlechtern, kam das siebente Los heraus. Und das Gebiet 4

---

a d. h. Dorf der Ammoniter. — b And.: lief aus bei Rimmon-Methoar, Nea. — c d. h. gegen Norden. — d Hebr. Zor. — e O. an dem Landstrich gegen Aksib hin. — f „an Juda" ist wahrsch. eine verderbte Lesart.

ihres Erbteils war: Zorha und Esch-
42 taol und Ir-Semes, und Schaalabbin
43 und Ajjalon und Jithla, und Elon und
44 Timnatha und Ekron, und Elteke und
45 Gibbethon und Baalath, und Jehud
und Bne-Berak und Gath-Rimmon,
46 und Me-Jarkon und Rakkon, mit dem
47 Gebiete gegenüber Japho. Und die
Grenze der Kinder Dan ging *später*
weiter als diese; denn die Kinder
Dan zogen hinauf und stritten wider
Leschem a, und nahmen es ein und
schlugen es mit der Schärfe des
Schwertes, und sie nahmen es in Besitz und wohnten darin; und sie
nannten Leschem Dan, nach dem Na-
48 men ihres Vaters Dan. Das war das
Erbteil des Stammes der Kinder Dan
nach ihren Geschlechtern, diese Städte
und ihre Dörfer.
49 Und als sie die Verteilung des Landes nach seinen Grenzen vollendet
hatten, gaben die Kinder Israel Josua, dem Sohne Nuns, ein Erbteil in
50 ihrer Mitte. Nach dem Befehle Jehovas gaben sie ihm die Stadt, die er
verlangte, Timnath-Serach im Gebirge Ephraim; und er baute die Stadt
und wohnte darin.
51 Das sind die Erbteile, welche Eleasar, der Priester, und Josua, der Sohn
Nuns, und die Häupter der Väter der
Stämme der Kinder Israel durch das
Los austeilten zu Silo, vor Jehova,
an dem Eingang des Zeltes der Zusammenkunft. Und so vollendeten sie
die Verteilung des Landes.

20 Und Jehova redete zu Josua und
sprach: Rede zu den Kindern Israel
2 und sprich: Bestimmet euch die Zufluchtstädte, von welchen ich durch
3 Mose zu euch geredet habe b, daß dahin fliehe im Totschläger, der jemand
aus Versehen, unabsichtlich c, erschlagen hat; und sie seien euch zur Zu-
4 flucht vor dem Bluträcher. Und er
soll in eine von diesen Städten fliehen, und an dem Eingang des Stadttores stehen und vor den Ohren der
Aeltesten jener Stadt seine Sache
vorbringen; und sie sollen ihn zu
sich in die Stadt aufnehmen und ihm
einen Ort geben, daß er bei ihnen
5 wohne. Und wenn der Bluträcher
ihm nachjagt, so sollen sie den Totschläger nicht in seine Hand ausliefern; denn er hat seinen Nächsten
unabsichtlich erschlagen, und er haß-
6 te ihn vordem nicht. Und er soll in
jener Stadt wohnen, bis er vor der
Gemeinde zu Gericht gestanden hat,
bis zum Tode des Hohenpriesters, der
in jenen Tagen sein wird; alsdann
mag der Totschläger zurückkehren
und in seine Stadt und in sein Haus
kommen, in die Stadt, aus welcher er
7 geflohen ist.— Und sie heiligten Kedes in Galiläa, im Gebirge Naphtali,
und Sichem im Gebirge Ephraim, und
Kirjath-Arba, das ist Hebron, im Ge-
8 birge Juda. Und jenseit des Jordan

von Jericho, gegen Osten, bestimmten sie Bezer in der Wüste, in der
Ebene, vom Stamme Ruben; und Ramoth in Gilead, vom Stamme Gad;
und Golan in Basan, vom Stamme
9 Manasse. Das waren die bestimmten
Städte für alle Kinder Israel und für
den Fremdling, der in ihrer Mitte
weilte, auf daß dahin fliehe ein jeder,
der jemand aus Versehen erschlagen
würde, damit er nicht durch die Hand
des Bluträchers sterbe, bis er vor der
Gemeinde gestanden habe.

21 Und die Häupter der Väter der
Leviten traten zu Eleasar, dem
Priester, und zu Josua, dem Sohne
Nuns, und zu den Häuptern der Väter der Stämme der Kinder Israel,
2 und redeten zu ihnen zu Silo, im
Lande Kanaan, und sprachen: Jehova
hat durch Mose geboten, uns Städte
zum Wohnen zu geben, und deren
3 Bezirke für unser Vieh d. Und die
Kinder Israel gaben den Leviten
von ihrem Erbteil diese Städte und
ihre Bezirke, nach dem Befehle Jehovas:
4 Und das Los kam heraus für die
Familien der Kehathiter. Und die
Söhne Aarons, des Priesters, aus den
Leviten, erhielten vom Stamme Juda
und vom Stamme der Simeoniter und
vom Stamme Benjamin, durchs Los,
5 dreizehn Städte; und die übrigen Söhne Kehaths, von den Geschlechtern
des Stammes Ephraim und vom Stamme Dan und vom halben Stamme
Manasse, durchs Los, zehn Städte.
6 Und die Söhne Gersons *erhielten* von
den Geschlechtern des Stammes Issaschar und vom Stamme Aser und vom
Stamme Naphtali und vom halben
Stamme Manasse in Basan, durchs
7 Los, dreizehn Städte; die Söhne Meraris, nach ihren Familien, vom Stamme Ruben und vom Stamme Gad und
vom Stamme Sebulon zwölf Städte.
8 Und so gaben die Kinder Israel den
Leviten diese Städte und ihre Bezirke durchs Los, so wie Jehova durch
Mose geboten hatte.
9 Und sie gaben vom Stamme der
Kinder Juda und vom Stamme der
Kinder Simeon folgende Städte, die
10 man mit Namen nannte; und sie
wurden den Söhnen Aarons, von den
Familien der Kehathiter, aus den
Kindern Levi, *zuteil* (denn für sie
11 war das erste Los). Und sie gaben
ihnen die Stadt Arbas, des Vaters
Enaks, das ist Hebron, im Gebirge
Juda, und ihre Bezirke rings um sie
12 her. Aber das Feld der Stadt und
ihre Dörfer gaben sie Kaleb, dem
Sohne Jephunnes, als sein Eigentum.
13 Und sie gaben den Söhnen Aarons,
des Priesters, die Zufluchtstadt für
den Totschläger, Hebron und seine
Bezirke; und Libna und seine Bezir-
14 ke, und Jattir und seine Bezirke, und
15 Eschtemoa und seine Bezirke, und

---

a Leschem gleich Lais; vergl. Richt. 18, 29. — b 4. Mose 35, 6 usw.; 5. Mose
19, 1 usw. — c W. ohne Wissen; so auch V. 5. — d 4. Mose 35, 2. — e H.
Kirjath-Arba.

Holon und seine Bezirke, und Debir
16 und seine Bezirke, und Ain und seine
Bezirke, und Jutta und seine Bezirke,
und Beth-Semes und seine Bezirke:
neun Städte von diesen beiden Stäm-
17 men. Und vom Stamme Benjamin:
Gibeon und seine Bezirke, Geba und
18 seine Bezirke, Anathoth und seine
Bezirke, und Almon und seine Bezir-
19 ke: vier Städte. Alle Städte der Söhne Aarons, der Priester: dreizehn
Städte und ihre Bezirke.
20   Und was die Familien der Söhne
Kehaths, der Leviten, die übrigen von
den Söhnen Kehaths, betrifft, so waren die Städte ihres Loses vom Stam-
21 me Ephraim. Und sie gaben ihnen
die Zufluchtstadt für den Totschläger,
Sichem und seine Bezirke im Gebirge
Ephraim; und Geser und seine Be-
22 zirke, und Kibzaim und seine Bezirke, und Beth-Horon und seine Bezir-
23 ke: vier Städte. Und vom Stamme
Dan: Elteke und seine Bezirke, Gib-
24 bethon und seine Bezirke, Ajjalon
und seine Bezirke, Gath-Rimmon und
25 seine Bezirke: vier Städte. Und von
der Hälfte des Stammes Manasse:
Taanak und seine Bezirke, und Gath-
Rimmon und seine Bezirke: zwei
26 Städte. Aller Städte waren zehn und
ihre Bezirke, für die Familien der
übrigen Söhne Kehaths.
27   Und den Söhnen Gersons, aus den
Geschlechtern der Leviten, *gaben sie*
vom halben Stamme Manasse: die
Zufluchtstadt für den Totschläger,
Golan in Basan und seine Bezirke;
und Beeschtera und seine Bezirke:
28 zwei Städte. Und vom Stamme Issaschar: Kischjon und seine Bezirke,
29 Daberath und seine Bezirke, Jarmuth
und seine Bezirke, En-Gannim und
30 seine Bezirke: vier Städte. Und vom
Stamme Aser: Mischeal und seine
Bezirke, Abdon und seine Bezirke,
31 Helkath und seine Bezirke, und Rechob und seine Bezirke: vier Städte.
32 Und vom Stamme Naphtali: die Zufluchtstadt für den Totschläger, Kedes
in Galiläa und seine Bezirke; und
Hammoth-Dor und seine Bezirke, und
Kartan und seine Bezirke: drei Städ-
33 te. Alle Städte der Gersoniter, nach
ihren Familien: dreizehn Städte und
ihre Bezirke.
34   Und den Familien der Söhne Meraris, den übrigen Leviten, *gaben sie*
vom Stamme Sebulon: Jokneam und
seine Bezirke, Karta und seine Be-
35 zirke, Dimna und seine Bezirke, Nahalal und seine Bezirke: vier Städte.
36 Und vom Stamme Ruben: Bezer und
seine Bezirke, und Jahza und seine
37 Bezirke, Kedemoth und seine Bezirke, und Mephaath und seine Bezirke:
38 vier Städte. Und vom Stamme Gad:
die Zufluchtstadt für den Totschläger, Ramoth in Gilead und seine Bezirke; und Machanaim und seine Be-
39 zirke, Hesbon und seine Bezirke, Jaser und seine Bezirke; aller Städte

waren vier. Alle Städte der Söhne 40
Meraris, nach ihren Familien, der
übrigen von den Geschlechtern der
Leviten: ihr Los war zwölf Städte.
   Alle Städte der Leviten inmitten 41
des Eigentums der Kinder Israel:
achtundvierzig Städte und ihre Bezirke. Diese Städte hatten, Stadt für 42
Stadt, ihre Bezirke rings um sich her:
also war es bei allen diesen Städten.
   Und so gab Jehova Israel das gan- 43
ze Land, welches er ihren Vätern zu
geben geschworen hatte; und sie nahmen es in Besitz und wohnten darin.
Und Jehova schaffte ihnen Ruhe rings- 44
umher nach allem was er ihren Vätern geschworen hatte; und keiner
von allen ihren Feinden hielt vor ihnen stand: alle ihre Feinde gab Jehova in ihre Hand. Es fiel kein Wort 45
dahin von all den guten Worten, welche Jehova zu dem Hause Israel geredet hatte; alles traf ein.

   Damals berief Josua die Rubeni-   **22**
ter und die Gaditer und den halben
Stamm Manasse, und er sprach zu 2
ihnen: Ihr habt alles beobachtet, was
Mose, der Knecht Jehovas, euch geboten hat, und habt meiner Stimme
gehorcht in allem was ich euch geboten habe. Ihr habt eure Brüder nicht 3
verlassen diese lange Zeit bis auf
diesen Tag, und habt das Gebot Jehovas, eures Gottes, beobachtet *a*. Und
nun hat Jehova, euer Gott, euren 4
Brüdern Ruhe geschafft, wie er zu
ihnen geredet hat; und nun wendet
euch und ziehet nach euren Zelten,
in das Land eures Eigentums, welches Mose, der Knecht Jehovas, euch
jenseit des Jordan gegeben hat. Nur 5
achtet wohl darauf, das Gebot und
das Gesetz zu tun, welches Mose, der
Knecht Jehovas, euch geboten hat:
Jehova, euren Gott, zu lieben und auf
allen seinen Wegen zu wandeln und
seine Gebote zu beobachten, und ihm
anzuhangen und ihm zu dienen mit
eurem ganzen Herzen und mit eurer
ganzen Seele. Und Josua segnete sie 6
und entließ sie; und sie zogen nach
ihren Zelten.
   Und der *einen* Hälfte des Stammes 7
Manasse hatte Mose in Basan *ein
Erbteil* gegeben; aber seiner *anderen*
Hälfte hatte Josua mit ihren Brüdern
diesseit des Jordan, gegen Westen,
ihr Erbteil gegeben. Und als Josua
sie nach ihren Zelten entließ, da segnete er auch sie, und er sprach zu 8
ihnen und sagte: Kehret nach euren
Zelten zurück mit vielen Reichtümern
und mit sehr vielem Vieh, mit Silber
und mit Gold und mit Erz und mit
Eisen und mit Kleidern in großer
Menge; teilet die Beute eurer Feinde
mit euren Brüdern.
   So kehrten die Kinder Ruben und 9
die Kinder Gad und der halbe Stamm
Manasse zurück und zogen weg von
den Kindern Israel, von Silo, das im
Lande Kanaan ist, um in das Land

---

a Eig. und habt beobachtet, was in Bezug auf das Gebot Jehovas . . . . zu beobachten war.

Gilead zu ziehen, in das Land ihres Eigentums, in welchem sie sich ansässig gemacht hatten nach dem Be-
10 fehle Jehovas durch Mose. Und als sie in die Bezirke des Jordan kamen, die im Lande Kanaan sind, da bauten die Kinder Ruben und die Kinder Gad und der halbe Stamm Manasse daselbst einen Altar am Jordan, einen Altar, groß von Ansehen.

11 Und die Kinder Israel hörten sa-
gen: Siehe, die Kinder Ruben und die Kinder Gad und der halbe Stamm Manasse haben einen Altar gebaut, angesichts des Landes Kanaan, in den Bezirken des Jordan, den Kindern
12 Israel gegenüber. Und als die Kinder Israel es hörten, da versammelte sich die ganze Gemeinde der Kinder Is-
rael nach Silo, um wider sie hinauf-
13 zuziehen zum Kriege. Und die Kinder Israel sandten zu den Kindern Ruben und zu den Kindern Gad und zu dem halben Stamme Manasse, in das Land Gilead, Pinehas, den Sohn Eleasars,
14 des Priesters, und zehn Fürsten mit ihm, je einen Fürsten für ein Vater-
haus, von allen Stämmen Israels; und sie waren ein jeder das Haupt ihres Vaterhauses unter den Tausenden
15 Israels. Und sie kamen zu den Kin-
dern Ruben und zu den Kindern Gad und zu dem halben Stamme Manasse, in das Land Gilead, und rede-
16 ten mit ihnen und sprachen: So spricht die ganze Gemeinde Jehovas: Was ist das für eine Treulosigkeit, die ihr gegen den Gott Israels begangen habt, daß ihr euch heute abwendet von der Nachfolge Jehovas, indem ihr euch einen Altar bauet, um euch heute wi-
17 der Jehova zu empören? Ist es uns zu wenig an der Ungerechtigkeit Pe-
ors, von welcher wir uns *noch* nicht gereinigt haben bis auf diesen Tag, und doch kam die Plage *a* über die
18 Gemeinde Jehovas? Und ihr, ihr wen-
det euch heute ab von der Nachfolge Jehovas! Und es wird geschehen, empöret ihr euch heute wider Jehova, so wird er morgen über die ganze
19 Gemeinde Israels erzürnen. Jedoch wenn das Land eures Eigentums un-
rein ist, so kommet herüber in das Land des Eigentums Jehovas, wo die Wohnung Jehovas weilt, und machet euch ansässig in unserer Mitte, aber empöret euch nicht wider Jehova, und empöret euch nicht wider uns, indem ihr euch einen Altar bauet außer dem Altar Jehovas, unseres
20 Gottes. Hat nicht Achan, der Sohn Serachs, Untreue an dem Verbannten begangen? und ein Zorn kam über die ganze Gemeinde Israels; und er kam nicht als ein einzelner um in seiner Ungerechtigkeit.
21 Und die Kinder Ruben und die Kinder Gad und der halbe Stamm Manasse antworteten und sprachen zu den Häuptern der Tausende Israels:
22 Der Gott *b* der Götter, Jehova, der Gott *b* der Götter, Jehova, er weiß es,

und Israel soll es wissen: wenn *es* aus Empörung, und wenn *es* aus Treu-
losigkeit gegen Jehova *geschehen ist*, — so mögest du uns nicht retten an diesem Tage! — daß wir uns einen 23 Altar gebaut haben, um uns von der Nachfolge Jehovas abzuwenden, und wenn *es geschehen ist*, um Brandopfer und Speisopfer darauf zu opfern, und wenn, um Friedensopfer darauf zu opfern, so möge Jehova es fordern! Und wenn wir nicht aus Besorgnis 24 vor einer Sache dies getan haben, indem wir sprachen: Künftig werden eure Kinder zu unseren Kindern spre-
chen und sagen: Was habt ihr mit Jehova, dem Gott Israels, gemein? Jehova hat ja eine Grenze, den Jor- 25 dan, zwischen uns und euch gesetzt, ihr Kinder Ruben und ihr Kinder Gad; ihr habt kein Teil an Jehova! Und so würden eure Kinder machen, daß unsere Kinder aufhörten, Jehova zu fürchten. Und so sprachen wir: 26 Wir wollen uns doch daran machen, den Altar zu bauen, nicht für Brandopfer und nicht für Schlachtopfer; sondern ein Zeuge soll er sein zwi- 27 schen uns und euch und zwischen un-
seren Geschlechtern nach uns, damit wir den Dienst Jehovas vor ihm ver-
richten mit unseren Brandopfern und mit unseren Schlachtopfern und mit unseren Friedensopfern, und damit nicht eure Kinder künftig zu un-
seren Kindern sagen: Ihr habt kein Teil an Jehova! Und wir sprachen: 28 Geschieht es, daß sie künftig zu uns oder zu unseren Geschlechtern *also* sprechen, so werden wir sagen: Sehet das Abbild des Altars Jehovas, welches unsere Väter gemacht haben, nicht für Brandopfer und nicht für Schlachtopfer; sondern ein Zeuge *sollte* er *sein* zwischen uns und euch! Fern 29 sei es von uns, daß wir uns wider Jehova empören und uns heute wider die Nachfolge Jehovas abwenden, indem wir einen Altar bauen für Brandopfer, für Speisopfer und für Schlachtopfer, außer dem Altar Jehovas, unseres Gottes, der vor seiner Wohnung ist!

Und als Pinehas, der Priester, und 30 die Fürsten der Gemeinde und die Häupter der Tausende Israels, die mit ihm waren, die Worte hörten, welche die Kinder Ruben und die Kinder Gad und die Kinder Manasse redeten, war es gut in ihren Augen. Und Pinehas, der Sohn Eleasars, 31 des Priesters, sprach zu den Kin-
dern Ruben und zu den Kindern Gad und zu den Kindern Manasse: Heute erkennen wir, daß Jehova in unserer Mitte ist, weil ihr diese Treulosigkeit nicht gegen Jehova begangen habt. Nunmehr habt ihr die Kinder Israel von der Hand Jehovas errettet.

Und Pinehas, der Sohn Eleasars, 32 des Priesters, und die Fürsten kehr-
ten zurück von den Kindern Ruben und von den Kindern Gad, aus dem Lande Gilead in das Land Kanaan,

---

a O. als die Plage kam. — *b* El.

zu den Kindern Israel und brachten
33 ihnen Antwort. Und die Sache war
gut in den Augen der Kinder Israel;
und die Kinder Israel priesen Gott
und sprachen nicht mehr davon, wider sie hinaufzuziehen zum Kriege,
um das Land zu verderben, in welchem die Kinder Ruben und die Kin-
34 der Gad wohnten. Und die Kinder
Ruben und die Kinder Gad nannten
den Altar *Zeuge*: denn er ist ein Zeuge zwischen uns, daß Jehova Gott ist.

23 Und es geschah nach vielen Tagen, nachdem Jehova Israel Ruhe
geschafft hatte vor allen seinen Feinden ringsum, als Josua alt geworden
2 war, wohlbetagt, da berief Josua
ganz Israel: seine Aeltesten und seine
Häupter und seine Richter und seine
Vorsteher, und sprach zu ihnen: Ich
3 bin alt geworden, wohlbetagt; und
ihr, ihr habt alles gesehen, was Jehova, euer Gott, allen diesen Nationen euretwegen getan hat. Denn Jehova, euer Gott, er ist es, der für
4 euch gestritten hat. Sehet, ich habe
euch diese übrigen Nationen durchs
Los als Erbteil zufallen lassen, nach
euren Stämmen, vom Jordan an (sowie alle Nationen, die ich ausgerottet
habe) bis an das große Meer gegen
5 Sonnenuntergang. Und Jehova, euer
Gott, er selbst wird sie vor euch ausstoßen und sie vor euch austreiben;
und ihr werdet ihr Land in Besitz
nehmen, so wie Jehova, euer Gott, zu
6 euch geredet hat. So haltet denn sehr
fest daran, alles zu beobachten und
zu tun, was in dem Buche des Gesetzes Moses geschrieben ist, daß ihr
nicht davon abweichet zur Rechten
7 noch zur Linken, daß ihr nicht unter
diese Nationen kommet, diese, die bei
euch übriggeblieben sind, und den
Namen ihrer Götter nicht erwähnet
und nicht *jemand* bei ihm beschwö-
ret, und ihnen nicht dienet und euch
8 nicht vor ihnen niederwerfet! sondern
Jehova, eurem Gott, sollt ihr anhangen, so wie ihr getan habt bis auf
9 diesen Tag. Und Jehova hat große
und starke Nationen vor euch ausgetrieben; und ihr — niemand hat vor
euch standgehalten bis auf diesen
10 Tag: Ein Mann von euch jagt tausend; denn Jehova, euer Gott, er ist
es, der für euch streitet, so wie er zu
11 euch geredet hat. So habet wohl acht
auf eure Seelen, daß ihr Jehova, eu-
12 ren Gott, liebet! Denn wenn ihr euch
irgend abwendet und euch an den
Rest dieser Nationen hänget, dieser,
die bei euch übriggeblieben sind, und
ihr euch mit ihnen verschwägert und
unter sie kommet, und sie unter euch:
13 so wisset bestimmt, daß Jehova, euer
Gott, nicht fortfahren wird, diese Nationen vor euch auszutreiben; und sie
werden euch zur Schlinge werden
und zum Fallstrick, und zur Geißel
in euren Seiten und zu Dornen in
euren Augen, bis ihr umkommet aus
diesem guten Lande, das Jehova, euer

Gott, euch gegeben hat. Und siehe, 14
ich gehe heute den Weg der ganzen
Erde; und ihr wisset *a* mit eurem
ganzen Herzen und mit eurer ganzen
Seele, daß nicht ein Wort dahingefallen ist von all den guten Worten,
die Jehova, euer Gott, über euch geredet hat: sie sind euch alle eingetroffen, nicht ein Wort davon ist dahingefallen. Aber es wird geschehen, so 15
wie jedes gute Wort über euch gekommen ist, das Jehova, euer Gott,
zu euch geredet hat, also wird Jehova
jedes böse Wort über euch kommen
lassen, bis er euch aus diesem guten
Lande vertilgt hat, das Jehova, euer
Gott, euch gegeben hat. Wenn ihr den 16
Bund Jehovas, eures Gottes, den er
euch geboten hat, übertretet, und hingehet und anderen Göttern dienet und
euch vor ihnen niederwerfet, so wird
der Zorn Jehovas gegen euch entbrennen, und ihr werdet schnell umkommen aus dem guten Lande, das
er euch gegeben hat.

Und Josua versammelte alle Stäm- **24**
me Israels nach Sichem, und er berief die Aeltesten von Israel und seine Häupter und seine Richter und
seine Vorsteher; und sie stellten sich
vor Gott. Und Josua sprach zu dem 2
ganzen Volke: So spricht Jehova, der
Gott Israels: Eure Väter wohnten vor
alters jenseit des Stromes *b*, Tarah,
der Vater Abrahams und der Vater
Nahors, und sie dienten anderen Göttern. Und ich nahm Abraham, euren 3
Vater, von jenseit des Stromes und
ließ ihn durch das ganze Land Kanaan wandern, und ich mehrte seinen
Samen und gab ihm Isaak. Und dem 4
Isaak gab ich Jakob und Esau; und
dem Esau gab ich das Gebirge Seir,
es zu besitzen; und Jakob und seine
Söhne zogen nach Aegypten hinab.
Und ich sandte Mose und Aaron und 5
schlug Aegypten, so wie ich in seiner
Mitte getan habe; und danach führte
ich euch heraus. Und ich führte eure 6
Väter aus Aegypten hinweg, und ihr
kamet an das Meer; und die Aegypter jagten euren Vätern nach mit Wagen und mit Reitern *bis* an das Schilfmeer. Da schrieen sie zu Jehova, und 7
er setzte Finsternis zwischen euch
und die Aegypter und führte das Meer
über sie und bedeckte sie; und eure
Augen haben gesehen, was ich an
den Aegyptern getan habe. Und ihr
wohntet in der Wüste eine lange Zeit.
Und ich brachte euch in das Land der 8
Amoriter, die jenseit des Jordan wohnten, und sie stritten wider euch; und
ich gab sie in eure Hand, und ihr
nahmet ihr Land in Besitz, und ich
vertilgte sie vor euch. Da stand Ba- 9
lak auf, der Sohn Zippors, der König
von Moab, und stritt wider Israel;
und er sandte hin und ließ Bileam,
den Sohn Beors, rufen, um euch zu
verfluchen. Aber ich wollte nicht auf 10
Bileam hören, und er segnete euch
vielmehr; und ich errettete euch aus

---

a O. so erkennet. — *b* d. h. des Euphrat.

11 seiner Hand. Und ihr zoget über den Jordan und kamet nach Jericho; und die Bürger von Jericho *und* die Amoriter und die Perisiter und die Kanaaniter und die Hethiter und die Girgasiter und die Hewiter und die Jebusiter stritten wider euch, und ich 12 gab sie in eure Hand. Und ich sandte die Hornissen vor euch her, und sie vertrieben sie vor euch, die beiden Könige der Amoriter; nicht mit deinem Schwert und nicht mit deinem 13 Bogen. Und ich habe euch ein Land gegeben, um das du dich nicht gemüht, und Städte, die ihr nicht gebaut habt, und ihr wohnet darin; von Weinbergen und Olivenbäumen, die ihr 14 nicht gepflanzt habt, esset ihr. — Und nun fürchtet Jehova und dienet ihm in Vollkommenheit *a* und in Wahrheit; und tut die Götter hinweg, welchen eure Väter jenseit des Stromes und in Aegypten gedient haben, und 15 dienet Jehova. Und wenn es übel ist in euren Augen, Jehova zu dienen, so erwählet euch heute, wem ihr dienen wollt, ob den Göttern, welchen eure Väter gedient haben, die jenseit des Stromes *wohnten*, oder den Göttern der Amoriter, in deren Land ihr wohnet. Ich aber und mein Haus, wir wollen Jehova dienen!

16 Und das Volk antwortete und sprach: Fern sei es von uns, Jehova zu verlassen, um anderen Göttern zu die- 17 nen! Denn Jehova, unser Gott, ist es, der uns und unsere Väter aus dem Lande Aegypten, aus dem Hause der Knechtschaft, heraufgeführt hat, und der vor unseren Augen diese großen Zeichen getan und uns behütet hat auf dem ganzen Wege, auf dem wir gegangen, und unter all den Völkern, durch deren Mitte wir gezogen sind. 18 Und Jehova hat alle Völker und die Amoriter, die Bewohner des Landes, vor uns vertrieben. Auch wir wollen Jehova dienen, denn er ist unser Gott! 19 Und Josua sprach zu dem Volke: Ihr könnet Jehova nicht dienen; denn er ist ein heiliger Gott, er ist ein eifriger Gott *b*; er wird eure Uebertretung *c* und eure Sünden nicht ver- 20 geben. Wenn ihr Jehova verlasset und fremden Göttern dienet, so wird er sich wenden und euch Uebles tun

und euch vernichten, nachdem er euch Gutes getan hat. Und das Volk sprach 21 zu Josua: Nein, sondern Jehova wollen wir dienen! Da sprach Josua zu 22 dem Volke: Ihr seid Zeugen gegen euch, daß ihr selbst euch Jehova erwählet habt, um ihm zu dienen. Und sie sprachen: Wir sind Zeugen! So 23 tut nun die fremden Götter hinweg, die in eurer Mitte sind, und neiget euer Herz zu Jehova, dem Gott Israels. Und das Volk sprach zu Josua: 24 Jehova, unserem Gott, wollen wir dienen und auf seine Stimme hören!

Und Josua machte einen Bund mit 25 dem Volke an selbigem Tage und stellte ihm Satzung und Recht zu Sichem. Und Josua schrieb diese Worte 26 in das Buch des Gesetzes Gottes; und er nahm einen großen Stein und richtete ihn daselbst auf unter der Terebinthe, die bei dem Heiligtum Jehovas *steht d*. Und Josua sprach zu dem 27 ganzen Volke: Siehe, dieser Stein soll Zeuge gegen uns sein; denn er hat alle Worte Jehovas gehört, die er mit uns geredet hat; und er soll Zeuge gegen euch sein, damit ihr euren Gott nicht verleugnet. Und Josua entließ 28 das Volk, einen jeden in sein Erbteil.

Und es geschah nach diesen Din- 29 gen, da starb Josua, der Sohn Nuns, der Knecht Jehovas, hundert und zehn Jahre alt; und man begrub ihn 30 im Gebiete seines Erbteils zu Timnath-Serach auf dem Gebirge Ephraim, nördlich vom Berge Gaasch. Und Israel diente Jehova alle Ta- 31 ge Josuas und alle Tage der Aeltesten, welche ihre Tage nach Josua verlängerten, und die das ganze Werk Jehovas kannten, das er für Israel getan hatte.

Und die Gebeine Josephs, welche 32 die Kinder Israel aus Aegypten heraufgebracht hatten, begruben sie zu Sichem auf dem Stück Feld, welches Jakob von den Söhnen Hemors, des Vaters Sichems, gekauft hatte um hundert Kesita; und sie wurden den Kindern Joseph zum Erbteil.

Und Eleasar, der Sohn Aarons, 33 starb; und sie begruben ihn auf dem Hügel seines Sohnes Pinehas *e*, der ihm gegeben worden war auf dem Gebirge Ephraim.

Das Buch der Richter

1 Und es geschah nach dem Tode Josuas, da befragten die Kinder Israel Jehova und sprachen: Wer von uns soll zuerst wider die Kanaaniter hinaufziehen, um wider sie zu streiten? 2 Und Jehova sprach: Juda soll hinaufziehen; siehe, ich habe das Land in 3 seine Hand gegeben. Und Juda sprach zu Simeon, seinem Bruder: Ziehe mit

mir hinauf in mein Los, und laß uns wider die Kanaaniter streiten, so will auch ich mit dir in dein Los ziehen. Und Simeon zog mit ihm. Und Juda 4 zog hinauf, und Jehova gab die Kanaaniter und die Perisiter in ihre Hand; und sie schlugen sie zu Besek, zehntausend Mann. Und sie fanden den 5 Adoni-Besek in Besek und stritten

---

a O. Lauterkeit, Aufrichtigkeit. — *b* El. — *c* Eig. euren Abfall. — *d* Vergl. 1. Mose 12, 6. 7; 35, 4. — *e* O. in Gibea, *der Stadt* seines Sohnes Pinehas.

wider ihn; und sie schlugen die Kanaa-
6 niter und die Perisiter. Und Adoni-
Besek floh; und sie jagten ihm nach
und ergriffen ihn und hieben ihm die
Daumen seiner Hände und seiner
7 Füße ab. Da sprach Adoni-Besek:
Siebenzig Könige, denen die Daumen
ihrer Hände und ihrer Füße abgehauen waren, lasen auf unter meinem
Tische; so wie ich getan habe, also
hat Gott mir vergolten. Und sie brachten ihn nach Jerusalem, und er starb
daselbst.

8　Und die Kinder Juda stritten *a* wider Jerusalem und nahmen es ein
und schlugen es mit der Schärfe des
Schwertes, und die Stadt steckten sie
9 in Brand. Und danach zogen die Kinder Juda hinab, um wider die Kanaaniter zu streiten, die das Gebirge und
den Süden und die Niederung *b* be-
10 wohnten. Und Juda zog wider die
Kanaaniter, die in Hebron wohnten;
der Name Hebrons war aber vordem
Kirjath-Arba; und sie schlugen Sche-
11 schai und Achiman und Talmai. Und
er zog von dannen wider die Bewohner von Debir; der Name von Debir
12 war aber vordem Kirjath-Sepher. Und
Kaleb sprach: Wer Kirjath-Sepher
schlägt und es einnimmt, dem gebe
ich meine Tochter Aksa zum Weibe.
13 Da nahm es Othniel ein, der Sohn
Kenas', der jüngere Bruder Kalebs;
und er gab ihm seine Tochter Aksa
14 zum Weibe. Und es geschah, als sie
einzog, da trieb sie ihn an, ein Feld
von ihrem Vater zu fordern. Und sie
sprang von dem Esel herab. Und Ka-
15 leb sprach zu ihr: Was ist dir? Und
sie sprach zu ihm: Gib mir einen Segen; denn ein Mittagsland hast du
mir gegeben, so gib mir auch Wasserquellen! Da gab ihr Kaleb die oberen
Quellen und die unteren Quellen. *c*
16　Und die Kinder des Keniters, des
Schwagers *d* Moses, waren mit den
Kindern Juda aus der Palmenstadt
heraufgezogen in die Wüste Juda,
die im Süden von Arad *liegt*; und sie
gingen hin und wohnten bei dem Volke.
17　Und Juda zog mit seinem Bruder
Simeon hin, und sie schlugen die
Kanaaniter, welche Zephat bewohnten; und sie verbannten es und gaben
18 der Stadt den Namen Horma *e*. Und
Juda nahm Gasa ein und sein Gebiet,
und Askalon und sein Gebiet, und
19 Ekron und sein Gebiet. Und Jehova
war mit Juda, und er nahm das Gebirge in Besitz; denn *f* die Bewohner
der Niederung trieb er nicht aus, weil
sie eiserne Wagen hatten.
20　Und sie gaben dem Kaleb Hebron,
so wie Mose geredet hatte; und er
vertrieb daraus die drei Söhne Enaks.
21　Aber die Kinder Benjamin trieben
die Jebusiter, die Bewohner von Jerusalem, nicht aus; und die Jebusiter
haben bei den Kindern Benjamin in

Jerusalem gewohnt bis auf diesen
Tag.

Und das Haus Joseph, auch sie zo- 22
gen nach Bethel hinauf, und Jehova
war mit ihnen. Und das Haus Joseph 23
ließ Bethel auskundschaften; vordem
war aber Lus der Name der Stadt.
Und die Wachen sahen einen Mann 24
aus der Stadt herauskommen, und sie
sprachen zu ihm: Zeige uns doch den
Zugang zu der Stadt, so werden wir
dir Güte erweisen. Und er zeigte ih- 25
nen den Zugang zu der Stadt. Und
sie schlugen die Stadt mit der Schärfe
des Schwertes, aber den Mann und
sein ganzes Geschlecht ließen sie gehen. Und der Mann zog in das Land 26
der Hethiter; und er baute eine Stadt
und gab ihr den Namen Lus. Das ist
ihr Name bis auf diesen Tag.

Aber Manasse trieb nicht aus Beth- 27
Schean und seine Tochterstädte, und
Taanak und seine Tochterstädte, und
die Bewohner von Dor und seine
Tochterstädte, und die Bewohner von
Jibleam und seine Tochterstädte, und
die Bewohner von Megiddo und seine
Tochterstädte; und die Kanaaniter
wollten in diesem Lande bleiben. Und 28
es geschah, als Israel erstarkte, da
machte es die Kanaaniter fronpflichtig; aber es trieb sie keineswegs aus.
— Und Ephraim trieb die Kanaaniter 29
nicht aus, die zu Geser wohnten; und
die Kanaaniter wohnten in ihrer Mitte
zu Geser. — Sebulon trieb nicht aus 30
die Bewohner von Kitron und die
Bewohner von Nahalol; und die Kanaaniter wohnten in ihrer Mitte und
wurden fronpflichtig. — Aser trieb 31
nicht aus die Bewohner von Akko
und die Bewohner von Zidon und
Achlab und Aksib und Helba und
Aphik und Rechob; und die Aseriter 32
wohnten inmitten der Kanaaniter, der
Bewohner des Landes, denn sie trieben sie nicht aus. Naphtali trieb nicht 33
aus die Bewohner von Beth-Semes
und die Bewohner von Beth-Anath;
und er wohnte inmitten der Kanaaniter, der Bewohner des Landes; aber
die Bewohner von Beth-Semes und
von Beth-Anath wurden ihm fronpflichtig.

Und die Amoriter drängten die Kin- 34
der Dan ins Gebirge, denn sie gestat-
teten ihnen nicht, in die Niederung
herabzukommen. Und die Amoriter 35
wollten im Gebirge Heres bleiben, in
Ajjalon und in Schaalbim; aber die
Hand des Hauses Joseph war schwer,
und sie wurden fronpflichtig. Und die 36
Grenze der Amoriter war von der
Anhöhe Akrabbim, von dem Felsen
an und aufwärts *g*.

Und der Engel Jehovas kam von **2**
Gilgal herauf nach Bochim; und er
sprach: Ich habe euch aus Aegypten
heraufgeführt und euch in das Land
gebracht, das ich euren Vätern zuge-

---

a And.: hatten gestritten. — *b* S. die Anmerk. zu 5. Mose 1, 7. — *c* Vergl.
Jos. 15, 16—19. — *d* And.: des Schwiegervaters; vergl. Kap. 4, 11; 2. Mose 2, 18;
3, 1; 18, 1. 27; 4. Mose 10, 29. — *e* Bann, Vernichtung. — *f* O. jedoch. — *g* d. h.
nach Norden.

schworen habe; und ich sagte: Ich
werde meinen Bund mit euch nicht
2 brechen ewiglich; ihr aber, ihr sollt
keinen Bund mit den Bewohnern dieses Landes machen, ihre Altäre sollt
ihr niederreißen. Aber ihr habt meiner Stimme nicht gehorcht. Was habt
3 ihr da getan! So habe ich auch gesagt: Ich werde sie nicht vor euch
vertreiben; und sie werden zu euren
Seiten sein a, und ihre Götter werden
4 euch zum Fallstrick werden. Und es
geschah, als der Engel Jehovas diese
Worte zu allen Kindern Israel redete, da erhob das Volk seine Stimme
5 und weinte. Und sie gaben selbigem
Orte den Namen Bochim b. Und sie
opferten daselbst dem Jehova.
6 Und Josua entließ das Volk, und
die Kinder Israel gingen hin, ein jeder in sein Erbteil, um das Land in
7 Besitz zu nehmen. Und das Volk
diente Jehova alle Tage Josuas und
alle Tage der Aeltesten, welche ihre
Tage nach Josua verlängerten, die
das ganze große Werk Jehovas gesehen, das er für Israel getan hatte.
8 Und Josua, der Sohn Nuns, der Knecht
Jehovas, starb, hundert und zehn
9 Jahre alt; und man begrub ihn im
Gebiete seines Erbteils, zu Timnath-
Heres auf dem Gebirge Ephraim,
10 nördlich vom Berge Gaasch. Und
auch das ganze selbige Geschlecht
wurde zu seinen Vätern versammelt.
Und ein anderes Geschlecht kam nach
ihnen auf, das Jehova nicht kannte
und auch nicht das Werk, welches er
für Israel getan hatte.
11 Und die Kinder Israel taten was
böse war in den Augen Jehovas und
12 dienten den Baalim. Und sie verließen Jehova, den Gott ihrer Väter,
der sie aus dem Lande Aegypten herausgeführt hatte; und sie gingen anderen Göttern nach, von den Göttern
der Völker, die rings um sie her waren, und sie warfen sich vor ihnen
13 nieder und reizten Jehova. Und sie
verließen Jehova und dienten dem
14 Baal und den Astaroth c. Da entbrannte der Zorn Jehovas wider Israel, und er gab sie in die Hand von
Plünderern, welche sie plünderten;
und er verkaufte sie in die Hand ihrer Feinde ringsum; und sie vermochten nicht mehr vor ihren Feinden zu
15 bestehen. Ueberall, wohin sie auszogen, war die Hand Jehovas wider sie
zum Bösen, so wie Jehova geredet
und wie Jehova ihnen geschworen
hatte; und sie wurden sehr bedrängt.
16 Und Jehova erweckte Richter, und
sie retteten sie aus der Hand ihrer
17 Plünderer. Aber auch ihren Richtern
gehorchten sie nicht, denn d sie hurten anderen Göttern nach und warfen
sich vor ihnen nieder; sie wichen
schnell ab von dem Wege, den ihre
Väter gewandelt waren, indem sie

den Geboten Jehovas gehorchten; sie
taten nicht also. Und wenn Jehova 18
ihnen Richter erweckte, so war Jehova mit dem Richter, und er rettete
sie aus der Hand ihrer Feinde alle
Tage des Richters; denn Jehova ließ
sich's gereuen wegen ihrer Wehklage
vor ihren Bedrückern und ihren Drän-
gern. Und es geschah, wenn der Rich- 19
ter starb, so verderbten sie sich e wiederum, mehr als ihre Väter, indem
sie anderen Göttern nachgingen, um
ihnen zu dienen und sich vor ihnen
niederzuwerfen. Sie ließen nichts fallen von ihren Taten und von ihrem
hartnäckigen Wandel. Da entbrannte 20
der Zorn Jehovas wider Israel, und
er sprach: Darum daß diese Nation
meinen Bund übertreten hat, den ich
ihren Vätern geboten, und sie meiner
Stimme nicht gehorcht haben, so wer- 21
de auch ich hinfort niemand vor ihnen austreiben von den Nationen, die
Josua übriggelassen hat, als er starb:
um Israel durch sie zu versuchen, ob 22
sie auf den Weg Jehovas achten werden, darauf zu wandeln, wie ihre Väter auf ihn geachtet haben, oder nicht.
Und so ließ Jehova diese Nationen 23
bleiben, sodaß er sie nicht schnell austrieb; und er gab sie nicht in die Hand
Josuas.
Und dies sind die Nationen, welche **3**
Jehova bleiben ließ, um Israel durch
sie zu versuchen, alle, die nichts wußten von allen Kriegen Kanaans —
nur damit die Geschlechter der Kin- 2
der Israel Kenntnis von denselben be-
kämen, um sie den Krieg zu lehren:
nur die, welche vordem nichts von
denselben gewußt hatten —: die fünf 3
Fürsten f der Philister und alle Kanaaniter und Zidonier und Hewiter,
welche das Gebirge Libanon bewoh-
ten, von dem Berge Baal-Hermon an,
bis man nach Hamath kommt. Und 4
sie dienten dazu g, Israel durch sie
zu versuchen, um zu wissen, ob sie
den Geboten Jehovas gehorchen würden, welche er ihren Vätern durch
Mose geboten hatte.
Und die Kinder Israel wohnten in- 5
mitten der Kanaaniter, der Hethiter
und der Amoriter und der Perisiter
und der Hewiter und der Jebusiter;
und sie nahmen sich deren Töchter 6
zu Weibern und gaben ihre Töchter
deren Söhnen, und dienten ihren Göttern. Und die Kinder Israel taten was 7
böse war in den Augen Jehovas und
vergaßen Jehovas, ihres Gottes, und
sie dienten den Baalim und den
Ascheroth c.
Da entbrannte der Zorn Jehovas 8
wider Israel, und er verkaufte sie in
die Hand Kuschan-Rischathaims, des
Königs von Mesopotamien h; und die
Kinder Israel dienten dem Kuschan-
Rischathaim acht Jahre. Und die Kin- 9
der Israel schrieen zu Jehova; und

---

a And. üb.: zu euren Feinden sein; vielleicht ist zu lesen wie 4. Mose 33, 55. —
b Weinende. — c S. die Vorrede. — d O. sondern. — e O. handelten sie verderbt. —
f H. Seren; vergl. die Anm. zu Jos. 13, 3. — g W. sie waren. — h H. Aram-Naharaim:
Syrien der zwei Flüsse.

Jehova erweckte den Kindern Israel einen Retter, der sie rettete: Othniel, den Sohn Kenas', den jüngeren Bru-
10 der Kalebs. Und der Geist Jehovas kam über ihn, und er richtete Israel; und er zog aus zum Streite, und Jehova gab Kuschan-Rischathaim, den König von Aram, in seine Hand, und seine Hand wurde stark wider Ku-
11 schan-Rischathaim. Und das Land hatte Ruhe vierzig Jahre. Und Othniel, der Sohn Kenas', starb.

12 Und die Kinder Israel taten wiederum was böse war in den Augen Jehovas; und Jehova stärkte Eglon, den König von Moab, wider Israel, weil sie taten was böse war in den
13 Augen Jehovas. Und er versammelte zu sich die Kinder Ammon und Amalek; und er zog hin und schlug Israel, und sie nahmen die Palmenstadt in
14 Besitz. Und die Kinder Israel dienten Eglon, dem König von Moab, acht-
15 zehn Jahre. Und die Kinder Israel schrieen zu Jehova; und Jehova erweckte ihnen einen Retter, Ehud, den Sohn Geras, den Benjaminiter, einen Mann, der links war. Und die Kinder Israel sandten durch ihn ein Geschenk an Eglon, den König von
16 Moab. Und Ehud machte sich ein Schwert, das zwei Schneiden hatte, eine Elle seine Länge; und er gürtete es unter seinen Rock a an seine rech-
17 te Hüfte. Und er überreichte die Geschenk Eglon, dem König von Moab. Eglon war aber ein sehr fetter Mann.
18 Und es geschah, als er mit der Ueberreichung des Geschenkes fertig war, da geleitete er das Volk, welches das
19 Geschenk getragen hatte. Er selbst aber kehrte von den geschnitzten Bildern, die bei Gilgal waren, um und sprach: Ein geheimes Wort habe ich an dich, o König! Und er sprach: Stille! Und alle, die bei ihm standen,
20 gingen von ihm hinaus. Und als Ehud zu ihm hereinkam, saß er in dem Obergemach der Kühlung, das für ihn allein war. Und Ehud sprach: Ein Wort Gottes habe ich an dich. Und
21 er stand auf vom Stuhle. Da streckte Ehud seine linke Hand aus und nahm das Schwert von seiner rechten Hüfte
22 und stieß es ihm in den Bauch; und es drang sogar der Griff hinein nach der Klinge, und das Fett schloß sich um die Klinge; denn er zog das Schwert nicht aus seinem Bauche, und es fuhr hinaus zwischen den Bei-
23 nen. Und Ehud ging in die Säulenhalle hinaus und schloß die Tür b des Obergemachs hinter ihm zu und ver-
24 riegelte sie. Und als er hinausgegangen war, da kamen seine Knechte und sahen, und siehe, die Tür des Obergemachs war verriegelt. Und sie sprachen: Gewiß bedeckt er seine Füße in dem Gemach der Kühlung.
25 Und sie warteten, bis sie sich schämten; aber siehe, er öffnete die Tür des Obergemachs nicht; da nahmen sie den Schlüssel und schlossen auf, und siehe, ihr Herr lag tot am Bo-
26 den. — Ehud aber war entronnen, während sie zögerten: er war über die geschnitzten Bilder hinausgelangt
27 und entrann nach Seira. Und es geschah, als er ankam, da stieß er in die Posaune auf dem Gebirge Ephraim; und die Kinder Israel zogen mit ihm von dem Gebirge hinab, und er
28 vor ihnen her. Und er sprach zu ihnen: Jaget mir nach, denn Jehova hat eure Feinde, die Moabiter c, in eure Hand gegeben! Und sie zogen hinab, ihm nach, und nahmen den Moabitern die Furten des Jordan d, und ließen niemand hinübergehen.
29 Und sie schlugen die Moabiter zu selbiger Zeit, bei zehntausend Mann, lauter kräftige und streitbare e Män-
30 ner, und keiner entrann. Und Moab wurde an selbigem Tage unter die Hand Israels gebeugt. Und das Land hatte Ruhe achtzig Jahre.
31 Und nach ihm war Schamgar, der Sohn Anaths; und er schlug die Philister, sechshundert Mann, mit einem Rinderstachel. Und auch er rettete Israel.

4 Und die Kinder Israel taten wiederum was böse war in den Augen Jehovas; und Ehud war gestorben.
2 Da verkaufte sie Jehova in die Hand Jabins, des Königs der Kanaaniter, der zu Hazor regierte; und sein Heeroberster war Sisera, und er wohnte
3 zu Haroscheth-Gojim. Und die Kinder Israel schrieen zu Jehova; denn er hatte neunhundert eiserne Wagen, und er bedrückte die Kinder Israel mit Gewalt zwanzig Jahre.
4 Und Debora, eine Prophetin, das Weib Lappidoths, richtete Israel in
5 selbiger Zeit. Und sie wohnte f unter der Debora-Palme zwischen Rama und Bethel, auf dem Gebirge Ephraim; und die Kinder Israel gingen zu
6 ihr hinauf zu Gericht. Und sie sandte hin und ließ Barak, den Sohn Abinoams, von Kedes-Naphtali, rufen; und sie sprach zu ihm: Hat nicht Jehova, der Gott Israels, geboten: Gehe hin und ziehe auf den Berg Tabor, und nimm mit dir zehntausend Mann von den Kindern Naphtali und von den Kindern Sebulon; und ich werde Si-
7 sera, den Heerobersten Jabins, zu dir ziehen an den Bach Kison samt seinen Wagen und seiner Menge, und ich werde ihn in deine Hand geben?
8 Und Barak sprach zu ihr: Wenn du mit mir gehst, so gehe ich; wenn du aber nicht mit mir gehst, so gehe ich
9 nicht. Da sprach sie: Ich will wohl mit dir gehen; nur daß die Ehre nicht dein sein wird auf dem Wege, den du gehst, denn in die Hand eines Weibes wird Jehova den Sisera verkaufen. Und Debora machte sich auf und ging mit Barak nach Kedes.

---

a d. h. Waffenrock. — b Eig. die Flügeltür; so auch Kap. 19, 27. — c H. Moab; so überall. — d O. und besetzten die Furten des Jordan, die nach Moab führten. — e O. tapfere. — f O. saß zu Gericht.

10 Und Barak berief Sebulon und Naphtali nach Kedes; und zehntausend Mann zogen in seinem Gefolge hinauf; auch Debora zog mit ihm hinauf.
11 (Heber aber, der Keniter, hatte sich von den Kenitern a, den Kindern Hobabs, des Schwagers b Moses, getrennt; und er hatte seine Zelte aufgeschlagen bis an die Terebinthe zu Zaanan-
12 nim, das neben Kedes *liegt*.) Und man berichtete dem Sisera, daß Barak, der Sohn Abinoams, auf den Berg Tabor
13 hinaufgezogen wäre. Da berief Sisera alle seine Wagen, neunhundert eiserne Wagen, und alles Volk, das mit ihm war, von Haroscheth-Gojim an
14 den Bach Kison. Und Debora sprach zu Barak: Mache dich auf! denn dies ist der Tag, da Jehova den Sisera in deine Hand gegeben hat. Ist nicht Jehova ausgezogen vor dir her? Und Barak stieg von dem Berge Tabor hinab, und zehntausend Mann ihm
15 nach. Und Jehova verwirrte Sisera und alle *seine* Wagen und das ganze Heerlager durch die Schärfe des Schwertes vor Barak her; und Sisera stieg von dem Wagen herab und floh
16 zu Fuß. Barak aber jagte dem Wagen und dem Heere nach bis Haroscheth-Gojim; und das ganze Heer Jaels fiel durch die Schärfe des Schwertes:
17 es blieb auch nicht einer übrig. Und Sisera floh zu Fuß in das Zelt Jaels, des Weibes Hebers, des Keniters; denn es war Friede zwischen Jabin, dem König von Hazor, und dem Hause
18 Hebers, des Keniters. Da ging Jael hinaus, dem Sisera entgegen; und sie sprach zu ihm: Kehre ein, mein Herr, kehre ein zu mir, fürchte dich nicht! Und er kehrte ein zu ihr in das Zelt, und sie bedeckte ihn mit einer Decke.
19 Und er sprach zu ihr: Laß mich doch ein wenig Wasser trinken, denn mich dürstet. Und sie öffnete den Milchschlauch und ließ ihn trinken, und
20 sie deckte ihn zu. Und er sprach zu ihr: Stelle dich an den Eingang des Zeltes; und es geschehe, wenn jemand kommt und dich fragt und spricht: Ist jemand hier? so sage: Niemand.
21 Und Jael, das Weib Hebers, nahm einen Zeltpflock und faßte den Hammer in ihre Hand, und sie kam leise zu ihm und schlug den Pflock durch seine Schläfe, daß er in die Erde drang. Er war nämlich in einen tiefen Schlaf gefallen und war ermattet,
22 und er starb. Und siehe, da *kam* Barak, der Sisera verfolgte; und Jael ging hinaus, ihm entgegen, und sprach zu ihm: Komm, ich will dir den Mann zeigen, den du suchst! Und er ging zu ihr hinein, und siehe, Sisera lag tot, und der Pflock war in seiner Schläfe.

23 So beugte Gott an selbigem Tage Jabin, den König von Kanaan, vor den Kindern Israel. Und die Hand
24 der Kinder Israel wurde fort und fort härter über Jabin, den König von Kanaan, bis sie Jabin, den König von Kanaan, vernichtet hatten.

5 Und Debora und Barak, der Sohn Abinoams, sangen an selbigem Tage und sprachen:
2 Weil Führer führten in Israel, weil freiwillig sich stellte das Volk, preiset Jehova!
3 Höret, ihr Könige; horchet auf, ihr Fürsten! Ich will, *ja*, ich will Jehova singen, will singen und spielen c Jehova, dem Gott Israels!
4 Jehova! als du auszogest von Seir, als du einherschrittest vom Gefilde Edoms, da erzitterte die Erde; auch troffen die Himmel, auch troffen die Wolken von Wasser.
5 Die Berge erbebten d vor Jehova, jener Sinai vor Jehova, dem Gott Israels.
6 In den Tagen Schamgars, des Sohnes Anaths, in den Tagen Jaels feierten die Pfade, und die Wanderer betretener Wege e gingen krumme Pfade.
7 Es feierten die Landstädte f in Israel, sie feierten, bis ich, Debora, aufstand, bis ich aufstand, eine Mutter in Israel.
8 Es g erwählte neue Götter; da war Streit an den Toren! Ward wohl Schild und Lanze gesehen unter vierzigtausend in Israel?
9 Mein Herz gehört den Führern Israels, denen, die sich freiwillig stellten im Volke. Preiset Jehova!
10 Die ihr reitet auf weißroten h Eselinnen, die ihr sitzet auf Teppichen, und die ihr wandelt auf dem Wege, singet i!
11 Fern von j der Stimme der Bogenschützen k, zwischen den Schöpf-Rinnen, dort sollen sie preisen die gerechten Taten Jehovas, die gerechten Taten an seinen Landstädten l in Israel. Da zog das Volk Jehovas hinab zu den Toren.
Wache auf, wache auf, Debora! Wache auf, wache auf, sprich ein Lied! Mache dich auf, Barak, und führe gefangen deine Gefangenen, Sohn Abinoams!
13 Da zog hinab ein Ueberrest der Edlen *und* des Volkes m; Jehova zog zu mir herab unter den Helden n.
14 Von Ephraim *zogen hinab*, deren Stammsitz o unter Amalek ist; hinter dir her Benjamin, unter deinen Völkern; von Makir zogen hinab die Führer, und von Sebulon, die den Feldherrnstab halten.
15 Und die Fürsten in Issaschar waren

---

a W. von Kain. — b And.: des Schwiegervaters; vergl. Kap. 1, 16. — c Eig. will singspielen. — d O. zerflossen. — e O. die auf Wegen zogen. — f Eig. das offene Land. O. die Anführer. — g d. h. Israel; and.: Man. — h Eig. weiß- und rotgefleckten. — i O. sinnet. — j O. Wegen. — k And.: Lauter als die (oder: Wegen der) Stimme der Beuteverteilenden. — l O. seiner Führung. — m O. ein Ueberrest des Volkes zu den Edlen. — n O. wider die Starken. — o W. Wurzel; vergl. Kap. 12, 15.

mit Debora; und Issaschar gleich Baraᴋ; er wurde seinen Füßen nach ins Tal gesandt. An den Bächen Rubens waren große Beschlüsse des Herzens.

16 Warum bliebest du zwischen den Hürden, das Flöten bei den Herden *a* zu hören? An den Bächen Rubens waren große Beratungen des Herzens.

17 Gilead ruhte jenseit des Jordan; und Dan, warum weilte er auf Schiffen? Aser blieb am Gestade des Meeres *b*, und an seinen Buchten ruhte er.

18 Sebulon ist ein Volk, das seine Seele dem Tode preisgab, auch Naphtali auf den Höhen des Gefildes.

19 Könige kamen, sie stritten; da stritten die Könige Kanaans zu Taanak an den Wassern Megiddos: Beute an Silber trugen sie nicht davon.

20 Vom Himmel her stritten *c*, von ihren Bahnen aus stritten die Sterne mit Sisera.

21 Der Bach Kison riß sie hinweg, der Bach der Urzeit, der Bach Kison. Du, meine Seele, tratest die Starken nieder *d*!

22 Da stampften die Hufe der Rosse vom Rennen, dem Rennen ihrer Gewaltigen.

23 Fluchet Meros! spricht der Engel Jehovas, verfluchet seine Bewohner! denn sie sind nicht Jehova zu Hilfe gekommen, Jehova zu Hilfe unter den Helden *e*.

24 Gesegnet vor Weibern sei Jael, das Weib Hebers, des Keniters, vor Weibern in Zelten gesegnet!

25 Wasser verlangte er, Milch gab sie; in einer Schale der Edlen reichte sie geronnene Milch.

26 Ihre Hand streckte sie aus nach dem Pflocke und ihre Rechte nach dem Hammer der Arbeiter; und sie hämmerte auf Sisera, zerschmetterte sein Haupt und zerschlug und durchbohrte seine Schläfe.

27 Zwischen ihren Füßen krümmte er sich, fiel, lag da; zwischen ihren Füßen krümmte er sich, fiel; da wo er sich krümmte, fiel er überwältigt.

28 Durchs Fenster schaute aus Siseras Mutter und rief ängstlich durch das Gitter: Warum zaudert sein Wagen zu kommen? warum zögern die Tritte seiner Gespanne?

29 Die Klugen unter ihren Edelfrauen antworten ihr, und sie selbst erwidert sich ihre Reden:

30 Finden sie nicht, teilen sie nicht Beute? ein Mädchen, zwei Mädchen auf den Kopf eines Mannes? Beute an bunten Gewändern für Sisera, Beute an buntgewirkten Gewändern; zwei buntgewirkte Gewänder für den Hals der Gefangenen *f*. —

31 Also mögen umkommen alle deine Feinde, Jehova! aber die ihn lieben, *seien* wie die Sonne aufgeht in ihrer Kraft! —

Und das Land hatte Ruhe vierzig Jahre.

6 Und die Kinder Israel taten was böse war in den Augen Jehovas; und Jehova gab sie in die Hand Midians sieben Jahre. 2 Und die Hand Midians wurde stark über Israel. Vor Midian richteten sich die Kinder Israel die Klüfte zu, die in den Bergen sind, und die Höhlen *g* und die Bergfesten *h*. 3 Und es geschah, wenn Israel gesät hatte, so zogen Midian und Amalek und die Söhne des Ostens herauf, sie zogen herauf wider sie. Und sie lagerten sich wider sie und verdarben den 4 Ertrag des Landes bis nach Gasa hin; und sie ließen keine Lebensmittel in Israel übrig, weder Kleinvieh, noch Rind, noch Esel. Denn sie zogen herauf mit ihren Herden und mit ihren 5 Zelten, sie kamen wie die Heuschrecken an Menge; und ihrer und ihrer Kamele war keine Zahl; und sie kamen in das Land, um es zu verderben. Und Israel verarmte sehr wegen 6 Midians; und die Kinder Israel schrieen zu Jehova.

Und es geschah, als die Kinder Israel wegen Midians zu Jehova schrieen, 7 da sandte Jehova einen Propheten 8 zu den Kindern Israel; und er sprach zu ihnen: So spricht Jehova, der Gott Israels: Ich habe euch aus Aegypten heraufgeführt und euch herausgeführt aus dem Hause der Knechtschaft; und 9 ich habe euch errettet aus der Hand der Aegypter und aus der Hand all eurer Bedrücker, und ich habe sie vor euch vertrieben und euch ihr Land gegeben. Und ich sprach zu euch: Ich 10 bin Jehova, euer Gott; ihr sollt nicht die Götter der Amoriter fürchten, in deren Land ihr wohnet. Aber ihr habt meiner Stimme nicht gehorcht.

Und der Engel Jehovas kam und setz- 11 te sich unter die Terebinthe, die zu Ophra war, welches Joas, dem Abieseriter, gehörte. Und Gideon, sein Sohn, schlug eben Weizen aus in der Kelter, um ihn vor Midian zu flüchten. Und der Engel Jehovas erschien 12 ihm und sprach zu ihm: Jehova ist mit dir, du tapferer Held! Und Gide- 13 on sprach zu ihm: Bitte, mein Herr! wenn Jehova mit uns ist, warum hat denn dieses alles uns betroffen? Und wo sind alle seine Wunder, die unsere Väter uns erzählt haben, indem sie sprachen: Hat Jehova uns nicht aus Aegypten heraufgeführt? Und nun hat Jehova uns verlassen *i* und uns in die Hand Midians gegeben. Und Je- 14 hova wandte sich zu ihm und sprach: Gehe hin in dieser deiner Kraft, und rette Israel aus der Hand Midians! Habe ich dich nicht gesandt? Und er 15 sprach zu ihm: Bitte, mein Herr! womit soll ich Israel retten? Siehe, mein Tausend ist das ärmste *j* in Manasse,

---

a Eig. der Herden. — *b* Eig. der Meere. — *c* O. wurde gestritten. — *d* O. schrittest einher in Kraft. — *e* O. wider die Starken. — *f* W. der Beute. And. l.: der Königin. — *g* And.: machten sich Klüfte in den Bergen und Höhlen usw. — *h* d. h. schwer zugängliche Höhen. — *i* O. verworfen. — *j* O. schwächste.

und ich bin der Jüngste *a* im Hause
16 meines Vaters. Und Jehova sprach zu
ihm: Ich werde mit dir sein, und du
wirst Midian schlagen wie **einen**
17 Mann. Und er sprach zu ihm: Wenn
ich denn Gnade gefunden habe in
deinen Augen, so gib mir ein Zeichen,
daß du es bist, der mit mir redet.
18 Weiche doch nicht von hinnen, bis
ich zu dir komme und meine Gabe
herausbringe und dir vorsetze. Und
er sprach: Ich will bleiben, bis du
19 wiederkommst. Da ging Gideon hinein und bereitete ein Ziegenböcklein
zu, und ungesäuerte *Kuchen* aus einem Epha Mehl; das Fleisch tat er in
einen Korb, und die Brühe tat er in
einen Topf; und er brachte es zu ihm
heraus unter die Terebinthe und setzte
20 es vor. Und der Engel Gottes sprach
zu ihm: Nimm das Fleisch und die
ungesäuerten *Kuchen* und lege es hin
auf diesen Felsen da, und die Brühe
21 gieße aus. Und er tat also. Und der
Engel Jehovas streckte das Ende des
Stabes aus, der in seiner Hand war,
und berührte das Fleisch und die ungesäuerten *Kuchen*; da stieg Feuer
auf aus dem Felsen und verzehrte das
Fleisch und die ungesäuerten *Kuchen*.
Und der Engel Jehovas verschwand
22 aus seinen Augen. Da sah Gideon,
daß es der Engel Jehovas war, und
Gideon sprach: Ach, Herr, Jehova!
Dieweil ich den Engel Jehovas gesehen habe von Angesicht zu Angesicht!
23 Und Jehova sprach zu ihm: Friede
dir! fürchte dich nicht, du wirst nicht
24 sterben. Und Gideon baute daselbst
Jehova einen Altar und nannte ihn:
Jehova-Schalom *b*. Bis auf diesen Tag
ist er noch zu Ophra der Abieseriter.
25 Und es geschah in selbiger Nacht,
da sprach Jehova zu ihm: Nimm den
Farren deines Vaters, und zwar den
zweiten Farren von sieben Jahren;
und reiße nieder den Altar des Baal,
der deinem Vater gehört, und die
Aschera, die bei demselben ist, haue
26 um; und baue Jehova, deinem Gott,
einen Altar auf dem Gipfel dieser
Feste *c* mit der Zurüstung *d*; und nimm
den zweiten Farren und opfere ein
Brandopfer mit dem Holze der Asche-
27 ra, die du umhauen wirst. Und Gideon nahm zehn Männer von seinen
Knechten und tat, so wie Jehova zu
ihm geredet hatte. Und es geschah,
da er sich vor dem Hause seines Vaters und vor den Leuten der Stadt
fürchtete, es bei Tage zu tun, so tat
er es bei Nacht.
28 Und als die Leute der Stadt des
Morgens früh aufstanden, siehe, da
war der Altar des Baal umgerissen,
und die Aschera, die bei demselben
war, umgehauen, und der zweite Farre war als Brandopfer auf dem
29 bauten Altar geopfert. Und sie sprachen einer zum anderen: Wer hat
das getan? Und sie forschten und

fragten nach, und man sagte: Gideon,
der Sohn des Joas, hat das getan. Da 30
sprachen die Leute der Stadt zu Joas:
Gib deinen Sohn heraus, daß er sterbe, weil er den Altar des Baal umgerissen, und weil er die Aschera, die
bei demselben war, umgehauen hat!
Und Joas sprach zu allen, die bei 31
ihm standen: Wollt **ihr** für den Baal
rechten, oder wollt **ihr** ihn retten?
Wer für ihn rechtet, soll getötet werden bis zum Morgen. Wenn er ein
Gott ist, so rechte er für sich selbst,
weil man *e* seinen Altar umgerissen
hat. Und man nannte ihn an selbigem 32
Tage Jerub-Baal, indem man sprach:
Der Baal rechte mit ihm, weil er seinen Altar umgerissen hat.
Und ganz Midian und Amalek und 33
die Söhne des Ostens versammelten
sich allzumal, und sie setzten über
den Jordan und lagerten sich im Tale
Jisreel. Und der Geist Jehovas kam 34
über *f* Gideon; und er stieß in die Posaune, und die Abieseriter wurden
zusammengerufen ihm nach. Und er 35
sandte Boten durch ganz Manasse,
und auch sie wurden zusammengerufen, ihm nach. Und er sandte Boten
durch Aser und durch Sebulon und
durch Naphtali. Und sie zogen herauf, ihnen entgegen.
Und Gideon sprach zu Gott: Wenn 36
du Israel durch meine Hand retten
willst, so wie du geredet hast — sie- 37
he, ich lege ein Woll-Vließ *g* auf die
Tenne; wenn Tau auf dem Vließe allein sein wird und auf dem ganzen
Boden Trockenheit, so werde ich erkennen, daß du Israel durch meine
Hand retten wirst, so wie du geredet
hast. Und es geschah also. Und er 38
stand am anderen Morgen früh auf,
und er drückte das Vließ aus und
preßte Tau aus dem Vließe, eine Schale voll Wasser. Und Gideon sprach 39
zu Gott: Dein Zorn entbrenne nicht
wider mich! und ich will nur noch
diesmal reden. Laß mich es doch nur
noch diesmal mit dem Vließe versuchen: Möge doch Trockenheit sein
auf dem Vließe allein, und auf dem
ganzen Boden sei Tau. Und Gott tat 40
also in selbiger Nacht; und es war
Trockenheit auf dem Vließe allein, und
auf dem ganzen Boden war Tau.
Und Jerub-Baal, das ist Gideon, **7**
und alles Volk, das mit ihm war,
machten sich früh auf, und sie lagerten sich an der Quelle Harod; das
Lager Midians aber war nordwärts
von ihm, nach dem Hügel More hin *h*,
im Tale. Und Jehova sprach zu Gi- **2**
deon: Des Volkes, das bei dir ist, ist
zu viel, als daß ich Midian in ihre
Hand geben sollte; damit Israel sich
nicht wider mich rühme und spreche:
Meine Hand hat mich gerettet! Und **3**
nun rufe doch vor den Ohren des Volkes aus und sprich: Wer furchtsam
und verzagt ist, kehre um und wende

---

a O. der Kleinste, der Geringste. — *b* Jehova ist Friede (Heil). — *c* S. die Anm. zu
V. 2. — *d* O. Zurechtlegung *des Holzes.* — *e* Eig. er, d. h. Gideon. — *f* Eig. bekleidete.
— *g* Eig. eine Woll-Schur; so auch nachher. — *h* O. von dem Hügel More an.

sich zurück vom Gebirge Gilead! Da kehrten von dem Volke zweiundzwanzigtausend um, und zehntausend blie-4ben übrig. Und Jehova sprach zu Gideon: Noch ist des Volkes zu viel; führe sie ans Wasser hinab, daß ich sie dir daselbst läutere; und es soll geschehen, von wem ich dir sagen werde: dieser soll mit dir ziehen, der soll mit dir ziehen; und jeder, von dem ich dir sagen werde: dieser soll nicht mit dir ziehen, der soll nicht 5ziehen. Und er führte das Volk ans Wasser hinab. Und Jehova sprach zu Gideon: Jeder, der mit seiner Zunge von dem Wasser leckt, wie ein Hund leckt, den stelle besonders; und auch jeden, der sich auf seine Kniee nie-6derläßt, um zu trinken. Und die Zahl derer, welche mit ihrer Hand zu ihrem Munde leckten, war dreihundert Mann; und das ganze übrige Volk hatte sich auf seine Kniee niedergelassen, um Wasser zu trinken. Und 7Jehova sprach zu Gideon: Durch die dreihundert Mann, die geleckt haben, will ich euch retten und Midian in deine Hand geben; das ganze *übrige* Volk aber soll gehen, ein jeder an 8seinen Ort. Und sie nahmen die Zehrung des Volkes mit sich und seine Posaunen. Und er entließ alle Männer von Israel, einen jeden nach seinen Zelten; aber die dreihundert Mann behielt er. Das Lager Midians war aber unter ihm im Tale.
9 Und es geschah in selbiger Nacht, da sprach Jehova zu ihm: Mache dich auf, gehe in das Lager hinab; denn ich habe es in deine Hand gegeben. 10Und wenn du dich fürchtest, hinabzugehen, so gehe mit Pura, deinem 11Knaben, zum Lager hinab; und du wirst hören, was sie reden; und danach werden deine Hände erstarken, und du wirst in das Lager hinabgehen. Da ging er mit Pura, seinem Knaben, hinab *bis* an das Ende der Gerüsteten, die im Lager waren *a*. 12Und Midian und Amalek und alle Söhne des Ostens lagen im Tale, wie die Heuschrecken an Menge; und ihrer Kamele war keine Zahl, wie der Sand, der am Ufer des Meeres ist, an 13Menge. Und Gideon kam, und siehe, ein Mann erzählte seinem Genossen einen Traum und sprach: Siehe, ich habe einen Traum gehabt; und siehe, ein Laib Gerstenbrot rollte in das Lager Midians; und es kam bis zum Zelte *b* und schlug es, daß es umfiel, und kehrte es um, *das Unterste zu* 14oberst, und das Zelt lag da. Und sein Genosse antwortete und sprach: Das ist nichts anderes als das Schwert Gideons, des Sohnes Joas', eines Mannes von Israel; Gott hat Midian und das ganze Lager in seine Hand gegeben. 15Und es geschah, als Gideon die Erzählung des Traumes und seine Deu-

tung hörte, da betete er an. Und er kehrte in das Lager Israels zurück und sprach: Machet euch auf! denn Jehova hat das Lager Midians in eure Hand gegeben. Und er teilte die drei-16hundert Mann in drei Haufen und gab ihnen allen Posaunen in die Hand und leere Krüge, und Fackeln in die Krüge. Und er sprach zu ihnen: Se-17het es mir ab und tut ebenso; siehe, wenn ich an das Ende des Lagers komme, so sollt es geschehen, daß ihr ebenso tut, wie ich tue. Und stoße 18ich in die Posaune, ich und alle, die bei mir sind, so sollt auch ihr in die Posaunen stoßen rings um das ganze Lager, und sollt rufen: Für Jehova und für Gideon!
Und Gideon und die hundert Mann, 19 die bei ihm waren, kamen an das Ende des Lagers, beim Beginn der mittleren Nachtwache; man hatte eben die Wachen aufgestellt. Und sie stießen in die Posaunen und zerschmetterten die Krüge, die in ihrer Hand waren. Und die drei Haufen stießen 20 in die Posaunen und zerbrachen die Krüge; und sie hielten in ihrer linken Hand die Fackeln und in ihrer rechten Hand die Posaunen zum Blasen und riefen: Schwert Jehovas und 21 Gideons! *c* Und sie standen ein jeder an seiner Stelle, rings um das Lager. Da lief das ganze Lager und schrie und floh. Und sie stießen in die drei-22 hundert Posaunen; und Jehova richtete das Schwert des einen wider den anderen, und zwar im ganzen Lager. Und das Lager floh bis Beth-Schitta, nach Zerera hin, bis an das Ufer *d* von Abel-Mehola bei Tabbath.
Und es versammelten sich *e* die Män-23 ner von Israel, von Naphtali und von Aser und von ganz Manasse, und sie jagten Midian nach. Und Gideon sand-24 te Boten in das ganze Gebirge Ephraim und ließ sagen: Kommet herab, Midian entgegen, und nehmet ihnen die Gewässer bis Beth-Bara, und den Jordan! Da versammelten sich alle Männer von Ephraim und nahmen *ihnen* die Gewässer bis Beth-Bara und den Jordan. Und sie fingen die zwei Für-25 sten von Midian, Oreb und Seeb; und sie erschlugen Oreb an dem Felsen Oreb, und Seeb erschlugen sie bei der Kelter Seeb; und sie jagten Midian nach. Und die Köpfe Orebs und Seebs brachten sie zu Gideon auf die andere Seite des Jordan.
Und die Männer von Ephraim spra-**8**chen zu ihm: Was ist das für eine Sache, die du uns getan, daß du uns nicht gerufen hast, als du hinzogest, um wider Midian zu streiten? Und sie zankten heftig mit ihm. Und er sprach 2 zu ihnen: Was habe ich nun getan im Vergleich mit euch? Ist nicht die Nachlese Ephraims besser als die Weinlese Abiesers? In eure Hand hat 3 Gott die Fürsten von Midian, Oreb

---

a d. h. bis an die äußersten Vorposten. — *b* Wahrsch. das Zelt des Heerobersten. — *c* O. Schwert für Jehova und Gideon! — *d* d. h. des Jordan. — *e* Eig. wurden zusammengerufen; so auch V. 24; 10, 17; **12, 1.**

und Seeb, gegeben; und was habe ich tun können im Vergleich mit euch? Da ließ ihr Zorn von ihm ab, als er dieses Wort redete.

4 Und Gideon kam an den Jordan; er ging hinüber, er und die dreihundert Mann, die bei ihm waren, er-
5 mattet und nachjagend. Und er sprach zu den Männern von Sukkoth: Gebet doch dem Volke, das mir nachfolgt, einige Laibe Brot; denn sie sind er-mattet, und ich jage den Königen von Midian, Sebach und Zalmunna, nach.
6 Und die Obersten von Sukkoth sprachen: Ist die Faust Sebachs und Zal-munnas schon in deiner Hand, daß wir deinem Heere Brot geben sollen?
7 Da sprach Gideon: Darum, wenn Jehova Sebach und Zalmunna in meine Hand gegeben hat, werde ich euer Fleisch zerdreschen mit Dornen der
8 Wüste und mit Stechdisteln! Und er zog von dannen nach Pnuel hinauf und redete zu ihnen auf dieselbe Weise. Und die Männer von Pnuel antworte-
9 ten ihm, wie die Männer von Sukkoth geantwortet hatten. Da sprach er auch zu den Männern von Pnuel und sagte: Wenn ich in Frieden zurückkomme,
10 so werde ich diesen Turm niederreißen! Sebach und Zalmunna waren aber zu Karkor, und ihre Heere mit ihnen, bei fünfzehntausend *Mann*, alle, die übriggeblieben waren von dem gan-zen Lager der Söhne des Ostens; und der Gefallenen waren hundertund-zwanzigtausend Mann, die das Schwert
11 zogen. Und Gideon zog hinauf des Weges zu den Zeltbewohnern, östlich von Nobach und Jogbeha; und er schlug das Lager, und das Lager war sorg-
12 los. Und Sebach und Zalmunna flohen, und er jagte ihnen nach; und er fing die beiden Könige von Midian, Sebach und Zalmunna; und das ganze Lager setzte er in Schrecken.
13 Und Gideon, der Sohn Joas', kehrte aus dem Streite zurück, von der An-
14 höhe Heres herab. Und er fing einen Jüngling von den Männern von Suk-koth und befragte ihn; und dieser schrieb ihm die Obersten von Sukkoth und seine Aeltesten auf, siebenund-
15 siebenzig Mann. Und er kam zu den Männern von Sukkoth und sprach: Sehet hier Sebach und Zalmunna, über welche ihr mich verhöhnt habt, indem ihr sprachet: Ist die Faust Se-bachs und Zalmunnas schon in deiner Hand, daß wir deinen Männern, die
16 ermattet sind, Brot geben sollen? Und er nahm die Aeltesten der Stadt und Dornen der Wüste und Stechdisteln, und er züchtigte die Männer von
17 Sukkoth mit denselben a. Und den Turm zu Pnuel riß er nieder und er-schlug die Männer der Stadt.
18 Und er sprach zu Sebach und zu Zalmunna: Wie waren die Männer, die ihr zu Tabor erschlagen habt? Und sie sprachen: Wie du, so waren sie, ein jeder an Gestalt gleich einem

Königssohne. Und er sprach: Das 19 waren meine Brüder, die Söhne mei-ner Mutter. *So wahr* Jehova lebt, wenn ihr sie am Leben gelassen hät-tet, so erschlüge ich euch nicht! Und 20 er sprach zu Jether, seinem Erstge-borenen: Stehe auf, erschlage sie! Aber der Knabe zog sein Schwert nicht; denn er fürchtete sich, weil er noch ein Knabe war. Da sprachen 21 Sebach und Zalmunna: Stehe du auf und stoße uns nieder; denn wie der Mann, so seine Kraft. Und Gideon stand auf und erschlug Sebach und Zalmunna; und er nahm die Halb-monde, welche an den Hälsen ihrer Kamele waren.

Und die Männer von Israel spra- 22 chen zu Gideon: Herrsche über uns, sowohl du, als auch dein Sohn und deines Sohnes Sohn; denn du hast uns aus der Hand Midians gerettet. Und Gideon sprach zu ihnen: Nicht 23 ich will über euch herrschen, und nicht mein Sohn soll über euch herr-schen; Jehova soll über euch herr-schen. Und Gideon sprach zu ihnen: 24 Eine Bitte will ich von euch erbitten: Gebet mir ein jeder die Ohrringe sei-ner Beute! (denn sie hatten goldene Ohrringe, weil sie Ismaeliter waren). Und sie sprachen: Gern wollen wir 25 sie geben. Und sie breiteten ein Ober-kleid aus und warfen darauf ein jeder die Ohrringe seiner Beute. Und das 26 Gewicht der goldenen Ohrringe, die er erbeten hatte, war tausend und siebenhundert *Sekel* Gold, außer den Halbmonden und den Ohrgehängen und den Purpurkleidern, welche die Könige von Midian trugen, und außer den Halsketten b, die an den Hälsen ihrer Kamele waren. Und Gideon 27 machte daraus ein Ephod und stellte es in seiner Stadt auf, in Ophra. Und ganz Israel hurte demselben dort nach; und es wurde Gideon und sei-nem Hause zum Fallstrick.

So wurde Midian vor den Kindern 28 Israel gebeugt, und es hob sein Haupt nicht mehr empor. Und das Land hatte in den Tagen Gideons Ruhe vierzig Jahre.

Und Jerub-Baal, der Sohn Joas', 29 ging hin und wohnte in seinem Hause. Und Gideon hatte siebenzig Söhne, 30 die aus seiner Lende hervorgegangen waren; denn er hatte viele Weiber. Und sein Kebsweib, das zu Sichem 31 war, auch sie gebar ihm einen Sohn; und er gab ihm den Namen Abime-lech. Und Gideon, der Sohn Joas', 32 starb in gutem Alter; und er wurde begraben im Grabe seines Vaters Joas, zu Ophra der Abieseriter.

Und es geschah, als Gideon tot war, 33 da hurten die Kinder Israel wiederum dem Baalim nach und machten sich den Baal-Berith c zum Gott. Und 34 die Kinder Israel gedachten nicht Je-hovas, ihres Gottes, der sie errettet hatte aus der Hand aller ihrer Feinde

---

a Eig. er ließ es die Männer von Sukkoth damit fühlen. — b O. dem Halsschmuck *
— c d. h. Bundes-Baal.

35 ringsum. Und sie erwiesen keine Güte an dem Hause Jerub-Baal-Gideons, nach all dem Guten, das er an Israel getan hatte.

9 Und Abimelech, der Sohn Jerub-Baals, ging nach Sichem zu den Brüdern seiner Mutter; und er redete zu ihnen und zu dem ganzen Geschlecht des Hauses des Vaters seiner Mutter 2 und sprach: Redet doch vor den Ohren aller Bürger von Sichem: Was ist besser für euch, daß siebenzig Männer über euch herrschen, alle Söhne Jerub-Baals, oder daß ein Mann über euch herrsche? und bedenket, daß ich euer Gebein und euer 3 Fleisch bin. Und die Brüder seiner Mutter redeten von ihm vor den Ohren aller Bürger von Sichem alle diese Worte. Und ihr Herz neigte sich Abimelech nach; denn sie spra- 4 chen: Er ist unser Bruder. Und sie gaben ihm siebenzig *Sekel* Silber aus dem Hause des Baal-Berith; und Abimelech dingte damit lose und übermütige Männer, und sie folgten ihm 5 nach. Und er kam in das Haus seines Vaters, nach Ophra, und ermordete seine Brüder, die Söhne Jerub-Baals, siebenzig Mann auf einem Steine; aber Jotham, der jüngste Sohn Jerub-Baals, blieb übrig, denn er hatte sich 6 versteckt. Und alle Bürger von Sichem und das ganze Haus Millo *a* versammelten sich und gingen hin und machten Abimelech zum König bei der Terebinthe des Denkmals, die zu Sichem ist *b*.

7 Und man berichtete es Jotham. Da ging er hin und stellte sich auf den Gipfel des Berges Gerisim, und er erhob seine Stimme und rief und sprach zu ihnen: Höret auf mich, Bürger von Sichem, so wird Gott auf 8 euch hören! Einst gingen die Bäume hin, einen König über sich zu salben; und sie sprachen zum Olivenbaum: 9 Sei König über uns! Und der Olivenbaum sprach zu ihnen: Sollte ich meine Fettigkeit aufgeben, welche Götter und Menschen an mir preisen *c*, und sollte hingehen, zu schweben über 10 den Bäumen? Da sprachen die Bäume zum Feigenbaum: Komm du, sei Kö- 11 nig über uns! Und der Feigenbaum sprach zu ihnen: Sollte ich meine Süßigkeit aufgeben und meine gute Frucht, und sollte hingehen, zu schwe- 12 ben über den Bäumen? Da sprachen die Bäume zum Weinstock: Komm 13 du, sei König über uns! Und der Weinstock sprach zu ihnen: Sollte ich meinen Most aufgeben, der Götter und Menschen erfreut, und sollte hin- 14 gehen, zu schweben über den Bäumen? Da sprachen alle Bäume zum Dornstrauch: Komm du, sei König 15 über uns! Und der Dornstrauch sprach zu den Bäumen: Wenn ihr mich in Wahrheit zum König über euch sal-

ben wollt, so kommet, vertrauet euch meinem Schatten an *d*; wenn aber nicht, so soll Feuer von dem Dornstrauch ausgehen und die Zedern des Libanon verzehren. — Und nun, wenn 16 ihr in Wahrheit und in Redlichkeit gehandelt habt, daß ihr Abimelech zum König gemacht, und wenn ihr Gutes getan habt an Jerub-Baal und an seinem Hause, und wenn ihr ihm getan habt nach dem Tun seiner Hän- de, — denn mein Vater hat für euch 17 gestritten und sein Leben dahingeworfen und euch aus der Hand Midians errettet; ihr aber habt euch 18 heute wider das Haus meines Vaters erhoben und seine Söhne ermordet, siebenzig Mann auf einem Steine, und habt Abimelech, den Sohn seiner Magd, zum König gemacht über die Bürger von Sichem, weil er euer Bruder ist — wenn ihr also an diesem 19 Tage in Wahrheit und in Redlichkeit an Jerub-Baal und an seinem Hause gehandelt habt, so freuet euch Abimelechs, und auch er möge sich euer freuen! Wenn aber nicht, so gehe 20 Feuer von Abimelech aus und verzehre die Bürger von Sichem und das Haus Millo; und es gehe ein Feuer aus von den Bürgern von Sichem und von dem Hause Millo und verzehre Abimelech!

Und Jotham floh und entwich und 21 ging nach Beer; und er blieb daselbst wegen seines *e* Bruders Abimelech.

Und Abimelech herrschte über Is- 22 rael drei Jahre. Und Gott sandte ei- 23 nen bösen Geist zwischen Abimelech und die Bürger von Sichem; und die Bürger von Sichem handelten treulos gegen Abimelech, damit die Gewalt- 24 tat an den siebenzig Söhnen Jerub-Baals *über ihn* käme, und ihr Blut gelegt würde auf ihren Bruder Abimelech, der sie ermordet, und auf die Bürger von Sichem, die seine Hände gestärkt hatten, seine Brüder zu ermorden. Und die Bürger von Sichem 25 legten einen Hinterhalt *f* wider ihn auf die Gipfel der Berge, und sie *g* beraubten jeden, der des Weges bei ihnen vorüberzog. Und es wurde dem Abimelech berichtet.

Und Gaal, der Sohn Ebeds, kam 26 mit seinen Brüdern, und sie zogen durch Sichem; und die Bürger von Sichem vertrauten ihm. Und sie gin- 27 gen aufs Feld hinaus und lasen ihre Weinberge und kelterten; und sie hielten ein Dankfest und gingen in das Haus ihres Gottes und aßen und tranken und fluchten dem Abimelech. Und Gaal, der Sohn Ebeds, sprach: 28 Wer ist Abimelech und wer Sichem, daß wir ihm dienen sollten? Ist er nicht der Sohn Jerub-Baals, und Sebul sein Statthalter? Dienet den Männern Hemors, des Vaters von Sichem! denn warum sollten w i r ihm dienen?

---

a Wall, Burg. — *b* S. Jos. 24, 26. — *c* And.: womit man Götter und Menschen durch mich ehrt. — *d* O. suchet Zuflucht in (oder unter) meinem Schatten. — *e* O. aus Furcht vor seinem. — *f* Eig. Nachsteller. — *g* d. h. der Hinterhalt, die Nachsteller.

29 Hätte ich nur dieses Volk unter meiner Hand, so wollte ich Abimelech wegschaffen! Und er sprach von Abimelech: Mehre *nur* dein Heer und ziehe aus!

30 Und Sebul, der Oberste der Stadt, hörte die Worte Gaals, des Sohnes 31 Ebeds, und sein Zorn entbrannte; und er sandte Boten an Abimelech mit List und sprach: Siehe, Gaal, der Sohn Ebeds, und seine Brüder sind nach Sichem gekommen, und siehe, sie wiegeln die Stadt wider dich auf *a*. 32 Und nun, mache dich in der Nacht auf, du und das Volk, das bei dir ist, und lege dich in Hinterhalt auf dem 33 Felde. Und es geschehe am Morgen, wenn die Sonne aufgeht, so mache dich früh auf und überfalle die Stadt; und siehe, wenn er und das Volk, das bei ihm ist, gegen dich hinausziehen, so tue ihm, wie deine Hand es finden 34 wird. Und Abimelech und alles Volk, das mit ihm war, machten sich in der Nacht auf, und sie legten sich in vier Haufen gegen Sichem in Hinterhalt. 35 Und Gaal, der Sohn Ebeds, ging hinaus und trat an den Eingang des Stadttores. Da machten sich Abimelech und das Volk, das bei ihm war, 36 aus dem Hinterhalt auf. Und Gaal sah das Volk und sprach zu Sebul: Siehe, Volk kommt von den Gipfeln der Berge herab. Und Sebul sprach zu ihm: Den Schatten der Berge 37 siehst du für Männer an. Und Gaal redete wiederum und sprach: Siehe, Volk kommt von der Höhe des Landes herab, und ein Haufe kommt des 38 Weges nach Elon - Meonenim *b*. Da sprach Sebul zu ihm: Wo ist nun dein Maul, da du sprachest: Wer ist Abimelech, daß wir ihm dienen sollten? Ist das nicht das Volk, welches 39 du verachtet hast? Ziehe doch jetzt aus und streite wider ihn! Und Gaal zog aus vor den Bürgern von Sichem 40 und stritt wider Abimelech. Und Abimelech jagte ihm nach, und er floh vor ihm; und es fielen viele Erschlagene bis an den Eingang des Tores. 41 Und Abimelech blieb zu Aruma; und Sebul vertrieb Gaal und seine Brüder, sodaß sie nicht mehr in Sichem blieben.

42 Und es geschah am anderen Tage, da ging das Volk aufs Feld hinaus; und man berichtete es dem Abimelech. 43 Und er nahm das Volk und teilte es in drei Haufen und legte sich in Hinterhalt auf dem Felde. Und er sah, und siehe, das Volk kam aus der Stadt heraus; und er erhob sich wider 44 sie und schlug sie. Und Abimelech und die Haufen, die mit ihm waren, brachen hervor und stellten sich an den Eingang des Stadttores; und zwei der Haufen fielen über alle her, die auf dem Felde waren, und erschlugen 45 sie. Und Abimelech stritt wider die

Stadt jenen ganzen Tag; und er nahm die Stadt ein, und das Volk, das darin war, tötete er; und er riß die Stadt nieder und bestreute sie mit Salz *c*.

Und alle Bewohner *d* des Turmes 46 von Sichem hörten es, und sie gingen in die Burg *e* des Hauses des Gottes *f* Berith *g*. Und es wurde dem Abime- 47 lech berichtet, daß alle Bewohner des Turmes von Sichem sich versammelt hätten. Da stieg Abimelech auf den 48 Berg Zalmon, er und alles Volk, das bei ihm war; und Abimelech nahm eine Axt in seine Hand und hieb einen Baumast ab und hob ihn auf und legte ihn auf seine Schulter, und er sprach zu dem Volke, das mit ihm war: Was ihr gesehen habt, das ich getan habe, das tut eilends wie ich. Da hieb auch das ganze Volk ein je- 49 der seinen Ast ab, und sie folgten Abimelech nach und legten sie an die Burg und zündeten die Burg über ihnen mit Feuer an. Und so starben auch alle Leute des Turmes von Sichem, bei tausend Männer und Weiber.

Und Abimelech zog nach Tebez, 50 und er belagerte Tebez und nahm es ein. Es war aber ein starker Turm 51 mitten in der Stadt, und dahin flohen alle Männer und Weiber, alle Bürger der Stadt; und sie schlossen hinter sich zu und stiegen auf das Dach des Turmes. Und Abimelech kam an den 52 Turm und stritt wider ihn; und er nahte zum Eingang des Turmes, um ihn mit Feuer zu verbrennen. Da 53 warf ein Weib den oberen Stein auf Abimelechs Haupt und zerschmetterte ihm den Schädel. Und er rief eilends dem Knaben, der 54 seine Waffen trug, und sprach zu ihm: Ziehe dein Schwert und töte mich, daß man nicht von mir sage: Ein Weib hat ihn umgebracht! Und sein Knabe durchstach ihn, und er starb.

Und als die Männer von Israel sa- 55 hen, daß Abimelech tot war, da gingen sie ein jeder an seinen Ort. Und so 56 brachte Gott die Bosheit Abimelechs, die er an seinem Vater verübt hatte, indem er seine siebenzig Brüder ermordete, *auf ihn* zurück. Und 57 die ganze Bosheit der Männer von Sichem brachte Gott auf ihren Kopf zurück, und es kam über sie der Fluch Jothams, des Sohnes Jerub-Baals.

Und nach Abimelech stand Tola **10** auf, um Israel zu retten, der Sohn Puas, des Sohnes Dodos, ein Mann von Issaschar; und er wohnte zu Schamir im Gebirge Ephraim. Und 2 richtete Israel dreiundzwanzig Jahre; und er starb und wurde zu Schamir begraben.

Und nach ihm stand Jair, der Gi- 3 leaditer, auf; und er richtete Israel zweiundzwanzig Jahre. Und er hatte 4 dreißig Söhne, die auf dreißig Eseln

---

a O. verschließen, versperren die Stadt wider dich. — *b* Terebinthe der Zauberer. — *c* als Zeichen bleibender Verwüstung. — *d* O. Bürger. — *e* Viell. ein unterirdischer Raum; die Bedeutung des hebr. Wortes ist ungewiß. — *f* El. — *g* O. des Bundesgottes. Vergl. Kap. 8, 33.

ritten, und sie hatten dreißig Städte; diese nennt man bis auf diesen Tag die Dörfer Jairs, welche im Lande 5 Gilead sind. Und Jair starb und wurde zu Kamon begraben.

6 Und die Kinder Israel taten wiederum was böse war in den Augen Jehovas, und sie dienten den Baalim und den Astaroth, und den Göttern Syriens und den Göttern Zidons und den Göttern Moabs und den Göttern der Kinder Ammon und den Göttern der Philister; und sie verließen Je7 hova und dienten ihm nicht. Da entbrannte der Zorn Jehovas wider Israel, und er verkaufte sie in die Hand der Philister und in die Hand der Kinder 8 Ammon. Und sie bedrückten und plagten die Kinder Israel in selbigem Jahre; achtzehn Jahre *bedrückten sie* alle Kinder Israel, welche jenseit des Jordan waren im Lande der Amori9 ter, das in Gilead ist. Und die Kinder Ammon zogen über den Jordan, um auch wider Juda und wider Benjamin und wider das Haus Ephraim zu streiten; und Israel wurde sehr bedrängt.

10 Da schrieen die Kinder Israel zu Jehova und sprachen: Wir haben gegen dich gesündigt, und zwar weil wir unseren Gott verlassen und den 11 Baalim gedient haben. Und Jehova sprach zu den Kindern Israel: Habe ich *euch* nicht von den Aegyptern und von den Amoritern, von den Kindern Ammon und von den Phili12 stern *gerettet?* und als die Zidonier und Amalekiter und Maoniter euch bedrückten, und ihr zu mir schrieet, 13 euch aus ihrer Hand gerettet? Ihr aber habt mich verlassen und habt anderen Göttern gedient; darum wer14 de ich euch nicht mehr retten. Gehet hin und schreiet zu den Göttern, die ihr erwählt habt: sie mögen euch retten zur Zeit eurer Bedrängnis! 15 Und die Kinder Israel sprachen zu Jehova: Wir haben gesündigt. Tue du uns nach allem was gut ist in deinen Augen; nur errette uns doch an 16 diesem Tage! Und sie taten die fremden Götter aus ihrer Mitte hinweg und dienten Jehova; und seine Seele wurde ungeduldig über die Mühsal Israels.

17 Und die Kinder Ammon versammelten sich und lagerten sich in Gilead; und die Kinder Israel kamen zusammen und lagerten sich zu Mizpa. 18 Da sprach das Volk, die Obersten von Gilead, einer zum anderen: Wer ist der Mann, der anfängt, wider die Kinder Ammon zu streiten? Er soll allen Bewohnern Gileads zum Haupte sein.

11 Und Jephtha *a*, der Gileaditer, war ein tapferer Held; er war aber der Sohn einer Hure, und Gilead hatte 2 Jephtha gezeugt. Und *auch* das Weib Gileads gebar ihm Söhne; und als die Söhne des Weibes groß wurden, da vertrieben sie Jephtha und sprachen zu ihm: Du sollst nicht erben im Hause unseres Vaters, denn du bist der Sohn eines anderen Weibes. Und 3 Jephtha floh vor seinen Brüdern und wohnte im Lande Tob. Und es sammelten sich zu Jephtha lose Leute und zogen mit ihm aus.

Und es geschah nach einiger Zeit, 4 da stritten die Kinder Ammon mit Israel. Und es geschah, als die Kinder 5 Ammon mit Israel stritten, da gingen die Aeltesten von Gilead hin, um Jephtha aus dem Lande Tob zu holen. Und sie sprachen zu Jephtha: Komm 6 und sei unser Anführer, daß wir wider die Kinder Ammon streiten! Und 7 Jephtha sprach zu den Aeltesten von Gilead: Seid ihr es nicht, die mich gehaßt und mich aus dem Hause meines Vaters vertrieben haben? Und warum kommet ihr jetzt zu mir, da ihr in Bedrängnis seid? Und die Ael- 8 testen von Gilead sprachen zu Jephtha: Darum sind wir jetzt zu dir zurückgekehrt, daß du mit uns ziehest und wider die Kinder Ammon streitest; und du sollst uns zum Haupte sein, allen Bewohnern Gileads. Und 9 Jephtha sprach zu den Aeltesten von Gilead: Wenn ihr mich zurückholet, um wider die Kinder Ammon zu streiten, und Jehova sie vor mir dahingibt, werde ich euch *dann* wirklich zum Haupte sein? Und die Aeltesten 10 von Gilead sprachen zu Jephtha: Jehova sei Zeuge *b* zwischen uns, wenn wir nicht also tun, wie du geredet hast! Da ging Jephtha mit den Aelte- 11 sten von Gilead, und das Volk setzte ihn zum Haupte und zum Anführer über sich. Und Jephtha redete alle seine Worte vor Jehova zu Mizpa.

Und Jephtha sandte Boten an den 12 König der Kinder Ammon und ließ *ihm* sagen: Was haben wir miteinander zu schaffen, daß du gegen mich gekommen bist, mein Land zu bekriegen? Und der König der Kinder Am- 13 mon sprach zu den Boten Jephthas: Weil Israel mein Land genommen hat, als es aus Aegypten heraufzog, vom Arnon bis an den Jabbok und bis an den Jordan; und nun gib die Länder *c* in Frieden zurück. Da sandte 14 Jephtha abermals Boten an den König der Kinder Ammon und ließ ihm 15 sagen: So spricht Jephtha: Israel hat nicht das Land Moabs und das Land der Kinder Ammon genommen; son- 16 dern als sie aus Aegypten heraufzogen, da wanderte Israel durch die Wüste bis zum Schilfmeere, und es kam nach Kades; und Israel sandte 17 Boten an den König von Edom und ließ *ihm* sagen: Laß mich doch durch dein Land ziehen! Aber der König von Edom gab kein Gehör. Und auch an den König von Moab sandte es; aber er wollte nicht. So blieb Israel in Kades. Und es wanderte durch die 18 Wüste und umging das Land Edom und das Land Moab und kam von Sonnenaufgang her zum Lande Moab; und sie lagerten sich jenseit des Arnon

---

a H. Jiphtach. — *b* Eig. Hörer. — *c* W. sie.

und kamen nicht in das Gebiet Moabs, denn der Arnon ist die Grenze 19 Moabs. Und Israel sandte Boten an Sihon, den König der Amoriter, den König von Hesbon, und Israel ließ ihm sagen: Laß uns doch durch dein 20 Land ziehen bis an meinen Ort! Aber Sihon traute Israel nicht, es durch sein Gebiet ziehen zu lassen; und Sihon versammelte all sein Volk, und sie lagerten sich zu Jahza; und er 21 stritt wider Israel. Und Jehova, der Gott Israels, gab Sihon und all sein Volk in die Hand Israels, und sie schlugen sie. So nahm Israel das ganze Land der Amoriter, die jenes 22 Land bewohnten, in Besitz: sie nahmen das ganze Gebiet der Amoriter in Besitz, vom Arnon bis an den Jabbok, und von der Wüste bis an den 23 Jordan. Und so hat nun Jehova, der Gott Israels, die Amoriter vor seinem Volke Israel ausgetrieben, und du 24 willst uns *a* austreiben? Nimmst du nicht das in Besitz, was Kamos, dein Gott, dir zum Besitz gibt? So auch alles was Jehova, unser Gott, vor uns ausgetrieben hat, das wollen wir be- 25 sitzen. Und nun, bist du etwa besser als Balak, der Sohn Zippors, der König von Moab? Hat er je mit Israel gerechtet, oder je wider sie gestritten? 26 Während Israel in Hesbon wohnte und in seinen Tochterstädten, und in Aroer und in seinen Tochterstädten, und in all den Städten, die längs des Arnon *liegen*, dreihundert Jahre lang: warum habt ihr sie denn nicht in je- 27 ner Zeit entrissen? Und nicht ich habe gegen dich gesündigt, sondern du tust übel an mir, wider mich zu streiten. Jehova, der Richter, richte heute zwischen den Kindern Israel und den Kindern Ammon! 28 Aber der König der Kinder Ammon hörte nicht auf die Worte Jephthas, 29 die er ihm entboten hatte. Da kam der Geist Jehovas über Jephtha; und er zog durch Gilead und Manasse, und zog nach Mizpe in Gilead, und von Mizpe in Gilead zog er gegen die 30 Kinder Ammon. Und Jephtha gelobte Jehova ein Gelübde und sprach: Wenn du die Kinder Ammon wirk- 31 lich in meine Hand gibst, so soll das was zur Tür meines Hauses herausgeht, mir entgegen, wenn ich in Frieden von den Kindern Ammon zurückkehre, es soll Jehova gehören, und ich werde es als Brandopfer opfern! 32 Und so zog Jephtha gegen die Kinder Ammon, um wider sie zu streiten; und Jehova gab sie in seine Hand. 33 Und er schlug sie von Aroer an, bis man nach Minnith kommt, zwanzig Städte, und bis nach Abel-Keramim, *und er richtete* eine sehr große Niederlage *unter ihnen* an *b*; und die Kinder Ammon wurden gebeugt vor den Kindern Israel.

Und als Jephtha nach Mizpa, nach 34 seinem Hause kam, siehe, da trat seine Tochter heraus, ihm entgegen, mit Tamburinen und mit Reigen; und sie war nur die einzige; außer ihr hatte er weder Sohn noch Tochter. Und es geschah, als er sie sah, 35 da zerriß er seine Kleider und sprach: Ach, meine Tochter! tief beugst du mich nieder; und du, du bist unter denen, die mich in Trübsal bringen! denn ich habe meinen Mund gegen Jehova aufgetan und kann nicht zurücktreten! Und sie sprach zu ihm: 36 Mein Vater, hast du deinen Mund gegen Jehova aufgetan, so tue mir, wie es aus deinem Munde hervorgegangen ist, nachdem Jehova dir Rache verschafft hat an deinen Feinden, den Kindern Ammon. Und sie sprach zu 37 ihrem Vater: Es geschehe mir diese Sache: Laß zwei Monate von mir ab, daß ich hingehe und auf die Berge hinabsteige *c* und meine Jungfrauschaft beweine, ich und meine Freundinnen. Und er sprach: Gehe hin. 38 Und er entließ sie auf zwei Monate. Und sie ging hin, sie und ihre Freundinnen, und beweinte ihre Jungfrauschaft auf den Bergen. Und es ge- 39 schah am Ende von zwei Monaten, da kehrte sie zu ihrem Vater zurück. Und er vollzog an ihr das Gelübde, das er gelobt hatte. Sie hatte aber keinen Mann erkannt. Und es wurde zum Gebrauch in Israel: Von Jahr zu 40 Jahr gehen die Töchter Israels hin, um die Tochter Jephthas, des Gileaditers, zu preisen vier Tage im Jahre.

Und die Männer von Ephraim ver- **12** sammelten sich und zogen hinüber nach Norden *d*, und sie sprachen zu Jephtha: Warum bist du durchgezogen, um wider die Kinder Ammon zu streiten, und hast uns nicht gerufen, daß wir mit dir gingen? Wir werden dein Haus über dir mit Feuer verbrennen! Und Jephtha sprach zu 2 ihnen: Einen heftigen Streit haben wir gehabt, ich und mein Volk, mit den Kindern Ammon; und ich rief euch, aber ihr habt mich nicht aus ihrer Hand gerettet. Und als ich sah, 3 daß du nicht helfen wolltest, da setzte ich mein Leben aufs Spiel *e* und zog hin wider die Kinder Ammon; und Jehova gab sie in meine Hand. Warum seid ihr denn an diesem Tage gegen mich heraufgezogen, um wider mich zu streiten? Und Jephtha ver- 4 sammelte alle Männer von Gilead und stritt mit Ephraim; und die Männer von Gilead schlugen Ephraim, weil sie gesagt hatten: Flüchtlinge Ephraims seid ihr, ihr Gileaditer *f*, inmitten Ephraims *und* inmitten Manasses! Und Gilead nahm Ephraim 5 die Furten des Jordan *g*. Und es geschah, wenn ein Flüchtling von Ephraim sprach *h*: Laß mich hinübergehen!

---

a O. es. — *b* W. einen sehr großen Schlag. — *c* d. h. von dem hochgelegenen Mizpa aus. — *d* O. nach Zaphon; vergl. Jos. 13, 27. — *e* Eig. stellte ich mein Leben in meine Hand; eine oft wiederkehrende Redensart. — *f* Eig. Gilead. — *g* O. besetzte die Furten des Jordan, *die* nach Ephraim *führten*. Vergl. Kap. 3, 28. — *h* Eig. wenn Flüchtlinge von Ephraim sprachen.

so sprachen die Männer von Gilead zu ihm: Bist du ein Ephraimiter a? 6 Und sagte er: Nein! so sprachen sie zu ihm: Sage doch: Schibboleth b! Und sagte er: Sibboleth, und brachte es nicht fertig, richtig zu sprechen, dann ergriffen sie ihn und schlachteten ihn an den Furten des Jordan. Und es fielen in jener Zeit von Ephraim zweiundvierzigtausend.

7 Und Jephtha richtete Israel sechs Jahre; und Jephtha, der Gileaditer, starb und wurde in einer der Städte Gileads begraben.

8 Und nach ihm richtete Israel Ibzan 9 von Bethlehem. Und er hatte dreißig Söhne; und dreißig Töchter entließ er aus dem Hause, und dreißig Töchter brachte er von außen für seine Söhne herein. Und er richtete Israel 10 sieben Jahre. Und Ibzan starb und wurde zu Bethlehem begraben.

11 Und nach ihm richtete Israel Elon, der Sebuloniter; und er richtete Is-12 rael zehn Jahre. Und Elon, der Sebuloniter, starb und wurde zu Ajjalon im Lande Sebulon begraben.

13 Und nach ihm richtete Israel Abdon, der Sohn Hillels, der Pirhatho-14 niter. Und er hatte vierzig Söhne und dreißig Enkel, die auf siebenzig Eseln ritten. Und er richtete Israel acht 15 Jahre. Und Abdon, der Sohn Hillels, der Pirhathoniter, starb und wurde zu Pirhathon begraben im Lande Ephraim, im Gebirge der Amalekiter.

13 Und die Kinder Israel taten wiederum was böse war in den Augen Jehovas; und Jehova gab sie in die Hand der Philister vierzig Jahre.

2 Und es war ein Mann aus Zorha, vom Geschlecht der Daniter, sein Name war Manoah c. Und sein Weib war unfruchtbar und gebar nicht. 3 Und der Engel Jehovas erschien dem Weibe und sprach zu ihr: Siehe doch, du bist unfruchtbar und gebierst nicht; aber du wirst schwanger 4 werden und einen Sohn gebären. Und nun hüte dich doch und trinke weder Wein noch starkes Getränk, und iß 5 nichts Unreines! Denn siehe, du wirst schwanger werden und einen Sohn gebären; und kein Schermesser soll auf sein Haupt kommen, denn ein Nasir d Gottes soll der Knabe sein von Mutterleibe an: und er wird anfangen, Israel aus der Hand der Philister zu retten.

6 Und das Weib kam und sprach zu ihrem Manne und sagte: Ein Mann Gottes ist zu mir gekommen, und sein Ansehen war wie das Ansehen eines Engels Gottes, sehr furchtbar; und ich habe ihn nicht gefragt, woher er sei, und seinen Namen hat 7 er mir nicht kundgetan. Und er sprach zu mir: Siehe, du wirst schwanger werden und einen Sohn gebären; und nun, trinke weder Wein noch starkes Getränk, und iß nichts Unreines; denn ein Nasir Gottes soll der Knabe

sein von Mutterleibe an bis zum Tage seines Todes. Da flehte Manoah zu 8 Jehova und sprach: Bitte, Herr! der Mann Gottes, den du gesandt hast, möge doch nochmals zu uns kommen und uns lehren, was wir tun sollen mit dem Knaben, der geboren werden soll. Und Gott erhörte die Stim-9 me Manoahs; und der Engel Gottes kam nochmals zu dem Weibe, als sie auf dem Felde saß, und Manoah, ihr Mann, nicht bei ihr war. Da eilte das 10 Weib und lief und berichtete es ihrem Manne, und sie sprach zu ihm: Siehe, der Mann ist mir erschienen, der an jenem Tage zu mir gekommen ist. Und Manoah machte sich auf und 11 ging seinem Weibe nach; und er kam zu dem Manne und sprach zu ihm: Bist du der Mann, der zu dem Weibe geredet hat? Und er sprach: Ich bin's. Und Manoah sprach: Wenn nun 12 dein Wort eintrifft, was soll die Weise des Knaben sein und sein Tun? Und 13 der Engel Jehovas sprach zu Manoah: Vor allem was ich dem Weibe gesagt habe, soll sie sich hüten: von allem 14 was vom Weinstock kommt, soll sie nicht essen, und Wein und starkes Getränk soll sie nicht trinken, und soll nichts Unreines essen; alles was ich ihr geboten habe, soll sie beobachten.

Und Manoah sprach zu dem Engel 15 Jehovas: Laß dich doch von uns aufhalten, so wollen wir dir ein Ziegenböcklein zubereiten. Und der Engel 16 Jehovas sprach zu Manoah: Wenn du mich auch aufhieltest, ich würde nicht von deinem Brote essen; willst du aber ein Brandopfer opfern, so opfere es Jehova. Denn Manoah wußte nicht, daß es der Engel Jehovas war. Und 17 Manoah sprach zu dem Engel Jehovas: Wie ist dein Name, daß wir dich ehren, wenn dein Wort eintrifft? Und 18 der Engel Jehovas sprach zu ihm: Warum fragst du denn nach meinem Namen? er ist ja wunderbar! Da 19 nahm Manoah das Ziegenböcklein und das Speisopfer und opferte es Jehova auf dem Felsen. Er aber handelte wunderbar f, und Manoah und sein Weib sahen zu; und es geschah, als 20 die Flamme von dem Altar gen Himmel emporstieg, da fuhr der Engel Jehovas in der Flamme des Altars hinauf. Und Manoah und sein Weib sahen zu und fielen auf ihr Angesicht zur Erde. Und der Engel Jehovas er-21 schien Manoah und seinem Weibe fortan nicht mehr. Da erkannte Manoah, daß es der Engel Jehovas war. Und Manoah sprach zu seinem Weibe: 22 Wir werden gewißlich sterben, denn wir haben Gott gesehen! Aber sein 23 Weib sprach zu ihm: Wenn es Jehova gefallen hätte, uns zu töten, so hätte er nicht ein Brandopfer und Speisopfer aus unserer Hand angenommen, und er hätte uns dies alles nicht gezeigt, noch uns zu dieser Zeit dergleichen vernehmen lassen.

---

a Eig. ein Ephratiter. — b Strömung. — c H. Manoach. — d S. 4. Mose 6, 2. — e O. des. — f O. tat ein Wunder.

24 Und das Weib gebar einen Sohn; und sie gab ihm den Namen Simson *a*. Und der Knabe wuchs, und Jehova 25 segnete ihn. Und der Geist Jehovas fing an ihn zu treiben zu Machaneh-Dan *b* zwischen Zorha und Eschtaol.

14 Und Simson ging nach Timna hinab; und er sah in Timna ein Weib 2 von den Töchtern der Philister. Und er ging hinauf und berichtete es seinem Vater und seiner Mutter und sprach: Ich habe in Timna ein Weib gesehen von den Töchtern der Philister; und nun nehmet sie mir zum 3 Weibe. Und sein Vater und seine Mutter sprachen zu ihm: Ist unter den Töchtern deiner Brüder und unter meinem ganzen Volke kein Weib, daß du hingehest, ein Weib zu nehmen von den Philistern, den Unbeschnittenen? Und Simson sprach zu seinem Vater: Diese nimm mir, denn 4 sie ist recht in meinen Augen. Sein Vater und seine Mutter wußten aber nicht, daß es von Jehova war; denn er suchte eine Gelegenheit an den Philistern. Und in jener Zeit herrschten die Philister über Israel.

5 Und Simson ging mit seinem Vater und seiner Mutter nach Timna hinab; und als sie an die Weinberge von Timna kamen, siehe, da brüllte ein 6 junger Löwe ihm entgegen. Und der Geist Jehovas geriet über ihn, und er zerriß ihn, wie man ein Böcklein zerreißt; und er hatte gar nichts in seiner Hand. Und er tat seinem Vater und seiner Mutter nicht kund was er 7 getan hatte. Und er ging hinab und redete zu dem Weibe, und sie war 8 recht in den Augen Simsons. Und kehrte nach einiger Zeit zurück, um sie zu nehmen, und er bog ab, um das Aas *c* des Löwen zu besehen, und siehe, ein Bienenschwarm war in dem 9 Körper des Löwen, und Honig. Da nahm er ihn heraus in seine Hände, und ging und aß im Gehen; und er ging zu seinem Vater und zu seiner Mutter und gab ihnen, und sie aßen; aber er tat ihnen nicht kund, daß er den Honig aus dem Körper des Löwen herausgenommen hatte.

10 Und sein Vater ging zu dem Weibe hinab, und Simson machte daselbst ein Mahl; denn also pflegten *d* die 11 Jünglinge zu tun. Und es geschah, als sie ihn sahen, da nahmen sie dreißig Gesellen; und sie waren bei ihm. 12 Und Simson sprach zu ihnen: Ich will euch einmal ein Rätsel aufgeben; wenn ihr es mir in den sieben Tagen des Mahles kundtut und es erratet, so werde ich euch dreißig Hemden *e* und dreißig Wechselkleider geben; 13 wenn ihr es mir aber nicht kundtun könnet, so sollt ihr mir dreißig Hemden und dreißig Wechselkleider geben. Und sie sprachen zu ihm: Gib

dein Rätsel auf, daß wir es hören! Und er sprach zu ihnen: 14 Aus dem Fresser kam Fraß, und aus dem Starken *f* kam Süßigkeit.

Und sie vermochten das Rätsel nicht kundzutun drei Tage lang. Und es 15 geschah am siebenten Tage, da sprachen sie zu dem Weibe Simsons: Berede deinen Mann, daß er uns das Rätsel kundtue, damit wir nicht dich und deines Vaters Haus mit Feuer verbrennen! Um uns zu berauben, habt ihr uns geladen, nicht wahr? Und 16 Simsons Weib weinte an ihm und sprach: Du hassest mich nur und liebst mich nicht. Das Rätsel hast du den Kindern meines Volkes aufgegeben, und mir hast du es nicht kundgetan. Und er sprach zu ihr: Siehe, meinem Vater und meiner Mutter habe ich es nicht kundgetan, und dir sollte ich es kundtun? Und sie weinte 17 an ihm die sieben Tage, da sie das Mahl hatten. Und es geschah am siebenten Tage, da tat er es ihr kund, denn sie drängte ihn. Und sie tat das Rätsel den Kindern ihres Volkes kund. Da sprachen die Männer der Stadt zu 18 ihm am siebenten Tage, ehe die Sonne unterging: Was ist süßer als Honig? und was ist stärker *g* als der Löwe? Und er sprach zu ihnen: Wenn ihr nicht mit meinem Kalbe *h* gepflügt hättet, so hättet ihr mein Rätsel nicht erraten.

Und der Geist Jehovas geriet über 19 ihn; und er ging hinab nach Askalon und erschlug von ihnen dreißig Mann und nahm ihre ausgezogenen Gewänder und gab die Wechselkleider denen, welche das Rätsel kundgetan hatten. Und sein Zorn entbrannte, und er ging hinauf in das Haus seines Vaters. Und das Weib Simsons wurde 20 einem seiner Gesellen gegeben, den er sich zugesellt hatte.

Und es geschah nach einiger Zeit, **15** in den Tagen der Weizenernte, da besuchte Simson sein Weib mit einem Ziegenböcklein. Und er sprach: Ich will zu meinem Weibe ins Gemach gehen; aber ihr Vater gestattete ihm nicht hineinzugehen. Und ihr Vater 2 sprach: Ich habe gewißlich gedacht, daß du sie haßtest, und so habe ich sie deinem Gesellen gegeben. Ist nicht ihre jüngere Schwester schöner als sie? Möge sie doch dein werden an ihrer Statt. Da sprach Simson zu ih- 3 nen: Diesmal bin ich schuldlos an den Philistern, wenn ich ihnen Uebles tue. Und Simson ging hin und 4 fing dreihundert Schakale; und er nahm Fackeln und kehrte Schwanz an Schwanz und tat eine Fackel zwischen je zwei Schwänze in die Mitte, und er zündete die Fackeln mit Feuer 5 an. Und er ließ sie los in das stehende Getreide der Philister und zündete sowohl Garbenhaufen als stehendes

---

a H. Schimschon. — *b* O. im Lager Dans; vergl. Kap. 18, 11. 12. — *c* O. Gerippe. — *d* O. pflegen. — *e* ein kostbares und ungewöhnliches Kleidungsstück aus feinem Leinen, statt dessen man den Leibrock zu tragen pflegte. — *f* O. Grausamen. — *g* O. grausamer. — *h* Eig. mit meiner jungen Kuh.

6 Getreide und Olivengärten an. Und die Philister sprachen: Wer hat das getan? Und man sagte: Simson, der Eidam des Timniters, weil er ihm sein Weib genommen und sie seinem Gesellen gegeben hat. Da zogen die Philister hinauf und verbrannten sie 7 und ihren Vater mit Feuer. Und Simson sprach zu ihnen: Wenn ihr also tut — es sei denn, daß ich mich an euch gerächt habe, danach will ich 8 aufhören! Und er schlug sie, Schenkel samt Hüfte, *und richtete* eine große Niederlage *unter ihnen an*. Und er ging hinab und wohnte in der Kluft des Felsens Etam.

9   Und die Philister zogen herauf und lagerten sich in Juda und breiteten 10 sich aus in Lechi. Und die Männer von Juda sprachen: Warum seid ihr wider uns heraufgezogen? Und sie sprachen: Um Simson zu binden, sind wir heraufgezogen, daß wir ihm tun, 11 wie er uns getan hat. Da zogen dreitausend Mann von Juda zur Kluft des Felsens Etam hinab und sprachen zu Simson: Weißt du nicht, daß die Philister über uns herrschen? und warum hast du uns das getan? Und er 12 sprach zu ihnen: Wie sie mir getan, also habe ich ihnen getan. Da sprachen sie zu ihm: Um dich zu binden, sind wir herabgekommen, daß wir dich in die Hand der Philister liefern. Und Simson sprach zu ihnen: Schwöret mir, daß i h r nicht über mich her- 13 fallen werdet! Und sie sprachen zu ihm und sagten: Nein, sondern binden wollen wir dich und dich in ihre Hand liefern; aber töten wollen wir dich nicht. Und sie banden ihn mit zwei neuen Stricken und führten ihn aus dem Felsen herauf.

14   Als er nach Lechi kam, da jauchzten ihm die Philister entgegen; aber der Geist Jehovas geriet über ihn, und die Stricke, welche an seinen Armen waren, wurden wie Flachsfäden, die vom Feuer versengt sind, und seine Bande schmolzen weg von 15 seinen Händen. Und er fand einen frischen Esels-Kinnbacken, und er streckte seine Hand aus und nahm ihn und erschlug damit tausend Mann. 16 Und Simson sprach:

    Mit dem Esels-Kinnbacken einen Haufen, zwei Haufen *a*! Mit dem Esels-Kinnbacken habe ich tausend Mann erschlagen!

17   Und es geschah, als er ausgeredet hatte, da warf er den Kinnbacken aus seiner Hand; und er *b* nannte selbigen Ort Ramath-Lechi *c*. 18   Und es dürstete ihn sehr, und er rief zu Jehova und sprach: Du hast durch die Hand deines Knechtes diese große Rettung gegeben, und nun soll ich vor Durst sterben und in die Hand 19 der Unbeschnittenen fallen! Da spaltete Gott die Höhlung, die zu Lechi ist, und es kam Wasser aus ihr her-

vor; und er trank, und sein Geist kehrte zurück, und er lebte wieder auf. Daher gab man ihr den Namen: Quelle des Rufenden *d*, die zu Lechi ist, bis auf diesen Tag.

   Und er richtete Israel in den Ta- 20 gen der Philister zwanzig Jahre.

   Und Simson ging nach Gasa, und **16** er sah daselbst eine Hure und ging zu ihr ein. *Und es wurde* den Gasi- 2 tern *berichtet* und gesagt: Simson ist hierher gekommen. Und sie umstellten ihn und lauerten die ganze Nacht auf ihn im Stadttore; und sie verhielten sich still die ganze Nacht und sprachen: Bis der Morgen hell wird, dann wollen wir ihn erschlagen. Und 3 Simson lag bis Mitternacht. Um Mitternacht aber stand er auf und ergriff die Flügel des Stadttores und die beiden Pfosten, und riß sie samt dem Riegel heraus und legte sie auf seine Schultern; und er trug sie auf den Gipfel des Berges, der gegen Hebron hin *liegt*.

   Und es geschah hernach, da liebte 4 er ein Weib im Tale Sorek, ihr Name war Delila. Und die Fürsten *e* der 5 Philister gingen zu ihr hinauf und sprachen zu ihr: Berede ihn und sieh, worin seine große Stärke *besteht*, und wodurch wir ihn überwältigen können, daß wir ihn binden, um ihn zu bezwingen; und wir wollen dir ein jeder tausend und hundert *Sekel* Silber geben. Da sprach Delila zu Sim- 6 son: Tue mir doch kund, worin deine große Stärke *besteht*, und womit du gebunden werden kannst, daß man dich bezwinge. Und Simson sprach 7 zu ihr: Wenn man mich bände mit sieben frischen Stricken *f*, die nicht ausgetrocknet sind, so würde ich schwach werden und würde sein wie ein anderer Mensch. Und die Fürsten 8 der Philister brachten sieben frische Stricke, die nicht ausgetrocknet waren, zu ihr hinauf; und sie band ihn damit. Es saßen aber Auflaurer *bei* 9 ihr im Gemach; und sie sprach zu ihm: Philister über dir, Simson! Da zerriß er die Stricke, wie eine Schnur von Werg zerreißt, wenn sie Feuer riecht; und seine Stärke ward nicht kund.

   Da sprach Delila zu Simson: Siehe, 10 du hast mich getäuscht und Lügen zu mir geredet. Nun tue mir doch kund, womit du gebunden werden kannst! Und er sprach zu ihr: Wenn man 11 mich fest bände mit neuen Seilen, mit denen keine Arbeit geschehen ist, so würde ich schwach werden und würde sein wie ein anderer Mensch. Da nahm Delila neue Seile und band 12 ihn damit, und sie sprach zu ihm: Philister über dir, Simson! Es saßen aber Auflaurer im Gemach. Und er riß sie von seinen Armen wie einen Faden.

   Da sprach Delila zu Simson: Bisher 13

---

a Ein Wortspiel, da im Hebr. „Esel" und „Haufe" hier gleiche Wörter sind. — *b* O. man. — *c* Kinnbacken-Höhe. — *d* En-Hakore. — *e* Hebr. Seren; vergl. die Anm. zu Jos. 13, 3. — *f* O. Sehnen; so auch V. 8. 9.

hast du mich getäuscht und Lügen zu mir geredet. Tue mir kund, womit du gebunden werden kannst! Und er sprach zu ihr: Wenn du die sieben Flechten meines Hauptes mit dem 14 Gewebe verwebtest. Und sie heftete sie mit dem Pflocke und sprach zu ihm: Philister über dir, Simson! Da wachte er auf von seinem Schlafe und riß den Webepflock und das Gewebe heraus.

15 Da sprach sie zu ihm: Wie kannst du sagen: Ich habe dich lieb, so doch dein Herz nicht mit mir ist? Nun dreimal hast du mich getäuscht und mir nicht kundgetan, worin deine 16 große Stärke *besteht*. Und es geschah, als sie ihn alle Tage mit ihren Worten drängte und ihn plagte, da wurde seine Seele ungeduldig zum Sterben; 17 und er tat ihr sein ganzes Herz kund und sprach zu ihr: Kein Schermesser ist auf mein Haupt gekommen, denn ein Nasir Gottes bin ich von Mutterleibe an; wenn ich geschoren würde, so würde meine Stärke von mir weichen, und ich würde schwach werden und würde sein wie alle Menschen.

18 Und als Delila sah, daß er ihr sein ganzes Herz kundgetan hatte, da sandte sie hin und rief die Fürsten der Philister und sprach: Kommet diesmal herauf, denn er hat mir sein ganzes Herz kundgetan. Und die Fürsten der Philister kamen zu ihr hinauf und 19 brachten das Geld mit sich. Und sie ließ ihn auf ihren Knieen einschlafen, und rief einen Mann und ließ die sieben Flechten seines Hauptes abscheren; und sie fing an, ihn zu bezwingen, 20 und seine Stärke wich von ihm. Und sie sprach: Philister über dir, Simson! Da wachte er auf von seinem Schlafe und dachte: Ich werde davonkommen wie die anderen Male und mich herausschütteln. Er wußte aber nicht, daß Jehova von ihm gewichen 21 war. Und die Philister griffen ihn und stachen ihm die Augen aus; und sie führten ihn nach Gasa hinab und banden ihn mit ehernen Fesseln *a*, und er mußte mahlen im Gefängnis. 22 Aber das Haar seines Hauptes begann *wieder* zu wachsen, sobald es geschoren war.

23 Und die Fürsten der Philister versammelten sich, um ihrem Gott Dagon ein großes Schlachtopfer zu opfern und um ein Freudenfest zu feiern *b*; denn sie sprachen: Unser Gott hat Simson, unseren Feind, in unsere Hand 24 gegeben. Und als das Volk ihn sah, priesen sie ihren Gott; denn sie sprachen: Unser Gott hat unseren Feind in unsere Hand gegeben, und den Verheerer unseres Landes und den, der unserer Erschlagenen viel machte. 25 Und es geschah, als ihr Herz fröhlich war, da sprachen sie: Rufet Simson, daß er vor uns spiele *c*. Und sie rie-

fen Simson aus dem Gefängnis, und er spielte vor ihnen; und sie stellten ihn zwischen die Säulen. Und Sim- 26 son sprach zu dem Knaben, der ihn bei der Hand hielt: Laß mich, daß ich die Säulen betaste, auf welchen das Haus ruht, und mich an sie lehne. Das Haus war aber voll von Männern 27 und Weibern, und alle Fürsten der Philister waren daselbst; und auf dem Dache waren bei dreitausend Männer und Weiber, welche zusahen, wie *d* Simson spielte. Und Simson rief zu 28 Jehova und sprach: Herr, Jehova! gedenke doch meiner, und stärke mich doch nur diesmal, o Gott, daß ich an den Philistern eine einmalige Rache nehme für meine beiden Augen! Und 29 Simson umfaßte die beiden Mittelsäulen, auf welchen das Haus ruhte, (und er stützte sich darauf) die eine mit seiner Rechten und die andere mit seiner Linken; und Simson sprach: 30 Meine Seele sterbe mit den Philistern! Und er bog sich mit Kraft; da fiel das Haus auf die Fürsten und auf alles Volk, das darin war; und es waren der Toten, die er in seinem Tode tötete, mehr als derer, die er in seinem Leben getötet hatte. Und sei- 31 ne Brüder und das ganze Haus seines Vaters kamen herab und hoben ihn auf; und sie gingen hinauf und begruben ihn zwischen Zorha und Eschtaol, im Grabe Manoahs, seines Vaters. Er hatte aber Israel zwanzig Jahre gerichtet.

Und es war ein Mann vom Ge- **17** birge Ephraim, sein Name war Micha. Und er sprach zu seiner Mutter: 2 Die tausend und hundert *Sekel* Silber, die dir genommen worden sind, und worüber du einen Fluch *e* getan und auch vor meinen Ohren geredet hast, — siehe, das Silber ist bei mir; i c h habe es genommen. Und sie sprach: Gesegnet sei mein Sohn von Jehova! Und er gab die tausend und 3 hundert *Sekel* Silber seiner Mutter zurück. Und seine Mutter sprach: Das Silber hatte ich von meiner Hand Jehova geheiligt für meinen Sohn, um ein geschnitztes Bild und ein gegossenes Bild zu machen; und nun gebe ich es dir zurück. Und er gab das 4 Silber seiner Mutter zurück. Und seine Mutter nahm zweihundert *Sekel* Silber und gab sie dem Goldschmied, und der machte daraus ein geschnitztes Bild und ein gegossenes Bild; und es war im Hause Michas. Und der 5 Mann Micha hatte ein Gotteshaus; und er machte ein Ephod und ein Teraphim und weihte einen von seinen Söhnen, und er wurde sein *f* Priester. In jenen Tagen war kein König in 6 Israel; ein jeder tat was recht war in seinen Augen.

Und es war ein Jüngling aus Beth- 7 lehem-Juda, vom Geschlecht Juda; der war ein Levit *g* und hielt sich daselbst

---

a Eig. Doppelfesseln. — *b* W. und zur Freude. — *c* O. tanze. — *d* O. während. — *e* Vergl. 3. Mose 5, 1. — *f* Eig. ihm zum. — *g* Die Leviten wurden betrachtet als dem Stamme angehörig, in dessen Gebiet sie ansässig waren.

8 auf. Und der Mann zog aus der Stadt, aus Bethlehem-Juda, um sich aufzuhalten, wo er es treffen würde. Und indem er seines Weges zog, kam er in das Gebirge Ephraim bis zum Hause
9 se Michas. Und Micha sprach zu ihm: Woher kommst du? Und er sprach zu ihm: Ich bin ein Levit aus Bethlehem-Juda; und ich gehe hin, mich aufzuhalten, wo ich es treffen werde.
10 Da sprach Micha zu ihm: Bleibe bei mir, und sei mir ein Vater und ein Priester *a*, so werde ich dir jährlich zehn *Sekel* Silber geben und Ausrüstung an Kleidern und deinen Lebensunterhalt. Und der Levit ging
11 *hinein*. Und der Levit willigte ein, bei dem Manne zu bleiben; und der Jüngling ward ihm wie einer seiner
12 Söhne. Und Micha weihte den Leviten; und der Jüngling wurde sein *b* Priester und war im Hause Michas.
13 Und Micha sprach: Nun weiß ich, daß Jehova mir wohltun wird, denn ich habe einen *c* Leviten zum Priester.

18 In jenen Tagen war kein König in Israel. Und in jenen Tagen suchte sich der Stamm der Daniter ein Erbteil zum Wohnen, denn bis auf jenen Tag war ihm inmitten der Stämme Israels nichts als Erbteil zugefallen.
2 Und die Kinder Dan sandten fünf Männer aus ihrem Geschlecht, aus ihrer Gesamtheit, tapfere Männer, aus Zorha und aus Eschtaol, um das Land auszukundschaften und es zu erforschen; und sie sprachen zu ihnen: Gehet hin, erforschet das Land. Und sie kamen in das Gebirge Ephraim bis zum Hause Michas, und sie übernachteten daselbst. Als sie beim Hause
3 Michas waren, erkannten sie die Stimme des Jünglings, des Leviten, und sie wandten sich dahin und sprachen zu ihm: Wer hat dich hierhergebracht, und was tust du hier, und was hast
4 du hier? Und er sprach zu ihnen: So und so hat Micha mir getan; und er hat mich gedungen, und ich bin
5 sein *b* Priester geworden. Und sie sprachen zu ihm: Befrage doch Gott, daß wir wissen, ob unser Weg, auf
6 dem wir ziehen, gelingen wird. Und der Priester sprach zu ihnen: Ziehet hin in Frieden! Vor Jehova ist euer
7 Weg, auf dem ihr ziehet. Und die fünf Männer gingen hin und kamen nach Lais; und sie sahen das Volk, das darin war, in Sicherheit wohnen, nach Art der Zidonier, ruhig und sicher; und niemand, der die Herrschaft besessen hätte im Lande, tat ihnen irgend etwas zuleide; und sie waren fern von den Zidoniern und hatten mit
8 Menschen nichts zu schaffen. — Und sie kamen zu ihren Brüdern nach Zorha und Eschtaol. Und ihre Brüder sprachen zu ihnen: Was *bringet* ihr?
9 Und sie sprachen: Machet euch auf, und laßt uns wider sie hinaufziehen; denn wir haben das Land besehen, und siehe, es ist sehr gut. Und ihr

bleibet stille? Seid nicht träge, hinzugehen, um hineinzukommen, das Land in Besitz zu nehmen; (wenn ihr kom- 10 met, werdet ihr zu einem sicheren Volke kommen, und das Land ist geräumig nach allen Seiten hin) denn Gott hat es in eure Hand gegeben: *es ist* ein Ort, wo es an nichts mangelt von allem was auf Erden ist.
Und es brachen von dannen auf, 11 vom Geschlecht der Daniter, aus Zorha und aus Eschtaol, sechshundert Mann, umgürtet mit Kriegsgerät. Und 12 sie zogen hinauf und lagerten sich zu Kirjath-Jearim in Juda; daher hat man selbigen Ort Machaneh-Dan *d* genannt bis auf diesen Tag; siehe, es ist hinter *e* Kirjath-Jearim. Und von 13 dannen zogen sie weiter in das Gebirge Ephraim und kamen bis zum Hause Michas. Da hoben die fünf 14 Männer an, welche gegangen waren, das Land Lais auszukundschaften, und sprachen zu ihren Brüdern: Wisset ihr, daß in diesen Häusern Ephod und Teraphim und ein geschnitztes Bild und ein gegossnes Bild sind? Und nun wisset, was ihr tun wollt. Und 15 sie wandten sich dahin und traten in das Haus des Jünglings, des Leviten, das Haus Michas, und fragten ihn nach seinem Wohlergehen. Die sechshundert mit ihrem Kriegs- 16 gerät umgürteten Männer aber, die von den Kindern Dan waren, blieben am Eingang des Tores stehen. Und 17 die fünf Männer, die gegangen waren, das Land auszukundschaften, stiegen hinauf, gingen hinein *und* nahmen das geschnitzte Bild und das Ephod und die Teraphim und das gegossene Bild. Und der Priester und die sechshundert Mann, die mit Kriegsgerät umgürtet waren, standen am Eingang des Tores. Als jene nämlich in 18 das Haus Michas gingen und das geschnitzte Bild, das Ephod und die Teraphim und das gegossene Bild wegnahmen, da sprach der Priester zu ihnen: Was tut ihr? Und sie sprachen 19 zu ihm: Schweige! lege deine Hand auf deinen Mund und gehe mit uns, und sei uns ein Vater und ein Priester *a*. Ist es besser für dich, Priester zu sein für das Haus eines einzelnen Mannes, oder Priester zu sein für einen Stamm und für ein Geschlecht in Israel? Da wurde das Herz des 20 Priesters froh, und er nahm das Ephod und die Teraphim und das geschnitzte Bild und ging mitten unter das Volk. Und sie wandten sich und zogen weg 21 und stellten die Kinder und das Vieh und die wertvollen Dinge voran. Sie 22 waren schon fern vom Hause Michas, da versammelten sich die Männer, die in den Häusern waren, die beim Hause Michas *standen*, und ereilten die Kinder Dan. Und sie riefen den 23 Kindern Dan zu; und diese wandten ihr Angesicht um und sprachen zu Micha: Was ist dir, daß du dich ver-

---

a Eig. zum Vater und zum Priester. — *b* Eig. ihm zum. — *c* O. den. — *d* Lager Dans. — *e* d. h. westlich von.

24 sammelt hast? Und er sprach: Meine Götter, die ich gemacht hatte, habt ihr genommen und den Priester, und seid weggezogen; und was habe ich noch? und wie sprechet ihr denn zu 25 mir: Was ist dir? Aber die Kinder Dan sprachen zu ihm: Laß deine Stimme nicht bei uns hören, damit nicht Männer heftigen Gemütes über euch herfallen, und du dich und dein 26 Haus ums Leben bringest! Und die Kinder Dan zogen ihres Weges. Und als Micha sah, daß sie ihm zu stark waren, wandte er sich und kehrte in sein Haus zurück.

27 So nahmen sie, was Micha gemacht hatte, und den Priester, den er besaß. Und sie überfielen Lais, ein ruhiges und sicheres Volk, und schlugen es mit der Schärfe des Schwertes; und 28 die Stadt verbrannten sie mit Feuer. Und kein Erretter war da; denn die Stadt a war fern von Zidon, und sie hatten nichts mit Menschen zu schaffen; und sie lag in dem Tale, das sich nach Beth-Rechob hin erstreckt. Und sie bauten die Stadt wieder auf 29 und wohnten darin; und sie gaben der Stadt den Namen Dan, nach dem Namen Dans, ihres Vaters, welcher dem Israel geboren wurde; dagegen war im Anfang Lais der Name der 30 Stadt. — Und die Kinder Dan richteten sich das geschnitzte Bild auf; und Jonathan, der Sohn Gersoms, des Sohnes Moses, er und seine Söhne waren Priester für den Stamm der Daniter bis auf den Tag, da das Land in Ge- 31 fangenschaft geführt wurde. Und sie stellten sich das geschnitzte Bild Michas auf, das er gemacht hatte, alle die Tage, da das Haus Gottes in Silo war.

19 Und es geschah in jenen Tagen, als kein König in Israel war, daß sich ein levitischer Mann an der äußersten Seite des Gebirges Ephraim aufhielt; und er nahm sich ein Kebs- 2 weib aus Bethlehem-Juda. Und sein Kebsweib hurte neben ihm; und sie ging von ihm weg in das Haus ihres Vaters, nach Bethlehem-Juda, und war daselbst eine Zeitlang, vier Monate. 3 Und ihr Mann machte sich auf und ging ihr nach, um zu ihrem Herzen zu reden, sie zurückzubringen; und sein Knabe war mit ihm und ein Paar Esel. Und sie führte ihn in das Haus ihres Vaters; und als der Vater des jungen Weibes ihn sah, kam er 4 ihm freudig entgegen. Und sein Schwiegervater, der Vater des jungen Weibes, hielt ihn zurück, und er blieb drei Tage bei ihm; und sie aßen und tranken und übernachteten daselbst. 5 Und es geschah am vierten Tage, da machten sie sich des Morgens früh auf, und er erhob sich, um fortzugehen. Da sprach der Vater des jungen Weibes zu seinem Eidam: Stärke dein Herz mit einem Bissen Brot, 6 und danach möget ihr ziehen. Und sie setzten sich und aßen und tranken

beide miteinander. Und der Vater des jungen Weibes sprach zu dem Manne: Laß es dir doch gefallen und bleibe über Nacht und laß dein Herz fröhlich sein! Und als der Mann sich er- 7 hob, um fortzugehen, da drang sein Schwiegervater in ihn, und er übernachtete wiederum daselbst. Und am 8 fünften Tage machte er sich des Morgens früh auf, um fortzugehen; da sprach der Vater des jungen Weibes: Stärke doch dein Herz und verziehet, bis der Tag sich neigt! Und so aßen sie beide miteinander. Und der Mann 9 erhob sich, um fortzugehen, er und sein Kebsweib und sein Knabe. Aber sein Schwiegervater, der Vater des jungen Weibes, sprach zu ihm: Siehe doch, der Tag nimmt ab, es will Abend werden; übernachtet doch! Siehe, der Tag sinkt, übernachte hier und laß dein Herz fröhlich sein; und ihr machet euch morgen früh auf euren Weg, und du ziehst nach deinem Zelte. Aber 10 der Mann wollte nicht übernachten, und er erhob sich und zog fort; und er kam bis vor Jebus, das ist Jerusalem, und mit ihm das Paar gesattelter Esel, und sein Kebsweib mit ihm. Sie waren bei Jebus, und der Tag 11 war sehr herabgesunken, da sprach der Knabe zu seinem Herrn: Komm doch und laß uns in diese Stadt der Jebusiter einkehren und darin übernachten. Aber sein Herr sprach zu 12 ihm: Wir wollen nicht in eine Stadt der Fremden einkehren, die nicht von den Kindern Israel sind, sondern wollen nach Gibea hinübergehen. Und er 13 sprach zu seinem Knaben: Komm, daß wir uns einem der Orte nähern und in Gibea oder in Rama übernachten. So zogen sie vorüber und 14 gingen weiter, und die Sonne ging ihnen unter nahe bei Gibea, das Benjamin gehört. Und sie wandten sich 15 dahin, daß sie hineinkämen, um in Gibea zu übernachten. Und er kam hinein und setzte sich hin auf den Platz der Stadt; und niemand war, der sie ins Haus aufgenommen hätte, um zu übernachten. Und siehe, ein 16 alter Mann kam von seiner Arbeit, vom Felde, am Abend; und der Mann war vom Gebirge Ephraim, und er hielt sich in Gibea auf; die Leute des Ortes aber waren Benjaminiter. Und 17 er erhob seine Augen und sah den Wandersmann auf dem Platze der Stadt, und der alte Mann sprach: Wohin gehst du? und woher kommst du? Und er sprach zu ihm: Wir reisen 18 von Bethlehem-Juda nach der äußersten Seite des Gebirges Ephraim; von dort bin ich her, und ich bin nach Bethlehem-Juda gegangen, und ich wandle mit dem Hause Jehovas b; und niemand ist, der mich in sein Haus aufnimmt. Und wir haben sowohl Stroh 19 als auch Futter für unsere Esel, und auch Brot und Wein habe ich für mich und für deine Magd und für den Knaben, der mit deinen Knechten ist; es

---

a W. sie. — b d. h. ich bin ein Levit.

20 mangelt an nichts. Da sprach der alte Mann: Friede dir! Nur liege all dein Bedarf mir ob; doch auf dem Platze 21 übernachte nicht. Und er führte ihn in sein Haus und gab den Eseln Futter. Und sie wuschen ihre Füße und aßen und tranken. 22 Sie ließen ihr Herz guter Dinge sein, siehe, da umringten die Männer der Stadt, Männer, welche Söhne Belials *a* waren, das Haus, schlugen an die Tür und sprachen zu dem alten Manne, dem Herrn des Hauses, und sagten: Führe den Mann, der in dein Haus gekommen ist, heraus, daß 23 wir ihn erkennen! Und der Mann, der Herr des Hauses, ging zu ihnen hinaus und sprach zu ihnen: Nicht doch, meine Brüder, tut doch nicht übel; nachdem dieser Mann in mein Haus gekommen ist, begehet nicht 24 diese Schandtat! Siehe, meine Tochter, die Jungfrau, und sein Kebsweib, lasset mich doch sie herausführen; und schwächet sie und tut mit ihnen was gut ist in euren Augen; aber an diesem Manne begehet nicht diese 25 Schandtat! Aber die Männer wollten nicht auf ihn hören. Da ergriff der Mann sein Kebsweib und führte sie zu ihnen hinaus auf die Straße; und sie erkannten sie und mißhandelten sie die ganze Nacht bis an den Morgen; und sie ließen sie gehen, als die 26 Morgenröte aufging. Und das Weib kam beim Anbruch des Morgens und fiel nieder am Eingang des Hauses des Mannes, woselbst ihr Herr war, *und* 27 *lag dort*, bis es hell wurde. Und als ihr Herr am Morgen aufstand und die Tür des Hauses öffnete und hinaustrat, um seines Weges zu ziehen: siehe, da lag das Weib, sein Kebsweib, an dem Eingang des Hauses, und ihre 28 Hände auf der Schwelle. Und er sprach zu ihr: Stehe auf und laß uns gehen! Aber niemand antwortete. Da nahm er sie auf den Esel, und der Mann machte sich auf und zog an sei- 29 nen Ort. Und als er in sein Haus gekommen war, nahm er sein *b* Messer und ergriff sein Kebsweib und zerstückte sie, nach ihren Gebeinen, in zwölf Stücke; und er sandte sie in alle 30 Grenzen Israels. Und es geschah, ein jeder, der es sah, sprach: Solches ist nicht geschehen noch gesehen worden von dem Tage an, da die Kinder Israel aus dem Lande Aegypten heraufgezogen sind, bis auf diesen Tag. Bedenket euch darüber, beratet und redet!

20 Und alle Kinder Israel zogen aus, und die Gemeinde, von Dan bis Beerseba, und das Land Gilead versammelte sich wie ein Mann vor Je- 2 hova nach Mizpa. Und die Häupter des ganzen Volkes, aller Stämme Israels, stellten sich in der Versammlung des Volkes Gottes: vierhunderttausend Mann zu Fußvolk, das die 3 Schwert zogen. — Und die Kinder

Benjamin hörten, daß die Kinder Israel nach Mizpa hinaufgezogen waren. — Und die Kinder Israel sprachen: Redet, wie ist diese Uebeltat geschehen? Da antwortete der levitische 4 Mann, der Mann des ermordeten Weibes, und sprach: Ich war nach Gibea gekommen, das Benjamin gehört, ich und mein Kebsweib, um *dort* zu übernachten. Da machten sich die Bürger 5 von Gibea wider mich auf und umringten meinetwegen *c* des Nachts das Haus. Mich gedachten sie umzubringen, und mein Kebsweib haben sie geschwächt, daß sie starb. Da ergriff 6 ich mein Kebsweib und zerstückte sie und sandte sie in das ganze Gefilde des Erbteils Israels; denn sie haben ein Verbrechen und eine Schandtat begangen in Israel. Siehe, hier seid 7 ihr allesamt, Kinder Israel: Gebet eure Meinung und euren Rat allhier! Und 8 das ganze Volk stand auf wie ein Mann und sprach: Wir wollen nicht gehen, ein jeder nach seinem Zelte, und nicht einkehren, ein jeder in sein Haus; sondern dies ist die Sache, die 9 wir jetzt an Gibea tun wollen: *ziehen wir* wider dasselbe nach dem Lose; und nehmen wir zehn Männer von 10 hundert, von allen Stämmen Israels, und hundert von tausend und tausend von zehntausend, um Zehrung für das Volk zu holen, damit, wenn sie nach Gibea *d*-Benjamin kommen, man *an ihm* tue *e* nach all der Schandtat, die es in Israel begangen hat. Und 11 alle Männer von Israel versammelten sich gegen die Stadt, wie ein Mann verbündet.

Und die Stämme Israels sandten 12 Männer in alle Geschlechter *f* Benjamins und sprachen: Was ist das für eine Uebeltat, die unter euch geschehen ist! So gebet nun die Männer, 13 die Söhne Belials, heraus, die in Gibea sind, daß wir sie töten und das Böse aus Israel hinwegschaffen! Aber die Kinder Benjamin wollten nicht auf die Stimme ihrer Brüder, der Kinder Israel, hören; und die Kinder 14 Benjamin versammelten sich aus den Städten nach Gibea, um auszuziehen zum Streit mit den Kindern Israel. Und die Kinder Benjamin wurden an 15 selbigem Tage aus den Städten gemustert: sechsundzwanzigtausend Mann, die das Schwert zogen; außer den Bewohnern von Gibea, die gemustert wurden: siebenhundert auserlesene Männer. Unter all diesem Volke wa- 16 ren siebenhundert auserlesene Männer, die links waren; diese alle schleuderten mit dem Steine aufs Haar und fehlten nicht. Und die Männer von 17 Israel wurden gemustert, außer Benjamin: vierhunderttausend Mann, die das Schwert zogen; diese alle waren Kriegsmänner.

Und die Kinder Israel machten sich 18 auf und zogen hinauf nach Bethel und

---

a d. h. schlechte, nichtswürdige Männer. — *b* W. das. — *c* Eig. wider mich. — *d* H. Geba; so auch V. 33. — *e* O. damit man, bei ihrer Ankunft, an Gibea-Benjamin tue. — *f* Eig. Stämme.

befragten Gott, und sie sprachen: Wer von uns soll zuerst hinaufziehen zum Streit mit den Kindern Benjamin?

19 Und Jehova sprach: Juda zuerst. Und die Kinder Israel machten sich am Morgen auf und lagerten sich wider

20 Gibea. Und die Männer von Israel zogen aus zum Streit mit Benjamin, und die Männer von Israel stellten sich wider sie in Schlachtordnung auf

21 bei Gibea. Und die Kinder Benjamin zogen aus Gibea heraus, und sie streckten unter Israel an selbigem Tage zweiundzwanzigtausend Mann

22 zu Boden. Und es ermannte sich das Volk, die Männer von Israel, und sie stellten sich wieder in Schlachtordnung auf an dem Orte, wo sie sich am ersten Tage aufgestellt hatten.

23 Und die Kinder Israel zogen hinauf und weinten vor Jehova bis an den Abend; und sie befragten Jehova und sprachen: Soll ich wiederum ausrücken zum Streit mit den Kindern meines Bruders Benjamin? Und Jehova sprach: Ziehet wider ihn hinauf.

24 Und die Kinder Israel nahten sich den Kindern Benjamin am zweiten

25 Tage. Und Benjamin zog am zweiten Tage aus Gibea heraus, ihnen entgegen, und sie streckten nochmals unter den Kindern Israel achtzehntausend Mann zu Boden; diese alle

26 zogen das Schwert. Da zogen alle Kinder Israel und das ganze Volk hinauf und kamen nach Bethel, und sie weinten und blieben daselbst vor Jehova und fasteten an selbigem Tage bis zum Abend; und . sie opferten Brandopfer und Friedensopfer vor Je-

27 hova. Und die Kinder Israel befragten Jehova — denn die Lade in jenen Bundes Gottes war daselbst in jenen

28 Tagen, und Pinehas, der Sohn Eleasars, des Sohnes Aarons, stand vor ihr *a* in jenen Tagen — und sprachen: Soll ich wiederum ausziehen zum Streit mit den Kindern meines Bruders Benjamin, oder soll ich aufhören? Und Jehova sprach: Ziehet hinauf, denn morgen werde ich ihn in deine Hand geben.

29 Und Israel legte einen Hinterhalt

30 gegen Gibea ringsumher. Und die Kinder Israel zogen am dritten Tage hinauf wider die Kinder Benjamin und stellten sich wider Gibea auf, wie

31 die anderen Male. Und die Kinder Benjamin zogen heraus, dem Volke entgegen, wurden von der Stadt abgerissen und fingen an, etliche von dem Volke zu erschlagen, wie die anderen Male, bei dreißig Mann unter Israel, auf den Landstraßen, deren eine nach Bethel hinaufsteigt und die andere durch das Gefilde nach Gibea

32 *führt.* Und die Kinder Benjamin sprachen: Sie sind vor uns geschlagen wie im Anfang. Die Kinder Israel aber sprachen: Laßt uns fliehen, daß wir sie von der Stadt abreißen auf

33 die Landstraßen! Und alle Männer

von Israel machten sich auf von ihrem Orte und stellten sich zu Baal-Tamar auf, während der Hinterhalt Israels von seinem Orte hervorbrach aus dem Blachfelde von Gibea *b*. Und

34 es kamen gegen Gibea zehntausend auserlesene Männer aus ganz Israel, und der Streit wurde heftig; jene aber wußten nicht, daß das Unglück

35 sie erreichte. Und Jehova schlug Benjamin vor Israel, und die Kinder Israel streckten unter Benjamin an selbigem Tage fünfundzwanzigtausend und hundert Mann nieder; diese alle

36 zogen das Schwert. — Und die Kinder Benjamin sahen, daß sie geschlagen waren. Und die Männer von Israel gaben Benjamin Raum, weil sie sich auf den Hinterhalt verließen, den

37 sie wider Gibea gelegt hatten. Und der Hinterhalt eilte und überfiel Gibea; und der Hinterhalt zog hin und schlug die ganze Stadt mit der Schärfe

38 des Schwertes. Die Männer von Israel hatten sich aber mit dem Hinterhalt verabredet, eine große Rauchsäule aus der Stadt emporsteigen zu lassen.

39 Und die Männer von Israel wandten sich um im Streit, und Benjamin hatte angefangen, unter den Männern von Israel etliche zu erschlagen, bei dreißig Mann; denn sie sprachen: Sie sind ja gänzlich vor uns geschlagen,

40 wie im vorigen Streit. Und der Brand fing an aus der Stadt emporzusteigen wie eine Rauchsäule; und Benjamin wandte sich zurück, und siehe, die ganze Stadt ging im *Feuer* auf gen

41 Himmel. Da wandten sich die Männer von Israel um, und die Männer von Benjamin wurden bestürzt; denn sie sahen, daß das Unglück sie er-

42 reicht hatte. Und sie wandten sich vor den Männern von Israel nach dem Wege zur Wüste; aber der Streit ereilte *c* sie; und die aus den Städten kamen, streckten sie in ihrer Mitte

43 nieder. Sie umzingelten Benjamin, jagten ihm nach, traten ihn nieder, wo er ausruhen wollte, bis vor Gibea, gegen Sonnenaufgang. Und es

44 fielen von Benjamin achtzehntausend Mann; diese alle waren tapfere Män-

45 ner. Da wandten sie sich und flohen der Wüste zu, nach dem Felsen Rimmon; aber die Israeliten *d* hielten unter ihnen auf den Landstraßen eine Nachlese von fünftausend Mann, und setzten ihnen nach bis Gideom und erschlugen von ihnen zweitausend

46 Mann. So waren all der von Benjamin an selbigem Tage Gefallenen fünfundzwanzigtausend Mann, die das Schwert zogen; diese alle waren tap-

47 fere Männer. Sechshundert Mann aber wandten sich und flohen der Wüste zu, nach dem Felsen Rimmon; und sie blieben am Felsen Rimmon vier

48 Monate. — Und die Männer von Israel kehrten zu den Kindern Benjamin zurück und schlugen sie mit der Schärfe des Schwertes, von den Män-

---

a O. ihm; d. h. übte den Priesterdienst aus. — *b* And. l.: im Westen von Gibea. — *c* O. verfolgte. — *d* W. aber sie.

nern in den Städten *a* bis zum Vieh, bis zu allem was sich vorfand; auch alle die Städte, die sich vorfanden, steckten sie in Brand.

21 Die Männer von Israel hatten aber zu Mizpa geschworen und gesagt: Niemand von uns soll seine Tochter den Benjaminitern zum Weibe geben!

2 Und das Volk kam nach Bethel, und sie blieben daselbst bis an den Abend vor Gott; und sie erhoben ihre Stim-3 me und weinten sehr und sprachen: Warum, Jehova, Gott Israels, ist dieses in Israel geschehen, daß heute ein 4 Stamm aus Israel vermißt wird? Und es geschah am anderen Tage, da machte sich das Volk früh auf, und sie bauten daselbst einen Altar und opferten Brandopfer und Friedens-5 opfer. Und die Kinder Israel sprachen: Wer von allen Stämmen Israels ist nicht in die Versammlung zu Jehova heraufgekommen? Denn ein großer *b* Schwur war geschehen betreffs dessen, der nicht zu Jehova nach Mizpa heraufkäme, indem man sprach: 6 Er soll gewißlich getötet werden! Und die Kinder Israel ließen sich's gereuen *c* über Benjamin, ihren Bruder, und sie sprachen: Heute ist ein Stamm 7 von Israel abgehauen! Was sollen wir ihnen, den Uebriggebliebenen, tun betreffs der Weiber? Wir haben ja bei Jehova geschworen, ihnen keine von unseren Töchtern zu Weibern zu 8 geben. Und sie sprachen: Gibt es irgend einen von den Stämmen Israels, der nicht zu Jehova nach Mizpa heraufgekommen ist? Und siehe, kein Mann von Jabes-Gilead war ins Lager, 9 in die Versammlung, gekommen. Und das Volk wurde gemustert, und siehe, kein Mann war da von den Bewoh-10 nern von Jabes-Gilead. Da sandte die Gemeinde zwölftausend Mann von den tapferen Männern dorthin, und sie geboten ihnen und sprachen: Gehet hin und schlaget die Bewohner von Jabes-Gilead mit der Schärfe des Schwertes, auch die Weiber und die 11 Kinder! Und dies ist es, was ihr tun sollt: alle Männlichen und alle Weiber, die den Beischlaf eines Mannes gekannt haben, sollt ihr verbannen. 12 Und sie fanden unter den Bewohnern von Jabes-Gilead vierhundert Mädchen, Jungfrauen, die keinen Mann im Beischlaf erkannt hatten; und sie brachten sie ins Lager nach Silo, das 13 im Lande Kanaan ist. Und die ganze Gemeinde sandte hin und redete zu

den Kindern Benjamin, die am Felsen Rimmon waren, und entbot ihnen Frieden. Und Benjamin kehrte in sel-14 biger Zeit zurück; und sie gaben ihnen die Weiber, welche sie hatten leben lassen von den Weibern von Jabes-Gilead; aber sie fanden so nicht genug für sie.

Und das Volk ließ sich's gereuen 15 wegen Benjamins, weil Jehova einen Riß gemacht hatte in den Stämmen Israels. Und die Aeltesten der Ge-16 meinde sprachen: Was sollen wir den Uebriggebliebenen tun betreffs der Weiber? Denn die Weiber sind aus Benjamin vertilgt. Und sie sprachen: 17 Ein Besitztum soll sein für die Entronnenen von Benjamin, damit nicht ein Stamm aus Israel ausgetilgt werde. Wir aber, wir können ihnen keine 18 Weiber von unseren Töchtern geben; denn die Kinder Israel haben geschworen und gesagt: Verflucht sei, wer den Benjaminitern ein Weib gibt! Und sie sprachen: Siehe, ein Fest Je-19 hovas ist von Jahr zu Jahr zu Silo, das nördlich von Bethel, gegen Sonnenaufgang von der Landstraße, die von Bethel nach Sichem hinaufgeht, und südlich von Lebona *liegt.* Und sie 20 geboten den Kindern Benjamin und sprachen: Gehet hin und lauert in den Weinbergen; und sehet zu, und 21 siehe, wenn die Töchter von Silo herausziehen zum Reigentanze, so kommet hervor aus den Weinbergen und erhaschet euch unter den Töchtern von Silo ein jeder sein Weib, und ziehet hin in das Land Benjamin. Und 22 es soll geschehen, wenn ihre Väter oder ihre Brüder kommen, um mit uns zu rechten, so wollen wir zu ihnen sagen: Gewähret sie uns! denn wir haben nicht ein jeder sein Weib im Kriege empfangen; denn nicht ihr habt sie ihnen gegeben, daß ihr jetzt schuldig wäret.

Und die Kinder Benjamin taten al-23 so und nahmen sich Weiber, nach ihrer Zahl, von den Tänzerinnen, die sie raubten. Und sie zogen fort und kehrten in ihr Erbteil zurück; und sie bauten die Städte *wieder* auf und wohnten darin. Und die Kinder Israel 24 zogen in selbiger Zeit von dannen, ein jeder zu seinem Stamme und zu seinem Geschlecht; und sie zogen von dannen hinweg, ein jeder in sein Erbteil.

In jenen Tagen war kein König in 25 Israel; ein jeder tat was recht war in seinen Augen.

---

a Eig. von der männlichen Stadtbevölkerung. (Wie 5. Mose 2, 34; mit Aenderung eines Vokals.) — *b* Eig. der große. — *c* O. betrübten sich; so auch V. 15.

Das Buch Ruth

1 Und es geschah in den Tagen, als die Richter richteten, da entstand eine Hungersnot im Lande. Und ein Mann von Bethlehem-Juda zog hin, um sich in den Gefilden Moabs aufzuhalten, er und sein Weib und seine beiden 2 Söhne. Und der Name des Mannes war Elimelech, und der Name seines Weibes Noomi, und die Namen seiner beiden Söhne Machlon und Kiljon, Ephratiter von Bethlehem-Juda. Und sie kamen in die Gefilde Moabs und blieben daselbst. 3 Und Elimelech, der Mann Noomis, starb: und sie blieb mit ihren beiden 4 Söhnen übrig. Und sie nahmen sich moabitische Weiber: der Name der einen war Orpa, und der Name der anderen Ruth; und sie wohnten da-5 selbst bei zehn Jahren. Da starben auch die beiden, Machlon und Kiljon; und das Weib blieb *allein* übrig von ihren beiden Söhnen und von ihrem Manne.

6 Und sie machte sich auf, sie und ihre Schwiegertöchter, und kehrte aus den Gefilden Moabs zurück; denn sie hatte im Gefilde Moabs gehört, daß Jehova sein Volk heimgesucht 7 habe, um ihnen Brot zu geben a. Und sie zog aus von dem Orte, wo sie gewesen war, und ihre beiden Schwiegertöchter mit ihr; und sie zogen des Weges, um in das Land Juda zurück-8 zukehren. Da sprach Noomi zu ihren beiden Schwiegertöchtern: Gehet, kehret um, eine jede zum Hause ihrer Mutter. Jehova erweise Güte an euch, so wie ihr sie an den Verstorbenen 9 und an mir erwiesen habt. Jehova gebe euch, daß ihr Ruhe findet, eine jede in dem Hause ihres Mannes! Und sie küßte sie. Und sie erhoben 10 ihre Stimme und weinten; und sie sprachen zu ihr: Doch, wir wollen mit dir zu deinem Volke zurückkeh-11 ren! Und Noomi sprach: Kehret um, meine Töchter! Warum wolltet ihr mit mir gehen? Habe ich noch Söhne in meinem Leibe, daß sie euch zu 12 Männern werden könnten? Kehret um, meine Töchter, gehet; denn ich bin zu alt, um eines Mannes zu werden. Wenn ich spräche: Ich habe Hoffnung; wenn ich selbst diese Nacht eines Mannes würde und sogar Söhne gebären 13 sollte: wolltet ihr deshalb warten, bis sie groß würden? wolltet ihr deshalb euch abschließen, daß ihr keines Mannes würdet? Nicht doch, meine Töchter! denn mir ergeht es viel bit-

terer als euch; denn die Hand Jehovas ist wider mich ausgegangen. Da 14 erhoben sie ihre Stimme und weinten wiederum. Und Orpa küßte ihre Schwiegermutter; Ruth aber hing ihr an.

Und sie sprach: Siehe, deine Schwä-15 gerin ist zu ihrem Volke und zu ihren Göttern zurückgekehrt; kehre um, deiner Schwägerin nach! Aber 16 Ruth sprach: Dringe nicht in mich, dich zu verlassen, hinter dir weg umzukehren; denn wohin du gehst, will ich gehen, und wo du weilst, will ich weilen; dein Volk ist mein Volk, und dein Gott ist mein Gott; wo du stirbst, 17 will ich sterben, und daselbst will ich begraben werden. So soll mir Jehova tun und so hinzufügen, *nur* der Tod soll scheiden zwischen mir und dir! Und als sie sah, daß sie fest darauf 18 bestand, mit ihr zu gehen, da ließ sie ab, ihr zuzureden.

Und so gingen beide, bis sie nach 19 Bethlehem kamen. Und es geschah, als sie nach Bethlehem kamen, da geriet die ganze Stadt ihretwegen in Bewegung, und sie sprachen: Ist das Noomi? Und sie sprach zu ihnen: 20 Nennet mich nicht Noomi c, nennet mich Mara d; denn der Allmächtige hat es mir sehr bitter gemacht. Voll 21 bin ich gegangen, und leer hat mich Jehova zurückkehren lassen. Warum nennet ihr mich Noomi, da Jehova gegen mich gezeugt, und der Allmächtige mir Uebles getan hat?

Und so kehrte Noomi zurück und 22 Ruth, die Moabitin, ihre Schwiegertochter, mit ihr, welche aus den Gefilden Moabs zurückkehrte; und sie kamen nach Bethlehem beim Beginn der Gerstenernte.

2 Und Noomi hatte einen Verwandten ihres Mannes, einen vermögenden Mann, aus dem Geschlecht Elimelechs, und sein Name war Boas. Und Ruth, 2 die Moabitin, sprach zu Noomi: Laß mich doch aufs Feld gehen und unter den Aehren lesen hinter dem her, in dessen Augen ich Gnade finden werde. Und sie sprach zu ihr: Gehe hin, meine Tochter. Und sie ging hin und 3 kam und las auf dem Felde hinter den Schnittern her; und sie traf zufällig das Feldstück des Boas, der aus dem Geschlecht Elimelechs war. Und 4 siehe, Boas kam von Bethlehem und sprach zu den Schnittern: Jehova sei mit euch! Und sie sprachen zu ihm: Jehova segne dich! Und Boas sprach 5

---

a O. indem er ihnen Brot gab. — b d. h. die Weiber der Stadt. — c Huldvolle, Liebliche. — d Bittere, Betrübte.

zu seinem Knechte *a*, der über die Schnitter bestellt war: Wem gehört
6 dieses Mädchen? Und der Knecht *a*, der über die Schnitter bestellt war, antwortete und sprach: Es ist ein moabitisches Mädchen, das mit Noomi aus den Gefilden Moabs zurückgekehrt
7 ist; und sie sprach: Laß mich doch auflesen und unter den Garben sammeln hinter den Schnittern her! Und so ist sie gekommen und dageblieben vom Morgen an bis jetzt; was sie im Hause gesessen hat, ist wenig.
8 Und Boas sprach zu Ruth: Hörst du, meine Tochter? gehe nicht, um auf einem anderen Felde aufzulesen, und gehe auch nicht von hinnen, sondern halte dich hier zu meinen Mägden.
9 Deine Augen seien auf das Feld *gerichtet*, welches man schneidet, und gehe hinter ihnen her; habe ich nicht den Knaben geboten, dich nicht anzutasten? Und wenn dich dürstet, so gehe zu den Gefäßen und trinke von
10 dem, was die Knaben schöpfen. Da fiel sie auf ihr Angesicht und beugte sich zur Erde nieder und sprach zu ihm: Warum habe ich Gnade gefunden in deinen Augen, daß du mich beachtest, da ich doch eine Fremde
11 bin? Und Boas antwortete und sprach zu ihr: Es ist mir alles wohl berichtet worden, was du an deiner Schwiegermutter getan hast nach dem Tode deines Mannes, indem du deinen Vater und deine Mutter und das Land deiner Geburt verlassen hast und zu einem Volke gezogen bist, das du
12 früher nicht kanntest. Jehova vergelte dir dein Tun, und voll sei dein Lohn von Jehova, dem Gott Israels, unter dessen Flügeln Zuflucht zu suchen du
13 gekommen bist! Und sie sprach: Möge ich Gnade finden in deinen Augen, mein Herr! denn du hast mich getröstet und hast zum Herzen deiner Magd geredet, und doch bin ich nicht wie eine deiner Mägde.
14 Und Boas sprach zu ihr zur Zeit des Essens: Tritt hierher, und iß von dem Brote und tunke deinen Bissen in den Essig. Da setzte sie sich zur Seite der Schnitter; und er reichte ihr geröstete Körner, und sie aß und
15 wurde satt und ließ übrig. Und sie stand auf, um aufzulesen; und Boas gebot seinen Knaben und sprach: Auch zwischen den Garben mag sie auflesen, und ihr sollt sie nicht be-
16 schämen *b*; und auch sollt ihr selbst aus den Bündeln *Ähren* für sie herausziehen und sie liegen lassen, damit sie sie auflese, und sollt sie nicht schelten.
17 Und sie las auf dem Felde auf bis zum Abend, und sie schlug aus was sie aufgelesen hatte, und es war bei
18 einem Epha Gerste. Und sie nahm es auf und kam in die Stadt, und ihre Schwiegermutter sah was sie aufgelesen hatte; und sie zog hervor und

gab ihr was sie übriggelassen, nachdem sie sich gesättigt hatte. Da 19 sprach ihre Schwiegermutter zu ihr: Wo hast du heute aufgelesen, und wo hast du gearbeitet? Gesegnet sei, der dich beachtet hat! Und sie tat ihrer Schwiegermutter kund, bei wem sie gearbeitet hatte, und sprach: DerName des Mannes, bei dem ich heute gearbeitet habe, ist Boas. Da sprach Noo- 20 mi zu ihrer Schwiegertochter: Gesegnet sei er von Jehova, dessen Güte nicht abgelassen hat von den Lebenden und von den Toten! Und Noomi sprach zu ihr: Der Mann ist uns nahe verwandt, er ist einer von unseren Blutsverwandten *c*. Und Ruth, die 21 Moabitin, sprach: Er hat auch zu mir gesagt: Du sollst dich zu meinen Leuten halten, bis sie meine ganze Ernte beendigt haben. Und Noomi 22 sprach zu Ruth, ihrer Schwiegertochter: Es ist gut, meine Tochter, daß du mit seinen Mägden ausgehst, daß man dich nicht anfalle *d* auf einem anderen Felde. Und so hielt sie sich 23 zu den Mägden des Boas, um aufzulesen, bis die Gerstenernte und die Weizenernte beendigt waren. Und sie wohnte bei ihrer Schwiegermutter.

Und Noomi, ihre Schwiegermutter, **3** sprach zu ihr: Meine Tochter, sollte ich dir nicht Ruhe suchen, daß es dir wohl gehe? Und nun, ist nicht Boas, 2 bei dessen Mägden du gewesen bist, unser Verwandter? Siehe, er worfelt diese Nacht auf der Gerstentenne. So 3 bade dich und salbe dich und lege deine Kleider an, und gehe zur Tenne hinab; laß dich nicht von dem Manne bemerken, bis er fertig ist mit Essen und Trinken. Und es geschehe, 4 wenn er sich niederlegt, so merke den Ort, wo er sich hinlegt, und gehe und decke auf zu seinen Füßen und lege dich hin; er aber wird dir kundtun, was du tun sollst. Und sie sprach zu 5 ihr: Alles was du sagst, will ich tun.

Und sie ging zur Tenne hinab und 6 tat nach allem was ihre Schwiegermutter ihr geboten hatte. Und Boas 7 aß und trank, und sein Herz wurde fröhlich; und er kam, um sich an dem Ende des Getreidehaufens niederzulegen. Da kam sie leise und deckte zu seinen Füßen auf und legte sich hin. Und es geschah um Mitternacht, 8 da schrak der Mann auf und beugte sich hin: und siehe, ein Weib lag zu seinen Füßen. Und er sprach: Wer 9 bist du? Und sie sprach: Ich bin Ruth, deine Magd; so breite deine Flügel *e* aus über deine Magd, denn du bist ein Blutsverwandter. Und er 10 sprach: Gesegnet seiest du von Jehova, meine Tochter! Du hast deine letzte Güte *noch* besser erwiesen als die erste, indem du nicht den Jünglingen nachgegangen bist, sei es armen oder reichen. Und nun, meine 11 Tochter, fürchte dich nicht! alles was

---

a Anderswo : Knabe, Jüngling. — *b* O. ihr nichts zuleide tun. — *c* Eig. Lösern; so auch nachher. Vergl. 3. Mose 25, 25 usw.; 5. Mose 25, 5. — *d* O. dir begegne. — *e* And. üb.: deine Decke.

du sagst, werde ich dir tun; denn das ganze Tor meines Volkes weiß, daß 12 du ein wackeres Weib bist. Und nun, wahrlich, ich bin ein Blutsverwandter; doch ist auch ein näherer Bluts- 13 verwandter da als ich. Bleibe diese Nacht; und es soll am Morgen geschehen, wenn er dich lösen will, gut, so mag er lösen; wenn er aber keine Lust hat, dich zu lösen, so werde i c h dich lösen, *so wahr* Jehova lebt! Liege bis zum Morgen.

14 Und sie lag zu seinen Füßen bis zum Morgen; und sie stand auf, ehe einer den anderen erkennen konnte; denn er sprach: Es werde nicht kund, daß ein Weib auf die Tenne gekom- 15 men ist! Und er sprach: Gib den Mantel her, den du anhast, und halte ihn. Und sie hielt ihn, und er maß sechs *Maß* Gerste und legte sie ihr 16 auf; und er a ging in die Stadt. Und sie kam zu ihrer Schwiegermutter; und sie sprach: Wie steht es mit dir *b*, meine Tochter? Und sie berichtete ihr alles was der Mann ihr getan hat- 17 te, und sprach: Diese sechs *Maß* Gerste gab er mir, denn er sagte: Du sollst nicht leer zu deiner Schwieger- 18 mutter kommen. Und sie sprach: Bleibe, meine Tochter, bis du weißt, wie die Sache ausfällt; denn der Mann wird nicht ruhen, er habe denn die Sache heute zu Ende geführt.

4 Und Boas ging zum Tore hinauf und setzte sich daselbst. Und siehe, der Blutsverwandte ging vorüber, von dem Boas geredet hatte. Da sprach er: Komm her, setze dich hierher, du, der und der. Und er kam herzu und 2 setzte sich. Und Boas *c* nahm zehn Männer von den Aeltesten der Stadt und sprach: Setzet euch hierher; und 3 sie setzten sich. Und er sprach zu dem Blutsverwandten: Noomi, die aus dem Gefilde Moabs zurückgekehrt ist, verkauft das Feldstück, welches unserem Bruder Elimelech gehörte; 4 so habe ich nun gedacht, ich wolle es deinem Ohr eröffnen und dir sagen: Kaufe es vor den Einwohnern und vor den Aeltesten meines Volkes. Wenn du lösen willst, löse, und wenn du nicht lösen willst, so tue mir's kund, daß ich es wisse; denn da ist niemand außer dir zum Lösen, und ich komme nach dir. Und er sprach: 5 Ich will lösen. Da sprach Boas: An dem Tage, da du das Feld aus der Hand Noomis kaufst, hast du es auch von Ruth, der Moabitin *d*, dem Weibe des Verstorbenen, gekauft, um den Namen des Verstorbenen auf seinem 6 Erbteil zu erwecken. Da sprach der Blutsverwandte: Ich kann nicht für mich lösen, daß ich mein Erbteil nicht

verderbe. Löse du für dich, was ich lösen sollte, denn ich kann nicht lösen.

Dies aber geschah vordem in Is- 7 rael bei einer Lösung und bei einem Tausche, um jede Sache zu bestätigen: der eine zog seinen Schuh aus und gab ihn dem anderen; und das war die *Art der* Bezeugung in Israel. Und der Blutsverwandte sprach zu Boas: Kaufe für dich! Und er zog seinen Schuh aus. Da sprach Boas zu 9 den Aeltesten und zu allem Volke: Ihr seid heute Zeugen, daß ich aus der Hand Noomis alles gekauft habe, was Elimelech, und alles was Kiljon und Machlon gehörte; und auch Ruth, 10 die Moabitin, das Weib Machlons, habe ich mir zum Weibe gekauft, um den Namen des Verstorbenen auf seinem Erbteil zu erwecken, daß nicht der Name des Verstorbenen ausgerottet werde unter seinen Brüdern und aus dem Tore seines Ortes. Ihr seid heute Zeugen! Und alles Volk, das 11 im Tore war, und die Aeltesten sprachen: Wir sind Zeugen! Jehova mache das Weib, das in dein Haus kommt, wie Rahel und wie Lea, welche beide das Haus Israel erbaut haben; und werde mächtig *e* in Ephrata und stifte einen Namen in Bethlehem! Und von 12 dem Samen, den Jehova dir von diesem jungen Weibe geben wird, werde dein Haus wie das Haus des Perez, welchen Tamar dem Juda geboren hat!

Und Boas nahm Ruth, und sie wur- 13 de sein Weib, und er ging zu ihr ein; und Jehova verlieh ihr Schwangerschaft, und sie gebar einen Sohn. Und 14 die Weiber sprachen zu Noomi: Gepriesen sei Jehova, der es dir heute nicht hat fehlen lassen an einem Löser*f*! und sein Name werde gerühmt in Israel! Und er wird dir ein Er- 15 quicker der Seele sein und ein Versorger deines Alters! Denn deine Schwiegertochter, die dich liebt, hat ihn geboren, sie, die dir besser ist als sieben Söhne. Und Noomi nahm 16 das Kind und legte es auf ihren Schoß und wurde seine Wärterin. Und die 17 Nachbarinnen gaben ihm einen Namen, indem sie sprachen: Ein Sohn ist der Noomi geboren! Und sie gaben ihm den Namen Obed *g*. Er ist der Vater Isais, des Vaters Davids.

Und dies sind die Geschlechter des 18 Perez: Perez zeugte Hezron, und 19 Hezron zeugte Ram, und Ram zeugte Amminadab, und Amminadab zeugte 20 Nachschon, und Nachschon zeugte Salma, und Salmon zeugte Boas, und 21 Boas zeugte Obed, und Obed zeugte 22 Isai, und Isai zeugte David.

---

a E. l.: sie. — *b* Eig. Als welche (oder wie) bist du? — *c* W. und er. — *d* And. l.: hast du auch Ruth gekauft, die Moabitin usw., wie in V. 10. — *e* O. schaffe Tüchtiges. — *f* bezieht sich auf den Sohn Ruths. — *g* Diener.

Das erste Buch Samuel

1 Und es war ein Mann von Rama-thajim-Zophim, vom Gebirge Ephraim, und sein Name war Elkana, der Sohn Jerochams, des Sohnes Elihus, des Sohnes Tochus, des Sohnes Zuphs, 2 ein Ephratiter *a*. Und er hatte zwei Weiber: der Name der einen war Hanna, und der Name der anderen Peninna; und Peninna hatte Kinder, 3 aber Hanna hatte keine Kinder. Und dieser Mann ging von Jahr zu Jahr aus seiner Stadt hinauf, um Jehova der Heerscharen anzubeten und ihm zu opfern zu Silo; und daselbst waren die beiden Söhne Elis, Hophni 4 und Pinehas, Priester Jehovas. Und es geschah an dem Tage, da Elkana opferte, da gab er seinem Weibe Peninna und allen ihren Söhnen und ih-5 ren Töchtern Stücke; aber Hanna gab er ein doppeltes Stück, denn er liebte Hanna; aber Jehova hatte ih-6 ren Mutterleib verschlossen. Und ihre Widersacherin kränkte sie mit vieler Kränkung, um sie aufzubringen, weil Jehova ihren Mutterleib verschlossen 7 hatte. Und so wie er das Jahr für Jahr tat, also kränkte sie sie, so oft sie zum Hause Jehovas hinaufzog; 8 und sie weinte und aß nicht. Und El-kana, ihr Mann, sprach zu ihr: Han-na, warum weinst du? und warum issest du nicht? und warum ist dein Herz betrübt? Bin ich dir nicht besser als zehn Söhne? 9 Und Hanna stand auf nach dem Essen und nach dem Trinken zu Silo. Eli, der Priester, saß aber auf dem Stuhle an einem der *Tür*-Pfosten des 10 Tempels Jehovas. Und sie war bitteren Gemütes, und sie flehte zu Je-11 hova und weinte sehr. Und sie tat ein Gelübde und sprach: Jehova der Heerscharen! wenn du das Elend deiner Magd ansehen und meiner gedenken und deine Magd nicht vergessen wirst und wirst deiner Magd männlichen Samen geben, so will ich ihn Jehova geben alle Tage seines Lebens; und kein Schermesser soll 12 auf sein Haupt kommen. Und es geschah, als sie lange vor Jehova 13 betete, daß Eli ihren Mund beobachtete. Hanna aber redete in ihrem Herzen; nur ihre Lippen bewegten sich, aber ihre Stimme wurde nicht gehört; und Eli hielt sie für 14 eine Trunkene. Und Eli sprach zu ihr: Bis wann willst du dich wie eine Trunkene gebärden? Tue deinen 15 Wein von dir! Aber Hanna antwortete und sprach: Nein, mein Herr!

ein Weib beschwerten Geistes bin ich; weder Wein noch starkes Getränk habe ich getrunken, sondern ich schüttete meine Seele vor Jehova aus. Setze nicht deine Magd einer 16 Tochter Belials gleich; denn aus der Fülle meines Kummers und meiner Kränkung habe ich bisher geredet. Und Eli antwortete und sprach: Ge-17 he hin in Frieden; und der Gott Israels gewähre deine Bitte, die du von ihm erbeten hast! Und sie sprach: 18 Möge deine Magd Gnade finden in deinen Augen! Und das Weib ging ihres Weges und aß, und ihr Angesicht war nicht mehr dasselbe.

Und sie machten sich des Morgens 19 früh auf und beteten an vor Jehova; und sie kehrten zurück und kamen in ihr Haus nach Rama. Und Elkana erkannte Hanna, sein Weib, und Je-hova gedachte ihrer. Und es geschah 20 nach Umlauf der Zeit, da ward Han-na schwanger und gebar einen Sohn; und sie gab ihm den Namen Samu-el *b*: denn von Jehova habe ich ihn erbeten. Und der Mann Elkana ging 21 hinauf mit seinem ganzen Hause, um Jehova das jährliche Schlachtopfer zu opfern und sein Gelübde *zu erfüllen*. Aber Hanna ging nicht hinauf; denn 22 sie sprach zu ihrem Manne: Bis der Knabe entwöhnt ist, dann will ich ihn bringen, daß er vor Jehova erscheine und dort bleibe auf immer. Und El-23 kana, ihr Mann, sprach zu ihr: Tue was gut ist in deinen Augen; bleibe, bis du ihn entwöhnt hast; nur möge Jehova sein Wort aufrecht halten! So blieb das Weib und säugte ihren Sohn, bis sie ihn entwöhnt hatte. Und 24 sobald sie ihn entwöhnt hatte, brachte sie ihn mit sich hinauf nebst drei Farren und einem Epha Mehl und einem Schlauch Wein, und brachte ihn in das Haus Jehovas nach Silo; und der Knabe war *noch* jung. Und 25 sie schlachteten den Farren und brachten den Knaben zu Eli. Und sie 26 sprach: Bitte, mein Herr! *So wahr* deine Seele lebt, mein Herr, ich bin das Weib, das hier bei dir stand, um zu Jehova zu flehen. Um diesen Kna-27 ben habe ich gebetet, und Jehova hat mir meine Bitte gewährt, die ich von ihm erbeten habe. So habe auch ich 28 ihn Jehova geliehen; alle die Tage, die er lebt*c*, ist er Jehova geliehen. Und er betete *d* daselbst Jehova an.

Und Hanna betete und sprach: **2** Es frohlockt mein Herz in Jehova, erhöht ist mein Horn in *e* Jehova;

---

a O. ein Ephraimiter; vergl. Richt. 12, 5, sowie die Anm. zu Richt. 17, 7. — *b* H. Schemuel: von Gott erhört. — *c* W. ist. — *d* O. sie beteten. — *e* O. durch.

mein Mund ist weit aufgetan über meine Feinde, denn ich freue mich in deiner Rettung.

2 Keiner ist heilig wie Jehova, denn keiner ist außer dir; und kein Fels ist wie unser Gott.

3 Häufet nicht Worte des Stolzes, noch gehe Freches aus eurem Munde hervor; denn ein Gott *a* des Wissens ist Jehova, und von ihm werden die Handlungen gewogen.

4 Die Bogen der Helden sind zerbrochen, und die Strauchelnden haben sich mit Kraft umgürtet.

5 Die satt waren, haben sich um Brot verdungen, und die hungrig waren, sind es nicht mehr *b*; sogar die Unfruchtbare hat sieben geboren, und die Kinderreiche ist dahingewelkt.

6 Jehova tötet und macht lebendig; er führt in den Scheol hinab und führt herauf.

7 Jehova macht arm und macht reich; er erniedrigt und erhöht auch.

8 Er hebt aus dem Staube empor den Geringen, aus dem Kote erhöht er den Armen, um sie sitzen zu lassen bei den Edlen *c*; und den Thron der Ehre gibt er ihnen als Erbteil. Denn Jehovas sind die Säulen der Erde, und auf sie hat er den Erdkreis gestellt.

9 Die Füße seiner Frommen *d* bewahrt er, aber die Gesetzlosen verstummen *e* in Finsternis; denn nicht durch Stärke hat der Mensch die Oberhand.

10 Jehova — es werden zerschmettert werden, die mit ihm hadern; über ihnen im Himmel wird er donnern. Jehova wird richten die Enden der Erde, und Macht verleihen seinem König und erhöhen das Horn seines Gesalbten. —

11 Und Elkana ging nach Rama, nach seinem Hause. Der Knabe aber diente Jehova vor Eli, dem Priester.

12 Und die Söhne Elis waren Söhne Belials, sie kannten Jehova nicht.

13 Und die Weise der Priester gegen das Volk *war also:* So oft jemand ein Schlachtopfer opferte, kam der Knabe *f* des Priesters, wenn man das Fleisch kochte, und hatte eine Gabel mit drei Zinken in seiner Hand;

14 und er stieß in das Becken oder in die Mulde oder in den Kessel oder in den Topf: alles was die Gabel heraufbrachte, nahm der Priester damit *g* weg. Also taten sie zu Silo allen

15 Israeliten, die dahin kamen. Sogar ehe man das Fett räucherte, kam der Knabe des Priesters und sprach zu dem Manne, der opferte: Gib Fleisch zum Braten für den Priester! denn er will kein gekochtes Fleisch von dir

16 annehmen, sondern rohes. Und sprach der Mann zu ihm: Sogleich werden sie das Fett räuchern, dann nimm dir, wie es deine Seele begehrt; so sprach

er: Nein, sondern jetzt sollst du es geben, und wenn nicht, so nehme ich es mit Gewalt. Und die Sünde der 17 Jünglinge war sehr groß vor Jehova; denn die Leute verachteten die Opfergabe Jehovas.

Und Samuel diente vor Jehova, ein 18 Knabe, umgürtet mit einem leinenen Ephod *h*. Und seine Mutter machte 19 ihm ein kleines Oberkleid und brachte es ihm von Jahr zu Jahr hinauf, wenn sie mit ihrem Manne hinaufging, um das jährliche Schlachtopfer zu opfern. Und Eli segnete Elkana und 20 sein Weib und sprach: Jehova gebe dir Samen von diesem Weibe an Stelle des Geliehenen *i*, das man Jehova geliehen hat. Und sie gingen nach Hause *j*. Und Jehova suchte Hanna 21 heim, und sie wurde schwanger: und sie gebar drei Söhne und zwei Töchter. Und der Knabe Samuel wurde groß bei Jehova.

Und Eli war sehr alt; und er hörte 22 alles was seine Söhne dem ganzen Israel taten, und daß sie bei den Weibern lagen, die sich scharten am Eingang des Zeltes der Zusammenkunft. Und er sprach zu ihnen: Warum tut 23 ihr dergleichen Dinge? denn ich höre diese eure bösen Handlungen von dem ganzen Volke. Nicht so, meine Söhne! 24 denn nicht gut ist das Gerücht, das ich höre; ihr machet das Volk Jehovas übertreten. Wenn ein Mensch ge- 25 gen einen Menschen sündigt, so entscheidet Gott über ihn *k*; wenn aber ein Mensch gegen Jehova sündigt, wer wird für ihn bitten *l*? Aber sie hörten nicht auf die Stimme ihres Vaters, denn Jehova war willens, sie zu töten.

Und der Knabe Samuel wurde fort 26 und fort größer und angenehmer, sowohl bei Jehova als auch bei den Menschen.

Und es kam ein Mann Gottes zu 27 Eli und sprach zu ihm: So spricht Jehova: Habe ich mich dem Hause deines Vaters nicht deutlich geoffenbart, als sie in Aegypten waren im Hause des Pharao *m*? Und ich habe ihn aus 28 allen Stämmen Israels mir zum Priester erwählt, um auf meinem Altar zu opfern, um Räucherwerk zu räuchern, um das Ephod vor mir zu tragen; und ich gab dem Hause deines Vaters alle Feueropfer der Kinder Israel. Warum tretet ihr mit Füßen 29 mein Schlachtopfer und mein Speisopfer, die ich in der Wohnung geboten habe? Und du ehrest deine Söhne mehr als mich, daß ihr euch mästet von dem Erstlingen aller Opfergaben Israels, meines Volkes. Darum 30 spricht *n* Jehova, der Gott Israels: Ich habe allerdings gesagt: Dein Haus und das Haus deines Vaters sollen vor mir wandeln ewiglich; aber nun

---

a El. — *b* Eig. die Hungrigen feiern. — *c* Vergl. Ps. 113, 7. 8. — *d* Nach and. Les.: seines Frommen. — *e* O. kommen um. — *f* d. h. der Diener. — *g* And. l.: für sich. — *h* Eig. einem Ephod von Weißzeug. — *i* O. Erbetenen. — *j* W. nach seinem Orte. — *k* näml. als Schiedsrichter. — *l* Eig. sich ins Mittel legen. — *m* O. in Aegypten dem Hause des Pharao angehörten. — *n* Vergl. die Anm. zu 1. Mose 22, 16.

spricht *a* Jehova: Fern sei es von mir! Denn die mich ehren, werde ich ehren, und die mich verachten, werden 31 gering geachtet werden. Siehe, Tage kommen, da werde ich deinen Arm und den Arm des Hauses deines Vaters abhauen, daß es keinen Greis mehr in deinem Hause geben wird. 32 Und du wirst einen Bedränger in der Wohnung *b* sehen, in allem was Jehova *c* Gutes tun wird *d* an Israel; und es wird keinen Greis mehr in 33 deinem Hause geben alle Tage. Und der Mann, den ich dir nicht ausrotten werde von meinem Altar, wird zum Erlöschen deiner Augen und zum Verschmachten deiner Seele sein; und aller Anwuchs deines Hauses, sie sol- 34 len als Männer sterben. Und dies soll dir das Zeichen sein: das was über deine beiden Söhne kommen wird, über Hophni und Pinehas: an e i n e m 35 Tage sollen sie beide sterben. Und ich werde mir einen treuen Priester erwecken: der wird tun, wie es in meinem Herzen und in meiner Seele ist; und ich werde ihm ein beständiges Haus bauen, und er wird vor meinem Gesalbten wandeln alle Tage. 36 Und es soll geschehen, ein jeder, der in deinem Hause übrigbleibt, wird kommen, um sich vor ihm niederzuwerfen für eine kleine Silbermünze und einen Laib Brot, und wird sagen: Geselle mich doch einem der Priesterämter bei, daß ich einen Bissen Brot esse.

3 Und der Knabe Samuel diente Jehova vor Eli. Und das Wort Jehovas war selten in jenen Tagen, Gesichte waren nicht häufig *e*. 2 Und es geschah in selbiger Zeit, als Eli an seinem Orte lag — seine Augen aber hatten begonnen, blöde zu werden, er konnte nicht sehen — 3 und die Lampe Gottes war noch nicht erloschen, und Samuel lag im Tempel Jehovas, woselbst die Lade Got- 4 tes war, da rief Jehova den Samuel. 5 Und er sprach: Hier bin ich! Und er lief zu Eli und sprach: Hier bin ich, denn du hast mich gerufen. Aber er sprach: Ich habe nicht gerufen, lege dich wieder *f*. Und er ging hin und 6 legte sich. Und Jehova rief wiederum: Samuel! Und Samuel stand auf und ging zu Eli und sprach: Hier bin ich, denn du hast mich gerufen. Und er sprach: Ich habe nicht geru- 7 fen, mein Sohn, lege dich wieder. Samuel aber kannte Jehova noch nicht, und das Wort Jehovas war ihm noch 8 nicht geoffenbart. Und Jehova rief wiederum zum dritten Male: Samuel! Und er stand auf und ging zu Eli und sprach: Hier bin ich, denn du hast mich gerufen. Da erkannte Eli, daß 9 Jehova den Knaben rief. Und Eli sprach zu Samuel: Gehe hin, lege dich; und es geschehe, wenn man *g*

dich ruft, so sprich: Rede, Jehova, denn dein Knecht hört. Und Samuel ging hin und legte sich an seinen Ort.

Und Jehova kam und trat hin und 10 rief wie die anderen Male: Samuel, Samuel! Und Samuel sprach: Rede, denn dein Knecht hört. Da sprach 11 Jehova zu Samuel: Siehe, ich will eine Sache tun in Israel, daß jedem, der sie hört, seine beiden Ohren gellen sollen. An selbigem Tage werde 12 ich wider Eli alles ausführen, was ich über sein Haus geredet habe: ich werde beginnen und vollenden. Denn ich 13 habe ihm kundgetan, daß ich sein Haus richten will ewiglich, um der Ungerechtigkeit willen, die er gewußt hat, daß *h* seine Söhne sich den Fluch zuzogen *i*, und er ihnen nicht gewehrt hat. Und darum habe ich dem Hause 14 Elis geschworen: Wenn die Ungerechtigkeit des Hauses Elis gesühnt werden soll durch Schlachtopfer und durch Speisopfer ewiglich!

Und Samuel lag bis zum Morgen; 15 da tat er die Tür *j* des Hauses Jehovas auf. Und Samuel fürchtete sich, Eli das Gesicht kundzutun. Da rief 16 Eli den Samuel und sprach: Samuel, mein Sohn! Und er sprach: Hier bin ich! Und er sprach: Was ist das Wort, 17 das er zu dir geredet hat? Verhehle es mir doch nicht. So tue dir Gott und so füge er hinzu, wenn du mir etwas verhehlst von allem was er zu dir geredet hat! Da tat ihm Samuel alle die Worte 18 kund und verhehlte ihm nichts. Und er sprach: Er ist Jehova; er tue was gut ist in seinen Augen.

Und Samuel wurde groß; und Je- 19 hova war mit ihm und ließ keines von allen seinen Worten auf die Erde fallen. Und ganz Israel, von Dan bis 20 Beerseba, erkannte, daß Samuel als Prophet Jehovas bestätigt war. Und 21 Jehova fuhr fort in Silo zu erscheinen; denn Jehova offenbarte sich dem Samuel in Silo durch das Wort Jehovas.

Und das Wort Samuels erging an 4 ganz Israel.

Und Israel zog aus, den Philistern entgegen zum Streit; und sie lagerten sich bei Eben-Eser *k*, und die Philister lagerten zu Aphek. Und die 2 Philister stellten sich auf, Israel gegenüber; und der Streit breitete sich aus, und Israel wurde vor den Philistern geschlagen; und sie erschlugen in der Schlachtordnung auf dem Felde bei viertausend Mann. Und als das Volk 3 ins Lager *zurück*kam, da sprachen die Aeltesten von Israel: Warum hat Jehova uns heute vor den Philistern geschlagen? Laßt uns von Silo die Lade des Bundes Jehovas zu uns holen, daß sie in unsere Mitte komme und uns rette aus der Hand unserer Feinde. Und das Volk sandte nach

---

a Vergl. die Anm. zu 1. Mose 22, 16. — *b* O. die Bedrängnis der Wohnung — *c* W. er. — *d* O. statt alles dessen, ... getan haben würde. — *e* Eig. verbreitet. — *f* O. gehe wieder hin, lege dich. So auch V. 6. — *g* O. er. — *h* O. weil. — *i* And. l.: Gott verachteten. — *j* Eig. die Türflügel. — *k* Vergl. Kap. 7, 12.

Silo, und man brachte von dannen die Lade des Bundes Jehovas der Heerscharen, der zwischen a den Cherubim thront; und die beiden Söhne Elis, Hophni und Pinehas, waren daselbst bei der Lade des Bundes Jehovas.

5 Und es geschah, als die Lade des Bundes Jehovas ins Lager kam, da jauchzte ganz Israel mit großem Jauch6zen, daß die Erde erdröhnte. Und die Philister hörten den Schall des Jauchzens und sprachen: Was bedeutet der Schall dieses großen Jauchzens im Lager der Hebräer? Und sie merkten b, daß die Lade Jehovas ins 7 Lager gekommen war. Da fürchteten sich die Philister, denn sie sprachen: Gott ist ins Lager gekommen! Und sie sprachen: Wehe uns! denn sol8ches ist vordem nie geschehen. Wehe uns! wer wird uns aus der Hand dieser mächtigen Götter erretten? Das sind die Götter, welche die Aegypter schlugen mit allerlei Plagen in der 9 Wüste. Fasset Mut und seid Männer, ihr Philister, daß ihr nicht den Hebräern dienen müsset, wie sie euch gedient haben; so seid denn Männer 10und streitet! Und die Philister stritten, und Israel wurde geschlagen, und sie flohen ein jeder nach seinem Zelte; und die Niederlage c war sehr groß, und es fielen von Israel dreißigtau11send Mann zu Fuß. Und die Lade Gottes wurde genommen, und die beiden Söhne Elis, Hophni und Pinehas, starben.

12 Und es lief ein Mann von Benjamin aus der Schlachtordnung und kam nach Silo an selbigem Tage, seine Kleider waren zerrissen, und Erde 13war auf seinem Haupte. Und als er kam, siehe, da saß Eli auf einem Stuhle, spähend an der Seite des Weges; denn sein Herz war bange wegen der Lade Gottes. Und als der Mann kam, um es in der Stadt zu berichten, da 14schrie die ganze Stadt. Und Eli hörte den Schall des Geschreis und sprach: Was bedeutet dieser Schall des Getümmels? Und der Mann eilte und 15kam und berichtete es Eli. Eli aber war achtundneunzig Jahre alt, und seine Augen waren starr, und er konn16te nicht sehen. Und der Mann sprach zu Eli: Ich bin der, welcher aus der Schlachtordnung gekommen ist, und ich bin heute aus der Schlachtordnung geflohen. Und er sprach: Wie stand 17die Sache, mein Sohn? Und der Bote antwortete und sprach: Israel ist vor den Philistern geflohen, und auch hat eine große Niederlage unter dem Volke stattgefunden, und auch deine beiden Söhne, Hophni und Pinehas, sind tot, und die Lade Gottes ist genom18men. Und es geschah, als er die Lade Gottes erwähnte, da fiel Eli d rücklings vom Stuhle, an der Seite des

Tores, und brach das Genick und starb; denn der Mann war alt und schwer. Und er hatte Israel vierzig Jahre gerichtet.

Und seine Schwiegertochter, das 19 Weib des Pinehas, war schwanger zum Gebären; und als sie die Nachricht hörte, daß die Lade Gottes genommen, und daß ihr Schwiegervater und ihr Mann tot wären, da sank sie nieder und gebar, denn es überfielen sie ihre Wehen. Und um die Zeit ih- 20 res Sterbens, da sprachen die Weiber, die um sie her standen: Fürchte dich nicht, denn einen Sohn hast du geboren! Aber sie antwortete nicht und nahm es nicht zu Herzen. Und sie 21 nannte den Knaben Ikabod e, indem sie sprach: Die Herrlichkeit ist von Israel gewichen! weil die Lade Gottes genommen war, und wegen ihres Schwiegervaters und ihres Mannes. Und sie sprach: Die Herrlichkeit ist 22 von Israel gewichen, denn die Lade Gottes ist genommen!

Und die Philister hatten die Lade **5** Gottes genommen und brachten sie von Eben-Eser nach Asdod. Und die 2 Philister nahmen die Lade Gottes und brachten sie in das Haus Dagons f und stellten sie neben Dagon. Und als die 3 Asdoditer am anderen Tage früh aufstanden, siehe, da lag Dagon auf seinem Angesicht auf der Erde vor der Lade Jehovas; und sie nahmen Dagon und stellten ihn wieder an seinen Ort. Und als sie am anderen Ta- 4 ge des Morgens früh aufstanden, siehe, da lag Dagon auf seinem Angesicht auf der Erde vor der Lade Jehovas; und zwar lagen das Haupt Dagons und seine beiden Hände abgehauen auf der Schwelle, nur der Fischrumpf war an ihm übriggeblieben. Darum treten die Priester Da- 5 gons und alle, die in das Haus Dagons gehen, nicht auf die Schwelle Dagons in Asdod bis auf diesen Tag.

Und die Hand Jehovas lag schwer 6 auf den Asdoditern, und er verwüstete sie; und er schlug sie mit Beulen, Asdod und sein Gebiet. Und als 7 die Leute von Asdod sahen, daß dem also war, sprachen sie: Die Lade des Gottes Israels soll nicht bei uns bleiben; denn seine Hand ist hart über uns und über Dagon, unserem Gott. Und sie sandten hin und ver- 8 sammelten alle Fürsten der Philister zu sich und sprachen: Was sollen wir mit der Lade des Gottes Israels tun? Und sie sprachen: Man schaffe die Lade des Gottes Israels nach Gath. Und sie schafften die Lade des Gottes Israels hin. Und es geschah, nachdem 9 sie sie hingeschafft hatten, da kam die Hand Jehovas über die Stadt, und es entstand eine sehr große Bestürzung; und er schlug die Leute der Stadt, vom Kleinen bis zum Großen,

---

a O. über; vergl. 1. Chron. 28, 18; Hes. 10, 1. 2. — b O. erfuhren. — c W. der Schlag; so auch V. 17. — d W. er. — e Nicht-Herrlichkeit; and.: Wo-Herrlichkeit. — f H. Dach = Fisch; eine Fischgottheit mit dem Kopf und den Händen eines Menschen und dem Rumpfe eines Fisches.

10 daß Beulen an ihnen ausbrachen. Da sandten sie die Lade Gottes nach Ekron. Und es geschah, als die Lade Gottes nach Ekron kam, da schrieen die Ekroniter und sprachen: Sie haben die Lade des Gottes Israels zu mir hergeschafft, um mich und mein 11 Volk zu töten! Und sie sandten hin und versammelten alle Fürsten der Philister und sprachen: Sendet die Lade des Gottes Israels fort, daß sie an ihren Ort zurückkehre und mich und mein Volk nicht töte. Denn es war eine tödliche Bestürzung in der ganzen Stadt; die Hand Gottes war 12 sehr schwer daselbst. Und die Leute, die nicht starben, wurden mit Beulen geschlagen; und das Geschrei der Stadt stieg zum Himmel empor.

6 Und die Lade Jehovas war im Gefilde der Philister sieben Monate. Und 2 die Philister riefen die Priester und Wahrsager und sprachen: Was sollen wir mit der Lade Jehovas tun? Tut uns kund, auf welche Weise *a* wir sie an ih-3 ren Ort senden sollen. Und sie sprachen: Wenn ihr die Lade des Gottes Israels fortsendet, so sollt ihr sie nicht leer fortsenden, denn ihr müßt ihm jedenfalls ein Schuldopfer erstatten; alsdann werdet ihr genesen, und es wird euch kundwerden, warum seine Hand nicht 4 von euch weicht. Und sie sprachen: Welches ist das Schuldopfer, das wir ihm erstatten sollen? Und sie sprachen: Nach der Zahl der Fürsten der Philister, fünf goldene Beulen und fünf goldene Mäuse; denn einerlei Plage habt ihr *b* alle und eure Fürsten. 5 Und machet Bilder von euren Beulen und Bilder von euren Mäusen, die das Land verderben, und gebet dem Gott Israels Ehre; vielleicht läßt er seine Hand leichter werden über euch und über eurem Gott und über eurem 6 Lande. Und warum wolltet ihr euer Herz verstocken, wie die Aegypter und der Pharao ihr Herz verstockt haben? Ließen sie sie nicht ziehen, als er seine Macht an *c* ihnen geübt hatte, 7 und sie zogen weg? Und nun machet einen neuen Wagen und nehmet zwei säugende Kühe, auf die kein Joch gekommen ist; und spannet die Kühe an den Wagen und bringet ihre Kälber hinter ihnen weg nach Hause 8 zurück. Und nehmet die Lade Jehovas und stellet sie auf den Wagen; und die goldenen Geräte, die ihr ihm als Schuldopfer erstattet habt, tut in ein Kästlein an ihre Seite, und sen-9 det sie, daß sie wegziehe. Und sehet zu: wenn sie den Weg nach ihrer Grenze hinaufgeht, nach Beth-Semes hin, so hat er uns dieses große Uebel getan; wenn aber nicht, so wissen wir, daß nicht seine Hand uns geschlagen hat: ein Zufall ist es uns gewesen. 10 Und die Männer taten also und nahmen zwei säugende Kühe und spannten sie an den Wagen, und ihre Kälber sperrten sie zu Hause ein. Und sie stellten die Lade Jehovas auf 1 den Wagen, und das Kästlein mit den goldenen Mäusen und den Bildern ihrer Beulen. Und die Kühe gingen 1 geradeaus auf dem Wege nach Beth-Semes; auf e i n e r Straße gingen sie, im Gehen brüllend, und wichen nicht zur Rechten noch zur Linken; und die Fürsten der Philister gingen hinter ihnen her, bis an die Grenze von Beth-Semes. Und die von Beth-Semes 1 ernteten die Weizenernte in der Niederung; und als sie ihre Augen erhoben und die Lade sahen, da freuten sie sich, sie zu sehen. Und der Wa-1 gen kam auf das Feld Josuas, des Beth-Semiters, und stand daselbst still; und es war ein großer Stein daselbst. Und sie spalteten das Holz des Wagens und opferten die Kühe als Brandopfer dem Jehova. Und die Le-1 viten nahmen die Lade Jehovas herab und das Kästlein, das bei ihr war, in welchem die goldenen Geräte waren, und setzten sie auf den großen Stein. Und die Männer von Beth-Semes opferten Brandopfer und schlachteten Schlachtopfer an jenem Tage dem Jehova. Und die fünf Fürsten 1 der Philister sahen zu und kehrten an jenem Tage nach Ekron zurück.

Und dies sind die goldenen Beulen, 1 welche die Philister Jehova als Schuldopfer erstatteten: für Asdod eine, für Gasa eine, für Askalon eine, für Gath eine, für Ekron eine; und die 1 goldenen Mäuse nach der Zahl aller Städte der Philister, nach den fünf Fürsten *d*, von den festen Städten bis zu den offenen Dörfern; und sie brachten *sie* bis zu dem großen *Stein* Abel *f*, auf welchen sie die Lade Jehovas niedersetzten, *der* bis auf diesen Tag im Felde Josuas, des Beth-Semiters, *ist*. Und er schlug unter 1 den Leuten von Beth-Semes, weil sie in die Lade Jehovas geschaut hatten, und schlug unter dem Volke siebenzig Mann *g*; da trauerte das Volk, weil Jehova eine so große Niederlage unter dem Volke angerichtet hatte; und die Leute von Beth-Semes 1 sprachen: Wer vermag vor Jehova, diesem heiligen Gott, zu bestehen? und zu wem soll er von uns hinaufziehen? Und sie sandten Boten zu den Bewohnern von Kirjath-Jearim und sprachen: Die Philister haben die Lade Jehovas zurückgebracht; kommet herab, führet sie zu euch hinauf.

7 Und die Männer von Kirjath-Jearim kamen und führten die Lade Jehovas hinauf, und sie brachten sie in das Haus Abinadabs auf dem Hügel; und sie heiligten Eleasar, seinen Sohn, die Lade Jehovas zu hüten. Und es geschah von dem Tage an, da die Lade zu Kirjath-Jearim blieb,

---

a O. womit. — *b* Eig. haben sie. — *c* O. unter. — *d* O. die den fünf Fürsten gehörten. — *e* Eig. den Dörfern des platten Landes. — *f* And. l.: . . . Dörfern; und Zeuge ist der große Stein. — *g* Im hebr. Text steht noch: fünfzigtausend Mann. Vielleicht eine aus Versehen in den Text aufgenommene Randbemerkung.

daß der Tage viele wurden, und es wurden zwanzig Jahre. Und das ganze Haus Israel wehklagte Jehova nach.

3 Da sprach Samuel zu dem ganzen Hause Israel und sagte: Wenn ihr mit eurem ganzen Herzen zu Jehova umkehret, so tut die fremden Götter und die Astaroth aus eurer Mitte hinweg, und richtet euer Herz auf Jehova und dienet ihm allein; und er wird euch aus der Hand der Philister er-

4 retten. Und die Kinder Israel taten die Baalim und die Astaroth hinweg und dienten Jehova allein.

5 Und Samuel sprach: Versammelt ganz Israel nach Mizpa, und ich will

6 Jehova für euch bitten. Und sie versammelten sich nach Mizpa und schöpften Wasser und gossen es aus vor Jehova; und sie fasteten an selbigem Tage und sprachen daselbst: Wir haben gegen Jehova gesündigt! Und Samuel richtete die Kinder Israel zu

7 Mizpa. — Und die Philister hörten, daß die Kinder Israel sich nach Mizpa versammelt hatten, und die Fürsten der Philister zogen wider Israel herauf. Und die Kinder Israel hörten es und fürchteten sich vor den Phi-

8 listern; und die Kinder Israel sprachen zu Samuel: Laß nicht ab, für uns zu Jehova, unserem Gott, zu schreien, daß er uns von der Hand

9 der Philister rette! Und Samuel nahm ein Milchlamm und opferte es ganz als Brandopfer dem Jehova; und Samuel schrie zu Jehova für Isra-

10 el, und Jehova erhörte ihn. Es geschah nämlich, während Samuel das Brandopfer opferte, da rückten die Philister heran zum Streit wider Israel. Und Jehova donnerte mit starkem Donner an selbigem Tage über den Philistern und verwirrte sie, und sie wurden vor Israel geschlagen.

11 Und die Männer von Israel zogen von Mizpa aus und verfolgten die Philister und schlugen sie bis unterhalb

12 Beth-Kar. Und Samuel nahm einen Stein und stellte ihn auf zwischen Mizpa und Schen *a*, und er gab ihm den Namen Eben-Eser *b* und sprach: Bis hierher hat uns Jehova geholfen.

13 So wurden die Philister gedemütigt, und sie kamen fortan nicht mehr in die Grenzen Israels; und die Hand Jehovas war wider die Philister alle

14 Tage Samuels. Und die Städte, welche die Philister von Israel genommen hatten, kamen wieder an Israel, von Ekron bis Gath; auch ihr Gebiet errettete Israel aus der Hand der Philister. Und es ward Friede zwischen Israel und den Amoritern.

15 Und Samuel richtete Israel alle Ta-

16 ge seines Lebens. Und er ging Jahr für Jahr und zog umher nach Bethel und Gilgal und Mizpa und richtete Israel

17 an allen diesen Orten; und er kehrte nach Rama zurück, denn dort war sein Haus, und dort richtete er Israel. Und er baute daselbst Jehova einen Altar.

Und es geschah, als Samuel alt geworden war, da setzte er seine Söhne **8** als Richter ein über Israel. Und der Name seines erstgeborenen Sohnes war **2** Joel, und der Name seines zweiten Abija; sie richteten zu Beerseba. Aber **3** seine Söhne wandelten nicht in seinen Wegen; und sie neigten sich dem Gewinne nach und nahmen Geschenke und beugten das Recht. Da ver- **4** sammelten sich alle Aeltesten von Israel und kamen zu Samuel nach Rama; und sie sprachen zu ihm: Siehe, **5** du bist alt geworden, und deine Söhne wandeln nicht in deinen Wegen. Nun setze einen König über uns ein, daß er uns richte, gleich allen Nationen. Und das Wort war übel in **6** den Augen Samuels, als sie sprachen: Gib uns einen König, daß er uns richte! Und Samuel betete zu Jehova. Und Jehova sprach zu Samuel: Höre **7** auf die Stimme des Volkes in allem was sie dir sagen; denn nicht dich haben sie verworfen, sondern mich haben sie verworfen, daß ich nicht König über sie sein soll. Nach allen **8** den Taten, die sie getan von dem Tage an, da ich sie aus Aegypten heraufgeführt habe, bis auf diesen Tag, indem sie mich verlassen und anderen Göttern gedient haben, also tun sie auch dir. Und nun höre auf ihre **9** Stimme; nur zeuge ernstlich wider sie *c* und tue ihnen die Weise *d* des Königs kund, der über sie herrschen wird.

Und Samuel sprach alle Worte Je- **10** hovas zu dem Volke, das einen König von ihm begehrte. Und er sprach: **11** Dies wird die Weise *d* des Königs sein, der über euch regieren wird: Eure Söhne wird er nehmen und für sich bestellen auf seinen Wagen und unter seine Reiter, und daß sie vor seinem Wagen herlaufen; und *er wird* **12** *sie nehmen*, um sich Oberste über tausend und Oberste über fünfzig zu machen, und daß sie seine Aecker pflügen und seine Ernte einbringen, und daß sie seine Kriegsgerät und sein Wagengerät machen. Und eure Töch- **13** ter wird er nehmen zu Salbenmischerinnen und zu Köchinnen und zu Bäkkerinnen. Und eure Felder und eure **14** Weinberge und eure Olivengärten, die besten, wird er nehmen und sie seinen Knechten geben. Und von eu- **15** ren Saaten und euren Weinbergen wird er den Zehnten nehmen und ihn seinen Kämmerern *e* und seinen Knechten geben. Und eure Knechte und **16** eure Mägde und eure schönsten Jünglinge und eure Esel wird er nehmen und sie zu seinen Geschäften verwenden. Euer Kleinvieh wird er zehnten, **17** und ihr, ihr werdet ihm zu Knechten sein. Und ihr werdet an jenem Tage **18** schreien wegen eures Königs, den ihr euch erwählt habt; aber Jehova wird euch an jenem Tage nicht erhören.

Aber das Volk weigerte sich, auf **19** die Stimme Samuels zu hören; und

---

a O. der Felszacke. — *b* Stein der Hilfe. — *c* O. verwarne sie ernstlich. — *d* O. das Recht. — *e* O. Hofbeamten.

sie sprachen: Nein, sondern ein Kö-
20 nig soll über uns sein, damit auch
wir seien wie alle Nationen, und daß
unser König uns richte und vor uns
her ausziehe und unsere Kriege führe.
21 Und Samuel hörte alle die Reden des
Volkes und redete sie vor den Ohren
22 Jehovas. Und Jehova sprach zu Samuel: Höre auf ihre Stimme und setze
einen König über sie ein. Da sprach
Samuel zu den Männern von Israel:
Gehet hin, ein jeder in seine Stadt.

9 Und es war ein Mann von Benjamin, sein Name war Kis a, der Sohn
Abiels, des Sohnes Zerors, des Sohnes
Bekoraths, des Sohnes Aphiachs, des
Sohnes eines Benjaminiters, ein vermö-
2 gender Mann. Und er hatte einen Sohn,
sein Name war Saul b, jung c und schön,
und kein Mann von den Kindern Israel war schöner als er; von seiner
Schulter an aufwärts war er höher als
alles Volk.
3 Und die Eselinnen Kis', des Vaters
Sauls, hatten sich verirrt d; und Kis
sprach zu seinem Sohne Saul: Nimm
doch einen von den Knaben mit dir
und mache dich auf, gehe hin, suche
4 die Eselinnen. Und er durchzog das
Gebirge Ephraim und durchzog das
Land Schalischa, und sie fanden sie
nicht; und sie durchzogen das Land
Schaalim, aber sie waren nicht da;
und er durchzog das Land Benjamin,
5 und sie fanden sie nicht. Sie waren
in das Land Zuph gekommen, da
sprach Saul zu seinem Knaben, der
bei ihm war: Komm und laß uns umkehren, daß nicht etwa mein Vater
von den Eselinnen abstehe und um
6 uns bekümmert sei. Und er sprach
zu ihm: Siehe doch, ein Mann Gottes
ist in dieser Stadt, und der Mann
ist geehrt; alles was er redet, trifft
sicher ein; laß uns nun dahin gehen,
vielleicht gibt er uns Auskunft über
unseren Weg, auf dem wir gehen.
7 Und Saul sprach zu seinem Knaben:
Siehe aber, wenn wir hingehen, was
wollen wir dem Manne bringen? Denn
das Brot ist ausgegangen in unseren
Gefäßen, und wir haben kein Geschenk dem Manne Gottes zu bringen;
8 was haben wir? Und der Knabe antwortete Saul wiederum und sprach:
Siehe, es findet sich in meiner Hand
ein viertel Sekel Silber; das will ich
dem Manne Gottes geben, damit er
uns über unseren Weg Auskunft gebe.
9 (Vordem sprach man in Israel also,
wenn man ging, Gott zu befragen:
Kommt und laßt uns zum Seher gehen;
denn der, den heutzutage der Prophet
heißt, nannte man vordem den Seher.)
10 Da sprach Saul zu seinem Knaben:
Dein Wort ist gut; komm, laß uns gehen!
Und sie gingen nach der Stadt, wo der
11 Mann Gottes war. Sie gingen eben
die Anhöhe zu der Stadt hinauf, da
trafen sie Mädchen, die herauskamen,
um Wasser zu schöpfen; und sie spra-

chen zu ihnen: Ist der Seher hier?
Und sie antworteten ihnen und spra- 1
chen: Ja, siehe, er ist vor dir; eile
jetzt, denn er ist heute in die Stadt
gekommen, weil das Volk heute ein
Schlachtopfer auf der Höhe hat. So- 1
wie ihr in die Stadt kommet, werdet
ihr ihn finden, bevor er zur Höhe hinaufgeht zum Essen; denn das Volk
ißt nicht, bis er gekommen ist; denn
er segnet das Schlachtopfer, danach
essen die Geladenen. So gehet nun hinauf, denn gerade heute werdet ihr
ihn finden. Da gingen sie zur Stadt 1
hinauf. Als sie in die Stadt eintraten,
siehe, da kam Samuel heraus, ihnen
entgegen, um zur Höhe hinaufzugehen.
Jehova hatte aber einen Tag, bevor 1
Saul kam, dem Ohre Samuels eröffnet und gesagt: Morgen um diese 1
Zeit werde ich einen Mann aus dem
Lande Benjamin zu dir senden,
und du sollst ihn zum Fürsten salben
über mein Volk Israel; und er wird
mein Volk aus der Hand der Philister retten; denn ich habe mein Volk
angesehen, denn sein Geschrei ist zu
mir gekommen. Sobald nun Samuel 1
Saul sah, antwortete ihm Jehova: Siehe da den Mann, von dem ich zu dir
geredet habe; dieser e soll über mein
Volk herrschen.
Und Saul trat im Tore zu Samuel 1
heran und sprach: Zeige mir doch
an, wo das Haus des Sehers ist. Und 1
Samuel antwortete Saul und sprach:
Ich bin der Seher; gehe vor mir zur
Höhe hinauf, denn ihr sollt heute mit
mir essen, und am Morgen werde
ich dich entlassen; und alles was in
deinem Herzen ist, werde ich dir
kundtun. Und was die Eselinnen be- 1
trifft, die dir heute vor drei Tagen
irregegangen sind, richte nicht dein
Herz auf sie, denn sie sind gefunden.
Und nach wem *steht* alles Begehren
Israels? nicht nach dir und nach dem
ganzen Hause deines Vaters f? Da 2
antwortete Saul und sprach: Bin ich
nicht ein Benjaminiter, von einem
der kleinsten Stämme Israels, und
ist nicht meine Familie die geringste
unter allen Familien des Stammes
Benjamin? und warum redest du dergleichen Worte zu mir? Und Samuel 2
nahm Saul und seinen Knaben und
führte sie in den Saal, und er gab ihnen einen Platz obenan unter den
Geladenen; und es waren ihrer bei
dreißig Mann. Und Samuel sprach 2
zu dem Koch: Gib das Stück her, das
ich dir gegeben, von dem ich dir gesagt habe: Lege es bei dir zurück.
Da trug der Koch die Keule auf und 2
was daran war und legte es Saul vor.
Und er sprach: Siehe, das Zurückbe-
haltene; lege dir vor, iß! denn auf
die bestimmte Zeit ist es für dich
aufbewahrt worden, als ich sagte:
Ich habe das Volk geladen. So aß 2
Saul mit Samuel an selbigem Tage.

---

a H. Kisch. — b H. Schaul: Erbetener. — c O. auserlesen. — d O. waren verloren
gegangen; so auch V. 20. — e O. von dem ich dir gesagt habe: Dieser usw. — f O.
Wem wird alles Begehrenswerte Israels gehören? nicht dir usw.

25 Und sie gingen von der Höhe in die Stadt hinab; und er redete mit
26 Saul auf dem Dache. Und sie standen früh auf; und es geschah, als die Morgenröte aufging, da rief Samuel dem Saul auf dem Dache zu und sprach: Stehe auf, daß ich dich geleite! Und Saul stand auf, und sie gingen beide, er und Samuel, auf die Straße hinaus.
27 Während sie an das Ende der Stadt hinuntergingen, sprach Samuel zu Saul: Sage dem Knaben, daß er uns vorausgehe (und er ging voraus); du aber stehe jetzt still, daß ich dich das

10 Wort Gottes hören lasse. * Und Samuel nahm die Oelflasche und goß sie aus auf sein Haupt, und er küßte ihn und sprach: Ist es nicht *also*, daß Jehova dich zum Fürsten über sein
2 Erbteil gesalbt hat? Wenn du heute von mir weggehst, so wirst du zwei Männer treffen beim Grabe Rahels, an der Grenze *a* von Benjamin, zu Zelzach; und sie werden zu dir sagen: Die Eselinnen sind gefunden, die du zu suchen gegangen bist; und siehe, dein Vater hat die Sache der Eselinnen aufgegeben, und er ist um euch bekümmert und spricht: Was soll ich
3 wegen meines Sohnes tun? Und gehst du von dannen weiter und kommst zur Terebinthe Tabor, so werden dich daselbst drei Männer treffen, die zu Gott nach Bethel hinaufgehen; einer trägt drei Böcklein, und einer trägt drei Laibe Brot, und einer trägt einen
4 Schlauch Wein. Und sie werden dich nach deinem Wohlergehen fragen und dir zwei Brote geben, und du sollst sie von ihrer Hand nehmen.
5 Danach wirst du zu dem Hügel Gottes *b* kommen, wo Aufstellungen der Philister sind; und es wird geschehen, sowie du daselbst in die Stadt kommst, wirst du einer Schar Propheten begegnen, die von der Höhe herabkommen, und vor ihnen her Harfe und Tamburin und Flöte und Laute, und
6 sie werden weissagen *c*. Und der Geist Gottes wird über dich geraten, und du wirst mit ihnen weissagen und wirst in einen anderen Mann verwan-
7 delt werden. Und es soll geschehen, wenn dir diese Zeichen eintreffen, so tue was deine Hand finden wird; denn
8 Gott ist mit dir. Und gehe vor mir nach Gilgal hinab; und siehe, ich werde zu dir hinabkommen, um Brandopfer zu opfern, um Friedensopfer *d* zu schlachten; sieben Tage sollst du warten, bis ich zu dir komme, und ich werde dir kundtun was du tun sollst.
9 Und es geschah, als er seinen Rükken wandte, um von Samuel wegzugehen, da verwandelte Gott sein Herz; und alle diese Zeichen trafen ein an jenem Tage. Und als sie dorthin an den Hügel kamen, siehe, da kam ihm eine Schar Propheten entgegen; und der Geist Gottes geriet über ihn, und

er weissagte in ihrer Mitte. Und es 11 geschah, als alle, die ihn von früher her kannten, sahen, und siehe, er weissagte mit den Propheten, da sprach das Volk einer zum anderen: Was ist denn dem Sohne Kis' geschehen? Ist auch Saul unter den Propheten? Und ein 12 Mann von dort antwortete und sprach: Und wer ist ihr Vater? Daher ist es zum Sprichwort geworden: Ist auch Saul unter den Propheten? Und als 13 er aufgehört hatte zu weissagen, kam er auf die Höhe. Und der Oheim Sauls 14 sprach zu ihm und zu seinem Knaben: Wohin seid ihr gegangen? Und er sprach: Die Eselinnen zu suchen; und als wir sahen, daß sie nirgend waren, gingen wir zu Samuel. Und der Oheim 15 Sauls sprach: Teile mir doch mit, was Samuel zu euch gesagt hat. Und Saul 16 sprach zu seinem Oheim: Er tat uns für gewiß kund, daß die Eselinnen gefunden seien. Aber die Sache von dem Königtum, wovon Samuel geredet hatte, teilte er ihm nicht mit.

Und Samuel berief das Volk zu Je- 17 hova nach Mizpa. Und er sprach zu 18 den Kindern Israel: So spricht Jehova, der Gott Israels: Ich habe Israel aus Aegypten heraufgeführt und euch errettet aus der Hand der Aegypter und aus der Hand aller der Königreiche, die euch bedrückten; ihr aber 19 habt heute euren Gott verworfen, der euch aus allen euren Uebeln und euren Drangsalen gerettet hat, und habt zu ihm gesagt: Einen König *e* sollst du über uns setzen! Nun denn, stellet euch auf vor Jehova nach euren Stämmen und nach euren Tausenden! Und 20 Samuel ließ alle Stämme Israels herzutreten; und es wurde getroffen der Stamm Benjamin. Und er ließ den 21 Stamm Benjamin nach seinen Geschlechtern herzutreten; und es wurde getroffen das Geschlecht Matri; und es wurde getroffen Saul, der Sohn Kis'. Und sie suchten ihn, aber er wurde nicht gefunden. Und sie be- 22 fragten wiederum Jehova: Wird der Mann noch hierher kommen? *f* Und Jehova sprach: Siehe, er hat sich bei dem Geräte versteckt. Da liefen sie 23 hin und holten ihn von dannen; und er stellte sich mitten unter das Volk, und er war höher als alles Volk, von seiner Schulter an aufwärts. Und 24 Samuel sprach zu dem ganzen Volke: Habt ihr gesehen, den Jehova erwählt hat? Denn *g* keiner ist wie er im ganzen Volke. Da jauchzte das ganze Volk, und sie sprachen: Es lebe der König!

Und Samuel sagte dem Volke das 25 Recht des Königtums, und er schrieb es in ein Buch und legte es vor Jehova nieder. Und Samuel entließ das ganze Volk, einen jeden nach seinem Hause. Und auch Saul ging nach sei- 26 nem Hause, nach Gibea; und mit ihm zog die Schar, deren Herz Gott ge-

---

a O. im Gebiet. — *b* H. Gibea-Elohim. — *c* d. h. reden, getrieben durch den Geist Gottes, oder auch, wie z. B. Kap. 18, 10, durch einen bösen Geist. — *d* O. Dankopfer. — *e* And. l.: . . . habt gesagt: Nein, sondern einen König; wie Kap. 8, 19. — *f* O. Ist noch ein Mann hierher gekommen? — *g* O. daß.

27 rührt hatte. Aber *etliche* Söhne Belials sprachen: Wie sollte der uns retten? Und sie verachteten ihn und brachten ihm kein Geschenk; aber er war wie taub.

11 Und Nahas, der Ammoniter, zog herauf und belagerte Jabes-Gilead. Und die Männer von Jabes sprachen zu Nahas: Mache einen Bund mit 2 uns, so wollen wir dir dienen. Aber Nahas, der Ammoniter, sprach zu ihnen: Unter dieser Bedingung will ich einen Bund mit euch machen, daß ich euch allen das rechte Auge aussteche und damit eine Schmach auf ganz 3 Israel lege. Und die Aeltesten von Jabes sprachen zu ihm: Laß uns sieben Tage, und wir wollen Boten in alle Grenzen Israels senden; und wenn niemand ist, der uns rettet, 4 so wollen wir zu dir hinausgehen. Und die Boten kamen nach Gibea-Saul und redeten diese Worte zu den Ohren des Volkes. Und das ganze Volk 5 erhob seine Stimme und weinte. Und siehe, Saul kam hinter den Rindern her vom Felde, und Saul sprach: Was ist dem Volke, daß sie weinen? Und sie erzählten ihm die Worte der Män- 6 ner von Jabes. Da geriet der Geist Gottes über Saul, als er diese Worte hörte, und sein Zorn entbrannte sehr. 7 Und er nahm ein Joch Rinder und zerstückte sie, und er sandte *die Stükke* durch Boten in alle Grenzen Israels und ließ sagen: Wer nicht auszieht hinter Saul und hinter Samuel her, dessen Rindern wird also getan werden! Da fiel der Schrecken Jehovas auf das Volk, und sie zogen aus 8 wie e i n Mann. Und er musterte sie zu Besek; und es waren der Kinder Israel dreihunderttausend, und der Männer von Juda dreißigtausend. 9 Und sie sprachen zu den Boten, die gekommen waren: So sollt ihr zu den Männern von Jabes-Gilead sagen: Morgen, wenn die Sonne heiß wird, wird euch Rettung werden. Und die Boten kamen und berichteten es den Männern von Jabes, und sie freuten 10 sich. Und die Männer von Jabes sprachen: Morgen werden wir zu euch hinausgehen, und ihr möget uns tun nach allem was gut ist in euren Augen. 11 Und es geschah am anderen Tage, da stellte Saul das Volk in drei Haufen; und sie kamen mitten in das Lager bei der Morgenwache und schlugen Ammon bis zum Heißwerden des Tages; und die Uebriggebliebenen wurden zerstreut, und es blieben unter ihnen nicht zwei beisammen.

12 Da sprach das Volk zu Samuel: Wer ist es, der gesagt hat: Sollte Saul über uns regieren? Gebet die Männer 13 her, daß wir sie töten! Aber Saul sprach: Niemand soll an diesem Tage getötet werden, denn heute hat Jehova Rettung geschafft in Israel! 14 Und Samuel sprach zu dem Volke: Kommt und laßt uns nach Gilgal gehen und daselbst das Königtum er-

neuern. Und das ganze Volk zog 1 nach Gilgal, und sie machten daselbst Saul zum König vor Jehova, zu Gilgal; und sie schlachteten daselbst Friedensopfer vor Jehova. Und Saul und alle Männer von Israel freuten sich daselbst gar sehr.

Und Samuel sprach zu dem gan- **12** zen Israel: Siehe, ich habe auf eure Stimme gehört in allem, was ihr zu mir gesagt habt, und habe einen König über euch gesetzt. Und nun siehe, der König zieht vor euch her; ich aber bin alt und grau geworden, und meine Söhne, siehe, sie sind bei euch; und ich habe vor euch gewandelt von meiner Jugend an bis auf diesen Tag. Hier bin ich, zeuget wider mich vor Jehova und vor seinem Gesalbten! Wessen Rind habe ich genommen? oder wessen Esel habe ich genommen? oder wen habe ich übervorteilt? wem habe ich Gewalt angetan? oder aus wessen Hand habe ich Lösegeld genommen, daß ich dadurch meine Augen verhüllt hätte? so will ich es euch wiedergeben. Und sie sprachen: Du hast uns nicht übervorteilt und uns keine Gewalt angetan, und hast aus niemandes Hand irgend etwas genommen. Und er sprach zu ihnen: Jehova ist Zeuge wider euch, und Zeuge sein Gesalbter an diesem Tage, daß ihr gar nichts in meiner Hand gefunden habt! Und sie sprachen: Er ist Zeuge!

Und Samuel sprach zu dem Volke: Jehova ist es *a*, der Mose und Aaron bestellt, und der eure Väter heraufgeführt hat aus dem Lande Aegypten! Und nun tretet her, daß ich vor Jehova mit euch rechte über alle gerechten Taten Jehovas, die er an euch und an euren Vätern getan hat. Als Jakob nach Aegypten gekommen war, da schrieen eure Väter zu Jehova; und Jehova sandte Mose und Aaron, und sie führten eure Väter aus Aegypten hinweg und ließen sie wohnen an diesem Orte. Aber sie vergaßen Jehova, ihren Gott; und er verkaufte sie in die Hand Siseras, des Heerobersten von Hazor, und in die Hand der Philister und in die Hand des Königs von Moab, und sie stritten wider sie. Da schrieen sie zu Jehova und sprachen: Wir haben gesündigt, daß wir Jehova verlassen und den Baalim und den Astaroth gedient haben; und nun errette uns aus der Hand unserer Feinde, so wollen wir dir dienen! Und Jehova sandte Jerub-Baal und Bedan *b* und Jephtha und Samuel, und errettete euch aus der Hand eurer Feinde ringsum; und ihr wohntet in Sicherheit. Als ihr aber sahet, daß Nahas, der König der Kinder Ammon, wider euch kam, sprachet ihr zu mir: Nein, sondern ein König soll über uns regieren! da doch Jehova, euer Gott, euer König war. Und nun siehe, da ist der König, den ihr erwählt, den ihr begehrt habt;

---

a O. ist Zeuge. — *b* E. l.: Barak.

und siehe, Jehova hat einen König
14 über euch gesetzt. Wenn ihr *nur* Jehova fürchtet und ihm dienet und auf seine Stimme höret und gegen den Befehl Jehovas nicht widerspenstig seid, und sowohl ihr als auch der König, der über euch regiert, Jehova,
15 eurem Gott, nachfolget! Wenn ihr aber nicht auf die Stimme Jehovas höret und gegen den Befehl Jehovas widerspenstig seid, so wird die Hand Jehovas wider euch sein, wie wider
16 eure Väter. Auch jetzt tretet her und sehet diese große Sache, die Jehova
17 vor euren Augen tun wird. Ist nicht jetzt die Weizenernte? Ich will zu Jehova rufen, und er wird Donner und Regen geben; und ihr sollt erkennen und sehen, daß das Böse*a*, das ihr getan habt, groß ist in den Augen Jehovas, einen König für euch zu begehren.
18 Und Samuel rief zu Jehova, und Jehova gab Donner und Regen an jenem Tage. Da fürchtete sich das ganze Volk sehr vor Jehova und vor Sa-
19 muel. Und das ganze Volk sprach zu Samuel: Bitte Jehova, deinen Gott, für deine Knechte, daß wir nicht sterben! Denn zu allen unseren Sünden haben wir das Böse hinzugefügt, ei-
20 nen König für uns zu begehren. Und Samuel sprach zu dem Volke: Fürchtet euch nicht! ihr habt zwar all dieses Böse getan; nur weichet nicht ab von der Nachfolge Jehovas und dienet Jehova mit eurem ganzen Herzen;
21 und weichet nicht ab, denn *ihr würdet* den Nichtigen*b* nach*gehen*, die nichts nützen und nicht erretten, denn
22 sie sind nichtig*c*. Denn Jehova wird um seines großen Namens willen sein Volk nicht verlassen*d*; denn es hat Jehova gefallen, e u c h sich zum Vol-
23 ke zu machen. Auch ich — fern sei es von mir, daß ich gegen Jehova sündigen, daß ich ablassen sollte, für euch zu bitten; sondern ich werde euch den guten und richtigen Weg lehren.
24 Nur fürchtet Jehova, und dienet ihm in Wahrheit mit eurem ganzen Herzen; denn sehet, welch große Dinge
25 er an euch getan hat! Wenn ihr aber dennoch übeltut, so werdet sowohl ihr als auch euer König weggerafft werden.

13 Saul war ... Jahre alt, als er König wurde; und er regierte zwei
2 Jahre über Israel. Und Saul wählte sich dreitausend aus Israel; zweitausend waren bei Saul zu Mikmas und auf dem Gebirge von Bethel, und tausend waren bei Jonathan zu Gibea-Benjamin. Das übrige Volk aber entließ er, einen jeden nach seinen Zel-
3 ten. Und Jonathan schlug die Aufstellung*e* der Philister, die zu Geba war, und die Philister hörten es. Und Saul ließ im ganzen Lande in die Posaune stoßen und sprach: Die He-
4 bräer sollen es hören! Und als ganz Israel sagen hörte: Saul hat die Auf-

stellung der Philister geschlagen, und auch hat sich Israel bei den Philistern stinkend gemacht, da versammelte sich das Volk hinter Saul her
5 nach Gilgal. Und die Philister sammelten sich zum Streit mit Israel: dreißigtausend Wagen und sechstausend Reiter, und *Fuß*volk, wie der Sand, der am Ufer des Meeres ist, an Menge; und sie zogen herauf und lagerten sich zu Mikmas, östlich von Beth-Awen. Und die Männer von Israel
6 sahen, daß sie in Drangsal waren, denn das Volk war bedrängt; und das Volk versteckte sich in den Höhlen und in den Dorngebüschen und in den Felsen und in den Burgen und
7 in den Gruben. Und Hebräer gingen über den Jordan in das Land Gad und Gilead. Saul aber war noch zu Gilgal, und das ganze Volk zitterte hinter ihm her*f*.
8 Und er wartete sieben Tage, bis zu der von Samuel bestimmten Zeit; aber Samuel kam nicht nach Gilgal. Und das Volk zerstreute sich von ihm weg.
9 Da sprach Saul: Bringet mir das Brandopfer und die Friedensopfer her! Und er opferte das Brandopfer.
10 Und es geschah, als er das Opfern des Brandopfers vollendet hatte, siehe, da kam Samuel; und Saul ging hinaus, ihm entgegen, ihn zu begrüßen.
11 Und Samuel sprach: Was hast du getan! Und Saul sprach: Weil ich sah, daß das Volk sich von mir weg zerstreute, und du nicht kamst zur bestimmten Zeit, und die Philister zu
12 Mikmas versammelt waren, so sprach ich: Jetzt werden die Philister zu mir nach Gilgal herabkommen, und ich habe Jehova nicht angefleht! und ich überwand mich und opferte das
13 Brandopfer. Und Samuel sprach zu Saul: Du hast töricht gehandelt, du hast nicht beobachtet das Gebot Jehovas, deines Gottes, das er dir geboten hat; denn jetzt hätte Jehova dein Königtum über Israel bestätigt
14 auf ewig; nun aber wird dein Königtum nicht bestehen. Jehova hat sich einen Mann gesucht nach seinem Herzen, und Jehova hat ihn zum Fürsten über sein Volk bestellt; denn du hast nicht beobachtet, was Jehova dir ge-
15 boten hatte. Und Samuel machte sich auf und ging von Gilgal hinauf nach Gibea-Benjamin. Und Saul musterte das Volk, das sich bei ihm befand, bei sechshundert Mann.
16 Und Saul und Jonathan, sein Sohn, und das Volk, das sich bei ihm befand, lagen zu Geba-Benjamin; die Philister aber hatten sich zu Mikmas
17 gelagert. Und die Verheerungszug ging aus von dem Lager der Philister in drei Haufen: ein Haufe wandte sich des Weges nach Ophra, nach dem
18 Lande Schual hin, und ein Haufe wandte sich auf den Weg nach Beth-Horon, und ein Haufe wandte sich des Weges nach der Grenze, die empor-

---

a W. euer Böses. — *b* Eig. der Leere, od. der Oede. — *c* Eig. Leere, od. Oede.
— *d* O. verwerfen. — *e* O. die Besatzung. — *f* O. folgte ihm zitternd.

ragt*a* über das Tal Zeboim nach der
19 Wüste hin. Und es war kein Schmied
zu finden im ganzen Lande Israel;
denn die Philister hatten gesagt: daß
die Hebräer sich nicht Schwert oder
20 Speer *b* machen! Und ganz Israel ging
zu den Philistern hinab, ein jeder,
um seine Pflugschar und seinen Spaten und sein Beil und seine Sichel
21 zu schärfen, wenn die Schneiden an
den Sicheln und an den Spaten und
an den Gabeln und an den Beilen
abgestumpft waren, und um den *Rin-*
22 *der*-Stachel zu richten. Und es geschah am Tage des Streites, da wurde kein Schwert noch Speer gefunden
in der Hand des ganzen Volkes, das
mit Saul und Jonathan war; doch
bei Saul und seinem Sohne Jonathan
23 fanden sie sich vor. Und eine *c* Aufstellung der Philister zog aus nach
dem Passe von Mikmas.

14 Und es geschah eines Tages, da
sprach Jonathan, der Sohn Sauls,
zu dem Knaben, der seine Waffen
trug: Komm und laß uns hinübergehen zu der Aufstellung der Philister,
die dort drüben ist. Seinem Vater
2 aber tat er es nicht kund. Und Saul
saß am Ende von Gibea, unter dem
Granatbaum, der zu Migron ist *d;*
und des Volkes, das bei ihm war,
3 war bei sechshundert Mann. (Und
Ahija, der Sohn Ahitubs, des Bruders
Jkabods, des Sohnes Pinehas', des
Sohnes Elis, des Priesters Jehovas
zu Silo, trug das Ephod.) Und das
Volk wußte nicht, daß Jonathan weggegangen war.
4 Es war aber zwischen den Pässen,
durch welche Jonathan zu der Aufstellung der Philister hinüberzugehen
suchte, eine Felszacke auf dieser Seite und eine Felszacke auf jener Seite:
der Name der einen war Bozez, und
5 der Name der anderen Sene; die eine
Zacke *bildet* eine Säule nordwärts,
Mikmas gegenüber, und die andere
6 südwärts, Geba gegenüber. Und Jonathan sprach zu dem Knaben, der
seine Waffen trug: Komm und laß
uns hinübergehen zu der Aufstellung
dieser Unbeschnittenen; vielleicht wird
Jehova für uns wirken, denn für Jehova gibt es kein Hindernis, durch
viele zu retten oder durch wenige.
7 Und sein Waffenträger sprach zu ihm:
Tue alles was in deinem Herzen ist;
wende dich, *wohin du willst,* siehe,
ich bin mit dir nach deinem Herzen.
8 Und Jonathan sprach: Siehe, wir gehen zu den Männern hinüber und
9 wollen uns ihnen zeigen. Wenn sie
so zu uns sprechen: Stehet still, bis
wir zu euch gelangen! so wollen wir
auf unserer Stelle stehen bleiben und
10 nicht zu ihnen hinaufgehen; wenn sie
aber so sprechen: Kommet zu uns
herauf! so wollen wir hinaufgehen,
denn Jehova hat sie in unsere Hand

gegeben; und das soll uns das Zeichen sein. Und beide zeigten sich 11
der Aufstellung der Philister. Da
sprachen die Philister: Siehe, Hebräer kommen aus den Löchern hervor,
worin sie sich versteckt haben. Und 12
die Männer der Aufstellung antworteten Jonathan und seinem Waffenträger und sprachen: Kommet zu uns
herauf, so wollen wir euch etwas zu
wissen tun! Da sprach Jonathan zu
seinem Waffenträger: Steige hinauf,
mir nach; denn Jehova hat sie in die
Hand Israels gegeben. Und Jonathan 13
stieg auf seinen Händen und auf seinen Füßen hinauf, und sein Waffenträger ihm nach. Und sie fielen vor
Jonathan, und sein Waffenträger tötete hinter ihm her. Und die erste 14
Niederlage, welche Jonathan und sein
Waffenträger anrichteten *e,* war bei
zwanzig Mann, etwa auf der halben
Furchen*länge* eines Jucharts Ackers.
Und ein Schrecken entstand im La- 15
ger, auf dem Felde und unter dem
ganzen Volke; die Aufstellung und
der Verheerungszug, auch sie erschraken; und das Land erbebte, und es
wurde zu einem Schrecken Gottes.
Und die Wächter Sauls zu Gibea- 16
Benjamin sahen, und siehe, die Menge zerrann und lief dahin und dorthin *f.* Und Saul sprach zu dem Volke, 17
das bei ihm war: Haltet doch Musterung und sehet, wer von uns weggegangen ist. Und sie hielten Musterung, und siehe, Jonathan und sein
Waffenträger waren nicht da. Da 18
sprach Saul zu Ahija: Bringe die Lade Gottes herbei; denn die Lade Gottes war an jenem Tage unter den
Kindern Israel. Und es geschah, wäh- 19
rend Saul zu dem Priester redete, da
nahm das Getümmel im Lager der
Philister fort und fort zu; und Saul
sprach zu dem Priester: Ziehe deine
Hand zurück. Und Saul und alles 20
Volk, das bei ihm war, versammelten
sich, und sie kamen zum Streit; und
siehe, da war das Schwert des einen
wider den anderen, eine sehr große
Verwirrung. Und es waren Hebräer 21
bei den Philistern, wie früher, welche mit ihnen in das Lager ringsum
hinaufgezogen waren; auch sie wandten sich, um mit Israel zu sein *g,* das
mit Saul und Jonathan war. Und alle 22
Männer von Israel, die sich im Gebirge Ephraim versteckt hatten, hörten, daß die Philister geflohen waren;
und auch sie setzten ihnen nach im
Streit. So rettete Jehova Israel an 23
selbigem Tage. Und der Streit ging
über Beth-Awen hinaus.
Die Männer von Israel waren aber 2.
sehr angestrengt an jenem Tage; und
Saul beschwor das Volk und sprach:
Verflucht sei der Mann, der Speise essen wird bis zum Abend, und bis ich
mich an meinen Feinden gerächt habe!

---

a O. hinausschaut. — *b* O. Spieß. — *c* And.: die. — *d* O. war. — *e* W. der erste
Schlag, welchen . . . schlugen. — *f* O. zerrann und verlief und zerstreute sich. —
g So die Alexandr. Uebersetzung. Der hebräische Text lautet: . . . hinaufgezogen
waren ringsum: und auch sie, um mit Israel zu sein.

Und das ganze Volk kostete keine
25 Speise. Und das ganze Volk a kam
in den Wald, und Honig war auf der
26 Fläche des Feldes. Und als das Volk
in den Wald kam: siehe da, ein Strom
von Honig; aber niemand brachte
seine Hand zu seinem Munde, denn
27 das Volk fürchtete den Schwur. Jonathan aber hatte es nicht gehört, als
sein Vater das Volk beschwor; und er
streckte das Ende seines Stabes b aus,
der in seiner Hand war, und tauchte
ihn in den Honigseim und brachte seine
Hand wieder zu seinem Munde, und
28 seine Augen wurden hell. Und einer
von dem Volke hob an und sprach:
Dein Vater hat das Volk feierlich beschworen und gesagt: Verflucht sei
der Mann, der heute Speise essen
wird! und so ist das Volk ermattet c.
29 Und Jonathan sprach: Mein Vater
hat das Land in Trübsal gebracht;
sehet doch, daß meine Augen hell geworden sind, weil ich ein wenig von
30 diesem Honig gekostet habe. Was wäre es gewesen, wenn das Volk heute
ungehindert von der Beute seiner
Feinde gegessen hätte, die es gefunden hat! denn wäre dann nicht d die
Niederlage der Philister e groß gewe-
31 sen? Und sie schlugen die Philister
an jenem Tage von Mikmas bis nach
Ajjalon; und das Volk war sehr ermattet.
32 Und das Volk fiel über die Beute
her, und sie nahmen Kleinvieh und
Rinder und Kälber und schlachteten
sie auf die Erde hin; und das Volk
33 aß mit dem Blute. Und man berichtete es Saul und sprach: Siehe, das
Volk sündigt gegen Jehova, indem es
mit dem Blute ißt. Und er sprach:
Ihr habt treulos gehandelt! Wälzet
sofort einen großen Stein zu mir her.
34 Und Saul sprach: Zerstreuet euch
unter das Volk und sprechet zu ihnen:
Bringet her zu mir, ein jeder sein
Rind und ein jeder sein Kleinvieh,
und schlachtet sie hier und esset; und
sündiget nicht gegen Jehova, indem
ihr mit dem Blute esset. Und in jener Nacht brachte das ganze Volk
ein jeder sein Rind in seiner Hand:
35 und sie schlachteten sie daselbst. Und
Saul baute Jehova einen Altar; mit
diesem fing er an, Jehova einen Altar zu bauen.
36 Und Saul sprach: Laßt uns bei der
Nacht hinabziehen, den Philistern
nach, und unter ihnen plündern, bis
der Morgen hell wird, und keinen
Mann unter ihnen übriglassen! Und
sie sprachen: Tue alles was gut ist
in deinen Augen. Und der Priester
sprach: Laßt uns hier zu Gott nahen!
37 Und Saul fragte Gott: Soll ich hinabziehen, den Philistern nach? wirst
du sie in die Hand Israels geben?
Aber er antwortete ihm nicht an je-
38 nem Tage. Da sprach Saul: Tretet

hierher, alle Häupter des Volkes, und
erkennet und sehet, wodurch f diese
Sünde heute geschehen ist. Denn so 39
wahr Jehova lebt, der Israel gerettet
hat, wenn sie an meinem Sohne Jonathan wäre, so sollte er gewißlich
sterben! Und niemand antwortete ihm
aus dem ganzen Volke. Und er sprach 40
zu dem ganzen Israel: Seid ihr auf
der einen Seite, und ich und mein
Sohn Jonathan wollen auf der anderen Seite sein. Und das Volk sprach
zu Saul: Tue was gut ist in deinen
Augen. Und Saul sprach zu Jehova, 41
dem Gott Israels: Gib ein vollkommenes Los! g Und Jonathan und Saul
wurden getroffen, und das Volk ging
frei aus. Und Saul sprach: Werfet 42
das Los zwischen mir und meinem
Sohne Jonathan! Und Jonathan wurde getroffen. Da sprach Saul zu Jo- 43
nathan: Tue mir kund, was du getan
hast. Und Jonathan tat es ihm kund
und sprach: Mit dem Ende des Stabes, der in meiner Hand war, habe
ich ein wenig Honig nur gekostet;
siehe, ich muß sterben! Und Saul 44
sprach: So tue mir Gott, und so füge
er hinzu, du mußt gewißlich sterben,
Jonathan! Aber das Volk sprach zu 45
Saul: Sollte Jonathan sterben, der diese große Rettung h in Israel geschafft
hat? Das sei ferne! So wahr Jehova
lebt, wenn von den Haaren seines
Hauptes eines auf die Erde fällt! denn
er hat mit Gott gehandelt an diesem
Tage. So erlöste das Volk Jonathan,
daß er nicht starb. Und Saul zog von 46
der Verfolgung der Philister herauf,
und die Philister zogen an ihren Ort.
Und Saul nahm das Königtum ein 47
über Israel; und er stritt ringsum
wider alle seine Feinde, wider Moab
und wider die Kinder Ammon und
wider Edom und wider die Könige von
Zoba und wider die Philister; und
überall, wohin er sich wandte, übte er
Strafe i. Und er tat Mächtiges und 48
schlug Amalek, und errettete Israel
aus der Hand seines Plünderers.
Und die Söhne Sauls waren: Jona- 49
than und Jischwi und Malkischua.
Und die Namen seiner zwei Töchter:
der Name der erstgeborenen war Merab,
und der Name der jüngeren Michal.
Und der Name des Weibes Sauls war 50
Achinoam, die Tochter Achimaaz'.
Und der Name seines Heerobersten
war Abner, der Sohn Ners, des Oheims
Sauls; denn Kis, der Vater Sauls, und 51
Ner, der Vater Abners, waren Söhne
Abiels.
Und der Streit war heftig wider 52
die Philister alle Tage Sauls; und
wenn Saul irgend einen streitbaren
Mann und irgend einen Tapferen sah,
so gesellte er ihn sich zu.
Und Samuel sprach zu Saul: Je- **15**
hova hat mich gesandt, um dich zum
König zu salben über sein Volk, über

---

a W. das ganze Land. — b O. Spießes. — c O. und doch war das Volk ermattet. — d O. wenn nun gar das Volk . . ., wäre denn nicht jetzt usw. — e O. unter den Philistern. — f And. l.: durch wen. — g O. Gib Wahrheit! — h O. diesen großen Sieg. — i And. l.: siegte er.

Israel. So höre nun auf die Stimme
2 der Worte Jehovas. So spricht Jehova der Heerscharen: Ich habe angesehen, was Amalek Israel getan, wie er sich ihm in den Weg gestellt hat,
3 als es aus Aegypten heraufzog. Nun ziehe hin und schlage Amalek, und verbannet alles was er hat, und schone seiner nicht; und töte vom Manne bis zum Weibe, vom Kinde bis zum Säugling, vom Rinde bis zum Klein-
4 vieh, vom Kamel bis zum Esel. Da rief Saul das Volk auf und musterte sie zu Telaim, zweihunderttausend Mann zu Fuß und zehntausend Män-
5 ner von Juda. Und Saul kam bis zu der Stadt der Amalekiter, und er leg-
6 te einen Hinterhalt in das Tal. Und Saul sprach zu den Kenitern a: Gehet, weichet, ziehet hinab aus der Mitte der Amalekiter, daß ich dich nicht mit ihnen wegraffe! Denn du, du hast Güte erwiesen an allen Kindern Israel, als sie aus Aegypten heraufzogen. Und die Keniter wichen aus der
7 Mitte der Amalekiter. Und Saul schlug die Amalekiter von Hawila an bis nach Sur hin, das vor Aegypten *liegt.*
8 Und er ergriff Agag, den König der Amalekiter, lebendig; und das ganze Volk verbannte er mit der Schärfe
9 des Schwertes. Und Saul und das Volk verschonten Agag und das Beste vom Klein- und Rindvieh und die Tiere vom zweiten Wurf und die Mastschafe und alles was gut war, und sie wollten sie nicht verbannen; alles Vieh aber, das gering und schwächlich war, das verbannten sie.
10 Da geschah das Wort Jehovas zu
11 Samuel also: Es reut mich, daß ich Saul zum König gemacht habe; denn er hat sich hinter mir abgewandt und hat meine Worte nicht erfüllt. Und Samuel entbrannte b und schrie zu
12 Jehova die ganze Nacht. Und am Morgen machte Samuel sich früh auf, Saul entgegen. Und es wurde Samuel berichtet und gesagt: Saul ist nach Karmel e gekommen; und siehe, er hat sich ein Denkmal errichtet, und er hat sich gewandt und ist weiter gegangen und nach Gilgal hinabgezo-
13 gen. Und Samuel kam zu Saul; und Saul sprach zu ihm: Gesegnet seiest du von Jehova! Ich habe das Wort
14 Jehovas erfüllt. Und Samuel sprach: Was ist denn das für ein Blöken von Kleinvieh in meinen Ohren, und ein Brüllen von Rindern, das ich höre?
15 Und Saul sprach: Sie haben sie von den Amalekitern gebracht, weil das Volk das Beste vom Klein- und Rindvieh verschont hat, um Jehova, deinem Gott, zu opfern; aber das Ueb-
16 rige haben wir verbannt. Da sprach Samuel zu Saul: Halt, daß ich dir kundtue, was Jehova diese Nacht zu mir geredet hat. Und er sprach zu
17 ihm: Rede! Und Samuel sprach: Wurdest du nicht, als du klein in deinen

Augen warst, das Haupt der Stämme Israels? und Jehova salbte dich zum König über Israel. Und Jehova hat 18 dich auf den Weg gesandt und gesagt: Ziehe hin und verbanne die Sünder, die Amalekiter, und streite wider sie, bis du sie vernichtest. Warum hast 19 du denn der Stimme Jehovas nicht gehorcht, und bist über die Beute hergefallen und hast getan was böse ist in den Augen Jehovas? Und Saul 20 sprach zu Samuel: Ich habe der Stimme Jehovas gehorcht und bin auf dem Wege gezogen, den Jehova mich gesandt hat; und ich habe Agag, den König der Amalekiter, hergebracht, und die Amalekiter habe ich verbannt. Aber das Volk hat von der Beute ge- 21 nommen: Klein- und Rindvieh, das Vorzüglichste des Verbannten, um Jehova, deinem Gott, zu opfern in Gilgal. Und Samuel sprach zu Saul: Hat 22 Jehova Lust an Brandopfern und Schlachtopfern, wie daran, daß man der Stimme Jehovas gehorcht? Siehe, Gehorchen ist besser als Schlachtopfer, Aufmerken besser als das Fett der Widder. Denn *wie* Sünde der 23 Wahrsagerei ist Widerspenstigkeit, und der Eigenwille d *wie* Abgötterei und Götzendienst e. Weil du das Wort Jehovas verworfen hast, so hat er dich verworfen, daß du nicht mehr König seiest.
Und Saul sprach zu Samuel: Ich 24 habe gesündigt, daß ich den Befehl Jehovas und deine Worte übertreten habe; denn ich habe das Volk gefürchtet und auf seine Stimme gehört. Und nun, vergib doch meine Sünde, 25 und kehre mit mir um, daß ich vor Jehova anbete. Aber Samuel sprach 26 zu Saul: Ich kehre nicht mit dir um; denn du hast das Wort Jehovas verworfen, und Jehova hat dich verworfen, daß du nicht mehr König über Israel seiest. Und als Samuel sich 27 wandte zu gehen, da ergriff er den Zipfel seines Oberkleides, und derselbe riß ab. Da sprach Samuel zu 28 ihm: Jehova hat heute das Königtum Israels von dir abgerissen und es deinem Nächsten gegeben, der besser ist als du. Und auch lügt nicht das 29 Vertrauen f Israels, und er bereut nicht; denn nicht ein Mensch ist er, um zu bereuen. Und er sprach: Ich 30 habe gesündigt! Nun ehre mich doch vor den Aeltesten meines Volkes und vor Israel, und kehre mit mir um, daß ich vor Jehova, deinem Gott, anbete. Und Samuel kehrte um, 31 Saul nach, und Saul betete an vor Jehova.
Und Samuel sprach: Bringet Agag, 32 den König der Amalekiter, zu mir her. Und Agag kam lustig zu ihm; und Agag sprach: Fürwahr, die Bitterkeit des Todes ist gewichen! Aber 33 Samuel sprach: Wie dein Schwert Weiber kinderlos gemacht hat, so sei

---

a Vergl. Richter 1, 16; 4, 11. — b Das hebr. Wort bezeichnet sowohl Betrübnis als Zorn. — c Karmel in Juda; vergl. Jos. 15, 55. — d O. die Widersetzlichkeit. — e W. Teraphim. — f Eig. die Beständigkeit.

kinderlos unter Weibern *a* deine Mutter! Und Samuel hieb Agag in Stücke vor Jehova zu Gilgal.

34 Und Samuel ging nach Rama; und Saul zog in sein Haus hinauf nach 35 Gibea-Saul. Und Samuel sah Saul nicht mehr bis zum Tage seines Todes; denn Samuel trauerte um Saul, da es Jehova reute, daß er Saul zum König über Israel gemacht hatte.

16 Und Jehova sprach zu Samuel: Bis wann willst du um Saul trauern, da ich ihn doch verworfen habe, daß er nicht mehr König über Israel sei? Fülle dein Horn mit Oel und gehe hin, ich will dich zu Isai, dem Bethlehemiter, senden; denn ich habe mir unter seinen Söhnen einen König er-
2 sehen. Und Samuel sprach: Wie mag ich hingehen? Wenn Saul es hört, so tötet er mich. Und Jehova sprach: Nimm eine Färse mit dir und sprich: Ich bin gekommen, um Jehova zu
3 opfern. Und lade Isai zum Schlachtopfer, und ich werde dir kundtun was du tun sollst; und du sollst mir salben, den ich dir sagen werde.
4 Und Samuel tat was Jehova geredet hatte, und kam nach Bethlehem. Da kamen die Aeltesten der Stadt ihm ängstlich entgegen und sprachen:
5 Bedeutet dein Kommen Friede? Und er sprach: Friede! Ich bin gekommen, um Jehova zu opfern. Heiliget euch und kommet mit mir zum Schlachtopfer. Und er heiligte Isai und seine Söhne und lud sie zum Schlachtopfer.
6 Und es geschah, als sie kamen, da sah er Eliab und sprach: Gewiß, vor
7 Jehova ist sein Gesalbter! Aber Jehova sprach zu Samuel: Blicke nicht auf sein Aussehen und auf die Höhe seines Wuchses, denn ich habe ihn verworfen; denn *Jehova sieht* nicht auf das, worauf der Mensch sieht; denn der Mensch sieht auf das Aeußere *b*,
8 aber Jehova sieht auf das Herz. Da rief Isai Abinadab und ließ ihn vor Samuel vorübergehen. Und er sprach: Auch diesen hat Jehova nicht
9 erwählt. Da ließ Isai Schamma vorübergehen. Und er sprach: Auch die-
10 sen hat Jehova nicht erwählt. Und Isai ließ sieben seiner Söhne vor Samuel vorübergehen; aber Samuel sprach zu Isai: Jehova hat diese nicht er-
11 wählt. Und Samuel sprach zu Isai: Sind das die Jünglinge alle? Und er sprach: Noch ist der Jüngste übrig, und siehe, er weidet das Kleinvieh. Und Samuel sprach zu Isai: Sende hin und laß ihn holen; denn wir werden uns nicht zu Tische setzen, bis
12 er hierhergekommen ist. Und er sandte hin und ließ ihn kommen; und er war rötlich, dazu schön von Augen und von gutem Ansehen. Und Jehova sprach: Auf, salbe ihn! denn dieser
13 ist es. Da nahm Samuel das Oelhorn und salbte ihn inmitten seiner Brüder. Und der Geist Jehovas geriet über

David *c* von selbigem Tage an und hinfort. Und Samuel machte sich auf und ging nach Rama.

Aber der Geist Jehovas wich von 14 Saul, und ein böser Geist von Jehova ängstigte ihn. Und die Knechte Sauls 15 sprachen zu ihm: Siehe doch, ein böser Geist von Gott ängstigt dich. Es 16 befehle doch unser Herr deinen Knechten, die vor dir sind, daß sie einen Mann suchen, der des Lautenspieles kundig ist; und es wird geschehen, wenn der böse Geist von Gott über dich kommt, so wird er mit seiner Hand spielen, und es wird dir wohl werden. Und Saul sprach zu seinen 17 Knechten: Ersehet mir doch einen Mann, der gut spielen kann, und bringet ihn zu mir. Und einer von den 18 Knaben *d* antwortete und sprach: Siehe, ich habe einen Sohn Isais, des Bethlehemiters, gesehen, der des Spielens kundig ist, und *er ist* ein tapferer Held und ein Kriegsmann und ein Mann des Rede verständig und ein schöner Mann, und Jehova ist mit ihm. Da sandte 19 Saul Boten zu Isai und ließ *ihm* sagen: Sende deinen Sohn David zu mir, der bei dem Kleinvieh ist. Und Isai nahm 20 einen Esel mit Brot *e* und einen Schlauch Wein und ein Ziegenböcklein, und er sandte es durch seinen Sohn David an Saul. Und David kam 21 zu Saul und stand vor ihm *f*; und er liebte ihn sehr, und er wurde sein Waffenträger. Und Saul sandte zu Isai 22 und ließ *ihm* sagen: Laß doch David vor mir stehen, denn er hat Gnade gefunden in meinen Augen. Und es 23 geschah, wenn der Geist von Gott über Saul kam, so nahm David die Laute und spielte mit seiner Hand; und Saul fand Erleichterung, und es wurde ihm wohl, und der böse Geist wich von ihm.

Und die Philister sammelten ihre **17** Heere zum Streit und versammelten sich zu Soko, das Juda gehört, und lagerten sich bei Ephes-Dammim, zwischen Soko und Aseka. Und Saul 2 und die Männer von Israel versammelten und lagerten sich im Terebinthentale, und sie stellten sich in Schlachtordnung auf, den Philistern gegenüber. Und die Philister standen am Berge 3 jenseits, und Israel stand am Berge diesseits, und das Tal war zwischen ihnen.

Und der Zwischenkämpfer trat aus 4 den Lagern der Philister hervor, sein Name war Goliath, aus Gath *g*; seine Höhe war sechs Ellen und eine Spanne. Und er hatte einen ehernen 5 Helm auf seinem Haupte, und er war mit einem Schuppenpanzer bekleidet, und das Gewicht des Panzers war fünftausend Sekel Erz. Und er hatte 6 eherne Schienen an seinen Beinen und einen ehernen Wurfspieß zwischen seinen Schultern; und der Schaft 7 seines Speeres war wie ein Weberbaum, und die Spitze seines Speeres

---

a Eig. vor Weibern. — *b* Eig. die Augen. — *c* David = Geliebter. — *d* d. h. Knappen, Dienern. — *e* W. einen Esel Brotes, d. h. mit so viel Brot beladen, wie ein Esel tragen kann. — *f* d. h. diente ihm. — *g* S. Josua 11, 22.

war sechshundert Sekel Eisen. Und der
8 Schildträger ging vor ihm her. Und
er trat hin und rief den Schlachtreihen Israels zu und sprach zu ihnen:
Warum ziehet ihr aus, euch in Schlachtordnung aufzustellen? Bin ich nicht
der Philister, und ihr die Knechte
Sauls? Wählet euch einen Mann, daß
9 er zu mir herabkomme! Wenn er mit
mir zu kämpfen vermag und mich erschlägt, so wollen wir eure Knechte
sein; wenn ich ihn aber überwinde
und ihn erschlage, so sollt ihr unsere
10 Knechte sein und uns dienen. Und
der Philister sprach: Ich habe die
Schlachtreihen Israels verhöhnt an diesem Tage! Gebet mir einen Mann,
11 daß wir miteinander kämpfen! Und
Saul und ganz Israel hörten diese
Worte des Philisters, und sie erschraken und fürchteten sich sehr.
12   David nun war der Sohn jenes Ephra-
titers a von Bethlehem - Juda, dessen
Name Isai war und der acht Söhne hatte; und der Mann war in den
Tagen Sauls alt, *im Alter* vorgerückt
13 unter den Männern. Und die drei ältesten Söhne Isais waren hingegangen, sie waren Saul nachgefolgt zum
Streit; und die Namen seiner drei
Söhne, die in den Streit gezogen, waren: Eliab, der Erstgeborene, und sein
Zweiter, Abinadab, und der Dritte,
14 Schamma. Und David war der Jüngste, und die drei Aeltesten waren
15 Saul nachgefolgt. David aber ging
hin und kam wieder zurück von Saul,
um das Kleinvieh seines Vaters zu
16 weiden zu Bethlehem. — Und der
Philister trat morgens und abends herzu und stellte sich hin, vierzig Tage
17 lang. — Und Isai sprach zu seinem
Sohne David: Nimm doch für deine
Brüder dieses Epha geröstete Körner
und diese zehn Brote, und bringe sie
schnell in das Lager zu deinen Brü-
18 dern; und diese zehn Schnitten Milch-
käse bringe dem Obersten über tausend und besuche deine Brüder, um
nach ihrem Wohlergehen zu fragen,
und nimm ein Pfand von ihnen mit.
19 Saul und sie und alle Männer von
Israel sind nämlich im Terebinthentale, streitend mit den Philistern. —
20 Da machte sich David des Morgens früh
auf und überließ das Kleinvieh einem
Hüter; und er nahm und ging hin, wie
Isai ihm geboten hatte; und er kam
an die Wagenburg, als das Heer, das
in die Schlachtreihe ausrückte, das
21 Kampfgeschrei erhob. Und Israel und
die Philister stellten sich auf, Schlacht-
22 reihe gegen Schlachtreihe. Und David
überließ das Gerät, das er trug, der
Hand des Hüters der Geräte und lief
in die Schlachtreihe; und er kam
und fragte seine Brüder nach ihrem
23 Wohlergehen. Und während er mit
ihnen redete, siehe, da kam der Zwischenkämpfer herauf, Goliath, der Philister, sein Name, von Gath, aus
den Schlachtreihen der Philister und

sprach nach jenen Worten; und David hörte es. Und alle Männer von 24
Israel, als sie den Mann sahen, flohen vor ihm und fürchteten sich sehr.
Und die Männer von Israel sprachen: 25
Habt ihr diesen Mann gesehen, der
heraufkommt? denn um Israel zu verhöhnen, kommt er herauf. Und es
soll geschehen, den Mann, der ihn
erschlägt, den will der König berei-
chern mit großem Reichtum, und er
will ihm seine Tochter geben, und
das Haus seines Vaters will er frei
machen in Israel. Da sprach David 26
zu den Männern, die bei ihm standen,
und sagte: Was soll dem Manne geschehen, der diesen Philister da erschlägt und den Hohn von Israel abwendet? denn wer ist dieser Philister, dieser Unbeschnittene, daß er
die Schlachtreihen des lebendigen
Gottes verhöhnt? Und das Volk sprach 27
zu ihm nach jenem Worte und sagte:
So soll dem Manne geschehen, der
ihn erschlägt. Und Eliab, sein älte- 28
ster Bruder, hörte zu, als er zu den
Männern redete; und der Zorn Eliabs
entbrannte wider David, und er sprach:
Warum doch bist du herabgekommen, und wem hast du jene wenige
Schafe in der Wüste überlassen? Ich
kenne deine Vermessenhejt wohl und
die Bosheit deines Herzens; denn um
den Streit zu sehen, bist du herabgekommen. Und David sprach: Was 29
habe ich nun getan? Ist es nicht der
Mühe wert? b Und er wandte sich 30
von ihm ab, einem anderen zu, und
sprach nach jenem Worte; und das
Volk gab ihm Antwort nach der vorigen Antwort.
   Und die Worte, welche David ge- 31
redet hatte, wurden gehört, und man
erzählte sie vor Saul; und er ließ
ihn holen. Und David sprach zu Saul: 32
Es entfalle keinem Menschen das
Herz seinetwegen! Dein Knecht will
gehen und mit diesem Philister kämpfen. Aber Saul sprach zu David: Du 33
vermagst nicht wider diesen Philister
zu gehen, um mit ihm zu kämpfen;
denn du bist ein Jüngling, er aber
ist ein Kriegsmann von seiner Jugend
an. Da sprach David zu Saul: Dein 34
Knecht weidete das Kleinvieh für seinen Vater; kam nun ein Löwe oder
ein Bär und trug ein Stück von der Herde fort, so lief ich ihm nach und schlug 35
ihn und entriß es seinem Rachen; und
erhob er sich wider mich, so ergriff
ich ihn bei dem Barte und schlug ihn
und tötete ihn. Sowohl den Löwen 36
als auch den Bären hat dein Knecht
erschlagen; und dieser Philister, dieser Unbeschnittene, soll sein wie einer von ihnen, weil er die Schlachtreihen des lebendigen Gottes verhöhnt
hat! Und David sprach: Jehova, der 37
mich aus den Klauen c des Löwen
und aus den Klauen c des Bären errettet hat, er wird mich aus der Hand
dieses Philisters erretten. Und Saul

---

a W. jenes ephratischen Mannes. — *b* And. üb.: Ist es nicht ein Auftrag? —
c Eig. aus der Hand.

sprach zu David: Gehe hin, und Je-
38 hova sei mit dir! Und Saul zog David
seinen Rock an und setzte einen ehernen Helm auf sein Haupt und zog
39 ihm einen Panzer an. Und David gürtete sein Schwert über seinen Rock
und wollte gehen, denn er hatte es
nie versucht. Da sprach David zu Saul:
Ich kann nicht darin gehen, denn ich
habe es nie versucht. Und David leg-
40 te sie von sich ab. Und er nahm seinen Stab in seine Hand und wählte
sich fünf glatte Steine aus dem Bache a
und tat sie in das Hirtengerät, das
er hatte, in die Tasche, und seine
Schleuder hatte er in seiner Hand;
und er trat an den Philister heran.
41 Und der Philister ging und kam
dem David immer näher, und der
Mann, der den Schild b trug, vor ihm
42 her. Und als der Philister hinschaute
und David sah, verachtete er ihn;
denn er war ein Jüngling und rötlich,
43 dazu schön von Ansehen. Und der
Philister sprach zu David: Bin ich
ein Hund, daß du mit Stöcken zu mir
kommst? Und der Philister fluchte
44 David bei seinen Göttern. Und der
Philister sprach zu David: Komm her
zu mir, daß ich dein Fleisch den Vögeln des Himmels und den Tieren
45 des Feldes gebe! Und David sprach
zu dem Philister: Du kommst zu mir
mit Schwert und mit Speer und mit
Wurfspieß; ich aber komme zu dir
im Namen Jehovas der Heerscharen,
des Gottes der Schlachtreihen Israels,
46 den c du verhöhnt hast. An diesem
Tage wird Jehova dich in meine Hand
überliefern, und ich werde dich erschlagen und dein Haupt von dir wegnehmen; und die Leichname des Heeres der Philister werde ich an diesem
Tage den Vögeln des Himmels und dem
Wilde der Erde geben; und die ganze
Erde soll erkennen, daß Israel einen
47 Gott hat. Und diese ganze Versammlung soll erkennen, daß Jehova nicht
durch Schwert und durch Speer rettet; denn Jehovas ist der Streit, und
er wird euch in unsere Hand geben!
48 Und es geschah, als der Philister sich
aufmachte und ging und nahte, David entgegen, da eilte David und lief
der Schlachtreihe zu, dem Philister
49 entgegen. Und David fuhr mit seiner
Hand in das Gerät und nahm einen
Stein heraus, und er schleuderte und
traf den Philister an seine Stirn; und
der Stein drang in seine Stirn, und
er fiel auf sein Angesicht zur Erde.
50 So war David, mit der Schleuder und
mit dem Steine, stärker als der Philister, und er schlug den Philister und
tötete ihn; und David hatte kein
51 Schwert in der Hand. Und David lief
und trat zu dem Philister hin, und
er nahm sein Schwert und zog es aus
seiner Scheide und tötete ihn, und
hieb ihm den Kopf damit ab. Als aber

die Philister sahen, daß ihr Held tot
war, da flohen sie. Und die Män- 52
ner von Israel und Juda machten
sich auf und erhoben ein Geschrei
und verfolgten die Philister bis zum
Eingang des Tales d und bis zu den
Toren von Ekron; und die Erschlagenen der Philister fielen auf dem
Wege nach Schaaraim und bis Gath
und bis Ekron. Und die Kinder Israel 53
kehrten um von der Verfolgung der
Philister und plünderten ihre Lager.
Und David nahm das Haupt des Phi- 54
listers und brachte es nach Jerusalem;
seine Waffen aber legte er in sein Zelt.
Und als Saul David ausziehen sah, 55
dem Philister entgegen, sprach er zu
Abner, dem Heerobersten: Wessen
Sohn ist doch der Jüngling, Abner?
Und Abner sprach: So wahr deine
Seele lebt, o König, ich weiß es nicht!
Und der König sprach: Frage du, 56
wessen Sohn der junge Mann ist. Und 57
als David vom Erschlagen des Philisters zurückkehrte, da nahm ihn Abner und brachte ihn vor Saul; und
das Haupt des Philisters war in seiner
Hand. Und Saul sprach zu ihm: Wes- 58
sen Sohn bist du, Jüngling? Und David sprach: Der Sohn deines Knechtes Isai, des Bethlehemiters.

Und es geschah, als er aufgehört **18**
hatte, mit Saul zu reden, da verband sich die Seele Jonathans mit
der Seele Davids; und Jonathan liebte
ihn wie seine Seele. Und Saul nahm 2
ihn an jenem Tage zu sich und ließ
ihn nicht in das Haus seines Vaters
zurückkehren. Und Jonathan und Da- 3
vid schlossen einen Bund, weil er ihn
liebte wie seine Seele. Und Jonathan 4
zog das Oberkleid aus, das er anhatte,
und gab es David, und seinen Rock e
und bis auf sein Schwert und seinen
Bogen und seinen Gürtel. Und David 5
zog aus, wohin immer Saul ihn sandte,
und er hatte Gelingen f; und Saul setzte
ihn über die Kriegsleute; und er war
in den Augen des ganzen Volkes und
auch in den Augen der Knechte Sauls
wohlgefällig.
Und es geschah, als sie einzogen, 6
als David vom Erschlagen des Philisters zurückkehrte, da zogen die Weiber aus allen Städten Israels zu Gesang und Reigen dem König Saul
entgegen, mit Tamburinen, mit Jubel
und mit Triangeln. Und die Weiber, die 7
da spielten g, sangen und sprachen h:
Saul hat seine Tausende erschlagen,
und David seine Zehntausende.
Da ergrimmte Saul sehr, und dieses 8
Wort war übel in seinen Augen, und
er sprach: Sie haben David Zehntausende gegeben, und mir haben sie die
Tausende gegeben; es fehlt ihm nur
noch das Königtum. Und Saul sah 9
scheel auf David von jenem Tage an
und hinfort.
Und es geschah am anderen Tage, 10

---

a O. Tal, trockenes Flußbett. — b Hier der große, den ganzen Mann deckende Schild.
— c O. die. — d W. bis man in das Tal kommt; And. l.: bis nach Gath. — e d. h. Waffenrock, wie Kap. 17, 38. — f O. und David zog aus; wohin . . ., hatte er Gelingen. —
g O. tanzten. — h d. h. im Wechselgesang; so auch Kap. 21, 11; 29. 5.

da geriet ein böser Geist von Gott über Saul, und er weissagte *a* im Innern des Hauses; David aber spielte mit seiner Hand, wie Tag für Tag, und der Speer war in der Hand Sauls.
11 Und Saul warf *b* den Speer und dachte *c*: Ich will David an die Wand spießen! Aber David wandte sich
12 zweimal von ihm ab. Und Saul fürchtete sich vor David; denn Jehova war mit ihm, und von Saul war er gewi-
13 chen. Und Saul tat ihn von sich weg und setzte ihn *d* zum Obersten über tausend; und er zog aus und ein vor
14 dem Volke her. Und es gelang David auf allen seinen Wegen, und Jehova
15 war mit ihm. Und als Saul sah, daß es ihm wohl gelang, scheute er sich
16 vor ihm. Aber ganz Israel und Juda hatten David lieb, denn er zog aus und ein vor ihnen her.
17 Und Saul sprach zu David: Siehe, meine älteste Tochter Merab, die will ich dir zum Weibe geben; nur sei mir ein tapferer Mann und streite die Streite Jehovas! Saul aber dachte: Meine Hand soll nicht wider ihn sein, sondern die Hand der Philister soll wi-
18 der ihn sein. Und David sprach zu Saul: Wer bin ich, und was ist mein Leben *und* das Geschlecht meines Vaters in Israel, daß ich des Königs Eidam wer-
19 den sollte? Und es geschah zu der Zeit, als Merab, die Tochter Sauls, dem David gegeben werden sollte, da wurde sie Adriel, dem Meholathiter, zum
20 Weibe gegeben. Und Michal, die Tochter Sauls, liebte David; und man berichtete es Saul, und die Sache war
21 recht in seinen Augen. Und Saul sprach: Ich will sie ihm geben, daß sie ihm zum Fallstrick werde und die Hand der Philister wider ihn sei. Und Saul sprach zu David: Zum zweiten Male *e* sollst du heute mein Eidam werden.
22 Und Saul gebot seinen Knechten: Redet im geheimen zu David und sprechet: Siehe, der König hat Gefallen an dir, und alle seine Knechte haben dich lieb; so werde nun des
23 Königs Eidam. Und die Knechte Sauls redeten diese Worte vor den Ohren Davids. Und David sprach: Ist es ein Geringes in euren Augen, des Königs Eidam zu werden? bin ich doch ein
24 armer und geringer Mann. Und die Knechte Sauls berichteten es ihm und sprachen: Nach solchen Worten hat
25 David geredet. Da sprach Saul: So sollt ihr zu David sagen: Der König hat kein Begehr nach einer Heiratsgabe, sondern nach hundert Vorhäuten der Philister, um sich an den Feinden des Königs zu rächen. Saul aber gedachte David durch die Hand
26 der Philister zu fällen. Und seine Knechte berichteten David diese Worte, und die Sache war recht in den Augen Davids, des Königs Eidam zu werden. Und noch waren die Tage
27 nicht voll, da machte David sich auf

und zog hin, er und seine Männer, und erschlug unter den Philistern zweihundert Mann; und David brachte ihre Vorhäute, und man lieferte sie dem König vollzählig, damit er des Königs Eidam würde. Und Saul gab ihm
28 seine Tochter Michal zum Weibe. Und Saul sah und erkannte, daß Jehova mit David war; und Michal, die Tochter Sauls, hatte ihn lieb. Und Saul
29 fürchtete sich noch mehr vor David; und Saul wurde David feind alle Tage.
30 Und die Fürsten der Philister zogen aus; und es geschah, so oft sie auszogen, hatte David mehr Gelingen als alle Knechte Sauls, und sein Name wurde sehr geachtet.

19 Und Saul redete zu seinem Sohne Jonathan und zu allen seinen Knechten, daß er David töten wolle. Jona-
2 than aber, der Sohn Sauls, hatte großes Wohlgefallen an David. Und Jonathan berichtete es David und sprach: Mein Vater Saul sucht dich zu töten; und nun hüte dich doch morgen und halte dich verborgen und verstecke
3 dich. Ich aber will hinausgehen und an der Seite meines Vaters stehen auf dem Felde, wo du bist, und ich will zu meinem Vater von dir reden und sehen, wie es steht, und es dir berich-
4 ten. Und Jonathan redete zu seinem Vater Saul Gutes von David und sprach zu ihm: Der König versündige sich nicht an seinem Knechte, an David; denn er hat nicht gegen dich gesündigt, und seine Taten sind dir
5 sehr nützlich. Und er hat sein Leben aufs Spiel gesetzt und den Philister erschlagen, und Jehova hat den ganzen Israel eine große Rettung geschafft. Du hast es gesehen und dich gefreut; und warum willst du dich an unschuldigem Blute versündigen, indem du David tötest ohne Ursache?
6 Und Saul hörte auf die Stimme Jonathans, und Saul schwur: So wahr Je-
7 hova lebt, wenn er getötet wird! Da rief Jonathan dem David, und Jonathan berichtete ihm alle diese Worte. Und Jonathan brachte David zu Saul, und er war vor ihm wie früher.
8 Und es ward wiederum Krieg; und David zog aus und stritt wider die Philister und richtete eine große Niederlage unter ihnen an, und sie flohen vor ihm.
9 Und ein böser Geist von Jehova kam über Saul; und er saß in seinem Hause, mit seinem Speer in der Hand, und
10 David spielte mit der Hand. Und Saul suchte David mit dem Speere an die Wand zu spießen; aber er wich aus vor Saul, und er stieß den Speer in die Wand. Und David floh und ent-
11 rann in selbiger Nacht. Da sandte Saul Boten aus dem Haus Davids, um ihn zu bewachen und ihn am Morgen zu töten. Aber Michal, sein Weib, tat es David kund und sprach: Wenn du nicht diese Nacht deine Seele rettest, so wirst du morgen getötet wer-

---

a S. die Anm. zu Kap. 10, 5. — *b* O. schwang. — *c* O. sagte. — *d* Eig. setzte sich ihn. — *e* O. Mittelst Zweier.

12 den. Und Michal ließ David durchs Fenster hinab; und er ging weg und
13 floh und entrann. Und Michal nahm den Teraphim a und legte ihn ins Bett und legte das Geflecht von Ziegenhaar b zu seinen Häupten und deckte
14 ihn mit dem Tuche c zu. Und Saul sandte Boten, um David zu holen;
15 und sie sprach: Er ist krank. Da sandte Saul die Boten, um David zu sehen, und sprach: Bringet ihn in Bett zu mir herauf, daß ich ihn töte!
16 Und die Boten kamen, und siehe, der Teraphim war im Bett, und das Geflecht von Ziegenhaar zu seinen Häup-
17 ten. Da sprach Saul zu Michal: Warum hast du mich also betrogen und hast meinen Feind gehen lassen, daß er entronnen ist? Und Michal sprach zu Saul: Er sagte zu mir: Laß mich gehen! warum sollte ich dich töten?
18 David aber war geflohen und entronnen; und er kam zu Samuel nach Rama und berichtete ihm alles was Saul ihm getan hatte. Und er und Samuel gingen hin und wohnten zu
19 Najoth. Und es wurde Saul berichtet und gesagt: Siehe, David ist in Na-
20 joth d zu Rama. Da sandte Saul Boten, um David zu holen. Als sie aber die Versammlung der Propheten sahen, welche weissagten, und Samuel als Vorsteher über sie dabeistehen, da kam der Geist Gottes über die Boten
21 Sauls, und auch sie weissagten. Und man berichtete es Saul, und er sandte andere Boten, und auch sie weissagten; und Saul sandte wiederum dritte Boten, und auch sie weissagten.
22 Da ging auch er nach Rama und kam an die große Zisterne, die zu Seku ist; und er fragte und sprach: Wo sind Samuel und David? Und man sprach: Siehe, in Najoth zu Rama.
23 Und er ging dorthin, nach Najoth zu Rama; und auch über ihn kam der Geist Gottes, und er ging, immerfort weissagend, bis er in Najoth zu Ra-
24 ma ankam. Und auch er zog seine Oberkleider aus, und auch er weissagte vor Samuel, und er lag nackt e da jenen ganzen Tag und die ganze Nacht. Daher sagt man: Ist auch Saul unter den Propheten?

20 Und David floh von Najoth zu Rama; und er kam und sprach vor Jonathan: Was habe ich getan? Was ist meine Ungerechtigkeit, und was meine Sünde vor deinem Vater, daß
2 er mir nach dem Leben trachtet? Und er sprach zu ihm: Das sei ferne! du wirst nicht sterben. Siehe, mein Vater tut weder eine große noch eine kleine Sache, ohne daß er sie meinem Ohr eröffnet; und warum sollte mein Vater diese Sache vor mir verbergen?
3 Es ist nicht so. Und David fuhr fort und schwur und sprach: Dein Vater weiß wohl, daß ich Gnade gefunden habe in deinen Augen, und er hat gedacht: Jonathan soll dieses nicht

wissen, damit er sich nicht betrübe. Aber doch, *so wahr* Jehova lebt und deine Seele lebt, nur ein Schritt ist zwischen mir und dem Tode! Und Jonathan sprach zu David: Was deine Seele spricht, das will ich für dich
5 tun. Und David sprach zu Jonathan: Siehe, morgen ist Neumond, da ich eigentlich mit dem König beim Essen sitzen sollte; so laß mich gehen, und ich will mich auf dem Felde ver-
6 bergen bis zum dritten Abend. Wenn dein Vater mich etwa vermissen sollte, so sage: David hat sich's dringend von mir erbeten, nach Bethlehem, seiner Stadt, zu laufen; denn daselbst ist das Jahresopfer für die ganze Fami-
7 lie. Wenn er so spricht: Es ist gut, so steht es wohl um deinen Knecht; er-
8 grimmt er aber, so wisse, daß das Böse seinerseits beschlossen ist. Erweise denn Güte an deinem Knechte, denn du hast deinen Knecht in einen Bund Jehovas mit dir treten lassen! Wenn aber eine Ungerechtigkeit an mir ist, so töte du mich; denn warum wolltest du mich doch zu deinem Va-
9 ter bringen? Und Jonathan sprach: Das sei ferne von dir! denn wenn ich sicher weiß, daß es von seiten meines Vaters beschlossen ist, daß das Böse über dich komme, sollte ich es
10 dir dann nicht berichten? Und David sprach zu Jonathan: Wer soll es mir berichten, wenn etwa dein Vater dir
11 Hartes antwortet? Und Jonathan sprach zu David: Komm und laß uns aufs Feld hinausgehen. Und sie gingen beide hinaus aufs Feld.

12 Und Jonathan sprach zu David: Jehova, Gott Israels! Wenn ich meinen Vater um diese Zeit morgen *oder* übermorgen ausforsche, und siehe, es steht gut für David, und ich nicht alsdann zu dir sende und es deinem Ohr eröffne, so tue Jehova dem Jo-
13 nathan, und so füge er hinzu! Wenn meinem Vater Böses wider dich gefällt, so werde ich es deinem Ohr eröffnen und dich ziehen lassen, daß du in Frieden weggehest; und Jehova sei mit dir, so wie er mit meinem
14 Vater gewesen ist. Und nicht nur während ich noch lebe, und nicht nur an mir sollst du Güte Jehovas erwei-
15 sen, daß ich nicht sterbe; auch meinem Hause sollst du deine Güte nicht entziehen ewiglich, auch nicht wenn Jehova die Feinde Davids ausrotten wird, einen jeden vom Erdboden hin-
16 weg! Und Jonathan machte einen Bund mit dem Hause Davids *und sprach:* So fordere es Jehova von der Hand der Feinde Davids! Und Jona-
17 than ließ David nochmals bei seiner Liebe zu ihm schwören; denn er liebte ihn, wie er seine Seele liebte.
18 Und Jonathan sprach zu ihm: Morgen ist Neumond; und man wird dich vermissen, denn dein Sitz wird leer
19 bleiben. Am dritten Tage aber steige

---

a d. h. den Hausgötzen. — b das im Morgenlande gegen Mücken gebräuchlich war. — c O. mit der Decke. — d Wohnungen; viell. die Wohnungen der Prophetenschüler; vergl. V. 20. — e d. h. bloß mit dem Unterkleide bedeckt.

eilends herab und komm an den Ort, wo du dich verborgen hattest am Tage der Tat*a*, und bleibe*b* neben 20 dem Steine A sel. Ich nun, ich werde drei Pfeile zu seiner Seite abschießen, als schösse ich für mich nach einem 21 Ziele. Und siehe, ich werde den Knaben senden: Gehe hin, suche die Pfeile! Wenn ich ausdrücklich zu dem Knaben spreche: Siehe, die Pfeile sind von dir ab herwärts, nimm sie! so komm; denn es steht wohl um dich, und es ist nichts, *so wahr* Jehova lebt! 22 Wenn ich aber also zu dem Jüngling spreche: Siehe, die Pfeile sind von dir ab hinwärts! so gehe, denn Je-23 hova sendet dich weg. Was aber die Sache betrifft, die wir besprochen haben, ich und du, siehe, Jehova ist zwischen mir und dir auf ewig.

24 Und David verbarg sich auf dem Felde. Und es wurde Neumond, und der König setzte sich zum Mahle, um 25 zu essen. Und der König setzte sich auf seinen Sitz, wie die anderen Male, auf den Sitz an der Wand; und Jonathan stand auf, und Abner setzte sich zur Seite Sauls; und der Platz Da-26 vids blieb leer. Saul aber sagte nichts an selbigem Tage, denn er dachte: Es ist ihm etwas widerfahren *c*; er ist nicht rein, gewiß, er ist nicht rein. 27 Und es geschah am anderen Tage des Neumondes, dem zweiten, als der Platz Davids leer blieb, da sprach Saul zu seinem Sohne Jonathan: Warum ist der Sohn Isais weder gestern noch heute 28 zum Mahle gekommen? Und Jonathan antwortete Saul : David hat sich's dringend von mir erbeten, nach Bethlehem 29 *zu gehen*, und er sprach: Laß mich doch gehen, denn wir haben ein Familienopfer in der Stadt; und mein Bruder selbst hat mich entboten; und nun, wenn ich Gnade gefunden habe in deinen Augen, so laß mich doch gehen *d*, daß ich meine Brüder sehe. Darum ist er nicht an den Tisch des 30 Königs gekommen. Da entbrannte der Zorn Sauls wider Jonathan, und er sprach zu ihm: Sohn einer widerspenstigen Verkehrten! weiß ich nicht, daß du den Sohn Isais auserkoren hast zu deiner Schande und zur Schande 31 de der Blöße deiner Mutter? Denn alle die Tage, die der Sohn Isais auf Erden lebt, wirst du nicht feststehen, weder du noch dein Königtum; und nun sende hin und laß ihn zu mir holen, denn er ist ein Kind des Todes! 32 Und Jonathan antwortete seinem Vater Saul und sprach zu ihm: Warum soll er getötet werden? was hat er 33 getan? Da warf e Saul den Speer nach ihm, um ihn zu treffen; und Jonathan erkannte, daß es von seiten seines Vaters beschlossen sei, David zu tö-34 ten. Und Jonathan stand vom Tische auf in glühendem Zorn, und er aß am zweiten Tage des Neumondes keine Speise; denn er war betrübt um David, weil sein Vater ihn geschmäht hatte.

Und es geschah am Morgen, da 35 ging Jonathan aufs Feld hinaus, an den Ort, den er mit David verabredet hatte, und ein kleiner Knabe war mit ihm. Und er sprach zu sei-36 nem Knaben: Laufe, suche doch die Pfeile, die ich abschieße! Der Knabe lief, und er schoß den Pfeil über ihn hinaus. Und als der Knabe an den 37 Ort des Pfeiles kam, welchen Jonathan abgeschossen hatte, da rief Jonathan dem Knaben nach und sprach: Der Pfeil ist ja von dir ab hinwärts! Und Jonathan rief dem Knaben nach: 38 Schnell, eile, stehe nicht still! Und der Knabe Jonathans las den Pfeil auf und kam zu seinem Herrn. Der 39 Knabe aber wußte um nichts; nur Jonathan und David wußten um die Sache. Und Jonathan gab seine Waf-40 fen seinem Knaben und sprach zu ihm: Gehe, bringe sie in die Stadt. Der Knabe ging, und David machte 41 sich auf von der Südseite her und fiel auf sein Antlitz zur Erde und beugte sich dreimal nieder; und sie küßten einander und weinten miteinander, bis David über die Maßen weinte. Und Jonathan sprach zu Da-42 vid: Gehe hin in Frieden! *Es sei,* wie wir beide im Namen Jehovas geschworen haben, als wir sagten: Jehova sei zwischen mir und dir und zwischen meinem Samen und deinem Samen auf ewig! — Und David *f* 43 machte sich auf und ging hinweg; Jonathan aber kam in die Stadt.

Und David kam nach Nob, zu **21** Ahimelech, dem Priester. Und Ahimelech kam David ängstlich entgegen und sprach zu ihm: Warum ist du allein, und niemand ist bei dir? Und David sprach zu dem Priester 2 Ahimelech: Der König hat mir eine Sache geboten; und er sprach zu mir: Niemand soll irgendwie um die Sache wissen, in der ich dich sende und die ich dir geboten habe! und die Knaben habe ich an den und den Ort be-3 schieden. Und nun, was ist unter deiner Hand? Gib fünf Brote in meine Hand, oder was sich vorfindet. Und 4 der Priester antwortete David und sprach: Es ist kein gemeines Brot unter meiner Hand, sondern nur heiliges Brot ist da; wenn sich nur die Knaben der Weiber enthalten haben! Und David antwortete dem Priester 5 und sprach zu ihm: Ja, denn Weiber sind uns versagt seit gestern *und* vorgestern, als ich auszog, und die Gefäße der Knaben sind heilig. Und es ist einigermaßen gemeines *Brot*, und das um so mehr, als heute *neues* in den Gefäßen geheiligt wird. Da gab 6 ihm der Priester heiliges *Brot*; denn es war daselbst kein anderes Brot, als nur das Schaubrot, das vor Jehova weggenommen worden war, um warmes Brot aufzulegen am Tage seiner Wegnahme. (Es war aber daselbst an jenem 7 Tage ein Mann von den Knechten

Sauls, der sich zurückgezogen vor Jehova aufhielt, sein Name war Doeg, der Edomiter; er war der Aufseher 8 der Hirten Sauls.) Und David sprach zu Ahimelech: Und ist hier nicht unter deiner Hand ein Speer oder ein Schwert? Denn weder mein Schwert noch meine Waffen habe ich zur Hand genommen, weil die Sache des Königs 9 dringend war. Und der Priester sprach: Das Schwert Goliaths, des Philisters, den du im Terebinthental erschlagen hast, siehe, es ist in ein Oberkleid gewickelt hinter dem Ephod; wenn du es dir nehmen willst, so nimm es, denn es ist kein anderes hier außer diesem. Und David sprach: Seinesgleichen gibt es nicht; gib es 10 mir! Und David machte sich auf und floh an selbigem Tage vor Saul, und er kam zu Achis, dem König von Gath.

11 Und die Knechte Achis' sprachen zu ihm: Ist das nicht David, der König des Landes? Haben sie nicht von diesem in den Reigen gesungen und gesprochen: „Saul hat seine Tausende erschlagen, und David seine Zehntau-12 sende"? Und David nahm sich diese Worte zu Herzen und fürchtete sich sehr vor Achis, dem König von Gath. 13 Und er verstellte seinen Verstand vor ihren Augen und tat unsinnig unter ihren Händen, und er kritzelte an die Flügel des Tores und ließ seinen Speichel auf seinen Bart herab-14 fließen. Da sprach Achis zu seinen Knechten: Siehe, ihr sehet einen wahnsinnigen Mann; warum bringet 15 ihr ihn zu mir? Fehlt es mir an Wahnsinnigen, daß ihr diesen hergebracht habt, um sich bei mir wahnsinnig zu gebärden? Sollte der in mein Haus kommen?

22 Und David ging von dannen und entrann in die Höhle Adullam. Und als seine Brüder und das ganze Haus seines Vaters es hörten, kamen sie 2 dorthin zu ihm hinab. Und es versammelten sich zu ihm jeder Bedrängte, und jeder, der einen Gläubiger hatte, und jeder, der erbitterten Gemütes war, und er wurde ihr Oberster, und es waren bei ihm an 3 vierhundert Mann. Und David ging von dannen nach Mizpe-Moab; und er sprach zu dem König von Moab: Laß doch meinen Vater und meine Mutter ausziehen *und* bei euch *sein*, bis ich weiß, was Gott mir tun wird. 4 Und er führte sie vor den König von Moab, und sie wohnten bei ihm alle Tage, die David auf der Bergfeste war.

5 Und Gad, der Prophet, sprach zu David: Bleibe nicht auf der Bergfeste; gehe hin und begib dich in das Land Juda. Und David ging hin und kam 6 in den Wald Hereth. Und als Saul hörte, daß David und die Männer, die bei ihm waren, entdeckt worden seien, — Saul aber saß zu Gibea, unter der Tamariske auf der Anhöhe,

mit seinem Speer in der Hand, und alle seine Knechte standen bei ihm — da 7 sprach Saul zu seinen Knechten, die bei ihm standen: Höret doch, ihr Benjaminiter! Wird auch der Sohn Isais euch allen Felder und Weinberge geben, euch alle zu Obersten über tausend und zu Obersten über hundert machen, daß ihr euch alle wider mich 8 verschworen habt, und keiner es meinem Ohr eröffnet, wenn mein Sohn einen Bund mit dem Sohne Isais gemacht hat, und keiner von euch sich kränkt meinethalben und es meinem Ohr eröffnet, daß mein Sohn meinen Knecht als Laurer wider mich aufgewiegelt hat, wie es an diesem Tage ist? Da antwortete Doeg, der Edomiter, 9 der bei den Knechten Sauls stand *a*, und sprach: Ich sah den Sohn Isais nach Nob kommen zu Ahimelech, dem Sohne Ahitubs. Und er befragte 10 Jehova für ihn und gab ihm Zehrung, und das Schwert Goliaths, des Philisters, gab er ihm.

Da sandte der König hin, Ahime- 11 lech, den Sohn Ahitubs, den Priester, zu rufen, sowie das ganze Haus seines Vaters, die Priester, die zu Nob waren; und sie kamen alle zum König. Und Saul sprach: Höre doch, 12 Sohn Ahitubs! Und er sprach: Hier bin ich, mein Herr! Und Saul sprach 13 zu ihm: Warum habt ihr euch wider mich verschworen, du und der Sohn Isais, indem du ihm Brot und ein Schwert gegeben und Gott für ihn befragt hast, damit er als Laurer wider mich aufstehe, wie es an diesem Tage ist? Und Ahimelech antwortete 14 dem König und sprach: Und wer unter all deinen Knechten ist wie David, treu, und des Königs Eidam, und der Zutritt hat zu deinem geheimen Rat und geehrt ist in deinem Hause? Habe ich heute angefangen, Gott für 15 ihn zu befragen? Das sei ferne von mir! Nicht lege der König seinem Knechte etwas zur Last, *noch* dem ganzen Hause meines Vaters; denn dein Knecht hat von allem diesem nichts gewußt, weder Kleines noch Großes. Aber der König sprach: Du 16 mußt gewißlich sterben, Ahimelech, du und das ganze Haus deines Vaters! Und der König sprach zu den Läu- 17 fern, die bei ihm standen: Wendet euch und tötet die Priester Jehovas, weil auch ihre Hand mit David ist, und weil sie wußten, daß er floh, und es meinem Ohre nicht eröffnet haben. Aber die Knechte des Königs wollten ihre Hand nicht ausstrecken, um über die Priester Jehovas herzufallen. Da 18 sprach der König zu Doeg: Wende du dich und falle über die Priester her! Und Doeg, der Edomiter, wandte sich und fiel über die Priester her, und er tötete an selbigem Tage fünfundachtzig Mann, die das leinene Ephod trugen. Und Nob, die Stadt der 19 Priester,ˈ schlug er mit der Schärfe des Schwertes, vom Manne bis zum

---

a O. über die Knechte Sauls gesetzt war.

Weibe, vom Kinde bis zum Säugling, und Rind und Esel und Kleinvieh, mit der Schärfe des Schwertes.

20 Und es entrann ein Sohn Ahimelechs, des Sohnes Ahitubs, sein Name war Abjathar; und er entfloh, David 21 nach. Und Abjathar berichtete David, daß Saul die Priester Jehovas ermor-22 det hätte. Da sprach David zu Abjathar: Ich wußte an jenem Tage, weil Doeg, der Edomiter, daselbst war, daß er es Saul sicher berichten würde. Ich bin schuldig an allen Seelen 23 des Hauses deines Vaters. Bleibe bei mir, fürchte dich nicht; denn wer nach meiner Seele trachtet, trachtet nach deiner Seele; denn bei mir bist du wohlbewahrt.

23 Und man berichtete David und sprach: Siehe, die Philister streiten wider Kehila, und sie plündern die 2 Tennen. Und David befragte Jehova und sprach: Soll ich hinziehen und diese Philister schlagen? Und Jehova sprach zu David: Ziehe hin, und schlage die Philister und rette Kehila. 3 Aber die Männer Davids sprachen zu ihm: Siehe, wir fürchten uns hier in Juda, und wie sollten wir gar nach Kehila wider die Schlachtreihen der 4 Philister ziehen? Da befragte David wiederum Jehova, und Jehova antwortete ihm und sprach: Mache dich auf, ziehe nach Kehila hinab; denn ich werde die Philister in deine Hand 5 geben. Und David zog mit seinen Männern nach Kehila und stritt wider die Philister, und er trieb ihr Vieh weg und richtete eine große Niederlage unter ihnen an. Und so rettete David die Bewohner von Ke-6 hila. — Es geschah aber, als Abjathar, der Sohn Ahimelechs, zu David nach Kehila floh, da kam er hinab mit einem Ephod in seiner Hand.

7 Und es wurde Saul berichtet, daß David nach Kehila gekommen wäre. Da sprach Saul: Gott hat ihn verworfen *und* in meine Hand *überliefert*; denn er hat sich eingeschlossen, indem er in eine Stadt mit Toren und 8 Riegeln gekommen ist. Und Saul rief alles Volk zum Streit auf, um nach Kehila hinabzuziehen, David und sei-9 ne Männer zu belagern. Und als David erfuhr, daß Saul Böses wider ihn schmiedete, da sprach er zu Abjathar, dem Priester: Bringe das Ephod her! 10 Und David sprach: Jehova, Gott Israels! dein Knecht hat für gewiß gehört, daß Saul danach trachtet, nach Kehila zu kommen, um die Stadt zu 11 verderben um meinetwillen. Werden die Bürger von Kehila mich seiner Hand ausliefern? wird Saul herabziehen, wie dein Knecht gehört hat? Jehova, Gott Israels, tue es doch deinem Knechte kund! Und Jehova 12 sprach: Er wird herabziehen. Und David sprach: Werden die Bürger von Kehila mich und meine Männer der Hand Sauls ausliefern? Und Jehova sprach:

Sie werden *dich* ausliefern. Da mach-13 ten David und seine Männer sich auf, bei sechshundert Mann, und sie zogen von Kehila aus und gingen, wohin sie gehen konnten. Und es wurde Saul berichtet, daß David aus Kehila entronnen wäre; da stand er davon ab auszuziehen.

Und David blieb in der Wüste auf 14 den Bergfesten, und er blieb auf dem Gebirge in der Wüste Siph. Und Saul suchte ihn alle Tage, aber Gott gab ihn nicht in seine Hand. Und David 15 sah, daß Saul ausgezogen war, um nach seinem Leben zu trachten; und David war in der Wüste Siph, im Walde *a*. Da machte sich Jonathan, 16 der Sohn Sauls, auf und ging zu David in den Wald *b* und stärkte seine Hand in Gott. Und er sprach zu ihm: 17 Fürchte dich nicht! denn die Hand meines Vaters Saul wird dich nicht finden; und du wirst König werden über Israel, und ich werde der zweite nach dir sein; und auch mein Vater Saul weiß es so. Und sie schlossen 18 beide einen Bund vor Jehova. Und David blieb im Walde, und Jonathan ging nach seinem Hause.

Da zogen die Siphiter zu Saul hin-19 auf, nach Gibea, und sprachen: Hält sich David nicht bei uns verborgen auf den Bergfesten im Walde, auf dem Hügel Hakila, der zur Rechten *c* der Wildnis ist? Und nun, o König, 20 wenn irgend deine Seele es begehrt, herabzukommen, so komm herab; und an uns ist es, ihn der Hand des Königs auszuliefern. Und Saul sprach: 21 Gesegnet seiet ihr von Jehova, daß ihr euch meiner erbarmt habt! Gehet 22 doch hin, vergewissert euch noch mehr, und erkundet und sehet seinen Ort, wo sein Fuß *weilt, und* wer ihn daselbst gesehen hat; denn man hat mir gesagt, er sei sehr listig. Und be-23 sehet und kundet alle Schlupfwinkel aus, wo er sich versteckt hält, und kommet wieder zu mir mit sicherer Kunde; und ich werde mit euch gehen. Und es soll geschehen, wenn er im Lande ist, so will ich ihn ausspüren unter allen Tausenden Judas!

Und sie machten sich auf und gin-24 gen nach Siph, vor Saul her. David und seine Männer waren aber in der Wüste Maon, in der Ebene *d*, zur Rechten der Wildnis. Und Saul und 25 seine Männer zogen hin, um ihn zu suchen; und man berichtete es David, und er ging den Felsen hinab und blieb in der Wüste Maon. Und als Saul es hörte, jagte er David nach in die Wüste Maon. Und Saul ging 26 auf dieser Seite des Berges, David und seine Männer auf jener Seite des Berges. Und es geschah, als David eilte *e*, Saul zu entgehen, und Saul und seine Männer David und seine Männer umringten, um sie zu fangen, da kam ein Bote zu Saul und 27 sprach: Eile und komm, denn die

---

a O. in Choresch, so auch V. 18 und 19. — *b* O. nach Choresch. — *c* d. h. südlich; so auch V. 24. — *d* H. Araba; vergl. 5. Mose 1, 1. — *e* O. ängstlich bemüht war.

Philister sind ins Land eingefallen!

28 Da kehrte Saul um von der Verfolgung Davids und zog den Philistern entgegen. Daher nannte man jenen Ort: Selach-Hammachlekoth *a*.

24 Und David zog von dannen hinauf und blieb auf den Bergfesten
2 von Engedi. Und es geschah, als Saul von der Verfolgung der Philister zurückgekehrt war, da berichtete man ihm und sprach: Siehe, David ist in
3 der Wüste Engedi. Und Saul nahm dreitausend auserlesene Männer aus ganz Israel und zog hin, um David und seine Männer auf den Steinbock-
4 Felsen zu suchen. Und er kam zu den Kleinviehhürden am Wege, wo eine Höhle war, und Saul ging hinein, um seine Füße zu bedecken; David aber und seine Männer saßen am hintern
5 Ende der Höhle. Da sprachen die Männer Davids zu ihm: Siehe, das ist der Tag, von welchem Jehova zu dir gesagt hat: Siehe, ich werde deinen Feind in deine Hand geben, und tue ihm, wie es gut ist in deinen Augen. Und David stand auf und schnitt heimlich einen Zipfel von dem Ober-
6 kleide Sauls ab. Aber es geschah hernach, da schlug dem David sein Herz, darum daß er den Zipfel *von dem Oberkleide* Sauls abgeschnitten hatte;
7 und er sprach zu seinen Männern: Jehova lasse es fern von mir sein, daß ich so etwas an meinem Herrn, dem Gesalbten Jehovas, tun sollte, meine Hand gegen ihn auszustrecken! denn er ist der Gesalbte Jehovas.
8 Und David wehrte seinen Männern mit diesen Worten und ließ ihnen nicht zu, sich wider Saul zu erheben. Und Saul stand auf aus der Höhle und zog seines *b* Weges.
9 Und nachher machte David sich auf, und er ging aus der Höhle hinaus und rief hinter Saul her und sprach: Mein Herr König! Und Saul blickte hinter sich, und David neigte sein Antlitz zur Erde und beugte sich nie-
10 der. Und David sprach zu Saul: Warum hörst du auf die Worte der Menschen, welche sagen: Siehe, David
11 sucht dein Unglück? Siehe, an diesem Tage haben deine Augen gesehen, daß Jehova dich heute in meine Hand gegeben hat in der Höhle. Und man sagte *mir*, ich solle dich töten *c*; aber *mein Auge* schonte deiner, und ich sprach: Ich will meine Hand nicht wider meinen Herrn ausstrecken, denn er ist der Gesalbte Jehovas!
12 Und sieh, mein Vater, ja, sieh den Zipfel deines Oberkleides in meiner Hand! Denn daß ich einen Zipfel deines Oberkleides abgeschnitten und dich nicht getötet habe, daran erkenne und sieh, daß nichts Böses in meiner Hand ist, noch ein Vergehen, und daß ich nicht an dir gesündigt habe; du aber stellst meinem Leben nach,
13 um es zu nehmen. Jehova richte zwi-

schen mir und dir, und Jehova räche mich an dir; aber meine Hand soll nicht wider dich sein. Wie der Spruch 14 der Vorväter sagt: Von den Gesetzlosen kommt Gesetzlosigkeit; aber meine Hand soll nicht wider dich sein. Hinter wem zieht der König 15 von Israel her? wem jagst du nach? Einem toten Hunde, einem Floh! So 16 sei denn Jehova Richter, und richte zwischen mir und dir; und er sehe darein und führe meine Streitsache und verschaffe mir Recht aus deiner Hand *d*!

Und es geschah, als David diese Wor- 17 te zu Saul ausgeredet hatte, da sprach Saul: Ist das deine Stimme, mein Sohn David? Und Saul erhob seine Stimme und weinte. Und er sprach 18 zu David: Du bist gerechter als ich. Denn d u hast mir Gutes erzeigt, i c h aber habe dir Böses erzeigt; und d u 19 hast heute bewiesen, daß du Gutes an mir getan hast, da Jehova mich in deine Hand geliefert, und du mich nicht getötet hast. Denn wenn jemand 20 seinen Feind findet, wird er ihn auf gutem Wege ziehen lassen? So möge Jehova dir Gutes vergelten für das, was du an diesem Tage an mir getan hast! Und nun siehe, ich weiß, 21 daß du gewißlich König werden wirst, und daß in deiner Hand das Königtum Israels bestehen wird; so schwö- 22 re mir nun bei Jehova, daß du meinen Samen nach mir nicht ausrotten und meinen Namen nicht vertilgen willst aus dem Hause meines Vaters! Und David schwur Saul. Und Saul 23 ging nach seinem Hause; David und seine Männer aber stiegen auf die Bergfeste.

Und Samuel starb; und ganz Is- **25** rael versammelte sich und klagte um ihn und begrub ihn in seinem Hause zu Rama.

Und David machte sich auf und zog hinab in die Wüste Paran. Und es 2 war ein Mann in Maon, der seine Geschäfte zu Karmel *e* hatte; und der Mann war sehr vermögend und hatte dreitausend Schafe und tausend Ziegen; und er war während der Schur seiner Schafe in Karmel. Und der 3 Name des Mannes war Nabal, und der Name seines Weibes Abigail. Und das Weib war von guter Einsicht und schön von Gestalt; der Mann aber war hart und boshaft in seinen Handlungen, und er war ein Kalebiter. Und David hörte in der Wüste, daß 4 Nabal seine Schafe schor. Da sandte 5 David zehn Knaben, und David sprach zu den Knaben: Ziehet nach Karmel hinauf, und gehet zu Nabal und fraget ihn in meinem Namen nach seinem Wohlergehen, und sprechet also: 6 Lebe lange! *f* und Friede dir, und Friede deinem Hause, und Friede allem was dein ist! Und jetzt habe 7 ich gehört, daß du die Schafscherer

---

a Fels der Trennung (and.: des Entschlüpfens). — *b* W. des. — *c* O. Und man gedachte dich zu töten. — *d* d. h. durch Befreiung aus deiner Hand. — *e* Karmel in Juda; vergl. Jos. 15, 55. — *f* W. Zum Leben!

hast; nun, deine Hirten sind bei uns gewesen, wir haben ihnen nichts zuleide getan, und nicht das Geringste ist von ihnen vermißt worden alle die Tage, die sie zu Karmel gewesen sind.
8 Frage deine Knaben, und sie werden es dir kundtun. Mögen denn die Knaben Gnade finden in deinen Augen, denn an einem guten Tage sind wir gekommen; gib doch deinen Knechten und deinem Sohne David was dei-
9 ne Hand findet! Und die Knaben Davids kamen hin und redeten zu Nabal nach allen diesen Worten, im Namen
10 Davids; und sie hielten inne. Aber Nabal antwortete den Knechten Davids und sprach: Wer ist David, und wer der Sohn Isais? Heutzutage sind der Knechte viele, die davonlaufen,
11 ein jeder seinem Herrn. Und ich sollte mein Brot und mein Wasser nehmen und mein Geschlachtetes, das ich für meine Scherer geschlachtet habe, und es Männern geben, von denen ich nicht weiß, woher sie sind?
12 Und die Knaben Davids wandten sich auf ihren Weg; und sie kehrten zurück und kamen und berichteten
13 ihm nach allen diesen Worten. Da sprach David zu seinen Männern: Gürtet ein jeder sein Schwert um! Und sie gürteten ein jeder sein Schwert um, und auch David gürtete sein Schwert um; und sie zogen hinauf, hinter David her, bei vierhundert Mann, und zweihundert blieben bei dem Geräte.
14 Und ein Knabe von den Knaben berichtete der Abigail, dem Weibe Nabals, und sprach: Siehe, David hat Boten aus der Wüste gesandt, um unseren Herrn zu segnen *a*; aber er hat
15 sie angefahren. Und doch sind die Männer sehr gut gegen uns gewesen; und es ist uns nichts zuleide geschehen, und wir haben nicht das Geringste vermißt alle die Tage, die wir mit ihnen umhergezogen sind, als wir auf
16 dem Felde waren. Sie sind eine Mauer um uns gewesen bei Nacht wie bei Tage, alle die Tage, die wir bei ihnen waren und das Kleinvieh weideten.
17 Und nun wisse und sieh zu, was du tun willst; denn das Unglück ist beschlossen gegen unseren Herrn und über sein ganzes Haus; und er ist ein solcher Sohn Belials, daß man nicht zu ihm reden kann.
18 Da eilte Abigail und nahm zweihundert Brote und zwei Schläuche Wein und fünf zubereitete Schafe und fünf Maß geröstete Körner und hundert Rosinenkuchen und zweihundert Feigenkuchen, und lud sie auf
19 Esel; und sie sprach zu ihren Knaben: Ziehet vor mir hin; siehe, ich komme hinter euch her. Aber ihrem Manne Nabal sagte sie nichts davon.
20 Und es geschah, als sie auf dem Esel ritt und an einer durch den Berg verdeckten Stelle herabkam, siehe, da

kamen David und seine Männer herab, ihr entgegen; und sie stieß auf sie. David aber hatte gesagt: Für-21 wahr, umsonst habe ich alles behütet, was diesem *Menschen* in der Wüste gehörte, sodaß nicht das Geringste vermißt wurde von allem was sein ist; und er hat mir Böses für Gutes vergolten! So tue Gott den Feinden 22 Davids, und so füge er hinzu, wenn ich von allem was sein ist bis zum Morgenlicht übriglasse was männlich ist *b*!

Und als Abigail David sah, da stieg 23 sie eilends von dem Esel herab; und sie fiel vor David auf ihr Angesicht und beugte sich zur Erde nieder; und 24 sie fiel ihm zu Füßen und sprach: Auf mir, mir, mein Herr, sei die Schuld! und laß doch deine Magd zu deinen Ohren reden, und höre die Worte deiner Magd! Mein Herr küm- 25 mere sich doch nicht um diesen Mann Belials, um Nabal; denn wie sein Name, so ist er: Nabal *c* ist sein Name, und Torheit *d* ist bei ihm. Und ich, deine Magd, habe die Knaben meines Herrn nicht gesehen, die du gesandt hast. Und nun, mein Herr, *so wahr* 26 Jehova lebt und deine Seele lebt, Jehova hat dich verhindert in Blutschuld zu kommen, und daß deine Hand dir Hilfe schaffe! Und nun, mögen wie Nabal sein deine Feinde und die Böses suchen wider meinen Herrn! Und 27 nun, dieses Geschenk *e*, das deine Magd meinem Herrn gebracht hat, es werde den Knaben gegeben, die im Gefolge meines Herrn ziehen. Vergib doch die 28 Vergehen deiner Magd! denn gewißlich wird Jehova meinem Herrn ein beständiges Haus machen, weil mein Herr die Streite Jehovas streitet, und kein Böses an dir gefunden ward, seitdem du lebst. Und ein Mensch ist auf- 29 gestanden, dich zu verfolgen und nach deiner Seele zu trachten; aber die Seele meines Herrn wird eingebunden sein in das Bündel der Lebendigen bei Jehova, deinem Gott; und die Seele deiner Feinde, die wird er wegschleudern in der Pfanne der Schleuder. Und es wird geschehen, 30 wenn Jehova meinem Herrn tun wird nach all dem Guten, das er über dich geredet hat, und dich bestellen wird zum Fürsten über Israel, so wird dir 31 dieses nicht zum Anstoß sein, noch zum Herzensvorwurf für meinen Herrn, daß du Blut vergossen habest ohne Ursache, und daß mein Herr sich selbst Hilfe geschafft habe. Und wenn Jehova meinem Herrn wohltun wird, so gedenke deiner Magd.

Und David sprach zu Abigail: Ge- 32 priesen sei Jehova, der Gott Israels, der dich an diesem Tage mir entgegengesandt hat! Und gesegnet sei dein 33 Verstand, und gesegnet seiest du, daß du mich heute davon zurückgehalten hast, in Blutschuld zu kommen und

---

a O. zu begrüßen. — *b* W. was an die Wand pißt; so auch V. 34 und später. — *c* Tor, gemeiner Mensch. — *d* zugleich: Schlechtigkeit, Gemeinheit. — *e* W. dieser Segen; wie 1. Mose 33, 11 usw.

mir mit meiner Hand Hilfe zu schaf-
34 fen! Doch aber, *so wahr* Jehova lebt,
der Gott Israels, der mich verhindert
hat, dir Uebles zu tun, wenn du nicht
geeilt hättest und mir nicht entgegengekommen wärest, so wäre dem Nabal bis zum Morgenlicht nicht übrig-
35 geblieben was männlich ist! Und David nahm von ihrer Hand was sie ihm
gebracht hatte, und sprach zu ihr:
Ziehe in Frieden hinauf nach deinem
Hause. Siehe, ich habe auf deine
Stimme gehört und deine Person angesehen.
36 Und als Abigail zu Nabal kam, siehe, da hatte er ein Mahl in seinem
Hause wie ein Königsmahl; und das
Herz Nabals war fröhlich in ihm, und
er war trunken über die Maßen. Und
sie berichtete ihm weder Kleines noch
Großes, bis der Morgen hell wurde.
37 Und es geschah am Morgen, als der
Wein*rausch* von Nabal gegangen war,
da berichtete ihm sein Weib diese
Dinge; und sein Herz erstarb in seinem Innern, und er wurde wie ein
38 Stein. Und es geschah ungefähr zehn
Tage *nachher*, da schlug Jehova Nabal,
39 und er starb. Und als David hörte,
daß Nabal gestorben war, sprach er:
Gepriesen sei Jehova, der den Rechtsstreit meiner Schmach von seiten
Nabals geführt und seinen Knecht
vom Bösen abgehalten hat! Und die
Bosheit Nabals hat Jehova auf seinen
Kopf zurückkehren lassen. Und David sandte hin und warb um Abigail *a*,
um sie sich zum Weibe zu nehmen.
40 Und die Knechte Davids kamen zu
Abigail nach Karmel; und sie redeten zu ihr und sprachen: David hat
uns zu dir gesandt, um dich zu sei-
41 nem Weibe zu nehmen. Da stand sie
auf und beugte sich nieder, das Antlitz zur Erde, und sprach: Siehe, deine Magd als Dienerin, um die Füße
der Knechte meines Herrn zu wa-
42 schen. Und Abigail machte sich eilends
auf und bestieg einen Esel, *sie* und
ihre fünf Mägde, die ihrem Fuße
folgten; und sie zog den Boten Davids nach, und sie wurde sein Weib.
43 Und David hatte auch Achinoam
von Jisreel genommen; und so wur-
44 den sie alle beide seine Weiber. Saul
aber hatte seine Tochter Michal, das
Weib Davids, Palti, dem Sohne des
Lais, aus Gallim, gegeben.

26 Und die Siphiter kamen zu Saul
nach Gibea und sprachen: Hält sich
David nicht verborgen auf dem Hü-
2 gel Hakila vor der Wildnis? Da machte Saul sich auf und zog in die Wüste Siph hinab, und mit ihm dreitausend auserlesene Männer von Israel,
um David in der Wüste Siph zu su-
3 chen; und Saul lagerte sich auf dem
Hügel Hakila, der vor der Wildnis
am Wege *liegt*. David aber wohnte
in der Wüste. Und als er sah, daß
Saul ihm in die Wüste nachgekom-
4 men war, da sandte David Kundschafter aus, und er erfuhr mit Ge-

wißheit, daß Saul gekommen war.
Und David machte sich auf und kam 5
an den Ort, wo Saul lagerte; und David sah den Ort, wo Saul lag und
Abner, der Sohn Ners, sein Heeroberster; Saul lag aber in der Wagenburg, und das Volk lagerte um ihn
her.
Und David hob an und sprach zu 6
Ahimelech, dem Hethiter, und zu
Abisai, dem Sohne der Zeruja, dem
Bruder Joabs, und sprach: Wer will
mit mir zu Saul in das Lager hinabgehen? Und Abisai sprach: Ich will
mit dir hinabgehen. Und David und 7
Abisai kamen zu dem Volke bei der
Nacht; und siehe, Saul lag schlafend
in der Wagenburg, und sein Speer
war in die Erde gesteckt zu seinen
Häupten; und Abner und das Volk
lagen rings um ihn her. Und Abisai 8
sprach zu David: Heute hat Gott deinen Feind in deine Hand geliefert;
und nun laß mich ihn doch mit dem
Speere an die Erde spießen, ein einziges Mal, und ich werde es nicht
zweimal tun. Aber David sprach zu 9
Abisai: Verderbe ihn nicht! denn wer
streckte seine Hand gegen den Gesalbten Jehovas aus und bliebe schuldlos *b*? Und David sprach: So wahr 10
Jehova lebt, wenn nicht Jehova ihn
schlagen wird, sei es daß sein Tag
kommt, daß er stirbt, oder daß er in
den Streit hinabzieht und weggerafft
wird! Jehova lasse es fern von mir 11
sein, daß ich meine Hand gegen den
Gesalbten Jehovas ausstrecke! Und
nun nimm doch den Speer, der zu
seinen Häupten ist, und den Wasserkrug, und laß uns gehen. Und David 12
nahm den Speer und den Wasserkrug
von den Häupten Sauls weg, und sie
gingen davon; und niemand sah es,
und niemand merkte es, und niemand
erwachte, denn sie schliefen allesamt;
denn ein tiefer Schlaf von Jehova
war auf sie gefallen.
Und David ging hinüber nach der 13
anderen Seite und stellte sich auf den
Gipfel des Berges von ferne; der
Raum zwischen ihnen war groß. Und 14
David rief dem Volke und Abner, dem
Sohne Ners, zu und sprach: Antwortest du nicht, Abner? Und Abner
antwortete und sprach: Wer bist du,
der du dem Könige zurufst? Und Da- 15
vid sprach zu Abner: Bist du nicht ein
Mann? und wer ist wie du in Israel?
Und warum hast du nicht über deinen Herrn, den König, gewacht? Denn
es ist einer vom Volke gekommen,
um den König, deinen Herrn, zu verderben. Nicht gut ist diese Sache, die 16
du getan hast. So wahr Jehova lebt,
ihr seid Kinder des Todes, weil ihr
nicht gewacht habt über euren Herrn,
über den Gesalbten Jehovas! Und
nun sieh nach, wo der Speer des Königs ist und der Wasserkrug, die zu
seinen Häupten waren.
Und Saul erkannte die Stimme Da- 17
vids und sprach: Ist das deine Stim-

---

a Eig. redete Abigail an. — *b* O. ungestraft.

me, mein Sohn David? Und David sprach: Es ist meine Stimme, mein 18 Herr König. Und er sprach: Warum doch verfolgt mein Herr seinen Knecht? denn was habe ich getan, und was 19 für Böses ist in meiner Hand? Und nun höre doch mein Herr, der König, auf die Worte seines Knechtes: Wenn Jehova dich wider mich aufgereizt hat, so möge er ein Speisopfer *a* riechen; wenn aber Menschenkinder, so seien sie verflucht vor Jehova, weil sie mich heute vertrieben haben, daß ich mich dem Erbteil Jehovas nicht anschließen darf, indem sie sprechen: Gehe hin, diene anderen 20 Göttern! So möge nun mein Blut nicht zur Erde fallen fern von dem Angesicht Jehovas! denn der König von Israel ist ausgezogen, einen Floh zu suchen, wie man einem Rebhuhn nachjagt auf den Bergen.

21 Und Saul sprach: Ich habe gesündigt; kehre zurück, mein Sohn David! denn ich will dir nichts Uebles mehr tun, darum daß mein Leben an diesem Tage teuer gewesen ist in deinen Augen. Siehe, ich habe töricht gehan- 22 delt und gar sehr gefehlt! Siehe hier, der Speer des Königs; so komme einer von den Knaben herüber und 23 hole ihn. Und Jehova wird einem jeden seine Gerechtigkeit und seine Treue vergelten; denn Jehova hatte dich heute in meine Hand gegeben, und ich wollte meine Hand nicht ausstrecken gegen den Gesalbten Jeho- 24 vas. Und siehe, wie deine Seele an diesem Tage hochgeachtet gewesen ist in meinen Augen, also möge meine Seele hochgeachtet sein in den Augen Jehovas, und er möge mich 25 erretten aus aller Bedrängnis! Und Saul sprach zu David: Gesegnet seiest du, mein Sohn David! du wirst es sicher ausrichten und wirst sicher obsiegen *b*. Und David ging seines Weges, Saul aber kehrte zurück an seinen Ort.

27 Und David sprach in seinem Herzen: Nun werde ich eines Tages durch die Hand Sauls umkommen; mir ist nichts besser, als daß ich eilends in das Land der Philister entrinne, und Saul wird von mir ablassen, mich ferner in allen Grenzen Israels zu suchen; und ich werde aus 2 seiner Hand entrinnen. Und David machte sich auf und ging hinüber, er und sechshundert Mann, die bei ihm waren, zu Achis, dem Sohne Maoks, 3 dem König von Gath. Und David blieb bei Achis, zu Gath, er und seine Männer, ein jeder mit seinem Hause: David und seine beiden Weiber, Achinoam, die Jisreelitin, und Abigail, das Weib Nabals, die Karmelitin. 4 Und es wurde Saul berichtet, daß David nach Gath geflohen wäre; und er suchte ihn fortan nicht mehr.

Und David sprach zu Achis: Wenn 5 ich anders Gnade in deinen Augen gefunden habe, so gebe man mir einen Platz in einer der Städte des Gefildes, daß ich daselbst wohne; denn warum soll dein Knecht bei dir in der Königsstadt wohnen? Und Achis 6 gab ihm an selbigem Tage Ziklag; darum hat Ziklag den Königen von Juda gehört bis auf diesen Tag. Und 7 die Zahl der Tage, welche David im Gefilde der Philister wohnte, war ein Jahr und vier Monate.

Und David zog mit seinen Männern 8 hinauf, und sie fielen ein bei den Gesuritern und den Girsitern und den Amalekitern; denn diese waren die Bewohner des Landes von alters her, bis nach Sur hin und bis zum Lande Aegypten. Und David schlug das 9 Land und ließ weder Mann noch Weib am Leben; und er nahm Kleinvieh und Rinder und Esel und Kamele und Kleider, und kehrte zurück und kam zu Achis. Und sprach 10 Achis: Habt ihr heute keinen Einfall gemacht? *c* so sprach David: In den Süden von Juda, oder: in den Süden der Jerachmeeliter, oder: in den Süden der Keniter. Und David ließ 11 weder Mann noch Weib am Leben, um sie nach Gath zu bringen, indem er sagte: daß sie nicht über uns berichten und sprechen: So hat David getan. Und so war seine Weise alle die Tage, die er im Gefilde der Philister wohnte. Und Achis glaubte Da- 12 vid und sprach: Er hat sich bei seinem Volke, bei Israel, ganz stinkend gemacht, und er wird mir zum Knechte sein ewiglich.

Und es geschah in jenen Tagen, **28** da versammelten die Philister ihre Heere zum Kriege, um wider Israel zu streiten. Und Achis sprach zu David: Wisse bestimmt, daß du mit mir ins Lager ausziehen sollst, du und deine Männer. Und David sprach zu 2 Achis: So sollst du denn auch erfahren was dein Knecht tun wird. Und Achis sprach zu David: So will ich dich denn zum Hüter meines Hauptes setzen alle Tage.

(Samuel aber war gestorben, und 3 ganz Israel hatte um ihn geklagt und ihn zu Rama, in seiner Stadt, begraben. Und Saul hatte die Totenbeschwörer und die Wahrsager aus dem Lande weggeschafft.) Und die Philister ver- 4 sammelten sich, und sie kamen und lagerten sich zu Sunem. Und Saul versammelte ganz Israel, und sie lagerten sich auf dem Gilboa. Und als 5 Saul das Heer der Philister sah, fürchtete er sich, und sein Herz zitterte sehr. Und Saul befragte Jehova; aber 6 Jehova antwortete ihm nicht, weder durch Träume, noch durch die Urim, noch durch die Propheten.

Da sprach Saul zu seinen Knech- 7 ten: Suchet mir ein Weib, das einen

---

a O. eine Opfergabe überhaupt. — *b* O. du wirst sowohl unternehmen als auch ausführen. — *c* Viell. ist zu lesen: Bei wem (oder Wohin) habt ihr heute einen Einfall gemacht?

Totenbeschwörer-Geist hat, damit ich zu ihr gehe und sie befrage. Und seine Knechte sprachen zu ihm: Siehe, zu Endor ist ein Weib, das einen 8 Totenbeschwörer-Geist hat. Und Saul verstellte sich und zog andere Kleider an, und ging hin, er und zwei Männer mit ihm, und sie kamen zu dem Weibe bei der Nacht; und er sprach: Wahrsage mir doch durch den Totenbeschwörer-Geist und bringe mir her- 9 auf, wen ich dir sagen werde. Aber das Weib sprach zu ihm: Siehe, du weißt ja, was Saul getan hat, daß er die Totenbeschwörer und die Wahrsager aus dem Lande ausgerottet hat; und warum legst du meiner Seele eine Schlinge, um mich zu töten? 10 Und Saul schwur ihr bei Jehova und sprach: *So wahr* Jehova lebt, wenn dich eine Schuld a treffen soll wegen 11 dieser Sache! Da sprach das Weib: Wen soll ich dir heraufbringen? Und er sprach: Bringe mir Samuel herauf. 12 Und als das Weib Samuel sah, da schrie sie mit lauter Stimme; und das Weib sprach zu Saul und sagte: Warum hast du mich betrogen? du bist 13 ja Saul! Und der König sprach zu ihr: Fürchte dich nicht! doch was siehst du? Und das Weib sprach zu Saul: Ich sehe einen Gott aus der 14 Erde heraufsteigen. Und er sprach zu ihr: Wie ist seine Gestalt? Und sie sprach: Ein alter Mann steigt herauf, und er ist in ein Oberkleid gehüllt. Da erkannte Saul, daß es Samuel war, und er neigte sich, das Antlitz zur Erde, und beugte sich 15 nieder. Und Samuel sprach zu Saul: Warum hast du mich beunruhigt, mich heraufkommen zu lassen? Und Saul sprach: Ich bin in großer Not; denn die Philister streiten wider mich, und Gott ist von mir gewichen und antwortet mir nicht mehr, weder durch die Propheten, noch durch Träume; da ließ ich dich rufen, damit du 16 mir kundtuest was ich tun soll. Und Samuel sprach: Warum doch fragst du mich, da Jehova von dir gewichen 17 und dein Feind geworden ist? Und Jehova hat für sich b getan, so wie er durch mich geredet hat; und Jehova hat das Königtum aus deiner Hand gerissen und es deinem Näch- 18 sten, dem David, gegeben. Weil du der Stimme Jehovas nicht gehorcht und seine Zornglut nicht ausgeführt an Amalek c, darum hat Jehova 19 dir dieses heute getan. Und Jehova wird auch Israel mit dir in die Hand der Philister geben; und morgen wirst du mit deinen Söhnen bei mir sein; auch das Heerlager Israels wird Jehova in die Hand der Philister geben. 20 Da fiel Saul plötzlich seiner Länge nach zur Erde, und er fürchtete sich sehr vor den Worten Samuels; auch war keine Kraft in ihm, denn er hatte nichts gegessen den ganzen Tag und 21 die ganze Nacht. Und das Weib trat

zu Saul und sah, daß er sehr bestürzt war; und sie sprach zu ihm: Siehe, deine Magd hat auf deine Stimme gehört, und ich habe mein Leben aufs Spiel gesetzt und deinen Worten gehorcht, die du zu mir geredet hast; und nun höre doch auch du auf 22 die Stimme deiner Magd, und laß mich dir einen Bissen Brot vorsetzen, und iß, daß Kraft in dir sei, wenn du deines Weges gehst. Aber er wei- 23 gerte sich und sprach: Ich will nicht essen. Da drangen seine Knechte und auch das Weib in ihn; und er hörte auf ihre Stimme und stand von der Erde auf und setzte sich auf das Bett d. Und das Weib hatte ein gemästetes 24 Kalb im Hause; und sie eilte und schlachtete es; und sie nahm Mehl und knetete es und backte daraus ungesäuerte Kuchen. Und sie brachte 25 es herzu vor Saul und vor seine Knechte, und sie aßen. Und sie machten sich auf und gingen fort in selbiger Nacht.

Und die Philister versammelten **29** alle ihre Heere nach Aphek; und Israel war an der Quelle gelagert, die bei Jisreel ist. Und die Fürsten 2 der Philister zogen vorüber nach Hunderten und nach Tausenden, und David und seine Männer zogen zuletzt mit Achis vorüber. Da sprachen die 3 Fürsten der Philister: Was sollen diese Hebräer? Und Achis sprach zu den Fürsten der Philister: Ist das nicht David, der Knecht Sauls, des Königs von Israel, der schon seit Jahr und Tag bei mir gewesen ist? und ich habe gar nichts an ihm gefunden von dem Tage an, da er abgefallen ist, bis auf diesen Tag. Aber die Fürsten 4 der Philister wurden zornig über ihn, und die Fürsten der Philister sprachen zu ihm: Schicke den Mann zurück, daß er an seinen Ort zurückkehre, wohin du ihn bestellt hast, und daß er nicht mit uns in den Streit hinabziehe und uns nicht zum Widersacher werde im Streite; denn womit könnte der sich angenehm machen bei seinem Herrn? nicht mit den Köpfen dieser Männer? Ist das nicht 5 David, von dem sie in den Reigen sangen und sprachen: „Saul hat seine Tausende erschlagen, und David seine Zehntausende"? Und Achis rief David und sprach 6 zu ihm: *So wahr* Jehova lebt, du bist redlich; und wohlgefällig in meinen Augen ist dein Ausgang und dein Eingang bei mir im Heerlager; denn ich habe nichts Böses an dir gefunden von dem Tage an, da du zu mir gekommen bist, bis auf diesen Tag; aber in den Augen der Fürsten bist du nicht wohlgefällig. Und nun kehre 7 zurück und gehe hin in Frieden, damit du nichts Uebles tuest in den Augen der Fürsten der Philister. Und 8 David sprach zu Achis: Aber was habe ich getan, und was hast du an

---

a O. Strafe. — b O. ihm, d. h. dem David. — c Vergl. Kap. 15. — d O. Polster.

deinem Knechte gefunden von dem Tage an, da ich vor dir gewesen bin bis auf diesen Tag, daß ich nicht kommen und wider die Feinde meines 9 Herrn, des Königs, streiten soll? Und Achis antwortete und sprach zu David: Ich weiß es, denn *a* du bist wohlgefällig in meinen Augen wie ein Engel Gottes; doch die Fürsten der Philister haben gesagt: Er soll nicht mit uns in den Streit hinaufziehen!

10 So mache dich nun des Morgens früh auf, *du* und die Knechte deines Herrn, die mit dir gekommen sind; und machet euch des Morgens früh auf: sobald es euch hell wird, ziehet fort.

11 Und David machte sich früh auf, er und seine Männer, daß sie am Morgen fortzögen, um in das Land der Philister zurückzukehren. Die Philister aber zogen nach Jisreel hinauf.

30 Und es geschah, als David und seine Männer am dritten Tage nach Ziklag kamen, da waren die Amalekiter in den Süden und in Ziklag eingefallen; und sie hatten Ziklag geschlagen und es mit Feuer verbrannt.

2 Und sie hatten die Weiber *und alle*, die darin waren, gefangen weggeführt, vom Kleinsten bis zum Größten; sie hatten niemand getötet, sondern sie hatten sie weggetrieben und

3 waren ihres Weges gezogen. Und David und seine Männer kamen zu der Stadt; und siehe, sie war mit Feuer verbrannt, und ihre Weiber und ihre Söhne und ihre Töchter waren

4 gefangen weggeführt. Da erhoben David und das Volk, das bei ihm war, ihre Stimme, und sie weinten, bis keine Kraft mehr in ihnen war zu wei-

5 nen. Und *auch* die beiden Weiber Davids waren gefangen weggeführt, Achinoam, die Jisreelitin, und Abigail, das Weib Nabals, des Karmeliters.

6 Und David war in großer Bedrängnis, denn das Volk sprach davon, ihn zu steinigen; denn die Seele des ganzen Volkes war erbittert, ein jeder um seine Söhne und um seine Töchter. Aber David stärkte sich in Jehova, seinem Gott.

7 Und David sprach zu Abjathar, dem Priester, dem Sohne Ahimelechs: Bringe mir doch das Ephod her! Und Abjathar brachte das Ephod zu Da-

8 vid. Und David befragte Jehova und sprach: Soll ich dieser Schar nachjagen? werde ich sie erreichen? Und er sprach zu ihm: Jage nach, denn du wirst sie gewißlich erreichen und

9 wirst gewißlich erretten. Da zog David hin, er und die sechshundert Mann, die bei ihm waren; und sie kamen an den Bach Besor, wo die Zurück-

10 bleibenden stehen blieben. Und David jagte nach, er und vierhundert Mann; denn zweihundert Mann blieben stehen, welche zu ermattet waren, um über den Bach Besor zu gehen.

11 Und sie fanden einen ägyptischen Mann auf dem Felde und brachten

ihn zu David; und sie gaben ihm Brot, und er aß, und sie tränkten ihn mit 12 Wasser; und sie gaben ihm eine Schnitte Feigenkuchen und zwei Rosinenkuchen, und er aß; und sein Geist kam ihm wieder, denn er hatte drei Tage und drei Nächte kein Brot gegessen und kein Wasser ge- 13 trunken. Und David sprach zu ihm: Wem gehörst du? und woher bist du? Und er sprach: Ich bin ein ägyptischer Jüngling, der Knecht eines amalekitischen Mannes; und mein Herr hat mich verlassen, denn ich wurde heute vor drei Tagen krank. 14 Wir sind eingefallen in den Süden der Kerethiter und in das was Juda gehört und in den Süden von Kaleb, und wir haben Ziklag mit Feuer ver- 15 brannt. Und David sprach zu ihm: Willst du mich zu dieser Schar hinabführen? Und er sprach: Schwöre mir bei Gott, daß du mich nicht töten noch mich der Hand meines Herrn ausliefern willst, so will ich dich zu dieser Schar hinabführen.

Und er führte ihn hinab; und siehe, 16 sie waren über die Fläche des ganzen Landes zerstreut, essend und trinkend und tanzend wegen all der großen Beute, die sie aus dem Lande der Philister und aus dem Lande Juda genommen hatten. Und David 17 schlug sie von der Dämmerung an bis zum Abend des folgenden Tages; und keiner von ihnen entrann, außer vierhundert jungen Männern, welche auf Kamele stiegen und entflohen. Und David rettete alles was die Ama- 18 lekiter genommen hatten, und David rettete *auch* seine beiden Weiber. Und es fehlte ihnen nichts, vom Klein- 19 sten bis zum Größten, und bis zu den Söhnen und den Töchtern, und von der Beute bis zu allem was sie ihnen genommen hatten; alles brachte David zurück. Und David nahm alles 20 Klein- und Rindvieh; sie trieben es vor dem anderen *b* Vieh her und sprachen: Dies ist die Beute Davids!

Und David kam zu den zweihun- 21 dert Männern, die zu ermattet gewesen waren, um David nachzufolgen, und die sie am Bache Besor zurückgelassen hatten; und sie zogen aus, David und dem Volke entgegen, das bei ihm war; und David trat zu dem Volke und fragte sie nach ihrem Wohlergehen. Und jeder böse und 22 nichtswürdige Mann *c* von den Männern, die mit David gezogen waren, hob an und sprach: Darum daß sie nicht mit uns gezogen sind, wollen wir ihnen von der Beute, die wir entrissen haben, nichts geben, als nur einem jeden sein Weib und seine Kinder, daß sie sie wegführen und hingehen. Aber David sprach: Tut nicht also, 23 meine Brüder, mit dem was Jehova uns gegeben hat; und er hat uns behütet und die Schar, die über uns gekommen war, in unsere Hand gegeben. Und wer wird in dieser Sache 24

---

a O. Ich weiß, daß. — *b* Eig. jenem. — *c* H. Belialsmann.

auf euch hören? Denn wie das Teil dessen, der in den Streit hinabzieht, so soll auch das Teil dessen sein, der bei dem Geräte bleibt: gemeinsam sollen 25 sie teilen. Und so geschah es von jenem Tage an und hinfort; und er *a* machte es zur Satzung und zum Recht für Israel bis auf diesen Tag.

26 Und David kam nach Ziklag; und er sandte von der Beute den Aeltesten Judas, seinen Freunden, und sprach: Siehe, da habt ihr ein Geschenk *b* von der Beute der Feinde 27 Jehovas: denen zu Bethel und denen zu Ramoth im Süden und denen zu 28 Jattir, und denen zu Aroer und denen zu Siphmoth und denen zu Este-29 moa, und denen zu Rakal und denen in den Städten der Jerachmeeliter und denen in den Städten der Keni-30 ter, und denen zu Horma und denen zu Bor-Aschan und denen zu Athak, 31 und denen zu Hebron, und nach allen Orten, wo David umhergezogen war, er und seine Männer.

31 Die *c* Philister aber stritten wider Israel; und die Männer von Israel flohen vor den Philistern, und Erschlagene fielen *d* auf dem Gebirge Gilboa. 2 Und die Philister setzten Saul und seinen Söhnen hart nach; und die Philister erschlugen Jonathan und Abinadab und Malkischua, die Söhne 3 Sauls. Und der Streit wurde heftig wider Saul, und es erreichten ihn die Schützen, Männer mit dem Bogen; und es wurde ihm sehr angst vor den 4 Schützen. Da sprach Saul zu seinem Waffenträger: Ziehe dein Schwert und durchbohre mich damit, daß nicht diese Unbeschnittenen kommen und mich durchbohren und mich mißhandeln! Sein Waffenträger aber wollte

nicht, denn er fürchtete sich sehr. Da nahm Saul das Schwert und stürzte sich darein. Und als sein Waffenträ-5 ger sah. daß Saul tot war, da stürzte auch er sich in sein Schwert und starb mit ihm. So starben Saul und 6 seine drei Söhne und sein Waffenträger, auch alle seine Männer an selbigem Tage zugleich. Und als die Män-7 ner von Israel, die diesseit *e* des Tales *f* und diesseit *e* des Jordan waren, sahen, daß die Männer von Israel geflohen, und daß Saul und seine Söhne tot waren, da verließen sie die Städte und flohen; und die Philister kamen und wohnten darin.

Und es geschah am folgenden Tage, 8 da kamen die Philister, um die Erschlagenen auszuziehen; und sie fanden Saul und seine drei Söhne auf dem Gebirge Gilboa liegen. Und sie 9 hieben ihm den Kopf ab und zogen ihm seine Waffen aus; und sie sandten *g* in das Land der Philister ringsumher, um die frohe Botschaft in den Häusern ihrer Götzen und unter dem Volke zu verkünden. Und sie legten 10 seine Waffen in das Haus der Astaroth, und seinen Leichnam hefteten sie an die Mauer von Beth-Schan. Als aber die Bewohner von Jabes-11 Gilead über ihn hörten, was die Philister mit Saul getan hatten, da mach-12 ten sich alle tapferen Männer auf und gingen die ganze Nacht; und sie nahmen den Leichnam Sauls und die Leichname seiner Söhne von der Mauer von Beth-Schan weg; und sie kamen nach Jabes *zurück* und verbrannten 13 sie daselbst. Und sie nahmen ihre Gebeine und begruben sie unter der Tamariske zu Jabes, und fasteten sieben Tage.

Das zweite Buch Samuel

1 Und es geschah nach dem Tode Sauls, als David von der Schlacht *h* der Amalekiter zurückgekommen war, da blieb David zwei Tage zu Ziklag. 2 Und es geschah am dritten Tage, siehe, da kam ein Mann aus dem Heerlager Sauls, dessen Kleider waren zerrissen, und Erde war auf seinem Haupte; und als er zu David kam, fiel er zur Erde und warf sich nieder. 3 Und David sprach zu ihm: Woher kommst du? Und er sprach zu ihm: Ich bin aus dem Heerlager Israels 4 entronnen. Und David sprach zu ihm: Wie steht die Sache? berichte mir doch. Und er sagte: Das Volk ist aus dem Streit geflohen, und auch viele von dem Volke sind gefallen und gestorben, und auch Saul und sein Sohn

Jonathan sind tot. Und David sprach 5 zu dem Jüngling, der ihm berichtete: Wie weißt du, daß Saul und sein Sohn Jonathan tot sind? Und der 6 Jüngling, der ihm berichtete, sprach: Ich geriet zufällig auf das Gebirge Gilboa, und siehe, Saul lehnte sich auf seinen Speer; und siehe, die Wagen und die Reiter setzten ihm hart nach. Und er wandte sich um und 7 sah mich und rief mir zu, und ich sprach: Hier bin ich. Und er sprach 8 zu mir: Wer bist du? Und ich sprach zu ihm: Ich bin ein Amalekiter. Und 9 er sprach zu mir: Tritt doch her zu mir *i* und töte mich, denn die Verwirrung *j* hat mich ergriffen; denn mein Leben ist noch ganz in mir! Da trat ich zu ihm hin und tötete ihn, 10

---

a O. man. — *b* W. einen Segen. — *c* 1. Chron. 10, 1–12. — *d* O. und fielen erschlagen. — *e* And.: jenseit. — *f* d. h. der Talebene von Jisreel. — *g* O. sandten sie. — *h* O. Niederlage. — *i* O. Stelle dich doch auf mich! desgl. V. 10. — *j* O. der Schwindel; and.: der Krampf.

denn ich wußte, daß er seinen Fall nicht überleben würde. Und ich nahm das Diadem, das auf seinem Haupte, und die Armspange, die an seinem Arme war, und habe sie zu meinem 11 Herrn hierher gebracht. Da faßte David seine Kleider und zerriß sie; und alle Männer, die bei ihm waren, *taten* 12 ebenso. Und sie klagten und weinten und fasteten bis an den Abend um Saul und um seinen Sohn Jonathan und um das Volk Jehovas und um das Haus Israel, weil sie durchs Schwert gefallen waren.

13 Und David sprach zu dem Jüngling, der ihm berichtete: Woher bist du? Und er sprach: Ich bin der Sohn 14 eines amalekitischen Fremdlings. Und David sprach zu ihm: Wie hast du dich nicht gefürchtet, deine Hand auszustrecken, um den Gesalbten Je-15 hovas zu verderben? Und David rief einen von den Knaben und sprach: Tritt herzu, falle über ihn her! Und 16 er erschlug ihn, und er starb. Und David sprach zu ihm: Dein Blut *komme* auf dein Haupt! denn dein Mund hat wider dich gezeugt und gesprochen: Ich habe den Gesalbten Jehovas getötet.

17 Und David stimmte dieses Klagelied an über Saul und über Jonathan; 18 seinen Sohn; und er befahl *a*, daß man die Kinder Juda das Lied von dem Bogen *b* lehre; siehe, es ist geschrieben im Buche Jaschar *c*:

19 Deine *d* Zierde, Israel, ist erschlagen auf deinen Höhen! wie sind die Helden gefallen!

20 Berichtet es nicht zu Gath, verkündet die Botschaft nicht in den Straßen Askalons, daß sich nicht freuen die Töchter der Philister, daß nicht frohlocken die Töchter der Unbeschnittenen!

21 Berge von Gilboa, nicht Tau noch Regen sei auf euch, noch Gefilde der Hebopfer *e*! denn dort ward weggeworfen *f* der Schild der Helden, der Schild Sauls, nicht gesalbt mit Oel.

22 Von dem Blute der Erschlagenen, von dem Fette der Helden wich Jonathans Bogen nicht zurück, und Sauls Schwert kehrte nicht leer wieder.

23 Saul und Jonathan, die Geliebten und Holdseligen in ihrem Leben, sind auch in ihrem Tode nicht getrennt; sie waren schneller als Adler, stärker als Löwen.

24 Töchter Israels, weinet um Saul, der euch köstlich kleidete in Karmesin, der goldenen Schmuck zog über eure Kleider!

25 Wie sind die Helden gefallen mitten im Streit! *Wie ist* Jonathan erschlagen auf deinen Höhen!

26 Mir ist wehe um dich, mein Bruder Jonathan! holdselig warst du mir sehr; wunderbar war mir deine Liebe, mehr als Frauenliebe!

27 Wie sind die Helden gefallen, und umgekommen die Rüstzeuge des Streites!

2 Und es geschah hernach, da befragte David Jehova und sprach: Soll ich in eine der Städte Judas hinaufziehen? Und Jehova sprach zu ihm: Ziehe hinauf. Und David sprach: Wohin soll ich hinaufziehen? Und er sprach: Nach He-2 bron. Und David zog dort hinauf, und auch seine zwei Weiber, Achinoam, die Jisreelitin, und Abigail, das Weib Nabals, des Karmeliters. Auch seine 3 Männer, die bei ihm waren, ließ David hinaufziehen, einen jeden mit seinem Hause; und sie wohnten in den Städten Hebrons. Und die Männer 4 von Juda kamen und salbten daselbst David zum König über das Haus Juda.

Und man berichtete David und sprach: Die Männer von Jabes-Gilead sind es, die Saul begraben haben. Da 5 sandte David Boten zu den Männern von Jabes-Gilead und ließ ihnen sagen: Gesegnet seiet ihr von Jehova, daß ihr diese Güte an eurem Herrn, an Saul, erwiesen und ihn begraben habt! Und so erweise nun Jehova Gü-6 te und Treue *g* an euch; und auch i c h will euch dieses Gute vergelten *h*, weil ihr diese Sache getan habt. Und nun 7 lasset eure Hände erstarken und seid wackere Männer; denn Saul, euer Herr, ist tot, und auch hat das Haus Juda mich zum König über sich gesalbt.

Abner aber, der Sohn Ners, der 8 Heeroberste Sauls, nahm Isboseth *i*, den Sohn Sauls, und führte ihn hinüber nach Machanaim; und er machte 9 ihn zum König über Gilead und über die Asuriter *j* und über Jisreel, und über Ephraim und über Benjamin und über das ganze Israel. Vierzig Jahre 10 war Isboseth, der Sohn Sauls, alt, als er König wurde über Israel, und regierte zwei Jahre; nur *k* das Haus Juda folgte David nach. Und die Zahl 11 der Tage, welche David in Hebron über das Haus Juda König war, betrug sieben Jahre und sechs Monate.

Und Abner, der Sohn Ners, und die 12 Knechte Isboseths, des Sohnes Sauls, zogen aus von Machanaim nach Gibeon; und auch Joab, der Sohn der 13 Zeruja *l*, und die Knechte Davids zogen aus; und sie stießen bei dem Teiche von Gibeon aufeinander. Und diese ließen sich nieder auf dieser Seite des Teiches, und jene auf jener Seite des Teiches. Da sprach Abner 14 zu Joab: Laß doch die Jünglinge sich aufmachen und vor uns spielen! Und Joab sprach: Sie mögen sich aufmachen. Und sie machten sich auf und 15 gingen hinüber, nach der Zahl: zwölf für Benjamin und für Isboseth, den Sohn Sauls, und zwölf von den Knechten Davids. Und sie ergriffen einer 16

---

a W. sprach. — *b* O. den Gebrauch des Bogens; W. den Bogen. — *c* d. h. des Rechtschaffenen. — *d* W. Die. — *e* d. h. aus deren Ertrag Hebopfer dargebracht werden können. — *f* And. üb.: besudelt. — *g* O. Wahrheit. — *h* Eig. tun, erweisen. — *i* Mann der Schande; der spätere Name für Esch-Baal. 1. Chron. 8, 33. — *j* E. L.: Gesuriter. — *k* O. jedoch. — *l* der Schwester Davids (1. Chron. 2, 16).

den anderen beim Kopfe, und *jeder stieß* sein Schwert dem anderen in die Seite, und sie fielen zusammen. Und man nannte selbigen Ort Helkath-Hazzurim *a*, der bei Gibeon ist.

17 Und der Streit wurde überaus heftig an jenem Tage; und Abner und die Männer von Israel wurden vor den Knechten Davids geschlagen.

18 Und es waren daselbst drei Söhne der Zeruja: Joab und Abisai *b* und Asael. Asael aber war schnell auf seinen Füßen, wie eine der Gazellen,

19 die auf dem Felde sind. Und Asael jagte Abner nach und bog nicht aus, weder zur Rechten noch zur Linken

20 hinter Abner weg. Da wandte sich Abner um und sprach: Bist du es,

21 Asael? Und er sprach: Ich bin's. Da sprach Abner zu ihm: Biege aus zu deiner Rechten oder zu deiner Linken, und greife dir einen von den Jünglingen und nimm dir seine Rüstung! Aber Asael wollte nicht hinter

22 ihm weg weichen. Da sprach Abner nochmals zu Asael: Weiche hinter mir weg! Warum soll ich dich zu Boden schlagen? und wie könnte ich mein Angesicht erheben zu deinem Bruder

23 Joab? Aber er weigerte sich zu weichen. Da schlug ihn Abner mit dem hinteren Ende des Speeres in den Bauch, daß der Speer hinten herausfuhr; und er fiel daselbst und starb an seiner Stelle. Und es geschah, jeder, der an den Ort kam, wo Asael gefallen und gestorben war, der blieb stehen.

24 Und Joab und Abisai jagten Abner nach; und die Sonne ging unter, als sie zum Hügel Amma kamen, der vor Giach *liegt*, auf dem Wege zur Wüste

25 Gibeon. Und die Kinder Benjamin sammelten sich hinter Abner her und wurden zu e i n e m Haufen, und sie stellten sich auf den Gipfel eines Hü-

26 gels. Und Abner rief Joab zu und sprach: Soll das Schwert immerfort fressen? weißt du nicht, daß zuletzt Erbitterung sein wird? und wie lange willst du nicht dem Volke sagen, von der Verfolgung ihrer Brüder umzu-

27 kehren? Da sprach Joab: *So wahr* Gott lebt, wenn du nicht geredet hättest *c*, dann wäre *schon* seit dem Morgen das Volk weggezogen, ein jeder von der Verfolgung seines Bruders!

28 Und Joab stieß in die Posaune; da blieb alles Volk stehen, und sie jagten Israel nicht mehr nach und fuhren nicht mehr fort zu streiten.

29 Und Abner und seine Männer zogen durch die Ebene *d* jene ganze Nacht, und sie setzten über den Jordan und durchzogen das ganze Bitron *e* und

30 kamen nach Machanaim. Joab aber kehrte um von der Verfolgung Abners und versammelte das ganze Volk; da wurden von den Knechten Davids neunzehn Mann vermißt und Asael.

31 Die Knechte Davids aber hatten von Benjamin und unter den Männern Abners viele erschlagen: dreihundertundsechzig Mann waren tot. Und sie

32 hoben Asael auf und begruben ihn in dem Begräbnis seines Vaters, das zu Bethlehem war. Und Joab und seine Männer gingen die ganze Nacht, und das Licht brach ihnen an zu Hebron.

3 Und der Streit war lang zwischen dem Hause Sauls und dem Hause Davids; David aber wurde immerfort stärker, während das Haus Sauls immerfort schwächer wurde.

2 Und es wurden dem David Söhne in Hebron geboren: Sein Erstgeborener war Amnon, von Achinoam, der

3 Jisreelitin; und sein zweiter Kileab, von Abigail, dem Weibe Nabals, des Karmeliters; und der dritte Absalom, der Sohn Maakas, der Tochter Tal-

4 mais, des Königs von Gesur; und der vierte Adonija, der Sohn Haggiths; und der fünfte Schephatja, der Sohn

5 Abitals; und der sechste Jithream, von Egla, dem Weibe Davids. Diese wurden dem David in Hebron geboren.

6 Und es geschah, während der Streit war zwischen dem Hause Sauls und dem Hause Davids, da stand Abner

7 dem Hause Sauls mutig bei *f*. Und Saul hatte ein Kebsweib, ihr Name war Rizpa, die Tochter Ajas. Und Isboseth sprach zu Abner: Warum bist du zu dem Kebsweibe meines

8 Vaters eingegangen? Da ergrimmte Abner sehr über die Worte Isboseths und sprach: Bin ich ein Hundskopf, der ich es mit Juda hält? *g* Heute erweise ich Güte an dem Hause deines Vaters Saul, an seinen Brüdern und an seinen Freunden, und ich habe dich nicht in die Hand Davids überliefert; und du wirfst mir heute das Vergehen mit

9 diesem Weibe vor? *h* So möge Gott Abner tun und so ihm hinzufügen, wenn ich nicht, wie Jehova dem Da-

10 vid geschworen hat, ihm also tun werde: das Königtum von dem Hause Sauls abzuwenden und den Thron Davids aufzurichten über Israel und über

11 Juda, von Dan bis Beerseba! Und er konnte Abner kein Wort mehr erwidern, weil er ihn fürchtete.

12 Und Abner sandte Boten für sich zu David und sprach: Wessen ist das Land? und sprach: Mache einen *k* Bund mit mir; und siehe, meine Hand wird mit dir sein, um ganz Israel dir

13 zuzuwenden. Und David *l* sprach: Gut, ich will einen Bund mit dir machen; nur e i n e Sache fordere ich von dir, nämlich: Du sollst mein Angesicht nicht sehen, du bringest denn zuvor Michal, die Tochter Sauls, wenn du kommst, um mein Angesicht zu sehen. Und David sandte Boten zu Isboseth, dem Sohne Sauls, und ließ *ihm* sagen: Gib mir Michal, mein Weib, die ich mir verlobt habe um hundert Vorhäute

a Acker der Schneiden oder Klingen. — *b* H. Abischai. — *c* S. V. 14. — *d* H. Araba; vergl. 5. Mose 1, 1. — *e* O. die ganze Schlucht. — *f* O. hielt fest an dem Hause Sauls; so auch später. — *g* O. der zu Juda gehört? — *h* O. du schreibst mir heute ein Vergehen zu wegen dieses Weibes? — *i* O. an seiner Statt. — *k* Eig. deinen. — *l* W. Und er.

9

15 der Philister. Da sandte Isboseth hin und ließ sie holen von ihrem Manne, 16 von Paltiel, dem Sohne des Lais. Und ihr Mann ging mit ihr und folgte ihr weinend nach bis Bachurim. Da sprach Abner zu ihm: Geh, kehre um! Und er kehrte um.

17 Und Abner hatte sich mit den Aeltesten Israels unterredet und gesagt: Früher schon habt ihr David zum Kö- 18 nig über euch begehrt; so handelt nun; denn Jehova hat von David geredet und gesagt: Durch die Hand Davids, meines Knechtes, will ich mein Volk Israel erretten aus der Hand der Philister und aus der Hand 19 aller seiner Feinde. Und Abner redete auch zu den Ohren Benjamins. Und Abner ging auch hin, um zu den Ohren Davids in Hebron alles zu reden was gut war in den Augen Israels und in den Augen des ganzen Hau- 20 ses Benjamin. Als nun Abner, und zwanzig Männer mit ihm, zu David nach Hebron kam, machte David Abner und den Männern, die mit ihm 21 waren, ein Mahl. Und Abner sprach zu David: Ich will mich aufmachen und hingehen, und ganz Israel zu meinem Herrn, dem König, versammeln, daß sie einen Bund mit dir machen, und du über alles regierst was deine Seele begehrt. Und David entließ Abner, und er ging hin in Frieden.

22 Und siehe, die Knechte Davids und Joab kamen von einem Streifzuge und brachten große Beute mit sich. Abner war aber nicht mehr bei David zu Hebron; denn er hatte ihn entlassen, und er war hingegangen in Frie- 23 den. Als nun Joab und das ganze Heer, das mit ihm war, ankamen, da berichtete man Joab und sprach: Abner, der Sohn Ners, ist zum König gekommen; und er hat ihn entlassen, und er ist hingegangen in Frieden. 24 Da kam Joab zum König und sprach: Was hast du getan! Siehe, Abner ist zu dir gekommen; warum doch hast du ihn entlassen, daß er ungehindert 25 weggegangen ist? Du kennst Abner, den Sohn Ners, daß er gekommen ist, um dich zu bereden a, und um deinen Ausgang und deinen Eingang zu wissen, und alles zu wissen was du tust. 26 Und Joab ging von David hinaus und sandte Boten hinter Abner her; und sie holten ihn zurück von der Zisterne 27 Sira; David aber wußte es nicht. Als nun Abner nach Hebron zurückkam, führte ihn Joab beiseite in das Tor, um in der Stille mit ihm zu reden; und er schlug ihn daselbst in den Bauch, daß er starb — wegen des Blu- 28 tes seines Bruders Asael. Und David hörte es hernach und sprach: Schuldlos bin ich und mein Königreich vor Jehova ewiglich an dem Blute Ab- 29 ners, des Sohnes Ners! Es komme b über das Haupt Joabs und über das ganze Haus seines Vaters; und nie

soll im Hause Joabs fehlen der Flüssige und der Aussätzige und der sich am Stabe stützt und der durchs Schwert fällt und dem es an Brot mangelt! — So haben Joab und Abisai, sein Bruder, 30 Abner ermordet, weil er ihren Bruder Asael zu Gibeon im Streit getötet hatte.

Und David sprach zu Joab und zu 31 allem Volke, das mit ihm war: Zerreißet eure Kleider und umgürtet euch mit Sacktuch, und klaget vor Abner her! Und der König David ging hinter der Bahre her. Und sie begruben 32 Abner zu Hebron; und der König erhob seine Stimme und weinte am Grabe Abners, und das ganze Volk weinte. Und der König stimmte ein 33 Klagelied an über Abner und sprach: Mußte, wie ein Tor c stirbt, Abner sterben? Deine Hände waren nicht 34 gebunden, und nicht in eherne Fesseln d gelegt deine Füße. Wie man fällt vor Söhnen der Ungerechtigkeit, so bist du gefallen!

Da weinte alles Volk noch mehr 35 über ihn. Und alles Volk kam, um David zu bewegen, daß er Brot esse, während es noch Tag war. Aber David schwur und sprach: So soll mir Gott tun und so hinzufügen, wenn ich vor Untergang der Sonne Brot oder irgend etwas koste! Und alles Volk 36 nahm es wahr; und es war gut in ihren Augen, wie alles was der König tat, gut war in den Augen des ganzen Volkes. Und das ganze Volk und ganz 37 Israel erkannten an jenem Tage, daß es nicht von dem König ausgegangen war, Abner, den Sohn Ners, zu töten. Und der König sprach zu seinen Knech- 38 ten: Wisset ihr nicht, daß an diesem Tage ein Oberster und Großer in Israel gefallen ist? Ich aber bin heute 39 schwach, obschon zum König gesalbt; und diese Männer, die Söhne der Zeruja, sind zu hart für mich. Jehova vergelte dem, der das Böse tut, nach seiner Bosheit!

Und als der Sohn Sauls hörte, daß **4** Abner zu Hebron gestorben war, da wurden seine Hände schlaff, und ganz Israel war bestürzt. Und zwei Män- 2 ner waren Oberste der Scharen des Sohnes Sauls, der Name des einen war Baana, und der Name des anderen Rekab, Söhne Rimmons, des Beerothiters, von den Kindern Benjamin. Denn auch Beeroth wird zu Benjamin gerechnet; aber die Beerothiter ent- 3 flohen nach Gittaim und hielten sich dort als Fremdlinge aufgehalten bis auf diesen Tag.

Und Jonathan, der Sohn Sauls, hatte 4 einen Sohn, der an den Füßen lahm war. Er war fünf Jahre alt, als die Nachricht von Saul und Jonathan aus Jisreel kam; da nahm seine Amme ihn auf und floh. Und es geschah, als sie ängstlich e floh, daß er fiel und lahm wurde; und sein Name war Mephiboseth f.

---

a O. zu betrügen. — *b* Eig. Es breche herein. — *c* O. wie ein gemeiner Mensch (Nabal). — *d* Vergl. die Anm. zu Richt. 16, 21. — *e* O. hastig. — *f* In 1. Chron. 8, 34 und 9, 40 Merib-Baal genannt.

5 Und die Söhne Rimmons, des Beerothiters, Rekab und Baana, gingen
hin und kamen um die Hitze des Tages in das Haus Isboseths, während er
6 seine Mittagsruhe hielt. Und sie kamen dahin, bis in das Innere des Hauses, als wollten sie Weizen holen, und
sie schlugen ihn in den Bauch. Und
Rekab und sein Bruder Baana ent-
7 rannen. Sie kamen in das Haus, während er in seinem Schlafgemach auf
seinem Bette lag, und sie schlugen
ihn und töteten ihn und hieben ihm
den Kopf ab; und sie nahmen seinen
Kopf und gingen den Weg der Ebe-
8 ne a die ganze Nacht hindurch. Und
sie brachten den Kopf Isboseths zu
David nach Hebron und sprachen zu
dem König: Siehe da, der Kopf Isboseths, des Sohnes Sauls, deines Feindes, der nach deinem Leben trachtete;
und so hat Jehova meinem Herrn,
dem König, an diesem Tage Rache
verliehen an Saul und an seinem Sa-
9 men. Da antwortete David Rekab und
Baana, seinem Bruder, den Söhnen
Rimmons, des Beerothiters, und sprach
zu ihnen: So wahr Jehova lebt, der
meine Seele erlöst hat aus aller Be-
10 drängnis, den, der mir berichtete und
sprach: Siehe, Saul ist tot! und der
in seinen Augen ein guter Bote war,
den ergriff ich und tötete ihn zu Ziklag, um ihm so Botenlohn zu ge-
11 ben; wieviel mehr, da gottlose Männer
einen gerechten Mann in seinem Hause
auf seiner Lagerstätte ermordet haben, sollte ich jetzt nicht sein Blut
von eurer Hand fordern und euch
12 wegschaffen von der Erde? Und David gebot seinen Knaben, und sie erschlugen sie und hieben ihnen die
Hände und die Füße ab, und hängten
sie auf an Teiche zu Hebron; das
Haupt Isboseths aber nahmen sie und
begruben es in dem Begräbnis Abners
zu Hebron.

5 Und b alle Stämme Israels kamen zu
David nach Hebron, und sie sprachen und sagten: Siehe, wir sind dein
2 Gebein und dein Fleisch. Schon früher, als Saul König über uns war,
bist du es gewesen, der Israel aus-
und einführte; und Jehova hat zu dir
gesagt: Du sollst mein Volk Israel
weiden, und du sollst Fürst sein über
3 Israel. Und alle Aeltesten Israels kamen zu dem König nach Hebron, und
der König David machte einen Bund
mit ihnen zu Hebron, vor Jehova;
und sie salbten David zum König über
Israel.
4 Dreißig Jahre war David alt, als er
König wurde; er regierte vierzig Jah-
5 re. Zu Hebron regierte er sieben Jahre und sechs Monate über Juda, und
zu Jerusalem regierte er dreiunddreißig Jahre über ganz Israel und Juda.
6 Und der König zog mit seinen Männern nach Jerusalem wider die Jebu-

siter, die Bewohner des Landes. Und
sie sprachen zu David und sagten:
Du wirst nicht hier hereinkommen,
sondern die Blinden und die Lahmen
werden dich wegtreiben; sie wollten
damit sagen: David wird nicht hier
hereinkommen. Aber David nahm die 7
Burg Zion ein, das ist die Stadt Davids. Und David sprach an selbigem 8
Tage: Wer die Jebusiter schlägt und
an die Wasserleitung gelangt, und die
Lahmen und die Blinden *schlägt*, welche c der Seele Davids verhaßt sind...!
Daher spricht man: Ein Blinder und
ein Lahmer darf nicht ins Haus kommen. Und David wohnte in der Burg, 9
und er nannte sie Stadt Davids. Und
David baute ringsum, von dem Millo d
an einwärts. — Und David wurde im- 10
merfort größer, und Jehova, der Gott
der Heerscharen, war mit ihm.
Und e Hiram, der König von Tyrus, 11
sandte Boten zu David, und Zedernholz und Zimmerleute und Mauerleute f; und sie bauten David ein Haus.
Und David erkannte, daß Jehova ihn 12
zum König über Israel bestätigt, und
daß er sein Königreich erhoben hatte
um seines Volkes Israel willen.
Und David nahm noch Kebsweiber 13
und Weiber aus Jerusalem, nachdem
er von Hebron gekommen war; und
es wurden David noch Söhne und
Töchter geboren. Und dies sind die 14
Namen der ihm in Jerusalem Geborenen: Schammua und Schobab und Nathan und Salomo, und Jibschar und 15
Elischua und Nepheg und Japhija,
und Elischama und Eljada und Eli- 16
phelet.
Und als die Philister hörten, daß 17
man David zum König über Israel
gesalbt hatte, da zogen alle Philister
herauf, um David zu suchen. Und David hörte es und zog in die Burg hinab. Und die Philister kamen und brei- 18
teten sich aus im Tale Rephaim. Und 19
David befragte Jehova und sprach:
Soll ich wider die Philister hinaufziehen? wirst du sie in meine Hand geben? Und Jehova sprach zu David:
Ziehe hinauf, denn ich werde die Philister gewißlich in deine Hand geben.
Da kam David nach Baal-Perazim. 20
Und David schlug sie daselbst, und
er sprach: Jehova hat meine Feinde
vor mir durchbrochen, gleich einem
Wasserdurchbruch. Daher gab er jenem Orte den Namen Baal-Perazim g.
Und sie ließen daselbst ihre Götzen, 21
und David und seine Männer nahmen
sie weg.
Und die Philister zogen wiederum 22
herauf und breiteten sich aus im Tale
Rephaim. Und David befragte Jehova; 23
und er sprach: Du sollst nicht hinaufziehen; wende dich ihnen in den Rükken, daß du an sie kommst den Bakabäumen gegenüber. Und sobald du das 24
Geräusch eines Daherschreitens in den

---

a H. Araba. — b 1. Chron. 11. — c O. .... schlägt, der stürze in den Abgrund
sowohl die Lahmen als auch die Blinden, welche usw. Der hebräische Text ist dunkel,
daher die Uebersetzung unsicher. — d Wall, Burg; vergl. Richt. 9, 6. — e 1. Chron. 14.
— f O. Steinhauer. — g Ort der Durchbrüche.

Wipfeln der Bakabäume hörst, alsdann beeile dich; denn alsdann ist Jehova vor dir ausgezogen, um das Heer der 25 Philister zu schlagen. Und David tat also, wie Jehova ihm geboten hatte; und er schlug die Philister von Geba, bis man nach Geser kommt.

6 Und *a* David versammelte wiederum alle Auserlesenen in Israel, dreißig- 2 tausend *Mann*. Und David machte sich auf und zog hin, und alles Volk, das bei ihm war, nach *b* Baale-Juda, um von dannen die Lade Gottes herauf- zubringen, welche nach dem Namen, dem Namen Jehovas der Heerscharen, der zwischen *c* den Cherubim thront, 3 genannt wird. Und sie stellten die La- de Gottes auf einen neuen Wagen, und brachten sie aus dem Hause Abinadabs weg, das auf dem Hügel war *d*; und Ussa und Achjo, die Söhne Abinadabs, führten den neuen Wagen. 4 Und sie brachten sie aus dem Hause Abinadabs weg, das auf dem Hügel war, indem sie die Lade Gottes be- gleiteten *e*; und Achjo ging vor der 5 Lade her. Und David und das ganze Haus Israel spielten vor Jehova mit allerlei *Instrumenten von* Zypressen- holz *f*, und mit Lauten und mit Har- fen und mit Tamburinen und mit Si- stren *g* und mit Zimbeln.

6 Und als sie zur Tenne Nakons ka- men, da langte Ussa nach der Lade Gottes und faßte sie an, denn die Rin- 7 der hatten sich losgerissen *h*. Da ent- brannte der Zorn Jehovas wider Ussa, und Gott schlug ihn daselbst wegen des Vergehens; und er starb daselbst 8 bei der Lade Gottes. Und David ent- brannte *i* darüber, daß Jehova einen Bruch an Ussa gemacht hatte; und er nannte jenen Ort Perez-Ussa *j*, bis auf 9 diesen Tag. Und David fürchtete sich vor Jehova an selbigem Tage und sprach: Wie soll die Lade Jehovas 10 zu mir kommen? Und David wollte die Lade Jehovas nicht zu sich ein- kehren lassen in die Stadt Davids; und David ließ sie beiseite bringen in das Haus Obed-Edoms, des Gathiters. 11 Und die Lade Jehovas blieb in dem Hause Obed-Edoms, des Gathiters, drei Monate. Und Jehova segnete Obed-Edom und sein ganzes Haus. 12 Und *k* es wurde dem König David berichtet und gesagt: Jehova hat das Haus Obed-Edoms und alles was sein ist gesegnet um der Lade Gottes wil- len. Da ging David hin und holte die Lade Gottes aus dem Hause Obed- Edoms herauf in die Stadt Davids mit 13 Freuden. Und es geschah, wenn die Träger der Lade Jehovas sechs Schrit- te gegangen waren, so opferte er ein 14 Rind und ein Mastvieh. Und David tanzte mit aller Kraft vor Jehova, und

David war mit einem leinenen Ephod *l* umgürtet. Und David und das ganze 15 Haus Israel brachten die Lade Jeho- vas hinauf mit Jauchzen und mit Po- saunenschall. Und es geschah, als die 16 Lade Jehovas in die Stadt Davids kam, da schaute Michal, die Tochter Sauls, durchs Fenster; und sie sah den König David vor Jehova hüpfen und tanzen, und sie verachtete ihn in ihrem Herzen.

Und *m* sie brachten die Lade Jeho- 17 vas hinein und stellten sie an ihren Ort innerhalb des Zeltes, das David für sie aufgeschlagen hatte. Und Da- vid opferte Brandopfer und Friedens- opfer vor Jehova. Und als David das 18 Opfern der Brandopfer und der Frie- densopfer beendigt hatte, segnete er das Volk im Namen Jehovas der Heer- scharen. Und er verteilte an das ganze 19 Volk, an die ganze Menge Israels, vom Manne bis zum Weibe, an einen jeden einen Brotkuchen und einen Trunk *Wein n* und einen Rosinenkuchen. Und das ganze Volk ging hin, ein jeder nach seinem Hause.

Und als David zurückkehrte, um 20 sein Haus zu segnen *o*, ging Michal, die Tochter Sauls, hinaus, David ent- gegen, und sprach: Wie hat der Kö- nig von Israel sich heute verherrlicht, da er sich heute vor den Augen der Mägde seiner Knechte entblößt hat, wie sich nur einer der losen Leute entblößt! Da sprach David zu Michal: 21 Vor Jehova, der mich vor deinem Va- ter und vor seinem ganzen Hause er- wählt hat, um mich als Fürst zu be- stellen über das Volk Jehovas, über Israel, ja, vor Jehova will ich spie- len *p*; und ich will noch geringer *q* 22 werden denn also, und will niedrig sein in meinen Augen; aber bei den Mägden, von denen du sprichst, bei ihnen werde ich geehrt sein *r*. Michal 23 aber, die Tochter Sauls, hatte kein Kind bis zum Tage ihres Todes.

Und *s* es geschah, als der König in **7** seinem Hause wohnte, und Jehova ihm ringsumher Ruhe geschafft hatte vor allen seinen Feinden, da sprach der 2 König zu Nathan, dem Propheten: Siehe doch, i c h wohne in einem Hau- se von Zedern, und die Lade Gottes wohnt unter Teppichen. Und Nathan 3 sprach zu dem König: Gehe hin, tue alles was du im Herzen hast, denn Jehova ist mit dir. Und es geschah in 4 selbiger Nacht, da geschah das Wort Jehovas zu Nathan also: Gehe hin 5 und sprich zu meinem Knechte, zu David: So spricht Jehova: Solltest d u mir ein Haus bauen zu meiner Woh- nung? denn ich habe nicht in einem 6 Hause gewohnt von dem Tage an, da ich die Kinder Israel aus Aegypten

---

a 1. Chron. 13. — *b* Im hebr. Text steht: von. — *c* O. über. — *d* S. 1. Sam. 7, 1. — *e* W. mit (oder bei) der Lade Gottes; viell. ist zu l.: und Ussa war bei der Lade Gottes. — *f* Viell. zu lesen wie 1. Chron. 13, 8. — *g* Instrument von Metallstäben, mit Ringen be- hängt. — *h* O. waren ausgeglitten. — *i* Vergl. die Anm. zu 1. Sam. 15, 11. — *j* Bruch Us- sas. — *k* 1. Chron. 15, 2 usw. — *l* Eig. einem Ephod von Weißzeug. — *m* 1. Chron. 16. — *n* And.: eine *Fleisch*spende. — *o* O. zu begrüßen. — *p* And.: habe ich gespielt. — *q* O. ge- ringer geachtet. — *r* O. mich verherrlichen. — *s* 1. Chron. 17.

heraufgeführt habe, bis auf diesen Tag; sondern ich wanderte umher in einem Zelte a und in einer Wohnung a.

7 Wo immer ich wanderte unter allen Kindern Israel, habe ich wohl zu einem der Stämme b Israels, dem ich gebot, mein Volk Israel zu weiden, ein Wort geredet und gesagt: Warum habt ihr mir nicht ein Haus von Zedern gebaut?

8 Und nun sollst du also zu meinem Knechte David sagen: So spricht Jehova der Heerscharen: I c h habe dich von der Trift genommen, hinter dem Kleinvieh weg, daß du Fürst sein sollst über mein Volk, über Israel; und

9 ich bin mit dir gewesen überall, wohin du gezogen bist, und habe alle deine Feinde vor dir ausgerottet, und ich habe dir einen großen Namen gemacht c, gleich dem Namen der Gro-

10 ßen, die auf Erden sind. Und ich werde einen Ort setzen für mein Volk, für Israel, und werde es pflanzen, daß es an seiner Stätte wohne und nicht mehr beunruhigt werde, und die Söhne der Ungerechtigkeit sollen es nicht

11 bedrücken, wie früher und seit dem Tage, da ich Richter über mein Volk Israel bestellt habe. Und ich habe dir Ruhe geschafft vor allen deinen Feinden; und Jehova tut dir kund, daß Jehova dir ein Haus machen wird.

12 Wenn deine Tage voll sein werden, und du bei deinen Vätern liegen wirst, so werde ich deinen Samen nach dir erwecken, der aus deinem Leibe kommen soll, und werde sein Königtum

13 befestigen. Der wird meinem Namen ein Haus bauen; und ich werde den Thron seines Königtums befestigen

14 auf ewig. I c h will ihm Vater sein, und e r soll mir Sohn sein, sodaß, wenn er verkehrt handelt, ich ihn züchtigen werde mit einer Menschenrute und mit Schlägen der Menschenkin-

15 der; aber meine Güte soll nicht von ihm weichen, wie ich sie von Saul weichen ließ, den ich vor dir weg-

16 getan habe. Und dein Haus und dein Königtum sollen vor dir beständig sein auf ewig, dein Thron soll fest sein auf ewig.

17 Nach allen diesen Worten und nach diesem ganzen Gesicht, also redete

18 Nathan zu David. Da ging der König David hinein und setzte sich vor Jehova nieder und sprach: Wer bin ich, Herr, Jehova, und was ist mein Haus, daß du mich bis hierher gebracht

19 hast? Und dies ist noch ein Geringes gewesen in deinen Augen, Herr, Jehova! und du hast auch von dem Hause deines Knechtes geredet in die Ferne hin; und ist dies die Weise des

20 Menschen, Herr, Jehova? d Doch was soll David noch weiter zu dir reden? Du kennst ja deinen Knecht, Herr,

Jehova! Um deines Wortes willen und 21 nach deinem Herzen hast du all dieses Große getan, um deinem Knechte kundzutun. Darum bist du groß, 22 Jehova Gott! denn niemand ist dir gleich, und kein Gott außer dir, nach allem was wir mit unseren Ohren gehört haben. Und wer ist wie dein Volk, 23 wie Israel, die einzige Nation auf Erden, welche e Gott hingegangen ist, sich zum Volke zu erlösen, und um sich einen Namen zu machen, und für sie f solch Großes zu tun und furchtbare Dinge für dein Volk, indem du vor deinem Volke, das du dir aus Aegypten erlöst hast, Nationen und ihre Götter vertriebst g! Und du hast 24 dir dein Volk Israel befestigt, dir zum Volke auf ewig; und d u , Jehova, bist ihr Gott h geworden. Und nun, Jehova 25 Gott, das Wort, das du über deinen Knecht und über sein Haus geredet hast, halte aufrecht ewiglich, und tue, wie du geredet hast! Und dein Name 26 sei groß i auf ewig, daß man spreche: Jehova der Heerscharen ist Gott über Israel. Und das Haus deines Knechtes David sei fest vor dir. Denn d u , 27 Jehova der Heerscharen, Gott Israels, hast dem Ohre deines Knechtes eröffnet und gesagt: Ich werde dir ein Haus bauen; darum hat dein Knecht sich ein Herz gefaßt, dieses Gebet zu dir zu beten. Und nun, Herr, Jehova, 28 du bist es, der da Gott ist, j und deine Worte sind Wahrheit, und du hast dieses Gute zu deinem Knechte geredet. So laß es dir nun gefallen und 29 segne das Haus deines Knechtes, daß es ewiglich vor dir sei; denn d u , Herr, Jehova, hast geredet, und so werde mit deinem Segen das Haus deines Knechtes gesegnet ewiglich!

Und k es geschah hernach, da schlug David die Philister und demütigte sie; **8** und David nahm den Zaum der Hauptstadt l aus der Hand der Philister.

2 Und er schlug die Moabiter und maß sie mit der Meßschnur, indem er sie auf die Erde legen ließ; und er maß zwei Meßschnüre ab, um zu töten, und eine volle Meßschnur, um am Leben zu lassen. Und die Moabiter wurden David zu Knechten, welche Geschenke brachten m.

3 Und David schlug Hadadeser, den Sohn Rechobs, den König von Zoba, als er hinzog, um seine Macht am Strome n wiederherzustellen. Und David nahm von ihm tausend und siebenhundert Reiter und zwanzigtausend

4 Mann Fußvolk gefangen; und David lähmte alle Gespanne und ließ hundert Gespanne von ihm übrig.

5 Und die Syrer von Damaskus kamen, um Hadadeser, dem König von Zoba, zu helfen; und David erschlug

---

a Dasselbe Wort wie 2. Mose 26, 7 usw. — b Viell. ist hier „Richter" zu lesen, wie in 1. Chron. 17, 6. — c O. und ich werde dir . . . machen. — d O. und dies nach Menschenweise, Herr, Jehova! (vergl. 1. Chron. 17, 17). — e O. und welche Nation gibt es irgend auf Erden wie dein Volk, wie Israel, welches usw. — f W. für euch. — g Vergl. 1. Chron. 17, 21. — h Eig. ihnen zum Gott. — i O. erhoben. — j O. du bist, der da ist, (w. du bist er, oder derselbe) der Gott. — k 1. Chron. 18. — l O. Metheg-Amma. — m d. h. tributpflichtig waren; so auch V. 6. — n Euphrat.

unter den Syrern zweiundzwanzig-
6 tausend Mann. Und David legte Besatzungen in das damascenische Syrien; und die Syrer wurden David zu
Knechten, welche Geschenke brachten. Und Jehova half David überall,
7 wohin er zog. Und David nahm die
goldenen Schilde, welche den Knechten Hadadesers gehörten, und brachte
8 sie nach Jerusalem. Und aus Betach und
aus Berothai, den Städten Hadadesers,
nahm der König David Erz in großer
Menge.
9 Und als Toi, der König von Hamath,
hörte, daß David die ganze Heeresmacht Hadadesers geschlagen hatte,
10 da sandte Toi seinen Sohn Joram zu
dem König David, um ihn nach seinem Wohlergehen zu fragen und ihn
zu beglückwünschen a, darum daß er
wider Hadadeser gestritten und ihn
geschlagen hatte; denn Hadadeser war
stets im Kriege mit Toi; und in seiner Hand waren Geräte von Silber
und Geräte von Gold und Geräte von
11 Erz. Auch diese heiligte der König
David dem Jehova, samt dem Silber
und dem Golde, das er von all den
Nationen geheiligt, die er unterjocht
12 hatte: von den Syrern und von den
Moabitern und von den Kindern Ammon und von den Philistern und von
den Amalekitern, und von der Beute
Hadadesers, des Sohnes Rechobs, des
Königs von Zoba.
13 Und David machte sich einen Namen, als er zurückkam, nachdem er
die Syrer b im Salztal geschlagen hat-
14 te, achtzehntausend *Mann*. Und er
legte Besatzungen in Edom, in ganz
Edom legte er Besatzungen; und alle
Edomiter wurden David zu Knechten.
Und Jehova half David überall, wohin er zog.
15 Und David regierte über ganz Israel; und David übte Recht und Gerechtigkeit an seinem ganzen Volke.
16 Und Joab, der Sohn der Zeruja, war
über das Heer; und Josaphat, der
Sohn Ahiluds, war Geschichtsschrei-
17 ber c; und Zadok, der Sohn Ahitubs,
und Ahimelech, der Sohn Abjathars,
waren Priester; und Seraja war Schrei-
18 ber; und Benaja, der Sohn Jojadas,
war über die Kerethiter und die Pelethiter d; und die Söhne Davids waren Krondiener e.

9 Und David sprach: Ist noch jemand
da, der vom Hause Sauls übriggeblieben ist, daß ich Güte an ihm erweise
2 um Jonathans willen? Es war aber
ein Knecht vom Hause Sauls, sein
Name war Ziba; und sie riefen ihn zu
David. Und der König sprach zu ihm:
Bist du Ziba? Und er sprach: Dein
3 Knecht. Und der König sprach: Ist

niemand mehr da vom Hause Sauls,
daß ich Güte Gottes an ihm erweise?
Und Ziba sprach zu dem König: Es ist
noch ein Sohn da von Jonathan, der
an den Füßen lahm ist. Und der Kö- 4
nig sprach zu ihm: Wo ist er? Und
Ziba sprach zu dem König: Siehe, er
ist im Hause Makirs, des Sohnes Ammiels, zu Lodebar.
Da sandte der König David hin und 5
ließ ihn aus dem Hause Makirs, des
Sohnes Ammiels, holen, von Lodebar.
Und Mephiboseth, der Sohn Jonathans, 6
des Sohnes Sauls, kam zu David; und
er fiel auf sein Angesicht und beugte
sich nieder. Und David sprach: Mephiboseth! Und er sprach: Siehe, dein
Knecht. Und David sprach zu ihm: 7
Fürchte dich nicht; denn ich will gewißlich Güte an dir erweisen um deines Vaters Jonathan willen, und will
dir alle Felder deines Vaters Saul zurückgeben; du aber sollst beständig
an meinem Tische essen. Und er beug- 8
te sich nieder und sprach: Was ist
dein Knecht, daß du dich zu einem
toten Hunde gewandt hast, wie ich
einer bin?
Da rief der König Ziba, den Die- 9
ner f Sauls, und sprach zu ihm: Alles
was Saul und seinem ganzen Hause
gehört hat, habe ich dem Sohne deines Herrn gegeben. Und du sollst ihm 10
das Land bauen, du und deine Söhne
und deine Knechte, und den *Ertrag*
einbringen, damit der Sohn deines
Herrn Brot zu essen habe g. Und Mephiboseth, der Sohn deines Herrn, soll
beständig an meinem Tische essen.
Und Ziba hatte fünfzehn Söhne und
zwanzig Knechte. Und Ziba sprach 11
zu dem König: Nach allem was mein
Herr, der König, seinem Knechte gebietet, also wird dein Knecht tun. Und
Mephiboseth, *sprach der König*, wird
an meinem Tische essen, wie einer
von den Königssöhnen. Und Mephi- 12
boseth hatte einen kleinen Sohn, sein
Name war Micha. Und alle, die im
Hause Zibas wohnten, waren Mephiboseths Knechte. Und Mephiboseth 13
wohnte in Jerusalem, denn er aß beständig am Tische des Königs. Er war
aber lahm an beiden Füßen.
Und h es geschah hernach, da starb **10**
der König der Kinder Ammon; und
Hanun, sein Sohn, ward König an seiner Statt. Und David sprach: Ich will 2
Güte erweisen an Hanun, dem Sohne
Nahas', so wie sein Vater Güte an mir
erwiesen hat. Und David sandte hin,
um ihn durch seine Knechte wegen
seines Vaters zu trösten. Und die
Knechte Davids kamen in das Land
der Kinder Ammon. Da sprachen die 3
Fürsten der Kinder Ammon zu Ha-

---

a W. zu segnen. — *b* Wahrsch. zu l.: die Edomiter, wie 1. Chron. 18, 12; Ps. 60 (Ueberschrift). — *c* Eig. der Aufzeichnende, d. h. ein Hofbeamter, der die Jahrbücher führte.
— *d* Die Kerethiter und die Pelethiter (oder die Krethi und die Plethi) bildeten, wie aus dieser
und anderen Stellen hervorzugehen scheint, die Leibgarde des Königs. Vermutlich sind
unter ihnen zwei verschiedene Klassen der aus Kreta eingewanderten Philister zu verstehen,
wie denn auch die Kerethiter an mehreren Stellen als gleichbedeutend mit den Philistern
angeführt werden. (Vergl. 1. Sam. 30, 14. 16; 2. Sam. 15, 18; Hes. 25, 16; Zeph. 2, 5.) — *e* O. vertraute Räte. — *f* Eig. den Knaben, Knappen. — *g* W. Brot habe, und er es esse. — *h* 1. Chron. 19.

nun, ihrem Herrn: Ehrt wohl David deinen Vater in deinen Augen, daß er Tröster zu dir gesandt hat? Hat nicht David seine Knechte zu dir gesandt, um die Stadt zu erforschen und sie auszukundschaften und sie umzu-
4 kehren? Da nahm Hanun die Knechte Davids und ließ ihnen die Hälfte des Bartes abscheren und ihre Oberkleider zur Hälfte abschneiden, bis an ihre
5 Gesäße; und er entließ sie. Und man berichtete es dem David. Da sandte er ihnen entgegen, denn die Männer schämten sich sehr *a*; und der König ließ *ihnen* sagen: Bleibet in Jericho, bis euer Bart gewachsen ist, dann kommet zurück.
6 Als nun die Kinder Ammon sahen, daß sie sich bei David stinkend gemacht hatten, da sandten die Kinder Ammon hin und dingten die Syrer von Beth-Rechob und die Syrer von Zoba, zwanzigtausend Mann zu Fuß, und den König von Maaka, tausend Mann, und die Männer von Tob, zwölf-
7 tausend Mann. Und als David es hörte, sandte er Joab hin und das ganze
8 Heer, die Helden. Und die Kinder Ammon zogen aus und stellten sich am Eingang des Tores in Schlachtordnung auf; und die Syrer von Zoba und Rechob und die Männer von Tob und Maaka waren für sich auf dem
9 Felde. Und als Joab sah, daß der Streit *b* von vorn und von hinten gegen ihn gerichtet war, da erwählte er von allen Auserlesenen Israels und stellte sich auf, den Syrern gegen-
10 über; und das übrige Volk übergab er der Hand seines Bruders Abisai, und dieser stellte sich auf, den Kin-
11 dern Ammon gegenüber. Und er sprach: Wenn die Syrer mir zu stark sind, so sollst du mir Hilfe leisten; und wenn die Kinder Ammon dir zu stark sind, so will ich kommen, dir zu
12 helfen. Sei stark und laß uns stark sein für unser Volk und für die Städte unseres Gottes! und Jehova wird tun
13 was gut ist in seinen Augen. Da rückte Joab und das Volk, das bei ihm war, vor zum Streit wider die Syrer;
14 und sie flohen vor ihm. Und als die Kinder Ammon sahen, daß die Syrer geflohen waren, da *η* flohen auch sie vor Abisai und zogen sich in die Stadt zurück. Und Joab kehrte von den Kindern Ammon zurück und kam nach Jerusalem.
15 Und als die Syrer sahen, daß sie vor Israel geschlagen waren, da ver-
16 sammelten sie sich allesamt. Und Hadareser sandte hin und ließ die Syrer ausziehen, die jenseit des Stromes waren; und sie kamen nach Helam, und Schobak, der Heeroberste Hadaresers,
17 vor ihnen her. Und es wurde David berichtet; da versammelte er ganz Israel und ging über den Jordan und kam nach Helam; und die Syrer stellten sich David gegenüber auf und
18 stritten mit ihm. Und die Syrer flohen

vor Israel, und David tötete von den Syrern siebenhundert Wagenkämpfer und vierzigtausend Reiter; und er erschlug Schobak, ihren Heerobersten, und er starb daselbst. Und als alle die 19 Könige, welche Knechte Hadaresers waren, sahen, daß sie vor Israel geschlagen waren, da machten sie Frieden mit Israel und dienten ihnen. Und die Syrer fürchteten sich, den Kindern Ammon fernerhin zu helfen.

Und *d* es geschah bei der Rück- **11** kehr des Jahres, zur Zeit, wann die Könige ausziehen, da sandte David Joab und seine Knechte mit ihm und ganz Israel; und sie richteten die Kinder Ammon zu Grunde und belagerten Rabba. David aber blieb in Jerusalem. Und es geschah zur Abendzeit, 2 als David von seinem Lager aufstand und auf dem Dache des Hauses des Königs wandelte, daß er von dem Dache herab ein Weib sich baden sah; und das Weib war sehr schön von Ansehen. Und David sandte hin und er- 3 kundigte sich nach dem Weibe; und man sprach: Ist das nicht Bathseba, die Tochter Eliams, das Weib Urijas, des Hethiters? Und David sandte Bo- 4 ten hin und ließ sie holen; und sie kam zu ihm, und er lag bei ihr (sie hatte sich aber gereinigt von ihrer Unreinigkeit); und sie kehrte in ihr Haus zurück. Und das Weib wurde 5 schwanger; und sie sandte hin und berichtete es David und sprach: Ich bin schwanger.

Da entbot David dem Joab: Sende 6 mir Urija, den Hethiter. Und Joab sandte Urija zu David. Und Urija kam 7 zu ihm; und David fragte nach dem Wohlergehen Joabs und nach dem Wohlergehen des Volkes und nach dem Stande *e* des Streites. Und David 8 sprach zu Urija: Gehe in dein Haus hinab und wasche die Füße. Und als Urija aus dem Hause des Königs ging, kam ein Geschenk *f* des Königs hinter ihm her. Und Urija legte sich 9 am Eingang des Hauses des Königs nieder bei allen Knechten seines Herrn, und ging nicht in sein Haus hinab. Und man berichtete es David und 10 sprach: Urija ist nicht in sein Haus hinabgegangen. Da sprach David zu Urija: Bist du nicht von der Reise gekommen? Warum bist du nicht in dein Haus hinabgegangen? Und Urija 11 sprach zu David: Die Lade und Israel und Juda weilen in Hütten, und mein Herr Joab und die Knechte meines Herrn lagern auf freiem Felde, und ich sollte in mein Haus gehen, um zu essen und zu trinken und bei meinem Weibe zu liegen? *So wahr* du lebst und deine Seele lebt, wenn ich dieses tue! Da sprach David zu Urija: Bleibe 12 auch heute *noch* hier, und morgen werde ich dich entlassen. So blieb Urija an jenem Tage und am folgenden in Jerusalem. Und David lud ihn, 13 und er aß und trank vor ihm, und er

---

a O. waren sehr beschimpft. — *b* W. das Angesicht des Streites. — *c* W. Wagen. — *d* 1. Chron. 20, 1. — *e* Eig. Wohlergehen. — *f* O. ein Ehrengericht.

machte ihn trunken. Und am Abend ging er hinaus, um sich auf sein Lager niederzulegen bei den Knechten seines Herrn; aber in sein Haus ging er nicht hinab.

14 Und es geschah am Morgen, da schrieb David einen Brief an Joab

15 und sandte ihn durch Uria. Und er schrieb in dem Briefe also: Stellet Uria vornan, wo der Streit am stärksten ist, und ziehet euch hinter ihm zurück, daß er erschlagen werde und

16 sterbe. Und es geschah, als Joab die Stadt einschloß, da stellte er Uria an den Ort, von dem er wußte, daß tap-

17 fere Männer daselbst waren. Und die Männer der Stadt zogen heraus und stritten wider Joab, und es fielen etliche von dem Volke, von den Knechten Davids; und auch Uria, der He-

18 thiter, starb. Da sandte Joab hin und berichtete David alle Begebenheiten

19 des Streites. Und er befahl dem Boten und sprach: Wenn du geendigt hast, alle Begebenheiten des Streites

20 dem König zu melden, so geschehe es, wenn der Grimm des Königs aufsteigt, und er zu dir spricht: Warum habt ihr euch der Stadt genähert, um zu streiten? wußtet ihr nicht, daß sie

21 von der Mauer herab schießen würden? Wer hat Abimelech, den Sohn Jerubbeseths *a*, erschlagen? Warf nicht ein Weib den oberen Stein einer Handmühle von der Mauer auf ihn herab, daß er starb zu Tebez? *b* Warum habt ihr euch der Mauer genähert? – so sollst du sagen: Auch dein Knecht Uria, der

22 Hethiter, ist tot. Und der Bote ging hin; und er kam und berichtete David alles, wozu ihn Joab gesandt hat-

23 te. Und der Bote sprach zu David: Da die Männer die Oberhand über uns hatten und gegen uns aufs Feld herauszogen, so drangen wir auf sie

24 ein bis zum Eingang des Tores. Da schossen die Schützen von der Mauer herab auf deine Knechte, und es starben etliche von den Knechten des Königs; und auch dein Knecht Uria,

25 der Hethiter, ist tot. Da sprach David zu dem Boten: So sollst du zu Joab sagen: Laß diese Sache nicht übel sein in deinen Augen, denn das Schwert frißt bald so, bald so *c*; verstärke deinen Streit gegen die Stadt und zerstöre sie! So ermutige ihn.

26 Und als Weib Urias hörte, daß Uria, ihr Mann, tot war, klagte sie

27 um ihren Gatten. Als aber die Trauer vorüber war, sandte David hin und nahm sie in sein Haus; und sie wurde sein Weib und gebar ihm einen Sohn. Aber die Sache, die David getan hatte, war übel in den Augen Jehovas.

12 Und Jehova sandte Nathan zu David; und er kam zu ihm und sprach zu ihm: Zwei Männer waren in einer

2 Stadt, der eine reich, und der andere arm. Der Reiche hatte Kleinvieh und

3 Rinder in großer Menge. Der Arme

hatte aber gar nichts, als nur ein einziges kleines Lamm *d*, das er gekauft hatte; und er nährte es, und es wurde groß bei ihm, und mit seinen Kindern zugleich; es aß von seinem Bissen und trank aus seinem Becher und schlief an seinem Busen, und es war

4 ihm wie eine Tochter. Da kam ein Reisender zu dem reichen Manne; und es dauerte ihn, von seinem Kleinvieh und von seinen Rindern zu nehmen, um es für den Wanderer zuzurichten, der zu ihm gekommen war, und er nahm das Lamm des armen Mannes und richtete es zu für den Mann, der

5 zu ihm gekommen war. Da entbrannte der Zorn Davids sehr wider den Mann, und er sprach zu Nathan: So wahr Jehova lebt, der Mann, der dieses getan hat, ist ein Kind des Todes;

6 und das Lamm soll er vierfältig erstatten, darum daß er diese Sache getan, und weil er kein Mitleid gehabt hat!

7 Da sprach Nathan zu David: Du bist der Mann! So spricht Jehova, der Gott Israels: Ich habe dich zum König über Israel gesalbt, und ich habe dich aus

8 der Hand Sauls errettet, und ich habe dir das Haus deines Herrn gegeben und die Weiber deines Herrn in deinen Schoß, und habe dir das Haus Israel und Juda gegeben; und wenn es zu wenig war, so hätte ich dir noch dies und das hinzugefügt. Warum hast

9 du das Wort Jehovas verachtet, indem du tatest was übel ist in seinen Augen? Uria, den Hethiter, hast du mit dem Schwerte erschlagen, und sein Weib hast du dir zum Weibe genommen; ihn selbst hast du ja umgebracht durch das Schwert der Kinder Am-

10 mon. Nun denn, so soll von deinem Hause das Schwert nicht weichen ewiglich, darum daß du mich verachtet und das Weib Urias, des Hethiters, genommen hast, daß sie dir zum

11 Weibe sei. So spricht Jehova: Siehe, ich will aus deinem Hause Unglück über dich erwecken, und ich will deine Weiber vor deinen Augen nehmen und sie deinem Nächsten geben, daß er bei deinen Weibern liege vor den Augen dieser Sonne! Denn du, du hast es im Verborgenen getan; ich aber, ich werde dieses tun vor ganz Israel und vor der Sonne!

13 Da sprach David zu Nathan: Ich habe gegen Jehova gesündigt. Und Nathan sprach zu David: So hat auch Jehova deine Sünde hinweggetan *e*, du wirst nicht sterben. Nur weil du den

14 Feinden Jehovas durch diese Sache Anlaß zur Lästerung gegeben hast, so soll auch der Sohn, der dir geboren ist, gewißlich sterben. Und Nathan ging nach seinem Hause.

15 Und Jehova schlug das Kind, welches das Weib Urias dem David geboren hatte, und es wurde todkrank. Und David suchte Gott um des Kna-

---

a Anderer Name für Jerub-Baal (vergl. Richter 6, 32); wie Isboseth (Kap. 2, 8) für Esch-Baal. — *b* S. Richter 9, 50–54. — *c* O. bald diesen, bald jenen. — *d* Eig. weibliches Lamm. — *e* Eig. vorübergehen lassen.

ben willen; und David fastete und ging hinein und lag über Nacht auf 17 der Erde. Und die Aeltesten seines Hauses machten sich zu ihm auf, um ihn von der Erde aufzurichten; aber er wollte nicht und aß kein Brot mit 18 ihnen. Und es geschah am siebenten Tage, da starb das Kind. Und die Knechte Davids fürchteten sich, ihm zu berichten, daß das Kind tot sei; denn sie sprachen: Siehe, als das Kind noch am Leben war, haben wir zu ihm geredet, und er hat nicht auf unsere Stimme gehört; und wie sollen wir *nun* zu ihm sagen: Das Kind ist tot? er würde etwas Uebles tun *a*. 19 Und David sah, daß seine Knechte sich zuflüsterten; da merkte David, daß das Kind tot war; und David sprach zu seinen Knechten: Ist das Kind tot? Und sie sprachen: Es ist 20 tot. Da stand David von der Erde auf und wusch und salbte sich und wechselte seine Kleider, und ging in das Haus Jehovas und betete an; und er kam in sein Haus und forderte, daß man ihm Speise vorsetze, und er aß. 21 Da sprachen seine Knechte zu ihm: Was ist das für ein Ding, das du tust? Als das Kind lebte, hast du um seinetwillen gefastet und geweint, und wie das Kind tot ist, stehst du auf 22 und issest? Und er sprach: Als das Kind noch lebte, habe ich gefastet und geweint, weil ich dachte *b*: Wer weiß, 23 ob Jehova mir nicht gnädig sein wird, daß das Kind am Leben bleibt? Nun es aber tot ist, warum sollte ich denn fasten? Vermag ich es wieder zurückzubringen? Ich gehe zu ihm, aber es wird nicht zu mir zurückkehren. 24 Und David tröstete Bathseba, sein Weib, und ging zu ihr ein und lag bei ihr. Und sie gebar einen Sohn, und er gab ihm den Namen Salomo *c*. 25 Und Jehova liebte ihn. Und er sandte durch Nathan, den Propheten, und gab ihm den Namen Jedidjah *d*, um Jehovas willen.

26 Und *e* Joab stritt wider Rabba der Kinder Ammon, und er nahm die 27 Königsstadt ein. Und Joab sandte Boten zu David und ließ *ihm* sagen: Ich habe wider Rabba gestritten, habe auch die Wasserstadt *f* eingenommen; 28 und nun versammle das übrige Volk und belagere die Stadt und nimm sie ein, daß nicht ich die Stadt einnehme, und sie nach meinem Namen genannt 29 werde. Da versammelte David alles Volk und zog nach Rabba, und er stritt wider dasselbe und nahm es ein. 30 Und er nahm die Krone ihres Königs von seinem Haupte; ihr Gewicht war ein Talent Gold, und Edelsteine *waren daran*; und sie kam auf das Haupt Davids. Und die Beute der Stadt brachte er hinaus in großer Menge. 31 Und das Volk, das darin war, führte er hinaus und legte es unter die Säge

und unter eiserne Dreschwagen und unter eiserne Beile *g*, und ließ sie durch einen Ziegelofen *h* gehen. Und also tat er allen Städten der Kinder Ammon. Und David und das ganze Volk kehrten nach Jerusalem zurück.

Und es geschah danach: Absalom, **13** der Sohn Davids, hatte eine schöne Schwester, ihr Name war Tamar; und Amnon, der Sohn Davids, liebte sie. Und es war dem Amnon wehe zum 2 Krankwerden um seiner Schwester Tamar willen; denn sie war eine Jungfrau, und es war in den Augen Amnons unmöglich, ihr das Geringste zu tun. Und Amnon hatte einen 3 Freund, sein Name war Jonadab, der Sohn Schimeas, des Bruders Davids; und Jonadab war ein sehr kluger Mann. Und er sprach zu ihm: Warum 4 bist du so abgezehrt, Königssohn, Morgen für Morgen? Willst du es mir nicht kundtun? Und Amnon sprach zu ihm: Ich liebe Tamar, die Schwester meines Bruders Absalom. Und 5 Jonadab sprach zu ihm: Lege dich auf dein Lager und stelle dich krank; und kommt dein Vater, um dich zu sehen, so sprich zu ihm: Laß doch meine Schwester Tamar kommen und mir Speise zu essen geben, und vor meinen Augen das Essen zubereiten, damit ich zusehe und aus ihrer Hand esse. Und Amnon legte sich und stell- 6 te sich krank. Und als der König kam, um ihn zu sehen, da sprach Amnon zu dem König: Laß doch meine Schwester Tamar kommen und vor meinen Augen zwei Kuchen bereiten, daß ich aus ihrer Hand esse. Da sandte David 7 zu Tamar ins Haus und ließ *ihr* sagen: Gehe doch in das Haus deines Bruders Amnon und bereite ihm das Essen. Und Tamar ging in das Haus 8 ihres Bruders Amnon; er lag aber *zu Bette*. Und sie nahm den Teig und knetete ihn, und bereitete Kuchen vor seinen Augen und backte die Kuchen. Und sie nahm die Pfanne und schüt- 9 tete sie vor ihm aus. Aber er weigerte sich zu essen. Und Amnon sprach: Laßt jedermann von mir hinausgehen! Und jedermann ging von ihm hinaus. Da sprach Amnon zu Tamar: Bringe 10 das Essen in das innere Gemach, daß ich von deiner Hand esse. Und Tamar nahm die Kuchen, die sie zubereitet hatte, und brachte sie ihrem Bruder Amnon in das innere Gemach. Und 11 als sie ihm zu essen hinreichte, da ergriff er sie und sprach zu ihr: Komm, liege bei mir, meine Schwester! Und 12 sie sprach zu ihm: Nicht doch, mein Bruder! schwäche mich nicht, denn also tut man nicht in Israel; begehe nicht diese Schandtat! Und ich, wohin 13 sollte ich meinen Schimpf tragen? und du, du würdest sein wie einer der Schändlichen in Israel. Und nun rede doch zum König, denn er wird

---

a O. sich ein Leid antun. — *b* Eig. sagte. — *c* H. Schelomo: der Friedliche. — *d* Geliebter Jahs. — *e* 1. Chron. 20. — *f* der Stadtteil, der am Flusse lag. Rabba lag nämlich an beiden Ufern des oberen Jabbok. — *g* O. Sensen. — *h* And. l.: durch den Moloch.

14 mich dir nicht verweigern. Er wollte aber nicht auf ihre Stimme hören; und er überwältigte sie und schwächte sie und beschlief sie.

15 Und Amnon haßte sie mit einem sehr großen Hasse; denn der Haß, womit er sie haßte, war größer als die Liebe, womit er sie geliebt hatte. Und Amnon sprach zu ihr: Stehe auf,

16 gehe! Und sie sprach zu ihm: Es gibt keine Ursache *a* zu diesem Uebel, mich wegzutreiben, welches größer ist als das andere, das du mir angetan hast. Aber er wollte nicht auf sie hören.

17 Und er rief seinem Knaben, seinem Diener, und sprach: Treibet doch diese hinaus, von mir weg, und verrie-

18 gele die Tür hinter ihr! Sie trug aber ein langes Gewand *b*; denn also waren die Töchter des Königs, die Jungfrauen, mit Gewändern bekleidet. Und sein Diener führte sie hinaus und ver-

19 riegelte die Tür hinter ihr. Da nahm Tamar Asche auf ihr Haupt und zerriß das lange Gewand, das sie anhatte, und sie legte ihre Hand auf ihr Haupt und ging und schrie im Gehen.

20 Und ihr Bruder Absalom sprach zu ihr: Ist dein Bruder Amnon bei dir gewesen? Nun denn, meine Schwester, schweige still; er ist dein Bruder, nimm dir diese Sache nicht zu Herzen! Da blieb Tamar, und zwar einsam, im Hause ihres Bruders Ab-

21 salom. Und der König David hörte alle diese Dinge, und er wurde sehr

22 zornig. Und Absalom redete mit Amnon weder Böses noch Gutes; denn Absalom haßte Amnon, darum daß er seine Schwester Tamar geschwächt hatte.

23 Und es geschah nach zwei vollen Jahren, da hatte Absalom Schafscherer zu Baal-Hazor, das bei Ephraim *liegt*; und Absalom lud alle Söhne

24 des Königs. Und Absalom kam zu dem König und sprach: Siehe doch, dein Knecht hat die Schafscherer; es gehe doch der König und seine Knechte

25 mit deinem Knechte. Aber der König sprach zu Absalom: Nicht doch, mein Sohn! laß uns doch nicht allesamt gehen, daß wir dir nicht beschwerlich fallen. Und er drang in ihn; aber er wollte nicht gehen, und er segnete

26 ihn. Da sprach Absalom: Wenn nicht, so laß doch meinen Bruder Amnon mit uns gehen! Und der König sprach zu ihm: Warum soll er mit dir ge-

27 hen? Absalom aber drang in ihn, da ließ er Amnon und alle Söhne des Königs mit ihm gehen.

28 Und Absalom gebot seinen Knaben und sprach: Sehet doch zu, wenn Amnon fröhliches Herzens wird vom Wein, und ich zu euch spreche: Erschlaget Amnon! so tötet ihn, fürchtet euch nicht! Bin ich es nicht, der es euch geboten hat? Seid stark und

29 seid tapfer! Und die Knaben Absaloms taten dem Amnon, so wie Absa-

lom geboten hatte. Da standen alle Söhne des Königs auf und bestiegen ein jeder sein Maultier und flohen.

30 Und es geschah, während sie auf dem Wege waren, da kam das Gerücht zu David, indem man sagte: Absalom hat alle Söhne des Königs erschlagen, und nicht einer von ihnen

31 ist übriggeblieben. Da stand der König auf und zerriß seine Kleider und legte sich auf die Erde; und alle seine Knechte standen da mit zerrissenen

32 Kleidern. Da hob Jonadab, der Sohn Schimeas, des Bruders Davids, an und sprach: Mein Herr sage nicht: sie haben alle die Jünglinge, die Söhne des Königs, getötet; denn Amnon allein ist tot; denn nach dem Beschluß Absaloms war es festgestellt von dem Tage an, da er seine Schwester Ta-

33 mar geschwächt hat. Und nun nehme mein Herr, der König, die Sache nicht zu Herzen, daß er spreche: alle Söhne des Königs sind tot; sondern Amnon allein ist tot.

34 Und Absalom entfloh. Und der Knabe, der Wächter, erhob seine Augen und sah: und siehe, viel Volks kam von dem Wege hinter *c* ihm, von *d* der Seite des Berges. Da sprach Jonadab

35 zu dem König: Siehe, die Söhne des Königs kommen; wie dein Knecht ge-

36 sagt hat, also ist es geschehen. Und es geschah, sowie er ausgeredet hatte, siehe, da kamen die Söhne des Königs und erhoben ihre Stimme und weinten; und auch der König und alle seine Knechte brachen in ein

37 sehr großes Weinen aus. Absalom aber entfloh und ging zu Talmai, dem Sohne Ammihurs *e*, dem König von

38 Gesur. Und David *f* trauerte um seinen Sohn alle Tage. Absalom aber entfloh und ging nach Gesur; und er war daselbst drei Jahre.

39 Und der König David sehnte sich, zu Absalom hinauszuziehen; denn er hatte sich über Amnon getröstet, daß er tot war.

14 Und Joab, der Sohn der Zeruja, merkte, daß das Herz des Königs nach Absalom *stand.* Da sandte Joab

2 nach Tekoa und ließ von dannen ein kluges Weib holen; und er sprach zu ihr: Stelle dich doch trauernd und ziehe Trauerkleider an und salbe dich nicht mit Oel, und sei wie ein Weib, das schon viele Tage über einen To-

3 ten trauert; und gehe zum König hinein und rede zu ihm nach diesem Worte. Und Joab legte ihr die Worte in den Mund.

4 Und das tekoitische Weib sprach zu dem König; und sie fiel auf ihr Antlitz zur Erde und beugte sich nieder

5 und sprach: Hilf, o König! Und der König sprach zu ihr: Was ist dir? Und sie sprach: Fürwahr, ich bin eine Witwe, und mein Mann ist gestorben.

6 Und deine Magd hatte zwei Söhne, und sie zankten sich beide auf dem

---

a O. werde nicht die Ursache. — *b* O. ein Aermelkleid (so auch V. 19). Dasselbe Wort wie 1. Mose 37, 3. — *c* O. westlich von. — *d* O. an. — *e* Nach and. Lesart: Ammihuds. — *f* W. er.

Felde, und niemand war da, der rettend dazwischentrat *a*; und der eine schlug den andern und tötete ihn.
7 Und siehe, das ganze Geschlecht ist wider deine Magd aufgestanden, und sie sprechen: Gib den heraus, der seinen Bruder erschlagen hat, daß wir ihn töten für die Seele seines Bruders, den er ermordet hat, und auch den Erben vertilgen! und so wollen sie meine Kohle auslöschen, die mir übriggeblieben ist, um meinem Manne weder Namen noch Ueberrest auf dem
8 Erdboden zu lassen. Da sprach der König zu dem Weibe: Gehe nach deinem Hause, und ich werde deinet-
9 halben gebieten. Und das tekoitische Weib sprach zu dem König: Auf mir, mein Herr König, und auf dem Hause meines Vaters sei die Ungerechtigkeit; der König aber und sein Thron
10 seien schuldlos! Und der König sprach: Wer wider dich redet, den bringe zu mir, und er soll dich fortan nicht
11 antasten. Und sie sprach: Der König gedenke doch Jehovas, deines Gottes, damit der Bluträcher nicht noch mehr Verderben anrichte, und sie meinen Sohn nicht vertilgen! Und er sprach: *So wahr* Jehova lebt, wenn von den Haaren deines Sohnes *eines*
12 auf die Erde fällt! Und das Weib sprach: Laß doch deine Magd ein Wort zu meinem Herrn, dem König,
13 reden! Und er sprach: Rede! Da sprach das Weib: Und warum hast du dergleichen wider Gottes Volk im Sinne? denn da der König dieses Wort geredet hat, ist er wie schuldig *b*, indem der König seinen Ver-
14 stoßenen nicht zurückholen läßt. Denn wir müssen gewißlich sterben und sind wie Wasser, das auf die Erde geschüttet ist, welches man nicht wieder sammeln kann; und Gott nimmt nicht das Leben weg, sondern er sinnt darauf, daß der Verstoßene nicht von
15 ihm weg verstoßen bleibe. Und nun, daß ich gekommen bin, um dieses Wort zu dem König, meinem Herrn, zu reden, ist, weil das Volk mich in Furcht gesetzt hat. Da dachte *c* deine Magd: Ich will doch zu dem König reden, vielleicht wird der König das Wort
16 seiner Magd tun; denn der König wird erhören, um seine Magd aus der Hand des Mannes zu erretten, der mich und meinen Sohn zusammen aus dem Erbteil Gottes vertilgen will.
17 Und deine Magd dachte *c*: Das Wort meines Herrn, des Königs, möge doch zur Beruhigung sein; denn wie ein *d* Engel Gottes, also ist mein Herr, der König, um das Gute und das Böse anzuhören; und Jehova, dein Gott, sei mit dir!
18 Da antwortete der König und sprach zu dem Weibe: Verhehle mir doch ja nichts, wonach ich dich fragen will! Und das Weib sprach: Es wolle doch
19 mein Herr, der König, reden! Und

der König sprach: Ist die Hand Joabs mit dir in diesem allem? Und das Weib antwortete und sprach: *So wahr* deine Seele lebt, mein Herr König, wenn zur Rechten oder zur Linken *zu weichen* ist von allem was mein Herr, der König, redet! denn dein Knecht Joab, er hat es mir geboten, und er hat deiner Magd alle diese Worte in den Mund gelegt. Um das 20 Ansehen der Sache zu wenden, hat dein Knecht Joab dieses getan; aber mein Herr ist weise, gleich der Weisheit eines *e* Engels Gottes, daß er alles weiß was auf Erden *vorgeht*.

Und der König sprach zu Joab: 21 Siehe doch, ich habe *f* dieses getan; so gehe hin, hole den Jüngling, den Absalom, zurück. Da fiel Joab auf sein 22 Angesicht zur Erde und beugte sich nieder und segnete den König; und Joab sprach: Heute weiß dein Knecht, daß ich Gnade gefunden habe in deinen Augen, mein Herr König, da der König das Wort seines Knechtes getan hat. Und Joab machte sich auf 23 und ging nach Gesur, und er brachte Absalom nach Jerusalem. Aber der 24 König sprach: Er soll sich nach seinem Hause wenden und mein Angesicht nicht sehen. Und Absalom wandte sich nach seinem Hause und sah das Angesicht des Königs nicht.

Und in ganz Israel war kein Mann 25 wegen seiner Schönheit so sehr zu preisen wie Absalom; von seiner Fußsohle bis zu seinem Scheitel war kein Fehl an ihm. Und wenn er sein Haupt 26 scheren ließ, — es geschah nämlich von Jahr zu Jahr *g*, daß er es scheren ließ, denn es war ihm zu schwer, und so ließ er es scheren — so wog sein Haupthaar zweihundert Sekel, nach dem Gewicht des Königs. Und dem 27 Absalom wurden drei Söhne geboren und eine Tochter, ihr Name war Tamar; sie war ein Weib, schön von Ansehen.

Und Absalom wohnte zu Jerusalem 28 zwei volle Jahre; und er sah das Angesicht des Königs nicht. Da sandte 29 Absalom zu Joab, um ihn zu dem König zu senden; aber er wollte nicht zu ihm kommen. Und er sandte wiederum zum zweiten Mal, aber er wollte nicht kommen. Da sprach er zu 30 seinen Knechten: Sehet, das *Acker-stück* Joabs ist an meiner Seite, und er hat daselbst Gerste; gehet hin und zündet es mit Feuer an! Und die Knechte Absaloms zündeten das *Acker-stück* mit Feuer an. Da machte Joab 31 sich auf und kam zu Absalom ins Haus, und sprach zu ihm: Warum haben deine Knechte mein *Acker-stück* mit Feuer angezündet? Und Absalom sprach 32 zu Joab: Siehe, ich habe zu dir gesandt und dir sagen lassen: Komm her, daß ich dich zu dem König sende, um ihm zu sagen: Warum bin ich von Gesur gekommen? Besser wäre mir, ich wäre noch dort. Und nun

---

a W. und kein Rettender zwischen ihnen. — *b* O. denn der König hat dieses Wort geredet als ein Schuldiger. — *c* Eig. sagte. — *d* O. der. — *e* O. des. — *f* Nach and. Lesart: du hast. — *g* O. nach Ablauf einer gewissen Zeit.

möchte ich das Angesicht des Königs sehen; und wenn eine Ungerechtig-
33 keit an mir ist, so töte er mich! Da begab sich Joab zu dem König und berichtete es ihm. Und er rief Absalom: und er kam zu dem König und warf sich auf sein Antlitz zur Erde nieder vor dem König, und der König küßte Absalom.

15 Und es geschah hernach, da schaffte sich Absalom Wagen und Rosse an, und fünfzig Mann, die vor ihm
2 herliefen. Und Absalom machte sich früh auf und stellte sich an die Seite des Torweges; und es geschah: jedermann, der einen Rechtsstreit hatte, um zu dem König zu Gericht zu kommen, dem rief Absalom zu und sprach: Aus welcher Stadt bist du? Und sprach
3 er: Dein Knecht ist aus einem der Stämme Israels, so sprach Absalom zu ihm: Siehe, deine Sachen sind gut und recht; aber du hast von seiten des Königs niemand, der sie anhörte.
4 Und Absalom sprach: Wer mich doch zum Richter setzte im Lande, daß jedermann zu mir käme, der einen Rechtsstreit und Rechtshandel hat, und ich würde ihm zu *seinem* Recht
5 verhelfen! Und es geschah, wenn jemand ihm nahte, um sich vor ihm niederzubeugen, so streckte er seine Hand aus und ergriff ihn und küßte
6 ihn. Und Absalom tat auf solche Weise allen Israeliten, die zu dem König zu Gericht kamen; und so stahl Absalom das Herz der Männer von Israel.
7 Und es geschah am Ende von vierzig *a* Jahren, da sprach Absalom zu dem König: Laß mich doch hingehen und zu Hebron mein Gelübde erfül-
8 len, das ich Jehova gelobt habe; denn als ich zu Gesur in Syrien wohnte, tat dein Knecht ein Gelübde und sprach: Wenn Jehova mich wirklich nach Jerusalem zurückbringt, so will
9 ich Jehova dienen. Und der König sprach zu ihm: Gehe hin in Frieden! Und er machte sich auf und ging nach
10 Hebron. Und Absalom sandte Kundschafter in alle Stämme Israels und ließ sagen: Sobald ihr den Schall der Posaune höret, so sprechet: Absalom
11 ist König geworden zu Hebron! Und mit Absalom gingen zweihundert Mann aus Jerusalem; sie waren geladen worden *b* und gingen in ihrer Einfalt; und
12 sie wußten um nichts. Und Absalom entbot Ahitophel, den Giloniter, den Rat Davids, aus seiner Stadt, aus Gilo, während er die Opfer schlachtete. Und die Verschwörung wurde stark, und das Volk mehrte sich fort und fort bei Absalom.
13 Und es kam einer zu David, der ihm berichtete und sprach: Das Herz der Männer von Israel hat sich Absa-
14 lom zugewandt *c*. Da sprach David zu allen seinen Knechten, die in Jerusalem bei ihm waren: Machet euch auf und laßt uns fliehen; denn *sonst* wird

es kein Entrinnen für uns geben vor Absalom. Eilet, hinwegzugehen, daß er nicht eilends uns erreiche und das Unglück über uns treibe und die Stadt schlage mit der Schärfe des Schwer-
15 tes! Und die Knechte des Königs sprachen zu dem König: Nach allem, was mein Herr, der König, *zu tun* erwählen wird, siehe hier, deine Knechte!
16 Und der König zog hinaus, und sein ganzes Haus in seinem Gefolge; und der König ließ zehn Kebsweiber zurück, um das Haus zu bewahren. So zog der König hinaus,
17 und alles Volk in seinem Gefolge, und sie machten Halt bei dem entfernten Hause *d*. Und alle seine Knechte zo-
18 gen an seiner Seite hinüber; und alle Kerethiter und alle Pelethiter *e*, und alle Gathiter, sechshundert Mann, die in seinem Gefolge von Gath gekommen waren, zogen vor dem König hinüber.
19 Da sprach der König zu Ittai, dem Gathiter: Warum willst auch du mit uns gehen? Kehre um und bleibe bei dem König; denn du bist ein Fremder, und sogar in deinen Ort eingewandert.
20 Gestern bist du gekommen, und heute sollte ich dich mit uns umherirren lassen? Ich aber gehe, wohin ich gehe. Kehre um und führe deine Brüder zurück; Güte und Wahrheit seien mit dir! Aber Ittai antwor-
21 tete dem König und sprach: *So wahr* Jehova lebt und mein Herr König lebt, an dem Orte, wo mein Herr, der König, sein wird, sei es zum Tode, sei es zum Leben, daselbst wird *auch* dein Knecht sein! Da sprach David
22 zu Ittai: Komm und ziehe hinüber! Und Ittai, der Gathiter, zog hinüber mit allen seinen Männern und allen Kindern, die bei ihm waren. Und das
23 ganze Land weinte mit lauter Stimme, und alles Volk ging hinüber. Und der König ging über den Bach Kidron; und alles Volk zog hinüber
24 nach dem Wege zur Wüste hin. Und siehe, auch Zadok *f* war *da* und alle Leviten mit ihm, die Lade des Bundes Gottes tragend; und sie stellten die Lade Gottes hin, und Abjathar *g* ging hinauf, bis alles Volk aus der Stadt vollends hinübergegangen war.
25 Und der König sprach zu Zadok: Bringe die Lade Gottes in die Stadt zurück. Wenn ich Gnade finde in den Augen Jehovas, so wird er mich zurückbringen, und mich sie und seine Wohnung sehen lassen. Wenn er aber
26 also spricht: Ich habe kein Gefallen an dir — hier bin ich, mag er mit mir tun, wie es gut ist in seinen Augen.
27 Und der König sprach zu Zadok, dem Priester: Bist du nicht der Seher? Kehre in die Stadt zurück in Frieden, und Achimaaz, dein Sohn, und Jonathan, der Sohn Abjathars, eure beiden Söhne, mit euch. Sehet, ich will in
28 den Ebenen *h* der Wüste verziehen,

---

a Wahrsch. ist „vier" zu lesen. — *b* d. h. zur Opfermahlzeit. — *c* W. ist Absalom nach. — *d* O. bei Beth-Merchak. — *e* Vergl. die Anm. zu Kap. 8, 18. — *f* S. Kap. 8, 17. — *g* S. 1. Sam. 22, 20. — *h* O. Steppen.

bis ein Wort von euch kommt, mir
29 Kunde zu geben. Und Zadok und Abjathar brachten die Lade Gottes nach Jerusalem zurück, und sie blieben daselbst.
30 David aber ging die Anhöhe der Olivenbäume hinauf und weinte, während er hinaufging; und sein Haupt war verhüllt, und er ging barfuß; und alles Volk, das bei ihm war, hatte ein jeder sein Haupt verhüllt und
31 ging unter Weinen hinauf. Und man berichtete David und sprach: Ahitophel ist unter den Verschworenen mit Absalom. Da sprach David: Betöre doch den Rat Ahitophels, Jehova!
32 Und es geschah, als David auf den Gipfel gekommen war, wo er a Gott anzubeten pflegte, siehe, da kam ihm Husai, der Arkiter, entgegen mit zerrissenem Leibrock und Erde auf sei-
33 nem Haupte. Und David sprach zu ihm: Wenn du mit mir weiter gehst,
34 so wirst du mir zur Last sein. Wenn du aber in die Stadt zurückkehrst und zu Absalom sagst: Dein Knecht, o König, will ich sein; wie ich von jeher der Knecht deines Vaters gewesen bin, so will ich jetzt dein Knecht sein: so wirst du mir den Rat Ahi-
35 tophels zunichte machen. Und sind nicht Zadok und Abjathar, die Priester, dort bei dir? Und es soll geschehen, jede Sache, die du aus dem Hause des Königs hören wirst, sollst du Zadok und Abjathar, den Priestern,
36 kundtun. Siehe, ihre beiden Söhne sind daselbst bei ihnen, Achimaaz, des Zadok, und Jonathan, des Abjathar Sohn; so entbietet mir durch sie
37 jede Sache, die ihr hören werdet. Da begab sich Husai, der Freund Davids, in die Stadt; Absalom aber zog in Jerusalem ein.

16 Und als David vom Gipfel ein wenig weiter gegangen war, siehe, da kam Ziba, der Knabe Mephiboseths, ihm entgegen mit einem Paar gesattelter Esel, und auf ihnen zweihundert Brote und hundert Rosinenkuchen und hundert Kuchen von getrocknetem Obst und ein Schlauch
2 Wein. Und der König sprach zu Ziba: Was willst du damit? Und Ziba sprach: Die Esel sind für das Haus des Königs, um darauf zu reiten, und das Brot und das getrocknete Obst zum Essen für die Knaben, und der Wein zum Trinken für den, der in
3 der Wüste ermattet. Und der König sprach: Und wo ist der Sohn deines Herrn? Und Ziba sprach zu dem König: Siehe, er bleibt in Jerusalem; denn er sprach: Heute wird mir das Haus Israel das Königtum meines
4 Vaters wiedergeben! Da sprach der König zu Ziba: Siehe, dein ist alles was Mephiboseth gehört. Und Ziba sprach: Ich beuge mich nieder; möge ich Gnade finden in deinen Augen, mein Herr König!
5 Und als der König David nach Ba-

churim kam, siehe, da kam von dannen heraus ein Mann vom Geschlecht des Hauses Sauls, sein Name war Simei, der Sohn Geras. Er kam unter
6 Fluchen heraus, und warf mit Steinen nach David und nach allen Knechten des Königs David; und alles Volk und alle Helden waren zu seiner Rechten und zu seiner Linken. Und
7 Simei sprach also, indem er fluchte: Hinweg, hinweg, du Mann des Blutes und Mann Belials! Jehova hat
8 alles Blut des Hauses Sauls, an dessen Statt du König geworden bist, auf dich zurückgebracht, und Jehova hat das Königtum in die Hand deines Sohnes Absalom gegeben; und siehe, nun bist du in deinem Unglück, denn ein Mann des Blutes bist du! Und
9 Abisai, der Sohn der Zeruja, sprach zu dem König: Warum soll dieser tote Hund meinem Herrn, dem König, fluchen? Laß mich doch hinübergehen
10 und ihm den Kopf wegnehmen! Aber der König sprach: Was haben wir miteinander zu schaffen, ihr Söhne der Zeruja? Ja, mag er fluchen! denn wenn Jehova b ihm gesagt hat: Fluche David! wer darf dann sagen:
11 Warum tust du also? Und David sprach zu Abisai und zu allen seinen Knechten: Siehe, mein Sohn, der aus meinem Leibe hervorgegangen ist, trachtet mir nach dem Leben; wieviel mehr nun dieser Benjaminiter! Laßt ihn, daß er fluche; denn Jehova
12 hat es ihn geheißen. Vielleicht wird Jehova mein Elend ansehen, und Jehova mir Gutes erstatten dafür, daß mir geflucht wird an diesem Tage.
13 Und David und seine Männer zogen auf dem Wege; Simei aber ging an der Seite des Berges, ihm gegenüber c, immerfort fluchend, und warf mit Steinen gegen ihn d und warf Staub
14 empor. Und der König und alles Volk, das bei ihm war, kamen ermattet an; und er erholte sich daselbst.
15 Absalom aber und alles Volk, die Männer von Israel, kamen nach Jerusalem, und Ahitophel mit ihm. Und
16 es geschah, als Husai, der Arkiter, der Freund Davids, zu Absalom kam, da sprach Husai zu Absalom: Es lebe der König! es lebe der König! Und
17 Absalom sprach zu Husai: Ist das deine Güte an deinem Freunde? warum bist du nicht mit deinem Freunde gegangen? Und Husai sprach zu Ab-
18 salom: Nein, sondern wen Jehova erwählt hat und dieses Volk und alle Männer von Israel, dessen will ich sein, und bei ihm will ich bleiben; und zum anderen, wem sollte ich die-
19 nen? nicht vor seinem Sohne? Wie ich vor deinem Vater gedient habe, also will ich vor dir sein.
20 Und Absalom sprach zu Ahitophel: Schaffet Rat, was wir tun sollen! Und
21 Ahitophel sprach zu Absalom: Gehe ein zu den Kebsweibern deines Vaters, die er zurückgelassen hat, um

---

das Haus zu bewahren; so wird ganz Israel hören, daß du dich bei deinem Vater stinkend gemacht hast, und die Hände aller derer, die mit dir sind, 22 werden erstarken. Da schlug man für Absalom ein Zelt auf dem Dache auf; und Absalom ging ein zu den Kebsweibern seines Vaters vor den Augen 23 von ganz Israel. Der Rat Ahitophels aber, den er in jenen Tagen riet, war, wie wenn man das Wort Gottes befragte; also war jeder Rat Ahitophels, sowohl für David als auch für Absalom.

17 Und Ahitophel sprach zu Absalom: Laß mich doch zwölftausend Mann auslesen, und mich aufmachen und 2 diese Nacht David nachjagen; und ich werde über ihn kommen, während er müde und an Händen schlaff ist, und ihn in Schrecken setzen; und alles Volk, das bei ihm ist, wird fliehen, und ich werde den König allein schla-3 gen; und so werde ich alles Volk zu dir zurückbringen. Gleich der Rückkehr aller ist der Mann, den du suchst: das ganze Volk wird in Frieden sein. 4 Und das Wort ist recht in den Augen Absaloms und in den Augen aller 5 Aeltesten vor Israel. Und Absalom sprach: Rufe doch auch Husai, den Arkiter, daß wir hören was auch er 6 sagt. Und Husai kam zu Absalom; und Absalom sprach zu ihm und sagte: Nach diesem Worte hat Ahitophel geredet; sollen wir sein Wort aus-7 führen? wenn nicht, so rede du! Da sprach Husai zu Absalom: Nicht gut ist der Rat, den Ahitophel diesmal 8 geredet. Und Husai sprach: Du kennst ja deinen Vater und seine Männer, daß sie Helden, und daß sie erbitterten Gemütes sind, wie eine der Jungen beraubte Bärin auf dem Felde; und dein Vater ist ein Kriegsmann: er wird nicht bei dem Volke 9 übernachten. Siehe, er hat sich jetzt in irgend einer Schlucht oder sonst an einem Orte versteckt. Und es wird geschehen, wenn zu Anfang etliche unter ihnen fallen, so wird jeder, der es hört, sagen: Es hat eine Niederlage unter dem Volke stattgefunden. 10 Absalom nachfolgt! und ist er auch ein tapferer Mann, dessen Herz wie ein Löwenherz ist, so wird er sicher verzagen; denn ganz Israel weiß, daß dein Vater ein Held ist, und die bei 11 ihm sind tapfere Männer. Sondern ich rate: Es werde ganz Israel insgesamt zu dir versammelt, von Dan bis Beerseba, wie der Sand, der am Meere ist, an Menge; und deine Per-12 son*a* ziehe mit ins Treffen. Und wir werden über ihn kommen an einem der Orte, wo er sich befindet, und uns auf ihn niederlassen, wie der Tau auf die Erdboden fällt; und es wird von ihm und von all den Männern, die bei ihm sind, auch nicht einer 13 übrigbleiben. Und wenn er sich in eine Stadt zurückzieht, so soll ganz

Israel Seile an jene Stadt legen, und wir schleppen sie an den Fluß*b*, bis dort auch nicht ein Steinchen mehr gefunden wird. Und Absalom und alle 14 Männer von Israel sprachen: Der Rat Husais, des Arkiters, ist besser als der Rat Ahitophels. Aber*c* Jehova hatte es *so* angeordnet, um den guten Rat Ahitophels zunichte zu machen, damit Jehova das Unglück über Absalom brächte.

Und Husai sprach zu Zadok und zu 15 Abjathar, den Priestern: So und so hat Ahitophel dem Absalom und den Aeltesten von Israel geraten, und so und so habe i c h geraten. So sendet 16 nun eilends hin und berichtet David und sprechet: Uebernachtet nicht diese Nacht in den Ebenen der Wüste, sondern gehe jedenfalls hinüber, damit nicht der König und alles Volk, das bei ihm ist, verschlungen werde. Jo-17 nathan aber und Achimaaz*d* standen bei En-Rogel*e* (eine Magd ging nämlich hin und berichtete ihnen, und sie gingen hin und berichteten dem König David; denn sie durften sich nicht sehen lassen, indem sie in die Stadt kamen*f*). Und ein Knabe sah sie und 18 berichtete es Absalom. Da gingen sie beide eilends und kamen in das Haus eines Mannes zu Bachurim; der hatte einen Brunnen in seinem Hofe, und sie stiegen dort hinab. Und das Weib 19 nahm eine Decke und breitete sie über den Brunnen, und streute Grütze darüber aus, sodaß nichts bemerkt wurde. Und die Knechte Absaloms 20 kamen zu dem Weibe ins Haus und sprachen: Wo sind Achimaaz und Jonathan? Und das Weib sprach zu ihnen: Sie sind über das Wasserbächlein gegangen. Und sie suchten, aber sie fanden sie nicht, und kehrten nach Jerusalem zurück. Und es geschah, 21 nachdem sie weggegangen waren, da stiegen sie aus dem Brunnen herauf und gingen hin und berichteten dem König David; und sie sprachen zu David: Machet euch auf und gehet eilends über das Wasser, denn so hat Ahitophel wider euch geraten. Da 22 machte David sich auf, und alles Volk, das bei ihm war, und sie gingen über den Jordan; bis der Morgen hell wurde, ward auch nicht einer vermißt, der nicht über den Jordan gegangen wäre.

Als aber Ahitophel sah, daß sein 23 Rat nicht ausgeführt worden war, sattelte er den Esel und machte sich auf und zog nach seinem Hause, nach seiner Stadt; und er bestellte sein Haus und erdrosselte sich; und er starb und wurde begraben im Begräbnis seines Vaters.

Und David kam nach Machanaim; 24 und Absalom ging über den Jordan, er und alle Männer von Israel mit ihm. Und Absalom setzte Amasa an 25 Joabs Statt über das Heer. Amasa war aber der Sohn eines Mannes,

---

a W. dein Angesicht. — *b* O. in das Tal. — *c* O. Denn. — *d* Vergl. Kap. 15, 36. — *e* die Walkerquelle, südöstlich von Jerusalem. — *f* O. daß sie in die Stadt hätten kommen können.

dessen Name Jithra war, der Israelit a, der zu Abigail eingegangen war,
der Tochter des Nahas, der Schwester
26 der Zeruja, der Mutter Joabs. Und
Israel und Absalom lagerten sich im
Lande Gilead.

27 Und es geschah, als David nach
Machanaim kam, da brachten Schobi,
der Sohn des Nahas, aus Rabba der
Kinder Ammon, und Makir, der Sohn
Ammiels, aus Lodebar, und Barsillai,
28 der Gileaditer, aus Rogelim, Betten
und Becken und Töpfergefäße, und
Weizen und Gerste und Mehl, und
geröstete Körner und Bohnen und Lin-
29 sen und Geröstetes b davon, und Honig und geronnene Milch, und Kleinvieh und Kuhkäse zu David und zu
dem Volke, das bei ihm war, daß sie
äßen; denn sie sprachen: Das Volk
ist hungrig und matt und durstig in
der Wüste.

18 Und David musterte das Volk,
bei ihm war, und setzte über sie
Oberste über tausend und Oberste
2 über hundert. Und David entsandte
das Volk: ein Drittel unter der Hand
Joabs und ein Drittel unter der Hand
Abisais, des Sohnes Zerujas, des
Bruders Joabs, und ein Drittel unter
der Hand Ittais, des Gathiters. Und
der König sprach zu dem Volke: Auch
ich werde gewißlich mit euch aus-
3 ziehen. Aber das Volk sprach: Du
sollst nicht ausziehen; denn wenn wir
fliehen müßten, so würden sie nicht
auf uns den Sinn richten; und wenn
die Hälfte von uns stürbe, so würden
sie nicht auf uns den Sinn richten;
denn du bist wie unser zehntausend.
So ist es nun besser, daß du uns von
der Stadt aus zum Beistande bist.
4 Und der König sprach zu ihnen: Was
gut ist in euren Augen will ich tun.
Und der König stellte sich an die
Seite des Tores, und alles Volk zog
aus zu c Hunderten und zu c Tausen-
5 den. Und der König gebot Joab und
Abisai und Ittai und sprach: Verfah-
ret mir gelinde mit dem Jüngling,
mit Absalom! Und alles Volk hörte es,
als der König allen Obersten wegen
Absaloms gebot.
6 Und das Volk zog aus ins Feld, Israel entgegen; und die Schlacht fand
7 statt im Walde Ephraim. Und das
Volk von Israel wurde daselbst vor
den Knechten Davids geschlagen, und
die Niederlage wurde daselbst groß
an jenem Tage: zwanzigtausend Mann.
8 Und die Schlacht breitete sich daselbst
aus über das ganze Land; und der
Wald fraß mehr unter dem Volke, als
das Schwert an jenem Tage fraß.
9 Und Absalom stieß auf die Knechte
Davids; und Absalom ritt auf einem
Maultier, und das Maultier kam unter
die verschlungenen Zweige einer großen Terebinthe; und er blieb mit dem

Haupte an der Terebinthe hangen,
und schwebte zwischen Himmel und
Erde; das Maultier aber, das unter
ihm war, lief davon. Und ein Mann 10
sah es und berichtete es Joab und
sprach: Siehe, ich habe Absalom an
einer Terebinthe hangen sehen. Da 11
sprach Joab zu dem Manne, der es
ihm berichtete: Siehe, wenn du ihn
gesehen hast, warum hast du ihn nicht
daselbst zu Boden geschlagen? und an
mir war es, dir zehn Sekel Silber und
einen Gürtel zu geben. Aber der Mann 12
sprach zu Joab: Und wenn ich tausend
Sekel Silber auf meinen Händen wöge,
würde ich meine Hand nicht nach
des Königs Sohn ausstrecken; denn
vor unseren Ohren hat der König dir
und Abisai und Ittai geboten und gesagt: Seid vorsichtig, wer es auch sei,
mit dem d Jüngling, mit Absalom!
Hätte ich aber trüglich gegen sein 13
Leben gehandelt, — und es bleibt ja
keine Sache vor dem König verborgen — so würdest du e selbst wider
mich auftreten f. Da sprach Joab: Ich 14
mag nicht also vor dir warten. Und
er nahm drei Spieße in seine Hand
und stieß sie in das Herz Absaloms,
während er noch inmitten der Terebinthe lebte. Und zehn Knaben, Waf- 15
fenträger Joabs, umgaben und erschlugen Absalom und töteten ihn.
Und Joab stieß in die Posaune, und 16
das Volk kehrte um von der Verfolgung Israels; denn Joab hielt das
Volk ab g. Und sie nahmen Absalom 17
und warfen ihn in eine h große Grube
im Walde, und errichteten über ihm
einen sehr großen Haufen Steine. Und
ganz Israel floh, ein jeder nach seinem Zelte. Absalom aber hatte bei 18
seinen Lebzeiten eine Denksäule genommen und sich aufgerichtet, die
im Königstale steht; denn er sprach:
Ich habe keinen Sohn, um meinen
Namen in Erinnerung zu halten. Und
er hatte die Denksäule nach seinem
Namen genannt; und man nennt sie das
Denkmal Absaloms, bis auf diesen Tag.
Und Achimaaz, der Sohn Zadoks, 19
sprach: Ich will doch hinlaufen und
dem König Botschaft bringen, daß Jehova ihm Recht verschafft hat von der
Hand i seiner Feinde. Aber Joab sprach 20
zu ihm: Du sollst nicht Bote sein an
diesem Tage, sondern du magst an
einem anderen Tage Botschaft bringen; doch an diesem Tage sollst du
nicht Botschaft bringen, da ja der Sohn
des Königs tot ist. Und Joab sprach zu 21
dem Kuschiten: Gehe hin, berichte dem
König was du gesehen hast. Und der
Kuschit beugte sich nieder vor Joab
und lief hin. Da sprach Achimaaz, der 22
Sohn Zadoks, wiederum zu Joab: Was
auch geschehen möge, laß doch auch
mich hinter dem Kuschiten herlaufen!
Und Joab sprach: Warum willst du

---

a Wahrsch. zu lesen: der Ismaelit; wie 1. Chron. 2, 17. — b Eig. geröstete Körner. — c O. nach. — d O. Nehmet in acht . . . den. — e And. 1.: Oder ich hätte
trüglich gehandelt gegen mein Leben; denn es bleibt . . . und du würdest usw. —
f Eig. dich auf die gegenüberliegende Seite stellen. — g O. schonte das Volk. — h And.:
die. — i Eig. von der Hand weg, d. h. durch Befreiung aus derselben; so auch V. 31.

denn laufen, mein Sohn, da für dich keine einträgliche Botschaft da ist? —

23 Was auch geschehen möge, ich will laufen. — Und er sprach zu ihm: Laufe! Und Achimaaz lief den Weg des Jordan-Kreises und kam dem Kuschiten zuvor.

24 Und David saß zwischen den beiden Toren; und der Wächter ging auf das Dach des Tores, auf die Mauer, und er erhob seine Augen und sah, und siehe, ein Mann, der allein

25 lief. Und der Wächter rief und berichtete es dem König. Und der König sprach: Wenn er allein ist, so ist eine Botschaft in seinem Munde. Und

26 er kam stets näher und näher. Da sah der Wächter einen anderen Mann laufen; und der Wächter rief dem Torhüter zu a und sprach: Siehe, ein Mann, der allein läuft! Und der König sprach: Auch dieser ist ein Bote.

27 Und der Wächter sprach: Ich sehe den Lauf des ersten an für den Lauf des Achimaaz, des Sohnes Zadoks. Und der König sprach: Das ist ein guter Mann, und er kommt zu guter Bot-

28 schaft. Und Achimaaz lief und sprach zu dem König: Friede! b und er beugte sich vor dem König auf sein Antlitz zur Erde nieder und sprach: Gepriesen sei Jehova, dein Gott, der die Männer überliefert hat, die ihre Hand erhoben haben wider meinen Herrn,

29 den König! Und der König sprach: Geht es dem Jüngling, dem Absalom, wohl? Und Achimaaz sprach: Ich sah ein großes Getümmel, als Joab den Knecht des Königs und deinen Knecht absandte; aber ich weiß nicht, was

30 es war. Und der König sprach: Wende dich, stelle dich hierher. Und er wandte sich und blieb stehen.

31 Und siehe, der Kuschit kam, und der Kuschit sprach: Mein Herr, der König, lasse sich die Botschaft bringen, daß Jehova dir heute Recht verschafft hat von der Hand aller, die wider dich aufge-

32 standen sind. Und der König sprach zu dem Kuschiten: Geht es dem Jüngling, dem Absalom, wohl? Und der Kuschit sprach: Wie dem Jüngling, so möge es den Feinden des Königs, meines Herrn, ergehen und allen, die wider dich aufgestanden sind zum Bösen!

33 Da wurde der König sehr bewegt, und er stieg hinauf in das Obergemach des Tores und weinte; und während er ging, sprach er also: Mein Sohn Absalom! mein Sohn, mein Sohn Absalom! wäre ich doch an deiner Statt gestorben! Absalom, mein Sohn, mein Sohn!

19 Und es wurde Joab berichtet: Siehe, der König weint und trauert

2 um Absalom. Und der Sieg wurde an jenem Tage zur Trauer für das ganze Volk; denn das Volk hörte an jenem Tage sagen: Der König ist be-

3 trübt um seinen Sohn. Und das Volk stahl sich in die Stadt hinein an jenem Tage, wie ein Volk sich wegstiehlt, das zu Schanden geworden ist, wenn es

4 im Streit geflohen ist. Und der König hatte sein Angesicht verhüllt, und der König schrie mit lauter Stimme: Mein Sohn Absalom! Absalom, mein Sohn, mein Sohn! Da begab sich Joab zum 5 König ins Haus und sprach: Du hast heute das Angesicht aller deiner Knechte beschämt, die heute dein Leben errettet haben und das Leben deiner Söhne und deiner Töchter, und das Leben deiner Weiber und das Leben deiner Kebsweiber, indem du liebst die dich 6 hassen, und hassest die dich lieben; denn du hast heute kundgetan, daß dir Oberste und Knechte nichts sind; denn heute erkenne ich, daß, wenn Absalom lebendig und wir alle heute tot wären, daß es dann recht wäre in deinen Augen. Und nun mache dich auf, gehe hin- 7 aus und rede zum Herzen deiner Knechte; denn ich schwöre bei Jehova, wenn du nicht hinausgehst, so wird diese Nacht nicht e i n Mann bei dir bleiben; und das wäre schlimmer für dich als alles Uebel, das über dich gekommen ist von deiner Jugend an bis jetzt. Da 8 machte der König sich auf und setzte sich in das Tor. Und man berichtete allem Volke und sprach: Siehe, der König sitzt im Tore! Da kam alles Volk vor den König.

Israel aber war geflohen, ein jeder nach seinen Zelten. Und das ganze 9 Volk haderte miteinander unter allen Stämmen Israels und sprach: Der König hat uns aus der Hand unserer Feinde errettet, und e r hat uns befreit aus der Hand der Philister; und jetzt ist er vor Absalom aus dem Lande geflohen. Absalom aber, den wir über 10 uns gesalbt hatten, ist im Streit gestorben; und nun, warum schweiget ihr davon, den König zurückzuführen?

Und der König David sandte zu Za- 11 dok und zu Abjathar, den Priestern, und sprach: Redet zu den Aeltesten von Juda und sprechet: Warum wollt ihr die letzten sein, den König in sein Haus zurückzuführen? denn die Rede des ganzen Israel ist c zum König in sein Haus gekommen. Meine Brüder 12 seid ihr, ihr seid mein Gebein und mein Fleisch; und warum wollt ihr die letzten sein, den König zurückzuführen? Und zu Amasa sollt ihr sagen: 13 Bist du nicht mein Gebein und mein Fleisch? d So soll mir Gott tun und so hinzufügen, wenn du nicht alle Tage Heeroberster vor mir sein sollst an Joabs Statt! Und er neigte das 14 Herz aller Männer von Juda wie e i n e s Mannes Herz; und sie entboten dem Könige: Kehre zurück, du und alle deine Knechte. Und der Kö- 15 nig kehrte zurück und kam bis an den Jordan; und Juda kam nach Gilgal, dem König entgegen, um den König über den Jordan zu führen.

Da eilte Simei, der Sohn Geras, der 16 Benjaminiter, der von Bachurim war, und kam mit den Männern von Juda herab, dem König David entgegen; und mit ihm waren tausend Mann von 17

---

a And. l.: gegen das Tor hin. — b O. Heil! — c O. war. — d Siehe Kap. 17, 25; 1. Chron. 2, 15—17.

Benjamin, und Ziba, der Diener des Hauses Sauls, und seine fünfzehn Söhne und seine zwanzig Knechte mit ihm; und sie zogen über den Jordan, dem 18 König entgegen *a*. (Eine Fähre aber fuhr über, um das Haus des Königs hinüberzuführen und zu tun was gut war in seinen Augen.) Und Simei, der Sohn Geras, fiel vor dem König nieder, als er im Begriff stand, über 19 den Jordan zu fahren. Und er sprach zu dem König: Mein Herr wolle mir keine Verschuldung zurechnen; und gedenke nicht, wie den Knecht sich vergangen hat an dem Tage, da mein Herr, der König, aus Jerusalem zog, daß der König es zu Herzen nehme! 20 Denn dein Knecht weiß wohl, daß ich gesündigt habe. Und siehe, ich bin heute gekommen, der erste vom ganzen Hause Joseph, um hinabzuziehen, meinem Herrn, dem König, entgegen. 21 Und Abisai, der Sohn der Zeruja, antwortete und sprach: Sollte nicht Simei dafür getötet werden, daß er den Gesalbten Jehovas geflucht hat? Aber 22 David sprach: Was haben wir miteinander zu schaffen, ihr Söhne der Zeruja, daß ihr mir heute zu Widersachern werdet? Sollte heute ein Mann in Israel getötet werden? Denn weiß ich nicht, daß ich heute König bin 23 über Israel? Und der König sprach zu Simei: Du sollst nicht sterben! Und der König schwur ihm.

24 Und Mephiboseth, der Sohn Sauls, kam herab, dem König entgegen. Und er hatte seine Füße nicht gereinigt und seinen Bart nicht gewaschen und seine Kleider nicht gewaschen von dem Tage an, da der König weggegangen war, bis zu dem Tage, da 25 er in Frieden einzog. Und es geschah, als Jerusalem *b* dem König entgegenkam, da sprach der König zu ihm: Warum bist du nicht mit mir gezogen, 26 Mephiboseth? Und er sprach: Mein Herr König! mein Knecht hat mich betrogen; denn dein Knecht sprach: Ich will mir den Esel satteln und darauf reiten und mit dem König ziehen, 27 denn dein Knecht ist lahm; und er hat deinen Knecht bei meinem Herrn, dem König, verleumdet. Aber mein Herr, der König, ist wie ein *c* Engel Gottes: so tue was gut ist in deinen 28 Augen. Denn das ganze Haus meines Vaters war nichts anderes als Männer des Todes vor meinem Herrn, dem König: und doch hast du deinen Knecht unter die gesetzt, welche an deinem Tische essen. Und was für ein Recht habe ich noch? und um was hätte ich 29 noch zum König zu schreien? Und der König sprach zu ihm: Warum redest du noch von deinen Sachen? Ich sage: Du und Ziba, ihr sollt die 30 Felder teilen. Da sprach Mephiboseth zu dem König: Er mag auch das Ganze nehmen, nachdem mein Herr, der König, in Frieden in sein Haus gekommen ist. 31 Und Barsillai, der Gileaditer, kam

von Rogelim herab und ging mit dem König über den Jordan, um ihn über den Jordan zu geleiten. Barsillai war 32 aber sehr alt, ein Mann von achtzig Jahren; und er hatte den König versorgt, als er zu Machanaim weilte, denn er war ein sehr reicher Mann. Und der König sprach zu Barsillai: 33 Gehe du mit mir hinüber, und ich will dich bei mir versorgen zu Jerusalem. Und Barsillai sprach zu dem 34 König: Wie viel sind *noch* der Tage meiner Lebensjahre, daß ich mit dem König nach Jerusalem hinaufziehen sollte? Ich bin heute achtzig Jahre 35 alt; kann ich Gutes und Schlechtes unterscheiden? oder kann dein Knecht schmecken, was ich esse und was ich trinke? oder kann ich noch auf die Stimme der Sänger und der Sängerinnen horchen? Und warum sollte dein Knecht meinem Herrn, dem König, noch zur Last sein? Dein Knecht 36 würde *nur* auf kurze Zeit *d* mit dem König über den Jordan gehen; und warum sollte der König mir diese Vergeltung erweisen? Laß doch deinen 37 Knecht zurückkehren, daß ich in meiner Stadt sterbe, bei dem Grabe meines Vaters und meiner Mutter. Aber siehe, hier ist dein Knecht Kimham: er möge mit meinem Herrn, dem König, hinübergehen; und tue ihm was gut ist in deinen Augen. Und der 38 König sprach: Kimham soll mit mir hinübergehen, und ich will ihm tun was gut ist in deinen Augen; und alles was du von mir begehren wirst, will ich für dich tun. Und alles Volk 39 ging über den Jordan, und *auch* der König ging hinüber. Und der König küßte Barsillai und segnete ihn; und er kehrte an seinen Ort zurück. Und 40 der König ging hinüber nach Gilgal, und Kimham ging mit ihm hinüber. Und alles Volk von Juda, und auch die Hälfte des Volkes von Israel, führte den König hinüber.

Und siehe, alle Männer von Israel 41 kamen zu dem König und sprachen zu dem König: Warum haben unsere Brüder, die Männer von Juda, dich weggestohlen und den König und sein Haus und alle Männer Davids mit ihm über den Jordan geführt? Und 42 alle Männer von Juda antworteten den Männern von Israel: Weil der König mir nahe steht; und warum bist du denn über diese Sache erzürnt? Haben wir etwa von dem König Nahrung empfangen, oder hat er uns irgend ein Geschenk gemacht? Aber die 43 Männer von Israel antworteten den Männern von Juda und sprachen: Ich habe zehn Teile an dem König, und habe auch an David mehr *Anrecht* als du; und warum hast du mich gering geachtet? und ist nicht *mein* Wort das erste gewesen, meinen König zurückzuführen? Und das Wort der Männer von Juda war härter als das Wort der Männer von Israel.

---

a O. vor dem König hin. — *b* Viell. ist zu lesen: als er von Jerusalem. — *c* O. der. — *d* O. will *nur* ein wenig.

20 Und daselbst war zufällig ein Mann Belials, sein Name war Scheba, der Sohn Bikris, ein Benjaminiter; und er stieß in die Posaune und sprach: Wir haben kein Teil an David und kein Erbteil an dem Sohne Isais! Ein 2 jeder zu seinen Zelten, Israel! Da zogen alle Männer von Israel von David hinweg, Scheba, dem Sohne Bikris, nach. Die Männer von Juda aber hingen ihrem König an, vom Jordan bis Jerusalem.

3 Und David kam nach seinem Hause, nach Jerusalem. Und der König nahm die zehn Kebsweiber, die er zurückgelassen hatte, um das Haus zu bewahren, und tat sie in Gewahrsam *a* und versorgte sie; er ging aber nicht zu ihnen ein; und sie waren eingeschlossen bis zum Tage ihres Todes, als Witwen lebend.

4 Und der König sprach zu Amasa: Berufe mir die Männer von Juda binnen drei Tagen, und stelle dich selbst 5 hier ein. Und Amasa ging hin, Juda zu berufen; aber er verzog über die bestimmte Zeit, die er ihm bestimmt 6 hatte. Da sprach David zu Abisai: Nun wird uns Scheba, der Sohn Bikris, mehr Uebles tun als Absalom. Nimm du die Knechte deines Herrn und jage ihm nach, ob er nicht feste Städte für sich gefunden und sich un-7 seren Augen entzogen hat. Da zogen die Männer Joabs aus, ihm nach, und die Kerethiter und die Pelethiter *b* und alle die Helden; und sie zogen aus von Jerusalem, um Scheba, dem Sohne Bikris, nachzujagen.

8 Sie waren bei dem großen Steine, der zu Gibeon ist, da kam Amasa ihnen entgegen. Und Joab war mit seinem Waffenrock als seinem Gewande umgürtet, und darüber war der Gürtel des Schwertes, das in seiner Scheide an seinen Lenden befestigt war; und als er hervortrat, fiel es 9 heraus. Und Joab sprach zu Amasa: Geht es dir wohl, mein Bruder? Und Joab faßte mit der rechten Hand 10 Amasas Bart, um ihn zu küssen. Amasa hatte aber nicht achtgegeben auf das Schwert, das in Joabs Hand war; und Joab *c* schlug ihn damit in den Bauch und schüttete seine Eingeweide aus zur Erde, und gab ihm keinen zweiten Schlag; und er starb.

Joab aber und Abisai, sein Bruder, jagten Scheba, dem Sohne Bikris, nach. 11 Und ein Mann von den Knaben Joabs blieb bei Amasa *d* stehen und sprach: Wer Joab lieb hat und wer für David 12 ist, *folge* Joab nach! Amasa aber wälzte sich im Blute mitten auf der Straße; und als der Mann sah, daß alles Volk stehen blieb, schaffte er Amasa von der Straße auf das Feld und warf ein Oberkleid über ihn, da er sah, daß jeder, der an ihn herankam,

stehen blieb. Als er von der Straße 13 weggeschafft war, zog jedermann vorüber, Joab nach, um Scheba, dem Sohne Bikris, nachzujagen.

Und er durchzog alle Stämme Is-14 raels nach Abel und Beth-Maaka *e* und ganz Berim; und sie versammelten sich *f* und kamen ihm ebenfalls nach.

Und sie kamen und belagerten ihn 15 in Abel-Beth-Maaka, und sie schütteten einen Wall gegen die Stadt auf, sodaß derselbe an der Vormauer stand; und alles Volk, das mit Joab war, unterwühlte die Mauer, um sie zu stürzen. Da rief ein kluges Weib aus 16 der Stadt: Höret, höret! Sprechet doch zu Joab: Nahe hierher, daß ich zu dir rede! Und er näherte sich ihr. 17 Und das Weib sprach: Bist du Joab? Und er sprach: Ich bin's. Und sie sprach zu ihm: Höre die Worte deiner Magd! Und er sprach: Ich höre. Und sie sprach und sagte: Früher 18 pflegte man zu sprechen und zu sagen: Man frage nur in Abel; und so war man fertig *g*. Ich bin von den Fried-19 samen, den Getreuen Israels; du suchst eine Stadt und Mutter in Israel zu töten. Warum willst du das Erbteil Jehovas verschlingen? Und Joab antwor-20 tete und sprach: Fern, fern sei es von mir, daß ich verschlingen und daß ich verderben sollte! Die Sache ist nicht also; sondern ein Mann vom Gebirge 21 Ephraim, sein Name ist Scheba, der Sohn Bikris, hat seine Hand wider den König, wider David, erhoben; ihn allein gebet heraus, so will ich von der Stadt abziehen. Und das Weib sprach zu Joab: Siehe, sein Kopf soll dir über die Mauer zugeworfen werden. Und das Weib kam zu dem ganzen 22 Volke mit ihrer Klugheit; und sie hieben Scheba, dem Sohne Bikris, den Kopf ab und warfen ihn Joab zu. Und er stieß in die Posaune, und sie zerstreuten sich von der Stadt hinweg, ein jeder nach seinen Zelten; und Joab kehrte zu dem König nach Jerusalem zurück.

Und Joab war über das ganze Heer 23 Israels; und Benaja, der Sohn Jojadas, war über die Kerethiter und über die Pelethiter *h*; und Adoram war über 24 die Fron *i*; und Josaphat, der Sohn Ahiluds, war Geschichtschreiber *k*; und Scheja *l* war Schreiber; und Zadok 25 und Abjathar waren Priester; und 26 auch Ira, der Jairiter, war Krondiener *m* Davids.

Und es war Hungersnot in den Ta-**21** gen Davids drei Jahre, Jahr auf Jahr. Und David suchte das Angesicht Jehovas; und Jehova sprach: *Es ist* wegen Sauls und wegen des Bluthauses, weil er die Gibeoniter getötet hat. Da berief 2 der König die Gibeoniter und redete zu ihnen. (Die Gibeoniter waren aber nicht von den Kindern Israel, sondern

---

a W. in ein Haus des Gewahrsams. — *b* S. die Anm. zu Kap. 8, 18. — *c* W. er. — *d* W. bei ihm. — *e* Viell. ist wie V. 15 zu lesen: Abel-Beth-Maaka. — *f* Nach and. Lesart: Abel-Maaka; und alle Auserlesenen versammelten sich. — *g* O. so kam man zum Ziel. — *h* S. die Anm. zu Kap. 8, 18 und 2. Kön. 11, 4. — *i* O. die Abgaben. — *k* S. die Anm. zu Kap. 8, 16. — *l* O. Schewa. — *m* O. vertrauter Rat.

von dem Reste der Amoriter; und die Kinder Israel hatten ihnen geschworen; Saul aber suchte sie zu erschlagen, da er für die Kinder Israel und 3 Juda eiferte.) Und David sprach zu den Gibeonitern: Was soll ich für euch tun, und womit soll ich Sühnung tun, daß ihr das Erbteil Jehovas seg- 4 net? Und die Gibeoniter sprachen zu ihm: Es ist uns nicht um Silber und Gold zu tun betreffs Sauls und betreffs seines Hauses, und es ist uns nicht darum zu tun, jemand in Israel zu töten. Und er sprach: Was ihr 5 saget, will ich für euch tun. Da sprachen sie zu dem König: Der Mann, der uns vernichtet hat, und der wider uns sann, daß wir vertilgt würden, um nicht mehr zu bestehen in allen Gren- 6 zen Israels: — damit gebe uns sieben Männer von seinen Söhnen, daß wir sie dem Jehova aufhängen a zu Gibea Sauls, des Erwählten b Jehovas. Und der König sprach: Ich will sie geben. 7 Aber der König verschonte Mephiboseth, den Sohn Jonathans, des Sohnes Sauls, um des Schwures Jehovas willen, der zwischen ihnen war, zwischen David und Jonathan, dem Sohne 8 Sauls. Und der König nahm die beiden Söhne Rizpas, der Tochter Ajas, die sie dem Saul geboren hatte, Armoni und Mephiboseth, und die fünf Söhne Michals c, der Tochter Sauls, die sie dem Adriel geboren hatte, dem Sohne 9 Barsillais, des Meholathiters, und er gab sie in die Hand der Gibeoniter; und sie hängten sie auf dem Berge vor Jehova auf. Und es fielen die sieben zugleich, und sie wurden getötet in den ersten Tagen der Ernte, im Anfang der Gerstenernte. 10 Da nahm Rizpa, die Tochter Ajas, Sacktuch, und breitete es sich aus auf dem Felsen, vom Anfang der Ernte an, bis das Wasser vom Himmel über sie d troff; und sie ließ das Gevögel des Himmels nicht auf ihnen ruhen bei Tage, noch das Getier des Feldes 11 bei Nacht. Und es wurde David berichtet, was Rizpa, die Tochter Ajas, 12 das Kebsweib Sauls, getan hatte. Da ging David hin und nahm von den Bürgern von Jabes-Gilead die Gebeine Sauls und die Gebeine seines Sohnes Jonathan, welche sie von dem Marktplatze zu Beth-Schan heimlich weggenommen, wo die Philister sie aufgehängt hatten an dem Tage, da die Philister Saul schlugen auf dem Gil- 13 boa. Und er brachte die Gebeine Sauls und die Gebeine seines Sohnes Jonathan von dannen herauf; und man sammelte die Gebeine der Gehängten. 14 und begrub sie bei den Gebeinen Sauls und Jonathans, seines Sohnes, im Lande Benjamin, zu Zela, im Begräbnis seines Vaters Kis; und man tat

alles was der König geboten hatte. Und danach ließ Gott sich für das Land erbitten. 15 Und wiederum entstand ein Streit der Philister mit Israel. Und David zog hinab, und seine Knechte mit ihm, und sie stritten mit den Philistern. Und David war ermattet; und Jischbi- 16 Benob, der von den Söhnen des Rapha e war, (das Gewicht seiner Lanzenspitze war dreihundert Sekel Erz an Gewicht, und er war neu gerüstet) gedachte David zu erschlagen. Aber 17 Abisai, der Sohn der Zeruja, kam ihm zu Hilfe und schlug den Philister und tötete ihn. Damals schwuren die Männer Davids ihm zu und sprachen: Du sollst nicht mehr mit uns ausziehen zum Streit, daß du die Leuchte Israels nicht auslöschest! Und f es geschah hernach, da be- 18 gann wiederum der Streit mit den Philistern, zu Gob. Damals erschlug Sibbekai, der Huschathiter, den Saph, der von den Söhnen des Rapha war. Und wiederum begann der Streit 19 mit den Philistern, zu Gob. Und Elchanan, der Sohn Jaare-Orgims, der Bethlehemiter, erschlug Goliath, den Gathiter g; und der Schaft seines Speeres war wie ein Weberbaum. Und wiederum entstand ein Streit 20 zu Gath. Da war ein Mann von großer Länge, und er hatte je sechs Finger an seinen Händen und je sechs Zehen an seinen Füßen, vierundzwanzig an der Zahl; und auch er war dem Rapha geboren worden. Und er höhnte Isra- 21 el; und Jonathan, der Sohn Schimeas, des Bruders Davids, erschlug ihn. Die- 22 se vier wurden dem Rapha zu Gath geboren; und sie fielen durch die Hand Davids und durch die Hand seiner Knechte.

22 Und David redete zu Jehova die Worte dieses Liedes an dem Tage, da Jehova ihn aus der Hand aller seiner Feinde und aus der Hand Sauls errettet hatte; und er sprach: h 2 Jehova ist mein Fels i und meine Burg und mein Erretter. 3 Gott ist mein Fels j, auf ihn werde ich trauen, mein Schild und das Horn meines Heils, meine hohe Feste und meine Zuflucht. Mein Retter, von Gewalttat wirst du mich retten! 4 Ich werde Jehova anrufen, der zu loben ist, und ich werde gerettet werden von meinen Feinden. 5 Denn mich umfingen die Wogen des Todes, die Ströme k Belials erschreckten mich; 6 Die Bande des Scheols umringten mich, es ereilten mich die Fallstricke des Todes. 7 In meiner Bedrängnis rief ich zu Jehova, und ich rief zu meinem Gott; und er hörte aus seinem Tempel l meine

---

a S. d. Anm. zu 4. Mose 25, 4. — b Viell. ist zu lesen: auf dem Berge; vergl. 1. Samuel 15, 5 und hier V. 9. — c Wahrsch. Merabs; s. 1. Sam. 18, 19. — d d. h. die Gehängten. — e d. h. des Riesen. — f 1. Chron. 20, 4. — g Wahrsch. ist zu l.: der Sohn Jairs, der Bethlehemiter, erschlug den Bruder Goliaths, des Gathiters; wie 1. Chron. 20, 5. — h Vergl. Ps. 18. — i W. mir mein Fels. — j W. Gott meines Felsens. — k Eig. Wildbäche. — l Eig. Palast.

Stimme, und mein Schrei *kam* in seine Ohren.

8 Da wankte und bebte die Erde; die Grundfesten des Himmels zitterten und wankten, weil er entbrannt war.

9 Rauch stieg auf von seiner Nase, und Feuer fraß aus seinem Munde; glühende Kohlen brannten aus ihm.

10 Und er neigte die Himmel und fuhr hernieder, und Dunkel war unter seinen Füßen.

11 Und er fuhr auf einem Cherub und flog daher, und er erschien auf den Fittichen des Windes.

12 Und Finsternis machte er rings um sich her zum Gezelt, Sammlung der Wasser, dichtes Himmelsgewölk.

13 Aus dem Glanze vor ihm brannten feurige Kohlen.

14 Es donnerte Jehova vom Himmel her, und der Höchste ließ seine Stimme erschallen.

15 Und er schoß Pfeile und zerstreute sie *a*, *seinen* Blitz, und verwirrte sie *a*.

16 Da wurden gesehen die Betten des Meeres, aufgedeckt die Grundfesten des Erdkreises durch das Schelten Jehovas, vor dem Schnauben des Hauches seiner Nase.

17 Er streckte *seine Hand* aus von der Höhe, er nahm mich, er zog mich aus großen Wassern;

18 Er errettete mich von meinem starken Feinde, von meinen Hassern; denn sie waren mächtiger als ich.

19 Sie ereilten mich am Tage meines Unglücks, aber Jehova ward mir zur Stütze.

20 Und er führte mich heraus ins Weite, er befreite mich, weil er Lust an mir hatte.

21 Jehova vergalt mir nach meiner Gerechtigkeit, nach der Reinheit meiner Hände erstattete er mir.

22 Denn ich habe bewahrt die Wege Jehovas, und bin von meinem Gott nicht frevelhaft abgewichen.

23 Denn alle seine Rechte waren vor mir, und seine Satzungen — ich bin nicht davon gewichen;

24 Und ich war vollkommen *b* gegen ihn und hütete mich vor meiner Ungerechtigkeit.

25 Und Jehova erstattete mir nach meiner Gerechtigkeit, nach meiner Reinheit vor seinen Augen.

26 Gegen den Gütigen erzeigst du dich gütig, gegen den vollkommenen Mann erzeigst du dich vollkommen;

27 Gegen den Reinen erzeigst du dich rein, und gegen den Verkehrten erzeigst du dich entgegenstreitend *c*.

28 Und du wirst retten das elende Volk; aber deine Augen sind wider die Hoffärtigen *d*, die du erniedrigen wirst.

29 Denn du bist meine Leuchte, Jehova; und Jehova erhellt meine Finsternis.

30 Denn mit dir werde ich gegen eine Schar anrennen, mit meinem Gott

werde ich eine Mauer überspringen.

31 Gott *e* — sein Weg ist vollkommen; Jehovas Wort ist geläutert; ein Schild ist er allen, die auf ihn trauen.

32 Denn wer ist Gott *e*, außer Jehova, und wer ein Fels, außer unserem Gott?

33 Gott *e* ist meine starke Feste, und er lenkt *f* vollkommen meinen Weg.

34 Er macht meine Füße *denen der* Hindinnen gleich, und stellt mich hin auf meine Höhen.

35 Er lehrt meine Hände den Streit, und meine Arme spannen den ehernen Bogen.

36 Und du gabst mir den Schild deines Heils, und deine Herablassung machte mich groß.

37 Du machtest Raum meinen Schritten unter mir, und meine Knöchel haben nicht gewankt.

38 Meinen Feinden jagte ich nach und vertilgte sie; und ich kehrte nicht um, bis sie aufgerieben waren.

39 Und ich rieb sie auf und zerschmetterte sie; und sie standen nicht *wieder* auf, und sie fielen unter meine Füße.

40 Und du umgürtetest mich mit Kraft zum Streit, beugtest unter mich, die wider mich aufstanden.

41 Und du gabst mir den Rücken meiner Feinde; meine Hasser, ich vernichtete sie.

42 Sie blickten umher, und kein Retter war da — zu Jehova, und er antwortete ihnen nicht.

43 Und ich zermalmte sie wie Staub der Erde; wie Straßenkot zertrat, zerstampfte ich sie.

44 Und du errettetest mich aus den Streitigkeiten meines Volkes; du bewahrtest mich auf zum Haupte der Nationen; ein Volk, das ich nicht kannte, dient mir *g*.

45 Die Söhne der Fremde unterwarfen sich mir mit Schmeichelei *h*; beim Hören des Ohres gehorchten sie mir.

46 Die Söhne der Fremde sanken hin und zitterten hervor aus ihren Schlössern.

47 Jehova lebt, und gepriesen sei mein Fels! und erhoben werde der Gott, der Fels *i* meines Heils!

48 Der Gott *e*, der mir Rache gab und die Völker unter mich niederwarf;

49 Und der mich herausführte aus der Mitte meiner Feinde. Ja, du erhöhtest mich über die, welche wider mich aufstanden, von dem Manne der Gewalttat befreitest du mich.

50 Darum, Jehova, will ich dich preisen unter den Nationen und Psalmen singen *j* deinem Namen,

51 Dich, der groß macht die Rettungen seines Königs, und Güte erweist seinem Gesalbten, David und seinem Samen ewiglich.

23 Und dies sind die letzten Worte Davids:

Es spricht David *k*, der Sohn Isais, und es spricht der hochgestellte Mann, der Gesalbte des Gottes Jakobs

---

a d. h. die Feinde. — *b* O. redlich, untadelig, lauter; so auch V. 26. 31. 33. — *c* Eig. verdreht. — *d* Eig. Hohen, Stolzen. — *e* El. — *f* Wahrsch. ist nach Ps. 18, 32 zu l.: er macht. — *g* O. diente mir. — *h* Eig. heuchelten mir (d. h. Gehorsam). — *i* W. des Felsens. — *j* Eig. und singspielen. — *k* Eig. Spruch Davids.

und der Liebliche in Gesängen *a* Israels:
2 Der Geist Jehovas hat durch mich
geredet, und sein Wort war auf meiner Zunge.
3 Es hat gesprochen der Gott Israels,
der Fels Israels zu mir geredet:
Ein Herrscher unter den *b* Menschen,
gerecht, ein Herrscher in Gottesfurcht;
4 Und *er wird sein* wie das Licht des
Morgens, wenn die Sonne aufgeht, ein
Morgen ohne Wolken: von ihrem
Glanze nach dem Regen sproßt das
Grün aus der Erde.
5 Obwohl mein Haus nicht also ist
bei Gott, so hat er mir doch einen
ewigen Bund gesetzt, geordnet in
allem und verwahrt; denn dies ist
all meine Rettung und all mein Begehr, obwohl er es nicht sprossen
läßt! *c*
6 Aber die *Söhne* Belials sind allesamt
wie Dornen, die man wegwirft; denn
mit der Hand faßt man sie nicht an;
7 Und der Mann, der sie anrührt,
versieht sich mit Eisen und Speeres-
schaft; und mit Feuer werden sie
gänzlich verbrannt an *ihrer* Stätte. —
8 Dies *d* sind die Namen der Helden,
welche David hatte: Joscheb-Basche-
beth, der Tachkemoniter *e*, das Haupt
der Anführer *f*; er . . . . Adino, der
Ezniter, *war* wider *g* achthundert, die
er auf einmal schlug.
9 Und nach ihm Eleasar, der Sohn
Dodos, der Sohn eines Achochiters;
er war unter den drei Helden mit
David, als sie die Philister verhöhnten, die daselbst zum Streit versammelt waren, und *als* die Männer von
10 Israel wegzogen. Selbiger machte
sich auf und schlug unter den Philistern, bis seine Hand ermüdete
und seine Hand am Schwerte klebte;
und Jehova schaffte an jenem Tage
eine große Rettung. Das Volk aber
kehrte um, ihm nach, nur um zu plündern.
11 Und nach ihm Schamma, der Sohn
Ages, des Harariters. Und die Philister versammelten sich zu einer
Schar; und es war daselbst ein Acker-
stück voll Linsen; das Volk aber floh
12 vor den Philistern. Da stellte er sich
mitten auf das Stück und rettete es
und schlug die Philister; und Jehova
schaffte eine große Rettung.
13 Und drei von den dreißig Häuptern
gingen hinab und kamen zur Erntezeit zu David, in die Höhle Adullam;
14 im Tale Rephaim. David war aber
damals auf *h* der Bergfeste, und eine
Aufstellung der Philister war damals
15 zu Bethlehem. Und David hatte ein

Gelüste und sprach: Wer wird mich
mit Wasser tränken aus der Zisterne
von Bethlehem, die am Tore ist? Da 16
brachen die drei Helden durch das
Lager der Philister und schöpften
Wasser aus der Zisterne von Bethlehem, die am Tore ist, und trugen
und brachten es zu David. Aber er
wollte es nicht trinken und goß es
aus als Trankopfer dem Jehova; und 17
er sprach: Fern sei es von mir, Jehova, daß ich solches tue! *Sollte ich*
das Blut der Männer *trinken*, die mit
Gefahr ihres Lebens hingegangen
sind? Und er wollte es nicht trinken.
Das taten die drei Helden.
Und Abisai, der Bruder Joabs, der 18
Sohn der Zeruja, war ein Haupt der
Drei. Und er schwang seinen Speer
über dreihundert, die er erschlug; und
er hatte einen Namen unter den Dreien.
War er von den Dreien *i* nicht ge- 19
ehrt *j*, sodaß er ihr Oberster wurde?
aber an die *ersten* Drei reichte er nicht.
Und Benaja, der Sohn Jojadas, der 20
Sohn eines tapferen Mannes, groß an
Taten, von Kabzeel; selbiger erschlug
zwei Löwen *k* von Moab. Und er stieg
hinab und erschlug den Löwen in der
Grube an einem Schneetage. Und er 21
war es, der einen ägyptischen Mann
erschlug, einen stattlichen Mann. Und
der Aegypter hatte einen Speer in der
Hand; er aber ging zu ihm hinab mit
einem Stabe, und riß dem Aegypter
den Speer aus der Hand und tötete
ihn mit seinem eigenen Speere. Das 22
tat Benaja, der Sohn Jojadas; und er
hatte einen Namen unter den drei
Helden. Vor den Dreißigen war er 23
geehrt, aber an die *ersten* Drei reichte
er nicht. Und David setzte ihn in seinen geheimen Rat.
Asael, der Bruder Joabs, war unter 24
den Dreißig; Elchanan, der Sohn Dodos, von Bethlehem; Schamma, der 25
Haroditer; Elika, der Haroditer;
Helez, der Paltiter; Ira, der Sohn 26
Ikkesch', der Tekoiter; Abieser, der 27
Anathothiter; Mebunnai, der Huschathiter; Zalmon, der Achochiter; Ma- 28
harai, der Netophatiter; Heleb, der 29
Sohn Baanas, der Netophatiter; Ittai,
der Sohn Ribais, von Gibea der Kinder Benjamin; Benaja, der Pirhathoni- 30
ter; Hiddai, von den Bächen *l* Gaasch;
Abi-Albon, der Arbathiter; Asmaweth, 31
der Barchumiter; Eljachba, der Schaal- 32
boniter; Bne-Jaschen; Jonathan,
Schamma, der Harariter; Achiam, der 33
Sohn Scharars, der Arariter; Eliphe- 34
let, der Sohn Achasbais, des Sohnes
des Maakathiters; Eliam, der Sohn
Ahitophels, d.r Giloniter; Hezrai, 35
der Karmeliter; Paarai, der Arbiter;

---

a Dasselbe Wort wie Psalm, Singspiel. — *b* O. über die. — *c* O. Denn ist nicht
also mein Haus bei Gott? Denn er hat mir einen ewigen Bund gesetzt . . .; denn all
meine Rettung und all mein Begehr, sollte er sie nicht sprossen lassen? — *d* 1. Chron.
11, 10. — *e* Wahrsch. zu l.: Jaschobam, der Hakmoniter; wie 1. Chron. 11, 11. —
f O. Ritter. Die Bedeutung des hebr. Wortes ist ungewiß. — *g* O. zu lesen, wie 1.
Chron. 11, 11: . . . . Anführer; er schwang seinen Speer wider usw. — *h* O. in. —
i Wahrsch. ist zu l.: vor den Dreißig; wie V. 23 und 1. Chron. 11, 25. — *j* O. berühmt;
so auch V. 23. — *k* O. Helden. H. Ariel: Gottteslöwen = mächtige Helden. —
l O. Flußtälern.

36 Jigal, der Sohn Nathans, von Zoba;
37 Bani, der Gaditer; Zelek, der Ammoniter; Nacharai, der Beerothiter, der
Waffenträger Joabs, des Sohnes der
38 Zeruja; Ira, der Jithriter; Gareb, der
39 Jithriter; Urija, der Hethiter: in allem
siebenunddreißig.

24 Und *a* der Zorn Jehovas entbrannte abermals wider Israel; und er
reizte David wider sie, indem er
sprach: Gehe hin, zähle Israel und
2 Juda! Da sprach der König zu Joab,
dem Heerobersten, der bei ihm war:
Gehe doch umher durch alle Stämme
Israels, von Dan bis Beerseba, und
mustert das Volk, damit ich die Zahl
3 des Volkes wisse. Und Joab sprach
zu dem König: Es möge Jehova, dein
Gott, zu dem Volke, so viele ihrer
auch sind, hundertmal hinzufügen,
während die Augen meines Herrn,
des Königs, es sehen! Aber warum
hat mein Herr, der König, Gefallen
4 an dieser Sache? Aber das Wort des
Königs blieb fest gegen Joab und gegen die Obersten des Heeres. Und
Joab und die Obersten des Heeres
zogen aus vor dem König, um das Volk
Israel zu mustern.
5 Und sie gingen über den Jordan und
lagerten sich zu Aroer, rechts von der
Stadt, die mitten im Flußtale von Gad
6 liegt, und nach Jaser hin. Und sie
kamen nach Gilead und in das Land
Tachtim-Hodschi; und sie kamen nach
Dan-Jaan und in die Umgegend von
7 Zidon; und sie kamen zu der festen
Stadt Zor *b* und zu allen Städten der
Hewiter und der Kanaaniter; und sie
zogen hinaus in den Süden von Juda
8 nach Beerseba. Und sie zogen umher
durch das ganze Land, und kamen am
Ende von neun Monaten und zwanzig
9 Tagen nach Jerusalem zurück. Und
Joab gab die Zahl des gemusterten
Volkes dem König an; und es waren
in Israel achthunderttausend Kriegsmänner, die das Schwert zogen, und
der Männer von Juda fünfhunderttausend Mann.
10 Aber dem David schlug sein Herz *c*,
nachdem er das Volk gezählt hatte;
und David sprach zu Jehova: Ich habe
sehr gesündigt in dem was ich getan
habe; und nun, Jehova, laß doch die
Ungerechtigkeit deines Knechtes vorübergehen, denn ich habe sehr töricht
11 gehandelt! Und als David am Morgen
aufstand, da geschah das Wort Jehovas zu Gad, dem Propheten, dem
12 Seher Davids, indem er sprach: Gehe
hin und rede zu David: So spricht
Jehova: Dreierlei lege ich dir vor *d*;
wähle dir eines davon, daß ich es dir
13 tue. Und Gad kam zu David und tat es
ihm kund und sprach zu ihm: Sollen dir
sieben Jahre Hungersnot in dein Land
kommen? oder willst du drei Monate

vor deinen Feinden fliehen, indem sie
dir nachjagen? oder soll drei Tage
Pest in deinem Lande sein? Nun wisse
und sieh, was für eine Antwort ich
dem zurückbringen soll, der mich gesandt hat. Und David sprach zu Gad: 14
Mir ist sehr angst! Mögen wir doch in
die Hand Jehovas fallen, denn seine Erbarmungen sind groß; aber in die Hand
der Menschen laß mich nicht fallen!
Da sandte Jehova eine Pest unter 15
Israel, vom Morgen an bis zur bestimmten Zeit; und es starben von
dem Volke, von Dan bis Beerseba,
siebenzigtausend Mann. Und als der 16
Engel seine Hand gegen Jerusalem
ausstreckte, um es zu verderben, da
reute Jehova des Uebels, und er sprach
zu dem Engel, der unter dem Volke
verderbte: Genug! ziehe jetzt deine
Hand ab. Der Engel Jehovas war
aber bei der Tenne Arawnas, des Jebusiters. Und als David den Engel 17
sah, der unter dem Volke schlug,
sprach er zu Jehova und sagte: Siehe,
i c h habe gesündigt, und i c h habe
verkehrt gehandelt; aber diese Schafe *e*,
was haben sie getan? Es sei doch
deine Hand wider mich, und wider
das Haus meines Vaters!
Und Gad kam zu David an selbigem 18
Tage und sprach zu ihm: Gehe hinauf,
errichte Jehova einen Altar auf der
Tenne Arawnas, des Jebusiters. Und 19
David ging hinauf, nach dem Worte
Gads, so wie Jehova geboten hatte.
Und Arawna blickte hin und sah den 20
König und seine Knechte zu sich her-
überkommen; da ging Arawna hinaus
und beugte sich vor dem König nieder,
mit seinem Antlitz zur Erde. Und 21
Arawna sprach: Warum kommt mein
Herr, der König, zu seinem Knechte?
Und David sprach: Die Tenne von
dir zu kaufen, um Jehova einen Altar
zu bauen, damit die Plage von dem
Volke abgewehrt werde. Da sprach 22
Arawna zu David: Mein Herr, der
König, nehme und opfere was gut ist
in seinen Augen; siehe, die Rinder
sind zum Brandopfer, und die Dresch-
wagen und die Geschirre der Rinder
zum Holz: alles das, o König, gibt 23
Arawna dem König. Und Arawna
sprach zu dem König: Jehova, dein
Gott, nehme dich wohlgefällig an!
Aber der König sprach zu Arawna: 24
Nein, sondern kaufen will ich es von
dir um einen Preis, und ich will Jehova, meinem Gott, nicht umsonst
Brandopfer opfern. Und David kaufte
die Tenne und die Rinder um fünfzig
Sekel Silber. Und David baute da- 25
selbst Jehova einen Altar, und opferte
Brandopfer und Friedensopfer. Und
Jehova ließ sich für das Land erbitten,
und die Plage wurde von Israel ab-
gewehrt.

---

a 1. Chron. 21. — *b* Tyrus. — *c* Eig. den David schlug sein Herz, d. h. sein Gewissen
strafte ihn. — *d* Eig. auf. — *e* Eig. diese, die Herde.

Das erste Buch der Könige

1 Und der König David war alt, wohlbetagt; und sie bedeckten ihn mit Kleidern, aber er wurde nicht warm. 2 Da sprachen seine Knechte zu ihm: Man suche meinem Herrn, dem König, ein Mädchen, eine Jungfrau; und sie stehe vor dem König und sei ihm eine Pflegerin, und sie schlafe an deinem Busen, daß mein Herr, der König, warm 3 werde. Und man suchte ein schönes Mädchen, in allen Grenzen Israels; und man fand Abischag, die Sunamitin, 4 und brachte sie zu dem König. Und das Mädchen war überaus schön, und sie wurde dem König eine Pflegerin und bediente ihn; aber der König erkannte sie nicht.

5 Adonija aber, der Sohn Haggiths, erhob sich und sprach: Ich will König werden! Und er schaffte sich Wagen und Reiter an, und fünfzig Mann, die 6 vor ihm herliefen. Und sein Vater hatte ihn, so lange er lebte, nicht betrübt, daß er gesagt hätte: Warum tust du also? Und auch er war sehr schön von Gestalt; und Haggith *a* hatte 7 ihn nach Absalom geboren. Und er hatte Unterredungen mit Joab, dem Sohne der Zeruja, und mit Abjathar, dem Priester; und sie halfen Adonija 8 und folgten ihm nach *b*. Aber Zadok, der Priester, und Benaja, der Sohn Jojadas, und Nathan, der Prophet, und Simei und Rei, und die Helden, welche David hatte, waren nicht mit Adonija. 9 Und Adonija schlachtete Klein- und Rindvieh und Mastvieh bei dem Steine Socheleth, der neben En-Rogel ist; und er lud alle seine Brüder, die Söhne des Königs, und alle Männer von Juda, die Knechte des Königs. 10 Nathan aber, den Propheten, und Benaja und die Helden und Salomo, seinen Bruder, lud er nicht.

11 Da sprach Nathan zu Bathseba, der Mutter Salomos, und sagte: Hast du nicht gehört, daß Adonija, der Sohn Haggiths, König geworden ist? und un-12 ser Herr David weiß es nicht. So komm nun, laß mich dir doch einen Rat geben, daß du dein Leben und das Leben deines Sohnes Salomo er-13 rettest. Gehe hin und tritt zum König David hinein, und sprich zu ihm: Hast du, mein Herr König, nicht deiner Magd geschworen und gesagt: Dein Sohn Salomo soll nach mir König sein, und er soll auf meinem Throne sitzen? Und warum ist Ado-14 nija König geworden? Siehe, noch wirst du daselbst mit dem König reden, so werde ich nach dir hereinkommen und deine Worte bekräftigen *c*. Und Bathseba ging zu dem 15 König hinein, in das Gemach; der König aber war sehr alt, und Abischag, die Sunamitin, bediente den König.

Und Bathseba verneigte sich und 16 beugte sich nieder vor dem König. Und der König sprach: Was ist dir? Und sie sprach zu ihm: Mein Herr, 17 du hast ja deiner Magd bei Jehova, deinem Gott, geschworen: Dein Sohn Salomo soll nach mir König sein, und er soll auf meinem Throne sitzen; und nun, siehe, Adonija ist König ge- 18 worden, und du, mein Herr König, weißt es nicht. Und er hat Rinder 19 und Mastvieh und Kleinvieh geschlachtet in Menge, und hat alle Söhne des Königs und Abjathar, den Priester, und Joab, den Heerobersten, geladen; aber deinen Knecht Salomo hat er nicht geladen. Und du, mein 20 Herr König — die Augen von ganz Israel sind auf dich *gerichtet*, daß du ihnen kundtuest, wer auf dem Throne meines Herrn, des Königs, nach ihm sitzen soll. Und es wird geschehen, 21 wenn mein Herr, der König, mit seinen Vätern liegt, daß ich und mein Sohn Salomo werden büßen müssen.

Und siehe, noch redete sie mit dem 22 König, da kam der Prophet Nathan herein. Und man berichtete dem Kö- 23 nig und sprach: Der Prophet Nathan ist da! Und er kam vor den König und beugte sich vor dem König auf sein Antlitz zur Erde. Und Nathan 24 sprach: Mein Herr König, hast du gesagt: Adonija soll nach mir König sein, und er soll auf meinem Throne sitzen? Denn er ist heute hinabge- 25 gangen und hat Rinder und Mastvieh und Kleinvieh geschlachtet in Menge, und hat alle Söhne des Königs und die Obersten des Heeres und Abjathar, den Priester, geladen; und siehe, sie essen und trinken vor ihm und sprechen: Es lebe der König Adonija! Aber mich, deinen Knecht, und 26 Zadok, den Priester, und Benaja, den Sohn Jojadas, und Salomo, deinen Knecht, hat er nicht geladen. Ist die- 27 se Sache von meinem Herrn, dem König, aus geschehen? *und* hast du *d* nicht deinen Knechten *e* kundgetan, wer auf dem Throne meines Herrn, des Königs, nach ihm sitzen soll?

---

a W. sie. — *b* W. sie halfen Adonija nach. — *c* Eig. voll machen. — *d* O. geschehen? und du hast . . . ! — *e* Nach and. Lesart: deinem Knechte.

28 Da antwortete der König David und sprach: Rufet mir Bathseba! Und sie kam herein vor den König und stand 29 vor dem König. Und der König schwur und sprach: *So wahr* Jehova lebt, der meine Seele aus aller Bedrängnis er-30 löst hat, so wie ich dir bei Jehova, dem Gott Israels, geschworen habe, indem ich sprach: Dein Sohn Salomo soll nach mir König sein, und er soll auf meinem Throne sitzen an meiner Statt! also werde ich an diesem Ta-31 ge tun. Da verneigte sich Bathseba mit dem Antlitz zur Erde und beugte sich vor dem König nieder und sprach: Es lebe mein Herr, der König David, ewiglich!

32 Und der König David sprach: Rufet mir Zadok, den Priester, und Nathan, den Propheten, und Benaja, den Sohn Jojadas! Und sie kamen herein 33 vor den König. Und der König sprach zu ihnen: Nehmet die Knechte eures Herrn mit euch, und lasset meinen Sohn Salomo auf meiner Mauleselin reiten, und führet ihn nach Gihon 34 hinab. Und Zadok, der Priester, und Nathan, der Prophet, sollen ihn daselbst zum König über Israel salben; und ihr sollt in die Posaune stoßen und sagen: Es lebe der König Salo-35 mo! Und ziehet herauf hinter ihm her, und er komme und setze sich auf meinen Thron! und er soll König sein an meiner Statt; und ihn habe ich bestellt, daß er Fürst sei über Is-36 rael und über Juda. Und Benaja, der Sohn Jojadas, antwortete dem König und sprach: Amen! also spreche Jehova, der Gott meines Herrn, des 37 Königs! So wie Jehova mit meinem Herrn, dem König, gewesen ist, also möge er mit Salomo sein, und er möge seinen Thron *noch* größer machen als den Thron meines Herrn, des Königs David!

38 Und Zadok, der Priester, und Nathan, der Prophet, und Benaja, der Sohn Jojadas, und die Kerethiter und die Pelethiter *a* zogen hinab und ließen Salomo auf der Mauleselin des Königs David reiten, und sie führten 39 ihn nach Gihon. Und Zadok, der Priester, nahm das Oelhorn aus dem Zelte *b* und salbte Salomo; und sie stießen in die Posaune, und alles Volk sprach: Es lebe der König Salomo! 40 Und alles Volk zog hinauf hinter ihm her; und das Volk blies auf Flöten, und sie freuten sich mit großer Freude, sodaß die Erde barst von ihrem Geschrei.

41 Und Adonija hörte es und alle die Geladenen, die bei ihm waren, als sie eben das Essen beendigt hatten; und Joab hörte den Schall der Posaune und sprach: Weshalb dieses Geschrei 42 der lärmenden Stadt? Während er noch redete, siehe, da kam Jonathan, der Sohn Abjathars, des Priesters. Und Adonija sprach: Komm, denn du bist ein wackerer Mann und wirst gute 43 Botschaft bringen. Da antwortete Jo-

nathan und sprach zu Adonija: Jawohl! unser Herr, der König David, hat Salomo zum König gemacht. Und 44 der König hat Zadok, den Priester, und Nathan, den Propheten, und Benaja, den Sohn Jojadas, und die Kerethiter und die Pelethiter mit ihm gesandt, und sie haben ihn auf der Mauleselin des Königs reiten lassen; und Zadok, der Priester, und Nathan, 45 der Prophet, haben ihn in Gihon zum König gesalbt; und sie sind von dannen heraufgezogen mit Freuden, und die Stadt ist in Bewegung. Das ist das Geschrei, welches ihr gehört habt. Und auch hat sich Salomo auf den 46 Thron des Königreichs gesetzt; und 47 auch sind die Knechte des Königs gekommen, um unseren Herrn, den König David, zu segnen, indem sie sprachen: Dein Gott mache den Namen Salomos *noch* vorzüglicher als deinen Namen, und mache seinen Thron größer als deinen Thron! Und der König hat auf dem Lager angebetet; und auch hat der König also gespro-48 chen: Gepriesen sei Jehova, der Gott Israels, der heute einen gegeben hat, der auf meinem Throne sitzt, während meine Augen es sehen!

Da erschraken alle die Geladenen 49 Adonijas und standen auf und gingen ein jeder seines Weges. Und Adonija 50 fürchtete sich vor Salomo; und er machte sich auf und ging hin und erfaßte die Hörner des Altars. Und 51 es wurde Salomo berichtet, indem man sprach: Siehe, Adonija fürchtet den König Salomo, und siehe, er hat die Hörner des Altars erfaßt und gesagt: Es schwöre mir jetzt der König Salomo, daß er seinen Knecht nicht mit dem Schwerte töten wolle! Und 52 Salomo sprach: Wenn er sich als ein wackerer Mann erweisen wird, so soll von seinem Haar nichts auf die Erde fallen; wenn aber Böses an ihm gefunden wird, so soll er sterben. Und 53 der König Salomo sandte hin, und sie brachten ihn von dem Altar herab; und er kam und beugte sich vor dem König Salomo nieder; und Salomo sprach zu ihm: Gehe in dein Haus.

Als nun die Tage Davids herannah-**2** ten, daß er sterben sollte, gebot er 2 seinem Sohne Salomo und sprach: Ich gehe den Weg der ganzen Erde; so sei stark und sei ein Mann; und war-3 te der Hut Jehovas *c*, deines Gottes, daß du auf seinen Wegen wandelst, indem du seine Satzungen, seine Gebote und seine Rechte und seine Zeugnisse beobachtest, wie geschrieben ist dem Gesetz Moses; auf daß es dir gelinge in allem was du tust, und überall, wohin du dich wendest; auf daß Je-4 hova sein Wort aufrecht halte, das er über mich geredet hat, indem er sprach: Wenn deine Söhne auf ihren Weg achthaben, sodaß sie vor mir wandeln in Wahrheit, mit ihrem ganzen Herzen und mit ihrer ganzen Seele,

---

a Vergl. die Anm. zu 2. Sam. 8, 18. — *b* Vergl. 2. Sam. 6, 17; 1. Kön. 2, 28. — *c* Eig. beobachte, was Jehova zu beobachten ist.

so soll es, sprach er, dir nicht an einem Manne fehlen auf dem Throne 5 Israels. Und du weißt ja auch, was mir Joab getan hat, der Sohn der Zeruja, was er den zwei Heerobersten Israels, Abner, dem Sohne Ners, und Amasa, dem Sohne Jethers, getan hat, indem er sie ermordete und Kriegsblut im Frieden vergoß, sodaß er Kriegsblut an seinen Gürtel gebracht hat, der um seine Lenden war, und an seine Schuhe, die an seinen Füßen 6 waren. So handle *nun* nach deiner Weisheit, und laß sein graues Haar nicht in Frieden in den Scheol hinab-7 fahren. Aber an den Söhnen Barsillais, des Gileaditers, sollst du Güte erweisen, und sie sollen unter denen sein, die an deinem Tische essen; denn also sind sie mir entgegengekommen, als ich vor deinem Bruder 8 Absalom floh. Und siehe, bei dir ist Simei, der Sohn Geras, der Benjaminiter, von Bachurim; und selbiger fluchte mir mit heftigem Fluche an dem Tage, da ich nach Machanaim ging. Aber er kam herab, mir entgegen, an den Jordan, und ich schwur ihm bei Jehova und sprach: Wenn 9 ich dich mit dem Schwerte töte! Nun aber halte ihn nicht für schuldlos *a*, denn du bist ein weiser Mann und wirst wissen, was du ihm tun sollst; und laß sein graues Haar mit Blut in den Scheol hinabfahren.

10 Und David legte sich zu seinen Vätern; und er wurde begraben in der 11 Stadt Davids. Und die Tage, die David über Israel regierte, waren vierzig Jahre; zu Hebron regierte er sieben Jahre, und zu Jerusalem regierte 12 er dreiunddreißig Jahre. Und Salomo saß auf dem Throne seines Vaters David, und sein Königtum wurde sehr befestigt.

13 Und Adonija, der Sohn Haggiths, kam zu Bathseba, der Mutter Salomos; und sie sprach: Ist Friede dein Kommen? Und er sprach: Friede. 14 Und er sprach: Ich habe ein Wort 15 an dich. Und sie sprach: Rede. Und er sprach: Du weißt ja, daß das Königtum mein war, und daß ganz Israel sein Angesicht auf mich gerichtet hatte, daß ich König sein sollte; aber das Königtum hat sich gewandt und ist meinem Bruder geworden, denn 16 von Jehova aus gehörte es ihm. Und nun bitte ich e i n e Bitte von dir; weise mich nicht ab! Und sie sprach 17 zu ihm: Rede. Und er sprach: Sprich doch zu dem König Salomo, denn er wird dich nicht abweisen, daß er mir Abischag, die Sunamitin, zum Weibe 18 gebe. Und Bathseba sprach: Gut, ich will deinethalben mit dem König re-19 den. Und Bathseba ging zu dem König Salomo hinein, um wegen Adonijas mit ihm zu reden. Und der König stand auf, ihr entgegen, und beugte sich vor ihr nieder und setzte sich auf seinen Thron; und er ließ einen

Thron für die Mutter des Königs hinstellen, und sie setzte sich zu seiner Rechten, und sie sprach: Ich habe 20 eine kleine Bitte an dich; weise mich nicht ab! Und der König sprach zu ihr: Bitte, meine Mutter, denn ich werde dich nicht abweisen. Und sie 21 sprach: Möchte Abischag, die Sunamitin, deinem Bruder Adonija zum Weibe gegeben werden! Da antwor- 22 tete der König Salomo und sprach zu seiner Mutter: Und warum bittest du um Abischag, die Sunamitin, für Adonija? bitte für ihn auch um das Königtum, — denn er ist mein älterer Bruder — sowohl für ihn, als für Abjathar, den Priester, und für Joab, den Sohn der Zeruja! Und der König 23 Salomo schwur bei Jehova und sprach: So soll mir Gott tun und so hinzufügen! um *b* sein Leben hat Adonija dieses Wort geredet! Und nun, *so* 24 *wahr* Jehova lebt, der mich befestigt hat und mich hat sitzen lassen auf dem Throne meines Vaters David, und der mir ein Haus gemacht, so wie er geredet hat: heute soll Adonija getötet werden! Und der König 25 Salomo sandte hin durch Benaja, den Sohn Jojadas; und er stieß ihn nieder, und er starb.

Und zu Abjathar, dem Priester, 26 sprach der König: Gehe nach Anathoth, auf deine Felder, denn du bist ein Mann des Todes; aber an diesem Tage will ich dich nicht töten, weil du die Lade des Herrn Jehova vor meinem Vater David getragen, und weil du gelitten hast in allem, worin mein Vater gelitten hat. Und so ver- 27 stieß Salomo den Abjathar, daß er nicht mehr Priester Jehovas wäre, um das Wort Jehovas zu erfüllen, welches er zu Silo über das Haus Elis geredet hatte. *c*

Und das Gerücht kam zu Joab; 28 (denn Joab hatte sich nach Adonija geneigt, aber nach Absalom hatte er sich nicht geneigt) da floh Joab zum Zelte Jehovas und erfaßte die Hörner des Altars. Und es wurde dem 29 König Salomo berichtet: Joab ist zum Zelte Jehovas geflohen, und siehe, er ist neben dem Altar. Da sandte Salomo Benaja, den Sohn Jojadas, und sprach: Gehe hin, stoße ihn nieder! Und Benaja kam zum Zelte Jehovas 30 und sprach zu Joab *d*: So spricht der König: Gehe hinaus! Und er sprach: Nein, sondern hier will ich sterben. Und Benaja brachte dem König Antwort und sprach: So hat Joab geredet, und so hat er mir geantwortet. Und der König sprach zu ihm: Tue, 31 wie er geredet hat *e*, und stoße ihn nieder, und begrabe ihn; und so tue das Blut, das Joab ohne Ursache vergossen hat, von mir und von dem Hause meines Vaters hinweg. Und Jeho- 32 va wird sein Blut auf seinen Kopf zurückbringen, weil er zwei Männer niedergestoßen hat, die gerechter und

---

a O. laß ihn nicht ungestraft. — *b* O. wider. — *c* Vergl. 1. Sam. 2, 31. — *d* W. zu ihm. — *e* Vergl. 2. Mose 21. 14.

besser waren als er, und sie mit dem Schwerte ermordet hat, ohne daß mein Vater David es wußte: Abner, den Sohn Ners, den Heerobersten Israels, und Amasa, den Sohn Jethers, den 33 Heerobersten Judas. Und ihr Blut wird zurückkehren auf den Kopf Joabs und auf den Kopf seines Samens ewiglich; aber David und seinem Samen und seinem Hause und seinem Throne wird Friede sein auf ewig 34 von seiten Jehovas. Und Benaja, der Sohn Jojadas, ging hinauf und stieß ihn nieder und tötete ihn; und er wurde begraben in seinem Hause in der Wüste. 35 Und der König setzte Benaja, den Sohn Jojadas, an seiner Statt über das Heer; und Zadok, den Priester, setzte der König an die Stelle Abjathars.

36 Und der König sandte hin und ließ Simei rufen, und er sprach zu ihm: Baue dir ein Haus zu Jerusalem, und wohne daselbst; und du sollst nicht von dannen herausgehen, dahin oder 37 dorthin. Und es soll geschehen an dem Tage, da du hinausgehst und den Bach Kidron überschreitest, so wisse bestimmt, daß du sterben mußt; dein Blut wird auf deinem Kopfe sein a. 38 Und Simei sprach zu dem König: Das Wort ist gut; so wie mein Herr, der König, geredet hat, also wird dein Knecht tun. Und Simei wohnte zu 39 Jerusalem eine lange Zeit. Es geschah aber am Ende von drei Jahren, da entflohen zwei Knechte Simeis zu Achis, dem Sohne Maakas, dem König von Gath; und man berichtete es Simei und sprach: Siehe, deine Knech-40 te sind in Gath! Da machte sich Simei auf und sattelte seinen Esel und ging nach Gath, zu Achis, um seine Knechte zu suchen; und Simei ging hin und brachte seine Knechte von 41 Gath zurück. Und es wurde Salomo berichtet, daß Simei von Jerusalem nach Gath gegangen und zurückge-42 kommen sei. Da sandte der König hin und ließ Simei rufen, und er sprach zu ihm: Habe ich dich nicht bei Jehova beschworen und dir beteuert und gesagt: An dem Tage, da du hinausgehst und gehst dahin oder dorthin, so wisse bestimmt, daß du sterben mußt? Und du sprachst zu mir: Das Wort ist gut, 43 das ich gehört habe. Und warum hast du den Schwur Jehovas nicht beachtet und das Gebot, das ich dir gebo-44 ten hatte? Und der König sprach zu Simei: Du selbst weißt all das Böse, dessen dein Herz sich bewußt ist, das du meinem Vater David getan hast; und so bringt Jehova deine Bosheit 45 auf deinen Kopf zurück. Aber der König Salomo wird gesegnet sein, und der Thron Davids wird feststehen vor 46 Jehova ewiglich. Und der König gebot Benaja, dem Sohne Jojadas; und er ging hinaus und stieß ihn nieder, und er starb.

Und das Königtum wurde befestigt in der Hand Salomos.

Und Salomo verschwägerte sich mit 3 dem Pharao, dem König von Aegypten; und er nahm die Tochter des Pharao und brachte sie in die Stadt Davids, bis er den Bau seines Hauses und des Hauses Jehovas und der Mauer von Jerusalem ringsum vollendete hatte. Nur opferte das Volk auf den 2 Höhen; denn bis zu jenen Tagen war dem Namen Jehovas kein Haus gebaut worden. Und Salomo liebte Je- 3 hova, indem er in den Satzungen seines Vaters David wandelte; nur opferte und räucherte er auf den Höhen.

Und b der König ging nach Gibeon, 4 um daselbst zu opfern, denn das war die große Höhe; tausend Brandopfer opferte Salomo auf selbigem Altar.

Zu Gibeon erschien Jehova dem 5 Salomo in einem Traume der Nacht; und Gott sprach: Bitte, was ich dir geben soll. Und Salomo sprach: Du 6 hast ja an deinem Knechte David, meinem Vater, große Güte erwiesen, so wie er vor dir gewandelt hat in Wahrheit und in Gerechtigkeit und in Geradheit des Herzens gegen dich; und du hast ihm diese große Güte bewahrt und ihm einen Sohn gegeben, der auf seinem Throne sitzt, wie es an diesem Tage ist. Und nun, Jehova, mein 7 Gott, du hast deinen Knecht zum König gemacht an meines Vaters David Statt, und ich bin ein kleiner Knabe, ich weiß nicht aus- und einzugehen; und dein Knecht ist in der Mitte dei- 8 nes Volkes, das du erwählt hast, eines großen Volkes, das nicht gezählt noch berechnet werden kann vor Menge. So gib denn deinem Knechte ein 9 verständiges Herz, um dein Volk zu richten, zu unterscheiden zwischen Gutem und Bösem; denn wer vermöchte dieses dein zahlreiches Volk zu richten? Und das Wort war gut 10 in den Augen des Herrn, daß Salomo um dieses gebeten hatte. Und Gott 11 sprach zu ihm: Weil du um dieses gebeten hast, und hast dir nicht viele Tage erbeten, und hast dir nicht Reichtum erbeten, und nicht um das Leben deiner Feinde gebeten, sondern hast dir Einsicht erbeten, um das Recht zu verstehen, siehe, so habe ich nach 12 deinem Worte getan; siehe, ich habe dir ein weises und einsichtsvolles Herz gegeben, daß deinesgleichen vor dir nicht gewesen ist, und deinesgleichen nach dir nicht aufstehen wird. Und auch was du nicht erbeten hast, 13 habe ich dir gegeben, sowohl Reichtum als Ehre c, sodaß deinesgleichen niemand unter den Königen sein wird d alle deine Tage. Und wenn du auf 14 meinen Wegen wandeln wirst, indem du meine Satzungen und meine Gebote beobachtest, so wie dein Vater David gewandelt hat, so werde ich deine Tage verlängern. — Und Salomo er- 15 wachte, und siehe, es war ein Traum. Und er kam nach Jerusalem, und er stand vor der Lade des Bundes Jeho-

---

a O. komme auf deinen Kopf! — b 2. Chron. 1, 3 usw. — c O. Herrlichkeit. — d Eig. gewesen sein wird.

vas und opferte Brandopfer und opferte Friedensopfer und machte allen seinen Knechten ein Mahl.

16 Damals kamen zwei Huren zu dem
17 König und standen vor ihm. Und das eine Weib sprach: Bitte, mein Herr! ich und dieses Weib wohnten in einem Hause; und ich gebar bei ihr im
18 Hause. Und es geschah am dritten Tage, nachdem ich geboren hatte, da gebar auch dieses Weib; und wir waren zusammen, kein Fremder war bei uns im Hause, nur wir beide waren
19 im Hause. Und der Sohn dieses Weibes starb des Nachts, weil sie auf ihm
20 gelegen hatte. Und sie stand mitten in der Nacht auf und nahm meinen Sohn von meiner Seite, während deine Magd schlief, und legte ihn an ihren Busen; ihren toten Sohn aber legte
21 sie an meinen Busen. Als ich nun am Morgen aufstand, um meinen Sohn zu säugen, siehe, da war er tot; und ich betrachtete ihn am Morgen, und siehe, es war nicht mein Sohn, den
22 ich geboren hatte. Und das andere Weib sprach: Nein! sondern mein Sohn ist der lebendige, und dein Sohn ist der tote. Und jene sprach: Nein! sondern dein Sohn ist der tote, und mein Sohn ist der lebendige. Und so
23 redeten sie vor dem König. Da sprach der König: Diese spricht: Dieser, der lebendige, ist mein Sohn, und dein Sohn ist der tote; und jene spricht: Nein! sondern dein Sohn ist der tote, und mein Sohn ist der lebendige.
24 Und der König sprach: Holet mir ein Schwert. Und man brachte das Schwert
25 vor den König. Und der König sprach: Teilet das lebendige Kind in zwei Teile, und gebet der einen die Hälfte
26 und der anderen die Hälfte. Da sprach das Weib, deren Sohn der lebendige war, zum König, denn ihr Innerstes wurde erregt über ihren Sohn, und sagte: Bitte, mein Herr! gebet ihr das lebendige Kind und tötet es ja nicht! Jene aber sagte: Weder mein noch
27 dein soll es sein, zerteilet es! Da antwortete der König und sprach: Gebet jener das lebendige Kind und tötet es ja nicht! sie ist seine Mutter.
28 Und ganz Israel hörte das Urteil, das der König gefällt hatte, und sie fürchteten sich vor dem König; denn sie sahen, daß die Weisheit Gottes in ihm war, Recht zu üben.

4 Und so war der König Salomo König über ganz Israel. Und dies sind
2 die Obersten, die er hatte: Asarja, der Sohn Zadoks, war der Priester *a*;
3 Elichoreph und Achija, die Söhne Schischas, waren Schreiber; Josaphat, der Sohn Ahiluds, war Geschicht-
4 schreiber *b*; und Benaja, der Sohn Jojadas, war über das Heer; und Zadok
5 und Abjathar waren Priester; und

Asarja, der Sohn Nathans, war über die Aufseher; und Sabut, der Sohn Nathans, war Krondiener *c*, des Kö-
6 nigs Freund; und Achischar war über das Haus, und Adoniram, der Sohn Abdas, über die Fron *d*.
7 Und Salomo hatte zwölf Aufseher über ganz Israel, und sie versorgten den König und sein Haus; einen Monat im Jahre lag jedem die Versor-
8 gung ob. Und dies sind ihre Namen: Ben-Hur *e* im Gebirge Ephraim; Ben-
9 Deker in Makaz und in Schaalbim und Beth-Semes und Elon-Beth-Hanan;
10 Ben-Hesed in Arubboth: er hatte So-
11 ko und das ganze Land Hepher. Ben-Abinadab hatte das ganze Hügelgebiet von Dor; Taphath, die Tochter Salomos, war sein Weib. Baana, der
12 Sohn Ahiluds, hatte Taanak und Megiddo und ganz Beth-Schean, das neben Zarethan *liegt,* unterhalb Jisreel, von Beth-Schean bis Abel-Mehola, bis jenseits Jokmeam. Ben-Geber in Ra-
13 moth-Gilead; er hatte die Dörfer Jairs, des Sohnes Manasses, die in Gilead sind; er hatte den Landstrich Argob, der in Basan ist, sechzig große Städte mit Mauern und ehernen Riegeln.
14 Achinadab, der Sohn Iddos, in Macha-
15 naim; Achimaaz in Naphtali; auch er hatte Basmath, die Tochter Salomos,
16 zum Weibe genommen; Baana, der Sohn Husais, in Aser und Bealoth; Josa-
17 phat, der Sohn Paruachs, in Issaschar;
18 Simei, der Sohn Elas, in Benjamin; Ge-
19 ber, der Sohn Uris, im Lande Gilead, dem Lande Sihons, des Königs der Amoriter, und Ogs, des Königs von Basan; und *nur* ein Aufseher war in diesem Lande *f*.
20 Juda und Israel waren zahlreich, wie der Sand, der am Meere ist, an Menge; sie aßen und tranken und
21 waren fröhlich. Und Salomo war Herrscher über alle Königreiche, von dem Strome *g* an bis zu dem Lande der Philister und bis zu der Grenze Aegyptens; sie brachten Geschenke und dienten Salomo alle Tage seines Le-
22 bens. Und der Speisebedarf *h* Salomos für einen Tag war: dreißig Kor *i*
23 Feinmehl und sechzig Kor Mehl, zehn gemästete Rinder und zwanzig Weide-Rinder und hundert Schafe; ohne die Hirsche und Gazellen und Damhirsche und die gemästete Geflügel *j*.
24 Denn er herrschte über das ganze *Land* diesseit des Stromes, von Tiphsach *k* bis Gasa, über alle Könige diesseit des Stromes; und er hatte Frieden
25 auf allen Seiten ringsum. Und Juda und Israel wohnten in Sicherheit, ein jeder unter seinem Weinstock und unter seinem Feigenbaum, von Dan bis Beerseba, alle Tage Salomos. Und
26 Salomo hatte vierzigtausend Stände für Rosse zu seinen Wagen, und

a O. der vertraute Rat. — *b* S. die Anm. zu 2. Sam. 8, 16. — *c* O. geheimer Rat. — *d* O. die Abgaben. — *e* O. der Sohn Hurs; ebenso nachher. — *f* And. üb.: und er war der einzige Aufseher, der in diesem Lande war. — *g* dem Euphrat. — *h* W. das Brot; so auch Kap. 5, 9. — *i* ein Kor = 10 Epha, ungefähr zweiundeinhalb Hektoliter. — *j* And.: die gemästeten Gänse. — *k* Thapsakus, am westlichen Ufer des Euphrat.

27 zwölftausend Reiter. Und jene Aufseher versorgten den König Salomo und alle, die zum Tische des Königs Salomo kamen, ein jeder in seinem Monat; sie ließen es an nichts fehlen.
28 Und die Gerste und das Stroh für die Rosse und für die Renner brachten sie *a* an den Ort, wo er *b* war, ein jeder nach seiner Vorschrift.
29 Und Gott gab Salomo Weisheit und sehr große Einsicht, und Weite des Herzens, wie der Sand, der am Ufer
30 des Meeres ist. Und die Weisheit Salomos war größer als die Weisheit aller Söhne des Ostens und als alle
31 Weisheit Aegyptens. Und er war weiser als alle Menschen, als Ethan, der Esrachiter, und Heman und Kalkol und Darda, die Söhne Machols. Und sein Name war unter allen Nationen rings-
32 um. Und er redete dreitausend Sprüche, und seiner Lieder waren tausend
33 und fünf. Und er redete über die Bäume, von der Zeder, die auf dem Libanon ist, bis zum Ysop, der an der Mauer herauswächst; und er redete über das Vieh und über die Vögel und über das Gewürm *c* und über die
34 Fische. Und man kam aus allen Völkern, um die Weisheit Salomos zu hören, von allen Königen der Erde her, die von seiner Weisheit gehört hatten.

5 Und *d* Hiram, der König von Tyrus, sandte seine Knechte zu Salomo, denn er hatte gehört, daß man ihn zum König gesalbt hatte an seines Vaters Statt; denn Hiram war alle-
2 zeit ein Freund Davids gewesen. Und Salomo sandte zu Hiram und ließ ihm
3 sagen: Du weißt ja, daß mein Vater David nicht vermochte, dem Namen Jehovas, seines Gottes, ein Haus zu bauen, wegen der Kriege, mit welchen sie ihn umgaben, bis Jehova sie
4 unter seine Fußsohlen legte. Nun aber hat Jehova, mein Gott, mir Ruhe geschafft ringsum; da ist kein Widersacher *mehr* und kein schlimmes Be-
5 gegnis. Und siehe, ich gedenke dem Namen Jehovas, meines Gottes, ein Haus zu bauen, so wie Jehova zu meinem Vater David geredet und gesagt hat: Dein Sohn, den ich an deiner Statt auf deinen Thron setzen werde, der soll meinem Namen ein
6 Haus bauen. Und nun gebiete, daß man mir Zedern vom Libanon haue; und meine Knechte sollen mit deinen Knechten sein; und den Lohn deiner Knechte will ich dir geben nach allem was du sagen wirst; denn du weißt ja, daß niemand unter uns ist, der Holz zu hauen versteht wie die Zi-
7 donier. Und es geschah, als Hiram die Worte Salomos hörte, da freute er sich sehr; und er sprach: Gepriesen sei heute Jehova, der David einen weisen Sohn gegeben hat über dieses
8 große Volk! Und Hiram sandte zu

Salomo und ließ *ihm* sagen: Ich habe gehört was du mir entboten hast; ich will all dein Begehr tun betreffs des Zedernholzes und betreffs des Zypres-
senholzes. Meine Knechte sollen *a* 9 vom Libanon an das Meer hinabbringen; und i c h werde auf dem Meere Flöße daraus machen *und sie* bis an den Ort *bringen lassen*, den du mir angeben wirst, und dort will ich sie zerlegen lassen; und du sollst es abholen. Du aber sollst mein Begehr tun, indem du den Speisebedarf meines Hauses gibst. Und so gab Hiram 10 dem Salomo Zedernholz und Zypressenholz nach all seinem Begehr. Salo- 11 mo aber gab Hiram zwanzigtausend Kor Weizen zur Nahrung für sein Haus, und zwanzig Kor zerstoßenes Oel: so gab Salomo dem Hiram Jahr für Jahr.

Und Jehova gab Salomo Weisheit, 12 so wie er zu ihm geredet hatte; und es war Friede zwischen Hiram und Salomo, und sie machten einen Bund miteinander.

Und der König Salomo hob Fron-13 arbeiter aus ganz Israel aus, und der Fronarbeiter waren dreißigtausend Mann. Und er schickte sie auf den 14 Libanon, zehntausend im Monat, wechselweise: einen Monat waren sie auf dem Libanon, zwei Monate in ihrem Hause; und Adoniram war über die Fronarbeiter. Und Salomo hatte sie-15 benzigtausend Lastträger und achtzigtausend Steinhauer im Gebirge, ohne die Oberaufseher Salomos, wel-16 che über die Arbeit waren, dreitausend und dreihundert, die über das Volk walteten, das an der Arbeit beschäftigt war. Und der König gebot, 17 und sie brachen große Steine, wertvolle *e* Steine, um den Grund des Hauses zu legen, behauene Steine. Und die Bauleute Salomos und die 18 Bauleute Hirams und die Gibliter *f* behieben sie, und sie richteten das Holz und die Steine zum Bau des Hauses zu.

Und *g* es geschah im vierhundert 6 und achtzigsten Jahre nach dem Auszuge der Kinder Israel aus dem Lande Aegypten, im vierten Jahre der Regierung Salomos über Israel, im Monat Siw, das ist der zweite Monat, da baute er Jehova das Haus *h*. Und das Haus, das der König Salomo 2 Jehova baute: sechzig Ellen war seine Länge, und zwanzig *Ellen* seine Breite, und dreißig Ellen seine Höhe. Und die Halle vor dem Tempel *i* des 3 Hauses: zwanzig Ellen war ihre Länge vor der Breite des Hauses her; zehn Ellen war ihre Breite vor dem Hause her. Und er machte dem Hause 4 Fenster, die mit unbeweglichen Querstäben vergittert waren. Und er 5 baute an die Wand des Hauses Stockwerke ringsum, an die Wände des

Hauses ringsum, des Tempels und des Sprachortes *a*; und er machte Seiten- 6 zimmer ringsum. Das untere Stockwerk: fünf Ellen war seine Breite, und das mittlere, sechs Ellen seine Breite, und das dritte, sieben Ellen seine Breite; denn er hatte außen am Hause ringsum Absätze gemacht, um nicht in die Wände des Hauses ein- 7 zugreifen *b*. Und das Haus wurde bei seiner Erbauung aus vollständig behauenen Steinen *c* erbaut; und Hammer und Meißel, irgend ein eisernes Werkzeug, wurde nicht am Hause 8 gehört, als es erbaut wurde. Der Eingang der mittleren *d* Seitenzimmer war an der rechten *e* Seite des Hauses; und mittelst Wendeltreppen stieg man zu den mittleren, und von den 9 mittleren zu den dritten hinauf. Und er baute das Haus und vollendete es, und er deckte das Haus mit Balken 10 und Reihen von Zedern. Und er baute die Stockwerke an das ganze Haus, fünf Ellen ihre Höhe; und sie waren mit dem Hause durch Zedernhölzer verbunden *f*.

11 Und das Wort Jehovas geschah zu 12 Salomo, indem er sprach: Dieses Haus, das du baust — wenn du in meinen Satzungen wandeln und meine Rechte tun und alle meine Gebote beobachten wirst, daß du darin wandelst, so werde ich dir mein Wort aufrecht halten, das ich zu deinem Vater Da- 13 vid geredet habe; und ich werde inmitten der Kinder Israel wohnen und werde mein Volk Israel nicht verlassen.

14 Und Salomo baute das Haus und 15 vollendete es. — Und er baute die Wände des Hauses innerhalb mit Zedernbrettern; vom Fußboden des Hauses bis an die Wände der Decke überzog er sie innerhalb mit Holz; und er überzog den Fußboden des Hauses 16 mit Zypressenbrettern. Und er baute die zwanzig Ellen an der Hinterseite des Hauses mit Zedernbrettern, vom Fußboden bis an die Wände *g*; und er baute sie ihm inwendig zum 17 Sprachorte, zum Allerheiligsten. Und das Haus, das ist der Tempel, vorn *vor dem Sprachorte*, war vierzig Ellen 18 *lang*. Und das Zedernholz am Hause, inwendig, war Schnitzwerk von Koloquinthen und aufbrechenden Blumen *h*; alles war Zedernholz, kein 19 Stein wurde gesehen. Und den Sprachort im Innersten des Hauses richtete er zu, um für die Lade des Bundes Jeho- 20 vas dahin zu setzen; und das Innere des Sprachortes *i*: zwanzig Ellen die Länge, und zwanzig Ellen die Breite, und zwanzig Ellen seine Höhe; und er überzog ihn mit geläutertem Golde; auch den Zedernholz-Altar über-

zog er *damit*. Und Salomo überzog 21 das Haus inwendig mit geläutertem Golde; und er zog goldene Ketten vor dem Sprachorte her, und überzog ihn mit Gold. Und das ganze Haus 22 überzog er mit Gold, das ganze Haus vollständig; auch den ganzen Altar, der zum Sprachorte gehörte, überzog er mit Gold.

Und er machte im Sprachorte zwei 23 Cherubim von Oelbaumholz, zehn Ellen ihre Höhe; und fünf Ellen *maß* 24 der eine Flügel des Cherubs, und fünf Ellen der andere Flügel des Cherubs: zehn Ellen von dem eizen Ende seiner Flügel bis zu dem anderen Ende seiner Flügel; und zehn Ellen *maß* 25 der andere Cherub: beide Cherubim hatten ein Maß und einen Schnitt. Die Höhe des einen Cherubs war 26 zehn Ellen, und ebenso *die* des anderen Cherubs. Und er stellte die 27 Cherubim in das innerste Haus; und die Cherubim breiteten die Flügel aus *j*, sodaß der Flügel des einen an diese Wand rührte, und der Flügel des anderen Cherubs an die andere Wand rührte; und ihre Flügel, nach der Mitte des Hauses zu, rührten Flügel an Flügel. Und er überzog die 28 Cherubim mit Gold.

Und an allen Wänden des Hauses 29 ringsum schnitzte er eingegrabenes Schnitzwerk von Cherubim und Palmen und aufbrechenden Blumen, innerhalb und außerhalb. Und den Fuß- 30 boden des Hauses überzog er mit Gold, innerhalb und außerhalb. Und für den 31 Eingang des Sprachortes machte er Türflügel von Oelbaumholz; die Einfassung, die Pfosten, bildeten den fünften Teil *der Wand*. Und in die 32 zwei Türflügel von Oelbaumholz, darein schnitzte er Schnitzwerk von Cherubim und Palmen und aufbrechenden Blumen, und er überzog sie mit Gold: er breitete das Gold aus über die Cherubim und über die Palmen. Und ebenso machte er für den Ein- 33 gang des Tempels Pfosten von Oelbaumholz aus dem vierten Teile *der Wand*, und zwei Türflügel von Zy- 34 pressenholz: aus zwei drehbaren Blättern war der eine Flügel, und aus zwei drehbaren Blättern der andere Flügel. Und er schnitzte Che- 35 rubim und Palmen und aufbrechende Blumen ein und überzog sie mit Gold, geschlichtet über das Eingegrabene.

Und er baute den inneren Hof aus 36 drei Reihen behauener Steine und aus einer Reihe Zedernbalken.

Im vierten Jahre wurde der Grund 37 des Hauses Jehovas gelegt, im Monat Siw; und im elften Jahre, im Monat 38 Bul, das ist der achte Monat, war das Haus vollendet nach allen seinen

---

a O. des Hinterraumes; so auch nachher. — *b* nämlich durch die Balkenköpfe der einzelnen Stockwerke. — *c* W. von vollständigen Steinen des Steinbruchs. — *d* Wahrsch. zu l.: der unteren. — *e* d. i. südlichen. — *f* Eig. sie faßten an das Haus durch Zedernhölzer. — *g* O. sowohl den Fußboden als auch die Wände. — *h* And.: und Gehängen von Blumen; so auch V. 29 usw. — *i* Da diese Uebersetzung zweifelhaft ist, so ist vielleicht zu l.: und der Sprachort. — *j* W. und man breitete die Flügel der Cherubim aus.

Stücken und nach all seiner Vorschrift *a*; und so baute er sieben Jahre
daran.

7 Und an seinem Hause baute Salomo dreizehn Jahre, und er vollendete
2 sein ganzes Haus. Und zwar baute er
das Haus des Waldes Libanon, hundert Ellen seine Länge, und fünfzig
Ellen seine Breite und dreißig Ellen
seine Höhe, auf vier Reihen von Ze-
dernsäulen, und Zedernbalken auf den
3 Säulen; und es war mit Zedernholz
gedeckt oben über den Seitenzimmern,
die auf den Säulen waren, fünfund-
4 vierzig, fünfzehn in der Reihe. Und
der Balken waren drei Reihen *b*, und
5 Fenster gegen Fenster, dreimal. Und
alle *Türöffnungen* und Pfosten *c* waren viereckig, mit Gebälk, und Fen-
6 ster gegen Fenster, dreimal. Und er
machte die Säulenhalle, fünfzig Ellen
ihre Länge, und dreißig Ellen ihre
Breite; und *noch* eine Halle vor derselben, und Säulen und einen Auf-
7 tritt *d* vor denselben. Und er machte
die Thronhalle, wo er richtete, die
Halle des Gerichts; und sie war mit
Zedernholz getäfelt, von Boden zu
8 Boden. Und sein Haus, in welchem
er wohnte, im anderen Hofe *e* innerhalb der Halle, war gleich diesem
Werke. Und Salomo baute *auch* der
Tochter des Pharao, die er *zum Weibe* genommen hatte, ein Haus gleich
dieser Halle.

9 Das alles war aus wertvollen Steinen, aus Steinen, die nach dem Maße
behauen waren, mit der Säge gesägt
von innen und von außen, und zwar
von der Grundlage bis an die Krag-
steine, und von außen bis zu dem gro-
10 ßen Hofe. Und die Grundlage bestand
aus wertvollen Steinen, aus großen
Steinen, Steinen von zehn Ellen und
11 Steinen von acht Ellen. Und darüber
her waren wertvolle Steine, Steine,
die nach dem Maße behauen waren,
12 und Zedernholz. Und der große Hof
ringsum bestand aus drei Reihen behauener Steine und einer Reihe Zedernbalken; so war es auch mit dem
inneren Hofe des Hauses Jehovas und
mit der Halle des Hauses.

13 Und der König Salomo sandte hin
14 und ließ Hiram von Tyrus holen. Er
war der Sohn einer Witwe aus dem
Stamme Naphtali, *f* (sein Vater aber
war ein Tyrer) ein Arbeiter in Erz;
und er war voll Weisheit und Einsicht
und Kenntnis, um allerlei Werk in
Erz zu machen; und er kam zu dem
König Salomo und machte sein ganzes
15 Werk. Und er bildete die zwei Säulen
von Erz: achtzehn Ellen die Höhe der
einen Säule, und ein Faden von zwölf
16 Ellen umfaßte die andere Säule. Und
er machte zwei Kapitäle, von Erz ge-

gossen, um sie auf die Spitzen der
Säulen zu setzen: fünf Ellen die Höhe
des einen Kapitäls, und fünf Ellen die
Höhe des anderen Kapitäls. Geflecht **17**
in Netzwerk, Schnüre in Kettenwerk
waren an den Kapitälen, die auf der
Spitze der Säulen waren: sieben an
dem einen Kapitäl, und sieben an dem
anderen Kapitäl. Und er machte Gra- **18**
natäpfel, und zwar zwei Reihen ringsum, über *g* das eine Netzwerk, zur
Bedeckung der Kapitäle, die auf der
Spitze der Säulen waren; und ebenso
machte er es an dem anderen Kapitäl.
Und die Kapitäle, die auf der Spitze **19**
der Säulen waren, waren *wie die*
Lilienarbeit in der Halle, vier Ellen.
Und auch waren Kapitäle *h* auf den **20**
beiden Säulen oben, dicht an *i* dem
Wulste, der jenseit des Flechtwerks
war. Und der Granatäpfel waren zweihundert, in Reihen ringsum, an dem
anderen Kapitäl. Und er richtete die **21**
Säulen auf bei der Halle *j* des Tempels: er richtete die rechte Säule auf
und gab ihr den Namen Jakin *k*, und
er richtete die linke Säule auf und
gab ihr den Namen Boas *l*. Und auf **22**
der Spitze der Säulen war Lilienarbeit. Und so wurde das Werk der
Säulen vollendet.

Und er machte das Meer, gegossen, **23**
zehn Ellen von seinem *einen* Rande
bis zu seinem *anderen* Rande, gerundet ringsum, und fünf Ellen seine
Höhe; und eine Schnur von dreißig
Ellen umfaßte es ringsum. Und unter- **24**
halb seines Randes umgaben es Koloquinthen ringsum, zehn auf die Elle,
das Meer ringsum einschließend; der
Koloquinthen waren zwei Reihen, gegossen aus e i n e m Gusse mit demselben. Es stand auf zwölf Rindern: **25**
drei wandten sich gegen Norden, und
drei wandten sich gegen Westen, und
drei wandten sich gegen Süden, und
drei wandten sich gegen Osten; und
das Meer war auf denselben, oben darüber, und alle ihre Hinterteile waren
nach innen *gekehrt*. Und seine Dicke **26**
war eine Handbreit, und sein Rand
wie die Arbeit eines Becherrandes,
wie eine Lilienblüte; es faßte zweitausend Bath *m*.

Und er machte die zehn Gestelle **27**
von Erz: vier Ellen die Länge eines
Gestelles, und vier Ellen seine Breite,
und drei Ellen seine Höhe. Und dies **28**
war die Arbeit der Gestelle: es waren
Felder an ihnen, und die Felder waren
zwischen den Eckleisten *n*; und auf den **29**
Feldern, die zwischen den Eckleisten
waren, waren Löwen, Rinder und Cherubim; und oben auf den Eckleisten
ein Untersatz; und unterhalb der Löwen und der Rinder waren Kränze,
in Form von Gehängen. Und jedes **30**

---

a O. Gebühr. — *b* Also wahrscheinlich 3 Stockwerke von je 15 Zimmern. — *c* And.
l.: Lichtöffnungen. — *d* O. ein Dachgesims. — *e* O. der andere Hof . . . war. — *f* Vergl.
2. Chron. 2, 14. Naphtali gehörte zu dem Panier des Lagers Dan. (S. 4. Mose 2, 25—31). —
g O. auf, an. — *h* Es handelt sich hier wohl um den oberen Teil der gesamten Kapitäle. — *i* O. gleichlaufend mit. — *j* O. gegen die Halle hin. — *k* Er wird festgestellt,
befestigen. — *l* In ihm ist Stärke. — *m* Vergl. Hes. 45, 11 und die Anm. zu 1. Kön.
4, 22. — *n* O. Randleisten.

Gestell hatte vier eherne Räder und eherne Achsen, und seine vier Füße hatten Schulterstücke; unter dem Bekken *a* waren die Schulterstücke angegossen; jenseit eines jeden *waren die* 31 Kränze. Und seine Oeffnung, innerhalb der Krone und aufwärts, war bei einer Elle, und ihre Oeffnung war gerundet, Gestellarbeit *b*, eine Elle und eine halbe Elle; und auch an ihrer Oeffnung war Schnitzwerk. Und ihre Felder waren viereckig, nicht rund. 32 Und die vier Räder waren unterhalb der Felder; und die Halter der Räder waren an dem Gestell; und die Höhe eines Rades war eine Elle und eine 33 halbe Elle; und die Arbeit der Räder war wie die Arbeit eines Wagenrades; ihre Halter und ihre Felgen und ihre Speichen und ihre Naben — das Ganze war gegossen. Und vier Schulter- 34 stücke waren an den vier Ecken eines Gestelles: aus dem Gestell *c* waren 35 seine Schulterstücke. Und am oberen Teile des Gestelles war eine Erhöhung von einer halben Elle, gerundet ringsum; und am oberen Teile des Gestelles waren seine Halter und seine Fel- 36 der aus demselben *c*. Und er grub in die Tafeln *d* seiner Halter und in seine Felder Cherubim, Löwen und Palmen ein, nach dem Raume eines 37 jeden, und Kränze ringsum. Auf diese Weise machte er die zehn Gestelle: ein Guß, ein Maß, ein Schnitt für sie alle. 38 Und er machte zehn Becken von Erz: vierzig Bath faßte ein Becken; vier Ellen war ein Becken *weit*; je ein Becken war auf je einem Gestell 39 von den zehn Gestellen. Und er setzte die Gestelle, fünf auf die rechte Seite *e* des Hauses, und fünf auf die linke Seite *f* des Hauses. Und das Meer setzte er auf die rechte Seite des Hauses ostwärts, gegen Süden. 40 Und Hiram machte die Töpfe und die Schaufeln und die Sprengschalen. — Und so vollendete Hiram die Arbeit des ganzen Werkes, das er dem König Salomo für das Haus Jehovas machte: 41 zwei Säulen und die krugförmigen Kapitäle *g*, die auf der Spitze der beiden Säulen waren; und die zwei Netzwerke zur Bedeckung der beiden krugförmigen Kapitäle, die auf der Spitze 42 der Säulen waren; und die vierhundert Granatäpfel zu den beiden Netzwerken: zwei Reihen Granatäpfel zu jedem Netzwerk, zur Bedeckung der beiden krugförmigen Kapitäle, die 43 oben auf den Säulen waren; und die zehn Gestelle und die zehn Becken 44 auf den Gestellen; und das eine Meer, und die zwölf Rinder unter dem Meere; 45 und die Töpfe und die Schaufeln und die Sprengschalen. Und alle diese Geräte, welche Hiram dem König Salomo für das Haus Jehovas machte,

waren von geglättetem Erz. Im Jor- 46 dankreise ließ der König sie gießen, in dichter Erde, zwischen Sukkoth und Zarethan. Und Salomo ließ alle Ge- 47 räte *ungewogen* vor übergroßer Menge, das Gewicht des Erzes wurde nicht untersucht.

Und Salomo machte alle die Geräte, 48 welche im Hause Jehovas waren: den goldenen Altar; und den goldenen Tisch, auf welchem die Schaubrote *lagen*; und die Leuchter, fünf zur 49 Rechten und fünf zur Linken vor dem Sprachorte, von geläutertem Golde; und die Blumen und die Lampen und die Lichtschneuzen von Gold; und die 50 Becken und die Lichtmesser und die Sprengschalen und die Schalen und die Räucherpfannen von geläutertem Golde; und die Angeln an den Türflügeln des inneren Hauses, des Allerheiligsten, *und* zu den Flügeltüren des Hauses, des Tempels, von Gold.

Und so war das ganze Werk voll- 51 endet, das der König Salomo für das Haus Jehovas machte. Und Salomo brachte die geheiligten Dinge seines Vaters David hinein: das Silber und das Gold und die Geräte legte er in die Schatzkammern des Hauses Jehovas.

Damals *h* versammelte Salomo die **8** Aeltesten von Israel und alle Häupter der Stämme, die Fürsten der Vaterhäuser *i* der Kinder Israel, zum König Salomo nach Jerusalem, um die Lade des Bundes Jehovas heraufzubringen aus der Stadt Davids, das ist Zion. Und alle Männer von Israel ver- 2 sammelten sich zum König Salomo im Monat Ethanim *j*, das ist der siebente Monat, am Feste. Und es kamen alle 3 Aeltesten von Israel, und die Priester nahmen die Lade auf. Und sie brach- 4 ten die Lade Jehovas hinauf, und das Zelt der Zusammenkunft und alle heiligen Geräte, die im Zelte waren: die Priester und die Leviten brachten sie hinauf. Und der König Salomo und 5 die ganze Gemeinde Israel, die sich zu ihm versammelt hatte *und* mit ihm vor der Lade *stand*, opferten Klein- und Rindvieh, das nicht gerechnet und nicht gezählt werden konnte vor Menge. Und die Priester brachten die 6 Lade des Bundes Jehovas an ihren Ort, in den Sprachort des Hauses, in das Allerheiligste, unter die Flügel der Cherubim; denn die Cherubim breite- 7 ten die Flügel aus über den Ort der Lade, und die Cherubim bedeckten die Lade und ihre Stangen von oben her. Und die Stangen waren so lang, daß 8 die Spitzen der Stangen vom Heiligen aus an der Vorderseite des Sprachortes gesehen wurden; aber auswärts *k* wurden sie nicht gesehen. Und sie sind daselbst bis auf diesen Tag. Nichts 9 war in der Lade, als nur die beiden

---

a S. V. 38. — *b* d. h. nach Art eines Untersatzes, Säulenfußes. — *c* d. h. aus einem Guß mit ihm. — *d* d. h. Flächen. — *e* d. i. die Südseite. — *f* d. i. die Nordseite. — *g* W. Krüge oder Kugeln der Kapitäle. — *h* 2. Chron. 5, 2. — *i* W. der Väter. — *j* Sonst Tisri genannt, ein Teil von September und Oktober; das Laubhüttenfest fand am 15. dieses Monats statt. (S. 3. Mose 23, 34.) — *k* O. von außen.

steinernen Tafeln, welche Mose am Horeb hineinlegte, als Jehova einen Bund machte mit den Kindern Israel, als sie aus dem Lande Aegypten zogen.

10 Und es geschah, als die Priester aus dem Heiligen hinausgingen, da erfüllte 11 die Wolke das Haus Jehovas; und die Priester vermochten wegen der Wolke nicht dazustehen, um den Dienst zu verrichten; denn die Herrlichkeit Jehovas erfüllte das Haus Jehovas.

12 Damals *a* sprach Salomo: Jehova hat gesagt, daß er im Dunkel wohnen 13 wolle. Gebaut habe ich dir ein Haus zur Wohnung, eine Stätte zu deinem 14 Sitze für Ewigkeiten. Und der König wandte sein Angesicht und segnete die ganze Versammlung Israels; und die ganze Versammlung Israels stand. 15 Und er sprach: Gepriesen sei Jehova, der Gott Israels, der mit seinem Munde zu meinem Vater David geredet und mit seiner Hand es erfüllt hat, 16 indem er sprach: Von dem Tage an, da ich mein Volk Israel aus Aegypten herausführte, habe ich keine Stadt aus allen Stämmen Israels erwählt, um ein Haus zu bauen, damit mein Name daselbst wäre; aber ich habe David erwählt, daß er über mein Volk Israel 17 wäre. Und es war in dem Herzen meines Vaters David, dem Namen Jehovas, des Gottes Israels, ein Haus zu 18 bauen. Und Jehova sprach zu meinem Vater David: Weil es in deinem Herzen gewesen ist, meinem Namen ein Haus zu bauen, so hast du wohlgetan, daß es in deinem Herzen gewesen ist. 19 Nur sollst d u nicht das Haus bauen; sondern der Sohn, der aus deinen Lenden hervorkommen wird, e r soll 20 meinem Namen das Haus bauen. Und Jehova hat sein Wort aufrecht gehalten, das ich geredet hat; und ich bin aufgestanden an meines Vaters David Statt, und habe mich auf den Thron Israels gesetzt, so wie Jehova geredet hat, und habe dem Namen Jehovas, 21 Gottes Israels, das Haus gebaut; und ich habe daselbst einen Ort hergerichtet für die Lade, in welcher der Bund Jehovas ist, den er mit unseren Vätern gemacht hat, als er sie aus dem Lande Aegypten herausführte.

22 Und Salomo trat vor den Altar Jehovas angesichts der ganzen Versammlung Israels; und er breitete seine 23 Hände aus gen Himmel und sprach: Jehova, Gott Israels! kein Gott ist dir gleich im Himmel oben und auf der Erde unten, der du den Bund und die Güte deinen Knechten bewahrst, die vor dir wandeln mit ihrem ganzen 24 Herzen; der du deinem Knechte David, meinem Vater, gehalten was du zu ihm geredet hast: du hast es mit deinem Munde geredet, und mit deiner Hand hast du es erfüllt, wie es 25 an diesem Tage ist. Und nun, Jehova, Gott Israels, halte deinem Knechte David, meinem Vater, was du zu ihm geredet hast, indem du sprachst: Es

soll dir nicht an einem Manne fehlen vor meinem Angesicht, der da sitze auf dem Throne Israels, wenn nur deine Söhne auf ihren Weg achthaben, daß sie vor mir wandeln, so wie du vor mir gewandelt hast. Und nun, 26 Gott Israels, mögen sich doch deine Worte bewähren, die du zu deinem Knechte David, meinem Vater, geredet hast! — Aber sollte Gott wirklich 27 auf der Erde wohnen? Siehe, die Himmel und der Himmel Himmel können dich nicht fassen; wieviel weniger dieses Haus, das ich gebaut habe! Doch wende dich zu dem Gebet dei- 28 nes Knechtes und zu seinem Flehen, Jehova, mein Gott, daß du hörst auf das Rufen und auf das Gebet, welches dein Knecht heute vor dir betet: daß 29 deine Augen Nacht und Tag offen seien über dieses Haus, über den Ort, von dem du gesagt hast: Mein Name soll daselbst sein! daß du hörst auf das Gebet, welches dein Knecht gegen diesen Ort hin beten wird. Und höre 30 auf das Flehen deines Knechtes und deines Volkes Israel, das sie gegen diesen Ort hin richten werden; und höre du an der Stätte deiner Wohnung, im Himmel, ja, höre und vergib!

Wenn jemand wider seinen Näch- 31 sten sündigt, und man ihm einen Eid auflegt, um ihn schwören zu lassen, und er kommt *und* schwört vor deinem Altar in diesem Hause: so höre 32 du im Himmel und handle und richte deine Knechte, indem du den Schuldigen schuldig sprichst, daß du seinen Weg auf seinen Kopf bringst, und indem du den Gerechten gerecht sprichst, daß du ihm gibst nach seiner Gerechtigkeit.

Wenn dein Volk Israel vor dem 3' Feinde geschlagen wird, weil sie wider dich gesündigt haben, und sie kehren in diesem Hause: so höre du im Himmel und vergib die Sünde deines Volkes Israel und bringe sie in das Land zurück, das du ihren Vätern gegeben hast.

Wenn der Himmel verschlossen, und 3' kein Regen sein wird, weil sie wider dich gesündigt haben, und sie beten gegen diesen Ort hin und bekennen deinen Namen und kehren um von ihrer Sünde, weil du sie demütigst: so höre du im Himmel und vergib die 3' Sünde deiner Knechte und deines Volkes Israel, daß *b* du ihnen den guten Weg zeigest, auf welchem sie wandeln sollen; und gib Regen auf dein Land, das du deinem Volke zum Erbteil gegeben hast.

Wenn eine Hungersnot im Lande 3' sein wird, wenn Pest sein wird, wenn Kornbrand, Vergilben *des Getreides*, Heuschrecken *oder* Grillen *c* sein werden; wenn sein Feind es belagert im Lande seiner Tore, *wenn* irgend eine Plage, irgend eine Krankheit *sein wird:* welches Gebet, welches Flehen

---

a 2. Chron. 6, 1. — *b* O. indem. — *c* Eig. Vertilger; eine Heuschreckenart.

irgend geschehen wird von irgend einem Menschen, von deinem ganzen Volke Israel, wenn sie erkennen werden ein jeder die Plage seines Herzens, und er seine Hände ausbreitet

39 gegen dieses Haus hin: so höre du im Himmel, der Stätte deiner Wohnung, und vergib, und tue und gib einem jeden nach allen seinen Wegen, wie du sein Herz kennst — denn du, du allein kennst das Herz aller Menschen-

40 kinder —; auf daß sie dich fürchten alle die Tage, die sie in dem Lande leben werden, das du unseren Vätern gegeben hast.

41 Und auch auf den Fremden, der nicht von deinem Volke Israel ist — kommt er aus fernem Lande um deines

42 Namens willen, (denn sie werden hören von deinem großen Namen und deiner starken Hand und deinem ausgestreckten Arm) kommt er und betet gegen

43 dieses Haus hin: so höre du im Himmel, der Stätte deiner Wohnung, und tue nach allem, um was der Fremde zu dir rufen wird; auf daß alle Völker der Erde deinen Namen erkennen, damit sie dich fürchten, wie dein Volk Israel, und damit sie erkennen, daß dieses Haus, welches ich gebaut habe, nach deinem Namen genannt wird a.

44 Wenn dein Volk auszieht wird zum Streit wider seinen Feind, auf dem Wege, den du sie senden wirst, und sie zu Jehova beten nach der Stadt hin, die du erwählt hast, und dem Hause, das ich deinem Namen gebaut

45 habe: so höre im Himmel ihr Gebet und ihr Flehen, und führe ihr Recht aus.

46 Wenn sie wider dich sündigen, — denn da ist kein Mensch, der nicht sündigte — und du über sie erzürnst und sie vor dem Feinde dahingibst und ihre Besieger b sie gefangen wegführen in das Land des Feindes, ein

47 fernes oder ein nahes; und sie nehmen es zu Herzen in dem Lande, wohin sie gefangen weggeführt sind, und kehren um und flehen zu dir in dem Lande derer, die sie gefangen weggeführt haben, und sprechen: Wir haben gesündigt und haben verkehrt gehandelt, wir haben gesetzlos gehan-

48 delt; und sie kehren zu dir um mit ihrem ganzen Herzen und mit ihrer ganzen Seele in dem Lande ihrer Feinde, die sie gefangen weggeführt haben, und sie beten zu dir nach ihrem Lande hin, das du ihren Vätern gegeben, nach der Stadt, die du erwählt hast, und dem Hause, das ich deinem

49 Namen gebaut habe: so höre im Himmel, der Stätte deiner Wohnung, ihr Gebet und ihr Flehen, und führe ihr

50 Recht aus; und vergib deinem Volke was sie gegen dich gesündigt haben, und alle ihre Uebertretungen, womit sie wider dich übertreten haben; und laß sie Barmherzigkeit finden vor de-

nen, die sie gefangen weggeführt haben, daß sie sich ihrer erbarmen;

51 denn sie sind dein Volk und dein Erbteil, das du herausgeführt hast aus Aegypten, mitten aus dem eisernen Schmelzofen —: sodaß deine Augen

52 offen seien für das Flehen deines Knechtes und für das Flehen deines Volkes Israel, daß du auf sie hörest in allem, um was sie zu dir rufen. Denn du, du hast sie ausgesondert,

53 dir zum Erbteil aus allen Völkern der Erde, so wie du durch deinen Knecht Mose geredet hast, als du unsere Väter aus Aegypten herausführtest, Herr, Jehova!

Und es geschah, als Salomo geendigt

54 hatte, dieses ganze Gebet und Flehen an Jehova zu richten, stand er auf vor c dem Altar Jehovas von dem Beugen seiner Kniee, indem seine Hände

55 gen Himmel ausgebreitet waren; und er stand und segnete die ganze Versammlung Israels mit lauter Stimme und sprach: Gepriesen sei Jehova, der

56 seinem Volke Israel Ruhe gegeben, nach allem was er geredet hat! Kein einziges Wort ist dahingefallen von allen seinen guten Worten d, die er durch seinen Knecht Mose geredet hat.

57 Jehova, unser Gott, sei mit uns, so wie er mit unseren Vätern gewesen ist; er verlasse uns nicht und verstoße

58 uns nicht: um unser Herz zu ihm zu neigen, damit wir auf allen seinen Wegen wandeln und seine Gebote und seine Satzungen und seine Rechte beobachten, die er unseren Vätern ge-

59 boten hat. Und diese meine Worte, die ich vor Jehova geflehet habe, mögen Jehova, unserem Gott, nahe sein Tag und Nacht, daß er das Recht seines Knechtes und das Recht seines Volkes Israel ausführe, je nachdem der Tag

60 es erfordert e; damit alle Völker der Erde erkennen, daß Jehova Gott f ist, keiner mehr. Und euer Herz sei un-

61 geteilt mit Jehova, unserem Gott, um in seinen Satzungen zu wandeln und seine Gebote zu beobachten, wie es an diesem Tage ist.

Und der König und ganz Israel mit

62 ihm opferten Schlachtopfer vor Jeho-

63 va. Und Salomo schlachtete als Friedensopfer, das er Jehova opferte, zweiundzwanzigtausend Rinder und hundertundzwanzigtausend Schafe g. Und der König und alle Kinder Israel weihten das Haus Jehovas ein. An

64 selbigem Tage heiligte der König die Mitte des Hofes, die vor dem Hause Jehovas lag; denn er opferte daselbst das Brandopfer und das Speisopfer und die Fettstücke der Friedensopfer; denn der eherne Altar, der vor Jehova stand, war zu klein, um das Brandopfer und das Speisopfer und die Fettstücke der Friedensopfer zu fassen.

Und so feierten Salomo und ganz

65 Israel mit ihm, eine große Versam-

---

a O. daß dein Name über diesem Hause angerufen wird. (Vergl. 1. Chron. 13, 6.) — b W. diejenigen, welche sie gefangen führen. — c Eig. von vor. — d Eig. von all seinem guten Worte. — e Eig. das zu einem Tage Gehörige an seinem Tage. — f W. der Gott, d. i. der wahre Gott. — g Eig. Stück Kleinvieh.

lung, von dem Eingang Hamaths bis an den Fluß Aegyptens, zu selbiger Zeit das Fest *a* vor Jehova, unserem Gott, sieben Tage und sieben Tage, 66 vierzehn Tage. Am achten Tage entließ er das Volk; und sie segneten den König und gingen nach ihren Zelten, fröhlich und gutes Mutes wegen all des Guten, das Jehova seinem Knechte David und seinem Volke Israel erwiesen hatte.

9 Und *b* es geschah, als Salomo den Bau des Hauses Jehovas und des Hauses des Königs und alles Begehren Salomos, das ihm zu machen gefiel, voll- 2 endet hatte, da erschien Jehova dem Salomo zum zweiten Male, wie er ihm 3 zu Gibeon erschienen war. Und Jehova sprach zu ihm: Ich habe dein Gebet und dein Flehen gehört, das du vor mir gefleht hast; ich habe dieses Haus, das du gebaut hast, geheiligt, um meinen Namen dahin zu setzen auf ewig; und meine Augen und mein Herz sollen daselbst sein 4 allezeit. Und du, wenn du vor mir wandeln wirst, so wie dein Vater David gewandelt hat, in Lauterkeit des Herzens und in Geradheit, daß du tust nach allem was ich dir geboten habe, und *wenn* du meine Satzungen und 5 meine Rechte beobachten wirst, so werde ich den Thron deines Königtums über Israel befestigen ewiglich, so wie ich zu deinem Vater David geredet habe, indem ich sprach: Es soll dir nicht an einem Manne fehlen auf 6 dem Throne Israels. Wenn ihr aber, ihr und eure Kinder, euch hinter mir abwenden und meine Gebote, meine Satzungen, die ich euch vorgelegt habe, nicht beobachten werdet, und werdet hingehen und anderen Göttern dienen und euch vor ihnen niederbeu- 7 gen, so werde ich Israel ausrotten aus dem Lande, das ich ihnen gegeben; und das Haus, welches ich meinem Namen geheiligt habe, werde ich von meinem Angesicht wegwerfen; und Israel wird zum Sprichwort und zur Spottrede werden unter allen Völkern. 8 Und dieses Haus, das erhaben war *c*, — jeder, der an demselben vorbeigeht, wird sich entsetzen und zischen. Und man wird sagen: Warum hat Jehova diesem Lande und diesem Hause also 9 getan? Und man wird sagen: Darum, daß sie Jehova, ihren Gott, der ihre Väter aus dem Lande Aegypten herausgeführt hat, verlassen und andere Götter angenommen *d* und sich vor ihnen niedergebeugt und ihnen gedient haben: darum hat Jehova all dieses Unglück über sie gebracht. 10 Und *e* es geschah am Ende von zwanzig Jahren, während welcher Salomo die beiden Häuser, das Haus Jehovas und das Haus des Königs, gebaut hatte, 11 — Hiram, der König von Tyrus, hatte Salomo mit Zedernholz und mit Zypres-

senholz und mit Gold nach all seinem Begehr unterstützt — damals gab der König Salomo dem Hiram zwanzig Städte im Lande Galiläa. Und Hiram 12 zog von Tyrus aus, um die Städte zu besehen, die Salomo ihm gegeben hatte; und sie waren nicht recht in seinen Augen. Und er sprach: Was sind 13 das für Städte, die du mir gegeben hast, mein Bruder! Und er *f* nannte sie das Land Kabul bis auf diesen Tag. Hiram hatte nämlich dem König hun- 14 dertundzwanzig Talente Gold gesandt.

Und dies ist die Sache mit der Fron, 15 welche der König Salomo aushob, um das Haus Jehovas zu bauen und sein Haus und das Millo *g* und die Mauer von Jerusalem, und Hazor und Megiddo und Geser. (Der Pharao, der 16 König von Aegypten, war heraufgezogen und hatte Geser eingenommen und es mit Feuer verbrannt und die Kanaaniter, die in der Stadt wohnten, erschlagen; und er hatte es seiner Tochter, dem Weibe Salomos, als Mitgift gegeben.) Und Salomo baute Ge- 17 ser und Unter-Beth-Horon und Baa- 18 lath, und Tadmor *h* in der Wüste, im Lande; und alle Vorratsstädte, die 19 Salomo hatte, und die Wagenstädte und die Reiterstädte; und was Salomo Lust hatte zu bauen in Jerusalem und auf dem Libanon und im ganzen Lande seiner Herrschaft. Alles Volk, das 20 übriggeblieben war von den Amoritern, den Hethitern, den Perisitern, den Hewitern und den Jebusitern, die nicht von den Kindern Israel waren: ihre Söhne, die nach ihnen im Lande 21 übriggeblieben waren, welche die Kinder Israel nicht zu verbannen vermocht hatten, die hob Salomo zu Fronarbeitern aus bis auf diesen Tag. Aber 22 aus den Kindern Israel machte Salomo keine Sklaven, sondern sie waren Kriegsleute und seine Knechte und seine Obersten und seine Anführer *i*, und Oberste seiner Wagen und seiner Reiter.

Dies sind die Oberaufseher, welche 23 über das Werk Salomos waren: fünfhundert und fünfzig, die über das Volk walteten, das an dem Werke arbeitete.

Sobald die Tochter des Pharao aus 24 der Stadt Davids in ihr Haus hinaufgezogen war, das er ihr erbaut hatte, da baute er das Millo.

Und Salomo opferte dreimal im Jah- 25 re Brandopfer und Friedensopfer auf dem Altar, den er Jehova erbaut hatte; und er räucherte auf dem, der vor Jehova *stand*. Und er vollendete das Haus.

Und der König Salomo machte eine 26 Flotte zu Ezjon-Geber, das bei Eloth, am Ufer des Schilfmeeres, im Lande Edom *liegt*. Und Hiram sandte auf 27 der Flotte seine Knechte, Schiffsleute, die des Meeres kundig waren, mit den

---

a S. die Anm. zu V. 2. — *b* 2. Chron. 7, 11. — *c* So nach der Alexandr. Uebersetzung. Im hebr. Texte steht: wird erhaben sein. Vergl. 2. Chron. 7, 21. — *d* W. ergriffen. — *e* 2. Chron. 8. — *f* O. man. — *g* Wall, Burg; vergl. Richter 9, 6; 2. Sam. 5, 9. — *h* Nach and. Lesart: Tamar. — *i* S. die Anm. zu 2. Sam. 23, 8.

28 Knechten Salomos. Und sie kamen nach Ophir und holten von dort Gold, vierhundert und zwanzig Talente, und brachten es zu dem König Salomo.

10 Und *a* die Königin von Scheba hörte den Ruf Salomos wegen des Namens Jehovas; und sie kam, um ihn 2 mit Rätseln zu versuchen. Und sie kam nach Jerusalem mit einem sehr großen Zuge, mit Kamelen, die Gewürze und Gold trugen in sehr großer Menge und Edelsteine. Und sie kam zu Salomo und redete zu ihm alles 3 was in ihrem Herzen war. Und Salomo erklärte ihr alles, um was sie fragte *b*; keine Sache war vor dem König verborgen, die er ihr nicht erklärt 4 hätte. Und als die Königin von Scheba all die Weisheit Salomos sah, und das 5 Haus, das er gebaut hatte, und die Speise seines Tisches, und das Sitzen seiner Knechte, und das Aufwarten *c* seiner Diener, und ihre Kleidung und seine Mundschenken *d*, und seinen Aufgang, auf welchem er in das Haus Jehovas hinaufging, da geriet sie außer 6 sich und sprach zu dem König: Das Wort ist Wahrheit gewesen, das ich in meinem Lande über deine Sachen und über deine Weisheit gehört habe; 7 und ich habe den Worten nicht geglaubt, bis ich gekommen bin und meine Augen es gesehen haben. Und siehe, nicht die Hälfte ist mir berichtet worden; du übertriffst an Weisheit und Gut das Gerücht, das ich gehört 8 habe. Glückselig sind deine Leute, glückselig diese deine Knechte, die beständig vor dir stehen, die deine 9 Weisheit hören! Gepriesen sei Jehova, dein Gott, der Gefallen an dir gehabt hat, dich auf den Thron Israels zu setzen! Weil Jehova Israel ewiglich liebt, hat er dich zum König eingesetzt, um Recht und Gerechtigkeit zu üben.
10 Und sie gab dem König hundert und zwanzig Talente Gold, und Gewürze in sehr großer Menge und Edelsteine; nie wieder ist eine solche Menge Gewürz gekommen wie dieses, welches die Königin von Scheba dem König 11 Salomo gab. (Und auch die Flotte Hirams, die Gold aus Ophir holte, brachte aus Ophir Sandelholz in sehr 12 großer Menge und Edelsteine. Und der König machte von dem Sandelholz ein Geländer *e* für das Haus Jehovas und für das Haus des Königs, und Lauten und Harfen für die Sänger; also ist kein Sandelholz gekommen noch gesehen worden bis auf diesen 13 Tag.) Und der König Salomo gab der Königin von Scheba all ihr Begehr, das sie verlangte, außer dem, was er ihr gab nach der Freigebigkeit *f* des Königs Salomo. Und sie wandte sich

und zog in ihr Land, sie und ihre Knechte.

Und das Gewicht des Goldes, wel- 14 ches dem Salomo in einem Jahre einkam, war sechshundert sechsund- 15 sechzig Talente Gold, außer dem was die Kaufleute und von den Krämern und dem Handel der Kaufleute und von allen Königen Arabiens *g* und den Statthaltern des Landes *einkam.* Und der König Salo- 16 mo machte zweihundert Schilde *h* von getriebenem Golde: sechshundert *Sekel* Gold zog er über jeden Schild; und dreihundert Tartschen von ge- 17 triebenem Golde: drei Minen Gold zog er über jede Tartsche; und der König tat sie in das Haus des Waldes Libanon. Und der König machte einen 18 großen Thron von Elfenbein und überzog ihn mit gereinigtem Golde. Sechs 19 Stufen waren an dem Throne, und der obere Teil des Thrones war hinten gerundet; und Armlehnen waren auf dieser und auf jener Seite an der Stelle des Sitzes, und zwei Löwen standen neben den Armlehnen; und zwölf Lö- 20 wen standen da auf den sechs Stufen, auf dieser und auf jener Seite. Desgleichen ist nicht gemacht worden in 21 irgend einem Königreiche. Und alle Trinkgefäße des Königs Salomo waren von Gold, und alle Geräte des Hauses des Waldes Libanon waren von geläutertem Golde; nichts war von Silber, es wurde in den Tagen Salomos für nichts geachtet. Denn 22 der König hatte eine Tarsis-Flotte auf dem Meere mit der Flotte Hirams; einmal in drei Jahren kam die Tarsis-Flotte, beladen mit Gold und Silber, Elfenbein und Affen und Pfauen *i.*

Und der König Salomo war größer 23 als alle Könige der Erde an Reichtum und an Weisheit. Und die ganze Erde 24 suchte das Angesicht Salomos, um seine Weisheit zu hören, die Gott in sein Herz gegeben hatte. Und sie brachten 25 ein jeder sein Geschenk: Geräte von Silber und Geräte von Gold, und Gewänder und Waffen, und Gewürze, Rosse und Maultiere, jährlich die Gebühr des Jahres.

Und *j* Salomo brachte zusammen 26 Wagen und Reiter, und er hatte tausend und vierhundert Wagen und zwölftausend Reiter; und er verlegte sie in die Wagenstädte und zu dem König nach Jerusalem. Und der Kö- 27 nig machte das Silber in Jerusalem den Steinen gleich, und die Zedern machte er den Sykomoren gleich, die in der Niederung *k* sind, an Menge. Und die Ausfuhr der Rosse für Salo- 28 mo *geschah* aus Aegypten; und ein Zug Handelsleute des Königs holte einen Zug um Geld *l.* Und ein Wa- 29 gen kam herauf und wurde ausgeführt

---

a 2. Chron. 9. — *b* W. alle ihre Sachen. — *c* W. das Stehen. — *d* O. seine Schenkeinrichtung. — *e* O. einen Aufstieg; die Bedeutung des hebr. Wortes ist ungewiß. — *f* O. dem Vermögen (W. der Hand). — *g* So nach 2. Chron. 9, 14; hier steht wie in Jer. 25, 24: ereb, d. h. der gemischten Bevölkerung. — *h* Hier der große Schild, der den ganzen Mann deckte. — *i* Viell. Elfenbein und Ebenholz und Affen. (Vergl. Hes. 27, 15.) — *j* 2. Chron. 1, 14. — *k* S. die Anm. zu 5. Mose 1, 7. — *l* Eig. um den Kaufpreis.

aus Aegypten um sechshundert *Sekel* Silber, und ein Roß um hundert und fünfzig. Und also führte man für alle Könige der Hethiter und für die Könige von Syrien durch ihre Hand aus *a*.

11 Und der König Salomo liebte viele fremde Weiber, und zwar neben der Tochter des Pharao: moabitische, ammonitische, edomitische, zidonische, 2 hethitische, von den Nationen, von welchen Jehova zu den Kindern Israel gesagt hatte: Ihr sollt nicht unter sie kommen, und s i e sollen nicht unter euch kommen; gewiß, sie würden euer Herz neigen ihren Göttern nach! An 3 diesen hing Salomo mit Liebe. Und er hatte an Weibern siebenhundert Fürstinnen *b* und dreihundert Kebsweiber; und seine Weiber neigten sein Herz. 4 Und es geschah zur Zeit, als Salomo alt war, da neigten seine Weiber sein Herz anderen Göttern nach; und sein Herz war nicht ungeteilt mit Jehova, seinem Gott, wie das Herz seines Va- 5 ters David. Und Salomo wandelte der Astoreth nach, der Gottheit der Zidonier, und dem Milkom, dem Greuel 6 der Ammoniter. Und Salomo tat was böse war in den Augen Jehovas, und er folgte Jehova nicht völlig nach wie 7 sein Vater David. Damals baute Salomo eine Höhe dem Kamos *c*, dem Greuel der Moabiter, auf dem Berge, der vor *d* Jerusalem *liegt*, und dem Molech, dem Greuel der Kinder Am- 8 mon. Und also tat er für alle seine fremden Weiber, die ihren Göttern räucherten und opferten.

9 Da erzürnte Jehova wider Salomo, weil er sein Herz von Jehova, dem Gott Israels, abgewandt hatte, der ihm 10 zweimal erschienen war und ihm betreffs dieser Sache geboten hatte, nicht anderen Göttern nachzuwandeln; aber er beobachtete nicht was Jehova ge- 11 boten hatte. Und Jehova sprach zu Salomo: Darum daß solches bei dir gewesen ist, und du meinen Bund nicht beobachtet hast und meine Satzungen, die ich dir geboten habe, so werde ich dir das Königreich gewiß- 12 lich entreißen und es deinem Knechte geben. Doch in deinen Tagen will ich es nicht tun, um deines Vaters David willen: aus der Hand deines Sohnes 13 werde ich es reißen; nur will ich *ihm* nicht das ganze Königreich entreißen: e i n e n Stamm will ich deinem Sohne geben, um meines Knechtes David willen und um Jerusalems willen, das ich erwählt habe.

14 Und Jehova erweckte Salomo einen Widersacher, Hadad, den Edomiter; er war vom königlichen Samen in 15 Edom. Es geschah nämlich, als David in Edom war *e*, als Joab, der Heeroberste, hinaufzog, um die Erschlagenen zu begraben, und er alles Männ- 16 liche in Edom erschlug (denn Joab

blieb sechs Monate daselbst mit ganz Israel, bis er alles Männliche in Edom ausgerottet hatte): da entfloh Hadad, 17 er und edomitische Männer von den Knechten seines Vaters mit ihm, um sich nach Aegypten zu begeben; Hadad war aber ein kleiner Knabe. Und 18 sie machten sich auf aus Midian und kamen nach Paran; und sie nahmen Männer aus Paran mit sich und kamen nach Aegypten zu dem Pharao, dem König von Aegypten. Und er gab ihm ein Haus und wies ihm Speise an und gab ihm Land. Und Hadad fand große 19 Gnade in den Augen des Pharao, und er gab ihm die Schwester seines Weibes, die Schwester der Königin Thachpenes, zum Weibe. Und die Schwester 20 der Thachpenes gebar ihm Genubath, seinen Sohn; und Thachpenes pflegte ihn im Hause des Pharao; und so war Genubath im Hause des Pharao, unter den Söhnen des Pharao. Und als Ha- 21 dad in Aegypten hörte, daß David sich zu seinen Vätern gelegt hatte, und daß Joab, der Heeroberste, tot war, da sprach Hadad zu dem Pharao: Entlasse mich, daß ich in mein Land z i e h e. Und der Pharao sprach zu ihm: Was 22 mangelt dir bei mir? Und siehe, du begehrst in dein Land zu ziehen? Und er sprach: Nichts; aber entlasse mich doch!

Und Gott erweckte ihm einen Wi- 23 dersacher, Reson, den Sohn Eljadas, der von Hadadeser, dem König von Zoba, seinem Herrn, geflohen war. Und er sammelte Männer um sich und 24 wurde Oberster einer Schar, als David die Zobaiter *f* tötete; und sie zogen nach Damaskus und wohnten darin, und sie regierten in Damaskus. Und 25 er wurde ein Widersacher Israels, alle Tage Salomos, und zwar neben dem Uebel, das Hadad *tat*; und er verabscheute Israel, und er wurde König über Syrien *g*.

Und Jerobeam, der Sohn Nebats, 26 ein Ephratiter *h*, von Zereda, (und der Name seiner Mutter war Zerua, eine Witwe) ein Knecht Salomos, auch er erhob die Hand wider den König. Und 27 dies war die Sache, warum er die Hand wider den König erhob: Salomo baute das Millo *und* schloß die Lücke *i* der Stadt seines Vaters David. Der Mann 28 Jerobeam aber war ein wackerer Mann; und als Salomo den Jüngling sah, daß er arbeitsam war, bestellte er ihn über alle Lastarbeiten des Hauses Joseph. Und es geschah zu selbi- 29 ger Zeit, als Jerobeam *einmal* aus Jerusalem hinausging, da fand ihn der Prophet Achija, der Siloniter, auf dem Wege; und er hatte sich in ein neues Oberkleid gehüllt, und sie beide waren allein auf dem Felde. Da faßte 30 Achija das neue Oberkleid, das er anhatte, und zerriß es in zwölf Stücke.

---

31 und er sprach zu Jerobeam: Nimm dir zehn Stücke; denn so spricht Jehova, der Gott Israels: Siehe, ich will das Königreich aus der Hand Salomos reißen und will dir zehn Stämme ge- 32 ben; (aber einen Stamm soll er behalten um meines Knechtes David willen und um Jerusalems willen, der Stadt, die ich erwählt habe aus allen Stäm- 33 men Israels) darum daß sie mich verlassen und sich niedergebeugt haben vor Astoreth, der Gottheit der Zidonier, vor Kamos, dem Gott der Moabiter, und vor Milkom, dem Gott der Kinder Ammon, und nicht auf meinen Wegen gewandelt haben, zu tun was recht ist in meinen Augen, und meine Satzungen und meine Rechte *zu beob-* 34 *achten,* wie mein Vater David. Doch will ich nicht das ganze Königreich aus seiner Hand nehmen, sondern will ihn zum Fürsten setzen alle Tage seines Lebens, um meines Knechtes David willen, den ich erwählt habe, der meine Gebote und meine Satzungen 35 beobachtet hat. Aber aus der Hand seines Sohnes will ich das Königreich nehmen und es dir geben, die zehn 36 Stämme; und seinem Sohne will ich einen Stamm geben, auf daß mein Knecht David alle Tage eine Leuchte vor mir habe in Jerusalem, der Stadt, die ich mir erwählt habe, um meinen 37 Namen dahin zu setzen. Und dich will ich nehmen, daß du regierest über alles was deine Seele begehren wird, 38 und König seiest über Israel. Und es wird geschehen, wenn du hören wirst auf alles was ich dir gebiete, und auf meinen Wegen wandeln und tun wirst was recht ist in meinen Augen, indem du meine Satzungen und meine Gebote beobachtest, wie mein Knecht David getan hat, so werde ich mit dir sein und dir ein beständiges Haus bauen, wie ich es dem David gebaut habe, und werde 39 dir Israel geben; und ich werde den Samen Davids um deswillen demü- 40 tigen, doch nicht für immer. — Und Salomo suchte Jerobeam zu töten; da machte Jerobeam sich auf und entfloh nach Aegypten zu Sisak *e*, dem König von Aegypten; und er war in Aegypten bis zum Tode Salomos.

41 Und das Uebrige der Geschichte *b* Salomos und alles was er getan hat, und seine Weisheit, ist das nicht geschrieben in dem Buche der Geschichte 42 Salomos? Und die Tage, die Salomo zu Jerusalem über ganz Israel regierte, 43 waren vierzig Jahre. Und Salomo legte sich zu seinen Vätern, und er wurde begraben in der Stadt seines Vaters David. Und Rehabeam, sein Sohn, ward König an seiner Statt.

2 Und *c* Rehabeam ging nach Sichem; denn ganz Israel war nach Sichem gekommen, um ihn zum Kö- 2 nig zu machen. Und es geschah, als Jerobeam, der Sohn Nebats, es hörte, (er war aber noch in Aegypten, wo-

hin er vor dem König Salomo geflohen war, und Jerobeam wohnte in Aegyp- 3 ten; und sie sandten hin und riefen ihn) da kamen Jerobeam und die ganze Versammlung Israels, und sie redeten zu Rehabeam und sprachen: Dein Vater hat unser Joch hart ge- 4 macht; du aber, erleichtere nun den harten Dienst deines Vaters und sein schweres Joch, das er auf uns gelegt hat, so wollen wir dir dienen. Und 5 er sprach zu ihnen: Gehet hin noch drei Tage, dann kommet wieder zu mir. Und das Volk ging hin.

Und der König Rehabeam beriet 6 sich mit den Alten, die vor seinem Vater Salomo gestanden hatten, als er *noch* am Leben war, und sprach: Wie ratet ihr, diesem Volke Antwort zu geben? Und sie redeten zu ihm 7 und sprachen: Wenn du heute dieses Volkes Knecht wirst und ihnen dienst und sie erhörst und gütige Worte zu ihnen redest, so werden sie deine Knechte sein alle Tage. Aber er ver- 8 ließ den Rat der Alten, den sie ihm geraten hatten; und er beriet sich mit den Jungen, die mit ihm aufgewachsen waren, die vor ihm standen. Und 9 er sprach zu ihnen: Was ratet ihr, daß wir diesem Volke zur Antwort geben, welches zu mir geredet und gesagt hat: Erleichtere das Joch, das dein Vater auf uns gelegt hat? Und die 10 Jungen, die mit ihm aufgewachsen waren, redeten zu ihm und sprachen: So sollst du zu diesem Volke sprechen, das zu dir geredet und gesagt hat: Dein Vater hat unser Joch schwer gemacht, du aber erleichtere es uns; so sollst du zu ihnen reden: Mein kleiner Finger ist dicker als die Lenden meines Vaters! Nun denn, mein Va- 11 ter hat euch ein schweres Joch aufgeladen, ich aber will zu eurem Joche hinzutun; mein Vater hat euch mit Geißeln gezüchtigt, ich aber will euch mit Skorpionen *d* züchtigen.

Und Jerobeam und alles Volk kam am 12 dritten Tage zu Rehabeam, so wie der König geredet und gesagt hatte: Kommet wieder zu mir am dritten Tage. Und der König antwortete dem Volke 13 hart und verließ den Rat der Alten, den sie ihm gegeben hatten; und er 14 redete zu ihnen nach dem Rate der Jungen und sprach: Mein Vater hat euer Joch schwer gemacht, ich aber will zu eurem Joche hinzutun; mein Vater hat euch mit Geißeln gezüchtigt, ich aber will euch mit Skorpionen züchtigen. So hörte der König 15 nicht auf das Volk; denn es war eine Wendung von seiten Jehovas, auf daß er sein Wort aufrecht hielte, welches Jehova durch Achija, den Siloniter, zu Jerobeam, dem Sohne Nebats, geredet hatte.

Und als ganz Israel sah, daß der 16 König nicht auf sie hörte, da gab das Volk dem König Antwort und sprach: Was haben wir für Teil an David?

---

a H. Schischak. — *b* Eig. der Handlungen, Begebenheiten. — *c* 2. Chron. 10. — *d* d. h. Stachelpeitschen.

und wir haben kein Erbteil am Sohne Isais! Zu deinen Zelten, Israel! Nun sieh nach deinem Hause, David! — Und Israel ging nach seinen Zelten.

17 Die Kinder Israel aber, die in den Städten Judas wohnten, über sie wurde
18 Rehabeam König. Und der König Rehabeam sandte Adoram, der über die Fron war; aber ganz Israel steinigte ihn, und er starb. Da eilte der König Rehabeam, den Wagen zu besteigen,
19 um nach Jerusalem zu fliehen. So fiel Israel vom Hause Davids ab bis auf diesen Tag.

20 Und es geschah, als ganz Israel hörte, daß Jerobeam zurückgekehrt wäre, da sandten sie hin und riefen ihn zu der Gemeinde, und machten ihn zum König über ganz Israel. Niemand folgte dem Hause Davids, außer dem Stamme Juda allein.

21 Und a Rehabeam kam nach Jerusalem; und er versammelte das ganze Haus Juda und den Stamm Benjamin, hundertundachtzigtausend auserlesene Krieger, um mit dem Hause Israel zu streiten, damit er das Königreich
22 an Rehabeam, den Sohn Salomos, zurückbrächte. Da geschah das Wort Gottes zu Schemaja, dem Manne Got-
23 tes, also: Sage zu Rehabeam, dem Sohne Salomos, dem König von Juda, und zu dem ganzen Hause Juda und Benjamin und zu dem übrigen Volke, und
24 sprich: So spricht Jehova: Ihr sollt nicht hinaufziehen und nicht mit euren Brüdern, den Kindern Israel, streiten; kehret um, ein jeder nach seinem Hause, denn von mir aus ist diese Sache geschehen. Und sie hörten auf das Wort Jehovas und zogen wieder zurück nach dem Worte Jehovas.

25 Und Jerobeam baute Sichem im Gebirge Ephraim und wohnte darin; und er zog von dannen aus und baute
26 Pnuel. Und Jerobeam sprach in seinem Herzen: Nun wird das Königreich an das Haus Davids zurückkommen.
27 Wenn dieses Volk hinaufziehen wird, um im Hause Jehovas zu Jerusalem Schlachtopfer zu opfern, so wird das Herz dieses Volkes sich zu ihrem Herrn zurückwenden, zu Rehabeam, dem König von Juda; und sie werden mich töten und sich zu Rehabeam, dem
28 König von Juda, zurückwenden. Da beriet sich der König und machte zwei goldene Kälber. Und er sprach zu dem Volke b: Es ist zu viel für euch, nach Jerusalem hinaufzuziehen; siehe da, Israel, deine Götter, die dich aus dem Lande Aegypten heraufgeführt haben.
29 Und er stellte das eine in Bethel auf,
30 und das andere tat er nach Dan. Und diese Sache wurde zur Sünde, und das Volk ging vor das eine hin bis nach
31 Dan. Auch baute er Höhenhäuser, und machte Priester aus sämtlichem Volke, die nicht von den Kindern Levi wa-
32 ren. Und Jerobeam machte ein Fest

im achten Monat, am fünfzehnten Tage des Monats, wie das Fest, das in Juda *stattfand* c, und er opferte auf dem Altar. Ebenso tat er zu Bethel, indem er den Kälbern opferte, die er gemacht hatte; und er bestellte in Bethel die Priester der Höhen, die er
33 gemacht hatte. Und er opferte auf dem Altar, den er zu Bethel gemacht hatte, am fünfzehnten Tage im achten Monat, in dem Monat, den er aus seinem Herzen erdacht hatte; und er machte den Kindern Israel ein Fest, und opferte auf dem Altar und räucherte d.

Und siehe, ein Mann Gottes kam aus Juda, durch das Wort Jehovas, **13** nach Bethel, und Jerobeam stand bei dem Altar, um zu räuchern. Und er
2 rief aus wider den Altar durch das Wort Jehovas und sprach: Altar, Altar! so spricht Jehova: Siehe, ein Sohn wird dem Hause Davids geboren werden, Josia sein Name; und er wird auf dir die Priester der Höhen schlachten, die auf dir räuchern, und man wird Menschengebeine auf dir verbrennen!
3 Und er gab an selbigem Tage ein Zeichen und sprach: Dies ist das Zeichen, von dem Jehova geredet hat: Siehe, der Altar wird reißen und die Fettasche, die darauf ist, verschüttet wer-
4 den. Und es geschah, als der König das Wort des Mannes Gottes hörte, das er wider den Altar zu Bethel ausgerufen hatte, da streckte Jerobeam seine Hand aus von dem Altar herab und sprach: Greifet ihn! Da verdorrte seine Hand, die er wider ihn ausgestreckt hatte, und er konnte sie
5 nicht wieder an sich ziehen. Und der Altar riß, und die Fettasche wurde vom Altar verschüttet, nach dem Zeichen, welches der Mann Gottes durch
6 das Wort Jehovas gegeben hatte. Da antwortete der König und sprach zu dem Manne Gottes: Flehe doch Jehova, deinen Gott, an und bete für mich, daß meine Hand mir wiedergegeben werde e. Und der Mann Gottes flehte Jehova an, und die Hand des Königs wurde ihm wiedergegeben
7 und war wie zuvor. Und der König redete zu dem Manne Gottes: Komm mit mir ins Haus und stärke dich, und ich will dir ein Geschenk geben. Aber
8 der Mann Gottes sprach zu dem König: Wenn du mir die Hälfte deines Hauses gäbest, so würde ich nicht mit dir hineingehen; und ich werde kein Brot essen und kein Wasser trinken
9 an diesem Orte. Denn also ist mir geboten worden durch das Wort Jehovas und gesagt: Du sollst kein Brot essen und kein Wasser trinken, und du sollst nicht auf dem Wege zurück-
10 kehren, den du gegangen bist. Und er ging auf einem anderen Wege und kehrte nicht auf dem Wege zurück, auf welchem er nach Bethel gekommen war.

---

a 2. Chron. 11. — b W. zu ihnen. — c das Laubhüttenfest, welches am 15. des siebenten Monats gefeiert wurde. — d Eig. indem er räucherte; od. um zu räuchern. — e Eig. wieder zu mir komme; so auch nachher.

11 Ein alter Prophet aber wohnte zu Bethel; und einer seiner Söhne *a* kam und erzählte ihm alles was der Mann Gottes an dem Tage zu Bethel getan hatte; die Worte, die er zum König geredet hatte, die erzählten sie auch 12 ihrem Vater. Und ihr Vater sprach zu ihnen: Welchen Weg ist er gegangen? Und seine Söhne hatten den Weg gesehen *b*, den der Mann Gottes gegangen, der aus Juda gekommen 13 war. Da sprach er zu seinen Söhnen: Sattelt mir den Esel! Und sie sattelten ihm den Esel, und er ritt darauf. 14 Und er ritt dem Manne Gottes nach und fand ihn unter einer *c* Terebinthe sitzen; und er sprach zu ihm: Bist du der Mann Gottes, der von Juda gekommen ist? Und er sprach: Ich 15 bin's. Da sprach er zu ihm: Komm 16 mit mir nach Hause und iß Brot. Er aber sprach: Ich kann nicht mit dir umkehren und mit dir hineingehen, und ich werde kein Brot essen und kein Wasser mit dir trinken an diesem 17 Orte. Denn ein Wort ist zu mir *geschehen* durch das Wort Jehovas: Du sollst kein Brot essen und kein Wasser daselbst trinken; du sollst nicht auf dem Wege zurückkehren, auf wel-18 chem du gegangen bist. Und er sprach zu ihm: Auch ich bin ein Prophet, wie du; und ein Engel hat zu mir geredet durch das Wort Jehovas und gesagt: Bringe ihn mit dir in dein Haus zu-19 rücke, daß er Brot esse und Wasser trinke. Er belog ihn. Da kehrte er mit ihm zurück, und aß Brot in seinem Hause und trank Wasser. 20 Und es geschah, während sie zu Tische saßen, da geschah das Wort Jehovas zu dem Propheten, der ihn 21 zurückgebracht hatte. Und er rief dem Manne Gottes zu, der aus Juda gekommen war, und sprach: So spricht Jehova: Darum daß du gegen den Befehl Jehovas widerspenstig gewesen bist und nicht beobachtet hast das Gebot, das Jehova, dein Gott, dir 22 geboten hat, und bist umgekehrt und hast Brot gegessen und Wasser getrunken an dem Orte, von welchem er zu dir geredet hat: Iß kein Brot und trinke kein Wasser! so soll dein Leichnam nicht in das Grab deiner 23 Väter kommen. Und es geschah, nachdem er Brot gegessen und nachdem er getrunken hatte, da sattelte er ihm, dem Propheten, den er zurück-24 gebracht hatte, den Esel. Und er zog fort; und es fand ihn ein Löwe auf dem Wege und tötete ihn. Und sein Leichnam lag hingestreckt auf dem Wege, und der Esel stand daneben, und der Löwe stand neben dem Leich-25 nam. Und siehe, da gingen Leute vorüber und sahen den Leichnam hingestreckt auf dem Wege, und den Löwen neben dem Leichnam stehen; und sie kamen und sagten es in der Stadt, in welcher der alte Prophet 26 wohnte. Als nun der Prophet, der ihn von dem Wege zurückgeführt hatte,

es hörte, sprach er: Das ist der Mann Gottes, der gegen den Befehl Jehovas widerspenstig gewesen ist; und so hat Jehova ihn dem Löwen preisgegeben: der hat ihn zerrissen und getötet, nach dem Worte Jehovas, das er zu ihm geredet hat. Und er redete 27 zu seinen Söhnen und sprach: Sattelt mir den Esel! Und sie sattelten ihn. Und er ritt hin und fand seinen Leich-28 nam hingestreckt auf dem Wege, und den Esel und den Löwen neben dem Leichnam stehen; der Löwe hatte den Leichnam nicht gefressen und den Esel nicht zerrissen. Und der Pro-29 phet hob den Leichnam des Mannes Gottes auf und legte ihn auf den Esel und brachte ihn zurück. Und er kam in die Stadt des alten Propheten, um ihn zu beklagen und zu begraben. Und er legte seinen Leichnam in sein 30 eigenes Grab; und man klagte über ihn: Ach, mein Bruder! Und es ge-31 schah, nachdem er ihn begraben hatte, da sprach er zu seinen Söhnen und sagte: Wenn ich gestorben bin, so begrabet mich in dem Grabe, in welchem der Mann Gottes begraben ist; leget meine Gebeine neben seine Gebeine. Denn das Wort wird gewißlich 32 geschehen, welches er durch das Wort Jehovas ausgerufen hat wider den Altar, der zu Bethel ist, und wider alle Höhenhäuser, die in den Städten Samarias sind.

Nach dieser Begebenheit kehrte 33 Jerobeam nicht um vor seinem bösen Wege; und er machte wiederum aus sämtlichem Volke Priester der Höhen: wer Lust hatte, den weihte er, daß er ein Priester der Höhen würde. Und diese Sache wurde dem Hau-34 se Jerobeams zur Sünde, und zur Vertilgung und zur Vernichtung vom Erdboden hinweg.

Zu selbiger Zeit erkrankte Abija, **14** der Sohn Jerobeams. Und Jerobeam 2 sprach zu seinem Weibe: Mache dich doch auf und verstelle dich, damit man nicht wisse, daß du das Weib Jerobeams bist, und gehe hin nach Silo: siehe, daselbst ist Achija, der Prophet; er ist es, der über mich geredet hat, daß ich König über dieses Volk sein würde. Und nimm mit dir zehn 3 Brote und Backwerk und einen Krug Honig und gehe zu ihm; er wird dir kundtun was dem Knaben geschehen wird. Und das Weib Jerobeams tat 4 also: sie machte sich auf und ging nach Silo und kam in das Haus Achijas. Achija aber konnte nicht sehen, denn seine Augen waren starr wegen seines Alters. Und Jehova hatte zu 5 Achija gesagt: Siehe, das Weib Jerobeams kommt, um etwas von dir zu erfragen betreffs ihres Sohnes, denn er ist krank; so und so sollst du zu ihr reden; es wird aber geschehen, wenn sie hereinkommt, so wird sie sich fremd stellen. Und es geschah, 6 als Achija das Geräusch ihrer Füße hörte, als sie zum Eingang hereinkam,

---

a W. sein Sohn. — *b* Nach and. Lesart: zeigten ihm den Weg. — *c* O. der.

da sprach er: Komm herein, Weib Jerobeams! warum stellst du dich denn fremd? Ich aber bin mit hartem

7 Worte zu dir gesandt. Gehe hin, sprich zu Jerobeam: So spricht Jehova, der Gott Israels: Weil ich dich aus der Mitte des Volkes erhoben und dich als Fürst gesetzt habe über mein Volk

8 Israel, und das Königreich dem Hause Davids entrissen und es dir gegeben habe; du aber nicht gewesen bist wie mein Knecht David, der meine Gebote beobachtet hat und mir nachgefolgt ist mit seinem ganzen Herzen, daß er nur tat was recht ist in

9 meinen Augen; sondern hast es ärger gemacht als alle, die vor dir gewesen sind, und bist hingegangen und hast dir andere Götter und gegossene Bilder gemacht, um mich zu reizen, und hast mich hinter deinen Rücken ge-

10 worfen: darum, siehe, will ich Unglück über das Haus Jerobeams bringen, und ich werde von Jerobeam ausrotten was männlich ist, den Gebundenen und den Freien in Israel; und ich werde hinter dem Hause Jerobeams her ausfegen, wie man den Kot ausfegt, bis es mit ihm aus ist.

11 Wer von Jerobeam in der Stadt stirbt, den sollen die Hunde fressen, und wer auf dem Felde stirbt, den sollen die Vögel des Himmels fressen; denn

12 Jehova hat es geredet! Und du, mache dich auf, gehe nach deinem Hause: wenn deine Füße in die Stadt ein-

13 treten, wird das Kind sterben. Und ganz Israel wird um ihn klagen und ihn begraben; denn von Jerobeam wird dieser allein in ein Grab kommen, weil an ihm etwas Gutes gegen Jehova, den Gott Israels, gefunden

14 worden ist im Hause Jerobeams. Und Jehova wird sich einen König über Israel erwecken, der das Haus Jerobeams ausrotten wird an jenem Tage;

15 und was? Sogar jetzt. Und Jehova wird Israel schlagen, wie das Rohr im Wasser schwankt; und er wird Israel herausreißen aus diesem guten Lande, das er ihren Vätern gegeben hat, und wird sie zerstreuen jenseit des Stromes, darum daß sie ihre Ascherim gemacht haben, indem sie

16 Jehova reizten. Und er wird Israel dahingeben um der Sünden Jerobeams willen, die er begangen und wodurch er Israel sündigen gemacht hat.

17 Und das Weib Jerobeams machte sich auf und ging und kam nach Tirza; sie war eben an die Schwelle des Hauses gekommen, da starb der Kna-

18 be. Und ganz Israel begrub ihn und klagte um ihn, nach dem Worte Jehovas, das er durch seinen Knecht Achija, den Propheten, geredet hatte.

19 Und das Uebrige der Geschichte Jerobeams, wie er gestritten und wie er regiert hat, siehe, das ist geschrieben in dem Buche der Chronika der

20 Könige von Israel. Und die Tage, die Jerobeam regierte, waren zweiund-

zwanzig Jahre: und er legte sich zu seinen Vätern. Und Nadab, sein Sohn, ward König an seiner Statt.

21 Und a Rehabeam, der Sohn Salomos, regierte in Juda. Einundvierzig Jahre war Rehabeam alt, als er König wurde, und er regierte siebenzehn Jahre zu Jerusalem, der Stadt, die Jehova aus allen Stämmen Israels erwählt hatte, um seinen Namen dorthin zu setzen. Und der Name seiner Mutter

22 war Naama, die Ammonitin. Und Juda tat was böse war in den Augen Jehovas; und sie reizten ihn zur Eifersucht durch ihre Sünden, die sie begingen, mehr als alles was ihre Vä-

23 ter getan hatten. Und auch sie bauten sich Höhen und Bildsäulen b und Ascherim auf jedem hohen Hügel und unter jedem grünen Baume. Und es wa-

24 ren auch Buhler c im Lande; sie taten nach allen Greueln der Nationen, die Jehova vor den Kindern Israel ausgetrieben hatte.

25 Und es geschah im fünften Jahre des Königs Rehabeam, da zog Sisak, der König von Aegypten, wider Jerusalem herauf. Und er nahm die Schätze

26 des Hauses Jehovas weg und die Schätze des Hauses des Königs, ja, alles nahm er weg; und er nahm alle goldenen Schilde weg, die Salomo gemacht

27 hatte. Und der König Rehabeam machte an ihrer Statt eherne Schilde, und er befahl sie unter die Hand der Obersten der Läufer, die den Eingang

28 des Hauses des Königs bewachten. Und es geschah: so oft der König in das Haus Jehovas ging, trugen die Läufer dieselben, und brachten sie dann wieder in das Gemach der Läufer zurück.

29 Und das Uebrige der Geschichte Rehabeams und alles was er getan hat, ist das nicht geschrieben in dem Buche der Chronika der Könige von

30 Juda? Und es war Krieg zwischen Rehabeam und Jerobeam alle Tage.

31 Und Rehabeam legte sich zu seinen Vätern, und er wurde begraben bei seinen Vätern in der Stadt Davids. Und der Name seiner Mutter war Naama, die Ammonitin. Und Abijam, sein Sohn, ward König an seiner Statt.

15

Und d im achtzehnten Jahre des Königs Jerobeam, des Sohnes Nebats, wurde Abijam König über Juda. Er regierte drei Jahre zu Jerusalem; und der Name seiner Mutter war Maaka, die Tochter Absaloms. Und er wandelte in allen Sünden seines Vaters, welche dieser vor ihm getan hatte; und sein Herz war nicht ungeteilt e mit Jehova, seinem Gott, wie das Herz seines Vaters David. Dennoch gab ihm Jehova, sein Gott, um Davids willen eine Leuchte in Jerusalem, indem er seinen Sohn nach ihm erweckte f und Jerusalem bestehen ließ; weil David getan hatte was recht war in den Augen Jehovas und

---

a 2. Chron. 12. — b O. Denksteine. — c S. die Anm. zu 5. Mose 23, 17. — d 2. Chron. 13. — e Eig. vollständig. — f Eig. aufstehen ließ.

von allem, was er ihm geboten hatte,
nicht abgewichen war alle Tage seines Lebens, außer in der Sache Uri-
6 jas, des Hethiters. Und es war Krieg
zwischen Rehabeam a und Jerobeam
alle Tage seines Lebens.

7   Und das Uebrige der Geschichte Abi-
jams und alles was er getan hat, ist
das nicht geschrieben in dem Buche
der Chronika der Könige von Juda?
Und es war Krieg zwischen Abijam
8 und Jerobeam.   Und Abijam legte
sich zu seinen Vätern, und man begrub ihn in der Stadt Davids. Und
Asa, sein Sohn, ward König an seiner
Statt.

9   Und b im zwanzigsten Jahre Jerobeams, des Königs von Israel, wurde
10 Asa König über Juda. Und er regierte einundvierzig Jahre zu Jerusalem;
und der Name seiner Mutter c war
11 Maaka, die Tochter Absaloms. Und
Asa tat was recht war in den Augen
12 Jehovas, wie sein Vater David. Und
er schaffte die Buhler aus dem Lande und tat alle Götzen d hinweg, die
13 seine Väter gemacht hatten. Und auch
Maaka, seine Mutter, die setzte er ab,
daß sie nicht mehr Königin wäre,
weil sie der Aschera ein Götzenbild e
gemacht hatte; und Asa rottete ihr
Götzenbild e aus und verbrannte es
14 in Tale Kidron. Die Höhen aber
wichen nicht; doch das Herz Asas
war ungeteilt f mit Jehova alle seine
15 Tage. Und er brachte die geheiligten
Dinge seines Vaters und seine geheiligten Dinge in das Haus Jehovas:
Silber und Gold und Geräte.

16   Und g es war Krieg zwischen Asa
und Baesa, dem König von Israel,
17 alle ihre Tage. Und Baesa, der König von Israel, zog wider Juda herauf; und er baute Rama, um Asa,
dem König von Juda, niemand aus-
18 ziehen und eingehen zu lassen. Da nahm
Asa alles Silber und Gold, das in den
Schätzen des Hauses Jehovas übrig
war, und die Schätze des Hauses des
Königs, und gab sie in die Hand seiner Knechte; und der König Asa
sandte sie zu Ben-Hadad, dem Sohne
Tabrimmons, des Sohnes Hesjons,
dem König von Syrien, der zu Damaskus wohnte, und ließ ihm sagen:
19 Ein Bund ist zwischen mir und dir,
zwischen meinem Vater und deinem
Vater. Siehe, ich sende dir ein Geschenk an Silber und Gold: wohlan!
brich deinen Bund mit Baesa, dem
König von Israel, daß er von mir ab-
20 ziehe. Und Ben-Hadad hörte auf den
König Asa, und er sandte seine Heerobersten wider die Städte Israels und
schlug Ijon und Dan und Abel-Beth-
Maaka, und ganz Kinneroth nebst
21 dem ganzen Lande Naphtali. Und es
geschah, als Baesa es hörte, da ließ
er von dem Bau Ramas ab und blieb
22 in Tirza. Der König Asa aber ließ

ganz Juda aufrufen, keiner war frei;
und sie schafften die Steine Ramas
und das Holz weg, womit Baesa gebaut hatte; und der König Asa baute
damit Geba-Benjamin und Mizpa.

   Und die Uebrige der ganzen Ge- 23
schichte Asas und alle seine Macht h,
und alles was er getan, und die Städte, die er gebaut hat, ist das nicht
geschrieben in dem Buche der Chronika der Könige von Juda? Doch zur
Zeit seines Alters erkrankte er an
seinen Füßen. Und Asa legte sich zu 24
seinen Vätern, und wurde bei seinen Vätern begraben in der Stadt
seines Vaters David. Und i Josaphat,
sein Sohn, ward König an seiner
Statt.

   Und Nadab, der Sohn Jerobeams, 25
wurde König über Israel im zweiten
Jahre Asas, des Königs von Juda; und
er regierte zwei Jahre über Israel.
Und er tat was böse war in den Au- 26
gen Jehovas, und wandelte auf dem
Wege seines Vaters und in seiner
Sünde, wodurch er Israel sündigen
gemacht hatte. Und Baesa, der Sohn 27
Achijas, vom Hause Issaschar, machte
eine Verschwörung wider ihn; und
Baesa erschlug ihn zu Gibbethon,
welches den Philistern gehörte, als
Nadab und ganz Israel Gibbethon belagerten. Und Baesa tötete ihn im 28
dritten Jahre Asas, des Königs von
Juda, und ward König an seiner Statt.
Und es geschah, sobald er König ge- 29
worden war, erschlug er das ganze
Haus Jerobeams; er ließ von Jerobeam nichts übrig was Odem hatte, bis
er ihn vertilgt hatte, nach dem Worte Jehovas, das er durch seinen Knecht
Achija, den Siloniter, geredet hatte:
wegen der Sünden Jerobeams, die 30
er begangen und wodurch er Israel
sündigen gemacht, durch seine Reizung, wodurch er Jehova, den Gott
Israels, gereizt hatte.

   Und das Uebrige der Geschichte 31
Nadabs und alles was er getan hat,
ist das nicht geschrieben in dem Buche der Chronika der Könige von Israel? Und es war Krieg zwischen 32
Asa und Baesa, dem König von Israel,
alle ihre Tage.

   Im dritten Jahre Asas, des Königs 33
von Juda, wurde Baesa, der Sohn
Achijas, König über ganz Israel zu
Tirza, vierundzwanzig Jahre. Und er 34
tat was böse war in den Augen Jehovas und wandelte auf den Wegen Jerobeams und in seiner Sünde, wodurch er Israel sündigen gemacht
hatte.

   Und es geschah das Wort Jehovas **16**
zu Jehu, dem Sohne Hananis, wider
Baesa also: Weil ich dich aus dem 2
Staube erhoben und dich als Fürst
über mein Volk Israel gesetzt habe,
du aber auf dem Wege Jerobeams gewandelt und mein Volk Israel sündigen

---

a And. l.: Abijam. — b 2. Chron. 14—16. — c d. h. seiner Großmutter; s. Vers 2. —
d S. die Anm. zu 3. Mose 26. 30. So auch Kap. 21, 26. — e Eig. einen Gegenstand
des Schreckens. And. üb.: ein Schandbild. — f Eig. vollständig. — g 2. Chron. 16. —
h O. Tapferkeit, Machttaten; so auch Kap. 16, 5. 27; 22, 45 usw. — i 2. Chron. 17—20.

gemacht hast, sodaß sie mich reizen
3 durch ihre Sünden: siehe, so werde
ich hinter Baesa und hinter seinem
Hause her ausfegen, und werde den
Haus machen wie das Haus Jerobeams,
4 des Sohnes Nebats. Wer von Baesa in
der Stadt stirbt, den sollen die Hunde
fressen, und wer von ihm auf dem
Felde stirbt, den sollen die Vögel des
Himmels fressen.

5 Und das Uebrige der Geschichte
Baesas und was er getan hat, und
seine Macht, ist das nicht geschrieben in dem Buche der Chronika der
6 Könige von Israel? Und Baesa legte
sich zu seinen Vätern, und er wurde
begraben zu Tirza. Und Ela, sein
Sohn, ward König an seiner Statt.
7 Und auch war durch Jehu, den Sohn
Hananis, den Propheten, das Wort
Jehovas wider Baesa und wider sein
Haus ergangen, sowohl wegen all des
Bösen, das er in den Augen Jehovas
getan hatte, um ihn durch das Tun
seiner Hände zu reizen, sodaß er
dem Hause Jerobeams gleich war,
als auch weil er dieses erschlagen
hatte.

8 Im sechsundzwanzigsten Jahre Asas,
des Königs von Juda, wurde Ela,
der Sohn Baesas, König über Isra-
9 el zu Tirza, zwei Jahre. Und sein
Knecht Simri, der Oberste über die
Hälfte der Wagen, machte eine Verschwörung wider ihn. Er aber trank
und berauschte sich zu Tirza, im
Hause Arzas, der über das Haus zu
10 Tirza war. Und Simri kam herein und
erschlug und tötete ihn im siebenundzwanzigsten Jahre Asas, des Königs von Juda; und er ward König
11 an seiner Statt. Und es geschah, als
er König war, sobald er auf seinem
Throne saß, erschlug er das ganze
Haus Baesas; er ließ nichts von ihm
übrig was männlich war, weder seine
Blutsverwandten noch seine Freunde.
12 So vertilgte Simri das ganze Haus
Baesas nach dem Worte Jehovas, das
er durch Jehu, den Propheten, wider
13 Baesa geredet hatte: wegen all der
Sünden Baesas und der Sünden Elas,
seines Sohnes, die sie begangen und
wodurch sie Israel sündigen gemacht
hatten, sodaß sie Jehova, den Gott
Israels, reizten durch ihre nichtigen
Götzen a.

14 Und das Uebrige der Geschichte Elas
und alles was er getan hat, ist das
nicht geschrieben in dem Buche der
Chronika der Könige von Israel?
15 Im siebenundzwanzigsten Jahre Asas,
des Königs von Juda, regierte Simri
sieben Tage zu Tirza. Das Volk belagerte nämlich Gibbethon b, welches
16 den Philistern gehörte. Und als das
belagernde Volk sagen hörte: Simri
hat eine Verschwörung gemacht, und
hat auch den König erschlagen, da
machte ganz Israel Omri, den Heerobersten, zum König über Israel, an
17 selbigem Tage, im Lager. Und Omri,

und ganz Israel mit ihm, zog von
Gibbethon hinauf, und sie belagerten
Tirza. Und es geschah, als Simri sah, 18
daß die Stadt eingenommen war, da
ging er in die Burg des Königshauses und verbrannte das Königshaus
über sich mit Feuer und starb: we- 19
gen seiner Sünden, die er begangen
hatte, indem er tat was böse war in
den Augen Jehovas, indem er wandelte auf dem Wege Jerobeams und
in seiner Sünde, die er getan, sodaß
er Israel sündigen gemacht hatte.

Und das Uebrige der Geschichte 20
Simris und seine Verschwörung, die
er gemacht hat, ist das nicht geschrieben in dem Buche der Chronika der
Könige von Israel?

Damals teilte sich das Volk Israel 21
in zwei Hälften: die eine Hälfte des
Volkes folgte Tibni, dem Sohne Ginaths, um ihn zum König zu machen;
und die andere Hälfte folgte Omri.
Aber das Volk, welches Omri folgte, 22
überwältigte das Volk, welches Tibni,
dem Sohne Ginaths, folgte; und Tibni starb, und Omri wurde König.

Im einunddreißigsten Jahre Asas, 23
des Königs von Juda, wurde Omri
König über Israel, zwölf Jahre; zu
Tirza regierte er sechs Jahre. Und 24
er kaufte den Berg Samaria c von
Schemer um zwei Talente Silber; und
er bebaute den Berg und gab der
Stadt, die er gebaut hatte, den Namen
Samaria, nach dem Namen Schemers,
des Herrn des Berges. Und Omri tat 25
was böse war in den Augen Jehovas;
und er machte es ärger als alle, die
vor ihm gewesen waren. Und er wan- 26
delte auf allen Wegen d Jerobeams,
des Sohnes Nebats, und in seinen
Sünden, wodurch er Israel sündigen
gemacht hatte, sodaß sie Jehova, den
Gott Israels, reizten durch ihre nichtigen Götzen a.

Und das Uebrige der Geschichte 27
Omris, was er getan, und seine Macht,
die er ausgeübt hat, ist das nicht geschrieben in dem Buche der Chronika
der Könige von Israel? Und Omri 28
legte sich zu seinen Vätern, und er
wurde zu Samaria begraben. Und
Ahab, sein Sohn, ward König an seiner Statt.

Und Ahab, der Sohn Omris, wurde 29
König über Israel im achtunddreißigsten Jahre Asas, des Königs von
Juda; und Ahab, der Sohn Omris,
regierte über Israel zu Samaria zweiundzwanzig Jahre. Und Ahab, der 30
Sohn Omris, tat was böse war in den
Augen Jehovas, mehr als alle, die vor
ihm gewesen waren. Und es geschah, 31
— war es zu wenig, daß er in den
Sünden Jerobeams, des Sohnes Nebats, wandelte? — daß er Isebel, die
Tochter Ethbaals, des Königs der Zidonier, zum Weibe nahm; und er
ging hin und diente dem Baal und
beugte sich vor ihm nieder. Und er 32
errichtete dem Baal einen Altar im

---

a W. ihre Nichtigkeiten. — b Kap. 15, 27. — c H. Schomeron. — d W. auf allem
Wege.

Hause des Baal, das er zu Samaria
33 gebaut hatte; auch machte Ahab die
Ascha*a*. Und Ahab tat mehr, um
Jehova, den Gott Israels, zu reizen,
als alle Könige von Israel, die vor
ihm gewesen waren.

34 In seinen Tagen baute Hiel, der
Betheliter, Jericho *wieder auf*. Mit *b*
Abiram, seinem Erstgeborenen, legte
er ihren Grund, und mit *b* Segub, seinem Jüngsten, stellte er ihre Tore
auf, nach dem Worte Jehovas, das er
durch Josua, den Sohn Nuns, geredet
hatte *c*.

17 Und Elia *d*, der Tisbiter, von den
Beisassen Gileads *e*, sprach zu Ahab:
So wahr Jehova lebt, der Gott Israels, vor dessen Angesicht ich stehe,
wenn es in diesen Jahren Tau und
Regen geben wird, es sei denn auf
mein Wort!

2 Und es geschah das Wort Jehovas
3 zu ihm also: Gehe von hinnen und
wende dich nach Osten, und verbirg
dich am Bache Krith, der vor *f* dem
4 Jordan ist. Und es soll geschehen,
aus dem Bache wirst du trinken, und
ich habe den Raben geboten, dich da-
5 selbst zu versorgen. Und er ging hin
und tat nach dem Worte Jehovas: er
ging hin und blieb am Bache Krith,
6 der vor dem Jordan ist. Und die Raben brachten ihm Brot und Fleisch
am Morgen, und Brot und Fleisch am
Abend, und er trank aus dem Bache.

7 Und es geschah nach Verlauf einer
Zeit, da vertrocknete der Bach, denn
8 es war kein Regen im Lande. Da geschah das Wort Jehovas zu ihm also:
9 Mache dich auf, gehe nach Zarpath *g*,
das zu Zidon gehört, und bleibe daselbst; siehe, ich habe daselbst einer
Witwe geboten, dich zu versorgen.
10 Und er machte sich auf und ging nach
Zarpath; und als er an den Eingang
der Stadt kam, siehe, da war eine
Witwe daselbst, die Holz auflas. Und
er rief ihr zu und sprach: Hole mir
ein wenig Wasser im Gefäß, daß
11 ich trinke! Und als sie hinging, um
es zu holen, rief er ihr zu und sprach:
Hole mir doch einen Bissen Brot in
12 deiner Hand! Und sie sprach: *So wahr*
Jehova, dein Gott, lebt, wenn ich einen Kuchen *h* habe außer einer Handvoll Mehl im Topfe und ein wenig
Oel im Kruge! Und siehe, ich lese
ein paar Holzstücke auf und will hineingehen und es mir und meinem
Sohne bereiten, daß wir es essen und
13 *dann* sterben. Und Elia sprach zu
ihr: Fürchte dich nicht! gehe hinein,
tue nach deinem Worte; doch bereite
mir zuerst einen kleinen Kuchen davon und bringe ihn mir heraus; und
dir und deinem Sohne bereite danach.
14 Denn so spricht Jehova, der Gott Israels: Das Mehl im Topfe soll nicht
ausgehen, und das Oel im Kruge nicht

abnehmen *i* bis auf den Tag, da Jehova Regen geben wird auf den Erdboden. Und sie ging hin und tat nach 15
dem Worte Elias; und sie aß, er und
sie, und ihr Haus, *viele* Tage. Das 16
Mehl im Topfe ging nicht aus, und
das Oel im Kruge nahm nicht ab,
nach dem Worte Jehovas, das er durch
Elia geredet hatte.

Und es geschah nach diesen Din- 17
gen, da wurde der Sohn des Weibes,
der Hauswirtin, krank; und seine
Krankheit wurde sehr schwer, sodaß
kein Odem mehr in ihm blieb. Da 18
sprach sie zu Elia: Was haben wir
miteinander zu schaffen, Mann Gottes? Du bist *j* zu mir gekommen, um
meine Ungerechtigkeit ins Gedächtnis zu bringen und meinen Sohn zu
töten! Und er sprach zu ihr: Gib mir 19
deinen Sohn her. Und er nahm ihn
von ihrem Schoße *k* und brachte ihn
hinauf in das Obergemach, wo er
wohnte, und legte ihn auf sein Bett.
Und er rief zu Jehova und sprach: 20
Jehova, mein Gott, hast du gar an
der Witwe, bei der ich mich aufhalte,
übel getan, ihren Sohn zu töten? Und 21
er streckte sich dreimal über das Kind,
und rief zu Jehova und sprach: Jehova, mein Gott, laß doch die Seele
dieses Kindes wieder in dasselbe zurückkehren! Und Jehova hörte auf 22
die Stimme Elias, und die Seele des
Kindes kehrte wieder in dasselbe zurück, und es wurde lebendig *l*. Da 23
nahm Elia das Kind und brachte es
von dem Obergemach in das Haus
hinab und gab es seiner Mutter; und
Elia sprach: Siehe, dein Sohn lebt!
Und das Weib sprach zu Elia: Nun- 24
mehr erkenne ich, daß du ein Mann
Gottes bist, und daß das Wort Jehovas
in deinem Munde Wahrheit ist.

Und es vergingen viele Tage, da **18**
geschah das Wort Jehovas zu Elia
im dritten Jahre also: Gehe hin, zeige
dich Ahab; und ich will Regen geben
auf den Erdboden. Und Elia ging hin, 2
um sich Ahab zu zeigen.

Die Hungersnot aber war stark in
Samaria. Und Ahab rief Obadja, der 3
über das Haus war. (Obadja aber
fürchtete Jehova sehr; und es geschah, 4
als Isebel die Propheten Jehovas aus-
rottete, da nahm Obadja hundert Propheten und versteckte sie, je fünfzig
Mann in eine Höhle, und versorgte
sie mit Brot und Wasser.) Und Ahab 5
sprach zu Obadja: Gehe durch das
Land zu allen Wasserquellen und zu
allen Bächen; vielleicht finden wir
Gras, daß wir Rosse und Maultiere
am Leben erhalten und nichts von
dem Vieh ausrotten müssen. Und sie 6
teilten das Land unter sich, um es
zu durchziehen; Ahab ging auf einem
Wege allein, und Obadja ging auf
einem Wege allein.

---

a d. i. die zum Baalstempel gehörige Aschera ; vergl. 2. Kön. 13, 6. — *b* Eig. um,
gegen ; d. h. um den Preis von. — *c* Jos. 6, 26. — *d* H. Elijah: Jah ist mein Gott. —
e And. : von Tischbe-Gilead. — *f* d. h. östlich von. — *g* H. Zarephath ; Gr. Sarepta.
h d. h. Brotkuchen. — *i* Eig. der Mehltopf soll nicht ausgehen und der Oelkrug soll
nicht abnehmen ; so auch V. 16. — *j* O. Bist du . . . ? — *k* Eig. Busen. — *l* W. es lebte.

7 Und als Obadja auf dem Wege war, siehe, da kam Elia ihm entgegen. Und er erkannte ihn und fiel auf sein Angesicht und sprach: Bist du es, 8 mein Herr Elia? Und er sprach zu ihm: Ich bin's; gehe hin, sage deinem 9 Herrn: Siehe, Elia ist da! Und er sprach: Was habe ich gesündigt, daß du deinen Knecht in die Hand Ahabs 10 geben willst, daß er mich töte? So wahr Jehova, dein Gott, lebt, wenn es eine Nation oder ein Königreich gibt, wohin mein Herr nicht gesandt hat, um dich zu suchen! Und sprachen sie: Er ist nicht da, so ließ er das Königreich und die Nation schwören, daß man dich nicht gefunden 11 hätte. Und nun sprichst du: Gehe hin, sage deinem Herrn: Siehe, Elia ist 12 da! Und es wird geschehen, wenn ich vor dir weggehe, so wird der Geist Jehovas dich tragen, ich weiß nicht wohin; und komme ich, es Ahab zu berichten, und er findet dich nicht, so wird er mich töten. Und dein Knecht fürchtet doch Jehova von meiner Ju-
13 gend an. Ist meinem Herrn nicht berichtet worden was ich getan habe, als Isebel die Propheten Jehovas tötete? daß ich von den Propheten Jehovas hundert Mann versteckte, je fünfzig Mann in eine Höhle, und sie 14 mit Brot und Wasser versorgte? Und nun sprichst du: Gehe hin, sage deinem Herrn: Siehe, Elia ist da! und 15 er wird mich töten. Aber Elia sprach: So wahr Jehova der Heerscharen lebt, vor dessen Angesicht ich stehe, heute 16 werde ich mich ihm zeigen! Da ging Obadja hin, Ahab entgegen, und berichtete es ihm.

Und Ahab ging hin, Elia entgegen.
17 Und es geschah, als Ahab Elia sah, da sprach Ahab zu ihm: Bist du da, 18 der Israel in Trübsal bringt? Und er sprach: Ich habe Israel nicht in Trübsal gebracht, sondern du und das Haus deines Vaters, indem ihr die Gebote Jehovas verlassen habt, und du dem 19 Baalim nachgewandelt bist. Und nun sende hin, versammle ganz Israel zu mir nach den Berge Karmel, und die vierhundert und fünfzig Propheten des Baal und die vierhundert Propheten der Aschera, die am Tische 20 Isebels essen. Da sandte Ahab unter allen Kindern Israel umher und versammelte die Propheten nach dem Berge Karmel.
21 Da trat Elia zu dem ganzen Volke hin und sprach: Wie lange hinket ihr auf beiden Seiten? Wenn Jehova Gott a ist, so wandelt ihm nach; wenn aber der Baal, so wandelt ihm nach! Und das Volk antwortete ihm kein 22 Wort. Und Elia sprach zu dem Volke: Ich allein bin übriggeblieben, ein Prophet Jehovas, und der Propheten des Baal sind vierhundert und fünf-
23 zig Mann. So gebe man uns zwei Farren; und sie mögen sich den

einen von den Farren auswählen und ihn zerstücken und aufs Holz legen, aber sie sollen kein Feuer daran legen; und ich, ich werde den anderen Farren zurichten und aufs Holz legen, aber ich werde kein Feuer daran legen. Und rufet ihr den Namen eures 24 Gottes an, und ich, ich werde den Namen Jehovas anrufen; und der Gott, der mit Feuer antworten wird, der sei Gott a! Da antwortete das ganze Volk und sprach: Das Wort ist gut. —
Und Elia sprach zu den Propheten 25 des Baal: Wählet euch einen von den Farren aus und richtet ihn zuerst zu, denn ihr seid die Vielen, und rufet den Namen eures Gottes an; aber ihr sollt kein Feuer daran legen. Und 26 sie nahmen den Farren, den man ihnen gegeben hatte, und richteten ihn zu; und sie riefen den Namen des Baal an vom Morgen bis zum Mittag und sprachen: Baal, antworte uns! Aber da war keine Stimme, und niemand antwortete. Und sie hüpften um den Altar, den man gemacht hatte.
Und es geschah am Mittag, da ver-27 spottete sie Elia und sprach: Rufet mit lauter Stimme, denn er ist ja ein Gott! denn er ist in Gedanken, oder er ist beiseite gegangen, oder er ist auf der Reise; vielleicht schläft er und wird aufwachen. Und sie rie-28 fen mit lauter Stimme und ritzten sich nach ihrer Weise mit Schwertern und mit Lanzen, bis sie Blut an sich vergossen. Und es geschah, als 29 der Mittag vorüber war, da weissagten b sie bis zur Zeit da man das Speisopfer opfert; aber da war keine Stimme und keine Antwort c und kein Aufmerken.
Da sprach Elia zu dem ganzen Vol-30 ke: Tretet her zu mir! Und das ganze Volk trat zu ihm hin. Und er stellte den niedergerissenen Altar Jehovas wieder her. Und Elia nahm zwölf 31 Steine, nach der Zahl der Stämme der Söhne Jakobs, zu welchem das Wort Jehovas geschehen war, indem er sprach: Israel soll dein Name sein! und er baute von den Steinen einen 32 Altar im Namen Jehovas; und er machte rings um den Altar einen Graben im Umfange von zwei Maß Saat d; und er richtete das Holz zu und zer-33 stückte den Farren und legte ihn auf das Holz. Und er sprach: Füllet vier 34 Eimer mit Wasser, und gießet es auf das Brandopfer und auf das Holz. Und er sprach: Tut es zum zweiten Male! und sie taten es zum zweiten Male. Und er sprach: Tut es zum dritten Male! und sie taten es zum dritten Male. Und das Wasser lief 35 rings um den Altar; und auch den Graben füllte er mit Wasser.
Und es geschah zur Zeit da man 36 das Speisopfer opfert, da trat Elia, der Prophet, herzu und sprach: Jehova, Gott Abrahams, Isaaks und Israels!

---

a W. der Gott, d. h. der wahre Gott. — b S. die Anm. zu 1. Sam. 10, 5. — c W. kein Antwortender. — d d. h. so breit, daß man sie mit zwei Maß Getreide hätte besäen können.

Heute werde kund, daß du Gott in Israel bist, und ich dein Knecht, und daß ich nach deinem Worte al-
37 les dieses getan habe. Antworte mir, Jehova, antworte mir, damit dieses Volk wisse, daß du, Jehova, Gott*a* bist, und daß du ihr Herz zurückge-
38 wendet hast! Da fiel Feuer Jehovas herab und verzehrte das Brandopfer und das Holz und die Steine und die Erde; und das Wasser, das im Gra-
39 ben war, leckte es auf. Und als das ganze Volk es sah, da fielen sie auf ihr Angesicht und sprachen: Jehova, er ist Gott*a*! Jehova, er ist Gott*a*!
40 — Und Elia sprach zu ihnen: Greifet die Propheten des Baal, keiner von ihnen entrinne! Und sie griffen sie; und Elia führte sie hinab an den Bach Kison und schlachtete sie daselbst.
41 Und Elia sprach zu Ahab: Gehe hinauf, iß und trink, denn es ist ein Rauschen eines gewaltigen Regens.
42 Und Ahab ging hinauf, um zu essen und zu trinken. Elia aber stieg auf den Gipfel des Karmel; und er beugte sich zur Erde und tat sein Ange-
43 sicht zwischen seine Kniee. Und er sprach zu seinem Knaben: Gehe doch hinauf, schaue nach dem Meere hin. Und er ging hinauf und schaute, und er sprach: Es ist nichts da. Und er sprach: Gehe wieder hin, siebenmal.
44 Und es geschah beim siebenten Male, da sprach er: Siehe, eine Wolke, klein wie eines Mannes Hand, steigt aus dem Meere herauf. Da sprach er: Gehe hinauf, sprich zu Ahab: Spanne an und fahre hinab, daß der Re-
45 gen dich nicht aufhalte! Und es geschah unterdessen, da ward der Himmel schwarz von Wolken und Wind, und es kam ein starker Regen; und Ahab bestieg den Wagen und ging
46 nach Jisreel. Und die Hand Jehovas kam über Elia; und er gürtete seine Lenden und lief vor Ahab her bis nach Jisreel hin.

19 Und Ahab berichtete der Isebel alles was Elia getan hatte, und alles, wie er alle Propheten mit dem
2 Schwerte getötet hätte. Da sandte Isebel einen Boten zu Elia und ließ *ihm* sagen: So sollen mir die Götter tun und so hinzufügen, wenn ich nicht morgen um diese Zeit dein Leben dem Leben eines von ihnen gleich
3 mache! Und als er das sah, machte er sich auf und ging fort um seines Lebens willen, und kam nach Beerseba, das zu Juda gehört; und er ließ
4 seinen Knaben dort zurück. Er selbst aber ging in die Wüste, eine Tagereise weit, und kam und setzte sich unter einen Ginsterstrauch. Und er bat, daß seine Seele stürbe, und sprach: Es ist genug; nimm nun, Jehova, meine Seele, denn ich bin nicht bes-
5 ser als meine Väter. Und er legte sich nieder und schlief ein unter dem Ginsterstrauch. Und siehe da, ein Engel rührte ihn an und sprach zu
6 ihm: Stehe auf, iß! Und als er hin-

blickte, siehe, da lag zu seinen Häupten ein Kuchen, auf heißen Steinen gebacken, und ein Krug Wasser. Und er aß und trank und legte sich wieder hin. Und der Engel Jehovas 7 kam zum zweiten Male wieder und rührte ihn an und sprach: Stehe auf, iß! denn der Weg ist zu weit für dich. Und er stand auf und aß und trank, 8 und er ging in der Kraft dieser Speise vierzig Tage und vierzig Nächte bis an den Berg Gottes, den Horeb. Und er ging daselbst in die Höhle 9 und übernachtete daselbst.

Und siehe, das Wort Jehovas *geschah* zu ihm, und er sprach zu ihm: Was tust du hier, Elia? Und er sprach: 10 Ich habe sehr geeifert für Jehova, den Gott der Heerscharen; denn die Kinder Israel haben deinen Bund verlassen, deine Altäre niedergerissen und deine Propheten mit dem Schwerte getötet; und ich allein bin übriggeblieben, und sie trachten danach, mir das Leben zu nehmen. Und er 11 sprach: Gehe hinaus und stelle dich auf den Berg vor Jehova! Und siehe, Jehova ging vorüber, und ein Wind, groß und stark, zerriß die Berge und zerschmetterte die Felsen vor Jehova her; Jehova war nicht in dem Winde. Und nach dem Winde ein Erdbeben; Jehova war nicht in dem Erdbeben. Und nach dem Erdbeben ein Feuer; 12 Jehova war nicht in dem Feuer. Und nach dem Feuer der Ton eines leisen Säuselns. Und es geschah, als Elia es 13 hörte, da verhüllte er sein Angesicht mit seinem Mantel, und ging hinaus und stellte sich an den Eingang der Höhle. Und siehe, eine Stimme geschah zu ihm also: Was tust du hier, Elia? Und er sprach: Ich habe sehr 14 geeifert für Jehova, den Gott der Heerscharen; denn die Kinder Israel haben deinen Bund verlassen, deine Altäre niedergerissen und deine Propheten mit dem Schwerte getötet; und ich allein bin übriggeblieben, und sie trachten danach, mir das Leben zu nehmen! Und Jehova sprach 15 zu ihm: Gehe, kehre zurück deines Weges, nach der Wüste von Damaskus; und wenn du angekommen bist, so salbe Hasael zum König über Syrien. Und Jehu, den Sohn Nimsis, 16 sollst du zum König über Israel salben; und Elisa, den Sohn Saphats, von Abel-Mehola, sollst du zum Propheten salben an deiner Statt. Und 17 es soll geschehen: wer dem Schwerte Hasaels entrinnt, den wird Jehu töten; und wer dem Schwerte Jehus entrinnt, den wird Elisa töten. Aber ich 18 habe siebentausend in Israel übriggelassen*b*, alle die Kniee, die sich nicht vor dem Baal gebeugt haben, und jeden Mund, der ihn nicht geküßt hat.

Und er ging von dannen und fand 19 Elisa, den Sohn Saphats, welcher gerade pflügte mit zwölf Joch *Rindern* vor sich her, und er war bei dem

---

a Eig. der Gott; wie V. 21. 24. — *b* O. ich werde übriglassen.

zwölften; und Elia ging zu ihm hin
20 und warf seinen Mantel auf ihn. Und
er verließ die Rinder und lief Elia
nach und sprach: Laß mich doch meinen Vater und meine Mutter küssen,
so will ich dir nachfolgen. Und er
sprach zu ihm: Gehe, kehre zurück!
21 denn was habe ich dir getan? Und
er kehrte von ihm zurück und nahm
das Joch Rinder und schlachtete es,
und mit dem Geschirr der Rinder
kochte er das Fleisch derselben und
gab es den Leuten, und sie aßen; und
er machte sich auf und folgte Elia
nach und diente ihm.

20 Und Ben-Hadad, der König von
Syrien, versammelte seine ganze
Heeresmacht: zweiunddreißig Könige
waren mit ihm und Rosse und Wagen; und er zog herauf und belagerte
Samaria und stritt wider dasselbe.
2 Und er sandte Boten zu Ahab, dem
3 König von Israel, in die Stadt, und
ließ ihm sagen: So spricht Ben-Hadad:
Dein Silber und dein Gold ist mein,
und deine Weiber und deine Söhne,
4 die schönsten, sind mein. Und der
König von Israel antwortete und
sprach: Nach deinem Worte, mein
Herr König: dein bin ich mit allem
5 was mein ist. Und die Boten kamen
wieder und sprachen: So spricht Ben-
Hadad und sagt: Wohl habe ich zu
dir gesandt und gesprochen: Dein Silber und dein Gold, und deine Weiber
und deine Söhne sollst du mir geben;
6 doch morgen um diese Zeit werde
ich meine Knechte zu dir senden, und
sie werden dein Haus und die Häuser deiner Knechte durchsuchen; und
es wird geschehen, alle Lust deiner
Augen werden sie in ihre Hand tun
und mitnehmen.
7 Da berief der König von Israel
alle Ältesten des Landes und sprach:
Erkennet doch und sehet, daß dieser
Böses sucht; denn er hat zu mir gesandt um meine Weiber und meine
Söhne, und um mein Silber und mein
Gold, und ich habe es ihm nicht ver-
8 weigert. Und alle Ältesten und alles
Volk sprachen zu ihm: Gehorche
9 nicht und willige nicht ein! Und er
sprach zu den Boten Ben-Hadads: Saget meinem Herrn, dem König: Alles
was du deinem Knechte zuerst entboten hast, will ich tun; aber diese
Sache kann ich nicht tun. Und die
Boten gingen hin und brachten ihm
10 Antwort. Da sandte Ben-Hadad zu
ihm und ließ *ihm* sagen: So sollen
mir die Götter tun und so hinzufügen,
wenn der Staub von Samaria hinreichen soll für die hohlen Hände all des
11 Volkes, das mir folgt! Und der König
von Israel antwortete und sprach:
Saget *ihm*: Es rühme sich nicht der
sich Gürtende wie der *den Gürtel*
12 Lösende! Und es geschah, als er dieses Wort hörte, — er trank eben, er
und die Könige, in den Zelten *a* — da
sprach er zu seinen Knechten: Stellet

euch *b*! und sie stellten sich wider die
Stadt.
Und siehe, ein Prophet trat zu Ahab, 13
dem König von Israel, und sprach:
So spricht Jehova: Hast du diesen
ganzen großen Haufen gesehen? Siehe, ich gebe ihn heute in deine Hand,
und du sollst wissen, daß ich Jehova
bin. Und Ahab sprach: Durch wen? 14
Und er sprach: So spricht Jehova:
Durch die Knaben *c* der Obersten der
Landschaften. Und er sprach: Wer
soll den Kampf eröffnen? Und er
sprach: Du. Da musterte er die Kna- 15
ben der Obersten der Landschaften,
und ihrer waren zweihundert zweiunddreißig; und nach ihnen musterte
er das ganze Volk, alle Kinder Israel,
siebentausend *Mann*.
Und sie zogen aus am Mittag. Ben- 16
Hadad aber trank und berauschte sich
in den Zelten *a*, er und die Könige,
die zweiunddreißig Könige, die ihm
halfen. Und die Knaben der Obersten 17
der Landschaften zogen zuerst aus.
Und Ben-Hadad sandte hin, und man
berichtete ihm und sprach: Es sind
Männer aus Samaria gezogen. Da 18
sprach er: Wenn sie zum Frieden
ausgezogen sind, so greifet sie lebendig; und wenn sie zum Streit ausgezogen sind, so greifet sie lebendig.
Diese aber zogen aus der Stadt: 19
die Knaben der Obersten der Landschaften und das Heer, das ihnen
folgte. Und sie schlugen ein jeder sei- 20
nen Mann, und die Syrer flohen, und
Israel jagte ihnen nach; und Ben-
Hadad, der König von Syrien, entkam
auf einem Rosse mit *einigen* Reitern.
Da zog der König von Israel aus und 21
schlug die Rosse und die Wagen, und
er richtete unter den Syrern eine
große Niederlage an.
Da trat der Prophet zu dem König 22
von Israel und sprach zu ihm: Wohlan, verstärke dich, und erkenne und
sieh zu was du zu tun hast; denn bei
der Rückkehr des Jahres wird der
König von Syrien wider dich heraufziehen.
Und die Knechte des Königs von 23
Syrien sprachen zu ihm: Ihre Götter
sind Berggötter, darum waren sie uns
überlegen; jedoch laßt uns in der
Ebene wider sie streiten, ob wir ihnen nicht überlegen sein werden!
Tue aber dieses: Entferne die Köni- 24
ge, einen jeden von seinem Orte, und
setze Befehlshaber an ihre Stelle; und 25
du, zähle dir ein Heer wie das Heer,
das dir gefallen ist, und Rosse wie
die Rosse, und Wagen wie die Wagen; und wir wollen in der Ebene
wider sie streiten, ob wir ihnen nicht
überlegen sein werden. Und er hörte
auf ihre Stimme und tat also.
Und es geschah bei der Rückkehr 26
des Jahres, da musterte Ben-Hadad
die Syrer, und er zog hinauf nach
Aphek *d* zum Streit mit Israel. Und 27
die Kinder Israel wurden gemustert

---

a Eig. Hütten, Laubhütten. — *b* Eig. Leget an (d. h. die Belagerungswerkzeuge). —
c d. h. Knappen, Knechte. — *d* in der Ebene Jisreel.

und *mit Vorrat* versorgt, und sie zogen ihnen entgegen; und die Kinder Israel lagerten sich ihnen gegenüber wie zwei kleine Herden Ziegen; die Syrer aber füllten das 28 Land. Da trat der Mann Gottes herzu und sprach zu dem König von Israel und sagte: So spricht Jehova: Weil die Syrer gesagt haben: Jehova ist ein Gott der Berge und nicht ein Gott der Täler *a*, so will ich diesen ganzen großen Haufen in deine Hand geben; und ihr werdet erkennen, daß 29 ich Jehova bin. Und sie lagerten, diese jenen gegenüber, sieben Tage lang. Und es geschah am siebenten Tage, da begann *b* der Streit; und die Kinder Israel schlugen die Syrer, hunderttausend Mann zu Fuß, an 30 e i n e m Tage. Und die übrigen flohen nach Aphek in die Stadt. Da fiel die Mauer auf die siebenundzwanzigtausend Mann, die übriggeblieben waren.

Und Ben-Hadad floh und kam in die 31 Stadt, in das innerste Gemach *c*. Da sprachen seine Knechte zu ihm: Siehe doch, wir haben gehört, daß die Könige des Hauses Israel gnädige Könige sind; laß uns doch Sacktuch um unsere Lenden legen und Stricke um unsere Häupter, und zum König von Israel hinausgehen; vielleicht läßt er 32 deine Seele am Leben. Und sie gürteten Sacktuch um ihre Lenden und *legten* Stricke um ihre Häupter, und kamen zu dem König von Israel und sprachen: Dein Knecht Ben-Hadad spricht: Laß doch meine Seele am Leben! Und er sprach: Lebt er noch? 33 Er ist mein Bruder. Und die Männer nahmen es als eine gute Vorbedeutung, und eilten sich zu vergewissern *d*, ob er es wirklich so meinte, und sprachen: Dein B r u d e r Ben-Hadad *f*. Und er sprach: Gehet, holet ihn. Da ging Ben-Hadad zu ihm hinaus, und er ließ ihn *zu sich auf* den 34 Wagen steigen. Und Ben-Hadad *g* sprach: Die Städte, die mein Vater deinem Vater genommen hat, will ich *dir* zurückgeben, und du magst dir Straßen in Damaskus anlegen, so wie mein Vater sich *solche* in Samaria angelegt hat. Und ich, *sprach Ahab*, will dich mit diesem Bunde ziehen lassen. Und er machte einen Bund mit ihm und ließ ihn ziehen.

35 Und ein Mann von den Söhnen der Propheten sprach zu seinem Genossen durch das Wort Jehovas: Schlage mich doch! Aber der Mann weigerte 36 sich, ihn zu schlagen. Da sprach er zu ihm: Darum daß du nicht auf die Stimme Jehovas gehört hast, siehe, sobald du von mir weggehst, wird dich ein Löwe töten. Und als er von ihm wegging, da fand ihn ein Löwe 37 und tötete ihn. Und er traf einen anderen Mann und sprach: Schlage mich

doch! Und der Mann schlug ihn, schlug ihn und verwundete ihn. Da ging 38 der Prophet hin und stellte sich auf den Weg des Königs *h*, und machte sich unkenntlich, indem er den Kopfbund über seine Augen zog. Und es 39 geschah, als der König vorbeiging, da schrie er den König an und sprach: Dein Knecht war mitten in den Streit gezogen, und siehe, da wandte sich ein Mann herzu und brachte einen Mann zu mir und sprach: Bewache diesen Mann; wenn er irgend vermißt wird, so soll dein Leben statt seines Lebens sein, oder du sollst ein Talent Silber darwägen. Und es ge- 40 schah, während dein Knecht hier und dort zu tun hatte, da war er fort. Und der König von Israel sprach zu ihm: Also ist dein Urteil, du selbst hast entschieden. Da tat er eilends den 41 Kopfbund von seinen Augen, und der König von Israel erkannte ihn, daß er von den Propheten war. Und er 42 sprach zu ihm: So spricht Jehova: Weil du den Mann, den ich verbannt *i* habe, aus der Hand entlassen hast, so soll dein Leben statt seines Lebens sein und dein Volk statt seines Volkes! Und der König von Israel ging 43 nach seinem Hause, mißmutig und zornig, und kam nach Samaria.

Und es geschah nach diesen Dingen: Naboth, der Jisreeliter, hatte **21** einen Weinberg, der zu Jisreel war, neben dem Palaste Ahabs, des Königs von Samaria. Und Ahab redete zu 2 Naboth und sprach: Gib mir deinen Weinberg, daß er mein Krautgarten werde, denn er ist nahe bei meinem Hause; und ich will dir statt seiner einen besseren Weinberg geben; *oder* wenn es gut ist in deinen Augen, will ich dir Geld geben, im Werte desselben. Aber Naboth sprach 3 zu Ahab: Das lasse Jehova fern von mir sein, daß ich dir das Erbe meiner Väter geben sollte! Und Ahab 4 kam in sein Haus, mißmutig und zornig über das Wort, das Naboth, der Jisreeliter, zu ihm geredet hatte, indem er sprach: Ich will dir das Erbe meiner Väter nicht geben. Und er legte sich auf sein Bett und wandte sein Angesicht ab und aß nichts.

Und Isebel, sein Weib, kam zu ihm 5 hinein und sprach zu ihm: Warum ist doch dein Geist mißmutig, und *warum* issest du nichts? Und er sprach 6 zu ihr: Weil ich zu Naboth, dem Jisreeliter, geredet und ihm gesagt habe *j*: Gib mir deinen Weinberg um Geld, oder wenn du Lust hast, will ich dir statt seiner einen *anderen* Weinberg geben; aber er sagte: Ich will dir meinen Weinberg nicht geben. Da sprach Isebel, sein Weib, zu 7 ihm: Du, übest du jetzt Königsmacht über Israel aus? Stehe auf, iß, und

---

a Eig. der Talebenen. — *b* W. rückte heran. — *c* O. von Gemach zu Gemach. — *d* Eig. ihn bestätigen zu lassen. — *e* Eig. ob es aus ihm wäre. — *f* O. Ben-Hadad ist dein Bruder? — *g* W. Und er. — *h* d. h. den der König kommen sollte. — *i* Eig. den Mann meines Bannes, d. h. der dem Tode geweiht war. — *j* O. Ich habe zu Naboth, dem Jisreeliter, geredet und gesagt.

laß dein Herz fröhlich sein. I c h werde dir den Weinberg Naboths, des
8 Jisreeliters, geben. Und sie schrieb
Briefe in Namen Ahabs und siegelte
sie mit seinem Siegel, und sandte
die Briefe an die Aeltesten und an
die Edlen, die in seiner Stadt waren,
die mit Naboth *zusammen* wohnten.
9 Und sie schrieb in den Briefen folgendes: Rufet ein Fasten aus, und
setzet Naboth obenan unter dem Vol-
10 ke: und setzet zwei Männer, Söhne
Belials *a*, ihm gegenüber, daß sie wider ihn zeugen und sprechen: Du
hast Gott und den König gelästert!
und führet ihn hinaus und steiniget
11 ihn, daß er sterbe. Und die Männer
seiner Stadt, die Aeltesten und die
Edlen, die in seiner Stadt wohnten,
taten, wie Isebel ihnen entboten hatte, so wie in den Briefen geschrieben
12 war, die sie an sie gesandt hatte. Sie
riefen ein Fasten aus und setzten
13 Naboth obenan unter dem Volke; und
die zwei Männer, Söhne Belials, kamen und setzten sich ihm gegenüber;
und die Männer Belials zeugten wider ihn, wider Naboth, vor dem Volke und sprachen: Naboth hat Gott
und den König gelästert! Und sie
führten ihn zur Stadt hinaus und stei-
14 nigten ihn, und er starb. Und sie
sandten zu Isebel und ließen *ihr* sagen: Naboth ist gesteinigt worden und
15 ist gestorben. Und es geschah, als
Isebel hörte, daß Naboth gesteinigt
worden und gestorben war, da sprach
Isebel zu Ahab: Mache dich auf, nimm
den Weinberg Naboths, des Jisreeliters, in Besitz, den er sich geweigert
hat, dir um Geld zu geben; denn Naboth lebt nicht mehr, sondern ist tot.
16 Und es geschah, als Ahab hörte, daß
Naboth tot war, da machte sich Ahab
auf, um in den Weinberg Naboths,
des Jisreeliters, hinabzugehen, um ihn
in Besitz zu nehmen.
17 Da geschah das Wort Jehovas zu
18 Elia, dem Tisbiter, also: Mache dich
auf, gehe hinab, Ahab, dem König
von Israel, entgegen, der zu Samaria
ist; siehe, er ist im Weinberge Naboths, wohin er hinabgegangen ist,
19 um ihn in Besitz zu nehmen. Und rede zu ihm und sprich: So spricht Jehova: Hast du gemordet und auch in
Besitz genommen? Und rede zu ihm
und sprich: So spricht Jehova: An
der Stelle, wo die Hunde das Blut
Naboths geleckt haben, sollen die
Hunde dein, auch dein Blut lecken.
20 Und Ahab sprach zu Elia: Hast du
mich gefunden, mein Feind? Und er
sprach: Ich habe dich gefunden, weil
du dich verkauft hast, um zu tun was
21 böse ist in den Augen Jehovas. Siehe,
ich will Unglück über dich bringen und
hinter dir her ausfegen; und ich werde von Ahab ausrotten was männlich
ist, sowohl den Gebundenen als auch
22 den Freien in Israel; und ich werde
dein Haus machen wie das Haus Je-

robeams, des Sohnes Nebats, und wie
das Haus Baesas, des Sohnes Achijas,
wegen der Reizung, womit du mich
gereizt und Israel sündigen gemacht
hast. Und auch von Isebel hat Jeho- 23
va geredet und gesprochen: Die Hunde sollen Isebel fressen an der Vormauer von Jisreel. Wer von Ahab in 24
der Stadt stirbt, den sollen die Hunde fressen, und wer auf dem Felde
stirbt, den sollen die Vögel des Himmels fressen. (Es ist gar keiner ge- 25
wesen wie Ahab, der sich verkauft
hätte, um zu tun was böse ist in den
Augen Jehovas, welchen Isebel, sein
Weib, anreizte *b*. Und er tat sehr viele 26
Greuel *c*, indem er den Götzen nach-
wandelte, nach allem was die Amoriter getan, welche Jehova vor den
Kindern Israel ausgetrieben hatte.)
Und es geschah, als Ahab diese Wor- 27
te hörte, da zerriß er seine Kleider
und legte Sacktuch um seinen Leib
und fastete; und er lag im Sacktuch,
und er ging still einher. Da geschah 28
das Wort Jehovas zu Elia, dem Tisbiter, also: Hast du gesehen, daß 29
Ahab sich vor mir gedemütigt hat?
Weil er sich vor mir gedemütigt hat,
will ich das Unglück in seinen Tagen
nicht bringen; in den Tagen seines
Sohnes will ich das Unglück über
sein Haus bringen.

Und *d* sie blieben drei Jahre ru- **22**
hig; es war kein Krieg zwischen
Syrien und Israel. Und es geschah 2
im dritten Jahre, da kam Josaphat,
der König von Juda, zu dem König
von Israel herab. Und der König von 3
Israel sprach zu seinen Knechten: Wisset ihr nicht, daß Ramoth-Gilead unser
ist? Und wir bleiben still und nehmen
es nicht aus der Hand des Königs
von Syrien? Und er sprach zu Josa- 4
phat: Willst du mit mir nach Ramoth-
Gilead in den Streit ziehen? Und Josaphat sprach zu dem König von Israel:
Ich *will sein* wie du, mein Volk wie
dein Volk, meine Rosse wie deine
Rosse!

Und Josaphat sprach zu dem König 5
von Israel: Befrage doch heute *e* das
Wort Jehovas. Da versammelte der 6
König von Israel die Propheten, bei
vierhundert Mann, und er sprach zu
ihnen: Soll ich wider Ramoth-Gilead
in den Streit ziehen, oder soll ich davon abstehen? Und sie sprachen: Ziehe hinauf, und der Herr wird es in
die Hand des Königs geben. Aber Jo- 7
saphat sprach: Ist hier kein Prophet
Jehovas mehr, daß wir durch ihn fragen? Und der König von Israel sprach 8
zu Josaphat: Es ist noch e i n Mann
da, um durch ihn Jehova zu befragen; aber ich h a s s e ihn, denn er
weissagt nichts Gutes über mich, sondern *nur* Böses: Micha, der Sohn Jimlas. Und Josaphat sprach: Der König
spreche nicht also! Da rief der König 9
von Israel einen Kämmerer und sprach:
Bringe Micha, den Sohn Jimlas, eilends

---

a S. die Anm. zu Richt. 19, 22. — *b* O. denn Isebel, sein Weib, reizte ihn an. —
c W. er handelte sehr greulich. — *d* 2. Chron. 18. — *e* O. vorerst.

10 her! Und der König von Israel und Josaphat, der König von Juda, saßen ein jeder auf seinem Throne, angetan mit königlichen Kleidern, auf einem freien Platze am Eingang des Tores von Samaria; und alle Prophe-11 ten weissagten vor ihnen. Und Zedekia *a*, der Sohn Kenaanas, machte sich eiserne Hörner und sprach: So spricht Jehova: Mit diesen wirst du die Syrer stoßen, bis du sie vernichtet hast.
12 Und alle Propheten weissagten ebenso und sprachen: Ziehe hinauf nach Ramoth-Gilead, und es wird dir gelingen; denn Jehova wird es in die Hand des Königs geben.
13 Und der Bote, der hingegangen war, Micha zu rufen, redete zu ihm und sprach: Siehe doch, die Worte der Propheten *verkündigen* einstimmig dem König Gutes; laß doch dein Wort sein wie das Wort eines von ihnen 14 und rede Gutes. Aber Micha sprach: *So wahr* Jehova lebt, was Jehova mir 15 sagen wird, das werde ich reden! Und als er zu dem König kam, sprach der König zu ihm: Micha, sollen wir nach Ramoth-Gilead in den Streit ziehen, oder sollen wir davon abstehen? Und er sprach zu ihm: Ziehe hinauf, und es wird dir gelingen; denn Jehova wird es in die Hand des Königs ge-16 ben. Und der König sprach zu ihm: Wie viele Male muß ich dich beschwören, daß du nichts zu mir reden sollst als nur Wahrheit im Namen Jehovas? 17 Da sprach er: Ich sah ganz Israel auf den Bergen zerstreut, wie Schafe, die keinen Hirten haben. Und Jehova sprach: Diese haben keinen Herrn; sie sollen ein jeder nach seinem Hau-18 se zurückkehren in Frieden. Und der König von Israel sprach zu Josaphat: Habe ich dir nicht gesagt: er weissagt nichts Gutes über mich, sondern *nur* Böses?
19 Und er sprach: Darum höre das Wort Jehovas! Ich sah Jehova auf seinem Throne sitzen, und alles Heer des Himmels bei ihm stehen, zu seiner Rechten und zu seiner Linken. 20 Und Jehova sprach: Wer will Ahab bereden, daß er hinaufziehe und zu Ramoth-Gilead falle? Und der eine sprach so, und der andere sprach so. 21 Da trat ein *b* Geist hervor und stellte sich vor Jehova und sprach: Ich will ihn bereden. Und Jehova sprach zu 22 ihm: Wodurch? Und er sprach: Ich will ausgehen und will ein Lügengeist sein in dem Munde all seiner Propheten. Und er sprach: Du wirst *c* ihn bereden und wirst es auch aus-23 richten; gehe aus und tue also! Und nun, siehe, Jehova hat einen Lügengeist in den Mund all dieser deiner Propheten gelegt, und Jehova hat Böses über dich geredet. 24 Da trat Zedekia, der Sohn Kenaanas, herzu und schlug Micha auf die Backen und sprach: Wo *d* wäre der

Geist Jehovas von mir gewichen, um mit dir zu reden? Und Micha sprach: 25 Siehe, du wirst es sehen an jenem Tage, wenn du ins innerste Gemach *e* gehen wirst, um dich zu verstecken. Und der König von Israel sprach: 26 Nimm Micha und führe ihn zurück zu Amon, dem Obersten der Stadt, und zu Joas, dem Sohne des Königs, und 27 sage: So spricht der König: Setzet diesen ins Gefängnis und speiset ihn mit Brot der Trübsal und mit Wasser der Trübsal, bis ich in Frieden heimkomme. Und Micha sprach: Wenn du 28 je in Frieden zurückkehrst, so hat Jehova nicht durch mich geredet! Und er sprach: Höret es, ihr Völker alle!
Und der König von Israel und Josa-29 phat, der König von Juda, zogen hinauf nach Ramoth-Gilead. Und der Kö-30 nig von Israel sprach zu Josaphat: Ich will mich verkleiden und in den Streit ziehen, du aber lege deine Kleider an. Und der König von Israel verkleidete sich und zog in den Streit. Der König von Syrien hatte aber sei-31 nen zweiunddreißig Obersten der Wagen geboten und gesagt: Ihr sollt weder wider einen Geringen streiten, noch wider einen Großen, sondern wider den König von Israel allein. Und es geschah, als die Obersten der 32 Wagen Josaphat sahen, — denn sie sprachen: Das ist gewiß der König von Israel! — da lenkten sie auf ihn zu, um zu streiten; und Josaphat schrie. Und es geschah, als die Ober-33 sten der Wagen sahen, daß er nicht der König von Israel war, da wandten sie sich von ihm ab.
Und ein Mann spannte den Bogen 34 aufs Geratewohl *f* und traf den König von Israel zwischen den *Panzer-*Anhang und den Panzer. Da sprach er zu seinem Wagenlenker: Wende um *g* und führe mich aus dem Heere hinaus, denn ich bin verwundet. Und der 35 Streit nahm überhand an selbigem Tage, und der König wurde aufrecht erhalten in dem Wagen, den Syrern gegenüber; und er starb am Abend; und das Blut der Wunde floß in den Boden des Wagens. Da erging der 36 laute Ruf durch das Lager beim Untergang der Sonne, indem man sprach: Ein jeder in seine Stadt, und ein jeder in sein Land! Und so starb der 37 König und kam nach Samaria; und man begrub den König zu Samaria. Und als man den Wagen am Teiche 38 von Samaria abspülte, da leckten die Hunde sein Blut, (*da* wo *h* die Huren badeten) nach dem Worte Jehovas, das er geredet hatte.
Und das Uebrige der Geschichte 39 Ahabs und alles was er getan und das elfenbeinerne Haus, das er gebaut, und alle Städte, die er gebaut hat, ist das nicht geschrieben in dem Buche der Chronika der Könige von Israel? Und Ahab legte sich zu seinen Vätern. 40

---

a H. Zidkija. — *b* Eig. der. — *c* O. sollst. — *d* d. h. auf welchem Wege. — *e* O. von Gemach zu Gemach. — *f* W. in seiner Einfalt. — *g* Eig. Wende deine Hände. — *h* O. während.

Und Ahasja, sein Sohn, ward König an seiner Statt.

41 Und a Josaphat, der Sohn Asas, wurde König über Juda im vierten Jahre
42 Ahabs, des Königs von Israel. Josaphat war fünfunddreißig Jahre alt, als er König wurde, und er regierte fünfundzwanzig Jahre zu Jerusalem; und der Name seiner Mutter war Asu-
43 ba, die Tochter Schilchis. Und er wandelte auf allen Wegen b seines Vaters Asa; er wich nicht davon, indem er tat was recht war in den Augen Je-
44 hovas. Nur die Höhen wichen nicht: das Volk opferte und räucherte noch
45 auf den Höhen. Und Josaphat hatte Frieden mit dem König von Israel.
46 Und das Uebrige der Geschichte Josaphats, und seine Macht, die er ausgeübt, und wie er gestritten hat, ist das nicht geschrieben in dem Buche der Chronika der Könige von Ju-
47 da? Auch den Rest der Buhler, der in den Tagen seines Vaters Asa übriggeblieben war, schaffte er aus dem
48 Lande hinweg. Und es war damals kein König in Edom; ein Statthalter
49 war König. Josaphat baute Tarsis-

Schiffe, um nach Ophir zu fahren und Gold zu holen c; aber man fuhr nicht, denn die Schiffe wurden bei Ezjon-Geber zertrümmert. Damals sprach 50 Ahasja, der Sohn Ahabs, zu Josaphat: Laß meine Knechte mit deinen Knechten auf den Schiffen fahren; aber Josaphat wollte nicht. Und Josaphat legte 51 sich zu seinen Vätern, und er wurde bei seinen Vätern begraben in der Stadt seines Vaters David. Und Joram, sein Sohn, ward König an seiner Statt d.

Ahasja, der Sohn Ahabs, wurde Kö- 52 nig über Israel zu Samaria, im siebenzehnten Jahre Josaphats, des Königs von Juda; und er regierte zwei Jahre über Israel. Und er tat was böse war 53 in den Augen Jehovas, und er wandelte auf dem Wege seines Vaters und auf dem Wege seiner Mutter und auf dem Wege Jerobeams, des Sohnes Nebats, der Israel sündigen gemacht hatte. Und er diente dem Baal 54 und beugte sich vor ihm nieder; und er reizte Jehova, den Gott Israels, nach allem wie sein Vater getan hatte.

Das zweite Buch der Könige

1 Und nach dem Tode Ahabs fielen die Moabiter von Israel ab. — Und
2 Ahasja fiel durch das Gitter an seinem Obergemach zu Samaria und wurde krank. Und er sandte Boten und sprach zu ihnen: Gehet hin, befraget Baal-Sebub, den Gott von Ekron, ob ich von dieser Krankheit genesen
3 werde. Und der Engel Jehovas redete zu Elia, dem Tisbiter: Mache dich auf, gehe hinauf, den Boten des Königs von Samaria entgegen, und sprich zu ihnen: Ist es, weil kein Gott in Israel ist, daß ihr hingehet, um Baal-Sebub, den Gott von Ekron, zu be-
4 fragen? Und darum spricht Jehova also: Von dem Bette, das du bestiegen hast, sollst du nicht herabkommen, sondern du wirst gewißlich sterben. Und Elia ging hin.
5 Und die Boten kehrten zu ihm zurück; und er sprach zu ihnen: War-
6 um seid ihr denn zurückgekehrt? Und sie sprachen zu ihm: Ein Mann kam herauf, uns entgegen, und sprach zu uns: Gehet, kehret zurück zu dem Könige, der euch gesandt hat, und redet zu ihm: So spricht Jehova: Ist es, weil kein Gott in Israel ist, daß du hinsendest, um Baal-Sebub, den Gott von Ekron, zu befragen? Darum sollst du von dem Bette, das du bestiegen hast, nicht herabkommen, sondern du

wirst gewißlich sterben. Da sagte er 7 zu ihnen: Was für ein Mann war es e, der euch entgegen heraufkam und diese Worte zu euch redete? Und sie 8 sprachen zu ihm: Es war ein Mann in härenem Gewande und an seinen Lenden gegürtet mit einem ledernen Gürtel. Und er sprach: Es ist Elia, der Tisbiter.

Da sandte er zu ihm einen Obersten 9 über fünfzig und seine Fünfzig. Und er ging zu ihm hinauf, und siehe, er saß auf dem Gipfel des Berges; und er sprach zu ihm: Mann Gottes! der König sagt: Komm herab. Aber Elia 10 antwortete und sprach zu dem Obersten über fünfzig: Und wenn ich ein Mann Gottes bin, so fahre Feuer vom Himmel herab und fresse dich und deine Fünfzig! Da fuhr Feuer vom Himmel herab und fraß ihn und seine Fünfzig. Und er sandte wiederum zu 11 ihm einen anderen Obersten über fünfzig und seine Fünfzig. Und er hob an und sprach zu ihm: Mann Gottes! so spricht der König: Komm eilends herab. Aber Elia antwortete und sprach 12 zu ihnen: Wenn ich ein Mann Gottes bin, so fahre Feuer vom Himmel herab und fresse dich und deine Fünfzig! Da fuhr Feuer Gottes vom Himmel herab und fraß ihn und seine Fünfzig. Und er sandte wiederum einen dritten 13

---

a 2. Chron. 20, 31. — b W. allem Wege. — c W. wegen Gold. — d 2. Kön. 8, 16. — e O. Wie sah der Mann aus.

Obersten über fünfzig *a* und seine Fünfzig. Und der dritte Oberste über fünfzig ging hinauf und kam und beugte seine Kniee vor Elia, und er flehte ihn an und sprach zu ihm: Mann Gottes! möge doch mein Leben und das Leben deiner Knechte, dieser Fünfzig,

14 teuer sein in deinen Augen! Siehe, Feuer istvom Himmel herabgefahren und hat die beiden vorigen Obersten über fünfzig und ihre Fünfzig gefressen; nun aber möge mein Leben teuer

15 sein in deinen Augen! Da sprach der Engel Jehovas zu Elia: Gehe mit ihm hinab, fürchte dich nicht vor ihm! Und er stand auf und ging mit ihm zu dem König hinab.

16 Und er redete zu ihm: So spricht Jehova: Weil du Boten gesandt hast, um Baal-Sebub, den Gott von Ekron, zu befragen, (ist es, weil kein Gott in Israel ist, um sein Wort zu befragen?) darum sollst du von dem Bette, das du bestiegen hast, nicht herabkommen, sondern du wirst gewißlich

17 sterben. Und er starb nach dem Worte Jehovas, das Elia geredet hatte. Und Joram *b* ward König an seiner Statt im zweiten Jahre Jorams, des Sohnes Josaphats, *c* des Königs von Juda; denn er hatte keinen Sohn.

18 Und das Uebrige der Geschichte Ahasjas, was er getan hat, ist das nicht geschrieben in dem Buche der Chronika der Könige von Israel?

2 Und es geschah, als Jehova den Elia im Sturmwinde gen Himmel auffahren ließ, da gingen Elia und Elisa von Gilgal hinweg.

2 Und Elia sprach zu Elisa: Bleibe doch hier; denn Jehova hat mich bis nach Bethel gesandt. Und Elisa sprach: *So wahr* Jehova lebt und deine Seele lebt, wenn ich dich verlasse! Und sie gingen nach Bethel

3 hinab. Da kamen die Söhne der Propheten, die in Bethel waren, zu Elisa heraus und sprachen zu ihm: Weißt du, daß Jehova heute deinen Herrn über deinem Haupte hinwegnehmen wird? Und er sprach: Auch ich weiß

4 es; schweiget! Und Elia sprach zu ihm: Elisa, bleibe doch hier; denn Jehova hat mich nach Jericho gesandt. Aber er sprach: *So wahr* Jehova lebt und deine Seele lebt, wenn ich dich verlasse! Und sie kamen nach Jericho.

5 Da traten die Söhne der Propheten, die in Jericho waren, zu Elisa und sprachen zu ihm: Weißt du, daß Jehova heute deinen Herrn über deinem Haupte hinwegnehmen wird? Und er sprach: Auch ich weiß es; schwei-

6 get! Und Elia sprach zu ihm: Bleibe doch hier; denn Jehova hat mich an den Jordan gesandt. Aber er sprach: *So wahr* Jehova lebt und deine Seele lebt, wenn ich dich verlasse! Und so

7 gingen sie beide miteinander. Und fünfzig Mann von den Söhnen der Propheten gingen hin und stellten sich gegenüber von ferne; und sie beide

traten an den Jordan. Da nahm Elia 8 seinen Mantel und wickelte ihn zusammen und schlug auf das Wasser; und es zerteilte sich dahin und dorthin, und sie gingen beide hinüber auf dem Trockenen.

Und es geschah, als sie hinüberge- 9 gangen waren, da sprach Elia zu Elisa: Begehre was ich dir tun soll, ehe ich von dir genommen werde. Und Elisa sprach: So möge mir doch ein zwiefaches Teil von deinem Geiste werden! Und er sprach: Du hast Schwe- 10 res begehrt! Wenn du mich sehen wirst, wann ich von dir genommen werde, so soll dir also geschehen; wenn aber nicht, so wird es nicht geschehen. Und es geschah, während sie 11 gingen und im Gehen redeten, siehe da, ein Wagen von Feuer und Rosse von Feuer, welche sie beide voneinander trennten; und Elia fuhr im Sturmwind auf gen Himmel. Und Eli- 12 sa sah es und schrie: Mein Vater, mein Vater! Wagen Israels und seine Reiter! Und er sah ihn nicht mehr. Da faßte er seine Kleider und zerriß sie in zwei Stücke. Und er hob den Man- 13 tel des Elia auf, der von ihm herabgefallen war, und kehrte um und trat an das Ufer des Jordan. Und er nahm 14 den Mantel des Elia, der von ihm herabgefallen war, und schlug auf das Wasser und sprach: Wo ist Jehova, der Gott des Elia? — Auch er schlug auf das Wasser, und es zerteilte sich dahin und dorthin; und Elisa ging hinüber.

Als nun die Söhne der Propheten, 15 die gegenüber in Jericho waren, ihn sahen, da sprachen sie: Der Geist des Elia ruht auf Elisa! Und sie kamen ihm entgegen und beugten sich vor ihm zur Erde nieder, und sie sprachen 16 zu ihm: Siehe doch, es sind bei deinen Knechten fünfzig tapfere Männer; mögen sie doch gehen und deinen Herrn suchen, ob nicht etwa der Geist Jehovas ihn weggetragen und auf einen der Berge oder in eins der Täler geworfen hat. Aber er sprach: Sendet nicht. Und sie drangen in ihn, 17 bis er sich schämte. Da sprach er: Sendet! Und so sandten sie fünfzig Mann; und sie suchten drei Tage lang, aber sie fanden ihn nicht. Und sie 18 kehrten zu ihm zurück, (er verweilte aber *noch* in Jericho); und er sprach zu ihnen: Habe ich euch nicht gesagt: Gehet nicht hin?

Und die Männer der Stadt sprachen 19 zu Elisa: Siehe doch, die Lage der Stadt ist gut, wie mein Herr sieht, aber das Wasser ist schlecht, und das Land ist unfruchtbar *d.* Da sprach er: 20 Holet mir eine neue Schale, und tut Salz darein! Und sie holten sie ihm. Und er ging hinaus zu der Quelle des 21 Wassers, und warf das Salz hinein und sprach: So spricht Jehova: Ich habe dieses Wasser gesund gemacht;

---

a Eig. einen Obersten über dritte Fünfzig. — *b* der Bruder Ahasjas. — *c* d. h. im zweiten Jahre seiner Mitregentschaft mit seinem Vater Josaphat; vergl. 1. Kön. 22, 42; 2. Kön. 3, 1; 8, 16. — *d* Eig. bringt Fehlgeburten.

es wird weder Tod noch Unfruchtbar-
22 keit mehr daraus entstehen. Und das
Wasser wurde gesund bis auf diesen
Tag, nach dem Worte, das Elisa geredet hatte.

23 Und er ging von dannen hinauf nach
Bethel; und als er auf dem Wege hinaufging, da kamen kleine Knaben aus
der Stadt heraus, und verspotteten ihn
und sprachen zu ihm: Komm herauf *a*,
Kahlkopf! Komm herauf *a*, Kahlkopf!
24 Und er wandte sich um und sah sie
an und fluchte ihnen im Namen Jehovas. Da kamen zwei Bären aus dem
Walde und zerrissen von ihnen zweiundvierzig Kinder.

25 Und er ging von dannen nach dem
Berge Karmel; und von dort kehrte
er nach Samaria zurück.

3 Und Joram, der Sohn Ahabs, wurde
König über Israel zu Samaria, im achtzehnten Jahre Josaphats, des Königs
von Juda; und er regierte zwölf Jahre.
2 Und er tat was böse war in den Augen
Jehovas, nur nicht wie sein Vater und
seine Mutter; und er tat die Bildsäule *b*
des Baal hinweg, die sein Vater ge-
3 macht hatte. Doch blieb er hangen an
den Sünden Jerobeams, des Sohnes
Nebats, wodurch er Israel sündigen
gemacht hatte; er wich nicht davon.
4 Und Mesa, der König von Moab, war
ein Herdenbesitzer, und er zinste dem
König von Israel hunderttausend Fettschafe und hunderttausend Widder mit
5 der Wolle *c*. Und es geschah, als Ahab
starb, da fiel der König von Moab von
6 dem König von Israel ab. Und der
König Joram zog in selbiger Zeit von
Samaria aus und musterte ganz Is-
7 rael. Und er ging hin und sandte zu
Josaphat, dem König von Juda, und
ließ *ihm* sagen: Der König von Moab
ist von mir abgefallen; willst du mit
mir wider Moab in den Streit ziehen?
Und er sprach: Ich will hinaufziehen;
ich *will sein* wie du, mein Volk wie
dein Volk, meine Rosse wie deine
8 Rosse. Und er sprach: Auf welchem
Wege wollen wir hinaufziehen? Und
er sprach: Auf dem Wege der Wüste
9 Edom. Und so zogen der König von
Israel und der König von Juda und
der König von Edom hin; und sie
machten einen Umweg von sieben Tagereisen, und es war kein Wasser da
für das Heer und für das Vieh, das
10 ihnen folgte. Da sprach der König von
Israel: Ach, daß Jehova diese drei
Könige gerufen hat, um sie in die
11 Hand Moabs zu geben! Und Josaphat
sprach: Ist hier kein Prophet Jehovas,
daß wir Jehova durch ihn befragen
könnten? Und einer von den Knechten
des Königs von Israel antwortete und
sprach: Hier ist Elisa, der Sohn Saphats, der Wasser goß auf die Hände des
12 Elia. Und Josaphat sprach: Das Wort
Jehovas ist bei ihm. Und der König von
Israel und Josaphat und der König von
Edom gingen zu ihm hinab.

Und Elisa sprach zu dem König von 13
Israel: Was haben wir miteinander
zu schaffen? Geh zu den Propheten
deines Vaters und zu den Propheten
deiner Mutter! Und der König von
Israel sprach zu ihm: Nein, denn Jehova hat diese drei Könige gerufen,
um sie in die Hand Moabs zu geben.
Da sprach Elisa: *So wahr* Jehova der 14
Heerscharen lebt, vor dessen Angesicht ich stehe, wenn ich nicht auf die
Person Josaphats, des Königs von Juda, Rücksicht nähme, so würde ich
dich nicht anblicken, noch dich ansehen! Und nun holet mir einen Sai- 15
tenspieler. Und es geschah, als der
Saitenspieler spielte, da kam die Hand
Jehovas über ihn. Und er sprach: So 16
spricht Jehova: Machet in diesem Tale
Grube an Grube. Denn so spricht Je- 17
hova: Ihr werdet keinen Wind sehen
und keinen Regen sehen, und doch
wird dieses Tal sich mit Wasser füllen,
sodaß ihr trinken werdet, ihr und
eure Herden und euer Vieh. Und das 18
ist *noch* gering in den Augen Jehovas;
er wird auch Moab in eure Hand geben. Und ihr werdet alle festen Städte 19
und alle auserlesenen Städte schlagen,
und werdet alle guten Bäume fällen
und alle Wasserquellen verstopfen und
alle guten *Acker*stücke mit Steinen
verderben. Und es geschah am Mor- 20
gen, *zur Zeit* da man das Speisopfer
opfert, siehe, da kam Wasser des Weges von Edom her, und das Land füllte
sich mit Wasser.

Und als alle Moabiter hörten, daß 21
die Könige heraufgezogen waren, um
wider sie zu streiten, da wurden sie
zusammengerufen, von jedem an, der
sich rüsten konnte *d* und darüber; und
sie rückten an die Grenze. Und als 22
sie sich des Morgens früh aufmachten,
und die Sonne über dem Wasser aufging, da sahen die Moabiter das Wasser gegenüber rot wie Blut. Und sie 23
sprachen: Das ist Blut! Die Könige
haben sich gewißlich aufgerieben und
haben einander erschlagen; und nun
zur Beute, Moab! Als sie aber zum 24
Lager Israels kamen, da machten die
Israeliten sich auf und schlugen die
Moabiter, daß sie vor ihnen flohen.
Und sie kamen in das Land Moab und
schlugen es *e*. Und sie rissen die Städte 25
nieder, und auf alle guten *Acker*stücke
warfen sie ein jeder seinen Stein und
füllten sie damit an, und sie verstopften alle Wasserquellen und fällten
alle guten Bäume . . . . , bis sie an
Kir-Hareseth *nur* dessen Steine übrig-
ließen. Und die Schleuderer umzingelten und beschossen die Stadt *f*. Und 26
als der König von Moab sah, daß ihm
der Streit zu stark war, nahm er siebenhundert Mann mit sich, die das
Schwert zogen, um gegen den König
von Edom hin durchzubrechen; aber
sie vermochten es nicht. Da nahm er 27
seinen erstgeborenen Sohn, der an

a And.: Steige hinauf. — *b* O. die Säule. — *c* O. die Wolle von hunderttausend Fettschafen und von usw. — *d* W. der einen Gurt umgürtete. — *e* W. kamen in dasselbe
und schlugen Moab. — *f* W. und trafen sie.

seiner Statt König werden sollte, und opferte ihn als Brandopfer auf der Mauer. Und es kam ein großer Zorn über Israel; und sie zogen von ihm ab und kehrten in ihr Land zurück.

4 Und ein Weib von den Weibern der Söhne der Propheten schrie zu Elisa und sprach: Dein Knecht, mein Mann, ist gestorben, und du weißt ja, daß dein Knecht Jehova fürchtete; und der Schuldherr ist gekommen, um sich meine beiden Knaben zu Knechten zu 2 nehmen. Und Elisa sprach zu ihr: Was soll ich für dich tun? Sage mir, was du im Hause hast. Und sie sprach: Deine Magd hat gar nichts im Hause, 3 als nur einen Krug Oel a. Und er sprach: Gehe hin, erbitte dir Gefäße von draußen, von allen deinen Nachbarn, leere Gefäße, nimm nicht we- 4 nige; und gehe hinein und schließe die Tür hinter dir und hinter deinen Söhnen zu, und gieße in alle diese Gefäße; und was voll ist, setze beiseite. 5 Und sie ging von ihm weg und schloß die Tür hinter sich und hinter ihren Söhnen zu; diese reichten ihr, und sie 6 goß ein. Und es geschah, als die Gefäße voll waren, da sprach sie zu ihrem Sohne: Reiche mir noch ein Gefäß. Aber er sprach zu ihr: Es ist kein Gefäß mehr da. Und das Oel 7 stand. Und sie kam und berichtete es dem Manne Gottes; und er sprach: Gehe hin, verkaufe das Oel und bezahle deine Schuld; du aber und deine Söhne, lebet von dem Uebrigen.

8 Und es geschah eines Tages, da ging Elisa nach Sunem hinüber; und daselbst war ein wohlhabendes Weib, und sie nötigte ihn, *bei ihr* zu essen. Und es geschah, sooft er durchzog, 9 kehrte er dort ein, um zu essen. Und sie sprach zu ihrem Manne: Siehe doch, ich merke, daß dieser ein heiliger Mann Gottes ist, der beständig 10 bei uns durchzieht. Laß uns doch ein kleines gemauertes Obergemach machen, und ihm Bett und Tisch und Stuhl und Leuchter darein stellen; und es geschehe, wenn er zu uns 11 kommt, mag er dort einkehren. Und es geschah eines Tages, da kam er dahin, und er kehrte in das Oberge- 12 mach ein und schlief daselbst. Und er sprach zu Gehasi, seinem Knaben: Rufe diese Sunamitin! Und er rief 13 sie, und sie trat vor ihn hin. Und er sprach zu ihm: Sprich doch zu ihr: Siehe, du hast dir unsertwegen alle diese Sorge gemacht; was ist für dich zu tun? Ist für dich mit dem König zu reden oder mit dem Heerobersten? Und sie sprach: Ich wohne inmitten 14 meines Volkes. Und er sprach: Was ist denn für sie zu tun? Und Gehasi sprach: Doch! sie hat keinen Sohn, 15 und ihr Mann ist alt. Und er sprach: Rufe sie! Und er rief sie, und sie trat 16 in die Tür. Und er sprach: Zu dieser bestimmten Zeit übers Jahr wirst du einen Sohn umarmen. Und sie sprach:

Nicht doch, mein Herr, du Mann Gottes, belüge deine Magd nicht!

Und das Weib wurde schwanger und 17 gebar einen Sohn zu dieser bestimmten Zeit übers Jahr, wie Elisa zu ihr geredet hatte. Und das Kind wuchs 18 heran. Und es geschah eines Tages, da ging es hinaus zu seinem Vater, zu den Schnittern. Und es sprach zu seinem 19 Vater: Mein Kopf, mein Kopf! Und er sprach zu dem Knechte b: Trag? ihn zu seiner Mutter. Und er nahm ihn 20 auf und brachte ihn zu seiner Mutter; und er saß auf ihren Knieen bis zum Mittag, und er starb. Da ging sie hin- 21 auf und legte ihn auf das Bett des Mannes Gottes, und schloß hinter ihm zu und ging hinaus. Und sie rief ihren 22 Mann und sprach: Sende mir doch einen von den Knaben und eine von den Eselinnen, und ich will zu dem Manne Gottes laufen und wiederkommen. Und er sprach: Warum willst 23 du heute zu ihm gehen? Es ist weder Neumond noch Sabbath. Und sie sprach: Es ist gut. Und sie sattelte 24 die Eselin und sprach zu ihrem Knaben: Treibe immerfort; halte mich nicht auf im Reiten, es sei denn, daß ich es dir sage! So zog sie hin und 25 kam zu dem Manne Gottes auf den Berg Karmel. Und es geschah, als der Mann Gottes sie von ferne sah, da sprach er zu Gehasi, seinem Knaben: Siehe da, die Sunamitin! Nun 26 laufe ihr doch entgegen und sprich zu ihr: Geht es dir wohl? Geht es deinem Manne wohl? Geht es dem Kinde wohl? Und sie sprach: Wohl. Und 27 sie kam zu dem Manne Gottes auf den Berg und umfaßte seine Füße. Da trat Gehasi herzu, um sie wegzustoßen. Aber der Mann Gottes sprach: Laß sie! denn ihre Seele ist betrübt; und Jehova hat es mir verborgen und mir nicht kundgetan. Und sie sprach: 28 Habe ich einen Sohn von meinem Herrn erbeten? Habe ich nicht gesagt: Täusche mich nicht? Da sprach 29 er zu Gehasi: Gürte deine Lenden, und nimm meinen Stab in deine Hand und gehe hin; wenn du jemand triffst, grüße ihn nicht, und wenn jemand dich grüßt, antworte ihm nicht; und lege meinen Stab auf das Angesicht des Knaben. Und die Mutter des 30 Knaben sprach: *So wahr* Jehova lebt und deine Seele lebt, wenn ich von dir lasse! Da machte er sich auf und ging ihr nach. Gehasi aber war ihnen 31 vorausgegangen und hatte den Stab auf das Angesicht des Knaben gelegt; aber da war keine Stimme und kein Aufmerken. Und er kehrte zurück, ihm entgegen, und berichtete ihm und sprach: Der Knabe ist nicht erwacht. Und als Elisa in das Haus kam, siehe, 32 da war der Knabe tot, hingelegt auf sein Bett.

Und er ging hinein und schloß die Tür 33 hinter ihnen beiden zu und betete zu Jehova. Und er stieg hinauf c und legte 34

---

sich auf das Kind, und er legte seinen Mund auf dessen Mund, und seine Augen auf dessen Augen, und seine Hände auf dessen Hände und beugte sich über dasselbe; und das Fleisch
35 des Kindes wurde warm. Und er kam zurück und ging im Hause einmal dahin und einmal dorthin, und er stieg *wieder* hinauf und beugte sich über ihn. Da nieste der Knabe siebenmal, und der Knabe schlug seine Augen
36 auf. Und er rief Gehasi und sprach: Rufe diese Sunamitin. Und er rief sie, und sie kam zu ihm herein. Und
37 er sprach: Nimm deinen Sohn. Da kam sie und fiel ihm zu Füßen und beugte sich zur Erde nieder; und sie nahm ihren Sohn und ging hinaus.
38 Elisa aber kehrte nach Gilgal zurück. Und es war Hungersnot im Lande. Und die Söhne der Propheten saßen vor ihm. Und er sprach zu seinem Knaben: Setze den großen Topf auf und koche ein Gericht für die Söh-
39 ne der Propheten. Da ging einer auf das Feld hinaus, um Kräuter zu lesen, und er fand eine wilde Rebe und las davon wilde Koloquinthen, sein Kleid voll, und er kam und zerschnitt sie in den Kochtopf, denn sie kannten sie
40 nicht. Und sie schütteten es aus zum Essen für die Männer. Aber es geschah, als sie von dem Gericht aßen, da schrieen sie und sprachen: Der Tod ist im Topfe, Mann Gottes! Und sie
41 konnten es nicht essen. Da sprach er: So holet Mehl her! Und er warf es in den Topf und sprach: Schütte es aus für die Leute, daß sie essen. Und es war nichts Schlimmes *mehr* im Topfe.
42 Und ein Mann kam von Baal-Schalischa und brachte dem Manne Gottes Brot der Erstlinge, zwanzig Gerstenbrote, und Gartenkorn in seinem Sakke. Und er sprach: Gib es den Leu-
43 ten, daß sie essen! Und sein Diener sprach: Wie soll ich dieses hundert Männern vorsetzen? Und er sprach: Gib es den Leuten, daß sie essen! denn so spricht Jehova: Man wird
44 essen und übriglassen. Und er setzte es ihnen vor; und sie aßen und ließen übrig, nach dem Worte Jehovas.

5 Und Naaman, der Heeroberste des Königs von Syrien, war ein großer Mann vor seinem Herrn und angesehen; denn durch ihn hatte Jehova den Syrern Sieg *a* gegeben; und der Mann war ein Kriegsheld, *aber* aus-
2 sätzig. Und die Syrer waren in Streifscharen ausgezogen und hatten aus dem Lande Israel ein junges Mädchen gefangen weggeführt, und sie kam
3 vor dem Weibe Naamans *b*. Und sie sprach zu ihrer Herrin: Ach, wäre doch mein Herr vor dem Propheten, der zu Samaria *wohnt*! dann würde er ihn von seinem Aussatz heilen *c*.
4 Und Naaman *d* ging und berichtete es seinem Herrn und sprach: So und so hat das Mädchen geredet, das aus
5 dem Lande Israel ist. Da sprach der

König von Syrien: Geh, ziehe hin, und ich will an den König von Israel einen Brief senden. Und er ging hin und nahm mit sich zehn Talente Silber und sechstausend *Sekel* Gold und
6 zehn Wechselkleider. Und er brachte den Brief zu dem König von Israel, und er lautete also: Und nun, wenn dieser Brief zu dir kommt, siehe, ich habe meinen Knecht Naaman zu dir gesandt, daß du ihn von seinem Aus-
7 satz heilest. Und es geschah, als der König von Israel den Brief gelesen hatte, da zerriß er seine Kleider und sprach: Bin ich Gott, um zu töten und lebendig zu machen, daß dieser zu mir sendet, einen Mann von seinem Aussatz zu heilen? Aber fürwahr, erkennet doch und sehet, daß er einen Anlaß an mir sucht!
8 Und es geschah, als Elisa, der Mann Gottes, hörte, daß der König von Israel seine Kleider zerrissen hatte, da sandte er zu dem König und ließ *ihm* sagen: Warum hast du deine Kleider zerrissen? Laß ihn doch zu mir kommen, und er soll erkennen,
9 daß ein Prophet in Israel ist. Und Naaman kam mit seinen Rossen und mit seinen Wagen, und hielt am Ein-
10 gang des Hauses Elisas. Und Elisa sandte einen Boten zu ihm und ließ *ihm* sagen: Gehe hin und bade dich siebenmal im Jordan, so wird dir dein Fleisch wieder werden, und du wirst
11 rein sein. Da wurde Naaman zornig und zog weg; und er sprach: Siehe, ich hatte gedacht: er wird gewißlich zu mir herauskommen und hintreten und den Namen Jehovas, seines Gottes, anrufen, und wird seine Hand über die Stelle schwingen und so den
12 Aussätzigen heilen. Sind nicht Abana *e* und Parpar, die Flüsse von Damaskus, besser als alle Wasser von Israel? Kann ich mich nicht darin baden und rein werden? Und er wandte
13 sich und zog weg im Grimm. Da traten seine Knechte herzu und redeten zu ihm und sprachen: Mein Vater, hätte der Prophet etwas Großes zu dir geredet, würdest du es nicht tun? Wieviel mehr denn, da er zu dir ge-
14 sagt hat: Bade dich, und du wirst rein sein! Da stieg er hinab und tauchte sich im Jordan siebenmal unter, nach dem Worte des Mannes Gottes. Da wurde sein Fleisch wieder wie das Fleisch eines jungen Knaben, und er war rein.
15 Und er kehrte zu dem Manne Gottes zurück, er und sein ganzer Zug, und er kam und trat vor ihn und sprach: Siehe doch, ich erkenne, daß es auf der ganzen Erde keinen Gott gibt, als nur in Israel! und nun nimm doch ein Geschenk *f* von deinem
16 Knechte. Aber er sprach: *So wahr* Jehova lebt, vor dessen Angesicht ich stehe, wenn ich es nehmen werde! Und er drang in ihn, es zu nehmen; aber er weigerte sich. Da sprach Naa-
17

---

man: Wenn nicht, so werde doch deinem Knechte die Last eines Maultiergespannes Erde gegeben; denn dein Knecht wird nicht mehr anderen Göttern Brandopfer und Schlachtopfer 18 opfern, sondern nur Jehova. In diesem Stücke wolle Jehova deinem Knechte vergeben: Wenn mein Herr in das Haus Rimmons geht, um sich daselbst niederzubeugen, — denn er lehnt sich auf meine Hand, und ich beuge mich nieder im Hause Rimmons — *ja*, wenn ich mich niederbeuge im Hause Rimmons, so möge doch Jehova deinem Knechte in die- 19 sem Stücke vergeben! Und er sprach zu ihm: Gehe hin in Frieden. Und er zog von ihm weg eine Strecke Landes.

20 Da sprach Gehasi, der Knabe Elisas, des Mannes Gottes: Siehe, mein Herr hat Naaman, diesen Syrer, verschont, daß er nicht aus seiner Hand genommen was er gebracht hat; so *wahr* Jehova lebt, wenn ich ihm nicht nachlaufe und etwas von ihm nehme! 21 Und Gehasi eilte Naaman nach. Und als Naaman sah, daß er ihm nachlief, sprang er von dem Wagen herab, ihm entgegen, und sprach: Steht es wohl? 22 Und er sprach: Es steht wohl. Mein Herr sendet mich und läßt *dir* sagen: Siehe, eben jetzt sind vom Gebirge Ephraim zwei Knaben von den Söhnen der Propheten zu mir gekommen; gib ihnen doch ein Talent Silber und 23 zwei Wechselkleider. Und Naaman sprach: Laß es dir gefallen, nimm zwei Talente. Und er drang in ihn und band zwei Talente Silber in zwei Beutel, und zwei Wechselkleider, und gab es zweien seiner Knaben; und 24 sie trugen es vor ihm her. Als er aber an den Hügel kam, nahm er es aus ihrer Hand und brachte es im Hause unter; dann entließ er die Männer, 25 und sie gingen weg. Er aber ging hinein und trat vor seinen Herrn. Da sprach Elisa zu ihm: Woher, Gehasi? Und er sprach: Dein Knecht ist weder dahin noch dorthin gegan- 26 gen. Und er sprach zu ihm: Ging mein Herz nicht mit, als der Mann sich von seinem Wagen herab dir entgegenwandte? Ist es Zeit, Silber zu nehmen und Kleider zu nehmen, und Olivenbäume und Weinberge, und Kleinvieh und Rinder, und Knech- 27 te und Mägde? So wird der Aussatz Naamans an dir haften und an deinem Samen ewiglich. Und er ging von ihm hinaus, aussätzig wie Schnee.

6 Und die Söhne der Propheten sprachen zu Elisa: Siehe doch, der Ort, wo wir vor dir wohnen, ist uns zu 2 enge; laß uns doch an den Jordan gehen und von dannen ein jeder einen Balken holen, und uns dort einen Ort herrichten, um daselbst zu wohnen. 3 Und er sprach: Gehet hin. Und einer sprach: Laß es dir doch gefallen und gehe mit deinen Knechten! Und er

sprach: Ich will mitgehen. Und er 4 ging mit ihnen; und sie kamen an den Jordan und hieben die Bäume um. Es geschah aber, als einer einen 5 Balken fällte, da fiel das Eisen ins Wasser; und er schrie und sprach: Ach, mein Herr! und es war entlehnt! Und der Mann Gottes sprach: Wohin 6 ist es gefallen? Und er zeigte ihm die Stelle; da schnitt er ein Holz ab und warf es hinein und machte das Eisen schwimmen. Und er sprach: 7 Nimm es dir auf. Und er streckte seine Hand aus und nahm es.

Und der König von Syrien führte 8 Krieg wider Israel; und er beriet sich mit seinen Knechten und sprach: An dem und dem Orte soll mein Lager sein. Da sandte der Mann Gottes zum 9 König von Israel und ließ *ihm* sagen: Hüte dich, diesen Ort zu vernachlässigen *a*; denn dort kommen die Syrer herab. Und der König von Israel 10 sandte an den Ort, den der Mann Gottes ihm gesagt und vor dem er ihn gewarnt hatte, und er verwahrte sich daselbst; *und das geschah* nicht einmal und nicht zweimal. Da wurde 11 das Herz des Königs von Syrien über diese Sache beunruhigt; und er rief seine Knechte und sprach zu ihnen: Könnt ihr mir nicht kundtun, wer von den Unsrigen für den König von Israel ist? Und einer von seinen 12 Knechten sprach: Nicht doch, mein Herr König; sondern Elisa, der Prophet, der in Israel ist, tut dem König von Israel die Worte kund, die du in deinem Schlafgemach redest. Da 13 sprach er: Gehet hin und sehet, wo er ist; und ich werde hinsenden und ihn holen. Und es wurde ihm berichtet und gesagt: Siehe, er ist in Dothan.

Da sandte er Rosse und Wagen 14 dorthin und ein starkes Heer; und sie kamen des Nachts und umzingelten die Stadt. Und als der Diener des 15 Mannes Gottes früh aufstand und hinaustrat, siehe da, ein Heer umringte die Stadt, und Rosse und Wagen. Und sein Knabe sprach zu ihm: Ach, mein Herr! was *b* sollen wir tun? Aber er 16 sprach: Fürchte dich nicht! denn mehr sind derer, die bei uns, als derer, die bei ihnen sind. Und Elisa be- 17 tete und sprach: Jehova, öffne doch seine Augen, daß er sehe! Da öffnete Jehova die Augen des Knaben; und er sah: und siehe, der Berg war voll feuriger Rosse und Wagen, rings um Elisa her.

Und sie kamen zu ihm herab; und 18 Elisa betete zu Jehova und sprach: Schlage doch dieses Volk *c* mit Blindheit! Und er schlug sie mit Blindheit nach dem Worte Elisas. Und Elisa 19 sprach zu ihnen: Dies ist nicht der Weg, und dies nicht die Stadt; folget mir, und ich werde euch zu dem Manne führen, den ihr suchet. Und führte sie nach Samaria. Und es 20

---

a And. üb.: an diesem Orte vorbeizuziehen. — *b* Eig. wie. — *c* anderswo mit „Nation" übersetzt.

geschah, als sie nach Samaria gekommen waren, da sprach Elisa: Jehova, öffne diesen die Augen, daß sie sehen! Da öffnete Jehova ihnen die Augen; und sie sahen: und siehe, sie 21 waren mitten in Samaria. Und der König von Israel sprach zu Elisa, als er sie sah: Soll ich schlagen, soll ich 22 schlagen, mein Vater? Aber er sprach: Du sollst nicht schlagen. Würdest du die schlagen, welche du mit deinem Schwerte und mit deinem Bogen gefangen genommen hättest? Setze ihnen Brot und Wasser vor, daß sie essen und trinken, und *dann* zu ih- 23 rem Herrn ziehen. Und er richtete ihnen ein großes Mahl zu, und sie aßen und tranken; und er entließ sie, und sie zogen zu ihrem Herrn. Und die Streifscharen der Syrer kamen hinfort nicht mehr in das Land Israel. 24 Und es geschah hernach, da versammelte Ben-Hadad, der König von Syrien, sein ganzes Heer, und zog 25 herauf und belagerte Samaria. Und es entstand eine große Hungersnot in Samaria; und siehe, sie belagerten es, bis ein Eselskopf achtzig *Sekel* Silber und ein Viertel Kab *a* Tauben- 26 mist fünf *Sekel* Silber galt. Und es geschah, als der König von Israel auf der Mauer einherging, da schrie ein Weib zu ihm und sprach: Hilf, mein 27 Herr König! Aber er sprach: Hilft dir Jehova nicht, woher sollte ich dir helfen? von der Tenne oder von der 28 Kelter? Und der König sprach zu ihr: Was ist dir? Und sie sprach: Dieses Weib da hat zu mir gesagt: Gib deinen Sohn her, daß wir ihn heute essen; und meinen Sohn wollen wir morgen 29 essen. Und so kochten wir meinen Sohn und aßen ihn. Und ich sprach zu ihr am anderen Tage: Gib deinen Sohn her, daß wir ihn essen! Aber 30 sie hat ihren Sohn verborgen. Und es geschah, als der König die Worte des Weibes hörte, da zerriß er seine Kleider, während er auf der Mauer einherging; und das Volk sah, und siehe, *er trug* Sacktuch darunter auf 31 seinem Leibe. Und er sprach: So soll mir Gott tun und so hinzufügen, wenn der Kopf Elisas, des Sohnes Saphats, heute auf ihm bleibt! 32 Und Elisa saß in seinem Hause, und die Aeltesten saßen bei ihm. Und der König *b* sandte einen Mann vor sich her. Ehe der Bote zu ihm kam, sprach er aber zu den Aeltesten: Habt ihr gesehen, daß dieser Mördersohn hergesandt hat, um mir den Kopf wegzunehmen? Sehet zu, sobald der Bote kommt, verschließet die Tür und dränget ihn mit der Tür hinweg! Ist nicht der Schall der Tritte seines 33 Herrn hinter ihm? Noch redete er mit ihnen, siehe, da kam der Bote zu ihm herab; und er *c* sprach: Siehe, dieses Unglück ist von Jehova; was

soll ich noch auf Jehova harren? *Da 7 sprach Elisa: Höret das Wort Jehovas! So spricht Jehova: Morgen um diese Zeit wird ein Maß Feinmehl einen Sekel gelten, und zwei Maß Gerste einen Sekel im Tore von Samaria. Da antwortete der Anführer *d*, 2 auf dessen Hand der König sich lehnte, dem Manne Gottes und sprach: Siehe, wenn Jehova Fenster am Himmel machte, würde wohl dieses geschehen? Und er sprach: Siehe, du wirst es mit deinen Augen sehen, aber du wirst nicht davon essen.

Es waren aber vier aussätzige Män- 3 ner am Eingang des Tores; und sie sprachen einer zum anderen: Was bleiben wir hier, bis wir sterben? 4 Wenn wir sprechen: Laßt uns in die Stadt gehen, so ist die Hungersnot in der Stadt, und wir werden daselbst sterben; und wenn wir hier bleiben, so werden wir *auch* sterben. Und nun kommt und laßt uns zu dem Lager der Syrer überlaufen; wenn sie uns am Leben lassen, so leben wir, und wenn sie uns töten, so sterben wir. Und so machten sie sich in der Däm- 5 merung auf, um ins Lager der Syrer zu kommen; und sie kamen an das Ende des Lagers der Syrer, und siehe, kein Mensch war da. Denn der Herr 6 hatte das Heerlager der Syrer in Getöse von Wagen und ein Getöse von Rossen hören lassen, das Getöse einer großen Heeresmacht; und sie sprachen einer zum anderen: Siehe, der König von Israel hat die Könige der Hethiter und die Könige von Aegypten wider uns gedungen, daß sie über uns kommen sollen. Und sie machten sich auf 7 und flohen in der Dämmerung; sie ließen ihre Zelte und ihre Rosse und ihre Esel, das Lager, so wie es war, und flohen um ihr Leben. Als nun jene Aus- 8 sätzigen an das Ende des Lagers kamen, gingen sie in ein Zelt und aßen und tranken; und sie nahmen daraus Silber und Gold und Kleider und gingen hin und verbargen es. Und sie kamen wieder und gingen in ein anderes Zelt; und sie nahmen daraus und gingen hin und verbargen es. Da sprachen sie einer zum anderen: 9 Wir tun nicht recht. Dieser Tag ist ein Tag guter Botschaft; schweigen wir aber und warten, bis der Morgen hell wird, so wird uns Schuld treffen. Und nun kommt und laßt uns hineingehen und es im Hause des Königs berichten. Und sie kamen und riefen 10 die Torwache der Stadt, und berichteten ihnen und sprachen: Wir sind in das Lager der Syrer gekommen, und siehe, kein Mensch war da, und keine Menschenstimme; sondern nur die Rosse angebunden und die Esel angebunden, und die Zelte, so wie sie waren. Und sie riefen die Tor- 11 wächter, und sie berichteten *e* es

---

a 1 Kab = der achtzehnte Teil eines Epha. — *b* W. er. — *c* d. h. wahrsch. der König. — *d* Vergl. die Anm. zu 2. Sam. 23, 8; so auch später. — *e* Eig. man rief; oder: sie (d. h. die Torwache) rief. Nach and. Lesart: und die Torwächter riefen, und man berichtete.

12 drinnen im Hause des Königs. Da stand der König in der Nacht auf und sprach zu seinen Knechten: Ich will euch sagen, was die Syrer uns getan haben: sie wissen, daß wir Hunger leiden, und sie sind aus dem Lager gegangen, um sich auf dem Felde zu verbergen, indem sie sagen: Wenn sie aus der Stadt herausgehen, so wollen wir sie lebendig greifen und 13 in die Stadt eindringen. Da antwortete einer von seinen Knechten und sprach: So nehme man doch fünf von den übrigen Rossen, die darin übriggeblieben sind, (siehe, sie sind wie die ganze Menge Israels, die darin übriggeblieben, sie sind wie die ganze Menge Israels, die aufgerieben ist) und laßt uns hinsenden und sehen. 14 Und sie nahmen zwei Wagen mit Rossen, und der König sandte sie hinter dem Heere der Syrer her und 15 sprach: Gehet hin und sehet. Und sie zogen ihnen nach bis an den Jordan; und siehe, der ganze Weg war voll Kleider und Geräte, welche die Syrer auf ihrer eiligen Flucht weggeworfen hatten. Und die Boten kehrten zurück und berichteten es dem Kö-16 nig. Da ging das Volk hinaus und plünderte das Lager der Syrer; und es galt ein Maß Feinmehl einen Sekel, und zwei Maß Gerste einen Sekel 17 nach dem Worte Jehovas. Der König hatte aber den Anführer, auf dessen Hand er sich lehnte, über das Tor bestellt; und das Volk zertrat ihn im Tore, und er starb, so wie der Mann Gottes geredet hatte, wie er geredet hatte *a*, als der König zu ihm 18 herabkam. Denn es geschah, als der Mann Gottes zu dem König redete und sprach: Zwei Maß Gerste werden morgen um diese Zeit einen Sekel gelten, und ein Maß Feinmehl einen 19 Sekel im Tore von Samaria, da antwortete der Anführer dem Manne Gottes und sprach: Siehe, wenn Jehova auch Fenster am Himmel machte, würde wohl so etwas geschehen? Und er sprach: Siehe, du wirst es mit deinen Augen sehen, aber du 20 wirst nicht davon essen. Und es geschah ihm also: das Volk zertrat ihn im Tore, und er starb.

8 Und Elisa hatte zu dem Weibe, deren Sohn er lebendig gemacht hatte, geredet *b* und gesagt: Mache dich auf und gehe hin, du und dein Haus, und weile, wo du weilen kannst; denn Jehova hat eine Hungersnot herbeigerufen, und sie kommt auch ins Land 2 sieben Jahre lang. Und das Weib machte sich auf und tat nach dem Worte des Mannes Gottes: sie ging hin, sie und ihr Haus, und weilte in dem Lande der Philister sieben Jahre. 3 Und es geschah am Ende von sieben Jahren, da kehrte das Weib aus dem Lande der Philister zurück; und sie ging aus, um den König anzurufen wegen ihres Hauses und wegen ihrer 4 Felder. Der König aber redete eben

zu Gehasi, dem Knaben des Mannes Gottes, und sprach: Erzähle mir doch alle die großen Dinge, die Elisa getan hat! Und es geschah, während er 5 dem König erzählte, daß er den Toten lebendig gemacht habe, siehe, da rief das Weib, deren Sohn er lebendig gemacht hatte, den König an wegen ihres Hauses und wegen ihrer Felder. Da sprach Gehasi: Mein Herr König! dies ist das Weib, und dies ist ihr Sohn, den Elisa lebendig gemacht hat. Und der König fragte das 6 Weib, und sie erzählte ihm; und der König gab ihr einen Kämmerer mit und sprach: Erstatte alles zurück was ihr gehört, sowie den ganzen Ertrag der Felder von dem Tage an, da sie das Land verlassen hat, bis jetzt.

Und Elisa kam nach Damaskus. 7 Und Ben-Hadad, der König von Syrien, war krank. Und es wurde ihm berichtet und gesagt: Der Mann Gottes ist hierher gekommen. Da sprach 8 der König zu Hasael: Nimm ein Geschenk mit dir und gehe dem Manne Gottes entgegen, und befrage Jehova durch ihn und sprich: Werde ich von dieser Krankheit genesen? Und Ha-9 sael ging ihm entgegen und nahm ein Geschenk mit sich: allerlei Gut von Damaskus, eine Last von vierzig Kamelen; und er kam und trat vor ihn hin und sprach: Dein Sohn Ben-Hadad, der König von Syrien, hat mich zu dir gesandt und läßt dir sagen: Werde ich von dieser Krankheit genesen? Und Elisa sprach zu ihm: Ge-10 he hin, sprich zu ihm: Du wirst gewißlich genesen! Aber Jehova hat mir gezeigt, daß er gewißlich sterben wird. Und er stellte sein Angesicht fest und 11 richtete es *auf ihn*, bis er sich schämte; und der Mann Gottes weinte. Und 12 Hasael sprach: Warum weint mein Herr? Und er sprach: Weil ich weiß, was du den Kindern Israel Uebles tun wirst: ihre festen Städte wirst du in Brand stecken, und ihre Jünglinge mit dem Schwerte töten, und ihre Kindlein wirst du zerschmettern und ihre Schwangeren aufschlitzen. Da sprach Hasael: Was ist dein Knecht, 13 der Hund, daß er diese große Sache tun sollte? Und Elisa sprach: Jehova hat mich ihn sehen lassen als König über Syrien. Und er ging 14 von Elisa weg und kam zu seinem Herrn; und dieser sprach zu ihm: Was hat Elisa dir gesagt? Und er sprach: Er hat mir gesagt, du werdest gewißlich genesen. Und es ge-15 schah am folgenden Tage, da nahm er die Decke und tauchte sie ins Wasser und breitete sie über sein Angesicht, sodaß er starb. Und Hasael ward König an seiner Statt.

Und *c* im fünften Jahre Jorams, des 16 Sohnes Ahabs, des Königs von Israel, als Josaphat König von Juda war, ward Joram König, der Sohn Josaphats, des Königs von Juda. Zwei-17 unddreißig Jahre war er alt, als er

---

a Eig. der geredet hatte. — *b* O. Elisa redete usw. — *c* 2. Chron. 21.

König wurde, und er regierte acht
18 Jahre zu Jerusalem. Und er wandelte
auf dem Wege der Könige von Israel,
wie das Haus Ahabs tat, denn er hatte eine Tochter Ahabs zum Weibe;
und er tat was böse war in den Au-
19 gen Jehovas. Aber Jehova wollte Juda nicht verderben um seines Knechtes David willen, so wie er ihm gesagt hatte, daß er ihm eine Leuchte
geben wolle für seine Söhne *a* alle
Tage.

20   In seinen Tagen fielen die Edomiter von der Botmäßigkeit Judas ab
und setzten einen König über sich.
21 Da zog Joram hinüber nach Zair, und
alle Wagen mit ihm. Und es geschah,
als er sich des Nachts aufmachte, da
schlug er die Edomiter, welche ihn
und die Obersten der Wagen um-
22 ringt hatten; und das Volk floh nach
seinen Zelten. So fielen die Edomiter
von der Botmäßigkeit Judas ab bis
auf diesen Tag. Damals fiel *auch* Libna ab zu derselben Zeit.

23   Und das Uebrige der Geschichte
Jorams und alles was er getan hat,
ist das nicht geschrieben in dem Buche der Chronika der Könige von Ju-
24 da? Und Joram legte sich zu seinen
Vätern, und er wurde bei seinen Vätern
begraben in der Stadt Davids. Und
Ahasja, sein Sohn, ward König an
seiner Statt.

25   Im *b* zwölften Jahre Jorams, des Sohnes Ahabs, des Königs von Israel, wurde Ahasja König, der Sohn Jorams,
26 des Königs von Juda. Zweiundzwanzig
Jahre war Ahasja alt, als er König
wurde, und er regierte ein Jahr zu
Jerusalem; und der Name seiner Mutter war Athalja, die Tochter Omris,
27 des Königs von Israel. Und er wandelte auf dem Wege des Hauses Ahabs
und tat was böse war in den Augen
Jehovas, wie das Haus Ahabs; denn
er war ein Eidam des Hauses Ahabs.
28 Und er zog mit Joram, dem Sohne
Ahabs, in den Streit wider Hasael,
den König von Syrien, nach Ramoth-
Gilead. Und die Syrer verwundeten
29 Joram. Da kehrte der König Joram
zurück, um sich in Jisreel von den
Wunden heilen zu lassen, welche ihm
die Syrer zu Rama geschlagen hatten, als er wider Hasael, den König
von Syrien, stritt. Und Ahasja, der
Sohn Jorams, der König von Juda,
zog hinab, um Joram, den Sohn Ahabs,
in Jisreel zu besuchen, weil er krank
war.

9   Und Elisa, der Prophet, rief einen
von den Söhnen der Propheten und
sprach zu ihm: Gürte deine Lenden
und nimm diese Oelflasche in deine
Hand und gehe nach Ramoth-Gilead.
2 Und wenn du dahin gekommen bist,
so sieh dich daselbst nach Jehu um,
dem Sohne Josaphats, des Sohnes Nimsis; und gehe hinein, und laß ihn aufstehen aus der Mitte seiner Brüder
und führe ihn in ein inneres Gemach;

und nimm die Oelflasche und gieße 3
sie über sein Haupt aus und sprich:
So spricht Jehova: Ich habe dich zum
König über Israel gesalbt! und öffne
die Tür und fliehe, und harre nicht.
Und der Jüngling, der Knabe des 4
Propheten, ging nach Ramoth-Gilead.
Und er kam hinein, und siehe, da 5
saßen die Obersten des Heeres. Und
er sprach: Ich habe ein Wort an dich,
Oberster. Und Jehu sprach: An wen
von uns allen? Und er sprach: An
dich, Oberster. Da stand Jehu *c* auf 6
und ging ins Haus hinein; und er
goß das Oel auf sein Haupt und sprach
zu ihm: So spricht Jehova, der Gott
Israels: Ich habe dich zum König gesalbt über das Volk Jehovas, über Israel. Und du sollst das Haus Ahabs, 7
deines Herrn, erschlagen; und ich
werde das Blut meiner Knechte, der
Propheten, und das Blut aller Knechte
Jehovas rächen von der Hand Isebels. Ja, das ganze Haus Ahabs soll 8
umkommen; und ich werde von Ahab
ausrotten was männlich ist, sowohl
den Gebundenen als auch den Freien in
Israel. Und ich werde das Haus Ahabs 9
machen wie das Haus Jerobeams, des
Sohnes Nebats, und wie das Haus
Baesas, des Sohnes Achijas. Isebel 10
aber sollen die Hunde fressen auf dem
*Acker*stück zu Jisreel, und niemand
wird sie begraben. Und er öffnete die
Tür und entfloh.

Und Jehu kam heraus zu den Knech- 11
ten seines Herrn. Und man sprach zu
ihm: Steht es wohl? Warum ist dieser Rasende zu dir gekommen? Und
er sprach zu ihnen: Ihr kennet ja den
Mann und seine Rede. Und sie spra- 12
chen: Lüge! tue es uns doch kund!
Da sprach er: So und so hat er zu
mir geredet und gesagt: So spricht
Jehova: Ich habe dich zum König
über Israel gesalbt! Da eilten sie und 13
nahmen ein jeder sein Kleid und legten es unter ihn, auf die Stufen selbst;
und sie stießen in die Posaune und
sprachen: Jehu ist König! Und so 14
machte Jehu, der Sohn Josaphats, des
Sohnes Nimsis, eine Verschwörung
gegen Joram. (Joram aber, er und
ganz Israel, hatte Ramoth-Gilead gegen Hasael, den König von Syrien,
verteidigt *d*; und der König Joram 15
war zurückgekehrt, um sich in Jisreel von den Wunden heilen zu lassen, welche ihm die Syrer geschlagen
hatten, als er wider Hasael, den König von Syrien, stritt.) Und Jehu
sprach: Wenn es euer Wille ist, so
soll niemand aus der Stadt entrinnen,
um hinzugehen, es in Jisreel zu berichten. Und Jehu saß auf und zog 16
nach Jisreel; denn Joram lag daselbst.
Und Ahasja, der König von Juda, war
hinabgezogen, um Joram zu besuchen.

Und der Wächter stand auf dem 17
Turme zu Jisreel und sah den Haufen
Jehus, wie er herankam, und sprach:
Ich sehe einen Haufen. Und Joram

---

a O. durch seine Söhne. W. ihm, und zwar hinsichtlich seiner Söhne. — *b* 2. Chron.
22. — *c* W. er. — *d* Eig. bewahrt, bewacht.

sprach: Nimm einen Reiter und sende *ihn* ihnen entgegen, daß er spreche:
18 Ist es Friede? Da ritt der Berittene ihm entgegen und sprach: So spricht der König: Ist es Friede? Und Jehu sprach: Was hast du mit dem Frieden zu schaffen? Wende dich hinter mich! Und der Wächter berichtete und sprach: Der Bote ist bis zu ihnen gekommen und kehrt nicht zurück.
19 Da sandte er einen zweiten Berittenen; und er kam zu ihnen und sprach: So spricht der König: Ist es Friede? Und Jehu sprach: Was hast du mit dem Frieden zu schaffen? Wende dich
20 hinter mich! Und der Wächter berichtete und sprach: Er ist bis zu ihnen gekommen und kehrt nicht zurück. Und das Treiben ist wie das Treiben Jehus, des Sohnes Nimsis; denn er treibt unsinnig.
21 Da sprach Joram: Spannet an! Und man spannte seinen Wagen an; und Joram, der König von Israel, und Ahasja, der König von Juda, zogen aus, ein jeder auf seinem Wagen: sie zogen aus, Jehu entgegen, und sie trafen ihn auf dem Grundstück Na-
22 boths, des Jisreeliters. Und es geschah, als Joram den Jehu sah, da sprach er: Ist es Friede, Jehu? Aber er sprach: Was, Friede, während der vielen Hurereien Isebels, deiner Mutter, und
23 ihrer vielen Zaubereien! Da wandte Joram um *und* floh, und sprach zu
24 Ahasja: Verrat, Ahasja! Jehu aber nahm seinen Bogen zur Hand und traf Joram zwischen seine Arme, so daß der Pfeil ihm durch das Herz fuhr; und er sank nieder in seinem
25 Wagen. Und er sprach zu Bidkar, seinem Anführer: Nimm ihn *und* wirf ihn auf das Grundstück Naboths, des Jisreeliters. Denn gedenke, wie wir, ich und du, neben einander hinter seinem Vater Ahab herritten, und Jehova diesen Ausspruch über ihn tat:
26 Wenn ich nicht das Blut Naboths und das Blut seiner Söhne gestern gesehen habe! spricht Jehova *b*; und ich werde es dir vergelten auf diesem Grundstück, spricht Jehova *b*. Und nun nimm ihn auf, wirf ihn auf das Grundstück,
27 nach dem Worte Jehovas. Als Ahasja, der König von Juda, das sah, floh er des Weges zum Gartenhause *c*. Und Jehu jagte ihm nach und sprach: Auch ihn erschlaget auf dem Wagen! *Und sie verwundeten ihn* auf der Anhöhe Gur, die bei Jibleam ist. Und er floh nach Megiddo und starb daselbst.
28 Und seine Knechte führten ihn zu Wagen nach Jerusalem, und sie begruben ihn in seinem Begräbnis, bei seinen Vätern, in der Stadt Davids. —
29 Und im elften Jahre Jorams, des Sohnes Ahabs, war Ahasja König geworden über Juda.
30 Und Jehu kam nach Jisreel. Und als Isebel es hörte, da tat sie Schminke an ihre Augen und schmückte ihr

Haupt und schaute zum Fenster hin-
31 aus. Und als Jehu in das Tor kam, da sprach sie: Erging es Simri wohl, dem Mörder seines Herrn? *d* Und er
32 erhob sein Angesicht zum Fenster und sprach: Wer ist mit mir, wer? Da blickten zwei, drei Kämmerer zu ihm
33 hinab. Und er sprach: Stürzet sie her-ab! Und sie stürzten sie hinab; und es spritzte von ihrem Blute an die Wand und an die Rosse, und er zer-
34 trat sie. Und er ging hinein und aß und trank; und er sprach: Sehet doch nach dieser Verfluchten und begrabet sie, denn sie ist eine Königstochter.
35 Und sie gingen hin, um sie zu begra-ben; aber sie fanden nichts *mehr* von ihr, als nur den Schädel und die Füße
36 und die Hände. Und sie kamen zu-rück und berichteten es ihm. Und er sprach: Das ist das Wort Jehovas, das er durch seinen Knecht Elia, den Tisbiter, geredet hat, indem er sprach: Auf dem Grundstück zu Jisreel sollen die Hunde das Fleisch Isebels fressen;
37 und der Leichnam Isebels soll auf dem Grundstück zu Jisreel dem Miste auf dem Felde gleichen, daß man nicht wird sagen können: Das ist Isebel.

Und Ahab hatte siebenzig Söhne zu Samaria. Und Jehu schrieb Briefe **10** und sandte sie nach Samaria an die Obersten von Jisreel, die Aeltesten, und an die Erzieher *der Söhne* Ahabs,
2 und sie lauteten: Und nun, wenn die-ser Brief zu euch kommt, — bei euch sind ja die Söhne eures Herrn, und bei euch die Wagen und die Rosse,
3 so ersehet den besten und tüchtigsten aus den Söhnen eures Herrn, und setzet ihn auf den Thron seines Va-ters; und streitet für das Haus eures
4 Herrn. Aber sie fürchteten sich gar sehr und sprachen: Siehe, die zwei Könige konnten vor ihm nicht stand-halten, und wie sollten w i r bestehen?
5 Und der über das Haus und der über die Stadt war und die Aeltesten und die Erzieher sandten hin zu Jehu und ließen *ihm* sagen: Wir sind deine Knechte, und alles was du zu uns sa-gen wirst, wollen wir tun; wir wol-len niemand zum König machen; tue was gut ist in deinen Augen. Da
6 schrieb er zum zweiten Male einen Brief an sie, welcher lautete: Wenn ihr für mich seid und auf meine Stim-me höret, so nehmet die Köpfe der Männer, der Söhne eures Herrn, und kommet morgen um diese Zeit zu mir nach Jisreel. (Und die Königssöhne, siebenzig Mann, waren bei den Gro-ßen der Stadt, die sie auferzogen.)
7 Und es geschah, als der Brief zu ih-nen kam, da nahmen sie die Söhne des Königs und schlachteten sie, sie-benzig Mann, und legten ihre Köpfe in Körbe und sandten sie zu ihm
8 nach Jisreel. Und ein Bote kam und

berichtete ihm und sprach: Man hat die Köpfe der Königssöhne gebracht. Und er sprach: Leget sie in zwei Haufen an den Eingang des Tores, bis zum 9 Morgen. Und es geschah am Morgen, da ging er hinaus und trat hin und sprach zu dem ganzen Volke: Ihr seid gerecht! Siehe, ich habe eine Verschwörung wider meinen Herrn gemacht und habe ihn ermordet; wer 10 aber hat alle diese erschlagen? Wisset denn, daß nichts zur Erde fallen wird von dem Worte Jehovas, das Jehova wider das Haus Ahabs geredet hat; und Jehova hat getan was er durch seinen Knecht Elia geredet hat. 11 Und Jehova erschlug alle, welche vom Hause Ahabs in Jisreel übriggeblieben waren, und alle seine Großen und seine Bekannten und seine Priester, bis er ihm keinen Entronnenen übrigließ. 12 Und er machte sich auf und ging und zog nach Samaria. Er war bei Beth-Eked-Haroim *a* auf dem Wege, 13 da traf Jehu die Brüder Ahasjas, des Königs von Juda; und er sprach: Wer seid ihr? Und sie sprachen: Wir sind die Brüder Ahasjas, und sind herabgekommen, um die Söhne des Königs und die Söhne der Königin zu begrü- 14 ßen. Und er sprach: Greifet sie lebendig! Und sie griffen sie lebendig und schlachteten sie bei der Zisterne von Beth-Eked, zweiundvierzig Mann, und er ließ keinen von ihnen übrig. 15 Und er zog von dannen und traf Jonadab, den Sohn Rekabs, der ihm entgegenkam; und er grüßte ihn und sprach zu ihm: Ist dein Herz redlich, wie mein Herz gegen dein Herz? Und Jonadab sprach: Es ist's. — Wenn es so ist, so gib mir deine Hand. — Und er gab ihm seine Hand. Da ließ er ihn zu sich auf den Wagen steigen 16 und sprach: Komm mit mir und sieh meinen Eifer für Jehova an! Und sie 17 fuhren ihn auf seinem Wagen. Und als er nach Samaria kam, erschlug er alle, welche von Ahab in Samaria übriggeblieben waren, bis er ihn vertilgte, nach dem Worte Jehovas, das er zu Elia geredet hatte. 18 Und Jehu versammelte das ganze Volk und sprach zu ihnen: Ahab hat dem Baal ein wenig gedient, Jehu 19 will ihm viel dienen. Und nun, rufet alle Propheten des Baal, alle seine Diener und alle seine Priester zu mir; kein Mann werde vermißt! denn ich habe ein großes Schlachtopfer für den Baal. Keiner, der vermißt wird, soll am Leben bleiben! Jehu handelte aber mit Hinterlist, um die Diener 20 des Baal umzubringen. Und Jehu sprach: Heiliget dem Baal eine Festversammlung! Und man rief sie aus. 21 Und Jehu sandte in ganz Israel umher. Da kamen alle Diener des Baal: keiner blieb übrig, der nicht gekommen wäre; und sie gingen in das Haus des Baal, und das Haus des Baal

ward voll von einem Ende bis zum anderen. Und er sprach zu dem, der 22 über die Kleiderkammer war: Bringe Kleider heraus für alle Diener des Baal! Und er brachte ihnen Kleidung heraus. Und Jehu und Jonadab, der 23 Sohn Rekabs, gingen in das Haus des Baal; und er sprach zu den Dienern des Baal: Forschet und sehet zu, daß nicht etwa einer von den Dienern Jehovas hier bei euch sei, sondern nur Diener des Baal allein! Und sie gin- 24 gen hinein, um Schlachtopfer und Brandopfer zu opfern. Jehu hatte sich aber draußen achtzig Mann bestellt und gesagt: Derjenige, welcher einen von den Männern entrinnen läßt, die ich in eure Hände gebracht habe, sein Leben soll statt dessen Leben sein. Und es geschah, als man das Opfern 25 des Brandopfers vollendet hatte, da sprach Jehu zu den Läufern und zu den Anführern: Gehet hinein, erschlaget sie; keiner komme heraus! Und sie schlugen sie mit der Schärfe des Schwertes. Und die Läufer und die Anführer warfen sie hin. Und sie gingen nach dem Stadt*teil b* des Baalhauses, und brachten die Bildsäulen 26 des Baalhauses heraus und verbrannten sie; und sie rissen die Bildsäule 27 des Baal nieder; und sie rissen das Haus des Baal nieder und machten Kotstätten daraus bis auf diesen Tag. Also vertilgte Jehu den Baal aus 28 Israel. Nur von den Sünden Jerobe- 29 ams, des Sohnes Nebats, wodurch er Israel sündigen gemacht hatte, von denen wich Jehu nicht ab: von den goldenen Kälbern, die zu Bethel und zu Dan waren. Und Jehova sprach zu 30 Jehu: Weil du wohl ausgerichtet hast was recht ist in meinen Augen, *und* an dem Hause Ahabs getan hast nach allem was in meinem Herzen war, so sollen dir Söhne des vierten Gliedes auf dem Throne Israels sitzen. Aber 31 Jehu achtete nicht darauf, in dem Gesetze Jehovas, des Gottes Israels, mit seinem ganzen Herzen zu wandeln; er wich nicht von den Sünden Jerobeams, wodurch er Israel sündigen gemacht hatte. In jenen Tagen begann Jehova ab- 32 zuhauen unter Israel; und Hasael schlug sie im ganzen Gebiet Israels, vom Jordan an, gegen Sonnenauf- 33 gang, das ganze Land Gilead, die Gaditer und die Rubeniter und die Manassiter, von Aroer an, das am Flusse Arnon *liegt*, sowohl Gilead als Basan. Und das Uebrige der Geschichte 34 Jehus und alles was er getan hat, und alle seine Macht *c*, ist das nicht geschrieben in dem Buche der Chronika der Könige von Israel? Und Jehu 35 legte sich zu seinen Vätern, und man begrub ihn zu Samaria. Und Joahas, sein Sohn, ward König an seiner Statt. Die Tage aber, die Jehu über Israel 36 zu Samaria regierte, waren achtundzwanzig Jahre.

---

a Versammlungshaus der Hirten. — *b* O. in die Burg. — *c* O. Tapferkeit, Machttaten; so auch Kap. 13, 8. 12; 14, 15; 20, 20 usw.

11 Und *a* als Athalja, die Mutter Ahasjas, sah, daß ihr Sohn tot war, da machte sie sich auf und brachte allen königlichen Samen um. 2 Aber Joseba, die Tochter des Königs Joram, die Schwester Ahasjas, nahm Joas, den Sohn Ahasjas, und stahl ihn weg aus der Mitte der Königssöhne, die getötet wurden, *und tat* ihn und seine Amme in das Schlafgemach *b*; und so verbargen sie ihn vor Athalja, und *tat* wurde nicht getötet. Und er war sechs Jahre bei ihr im Hause Jehovas versteckt. Athalja aber regierte über das Land.

4 Und im siebenten Jahre sandte Jojada hin und ließ die Obersten über hundert der Karier *c* und der Läufer holen und zu sich in das Haus Jehovas kommen; und er machte einen Bund mit ihnen und ließ sie schwören im Hause Jehovas, und er zeigte ihnen den Sohn des Königs. 5 Und er gebot ihnen und sprach: Dies ist es, was ihr tun sollt: Ein Drittel von euch, die ihr am Sabbath antretet, soll Wache halten im Hause des Königs, 6 und ein Drittel soll am Tore Sur, und ein Drittel am Tore hinter den Läufern sein; und ihr sollt die Hut des Hauses warten zur Abwehr. 7 Und die zwei *anderen* Abteilungen von euch, alle die am Sabbath abtreten, die sollen im Hause Jehovas Wache halten bei dem 8 König. Und ihr sollt den König rings umgeben, ein jeder mit seinen Waffen in seiner Hand; und wer in die Reihen eindringt, soll getötet werden; und ihr sollt bei dem König sein, wenn er ausgeht und wenn er eingeht.

9 Und die Obersten über hundert taten nach allem, was der Priester Jojada geboten hatte; und sie nahmen ein jeder seine Männer, die am Sabbath antretenden samt den am Sabbath abtretenden, und kamen zu dem 10 Priester Jojada. Und der Priester gab den Obersten über hundert die Speere und die Schilde, welche dem König David gehört hatten, die im Hause Je-11 hovas waren. Und die Läufer stellten sich auf, ein jeder mit seinen Waffen in seiner Hand, von der rechten Seite des Hauses bis zur linken Seite des Hauses, gegen den Altar und gegen das Haus hin, rings um den König. 12 Und er führte den Sohn des Königs heraus und setzte ihm die Krone auf und gab ihm das Zeugnis, und sie machten ihn zum König und salbten ihn; und sie klatschten in die Hände und riefen: Es lebe der König! 13 Und als Athalja das Geschrei der Läufer und des Volkes hörte, kam sie zu dem Volke in das Haus Jehovas. 14 Und sie sah: und siehe, der König stand auf dem Standorte, nach dem Gebrauch, und die Obersten und die Trompeter bei dem König; und alles Volk des Landes war fröhlich und stieß

in die Trompeten. Da zerriß Athalja ihre Kleider und rief: Verschwörung, Verschwörung! Und der Priester Jo-15 jada gebot den Obersten über hundert, die über das Heer bestellt waren, und sprach zu ihnen: Führet sie hinaus außerhalb der Reihen *d*, und wer ihr folgt, den tötet mit dem Schwerte! Denn der Priester sprach: Sie soll nicht in dem Hause Jehovas getötet werden. Und sie machten ihr Platz, 16 und sie ging in das Haus des Königs auf dem Wege des Eingangs für die Rosse; und sie wurde daselbst getötet.

Und Jojada machte einen Bund zwi-17 schen Jehova und dem König und dem Volke, daß sie das Volk Jehovas sein sollten, und zwischen dem König und dem Volke. Da ging alles Volk des 18 Landes in das Haus des Baal und riß es nieder; seine Altäre und seine Bilder zerschlugen sie gänzlich; und Mattan, den Priester des Baal, töteten sie vor den Altären. Und der Priester setzte Aufseher *e* über das Haus Jehovas. Und er nahm die Obersten 19 über hundert und die Karier und die Läufer und alles Volk des Landes, und sie führten den König aus dem Hause Jehovas hinab und kamen auf dem Wege des Läufertores in das Haus des Königs; und er setzte sich auf den Thron der Könige. Und alles Volk 20 des Landes freute sich, und die Stadt hatte Ruhe. Athalja aber hatten sie im Hause des Königs mit dem Schwerte getötet.

Sieben *f* Jahre war Joas alt, als **12** er König wurde. Im siebenten Jahre Jehus wurde Joas König, und er regierte vierzig Jahre zu Jerusalem; und der Name seiner Mutter war Zibja, von Beerseba. Und Joas tat was recht 2 war in den Augen Jehovas, solange *g* der Priester Jojada ihn unterwies. Doch 3 die Höhen wichen nicht; das Volk opferte und räucherte noch auf den Höhen.

Und Joas sprach zu den Priestern: 4 Alles Geld der geheiligten Dinge, welches in das Haus Jehovas gebracht wird: das Geld eines jeden Gemusterten, das Geld der Seelen, je nach der Schätzung eines jeden, *und* alles Geld, das jemand ins Herz kommt, in das Haus Jehovas zu bringen, sollen die 5 Priester an sich nehmen, ein jeder von seinen†Bekannten; und sie selbst sollen das Baufällige des Hauses ausbessern, alles was daselbst Baufälliges gefunden wird. Und es geschah, im 6 dreiundzwanzigsten Jahre des Königs Joas hatten die Priester das Baufällige des Hauses nicht ausgebessert. Da rief der König Joas den Priester 7 Jojada und die Priester und sprach zu ihnen: Warum bessert ihr das Baufällige des Hauses nicht aus? Und nun sollt ihr kein Geld von euren Bekannten nehmen, sondern ihr sollt es für das Baufällige des Hauses hergeben.

---

a 2. Chron. 22, 10. — *b* O. die Bettzeugkammer. — *c* Wahrscheinlich gleichbedeutend mit Kerethiter, da im Texte von 2. Sam. 20, 23 ebenfalls Karier statt Kerethiter steht. — *d* O. zwischen den Reihen hindurch. — *e* W. Aemter. — *f* 2. Chron. 24. — *g* Eig. alle Tage, die.

8 Und die Priester willigten ein, kein Geld *mehr* von dem Volke zu nehmen, noch auch das Baufällige des Hauses auszubessern.

9 Und der Priester Jojada nahm eine Lade und bohrte ein Loch in ihren Deckel, und er stellte sie neben den Altar, zur Rechten, wenn man in das Haus Jehovas hineingeht; und die Priester, welche die Schwelle hüteten, legten alles Geld darein, welches in das Haus Jehovas gebracht wurde.

10 Und es geschah, wenn sie sahen, daß viel Geld in der Lade war, so kamen der Schreiber des Königs und der Hohepriester herauf, und sie banden das Geld, welches sich im Hause Jehovas vorfand, zusammen und zählten es.

11 Und sie gaben das abgewogene Geld in die Hände derer, welche das Werk betrieben, die über das Haus Jehovas bestellt waren; und diese gaben es aus an die Zimmerleute und an die Bauleute, welche am Hause Jehovas

12 arbeiteten, und an die Maurer und an die Steinhauer, und um Holz und gehauene Steine zu kaufen, um das Baufällige des Hauses Jehovas auszubessern, und für alles was zur Ausbesserung des Hauses ausgegeben wurde.

13 Doch wurden für das Haus Jehovas keine silbernen Becken, Messer, Sprengschalen, Trompeten, noch irgend ein goldenes Gerät oder ein silbernes Gerät, von dem Gelde gemacht, welches in das Haus Jehovas gebracht wurde;

14 sondern man gab es denen, welche das Werk betrieben, daß sie das Haus

15 Jehovas damit ausbesserten. Und man rechnete nicht mit den Männern, in deren Hand man das Geld gab, um es denen zu geben, welche das Werk taten; denn sie handelten getreulich.

16 Das Geld von Schuldopfern und das Geld von Sündopfern wurde nicht in das Haus Jehovas gebracht; es war für die Priester.

17 Damals zog Hasael, der König von Syrien, herauf und stritt wider Gath und nahm es ein. Und Hasael richtete sein Angesicht darauf, wider Jerusalem

18 hinaufzuziehen. Da nahm Joas, der König von Juda, alle geheiligten Dinge, die Josaphat und Joram und Ahasja, seine Väter, die Könige von Juda, geheiligt hatten, und seine geheiligten Dinge, und all das Gold, das sich in den Schätzen des Hauses Jehovas und des Hauses des Königs vorfand, und sandte es Hasael, dem König von Syrien. Und er zog ab von Jerusalem.

19 Und das Uebrige der Geschichte Joas' und alles was er getan hat, ist das nicht geschrieben in dem Buche der Chronika der Könige von Juda?

20 Und seine Knechte standen auf und machten eine Verschwörung, und sie erschlugen Joas im Hause Millo *a*, wo

21 man nach Silla hinabgeht. Und Josakar, der Sohn Schimeaths, und Josabad, der Sohn Schomers, seine Knechte,

erschlugen ihn, und er starb; und man begrub ihn bei seinen Vätern in der Stadt Davids. Und Amazja, sein Sohn, ward König an seiner Statt.

13 Im dreiundzwanzigsten Jahre Joas', des Sohnes Ahasjas, des Königs von Juda, wurde Joahas, der Sohn Jehus, König über Israel zu Samaria *und regierte* siebzehn Jahre. Und 2 er tat was böse war in den Augen Jehovas; und er wandelte den Sünden Jerobeams nach, des Sohnes Nebats, wodurch er Israel sündigen gemacht hatte: er wich nicht davon. Da ent- 3 brannte der Zorn Jehovas wider Israel; und er gab sie in die Hand Hasaels, des Königs von Syrien, und in die Hand Ben-Hadads, des Sohnes Hasaels, alle Tage *hindurch*. Und Joa- 4 has flehte Jehova an; und Jehova hörte auf ihn, denn er sah den Druck Israels, denn *b* der König von Syrien drückte sie. (Und Jehova gab Israel 5 einen Retter, und sie kamen aus *c* der Hand der Syrer heraus; und die Kinder Israel wohnten in ihren Zelten wie zuvor. Dennoch wichen sie nicht 6 von den Sünden des Hauses Jerobeams, wodurch er Israel sündigen gemacht hatte: sie wandelten darin; auch die Aschera *d* blieb in Samaria stehen.) Denn er hatte dem Joahas 7 kein Volk übriggelassen, als nur fünfzig Reiter und zehn Wagen und zehntausend Mann zu Fuß; denn der König von Syrien hatte sie vernichtet und sie gemacht wie den Staub, den man zertritt.

Und das Uebrige der Geschichte Joa- 8 has' und alles was er getan hat, und seine Macht, ist das nicht geschrieben in dem Buche der Chronika der Könige von Israel? Und Joahas legte 9 sich zu seinen Vätern, und man begrub ihn zu Samaria. Und Joas, sein Sohn, ward König an seiner Statt.

Im siebenunddreißigsten Jahre Joas', 10 des Königs von Juda, wurde Joas, der Sohn des Joahas, König über Israel zu Samaria *und regierte* sechzehn Jahre. Und er tat was böse war in den 11 Augen Jehovas; er wich nicht von allen Sünden Jerobeams, des Sohnes Nebats, wodurch er Israel sündigen gemacht hatte: er wandelte darin. Und 12 das Uebrige der Geschichte Joas' und alles was er getan hat, und seine Macht, wie er mit Amazja, dem König von Juda, gestritten hat, ist das nicht geschrieben in dem Buche der Chronika der Könige von Israel? Und Joas leg- 13 te sich zu seinen Vätern, und Jerobeam setzte sich auf seinen Thron; und Joas wurde zu Samaria begraben bei den Königen von Israel.

Und Elisa erkrankte an seiner Krank- 14 heit, an welcher er starb. Und Joas, der König von Israel, kam zu ihm herab und weinte über seinem Angesicht und sprach: Mein Vater, mein Vater! Wagen Israels und seine Reiter! Da 1 sprach Elisa zu ihm: Hole Bogen und

---

a die Burg auf dem Berge Zion; vergl. 1. Kön. 9, 15 mit Anm. — *b* O. daß. — *c* W. von unter. — *d* S. 1. Kön. 16, 33.

Pfeile. Und er holte ihm Bogen und
16 Pfeile. Und er sprach zu dem König
von Israel: Lege deine Hand auf den
Bogen a. Da legte er seine Hand darauf; und Elisa tat seine Hände auf
17 die Hände des Königs. Und er sprach:
Oeffne das Fenster gegen Morgen.
Und er öffnete es. Und Elisa sprach:
Schieße! Und er schoß. Und er sprach:
Ein Pfeil der Rettung von Jehova und
ein Pfeil der Rettung wider die Syrer!
und so wirst du die Syrer zu Aphek
18 schlagen bis zur Vernichtung. Und er
sprach: Nimm die Pfeile. Und er nahm
sie. Und er sprach zu dem König von
Israel: Schlage auf die Erde! Und er
19 schlug dreimal und hielt inne. Da
ward der Mann Gottes zornig über ihn
und sprach: Du hättest fünf- oder
sechsmal schlagen sollen, dann würdest du die Syrer bis zur Vernichtung
geschlagen haben; nun aber wirst du
die Syrer dreimal schlagen.
20 Und Elisa starb, und man begrub
ihn. Und es kamen Streifscharen der
Moabiter in das Land, als b das Jahr
21 anfing. Und es geschah, als sie einen
Mann begruben, siehe, da sahen sie
die Streifschar, und sie warfen den
Mann in das Grab Elisas; und als der
Mann hineinkam und die Gebeine Elisas berührte, da wurde er lebendig
und erhob sich auf seine Füße.
22 Und Hasael, der König von Syrien,
bedrückte Israel alle Tage des Joahas.
23 Aber Jehova erwies ihnen Gnade und
erbarmte sich ihrer und wandte sich
ihnen zu, wegen seines Bundes mit
Abraham, Isaak und Jakob; und er
wollte sie nicht verderben und warf
sie nicht von seinem Angesicht weg
24 bis dahin. Und Hasael, der König von
Syrien, starb. Und Ben-Hadad, sein
25 Sohn, ward König an seiner Statt. Da
nahm Joas, der Sohn des Joahas, aus
der Hand Ben-Hadads, des Sohnes Hasaels, die Städte wieder, welche dieser aus der Hand seines Vaters Joahas im Streit genommen hatte. Dreimal schlug ihn Joas und brachte die
Städte Israels wieder zurück.

14 Im c zweiten Jahre Joas', des Sohnes Joahas', des Königs von Israel,
wurde Amazja König, der Sohn Joas',
2 des Königs von Juda. Fünfundzwanzig Jahre war er alt, als er König
wurde, und er regierte neunundzwanzig Jahre zu Jerusalem; und der Name
seiner Mutter war Joaddin, von Jeru-
3 salem. Und er tat was recht war in
den Augen Jehovas, nur nicht wie
sein Vater David; er tat nach allem
4 was sein Vater Joas getan hatte. Doch
die Höhen wichen nicht; das Volk
opferte und räucherte noch auf den
5 Höhen. Und es geschah, als das Königtum in seiner Hand erstarkt war,
da erschlug er seine Knechte, die den
König, seinen Vater, erschlagen hat-
6 ten. Aber die Söhne der Totschläger
tötete er nicht, wie geschrieben steht

im Buche des Gesetzes Moses, wo Jehova geboten und gesagt hat: Nicht
sollen Väter getötet werden um der
Kinder willen d, und Kinder sollen
nicht getötet werden um der Väter
willen d, sondern sie sollen ein jeder
für seine Sünde getötet werden. e —
Er schlug die Edomiter im Salztal, 7
zehntausend Mann, und nahm Sela
ein im Streit, und er gab ihm den Namen Joktheel bis auf diesen Tag.
Damals sandte Amazja Boten an Jo- 8
as, den Sohn Joahas', des Sohnes Jehus, den König von Israel, und ließ
ihm sagen: Komm, laß uns einander
ins Angesicht sehen! Da sandte Joas, 9
der König von Israel, zu Amazja, dem
König von Juda, und ließ ihm sagen:
Der Dornstrauch f auf dem Libanon
sandte zu der Zeder auf dem Libanon
und ließ ihr sagen: Gib meinem Sohne deine Tochter zum Weibe! Da
lief das Getier des Feldes, das auf dem
Libanon ist, vorüber und zertrat den
Dornstrauch. Freilich hast du Edom 10
geschlagen, und dein Herz erhebt sich g;
habe deinen Ruhm und bleibe in deinem Hause! Warum willst du dich
denn mit dem Unglück einlassen, daß
du fallest, du und Juda mit dir? Aber 11
Amazja hörte nicht. Da zog Joas, der
König von Israel, herauf; und sie sahen
einander ins Angesicht, er und Amazja, der König von Juda, zu Beth-Semes,
das zu Juda gehört. Und Juda wurde 12
vor Israel geschlagen; und sie flohen,
ein jeder nach seinem Zelte. Und Joas, 13
der König von Israel, nahm Amazja,
den König von Juda, den Sohn Joas',
des Sohnes Ahasjas, zu Beth-Semes
gefangen. Und er kam nach Jerusalem und machte einen Bruch in der
Mauer Jerusalems, vom Tore Ephraim bis an das Ecktor, vierhundert Ellen. Und er nahm alles Gold und Sil- 14
ber, und alle Geräte, welche sich im
Hause Jehovas und in den Schätzen
des Hauses des Königs vorfanden,
und Geiseln und kehrte nach Samaria
zurück.
Und das Uebrige der Geschichte 15
Joas', was er getan, und seine Macht,
und wie er mit Amazja, dem König
von Juda, gestritten hat, ist das nicht
geschrieben in dem Buche der Chronika der Könige von Israel? Und Joas 16
legte sich zu seinen Vätern, und er
wurde begraben zu Samaria bei den
Königen von Israel. Und Jerobeam,
sein Sohn, ward König an seiner Statt.
Und Amazja, der Sohn Joas', der 17
König von Juda, lebte nach dem Tode
Joas', des Sohnes Joahas', des Königs
von Israel, fünfzehn Jahre. Und das 18
Uebrige der Geschichte Amazjas, ist
das nicht geschrieben in dem Buche
der Chronika der Könige von Juda?
Und sie machten zu Jerusalem eine 19
Verschwörung wider ihn, und er floh
nach Lachis; und sie sandten ihm nach
bis Lachis und töteten ihn daselbst.

---

a d. h. Spanne den Bogen. — b And. üb.: so oft. — c 2. Chron. 25. — d O. samt
den Kindern . . . samt den Vätern. — e 5. Mose 24, 16. — f And.: Die Distel. —
g Eig. dich.

20 Und sie luden ihn auf Rosse, und er wurde begraben zu Jerusalem bei seinen Vätern in der Stadt Davids.

21 Und *a* das ganze Volk von Juda nahm Asarja, der sechzehn Jahre alt war, und sie machten ihn zum König an

22 seines Vaters Amazja Statt. Er baute Elath und brachte es an Juda zurück, nachdem der König sich zu seinen Vätern gelegt hatte.

23 Im fünfzehnten Jahre Amazjas, des Sohnes Joas', des Königs von Juda, wurde Jerobeam, der Sohn Joas', des Königs von Israel, König zu Samaria

24 *und regierte* einundvierzig Jahre. Und er tat was böse war in den Augen Jehovas; er wich nicht von allen Sünden Jerobeams, des Sohnes Nebats, wodurch er Israel sündigen gemacht

25 hatte. Er stellte die Grenze Israels wieder her, vom Eingange Hamaths bis an das Meer der Ebene *b*, nach dem Worte Jehovas, des Gottes Israels, das er geredet hatte durch seinen Knecht Jona, den Sohn Amittais, den Prophe-

26 ten, von Gath-Hepher war. Denn Jehova sah, daß das Elend Israels sehr bitter war, und daß dahin war der Gebundene und dahin der Freie, und daß

27 kein Helfer da war für Israel. Und Jehova hatte nicht gesagt, daß er den Namen Israels austilgen würde unter dem Himmel hinweg; und so rettete er sie durch die Hand Jerobeams, des Sohnes Joas'.

28 Und das Uebrige der Geschichte Jerobeams, und alles was er getan, und seine Macht, wie er gestritten, und wie er Damaskus und Hamath, die Juda gehört hatten *c*, an Israel zurückgebracht hat, ist das nicht geschrieben in dem Buche der Chronika

29 der Könige von Israel? Und Jerobeam legte sich zu seinen Vätern, zu den Königen von Israel. Und Sekarja, sein Sohn, ward König an seiner Statt.

15 Im *d* siebenundzwanzigsten Jahre Jerobeams, des Königs von Israel, wurde Asarja *e* König, der Sohn Amaz-

2 jas, des Königs von Juda. Sechzehn Jahre war er alt, als er König wurde, und er regierte zweiundfünfzig Jahre zu Jerusalem; und der Name seiner Mutter war Jekolja, von Jerusalem.

3 Und er tat was recht war in den Augen Jehovas, nach allem was sein

4 Vater Amazja getan hatte. Doch die Höhen wichen nicht; das Volk opferte und räucherte noch auf den Höhen.

5 Und Jehova schlug den König, und er wurde aussätzig bis zum Tage seines Todes; und er wohnte in einem Krankenhause *f*. Jotham aber, der Sohn des Königs, war über das Haus *g* und richtete das Volk des Landes.

6 Und das Uebrige der Geschichte Asarjas, und alles was er getan hat, ist das nicht geschrieben in dem Buche der Chronika der Könige von Juda?

7 Und Asarja legte sich zu seinen Vä-

tern, und man begrub ihn bei seinen Vätern in der Stadt Davids. Und Jotham, sein Sohn, ward König an seiner Statt.

8 Im achtunddreißigsten Jahre Asarjas, des Königs von Juda, wurde Sekarja, der Sohn Jerobeams, König über Israel zu Samaria *und regierte*

9 sechs Monate. Und er tat was böse war in den Augen Jehovas, so wie seine Väter getan hatten; er wich nicht von den Sünden Jerobeams, des Sohnes Nebats, wodurch er Israel sün-

10 digen gemacht hatte. Und Sallum, der Sohn Jabes', machte eine Verschwörung wider ihn und erschlug ihn vor dem Volke *h* und tötete ihn. Und er ward König an seiner Statt.

11 Und das Uebrige der Geschichte Sekarjas, siehe, das ist geschrieben in dem Buche der Chronika der Könige

12 von Israel. Das ist das Wort Jehovas, welches er zu Jehu geredet hatte, indem er sprach: Dir sollen Söhne des vierten Gliedes auf dem Throne Israels sitzen. Und es geschah also.

13 Sallum, der Sohn Jabes', wurde König im neununddreißigsten Jahre Ussijas, des Königs von Juda; und er regierte einen Monat lang in Samaria.

14 Da zog Menachem, der Sohn Gadis, von Tirza herauf und kam nach Samaria; und er erschlug Sallum, den Sohn Jabes', zu Samaria und tötete ihn. Und er ward König an seiner Statt.

15 Und das Uebrige der Geschichte Sallums, und seine Verschwörung, die er gemacht hat, siehe, das ist geschrieben in dem Buche der Chronika der

16 Könige von Israel. Damals schlug Menachem Tiphsach und alles was darin war, und sein Gebiet, von Tirza aus: weil man ihm nicht aufgetan hatte, so schlug er es; alle seine Schwangeren schlitzte er auf.

17 Im neununddreißigsten Jahre Asarjas, des Königs von Juda, wurde Menachem, der Sohn Gadis, König über Israel *und regierte* zehn Jahre zu Sa-

18 maria. Und er tat was böse war in den Augen Jehovas; er wich nicht von den Sünden Jerobeams, des Sohnes Nebats, wodurch er Israel sündigen

19 gemacht hatte, alle seine Tage. *Und* Pul *i*, der König von Assyrien, kam wider das Land; und Menachem gab Pul tausend Talente Silber, damit seine Hand mit ihm wäre, um das König-

20 tum in seiner Hand zu befestigen. Und Menachem legte die Zahlung des Geldes auf Israel, auf alle vermögenden Leute, um es dem König von Assyrien zu geben: fünfzig Sekel Silber auf jeden Mann. Da kehrte der König von Assyrien um und blieb nicht

21 daselbst im Lande. Und das Uebrige der Geschichte Menachems und alles was er getan hat, ist das nicht geschrieben in dem Buche

---

a 2. Chron. 26, 1. — *b* das Salzmeer. Vergl. Jos. 3, 16. — *c* Vergl. 2. Sam. 8, 6; 2. Chron. 8, 3. — *d* 2. Chron. 26. — *e* in V. 13. 30. 32 und 34 Ussija genannt. Vergl. 2. Chron. 26, 1. — *f* O. in einem abgesonderten Hause. — *g* d. h. des Königs. — *h* d. h. öffentlich. — *i* Wahrsch. ist zu lesen: . . . gemacht hatte. In seinen Tagen kam Pul usw.

der Chronika der Könige von Israel?
22 Und Menachem legte sich zu seinen
Vätern. Und Pekachja, sein Sohn,
ward König an seiner Statt.
23 Im fünfzigsten Jahre Asarjas, des
Königs von Juda, wurde Pekachja,
der Sohn Menachems, König über Israel zu Samaria *und regierte* zwei
24 Jahre. Und er tat was böse war in
den Augen Jehovas; er wich nicht
von den Sünden Jerobeams, des Sohnes Nebats, wodurch er Israel sündi-
25 gen gemacht hatte. Und Pekach, der
Sohn Remaljas, sein Anführer, machte
eine Verschwörung wider ihn und erschlug ihn zu Samaria in der Burg
des Königshauses, mit Argob und mit
Arjeh; und mit ihm waren fünfzig
Mann von den Söhnen der Gileaditer.
Und er tötete ihn und ward König an
seiner Statt.
26 Und das Uebrige der Geschichte
Pekachjas und alles was er getan
hat, siehe, das ist geschrieben in dem
Buche der Chronika der Könige von
Israel.
27 Im zweiundfünfzigsten Jahre Asarjas, des Königs von Juda, wurde Pekach, der Sohn Remaljas, König über
Israel zu Samaria *und regierte* zwan-
28 zig Jahre. Und er tat was böse war
in den Augen Jehovas; er wich nicht
von den Sünden Jerobeams, des Sohnes Nebats, wodurch er Israel sündi-
29 gen gemacht hatte. In den Tagen Pekachs, des Königs von Israel, kam
Tiglath-Pileser, der König von Assyrien, und er nahm Ijjon ein und Abel-
Beth-Maaka und Janoach und Kedes
und Hazor und Gilead und Galiläa,
das ganze Land Naphtali, und führte
die Bewohner *a* nach Assyrien hinweg.
30 Und Hosea, der Sohn Elas, machte
eine Verschwörung wider Pekach, den
Sohn Remaljas, und erschlug ihn und
tötete ihn. Und er ward König an seiner Statt, im zwanzigsten Jahre Jothams, des Sohnes Ussijas.
31 Und das Uebrige der Geschichte
Pekachs und alles was er getan hat,
siehe, das ist geschrieben in dem
Buche der Chronika der Könige von
Israel.
32 Im *b* zweiten Jahre Pekachs, des
Sohnes Remaljas, des Königs von Israel, wurde Jotham König, der Sohn
33 Ussijas, des Königs von Juda. Fünfundzwanzig Jahre war er alt, als er König wurde, und er regierte sechzehn
Jahre zu Jerusalem; und der Name
seiner Mutter war Jeruscha, die Toch-
34 ter Zadoks. Und er tat was recht war
in den Augen Jehovas; er tat nach
allem was sein Vater Ussija getan hat-
35 te. Doch die Höhen wichen nicht; das
Volk opferte und räucherte noch auf
den Höhen. Er baute das obere Tor
des Hauses Jehovas.
36 Und das Uebrige der Geschichte Jothams und alles was er getan hat, ist
das nicht geschrieben in dem Buche
der Chronika der Könige von Juda?

In jenen Tagen begann Jehova, Rezin, 37
den König von Syrien, und Pekach,
den Sohn Remaljas, wider Juda zu
senden. Und Jotham legte sich zu sei- 38
nen Vätern, und er wurde begraben
bei seinen Vätern in der Stadt seines
Vaters David. Und Ahas, sein Sohn, 39
ward König an seiner Statt.

Im *c* siebenzehnten Jahre Pekachs, **16**
des Sohnes Remaljas, wurde Ahas
König, der Sohn Jothams, des Königs
von Juda. Zwanzig Jahre war Ahas alt, 2
als er König wurde, und er regierte
sechzehn Jahre in Jerusalem. Und er
tat nicht was recht war in den Augen
Jehovas, seines Gottes, wie sein Vater
David; sondern er wandelte auf dem 3
Wege der Könige von Israel, und er
ließ sogar seinen Sohn durchs Feuer
gehen, nach den Greueln der Nationen, die Jehova vor den Kindern Israel ausgetrieben hatte; und er opfer- 4
te und räucherte auf den Höhen und
auf den Hügeln und unter jedem grünen Baume.

Damals zogen Rezin, der König von 5
Syrien, und Pekach, der Sohn Remaljas, der König von Israel, nach Jerusalem hinauf zum Streit; und sie belagerten Ahas, aber sie vermochten
nicht *wider ihn* zu streiten *d*. Zu sel- 6
biger Zeit brachte Rezin, der König
von Syrien, Elath wieder an Syrien
und trieb die Juden aus Elath hinaus;
und die Syrer kamen nach Elath, und
sie haben dort gewohnt bis auf diesen
Tag. Da sandte Ahas Boten an Tig- 7
lath-Pileser, den König von Assyrien,
und ließ *ihm* sagen: Ich bin dein
Knecht und dein Sohn; komm herauf
und rette mich aus der Hand des Königs von Syrien und aus der Hand
des Königs von Israel, die sich wider
mich erhoben haben. Und Ahas nahm 8
das Silber und das Gold, das sich in
dem Hause Jehovas und in den Schätzen des Königshauses vorfand, und
sandte es als Geschenk an den König
von Assyrien. Und der König von 9
Assyrien hörte auf ihn; und der König von Assyrien zog hinauf wider Damaskus und nahm es ein und führte
seine Einwohner *e* weg nach Kir; und
Rezin tötete er.

Und der König Ahas zog Tiglath- 10
Pileser, dem König von Assyrien, entgegen, nach Damaskus. Und als er
den Altar sah, der zu Damaskus war,
da sandte der König Ahas dem Priester Urija das Gleichnis des Altars und
dessen Abbild nach seiner ganzen
Bauart *f*. Und der Priester Urija baute 11
den Altar; nach allem was der König
Ahas von Damaskus gesandt hatte,
also machte ihn der Priester Urija,
bis der König Ahas von Damaskus
kam. Und als der König von Damas- 12
kus kam, und der König den Altar sah,
da trat der König an den Altar und
opferte darauf; und er räucherte sein 13
Brandopfer und sein Speisopfer, und
goß sein Trankopfer aus, und sprengte

---

a W. sie. — *b* 2. Chron. 27. — *c* 2. Chron. 28. — *d* Vergl. Jes. 7, 1. — *e* W. es. —
f W. Arbeit.

11

das Blut seiner Friedensopfer an den
14 Altar. Den ehernen Altar aber, der
vor Jehova *stand*, den rückte er von
der Vorderseite des Hauses weg, von
der Stelle, zwischen seinem *a* Altar und
dem Hause Jehovas; und er setzte ihn
an die Seite seines *b* Altars gegen Nor-
15 den. Und der König Ahas gebot dem
Priester Urija und sprach: Räuchere
auf dem großen Altar das Morgen-
Brandopfer und das Abend-Speisopfer,
und das Brandopfer des Königs samt
seinem Speisopfer, und das Brandopfer des ganzen Volkes des Landes
samt ihren Speisopfern und ihren
Trankopfern; und alles Blut der Brandopfer und alles Blut der Schlachtopfer
sollst du daran sprengen; und der
eherne Altar soll für mich sein zum
16 Erforschen *c*. Und der Priester Urija
tat nach allem was der König Ahas
geboten hatte.
17   Und der König Ahas brach die Felder an den Gestellen ab und tat die
Becken, die darauf waren, hinweg *d*;
und er ließ das Meer von den ehernen
Rindern, die darunter waren, herab-
nehmen und auf eine Unterlage von
18 Steinen setzen. Und den bedeckten
Sabbath-Gang, den man am Hause gebaut hatte, und den äußeren Eingang
des Königs veränderte er am Hause
Jehovas wegen des Königs von Assyrien.
19   Und das Uebrige der Geschichte
Ahas', was er getan hat, ist das nicht
geschrieben in dem Buche der Chro-
20 nika der Könige von Juda? Und Ahas
legte sich zu seinen Vätern, und er
wurde begraben bei seinen Vätern in
der Stadt Davids. Und Hiskia, sein
Sohn, ward König an seiner Statt.

17   Im zwölften Jahre Ahas', des Königs von Juda, wurde Hosea, der
Sohn Elas, König zu Samaria über
2 Israel *und regierte* neun Jahre. Und
er tat was böse war in den Augen
Jehovas, doch nicht wie die Könige
von Israel, die vor ihm gewesen waren.
3   Wider ihn zog Salmaneser, der König von Assyrien, herauf; und Hosea
wurde sein Knecht und entrichtete
4 ihm Geschenke *e*. Aber der König von
Assyrien entdeckte eine Verschwörung des Hosea; denn er hatte Boten
an So, den König von Aegypten, gesandt, und hatte dem König von Assyrien kein Geschenk dargebracht,
wie von Jahr zu Jahr. Da verhaftete
ihn der König von Assyrien und leg-
5 te ihn gebunden *f* ins Gefängnis. Und
der König von Assyrien zog herauf
in das ganze Land, und zog herauf
nach Samaria und belagerte es drei
6 Jahre lang. Im neunten Jahre Hoseas
nahm der König von Assyrien Samaria ein und führte Israel nach Assyrien hinweg; und er ließ sie wohnen
in Halach und am Habor, dem Strome
Gosans, und in den Städten Mediens.

Und dies geschah, weil die Kinder 7
Israel gesündigt hatten wider Jehova,
ihren Gott, der sie aus dem Lande
Aegypten heraufgeführt hatte, unter
der Hand des Pharao, des Königs
von Aegypten, hinweg, und weil sie
andere Götter fürchteten und in den 8
Satzungen der Nationen wandelten,
die Jehova vor den Kindern Israel
ausgetrieben, und der Könige von Israel, welche dieselben gemacht hatten.
Und die Kinder Israel trieben wider 9
Jehova, ihren Gott, heimlich Dinge,
die nicht recht waren; und sie bauten sich Höhen in allen ihren Städten, von den Türmen der Wächter
bis zu den festen Städten; und sie 10
errichteten sich Bildsäulen und Ascherim auf jedem hohen Hügel und unter jedem grünen Baume, und sie 11
räucherten daselbst auf allen Höhen,
wie die Nationen, die Jehova vor ihnen weggeführt hatte; und sie taten
böse Dinge, um Jehova zu reizen;
und sie dienten den Götzen *g*, von 12
denen Jehova ihnen gesagt hatte:
Solches sollt ihr nicht tun! Und Je- 13
hova zeugte gegen *h* Israel und gegen Juda durch alle Propheten, alle Seher, indem er sprach: Kehret um von
euren bösen Wegen und beobachtet
meine Gebote, meine Satzungen, nach
dem ganzen Gesetz, das ich euren
Vätern geboten, und das ich euch gesandt habe durch meine Knechte, die
Propheten. Aber sie hörten nicht und 14
verhärteten ihren Nacken, gleich dem
Nacken ihrer Väter, welche Jehova,
ihrem Gott, nicht geglaubt hatten.
Und sie verachteten seine Satzungen 15
und seinen Bund, den er mit ihren
Vätern gemacht, und seine Zeugnisse,
die er ihnen bezeugt hatte; und sie
wandelten der Eitelkeit *i* nach und
handelten eitel, und den Nationen
nach, die rings um sie her waren,
von denen Jehova ihnen geboten hatte, nicht wie sie zu tun. Und sie ver- 16
ließen alle Gebote Jehovas, ihres Gottes, und machten sich gegossene Bilder, zwei Kälber, und machten eine
Aschera, und bückten sich vor dem
ganzen Heere des Himmels und dienten dem Baal. Und sie ließen ihre 17
Söhne und ihre Töchter durchs Feuer
gehen, und trieben Wahrsagerei und
Zauberei, und verkauften sich, zu
tun was böse war in den Augen Jehovas, um ihn zu reizen. Da erzürnte 18
Jehova sehr über Israel und tat es
vor seinem Angesicht hinweg; es blieb
nichts übrig, nur der Stamm Juda
allein. Auch Juda beobachtete nicht 19
die Gebote Jehovas, seines Gottes;
und sie wandelten in den Satzungen
Israels, die es gemacht hatte. Da 20
verwarf Jehova den ganzen Samen
Israels und demütigte sie, und er gab
sie in die Hand von Plünderern, bis
er sie von seinem Angesicht wegge-

---

a W. dem. — *b* W. des. — *c* O. zum Erwägen (d. h. was ich damit tun will). —
d Vergl. 1. Kön. 7, 27—39. — *e* d. h. wurde ihm tributpflichtig. — *f* O. setzte ihn
gefangen, wie Kap. 23, 33. — *g* S. die Anm. zu 3. Mose 26, 30; so auch Kap. 21,
11. 21; 23, 24. — *h* O. warnte. — *i* O. der Nichtigkeit, den nichtigen Götzen.

21 worfen hatte. Denn Israel hatte sich von dem Hause Davids losgerissen, und sie hatten Jerobeam, den Sohn Nebats, zum König gemacht; und Jerobeam lenkte Israel von der Nachfolge Jehovas ab und verleitete sie 22 zu einer großen Sünde. Und die Kinder Israel wandelten in allen Sünden Jerobeams, die er getan hatte; sie 23 wichen nicht davon, bis Jehova Israel vor seinem Angesicht hinwegtat, so wie er durch alle seine Knechte, die Propheten, geredet hatte; und Israel wurde aus seinem Lande nach Assyrien weggeführt bis auf diesen Tag.

24 Und der König von Assyrien brachte *Leute* aus Babel und aus Kutha und aus Awa und aus Hamath und aus Sepharwaim, und ließ sie an Stelle der Kinder Israel in den Städten Samarias wohnen; und sie nahmen Samaria in Besitz und wohnten in 25 seinen Städten. Und es geschah, im Anfang ihrer Niederlassung daselbst fürchteten sie Jehova nicht; da sandte Jehova Löwen unter sie, welche un- 26 ter ihnen würgten. Und man sprach zu dem König von Assyrien und sagte: Die Nationen, die du weggeführt und in den Städten Samarias hast wohnen lassen, kennen nicht die Weise des Gottes des Landes; und er hat Löwen unter sie gesandt, und siehe, sie töten sie, weil sie die Weise des 27 Gottes des Landes nicht kennen. Da gebot der König von Assyrien und sprach: Laßt einen der Priester, die ihr von dannen weggeführt habt, dahin gehen, daß sie hingehen und daselbst wohnen; und er lehre sie die 28 Weise des Gottes des Landes. Und es kam einer der Priester, den man aus Samaria weggeführt hatte, und wohnte zu Bethel; und er lehrte sie, 29 wie sie Jehova fürchten sollten. Und sie machten sich, eine jede Nation, ihre Götter, und stellten sie in die Höhenhäuser, welche die Samariter gemacht hatten, eine jede Nation in 30 ihren Städten, in welchen sie wohnten. Und die Leute von Babel machten Sukkoth-Benoth; und die Leute von Kuth machten Nergal; und die Leute von Hamath machten Aschima; 31 und die Awiter machten Nibchas und Tartak; und die Sepharwiter verbrannten dem Adrammelek und dem Anammelek, den Göttern von Sepharwaim, 32 ihre Söhne im Feuer. Und sie fürchteten Jehova, und sie machten sich aus ihrer Gesamtheit Priester der Höhen, welche für sie in den Höhen- 33 häusern opferten. Sie fürchteten Jehova, und sie dienten ihren Göttern nach der Weise der Nationen, aus welchen man sie weggeführt hatte. 34 Bis auf diesen Tag tun sie nach den früheren Weisen: sie fürchten Jehova nicht, und sie tun nicht nach ihren Satzungen und nach ihren Rechten, und *auch nicht* nach dem Gesetz

und nach dem Gebot, welches Jehova den Söhnen Jakobs geboten hatte, dem er den Namen Israel gab. Und 35 *doch* hatte Jehova einen Bund mit ihnen gemacht und ihnen geboten und gesagt: Ihr sollt nicht andere Götter fürchten, und sollt euch nicht vor ihnen niederbeugen und ihnen nicht dienen und ihnen nicht opfern; son- 36 dern Jehova, der euch mit großer Kraft und mit ausgestrecktem Arm aus dem Lande Aegypten heraufgeführt hat, den sollt ihr fürchten, und den sollt ihr anbeten und ihm opfern. Und die Satzungen und die Rechte 37 und das Gesetz und das Gebot, die er für euch geschrieben hat, sollt ihr beobachten, zu tun alle Tage, und ihr sollt nicht andere Götter fürchten. Und des Bundes, den ich mit euch 38 gemacht habe, sollt ihr nicht vergessen, und sollt nicht andere Götter fürchten; sondern Jehova, euren Gott, 39 sollt ihr fürchten; und e r wird euch erretten aus der Hand aller eurer Feinde. Aber sie hörten nicht, son- 40 dern taten nach ihrer früheren Weise. So fürchteten diese Nationen Jeho- 41 va, und dienten *zugleich* ihren Götzenbildern *a*. Auch ihre Kinder und ihre Kindeskinder tun bis auf diesen Tag, so wie ihre Väter getan haben.

Und *b* es geschah im dritten Jahre 18 Hoseas, des Sohnes Elas, des Königs von Israel, da wurde Hiskia König, der Sohn Ahas', des Königs von Juda. Fünfundzwanzig Jahre war er alt, 2 als er König wurde, und er regierte neunundzwanzig Jahre zu Jerusalem; und der Name seiner Mutter war Abi, die Tochter Sekarjas. Und er tat was 3 recht war in den Augen Jehovas, nach allem was sein Vater David getan hatte. Er tat die Höhen hinweg 4 und zerschlug die Bildsäulen, und rottete die Aschera aus, und zertrümmerte die eherne Schlange, welche Mose gemacht hatte; denn bis zu jenen Tagen hatten die Kinder Israel ihr geräuchert, und man nannte sie Nechustan *c*. Er vertraute auf Jehova, 5 den Gott Israels; und nach ihm ist seinesgleichen nicht gewesen unter allen Königen von Juda, noch unter denen, die vor ihm waren. Und er 6 hing Jehova an, er wich nicht von ihm ab *d*; und er beobachtete seine Gebote, die Jehova dem Mose geboten hatte. Und Jehova war mit ihm; über- 7 all, wohin er zog, gelang es ihm. Und er empörte sich gegen den König von Assyrien und diente ihm nicht. Er 8 schlug die Philister bis Gasa und *verheerte* dessen Gebiet, vom Turme der Wächter an bis zu der festen Stadt.

Und es geschah im vierten Jahre 9 des Königs Hiskia, das war das siebente Jahr Hoseas, des Sohnes Elas, des Königs von Israel, da zog Salmaneser, der König von Assyrien, wider Samaria herauf und belagerte es. Und er nahm es ein am Ende von 10

---

a Eig. geschnitzten Bildern. — *b* 2. Chron. 29. — *c* d. h. Ehernes. — *d* Eig. von hinter ihm her.

drei Jahren; im sechsten Jahre Hiskias, das war das neunte Jahr Hoseas, des Königs von Israel, wur-
11 de Samaria eingenommen. Und der König von Assyrien führte Israel nach Assyrien hinweg; und er versetzte sie nach Halach und an den Habor, den Strom Gosans, und in die
12 Städte Mediens: darum daß sie auf die Stimme Jehovas, ihres Gottes, nicht gehört, und seinen Bund übertreten hatten — alles was Mose, der Knecht Jehovas, geboten hat — und *weil* sie nicht gehört und es nicht getan hatten.
13 Und *a* im vierzehnten Jahre des Königs Hiskia zog Sanherib, der König von Assyrien, herauf wider alle festen Städte Judas und nahm sie ein.
14 Da sandte Hiskia, der König von Juda, an den König von Assyrien nach Lachis und ließ *ihm* sagen: Ich habe gefehlt, kehre um von mir; was du mir auferlegen wirst, will ich tragen. Und der König von Assyrien legte Hiskia, dem König von Juda, dreihundert Talente Silber und dreißig
15 Talente Gold auf. Und Hiskia gab alles Silber, das sich in dem Hause Jehovas und in den Schätzen des Kö-
16 nigshauses vorfand. Zu selbiger Zeit brach Hiskia von den Türflügeln des Tempels Jehovas und den Pfosten, die Hiskia, der König von Juda, überzogen hatte, das Gold ab und gab es *b*
17 dem König von Assyrien. Aber der König von Assyrien sandte von Lachis aus den Tartan und den Rabsaris und den Rabsake *c* mit einem großen Heere wider den König Hiskia nach Jerusalem. Und sie zogen herauf und kamen nach Jerusalem: sie zogen herauf und kamen und hielten an der Wasserleitung des oberen Teiches, welcher *d* an der Straße des Walker-
18 feldes *liegt*. Und sie riefen dem Könige. Da gingen zu ihnen hinaus Eljakim, der Sohn Hilkijas, der über das Haus war, und Schebna, der Schreiber, und Joach, der Sohn Asaphs, der Geschichtsschreiber *e*.
19 Und der Rabsake sprach zu ihnen: Saget doch zu Hiskia: So spricht der große König, der König von Assyrien: Was ist das für ein Vertrauen, womit du
20 vertraust? Du sagst — *doch* nur ein Wort der Lippen ist es —: Da ist Rat und Macht zum Kriege. Nun, auf wen vertraust du, daß du dich wider mich
21 empört hast? Nun, siehe, du vertraust auf jenen geknickten Rohrstab, auf Aegypten, der, wenn jemand sich auf ihn stützt, ihm in die Hand fährt und sie durchbohrt. So ist der Pharao, der König von Aegypten, allen, die auf
22 ihn vertrauen. Und wenn ihr zu mir sprechet: Auf Jehova, unseren Gott, vertrauen wir! — ist er es nicht, dessen Höhen und dessen Altäre Hiskia hin-

weggetan, da er zu Juda und zu Jerusalem gesagt hat: Vor diesem Altar sollt ihr anbeten in Jerusalem?
23 — Und nun, laß dich doch ein *f* mit meinem Herrn, dem König von Assyrien: ich will dir zweitausend Rosse geben, wenn du dir Reiter darauf setzen kannst. Und wie wolltest du
24 einen einzigen Befehlshaber von den geringsten Knechten meines Herrn zurücktreiben? Aber du vertraust auf Aegypten der Wagen und Reiter wegen. Nun, bin ich etwa ohne Je-
25 hova wider diesen Ort heraufgezogen, um ihn zu verheeren? Jehova hat zu mir gesagt: Ziehe hinauf wider dieses Land und verheere es!
26 Und Eljakim, der Sohn Hilkijas, und Schebna und Joach sprachen zu dem Rabsake: Rede doch zu deinen Knechten auf aramäisch, denn wir verstehen es; und rede nicht auf jüdisch mit uns vor den Ohren des Volkes, das auf der Mauer ist. Und der
27 Rabsake sprach zu ihnen: Hat mein Herr mich zu deinem Herrn und zu dir gesandt, um diese Worte zu reden? Nicht zu den Männern, die auf der Mauer sitzen, um mit euch ihren Kot zu essen und ihren Harn zu trinken?
28 Und der Rabsake stand und rief mit lauter Stimme auf jüdisch und redete und sprach: Höret das Wort des großen Königs, des Königs von
29 Assyrien! So spricht der König: Daß Hiskia euch nicht täusche; denn er wird euch nicht von seiner Hand zu erretten vermögen. Und daß Hiskia
30 euch nicht auf Jehova vertröste, indem er spricht: Jehova wird uns gewißlich erretten, und diese Stadt wird nicht in die Hand des Königs von
31 Assyrien gegeben werden. Höret nicht auf Hiskia! denn also spricht der König von Assyrien: Machet Frieden mit mir und kommet zu mir heraus, so sollt ihr ein jeder von seinem Weinstock und ein jeder von seinem Feigenbaum essen, und ein jeder das Wasser seines Brunnens *g* trinken,
32 bis ich komme und euch in ein Land hole wie euer Land, ein Land von Korn und Most, ein Land von Brot und Weinbergen, ein Land von Olivenbäumen und Honig, daß ihr lebet und nicht sterbet. Aber höret nicht auf Hiskia! denn er verführt euch *h*, indem er spricht: Jehova wird uns
33 erretten! Haben denn irgend die Götter der Nationen ein jeder sein Land von der Hand des Königs von Assy-
34 rien errettet? Wo sind die Götter von Hamath und Arpad? Wo die Götter von Sepharwaim, von Hena und Iwa? Haben sie *i* Samaria von meiner Hand errettet? Welche sind es unter allen Göttern der Länder, die ihr Land von meiner Hand errettet haben, daß Jehova Jerusalem von meiner Hand

---

a 2. Chron. 32; Jes. 36. — *b* Eig. brach die Türflügel usw. ab und gab sie. — *c* Tartan: Feldherr; Rabsaris: Oberkämmerer; Rabschake: Obermundschenk. — *d* O. welche. — *e* S. die Anm. zu 2. Sam. 8, 16. — *f* d. h. gehe eine Wette ein. — *g* Eig. seiner Zisterne. — *h* And.: wenn er euch verführt. — *i* d. h. die Götter von Samaria.

6 erretten sollte? Und das Volk schwieg still und antwortete ihm kein Wort; denn es war das Gebot des Königs, der gesagt hatte: Ihr sollt ihm nicht 7 antworten! — Und Eljakim, der Sohn Hilkijas, der über das Haus war, und Schebna, der Schreiber, und Joach, der Sohn Asaphs, der Geschichtschreiber, kamen zu Hiskia mit zerrissenen Kleidern und berichteten ihm die Worte des Rabsake.

19 Und es geschah, als der König Hiskia es hörte, da zerriß er seine Kleider und hüllte sich in Sacktuch 2 und ging in das Haus Jehovas. Und er sandte Eljakim, der über das Haus war, und Schebna, den Schreiber, und die Aeltesten der Priester, in Sacktuch gehüllt, zu dem Propheten Je- 3 saja, dem Sohne Amoz'. Und sie sprachen zu ihm: So spricht Hiskia: Dieser Tag ist ein Tag der Bedrängnis und der Züchtigung und der Schmähung; denn die Kinder sind bis an die Geburt gekommen, aber da ist keine 4 Kraft zum Gebären. Vielleicht wird Jehova, dein Gott, alle Worte des Rabsake hören, welchen sein Herr, der König von Assyrien, gesandt hat, um den lebendigen Gott zu höhnen, und wird die Worte bestrafen, die Jehova, dein Gott, gehört hat. Erhebe denn ein Gebet für den Ueberrest, der sich *noch* vorfindet!

5 Und die Knechte des Königs His- 6 kia kamen zu Jesaja. Und Jesaja sprach zu ihnen: Also sollt ihr zu eurem Herrn sagen: So spricht Jehova: Fürchte dich nicht vor den Worten, die du gehört hast, womit 7 mich gelästert haben. Siehe, ich will ihm einen Geist eingeben, daß er ein Gerücht hören und in sein Land *a* zurückkehren wird; und ich will ihn durchs Schwert fällen in seinem Lande.

8 Und der Rabsake kehrte zurück und fand den König von Assyrien streitend wider Libna; denn er hatte gehört, daß er von Lachis aufgebrochen 9 wäre. Und er hörte von Tirhaka, dem König von Aethiopien, sagen: Siehe, er ist ausgezogen, um wider dich zu streiten. Da sandte er wiederum Bo- 10 ten zu Hiskia und sprach: So sollt ihr zu Hiskia, dem König von Juda, sprechen und sagen: Daß dich nicht täusche dein Gott, auf den du vertraust, indem du sprichst: Jerusalem wird nicht in die Hand des Königs von 11 Assyrien gegeben werden! Siehe, du hast gehört, was die Könige von Assyrien allen Ländern getan haben, indem sie sie vertilgten; und du solltest 12 errettet werden? Haben die Götter der Nationen, welche meine Väter vernichtet haben, sie errettet: Gosan und Haran und Rezeph, und die Kinder Edens, die in Telassar waren?

Wo ist der König von Hamath und 13 der König von Arpad und der König der Stadt Sepharwaim, von Hena und Iwa?

Und Hiskia nahm den Brief aus 14 der Hand der Boten und las ihn; und er ging in das Haus Jehovas hinauf, und Hiskia breitete ihn vor Jehova aus. Und Hiskia betete vor Jehova 15 und sprach: Jehova, Gott Israels, der du zwischen *b* den Cherubim thronst, du allein bist es, der der Gott ist *c* von allen Königreichen der Erde; *d* u hast den Himmel und die Erde gemacht. Jehova, neige dein Ohr und 16 höre! Jehova, tue deine Augen auf und sieh! Ja, höre die Worte Sanheribs, die er gesandt hat, um den lebendigen Gott zu höhnen. Wahrlich, 17 Jehova, die Könige von Assyrien haben die Nationen und ihr Land verwüstet, und sie haben ihre Götter ins 18 Feuer geworfen; denn sie waren nicht Götter, sondern ein Werk von Menschenhänden, Holz und Stein, und sie haben sie zerstört. Und nun, Jehova, 19 unser Gott, rette uns doch aus seiner Hand, damit alle Königreiche der Erde wissen, daß du, Jehova, allein Gott bist!

Da sandte Jesaja, der Sohn Amoz', 20 zu Hiskia und ließ *ihm* sagen: So spricht Jehova, der Gott Israels: Was du wegen Sanheribs, des Königs von Assyrien, zu mir gebetet hast, habe ich gehört. Dies ist das Wort, welches 21 Jehova über ihn geredet hat:

Es verachtet dich, es spottet deiner die Jungfrau, die Tochter *d* Zion; die Tochter Jerusalem schüttelt das Haupt dir nach.

Wen hast du gehöhnt und gelästert, 22 und gegen wen die Stimme erhoben? Gegen den Heiligen Israels hast du deine Augen emporgerichtet!

Durch deine Boten hast du den 23 Herrn gehöhnt und hast gesprochen: Mit meiner Wagen Menge habe ich erstiegen die Höhe der Berge, das äußerste Ende des Libanon; und ich will umhauen die Hochwuchs seiner Zedern, die Auswahl seiner Zypressen, und ich will kommen in seine äußerste Wohnung, in seinen Gartenwald. Ich habe gegraben und fremde Was- 24 ser getrunken; und mit der Sohle meiner Füße werde ich austrocknen *e* alle Ströme Mazors *f*.

Hast du nicht gehört, daß ich von 25 ferne her es gewirkt und von den Tagen der Vorzeit her es gebildet habe? Nun habe ich es kommen lassen, daß du feste Städte verwüstest zu öden Steinhaufen.

Und ihre Bewohner waren macht- 26 los, sie wurden bestürzt und beschämt; sie waren *wie* Kraut des Feldes und grünes Gras, *wie* Gras der Dächer, und Korn, das verbrannt ist, ehe es aufschießt *g*.

---

a O. daß, wenn er ein Gerücht hört, in sein Land usw. — *b* O. über; vergl. die Anm. zu 1. Sam. 4, 4. — *c* Vergl. die Anm. zu 2. Sam. 7, 28. — *d* Eig. die jungfräuliche (d. h. unbesiegte) Tochter. — *e* O. trocknete ich aus. — *f* Stehende Bezeichnung für die Arme und Kanäle des Nil. Wegen „Mazor" vergl. die Anm. zu Jes. 19, 6. — *g* Eig. und Brandkorn vor dem Halme.

27 Und ich kenne dein Sitzen, und dein Aus- und dein Eingehen, und dein Toben wider mich.

28 Wegen deines Tobens wider mich, und weil dein Uebermut in meine Ohren heraufgekommen ist, werde ich meinen Ring in deine Nase legen und mein Gebiß in deine Lippen, und werde dich zurückführen auf dem Wege, auf welchem du gekommen bist! —

29 Und dies soll dir das Zeichen sein: Man wird in diesem Jahre den Nachwuchs *der Ernte* essen, und im zweiten Jahre was ausgesproßt ist; im dritten Jahre aber säet und erntet, und pflanzet Weinberge und esset ihre

30 Frucht. Und das Entronnene vom Hause Juda, das übriggeblieben ist, wird wieder wurzeln nach unten und

31 Frucht tragen nach oben. Denn von Jerusalem wird ein Ueberrest ausgehen, und ein Entronnenes vom Berge Zion. Der Eifer Jehovas *a* wird solches tun!

32 Darum, so spricht Jehova von dem König von Assyrien: Er soll nicht in diese Stadt kommen, und er soll keinen Pfeil darein schießen und keinen Schild ihr zukehren und keinen Wall

33 gegen sie aufschütten. Auf dem Wege, auf welchem er gekommen ist, soll er zurückkehren, und soll in diese Stadt

34 nicht kommen, spricht Jehova *b*. Und ich will diese Stadt beschirmen, um sie zu retten, um meinet- und um Davids, meines Knechtes, willen.

35 Und es geschah in selbiger Nacht, da ging ein *c* Engel Jehovas aus und schlug in dem Lager der Assyrer hundertfünfundachtzigtausend *Mann*. Und als man des Morgens früh aufstand, siehe, da waren sie allesamt Leichname *d*.

36 Und Sanherib, der König von Assyrien, brach auf, und er zog fort und kehrte zurück und blieb in Ninive.

37 Und es geschah, als er sich im Hause Nisroks, seines Gottes, niederbeugte, da erschlugen ihn Adrammelek und Scharezer, seine Söhne, mit dem Schwerte; und sie entrannen in das Land Ararat. Und Esar-Haddon, sein Sohn, ward König an seiner Statt.

20 In jenen Tagen wurde Hiskia krank zum Sterben. Und Jesaja, der Sohn Amoz', der Prophet, kam zu ihm, und sprach zu ihm: So spricht Jehova: Bestelle dein Haus, denn du wirst

2 sterben und nicht genesen *e*. Da wandte er sein Angesicht gegen die Wand und betete zu Jehova und sprach:

3 Ach, Jehova! gedenke doch, daß ich in Wahrheit und mit ungeteiltem Herzen vor deinem Angesicht gewandelt, und getan habe was gut ist in deinen

4 Augen! Und Hiskia weinte sehr. Und es geschah, Jesaja war noch nicht zur mittleren Stadt *f* hinausgegangen, da geschah das Wort Jehovas zu ihm al-

5 so: Kehre um und sprich zu Hiskia,

dem Fürsten meines Volkes: So spricht Jehova, der Gott deines Vaters David: Ich habe dein Gebet gehört, ich habe deine Tränen gesehen; siehe, ich will dich heilen; am dritten Tage wirst du in das Haus Jehovas hinaufgehen.

6 Und ich will zu deinen Tagen fünfzehn Jahre hinzufügen; und von der Hand des Königs von Assyrien will ich dich und diese Stadt erretten; und ich will diese Stadt beschirmen um meinet- und um Davids, meines Knechtes, willen. Und Jesaja sprach: Holet

7 einen Feigenkuchen. Und sie holten ihn und legten ihn auf das Geschwür; und er genas.

8 Und Hiskia sprach zu Jesaja: Welches ist das Zeichen, daß Jehova mich heilen wird, und daß ich am dritten Tage in das Haus Jehovas hinaufgehen werde? Und Jesaja sprach: Dies

9 wird dir das Zeichen sein von seiten Jehovas, daß Jehova das Wort tun wird, welches er geredet hat: Soll der Schatten zehn Grade vorwärts gehen, oder soll er zehn Grade zurückgehen?

10 Und Hiskia sprach: Es ist dem Schatten ein Leichtes, zehn Grade zu fallen; nein, sondern der Schatten soll zehn Grade rückwärts gehen. Da rief

11 der Prophet Jesaja zu Jehova; und er ließ den Schatten an den *graden*, welche er *g* am Sonnenzeiger *h* Ahas' niederwärts gegangen war, um zehn Grade rückwärts gehen.

12 Zu jener Zeit sandte Berodak-Baladan, der Sohn Baladans, der König von Babel, Brief und Geschenk an Hiskia; denn er hatte gehört, daß Hiskia krank gewesen war. Und Hiskia

13 hörte sie an *i*, und er zeigte ihnen sein ganzes Schatzhaus: das Silber und das Gold, und die Gewürze und das köstliche Oel; und sein ganzes Zeughaus, und alles was sich in seinen Schätzen vorfand; es war nichts in seinem Hause und in seiner ganzen Herrschaft, was Hiskia ihnen nicht gezeigt hätte. Da kam Jesaja,

14 der Prophet, zum König Hiskia und sprach zu ihm: Was haben diese Männer gesagt? und woher sind sie zu dir gekommen? Und Hiskia sprach: Aus fernem Lande sind sie gekommen, von Babel. Und er sprach: Was

15 haben sie in deinem Hause gesehen? Und Hiskia sprach: Sie haben alles gesehen, was in meinem Hause ist; es gibt nichts in meinen Schätzen, das ich ihnen nicht gezeigt hätte. Da

16 sprach Jesaja zu Hiskia: Höre das Wort Jehovas! Siehe, es kommen Ta-

17 ge, da alles was in deinem Hause ist und was deine Väter aufgehäuft haben bis auf diesen Tag, nach Babel weggebracht werden wird; es wird nichts übrigbleiben, spricht Jehova.

18 Und von deinen Söhnen, die aus dir hervorkommen werden, die du zeugen

---

a Nach and. Lesart: Jehovas der Heerscharen. — *b* Eig. ist der Spruch Jehovas. — *c* O. der. — *d* W. tote Leichname. — *e* W. leben. — *f* Nach and. Lesart: zum mittleren Hofe (des Palastes). — *g* Eig. sie; daher ist wahrsch. zu l.: die Sonne; vergl. Jes. 38, 8. — *h* W. an den Graden. — *i* Wahrsch. ist mit and. nach Jes. 39, 2 zu l.: freute sich über sie.

wirst, wird man nehmen; und sie werden Kämmerer sein im Palaste 19 des Königs von Babel. Und Hiskia sprach zu Jesaja: Das Wort Jehovas ist gut, das du geredet hast; und er sprach: Nicht wahr, es wird Friede und Bestand sein in meinen Tagen?

20 Und das Uebrige der Geschichte Hiskias, und alle seine Macht, und wie er den Teich und die Wasserleitung gemacht und das Wasser in die Stadt geleitet hat, ist das nicht geschrieben in dem Buche der Chronika 21 der Könige von Juda? Und Hiskia legte sich zu seinen Vätern. Und Manasse, sein Sohn, ward König an seiner Statt.

21 Zwölf a Jahre war Manasse alt, als er König wurde, und er regierte fünfundfünfzig Jahre zu Jerusalem; und der Name seiner Mutter war 2 Hephzi-Bah. Und er tat was böse war in den Augen Jehovas, nach den Greueln der Nationen, die Jehova vor den Kindern Israel ausgetrieben hat. 3 te. Und er baute die Höhen wieder auf, die sein Vater Hiskia zerstört hatte, und errichtete dem Baal Altäre, und machte eine Aschera, so wie Ahab, der König von Israel, gemacht hatte, und er beugte sich nieder vor dem ganzen Heere des Himmels und 4 diente ihnen. Und er baute Altäre in dem Hause Jehovas, von welchem Jehova gesagt hatte: In Jerusalem will 5 ich meinen Namen setzen. Und er baute dem ganzen Heere des Himmels Altäre in den beiden Höfen des Hau- 6 ses Jehovas. Und er ließ seinen Sohn durchs Feuer gehen, und er trieb Zauberei und Wahrsagerei, und bestellte Totenbeschwörer und Wahrsager: er tat viel Böses in den Augen 7 Jehovas, um ihn zu reizen. Und er stellte das geschnitzte Bild der Aschera, das er gemacht, in das Haus, von welchem Jehova zu David und zu seinem Sohne Salomo gesagt hatte: In dieses Haus und in Jerusalem, das ich aus allen Stämmen Israels erwählt habe, will ich meinen Namen setzen 8 ewiglich! Und ich will den Fuß Israels nicht mehr aus dem Lande wandern lassen, welches ich ihren Vätern gegeben habe, wenn sie nur darauf achten, nach allem zu tun was ich ihnen geboten habe, und nach dem ganzen Gesetz, das mein Knecht Mose 9 ihnen geboten hat. Aber sie hörten nicht; und Manasse verleitete sie, des Bösen mehr zu tun als die Nationen, welche Jehova vor den Kindern Israel vertilgt hatte. 10 Da redete Jehova durch seine Knech- 11 te, die Propheten, und sprach: Weil Manasse, der König von Juda, diese Greuel verübt und übel getan hat, mehr als alles, was die Amoriter getan haben, die vor ihm gewesen sind, und auch Juda durch seine Götzen 12 sündigen gemacht hat, darum, so

spricht Jehova, der Gott Israels, siehe, will ich Unglück über Jerusalem und Juda bringen, daß jedem, der es hört, seine beiden Ohren gellen sollen. Und ich werde über Jerusalem 13 die Meßschnur Samarias ziehen und das Senkblei des Hauses Ahabs, und ich werde Jerusalem auswischen, wie man eine Schüssel auswischt: hat man sie ausgewischt, so kehrt man sie um auf ihre Oberseite. Und ich werde den 14 Ueberrest meines Erbteils verstoßen und sie in die Hand ihrer Feinde geben, und sie werden allen ihren Feinden zum Raub und zur Plünderung werden; weil sie getan was böse ist 15 in meinen Augen, und mich stets gereizt haben von dem Tage an, da ihre Väter aus Aegypten gezogen sind, bis auf diesen Tag.

Und Manasse vergoß auch sehr viel 16 unschuldiges Blut, bis er Jerusalem damit erfüllte von einem Ende bis zum anderen; außer seiner Sünde, wodurch er Juda sündigen machte, indem es tat, was böse war in den Augen Jehovas.

Und das Uebrige der Geschichte 17 Manasses und alles was er getan und seine Sünde, die er begangen hat, ist das nicht geschrieben in dem Buche der Chronika der Könige von Juda? Und Manasse legte sich zu seinen Vä- 18 tern, und wurde begraben im Garten seines Hauses, im Garten Ussas. Und Amon, sein Sohn, ward König an seiner Statt.

Zweiundzwanzig b Jahre war Amon 19 alt, als er König wurde, und er regierte zwei Jahre zu Jerusalem; und der Name seiner Mutter war Meschullemeth, die Tochter Haruz', von Jotba. Und er tat was böse war in den 20 Augen Jehovas, wie sein Vater Manasse getan hatte. Und er wandelte 21 auf allen Wegen, die c sein Vater gewandelt war, und diente den Götzen, welchen sein Vater gedient hatte, und beugte sich vor ihnen nieder; und er 22 verließ Jehova, den Gott seiner Väter, und wandelte nicht auf dem Wege Jehovas. Und die Knechte Amons 23 machten eine Verschwörung wider ihn und töteten den König in seinem Hause. Da erschlug das Volk des Landes 24 alle, die sich wider den König Amon verschworen hatten; und das Volk des Landes machte Josia, seinen Sohn, zum König an seiner Statt.

Und das Uebrige der Geschichte 25 Amons, was er getan hat, ist das nicht geschrieben in dem Buche der Chronika der Könige von Juda? Und man 26 begrub ihn in seinem Begräbnis, im Garten Ussas. Und Josia, sein Sohn, ward König an seiner Statt.

Acht d Jahre war Josia alt, als er **22** König wurde, und er regierte einunddreißig Jahre zu Jerusalem; und der Name seiner Mutter war Jedida, die Tochter Adajas, von Bozkath. Und 2 er tat was recht war in den Augen

---

a 2. Chron. 33. — b 2. Chron. 33, 21. — c Eig. auf allem Wege, den; so auch Kap. 22, 2. — d 2. Chron. 34, 35.

Jehovas; und er wandelte auf allen Wegen seines Vaters David und wich nicht zur Rechten noch zur Linken.

3 Und es geschah im achtzehnten Jahre des Königs Josia, da sandte der König Schaphan, den Sohn Azaljas, des Sohnes Meschullams, den Schreiber, in das Haus Jehovas und sprach:

4 Gehe hinauf zu Hilkija, dem Hohenpriester, daß er das Geld zusammennehme, welches in das Haus Jehovas gebracht worden ist, welches die Hüter der Schwelle von dem Volke ein- 5 gesammelt haben, damit man es in die Hand derer gebe, welche das Werk betreiben, die am Hause Jehovas bestellt sind; und sie sollen es denen geben, die das Werk tun im Hause Jehovas, um das Baufällige des 6 Hauses auszubessern: den Zimmerleuten und den Bauleuten und den Maurern, und um Holz zu kaufen und behauene Steine, um das Haus auszu- 7 bessern. Doch soll das Geld, das in ihre Hand gegeben wird, nicht mit ihnen verrechnet werden; denn sie handeln getreulich.

8 Und der Hohepriester Hilkija sprach zu Schaphan, dem Schreiber: Ich habe das Buch des Gesetzes im Hause Jehovas gefunden. Und Hilkija gab das Buch dem Schaphan, und er las es.

9 Und Schaphan, der Schreiber, kam zum König und brachte dem König Nachricht und sprach: Deine Knechte haben das Geld, das sich im Hause vorfand, ausgeschüttet und es in die Hand derer gegeben, welche das Werk betreiben, die am Hause Jehovas be- 10 stellt sind. Und Schaphan, der Schreiber, berichtete dem König und sprach: Der Priester Hilkija hat mir ein Buch gegeben. Und Schaphan las es vor 11 dem König. Und es geschah, als der König die Worte des Buches des Gesetzes hörte, da zerriß er seine Klei- 12 der. Und der König gebot Hilkija, dem Priester, und Achikam, dem Sohne Schaphans, und Akbor, dem Sohne Michajas, und Schaphan, dem Schreiber, und Asaja, dem Knechte des Kö- 13 nigs, und sprach: Gehet hin, befraget Jehova für mich und für das Volk und für ganz Juda wegen der Worte dieses gefundenen Buches. Denn groß ist der Grimm Jehovas, der wider uns entzündet ist, darum daß unsere Väter auf die Worte dieses Buches nicht gehört haben, um nach allem zu tun, 14 was unsertwegen geschrieben ist *a*. Da gingen der Priester Hilkija und Achikam und Akbor und Schaphan und Asaja zu der Prophetin Hulda, dem Weibe Schallums, des Sohnes Tikwas, des Sohnes Harchas', des Hüters der Kleider; sie wohnte aber zu Jerusalem im zweiten Stadtteile; und sie redeten zu ihr.

15 Und sie sprach zu ihnen: So spricht Jehova, der Gott Israels: Saget dem Manne, der euch zu mir gesandt hat: 6 So spricht Jehova: Siehe, ich will Un-

glück bringen über diesen Ort und über seine Bewohner: alle Worte des Buches, welches der König von Juda gelesen hat. Darum daß sie mich ver- 1 lassen und anderen Göttern geräuchert haben, um mich zu reizen mit all dem Machwerk ihrer Hände, so wird mein Grimm sich entzünden wider diesen Ort und wird nicht erlö- 1 schen. Zu dem König von Juda aber, der euch gesandt hat, um Jehova zu befragen, zu ihm sollt ihr also sprechen: So spricht Jehova, der Gott Israels: Die Worte anlangend, die du gehört hast — weil dein Herz weich 1 geworden ist, und du dich vor Jehova gedemütigt hast, als du hörtest, was ich über *b* diesen Ort und über *b* seine Bewohner geredet habe, daß sie zur Verwüstung und zum Fluche werden sollen, und du deine Kleider zerrissen und vor mir geweint hast, so habe i c h es auch gehört, spricht Jehova *c*. Darum, siehe, werde ich dich zu deinen Vätern versammeln; und du wirst zu deinen Gräbern versammelt werden in Frieden, und deine Augen sollen all das Unglück nicht ansehen, das ich über diesen Ort bringen werde. Und sie brachten dem König Antwort.

Und der König sandte hin, und **23** man versammelte zu ihm alle Aeltesten von Juda und von Jerusalem. Und der König ging in das Haus Jehovas hinauf, und alle Männer von Juda und alle Bewohner von Jerusalem mit ihm, und die Priester und die Propheten, und alles Volk, vom Kleinsten bis zum Größten; und man las vor ihren Ohren alle Worte des Buches des Bundes, das im Hause Jehovas gefunden worden war. Und der König stand auf dem Standorte und machte den Bund vor Jehova, Jehova nachzuwandeln und seine Gebote und seine Zeugnisse und seine Satzungen zu beobachten mit ganzem Herzen und mit ganzer Seele, um die Worte dieses Bundes zu erfüllen, welche in diesem Buche geschrieben sind. Und das ganze Volk trat in den Bund.

Und der König gebot Hilkija, dem Hohenpriester, und den Priestern zweiten Ranges und den Hütern der Schwelle, aus dem Tempel Jehovas alle Geräte hinauszutun, die dem Baal und der Aschera und dem ganzen Heere des Himmels gemacht worden waren; und er verbrannte sie außerhalb Jerusalems in den Gefilden des Kidron, und ließ ihren Staub nach Bethel bringen. Und er schaffte die Götzenpriester *d* ab, welche die Könige von Juda eingesetzt hatten, und die auf den Höhen, in den Städten von Juda und in der Umgebung von Jerusalem geräuchert hatten; und die, welche dem Baal, der Sonne und dem Monde und dem Tierkreise *e* und dem ganzen Heere des Himmels räucherten. Und er schaffte die Aschera aus dem Hause

---

a O. was uns vorgeschrieben ist. — *b* O. gegen. — *c* Eig. ist der Spruch Jehovas. — *d* Hebr. Kemarim. — *e* O. den Sternbildern.

Jehovas hinaus, außerhalb Jerusalems, in das Tal *a* Kidron; und er verbrannte sie im Tale Kidron und zermalmte sie zu Staub und warf ihren Staub auf die Gräber der Kinder des 7 Volkes *b*. Und er riß die Häuser der Buhler nieder, die sich im Hause Jehovas befanden, worin die Weiber 8 Zelte *c* webten für die Aschera. Und er ließ alle Priester aus den Städten Judas kommen, und verunreinigte die Höhen, wo die Priester geräuchert hatten, von Geba bis Beerseba. Und er riß die Höhen der Tore nieder, die am Eingang des Tores Josuas, des Obersten der Stadt, *und* die am Stadttore zur Linken jedes *Eintretenden* 9 waren. Doch opferten die Priester der Höhen nicht auf dem Altar *d* Jehovas zu Jerusalem, sondern sie aßen Ungesäuertes in der Mitte ihrer Brüder. 10 Und er verunreinigte das Topheth *e*, welches im Tale der Söhne Hinnoms *lag*, damit niemand seinen Sohn oder seine Tochter dem Molech durchs 11 Feuer gehen ließe. Und er schaffte die Rosse ab, welche die Könige von Juda der Sonne gesetzt hatten am Eingang des Hauses Jehovas, bei der Zelle Nethan-Meleks, des Kämmerers, der im Parwarim *f* wohnte; und die Wagen der Sonne verbrannte er mit 12 Feuer. Und die Altäre, die auf dem Dache des Obergemachs des Ahas waren, welche die Könige von Juda gemacht hatten, und die Altäre, welche Manasse in den beiden Höfen des Hauses Jehovas gemacht hatte, riß der König nieder und zertrümmerte sie *g*, und er warf ihren Staub in das 13 Tal Kidron. Und der König verunreinigte die Höhen, die vor *h* Jerusalem, zur Rechten des Berges des Verderbens waren, welche Salomo, der König von Israel, der Astoreth, dem Scheusal der Zidonier, und Kamos *i*, dem Scheusal Moabs, und Milkom, dem Greuel der Kinder Ammon, ge-14 baut hatte. Und er zerschlug die Bildsäulen und hieb die Ascherim um, und füllte ihre Stätte mit Menschengebeinen an. 15 Und auch den Altar, der zu Bethel war, die Höhe, welche Jerobeam, der Sohn Nebats, gemacht hatte, der Israel sündigen machte, auch diesen Altar und die Höhe riß er nieder; und er verbrannte die Höhe, zermalmte sie zu Staub und verbrannte 16 die Aschera. Und als Josia sich umwandte und die Gräber sah, die daselbst in dem Berge waren, da sandte er hin und ließ die Gebeine aus den Gräbern holen und verbrannte sie auf dem Altar und verunreinigte ihn, nach dem Worte Jehovas, das der Mann Gottes ausgerufen hatte, der 17 diese Dinge ausrief. *j* Und er sprach: Was ist das dort für ein Mal, das ich

sehe? Und die Leute der Stadt sprachen zu ihm: Es ist das Grab des Mannes Gottes, der von Juda gekommen ist und diese Dinge ausgerufen hat, die du wider den Altar von Bethel getan hast. Und er sprach: Laßt ihn 18 liegen, niemand beunruhige seine Gebeine! Und so retteten sie seine Gebeine samt den Gebeinen des Propheten, der von Samaria gekommen war. Und auch alle Häuser der Höhen, die 19 in den Städten Samarias waren, welche die Könige von Israel gemacht hatten, um *Jehova* zu reizen, tat Josia hinweg; und er verfuhr mit ihnen gerade so, wie er zu Bethel verfahren war. Und er schlachtete alle Priester 20 der Höhen, die daselbst waren, auf den Altären, und verbrannte Menschengebeine auf denselben. Und er kehrte nach Jerusalem zurück.

Und der König gebot dem ganzen 21 Volke und sprach: Feiert Jehova, eurem Gott, Passah, wie in diesem Buche des Bundes geschrieben steht. Denn es war kein solches Passah ge-22 feiert worden wie dieses, von den Tagen der Richter an, welche Israel gerichtet haben, und alle Tage der Könige von Israel und der Könige von Juda; sondern im achtzehnten 23 Jahre des Königs Josia wurde dieses Passah dem Jehova zu Jerusalem gefeiert. Und auch die Totenbeschwörer 24 und die Wahrsager, und die Teraphim *k* und die Götzen, und alle Scheusale, die im Lande Juda und in Jerusalem gesehen wurden, schaffte Josia hinweg, um die Worte des Gesetzes auszuführen, welche in dem Buche geschrieben standen, das der Priester Hilkija im Hause Jehovas gefunden hatte. Und vor ihm ist seinesgleichen 25 kein König gewesen, der zu Jehova umgekehrt wäre mit seinem ganzen Herzen, und mit seiner ganzen Seele und mit seiner ganzen Kraft, nach allem Gesetz Moses; und nach ihm ist seinesgleichen nicht aufgestanden. Doch kehrte Jehova nicht um von der 26 großen Glut seines Zornes, womit sein Zorn wider Juda entbrannt war, wegen all der Reizungen, mit welchen Manasse ihn gereizt hatte. Und Jehova-27 va sprach: Auch Juda will ich vor meinem Angesicht hinwegtun, wie ich Israel hinweggetan habe; und ich will diese Stadt verwerfen, die ich erwählt, Jerusalem, und das Haus, von dem ich gesagt habe: Mein Name soll daselbst sein!

Und das Uebrige der Geschichte 28 Josias und alles was er getan hat, ist das nicht geschrieben in dem Buche der Chronika der Könige von Juda? In seinen Tagen zog der Pharao 29 Neko, der König von Aegypten, wider den König von Assyrien hinauf, an den Strom Phrat. Und der König

---

a S. die Anm. zu 4. Mose 13, 23. — *b* d. h. die Gräber des gemeinen Volkes. — *c* W. Häuser; wahrsch. Zeltmäntel. Vergl. Hes. 16, 16. — *d* O. gingen nicht hinauf zu dem Altar. — *e* Eig. Gespei, Greuel; daher auch Greuelstätte. — *f* Wahrsch. ein an der Westseite des äußeren Tempelhofs gelegener Anbau. — *g* W. zertrümmerte sie von dort hinweg. — *h* d. h. östlich von. — *i* H. Kemosch. — *j* 1. Kön. 13, 2. — *k* Hausgötzen.

Josia zog ihm entgegen; aber Neko *a* tötete ihn zu Megiddo, sowie er ihn 30 sah. Und seine Knechte führten ihn zu Wagen tot von Megiddo hinweg und brachten ihn nach Jerusalem; und sie begruben ihn in seinem Begräbnis. Und das Volk des Landes nahm Joahas, den Sohn Josias, und sie salbten ihn und machten ihn zum König an seines Vaters Statt.

31 Dreiundzwanzig *b* Jahre war Joahas alt, als er König wurde, und er regierte drei Monate zu Jerusalem; und der Name seiner Mutter war Hamutal, die Tochter Jeremias, von Libna. 32 Und er tat was böse war in den Augen Jehovas, nach allem was seine 33 Väter getan hatten. Und der Pharao Neko setzte ihn gefangen zu Ribla im Lande Hamath, daß er nicht mehr König wäre *c* zu Jerusalem; und er legte dem Lande eine Buße von hundert Talenten Silber und einem Talente Gold auf. 34 Und der Pharao Neko machte Eljakim, den Sohn Josias, zum König, an Josias, seines Vaters, Statt, und verwandelte seinen Namen in Jojakim; Joahas aber nahm er mit, und er kam nach Aegypten und starb daselbst. 35 Und Jojakim gab das Silber und das Gold dem Pharao; doch schätzte er das Land, um das Geld nach dem Befehle des Pharao zu geben: von dem Volke des Landes, von einem jeden nach seiner Schätzung, trieb er das Silber und das Gold ein, um es dem Pharao Neko zu geben.

36 Fünfundzwanzig *d* Jahre war Jojakim alt, als er König wurde, und er regierte elf Jahre zu Jerusalem; und der Name seiner Mutter war Sebudda *e*, die Tochter Pedajas, von 37 Ruma. Und er tat was böse war in den Augen Jehovas, nach allem was seine Väter getan hatten.

24 In *f* seinen Tagen zog Nebukadnezar, der König von Babel, herauf; und Jojakim wurde sein Knecht drei Jahre; dann wandte er sich und empörte sich gegen ihn. 2 Und Jehova sandte wider ihn Scharen der Chaldäer und Scharen der Syrer und Scharen der Moabiter und Scharen der Kinder Ammon; er sandte sie wider Juda, um es zu vernichten, nach dem Worte Jehovas, das er durch seine Knechte, die Propheten, geredet hatte. 3 Fürwahr, nach dem Befehle Jehovas geschah dieses wider Juda, um es vor seinem Angesicht hinwegzutun, wegen der Sünden Manasses, 4 nach allem was er getan hatte; und auch wegen des unschuldigen Blutes, das er vergossen, da er Jerusalem mit unschuldigem Blute erfüllt hatte. Und Jehova wollte nicht vergeben. 5 Und das Uebrige der Geschichte Jojakims und alles was er getan hat, ist das nicht geschrieben in dem Buche der Chronika der Könige von Ju-

da? Und Jojakim legte sich zu seinen Vätern. Und Jojakin, sein Sohn, ward König an seiner Statt. Aber 6 der König von Aegypten zog fortan nicht mehr aus seinem Lande; denn der König von Babel hatte von dem Flusse Aegyptens an bis zum Strome Phrat alles genommen, was dem König von Aegypten gehört hatte.

Achtzehn *g* Jahre war Jojakin alt, als er König wurde, und er regierte drei Monate zu Jerusalem; und der Name seiner Mutter war Nechuschta, die Tochter Elnathans, von Jerusalem. Und er tat was böse war in den Augen Jehovas, nach allem was sein Vater getan hatte. Zu jener Zeit zo- 1 gen die Knechte Nebukadnezars, des Königs von Babel, nach Jerusalem herauf, und die Stadt kam in Belagerung. Und Nebukadnezar, der Kö- 1 nig von Babel, kam zu der Stadt, während seine Knechte sie belagerten. Und Jojakin, der König von Juda, ging zu dem König von Babel hinaus, er und seine Mutter und seine Knechte und seine Obersten und seine Kämmerer; und der König von Babel nahm ihn gefangen im achten Jahre seiner Regierung. Und er brach- 1 te von dannen heraus alle Schätze des Hauses Jehovas und die Schätze des Königshauses, und er zerschlug alle goldenen Geräte *h*, die Salomo, der König von Israel, im Tempel Jehovas gemacht hatte: so wie Jehova geredet hatte. Und er führte 1 ganz Jerusalem hinweg, und alle Obersten und alle streitbaren Männer, zehntausend Gefangene *i*, und alle Werkleute und Schlosser; nichts blieb übrig als nur das geringe Volk des Landes. Und er führte Jojakin hinweg nach Babel; und die Mutter des Königs und die Weiber des Königs und seine Kämmerer und die Mächtigen des Landes führte er als Gefangene *i* von Jerusalem hinweg nach Babel; und alle Kriegsmänner, siebentausend, und die Werkleute und die Schlosser, tausend, alles streitbare Männer, Kriegsleute, die brachte der König von Babel als Gefangene *i* nach Babel. Und der König von Babel machte 1 Mattanja, Jojakins *j* Oheim, zum König an seiner Statt und verwandelte seinen Namen in Zedekia *k*.

Einundzwanzig *l* Jahre war Zedekia alt, als er König wurde, und er regierte elf Jahre zu Jerusalem; und der Name seiner Mutter war Hamutal, die Tochter Jeremias, von Libna. Und er tat was böse war in den Augen Jehovas, nach allem was Jojakim getan hatte. Denn wegen des Zornes Jehovas geschah dieses wider *m* Jerusalem und wider Juda, bis er sie von *n* seinem Angesicht weggeworfen hatte. Und Zedekia empörte sich gegen den König von Babel.

---

a W. er. — *b* 2. Chron. 36. — *c* Nach and. Lesart: während er König war. — *d* 2. Chron. 36, 5. — *e* Nach and. Lesart: Sebidda. — *f* 2. Chron. 36, 6. — *g* 2. Chron. 36, 9. — *h* d. h. er ließ die Goldbleche davon abreißen. — *i* W. Weggeführte. — *j* W. seinen. — *k* H. Zidkija. — *l* 2. Chron. 36, 11; Jer. 52. — *m* O. an. — *n* Eig. von vor.

25 Und *a* es geschah im neunten Jahre seiner Regierung, im zehnten Monat, am zehnten des Monats, da kam Nebukadnezar, der König von Babel, er und sein ganzes Heer, wider Jerusalem und belagerte es; und sie bauten eine Verschanzung wider 2 dasselbe ringsumher *b*. Und die Stadt kam in Belagerung bis in das elfte 3 Jahr des Königs Zedekia. Am neunten des *vierten c* Monats, da nahm der Hunger in der Stadt überhand; und es war kein Brot *mehr* da für 4 das Volk des Landes. Und die Stadt wurde erbrochen, und alle Kriegsmänner *flohen* des Nachts auf dem Wege durch das Tor, welches zwischen den beiden Mauern bei dem Garten des Königs *lag* (die Chaldäer aber waren rings um die Stadt her); und man *d* zog den Weg zur 5 Ebene *e*. Aber das Heer der Chaldäer jagte dem König nach, und sie erreichten ihn in den Ebenen *f* von Jericho; und sein ganzes Heer zerstreu-6 te sich von ihm weg. Und sie ergriffen den König und führten ihn zu dem König von Babel nach Ribla hinauf; und man sprach das Urteil über 7 ihn. Und man schlachtete die Söhne Zedekias vor seinen Augen; und man blendete die Augen Zedekias, und band ihn mit ehernen Fesseln *g* und brachte ihn nach Babel.

8 Und im fünften Monat, am siebenten des Monats, das war das neunzehnte Jahr des Königs Nebukadnezar, des Königs von Babel, kam Nebusaradan, der Oberste der Leibwache, der Knecht des Königs von Babel, 9 nach *h* Jerusalem. Und er verbrannte das Haus Jehovas und das Haus des Königs; und alle Häuser Jerusalems und jedes große Haus verbrannte er 10 mit Feuer. Und das ganze Heer der Chaldäer, das bei dem Obersten der Leibwache war, riß die Mauern von 11 Jerusalem ringsum nieder. Und den Rest des Volkes, die in der Stadt Uebriggebliebenen, und die Ueberläufer, die zum König von Babel übergelaufen waren, und den Rest der Menge führte Nebusaradan, der Ober-12 ste der Leibwache, hinweg. Aber von den Geringen des Landes ließ der Oberste der Leibwache zurück zu 13 Weingärtnern und zu Ackerleuten. Und die ehernen Säulen, die am Hause Jehovas waren, und die Gestelle und das eherne Meer, die im Hause Jehovas waren, zerschlugen die Chaldäer und führten das Erz davon nach 14 Babel. Und die Töpfe und die Schaufeln und die Lichtmesser und die Schalen, und alle ehernen Geräte, womit man den Dienst verrichtete, nahmen sie 15 weg. Auch die Räucherpfannen und die Sprengschalen, was von Gold war, das Gold, und was von Silber war, das Silber, nahm der Oberste der

Leibwache weg. Die zwei Säulen, 16 das eine Meer und die Gestelle, die Salomo für das Haus Jehovas gemacht hatte: das Erz aller dieser Geräte war nicht zu wägen. Achtzehn Ellen 17 war die Höhe der einen Säule, und ein Kapitäl von Erz war darauf, und die Höhe des Kapitäls war drei Ellen, und Netzwerk und Granatäpfel waren an dem Kapitäl ringsum: alles von Erz; und desgleichen war die andere Säule nebst dem Netzwerk.

Und der Oberste der Leibwache 18 nahm Scheraja, den Oberpriester, und Zephanja, den zweiten Priester, und die drei Hüter der Schwelle; und 19 aus der Stadt nahm er einen Kämmerer, der über die Kriegsleute bestellt war, und fünf Männer von denen, welche das Angesicht des Königs sahen, die in der Stadt vorgefunden wurden, und den Schreiber des Heerobersten, der das Volk des Landes zum Heere aushob, und sechzig Mann von dem Volke des Landes, die in der Stadt vorgefunden wurden. Und Nebusaradan, der Oberste der 20 Leibwache, nahm sie und brachte sie zu dem König von Babel nach Ribla. Und der König von Babel erschlug 21 sie und tötete sie zu Ribla im Lande Hamath. — Und so wurde Juda aus seinem Lande weggeführet.

Und über das Volk, das im Lande 22 Juda übriggeblieben war, welches Nebukadnezar, der König von Babel, übriggelassen hatte, über sie bestellte er Gedalja, den Sohn Achikams, des Sohnes Schaphans. Und als alle Heer-23 obersten, sie und ihre Männer, hörten, daß der König von Babel Gedalja bestellt habe, da kamen sie zu Gedalja nach Mizpa: nämlich Ismael, der Sohn Nethanjas, und Jochanan, der Sohn Kareachs, und Seraja, der Sohn Tanchumeths, der Netophathiter, und Jaasanja, der Sohn des Maakathiters, sie und ihre Männer. Und Gedalja 24 schwur ihnen und ihren Männern und sprach zu ihnen: Fürchtet euch nicht vor den Knechten der Chaldäer *i*; bleibet im Lande und dienet dem König von Babel, so wird es euch wohl gehen. Es geschah aber im siebenten 25 Monat, da kam Ismael, der Sohn Nethanjas, des Sohnes Elischamas, vom königlichen Geschlecht *j*, und zehn Männer mit ihm; und sie erschlugen Gedalja, (und er starb) sowie die Juden und die Chaldäer, die zu Mizpa bei ihm waren. Da machte sich 26 alles Volk, vom Kleinsten bis zum Größten, mit den Heerobersten auf, und sie kamen nach Aegypten; denn sie fürchteten sich vor den Chaldäern.

Und es geschah im siebenunddrei-27 ßigsten Jahre der Wegführung Jojakins, des Königs von Juda, im zwölften Monat, am siebenundzwanzigsten des Monats, da erhob Ewil-Merodak,

---

a 2. Chron. 36, 17; Jer. 39, 1—10. — *b* O. eine Verschanzung rings um dasselbe her. — *c* Vergl. Jer. 39, 2; 52, 6. — *d* O. er (der König). — *e* H. Araba. — *f* O. Steppen. — *g* Vergl. die Anm. zu Richt. 16, 21. — *h* O. gen; ein and. Wort als Jer. 52, 12. — *i* Wahrsch. zu l. wie Jer. 40, 9: den Chaldäern zu dienen. — *j* W. Samen.

der König von Babel, im Jahre, da er König wurde, das Haupt Jojakins, des Königs von Juda, aus dem Ge-
28 fängnis. Und er redete gütig mit ihm und setzte seinen Stuhl über den Stuhl der Könige, die bei ihm in Ba-
29 bel waren; und er veränderte die Kleider seines Gefängnisses; und er aß beständig vor ihm alle Tage seines Lebens. Und sein Unterhalt, ein 30 beständiger Unterhalt, wurde ihm, so viel er täglich bedurfte *a*, von dem König gegeben alle Tage seines Lebens.

Das erste Buch der Chronika[b]

1 2 Adam, Seth, Enos, Kenan, Mahala-
3 lel, Jered, Henoch, Methusalah, La-
4 mech, Noah, Sem, Ham und Japhet.
5 Die Söhne Japhets *c*: Gomer und Magog und Madai und Jawan und Tu-
6 bal, und Mesech und Tiras. Und die Söhne Gomers: Askenas und Diphath
7 und Togarma. Und die Söhne Ja-wans: Elisa und Tarsis, die Kittim und die Rodanim.
8 Die Söhne Hams: Kusch und Miz-
9 raim, Put und Kanaan. Und die Söh-ne Kuschs: Seba und Hawila, und Sabta und Raghma und Sabteka. Und die Söhne Raghmas: Scheba und De-
10 dan. Und Kusch zeugte Nimrod; der fing an, ein Gewaltiger zu sein auf
11 der Erde. — Und Mizraim zeugte die Ludim und die Anamim und die Le-
12 habim und die Naphtuchim, und die Pathrusim und die Kasluchim, (von welchen die Philister ausgegangen
13 sind) und die Kaphtorim. — Und Ka-naan zeugte Zidon, seinen Erstgebo-
14 renen, und Heth, und den Jebusiter und den Amoriter und den Girgasi-
15 ter, und den Hewiter und den Arki-
16 ter und den Siniter, und den Arwa-diter und den Zemariter und den Ha-mathiter.
17 Die Söhne Sems: Elam und Assur und Arpaksad und Lud und Aram, und Uz und Hul und Gether und Me-
18 sech. Und Arpaksad zeugte Schelach,
19 und Schelach zeugte Heber *d*. Und Heber wurden zwei Söhne geboren: der Name des einen war Peleg, denn in seinen Tagen wurde die Erde ver-teilt; und der Name seines Bruders
20 war Joktan. Und Joktan zeugte Al-
21 modad und Scheleph und Hazarma-
22 weth und Jerach, und Hadoram und Usal und Dikla, und Ebal und Abi-
23 mael und Scheba, und Ophir und Ha-wila und Jobab; diese alle waren Söhne Joktans.
24 25 Sem, Arpaksad, Schelach, Heber,
26 Peleg, Reghu, Serug, Nahor, Tarah,
27 Abram, das ist Abraham.
28 Die Söhne Abrahams: Isaak und
29 Ismael. Dies sind ihre Geschlechter: Der Erstgeborene Ismaels *e*: Neba-joth; und Kedar und Adbeel und
30 Mibsam, Mischma und Duma, Massa,
31 Hadad und Tema, Jetur, Naphisch

und Kedma; das sind die Söhne Is-maels. — Und die Söhne der Ketura *f*, 3
des Kebsweibes Abrahams: sie gebar Simran und Jokschan und Medan und Midian und Jischbak und Schuach. Und die Söhne Jokschans: Scheba und Dedan. Und die Söhne Midians: Epha 3
und Epher und Hanok und Abida und Eldaa. Diese alle waren Söhne der Ke-tura. — Und Abraham zeugte Isaak. 3
Die Söhne Isaaks: Esau und Israel.
Die Söhne Esaus *g*: Eliphas, Reg- 3
huel, und Jeghusch und Jaghlam und Korach. Die Söhne Eliphas': Teman 3
und Omar, Zephi und Gaetam, Ke-nas und Timna und Amalek. Die Söh- 3
ne Reghuels: Nachath, Serach, Scham-ma und Missa.
Und die Söhne Seirs: Lotan und 3
Schobal und Zibeon und Ana, und Dischon und Ezer und Dischan. Und 3
die Söhne Lotans: Hori und Homam; und die Schwester Lotans: Timna. Die 4
Söhne Schobals: Aljan und Manachath und Ebal, Schephi und Onam. Und die Söhne Zibeons: Aja und Ana. Die Söhne 4
Anas:Dischon.Und die Söhne Dischons: Hamran und Eschban und Jithran und Keran. — Die Söhne Ezers: Bil- 4
han und Saawan und Jaakan. Die Söhne Dischans: Uz und Aran.
Und dies sind die Könige, welche 4
im Lande Edom regiert haben, ehe ein König über die Kinder Israel re-gierte: Bela, der Sohn Beors; und der Name seiner Stadt war Dinhaba. Und 4
Bela starb; und es ward König an seiner Statt Jobab, der Sohn Serachs, aus Bozra. Und Jobab starb; und es ward 4
König an seiner Statt Huscham, aus dem Lande der Temaniter. Und Hu- 4
scham starb; und es ward König an seiner Statt Hadad, der Sohn Bedads, welcher Midian schlug im Gefilde Moabs; und der Name seiner Stadt war Awith. Und Hadad starb; und 4
es ward König an seiner Statt Samla, aus Masreka. Und Samla starb; und 4
es ward König an seiner Statt Saul, aus Rechoboth am Strome. Und Saul 4
starb; und es ward König an seiner Statt Baal-Hanan, der Sohn Akbors. Und Baal-Hanan starb; und es ward 5
König an seiner Statt Hadad; und der Name seiner Stadt war Paghi,

---

a W. das Tägliche an seinem Tage. — *b* O. der Zeit- oder Tagesereignisse. — *c* 1. Mose 10, 2. — *d* O. Eber. — *e* 1. Mose 25, 13. — *f* 1. Mose 25, 1. — *g* 1. Mose 36.

und der Name seines Weibes Mehetabeel, die Tochter Matreds, der Toch-
51 ter Mesahabs. Und Hadad starb.

Und die Fürsten a von Edom waren: der Fürst Timna, der Fürst Alja,
52 der Fürst Jetheth, der Fürst Oholibama, der Fürst Ela, der Fürst Pi-
53 non, der Fürst Kenas, der Fürst Te-
54 man, der Fürst Mibzar, der Fürst
Magdiel, der Fürst Iram. Das sind
die Fürsten von Edom.

2 Dies sind die Söhne Israels: Ruben, Simeon, Levi und Juda, Issa-
2 schar und Sebulon, Dan, Joseph und
Benjamin, Naphtali, Gad und Aser.
3 Die Söhne Juda b: Gher und Onan
und Schela; *diese* drei wurden ihm
geboren von der Tochter Schuas, der
Kanaaniterin. Und Gher, der Erstgeborene Judas, war böse in den
Augen Jehovas, und er tötete ihn.
4 Und Tamar, seine Schwiegertochter,
gebar ihm Perez und Serach. Aller
Söhne Judas waren fünf.
5 Die Söhne des Perez c waren: Hez-
6 ron und Hamul. Und die Söhne Serachs: Simri und Ethan und Heman
und Kalkol und Dara d; ihrer aller
7 waren fünf. — Und die Söhne Karmis: Achar e, der Israel in Trübsal
brachte, weil er Untreue beging an dem
8 Verbannten. Und die Söhne Ethans:
9 Asarja. — Und die Söhne Hezrons,
die ihm geboren wurden: Jerach-
10 meel und Ram und Kelubai. Und
Ram f zeugte Amminadab; und Amminadab zeugte Nachschon, den Für-
11 sten der Kinder Juda. Und Nachschon zeugte Salma, und Salma zeug-
12 te Boas, und Boas zeugte Obed, und
13 Obed zeugte Isai. Und Isai zeugte
Eliab, seinen Erstgeborenen; und Abinadab, den zweiten; und Schimea,
14 den dritten; Nethaneel, den vierten;
15 Raddai, den fünften; Ozem, den sechs-
16 ten; David, den siebenten. Und ihre
Schwestern waren: Zeruja und Abigail. Und die Söhne der Zeruja: Abi-
17 sai und Joab und Asael, drei. Und
Abigail gebar Amasa; und der Vater
Amasas war Jether, der Ismaeliter.
8 Und Kaleb, der Sohn Hezrons, zeugte Söhne mit Asuba, *seinem* Weibe,
und mit Jerioth g; und dies sind ihre h
Söhne: Jescher und Schobab und Ar-
9 don. Und Asuba starb; und Kaleb
nahm sich Ephrath, und sie gebar
0 ihm Hur. Und Hur zeugte Uri, und
1 Uri zeugte Bezaleel. — Und danach
ging Hezron ein zu der Tochter Makirs, des Vaters Gileads; und er nahm
sie, als er sechzig Jahre alt war, und
2 sie gebar ihm Segub. Und Segub zeugte
Jair. Und dieser hatte dreiundzwanzig
3 Städte im Lande Gilead; und Gesur und
Aram i nahmen ihnen die Dörfer Jairs
weg, mit Kenath und seinen Tochterstädten, sechzig Städte. Diese alle wa-

ren Söhne Makirs, des Vaters Gileads.
Und nach dem Tode Hezrons in Kaleb- 24
Ephratha, da gebar Abija, Hezrons
Weib, ihm j Aschur, den Vater Tekoas.
Und die Söhne Jerachmeels, des 25
Erstgeborenen Hezrons, waren: Der
Erstgeborene, Ram, und Buna und
Oren und Ozem, *von* Achija. Und Je- 26
rachmeel hatte ein anderes Weib, ihr
Name war Atara; sie war die Mut-
ter Onams. — Und die Söhne Rams, 27
des Erstgeborenen Jerachmeels, wa-
ren: Maaz und Jamin und Eker. —
Und die Söhne Onams waren: Scham- 28
mai und Jada. Und die Söhne Scham-
mais: Nadab und Abischur. Und der 29
Name des Weibes Abischurs war Abi-
chail; und sie gebar ihm Achban und
Molid. Und die Söhne Nadabs: Seled 30
und Appaim. Und Seled starb ohne
Söhne. — Und die Söhne Appaims: 31
Jischhi. Und die Söhne Jischhis:
Scheschan. Und die Söhne Scheschans:
Achlai. — Und die Söhne Jadas, des 32
Bruders Schammais: Jether und Jonathan. Und Jether starb ohne Söhne.
Und die Söhne Jonathans: Peleth 33
und Sasa. Das waren die Söhne Jerachmeels. — Und Scheschan hatte 34
keine Söhne, sondern nur Töchter.
Und Scheschan hatte einen ägyptischen Knecht, sein Name war Jarcha;
und Scheschan gab seinem Knechte 35
Jarcha seine Tochter zum Weibe,
und sie gebar ihm Attai. Und Attai 36
zeugte Nathan, und Nathan zeugte
Sabad, und Sabad zeugte Ephlal, und 37
Ephlal zeugte Obed, und Obed zeug- 38
te Jehu, und Jehu zeugte Asarja, und 39
Asarja zeugte Helez, und Helez zeugte Elasa, und Elasa zeugte Sismai, 40
und Sismai zeugte Schallum, und 41
Schallum zeugte Jekamja, und Jekamja zeugte Elischama.
Und die Söhne Kalebs, des Bru- 42
ders Jerachmeels: Mescha, sein Erst-
geborener, (er ist der Vater Siphs)
und die Söhne Mareschas, des Vaters
Hebrons. Und die Söhne Hebrons: 43
Korach und Tappuach und Rekem
und Schema. Und Schema zeugte 44
Racham, den Vater Jorkeams; und
Rekem zeugte Schammai. Und der 45
Sohn Schammais war Maon, und Maon war der Vater Beth-Zurs. — Und 46
Epha, das Kebsweib Kalebs, gebar
Haran und Moza und Gases. Und Ha-
ran zeugte Gases. — Und die Söhne 47
Jehdais: Regem und Jotham und Ge-
schan und Peleth und Epha und
Schaaph. — Maaka, das Kebsweib Ka- 48
lebs, gebar Scheber und Tirchana;
und sie gebar Schaaph, den Vater 49
Madmannas, Schewa, den Vater Mak-
benas, und den Vater Gibeas. Und
die Tochter Kalebs war Aksa. Und
Dies waren die Söhne Kalebs: Die 50
Söhne k Hurs, des Erstgeborenen

---

a Eig. die Stammhäupter, Häuptlinge. — b Vergl. 1. Mose 38. — c Vergl. 1. Mose 46, 12. — d And. l.: Darda, wie 1. Kön. 4, 31. — e in Jos. 7: Achan. — f Vergl. Ruth 4, 19—22. — g Vielleicht ist mit geringer Aenderung zu lesen: zeugte mit seinem Weibe Asuba die Jerioth. — h d. h. wahrsch. der Asuba. — i O. die Gesuriter und die Syrer. — j And. l.: ging Kaleb nach Ephratha; und das Weib Hezrons war Abija, und sie gebar ihm. — k W. der Sohn; so auch Kap. 3, 19. 21. 23; 7, 35.

Ephratha: Schobal, der Vater von
51 Kirjath-Jearim; Salma, der Vater von
Bethlehem; Hareph, der Vater von
52 Beth-Gader. Und Schobal, der Vater
von Kirjath-Jearim, hatte Söhne: Ha-
53 roeh, Hazi-Hammenuchoth *a*; und die
Geschlechter von Kirjath-Jearim waren: die Jithriter und die Puthiter
und die Schumathiter und die Misch-
raiter; von diesen sind ausgegangen die Zorathiter und die Estauliter.
54 — Die Söhne Salmas: Bethlehem, und
die Netophathiter, Ateroth-Beth-Joab,
und Hazi-Hammanachti *b*, die Zoriter;
55 und die Geschlechter der Schreiber *c*,
welche Jabez bewohnten: die Tira-
thiter, die Schimathiter, die Sukathi-
ter. Das sind die Keniter, die von
Hammath, dem Vater des Hauses
Rekab, herkommen.

3 Und dies waren die Söhne Davids,
die ihm in Hebron geboren wurden:
Der erstgeborene, Amnon, von Achinoam, der Jisreelitin; der zweite, Daniel, von Abigail, der Karmelitin;
2 der dritte, Absalom, der Sohn Maakas, der Tochter Talmais, des Königs
von Gesur; der vierte, Adonija, der
3 Sohn Haggiths; der fünfte, Schephatja, von Abital; der sechste, Jithream,
4 von seinem Weibe Egla. Sechs wurden ihm in Hebron geboren. Und er
regierte daselbst sieben Jahre und
sechs Monate; und dreiunddreißig
5 Jahre regierte er zu Jerusalem. Und
diese wurden ihm in Jerusalem geboren: Schimea und Schobab und
Nathan und Salomo, vier, von Bath-
6 schua *d*, der Tochter Ammiels; und
Jibchar und Elischama und Eliphelet,
7 und Nogah und Nepheg und Japhia,
8 und Elischama und Eljada und Eli-
9 phelet, neun; alles Söhne Davids,
außer den Söhnen der Kebsweiber;
und Tamar war ihre Schwester.
10 Und der Sohn Salomos war Rehabeam; dessen Sohn Abija, dessen
11 Sohn Asa, dessen Sohn Josaphat, dessen Sohn Joram, dessen Sohn Ahasja,
12 dessen Sohn Joas, dessen Sohn Amazja, dessen Sohn Asarja, dessen Sohn
13 Jotham, dessen Sohn Ahas, dessen
Sohn Hiskia, dessen Sohn Manasse,
14 dessen Sohn Amon, dessen Sohn Josia.
15 Und die Söhne Josias: Der erstgeborene, Jochanan; der zweite, Jojakim; der dritte, Zedekia; der vierte,
16 Schallum. Und die Söhne Jojakims:
dessen Sohn Jekonja, dessen Sohn
17 Zedekia. Und die Söhne Jekonjas:
18 Assir *e*; dessen Sohn Schealtiel, und
Malkiram und Pedaja und Schenazar,
19 Jekamja, Hoschama und Nebadja. Und
die Söhne Pedajas: Serubbabel und
Simei. Und die Söhne Serubbabels:
Meschullam und Hananja; und Sche-
20 lomith war ihre Schwester; und Ha-

schuba und Ohel und Berekja und
Hasadja, Juschab-Hesed, fünf. Und 21
die Söhne Hananjas: Pelatja und Jesaja; die Söhne Rephajas, die Söhne
Arnans, die Söhne Obadjas, die Söhne
Schekanjas. Und die Söhne Schekanjas: 22
Schemaja. Und die Söhne Schemajas:
Hattusch und Jigeal und Bariach und
Nearja und Schaphath . . . sechs. Und 23
die Söhne Nearjas: Eljoenai und Hiskia und Asrikam, drei. Und die Söh- 24
ne Eljoenais: Hodajewa *f* und Eljaschib und Pelaja und Akkub und Jochanan und Delaja und Anani, sieben.

Die Söhne Judas: Perez, Hezron **4**
und Karmi und Hur und Schobal.
Und Reaja, der Sohn Schobals, zeug- 2
te Jachath; und Jachath zeugte Achu-
mai und Lahad. Das sind die Geschlechter der Zorathiter. — Und diese 3
sind von dem Vater *g* Etams: Jisreel
und Jischma und Jitbasch; und der
Name ihrer Schwester: Hazlelponi;
und Pnuel, der Vater Gedors; und 4
Eser, der Vater Huschas. Das sind
die Söhne Hurs, des Erstgeborenen
der Ephratha *h*, des Vaters von Bethlehem. — Und Aschhur, der Vater 5
Tekoas, hatte zwei Weiber: Helea
und Naara. Und Naara gebar ihm 6
Achussam und Hepher und Temni
und Achaschtari. Das sind die Söhne
der Naara. Und die Söhne der Helea: 7
Zereth und Jizchar *i* und Ethnan. —
Und Koz zeugte Anub und Zobeba 8
und die Geschlechter Acharchels, des
Sohnes Harums. Und Jabez war ge- 9
ehrter *j* als seine Brüder; und seine
Mutter gab ihm den Namen Jabez,
indem sie sprach: Mit Schmerzen habe ich ihn geboren. Und Jabez rief 10
zu dem Gott Israels und sprach:
Wenn du mich reichlich segnest und
meine Grenze erweiterst, und deine
Hand mit mir ist, und du das Uebel
fern hältst *k*, daß kein Schmerz mich
trifft! Und Gott ließ kommen was er
erbeten hatte. Und Kelub, der Bru- 11
der Schuchas, zeugte Mechir; er war
der Vater Eschtons. Und Eschton 12
zeugte Beth-Rapha und Paseach und
Techinna, den Vater der Stadt Nahas';
das sind die Männer von Reka. —
Und die Söhne Kenas': Othniel und 13
Seraja. Und die Söhne Othniels: Ha-
thath. Und Meonothai zeugte Ophra; 14
und Seraja zeugte Joab, den Vater
des Tales der Werkleute *l*, denn sie
waren Werkleute. — Und die Söhne 15
Kalebs, des Sohnes Jephunnes: Iru,
Ela und Naam. Und die Söhne Elas:
Kenas *m*. — Und die Söhne Jehallelels: 16
Siph und Sipha, Tirja und Asarel. —
Und die Söhne Esras: Jether und 17
Mered und Epher und Jalon. Und
sie *n* wurde schwanger *und gebar* Mir-

---

a O. die Hälfte von Menuchoth. — *b* O. die Hälfte der Manachtiter. — *c* O.
Schriftgelehrten. — *d* Andere Form für Bathschewa (Bathseba). — *e* And. üb.:
Jekonjas, des Gefangenen. — *f* Nach and. Lesart: Hodawja, wie Kap. 5, 24. —
g And. l.: Und diese sind die Söhne. — *h* S. Kap. 2, 19. 50. — *i* Nach and. Lesart: Zochar. — *j* O. berühmter. — *k* Eig. wirkest vom Uebel weg. — *l* Eig.
Kunstarbeiter (in Holz, Stein und Metall). — *m* W. und zwar Kenas. O.: . . .
und Kenas. — *n* Wahrsch. Bithja. Vergl. die Anm. zu Vers 18.

jam und Schammai und Jischbach, 18 den Vater Estemoas. Und sein Weib, die Jüdin, gebar Jered, den Vater Gedors, und Heber, den Vater Sokos, und Jekuthiel, den Vater Sanoachs. Und dies sind die Söhne der Bithja *a*, der Tochter des Pharao, welche Me- 19 red genommen hatte. — Und die Söhne des Weibes Hodijas, der Schwester Nachams: der Vater Kehilas, der Garmiter, und Estemoa, der Maa- 20 kathiter. — Und die Söhne Schimons: Amnon und Rinna, Benchanan und Tilon. — Und die Söhne Jischeis: 21 Socheth und Ben-Socheth *b*. — Die Söhne Schelas, des Sohnes Judas: Gher, der Vater Lekas, und Laeda, der Vater Mareschas; und die Geschlechter des Hauses der Byssusar- 22 beiter vom Hause Aschbea; und Jokim und die Männer von Koseba; und Joas und Saraph, die über Moab herrschten; und Jaschubi-Lechem. Die 23 Dinge sind aber alt. Das waren die Töpfer und die Bewohner von Pflanzungen und Mauern *c*; sie wohnten daselbst bei dem König in seinem Geschäft.

24 Die Söhne Simeons *d*: Nemuel und 25 Jamin, Jarib, Serach, Saul; dessen Sohn Schallum, dessen Sohn Mibsam, 26 dessen Sohn Mischma. Und die Söhne Mischmas: dessen Sohn Hamuel, dessen Sohn Sakkur, dessen Sohn Simei. 27 Und Simei hatte sechzehn Söhne und sechs Töchter; aber seine Brüder hatten nicht viele Söhne, und alle ihre Familien vermehrten sich nicht 28 so sehr wie die Söhne Judas. Und sie wohnten in Beerseba und Molada und 29 Hazar-Schual, und in Bilha und in 30 Ezem und in Tolad, und in Bethuel 31 und in Horma und in Ziklag, und in Beth-Markaboth und in Hazar-Susim und in Beth-Birei und in Schaaraim. Das waren ihre Städte, bis David König 32 wurde. Und ihre Dörfer: Etam und Ain, Rimmon und Token und Aschan: 33 fünf Städte, nebst allen ihren Dörfern, die rings um diese Städte waren, bis nach Baal *e* hin. Das waren ihre Wohnsitze; und sie hatten ihr Ge- 34 schlechtsverzeichnis. — Und Meschobab und Jamlek und Joscha, der Sohn 35 Amazjas; und Joel und Jehu, der Sohn Joschibjas, des Sohnes Serajas, 36 des Sohnes Asiels; und Eljoenai und Jaakoba und Jeschochaja und Asaja und Adiel und Jeschimiel und 37 Benaja; und Sisa, der Sohn Schipheis, des Sohnes Allons, des Sohnes Jedajas, des Sohnes Schimris, des Sohnes 38 Schemajas: diese mit Namen Angeführten waren Fürsten in ihren Geschlechtern; und ihre Vaterhäuser 39 breiteten sich aus in Menge. Und sie

zogen bis nach Gedor hin, bis an die Ostseite des Tales *f*, um Weide für ihr Klein- 40 vieh zu suchen. Und sie fanden eine fette und gute Weide, und ein Land, weit nach allen Seiten hin, und ruhig und still; denn die vordem dort ge- 41 wohnt hatten, waren von Ham. Und diese mit Namen Aufgeschriebenen kamen in den Tagen Hiskias, des Königs von Juda, und sie schlugen ihre Zelte und die Meuniter *g*, welche sich daselbst befanden, und sie verbannten sie bis auf diesen Tag und wohnten an ihrer Statt; denn daselbst war Weide für ihr Kleinvieh. — Und von ih- 42 nen, von den Söhnen Simeons, zogen fünfhundert Männer zum Gebirge Seir hin; und Pelatja und Nearja und Rephaja und Ussiel, die Söhne Jischeis, waren an ihrer Spitze; und 43 sie schlugen den Ueberrest, die Entronnenen von Amalek, und haben daselbst gewohnt bis auf diesen Tag.

Und die Söhne Rubens *h*, des Erst- **5** geborenen Israels, — denn er war der Erstgeborene; weil er aber das Lager seines Vaters entweiht hatte, wurde sein Erstgeburtsrecht den Söhnen Josephs, des Sohnes Israels, gegeben; aber er wird nicht nach der Erstgeburt verzeichnet *i*. Denn Juda hatte 2 die Oberhand unter seinen Brüdern, und der Fürst *kommt* aus ihm; aber das Erstgeburtsrecht wurde dem Joseph *zuteil*; — die Söhne Rubens, des 3 Erstgeborenen Israels: Hanok und Pallu, Hezron und Karmi. Die Söhne 4 Joels: dessen Sohn Schemaja, dessen Sohn Gog, dessen Sohn Simei, dessen 5 Sohn Micha, dessen Sohn Reaja, dessen Sohn Baal, dessen Sohn Beera, 6 welchen Tilgath-Pilneser, der König von Assyrien, wegführte; er war ein Fürst der Rubeniter. Und seine Brü- 7 der, nach ihren Familien, nach dem Verzeichnis ihrer Geschlechter *j*, waren: das Haupt, Jehiel; und Sekarja 8 und Bela, der Sohn Asas, des Sohnes Schemas, des Sohnes Joels; dieser wohnte in Aroer und bis Nebo und 9 Baal-Meon; und gegen Osten wohnte er bis zu der Wüste, welche sich von dem Strome Phrat her erstreckt *k*; denn ihre Herden waren zahlreich im Lande Gilead. Und in den Tagen 10 Sauls führten sie Krieg mit den Hageritern; und diese fielen durch ihre Hand, und sie wohnten in ihren Zelten auf der ganzen Ostseite von Gilead.

Und die Kinder Gad wohnten ih- 11 nen gegenüber im Lande Basan bis Salka: Joel, das Haupt; und Scha- 12 pham, der zweite; und Jahnai und Schaphat, in Basan. Und ihre Brüder 13 nach ihren Vaterhäusern: Michael und Meschullam und Scheba und Jo-

---

a Wahrscheinlich hat hier eine Umstellung stattgefunden und ist die letzte Hälfte des 17. Verses an das Ende des 18. zu setzen. — *b* O. der Sohn Socheths. — *c* O. Umzäunungen; d. h. von ummauerten, umzäunten Pflanzungen. O. Bewohner von Netaim und Gedera. — *d* 4. Mose 26, 12 usw. — *e* Vergl. Jos. 19, 8. — *f* Eig. Niederung, Talebene. — *g* Dasselbe wie Maoniter. — *h* 1. Mose 46, 9; 2. Mose 6, 14; 4. Mose 26, 5—7. — *i* Eig. nach der Erstgeburt im Geschlechtsverzeichnis verzeichnet; so auch später. — *j* Eig. beim Verzeichnetwerden nach ihren Geschlechtern. — *k* Eig. Wüste, vom Strome Phrat herwärts.

rai und Jakan und Sia und Heber *a*,
14 sieben. Das waren die Söhne Abichails, des Sohnes Huris, des Sohnes Jaroachs, des Sohnes Gileads, des Sohnes Michaels, des Sohnes Jeschischais, des Sohnes Jachdos, des Sohnes Bus'.
15 Achi, der Sohn Abdiels, des Sohnes Gunis, war das Haupt ihres Vaterhauses.
16 Und sie wohnten in Gilead, in Basan, und in deren Tochterstädten, und in allen Weidetriften Sarons
17 bis an ihre Ausgänge. Diese alle sind verzeichnet worden in den Tagen Jothams, des Königs von Juda, und in den Tagen Jerobeams, des Königs von Israel.
18 Die Kinder Ruben und die Gaditer und der halbe Stamm Manasse, was tapfere Männer waren, Männer, die Schild und Schwert trugen und den Bogen spannten und des Krieges kundig waren: vierundvierzigtausend siebenhundert und sechzig, die ins
19 Heere auszogen. Und sie führten Krieg mit den Hageritern und *mit*
20 Jetur und Naphisch und Nodab; und es wurde ihnen wider sie geholfen; und die Hageriter wurden in ihre Hand gegeben samt allen, die mit ihnen waren; denn sie schrieen zu Gott im Streit, und er ließ sich von ihnen erbitten, weil sie auf ihn vertraut
21 hatten. Und sie führten ihr Vieh hinweg: fünfzigtausend Kamele, und zweihundertundfünfzigtausend *Stück* Kleinvieh, und zweitausend Esel, und
22 hunderttausend Menschenseelen. Denn es fielen viele Erschlagene, weil der Streit von Gott war. Und sie wohnten an ihrer Statt bis zur Wegführung. —
23 Und die Kinder des halben Stammes Manasse wohnten im Lande, von Basan bis Baal-Hermon und bis zum Senir *b* und bis zum Berge Hermon; sie
24 waren zahlreich. Und dies waren die Häupter ihrer Vaterhäuser: nämlich Epher und Jischi und Eliel und Asriel und Jeremja und Hodawja und Jachdiel, tapfere Kriegsmänner, Männer von Namen, Häupter ihrer
25 Vaterhäuser. — Aber sie handelten treulos gegen den Gott ihrer Väter und hurten den Göttern der Völker des Landes nach, welche Gott vor
26 ihnen vertilgt hatte. Da erweckte der Gott Israels den Geist Puls, des Königs von Assyrien, und den Geist Tilgath-Pilnesers, des Königs von Assyrien, und er führte sie hinweg, die Rubeniter und die Gaditer und den halben Stamm Manasse, und brachte sie nach Halach und *an den* Habor und nach Hara *c* und an den Strom von Gosan *d* bis auf diesen Tag.

6 Die Söhne Levis *e* waren: Gersom, Kehath und Merari. Und die Söhne
2 Kehaths: Amram, Jizhar und Hebron
3 und Ussiel. Und die Söhne Amrams: Aaron und Mose, und Mirjam. Und die Söhne Aarons: Nadab und Abihu,

Eleasar und Ithamar. Eleasar zeugte 4 Pinehas; Pinehas zeugte Abischua, und Abischua zeugte Bukki, und Buk- 5 ki zeugte Ussi, und Ussi zeugte Se- 6 rachja, und Serachja zeugte Merajoth; Merajoth zeugte Amarja, und Amarja 7 zeugte Ahitub, und Ahitub zeugte Za- 8 dok, und Zadok zeugte Achimaaz, und Achimaaz zeugte Asarja, und 9 Asarja zeugte Jochanan, und Jocha- 10 nan zeugte Asarja; dieser ist es, der den Priesterdienst ausübte in dem Hause, welches Salomo zu Jerusalem gebaut hatte. Und Asarja zeugte 11 Amarja, und Amarja zeugte Ahitub, und Ahitub zeugte Zadok, und Zadok 12 zeugte Schallum, und Schallum zeugte 13 Hilkija, und Hilkija zeugte Asarja, und Asarja zeugte Seraja, und Seraja 14 zeugte Jehozadak; und Jehozadak zog 15 mit, als Jehova Juda und Jerusalem durch Nebukadnezar wegführte.
Die Söhne Levis: Gersom, Kehath 16 und Merari. Und dies sind die Namen 17 der Söhne Gersoms: Libni und Simei. Und die Söhne Kehaths: Amram und 18 Jizhar und Hebron und Ussiel. Die 19 Söhne Meraris: Machli und Musi. Und dies sind die Familien der Leviten nach ihren Vätern: Von Gersom: des- 20 sen Sohn Libni, dessen Sohn Jachath, dessen Sohn Simma, dessen Sohn Jo- 21 ach, dessen Sohn Iddo, dessen Sohn Serach, dessen Sohn Jeathrai. — Die 22 Söhne Kehaths: dessen Sohn Amminadab, dessen Sohn Korah, dessen Sohn Assir, dessen Sohn Elkana, und 23 dessen Sohn Ebjasaph, und dessen Sohn Assir, dessen Sohn Tachath, des- 24 sen Sohn Uriel, dessen Sohn Ussija, dessen Sohn Saul. Und die Söhne El- 25 kanas: Amasai und Achimoth; Elka- 26 na — die Söhne Elkanas: dessen Sohn *f* Zophai, und dessen Sohn Nachath, des- 27 sen Sohn Eliab, dessen Sohn Jerocham, dessen Sohn Elkana. Und die Söhne 28 Samuels: der Erstgeborene Waschni, und Abija. — Die Söhne Meraris: 29 Machli, dessen Sohn Libni, dessen Sohn Simei, dessen Sohn Ussa, dessen 30 Sohn Schimea, dessen Sohn Haggija, dessen Sohn Asaja.
Und diese sind es, welche David 31 zur Leitung des Gesanges *g* im Hause Jehovas anstellte, seitdem die Lade einen Ruheplatz hatte; und sie verrichteten den Dienst vor der Wohnung des Zeltes der Zusammenkunft beim Gesang *h*, bis Salomo das Haus Jehovas zu Jerusalem gebaut hatte; und sie standen nach ihrer Ordnung ihrem Dienste vor. Und diese sind es, die 33 da standen, und ihre Söhne: Von den Söhnen der Kehathiter: Heman, der Sänger, der Sohn Joels, des Sohnes Samuels, des Sohnes Elkanas, des Sohnes Jerochams, des Sohnes Eliels, des Sohnes Toachs *i*, des Sohnes Zuphs, des Sohnes Elkanas, des Sohnes Machaths, des Sohnes Amasais, des Soh-

---

a O. Eber. — *b* Ein Teil vom Hermongebirge. — *c* d. h. Gebirge. Vielleicht das Gebirgsland Mediens. — *d* 2. Kön. 17, 6. — *e* 2. Mose 6, 16; 4. Mose 3, 14 usw. — *f* Viell. ist zu lesen: Achimoth; dessen Sohn Elkana, dessen Sohn usw. — *g* O. zum Gesang. — *h* O. mit Gesang. — *i* in 1. Sam. 1, 1: Tochu.

nes Elkanas, des Sohnes Joels, des
37 Sohnes Asarjas, des Sohnes Zephanjas, des Sohnes Tachaths, des Sohnes
Assirs, des Sohnes Ebjasaphs, des Soh-
38 nes Korahs, des Sohnes Jizhars, des
Sohnes Kehaths, des Sohnes Levis,
des Sohnes Israels.

39 Und sein Bruder Asaph, der zu seiner Rechten stand: Asaph, der Sohn
40 Berekjas, des Sohnes Schimeas, des
Sohnes Michaels, des Sohnes Baase-
41 jas, des Sohnes Malkijas, des Sohnes
Ethnis, des Sohnes Serachs, des Sohnes
42 Adajas, des Sohnes Ethans, des Sohnes
43 Simmas, des Sohnes Simeis, des Sohnes
Jachaths, des Sohnes Gersoms, des
Sohnes Levis.

44 Und die Söhne Meraris, ihre Brüder, *standen* zur Linken: Ethan, der
Sohn Kischis, des Sohnes Abdis, des
45 Sohnes Malluks, des Sohnes Haschabjas, des Sohnes Amazjas, des Sohnes
46 Hilkijas, des Sohnes Amzis, des Soh-
47 nes Banis, des Sohnes Schemers, des
Sohnes Machlis, des Sohnes Musis, des
Sohnes Meraris, des Sohnes Levis.

48 Und ihre Brüder, die Leviten, waren gegeben *a* zu allem Dienst der Woh-
49 nung des Hauses Gottes. Und Aaron
und seine Söhne räucherten auf dem
Brandopferaltar und auf dem Räucheraltar, nach *b* allem Geschäft des Allerheiligsten und um Sühnung zu tun für
Israel; nach allem, was Mose, der
Knecht Gottes, geboten hatte.

50 Und dies waren die Söhne Aarons:
dessen Sohn Eleasar, dessen Sohn Pi-
51 nehas, dessen Sohn Abischua, dessen
Sohn Bukki, dessen Sohn Ussi, dessen
52 Sohn Serachja, dessen Sohn Merajoth,
dessen Sohn Amarja, dessen Sohn Ahi-
53 tub, dessen Sohn Zadok, dessen Sohn
Achimaaz.

54 Und dies waren ihre Wohnsitze,
nach ihren Gehöften *c* in ihren Grenzen:
Den Söhnen Aarons von dem Geschlecht der Kehathiter, (denn für sie
55 war das *erste* Los) ihnen gaben sie
Hebron im Lande Juda und seine Be-
56 zirke rings um dasselbe her. Aber
das Feld der Stadt und ihre Dörfer
gaben sie Kaleb, dem Sohne Jephun-
57 nes. Und sie gaben den Söhnen Aarons die Zufluchtstadt *d* Hebron; und
Libna und seine Bezirke, und Jattir,
58 und Estemoa und seine Bezirke, und
Hilen und seine Bezirke, Debir und
59 seine Bezirke, und Aschan und seine
Bezirke, und Beth-Semes und seine
60 Bezirke. Und vom Stamme Benjamin:
Geba und seine Bezirke, und Alle-
meth und seine Bezirke, und Anathoth
und seine Bezirke. Alle ihre Städte:
dreizehn Städte nach ihren Familien.
61 — Und den übrigen Söhnen Kehaths
gaben sie von den Geschlecht des
Stammes *Ephraim und vom Stamme
Dan und* von der Hälfte des Stammes
Manasse *e* durchs Los, zehn Städte. *f*
62 Und den Söhnen Gersoms, nach ih-

ren Familien: vom Stamme Issaschar
und vom Stamme Aser und vom Stamme Naphtali und vom Stamme Manasse in Basan, dreizehn Städte.

Den Söhnen Meraris, nach ihren 63
Familien: vom Stamme Ruben und
vom Stamme Gad und vom Stamme
Sebulon, durchs Los, zwölf Städte.

Und die Kinder Israel gaben den 64
Leviten die Städte und ihre Bezirke.
Und zwar gaben sie durchs Los vom 65
Stamme der Kinder Juda und vom
Stamme der Kinder Simeon und vom
Stamme der Kinder Benjamin diese
Städte, die sie mit Namen nannten.

Und *die übrigen* von den Familien 66
der Söhne Kehaths erhielten die Städte
ihres Gebiets vom Stamme Ephraim.
Und sie gaben ihnen die Zufluchtstadt 67
Sichem und ihre Bezirke, im Gebirge
Ephraim: und Geser und seine Bezirke, und Jokmeam und seine Bezirke, 68
und Beth-Horon und seine Bezirke,
und Ajalon und seine Bezirke, und 69
Gath-Rimmon und seine Bezirke. Und 70
von der Hälfte des Stammes Manasse:
Aner und seine Bezirke, und Bileam
und seine Bezirke — den Familien der
übrigen Söhne Kehaths.

Den übrigen Gersoms: vom Ge- 71
schlecht des halben Stammes Manasse:
Golan in Basan und seine Bezirke,
und Astaroth und seine Bezirke; und 72
vom Stamme Issaschar: Kedes und
seine Bezirke, und Dobrath und seine
Bezirke, und Ramoth und seine Be- 73
zirke, und Anem und seine Bezirke;
und vom Stamme Aser: Maschal und 74
seine Bezirke, und Abdon und seine
Bezirke, und Hukok und seine Bezir- 75
ke, und Rechob und seine Bezirke;
und vom Stamme Naphtali: Kedes in 76
Galiläa und seine Bezirke, und Hammon und seine Bezirke, und Kirjathaim
und seine Bezirke.

Den übrigen Söhnen Meraris: vom 77
Stamme Sebulon: Rimmono und seine
Bezirke, Tabor und seine Bezirke;
und jenseit des Jordan von Jericho, 78
östlich vom Jordan, vom Stamme Ruben: Bezer in der Wüste und seine
Bezirke, und Jahza und seine Bezirke, und Kedemoth und seine Bezirke, 79
und Mephaath und seine Bezirke; und 80
vom Stamme Gad: Ramoth in Gilead
und seine Bezirke, und Machanaim
und seine Bezirke, und Hesbon und 81
seine Bezirke, und Jaser und seine
Bezirke.

Und die Söhne Issaschars *g*: Tola **7**
und Pua, Jaschub und Schimron, vier.
Und die Söhne Tolas: Ussi und Re- 2
phaja und Jeriel und Jachmai und
Jibsam und Samuel, Häupter ihrer
Vaterhäuser, von Tola, streitbare
Männer *h*, nach ihren Geschlechtern;
ihre Zahl war in den Tagen Davids
zweiundzwanzigtausend und sechshundert. Und die Söhne Ussis: Jis- 3
rachja; und die Söhne Jisrachjas:

---

a Vergl. 4. Mose 3, 9; 8, 16. — *b* O. zu. — *c* O. Niederlassungen. — *d* Eig. Zufluchtstädte; so auch V. 67. — *e* Eig. der Hälfte des Stammes des halben Manasse. —
f Vergl. Jos. 21, 4 usw. — *g* 4. Mose 26, 23—51. — *h* O. tapfere Helden; ebenso
V. 5 usw.

Michael und Obadja und Joel, Jissija;
4 insgesamt fünf Häupter. Und bei ihnen waren nach ihren Geschlechtern, nach ihren Vaterhäusern, Kriegs-
Heerscharen, sechsunddreißigtausend
Mann; denn sie hatten viele Weiber
5 und Kinder. Und ihre Brüder, nach
allen Geschlechtern Issaschars, streitbare Männer, waren siebenundachtzig-
tausend, die Gesamtzahl der Verzeichneten *a*.

6 *Von* Benjamin: Bela und Beker und
7 Jediael, drei. Und die Söhne Belas:
Ezbon und Ussi und Ussiel und Jerimoth und Iri, fünf, Häupter der Vaterhäuser, streitbare Männer; und sie
waren verzeichnet: zweiundzwanzig-
8 tausend und vieranddreißig. Und die
Söhne Bekers: Semira und Joas und
Elieser und Eljoenai und Omri und
Jeremoth und Abija und Anathoth
und Alameth; alle diese waren Söhne
9 Bekers; und sie waren verzeichnet
nach ihren Geschlechtern, Häupter
ihrer Vaterhäuser, streitbare Männer:
10 zwanzigtausend und zweihundert. Und
die Söhne Jediaels: Bilhan; und die
Söhne Bilhans: Jeusch und Benjamin
und Ehud und Kenaana und Sethan
11 und Tarsis und Achischachar; alle
diese waren Söhne Jediaels, nach den
Häuptern der Väter *b*, streitbare Männer, siebenzehntausend und zweihundert, die zum Heere auszogen in den
12 Streit. — Und Schuppim und Huppim,
die Söhne Irs; — Huschim, die Söhne
Achers.
13 Die Söhne Naphtalis: Jachziel und
Guni und Jezer und Schallum, die
Söhne Bilhas.
14 Die Söhne Manasses: Asriel, welchen . . . gebar; sein syrisches Kebsweib gebar *c* Makir, den Vater Gile-
15 ads. Und Makir nahm ein Weib, *die
Schwester* von Huppim und Schuppim;
und der Name ihrer *d* Schwester war
Maaka. Und der Name des zweiten
Sohnes war Zelophehad; und Zeloph-
16 chad hatte *nur* Töchter. Und Maaka,
das Weib Makirs, gebar einen Sohn,
und sie gab ihm den Namen Peresch.
Und der Name seines Bruders war
Scheresch; und seine Söhne: Ulam
17 und Rekem. Und die Söhne Ulams:
Bedan. Das sind die Söhne Gileads,
des Sohnes Makirs, des Sohnes Ma-
18 nasses. — Und seine Schwester Ham-
moleketh gebar Ischhod und Abieser
19 und Machla. — Und die Söhne Schemidas waren Achjan und Sichem und
Likchi und Aniam.
20 Und die Söhne Ephraims: Schuthelach; und dessen Sohn Bered, und
dessen Sohn Tachath, und dessen Sohn
21 Elada, und dessen Sohn Tachath, und
dessen Sohn Sabad, und dessen Sohn
Schuthelach; und Eser und Elad. Und
die Männer von Gath, die Eingeborenen des Landes, erschlugen sie; denn
sie waren hinabgezogen, um ihre Her-
22 den wegzunehmen. Und Ephraim, ihr

Vater, trauerte viele Tage; und seine
Brüder kamen, um ihn zu trösten.
23 Und er ging ein zu seinem Weibe,
und sie wurde schwanger und gebar
einen Sohn; und er gab ihm den Namen Beria, weil sein Haus im Un-
24 glück war. Und seine Tochter war
Scheera; und sie baute das untere
und das obere Beth-Horon, und Ussen-
25 Scheera. Und sein Sohn war Rephach
und Rescheph; und dessen Sohn Te-
26 lach, und dessen Sohn Tachan; dessen
Sohn Ladan, dessen Sohn Ammihud,
27 dessen Sohn Elischama, dessen Sohn
Nun, dessen Sohn Josua. — Und ihr
28 Besitztum und ihre Wohnsitze waren
Bethel und seine Tochterstädte, und
gegen *Sonnen*aufgang Naaran, und gegen *Sonnen*untergang Geser und seine Tochterstädte, und Sichem und
seine Tochterstädte, bis nach Gasa und
seinen Tochterstädten.
29 Und in den Händen der Söhne Manasses waren: Beth-Schean und seine
Tochterstädte, Taanak und seine Tochterstädte, Megiddo und seine Tochterstädte, Dor und seine Tochterstädte.
In diesen wohnten die Kinder Josephs,
des Sohnes Israels.
30 Die Söhne Asers: Jimna und Jischwa und Jischwi und Beria; und Se-
31 rach war ihre Schwester. Und die
Söhne Berias: Heber und Malkiel; er
32 war der Vater Birsawiths. Und Heber
zeugte Japhlet und Schomer und Ho-
33 tham, und Schua, ihre Schwester. Und
die Söhne Japhlets: Pasak und Bim-
hal und Aschwath. Das sind die Söh-
34 ne Japhlets. Und die Söhne Schomers:
Achi und Rohga, und Hubba und
35 Aram. — Und die Söhne Helems, seines Bruders: Zophach und Jimna und
Schelesch und Amal. Die Söhne Zo-
36 phachs: Suach und Harnepher und
Schual und Beri und Jimra, Bezer
37 und Hod und Schamma und Schilscha
und Jithran und Beera. — Und die
38 Söhne Jethers: Jephunne und Pispa
und Ara. — Und die Söhne Ullas:
39 Arach und Hanniel und Rizja. Alle
40 diese waren Söhne Asers, Häupter der
Vaterhäuser, auserlesene, streitbare
Männer, Häupter der Fürsten. Und
ihre Verzeichneten zum Heeresdienst
im Kriege: ihre Zahl war sechsundzwanzigtausend Mann.

8 Und Benjamin zeugte Bela, seinen
Erstgeborenen, Aschbel, den zweiten,
2 und Achrach, den dritten, Nocha, den
3 vierten, und Rapha, den fünften. Und
Bela hatte Söhne: Addar und Gera
4 und Abihud, und Abischua und Naa-
5 man und Achoach, und Gera und
6 Schephuphan und Huram. — Und dies
sind die Söhne Echuds: (diese waren
die Häupter der Väter der Bewohner
von Geba; und man führte sie weg
7 nach Manachath, nämlich Naaman und
Achija und Gera; dieser führte sie
weg) er zeugte Ussa und Achichud.
8 — Und Schacharaim zeugte *Söhne* im

---

a Vergl. Kap. 5, 1; Anm. *i*. — *b* d. h. Stamm- oder Familienhäuptern; so auch
Kap. 8, 6. 10. 13. 28; 9, 9 usw. — *c* And. üb.: welchen *sein* syrisches Kebsweib gebar;
sie gebar usw. — *d* Eig. seiner.

Gefilde Moab, nachdem er Huschim und Baara, seine Weiber, entlassen 9 hatte; und er zeugte von Hodesch, seinem Weibe: Jobab und Zibja und 10 Mescha und Malkam, und Jeuz und Schobja und Mirma. Das waren seine 11 Söhne, Häupter der Väter. Und von Huschim zeugte er Abitub und El- 12 paal. Und die Söhne Elpaals: Heber a und Mischeam und Schemer; dieser baute Ono, und Lod und seine Toch- 13 terstädte. Und Beria und Schema, (diese waren die Häupter der Väter der Bewohner von Ajalon; sie ver- 14 jagten die Bewohner von Gath) und 15 Achjo, Schaschak und Jeremoth, und 16 Sebadja und Arad und Eder, und Michael und Jischpa und Jocha waren 17 die Söhne Berias. Und Sebadja und 18 Meschullam und Hiski und Heber, und Jischmerai und Jislia und Jobab wa- 19 ren die Söhne Elpaals. — Und Jakim 20 und Sichri und Sabdi, und Elienai 21 und Zillethai und Eliel, und Adaja und Beraja und Schimrath waren die 22 Söhne Simeis. — Und Jischpan und 23 Heber a und Eliel, und Abdon und 24 Sichri und Hanan, und Hananja und 25 Elam und Anthothija, und Jiphdeja und Pnuel waren die Söhne Scha- 26 schaks. — Und Schamscherai und 27 Schecharja und Athalja, und Jaaresch- ja und Elia und Sichri waren die 28 Söhne Jerochams. Diese waren Häup- ter der Väter nach ihren Geschlech- tern, Häupter; diese wohnten zu Je- rusalem.

29 Und in Gibeon wohnte der Vater b Gibeons, und der Name seines Wei- 30 bes war Maaka. Und sein erstgebore- ner Sohn war Abdon, und Zur und 31 Kis und Baal und Nadab, und Gedor 32 und Achjo und Seker; und Mikloth zeugte Schimea. Und auch diese wohn- ten ihren Brüdern gegenüber in Je- 33 rusalem, bei ihren Brüdern. — Und Ner zeugte Kis; und Kis zeugte Saul; und Saul zeugte Jonathan und Mal- kischua und Abinadab und Esch-Baal. 34 Und der Sohn Jonathans war Merib- Baal; und Merib-Baal zeugte Micha. 35 Und die Söhne Michas waren Pithon und Melek und Tharea und Achas. 36 Und Achas zeugte Jehoadda; und Je- hoadda zeugte Alemeth und Asma- weth und Simri; und Simri zeugte 37 Moza, und Moza zeugte Binea: dessen Sohn Rapha, dessen Sohn Elasa, des- 38 sen Sohn Azel. Und Azel hatte sechs Söhne; und dies sind ihre Namen: Asrikam, Bokru und Ismael und Sche- arja und Obadja und Hanan. Alle 39 diese waren Söhne Azels. Und die Söhne Escheks, seines Bruders: Ulam, sein Erstgeborener, Jeghusch, der 40 zweite, und Eliphelet, der dritte. Und die Söhne Ulams waren tapfere Kriegs- männer, die den Bogen spannten; und sie hatten viele Söhne und Enkel, hun- dertundfünfzig. Alle diese sind von den Söhnen Benjamins.

Und ganz Israel wurde im Ge- 9 schlechtsverzeichnis verzeichnet; und siehe, sie sind aufgeschrieben in dem Buche der Könige von Israel. Und Juda wurde wegen seiner Untreue nach Babel weggeführt.

Und die ersten Bewohner, welche 2 in ihrem Besitztum, in ihren Städten, wohnten, waren: Israel, die Priester, die Leviten und die Nethinim c.

Und in Jerusalem wohnten von den 3 Söhnen Judas und von den Söhnen Benjamins und von den Söhnen Ephra- ims und Manasses: Uthai, der Sohn 4 Ammihuds, des Sohnes Omris, des Sohnes Imris, des Sohnes Banis, von den Söhnen Perez', des Sohnes Judas; und von den Schiloniternd: Asaja, 5 der Erstgeborene, und seine Söhne; und von den Söhnen Serachs: Jeghuel 6 und seine Brüder; sechshundert und neunzig.

Und von den Söhnen Benjamins: 7 Sallu, der Sohn Meschullams, des Soh- nes Hodawjas, des Sohnes Hassenuas; und Jibneja, der Sohn Jerochams; 8 und Ela, der Sohn Ussis, des Sohnes Mikris; und Meschullam, der Sohn Schephatjas, des Sohnes Reghuels, des Sohnes Jibnijas; und ihre Brüder nach 9 ihren Geschlechtern: neunhundert und sechsundfünfzig. Alle diese Männer waren Häupter der Väter ihrer Vater- häuser.

Und von den Priestern: Jedaja und 10 Jehojarib und Jakin; und Asarja, der 11 Sohn Hilkijas, des Sohnes Meschul- lams, des Sohnes Zadoks, des Sohnes Merajoths, des Sohnes Ahitubs, Ober- aufseher e des Hauses Gottes; und 12 Adaja, der Sohn Jerochams, des Soh- nes Paschchurs, des Sohnes Malkijas; und Masai, der Sohn Adiels, des Soh- nes Jachseras, des Sohnes Meschul- lams, des Sohnes Meschillemiths, des Sohnes Immers; und ihre Brüder, 13 Häupter ihrer Vaterhäuser: tausend siebenhundert und sechzig, tüchtige Männer im Werke des Dienstes des Hauses Gottes.

Und von den Leviten: Schemaja, 14 der Sohn Haschubs, des Sohnes Asri- kams, des Sohnes Haschabjas, von den Söhnen Meraris; und Bakbakkar, He- 15 resch und Galal; und Mattanja, der Sohn Michas, des Sohnes Sichris, des Sohnes Asaphs; und Obadja, der 16 Sohn Schemajas, des Sohnes Gallals, des Sohnes Jeduthuns; und Berekja, der Sohn Asas, des Sohnes Elkanas, der in den Dörfern der Netophathiter wohnte.

Und die Torhüter: Schallum und 17 Akkub und Talmon und Achiman, und ihre Brüder; Schallum war das Haupt. Und bis jetzt waren sie f im Königs- 18 tor, gegen Sonnenaufgang. Sie waren die Torhüter der Lager der Söhne Le- vis. Und Schallum, der Sohn Kores, 19 des Sohnes Ebjasaphs, des Sohnes Ko- rahs, und seine Brüder vom Hause

---

a O. Eber. — b Vergl. Kap. 9, 35. — c d. h. eigentl. Gegebene (vergl. 4. Mose 3, 9); untergeordnete Diener des Heiligtums. — d Wahrsch. Schelanitern; vergl. 4. Mose 26, 20. — e O. Fürst. — f O. war er.

seines Vaters, die Korhiter, waren über das Werk des Dienstes, als Hüter der Schwellen des Zeltes. Und ihre Väter waren über das Lager Jehovas als Hüter des Eingangs gewe-
20 sen; und Pinehas, der Sohn Eleasars, war vordem Fürst über sie. Jehova
21 war mit ihm. *a* Sekarja, der Sohn Meschelemjas, war Torhüter am Eingang
22 des Zeltes der Zusammenkunft. Sie alle, auserlesen zu Torhütern an den Schwellen, waren zweihundert und zwölf. Sie wurden in ihren Dörfern verzeichnet; David und Samuel, der Seher, hatten dieselben in ihr Amt *b*
23 eingesetzt. Und sie und ihre Söhne *standen* an den Toren des Hauses Jehovas, des Zelthauses, als Wachen.
24 Die Torhüter standen nach den vier Winden: gegen Osten, gegen Westen,
25 gegen Norden und gegen Süden. Und ihre Brüder in ihren Dörfern mußten von sieben zu sieben Tagen, von einer Zeit zur anderen, mit jenen kom-
26 men *c*. Denn die vier Vorsteher der Torhüter, sie, die Leviten, waren in Amtspflicht; und sie waren über die Zellen *d* und über die Schätze des
27 Hauses Gottes. Und sie übernachteten rings um das Haus Gottes her; denn ihnen lag die Wache ob, und sie waren über das Oeffnen *bestellt*, und
28 zwar Morgen für Morgen. Und einige von ihnen *e* waren über die Geräte des Dienstes; denn nach der Zahl *f* brachten sie sie hinein, und nach der Zahl brachten sie sie
29 heraus. Und einige von ihnen waren bestellt über die Geräte und *g* über alle Geräte des Heiligtums, und über das Feinmehl und den Wein und das Oel und den Weihrauch und die Gewür-
30 ze. Und von den Söhnen der Priester mischten einige die Salbenmischung
31 der Gewürze. Und Mattithja, von den Leviten, — er war der Erstgeborene Schallums, des Korhiters, — war das
32 Pfannen-Backwerk anvertraut *h*. Und von den Söhnen der Kehathiter, von ihren Brüdern, waren einige über das Schichtbrot bestellt, um es Sabbath
33 für Sabbath zuzurichten. Und das waren die Sänger, die Häupter der Väter der Leviten, *welche* von anderen Diensten befreit in den Zelten *wohnten*; denn Tag und Nacht waren sie beschäftigt.
34 Das waren die Häupter der Väter der Leviten nach ihren Geschlechtern, die Häupter; diese wohnten zu Jerusalem.
35 Und in Gibeon wohnte der Vater Gibeons, Jeghiel; und der Name sei-
36 nes Weibes war Maaka. Und sein erstgeborener Sohn war Abdon; und Zur und Kis und Baal und Ner und
37 Nadab und Gedor und Achjo und Se-
38 karja und Mikloth; und Mikloth zeug-

te Schimean. Und auch diese wohnten ihren Brüdern gegenüber zu Jerusalem, bei ihren Brüdern. — Und Ner 39 zeugte Kis, und Kis zeugte Saul; und Saul zeugte Jonathan und Malkischua und Abinadab und Esch-Baal. Und 40 der Sohn Jonathans war Merib-Baal; und Merib-Baal zeugte Micha. Und 41 die Söhne Michas waren Pithon und Melek und Thachrea. Und Achas 42 zeugte Jara, und Jara zeugte Alemeth und Asmaweth und Simri; und Simri zeugte Moza, und Moza zeugte Binea; 43 und dessen Sohn Rephaja, dessen Sohn Elasa, dessen Sohn Azel. Und Azel 44 hatte sechs Söhne; und dies sind ihre Namen: Asrikam, Bokru und Ismael und Schearja und Obadja und Hanan. Das waren die Söhne Azels.

Israel; und die Männer von Israel flohen vor den Philistern, und Erschlagene fielen *j* auf dem Gebirge Gilboa. Und die Philister setzten Saul und 2 seinen Söhnen hart nach; und die Philister erschlugen Jonathan und Abinadab und Malkischua, die Söhne Sauls. Und der Streit wurde heftig wi- 3 der Saul, und es erreichten ihn die Bogenschützen; und es wurde ihm angst vor den Schützen. Da sprach Saul 4 zu seinem Waffenträger: Ziehe dein Schwert und durchbohre mich damit, daß nicht diese Unbeschnittenen kommen und mich mißhandeln! Sein Waffenträger aber wollte nicht, denn er fürchtete sich sehr. Da nahm Saul das Schwert und stürzte sich darein. Und 5 als sein Waffenträger sah, daß Saul tot war, da stürzte auch er sich in das Schwert und starb. So starben 6 Saul und seine drei Söhne; und sein ganzes Haus starb zugleich. Und als 7 alle Männer von Israel, die im Tale *k* waren, sahen, daß sie geflohen, und daß Saul und seine Söhne tot waren, da verließen sie ihre Städte und flohen; und die Philister kamen und wohnten darin.
Und es geschah am folgenden Tage, 8 da kamen die Philister, um die Erschlagenen auszuziehen; und sie fanden Saul und seine Söhne auf dem Gebirge Gilboa liegen. Und sie zogen 9 ihn aus und nahmen seinen Kopf und seine Waffen; und sie sandten *l* in das Land der Philister ringsumher, um die frohe Botschaft ihren Götzen und dem Volke zu verkünden. Und 10 sie legten seine Waffen in das Haus ihres Gottes, und seinen Schädel hefteten sie an das Haus Dagons. Als 11 aber ganz Jabes-Gilead alles hörte, was die Philister mit Saul getan hatten, da machten sich alle tapferen 12 Männer auf und nahmen den Leichnam Sauls und die Leichname seiner Söhne und brachten sie nach Jabes;

---

a O. Jehova sei mit ihm! (Vergl. 4. Mose 25, 11—13.) — *b* Eig. ihre Treue; anderswo: Amtspflicht. — *c* d. h. den Dienst mit jenen teilen, die in Jerusalem wohnten. — *d* O. Vorratskammern; vergl. Kap. 28, 12. — *e* d. h. von den Leviten (V. 14). — *f* d. h. indem sie sie zählten. — *g* O. und zwar. — *h* Eig. war in Amtspflicht über. — *i* 1. Sam. 31. — *j* O. und fielen erschlagen. — *k* S. die Anm. zu 1. Sam. 31, 7. — *l* O. und sandten sie.

und sie begruben ihre Gebeine unter der Terebinthe zu Jabes und fasteten sieben Tage.

13 Und so starb Saul wegen seiner *a* Treulosigkeit, die er wider Jehova begangen, betreffs des Wortes Jehovas, das er nicht beobachtet hatte, und auch weil er eine Totenbeschwörerin 14 aufsuchte, um sie zu befragen; aber Jehova befragte er nicht. Darum tötete er ihn und wandte das Königtum David, dem Sohne Isais, zu.

11 Und *b* ganz Israel versammelte sich zu David nach Hebron, und sie sprachen: Siehe, wir sind dein Ge- 2 bein und dein Fleisch. Schon früher, schon als Saul König war, bist du es gewesen, der Israel aus- und einführte; und Jehova, dein Gott, hat zu dir gesagt: Du sollst mein Volk Israel weiden, und du sollst Fürst sein über 3 mein Volk Israel. Und alle Aeltesten Israels kamen zu dem König nach Hebron, und David machte einen Bund mit ihnen zu Hebron, vor Jehova; und sie salbten David zum König über Israel, nach dem Worte Jehovas durch Samuel.

4 Und David und ganz Israel zogen nach Jerusalem, das ist Jebus; und daselbst waren die Jebusiter, die Be- 5 wohner des Landes. Und die Bewohner von Jebus sprachen zu David: Du wirst nicht hier hereinkommen! Aber David nahm die Burg Zion ein, 6 das ist die Stadt Davids. Und David sprach: Wer die Jebusiter zuerst schlägt, soll Haupt und Oberster werden. Da stieg Joab, der Sohn der Zeruja, zuerst hinauf, und er wurde zum 7 Haupte. Und David wohnte in der Burg; darum nannte man sie Stadt 8 Davids. Und er baute die Stadt ringsum, von dem Millo *c* an rund umher *d*. Und Joab erneuerte das Uebrige 9 der Stadt. Und David wurde immerfort größer, und Jehova der Heerscharen war mit ihm.

10 Und dies sind die Häupter der Helden, welche David hatte, die ihm mit ganz Israel mutig beistanden *e* in seinem Königtum, um ihn zum König zu machen, nach dem Worte Jehovas 11 über Israel. Und *f* dies ist die Zahl der Helden, welche David hatte: Jaschobam, der Sohn Hakmonis, das Haupt der Anführer *g*; er schwang seinen Speer wider dreihundert, die er auf einmal erschlug.

12 Und nach ihm Eleasar, der Sohn Dodos, der Achochiter; er war unter 13 den drei Helden. Er war mit David zu Pas-Dammim, als die Philister daselbst versammelt waren zum Streit. Und *dort* war ein *Acker*stück voll Gerste; und das Volk floh vor den 14 Philistern. Da stellten sie sich mitten auf das Stück und retteten es und schlugen die Philister; und Jehova schaffte eine große Rettung.

Und drei von den dreißig Häuptern 15 gingen zu dem Felsen hinab zu David, in die Höhle Adullam; und das Heer der Philister lagerte im Tale 16 Rephaim. David aber war damals auf *h* der Bergfeste, und eine Aufstellung der Philister war damals zu Bethlehem. Und David hatte ein Gelüste 17 und sprach: Wer wird mich mit Wasser tränken aus der Zisterne zu Bethlehem, die am Tore ist? Da brachen 18 die Drei durch das Lager der Philister und schöpften Wasser aus der Zisterne von Bethlehem, die am Tore ist, und trugen und brachten es zu David. Aber David wollte es nicht trinken und goß es aus als Trankopfer dem Jehova; und er sprach: 19 Das lasse mein Gott fern von mir sein, daß ich solches tue! Sollte ich das Blut dieser Männer trinken, *die* mit Gefahr ihres Lebens *hingegangen sind?* Denn mit Gefahr ihres Lebens haben sie es gebracht. Und er wollte es nicht trinken. Das taten die drei Helden.

Und Abisai, der Bruder Joabs, die- 20 ser war ein Haupt der Drei. Und er schwang seinen Speer wider dreihundert, die er erschlug; und er hatte einen Namen unter den Dreien. Vor den 21 Dreien *i* war er geehrt *j*, neben den Zweien *k*, sodaß er ihr Oberster wurde; aber an die *ersten* Drei reichte er nicht.

Benaja, der Sohn Jojadas, der Sohn 22 eines tapferen Mannes, groß an Taten, von Kabzeel; selbiger erschlug zwei Löwen *l* von Moab. Und er stieg hinab und erschlug den Löwen in der Grube an einem Schneetage. Und er 23 war es, der den ägyptischen Mann erschlug, einen Mann von fünf Ellen Länge. Und der Aegypter hatte einen Speer in der Hand wie einen Weberbaum; er aber ging zu ihm hinab mit einem Stabe, und riß dem Aegypter den Speer aus der Hand und tötete ihn mit seinem eigenen Speere. Das 24 tat Benaja, der Sohn Jojadas; und er hatte einen Namen unter den drei Helden. Vor den Dreißigen, siehe, war 25 er geehrt *j*, aber an die *ersten* Drei reichte er nicht. Und David setzte ihn in seinen geheimen Rat.

Und die Helden der Heere waren: 26 Asael, der Bruder Joabs; Elchanan, der Sohn Dodos, von Bethlehem; Schammoth, der Haroriter; Helez, der 27 Peloniter; Ira, der Sohn Ikkesch', der 28 Tekoiter; Abieser, der Anathothiter; Sibbekai, der Huschathiter; Ilai, der 29 Achochiter; Maharai, der Netopha- 30 thiter; Heled, der Sohn Baanas, der Netophathiter; Ittai, der Sohn Ribais, 31 von Gibea der Kinder Benjamin; Benaja, der Pirhathoniter; Hurai, von 32 den Bächen *m* Gaasch; Abiel, der Arbathiter; Asmaweth, der Bacharumi- 33 ter; Eljachba, der Schaalboniter; Bne- 34

---

a O. durch seine. — *b* 2. Sam. 5, 1. — *c* Wall, Burg; vergl. 2. Sam. 5, 9. — *d* W. bis an den Umkreis. — *e* O. sich ihm hielten. — *f* 2. Sam. 23, 8. — *g* O. der Ritter. Nach and. Lesart: der Dreißig. — *h* O. in. — *i* Wahrsch. ist zu l.: Vor den Dreißigen, wie in V. 25. — *j* O. berühmt. — *k* Der Text ist unklar und wahrsch. fehlerhaft. — *l* S. die Anm. zu 2. Sam. 23, 20. — *m* O. den Flußtälern.

Haschem, der Gisoniter; Jonathan, der
35 Sohn Schages, der Harariter; Achiam,
der Sohn Sakars, der Harariter; Eli-
36 phal, der Sohn Urs; Hepher, der Me-
37 kerathiter; Achija, der Peloniter; Hez-
ro, der Karmeliter; Naarai, der Sohn
38 Esbais; Joel, der Bruder Nathans;
39 Mibchar, der Sohn Hagris; Zelek, der
Ammoniter; Nacharai, der Beerothiter, der Waffenträger Joabs, des Soh-
40 nes der Zeruja; Ira, der Jithriter;
41 Gareb, der Jithriter; Urija, der He-
42 thiter; Sabad, der Sohn Achlais; Adi-
na, der Sohn Schisas, der Rubeniter,
ein Haupt der Rubeniter, und dreißig
43 bei ihm; Hanan, der Sohn Maakas;
44 und Josaphat, der Mithniter; Ussija,
der Aschterothiter; Schama und Jeghiel, die Söhne Hothams, des Aroe-
45 riters; Jediael, der Sohn Schimris,
und Jocha, sein Bruder, der Thiziter;
46 Eliel, der Machawim; und Jeribai und
Joschawja, die Söhne Elnaams; und
47 Jithma, der Moabiter; Eliel und Obed,
und Jaasiel, der Mezobaiter *a*.

12 Und diese sind es, welche zu David nach Ziklag kamen *b*, als er sich
noch vor Saul, dem Sohne Kis', verborgen hielt *c*; auch s i e waren unter
den Helden, die ihm im Streite hal-
2 fen, ausgerüstet mit dem Bogen *und*
geübt, mit der Rechten und mit der
Linken Steine zu schleudern und Pfeile mit dem Bogen abzuschießen: Von
3 den Brüdern Sauls, aus Benjamin: das
Haupt Achieser, und Joas, die Söhne
Haschemaas, des Gibeathiters; und Je-
siel und Peleth, die Söhne Asmaweths;
und Beraka, und Jehu, der Anathothi-
4 ter; und Jischmaja, der Gibeoniter,
ein Held unter der Dreißig und über
die Dreißig; und Jeremia und Jachasiel und Jochanan, und Josabad, der
5 Gederathiter; Elusai und Jerimoth und
Bealja und Schemarja, und Schephat-
6 ja, der Haruphiter; Elkana und Jisch-
schija und Asarel und Joeser und Ja-
7 schobam, die Korhiter; und Joela und
Sebadja, die Söhne Jerochams, von
8 Gedor. — Und von den Gaditern sonderten sich ab zu David, nach der
Bergfeste in die Wüste, tapfere Helden, Männer des Heeres zum Kriege,
mit Schild und Lanze gerüstet, deren
Angesichter *wie* Löwen-Angesichter,
und *die den* Gazellen auf den Bergen
9 gleich *waren* an Schnelle: Eser, das
Haupt; Obadja, der zweite; Eliab, der
10 dritte; Mischmanna, der vierte; Jere-
11 mia, der fünfte; Attai, der sechste;
12 Eliel, der siebente; Jochanan, der
13 achte; Elsabad, der neunte; Jeremia,
14 der zehnte; Makbannai, der elfte. Diese, von den Söhnen Gads, waren Häupter des Heeres; der Kleinste konnte
es mit hundert, und der Größte mit
15 tausend aufnehmen *d*. Diese sind es,
welche über den Jordan gingen, im
ersten Monat, wenn er alle seine Ufer

überflutet, und alle *Bewohner der* Niederungen, gegen Osten und gegen Westen, in die Flucht jagten.
Und es kamen einige von den Kin- 16
dern Benjamin und Juda nach der
Bergfeste zu David. Und David ging 17
hinaus, ihnen entgegen, und er hob
an und sprach zu ihnen: Wenn ihr
zum Frieden zu mir gekommen seid,
um mir zu helfen, so wird mein Herz
sich mit euch vereinigen; wenn aber,
um mich an meine Feinde zu verra-
ten, ohne daß Unrecht in meiner Hand
ist, so möge der Gott unserer Väter
es sehen und strafen! Da kam der 18
Geist über *e* Amasai, das Haupt der
Anführer *f*: Dein *sind wir*, David, und
mit dir, Sohn Isais! Friede *g*, Friede
dir, und Friede deinen Helfern! denn
dein Gott hilft dir! — Und David
nahm sie auf und setzte sie zu Häuptern von Scharen.
Und von Manasse liefen einige zu 19
David über, als er mit den Philistern
wider Saul in den Streit zog; aber sie
halfen ihnen nicht; denn nachdem sie
Rat gehalten hatten, entließen ihn die
Fürsten der Philister, indem sie sprachen: Auf Gefahr unserer Köpfe könnte er zu seinem Herrn Saul überlaufen! Als er nach Ziklag zog, liefen 20
von Manasse zu ihm über: Adna und
Josabad und Jediael und Michael und
Josabad und Elihu und Zillethai,
Häupter der Tausende von Manasse.
Und sie halfen David wider die Streif- 21
schar *h*, denn tapfere Helden waren
sie alle; und sie wurden Oberste im
Heere. Denn es kamen von Tag zu 22
Tage zu David, um ihm zu helfen,
bis es ein großes Heerlager wurde,
wie ein Heerlager Gottes.
Und dies sind die Zahlen der Köpfe 23
der zum Heere Gerüsteten, welche zu
David nach Hebron kamen, um ihm
das Königreich Sauls zuzuwenden
nach dem Befehle Jehovas: Die Kin- 24
der Juda, welche Schild und Lanze
trugen, sechstausend und achthundert
zum Heere Gerüstete. Von den Kin- 25
dern Simeon: streitbare Männer *i* zum
Heere, siebentausend und einhundert.
Von den Kindern Levi: viertausend 26
und sechshundert; und Jojada, der 27
Fürst von Aaron, und mit ihm dreitausend und siebenhundert; und Za- 28
dok, ein Jüngling, ein tapferer Held,
und das Haus seines Vaters: zweiundzwanzig Oberste. Und von den Kin- 29
dern Benjamin, den Brüdern Sauls:
dreitausend; aber der größte Teil von
ihnen hielt bis dahin treu zum Hause
Sauls *j*. Und von den Kindern Ephra- 30
im: zwanzigtausend und achthundert,
streitbare Männer *i*, Männer von Namen, nach ihren Vaterhäusern. Und 31
von dem halben Stamme Manasse:
achtzehntausend, die mit Namen angegeben wurden, daß sie hingingen,

---

a Viell. zu l.: von Zoba. — *b* Vergl. 1. Sam. 27. — *c* Eig. vor (od. wegen) Saul
abgesperrt war. — *d* Eig. der Kleinste war für hundert, . . . für tausend. — *e* Eig.
bekleidete den Geist. — *f* O. der Ritter. Nach and. Lesart: der Dreißig. — *g* O. Heil;
so auch nachher. — *h* Vergl. 1. Sam. 30, 1—10. — *i* O. tapfere Helden. — *j* W. wartete der Hut des Hauses Sauls.

32 um David zum König zu machen. Und von den Kindern Issaschar: *Männer*, welche Einsicht hatten in die Zeiten *a*, um zu wissen, was Israel tun mußte; ihre Häupter, zweihundert; und alle ihre Brüder folgten ihrem Befehl *b*. 33 Von Sebulon: die zum Heere auszogen, mit allen Kriegswaffen zum Kampfe bereit, fünfzigtausend, und zwar um sich *in Schlachtreihen zu* 34 ordnen *c* mit ungeteiltem Herzen. Und von Naphtali: tausend Oberste; und mit ihnen siebenunddreißigtausend mit 35 Schild und Speer. Und von den Danitern: achtundzwanzigtausend und 36 sechshundert, zum Kampfe bereit. Und von Aser: die zum Heere auszogen, zum Kampfe bereit, vierzigtausend. 37 Und von jenseit des Jordan, von den Rubenitern und den Gaditern und dem halben Stamme Manasse: mit allen Waffen eines Kriegsheeres, hundertundzwanzigtausend.

38 Alle diese Kriegsleute, die sich in Schlachtreihen ordneten, kamen mit ungeteiltem Herzen nach Hebron, um David zum König über ganz Israel zu machen. Und auch alle übrigen in Israel waren eines Herzens, David 39 zum König zu machen. Und sie waren daselbst bei David drei Tage, und aßen und tranken; denn ihre Brüder 40 hatten für sie zugerichtet. Und auch die ihnen nahe *wohnten*, bis nach Issaschar und Sebulon und Naphtali hin, brachten Lebensmittel *d* auf Eseln und auf Kamelen und auf Maultieren und auf Rindern: Mehlspeisen, Feigenkuchen und Rosinenkuchen, und Wein und Oel, und Rinder und Kleinvieh in Menge; denn es war Freude in Israel.

13 Und *e* David beriet sich mit den Obersten über tausend und über 2 hundert, mit allen *f* Fürsten. Und David sprach zu der ganzen Versammlung Israels: Wenn es euch gut dünkt, und wenn es von Jehova, unserem Gott, ist, so laßt uns allenthalben umhersenden *g* zu unseren übrigen Brüdern in allen Landen Israels, und mit ihnen zu den Priestern und zu den Leviten in den Städten ihrer Bezirke, 3 daß sie sich zu uns versammeln. Und wir wollen die Lade unseres Gottes zu uns herüberholen; denn wir haben sie in den Tagen Sauls nicht befragt *h*. 4 Und die ganze Versammlung sprach, daß man also tun sollte; denn die Sache war recht in den Augen des gan- 5 zen Volkes. Und David versammelte ganz Israel, von dem Sihor Aegyptens bis nach Hamath hin, um die Lade Gottes von Kirjath-Jearim zu bringen. 6 Und David und ganz Israel zogen hinauf nach Baala, nach Kirjath-Jearim, das zu Juda gehört, um von dannen die Lade Gottes, Jehovas, heraufzuholen, der zwischen *i* den Cheru-

bim thront, dessen Name *dort* angerufen wird *j*. Und sie fuhren die Lade 7 Gottes auf einem neuen Wagen aus dem Hause Abinadabs weg; und Ussa und Achjo führten den Wagen. Und 8 David und ganz Israel spielten vor Gott mit aller Kraft: mit Gesängen und mit Lauten und mit Harfen und mit Tamburinen und mit Zimbeln und mit Trompeten.

Und als sie zur Tenne Kidon ka- 9 men, da streckte Ussa seine Hand aus, um die Lade anzufassen; denn die Rinder hatten sich losgerissen *k*. Da entbrannte der Zorn Jehovas wi- 10 der Ussa, und er schlug ihn, darum daß er seine Hand nach der Lade ausgestreckt hatte; und er starb daselbst vor Gott. Und David entbrannte *l*, 11 weil Jehova einen Bruch an Ussa gemacht hatte; und er nannte jenen Ort Perez-Ussa *m*, bis auf diesen Tag. Und 12 David fürchtete sich vor Gott an selbigem Tage und sprach: Wie soll ich die Lade Gottes zu mir bringen? Und 13 David ließ die Lade nicht zu sich einkehren in die Stadt Davids; und er ließ sie beiseite bringen in das Haus Obed-Edoms, des Gathiters. Und die 14 Lade Gottes blieb bei der Familie *n* Obed-Edoms, in seinem Hause, drei Monate. Und Jehova segnete das Haus Obed-Edoms und alles was sein war.

Und *o* Hiram, der König von Ty- **14** rus, sandte Boten zu David, und Zedernholz und Mauerleute *p* und Zimmerleute, damit sie ihm ein Haus bauten. Und David erkannte, daß Jehova 2 ihn zum König über Israel bestätigt hatte; denn sein Königreich war hoch erhoben um seines Volkes Israel willen.

Und David nahm noch Weiber in 3 Jerusalem, und David zeugte noch Söhne und Töchter. Und dies sind die 4 Namen derer, welche ihm in Jerusalem geboren wurden: Schammua und Schobab, Nathan und Salomo, und 5 Jibchar und Elischua und Elpelet, und 6 Nogah und Nepheg und Japhija, und 7 Elischama und Beeljada und Eliphelet. Und als die Philister hörten, daß 8 David zum König über ganz Israel gesalbt worden war, da zogen alle Philister herauf, um David zu suchen. Und David hörte es und zog ihnen entgegen. Und die Philister kamen 9 und breiteten sich aus im Tale Rephaim. Und David befragte Gott und 10 sprach: Soll ich wider die Philister hinaufziehen, und wirst du sie in meine Hand geben? Und Jehova sprach zu ihm: Ziehe hinauf, und ich werde sie in deine Hand geben. Da zogen 11 sie hinauf nach Baal-Perazim, und David schlug sie daselbst; und David sprach: Gott hat meine Feinde durch meine Hand durchbrochen, gleich

a d. h. ein richtiges Urteil in der Erwägung der Zeitverhältnisse. — *b* W. Mund. — *c* O. indem sie sich ordneten. — *d* W. Brot. — *e* 2. Sam. 6. — *f* Eig. nach allen; d. h. so viele ihrer waren. — *g* O. schleunig senden. — *h* O. nach ihr gefragt; sie aufgesucht; wie Kap. 15, 13. — *i* O. über. — *j* O. welche nach dem Namen genannt wird. — *k* O. waren ausgeglitten. — *l* Vergl. die Anm. zu 1. Sam. 15, 11. — *m* Bruch Ussas. — *n* W. bei dem Hause. — *o* 2. Sam. 5, 11. — *p* O. Steinhauer.

einem Wasserdurchbruch. Daher gab man jenem Orte den Namen Baal-
12 Perazim a. Und sie ließen daselbst ihre Götter; und David gab Befehl, und sie wurden mit Feuer verbrannt.
13 Und die Philister zogen wiederum herauf und breiteten sich aus im Tale.
14 Und David befragte Gott abermals; und Gott sprach zu ihm: Du sollst nicht hinaufziehen ihnen nach; wende dich von ihnen ab, daß du an sie kommst, den Bakabäumen gegenüber.
15 Und sobald du das Geräusch eines Daherschreitens in den Wipfeln der Bakabäume hörst, alsdann sollst du zum Angriff schreiten b; denn Gott ist vor dir ausgezogen, um das Heerlager der Philister zu schlagen.
16 Und David tat, so wie Gott ihm geboten hatte; und sie schlugen das Heerlager der Philister von Gibeon bis nach Geser.
17 Und der Name Davids ging aus in alle Länder, und Jehova legte die Furcht vor ihm auf alle Nationen.

15 Und er machte sich Häuser in der Stadt Davids, und er bereitete einen Ort für die Lade Gottes und schlug ein Zelt für sie auf.
2 Damals sprach David: Die Lade Gottes soll niemand tragen als nur die Leviten; denn sie hat Jehova erwählt, um die Lade Gottes zu tragen und seinen Dienst zu verrichten ewiglich.
3 Und David versammelte ganz Israel nach Jerusalem, um die Lade Jehovas an ihren Ort hinaufzubringen,
4 den er für sie bereitet hatte. Und David versammelte die Söhne Aarons und
5 die Leviten. Von den Söhnen Kehaths: Uriel, den Obersten, und seine Brüder,
6 hundert und zwanzig; von den Söhnen Meraris: Asaja, den Obersten, und seine Brüder, zweihundert und zwan-
7 zig; von den Söhnen Gersoms: Joel, den Obersten, und seine Brüder, hun-
8 dert und dreißig; von den Söhnen Elizaphans: Schemaja, den Obersten, und
9 seine Brüder, zweihundert; von den Söhnen Hebrons: Eliel, den Obersten,
10 und seine Brüder, achtzig; von den Söhnen Ussiels: Amminadab, den Obersten, und seine Brüder, hundert und zwölf.
11 Und David berief Zadok und Abjathar, die Priester, und die Leviten Uriel, Asaja und Joel, Schemaja und Eliel
12 und Amminadab, und sprach zu ihnen: Ihr seid die Häupter der Väter der Leviten; heiliget euch, ihr und eure Brüder, und bringet die Lade Jehovas, des Gottes Israels, hinauf an den Ort, welchen ich c für sie be-
13 reitet habe. Denn weil ihr das vorige Mal es nicht tatet, so machte Jehova, unser Gott, einen Bruch unter uns, weil wir ihn nicht suchten nach der Vorschrift.
14 Da heiligten sich die Priester und

die Leviten, um die Lade Jehovas, des Gottes Israels, hinaufzubringen. Und 15 die Söhne der Leviten trugen die Lade Gottes auf ihren Schultern, indem sie die Stangen auf sich legten d, so wie Mose geboten hatte nach dem Worte Jehovas. Und David befahl den Ober- 16 sten der Leviten, ihre Brüder, die Sänger, mit Musikinstrumenten, Harfen und Lauten und Zimbeln zu bestellen, damit sie laut spielten e, indem sie die Stimme erhöben mit Freude. Und die Leviten bestellten Heman, 17 den Sohn Joels, und von seinen Brüdern Asaph, den Sohn Berekjas; und von den Söhnen Meraris, ihren Brüdern, Ethan, den Sohn Kuschajas; und 18 mit ihnen ihre Brüder zweiten Ranges: Sekarja, Ben und Jaasiel und Schemiramoth und Jechiel und Unni, Eliab und Benaja und Maaseja und Mattithja und Elipheleh und Mikneja und Obed-Edom und Jeghiel, die Torhüter; — und zwar die Sänger Heman, Asaph 19 und Ethan, mit ehernen Zimbeln, um laut zu spielen; und Sekarja und Asiel 20 und Schemiramoth und Jechiel und Unni und Eliab und Maaseja und Benaja mit Harfen auf Alamoth f; und 21 Mattithja und Elipheleh und Mikneja und Obed-Edom und Jeghiel und Asasja mit Lauten auf Scheminith f: um den Gesang zu leiten. Und Kenanja 22 war der Anführer der Leviten im Gesang; er unterwies im Gesang g, denn er war kundig darin. Und Berekja 23 und Elkana waren Torhüter der Lade. Und Schebanja und Josaphat und 24 Nethaneel und Amasai und Sekarja und Benaja und Elieser, die Priester, schmetterten mit den Trompeten vor der Lade Gottes her. Und Obed-Edom und Jechija waren Torhüter der Lade.

Und h so zogen David und die Ael- 25 testen von Israel und die Obersten über tausend hin, um die Lade des Bundes Jehovas aus dem Hause Obed-Edoms heraufzuholen mit Freuden. Und es geschah, da Gott den Leviten 26 half, welche die Lade des Bundes Jehovas trugen, so opferten sie sieben Farren und sieben Widder. Und Da- 27 vid war angetan mit einem Oberkleide von Byssus, ebenso alle Leviten, welche die Lade trugen, und die Sänger und Kenanja, der Anführer des Gesanges i der Sänger; und David trug ein leinenes Ephod j. Und ganz Israel 28 brachte die Lade des Bundes Jehovas hinauf mit Jauchzen und mit Posaunenschall und mit Trompeten und mit Zimbeln, laut spielend mit Harfen und Lauten. Und es geschah, als die Lade 29 des Bundes Jehovas in die Stadt Davids kam, da schaute Michal, die Tochter Sauls, durchs Fenster; und sie sah den König David hüpfen und spielen, und sie verachtete ihn in ihrem Herzen.

---

16 Und *a* sie brachten die Lade Gottes hinein, und stellten sie innerhalb des Zeltes, das David für sie aufgeschlagen hatte. Und sie brachten Brandopfer und Friedensopfer dar vor 2 Gott. Und als David das Opfern der Brandopfer und der Friedensopfer beendigt hatte, segnete er das Volk im 3 Namen Jehovas; und er verteilte an ganz Israel, vom Manne bis zum Weibe, an jeden einen Laib Brot und einen Trunk *Wein b* und einen Rosinen-4 kuchen. Und er bestellte vor die Lade Jehovas einige von den Leviten als Diener, daß sie Jehovas, des Gottes Israels, gedächten *c* und ihn prie-5 sen *d* und rühmten: Asaph, das Haupt, und Sekarja, den zweiten nach ihm, Jeghiel *e* und Schemiramoth und Jeghiel und Mattithja und Eliab und Benaja und Obed-Edom und Jeghiel, mit Harf-Instrumenten und mit Lauten; und Asaph ließ die Zimbeln erklingen; 6 und Benaja und Jachasiel, die Priester, *waren* beständig mit Trompeten vor der Lade des Bundes Gottes.

7 Damals, an jenem Tage, trug David zum ersten Male Asaph und seinen Brüdern auf, Jehova zu preisen:

8 Preiset *f* Jehova, rufet seinen Namen an, machet kund unter den Völkern seine Taten!

9 Singet ihm, *s*inget ihm Psalmen *g*; sinnet über *h* alle seine Wunderwerke!

10 Rühmet euch seines heiligen Namens! es freue sich das Herz derer, die Jehova suchen!

11 Trachtet nach Jehova und seiner Stärke, suchet sein Angesicht beständig!

12 Gedenket seiner Wunderwerke, die er getan hat, seiner Wunderzeichen und der Gerichte *i* seines Mundes!

13 Du Same Israels, sein Knecht, ihr Söhne Jakobs, seine Auserwählten!

14 Er, Jehova, ist unser Gott; seine Gerichte sind auf der ganzen Erde.

15 Gedenket ewiglich seines Bundes, des Wortes, das er geboten hat, auf tausend Geschlechter hin,

16 Den er gemacht hat mit Abraham, und seines Eides, den er Isaak geschworen hat *j*.

17 Und er stellte ihn Jakob zur Satzung, Israel zum ewigen Bunde,

18 Indem er sprach: Dir will ich das Land Kanaan geben als Schnur eures Erbteils;

19 Als ihr ein zählbares Häuflein *k* waret, gar wenige und Fremdlinge darin.

20 Und sie wanderten von Nation zu Nation und von einem Reiche zu einem anderen Volke.

21 Er ließ niemand zu, sie zu bedrücken, und ihretwegen strafte er Könige:

22 „Tastet meine Gesalbten nicht an, und meinen Propheten tut nichts Uebles!"

Singet *l* Jehova, ganze Erde! *ver-* 23 *kündet* von Tag zu Tag seine Rettung!

Erzählet unter den Nationen seine 24 Herrlichkeit, unter allen Völkern seine Wundertaten!

Denn groß ist Jehova und sehr zu 25 loben, und furchtbar ist er über alle Götter.

Denn alle Götter der Völker sind 26 Nichtigkeiten *m*, aber Jehova hat die Himmel gemacht.

Majestät und Pracht sind vor seinem 27 Angesicht, Stärke und Freude in seiner Wohnstätte.

Gebet Jehova, ihr Völkerstämme, ge-28 bet Jehova Herrlichkeit und Stärke!

Gebet Jehova die Herrlichkeit sei-29 nes Namens; bringet eine Opfergabe und kommet vor sein Angesicht; betet Jehova an in heiliger Pracht!

Erzittert vor ihm, ganze Erde! Auch 30 steht der Erdkreis fest, er wird nicht wanken.

Es freue sich der Himmel, und es 31 frohlocke die Erde! *und* man spreche unter den Nationen: Jehova regiert!

Es brause das Meer und seine Fülle! 32 *es* frohlocke das Gefilde und alles was darauf ist!

Dann werden jubeln die Bäume des 33 Waldes — vor Jehova; denn er kommt, die Erde zu richten!

Preiset *n* Jehova, denn er ist gütig, 34 denn seine Güte *währt* ewiglich!

Und sprechet: Rette uns, Gott un-35 serer Rettung, und sammle und befreie uns aus den Nationen; daß wir deinen heiligen Namen preisen, daß wir uns rühmen deines Lobes!

Gepriesen sei Jehova, der Gott Is-36 raels, von Ewigkeit zu Ewigkeit! Und alles Volk sprach: Amen! *und* lobte Jehova.

Und David *o* ließ daselbst, vor der 37 Lade des Bundes Jehovas, Asaph und seine Brüder, um beständig vor der Lade zu dienen nach dem täglichen Gebühr; und Obed-Edom und seine *p* 38 Brüder, achtundsechzig; und Obed-Edom, den Sohn Jeduthuns, und Hosa, als Torhüter. Zadok, den Priester, 39 aber und seine Brüder, die Priester, *ließ* er vor der Wohnung Jehovas, auf der Höhe, die zu Gibeon ist, um Je-40 hova Brandopfer zu opfern auf dem Brandopferaltar beständig, des Morgens und des Abends, und zwar nach allem was in dem Gesetz Jehovas geschrieben steht, das er Israel geboten hat; und mit ihnen Heman und Jedu-41 thun und die übrigen Auserlesenen, welche mit Namen angegeben waren, um Jehova zu preisen *q*, daß seine Güte ewiglich *währt*; und mit ihnen, *mit* 42 Heman und Jeduthun, waren Trompeten und Zimbeln für die, welche laut spielten, und die Musikinstrumente

---

a 2. Sam. 6, 17. — *b* And.: eine *Fleisch*spende. — *c* d. h. preisend gedächten. — *d* O. ihm dankten. — *e* Wahrsch. zu 1.: Jaasiel; vergl. Kap. 15, 18. — *f* Vergl. Ps. 105, 1—15. — *g* Eig. singspielet ihm. — *h* O. redet von. — *i* O. Urteilssprüche; anderswo: Rechte. So auch V. 14. — *j* W. seines Eides an Isaak. — *k* Eig. ein ziffernbares Mannschaft. — *l* Ps. 96. — *m* O. Götzen. — *n* O. Danket. — *o* W. er. — *p* W. ihre; viell. ist ein Name ausgefallen. — *q* O. zu danken.

Gottes; und die Söhne Jeduthuns waren für das Tor.

43 Und das ganze Volk ging hin, ein jeder nach seinem Hause; und David wandte sich, um sein Haus zu segnen *a*.

17 Und *b* es geschah, als David in seinem Hause wohnte, da sprach David zu Nathan, dem Propheten: Siehe, i c h wohne in einem Hause von Zedern, und die Lade des Bundes Jehovas *wohnt* unter Teppichen. Und Nathan sprach zu David: Tue alles was du im Herzen hast, denn Gott ist mit 3 dir. Und es geschah in selbiger Nacht, da geschah das Wort Gottes zu Nathan 4 also: Gehe hin und sprich zu David, meinem Knechte: So spricht Jehova: Nicht d u sollst mir das Haus zur Woh-5 nung bauen; denn ich habe nicht in einem Hause gewohnt von dem Tage an, da ich Israel heraufgeführt habe, bis auf diesen Tag; sondern ich wanderte *c* von Zelt zu Zelt und von Woh-6 nung *d* zu Wohnung. Wo immer ich wanderte unter ganz Israel, habe ich zu einem der Richter Israels, denen ich gebot, mein Volk zu weiden, ein Wort geredet und gesagt: Warum habt ihr mir nicht ein Haus von Zedern ge-7 baut? Und nun sollst du also zu meinem Knechte David sagen: So spricht Jehova der Heerscharen: I c h habe dich von der Trift genommen, hinter dem Kleinvieh weg, daß du Fürst sein 8 solltest über mein Volk Israel; und ich bin mit dir gewesen überall, wohin du gegangen bist, und habe alle deine Feinde vor dir ausgerottet; und ich habe dir einen Namen gemacht *e*, gleich dem Namen der Großen, die 9 auf Erden sind. Und ich werde einen Ort setzen für mein Volk Israel und werde es pflanzen, daß es an seiner Stätte wohne und nicht mehr beunruhigt werde; und die Söhne der Ungerechtigkeit sollen es nicht mehr auf-10 reiben, wie früher und seit den Tagen, da ich Richter über mein Volk Israel bestellt habe. Und ich werde alle deine Feinde demütigen; und ich tue dir kund, daß Jehova dir ein Haus bauen 11 wird. Und es wird geschehen, wenn deine Tage voll sind, daß du zu deinen Vätern hingehst, so werde ich deinen Samen nach dir erwecken *f*, der von deinen Söhnen sein wird, und 12 werde sein Königtum befestigen. Der wird mir ein Haus bauen; und ich werde seinen Thron befestigen auf 13 ewig. I c h will ihm Vater sein, und e r soll mir Sohn sein; und ich will meine Güte nicht von ihm weichen lassen, wie ich sie von dem weichen 14 ließ, der vor dir war. Und ich will ihm Bestand geben in meinem Hause und in meinem Königreich auf ewig; und sein Thron soll fest sein auf ewig. 15 Nach allen diesen Worten und nach

diesem ganzen Gesicht, also redete Nathan zu David. Da ging der König 16 David hinein und setzte sich vor Jehova nieder und sprach: Wer bin ich, Jehova Gott, und was ist mein Haus, daß du mich bis hierher gebracht hast? Und dies ist *noch* ein Geringes ge-17 wesen in deinen Augen, o Gott! und du hast auch von dem Hause deines Knechtes geredet in die Ferne hin; und du hast mich angesehen nach der Weise eines hochgestellten Menschen, Jehova Gott! Was soll David noch 18 weiter zu dir *reden* von der Ehre an deinem Knechte? Du kennst ja deinen Knecht. Jehova, um deines Knech-19 tes willen und nach deinem Herzen hast du all dieses Große getan, um alle diese großen Dinge kundzutun. Je-20 hova, niemand ist dir gleich, und kein Gott außer dir, nach allem was wir mit unseren Ohren gehört haben. Und 21 wer ist wie dein Volk Israel, die einzige Nation auf Erden, welche *g* Gott hingegangen ist, sich zum Volke zu erlösen, um dir einen Namen zu machen, große und furchtbare Dinge *zu tun*, indem du vor deinem Volke, das du aus Aegypten erlöst hast, Nationen vertriebst? Und du hast dir dein Volk Is-22 rael zum Volke bestimmt auf ewig; und du, Jehova, bist ihr Gott *h* geworden. Und nun, Jehova, das Wort, das du über 23 deinen Knecht und über sein Haus geredet hast, möge sich bewähren ewiglich; und tue, wie du geredet hast! Ja, es möge sich bewähren! und dein 24 Name sei groß *i* auf ewig, daß man spreche: Jehova der Heerscharen, der Gott Israels, ist Gott für Israel! Und das Haus deines Knechtes David sei fest vor dir. Denn d u, mein Gott, 25 hast dem Ohre deines Knechtes eröffnet, daß du ihm ein Haus bauen willst; darum hat dein Knecht sich ein Herz gefaßt, vor dir zu beten. Und nun, 26 Jehova, du bist es, der da Gott ist *j*, und du hast dieses Gute zu deinem Knechte geredet. Und nun, es hat dir 27 gefallen, das Haus deines Knechtes zu segnen, daß es ewiglich vor dir sei; denn d u, Jehova, hast es gesegnet, und es wird gesegnet sein ewiglich.

Und *k* es geschah hernach, da schlug **18** David die Philister und demütigte sie; und er nahm Gath und seine Tochterstädte aus der Hand der Philister.

Und er schlug die Moabiter; und 2 die Moabiter wurden David zu Knechten, welche Geschenke brachten *l*.

Und David schlug Hadareser, den 3 König von Zoba, bei Hamath, als er hinzog, um seine Macht am Strome Phrat zu befestigen *m*. Und David nahm 4 von ihm gefangen tausend Wagen und siebentausend Reiter und zwanzigtausend Mann Fußvolk; und David

---

a O. zu begrüßen. — *b* 2. Sam. 7. — *c* W. ich war. — *d* Dasselbe Wort wie 2. Mose 26, 7 usw. — *e* O. ausgerottet; und ich werde dir einen Namen machen. — *f* Eig. aufstehen lassen; so auch 2. Sam. 7, 12. — *g* O. Und welche Nation gibt es irgend auf Erden wie dein Volk Israel, welches usw. — *h* Eig. ihnen zum Gott. — *i* O. werde erhoben. — *j* S. die Anm. zu 2. Sam. 7, 28. — *k* 2. Sam. 8. — *l* d. h. tributpflichtig waren. — *m* Eig. aufzurichten.

lähmte alle Gespanne und ließ hundert Gespanne von ihm übrig.

5 Und die Syrer von Damaskus kamen, um Hadareser, dem König von Zoba, zu helfen; und David erschlug unter den Syrern zweiundzwanzig-
6 tausend Mann. Und David legte Besatzungen in das damascenische Syrien; und die Syrer wurden David zu Knechten, welche Geschenke brachten a. Und Jehova half David überall,
7 wohin er zog. Und David nahm die goldenen Schilde, welche den Knechten Hadaresers gehörten, und brachte
8 sie nach Jerusalem. Und aus Tibchad und aus Kun, den Städten Hadaresers, nahm David Erz in großer Menge; davon machte Salomo das eherne Meer und die Säulen und die ehernen Geräte.

9 Und als Tou, der König von Hamath, hörte, daß David die ganze Heeresmacht Hadaresers, des Königs
10 von Zoba, geschlagen hatte, da sandte er Hadoram, seinen Sohn, zu dem König David, um ihn nach seinem Wohlergehen zu fragen und ihn zu beglückwünschen b, darum daß er wider Hadareser gestritten und ihn geschlagen hatte; denn Hadareser war stets im Kriege mit Tou; und er sandte allerlei Geräte von Gold und von
11 Silber und von Erz. Auch diese heiligte der König David dem Jehova, samt dem Silber und dem Golde, das er von all den Nationen genommen hatte: von den Edomitern und von den Moabitern und von den Kindern Ammon und von den Philistern und von den Amalekitern.
12 Und Abisai, der Sohn der Zeruja, schlug die Edomiter im Salztal, acht-
13 zehntausend Mann. Und er legte Besatzungen in Edom, und alle Edomiter wurden David zu Knechten. Und Jehova half David überall, wohin er zog.
14 Und David regierte über ganz Israel; und er übte Recht und Gerech-
15 tigkeit an seinem ganzen Volke. Und Joab, der Sohn der Zeruja, war über das Heer; und Josaphat, der Sohn
16 Ahiluds, war Geschichtsschreiber c; und Zadok, der Sohn Ahitubs, und Ahimelech, der Sohn Abjathars, waren Priester; und Schawscha war Schrei-
17 ber; und Benaja, der Sohn Jojadas, war über die Kerethiter und die Pelethiter d; und die Söhne Davids waren die ersten zur Seite des Königs.

19 Und e es geschah hernach, da starb Nahas, der König der Kinder Ammon; und sein Sohn ward König
2 an seiner Statt. Und David sprach: Ich will Güte erweisen an Hanun, dem Sohne Nahas', denn sein Vater hat Güte an mir erwiesen. Und David sandte Boten, um ihn wegen seines Vaters zu trösten. Und die Knechte Davids kamen in das Land der Kinder Ammon zu Hanun, um

ihn zu trösten. Da sprachen die Für- 3
sten der Kinder Ammon zu Hanun: Ehrt wohl David deinen Vater in deinen Augen, daß er Tröster zu dir gesandt hat? Sind nicht seine Knechte zu dir gekommen, um das Land zu erforschen und es umzukehren und auszukundschaften? Da nahm 4
Hanun die Knechte Davids und ließ sie scheren, und ihre Oberkleider zur Hälfte abschneiden bis ans Gesäß f; und er entließ sie. Und man 5
ging und g berichtete David wegen der Männer. Da sandte er ihnen entgegen, denn die Männer schämten sich sehr h; und der König ließ ihnen sagen: Bleibet in Jericho, bis euer Bart gewachsen ist, dann kommet zurück.

Als nun die Kinder Ammon sahen, 6
daß sie sich bei David stinkend gemacht hatten, da sandten Hanun und die Kinder Ammon tausend Talente Silber, um sich aus Mesopotamien i und aus Aram-Maaka und aus Zoba Wagen und Reiter zu dingen. Und 7
sie dingten sich zweiunddreißigtausend Wagen, und den König von Maaka mit seinem Volke; und sie kamen und lagerten sich vor Medeba. Und die Kinder Ammon versammelten sich aus ihren Städten und kamen zum Streit. Und als David es 8
hörte, sandte er Joab hin und das ganze Heer, die Helden. Und die 9
Kinder Ammon zogen aus und stellten sich am Eingang der Stadt in Schlachtordnung auf; und die Könige, die gekommen waren, waren für sich auf dem Felde. Und als Joab sah, 10
daß der Streit j von vorn und von hinten gegen ihn gerichtet war, da erwählte er von allen Auserlesenen Israels und stellte sich auf, den Syrern gegenüber; und das übrige Volk 11
übergab er der Hand seines Bruders Abisai, und sie stellten sich auf, den Kindern Ammon gegenüber. Und er 12
sprach: Wenn die Syrer mir zu stark sind, so sollst du mir Hilfe leisten; und wenn die Kinder Ammon dir zu stark sind, so will ich dir helfen. Sei 13
stark und laß uns stark sein für unser Volk und für die Städte unseres Gottes! und Jehova wird tun was gut ist in seinen Augen. Da rückte 14
Joab und das Volk, das bei ihm war, vor, den Syrern entgegen zum Streit; und sie flohen vor ihm. Und als die 15
Kinder Ammon sahen, daß die Syrer geflohen waren, da flohen auch sie vor seinem Bruder Abisai und zogen sich in die Stadt zurück. Und Joab kam nach Jerusalem.

Und als die Syrer sahen, daß sie 16
vor Israel geschlagen waren, da sandten sie Boten hin und ließen die Syrer ausziehen, die jenseit des Stromes waren; und Schophak, der Heeroberste Hadaresers, zog vor ihnen her. Und es wurde David berichtet; da 17

a d. h. tributpflichtig waren. — b W. zu segnen. — c S. die Anm. zu 2. Sam. 8, 16. — d S. die Anm. zu 2. Sam. 8, 18. — e 2. Sam. 10. — f Eig. bis an den Schritt. — g And. üb.: und sie zogen fort; und man usw. — h O. waren sehr beschimpft. — i H. Aram-Naharaim. — j W. das Angesicht des Streites.

versammelte er ganz Israel und ging über den Jordan und kam wider sie; und er stellte sich wider sie auf. Und David stellte sich in Schlachtordnung auf, den Syrern gegenüber; und sie
18 stritten mit ihm. Und die Syrer flohen vor Israel, und David tötete von den Syrern siebentausend Wagenkämpfer *a* und vierzigtausend Mann Fußvolk; auch Schophak, den Heer-
19 obersten, tötete er. Und als die Knechte Hadaresers sahen, daß sie vor Israel geschlagen waren, da machten sie Frieden mit David und dienten ihm. Und die Syrer wollten den Kindern Ammon nicht mehr helfen.

20 Und *b* es geschah zur Zeit der Rückkehr des Jahres, zur Zeit wann die Könige ausziehen, da führte Joab die Heeresmacht *ins Feld* und verheerte das Land der Kinder Ammon; und er kam und belagerte Rabba. David aber blieb in Jerusalem. Und *c* Joab schlug
2 Rabba und riß es nieder. Und David nahm die Krone ihres Königs von seinem Haupte; und er fand sie ein Talent Gold an Gewicht, und Edelsteine waren daran; und sie kam auf das Haupt Davids. Und die Beute der Stadt brachte er hinaus in großer
3 Menge. Und das Volk, das darin war, führte er hinaus und zerschnitt sie mit der Säge und mit eisernen Dreschwagen und mit Sägen *d*. Und also tat David allen Städten der Kinder Ammon. Und David und das ganze Volk kehrten nach Jerusalem zurück.
4 Und *e* es geschah hernach, da entstand ein Streit mit den Philistern zu Geser. Damals erschlug Sibbekai, der Huschathiter, den Sippai, einen von den Söhnen des Rapha: und sie wurden gedemütigt.
5 Und wiederum entstand ein Streit mit den Philistern. Und Elchanan, der Sohn Jairs, erschlug Lachmi, den Bruder *f* Goliaths, des Gathiters; und der Schaft seines Speeres war wie ein Weberbaum.
6 Und wiederum entstand ein Streit zu Gath. Da war ein Mann von *großer* Länge, und er hatte je sechs Finger und Zehen, *zusammen* vierundzwanzig; und auch er war dem Ra-
7 pha geboren worden. Und er höhnte Israel; und Jonathan, der Sohn Schimeas, des Bruders Davids, erschlug
8 ihn. Diese wurden dem Rapha zu Gath geboren; und sie fielen durch die Hand Davids und durch die Hand seiner Knechte.

21 Und *g* Satan stand auf wider Israel und reizte David an, Israel zu
2 zählen. Da sprach David zu Joab und zu den Obersten des Volkes: Gehet hin, zählet Israel von Beerseba bis Dan; und berichtet mir, damit ich
3 ihre Zahl wisse. Und Joab sprach: Es möge Jehova zu seinem Volke, so viele ihrer sind, hundertmal hinzu-

fügen! Sind sie nicht alle, mein Herr König, die Knechte meines Herrn? Warum begehrt mein Herr solches?
4 Warum soll es Israel zur Schuld werden? Aber das Wort des Königs blieb fest gegen Joab. Und Joab zog aus und durchwanderte ganz Israel, und er
5 kam nach Jerusalem *zurück*. Und Joab gab die Zahl des gemusterten Volkes David an; und es waren in ganz Israel elfhunderttausend Mann, die das Schwert zogen, und in Juda vierhundertundsiebenzig tausend Mann, die
6 das Schwert zogen. Levi aber und Benjamin musterte er nicht unter ihnen; denn das Wort des Königs war Joab ein Greuel.
7 Und diese Sache war übel in den Augen Gottes, und er schlug Israel.
8 Und David sprach zu Gott: Ich habe sehr gesündigt, daß ich diese Sache getan habe; und nun laß doch die Ungerechtigkeit deines Knechtes vorübergehen, denn ich habe sehr töricht gehandelt! Und Jehova redete
9 zu Gad, dem Seher Davids, und sprach:
10 Gehe hin und rede zu David und sprich: So spricht Jehova: Dreierlei lege ich dir vor; wähle dir eines davon, daß ich es dir tue. Und Gad
11 kam zu David und sprach zu ihm: So spricht Jehova: Wähle *h* dir! ent-
12 weder drei Jahre Hungersnot; oder drei Monate dahingerafft zu werden vor deinen Bedrängern, und daß das Schwert deiner Feinde *dich* treffe; oder drei Tage das Schwert Jehovas und Pest im Lande, und daß der Engel Jehovas verderbe in allen Grenzen Israels. Und nun siehe zu, was für eine Antwort ich dem zurückbringen soll, der mich gesandt hat.
13 Und David sprach zu Gad: Mir ist sehr angst! Möge ich doch in die Hand Jehovas fallen, denn seine Erbarmungen sind sehr groß; aber in die Hand der Menschen laß mich nicht fallen!
14 Und Jehova sandte eine Pest unter Israel; und es fielen von Israel siebenzigtausend Mann. Und Jehova
15 sandte dem Engel nach Jerusalem, um es zu verderben. Und als er verderbte, sah es Jehova, und es reute ihn des Uebels; und er sprach zu dem Engel, welcher verderbte: Genug! ziehe jetzt deine Hand ab. Der Engel Jehovas stand aber bei der Tenne Ornans, des Jebusiters. Und als David
16 seine Augen erhob, sah er den Engel Jehovas zwischen der Erde und dem Himmel stehen, sein Schwert gezückt in seiner Hand, ausgestreckt über Jerusalem. Da fielen David und die Aeltesten, in Sacktuch gehüllt, auf ihr Angesicht. Und David sprach zu
17 Gott: Bin ich es nicht, der gesagt hat, das Volk zu zählen? und ich bin es, der gesündigt und sehr übel gehandelt hat; aber diese Schafe *i*, was

---

haben sie getan? Jehova, mein Gott, es sei doch deine Hand wider mich und wider das Haus meines Vaters, aber nicht wider dein Volk zur Plage!

18 Und der Engel Jehovas sprach zu Gad, daß er zu David sage, David solle hinaufgehen, um Jehova einen Altar zu errichten auf der Tenne Or-

19 nans, des Jebusiters. Und David ging hinauf, nach dem Worte Gads, das er im Namen Jehovas geredet hatte.

20 Und Ornan wandte sich um und sah den Engel; und seine vier Söhne versteckten sich mit ihm. Ornan aber

21 drosch Weizen. Und David kam zu Ornan; und Ornan blickte hin und sah David, und er ging aus der Tenne hinaus und beugte sich vor David nieder, mit dem Antlitz zur Erde.

22 Und David sprach zu Ornan: Gib mir den Platz der Tenne, daß ich Jehova einen Altar darauf baue, — um volles Geld gib ihn mir — daß die Plage von dem Volke abgewehrt werde.

23 Da sprach Ornan zu David: Nimm ihn dir, und mein Herr, der König, tue was gut ist in seinen Augen; siehe, ich gebe die Rinder zu den Brandopfern, und die Dreschwagen zum Holz, und den Weizen zum Speis-

24 opfer: alles das gebe ich. Aber der König David sprach zu Ornan: Nein, sondern kaufen will ich es um volles Geld; denn ich will nicht was dir gehört für Jehova nehmen und um-

25 sonst Brandopfer opfern. Und David gab Ornan für den Platz sechshundert

26 Sekel Gold an Gewicht. Und David baute daselbst Jehova einen Altar, und opferte Brandopfer und Friedensopfer; und er rief zu Jehova, und er antwortete ihm mit Feuer vom Himmel auf dem Altar des Brandopfers.

27 Und Jehova sprach zu dem Engel, und er steckte sein Schwert wieder in seine Scheide.

28 Zu jener Zeit, als David sah, daß Jehova ihm auf der Tenne Ornans, des Jebusiters, geantwortet hatte, op-

29 ferte er daselbst. Die Wohnung Jehovas aber, die Mose in der Wüste gemacht hatte, und der Brandopferaltar waren zu jener Zeit auf der

30 Höhe zu Gibeon. Aber David vermochte nicht vor denselben hinzugehen, um Gott zu suchen; denn er war erschrocken vor dem Schwerte des Engels Jehovas.

22 Und David sprach: Dieses hier soll das Haus Jehovas Gottes sein, und dies der Altar zum Brandopfer für Israel.

2 Und David befahl, daß man die Fremdlinge versammeln solle, die im Lande Israel waren; und er stellte sie an als Steinhauer, um Quadersteine für den Bau des Hauses Gottes

3 zu hauen. Und David bereitete Eisen in Menge für die Nägel zu den Torflügeln und für die Klammern *a*, und Erz in Menge, es war nicht zu wägen;

4 und Zedernholz ohne Zahl: denn die

Zidonier und die Tyrer brachten Zedernholz in Menge zu David. Und Da- 5 vid sprach: Salomo, mein Sohn, ist noch jung *b* und zart; und das Haus, das dem Jehova zu erbauen ist, soll überaus groß werden, zum Namen und zum Ruhm in allen Ländern *c*: so will ich denn *das Nötige* für ihn bereiten. Und so bereitete David *Vorrat* in Menge vor seinem Tode.

Und er rief seinen Sohn Salomo 6 und gebot ihm, Jehova, dem Gott Israels, ein Haus zu bauen. Und David 7 sprach zu Salomo: Mein Sohn! ich selbst *d* hatte in meinem Herzen, dem Namen Jehovas, meines Gottes, ein Haus zu bauen. Aber das Wort Je- 8 hovas geschah zu mir, indem er sprach: Du hast Blut in Menge vergossen und große Kriege geführt; du sollst meinem Namen kein Haus bauen, denn viel Blut hast du vor mir zur Erde vergossen. Siehe, 9 ein Sohn wird dir geboren werden, der wird ein Mann der Ruhe sein, und ich werde ihm Ruhe schaffen vor allen seinen Feinden ringsum. Denn Salomo *e* wird sein Name sein, und Frieden und Ruhe werde ich Israel geben in seinen Tagen. Der wird 10 meinem Namen ein Haus bauen; und er soll mir Sohn, und ich ihm Vater sein; und ich werde den Thron seines Königtums über Israel befestigen auf ewig. — Nun, mein Sohn, Je- 11 hova sei mit dir, daß es dir gelinge, und du das Haus Jehovas, deines Gottes, bauest, so wie er von dir geredet hat! Nur gebe dir Jehova Ein- 12 sicht und Verstand, und er bestelle dich über Israel, und zwar um das Gesetz Jehovas, deines Gottes, zu beobachten! Dann wird es dir gelingen, 13 wenn du darauf achtest, die Satzungen und die Rechte zu tun, welche Jehova dem Mose für Israel geboten hat. Sei stark und mutig, fürchte dich nicht und erschrick nicht! Und siehe, 14 in meiner Mühsal *f* habe ich für das Haus Jehovas hunderttausend Talente Gold und tausendmal tausend Talente Silber bereitet, und das Erz und das Eisen ist nicht zu wägen, denn es ist in Menge vorhanden; auch Holz und Steine habe ich bereitet, und du wirst noch mehr hinzufügen. Und Werkleute sind bei dir 15 in Menge: Steinhauer und Arbeiter in Stein und Holz, und allerlei Verständige in allerlei Arbeit; das Gold, das 16 Silber und das Erz und das Eisen ist nicht zu zählen. Mache dich auf und handle; und Jehova sei mit dir!

Und David gebot allen Obersten *g* 17 Israels, seinem Sohne Salomo beizustehen: Ist nicht Jehova, euer Gott, 18 mit euch, und hat er euch nicht Ruhe geschafft ringsumher? Denn er hat die Bewohner des Landes in meine Hand gegeben, und das Land ist unterjocht vor Jehova und vor seinem

---

a Eig. Bindestücke. — *b* Eig. ist ein Knabe; so auch Kap. 29, 1. — *c* W. für alle Länder. — *d* Nach and. Lesart: . . . zu Salomo, seinem Sohne: Ich selbst usw. — *e* der Friedliche. — *f* O. durch meine Mühe. — *g* Vergl. Kap. 28, 1.

19 Volke. Richtet nun euer Herz und eure Seele darauf, Jehova, euren Gott, zu suchen; und machet euch auf und bauet das Heiligtum Jehovas Gottes, daß ihr die Lade des Bundes Jehovas und die Geräte des Heiligtums Gottes in das Haus bringet, welches dem Namen Jehovas gebaut werden soll.

23 Und David war alt und der Tage satt; und er machte Salomo, seinen Sohn, zum König über Israel.

2 Und er versammelte alle Obersten Israels und die Priester und die Le-
3 viten. Und die Leviten wurden gezählt von dreißig Jahren an und darüber; und ihre Zahl war, Kopf für Kopf, an Männern achtunddreißigtau-
4 send. Von diesen, *sprach David*, sollen vierundzwanzigtausend die Aufsicht über das Werk des Hauses Jehovas führen; und sechstausend *sollen*
5 Vorsteher und Richter *sein*; und viertausend Torhüter; und viertausend, welche Jehova loben a mit den Instrumenten, die ich gemacht habe, um zu
6 loben a. Und David teilte sie in Abteilungen, nach den Söhnen Levis, nach Gerson, Kehath und Merari.

7 Von den Gersonitern: Ladan und
8 Simei. Die Söhne Ladans: das Haupt, Jechiel, und Setham und Joel, drei.
9 Die Söhne Simeis: Schelomith und Hasiel und Haran, drei. Diese waren
10 die Häupter der Väter von Ladan. Und die Söhne Simeis: Jachath, Sina und Jeghusch und Beria; das waren die
11 Söhne Simeis, vier. Und Jachath war das Haupt, und Sina der zweite; und Jeghusch und Beria hatten nicht viele Söhne, und so bildeten sie ein Vaterhaus, e i n e Zählung b.

12 Die Söhne Kehaths: Amram, Jizhar,
13 Hebron und Ussiel, vier. Die Söhne Amrams: Aaron und Mose. Und Aaron wurde abgesondert, daß er als hochheilig geheiligt würde, er und seine Söhne auf ewig, um vor Jehova zu räuchern, ihm zu dienen und in seinem Namen zu segnen ewiglich.
14 Und was Mose, den Mann Gottes, betrifft, so wurden seine Söhne nach
15 dem Stamme Levi genannt. Die Söhne
16 Moses: Gersom und Elieser. Die Söhne Gersoms: Schebuel, das Haupt.
17 Und die Söhne Eliesers waren: Rechabja, das Haupt; und Elieser hatte keine anderen Söhne; aber die Söhne Rechabjas waren überaus zahlreich. —
18 Die Söhne Jizhars: Schelomith, das
19 Haupt. Die Söhne Hebrons: Jerija, das Haupt; Amarja, der zweite; Jachasiel, der dritte; und Jekamam, der
20 vierte. Die Söhne Ussiels: Micha, das Haupt, und Jischija, der zweite.
21 Die Söhne Meraris: Machli und Musi. Die Söhne Machlis: Eleasar und
22 Kis. Und Eleasar starb, und er hatte keine Söhne, sondern *nur* Töchter; und die Söhne Kis', ihre Brüder, nah-

men sie zu Weibern. Die Söhne Mu-23 si: Machli und Eder und Jeremoth, drei.

Das waren die Söhne Levis nach ihren 24 Vaterhäusern, Häupter der Väter, wie sie gemustert wurden nach der Zahl c der Namen, Kopf für Kopf, welche die Werk taten für den Dienst des Hauses Jehovas, von zwanzig Jahren an und darüber. Denn David sprach: Jeho-25 va, der Gott Israels, hat seinem Volke Ruhe geschafft, und er wohnt in Jerusalem auf ewig; so haben auch die 26 Leviten die Wohnung und alle ihre Geräte zu ihrem Dienste nicht mehr zu tragen. Denn nach den letzten Wor-27 ten Davids wurden von den Söhnen Levis diejenigen von zwanzig Jahren an und darüber gezählt. Denn ihre 28 Stelle war d zur Seite e der Söhne Aarons für den Dienst des Hauses Jehovas betreffs der Vorhöfe und der Zellen und der Reinigung alles Heiligen, und *betreffs* des Werkes des Dienstes des 29 Hauses Gottes: für das Schichtbrot, und für das Feinmehl zum Speisopfer, und für die ungesäuerten Fladen, und für die Pfanne, und für das Eingerührte, und für alles Hohl- und Längen-30 maß; und damit sie Morgen für Morgen hinträten, um Jehova zu preisen und zu loben, und ebenso am Abend; 31 und um alle Brandopfer dem Jehova zu opfern an den Sabbathen, an den Neumonden und an den Festen f, nach der Zahl, nach der Vorschrift darüber g, beständig vor Jehova. Und sie warte-32 ten der Hut des Zeltes der Zusammenkunft und der Hut des Heiligtums, und der Hut der Söhne Aarons, ihrer Brüder h, für den Dienst des Hauses Jehovas.

24 Und was die Söhne Aarons betrifft, *so waren* ihre Abteilungen: Die Söhne Aarons: Nadab und Abihu, Elea-2 sar und Ithamar. Und Nadab und Abihu starben vor ihrem Vater, und sie hatten keine Söhne; und Eleasar und Ithamar übten den Priesterdienst aus. 3 Und David, und Zadok von den Söhnen Eleasars, und Ahimelech von den Söhnen Ithamars teilten sie ab nach 4 ihrem Amte, in ihrem Dienste. Und von den Söhnen Eleasars wurden mehr Familienhäupter i gefunden, als von den Söhnen Ithamars; und so teilten sie sie *so* ab: Von den Söhnen Eleasars sechzehn Häupter von Vaterhäusern, und von den Söhnen Ithamars, 5 acht *Häupter* von ihren Vaterhäusern. Und zwar teilten sie sie durch Lose ab, diese wie jene; denn die Obersten des Heiligtums und die Obersten Gottes waren aus den Söhnen Eleasars 6 und aus den Söhnen Ithamars. Und Schemaja, der Sohn Nethaneels, der Schreiber aus Levi, schrieb sie auf in Gegenwart des Königs und der Obersten und Zadoks, des Priesters, und

---

a O. lobsingen. — b O. e i n e Amtsklasse. — c O. durch Zählung. — d O. mit Einklammerung des 27. Verses: „Denn ihre Stelle ist usw."; und dementsprechend in V. 32: „Und so sollen warten usw." — e O. unter der Aufsicht, Leitung. — f S. die Anm. zu 3. Mose 23, 2. — g S. 4. Mose 28. — h d. h. sie unterstützten ihre Brüder in deren Dienst. — i W. Häupter der Männer, d. h. der Familienväter.

Ahimelechs, des Sohnes Abjathars, und der Häupter der Väter der Priester und der Leviten. Je ein Vaterhaus wurde ausgelost für Eleasar, und je eines wurde ausgelost für Ithamar a.

7 Und das erste Los kam heraus für
8 Jehojarib, für Jedaja das zweite, für Harim das dritte, für Seorim das vier-
9 te, für Malkija das fünfte, für Mija-
10 min das sechste, für Hakkoz das sie-
11 bente, für Abija das achte, für Je-schua das neunte, für Schekanja das
12 zehnte, für Eljaschib das elfte, für Ja-
13 kim das zwölfte, für Huppa das drei-zehnte, für Jeschebab das vierzehnte,
14 für Bilga das fünfzehnte, für Immer
15 das sechzehnte, für Hesir das sieben-zehnte, für Happizez das achtzehnte,
16 für Pethachja das neunzehnte, für Je-
17 cheskel das zwanzigste, für Jakin das einundzwanzigste, für Gamul das zwei-
18 undzwanzigste, für Delaja das drei-undzwanzigste, für Maasja das vier-
19 undzwanzigste. Das war ihre Eintei-lung zu ihrem Dienst, um in das Haus Jehovas zu kommen nach ihrer Vor-schrift, gegeben durch ihren Vater Aa-ron, so wie Jehova, der Gott Israels, ihm geboten hatte.

20 Und was die übrigen Söhne Levis betrifft: von den Söhnen Amrams: Schubael; von den Söhnen Schubaels:
21 Jechdeja. — Von Rechabja, von den Söhnen Rechabjas: das Haupt, Jischi-
22 ja. — Von den Jizharitern: Schelo-moth; von den Söhnen Schelomoths:
23 Jachath. — Und die Söhne Hebrons b: Jerija, das Haupt; Amarja, der zwei-te; Jachasiel, der dritte; Jekamam,
24 der vierte. — Die Söhne Ussiels: Mi-cha; von den Söhnen Michas: Scha-
25 mir. Der Bruder Michas war Jischija; von den Söhnen Jischijas: Sekarja. —
26 Die Söhne Meraris: Machli und Musi. Die Söhne Jaasijas, seines Sohnes:
27 die Söhne Meraris von Jaasija, seinem Sohne: Schoham und Sakkur und Ibri;
28 von Machli: Eleasar, der hatte aber
29 keine Söhne; von Kis, die Söhne Kis':
30 Jerachmeel; und die Söhne Musis: Machli und Eder und Jerimoth. Das waren die Söhne der Leviten, nach
31 ihren Vaterhäusern. Und auch sie warfen Lose wie ihre Brüder, die Söh-ne Aarons, in Gegenwart des Königs David und Zadoks und Ahimelechs und der Häupter der Väter der Prie-ster und der Leviten — das Haupt der Väter wie sein geringster Bruder.

25 Und David und die Obersten des Heeres sonderten von den Söhnen Asaphs und Hemans und Jeduthuns solche zum Dienste ab c, welche weis-sagten d mit Lauten und Harfen und mit Zimbeln. Und es war ihre Zahl, der Männer, die tätig waren e für ih-
2 ren Dienst: Von den Söhnen Asaphs: Sakkur und Joseph und Nethanja und Ascharela, die Söhne Asaphs, unter der Leitung Asaphs, welcher nach

der Anweisung des Königs weissag-te. Von Jeduthun, die Söhne Jedu- 3 thuns: Gedalja und Zeri und Jesa-ja, Haschabja und Mattithja, und Si-mei f, sechs, unter der Leitung ihres Vaters Jeduthun, mit der Laute, wel-cher weissagte, um Jehova zu prei-sen g und zu loben. Von Heman, die 4 Söhne Hemans: Bukkija und Mattan-ja, Ussiel, Schebuel und Jerimoth, Hananja, Hanani, Eliatha, Giddalti und Romamti-Eser, Joschbekascha, Mallothi, Hothir, Machasioth. Alle die- 5 se waren Söhne Hemans, des Sehers des Königs in den Worten Gottes, um seine Macht zu erheben h; und Gott hatte dem Heman vierzehn Söhne und drei Töchter gegeben. — Alle die- 6 se waren unter der Leitung ihrer Vä-ter, Asaph und Jeduthun und Heman, beim Gesange im Hause Jehovas, mit Zimbeln, Harfen und Lauten, zum Dienste des Hauses Gottes, nach der Anweisung des Königs. Und es war 7 ihre Zahl mit ihren Brüdern, die im Gesange Jehovas i geübt waren: aller Kundigen zweihundertachtundachtzig.

Und sie warfen Lose über ihr Amt, 8 der Kleine wie der Große, der Kun-dige mit dem Lehrling. Und das erste 9 Los kam heraus für Asaph, für Joseph; für Gedalja das zweite: er und seine Brüder und seine Söhne waren zwölf; das dritte für Sakkur: seine Söhne 10 und seine Brüder, zwölf; das vierte 11 für Jizri: seine Söhne und seine Brü-der, zwölf; das fünfte für Nathanja: 12 seine Söhne und seine Brüder, zwölf; das sechste für Bukkija: seine Söhne 13 und seine Brüder, zwölf; das siebente 14 für Jescharela: seine Söhne und sei-ne Brüder, zwölf; das achte für Je- 15 saja: seine Söhne und seine Brüder, zwölf; das neunte für Mattanja: sei- 16 ne Söhne und seine Brüder, zwölf; das zehnte für Simei: seine Söhne 17 und seine Brüder, zwölf; das elfte für 18 Asarel: seine Söhne und seine Brü-der, zwölf; das zwölfte für Haschabja: 19 seine Söhne und seine Brüder, zwölf; das dreizehnte für Schubael: seine 20 Söhne und seine Brüder, zwölf; das 21 vierzehnte für Mattithja: seine Söhne und seine Brüder, zwölf; das fünf- 22 zehnte für Jeremoth: seine Söhne und seine Brüder, zwölf; das sechzehnte 23 für Hananja: seine Söhne und seine Brüder, zwölf; das siebenzehnte für 24 Joschbekascha: seine Söhne und seine Brüder, zwölf; das achtzehnte für Ha- 25 nani: seine Söhne und seine Brüder, zwölf; das neunzehnte für Mallothi: 26 seine Söhne und seine Brüder, zwölf; das zwanzigste für Eliatha: seine 27 Söhne und seine Brüder, zwölf; das 28 einundzwanzigste für Hothir: seine Söhne und seine Brüder, zwölf; das 29 zweiundzwanzigste für Giddalti: sei-ne Söhne und seine Brüder, zwölf; das dreiundzwanzigste für Machasioth: 30

---

a Eig. gezogen für Eleasar, und gezogen, gezogen für Ithamar. — b Vergl. Kap. 23, 19. — c O. die Söhne . . . Jeduthuns zum Dienste ab. — d d. h. sangen, getrieben durch den Geist Gottes. — e W. der Männer des Werkes. — f S. V. 17. — g O. zu danken. — h W. das Horn zu erhöhen. — i Eig. dem od. für Jehova.

seine Söhne und seine Brüder, zwölf; 31 das vierundzwanzigste für Romamti-Eser: seine Söhne und seine Brüder, zwölf.

26 Die Abteilungen der Torhüter: von den Korhitern: Meschelemja, der Sohn Kores, von den Söhnen 2 Asaphs; und Meschelemja hatte Söhne: Sekarja, der erstgeborene; Jediael, der zweite; Sebadja, der dritte; 3 Jathniel, der vierte; Elam, der fünfte; Jochanan, der sechste; Eljehoenai, der 4 siebente. — Und Obed-Edom hatte Söhne: Schemaja, der erstgeborene; Josabad, der zweite; Joach, der dritte; und Sakar, der vierte; und Nethaneel, 5 der fünfte; Ammiel, der sechste; Issaschar, der siebente; Peullethai, der achte; denn Gott hatte ihn gesegnet. 6 — Und Schemaja, seinem Sohne, wurden Söhne geboren, welche in dem Hause ihres Vaters herrschten, denn 7 sie waren tapfere *a* Männer. Die Söhne Schemajas: Othni und Rephael und Obed, Elsabad *und* seine Brüder, wak-8 kere Männer, Elihu und Semakja. Alle diese von den Söhnen Obed-Edoms, sie und ihre Söhne und ihre Brüder, waren wackere Männer, fähig zum Dienste, zweiundsechzig von Obed-9 Edom. — Und Meschelemja hatte Söhne und Brüder, wackere Männer, acht-10 zehn. — Und Hosa, von den Söhnen Meraris, hatte Söhne: Schimri, das Haupt (obwohl er nicht der Erstgeborene war), setzte sein Vater ihn doch 11 zum Haupte); Hilkija, der zweite; Tebalja, der dritte; Sekarja, der vierte. Aller Söhne und Brüder Hosas waren dreizehn.

12 Diese Abteilungen der Torhüter, nach den Häuptern *b* der Männer, hatten die Wachen gleich ihren Brüdern, um in dem Hause Jehovas zu dienen. 13 Und sie warfen Lose, der Kleine wie der Große, nach ihren Vaterhäusern, 14 für jedes Tor. Und für Schelemja fiel das Los gegen Osten. Und sie warfen Lose für seinen Sohn Sekarja, der ein verständiger Ratgeber war; und sein 15 Los kam heraus gegen Norden. Für Obed-Edom gegen Süden; und seinen 16 Söhnen *fiel* das Vorratshaus *c zu*. Für Schuppim und für Hosa gegen Westen, bei dem Tore Schalleketh, an der aufsteigenden Straße, Wache gegen Wa-17 che. Gegen Osten waren sechs Leviten; gegen Norden täglich vier; gegen Süden täglich vier; und an dem Vorrats-18 hause je zwei; an dem Parbar *d* gegen Westen: vier an der Straße, zwei an 19 dem Parbar. Das sind die Abteilungen der Torhüter von den Söhnen der Korhiter und von den Söhnen Meraris. 20 Und die Leviten: Achija war *e* über die Schätze des Hauses Gottes und über die Schätze der geheiligten Dinge. — 21 Die Söhne Ladans, die Söhne der Gersoniter von Ladan, die Häupter der Väter von Ladan, die Gersoniter, die

Jechieliter, die Söhne der Jechieliter: 22 Setham und sein Bruder Joel, waren über die Schätze des Hauses Jehovas. — Was die Amramiter, die Jizhariter, 23 die Hebroniter, die Ussieliter betrifft, so war Schebuel, der Sohn Gersoms, 24 des Sohnes Moses, Oberaufseher über die Schätze. — Und seine Brüder, von 25 Elieser: dessen Sohn Rechabja, und dessen Sohn Jesaja, und dessen Sohn Joram, und dessen Sohn Sikri, und dessen Sohn Schelomith. Dieser Sche-26 lomith und seine Brüder waren über alle Schätze der geheiligten Dinge, welche der König David und die Häupter der Väter, die Obersten über tausend und über hundert, und die Obersten des Heeres geheiligt *f* hatten; von den Kriegen und von der Beute 27 hatten sie sie geheiligt *f* zur Unterhaltung des Hauses Jehovas; und *über* 28 alles was Samuel, der Seher, und Saul, der Sohn Kis', und Abner, der Sohn Ners, und Joab, der Sohn der Zeruja, geheiligt hatten. Alles Geheiligte stand unter der Aufsicht *g* Schelomiths und seiner Brüder. — Von den Jizha-29 ritern waren Kenanja und seine Söhne für die äußeren Geschäfte über Israel, als Vorsteher und Richter. — Von 30 den Hebronitern waren Haschabja und seine Brüder, wackere Männer, tausend und siebenhundert, zur Aufsicht über Israel diesseits des Jordan gegen Abend, für alle Angelegenheiten Jehovas und für den Dienst des Königs. — Von den Hebronitern war Jerija aus 31 Haupt, von den Hebronitern, nach ihren Geschlechtern, nach den Vätern (im vierzigsten Jahre der Regierung Davids forschte man nach ihnen, und es fanden sich unter ihnen tüchtige Männer zu Jaser-Gilead); und seine Brü-32 der, wackere Männer, waren zweitausend und siebenhundert, Häupter der Väter. Und der König David bestellte sie über die Rubeniter und die Gaditer und den halben Stamm Manasse, für alle Angelegenheiten Gottes und für die Angelegenheiten des Königs.

Und die Kinder Israel, nach ihrer **27** Zahl, die Häupter der Väter und über hundert, und ihre Vorsteher, die dem Könige dienten in allen Angelegenheiten der Abteilungen, der antretenden und der abtretenden, Monat für Monat, für alle Monate des Jahres; eine jede Abteilung *zählte* vierundzwanzigtausend *Mann*. Ueber die erste Abteilung für 2 den ersten Monat war Jaschobam, der Sohn Sabdiels; und in seiner Abteilung waren vierundzwanzigtausend. Er 3 war von den Söhnen des Perez, das Haupt aller Heerobersten für den ersten Monat. Und über die Abteilung 4 des zweiten Monats war Dodai, der Achochiter *h*; und von seiner Abteilung war Mikloth Oberaufseher *i*; und in seiner Abteilung waren vierund-

a O. tüchtige, wie V. 31. — b O. die Häupter. — c And. üb.: die Vorratshäuser; so auch V. 17. — d S. die Anm. zu 2. Könige 23, 11. — e And. l.: Und die Leviten, ihre Brüder, waren. — f O. geweiht. — g W. war unter der Hand. — h Vergl. 2. Sam. 23, 9; und hier Kap. 11, 12. — i O. Fürst.

5 zwanzigtausend. Der Oberste des dritten Heeres für den dritten Monat war
Benaja, der Sohn Jojadas, des Kron-
dieners *a*, als Haupt; und in seiner Abteilung waren vierundzwanzigtausend.
6 Dieser Benaja war ein Held unter den
Dreißig und über die Dreißig; und
von seiner Abteilung war Ammisa-
7 bad, sein Sohn, *Oberaufseher*. Der vierte für den vierten Monat war Asael,
der Bruder Joabs, und Sebadja, sein
Sohn, nach ihm; und in seiner Abteilung waren vierundzwanzigtausend.
8 Der fünfte für den fünften Monat war
der Oberste Schamhuth, der Jisrachi-
ter; und in seiner Abteilung waren
9 vierundzwanzigtausend. Der sechste
für den sechsten Monat war Ira, der
Sohn Ikkesch', der Tekoiter; und in
seiner Abteilung waren vierundzwan-
10 zigtausend. Der siebente für den siebenten Monat war Helez, der Peloniter,
von den Kindern Ephraim; und in seiner
Abteilung waren vierundzwanzigtau-
11 send. Der achte für den achten Monat
war Sibbekai, der Huschathiter, von
den Sarchitern; und in seiner Abteilung waren vierundzwanzigtausend.
12 Der neunte für den neunten Monat
war Abieser, der Anathothiter, von den
Benjaminitern; und in seiner Abteilung waren vierundzwanzigtausend.
13 Der zehnte für den zehnten Monat war
Maharai, der Netophathiter, von den
Sarchitern; und in seiner Abteilung wa-
14 ren vierundzwanzigtausend. Der elfte
für den elften Monat war Benaja, der
Pirhathoniter, von den Kindern Ephraim; und in seiner Abteilung waren
15 vierundzwanzigtausend. Der zwölfte
für den zwölften Monat war Heldai,
der Netophathiter, von Othniel; und
in seiner Abteilung waren vierundzwanzigtausend.
16 Und über die Stämme Israels: Der
Fürst der Rubeniter war Elieser, der
Sohn Sikris; der Simeoniter, Sche-
17 phatja, der Sohn Maakas; von Levi,
Haschabja, der Sohn Kemuels; von
18 Aaron, Zadok; von Juda, Elihu, von
den Brüdern Davids; von Issaschar,
19 Omri, der Sohn Michaels; von Sebulon, Jischmaja, der Sohn Obadjas; von
Naphtali, Jerimoth, der Sohn Asriels;
20 von den Kindern Ephraim, Hosea, der
Sohn Asasjas; von dem halben Stamme
21 Manasse, Joel, der Sohn Pedajas; von
der Hälfte des Manasse in Gilead, Iddo,
der Sohn Sekarjas; von Benjamin, Jaa-
22 siel, der Sohn Abners; von Dan, Asarel, der Sohn Jerochams. Das sind
die Obersten der Stämme Israels.
23 Und David nahm ihre Zahl von
zwanzig Jahren an und darunter nicht
auf; denn Jehova hatte gesagt, daß er
Israel mehren würde wie die Sterne
24 des Himmels. Joab, der Sohn der Zeruja, hatte zu zählen begonnen, aber
nicht vollendet; und es kam deshalb
ein Zorn über Israel; und so wurde
die Zahl in die Aufzählung der Jahr-

bücher des Königs David nicht aufgenommen.
25 Und über die Schätze *b* des Königs
war Asmaweth, der Sohn Adiels. Und
über die Vorräte auf dem Felde, in den
Städten und in den Dörfern und in
den Türmen, war Jonathan, der Sohn
Ussijas. Und über die Feldarbeiter 26
beim Landbau: Esri, der Sohn Kelubs.
27 Und über die Weinberge: Simei,
der Ramathiter; und über den Ertrag
der Weinberge, über die Weinvorrä-
te *c*: Sabdi, der Schiphmiter. Und 28
über die Olivenbäume und die Sykomoren, welche in der Niederung *d* waren: Baal-Hanan, der Gederiter; und
über die Oelvorräte: Joas. Und über 29
die Rinder, die in Saron weideten:
Schitrai, der Saroniter; und über die
Rinder in den Niederungen: Schaphat,
der Sohn Adlais; und über die Kame- 30
le: Obil, der Ismaeliter; und über die
Eselinnen: Jechdeja, der Meronothiter; und über das Kleinvieh: Jasis, 31
der Hageriter. Alle diese waren Aufseher über die Habe des Königs David.
32 Und Jonathan, der Oheim *e* Davids,
war Rat; er war ein einsichtiger Mann
und ein Schriftgelehrter. Und Jechiel,
der Sohn Hakmonis, war bei den Söhnen des Königs. Und Ahitophel war 33
Rat des Königs; und Husai, der Arkiter, war Freund des Königs; und 34
nach Ahitophel war Jojada, der Sohn
Benajas, und Abjathar *f*. Und Joab
war Heeroberster des Königs.

28
Und David versammelte alle Obersten Israels, die Obersten der Stämme und die Obersten der Abteilungen,
welche dem König dienten, und die
Obersten über tausend und die Obersten über hundert, und die Aufseher
über alle Habe und alles Besitztum des
Königs und seiner Söhne, samt den
Kämmerern und den Helden und allen tapferen Männern, nach Jerusa-
2 lem. Und der König David erhob sich
auf seine Füße und sprach: Höret
mich, meine Brüder und mein Volk!
Ich hatte in meinem Herzen, ein Haus
der Ruhe zu bauen für die Lade des
Bundes Jehovas und für den Schemel
der Füße unseres Gottes; und ich
3 schickte mich an zu bauen. Aber Gott
sprach zu mir: Du sollst meinem Namen kein Haus bauen; denn du bist
ein Kriegsmann und hast Blut ver-
4 gossen. Und Jehova, der Gott Israels,
hat mich aus dem ganzen Hause meines Vaters erwählt, um König zu sein
über Israel ewiglich; denn Juda hat
er zum Fürsten erwählt, und im Hause Juda das Haus meines Vaters, und
unter den Söhnen meines Vaters hat
er an mir Wohlgefallen gehabt, mich
zum König zu machen über ganz Is-
5 rael; und von allen meinen Söhnen
(denn Jehova hat mir viele Söhne gegeben) hat er meinen Sohn Salomo erwählt, um auf den Throne des Königtums Jehovas über Israel zu sitzen.

---

a O. des Priesters. — *b* O. Vorräte. — *c* W. und über das was in den Weinbergen
an Weinvorräten war. — *d* S. die Anm. zu 5. Mose 1, 7. — *e* O. Vetter. — *f* O. waren
Jojada . . . und Abjathar *Räte des Königs*.

6 Und er sprach zu mir: Salomo, dein Sohn, er soll mein Haus und meine Höfe bauen; denn ich habe ihn mir zum Sohne erwählt, und ich will ihm 7 Vater sein. Und ich werde sein Königreich befestigen auf ewig, wenn er fest daran halten wird, meine Gebote und meine Rechte zu tun, wie es an 8 diesem Tage ist. Und nun, vor den Augen von ganz Israel, der Versammlung Jehovas, und vor den Ohren unseres Gottes: Beobachtet und suchet alle Gebote Jehovas, eures Gottes, auf daß ihr dieses gute Land besitzet und es euren Söhnen nach euch vererbet 9 auf ewig. Und du, mein Sohn Salomo, erkenne den Gott deines Vaters und diene ihm mit ungeteiltem Herzen und mit williger Seele! Denn Jehova erforscht alle Herzen, und alles Gebilde der Gedanken kennt er. Wenn du ihn suchst, wird er sich von dir finden lassen; wenn du ihn aber verlässest, 10 wird er dich verwerfen auf ewig. Sieh nun, daß Jehova dich erwählt hat *a*, *ihm* ein Haus zu bauen zum Heiligtum; sei stark und handle!

11   Und David gab seinem Sohne Salomo das Muster der Halle *des Tempels* und seiner *b* Häuser und seiner Schatzkammern und seiner Obergemächer und seiner inneren Gemächer und des 12 Hauses des Sühndeckels *c*; und das Muster von allem was durch den Geist in ihm war: betreffs der Höfe des Hauses Jehovas und aller Zellen ringsum; betreffs der Schatzkammern des Hauses Gottes und der Schatzkammern 13 der geheiligten Dinge; und betreffs der Abteilungen der Priester und der Leviten und aller Dienstverrichtungen im Hause Jehovas; und betreffs aller Geräte des Dienstes im Hause Jeho- 14 vas; betreffs des Goldes nach dem Gold-Gewicht für alle Geräte eines jeden Dienstes; *und* betreffs aller silbernen Geräte nach dem Gewicht, für alle Geräte eines jeden Dienstes. 15 Und *er gab* das Gewicht *an* für die goldenen Leuchter und für ihre goldenen Lampen, nach dem Gewicht eines jeden Leuchters und seiner Lampen; und für die silbernen Leuchter nach dem Gewicht eines Leuchters und seiner Lampen, je nach dem Dienst 16 eines jeden Leuchters; und das Gold-Gewicht für die Tische der Schichtbrote, für jeden Tisch; und das Silber 17 für die silbernen Tische; und die Gabeln und die Sprengschalen und die Kannen von reinem Golde; und *das Gewicht* für die goldenen Becher, nach dem Gewicht eines jeden Bechers, und für die silbernen Becher, nach dem 18 Gewicht eines jeden Bechers; und für den Räucheraltar von geläutertem Golde, nach dem Gewicht; und das Muster des Wagens der Cherubim von Gold, welche *die Flügel* ausbreiten und die

Lade des Bundes Jehovas überdecken. — Ueber dies alles, über alle Werke 19 des Musters, *sprach David*, hat er mich durch Schrift unterwiesen, dadurch, daß die Hand Jehovas auf mir war.

Und David sprach zu seinem Sohne 20 Salomo: Sei stark und mutig und handle; fürchte dich nicht und erschrick nicht! denn Jehova Gott, mein Gott, wird mit dir sein: er wird dich nicht versäumen und dich nicht verlassen, bis alles Werk zum Dienste des Hauses Jehovas vollendet ist. Und 21 siehe, da sind die Abteilungen der Priester und der Leviten für den ganzen Dienst des Hauses Gottes; und bei dir sind in allem Werke solche, die bereitwillig und geschickt sind zu jedem Dienste *d*, und die Obersten und das ganze Volk zu allen deinen Anordnungen *e*.

Und der König David sprach zu **29** der ganzen Versammlung: Salomo, mein Sohn, der einzige, den Gott erwählt hat, ist noch jung und zart; das Werk aber ist groß, denn nicht für einen Menschen ist dieser Palast, sondern für Jehova Gott. Und mit all 2 meiner Kraft habe ich für das Haus meines Gottes bereitet: das Gold zu dem goldenen, und das Silber zu dem silbernen, und das Erz zu dem ehernen, das Eisen zu dem eisernen, und das Holz zu dem hölzernen *Geräte*; Onyxsteine und Steine zum Einsetzen, Steine zur Verzierung *f* und buntfarbig, und allerlei kostbare Steine, und weiße Marmorsteine in Menge. Und über- 3 dies, weil ich Wohlgefallen habe an dem Hause meines Gottes, habe ich, was ich als eigenes Gut an Gold und Silber besitze, für das Haus meines Gottes gegeben, zu alledem hinzu, was ich für das Haus des Heiligtums bereitet habe: dreitausend Talente Gold, 4 von Gold aus Ophir, und siebentausend Talente geläutertes Silber, zum Ueberziehen der Wände der Häuser; Gold zu dem goldenen und Silber zu 5 dem silbernen *Geräte*, und zu allem Werke von Künstlerhand. Wer ist nun bereitwillig, heute seine Hand für Jehova zu füllen?

Und die Obersten der Väter und die 6 Obersten der Stämme Israels, und die Obersten über tausend und über hundert, und die Obersten über die Geschäfte des Königs zeigten sich bereitwillig *g*; und sie gaben für die Arbeit 7 des Hauses Gottes fünftausend Talente Gold und zehntausend Dariken *h*, und zehntausend Talente Silber, und achtzehntausend Talente Erz, und hunderttausend Talente Eisen. Und bei 8 welchem sich *Edel*steine vorfanden, die gaben sie zum Schatze des Hauses Jehovas in die Hand Jechiels, des Gersoniters. Und das Volk freute sich 9 über ihre Bereitwilligkeit, denn mit

---

a O. Sieh nun zu, denn Jehova hat dich erwählt. — *b* W. seine us.r. — *c* Vergl. 2. Chron. 3, 8; und die Anm. zu 2. Mose 25, 17. — *d* Eig. allerlei Bereitwillige in Weisheit zu jeder Arbeit. — *e* W. allen deinen Worten (Befehlen) gemäß. — *f* Viell. dunkle Steine zu Einfassungen an den Mauern. — *g* O. gaben bereitwillig; so auch V. 9. 17. — *h* eine persische Münze, im ungefähren Wert von 20 Mark.

ungeteiltem Herzen zeigten sie sich bereitwillig für Jehova; und auch der König David freute sich mit großer Freude.
10 Und David pries Jehova vor den Augen der ganzen Versammlung, und David sprach: Gepriesen seiest du, Jehova, Gott unseres Vaters Israel,
11 von Ewigkeit zu Ewigkeit! Dein, Jehova, ist die Größe und die Stärke und der Ruhm*a* und der Glanz und die Pracht*b*; denn alles im Himmel und auf Erden ist dein. Dein, Jehova, ist das Königreich, und du bist über
12 alles erhaben als Haupt; und Reichtum und Ehre*c* kommen von dir, und du bist Herrscher über alles; und in deiner Hand sind Macht und Stärke, und in deiner Hand ist es, alles groß
13 und stark zu machen. Und nun, unser Gott, wir preisen dich, und wir rüh-
14 men deinen herrlichen Namen. Denn wer bin ich, und was ist mein Volk, daß wir vermöchten, auf solche Weise freigebig*d* zu sein? Denn von dir kommt alles, und aus deiner Hand
15 haben wir dir gegeben. Denn wir sind Fremdlinge vor dir und Beisassen, wie alle unsere Väter; wie ein Schatten sind unsere Tage auf Erden, und keine Hoffnung ist da, *hienieden zu*
16 *bleiben.* Jehova, unser Gott, alle diese Menge, die wir bereitet haben, um dir ein Haus zu bauen für deinen heiligen Namen, von deiner Hand ist
17 sie, und das alles ist dein. Und ich weiß, mein Gott, daß du das Herz prüfst und Wohlgefallen hast an Aufrichtigkeit: Ich *nun*, in Aufrichtigkeit meines Herzens habe ich alles dieses bereitwillig gegeben; und ich habe jetzt mit Freuden gesehen, daß dein Volk, welches sich hier befindet, dir
18 bereitwillig gegeben hat. Jehova, Gott unserer Väter Abraham, Isaak und Israel, bewahre dieses ewiglich als Gebilde der Gedanken des Herzens deines Volkes, und richte ihr Herz zu dir!
19 Und meinem Sohne Salomo gib ein ungeteiltes Herz, deine Gebote, deine Zeugnisse und deine Satzungen zu beobachten, und alles zu tun und den Palast zu bauen, den ich vorbereitet habe.

20 Und David sprach zu der ganzen Versammlung: Preiset doch Jehova, euren Gott! Und die ganze Versammlung pries Jehova, den Gott ihrer Väter; und sie neigten sich und beugten sich nieder vor Jehova und vor dem König. Und am nächstfolgenden Tage
21 opferten sie Schlachtopfer dem Jehova, und opferten Brandopfer dem Jehova: tausend Farren, tausend Widder, tausend Schafe, und ihre Trankopfer, und Schlachtopfer in Menge für ganz Israel. Und sie aßen und tran-
22 ken vor Jehova an selbigem Tage mit großer Freude; und sie machten Salomo, den Sohn Davids, zum zweiten Male vor Jehova und salbten ihn Jehova zum Fürsten, und *salbten* Zadok zum Priester.
23 Und so setzte sich Salomo auf den Thron Jehovas als König an seines Vaters David Statt, und er hatte Gedeihen; und ganz Israel gehorchte ihm. Und alle Fürsten und die Hel-
24 den, und auch die Söhne des Königs David unterwarfen sich dem König Salomo. Und Jehova machte Salomo
25 überaus groß vor den Augen von ganz Israel; und er gab ihm eine königliche Pracht, wie sie vor ihm auf keinem König über Israel gewesen war.
26 So regierte David, der Sohn Isais, über ganz Israel. Und die Tage, die
27 er über ganz Israel regierte, waren vierzig Jahre; zu Hebron regierte er sieben Jahre, und zu Jerusalem re-
28 gierte er dreiunddreißig *Jahre*. Und er starb in gutem Alter, satt an Tagen, Reichtum und Ehre. Und Salomo, sein Sohn, ward König an seiner Statt.
29 Und die Geschichte*e* des Königs David, die erste und die letzte, siehe, sie ist geschrieben in der Geschichte Samuels, des Sehers, und in der Geschichte Nathans, des Propheten, und
30 in der Geschichte Gads, des Schauers; nebst seiner ganzen Regierung und seiner Macht, und den Zeiten, die über ihn und über Israel und über alle Königreiche der Länder ergangen sind.

Das zweite Buch der Chronika

1 Und Salomo, der Sohn Davids, erstarkte in seinem Königreich; und Jehova, sein Gott, war mit ihm und machte ihn überaus groß.
2 Und Salomo redete zu ganz Israel, zu den Obersten über tausend und über hundert, und zu den Richtern und zu allen Fürsten von ganz Israel,
3 den Häuptern der Väter*f*; und sie gingen, Salomo und die ganze Versammlung mit ihm, nach der Höhe,

die zu Gibeon war*g*; denn dort war das Zelt der Zusammenkunft Gottes, welches Mose, der Knecht Jehovas, in der Wüste gemacht hatte. Jedoch 4 die Lade Gottes hatte David von Kirjath-Jearim heraufgebracht an den Ort, welchen David für sie bereitet hatte; denn er hatte ihr zu Jerusalem ein Zelt aufgeschlagen. Und der eher- 5 ne Altar, den Bezaleel, der Sohn Uris, des Sohnes Hurs, gemacht hatte, war

---

a O. die Herrlichkeit. — *b* O. die Hoheit, Majestät. — *c* O. Herrlichkeit. — *d* O. bereitwillig. — *e* Eig. die Handlungen, Begebenheiten. — *f* d. h. den Stamm- oder Familienhäuptern. — *g* 1. Kön. 3, 4.

daselbst vor der Wohnung Jehovas; und Salomo und die Versammlung be-
6 suchten ihn. Und Salomo opferte da-
selbst vor Jehova auf dem ehernen Altar, der bei dem Zelte der Zusammenkunft war; und er opferte auf demselben tausend Brandopfer.
7 In a selbiger Nacht erschien Gott dem Salomo und sprach zu ihm: Bitte,
8 was ich dir geben soll. Und Salomo sprach zu Gott: Du hast ja an David, meinem Vater, große Güte erwiesen, und du hast mich zum König gemacht
9 an seiner Statt: nun möge sich, Jehova Gott, dein Wort bewähren, das du zu meinem Vater David geredet hast b! denn du hast mich zum König gemacht über ein Volk, das zahlreich ist wie
10 der Staub der Erde. Gib mir nun Weisheit und Erkenntnis, daß ich vor diesem Volke aus- und eingehen möge; denn wer könnte dieses dein großes
11 Volk richten? — Und Gott sprach zu Salomo: Weil dieses in deinem Herzen gewesen ist, und du nicht gebeten hast um Reichtum, Güter und Ehre e, und um das Leben derer, die dich hassen, und auch nicht um viele Tage gebeten, sondern dir Weisheit und Erkenntnis erbeten hast, damit du mein Volk richten mögest, über welches ich
12 dich zum König gemacht habe: so sind dir Weisheit und Erkenntnis gegeben; und Reichtum und Güter und Ehre will ich dir geben, dergleichen die Könige, die vor dir gewesen sind, nicht gehabt haben, und dergleichen keiner nach dir haben wird.
13 Und Salomo kam von der Höhe, die zu Gibeon war, von d dem Zelte der Zusammenkunft nach Jerusalem. Und er regierte über Israel.
14 Und e Salomo brachte Wagen und Reiter zusammen, und er hatte tausend und vierhundert Wagen und zwölftausend Reiter; und er verlegte sie in die Wagenstädte und zu dem
15 König nach Jerusalem. Und der König machte das Silber und das Gold in Jerusalem den Steinen gleich, und die Zedern machte er den Sykomoren gleich, die in der Niederung f sind, an
16 Menge. Und die Ausfuhr der Rosse für Salomo geschah aus Aegypten; und ein Zug Handelsleute des Königs hol-
17 te einen Zug um Geld g. Und sie brachten herauf und führten aus Aegypten einen Wagen aus um sechshundert Sekel Silber, und ein Roß um hundertundfünfzig. Und also führte man für alle Könige der Hethiter und für die Könige von Syrien durch ihre Hand aus h.

2 Und i Salomo gedachte dem Namen Jehovas ein Haus zu bauen und ein
2 Haus für sein Königtum. Und Salomo zählte siebenzigtausend Lastträger ab,

und achtzigtausend Steinhauer im Gebirge, und dreitausend und sechshundert Aufseher über dieselben. Und Sa- 3
lomo sandte zu Huram, dem König von Tyrus, und ließ ihm sagen: So wie du meinem Vater David getan und ihm Zedern gesandt hast, daß er sich ein Haus baue, um darin zu wohnen, so tue auch mir. Siehe, ich will dem Na- 4
men Jehovas, meines Gottes, ein Haus bauen, um es ihm zu heiligen, wohlriechendes Räucherwerk vor ihm zu räuchern, und um das beständige Schichtbrot zuzurichten und Brandopfer morgens und abends zu opfern, an den Sabbathen und an den Neumonden und an den Festen j Jehovas, unseres Gottes; ewiglich liegt dies Israel ob. Und das Haus, das ich bauen 5
will, soll groß sein: denn unser Gott ist größer als alle Götter. Aber wer 6
vermöchte ihm ein Haus zu bauen? denn die Himmel und der Himmel Himmel können ihn nicht fassen. Und wer bin ich, daß ich ihm ein Haus bauen sollte, es sei denn, um vor ihm zu räuchern? Und nun sende mir ei- 7
nen Mann, der zu arbeiten versteht in Gold und in Silber, und in Erz und in Eisen, und in rotem Purpur und Karmesin und blauem Purpur, und kundig ist, Schnitzarbeit zu machen, nebst den Kunstverständigen, die bei mir in Juda und in Jerusalem sind, die mein Vater David bestellt hat. Und sende mir Zedern-, Zypressen- 8
und Sandelholz vom Libanon; denn ich weiß, daß deine Knechte das Holz des Libanon zu hauen verstehen; und siehe, meine Knechte sollen mit deinen Knechten sein. Und man möge 9
mir Holz bereiten in Menge; denn das Haus, das ich bauen will, soll groß und außerordentlich sein. Und siehe, 10
ich werde deinen Knechten, den Holzhauern, die das Holz fällen, ausgeschlagenen Weizen k geben, zwanzigtausend Kor l, und zwanzigtausend Kor Gerste, und zwanzigtausend Bath Wein, und zwanzigtausend Bath Oel.
Und Huram, der König von Tyrus, 11
antwortete schriftlich und sandte an Salomo folgende Botschaft: Weil Jehova sein Volk liebt, hat er dich zum König über sie gesetzt. Und Huram 12
sprach: Gepriesen sei Jehova, der Gott Israels, der Himmel und Erde gemacht hat, daß er dem König David einen weisen Sohn gegeben, voll Einsicht und Verstand, der Jehova ein Haus bauen will und ein Haus für sein Königtum! Und nun sende ich dir ei- 13
nen kunstverständigen, einsichtsvollen Mann, Huram-Abi m, den Sohn eines 14
Weibes von den Töchtern Dans n, und dessen Vater ein Tyrer war, der zu arbeiten weiß in Gold und Silber,

---

a 1. Kön. 3, 5 usw. — b W. dein Wort an meinen Vater David. — c O. Herrlichkeit. — d Eig. von vor. — e 1. Kön. 10, 26. — f S. die Anm. zu 5. Mose 1, 7. — g S. die Anm. zu 1. Kön. 10, 28. — h S. die Anm. zu 1. Kön. 10, 29. — i 1. Kön. 5. — j S. die Anm. zu 3. Mose 23, 2; so auch Kap. 30, 22; 31, 3. — k Wahrsch. ist nach 1. Kön. 5, 11 zu lesen: Weizen zur Nahrung. — l ein Kor = 10 Epha, ungefähr zweiundeinhalb Hektoliter. — m S. 1. Kön. 7, 13. — n Vergl. die Anm. zu 1. Kön. 7, 14.

in Erz, in Eisen, in Steinen und in
Holz, in rotem Purpur, in blauem Purpur und in Byssus und in Karmesin,
und allerlei Schnitzarbeit zu machen,
und allerlei Kunstwerk zu ersinnen,
das ihm aufgegeben wird, nebst deinen Kunstverständigen und den Kunstverständigen meines Herrn David,
5 deines Vaters. Und nun, den Weizen
und die Gerste, das Oel und den Wein,
wovon mein Herr gesprochen hat, mö-
6 ge er seinen Knechten senden. Wir
aber werden Holz hauen vom Libanon nach all deinem Bedarf, und
werden es dir als Flöße auf dem Meere nach Japho a bringen; und du magst
es nach Jerusalem hinaufschaffen.
7 Und Salomo zählte alle Fremdlinge,
die im Lande Israel waren, nach der
Zählung, welche sein Vater David von
ihnen gemacht hatte; und es fanden
sich hundertdreiundfünfzigtausendund
8 sechshundert. Und er machte aus ihnen siebenzigtausend zu Lastträgern,
und achtzigtausend zu Steinhauern im
Gebirge, und dreitausend und sechshundert zu Aufsehern, um das Volk
zur Arbeit anzuhalten.

9 Und b Salomo fing an, das Haus Jehovas zu bauen in Jerusalem, auf dem
Berge Morija, wo er seinem Vater David erschienen war c, an dem Orte,
den David bereitet hatte, auf der Ten-
2 ne Ornans, des Jebusiters. Und er fing
an zu bauen im zweiten Monat, am
zweiten d Tage, im vierten Jahre seiner Regierung.

3 Und dies war die Grundlage, welche Salomo zum Bau des Hauses Gottes legte: die Länge, nach dem früheren e Ellenmaß, sechzig Ellen, und die
4 Breite zwanzig Ellen. — Und die
Halle, welche der Länge nach vor
der Breite des Hauses war, zwanzig
Ellen, und die Höhe hundertundzwanzig f; und er überzog sie inwendig mit
5 reinem Golde. Und das große Haus g
bekleidete er mit Zypressenholz, und
bekleidete es mit gutem Golde; und er
brachte Palmen und Ketten darauf an.
6 Und er überzog das Haus mit kostbaren
Steinen zum Schmuck; das Gold aber
7 war Gold von Parwaim. Und er bekleidete das Haus, die Balken der Decke, die
Schwellen und seine Wände und seine
Türflügel mit Gold; und er schnitzte
Cherubim ein an den Wänden.
8 Und er machte das Haus des Allerheiligsten. Seine Länge, vor der Breite des Hauses her, war zwanzig Ellen, und seine Breite zwanzig Ellen;
und er bekleidete es mit gutem Golde, an sechshundert Talente. Und das
Gewicht der Nägel war an fünfzig Sekel Gold. Auch die Obergemächer bekleidete er mit Gold.
10 Und er machte im Hause des Allerheiligsten zwei Cherubim, ein Werk

von Bildhauerarbeit; und man überzog sie mit Gold. Und die Flügel der 11
Cherubim — ihre Länge war zwanzig
Ellen: der Flügel des einen, von fünf
Ellen, rührte an die Wand des Hauses; und der andere Flügel, von fünf
Ellen, rührte an den Flügel des anderen Cherubs; und der Flügel des an- 12
deren Cherubs, von fünf Ellen, rührte
an die Wand des Hauses; und der
andere Flügel, von fünf Ellen, stieß
an den Flügel des einen Cherubs. Die 13
Flügel dieser Cherubim maßen ausgebreitet zwanzig Ellen; und sie selbst
standen auf ihren Füßen, und ihre
Angesichter waren dem Hause zugewandt. Und er machte den Vorhang 14
von blauem und rotem Purpur und
Karmesin und Byssus, und brachte
Cherubim darauf an.

Und h er machte vor dem Hause 15
zwei Säulen, fünfunddreißig Ellen
die Länge; und das Kapitäl, das auf
ihrer Spitze war, maß fünf Ellen.
Und er machte Ketten im Sprachor- 16
te i und tat sie an die Spitze der
Säulen; und er machte hundert Granatäpfel und tat sie an die Ketten.
Und er richtete die Säulen vor dem 17
Tempel auf, eine zur Rechten und eine
zur Linken; und er gab der rechten
den Namen Jakin j, und der linken
den Namen Boas k.

4 Und er machte einen ehernen Altar: zwanzig Ellen seine Länge, und
zwanzig Ellen seine Breite, und zehn
Ellen seine Höhe.

Und l er machte das Meer, gegos- 2
sen, zehn Ellen von seinem einen
Rande bis zu seinem anderen Rande,
gerundet ringsum, und fünf Ellen
seine Höhe; und eine Schnur von dreißig Ellen umfaßte es ringsum. Und 3
unter demselben waren Gleichnisse
von Rindern m, die es ringsherum umgaben, zehn auf die Elle, das Meer
ringsum einschließend; der Rinder m
waren zwei Reihen, gegossen aus
einem Gusse mit demselben. Es stand 4
auf zwölf Rindern; drei wandten sich
gegen Norden, und drei wandten sich
gegen Westen, und drei wandten
sich gegen Süden, und drei wandten
sich gegen Osten; und das Meer war
auf denselben, oben darüber, und alle
ihre Hinterteile waren nach innen
gekehrt. Und seine Dicke war eine 5
Hand breit, und sein Rand wie die
Arbeit eines Becherrandes, wie eine
Lilienblüte; an Inhalt faßte es dreitausend Bath.

Und er machte zehn Becken, und 6
er setzte fünf zur Rechten und fünf
zur Linken, um darin zu waschen;
was zum Brandopfer gehört spülte
man darin ab. Und das Meer war für
die Priester, um sich darin zu waschen.

---

a O. nach dem Meere von Japho (Joppe), wie Esra 3, 7. — b 1. Kön. 6. — c Vergl.
2. Sam. 24, 15 usw. — d Viell. sind die Worte „am zweiten" eingeschoben. — e d. h.
dem mosaischen. — f Der hebr. Text ist unklar und sehr wahrsch. fehlerhaft. —
g d. i. das Heilige. — h 1. Kön. 7, 15. — i Wahrsch. ein Textfehler. Viell. ist zu l.:
Ketten an dem Netzwerk; vergl. Kap. 4, 13. — j Er wird feststellen, befestigen. —
k In ihm ist Stärke. — l 1. Kön. 7, 23 usw. — m In 1. Kön. 7, 24: Koloquinthen.

7 Und er machte die zehn goldenen Leuchter *a*, nach ihrer Vorschrift, und er setzte sie in den Tempel, fünf zur Rechten und fünf zur Linken.

8 Und er machte zehn Tische und stellte sie in den Tempel, fünf zur Rechten und fünf zur Linken; und er machte hundert goldene Sprengschalen.

9 Und er machte den Hof der Priester und den großen Vorhof *b*, und die Türen *c* zu dem Vorhof; und ihre

10 Flügel überzog er mit Erz. Und das Meer setzte er auf die rechte Seite ostwärts gegen Süden.

11 Und Huram machte die Töpfe und die Schaufeln und die Sprengschalen. — Und so vollendete Huram das Werk *d*, welches er für den König Salomo im Hause Gottes machte: zwei

12 Säulen und die krugförmigen Kapitäle *e* auf der Spitze der beiden Säulen; und die zwei Netzwerke zur Bedeckung der beiden krugförmigen Kapitäle, die auf der Spitze der Säulen waren; und die vierhundert Gra-

13 natäpfel zu den beiden Netzwerken: zwei Reihen Granatäpfel zu jedem Netzwerk, zur Bedeckung der beiden krugförmigen Kapitäle, die oben auf

14 den Säulen waren; und er machte die Gestelle, und machte die Becken

15 auf den Gestellen; das eine Meer, und die zwölf Rinder unter demsel-

16 ben; und die Töpfe und die Schaufeln und die Gabeln. Und alle ihre *f* Geräte machte Huram-Abiw dem König Salomo für das Haus Jehovas von

17 geglättetem Erz. Im Jordankreise ließ der König sie gießen in dichter Erde, zwischen Sukkoth und Zeredatha.

18 Und Salomo machte alle diese Geräte in sehr großer Menge; denn das Gewicht des Erzes wurde nicht untersucht.

19 Und Salomo machte alle die Geräte, welche im Hause Gottes waren: und zwar den goldenen Altar; und die Tische, auf welchen die Schau-

20 brote waren; und die Leuchter und ihre Lampen, um sie nach der Vorschrift vor dem Sprachorte anzuzün-

21 den, von geläutertem Golde; und die Blumen und die Lampen und die Lichtschneuzen von Gold (es war

22 lauter Gold *g*); und die Lichtmesser und die Sprengschalen und die Schalen und die Räucherpfannen von geläutertem Golde; und den Eingang des Hauses: seine inneren Türflügel, *die* des Allerheiligsten, und die Flügeltüren des Hauses, des Tempels, von Gold.

5 Und *h* so war das ganze Werk vollendet, welches Salomo für das Haus Jehovas machte. Und Salomo brachte die geheiligten Dinge seines Vaters David hinein, nämlich das Sil-

ber und das Gold und alle Geräte; und legte sie in die Schatzkammern des Hauses Gottes.

Damals *i* versammelte Salomo die Aeltesten von Israel und alle Häupter der Stämme, die Fürsten der Väter der Kinder Israel, nach Jerusalem, um die Lade des Bundes Jehovas heraufzubringen aus der Stadt Davids, das ist Zion. Und alle Männer von Israel versammelten sich zu dem König am Feste *j* . . ., das ist der siebente Monat. Und es kamen alle Aeltesten von Israel, und die Leviten nahmen die Lade auf. Und sie brachten die Lade hinauf, sowie das Zelt der Zusammenkunft und alle heiligen Geräte, die im Zelte waren: die Priester, die *k* Leviten, brachten sie hinauf. Und der König Salomo und die ganze Gemeinde Israel, die sich zu ihm versammelt hatte *und* vor der Lade *stand*, opferten Kleinund Rindvieh, das nicht gerechnet und nicht gezählt werden konnte vor Menge. Und die Priester brachten die Lade des Bundes Jehovas an ihren Ort, in den Sprachort des Hauses, in das Allerheiligste, unter die Flügel der Cherubim *l*; denn die Cherubim breiteten die Flügel aus über den Ort der Lade, und die Cherubim bedeckten die Lade und ihre Stangen von oben her. Und die Stangen waren so lang, daß die Spitzen der Stangen von der Lade her *m* an der Vorderseite des Sprachortes gesehen wurden; aber auswärts *n* wurden sie nicht gesehen. Und sie sind daselbst bis auf diesen Tag. Nichts war in der Lade, als nur die beiden Tafeln, welche Mose an Horeb hineinlegte, als Jehova einen Bund machte mit den Kindern Israel, als sie aus Aegypten zogen.

Und es geschah, als die Priester aus dem Heiligen herausgingen, (denn alle Priester, die sich vorfanden, hatten sich geheiligt, ohne der Abteilungen zu beobachten) und als die Leviten, die Sänger, sie alle, nämlich Asaph, Heman, Jeduthun, und ihre Söhne und ihre Brüder, in Byssus gekleidet, mit Zimbeln und mit Harfen und Lauten an der Ostseite des Altars standen, und mit ihnen an hundertundzwanzig Priester, die mit Trompeten schmetterten, — es geschah, als die Trompeter und die Sänger wie e i n Mann waren, um e i n e Stimme ertönen zu lassen, Jehova zu loben und zu preisen *o*, und als sie die Stimme erhoben mit Trompeten und mit Zimbeln und Musikinstrumenten und mit dem Lobe Jehovas, weil er gütig ist, weil *p* seine Güte ewiglich *währt*: da wurde das Haus, das Haus Jehovas, mit

---

a Vergl. 1. Kön. 7, 49. — *b* S. 1. Kön. 6, 36; 7, 12. — *c* O. die Flügeltür. — *d* W. das Werk zu machen. — *e* S. die Anm. zu 1. Kön. 7, 41. — *f* Wahrscheinlich zu l.: diese. — *g* O. vollkommenes Gold. — *h* 1. Kön. 7, 51. — *i* 1. Kön. 8. — *j* S. die Anm. zu 1. Kön. 8, 2. — *k* O. *und* die. — *l* S. Kap. 3, 10—13. — *m* Wahrsch. ist zu l.: vom Heiligen aus; wie 1. Kön. 8, 8. — *n* O. von außen. — *o* O. zu danken. — *p* O. denn er ist gütig, denn usw.

14 einer Wolke erfüllt. Und die Priester vermochten wegen der Wolke nicht dazustehen, um den Dienst zu verrichten; denn die Herrlichkeit Jehovas erfüllte das Haus Gottes.

6 Damals *a* sprach Salomo: Jehova hat gesagt, daß er im Dunkel wohnen wolle. 2 Ich aber habe dir ein Haus gebaut zur Wohnung, und eine Stätte zu deinem Sitze für Ewigkeiten. 3 Und der König wandte sein Angesicht und segnete die ganze Versammlung Israels; und die ganze Versammlung Israels stand. 4 Und er sprach: Gepriesen sei Jehova, der Gott Israels, der mit seinem Munde zu meinem Vater David geredet und mit seiner Hand es erfüllt hat, indem 5 er sprach: Von dem Tage an, da ich mein Volk aus dem Lande Aegypten herausführte, habe ich keine Stadt aus allen Stämmen Israels erwählt, um ein Haus zu bauen, damit mein Name daselbst wäre; und ich habe keinen Mann erwählt, um Fürst zu 6 sein über mein Volk Israel. Aber ich habe Jerusalem erwählt, daß mein Name daselbst wäre; und ich habe David erwählt, daß er über mein 7 Volk Israel wäre. Und es war in dem Herzen meines Vaters David, dem Namen Jehovas, des Gottes Israels, 8 ein Haus zu bauen. Und Jehova sprach zu meinem Vater David: Weil es in deinem Herzen gewesen ist, meinem Namen ein Haus zu bauen, so hast du wohlgetan, daß es in deinem Her- 9 zen gewesen ist. Nur sollst du nicht das Haus bauen; sondern dein Sohn, der aus deinen Lenden hervorkommen wird, er soll meinem Namen das 10 Haus bauen. Und Jehova hat sein Wort aufrecht gehalten, das er geredet hat; und ich bin aufgestanden an meines Vaters David Statt und habe mich auf den Thron Israels gesetzt, so wie Jehova geredet hat, und habe dem Namen Jehovas, des Gottes Is- 11 raels, das Haus gebaut; und ich habe daselbst die Lade hingestellt, in welcher der Bund Jehovas ist, den er mit den Kindern Israel gemacht hat. 12 Und er trat vor den Altar Jehovas, angesichts der ganzen Versammlung Israels, und er breitete seine Hände 13 aus. Denn Salomo hatte ein Gestell von Erz gemacht und es mitten in den Vorhof gestellt: fünf Ellen seine Länge, und fünf Ellen seine Breite, und drei Ellen seine Höhe; und er trat darauf und kniete, angesichts der ganzen Versammlung Israels, auf seine Kniee nieder und breitete seine Hände aus gen Himmel und sprach: Jehova, Gott Israels! kein Gott ist dir gleich im Himmel und auf der Erde, der du den Bund und die Güte deinen Knechten bewahrst, die vor dir wandeln mit ihrem ganzen Herzen; der du deinem Knechte David, meinem Vater, gehalten, was du zu ihm geredet hast: du hast es mit deinem Munde geredet, und mit deiner

Hand hast du es erfüllt, wie es an diesem Tage ist. Und nun, Jehova, 16 Gott Israels, halte deinem Knechte David, meinem Vater, was du zu ihm geredet hast, indem du sprachst: Es soll dir nicht fehlen an einem Manne vor meinem Angesicht, der da sitze auf dem Throne Israels, wenn nur deine Söhne auf ihren Weg achthaben, daß sie in meinem Gesetze wandeln, so wie du vor mir gewandelt hast. Und nun, Jehova, Gott Israels, 17 möge sich dein Wort bewähren, das du zu deinem Knechte David geredet hast! — Aber sollte Gott wirklich bei 18 dem Menschen auf der Erde wohnen? Siehe, die Himmel und der Himmel Himmel können dich nicht fassen; wieviel weniger dieses Haus, das ich gebaut habe! Doch wende dich 19 zu dem Gebet deines Knechtes und zu seinem Flehen, Jehova, mein Gott, daß du hörest auf das Rufen und auf das Gebet, welches dein Knecht vor dir betet: daß deine Augen Tag 20 und Nacht offen seien über dieses Haus, über den Ort, von dem du gesagt hast, daß du deinen Namen dahin setzen wollest; daß du hörest auf das Gebet, welches dein Knecht gegen diesen Ort hin beten wird. Und höre 21 auf das Flehen deines Knechtes und deines Volkes Israel, das sie gegen diesen Ort hin richten werden; und höre du von der Stätte deiner Wohnung, vom Himmel her, ja, höre und vergib!

Wenn jemand wider seinen Näch- 22 sten sündigt, und man ihm einen Eid auflegt, um ihn schwören zu lassen, und er kommt *und* schwört vor deinem Altar in diesem Hause: so höre 23 du vom Himmel, und handle und richte deine Knechte, indem du dem Schuldigen vergiltst, daß du seinen Weg auf seinen Kopf bringst; und indem du den Gerechten gerecht sprichst, daß du ihm gibst nach seiner Gerechtigkeit.

Und wenn dein Volk Israel vor 24 dem Feinde geschlagen wird, weil sie wider dich gesündigt haben, und sie kehren um und bekennen deinen Namen und beten und flehen zu dir in diesem Hause: so höre du vom 25 Himmel her und vergib die Sünde deines Volkes Israel; und bringe sie in das Land zurück, das du ihnen und ihren Vätern gegeben hast.

Wenn der Himmel verschlossen, und 26 kein Regen sein wird, weil sie wider dich gesündigt haben, und sie beten gegen diesen Ort hin und bekennen deinen Namen *und* kehren um von ihrer Sünde, weil du sie demütigst: so höre du im Himmel und vergib 27 die Sünde deiner Knechte und deines Volkes Israel, daß *b* du ihnen den guten Weg zeigest, auf welchem sie wandeln sollen; und gib Regen auf dein Land, das du deinem Volke zum Erbteil gegeben hast.

Wenn eine Hungersnot im Lande 28 sein wird, wenn Pest sein wird, wenn

---

a 1. Kön. 8, 12. — *b* O. indem.

Kornbrand und Vergilben *des Getreides*, Heuschrecken oder Grillen *a* sein werden; wenn seine Feinde es belagern im Lande seiner Tore, *wenn* irgend eine Plage und irgend eine 29 Krankheit *sein wird*: welches Gebet, welches Flehen irgend geschehen wird von irgend einem Menschen und von deinem ganzen Volke Israel, wenn sie erkennen werden ein jeder seine Plage und seinen Schmerz, und er seine Hände ausbreitet gegen dieses Haus 30 hin: so höre du vom Himmel her, der Stätte deiner Wohnung, und vergib, und gib einem jeden nach allen seinen Wegen, wie du sein Herz kennst — denn du, du allein kennst das Herz 31 der Menschenkinder —; auf daß sie dich fürchten, um auf deinen Wegen zu wandeln, alle die Tage, die sie in dem Lande leben werden, das du unseren Vätern gegeben hast.
32 Und auch auf den Fremden, der nicht von deinem Volke Israel ist — kommt er aus fernem Lande, um deines großen Namens und deiner starken Hand und deines ausgestreckten Armes willen, kommen sie und beten 33 gegen dieses Haus hin: so höre du vom Himmel her, der Stätte deiner Wohnung, und tue nach allem, um was der Fremde zu dir rufen wird; auf daß alle Völker der Erde deinen Namen erkennen, und damit sie dich fürchten, wie dein Volk Israel, und damit sie erkennen, daß dieses Haus, welches ich gebaut habe, nach deinem Namen genannt wird *b*.
34 Wenn dein Volk ausziehen wird zum Streit wider seine Feinde, auf dem Wege, den du sie senden wirst, und sie zu dir beten nach dieser Stadt hin, die du erwählt hast, und dem Hause, das ich deinem Namen gebaut 35 habe: so höre vom Himmel her ihr Gebet und ihr Flehen, und führe ihr Recht aus.
36 Wenn sie wider dich sündigen, — denn da ist kein Mensch, der nicht sündigte — und du über sie erzürnst und sie vor dem Feinde dahingibst und ihre Besieger *c* sie gefangen wegführen in ein fernes oder in ein na-37 hes Land; und sie nehmen es zu Herzen in dem Lande, wohin sie gefangen weggeführt sind, und kehren um und flehen zu dir in dem Lande ihrer Gefangenschaft, und sprechen: Wir haben gesündigt, wir haben verkehrt gehandelt und haben gesetzlos ge-38 handelt; und sie kehren zu dir um mit ihrem ganzen Herzen und mit ihrer ganzen Seele in dem Lande ihrer Gefangenschaft, wohin man sie gefangen weggeführt hat, und sie beten nach ihrem Lande hin, das du ihren Vätern gegeben, und der Stadt, die du erwählt hast, und nach dem Hause hin, das ich deinem Namen

gebaut habe: so höre vom Himmel 39 her, der Stätte deiner Wohnung, ihr Gebet und ihr Flehen, und führe ihr Recht aus; und vergib deinem Volke was sie gegen dich gesündigt haben. Nun, mein Gott, laß doch deine Au-40 gen offen und deine Ohren aufmerksam sein auf das Gebet an diesem Orte!
Und nun, stehe auf *d*, Jehova Gott, 41 zu deiner Ruhe, du und die Lade deiner Stärke! Laß deine Priester, Jehova Gott, bekleidet sein mit Rettung, und deine Frommen sich freuen des Guten! Jehova Gott! weise 42 nicht ab das Angesicht deines Gesalbten; gedenke der Gütigkeiten gegen David, deinen Knecht!
Und *e* als Salomo geendigt hatte zu **7** beten, da fuhr das Feuer vom Himmel herab und verzehrte das Brandopfer und die Schlachtopfer; und die Herrlichkeit Jehovas erfüllte das Haus. Und die Priester konnten nicht in das 2 Haus Jehovas hineingehen, denn die Herrlichkeit Jehovas erfüllte das Haus Jehovas. Und als alle Kinder Israel 3 das Feuer herabfahren sahen und die Herrlichkeit Jehovas über dem Hause, da beugten sie sich, mit dem Antlitz zur Erde, auf das Pflaster und beteten an, und sie priesen Jehova, weil er gütig ist, weil *f* seine Güte ewiglich *währt*.
Und der König und das ganze Volk 4 opferten Schlachtopfer vor Jehova. Und der König Salomo opferte als 5 Schlachtopfer zweiundzwanzigtausend Rinder und hundertundzwanzigtausend Schafe. Und der König und das ganze Volk weihten das Haus Gottes ein. Und die Priester standen 6 auf ihren Posten *h*, und die Leviten mit den Musikinstrumenten Jehovas, die der König David gemacht hatte, um Jehova zu preisen *i*, — denn seine Güte *währt* ewiglich — wenn David durch sie lobpries; und die Priester trompeteten ihnen gegenüber, und ganz Israel stand. Und Salomo heilig-7 te die Mitte des Hofes, der vor dem Hause Jehovas *lag*; denn er opferte daselbst die Brandopfer und die Fettstücke der Friedensopfer; denn der eherne Altar, den Salomo gemacht hatte, konnte das Brandopfer und das Speisopfer und die Fettstücke nicht fassen.
Und so feierten Salomo und ganz 8 Israel mit ihm, eine sehr große Versammlung, von dem Eingang Hamaths bis an den Fluß Aegyptens, zu selbiger Zeit das Fest *j* sieben Tage. Und am achten Tage hielten sie eine 9 Festversammlung; denn sie feierten die Einweihung des Altars sieben Tage und das Fest sieben Tage. Und am dreiundzwanzigsten Tage des 1 siebenten Monats entließ er das

---

a Eig. Vertilger; eine Heuschreckenart. — *b* O. daß dein Name über diesem Hause angerufen wird. (Vergl. 1. Chron. 13, 6.) — *c* S. die Anm. zu 1. Kön. 8, 46. — *d* Vergl. Ps. 132, 8—10. — *e* 1. Kön. 8, 54. — *f* O. denn er ist gütig, denn usw. — *g* Eig. Stück Kleinvieh. — *h* Eig. in ihren Aemtern, d. h. sie warteten ihres Amtes. — *i* O. zu danken. — *j* S. die Anm. zu 1. Kön. 8, 2.

Volk nach ihren Zelten, fröhlich und gutes Mutes wegen des Guten, das Jehova dem David und dem Salomo und seinem Volke Israel erwiesen hatte.

11 Und *a* so vollendete Salomo das Haus Jehovas und das Haus des Königs; und alles was Salomo ins Herz gekommen war, im Hause Jehovas und in seinem Hause zu machen, war ihm

12 gelungen. Da erschien Jehova dem Salomo in der Nacht und sprach zu ihm: Ich habe dein Gebet gehört und mir diesen Ort zum Opferhause er-

13 wählt. Wenn ich den Himmel verschließe, und kein Regen sein wird, und wenn ich der Heuschrecke gebiete, das Land abzufressen, und wenn ich eine Pest unter mein Volk sende;

14 und mein Volk, welches nach meinem Namen genannt wird *b*, demütigt sich, und sie beten und suchen mein Angesicht, und kehren um von ihren bösen Wegen: so werde ich vom Himmel her hören und ihre Sünden ver-

15 geben und ihr Land heilen. Nun werden meine Augen offen und meine Ohren aufmerksam sein auf das Ge-

16 bet an diesem Orte. Und nun habe ich dieses Haus erwählt und geheiligt, daß mein Name daselbst sei ewiglich; und meine Augen und mein Herz sollen daselbst sein alle Tage.

17 Und du, wenn du vor mir wandeln wirst, so wie dein Vater David gewandelt hat, daß *c* du tust nach allem was ich dir geboten habe, und *wenn* du meine Satzungen und meine Rech-

18 te beobachten wirst, so werde ich den Thron deines Königtums befestigen, so wie ich mit deinem Vater David einen Bund gemacht und gesagt habe: Es soll dir nicht an einem Manne

19 fehlen, der über Israel herrsche. Wenn ihr euch aber abwenden und meine Satzungen und meine Gebote, die ich euch vorgelegt habe, verlassen werdet, und werdet hingehen und anderen Göttern dienen und euch vor

20 ihnen niederbeugen, so werde ich sie herausreißen aus meinem Lande, das ich ihnen gegeben habe, und dieses Haus, welches ich meinem Namen geheiligt habe, werde ich von meinem Angesicht wegwerfen, und werde es zum Sprichwort und zur Spottrede machen unter allen Völ-

21 kern. Und dieses Haus, das erhaben war — jeder, der an demselben vorbeigeht, wird sich entsetzen und sagen: Warum hat Jehova diesem Lande und diesem Hause also getan?

22 Und man wird sagen: Darum, daß sie Jehova, den Gott ihrer Väter, der sie aus dem Lande Aegypten herausgeführt hat, verlassen und andere Götter angenommen *d* und sich vor ihnen niedergebeugt und ihnen gedient haben; darum hat er all dieses Unglück über sie gebracht.

Und *e* es geschah am Ende von **8** zwanzig Jahren, während welcher Salomo das Haus Jehovas und sein Haus gebaut hatte, da baute Salomo 2 die Städte aus, welche Huram dem Salomo gegeben hatte; und er ließ die Kinder Israel daselbst wohnen. Und 3 Salomo zog nach Hamath-Zoba und überwältigte es. Und er baute Tad- 4 mor in der Wüste und alle Vorratsstädte, die er in Hamath baute. Und 5 er baute Ober-Beth-Horon und Unter-Beth-Horon, feste Städte mit Mauern, Toren und Riegeln; und Baalath und 6 alle Vorratsstädte, die Salomo hatte; und alle Wagenstädte und die Reiterstädte; und alles was Salomo Lust hatte zu bauen in Jerusalem und dem ganzen Lande seiner Herrschaft. Alles Volk, das üb- 7 riggeblieben war von den Hethitern und den Amoritern und den Perisitern und den Hewitern und den Jebusitern, die nicht von Israel waren: ihre Söhne *f*, die nach ihnen im Lande übriggeblieben waren, welche die 8 Kinder Israel nicht vertilgt hatten, die hob Salomo zu Fronarbeitern aus bis auf diesen Tag. Aber aus den 9 Kindern Israel machte Salomo keine Sklaven für seine Arbeit; sondern sie waren Kriegsleute und Oberste seiner Anführer *g* und Oberste seiner Wagen und seiner Reiter.

Und dies sind die Oberaufseher, 10 welche der König Salomo hatte: zweihundert und fünfzig, die über das Volk walteten.

Und Salomo führte die Tochter des 11 Pharao aus der Stadt Davids herauf in das Haus, das er ihr gebaut hatte; denn er sprach: Mein Weib soll nicht in dem Hause Davids, des Königs von Israel, wohnen; denn die Orte sind *h* heilig, in welche die Lade Jehovas gekommen ist.

Damals opferte Salomo dem Jeho- 12 va Brandopfer auf dem Altar Jehovas, den er vor der Halle gebaut hatte, und zwar nach der täglichen Gebühr, 13 indem er nach dem Gebot Moses opferte an den Sabbathen und an den Neumonden, und an den Festen dreimal im Jahre: am Feste der ungesäuerten Brote und am Feste der Wochen und am Feste der Laubhütten. Und 14 er bestellte nach der Vorschrift seines Vaters David die Abteilungen der Priester zu ihrem Dienste; und die Leviten zu ihren Aemtern, um zu loben und zu dienen vor den Priestern, nach der täglichen Gebühr; und die Torhüter in ihren Abteilungen für jedes Tor; denn also war das Gebot Davids, des Mannes Gottes. Und man wich nicht 15 von dem Gebot des Königs an *i* die Priester und die Leviten ab betreffs jeder Sache und betreffs der Schätze.

— Und so wurde das ganze Werk 16 Salomos zustande gebracht *j*, bis zu

---

a 1. Kön. 9. — *b* O. über welchem mein Name angerufen wird. — *c* Eig. nämlich daß. — *d* W. ergriffen. — *e* 1. Kön. 9, 10. — *f* W. von ihren Söhnen. — *g* O. Ritter; wahrsch. ist hier wie 1. Kön. 9, 22 zu lesen: Oberste und seine Anführer (Ritter). — *h* W. denn sie sind. — *i* O. über. — *j* W. festgestellt, bereit gemacht.

Tage der Gründung des Hauses Jehovas und bis zur Vollendung desselben. Das Haus Jehovas war fertig.
17 Damals*a* ging Salomo nach Ezjon-Geber und nach Eloth, am Ufer des
18 Meeres im Lande Edom. Und Huram sandte ihm durch seine Knechte Schiffe und Knechte, die des Meeres kundig waren. Und sie kamen mit den Knechten Salomos nach Ophir und holten von dort vierhundertundfünfzig Talente Gold und brachten es zu dem König Salomo.

9 Und*b* die Königin von Scheba hörte den Ruf Salomos; und sie kam nach Jerusalem, um Salomo mit Rätseln zu versuchen, mit einem sehr großen Zuge und mit Kamelen, die Gewürze und Gold trugen in Menge und Edelsteine. Und sie kam zu Salomo und redete mit ihm alles was
2 in ihrem Herzen war. Und Salomo erklärte ihr alles, um was sie fragte*c*; und keine Sache war vor Salomo verborgen, die er ihr nicht erklärt hätte.
3 Und als der Königin von Scheba die Weisheit Salomos sah, und das Haus,
4 das er gebaut hatte, und die Speise seines Tisches, und das Sitzen seiner Knechte, und das Aufwarten*d* seiner Diener, und ihre Kleidung, und seine Mundschenken und ihre Kleidung, und seinen Aufgang, auf welchem er in das Haus Jehovas hinaufging,
5 da geriet sie außer sich und sprach zu dem König: Das Wort ist Wahrheit gewesen, das ich in meinem Lande über deine Sachen und über dei-
6 ne Weisheit gehört habe; und ich habe ihren Worten nicht geglaubt, bis ich gekommen bin und meine Augen es gesehen haben. Und siehe, nicht die Hälfte ist mir berichtet worden von der Größe deiner Weisheit; du
7 übertrifftst das Gerücht, das ich gehört habe. Glückselig sind deine Leute, und glückselig diese Knechte, die beständig vor dir stehen und dei-
8 ne Weisheit hören! Gepriesen sei Jehova, dein Gott, der Gefallen an dir gehabt hat, dich auf seinen Thron zu setzen als König für Jehova, deinen Gott! Weil dein Gott Israel liebt, um es ewiglich bestehen zu lassen, so hat er dich zum König über sie gesetzt, um Recht und Gerechtigkeit zu üben.
9 Und sie gab dem König hundertundzwanzig Talente Gold, und Gewürze in großer Menge und Edelsteine; und nie ist dergleichen*e* Gewürz gewesen wie dieses, welches die Königin von Scheba dem König Salo-
10 mo gab. (Und auch die Knechte Hurams und die Knechte Salomos, welche Gold aus Ophir holten, brachten
11 Sandelholz und Edelsteine. Und der König machte aus dem Sandelholz Stiegen für das Haus Jehovas und für das Haus des Königs, und Lauten und Harfen für die Sänger; und des-

gleichen*e* ist vordem nicht gesehen worden im Lande Juda.) Und der König Salomo gab der Königin von Scheba all ihr Begehr, das sie verlangte, außer dem *Gegengeschenk für das*, was sie dem König gebracht hatte. Und sie wandte sich und zog in ihr Land, sie und ihre Knechte.

Und das Gewicht des Goldes, welches dem Salomo in einem Jahre einkam, war sechshundert sechsundsechzig Talente Gold, außer dem, was die Krämer und die Handelsleute brachten; und alle Könige von Arabien und die Statthalter des Landes brachten dem Salomo Gold und Silber. Und der König Salomo machte zweihundert Schilde*f* von getriebenem Golde: sechshundert *Sekel* getriebenes Gold zog er über jeden Schild; und dreihundert Tartschen von getriebenem Golde: dreihundert *Sekel* Gold zog er über jede Tartsche; und der König tat sie in das Haus des Waldes Libanon. Und der König machte einen großen Thron von Elfenbein und überzog ihn mit reinem Golde. Und sechs Stufen waren an dem Throne und ein goldener Fußschemel, die an dem Throne befestigt waren; und Armlehnen waren auf dieser und auf jener Seite an der Stelle des Sitzes, und zwei Löwen standen neben den Armlehnen; und zwölf Löwen standen da auf den sechs Stufen, auf dieser und auf jener Seite. Desgleichen ist nicht gemacht worden in irgend einem Königreiche. Und alle Trinkgefäße des Königs Salomo waren von Gold, und alle Geräte des Hauses des Waldes Libanon waren von geläutertem Golde; das Silber wurde für nichts geachtet in den Tagen Salomos. Denn die Schiffe des Königs fuhren nach Tarsis mit den Knechten Hurams; einmal in drei Jahren kamen Tarsis-Schiffe, beladen mit Gold und Silber, Elfenbein und Affen und Pfauen*g*.

Und der König Salomo war größer als alle Könige der Erde an Reichtum und Weisheit. Und alle Könige der Erde suchten das Angesicht Salomos, um seine Weisheit zu hören, die Gott in sein Herz gegeben hatte. Und sie brachten ein jeder sein Geschenk: Geräte von Silber und Geräte von Gold und Gewänder, Waffen und Gewürze, Rosse und Maultiere, jährlich die Gebühr des Jahres. Und Salomo hatte viertausend Stände für Rosse und Wagen*h* und zwölftausend Reiter; und er verlegte sie in die Wagenstädte und zu dem König nach Jerusalem. Und er war Herrscher über alle Könige, von dem Strome*i* an bis zu dem Lande der Philister und bis zu der Grenze Aegyptens. Und der König machte das Silber in Jerusalem den Steinen gleich, und

---

a 1. Kön. 9, 26. — b 1. Kön. 10. — c W. alle ihre Sachen. — d W. das Stehen. — e O. so viel. — f Hier der große Schild, der den ganzen Mann deckte. — g S. die Anm. zu 1. Kön. 10, 22. — h O. Pferdeställe und Wagen; vergl. 1. Kön. 4, 26. — dem Euphrat.

die Zedern machte er den Sykomoren gleich, die in der Niederung *a* sind, an Menge. Und man führte Rosse aus für Salomo aus Aegypten und aus allen Ländern.

28

29 Und das Uebrige der Geschichte Salomos, die erste und die letzte, ist das nicht geschrieben in der Geschichte Nathans, des Propheten, und in der Weissagung Achijas, des Siloniters, und in den Gesichten Iddos, des Sehers, 30 über Jerobeam, den Sohn Nebats? Und Salomo regierte zu Jerusalem vierzig 31 Jahre über ganz Israel. Und Salomo legte sich zu seinen Vätern, und man begrub ihn in der Stadt seines Vaters David. Und Rehabeam, sein Sohn, ward König an seiner Statt.

10 Und *b* Rehabeam ging nach Sichem; denn ganz Israel war nach Sichem gekommen, um ihn zum Kö-2 nig zu machen. Und es geschah, als Jerobeam, der Sohn Nebats, es hörte, (er war aber in Aegypten, wohin er vor dem König Salomo geflohen war) da kehrte Jerobeam aus Aegyp-3 ten zurück. Und sie sandten hin und riefen ihn. Und Jerobeam und ganz Israel kamen und redeten zu Reha-4 beam und sprachen: Dein Vater hat unser Joch hart gemacht; und nun erleichtere den harten Dienst deines Vaters und sein schweres Joch, das er auf uns gelegt hat, so wollen wir 5 dir dienen. Und er sprach zu ihnen: Noch drei Tage, dann kommet wieder zu mir. Und das Volk ging hin.

6 Und der König Rehabeam beriet sich mit den Alten, die vor seinem Vater Salomo gestanden hatten, als er *noch* am Leben war, und sprach: Wie ratet ihr, diesem Volke Antwort 7 zu geben? Und sie redeten zu ihm und sprachen: Wenn du gegen dieses Volk gütig und milde und gefällig bist und gütige Worte zu ihnen redest, so werden sie deine Knechte 8 sein alle Tage. Aber er verließ den Rat der Alten, den sie ihm gegeben hatten; und er beriet sich mit den Jungen, die mit ihm aufgewachsen 9 waren, die vor ihm standen. Und er sprach zu ihnen: Was ratet ihr, daß wir diesem Volke zur Antwort geben, welches zu mir geredet und gesagt hat: Erleichtere das Joch, das dein 10 Vater auf uns gelegt hat? Und die Jungen, die mit ihm aufgewachsen waren, redeten zu ihm und sprachen: So sollst du zu dem Volke sprechen, das zu dir geredet und gesagt hat: Dein Vater hat unser Joch schwer gemacht, du aber erleichtere es uns; so sollst du zu ihnen reden: Mein kleiner Finger ist dicker als die Len-11 den meines Vaters! Nun denn, mein Vater hat euch ein schweres Joch aufgeladen, ich aber will zu eurem Joche hinzutun; mein Vater hat euch mit Geißeln gezüchtigt, ich aber *will* euch mit Skorpionen *c* züchtigen.

Und Jerobeam und alles Volk ka-12 men zu Rehabeam am dritten Tage, so wie der König geredet und gesagt hatte: Kommet am dritten Tage wieder zu mir. Und der König antworte-13 te ihnen hart; und der König Rehabeam verließ den Rat der Alten, und 14 redete zu ihnen nach dem Rate der Jungen und sprach: Mein Vater hat euer Joch schwer gemacht, ich aber will zu demselben hinzutun; mein Vater hat euch mit Geißeln gezüchtigt, ich aber *will euch* mit Skorpionen *züchtigen*. So hörte der König 15 nicht auf das Volk; denn es war eine Wendung von seiten Gottes, auf daß Jehova sein Wort aufrecht hielte, welches er durch Achija, den Siloniter, zu Jerobeam, dem Sohne Nebats, geredet hatte *d*.

Und als ganz Israel sah, daß der 16 König nicht auf sie hörte, da antwortete das Volk dem König und sprach: Was haben wir für Teil an David? und wir haben kein Erbteil an Sohne Isais! Ein jeder zu seinen *e* Zelten, Israel! Nun sieh nach deinem Hause, David! Und ganz Israel ging nach seinen Zelten. Die Kinder Israel 17 aber, die in den Städten Judas wohnten, über sie wurde Rehabeam König. Und der König Rehabeam sandte Ha-18 doram, der über die Fron war; aber die Kinder Israel steinigten ihn, und er starb. Da eilte der König Rehabeam, den Wagen zu besteigen, um nach Jerusalem zu fliehen. So fiel Israel 19 vom Hause Davids ab bis auf diesen Tag.

Und *f* Rehabeam kam nach Jeru-**11** salem; und er versammelte das Haus Juda und Benjamin, hundertundachtzigtausend auserlesene Krieger, um mit Israel zu streiten, damit er das Königreich an Rehabeam zurückbräch-te. Da geschah das Wort Jehovas zu 2 Schemaja, dem Manne Gottes, also: Sage zu Rehabeam, dem Sohne Salo-3 mos, dem König von Juda, und zu ganz Israel in Juda und Benjamin, und sprich: So spricht Jehova: Ihr 4 sollt nicht hinaufziehen und nicht mit euren Brüdern streiten; kehret um, ein jeder nach seinem Hause, denn von mir aus ist diese Sache geschehen. Und sie hörten auf die Worte Jehovas und kehrten um von dem Zuge wider Jerobeam.

Und Rehabeam wohnte in Jerusa-5 lem; und er baute Städte zu Festungen in Juda. Und er baute Bethlehem 6 und Etam und Tekoa, und Beth-Zur 7 und Soko und Adullam, und Gath und 8 Marescha und Siph, und Adoraim und 9 Lachis und Aseka, und Zora und Aja-10 lon und Hebron, die in Juda und Benjamin *liegen*, feste Städte. Und er 11 machte die Festungen stark, und legte Befehlshaber darein und Vorräte von Speise und Oel und Wein, und 12 in jede Stadt Schilde *g* und Lanzen;

---

a S. die Anm. zu 5. Mose 1, 7. — *b* 1. Kön. 12. — *c* d. h. Stachelpeitschen. — *d* Vergl. 1. Kön. 11, 29 usw. — *e* W. deinen. — *f* 1. Kön. 12, 21. — *g* Hier der große Schild, der den ganzen Mann deckte.

und er machte sie überaus stark. Und Juda und Benjamin gehörten ihm.

13 Und die Priester und die Leviten, die in ganz Israel waren, stellten sich bei ihm ein aus allen ihren Grenzen. 14 Denn die Leviten verließen ihre Bezirke und ihr Besitztum und zogen nach Juda und nach Jerusalem; denn Jerobeam und seine Söhne hatten sie aus dem Priesterdienst Jehovas *a* verstoßen, 15 und er hatte sich Priester bestellt zu den Höhen und zu den Böcken *b* und zu den Kälbern, die er gemacht hatte. Und ihnen folgten aus 16 allen Stämmen Israels die, welche ihr Herz darauf richteten, Jehova, den Gott Israels, zu suchen; sie kamen nach Jerusalem, um Jehova, dem Gott 17 ihrer Väter, zu opfern. Und sie stärkten das Königreich Juda und befestigten Rehabeam, den Sohn Salomos, drei Jahre lang; denn drei Jahre lang wandelten sie auf den Wege Davids und Salomos.

18 Und Rehabeam nahm sich zum Weibe Machalath, die Tochter Jerimoths, des Sohnes Davids, *und* Abichails, der 19 Tochter Eliabs, des Sohnes Isais. Und sie gebar ihm Söhne: Jeusch und 20 Schemarja und Saham. Und nach ihr nahm er Maaka, die Tochter Absaloms; und sie gebar ihm Abija und 21 Attai und Sisa und Schelomith. Und Rehabeam liebte Maaka, die Tochter Absaloms, mehr als alle seine Weiber und seine Kebsweiber; denn er hatte achtzehn Weiber genommen und sechzig Kebsweiber; und er zeugte achtundzwanzig Söhne und sechzig Töch- 22 ter. Und Rehabeam bestellte Abija, den Sohn der Maaka, zum Haupte, zum Fürsten unter seinen Brüdern; denn *er gedachte* ihn zum König zu 23 machen. Und er handelte verständig und verteilte alle seine Söhne in alle Länder Judas und Benjamins, in alle festen Städte, und gab ihnen Lebensunterhalt in Fülle, und begehrte *für sie* eine Menge Weiber.

12 Und *c* es geschah, als das Königtum Rehabeams befestigt, und er stark geworden war, verließ er das Gesetz Jehovas, und ganz Israel mit 2 ihm. Und es geschah im fünften Jahre des Königs Rehabeam, da zog Sisak, der König von Aegypten, mit tausend und zweihundert Wagen und mit sechstausend Reitern wider Jerusalem herauf, weil sie treulos gegen Jehova 3 gehandelt hatten; und ohne Zahl war das Volk, welches mit ihm aus Aegypten kam: Libyer, Sukkiter und Aethio- 4 pier. Und er nahm die festen Städte ein, die Juda gehörten, und kam bis 5 nach Jerusalem. Da kam Schemaja, der Prophet, zu Rehabeam und zu den Obersten von Juda, die sich vor Sisak nach Jerusalem zurückgezogen hatten, und sprach zu ihnen: So spricht Jehova: Ihr habt mich verlassen, so habe auch i ch euch der Hand Sisaks

überlassen *d*. Und die Obersten von 6 Israel und der König demütigten sich und sprachen; Jehova ist gerecht! Und 7 als Jehova sah, daß sie sich gedemütigt hatten, geschah das Wort Jehovas zu Schemaja also: Sie haben sich gedemütigt: ich will sie nicht verderben, und will ihnen ein wenig *e* Errettung geben, und mein Grimm soll sich nicht durch Sisak über Jerusalem ergießen. Doch sollen sie ihm zu 8 Knechten sein, damit sie meinen Dienst kennen lernen und den Dienst der Königreiche der Länder.

Und Sisak, der König von Aegyp- 9 ten, zog wider Jerusalem herauf. Und er nahm die Schätze des Hauses Jehovas weg und die Schätze des Hauses des Königs: alles nahm er weg; und er nahm die goldenen Schilde weg, die Salomo gemacht hatte. Und der 10 König Rehabeam machte an ihrer Statt eherne Schilde, und er befahl sie unter die Hand der Obersten der Läufer, die den Eingang des Hauses des Königs bewachten. Und es geschah: 11 so oft der König in das Haus Jehovas ging, kamen die Läufer und trugen dieselben und brachten sie dann wieder in das Gemach der Läufer zurück.

Und als er *f* sich demütigte, wandte 12 sich der Zorn Jehovas von ihm ab, so daß er ihn nicht völlig verderbte; und auch war in Juda *noch* etwas Gutes.

Und der König Rehabeam erstarkte 13 zu Jerusalem und regierte; denn Rehabeam war einundvierzig Jahre alt, als er König wurde, und er regierte siebenzehn Jahre zu Jerusalem, der Stadt, die Jehova aus allen Stämmen Israels erwählt hatte, um seinen Namen dahin zu setzen. Und der Name seiner Mutter war Naama, die Ammonitin. Und er tat was böse war; denn 14 er richtete sein Herz nicht darauf, Jehova zu suchen.

Und die Geschichte Rehabeams, die 15 erste und die letzte, ist sie nicht geschrieben in der Geschichte Schemajas, des Propheten, und Iddos, des Sehers, in den Geschlechtsverzeichnissen? Und die Kriege Rehabeams und Jerobeams währten immerfort. Und Rehabeam legte sich zu seinen 16 Vätern, und er wurde begraben in der Stadt Davids. Und Abija, sein Sohn, ward König an seiner Statt.

13 Im *g* achtzehnten Jahre des Königs Jerobeam, da wurde Abija König über Juda. Er regierte drei Jahre 2 zu Jerusalem; und der Name seiner Mutter war Mikaja, die Tochter Uriels von Gibea. Und es war Krieg zwischen Abija und Jerobeam. Und Abija 3 eröffnete den Krieg mit einem Heere von tapferen Kriegern, vierhunderttausend auserlesenen Männern; und Jerobeam stellte sich gegen ihn in Schlachtordnung auf mit achthunderttausend auserlesenen Männern, tapferen Helden. Da stellte sich Abija oben 4

---

a W. von der Ausübung des Priesterdienstes dem Jehova. — *b* Vergl. 3. Mose 17, 7. — *c* 1. Kön. 14, 21. — *d* Eig. verlassen in. — *e* And.: in kurzem, oder: für eine kurze Zeit. — *f* O. Da *er* aber. — *g* 1. Kön. 15.

auf den Berg Zemaraim, der im Gebirge Ephraim *liegt*, und sprach: Höret mich, Jerobeam und ganz Israel!
5 Solltet ihr nicht wissen, daß Jehova,
der Gott Israels, das Königtum über
Israel dem David gegeben hat ewiglich, ihm und seinen Söhnen durch
6 einen Salzbund *a*? Aber Jerobeam, der
Sohn Nebats, der Knecht Salomos, des
Sohnes Davids, erhob sich und em-
7 pörte sich wider seinen Herrn; und
es versammelten sich zu ihm lose
Männer, Söhne Belials, und wider-
setzten sich *b* Rehabeam, dem Sohne
Salomos; Rehabeam aber war ein
Jüngling und schwachen Herzens, und
8 er hielt nicht stand vor ihnen. Und
nun gedenket i h r stand zu halten vor
dem Königtum Jehovas in der Hand
der Söhne Davids, weil ihr eine große
Menge seid, und die goldenen Kälber
bei euch sind, die Jerobeam euch zu
9 Göttern gemacht hat! Habt ihr nicht
die Priester Jehovas, die Söhne Aarons,
und die Leviten verstoßen, und euch
Priester gemacht wie die Völker der
Länder? Wer irgend mit einem jungen Farren und sieben Widdern kam,
um sich weihen zu lassen, der wurde
10 ein Priester der Nicht-Götter. Wir
aber — Jehova ist unser Gott, und
wir haben ihn nicht verlassen; und
Priester, Söhne Aarons, dienen Jehova, und die Leviten sind in *ihrem* Ge-
11 schäft; und sie räuchern dem Jehova
Brandopfer Morgen für Morgen und
Abend für Abend, und wohlriechendes Räucherwerk; und *wir haben* das
Schichtbrot auf dem reinen Tische,
und den goldenen Leuchter und seine
Lampen zum Anzünden Abend für
Abend; denn wir warten der Hut Jehovas *c*, unseres Gottes; ihr aber habt
12 ihn verlassen. Und siehe, Gott ist mit
uns an unserer Spitze und seine Priester, und die Lärmtrompeten, um
Lärm zu blasen wider euch. Kinder
Israel! streitet nicht wider Jehova,
den Gott eurer Väter; denn es wird
euch nicht gelingen.
13 Aber Jerobeam ließ den Hinterhalt
eine Umgehung machen, daß er ihnen
in den Rücken käme; und so standen sie im Angesicht Judas und der
14 Hinterhalt in ihrem *d* Rücken. Und
als Juda sich umsah, siehe, da hatten
sie den Streit vorn und hinten. Da
schrieen sie zu Jehova, und die Prie-
15 ster bliesen mit den Trompeten, und
die Männer von Juda erhoben ein
Kriegsgeschrei. Und es geschah, als
die Männer von Juda das Kriegsgeschrei erhoben, da schlug Gott Jerobeam und ganz Israel vor Abija und
16 Juda. Und die Kinder Israel flohen
vor Juda, und Gott gab sie in ihre
17 Hand. Und Abija und sein Volk richteten eine große Niederlage unter ihnen, und es fielen von Israel Erschlagene, fünfhunderttausend auser-

lesene Männer. Und die Kinder Israel 18
wurden gedemütigt zu selbiger Zeit;
aber die Kinder Juda wurden stark,
weil sie sich auf Jehova, den Gott
ihrer Väter, gestützt hatten. Und Abija 19
jagte Jerobeam nach, und er nahm
ihm Städte weg: Bethel und seine
Tochterstädte, und Jeschana und seine Tochterstädte, und Ephron und
seine Tochterstädte. Und Jerobeam 20
behielt keine Kraft mehr in den Tagen Abijas. Und Jehova schlug ihn,
und er starb. Abija aber erstarkte. 21
Und er nahm vierzehn Weiber und
zeugte zweiundzwanzig Söhne und
sechzehn Töchter.
Und das Uebrige der Geschichte 22
Abijas und seine Wege und seine Reden
sind geschrieben in der Beschreibung *e*
des Propheten Iddo.

Und *f* Abija legte sich zu seinen **14**
Vätern, und man begrub ihn in der
Stadt Davids. Und Asa, sein Sohn,
ward König an seiner Statt. In seinen
Tagen hatte das Land Ruhe zehn Jahre.
Und Asa tat was gut und recht war 2
in den Augen Jehovas, seines Gottes.
Und er tat die fremden Altäre und 3
die Höhen hinweg, und zerschlug die
Bildsäulen und hieb die Ascherim
um; und er sprach zu Juda, daß sie 4
Jehova, den Gott ihrer Väter, suchen
und das Gesetz und das Gebot tun
sollten; und er tat aus allen Städten 5
Judas die Höhen und die Sonnensäulen hinweg. Und das Königreich hatte
Ruhe unter ihm *g*. Und er baute feste 6
Städte in Juda; denn das Land hatte
Ruhe, und es war kein Krieg wider
ihn in jenen Jahren, denn Jehova hatte ihm Ruhe geschafft. Und er sprach 7
zu Juda: Laßt uns diese Städte bau-
en, und Mauern ringsum machen und
Türme, Tore und Riegel; noch ist das
Land vor uns, denn wir haben Jehova, unseren Gott, gesucht; wir haben
ihn gesucht, und er hat uns Ruhe geschafft ringsumher. Und so bauten sie
und es gelang ihnen.
Und Asa hatte ein Heer, das Schild *h* 8
und Lanze trug: aus Juda dreihunderttausend und aus Benjamin zweihundertundachtzig tausend *Mann*, die
Tartsche trugen und den Bogen
spannten: sämtlich tapfere Helden.
Und Serach, der Kuschiter, zog wi- 9
der sie aus mit einem Heere von tausendmal tausend *Mann*, und dreihundert Wagen; und er kam bis Marescha. Und Asa zog ihm entgegen; 10
und sie stellten sich in Schlachtordnung auf im Tale Zephata bei Marescha. Und Asa rief zu Jehova, seinem 11
Gott, und sprach: Jehova! um zu helfen, ist bei dir kein Unterschied zwischen dem Mächtigen und dem Kraftlosen. Hilf uns, Jehova, unser Gott!
denn wir stützen uns auf dich, und
in deinem Namen sind wir wider diese Menge gezogen. Du bist Jehova,

---

a Vergl. 4. Mose 18, 19. — *b* Eig. machten sich stark wider. — *c* Eig. beobachten
was Jehova zu beobachten ist. — *d* d. h. der Männer von Juda. — *e* Eig. ausführlichen Beschreibung. — *f* 1. Kön. 15, 8. — *g* Eig. vor ihm. — *h* S. die Anm. zu Kap.
11, 12.

unser Gott; laß den Menschen nichts
12 wider dich vermögen*a*! Und Jehova
schlug die Kuschiter vor Asa und vor
13 Juda; und die Kuschiter flohen. Und
Asa und das Volk, das bei ihm war,
jagten ihnen nach bis Gerar. Und es
fielen von den Kuschitern *so viele*, daß
sie sich nicht wieder erholen konnten; denn sie wurden zerschmettert
vor Jehova und vor seinem Heere.
Und sie trugen sehr viel Beute davon.
14 Auch schlugen sie alle Städte rings
um Gerar, denn der Schrecken Jehovas war auf ihnen; und sie beraubten
alle die Städte, denn es war viel Rau-
15 bes darin. Und auch die Herdenzelte
schlugen sie und führten Kleinvieh in
Menge weg und Kamele. Und sie
kehrten nach Jerusalem zurück.

15 Und auf Asarja, den Sohn Odeds,
　kam der Geist Gottes. Und er ging
2 hinaus, Asa entgegen, und sprach zu
ihm: Höret mich, Asa und ganz Juda
und Benjamin! Jehova ist mit euch,
wenn ihr mit ihm seid. Und wenn ihr
ihn suchet, wird er sich von euch finden lassen; wenn ihr ihn aber ver-
3 lasset, wird er euch verlassen. Und
Israel war viele Tage ohne wahren
Gott und ohne lehrenden Priester und
4 ohne Gesetz; aber in ihrer Bedrängnis kehrten sie um zu Jehova, dem
Gott Israels; und sie suchten ihn, und
5 er ließ sich von ihnen finden. Und in
jenen Zeiten war kein Friede für den
Ausgehenden und für den Eingehenden; sondern viele Unruhen*b* kamen
6 über alle Bewohner der Länder. Und
es stieß sich Nation an Nation und
Stadt an Stadt; denn Gott beunruhig-
7 te*c* sie durch allerlei Bedrängnis. Ihr
aber, seid stark und lasset eure Hände nicht erschlaffen, denn es gibt Lohn
für euer Tun!
8 Und als Asa diese Worte und die
Weissagung Odeds*d*, des Propheten,
hörte, faßte er Mut; und er schaffte
die Greuel weg aus dem ganzen Lande Juda und Benjamin und aus den
Städten, die er vom Gebirge Ephraim
eingenommen hatte, und er erneuerte
den Altar Jehovas, der vor der Halle
9 Jehovas *stand*. Und er versammelte
ganz Juda und Benjamin und die
Fremdlinge, die aus Ephraim und Manasse und aus Simeon bei ihnen *lebten*; denn in Menge liefen sie aus Israel zu ihm über, als sie sahen, daß
10 Jehova, sein Gott, mit ihm war. Und
sie versammelten sich zu Jerusalem
im dritten Monat, im fünfzehnten Jah-
11 re der Regierung Asas; und sie opferten Jehova an selbigem Tage von der
Beute, die sie eingebracht hatten, siebenhundert Rinder und siebentausend
12 Schafe*e*. Und sie gingen den Bund
ein, Jehova, den Gott ihrer Väter, zu
suchen mit ihrem ganzen Herzen und
13 mit ihrer ganzen Seele; jeder aber,
der Jehova, den Gott Israels, nicht
suchen würde, sollte getötet werden,

vom Kleinsten bis zum Größten, vom
Manne bis zum Weibe. Und sie schwu- 14
ren Jehova mit lauter Stimme und
mit Jauchzen und unter Trompeten-
und Posaunen*schall*. Und ganz Juda 15
freute sich des Eides; denn sie schwuren mit ihrem ganzen Herzen und
suchten Jehova*f* mit ihrem ganzen
Willen; und er ließ sich von ihnen
finden. Und Jehova schaffte ihnen
Ruhe ringsumher.
Und*g* auch Maaka, die Mutter des 16
Königs Asa, setzte er ab, daß sie nicht
mehr Königin wäre, weil sie der Aschera ein Götzenbild*h* gemacht hatte;
und Asa rottete ihr Götzenbild*h* aus
und zermalmte und verbrannte es im
Tale Kidron. Die Höhen aber wichen 17
nicht aus Israel; doch das Herz Asas
war ungeteilt alle seine Tage. Und 18
er brachte die geheiligten Dinge seines Vaters und seine geheiligten Dinge
in das Haus Gottes: Silber und Gold
und Geräte. Und es war kein Krieg 19
bis zum fünfunddreißigsten Jahre der
Regierung Asas.

Im*i* sechsundreißigsten Jahre der **16**
Regierung Asas zog Baesa, der König
von Israel, wider Juda herauf; und er
baute Rama, um Asa, dem König von
Juda, niemand aus- und eingehen zu
lassen. Da brachte Asa Silber und 2
Gold heraus aus den Schätzen des Hauses Jehovas und des Hauses des Königs; und er sandte zu Ben-Hadad, dem
König von Syrien, der zu Damaskus
wohnte, und ließ *ihm* sagen: Ein 3
Bund ist zwischen mir und dir und
zwischen meinem Vater und deinem
Vater. Siehe, ich sende dir Silber und
Gold; wohlan! brich deinen Bund mit
Baesa, dem König von Israel, daß er
von mir abziehe. Und Ben-Hadad hör- 4
te auf den König Asa und sandte
seine Heerobersten wider die Städte
Israels; und sie schlugen Ijon und Dan
und Abel-Majim und alle Vorratsplät-
ze der Städte Naphtalis. Und es ge- 5
schah, als Baesa es hörte, da ließ er
von dem Bau Ramas ab und stellte
seine Arbeit ein. Der König Asa aber 6
nahm ganz Juda, und sie schafften die
Steine Ramas und dessen Holz weg,
womit Baesa gebaut hatte; und er
baute damit Geba und Mizpa.

Und zu selbiger Zeit kam Hanani, 7
der Seher, zu Asa, dem König von
Juda, und sprach zu ihm: Weil du dich
auf den König von Syrien gestützt
hast, und hast dich nicht auf Jehova,
deinen Gott, gestützt, darum ist das
Heer des Königs von Syrien deiner
Hand entronnen. Waren nicht die 8
Kuschiter und die Libyer eine zahlreiche Heeresmacht, mit Wagen und
Reitern in großer Menge? Aber weil
du dich auf Jehova stütztest, gab er
sie in deine Hand. Denn Jehovas Au- 9
gen durchlaufen die ganze Erde, um
sich mächtig zu erweisen an denen,
deren Herz ungeteilt auf ihn gerich-

---

a And. üb.: Der Mensch vermag nichts wider dich. — *b* O. große Wirren. — *c* O.
verwirrte. — *d* And. l.: Asarjas, des Sohnes Odeds. — *e* Eig. *Stück* Kleinvieh. —
f Eig. ihn. — *g* 1. Kön. 15, 13. — *h* Eig. Scheusal. — *i* 1. Kön. 15, 16.

tet ist. Hierin hast du töricht gehandelt; denn von nun an wirst du Kriege
10 haben. Und Asa wurde ärgerlich über den Seher und legte ihn in das Stockhaus; denn er war dieserhalb gegen ihn erzürnt. Auch tat Asa zu selbiger Zeit etlichen von dem Volke Gewalt an.

11 Und siehe, die Geschichte Asas, die erste und die letzte, siehe, sie ist geschrieben in dem Buche der Könige von Juda und Israel.

12 Und im neununddreißigsten Jahre seiner Regierung erkrankte Asa an seinen Füßen, sodaß er überaus krank war; aber auch in seiner Krankheit suchte er nicht Jehova, sondern die
13 Aerzte. Und Asa legte sich zu seinen Vätern; und er starb im einundvier-
14 zigsten Jahre seiner Regierung. Und man begrub ihn in seinem Begräbnis, das er sich in der Stadt Davids gegraben hatte. Und man legte ihn auf ein Lager, das man gefüllt hatte mit Gewürz und Spezereien *a*, gemischt nach der Kunst *b* der Salbenmischung; und man veranstaltete für ihn einen sehr großen Brand.

17 Und Josaphat, sein Sohn, ward König an seiner Statt. Und er stärk-
2 te sich wider Israel; und er legte Kriegsvolk *c* in alle festen Städte Judas und legte Besatzungen in das Land Juda und in die Städte Ephraims, die sein Vater Asa eingenommen
3 hatte. Und Jehova war mit Josaphat; denn er wandelte auf den früheren Wegen seines Vaters David und suchte
4 nicht die Baalim, sondern er suchte den Gott seines Vaters, und wandelte in seinen Geboten und nicht nach dem
5 Tun Israels. Und Jehova befestigte das Königtum in seiner Hand; und ganz Juda gab Josaphat Geschenke, und er hatte Reichtum und Ehre in
6 Fülle. Und sein Herz gewann Mut auf den Wegen Jehovas, und er tat noch die Höhen und die Ascherim aus
7 Juda hinweg. Und im dritten Jahre seiner Regierung sandte er seine Obersten Ben-Hail und Obadja und Sekarja und Nethaneel und Mikaja, daß sie in
8 den Städten Judas lehren sollten; und mit ihnen die Leviten Schemaja und Nethanja und Sebadja und Asael und Schemiramoth und Jonathan und Adonija und Tobija und Tob-Adonija, die Leviten; und mit ihnen Elischama und
9 Joram, die Priester. Und sie lehrten in Juda, indem sie das Buch des Gesetzes Jehovas bei sich hatten, und zogen umher durch alle Städte Judas und lehrten unter dem Volke.

10 Und der Schrecken Jehovas kam auf alle Königreiche der Länder, die rings um Juda waren, sodaß sie nicht
11 wider Josaphat stritten. Und Philister brachten *d* Josaphat Geschenke und Silber als Tribut; auch die Araber brachten ihm Kleinvieh, siebentausend und siebenhundert Widder, und

siebentausend und siebenhundert Böcke. Und Josaphat wurde immerfort 12 größer, bis er überaus groß war. Und er baute in Juda Burgen und Vorrats-13 städte; und er hatte große Vorräte *f* in den Städten Judas, und Kriegsmänner, tapfere Helden, in Jerusalem. Und dies war ihre Einteilung nach 14 ihren Vaterhäusern: Von Juda waren Oberste über Tausende: Adna, der Oberste, und mit ihm dreihunderttausend tapfere Helden; und neben ihm 15 Jochanan, der Oberste, und mit ihm zweihundertundachtzig tausend; und 16 neben ihm Amasja, der Sohn Sikris, der sich Jehova freiwillig gestellt hatte, und mit ihm zweihunderttausend tapfere Helden. Und von Benjamin: 17 der tapfere Held Eljada und mit ihm zweihunderttausend mit Bogen und Schild Bewaffnete; und neben ihm 18 Josabad, und mit ihm hundertundachtzig tausend zum Heere Gerüstete. Diese waren es, die dem König dien-19 ten, außer denen, welche der König in die festen Städte von ganz Juda gelegt hatte.

So *g* hatte Josaphat Reichtum und **18** Ehre in Fülle. Und er verschwäger-
te sich mit Ahab. Und nach Verlauf 2 von einigen Jahren zog er zu Ahab nach Samaria hinab; und Ahab schlachtete für ihn und für das Volk, das bei ihm war, Klein- und Rindvieh in Menge; und er verleitete ihn, wider Ramoth-Gilead hinaufzuziehen. Und 3 Ahab, der König von Israel, sprach zu Josaphat, dem König von Juda: Willst du mit mir nach Ramoth-Gilead ziehen? Und er sprach zu ihm: Ich *will* sein wie du, und mein Volk wie dein Volk, und *will* mit dir in den Streit ziehen.

Und Josaphat sprach zu dem König 4 von Israel: Befrage doch heute *h* das Wort Jehovas. Da versammelte der 5 König von Israel die Propheten, vierhundert Mann, und er sprach zu ihnen: Sollen wir wider Ramoth-Gilead in den Streit ziehen, oder soll ich davon abstehen? Und sie sprachen: Ziehe hinauf, und Gott wird es in die Hand des Königs geben. Aber Josa-6 phat sprach: Ist hier kein Prophet Jehovas mehr, daß wir durch ihn fragen? Und der König von Israel sprach zu 7 Josaphat: Es ist noch e i n Mann da, um durch ihn Jehova zu befragen; aber ich hasse ihn, denn er weissagt nichts Gutes über mich, sondern immer nur Böses *i*; es ist Micha, der Sohn Jimlas. Und Josaphat sprach: Der König spreche nicht also! Da rief 8 der König von Israel einen Kämmerer und sprach: Bringe Micha, den Sohn Jimlas, eilends her. Und der König 9 von Israel und Josaphat, der König von Juda, saßen ein jeder auf seinem Throne, angetan mit *königlichen* Kleidern, und sie saßen auf einem freien Platze am Eingang des Tores von

---

a O. mit Gewürz von allerlei Art. — *b* Eig. Werk, Arbeit. — *c* Eig. eine Heeresmacht. — *d* O. von den Philistern brachte man. — *e* O. und eine Last Silber. — *f* W. viel Werks. — *g* 1. Kön. 22. — *h* O. vorerst. — *i* Eig. zum Guten . . . zum Bösen.

Samaria; und alle Propheten weissagten vor ihnen. Und Zedekia, der Sohn
10 Kenaanas, machte sich eiserne Hörner und sprach: So spricht Jehova:
Mit diesen wirst du die Syrer stoßen,
11 bis du sie vernichtet hast. Und alle Propheten weissagten ebenso und sprachen: Ziehe hinauf nach Ramoth-Gilead, und es wird dir gelingen; denn Jehova wird es in die Hand des Königs geben.
12 Und der Bote, der hingegangen war, Micha zu rufen, redete zu ihm und sprach: Siehe, die Worte der Propheten *verkündigen* einstimmig dem König Gutes; so laß doch dein Wort sein, wie *das Wort* eines von ihnen, und
13 rede Gutes. Aber Micha sprach: *So wahr* Jehova lebt, was mein Gott mir
14 sagen wird, das werde ich reden! Und als er zu dem König kam, sprach der König zu ihm: Micha, sollen wir nach Ramoth-Gilead in den Streit ziehen, oder soll ich davon abstehen? Und er sprach: Ziehet hinauf, und es wird euch gelingen; denn sie werden in
15 eure Hand gegeben werden. Und der König sprach zu ihm: Wieviele Male muß ich dich beschwören, daß du nichts zu mir reden sollst, als nur
16 Wahrheit im Namen Jehovas? Da sprach er: Ich sah ganz Israel auf den Bergen zerstreut wie Schafe, die keinen Hirten haben. Und Jehova sprach: Diese haben keinen Herrn; sie sollen ein jeder nach seinem Hause zu-
17 rückkehren in Frieden. Und der König von Israel sprach zu Josaphat: Habe ich dir nicht gesagt: er weissagt nichts Gutes über mich, sondern *nur*
18 Böses? Und er sprach: Darum höret das Wort Jehovas: Ich sah Jehova auf seinem Throne sitzen, und alles Heer des Himmels zu seiner Rechten und zu
19 seiner Linken stehen. Und Jehova sprach: Wer will Ahab, den König von Israel, bereden, daß er hinaufziehe und zu Ramoth-Gilead falle? Und der eine sprach so, und der andere sprach
20 so. Da trat ein *a* Geist hervor und stellte sich vor Jehova und sprach: Ich will ihn bereden. Und Jehova
21 sprach zu ihm: Wodurch? Und er sprach: Ich will ausgehen und will ein Lügengeist sein in dem Munde aller seiner Propheten. Und er sprach: Du wirst *b* ihn bereden und wirst es auch ausrichten; gehe aus und tue
22 also! Und nun, siehe, Jehova hat einen Lügengeist in den Mund dieser deiner Propheten gelegt, und Jehova hat Böses über dich geredet.
23 Da trat Zedekia, der Sohn Kenaanas, herzu und schlug Micha auf den Backen und sprach: Auf welchem Wege wäre der Geist Jehovas von mir
24 gewichen, um mit dir zu reden? Und Micha sprach: Siehe, du wirst es sehen an jenem Tage, wenn du ins innerste Gemach *c* gehen wirst, um dich zu ver-

stecken. Und der König von Israel 25 sprach: Nehmet Micha und führet ihn zurück zu Amon, dem Obersten der Stadt, und zu Joas, dem Sohne des Königs, und saget: So spricht der Kö- 26 nig: Setzet diesen ins Gefängnis und speiset ihn mit Brot der Trübsal und mit Wasser der Trübsal, bis ich in Frieden wiederkomme. Und Micha 27 sprach: Wenn du je in Frieden zurückkehrst, so hat Jehova nicht durch mich geredet! Und er sprach: Höret es, ihr Völker alle!

Und der König von Israel und Jo- 28 saphat, der König von Juda, zogen hinauf nach Ramoth-Gilead. Und der 29 König von Israel sprach zu Josaphat: Ich will mich verkleiden und in den Streit ziehen, du aber lege deine Kleider an. Und der König von Israel verkleidete sich, und sie zogen in den Streit. Der König von Syrien hatte 30 aber seinen Obersten der Wagen geboten und gesagt: Ihr sollt weder wider den Geringen streiten, noch wider den einen Großen, sondern wider den König von Israel allein. Und es ge- 31 schah, als die Obersten der Wagen Josaphat sahen, — denn sie sprachen: Das ist der König von Israel! — da umringten sie ihn, um zu streiten; und Josaphat schrie; und Jehova half ihm, und Gott lenkte *d* sie von ihm ab. Und 32 es geschah, als die Obersten der Wagen sahen, daß er nicht der König von Israel war, da wandten sie sich von ihm ab.

Und ein Mann spannte den Bogen 33 aufs Geratewohl *e* und traf den König von Israel zwischen den *Panzer*-Anhang und den Panzer. Da sprach er zu seinem Wagenlenker: Wende um *f* und führe mich aus dem Lager hinaus, denn ich bin verwundet. Und der 34 Streit nahm überhand an selbigem Tage, und der König von Israel blieb aufrecht stehen in dem Wagen, den Syrern gegenüber, bis zum Abend; und er starb zur Zeit des Sonnenuntergangs.

Und Josaphat, der König von Juda, **19** kehrte in Frieden zurück nach seinem Hause, nach Jerusalem. Da ging 2 ihm Jehu, der Sohn Hananis, der Seher, entgegen; und er sprach zu dem König Josaphat: Hilfst du dem Gesetzlosen *g*, und liebst du die Jehova hassen? Und um deswillen ist Zorn über dir von seiten Jehovas. Jedoch 3 ist Gutes an dir gefunden worden, weil du die Ascheroth aus dem Lande hinweggeschafft und dein Herz darauf gerichtet hast, Gott zu suchen.

Und Josaphat blieb zu Jerusalem. 4 Und er zog wiederum aus unter das Volk, von Beerseba bis zum Gebirge Ephraim, und führte sie zurück zu Jehova, dem Gott ihrer Väter. Und er 5 bestellte Richter im Lande, in allen festen Städten Judas, Stadt für Stadt. Und er sprach zu den Richtern: Sehet 6 zu, was ihr tut; denn nicht für die

---

a Eig. der. — *b* O. sollst. — *c* O. von Gemach zu Gemach. — *d* Eig. lockte. —
e W. in seiner Einfalt. — *f* Eig. Wende deine Hände. — *g* O. Hast du dem Gesetzlosen
zu helfen?

Menschen richtet ihr, sondern für Jehova, und er ist mit euch im Rechts-7 spruch. So sei denn der Schrecken Jehovas auf euch; habet acht, wie ihr handelt! denn bei Jehova, unserem Gott, ist kein Unrecht, noch Ansehen der Person oder Annehmen von Ge-8 schenk. Und auch in Jerusalem bestellte Josaphat Leviten und Priester und Häupter der Väter Israels für das Gericht Jehovas und für den Rechtsstreit. Und sie waren nach Jerusalem 9 zurückgekehrt *a*. Und er gebot ihnen und sprach: Also sollt ihr tun in der Furcht Jehovas, mit Treue und mit 10 ungeteiltem Herzen. Und was irgend für ein Rechtsstreit vor euch kommt von seiten eurer Brüder, die in ihren Städten wohnen, zwischen Blut und Blut, zwischen Gesetz und Gebot, Satzungen und Rechten, so sollt ihr sie verwarnen *b*, daß sie sich nicht an Jehova verschulden, und daß nicht ein Zorn über euch und über eure Brüder komme. Also sollt ihr tun, damit ihr 11 euch nicht verschuldet. Und siehe, Amarja, der Hauptpriester, ist über euch in allen Sachen Jehovas, und Sebadja, der Sohn Ismaels, der Fürst des Hauses Juda, in allen Sachen des Königs; und als Vorsteher sind die Leviten vor euch. Seid stark und handelt, und Jehova wird mit dem Guten sein.

20 Und es geschah hernach, da kamen die Kinder Moab und die Kinder Ammon und mit ihnen von den Meunitern *c* wider Josaphat zum Streit. 2 Und man kam und berichtete Josaphat und sprach: Eine große Menge ist wider dich gekommen von jenseit des Meeres *d*, von Syrien; und siehe, sie sind zu Hazezon-Tamar, das ist 3 Engedi. Da fürchtete sich Josaphat, und er richtete sein Angesicht darauf, Jehova zu suchen; und er rief ein 4 Fasten aus über ganz Juda. Und Juda versammelte sich, um von Jehova Hilfe zu suchen; sogar aus allen Städten Judas kamen sie, um Jehova zu su-5 chen. Und Josaphat stand in der Versammlung Judas und Jerusalems im Hause Jehovas, vor dem neuen Vor-6 hof; und er sprach: Jehova, Gott unserer Väter, bist d u es nicht, der da Gott im Himmel ist *e*, und *bist* d u *nicht* der Herrscher über alle Königreiche der Nationen? Und in deiner Hand ist Kraft und Macht; und niemand vermag gegen dich zu bestehen. 7 Hast d u nicht, unser Gott, die Bewohner dieses Landes vor deinem Volke Israel ausgetrieben, und es dem Samen Abrahams, deines Freundes, ge-8 geben ewiglich? Und sie haben darin gewohnt und haben dir ein Heiligtum darin gebaut für deinen Namen, und 9 gesagt: Wenn Unglück über uns kommt, Schwert, Strafgericht, oder Pest, oder Hungersnot, und wir treten

vor dieses Haus und vor dich, — denn dein Name ist in diesem Hause — und schreien zu dir aus unserer Bedrängnis, so wirst *f* du hören und retten. Und nun, siehe, die Kinder Am-10 mon und Moab und die vom Gebirge Seir, unter welche zu kommen du Israel nicht gestattet hast, als sie aus dem Lande Aegypten kamen, sondern sie sind ihnen ausgewichen und haben sie nicht vertilgt: siehe da, sie ver-11 gelten es uns, indem sie kommen, um uns aus deinem Besitztum zu vertreiben, das du uns zum Besitz gegeben hast. Unser Gott, willst du sie nicht 12 richten? Denn in uns ist keine Kraft vor dieser großen Menge, die wider uns kommt; und w i r wissen nicht, was wir tun sollen, sondern auf dich sind unsere Augen *gerichtet*. Und 13 ganz Juda stand vor Jehova, samt ihren Kindlein, ihren Weibern und ihren Söhnen.

Und Jachasiel, der Sohn Sekarjas, 14 des Sohnes Benajas, des Sohnes Jechiels, des Sohnes Mattanjas, der Levit, von den Söhnen Asaphs — auf ihn kam der Geist Jehovas mitten in der Versammlung. Und er sprach: 15 Merket auf, ganz Juda, und ihr Bewohner von Jerusalem, und du, König Josaphat! So spricht Jehova zu euch: Fürchtet euch nicht und erschrecket nicht euer ist der Streit, sondern Gottes! Morgen ziehet wider sie hinab; 16 siehe, sie kommen die Anhöhe Ziz herauf, und ihr werdet sie am Ende des Tales finden vor der Wüste Jeruel. Ihr werdet hierbei nicht zu streiten 17 haben; tretet hin, stehet und sehet die Rettung Jehovas an euch *g*, Juda und Jerusalem! Fürchtet euch nicht und erschrecket nicht; morgen ziehet ihnen entgegen, und Jehova wird mit euch sein! Da neigte sich Josaphat, 18 mit dem Antlitz zur Erde; und ganz Juda und die Bewohner von Jerusalem fielen nieder vor Jehova, um Jehova anzubeten. Und die Leviten, von 19 den Söhnen der Kehathiter und von den Söhnen der Korhiter, standen auf, um Jehova, den Gott Israels, zu loben mit überaus lauter Stimme.

Und sie machten sich des Morgens 20 früh auf und zogen aus nach der Wüste Tekoa. Und bei ihrem Auszuge trat Josaphat hin und sprach: Höret mich, Juda, und ihr Bewohner von Jerusalem! Glaubet an Jehova, euren Gott, und ihr werdet befestigt sein; glaubet seinen Propheten, und es wird euch gelingen! Und er beriet sich mit 21 dem Volke und bestellte Sänger für Jehova, welche lobsangen in heiligem Schmuck, indem sie vor den Gerüsteten her auszogen und sprachen: Preiset *h* Jehova, denn seine Güte *währt* ewiglich! Und zur Zeit als sie be-22 gannen mit Jubel und Lobgesang,

---

a Mit and. Punktierung: Und sie wohnten in Jerusalem. — *b* O. belehren. — *c* So mit der alexandr. Uebersetzung (vergl. Kap. 26, 7); im Texte steht: Ammonitern. — *d* d. h. des Toten Meeres. — *e* O. bist du nicht, der da ist, (od. er, derselbe) Gott im Himmel? — *f* O. wollest. — *g* O. *der* mit euch *ist*. — *h* O. danket.

stellte Jehova einen Hinterhalt wider die Kinder Ammon, Moab und die vom Gebirge Seir, welche wider Juda gekommen waren; und sie wurden ge-

23 schlagen. Und die Kinder Ammon und Moab standen auf wider die Bewohner des Gebirges Seir, um sie zu vernichten und zu vertilgen; und als sie mit den Bewohnern von Seir fertig waren, half einer den anderen verderben.

24 Und Juda kam auf die Bergwarte gegen die Wüste hin; und sie sahen sich um nach der Menge, und siehe, da waren es Leichname, die auf der Erde lagen, und niemand war entronnen.

25 Da kamen Josaphat und sein Volk, um ihre Beute zu rauben; und sie fanden unter ihnen sowohl Habe als Leichname *a* und kostbare Geräte in Menge, und sie plünderten für sich, bis es nicht mehr zu tragen war. Und drei Tage lang raubten sie die Beute, denn

26 sie war groß. Und am vierten Tage versammelten sie sich im Tale Beraka *b*, denn daselbst priesen sie Jehova; daher gab man jenem Orte den Namen

27 Tal Beraka, bis auf diesen Tag. Und alle Männer von Juda und Jerusalem kehrten um, mit Josaphat an ihrer Spitze, um nach Jerusalem zurückzukehren mit Freude; denn Jehova hatte ihnen Freude an ihren Feinden gege-

28 ben. Und sie kamen nach Jerusalem, zum Hause Jehovas, mit Harfen und

29 mit Lauten und mit Trompeten. Und der Schrecken Gottes fiel auf alle Königreiche der Länder, als sie hörten, daß Jehova mit den Feinden Israels

30 gestritten hatte. Und das Königreich Josaphats hatte Ruhe; und sein Gott schaffte ihm Ruhe ringsumher.

31 Und so regierte Josaphat über Juda. Er *c* war fünfunddreißig Jahre alt, als er König wurde, und er regierte fünfundzwanzig Jahre zu Jerusalem; und der Name seiner Mutter war Asu-

32 ba, die Tochter Schilchis. Und er wandelte auf dem Wege seines Vaters Asa und wich nicht davon, indem er tat was recht war in den Augen Je-

33 hovas. Nur die Höhen wichen nicht, und das Volk hatte sein Herz noch nicht auf den Gott ihrer Väter gerichtet.

34 Und das Uebrige der Geschichte Josaphats, die erste und die letzte, siehe, sie ist geschrieben in der Geschichte Jehus, des Sohnes Hananis, welche in das Buch der Könige von Israel aufgenommen ist.

35 Und hernach verband sich Josaphat, der König von Juda, mit Ahasja, dem König von Israel; dieser handelte ge-

36 setzlos. Und er verband sich mit ihm *d*, Schiffe zu bauen, um nach Tarsis zu fahren; und sie bauten Schiffe zu Ez-

37 jon-Geber. Und Elieser, der Sohn Dodawas, von Marescha, weissagte wider Josaphat und sprach: Weil du dich mit Ahasja verbunden hast, hat Jehova dein Werk zerstört. Und die Schiffe

wurden zertrümmert und vermochten nicht nach Tarsis zu fahren.

Und Josaphat legte sich zu seinen Vätern, und er wurde bei seinen Vätern begraben in der Stadt Davids. **21** Und *e* Joram, sein Sohn, ward König an seiner Statt. Und er hatte Brüder, 2 Söhne Josaphats: Asarja und Jechiel und Sekarja und Asarja und Michael und Schephatja; alle diese waren Söhne Josaphats, des Königs von Israel *f*. Und ihr Vater gab ihnen viele 3 Geschenke an Silber und an Gold und an Kostbarkeiten, nebst festen Städten in Juda; aber das Königreich gab er Joram, denn er war der Erstgeborene. Und als Joram über das Königreich 4 seines Vaters aufgestanden und erstarkt war, da tötete er alle seine Brüder und auch einige Oberste von Israel mit dem Schwerte.

Zweiunddreißig Jahre war Joram 5 alt, als er König wurde, und er regierte acht Jahre zu Jerusalem. Und er 6 wandelte auf dem Wege der Könige von Israel, wie das Haus Ahabs getan hatte, denn er hatte eine Tochter Ahabs zum Weibe; und er tat was böse war in den Augen Jehovas. Aber 7 Jehova wollte das Haus Davids nicht verderben, um des Bundes willen, den er mit David gemacht, und so wie er gesagt hatte, daß er ihm und seinen Söhnen eine Leuchte geben wolle alle Tage.

In seinen Tagen fielen die Edomiter 8 von der Botmäßigkeit Judas ab und setzten einen König über sich. Da zog 9 Joram hinüber mit seinen Obersten, und alle Wagen mit ihm. Und es geschah, als er sich des Nachts aufmachte, da schlug er die Edomiter, welche ihn und die Obersten der Wagen umringt hatten. So fielen die Edomi- 10 ter von der Botmäßigkeit Judas ab bis auf diesen Tag. Damals, zu derselben Zeit, fiel *auch* Libna von seiner Botmäßigkeit ab; denn er hatte Jehova, den Gott seiner Väter, verlassen.

Auch er machte Höhen auf den Ber- 11 gen Judas, und er verleitete die Bewohner von Jerusalem, Hurerei zu treiben, und verführte Juda *dazu*. Da 12 gelangte eine Schrift von Elia, dem Propheten, an ihn, welche lautete: So spricht Jehova, der Gott deines Vaters David: Darum, daß du nicht auf den Wegen deines Vaters Josaphat und auf den Wegen Asas, des Königs von Juda, gewandelt hast, sondern auf dem 13 Wege der Könige von Israel gewandelt und Juda und die Bewohner von Jerusalem verleitet hast, Hurerei zu treiben, nach den Hurereien des Hauses Ahabs, und auch deine Brüder, das Haus deines Vaters, ermordet hast, die besser waren als du: siehe, so 14 wird Jehova dein Volk und deine Söhne und deine Weiber und alle deine Habe plagen mit einer großen Plage; du aber wirst schwer erkranken an 15

---

a Wahrsch. ist hier statt pegarim: Leichname, begadim: Oberkleider, zu lesen. — *b* Preise- oder Lobetal. — *c* 1. Kön. 22, 41. — *d* Eig. ihm mit sich. — *e* 2. Kön. 8, 16. — *f* d. h. Israel im allgemeinen Sinne; vergl. V. 4; Kap. 12, 6; 28, 19.

einer Krankheit deiner a Eingeweide, bis deine Eingeweide infolge der Krankheit heraustreten werden Tag für Tag b.

16 Und Jehova erweckte wider Joram den Geist der Philister und der Araber, die zur Seite der Kuschiter woh-
17 nen. Und sie zogen wider Juda herauf und brachen ein und führten alle Habe weg, die sich im Hause des Königs vorfand, und auch seine Söhne und seine Weiber; und es blieb ihm kein Sohn übrig als nur Joahas, der
18 jüngste seiner Söhne. Und nach allem diesem plagte ihn Jehova mit einer unheilbaren Krankheit in seinen Ein-
19 geweiden. Und es geschah von Tag zu Tag, und zur Zeit als das Ende von zwei Jahren eintrat, daß seine Eingeweide bei seiner Krankheit heraustraten c; und er starb unter heftigen Schmerzen. Und sein Volk machte ihm keinen Brand gleich dem Brande
20 seiner Väter. Zweiunddreißig Jahre war er alt, als er König wurde, und er regierte acht Jahre in Jerusalem. Und er ging hin, ohne vermißt zu werden; und man begrub ihn in der Stadt Davids, aber nicht in den Gräbern der Könige.

22 Und d die Bewohner von Jerusalem machten Ahasja e, seinen jüngsten Sohn, zum König an seiner Statt; denn alle die älteren hatte die Schar ermordet, welche mit den Arabern ins Lager gekommen war. Und Ahasja, der Sohn Jorams, des Königs von Juda,
2 ward König. Zweiundzwanzig f Jahre war Ahasja alt, als er König wurde, und er regierte ein Jahr zu Jerusalem; und der Name seiner Mutter war
3 Athalja, die Tochter Omris. Auch er wandelte auf den Wegen des Hauses Ahabs; denn seine Mutter war seine Ratgeberin zum gesetzlosen Handeln.
4 Und er tat was böse war in den Augen Jehovas, wie das Haus Ahabs; denn diese waren nach dem Tode seines Vaters seine Ratgeber, zu seinem
5 Verderben. Auch ging er auf ihren Rat und zog hin mit Joram, dem Sohne Ahabs, dem König von Israel, in den Streit wider Hasael, den König von Syrien, nach Ramoth-Gilead. Und
6 die Syrer verwundeten Joram. Da kehrte er zurück, um sich in Jisreel von den Wunden heilen zu lassen, die sie ihm zu Rama geschlagen hatten, als er wider Hasael, den König von Syrien, stritt. Und Asarja g, der Sohn Jorams, der König von Juda, zog hinab, um Joram, den Sohn Ahabs, in Jisreel zu besuchen, weil er krank
7 war. Aber von Gott war es der Untergang Ahasjas, daß er zu Joram kam. Denn als er angekommen war, zog er mit Joram aus wider Jehu, den Sohn

Nimsis, welchen Jehova gesalbt hatte, um das Haus Ahabs auszurotten. h Und
8 es geschah, als Jehu an dem Hause Ahabs Gericht übte, da traf er die Obersten von Juda und die Söhne der Brüder Ahasjas, welche Ahasja dienten; und er ermordete sie. Und er
9 suchte Ahasja, und sie griffen ihn, als er sich in Samaria versteckt hielt; und sie brachten ihn zu Jehu und töteten ihn. Und sie begruben ihn, denn sie sprachen: Er ist ein Sohn Josaphats, der Jehova gesucht hat mit seinem ganzen Herzen. Und das Haus Ahasjas hatte niemand mehr, der zum Königtum tüchtig gewesen wäre.

Und i als Athalja, die Mutter Ahas-
10 jas, sah, daß ihr Sohn tot war, da machte sie sich auf und brachte allen königlichen Samen vom Hause Juda
11 um. Aber Josabath, die Tochter des Königs, nahm Joas, den Sohn Ahasjas, und stahl ihn weg aus der Mitte der Königssöhne, die getötet wurden, und sie tat ihn und seine Amme in das Schlafgemach j. Und so verbarg ihn Josabath, die Tochter des Königs Joram, das Weib Jojadas, des Priesters, (denn sie war die Schwester Ahasjas) vor Athalja, sodaß sie ihn
12 nicht tötete. Und er war sechs Jahre bei ihnen im Hause Gottes versteckt. Athalja aber regierte über das Land.

23 Und k im siebenten Jahre stärkte sich l Jojada und verband die Obersten über hundert, Asarja, den Sohn Jerochams, und Ismael, den Sohn Jochanans, und Asarja, den Sohn Obeds, und Maaseja, den Sohn Adajas, und Elisaphat, den Sohn Sikris, mit
2 sich in einem Bunde. Und sie zogen in Juda umher und versammelten die Leviten aus allen Städten Judas, und die Häupter der Väter m von Israel; und sie kamen nach Jerusalem.
3 Und die ganze Versammlung machte im Hause Gottes einen Bund mit dem König. Und Jojada sprach zu ihnen: Siehe, der Sohn des Königs soll König sein, so wie Jehova von den Söhnen Davids geredet hat. Dies ist es,
4 was ihr tun sollt: Ein Drittel von euch, die ihr am Sabbath antretet, von den Priestern und von den Leviten, soll Türhüter der Schwellen sein;
5 und ein Drittel soll im Hause des Königs sein; und ein Drittel am Tore Jesod n; und alles Volk in den Höfen des Hauses Jehovas. Und es soll
6 niemand in das Haus Jehovas hineingehen, als nur die Priester und die diensttuenden Leviten; s ie sollen hineingehen, denn sie sind heilig. Und alles Volk soll die Vorschriften Jehovas beobachten. Und die Leviten sollen den König rings umgeben, ein jeder mit seinen Waffen in seiner

---

a W. du aber wirst in vielen (od. großen) Krankheiten sein, in Erkrankung deiner usw. — b O. von Zeit zu Zeit; so auch V. 19. — c O. Und es geschah nach vielen Tagen, und zwar zur Zeit..., da traten usw. — d 2. Kön. 8, 25. — e derselbe Name wie „Joahas" (Kap. 21, 17), nur umgestellt. — f Im hebr. Texte steht irrtümlich: Zweiundvierzig. — g Wahrscheinlich zu l.: Ahasja. — h 2. Kön. 9, 14—29; 10, 12—15. — i 2. Kön. 11, 1. — j S. die Anm. zu 2. Kön. 11, 2. — k 2. Kön. 11, 4. — l O. faßte Mut. — m d. h. die Stamm- oder Familienhäupter. — n d. h. Grundtor.

Hand; und wer in das Haus hineingeht, soll getötet werden; und ihr sollt bei dem König sein, wenn er eingeht und wenn er ausgeht.

8 Und die Leviten und ganz Juda taten nach allem was der Priester Jojada geboten hatte; und sie *a* nahmen ein jeder seine Männer, die am Sabbath antretenden samt den am Sabbath abtretenden; denn der Priester Jojada hatte die Abteilungen nicht 9 entlassen. Und der Priester Jojada gab den Obersten über hundert die Speere und die Tartschen und die Schilde, welche dem König David gehört hatten, die im Hause Gottes wa-10 ren. Und er stellte alles Volk auf, und zwar einen jeden mit seiner Waffe in seiner Hand, von der rechten Seite des Hauses bis zur linken Seite des Hauses, gegen den Altar und gegen das Haus hin, rings um den 11 König. Und sie führten den Sohn des Königs heraus und setzten ihm die Krone auf und gaben ihm das Zeugnis, und sie machten ihn zum König; und Jojada und seine Söhne salbten ihn und riefen: Es lebe der König!

12 Und als Athalja das Geschrei des Volkes hörte, das herzulief und den König pries, kam sie zu dem Volke 13 in das Haus Jehovas. Und sie sah: und siehe, der König stand auf seinem Standorte am Eingang, und die Obersten und die Trompeter bei dem König; und alles Volk des Landes war fröhlich und stieß in die Trompeten; und die Sänger *waren da* mit Musikinstrumenten und leiteten den Lobgesang. Da zerriß Athalja ihre Kleider und rief: Verschwörung, Ver-14 schwörung! Und der Priester Jojada ließ die Obersten über hundert, die über das Heer bestellt waren, heraustreten, und sprach zu ihnen: Führet sie hinaus außerhalb der Reihen *b*, und wer ihr folgt, soll mit dem Schwerte getötet werden! Denn der Priester sprach: Ihr sollt sie nicht in dem 15 Hause Jehovas töten. Und sie machten ihr Platz, und sie ging durch den Eingang des Roßtores in das Haus des Königs; und sie töteten sie daselbst.

16 Und Jojada machte einen Bund zwischen sich und dem ganzen Volke und dem König, daß sie das Volk Je-17 hovas sein sollten. Da ging alles Volk in das Haus des Baal und riß es nieder, und sie zerschlugen seine Altäre und seine Bilder; und Mattan, den Priester des Baal, töteten sie vor den 18 Altären. Und Jojada legte die Aemter des Hauses Jehovas in die Hand der Priester, der Leviten, welche David über das Haus Jehovas abgeteilt hatte, um die Brandopfer Jehovas zu opfern, wie in dem Gesetz Moses geschrieben steht, mit Freuden und mit Gesang, nach der Anweisung Davids.

Und er stellte die Torhüter an die 19 Tore des Hauses Jehovas, daß keiner hineinginge, der irgendwie unrein wäre. Und er nahm die Obersten über 20 hundert und die Vornehmen und die Gebieter im Volke, und alles Volk des Landes, und führte den König aus dem Hause Jehovas hinab, und sie kamen durch das obere Tor in das Haus des Königs; und sie setzten den König auf den Thron des Königreichs. Und alles Volk des Landes freute sich, 21 und die Stadt hatte Ruhe. Athalja aber hatten sie mit dem Schwerte getötet.

Sieben *c* Jahre war Joas alt, als er **24** König wurde, und er regierte vierzig Jahre zu Jerusalem; und der Name seiner Mutter war Zibja, von Beerseba. Und Joas tat was recht war in 2 den Augen Jehovas, alle die Tage des Priesters Jojada. Und Jojada nahm 3 ihm zwei Weiber; und er zeugte Söhne und Töchter.

Und es geschah hernach, daß Joas 4 im Herzen hatte, das Haus Jehovas zu erneuern. Und er versammelte die 5 Priester und die Leviten und sprach zu ihnen: Ziehet aus in die Städte Judas, und sammelt Geld ein von ganz Israel, um das Haus eures Gottes auszubessern von Jahr zu Jahr; und ihr sollt mit der Sache eilen. Aber die Leviten eilten nicht. Da 6 rief der König Jojada, das Haupt, und sprach zu ihm: Warum hast du die Leviten nicht aufgefordert, aus Juda und Jerusalem die Steuer einzubringen, welche Mose, der Knecht Jehovas, der Versammlung Israels für das Zelt des Zeugnisses auferlegt hat *d*? Denn die gottlose Athalja *und* ihre 7 Söhne haben das Haus Gottes zerstört und haben auch alle geheiligten Dinge des Hauses Jehovas für die Baalim verwendet. Und der König 8 befahl, und man machte eine Lade und stellte sie an das Tor des Hauses Jehovas, auswärts. Und man rief 9 in Juda und in Jerusalem aus, daß man Jehova die Steuer Moses, des Knechtes Gottes, bringen sollte, welche er Israel in der Wüste auferlegt hatte. Da freuten sich alle Obersten 10 und das ganze Volk, und sie brachten und warfen in die Lade, bis man fertig war. Und es geschah zur Zeit, 11 wenn man die Lade durch die Leviten zum Amte *e* des Königs brachte, und wenn man sah, daß viel Geld *darin* war, so kamen der Schreiber des Königs und der Beamte des Hauptpriesters und leerten die Lade aus; und sie trugen sie und brachten sie wieder an ihren Ort. So taten sie Tag für Tag und sammelten Geld in Menge. Und der König und Jojada gaben 12 es denen, welche das Werk der Arbeit am Hause Jehovas betrieben; und diese dingten Steinhauer und

---

a d. h. die Leviten. — *b* O. zwischen den Reihen hindurch. — *c* 2. Kön. 12. — *d* W. einzubringen die Steuer Moses, des Knechtes Jehovas, und der Versammlung Israels für das Zelt usw. — *e* d. h. zu der Aufsichtsbehörde. O. zu den Beamten; und nachher: wenn sie sahen.

Zimmerleute, um das Haus Jehovas zu erneuern, und auch Arbeiter in Eisen und Erz, um das Haus Jehovas 13 auszubessern. Und die das Werk taten arbeiteten, und die Herstellung des Werkes nahm zu durch ihre Hand; und sie setzten das Haus Gottes wieder in seinen früheren Stand *a* und 14 machten es fest. Und als sie fertig waren, brachten sie das übrige Geld vor den König und vor Jojada; und er machte davon Geräte für das Haus Jehovas, Geräte für den Dienst und für die Brandopfer, und Schalen, und goldene und silberne Geräte. Und man opferte Brandopfer im Hause Jehovas beständig, alle die Tage Jojadas.

15 Und Jojada wurde alt und der Tage satt, und er starb; er war hundertunddreißig Jahre alt, als er starb. 16 Und man begrub ihn in der Stadt Davids bei den Königen, weil er Gutes getan hatte an Israel und gegen Gott und sein Haus.

17 Und nach dem Tode Jojadas kamen die Obersten von Juda und beugten sich vor dem König nieder; und der 18 König hörte auf sie. Und sie verließen das Haus Jehovas, des Gottes ihrer Väter, und dienten den Ascherim und den Götzenbildern. Da kam ein Zorn über Juda und Jerusalem um dieser ihrer Verschuldung willen. 19 Und er sandte Propheten unter sie, um sie zu Jehova zurückzuführen, und diese zeugten wider sie *b*; aber sie 20 nahmen es nicht zu Ohren. — Und der Geist Gottes kam über *c* Sekarja. den Sohn Jojadas, des Priesters; und er stand auf über dem Volke und sprach zu ihnen: So spricht Gott: Warum übertretet ihr die Gebote Jehovas? Es wird euch ja nicht gelingen. Weil ihr Jehova verlassen habt, 21 so hat er euch verlassen. Und sie machten eine Verschwörung wider ihn und steinigten ihn auf Befehl des Königs im Hofe des Hauses Jehovas. 22 Und der König Joas gedachte nicht der Güte, die sein Vater Jojada an ihm erwiesen hatte, und ermordete dessen Sohn. Und als er starb, sprach er: Jehova möge es sehen und fordern!

23 Und es geschah beim Umlauf des Jahres, daß ein Heer der Syrer wider ihn heraufzog. Und sie kamen nach Juda und Jerusalem und schlachteten aus dem Volke alle Obersten des Volkes; und alle ihre Beute sandten sie zu dem König von Damaskus. 24 Wiewohl das Heer der Syrer mit wenigen Männern gekommen war, gab doch Jehova ein sehr zahlreiches Heer in ihre Hand, weil sie Jehova, den Gott ihrer Väter, verlassen hatten. 25 Und sie übten Gericht an Joas. Und als sie von ihm weggezogen waren, — sie verließen ihn aber in großen Schmerzen — machten seine Knechte

eine Verschwörung wider ihn, um des Blutes der Söhne *d* des Priesters Jojada willen; und sie ermordeten ihn auf seinem Bette, und er starb. Und 26 man begrub ihn in der Stadt Davids, aber man begrub ihn nicht in den Gräbern der Könige. Und diese 26 sind es, die eine Verschwörung wider ihn machten: Sabad, der Sohn Schimeaths, der Ammonitin, und Josabad, der Sohn Schimriths, der Moabitin. — Seine Söhne aber, und die Größe des 27 Tributs, der ihm auferlegt wurde, und der Bau des Hauses Gottes, siehe, das ist geschrieben in der Beschreibung *e* des Buches der Könige. Und Amazja, sein Sohn, ward König an seiner Statt.

25

Fünfundzwanzig *f* Jahre alt, wurde Amazja König, und er regierte neunundzwanzig Jahre zu Jerusalem; und der Name seiner Mutter war Joaddan, von Jerusalem. Und er tat was 2 recht war in den Augen Jehovas, jedoch nicht mit ungeteiltem Herzen. Und es geschah, als das Königtum 3 bei ihm erstarkt war, da tötete er seine Knechte, die den König, seinen Vater, erschlagen hatten. Aber ihre 4 Söhne tötete er nicht, sondern *er tat*, wie im Gesetz, im Buche Moses, geschrieben steht, wo Jehova geboten und gesagt hat: Nicht sollen Väter sterben um der Kinder willen, und Kinder sollen nicht sterben um der Väter willen, sondern sie sollen ein jeder für seine Sünde sterben *g*.

Und Amazja versammelte Juda, und 5 er stellte sie auf nach Vaterhäusern, nach Obersten über tausend und nach Obersten über hundert, von ganz Juda und Benjamin; und er musterte sie von zwanzig Jahren an und darüber, und fand ihrer dreihunderttausend Auserlesene, die zum Heere auszogen, die Lanze und Schild *h* führten. Und er dingte aus Israel hunderttau- 6 send tapfere Helden um hundert Talente Silber. Da kam ein Mann Got- 7 tes zu ihm und sprach: O König! laß das Heer von Israel nicht mit dir ziehen; denn Jehova ist nicht mit Israel, mit allen Kindern Ephraim. Denn 8 wenn du ziehst, — tue es, sei stark zum Streit! — so wird Gott dich zu Fall bringen vor dem Feinde; denn bei Gott ist Macht, zu helfen und zu Fall zu bringen. Und Amazja sprach 9 zu dem Manne Gottes: Und was ist betreffs der hundert Talente zu tun, die ich der Schar von Israel gegeben habe? Und der Mann Gottes sprach: Jehova hat, um dir mehr als das zu geben. Da sonderte Amazja sie ab, 10 *nämlich* die Schar, welche von Ephraim zu ihm gekommen war, daß sie an ihren Ort gingen. Und ihr Zorn entbrannte sehr wider Juda, und sie kehrten an ihren Ort zurück in glühendem Zorn.

---

a Eig. richteten das Haus Gottes auf nach seinem Maße. — *b* O. ermahnten, verwarnten sie. — *c* Eig. bekleidete. — *d* And. l.: des Sohnes. — *e* Eig. ausführlichen Beschreibung. — *f* 2. Kön. 14. — *g* 5. Mose 24, 16. — *h* Hier der große Schild; wie Kap. 11, 12.

11 Amazja aber faßte Mut und führte sein Volk aus; und er zog ins Salztal und schlug die Kinder Seir, zehntau-
12 send *Mann*. Und die Kinder Juda führten zehntausend lebendig gefangen hinweg und brachten sie auf die Spitze eines Felsens *a*, und sie stürzten sie hinab von der Spitze des Felsens *a*,
13 daß sie allesamt zerbarsten. Aber die Männer der Schar, welche Amazja hatte zurückkehren lassen, daß sie nicht mit ihm in den Streit zögen, die fielen ein in die Städte Judas, von Samaria bis Beth-Horon, und erschlugen von ihnen dreitausend *Mann* und machten eine große Beute.
14 Und es geschah, nachdem Amazja von der Edomiter-Schlacht *b* zurück-gekommen war, da brachte er die Götter der Kinder Seir und stellte sie sich zu Göttern auf; und er beugte sich vor ihnen nieder und räucherte
15 ihnen. Da entbrannte der Zorn Jehovas wider Amazja; und er sandte einen Propheten zu ihm, und er sprach zu ihm: Warum hast du die Götter des Volkes gesucht, die ihr Volk nicht
16 aus deiner Hand errettet haben? Und es geschah, während er zu ihm redete, da sprach Amazja *c* zu ihm: Haben wir dich zum Ratgeber des Königs gesetzt? Laß ab! warum soll man dich erschlagen? Und der Prophet ließ ab und sprach: Ich weiß, daß Gott beschlossen hat, dich zu verderben, weil du solches getan und auf meinen Rat nicht gehört hast!
17 Und Amazja, der König von Juda, beriet sich und sandte zu Joas, dem Sohne Joas', des Sohnes Jehus, dem König von Israel, und ließ *ihm* sagen: Komm, laß uns einander ins Ange-
18 sicht sehen! Da sandte Joas, der König von Israel, zu Amazja, dem König von Juda, und ließ *ihm* sagen: Der Dornstrauch *d* auf dem Libanon sandte zu der Zeder auf dem Libanon und ließ *ihr* sagen: Gib meinen Sohne deine Tochter zum Weibe! Da lief das Getier des Feldes, das auf dem Libanon ist, vorüber und zertrat den
19 Dornstrauch. Du sagst: Siehe, du hast Edom geschlagen! und dein Herz erhebt sich *e*, dir Ruhm zu erwerben. Bleibe nun in deinem Hause; warum willst du dich mit dem Unglück einlassen, daß du fallest, du und Juda mit
20 dir? Aber Amazja hörte nicht; denn es war von Gott, damit er sie preisgäbe, weil sie die Götter von Edom
21 gesucht hatten. Da zog Joas, der König von Israel, herauf; und sie sahen einander ins Angesicht, er und Amazja, der König von Juda, zu Beth-Se-
22 mes, das zu Juda gehört. Und Juda wurde vor Israel geschlagen; und sie flohen, ein jeder nach seinem Zelte.
23 Und Joas, der König von Israel, nahm Amazja, den König von Juda, den Sohn Joas', des Sohnes Joahas' *f*, zu Beth-Semes gefangen und brachte ihn nach Jerusalem. Und er machte einen Bruch in der Mauer Jerusalems, vom Tore Ephraim bis an das Ecktor, vier-hundert Ellen. Und *er nahm* alles Gold 24 und Silber, und alle Geräte, welche sich im Hause Gottes bei Obed-Edom *g* vorfanden, und die Schätze des Hauses des Königs, und Geiseln, und kehrte nach Samaria zurück.
Und Amazja, der Sohn Joas', der 25 König von Juda, lebte nach dem Tode Joas', des Sohnes Joahas', des Königs von Israel, fünfzehn Jahre. Und 26 das Uebrige der Geschichte Amazjas, die erste und die letzte, siehe, ist das nicht geschrieben in dem Buche der Könige von Juda und Israel? Und 27 von der Zeit an, da Amazja von der Nachfolge Jehovas abgewichen *h* war, machten sie zu Jerusalem eine Verschwörung wider ihn; und er floh nach Lachis, und sie sandten ihm nach bis Lachis und töteten ihn daselbst. Und sie luden ihn auf Rosse 28 und begruben ihn bei seinen Vätern in der Stadt Judas *i*.

Und *j* das ganze Volk von Juda nahm Ussija *k*, der sechzehn Jahre **26** alt war, und sie machten ihn zum König an seines Vaters Amazja Statt. Er baute Eloth und brachte es an 2 Juda zurück, nachdem der König sich zu seinen Vätern gelegt hatte. Sech- 3 zehn Jahre war Ussija alt, als er König wurde, und er regierte zweiundfünfzig Jahre zu Jerusalem; und der Name seiner Mutter war Jekolja, von Jerusalem. Und er tat was recht war 4 in den Augen Jehovas, nach allem was sein Vater Amazja getan hatte. Und er suchte Gott in den Tagen Se- 5 karjas, der kundig war *l* in den Gesichten Gottes; und in den Tagen, da er Jehova suchte, gab Gott ihm Gelingen. Und er zog aus und stritt wi- 6 der die Philister, und riß nieder die Mauer von Gath und die Mauer von Jabne und die Mauer von Asdod; und er baute Städte um Asdod her *m* und unter den Philistern. Und Gott 7 half ihm wider die Philister und wider die Araber, die zu Gur-Baal wohnten, und wider die Meuniter *n*. Und die 8 Ammoniter gaben Ussija Geschenke *o*, und sein Name drang bis nach Aegypten hin; denn er war überaus stark geworden. Und Ussija baute Türme 9 in Jerusalem auf dem Ecktor und auf dem Taltor und auf dem Winkel, und befestigte sie. Und er baute Tür- 10 me in der Wüste und grub viele Zisternen; denn er hatte viel Vieh, sowohl in der Niederung *p* als auch in der Ebene, *und* Ackerleute und Weingärtner im Gebirge und im Frucht-

---

a O. von Sela; vergl. 2. Kön. 14, 7. — *b* O. Niederlage; wie 2. Sam. 1, 1. — *c* W. er. — *d* And.: Die Distel. — *e* Eig. dich. — *f* S. die Anm. zu Kap. 22, 1. — *g* S. 1. Chron. 26, 15. — *h* Eig. von hinter Jehova gewichen. — *i* And. l.: Davids. — *j* 2. Kön. 14, 21. 22; 15, 1 usw. — *k* In 2. Kön. 14 und im Anfang von Kap. 15 „Asarja“ genannt. — *l* O. lehrte. — *m* Eig. in Asdod. — *n* dasselbe wie Maoniter. — *o* d. h. wurden ihm tributpflichtig. — *p* S. die Anm. zu 5. Mose 1, 7.

gefilde a; denn er liebte den Acker-
11 bau. Und Ussija hatte ein kriegfüh-
rendes Heer, das in Scharen in den
Kampf zog, nach der Zahl ihrer Musterung durch Jeghiel, den Schreiber,
und Maaseja, den Vorsteher, unter der
Leitung Hananjas, eines der Obersten
12 des Königs. Die ganze Zahl der Häupter der Väter b der tapferen Helden
war zweitausend und sechshundert.
13 Und unter ihrer Leitung stand eine
Heeresmacht von dreihundertundsie-
bentausend und fünfhundert Mann,
welche den Krieg führte mit gewaltiger Kraft, um dem König wider den
14 Feind beizustehen. Und Ussija bereitete ihnen, dem ganzen Heere, Schilde und Lanzen und Helme und Panzer und Bogen und Schleudersteine.
15 Und er machte zu Jerusalem Maschi-
nen, ein Kunstwerk des Künstlers,
daß sie auf den Türmen und auf den
Zinnen stehen sollten, um mit Pfeilen
und mit großen Steinen zu schießen.
Und sein Name ging aus bis in die
Ferne; denn wunderbar ward ihm geholfen, bis er stark wurde.
16 Und als er stark geworden war, erhob sich sein Herz, bis er verderbt
handelte; und er handelte treulos gegen Jehova, seinen Gott, und trat in
den Tempel Jehovas, um auf dem
17 Räucheraltar zu räuchern. Da kam
Asarja, der Priester, hinter ihm her,
und mit ihm achtzig Priester Jehovas,
18 wackere Männer; und sie widerstanden dem König Ussija und sprachen
zu ihm: Nicht dir, Ussija, geziemt es,
Jehova zu räuchern, sondern den Priestern, den Söhnen Aarons, die geheiligt
sind zum Räuchern. Geh aus dem Heiligtum hinaus; denn du hast treulos
gehandelt, und es wird dir nicht zur
19 Ehre gereichen von Jehova Gott. Aber
Ussija wurde zornig; und er hatte in
seiner Hand ein Räucherfaß zum Räuchern; und als er über die Priester
erzürnte, da brach der Aussatz aus
an seiner Stirn, angesichts der Priester im Hause Jehovas neben dem
20 Räucheraltar. Und Asarja, der Hauptpriester, und alle die Priester wandten sich zu ihm, und siehe, er war
aussätzig an seiner Stirn, und sie trieben ihn eilends von dannen fort; und
auch er selbst beeilte sich hinauszu-
kommen, weil Jehova ihn geschlagen
21 hatte. Und der König Ussija war aussätzig bis zum Tage seines Todes, und
er wohnte in einem Krankenhause c
als Aussätziger; denn er war von dem
Hause Jehovas ausgeschlossen. Und
Jotham, sein Sohn, war über das Haus
des Königs und richtete das Volk des
Landes.
22 Und das Uebrige der Geschichte
Ussijas, die erste und die letzte, hat
Jesaja geschrieben, der Sohn Amoz',
23 der Prophet. Und Ussija legte sich zu
seinen Vätern, und man begrub ihn
bei seinen Vätern auf dem Begräbnis-

acker der Könige; denn man sprach:
Er ist aussätzig. Und Jotham, sein
Sohn, ward König an seiner Statt.

27 Fünfundzwanzig d Jahre war Jotham alt, als er König wurde, und
er regierte sechzehn Jahre zu Jerusalem; und der Name seiner Mutter
war Jeruscha, die Tochter Zadoks.
2 Und er tat was recht war in den Augen Jehovas, nach allem was sein Vater Ussija getan hatte; nur ging er
nicht in den Tempel Jehovas. Aber
3 das Volk handelte noch verderbt. Er
baute das obere Tor des Hauses Jehovas; auch an der Mauer des Ophel e
4 baute er viel. Und er baute Städte
im Gebirge Juda; und in den Wäldern baute er Burgen und Türme.
5 Und er stritt mit dem König der Kinder Ammon und überwand sie; und
die Kinder Ammon gaben ihm in selbigem Jahre hundert Talente Silber
und zehntausend Kor Weizen und
zehntausend Kor Gerste. Das entrichteten ihm die Kinder Ammon auch
im zweiten und im dritten Jahre. Und
6 Jotham erstarkte; denn er richtete
seine Wege vor dem Angesicht Jehovas, seines Gottes.
7 Und das Uebrige der Geschichte
Jothams, und alle seine Kriege und
seine Wege, siehe, sie sind geschrieben in dem Buche der Könige von
8 Israel und Juda. Fünfundzwanzig Jahre war er alt, als er König wurde,
und er regierte sechzehn Jahre zu Je-
9 rusalem. Und Jotham legte sich zu
seinen Vätern, und man begrub ihn
in der Stadt Davids. Und Ahas, sein
Sohn, ward König an seiner Statt.

28 Zwanzig f Jahre war Ahas alt, als
er König wurde, und er regierte
sechzehn Jahre zu Jerusalem. Und er
tat nicht was recht war in den Augen
Jehovas, wie sein Vater David; son-
2 dern er wandelte auf den Wegen der
Könige von Israel, und auch machte er
3 den Baalim gegossene Bilder; und er
räucherte im Tale des Sohnes Hinnoms, und verbrannte seine Söhne
im Feuer, nach den Greueln der Nationen, die Jehova vor den Kindern
4 Israel ausgetrieben hatte; und er opferte und räucherte auf den Höhen
und auf den Hügeln und unter jedem
5 grünen Baume. Da gab ihn Jehova,
sein Gott, in die Hand des Königs von
Syrien; und sie schlugen ihn und führten eine große Menge Gefangene von
ihm weg und brachten sie nach Damaskus. Und auch in die Hand des
Königs von Israel wurde er gegeben,
welcher ihm eine große Niederlage
6 beibrachte. Und Pekach, der Sohn Remaljas, erschlug in Juda an einem
Tage hundertundzwanzig tausend
Mann, alles tapfere Leute, weil sie
Jehova, den Gott ihrer Väter, verlas-
7 sen hatten. Und Sikri, ein Held von
Ephraim, erschlug Maaseja, den Sohn
des Königs, und Asrikam, den Ober-

---

a O. am Karmel. — b d. h. der Stamm- oder Familienhäupter. — c O. in einem
abgesonderten Hause. — d 2. Kön. 15, 32. — e d. h. Hügel; ein Stadtteil am südöstlichen Abhang des Tempelberges. — f 2. Kön. 16.

aufseher *a* des Hauses, und Elkana,
8 den Zweiten nach dem König. Und
die Kinder Israel führten von ihren
Brüdern zweihunderttausend Weiber,
Söhne und Töchter gefangen hinweg;
und auch raubten sie große Beute von
ihnen und brachten die Beute nach
Samaria.

9　Und daselbst war ein Prophet Jehovas, namens Oded; und er ging
hinaus, dem Heere entgegen, das nach
Samaria kam, und sprach zu ihnen:
Siehe, weil Jehova, der Gott eurer
Väter, gegen Juda zürnte *b*, hat er sie
in eure Hand gegeben; und ihr habt
sie mit einer Wut gemordet, die bis
10 an den Himmel reicht. Und nun gedenket ihr, die Kinder Judas und Jerusalems euch zu Knechten und Mägden zu unterwerfen. Sind aber nicht
bei euch selbst Verschuldungen gegen
11 Jehova, euren Gott? Und nun höret
auf mich und sendet die Gefangenen
zurück, die ihr von euren Brüdern
weggeführt habt; denn die Zornglut
12 Jehovas ist über euch. Da traten Männer von den Häuptern der Kinder
Ephraim: Asarja, der Sohn Jochanans,
Berekja, der Sohn Meschillemoths, und
Jehiskia, der Sohn Schallums, und
Amasa, der Sohn Hadlais, vor die vom
13 Heereszuge Kommenden und sprachen
zu ihnen: Ihr sollt nicht die Gefangenen hierher bringen; denn um eine
Schuld gegen Jehova über uns zu
bringen, gedenket ihr *solches*, um unsere Sünden und unsere Verschuldungen zu mehren; denn wir haben *schon*
eine große Schuld, und eine Zornglut
14 ist über Israel! Da ließen die Gerüsteten die Gefangenen und die Beute
vor den Obersten und der ganzen Ver-
15 sammlung. Und die Männer, die mit
Namen angegeben waren, standen auf
und nahmen die Gefangenen; und
alle, die nackt waren unter ihnen,
bekleideten sie von der Beute; sie bekleideten und beschuhten sie und speisten und tränkten sie und salbten sie;
und alle, die ermattet waren, führten
sie auf Eseln und brachten sie nach
Jericho, der Palmenstadt, in die Nähe
ihrer Brüder. Und sie kehrten nach
Samaria zurück.

16　In selbiger Zeit sandte der König
Ahas zu den Königen von Assyrien,
17 daß sie ihm helfen möchten. Und die
Edomiter kamen abermals, und sie
schlugen Juda und führten Gefange-
18 ne hinweg. Und die Philister fielen
ein in die Städte der Niederung und
des Südens von Juda, und nahmen
Beth-Semes ein und Ajalon und Ge-
deroth und Soko und seine Tochterstädte, und Timna und seine Tochterstädte, und Gimso und seine Tochterstädte; und sie wohnten daselbst.
19 Denn Jehova demütigte Juda, um
Ahas', des Königs von Israel *c*, willen,
weil er in Juda zügellos gehandelt
und sich ganz treulos gegen Jehova

erzeigt hatte. Und Tilgath-Pilneser, 20
der König von Assyrien, kam wider
ihn und bedrängte ihn, und stärkte
ihn nicht. Denn Ahas beraubte das 21
Haus Jehovas und das Haus des Königs und der Obersten, und gab *das
Geraubte* dem König von Assyrien;
aber er war ihm nicht zur Hilfe *d*.

Und in der Zeit seiner Bedrängnis, 22
da handelte er noch treuloser gegen
Jehova, er, der König Ahas. Und er 23
opferte den Göttern von Damaskus,
die ihn geschlagen hatten, und sprach:
Da die Götter der Könige von Syrien
ihnen helfen, so will ich ihnen opfern, und sie werden mir helfen; sie
aber dienten ihm und ganz Israel zum
Fall. Und Ahas brachte die Geräte 24
des Hauses Gottes zusammen und zerschlug die Geräte des Hauses Gottes;
und er schloß die Türen des Hauses
Jehovas, und machte sich Altäre an
allen Ecken in Jerusalem. Und in je- 25
der einzelnen Stadt von Juda machte
er Höhen, um anderen Göttern zu
räuchern. Und er reizte Jehova, den
Gott seiner Väter.

Und das Uebrige seiner Geschichte 26
und alle seine Wege, die ersten und
die letzten, siehe, sie sind geschrieben in dem Buche der Könige von
Juda und Israel. Und Ahas legte sich 27
zu seinen Vätern, und man begrub
ihn in der Stadt, in Jerusalem; denn
man brachte ihn nicht in die Gräber
der Könige von Israel. Und Jehiskia,
sein Sohn, ward König an seiner Statt.

Jehiskia *e* wurde König, als er
fünfundzwanzig Jahre alt war, und **29**
er regierte neunundzwanzig Jahre zu
Jerusalem; und der Name seiner Mutter war Abija, die Tochter Sekarjas.
Und er tat was recht war in den Au- 2
gen Jehovas, nach allem was sein Vater David getan hatte.

Im ersten Jahre seiner Regierung, 3
im ersten Monat, öffnete er die Türen
des Hauses Jehovas und besserte sie
aus. Und er ließ die Priester und die 4
Leviten kommen und versammelte sie
auf dem Platze gegen Osten, und er 5
sprach zu ihnen: Höret mich, ihr Leviten! Heiliget euch nun, und heiliget
das Haus Jehovas, des Gottes eurer
Väter, und bringet die Unreinigkeit
aus dem Heiligtum hinaus. Denn un- 6
sere Väter haben treulos gehandelt
und getan was böse ist in den Augen
Jehovas, unseres Gottes, und haben
ihn verlassen; und sie haben ihr Angesicht von der Wohnung Jehovas abgewandt und ihr den Rücken zugekehrt; auch haben sie die Türen der 7
Halle verschlossen, und die Lampen
ausgelöscht, und dem Gott Israels kein
Räucherwerk geräuchert und kein
Brandopfer im Heiligtum dargebracht.
Und der Zorn Jehovas ist über Juda 8
und Jerusalem gekommen, und er hat
sie der Mißhandlung, der Verwüstung
und dem Gezisch hingegeben, wie ihr

---

a O. Fürst. — *b* Eig. wegen des Zornes (od. im Zorne) Jehovas usw. — *c* S.
die Anm. zu Kap. 21, 2. — *d* O. es gerichte ihm nicht zur Hilfe. — *e* 2. Kön.
18; 19; 20.

9 mit euren Augen sehet. Und siehe, deswegen sind unsere Väter durch das Schwert gefallen, und unsere Söhne und unsere Töchter und unsere Wei-
10 ber sind in Gefangenschaft. Nun ist es in meinem Herzen, einen Bund zu machen mit Jehova, dem Gott Israels, daß die Glut seines Zornes sich von
11 uns abwende. Meine Söhne, seid nun nicht lässig; denn euch hat Jehova erwählt, um vor ihm zu stehen, daß ihr ihm dienet, und um seine Diener und Räucherer zu sein.

12 Da machten sich die Leviten auf: Machath, der Sohn Amasais, und Joel, der Sohn Asarjas, von den Söhnen der Kehathiter; und von den Söhnen Meraris: Kis, der Sohn Abdis, und Asarja, der Sohn Jehallelels; und von den Gersonitern: Joach, der Sohn Sim-
13 mas, und Eden, der Sohn Joachs; und von den Söhnen Elizaphans: Schimri und Jeghiel; und von den Söhnen
14 Asaphs: Sekarja und Mattanja; und von den Söhnen Hemans: Jechiel und Simei; und von den Söhnen Jedu-
15 thuns: Schemaja und Ussiel. Und sie versammelten ihre Brüder und heiligten sich; und sie kamen nach dem Gebote des Königs, den Worten Je-hovas gemäß, um das Haus Jehova
16 zu reinigen. Und die Priester gingen in das Innere des Hauses Jehovas, um es zu reinigen; und sie brachten alle Unreinigkeit, die sie in dem Tempel Jehovas fanden, in den Hof des Hauses Jehovas hinaus; und die Leviten nahmen sie auf, um sie an den Bach
17 Kidron hinauszubringen. Und sie fingen am ersten des ersten Monats an zu heiligen; und am achten Tage des Monats kamen sie in die Halle Jehovas und heiligten das Haus Jehovas acht Tage lang; und am sechzehnten Tage des ersten Monats waren sie
18 fertig. Und sie gingen zu dem König Hiskia hinein und sprachen: Wir haben das ganze Haus Jehovas gereinigt, und den Brandopferaltar und alle seine Geräte, und den Tisch der Schichtbrote und alle seine Ge-
19 räte. Und alle Geräte, die der König Ahas während seiner Regierung in seiner Treulosigkeit entweihta hat, haben wir hergerichtet und geheiligt; und siehe, sie sind vor dem Altar Jehovas.

20 Und der König Jehiskia machte sich früh auf und versammelte die Obersten der Stadt, und er ging hinauf in
21 das Haus Jehovas. Und sie brachten sieben Farren und sieben Widder und sieben Schafe, und sieben Ziegenböcke zum Sündopfer, für das Königreich und für das Heiligtum und für Juda. Und er befahl den Söhnen Aarons, den Priestern, sie auf dem Altar Je-
22 hovas zu opfern. Und sie schlachteten die Rinder, und die Priester nahmen das Blut auf und sprengten es an den Altar; und sie schlachteten die Widder und sprengten das Blut an den

Altar; und sie schlachteten die Schafe und sprengten das Blut an den Altar.
23 Und sie brachten die Böcke des Sündopfers herzu vor den König und die Versammlung, und sie legten ihre
24 Hände auf dieselben. Und die Priester schlachteten sie und taten ihr Blut zur Entsündigung an den Altar, um für ganz Israel Sühnung zu tun; denn für ganz Israel hatte der König das Brandopfer und das Sündopfer
25 befohlen. Und er stellte die Leviten auf im Hause Jehovas, mit Zimbeln, mit Harfen und mit Lauten, nach dem Gebote Davids und Gads, des Sehers des Königs, und Nathans, des Propheten; denn das Gebot war durch Jehova, durch seine Propheten.
26 Und die Leviten standen da mit den Instrumenten Davids, und die Priester mit
27 den Trompeten. Und Hiskia befahl, das Brandopfer auf dem Altar zu opfern. Und zur Zeit als das Brandopfer anfing, begann der Gesang Jehovas und die Trompeten, und zwar unter Begleitung der Instrumente Davids,
28 des Königs von Israel. Und die ganze Versammlung betete an, und der Gesang erscholl, und die Trompeten schmetterten; alles das währte bis zur
29 Vollendung des Brandopfers. Und als man das Opfern des Brandopfers vollendet hatte, beugten sichb der König und alle, die sich bei ihm befanden, und beteten an. Und der König Jehis-
30 kia und die Obersten sagten zu den Leviten, daß sie Jehova lobsingen sollten mit den Worten Davids und Asaphs, des Sehers. Und sie lobsangen mit Freude und neigten sich und be-
31 teten an. Und Jehiskia hob an und sprach: Nun habt ihr euch Jehova geweiht; tretet herzu und bringet Schlachtopfer und Dankopferc zum Hause Jehovas. Und die Versammlung brachte Schlachtopfer und Dankopfer c, und jeder, der willigen Herzens war,
32 brachte Brandopfer. Und die Zahl der Brandopfer, welche die Versammlung brachte, war: siebzig Rinder, hundert Widder, zweihundert Schafe; alle
33 diese zum Brandopfer für Jehova. Und der Geheiligten d waren: sechshundert Rinder und dreitausend Schafe e. Nur
34 waren der Priester zu wenig, sodaß sie nicht allen Brandopfern die Haut abziehen konnten; und so unterstützten sie ihre Brüder, die Leviten, bis das Werk vollendet war, und bis die Priester sich geheiligt hatten; denn die Leviten waren redlichen Herzens, sich zu heiligen, mehr als die Prie-
35 ster. Aber der Brandopfer war auch eine Menge, mit den Fettstücken der Friedensopfer und mit den Trankopfern für die Brandopfer. — Und so
36 wurde der Dienst des Hauses Jehovas eingerichtet. Und Jehiskia und das ganze Volk freuten sich über das was Gott dem Volke bereitet hatte; denn die Sache war plötzlich geschehen.

---

a Eig. verstoßen, verworfen. S. 2. Kön. 16, 14. 17. — b O. knieten nieder. — c O. Lobopfer. — d Anderswo: geheiligte Dinge. — e Eig. *Stück Kleinvieh.*

30 Und Jehiskia sandte hin zu ganz Israel und Juda und schrieb auch Briefe an Ephraim und Manasse, daß sie zum Hause Jehovas in Jerusalem kommen möchten, um Jehova, dem 2 Gott Israels, Passah zu feiern. Und der König und seine Obersten und die ganze Versammlung in Jerusalem wurden Rats, das Passah im zweiten 3 Monat *a* zu feiern. Denn sie konnten es zu jener Zeit nicht feiern, weil die Priester sich nicht in hinreichender Anzahl geheiligt hatten, und das Volk *noch* nicht nach Jerusalem versammelt 4 war. Und die Sache war recht in den Augen des Königs und in den Augen 5 der ganzen Versammlung. Und sie setzten fest, einen Ruf ergehen zu lassen durch ganz Israel, von Beerseba bis Dan, daß sie kämen, um Jehova, dem Gott Israels, Passah zu feiern in Jerusalem; denn sie hatten es lange Zeit nicht gefeiert, wie es vorge-6 schrieben ist. Und die Läufer gingen mit den Briefen von der Hand des Königs und seiner Obersten durch ganz Israel und Juda, und nach dem Gebot des Königs, und sie sprachen: Kinder Israel! kehret um zu Jehova, dem Gott Abrahams, Isaaks und Israels; so wird er umkehren zu den Entronnenen, die euch aus der Hand der Könige von Assyrien übriggeblieben 7 sind. Und seid nicht wie eure Väter und wie eure Brüder, die treulos gehandelt haben gegen Jehova, den Gott ihrer Väter, sodaß er sie der Verwüstung hingegeben hat, wie ihr es se-8 het. Nun verhärtet euren Nacken nicht, wie eure Väter; gebet Jehova die Hand und kommet zu seinem Heiligtum, das er geheiligt hat auf ewig, und dienet Jehova, eurem Gott, damit die Glut seines Zornes sich von 9 euch wende. Denn wenn ihr zu Jehova umkehret, so werden eure Brüder und eure Kinder Barmherzigkeit finden vor denen, die sie gefangen weggeführt haben, und in dieses Land zurückkehren. Denn gnädig und barmherzig ist Jehova, euer Gott, und er wird das Angesicht nicht von euch abwenden, wenn ihr zu ihm umkeh-10 ret. — Und die Läufer zogen von Stadt zu Stadt durch das Land Ephraim und Manasse, und bis nach Sebulon; aber man verlachte und verspottete 11 sie. Doch *einige* Männer von Aser und Manasse und von Sebulon demütigten sich und kamen nach Jeru-12 salem. Auch über Juda kam die Hand Gottes, daß er ihnen ein einmütiges Herz gab, um das Gebot des Königs und der Obersten zu tun, nach dem Worte Jehovas.

13 Und eine Menge Volks versammelte sich nach Jerusalem, um das Fest der ungesäuerten Brote im zweiten Monat zu feiern, eine sehr große Versamm-14 lung. Und sie machten sich auf und schafften die Altäre weg, die in Jeru-

salem waren; auch alle Räucheraltäre schafften sie weg und warfen sie in den Bach Kidron.

15 Und man schlachtete das Passah am vierzehnten des zweiten Monats. Denn die Priester und die Leviten hatten sich geschämt und hatten sich geheiligt; und sie brachten Brandopfer in 16 das Haus Jehovas. Und sie standen an ihrem Standorte, nach ihrer Vorschrift, nach dem Gesetz Moses, des Mannes Gottes; die Priester sprengten das Blut aus der Hand der Leviten. Denn es waren viele in der Ver-17 sammlung, die sich nicht geheiligt hatten; und so besorgten die Leviten das Schlachten der Passahopfer für einen jeden, der nicht rein war, um sie Jehova zu heiligen. Denn ein gro-18 ßer Teil des Volkes, viele von Ephraim und Manasse, Issaschar und Sebulon, hatten sich nicht gereinigt, sondern aßen das Passah nicht, wie es vorgeschrieben ist. Doch Jehiskia bat für sie und sprach: Jehova, der Gütige, möge einem jeden vergeben, der 19 sein Herz darauf gerichtet hat, Gott zu suchen, Jehova, den Gott seiner Väter, wenn auch nicht gemäß der Reinheit des Heiligtums! Und Jehova 20 erhörte Jehiskia und heilte das Volk. Und die Kinder Israel, die sich in Je-21 rusalem befanden, feierten das Fest der ungesäuerten Brote sieben Tage lang mit großer Freude; und die Leviten und die Priester lobten *b* Jehova Tag für Tag mit den Instrumenten des Lobes *c* Jehovas. Und Jehiskia re-22 dete zum Herzen aller Leviten, welche gute Einsicht in Bezug auf Jehova bewiesen. Und sie aßen das Fest*opfer* die sieben Tage hindurch, indem sie Friedensopfer opferten und Jehova, den Gott ihrer Väter, priesen *d*.

Und die ganze Versammlung wurde 23 Rats, *noch* sieben andere Tage zu feiern; und sie feierten die sieben Tage mit Freuden. Denn Jehiskia, 24 der König von Juda, schenkte *e* der Versammlung tausend Farren und siebentausend *Stück* Kleinvieh; und die Obersten schenkten *e* der Versammlung tausend Farren und zehntausend *Stück* Kleinvieh. Und die Priester 25 hatten sich in Menge geheiligt. Und 25 so freute sich die ganze Versammlung von Juda, und die Priester und die Leviten, und die ganze Versammlung, welche von Israel gekommen war, und die Fremdlinge, welche aus dem Lande Israel gekommen waren, und die in Juda wohnten. Und es war 26 große Freude in Jerusalem; denn seit den Tagen Salomos, des Sohnes Davids, des Königs von Israel, war desgleichen in Jerusalem nicht gewesen. Und die Priester, die Leviten, stan-27 den auf und segneten das Volk; und ihre Stimme wurde erhört, und ihr Gebet kam zu seiner heiligen Wohnung, zum Himmel.

---

a Vergl. 4. Mose 9, 9—12. — *b* O. lobsangen. — *c* Eig. Instrumenten der Macht, d. h. die man zum Preise der Macht Jehovas spielte. — *d* O. dankten. — *e* Eig. hob . . . hoben. Vergl. die Anm. zu Hebopfer, 2. Mose 29, 27.

31 Und als sie dies alles vollendet hatten, zogen alle Israeliten, die sich *daselbst* befanden, hinaus zu den Städten Judas; und sie zerschlugen die Bildsäulen und hieben die Ascherim um, und rissen die Höhen und die Altäre nieder in ganz Juda und Benjamin und in Ephraim und Manasse, bis sie *damit* fertig waren. Und alle Kinder Israel kehrten in ihre Städte zurück, ein jeder zu seinem Besitztum. 2 Und Jehiskia bestellte die Abteilungen der Priester und der Leviten, nach ihren Abteilungen, einen jeden seinem Dienste gemäß, sowohl die Priester als auch die Leviten, zu Brandopfern und zu Friedensopfern, zum Dienen und zum Preisen und zum Loben in den Toren der Lager 3 Jehovas. Und *er gab* das Teil des Königs von seiner Habe zu den Brandopfern: zu den Morgen- und Abend-Brandopfern, und zu den Brandopfern der Sabbathe und der Neumonde und der Feste, wie es im Gesetz Jehovas 4 vorgeschrieben ist. Und er befahl dem Volke, den Bewohnern von Jerusalem, das Teil der Priester und der Leviten zu geben, damit sie am Gesetz Jehovas 5 festhalten möchten. Und als das Wort kund wurde *c*, brachten die Kinder Israel reichlich Erstlinge vom Getreide, Most und Oel und Honig und von allem Ertrage des Feldes; und den Zehnten von allem brachten sie in 6 Menge. Und die Kinder Israel und Juda, die in den Städten Judas wohnten, auch sie brachten den Zehnten vom Rind- und Kleinvieh, und den Zehnten von den geheiligten Dingen, die Jehova, ihrem Gott, geheiligt waren, und sie legten Haufen bei Hau- 7 fen. Im dritten Monat fingen sie an, die Haufen aufzuschichten, und im siebenten Monat waren sie *damit* fer- 8 tig. Und Jehiskia und die Obersten kamen und besichtigten die Haufen, und sie priesen Jehova und sein Volk 9 Israel. Und Jehiskia befragte die Priester und die Leviten wegen der Hau- 10 fen. Da sprach Asarja, der Hauptpriester, vom Hause Zadok, zu ihm und sagte: Seitdem man angefangen hat, das Hebopfer in das Haus Jehovas zu bringen, haben wir gegessen und sind satt geworden und haben übriggelassen in Menge; denn Jehova hat sein Volk gesegnet; und das Uebriggebliebene ist diese große Menge. 11 Und Jehiskia befahl, Vorratskammern *b* im Hause Jehovas zu bereiten; 12 und sie bereiteten sie; und sie brachten das Hebopfer und den Zehnten und die geheiligten Dinge treulich hinein. Und Oberaufseher über dieselben war Konanja, der Levit, und Si- 13 mei, sein Bruder, als zweiter. Und Jechiel und Asasja und Nachath und Asael und Jerimoth und Josabad und

Eliel und Jismakja und Machath und Benaja waren Aufseher zur Hand Konanjas und Simeis, seines Bruders, durch Verordnung des Königs Jehiskia und Asarjas, des Fürsten *c* des 14 Hauses Gottes. Und Kore, der Sohn Jimnas, der Levit, der Torhüter gegen Osten, war über die freiwilligen Gaben Gottes, um das Hebopfer Jehovas und das Hochheilige *herauszuge-* 15 ben. Und unter seiner Hand waren Eden und Minjamin und Jeschua und Schemaja, Amarja und Schekanja in den Städten der Priester, mit Treue *d*, um ihren Brüdern nach den Abteilungen zu geben, dem Größten wie dem 16 Kleinsten; außer denen von ihnen, welche als Männliche ins Geschlechtsverzeichnis eingetragen waren, von drei Jahren an und darüber, allen, die in das Haus Jehovas kamen, nach der täglichen Gebühr zu ihrem Dienst in ihren Aemtern, nach ihren Abtei- 17 lungen; sowohl den ins Geschlechtsverzeichnis eingetragenen Priestern, nach ihren Vaterhäusern, als auch den Leviten, von zwanzig Jahren an und darüber, in ihren Aemtern, nach ihren Abteilungen, und den ins 18 Geschlechtsverzeichnis Eingetragenen unter allen ihren Kindlein, ihren Weibern und ihren Söhnen und ihren Töchtern, der ganzen Versammlung. Denn in ihrer Treue heiligten sie sich, um heilig zu sein *e*. Und für die Söh- 19 ne Aarons, die Priester *f*, auf den Feldern des Bezirks ihrer Städte, waren in jeder einzelnen Stadt Männer *angestellt*, die mit Namen angegeben waren, um jedem Männlichen unter den Priestern und jedem ins Geschlechtsverzeichnis Eingetragenen unter den Leviten Teile zu geben. Und desglei- 20 chen tat Jehiskia in ganz Juda.

Und er tat was gut und recht und wahr *g* war vor Jehova, seinem Gott. Und in allem Werke, das er anfing 21 im Dienste des Hauses Gottes und in dem Gesetz und in dem Gebot, um seinen Gott zu suchen, handelte er mit ganzem Herzen, und es gelang ihm.

Nach *h* diesen Dingen und dieser **32** Treue kam Sanherib, der König von Assyrien; und *er* drang in Juda ein und lagerte sich wider die festen Städte, und er gedachte sie für sich zu erobern *i*. Und als Jehiskia sah, 2 daß Sanherib gekommen und daß sein Angesicht zum Streit wider Jerusalem gerichtet war, da beriet er sich mit 3 seinen Obersten und seinen Helden, die Wasser der Quellen zu verstopfen *j*, welche außerhalb der Stadt waren; und sie halfen ihm. Und es ver- 4 sammelte sich viel Volks, und sie verstopften alle Quellen und den Bach *k*, der mitten durch das Land fließt, indem sie sprachen: Warum sollten die Könige von Assyrien kommen und

---

a Eig. sich verbreitete. — *b* Anderswo: Zellen. — *c* O. Oberaufsehers. — *d* And. üb.: in Amtspflicht. — *e* Eig. heiligten sie sich heilig. — *f* O. von den Söhnen Aarons, den Priestern. — *g* O. treu. — *h* 2. Kön. 18, 13 usw.; Jes. 36. — *i* Eig. erbrechen. — *j* Eig. verdecken, einschließen; so auch V. 4. 30. — *k* den Gihon; vergl. V. 30.

5 viel Wasser finden? Und er faßte Mut und baute die ganze Mauer, wo sie eingerissen war, und führte sie auf bis an die Türme *a*, und die andere Mauer außerhalb, und befestigte das Millo *b* der Stadt Davids; und er verfertigte Waffen in Menge und Schilde.
6 Auch setzte er Kriegsoberste über das Volk; und er versammelte sie zu sich auf den Platz am Stadttore, und redete zu ihren Herzen und sprach:
7 Seid stark und mutig! fürchtet euch nicht und erschrecket nicht vor dem König von Assyrien und vor all der Menge, die mit ihm ist; denn mit uns
8 sind mehr, als mit ihm. Mit ihm ist ein Arm des Fleisches; aber mit uns ist Jehova, unser Gott, um uns zu helfen und unsere Streite zu führen! Und das Volk verließ sich auf die Worte Jehiskias, des Königs von Juda.
9 Nach diesem sandte Sanherib, der König von Assyrien, seine Knechte nach Jerusalem, (er war aber noch vor Lachis, und seine ganze Macht mit ihm) an Jehiskia, den König von Juda, und an ganz Juda, das in Jeru-
10 salem war, und ließ *ihnen* sagen: So spricht Sanherib, der König von Assyrien: Worauf vertrauet ihr, daß ihr in Belagerung bleibet zu Jerusalem?
11 Verführt euch Jehiskia nicht, um euch dem Tode durch Hunger und Durst preiszugeben, indem er spricht: Jehova, unser Gott, wird uns aus der Hand
12 des Königs von Assyrien erretten? Ist es nicht Jehiskia, der seine Höhen und seine Altäre hinweggetan, und zu Juda und zu Jerusalem gesprochen und gesagt hat: Vor e i n e m Altar sollt ihr anbeten, und auf ihm sollt
13 ihr räuchern? Wisset ihr nicht, was ich und meine Väter allen Völkern der Länder getan haben? Haben die Götter der Nationen der Länder irgendwie vermocht, ihr Land aus mei-
14 ner Hand zu erretten? Wer ist unter allen Göttern dieser Nationen, die meine Väter vertilgt haben, der vermocht hätte, sein Volk aus meiner Hand zu erretten, daß euer Gott vermögen sollte, euch aus meiner Hand
15 zu erretten? Und nun, daß euch Hiskia nicht täusche, und daß er euch nicht auf solche Weise verführe! Und glaubet ihm nicht! Denn kein Gott *c* irgend einer Nation und irgend eines Königreiches hat sein Volk aus meiner Hand und aus der Hand meiner Väter zu erretten vermocht; wieviel weniger wird euer Gott euch aus meiner Hand erretten!
16 Und noch mehr redeten seine Knechte wider Jehova Gott *d*, und wider
17 Jehiskia, seinen Knecht. Auch schrieb er einen Brief, um Jehova, den Gott Israels, zu verhöhnen und wider ihn zu reden, indem er sprach: Gleich den Göttern der Nationen der Länder, welche ihr Volk nicht aus meiner

Hand errettet haben, so wird auch der Gott Jehiskias sein Volk nicht aus meiner Hand erretten. Und sie riefen 18 dem Volke von Jerusalem, das auf der Mauer war, mit lauter Stimme auf jüdisch zu, um sie zu schrecken und bestürzt zu machen, damit sie die Stadt einnähmen. Und sie redeten von 19 dem Gott Jerusalems wie von den Göttern der Völker der Erde, einem Machwerk von Menschenhänden.

Und der König Jehiskia und Jesa- 20 ja, der Sohn Amoz', der Prophet, beteten dieserhalb und schrieen gen Himmel. Da sandte Jehova einen En- 21 gel, der alle tapferen Helden und Fürsten und Obersten im Lager des Königs von Assyrien vertilgte; und dieser zog mit Beschämung des Angesichts in sein Land zurück. Und als er in das Haus seines Gottes ging, fällten ihn daselbst durch das Schwert solche, die aus seinem Leibe hervorgegangen waren.

So rettete Jehova Jehiskia und die 22 Bewohner von Jerusalem aus der Hand Sanheribs, des Königs von Assyrien, und aus der Hand aller; und er schütze sie *e* ringsum. Und viele brachten 23 Gaben für Jehova nach Jerusalem, und Kostbarkeiten für Jehiskia, den König von Juda; und er wurde danach erhoben in den Augen aller Nationen.

In jenen Tagen wurde Jehiskia 24 krank zum Sterben; und er betete zu Jehova. Und Jehova *f* redete zu ihm und gab *g* ihm ein Wunder. Aber Je- 25 hiskia vergalt nicht nach der Wohltat, die ihm erwiesen worden war, denn sein Herz überhob sich; und es kam ein Zorn über ihn und über Juda und Jerusalem. Da demütigte 26 sich Jehiskia wegen der Ueberhebung seines Herzens, er und die Bewohner von Jerusalem; und der Zorn Jehovas kam nicht über sie in den Tagen Jehiskias.

Und Jehiskia hatte sehr viel Reich- 27 tum und Ehre. Und er machte sich Schatzkammern für Silber und Gold und Edelsteine, und für Gewürze, und für Schilde und für allerlei kostbare Geräte; und Vorratshäuser für den 28 Ertrag an Getreide und Most und Oel, und Ställe für allerlei Vieh, und *er verschaffte sich* Herden für die Ställe *h*. Und er legte sich Städte an, und 29 Herden von Kleinvieh und Rinder in Menge; denn Gott gab ihm eine sehr große Habe. Und er, Jehiskia, ver- 30 stopfte den oberen Ausfluß der Wasser des Gihon und leitete sie unter *dem Boden* westwärts nach der Stadt Davids. Und Jehiskia hatte Gelingen in all seinem Tun. Und so *i* verließ 31 ihn Gott bei den Gesandten der Fürsten von Babel, (die zu ihm gesandt hatten, um nach dem Wunder zu fragen, welches im Lande geschehen war)

---

a Viell. ist zu l.: und führte Türme auf ihr auf. — *b* Wall, Burg; vergl. 1. Chron. 11, 7. 8. — *c* H. Eloah. — *d* W. den Gott. — *e* And. l.: schaffte ihnen Ruhe. — *f* W. er. — *g* O. tat. — *h* Wahrsch. ist zu l.: und Ställe für die Herden. — *i* And. üb.: Jedoch.

um ihn zu versuchen, damit er alles erkännte, was in seinem Herzen war. 32 Und das Uebrige der Geschichte Jehiskias und seine guten *a* Taten, siehe, sie sind geschrieben in dem Gesichte Jesajas, des Sohnes Amoz', des Propheten, in dem Buche der Könige 33 von Juda und Israel. Und Jehiskia legte sich zu seinen Vätern, und man begrub ihn auf der Anhöhe der Gräber *b* der Söhne Davids; und ganz Juda und die Bewohner von Jerusalem erzeigten ihm Ehre bei seinem Tode. Und Manasse, sein Sohn, ward König an seiner Statt.

33 Zwölf *c* Jahre war Manasse alt, als er König wurde, und er regierte fünfundfünfzig Jahre zu Jerusalem. 2 Und er tat was böse war in den Augen Jehovas, nach den Greueln der Nationen, die Jehova vor den Kin- 3 dern Israel ausgetrieben hatte. Und er baute die Höhen wieder auf, die sein Vater Jehiskia niedergerissen hatte, und errichtete den Baalim Altäre, und machte Ascheroth, und beugte sich nieder vor dem ganzen Heere 4 des Himmels und diente ihnen. Und er baute Altäre in dem Hause Jehovas, von welchem Jehova gesagt hatte: In Jerusalem soll mein Name sein 5 ewiglich! Und er baute dem ganzen Heere des Himmels Altäre in den bei- 6 den Höfen des Hauses Jehovas. Und er ließ seine Söhne durchs Feuer gehen im Tale des Sohnes Hinnoms, und er trieb Zauberei und Wahrsagerei und Beschwörung, und bestellte Totenbeschwörer und Wahrsager: er tat viel Böses in den Augen Jehovas, um ihn 7 zu reizen. Und er stellte das geschnitzte Bild des Gleichnisses, das er gemacht hatte, in das Haus Gottes, von welchem Gott zu David und zu seinem Sohne Salomo gesagt hatte: In dieses Haus und in Jerusalem, das ich aus allen Stämmen Israels erwählt habe, will ich meinen Namen setzen 8 ewiglich! Und ich will den Fuß Israels nicht mehr aus dem Lande weichen lassen, welches ich euren Vätern bestimmt habe, wenn sie nur darauf achten, alles zu tun, was ich ihnen geboten habe, nach dem ganzen Gesetz und den Satzungen und den Rech- 9 ten durch Mose. Aber Manasse verleitete Juda und die Bewohner von Jerusalem, mehr Böses zu tun, als die Nationen, welche Jehova vor den Kindern Israel vertilgt hatte. 10 Und Jehova redete zu Manasse und zu seinem Volke; aber sie merkten 11 nicht darauf. Da ließ Jehova die Heerobersten des Königs von Assyrien über sie kommen; und sie nahmen Manasse gefangen *d* und banden ihn mit ehernen Fesseln *e* und führten ihn nach Babel. 12 Und als er bedrängt war, flehte er Jehova, seinen Gott, an und demütigte

sich sehr vor dem Gott seiner Väter und betete zu ihm; und er ließ sich 13 von ihm erbitten und erhörte sein Flehen, und brachte ihn nach Jerusalem in sein Königreich zurück. Da erkannte Manasse, daß Jehova Gott *f* ist.

Und hernach baute er die äußere 14 Mauer der Stadt Davids, westlich gegen den Gihon hin, im Tale, und bis zum Eingang des Fischtores, und umgab den Ophel *g* mit einer Mauer und machte sie sehr hoch. Und er legte Kriegsoberste in alle festen Städte in Juda. Und er tat die Götter der 15 Fremde hinweg und das Gleichnis aus dem Hause Jehovas, und alle Altäre, die er auf dem Berge des Hauses Jehovas und in Jerusalem gebaut hatte; und er warf sie hinaus außerhalb der Stadt. Und er baute den Al- 16 tar Jehovas *wieder* auf *h* und opferte auf demselben Friedens- und Dankopfer; und er befahl Juda, daß sie Jehova, dem Gott Israels, dienen sollten. Aber das Volk opferte noch auf den 17 Höhen, wiewohl Jehova, ihrem Gott.

Und das Uebrige der Geschichte 18 Manasses, und sein Gebet zu seinem Gott, und die Worte der Seher, die zu ihm redeten im Namen Jehovas, des Gottes Israels, siehe, das ist *geschrieben* in der Geschichte der Könige von Israel. Sein Gebet aber, 19 und wie Gott sich von ihm erbitten ließ *i*, und alle seine Sünde und seine Untreue, und die Orte, an welchen er Höhen gebaut und die Ascherim und die geschnitzten Bilder aufgestellt hatte, bevor er sich demütigte: siehe, das ist geschrieben in der Geschichte Hosais. Und Manasse legte sich 20 zu seinen Vätern, und man begrub ihn in seinem Hause. Und Amon, sein Sohn, ward König an seiner Statt.

Zweiundzwanzig *j* Jahre war Amon 21 alt, als er König wurde, und er regierte zwei Jahre zu Jerusalem. Und 22 er tat was böse war in den Augen Jehovas, wie sein Vater Manasse getan hatte; und Amon opferte allen geschnitzten Bildern, welche sein Vater Manasse gemacht hatte, und diente ihnen. Und er demütigte sich nicht 23 vor Jehova, wie sein Vater Manasse sich gedemütigt hatte; sondern er, Amon, häufte die Schuld. Und seine 24 Knechte machten eine Verschwörung wider ihn und töteten ihn in seinem Hause. Da erschlug das Volk des 25 Landes alle, die sich wider den König Amon verschworen hatten; und das Volk des Landes machte Josia, seinen Sohn, zum König an seiner Statt.

Acht *k* Jahre war Josia alt, als er **34** König wurde, und er regierte einunddreißig Jahre zu Jerusalem. Und 2 er tat was recht war in den Augen Jehovas; und er wandelte auf den Wegen seines Vaters David und wich nicht zur Rechten noch zur Linken.

---

a Eig. frommen. — *b* O. auf dem Aufstieg zu den Gräbern. — *c* 2. Kön. 21. — *d* Eig. sie fingen Manasse mit Haken. — *e* Eig. Doppelfesseln, wie Richt. 16, 21 ; so auch Kap. 36, 6. — *f* W. der Gott. — *g* S. die Anm. zu Kap. 27, 3. — *h* Nach and. L.: richtete auf. — *i* W. das sich von ihm Erbittenlassen. — *j* 2. Kön. 21, 19. — *k* 2. Kön. 22 u. 23.

3 Und im achten Jahre seiner Regierung, als er noch ein Knabe war, fing er an, den Gott seines Vaters David zu suchen; und im zwölften Jahre fing er an, Juda und Jerusalem von den Höhen und den Ascherim und den geschnitzten und den gegossenen Bil-
4 dern zu reinigen. Und man riß die Altäre der Baalim vor ihm nieder; und die Sonnensäulen, welche oben auf denselben waren, hieb er um; und die Ascherim und die geschnitzten und die gegossenen Bilder zerschlug und zermalmte er, und streute sie auf die Gräber derer, welche ihnen geopfert
5 hatten; und die Gebeine der Priester verbrannte er auf ihren Altären. Und so reinigte er Juda und Jerusalem.
6 Und in den Städten von Manasse und Ephraim und Simeon, und bis nach Naphtali hin, in ihren Trümmern
7 ringsum, riß er die Altäre nieder; und die Ascherim und die geschnitzten Bilder zertrümmerte er, indem er sie zermalmte a; und alle Sonnensäulen hieb er um im ganzen Lande Israel. Und er kehrte nach Jerusalem zurück.
8 Und im achtzehnten Jahre seiner Regierung, während er das Land und das Haus reinigte b, sandte er Schaphan, den Sohn Azaljas, und Maaseja, den Obersten der Stadt, und Joach, den Sohn Joachas', den Geschichtschreiber c, um das Haus Jehovas, sei-
9 nes Gottes, auszubessern. Und sie kamen zu Hilkija, dem Hohenpriester, und gaben das Geld, welches in das Haus Gottes gebracht worden war, das die Leviten, die Hüter der Schwelle, eingesammelt hatten, von der Hand Manasses und Ephraims und vom ganzen Ueberrest Israels, und von ganz Juda und Benjamin und den Bewoh-
10 nern von Jerusalem: sie gaben es in die Hand derer, welche das Werk betrieben, die am Hause Jehovas bestellt waren. Und diese gaben es denen, welche das Werk taten, die im Hause Jehovas arbeiteten, um das Haus herzustellen und auszubessern:
11 sie gaben es den Zimmerleuten und den Bauleuten, um gehauene Steine und Holz zu den Bindebalken zu kaufen, und um die Häuser zu bälken, welche die Könige von Juda verderbt
12 hatten. Und die Männer handelten d getreulich an dem Werke. Und über sie waren bestellt Jachath und Obadja, die Leviten, von den Söhnen Merari's, und Sekarja und Meschullam von den Söhnen der Kehathiter, um die Aufsicht zu führen; und die Leviten, alle, welche der Musikinstru-
13 mente kundig waren, waren sowohl über die Lastträger gesetzt, als auch Aufseher über alle, die da arbeiteten in jedem Dienste; und andere von den Leviten waren Schreiber und Vorsteher und Torhüter.
14 Und als sie das Geld herausnahmen,

welches in das Haus Jehovas gebracht worden war, fand der Priester Hilkija das Buch des Gesetzes Jehovas
15 durch Mose. Da hob Hilkija an und sprach zu Schaphan, dem Schreiber: Ich habe das Buch des Gesetzes im Hause Jehovas gefunden. Und Hilki-
16 ja gab das Buch dem Schaphan. Und Schaphan brachte das Buch zu dem König; und er brachte ferner dem König Nachricht und sprach: Alles was der Hand deiner Knechte über-
17 geben worden ist, das tun sie: sie haben das Geld, welches im Hause Jehovas gefunden worden ist, ausgeschüttet und es in die Hand derer gegeben, welche zur Aufsicht bestellt sind, und in die Hand derer, welche
18 das Werk tun. Und Schaphan, der Schreiber, berichtete dem König und sprach: Der Priester Hilkija hat mir ein Buch gegeben. Und Schaphan las
19 darin vor dem König. Und es geschah, als der König die Worte des Gesetzes hörte, da zerriß er seine Klei-
20 der. Und der König gebot Hilkija und Achikam, dem Sohne Schaphans, und Abdon, dem Sohne Michas, und Schaphan, dem Schreiber, und Asaja, dem Knechte des Königs, und sprach: Ge-
21 het hin, befraget Jehova für mich und für die Uebriggebliebenen in Israel und in Juda wegen der Worte des aufgefundenen Buches. Denn groß ist der Grimm Jehovas, der sich über uns ergossen hat, darum daß unsere Väter das Wort Jehovas nicht beobachtet haben, um nach allem zu tun, was in diesem
22 Buche geschrieben steht. Da gingen Hilkija und diejenigen, welche der König entboten hatte, zu der Prophetin Hulda, dem Weibe Schallums, des Sohnes Tokhaths, des Sohnes Hasras, des Hüters der Kleider; sie wohnte aber zu Jerusalem im zweiten Stadtteile; und sie redeten auf diese Wei-
23 se zu ihr.
Und sie sprach zu ihnen: So spricht Jehova, der Gott Israels: Saget dem Manne, der euch zu mir gesandt hat:
24 So spricht Jehova: Siehe, ich will Unglück bringen über diesen Ort und über seine Bewohner: alle die Flüche, welche in dem Buche geschrieben sind, das man vor dem König von Ju-
25 da gelesen hat. Darum daß sie mich verlassen und anderen Göttern geräuchert haben, um mich zu reizen mit all den Machwerken ihrer Hände, so hat mein Grimm sich über diesen Ort ergossen, und er wird nicht er-
26 löschen. Zu dem König von Juda aber, der euch gesandt hat, um Jehova zu befragen, zu ihm sollt ihr also sprechen: So spricht Jehova, der Gott Israels: Die Worte anlangend, die du
27 gehört hast — weil dein Herz weich geworden, und du dich vor Gott gedemütigt hast, als du seine Worte über e diesen Ort und über e seine Bewohner hörtest, und du dich vor

---

a O. bis er sie zermalmt hatte. — b Viell. ist zu l.: nachdem er gereinigt hatte. — c S. die Anm. zu 2. Sam. 8. 16. — d O. arbeiteten; vergl. 2. Kön. 12, 15; 22, 7. — e O. gegen.

mir gedemütigt und deine Kleider zerrissen und vor mir geweint hast, so habe i c h es auch gehört, spricht 28 Jehova a. Siehe, ich werde dich zu deinen Vätern versammeln, und du wirst zu deinen Gräbern versammelt werden in Frieden; und deine Augen sollen all das Unglück nicht ansehen, das ich über diesen Ort und über seine Bewohner bringen werde. Und sie brachten dem König Antwort.

29 Und der König sandte hin und versammelte alle Aeltesten von Juda und 30 von Jerusalem. Und der König ging hinauf in das Haus Jehovas, und alle Männer von Juda und die Bewohner von Jerusalem, und die Priester und die Leviten, und alles Volk, vom Größten bis zum Kleinsten; und man las vor ihren Ohren alle Worte des Buches des Bundes, das im Hause Jeho- 31 vas gefunden worden war. Und der König stand auf seinem Standorte und machte den Bund vor Jehova, Jehova nachzuwandeln und seine Gebote und seine Zeugnisse und seine Satzungen zu beobachten mit seinem ganzen Herzen und mit seiner ganzen Seele, um die Worte des Bundes zu tun, welche in diesem Buche ge- 32 schrieben sind. Und er ließ alle in den Bund treten, welche sich in Jerusalem und in Benjamin befanden. Und die Bewohner von Jerusalem taten nach dem Bunde Gottes, des Got- 33 tes ihrer Väter. Und Josia tat alle Greuel hinweg aus allen Ländern, welche den Kindern Israel gehörten; und er hielt alle an, die sich in Israel befanden, Jehova, ihrem Gott, zu dienen. Alle seine Tage wichen sie nicht ab von der Nachfolge Jehovas b, des Gottes ihrer Väter.

35 Und c Josia feierte dem Jehova Passah zu Jerusalem; und man 2 schlachtete das Passah am vierzehnten des ersten Monats. Und er stellte die Priester in ihre Aemter und ermutigte sie zum Dienst des Hauses 3 Jehovas. Und er sprach zu den Leviten, welche ganz Israel unterwiesen, die Jehova geheiligt waren: Setzet die heilige Lade in das Haus, welches Salomo, der Sohn Davids, der König von Israel, gebaut hat; ihr habt sie nicht mehr auf der Schulter zu tragen. Dienet nunmehr Jehova, eurem Gott, und seinem Volke Israel; 4 und bereitet euch nach euren Vaterhäusern, in euren Abteilungen, nach der Schrift Davids, des Königs von Israel, und nach der Schrift seines 5 Sohnes Salomo; und stellet euch im Heiligtum auf nach den d Klassen der Vaterhäuser eurer Brüder, der Kinder des Volkes, und zwar je eine Abteilung eines Vaterhauses der Levi- 6 ten; und schlachtet das Passah, und heiliget euch und bereitet es für eure Brüder, daß ihr tuet nach dem Wor- 7 te Jehovas durch Mose. Und Josia schenkte e den Kindern des Volkes

an Kleinvieh: Lämmer und Ziegenböcklein, — alles zu den Passahopfern für alle, die sich vorfanden — dreißigtausend an der Zahl, und dreitausend Rinder; das war von der Habe des Königs. Und seine Obersten 8 schenkten e freiwillig für das Volk, für die Priester und für die Leviten. Hilkija und Sekarja und Jechiel, die Fürsten f des Hauses Gottes, gaben den Priestern zu den Passahopfern zweitausend und sechshundert Stück Kleinvieh und dreihundert Rinder. Und Konanja, und Schemaja und Ne- 9 thaneel, seine Brüder, und Haschabja und Jeghiel und Josabad, die Obersten der Leviten, schenkten e den Leviten zu den Passahopfern fünftausend Stück Kleinvieh und fünfhundert Rinder.

Und der Dienst wurde eingerichtet; 10 und die Priester standen an ihrer Stelle und die Leviten in ihren Abteilungen, nach dem Gebote des Königs. Und sie schlachteten das Passah; und 11 die Priester sprengten das Blut aus ihrer Hand, und die Leviten zogen die Haut ab. Und sie taten die Brand- 12 opfer beiseite, um sie den Klassen der Vaterhäuser der Kinder des Volkes zu geben, um sie Jehova darzubringen, wie im Buche Moses geschrieben steht; und ebenso taten sie mit den Rindern. Und sie brieten das 13 Passah am Feuer nach der Vorschrift; und die geheiligten Dinge kochten sie in Töpfen und in Kesseln und in Schüsseln, und verteilten sie eilends an alle Kinder des Volkes. Und 14 danach bereiteten sie für sich und für die Priester; denn die Priester, die Söhne Aarons, waren mit dem Opfern der Brandopfer und der Fettstücke bis zur Nacht beschäftigt; und so bereiteten die Leviten für sich und für die Priester, die Söhne Aarons. Und die Sänger, die Söhne Asaphs, 15 waren an ihrer Stelle, nach dem Gebote Davids und Asaphs und Hemans und Jeduthuns, des Sehers des Königs; und die Torhüter waren an jedem Tore: sie hatten nicht nötig, von ihrem Dienste zu weichen, weil ihre Brüder, die Leviten, für sie bereiteten. Und so wurde der ganze Dienst Je- 16 hovas an jenem Tage eingerichtet, um das Passah zu feiern und die Brandopfer auf dem Altar Jehovas zu opfern, nach dem Gebote des Königs Josia. Und die Kinder Israel, 17 die sich vorfanden, feierten das Passah zu selbiger Zeit, und das Fest der ungesäuerten Brote sieben Tage lang. Und es war kein solches Passah 18 in Israel gefeiert worden wie dieses, seit den Tagen Samuels, des Propheten; und alle Könige von Israel hatten kein Passah gefeiert wie dasjenige, welches Josia feierte und die Priester und die Leviten und ganz Juda und Israel, das sich vorfand, und die Bewohner von Jerusalem. Im acht- 19

---

a Eig. ist der Spruch Jehovas. — b Eig. von hinter Jehova weg. — c 2. Kön. 23, 21. - d O. für die. — e S. die Anm. zu Kap. 30, 24. — f O. Oberaufseher.

zehnten Jahre der Regierung Josias ist dieses Passah gefeiert worden.

20 Nach allem diesem, als Josia das Haus eingerichtet hatte, zog Neko, der König von Aegypten, hinauf, um wider *a* Karchemis am Phrat zu streiten; und Josia zog aus, ihm entge-

21 gen. Da sandte er Boten zu ihm und ließ *ihm* sagen: Was haben wir miteinander zu schaffen, König von Juda? Nicht wider d i c h heute, sondern wider das Haus, mit dem ich Krieg führe; und Gott hat gesagt, daß ich eilen sollte. Stehe ab von Gott, der mit mir ist, daß er dich

22 nicht verderbe! Aber Josia wandte sein Angesicht nicht von ihm ab, sondern verkleidete sich, um wider ihn zu streiten; und er hörte nicht auf die Worte Nekos, *die* aus dem Munde Gottes *kamen*. Und er kam in das

23 Tal *b* Megiddo, um zu streiten. Und die Schützen schossen auf den König Josia. Da sprach der König zu seinen Knechten: Bringet mich hinweg,

24 denn ich bin schwer verwundet! Und seine Knechte brachten ihn von dem Wagen hinweg und setzten ihn auf den zweiten Wagen, den er hatte, und führten ihn nach Jerusalem. Und er starb und wurde in den Gräbern seiner Väter begraben; und ganz Juda und Jerusalem trauerten um Josia.

25 Und Jeremia stimmte ein Klagelied über Josia an. Und alle Sänger und Sängerinnen haben in ihren Klageliedern von Josia geredet bis auf den heutigen Tag; und man machte sie zu einem Gebrauch in Israel. Und siehe, sie sind geschrieben in den Klageliedern.

26 Und das Uebrige der Geschichte Josias und seine guten *c* Taten, nach dem was im Gesetz Jehovas geschrie-

27 ben steht, und seine Geschichte, die erste und die letzte, siehe, sie ist geschrieben in dem Buche der Könige von Israel und Juda.

36 Und *d* das Volk des Landes nahm Joahas, den Sohn Josias, und sie machten ihn zum König in Jerusalem

2 an seines Vaters Statt. Dreiundzwanzig Jahre war Joahas alt, als er König wurde, und er regierte drei Mo-

3 nate zu Jerusalem. Und der König von Aegypten setzte ihn ab zu Jerusalem; und er legte dem Lande eine Buße von hundert Talenten Silber

4 und einem Talente Gold auf. Und der König von Aegypten machte seinen Bruder Eljakim zum König über Juda und Jerusalem und verwandelte seinen Namen in Jojakim. Seinen Bruder Joahas aber nahm Neko fest und führte ihn nach Aegypten.

5 Fünfundzwanzig *e* Jahre war Jojakim alt, als er König wurde, und er regierte elf Jahre zu Jerusalem. Und er tat was böse war in den Augen

6 Jehovas, seines Gottes. Wider *f* ihn

zog Nebukadnezar, der König von Babel, herauf; und er band ihn mit ehernen Fesseln, um ihn nach Babel

7 zu führen. Auch von den Geräten des Hauses Jehovas brachte Nebukadnezar nach Babel und legte sie in seinen Tempel zu Babel.

8 Und das Uebrige der Geschichte Jojakims, und seine Greuel, die er verübt hat, und was an ihm gefunden wurde, siehe, das ist geschrieben in dem Buche der Könige von Israel und Juda. Und Jojakin, sein Sohn, ward König an seiner Statt.

9 Acht*zehn* Jahre war Jojakin*g* alt, als er König wurde, und er regierte drei Monate und zehn Tage zu Jerusalem. Und er tat was böse war in

10 den Augen Jehovas. Und beim Umlauf des Jahres sandte der König Nebukadnezar hin und ließ ihn nach Babel bringen samt den kostbaren Geräten des Hauses Jehovas; und er machte seinen Bruder *h* Zedekia zum König über Juda und Jerusalem.

11 Einundzwanzig *i* Jahre war Zedekia alt, als er König wurde, und er regierte

12 elf Jahre zu Jerusalem. Und er tat was böse war in den Augen Jehovas, seines Gottes. Er demütigte sich nicht vor dem Propheten Jeremia, *als er*

13 nach dem Befehle Jehovas *redete*. Und auch empörte er sich gegen den König Nebukadnezar, der ihn bei Gott hatte schwören lassen. Und er verhärtete seinen Nacken und verstockte sein Herz, sodaß er nicht umkehrte zu

14 Jehova, dem Gott Israels. Auch alle Obersten der Priester und das Volk *j* häuften die Treulosigkeiten, nach allen Greueln der Nationen, und verunreinigten das Haus Jehovas, das er in

15 Jerusalem geheiligt hatte. Und Jehova, der Gott ihrer Väter, sandte zu ihnen durch seine Boten, früh sich aufmachend und sendend; denn er erbarmte sich seines Volkes und seiner

16 Wohnung. Aber sie verspotteten die Boten Gottes und verachteten seine Worte und äfften seine Propheten, bis der Grimm Jehovas gegen sein Volk stieg, daß keine Heilung mehr war.

17 Und er ließ den König der Chaldäer wider sie heraufkommen, und der erschlug *k* ihre Jünglinge mit dem Schwerte im Hause ihres Heiligtums: er schonte nicht des Jünglings und der Jungfrau, des Alten und des Greises:

18 alle gab er in seine Hand. Und alle Geräte des Hauses Gottes, die großen und die kleinen, und die Schätze des Hauses Jehovas, und die Schätze des Königs und seiner Obersten: alles

19 brachte er nach Babel. Und sie verbrannten das Haus Gottes und rissen die Mauer von Jerusalem nieder; und alle seine *l* Paläste verbrannten sie mit Feuer, und alle seine *l* kostbaren

20 Geräte verderbten sie. Und die vom

---

a O. zu. — *b* Eig. die Talebene, Niederung. — *c* Eig. frommen. — *d* 2. Kön. 23, 30. — *e* 2. Kön. 23, 36. — *f* 2. Kön. 24. — *g* 2. Kön. 24, 8. — *h* Hier in dem Sinne von „nahen Anverwandten". Vergl. 2. Kön. 24, 17; 1. Chron. 3, 14—16, wo Jojakin „Jekonja" genannt wird. — *i* 2. Kön. 24, 18. — *j* O. und des Volkes. — *k* And. üb.: und erschlug. — *l* d. h. von Jerusalem.

Schwerte Uebriggebliebenen führte er nach Babel hinweg; und sie wurden ihm und seinen Söhnen zu Knechten, bis das Königreich der Perser zur 21 Herrschaft kam; damit erfüllt würde das Wort Jehovas durch den Mund Jeremias *a*, bis das Land seine Sabbathe genossen *b* hätte. Alle die Tage seiner Verwüstung hatte es Ruhe, bis siebenzig Jahre voll waren.

22 Und im ersten Jahre Kores'*c*, des Königs von Persien — damit das Wort Jehovas durch den Mund Jeremias

erfüllt würde — erweckte Jehova den Geist Kores', des Königs von Persien; und er ließ einen Ruf ergehen durch sein ganzes Königreich, und zwar auch schriftlich, indem er sprach: So spricht 23 Kores, der König von Persien: Alle Königreiche der Erde hat Jehova, der Gott des Himmels, mir gegeben; und er hat mich beauftragt, ihm ein Haus zu bauen zu Jerusalem, das in Juda ist. Wer irgend unter euch aus seinem Volke ist, mit dem sei Jehova, sein Gott; und er ziehe hinauf!

Das Buch Esra

1 Und im ersten Jahre Kores'*c*, des Königs von Persien — damit das Wort Jehovas aus dem Munde Jeremias erfüllt würde — erweckte Jehova den Geist Kores', des Königs von Persien; und er ließ einen Ruf ergehen durch sein ganzes Königreich, und zwar auch 2 schriftlich, indem er sprach: So spricht Kores, der König von Persien: Alle Königreiche der Erde hat Jehova, der Gott des Himmels, mir gegeben; und er hat mich beauftragt, ihm ein Haus zu bauen zu Jerusalem, das in Juda 3 ist. Wer irgend unter euch aus seinem Volke ist, mit dem sei sein Gott, und er ziehe hinauf nach Jerusalem, das in Juda ist, und baue das Haus Jehovas, des Gottes Israels, (er ist Gott *d*) 4 in Jerusalem *e*. Und jeder, der übrigbleibt an irgend einem Orte, wo er sich aufhält, den sollen die Leute seines Ortes unterstützen mit Silber und mit Gold und mit Habe und mit Vieh, nebst den freiwilligen Gaben für das Haus Gottes in Jerusalem.

5 Und es machten sich auf die Häupter der Väter von Juda und Benjamin, und die Priester und die Leviten, ein jeder, dessen Geist Gott erweckte, hinaufzuziehen, um das Haus Jehovas in 6 Jerusalem zu bauen. Und alle, die um sie her waren, unterstützten sie mit silbernen Geräten, mit Gold, mit Habe und mit Vieh und mit Kostbarkeiten, außer allem was freiwillig gegeben 7 wurde. Und der König Kores ließ die Geräte des Hauses Jehovas herausbringen, welche Nebukadnezar aus Jerusalem weggeführt und in das Haus 8 seines Gottes gelegt hatte. Und Kores, der König von Persien, ließ sie herausbringen unter der Aufsicht Mithredaths, des Schatzmeisters; und dieser zählte sie dem Sesbazar *f*, dem Fürsten 9 Judas, dar. Und dies ist ihre Zahl: Dreißig goldene Becken *g*, tausend silberne Becken *g*, neunundzwanzig Mes-10 ser, dreißig goldene Becher, vierhundertundzehn silberne Becher von zwei-

ter Gattung, tausend andere Geräte. Aller Geräte von Gold und von Silber 11 waren fünftausend und vierhundert. Das alles brachte Sesbazar hinauf, als die Weggeführten aus Babel nach Jerusalem hinaufgeführt wurden.

2 Und *h* dies sind die Kinder der Landschaft Juda, welche aus der Gefangenschaft der Weggeführten, die Nebukadnezar, der König von Babel, nach Babel weggeführt hatte, hinaufzogen, und die nach Jerusalem und Juda zurückkehrten, ein jeder in seine Stadt, welche kamen mit Serubbabel, Je-2 schua *i*, Nehemia, Seraja, Reelaja, Mordokai, Bilschan, Mispar, Bigwai, Rechum, Baana.

Zahl der Männer des Volkes Israel: Die Söhne Parhosch', zweitausend 3 einhundert zweiundsiebenzig. Die 4 Söhne Schephatjas, dreihundert zweiundsiebenzig; die Söhne Arachs, sie-5 benhundert fünfundsiebenzig; die Söh-6 ne Pachath-Moabs*j*, von den Söhnen Jeschuas *und* Joabs, zweitausend achthundertundzwölf; die Söhne Elams, 7 tausend zweihundert vierundfünfzig; die Söhne Sattus, neunhundert fünf-8 undvierzig; die Söhne Sakkais, sieben-9 hundertundsechzig; die Söhne Banis, 10 sechshundert zweiundvierzig; die Söh-11 ne Bebais, sechshundert dreiundzwanzig; die Söhne Asgads, tausend zwei-12 hundert zweiundzwanzig; die Söhne 13 Adonikams, sechshundert sechsundsechzig; die Söhne Bigwais, zweitau-14 send sechsundfünfzig; die Söhne Adins, 15 vierhundert vierundfünfzig; die Söhne 16 Aters, von Jehiskia, achtundneunzig; die Söhne Bezais, dreihundert drei-17 undzwanzig; die Söhne Jorahs, hun-18 dertundzwölf; die Söhne Haschums, 19 zweihundert dreiundzwanzig; die Söh-20 ne Gibbars, fünfundneunzig; die Söhne 21 Bethlehems, hundertdreiundzwanzig; die Männer von Netopha, sechsund-22 fünfzig; die Männer von Anathoth, hun-23 dertundzwanzig; die Söhne As-24 maweths, zweiundvierzig; die Söhne 25

---

a Jer. 25; Dan. 9, 2. — *b* Vergl. 3. Mose 26, 34. 35. — *c* Cyrus. — *d* Eig. der Gott. — *e* O. . . . Israels; er ist der Gott, welcher in Jerusalem *wohnt*. — *f* Chaldäischer Name für Serubbabel. — *g* O. Schalen. — *h* Vergl. Neh. 7, 6—73. — *i* Anderswo: Josua (Joschua); aus „Jeschua" ist in der alexandrin. Uebersetzung der Name „Jesus" entstanden. — *j* d. h. des Statthalters von Moab.

Kirjath-Arims, Kephiras und Beeroths,
26 siebenhundert dreiundvierzig; die Söhne Ramas und Gebas, sechshundert
27 einundzwanzig; die Männer von Mik-
28 mas, hundertzweiundzwanzig; die Männer von Bethel und Ai, zweihun-
29 dert dreiundzwanzig; die Söhne Ne-
30 bos, zweiundfünfzig; die Söhne Mag-
31 bisch', hundertsechsundfünfzig; die Söhne des anderen a Elam, tausend
32 zweihundertvierundfünfzig; die Söhne
33 Harims, dreihundertundzwanzig; die Söhne Lods, Hadids und Onos, sieben-
34 hundert fünfundzwanzig; die Söhne Jerechos, dreihundert fünfundvierzig;
35 die Söhne Senaas, dreitausend sechshundertunddreißig.
36 Die Priester: die Söhne Jedajas, vom Hause Jeschua, neunhundert drei-
37 undsiebenzig; die Söhne Immers, tau-
38 send zweiundfünfzig; die Söhne Paschchurs, tausend zweihundert siebenund-
39 vierzig; die Söhne Harims, tausend und siebenzehn.
40 Die Leviten: die Söhne Jeschuas und Kadmiels, von den Söhnen Hodawjas,
41 vierundsiebenzig. — Die Sänger: die Söhne Asaphs, hundertachtundzwan-
42 zig. — Die Söhne der Torhüter: die Söhne Schallums, die Söhne Aters, die Söhne Talmons, die Söhne Akkubs, die Söhne Hatitas, die Söhne Schobais, allesamt hundertneununddreißig.
43 Die Nethinim b: die Söhne Zichas, die Söhne Hasuphas, die Söhne Tab-
44 baoths, die Söhne Keros', die Söhne
45 Siahas, die Söhne Padons, die Söhne Lebanas, die Söhne Hagabas, die Söh-
46 ne Akkubs, die Söhne Hagabs, die Söhne Schalmais, die Söhne Hanans,
47 die Söhne Giddels, die Söhne Gachars,
48 die Söhne Reajas, die Söhne Rezins, die Söhne Nekodas, die Söhne Gas-
49 sams, die Söhne Ussas, die Söhne Pa-
50 seachs, die Söhne Besais, die Söhne Asnas, die Söhne der Meunim c, die
51 Söhne der Nephisim d, die Söhne Bakbuks, die Söhne Hakuphas, die Söhne
52 Harchurs, die Söhne Bazluths, die Söh-
53 ne Mechidas, die Söhne Harschas, die Söhne Barkos', die Söhne Siseras, die
54 Söhne Tamachs, die Söhne Neziachs, die Söhne Hatiphas.
55 Die Söhne der Knechte Salomos: die Söhne Sotais, die Söhne Sophe-
56 reths, die Söhne Perudas, die Söhne Jaalas, die Söhne Darkons, die Söhne
57 Giddels, die Söhne Schephatjas, die Söhne Hattils, die Söhne Pokereths-Hazzebaim, die Söhne Amis.
58 Alle Nethinim und Söhne der Knechte Salomos: dreihundert zweiundneunzig.
59 Und diese sind es, die aus Tel-Melach, Tel-Harscha, Kerub, Addan, Immer hinaufzogen; aber sie konnten ihr Vaterhaus und ihre Abkunft e nicht
60 angeben, ob sie aus Israel wären: die Söhne Delajas, die Söhne Tobijas, die Söhne Nekodas, sechshundert zwei-

undfünfzig. Und von den Söhnen der 61 Priester: die Söhne Habajas, die Söhne Hakkoz', die Söhne Barsillais, der ein Weib von den Töchtern Barsillais, des Gileaditers, genommen hatte und nach ihrem Namen genannt wurde. Diese suchten ihr Geschlechtsregister- 62 Verzeichnis, aber es wurde nicht gefunden; und sie wurden von dem Priestertum als unrein ausgeschlossen. Und 63 der Tirsatha f sprach zu ihnen, daß sie von dem Hochheiligen nicht essen dürften, bis ein Priester für die Urim und die Thummim aufstände.

Die ganze Versammlung insgesamt 64 war zweiundvierzigtausend dreihundertundsechzig, außer ihren Knechten 65 und ihren Mägden; dieser waren siebentausend dreihundert siebenunddreißig. Und sie hatten *noch* zweihundert Sänger und Sängerinnen. Ihrer Rosse waren 66 siebenhundert sechsunddreißig, ihrer Maultiere zweihundert fünfundvierzig, ihrer Kamele vierhundert fünfund- 67 dreißig, der Esel sechstausend siebenhundertundzwanzig.

Und als sie zum Hause Jehovas in 68 Jerusalem kamen, gaben einige von den Häuptern der Väter freiwillig für das Haus Gottes, um es an seiner Stätte aufzurichten. Nach ihrem Ver- 69 mögen gaben sie für den Schatz des Werkes: an Gold einundsechzigtausend Dariken g und an Silber fünftausend Minen, und hundert Priester-Leibröcke.

Und die Priester und die Leviten 70 und die aus dem Volke und die Sänger und die Torhüter und die Nethinim wohnten in ihren Städten; und ganz Israel *wohnte* in seinen Städten.

Und als der siebente Monat heran- **3** kam, und die Kinder Israel in den Städten waren, da versammelte sich das Volk wie ein Mann nach Jerusalem. Und Jeschua, der Sohn Jozadaks, **2** und seine Brüder, die Priester, und Serubbabel, der Sohn Schealtiels, und seine Brüder machten sich auf und bauten den Altar des Gottes Israels, um Brandopfer darauf zu opfern, wie geschrieben steht in dem Gesetz Moses, des Mannes Gottes.

Und sie richteten den Altar auf an **3** seiner Stätte, denn ein Schrecken war auf ihnen vor den Völkern der Länder; und sie opferten auf ihm Brandopfer dem Jehova, die Morgen- und Abend-Brandopfer. Und sie feierten **4** das Laubhüttenfest, wie es vorgeschrieben ist; und *sie opferten* Brandopfer Tag für Tag, nach der Zahl, nach der Vorschrift, das Tägliche an seinem Tag; und danach das beständige **5** Brandopfer und diejenigen der Neumonde und aller geheiligten Feste h Jehovas, und *die Brandopfer* eines jeden, der Jehova eine freiwillige Gabe brachte. Am ersten Tage des siebenten Monats fingen sie an, Jehova

---

a S. V. 7. — b S. die Anm. zu 1. Chron. 9, 2. — c d. h. der Meuniter (Maoniter). — d Nach and. L.: Nephusim. — e Eig. ihren Samen. — f „Tirschatha" war der persische Titel des Statthalters oder Landpflegers. — g S. die Anm. zu 1. Chron. 29, 7. — h S. die Anm. zu 3. Mose 23, 2.

Brandopfer zu opfern; aber der Grund des Tempels Jehovas war noch nicht

7 gelegt. — Und sie gaben den Steinhauern und den Zimmerleuten Geld, und Speise und Trank und Oel den Zidoniern und den Tyrern, damit sie Zedernholz vom Libanon nach dem Meere von Japho brächten, gemäß der Vollmacht Kores', des Königs von Persien, an sie.

8 Und im zweiten Jahre ihres Kommens zum Hause Gottes in Jerusalem, im zweiten Monat, begannen Serubbabel, der Sohn Schealtiels, und Jeschua, der Sohn Jozadaks, und die übrigen Brüder, die Priester und die Leviten, und alle, die aus der Gefangenschaft nach Jerusalem gekommen waren, und sie bestellten die Leviten von zwanzig Jahren an und darüber, um Aufsicht zu führen über das Werk des Hauses

9 Jehovas. Und Jeschua, seine Söhne und seine Brüder, Kadmiel und seine Söhne, die Söhne Judasa, standen wie ein *Mann*, um Aufsicht zu führen über die, welche das Werk am Hause Gottes taten; *auch* die Söhne Henadads, ihre Söhne und ihre Brüder, die Leviten.

10 Und als die Bauleute den Grund zum Tempel Jehovas legten, ließ man die Priester in ihrer Kleidung hintreten, mit Trompeten, und die Leviten, die Söhne Asaphs, mit Zimbeln, um Jehova zu loben nach der Anweisung Davids, des Königs von Israel.

11 Und sie hoben einen Wechselgesang an mit Lob und Dankb dem Jehova: denn er ist gütig, dennc seine Güte *währt* ewiglich über Israel. Und das ganze Volk erhob ein großes Jubelgeschrei beim Lobe Jehovas, weil der Grund zum Hause Jehovas gelegt wur-

12 de. Viele aber von den Priestern und den Leviten und den Häuptern der Väter, den Alten, welche das erste Haus gesehen hatten, weinten mit lauter Stimme, als vor ihren Augen der Grund zu diesem Hause gelegt wurde; viele aber erhoben ihre Stim-

13 me mit freudigem Jauchzen. Und das Volk konnte den Schall des freudigen Jauchzens nicht unterscheiden von der Stimme des Weinens im Volke; denn das Volk erhob ein großes Jubelgeschrei, und der Schall wurde gehört bis in die Ferne.

4 Und die Feinde Judas und Benjamins hörten, daß die Kinder der Wegführung Jehova, dem Gott Israels,

2 einen Tempel bauten; und sie traten zu Serubbabel und zu den Häuptern der Väter und sprachen zu ihnen: Wir wollen mit euch bauen; denn wir suchen euren Gott wie ihr; und ihm opfern wir seit den Tagen Esar-Haddons, des Königs von Assyrien, der

3 uns hierher heraufgeführt hatd. Aber Serubbabel und Jeschua und die übrigen Häupter der Väter Israels spra-

chen zu ihnen: Es geziemt euch nicht, mit uns unserem Gott ein Haus zu bauen; sondern w i r allein wollen Jehova, dem Gott Israels, bauen, wie der König Kores, der König von Per-

4 sien, uns geboten hat. Da suchte das Volk des Landes die Hände des Volkes Juda schlaff zu machen und sie vom Bauen abzuschrecken. Und sie ding-

5 ten Ratgeber wider sie, um ihren Plan zu vereiteln, alle die Tage Kores', des Königs von Persien, und bis zur Regierung Darius', des Königs von Persien.

6 Und unter der Regierung des Ahasveros, im Anfange seiner Regierung, schrieben sie eine Anklage wider die Bewohner von Juda und Jerusalem. —

7 Und in den Tagen Artasastas schrieben Bischlam, Mithredath, Tabeel und seine übrigen Genossen an Artasasta, den König von Persien. Die Schrift des Briefes war aber aramäisch geschrieben und ins Aramäische übersetzte. Rechum, der Statthalter, und

8 Schimschai, der Schreiber, schrieben an Artasasta, den König, einen Brief wider Jerusalem also: — damals schrie-

9 ben nämlich Rechum, der Statthalter, und Schimschai, der Schreiber, und ihre übrigen Genossen, Diniter und Apharsathkiter, Tarpeliter, Apharsiter, Arkewiter, Babylonier, Susani-

10 ter, Dehiter und Elamiter, und die übrigen Völker, welche der große und erlauchte Osnappar wegführte und in den Städten Samariasf und in dem

11 übrigen *Gebiete* jenseit des Stromes wohnen ließ, und so weiter: — dies ist die Abschrift des Briefes, den sie an ihn, an den König Artasasta, sand-

12 ten: Deine Knechte, die Männer diesseit des Stromes, und so weiter. Es sei dem König kundgetan, daß die Juden, die von dir heraufgezogen, zu uns nach Jerusalem gekommen sind; sie bauen die aufrührerische und böse Stadt *wieder* auf, und vollenden die Mauern und bessern die Grundlagen

13 aus. So sei nun dem König kundgetan, daß, wenn diese Stadt *wieder* aufgebaut wird, und die Mauern vollendet werden, sie Steuer, Zollg und Weggeld nicht mehr geben werden, und solchesh schließlich die Könige

14 benachteiligen wird. Weil wir nun das Salz des Palastes essen und es uns nicht geziemt, den Schaden des Königs anzusehen, deswegen senden

15 wir und tun es dem König kund, damit man in dem Buche der Denkwürdigkeiten deiner Väter nachsuche; und du wirst in dem Buche der Denkwürdigkeiten finden, und wirst erkennen, daß diese Stadt eine aufrührerische Stadt gewesen ist, und nachteilig den Königen und Ländern, und daß man von den Tagen der Vorzeit her Empörung darin gestiftet hat, weswegen diese Stadt zerstört worden ist.

---

a Nach Kap. 2, 40 ist zu lesen: Hodawjas. — b O. sie stimmten Lob und Dank an. — c O. weil er gütig ist, weil. — d Vergl. 2. Kön. 17. — e d. h. aramäisch verfaßt. — f Vergl. 2. Kön. 17. 24. — g Eig. Lebensmittelsteuer; so auch V. 20; 7, 24. — h O. sie, d. h. die Stadt.

16 Wir tun dem König kund, daß, wenn diese Stadt *wieder* aufgebaut wird, und die Mauern vollendet werden, du deshalb diesseit des Stromes kein Teil mehr haben wirst.

17 Der König sandte eine Antwort an Rechum, den Statthalter, und Schimschai, den Schreiber, und an ihre übrigen Genossen, welche in Samaria und in dem übrigen *Gebiete* jenseit des Stromes wohnten: Frieden, und so

18 weiter. Der Brief, den ihr an uns gesandt habt, ist deutlich vor mir gele-

19 sen worden. Und von mir ist Befehl gegeben worden, und man hat nachgesucht und gefunden, daß diese Stadt von den Tagen der Vorzeit her sich wider die Könige aufgelehnt hat, und daß Aufruhr und Empörung in ihr gestif-

20 tet worden sind. Und mächtige Könige sind über Jerusalem gewesen, die über alles geherrscht haben, was jenseit des Stromes ist; und Steuer, Zoll und Weggeld wurde ihnen gege-

21 ben. So gebet nun Befehl, diesen Männern zu wehren, damit diese Stadt nicht *wieder* aufgebaut werde, bis von

22 mir Befehl gegeben wird. Und hütet euch, hierin einen Fehler zu begehen; warum sollte der Schaden wachsen, um den Königen Nachteil zu bringen?

23 — Hierauf, sobald die Abschrift des Briefes des Königs Artasasta vor Rechum und Schimschai, dem Schreiber, und ihren Genossen gelesen war, gingen sie eilends nach Jerusalem zu den Juden, und wehrten ihnen mit Gewalt und Macht.

24 Damals hörte die Arbeit am Hause Gottes in Jerusalem auf, und sie unterblieb bis zum zweiten Jahre der Regierung des Königs Darius von Persien.

5 Und Haggai, der Prophet, und Sacharja a, der Sohn Iddos, die Propheten, weissagten den Juden, die in Juda und in Jerusalem waren; im Namen des Gottes Israels *weissagten sie ihnen b.*

2 Da machten sich Serubbabel, der Sohn Schealtiels, und Jeschua c, der Sohn Jozadaks, auf und fingen an, das Haus Gottes in Jerusalem zu bauen, und mit ihnen die Propheten Gottes, welche sie unterstützten.

3 In jener Zeit kamen Tatnai, der Landpfleger diesseit des Stromes, und Schethar-Bosnai und ihre Genossen zu ihnen und sprachen zu ihnen also: Wer hat euch Befehl gegeben, dieses Haus zu bauen und diese Mau-

4 er zu vollenden? Darauf sagten wir ihnen, welches die Namen der Männer wären, die diesen Bau ausführ-

5 ten d. Aber das Auge ihres Gottes war über den Aeltesten der Juden, daß sie ihnen nicht wehrten, bis die Sache an Darius gelangte und man dann einen Brief darüber zurückschickte.

6 Abschrift des Briefes, den Tatnai, der Landpfleger jenseit des Stromes, und Schethar-Bosnai und seine Genossen, die Apharsakiter, die jenseit des Stromes *wohnten,* an den König Darius

7 sandten. Sie sandten einen Bericht an ihn, und also war darin geschrieben: Darius, dem König, allen Frie-

8 den! Es sei dem König kundgetan, daß wir in die Landschaft Juda zu dem Hause des großen Gottes gegangen sind; und es wird mit Quadersteinen e erbaut, und Balken f werden in die Wände gelegt; und diese Arbeit wird eifrig betrieben, und sie

9 gedeiht unter ihrer Hand. Da haben wir jene Aeltesten gefragt *und* also zu ihnen gesprochen: Wer hat euch Befehl gegeben, dieses Haus zu bauen und diese Mauer zu vollenden?

10 Und auch nach ihren Namen haben wir sie gefragt, um sie dir kundzutun, damit wir die Namen der Männer aufschrieben, die ihre Häupter

11 sind. Und also gaben sie uns Antwort und sprachen: Wir sind die Knechte des Gottes des Himmels und der Erde, und wir bauen das Haus *wieder* auf, das viele Jahre zuvor gebaut wurde; und ein großer König von Israel hatte es gebaut und vollen-

12 det. Aber seitdem unsere Väter den Gott des Himmels gereizt haben, hat er sie in die Hand Nebukadnezars, des Königs von Babel, des Chaldäers, gegeben, und er hat dieses Haus zerstört und das Volk nach Babel weg-

13 geführt. Doch im ersten Jahre Kores', des Königs von Babel, hat der König Kores Befehl gegeben, dieses Haus

14 Gottes *wieder* aufzubauen. Und auch die goldenen und silbernen Geräte des Hauses Gottes, welche Nebukadnezar aus dem Tempel, der zu Jerusalem war, herausgenommen und in den Tempel zu Babel gebracht hatte, die hat der König Kores aus dem Tempel zu Babel herausgenommen und sie einem gegeben, dessen Name Sesbazar war, den er zum Landpfleger einsetzte. Und er sprach zu

15 ihm: Nimm diese Geräte, ziehe hin, lege sie nieder in dem Tempel, der zu Jerusalem ist; und das Haus Gottes werde *wieder* aufgebaut an

16 seiner *früheren* Stätte. Da kam dieser Sesbazar *und* legte den Grund des Hauses Gottes, das in Jerusalem ist; und von da an bis jetzt wird daran gebaut, es ist aber noch nicht vollendet.

17 Und nun, wenn es dem König gutdünkt, so werde nachgesucht in dem Schatzhause des Königs, welches dort zu Babel ist, ob es so sei, daß vom König Kores Befehl gegeben worden ist, dieses Haus Gottes in Jerusalem zu bauen; und der König sende uns seinen Willen hierüber zu.

---

a H. Sekarja. — b And. üb.: . . . waren, im Namen des Gottes Israels, der über ihnen war. — c S. die Anm. zu Kap. 2, 2. — d And. l.: Darauf sprachen sie zu ihnen also: Welches sind die Namen der Männer, die . . . ausführen? — e Eig. mit Steinen, die man wälzt; so auch Kap. 6, 4. — f Eig. Holz; so auch Kap. 6, 4. 11.

6 Da gab der König Darius Befehl, und man suchte nach in dem Urkundenhause, worin man die Schätze niederlegte zu Babel. Und es wurde zu Achmetha a, in der Burg b, die in der Landschaft Medien *liegt*, eine Rolle gefunden; und darin war eine 3 Denkschrift also geschrieben: Im ersten Jahre des Königs Kores gab der König Kores Befehl: Das Haus Gottes in Jerusalem anlangend: Dieses Haus soll *wieder* aufgebaut werden als eine Stätte, wo man Schlachtopfer opfert. Und seine Grundlagen sollen aufgerichtet werden: seine Höhe sechzig Ellen, seine Breite sechs-4zig Ellen; drei Lagen von Quadersteinen und eine Lage von neuen Balken c. Und die Kosten sollen aus dem Hause des Königs bestritten wer-5den. Und auch die goldenen und silbernen Geräte des Hauses Gottes, welche Nebukadnezar aus dem Tempel, der zu Jerusalem war, herausgenommen und nach Babel gebracht hat, soll man zurückgeben, daß ein jedes *wieder* in den Tempel zu Jerusalem komme, an seinen Ort; und du sollst sie in dem Hause Gottes wie-6derlegen. — Nun denn, Tatnai, Landpfleger jenseit des Stromes, Schethar-Bosnai und eure d Genossen, die Apharsakiter, die ihr jenseit des Stromes seid, entfernet euch von dannen! 7 Laßt die Arbeit geschehen an diesem Hause Gottes; der Landpfleger der Juden und die Aeltesten der Juden mögen dieses Haus Gottes an seiner 8 *früheren* Stätte *wieder* aufbauen. Und von mir wird Befehl gegeben wegen dessen, was ihr diesen Aeltesten der Juden für den Bau dieses Hauses Gottes tun sollt; nämlich, von den Gütern des Königs, aus der Steuer jenseit des Stromes, sollen diesen Männern die Kosten pünktlich gegeben werden, damit sie nicht gehindert 9 seien. Und was nötig ist, sowohl junge Stiere, als auch Widder und Lämmer zu Brandopfern für den Gott des Himmels, Weizen, Salz, Wein und Oel, soll ihnen nach dem Geheiß der Priester, die in Jerusalem sind, Tag für 0 Tag unfehlbar gegeben werden, damit sie dem Gott des Himmels Opfer lieblichen Geruchs darbringen und für das Leben des Königs und seiner 1 Söhne beten. Und von mir wird Befehl gegeben: Welcher Mensch diesen Erlaß abändern wird, von dessen Hause soll ein Balken ausgerissen und er, aufgehängt, daran geschlagen werden; und sein Haus soll dieserhalb zu einer Kotstätte gemacht wer-2den. Der Gott aber, der seinen Namen daselbst wohnen läßt, stürze jeden König und jedes Volk nieder, die ihre Hand ausstrecken werden, *diesen Erlaß* abzuändern, um dieses Haus Gottes zu zerstören, das in Jerusalem ist! Ich, Darius, habe den Befehl

gegeben; pünktlich soll er vollzogen werden!

Da taten Tatnai, der Landpfleger 13 jenseit des Stromes, Schethar-Bosnai und ihre Genossen, wegen dessen was e der König Darius entboten hatte, pünktlich also.

Und die Aeltesten der Juden bau-14ten; und es gelang ihnen durch die Weissagung Haggais, des Propheten, und Sacharjas, des Sohnes Iddos; und sie bauten und vollendeten nach dem Befehle des Gottes Israels, und nach dem Befehle Kores' und Darius' und Artasastas f, des Königs von Persien. Und dieses Haus wurde beendet bis 15 zum dritten Tage des Monats Adar, das ist das sechste Jahr der Regierung des Königs Darius.

Und die Kinder Israel, die Prie-16ster und die Leviten und die übrigen Kinder der Wegführung, feierten die Einweihung dieses Hauses Gottes mit Freuden. Und sie brachten dar zur 17 Einweihung dieses Hauses Gottes hundert Stiere, zweihundert Widder, vierhundert Lämmer; und zum Sündopfer für ganz Israel zwölf Ziegenböcke, nach der Zahl der Stämme Israels. Und sie stellten die Priester in 18 ihre Klassen und die Leviten in ihre Abteilungen zum Dienste Gottes in Jerusalem, nach der Vorschrift des Buches Moses.

Und die Kinder der Wegführung 19 feierten das Passah am vierzehnten Tage des ersten Monats. Denn die 20 Priester und die Leviten hatten sich gereinigt wie ein *Mann*; sie waren alle rein. Und sie schlachteten das Passah für alle Kinder der Wegführung und für ihre Brüder, die Priester, und für sich selbst. Und die 21 Kinder Israel, welche aus der Wegführung zurückgekehrt waren, und ein jeder, der sich von der Unreinigkeit der Nationen des Landes zu ihnen abgesondert hatte, um Jehova, den Gott Israels, zu suchen, aßen *das Passah*. Und sie feierten das Fest 22 der ungesäuerten Brote sieben Tage mit Freuden; denn Jehova hatte ihnen Freude gegeben und ihnen das Herz des Königs von Assyrien zugewandt, sodaß er ihre Hände stärkte in dem Werke des Hauses Gottes, des Gottes Israels.

Und nach diesen Begebenheiten, **7** unter der Regierung Artasastas, des Königs von Persien, *zog* Esra, der Sohn Serajas, des Sohnes Asarjas, des Sohnes Hilkijas, des Sohnes Schal-2lums, des Sohnes Zadoks, des Sohnes Ahitubs, des Sohnes Amarjas, des 3 Sohnes Asarjas, des Sohnes Merajoths, des Sohnes Serachjas, des Sohnes Us-4sis, des Sohnes Bukkis, des Sohnes 5 Abischuas, des Sohnes Pinehas', des Sohnes Eleasars, des Sohnes Aarons, des Hauptpriesters — dieser Esra zog 6 herauf von Babel; und er war ein

---

a Chaldäischer Name für Ekbatana, die Hauptstadt von Medien. — b O. Hauptstadt. — c Viell. ist zu lesen: und eine Lage von Balken. — d Eig. ihre. — e O. deswegen weil. — f Artaxerxes I., Langhand, 464—424 v. Chr.; so auch Kap. 7, 1.

kundiger Schriftgelehrter in dem Gesetz Moses, welches Jehova, der Gott Israels, gegeben hatte. Und weil die Hand Jehovas, seines Gottes, über ihm war *a*, gab ihm der König all sein 7 Begehr. Und es zog *mit ihm* eine Anzahl von den Kindern Israel und von den Priestern und den Leviten und den Sängern und den Torhütern und den Nethinim *b* nach Jerusalem hinauf, im siebenten Jahre des Königs 8 Artasasta. Und er kam nach Jerusalem im fünften Monat, das war das 9 siebente Jahr des Königs. Denn am ersten des ersten Monats hatte er den Hinaufzug aus Babel festgesetzt *c*; und am ersten des fünften Monats kam er nach Jerusalem, weil die gute Hand seines Gottes über ihm war. 10 Denn Esra hatte sein Herz darauf gerichtet, das Gesetz Jehovas zu erforschen und zu tun, und in Israel Satzung und Recht zu lehren.

11 Und dies ist die Abschrift des Briefes, welchen der König Artasasta dem Priester Esra, dem Schriftgelehrten, gab, dem Schriftgelehrten in den Worten der Gebote Jehovas und seinen 12 Satzungen für *d* Israel: Artasasta, König der Könige, Esra, dem Priester, dem vollkommenen Schriftgelehrten im Gesetz des Gottes des Himmels, 13 und so weiter. Von mir wird Befehl gegeben, daß ein jeder in meinem Reiche, von dem Volke Israel und seinen Priestern und den Leviten, der bereitwillig ist, nach Jerusalem zu 14 ziehen, mit dir ziehen mag. Weil du von dem König und seinen sieben Räten gesandt wirst, um eine Untersuchung über Juda und Jerusalem anzustellen, nach dem Gesetz deines 15 Gottes, das in deiner Hand ist, und das Silber und das Gold hinzubringen, das der König und seine Räte dem Gott Israels, dessen Wohnung in Jerusalem ist, freiwillig gegeben 16 haben, sowie alles Silber und Gold, das du in der ganzen Landschaft Babel bekommen wirst, nebst der freiwilligen Gabe des Volkes und der Priester, die freiwillig geben für das Haus ihres Gottes, das in Jerusalem 17 ist; deshalb kaufe mit Fleiß für dieses Geld Stiere, Widder, Lämmer, und ihre Speisopfer und ihre Trankopfer, und bringe sie dar auf dem Altar des Hauses eures Gottes, das 18 in Jerusalem ist. Und was dich und deine Brüder gutdünkt, mit dem übrigen Silber und Gold zu tun, das möget ihr nach dem Willen eures Gottes tun. 19 Und die Geräte, die dir zum Dienste des Hauses deines Gottes gegeben worden sind, liefere ab vor dem 20 Gott Jerusalems. Und den übrigen Bedarf des Hauses deines Gottes, was dir auszugeben vorfallen wird, sollst

du aus dem Schatzhause des Königs ausgeben. — Und von mir, dem Kö- 21 nig Artasasta, wird an alle Schatzmeister jenseit des Stromes Befehl gegeben, daß alles was Esra, der Priester, der Schriftgelehrte im Gesetz des Gottes des Himmels, von euch fordern wird, pünktlich getan werde, bis zu hundert Talenten Silber und 22 bis zu hundert Kor Weizen und bis zu hundert Bath Wein und bis zu hundert Bath Oel, und Salz ohne Maß *e*. Alles was nach dem Befehl des 23 Gottes des Himmels ist, soll für das Haus des Gottes des Himmels sorgfältig getan werden; denn warum sollte ein Zorn kommen über das Reich des Königs und seiner Söhne? Und 24 euch wird kundgetan, daß niemand ermächtigt ist, allen Priestern und Leviten, Sängern, Torhütern, Nethinim und Dienern dieses Hauses Gottes Steuer, Zoll und Weggeld aufzuerlegen. — Du aber, Esra, bestelle 25 nach der Weisheit deines Gottes, die bei dir *f* ist, Richter und Rechtspfleger, welche alles Volk richten sollen, das jenseit des Stromes ist, alle, welche die Gesetze deines Gottes kennen; und dem, der sie nicht kennt, sollt ihr sie kundtun. Und ein jeder, 26 der das Gesetz deines Gottes und das Gesetz des Königs nicht tun wird, an dem soll mit Eifer Gericht geübt werden, sei es zum Tode, oder zur Verbannung, oder zur Buße an Gütern, oder zum Gefängnis.

Gepriesen sei Jehova, der Gott un- 27 serer Väter, der solches in das Herz des Königs gegeben hat, um das Haus Jehovas zu verherrlichen, das in Jerusalem ist, und der mir die Güte zuge- 28 wandt hat vor dem König und seinen Räten und allen mächtigen Fürsten des Königs! Und ich erstarkte, weil die Hand Jehovas, meines Gottes, über mir war, und ich versammelte Häupter aus Israel, daß sie mit mir hinaufzögen.

Und dies sind die Häupter ihrer **8** Väter *g* und ihr Geschlechtsverzeichnis, *nämlich* derer, die unter der Regierung des Königs Artasasta mit mir aus Babel heraufzogen. Von den 2 Söhnen Pinehas': Gersom; von den Söhnen Ithamars: Daniel; von den Söhnen Davids: Hattusch; von den Söhnen 3 Schekanjas, von den Söhnen Parhosch': Sekarja, und mit ihm waren verzeichnet *h* an Männlichen hundertundfünfzig; von den Söhnen Pachath- 4 Moabs: Eljoenai, der Sohn Serachjas, und mit ihm zweihundert Männliche; von den Söhnen Schekanjas *i*: der 5 Sohn Jachasiels, und mit ihm dreihundert Männliche; und von den Söh- 6 nen Adins: Ebed, der Sohn Jonathans, und mit ihm fünfzig Männliche; und

---

a W. nach der Hand Jehovas . . . über ihm; so auch V. 9. 28 usw. — *b* S. die Anm. zu 1. Chron. 9, 2. — *c* Nach. and. Punktierung: war der Beginn des Hinaufziehens aus Babel. — *d* Eig. betreffs. — *e* Eig. ohne Aufschreiben. — *f* W. in deiner Hand; vielleicht in dem Sinne von V. 14. — *g* d. h. die Stamm- oder Familienhäupter. — *h* d. h. im Geschlechtsregister. — *i* Wahrsch. ist mit and. zu l.: von den Söhnen Sattus: Schekanja usw. Ebenso V. 10: von den Söhnen Banis: Schelomith.

von den Söhnen Elams: Jesaja, der Sohn Athaljas, und mit ihm siebenzig 8 Männliche; und von den Söhnen Schephatjas: Sebadja, der Sohn Michaels, und mit ihm achtzig Männliche; 9 und von den Söhnen Joabs: Obadja, der Sohn Jechiels, und mit ihm zwei- 10 hundertundachtzehn Männliche; und von den Söhnen Schelomiths: der Sohn Josiphjas, und mit ihm hundert- 11 undsechzig Männliche; und von den Söhnen Bebais: Sekarja, der Sohn Bebais, und mit ihm achtundzwanzig 12 Männliche; und von den Söhnen Asgads: Jochanan, der Sohn Hakkatans, und mit ihm hundertundzehn Männ- 13 liche; und von den Söhnen Adonikams: die letzten, und dies sind ihre Namen: Elipheleth, Jeghiel und Schemaja, und mit ihnen sechzig Männ- 14 liche; und von den Söhnen Bigwais: Uthai und Sabbud, und mit ihnen siebenzig Männliche.

15 Und ich versammelte sie an den Fluß, der nach Ahawa fließt; und wir lagerten daselbst drei Tage. Und ich sah mich um unter dem Volke und unter den Priestern, und ich fand keinen von den Söhnen Levis daselbst. 16 Da sandte ich nach Elieser, Ariel, Schemaja und Elnathan und Jarib und Elnathan und Nathan und Sekarja und Meschullam, *den* Häuptern, und Jojarib und Elnathan, *den* ein- 17 sichtigen *Männern a*, und entbot sie an Iddo, das Haupt in der Ortschaft Kasiphja, und ich legte ihnen Worte in den Mund, um sie zu Iddo zu reden und zu seinen Brüdern, den Nethinim *b*, in der Ortschaft Kasiphja, daß sie uns Diener für das Haus un- 18 seres Gottes brächten. Und sie brachten uns, weil die gute Hand unseres Gottes über uns war, einen einsichtsvollen Mann von den Söhnen Machlis, des Sohnes Levis, des Sohnes Israels; und Scherebja und seine Söh- 19 ne und seine Brüder, achtzehn; und Haschabja und mit ihm Jesaja, von den Söhnen Meraris, seine Brüder 20 und ihre Söhne, zwanzig; und von den Nethinim, welche David und die Fürsten zur Bedienung der Leviten gegeben hatten: zweihundertundzwanzig Nethinim; sie alle waren mit Na- 21 men angegeben. Und ich rief daselbst, am Flusse Ahawa, ein Fasten aus, um uns vor unserem Gott zu demütigen, um von ihm einen geebneten Weg zu erbitten für uns und für unsere Kin- 22 der und für alle unsere Habe. Denn ich schämte mich,von dem König eine Heeresmacht und Reiter zu fordern, um uns gegen den Feind auf dem Wege beizustehen; denn wir hatten zu dem König gesprochen und gesagt: Die Hand unseres Gottes ist über allen, die ihn suchen, zum Guten; aber seine Macht und sein Zorn sind gegen

alle, die ihn verlassen. Und so faste- 23 ten wir und erbaten dieses von unserem Gott; und er ließ sich von uns erbitten.

Und ich sonderte von den Ober- 24 sten *c* der Priester zwölf aus: Scherebja *d*, Haschabja, und mit ihnen zehn von ihren Brüdern; und ich wog 25 ihnen das Silber und das Gold und die Geräte dar, das Hebopfer für das Haus unseres Gottes, welches der König und seine Räte und seine Fürsten und ganz Israel, das vorhanden war, geschenkt *e* hatten. Und ich wog 26 in ihre Hand dar: sechshundertundfünfzig Talente Silber; und an silbernen Geräten: hundert Talente; an Gold: hundert Talente; und zwanzig 27 goldene Becher zu tausend Dariken; und zwei Geräte von goldglänzendem, feinem Erze, kostbar wie Gold. Und 28 ich sprach zu ihnen: Ihr seid Jehova heilig, und die Geräte sind heilig; und das Silber und das Gold ist eine freiwillige Gabe für Jehova, den Gott eurer Väter. Seid wachsam und be- 29 wahret es, bis ihr es darwäget vor den Obersten der Priester und der Leviten und den Obersten der Väter Israels zu Jerusalem, in die Zellen des Hauses Jehovas. Und die Prie- 30 ster und die Leviten nahmen das dargewogene Silber und Gold und die Geräte in Empfang, um sie nach Jerusalem in das Haus unseres Gottes zu bringen.

Und wir brachen auf von dem Flus- 31 se Ahawa am zwölften des ersten Monats, um nach Jerusalem zu ziehen; und die Hand unseres Gottes war über uns, und er errettete uns von der Hand des Feindes und des am Wege Lauernden. Und wir kamen nach Je- 32 rusalem und blieben daselbst drei Tage. Und am vierten Tage wurden das 33 Silber und das Gold und die Geräte im Hause unseres Gottes dargewogen in die Hand Meremoths, des Sohnes Urijas, des Priesters, — und mit ihm war Eleasar, der Sohn Pinehas', und mit ihnen Josabad, der Sohn Jeschuas, und Noadja, der Sohn Binnuis, die Leviten — nach der Zahl, nach dem 34 Gewicht von allem; und das ganze Gewicht wurde zu selbiger Zeit aufgeschrieben.

Die aus der Gefangenschaft Gekom- 35 menen, die Kinder der Wegführung, brachten dem Gott Israels Brandopfer dar: zwölf Farren für ganz Israel, sechsundneunzig Widder, siebenundsiebenzig Schafe, *und* zwölf Böcke zum Sündopfer, das Ganze als Brandopfer dem Jehova. Und sie übergaben 36 die Befehle des Königs den Satrapen des Königs und den Landpflegern diesseit des Stromes; und diese unterstützten das Volk und das Haus Gottes.

---

a O. Da entsandte ich Elieser, . . . *die* Häupter, . . . einsichtige *Männer* usw. — *b* So nach der alexandr. Uebersetzung; der Text: „Iddo, seinem Bruder, den Nethinim", ist unverständlich. — *c* O. Fürsten; so auch V. 29; 9, 1 usw. — *d* Viell. ist zu l.: und Scherebja; vergl. V. 18—20. — *e* S. die Anm. zu 2. Chron. 30, 24.

9 Und als dieses ausgerichtet war, traten die Obersten zu mir und sprachen: Das Volk Israel und die Priester und die Leviten haben sich nicht von den Völkern der Länder, nach deren Greueln, abgesondert, *nämlich* der Kanaaniter, der Hethiter, der Perisiter, der Jebusiter, der Ammoniter, der Moabiter, der Aegypter und 2 der Amoriter; denn sie haben von ihren Töchtern für sich und für ihre Söhne genommen, und so hat sich der heilige Same mit den Völkern der Länder vermischt; und die Hand der Obersten und der Vorsteher ist in dieser Treulosigkeit die erste ge-3 wesen. Und als ich diese Sache hörte, zerriß ich mein Kleid und mein Obergewand, und raufte mir Haare meines Hauptes und meines Bartes aus, und 4 saß betäubt *a* da. Und zu mir versammelten sich alle, die da zitterten vor den Worten des Gottes Israels wegen der Treulosigkeit der Weggeführten; und ich saß betäubt *a* da bis zum Abendopfer *b*.
5 Und beim Abendopfer stand ich auf von meiner Demütigung, indem ich mein Kleid und mein Obergewand zerrissen hatte, und ich beugte mich auf meine Kniee nieder und breitete meine Hände aus zu Jehova, meinem 6 Gott, und ich sprach: Mein Gott, ich schäme mich und scheue mich, mein Angesicht zu dir, mein Gott, zu erheben! denn unsere Missetaten sind uns über das Haupt gewachsen, und unsere Schuld ist groß geworden bis 7 an den Himmel. Von den Tagen unserer Väter an sind wir in großer Schuld gewesen bis auf diesen Tag; und um unserer Missetaten willen sind wir, wir, unsere Könige, unsere Priester, der Hand der Könige der Länder übergeben worden, dem Schwerte, der Gefangenschaft und dem Raube und der Beschämung des Angesichts, wie es an diesem Tage 8 ist. Und nun ist uns für einen kleinen Augenblick Gnade von seiten Jehovas, unseres Gottes, zuteil geworden, indem er uns Entronnene übriggelassen und uns einen Pflock gegeben hat an seiner heiligen Stätte, damit unser Gott unsere Augen erleuchte und uns ein wenig aufleben lasse in 9 unserer Knechtschaft. Denn Knechte sind wir; aber in unserer Knechtschaft hat unser Gott uns nicht verlassen; und er hat uns Güte zugewandt vor den Königen von Persien, sodaß sie uns ein Aufleben verliehen, um das Haus unseres Gottes aufzubauen und seine Trümmer aufzurichten, und uns eine Mauer *c* zu geben 10 in Juda und in Jerusalem. Und nun, unser Gott, was sollen wir nach diesem sagen? Denn wir haben deine Gebote 11 verlassen, die du uns durch deine Knechte, die Propheten, geboten hast, indem du sprachst: Das Land, wohin

ihr kommet, um es in Besitz zu nehmen, ist ein unreines Land, wegen der Unreinigkeit der Völker der Länder, wegen ihrer Greuel, mit denen sie es angefüllt haben von einem Ende bis zum anderen durch ihre Verunreinigung. So sollt ihr nun nicht 12 eure Töchter ihren Söhnen geben, und ihre Töchter nicht für eure Söhne nehmen; und ihr sollt ihren Frieden und ihr Wohl nicht suchen ewiglich *d*: damit ihr stark seiet und das Gut des Landes esset und es auf eure Söhne vererbet ewiglich. Und nach allem was 13 wegen unserer bösen Taten und wegen unserer großen Schuld über uns gekommen ist — wiewohl du, unser Gott, mehr geschont hast, als unsere Missetaten es verdienten, und du uns Entronnene gegeben hast, wie diese *hier* — sollten wir wiederum deine 14 Gebote brechen und uns mit diesen Greuel-Völkern verschwägern? Wirst du nicht wider uns erzürnen bis zur Vertilgung, daß kein Ueberrest und keine Entronnenen mehr bleiben? Jehova, Gott Israels, du bist gerecht; 15 denn wir sind als Entronnene übriggeblieben, wie es an diesem Tage ist. Siehe, wir sind vor dir in unserer Schuld; denn dieserhalb kann man nicht vor dir bestehen.

10 Und als Esra betete, und als er bekannte, weinend und vor dem Hause Gottes hingestreckt, versammelte sich zu ihm aus Israel eine sehr große Versammlung von Männern und Weibern und Kindern; denn das Volk weinte mit vielem Weinen. Und Schekanja, der Sohn Jechiels, 2 von den Söhnen Elams, hob an und sprach zu Esra: Wir haben t r e u l o s gehandelt gegen unseren Gott und haben fremde Weiber aus den Völkern des Landes heimgeführt; nun aber ist *noch* Hoffnung für Israel betreffs dieser Sache. So laßt uns jetzt 3 einen Bund machen mit unserem Gott, daß wir alle Weiber und die von ihnen geboren sind hinaustun, nach dem Rate meines Herrn *e* und derer, die da zittern vor dem Gebote unseres Gottes; und es soll nach dem Gesetz gehandelt werden. Stehe auf, denn dir 4 liegt die Sache ob; und wir werden mit dir sein. Sei stark und handle!
Da stand Esra auf, und er ließ die 5 Obersten der Priester, der Leviten und des ganzen Israel schwören, nach diesem Worte zu tun. Und sie schwuren. Und Esra stand auf vor *f* dem 6 Hause Gottes und ging in die Zelle Jochanans, des Sohnes Eljaschibs; und er ging dahin, er aß kein Brot und trank kein Wasser, denn er trauerte über die Treulosigkeit der Weggeführten.
Und sie ließen durch Juda und Je- 7 rusalem einen Ruf ergehen an alle Kinder der Wegführung, daß sie sich nach Jerusalem versammeln sollten.

---

a Eig. hinstarrend. — *b* Eig. Abend-Speisopfer. — *c* d. i. einen ummauerten Ort: einen sicheren Wohnsitz. — *d* Vergl. 5. Mose 23, 6. — *e* Im hebr. Texte steht: des Herrn. — *f* Eig. von vor.

8 Und wer irgend binnen drei Tagen nicht käme, nach dem Rate der Obersten und Aeltesten, dessen ganze Habe sollte verbannt *a*, und er selbst aus der Versammlung der Weggeführten 9 ausgeschlossen werden. Da versammelten sich alle Männer von Juda und Benjamin binnen drei Tagen nach Jerusalem . . . das war der neunte Monat, am zwanzigsten des Monats. Und das ganze Volk saß auf dem Platze des Hauses Gottes, zitternd um der Sache willen und infolge der Re-
10 gengüsse. Da stand Esra, der Priester, auf und sprach zu ihnen: Ihr habt treulos gehandelt und habt fremde Weiber heimgeführt, um die
11 Schuld Israels zu mehren. So leget nun Bekenntnis ab vor Jehova, dem Gott eurer Väter; und tut sein Wohlgefallen und sondert euch ab von den Völkern des Landes und von den
12 fremden Weibern! Und die ganze Versammlung antwortete und sprach mit lauter Stimme: Nach deinen Wor-
13 ten, also liegt es uns ob zu tun! Aber das Volk ist zahlreich; und es ist die Regenzeit, sodaß man nicht draußen zu stehen vermag; auch ist es nicht ein Geschäft von einem Tage oder von zweien, denn viele unter uns ha-
14 ben in dieser Sache übertreten *b*. Laß doch unsere Obersten für die ganze Versammlung dastehen; und alle, die in unseren Städten sind, welche fremde Weiber heimgeführt haben, mögen zu bestimmten Zeiten kommen, und mit ihnen die Aeltesten jeder Stadt und ihre Richter, so lange diese Sache währt, bis die Glut des Zornes unseres Gottes von uns abgewen-
15 det werde. — Nur Jonathan, der Sohn Asaels, und Jachseja, der Sohn Tikwas, traten dagegen auf; und Meschullam und Schabbethai, der Levit, standen ihnen bei.
16 Und die Kinder der Wegführung taten also. Und es wurden ausgesondert Esra, der Priester, *und* Männer, Häupter der Väter nach ihren Vaterhäusern, und zwar alle mit Namen *c*; und sie setzten sich nieder am ersten Tage des zehnten Monats, um die Sa-
17 che zu untersuchen. Und sie kamen bis zum ersten Tage des ersten Monats mit allem zu Ende, hinsichtlich der Männer, die fremde Weiber heim-

geführt hatten. Und es fanden sich 18 unter den Söhnen der Priester, welche fremde Weiber heimgeführt hatten, *folgende:* von den Söhnen Jeschuas, des Sohnes Jozadaks, und seinen Brüdern: Maaseja und Elieser und Jarib und Gedalja. Und sie gaben 19 ihre Hand darauf, daß sie ihre Weiber hinaustun und einen Widder vom Kleinvieh für ihre Schuld entrichten wollten *d*. — Und von den Söhnen Im- 20 mers: Hanani und Sebadja; und von 21 den Söhnen Harims: Maaseja und Elija und Schemaja und Jechiel und Ussija; und von den Söhnen Paschchurs: 22 Eljoenai, Maaseja, Ismael, Nethaneel, Josabad und Elasa. — Und von den 23 Leviten: Josabad und Simei und Kelaja (das ist Kelita), Pethachja, Juda und Elieser. — Und von den Sängern: 24 Eljaschib. — Und von den Torhütern: Schallum und Telem und Uri. — Und 25 von Israel: von den Söhnen Parhosch': Ramja und Jissija und Malkija und Mijamin und Eleasar und Malkija und Benaja; und von den Söhnen Elams: 26 Mattanja, Sekarja und Jechiel und Abdi und Jeremoth und Elija; und 27 von den Söhnen Sattus: Eljoenai, Eljaschib, Mattanja und Jeremoth und Sabad und Asisa; und von den Söh- 28 nen Bebais: Jochanan, Hananja, Sabbai, Athlai; und von den Söhnen Ba- 29 nis: Meschullam, Malluk und Adaja, Jaschub und Scheal, Jeremoth; und 30 von den Söhnen Pachath-Moabs: Adna und Kelal, Benaja, Maaseja, Mattanja, Bezaleel und Binnui und Manasse; und von den Söhnen Harims: Elieser, 31 Jischija, Malkija, Schemaja, Simeon, Benjamin, Malluk, Schemarja; von 32 den Söhnen Haschums: Mattenai, Mattatta, Sabad, Elipheleth, Jeremai, Manasse, Simei; von den Söhnen Banis: 34 Maadai, Amram und Uel, Benaja, Bed- 35 ja, Keluhi, Wanja, Meremoth, Elja- 36 schib, Mattanja, Mattenai und Jaasai, 37 und Bani und Binnui, Simei, und 38 Schelemja und Nathan und Adaja, 39 Maknadbai, Schaschai, Scharai, Asa- 40 rel und Schelemja, Schemarja, Schal- 41 lum, Amarja, Joseph; von den Söh- 42 43 nen Nebos: Jeghiel, Mattithja, Sabad, Sebina, Jaddai und Joel, Benaja. Alle 44 diese hatten fremde Weiber genommen, und es gab unter ihnen Weiber, welche Kinder geboren hatten.

Das Buch Nehemia

1 Geschichte Nehemias, des Sohnes Hakaljas. Und es geschah im Monat Kislew *e* des zwanzigsten Jahres *f*, als ich in 2 der Burg *g* Susan war, da kam Hanani, einer von meinen Brüdern, er und

einige Männer aus Juda. Und ich fragte sie nach den Juden, den Entronnenen, die von der Gefangenschaft übriggeblieben waren, und nach Jerusalem. Und sie sprachen zu mir: Die Uebrig- 3 gebliebenen, die von der Gefangen-

---

a d. h. wahrsch. dem Heiligtum verfallen; vergl. 3. Mose 27, 21 usw. — *b* Eig. denn wir haben viel übertreten in usw. — *c* Hier und an einigen anderen Stellen wohl in dem Sinne von „namhafte Männer". — *d* W. ihre Weiber hinauszutun und . . . für ihre Schuld schuldig zu sein. — *e* der 3. Monat des bürgerlichen Jahres. — *f* d. h. der Regierung Artasastas (Artaxerxes' I.); vergl. Kap. 2, 1. — *g* O. Hauptstadt.

schaft dort in der Landschaft übriggeblieben sind, sind in großem Unglück und in Schmach; und die Mauer von Jerusalem ist niedergerissen, und seine Tore sind mit Feuer ver-
4 brannt. Und es geschah, als ich diese Worte hörte, setzte ich mich hin und weinte und trug lange tagelang; und ich fastete und betete vor dem Gott
5 des Himmels und sprach: Ach, Jehova, Gott des Himmels, du, der große und furchtbare Gott *a*, der den Bund und die Güte denen bewahrt, die ihn
6 lieben und seine Gebote halten: laß doch dein Ohr aufmerksam und deine Augen offen sein, daß du hörst auf das Gebet deines Knechtes, welches ich heute, Tag und Nacht, für die Kinder Israel, deine Knechte, vor dir bete, und wie ich die Sünden der Kinder Israel bekenne, die wir gegen dich begangen haben! Auch wir, ich und meines Vaters Haus, haben gesündigt.
7 Wir haben sehr verderbt gegen dich gehandelt und haben nicht beobachtet die Gebote und die Satzungen und die Rechte, welche du deinem Knechte
8 Mose geboten hast. Gedenke doch des Wortes, das du deinem Knechte Mose geboten hast, indem du sprachst: Werdet i h r treulos handeln, so werde i c h euch unter die Völker zerstreuen;
9 wenn ihr aber zu mir umkehret und meine Gebote beobachtet und sie tut: sollten eure Vertriebenen am Ende des Himmels sein, so würde ich sie von dannen sammeln und sie an den Ort bringen, den ich erwählt habe, um meinen Namen daselbst wohnen
10 zu lassen! Sie sind ja deine Knechte und dein Volk, das du erlöst hast durch deine große Kraft und deine
11 starke Hand. Ach, Herr, laß doch dein Ohr aufmerksam sein auf das Gebet deines Knechtes und auf das Gebet deiner Knechte, die Gefallen daran finden, deinen Namen zu fürchten; und laß es doch deinem Knechte heute gelingen und gewähre ihm Barmherzigkeit vor diesem Manne! — Ich war nämlich Mundschenk des Königs.

2 Und es geschah im Monat Nisan *b*, im zwanzigsten Jahre des Königs Artasasta, als Wein vor ihm war, da nahm ich den Wein und gab ihm dem König; ich war aber nie traurig vor
2 ihm gewesen. Und der König sprach zu mir: Warum ist dein Angesicht traurig? und doch bist du nicht krank; es ist nichts anderes als Traurigkeit des Herzens. Da fürchtete ich mich
3 gar sehr. Und ich sprach zu dem König: Der König lebe ewiglich! Warum sollte mein Angesicht nicht traurig sein, da die Stadt, die Begräbnisstätte meiner Väter, wüst liegt, und ihre Tore vom Feuer verzehrt sind?
4 Und der König sprach zu mir: Um was bittest du denn? Da betete ich
5 zu dem Gott des Himmels; und ich sprach zu dem König: Wenn es den König gut dünkt, und wenn dein

Knecht wohlgefällig vor dir ist, *so bitte ich*, daß du mich nach Juda sendest zu der Stadt der Begräbnisse meiner Väter, damit ich sie *wieder* auf-
6 baue. Da sprach der König zu mir — und die Königin saß neben ihm: Wie lange wird deine Reise währen, und wann wirst du zurückkehren? Und es gefiel dem König, mich zu senden; und ich bestimmte ihm eine Zeit.
7 Und ich sprach zu dem König: Wenn es den König gut dünkt, so gebe man mir Briefe an die Landpfleger jenseit des Stromes, daß sie mich durchziehen
8 lassen, bis ich nach Juda komme; und einen Brief an Asaph, den Hüter des königlichen Forstes, daß er mir Holz gebe, um die Tore der Burg zu bälken, welche zum Hause gehört, und für die Mauer der Stadt, und für das Haus, in welches ich ziehen werde. Und der König gab es mir, weil die gute Hand meines Gottes über mir war *c*.

Und ich kam zu den Landpflegern
9 jenseit des Stromes und gab ihnen die Briefe des Königs. Der König hatte aber Heeroberste und Reiter mit mir
10 gesandt. Und als Sanballat, der Horoniter, und Tobija, der ammonitische Knecht, es hörten, verdroß es sie gar sehr, daß ein Mensch gekommen war, um das Wohl der Kinder Israel zu suchen.

Und ich kam nach Jerusalem und
11 war daselbst drei Tage. Und ich mach-
12 te mich des Nachts auf, ich und wenige Männer mit mir; ich hatte aber keinem Menschen kundgetan, was mein Gott mir ins Herz gegeben, für Jerusalem zu tun; und kein Tier war bei mir, außer dem Tiere, auf welchem ich ritt. Und ich zog des Nachts
13 durch das Taltor hinaus, und gegen die Drachenquelle hin, und nach dem Misttore; und ich besichtigte die Mauern von Jerusalem, welche niedergerissen, und ihre Tore, die vom Feuer verzehrt waren. Und ich zog hinüber
14 zum Quellentore und zum Königsteiche, und es war kein Raum zum Durchkommen für das Tier, welches unter mir war. Und ich zog des Nachts
15 das Tal hinauf und besichtigte die Mauer; und ich kam wieder durch das Taltor herein und kehrte zurück. Die
16 Vorsteher wußten aber nicht, wohin ich gegangen war und was ich tat; denn ich hatte den Juden und den Priestern und den Edlen und den Vorstehern und den Uebrigen, die das Werk taten, bis dahin nichts kundgetan.

Und ich sprach zu ihnen: Ihr sehet
17 das Unglück, in welchem wir sind, daß Jerusalem wüst liegt und seine Tore mit Feuer verbrannt sind. Kommt und laßt uns die Mauer Jerusalems *wieder* aufbauen, daß wir nicht länger zum Hohne seien! Und ich tat ihnen
18 kund, daß *d* die Hand meines Gottes gütig über mir gewesen war, und

---

a El. — *b* der 7. Monat des bürgerlichen Jahres. — *c* W. nach der guten Hand . . . über mir. — *d* O. wie.

auch die Worte des Königs, die er zu mir geredet hatte. Da sprachen sie: Wir wollen uns aufmachen und bauen! Und sie stärkten ihre Hände zum Guten.

19 Als aber Sanballat, der Horoniter, und Tobija, der ammonitische Knecht, und Geschem, der Araber, es hörten, spotteten sie über uns und verachteten uns und sprachen: Was ist das für eine Sache, die ihr tun wollt? Wollt ihr euch wider den König empören?

20 Und ich gab ihnen Antwort und sprach zu ihnen: Der Gott des Himmels, e r wird es uns gelingen lassen; und wir, seine Knechte, wollen uns aufmachen und bauen. Ihr aber habt weder Teil noch Recht, noch Gedächtnis in Jerusalem.

3 Und Eljaschib, der Hohepriester, und seine Brüder, die Priester, machten sich auf und bauten das Schaftor; sie heiligten es und setzten seine Flügel ein. Und sie heiligten es bis an den Turm Mea, bis an den Turm Ha-
2 nanel. Und ihm zur Seite bauten die Männer von Jericho. Und ihnen zur Seite baute Sakkur, der Sohn Imris.
3 Und das Fischtor bauten die Söhne Senaas; sie bälkten es und setzten seine Flügel, seine Klammern und seine
4 Riegel ᵃ ein. Und ihnen zur Seite besserte aus Meremoth, der Sohn Urijas, des Sohnes Hakkoz'. Und ihm zur Seite besserte aus Meschullam, der Sohn Berekjas, des Sohnes Mescheesabeels. Und ihm zur Seite besserte aus Zadok, der Sohn Baanas.
5 Und ihm zur Seite besserten die Tekoiter aus; aber die Vornehmen unter ihnen beugten ihren Nacken nicht unter den Dienst ᵇ ihres Herrn.
6 Und das Tor der alten *Mauer* besserten aus Jojada, der Sohn Paseachs, und Meschullam, der Sohn Besodjas; sie bälkten es und setzten seine Flügel, seine Klammern und seine Riegel
7 ein. Und ihnen zur Seite besserten aus Melatja, der Gibeoniter, und Jadon, der Meronothiter, Männer von Gibeon und Mizpa, gegen den Gerichtsstuhl des Landpflegers diesseit des
8 Stromes hin. Ihnen zur Seite besserte aus Ussiel, der Sohn Harchajas, *welche* Goldschmiede *waren*. Und ihm zur Seite besserte aus Hananja, von den Salbenmischern. Und sie ließen Jerusalem bis an die breite Mauer, *wie*
9 *es war*. Und ihm zur Seite besserte aus Rephaja, der Sohn Hurs, der Oberste des halben Bezirks von Jerusalem.
10 Und ihm zur Seite besserte aus Jedaja, der Sohn Harumaphs, und zwar seinem Hause gegenüber. Und ihm zur Seite besserte aus Hattusch, der
11 Sohn Haschabnejas. Malkija, der Sohn Harims, und Haschub, der Sohn Pachath - Moabs, besserten eine andere
12 Strecke aus und den Ofenturm ᶜ. Und ihnen zur Seite besserte aus Schallum, der Sohn Hallochesch', der Oberste des *anderen* halben Bezirks von Jerusalem, er und seine Töchter.

Das Taltor besserten aus Hanun und 13 die Bewohner von Sanoach; sie bauten es und setzten seine Flügel, seine Klammern und seine Riegel ein, und *bauten* tausend Ellen an der Mauer bis zum Misttore.

Und das Misttor besserte aus Mal- 14 kija, der Sohn Rekabs, der Oberste des Bezirks von Beth-Kerem; er baute es und setzte seine Flügel, seine Klammern und seine Riegel ein.

Und das Quelltor besserte aus Schal- 15 lun, der Sohn Kol-Hoses, der Oberste des Bezirks von Mizpa; er baute es und überdachte es und setzte seine Flügel, seine Klammern und seine Riegel ein; und *er baute* die Mauer am Teiche Siloah ᵈ bei dem Garten des Königs und bis zu den Stufen, welche von der Stadt Davids hinabgehen.

Nächst ihm besserte aus Nehemia, 16 der Sohn Asbuks, der Oberste des halben Bezirks von Beth-Zur, bis gegenüber den Gräbern Davids und bis zu dem Teiche, der angelegt worden war, und bis zu dem Hause der Helden.

Nächst ihm besserten aus die Levi- 17 ten, Rechum, der Sohn Banis. Ihm zur Seite besserte aus Haschabja, der Oberste des halben Bezirks von Kehila, für seinen Bezirk. Nächst ihm 18 besserten aus ihre Brüder, Bawai, der Sohn Henadads, der Oberste des *anderen* halben Bezirks von Kehila. Und 19 ihm zur Seite besserte Eser, der Sohn Jeschuas, der Oberste von Mizpa, eine andere Strecke aus, gegenüber dem Aufgang zum Zeughause des Winkels. Nächst ihm besserte Baruk, der Sohn 20 Sabbais, eine andere Strecke eifrig aus, vom Winkel bis zum Eingang des Hauses Eljaschibs, des Hohenpriesters. Nächst ihm besserte Meremoth, 21 der Sohn Urijas, des Sohnes Hakkoz', eine andere Strecke aus, vom Eingang des Hauses Eljaschibs bis zum Ende des Hauses Eljaschibs. Und nächst 22 ihm besserten aus die Priester, die Männer des *Jordan*kreises. Nächst ih- 23 nen besserten aus Benjamin und Haschub, ihrem Hause gegenüber. Nächst ihnen besserte aus Asarja, der Sohn Maasejas, des Sohnes Ananjas, neben seinem Hause. Nächst ihm besserte 24 Binnui, der Sohn Henadads, eine andere Strecke aus, vom Hause Asarjas bis an den Winkel und bis an die Ecke. Palal, der Sohn Usais, *besserte aus* 25 gegenüber dem Winkel und dem hohen Turme, welcher an dem Hause des Königs vorspringt, der bei dem Gefängnishofe ist. Nächst ihm Pedaja, der Sohn Parhosch'. — Und die Nethinim 26 wohnten auf dem Ophel ᵉ bis gegenüber dem Wassertore nach Osten und dem vorspringenden Turme. — Nächst 27 ihm besserten die Tekoiter eine andere Strecke aus, dem großen vorspringenden Turme gegenüber und bis zur Mauer des Ophel. Oberhalb des 28 Roßtores besserten die Priester aus, ein jeder seinem Hause gegenüber.

ᵃ Querbalken. — ᵇ Eig. brachten ihren Nacken nicht in den Dienst. — ᶜ Eig. den Turm der Oefen. — ᵈ Hebr. hier: Schelach. — ᵉ S. die Anm. zu 2. Chron. 27, 3.

29 Nächst ihnen besserte aus Zadok, der Sohn Immers, seinem Hause gegenüber. Und nächst ihm besserte aus Schemaja, der Sohn Schekanjas, der
30 Hüter des Osttores. Nächst ihm besserten Hananja, der Sohn Schelemjas, und Hanun, der sechste Sohn Zalaphs, eine andere Strecke aus. Nächst ihm besserte aus Meschullam, der Sohn Berekjas, seiner Zelle *a* gegenüber.
31 Nächst ihm besserte aus Malkija, von den Goldschmieden, bis an das Haus der Nethinim und der Krämer, dem Tore Miphkad gegenüber und bis an
32 das Obergemach *b* der Ecke. Und zwischen dem Obergemach der Ecke und dem Schaftore besserten die Goldschmiede und die Krämer aus.

4 Und es geschah, als Sanballat hörte, daß wir die Mauer bauten, da wurde er zornig und ärgerte sich sehr. Und er
2 spottete über die Juden und sprach vor seinen Brüdern und dem Heere von Samaria und sagte: Was machen die ohnmächtigen Juden? Wird man es ihnen zulassen? Werden sie opfern? Werden sie es an diesem Tage vollenden? Werden sie die Steine aus den Schutthaufen wieder beleben, da sie doch verbrannt
3 sind? Und Tobija, der Ammoniter, *stand* neben ihm und sprach: Was sie auch bauen; wenn ein Fuchs hinaufstiege, so würde er ihre steinerne
4 Mauer auseinander reißen! — Höre, unser Gott, denn wir sind zur Verachtung geworden; und bringe ihren Hohn auf ihren Kopf zurück, und gib sie dem Raube hin in einem Lande
5 der Gefangenschaft! Und decke ihre Ungerechtigkeit nicht zu, und ihre Sünde werde nicht ausgelöscht vor deinem Angesicht! Denn sie haben *dich* gereizt angesichts der Bauenden.
6 — Aber wir bauten *weiter* an der Mauer; und die ganze Mauer wurde bis zur Hälfte *c* geschlossen, und das Volk hatte Mut zur Arbeit.
7 Und es geschah, als Sanballat und Tobija und die Araber und die Ammoniter und die Asdoditer hörten, daß die Herstellung der Mauern Jerusalems zunahm, daß die Risse sich zu schließen begannen, da wurden sie
8 sehr zornig. Und sie verschworen sich alle miteinander, zu kommen, um wider Jerusalem zu streiten und Schaden darin anzurichten. Da beteten
9 wir zu unserem Gott und stellten aus Furcht vor ihnen *d* Tag und Nacht
10 Wachen gegen sie auf. Und Juda sprach: Die Kraft der Lastträger sinkt, und des Schuttes ist viel, und so vermögen wir n i c h t *mehr* an der
11 Mauer zu bauen. Unsere Widersacher aber sprachen: Sie sollen es nicht wissen, noch sollen sie es sehen, bis wir mitten unter sie kommen und sie erschlagen und dem Werke Einhalt tun.
12 Und es geschah, als die Juden, welche neben ihnen wohnten, kamen und uns *wohl* zehnmal sagten, aus allen

Orten her: Kehret zu uns zurück!
13 da stellte ich an niedrigen Stellen des Raumes hinter der Mauer an nackten Plätzen — da stellte ich das Volk auf nach den Geschlechtern, mit ihren Schwertern, ihren Lanzen und ihren
14 Bogen. Und ich sah zu und machte mich auf und sprach zu den Edlen und zu den Vorstehern und zu dem übrigen Volke: Fürchtet euch nicht vor ihnen! Gedenket des Herrn, des großen und furchtbaren, und streitet für eure Brüder, eure Söhne und eure Töchter, eure Weiber und eure Häuser!
15 Und es geschah, als unsere Feinde hörten, daß es uns kundgeworden war, und daß Gott ihren Rat vereitelt hatte, da kehrten wir alle zur Mauer zurück, ein jeder an sein Werk. Und
16 es geschah von jenem Tage an, daß die Hälfte meiner Diener *e* am Werke arbeitete, während die *andere* Hälfte die Lanzen und die Schilde und die Bogen und die Panzer hielt; und die Obersten waren hinter dem ganzen Hause Juda, welches an der
17 Mauer baute. Und die Lastträger luden auf *f*, mit der einen Hand am Werke arbeitend, während die andere die Waffe hielt. Und die Bauen-
18 den hatten ein jeder sein Schwert um seine Lenden gegürtet und bauten. Und der in die Posaune stieß war neben mir. — Und ich sprach zu den Ed-
19 len und zu den Vorstehern und zu dem übrigen Volke: Das Werk ist groß und weitläufig, und wir sind auf der Mauer zerstreut, einer von dem
20 anderen entfernt. An dem Orte, wo ihr den Schall der Posaune hören werdet, dahin versammelt euch zu uns. Unser Gott wird für uns streiten!
21 So arbeiteten wir an dem Werke, und die Hälfte von ihnen hielt die Lanzen vom Aufgang der Morgenröte
22 an, bis die Sterne hervortraten. Auch sprach ich in selbiger Zeit zu dem Volke: Ein jeder übernachte mit seinem Diener innerhalb Jerusalems, sodaß sie uns des Nachts zur Wache und
23 des Tages zum Werke dienen. Und weder ich, noch meine Brüder, noch meine Diener, noch die Männer der Wache, die in meinem Gefolge waren, zogen unsere Kleider aus; ein jeder hatte seine Waffe zu seiner Rechten.

5 Und es entstand ein großes Geschrei des Volkes und ihrer Weiber gegen
2 ihre Brüder, die Juden. Und es gab solche, die da sprachen: Unserer Söhne und unserer Töchter, unser sind viele; und wir müssen Getreide er-
3 halten, daß wir essen und leben! Und es gab solche, die da sprachen: Wir mußten unsere Felder und unsere Weinberge und unsere Häuser verpfänden, daß wir Getreide erhielten in
4 der Hungersnot. Und es gab solche, die da sprachen: Wir haben Geld entlehnt auf unsere Felder und unsere

---

a Viell. Wohnung. — *b* Wahrsch. eine mit einem Obergemach versehene Bastei. — *c* d. h. bis zur halben Höhe. — *d* Eig. ihretwegen. — *e* Eig. Knaben, Knappen; so auch V. 22. 23; 5, 10. 15. 16; 6, 5. — *f* O. trugen.

Weinberge für die Steuer des Königs.

5 Und nun, unser Fleisch ist wie das Fleisch unserer Brüder, unsere Kinder sind wie ihre Kinder; und siehe, wir müssen unsere Söhne und unsere Töchter dem Knechtsdienst unterwerfen; und manche von unseren Töchtern sind *schon* unterworfen, und es steht nicht in der Macht unserer Hände, *sie zu lösen*; und unsere Felder und unsere Weinberge gehören ja anderen.

6 Und als ich ihr Geschrei und diese Worte hörte, wurde ich sehr zornig.

7 Und mein Herz pflegte Rats in mir, und ich haderte mit den Edlen und mit den Vorstehern und sprach zu ihnen: Auf Wucher leihet ihr, ein jeder seinem Bruder! Und ich veranstaltete eine große Versammlung gegen sie *a*;

8 und ich sprach zu ihnen: W i r haben unsere Brüder, die Juden, welche den Nationen verkauft waren, soweit es uns möglich war, losgekauft; und i h r wollt gar eure Brüder verkaufen? und sie sollen sich u n s verkaufen? *b* Da schwiegen sie und fanden keine Ant-

9 wort. Und ich sprach: Nicht gut ist die Sache, die ihr tut! Sollतet ihr nicht in der Furcht unseres Gottes wandeln, um der Schmähung der Nationen, unseren

10 Feinden, zum Hohne seien? Aber auch ich, meine Brüder und meine Diener, wir haben ihnen Geld und Getreide auf Zins geliehen. Laßt uns

11 doch diesen Zins *c* erlassen! Gebet ihnen doch gleich heute ihre Felder, ihre Weinberge, ihre Olivengärten und ihre Häuser zurück; und *erlaßt ihnen* den Hundertsten von dem Gelde und dem Getreide, dem Moste und dem Oele, welches ihr ihnen auf Zins ge-

12 liehen habt. Da sprachen sie: Wir wollen es zurückgeben und nichts von ihnen fordern; wir wollen also tun, wie du sagst. Und ich rief die Priester und ließ sie schwören, nach diesem

13 Worte zu tun. Auch schüttelte ich meinen Busen *d* aus und sprach: So möge Gott jedermann, der dieses Wort nicht aufrecht halten wird, aus seinem Hause und aus seinem Erwerbe schütteln; und s o sei er ausgeschüttelt und ausgeleert! Und die ganze Versammlung sprach: Amen! und sie lobten Jehova. Und das Volk tat nach diesem Worte.

14 Auch von dem Tage an, da er *e* mich bestellt hatte, um ihr Landpfleger zu sein im Lande Juda, vom zwanzigsten Jahre bis zum zweiunddreißigsten Jahre des Königs Artasasta, zwölf Jahre lang, habe ich mit meinen Brüdern die Speise des Landpflegers nicht ge-

15 gessen. Aber die früheren Landpfleger, die vor mir gewesen waren, hatten das Volk beschwert und Brot und Wein von ihnen genommen, über vierzig Sekel Silber; auch ihre Diener schalteten willkürlich über das Volk. Ich aber tat nicht also, aus

Furcht vor Gott. Und auch an dem 16 Werke dieser Mauer griff ich mit an; und wir kauften kein Feld; und alle meine Diener waren daselbst zum Werke versammelt. Und die Juden, 17 sowohl die Vorsteher, hundertundfünfzig Mann, als auch die, welche aus den Nationen, die ringsumher *wohnten*, zu uns kamen, waren an meinem Tische. Und was für einen Tag zu- 18 bereitet wurde: ein Rind, sechs ausgewählte Schafe und Geflügel wurden mir zubereitet; und alle zehn Tage an allerlei Wein die Fülle; und trotzdem forderte ich nicht die Speise des Landpflegers, denn der Dienst lastete schwer auf diesem Volke.

Gedenke mir, mein Gott, zum Gu- 19 ten alles was ich für dieses Volk getan habe!

Und es geschah, als Sanballat und **6** Tobija und Geschem, der Araber, und unsere übrigen Feinde vernahmen, daß ich die Mauer gebaut hätte, und daß kein Riß mehr darin wäre, — doch hatte ich bis zu jener Zeit die Flügel noch nicht in die Tore eingesetzt — da sandten Sanballat und Geschem 2 zu mir und ließen *mir* sagen: Komm und laß uns in einem der Dörfer *f* im Tale von Ono miteinander zusammentreffen! Sie gedachten aber, mir Böses zu tun. Und ich sandte Boten zu ih- 3 nen und ließ *ihnen* sagen: Ich führe ein großes Werk aus und kann nicht hinabkommen. Warum sollte das Werk ruhen, wenn ich es ließe und zu euch hinabkäme? Und sie sandten auf diese 4 Weise viermal zu mir, und ich erwiderte ihnen auf dieselbe Weise. Da 5 sandte Sanballat auf diese Weise zum fünften Male seinen Diener zu mir mit einem offenen Briefe in seiner Hand. Darin stand geschrieben: Un- 6 ter den Nationen verlautet, und Gaschmu *g* sagt es, daß ihr, du und die Juden, euch zu empören gedenket; darum bauest du die Mauer; und du wollest, nach diesem Gerücht, ihr König werden; auch habest du Prophe- 7 ten bestellt, damit sie in Jerusalem über dich ausrufen und sagen: Es ist ein König in Juda! Und nun wird der König diese Gerüchte vernehmen. So komm nun, daß wir uns zusammen beraten. Da sandte ich zu ihm 8 und ließ *ihm* sagen: Es ist nicht geschehen nach diesen Worten, die du sprichst; sondern aus deinem eigenen Herzen erdichtest du sie. Denn sie 9 alle wollten uns in Furcht setzen, indem sie sprachen: Ihre Hände werden von dem Werke ablassen, und es wird nicht ausgeführt werden. — Und nun, stärke meine Hände!

Und ich kam in das Haus Schema- 10 jas, des Sohnes Delajas, des Sohnes Mehetabeels, der sich eingeschlossen hatte. Und er sprach: Laß uns im Hause Gottes, im Innern des Tempels,

---

a O. ihretwegen. — *b* O. daß sie an uns verkauft werden! — *c* O . . . . Getreide dargeliehen. Laßt uns doch dieses Darlehen. — *d* d. h. den Bausch, den das Oberkleid über der Brust bildete, wenn man es zusammenfaßte. — *e* d. h. der König. — *f* Eig. in den Dörfern. — *g* Derselbe Name wie „Geschem".

zusammenkommen, und die Türen des Tempels verschließen; denn sie werden kommen, dich zu ermorden; und zwar werden sie bei der Nacht kommen, dich zu ermorden. Aber ich 11 sprach: Ein Mann wie ich sollte fliehen? und wie könnte einer, wie ich bin, in den Tempel hineingehen und am Leben bleiben? Ich will nicht hin- 12 eingehen! Und ich merkte, daß nicht Gott*a* ihn gesandt hatte; sondern er sprach diese Weissagung wider mich, und Tobija und Sanballat hatten ihn 13 gedungen. Darum war er gedungen, damit ich mich fürchten und also tun und mich versündigen sollte, und damit sie ein böses Gerücht hätten, auf daß sie mich verlästern könnten. — 14 Gedenke, mein Gott, dem Tobija und dem Sanballat nach diesen ihren Werken, und auch der Prophetin Noadja und den übrigen Propheten, die mich in Furcht setzen wollten!

15 Und die Mauer wurde vollendet am fünfundzwanzigsten des Elul*b*, in 16 zweiundfünfzig Tagen. Und es geschah, als alle unsere Feinde es hörten, da fürchteten sich alle Nationen, die rings um uns her waren, und sie sanken sehr in ihren Augen; und sie erkannten, daß dieses Werk von unserem Gott aus geschehen war.

17 Auch ließen in jenen Tagen Edle von Juda viele Briefe an Tobija abgehen, und solche von Tobija kamen an sie. 18 Denn es gab viele in Juda, die ihm geschworen hatten*c*, denn er war ein Schwiegersohn Schekanjas, des Sohnes Arachs; und sein Sohn Jochanan hatte die Tochter Meschullams, des 19 Sohnes Berekjas, genommen. Auch redeten sie vor mir von seinen guten Taten*d*, und hinterbrachten ihm meine Worte; *und* Tobija sandte Briefe, um mich in Furcht zu setzen.

7 Und es geschah, als die Mauer gebaut war, da setzte ich die Türflügel ein; und die Torhüter und die Sänger 2 und die Leviten wurden bestellt. Und ich beorderte über Jerusalem meinen Bruder Hanani und Hananja, den Obersten der Burg; denn er war ein sehr treuer Mann und gottesfürchtig 3 vor vielen. Und ich sprach zu ihnen: Die Tore Jerusalems sollen nicht eher geöffnet werden, als bis die Sonne heiß scheint; und während sie*e noch* dastehen, soll man die Türflügel zumachen, und verschließet sie. Und ihr sollt Wachen aus den Bewohnern Jerusalems aufstellen, den einen auf seine Wache und den anderen vor sein Haus.

4 Die Stadt aber war geräumig*f* und groß, und das Volk darin spärlich, und 5 keine Häuser waren gebaut. Und mein Gott gab mir ins Herz, die Edlen und die Vorsteher und das Volk zu versammeln, um sie nach den Geschlechtern zu verzeichnen. Und ich fand das

Geschlechtsverzeichnis derer, die zuerst heraufgezogen waren, und fand darin geschrieben:

6 Dies*g* sind die Kinder der Landschaft *Juda*, welche aus der Gefangenschaft der Weggeführten, die Nebukadnezar, der König von Babel, weggeführt hatte, hinaufzogen, und die nach Jerusalem und Juda zurückkehrten, ein jeder in seine Stadt, welche 7 kamen mit Serubbabel, Jeschua, Nehemia, Asarja, Raamja, Nachamani, Mordokai, Bilschan, Mispereth, Bigwai, Nechum, Baana.

Zahl der Männer des Volkes Israel: 8 Die Söhne Parhosch', zweitausend einhundert zweiundsiebzig; die Söhne 9 Schephatjas, dreihundert zweiundsiebzig; die Söhne Arachs, sechs-10 hundert zweiundfünfzig; die Söhne 11 Pachath-Moabs, von den Söhnen Jeschuas und Joabs, zweitausend achthundertundachtzehn; die Söhne Elams, 12 tausend zweihundert vierundfünfzig; die Söhne Sattus, achthundert fünf-13 undvierzig; die Söhne Sakkais, sieben-14 hundertundsechzig; die Söhne Binnuis, sechshundert achtundvierzig; die 16 Söhne Bebais, sechshundert achtundzwanzig; die Söhne Asgads, zweitau-17 send dreihundert zweiundzwanzig; die 18 Söhne Adonikams, sechshundert siebenundsechzig; die Söhne Bigwais, 19 zweitausend siebenundsechzig; die 20 Söhne Adins, sechshundert fünfundfünfzig; die Söhne Aters, von Hiskia, 21 achtundneunzig; die Söhne Haschums, 22 dreihundert achtundzwanzig; die Söhne 23 Bezais, dreihundert vierundzwanzig; die Söhne Hariphs, hundertund-24 zwölf; die Söhne Gibeons, fünfund-25 neunzig; die Männer von Bethlehem 26 und Netopha, hundert achtundachtzig; die Männer von Anathoth, hundert 27 achtundzwanzig; die Männer von Beth-28 Asmaweth, zweiundvierzig; die Männer 29 von Kirjath-Jearim, Kephira und Beeroth, siebenhundert dreiundvier-30 zig; die Männer von Rama und Geba, 31 sechshundert einundzwanzig; die Männer von Mikmas, hundert zweiund-32 zwanzig; die Männer von Bethel und 33 Ai, hundert dreiundzwanzig; die 34 Männer von dem anderen Nebo*h, 35 zweiundfünfzig; die Söhne des anderen*i* Elam, tausend zweihundert 36 vierundfünfzig; die Söhne Harims, 37 dreihundertundzwanzig; die Söhne 38 Jerechos, dreihundert fünfundvierzig; die Söhne Lods, Hadids und Onos, 39 siebenhundert einundzwanzig; die Söhne Senaas, dreitausend neunhundertunddreißig.

Die Priester: die Söhne Jedajas, 40 vom Hause Jeschuas, neunhundert dreiundsiebzig; die Söhne Immers, 41 tausend zweiundfünfzig; die Söhne 42 Paschchurs, tausend zweihundert siebenundvierzig; die Söhne Harims, tau-43 sendundsiebzehn.

---

a Eig. daß, siehe, nicht Gott. — b der 6. Monat des bürgerlichen Jahres. — c d. h. seine eidlich verbundenen Freunde waren. — d O. Eigenschaften, Absichten. — e die Wachen. — f Eig. weit nach allen Seiten hin. — g Vergl. Esra 2. — h Wahrsch. ist zu l.: von Nebo. — i S. V. 12.

43 Die Leviten: die Söhne Jeschuas *und* Kadmiels, von den Söhnen Hod-
44 was *a*, vierundsiebenzig. — Die Sän-
ger: die Söhne Asaphs, hundert acht-
45 undvierzig. — Die Torhüter: die Söhne Schallums, die Söhne Aters, die
Söhne Talmons, die Söhne Akkubs,
die Söhne Hatitas, die Söhne Schobais, hundert achtunddreißig.
46 Die Nethinim: die Söhne Zichas, die
Söhne Hasuphas, die Söhne Tabbaoths,
47 die Söhne Keros', die Söhne Sias, die
48 Söhne Padons, die Söhne Lebanas, die
Söhne Hagabas, die Söhne Salmais,
49 die Söhne Hanans, die Söhne Giddels,
50 die Söhne Gachars, die Söhne Reajas,
die Söhne Rezins, die Söhne Neko-
51 das, die Söhne Gassams, die Söhne
52 Ussas, die Söhne Paseachs, die Söhne
Besais, die Söhne der Meunim *b*, die
53 Söhne der Nephisim *c*, die Söhne Bakbuks, die Söhne Hakuphas, die Söhne
54 Harchurs, die Söhne Bazluths *d*, die
Söhne Mechidas, die Söhne Harschas,
55 die Söhne Barkos', die Söhne Siseras,
56 die Söhne Tamachs, die Söhne Neziachs, die Söhne Hatiphas.
57 Die Söhne der Knechte Salomos:
die Söhne Sotais, die Söhne Sophe-
58 reths, die Söhne Peridas, die Söhne
Jaalas, die Söhne Darkons, die Söhne
59 Giddels, die Söhne Schephatjas, die
Söhne Hattils, die Söhne Pokereths-
Hazzebaim, die Söhne Amons.
60 Alle Nethinim und Söhne der Knechte Salomos: dreihundert zweiundneunzig.
61 Und diese sind es, die aus Tel-Melach, Tel-Harscha, Kerub, Addon und
Immer hinaufzogen; aber sie konnten
ihr Vaterhaus und ihre Abkunft *e* nicht
62 angeben, ob sie aus Israel wären: die
Söhne Delajas, die Söhne Tobijas, die
Söhne Nekodas, sechshundert zwei-
63 undvierzig. Und von den Priestern:
die Söhne Habajas, die Söhne Hakkoz',
die Söhne Barsillais, der ein Weib
von den Töchtern Barsillais, des Gileaditers, genommen hatte und nach
64 ihrem Namen genannt wurde. Diese
suchten ihr Geschlechtsregister-Ver-
zeichnis, aber es wurde nicht gefunden; und sie wurden von dem Priestertum als unrein ausgeschlossen.
65 Und der Tirsatha *f* sprach zu ihnen,
daß sie von dem Hochheiligen nicht
essen dürften, bis ein Priester für die
Urim und die Thummim aufstände.
66 Die ganze Versammlung insgesamt
war zweiundvierzigtausend dreihun-
67 dertundsechzig, außer ihren Knechten
und ihren Mägden; dieser waren siebentausend dreihundert siebenunddreißig. Und sie hatten zweihundert
fünfundvierzig Sänger und Sängerin-
68 nen. Ihrer Rosse waren siebenhundert sechsunddreißig, ihrer Maultiere
69 zweihundert fünfundvierzig, der Kamele vierhundert fünfunddreißig, der

Esel sechstausend siebenhundertundzwanzig.
70 Und ein Teil der Häupter der Väter
gab zum Werke. Der Tirsatha gab für
den Schatz: an Gold tausend Dariken *g*, fünfzig Sprengschalen, fünfhun-
dertunddreißigPriester-Leibröcke.Und
71 einige von den Häuptern der Väter
gaben für den Schatz des Werkes: an
Gold zwanzigtausend Dariken, und an
Silber zweitausend und zweihundert
Minen. Und was die übrige Volk gab,
72 war an Gold zwanzigtausend Dariken,
und an Silber zweitausend Minen, und
siebenundsechzig Priester-Leibröcke.
73 Und die Priester und die Leviten
und die Torhüter und die Sänger und
die aus dem Volke und die Nethinim
und ganz Israel wohnten in ihren
Städten.

8 Und als der siebente Monat herankam, und die Kinder Israel in ihren
Städten waren, da versammelte sich
das ganze Volk wie e i n Mann auf
dem Platze, der vor dem Wassertore
liegt. Und sie sprachen zu Esra, dem
Schriftgelehrten, daß er das Buch des
Gesetzes Moses bringen sollte, wel-
2 ches Jehova Israel geboten hatte. Und
am ersten Tage des siebenten Monats
brachte Esra, der Priester, das Gesetz
vor die Versammlung, sowohl der
Männer als der Weiber, und vor alle,
die Verständnis hatten, um zuzuhören.
3 Und er las darin vor dem Platze, der
vor dem Wassertore *liegt,* vom lichten
Morgen bis zum Mittag, in Gegenwart
der Männer und der Weiber und derer, die Verständnis hatten; und die
Ohren des ganzen Volkes waren auf
4 das Buch des Gesetzes gerichtet. Und
Esra, der Schriftgelehrte, stand auf
einem Gerüst von Holz, welches man
zu diesem Zwecke gemacht hatte. Und
neben ihm standen Mattithja und Schema und Anaja und Urija *h* und Hilkija
und Maaseja, zu seiner Rechten; und
zu seiner Linken Pedaja und Mischael
und Malkija und Haschum und Hasch-
5 baddana, Sekarja, Meschullam. Und
Esra öffnete das Buch vor den Augen
des ganzen Volkes, denn er ragte über
dem ganzen Volke empor; und als er
es öffnete, stand das ganze Volk auf.
6 Und Esra pries Jehova, den großen
Gott, und das ganze Volk antwortete:
Amen, Amen! indem sie ihre Hände
emporhoben und sich verneigten und
vor Jehova niederwarfen, mit dem
7 Antlitz zur Erde. Und Jeschua und
Bani und Scherebja, Jamin, Akkub,
Schabbethai, Hodija, Maaseja, Kelita,
Asarja, Josabad, Hanan, Pelaja und
die Leviten *i* belehrten das Volk über
das Gesetz; und das Volk *stand* an
8 seiner Stelle. Und sie lasen in dem
Buche, in dem Gesetz Gottes, deutlich, und gaben den Sinn an, sodaß
man das Gelesene verstand *j.*

---

a Nach and. L.: Hodawjas. — *b* d. h. der Meuniter (Maoniter). — *c* Nach and. L.:
Nephusim. — *d* Nach and. L.: Bazliths. — *e* Eig. ihren Samen. — *f* S. die Anm. zu
Esra 2, 63. — *g* S. die Anm. zu 1. Chron. 29, 7. — *h* And. l.: Anaja, Asarja und
Urija. — *i* And. l.: . . . Pelaja, die Leviten. — *j* And. üb.: und machten das Ge-
lesene verständlich.

9 Und Nehemia, das ist der Tirsatha, und Esra, der Priester, der Schriftgelehrte, und die Leviten, welche das Volk belehrten, sprachen zu dem ganzen Volke: Dieser Tag ist Jehova, eurem Gott, heilig; seid nicht traurig und weinet nicht! (Denn das ganze Volk weinte, als es die Worte des Ge- 10 setzes hörte.) Und er sprach zu ihnen: Gehet hin, esset Fettes und trinket Süßes, und sendet Teile *a* denen, für welche nichts zubereitet ist; denn der Tag ist unserem Herrn heilig; und betrübet euch nicht, denn die Freude 11 an Jehova ist eure Stärke *b*. Und die Leviten beschwichtigten das ganze Volk, indem sie sprachen: Seid stille, denn der Tag ist heilig; und betrübet 12 euch nicht! Und das ganze Volk ging hin, um zu essen und zu trinken und Teile zu senden und ein großes Freudenfest *c* zu begehen. Denn sie hatten die Worte verstanden, die man ihnen kundgetan hatte.

13 Und am zweiten Tage versammelten sich die Häupter der Väter *d* des ganzen Volkes, die Priester und die Leviten, zu Esra, dem Schriftgelehrten, und zwar um aufzumerken auf 14 die Worte des Gesetzes. Und sie fanden im Gesetz geschrieben, daß Jehova durch Mose geboten hatte, daß die Kinder Israel am Feste im siebenten Monat in Laubhütten *e* wohnen sollten, 15 und daß sie verkündigen und einen Ruf ergehen lassen sollten durch alle ihre Städte und durch Jerusalem, und sagen: Gehet hinaus auf das Gebirge und holet Zweige vom Olivenbaum und Zweige vom wilden Oelbaum und Myrtenzweige und Palmzweige und Zweige von dichtbelaubten Bäumen, um Hütten zu machen, 16 wie geschrieben steht! Und das Volk ging hinaus und holte herbei; und sie machten sich Hütten, ein jeder auf seinem Dache und in ihren Höfen, und in den Höfen des Hauses Gottes, und auf dem Platze am Wassertore, und auf dem Platze am Tore Ephra- 17 im. Und die ganze Versammlung, die aus der Gefangenschaft zurückgekehrt war, machte Hütten und wohnte in den Hütten. Denn die Kinder Israel hatten nicht also getan seit den Tagen Josuas *f*, des Sohnes Nuns, bis auf jenen Tag. Und es war eine sehr große 18 Freude. Und man las in dem Buche des Gesetzes Gottes Tag für Tag, vom ersten Tage bis zum letzten Tage. Und sie feierten das Fest sieben Tage lang; und am achten Tage war eine Fest-Versammlung nach der Vorschrift.

9 Und am vierundzwanzigsten Tage dieses Monats versammelten sich die Kinder Israel unter Fasten, und in Sacktuch *gekleidet*, und mit Erde auf 2 ihren Häuptern *g*. Und der Same Israels sonderte sich ab von allen Kindern der Fremde; und sie traten hin und bekannten ihre Sünden und die Ungerechtigkeiten ihrer Väter. Und 3 sie standen auf an ihrer Stelle und lasen in dem Buche des Gesetzes Jehovas, ihres Gottes, ein Viertel des Tages. Und ein *anderes* Viertel *des Tages* bekannten sie *ihre Sünden* und warfen sich nieder vor Jehova, ihrem Gott.

Und Jeschua und Bani, Kadmiel, 4 Schebanja, Bunni, Scherebja, Bani, Kenani traten auf die Erhöhung der Leviten, und sie schrieen mit lauter Stimme zu Jehova, ihrem Gott. Und 5 die Leviten Jeschua und Kadmiel, Bani, Haschabneja, Scherebja, Hodija, Schebanja, Pethachja sprachen: Stehet auf, preiset Jehova, euren Gott, von Ewigkeit zu Ewigkeit! Und man preise deinen herrlichen Namen, der erhaben ist über allen Preis und Ruhm! Du bist, der da ist *h*, Jehova, du allein *i*; du hast die Himmel gemacht, 6 der Himmel Himmel und all ihr Heer, die Erde und alles was darauf ist, die Meere und alles was in ihnen ist. Und du machst dies alles lebendig *j*, und das Heer des Himmels betet dich an. Du bist es, Jehova, Gott, der du Abram 7 erwählt und ihn aus Ur in Chaldäa herausgeführt, und ihm den Namen Abraham gegeben hast. Und du hast 8 sein Herz treu vor dir erfunden und hast mit ihm den Bund gemacht, das Land der Kanaaniter, der Hethiter, der Amoriter und der Perisiter und der Jebusiter und der Girgasiter zu geben — seinem Samen es zu geben; und du hast deine Worte erfüllt, denn du bist gerecht.

Und du hast das Elend unserer Vä- 9 ter in Aegypten angesehen, und hast ihr Geschrei am Schilfmeere gehört. Und du hast Zeichen und Wunder getan 10 an dem Pharao und an allen seinen Knechten und an allem Volke seines Landes; denn du wußtest, daß sie in Uebermut gegen sie gehandelt hatten; und du hast dir einen Namen gemacht, wie es an diesem Tage ist. Und das 11 Meer hast du vor ihnen gespalten, und sie zogen mitten durch das Meer auf dem Trockenen; aber ihre Verfolger hast du in die Tiefen gestürzt, wie einen Stein in mächtige Wasser. Und 12 in einer Wolkensäule hast du sie geleitet des Tages, und in einer Feuersäule des Nachts, um ihnen den Weg zu erleuchten, auf welchem sie ziehen sollten. Und auf den Berg Sinai bist 13 du herabgestiegen, und hast vom Himmel her mit ihnen geredet; und du hast ihnen gerade Rechte und Gesetze der Wahrheit, gute Satzungen und Gebote gegeben. Und deinen heiligen 14 Sabbath hast du ihnen kundgetan, und hast ihnen Gebote und Satzungen und ein Gesetz geboten durch Mose, deinen Knecht. Und Brot vom Himmel 15

---

a d. h. Portionen, Gerichte. — *b* Eig. Feste, Schutzwehr. — *c* Eig. eine große Freude. — *d* d. h. die Stamm- oder Familienhäupter. — *e* Eig. Hütten. — *f* Hebr. Jeschua. — *g* Eig. und Erde war auf ihnen. — *h* S. die Anm. zu 5. Mose 32, 39. — *i* O. Du bist Jehova, du allein. — *j* O. erhältst dies alles am Leben.

hast du ihnen gegeben für ihren Hunger, und Wasser aus dem Felsen ihnen hervorgebracht für ihren Durst; und du hast ihnen gesagt, daß sie hineinziehen sollten, um das Land in Besitz zu nehmen, welches du ihnen zu geben geschworen *a* hattest.

16 Aber sie, nämlich unsere Väter, waren übermütig, und sie verhärteten ihren Nacken und hörten nicht auf

17 deine Gebote. Und sie weigerten sich zu gehorchen, und gedachten nicht deiner Wunder, welche du an ihnen getan hattest; sie verhärteten ihren Nacken und setzten sich in ihrer Widerspenstigkeit ein Haupt, um zu ihrer Knechtschaft zurückzukehren *b*. Du aber bist ein Gott *c* der Vergebung, gnädig und barmherzig, langsam zum Zorn und groß an Güte, und du ver-

18 ließest sie nicht. Sogar als sie sich ein gegossenes Kalb machten und sprachen: Das ist dein Gott, der dich aus Aegypten heraufgeführt hat! und gro-

19 ße Schmähungen verübten, verließest du in deinen großen Erbarmungen sie doch nicht in der Wüste. Die Wolkensäule wich nicht von ihnen des Tages, um sie auf dem Wege zu leiten, noch die Feuersäule des Nachts, um ihnen den Weg zu erleuchten *d*, auf welchem

20 sie ziehen sollten. Und du gabst *ihnen* deinen guten Geist, um sie zu unterweisen; und dein Manna versagtest du nicht ihrem Munde, und du gabst

21 ihnen Wasser für ihren Durst. Und vierzig Jahre lang versorgtest du sie in der Wüste, sie hatten keinen Mangel; ihre Kleider zerfielen nicht, und

22 ihre Füße schwollen nicht. Und du gabst ihnen Königreiche und Völker und verteiltest *ihnen* dieselben nach Gegenden *e*; und sie nahmen das Land Sihons in Besitz, sowohl das Land des Königs von Hesbon, als auch das Land

23 Ogs, des Königs von Basan. Und ihre Söhne mehrtest du wie die Sterne des Himmels; und du brachtest sie in das Land, von welchem du ihren Vätern gesagt hattest, daß sie hineingehen sollten, um es in Besitz zu nehmen;

24 und die Söhne kamen hinein und nahmen das Land in Besitz. Und du beugtest vor ihnen die Bewohner des Landes, die Kanaaniter, und gabst sie in ihre Hand, sowohl ihre Könige als auch die Völker des Landes, um mit ihnen zu tun nach ihrem Wohlgefal-

25 len. Und sie nahmen feste Städte ein und ein fettes Land, und nahmen Häuser in Besitz, die mit allerlei Gut gefüllt waren, ausgehauene Brunnen, Weinberge und Olivengärten und Obstbäume in Menge. Und sie aßen und wurden satt und fett und ließen sich's wohl sein durch deine große Güte *f*.

26 Aber sie wurden widerspenstig und empörten sich gegen dich, und warfen dein Gesetz hinter ihren Rücken; und

sie ermordeten deine Propheten, welche wider sie zeugten *g*, um sie zu dir zurückzuführen; und sie verübten große Schmähungen. Da gabst du sie in 27 die Hand ihrer Bedränger, und diese bedrängten sie; und zur Zeit ihrer Bedrängnis schrieen sie zu dir, und du hörtest vom Himmel her und gabst ihnen Retter nach deinen großen Erbarmungen, und diese retteten sie aus der Hand ihrer Bedränger. Aber so- 28 bald sie Ruhe hatten, taten sie wiederum Böses vor dir. Da überließest du sie der Hand ihrer Feinde, daß diese über sie herrschten; und sie schrieen wiederum zu dir, und du hörtest vom Himmel her und errettetest sie nach deinen Erbarmungen viele Male. Und du zeugtest wider 29 sie *h*, um sie zu deinem Gesetz zurückzuführen; sie aber waren übermütig und gehorchten deinen Geboten nicht, sondern sündigten wider deine Rechte, durch welche der Mensch, wenn er sie tut, leben wird; und sie zogen die Schulter widerspenstig zurück und verhärteten ihren Nacken und gehorchten nicht. Und du verzogest mit 30 ihnen viele Jahre und zeugtest wider sie durch deinen Geist, durch deine Propheten, aber sie gaben kein Gehör. Da gabst du sie in die Hand der Völker der Länder. Aber in deinen gro- 31 ßen Erbarmungen hast du ihnen nicht den Garaus gemacht und sie nicht verlassen; denn du bist ein gnädiger und barmherziger Gott *i*.

Und nun, unser Gott, du großer, 32 starker und furchtbarer Gott *i*, der den Bund und die Güte bewahrt, laß nicht gering vor dir sein alle die Mühsal, die uns betroffen hat, unsere Könige, unsere Obersten und unsere Priester und unsere Propheten und unsere Väter und dein ganzes Volk, seit den Tagen der Könige von Assyrien bis auf diesen Tag! Doch du bist gerecht 33 in allem was über uns gekommen ist; denn du hast nach der Wahrheit gehandelt *j*, wir aber, wir haben gesetzlos gehandelt. Und unsere Könige, 34 unsere Obersten, unsere Priester und unsere Väter haben dein Gesetz nicht gehalten, und haben nicht gemerkt auf deine Gebote und auf deine Zeugnisse, womit du wider sie gezeugt hast. Und 35 sie haben dir nicht gedient in ihrem Königreiche und in der Fülle deiner Güter, welche du ihnen gegeben, und in dem weiten und fetten Lande, das du vor sie gelegt hattest, und sind nicht umgekehrt von ihren bösen Handlungen. Siehe, wir sind heute Knech- 36 te; und das Land, welches du unseren Vätern gegeben hast, um seine Früchte und seine Güter zu genießen, — siehe, wir sind Knechte in demselben! Und seinen Ertrag mehrt es für 37 die Könige, die du um unserer Sünden

---

a W. deine Hand aufgehoben. — *b* Die alexandr. Uebersetzung lautet: setzten sich ein Haupt, um zu ihrer Knechtschaft nach Aegypten zurückzukehren. (Vergl. 4. Mose 14, 4.) — *c* Eloah. — *d* Eig. um ihnen zu leuchten und den Weg. — *e* Eig. gegendweise. — *f* O. in der Fülle deiner Güter, V. 35. — *g* O. sie warnten, ermahnten. — *h* O. warntest, ermahntest sie; so auch V. 30 usw. — *i* El. — *j* W. Wahrheit geübt.

willen über uns gesetzt hast; und sie schalten über unsere Leiber und über unser Vieh nach ihrem Wohlgefallen, und wir sind in großer Bedrängnis.

38 Und bei diesem allem machten und schrieben wir einen festen Bund; und *a* auf der untersiegelten Schrift standen die Namen unserer Obersten *b*, unserer Leviten *und* unserer Priester.

10 Und auf der untersiegelten Schrift standen *die Namen*: Nehemia, der Tirsatha, der Sohn Hakaljas, und Zidkija.

2 3 — Seraja, Asarja, Jeremia, Paschchur, 4 Amarja, Malkija, Hattusch, Schebanja, 5 6 Malluk, Harim, Meremoth, Obadja, Da-7 niel, Ginnethon, Baruk, Meschullam, 8 Abija, Mijamin, Maasja, Bilgai, Sche-9 maja; das waren die Priester. — Und die Leviten, nämlich Jeschua, der Sohn Asanjas, Binnui, von den Söhnen He-10 nadads, Kadmiel; und ihre Brüder: Schebanja, Hodija, Kelita, Pelaja, Ha-11 12 nan, Micha, Rechob, Haschabja, Sak-13 kur, Scherebja, Schebanja, Hodija, 14 Bani, Beninu. — Die Häupter des Volkes: Parhosch, Pachath-Moab, Elam, 15 Sattu, B*æ*ni, Bunni, Asgad, Bebai, 16 17 Adonija, Bigwai, Adin, Ater, Hiski-18 ja, Assur, Hodija, Haschum, Bezai, 19 20 Hariph, Anathoth, Nobai *c*, Magpi-21 asch, Meschullam, Hesir, Meschesabeel, 22 Zadok, Jaddua, Pelatja, Hanan, Anaja, 23 24 Hoschea, Hananja, Haschub, Hallo-25 chesch, Pilcha, Schobek, Rechum, Ha-26 schabna, Maaseja, und Achija, Hanan, 27 Anan, Malluk, Harim, Baana.

28 Und das übrige Volk, die Priester, die Leviten, die Torhüter, die Sänger, die Nethinim, und alle welche sich von den Völkern der Länder zu dem Gesetz Gottes abgesondert hatten, ihre Weiber, ihre Söhne und ihre Töchter, alle, die Erkenntnis *und* Einsicht hat-29 ten, schlossen sich ihren Brüdern, den Vornehmen unter ihnen, an und traten in Eid und Schwur, nach dem Gesetz Gottes, welches durch Mose, den Knecht Gottes, gegeben worden ist, zu wandeln und alle Gebote Jehovas, unseres Herrn, und seine Rechte und seine Satzungen zu beobachten und 30 zu tun; und daß wir unsere Töchter den Völkern des Landes nicht geben, noch ihre Töchter für unsere Söhne 31 nehmen wollten; und daß, wenn die Völker des Landes am Sabbathtage Waren und allerlei Getreide zum Verkauf brächten, wir es ihnen am Sabbath oder an einem *anderen* heiligen Tage nicht abnehmen wollten; und daß wir im siebenten Jahre das Land brach liegen lassen und auf das Darlehn einer jeden Hand verzichten wollten *d*. 32 Und wir verpflichteten uns dazu *e*, uns den dritten Teil eines Sekels im Jahre für den Dienst des Hauses un-33 seres Gottes aufzuerlegen: für das

Schichtbrot und das beständige Speisopfer, und für das beständige Brandopfer *und für dasjenige* der Sabbathe *und* der Neumonde *f*, für die Feste *g* und für die heiligen *h* Dinge und für die Sündopfer, um Sühnung zu tun für Israel, und für alles Werk des Hauses unseres Gottes. Und wir, die 34 Priester, die Leviten und das Volk, warfen Lose über die Holzspende, sie *i* zum Hause unseres Gottes zu bringen, nach unseren Vaterhäusern, zu bestimmten Zeiten, Jahr für Jahr, zum Verbrennen auf dem Altar Jehovas, unseres Gottes, wie es in dem Gesetz vorgeschrieben ist. Und wir 35 *verpflichteten uns*, die Erstlinge unseres Landes und die Erstlinge aller Früchte von allerlei Bäumen Jahr für Jahr zum Hause Jehovas zu bringen, und die Erstgeborenen unserer Söhne 36 und unseres Viehes, wie es in dem Gesetz vorgeschrieben ist; und die Erstgeborenen unserer Rinder und unseres Kleinviehes zum Hause unseres Gottes zu den Priestern zu bringen, welche den Dienst verrichten im Hause unseres Gottes. Und den Erst- 37 ling unseres Schrotmehls und unsere Hebopfer, und die Früchte von allerlei Bäumen, Most und Oel wollen wir den Priestern bringen in die Zellen des Hauses unseres Gottes; und den Zehnten unseres Landes den Leviten. Denn sie, die Leviten, sind es, welche den Zehnten erheben in allen Städten unseres Ackerbaues; und der Prie- 38 ster, der Sohn Aarons, soll bei den Leviten sein, wenn die Leviten den Zehnten erheben. Und die Leviten sollen den Zehnten vom Zehnten zum Hause unseres Gottes hinaufbringen, in die Zellen des Schatzhauses. Denn 39 in die Zellen sollen die Kinder Israel und die Kinder Levi das Hebopfer vom Getreide, vom Most und Oel bringen; denn dort sind die heiligen Geräte und die Priester, welche den Dienst verrichten, und die Torhüter und die Sänger. Und so wollen wir das Haus unseres Gottes nicht verlassen.

11 Und die Obersten des Volkes wohnten in Jerusalem. Und das übrige Volk warf Lose, um je einen von zehn kommen zu lassen, damit er in Jerusalem, der heiligen Stadt, wohne, die neun *anderen* Teile aber in den Städten *blieben*. Und das Volk segnete alle 2 Männer, die sich freiwillig erboten, in Jerusalem zu wohnen.

Und dies sind die Häupter der Land- 3 schaft, welche in Jerusalem wohnten *j*; in den Städten Judas aber wohnten, ein jeder in seinem Besitztum, in ihren Städten: Israel, die Priester und die Leviten und die Nethinim und die Söhne der Knechte Salomos. Und zwar 4 wohnten in Jerusalem von den Söh-

---

nen Judas und von den Söhnen Benjamins; von den Söhnen Judas: Athaja, der Sohn Ussijas, des Sohnes Sekarjas, des Sohnes Amarjas, des Sohnes Schephatjas, des Sohnes Mahalal-5 els, von den Söhnen Perez'; und Maaseja, der Sohn Baruks, des Sohnes Kol-Hoses, des Sohnes Hasajas, des Sohnes Adajas, des Sohnes Jojaribs, des Sohnes Sekarjas, von den Schilo-6 nitern a. Aller Söhne des Perez, die in Jerusalem wohnten, waren vierhundert achtundsechzig tapfere Män-7 ner. Und dies sind die Söhne Benjamins: Sallu, der Sohn Meschullams, des Sohnes Joeds, des Sohnes Pedajas, des Sohnes Kolajas, des Sohnes Maasejas, des Sohnes Ithiels, des Sohnes 8 Jesajas; und nach ihm Gabbai-Sallai, 9 neunhundert achtundzwanzig. Und Joel, der Sohn Sikris, war Aufseher über sie; und Juda, der Sohn Hassenuas, war über die Stadt als Zweiter.

10 — Von den Priestern: Jedaja, [der 11 Sohn des] b Jojarib, Jakin, Seraja, der Sohn Hilkijas, des Sohnes Meschullams, des Sohnes Zadoks, des Sohnes Merajoths, des Sohnes Ahitubs, Ober-12 aufseher c des Hauses Gottes, und ihre Brüder, welche die Geschäfte im Hause verrichteten: achthundert zweiundzwanzig; und Adaja, der Sohn Jerochams, des Sohnes Pelaljas, des Sohnes Amzis, des Sohnes Sekarjas, des Sohnes Paschchurs, des Sohnes Mal-13 kijas, und seine Brüder, Häupter von Vaterhäusern d: zweihundert zweiundvierzig; und Amaschsai, der Sohn Asarels, des Sohnes Achsais, des Sohnes Meschillemoths, des Sohnes Immers, 14 und ihre Brüder, tüchtige Männer: hundert achtundzwanzig. Und Aufseher über sie war Sabdiel, der Sohn 15 Haggedolims. — Und von den Leviten: Schemaja, der Sohn Haschubs, des Sohnes Asrikams, des Sohnes Haschab-16 jas, des Sohnes Bunnis; und Schabbethai und Josabad, von den Häuptern der Leviten, welche über die äußeren Geschäfte des Hauses Gottes gesetzt 17 waren; und Mattanja, der Sohn Michas, des Sohnes Sabdis, des Sohnes Asaphs, das Haupt; er stimmte den Lobgesang an beim Gebet; und Bakbukja, der Zweite, von seinen Brüdern; und Abda, der Sohn Schammuaas, des Sohnes Galals, des Sohnes Je-18 duthuns. Aller Leviten in der heiligen Stadt waren zweihundert vierundachtzig. 19 — Und die Torhüter: Akkub, Talmon und ihre Brüder, die in den Toren Wache hielten, hundert zweiund-20 siebenzig. — (Und das übrige Israel, die Priester, die Leviten, waren in allen Städten Judas, ein jeder in sei-21 nem Erbteil. — Und die Nethinim wohnten auf dem Ophel; und Zicha und Gischpa waren über die Nethi-22 nim. —) Und Aufseher der Leviten in Jerusalem war Ussi, der Sohn Banis, des Sohnes Haschabjas, des Sohnes Mattanjas, des Sohnes Michas, von den Söhnen Asaphs, den Sängern, für das Geschäft im Hause Gottes. Denn ein 23 Gebot des Königs war über sie ergangen, und eine Verpflichtung über die Sänger betreffs der täglichen Gebühr. Und Pethachja, der Sohn Me-24 schesabeels, von den Söhnen Serachs, des Sohnes Judas, war zur Hand des Königs für alle Angelegenheiten des Volkes.

Und was die Dörfer auf ihren Fel-25 dern betrifft, so wohnten von den Kindern Juda in Kirjath-Arba und seinen Tochterstädten und in Dibon und seinen Tochterstädten und in Jekabzeel und seinen Dörfern; und 26 in Jeschua und in Molada und in Beth-Pelet, und in Hazar-Schual und 27 in Beerseba und seinen Tochterstädten, und in Ziklag und in Mekona und 28 in seinen Tochterstädten, und in En-29 Rimmon und in Zora und in Jarmuth, Sanoach, Adullam und seinen Dörfern, 30 Lachis und seinen Feldern, Aseka und seinen Tochterstädten. Und sie ließen sich nieder von Beerseba bis zum Tale Hinnom. Und die Kinder Benjamin 31 wohnten von Geba an in Mikmas und Aija und Bethel und seinen Tochterstädten, in Anathoth, Nob, Ananja, 32 Hazor, Rama, Gittaim, Hadid, Zebo-33 im, Neballat, Lod und Ono, dem Tale 35 der Werkleute e. Und von den Levi-36 ten gehörten Abteilungen von Juda zu Benjamin f.

Und dies sind die Priester und die 12 Leviten, welche mit Serubbabel, dem Sohne Schealtiels, und Jeschua hinaufzogen: Seraja, Jeremia, Esra, Amar-2 ja, Malluk, Hattusch, Schekanja, Re-3 chum g, Meremoth, Iddo, Ginnethoi, 4 Abija, Mijamin, Maadja, Bilga, Sche-5 6 maja, und Jojarib, Jedaja, Sallu, Amok, 7 Hilkija, Jedaja. Das waren die Häupter der Priester und ihrer Brüder in den Tagen Jeschuas. — Und die Le-8 viten: Jeschua, Binnui, Kadmiel, Scherebja, Juda, Mattanja; er und seine Brüder waren über den Lobgesang; und Bakbukja und Unni, ihre Brüder, 9 standen ihnen gegenüber, den Dienstabteilungen gemäß.

Und Jeschua zeugte Jojakim, und 10 Jojakim zeugte Eljaschib, und Eljaschib zeugte Jojada, und Jojada zeug-11 te Jonathan h, und Jonathan zeugte Jaddua.

Und in den Tagen Jojakims waren 12 Priester, Häupter der Väter: von Seraja: Meraja; von Jeremia: Hananja; von Esra: Meschullam; von Amarja: 13 Jochanan; von Meluki: Jonathan; von 14 Schebanja: Joseph; von Harim: Adna; 15 von Merajoth: Helkai; von Iddo: Sa-16 charja; von Ginnethon: Meschullam; von Abija: Sikri; von Minjamin . . .; 17

---

a S. die Anm. zu 1. Chron. 9, 5. — b Das Eingeklammerte ist wahrscheinlich eingeschoben; vergl. 1. Chron. 9, 10. — c O. Fürst. — d W. von Vätern. — e S. die Anm. zu 1. Chron. 4, 14. — f d. h. hatten sich Benjamin angeschlossen. — g in V. 15 Harim; wahrsch. ein Schreibfehler. — h Wahrsch. ein Schreibfehler für Jochanan; vergl. V. 22 und 23.

18 von Moadja: Piltai; von Bilga: Scham-
19 mua; von Schemaja: Jonathan; und
von Jojarib: Mattenai; von Jedaja:
20 Ussi; von Sallai: Kallai; von Amok:
21 Heber *a*; von Hilkija: Haschabja; von
22 Jedaja: Nethaneel. — Von den Leviten wurden in den Tagen Eljaschibs,
Jojadas und Jochanans und Jadduas
die Häupter der Väter eingeschrieben,
und von den Priestern, unter der Re-
23 gierung Darius', des Persers *b*. Die
Söhne Levis, die Häupter der Väter,
sind in dem Buche der Chronika eingeschrieben, und zwar bis auf die Tage
Jochanans, des Sohnes Eljaschibs. —
24 Und die Häupter der Leviten waren
Haschabja, Scherebja und Jeschua, der
Sohn des Kadmiel *c*, und ihre Brüder,
die ihnen gegenüber *standen*, um zu
loben *und* zu preisen, nach dem Gebote Davids, des Mannes Gottes, Ab-
25 teilung gegenüber Abteilung *d*. Mattanja und Bakbukja, Obadja, Meschullam *e*, Talmon, Akkub hielten als Torhüter Wache bei den Vorratskam-
26 mern der Tore. — Diese waren in
den Tagen Jojakims, des Sohnes Jeschuas, des Sohnes Jozadaks, und in
den Tagen Nehemias, des Landpflegers, und Esras, des Priesters, des
Schriftgelehrten.
27 Und bei der Einweihung der Mauer von Jerusalem suchte man die Leviten aus allen ihren Orten, daß man
sie nach Jerusalem brächte, um die
Einweihung zu feiern mit Freuden,
und mit Lobliedern und mit Gesang,
28 *mit* Zimbeln, Harfen und Lauten. Da
versammelten sich die Söhne der Sänger, sowohl aus dem Kreise *f* in der
Umgebung von Jerusalem als auch
aus den Dörfern der Netophathiter
29 und aus Beth-Gilgal und aus den Gefilden von Geba und Asmaweth; denn
die Sänger hatten sich in der Umgebung von Jerusalem Dörfer gebaut.
30 Und die Priester und die Leviten
reinigten sich; und sie reinigten das
Volk und die Tore und die Mauer.
31 Und ich ließ die Obersten von Juda
oben auf die Mauer steigen; und ich
stellte zwei große Dankchöre und
Züge auf. *Der eine zog* zur Rechten *g*,
oben auf der Mauer, zum Misttore hin.
32 Und hinter ihnen *h* her gingen Ho-
schaja und die Hälfte der Obersten
33 von Juda, und *zwar* Asarja, Esra und
34 Meschullam, Juda und Benjamin, und
35 Schemaja und Jeremia; und von den
Söhnen der Priester mit Trompeten:
Sekarja, der Sohn Jonathans, des Sohnes Schemajas, des Sohnes Mattanjas,
des Sohnes Mikajas, des Sohnes Sak-
36 kurs, des Sohnes Asaphs; und seine

Brüder: Schemaja und Asarel, Mila-
lai, Gilalai, Maai, Nethaneel und Juda, Hanani, mit den Musikinstrumenten Davids, des Mannes Gottes; und
Esra, der Schriftgelehrte, vor ihnen
her. Und *sie zogen* zum Quelltore; und 37
sie stiegen gerade vor sich hin auf
den Stufen der Stadt Davids den Aufgang der Mauer hinauf, *und zogen* an
dem Hause Davids vorüber und bis
an das Wassertor gegen Osten.
Und der zweite Dankchor zog nach 38
der entgegengesetzten Seite *i*, und
ich und die Hälfte des Volkes ging
hinter ihm her, oben auf der Mauer,
an dem Ofenturm vorüber und bis an
die breite Mauer; und an dem Tore 39
Ephraim und dem Tore der alten *Mauer*
und dem Fischtore und dem Turme Ha-
naneel und dem Turme Mea vorüber
und bis an das Schaftor; und sie blieben beim Gefängnistore stehen.
Und beide Dankchöre stellten sich 40
am Hause Gottes auf; und ich und
die Hälfte der Vorsteher mit mir, und 41
die Priester Eljakim, Maaseja, Minjamin, Mikaja, Eljoenai, Sekarja, Hananja, mit Trompeten; und Maaseja 42
und Schemaja und Eleasar und Ussi
und Jochanan und Malkija und Elam
und Eser. Und die Sänger ließen
ihre Stimme erschallen, und Jisrachja
war *ihr* Vorsteher. Und sie opfer- 43
ten an selbigem Tage große Schlachtopfer und freuten sich, denn Gott
hatte ihnen große Freude gegeben;
und auch die Weiber und die Kinder freuten sich. Und die Freude
Jerusalems wurde bis in die Ferne
hin gehört.
Und es wurden an selbigem Tage *j* 44
Männer bestellt über die Vorratskammern für die Hebopfer, für die Erstlinge und für die Zehnten, um von
den Feldern *k* der Städte die gesetzlichen Teile für die Priester und für
die Leviten darein zu sammeln; denn
Juda hatte Freude an den Priestern
und an den Leviten, welche dastanden *l*. Und sie warteten der Hut ih- 45
res Gottes und der Hut der Reinigung *m*; und so auch die Sänger und
die Torhüter, nach dem Gebote Davids und seines Sohnes Salomo. Denn 46
vor alters, in den Tagen Davids und
Asaphs, gab es Häupter der Sänger,
und Preis- und Lobgesänge *n* für Gott.
Und ganz Israel gab in den Tagen 47
Serubbabels und in den Tagen Nehemias die Teile der Sänger und der
Torhüter, den täglichen Bedarf; das
Geheiligte aber gaben sie den *o* Leviten, und die Leviten gaben das Geheiligte den *o* Söhnen Aarons.

---

a O. Eber. — *b* Darius II. (424—404 v. Chr.), der Nachfolger Artaxerxes' I., Langhand. — *c* Wahrsch. ist zu lesen: Jeschua, Bani (od. Binnui), Kadmiel usw. Vergl. V. 8
und Kap. 8, 7; 9, 4; 10, 9. 10. — *d* Eig. Dienstabteilung neben Dienstabteilung. —
e Wahrsch. ist nach Kap. 11, 17 zu lesen: Abteilung neben Abteilung: Mattanja . . .
Obadja. — Meschullam usw. — *f* O. Jordankreise. — *g* d. h. südlich. — *h* d. h. dem
ersten Chore. — *i* Eig. gegenüber. — *j* d. h. zu jener Zeit; so auch Kapitel 13, 1. —
k Eig. nach den Feldern; d. h. je nach ihrer Größe. — *l* d. h. im Dienste. — *m* d. h.
sie beobachten, was in Bezug auf ihren Gott und in Bezug auf die Reinigung zu
beobachten war. — *n* O. Danklieder. — *o* Eig. heiligten sie für die . . . , d. h. sie
entrichteten als heilige Gabe den Zehnten; vergl. Kap. 10, 38.

13 An selbigem Tage wurde in dem Buche Moses vor den Ohren des Volkes gelesen; und es fand sich darin geschrieben, daß kein Ammoniter und Moabiter in die Versammlung 2 Gottes kommen sollte ewiglich; weil sie den Kindern Israel nicht mit Brot und mit Wasser entgegen gekommen waren, und Bileam wider sie gedungen hatten, um sie zu verfluchen; *a* aber unser Gott wandelte den Fluch 3 in Segen. Und es geschah, als sie das Gesetz hörten, da sonderten sie alles Mischvolk von Israel ab.

4 Und vor diesem hatte Eljaschib, der Priester, der über die Zellen des Hauses unseres Gottes gesetzt war, 5 ein Verwandter des Tobija, diesem eine große Zelle gemacht, wohin man vordem die Speisopfer legte, den Weihrauch und die Geräte und den Zehnten vom Getreide, Most und Oel, das für die Leviten und die Sänger und die Torhüter Gebotene, und die 6 Hebopfer der Priester. Während diesem allem war ich aber nicht in Jerusalem; denn im zweiunddreißigsten Jahre Artasastas, des Königs von Babel, war ich zu dem König *zurück*gekommen. Und nach Verlauf einer Zeit erbat ich mir *Urlaub* von den 7 König; und als ich nach Jerusalem kam, bemerkte ich das Böse, welches Eljaschib zugunsten Tobijas getan, indem er ihm eine Zelle in den Höfen des Hauses Gottes gemacht hatte. 8 Und es mißfiel mir sehr, und ich warf alle Hausgeräte Tobijas aus der Zelle 9 hinaus; und ich befahl, daß man die Zellen reinigen sollte; und ich brachte die Geräte des Hauses Gottes, das Speisopfer und den Weihrauch wieder hinein.

10 Und ich erfuhr, daß die Teile der Leviten nicht gegeben worden, und daß die Leviten und die Sänger, welche das Werk taten, entflohen waren, 11 ein jeder auf sein Feld *b*. Da zankte ich mit den Vorstehern und sprach: Warum ist das Haus Gottes verlassen worden? Und ich versammelte 12 sie und stellte sie an ihre Stelle. Und ganz Juda brachte den Zehnten vom Getreide und Most und Oel in die 13 Vorratskammern. Und ich bestellte zu Schatzmeistern über die Vorräte: Schelemja, den Priester, und Zadok, den Schreiber, und Pedaja, von den Leviten, und ihnen zur Seite Hanan, den Sohn Sakkurs, des Sohnes Mattanjas; denn sie wurden für treu geachtet, und ihnen lag es ob, ihren Brüdern auszuteilen.

14 Gedenke meiner um dessentwillen, mein Gott, und tilge nicht aus meine guten Taten, die ich am Hause meines Gottes und an dessen Hut *c* erwiesen habe!

15 In jenen Tagen sah ich einige in Juda, welche am Sabbath die Keltern traten, und Garben einbrachten und auf Esel luden, und auch Wein, Trauben und Feigen und allerlei Last, und es am Sabbathtage nach Jerusalem hereinbrachten; und ich zeugte wider sie *d* an dem Tage, da sie die Lebensmittel verkauften. Auch Tyrer 16 wohnten darin, welche Fische und allerlei Ware hereinbrachten und sie am Sabbath den Kindern Juda und in Jerusalem verkauften. Da zankte 17 ich mit den Edlen von Juda und sprach zu ihnen: Was ist das für eine böse Sache, die ihr tut, daß ihr den Sabbathtag entheiliget? Haben nicht eure 18 Väter ebenso getan, sodaß unser Gott all dieses Unglück über uns und über diese Stadt brachte? Und ihr mehret die Zornglut über Israel, indem ihr den Sabbath entheiliget!

Und es geschah, sowie es in den 19 Toren Jerusalems vor dem Sabbath dunkel wurde, da befahl ich, daß die Türen geschlossen würden; und ich befahl, daß man sie nicht auftun sollte bis nach dem Sabbath. Und ich bestellte *einige* von meinen Dienern *e* über die Tore, damit keine Last am Sabbathtage hereinkäme. Da über-20 nachteten die Krämer und die Verkäufer von allerlei Ware draußen vor Jerusalem einmal und zweimal. Und ich zeugte wider sie und sprach 21 zu ihnen: Warum übernachtet ihr vor der Mauer? Wenn ihr es wieder tut, werde ich Hand an euch legen! Von dieser Zeit an kamen sie nicht mehr am Sabbath. Und ich befahl 22 den Leviten, daß sie sich reinigen und kommen sollten, die Tore zu bewachen, um den Sabbathtag zu heiligen.

Auch das gedenke mir, mein Gott, und schone meiner nach der Größe deiner Güte *f*!

Auch besuchte ich in jenen Tagen 23 die Juden, welche asdoditische, ammonitische und moabitische Weiber heimgeführt hatten *g*. Und die Hälfte 24 ihrer Kinder redete asdoditisch und wußte nicht jüdisch zu reden, sondern *redete* nach der Sprache des einen oder des anderen Volkes. Und ich 25 zankte mit ihnen und fluchte ihnen, und schlug einige Männer von ihnen und raufte sie. Und ich beschwor sie bei Gott *h*: Wenn ihr eure Töchter ihren Söhnen geben werdet, und wenn ihr von ihren Töchtern für eure Söhne und für euch nehmen werdet! Hat nicht Salomo, der König von Is-26 rael, ihretwegen *i* gesündigt? Und seinesgleichen ist unter den vielen Nationen kein König gewesen; und er war geliebt von seinem Gott, und Gott setzte ihn zum König über ganz Israel; doch *ihn j* machten die fremden Weiber sündigen. Und sollten 27 wir auf euch hören *k*, daß ihr all die-

---

a Vergl. 5. Mose 23, 3. 4. — *b* S. Kap. 12, 28. 29. — *c* Eig. an dessen Beobachtungen, Dienstleistungen. — *d* O. warnte, ermahnte sie; so auch V. 21. — *e* S. die Anm. zu Kap. 4, 16. — *f* O. Huld. — *g* Vergl. Esra 9, 1; 10, 2 usw. — *h* O. ließ sie schwören bei Gott *und sprach:* — *i* d. h. der fremden Weiber wegen. — *j* O. selbst ihn. — *k* O. und sollte man von euch hören.

ses große Uebel tut, treulos zu handeln gegen unseren Gott, indem ihr fremde Weiber heimführet!

28 Und einer von den Söhnen Jojadas, des Sohnes Eljaschibs, des Hohenpriesters, war ein Eidam Sanballats, des Horoniters; und ich jagte ihn von mir weg.

29 Gedenke es ihnen, mein Gott, wegen der Verunreinigungen des Prie-

stertums und des Bundes des Priestertums und der Leviten!

30 Und so reinigte ich sie von allem Fremden *a*, und ich stellte die Dienstleistungen der Priester und der Leviten fest, für einen jeden in seinem Geschäft,

31 und für die Holzspende zu bestimmten Zeiten und für die Erstlinge.

Gedenke mir, mein Gott, zum Guten!

Das Buch Esther

1 Und es geschah in den Tagen des Ahasveros *b*, (das ist der Ahasveros, der von Indien bis Aethiopien über hundert siebenundzwanzig Landschaften

2 regierte) in selbiger Tagen, als der König Ahasveros auf dem Throne seines Königreiches saß, der in der

3 Burg *c* Susan war, im dritten Jahre seiner Regierung, da machte er ein Gastmahl *d* allen seinen Fürsten und Knechten, indem die Mächtigen *e* von Persien und Medien, die Vornehmen und Fürsten der Landschaften vor

4 ihm waren, als er den herrlichen Reichtum seines Königreiches und die glänzende Pracht seiner Größe viele Tage lang, hundertundachtzig Tage, sehen ließ.

5 Und als diese Tage erfüllt waren, machte der König allem Volke, das sich in der Burg Susan befand, vom Größten bis zum Kleinsten, ein Gastmahl von sieben Tagen, im Hofe des Gartens des königlichen Palastes.

6 Weiße und purpurblaue baumwollene *Vorhänge waren* befestigt mit Schnüren von Byssus und Purpur *f* an silbernen Ringen und weißen Marmorsäulen; Polster von Gold und Silber *g* lagen auf einem Pflaster von grünem und weißem Marmor und Perlmutter-

7 stein und schwarzem Marmor. Und man reichte das Getränk in goldenen Gefäßen, und die Gefäße waren voneinander verschieden; und königlichen Wein gab es in Menge, nach

8 der Freigebigkeit *h* des Königs. Und das Trinken geschah dem Befehle gemäß ohne Zwang *i*; denn also hatte der König allen Obersten seines Hauses verordnet, daß sie tun sollten nach jedermanns Belieben.

9 Auch die Königin Vasti machte ein Gastmahl für die Weiber im königlichen Hause des Königs Ahasveros.

10 Am siebenten Tage, als das Herz des Königs vom Weine fröhlich war, befahl er Mehuman, Bistha, Harbona, Bigtha und Abagtha, Sethar und Karkas, den sieben Kämmerern *j*, welche vor dem König Ahasveros dien-

ten, die Königin Vasti mit der könig-

11 lichen Krone vor den König zu bringen, um den Völkern und Fürsten ihre Schönheit zu zeigen; denn sie war schön von Ansehen. Aber die

12 Königin Vasti weigerte sich, auf das Wort des Königs zu kommen, welches *ihr* durch die Kämmerer *überbracht wurde*. Da erzürnte der König sehr, und sein Zorn entbrannte in ihm.

13 Und der König sprach zu den Weisen, welche sich auf die Zeiten verstanden, (denn also *wurden die* Angelegenheiten des Königs vor allen Gesetz- und Rechtskundigen *behan-*

14 *delt*; und die Nächsten bei ihm waren Karschna, Schethar, Admatha, Tharsis, Meres, Marsna, Memukan, die sieben Fürsten von Persien und Medien, welche das Angesicht des Königs sahen, die den ersten Sitz im

15 Königreiche hatten): Was ist nach dem Gesetz mit der Königin Vasti zu tun, dafür daß sie das Wort des Königs Ahasveros durch die Kämmerer nicht befolgt hat? Da sprach

16 Memukan vor dem König und den Fürsten: Nicht an dem König allein hat sich die Königin Vasti vergangen, sondern auch an allen Fürsten und an allen Völkern, die in allen Landschaften des Königs Ahasveros

17 *wohnen*. Denn das Verhalten der Königin wird zu allen Weibern auskommen, sodaß ihre Männer verächtlich sein werden in ihren Augen, indem sie sagen werden: Der König Ahasveros befahl, die Königin Vasti vor ihn zu bringen, aber sie kam nicht!

18 Und an diesem Tage *schon* werden die Fürstinnen von Persien und Medien, welche das Verhalten der Königin erfahren haben, davon reden zu allen Fürsten des Königs; und es wird Verachtung und Zorn genug geben. Wenn

19 es dem König gut dünkt, so gehe ein königliches Wort von ihm aus und werde geschrieben in die Gesetze der Perser und Meder, daß es nicht vergehe: *nämlich daß* Vasti nicht mehr

---

a O. allen Fremden. — *b* In der Geschichte unter dem Namen „Xerxes" (Sohn Darius' I.) bekannt. — *c* O. Hauptstadt. — *d* O. Gelage; so auch V. 5. 9 usw. — *e* Eig. die Heeresmacht, d. h. wahrsch. die Anführer derselben. — *f* d. h. von feinster weißer und purpurrot gefärbter Baumwolle. — *g* d. h. mit gold- und silberdurchwebten Stoffen überzogen. — *h* Eig. dem Vermögen (W. der Hand). — *i* W. niemand nötigte. — *j* Eig. Eunuchen; so auch nachher.

vor den König Ahasveros komme, und daß der König ihre königliche Würde einer anderen gebe, die bes-20 ser ist als sie. Und wird man den Befehl des Königs, den er erlassen wird, in seinem ganzen Königreiche hören, — denn es ist groß — so werden alle Weiber ihren Männern Ehre geben, vom Größten bis zum Kleinsten.

21 Und das Wort *a* gefiel dem König und den Fürsten; und der König tat 22 nach dem Worte Memukans. Und er sandte Briefe in alle Landschaften des Königs, in jede Landschaft nach ihrer Schrift, und an jedes Volk nach seiner Sprache: daß jeder Mann Herr in seinem Hause sein und nach der Sprache seines Volkes reden solle.

2 Nach diesen Begebenheiten, als der Zorn des Königs Ahasveros sich gelegt hatte, gedachte er an Vasti und an das, was sie getan, und was über 2 sie beschlossen worden war. Da sprachen die Diener *b* des Königs, die ihn bedienten: Man suche dem König Mädchen, die Jungfrauen sind *und* 3 schön von Ansehen; und der König bestelle Beamte in allen Landschaften seines Königreiches, damit sie alle Mädchen, die Jungfrauen sind *und* schön von Ansehen, nach der Burg Susan in das Frauenhaus zusammenbringen unter die Aufsicht Heges, des königlichen Kämmerers, des Hüters der Frauen; und man gebe ihnen 4 Reinigungssalben. Und das Mädchen, welches dem König gefallen wird, werde Königin an Vastis Statt. Und das Wort *a* gefiel dem König; und er tat also.

5 Es war ein jüdischer Mann in der Burg Susan, sein Name war Mordokai, der Sohn Jairs, des Sohnes Simeis, des Sohnes Kis', ein Benjami-6 niter, der aus Jerusalem weggeführt worden war mit den Weggeführten, die mit Jekonja, dem König von Juda, weggeführt wurden, welche Nebukadnezar, der König von Babel, wegge-7 führt hatte. Und er erzog Hadassa *c*, das ist Esther *d*, die Tochter seines Oheims; denn sie hatte weder Vater noch Mutter. Und das Mädchen war schön von Gestalt und schön von Angesicht *e*. Und als ihr Vater und ihre Mutter gestorben waren, hatte Mordokai sie als seine Tochter angenommen.

8 Und es geschah, als das Wort des Königs und sein Befehl gehört, und als viele Mädchen in die Burg Susan unter die Aufsicht Hegais zusammengebracht wurden, da wurde auch Esther in das Haus des Königs aufgenommen, unter die Aufsicht Hegais, 9 des Hüters der Frauen. Und das Mädchen gefiel ihm und erlangte Gunst vor ihm. Und er beeilte sich, ihre Reinigungssalben und ihre Teile *f* ihr zu geben, und ihr die sieben Mägde zu geben, welche aus dem Hause des

Königs ausersehen waren; und er versetzte sie mit ihren Mägden in die besten Gemächer *g* des Frauenhauses. Esther hatte ihr Volk und ihre Ab-10 stammung nicht kundgetan; denn Mordokai hatte ihr geboten, daß sie es nicht kundtun sollte.

Und Tag für Tag wandelte Mordo-11 kai vor dem Hofe des Frauenhauses, um das Wohlergehen Esthers zu erfahren, und was mit ihr geschähe. Und 12 wenn die Reihe an ein jedes Mädchen kam, zum König Ahasveros zu kommen, nachdem ihr zwölf Monate lang nach der Vorschrift für die Weiber geschehen war, (denn also wurden die Tage ihrer Reinigung erfüllt, *nämlich* sechs Monate mit Myrrhen-Oel, und sechs Monate mit Gewürzen und mit Reinigungssalben der Weiber) und 13 *wenn* alsdann das Mädchen zu dem König kam *h*, so wurde ihr alles gegeben, was sie verlangte, um es aus dem Frauenhause in das Haus des Königs mitzunehmen. Am Abend kam 14 sie, und am Morgen kehrte sie in das zweite Frauenhaus zurück, unter die Aufsicht Schaaschgas', des königlichen Kämmerers, des Hüters der Kebsweiber. Sie kam nicht wieder zu dem König, es sei denn, daß der König Gefallen an ihr hatte, und sie mit Namen gerufen wurde.

Und als die Reihe an Esther kam, 15 die Tochter Abichails, des Oheims Mordokais, welche er als seine Tochter angenommen hatte, daß sie zu dem König kommen sollte, verlangte sie nichts, außer was Hegai, der königliche Kämmerer, der Hüter der Frauen, sagte. Und Esther erlangte Gnade in den Augen aller, die sie sahen. Und Esther wurde zu dem König Ahas-16 veros in sein königliches Haus geholt im zehnten Monat, das ist der Monat Tebeth, im siebenten Jahre seiner Regierung. Und der König gewann Esther 17 lieb, mehr als alle Weiber, und sie erlangte Gnade und Gunst vor ihm, mehr als alle die Jungfrauen. Und er setzte die königliche Krone auf ihr Haupt und machte sie zur Königin an Vastis Statt. Und der König mach-18 te allen seinen Fürsten und Knechten ein großes Gastmahl, das Gastmahl Esthers; und er gab den Landschaften einen Steuererlaß *i* und Geschenke nach der Freigebigkeit *j* des Königs.

Und als zum zweiten Male Jung-19 frauen zusammengebracht wurden, und Mordokai im Tore des Königs saß, (Esther tat ihre Abstammung und 20 ihr Volk nicht kund, wie Mordokai ihr geboten hatte; und Esther tat was Mordokai sagte, wie *zur Zeit* da sie bei ihm erzogen wurde) in selbigen 21 Tagen, als Mordokai im Tore des Königs saß, ergrimmten Bigthan und Teresch, zwei Kämmerer des Königs, von

---

a O. die Sache. — *b* Eig. Knaben, Knappen. — *c* Myrte. — *d* Stern, Glücksstern. — *e* O. Ansehen. — *f* d. h. Portionen, Gerichte. — *g* W. in das Beste. — *h* O. der Weiber, und alsdann kam das Mädchen zu dem König. — *i* O. Arbeitserlaß. — *j* S. die Anm. zu Kap. 1, 7.

denen, welche die Schwelle hüteten, und trachteten danach, Hand an den 22 König Ahasveros zu legen. Und die Sache wurde dem Mordokai kund, und er berichtete es der Königin Esther; und Esther sagte es dem König im 23 Namen Mordokais. Und die Sache wurde untersucht und *wahr* gefunden; und sie wurden beide an ein Holz gehängt. Und es wurde vor dem König in das Buch der Chroniken *a* eingeschrieben.

3 Nach diesen Begebenheiten machte der König Ahasveros Haman, den Sohn Hammedathas, den Agagiter *b*, groß, und er erhob ihn und setzte seinen Stuhl über alle Fürsten, die bei ihm waren. 2 Und alle Knechte des Königs, die im Tore des Königs waren, beugten sich *c* und warfen sich nieder vor Haman; denn also hatte der König seinetwegen geboten. Aber Mordokai beugte sich 3 nicht und warf sich nicht nieder. Da sprachen die Knechte des Königs, die im Tore des Königs waren, zu Mordokai: Warum übertrittst du des Königs 4 Gebot? Und es geschah, als sie es Tag für Tag zu ihm sagten, und er nicht auf sie hörte, so berichteten sie es Haman, um zu sehen, ob die Worte *d* Mordokais bestehen würden; denn er hatte ihnen kundgetan, daß er ein 5 Jude wäre. Und als Haman sah, daß Mordokai sich nicht vor ihm beugte und niederwarf, da ward Haman voll 6 Grimmes. Aber es war in seinen Augen verächtlich, die Hand an Mordokai allein zu legen; denn man hatte ihm das Volk Mordokais kundgetan. Und Haman suchte alle Juden, die im ganzen Königreiche des Ahasveros waren, das Volk Mordokais, zu vertilgen. 7 Im ersten Monat, das ist der Monat Nisan, im zwölften Jahre des Königs Ahasveros, warf man das Pur, das ist das Los, vor Haman, von Tag zu Tag und von Monat *zu Monat*, bis zum zwölften Monat, das ist der Monat 8 Adar. Und Haman sprach zu dem König Ahasveros: Da ist ein Volk, zerstreut und abgesondert unter den Völkern in allen Landschaften deines Königreiches; und ihre Gesetze sind von denen jedes *anderen* Volkes verschieden, und die Gesetze des Königs tun sie nicht; und es ist für den König nicht geziemend, sie gewähren zu lassen. 9 Wenn es dem König gut dünkt, so werde geschrieben, daß man sie umbringe; und ich will zehntausend Talente Silber in die Hände derer darwägen, welche die Geschäfte besorgen, daß sie es in die Schatzkam-10 mern *e* des Königs bringen. Da zog der König seinen Siegelring von seiner Hand und gab ihn Haman, dem Sohne Hammedathas, dem Agagiter, 11 dem Widersacher der Juden. Und der König sprach zu Haman: Das Silber

sei dir gegeben, und das Volk, um mit ihm zu tun, wie es gut ist in deinen Augen.

Da wurden die Schreiber des Königs 12 berufen im ersten Monat, am dreizehnten Tage desselben; und es wurde nach allem, was Haman gebot, an die Satrapen des Königs geschrieben, und an die Landpfleger über jede Landschaft und an die Fürsten eines jeden Volkes, nach der Schrift jeder einzelnen Landschaft und nach der Sprache jedes einzelnen Volkes; es wurde geschrieben im Namen des Königs Ahasveros und mit dem Siegelringe des Königs untersiegelt. Und 13 die Briefe wurden durch die Eilboten in alle Landschaften des Königs gesandt, um alle Juden zu vertilgen, zu ermorden und umzubringen, vom Knaben bis zum Greise, Kinder und Weiber, an *einem* Tage, am dreizehnten des zwölften Monats, das ist der Monat Adar, und um ihre Habe zu plündern. *Und* auf daß der Befehl *f* in je-14 der einzelnen Landschaft erlassen würde, ward eine Abschrift des Schreibens allen Völkern bekannt gemacht, damit sie auf diesen Tag bereit wären. Die Eilboten zogen auf das Wort des 15 Königs eilends aus. Und der Befehl *f* wurde in der Burg Susan erlassen. Und der König und Haman saßen und tranken; aber die Stadt Susan war in Bestürzung.

Und als Mordokai alles erfuhr was **4** geschehen war, da zerriß Mordokai seine Kleider und legte Sacktuch an und Asche *g*; und er ging hinaus in die Stadt und erhob ein lautes und bitterliches Geschrei. Und er kam bis 2 vor das Tor des Königs; denn zum Tore des Königs durfte man nicht in einem Sackkleide eingehen. Und in 3 jeder einzelnen Landschaft, überall wohin das Wort des Königs und sein Befehl gelangte, war eine große Trauer bei den Juden, und Fasten und Weinen und Wehklage; viele saßen auf Sacktuch und Asche.

Und die Mägde Esthers und ihre 4 Kämmerer kamen und taten es ihr kund. Da geriet die Königin sehr in Angst. Und sie sandte Kleider, daß man sie Mordokai anziehe und sein Sacktuch von ihm wegnehme; aber er nahm sie nicht an. Da rief Esther 5 Hathak, einen von den Kämmerern des Königs, den er zu ihrem Dienste bestellt *h* hatte, und entbot ihn an Mordokai, um zu erfahren was das wäre, und warum es wäre. Da ging Hathak 6 zu Mordokai hinaus auf den Platz der Stadt, der vor dem Tore des Königs *lag*. Und Mordokai berichtete ihm al-7 les was ihm begegnet war, und den Betrag des Silbers, welches Haman versprochen hatte, in die Schatzkammern des Königs für *i* die Juden dar-

---

a Eig. der Zeitbegebenheiten. — *b* u. n. wahrsch. vom königlichen Geschlecht der Amalekiter. Agag war der Titel der amalekitischen Könige; vergl. 4. Mose 24, 7; 1. Sam. 15, 8. — *c* O. knieten nieder. — *d* O. die Sachen. — *e* Eig. Schätze; so auch Kap. 4, 7. — *f* O. das Edikt, der Erlaß. — *g* d. h. streute Asche auf sein Haupt. — *h* W. den er vor sie gestellt. — *i* Eig. um, gegen (als Tausch).

8 zuwägen, um sie umzubringen. Auch gab er ihm eine Abschrift des in Susan erlassenen schriftlichen Befehles, sie zu vertilgen: um sie der Esther zu zeigen und ihr kundzutun, und um ihr zu gebieten, daß sie zu dem König hineingehe, ihn um Gnade anzuflehen und für ihr Volk vor ihm zu bitten.

9 Und Hathak kam und berichtete 10 der Esther die Worte Mordokais. Da sprach Esther zu Hathak und entbot 11 ihn an Mordokai: Alle Knechte des Königs und das Volk der Landschaften des Königs wissen, daß für einen jeden, Mann und Weib, der zu dem König in den inneren Hof hineingeht, ohne daß er gerufen wird, e i n Gesetz gilt, *nämlich* daß er getötet werde; denjenigen ausgenommen, welchem der König das goldene Zepter entgegenreicht, daß er am Leben bleibe; i c h aber bin seit nunmehr dreißig Tagen nicht gerufen worden, um 12 zu dem König hineinzugehen. Und man berichtete Mordokai die Worte 13 Esthers. Und Mordokai ließ der Esther antworten: Denke nicht in deinem Herzen, daß du im Hause des Königs *allein* vor allen Juden entkom-14 men werdest. Denn wenn du in dieser Zeit irgend schweigst, so wird Befreiung und Errettung für die Juden von einem anderen Orte her erstehen; du aber und deines Vaters Haus, ihr werdet umkommen. Und wer weiß, ob du nicht für eine Zeit, wie diese, zum 15 Königtum gelangt bist? Da ließ Est-16 her dem Mordokai antworten: Gehe hin, versammle alle Juden, die sich in Susan befinden; und fastet meinethalben, und esset nicht und trinket nicht drei Tage lang, Nacht und Tag; auch i c h werde mit meinen Mägden ebenso fasten. Und alsdann will ich zu dem König hineingehen, was nicht nach dem Gesetz ist; und wenn 17 ich umkomme, so komme ich um! Und Mordokai ging hin und tat nach allem was Esther ihm geboten hatte.

5 Und es geschah am dritten Tage, da kleidete sich Esther königlich und trat in den inneren Hof des Hauses des Königs, dem Hause des Königs gegenüber. Und der König saß auf seinem königlichen Throne im königlichen Hause, dem Eingang des Hauses ge-2 genüber. Und es geschah, als der König die Königin Esther im Hofe stehen sah, erlangte sie Gnade in seinen Augen; und der König reichte Esther das goldene Zepter entgegen, das in seiner Hand war; und Esther nahte herzu und rührte die Spitze des Zep-3 ters an. Und der König sprach zu ihr: Was ist dir, Königin Esther? und was ist dein Begehr? Bis zur Hälfte des Königreiches, und sie soll dir gegeben 4 werden! Und Esther sprach: Wenn es den König gut dünkt, so möge der König und Haman heute zu dem Mahle kommen, das ich ihm bereitet habe. 5 Da sprach der König: Bringet eilends

Haman her, damit wir tun was Esther gesagt hat.

Und der König und Haman kamen zu dem Mahle, das Esther bereitet hatte. Und der König sprach zu Est- 6 her beim Weingelage: Was ist deine Bitte? und sie soll dir gewährt werden. Und was ist dein Begehr? Bis zur Hälfte des Königreiches, und es soll geschehen! Da antwortete Esther 7 und sprach: Meine Bitte und mein Begehr ist: Wenn ich Gnade gefunden 8 habe in den Augen des Königs, und wenn es den König gut dünkt, meine Bitte zu gewähren und mein Begehr zu tun, so möge der König und Haman zu dem Mahle kommen, das ich ihnen bereiten will; und morgen will ich tun nach dem Worte des Königs.

Und Haman ging an selbigem Tage 9 hinaus, fröhlich und guten Mutes. Als aber Haman den Mordokai im Tore des Königs sah, und daß er weder aufstand, noch sich vor ihm rührte, da ward Haman voll Grimmes über Mordokai; aber Haman bezwang sich. Und 10 als er in sein Haus gekommen war, sandte er hin und ließ seine Freunde und sein Weib Seresch kommen. Und 11 Haman erzählte ihnen von der Herrlichkeit seines Reichtums und von der Menge seiner Söhne; und alles, wie der König ihn groß gemacht, und wie er ihn erhoben habe über die Fürsten und Knechte des Königs. Und Ha- 12 man sprach: Auch hat die Königin Esther niemand mit dem König zu dem Mahle kommen lassen, das sie bereitet hatte, als nur mich; und auch auf morgen bin ich mit dem König von ihr geladen. Aber dieses alles gilt mir 13 nichts, solange ich Mordokai, den Juden, im Tore des Königs sitzen sehe. Da sprachen sein Weib Seresch und 14 alle seine Freunde zu ihm: Man richte einen Baum *a* her, fünfzig Ellen hoch; und am Morgen sage dem König, daß man Mordokai daran hänge. Dann gehe mit dem König fröhlich zum Mahle! Und das Wort dünkte Haman gut, und er ließ den Baum herrichten.

In jener Nacht floh den König der **6** Schlaf; und er befahl, das Gedächtnisbuch der Chroniken *b* zu bringen; und sie wurden vor dem König gelesen. Da fand sich geschrieben, daß Mordo- 2 kai über Bigthana und Teresch, die beiden Kämmerer des Königs, von denen, welche die Schwelle hüteten, berichtet hatte, daß sie danach getrachtet hätten, Hand an den König Ahasveros zu legen.

Und der König sprach: Welche Eh- 3 re und Auszeichnung ist dem Mordokai dafür erwiesen worden? Und die Diener des Königs, die ihn bedienten, sprachen: Es ist ihm nichts erwiesen worden. Da sprach der König: 4 Wer ist im Hofe? Und Haman war eben in den äußeren Hof des Königshauses gekommen, um dem König zu sagen, man möge Mordokai an den

---

a Eig. ein Holz; so auch Kap. 6, 4; 7, 9. 10. — *b* Eig. das Buch der Denkwürdigkeiten der Zeitereignisse. — *c* Eig. Knaben, Knappen; so auch V. 5.

Baum hängen, welchen er für ihn be-
5 reitet hatte. Und die Diener des Königs sprachen zu ihm: Siehe, Haman
steht im Hofe. Und der König sprach:
6 Er komme herein! Und Haman kam
herein. Und der König sprach zu ihm:
Was ist dem Manne zu tun, an dessen
Ehre der König Gefallen hat? Da dachte Haman in seinem Herzen: Wem
anders als mir sollte der König Ge-
7 fallen haben Ehre zu erweisen? Und
Haman sprach zu dem König: Der
Mann, an dessen Ehre der König Ge-
8 fallen hat — man bringe ein königliches Kleid, womit der König sich
bekleidet, und das Roß, auf welchem
der König reitet, und auf dessen Kopf
die königliche Krone gesetzt wird;
9 und man übergebe das Kleid und das
Roß den Händen eines der vornehmsten Fürsten des Königs; und man bekleide den Mann, an dessen Ehre der
König Gefallen hat, und man lasse
ihn auf dem Rosse durch die Straßen
der Stadt reiten und rufe vor ihm her:
Also wird dem Manne getan, an dessen Ehre der König Gefallen hat!
10 Da sprach der König zu Haman:
Eile, nimm das Kleid und das Roß,
wie du gesagt hast, und tue so mit
Mordokai, dem Juden, der im Tore
des Königs sitzt; laß nichts ausfallen
11 von allem was du gesagt hast. Und
Haman nahm das Kleid und das Roß,
und er bekleidete Mordokai, und ließ
ihn durch die Straßen der Stadt reiten und rief vor ihm her: Also wird
dem Manne getan, an dessen Ehre
der König Gefallen hat!
12 Und Mordokai kehrte zum Tore des
Königs zurück. Haman aber eilte nach
seinem Hause, traurig und mit ver-
13 hülltem Haupte. Und Haman erzählte
seinem Weibe Seresch und allen seinen Freunden alles was ihm begegnet war. Da sprachen seine Weisen
und sein Weib Seresch zu ihm: Wenn
Mordokai, vor dem du zu fallen angefangen hast, vom Samen der Juden
ist, so wirst du nichts gegen ihn vermögen, sondern du wirst gänzlich *a*
14 vor ihm fallen. Während sie noch mit
ihm redeten, kamen die Kämmerer
des Königs herbei und führten Haman
eilends zu dem Mahle, das Esther bereitet hatte.

7 Und der König und Haman kamen
zum Gelage *b* bei der Königin Esther.
2 Und der König sprach zu Esther auch
am zweiten Tage beim Weingelage:
Was ist deine Bitte, Königin Esther?
und sie soll dir gewährt werden. Und
was ist dein Begehr? Bis zur Hälfte
des Königreiches, und es soll gesche-
3 hen. Da antwortete die Königin Esther
und sprach: Wenn ich Gnade gefunden habe in deinen Augen, o König,
und wenn es den König gut dünkt,
so möge mir mein Leben geschenkt
werden um meiner Bitte willen, und
mein Volk um meines Begehrs willen.
4 Denn wir sind verkauft, ich und mein
Volk, um vertilgt, ermordet und um-

gebracht zu werden; und wenn wir
zu Knechten und Mägden verkauft
worden wären, so hätte ich geschwiegen, obgleich der Bedränger nicht imstande wäre *c*, den Schaden des Königs zu ersetzen. Da sprach der König 5
Ahasveros und sagte zu der Königin
Esther: Wer ist der, und wo ist der,
welchen sein Herz erfüllt hat, also zu
tun? Und Esther sprach: Der Bedrän- 6
ger und Feind ist dieser böse Haman!
Da erschrak Haman vor dem König
und der Königin. Und der König stand 7
in seinem Grimme auf von dem Weingelage *und qing* in den Garten des
Palastes. Haman aber blieb *zurück*,
um bei der Königin Esther für sein
Leben zu bitten; denn er sah, daß das
Unglück gegen ihn beschlossen war
von seiten des Königs. Und als der 8
König aus dem Garten des Palastes
in das Haus des Weingelages zurückkam, da war Haman auf das Polster
gesunken, auf welchem Esther saß.
Da sprach der König: Will er gar der
Königin Gewalt antun bei mir im
Hause? Das Wort ging aus dem Munde des Königs, da verhüllte man das
Angesicht Hamans. Und Harbona, 9
einer von den Kämmerern, *die vor*
dem König *standen*, sprach: Auch siehe, der Baum, welchen Haman für
Mordokai hat machen lassen, der Gutes für den König geredet hat, steht
im Hause Hamans, fünfzig Ellen hoch.
Und der König sprach: Hänget ihn
daran! Und man hängte Haman an 10
den Baum, welchen er für Mordokai
bereitet hatte. Und der Grimm des
Königs legte sich.

An selbigem Tage gab der König **8**
Ahasveros der Königin Esther das
Haus Hamans, des Widersachers der
Juden. Und Mordokai kam vor den
König, denn Esther hatte ihm kundgetan, was er ihr wäre. Und der Kö- 2
nig zog seinen Siegelring ab, den er
Haman weggenommen hatte, und gab
ihn Mordokai. Und Esther setzte Mordokai über das Haus Hamans.
Und Esther redete wiederum vor 3
dem König und fiel zu seinen Füßen
nieder; und sie weinte und flehte ihn
an, die Bosheit Hamans, des Agagiters, abzuwenden und seinen Anschlag,
den er wider die Juden ersonnen hatte. Und der König reichte Esther das 4
goldene Zepter entgegen. Da erhob
sich Esther und stand vor dem König;
und sie sprach: Wenn es dem König 5
gut dünkt, und wenn ich Gnade vor
ihm gefunden habe, und die Sache vor
dem König recht ist und ich ihm wohlgefällig bin, so werde geschrieben, die
Briefe zu widerrufen, *nämlich* den Anschlag Hamans, des Sohnes Hammedathas, des Agagiters, die er geschrieben hat, um die Juden umzubringen,
welche in allen Landschaften des Königs sind. Denn wie vermöchte ich 6
das Unglück anzusehen, das mein Volk
treffen wird? und wie vermöchte ich
den Untergang meines Geschlechts an-

---

a O. gewißlich. — *b* Eig. zu trinken. — *c* O. aber der Bedränger ist nicht usw.

7 zusehen? Und der König Ahasveros sprach zu der Königin Esther und zu Mordokai, dem Juden: Siehe, das Haus Hamans habe ich Esther gegeben, und ihn hat man an das Holz gehängt, darum daß er seine Hand an die Ju-
8 den gelegt hat. So schreibet ihr nun im Namen des Königs betreffs der Juden, wie es euch gut dünkt, und untersiegelt es mit dem Siegelringe des Königs. Denn eine Schrift, die im Namen des Königs geschrieben und mit dem Siegelringe des Königs untersiegelt, kann nicht widerrufen werden.
9 Da wurden die Schreiber des Königs gerufen zu selbiger Zeit, im dritten Monat, das ist der Monat Siwan, am dreiundzwanzigsten desselben; und es wurde nach allem, was Mordokai gebot, an die Juden geschrieben, und an die Satrapen und die Landpfleger und die Fürsten der Landschaften, die von Indien bis Aethiopien waren, hundertsiebenundzwanzig Landschaften, nach der Schrift jeder einzelnen Landschaft und nach der Sprache jedes einzelnen Volkes; und *auch* an die Juden nach ihrer Schrift und
10 nach ihrer Sprache. Und er schrieb im Namen des Königs Ahasveros und untersiegelte mit dem Siegelringe des Königs; und er sandte durch die berittenen Eilboten, welche auf den Rennern der königlichen Gestüte *a* ritten,
11 Briefe, *worin geschrieben stand*, daß der König den Juden, die in jeder einzelnen Stadt wären, gestattet habe, sich zu versammeln und für ihr Leben einzustehen, zu vertilgen, zu töten und umzubringen alle Heeresmacht von Volk und Landschaft, die sie, *ihre* Kinder und Weiber bedrängen wür-
12 den, und ihre Habe zu plündern: an einem Tage in allen Landschaften des Königs Ahasveros, am dreizehnten Tage des zwölften Monats, das ist der
13 Monat Adar. *Und* auf daß der Befehl in jeder einzelnen Landschaft erlassen würde, ward eine Abschrift des Schreibens allen Völkern bekannt gemacht, und zwar damit die Juden auf diesen Tag bereit wären, sich an ihren Fein-
14 den zu rächen. Die Eilboten, welche auf den königlichen Rennern ritten, zogen auf das Wort des Königs schleunig und eilends aus. Und der Befehl *b* wurde in der Burg Susan erlassen.
15 Und Mordokai ging von dem König hinaus in königlicher Kleidung von purpurblauer und weißer Baumwolle, und mit einer großen goldenen Krone, und in einem Mantel von Byssus und Purpur; und die Stadt Susan jauchzte
16 und war fröhlich. Den Juden war Licht und Freude und Wonne und Ehre *zu-
17 teil* geworden. Und in jeder einzelnen Landschaft und in jeder einzelnen Stadt, überall wohin das Wort des Königs und sein Befehl gelangte, war Freude und Wonne bei den Juden, Gastmahl und Festtag. Und viele aus den Völkern des Landes wurden Ju-

den, denn die Furcht vor den Juden war auf sie gefallen.

Und im zwölften Monat, das ist der Monat Adar, am dreizehnten Tage desselben, als das Wort des Königs und sein Befehl zur Ausführung kommen sollten, an dem Tage da die Feinde der Juden gehofft hatten, sie zu überwältigen, (es wandte sich aber, sodaß sie, die Juden, ihre Hasser überwäl-
2 tigten) da versammelten sich die Juden in ihren Städten, in allen Landschaften des Königs Ahasveros, um Hand an diejenigen zu legen, welche ihr Unglück suchten. Und niemand konnte vor ihnen bestehen, denn die Furcht vor ihnen war auf alle Völker
3 gefallen. Und alle Fürsten der Landschaften und die Satrapen und die Landpfleger und diejenigen, welche die Geschäfte des Königs besorgten, unterstützten die Juden; denn die Furcht vor Mordokai war auf sie ge-
4 fallen. Denn Mordokai war groß im Hause des Königs, und sein Ruf ging durch alle Landschaften; denn der Mann Mordokai wurde immerfort größer. Und die Juden richteten unter
5 allen ihren Feinden eine Niederlage an, indem sie sie erstachen, ermordeten und umbrachten *c*; und sie taten an ihren Hassern nach ihrem Wohlgefallen. Und in der Burg Susan töteten
6 die Juden und brachten um fünfhundert Mann; und sie töteten Parschan-
7 datha und Dalphon und Aspatha und
8 Poratha und Adalja und Aridatha und
9 Parmaschtha und Arisai und Aridai
10 und Wajesatha, die zehn Söhne Hamans, des Sohnes Hammedathas, des Widersachers der Juden; aber an die Beute legten sie ihre Hand nicht.

An selbigem Tage kam die Zahl der 11 in der Burg Susan Getöteten vor den König. Und der König sprach zu der 12 Königin Esther: In der Burg Susan haben die Juden fünfhundert Mann und die zehn Söhne Hamans getötet und umgebracht; was mögen sie in den übrigen Landschaften des Königs getan haben! Doch was ist deine Bitte? und sie soll dir gewährt werden. Und was ist noch dein Begehr? und es soll geschehen. Und Esther sprach: 13 Wenn es den König gut dünkt, so werde auch morgen den Juden, die in Susan sind, gestattet, nach dem heutigen Befehle zu tun; und die zehn Söhne 14 Hamans hänge man an das Holz. Da befahl der König, daß also geschehen sollte; und der Befehl wurde zu Susan erlassen, und man hängte die zehn Söhne Hamans. Und die Juden, die in 15 Susan waren, versammelten sich auch am vierzehnten Tage des Monats Adar und töteten in Susan dreihundert Mann; aber an die Beute legten sie ihre Hand nicht.

Und die übrigen Juden, die in den 16 Landschaften des Königs waren, versammelten sich und standen für ihr Leben ein und erhielten Ruhe vor

---

a Eig. auf den königlichen Rennern, Söhnen der Gestüte. — *b* O. das Edikt, der Erlaß. — *c* W. eine Niederlage des Schwertes, des Ermordens und des Umbringens.

ihren Feinden; und sie töteten unter ihren Hassern fünfundsiebenzigtausend; aber an die Beute legten sie 17 ihre Hand nicht. *Das geschah* am dreizehnten Tage des Monats Adar; und am vierzehnten des Monats *a* ruhten sie, und sie machten ihn zu einem Tage des Gastmahls und der Freude. 18 Aber die Juden, die in Susan waren, hatten sich am dreizehnten des Monats *a* und am vierzehnten des Monats *a* versammelt; und sie ruhten am fünfzehnten des Monats *a* und machten ihn zu einem Tage des Gastmahls 19 und der Freude. Darum feiern die Juden *des* platten Landes, die in den offenen Städten wohnen, den vierzehnten Tag des Monats Adar als *einen Tag der* Freude und *des* Gastmahls, und als einen Festtag, wo man einander Teile sendet *b*.

20 Und Mordokai schrieb diese Begebenheiten auf. Und er sandte Briefe an alle Juden, in allen Landschaften des Königs Ahasveros, die nahen und 21 die fernen, um ihnen festzusetzen *c*, daß sie den vierzehnten Tag des Monats *a* Adar und den fünfzehnten Tag desselben Jahr für Jahr feiern 22 sollten, als die Tage, an welchen die Juden Ruhe erlangt hatten vor ihren Feinden, und als den Monat, wo sich ihnen Kummer in Freude, und Trauer in einen Festtag verwandelt hatte — daß sie dieselben feiern sollten als Tage des Gastmahls und der Freude, wo man einander Teile sendet *b* und 23 Geschenke an die Armen *gibt*. Und die Juden nahmen *als Brauch* an, was sie zu tun angefangen, und was Mor-24 dokai ihnen geschrieben hatte. Denn Haman, der Sohn Hammedathas, der Agagiter, der Widersacher aller Juden, hatte gegen die Juden den Anschlag ersonnen, sie umzubringen, und hatte das Pur, das ist das Los, geworfen, um sie zu vertilgen und sie um-25 zubringen. Und als es vor den König kam, befahl er durch einen Brief, daß sein böser Anschlag, den er gegen die Juden ersonnen hatte, auf seinen Kopf zurückkehre; und man hängte ihn 26 und seine Söhne an das Holz. Darum nannte man diese Tage Purim, nach

dem Namen des Pur. Deshalb, wegen all der Worte dieses Briefes, sowohl dessen, was sie selbst davon gesehen hatten, als auch was zu ihnen gelangt war, setzten die Juden fest und nah-27 men auf sich und auf ihre Nachkommen und auf alle, die sich ihnen anschlossen, als eine ewige Satzung *d*, diese beiden Tage zu feiern, nach dem was darüber geschrieben worden war, und nach ihrer bestimmten Zeit, Jahr für Jahr; und daß diese Tage im Anden-28 ken bleiben und gefeiert werden sollten in jedem einzelnen Geschlecht, in jeder einzelnen Familie, in jeder einzelnen Landschaft und in jeder einzelnen Stadt; und daß diese Purimtage unter den Juden nicht untergehen, und ihr Andenken nicht aufhören sollte bei ihren Nachkommen.

Und die Königin Esther, die Toch-29 ter Abichails, und Mordokai, der Jude, schrieben mit allem Nachdruck, um diesen *e* zweiten Brief über die Purim festzusetzen. Und er sandte Briefe 30 an alle Juden, in die hundertsiebenundzwanzig Landschaften, das Königreich Ahasveros', Worte des Friedens und der Wahrheit *f*, um diese 31 Purimtage in ihren bestimmten Zeiten festzusetzen, so wie Mordokai, der Jude, und die Königin Esther *es* ihnen festgesetzt hatten, und wie sie *es* für sich selbst und für ihre Nachkommen festgesetzt hatten, *nämlich* die Angelegenheit der Fasten und ihrer Wehklage. Und der Befehl Esthers setzte 32 diese Purim-Angelegenheit fest, und er wurde in ein Buch geschrieben.

Und der König Ahasveros legte **10** dem Lande und den Inseln des Meeres eine Abgabe auf. Und alle Taten 2 seiner Gewalt und seiner Macht und die Beschreibung der Größe Mordokais, zu welcher *g* der König ihn erhob, sind sie nicht geschrieben in dem Buche der Chroniken der Könige der Meder und Perser? Denn Mordokai, 3 der Jude, war der Zweite nach dem König Ahasveros, und groß bei den Juden, und wohlgefällig der Menge seiner Brüder; er suchte das Wohl seines Volkes und redete zur Wohlfahrt seines ganzen Geschlechts *h*.

Das Buch Hiob

1 Es war ein Mann im Lande Uz *i*, sein Name war Hiob; und selbiger Mann war vollkommen *j* und rechtschaffen und gottesfürchtig und das Böse mei-2 dend. Und es wurden ihm sieben Söhne 3 und drei Töchter geboren. Und sein

Besitztum bestand in siebentausend Schafen *k* und dreitausend Kamelen und fünfhundert Joch Rindern und fünfhundert Eselinnen, und sehr vielem Gesinde. Und selbiger Mann war größer als alle Söhne des Ostens.

---

a Eig. desselben. — *b* Eig. und als gegenseitige Versendung von Teilen; vergl. Kap. 2, 9. — *c* Eig. als Obliegenheit festzusetzen; so auch V. 31. — *d* W. sodaß es nicht vergehe. — *e* d. h. den folgenden zweiten Brief über das Fasten. — *f* O. der Treue. — *g* O. wie. — *h* W. Samens. — *i* Wahrscheinlich im heutigen Hauran, einem Teile des Gebietes, welches jenseit des Jordan dem halben Stamme Manasse zufiel. — *j* O. unsträflich, untadelig. — *k* Eig. *Stück* Kleinvieh.

4 Und seine Söhne gingen hin und machten in dem Hause eines jeden ein Gastmahl an seinem Tage; und sie sandten hin und luden ihre drei Schwestern, um mit ihnen zu essen und 5 zu trinken. Und es geschah, wenn die Tage des Gastmahls herum waren, so sandte Hiob hin *a* und heiligte sie; und er stand des Morgens früh auf und opferte Brandopfer nach ihrer aller Zahl; denn Hiob sprach: Vielleicht haben meine Kinder gesündigt und sich in ihrem Herzen von Gott losgesagt *b*. Also tat Hiob allezeit.

6 Und es geschah eines Tages, da kamen die Söhne Gottes, um sich vor Jehova zu stellen; und auch der Sa-7 tan *c* kam in ihrer Mitte. Und Jehova sprach zum Satan: Wo kommst du her? Und der Satan antwortete Jehova und sprach: Vom Durchstreifen der Erde und vom Umherwandeln auf 8 ihr. Und Jehova sprach zum Satan: Hast du achtgehabt auf meinen Knecht Hiob? denn seinesgleichen ist kein Mann auf Erden, vollkommen und rechtschaffen, gottesfürchtig und das 9 Böse meidend. Und der Satan antwortete Jehova und sprach: Ist es umsonst, 10 daß Hiob Gott fürchtet? Hast du nicht selbst ihn und sein Haus und alles was er hat ringsum eingezäunt? Du hast das Werk seiner Hände gesegnet, und sein Besitztum hat sich ausgebreitet 11 im Lande. Aber strecke einmal deine Hand aus und taste alles an was er hat, ob er sich nicht offen *d* von dir 12 lossagen wird. Da sprach Jehova zum Satan: Siehe, alles was er hat ist in deiner Hand; nur nach ihm strecke deine Hand nicht aus. Und der Satan ging von dem Angesicht Jehovas hinweg.

13 Und es geschah eines Tages, als seine Söhne und seine Töchter im Hause ihres erstgeborenen Bruders aßen und 14 Wein tranken, da kam ein Bote zu Hiob und sprach: Die Rinder pflügten, und die Eselinnen weideten neben ih-15 nen, da fielen Sabäer ein und nahmen sie weg, und die Knechte *e* erschlugen sie mit der Schärfe des Schwertes; und ich bin entronnen, nur ich allein, um 16 dir zu berichten. Dieser redete noch, da kam ein anderer und sprach: Feuer Gottes ist vom Himmel gefallen und hat das Kleinvieh und die Knechte *e* verbrannt und sie verzehrt; und ich bin entronnen, nur ich allein, um es 17 dir zu berichten. Dieser redete noch, da kam ein anderer und sprach: Die Chaldäer haben drei Haufen gebildet und sind über die Kamele hergefallen und haben sie weggenommen, und die Knechte *e* haben sie mit der Schärfe des Schwertes erschlagen; und ich bin entronnen, nur ich allein, um es dir zu 18 berichten. Während dieser *noch* redete, da kam ein anderer und sprach: Deine

Söhne und deine Töchter aßen und tranken Wein im Hause ihres erstge-19 borenen Bruders; und siehe, ein starker Wind kam von jenseit der Wüste her und stieß an die vier Ecken des Hauses, und es fiel auf die jungen Leute, und sie starben; und ich bin entronnen, nur ich allein, um es dir zu berichten. — Da stand Hiob auf und 20 zerriß sein Gewand und schor sein Haupt; und er fiel zur Erde nieder und betete an. Und er sprach: Nackt 21 bin ich aus meiner Mutter Leibe gekommen, und nackt werde ich dahin zurückkehren *f*; Jehova hat gegeben, und Jehova hat genommen, der Name Jehovas sei gepriesen! Bei diesem al-22 lem sündigte Hiob nicht und schrieb Gott nichts Ungereimtes zu.

Und es geschah eines Tages, da ka- **2** men die Söhne Gottes, um sich vor Jehova zu stellen; und auch der Satan kam in ihrer Mitte, um sich vor Jeho-2 va zu stellen. Und Jehova sprach zum Satan: Von woher kommst du? Und der Satan antwortete Jehova und sprach: Vom Durchstreifen der Erde und vom Umherwandeln auf ihr. Und 3 Jehova sprach zum Satan: Hast du achtgehabt auf meinen Knecht Hiob? denn seinesgleichen ist kein Mann auf Erden, vollkommen und rechtschaffen, gottesfürchtig und das Böse meidend; und noch hält er fest an seiner Vollkommenheit *g*, wiewohl du mich wider ihn gereizt hast, ihn ohne Ursache zu verschlingen. Und der Satan antwor-4 tete Jehova und sprach: Haut um Haut, ja, alles was der Mensch hat, gibt er um sein Leben. Aber strecke einmal 5 deine Hand aus und taste sein Gebein und sein Fleisch an, ob er sich nicht offen *d* von dir lossagen wird. Und Je-6 hova sprach zum Satan: Siehe, er ist in deiner Hand; nur schone seines Lebens. Und der Satan ging von dem Angesicht Jehovas hinweg, und er schlug 7 Hiob mit bösen Geschwüren *h*, von seiner Fußsohle bis zu seinem Scheitel. Und er nahm einen Scherben, um sich 8 damit zu schaben; und er saß mitten in der Asche. Da sprach sein Weib zu 9 ihm: Hältst du noch fest an deiner Vollkommenheit? Sage doch los von Gott und stirb! Und er sprach zu ihr: 10 Du redest, wie eine der Törinnen *i* redet. Wir sollten das Gute vom Gott annehmen, und das Böse sollten wir nicht auch annehmen? Bei diesem allem sündigte Hiob nicht mit seinen Lippen.

Und die drei Freunde Hiobs hörten 11 all dieses Unglück, das über ihn gekommen war; und sie kamen, ein jeder aus seinem Orte: Eliphas, der Temaniter, und Bildad, der Schuchiter *j*, und Zophar, der Naamathiter; und sie verabredeten sich miteinander zu kommen, um ihm ihr Beileid zu bezeugen

---

a d. h. er ließ sie holen. — *b* Das hebr. Zeitwort bedeutet eigentlich: jemand Lebewohl sagen, und daher, in Verbindung mit Gott, sich lossagen, ihn fahren lassen; so auch V. 11; 2, 5. 9. — *c* d. i. der Widersacher, Ankläger; vergl. Ps. 109, im Angesicht. — *d* W. ins Angesicht. — *e* Eig. Knaben, Knappen. — *f* Vergl. Pred. 5, 15. — *g* O. Unsträflichkeit; so auch V. 9. — *h* O. bösartigen Beulen. — *i* zugl. Ruchlosen; vergl. 1. Sam. 25, 25, Anm. *c* und *d*. — *j* d. h. von Schuach.

12 und ihn zu trösten. Und sie erhoben ihre Augen von ferne und erkannten ihn nicht; da erhoben sie ihre Stimme und weinten, und sie zerrissen ein jeder sein Gewand und streuten Staub 13 auf ihre Häupter himmelwärts. Und sie saßen mit ihm auf der Erde sieben Tage und sieben Nächte lang; und keiner redete ein Wort zu ihm, denn sie sahen, daß der Schmerz sehr groß war.

3 Danach tat Hiob seinen Mund auf und verfluchte seinen Tag. Und Hiob 2 hob an und sprach:
3 Es verschwinde *a* der Tag, an dem ich geboren wurde, und die Nacht, welche sprach: Ein Knäblein ist empfangen!
4 Jener Tag sei Finsternis! nicht frage Gott *b* nach ihm droben, und nicht er-
5 glänze über ihm das Licht! Finsternis und Todesschatten mögen ihn einlösen, Gewölk lagere sich über ihm, es schrek-
6 ken ihn Tagesverfinsterungen! Jene Nacht — Dunkel ergreife sie; sie freue sich nicht unter den Tagen des Jahres, in die Zahl der Monde komme sie nicht!
7 Siehe, jene Nacht sei unfruchtbar, es
8 trete kein Jubel in sie ein! Verwünschen mögen sie die Verflucher des Tages, die fähig *c* sind, den Leviathan aufzurei-
9 zen *d*! Verfinstert seien die Sterne ihrer Dämmerung; sie harre auf Licht, und da sei keines; und nicht schaue sie
10 die *e* Wimpern der Morgenröte! Denn sie hat die Pforte meines Mutterschoßes nicht verschlossen und Mühsal nicht
11 verborgen vor meinen Augen. — Warum starb ich nicht von Mutterleibe an, kam aus dem Schoße hervor und ver-
12 schied? Weshalb kamen Knie mir entgegen, und wozu Brüste, daß ich sog?
13 Denn jetzt würde ich liegen und rasten, ich würde schlafen: dann hätte
14 ich Ruhe — mit Königen und Räten der Erde, welche sich veröde Plätze *f*
15 erbauten, oder mit Fürsten, die Gold hatten, die ihre Häuser mit Silber füll-
16 ten; oder, gleich einer verborgenen Fehlgeburt, wäre ich nicht da, gleich Kindern, die das Licht nicht erblickt
17 haben. Dort lassen die Bösen *g* ab vom Toben, und dort ruhen die an Kraft
18 Erschöpften, rasten die Gefangenen allesamt, hören nicht die Stimme des
19 Treibers. Der Kleine und der Große, dort sind sie gleich *h*, und der Knecht ist frei von seinem Herrn.
20 Warum gibt er dem Mühseligen Licht, und Leben denen, die bitterer
21 Seele sind; die auf den Tod harren, und er ist nicht da, und die nach ihm graben, mehr als nach verborgenen
22 Schätzen; die sich freuen bis zum Jubel, Wonne haben, wenn sie das Grab

finden; — dem Manne, dessen Weg *ihm* 23 verborgen ist, und den Gott eingeschlossen hat ringsum? Denn gleich *i* 24 meinem Brote kommt mein Seufzen, und wie Wasser ergießt sich mein Gestöhn. Denn ich fürchtete einen Schrek- 25 ken, und er traf mich, und vor dem mir bangte, das kam über mich. Ich 26 war nicht ruhig, und ich rastete nicht und ruhte nicht, da kam das Toben *j*.

Und Eliphas, der Temaniter, antwor- **4** tete und sprach:
Wenn man ein Wort an dich ver- 2 sucht, wird es dich verdrießen? Doch die Worte zurückzuhalten, wer vermöchte es? Siehe, du hast viele unter- 3 wiesen *k*, und erschlaffte Hände stärktest du; den Strauchelnden richteten 4 deine Worte auf, und sinkende Knie hast du befestigt. Doch nun kommt es 5 an dich, und es verdrießt dich; es erreicht dich, und du bist bestürzt. Ist 6 nicht deine *Gottes*furcht deine Zuversicht, die Vollkommenheit deiner Wege deine Hoffnung? Gedenke doch: Wer 7 ist als Unschuldiger umgekommen, und wo sind Rechtschaffene vertilgt worden? So wie ich es gesehen habe: die 8 Unheil pflügen und Mühsal säen, ernten es. Durch den Odem Gottes kom- 9 men sie um, und durch den Hauch seiner Nase vergehen sie. Das Brüllen des 10 Löwen und des Brüllers Stimme *sind verstummt*, und die Zähne der jungen Löwen sind ausgebrochen; der Löwe 11 kommt um aus Mangel an Raub, und die Jungen der Löwin werden zerstreut *l*.

Und zu mir gelangte verstohlen ein 12 Wort, und mein Ohr vernahm ein Geflüster davon. In Gedanken, welche 13 Nachtgesichte hervorrufen, wenn tiefer Schlaf die Menschen befällt, kam 14 Schauer über mich und Beben, und durchschauerte alle meine Gebeine; und ein Geist *m* zog vor meinem Ange- 15 sicht vorüber, das Haar meines Leibes starrte empor. Es stand da, und ich erkannte sein Aussehen nicht; ein Bild war vor meinen Augen, ein Säuseln und eine Stimme hörte ich:
Sollte ein Mensch gerechter sein als 17 Gott, oder ein Mann reiner als der ihn gemacht hat? Siehe, auf seine Knechte 18 vertraut er nicht, und seinen Engeln legt er Irrtum *n* zur Last: wieviel mehr 19 denen, die in Lehmhäusern wohnen, deren Grund im Staube ist! Wie Motten werden sie zertreten. Von Morgen 20 bis Abend *o* werden sie zerschmettert; ohne daß man's beachtet, kommen sie um auf ewig. Ist es nicht so? wird ihr 21 Zeltstrick an ihnen weggerissen *p*, so sterben sie, und nicht in Weisheit.

---

a Eig. gehe zu Grunde. — *b* Eloah; so gewöhnlich in Hiob. In Kap. 1, 1. 5. 6. 8. 9. 16. 22; 2, 1. 3. 9. 10; 5, 8; 20, 29; 28, 23; 32, 2; 34, 9; 38, 7 steht Elohim. — *c* Eig. geschickt. — *d* Wahrsch. eine Anspielung auf die Zauberer, welche, dem Volksaberglauben zufolge, den Drachen, den Feind der Sonne und des Mondes, anhetzen, sodaß er diese verschlingt und dadurch Sonnen- und Mondfinsternisse verursacht. — *e* Eig. nicht sehe sie ihre Lust an den. — *f* d. h. entw. veröd. Paläste usw., od. öde Grabkammern. — *g* Andersw: Gesetzlosen. — *i* O. vor. — *j* O. Ich bin nicht ruhig, und ich raste nicht und ruhe nicht, da kommt *neues* Toben. — *k* O. zurechtgewiesen. — *l* Eig. zerstieben. — *m* O. ein Hauch. — *n* And. L.: Torheit. — *o* d. h. in sehr kurzer Zeit. — *p* Der Mensch wird hier mit einem Zelte verglichen, welches durch Stricke und Pflöcke befestigt wird.

5 Rufe doch, ob einer da ist, der dir antwortet! und an welchen der Heili-
2 gen willst du dich wenden? Denn den Narren erwürgt der Gram, und den
3 Einfältigen tötet den Eifer a. Ich, ich sah den Narren Wurzel schlagen, und
alsbald verwünschte ich seine Woh-
4 nung. Fern blieben seine Kinder vom Glück b; und sie wurden im Tore zer-
5 treten, und kein Erretter war da. Seine c Ernte verzehrte die Hungrige, und bis aus den Dornhecken nahm er
sie weg; und nach ihrem Vermögen
6 schnappte die Schlinge d. Denn nicht aus dem Staube geht Unheil hervor, und nicht sproßt Mühsal aus dem Erd-
7 boden; sondern der Mensch ist zur Mühsal geboren, wie die Funken sich erheben im Fluge.
8 Ich jedoch würde Gott e suchen und
9 Gott meine Sache darlegen f, der Gro-ßes und Unerforschliches tut, Wunder
10 bis zur Unzahl; der Regen gibt auf die Fläche der Erde, und Wasser sen-
11 det auf die Fläche der Flur; um Nie-drige in die Höhe zu setzen, und Trau-
12 ernde steigen empor zum Glück. Der zunichte macht die Anschläge der Li-stigen, und ihre Hände führen den
13 Plan g nicht aus; der die Weisen er-haschet in ihrer List, und der Ver-
14 schmitzten Rat überstürzt sich. Bei Tage stoßen sie auf Finsternis, und am Mittag tappen sie wie bei der Nacht.
15 Und er rettet vom Schwerte, von ih-rem Munde, und aus der Hand des
16 Starken den Dürftigen. So wird dem Armen Hoffnung, und die Ungerech-tigkeit verschließt ihren Mund.
17 Siehe, glückselig der Mensch, den Gott straft h! So verwirf denn nicht
18 die Züchtigung des Allmächtigen. Denn er bereitet Schmerz und verbindet, er
19 zerschlägt, und seine Hände heilen. In sechs Drangsalen wird er dich erret-ten, und in sieben wird dich kein Uebel
20 antasten. In Hungersnot erlöst er dich vom dem Tode, und im Kriege von der
21 Gewalt des Schwertes. Vor der Zunge Geißel wirst du geborgen sein, und du wirst dich nicht fürchten vor der
22 Verwüstung, wenn sie kommt. Der Verwüstung und des Hungers wirst du lachen, und vor dem Getier der Erde
23 wirst du dich nicht fürchten; denn dein Bund wird mit den Steinen des Feldes sein, und das Getier des Feldes wird
24 Frieden mit dir haben i. Und du wirst erfahren, daß dein Zelt in Frieden ist, und überschaust du deine Wohnung,
25 so wirst du nichts vermissen; und du wirst erfahren, daß deine Nachkom-menschaft zahlreich sein wird, und deine Sprößlinge gleich dem Kraut der
26 Erde. Du wirst in Rüstigkeit in das Grab kommen j, wie der Garbenhaufen

eingebracht wird zu seiner Zeit. —
Siehe, dieses, wir haben es erforscht, 27 so ist es; höre es, und du, merke es dir!

Und Hiob antwortete und sprach: **6**
O daß mein Gram doch gewogen würde, und man mein Mißgeschick auf 2 die Wagschale legte allzumal! Denn 3 dann würde es schwerer sein als der Sand der Meere; darum sind unbeson-nen k meine Worte. Denn die Pfeile 4 des Allmächtigen sind in mir, ihr Gift trinkt mein Geist; die Schrecken Got-tes stellen sich in Schlachtordnung wider mich auf. Schreit ein Wildesel 5 beim Grase, oder brüllt ein Rind bei sei-nem Futter? Wird Fades, Salzloses ge- 6 gessen? oder ist Geschmack im Eiweiß l? Was meine Seele sich weigerte anzu- 7 rühren, das ist wie meine ekle Speise.

O daß doch meine Bitte einträfe, und 8 Gott mein Verlangen gewährte, daß es 9 Gott gefiele, mich zu zermalmen, daß er seine Hand losmachte und mich ver-nichtete m! So würde noch mein Trost 10 sein, und ich würde frohlocken in scho-nungsloser Pein, daß ich die Worte des Heiligen nicht verleugnet habe. Was 11 ist meine Kraft, daß ich ausharren, und was mein Ende, daß ich mich gedulden sollte? Ist Kraft der Steine meine Kraft, 12 oder ist mein Fleisch von Erz? Ist es 13 nicht also, daß keine Hilfe in mir, und *jede* Kraft n aus mir vertrieben ist?

Dem Verzagten gebührt Milde von 14 seinem Freunde, sonst wird er die Furcht des Allmächtigen verlassen o. Meine Brüder haben sich trügerisch 15 erwiesen wie ein Wildbach, wie das Bett der Wildbäche, welche hinschwin-den, welche trübe sind von Eis, in die 16 der Schnee sich birgt. Zur Zeit wenn 17 sie erwärmt werden, versiegen sie; wenn es heiß wird, sind sie von ihrer Stelle verschwunden p. Es schlängeln 18 sich die Pfade ihres Laufes, ziehen hin-auf in die Oede q und verlieren sich. r Es blickten hin die Karawanen Temas, 19 die Reisezüge Schebas hofften auf sie: sie wurden beschämt, weil sie *auf sie* 20 vertraut hatten, sie kamen hin und wurden zu Schanden. Denn jetzt seid 21 ihr zu nichts geworden; ihr sehet einen Schrecken und fürchtet euch. Habe ich 22 etwa gesagt: Gebet mir, und machet mir ein Geschenk von eurem Vermö-gen; und befreiet mich aus der Hand 23 des Bedrängers, und erlöset mich aus der Hand der Gewalttätigen?

Belehret mich, und ich will schwei- 24 gen; und gebet mir zu erkennen, worin ich geirrt habe. Wie eindringlich sind 25 richtige Worte! Aber was tadelt der Tadel, der von euch kommt? Ge- 26 denket ihr Reden zu tadeln? für den Wind sind ja die Worte eines Verzwei-felnden! Sogar den Verwaisten würdet 27

---

a O. die Erbitterung. — b O. von Hilfe. — c Eig. Dessen. — d O. schnappten Durstige.
— e El. — f O. anheimstellen. — g Eig. das was fördert und nützt. — h O. zurecht-weist. — i O. dir befreundet sein. — j d. h. rüstig sein bis an das Grab. — k O. verwegen. — l And.: im Burzelkrautschleim. — m Eig. abschnitte. — n Eig. Förde-rung. — o O. Trifft den Verzagten Unglimpf . . ., so verläßt er usw. — p Eig. erlo-schen. — q O. gehen auf in Oede, d. h. verflüchtigen sich an der Sonne. — r And. üb.: Karawanen biegen ab von ihrem Wege, ziehen hinauf in die Oede und kommen um.

ihr verloset, und über euren Freund
28 einen Handel abschließen. Und nun,
laßt es euch gefallen, auf mich hinzu-
blicken: euch ins Angesicht werde ich
29 doch wahrlich nicht lügen. Kehret doch
um, es geschehe kein Unrecht; ja, kehret noch um, um meine Gerechtigkeit
30 handelt es sich a! Ist Unrecht auf meiner Zunge? oder sollte mein Gaumen
Frevelhaftes nicht unterscheiden?

7 Hat der Mensch nicht einen harten
Dienst b auf Erden, und sind seine
Tage nicht wie die Tage eines Tage-
2 löhners? Wie ein Knecht, der sich
nach dem Schatten sehnt, und wie
ein Tagelöhner, der seines Lohnes
3 harrt, so sind mir zuteil geworden
Monde der Nichtigkeit c, und Nächte
4 der Mühsal mir zugezählt. Wenn ich
mich niederlege, so spreche ich: Wann
werde ich aufstehen? und der Abend
dehnt sich hin, und ich werde des
Umherwerfens satt bis zur Dämme-
5 rung. Mein Fleisch ist bekleidet mit
Gewürm und Erdkrusten, meine Haut
6 zieht sich zusammen und eitert. Meine
Tage gleiten schneller dahin als ein
Weberschiffchen, und schwinden ohne
Hoffnung.
7 Gedenke, daß mein Leben ein Hauch
ist! Nicht wird mein Auge das Glück
8 wiedersehen. Nicht mehr wird mich
schauen das Auge des mich Sehenden; richtest du deine Augen auf
9 mich, so bin ich nicht mehr. Die Wolke schwindet und fährt dahin; so
steigt, wer in den Scheol hinabfährt,
10 nicht wieder herauf. Nicht mehr kehrt
er zurück zu seinem Hause, und seine Stätte erkennt ihn nicht mehr.
11 So will auch ich meinen Mund nicht
zurückhalten, will reden in der Bedrängnis meines Geistes, will klagen
in der Bitterkeit meiner Seele.
12 Bin ich ein Meer, oder ein Seeungeheuer, daß du eine Wache wider
13 mich aufstellst? Wenn ich sage: Trösten wird mich mein Bett, mein Lager wird tragen helfen meine Klage,
14 so erschreckst du mich mit Träumen,
und durch Gesichte ängstigst du mich,
15 sodaß meine Seele Erstickung vor-
zieht, den Tod lieber wählt als meine
16 Gebeine d. Ich bin's überdrüssig e —
nicht ewiglich werde ich ja leben:
Laß ab von mir! denn ein Hauch
17 sind meine Tage. Was ist der Mensch,
daß du ihn hochhältst, und daß du dein
18 Herz f auf ihn richtest, und alle Morgen ihn heimsuchst g, alle Augenblicke
19 ihn prüfst? Wie lange willst du nicht
von mir wegblicken, nicht von mir
ablassen, bis ich meinen Speichel ver-
20 schlucke? Habe ich gesündigt, was
tat ich dir an, du Beobachter der Menschen? Warum hast du mich dir zum
Angriffspunkt gesetzt, daß ich mir
21 selbst zur Last geworden bin? Und warum vergibst du nicht meine Uebertre-

tung und lässest nicht vorübergehen
meine Missetat? Denn nun werde ich
in den Staub mich legen, und suchst du
nach mir, so bin ich nicht mehr.

Und Bildad, der Schuchiter, antwor- **8**
tete und sprach:
2 Wie lange willst du reden, reden,
und sollen die Worte deines Mundes
ungestümer Wind sein? Wird Gott h 3
das Recht beugen, oder wird der Allmächtige beugen die Gerechtigkeit?
4 Wenn deine Kinder gegen ihn gesündigt haben, so gab er sie ihrer Uebertretung preis. Wenn du Gott h eifrig 5
suchst und zu dem Allmächtigen um
Gnade flehst, wenn du lauter und 6
rechtschaffen bist, ja, dann wird er
zu deinen Gunsten aufwachen und
Wohlfahrt geben der Wohnung deiner Gerechtigkeit; und dein Anfang 7
wird gering erscheinen, aber dein Ende
sehr groß werden.
8 Denn befrage doch das vorige Geschlecht, und richte deinen Sinn auf das
was ihre Väter erforscht haben. (Denn 9
wir sind von gestern und wissen nichts,
denn ein Schatten sind unsere Tage
auf Erden.) Werden jene dich nicht 10
belehren, dir's sagen, und Worte aus
ihrem Herzen hervorbringen?
11 Schießt Papierschilf auf, wo kein
Sumpf ist? wächst Riedgras empor
ohne Wasser? Noch ist es am Grü- 12
nen, wird nicht ausgerauft, so verdorrt es vor allem Grase. Also sind 13
die Pfade aller, die Gottes h vergessen; und des Ruchlosen Hoffnung
geht zu Grunde. Sein Vertrauen wird 14
abgeschnitten, und seine Zuversicht
ist ein Spinnengewebe. Er stützt sich 15
auf sein Haus, und es hält nicht stand;
er hält sich daran fest, und es bleibt
nicht aufrecht. — Saftvoll ist er vor 16
der Sonne, und seine Schößlinge deh-
nen sich aus über seinen Garten hin;
über Steinhaufen schlingen sich sei- 17
ne Wurzeln, er schaut die i Wohnung
der Steine; wenn er j ihn wegreißt 18
von seiner Stätte, so verleugnet sie
ihn: „Ich habe dich nie gesehen!"
Siehe, das ist die Freude seines We- 19
ges; und aus dem Staube sprossen andere hervor.
Siehe, Gott h wird den Vollkomme- 20
nen k nicht verwerfen, und nicht bei
der Hand fassen die Uebeltäter. Wäh- 21
rend er deinen Mund mit Lachen füllen wird und deine Lippen mit Jubelschall, werden deine Hasser beklei- 22
det werden mit Scham, und das Zelt
der Gesetzlosen wird nicht mehr sein.

Und Hiob antwortete und sprach: **9**
Wahrlich, ich weiß, daß es also ist;
und wie könnte ein Mensch gerecht 2
sein vor Gott l? Wenn er Lust hat, 3
mit ihm zu rechten, so kann er ihm
auf tausend nicht eins antworten. Er 4
ist weise von Herzen und stark an
Kraft: wer hat sich wider ihn ver-

---

a W. meine Gerechtigkeit ist darin. — b O. eine Dienstzeit; eig. Kriegsdienst,
dann auch: mühseliges Leben. — c O. Täuschung. — d d. h. wahrsch. meinen zum
Skelett abgemagerten Leib. — e Eig. Ich verschmähe. — f O. deinen Sinn. —
g O. dich um ihn kümmerst. — h El. — i O. drängt sich hindurch in die. — j d. h.
Gott. — k S. die Anm. zu Kap. 1, 1. — l O. recht haben Gott (El) gegenüber.

härtet und ist unversehrt geblieben?
5 Der Berge versetzt, ehe sie es merken,
er, der sie umkehrt *a* in seinem Zorn;
6 der die Erde aufbeben macht von ihrer
Stätte, und ihre Säulen erzittern;
7 der der Sonne befiehlt, und sie geht
nicht auf, und der die Sterne versie-
8 gelt; der die Himmel ausspannt, er
allein, und einherschreitet auf *b* den Hö-
9 hen des Meeres; der den großen Bären
gemacht hat, den Orion und das Siebengestirn und die Kammern des Sü-
0 dens *c*; der Großes tut, daß es nicht
zu erforschen, und Wundertaten, daß
sie nicht zu zählen sind.
1 Siehe, er geht an mir vorüber, und
ich sehe ihn nicht, und er zieht vor-
2 bei, und ich bemerke ihn nicht. Siehe, er rafft dahin, und wer will ihn
wehren? wer zu ihm sagen: Was tust
3 du? Gott wendet seinen Zorn nicht
ab, unter ihn beugen *d* sich Rahabs
4 Helfer *e*. Wieviel weniger könnte i c h
ihm antworten, meine Worte wählen
5 ihm gegenüber! der ich, wenn ich gerecht wäre *f*, nicht antworten könnte — um Gnade würde ich flehen zu
6 meinem Richter. Wenn ich riefe, und
er mir antwortete, nicht würde ich
glauben, daß er meiner Stimme Ge-
7 hör schenken würde: er, der mich
zermalmt durch ein Sturmwetter, und
meine Wunden mehrt ohne Ursache;
8 er erlaubt mir nicht Atem zu holen,
denn er sättigt mich mit Bitterkeiten.
9 Wenn es auf Kraft des Starken an-
kommt, *so sagt er*: „Siehe hier!“ und
wenn auf Recht —: „Wer will mich
0 vorladen?“ Wenn ich auch gerecht
wäre, so würde mein Mund mich *doch*
verdammen; wäre ich vollkommen *g*,
so würde er mich für verkehrt erklären.
1 Vollkommen *g* bin ich; ich kümmert mich meine Seele, ich verachte
2 mein Leben *h*; es ist eins! Darum sage ich: Den Vollkommenen und den
3 Gesetzlosen vernichtet er. Wenn die
Geißel plötzlich tötet, so spottet er
4 der Prüfung *i* der Unschuldigen. Die
Erde ist in die Hand des Gesetzlosen
gegeben, das Angesicht ihrer Richter
verhüllt er. — Wenn *er es* nun nicht
ist, wer anders?
5 Und meine Tage eilen schneller
dahin als ein Läufer, sie entfliehen,
6 schauen das Glück nicht. Sie ziehen *j*
vorüber gleich Rohrschiffen, wie ein
Adler, der auf Fraß herabstürzt.
7 Wenn ich sage: Ich will meine Klage
vergessen, will mein Angesicht glät-
8 ten *k* und mich erheitern, so bangt
mir vor allen meinen Schmerzen; ich
weiß, daß du mich nicht für schuld-
9 los halten wirst.
9 Ich m u ß schuldig *l* sein; wozu soll

ich mich denn nutzlos abmühen?
30 Wenn ich mich mit Schnee wüsche,
und meine Hände mit Lauge reinigte,
31 alsdann würdest du mich in die Grube tauchen, und meinen eigenen Klei-
32 dern würde vor mir ekeln. Denn er
ist nicht ein Mann wie ich, daß ich
ihm antworten dürfte, daß wir miteinander vor Gericht gehen könnten.
33 Es gibt zwischen uns keinen Schieds-
mann, daß er seine Hand auf uns bei-
34 de legte. Er tue seine Rute von mir
weg, und sein Schrecken ängstige
35 mich nicht: so will ich reden und ihn
nicht fürchten; denn nicht also steht
es bei mir.

10 Meine Seele ist meines Lebens
überdrüssig; ich will meiner Klage
in mir freien Lauf lassen, will reden
2 in der Bitterkeit meiner Seele. Ich
will zu Gott sagen: Verdamme mich
nicht! laß mich wissen, worüber du mit
3 mir rechtest. Gefällt es dir, daß du bedrückst, daß du die Arbeit deiner Hände
verwirfst und über den Rat der Gesetzlosen *dein Licht* leuchten lässest?
4 Hast du Augen des Fleisches, oder siehst
5 du, wie ein Mensch sieht? Sind deine
Tage wie die Tage eines Menschen, oder
deine Jahre wie die Tage eines Man-
6 nes? daß du nach meiner Ungerechtigkeit *m* suchst und nach meiner Sün-
7 de forschest, obwohl du weißt, daß
ich nicht schuldig bin, und daß nie-
8 mand ist, der aus deiner Hand errette?
Deine Hände haben mich ganz gebildet und gestaltet rund um, und
9 du verschlingst mich! Gedenke doch,
daß du wie Ton mich gestaltet —
zum Staube willst du mich zurück-
10 kehren lassen! Hast du mich nicht
hingegossen wie Milch, und mich Käse
11 gleich gerinnen lassen? Mit Haut und
Fleisch hast du mich bekleidet, und
mit Knochen und Sehnen mich durch-
12 flochten. Leben und Huld hast du mir
gewährt, und deine Obhut bewahrte
13 meinen Geist. Doch solches bargest
du in deinem Herzen; ich weiß, daß
14 dieses bei dir war *n*: Wenn ich sündigte, so würdest du mich beobachten,
und von meiner Missetat mich nicht
15 freisprechen. Wenn ich schuldig wäre, wehe mir! und wäre ich gerecht,
so dürfte ich mein Haupt nicht erheben, gesättigt von Schande und mein
16 Elend schauend. Und richtete es sich
empor, wie ein Löwe würdest du
mich jagen, und immer wieder deine
17 Wunderkraft an mir erweisen. Du
würdest deine Zeugen mir gegenüber
erneuern *o* und deinen Zorn wider
mich mehren, stets frische Scharen und
ein Heer *p* wider mich *entbieten*.
18 Warum hast du mich doch aus Mut-

---

a And. üb.: merken, daß sie umgekehrt hat. — *b* O. über. — *c* d. h. den südlichen
Sternenhimmel. — *d* Eig. beugten. — *e* Vergl. Kap. 26, 12. — *f* O. recht hätte; so auch
V. 20. — *g* S. die Anm. zu Kap. 1, 1. — *h* And. üb.: Wäre ich vollkommen, so würde ich
mich selber nicht kennen, ich würde mein Leben verachten. — *i* O. des Verzagens, der
Aufreibung. — *j* O. sind dahingeeilt . . . schauten . . . zogen. — *k* Eig. aufgeben,
fahren lassen. — *l* O. ein Gesetzloser; so auch Kap. 10, 7. 15. — *m* O. Missetat, Schuld.
— *n* d. h. daß du dieses im Sinne hattest. — *o* And. üb.: Und es (das Elend) wächst;
wie ein Löwe jagst du mich und erweisest . . . Du erneuerst usw. — *p* W. Ablösungen
und Heerschar. And. üb.: stets sich ablösende Heerscharen (von Qualen).

14

terleibe hervorgehen lassen? Ich hätte verscheiden, und kein Auge hätte
19 mich sehen sollen! Als ob ich nicht gewesen wäre, *so* hätte ich sein sollen, vom Mutterschoße zu Grabe getragen!
20 Sind meiner Tage nicht wenige? Er lasse ab, wende sich *a* von mir, daß
21 ich ein wenig mich erheitere, ehe ich hingehe (und nicht wiederkomme) in das Land der Finsternis und des To-
22 desschattens, in das Land, düster wie das Dunkel, *das Land* des Todesschattens und der Unordnung, und wo das Hellwerden dem Dunkel gleich ist!

11 Und Zophar, der Naamathiter, antwortete und sprach:
2 Sollte die Menge der Worte nicht beantwortet werden, oder sollte ein
3 Schwätzer recht behalten? Sollte dein Gerede die Leute zum Schweigen bringen, daß du spotten solltest, und nie-
4 mand dich beschämen, daß du sagen solltest: Meine Lehre ist lauter, und
5 ich bin rein in deinen Augen? Aber möchte Gott doch reden und seine
6 Lippen gegen dich öffnen, und dir kundtun die Geheimnisse der Weisheit, daß sie das Doppelte ist an Bestand *b*! Dann müßtest du erkennen, daß Gott dir *viel* von deiner Missetat übersieht *c*.
7 Kannst du die Tiefe Gottes erreichen, oder das Wesen des Allmächti-
8 gen ergründen *d*? Himmelhoch *sind sie* — was kannst du tun? tiefer als der Scheol — was kannst du wissen?
9 länger als die Erde ist ihr Maß und
10 breiter als das Meer. Wenn er vorüberzieht und in Verhaft nimmt und *zum Gericht* versammelt, wer will ihm
11 wehren? Denn er kennt die falschen Leute; und er sieht Frevel, ohne
12 daß er achtgäbe. Auch ein Hohlköpfiger gewinnt Verstand, wenn auch der Mensch als ein Wildeselsfüllen geboren wird. *f*
13 Wenn du dein Herz richtest *g* und deine Hände zu ihm ausbreitest,
14 wenn Frevel in deiner Hand ist, so entferne ihn, und laß Unrecht nicht
15 wohnen in deinen Zelten — ja, dann wirst du dein Angesicht erheben ohne Makel, und wirst unerschütterlich sein
16 und dich nicht fürchten. Denn du wirst die Mühsal vergessen, wirst ihrer gedenken wie vorübergeflossener
17 Wasser; und heller als der Mittag wird dein Leben erstehen; mag es finster sein — wie der Morgen wird
18 es werden. Und du wirst Vertrauen fassen, weil es Hoffnung gibt; und du wirst Umschau halten, in Sicherheit
19 dich niederlegen. Und du wirst dich lagern, und niemand wird dich aufschrecken; und viele werden deine
20 Gunst suchen. Aber die Augen der Ge-

setzlosen werden verschmachten; und *jede* Zuflucht ist ihnen verloren, und ihre Hoffnung ist das Aushauchen der Seele.

Und Hiob antwortete und sprach: **12**
Fürwahr, ihr seid die Leute, und mit euch wird die Weisheit aussterben! Auch i c h habe Verstand wie ihr; ich stehe nicht hinter euch zurück *h*; und wer wüßte nicht dergleichen? Ich muß einer sein, der seinem Freunde zum Gespött ist, der zu Gott ruft, und er antwortet *i* ihm; der Gerechte, Vollkommene ist zum Gespött! Dem Unglück gebührt Verachtung nach den Gedanken des Sorglosen; sie ist bereit für die, welche mit dem Fuße wanken.

Die Zelte der Verwüster sind in Ruhe, und Sicherheit ist für die, welche Gott *j* reizen, für den, welcher Gott in seiner Hand führt *k*. Aber frage doch das Vieh, und es wird's dich lehren; und das Gevögel des Himmels, und es wird's dir kundtun; oder rede zu der Erde, und sie wird's dich lehren; und die Fische des Meeres werden es dir erzählen. Wer erkännte nicht an diesen allen, daß die Hand Jehovas solches gemacht hat, in dessen Hand die Seele alles Lebendigen ist und der Geist alles menschlichen Fleisches? Soll nicht das Ohr die Worte prüfen, wie der Gaumen für sich die Speise kostet? Bei Greisen ist Weisheit, und Einsicht bei hohem Alter. Bei i h m ist Weisheit und Macht, sein ist Rat und Einsicht. Siehe, er reißt nieder, und es wird nicht wieder gebaut; er schließt über jemand zu, und es wird nicht aufgetan. Siehe, er hemmt die Wasser, und sie vertrocknen; und er läßt sie los, und sie kehren das Land um. Bei ihm ist Kraft und vollkommenes Wissen; sein ist der Irrende und der Irreführende. Er führt Räte beraubt *l* hinweg, und Richter macht er zu Narren. Die Herrschaft der Könige löst er auf, und schlingt eine Fessel *m* um ihre Lenden. Er führt Priester beraubt *l* hinweg, und Feststehende stürzt er um. Zuverlässigen *n* entzieht er die Sprache, und Alten benimmt er das Urteil. Verachtung schüttet er auf Edle, und den Gürtel der Starken macht er schlaff. Er enthüllt Tiefes aus der Finsternis, und Todesschatten zieht er an das Licht hervor. Er vergrößert Nationen, und er vernichtet sie; er breitet Nationen aus, und er führt sie hinweg. Er entzieht den Verstand den Häuptern der Völker der Erde, und macht sie umherirren in pfadloser Einöde; sie tappen in der Finsternis, wo kein Licht ist, und er macht sie umherirren gleich einem Trunkenen.

---

a Nach and. Lesart: Laß ab, wende dich. — *b* O. Wirklichkeit, Zuverlässigkeit. — *c* Eig. vergißt. — *d* Eig. bis zur äußersten Grenze des Allmächtigen gelangen. — *e* d. h. zu geben braucht. — *f* O. Aber ein Hohlköpfer (eig. ein hohler Mann) gewinnt ebensowenig Verstand wie ein Wildeselsfüllen zum Menschen geboren wird. — *g* d. h. ihm die rechte Richtung gibst. — *h* Eig. ich falle nicht gegen euch ab; so auch Kap. 13, 2. — *i* O. rief . . . antwortete. — *j* El. — *k* d. h. welcher nur auf seine Hand vertraut. Vergl. Hab. 1, 11. — *l* Eig. ausgezogen. — *m* Eig. einen Gurt, ein Band. — *n* d. h. solchen, auf deren Rat man sich verlassen kann.

13 Siehe, das alles hat mein Auge gesehen, mein Ohr gehört und sich
2 gemerkt. So viel ihr wisset, weiß auch i c h; ich stehe nicht hinter euch zurück.
3 Doch zu dem Allmächtigen will ich reden, und vor Gott a mich zu recht-
4 fertigen begehre ich; ihr hingegen seid Lügenschmiede, nichtige Aerzte
5 ihr alle! O daß ihr doch stille schwieget! das würde euch zur Weisheit ge-
6 reichen. Höret doch meine Rechtfertigung, und horchet auf die Beweis-
7 gründe meiner Lippen! Wollt ihr für Gott a Unrecht reden, und für ihn
8 Trug reden? Wollt ihr für ihn Partei
9 nehmen? oder wollt ihr für Gott a rechten? Ist es gut für euch, daß er euch erforsche? oder werdet ihr ihn
10 täuschen, wie man einen Menschen täuscht? Strafen wird er euch, wenn ihr im geheimen die Person ansehet.
11 Wird nicht seine Hoheit euch bestürzen, und sein Schrecken auf euch fal-
12 len? Eure Denksprüche sind Sprüche von Asche, eure Schutzwehren erweisen sich als Schutzwehren von Lehm.
13 Schweiget, laßt mich, und i c h will reden, was auch über mich ergehen
14 möge. Warum sollte ich mein Fleisch zwischen meine Zähne nehmen, und mein Leben meiner Hand anvertrau-
15 en b ? Siehe, tötet er mich, ich werde auf ihn warten nur will ich meine Wege ihm ins Angesicht rechtfertigen.
16 Auch das wird mir zur Rettung sein, daß ein Ruchloser nicht vor sein An-
17 gesicht kommen darf. Höret, höret meine Rede, und meine Erklärung
18 dringe in eure Ohren! Siehe doch, ich habe die Rechtssache gerüstet! Ich weiß, daß i c h Recht behalten werde.
19 Wer ist es, der mit mir rechten könnte? Denn dann wollte ich schweigen und verscheiden.
20 Nur zweierlei tue mir nicht; dann werde ich mich nicht vor deinem An-
21 gesicht verbergen. Deine Hand entferne von mir, und dein Schrecken
22 ängstige mich nicht. So rufe denn, und i c h will antworten, oder ich will
23 reden, und erwidere mir! Wie viele Missetaten und Sünden habe ich? Laß mich meine Uebertretung und meine
24 Sünde wissen! Warum verbirgst du dein Angesicht, und hältst mich für
25 deinen Feind? Willst du ein verwehtes Blatt hinwegschrecken, und die
26 dürre Stoppel verfolgen? Denn Bitteres verhängst d du über mich, und lässest mich erben die Missetaten meiner
27 Jugend; und meine Füße legst du in den Stock, und beobachtest alle meine Pfade, grenzest dir ein die Sohlen
28 meiner Füße; da ich doch zerfalle e wie Moder, wie ein Kleid, das die Motte zerfressen hat.

14 Der Mensch, vom Weibe geboren, ist kurz an Tagen und mit Unruhe
2 gesättigt. Wie eine Blume kommt er hervor und verwelkt; und er flieht wie der Schatten und hat keinen Be-
3 stand. Dennoch hast du über einen solchen deine Augen geöffnet, und mich führst du ins Gericht mit dir!
4 Wie könnte ein Reiner aus einem Unreinen kommen? Nicht ein einziger!
5 Wenn denn bestimmt sind seine Tage, die Zahl seiner Monde bei dir sind f, wenn du ihm Schranken gesetzt hast,
6 die er nicht überschreiten darf, so blicke von ihm weg, daß er Ruhe habe, bis er wie ein Tagelöhner seinen Tag vollende g.
7 Denn für den Baum gibt es Hoffnung: wird er abgehauen, so schlägt er wieder aus, und seine Schößlinge
8 hören nicht auf. Wenn seine Wurzel in der Erde altert, und sein Stumpf
9 im Boden erstirbt: vom Dufte des Wassers sproßt er wieder auf und treibt Zweige wie ein Pflänzling. Der
10 Mann aber stirbt und liegt da; und der Mensch verscheidet, und wo ist
11 er? Es verrinnen die Wasser aus dem See, und der Fluß trocknet ein und
12 versiegt: so legt der Mensch sich hin und steht nicht wieder auf; bis die Himmel nicht mehr sind, erwachen sie nicht und werden nicht aufgeweckt aus ihrem Schlafe.
13 O daß du in dem Scheol mich verstecktest, mich verbärgest, bis dein Zorn sich abwendete, mir eine Frist setztest und dann meiner gedächtest!
14 (Wenn ein Mann stirbt, wird er wieder h leben?) Alle Tage meiner Dienstzeit h wollte ich harren, bis meine Ab-
15 lösung i käme! Du würdest rufen, und i ch würde dir antworten; du würdest dich sehnen nach dem Werke deiner
16 Hände. Denn nun zählst du meine Schritte; wachst du nicht über meine
17 Sünde j? wachst du nicht über meine Sünde j? Versiegelt in einem Bündel ist meine Uebertretung, und du hast hinzugefügt zu meiner Missetat.
18 Und doch, ein Berg stürzt ein k, zerfällt, und ein Fels rückt weg von sei-
19 ner Stelle; Wasser zerreiben die Steine, ihre Fluten schwemmen den Staub der Erde hinweg; aber du machst zu-
20 nichte die Hoffnung des Menschen. Du überwältigst ihn für immer, und er geht dahin; sein Angesicht entstellend, sen-
21 dest du ihn hinweg. Seine Kinder kommen zu Ehren, und er weiß es nicht; und sie werden gering, und er achtet nicht auf sie. Nur um ihn selbst hat sein
22 Fleisch Schmerz, und nur um ihn selbst empfindet seine Seele Trauer.

15 Und Eliphas, der Temaniter, antwortete und sprach:
2 Wird ein Weiser windige Erkenntnis antworten, und wird er sein Inne-

---

a El. — b O. wie anderswo: mein Leben aufs Spiel setzen. — c O. hoffen. Nach and. Les.: Siehe, er will mich töten, ich habe nichts zu hoffen. — d Eig. schreibst, verfügst. — e Eig. da er doch zerfällt; nämlich der vorher beschriebene Mann. — f d. h. im voraus von dir beschlossen. — g Eig. abtrage. O. und er habe Ruhe, so daß er . . . genieße. — h S. die Anm. zu Kap. 7, 1. — i O. Wandlung. — j O. du hältst nicht an dich über meine Sünde; and. l.: du gehst nicht vorüber an meiner Sünde. — k O. indem er einstürzt.

3 res füllen mit Ostwind, streitend mit Reden, die nichts taugen, und mit
4 Worten, womit er nicht nützt? Ja, du vernichtest die *Gottes*furcht, und schmälerst die Andacht vor Gott a.
5 Denn deine Ungerechtigkeit belehrt deinen Mund, und du wählst die
6 Sprache der Listigen. Dein Mund verdammt dich, und nicht ich; und deine Lippen zeugen wider dich.
7 Bist du als Erster zum Menschen gezeugt, und vor den Hügeln du ge-
8 boren? Hast du im Rate b Gottes zugehört, und die Weisheit an dich ge-
9 rissen? Was weißt du, das wir nicht wüßten, *was* verstehst du, das uns
10 nicht bekannt wäre? Unter uns sind auch Alte, auch Greise, reicher an Tagen als dein Vater.
11 Sind dir zu wenig die Tröstungen Gottes a, und ein sanftes Wort an dich c
12 zu gering? Was reißt dein Herz dich hin, und was zwinken deine Augen,
13 daß du gegen Gott a dein Schnauben kehrst, und Reden hervorgehen läs-
14 sest aus deinem Munde? Was ist der Mensch, daß er rein sein sollte, und der vom Weibe Geborene, daß er ge-
15 recht wäre? Siehe, auf seine Heiligen vertraut er nicht, und die Himmel
16 sind nicht rein in seinen Augen: wieviel weniger der Abscheuliche und Verderbte, der Mann, der Unrecht trinkt wie Wasser!
17 Ich will dir's berichten, höre mir zu; und was ich gesehen, will ich erzäh-
18 len, was die Weisen verkündigt und nicht verhehlt haben von ihren Vätern
19 her — ihnen allein war das Land übergeben, und kein Fremder zog durch ihre Mitte —:
20 Alle seine Tage wird der Gesetzlose gequält, und eine kleine Zahl von Jahren ist dem Gewalttätigen aufgespart.
21 Die Stimme von Schrecknissen ist in seinen Ohren, im Frieden kommt der
22 Verwüster über ihn; er glaubt nicht an eine Rückkehr aus der Finsternis, und er ist ausersehen für das Schwert.
23 Er schweift umher nach Brot — wo *es finden?* Er weiß, daß neben ihm ein Tag der Finsternis bereitet ist.
24 Angst und Bedrängnis schrecken ihn, sie überwältigen ihn wie ein König,
25 gerüstet zum Sturm. Weil er seine Hand wider Gott a ausgestreckt hat und wider den Allmächtigen trotzte,
26 wider ihn anrannte mit gerecktem Halse, mit den dichten Buckeln sei-
27 ner Schilde; weil er sein Angesicht bedeckt hat mit seinem Fette und
28 Schmer angesetzt an den Lenden; und zerstörte Städte bewohnte, Häuser, die bewohnt werden sollten, die zu Steinhaufen bestimmt waren: so
29 wird er nicht reich werden, und sein Vermögen wird keinen Bestand haben; und nicht neigt sich zur Erde d

30 was solche besitzen. Er entweicht nicht der Finsternis; seine Schößlinge versengt die Flamme; und er muß weichen durch den Hauch seines e Mundes. — Er verlasse sich nicht auf
31 Nichtiges f, er wird getäuscht; denn Nichtiges wird seine Vergeltung g sein.
32 Noch ist sein Tag nicht da, so erfüllt es sich; und sein Palmzweig wird
33 nicht grün. Wie der Weinstock h übt er Unbill an seinen unreifen Beeren, und wie der Olivenbaum wirft er sei-
34 ne Blüte ab. Denn der Hausstand i des Ruchlosen ist unfruchtbar, und Feuer frißt die Zelte der Bestechung.
35 Sie sind schwanger mit Mühsal und gebären Unheil, und ihr Inneres bereitet Trug.

Und Hiob antwortete und sprach: **16**

1 Ich habe vieles dergleichen gehört; leidige Tröster seid ihr alle!
2 Hat es ein Ende mit den windigen Worten? oder was reizt dich, daß
3 du antwortest? Auch ich könnte reden wie ihr. Wenn eure Seele an der
4 Stelle meiner Seele wäre, könnte ich Worte wider euch zusammenreihen, und mein Haupt über euch schütteln;
5 ich wollte euch stärken mit meinem Munde, und das Beileid meiner Lippen würde euch Linderung bringen.
6 Wenn ich rede, so wird mein Schmerz nicht gehemmt; und unterlasse ich es,
7 nicht weicht er von mir j. Ja, bereits hat er k mich erschöpft; — du hast
8 meinen ganzen Hausstand verwüstet. Und du hast mich zusammenschrumpfen lassen l, zum Zeugen ward es;
9 und meine Abmagerung tritt wider mich auf, sie zeugt mir ins Angesicht. Sein Zorn hat mich zerfleischt
10 und verfolgt, er hat mit seinen Zähnen wider mich geknirscht; als mein Feind schärft er seine Augen wider mich. Ihr Maul haben sie wider mich
11 aufgesperrt, mit Hohn meine Backen geschlagen; allzumal verstärken sie sich wider mich. Gott a gab mich preis
12 dem Ungerechten m, und in die Hände der Gesetzlosen stürzte er mich. Ich
13 war in Ruhe, und er hat mich zerrüttelt, und er packte mich beim Nacken und zerschmetterte mich; und er stellte mich hin sich zur Zielscheibe.
14 Seine Schützen umringten mich, er spaltete meine Nieren ohne Schonung; er schüttete meine Galle zur Erde. Er
15 durchbrach Bruch auf Bruch n; er rannte wider mich, wie ein Held. Ich habe Sacktuch über meine Haut
16 genäht, und mit Staub mein Horn besudelt. Mein Angesicht glüht o vom
17 Weinen, und auf meinen Wimpern ist der Schatten des Todes — obwohl keine Gewalttat in meinen Händen, und mein Gebet lauter ist.
18 Erde, bedecke nicht mein Blut, und
19 für mein Geschrei sei kein Platz! Sogar

---

a El. — b Eig. im geheimen Rate. — c Eig. mit dir. — d d. h. durch die Schwere der Frucht. — e d. h. des Allmächtigen (V. 25). — f O. Falschheit, Bosheit. — g Eig. sein Eintausch. — h der seine Herlinge nicht zur Reife kommen läßt. — i Eig. die Gemeinde; so auch Kap. 16, 7. — j Eig. was weicht von mir? — k d. h. Gott. — l And. üb.: mich gepackt. — m O. an Buben; wie Kap. 19, 18. — n O. Bresche auf Bresche (wie bei einer Mauer). — o O. ist überrot.

jetzt, siehe, im Himmel ist mein Zeuge, und der mir Zeugnis gibt, in den
20 Höhen. Meine Freunde sind meine Spötter: zu Gott tränt mein Auge,
21 daß er schiedsrichterlich entscheide Gott gegenüber a für einen Mann, und für einen Menschensohn hinsichtlich
22 seines Freundes b. Denn die zählbaren Jahre gehen vorüber, und ich werde einen Weg dahingehen, auf dem ich nicht wiederkehren werde.

17 Mein Geist ist verstört, meine Tage erlöschen, die Gräber sind für
2 mich. Sind nicht Spöttereien um mich her, und muß nicht mein Auge weilen
3 auf ihren Beleidigungen? Setze doch ein, leiste Bürgschaft für mich bei dir selbst! wer ist es sonst, der in meine
4 Hand einschlagen wird? Denn ihreHerzen hast du der Einsicht verschlossen; darum wirst du ihnen nicht die Oberhand geben. Wenn einer die Freunde zur Beute ausbietet, so werden die Augen seiner Kinder verschmachten.
6 Und er hat mich hingestellt zum Sprichwort der Völker c, und ich bin
7 zum Anspeien ins Angesicht. Und mein Auge ist trübe geworden vor Gram, und wie der Schatten sind alle meine Glie-
8 der. Die Aufrichtigen werden sich hierüber entsetzen, und der Schuldlose wird aufgebracht werden über d den Ruch-
9 losen. Doch der Gerechte wird an seinem Wege festhalten, und der an Händen Reine wird an Stärke zunehmen.
0 Aber ihr alle, kommet nur wieder heran! und einen Weisen werde ich unter euch finden.
1 Meine Tage sind vorüber, zerrissen sind meine Pläne, das Eigentum mei-
2 nes Herzens. Die Nacht machen sie e zum Tage, das Licht nahe vor *lauter*
3 Finsternis. Wenn ich hoffe, so ist der Scheol mein Haus, in der Finsternis
4 bette ich mein Lager. Zur Verwesung rufe ich: Du bist mein Vater! zu dem Gewürm: Meine Mutter und meine
5 Schwester! Wo denn also ist meine Hoffnung? ja, meine Hoffnung, wer
6 wird sie schauen? Sie fährt hinab zu den Riegeln des Scheols, wenn wir miteinander im Staube Ruhe haben f.

18 Und Bildad, der Schuchiter, antwortete und sprach:
2 Wie lange wollt ihr auf Worte Jagd machen? Werdet verständig, und her-
3 nach wollen wir reden! Warum werden wir dem Vieh gleich geachtet,
4 sind dumm in euren Augen? Du, der sich selbst zerfleischt in seinem Zorn, soll um deinetwillen die Erde verlassen werden, und ein Fels wegrücken von seiner Stelle?
5 Doch das Licht der Gesetzlosen wird erlöschen, und nicht leuchten wird die
6 Flamme seines Feuers. Das Licht wird finster in seinem Zelte, und seine Lam-

pe erlischt über ihm. Die Schritte sei- 7 ner Kraft werden eingeengt werden, und sein Ratschlag wird ihn stürzen.
8 Denn durch seine eigenen Füße wird er ins Netz getrieben, und auf Fallgittern wird er einherwandeln. Der
9 Fallstrick wird seine Ferse erfassen, die Schlinge ihn ergreifen. Sein Garn 10 ist verborgen in der Erde, und seine Falle auf dem Pfade. Schrecken äng- 11 stigen ihn ringsum und scheuchen ihn auf Schritt und Tritt. Seine Kraft 12 wird aufgezehrt werden durch Hunger g, und das Verderben steht bereit an seiner Seite h. Der Erstgeborene 13 des Todes wird fressen die Glieder seines Leibes i, seine Glieder wird er fressen. Seine Zuversicht wird hinweg- 14 gerissen werden aus seinem Zelte, und es wird ihn forttreiben zu dem König der Schrecken. Was nicht sein ist 15 wird in seinem Zelte wohnen, auf seine Wohnstätte wird Schwefel gestreut werden. Unten werden seine Wurzeln 16 verdorren, und oben wird sein Gezweig verwelken. Sein Gedächtnis 17 verschwindet von der Erde, und auf der Fläche des Landes hat er keinen Namen. Man wird ihn aus dem Licht in 18 die Finsternis stoßen, und aus der Welt ihn verjagen. Er wird keinen Sohn und 19 keinen Nachkommen j haben unter seinem Volke, noch wird ein Entronnener in seinen Wohnsitzen sein. Ueber sei- 20 nen Tag entsetzen sich die im Westen Wohnenden, und die im Osten k erfaßt Schauder. — Ja, so sind die Wohnungen 21 des Ungerechten, und so ist die Stätte dessen, der Gott i nicht kennt.

Und Hiob antwortete und sprach: **19**
2 Wie lange wollt ihr meine Seele plagen und mich mit Worten zermal-
3 men? Schon zehnmal ist es, daß ihr mich geschmäht habt; ihr schämet euch nicht, mich zu verletzen m. Und 4 habe ich auch wirklich geirrt, so bleibt *doch* mein Irrtum n bei mir. Wenn ihr 5 wirklich wider mich großtun wollt, und wider mich dartun meine Schmach, so wisset denn, daß Gott mich *in mei-* 6 *nem Rechte* gebeugt und mich umstellt hat mit seinem Netze.
7 Siehe, ich schreie über Gewalttat, und werde nicht erhört; ich rufe um Hilfe, und da ist kein Recht. Er hat meinen 8 Weg verzäunt, daß ich nicht hinüber kann, und auf meine Pfade legte er 9 Finsternis. Meine Ehre hat er mir ausgezogen, und weggenommen die Krone meines Hauptes. Er hat mich nieder- 10 gerissen ringsum, sodaß ich vergehe, und hat meine Hoffnung ausgerissen wie einen Baum. Und seinen Zorn 11 ließ er wider mich entbrennen, und achtete mich seinen Feinden gleich. Allzumal kamen seine Scharen und 12 bahnten ihren Weg o wider mich, und

---

a O. gegen Gott. — b Viell. ist zu l.: und zwischen einem Menschen und seinem Freunde. — c O. der Leute; wie Kap. 12, 2. — d O. wird sich erheben wider. — e d. h. die Freunde Hiobs. — f W. wenn allzumal (od. zugleich) im Staube Ruhe. — g O. Sein Unheil hungert *ihm* nach. — h O. zu seinem Falle. — i W. seiner Haut. — j Eig. keinen Sproß und keinen Schoß. — k And. üb.: entsetzen sich die Nachkommen, und die Vorfahren usw. — l El. — m O. mich in Staunen zu versetzen. — n O. gefehlt . . . meine Verfehlung. — o Eig. schütteten ihre Straße auf.

13 lagerten sich rings um mein Zelt. Meine Brüder hat er von mir entfernt, und meine Bekannten sind mir ganz
14 entfremdet. Meine Verwandten bleiben aus, und meine Vertrauten haben
15 mich vergessen. Meine Hausgenossen und meine Mägde achten mich für einen Fremden; ein Ausländer bin ich
16 in ihren Augen geworden. Meinem Knechte rufe ich, und er antwortet nicht; mit meinem Munde muß ich
17 zu ihm flehen. Mein Atem ist meinem Weibe zuwider, und mein übler Geruch den Kindern meiner Mutter a.
18 Selbst Buben verachten mich; will ich
19 aufstehen, so reden sie über mich. Alle meine Vertrauten b verabscheuen mich, und die ich liebte haben sich gegen
20 mich gekehrt. Mein Gebein klebt an meiner Haut und an meinem Fleische, und nur mit der Haut meiner Zähne bin ich entronnen.
21   Erbarmet euch meiner, erbarmet euch meiner, ihr meine Freunde! denn die Hand Gottes hat mich angetastet.
22 Warum verfolget ihr mich wie Gott c, und werdet meines Fleisches nicht satt?
23 O daß doch meine Worte aufgeschrieben würden! o daß sie in ein Buch
24 gezeichnet würden, mit eisernem Griffel und Blei in den Felsen eingehauen auf ewig!
25 Und ich, ich weiß, daß mein Erlöser lebt, und als der Letzte wird er
26 auf der Erde stehen d; und ist nach meiner Haut dieses da zerstört, so werde e ich aus meinem Fleische Gott an-
27 schauen, welchen ich selbst mir f anschauen, und den meine Augen sehen werden, und kein anderer: meine Nieren verschmachten in meinem Innern.
28 —Wenn ihr saget: Wie wollen wir ihn verfolgen? und daß die Wurzel der
29 Sache in mir sich befinde, so fürchtet euch vor dem Schwerte! Denn das Schwert ist der Grimm über die Missetaten g; auf daß ihr wisset, daß ein Gericht ist.

20   Und Zophar, der Naamathiter, antwortete und sprach:
2 Darum geben meine Gedanken mir Antwort, und deswegen bin ich innerlich
3 erregt: Eine Zurechtweisung, mir zur Schande, höre ich; aber mein Geist antwortet mir aus meiner Einsicht.
4 Weißt du dieses, daß von jeher, seitdem der Mensch auf die Erde gesetzt
5 wurde, der Jubel der Gesetzlosen kurz, und die Freude des Ruchlosen
6 für einen Augenblick war? Stiege auch seine Höhe bis zum Himmel hinauf, und rührte sein Haupt an die
7 Wolken: gleich seinem Kote vergeht er auf ewig; die ihn gesehen haben,

sagen: Wo ist er? Wie ein Traum 8 verfliegt er, und man findet ihn nicht, und er wird hinweggescheucht wie ein Nachtgesicht. Das Auge hat ihn 9 erblickt und sieht ihn nimmer wieder, und seine Stätte gewahrt ihn nicht mehr. Seine Kinder müssen die Ar-10 men begütigen h, und seine Hände sein Vermögen zurückgeben. Seine 11 Knochen waren voll seiner Jugendkraft, und sie liegt mit ihm in dem Staube. — Wenn das Böse in seinem 12 Munde süß war, und er es verbarg unter seiner Zunge, und es aufsparte 13 und nicht fahren ließ, und es zurückhielt unter seinem Gaumen: so ist doch 14 nun seine Speise in seinen Eingeweiden verwandelt; Natterngalle ist in seinem Innern. Reichtum hat er ver-15 schlungen, und er speit ihn aus: aus seinem Bauche treibt Gott c ihn heraus. Natterngift sog i er ein: es tötet 16 ihn die Zunge der Otter. Nicht darf 17 er sich laben j an Bächen, flutenden Strömen von Honig und Milch k. Das 18 Errungene gibt er zurück, und darf es nicht verschlingen; gemäß dem Vermögen, das er erworben, darf er sich nicht freuen l. Denn er hat mißhan-19 delt, verlassen die Armen; Häuser hat er an sich gerissen, und wird sie nicht ausbauen. Denn er kannte keine Ruhe 20 in seinem Innern m: mit seinem Teuersten wird er nicht entrinnen. Nichts ent-21 ging seiner Freßgier; darum wird sein Wohlstand nicht dauernd sein. In der 22 Fülle seines Ueberflusses n wird er in Bedrängnis sein; die Hand jedes Notleidenden wird über ihn kommen. Es 23 wird geschehen: um seinen Bauch zu füllen, wird Gott o die Glut seines Zornes in ihn entsenden, und sie auf ihn regnen lassen in sein Fleisch hinein p. Flieht er vor den eisernen Waffen, so 24 wird der eherne Bogen ihn durchbohren. Er zieht am Pfeile, und er kommt 25 aus dem Leibe hervor, und das glänzende Eisen q aus seiner Galle: Schrekken kommen über ihn r. Eitel Finsternis ist aufgespart für seine Schätze; 26 ein Feuer, das nicht angeblasen ist, wird ihn fressen, wird verzehren was in seinem Zelte übriggeblieben. Der 27 Himmel wird seine Ungerechtigkeit enthüllen, und die Erde sich wider ihn erheben. Der Ertrag seines Hau-28 ses wird weggeführt werden, wird zerrinnen am Tage seines Zornes. — Das 29 ist das Teil des gesetzlosen Menschen von Gott, und das von Gott s ihm zugesprochene Los t.

21   Und Hiob antwortete und sprach:
2 Höret, höret meine Rede! und dies ersetze u eure Tröstungen. Ertraget mich, und ich will reden, und nachdem ich geredet habe, magst du

---

a W. meines Mutterschoßes. — b Eig. Leute meines vertrauten Umgangs. — c El. — d O. sich erheben, auftreten. — e And. nach meiner Haut, die als zerstört ist, werde usw. — f Eig. für mich (zu meinen Gunsten). — g So mit geringer Textänderung. — h d. h. wahrsch. sie zufriedenstellen durch Rückgabe des ihnen Geraubten. — i O. saugt. — j Eig. seine Lust sehen. — k Eig. geronnener Milch. — l And. üb.: Wie das Vermögen, so dessen Zurückerstattung; und er wird sich nicht freuen. — m W. Bauch. — n Eig. seines Genüges. — o W. er. — p O. als seine Speise. — q W. der Blitz. — r O. Er geht dahin, Schrecken kommen über ihn. — s d. h. Gottes. — t Eig. Erbteil. — u Eig. seien.

4 spotten. Richtet sich m e i n e Klage an einen Menschen? Oder warum soll-
5 te ich nicht ungeduldig sein? Wendet euch zu mir und entsetzet euch, und leget die Hand auf den Mund!
6 Ja, wenn ich daran denke, so bin ich bestürzt, und Schauder erfaßt mein
7 Fleisch. Warum leben die Gesetzlosen, werden alt, nehmen gar an Macht
8 zu? Ihr Same steht fest vor ihnen, mit ihnen, und ihre Sprößlinge vor
9 ihren Augen. Ihre Häuser haben Frieden, ohne Furcht, und Gottes Rute
10 ist nicht über ihnen. Sein Stier belegt und befruchtet sicher, seine Kuh
11 kalbt und wirft nicht fehl. Ihre Buben schicken sie aus gleich einer Herde, und ihre Knaben hüpfen umher.
12 Sie *a* erheben die Stimme bei Tamburin und Laute, und sind fröhlich
13 beim Klange der Schalmei. In Wohlfahrt verbringen sie ihre Tage, und in einem Augenblick sinken sie in
14 den Scheol hinab. Und doch sprechen sie zu Gott *b*: Weiche von uns! und nach der Erkenntnis deiner Wege
15 verlangen wir nicht. Was ist der Allmächtige, daß wir ihm dienen sollten, und was nützt es uns, daß wir ihn
16 angehen? — Siehe, ihre Wohlfahrt steht nicht in ihrer Hand. Der Rat der Gesetzlosen sei *c* fern von mir!
17 Wie oft geschieht es, daß die Leuchte der Gesetzlosen erlischt und ihr Verderben über sie kommt, daß er ihnen Schlingen zuteilt in seinem
18 Zorn, daß sie wie Stroh werden vor dem Winde, und wie Spreu, die der
19 Sturmwind entführt? Gott spart, *saget ihr*, sein Unheil *d* auf für seine *e* Kinder. — Er vergelte ihm, daß er es
20 fühle! Seine Augen sollen sein Verderben sehen, und von dem Grimme
21 des Allmächtigen trinke er! Denn was liegt ihm an seinem Hause nach ihm, wenn die Zahl seiner Monate
22 durchschnitten ist? — Kann man Gott *b* Erkenntnis lehren, da er es ja ist, der die Hohen richtet?
23 Dieser stirbt in seiner Vollkraft,
24 ganz wohlgemut und sorglos. Seine Gefäße sind voll Milch, und das Mark
25 seiner Gebeine ist getränkt. Und jener stirbt mit bitterer Seele, und hat
26 des Guten nicht genossen. Zusammen liegen sie im Staube, und Gewürm bedeckt sie.
27 Siehe, ich kenne eure Gedanken, und die Anschläge, womit ihr mir Ge-
28 walt antut. Denn ihr saget: Wo ist das Haus des Edlen *f*, und wo das Wohn-
29 gezelt der Gesetzlosen? Habt ihr nicht befragt die des Weges vorüberziehen? und erkennet ihr ihre Mer-
30 male nicht *g*: daß der Böse verschont wird am Tage des Verderbens, daß am Tage der Zornesfluten *h* sie weg-

geleitet werden? Wer wird ihm ins 31 Angesicht seinen Weg kundtun? und hat er gehandelt, wer wird es ihm vergelten? Und er wird zu den Grä- 32 bern hingebracht, und auf dem Grabhügel wacht er. Süß sind ihm die Schol- 33 len des Tales. Und hinter ihm her ziehen alle Menschen, und vor ihm her *gingen sie i* ohne Zahl. — Wie 34 tröstet ihr mich nun mit Dunst? und von euren Antworten bleibt *nur* Treulosigkeit übrig.

Und Eliphas, der Temaniter, ant- **22**
wortete und sprach:
Kann ein Mann Gott Nutzen brin- 2 gen? Vielmehr sich selbst nützt der Einsichtige. Liegt dem Allmächtigen 3 daran, wenn du gerecht bist, oder ist es ihm ein Gewinn, wenn du deine Wege vollkommen machst? Ist es we- 4 gen deiner *Gottes*furcht, daß er dich straft, mit dir ins Gericht geht? Ist 5 nicht deine Bosheit groß, und deiner Missetaten kein Ende? Denn du pfän- 6 detest deinen Bruder ohne Ursache, und die Kleider der Nackten zogest du aus; den Lechzenden tränktest du 7 nicht mit Wasser, und dem Hungrigen verweigertest du das Brot. Und 8 dem Manne der Gewalt*j*, ihm gehörte das Land, und der Angesehene wohnte darin. Die Witwen schick- 9 test du leer fort, und die Arme der Waisen wurden zermalmt *k*. Darum 10 sind Schlingen rings um dich her, und ein plötzlicher Schrecken macht dich bestürzt. Oder siehst du nicht die 11 Finsternis und die Wasserflut, die dich bedeckt?

Ist Gott nicht so hoch wie die Him- 12 mel? Sieh doch den Gipfel der Sterne *l*, wie erhaben sie sind! Und so sprichst 13 du: Was sollte Gott *b* wissen? kann er richten durch Wolkendunkel hindurch? Die Wolken sind ihm eine Hül- 14 le, daß er nicht sieht, und er durchwandelt den Kreis des Himmels. Willst 15 du den Pfad der Vorzeit einhalten, welchen die Frevler betraten, die 16 weggerafft wurden vor der Zeit? wie ein Strom zerfloß ihr fester Grund; die zu Gott *b* sprachen: Weiche von 17 uns! und was könnte der Allmächtige für uns tun *m*? Und doch hatte er 18 ihre Häuser mit Wohlstand erfüllt. — Aber der Rat der Gesetzlosen sei *n* fern von mir! — Die Gerechten sehen 19 es und freuen sich, und der Schuldlose spottet ihrer: Sind nicht unsere 20 Gegner vertilgt, und hat nicht Feuer ihren Ueberfluß gefressen?

Verkehre doch freundlich mit ihm 21 und halte *o* Frieden; dadurch wird Wohlfahrt über dich kommen. Emp- 22 fange doch Belehrung aus seinem Munde, und nimm dir seine Worte zu Herzen. Wenn du zu dem Allmäch- 23

---

a d. h. die Gesetzlosen. — *b* El. — *c* O. ist. — *d* das Unheil des Gesetzlosen, d. h. die Strafe dafür. — *e* d. h. des Gesetzlosen. — *f* Im Sinne von „Tyrann", wie Kap. 12, 21. — *g* O. und ihre (d. h. der Wanderer) merkwürdigen Berichte könnet ihr doch nicht verkennen. — *h* O. Zornausbrüche. — *i* O. *gehen sie* (vom Leichenzuge verstanden). — *j* W. des Armes. — *k* Eig. zermalmte man. — *l* d. h. die höchsten Sterne. — *m* Eig. und was der Allmächtige für sie tun könnte. — *n* O. ist. — *o* And. üb.: Versöhne (vertrage) dich mit ihm, und habe.

tigen umkehrst, so wirst du wieder aufgebaut werden; wenn du Unrecht
24 entfernst aus deinen Zelten. Und lege das Golderz in den Staub und *das Gold von* Ophir unter den Kies der
25 Bäche; so wird der Allmächtige dein Golderz und dein glänzendes Silber
26 sein. Denn dann wirst du an dem Allmächtigen dich ergötzen und zu Gott
27 dein Angesicht erheben. Du wirst zu ihm beten, und er wird dich erhören; und deine Gelübde wirst du bezahlen.
28 Beschließest du eine Sache, so wird sie zustande kommen, und Licht wird
29 strahlen über deinen Wegen. Wenn sie abwärts gehen, so wirst du sagen: Empor! und den, *der* mit gesenkten Augen *einhergeht*, wird *er* a retten.
30 *Selbst* den Nicht-Schuldlosen wird er befreien: er wird befreit werden durch die Reinheit deiner Hände.

23 Und Hiob antwortete und sprach:
2 Auch heute ist meine Klage trotzig; seine Hand lastet schwer auf
3 meinem Seufzen. O daß ich ihn zu finden wüßte, daß ich kommen könn-
4 te bis zu seiner Wohnstätte! Ich würde *meine* Rechtssache vor ihm darlegen, und meinen Mund mit Beweis-
5 gründen füllen. Ich würde b die Worte wissen, die er mir antworten, und vernehmen, was er mir sagen würde.
6 Würde er in der Größe *seiner* Kraft mit mir streiten? Nein; er würde nur
7 acht auf mich haben. Alsdann würde ein Rechtschaffener mit ihm rechten, und auf ewig würde ich meinem Rich-
8 ter entkommen. Siehe, gehe ich vorwärts, so ist er nicht da; und rück-
9 wärts, so bemerke ich ihn nicht; zur Linken, während er wirkt, so schaue ich ihn nicht; er verhüllt sich c zur Rechten d, und ich sehe ihn nicht.
10 Denn er kennt den Weg, der bei mir ist; prüfte er mich, wie Gold
11 würde ich hervorgehen. An seinem Schritte hat mein Fuß festgehalten, seinen Weg habe ich beobachtet und
12 bin nicht abgebogen; von dem Gebote seiner Lippen bin ich nicht abgewichen, ich habe die Worte seines Mundes verwahrt, mehr als meinen
13 eigenen Vorsatz. Doch er bleibt sich gleich e, und wer kann seinen Sinn ändern f? Was seine Seele begehrt,
14 das tut er. Denn er wird vollenden was über mich bestimmt ist; und der-
15 gleichen ist vieles bei ihm. Darum bin ich bestürzt vor seinem Angesicht; erwäge ich's, so erschrecke ich
16 vor ihm. Ja, Gott g hat mein Herz

verzagt gemacht, und der Allmächti- 17 ge mich in Bestürzung versetzt. Denn ich wurde nicht wegen der Finsternis bin ich vernichtet, noch weil Dunkelheit mein Angesicht bedeckt hat h.

Warum sind nicht Zeiten aufge- **24** spart von dem Allmächtigen, und *warum* sehen die, welche ihn kennen,
2 seine Tage nicht? Sie verrücken i die Grenzen, sie rauben die Herde und
3 weiden sie. Sie treiben den Esel der Waisen weg, nehmen das Rind der
4 Witwe zum Pfande; sie stoßen aus dem Wege die Dürftigen. Die Elenden des Landes verkriechen sich alle-
5 samt: Siehe, wie Wildesel in der Wüste gehen sie aus an ihr Werk, eifrig j nach Beute suchend; die Steppe *liefert* ihnen k Brot für die Kinder.
6 Auf dem Felde schneiden sie sein Futterkorn ab, und lesen den Weinberg
7 des Gesetzlosen nach. Nackt übernachten sie, ohne Gewand, und haben keine Bedeckung in der Kälte.
8 Vom Regenguß des Gebirges werden sie durchnäßt, und obdachlos umklam-
9 mern sie den Felsen. — Sie reißen die Waise von der Brust, und was der Elende anhat nehmen sie zum Pfan-
10 de l. — Nackt gehen sie einher, ohne Gewand, und hungernd tragen sie die
11 Garbe; zwischen ihren m Mauern pressen sie Oel, treten die Kelter n und
12 dursten. Von der Stadt her ächzen Sterbende o, und die Seele der Erschlagenen schreit. Und Gott rechnet es nicht als Ungebühr.
13 Jene gehören zu den Feinden des Lichtes, sie kennen seine Wege nicht und weilen nicht auf seinen Pfaden.
14 Mit dem Lichte steht der Mörder auf, tötet den Elenden und den Dürftigen; und des Nachts ist er dem Diebe
15 gleich. Und das Auge des Ehebrechers lauert auf die Dämmerung, indem er spricht: Kein Auge wird mich erblicken; und er legt einen Schleier p an. In der Finsternis erbricht 16 man die Häuser. Bei Tage schließen sie sich ein, das Licht kennen sie
17 nicht. Denn als Morgen *gilt* ihnen allesamt der Todesschatten q, denn ein jeder von ihnen ist bekannt mit den Schrecken des Todesschattens.
18 Er ist schnell r auf der Wasserfläche, verflucht wird ihr Grundbesitz s auf Erden; nicht mehr schlägt er den
19 Weg zu den Weinbergen ein. Dürre und Hitze raffen Schneewasser hinweg: *so* der Scheol die gesündigt ha-
20 ben. Der Mutterleib vergißt seiner,

---

a d. h. Gott. — b O. wollte, möchte. — c O. biegt ab. — d O. gehe ich nach Osten . . . nach Westen . . . nach Norden . . . nach Süden. — e W. er ist als Einer. — f Eig. ihn abbringen. — g Eig. in W. und wegen meines Angesichts, welches die Dunkelheit bedeckt. And. üb.: Weil ich nicht vernichtet ward vor der Finsternis, und er vor meinem Angesicht die Dunkelheit nicht verborgen hat. — i d. h. die Gottlosen; od. man verrückt usw. — j O. frühe. — k Eig. ihm, d. h. jedem, der Kinder hat. — l O. und gegen den Elenden handeln sie verkehrt; and. l.: und nehmen den Säugling des Elenden zum Pfande. — m d. h. der Gottlosen. — n Eig. die Kufen. — o So mit veränderter Punktierung; W. Männer. — p Eig. eine Gesichtshülle. — q d. h. die tiefe Finsternis; vergl. Kap. 28, 3. And. üb.: denn der Morgen ist ihnen allesamt Todesschatten. — r O. leicht; d. h. er wird dahingetrieben wie ein auf dem Wasser schwimmender leichter Gegenstand. — s Eig. ihr Ackerstück.

das Gewürm labt sich an ihm, nicht mehr wird seiner gedacht: und das Unrecht wird zerbrochen wie ein
21 Baum — er, der die Unfruchtbare beraubt, die nicht gebiert, und der Witt-
22 we kein Gutes tut. Und Mächtige rafft er dahin durch seine Kraft; steht er auf, so getraut man sich nicht des
23 Lebens.*a* Er*b* gibt ihm Sicherheit, und er wird gestützt. Aber seine Augen
24 sind über ihren Wegen. Sie sind hochgestiegen: um ein Kleines, und sie sind nicht mehr; und sie sinken hin, werden zusammengerafft wie alle anderen; und wie der Kopf der Aehre werden sie
25 abgeschnitten. Und wenn es nun nicht *so* ist, wer wird mich Lügen strafen und meine Rede zunichte machen?

25
Und Bildad, der Schuchiter, antwortete und sprach:
2 Herrschaft und Schrecken sind bei ihm; er schafft Frieden in seinen Hö-
3 hen. Sind seine Scharen zu zählen? und über wem erhebt sich nicht sein
4 Licht? Und wie könnte ein Mensch gerecht sein vor Gott *c*, und wie könnte rein sein ein vom Weibe Gebore-
5 ner? Siehe, sogar der Mond scheint nicht hell, und die Sterne sind nicht
6 rein in seinen Augen: wieviel weniger der Mensch, der Wurm, und das Menschenkind, die Made!

26
Und Hiob antwortete und sprach:
2 Wie hast du dem Ohnmächtigen geholfen, den kraftlosen Arm geret-
3 tet! Wie hast du den beraten, der keine Weisheit hat, und gründliches Wis-
4 sen in Fülle kundgetan! An wen hast du Worte gerichtet *d*, und wessen Odem ist von dir ausgegangen?
5 Die Schatten *e* beben unter den Was-
6 sern und ihren Bewohnern. Der Scheol ist nackt vor ihm, und keine Hülle
7 hat der Abgrund *f*. Er spannt den Norden *g* aus über die Leere, hängt
8 die Erde auf über dem Nichts. Er bindet die Wasser in seine Wolken, und das Gewölk zerreißt nicht unter ih-
9 nen. Er verhüllt den Anblick *seines* Thrones, indem er sein Gewölk dar-
10 über ausbreitet. Er rundete eine Schranke ab über der Fläche der Wasser bis zum äußersten Ende, wo Licht
11 und Finsternis zusammentreffen. Die Säulen des Himmels wanken und entsetzen sich vor seinem Schelten.
12 Durch seine Kraft erregt er das Meer, und durch seine Einsicht zerschellt
13 er Rahab *h*. Durch seinen Hauch wird der Himmel heiter, seine Hand durch-
14 bohrt den flüchtigen Drachen *i*. Siehe, das sind die Säume seiner Wege; und wie wenig *j* haben wir von ihm gehört! und den Donner seiner Macht *k*, wer versteht ihn?

Und Hiob fuhr fort, seinen Spruch **27** anzuheben, und sprach:
2 *So wahr Gott l lebt*, der mir mein Recht entzogen, und der Allmächtige, der meine Seele bitter gemacht
3 hat, — so lange mein Odem in mir ist *m*, und der Hauch Gottes in meiner Nase —: wenn meine Lippen Unrecht
4 reden werden, und wenn meine Zunge Trug aussprechen wird! Fern sei
5 es von mir, daß ich euch recht geben sollte; bis ich verscheide, werde ich meine Unsträflichkeit nicht von mir
6 weichen lassen. An meiner Gerechtigkeit halte ich fest und werde sie nicht fahren lassen: mein Herz schmäht
7 nicht einen von meinen Tagen. Mein Feind sei wie der Gesetzlose, und der wider mich auftritt wie der Unge-
8 rechte. Denn was ist des Ruchlosen Hoffnung, wenn Gott abschneidet, wenn
9 er seine Seele herauszieht? Wird Gott *l* sein Geschrei hören, wenn Be-
10 drängnis über ihn kommt? Oder wird er sich an dem Allmächtigen ergötzen, Gott anrufen zu aller Zeit?
11 Ich will euch belehren über die Hand Gottes *l*; was bei dem Allmächtigen ist will ich nicht verhehlen.
12 Siehe, ihr selbst habt es alle erschaut, und warum denn schwatzet ihr so
13 eitel? Dies ist das Teil des gesetzlosen Menschen bei Gott *l*, und das Erbe der Gewalttätigen, welches sie von dem Allmächtigen empfangen:
14 Wenn seine Kinder sich mehren, so ist es für das Schwert, und seine Sprößlinge — sie haben nicht satt
15 Brot. Seine Uebriggebliebenen werden begraben durch den Tod *n*, und seine Witwen weinen nicht *o*. Wenn
16 er Silber aufhäuft wie Staub, und Kleider bereitet wie Lehm: er bereitet
17 sie, aber der Gerechte bekleidet sich *damit*; und Schuldlose teilen sich in
18 das Silber. Er hat sein Haus gebaut wie die Motte, und der Hütte gleich, die ein Wächter *sich* macht. Reich
19 legt er sich hin, und er tut es nicht wieder; er schlägt die Augen auf, und ist nicht mehr. Schrecken erei-
20 len ihn wie Wasser, des Nachts entführt ihn ein Sturmwind. Der Ost-
21 wind hebt ihn empor, daß er dahinfährt, und stürmt ihn fort von seiner
22 Stätte. Und Gott *p* schleudert auf ihn ohne Schonung; seiner Hand möchte
23 er flüchtend entfliehen. Man klatscht über ihn in die Hände, und zischt ihm nach von seiner Stätte aus.

Denn für das Silber gibt es einen **28** Fundort, und eine Stätte für das Gold, das man läutert. Eisen wird
2 hervorgeholt aus der Erde *q*, und Gestein schmelzt man zu Kupfer. Er *r* 3

---

a O. Und lange erhält er (Gott) Mächtige (Trotzige) durch seine Kraft; er (der Gottlose) steht wieder auf, wenn er auch am Leben verzweifelte. — *b* d. h. Gott. — *c* El. O. recht haben Gott gegenüber. — *d* Eig. Wem . . . verkündet. — *e* S. die Anm. zu Ps. 88, 10. — *f* S. die Anm. zu Ps. 88, 11. — *g* d. h. den nördlichen Himmel. — *h* Wahrsch. ein Seeungeheuer. — *i* S. die Anm. zu Kap. 3, 8. — *j* Eig. welch flüsterndes Wort. — *k* Nach and. Lesart: Machttaten. — *l* El. — *m* O. denn mein Odem ist noch ganz in mir. — *n* d. h. werden eingescharrt ohne Trauerfeierlichkeit. — *o* d. h. halten keine Totenklage. Vergl. Ps. 78, 64. — *p* W. er. — *q* Anderswo: Staub. — *r* d. h. der Mensch.

hat der Finsternis ein Ende gesetzt, und durchforscht bis zur äußersten Grenze das Gestein der Finsternis 4 und des Todesschattens. Er bricht einen Schacht fern von dem Wohnenden; die von dem Fuße Vergessenen hangen hinab, fern von den Menschen 5 schweben sie. Die Erde — aus ihr kommt Brot hervor, und ihr Unteres 6 wird zerwühlt wie vom Feuer. Ihr Gestein ist der Sitz des Saphirs, und 7 Goldstufen sind darin *a*. Ein Pfad, den der Raubvogel nicht kennt, und den das Auge des Habichts *b* nicht erblickt 8 hat; den die wilden Tiere *c* nicht betreten, über den der Löwe nicht hin-9 geschritten ist. Er *d* legt seine Hand an das harte Gestein, wühlt die Ber-10 ge um von der Wurzel aus. Kanäle haut er durch die Felsen, und aller-11 lei Köstliches sieht sein Auge. Er dämmt Flüsse ein, daß sie nicht durchsickern, und Verborgenes zieht er hervor an das Licht.

12 Aber die Weisheit, wo wird sie erlangt? und welches ist die Stätte des 13 Verstandes? Kein Mensch kennt ihren Wert *e*, und im Lande der Leben-14 digen wird sie nicht gefunden. Die Tiefe spricht: Sie ist nicht in mir; und das Meer spricht: Sie ist nicht 15 bei mir. Geläutertes Gold kann nicht für sie gegeben, und Silber nicht dargewogen werden als ihr Kaufpreis. 16 Sie wird nicht aufgewogen mit Gold von Ophir, mit kostbarem Onyx und 17 Saphir. Gold und Glas kann man ihr nicht gleichstellen, noch sie eintauschen gegen ein Gerät von gediege-18 nem Golde. Korallen und Kristall kommen *neben ihr* nicht in Erwähnung; und der Besitz der Weisheit ist mehr 19 wert als Perlen. Nicht kann man ihr gleichstellen den Topas von Aethiopien; mit feinem Golde wird sie nicht 20 aufgewogen. Die Weisheit nun, woher kommt sie, und welches ist die Stätte 21 des Verstandes? Denn sie ist verborgen vor den Augen aller Lebendigen, und vor den Vögeln des Himmels ist 22 sie verhüllt. Der Abgrund *f* und der Tod sagen: Mit unseren Ohren haben wir ein Gerücht von ihr gehört.

23 Gott versteht ihren Weg *g*, und er 24 kennt ihre Stätte. Denn er schaut bis zu den Enden der Erde; unter dem 25 ganzen Himmel sieht er. Als er dem Winde ein Gewicht bestimmte, und 26 die Wasser mit dem Maße abwog, als er dem Regen ein Gesetz bestimmte 27 und eine Bahn dem Donnerstrahl: da sah er sie und tat sie kund *h*, er setzte sie ein *i* und durchforschte sie auch. 28 Und zu dem Menschen sprach er: Siehe, die Furcht des Herrn ist Weisheit, und vom Bösen weichen ist Verstand.

Und Hiob fuhr fort, seinen Spruch **29** anzuheben, und sprach: O daß ich wäre wie in den Monden *2* der Vorzeit, wie in den Tagen, da Gott mich bewahrte, als seine Leuch- *3* te über meinem Haupte schien, *und* ich bei seinem Lichte durch die Finsternis wandelte; wie ich war in den *4* Tagen meiner Reife *j*, als das Vertrauen *k* Gottes über meinem Zelte waltete, als der Allmächtige noch mit *5* mir war, meine Knaben *l* rings um mich her; als meine Schritte sich in Milch *6* badeten, und der Fels neben mir Oelbäche ergoß; als ich durch das Tor *7* in die Stadt hineinging, *m*, meinen Sitz auf dem Platze aufstellte: Die Jüng- *8* linge sahen mich und verbargen sich, und die Greise erhoben sich, blieben stehen; die Fürsten hielten die Wor- *9* te zurück und legten die Hand auf ihren Mund; die Stimme der Vorneh- *10* men verstummte *n*, und ihre Zunge klebte an ihrem Gaumen. Denn wenn das *11* Ohr *von mir* hörte, so pries es mich glücklich, und wenn das Auge mich sah, so legte es Zeugnis von mir ab. Denn ich befreite den Elenden, der *12* um Hilfe rief, und die Waise, die *o* keinen Helfer hatte. Der Segen des *13* Umkommenden kam über mich, und das Herz der Witwe machte ich jubeln. Ich kleidete mich in Gerech- *14* tigkeit, — und sie bekleidete mich — wie in Oberkleid und Kopfbund in mein Recht. Auge war ich dem Blin- *15* den, und Fuß dem Lahmen; Vater *16* war ich den Dürftigen, und die Rechtssache dessen, den ich nicht kannte, untersuchte ich; und ich zerbrach *17* das Gebiß des Ungerechten, und seinen Zähnen entriß ich die Beute. Und *18* ich sprach: In meinem Neste werde ich verscheiden, und meine Tage vermehren wie der Sand *p*; meine Wur- *19* zel wird ausgebreitet sein am Wasser *q*, und der Tau wird übernachten auf meinem Gezweig; meine Ehre *20* wird frisch bei mir bleiben, und mein Bogen sich in meiner Hand verjüngen.

Sie hörten mir zu und harrten, und *21* horchten schweigend auf meinen Rat. Nach meinem Worte sprachen sie *22* nicht wieder, und auf sie träufelte meine Rede. Und sie harrten auf mich *23* wie auf den Regen, und sperrten ihren Mund auf *wie* nach dem Spätregen. Ich lächelte ihnen zu, wenn sie *24* kein Vertrauen hatten, und das Licht meines Angesichts konnten sie nicht trüben. Ich wählte für sie den Weg *25* aus, und saß als Haupt, und thronte wie ein König unter der Kriegsschar, gleichwie einer, der Trauernde tröstet.

Und nun lachen über mich Jün- **30** gere als ich an Jahren *r*, deren Väter ich verschmähte den Hunden mei-

---

a Eig. sind ihm (dem Sitze des Saphirs) eigen. — *b* O. Geiers. — *c* W. die Söhne des Stolzes. — *d* d. h. der Mensch. — *e* Eig. das was ihr gleichkommt. — *f* S. Anm. zu Ps. 88, 11. — *g* O. den Weg zu ihr. — *h* O. durchzählte sie. — *i* O. stellte sie hin. — *j* W. meines Herbstes. — *k* Eig. die vertraute Mitteilung, der vertraute Umgang. — *l* O. Knappen, Knechte. — *m* Eig. als ich hinausging nach dem Tore zur Stadt. — *n* Eig. verbarg sich. — *o* O. die Waise, und den, der usw. — *p* O. der Phönix. — *q* Eig. geöffnet sein gegen das Wasser hin. — *r* Eig. an Tagen.

2 ner Herde beizugesellen. Wozu sollte mir auch die Kraft ihrer Hände *nützen?* Die Rüstigkeit ist bei ihnen ver-
3 schwunden. Durch Mangel und Hunger abgezehrt, nagen sie das dürre Land ab, welches längst öde und ver-
4 ödet ist; sie pflücken a Salzkraut bei den Gesträuchen, und die Wurzel der
5 Ginster ist ihre Speise. Aus der Mitte *der Menschen* werden sie vertrieben; man schreit über sie wie über einen
6 Dieb. In grausigen Klüften müssen sie wohnen, in Erdlöchern und Felsen-
7 höhlen. Zwischen Gesträuchen kreischen sie, unter Dorngestrüpp b sind sie
8 hingestreckt. Kinder von Verworfenen, ja, Kinder von Ehrlosen c, sind sie hinausgepeitscht aus dem Lande!
9 Und nun bin ich ihr Spottlied gewor-
10 den, und ward ihnen zum Gerede. Sie verabscheuen mich, treten fern von mir weg, und sie verschonen mein Angesicht
11 nicht mit Speichel. Denn er hat meinen Strick d gelöst und mich gebeugt: so las-
12 sen sie vor mir den Zügel schießen. Zu meiner Rechten erhebt sich die Brut; sie stoßen meine Füße hinweg, und bahnen wider mich ihre verderblichen
13 Wege. Sie zerstören meinen Pfad, befördern meinen Untergang, sie, die
14 selbst hilflos sind. Sie kommen wie durch einen weiten Riß e, unter Ge-
15 krach wälzen sie sich heran. — Schrecknisse haben sich gegen mich gekehrt; sie verfolgen wie der Wind meine Würde, und mein Heil ist vorübergezogen wie eine Wolke.
16 Und nun ergießt sich in mir meine Seele; Tage des Elends haben mich
17 ergriffen. Die Nacht durchbohrt meine Gebeine *und löst sie* von mir ab, und die an mir nagenden *Schmerzen f* ruhen
18 nicht. Durch die Größe ihrer Kraft g verändert sich mein Gewand, sie umschließt mich wie der Halssaum meines
19 Leibrocks. Er hat mich in den Kot geworfen, und ich bin dem Staube und
20 der Asche gleich geworden. Ich schreie zu dir, und du antwortest mir nicht; ich stehe da, und du starrst mich an.
21 In einen Grausamen verwandelst du dich mir, mit der Stärke deiner Hand
22 befeindest du mich. Du hebst mich empor auf den Wind, du lässest mich dahinfahren und zerrinnen im Sturmge-
23 töse h. Denn ich weiß es, du willst mich in den Tod zurückführen und in das Versammlungshaus aller Lebendigen.
24 Doch streckt man beim Sturze nicht die Hand aus, oder erhebt man bei seinem Untergang nicht darob ein
25 Hilfsgeschrei? Weinte ich denn nicht über den, der harte Tage hatte? war meine Seele nicht um den Dürftigen
26 bekümmert? Denn ich erwartete Gutes, und es kam Böses; und ich harrte
27 auf Licht, und es kam Finsternis. Meine Eingeweide wallen und ruhen nicht;

Tage des Elends sind mir entgegen-
28 getreten. Trauernd gehe ich einher, ohne Sonne; ich stehe auf in der Ver-
29 sammlung *und* schreie. Ich bin ein Bruder geworden den Schakalen, und
30 ein Genosse den Straußen. Meine Haut ist schwarz geworden *und löst sich* von mir ab, und mein Gebein ist bren-
31 nend i vor Glut. Und so ist meine Laute zur Trauerklage geworden, und meine Schalmei zur Stimme der Weinenden j.

Ich habe mit meinen Augen einen
31 Bund gemacht k, und wie hätte ich auf eine Jungfrau geblickt! Denn was
2 wäre das Teil Gottes von oben gewesen, und das Erbe des Allmächtigen aus den Höhen? Ist nicht Verderben
3 für den Ungerechten, und Mißgeschick für die, welche Frevel tun? Sieht e r
4 nicht meine Wege und zählt alle meine Schritte?
5 Wenn ich mit Falschheit umgegangen bin, und mein Fuß dem Truge zu-
6 geeilt ist, — er wäge mich auf der Wage der Gerechtigkeit, und Gott wird meine Unsträflichkeit erkennen —
7 wenn mein Schritt von dem Wege abgebogen, und mein Herz meinen Augen gefolgt ist, und an meinen Händen ein
8 Makel kleben blieb: so möge ich säen, und ein anderer essen, und meine Sprößlinge mögen entwurzelt werden!
9 Wenn mein Herz zu einem Weibe l verlockt worden ist, und ich an der Tür meines Nächsten gelauert habe:
10 so möge mein Weib für einen anderen mahlen, und andere mögen sich über
11 sie beugen! Denn das ist eine Schandtat, und das eine Missetat für die Richter m. Denn ein Feuer ist es, das bis
12 zum Abgrund n frißt, und das meinen ganzen Ertrag entwurzeln würde.
13 Wenn ich das Recht meines Knechtes und meiner Magd mißachtete, als
14 sie mit mir stritten: was wollte ich dann tun, wenn Gott o sich erhöbe; und wenn er untersuchte, was ihm er-
15 widern? Hat nicht er, der mich im Mutterleibe bereitete, *auch* ihn bereitet, und hat nicht e i n e r im Schoße uns gebildet?
16 Wenn ich den Armen *ihr* Begehr versagte, und die Augen der Witwe
17 verschmachten ließ, und aß meine Bissen allein, sodaß der Verwaiste
18 nicht davon gegessen hat — ist er doch von meiner Jugend an bei mir aufgewachsen, wie bei einem Vater, und von meiner Mutter Leibe an habe ich sie p
19 geleitet —; wenn ich jemand umkommen sah aus Mangel an Kleidung, und
20 den Dürftigen ohne Decke, wenn seine Lenden mich nicht gesegnet haben, und er mit der Wolle q meiner Läm-
21 mer sich nicht erwärmte; wenn ich meine Hand geschwungen über eine Waise, weil ich im Tore meinen Bei-

---

a Eig. sie, welche nagen . . . sie, welche pflücken. — b And.: Brennnesseln. — c Eig. von Namenlosen. — d Vergl. Kap. 4, 21. — e Eig. Anm. zu Kap. 16, 14. — f O. Würmer. — g W. Durch Größe der Kraft. — h Eig. im Gekrach. — i O. verbrannt. — j Vergl. Kap. 21, 12. — k Eig. meinen Augen einen Bund vorgeschrieben. — l O. ob eines Weibes. — m d. h. die dem Richterspruch verfällt. — n S. die Anm. zu Ps. 88, 11. — o El. — p d. h. die Witwe. — q W. Schur.

22 stand sah *a*: so falle meine Schulter
   aus ihrem Blatte, und mein Arm wer-
23 de abgebrochen von der Röhre! Denn
   das Verderben Gottes *b* war mir ein
   Schrecken, und vor seiner Erhabenheit vermochte ich nichts. *c*
24 Wenn ich das Gold zu meiner Zuversicht gemacht, und zu dem feinen
   Golde gesagt habe: Mein Vertrauen!
25 wenn ich mich freute, daß mein Vermögen groß war, und daß meine Hand
26 Ansehnliches erworben hatte; wenn
   ich die Sonne *d* sah, wie sie glänzte,
   und den Mond in Pracht dahinwan-
27 deln, und mein Herz im geheimen verführt wurde und mein Mund meine
28 Hand geküßt hat *e*: auch das wäre
   eine gerichtlich zu strafende Missetat;
   denn Gott *b* droben würde ich verleug-
29 net haben. Wenn ich mich freute über
   das Unglück meines Hassers und auf-
30 jauchzte, als Böses ihn traf — ich habe
   ich ja meinem Gaumen erlaubt, zu
   sündigen, durch einen Fluch seine
31 Seele zu fordern — ; wenn die Leute
   meines Zeltes nicht gesagt haben: Wer
   wäre nicht von dem Fleische seines
32 Schlachtviehes *f* satt geworden! — der
   Fremdling übernachtete nicht draußen,
   ich öffnete dem Wanderer meine Tür *g*;
33 wenn ich, wie Adam, meine Uebertretungen zugedeckt habe, verbergend in
34 meinem Busen meine Missetat, weil
   ich mich fürchtete vor der großen
   Menge, und die Verachtung der Familien mich erschreckte, sodaß ich
   mich still hielt, nicht zur Türe hinaus-
35 ging . . . O daß ich einen hätte, der
   auf mich hörte, — hier ist meine Un-
   terschrift; der Allmächtige antworte
   mir! — und die *Klage*schrift, welche
36 mein Gegner geschrieben! Würde ich
   sie nicht auf meiner Schulter tragen,
37 sie mir umbinden als Krone? Ich würde ihm kundtun die Zahl meiner Schritte, würde ihm nahen wie ein Fürst.
38 Wenn mein Acker über mich schreit,
   und seine Furchen allesamt weinen;
39 wenn ich seinen Ertrag *h* ohne Zahlung
   verzehrt habe, und die Seele seiner
40 Besitzer aushauchen ließ: so mögen
   Dornen statt Weizen, und Unkraut statt
   Gerste hervorkommen!
   Die Worte Hiobs sind zu Ende.

32 Und jene drei Männer hörten auf,
   dem Hiob zu antworten, weil er in
2 seinen Augen gerecht war. Da entbrannte der Zorn Elihus, des Sohnes Barakeels, des Busiters, vom Geschlechte Ram; sein Zorn entbrannte
   wider Hiob, weil er sich selbst mehr
3 rechtfertigte als Gott. Und sein Zorn
   entbrannte wider seine drei Freunde,
   darum, daß sie keine Antwort fanden
4 und Hiob verdammten. Aber Elihu

hatte auf Hiob gewartet mit Reden,
weil jene älter an Jahren *i* waren als
er. Und als Elihu sah, daß keine Antwort im Munde der drei Männer
war, da entbrannte sein Zorn. Und 6
Elihu, der Sohn Barakeels, der Busi-
ter, hob an und sprach:
   Ich bin jung an Jahren, und ihr seid
Greise; darum habe ich mich gescheut *j*
und gefürchtet, euch mein Wissen
kundzutun. Ich sagte: Mögen die Tage 7
reden, und die Menge der Jahre Weisheit verkünden. Jedoch der Geist ist 8
es in den Menschen, und der Odem
des Allmächtigen, der sie verständig
macht. Nicht die Bejahrten *k* sind weise, 9
noch verstehen die Alten was recht
ist. Darum sage ich: Höre mir zu, auch 10
ich will mein Wissen kundtun. Siehe, 11
ich harrte auf eure Reden, horchte auf
eure Einsichten, bis ihr Worte ausfindig gemacht hättet, und ich richtete 12
meine Aufmerksamkeit auf euch; und
siehe, keiner ist unter euch, der Hiob
widerlegt, der seine Reden beantwortet hätte. Daß ihr nur nicht saget: 13
Wir haben Weisheit gefunden. Gott *b*
wird ihn aus dem Felde schlagen, nicht
ein Mensch! Er hat ja an mich keine 14
Worte gerichtet, und mit euren Reden
werde ich ihm nicht erwidern. — Sie 15
sind bestürzt, sie antworten nicht mehr,
die Worte sind ihnen ausgegangen *l*.
Und ich sollte warten, weil sie nicht 16
reden, weil sie dastehen, nicht mehr
antworten *m*? Auch i ch will mein Teil 17
erwidern, auch i ch will mein Wissen kundtun. Denn voll bin ich von 18
Worten; der Geist meines Innern
drängt mich. Siehe, mein Inneres ist 19
wie Wein, der nicht geöffnet ist; gleich
neuen Schläuchen will es bersten. Ich 20
will reden, daß mir Luft werde, will
meine Lippen auftun und antworten.
Daß ich nur ja für niemand Partei 21
nehme! und keinem Menschen werde
ich schmeicheln. Denn ich weiß nicht 22
zu schmeicheln: gar bald würde mein
Schöpfer mich hinwegnehmen.
   Nun aber, Hiob, höre doch meine **33**
Reden, und nimm zu Ohren alle meine Worte. Siehe doch, ich habe mei- 2
nen Mund aufgetan, meine Zunge redet in meinem Gaumen. Meine Worte 3
sollen die Geradheit meines Herzens
sein, und was meine Lippen wissen,
sollen sie rein heraussagen. Der Geist 4
Gottes *b* hat mich gemacht, und der
Odem des Allmächtigen belebt mich.
Wenn du kannst, so antworte mir; 5
rüste dich vor mir, stelle dich! Siehe,
ich bin Gottes *b*, wie du; vom Tone ab- 6
gekniffen bin auch ich. Siehe, mein 7
Schrecken wird dich nicht ängstigen,
und mein Druck wird nicht schwer
auf dir lasten.

---

a d. h. vor Gericht auf Beistand rechnen konnte. — *b* El. — *c* O. Denn ein Schrecken
käme mich an, Verderben Gottes, und . . . vermöchte ich nichts. — *d* Eig. das
Licht. — *e* d. h. um der Sonne und dem Monde Huldigung darzubringen; vergl. 1. Kön.
19, 18; Hos. 13, 2. — *f* W. von seinem Fleische. — *g* Nach der überlieferten Punktierung: ich öffnete meine Tür nach *d*em Wege hin. — *h* W. seine Kraft; wie 1. Mose
4, 12. — *i* W. an Tagen; so auch V. 6. — *j* Eig. bin ich scheu zurückgetreten. — *k* Eig.
die Großen an Tagen. — *l* Eig. fortgewandert. — *m* O. ich habe gewartet, weil sie
nicht redeten, . . . dastanden, . . . antworteten.

8 Fürwahr, du hast vor meinen Ohren
gesprochen, und ich hörte die Stimme
9 der Worte: Ich bin rein, ohne Uebertretung; ich bin makellos, und keine
10 Ungerechtigkeit ist an mir. Siehe, er
erfindet Feindseligkeiten wider mich;
11 er hält mich für seinen Feind. Er legt
meine Füße in den Stock, beobachtet
12 alle meine Pfade. — Siehe, darin hast
du nicht recht, antworte ich dir; denn
Gott ist erhabener als ein Mensch.
13 Warum hast du wider ihn gehadert?
Denn *a* über all sein Tun gibt er keine
14 Antwort *b*. Doch in einer Weise redet
Gott *c* und in zweien, ohne daß man
es beachtet.

15 Im Traume, im Nachtgesicht, wenn
tiefer Schlaf die Menschen befällt, im
16 Schlummer auf dem Lager: dann öffnet er das Ohr der Menschen und besiegelt die Unterweisung, die er ihnen
17 gibt *d*, um den Menschen von *seinem*
Tun abzuwenden, und auf daß er
Uebermut vor dem Manne verberge;
18 daß er seine Seele zurückhalte von
der Grube, und sein Leben von Rennen ins Geschoß *e*.

19 Auch wird er gezüchtigt mit Schmerzen auf seinem Lager und mit bestän-
20 digem Kampf in seinen Gebeinen. Und
sein Leben verabscheut das Brot, und
21 seine Seele die Lieblingsspeise; sein
Fleisch zehrt ab, daß man es nicht
mehr sieht, und entblößt sind seine
Knochen, die nicht gesehen wurden;
22 und seine Seele nähert sich der Grube,
und sein Leben den Würgern *f*.

23 Wenn es *nun* für ihn einen Gesandten gibt, einen Ausleger, einen aus
tausend, um dem Menschen seine Ge-
24 radheit kundzutun *g*, so wird er sich
seiner erbarmen und sprechen: Erlöse
ihn, daß er nicht in die Grube hinab-
fahre; ich habe eine Sühnung *h* gefun-
25 den. Sein Fleisch wird frischer sein
als in der Jugend *i*; er wird zurückkehren zu den Tagen seiner Jünglings-
26 kraft. Er wird zu Gott flehen, und
Gott *j* wird ihn wohlgefällig annehmen,
und er wird sein Angesicht schauen
mit Jauchzen; und Gott *j* wird dem
Menschen seine Gerechtigkeit vergel-
27 ten. Er wird vor den Menschen singen
und sagen: Ich hatte gesündigt und
die Geradheit verkehrt, und es ward
28 mir nicht vergolten; er hat meine
Seele erlöst, daß sie nicht in die Grube fahre, und mein Leben erfreut sich
des Lichtes.

29 Siehe, das alles tut Gott *c* zwei-, drei-
30 mal mit dem Manne, um seine Seele
abzuwenden von der Grube, daß sie
erleuchtet werde von dem Lichte der
31 Lebendigen. Merke auf, Hiob, höre
mir zu; schweige, und ich will reden.
32 Wenn du Worte hast, so antworte mir;

rede, denn ich wünsche dich zu recht-
33 fertigen. Wenn nicht, so höre du mir
zu; schweige, und ich werde dich
Weisheit lehren.

Und Elihu hob *wieder* an und **34**
sprach:
Höret, ihr Weisen, meine Worte, 2
und ihr Kundigen, gebet mir Gehör!
Denn das Ohr prüft die Worte, wie 3
der Gaumen die Speise kostet *k*. Erwählen wir für uns, was recht, erkennen wir unter uns, was gut ist!

Denn Hiob hat gesagt: Ich bin ge- 5
recht, und Gott *c* hat mir mein Recht
entzogen. Trotz meines Rechtes soll 6
ich lügen; meine Wunde *l* ist unheilbar, ohne daß ich übertreten habe. —
Wer ist ein Mann wie Hiob, der Hohn 7
trinkt wie Wasser, und in Gesellschaft 8
geht mit denen, die Frevel tun, und
wandelt mit gottlosen Menschen? Denn 9
er hat gesagt: Keinen Nutzen hat ein
Mann davon, daß er Wohlgefallen an
Gott hat *m*!

Darum höret mir zu, ihr Männer 10
von Verstand! Fern sei Gott von Gesetzlosigkeit, und der Allmächtige von
Unrecht! Sondern den Menschen Tun 11
vergilt er ihm, und nach jemandes Wege läßt er es ihn finden. Ja, wahrlich, 12
Gott *c* handelt nicht gesetzlos, und der
Allmächtige beugt nicht das Recht.
Wer hat ihm die Erde anvertraut? 13
und wer den ganzen Erdkreis geordnet *n*? Wenn er sein Herz *nur* auf sich 14
selbst richtete, seinen Geist *o* und seinen Odem an sich zurückzöge, so wür- 15
de alles Fleisch insgesamt verscheiden, und der Mensch zum Staube zurückkehren.

Und wenn du doch dieses einsehen 16
und hören, der Stimme meiner Worte
Gehör schenken wolltest! Sollte auch 17
herrschen wer das Recht haßt? oder
willst du den Allgerechten *p* verdammen? Sagt man zu einem Könige: Be- 18
lial *q*? zu Edlen: *Du Gottloser*? *Wie-*
viel weniger zu ihm, der die Person 19
der Fürsten nicht ansieht und den
Reichen *r* nicht vor dem Armen berücksichtigt! Denn sie alle sind das
Werk seiner Hände. In einem Augen- 20
blick sterben sie; und in der Mitte der
Nacht wird Volk erschüttert und
vergeht, und Mächtige werden beseitigt ohne Hand *s*. Denn seine Augen 21
sind auf die Wege des Menschen *ge-*
richtet, und er sieht alle seine Schritte. Da ist keine Finsternis und kein 22
Todesschatten, daß sich darein verbergen könnten die Frevel tun. Denn 23
er braucht nicht lange auf einen Menschen acht zu geben, damit er vor
Gott *c* ins Gericht komme. Er zer- 24
schmettert Gewaltige ohne Untersuchung, und setzt andere an ihre Stelle.

---

a O. wider ihn, daß er . . . ? — *b* O. daß er keine seiner (des Menschen) Worte
beantwortet? — *c* El. — *d* W. ihre Unterweisung. — *e* Eig. Speer, Wurfspieß; so auch
Kap. 36, 12. — *f* Eig. den Tötenden. — *g* d. h. um ihn zur Erkenntnis und zum
Selbstgericht zu führen. — *h* O. ein Lösegeld; wie Kap. 36, 18. — *i* O. wird strotzen
von Jugendfrische. — *j* Eig. er. — *k* Eig. speisend kostet. — *l* Eig. mein Pfeil;
vergl. Kap. 6, 4; 16, 13. — *m* Eig. gern mit Gott verkehrt. — *n* Eig. gesetzt. —
o O. Hauch. — *p* W. den Gerecht-Mächtigen. — *q* Nichtswürdiger. — *r* O. Vornehmen.
— *s* Eig. nicht durch Hand (d. h. Menschenhand).

25 Daher kennt er ihre Handlungen, und kehrt sie um über Nacht; und sie wer-
26 den zermalmt. Er schlägt sie, wie Uebeltäter, auf öffentlichem Platze,
27 darum daß sie von seiner Nachfolge *a* abgewichen sind *b* und alle seine Wege
28 nicht bedacht haben, um zu ihm hinaufdringen zu lassen das Schreien des Armen, und damit er das Schreien der
29 Elenden höre. Schafft e r Ruhe, wer will beunruhigen? und verbirgt er das Angesicht, wer kann ihn schauen? So *handelt er* sowohl gegen ein Volk, als auch gegen einen Menschen zumal,
30 damit der ruchlose Mensch nicht regiere, damit sie nicht Fallstricke des Volkes seien.
31 Denn hat er wohl zu Gott *c* gesagt: Ich trage meine Strafe, ich will nicht
32 mehr verderbt handeln; was ich nicht sehe, zeige d u mir; wenn ich Unrecht verübt habe, so will ich es nicht mehr
33 tun? — Soll nach deinem Sinne er es vergelten? Denn du hast *seine Vergeltung* verworfen, und so mußt d u wählen *d*, und nicht ich; was du weißt,
34 rede denn! Männer von Verstand werden zu mir sagen, und ein weiser
35 Mann, der mir zuhört: Hiob redet nicht mit Erkenntnis, und seine Worte sind
36 ohne Einsicht. Ach, daß doch Hiob fort und fort geprüft würde wegen seiner
37 Antworten nach Frevlerart! Denn er fügt seiner Sünde Uebertretung *e* hinzu, klatscht unter uns in die Hände und mehrt seine Worte gegen Gott *c*.

35 Und Elihu hob *wieder* an und sprach:
2 Hältst du das für recht? Du hast gesagt: Meine Gerechtigkeit ist größer
3 als diejenige Gottes *c*. Denn du fragst, was sie dir nütze; was gewinne ich mehr, als wenn ich gesündigt hätte?
4 — Ich will dir Worte erwidern und
5 deinen Genossen mit dir. Blicke gen Himmel und sieh, und schaue die Wolken *f* an — sie sind höher als du.
6 Wenn du sündigst, was tust du ihm an? und mehren sich deine Uebertre-
7 tungen, was fügst du ihm zu? Wenn du gerecht bist, was gibst du ihm, oder was empfängt er aus deiner Hand?
8 Für einen Mann wie du *gilt* deine Gesetzlosigkeit *etwas*, und für ein Menschenkind deine Gerechtigkeit.
9 Wegen der Menge der Bedrückungen schreit man; man ruft um Hilfe
10 wegen des Armes der Großen. Aber man spricht nicht: Wo ist Gott, mein Schöpfer, der Gesänge gibt in der
11 Nacht, der uns mehr belehrt als die Tiere der Erde, und uns weiser macht
12 als das *g* Gevögel des Himmels? Alsdann schreit man, aber er antwortet nicht, wegen des Hochmuts der Bösen.

Auf nur Eitles hört Gott *c* nicht, und 13 der Allmächtige schaut es nicht an. Wenn du auch sagst, du schauest ihn 14 nicht — die Rechtssache ist vor ihm; so harre sein. Und nun, wenn sein 15 Zorn nicht heimgesucht hat, sollte er nicht sehr wohl um den Uebermut wissen? Und so sperrt Hiob eitel 16 Weise seinen Mund auf, häuft Worte ohne Erkenntnis.

Und Elihu fuhr fort und sprach: **36**
Harre mir ein wenig, und ich will 2 dir berichten; denn noch sind Worte da für Gott. Ich will mein Wissen von 3 weither holen *h*, und meinem Schöpfer Gerechtigkeit geben. Denn wahrlich, 4 meine Worte sind keine Lüge; ein an Wissen *i* Vollkommener ist bei dir.

Siehe, Gott *c* ist mächtig, und doch 5 verachtet er niemand *j* — nicht an Kraft des Verstandes. Er erhält den 6 Gesetzlosen nicht am Leben, und das Recht der Elenden gewährt er. Er 7 zieht seine Augen nicht ab von dem Gerechten, und mit Königen auf den Thron, dahin setzt er sie auf immerdar, und sie sind erhöht. Und wenn 8 sie mit Fesseln gebunden sind, in Stricken des Elends gefangen werden, dann 9 macht er ihnen kund ihr Tun und ihre Uebertretungen, daß sie sich trotzig gebärdeten *k*; und er öffnet ihr Ohr 10 der Zucht und spricht, daß sie umkehren sollen vom Frevel. Wenn sie hö- 11 ren und sich unterwerfen, so werden sie ihre Tage in Wohlfahrt verbringen und ihre Jahre in Annehmlichkeiten. Wenn sie aber nicht hören, so 12 rennen sie ins Geschoß und verscheiden ohne Erkenntnis. Aber die ruch- 13 losen Herzens sind hegen Zorn: sie rufen nicht um Hilfe, wenn er sie gefesselt hat. Ihre Seele stirbt dahin in 14 der Jugend, und ihr Leben unter den Schandbuben. Den Elenden errettet 15 er in seinem *l* Elend *l*, und in der *m* Drangsal öffnet er ihnen das Ohr.

So hätte er auch dich aus dem Ra- 16 chen der Bedrängnis in einen weiten Raum geführt, wo keine Beengung gewesen *n*, und die Besetzung deines Tisches würde voll Fett sein. Aber du 17 bist mit dem Urteil des Gesetzlosen erfüllt: Urteil und Gericht werden *dich* ergreifen. Denn der Grimm, mö- 18 ge er dich ja nicht verlocken zu *o* Verhöhnung, und die Größe des Lösegeldes verleite dich nicht! Soll dich 19 dein Schreien außer Bedrängnis stellen und alle Anstrengungen der Kraft? Sehne dich nicht nach der Nacht, wel- 20 che Völker plötzlich *p* hinweghoben wird *q*. Hüte dich, wende dich nicht 21 zum Frevel, denn das hast du dem Elend *r* vorgezogen.

---

a Eig. von hinter ihm. — *b* And. üb.: denn darum sind sie usw. — *c* El. — *d* W. denn du hast verworfen, denn d u mußt wählen. — *e* O. Vermessenheit. — *f* Das hebr. Wort bezeichnet eigentl. die dünnen Luftschichten oberhalb der schweren Wolken, dann auch das Himmelsgewölbe; vergl. Kap. 37, 18. 21. — *g* O. uns belehrt durch die Tiere . . ., weise macht durch das usw.; vergl. Kap. 12, 7. — *h* O. zu Fernem erheben. — *i* Eig. an Erkenntnissen; so auch Kap. 37, 16. — *j* Eig. nicht. — *k* O. durch sein. — *l* O. den Dulder . . . in seinem Dulden. — *m* Eig. dessen Boden nicht beengt gewesen wäre. — *o* Eig. in. — *p* W. auf ihrer Stelle. — *q* O. wo Völker plötzlich hinweggehoben werden. — *r* O. dem Dulden; wie V. 15.

22 Siehe, Gott*a* handelt erhaben in seiner Macht; wer ist ein Lehrer wie
23 er? Wer hat ihm seinen Weg vorgeschrieben, und wer dürfte sagen: Du
24 hast Unrecht getan? Gedenke daran, daß du sein Tun erhebest, welches
25 Menschen besingen. Alle Menschen schauen es an, der Sterbliche erblickt
26 es aus der Ferne. Siehe, Gott*a* ist zu erhaben für unsere Erkenntnis*b*; die Zahl seiner Jahre, sie ist unerforsch-
27 lich. Denn er zieht Wassertropfen herauf*c*; von dem Dunst, den er bil-
28 det, träufeln sie als Regen, den die Wolken*d* rieseln *und* tropfen lassen
29 auf viele Menschen. Versteht man gar das Ausbreiten des Gewölks, das Kra-
30 chen seines Zeltes? Siehe, er breitet sein Licht um sich aus, und die Grün-
31 de*e* des Meeres bedeckt er*f*. Denn durch dieses richtet er Völker, gibt
32 Speise im Ueberfluß. Seine Hände umhüllt er mit dem Blitz*g*, und er entbietet ihn gegen denjenigen, den er
33 treffen soll*h*. Sein Rollen kündigt ihn an, sogar das Vieh sein Heranziehen.

37 Ja, darüber erzittert mein Herz und bebt auf von seiner Stelle. Höret,
2 höret das Getöse seiner Stimme und das Gemurmel, das aus seinem Mun-
3 de hervorgeht! Er sendet es aus unter den ganzen Himmel, und seinen Blitz bis zu den Säumen der Erde.
4 Nach dem Blitze*i* brüllt eine Stimme; er donnert mit seiner erhabenen Stimme, und hält die Blitze*j* nicht zurück,
5 wenn seine Stimme gehört wird. Gott*a* donnert wunderbar mit seiner Stimme; er tut große Dinge, die wir nicht
6 begreifen. Denn zum Schnee spricht er: Falle zur Erde! und zum Regengusse und den Güssen seines gewal-
7 tigen Regens. Er lähmt*k* die Hand eines jeden Menschen, damit alle Men-
8 schen sein Werk kennen lernen. Und das Wild geht in sein Versteck und
9 bleibt in seinen Höhlen. Aus der Kammer *des Südens* kommt Sturm,
10 und von den Nordwinden Kälte. Durch den Odem Gottes*a* entsteht Eis, und die Breite der Wasser zieht sich zu-
11 sammen. Auch beladet er mit Wasserfülle das Gewölk, breitet weithin aus
12 seine Blitzwolken. Und unter seiner Leitung wenden sie sich ringsumher zu ihrem Werke, zu allem was er ih-
13 nen gebietet, über die Fläche des Erdkreises hin, sei es daß er sie zur Geißel, oder für seine Erde, oder zur *Erweisung seiner* Gnade sich entladen läßt*l*.
14 Nimm dieses zu Ohren, Hiob; stehe und betrachte die Wunder Gottes*a*!
15 Weißt du, wie Gott sie beladet, und

leuchten läßt den Blitz seines Ge-
16 wölks? Verstehst du dich auf das Schweben*m* der Wolke, auf die Wundertaten des an Wissen Vollkom-
17 menen? Du, dessen Kleider heiß werden, wenn das Land schwül wird von Sü-
18 den her, kannst du, gleich ihm, das Himmelsgewölbe ausbreiten, fest wie
19 ein gegossener Spiegel? Tue uns kund, was wir ihm sagen sollen! Wir kön-
20 nen vor Finsternis nichts vorbringen. Soll ihm gemeldet werden, daß ich
21 reden wolle? Wenn jemand *zu ihm* spricht, er wird gewiß verschlungen werden*n*. Und jetzt sieht man das
22 Licht nicht, welches leuchtet am Himmelsgewölbe; aber ein Wind fährt daher und reinigt dasselbe. Aus dem
23 Norden kommt Gold*o*: — um Gott ist furchtbare Pracht; den Allmächtigen,
24 den erreichen wir nicht, den Erhabenen an Kraft; und das Recht und der Gerechtigkeit Fülle beugt er nicht*p*. Darum fürchten ihn die Menschen; er sieht keine an, die weisen Herzens sind.

Und Jehova antwortete Hiob aus **38**
2 dem Sturme und sprach:
Wer ist es, der den Rat verdunkelt
3 mit Worten ohne Erkenntnis? Gürte doch wie ein Mann deine Lenden; so will ich dich fragen, und du belehre mich!
4 Wo warst du, als ich die Erde gründete? Tue es kund, wenn du Einsicht
5 besitzest! Wer hat ihre Maße bestimmt, wenn du es weißt? oder wer hat über
6 sie die Meßschnur gezogen? In was wurden ihre Grundfesten eingesenkt?
7 oder wer hat ihren Eckstein gelegt, als die Morgensterne miteinander jubelten und alle Söhne Gottes jauchzten?
8 Und wer hat das Meer mit Toren verschlossen, als es ausbrach, hervor-
9 kam aus dem Mutterschoße, als ich Gewölk zu seinem Gewande und Wolkendunkel zu seiner Windel machte,
10 und ich ihm meine Grenze bestimm-
11 te*q* und Riegel und Tore setzte, und sprach: Bis hierher sollst du kommen und nicht weiter, und hier sei *eine Schranke* gesetzt dem Trotze deiner Wellen?
12 Hast du, seitdem du lebst, einem Morgen geboten? hast du die Morgen-
13 röte ihre Stätte wissen lassen, daß sie erfasse die Säume der Erde, und die Gesetzlosen von ihr verscheucht*r*
14 werden? Sie*s* verwandelt sich wie Siegelton, und alles steht da*t* wie in
15 einem Gewande; und den Gesetzlosen wird ihr Licht*u* entzogen, und der erhobene Arm wird zerbrochen.
16 Bist du gekommen bis zu den Quellen

---

a El. — *b* W. ist erhaben, sodaß wir nicht erkennen. — *c* And. üb.: nieder. — *d* S. die Anm. zu Kap. 35, 5. — *e* W. Wurzeln. — *f* O. mit den Tiefen des Meeres umhüllet er sich. — *g* W. mit Licht; so auch Kap. 37, 3. 11. 15. — *h* O. als einer, der sicher trifft. And.: gegen den Feind. — *i* W. nach ihm. — *j* W. sie. — *k* Eig. versiegelt. — *l* Eig. treffen läßt. — *m* Eig. die Schwebungen. — *n* O. Sollte wohl jemand wünschen verschlungen zu werden? — *o* Die Nordgegend galt bei den Alten als der Hauptsitz des Goldes. — *p* And. üb. gegen die Accente: erreichen wir nicht. Groß an Kraft und an Recht und an Fülle der Gerechtigkeit, bedrückt er nicht. — *q* W. zuschnitt. — *r* Eig. weggeschüttelt. — *s* d. h. die Erde. Eig. daß sie sich verwandle usw. — *t* Eig. daß sie dastehen. — *u* Die Nacht ist das Licht der Gottlosen; vergl. Kap. 24, 16. 17.

des Meeres, und hast du die Gründe
17 der Tiefe durchwandelt? Wurden
dir die Pforten des Todes enthüllt,
und sahest du die Pforten des Todes-
18 schattens? Hast du Einsicht genommen in die Breiten der Erde? Sage
an, wenn du es alles weißt!
19 Welches ist der Weg zur Wohnung
des Lichtes, und die Finsternis, wo
20 ist ihre Stätte? daß du sie hinbräch-
test zu ihrer Grenze, und daß du der
Pfade zu ihrem Hause kundig wärest.
21 Du weißt es *ja*; denn damals wurdest
du geboren, und die Zahl deiner Tage ist groß!
22 Bist du zu den Vorräten des Schnees
gekommen, und hast du gesehen die
23 Vorräte des Hagels, die ich aufgespart
habe für die Zeit der Bedrängnis, für
den Tag des Kampfes und der Schlacht?
24 Welches ist der Weg, auf dem das
Licht sich verteilt, der Ostwind sich
25 verbreitet über die Erde? Wer teilt
der Regenflut Kanäle ab *a* und einen
26 Weg dem Donnerstrahle, um regnen
zu lassen auf ein Land ohne Menschen, auf die Wüste, in welcher kein
27 Mensch ist, um zu sättigen die Oede
und Verödung, und um hervorsprie-
ßen zu lassen die Triebe des Grases?
28 Hat der Regen einen Vater, oder
wer zeugt die Tropfen des Taues?
29 Aus wessen Schoße kommt das Eis
hervor, und des Himmels Reif, wer
30 gebiert ihn? Wie das Gestein ver-
dichten sich die Wasser, und die Fläche der Tiefe schließt sich zusammen.
31 Kannst du knüpfen das Gebinde des
Siebengestirns, oder lösen die Fesseln
32 des Orion? Kannst du die Bilder des
Tierkreises hervortreten lassen zu ihrer Zeit, und den großen Bären leiten
33 samt seinen Kindern? Kennst du die
Gesetze des Himmels, oder bestimmst
du seine Herrschaft über die Erde?
34 Kannst du deine Stimme zum Gewölk erheben, daß eine Menge Was-
35 sers dich bedecke? Kannst du die Blitze
entsenden, daß sie hinfahren, daß sie
36 zu dir sagen: Hier sind wir? Wer hat
Weisheit in die Nieren gelegt, oder
wer hat dem Geiste *b* Verstand gege-
37 ben? Wer zählt die Wolken *c* mit
Weisheit, und des Himmels Schläu-
38 che, wer gießt sie aus, wenn der Staub
zu dichtem Gusse zusammenfließt und
die Schollen aneinander kleben?
39 Erjagst du der Löwin den Raub,
und stillst du die Gier der jungen Lö-
40 wen, wenn sie in den Höhlen kauern,
im Dickicht auf der Lauer sitzen?
41 Wer bereitet dem Raben seine Speise,
wenn seine Jungen zu Gott *d* schreien,
umherirren ohne Nahrung?

39 Weißt du die Gebärzeit der Steinböcke? Beobachtest du das Kreißen
2 der Hindinnen? Zählst du die Monde,
die sie erfüllen, und weißt du die Zeit
3 ihres Gebärens? Sie krümmen sich,

lassen ihre Jungen durchbrechen, ent-
ledigen sich ihrer Wehen. Ihre Kin- 4
der werden stark, wachsen auf im
Freien; sie gehen aus und kehren
nicht zu ihnen zurück.
Wer hat den Wildesel frei entsandt, 5
und wer gelöst die Bande des Wild- 6
lings *e*, zu dessen Hause ich die Steppe gemacht, und zu seinen Wohnun- 7
gen das Salzland? Er lacht des Getümmels der Stadt, das Geschrei des
Treibers hört er nicht. Was er auf 8
den Bergen erspäht, ist seine Weide,
und allem Grünen spürt er nach.
Wird der Wildochs dir dienen wol- 9
len, oder wird er an deiner Krippe
übernachten? Wirst du den Wildochs 10
mit seinem Seile an die Furche *f* binden, oder wird er hinter dir her die
Talgründe eggen? Wirst du ihm trau- 11
en, weil seine Kraft groß ist, und ihm
deine Arbeit überlassen? Wirst du 12
auf ihn dich verlassen, daß er deine
Saat heimbringe, und daß er *das Getreide* deiner Tenne einscheuere?
Fröhlich schwingt sich der Flügel 13
der Straußin: ist es des Storches Fit-
tich und Gefieder? Denn sie überläßt 14
ihre Eier der Erde, und erwärmt sie
auf dem Staube; und sie vergißt, daß 15
ein Fuß sie zerdrücken, und das Getier des Feldes sie zertreten kann.
Sie behandelt ihre Kinder hart, als 16
gehörten sie ihr nicht; ihre Mühe ist
umsonst, es kümmert sie nicht. Denn 17
Gott ließ sie der Weisheit vergessen,
und keinen Verstand teilte er ihr zu.
Zur Zeit, wenn sie in die Höhe 18
peitscht, lacht sie *g* des Rosses und
seines Reiters.
Gibst du dem Rosse Stärke, beklei- 19
dest du seinen Hals mit der wallen-
den Mähne? Machst du es aufspringen 20
gleich der Heuschrecke? Sein prächtiges Schnauben ist Schrecken. Es 21
scharrt *h* in der Ebene und freut sich
der Kraft, zieht aus, den Waffen entgegen. Es lacht der Furcht und er- 22
schrickt nicht, und kehrt vor dem
Schwerte nicht um. Auf ihm klirrt 23
der Köcher, der blitzende Speer und
Wurfspieß. Mit Ungestüm und Zorn 24
schlürft es den Boden *i*, und läßt sich
nicht halten, wenn die Posaune ertönt. Beim Schall der Posaune ruft 25
es: Hui! und aus der Ferne wittert es
die Schlacht, den Donnerruf der Heer-
führer und das Feldgeschrei.
Schwingt sich der Habicht durch 26
deinen Verstand empor, breitet seine
Flügel aus gegen Süden? Oder erhebt 27
sich auf deinen Befehl der Adler, und
baut in der Höhe sein Nest? In den 28
Felsen wohnt und verweilt er, auf Fels-
senzacken und den Spitzen der Berge.
Von dort aus erspäht er Nahrung, in 29
die Ferne blicken seine Augen. Und 30
seine Jungen schlürfen Blut, und wo
Erschlagene sind, da ist er.

---

a Eig. spaltet Kanäle. — *b* O. dem Herzen; and.: dem Hahne. Die Bedeutung des
hebr. Wortes ist ungewiß. — *c* S. die Anm. zu Kap. 35, 5. — *d* El. — *e* Anderer
Name für Wildesel. — *f* Eig. an die Furche seines Seiles, d. h. wirst du ihn mit
dem Seile in der Furche halten können? — *g* O. Jetzt peitscht sie sich in die Höhe,
lacht usw. — *h* Eig. sie scharren. — *i* d. h. jagt mit Windeseile dahin.

31 Und Jehova antwortete Hiob und sprach:

32 Will der Tadler rechten mit dem Allmächtigen? Der da Gott zurechtweist antworte darauf!

33 Und Hiob antwortete Jehova und sprach:

34 Siehe, *zu* gering bin ich, was soll ich dir erwidern? Ich lege meine Hand auf meinen Mund.

35 Einmal habe ich geredet, und ich will nicht mehr antworten *a*, und zweimal, und ich will es nicht mehr tun.

40 Und Jehova antwortete Hiob aus dem Sturme und sprach:

2 Gürte doch wie ein Mann deine Lenden; ich will dich fragen, und du belehre mich!

3 Willst du gar mein Recht zunichte machen, mich verdammen, damit du gerecht seiest?

4 Oder hast du einen Arm wie Gott *b*, und kannst du donnern mit einer Stimme wie er?

5 Schmücke dich doch mit Erhabenheit und Hoheit, und kleide dich in Pracht und Majestät! Gieße aus

6 die Ausbrüche *c* deines Zornes, und sieh an alles Hoffärtige und erniedrige es!

7 Sieh an alles Hoffärtige, beuge es, und reiße nieder die Gesetzlosen

8 auf ihrer Stelle! Verbirg sie allesamt in den Staub, schließe ihre Angesichter in Verborgenheit ein!

9 Dann werde auch ich dich preisen, daß deine Rechte dir Hilfe schafft.

10 Sieh doch den Behemoth *d*, den ich mit dir gemacht habe; er frißt Gras

11 wie das Rind. Sieh doch, seine Kraft ist in seinen Lenden, und seine Stärke in den Muskeln seines Bauches.

12 Er biegt seinen Schwanz gleich einer Zeder, die Sehnen seiner Schenkel sind verflochten.

13 Seine Knochen sind Röhren von Erz, seine Gebeine

14 gleich Barren von Eisen. Er ist der Erstling der Wege Gottes *b*; der ihn gemacht, hat *ihm* sein Schwert *e* beschafft.

15 Denn die Berge tragen ihm Futter, und daselbst spielt alles Getier

16 des Feldes. Unter Lotosbüschen legt er sich nieder, im Versteck von Rohr und

17 Sumpf; Lotosbüsche bedecken ihn mit ihrem Schatten *f*, es umgeben ihn die

18 Weiden des Baches. Siehe, der Strom schwillt mächtig an — er flieht nicht ängstlich davon; er bleibt wohlgemut, wenn ein Jordan gegen sein Maul hervorbricht.

19 Fängt man ihn wohl vor seinen Augen, durchbohrt man ihm die Nase mit einem Fangseile *g*?

20 Ziehst du den Leviathan *h* herbei mit der Angel, und senkst du seine

21 Zunge in die Angelschnur? Kannst du einen Binsenstrick durch seine Nase ziehen, und seinen Kinnbacken mit

22 einem Ringe durchbohren? Wird er viel Flehens an dich richten, oder dir

23 sanfte Worte geben? Wird er einen Bund mit dir machen, daß du ihn zum ewigen Knechte nehmest? Wirst du

24 mit ihm spielen wie mit einem Vogel, und ihn anbinden für deine Mädchen?

25 Werden die *Fischer*-Genossen ihn verhandeln, ihn verteilen unter Kaufleute?

26 Kannst du seine Haut mit Spießen füllen, und seinen Kopf mit Fischharpunen?

27 Lege deine Hand an ihn — gedenke des Kampfes, tue es nicht wieder! *✱* Siehe, eines jeden

41 Hoffnung wird betrogen: wird man nicht schon bei seinem Anblick niedergeworfen? Niemand ist so kühn, daß er

2 ihn aufreize. — Und wer ist es, der sich vor mein Angesicht stellen dürfte? Wer hat mir zuvor gegeben? und ich werde ihm vergelten. Was unter dem ganzen Himmel ist, ist mein.

3 Nicht schweigen will ich von seinen Gliedern und von seiner Kraftfülle *i* und von der Schönheit seines Baues.

4 Wer deckte die Oberfläche seines Gewandes auf? In sein Doppelgebiß, wer

5 dringt da hinein? Wer tat die Pforte *j* seines Angesichts auf? Der Kreis sei-

6 ner Zähne ist ein Schrecken. Ein Stolz sind seine starken Schilder *k*, jedes

7 einzelne verschlossen mit festem Siegel. Eines fügt sich ans andere, und

8 keine Luft dringt dazwischen; Stück an Stück hangen sie fest zusammen,

9 greifen ineinander und trennen sich nicht. Sein Niesen strahlt Licht aus,

10 und seine Augen sind gleich den Wimpern der Morgenröte. Aus seinem Rachen gehen Fackeln, sprühen feurige

11 Funken hervor. Aus seinen Nüstern fährt Rauch, wie aus einem siedenden

12 Topfe und Kessel *l*. Sein Hauch entzündet Kohlen, und eine Flamme

13 fährt aus seinem Rachen. In seinem Halse wohnt Stärke, und die Angst

14 hüpft vor ihm her. Die Wampen seines Fleisches schließen an, sind ihm

15 fest angegossen, unbeweglich. Sein Herz ist hart wie Stein, und hart *m*

16 wie ein unterer Mühlstein. Vor seinem Erheben fürchten sich Starke, vor

17 Verzagtheit geraten sie außer sich. Trifft man ihn mit dem Schwerte, es hält nicht stand, noch Speer, noch

18 Wurfspieß, noch Harpune *n*. Das Eisen achtet er für Stroh, das Erz für faules

19 Holz. Der Pfeil jagt ihn nicht in die Flucht, Schleudersteine verwandeln

20 sich ihm in Stoppeln. Wie Stoppeln gilt ihm die Keule, und er verlacht

21 das Sausen der Wurfspießes. Unter ihm sind scharfe *o* Scherben; einen Dreschschlitten breitet er hin auf den

22 Schlamm. Er macht die Tiefe sieden wie einen Topf, macht das Meer wie

23 einen Salbenkessel. Hinter ihm leuchtet der Pfad, man könnte die Tiefe

24 für graues Haar halten. Auf Erden ist keiner ihm gleich, ihm, der geschaffen

25 ist ohne Furcht. Alles Hohe sieht er an; er ist König über alle wilden Tiere *p*.

---

a O. anheben. — *b* El. — *c* O. Fluten, wie Kap. 21, 30. — *d* wohl das Nilpferd. — *e* d. h. wahrsch. die riesigen Schneidezähne des Nilpferdes. — *f* Eig. als sein Schatten. — *g* Eig. mit einer Falle. — *h* wahrscheinlich das Krokodil. — *i* Eig. von dem, was seine Kraftfülle betrifft. — *j* Eig. die Türflügel. — *k* O. die Rinnen seiner Schilder. — *l* O. und *brennenden* Binsen. — *m* Eig. fest, zähe. — *n* O. Wurfpfeil. — *o* Eig. schärfste. — *p* S. die Anm. zu Kap. 28, 8.

42 Und Hiob antwortete Jehova und sprach:

2 Ich weiß, daß du alles vermagst, und kein Vorhaben dir verwehrt wer-
3 den kann. Wer ist es, der den Rat verhüllt ohne Erkenntnis *a*? So habe ich denn beurteilt was ich nicht verstand *b*, Dinge, zu wunderbar für mich, die ich nicht kannte *c*. Höre doch, und
4 ich will reden; ich will dich fragen, und du belehre mich!
5 Mit dem Gehör des Ohres hatte ich von dir gehört, aber nun hat mein Auge dich gesehen.
6 Darum verabscheue ich *mich* und bereue in Staub und Asche.

7 Und es geschah, nachdem Jehova diese Worte zu Hiob geredet hatte, da sprach Jehova zu Eliphas, dem Temaniter: Mein Zorn ist entbrannt wider dich und wider deine beiden Freunde; denn nicht geziemend habt ihr von mir geredet, wie mein Knecht
8 Hiob. Und nun nehmet euch sieben Farren und sieben Widder, und gehet zu meinem Knechte Hiob und opfert ein Brandopfer für euch. Und Hiob, mein Knecht, möge für euch bitten; denn *d* ihn will ich annehmen, damit ich nicht an euch tue nach eurer Torheit; denn nicht geziemend habt ihr von mir geredet, wie mein Knecht Hiob.
9 Da gingen Eliphas, der Temaniter, und Bildad, der Schuchiter, *und* Zo-

phar, der Naamathiter, und taten, wie Jehova zu ihnen geredet hatte; und Jehova nahm Hiob an.
10 Und Jehova wendete die Gefangenschaft Hiobs, als er für seine Freunde betete; und Jehova mehrte alles was Hiob gehabt hatte um das Doppelte.
11 Und es kamen zu ihm alle seine Brüder und alle seine Schwestern und alle seine früheren Bekannten; und sie aßen mit ihm in seinem Hause, und sie bezeugten ihm ihr Beileid und trösteten ihn über all das Unglück, welches Jehova über ihn gebracht hatte; und sie gaben ihm ein jeder eine Kesita *e*, und ein jeder einen goldenen Ring.
12 Und Jehova segnete das Ende Hiobs mehr als seinen Anfang; und er bekam vierzehntausend Stück Kleinvieh und sechstausend Kamele und tausend Joch Rinder und tausend Eselinnen.
13 Und es wurden ihm sieben Söhne und drei Töchter *geboren.*
14 Und er gab der ersten den Namen Jemima *f*, und der zweiten den Namen Kezia *g*, und der dritten den Namen Keren-Happuk *h*.
15 Und so schöne Frauen wie die Töchter Hiobs wurden im ganzen Lande nicht gefunden. Und ihr Vater gab ihnen ein Erbteil inmitten ihrer Brüder.
16 Und Hiob lebte nach diesem hundertundvierzig Jahre; und er sah seine Kinder und seine Kindeskinder, vier Geschlechter.
17 Und Hiob starb, alt und der Tage satt.

Die Psalmen *i*

Erstes Buch

Psalm 1

1 Glückselig der Mann, der nicht wandelt im Rate der Gottlosen, und nicht steht auf dem Wege der Sünder, und nicht sitzt auf dem Sitze *j* der Spötter,
2 Sondern seine Lust hat am Gesetz Jehovas und über sein Gesetz sinnt Tag und Nacht!
3 Und er ist *k* wie ein Baum, gepflanzt an Wasserbächen, der seine Frucht bringt zu seiner Zeit, und dessen Blatt nicht verwelkt; und alles was er tut, gelingt *l*.
4 Nicht so die Gesetzlosen, sondern *sie sind* wie die Spreu, die der Wind dahintreibt.
5 Darum werden die Gesetzlosen nicht bestehen im Gericht, noch die Sünder in der Gemeinde der Gerechten.
6 Denn Jehova kennt *m* den Weg der Gerechten; aber der Gesetzlosen Weg wird vergehen.

Psalm 2

1 Warum toben die Nationen und sinnen Eitles die Völkerschaften?
2 Es treten auf *n* die Könige der Erde, und die Fürsten ratschlagen miteinander wider Jehova und wider seinen Gesalbten:
3 „Lasset uns zerreißen ihre Bande, und von uns werfen ihre Seile!“
4 Der im Himmel thront *o*, lacht, der Herr spottet *p* ihrer.
5 Dann wird er zu ihnen reden in seinem Zorn, und in seiner Zornglut wird er sie schrecken.
6 „Habe doch ich meinen König gesalbt *q* auf Zion, meinem heiligen Berge!“
7 Vom Beschluß will ich erzählen: Jehova hat zu mir gesprochen: Du bist mein Sohn, heute habe ich dich gezeugt.
8 Fordere von mir, und ich will dir

---

a Vergl. Kap. 38, 2. — *b* Eig. ohne zu verstehen. — *c* Eig. ohne zu erkennen. — *d* O. nur. — *e* ein gewisses Gewicht an Gold oder Silber, welches dem Empfänger als Geld dargewogen wurde. — *f* Taube. — *g* Kassia. — *h* Schminkhorn. — *i* Die hebräische Ueberschrift des ganzen Buches der Psalmen bedeutet „Lobgesänge“, während das in den einzelnen Ueberschriften vorkommende, mit „Psalm“ (vom griech. psalmos) übersetzte Wort die Bedeutung von „Gesang mit Musikbegleitung, Singspiel“ hat. — *j* O. im Kreise. — *k* O. wird sein. — *l* O. wird gelingen. — *m* d. h. nimmt Kenntnis von. — *n* O. Warum treten auf usw. — *o* O. wohnt. — *p* O. wird lachen . . . wird spotten. — *q* O. eingesetzt.

zum Erbteil geben die Nationen, und zum Besitztum die Enden der Erde.

9 Mit eisernem Zepter *a* wirst du sie zerschmettern, wie ein Töpfergefäß sie zerschmeißen.

10 Und nun, ihr Könige, seid verständig, lasset euch zurechtweisen, ihr Richter der Erde!

11 Dienet Jehova mit Furcht, und freuet euch *b* mit Zittern!

12 Küsset den Sohn, daß er nicht zürne, und ihr umkommet auf dem Wege, wenn nur ein wenig entbrennt *c* sein Zorn. Glückselig alle, die auf ihn trauen *d*!

Psalm 3

Ein Psalm von David, als er vor seinem Sohne Absalom floh.

1 Jehova! wie viele sind meiner Bedränger! Viele erheben sich wider mich;

2 Viele sagen von meiner Seele: Es ist keine Rettung für ihn bei *e* Gott! (Sela.) *f*

3 Du aber, Jehova, bist ein Schild um mich her, meine Herrlichkeit *g*, und der mein Haupt emporhebt.

4 Mit meiner Stimme rufe ich zu Jehova, und er antwortet mir von seinem heiligen Berge. (Sela.)

5 Ich legte mich nieder und schlief; ich erwachte, denn Jehova stützt mich.

6 Nicht fürchte ich mich vor Zehntausenden des Volkes, die sich ringsum wider mich gesetzt haben.

7 Stehe auf, Jehova! rette mich, mein Gott! denn du hast alle meine Feinde auf den Backen geschlagen; die Zähne der Gesetzlosen hast du zerschmettert.

8 Von Jehova ist die Rettung; dein Segen ist auf deinem Volke *h*. (Sela.)

Psalm 4

Dem Vorsänger *i* mit Saitenspiel. Ein Psalm von David.

1 Wenn ich rufe, antworte mir, Gott meiner Gerechtigkeit! In Bedrängnis hast du mir Raum gemacht; sei mir gnädig und höre mein Gebet!

2 Ihr Männersöhne, bis wann *soll* meine Herrlichkeit zur Schande *sein? Bis wann* werdet ihr Eitles lieben, Lüge suchen? (Sela.)

3 Erkennet doch, daß Jehova den Frommen für sich abgesondert *j* hat! Jehova wird hören, wenn ich zu ihm rufe.

4 Seid erregt *k*, und sündiget nicht! Denket nach in eurem Herzen auf eurem Lager, und seid stille! (Sela.)

5 Opfert Opfer der Gerechtigkeit, und vertrauet auf Jehova!

Viele sagen: Wer wird uns Gutes 6 schauen lassen? Erhebe, Jehova, über uns das Licht deines Angesichts!

Du hast Freude in mein Herz gegeben, mehr als zur Zeit, da ihres Kornes und ihres Mostes viel war. 7

In Frieden werde ich sowohl mich 8 niederlegen als auch schlafen; denn du, Jehova, allein lässest mich in Sicherheit wohnen.

Psalm 5

Dem Vorsänger, zu Nechiloth *l*. Ein Psalm von David.

1 Nimm zu Ohren, Jehova, meine Worte, merke auf mein Nachsinnen *m*!

2 Horche auf die Stimme meines Schreiens, mein König und mein Gott! denn zu dir bete ich.

3 Frühe *n* wirst du, Jehova, meine Stimme hören, frühe *n* werde ich *mein Anliegen* dir vorstellen und harren *o*.

4 Denn nicht ein Gott *p* bist du, der an Gesetzlosigkeit Gefallen hat; bei dir wird das Böse *q* nicht weilen.

5 Nicht werden die Toren *r* bestehen vor deinen Augen; du hassest alle die Frevel tun.

6 Du wirst vertilgen die Lügenredner; den Mann des Blutes und des Truges verabscheut Jehova.

7 Ich aber, ich werde in der *s* Größe deiner Güte eingehen in dein Haus, ich werde anbeten *t* in deiner Furcht gegen deinen heiligen Tempel *u*.

8 Leite mich, Jehova, in deiner Gerechtigkeit um meiner Feinde *v* willen; ebne vor mir deinen Weg.

9 Denn in ihrem Munde ist nichts Zuverlässiges; ihr Inneres ist Verderben, ein offenes Grab ihr Schlund; ihre Zunge glätten sie *w*.

10 Laß sie büßen, o Gott; mögen sie fallen durch ihre Anschläge! stoße sie hinweg wegen der Menge ihrer Uebertretungen! denn sie sind widerspenstig gegen dich gewesen.

11 So werden sich freuen alle, die auf dich trauen: ewig werden sie jubeln, und du wirst sie beschirmen; und in dir werden frohlocken die deinen Namen lieben.

12 Denn du wirst den Gerechten segnen; Jehova, mit Gunst wirst du ihn umgeben wie mit einem Schilde *x*.

Psalm 6

Dem Vorsänger, mit Saitenspiel, auf der Scheminith *y*. Ein Psalm von David.

1 Jehova, strafe mich nicht in deinem Zorn, und züchtige mich nicht in deinem Grimm!

---

a O. eiserner Zuchtrute. — *b* Eig. frohlocket. — *c* O. denn gar bald möchte entbrennen. — *d* Eig. Zuflucht zu ihm nehmen, sich in ihm bergen: so überall in den Psalmen. — *e* W. in. — *f* Bedeutet wahrsch.: Zwischenspiel, od. Verstärkung der begleitenden Musik. — *g* O. Ehre. — *h* O. komme auf dein Volk. — *i* O. Musikleiter; so auch später. — *j* O. seinen Frommen ausgezeichnet. — *k* O. Zittert. — *l* d. h. zu Flöten. — *m* O. meine Klage. — *n* W. am Morgen. — *o* Eig. ausschauen. — *p* El. — *q* O. der Böse. — *r* O. die Prahler, die Uebermütigen. — *s* O. durch die. — *t* Eig. mich niederwerfen. — *u* S. die Anm. zu 1. Kön. 6, 3. — *v* Eig. Nachsteller. — *w* d. h. sie schmeicheln. — *x* Hier der große Schild, der den ganzen Mann deckte. — *y* Vergl. 1. Chron. 15, 20. 21.

2 Sei mir gnädig, Jehova! denn ich bin dahingewelkt; heile mich, Jehova! denn meine Gebeine sind bestürzt.

3 Und sehr bestürzt ist meine Seele . . Und du, Jehova, bis wann?

4 Kehre um, Jehova, befreie meine Seele; rette mich um deiner Güte willen!

5 Denn im Tode gedenkt man deiner nicht; im Scheol, wer wird dich preisen?

6 Müde bin ich durch mein Seufzen; jede Nacht schwemme ich mein Bett, mache mit meinen Tränen mein Lager zerfließen.

7 Verfallen ist mein Auge vor Gram, gealtert ob all meiner Bedränger.

8 Weichet von mir alle, die ihr Frevel tut! denn Jehova hat gehört die Stimme meines Weinens;

9 Jehova hat mein Flehen gehört; mein Gebet nahm Jehova an *a*.

10 Alle meine Feinde werden beschämt und sehr bestürzt werden; sie werden umkehren, sie werden plötzlich beschämt werden.

Psalm 7

Schiggajon *b*, von David, das er Jehova sang wegen der Worte Kusch', des Benjaminiters.

1 Jehova, mein Gott, auf dich traue ich; rette mich von allen meinen Verfolgern und befreie mich!

2 Daß er nicht meine Seele zerreiße wie ein Löwe, *sie* zermalmend, und kein Erretter ist da.

3 Jehova, mein Gott! wenn ich solches getan habe, wenn Unrecht in meinen Händen ist,

4 Wenn ich Böses vergolten dem, der mit mir im Frieden war, — habe ich doch den befreit, der mich ohne Ursache bedrängte —

5 So verfolge der Feind meine Seele und erreiche sie, und trete mein Leben zu Boden, und strecke meine Ehre *c* hin in den Staub. (Sela.)

6 Stehe auf, Jehova, in deinem Zorn! Erhebe dich wider das Wüten meiner Bedränger, und wache auf zu mir: Gericht hast du befohlen.

7 Und die Schar *d* der Völkerschaften wird dich umringen *e*; und ihretwegen *f* kehre wieder zur Höhe!

8 Jehova wird die Völker richten. Richte mich *g*, Jehova, nach meiner Gerechtigkeit und nach meiner Lauterkeit, die bei mir ist.

9 Laß doch ein Ende nehmen die Bosheit der Gesetzlosen, und befestige den Gerechten! Es prüft ja Herzen und Nieren der gerechte Gott.

10 Mein Schild ist bei Gott, der die von Herzen Aufrichtigen rettet.

Gott ist ein gerechter Richter, und 11 ein Gott *h*, der jeden Tag zürnt.

Wenn er *i* nicht umkehrt, so wetzt 12 er sein Schwert; seinen Bogen hat er gespannt und ihn gerichtet *j*.

Und Werkzeuge des Todes hat er 13 für ihn bereitet *k*, seine Pfeile macht er brennend.

Siehe, er *i* ist in Geburtswehen mit 14 Unheil; und, schwanger mit Mühsal *l*, gebiert er Falschheit.

Er hat eine Grube gegraben und 15 hat sie ausgehöhlt, und er ist in die Grube gefallen, die er gemacht hat.

Seine Mühsal *l* wird zurückkehren 16 auf sein Haupt, und auf seinen Scheitel wird herabstürzen seine Gewalttat.

Ich will Jehova preisen *m* nach sei- 17 ner Gerechtigkeit, und besingen den Namen Jehovas, des Höchsten.

Psalm 8

Dem Vorsänger, auf der Gittith. Ein Psalm von David.

Jehova, unser Herr, wie herrlich ist 1 dein Name auf der ganzen Erde, der du deine Majestät gestellt hast über die Himmel *n*!

Aus dem Munde der Kinder und 2 Säuglinge hast du Macht *o* gegründet um deiner Bedränger willen, um zum Schweigen zu bringen den Feind und den Rachgierigen.

Wenn ich anschaue deinen Him- 3 mel, deiner Finger Werk, den Mond und die Sterne, die du bereitet hast:

Was ist der Mensch, daß du sein ge- 4 denkst, und des Menschen Sohn, daß du auf ihn achthast *p*?

Denn ein wenig *q* hast du ihn unter die 5 Engel *r* erniedrigt *s*; und mit Herrlichkeit und Pracht hast du ihn gekrönt.

Du hast ihn zum Herrscher gemacht 6 über die Werke deiner Hände; alles hast du unter seine Füße gestellt:

Schafe und Rinder allesamt und 7 auch die Tiere des Feldes,

Das Gevögel des Himmels und die 8 Fische des Meeres, was die Pfade der Meere durchwandert.

Jehova, unser Herr, wie herrlich ist 9 dein Name auf der ganzen Erde!

Psalm 9

Dem Vorsänger, nach Muth Labben. Ein Psalm von David.

Ich will Jehova preisen mit meinem 1 ganzen Herzen, will erzählen alle deine Wundertaten.

In dir will ich mich freuen und froh- 2 locken, will deinen Namen besingen, o Höchster!

Als meine Feinde sich zurückwand- 3 ten, strauchelten sie und kamen um *t* vor deinem Angesicht.

---

a O. wird Jehova annehmen. — *b* Bedeutet wahrsch.: Lied in bewegten Rhythmen. — *c* d. h. meine Seele (mein Köstlichstes). — *d* Eig. Gemeinde. — *e* O. umringe dich. — *f* O. über ihr. — *g* d. h. Urteile über mich. — *h* El. — *i* d. h. der Gesetzlose. — *j* O. bereitet. — *k* O. auf ihn gerichtet. — *l* d. h. die er anderen bereitet. — *m* O. danken; so auch Ps. 9, 1. — *n* And. üb.: mit deiner Majestät die Himmel angetan hast. — *o* And.: Lob. — *p* O. dich fürsorglich seiner annimmst. — *q* O. eine kleine Zeit. — *r* Hebr. Elohim. — *s* Eig. geringer gemacht als. — *t* O. weil meine Feinde sich zurückwandten, strauchelten und umkamen.

4 Denn du hast ausgeführt mein Recht und meine Rechtssache; du hast dich auf den Thron gesetzt, ein gerechter Richter.

5 Du hast die Nationen gescholten, den Gesetzlosen vertilgt; ihren Namen hast du ausgelöscht für immer und ewig —

6 O Feind! zu Ende sind die Trümmer für immer —; auch hast du Städte zerstört: ihr, ja, ihr Gedächtnis *a* ist verschwunden.

7 Jehova aber thront ewiglich; er hat seinen Thron aufgestellt zum Gericht.

8 Und er, er wird den Erdkreis richten in Gerechtigkeit, wird über die Völkerschaften Gericht halten in Geradheit.

9 Und Jehova wird eine hohe Feste sein dem Unterdrückten, eine hohe Feste in Zeiten der Drangsal.

10 Und auf dich werden vertrauen die deinen Namen kennen; denn du hast nicht verlassen die dich suchen, Jehova.

11 Singet Psalmen *b* Jehova, der Zion bewohnt, verkündet unter den Völkern seine Taten!

12 Denn der dem *vergossenen* Blute nachforscht, hat ihrer gedacht; er hat das Schreien der Elenden *c* nicht vergessen.

13 Sei mir gnädig, Jehova! sieh an mein Elend von seiten meiner Hasser, indem du mich emporhebst aus den Toren des Todes;

14 Auf daß ich all dein Lob erzähle in den Toren der Tochter Zion, frohlocke über deine Rettung.

15 Versunken sind die Nationen in die Grube, die sie gemacht; ihr Fuß ward gefangen in dem Netze, das sie heimlich gelegt haben.

16 Jehova ist bekannt geworden: er hat Gericht ausgeübt, indem er den Gesetzlosen verstrickt in dem Werke seiner Hände. (Higgajon *d*, Sela.)

17 Es werden zum Scheol umkehren die Gesetzlosen, alle Nationen, die Gottes vergessen.

18 Denn nicht für immer wird der Arme vergessen sein, *noch* für ewig verloren die Hoffnung der Sanftmütigen *e*.

19 Stehe auf, Jehova! nicht habe der Mensch die Oberhand; vor deinem Angesicht mögen gerichtet werden die Nationen!

20 Lege Furcht auf sie, Jehova; mögen die Nationen wissen, daß sie Menschen sind! (Sela.)

Psalm 10

1 Warum, Jehova, stehst du fern, verbirgst dich in Zeiten der Drangsal?

2 In seinem Hochmut verfolgt der Gesetzlose hitzig den Elenden *f*. Sie werden erhascht werden in den Anschlägen, die sie ersonnen haben.

Denn der Gesetzlose rühmt sich des 3 Gelüstes seiner Seele; und er segnet den Habsüchtigen, er verachtet Jehova.

Der Gesetzlose *spricht* nach seinem 4 Hochmut *g*: Er wird nicht nachforschen. Alle seine Gedanken sind: Es ist kein Gott!

Es gelingen seine Wege *h* allezeit; 5 hoch sind deine Gerichte, weit von ihm entfernt; alle seine Widersacher — er bläst sie an.

Er spricht in seinem Herzen: Ich 6 werde nicht wanken; von Geschlecht zu Geschlecht werde ich in keinem Unglück sein.

Sein Mund ist voll Fluchens und 7 Truges und Bedrückung; unter seiner Zunge ist Mühsal und Unheil.

Er sitzt im Hinterhalt der Dörfer, 8 an verborgenen Oertern ermordet er den Unschuldigen; seine Augen spähen dem Unglücklichen nach.

Er lauert im Versteck, wie ein Lö- 9 we in seinem Dickicht; er lauert, um den Elenden zu erhaschen; er erhascht den Elenden, indem er ihn in sein Netz zieht.

Er duckt sich, bückt sich, und in 10 seine starken *Klauen* fallen die Unglücklichen.

Er spricht in seinem Herzen: Gott *i* 11 vergißt; er verbirgt sein Angesicht, niemals sieht er's!

Stehe auf, Jehova! Gott *i*, erhebe 12 deine Hand! vergiß nicht der Elenden!

Warum verachtet der Gesetzlose 13 Gott, spricht in seinem Herzen, du werdest nicht nachforschen?

Du hast es gesehen, denn du, du 14 schaust auf Mühsal und Gram, um zu vergelten durch deine Hand; dir überläßt es der Unglückliche, der Waise Helfer bist du.

Zerbrich den Arm des Gesetzlosen; 15 und der Böse — suche *j* seine Gesetzlosigkeit, *bis* daß du sie nicht *mehr* findest!

Jehova ist König immer und ewig- 16 lich; die Nationen sind umgekommen aus seinem Lande.

Den Wunsch der Sanftmütigen hast 17 du gehört, Jehova; du befestigtest ihr Herz, ließest dein Ohr aufmerken,

Um Recht zu schaffen der Waise und 18 dem Unterdrückten, daß der Mensch, *der* von der Erde *ist*, hinfort nicht mehr schrecke.

Psalm 11

Dem Vorsänger. Von David.

Auf Jehova traue ich; wie saget ihr 1 zu meiner Seele: Fliehet *k* wie in Vogel *l* nach eurem Berge?

Denn siehe, die Gesetzlosen spannen 2 den Bogen, sie haben ihren Pfeil auf der Sehne gerichtet, um im Finstern

---

a O. — und die Städte, die du zerstört hast, deren, ja, deren Gedächtnis. — *b* Eig. Singspielet. — *c* Eig. der Gebeugten. Nach and. Lesart: der Sanftmütigen oder Demütigen; so auch Ps. 10, 12. (S. die Anm. zu V. 18.) — *d* Saitenspiel. — *e* Nach and. Lesart: der Elenden; die beiden hebr. Wörter sind nach Form und Bedeutung eng miteinander verwandt. — *f* O. Durch den Hochmut des Gesetzlosen wird der Elende sehr geängstigt. — *g* Eig. seiner Hochnäsigkeit. — *h* Eig. Kräftig (dauerhaft) sind seine Wege. — *i* El. — *j* d. h. ahnde. — *k* Nach and. Lesart: Fliehe. — *l* O. ihr Vögel.

zu schießen auf die von Herzen Aufrichtigen.

3 Wenn die Grundpfeiler umgerissen werden, was tut *dann* der Gerechte?

4 Jehova ist in seinem heiligen Palast *a*. Jehova — in den Himmeln ist sein Thron; seine Augen schauen, seine Augenlider prüfen die Menschenkinder.

5 Jehova prüft den Gerechten; und den Gesetzlosen und den, der Gewalttat liebt, haßt seine Seele.

6 Er wird Schlingen *b* regnen lassen auf die Gesetzlosen; Feuer und Schwefel und Glutwind wird das Teil ihres Bechers sein.

7 Denn gerecht ist Jehova, Gerechtigkeiten *c* liebt er. Sein Angesicht schaut den Aufrichtigen an. *d*

Psalm 12

Dem Vorsänger, auf die Scheminith.
Ein Psalm von David.

1 Rette, Jehova! denn der Fromme ist dahin, denn die Treuen sind verschwunden unter den Menschenkindern.

2 Sie reden Falschheit *e*, ein jeder mit seinem Nächsten; *ihre* Lippen schmeicheln *f*, mit doppeltem Herzen reden sie.

3 Jehova wird ausrotten *g* alle schmeichelnden Lippen, die Zunge, die große Dinge redet,

4 Die da sagen: Wir werden überlegen sein mit unserer Zunge, unsere Lippen sind mit uns; wer ist unser Herr?

5 Wegen der gewalttätigen Behandlung der Elenden, wegen des Seufzens der Armen will ich nun aufstehen, spricht Jehova; ich will in Sicherheit *h* stellen den, der danach schmachtet *i*.

6 Die Worte Jehovas sind reine Worte — Silber, *das* geläutert ist in dem Schmelztiegel zur Erde *fließt*, siebenmal gereinigt.

7 Du, Jehova, wirst sie bewahren, wirst sie *j* behüten vor diesem Geschlecht ewiglich.

8 Die Gesetzlosen wandeln ringsumher, wenn die Gemeinheit erhöht ist *bei* den Menschenkindern.

Psalm 13

Dem Vorsänger. Ein Psalm von David.

1 Bis wann, Jehova, willst du meiner vergessen immerdar? Bis wann willst du dein Angesicht vor mir verbergen?

2 Bis wann soll ich Ratschläge hegen in meiner Seele, Kummer in meinem Herzen bei Tage? Bis wann soll sich mein Feind über mich erheben?

Schaue her, antworte mir, Jehova,

mein Gott! erleuchte meine Augen, daß ich nicht entschlafe zum Tode,

4 Daß mein Feind nicht sage: Ich habe ihn übermocht! meine Bedränger nicht frohlocken, wenn ich wanke.

5 Ich aber, ich habe auf deine Güte vertraut; mein Herz soll frohlocken über deine Rettung.

Ich will Jehova singen, denn er hat wohlgetan an mir.

Psalm 14

Dem Vorsänger. Von David.

1 Der Tor *k* spricht *l* in seinem Herzen: Es ist kein Gott!

Sie haben verderbt gehandelt, sie haben abscheulich getan; da ist keiner, der Gutes tue.

2 Jehova hat vom Himmel herniedergeschaut auf die Menschenkinder, um zu sehen, ob ein Verständiger da sei, einer, der Gott suche.

3 Alle sind abgewichen, sie sind allesamt verderbt; da ist keiner, der Gutes tue, auch nicht ein er.

4 Haben keine Erkenntnis alle, die Frevel tun, die mein Volk fressen, als äßen sie Brot? Jehova rufen sie nicht an.

5 Da überfiel sie ein Schrecken, denn Gott ist unter dem gerechten Geschlecht.

6 Ihr machet zum Hohn den Ratschlag des Elenden, weil Jehova seine Zuflucht ist *m*.

7 O daß aus Zion die Rettung Israels da wäre! Wenn Jehova die Gefangenschaft seines Volkes wendet, soll Jakob frohlocken, Israel sich freuen.

Psalm 15

Ein Psalm; von David.

1 Jehova, wer wird in deinem Zelte weilen? Wer wird wohnen auf deinem heiligen Berge?

2 Der in Lauterkeit *n* wandelt und Gerechtigkeit wirkt und Wahrheit redet von Herzen *o*,

3 Nicht verleumdet mit seiner Zunge, kein Uebel tut seinem Genossen, und keine Schmähung bringt auf *p* seinen Nächsten;

4 In dessen Augen verachtet ist der Verworfene, der aber die ehrt, welche Jehova fürchten; hat er zum Schaden geschworen, so ändert er es nicht;

5 Der sein Geld nicht auf Zins *q* gibt, und kein Geschenk nimmt wider den Unschuldigen. Wer solches tut, wird nicht wanken in Ewigkeit.

Psalm 16

*Ein Gedicht *r* von David.*

1 Bewahre mich, Gott *s*, denn ich traue auf dich!

2 Du, *meine Seele*, hast *t* zu Jehova

---

a O. Tempel. — *b* d. h. wahrsch. Blitze. — *c* d. h. Betätigungen der Gerechtigkeit. — *d* O. Die Aufrichtigen werden sein Angesicht schauen. — *e* O. Eitles. — *f* W. schmeichelnde Lippe. — *g* O. rotte aus. — *h* Eig. Rettung, Heil. — *i* And. üb.: welchen man anschnaubt. — *j* W. ihn; s. V. 5. — *k* Nach: der gemeine, gottlose Mensch. — *l* O. hat gesprochen. — *m* O. doch Jehova ist seine Zuflucht. — *n* O. Vollkommenheit, Tadellosigkeit. — *o* W. mit seinem Herzen. — *p* O. ausspricht wider. — *q* O. Wucher. — *r* Hebr. Miktam; der Sinn des Wortes ist zweifelhaft. — *s* El. — *t* Viell. ist mit der alexandrin., syr. und lat. Uebersetzung zu l.: Ich habe.

gesagt: Du bist der Herr; meine Güte *reicht* nicht *hinauf* zu dir *a*.

3 *Du hast* zu den Heiligen *gesagt*, die
auf Erden sind, und zu den Herrlichen: An ihnen ist all meine Lust. *b*

4 Viele werden der Schmerzen derer sein, die einem anderen nachei-
len; ihre Trankopfer von Blut werde
ich nicht spenden, und ihre Namen
nicht auf meine Lippen nehmen.

5 Jehova ist das Teil meines Erbes *c*
und meines Bechers; du erhältst mein
Los.

6 Die Meßschnüre sind mir gefallen
in lieblichen Oertern; ja, ein schönes
Erbteil ist mir geworden.

7 Jehova werde ich preisen, der mich
beraten hat, selbst des Nachts unterweisen mich meine Nieren.

8 Ich habe Jehova stets vor mich gestellt; weil er zu meiner Rechten ist,
werde ich nicht wanken.

9 Darum freut sich mein Herz, und
frohlockt meine Seele *d*. Auch mein
Fleisch wird in Sicherheit ruhen.

10 Denn meine Seele wirst du dem
Scheol nicht lassen, wirst nicht zugeben, daß dein Frommer die Verwesung sehe.

11 Du wirst mir kundtun den Weg des
Lebens; Fülle *e* von Freuden ist vor
deinem *f* Angesicht, Lieblichkeiten in *g*
deiner Rechten immerdar.

Psalm 17

Ein Gebet; von David.

1 Höre, Jehova, die Gerechtigkeit, horche auf mein Schreien; nimm zu Ohren
mein Gebet von Lippen sonder Trug!

2 Von deiner Gegenwart gehe mein
Recht aus; laß deine Augen Aufrichtigkeit anschaun!

3 Du hast mein Herz geprüft, hast
mich des Nachts durchforscht; du hast
mich geläutert — nichts fandest du;
mein Gedanke geht nicht weiter als
mein Mund.

4 Was das Tun der Menschen anlangt,
so habe ich *h* mich durch das Wort
deiner Lippen bewahrt vor den Wegen der Gewalttätigen.

5 Meine Schritte hielten fest an deinen Spuren, meine Tritte haben nicht
gewankt.

6 Ich, ich habe dich angerufen, denn
du erhörest mich, o Gott *i*. Neige dein
Ohr zu mir, höre meine Rede!

7 Erweise wunderbar deine Gütigkeiten, der du durch deine Rechte die
auf dich Trauenden *j* rettest vor denen, die sich *wider sie* erheben.

8 Bewahre mich wie den Augapfel
im Auge *k*; birg mich in dem Schatten
deiner Flügel

9 Vor den Gesetzlosen, die mich zerstören, meinen Todfeinden, die mich
umzingeln.

10 Ihr fettes *Herz* verschließen sie, mit
ihrem Munde reden sie stolz *l*.

11 In *allen* unseren Schritten haben
sie uns jetzt umringt; sie richten ihre Augen, *uns* zu Boden zu strecken.

12 Er ist gleich einem Löwen, der nach
Raub schmachtet *m*, und wie ein junger Löwe, sitzend im Versteck.

13 Stehe auf, Jehova! komm ihm zuvor *n*, wirf ihn nieder! Errette meine Seele von dem Gesetzlosen durch
dein Schwert *o*;

14 Von den Leuten durch deine Hand *p*,
Jehova, von den Leuten dieses Zeitlaufs! Ihr Teil ist in diesem Leben,
und ihren Bauch füllst du mit deinem
Schatze; sie haben Söhne die Fülle,
und ihren Ueberfluß lassen sie ihren
Kindern.

15 Ich, ich werde dein Angesicht schau-
en in Gerechtigkeit, werde gesättigt
werden, wenn ich erwache, mit deinem Bilde.

Psalm 18 *q*

Dem Vorsänger. Von dem Knechte Jehovas, von David, der die Worte dieses Liedes zu Jehova redete an dem Tage, als
Jehova ihn errettet hatte aus der Hand
aller seiner Feinde und aus der Hand Sauls.

Und er sprach:

Ich liebe dich, Jehova, meine Stärke!

1
2 Jehova ist mein Fels und meine
Burg und mein Erretter; mein Gott *i*,
mein Hort *r*, auf ihn werde ich trau-
en, mein Schild und das Horn meines
Heils, meine hohe Feste.

3 Ich werde Jehova anrufen, der zu
loben ist, und ich werde gerettet werden von meinen Feinden.

4 Es umfingen mich die Bande des
Todes, und die Ströme *s* Belials erschreckten *t* mich;

5 Die Bande des Scheols umringten
mich, es ereilten mich die Fallstricke
des Todes.

6 In meiner Bedrängnis rief ich zu
Jehova, und ich schrie zu meinem Gott;
er hörte aus seinem Tempel *u* meine
Stimme, und mein Schrei vor ihm kam
in seine Ohren.

7 Da wankte und bebte die Erde, und
die Grundfesten der Berge erzitterten
und wankten, weil er entbrannt war.

8 Rauch stieg auf von seiner Nase,
und Feuer fraß aus seinem Munde;
glühende Kohlen brannten aus ihm.

9 Und er neigte die Himmel und fuhr
hernieder, und Dunkel war unter seinen Füßen.

---

a O. wie andere üb.: *es gibt* kein Gut (od. Glück) für mich außer dir. — *b* Der hebr.
Text ist fehlerhaft; wahrsch. ist zu l.: Und zu den Heiligen, die auf Erden sind: Das
sind die Herrlichen, an denen all meine Lust ist. — *c* Eig. meines Anteils. — *d* W.
Ehre, wie Ps. 7, 5. And. l.: Zunge; vergl. Apstgesch. 2, 26. — *e* Eig. Sättigung. —
f Eig. bei, mit deinem, d. h. unzertrennlich davon. — *g* O. zu. — *h* O. Beim Tun des
Menschen habe ich *usw*. — *i* El. — *j* O. der du die auf deine Rechte Trauenden usw. —
k Eig. den Augapfel, den Augenstern. — *l* W. in Hoffart. — *m* Eig. der gierig ist zu
zerfleischen. — *n* O. tritt ihm entgegen. — *o* And.: dem Gesetzlosen, deinem Schwerte.
— *p* And.: den Leuten deiner Hand. — *q* Vergl. 2. Sam. 22. — *r* Eig. Felsen. — *s* Eig.
Wildbäche. — *t* O. überfielen; so auch 2. Sam. 22, 5. — *u* Eig. Palast.

10 Und er fuhr auf einem Cherub und flog daher, und er schwebte auf den Fittichen des Windes.

11 Finsternis machte er zu seinem Bergungsort, zu seinem Zelte rings um sich her, Finsternis der Wasser, dichtes Himmelsgewölk.

12 Aus dem Glanze vor ihm fuhr sein dichtes Gewölk vorüber, Hagel *a* und feurige Kohlen.

13 Und es donnerte Jehova in den Himmeln, und der Höchste ließ seine Stimme erschallen — Hagel und feurige Kohlen.

14 Und er schoß seine Pfeile und zerstreute sie *b*, und er schleuderte Blitze *c* und verwirrte sie *b*.

15 Und es wurden gesehen die Betten der Wasser, und die Grundfesten des Erdkreises wurden aufgedeckt vor deinem Schelten, Jehova, vor dem Schnauben des Hauches deiner Nase.

16 Er streckte *seine Hand* aus von der Höhe, er nahm mich, er zog mich aus großen Wassern.

17 Er errettete mich von meinem starken Feinde und von meinen Hassern, denn sie waren mächtiger als ich.

18 Sie ereilten mich am Tage meines Unglücks, aber Jehova ward mir zur Stütze.

19 Und er führte mich heraus ins Weite, er befreite mich, weil er Lust an mir hatte.

20 Jehova vergalt mir nach meiner Gerechtigkeit, nach der Reinheit meiner Hände erstattete er mir.

21 Denn ich habe die Wege Jehovas bewahrt, und bin von meinem Gott nicht frevelhaft abgewichen.

22 Denn alle seine Rechte waren vor mir, und seine Satzungen, ich entfernte sie nicht von mir.

23 Und ich war vollkommen *d* gegen ihn, und hütete mich vor meiner Ungerechtigkeit.

24 Und Jehova erstattete mir nach meiner Gerechtigkeit, nach der Reinheit meiner Hände vor seinen Augen.

25 Gegen den Gütigen erzeigst du dich gütig, gegen den vollkommenen Mann erzeigst du dich vollkommen;

26 Gegen den Reinen erzeigst du dich rein, und gegen den Verkehrten erzeigst du dich entgegenstreitend *e*.

27 Denn du, du wirst retten das elende Volk, und die hohen Augen wirst du erniedrigen.

28 Denn du, du machst meine Leuchte scheinen; Jehova, mein Gott, erhellt meine Finsternis.

29 Denn mit dir werde ich gegen eine Schar anrennen, und mit meinem Gott werde ich eine Mauer überspringen.

30 Gott *f* — sein Weg ist vollkommen; Jehovas Wort ist geläutert; ein Schild ist er allen, die auf ihn trauen.

31 Denn wer ist Gott *g*, außer Jehova? und wer ein Fels, als nur unser Gott?

32 Der Gott *f*, der mich mit Kraft umgürtet und vollkommen macht meinen Weg;

33 Der meine Füße den *der* Hindinnen gleich macht, und mich hinstellt auf meine Höhen;

34 Der meine Hände den Streit lehrt, und meine Arme spannen den ehernen Bogen!

35 Und du gabst mir den Schild deines Heils, und deine Rechte stützte mich, und deine Herablassung machte mich groß.

36 Du machtest Raum meinen Schritten unter mir, und meine Knöchel haben nicht gewankt.

37 Meinen Feinden jagte ich nach und erreichte sie, und ich kehrte nicht um, bis sie aufgerieben waren.

38 Ich zerschmetterte sie, und sie vermochten nicht aufzustehen; sie fielen unter meine Füße.

39 Und du umgürtetest mich mit Kraft zum Streite, beugtest unter mich die wider mich aufstanden.

40 Und du hast mir gegeben den Rükken meiner Feinde; und meine Hasser, ich vernichtete sie.

41 Sie schrieen, und kein Retter war da — zu Jehova, und er antwortete ihnen nicht.

42 Und ich zermalmte sie wie Staub vor dem Winde; wie Straßenkot schüttete ich sie aus.

43 Du errettetest mich aus den Streitigkeiten des Volkes; du setztest mich zum Haupt der Nationen; ein Volk, das ich nicht kannte, dient mir *h*.

44 Sowie ihr Ohr hörte, gehorchten sie mir; die Söhne der Fremde unterwarfen sich mir mit Schmeichelei *i*.

45 Die Söhne der Fremde sanken hin und zitterten hervor aus ihren Schlössern.

46 Jehova lebt, und gepriesen sei mein Fels! und erhoben werde der Gott meines Heils!

47 Der Gott *f*, der mir Rache gab und die Völker mir unterwarf,

48 Der mich errettete von meinen Feinden. Ja, du erhöhtest mich über die, welche wider mich aufstanden; von dem Manne der Gewalttat befreitest du mich.

49 Darum, Jehova, will ich dich preisen unter den Nationen, und Psalmen singen *j* deinem Namen,

50 Dich, der groß macht die Rettungen seines Königs, und Güte erweist seinem Gesalbten, David und seinem Samen ewiglich.

Psalm 19

Dem Vorsänger. Ein Psalm von David.

1 Die Himmel erzählen die Herrlichkeit Gottes, und die Ausdehnung verkündet seiner Hände Werk.

2 Ein Tag berichtet es dem anderen,

---

a O. vor ihm durchfuhren sein dichtes Gewölk Hagel usw. — *b* d. h. die Feinde. — *c* And. üb.: und der Blitze viel. — *d* O. redlich, untadelig, lauter; so auch V. 25. 30. 32. — *e* Eig. verdreht. — *f* El. — *g* Eloah. — *h* O. diente mir. — *i* Eig. heuchelten mir (d. h. Gehorsam). — *j* Eig. und singspielen.

und eine Nacht meldet der anderen die Kunde a davon b.

3 Keine Rede und keine Worte, doch gehört wird ihre Stimme c.

4 Ihre Meßschnur d geht aus über die ganze Erde, und bis an das Ende des Erdkreises ihre Sprache e; er hat der Sonne in ihnen ein Zelt gesetzt.

5 Und sie ist wie ein Bräutigam, der hervortritt aus seinem Gemach; sie freut sich wie ein Held, zu durchlaufen die Bahn.

6 Vom Ende der Himmel ist ihr Ausgang, und ihr Umlauf bis zu ihren Enden; und nichts ist vor ihrer Glut verborgen.

7 Das Gesetz Jehovas ist vollkommen, erquickend die Seele; das Zeugnis Jehovas ist zuverlässig, macht weise den Einfältigen.

8 Die Vorschriften Jehovas sind richtig, erfreuend das Herz; das Gebot Jehovas ist lauter, erleuchtend die Augen.

9 Die Furcht Jehovas ist rein, bestehend in Ewigkeit. Die Rechte Jehovas sind Wahrheit, sie sind gerecht allesamt;

10 Sie, die köstlicher sind als Gold und viel gediegenes Gold, und süßer als Honig und Honigseim.

11 Auch wird dein Knecht durch sie belehrt f; im Beobachten derselben ist großer Lohn.

12 Verirrungen, wer sieht sie ein? Von verborgenen Sünden reinige mich g!

13 Auch von übermütigen halte deinen Knecht zurück; laß sie mich nicht beherrschen! Dann bin ich tadellos und bin rein von großer Uebertretung h.

14 Laß die Reden meines Mundes und das Sinnen meines Herzens wohlgefällig vor dir sein, Jehova, mein Fels und mein Erlöser!

Psalm 20

Dem Vorsänger. Ein Psalm von David.

1 Jehova erhöre dich am Tage der Drangsal, der Name des Gottes Jakobs setze dich in Sicherheit;

2 Er sende deine Hilfe aus dem Heiligtum, und von Zion aus unterstütze er dich;

3 Er gedenke aller deiner Speisopfer, und dein Brandopfer wolle er annehmen! (Sela.)

4 Er gebe dir nach deinem Herzen, und alle deine Ratschläge erfülle er!

5 Jubeln wollen wir über deine Rettung, und im Namen unseres Gottes das Panier erheben i. Jehova erfülle alle deine Bitten!

6 Jetzt weiß ich, daß Jehova seinen Gesalbten rettet; aus seinen heiligen Himmeln wird er ihn erhören durch die Machttaten des Heils seiner Rechten.

Diese gedenken der Wagen und jene 7 der Rosse, wir aber gedenken j des Namens Jehovas, unseres Gottes.

Jene krümmen sich und fallen, wir 8 aber stehen und halten uns aufrecht.

Jehova, rette! Der König erhöre 9 uns am Tage unseres Rufens!

Psalm 21

Dem Vorsänger. Ein Psalm von David.

In deiner Kraft k, Jehova, freut sich 1 der König, und wie sehr frohlockt er l über deine Rettung!

Den Wunsch seines Herzens hast du 2 ihm gegeben, und das Verlangen seiner Lippen nicht verweigert. (Sela.)

Denn mit Segnungen des Guten 3 kamst du ihm zuvor m; auf sein Haupt setztest du eine Krone von gediegenem Golde.

Leben erbat er von dir, du hast es 4 ihm gegeben: Länge der Tage immer und ewiglich.

Groß ist seine Herrlichkeit durch 5 deine Rettung; Majestät und Pracht legtest du auf ihn.

Denn zu Segnungen setztest du ihn 6 ewiglich; du erfreutest ihn mit Freude durch dein n Angesicht.

Denn auf Jehova vertraut der Kö- 7 nig, und durch des Höchsten Güte wird er nicht wanken.

Deine Hand wird finden alle deine 8 Feinde, finden wird die Rechte deine Hasser.

Wie einen Feuerofen wirst du sie ma- 9 chen zur Zeit deiner Gegenwart; Jehova wird sie verschlingen in seinem Zorn, und Feuer wird sie verzehren.

Ihre Frucht wirst du von der Erde 10 vertilgen, und ihren Samen aus den Menschenkindern.

Denn sie haben Böses wider dich 11 geplant, einen Anschlag ersonnen: sie werden nichts vermögen.

Denn du wirst sie umkehren ma- 12 chen, wirst deine Sehne gegen ihr Angesicht richten.

Erhebe dich, Jehova, in deiner Kraft! 13 Wir wollen singen o und Psalmen singen p deiner Macht.

Psalm 22

Dem Vorsänger, nach: „Hindin der Morgenröte". Ein Psalm von David.

Mein Gott q, mein Gott q, warum hast 1 du mich verlassen, bist fern von meiner Rettung, den Worten meines Gestöhns?

Mein Gott! ich rufe des Tages, und 2 du antwortest nicht; und des Nachts, und mir wird keine Ruhe.

Doch du bist heilig, der du wohnst 3 unter den Lobgesängen Israels.

Auf dich vertrauten unsere Väter; 4 sie vertrauten, und du errettetest sie.

---

a W. Ein Tag sprudelt dem Tage der Rede zu, und eine Nacht zeigt der Nacht Kenntnis an. — b d. h. von der Herrlichkeit und den Werken Gottes. — c Eig. deren Stimme unhörbar wäre. — d d. h. die Ausdehnung ihres Zeugnisses. — e Eig. ihre Worte. — f O. gewarnt. — g O. sprich mich los. — h O. von der großen Uebertretung. — i O. schwingen. — j d. h. rühmend. — k O. Ueber deine Kraft. — l O. wird sich freuen . . . wird er frohlocken. — m O. entgegen. — n Eig. bei, mit deinem, d. h. unzertrennlich damit verbunden. — o O. so wollen wir singen. — p Eig. singspielen. — q El.

5 Zu dir schrieen sie und wurden errettet; sie vertrauten auf dich und
6 wurden nicht beschämt.

Ich aber bin im Wurm und kein Mann, der Menschen Hohn und der
7 vom Volke Verachtete.

Alle, die mich sehen, spotten meiner; sie reißen die Lippen auf, schütteln den Kopf:
8 „Er vertraut*a* auf *b* Jehova! der errette ihn, befreie ihn, weil er Lust an ihm hat!"
9 Doch *c* du bist es, der mich aus dem Mutterleibe gezogen hat, der mich vertrauen *d* ließ an meiner Mutter Brüsten.
10 Auf dich bin ich geworfen von Mutterschoße an, von meiner Mutter Leibe an bist du mein Gott *e*.
11 Sei nicht fern vor mir! denn Drangsal ist nahe, denn kein Helfer ist da.
12 Viele *f* Farren haben mich umgeben, Stiere *g* von Basan mich umringt;
13 Sie haben ihr Maul wider mich aufgesperrt, gleich einem reißenden und brüllenden Löwen.
14 Wie Wasser bin ich hingeschüttet, und alle meine Gebeine haben sich zertrennt; wie Wachs ist geworden mein Herz, es ist zerschmolzen inmitten meiner Eingeweide.
15 Meine Kraft ist vertrocknet wie ein Scherben, und meine Zunge klebt an meinem Gaumen; und in den Staub des Todes legst du mich.
16 Denn Hunde haben mich umgeben, eine Rotte von Uebeltätern hat mich umzingelt. Sie haben meine Hände und meine Füße durchgraben;
17 Alle meine Gebeine könnte ich zählen. Sie schauen und sehen mich an *h*;
18 Sie teilen meine Kleider unter sich, und über mein Gewand werfen sie das Los.
19 Du aber, Jehova, sei nicht fern! meine Stärke, eile mir zur Hilfe!
20 Errette vom Schwert meine Seele, meine einzige *i* von der Gewalt *j* des Hundes;
21 Rette mich aus dem Rachen des Löwen!

Ja, du hast mich erhört von den Hörnern der Büffel *k*.
22 Verkündigen will ich deinen Namen meinen Brüdern; inmitten der Versammlung will ich dich loben.
23 Ihr, die ihr Jehova fürchtet, lobet ihn; aller Same Jakobs, verherrlichet ihn, und scheuet euch vor ihm, aller Same Israels!
24 Denn nicht verachtet hat er, noch verabscheut das Elend des Elenden, noch sein Angesicht vor ihm verborgen; und als er zu ihm schrie, hörte er.
25 Von dir kommt *l* mein Lobgesang in der großen Versammlung; bezahlen will ich meine Gelübde vor denen, die ihn fürchten.

Die Sanftmütigen werden essen und 26 satt werden; es werden Jehova loben die ihn suchen; euer Herz lebe *l* immerdar.

Es werden eingedenk werden und 27 zu Jehova umkehren alle Enden der Erde; und vor dir werden niederfallen *m* alle Geschlechter der Nationen.

Denn Jehovas ist das Reich, und un- 28 ter den *n* Nationen herrscht er.

Es essen und fallen nieder *m* alle Fet- 29 ten der Erde; vor ihm werden sich beugen alle, die in den Staub hinabfahren, und der seine Seele nicht am Leben erhält *o*.

Ein Same wird ihm dienen; er wird 30 dem Herrn als ein Geschlecht zugerechnet werden *p*.

Sie werden kommen und verkünden 31 seine Gerechtigkeit einem Volke, welches geboren wird, daß er es getan hat.

Psalm 23

Ein Psalm von David.

Jehova ist mein Hirte, mir wird 1 nichts mangeln.

Er lagert mich auf grünen Auen, er 2 führt mich zu *q* stillen Wassern.

Er erquickt meine Seele, er leitet 3 mich in Pfaden der Gerechtigkeit um seines Namens willen.

Auch wenn ich wanderte im Tale des 4 Todesschattens, fürchte ich nichts Uebles, denn du bist bei mir; dein Stekken und dein Stab, s i e trösten mich.

Du bereitest vor mir einen Tisch an- 5 gesichts meiner Feinde; du hast mein Haupt mit Oel gesalbt; mein Becher fließt über.

Fürwahr, *r* Güte und Huld werden 6 mir folgen alle Tage meines Lebens; und ich werde wohnen im Hause Jehovas auf immerdar *s*.

Psalm 24

Von David. Ein Psalm.

Jehovas ist die Erde und ihre Fülle, 1 der Erdkreis und die darauf wohnen.

Denn er, er hat sie gegründet über 2 Meeren, und über Strömen sie festgestellt.

Wer wird steigen auf den Berg Je- 3 hovas, und wer wird stehen an seiner heiligen Stätte?

Der unschuldiger Hände und reinen 4 Herzens ist, der nicht zur Falschheit *t* erhebt seine Seele und nicht schwört zum Truge.

Er wird Segen empfangen von Je- 5 hova, und Gerechtigkeit von dem Gott seines Heils.

Dies ist das Geschlecht derer, die 6 nach ihm trachten, die dein Angesicht suchen — Jakob. (Sela.)

Erhebet, ihr Tore, eure Häupter, 7 und erhebet euch, ewige Pforten, daß einziehe der König der Herrlichkeit!

---

a Eig. Er wälzt *seinen Weg*. — *b* O. Vertraue auf. — *c* O. Denn. — *d* O. sorglos ruhen. — *e* El. — *f* O. Große, mächtige. — *g* Eig. Starke; vergl. Ps. 50, 13. — *h* O. sehen ihre Lust an mir. — *i* O. meine einsame, verlassene. — *j* O. Tatze. — *k* Eig. Wildochsen. — *l* O. wird leben. — *m* d. h. in Huldigung, Anbetung. — *n* O. über die. — *o* d. h. erhalten kann. — *p* O. Es wird vom Herrn erzählt werden dem *künftigen* Geschlecht. — *q* O. an. — *r* O. Nur. — *s* W. auf Länge der Tage. — *t* O. Eitelkeit.

8 Wer ist dieser König der Herrlichkeit? Jehova, stark und mächtig! Jehova, mächtig im Kampf!

9 Erhebet, ihr Tore, eure Häupter, und erhebet euch, ewige Pforten, daß einziehe der König der Herrlichkeit!

10 Wer ist er, dieser König der Herrlichkeit? Jehova der Heerscharen, er ist der König der Herrlichkeit! (Sela.)

Psalm 25 *a*

Von David.

1 Zu dir, Jehova, erhebe ich meine Seele.

2 Mein Gott, auf dich vertraue ich: laß mich nicht beschämt werden, laß meine Feinde nicht über mich frohlocken!

3 Auch werden alle, die auf dich harren, nicht beschämt werden; es werden beschämt werden die treulos handeln ohne Ursache.

4 Deine Wege, Jehova, tue mir kund, deine Pfade lehre mich!

5 Leite mich in deiner Wahrheit und lehre mich, denn du bist der Gott meines Heils; auf dich harre ich den ganzen Tag.

6 Gedenke deiner Erbarmungen, Jehova, und deiner Gütigkeiten; denn von Ewigkeit her sind sie.

7 Gedenke nicht der Sünden meiner Jugend, noch meiner Uebertretungen; gedenke du meiner nach deiner Huld, um deiner Güte willen, Jehova!

8 Gütig und gerade ist Jehova, darum unterweist er die Sünder in dem Wege;

9 Er leitet die Sanftmütigen im Recht, und lehrt die Sanftmütigen seinen Weg.

10 Alle Pfade Jehovas sind Güte und Wahrheit für die, welche seinen Bund und seine Zeugnisse bewahren.

11 Um deines Namens willen, Jehova, wirst du ja vergeben *b* meine Ungerechtigkeit; denn sie ist groß.

12 Wer ist nun der Mann, der Jehova fürchtet? Er wird ihn unterweisen in dem Wege, den er wählen soll.

13 Seine Seele wird im Guten *c* wohnen, und sein Same die Erde *d* besitzen.

14 Das Geheimnis *e* Jehovas ist für die, welche ihn fürchten, und sein Bund, um ihnen *denselben* kundzutun.

15 Meine Augen sind stets auf Jehova *gerichtet*; denn er wird meine Füße herausführen aus dem Netze.

16 Wende dich zu mir und sei mir gnädig, denn einsam und elend bin ich.

17 Die Aengste meines Herzens haben sich vermehrt; führe *f* mich heraus aus meinen Drangsalen!

18 Sieh an mein Elend und meine Mühsal, und vergib alle meine Sünden! Sieh

19 an meine Feinde, denn ihrer sind vie-

le *g*, und mit grausamem Hasse hassen sie mich.

20 Bewahre meine Seele und errette mich! Laß mich nicht beschämt werden, denn ich traue auf dich.

21 Lauterkeit und Geradheit mögen mich behüten, denn ich harre auf dich.

22 Erlöse Israel, o Gott, aus allen seinen Bedrängnissen!

Psalm 26

Von David.

1 Richte mich *h*, Jehova! denn in meiner Lauterkeit habe ich gewandelt; und auf Jehova habe ich vertraut, ich werde nicht wanken.

2 Prüfe mich, Jehova, und erprobe mich; läutere meine Nieren und mein Herz!

3 Denn deine Güte ist vor meinen Augen, und in deiner Wahrheit wandle ich.

4 Nicht habe ich gesessen bei falschen Leuten, und mit Hinterlistigen ging ich nicht um.

5 Ich habe die Versammlung der Uebeltäter gehaßt, und bei Gesetzlosen saß ich nicht.

6 Ich wasche in Unschuld meine Hände, und umgehe *i* deinen Altar, Jehova,

7 Um hören zu lassen die Stimme des Lobes *j*, und um zu erzählen alle deine Wundertaten.

8 Jehova, ich habe geliebt die Wohnung deines Hauses und den Wohnort deiner Herrlichkeit.

9 Raffe meine Seele nicht weg mit *k* Sündern, noch mein Leben mit Blutmenschen,

10 In deren Händen böses Vornehmen *l*, und deren Rechte voll Bestechung ist!

11 Ich aber wandle *m* in meiner Lauterkeit. Erlöse mich und sei mir gnädig!

12 Mein Fuß steht auf ebenem Boden: Jehova werde ich preisen in den Versammlungen.

Psalm 27

Von David.

1 Jehova ist mein Licht und mein Heil, vor wem sollte ich mich fürchten? Jehova ist meines Lebens Stärke *n*, vor wem sollte ich erschrecken?

2 Als Uebeltäter mir nahten, um mein Fleisch zu fressen, meine Bedränger und meine Feinde — sie strauchelten und fielen.

3 Wenn ein Heer sich wider mich lagert, nicht fürchtet sich mein Herz; wenn Krieg sich wider mich erhebt, hierauf vertraue ich:

4 Eines habe ich von Jehova erbeten, nach diesem will ich trachten: zu wohnen im Hause Jehovas alle Tage meines Lebens, um anzuschauen die

---

a Die Anfangsbuchstaben der einzelnen Abteilungen dieses Psalmes folgen im Hebräischen (mit geringen Abweichungen) der alphabetischen Ordnung. — *b* O. vergib; wie 2. Mose 34, 9. — *c* O. im Glück. — *d* O. das Land. — *e* Eig. Die vertraute Mitteilung, od. der vertraute Umgang. — *f* Wahrsch. ist zu lesen: Mache Raum den Aengsten meines Herzens, und führe usw. — *g* O. daß ihrer viele sind. — *h* d. h. Urteile über mich. — *i* O. will (möchte) umgehen. — *j* O. Dankes. — *k* O. Sammle ... nicht zu. — *l* O. Schandtat. — *m* O. werde wandeln. — *n* Eig. Feste, Schutzwehr.

Lieblichkeit *a* Jehovas und *nach ihm* zu forschen in seinem Tempel.

5 Denn er wird mich bergen in seiner *b* Hütte am Tage des Uebels, er wird mich verbergen in dem Verborgenen *c* seines Zeltes; auf einen Felsen wird er mich erhöhen.

6 Und nun wird mein Haupt erhöht sein über meine Feinde rings um mich her; und Opfer des Jubelschalls will ich opfern in seinem Zelte, ich will singen und Psalmen singen *d* Jehova.

7 Höre, Jehova, mit meiner Stimme rufe ich; und sei mir gnädig und erhöre mich!

8 Von dir *e* hat mein Herz gesagt: *Du sprichst:* Suchet mein Angesicht! — Dein Angesicht, Jehova, suche ich *f*.

9 Verbirg dein Angesicht nicht vor mir, weise nicht ab im Zorne deinen Knecht! Du bist meine Hilfe gewesen; laß mich nicht und verlaß mich nicht, Gott meines Heils!

10 Denn hätten mein Vater und meine Mutter mich verlassen, so nähme doch Jehova mich auf.

11 Lehre mich, Jehova, deinen Weg, und leite mich auf ebenem Pfade um meiner Feinde *g* willen!

12 Gib mich nicht preis der Gier meiner Bedränger! denn falsche Zeugen sind wider mich aufgestanden und der da Gewalttat schnaubt.

13 Wenn ich nicht geglaubt hätte *h*, das Gute *i* Jehovas zu schauen im Lande der Lebendigen . . . !

14 Harre auf Jehova! sei stark, und dein Herz fasse Mut, und harre auf Jehova!

Psalm 28

Von David.

1 Zu dir, Jehova, rufe ich; mein Fels, wende dich nicht schweigend von mir ab, damit nicht, wenn du gegen mich verstummst, ich denen gleich sei, die in die Grube hinabfahren!

2 Höre die Stimme meines Flehens, wenn ich zu dir schreie, wenn ich meine Hände aufhebe gegen deinen heiligen Sprachort *j*.

3 Reiße mich nicht fort mit den Gesetzlosen und mit denen, die Frevel tun, die friedlich reden mit ihrem Nächsten, und Böses ist in ihrem Herzen!

4 Gib ihnen nach ihrem Tun und nach der Bosheit ihrer Handlungen; nach dem Werke ihrer Hände gib ihnen, vergilt ihnen ihr Betragen!

5 Denn sie achten nicht auf die Taten Jehovas, noch auf das Werk seiner Hände. Er wird sie zerstören und nicht bauen.

6 Gepriesen sei Jehova! denn er hat die Stimme meines Flehens gehört.

7 Jehova ist meine Stärke und mein Schild; auf ihn hat mein Herz vertraut, und mir ist geholfen worden; daher frohlockt mein Herz, und ich werde ihn preisen *k* mit meinem Liede.

8 Jehova ist ihre Stärke, und er ist die Rettungsfeste *l* seines Gesalbten.

9 Rette dein Volk und segne dein Erbteil; und weide sie und trage sie bis in Ewigkeit!

Psalm 29

Ein Psalm; von David.

1 Gebet Jehova, ihr Söhne der Starken, gebet Jehova Herrlichkeit und Stärke!

2 Gebet Jehova die Herrlichkeit seines Namens; betet Jehova an in heiliger Pracht!

3 Die Stimme Jehovas ist auf *m* den Wassern; der Gott *n* der Herrlichkeit donnert, Jehova auf *m* großen Wassern.

4 Die Stimme Jehovas ist gewaltig, die Stimme Jehovas ist majestätisch.

5 Die Stimme Jehovas zerbricht Zedern, ja, Jehova zerbricht die Zedern des Libanon;

6 Und er macht sie hüpfen wie ein Kalb, den Libanon und Sirjon *o* wie einen jungen Wildochs.

7 Die Stimme Jehovas sprüht Feuerflammen aus *p*;

8 Die Stimme Jehovas erschüttert die Wüste, Jehova erschüttert die Wüste Kades.

9 Die Stimme Jehovas macht Hindinnen kreißen, und entblößt die Wälder; und in seinem Tempel spricht alles *q*: Herrlichkeit!

10 Jehova thront auf *r* der Wasserflut *s*, und Jehova thront als König ewiglich.

11 Jehova wird Stärke geben seinem Volke, Jehova wird sein Volk segnen mit Frieden.

Psalm 30

Ein Psalm, ein Einweihungslied des Hauses.
Von David.

1 Ich will dich erheben, Jehova, denn *t* du hast mich emporgezogen und hast nicht über mich sich freuen lassen meine Feinde.

2 Jehova, mein Gott! zu dir habe ich geschrieen, und du hast mich geheilt.

3 Jehova! du hast meine Seele aus dem Scheol heraufgeführt, hast mich belebt aus denen, die in die Grube hinabfahren.

4 Singet Psalmen *u* Jehova, ihr seine Frommen, und preiset sein heiliges Gedächtnis *v*!

5 Denn einen Augenblick ist in seinem Zorn, ein Leben in seiner Gunst; am Abend kehrt Weinen ein, und am Morgen ist Jubel da.

---

a O. Huld; wie Sach. 11, 7. 10. — *b* Nach and. Lesart: in einer; wie Ps. 31, 20. — *c* O. Schirm, Schutz. — *d* Eig. singspielen. — *e* O. Zu dir; and.: Für dich. — *f* O. will ich suchen. — *g* Eig. Nachsteller. — *h* O. glaubte. — *i* O. die Güte. — *j* S. Anm. zu 1. Kön. 6, 5. — *k* O. ihm danken. — *l* W. die Feste der Rettungen. — *m* O. über. — *n* El. — *o* der zidonische Name für den Berg Hermon; vergl. 5. Mose 3, 9. — *p* W. spaltet Feuerflammen. — *q* W. sein Alles, d. h. alles was darin ist. — *r* O. thronte bei. — *s* Dasselbe Wort wie 1. Mose 6, 17 usw. — *t* O. daß. — *u* Eig. Singspielet; so auch V. 12; 33, 2 usw. — *v* d. h. seinen heiligen Namen; vergl. 2. Mose 3, 15.

6 Ich zwar sagte in meinem Wohlergehen *a*: Ich werde nicht wanken ewiglich.
7 Jehova! in deiner Gunst hattest du festgestellt meinen Berg *b*; du verbargst dein Angesicht, ich ward bestürzt.
8 Zu dir, Jehova, rief ich, und zum Herrn flehte ich:
9 Was für Gewinn ist in meinem Blute, in meinem Hinabfahren in die Grube? Wird der Staub dich preisen? Wird er deine Wahrheit verkünden?
10 Höre, Jehova, und sei mir gnädig! Jehova, sei mein Helfer!
11 Meine Wehklage hast du mir in einen Reigen verwandelt, mein Sacktuch *c* hast du gelöst, und mit Freude mich umgürtet;
12 Auf daß meine Seele *d* dich besinge und nicht schweige. Jehova, mein Gott, in Ewigkeit werde ich dich preisen!

Psalm 31

Dem Vorsänger. Ein Psalm von David.

1 Auf dich, Jehova, traue ich; laß mich nimmer beschämt werden; errette mich in deiner Gerechtigkeit!
2 Neige zu mir dein Ohr, eilends errette mich! Sei mir ein Fels der Zuflucht, ein befestigtes Haus *e*, um mich zu retten!
3 Denn mein Fels und meine Burg bist du; und um deines Namens willen führe mich und leite mich.
4 Ziehe mich aus dem Netze, das sie mir heimlich gelegt haben; denn du bist meine Stärke *f*.
5 In deine Hand befehle ich meinen Geist. Du hast mich erlöst, Jehova, du Gott *g* der Wahrheit!
6 Gehaßt habe ich die, welche auf nichtige Götzen achten, und ich, ich habe auf Jehova vertraut.
7 Ich will frohlocken und mich freuen in deiner Güte; denn *h* du hast mein Elend angesehen, hast Kenntnis genommen von den Bedrängnissen meiner Seele,
8 Und hast mich nicht überliefert in die Hand des Feindes, hast in weiten Raum gestellt meine Füße.
9 Sei mir gnädig, Jehova! denn ich bin in Bedrängnis; vor Gram verfällt mein Auge, meine Seele und mein Bauch.
10 Denn vor *i* Kummer schwindet mein Leben dahin, und meine Jahre vor *i* Seufzen; meine Kraft wankt durch meine Ungerechtigkeit, und es verfallen meine Gebeine.
11 Mehr als allen *j* meinen Bedrängern bin ich auch meinen Nachbarn zum Hohn geworden gar sehr, und zum Schrecken meinen Bekannten; die auf der Straße mich sehen, fliehen vor mir.

Meiner ist im *k* Herzen vergessen 12 wie eines Gestorbenen; ich bin geworden wie ein zertrümmertes Gefäß.
Denn ich habe die Verleumdung *l* 13 vieler gehört, Schrecken ringsum; indem sie zusammen wider mich ratschlagten, sannen sie darauf, mir das Leben zu nehmen.
Ich aber, ich habe auf dich vertraut, 14 Jehova; ich sagte: Du bist mein Gott!
In deiner Hand sind meine Zeiten *m*; 15 errette mich aus der Hand meiner Feinde und von meinen Verfolgern!
Laß dein Angesicht leuchten über 16 deinen Knecht, rette mich in deiner Huld!
Jehova, laß mich nicht beschämt 17 werden! denn ich habe dich angerufen; laß beschämt werden die Gesetzlosen, laß sie schweigen im Scheol!
Laß verstummen die Lügenlippen, 18 die in Hochmut und Verachtung Freches reden wider den Gerechten!
Wie groß ist deine Güte, welche du 19 aufbewahrt hast denen, die dich fürchten, gewirkt für die, die auf dich trauen, angesichts der Menschenkinder!
Du verbirgst sie in dem Schirme 20 deiner Gegenwart *n* vor den Verschwörungen *o* der Menschen; du birgst sie in einer Hütte vor dem Gezänk der Zunge.
Gepriesen sei Jehova! denn wun- 21 derbar hat er seine Güte an mir erwiesen in einer festen Stadt.
Ich zwar sagte in meiner Bestür- 22 zung: Ich bin abgeschnitten von *p* deinen Augen; dennoch hörtest du die Stimme meines Flehens, als ich zu dir schrie.
Liebet Jehova, ihr seine Frommen 23 alle! Die Treuen behütet Jehova, und vergilt reichlich dem, der Hochmut übt.
Seid stark, und euer Herz fasse 24 Mut, alle, die ihr auf Jehova harret!

Psalm 32

Von David.   Ein Maskil *q*.

Glückselig der, dessen Uebertretung 1 vergeben, dessen Sünde zugedeckt ist!
Glückselig der Mensch, dem Jehova 2 die Ungerechtigkeit nicht zurechnet, und in dessen Geist kein Trug ist!
Als ich schwieg, verzehrten sich *r* 3 meine Gebeine durch mein Gestöhn den ganzen Tag.
Denn Tag und Nacht lastete auf mir 4 deine Hand; verwandelt ward mein Saft in *s* Sommerdürre. (Sela.)
Ich tat dir kund meine Sünde und 5 habe meine Ungerechtigkeit nicht zugedeckt. Ich sagte: Ich will Jehova meine Uebertretungen bekennen; und du, du hast vergeben die Ungerechtigkeit meiner Sünde. (Sela.)
Deshalb wird *t* jeder Fromme zu dir 6

---

a Eig. in meiner Ruhe, Sorglosigkeit. — *b* Eig. Stärke setztest meinem Berge. — *c* d. h. mein Trauerkleid. — *d* W. Ehre; wie Ps. 7, 5; 16, 9. — *e* Eig. ein Haus der Berghöhen. — *f* Eig. Feste, Schutzwehr. — *g* El. — *h* O. daß. — *i* O. in. — *j* And. üb.: Wegen aller. — *k* W. aus dem. — *l* O. Schmähung. — *m* O. Geschicke. — *n* O. in dem Schutze (eig. dem Verborgenen) deines Angesichts. — *o* Eig. Zusammenrottungen. — *p* Eig. von vor. — *q* Wahrsch. eine Betrachtung, od. eine Unterweisung; and.: ein kunstvolles Lied. — *r* Eig. zerfielen. — *s* O. wie durch. — *t* O. möge.

beten, zur Zeit, wo du zu finden bist; gewiß, bei Flut großer Wasser — ihn werden sie nicht erreichen.

7 Du bist ein Bergungsort für mich; vor Bedrängnis behütest du mich; du umgibst mich mit Rettungsjubel. (Sela.)

8 Ich will dich unterweisen und dich lehren den Weg, den du wandeln sollst; ʼmein Auge auf dich *richtend*, will ich dir raten.

9 Seid nicht wie ein Roß, wie ein Maultier, das keinen Verstand hat; mit Zaum und Zügel, ihrem Schmucke *a*, mußt du sie bändigen, sonst nahen sie dir nicht.

10 Viele Schmerzen hat der Gesetzlose; wer aber auf Jehova vertraut, den wird Güte umgeben *b*.

11 Freuet euch in Jehova und frohlocket, ihr Gerechten, und jubelt, alle ihr von Herzen Aufrichtigen!

Psalm 33

1 Jubelt, ihr Gerechten, in Jehova! den Aufrichtigen geziemt Lobgesang.

2 Preiset Jehova mit der Laute *c*; singet ihm Psalmen mit der Harfe von zehn Saiten!

3 Singet ihm ein neues Lied; spielet wohl mit Jubelschall!

4 Denn gerade ist das Wort Jehovas, und all sein Werk in Wahrheit *d*.

5 Er liebt Gerechtigkeit und Recht; die Erde ist voll der Güte Jehovas.

6 Durch Jehovas Wort sind die Himmel gemacht, und all ihr Heer durch den Hauch seines Mundes.

7 Er sammelt die Wasser des Meeres wie einen Haufen, legt in Behälter die Fluten *e*.

8 Es fürchte sich vor Jehova die ganze Erde; mögen sich vor ihm scheuen alle Bewohner des Erdkreises!

9 Denn e r sprach, und es war; e r gebot, und es stand da.

10 Jehova macht zunichte den Ratschluß der Nationen, er vereitelt die Gedanken der Völker.

11 Der Ratschluß Jehovas besteht ewiglich, die Gedanken seines Herzens von Geschlecht zu Geschlecht.

12 Glückselig die Nation, deren Gott Jehova ist, das Volk, das er sich erkoren zum Erbteil!

13 Jehova blickt von den Himmeln herab, er sieht alle Menschenkinder.

14 Von der Stätte seiner Wohnung schaut er auf alle Bewohner der Erde;

15 Er, der da bildet ihr Herz allesamt, der da merkt auf alle ihre Werke.

16 Ein König wird nicht gerettet durch die Größe seines Heeres; ein Held wird nicht befreit durch die Größe der Kraft.

17 Ein Trug ist das Roß zur Rettung, und durch die Größe seiner Stärke läßt es nicht entrinnen.

18 Siehe, das Auge Jehovas ist *gerich-*

tet auf die, so ihn fürchten, auf die, welche auf seine Güte harren,

19 Um ihre Seele vom Tode zu erretten und sie am Leben zu erhalten in Hungersnot.

20 Unsere Seele wartet auf Jehova; unsere Hilfe und unser Schild ist er.

21 Denn in ihm wird unser Herz sich freuen, weil wir seinem heiligen Namen vertraut haben.

22 Deine Güte, Jehova, sei über uns, gleichwie wir auf dich geharrt haben.

Psalm 34 *f*

Von David, als er seinen Verstand vor Abimelech *g* verstellte, und dieser ihn wegtrieb, und er fortging.

1 Jehova will ich preisen allezeit, beständig soll sein Lob in meinem Munde sein.

2 In Jehova soll sich rühmen meine Seele; hören werden es die Sanftmütigen und sich freuen.

3 Erhebet *h* Jehova mit mir, und lasset uns miteinander erhöhen seinen Namen!

4 Ich suchte Jehova, und er antwortete mir; und aus allen meinen Beängstigungen errettete er mich.

5 Sie blickten auf ihn und wurden erheitert, und ihre Angesichter wurden nicht beschämt.

6 Dieser Elende rief, und Jehova hörte, und aus allen seinen Bedrängnissen rettete er ihn.

7 Der Engel Jehovas lagert sich um die her, welche ihn fürchten, und er befreit sie.

8 Schmecket und sehet, daß Jehova gütig ist! Glückselig der Mann, der auf ihn traut!

9 Fürchtet Jehova, ihr seine Heiligen! denn keinen Mangel haben die ihn fürchten.

10 Junge Löwen darben und hungern, aber die Jehova suchen ermangeln keines Guten.

11 Kommet, ihr Söhne, höret mir zu: Die Furcht Jehovas will ich euch lehren.

12 Wer ist der Mann, der Lust zum Leben hat, der Tage liebt, um Gutes zu sehen?

13 Bewahre deine Zunge vor Bösem, und deine Lippen, daß sie nicht Trug reden;

14 Weiche vom Bösen und tue Gutes, suche Frieden und jage ihm nach!

15 Die Augen Jehovas sind *gerichtet* auf die Gerechten, und seine Ohren auf ihr Schreien;

16 Das Angesicht Jehovas ist wider die, welche Böses tun, um ihr Gedächtnis von der Erde auszurotten.

17 Sie *i* schreien, und Jehova hört, und aus allen ihren Bedrängnissen errettet *j* er sie.

18 Nahe ist Jehova denen, die zerbrochenen Herzens sind, und die zerschlagenen Geistes sind, rettet er.

---

a And. üb.: Geschirr. — *b* O. den wird er mit Güte umgeben. — *c* Nicht unsere heutige Laute, sondern eine Art Leier. — *d* O. Treue. — *e* O. Tiefen; eig. eine tiefe, rauschende Wassermenge. — *f* S. die Anm. zu Ps. 25. — *g* Abimelech war der Titel der Philisterkönige. — *h* W. Machet groß. — *i* d. h. die Gerechten. — *j* O. schrieen . . . hörte . . . errettete.

19 Viele sind der Widerwärtigkeiten *a* des Gerechten, aber aus allen denselben errettet ihn Jehova;
20 Er bewahrt alle seine Gebeine, nicht eines von ihnen wird zerbrochen.
21 Den Gesetzlosen wird das Böse töten; und die den Gerechten hassen, werden büßen *b*.
22 Jehova erlöst die Seele seiner Knechte; und alle, die auf ihn trauen, werden nicht büßen *b*.

Psalm 35

Von David.

1 Streite, Jehova, mit denen, die wider mich streiten, kämpfe mit denen, die mich bekämpfen!
2 Ergreife Tartsche und Schild *c*, und stehe auf zu meiner *d* Hilfe!
3 Und zücke den Speer und versperre *den Weg* wider *e* meine Verfolger; sprich zu meiner Seele: Ich bin deine Rettung!
4 Laß beschämt und zu Schanden werden die nach meinem Leben trachten; laß zurückweichen und mit Scham bedeckt werden die Uebles wider mich ersinnen!
5 Laß sie sein wie Spreu vor dem Winde, und der Engel Jehovas treibe sie fort *f*!
6 Ihr Weg sei finster und schlüpfrig, und der Engel Jehovas verfolge sie *f*!
7 Denn ohne Ursache haben sie mir ihr Netz heimlich gelegt, ohne Ursache meiner Seele eine Grube gegraben.
8 Ueber ihn komme Verderben, ohne daß er es wisse, und sein Netz, das er heimlich gelegt hat, fange ihn; zum *g* Verderben falle er hinein!
9 Und meine Seele wird frohlocken in Jehova, sich freuen in seiner Rettung.
10 Alle meine Gebeine werden sagen: Jehova, wer ist wie du! der du den Elenden errettest von dem, der stärker ist als er, und den Elenden und Armen von dem, der ihn beraubt.
11 Es treten ungerechte Zeugen auf; was ich nicht weiß fragen sie mich.
12 Sie vergelten mir Böses für Gutes; verwaist ist meine Seele.
13 Ich aber, als sie krank waren, kleidete mich in Sacktuch; ich kasteite mit Fasten meine Seele, und mein Gebet kehrte in meinen Busen zurück;
14 Als wäre es mir ein Freund, ein Bruder gewesen, *so* bin ich einhergegangen; wie leidtragend um die Mutter habe ich mich trauernd niedergebeugt.
15 Aber sie haben sich über mein Hinken *h* gefreut und sich versammelt; Schmäher *i* haben sich wider mich versammelt, und ich kannte sie nicht *j*; sie haben gelästert *k* und nicht aufgehört.

Gleich ruchlosen *l* Schmarotzern 16 knirschen sie wider mich mit ihren Zähnen.
Herr, wie lange willst du zusehen? 17 Bringe meine Seele zurück aus ihren Verwüstungen, von den jungen Löwen meine einzige *m*!
Ich werde dich preisen in der gro- 18 ßen Versammlung, unter zahlreichem Volke dich loben.
Laß sich nicht über mich freuen die 19 ohne Grund mir feind sind, nicht zwinken mit den Augen die ohne Ursache mich hassen!
Denn nicht *von* Frieden reden sie; 20 und wider die Stillen im Lande ersinnen sie trügerische Dinge.
Und sie haben ihr Maul wider mich 21 aufgesperrt; sie haben gesagt: Haha! Haha! unser Auge hat's gesehen!
Du hast es gesehen, Jehova; schwei- 22 ge nicht! Herr, sei nicht fern von mir!
Wache auf und erwache zu meinem 23 Rechte, mein Gott und Herr, zu meinem Rechtsstreit!
Schaffe mir Recht nach deiner Ge- 24 rechtigkeit, Jehova, mein Gott! und laß sie sich nicht über mich freuen!
Laß sie nicht in ihrem Herzen sa- 25 gen: Haha, so wollten wir's *n*! Laß sie nicht sagen: Wir haben ihn verschlungen!
Laß sie beschämt und mit Scham 26 bedeckt werden allesamt, die meines Unglücks sich freuen! Laß mit Scham und Schande bekleidet werden die wider mich großtun!
Laß jubeln und sich freuen die Lust 27 haben an meiner Gerechtigkeit, und laß sie stets sagen: Erhoben sei Jehova, der Lust hat an seines Knechtes Wohlfahrt!
Und meine Zunge wird reden von 28 deiner Gerechtigkeit, von deinem Lobe den ganzen Tag.

Psalm 36

Dem Vorsänger. Von dem Knechte Jehovas, von David.

Die Uebertretung des Gesetzlosen 1 spricht *o* im Innern meines Herzens: Es ist keine Furcht Gottes vor seinen Augen.
Denn es *p* schmeichelt ihm in sei- 2 nen eigenen Augen, seine Ungerechtigkeit zu erreichen, Haß auszuüben.
Frevel *q* und Trug sind die Worte 3 seines Mundes; er hat es aufgegeben, verständig zu sein, Gutes zu tun.
Frevel *q* ersinnt er auf seinem La- 4 ger; er stellt sich auf einen *r* Weg, der nicht gut ist; das Böse verabscheut er nicht.
Jehova! an die Himmel *reicht* deine 5 Güte, bis zu den Wolken deine Treue.
Deine Gerechtigkeit ist gleich Ber- 6

---

a Eig. Uebel. — *b* O. für schuldig gehalten werden. — *c* S. die Anm. zu Ps. 5, 12. — *d* Eig. als meine. — *e* And. üb.: Und zücke Speer und Streitaxt wider. — *f* Eig. indem der Engel . . . sie hinwegstoße . . . sie verfolge. — *g* Eig. mit od. ins. — *h* O. bei meinem Falle. — *i* O. pöbelhafte Menschen. — *j* O. und solche, die ich nicht kannte. — *k* Eig. zerrissen. — *l* O. den ruchlosesten. — *m* S. die Anm. zu Ps. 22, 20. — *n* Eig. unser Begehr! od. unsere Gier! — *o* Eig. Spruch der Uebertretung. — *p* O. sie. — *q* O. Unheil. — *r* O. er steht auf einem.

gen Gottes a, deine Gerichte b sind eine große Tiefe c; Menschen und Vieh rettest du, Jehova.

7 Wie köstlich ist deine Güte, o Gott! und Menschenkinder nehmen Zuflucht zu deiner Flügel Schatten;

8 Sie werden reichlich trinken von der Fettigkeit deines Hauses, und mit dem Strome deiner Wonnen wirst du sie tränken.

9 Denn bei dir ist der Quell des Lebens, in deinem Lichte werden wir das Licht sehen.

10 Laß deine Güte fortdauern denen, die dich kennen, und deine Gerechtigkeit den von Herzen Aufrichtigen!

11 Nicht erreiche mich der Fuß der Hochmütigen d, und die Hand der Gesetzlosen vertreibe mich nicht!

12 Da e sind gefallen die Frevel tun; sie wurden niedergestoßen, und vermochten nicht aufzustehen.

Psalm 37 f

Von David.

1 Erzürne dich nicht über die Uebeltäter, beneide nicht die, welche Unrecht tun! Denn wie das Gras werden

2 sie schnell verdorren g, und wie das grüne Kraut verwelken.

3 Vertraue auf Jehova und tue Gutes; wohne im Lande und weide dich

4 an Treue h; und ergötze dich an Jehova: so wird er dir geben die Bitten deines Herzens.

5 Befiehl i Jehova deinen Weg und vertraue auf ihn! und er wird handeln;

6 und er wird deine Gerechtigkeit hervorkommen lassen wie das Licht, und dein Recht wie den Mittag.

7 Vertraue still j dem Jehova und harre auf ihn! Erzürne dich nicht über den, dessen Weg gelingt, über den Mann, der böse Anschläge ausführt!

8 Stehe ab vom Zorn und laß den Grimm! Erzürne dich nicht! nur zum

9 Uebeltun verleitet es. Denn die Uebeltäter werden ausgerottet werden; aber die auf Jehova hoffen, diese werden das Land besitzen.

10 Und noch um ein Kleines, und der Gesetzlose ist nicht mehr; und siehst du dich um nach seiner Stätte, so ist

11 er k nicht da. Aber die Sanftmütigen werden das Land besitzen, und werden sich ergötzen an Fülle von Wohlfahrt.

12 Der Gesetzlose sinnt wider den Gerechten, und mit seinen Zähnen

13 knirscht er wider ihn. Der Herr lacht seiner, denn er sieht, daß sein Tag kommt.

14 Die Gesetzlosen haben das Schwert gezogen und ihren Bogen gespannt, um zu fällen den Elenden und den Armen, hinzuschlachten die in Gerad-

heit wandeln. Ihr Schwert wird in ihr 15 eigenes Herz dringen, und ihre Bogen werden zerbrochen werden.

Besser das Wenige des Gerechten 16 als der Ueberfluß vieler Gesetzlosen. Denn die Arme der Gesetzlosen wer- 17 den zerbrochen werden, aber Jehova stützt die Gerechten.

Jehova kennt l die Tage derer, die 18 lauter m sind, und ihr Erbteil wird ewig sein; sie werden nicht beschämt 19 werden in der Zeit des Uebels, und in den Tagen des Hungers werden sie gesättigt werden.

Denn die Gesetzlosen werden um- 20 kommen, und die Feinde Jehovas sind wie die Pracht der Auen n; sie schwinden, sie schwinden dahin wie Rauch.

Der Gesetzlose borgt und erstattet 21 nicht wieder; der Gerechte aber ist gnädig und gibt. Denn die von ihm 22 Gesegneten werden das Land besitzen, und die von ihm Verfluchten werden ausgerottet werden.

Von Jehova werden befestigt des 23 Mannes Schritte, und an seinem Wege hat er Wohlgefallen; wenn er fällt, 24 wird er nicht hingestreckt werden, denn Jehova stützt seine Hand.

Ich war jung und bin auch alt ge- 25 worden, und nie sah ich den Gerechten verlassen, noch seinen Samen nach Brot gehen; den ganzen Tag ist er 26 gnädig und leiht, und sein Same wird gesegnet sein o.

Weiche vom Bösen und tue Gutes, 27 und bleibe p ewiglich! Denn Jehova 28 liebt das Recht und wird seine Frommen nicht verlassen; ewig werden sie bewahrt, aber der Same der Gesetzlosen wird ausgerottet. Die Gerechten 29 werden das Land besitzen und werden darin wohnen immerdar.

Der Mund des Gerechten spricht 30 Weisheit aus, und seine Zunge redet das Recht; das Gesetz seines Gottes 31 ist in seinem Herzen, seine Schritte werden nicht wanken.

Der Gesetzlose lauert auf den Ge- 32 rechten und sucht ihn zu töten; Jehova wird ihn nicht in seiner Hand lassen, und ihn nicht verdammen, wenn er gerichtet wird.

Harre auf Jehova und bewahre sei- 34 nen Weg, und er wird dich erhöhen, das Land zu besitzen. Wenn die Gesetzlosen ausgerottet werden, wirst du zusehen q.

Ich habe einen Gesetzlosen gesehen, 35 der gewaltig r war, und der sich ausbreitete wie ein nicht verpflanzter grüner s Baum; und man ging vor- 36 bei, und siehe, er war nicht mehr; und ich suchte ihn, und er ward nicht gefunden.

Achte auf den Unsträflichen und 37 sieh auf den Aufrichtigen; denn für

---

a El; d. h. gleich hohen Bergen. — b O. Urteile, Rechte. — c S. die Anm. zu Ps. 33, 7. — d W. des Hochmuts. — e O. Dort, dann. — f S. die Anm. zu Ps. 25. — g Eig. hinwelken. — h Eig. weide, od. pflege (übe) Treue. — i W. Wälze auf. — j W. Sei still. — k O. sie. — l d. h. nimmt Kenntnis von. — m O. vollkommen, tadellos. — n And.: wie das Fett der Lämmer. — o W. ist für Segen. — p O. so wirst du bleiben (im Lande wohnen). — q O. An der Ausrottung der Gesetzlosen wirst du deine Lust sehen. — r Zugleich: gewalttätig. — s O. saftvoller.

den Mann des Friedens gibt es eine
38 Zukunft *a*. Die Uebertreter aber werden vertilgt allesamt, es wird abgeschnitten die Zukunft *a* der Gesetzlosen.

39 Aber die Rettung der Gerechten ist
von Jehova, der ihre Stärke *b* ist zur
40 Zeit der Bedrängnis; und Jehova wird
ihnen helfen und sie erretten; er wird
sie erretten von den Gesetzlosen und
ihnen Rettung verschaffen, denn sie
trauen auf ihn.

Psalm 38

Ein Psalm von David zum Gedächtnis.

1 Jehova, strafe mich nicht in deinem
Zorn, noch züchtige mich in deinem
Grimm!
2 Denn deine Pfeile sind in mich eingedrungen, und deine Hand hat sich
auf mich herabgesenkt.
3 Nichts Heiles ist an meinem Fleische wegen deines Zürnens, kein Frieden *c* in meinen Gebeinen wegen meiner Sünde.
4 Denn meine Ungerechtigkeiten sind
über mein Haupt gegangen, wie eine
schwere Last sind sie zu schwer für
mich.
5 Es stinken, es eitern meine Wunden
wegen meiner Torheit.
6 Ich bin gekrümmt, über die Maßen
gebeugt; den ganzen Tag gehe ich
trauernd einher.
7 Denn voll Brand sind meine Lenden, und nichts Heiles ist an meinem
Fleische.
8 Ich bin ermattet und über die Maßen zerschlagen, ich heule vor Gestöhn meines Herzens.
9 Herr, vor dir ist all mein Begehr,
und mein Seufzen ist nicht vor dir
verborgen.
10 Mein Herz pocht, verlassen hat mich
meine Kraft; und das Licht meiner
Augen, auch das ist nicht bei mir.
11 Meine Lieben und meine Genossen
stehen fernab von meiner Plage, und
meine Verwandten stehen von ferne.
12 Und die nach meinem Leben trachten legen *mir* Schlingen; und die
mein Unglück suchen reden von Scha-
dentum *d* und sinnen auf *e* Trug den
ganzen Tag.
13 Ich aber, wie ein Tauber, höre
nicht, und bin wie ein Stummer, der
seinen Mund nicht auftut.
14 Und ich bin wie ein Mann, der
nicht hört, und in dessen Munde keine Gegenreden *f* sind.
15 Denn auf dich, Jehova, harre ich;
du, du wirst antworten, Herr, mein
Gott.
16 Denn ich sprach: Daß sie sich nicht
über mich freuen! beim Wanken meines Fußes tun sie groß wider mich *g*.
17 Denn ich bin nahe daran zu hin-

ken *h*, und mein Schmerz ist beständig
vor mir.
18 Denn ich tue kund meine Ungerechtigkeit; ich bin bekümmert wegen meiner Sünde.
19 Meine Feinde aber leben, sind
stark *i*, und viele sind derer, die ohne
Grund mich hassen;
20 Und Böses für Gutes vergeltend,
feinden sie mich an, weil ich dem Guten nachjage.
21 Verlaß mich nicht, Jehova; mein
Gott, sei nicht fern von mir!
22 Eile zu meiner Hilfe, Herr, meine
Rettung!

Psalm 39

*Dem Vorsänger, dem Jeduthun j. Ein Psalm
von David.*

1 Ich sprach: Ich will meine Wege
bewahren, daß ich nicht sündige mit
meiner Zunge; ich will meinen Mund
mit einem Maulkorbe verwahren, solange der Gesetzlose vor mir ist.
2 Ich verstummte in Stille, ich schwieg
vom Guten *k*, und mein Schmerz ward
erregt.
3 Mein Herz brannte in meinem Innern, bei meinem Nachsinnen entzündete sich Feuer; ich sprach mit meiner Zunge:
4 Tue mir kund, Jehova, mein Ende,
und das Maß meiner Tage, welches
es ist, daß ich wisse, wie vergänglich
ich bin!
5 Siehe, Handbreiten *gleich* hast du
meine Tage gemacht, und meine Lebensdauer ist wie nichts vor dir; ja,
eitel Hauch ist jeder Mensch, der dasteht *l*. (Sela.)
6 Ja, als ein Schattenbild wandelt der
Mensch einher; ja, vergebens ist er *m*
voll Unruhe; er häuft auf und weiß
nicht, wer sie einsammeln wird.
7 Und nun, auf was harre ich, Herr?
Meine Hoffnung ist auf dich!
8 Errette mich von allen meinen
Uebertretungen, mache mich nicht
zum Hohne der Toren *n*!
9 Ich bin verstummt, ich tue meinen
Mund nicht auf; denn du, du hast es
getan.
10 Entferne von mir deine Plage! durch
die Schläge *o* deiner Hand vergehe ich.
11 Strafst du einen Mann mit Züchtigungen für die Ungerechtigkeit, so
machst du, gleich der Motte, seine
Schönheit zergehen; ja, ein Hauch
sind alle Menschen. (Sela.)
12 Höre mein Gebet, Jehova, und nimm
zu Ohren mein Schreien; schweige
nicht zu meinen Tränen! Denn ein
Fremdling bin ich bei dir, ein Beisasse wie alle meine Väter.
13 Blicke von mir ab, daß ich mich erquicke *p*, bevor ich dahingehe und
nicht mehr bin!

---

a O. Nachkommenschaft; wie Psalm 109, 13. — *b* Eig. Feste, Schutzwehr. — *c* O.
nichts Unversehrtes. — *d* O. Verderben. — *e* O. sprechen. — *f* O. Rechtfertigungs-
gründe. — *g* O. die beim Wanken meines Fußes wider mich großtun. — *h* O. zu
fallen. — *i* O. zahlreich. — *j* Vergl. 1. Chron. 16, 41. 42; 25, 1. 3. — *k* Eig. vom Guten
weg; daher viell.: fern vom Guten. — *l* O. feststeht. — *m* Eig. sind sie. — *n* S. die
Anm. zu Ps. 14, 1. — *o* Eig. die Befehdung, den Angriff. — *p* Eig. erheitere.

15

Psalm 40

Dem Vorsänger. Von David, ein Psalm.

1 Beharrlich habe ich auf Jehova geharrt, und er hat sich zu mir geneigt und mein Schreien gehört.

2 Er hat mich heraufgeführt aus der Grube des Verderbens, aus kotigem Schlamm; und er hat meine Füße auf einen Felsen gestellt, meine Schritte befestigt;

3 Und in meinen Mund hat er gelegt ein neues Lied, einen Lobgesang unserem Gott. Viele werden es sehen und sich fürchten und auf Jehova vertrauen.

4 Glückselig der Mann, der Jehova zu seiner Zuversicht macht und sich nicht wendet zu den Stolzen *a* und zu denen, die zur Lüge abweichen!

5 Vielfach hast du deine Wundertaten und deine Gedanken gegen uns erwiesen, Jehova, mein Gott; nicht kann man sie der Reihe nach dir vorstellen. Wollte ich davon berichten und reden, es sind ihrer zu viele, um sie aufzuzählen.

6 An Schlacht- und Speisopfer hattest du keine Lust; Ohren hast du mir bereitet *b*: Brand- und Sündopfer hast du nicht gefordert.

7 Da sprach ich: Siehe, ich komme; in der Rolle des Buches steht von mir geschrieben.

8 Dein Wohlgefallen zu tun, mein Gott, ist meine Lust; und dein Gesetz ist im Innern meines Herzens *c*.

9 Ich habe die Gerechtigkeit verkündet *d* in der großen Versammlung; siehe, meine Lippen hemmte ich nicht — Jehova, du weißt es!

10 Deine Gerechtigkeit habe ich nicht verborgen im Innern meines Herzens; deine Treue und deine Rettung habe ich ausgesprochen, deine Güte und deine Wahrheit nicht verhehlt vor der großen Versammlung.

11 Du, Jehova, halte deine Erbarmungen nicht von mir zurück; deine Güte und deine Wahrheit laß beständig mich behüten!

12 Denn Uebel bis zur Unzahl haben mich umgeben, meine Ungerechtigkeiten haben mich erreicht, daß ich nicht sehen kann *e*; zahlreicher sind sie als die Haare meines Hauptes, und mein Herz hat mich verlassen.

13 Laß dir gefallen, Jehova, mich zu erretten! Jehova, eile zu meiner Hilfe!

14 Laß sie beschämt und mit Scham bedeckt werden allesamt, die nach meinem Leben trachten, es wegzuraffen; laß zurückweichen und zu Schanden werden die Gefallen haben an meinem Unglück!

15 Laß sich entsetzen ob ihrer Schande, die von mir sagen: Haha! Haha!

16 Laß fröhlich sein und sich freuen in dir alle, die dich suchen; die deine Rettung lieben laß stets sagen: Erhoben sei Jehova!

17 Ich aber bin elend und arm, der Herr denkt an mich. Meine Hilfe und mein Erretter bist du; mein Gott, zögere nicht!

Psalm 41

Dem Vorsänger. Ein Psalm von David.

1 Glückselig, wer achthat auf den Armen! am Tage des Uebels wird Jehova ihn erretten.

2 Jehova wird ihn bewahren und ihn am Leben erhalten; er wird glücklich sein auf Erden *f*, und nicht wirst du ihn preisgeben der Gier seiner Feinde.

3 Jehova wird ihn stützen auf dem Siechbett, all sein Lager wandelst du um in seiner Krankheit.

4 Ich sprach: Jehova, sei mir gnädig! Heile meine Seele, denn ich habe gegen dich gesündigt.

5 Meine Feinde wünschen mir Böses: Wann wird er sterben und sein Name vergehen?

6 Und wenn einer kommt, um *mich* zu sehen, so redet er Falschheit; sein Herz sammelt sich Unheil — er geht hinaus, redet *davon*.

7 Miteinander raunen wider mich alle meine Hasser; Böses *g* ersinnen sie wider mich:

8 Ein Belialsstück klebt ihm an *h*; und weil er *nun* daliegt, wird er nicht wieder aufstehen.

9 Selbst der Mann meines Friedens *i*, auf den ich vertraute, der mein Brot aß, hat die Ferse wider mich erhoben.

10 Du aber, Jehova, sei mir gnädig und richte mich auf, daß ich es ihnen vergelte!

11 Daran erkenne ich, daß du Gefallen an mir hast, daß mein Feind nicht über mich jauchzt.

12 Ich aber, in meiner Lauterkeit hast du mich aufrecht gehalten und mich vor dich gestellt auf ewig.

* * *

13 Gepriesen sei Jehova, der Gott Israels, von Ewigkeit bis in Ewigkeit! Amen, ja, Amen.

Zweites Buch

Psalm 42

Dem Vorsänger. Ein Maskil *j* von den Söhnen Korahs.

1 Wie ein Hirsch *k* lechzt nach Wasserbächen, also lechzt meine Seele nach dir, o Gott!

2 Meine Seele dürstet nach Gott, nach dem lebendigen Gott *l*: Wann werde ich kommen und erscheinen vor Gottes Angesicht?

3 Meine Tränen sind mir zur Speise geworden Tag und Nacht, da man den

---

a Eig. Ungestümen, Uebermütigen. — *b* W. gegraben. — *c* W. meiner Eingeweide. — *d* Eig. als frohe Botschaft verkündet. — *e* O. daß *sie* nicht übersehen kann. — *f* O. im Lande. — *g* Eig. mir Böses. — *h* Eig. ist ihm angegossen. — *i* d. h. mein Freund. — *j* Siehe die Anm. zu Ps. 32, Ueberschrift. — *k* Eig. wie eine Hindin, die. — *l* El.

ganzen Tag zu mir sagt: Wo ist dein Gott?

4 Daran will ich gedenken und in mir ausschütten meine Seele, wie ich einherzog in der Schar, mit ihnen wallte zum Hause Gottes, mit der Stimme des Jubels und des Lobes a — eine feiernde Menge.

5 Was beugst du dich nieder, meine Seele, und bist unruhig b in mir? Harre auf Gott! denn ich werde ihn noch preisen c für das Heil d seines Angesichts e.

6 Mein Gott f, es beugt sich nieder in mir meine Seele; darum gedenke ich deiner aus dem Lande des Jordan und des Hermon, vom Berge Mizhar.

7 Tiefe g ruft der Tiefe g beim Brausen deiner Wassergüsse; alle deine Wogen und deine Wellen sind über mich hingegangen.

8 Des Tages wird Jehova seine Güte entbieten, und des Nachts wird sein Lied bei mir sein, ein Gebet zu dem Gott h meines Lebens.

9 Sagen will ich zu Gott h, meinem Fels: Warum hast du mich vergessen? warum gehe ich trauernd einher wegen der Bedrückung des Feindes?

10 Wie eine Zermalmung in meinen Gebeinen höhnen mich meine Bedränger, indem sie den ganzen Tag zu mir sagen: Wo ist dein Gott?

11 Was beugst du dich nieder, meine Seele, und was bist du unruhig in mir? Harre auf Gott! denn ich werde ihn noch preisen, der das Heil d meines Angesichts und mein Gott ist.

Psalm 43

1 Schaffe mir Recht, o Gott, und führe meinen Rechtsstreit wider eine i lieblose Nation j! Von dem Manne des Trugs und des Unrechts errette mich!

2 Denn du bist der Gott meiner Stärke k. Warum hast du mich verworfen? warum gehe ich trauernd einher wegen der Bedrückung des Feindes?

3 Sende dein Licht und deine Wahrheit; sie sollen mich leiten, mich bringen zu deinem heiligen Berge und zu deinen Wohnungen.

4 So werde ich kommen zum Altar Gottes, zu dem Gott h, der meine Jubelfreude ist, und werde dich preisen mit der Laute, Gott, mein Gott!

5 Was beugst du dich nieder, meine Seele, und was bist du unruhig in mir? Harre auf Gott! denn ich werde ihn noch preisen, der das Heil d meines Angesichts und mein Gott ist.

Psalm 44

Dem Vorsänger. Von den Söhnen Korahs, ein Maskil l.

1 Gott, mit unseren Ohren haben wir gehört, unsere Väter haben uns er-

zählt die Großtat, die du gewirkt hast in ihren Tagen, in den Tagen vor alters.

2 Du, mit deiner Hand hast du Nationen ausgetrieben, und sie m hast du gepflanzt, Völkerschaften hast du verderbt, und sie m hast du ausgebreitet.

3 Denn nicht durch ihr Schwert haben sie das Land in Besitz genommen, und nicht ihr Arm hat sie gerettet; sondern deine Rechte und dein Arm und das Licht deines Angesichts, weil du Wohlgefallen an ihnen hattest.

4 Du selbst bist n mein König, o Gott; gebiete die Rettungen Jakobs!

5 Durch dich werden wir niederstoßen unsere Bedränger; durch deinen Namen werden wir zertreten die wider uns aufstehen.

6 Denn nicht auf meinen Bogen vertraue ich, und nicht wird mein Schwert mich retten.

7 Denn du rettest uns von unseren Bedrängern, und unsere Hasser machst du beschämt o.

8 In Gott rühmen wir uns den ganzen Tag, und deinen Namen werden wir preisen ewiglich. (Sela.)

9 Doch du hast uns verworfen und zogest nicht aus mit unseren Heeren.

10 Du ließest uns zurückweichen vor dem Bedränger, und unsere Hasser haben für sich geraubt.

11 Du gabst uns hin wie Schlachtschafe p, und unter die Nationen hast du uns zerstreut.

12 Du verkauftest dein Volk um ein Geringes und hast nicht hochgestellt ihren Preis.

13 Du machtest uns zum Hohn unseren Nachbarn, zum Spott und Schimpf denen, die uns umgeben.

14 Du machtest uns zum Sprichwort unter den Nationen, zum Kopfschütteln unter den Völkerschaften.

15 Den ganzen Tag ist vor mir meine Schande, und die Scham meines Angesichts hat mich bedeckt,

16 Wegen der Stimme des Schmähers und Lästerers, wegen des Feindes und des Rachgierigen.

17 Dieses alles ist über uns gekommen, und wir haben deiner nicht vergessen, noch betrüglich gehandelt wider deinen Bund.

18 Nicht ist unser Herz zurückgewichen, noch sind unsere Schritte abgebogen von deinem Pfade;

19 Obgleich q du uns zermalmt hast am Orte der Schakale, und uns bedeckt mit dem Schatten des Todes.

20 Wenn wir vergessen hätten den Namen unseres Gottes und unsere Hände ausgestreckt zu einem fremden Gott h,

21 Würde Gott das nicht erforschen?

---

a O. Dankes. — b O. stöhnst; so auch V. 11; 43, 5. — c O. ihm noch danken. — d W. die Rettungen. — e W. preisen — Heil sein Angesicht! — f Viell. ist zu lesen wie V. 11 und 43, 5: der das Heil meines Angesichts und mein Gott ist. — g O. Flut. — h El. — i Eig. von einer, d. h. indem du mich von ihr befreist. — j Eig. eine Nation ohne Güte. — k Eig. Feste, Schutzwehr. — l S. die Anm. zu Ps. 32, Ueberschrift. — m d. h. unsere Väter. — n O. viell.: Du bist derselbe; vergl. Ps. 102, 27. — o O. Du hast gerettet . . . hast beschämt gemacht. — p Eig. Speiseschafe. — q O. daß.

denn er kennt die Geheimnisse des Herzens.

22 Doch *a* um deinetwillen werden wir getötet den ganzen Tag, wie Schlachtschafe sind wir geachtet.

23 Erwache! warum schläfst du, Herr! Wache auf! Verwirf uns nicht auf ewig!

24 Warum verbirgst du dein Angesicht, vergissest unser Elend und unsere Bedrückung?

25 Denn unsere Seele ist in den Staub gebeugt, unser Bauch klebt an der Erde.

26 Stehe auf, uns zur Hilfe, und erlöse uns um deiner Güte willen!

Psalm 45

Dem Vorsänger, nach Schoschannim. Von den Söhnen Korahs; ein Maskil, ein Lied der Lieblichkeiten *b*.

1 Es wallt mein Herz von gutem Worte. Ich sage: Meine Gedichte dem Könige! Meine Zunge sei *c* der Griffel eines fertigen *d* Schreibers!

2 Du bist schöner als die Menschensöhne, Holdseligkeit ist ausgegossen über deine Lippen; darum hat Gott dich gesegnet ewiglich.

3 Gürte dein Schwert um die Hüfte, du Held, deine Pracht und deine Majestät!

4 Und in deiner Majestät ziehe *e* glücklich hin um der Wahrheit willen *f* und der Sanftmut *und der* Gerechtigkeit; und Furchtbares wird dich lehren deine Rechte.

5 Deine Pfeile sind scharf — Völker fallen unter dir — im Herzen der Feinde des Königs *g*.

6 Dein Thron, o Gott, ist immer und ewiglich, ein Zepter der Aufrichtigkeit *h* ist das Zepter deines Reiches.

7 Gerechtigkeit hast du geliebt und Gesetzlosigkeit gehaßt: darum hat Gott, dein Gott, dich gesalbt mit Freudenöl, mehr als deine Genossen.

8 Myrrhen und Aloe, Kassia sind alle deine Kleider; aus Palästen von Elfenbein erfreut dich Saitenspiel.

9 Königstöchter sind unter deinen Herrlichen *i*; die Königin steht zu deiner Rechten in Gold von Ophir.

10 Höre, Tochter, und sieh, und neige dein Ohr; und vergiß deines Volkes und deines Vaters Hauses!

11 Und der König wird deine Schönheit begehren, denn er ist dein Herr: so huldige ihm!

12 Und die Tochter Tyrus, die Reichen des Volkes *j*, werden deine Gunst suchen mit Geschenken.

13 Ganz herrlich ist des Königs Tochter drinnen *k*, von Goldwirkerei ihr Gewand;

14 In buntgewirkten Kleidern wird sie zum König geführt werden; Jungfrauen hinter ihr her, ihre Gefährtinnen, werden zu dir gebracht werden.

15 Sie werden geführt werden unter Freude und Jubel, sie werden einziehen in den Palast des Königs.

16 An deiner Väter Statt werden deine Söhne sein; zu Fürsten wirst du sie einsetzen im ganzen Lande *l*.

17 Ich will deines Namens gedenken lassen alle Geschlechter hindurch; darum werden die Völker dich preisen immer und ewiglich.

Psalm 46

Dem Vorsänger. Von den Söhnen Korahs; auf Alamoth *m*, ein Lied.

1 Gott ist uns Zuflucht und Stärke, eine Hilfe, reichlich gefunden *n* in Drangsalen.

2 Darum werden wir uns nicht fürchten, wenngleich gewandelt würde die Erde, und wenn die Berge wankten im Herzen des Meeres,

3 *Wenn* seine Wasser tobten *und* schäumten, die Berge erbebten durch sein Ungestüm. (Sela.)

4 Ein Strom — seine Bäche erfreuen die Stadt Gottes, das Heiligtum der Wohnungen des Höchsten.

5 Gott ist in ihrer Mitte, sie wird nicht wanken; Gott wird ihr helfen beim Anbruch des Morgens.

6 Es toben die Nationen, die Königreiche wanken; er läßt seine Stimme erschallen: die Erde zerschmilzt.

7 Jehova der Heerscharen ist mit uns, eine hohe Feste ist uns der Gott Jakobs. (Sela.)

8 Kommet, schauet die Großtaten Jehovas, der *o* Verheerungen angerichtet hat auf der Erde!

9 Der die Kriege beschwichtigt bis an das Ende der Erde, den Bogen zerbricht und den Speer zerschlägt, die Wagen mit Feuer verbrennt.

10 Lasset ab und erkennet, daß ich Gott bin! Ich werde erhöht werden unter den Nationen, ich werde erhöht werden auf Erden.

11 Jehova der Heerscharen ist mit uns, eine hohe Feste ist uns der Gott Jakobs. (Sela.)

Psalm 47

Dem Vorsänger. Von den Söhnen Korahs; ein Psalm.

1 Ihr Völker alle, klatschet in die Hände! Jauchzet Gott mit Jubelschall!

2 Denn Jehova, der Höchste, ist furchtbar, ein großer König über die ganze Erde.

3 Er unterwarf uns die Völker, und die Völkerschaften unter unsere Füße.

4 Er erwählte für uns unser Erbteil, den Stolz Jakobs, den er geliebt hat. (Sela.)

5 Gott ist emporgestiegen unter Jauchzen, Jehova unter Posaunenschall!

---

a O. Denn. — *b* And.: ein Lied von dem Geliebten. — *c* O. ist. — *d* d. h. geübten. — *e* Eig. fahre (d. h. auf dem Streitwagen). — *f* And.: wegen des Wortes der Wahrheit. — *g* O. den Feinden des Königs ins Herz. — *h* Anderswo üb.: Geradheit. — *i* d. h. herrlichen Frauen. — *j* O. die Reicher. — *k* d. h. in den königlichen Gemächern. — *l* O. auf der ganzen Erde. — *m* Vergl. 1. Chron. 15, 20. 21. — *n* O. leicht zu finden; eig. sich finden lassend, wie 2. Chron. 15, 4. — *o* O. wie er.

6 Singet Gott Psalmen a, singet Psalmen; singet Psalmen unserem König, singet Psalmen!

7 Denn Gott ist König der ganzen Erde; singet Psalmen mit Einsicht b!

8 Gott regiert über die Nationen; Gott hat sich auf den Thron seiner Heiligkeit gesetzt.

9 Die Edlen der Völker haben sich versammelt und das Volk c des Gottes Abrahams; denn die Schilde d der Erde sind Gottes; er ist sehr erhaben.

Psalm 48

Ein Lied, ein Psalm e. Von den Söhnen Korahs.

1 Groß ist Jehova und sehr zu loben in der Stadt unseres Gottes auf seinem heiligen Berge.

2 Schön ragt empor, eine Freude der ganzen Erde, der Berg Zion, an der Nordseite, die Stadt des großen Königs.

3 Gott ist bekannt in ihren Palästen als eine hohe Feste.

4 Denn siehe, die Könige hatten sich versammelt, waren herangezogen allesamt.

5 Sie sahen, da erstaunten sie; sie wurden bestürzt, flohen ängstlich hinweg.

6 Beben ergriff sie daselbst, Angst, der Gebärenden gleich.

7 Durch den Ostwind zertrümmertest du die Tarsis-Schiffe.

8 Wie wir gehört hatten, also haben wir es gesehen in der Stadt Jehovas der Heerscharen, in der Stadt unseres Gottes: Gott wird sie befestigen bis in Ewigkeit. (Sela.)

9 Wir haben gedacht, o Gott, an deine Güte, im Innern deines Tempels.

10 Wie dein Name, Gott, also ist dein Lob f bis an die Enden der Erde; mit Gerechtigkeit ist gefüllt deine Rechte.

11 Es freue sich der Berg Zion, es mögen frohlocken die Töchter Judas um deiner Gerichte willen!

12 Umgehet Zion und umkreiset es, zählet seine Türme;

13 Betrachtet genau seine Wälle, mustert g seine Paläste, damit ihr's erzählet dem künftigen Geschlecht!

14 Denn dieser Gott ist unser Gott immer und ewiglich! Er wird uns leiten bis an den Tod.

Psalm 49

Dem Vorsänger. Von den Söhnen Korahs, ein Psalm.

1 Höret dies, ihr Völker alle; nehmet es zu Ohren, alle Bewohner der Welt;

2 Sowohl Menschensöhne als Männersöhne, Reiche und Arme allzumal!

3 Mein Mund soll Weisheit h reden,

und das Sinnen meines Herzens soll Einsicht h sein.

4 Neigen will ich zu einem Spruche mein Ohr, mein Rätsel i eröffnen bei der Laute.

5 Warum sollte ich mich fürchten in Tagen des Uebels, wenn die Ungerechtigkeit derer, die mir auf der Ferse sind, mich umringt,

6 Welche auf ihr Vermögen vertrauen und der Größe ihres Reichtums sich rühmen?

7 Keineswegs vermag jemand seinen Bruder zu erlösen, nicht kann er Gott sein Lösegeld j geben,

8 (Denn kostbar ist die Erlösung ihrer Seele, und er muß davon abstehen auf ewig)

9 Daß er fortlebe immerdar, die Grube nicht sehe.

10 Denn er sieht, daß die Weisen sterben, daß der Tor und der Unvernünftige miteinander umkommen und anderen ihr Vermögen lassen.

11 Ihr Gedanke k ist, daß ihre Häuser stehen in Ewigkeit, ihre Wohnungen von Geschlecht zu Geschlecht; sie nennen Ländereien nach ihrem Namen.

12 Doch der Mensch, der in Ansehen ist, bleibt nicht; er gleicht dem Vieh, das vertilgt wird.

13 Dieser ihr Weg ist ihre Torheit l; und die nach ihnen kommen haben Wohlgefallen an ihren Worten m. (Sela.)

14 Man legt sie in den Scheol wie Schafe, der Tod weidet sie; und am Morgen herrschen die Aufrichtigen über sie; und ihre Gestalt wird der Scheol verzehren, fern von ihrer Wohnung n.

15 Gott aber wird meine Seele erlösen von der Gewalt des Scheols; denn er wird mich aufnehmen o. (Sela.)

16 Fürchte dich nicht, wenn ein Mann sich bereichert, wenn sich vergrößert die Herrlichkeit seines Hauses.

17 Denn wenn er stirbt, nimmt er das alles nicht mit; nicht folgt ihm hinab seine Herrlichkeit.

18 Ob er auch seine Seele segnete in seinem Leben, — und man wird dich loben, wenn du dir selbst Gutes tust —

19 Sie wird kommen zu dem Geschlecht seiner Väter; nimmermehr werden sie das Licht sehen.

20 Der Mensch, der in Ansehen ist und keine Einsicht hat, gleicht dem Vieh, das vertilgt wird.

Psalm 50

Ein Psalm; von Asaph.

1 Der Mächtige p, Gott, Jehova, hat geredet und die Erde gerufen vom Aufgang der Sonne bis zu ihrem Niedergang.

2 Aus Zion, der Schönheit Vollendung, ist Gott hervorgestrahlt.

---

a Eig. Singspielet. — b Eig. Singet Maskil. S. die Anm. zu Ps. 32, Ueberschrift. — c O. als ein Volk. — d d. h. die Fürsten, die Schirmherren. — e Eig. Ein Psalm-Lied. — f O. Ruhm. — g O. durchschreitet. — h Eig. Weisheiten . . . Einsichten. — i Eig. Verschlungenes, d. h. rätselhafte, verschlungene Rede. — j Eig. seine Sühne. — k W. Ihr Inneres. — l O. ihre Zuversicht. O. Dies ist ihr Weg, derer, die Torheit haben. — m Eig. an ihrem Munde. — n O. ohne daß sie eine Wohnung hat. — o O. hinwegnehmen; wie 1. Mose 5, 24. — p El.

3 Unser Gott kommt, und er wird nicht schweigen; Feuer frißt vor ihm her, und rings um ihn stürmt es gewaltig.

4 Er ruft dem Himmel droben und der Erde, um sein Volk zu richten:

5 „Versammelt mir meine Frommen, die meinen Bund geschlossen haben beim Opfer!"

6 Und die Himmel verkünden seine Gerechtigkeit, denn Gott ist es, der richtet a. (Sela.)

7 „Höre, mein Volk, und ich will reden, Israel, und ich will wider dich zeugen! Ich, ich bin Gott, dein Gott.

8 Nicht wegen deiner Schlachtopfer tadle ich dich, und deine Brandopfer sind beständig vor mir.

9 Nicht werde ich Farren nehmen aus deinem Hause, noch Böcke aus deinen Hürden.

10 Denn mein ist alles Getier des Waldes, das Vieh auf tausend Bergen.

11 Ich kenne alles Gevögel der Berge, und das Wild b des Gefildes ist mir bekannt.

12 Wenn mich hungerte, ich würde es dir nicht sagen: denn mein ist der Erdkreis und seine Fülle.

13 Sollte ich das Fleisch von Stieren c essen und das Blut von Böcken trinken?

14 Opfere Gott Lob d, und bezahle dem Höchsten deine Gelübde;

15 Und rufe mich an am Tage der Bedrängnis: ich will dich erretten, und du wirst mich verherrlichen!"

16 Zu dem Gesetzlosen aber spricht Gott: „Was hast du meine Satzungen herzusagen und meinen Bund in deinen Mund zu nehmen?

17 Du hast ja die Zucht e gehaßt und hinter dich geworfen meine Worte.

18 Wenn du einen Dieb sahst, so gingst du gern mit ihm um, und dein Teil war mit Ehebrechern.

19 Deinen Mund ließest du los zum Bösen, und Trug flocht deine Zunge.

20 Du saßest da, redetest wider deinen Bruder, wider den Sohn deiner Mutter stießest du Schmähung aus.

21 Solches hast du getan, und ich schwieg; du dachtest, ich sei ganz wie du. Ich werde dich strafen f und es dir vor Augen stellen."

22 Merket doch dieses, die ihr Gottes g vergesset, damit ich nicht zerreiße, und kein Erretter sei da!

23 Wer Lob d opfert, verherrlicht mich, und wer seinen Weg einrichtet, ihn werde ich das Heil Gottes sehen lassen.

Psalm 51

Dem Vorsänger. Ein Psalm von David, als der Prophet Nathan zu ihm kam, nachdem er zu Bathseba eingegangen war.

1 Sei mir gnädig, o Gott, nach deiner Güte: nach der Größe deiner Erbarmungen tilge meine Uebertretungen!

2 Wasche mich völlig von meiner Un-

gerechtigkeit, und reinige mich von meiner Sünde!

3 Denn ich kenne meine Uebertretungen, und meine Sünde ist beständig vor mir.

4 Gegen dich, gegen dich allein habe ich gesündigt, und ich habe getan, was böse ist in deinen Augen; damit du gerechtfertigt werdest, wenn du redest, rein erfunden, wenn du richtest.

5 Siehe, in Ungerechtigkeit bin ich geboren, und in Sünde hat mich empfangen meine Mutter.

6 Siehe, du hast Lust an der Wahrheit im Innern h, und im Verborgenen i wirst du mich Weisheit kennen lehren j.

7 Entsündige mich mit Ysop, und ich werde rein sein; wasche mich, und ich werde weißer sein als Schnee.

8 Laß mich Fröhlichkeit und Freude hören, so werden die Gebeine frohlocken, die du zerschlagen hast.

9 Verbirg dein Angesicht vor meinen Sünden, und tilge alle meine Ungerechtigkeiten!

10 Schaffe k mir, Gott, ein reines Herz, und erneuere in meinem Innern einen festen Geist!

11 Verwirf mich nicht von deinem Angesicht, und den Geist deiner Heiligkeit nimm nicht von mir!

12 Laß mir wiederkehren die Freude deines Heils, und mit einem willigen Geiste stütze mich!

13 Lehren will ich die Uebertreter deine Wege, und die Sünder werden zu dir umkehren.

14 Errette mich von Blutschuld, Gott, du Gott meiner Rettung, so wird meine Zunge jubelnd preisen deine Gerechtigkeit.

15 Herr, tue meine Lippen auf, und mein Mund wird dein Lob verkünden.

16 Denn du hast keine Lust an Schlachtopfern, sonst gäbe ich sie; an Brandopfern hast du kein Wohlgefallen.

17 Die Opfer Gottes sind ein zerbrochener Geist; ein zerbrochenes und zerschlagenes Herz wirst du, Gott, nicht verachten.

18 Tue Zion Gutes in deiner Gunst, baue die Mauern Jerusalems!

19 Dann wirst du Lust haben an Opfern der Gerechtigkeit, an Brandopfern und Ganzopfern; dann wird man Farren opfern auf deinem Altar.

Psalm 52

Dem Vorsänger. Ein Maskil l von David, als Doeg, der Edomiter, kam und Saul berichtete und ihm sagte: David ist in das Haus Ahimelechs gekommen.

Was rühmst du dich des Bösen m, du Gewaltiger? Die Güte Gottes n währt den ganzen Tag.

Verderben sinnt deine Zunge, wie ein geschliffenes Schermesser Trug übend o.

---

a O. denn Gott steht im Begriff zu richten. — b Eig. was sich tummelt; so auch Ps. 80, 13. — c Eig. von Starken. — d O. Dank. — e O. Unterweisung, Zurechtweisung. — f O. überführen. — g Eloah. — h Eig. in den Nieren. — i d. h. im Innern des Herzens. — j O. lehre mich Weisheit kennen. — k Eig. Erschaffe. — l S. die Anm. zu Ps. 32, Ueberschrift. — m O. der Bosheit. — n El. — o O. du Trug Uebender.

3 Du hast das Böse mehr geliebt, als das Gute, die Lüge mehr, als Gerechtigkeit zu reden. (Sela.)
4 Du hast alle Vertilgungsworte geliebt, du Zunge des Trugs!
5 Gott *a* wird dich auch zerstören für immerdar; er wird dich fassen und herausreißen aus dem Zelte und auswurzeln aus dem Lande der Lebendigen. (Sela.)
6 Und sehen werden es die Gerechten und sich fürchten, und sie werden über ihn lachen:
7 „Sieh den Mann, der Gott nicht zu seiner Stärke *b* machte, sondern auf die Größe seines Reichtums vertraute, durch sein Schadentun stark war!"
8 Ich aber bin wie ein grüner Olivenbaum im Hause Gottes; ich vertraue auf die Güte Gottes immer und ewiglich.
9 Ich werde dich preisen ewiglich, weil *c* du es getan hast, und auf deinen Namen werde ich harren, denn er ist gut, vor deinen Frommen.

Psalm 53 *d*

Dem Vorsänger, nach Machalath *e*.
Ein Maskil *f* von David.

1 Der Tor spricht in seinem Herzen: Es ist kein Gott! Sie haben verderbt gehandelt und haben abscheulich das Unrecht geübt; da ist keiner, der Gutes tue.
2 Gott hat vom Himmel herniedergeschaut auf die Menschenkinder, um zu sehen, ob ein Verständiger da sei, einer, der Gott suche.
3 Alle sind *g* abgewichen, sie sind allesamt verderbt; da ist keiner, der Gutes tue, auch nicht e i n e r.
4 Haben keine Erkenntnis die, welche Frevel tun, die mein Volk fressen, als äßen sie Brot? Gott rufen sie nicht an.
5 Da überfiel sie ein Schrecken, ohne daß ein Schrecken da war; denn Gott hat zerstreut die Gebeine dessen, der dich belagerte. Du hast sie beschämt gemacht, denn Gott hat sie verworfen.
6 O daß aus Zion die Rettungen Israels da wären! Wenn Gott die Gefangenschaft seines Volkes wendet, soll Jakob frohlocken, Israel sich freuen.

Psalm 54

Dem Vorsänger, mit Saitenspiel. Ein Maskil *f* von David, als die Siphiter kamen und zu Saul sprachen: Hält David sich nicht bei uns verborgen?

1 Gott, durch deinen Namen rette mich, und schaffe mir Recht durch deine Macht!
2 Gott, höre mein Gebet, nimm zu Ohren die Reden meines Mundes!
3 Denn Fremde sind wider mich aufgestanden, und Gewalttätige trachten nach meinem Leben; sie haben Gott nicht vor sich gestellt. (Sela.)
4 Siehe, Gott ist mein Helfer; der Herr ist unter denen *h*, die meine Seele stützen.
5 Er wird das Böse zurückerstatten meinen Feinden *i*; nach deiner Wahrheit vertilge sie!
6 Opfern will ich dir mit Freiwilligkeit; deinen Namen will ich preisen, Jehova, denn er ist gut.
7 Denn aus aller Bedrängnis hat er mich errettet; und mein Auge hat seine Lust gesehen an meinen Feinden.

Psalm 55

Dem Vorsänger, mit Saitenspiel.
Ein Maskil *f* von David.

1 Nimm zu Ohren, o Gott, mein Gebet, und verbirg dich nicht vor meinem Flehen!
2 Horche auf mich und antworte mir! Ich irre umher in meiner Klage und muß stöhnen,
3 Vor der Stimme des Feindes, vor der Bedrückung des Gesetzlosen; denn sie wälzen Unheil auf mich, und im Zorn feinden sie mich an.
4 Mein Herz ängstigte sich in meinem Innern, und Todesschrecken haben mich befallen.
5 Furcht und Zittern kamen mich an, und Schauder bedeckte mich.
6 Und ich sprach: O daß ich Flügel hätte wie die Taube! ich wollte hinfliegen und ruhen.
7 Siehe, weithin entflöhe ich, würde weilen in der Wüste. (Sela.)
8 Ich wollte eilends entrinnen vor dem heftigen Winde, vor dem Sturme.
9 Vernichte, Herr, zerteile ihre Zunge *j*! denn Gewalttat und Hader habe ich in der Stadt gesehen.
10 Tag und Nacht machen sie die Runde um sie auf ihren Mauern; und Unheil und Mühsal *k* sind in ihrer Mitte.
11 Schadentun ist in ihrer Mitte, und Bedrückung und Trug weichen nicht von ihrer Straße *l*.
12 Denn nicht ein Feind ist es, der mich höhnt, sonst würde ich es ertragen; nicht mein Hasser ist es, der wider mich großgetan hat, sonst würde ich mich vor ihm verbergen;
13 Sondern du, ein Mensch meinesgleichen, mein Freund und mein Vertrauter;
14 Die wir trauten Umgang miteinander pflogen, ins Haus Gottes wandelten mit der Menge.
15 Der Tod überrasche sie *m*, lebendig mögen sie hinabfahren in den Scheol! denn Bosheiten sind in ihrer Wohnung, in ihrem Innern.
16 Ich *aber*, ich rufe zu Gott, und Jehova rettet mich.
17 Abends und morgens und mittags

---

a El. — *b* Eig. Feste, Schutzwehr. — *c* O. dir danken, daß. — *d* Vergleiche Ps. 14, auch bezüglich der Anmerkungen. — *e* Viell.: nach schwermütiger Weise. — *f* S. die Anm. zu Ps. 32, Ueberschrift. — *g* Eig. Ein jeder ist. — *h* d. h. ist der Inbegriff aller derer usw.; eine hebräische Ausdrucksweise. — *i* Eig. Nachstellern; so auch Ps. 56, 2; 59, 10. — *j* d. h. vereitle ihren Ratschlag. — *k* O. Frevel und Unrecht. — *l* O. ihrem Markte. — *m* Nach and. Lesart: Verwüstung über sie!

muß ich klagen und stöhnen, und er hört meine Stimme.

18 Er hat meine Seele in Frieden erlöst aus dem Kampfe wider mich*a*; denn ihrer sind viele gegen mich gewesen.

19 Hören wird Gott*b* und sie demütigen*c* — er thront ja von alters her (Sela) — ; weil es keine Aenderung bei ihnen*d* gibt und sie Gott nicht fürchten.

20 Er*e* hat seine Hände ausgestreckt gegen die, welche mit ihm in Frieden waren; seinen Bund hat er gebrochen*f*.

21 Glatt sind die Milchworte seines Mundes, und Krieg ist sein Herz; geschmeidiger sind seine Worte als Oel, und sie sind gezogene Schwerter.

22 Wirf auf Jehova, was dir auferlegt*g* ist, und er wird dich erhalten; er wird nimmermehr zulassen, daß der Gerechte wanke!

23 Und du, Gott, wirst sie hinabstürzen in die Grube des Verderbens; die Männer des Blutes und des Truges werden nicht zur Hälfte bringen ihre Tage. Ich aber werde auf dich vertrauen.

Psalm 56

Dem Vorsänger, nach: „Die Taube der fernen Terebinthen". Von David, ein Gedicht*h*, als die Philister ihn zu Gath ergriffen.

1 Sei mir gnädig, o Gott! denn es schnaubt*i* nach mir der Mensch; den ganzen Tag mich befehdend, bedrückt er mich.

2 Es schnauben*j* meine Feinde den ganzen Tag; denn viele befehden mich in Hochmut.

3 An dem Tage, da ich mich fürchte, vertraue ich auf dich.

4 In*k* Gott werde ich rühmen sein Wort; auf Gott vertraue ich, ich werde mich nicht fürchten; was sollte das Fleisch mir tun?

5 Meine Worte verdrehen*l* sie den ganzen Tag, alle ihre Gedanken sind wider mich zum Bösen.

6 Sie rotten sich zusammen, verstecken sich*m*, sie beobachten meine Fersen, weil sie meiner Seele auflauern.

7 Sollte bei *ihrem* Frevel Rettung für sie sein? Im Zorn stürze nieder die Völker, o Gott!

8 Mein Umherirren*n* zählst du*o*. Lege in deinen Schlauch meine Tränen; sind sie nicht in deinem Buche*p*?

9 Dann werden meine Feinde umkehren an dem Tage, da ich rufe; dieses weiß ich, daß Gott für mich ist*q*.

10 In Gott werde ich rühmen das Wort, in Jehova werde ich rühmen das Wort.

11 Auf Gott vertraue ich; ich werde mich nicht fürchten; was sollte der Mensch mir tun?

Auf mir, o Gott, sind deine Gelübde*r*, ich werde dir Dankopfer entrichten.

Denn du hast meine Seele vom Tode errettet, ja, meine Füße vom Sturz, um zu wandeln vor dem Angesicht Gottes im Lichte der Lebendigen.

Psalm 57

Dem Vorsänger. „Verdirb nicht!" Von David, ein Gedicht, als er vor Saul in die Höhle floh.

Sei mir gnädig, o Gott, sei mir gnädig! denn zu dir nimmt Zuflucht meine Seele, und ich will Zuflucht nehmen zu dem Schatten deiner Flügel, bis vorübergezogen das Verderben.

Zu Gott, dem Höchsten, will ich rufen, zu dem Gott*b*, der es für mich vollendet.

Vom Himmel wird er senden und mich retten; er macht zum Hohn den, der nach mir schnaubt*i*. (Sela.) Senden wird Gott seine Güte und seine Wahrheit.

Mitten unter Löwen ist meine Seele, unter Flammensprühenden liege ich, *unter* Menschenkindern, deren Zähne Speere und Pfeile, und deren Zunge ein scharfes Schwert ist.

Erhebe dich über die Himmel, o Gott! über der ganzen Erde sei deine Herrlichkeit!

Ein Netz haben sie meinen Schritten bereitet, es beugte sich nieder*s* meine Seele; eine Grube haben sie vor mir gegraben, sie sind mitten hineingefallen. (Sela.)

Befestigt*t* ist mein Herz, o Gott, befestigt*t* ist mein Herz! ich will singen und Psalmen singen.*u*

Wache auf, meine Seele*v*! wachet auf, Harfe und Laute! ich will aufwecken die Morgenröte.

Ich will dich preisen, Herr, unter den Völkern, will dich besingen unter den Völkerschaften.

Denn groß bis zu den Himmeln ist deine Güte, und bis zu den Wolken deine Wahrheit.

Erhebe dich über die Himmel, o Gott! über der ganzen Erde sei deine Herrlichkeit!

Psalm 58

Dem Vorsänger. „Verdirb nicht!" Von David, ein Gedicht.

Redet ihr wirklich Gerechtigkeit durch Verstummen*w*? Richtet ihr in Geradheit, ihr Menschenkinder*x*?

Ja, im Herzen übet ihr Ungerechtigkeiten; eurer Hände Gewalttat wäget ihr dar im Lande.

---

a O. daß sie mir nicht nahten. — *b* El. — *c* O. ihnen antworten. — *d* O. sie, bei denen es keine usw. — *e* d. h. der Gesetzlose. — *f* Eig. entweiht. — *g* O. beschieden. — *h* Hebr. Miktam; so auch Ps. 57. 58. 59. 60. — *i* O. schnappt. — *j* O. schnappen. — *k* O. Durch; so auch V. 10. — *l* Eig. kränken. — *m* Nach and. Lesart: legt einen Hinterhalt. — *n* O. Klagen. — *o* O. hast du gezählt. Gelegt sind usw. — *p* O. Verzeichnis. — *q* O. denn Gott ist für mich. — *r* d. h. die sich dir gelobt habe. — *s* O. er (der Feind) beugte nieder. — *t* O. fest; vergl. Ps. 108, 1–5. — *u* Eig. singspielen. — *v* Vergl. Ps. 7, 5; 16, 9. — *w* And. l. mit veränderten Vokalen: Redet ihr wirklich Gerechtigkeit, ihr Richter? Der hebr. Text scheint fehlerhaft zu sein. — *x* O. die Menschenkinder.

3 Abgewichen sind die Gesetzlosen von Mutterschoße an, es irren von Mutterleibe an die Lügenredner.

4 Gift haben sie gleich Schlangengift, wie eine taube Otter, die ihr Ohr verschließt,

5 Die nicht hört auf die a Stimme der Beschwörer, des Zauberers, der der Zaubersprüche kundig ist.

6 Zerschmettere, o Gott, ihre Zähne in ihrem Maule, brich aus das Gebiß der jungen Löwen, Jehova!

7 Laß sie zergehen wie Wasser, die zerfließen! Legt er seine Pfeile an, so seien sie wie abgestumpft!

8 Laß sie sein gleich der Schnecke, die zerschmelzend dahingeht, gleich der Fehlgeburt eines Weibes, welche die Sonne nie erblickt hat!

9 Bevor eure Töpfe den Dorn merken b, möge c er ihn, frisch oder brennend, hinwegstürmen!

10 Freuen wird sich der Gerechte, wenn er die Rache anschaut; er wird seine Füße d baden im Blute des Gesetzlosen.

11 Und der Mensch wird sagen: Fürwahr, es gibt Lohn e für den Gerechten; fürwahr, es gibt einen Gott, der auf Erden richtet.

Psalm 59

Dem Vorsänger. „Verdirb nicht!“ Von David, ein Gedicht, als Saul sandte, und sie sein Haus bewachten, um ihn zu töten.

1 Befreie mich von meinen Feinden, o mein Gott! setze mich in Sicherheit vor denen, die sich wider mich erheben!

2 Befreie mich von denen, die Frevel tun, und rette mich von den Blutmenschen!

3 Denn siehe, sie lauern auf meine Seele; Starke rotten sich wider mich ohne meine Uebertretung und ohne meine Sünde, Jehova!

4 Ohne eine Schuld meinerseits laufen und bereiten sie sich; wache auf, mir entgegen, und sieh!

5 Ja, du, Jehova, Gott der Heerscharen, Gott Israels, erwache, um heimzusuchen alle Nationen! sei keinem gnädig von den treulos Frevelnden! (Sela.)

6 Am Abend kehren sie zurück, heulen wie Hunde, und rings umgehen sie die Stadt.

7 Siehe, aus ihrem Munde sprudeln sie Böses hervor, Schwerter sind auf ihren Lippen — denn „wer hört?“

8 Du aber, Jehova, wirst ihrer lachen, wirst spotten aller Nationen.

9 Meine f Stärke, auf dich will ich achten; denn Gott ist meine hohe Feste.

10 Mein Gott wird mir mit seiner Güte zuvorkommen g; Gott wird mich meine Lust sehen lassen an meinen Feinden.

Töte sie nicht, damit mein Volk es 11 nicht vergesse; laß sie umherirren durch deine Macht, und stürze sie nieder, Herr, unser Schild!

Sünde ihres Mundes ist das Wort 12 ihrer Lippen; so laß sie gefangen werden in ihrem Hochmut und wegen des Fluches und wegen der Lüge, die sie aussprechen!

Mache ein Ende im Grimm, mache 13 ein Ende, daß sie nicht mehr seien, und erkennen h, daß Gott in Jakob herrscht bis an die Enden der Erde! (Sela.)

Und am Abend kehren sie zurück, 14 heulen wie Hunde, und rings umgehen sie die Stadt.

Sie schweifen umher nach Speise; 15 sie übernachten, wenn sie auch nicht satt sind.

Ich aber will singen von deiner Stär- 16 ke, und des Morgens jubelnd preisen deine Güte; denn du bist mir eine hohe Feste gewesen und eine Zuflucht am Tage meiner Bedrängnis.

Dir, meine Stärke, will ich Psal- 17 men singen i; denn Gott ist meine hohe Feste, der Gott meiner Güte j.

Psalm 60

Dem Vorsänger; nach Schuschan - Eduth. Ein Gedicht von David, zum Lehren, als er stritt mit den Syrern von Mesopotamien und mit den Syrern von Zoba, und Joab zurückkehrte und die Edomiter im Salztale schlug, zwölftausend Mann.

Gott, du hast uns verworfen, hast 1 uns zerstreut, bist zornig gewesen; führe uns wieder zurück!

Du hast das Land k erschüttert, hast 2 es zerrissen; heile seine Risse, denn es wankt!

Du hast dein Volk Hartes sehen las- 3 sen, mit Taumelwein hast du uns getränkt.

Denen, die dich fürchten, hast du 4 ein Panier gegeben, daß es sich erhebe um der Wahrheit willen. (Sela.)

Damit befreit werden deine Gelieb- 5 ten, rette durch deine Rechte und erhöre uns l!

Gott hat geredet in seiner Heilig- 6 keit: Frohlocken will ich, will Sichem verteilen und das Tal Sukkoth ausmessen.

Mein ist Gilead, und mein Manasse, 7 und Ephraim ist die Wehr meines Hauptes, Juda mein Herrscherstab m.

Moab ist mein Waschbecken, auf 8 Edom will ich meine Sandale werfen; Philistäa, jauchze mir zu!

Wer wird mich führen in die feste 9 Stadt, wer wird mich leiten bis nach Edom?

Nicht du, Gott, der du uns verwor- 10 fen hast, und nicht auszogest, o Gott, mit unseren Heeren?

---

a O. daß sie nicht höre die. — b d. h. bevor sie erhitzt werden. — c O. wird. — d W. Schritte. — e Eig. Frucht. — f Eig. Seine; wahrsch. ein Fehler, vergl. V. 17. — g Nach and. Lesart: Der Gott meiner Güte wird mir zuvorkommen. — h O. . . . . seien; damit sie erkennen. — i Eig. will ich singspielen. — j d. h. der mir Güte erweist. — k O. die Erde. — l Nach and. Lesart: mich; vergl. Ps. 108, 6—13. — m And. üb.: mein Gesetzgeber.

11 Schaffe uns Hilfe aus der Bedrängnis *a*! Menschenrettung ist ja eitel.
12 Mit Gott werden wir mächtige Taten *b* tun; und er, er wird unsere Bedränger zertreten.

Psalm 61

Dem Vorsänger, mit Saitenspiel.
Von David.

1 Höre, Gott, mein Schreien, horche auf mein Gebet!
2 Vom Ende der Erde werde ich zu dir rufen, wenn mein Herz verschmachtet; du wirst mich auf einen Felsen leiten, der mir zu hoch ist.
3 Denn du bist mir eine Zuflucht gewesen, ein starker Turm, vor dem Feinde.
4 Ich werde *c* weilen in deinem Zelte in Ewigkeit, werde *c* Zuflucht nehmen zu dem Schutze deiner Flügel. (Sela.)
5 Denn du, o Gott, hast auf meine Gelübde gehört, hast mir gegeben das Erbteil derer, die deinen Namen fürchten.
6 Du wirst Tage hinzufügen zu den Tagen des Königs; seine Jahre werden sein wie Geschlechter und Geschlechter.
7 Er wird ewiglich bleiben *d* vor dem Angesicht Gottes. Bestelle Güte und Wahrheit, daß sie ihn behüten!
8 Also werde ich deinen Namen besingen immerdar, indem ich meine Gelübde bezahle Tag für Tag.

Psalm 62

Dem Vorsänger; für *e* Jeduthun.
Ein Psalm von David.

1 Nur auf Gott vertraut still meine Seele, von ihm *kommt* meine Rettung.
2 Nur er ist mein Fels und meine Rettung, meine hohe Feste; ich werde nicht viel wanken.
3 Bis wann wollt ihr gegen einen Mann anstürmen? ihr alle ihn niederreißen wie eine überhängende Wand, eine angestoßene Mauer?
4 Sie ratschlagen nur, ihn von seiner Höhe zu stoßen; sie haben Wohlgefallen an der Lüge; mit ihrem Munde segnen sie, und in ihrem Innern fluchen sie. (Sela.)
5 Nur auf Gott vertraue still meine Seele! denn von ihm *kommt* meine Erwartung.
6 Nur er ist mein Fels und meine Rettung, meine hohe Feste; ich werde nicht wanken.
7 Auf Gott *ruht* mein Heil und meine Herrlichkeit; der Fels meiner Stärke, meine Zuflucht, ist in Gott.
8 Vertrauet auf ihn allezeit, o Volk! schüttet vor ihm aus euer Herz! Gott ist unsere Zuflucht. (Sela.)
9 Nur Eitelkeit *f* sind die Menschensöhne, Lüge die Männersöhne. Auf der Wagschale steigen sie empor, sie sind allesamt leichter als ein Hauch *g*.
10 Vertrauet nicht auf Erpressung; setzet nicht eitle Hoffnung auf Raub *h*; wenn der Reichtum wächst, so setzet euer Herz nicht darauf!
11 Einmal hat Gott geredet, zweimal habe ich dieses gehört, daß die Stärke Gottes sei.
12 Und dein, o Herr, ist die Güte; denn du, du vergiltst einem jeden nach seinem Werke.

Psalm 63

Ein Psalm von David, als er in der Wüste Juda war.

1 Gott, du bist mein Gott *i*! frühe suche ich dich. Es dürstet nach dir meine Seele, nach dir schmachtet mein Fleisch in einem dürren und lechzenden Lande ohne Wasser,
2 — gleichwie ich dich angeschaut habe im Heiligtum — um deine Macht und deine Herrlichkeit zu sehen.
3 Denn deine Güte ist besser als Leben; meine Lippen werden dich rühmen.
4 Also werde ich dich preisen während meines Lebens, meine Hände aufheben in deinem Namen.
5 Wie von Mark und Fett wird gesättigt werden meine Seele, und mit jubelnden Lippen wird loben mein Mund,
6 Wenn ich deiner gedenke auf meinem Lager, über dich sinne *j* in den Nachtwachen.
7 Denn du bist mir zur Hilfe gewesen, und ich werde jubeln in dem Schatten deiner Flügel.
8 Meine Seele hängt dir nach *k*, es hält mich aufrecht deine Rechte.
9 Jene aber, die nach meinem Leben trachten, *um es* zu verderben, werden hineingehen in die untersten Oerter der Erde.
10 Man wird sie preisgeben der Gewalt des Schwertes, das Teil der Schakale werden sie sein.
11 Und der König wird sich freuen in Gott; es wird sich rühmen in jeder, der bei ihm schwört; denn der Mund der Lügenredner wird verstopft werden.

Psalm 64

Dem Vorsänger. Ein Psalm von David.

1 Höre, Gott, meine Stimme in meiner Klage; vor dem Schrecken des Feindes behüte mein Leben!
2 Verbirg mich vor dem geheimen Rat der Uebeltäter, vor der Rotte derer, die Frevel tun!
3 Welche ihre Zunge geschärft haben gleich einem Schwerte, ihren Pfeil angelegt, bitteres Wort,
4 Um im Versteck zu schießen auf den Unsträflichen: plötzlich schießen sie auf ihn und scheuen sich nicht.
5 Sie stärken sich in einer bösen Sache; sie reden davon, Fallstricke zu verbergen; sie sagen: Wer wird uns sehen? *l*
6 Sie denken Schlechtigkeiten aus:

---

a O. vom Bedränger. — *b* Eig. Mächtiges. — *c* O. will. — *d* O. thronen. — *e* O. nach. — *f* O. ein Hauch; dasselbe Wort wie am Ende des Verses. — *g* And. üb.: sie sind allesamt ein Hauch. — *h* Eig. werdet nicht betört durch Raub. — *i* El. — *j* O. sinne ich über dich. — *k* d. h. folgt dir unmittelbar nach. — *l* Eig. wer ihnen zusehen könnte.

„Wir haben's fertig, der Plan ist aus-
gedacht!" *a* Und eines jeden Inneres
und Herz ist tief.

7 Aber Gott schießt auf sie — plötzlich *kommt* ein Pfeil *b*: ihre Wunden
sind da.

8 Und sie werden zu Fall gebracht,
ihre Zunge *c kommt* über sie; alle, die
sie sehen, werden den Kopf schütteln *d*.

9 Und es werden sich fürchten alle
Menschen, und das Tun Gottes verkünden und sein Werk erwägen.

10 Der Gerechte wird sich in Jehova
freuen und auf ihn trauen; und es
werden sich rühmen alle von Herzen
Aufrichtigen.

Psalm 65
Dem Vorsänger, ein Psalm.
Von David, ein Lied.

1 Deiner harrt schweigend *der* Lobgesang, o Gott, in Zion, und dir wird
bezahlt werden das Gelübde.

2 Hörer des Gebets! zu dir wird kommen alles Fleisch.

3 Ungerechtigkeiten *e* haben mich überwältigt; unsere Uebertretungen, d u
wirst sie vergeben.

4 Glückselig der, den du erwählst und
herzunahen lässest, daß er wohne in
deinen Vorhöfen! wir werden gesättigt
werden mit dem Guten deines Hauses, dem Heiligen deines Tempels *f*.

5 Du wirst uns antworten durch furchtbare Dinge in Gerechtigkeit, Gott
unseres Heils, du Zuversicht aller Enden der Erde und der fernsten Meere *g*!

6 Der die Berge feststellt durch seine
Kraft, umgürtet ist mit Macht,

7 Der da stillt das Brausen der Meere, das Brausen ihrer Wellen und das
Getümmel der Völkerschaften.

8 Und es fürchten sich die Bewohner
der Enden *der Erde* vor deinen Zeichen; du machst jauchzen die Ausgänge des Morgens und des Abends *h*.

9 Du hast die Erde heimgesucht *i* und
ihr Ueberfluß gewährt, du bereicherst
sie sehr: Gottes Bach ist voll Wassers.
Du bereitest ihr *j* Getreide, wenn du
sie also bereitest *k*.

10 Du tränkest ihre Furchen, ebnest
ihre Schollen, du erweichst sie mit
Regengüssen, segnest ihr Gewächs.

11 Du hast gekrönt das Jahr deiner Güte, und deine Spuren triefen von Fett.

12 Es triefen die Auen der Steppe, und
mit Jubel umgürten sich die Hügel.

13 Die Triften bekleiden sich mit Herden, und die Täler bedecken sich mit
Korn; sie jauchzen, ja, sie singen.

Psalm 66
Dem Vorsänger. Ein Lied, ein Psalm *l*.

1 Jauchzet Gott, ganze Erde!

2 Besinget die Herrlichkeit seines Namens, machet herrlich sein Lob!

Sprechet zu Gott: Wie furchtbar 3
sind deine Werke! Wegen der Größe
deiner Stärke unterwerfen sich dir
deine Feinde mit Schmeichelei *m*.

Die ganze Erde wird dich anbeten 4
und dir Psalmen singen; sie wird besingen deinen Namen. (Sela.)

Kommet und sehet die Großtaten 5
Gottes; furchtbar ist er in *seinem* Tun
gegen die Menschenkinder.

Er wandelte das Meer in trockenes 6
Land, sie gingen zu Fuß durch den
Strom; da *n* freuten wir uns in ihm.

Er herrscht durch seine Macht auf 7
ewig; seine Augen beobachten die *o*
Nationen. — Daß sich nicht erheben
die Widerspenstigen! (Sela.)

Preiset, ihr Völker, unseren Gott, 8
und lasset hören die Stimme seines
Lobes;

Der unsere Seele am Leben erhal- 9
ten *p* und nicht zugelassen hat, daß unsere Füße wankten!

Denn du hast uns geprüft, o Gott, 10
du hast uns geläutert, wie man Silber
läutert.

Du hast uns ins Netz gebracht, hast 11
eine drückende Last auf unsere Lenden gelegt.

Du hast Menschen reiten lassen auf 12
unserem Haupte; wir sind ins Feuer
und ins Wasser gekommen, aber du
hast uns herausgeführt zu überströmender Erquickung *q*.

Ich will eingehen in dein Haus mit 13
Brandopfern, will dir bezahlen meine
Gelübde,

Wozu sich weit aufgetan meine Lip- 14
pen, und die mein Mund ausgesprochen hat in meiner Bedrängnis.

Brandopfer von Mastvieh will ich 15
dir opfern samt Räucherwerk von Widdern; Rinder samt Böcken will ich
opfern. (Sela.)

Kommet, höret zu, alle die ihr Gott 16
fürchtet, und ich will erzählen, was
er an meiner Seele getan hat.

Zu ihm rief ich mit meinem Munde, 17
und *seine* Erhebung war unter meiner Zunge.

Wenn ich es in meinem Herzen auf 18
Frevel abgesehen hätte, so würde der
Herr nicht gehört haben.

Doch Gott hat gehört, er hat ge- 19
merkt auf die Stimme meines Gebets.

Gepriesen sei Gott, der nicht abge- 20
wiesen hat mein Gebet, noch von mir
abgewandt seine Güte!

Psalm 67
Dem Vorsänger, mit Saitenspiel.
Ein Psalm, ein Lied *r*.

Gott sei uns gnädig und segne uns, 1
er lasse sein Angesicht leuchten über *s*
uns, (Sela)

Daß man auf der Erde erkenne dei- 2

---

a O. „Wir haben fertig gebracht den ausgedachten Plan!" — *b* And. üb.: auf sie
einen plötzlichen Pfeil. — *c* d. h. ihr Ratschlag, das was sie anderen zu tun gedachten.
— *d* And. üb.: werden sich flüchten. — *e* d. h. Betätigungen der Ungerechtigkeit. —
f And. üb.: deines heiligen Tempels. — *g* W. des Meeres der Fernen. — *h* d. h. den Osten
und den Westen. — *i* O. dich der Erde fürsorglich angenommen. — *j* d. h. der Menschen.
— *k* O. denn also bereitest du sie. — *l* Eig. Ein Psalm-Lied. — *m* S. die Anm. zu Psalm
18, 44. — *n* O. dort. — *o* Eig. spähen unter den. — *p* W. uns ins Leben versetzt. — *q* W.
zur Ueberströmung; and. l.: ins Weite. — *r* Eig. Ein Lied-Psalm. — *s* W. mit, bei.

nen Weg, unter allen Nationen deine Rettung!

3 Es werden *a* dich preisen die Völker, o Gott; es werden *a* dich preisen die Völker alle.

4 Es werden sich freuen und jubeln die Völkerschaften; denn du wirst die Völker richten in Geradheit, und die Völkerschaften auf der Erde, du wirst sie leiten. (Sela.)

5 Es werden dich preisen die Völker, o Gott; es werden dich preisen die Völker alle.

6 Die Erde gibt ihren Ertrag; Gott, unser Gott, wird uns segnen.

7 Gott wird uns segnen, und alle Enden der Erde werden ihn fürchten.

Psalm 68

Dem Vorsänger. Von David.
Ein Psalm, ein Lied. *b*

1 Möge Gott aufstehen! mögen sich zerstreuen seine Feinde, und vor ihm fliehen seine Hasser! *c*

2 Wie Rauch vertrieben wird, so wirst du sie vertreiben; wie Wachs vor dem Feuer zerschmilzt, so werden die Gesetzlosen umkommen vor dem Angesicht Gottes.

3 Aber freuen werden sich die Gerechten, sie werden frohlocken vor dem Angesicht Gottes und jubeln in Freude.

4 Singet Gott, besinget seinen Namen! machet Bahn *d* dem, der einherfährt durch die Wüsteneien, Jah ist sein Name, und frohlocket vor ihm!

5 Ein Vater der Waisen und ein Richter der Witwen ist Gott in seiner heiligen Wohnung.

6 Gott *e* läßt Einsame *f* in einem Hause *g* wohnen, führt Gefangene hinaus ins Glück; die Widerspenstigen aber wohnen in der Dürre.

7 Gott, als du auszogest vor deinem Volke, als du einherschrittest durch die Wüste, (Sela)

8 *Da* bebte die Erde, — auch troffen die Himmel vor Gott — jener Sinai vor Gott, dem Gott Israels *h*.

9 Reichlichen Regen gossest du aus, o Gott; dein Erbteil — wenn es ermattet war, richtetest du es auf.

10 Deine Schar hat darin gewohnt; du bereitetest in deiner Güte für den Elenden, o Gott!

11 Der Herr erläßt *das* Wort; der Siegesbotinnen *i* ist eine große Schar.

12 Die Könige der Heere fliehen, sie fliehen, und die Hausbewohnerin verteilt die Beute.

13 Wenn ihr zwischen den Hürden lieget, *werdet ihr sein wie* die Flügel einer Taube, die überzogen sind mit Silber, und ihre Schwingen mit grüngelbem Golde.

Wenn der Allmächtige Könige dar- 14 in *j* zerstreut, wird es schneeweiß *k* auf dem Zalmon *l*.

Der Berg Basans ist ein Berg Got- 15 tes, ein gipfelreicher Berg ist der Berg Basans.

Warum blicket ihr neidisch, ihr 16 gipfelreichen Berge, auf den Berg, den Gott begehrt hat zu seinem Wohnsitz? Auch wird Jehova *daselbst* wohnen immerdar.

Der Wagen Gottes sind zwei Zehn- 17 tausende, Tausende und aber Tausende; der Herr ist unter ihnen: — ein Sinai an Heiligkeit.

Du bist aufgefahren in die Höhe, 18 du hast die Gefangenschaft gefangen geführt; du hast Gaben empfangen im Menschen, und selbst *für* Widerspenstige, damit Jehova, *m* Gott, eine Wohnung habe *n*.

Gepriesen sei der Herr! Tag für 19 Tag trägt er unsere Last *o*; Gott *p* ist unsere Rettung. (Sela.)

Gott *p* ist uns ein Gott *p* der Rettun- 20 gen, und *bei* Jehova, dem Herrn, *stehen die* Ausgänge vom Tode.

Gewiß, Gott wird zerschmettern das 21 Haupt seiner Feinde, den Haarscheitel dessen, der da wandelt in seinen Vergehungen.

Der Herr sprach: Ich werde zu- 22 rückbringen aus Basan, zurückbringen aus den Tiefen des Meeres,

Auf daß du deinen Fuß in Blut ba- 23 dest, *und* die Zunge deiner Hunde von den Feinden ihr Teil habe.

Gesehen haben sie deine Züge, o 24 Gott, die Züge meines Gottes *p*, meines Königs im *q* Heiligtum.

Voran gingen Sänger, danach Sai- 25 tenspieler, inmitten tamburinschlagender Jungfrauen.

„Preiset Gott, den Herrn, in den 26 Versammlungen, die ihr aus der Quelle Israels seid!"

Da sind Benjamin, der Jüngste, ihr 27 Herrscher, die Fürsten Judas, ihr Haufe, die Fürsten Sebulons, die Fürsten Naphtalis.

Geboten hat dein Gott deine Stär- 28 ke. Stärke, o Gott, das was du *für* uns gewirkt hast!

Um deines Tempels zu Jerusalem 29 willen werden Könige dir Geschenke bringen.

Schilt das Tier des Schilfes, die 30 Schar der Stiere *r* mit den Kälbern der Völker; jeder *s* wird sich dir unterwerfen mit Silberbarren. Zerstreue *t* die Völker, die Lust haben am Kriege!

Es werden kommen die Großen aus 31 Aegypten; Aethiopien wird eilends seine Hände ausstrecken *u* zu Gott.

---

a O. mögen; so auch V. 4 u. 5. — *b* Eig. Ein Lied-Psalm. — *c* Vergl. 4. Mose 10, 35. — *d* W. schüttet auf, d. h. einen Weg. — *e* O. ein Gott, der usw. — *f* O. einzeln Zerstreute. — *g* d. h. als Gründer eines Hausstandes. — *h* Vergl. Richt. 5, 4. 5. — *i* Eig. Verkündigerinnen froher Botschaft. — *j* d. h. in dem Lande. — *k* d. h. viell. von den Gebeinen der Erschlagenen. — *l* ein Berg bei Sichem; vergl. Richt 9, 48. — *m* Hebr. Jah. — *n* O. im Menschen, damit Jah, Gott, selbst unter Widerspenstigen wohne. — *o* Eig. trägt er Last für uns. — *p* El. — *q* O. ins. — *r* Dasselbe Wort wie Ps. 50, 13. — *s* W. er. — *t* So wahrsch. zu lesen; Text: Er hat zerstreut. — *u* O. Aethiopien, seine Hände werden eilends *Gaben* bringen.

32 Ihr Königreiche der Erde, singet Gott, besinget den Herrn, (Sela)

33 Den, der da einherfährt auf *a* den Himmeln, den Himmeln der Vorzeit! Siehe, er läßt seine Stimme erschallen, eine mächtige Stimme.

34 Gebet Gott Stärke! Seine Hoheit ist über Israel, und seine Macht in den Wolken.

35 Furchtbar *bist du*, Gott *b*, aus deinen Heiligtümern her; der Gott *c* Israels, er ist es, der Stärke und Kraft *d* gibt dem Volke. Gepr*i*esen sei Gott!

Psalm 69

Dem Vorsänger, nach Schoschannim *e*.
Von David.

1 Rette mich, o Gott! denn die Wasser sind bis an die Seele gekommen.

2 Ich bin versunken in tiefen Schlamm, und kein Grund ist da; in Wassertiefen bin ich gekommen, und die Flut überströmt mich.

3 Ich bin müde vom *f* Rufen, entzündet ist meine Kehle; meine Augen schwinden hin, harrend auf meinen Gott.

4 Mehr als die Haare meines Hauptes sind derer, die ohne Ursache mich hassen; mächtig *g* sind meine Vertilger, die ohne Grund mir feind sind; was ich nicht geraubt habe, muß ich alsdann erstatten.

5 Du, o Gott, weißt um meine Torheit, und meine Vergehungen sind dir nicht verborgen.

6 Laß nicht durch mich beschämt werden die auf dich harren *h*, Herr, Jehova der Heerscharen! Laß nicht durch mich zu Schanden werden die dich suchen, Gott Israels!

7 Denn deinetwegen trage ich Hohn, hat Schande bedeckt mein Antlitz.

8 Entfremdet bin ich meinen Brüdern, und ein Fremdling geworden den Söhnen meiner Mutter.

9 Denn der Eifer um dein Haus hat mich verzehrt, und die Schmähungen derer, die dich schmähen, sind auf mich gefallen.

10 Als ich weinte, *und* meine Seele im Fasten war, da wurde es mir zu Schmähungen;

11 Als ich mich in Sacktuch kleidete, da ward ich ihnen zum Sprichwort.

12 Die im Tore sitzen reden über mich, und *ich bin* das Saitenspiel der Zecher *i*.

13 Ich aber, mein Gebet ist zu dir, Jehova, zur Zeit der Annehmung *j*. O Gott, nach der Größe deiner Güte, erhöre mich nach der Wahrheit deines Heils!

14 Ziehe mich heraus aus dem Schlamm, daß ich nicht versinke! laß mich errettet werden von meinen Hassern und aus den Wassertiefen!

15 Laß die Flut der Wasser mich nicht überströmen, und die Tiefe mich nicht verschlingen; und laß die Grube ihren Mund nicht über mir verschließen!

16 Erhöre mich, Jehova! denn gut ist deine Güte; wende dich zu mir nach der Größe deiner Erbarmungen!

17 Und verbirg dein Angesicht nicht vor deinem Knechte! denn ich bin bedrängt; eilends erhöre mich!

18 Nahe meiner Seele, erlöse sie; erlöse mich *k* um meiner Feinde willen!

19 Du, du kennst meinen Hohn und meine Schmach und meine Schande; vor dir sind alle meine Bedränger.

20 Der Hohn hat mein Herz gebrochen und ich bin ganz elend; und ich habe auf Mitleiden gewartet, und da war keines, und auf Tröster, und ich habe keine gefunden.

21 Und sie gaben in *l* meine Speise Galle *m*, und in meinem Durst tränkten sie mich mit Essig.

22 Es werde zur Schlinge vor ihnen ihr Tisch, und *ihnen*, den Sorglosen, zum Fallstrick!

23 Laß dunkel werden ihre Augen, daß sie nicht sehen; und laß beständig wanken ihre Lenden!

24 Schütte über sie aus deinen Grimm, und deines Zornes Glut erreiche sie!

25 Verwüstet sei ihre Wohnung *n*, in ihren Zelten sei kein Bewohner!

26 Denn den *d* u geschlagen hast haben sie verfolgt, und von dem Schmerze deiner Verwundeten erzählen sie.

27 Füge Ungerechtigkeit zu ihrer Ungerechtigkeit, und laß sie nicht kommen zu *o* deiner Gerechtigkeit!

28 Laß sie ausgelöscht werden aus dem Buche des Lebens, und nicht eingeschrieben mit den Gerechten!

29 Ich aber bin elend, und mir ist wehe; deine Rettung, o Gott, setze mich in Sicherheit!

30 Rühmen will ich den Namen Gottes im Liede, und ihn erheben mit Lob *p*.

31 Und es wird Jehova wohlgefälliger sein als ein Stier, ein Farre mit Hörnern *und* gespaltenen Hufen.

32 Die Sanftmütigen werden es sehen, sie werden *q* sich freuen; ihr, die ihr Gott suchet, es lebe euer Herz *r*!

33 Denn Jehova hört auf die Armen, und seine Gefangenen verachtet er nicht.

34 Ihn sollen loben Himmel und Erde, die Meere, und alles was in ihnen wimmelt!

35 Denn Gott wird Zion retten und die Städte Judas bauen; und sie werden daselbst wohnen und es besitzen.

36 Und der Same seiner Knechte wird es erben; und die seinen Namen lieben werden darin wohnen.

Psalm 70 *s*

Dem Vorsänger. Von David, zum Gedächtnis.

1 Eile, Gott, mich zu erretten, Jehova, zu meiner Hilfe!

2 Laß beschämt und mit Scham be-

---

a O. in. — *b* O. Furchtbar ist Gott. — *c* El. — *d* Eig. Kraftfülle. — *e* O. nach „Lilien". — *f* Eig. durch mein. — *g* O. zahlreich. — *h* O. hoffen. — *i* W. der Trinker starken Getränks. — *j* O. der Huld; eig. der Betätigung des Wohlgefallens. — *k* Eig. kaufe mich los. — *l* O. als. — *m* O. Gift. — *n* Eig. ihr Gehöft, Zeltlager. — *o* O. Gift. eingehen in. — *p* O. Dank. — *q* O. Wenn die Sanftmütigen es sehen, so werden sie usw. — *r* O. euer Herz wird leben. — *s* Vergl. Ps. 40, 14—17.

deckt werden die nach meinem Leben
trachten! Laß zurückweichen und zu
Schanden werden die Gefallen haben
an meinem Unglück!

3 Laß umkehren ob ihrer Schande die
da sagen: Haha! Haha!

4 Laß fröhlich sein und in dir sich
freuen alle, die dich suchen! und die
deine Rettung lieben laß stets sagen:
Erhoben sei Gott!

5 Ich aber bin elend und arm; o Gott,
eile zu mir! Meine Hilfe und mein
Erretter bist du; Jehova, zögere nicht!

Psalm 71

1 Auf dich, Jehova, traue ich: Laß
mich nimmer beschämt werden!

2 In deiner Gerechtigkeit befreie
mich und errette mich! Neige dein
Ohr zu mir und schaffe mir Rettung!

3 Sei mir ein Fels zur Wohnung, um
stets dahin zu gehen! Du hast geboten, mich zu retten, denn du bist mein
Fels und meine Burg.

4 Mein Gott, errette mich aus der
Hand des Gesetzlosen, aus der Faust
des Ungerechten und des Gewaltsamen!

5 Denn du bist meine Hoffnung, Herr,
Jehova; meine Zuversicht von meiner Jugend an.

6 Auf dich habe ich mich gestützt von
Mutterschoße an, aus meiner Mutter
Leibe zogest du mich hervor; von dir
ist stets mein Lobgesang.

7 Vielen bin ich wie ein Wunder; du
aber bist meine starke Zuflucht.

8 Mein Mund ist erfüllt von deinem
Lobe, von deinem Ruhm den ganzen
Tag.

9 Verwirf mich nicht zur Zeit des Alters; beim Schwinden meiner Kraft
verlaß mich nicht!

10 Denn meine Feinde haben von mir
geredet, und die auf meine Seele lauern, miteinander geratschlagt;

11 Und sie sagen: Gott hat ihn verlassen; verfolget und greifet ihn, denn
kein Erretter ist da!

12 O Gott, sei nicht fern von mir; mein
Gott, eile zu meiner Hilfe!

13 Laß beschämt werden, laß vergehen die wider meine Seele sind! Laß
mit Hohn und Schande bedeckt werden a die mein Unglück suchen!

14 Ich aber will beständig harren und
all dein Lob vermehren.

15 Mein Mund soll erzählen deine Gerechtigkeit, den ganzen Tag deine
Rettung; denn ich weiß sie nicht zu
zählen b.

16 Ich werde kommen mit den Machttaten des Herrn Jehova, werde gedenken c deiner Gerechtigkeit, deiner
allein.

17 Gott! du hast mich gelehrt von meiner Jugend an, und bis hierher habe
ich deine Wundertaten verkündet.

18 Und auch bis zum Alter und bis
zum Greisentum verlaß mich nicht,
o Gott, bis ich verkünde deinen Arm

dem *künftigen* Geschlecht, allen, die
da kommen werden, deine Macht!

Und deine Gerechtigkeit, o Gott, 19
reicht bis zur Höhe; du, der du große
Dinge getan hast, o Gott, wer ist wie du?

Du, der du uns viele Bedrängnisse 20
und Uebel hast sehen lassen, du wirst
uns wieder beleben, und uns wieder heraufführen aus den Tiefen der
Erde.

Du wirst meine Größe mehren, und 21
du wirst dich wenden *und* mich trösten.

Auch will i c h dich preisen mit der 22
Harfe, *ja*, deine Wahrheit, mein Gott!
Ich will dir Psalmen singen mit der
Laute, du Heiliger Israels!

Jubeln werden meine Lippen, wenn 23
ich dir Psalmen singe, und meine Seele, die du erlöst hast;

Auch meine Zunge wird von deiner 24
Gerechtigkeit reden den ganzen Tag;
denn beschämt, denn mit Scham sind
bedeckt worden die mein Unglück suchen.

Psalm 72

Für d Salomo.

O Gott, gib dem Könige deine Gerichte e, und deine Gerechtigkeit dem
Sohne des Königs! 1

Er wird dein Volk richten in Gerechtigkeit, und deine Elenden nach
Recht. 2

Es werden dem Volke Frieden f tragen die Berge und die Hügel durch
Gerechtigkeit. 3

Er wird Recht schaffen den Elenden
des Volkes; er wird retten die Kinder des Armen, und den Bedrücker
wird er zertreten. 4

Man wird dich fürchten von Geschlecht zu Geschlecht, so lange Sonne und Mond bestehen. 5

Er wird herabkommen wie ein Regen auf die gemähte Flur, wie Regenschauer, Regengüsse auf das Land. 6

In seinen Tagen wird der Gerechte
blühen, und Fülle von Frieden f *wird
sein*, bis der Mond nicht mehr ist. 7

Und er wird herrschen von Meer
zu Meer, und vom Strome bis an die
Enden der Erde g. 8

Vor ihm werden sich beugen die
Bewohner der Wüste, und seine Feinde werden den Staub lecken; 9

Die Könige von Tarsis und von den 10
Inseln werden Geschenke entrichten,
es werden Abgaben darbringen die
Könige von Scheba und Seba.

Und alle Könige werden vor ihm 11
niederfallen, alle Nationen ihm dienen.

Denn erretten wird er den Armen, 12
der um Hilfe ruft, und den Elenden,
der h keinen Helfer hat;

Er wird sich erbarmen des Geringen und des Armen, und die Seelen
der Armen wird er retten. 13

Von Bedrückung und Gewalttat wird 14
er ihre Seele erlösen, und ihr Blut
wird teuer sein in seinen Augen.

---

a Eig. in Hohn und Schande sich hüllen. — b W. weiß keine Zahlen. — c d. h.
rühmend gedenken. — d O. Von. — e O. Rechte, Urteile. — f O. Wohlfahrt. — g O.
des Landes. — h O. und den, der.

15 Und er wird leben, und von dem Golde Schebas wird man *a* ihm geben; und man *a* wird beständig für ihn beten, den ganzen Tag ihn segnen.

16 Es wird Ueberfluß an Getreide sein im Lande *b*, auf dem Gipfel der Berge; gleich dem Libanon wird rauschen seine Frucht; und *Menschen* werden hervorblühen aus den Städten wie das Kraut der Erde.

17 Sein Name wird ewig sein; so lange die Sonne besteht, wird fortdauern sein Name; und in ihm wird man sich segnen; alle Nationen werden *c* ihn glücklich preisen.

* * *

18 Gepriesen sei Jehova, Gott, der Gott Israels, der Wunder tut, er allein!

19 Und gepriesen sei sein herrlicher Name in Ewigkeit! Und die ganze Erde werde erfüllt mit seiner Herrlichkeit! Amen, ja, Amen.

20 Es sind zu Ende die Gebete Davids, des Sohnes Isais.

Drittes Buch

Psalm 73

Ein Psalm; von Asaph.

1 Fürwahr, Gott ist Israel gut, denen, die reinen Herzens sind.

2 Ich aber — wenig fehlte, so wären meine Füße abgewichen, um nichts wären ausgeglitten meine Schritte.

3 Denn ich beneidete die Uebermütigen, als ich sah die Wohlfahrt der Gesetzlosen.

4 Denn keine Qualen haben *sie bei* ihrem Tode, und *d* wohlgenährt ist ihr Leib.

5 Nicht sind sie im Ungemach der Sterblichen, und mit den Menschen werden sie nicht geplagt.

6 Deshalb umgibt sie der Hochmut wie ein Halsgeschmeide, Gewalttat umhüllt sie wie ein Gewand.

7 Es tritt aus dem Fett hervor ihr Auge; sie wallen über in den Einbildungen des Herzens.

8 Sie höhnen und reden in Bosheit von Bedrückung; von oben herab reden sie.

9 Sie setzen in den Himmel ihren Mund, und ihre Zunge wandelt auf der Erde.

10 Deshalb wendet sich hierher sein Volk, und Wasser in Fülle wird von ihnen geschlürft *e*.

11 Und sie sprechen: Wie wüßte *es* Gott *f*, und wie sollte Wissen sein bei dem Höchsten?

12 Siehe, diese sind Gesetzlose, und, immerdar sorglos *g*, erwerben sie sich Vermögen.

13 Fürwahr, vergebens habe ich mein Herz gereinigt, und in Unschuld gewaschen meine Hände,

14 Da ich ja geplagt ward den ganzen Tag, und alle Morgen meine Züchtigung da war.

15 Wenn ich gesagt hätte: Ich will ebenso reden, siehe, so wäre ich treulos gewesen dem Geschlecht deiner Söhne.

16 Da dachte ich nach, um dieses zu begreifen: eine mühevolle Arbeit war es in meinen Augen;

17 Bis ich hineinging in die Heiligtümer Gottes *f* und jener Ende gewahrte.

18 Fürwahr, auf schlüpfrige Oerter setzest du sie, stürzest sie hin zu Trümmern.

19 Wie sind sie so plötzlich verwüstet, haben ein Ende genommen, sind umgekommen durch Schrecknisse!

20 Wie einen Traum nach dem Erwachen wirst du, Herr, beim Aufwachen ihr Bild verachten.

21 Als mein Herz sich erbitterte und es mich in meinen Nieren stach,

22 Da war ich dumm und wußte nichts; ein Tier *h* war ich bei dir.

23 Doch ich bin stets bei dir: du hast mich erfaßt bei meiner rechten Hand;

24 Durch deinen Rat wirst du mich leiten, und nach der Herrlichkeit *i* wirst du mich aufnehmen.

25 Wen habe ich im Himmel? und neben dir habe ich an nichts Lust auf der Erde.

26 Vergeht mein Fleisch und mein Herz — meines Herzens Fels und mein Teil ist Gott auf ewig.

27 Denn siehe, es werden umkommen die dir ferne sind; du vertilgst alle, die buhlerisch von dir abweichen.

28 Ich aber, Gott zu nahen ist mir gut; ich habe meine Zuversicht auf den Herrn, Jehova, gesetzt, um zu erzählen alle deine Taten.

Psalm 74

Ein Maskil *j*; von Asaph.

1 Gott, warum hast du verworfen für immer, raucht dein Zorn wider die Herde deiner Weide?

2 Gedenke deiner Gemeinde, die du erworben hast vor alters, erlöst als dein Erbteil *k* — des Berges Zion, auf welchem du gewohnt hast!

3 Erhebe deine Tritte zu den immerwährenden Trümmern! Alles im Heiligtum hat der Feind verderbt.

4 Es brüllen deine Widersacher inmitten deiner Versammlungsstätte; sie haben ihre Zeichen *l* als Zeichen *l* gesetzt.

---

a O. er. — *b* O. auf der Erde. — *c* O. in ihm werden sich segnen alle Nationen, sie werden usw. — *d* Wahrsch. ist zu lesen: Denn keine Qualen haben sie, vollkräftig usw. — *e* O. für sie ausgepreßt. — *f* El. — *g* O. sicher, ruhig. — *h* Eig. Vieh. — *i* O. und nachher, in Herrlichkeit. — *j* S. die Anm. zu Ps. 32, Ueberschrift. — *k* W. als Stamm deines Erbes. — *l* O. Wunder; so auch V. 9.

5 Sie erscheinen *a* wie einer, der die Axt emporhebt im Dickicht des Waldes;
6 Und jetzt zerschlagen sie sein Schnitzwerk allzumal mit Beilen und mit Hämmern.
7 Sie haben dein Heiligtum in Brand gesteckt, zu Boden entweiht die Wohnung deines Namens.
8 Sie sprachen in ihrem Herzen: Laßt uns sie niederzwingen allesamt! — verbrannt haben sie alle Versammlungsstätten *b* im Lande.
9 Unsere Zeichen sehen wir nicht; kein Prophet ist mehr da, und keiner bei uns, welcher weiß, bis wann.
10 Bis wann, o Gott, soll höhnen der Bedränger, soll der Feind deinen Namen verachten immerfort?
11 Warum ziehst du deine Hand und deine Rechte zurück? Hervor aus deinem Busen, mache ein Ende *c*!
12 Gott ist ja mein König von alters her, der Rettungen schafft inmitten des Landes *d*.
13 Du zerteiltest das Meer durch deine Macht, zerschelltest die Häupter der Wasserungeheuer auf den Wassern.
14 Du zerschmettertest die Häupter des Leviathans, gabst ihn zur Speise dem Volke, den Bewohnern der Wüste *e*.
15 Du ließest Quell und Bach hervorbrechen, immerfließende Ströme trocknetest du aus.
16 Dein ist der Tag, dein auch die Nacht; den Mond *f* und die Sonne hast du bereitet.
17 Du hast festgestellt alle Grenzen der Erde; Sommer und Winter, du hast sie gebildet.
18 Gedenke dessen: der Feind hat Jehova gehöhnt, und ein törichtes *g* Volk hat deinen Namen verachtet.
19 Gib nicht dem Raubtiere hin die Seele deiner Turteltaube; die Schar deiner Elenden vergiß nicht für immer!
20 Schaue hin auf den Bund! denn die finsteren Oerter der Erde sind voll von Wohnungen der Gewalttat.
21 Nicht kehre beschämt zurück der Unterdrückte; laß den Elenden und Armen deinen Namen loben!
22 Stehe auf, o Gott, führe deinen Rechtsstreit! gedenke deiner Verhöhnung von den Toren *h* den ganzen Tag!
23 Vergiß nicht die Stimme deiner Widersacher! das Getöse derer, die sich wider dich erheben, steigt auf beständig *i*.

Psalm 75

Dem Vorsänger, „Verdirb nicht!“ Ein Psalm von Asaph, ein Lied.

1 Wir preisen dich, o Gott, wir preisen dich; und nahe ist dein Name, deine Wundertaten erzählen es *j*.
2 „Wenn ich die Versammlung empfangen werde *k*, will ich in Geradheit richten.

Zerschmolzen sind die Erde und 3 alle ihre Bewohner: Ich habe ihre Säulen festgestellt.“ (Sela.)
Ich sprach zu den Uebermütigen: 4 Seid nicht übermütig! und zu den Gesetzlosen: Erhebet nicht das Horn!
Erhebet nicht hoch euer Horn; redet 5 nicht Freches mit gerecktem Halse!
Denn nicht von Osten, noch von 6 Westen, und nicht von Süden her *l* kommt Erhöhung.
Denn Gott ist Richter; diesen er- 7 niedrigt er, und jenen erhöht er.
Denn ein Becher ist in der Hand 8 Jehovas, und er schäumt von Wein, ist voll von Würzwein, und er schenkt daraus: ja, seine Hefen müssen schlürfend trinken alle Gesetzlosen der Erde.
Ich aber, ich will es verkünden 9 ewiglich, will Psalmen singen dem Gott Jakobs.
Und alle Hörner der Gesetzlosen 10 werde ich abhauen; es werden erhöht werden die Hörner der Gerechten.

Psalm 76

Dem Vorsänger, mit Saitenspiel. Ein Psalm von Asaph, ein Lied.

Bekannt ist Gott in Juda, in Israel 1 groß sein Name.
Und in Salem ist *m* seine Hütte, und 2 seine Wohnung in Zion.
Dort zerbrach er des Bogens Blitze, 3 Schild und Schwert und Krieg. (Sela.)
Glanzvoller bist du, herrlicher als 4 die Berge des Raubes *n*.
Zur Beute sind geworden die Stark- 5 herzigen, sie schlafen ihren Schlaf; und keiner der tapferen Männer fand seine Hände.
Vor deinem Schelten, Gott Jakobs, 6 sind in tiefen Schlaf gesunken sowohl Wagen als Roß.
Du, du bist furchtbar, und wer kann 7 vor dir bestehen, sobald du erzürnst!
Du ließest Gericht hören *o* von den 8 Himmeln her; die Erde fürchtete sich und ward stille,
Als Gott aufstand zum Gericht, um 9 zu retten alle Sanftmütigen des Landes *d*. (Sela.)
Denn der Grimm des Menschen wird 10 dich preisen; mit dem Rest des Grimmes wirst du dich gürten.
Tut und bezahlet Gelübde Jehova, 11 eurem Gott; mögen alle, die rings um ihn her sind, Geschenke bringen dem Furchtbaren!
Er wird abmähen den Geist *p* der 12 Fürsten, er ist furchtbar den Königen der Erde.

Psalm 77

Dem Vorsänger, für Jeduthun. Von Asaph, ein Psalm.

Meine Stimme ist zu Gott, und ich 1 will schreien; meine Stimme ist zu Gott, und er wird mir Gehör schenken.

---

a W. Er (d. h. jeder einzelne von ihnen) wird wahrgenommen; od.: Es sieht sich an, wie wenn einer usw. — *b* El. — *c* O. vernichte *sie*. — *d* O. der Erde. — *e* d. h. den Wüstentieren. — *f* Eig. die Leuchte. — *g* O. gemeines, gottloses. — *h* wie Ps. 14, 1. — *i* O. das beständig aufsteigt. — *j* O. ihn; od.: man erzählt deine Wundertaten. — *k* O. Wenn ich die bestimmte Zeit erreichen (W. erfassen) werde. — *l* W. von der Wüste her; die Wüste liegt südlich von Palästina. — *m* Eig. ward. — *n* O. Glanzvoll bist du, herrlich von den Bergen des Raubes her. — *o* d. h. kündigtest Gericht an. — *p* O. das Schnauben.

2 Am Tage meiner Drangsal suchte
ich den Herrn; meine Hand war des
Nachts ausgestreckt und ließ nicht
ab *a*; meine Seele weigerte sich getröstet zu werden.
3 Ich gedachte Gottes, und ich stöhn-
te; ich sann nach, und mein Geist ermattete. (Sela.)
4 Du hieltest fest *b* die Lider meiner
Augen; ich war voll Unruhe und redete nicht.
5 Ich durchdachte die Tage vor alters,
die Jahre der Urzeit.
6 Ich gedachte meines Saitenspiels in
der Nacht; ich sann nach in meinem
Herzen, und es forschte mein Geist.
7 Wird der Herr auf ewig verwerfen,
und hinfort keine Gunst mehr erweisen?
8 Ist zu Ende seine Güte für immer?
Hat das Wort *c* aufgehört von Geschlecht zu Geschlecht?
9 Hat Gott *d* vergessen gnädig zu sein?
Hat er im Zorn verschlossen seine Erbarmungen? (Sela.)
10 Da sprach ich: Das ist mein Kranksein *e*. Der Jahre der Rechten des
Höchsten
11 Will ich gedenken *f*, der Taten des
Jah; denn deiner Wunder von alters
her will ich gedenken;
12 Und ich will nachdenken über all
dein Tun, und über deine Taten will
ich sinnen.
13 Gott! dein Weg ist im Heiligtum;
wer ist ein großer Gott *d* wie Gott?
14 Du bist der Gott *d*, der Wunder tut,
du hast deine Stärke kundwerden lassen unter den Völkern.
15 Du hast dein Volk erlöst mit *erhobenem* Arm, die Söhne Jakobs und Josephs. (Sela.)
16 Dich sahen die Wasser, o Gott, dich
sahen die Wasser: sie bebten; ja, es
erzitterten die Tiefen.
17 Die Wolken ergossen Wasser; das
Gewölk *g* ließ eine Stimme erschallen,
und deine Pfeile fuhren hin und her.
18 Die Stimme deines Donners war im
Wirbelwind, Blitze erleuchteten den
Erdkreis; es zitterte und bebte die
Erde.
19 Im Meere ist *h* dein Weg, und deine
Pfade in großen Wassern, und deine
Fußstapfen sind *i* nicht bekannt.
20 Du hast dein Volk geleitet wie eine
Herde, durch die Hand Moses und
Aarons.

Psalm 78

Ein Maskil *j*; von Asaph.

1 Horche, mein Volk, auf mein Gesetz *k*! neiget euer Ohr zu den Worten meines Mundes!
2 Ich will meinen Mund auftun zu *l*
einem Spruche, will Rätsel *m* hervorströmen lassen aus der Vorzeit.

Was wir gehört und erfahren und 3
unsere Väter uns erzählt haben
Wollen wir nicht verhehlen ihren 4
Söhnen, dem künftigen Geschlecht er-
zählend den Ruhm *n* Jehovas und seine Stärke, und seine Wunderwerke,
die er getan hat.
Denn er hat ein Zeugnis aufgerich- 5
tet in Jakob, und ein Gesetz gestellt
in Israel, die er unseren Vätern geboten hat, um sie ihren Söhnen kundzutun;
Damit sie kännte das künftige Ge- 6
schlecht, die Söhne, die geboren werden sollten, *und* sie aufständen und
sie ihren Söhnen erzählten;
Und auf Gott ihr Vertrauen setz- 7
ten, und die Taten Gottes *d* nicht ver-
gäßen, und seine Gebote bewahrten;
Und nicht würden wie ihre Väter, 8
ein widersetzliches und widerspenstiges Geschlecht, ein Geschlecht, das
sein Herz nicht befestigte *o*, und dessen Geist nicht treu war gegen Gott *d*.
Die Söhne Ephraims, gerüstete Bo- 9
genschützen, wandten um am Tage
des Kampfes.
Sie hielten nicht den Bund Gottes, 10
und weigerten sich in seinem Gesetz
zu wandeln;
Und sie vergaßen seine Taten und 11
seine Wunderwerke, die er sie hatte
schauen lassen.
Er tat Wunder vor ihren Vätern, im 12
Lande Aegypten, dem Gefilde Zoans *p*.
Er spaltete das Meer und ließ sie 13
hindurchgehen, und ließ die Wasser
stehen wie einen Damm.
Und er leitete sie des Tages mit der 14
Wolke und die ganze Nacht mit dem
Lichte eines Feuers.
Er spaltete Felsen in der Wüste, und 15
tränkte sie reichlich wie aus Tiefen *q*.
Und er ließ Bäche hervorkommen 16
aus dem Felsen, und Wasser herab-
laufen gleich Flüssen.
Doch sie fuhren weiter fort wider 17
ihn zu sündigen, indem sie gegen den
Höchsten widerspenstig waren in der
Wüste.
Und sie versuchten Gott *d* in ihren 18
Herzen, indem sie Speise forderten
für ihr Gelüst *r*.
Und sie redeten wider Gott *d*; sie 19
sprachen: Sollte Gott *d* in der Wüste
einen Tisch zu bereiten vermögen?
Siehe, den Felsen hat er geschlagen, 20
und Wasser flossen heraus, und Bäche
strömten; wird er auch Brot zu geben
vermögen, oder wird er seinem Volke
Fleisch verschaffen?
Darum, als Jehova es hörte, er- 21
grimmte er, und Feuer entzündete
sich gegen Jakob, und auch Zorn
stieg auf gegen Israel;
Weil sie Gott nicht glaubten und 22
nicht vertrauten auf seine Rettung.

---

a O. erschlaffte nicht. — *b* d. h. offen. — *c* d. h. die Zusage (Verheißung). — *d* El.
— *e* O. Weh. — *f* d. h. rühmend gedenken. O. Das ist mein Kranksein: die Jahre
der Rechten des Höchsten. Gedenken will ich usw. — *g* S. die Anm. zu Hiob 35, 5.
— *h* O. war. — *i* O. waren. — *j* S. die Anm. zu Ps. 32, Ueberschrift. — *k* O. meine
Lehre. — *l* W. mit. — *m* S. die Anm. zu Ps. 49, 4. — *n* O. die Ruhmestaten. — *o* O.
richtete, d. h. ihm die rechte Richtung gab. — *p* Eine Stadt in Unter-Aegypten. —
q O. wie mit Fluten. — *r* Eig. ihre Gier.

23 Und doch hatte er den Wolken oben geboten und die Türen des Himmels geöffnet,

24 Und Manna auf sie regnen lassen, damit sie äßen, und ihnen Himmelsgetreide gegeben.

25 Der Mensch aß Brot der Starken, Speise sandte er ihnen bis zur Sättigung.

26 Er führte den Ostwind herbei am Himmel, und durch seine Stärke trieb er herbei den Südwind;

27 Und er ließ Fleisch auf sie regnen wie Staub, und geflügeltes Gevögel wie Sand des Meeres,

28 Und ließ es fallen in ihr Lager, rings um ihre Wohnungen.

29 Und sie aßen und sättigten sich sehr, und ihr Gelüst führte er ihnen zu.

30 Noch hatten sie sich nicht abgewandt von ihrem Gelüst, noch war ihre Speise in ihrem Munde,

31 Da stieg der Zorn Gottes wider sie auf; und er würgte unter ihren Kräftigen, und die Auserlesenen a Israels streckte er nieder.

32 Bei alledem sündigten sie wiederum und glaubten nicht durch b seine Wunderwerke.

33 Da ließ er in Eitelkeit c hinschwinden ihre Tage, und ihre Jahre in Schrecken.

34 Wenn er sie tötete, dann fragten sie nach ihm, und kehrten um und suchten Gott d eifrig;

35 Und sie gedachten daran, daß Gott ihr Fels sei, und Gott d, der Höchste, ihr Erlöser.

36 Und sie heuchelten ihm e mit ihrem Munde, und mit ihrer Zunge logen sie ihm;

37 Denn ihr Herz war nicht fest gegen ihn, und sie hielten nicht treulich an seinem Bunde.

38 Er aber war barmherzig, er vergab die Ungerechtigkeit und verderbte f sie nicht; und oftmals wandte er seinen Zorn ab, und ließ nicht erwachen seinen ganzen Grimm.

39 Und er gedachte daran, daß sie Fleisch seien, ein Hauch, der dahinfährt und nicht wiederkehrt.

40 Wie oft waren sie widerspenstig gegen ihn in der Wüste, betrübten ihn in der Einöde!

41 Und sie versuchten Gott d wiederum und kränkten den Heiligen Israels.

42 Sie gedachten nicht an seine Hand, an den Tag, da er sie von dem Bedränger erlöste,

43 Als er seine Zeichen tat in Aegypten und seine Wunder in dem Gefilde Zoans:

44 Er verwandelte ihre Ströme in Blut, sodaß sie ihre fließenden Wasser nicht trinken konnten.

45 Er sandte Hundsfliegen unter sie, welche sie fraßen, und Frösche, die sie verderbten.

Und er gab der Grille g ihren Er- 46 trag, und ihre Arbeit der Heuschrecke.

Ihren Weinstock schlug er nieder 47 mit Hagel, und ihre Maulbeerfeigenbäume mit Schloßen.

Und er gab ihr Vieh dem Hagel 48 preis, und ihre Herden den Blitzen.

Er ließ gegen sie los seines Zornes 49 Glut, Wut und Grimm und Drangsal, eine Schar h von Unglücksengeln.

Er bahnte seinem Zorne einen Weg, 50 entzog nicht dem Tode ihre Seele, und gab ihr Leben der Pest preis.

Und er schlug alle Erstgeburt in 51 Aegypten, die Erstlinge der Kraft in den Zelten Hams.

Und er ließ sein Volk wegziehen 52 gleich Schafen, und leitete sie gleich einer Herde in der Wüste;

Und er führte sie sicher, sodaß sie 53 sich nicht fürchteten; und ihre Feinde bedeckte das Meer.

Und er brachte sie zu der Grenze 54 seines Heiligtums i, zu diesem Berge, den seine Rechte erworben.

Und er vertrieb Nationen vor ihnen, 55 und verloste sie als Schnur des Erbteils j, und ließ in ihren Zelten wohnen die Stämme Israels.

Aber sie versuchten Gott, den Höch- 56 sten, und waren widerspenstig gegen ihn, und seine Zeugnisse bewahrten sie nicht.

Und sie wichen zurück und handel- 57 ten treulos wie ihre Väter; sie wandten sich um gleich einem trügerischen Bogen.

Und sie erbitterten ihn durch ihre 58 Höhen, und reizten ihn zur Eifersucht durch ihre geschnitzten Bilder.

Gott hörte es und ergrimmte, und 59 er verachtete k Israel sehr.

Und er verließ l die Wohnung zu 60 Silo, das Zelt, welches er unter den Menschen aufgeschlagen hatte.

Und er gab in die Gefangenschaft 61 seine Kraft, und seine Herrlichkeit in die Hand des Bedrängers.

Und er gab sein Volk dem Schwer- 62 te preis, und gegen sein Erbteil ergrimmte er.

Seine Jünglinge fraß das Feuer, 63 und seine Jungfrauen wurden nicht besungen m;

Seine Priester fielen durch das 64 Schwert, und seine Witwen weinten nicht n.

Da erwachte, gleich einem Schla- 65 fenden, der Herr, gleich einem Helden, der da jauchzt vom Wein;

Und er schlug seine Feinde von 66 hinten, gab ihnen ewige Schmach.

Und er verwarf das Zelt Josephs, und 67 den Stamm Ephraim erwählte er nicht;

Sondern er erwählte den Stamm Ju- 68 da, den Berg Zion, den er geliebt hat.

Und er baute gleich Höhen sein 69 Heiligtum, gleich der Erde, die er auf ewig gegründet hat.

---

a O. Jünglinge. — b O. an. — c Eig. im Hauch. — d El. — e Eig. betrogen ihn. — f O. ist . . . vergibt . . . verderbt. — g Eig. dem Vertilger; eine Heuschreckenart. — h Eig. Sendung. — i d. h. in sein heiliges Land. — j d. h. als zugemessenes Erbteil. — k O. verwarf. — l O. gab auf. — m d. h. in Hochzeitsliedern. — n d. h. konnten keine Totenklage halten.

70 Und er erwählte David, seinen Knecht, und nahm ihn von den Hürden der Schafe;

71 Hinter den Säugenden weg ließ er ihn kommen, um Jakob, sein Volk, zu weiden, und Israel, sein Erbteil.

72 Und er weidete sie nach der Lauterkeit seines Herzens, und mit der Geschicklichkeit seiner Hände leitete er sie.

Psalm 79

Ein Psalm; von Asaph.

1 Gott! die Nationen sind in dein Erbteil gekommen, haben deinen heiligen Tempel verunreinigt, haben Jerusalem zu Trümmerhaufen gemacht.

2 Die Leichen deiner Knechte haben sie den Vögeln des Himmels zur Speise gegeben, das Fleisch deiner Frommen den wilden Tieren der Erde.

3 Sie haben ihr Blut wie Wasser vergossen rings um Jerusalem, und niemand war da, der begrub.

4 Wir sind ein Hohn geworden unseren Nachbarn, ein Spott und Schimpf denen, die uns umgeben.

5 Bis wann, Jehova? Willst du immerfort zürnen, soll wie Feuer brennen dein Eifer?

6 Schütte deinen Grimm aus über die Nationen, die dich nicht kennen, und auf die Königreiche, die deinen Namen nicht anrufen!

7 Denn man hat Jakob aufgezehrt, und seine Wohnung haben sie verwüstet.

8 Gedenke uns nicht die Ungerechtigkeiten der Vorfahren; laß eilends uns entgegenkommen deine Erbarmungen! denn sehr gering *a* sind wir geworden.

9 Hilf uns, Gott unseres Heils, um der Herrlichkeit *b* deines Namens willen; und errette uns, und vergib unsere Sünden um deines Namens willen!

10 Warum sollen die Nationen sagen: Wo ist ihr Gott? Laß unter den Nationen vor unseren Augen kundwerden die Rache für das vergossene Blut deiner Knechte!

11 Laß vor dich kommen das Seufzen des Gefangenen; nach der Größe deines Armes laß übrigbleiben die Kinder des Todes!

12 Und gib unseren Nachbarn ihren Hohn, womit sie dich, Herr, gehöhnt haben, siebenfach in ihren Busen zurück!

13 So werden wir, dein Volk, und die Herde deiner Weide, dich preisen *c* ewiglich, dein Lob erzählen von Geschlecht zu Geschlecht.

Psalm 80

Dem Vorsänger, nach Schoschannim-Eduth. Von Asaph *d*, ein Psalm.

1 Hirte Israels, nimm zu Ohren! der du Joseph leitest wie eine Herde, der du thronst zwischen *e* den Cherubim, strahle hervor!

Vor Ephraim und Benjamin und 2 Manasse erwecke deine Macht und komm zu unserer Rettung!

O Gott! führe uns zurück, und laß 3 dein Angesicht leuchten, so werden wir gerettet werden.

Jehova, Gott der Heerscharen! bis 4 wann raucht dein Zorn wider das *f* Gebet deines Volkes?

Du hast sie mit Tränenbrot gespeist, 5 und sie maßweise getränkt mit Zähren.

Du setztest uns zum Streit *g* unseren Nachbarn, und unsere Feinde 6 spotten untereinander.

O Gott der Heerscharen! führe uns 7 zurück, und laß dein Angesicht leuchten, so werden wir gerettet werden.

Einen Weinstock zogest du *h* aus 8 Aegypten, vertriebest Nationen und pflanztest ihn.

Du machtest Raum vor ihm, und er 9 schlug Wurzeln und erfüllte das Land;

Die Berge wurden bedeckt von sei- 10 nem Schatten, und seine Aeste waren *gleich* Zedern Gottes *i*;

Er streckte seine Reben aus bis ans 11 Meer, und bis zum Strome hin seine Schößlinge.

Warum hast du seine Mauern nie- 12 dergerissen, sodaß ihn berupfen alle, die des Weges vorübergehen?

Es zerwühlt ihn der Eber aus dem 13 Walde, und das Wild des Gefildes weidet ihn ab.

Gott der Heerscharen! kehre doch 14 wieder; schaue vom Himmel und sieh, und suche heim diesen Weinstock *j*,

Und den Setzling, den *k* deine Rech- 15 te gepflanzt, und das Reis, das du dir gestärkt hattest!

Er ist mit Feuer verbrannt, er ist 16 abgeschnitten; vor dem Schelten deines Angesichts kommen *l* sie um.

Deine Hand sei auf dem Manne dei- 17 ner Rechten, auf dem Menschensohne, den du dir gestärkt hast!

So werden wir nicht von dir abwei- 18 chen; belebe uns, und wir werden deinen Namen anrufen.

Jehova, Gott der Heerscharen! führe 19 uns zurück; laß dein Angesicht leuchten, so werden wir gerettet werden.

Psalm 81

Dem Vorsänger, auf der Gittith. Von Asaph.

Jubelt Gott, unserer Stärke! jauch- 1 zet dem Gott Jakobs!

Erhebet Gesang und lasset das Tam- 2 burin ertönen, die liebliche Laute samt der Harfe!

Stoßet am Neumonde in die Posau- 3 ne, am Vollmonde zum Tage unseres Festes!

Denn die Satzung für Israel ist es, 4 eine Verordnung des Gottes Jakobs.

Er setzte es ein als ein Zeugnis in 5

---

a O. schwach. — *b* O. Ehre. — *c* O. dir danken. — *d* O. nach Schoschannim (Lilien). Ein Zeugnis von Asaph. — *e* O. über; vergl. 1. Chron. 28, 18; Hes. 10, 1. — *f* O. beim. — *g* d. h. zum Gegenstand des Streites, der Anfeindung. — *h* Eig. rissest du heraus. — *i* And. üb.: und von seinen Aesten Zedern Gottes (d. h. mächtige Zedern). — *j* O. nimm dich dieses Weinstocks an usw. — *k* And. üb.: und beschütze was. — *l* O. kamen.

Joseph, als er auszog gegen das Land
Aegypten, *wo* ich eine Sprache hörte,
die ich nicht kannte.

6 Ich entzog der Last seine Schulter,
seine Hände entgingen dem Tragkorbe.

7 In der Bedrängnis riefest du, und
ich befreite dich; ich antwortete dir in
des Donners Hülle *a*; ich prüfte dich
an den Wassern von Meriba. (Sela.)

8 Höre, mein Volk, und ich will wider dich zeugen. O Israel, wenn du
mir gehorchtest!

9 Es soll kein fremder Gott *b* unter dir
sein, und du sollst dich nicht bücken
vor einem Gott *b* des Auslandes.

10 Ich bin Jehova, dein Gott, der dich
aus dem Lande Aegypten heraufgeführt hat; tue deinen Mund weit auf,
und ich will ihn füllen.

11 Aber mein Volk hat nicht auf meine Stimme gehört, und Israel ist nicht
willig gegen mich gewesen.

12 Und ich gab sie dahin der Verstocktheit ihres Herzens; sie wandelten nach
ihren Ratschlägen.

13 O daß mein Volk auf mich gehört,
daß Israel in meinen Wegen gewandelt hätte!

14 Bald würde ich ihre Feinde gebeugt
und meine Hand gewendet haben gegen ihre Bedränger.

15 Die Hasser Jehovas würden sich ihm
mit Schmeichelei unterworfen haben *c*,
und ihre Zeit würde ewig gewesen sein;

16 Und mit dem Fette des Weizens
würde er *d* es gespeist, und mit Honig
aus dem Felsen würde ich dich gesättigt haben.

Psalm 82
Ein Psalm; von Asaph.

1 Gott steht in der Versammlung *e* Gottes *b*, inmitten der Götter *f* richtet er.

2 Bis wann wollt ihr ungerecht richten und die Person der Gesetzlosen
ansehen? (Sela.)

3 Schaffet Recht dem Geringen und
der Waise; dem Elenden und dem Armen lasset Gerechtigkeit widerfahren!

4 Befreiet den Geringen und den Dürftigen, errettet ihn aus der Hand der
Gesetzlosen!

5 Sie wissen nichts und verstehen
nichts, in Finsternis wandeln sie einh-
her: es wanken alle Grundfesten der
Erde *g*.

6 Ich habe gesagt: Ihr seid Götter,
und Söhne des Höchsten ihr alle!

7 Doch wie ein Mensch werdet ihr sterben, und wie einer der Fürsten werdet ihr fallen.

8 Stehe auf, o Gott, richte die Erde!
denn du wirst zum Erbteil haben alle
Nationen.

Psalm 83
Ein Lied, ein Psalm *h*. Von Asaph.

1 Gott, schweige nicht *i*; verstumme
nicht und sei nicht stille, o Gott *b*!

2 Denn siehe, deine Feinde toben, und
deine Hasser erheben das Haupt.

Wider dein Volk machen sie listige 3
Anschläge, und beraten sich wider deine Geborgenen *j*.

Sie sprechen: Kommet und lasset 4
uns sie vertilgen, daß sie keine Nation
mehr seien, daß nicht mehr gedacht
werde des Namens Israel!

Denn sie haben sich beraten mit 5
einmütigem Herzen, sie haben einen
Bund wider dich gemacht:

Die Zelte Edoms und die *k* Ismaeli- 6
ter, Moab und die Hageriter,

Gebal und Ammon und Amalek, Phi- 7
listäa samt den Bewohnern von Tyrus;

Auch Assur hat sich ihnen ange- 8
schlossen; sie sind zu einem Arm geworden den Söhnen Lots. (Sela.)

Tue ihnen wie Midian, wie Sisera, 9
wie Jabin am Bache Kison;

Die vertilgt wurden zu En-Dor, die 10
dem Erdboden zum Dünger wurden!

Mache sie, ihre Edlen, wie Oreb und 11
wie Seeb, und wie Sebach und wie Zalmunna alle ihre Herrscher *l*!

Weil sie *m* gesagt haben: Lasset uns in 12
Besitz nehmen die Wohnungen Gottes!

Mein Gott, mache sie gleich einem 13
*Staub*wirbel, gleich Stoppeln vor dem
Winde!

Wie Feuer den Wald verbrennt, und 14
wie eine Flamme die Berge entzündet,

Also verfolge sie mit deinem Wetter, 15
und mit deinem Sturmwinde schrecke
sie hinweg!

Fülle ihr Angesicht mit Schande, da- 16
mit sie deinen Namen, Jehova, suchen!

Laß sie beschämt und hinwegge- 17
schreckt werden für immer, und mit
Scham bedeckt werden und umkommen,

Und erkennen *n*, daß du allein, des- 18
sen Name Jehova ist, der Höchste bist
über die ganze Erde!

Psalm 84
Dem Vorsänger, auf der Gittith. Von
den Söhnen Korahs, ein Psalm.

Wie lieblich sind deine Wohnungen, 1
Jehova der Heerscharen!

Es sehnt sich, ja, es schmachtet mei- 2
ne Seele nach den Vorhöfen Jehovas;
mein Herz und mein Fleisch rufen
laut nach dem lebendigen Gott *b*.

Selbst der Sperling hat ein Haus 3
gefunden, und die Schwalbe ein Nest
für sich, wo sie ihre Jungen hingelegt . . . deine Altäre, Jehova der
Heerscharen, mein König und mein
Gott!

Glückselig die da wohnen in deinem 4
Hause! stets werden sie dich loben.
(Sela.)

Glückselig der Mensch, dessen Stär- 5
ke in dir ist, in deren Herzen gebahnte
Wege sind!

Durch das Tränental *o* gehend, ma- 6
chen sie es zu einem Quellenort; ja, mit
Segnungen bedeckt es der Frühregen.

---

a Eig. Verborgenheit. — *b* El. — *c* S. die Anm. zu Ps. 18, 44. — *d* And. l.: ich. —
e Anderswo üb.: Gemeinde. — *f* d. h. der Richter; vergl. 2. Mose 21, 6. — *g* O. des
Landes. — *h* Eig. Ein Psalm-Lied. — *i* Eig. sei nicht ruhig, untätig. — *j* O. Schütz-
linge. — *k* O. der. — *l* Eig. Eingesetzte. — *m* O. Welche. — *n* O. damit sie erkennen. —
o Hebr. Bakatal.

7 Sie gehen von Kraft zu Kraft; sie erscheinen vor Gott in Zion.

8 Jehova, Gott der Heerscharen, höre mein Gebet; nimm zu Ohren, du Gott Jakobs! (Sela.)

9 Du, unser Schild, sieh, o Gott; und schaue an das Antlitz deines Gesalbten!

10 Denn ein Tag in deinen Vorhöfen ist besser als *sonst* tausend; ich will lieber an der Schwelle stehen im Hause meines Gottes, als wohnen in den Zelten der Gesetzlosen *a*.

11 Denn Jehova, Gott, ist Sonne und Schild; Gnade und Herrlichkeit wird Jehova geben, kein Gutes vorenthalten denen, die in Lauterkeit *b* wandeln.

12 Jehova der Heerscharen! glückselig der Mensch, der auf dich vertraut!

Psalm 85

Dem Vorsänger. Von den Söhnen Korahs, ein Psalm.

1 Jehova, du hast Gunst erzeigt deinem Lande, du hast die Gefangenschaft Jakobs gewendet;

2 Du hast vergeben die Ungerechtigkeit deines Volkes, all ihre Sünde hast du zugedeckt. (Sela.)

3 Du hast zurückgezogen all deinen Grimm, hast dich abgewendet von der Glut deines Zornes.

4 Führe uns zurück, Gott unseres Heils, und mache deinem Unwillen gegen uns ein Ende!

5 Willst du ewiglich wider uns zürnen? Willst du deinen Zorn währen lassen von Geschlecht zu Geschlecht?

6 Willst du uns nicht wieder beleben, daß dein Volk sich in dir erfreue?

7 Laß uns, Jehova, deine Güte sehen *c*, und dein Heil gewähre uns!

8 Hören will ich, was Gott *c*, Jehova, reden wird; denn *d* Frieden wird er reden zu seinem Volke und zu seinen Frommen — nur daß sie nicht zur Torheit zurückkehren!

9 Fürwahr, nahe ist sein Heil denen, die ihn fürchten, damit *die* Herrlichkeit wohne in unserem Lande.

10 Güte und Wahrheit sind sich begegnet, Gerechtigkeit und Friede haben sich geküßt.

11 Wahrheit wird sprossen aus der Erde, und Gerechtigkeit herniederschauen vom Himmel.

12 Auch wird Jehova das Gute geben, und unser Land wird darreichen seinen Ertrag.

13 Die Gerechtigkeit wird vor ihm einhergehen und ihre Tritte zu *seinem* Wege machen *e*.

Psalm 86

Ein Gebet. Von David.

1 Neige, Jehova, dein Ohr, erhöre mich! denn ich bin elend und arm.

2 Bewahre meine Seele, denn ich bin fromm; rette du, mein Gott, deinen Knecht, der auf dich vertraut!

3 Sei mir gnädig, Herr! denn zu dir rufe ich den ganzen Tag.

4 Erfreue die Seele deines Knechtes! denn zu dir, Herr, erhebe ich meine Seele.

5 Denn du, Herr, bist gut und zum Vergeben bereit *f*, und groß an Güte gegen alle, die dich anrufen.

6 Nimm zu Ohren, Jehova, mein Gebet, und horche auf die Stimme meines Flehens!

7 Am Tage meiner Bedrängnis werde ich dich anrufen, denn du wirst mich erhören.

8 Keiner ist wie du, Herr, unter den Göttern, und nichts gleicht deinen Werken.

9 Alle Nationen, die du gemacht hast, werden kommen und vor dir anbeten, Herr, und deinen Namen verherrlichen.

10 Denn groß bist du und Wunder tuend, du bist Gott, du allein.

11 Lehre mich, Jehova, deinen Weg: ich werde wandeln in deiner Wahrheit; einige mein Herz zur Furcht deines Namens.

12 Ich will dich preisen *g*, Herr, mein Gott, mit meinem ganzen Herzen, und deinen Namen verherrlichen ewiglich.

13 Denn deine Güte ist groß gegen mich, und du hast meine Seele errettet aus dem untersten Scheol.

14 Gott! Uebermütige sind wider mich aufgestanden, und der Gewalttätigen Rotte trachtet nach meinem Leben; und sie haben dich nicht vor sich gestellt.

15 Du aber, Herr, bist ein Gott *c*, barmherzig und gnädig, langsam zum Zorn und groß an Güte und Wahrheit.

16 Wende dich zu mir und sei mir gnädig! gewähre deinem Knechte deine Kraft und rette den Sohn deiner Magd!

17 Erweise mir ein Zeichen zum Guten, daß meine Hasser es sehen und beschämt werden, weil d u, Jehova, mir geholfen und mich getröstet hast.

Psalm 87

Von den Söhnen Korahs, ein Psalm, ein Lied *h*.

1 Seine Gründung *i* ist auf den Bergen der Heiligkeit;

2 Jehova liebt die Tore Zions mehr als alle Wohnungen Jakobs.

3 Herrliches ist von dir geredet, du Stadt Gottes. (Sela.)

4 Erwähnen will ich Rahabs *j* und Babels bei denen, die mich kennen; siehe, Philistäa und Tyrus samt Aethiopien: dieser ist daselbst geboren.

5 Und von Zion wird gesagt werden: Der und der ist darin geboren; und der Höchste, e r wird es befestigen.

6 Jehova wird schreiben beim Verzeichnen *k* der Völker: Dieser ist daselbst geboren. (Sela.)

7 Und singend und den Reigen tanzend *werden sie sagen:* Alle meine Quellen sind in dir!

---

a Eig. der Gesetzlosigkeit. — *b* O. Vollkommenheit, Tadellosigkeit. — *c* El. — *d* O. ja. — *e* O. seine Tritte zu *ihrem* Wege machen, d. h. ihm nachfolgen. — *f* W. vergebend. — *g* O. dir danken. — *h* Eig. ein Lied-Psalm. — *i* d. h. das was Jehova gegründet hat. — *j* d. h. Aegyptens. — *k* O. aufzählen beim Einschreiben.

Psalm 88

Ein Lied, ein Psalm *a* von den Söhnen Korahs; dem Vorsänger, nach Machalath Leannoth *b*; ein Maskil *c*, von Heman, dem Esrachiter.

1 Jehova, Gott meiner Rettung! des Tages habe ich geschrieen *d* und des Nachts vor dir.

2 Es komme vor dich mein Gebet! neige dein Ohr zu meinem Schreien!

3 Denn satt ist meine Seele von Leiden, und mein Leben ist nahe am Scheol *e*.

4 Ich bin gerechnet zu denen *f*, die in die Grube hinabfahren; ich bin wie ein Mann, der keine Kraft hat;

5 Unter den Toten hingestreckt, gleich Erschlagenen, die im Grabe liegen, derer du nicht mehr gedenkst; denn sie sind von deiner Hand *g* abgeschnitten.

6 Du hast mich in die tiefste Grube gelegt, in Finsternisse, in Tiefen.

7 Auf mir liegt schwer dein Grimm, und mit allen deinen Wellen hast du mich niedergedrückt. (Sela.)

8 Meine Bekannten *h* hast du von mir entfernt, hast mich ihnen zum Greuel gesetzt; ich bin eingeschlossen und kann nicht herauskommen.

9 Mein Auge verschmachtet vor Elend; zu dir, Jehova, habe ich jeden Tag gerufen, zu dir habe ich meine Hände ausgebreitet.

10 Wirst du an den Toten Wunder tun? oder werden die Schatten *i* aufstehen, dich preisen? (Sela.)

11 Wird deine Güte erzählt werden im Grabe, im Abgrund *j* deine Treue?

12 Werden in der Finsternis bekannt werden deine Wunder, und deine Gerechtigkeit in dem Lande der Vergessenheit?

13 Ich aber, Jehova, schreie zu dir, und am Morgen kommt mein Gebet dir zuvor *k*.

14 Warum, Jehova, verwirfst du meine Seele, verbirgst dein Angesicht vor mir?

15 Elend bin ich und verscheidend von Jugend auf; ich trage deine Schrekken, bin verwirrt *l*.

16 Deine Zorngluten sind über mich hingegangen, deine Schrecknisse haben mich vernichtet.

17 Sie haben mich umringt wie Wasser den ganzen Tag, sie haben mich umgeben allesamt.

18 Freund und Genossen hast du von mir entfernt; meine Bekannten sind Finsternis.

Psalm 89

Ein Maskil; von Ethan, dem Esrachiter.

1 Die Gütigkeiten Jehovas will ich besingen ewiglich, von Geschlecht zu Geschlecht mit meinem Munde kundmachen deine Treue.

2 Denn ich sagte: Auf ewig wird die Güte gebaut werden; die Himmel, in ihnen wirst du feststellen deine Treue.

3 Einen Bund habe ich mit meinem Auserwählten gemacht, habe David, meinem Knechte, geschworen:

4 „Bis in Ewigkeit will ich feststellen deinen Samen, und auf alle Geschlechter hin bauen deinen Thron." (Sela.)

5 Und die Himmel werden deine Wunder preisen, Jehova, und deine Treue in der Versammlung der Heiligen.

6 Denn wer in den Wolken ist mit Jehova zu vergleichen? Wer ist Jehova gleich unter den Söhnen der Starken?

7 *Er ist* ein Gott *m*, gar erschrecklich in der Versammlung *n* der Heiligen, und furchtbar über alle, die rings um ihn her sind.

8 Jehova, Gott der Heerscharen, wer ist mächtig wie du, o Jah? und deine Treue ist rings um dich her.

9 Du beherrschest des Meeres Toben *o*; erheben sich seine Wogen — du stillest sie.

10 Du hast Rahab *p* zertreten wie einen Erschlagenen; mit deinem starken Arme hast du deine Feinde zerstreut.

11 Dein sind die Himmel und dein die Erde; der Erdkreis und seine Fülle, du hast sie gegründet.

12 Norden und Süden, du hast sie erschaffen; Tabor und Hermon jubeln in deinem Namen *q*.

13 Du hast einen gewaltigen Arm, stark ist deine Hand, hoch deine Rechte.

14 Gerechtigkeit und Gericht *r* sind deines Thrones Grundfeste; Güte und Wahrheit gehen vor deinem Angesicht her.

15 Glückselig das Volk, das den Jubelschall kennt! Jehova, im Lichte deines Angesichts wandeln sie.

16 In deinem Namen *q* frohlocken sie den ganzen Tag, und durch deine Gerechtigkeit werden sie erhöht.

17 Denn die Zierde *s* ihrer Stärke bist du; und durch deine Gunst wird erhöht werden *t* unser Horn.

18 Denn Jehova *u* ist unser Schild, und der Heilige *v* Israels unser König.

19 Dazumal redetest du im Gesicht von deinem Frommen *w* und sagtest: Hilfe habe ich auf einen Mächtigen *x* ge-

---

a Eig. Psalm-Lied. — *b* Leannoth bedeutet wahrsch.: mit gedämpfter Stimme vorzutragen; zu Machalath s. die Anm. zu Psalm 53, Ueberschrift. — *c* S. die Anm. zu Psalm 32, Ueberschrift. — *d* O. schreie ich. — *e* Eig. am Scheol angelangt. — *f* O. denen gleich geachtet. — *g* Eig. von deiner Hand weg. — *h* O. Vertraute; so auch V. 18. — *i* Eig. die Hingestreckten, Schlaffen; daher: die Abgeschiedenen. — *j* Eig. Verlorensein, Untergang; dann: Ort des Verlorenseins, Untergangs; Hebr. Abaddon. Vergl. Hiob 26, 6; 28, 22; Offbg. 9, 11. — *k* O. entgegen. — *l* And. l.: erstarrt. — *m* El. — *n* Eig. im vertrauten Kreise. — *o* Eig. Uebermut. — *p* d. h. Aegypten. — *q* O. wegen deines Namens. — *r* O. Recht. — *s* O. der Ruhm, Stolz. — *t* Nach and. Lesart: wirst du erhöhen. — *u* O. Jehovas. — *v* O. des Heiligen. — *w* Nach and. Lesart: zu deinen Frommen. — *x* O. Helden.

legt, ich habe einen Auserwählten erhöht aus dem Volke.

20 Ich habe David gefunden, meinen
Knecht, — mit meinem heiligen Oele
habe ich ihn gesalbt —

21 Mit welchem fest bleiben soll meine Hand, und mein Arm soll ihn stärken.

22 Nicht soll ihn drängen a der Feind,
und der Sohn der Ungerechtigkeit
ihn nicht bedrücken ;

23 Und ich will seine Bedränger vor
ihm zerschmettern, und seine Hasser
will ich schlagen.

24 Und meine Treue und meine Güte
werden mit ihm sein, und durch meinen Namen wird sein Horn erhöht
werden.

25 Und ich will seine Hand an das
Meer legen, und seine Rechte an die
Ströme.

26 Er wird mir zurufen: Mein Vater
bist du, mein Gott b, und der Fels
meiner Rettung!

27 So will auch ich ihn zum Erstgeborenen machen, zum Höchsten der
Könige der Erde.

28 Ewig will ich ihm meine Güte bewahren, und mein Bund soll ihm fest
bleiben.

29 Und ich will seinen Samen einsetzen für immer, und seinen Thron wie
die Tage der Himmel.

30 Wenn seine Söhne mein Gesetz verlassen und nicht wandeln in meinen
Rechten,

31 Wenn sie meine Satzungen entweihen und meine Gebote nicht halten,

32 So werde ich mit der Rute heimsuchen ihre Uebertretung, und mit
Schlägen ihre Ungerechtigkeit.

33 Aber meine Güte werde ich nicht von
ihm weichen lassen, und nicht verleugnen meine Treue.

34 Nicht werde ich entweihen meinen
Bund, und nicht ändern was hervorgegangen ist aus meinen Lippen.

35 Einmal c habe ich geschworen bei
meiner Heiligkeit: Wenn ich dem David lüge!

Sein Same wird ewig sein, und sein 36
Thron wie die Sonne vor mir;

Ewiglich wird er feststehen wie der 37
Mond; und der Zeuge in den Wolken
ist treu. (Sela.)

Du aber hast verworfen und ver- 38
stoßen, bist sehr zornig gewesen gegen deinen Gesalbten;

Du hast verworfen den Bund dei- 39
nes Knechtes, hast zu Boden entweiht
seine Krone;

Du hast niedergerissen alle seine 40
Mauern, hast seine Festen in Trümmer gelegt.

Es haben ihn beraubt alle, die des 41
Weges vorübergehen; er ist zum Hohn
geworden seinen Nachbarn.

Du hast erhöht die Rechte seiner 42
Bedränger, hast erfreut alle seine
Feinde;

Auch hast du zurückgewandt die 43
Schärfe seines Schwertes, und hast
ihn nicht bestehen lassen im Kampfe;

Du hast aufhören lassen seinen Glanz 44
und zur Erde gestürzt seinen Thron;

Du hast verkürzt die Tage seiner 45
Jugend, mit Schmach hast ɑɑ ihn bedeckt. (Sela.)

Bis wann, Jehova, willst du dich 46
immerfort verbergen, soll wie Feuer
brennen dein Grimm?

Gedenke, was meine Lebensdauer 47
ist, zu welcher Nichtigkeit du alle Menschenkinder erschaffen hast!

Welcher Mann lebt und wird den 48
Tod nicht sehen, wird seine Seele be-
freien von der Gewalt des Scheols?
(Sela.)

Wo sind, o Herr, deine früheren 49
Gütigkeiten, die du David zugeschworen hast in deiner Treue?

Gedenke, Herr, des Hohnes deiner 50
Knechte, daß ich in meinem Busen trage
den Hohn all der vielen d Völker,

Womit deine Feinde gehöhnt haben, 51
Jehova, womit sie gehöhnt haben die
Fußstapfen deines Gesalbten!

* * *

Gepriesen sei Jehova ewiglich! 52
Amen, ja, Amen!

Viertes Buch

Psalm 90

Ein Gebet von Mose, dem Manne Gottes.

1 Herr, du bist unsere Wohnung gewesen von Geschlecht zu Geschlecht.

2 Ehe geboren waren die Berge, und
du die Erde und den Erdkreis erschaffen e hattest — ja, von Ewigkeit
zu Ewigkeit bist du Gott b.

3 Du lässest zum Staube f zurückkehren den Menschen, und sprichst: Kehret zurück, ihr Menschenkinder!

4 Denn tausend Jahre sind in deinen
Augen wie der gestrige Tag, wenn er

vergangen ist, und wie eine Wache
in der Nacht.

Du schwemmst sie hinweg, sie sind 5
wie ein Schlaf, am Morgen wie Gras,
das aufsproßt g ;

Am Morgen blüht es, und sproßt 6
auf; am Abend wird es abgemäht h
und verdorrt.

Denn wir vergehen durch deinen 7
Zorn, und durch deinen Grimm werden wir hinweggeschreckt i.

Du hast unsere Ungerechtigkeiten 8
vor dich gestellt, unser verborgenes
Tun vor das Licht deines Angesichts.

---

a O. überfallen. — b El. — c O. Eines. — d And. l. : trage den Schimpf vieler usw.
— e Eig. geboren. — f Eig. zur Zermalmung. — g Eig. nachsproßt; so auch V. 6. —
h O. welkt es. — i O. bestürzt.

9 Denn alle unsere Tage schwinden durch deinen Grimm, wir bringen unsere Jahre zu wie einen Gedanken *a*.

10 Die Tage unserer Jahre, — ihrer sind siebenzig Jahre, und, wenn in Kraft *b*, achtzig Jahre, und ihr Stolz ist Mühsal und Nichtigkeit, denn schnell eilt es vorüber, und wir fliegen dahin.

11 Wer erkennt die Stärke deines Zornes, und, deiner Furcht gemäß, deinen Grimm?

12 So lehre uns denn zählen unsere Tage, auf daß wir ein weises Herz erlangen!

13 Kehre wieder, Jehova! — Bis wann? — Und laß dich's gereuen *c* über deine Knechte!

14 Sättige uns früh *d* mit deiner Güte, so werden wir jubeln und uns freuen in allen unseren Tagen.

15 Erfreue uns nach den Tagen, da du uns gebeugt hast, nach den Jahren, da wir Uebles gesehen!

16 Laß deinen Knechten erscheinen dein Tun, und deine Majestät ihren Söhnen *e*!

17 Und die Huld *f* des Herrn, unseres Gottes, sei über uns! Und befestige über uns das Werk unserer Hände; ja, das Werk unserer Hände, befestige es!

Psalm 91

1 Wer im Schirm *g* des Höchsten sitzt, wird bleiben im Schatten des Allmächtigen.

2 Ich sage von *h* Jehova: Meine Zuflucht und meine Burg; mein Gott, auf ihn will ich vertrauen *i*.

3 Denn er wird dich erretten von der Schlinge des Vogelstellers, von der verderblichen Pest.

4 Mit seinen Fittichen wird er dich decken, und du wirst Zuflucht finden unter seinen Flügeln; Schild und Tartsche ist seine Wahrheit.

5 Du wirst dich nicht fürchten vor dem Schrecken der Nacht, vor dem Pfeile, der bei Tage fliegt,

6 Vor der Pest, die im Finstern wandelt, vor der Seuche, die am Mittag verwüstet.

7 Tausend werden fallen an deiner Seite, und zehntausend an deiner Rechten — dich wird es nicht erreichen.

8 Nur schauen wirst du es mit deinen Augen, und wirst sehen die Vergeltung der Gesetzlosen.

9 Weil du Jehova, meine Zuflucht, den Höchsten, gesetzt hast *j* zu deiner Wohnung,

10 So wird dir kein Unglück widerfahren, und keine Plage deinem Zelte nahen;

11 Denn er wird seinen Engeln über dir befehlen, dich zu bewahren auf allen deinen Wegen.

12 Auf den Händen werden sie dich tragen, damit du deinen Fuß nicht an einen Stein stoßest.

13 Auf Löwen und Ottern wirst du treten, junge Löwen und Schlangen wirst du niedertreten.

14 Weil er Wonne an mir hat *k*, will ich ihn erretten; ich will ihn in Sicherheit setzen, weil er meinen Namen kennt.

15 Er wird mich anrufen, und ich werde ihm antworten, ich werde bei ihm sein in der Bedrängnis; ich werde ihn befreien und ihn verherrlichen.

16 Ich werde ihn sättigen mit Länge des Lebens *l* und ihn schauen lassen meine Rettung *m*.

Psalm 92

Ein Psalm, ein Lied. Für den Tag des Sabbaths.

1 Es ist gut, Jehova zu preisen *n*, und Psalmen zu singen deinem Namen, o Höchster!

2 Am Morgen zu verkünden deine Güte, und deine Treue in den Nächten,

3 Zum Zehnsait und zur Harfe, zum Saitenspiel mit der Laute.

4 Denn du hast mich erfreut, Jehova, durch dein Tun; über die Werke deiner Hände will ich jubeln.

5 Wie groß sind deine Werke, Jehova! sehr tief sind deine Gedanken.

6 Ein unvernünftiger Mensch erkennt es nicht, und ein Tor versteht solches nicht.

7 Wenn die Gesetzlosen sprossen wie Gras *o*, und alle, die Frevel tun, blühen, so geschieht es, damit sie vertilgt werden für immer.

8 Du aber bist erhaben auf ewig, Jehova!

9 Denn siehe, deine Feinde, Jehova, denn siehe, deine Feinde werden umkommen; es werden zerstreut werden alle, die Frevel tun.

10 Aber du wirst mein Horn erhöhen gleich dem eines Wildochsen; mit frischem Oele werde ich übergossen werden.

11 Und mein Auge wird seine Lust sehen an meinen Feinden *p*, meine Ohren werden ihre Lust hören an den Uebeltätern, die wider mich aufstehen.

12 Der Gerechte wird sprossen wie der Palmbaum, wie eine Zeder auf dem Libanon wird er emporwachsen.

13 Die gepflanzt sind in dem Hause Jehovas, werden blühen *q* in den Vorhöfen unseres Gottes.

14 Noch im Greisenalter treiben sie, sind saftvoll und grün.

15 Um zu verkünden, daß Jehova gerecht *r* ist. Er ist mein Fels, und kein Unrecht ist in ihm.

---

a O. ein Lispeln. — *b* And.: wenn vollzählig. — *c* O. erbarme dich. — *d* W. am Morgen. — *e* Eig. über ihren Söhnen. — *f* O. Lieblichkeit. — *g* Eig. im Verborgenen. — *h* O. zu. — *i* O. auf den ich vertraue. — *j* O. Denn du, Jehova, bist meine Zuflucht. — Du hast den Höchsten gesetzt usw. — *k* W. Weil er an mir hängt. — *l* W. der Tage. — *m* mein Heil. — *n* O. zu danken. — *o* Eig. Kraut. — *p* Eig. Laurern. — *q* O. Gepflanzt in . . . werden sie blühen. — *r* Eig. gerade.

Psalm 93

1 Jehova regiert, er hat sich bekleidet mit Hoheit; Jehova hat sich bekleidet, er hat sich umgürtet mit Stärke; auch steht der Erdkreis fest, er wird nicht wanken.

2 Dein Thron steht fest von alters her, von Ewigkeit her bist du.

3 Ströme erhoben, Jehova, Ströme erhoben ihre Stimme, Ströme erhoben ihre Brandung.

4 Jehova in der Höhe ist gewaltiger als die Stimmen großer Wasser, als die gewaltigen Wogen des Meeres.

5 Deine Zeugnisse sind sehr zuverlässig. Deinem Hause geziemt Heiligkeit, Jehova, auf immerdar *a*.

Psalm 94

1 Gott *b* der Rache *c*, Jehova, Gott *b* der Rache, strahle hervor!

2 Erhebe dich, Richter der Erde, vergilt den Hoffärtigen ihr Tun!

3 Bis wann werden die Gesetzlosen, Jehova, bis wann werden die Gesetzlosen frohlocken,

4 Werden übersprudeln, Freches reden, sich rühmen alle, die Frevel tun?

5 Dein Volk, Jehova, zertreten und dein Erbteil bedrücken sie.

6 Sie töten die Witwe und den Fremdling, und sie ermorden die Waisen,

7 Und sagen: Jah sieht es nicht, und der Gott Jakobs merkt es nicht.

8 Habet Einsicht, ihr Unvernünftigen unter dem Volke! und ihr Toren, wann werdet ihr verständig werden?

9 Der das Ohr gepflanzt hat, sollte er nicht hören? der das Auge gebildet, sollte er nicht sehen?

10 Der die Nationen zurechtweist *d*, sollte er nicht strafen, er, der Erkenntnis lehrt den Menschen?

11 Jehova kennt die Gedanken des Menschen, daß sie Eitelkeit *e* sind.

12 Glückselig der Mann, den du züchtigst, Jehova *f*, und den du belehrst aus deinem Gesetz,

13 Um ihm Ruhe zu geben vor den bösen Tagen, bis dem Gesetzlosen die Grube gegraben wird!

14 Denn Jehova wird sein Volk nicht verstoßen, und nicht verlassen sein Erbteil;

15 Denn zur Gerechtigkeit wird zurückkehren das Gericht, und alle von Herzen Aufrichtigen werden ihm *g* folgen.

16 Wer wird für mich aufstehen wider die Uebeltäter? Wer wird für mich auftreten wider die, welche Frevel tun?

17 Wäre nicht Jehova mir eine Hilfe gewesen, wenig fehlte, so hätte im Schweigen gewohnt meine Seele.

18 Wenn ich sagte: Mein Fuß wankt, so unterstützte mich deine Güte, Jehova.

19 Bei der Menge meiner Gedanken *h* in meinem Innern erfüllten deine Tröstungen meine Seele mit Wonne.

20 Sollte mit dir vereint sein der Thron des Verderbens, der aus Frevel eine Satzung macht?

21 Sie dringen ein auf die Seele des Gerechten, und unschuldiges Blut verurteilen sie.

22 Doch Jehova ist meine hohe Feste, und mein Gott der Fels meiner Zuflucht.

23 Und er läßt ihre Ungerechtigkeit auf sie zurückkehren, und durch *i* ihre Bosheit wird er sie vertilgen; vertilgen wird sie Jehova, unser Gott.

Psalm 95

1 Kommet, lasset uns Jehova zujubeln, lasset uns zujauchzen dem Felsen unseres Heils!

2 Lasset uns ihm entgegengehen mit Lob *j*, lasset uns mit Psalmen ihm zujauchzen!

3 Denn ein großer Gott *b* ist Jehova, und ein großer König über alle Götter;

4 In dessen Hand die Tiefen der Erde, und dessen die Höhen der Berge sind;

5 Dessen das Meer ist, er hat es ja gemacht; und das Trockene, seine Hände haben es gebildet.

6 Kommet, lasset uns anbeten und uns niederbeugen, lasset uns niederknieen vor Jehova, der uns gemacht hat!

7 Denn er ist unser Gott, und wir sind das Volk seiner Weide und die Herde seiner Hand. — Heute, wenn ihr seine Stimme höret,

8 Verhärtet euer Herz nicht, wie zu Meriba, wie am Tage von Massa in der Wüste;

9 Als eure Väter mich versuchten, mich prüften, *und* sie sahen doch mein Werk!

10 Vierzig Jahre hatte ich Ekel an dem Geschlecht, und ich sprach: Ein Volk irrenden Herzens sind sie. Aber sie haben meine Wege nicht erkannt;

11 Sodaß ich schwur in meinem Zorn: Wenn sie in meine Ruhe eingehen werden!

Psalm 96 *k*

1 Singet Jehova ein neues Lied, singet Jehova, ganze Erde!

2 Singet Jehova, preiset seinen Namen, verkündet *l* von Tag zu Tag seine Rettung!

3 Erzählet unter den Nationen seine Herrlichkeit, unter allen Völkern seine Wundertaten!

4 Denn groß ist Jehova und sehr zu loben, furchtbar ist er über alle Götter.

5 Denn alle Götter der Völker sind Nichtigkeiten *m*, aber Jehova hat die Himmel gemacht.

6 Majestät und Pracht sind vor seinem Angesicht, Stärke und Herrlichkeit in seinem Heiligtum.

---

a W. auf Länge der Tage. — *b* El. — *c* Eig. der Rachen, d. h. der Rache-Vollstreckungen. — *d* O. züchtigt, wie V. 12. — *e* Eig. ein Hauch. — *f* Hebr. Jah. — *g* d. h. dem Gericht. — *h* O. Sorgen, Kümmernisse. — *i* O. für. — *j* O. Dank. — *k* Vergl. 1. Chron. 16, 23—33. — *l* Eig. verkündet als frohe Botschaft. — *m* O. Götzen.

7 Gebet Jehova, ihr Völkerstämme, gebet Jehova Herrlichkeit und Stärke!
8 Gebet Jehova die Herrlichkeit seines Namens; bringet eine Opfergabe und kommet in seine Vorhöfe!
9 Betet Jehova an in heiliger Pracht! Erzittert vor ihm, ganze Erde!
10 Saget unter den Nationen: Jehova regiert! auch steht der Erdkreis fest, er wird nicht wanken. Er wird die Völker richten in Geradheit.
11 Es freue sich der Himmel, und es frohlocke die Erde! es brause das Meer und seine Fülle!
12 Es frohlocke das Gefilde und alles was darauf ist! Dann werden jubeln alle Bäume des Waldes —
13 Vor Jehova; denn er kommt, denn er kommt, die Erde zu richten: er wird den Erdkreis richten in Gerechtigkeit, und die Völker in seiner Treue.

Psalm 97

1 Jehova regiert. Es frohlocke die Erde, mögen sich freuen die vielen Inseln!
2 Gewölk und Dunkel sind um ihn her; Gerechtigkeit und Gericht *a* sind seines Thrones Grundfeste.
3 Feuer geht vor ihm her und entzündet seine Feinde ringsum.
4 Seine Blitze erleuchteten den Erdkreis: die Erde sah es und bebte.
5 Die Berge zerschmolzen wie Wachs, vor Jehova, vor dem Herrn der ganzen Erde.
6 Die Himmel verkündeten seine Gerechtigkeit, und alle Völker sahen seine Herrlichkeit.
7 Mögen beschämt werden alle Diener der Bilder, die der Nichtigkeiten *b* sich rühmen; fallet vor ihm nieder, ihr Götter *c* alle!
8 Zion hörte es und freute sich, und es frohlockten die Töchter Judas, wegen deiner Gerichte, Jehova.
9 Denn du, Jehova, bist der Höchste über die ganze Erde; du bist sehr erhaben über alle Götter.
10 Die ihr Jehova liebet, hasset das Böse! Er bewahrt die Seelen seiner Frommen; aus der Hand der Gesetzlosen errettet er sie.
11 Licht ist gesät dem Gerechten, und Freude den von Herzen Aufrichtigen.
12 Freuet euch, ihr Gerechten, in Jehova, und preiset sein heiliges Gedächtnis *d*!

Psalm 98

Ein Psalm.

1 Singet Jehova ein neues Lied! denn er hat Wunder getan; Rettung hat ihm verschafft seine Rechte und sein heiliger Arm.
2 Jehova hat kundgetan seine Rettung, vor den Augen der Nationen geoffenbart seine Gerechtigkeit.
3 Er hat seiner Güte und seiner Treue gedacht dem Hause Israel; alle En-

den der Erde haben die Rettung unseres Gottes gesehen.
4 Jauchzet Jehova, ganze Erde! brechet in Jubel aus und singet Psalmen!
5 Singet Psalmen Jehova mit der Laute, mit der Laute und der Stimme des Gesanges!
6 Mit Trompeten und dem Schall der Posaune jauchzet vor dem König Jehova!
7 Es brause das Meer und seine Fülle, der Erdkreis und die darauf wohnen!
8 Mögen die Ströme in die Hände klatschen, mögen jubeln die Berge allzumal —
9 Vor Jehova! denn er kommt, die Erde zu richten: er wird den Erdkreis richten in Gerechtigkeit, und die Völker in Geradheit.

Psalm 99

1 Jehova regiert: es zittern die Völker; er thront zwischen *e* den Cherubim: es wankt die Erde.
2 Groß ist Jehova in Zion, und hoch ist er über alle Völker.
3 Preisen sollen sie deinen Namen, den großen und furchtbaren — heilig ist er! —
4 Und die Stärke des Königs, der das Recht liebt! Du stellst fest die Geradheit, du übst Recht und Gerechtigkeit in Jakob.
5 Erhebet Jehova, unseren Gott, und fallet nieder vor dem Schemel seiner Füße! Heilig ist er.
6 Mose und Aaron unter seinen Priestern, und Samuel unter denen, die seinen Namen anrufen, riefen zu Jehova, und er antwortete ihnen.
7 In der Wolkensäule redete er zu ihnen; sie bewahrten seine Zeugnisse und die Satzung, die er ihnen gegeben.
8 Jehova, unser Gott, du hast ihnen geantwortet! ein vergebender Gott *f* warst du ihnen, und ein Rächer ihrer Taten.
9 Erhebet Jehova, unseren Gott, und fallet nieder an seinem heiligen Berge! denn heilig ist Jehova, unser Gott.

Psalm 100

Ein Lob-Psalm. *g*

1 Jauchzet Jehova, ganze Erde!
2 Dienet Jehova mit Freuden; kommet vor sein Angesicht mit Jubel!
3 Erkennet, daß Jehova Gott ist! Er hat uns gemacht, und nicht wir selbst *h* — sein Volk und die Herde seiner Weide.
4 Kommet in seine Tore mit Lob *i*, in seine Vorhöfe mit Lobgesang! Lobet ihn *j*, preiset seinen Namen!
5 Denn gut ist Jehova; seine Güte währt ewiglich, und seine Treue von Geschlecht zu Geschlecht.

Psalm 101

Von David; ein Psalm.

1 Von Güte und Recht will ich singen; dir, Jehova, will ich Psalmen singen.

---

a O. Recht. — *b* O. Götzen. — *c* O. Engel; wie Ps. 8, 5. — *d* S. die Anm. zu Ps. 30, 4. — *e* O. über. — *f* El. — *g* O. Ein Psalm beim Dankopfer. — *h* Nach and. Lesart: und wir sind sein. — *i* O. Dank. — *j* O. Danket ihm.

2 Ich will weislich handeln auf voll- | kommenem Wege *a*; — wann wirst du zu mir kommen? — im Innern meines Hauses will ich wandeln in Lauterkeit meines Herzens.

3 Ich will kein Belialsstück vor meine Augen stellen; das Tun der Abtrünnigen *b* hasse ich: es soll mir nicht ankleben.

4 Ein verkehrtes Herz soll von mir weichen, den Bösen *c* will ich nicht kennen.

5 Wer seinen Nächsten heimlich verleumdet, den will ich vertilgen; wer stolzer Augen und hochmütigen *d* Herzens ist, den will ich nicht dulden.

6 Meine Augen werden *gerichtet* sein auf die Treuen im Lande, damit sie bei mir wohnen; wer auf vollkommenem Wege wandelt, der soll mir dienen.

7 Nicht soll wohnen im Innern meines Hauses, wer Trug übt; wer Lügen redet, soll nicht bestehen vor meinen Augen.

8 Jeden Morgen will ich vertilgen alle Gesetzlosen des Landes, um aus der Stadt Jehovas auszurotten alle, die Frevel tun.

Psalm 102

Gebet eines Elenden, wenn er verschmachtet und seine Klage vor Jehova ausschüttet.

1 Jehova, höre mein Gebet, und laß zu dir kommen mein Schreien!

2 Verbirg dein Angesicht nicht vor mir am Tage meiner Bedrängnis; neige zu mir dein Ohr; an dem Tage, da ich rufe, erhöre mich eilends!

3 Denn wie Rauch entschwinden meine Tage, und meine Gebeine glühen wie ein Brand.

4 Wie Kraut ist versengt und verdorrt mein Herz, daß ich vergessen habe *e*, mein Brot zu essen.

5 Ob der Stimme meines Seufzens klebt mein Gebein an meinem Fleische.

6 Ich gleiche dem Pelikan der Wüste, bin wie die Eule der Einöden *f*.

7 Ich wache, und bin wie ein einsamer Vogel auf dem Dache.

8 Den ganzen Tag höhnen mich meine Feinde; die wider mich rasen, schwören bei mir.

9 Denn Asche esse ich wie Brot, und meinen Trank vermische ich mit Tränen,

10 Vor deinem Zorn und deinem Grimm; denn du hast mich emporgehoben und hast mich hingeworfen.

11 Meine Tage sind wie ein gestreckter Schatten, und ich verdorre wie Kraut.

12 Du aber, Jehova, bleibst auf ewig, und dein Gedächtnis *g* ist von Geschlecht zu Geschlecht.

13 Du wirst aufstehen, wirst dich Zi-

ons erbarmen; denn es ist Zeit, es zu begnadigen, denn gekommen ist die bestimmte Zeit;

14 Denn deine Knechte haben Gefallen an seinen Steinen und haben Mitleid mit seinem Schutt.

15 Und die Nationen werden den Namen Jehovas fürchten, und alle Könige der Erde deine Herrlichkeit.

16 Denn Jehova wird Zion aufbauen, wird erscheinen in seiner Herrlichkeit;

17 Er wird sich wenden zum Gebete des Entblößten, und ihr Gebet wird er nicht verachten.

18 Das wird aufgeschrieben werden für das künftige Geschlecht; und ein Volk, das erschaffen werden soll, wird Jehova *h* loben.

19 Denn er hat herniedergeblickt von der Höhe seines Heiligtums, Jehova hat herabgeschaut vom Himmel auf die Erde,

20 Um zu hören das Seufzen des Gefangenen, um zu lösen die Kinder des Todes;

21 Damit man den Namen Jehovas verkündige in Zion, und in Jerusalem sein Lob,

22 Wenn die Völker sich versammeln werden allzumal, und die Königreiche, um Jehova zu dienen.

23 Er hat meine Kraft gebeugt auf dem Wege, hat verkürzt meine Tage.

24 Ich sprach: Mein Gott *i*, nimm mich nicht hinweg in der Hälfte meiner Tage! — Von Geschlecht zu Geschlecht sind deine Jahre.

25 Du hast vormals die Erde gegründet, und die Himmel sind deiner Hände Werk.

26 Sie werden untergehen, du aber bleibst; und sie alle werden veralten wie ein Kleid; wie ein Gewand wirst du sie verwandeln *j*, und sie werden verwandelt werden;

27 Du aber bist derselbe *k*, und deine Jahre enden nicht.

28 Die Söhne deiner Knechte werden wohnen *l*, und ihr Same wird vor dir feststehen.

Psalm 103

Von David.

1 Preise Jehova, meine Seele, und all mein Inneres seinen heiligen Namen!

2 Preise Jehova, meine Seele, und vergiß nicht alle seine Wohltaten!

3 Der da vergibt alle deine Ungerechtigkeit, der da heilt alle deine Krankheiten;

4 Der dein Leben erlöst von der Grube, der dich krönt mit Güte und Erbarmungen;

5 Der mit Gutem *m* sättigt dein Alter *n*; deine Jugend erneuert sich wie die des Adlers *o*.

---

a O. achtsam sein auf den Weg der Vollkommenheit. — *b* O. Uebertretungen zu begehen. — *c* O. das Böse. — *d* Eig. aufgeblasenen. — *e* O. denn ich habe vergessen. — *f* O. der Trümmer. — *g* Vergl. 2. Mose 3, 15. — *h* Hebr. Jah. — *i* El. — *j* O. wechseln. — *k* O. er; od.: der da ist, d. h. der unveränderlich in sich selbst ewig besteht; vergl. 5. Mose 32, 39; Neh. 9, 6. — *l* d. h. im Lande. — *m* O. mit Gütern. — *n* Eig. deine Zierde; der Sinn des hebr. Wortes ist hier ungewiß. — *o* W. wie der Adler.

6 Jehova übt Gerechtigkeit *a* und *schafft* Recht allen, die bedrückt werden.
7 Er tat seine Wege kund dem Mose, den Kindern Israel seine Taten.
8 Barmherzig und gnädig ist Jehova, langsam zum Zorn und groß an Güte;
9 Er wird nicht immerdar rechten und nicht ewiglich nachtragen.
10 Er hat uns nicht getan nach unseren Sünden, und nach unseren Ungerechtigkeiten uns nicht vergolten.
11 Denn so hoch die Himmel über der Erde sind, ist gewaltig seine Güte über die, welche ihn fürchten;
12 So weit der Osten ist vom Westen, hat er von uns entfernt unsere Übertretungen.
13 Wie ein Vater sich über die Kinder erbarmt, so erbarmt sich Jehova über die, welche ihn fürchten.
14 Denn e r kennt unser Gebilde, ist eingedenk, daß wir Staub sind.
15 Der Mensch — wie Gras sind seine Tage; wie die Blume des Feldes, also blüht er.
16 Denn ein Wind fährt darüber, und sie ist nicht mehr, und ihre Stätte kennt sie nicht mehr.
17 Die Güte Jehovas aber ist von Ewigkeit zu Ewigkeit über die, welche ihn fürchten, und seine Gerechtigkeit auf Kindeskinder hin;
18 Für die, welche seinen Bund halten, und seiner Vorschriften gedenken, um sie zu tun.
19 Jehova hat in den Himmeln festgestellt seinen Thron, und sein Reich herrscht über alles.
20 Preiset Jehova, ihr seine Engel, ihr Gewaltigen an Kraft, Täter seines Wortes, gehorsam der Stimme seines Wortes!
21 Preiset Jehova, alle seine Heerscharen, ihr seine Diener, Täter seines Wohlgefallens!
22 Preiset Jehova, alle seine Werke, an allen Orten seiner Herrschaft! Preise Jehova, meine Seele!

Psalm 104

1 Preise Jehova, meine Seele! Jehova, mein Gott, du bist sehr groß, mit Majestät und Pracht bist du bekleidet;
2 *Du,* der in Licht sich hüllt wie in ein Gewand, der die Himmel ausspannt gleich einer Zeltdecke;
3 Der seine Obergemächer bälkt in den Wassern, der Wolken macht zu seinem Gefährt, der da einherzieht auf den Fittichen des Windes;
4 Der seine Engel zu Winden *b* macht, seine Diener zu flammendem Feuer.
5 Er hat die Erde gegründet auf ihre Grundfesten; sie wird nicht wanken immer und ewiglich.
6 Mit der Tiefe *c* hattest du sie bedeckt wie mit einem Gewande; die Wasser standen über den Bergen.
7 Vor deinem Schelten flohen sie, vor der Stimme deines Donners eilten sie hinweg —
8 Die Berge erhoben sich, es senkten sich die Täler — an den Ort, den du ihnen festgesetzt.
9 Du hast *ihnen* eine Grenze gesetzt, die sie nicht überschreiten werden; sie werden nicht zurückkehren, die Erde zu bedecken.
10 *Du,* der die Quellen entsendet in die Täler: zwischen den Bergen fließen sie dahin;
11 Sie tränken alle Tiere des Feldes, die Wildesel stillen ihren Durst;
12 An denselben wohnen die Vögel des Himmels, zwischen den Zweigen hervor lassen sie ihre Stimme erschallen.
13 *Du,* der die Berge tränkt aus seinen Obergemächern; von der Frucht deiner Werke wird die Erde gesättigt.
14 Der Gras hervorsprossen läßt für das Vieh, und Kraut zum Dienste der Menschen: um Brot *d* hervorzubringen aus der Erde,
15 Und damit Wein des Menschen Herz erfreue; um das Angesicht glänzen zu machen von Oel, und damit Brot des Menschen Herz stärke.
16 Es werden gesättigt die Bäume Jehovas, die Zedern des Libanon, die er gepflanzt hat,
17 Woselbst die Vögel nisten; der Storch — Zypressen sind sein Haus.
18 Die hohen Berge sind für die Steinböcke, die Felsen eine Zuflucht für die Klippendächse.
19 Er hat den Mond gemacht für *die* bestimmten Zeiten; die Sonne weiß ihren Untergang.
20 Du machst Finsternis, und es wird Nacht; in ihr regen sich alle Tiere des Waldes;
21 Die jungen Löwen brüllen nach Raub, und fordern von Gott *e* ihre Speise.
22 Die Sonne geht auf: sie ziehen sich zurück und lagern sich in ihre Höhlen.
23 Der Mensch geht aus an sein Werk und an seine Arbeit, bis zum Abend.
24 Wie viele sind deiner Werke, Jehova! Du hast sie alle mit Weisheit gemacht, voll ist die Erde deiner Reichtümer *f.*
25 Dieses Meer, groß und ausgedehnt nach allen Seiten hin: daselbst wimmelt's, ohne Zahl, von Tieren klein und groß.
26 Daselbst ziehen Schiffe einher, der Leviathan, den du gebildet hast, um sich darin zu tummeln.
27 Sie alle warten auf dich, daß du ihnen ihre Speise gebest zu seiner Zeit.
28 Du gibst ihnen: sie sammeln ein; du tust deine Hand auf: sie werden gesättigt mit Gutem *g.*
29 Du verbirgst dein Angesicht: sie erschrecken, du nimmst ihren Odem hinweg: sie hauchen aus und kehren zurück zu ihrem Staube.
30 Du sendest deinen Odem *h* aus: sie werden erschaffen, und du erneuerst die Fläche *i* des Erdbodens.

---

a Eig. Gerechtigkeiten; vergl. Ps. 11, 7. — *b* And.: zu Geistern. — *c* S. die Anm. zu Ps. 33, 7. — *d* O. Speise. — *e* El. — *f* O. Geschöpfe. — *g* O. mit Gütern. — *h* Eig. Hauch, od. Geist. — *i* O. das Aussehen.

31 Jehovas Herrlichkeit wird ewig sein, Jehova wird sich freuen seiner Werke;
32 Der die Erde anschaut, und sie bebt; er rührt die Berge an, und sie rauchen.
33 Ich singe will ich Jehova mein Leben lang, will meinem Gott Psalmen singen, solange ich bin.
34 Möge ihm angenehm sein mein Sinnen a! Ich, ich werde mich in Jehova erfreuen.
35 Die Sünder werden b schwinden von der Erde, und die Gesetzlosen nicht mehr sein. Preise Jehova, meine Seele! Lobet Jehova c!

Psalm 105 d

1 Preiset e Jehova, rufet an seinen Namen, machet kund unter den Völkern seine Taten!
2 Singet ihm, singet ihm Psalmen; sinnet über alle f seine Wunderwerke!
3 Rühmet euch seines heiligen Namens! es freue sich das Herz derer, die Jehova suchen!
4 Trachtet nach Jehova und seiner Stärke, suchet sein Angesicht beständig!
5 Gedenket seiner Wunderwerke, die er getan hat, seiner Wunderzeichen und der Gerichte g seines Mundes!
6 Du Same Abrahams, seines Knechtes h, ihr Söhne Jakobs, seine Auserwählten!
7 Er, Jehova, ist unser Gott; seine Gerichte sind auf der ganzen Erde.
8 Er gedenkt ewiglich seines Bundes, des Wortes, das er geboten hat auf tausend Geschlechter hin,
9 Den er gemacht hat mit Abraham, und seines Eides, den er Isaak geschworen hat i.
10 Und er stellte ihn Jakob zur Satzung, Israel zum ewigen Bunde,
11 Indem er sprach: Dir will ich das Land Kanaan geben als Schnur eures Erbteils;
12 Als sie ein zählbares Häuflein j waren, gar wenige und Fremdlinge darin;
13 Und als sie wanderten von Nation zu Nation, von einem Reiche zu einem anderen Volke.
14 Er ließ keinem Menschen zu, sie zu bedrücken, und ihretwegen strafte er Könige:
15 "Tastet meine Gesalbten nicht an, und meinen Propheten tut nichts Uebles!"
16 Und er rief eine Hungersnot über das Land herbei; jede Stütze des Brotes zerbrach er.
17 Er sandte einen Mann vor ihnen her, Joseph wurde zum Knechte verkauft.
18 Man preßte seine Füße in den Stock k, er l kam in das Eisen,
19 Bis zur Zeit, da sein Wort eintraf; das Wort Jehovas läuterte ihn m.
20 Der König sandte hin und ließ ihn

los, der Herrscher über Völker, und befreite ihn;
Er setzte ihn zum Herrn über sein 21 Haus, und zum Herrscher über all sein Besitztum,
Um seine Fürsten zu fesseln nach 22 seiner Lust, und daß er seine Aeltesten Weisheit lehre.
Und Israel kam nach Aegypten, und 23 Jakob hielt sich auf im Lande Hams.
Und er machte sein Volk sehr frucht- 24 bar, und machte es stärker n als seine Bedränger.
Er wandelte ihr Herz, sein Volk zu 25 hassen, Arglist zu üben an seinen Knechten.
Er sandte Mose, seinen Knecht, 26 Aaron, den er auserwählt hatte.
Sie taten unter ihnen seine Zeichen, 27 und Wunder im Lande Hams.
Er sandte Finsternis und machte 28 finster; und sie waren nicht widerspenstig gegen seine Worte.
Er verwandelte ihre Wasser in Blut, 29 und ließ sterben ihre Fische.
Es wimmelte ihr Land von Fröschen, 30 in den Gemächern ihrer Könige.
Er sprach, und es kamen Hundsflie- 31 gen, Stechmücken in alle ihre Grenzen.
Er gab ihnen Hagel als Regen, flam- 32 mendes Feuer in ihrem Lande,
Und er schlug ihre Weinstöcke und 33 Feigenbäume, und zerbrach die Bäume ihres Landes o.
Er sprach, und es kamen Heuschrek- 34 ken und Grillen p ohne Zahl;
Und sie fraßen alles Kraut in ihrem 35 Lande und fraßen die Frucht ihres Bodens.
Und er schlug alle Erstgeburt in 36 ihrem Lande, die Erstlinge all ihrer Kraft.
Und er führte sie heraus mit Silber 37 und Gold, und kein Strauchelnder war in seinen Stämmen.
Froh war Aegypten, daß q sie aus- 38 zogen; denn ihr Schrecken war auf sie gefallen.
Er breitete eine Wolke aus zur Decke, 39 und ein Feuer, die Nacht zu erleuchten.
Sie forderten, und er ließ Wachteln 40 kommen; und mit Himmelsbrot sättigte er sie.
Er öffnete den Felsen, und es flos- 41 sen Wasser heraus; sie liefen in den dürren Oertern wie ein Strom.
Denn er gedachte seines heiligen 42 Wortes, Abrahams, seines Knechtes;
Und er führte sein Volk heraus mit 43 Freuden, mit Jubel seine Auserwählten.
Und er gab ihnen die Länder der 44 Nationen, und das von den Völkerschaften Errungene r nahmen sie in Besitz;
Damit sie seine Satzungen beobach- 45 teten und seine Gesetze bewahrten.
Lobet Jehova! s

---

a O. mein Gedicht, meine Rede. — b O. mögen, sollen. — c Hebr. Jah (Hallelu-Jah!). — d Vergl. 1. Chron. 16, 8—22. — e O. Danket. — f O. redet von allen. — g O. Urteile, Rechte. — h O. sein Knecht. — i W. seines Eides an Isaak. — j Eig. eine zählbare Mannschaft. — k Eig. in das Fußeisen. — l W. seine Seele. — m O. ihn geläutert hatte. — n O. zahlreicher. — o Eig. ihrer Grenzen. — p Eig. Abfresser; eine Heuschreckenart. — q O. als. — r Eig. die Mühe der Völkerschaften. — s Hallelujah!

Psalm 106

1 Preiset b Jehova! denn er ist gut, denn seine Güte währt ewiglich.

2 Wer wird aussprechen die Machttaten Gottes, hören lassen all sein Lob c?

3 Glückselig die das Recht bewahren, der Gerechtigkeit übt zu aller Zeit!

4 Gedenke meiner, Jehova, mit der Gunst gegen dein Volk; suche mich heim mit deiner Rettung!

5 Daß ich anschaue die Wohlfahrt deiner Auserwählten, mich erfreue an d der Freude deiner Nation, mich rühme mit deinem Erbteil.

6 Wir haben gesündigt samt unseren Vätern e, haben unrecht getan f, haben gesetzlos gehandelt.

7 Unsere Väter in Aegypten beachteten nicht deine Wundertaten, gedachten nicht der Menge deiner Gütigkeiten, und waren widerspenstig am Meere, beim Schilfmeere.

8 Aber er rettete sie um seines Namens willen, um kundzutun seine Macht.

9 Und er schalt das Schilfmeer, und es ward trocken; und er ließ sie durch die Tiefen g gehen wie durch eine Wüste.

10 Und er rettete sie aus der Hand des Hassers, und erlöste sie aus der Hand des Feindes.

11 Und die Wasser bedeckten ihre Bedränger, nicht einer von ihnen blieb übrig.

12 Da glaubten sie seinen Worten, sie sangen sein Lob.

13 Schnell vergaßen sie seine Taten, warteten nicht auf seinen Rat h;

14 Und sie wurden lüstern in der Wüste und versuchten Gott i in der Einöde.

15 Da gab er ihnen ihr Begehr, aber er sandte Magerkeit in ihre Seelen.

16 Und sie wurden eifersüchtig auf Mose im Lager, auf Aaron, den Heiligen Jehovas.

17 Die Erde tat sich auf, und verschlang Dathan und bedeckte die Rotte Abirams;

18 Und ein Feuer brannte unter ihrer Rotte, eine Flamme verzehrte die Gesetzlosen.

19 Sie machten ein Kalb am Horeb und bückten sich vor einem gegossenen Bilde;

20 Und sie vertauschten ihre Herrlichkeit gegen das Bild eines Stieres, der Gras frißt.

21 Sie vergaßen Gottes i, ihres Retters, der Großes getan in Aegypten,

22 Wundertaten im Lande Hams, Furchtbares am Schilfmeer.

23 Da sprach er, daß er sie vertilgen wollte, wenn nicht Mose, sein Auserwählter, vor ihm in dem Riß gestanden hätte, um seinen Grimm vom Verderben abzuwenden.

24 Und sie verschmähten das köstliche Land, glaubten nicht seinem Worte;

25 Und sie murrten in ihren Zelten, hörten nicht auf die Stimme Jehovas.

26 Da schwur er ihnen j, sie niederzuschlagen in der Wüste,

27 Und ihren Samen niederzuschlagen unter den k Nationen, und sie zu zerstreuen in die Länder.

28 Und sie hängten sich an Baal-Peor, und aßen Schlachtopfer der Toten l;

29 Und sie erbitterten ihn durch ihre Handlungen, und eine Plage brach unter sie ein.

30 Da stand Pinehas auf und übte Gericht, und der Plage ward gewehrt.

31 Und es wurde ihm zur Gerechtigkeit gerechnet von Geschlecht zu Geschlecht bis in Ewigkeit.

32 Und sie erzürnten ihn an dem Wasser von Meriba, und es erging Mose übel ihretwegen;

33 Denn sie reizten seinen Geist, sodaß er m unbedacht redete mit seinen Lippen.

34 Sie vertilgten die Völker nicht, wie sie doch n Jehova ihnen gesagt hatte;

35 Und sie vermischten sich mit den Nationen und lernten ihre Werke;

36 Und sie dienten ihren Götzen, und sie wurden ihnen zum Fallstrick.

37 Und sie opferten ihre Söhne und ihre Töchter den Dämonen.

38 Und sie vergossen unschuldiges Blut, das Blut ihrer Söhne und ihrer Töchter, welche sie den Götzen Kanaans opferten; und das Land wurde durch Blut entweiht.

39 Und sie verunreinigten sich durch ihre Werke, und hurten durch ihre Handlungen.

40 Da entbrannte der Zorn Jehovas wider sein Volk, und er verabscheute sein Erbteil;

41 Und er gab sie in die Hand der Nationen, und ihre Hasser herrschten über sie;

42 Und ihre Feinde bedrückten sie, und sie wurden gebeugt unter ihre Hand.

43 Oftmals errettete er sie; sie aber waren widerspenstig in ihren Anschlägen o, und sie sanken hin durch ihre Ungerechtigkeit.

44 Und er sah an ihre Bedrängnis, wenn er ihr Schreien hörte;

45 Und er gedachte ihnen zugut an seinen Bund, und es reute ihn nach der Menge seiner Gütigkeiten.

46 Und er ließ sie Erbarmen finden vor allen, die sie gefangen weggeführt hatten.

47 Rette uns, Jehova, unser Gott, und sammle uns aus den Nationen, daß wir deinen heiligen Namen preisen, daß wir uns rühmen deines Lobes!

* * *

48 Gepriesen sei Jehova, der Gott Israels, von Ewigkeit zu Ewigkeit! Und alles Volk sage: Amen! Lobet Jehova! a

---

a Hallelujah! — b O. Danket. — c O. all seinen Ruhm. — d O. mit. — e O. wie unsere Väter. — f Eig. verkehrt gehandelt. — g O. Fluten; s. die Anm. zu Ps. 33, 7. — h Hier in dem Sinne von Plan, Ratschluß. — i El. — j Eig. erhob er ihnen seine Hand. — k And. l.: zu vertreiben unter die. — l d. h. der toten Götzen. — m O. weil sie widerspenstig waren gegen seinen Geist, und er. — n W. welche. — o Eig. in ihrem Ratschlag.

Fünftes Buch

Psalm 107

1 Preiset *a* Jehova, denn er ist gut,
denn seine Güte *währt* ewiglich!

2 *So* sollen sagen die Erlösten Jehovas, die er aus der Hand des Bedrängers erlöst,

3 Und die er gesammelt hat aus den
Ländern, von Osten und von Westen,
von Norden und vom Meere.

4 Sie irrten umher in der Wüste, auf
ödem Wege, sie fanden keine Wohnstadt.

5 Hungrig waren sie und durstig, es
verschmachtete in ihnen ihre Seele.

6 Da schrieen sie zu Jehova in ihrer
Bedrängnis, *und* aus ihren Drangsalen errettete er sie.

7 Und er leitete sie auf rechtem Wege, daß sie zu einer Wohnstadt gelangten.

8 Mögen sie Jehova preisen wegen
seiner Güte, und wegen seiner Wundertaten an den Menschenkindern!

9 Denn er hat die durstende Seele gesättigt, und die hungernde Seele mit
Gutem *b* erfüllt.

10 Die Bewohner der Finsternis und
des Todesschattens, gefesselt in Elend
und Eisen:

11 Weil sie widerspenstig gewesen waren gegen die Worte Gottes *c* und verachtet hatten den Rat des Höchsten,

12 So beugte er ihr Herz durch Mühsal; sie strauchelten, und kein Helfer
war da.

13 Da schrieen sie zu Jehova in ihrer
Bedrängnis, *und* aus ihren Drangsalen
rettete er sie.

14 Er führte sie heraus aus der Finsternis und dem Todesschatten, und zerriß ihre Fesseln.

15 Mögen sie Jehova preisen wegen seiner Güte, und wegen seiner Wundertaten an den Menschenkindern!

16 Denn er hat zerbrochen die ehernen
Türen, und die eisernen Riegel zerschlagen.

17 Die Toren leiden ob des Weges ihrer Uebertretung und ob ihrer Ungerechtigkeiten.

18 Ihre Seele verabscheut jede Speise,
und sie kommen bis an die Pforten des
Todes.

19 Dann schrieen *d* sie zu Jehova in ihrer Bedrängnis, *und* aus ihren Drangsalen rettet er sie.

20 Er sendet sein Wort und heilt sie,
und er errettet sie aus ihren Gruben.

21 Mögen sie Jehova preisen wegen seiner Güte, und wegen seiner Wundertaten an den Menschenkindern,

22 Und Opfer des Lobes *e* opfern und
mit Jubel erzählen seine Taten!

23 Die sich auf Schiffen aufs Meer hinabgegeben, auf großen Wassern Handel treiben,

24 Diese sehen die Taten Jehovas und
seine Wunderwerke in der Tiefe:

25 Er spricht *f* und bestellt einen Sturmwind, der hoch erhebt seine Wellen.

26 Sie fahren hinauf zum Himmel, sinken hinab in die Tiefen; es zerschmilzt
in der Not ihre Seele.

27 Sie taumeln und schwanken wie ein
Trunkener, und zunichte wird alle ihre Weisheit.

28 Dann schreien sie zu Jehova in
ihrer Bedrängnis, und er führt sie heraus aus ihren Drangsalen.

29 Er verwandelt den Sturm in Stille *g*,
und es legen sich die *h* Wellen.

30 Und sie freuen sich, daß sie sich beruhigen, und er führt sie in den ersehnten Hafen.

31 Mögen sie Jehova preisen wegen
seiner Güte, und wegen seiner Wundertaten an den Menschenkindern,

32 Und ihn erheben in der Versammlung des Volkes, und in der Sitzung
der Aeltesten ihn loben!

33 Er macht *i* Ströme zur Wüste und
Wasserquellen zu dürrem Lande,

34 Fruchtbares Land zur Salzsteppe,
wegen der Bosheit der darin Wohnenden.

35 Er macht zum Wasserteich die Wüste, und dürres Land zu Wasserquellen;

36 Und er läßt Hungrige daselbst wohnen, und sie gründen eine Wohnstadt.

37 Und sie besäen Felder und pflanzen Weinberge, welche Frucht bringen als Ertrag;

38 Und er segnet sie, und sie mehren
sich sehr, und ihres Viehes läßt er
nicht wenig sein.

39 Und sie vermindern sich und werden gebeugt durch Bedrückung, Unglück und Jammer.

40 Er schüttet Verachtung auf Fürsten,
und läßt sie umherirren in pfadloser
Einöde;

41 Und er hebt den Armen empor aus
dem Elend, und macht Herden gleich
seine Geschlechter.

42 Die Aufrichtigen werden es sehen
und sich freuen*j*, und alle Ungerechtigkeit wird ihren Mund verschließen.

43 Wer weise ist, der wird dieses be-
achten, und verstehen werden sie *k* die
Gütigkeiten Jehovas.

Psalm 108

Ein Lied, ein Psalm. *l* Von David.

1 Befestigt *m* ist mein Herz, o Gott!
ich will singen und Psalmen singen;
auch meine Seele *n*.

---

a O. Danket. — *b* O. mit Gütern. — *c* El. — *d* O. litten . . . verabscheute . . .
kamen . . . Da schrieen usw. (bis V. 21). — *e* O. Dankopfer; wie 3. Mose 7, 12. —
f O. sich hinabgegeben . . . trieben . . . sahen . . . sprach usw. — *g* O. Säuseln. —
h W. ihre. — *i* O. machte; so auch V. 35 usw. — *j* O. sehen es und freuen sich usw. —
k O. der beachte dieses, und verstehen mögen sie. — *l* Eig. Ein Psalm-Lied. — *m* O.
Fest; vergl. Ps. 57, 7—11. — *n* S. die Anm. zu Ps. 16, 9.

2 Wachet auf, Harfe und Laute! ich will aufwecken die Morgenröte.

3 Ich will dich preisen unter den Völkern, Jehova, und dich besingen unter den Völkerschaften;

4 Denn groß ist deine Güte über die Himmel hinaus, und bis zu den Wolken deine Wahrheit.

5 Erhebe dich über die Himmel, o Gott! und über der ganzen Erde sei deine Herrlichkeit!

6 Damit *a* befreit werden deine Geliebten, rette durch deine Rechte und erhöre uns!

7 Gott hat geredet in seiner Heiligkeit: Frohlocken will ich, will Sichem verteilen, und das Tal Sukkoth ausmessen.

8 Mein ist Gilead, mein Manasse, und Ephraim ist die Wehr meines Hauptes, Juda mein Herrscherstab *b*.

9 Moab ist mein Waschbecken; auf Edom will ich meine Sandale werfen, über Philistäa will ich jauchzen.

10 Wer wird mich führen in die befestigte Stadt, wer wird mich leiten bis nach Edom?

11 Nicht du, Gott, der du uns verworfen hast und nicht auszogest, o Gott, mit unseren Heeren?

12 Schaffe uns Hilfe aus der Bedrängnis *c*! Menschenrettung ist ja eitel.

13 Mit Gott werden wir mächtige Taten *d* tun; und er, er wird unsere Bedränger zertreten.

Psalm 109

Dem Vorsänger. Von David, ein Psalm.

1 Gott meines Lobes *e*, schweige nicht.

2 Denn der Mund des Gesetzlosen und der Mund des Truges haben sich wider mich geöffnet, mit Lügenzunge haben sie zu mir geredet;

3 Und mit Worten des Hasses haben sie mich umgeben, und haben wider mich gestritten ohne Ursache.

4 Für meine Liebe feindeten sie mich an; ich aber bin *stets im* Gebet.

5 Und sie haben mir Böses für Gutes erwiesen *f*, und Haß für meine Liebe.

6 Bestelle einen Gesetzlosen über ihn, und ein Widersacher *g* stehe zu seiner Rechten!

7 Wenn er gerichtet wird, gehe er schuldig aus, und sein Gebet werde zur Sünde *h*!

8 Seiner Tage seien wenige, sein Amt empfange ein anderer!

9 Seine Söhne seien Waisen, und sein Weib eine Witwe!

10 Und mögen seine Söhne umherschweifen und betteln, und fern von ihren verwüsteten Wohnungen *i* nach *Brot* suchen!

11 Der Wucherer umgarne alles was er hat, und Fremde mögen rauben seine Arbeit *j*!

12 Er habe niemand, der *ihm* Güte bewahre *k*, und es sei niemand, der seinen Waisen gnädig sei *l*!

13 Seine Nachkommen mögen ausgerottet werden ; im folgenden Geschlecht erlösche ihr Name!

14 Gedacht werde vor Jehova der Ungerechtigkeit seiner Väter, und nicht werde ausgelöscht die Sünde seiner Mutter!

15 Sie seien beständig vor Jehova, und er rotte ihr Gedächtnis aus von der Erde!

16 Darum daß er nicht gedachte, Güte zu üben, und verfolgte den elenden und armen Mann, und den, der verzagten Herzens war, um ihn zu töten.

17 Und er liebte den Fluch, so komme er auf ihn! und er hatte kein Gefallen an Segen, so sei er fern von ihm!

18 Und er zog den Fluch an wie sein Kleid, so dringe er *m* wie Wasser in sein Inneres und wie Oel in seine Gebeine!

19 Er sei ihm wie ein Gewand, in das er sich hüllt, und zu einem Gürtel, womit er stets sich gürtet!

20 Das sei der Lohn meiner Widersacher von seiten Jehovas, und derer, die Böses reden wider meine Seele!

21 Du aber, Jehova, Herr, wirke für mich *n* um deines Namens willen; weil deine Güte gut ist, errette mich!

22 Denn ich, ich bin elend und arm, und mein Herz ist verwundet in meinem Innern.

23 Wie ein Schatten, wenn er sich streckt, gehe ich dahin, werde hinweggescheucht wie die Heuschrecke.

24 Meine Kniee wanken vom Fasten, und mein Fleisch ist abgemagert *o*.

25 Und ich, ich bin ihnen zum Hohn geworden; wenn sie mich sehen, schütteln sie ihren Kopf.

26 Hilf mir, Jehova, mein Gott! rette mich nach deiner Güte!

27 Damit sie wissen, daß dies deine Hand ist, daß du, Jehova, es getan hast.

28 Mögen s i e fluchen, d u aber segne! Stehen sie auf, so laß sie beschämt werden, und deinen Knecht sich freuen!

29 Laß meine Widersacher bekleidet werden *p* mit Schande, und in ihre Schmach sich hüllen wie in einen Mantel *q*!

30 Ich werde Jehova sehr preisen mit meinem Munde, und inmitten vieler werde ich ihn loben.

31 Denn er stand zur Rechten des Armen, um ihn zu retten von denen, die seine Seele richteten.

---

a Vergl. Ps. 60, 5—12. — *b* And. üb.: Gesetzgeber. — *c* O. vom Bedränger. — *d* Eig. Mächtiges. — *e* O. Ruhmes. — *f* Eig. haben Böses . . . auf mich gelegt. — *g* O. Satan; dasselbe Wort wie in V. 20 u. 29. — *h* d. h. werde ihm als Sünde angerechnet. — *i* W. ihren Trümmern. — *j* S. die Anm. zu Ps. 105, 44. — *k* Eig. fortdauern lasse. — *l* O. und seine Waisen niemand, der *ihnen* gnädig sei. — *m* O. und er kam auf ihn . . . und er war fern von ihm . . . und er drang usw. — *n* W. tue mit mir. — *o* Eig. hat an Fett abgenommen. — *p* O. Meine Widersacher werden bekleidet werden. — *q* Eig. ein Oberkleid.

Psalm 110

Von David. Ein Psalm.

1 Jehova sprach a zu meinem Herrn: Setze dich zu meiner Rechten, bis ich deine Feinde lege zum Schemel deiner Füße!
2 Den Stab deiner Macht wird Jehova aus Zion senden b; herrsche inmitten deiner Feinde!
3 Dein Volk wird *voller* Willigkeit sein am Tage deiner Macht c; in heiliger Pracht, aus dem Schoße der Morgenröte *wird* dir der Tau deiner Jugend d kommen.
4 Geschworen hat Jehova, und es wird ihn nicht gereuen: „Du bist Priester in Ewigkeit nach der Weise Melchisedeks!"
5 Der Herr zu deiner Rechten zerschmettert Könige am Tage seines Zornes.
6 Er wird richten unter den Nationen, er füllt *alles* mit e Leichen; das Haupt über ein großes Land zerschmettert er.
7 Auf dem Wege wird er trinken aus dem Bache f, darum wird er das Haupt erheben.

Psalm 111 g

Lobet Jehova! h

1 Preisen will ich Jehova von ganzem Herzen im Kreise i der Aufrichtigen j und in der Gemeinde.
2 Groß sind die Taten Jehovas, *sie werden* erforscht von allen, die Lust an ihnen haben.
3 Majestät und Pracht ist sein Tun; und seine Gerechtigkeit besteht ewiglich.
4 Er hat ein Gedächtnis gestiftet seinen Wundertaten; gnädig und barmherzig ist Jehova.
5 Er hat Speise gegeben denen, die ihn fürchten; er gedenkt in Ewigkeit seines Bundes.
6 Er hat seinem Volke kundgemacht die Kraft seiner Taten, um ihnen zu geben k das Erbteil der Nationen.
7 Die Taten seiner Hände sind Wahrheit und Recht; zuverlässig sind alle seine Vorschriften,
8 Festgestellt auf immer, auf ewig, ausgeführt in Wahrheit und Geradheit.
9 Er hat Erlösung gesandt seinem Volke, seinen Bund verordnet auf ewig; heilig und furchtbar ist sein Name.
10 Die Furcht Jehovas ist der Weisheit Anfang; gute Einsicht haben alle, die sie l ausüben. Sein Lob m besteht ewiglich.

Psalm 112 g

Lobet Jehova! h

1 Glückselig der Mann, der Jehova fürchtet, der große Lust hat an seinen Geboten!
2 Sein Same wird mächtig sein im Lande n; es wird gesegnet werden das Geschlecht der Aufrichtigen.
3 Vermögen und Reichtum wird in seinem Hause sein, und seine Gerechtigkeit besteht ewiglich.
4 Den Aufrichtigen geht Licht auf in der Finsternis; er ist gnädig und barmherzig und gerecht.
5 Wohl dem Manne, der gnädig ist und leiht! er wird seine Sachen durchführen im Gericht;
6 Denn in Ewigkeit wird er nicht wanken. Zum ewigen Andenken wird der Gerechte sein.
7 Nicht wird er sich fürchten vor böser Kunde; fest ist sein Herz, vertrauend auf Jehova.
8 Befestigt o ist sein Herz; er fürchtet sich nicht, bis er seine Lust sieht an seinen Bedrängern.
9 Er streut aus, gibt den Armen; seine Gerechtigkeit besteht ewiglich; sein Horn wird erhöht werden in Ehre.
10 Der Gesetzlose wird es sehen und sich ärgern; mit seinen Zähnen wird er knirschen und vergehen; das Begehren der Gesetzlosen wird untergehen.

Psalm 113

Lobet Jehova! h

1 Lobet, ihr Knechte Jehovas, lobet den Namen Jehovas!
2 Gepriesen sei der Name Jehovas von nun an bis in Ewigkeit!
3 Vom Aufgang der Sonne bis zu ihrem Niedergang sei gelobt der Name Jehovas!
4 Hoch über alle Nationen ist Jehova, über die Himmel seine Herrlichkeit.
5 Wer ist wie Jehova, unser Gott, der hoch oben thront;
6 Der sich herabneigt, um auf die Himmel und auf die Erde zu schauen?
7 Der aus dem Staube emporhebt den Geringen, aus dem Kote erhöht den Armen,
8 Um ihn sitzen zu lassen bei den Edlen p, bei den Edlen seines Volkes.
9 Der die Unfruchtbare des Hauses q wohnen läßt als eine fröhliche Mutter von Söhnen. Lobet Jehova! h

Psalm 114

1 Als Israel aus Aegypten zog, das Haus Jakob aus dem Volke fremder Sprache,
2 *Da* war Juda sein Heiligtum, Israel seine Herrschaft.
3 Das Meer sah es und floh, der Jordan wandte sich zurück;
4 Die Berge hüpften wie Widder, die Hügel wie junge Schafe.
5 Was war dir, du Meer, daß du flohest? du Jordan, daß du dich zurückwandtest?

---

a Eig. Spruch Jahs. — b O. *weithin* strecken. — c O. deines Heereszuges. — d d. h. deiner jungen Mannschaft. — e O. voll ist es von. — f O. Aus dem Bache am Wege usw. — g Die Anfangsbuchstaben einer jeden Vershälfte dieses Psalmes folgen im Hebr. der alphabetischen Ordnung. — h Hallelujah! — i Dasselbe Wort wie Ps. 89, 7. — j O. Rechtschaffenen; so auch Ps. 112, 2. 4. — k O. indem er ihnen gab. — l d. h. die Vorschriften (V. 7). — m O. Ruhm. — n O. auf Erden. — o O. Gestützt. — p Vergl. 1. Sam. 2, 8. — q d. h. das unfruchtbare Eheweib.

16

6   Ihr Berge, daß ihr hüpftet wie Widder? ihr Hügel, wie junge Schafe?
7   Erbebe vor dem Herrn, du Erde, vor dem Gott a Jakobs,
8   Der den Felsen verwandelte in einen Wasserteich, den Kieselfelsen in einen Wasserquell!

Psalm 115

1   Nicht uns, Jehova, nicht uns, sondern deinem Namen gib Ehre, um deiner Güte, um deiner Wahrheit willen!
2   Warum sollen die Nationen sagen: Wo ist denn ihr Gott?
3   Aber unser Gott ist in den Himmeln; alles was ihm wohlgefällt, tut er.
4   Ihre Götzen sind Silber und Gold, ein Werk von Menschenhänden.
5   Einen Mund haben sie und reden nicht; Augen haben sie und sehen nicht;
6   Ohren haben sie und hören nicht; eine Nase haben sie und riechen nicht;
7   Sie haben Hände und tasten nicht, Füße, und sie gehen nicht; keinen Laut geben sie mit ihrer Kehle.
8   Ihnen gleich sind die, die sie machen, ein jeder, der auf sie vertraut.
9   Israel, vertraue auf Jehova! ihre Hilfe und ihr Schild ist er.
10   Haus Aaron, vertrauet auf Jehova! ihre Hilfe und ihr Schild ist er.
11   Ihr, die ihr Jehova fürchtet, vertrauet auf Jehova! ihre Hilfe und ihr Schild ist er.
12   Jehova hat unser gedacht, er wird segnen; er wird segnen das Haus Israel, segnen das Haus Aaron.
13   Er wird segnen die Jehova fürchten, die Kleinen mit den Großen.
14   Jehova wird zu euch hinzufügen, zu euch und zu euren Kindern.
15   Gesegnet seid ihr von Jehova, der Himmel und Erde gemacht hat.
16   Die Himmel sind die Himmel Jehovas, die Erde aber hat er den Menschenkindern gegeben.
17   Die Toten werden Jehova b nicht loben, noch alle, die zum Schweigen hinabfahren;
18   Wir aber, wir werden Jehova b preisen von nun an bis in Ewigkeit. Lobet Jehova! c

Psalm 116

1   Ich liebe Jehova; denn er hörte d meine Stimme, mein Flehen;
2   Denn er hat zu mir geneigt sein Ohr; und ich will ihn anrufen in allen meinen Tagen.
3   Es umfingen mich die Bande des Todes, und die Bedrängnisse des Scheols erreichten mich; ich fand Drangsal und Kummer.
4   Und ich rief an den Namen Jehovas: Bitte, Jehova, errette meine Seele!
5   Gnädig ist Jehova und gerecht, und unser Gott ist barmherzig.
   Jehova bewahrt die Einfältigen;

ich war elend e, und er hat mich gerettet.
   Kehre wieder, meine Seele, zu deiner Ruhe f! denn Jehova hat wohlgetan an dir.   7
   Denn du hast meine Seele errettet 8 vom Tode, meine Augen von Tränen, meinen Fuß vom Sturz.
   Ich werde wandeln vor Jehova in 9 dem Lande g der Lebendigen.
   Ich glaubte, darum redete ich h. Ich 10 bin sehr gebeugt gewesen.
   Ich sprach in meiner Bestürzung: 11 Alle Menschen sind Lügner!
   Wie soll ich Jehova alle seine Wohl- 12 taten an mir vergelten?
   Den Becher der Rettungen will ich 13 nehmen und anrufen den Namen Jehovas.
   Ich will Jehova meine Gelübde be- 14 zahlen, ja, in der Gegenwart seines ganzen Volkes.
   Kostbar ist in den Augen Jehovas 15 der Tod seiner Frommen.
   Bitte, Jehova! denn ich bin dein 16 Knecht; ich bin dein Knecht, der Sohn deiner Magd; gelöst hast du meine Bande.
   Dir will ich Opfer des Lobes i op- 17 fern, und anrufen den Namen Jehovas.
   Ich will Jehova meine Gelübde be- 18 zahlen, ja, in der Gegenwart seines ganzen Volkes,
   In den Vorhöfen des Hauses Jeho- 19 vas, in deiner Mitte, Jerusalem. Lobet Jehova! c

Psalm 117

   Lobet Jehova, alle Nationen! Rühmet ihn, alle Völker!
   Denn mächtig über uns ist seine 2 Güte; und die Wahrheit Jehovas währt ewiglich. Lobet Jehova! c

Psalm 118

   Preiset j Jehova! denn er ist gut, denn seine Güte währt ewiglich.
   Es sage doch Israel: denn seine Güte währt ewiglich.
   Es sage doch das Haus Aaron: denn seine Güte währt ewiglich.
   Es sagen doch die Jehova fürchten: denn seine Güte währt ewiglich.
   Aus der Bedrängnis rief ich zu Jah; Jah erhörte mich und setzte mich in einen weiten Raum.
   Jehova ist für mich, ich werde mich nicht fürchten; was sollte mir der Mensch mir tun?
   Jehova ist für mich unter meinen Helfern k, und ich werde meine Lust sehen an meinen Hassern.
   Es ist besser, auf Jehova zu trauen, als sich zu verlassen auf den Menschen.
   Es ist besser, auf Jehova zu trauen, als sich zu verlassen auf Fürsten.
   Alle Nationen hatten mich umringt; 10

---

a Eloah. — b Hebr. Jah. — c Hallelujah! — d O. hört. — e O. schwach. — f Eig. vollen Ruhe. — g W. den Ländern. — h Eig. denn ich redete. — i S. die Anm. zu Ps. 107, 22. — j O. Danket. — k S. die Anm. zu Ps. 54, 4.

gewiß, im Namen Jehovas vertilgte ich sie.

11 Sie hatten mich umringt, ja, mich umringt; gewiß, im Namen Jehovas vertilgte ich sie.

12 Sie hatten mich umringt wie Bienen; sie sind erloschen wie Dornenfeuer; gewiß, im Namen Jehovas vertilgte ich sie.

13 Hart hast du mich gestoßen, um mich zu Fall zu bringen; aber Jehova hat mir geholfen.

14 Meine Stärke und mein Gesang ist Jah, und er ist mir zur Rettung geworden.

15 Die Stimme des Jubels und der Rettung ist in den Zelten der Gerechten; die Rechte Jehovas tut mächtige Taten a.

16 Die Rechte Jehovas ist erhoben, die Rechte Jehovas tut mächtige Taten a.

17 Ich werde nicht sterben, sondern leben und die Taten Jahs erzählen.

18 Hart b hat mich Jah gezüchtigt, aber dem Tode hat er mich nicht übergeben.

19 Oeffnet mir die Tore der Gerechtigkeit: ich will durch sie eingehen, Jah will ich preisen c.

20 Dies ist das Tor Jehovas: Die Gerechten werden durch dasselbe eingehen.

21 Ich will dich preisen, denn d du hast mich erhört und bist mir zur Rettung geworden.

22 Der Stein, den die Bauleute verworfen haben, ist zum Eckstein e geworden.

23 Von Jehova ist dies geschehen; wunderbar ist es f in unseren Augen.

24 Dies ist der Tag, den Jehova gemacht hat; frohlocken wir und freuen wir uns in ihm.

25 Bitte, Jehova, rette doch! bitte, Jehova, gib doch Wohlfahrt!

26 Gesegnet, der da kommt im Namen Jehovas! Von dem Hause Jehovas aus haben wir euch gesegnet g.

27 Jehova ist Gott h, und er hat uns Licht gegeben; bindet das Festopfer mit Stricken bis an die i Hörner des Altars.

28 Du bist mein Gott h, und ich will dich preisen; mein Gott, ich will dich erheben.

29 Preiset Jehova! denn er ist gut, denn seine Güte $währt$ ewiglich.

Psalm 119 j

1 Glückselig die im Wege untadelig sind, die da wandeln im Gesetze Jehovas!

2 Glückselig die seine Zeugnisse bewahren, die von ganzem Herzen ihn suchen,

3 Die auch kein Unrecht tun, in seinen Wegen wandeln!

4 Du hast deine Vorschriften geboten, um sie fleißig zu beobachten.

5 O daß meine Wege gerichtet wären k, um deine Satzungen zu beobachten!

6 Dann werde ich nicht beschämt werden, wenn ich achthabe auf alle deine Gebote.

7 Preisen werde ich dich in Aufrichtigkeit l des Herzens, wenn ich gelernt habe die Rechte m deiner Gerechtigkeit.

8 Deine Satzungen werde ich beobachten; verlaß mich nicht ganz und gar!

*

9 Wodurch wird ein Jüngling seinen Pfad in Reinheit wandeln n? Indem er sich bewahrt nach deinem Worte.

10 Mit meinem ganzen Herzen habe ich dich gesucht: laß mich nicht abirren von deinen Geboten!

11 In meinem Herzen habe ich dein Wort verwahrt, auf daß ich nicht wider dich sündige.

12 Gepriesen seiest du, Jehova! lehre mich deine Satzungen!

13 Mit meinen Lippen habe ich erzählt alle Rechte deines Mundes.

14 An dem Wege deiner Zeugnisse habe ich mich erfreut wie über allen Reichtum.

15 Ueber deine Vorschriften will ich sinnen und achthaben auf deine Pfade.

16 An deinen Satzungen habe ich meine Wonne; deines Wortes werde ich nicht vergessen.

*

17 Tue wohl an deinem Knechte, so werde ich leben; und ich will dein Wort bewahren.

18 Oeffne meine Augen, damit ich Wunder schaue in p deinem Gesetz!

19 Ein Fremdling bin ich im Lande q, verbirg nicht vor mir deine Gebote!

20 Zermalmt ist meine Seele vor Verlangen nach deinen Rechten zu aller Zeit.

21 Gescholten hast du die Uebermütigen, die Verfluchten, welche abirren von deinen Geboten.

22 Wälze von mir Hohn und Verachtung! denn deine Zeugnisse habe ich bewahrt r.

23 Sitzen auch Fürsten und bereden sich wider mich, dein Knecht sinnt über deine Satzungen.

24 Deine Zeugnisse sind auch meine Wonne, meine Ratgeber.

*

25 Am Staube klebt meine Seele; belebe mich nach deinem Worte!

---

a Eig. Mächtiges. — b O. Wohl. — c O. danken; so auch V. 21. 28. 29. — d O. daß. — e W. Haupt der Ecke, d. h. Eck- und Hauptstein; ein Ausdruck, der nur hier vorkommt. — f O. er. — g O. segnen wir euch. — h El. — i O. $und führet es$ bis zu den. — j Die Anfangsbuchstaben der Abteilungen dieses Psalmes folgen im Hebr. der alphabetischen Ordnung, und zwar beginnen alle 8 Verse jeder Abteilung mit demselben Buchstaben. — k d. h. daß ihnen die rechte Richtung gegeben wäre; vergl. Hiob 11, 13. — l O. Geradheit. — m d. h. die Urteile, Entscheidungen; so auch V. 43. 52. 62 usw. — n Eig. reinigen od. rein erhalten. — o Eig. auf der Hut ist. — p Eig. aus. — q O. auf Erden. — r O. bewahre ich.

26 Meine Wege habe ich erzählt, und du hast mich erhört; lehre mich deine Satzungen!

27 Laß mich verstehen den Weg deiner Vorschriften, und sinnen will ich über deine Wundertaten.

28 Vor Traurigkeit zerfließt in Tränen meine Seele; richte mich auf *a* nach deinem Worte!

29 Wende von mir ab den Weg der Lüge *b* und gewähre mir dein Gesetz!

30 Den Weg der Treue habe ich erwählt, habe vor mich gestellt deine Rechte.

31 Ich hange an deinen Zeugnissen; Jehova, laß mich nicht beschämt werden!

32 Den Weg deiner Gebote werde ich laufen, wenn du Raum gemacht haben wirst meinem Herzen.

*

33 Lehre mich, Jehova, den Weg deiner Satzungen, und ich will ihn bewahren bis ans Ende.

34 Gib mir Einsicht, und ich will dein Gesetz bewahren und es halten von ganzem Herzen.

35 Laß mich wandeln auf dem Pfade deiner Gebote! denn an ihm habe ich meine Lust.

36 Neige mein Herz zu deinen Zeugnissen und nicht zum Gewinn!

37 Wende meine Augen ab, daß sie Eitles nicht sehen! belebe mich in deinen Wegen!

38 Bestätige *c* deinem Knechte deine Zusage, welche deiner Furcht entspricht!

39 Wende ab meinen Hohn, den ich fürchte! denn deine Rechte sind gut.

40 Siehe, ich verlange nach deinen Vorschriften; belebe mich in deiner Gerechtigkeit!

*

41 Und laß über mich kommen deine Gütigkeiten, Jehova, deine Rettung nach deiner Zusage!

42 So werde ich Antwort geben dem mich Höhnenden; denn ich vertraue auf dein Wort.

43 Und entziehe meinem Munde nicht gänzlich das Wort der Wahrheit! denn ich harre auf deine Rechte.

44 Und halten will ich dein Gesetz beständig, immer und ewiglich.

45 Und ich werde wandeln in weitem Raume; denn nach deinen Vorschriften habe ich getrachtet.

46 Und vor Königen will ich reden von deinen Zeugnissen und mich nicht schämen.

47 Und ich werde meine Wonne haben an deinen Geboten, die ich liebe,

48 Und werde meine Hände aufheben zu deinen Geboten, die ich liebe; und über deine Satzungen will ich sinnen.

*

49 Gedenke des Wortes an deinen Knecht, auf welches du mich hast harren lassen!

Dies ist mein Trost in meinem Elen- 50 de, daß deine Zusage mich belebt hat. *d*

Die Uebermütigen haben mich über 51 die Maßen verspottet; von deinem Gesetz bin ich nicht abgewichen.

Ich gedachte, Jehova, deiner Rech- 52 te von alters her, und ich tröstete mich.

Zornglut hat mich ergriffen wegen 53 der Gesetzlosen, die dein Gesetz verlassen.

Deine Satzungen sind meine Ge- 54 sänge gewesen im Hause meiner Fremdlingschaft.

Des Nachts habe ich deines Namens 55 gedacht, Jehova, und ich habe dein Gesetz gehalten.

Dies ist mir geschehen, weil *e* ich 56 deine Vorschriften bewahrt habe.

*

Mein Teil, Jehova, habe ich gesagt, 57 ist, deine Worte zu bewahren. *f*

Von ganzem Herzen habe ich dich 58 angefleht; sei mir gnädig nach deiner Zusage!

Ich habe meine Wege überdacht, 59 und meine Füße gekehrt zu deinen Zeugnissen.

Ich habe geeilt und nicht gesäumt, 60 deine Gebote zu halten.

Die Bande der Gesetzlosen haben 61 mich umgeben; dein Gesetz habe ich nicht vergessen.

Um Mitternacht stehe ich auf, um 62 dich zu preisen wegen der Rechte deiner Gerechtigkeit.

Ich bin der Gefährte aller, die dich 63 fürchten, und derer, die deine Vorschriften beobachten.

Von deiner Güte, Jehova, ist die 64 Erde erfüllt; lehre mich deine Satzungen!

*

Du hast Gutes getan an deinem 65 Knechte, Jehova, nach deinem Worte.

Gute Einsicht und Erkenntnis lehre 66 mich! denn ich habe deinen Geboten geglaubt.

Bevor ich gedemütigt ward, irrte 67 ich; jetzt aber bewahre ich dein Wort.

Du bist gut und guttätig; lehre 68 mich deine Satzungen!

Lügen haben die Uebermütigen wi- 69 der mich erdichtet; ich bewahre *g* deine Vorschriften von ganzem Herzen.

Ihr Herz ist dick geworden wie 70 Fett; ich habe meine Wonne an deinem Gesetz.

Es ist gut für mich, daß ich gede- 71 mütigt ward, damit ich deine Satzungen lernte.

Besser ist mir das Gesetz deines 72 Mundes als Tausende von Gold und Silber.

*

Deine Hände haben mich gemacht 73 und bereitet; gib mir Einsicht, und ich will deine Gebote lernen.

Die dich fürchten, werden mich se- 74

---

a O. halte mich aufrecht. — *b* O. Falschheit; so auch V. 104 u. 128. — *c* O. Halte aufrecht. — *d* O. Das ist . . ., denn deine Zusage hat mich belebt. — *e* O. mir geworden, daß. — *f* O. Mein Teil ist Jehova, habe ich gesagt, um deine Worte zu bewahren. — *g* O. werde bewahren.

hen und sich freuen; denn ich habe auf dein Wort geharrt.

75 Ich weiß, Jehova, daß deine Gerichte Gerechtigkeit sind, und daß du mich gedemütigt hast in Treue.

76 Laß doch deine Güte mir zum Troste sein, nach deiner Zusage an deinen Knecht!

77 Laß deine Erbarmungen über mich kommen, so werde ich leben; denn dein Gesetz ist meine Wonne.

78 Laß beschämt werden die Uebermütigen! denn sie haben mich gebeugt *a* ohne Grund; ich, ich sinne über deine Vorschriften.

79 Laß sich zu mir kehren die dich fürchten und die deine Zeugnisse kennen!

80 Laß mein Herz untadelig sein in deinen Satzungen, damit ich nicht beschämt werde!

*

81 Meine Seele schmachtet nach deiner Rettung, ich harre auf dein Wort.

82 Meine Augen schmachten nach deiner Zusage, indem ich spreche: Wann wirst du mich trösten?

83 Denn wie ein Schlauch im Rauche bin ich geworden; deine Satzungen habe ich nicht vergessen.

84 Wie viele werden der Tage deines Knechtes sein? Wann wirst du Gericht üben an meinen Verfolgern?

85 Die Uebermütigen haben mir Gruben gegraben, sie, die nicht nach deinem Gesetz sind.

86 Alle deine Gebote sind Treue. Sie haben mich verfolgt ohne Grund: hilf mir!

87 Wenig fehlte, so hätten sie mich vernichtet auf der Erde *b*; ich aber, ich habe deine Vorschriften nicht verlassen.

88 Belebe mich nach deiner Güte, und ich will bewahren das Zeugnis deines Mundes.

*

89 In Ewigkeit, Jehova, steht dein Wort fest in den Himmeln;

90 Von Geschlecht zu Geschlecht *währt* deine Treue; du hast die Erde festgestellt, und sie steht.

91 Nach deinen Verordnungen stehen sie heute da, denn alle Dinge *c* dienen dir.

92 Wäre nicht dein Gesetz meine Wonne gewesen, dann würde ich umgekommen sein in meinem Elende.

93 Nimmermehr werde ich deine Vorschriften vergessen, denn durch sie hast du mich belebt.

94 Ich bin dein, rette mich! denn ich habe nach deinen Vorschriften getrachtet.

95 Die Gesetzlosen haben mir aufgelauert, um mich umzubringen; ich achte auf deine Zeugnisse.

96 Von aller Vollkommenheit habe ich ein Ende gesehen; sehr ausgedehnt ist dein Gebot.

*

Wie liebe ich dein Gesetz! es ist 97 mein Sinnen den ganzen Tag.

Weiser als meine Feinde machen 98 mich deine Gebote, denn immer sind sie bei mir *d*.

Verständiger bin ich als alle meine 99 Lehrer, denn deine Zeugnisse sind mein Sinnen.

Mehr Einsicht habe ich als die Al- 100 ten, denn deine Vorschriften habe ich bewahrt.

Von jedem bösen Pfade habe ich 101 meine Füße zurückgehalten, damit ich dein Wort bewahre.

Nicht bin ich von deinen Rechten 102 gewichen, denn du, du hast mich unterwiesen.

Wie süß sind meinem Gaumen 103 deine Worte, mehr als Honig meinem Munde!

Aus deinen Vorschriften empfange 104 ich Einsicht; darum hasse ich jeden Lügenpfad.

*

Dein Wort ist Leuchte meinem 105 Fuße und Licht für meinen Pfad.

Ich habe geschworen und halte es 106 aufrecht, zu beobachten die Rechte deiner Gerechtigkeit.

Ich bin über die Maßen gebeugt; Je- 107 hova, belebe mich nach deinem Worte!

Laß dir doch wohlgefallen, Jeho- 108 va, die freiwilligen Opfer meines Mundes, und lehre mich deine Rechte!

Mein Leben ist stets in meiner 109 Hand *e*, aber dein Gesetz habe ich nicht vergessen.

Die Gesetzlosen haben mir eine 110 Schlinge gelegt, aber von deinen Vorschriften bin ich nicht abgeirrt.

Deine Zeugnisse habe ich mir als 111 Erbteil genommen auf ewig, denn meines Herzens Freude sind sie.

Ich habe mein Herz geneigt, deine 112 Satzungen zu tun ewiglich bis ans Ende.

*

Die Doppelherzigen hasse ich, und 113 ich liebe dein Gesetz.

Mein Bergungsort und mein Schild 114 bist du; auf dein Wort harre ich.

Weichet von mir, ihr Uebeltäter! 115 ich will die Gebote meines Gottes bewahren.

Unterstütze mich nach deiner Zu- 116 sage, so werde ich leben; und laß mich nicht beschämt werden in meiner Hoffnung!

Stütze mich, so werde ich gerettet 117 werden; und ich will stets schauen auf deine Satzungen.

Verworfen hast du alle, die von 118 deinen Satzungen abirren; denn Lüge ist ihr Trug.

Wie Schlacken hast du hinwegge- 119 räumt alle Gesetzlosen der Erde; darum liebe ich deine Zeugnisse.

Vor deinem Schrecken schaudert 120 mein Fleisch, und ich fürchte mich vor deinen Gerichten *f*.

*

---

a d. h. in meinem Rechte. — *b* O. im Lande. — *c* Eig. das Ganze, d. h. das ganze Weltall. — *d* W. denn ewiglich sind sie mein. — *e* d. h. stets in Gefahr. — *f* O. Urteilen, Rechten.

121 Ich habe Recht und Gerechtigkeit geübt; überlaß mich nicht meinen Bedrückern!
122 Sei Bürge für deinen Knecht zum Guten; laß die Uebermütigen mich nicht bedrücken!
123 Meine Augen schmachten nach deiner Rettung und nach der Zusage deiner Gerechtigkeit.
124 Handle mit deinem Knechte nach deiner Güte, und lehre mich deine Satzungen!
125 Dein Knecht bin ich, gib mir Einsicht, so werde ich deine Zeugnisse erkennen.
126 Es ist Zeit für Jehova zu handeln: sie haben dein Gesetz gebrochen.
127 Darum liebe ich deine Gebote mehr als Gold und gediegenes Gold;
128 Darum halte ich alle deine Vorschriften für recht; jeden Lügenpfad hasse ich.

*

129 Wunderbar sind deine Zeugnisse, darum bewahrt sie meine Seele.
130 Die Eröffnung *a* deines Wortes erleuchtet, gibt Einsicht den Einfältigen.
131 Ich habe meinen Mund weit aufgetan und gelechzt, denn ich habe verlangt nach deinen Geboten.
132 Wende dich zu mir und sei mir gnädig, nach dem Rechte derer *b*, die deinen Namen lieben!
133 Befestige meine Schritte in deinem Worte *c*, und laß kein Unrecht mich beherrschen *d*!
134 Erlöse mich von der Bedrückung des Menschen, und ich will deine Vorschriften beobachten.
135 Laß dein Angesicht leuchten über deinen Knecht, und lehre mich deine Satzungen!
136 Wasserbäche fließen herab aus meinen Augen, weil sie dein Gesetz nicht halten.

*

137 Gerecht bist du, Jehova, und gerade sind deine Gerichte *e*.
138 Du hast in Gerechtigkeit deine Zeugnisse geboten und in Treue gar sehr.
139 Verzehrt hat mich mein Eifer, denn meine Bedränger haben deine Worte vergessen.
140 Wohlgeläutert ist dein Wort, und dein Knecht hat es lieb.
141 Gering bin ich und verachtet; deine Vorschriften habe ich nicht vergessen.
142 Deine Gerechtigkeit ist eine ewige Gerechtigkeit, und dein Gesetz ist Wahrheit.
143 Angst und Bedrängnis haben mich erreicht; deine Gebote sind meine Wonne.
144 Gerechtigkeit sind deine Zeugnisse ewiglich; gib mir Einsicht, so werde ich leben.

*

145 Von ganzem Herzen habe ich gerufen; erhöre mich, Jehova! ich will deine Satzungen beobachten.
146 Zu dir habe ich gerufen, rette mich! und ich will deine Zeugnisse bewahren.
147 Der Morgendämmerung bin ich zuvorgekommen und habe geschrieen; auf dein Wort habe ich geharrt.
148 Meine Augen sind den Nachtwachen zuvorgekommen, um zu sinnen über dein Wort.
149 Höre meine Stimme nach deiner Güte; Jehova, belebe mich nach deinen Rechten!
150 Es haben sich genaht die bösen Plänen *f* nachjagen; fern sind sie von deinem Gesetz.
151 Du bist nahe, Jehova; und alle deine Gebote sind Wahrheit.
152 Von alters her habe ich aus deinen Zeugnissen gewußt, daß du sie gegründet hast auf ewig.

*

153 Sieh an mein Elend und befreie mich! denn dein Gesetz habe ich nicht vergessen.
154 Führe meinen Rechtsstreit und erlöse mich! belebe mich nach deiner Zusage!
155 Fern ist von den Gesetzlosen Rettung, denn nach deinen Satzungen trachten sie nicht.
156 Deiner Erbarmungen sind viele, Jehova; belebe mich nach deinen Rechten!
157 Viele sind meiner Verfolger und meiner Bedränger; von deinen Zeugnissen bin ich nicht abgewichen.
158 Die Treulosen habe ich gesehen, und es ekelte mich an, weil sie dein Wort nicht bewahrten.
159 Sieh, daß ich deine Vorschriften lieb habe; nach deiner Güte, Jehova, belebe mich!
160 Die Summe deines Wortes ist Wahrheit, und alles Recht *g* deiner Gerechtigkeit *währt* ewiglich.

*

161 Fürsten haben mich verfolgt ohne Ursache; aber vor deinem Worte hat mein Herz sich gefürchtet.
162 Ich freue mich über dein Wort wie einer, der große Beute findet.
163 Lüge *h* hasse und verabscheue ich; ich liebe dein Gesetz.
164 Siebenmal des Tages lobe ich dich um der Rechte deiner Gerechtigkeit willen.
165 Große Wohlfahrt *i* haben die, die dein Gesetz lieben, und kein Fallen gibt es für sie.
166 Ich habe auf deine Rettung gewartet *j*, Jehova; und deine Gebote habe ich getan.
167 Meine Seele hat deine Zeugnisse bewahrt, und ich liebe sie sehr.
168 Deine Vorschriften und deine Zeugnisse habe ich bewahrt, denn meine Wege sind vor dir.

*

---

a And. übers.: Der Eingang. — *b* O. wie es denen gebührt. — *c* O. durch dein Wort. — *d* And.: über mich herrschen. — *e* O. Urteile, Rechte. — *f* O. Schandbarem. — *g* O. jede Entscheidung, Verordnung. — *h* O. Falschheit. — *i* O. Großen Frieden. — *j* O. gehofft.

169 Laß mein Schreien nahe vor dich kommen, Jehova; gib mir Einsicht nach deinem Worte!

170 Laß vor dich kommen mein Flehen; errette mich nach deiner Zusage!

171 Meine Lippen sollen *dein* Lob hervorströmen lassen, wenn du mich gelehrt hast *a* deine Satzungen.

172 Meine Zunge soll laut reden von deinem Worte *b*, denn alle deine Gebote sind Gerechtigkeit.

173 Laß deine Hand mir zu Hilfe kommen! denn ich habe deine Vorschriften erwählt.

174 Ich sehne mich nach deiner Rettung, Jehova; und dein Gesetz ist meine Wonne.

175 Laß meine Seele leben, und sie wird dich loben *c*; und deine Rechte mögen mir helfen!

176 Ich bin umhergeirrt wie ein verlorenes Schaf; suche deinen Knecht! denn ich habe deine Gebote nicht vergessen.

Psalm 120

Ein Stufenlied.

1 Zu Jehova rief ich in meiner Bedrängnis, und er erhörte mich.

2 Jehova, errette meine Seele von der Lippe der Lüge, von der Zunge des Truges!

3 Was soll man *d* dir geben und was dir hinzufügen, du Zunge des Truges?

4 Scharfe Pfeile eines Gewaltigen, samt glühenden Kohlen der Ginster.

5 Wehe mir, daß ich weile in Mesech, daß ich wohne bei den Zelten Kedars!

6 Lange *e* hat meine Seele bei denen gewohnt, die den Frieden hassen.

7 Ich will nur Frieden *f*; aber wenn ich rede, so sind sie für Krieg.

Psalm 121

Ein Stufenlied.

1 Ich hebe meine Augen auf zu den Bergen, woher meine Hilfe kommen wird *g*.

2 Meine Hilfe *kommt* von Jehova, der Himmel und Erde gemacht hat.

3 Er wird nicht zulassen, daß dein Fuß wanke; dein Hüter schlummert nicht.

4 Siehe, der Hüter Israels, nicht schlummert noch schläft er.

5 Jehova ist dein Hüter, Jehova ist dein Schatten über deiner rechten Hand.

6 Nicht wird die Sonne dich stechen des Tages, noch der Mond des Nachts.

7 Jehova wird dich behüten vor allem Uebel, er wird behüten deine Seele.

8 Jehova wird behüten deinen Ausgang und deinen Eingang, von nun an bis in Ewigkeit.

Psalm 122

Ein Stufenlied. Von David.

1 Ich freute mich, als sie zu mir sagten: Lasset uns zum Hause Jehovas gehen!

2 Unsere Füße werden in deinen Toren stehen, Jerusalem!

3 Jerusalem, die du aufgebaut bist als eine fest in sich geschlossene Stadt,

4 Wohin die Stämme hinaufziehen, die Stämme Jahs, ein Zeugnis für Israel, zu preisen den Namen Jehovas!

5 Denn daselbst stehen die Throne zum Gericht, die Throne des Hauses Davids.

6 Bittet um die Wohlfahrt *h* Jerusalems! *i* Es gehe wohl denen *j*, die dich lieben!

7 Wohlfahrt sei in deinen Festungswerken, sichere Ruhe in deinen Palästen!

8 Um meiner Brüder und meiner Genossen willen will ich sagen: Wohlfahrt sei in dir!

9 Um des Hauses Jehovas, unseres Gottes, willen will ich dein Bestes suchen.

Psalm 123

Ein Stufenlied.

1 Ich hebe meine Augen auf zu dir, der du thronst *k* in den Himmeln!

2 Siehe, wie die Augen der Knechte auf die Hand ihres Herrn, wie die Augen der Magd auf die Hand ihrer Gebieterin, also sind unsere Augen *gerichtet* auf Jehova, unseren Gott, bis er uns gnädig ist.

3 Sei uns gnädig, Jehova, sei uns gnädig! denn reichlich *l* sind wir mit Verachtung gesättigt;

4 Reichlich *l* ist unsere Seele gesättigt mit dem Spotte der Sorglosen, mit der Verachtung der Hoffärtigen.

Psalm 124

Ein Stufenlied. Von David.

1 Wenn nicht Jehova für uns gewesen wäre, sage doch Israel,

2 Wenn nicht Jehova für uns gewesen wäre, als die Menschen wider uns aufstanden,

3 Dann würden sie uns lebendig verschlungen haben, als ihr Zorn gegen uns entbrannte;

4 Dann würden die Wasser uns überflutet haben, würde ein Strom *m* über unsere Seele gegangen sein;

5 Dann würden über unsere Seele gegangen sein die stolzen Wasser.

6 Gepriesen sei Jehova, der uns nicht zum Raube gab ihren Zähnen!

7 Unsere Seele ist entronnen wie ein Vogel aus der Schlinge der Vogelsteller; die Schlinge ist zerrissen, und wir sind entronnen.

8 Unsere Hilfe ist im Namen Jehovas, der Himmel und Erde gemacht hat.

---

a O. weil du mich lehrst. — *b* Eig. dein Wort anheben, anstimmen. — *c* O. daß sie dich lobe. — *d* O. er (Gott). — *e* O. Genug. — *f* W. Ich bin Friede. — *g* O. woher wird meine Hilfe kommen? — *h* O. den Frieden; so auch V. 7. 8; 125, 5 usw. — *i* O. Wünschet Jerusalem Frieden zu! — *j* O. In sicherer Ruhe seien die. — *k* O. wohnst. — *l* O. genugsam. — *m* Eig. ein Wildbach.

Psalm 125

Ein Stufenlied.

1 Die auf Jehova vertrauen, sind gleich dem Berge Zion, der nicht wankt, der ewiglich bleibt.
2 Jerusalem — Berge sind rings um sie her: so ist Jehova rings um sein Volk, von nun an bis in Ewigkeit.
3 Denn die Rute *a* der Gesetzlosigkeit wird auf dem Lose der Gerechten nicht ruhen, damit die Gerechten ihre Hände nicht ausstrecken nach Unrecht.
4 Tue Gutes, Jehova, den Guten und denen, die aufrichtig sind in ihren Herzen!
5 Die aber auf ihre krummen Wege abbiegen, die wird Jehova dahinfahren lassen *b* mit denen, welche Frevel tun.
Wohlfahrt über Israel!

Psalm 126

Ein Stufenlied.

1 Als Jehova die Gefangenen *c* Zions zurückführte, waren wir wie Träumende.
2 Da ward unser Mund voll Lachens, und unsere Zunge voll Jubels: da sagte man unter den Nationen: Jehova hat Großes an ihnen *d* getan!
3 Jehova hat Großes an uns getan: wir waren fröhlich!
4 Führe unsere Gefangenen zurück, Jehova, gleich Bächen im Mittagslande!
5 Die mit Tränen säen, werden mit Jubel ernten.
6 Er geht hin unter Weinen und trägt den Samen zur Aussaat; er kommt heim mit Jubel und trägt seine Garben.

Psalm 127

Ein Stufenlied. Von Salomo.

1 Wenn Jehova das Haus nicht baut, vergeblich arbeiten daran die Bauleute; wenn Jehova die Stadt nicht bewacht, vergeblich wacht der Wächter.
2 Vergeblich ist es für euch, daß ihr früh aufstehet, spät aufbleibet, das Brot der Mühsal *e* esset; also gibt er seinem Geliebten im *f* Schlaf.
3 Siehe, ein Erbteil Jehovas sind Söhne, eine Belohnung die Leibesfrucht;
4 Wie Pfeile in der Hand eines Helden, so sind die Söhne der Jugend:
5 Glückselig der Mann, der mit ihnen seinen Köcher gefüllt hat! Sie werden nicht beschämt werden, wenn sie mit Feinden reden im Tore.

Psalm 128

Ein Stufenlied.

1 Glückselig ein jeder, der Jehova fürchtet, der da wandelt in seinen Wegen!
2 Denn essen wirst du die Arbeit deiner Hände; glückselig wirst du sein, und es wird dir wohlgehen.
3 Dein Weib wird gleich einem fruchtbaren Weinstock sein im Innern deines Hauses, deine Söhne gleich Oelbaumsprossen rings um deinen Tisch.
4 Siehe, also wird gesegnet sein der Mann, der Jehova fürchtet.
5 Segnen wird dich Jehova von Zion aus, und du wirst das Wohl Jerusalems schauen *g* alle Tage deines Lebens,
6 Und sehen deiner Kinder Kinder. — Wohlfahrt über Israel!

Psalm 129

Ein Stufenlied.

1 Oftmals haben sie mich bedrängt von meiner Jugend an, sage doch Israel,
2 Oftmals haben sie mich bedrängt von meiner Jugend an; dennoch haben sie mich nicht übermocht.
3 Pflüger haben auf meinem Rücken gepflügt, haben lang gezogen ihre Furchen.
4 Jehova ist gerecht; er hat durchschnitten das Seil der Gesetzlosen.
5 Mögen beschämt werden und zurückweichen alle, die Zion hassen!
6 Mögen sie sein wie das Gras der Dächer, welches verdorrt, ehe man es ausrauft *h*,
7 Womit der Schnitter seine Hand nicht füllt, noch der Garbenbinder seinen Schoß;
8 Und die Vorübergehenden sagen nicht: Jehovas Segen über euch! — Wir segnen euch im Namen Jehovas.

Psalm 130

Ein Stufenlied.

1 Aus den Tiefen rufe ich zu dir, Jehova!
2 Herr, höre auf meine Stimme! laß deine Ohren aufmerksam sein auf die Stimme meines Flehens!
3 Wenn du, Jehova *i*, merkst auf *j* die Ungerechtigkeiten: Herr, wer wird bestehen?
4 Doch bei dir ist Vergebung *k*, damit du gefürchtet werdest.
5 Ich warte *l* auf Jehova, meine Seele wartet *l*; und auf sein Wort harre ich.
6 Meine Seele *harrt* auf den Herrn, mehr als die Wächter auf den Morgen, die Wächter auf den Morgen.
7 Harre, Israel, auf Jehova! denn bei Jehova ist die Güte, und viel Erlösung bei ihm.
8 Und er, er wird Israel erlösen von allen seinen Ungerechtigkeiten.

Psalm 131

Ein Stufenlied. Von David.

1 Jehova! nicht hoch ist mein Herz, noch tragen sich hoch meine Augen; und ich wandle nicht in Dingen, die zu groß und zu wunderbar für mich sind.

---

a O. das Zepter. — *b* O. die lasse Jehova dahinfahren. — *c* Eig. die Heimkehrenden. — *d* Eig. diesen. — *e* Eig. das Brot der Mühen, d. h. das sauer erworbene Brot. — *f* O. den. — *g* O. Es segne dich ..., und mögest du schauen. — *h* O. ehe es aufgeschossen ist. — *i* Hebr. Jah. — *j* O. behältst. — *k* Eig. das Vergeben. — *l* O. hoffe ... hofft.

2 Habe ich meine Seele nicht beschwichtigt und gestillt? Gleich einem entwöhnten Kinde bei seiner Mutter, gleich dem entwöhnten Kinde ist meine Seele in mir.

3 Harre, Israel, auf Jehova, von nun an bis in Ewigkeit!

Psalm 132
Ein Stufenlied.

1 Gedenke, Jehova, dem David alle seine Mühsal!

2 Welcher *a* Jehova schwur, ein Gelübde tat dem Mächtigen Jakobs:

3 „Wenn ich hineingehe in das Zelt meines Hauses, wenn ich steige auf das Lager meines Bettes;

4 Wenn ich Schlaf gestatte meinen Augen, Schlummer meinen Augenlidern;

5 Bis ich eine Stätte finde für Jehova, Wohnungen für den Mächtigen Jakobs!“

6 Siehe, wir hörten von ihr *b* in Ephrata, wir fanden sie in dem Gefilde Jaars *c*.

7 Lasset uns eingehen in seine Wohnungen, niederfallen vor dem Schemel seiner Füße!

8 Stehe auf, Jehova, zu deiner Ruhe, du und die Lade deiner Stärke!

9 Laß deine Priester bekleidet werden mit Gerechtigkeit, und deine Frommen jubeln!

10 Um Davids, deines Knechtes, willen weise nicht ab das Angesicht deines Gesalbten! *d*

11 Jehova hat dem David geschworen in Wahrheit, er wird nicht davon abweichen: „Von der Frucht deines Leibes will ich auf deinen Thron setzen.

12 Wenn deine Söhne meinen Bund und meine Zeugnisse bewahren, welche ich sie lehren werde, so sollen auch ihre Söhne auf deinem Throne sitzen immerdar.“

13 Denn Jehova hat Zion erwählt, hat es begehrt zu seiner Wohnstätte:

14 Dies ist meine Ruhe immerdar; hier will ich wohnen, denn ich habe es *e* begehrt.

15 Seine Speise will ich reichlich segnen, seine Armen mit Brot sättigen;

16 Und seine Priester will ich bekleiden mit Heil, und seine Frommen werden laut jubeln.

17 Dort will ich das Horn Davids wachsen lassen *f*, habe eine Leuchte zugerichtet meinem Gesalbten.

18 Seine Feinde will ich bekleiden mit Schande, und auf ihm wird seine Krone blühen *g*.

Psalm 133
Ein Stufenlied.

1 Siehe, wie gut und wie lieblich ist es, wenn Brüder einträchtig beieinander wohnen!

Wie das köstliche Oel auf dem Haupte, das herabfließt auf den Bart, auf 2 den Bart Aarons, das herabfließt *h* auf den Saum *i* seiner Kleider;

Wie der Tau des Hermon, der herabfällt auf die Berge Zions; denn dort 3 hat Jehova den Segen verordnet, Leben bis in Ewigkeit.

Psalm 134
Ein Stufenlied.

Siehe, preiset Jehova, alle ihr Knechte Jehovas, die ihr stehet im Hause 1 Jehovas in den Nächten!

Erhebet eure Hände im *j* Heiligtum 2 und preiset Jehova!

Jehova segne dich von Zion aus, 3 der Himmel und Erde gemacht hat!

Psalm 135
Lobet Jehova! *k*

Lobet den Namen Jehovas! lobet, 1 ihr Knechte Jehovas,

Die ihr stehet im Hause Jehovas, 2 in den Vorhöfen des Hauses unseres Gottes!

Lobet Jehova! *k* denn gut ist Jehova; 3 singet Psalmen seinem Namen! denn er *l* ist lieblich.

Denn Jehova *m* hat sich Jakob er- 4 wählt, Israel zu seinem Eigentum.

Denn ich weiß, daß Jehova groß 5 ist, und unser Herr *groß* vor allen Göttern.

Alles was Jehova wohlgefällt, tut er 6 in den Himmeln und auf der Erde, in den Meeren und in allen Tiefen;

Der Dünste aufsteigen läßt vom 7 Ende der Erde, der Blitze macht zum Regen *n*, der den Wind herausführt aus seinen Vorratskammern;

Der die Erstgeborenen Aegyptens 8 schlug vom Menschen bis zum Vieh,

Zeichen und Wunder sandte in deine 9 Mitte, Aegypten, wider den Pharao und wider alle seine Knechte;

Der große Nationen schlug und star- 10 ke Könige tötete:

Sihon, den König der Amoriter, und 11 Og, den König von Basan, und alle Königreiche Kanaans;

Und ihr Land als Erbteil gab, als 12 Erbteil seinem Volke Israel.

Jehova, dein Name *währt* ewiglich, 13 Jehova, dein Gedächtnis *o* von Geschlecht zu Geschlecht.

Denn Jehova wird sein Volk rich- 14 ten *p*, und er wird sich's gereuen lassen *q* über seine Knechte. *r*

Die Götzen der Nationen sind Sil- 15 ber und Gold, ein Werk von Menschenhänden.

Einen Mund haben sie und reden 16 nicht; Augen haben sie und sehen nicht;

---

a O. Wie er. — *b* d. h. von der Bundeslade. — *c* Wahrsch. eine dichterische Bezeichnung für Kirjath-Jearim, welches im Gebiete von Ephrata lag. — *d* Vergl. 2. Chron. 6, 41. 42. — *e* d. h. Zion. — *f* Eig. dem David ein Horn sprossen lassen. — *g* O. glänzen. — *h* O. der herabfällt. — *i* d. h. den Halssaum. — *j* O. zum. — *k* Hallelujah! — *l* O. es. — *m* Hebr. Jah. — *n* O. für den Regen, d. h. um ihn anzukündigen; vergl. Sach. 10, 1. — *o* Vergl. 2. Mose 3, 15. — *p* O. seinem Volke Recht schaffen. — *q* O. sich erbarmen. — *r* Vergl. 5. Mose 32, 36.

17 Ohren haben sie und hören nicht;
auch ist kein Odem in ihrem Munde.
18 Ihnen gleich sind die, die sie machen, ein jeder, der auf sie vertraut.
19 Haus Israel, preiset Jehova! Haus
Aaron, preiset Jehova!
20 Haus Levi, preiset Jehova! Die ihr
Jehova fürchtet, preiset Jehova!
21 Gepriesen sei Jehova von Zion aus,
der zu Jerusalem wohnt! Lobet Jehova! *a*

Psalm 136

1 Preiset Jehova! denn er ist gütig,
denn seine Güte *währt* ewiglich.
2 Preiset den Gott der Götter, denn
seine Güte *währt* ewiglich.
3 Preiset den Herrn der Herren! denn
seine Güte *währt* ewiglich;
4 Den, der große Wunder tut, er allein, denn seine Güte *währt* ewiglich;
5 Den, der die Himmel gemacht hat
mit Einsicht, denn seine Güte *währt*
ewiglich.
6 Den, der die Erde ausgebreitet hat
über den Wassern, denn seine Güte
währt ewiglich,
7 Den, der große Lichter gemacht hat,
denn seine Güte *währt* ewiglich:
8 Die Sonne zur Beherrschung des Tages *b*, denn seine Güte *währt* ewiglich,
9 Den Mond und die Sterne zur Beherrschung der Nacht *b*, denn seine Güte
währt ewiglich,
10 Den, der Aegypten schlug an seinen Erstgeborenen, denn seine Güte
währt ewiglich,
11 Und Israel herausführte aus ihrer
Mitte, denn seine Güte *währt* ewiglich,
12 Mit starker Hand und mit ausgestrecktem Arm, denn seine Güte *währt*
ewiglich,
13 Den, der das Schilfmeer in *zwei*
Teile zerteilte, denn seine Güte *währt*
ewiglich,
14 Und Israel mitten hindurchgehen
ließ, denn seine Güte *währt* ewiglich,
15 Und den Pharao und sein Heer ins
Schilfmeer stürzte, denn seine Güte
währt ewiglich,
16 Den, der sein Volk durch die Wüste
führte, denn seine Güte *währt* ewiglich;
17 Den, der große Könige schlug, denn
seine Güte *währt* ewiglich,
18 Und mächtige Könige tötete, denn
seine Güte *währt* ewiglich;
19 Sihon, den König der Amoriter, denn
seine Güte *währt* ewiglich,
20 Und Og, den König von Basan, denn
seine Güte *währt* ewiglich,
21 Und ihr Land zum Erbteil gab, denn
seine Güte *währt* ewiglich,
22 Zum Erbteil seinem Knechte Israel,
denn seine Güte *währt* ewiglich;
23 Der unser gedachte in unserer Niedrigkeit, denn seine Güte *währt* ewiglich,
24 Und uns errettete von unseren Bedrängern, denn seine Güte *währt* ewiglich;
Der Speise gibt allem Fleische, denn 25
seine Güte *währt* ewiglich.
Preiset den Gott *c* der Himmel! denn 26
seine Güte *währt* ewiglich.

Psalm 137

An den Flüssen Babels, da saßen 1
wir und weinten, indem wir Zions
gedachten.
An die Weiden in ihr hängten wir 2
unsere Lauten.
Denn die uns gefangen weggeführt 3
hatten, forderten daselbst von uns die
Worte eines Liedes, und die uns wehklagen machten *d*, Freude: „Singet
uns eines von Zions Liedern!"
Wie sollten wir ein Lied Jehovas 4
singen auf fremder Erde?
Wenn ich dein vergesse, Jerusalem, 5
so vergesse meine Rechte *e*!
Es klebe meine Zunge an meinem 6
Gaumen, wenn ich deiner nicht gedenke, wenn ich Jerusalem nicht erhebe über die höchste meiner Freuden *f*!
Gedenke, Jehova, den Kindern Edom 7
den Tag Jerusalems, die da sprachen:
Entblößet, entblößet *sie* bis auf ihre
Grundfeste! *g*
Tochter Babel, du Verwüstete *h*! 8
Glückselig der dir dasselbe vergilt,
was du uns getan hast!
Glückselig der deine Kindlein ergreift und *sie* hinschmettert an den 9
Felsen!

Psalm 138

Von David.

Preisen will ich dich mit meinem 1
ganzen Herzen, will dich besingen
vor den Göttern.
Ich will anbeten gegen deinen heiligen Tempel, und deinen Namen prei- 2
sen um deiner Güte und deiner Wahrheit willen; denn du hast dein Wort *i*
groß gemacht über all deinen Namen.
An dem Tage, da ich rief, antwortetest du mir; du hast mich ermutigt: 3
in meiner Seele war Kraft.
Alle Könige der Erde werden dich 4
preisen, Jehova, wenn sie gehört haben die Worte deines Mundes;
Und sie werden die Wege Jehovas 5
besingen, denn *j* groß ist die Herrlichkeit Jehovas.
Denn Jehova ist hoch, und er sieht 6
den Niedrigen, und den Hochmütigen
erkennt er von ferne.
Wenn ich inmitten der Drangsal 7
wandle, wirst du mich beleben: wider
den Zorn meiner Feinde wirst du
deine Hand ausstrecken, und deine
Rechte wird mich retten.
Jehova wird's für mich vollenden. 8
Jehova, deine Güte *währt* ewiglich.
Laß nicht *k* die Werke deiner Hände!

---

a Hallelujah! — *b* O. zur Herrschaft am Tage . . . in der Nacht. — *c* El. — *d* O.
uns peinigten. — *e* d. h. sie versage ihren Dienst. — *f* O. zu meiner höchsten
Freude. — *g* Vergl. Obadja 1, 11 usw. — *h* Viell.: zu verwüstende. — *i* O. deine
Zusage. — *j* O. daß. — *k* O. Du wirst nicht lassen.

Psalm 139

Dem Vorsänger. Von David, ein Psalm.

1 Jehova! du hast mich erforscht und erkannt *a*.

2 Du kennst mein Sitzen und mein Aufstehen, du verstehst meine Gedanken von ferne.

3 Du sichtest mein Wandeln und mein Liegen und bist vertraut mit allen meinen Wegen.

4 Denn das Wort ist *noch* nicht auf meiner Zunge, siehe, Jehova, du weißt es ganz.

5 Von hinten und von vorn hast du mich eingeengt, und auf mich gelegt deine Hand.

6 Kenntnis, zu wunderbar für mich, zu hoch; ich vermag sie nicht zu erfassen *b*!

7 Wohin sollte ich gehen vor deinem Geiste, und wohin fliehen vor deinem Angesicht?

8 Führe ich auf zum Himmel, du bist da; und bettete ich mir in dem Scheol, siehe, du bist da.

9 Nähme ich Flügel der Morgenröte, ließe ich mich nieder am äußersten Ende des Meeres,

10 Auch daselbst würde deine Hand mich leiten, und deine Rechte mich fassen.

11 Und spräche ich: Nur Finsternis möge mich umhüllen, und Nacht werde das Licht um mich her:

12 Auch Finsternis würde vor dir nicht verfinstern, und die Nacht würde leuchten wie der Tag, die Finsternis wäre wie das Licht.

13 Denn du besaßest *c* meine Nieren; du webtest mich in meiner Mutter Leibe.

14 Ich preise dich darüber, daß ich auf eine erstaunliche, ausgezeichnete Weise gemacht bin. Wunderbar sind deine Werke, und meine Seele weiß es sehr wohl.

15 Nicht verhohlen war mein Gebein vor dir, als ich gemacht ward im Verborgenen, gewirkt wie ein Stickwerk in den untersten Oertern der Erde.

16 Meinen Keim *d* sahen deine Augen, und in dein Buch waren *e* sie *f* alle eingeschrieben; *während vieler* Tage wurden sie gebildet, als nicht eines *g* von ihnen war.

17 Und wie köstlich sind mir deine Gedanken, o Gott *h*! wie gewaltig sind ihre Summen!

18 Wollte ich sie zählen, ihrer sind mehr als des Sandes. Ich erwache und bin noch bei dir.

19 Möchtest du, o Gott *i*, den Gesetzlosen töten! und ihr Blutmenschen, weichet von mir! . . .

20 Sie, die dich nennen zum Verbrechen, die zu Eitlem *j* schwören, deine Feinde.

21 Hasse ich nicht, Jehova, die dich hassen, und verabscheue ich nicht *k* die wider dich aufstehen?

22 Mit vollkommenem Hasse hasse ich sie; sie sind Feinde für mich.

23 Erforsche mich, Gott *h*, und erkenne mein Herz; prüfe mich und erkenne meine Gedanken!

24 Und sieh, ob ein Weg der Mühsal *l* bei mir ist, und leite mich auf ewigem Wege!

Psalm 140

Dem Vorsänger. Ein Psalm von David.

1 Befreie mich, Jehova, von dem bösen Menschen; vor dem Manne der Gewalttaten behüte mich!

2 Welche Bosheiten ersinnen im Herzen, täglich Krieg erregen.

3 Sie schärfen ihre Zunge wie eine Schlange; Otterngift ist unter ihren Lippen. (Sela.)

4 Bewahre mich, Jehova, vor den Händen des Gesetzlosen, vor dem Manne der Gewalttaten behüte mich, welche darauf sinnen, meine Tritte umzustoßen!

5 Die Hoffärtigen haben mir heimlich eine Schlinge und Fallstricke gelegt, ein Netz ausgespannt zur Seite des Weges, sie haben mir Fallen gestellt. (Sela.)

6 Ich sprach zu Jehova: Du bist mein Gott *h*! nimm zu Ohren, Jehova, die Stimme meines Flehens!

7 Jehova, der Herr, ist die Stärke meiner Rettung; du hast mein Haupt beschirmt am Tage der Waffen *m*.

8 Gewähre nicht, Jehova, die Gelüste des Gesetzlosen, laß sein Vorhaben nicht gelingen: sie würden sich erheben. (Sela.)

9 Die Häupter derer, die mich umringen *n* — das Unheil ihrer Lippen bedecke sie!

10 Mögen feurige Kohlen auf sie herabfallen! Ins Feuer stürze er sie, in Wasserfluten, daß sie nicht aufstehen!

11 Der Mann von *böser* Zunge möge *o* nicht feststehen im Lande; der Mann der Gewalttat — das Böse möge *o* ihn jagen bis zum Sturz *p*!

12 Ich weiß, daß Jehova ausführen wird die Rechtssache des Elenden, das Recht der Armen.

13 Ja, die Gerechten werden deinen Namen preisen, die Aufrichtigen werden vor deinem *q* Angesicht wohnen.

Psalm 141

Ein Psalm. Von David.

1 Jehova! zu dir habe ich gerufen, eile zu mir; nimm zu Ohren meine Stimme, wenn ich zu dir rufe!

---

a O. erforschst und kennst mich. — *b* Eig. werde ihrer nicht mächtig. — *c* O. bildetest. — *d* Eig. Knäuel, ungeformte Masse. — *e* O. wurden. — *f* d. h. die Gebeine (V. 15). — *g* O. eingeschrieben, die Tage, die vorentworfen waren, als nicht einer usw. — *h* El. — *i* Eloah. — *j* O. zur Lüge; vergl. 2. Mose 20, 7. — *k* O. sollte ich nicht hassen . . . verabscheuen. — *l* Eig. des Schmerzes, d. h. der zum Schmerze führt. — *m* O. am Tage der Rüstung, d. h. an dem man sich zum Kampfe rüstet. — *n* And. l.: . . . gelingen! (Sela.) Erheben die mich Umringenden das Haupt usw. — *o* O. wird. — *p* O. in Sturmeseile. — *q* S. die Anm. zu Ps. 16, 11.

2 Laß als Räucherwerk vor dir bestehen *a* mein Gebet, die Erhebung meiner Hände als Abendopfer *b*!
3 Setze, Jehova, eine Wache meinem
Munde; behüte die *c* Tür meiner Lippen!
4 Neige nicht mein Herz zu einer bösen Sache, um in Gesetzlosigkeit Handlungen zu verüben mit Männern, die
Frevel tun; und möge ich nicht essen
von ihren Leckerbissen!
5 Der Gerechte schlage mich: es ist
Güte, und er strafe *d* mich: es ist Oel
des Hauptes; nicht wird mein Haupt
sich weigern; denn noch ist in ihren
Unglücksfällen mein Gebet *für sie e.*
6 Sind ihre Richter die Felsen hinabgestürzt worden, so werden sie meine
Worte hören, daß sie lieblich sind.
7 Wie einer die Erde schneidet und
spaltet, so sind unsere Gebeine hin-
gestreut am Rande *f* des Scheols.
8 Doch *g* auf dich, Jehova, Herr, sind
meine Augen *gerichtet*, auf dich traue
ich; gib meine Seele nicht preis *h*!
9 Bewahre mich vor der Schlinge *i*,
die sie mir gelegt haben, und vor den
Fallstricken derer, die Frevel tun!
10 Laß die Gesetzlosen in ihre eigenen Netze fallen, während *j* i c h vorübergehe!

Psalm 142

Ein Maskil *k* von David. Ein Gebet, als
er in der Höhle war.

1 Mit meiner Stimme schreie ich zu
Jehova, mit meiner Stimme flehe ich
zu Jehova.
2 Ich schütte meine Klage vor ihm
aus, meine Bedrängnis tue ich vor
ihm kund.
3 Als mein Geist in mir ermattete,
da kanntest d u meinen Pfad. Auf
dem Wege, den ich wandelte, haben
sie mir heimlich eine Schlinge gelegt.
4 Schaue zur Rechten, und sieh: ich
habe ja niemand, der mich erkennt *l*;
verloren ist mir jede Zuflucht, niemand fragt nach meiner Seele.
5 Zu dir habe ich geschrieen, Jehova!
ich habe gesagt: D u bist meine Zuflucht,
mein Teil im Lande der Lebendigen.
6 Horche auf mein Schreien, denn
ich bin sehr elend *m*; errette mich von
meinen Verfolgern, denn sie sind mir
zu mächtig!
7 Führe aus dem Gefängnis heraus
meine Seele, damit ich deinen Namen
preise! Die Gerechten werden mich
umringen, wenn du mir wohlgetan
hast *n*.

Psalm 143

Ein Psalm. Von David.

1 Jehova! höre mein Gebet, nimm zu
Ohren mein Flehen; erhöre mich in
deiner Treue, in deiner Gerechtigkeit!

Und gehe nicht ins Gericht mit 2
deinem Knechte! denn vor dir ist kein
Lebendiger gerecht.
Denn der Feind verfolgt meine See- 3
le, zertritt zur Erde mein Leben,
macht mich wohnen in Finsternissen
gleich den Toten der Urzeit *o*.
Und mein Geist ermattet in mir, 4
mein Herz ist betäubt in meinem Innern.
Ich gedenke der Tage der Vorzeit, 5
überlege all dein Tun; ich sinne über
das Werk deiner Hände.
Zu dir breite ich meine Hände aus; 6
gleich einem lechzenden Lande *lechzt*
meine Seele nach dir. (Sela.)
Eilends erhöre mich, Jehova! es 7
verschmachtet mein Geist. Verbirg
dein Angesicht nicht vor mir! sonst
werde ich denen gleich sein, die zur
Grube hinabfahren.
Laß mich früh *p* hören deine Güte, 8
denn auf dich vertraue ich; tue mir
kund den Weg, den ich wandeln soll,
denn zu dir erhebe ich meine Seele!
Errette mich, Jehova, von meinen 9
Feinden! zu dir nehme ich meine Zuflucht.
Lehre mich tun dein Wohlgefallen! 10
denn du bist mein Gott; dein guter
Geist leite mich in ebenem Lande!
Um deines Namens willen, Jehova, 11
belebe mich *q*; in deiner Gerechtig-
keit führe meine Seele aus der Be-
drängnis!
Und in deiner Güte vertilge meine 12
Feinde, und alle Bedränger meiner
Seele bringe um! denn ich bin dein
Knecht.

Psalm 144

Von David.

Gepriesen sei Jehova, mein Fels, 1
der meine Hände unterweist zum
Kampf, meine Finger zum Kriege;
Meine Güte und meine Burg, meine 2
hohe Feste und mein Erretter; mein
Schild und der, auf den ich traue, der
mir mein Volk unterwirft!
Jehova, was ist der Mensch, daß 3
du Kenntnis von ihm nimmst, der
Sohn des Menschen, daß du ihn beachtest?
Der Mensch gleicht dem Hauche; 4
seine Tage sind wie ein vorüberge-
hender Schatten.
Jehova, neige deine Himmel und 5
fahre hernieder; rühre die Berge an,
daß sie rauchen!
Blitze mit Blitzen und zerstreue 6
sie; schieße deine Pfeile und verwir-
re sie!
Strecke deine Hände aus von der 7
Höhe; reiße mich und errette mich
aus großen Wassern, aus der Hand
der Söhne der Fremde,

---

a d. h. gelten. — *b* Eig. Abend-Speisopfer. — *c* O. einen Hüter an die. —
d O. schlage mich in Güte und strafe. — *e* O. denn noch ist wider ihre (d. h.
der Gesetzlosen) bösen Handlungen mein Gebet. — *f* O. Rachen. — *g* O. Denn. —
h Eig. schütte meine Seele nicht aus. — *i* W. vor den Händen der Schlinge. —
j Eig. während zu gleicher Zeit. — *k* S. die Anm. zu Ps. 32, Ueberschrift. —
l O. beachtet. — *m* O. schwach. — *n* O. weil du mir wohltun wirst. — *o* O.
gleich ewig Toten (die nie wiederkommen). — *p* W. am Morgen. — *q* O. erhalte
mich am Leben.

8 Deren Mund Eitelkeit *a* redet, und
deren Rechte eine Rechte der Lüge ist!
9 Gott! ein neues Lied will ich dir
singen, mit der Harfe von zehn Saiten will ich dir Psalmen singen;
10 Dir, der Rettung gibt den Königen,
der seinen Knecht David entreißt
dem verderblichen Schwerte.
11 Reiße mich und errette mich aus
der Hand der Söhne der Fremde, deren Mund Eitelkeit *a* redet, und deren
Rechte eine Rechte der Lüge ist;
12 Daß unsere Söhne in ihrer Jugend
seien gleich hochgezogenen Pflanzen,
unsere Töchter gleich behauenen Eck-
säulen *b* nach der Bauart eines Palastes;
13 Daß unsere Speicher voll seien,
spendend von allerlei Art; daß unser
Kleinvieh sich tausendfach mehre,
zehntausendfach auf unseren Triften;
14 Daß unsere Rinder trächtig seien;
daß kein Einbruch *c* und kein Aus-
fall *d* sei und kein Klaggeschrei auf
unseren Straßen!
15 Glückselig *e* das Volk, dem also ist!
Glückselig das Volk, dessen Gott Jehova ist!

Psalm 145 *f*

Ein Lobgesang. Von David.

1 Ich will dich erheben, mein Gott,
du König, und deinen Namen preisen immer und ewiglich.
2 Jeden Tag will ich dich preisen,
und deinen Namen loben immer und
ewiglich.
3 Groß ist Jehova und sehr zu loben,
und seine Größe ist unerforschlich.
4 Ein Geschlecht wird dem anderen
rühmen deine Werke, und deine Machttaten werden sie verkünden.
5 Reden will ich von der herrlichen
Pracht deiner Majestät und von deinen Wundertaten.
6 Und sie werden sprechen von der
Kraft deiner furchtbaren Taten, und
deine Großtaten werde ich erzählen.
7 Das Gedächtnis deiner großen Güte werden sie hervorströmen lassen,
und deine Gerechtigkeit jubelnd preisen.
8 Gnädig und barmherzig ist Jehova,
langsam zum Zorn und groß an Güte.
9 Jehova ist gut gegen alle, und seine Erbarmungen sind über alle seine
Werke.
10 Es werden dich loben, Jehova, alle
deine Werke, und deine Frommen
dich preisen.
11 Sie werden sprechen von der Herrlichkeit deines Reiches und werden
reden von deiner Macht,
12 Um den Menschenkindern kundzutun seine Machttaten und die prachtvolle Herrlichkeit seines Reiches.
13 Dein Reich ist ein Reich aller Zeitalter, und deine Herrschaft durch alle
Geschlechter hindurch.

Jehova stützt alle Fallenden, und 14
richtet auf alle Niedergebeugten.
Aller Augen warten auf dich, und 15
du gibst ihnen ihre Speise zu seiner
Zeit;
Du tust deine Hand auf und sät- 16
tigst alles Lebendige nach Begehr *g*.
Jehova ist gerecht in allen seinen 17
Wegen und gütig in allen seinen Taten *h*.
Nahe ist Jehova allen, die ihn anru- 18
fen, allen, die ihn anrufen in Wahrheit.
Er tut das Verlangen derer, die ihn 19
fürchten; ihr Schreien hört er und
rettet sie.
Jehova bewahrt alle, die ihn lieben, 20
und alle Gesetzlosen vertilgt er.
Mein Mund soll das Lob Jehovas 21
aussprechen; und alles Fleisch preise
seinen heiligen Namen immer und
ewiglich!

Psalm 146

Lobet Jehova! *i*

Lobe Jehova, meine Seele! 1
Loben will ich Jehova mein Leben 2
lang, will Psalmen singen meinem
Gott, solange ich bin.
Vertrauet nicht auf Fürsten, auf 3
einen Menschensohn, bei welchem
keine Rettung ist!
Sein Geist geht aus, er kehrt wie- 4
der zu seiner Erde: an selbigem Ta-
ge eben seine Pläne zu Grunde.
Glückselig der, dessen Hilfe der 5
Gott *j* Jakobs, dessen Hoffnung auf
Jehova, seinen Gott, ist!
Der Himmel und Erde gemacht hat, 6
das Meer und alles was in ihnen ist;
der Wahrheit hält auf ewig;
Der Recht schafft den Bedrückten, 7
der Brot gibt den Hungrigen.
Jehova löst die Gebundenen.
Jehova öffnet die Augen der Blin- 8
den, Jehova richtet auf die Niederge-
beugten, Jehova liebt die Gerechten;
Jehova bewahrt die Fremdlinge, die 9
Waise und die Witwe hält er auf-
recht; aber er krümmt den Weg der
Gesetzlosen *k*.
Jehova wird regieren in Ewigkeit, 10
dein Gott, Zion, von Geschlecht zu
Geschlecht. Lobet Jehova! *i*

Psalm 147

Lobet Jehova! *i* denn es ist gut, 1
unseren Gott zu besingen; denn es
ist lieblich, es geziemet sich Lobgesang.
Jehova baut Jerusalem, die Vertrie- 2
benen Israels sammelt er.
Der da heilt, die zerbrochenen Her- 3
zens sind, und ihre Wunden verbindet;
Der da zählt die Zahl der Sterne, 4
sie alle nennt mit Namen.
Groß ist unser Herr, und groß *l* an 5
Macht; seiner Einsicht ist kein Maß *m*.

---

a O. Falschheit. — *b* O. buntverzierten Ecken. — *c* O. Riß (in der Mauer). —
d And.: keine Uebergabe. — *e* O. Wenn unsere Söhne . . . sind . . . unsere Speicher voll . . . unser Kleinvieh sich mehrt . . . unsere Rinder trächtig sind . . . Straßen: Glückselig usw. — *f* S. die Anm. zu Ps. 25. — *g* O. mit Huld; wie 5. Mose
33, 23. — *h* O. Werken. — *i* Hallelujah! — *j* El. — *k* d. h. er läßt sie irregehen. —
l O. reich. — *m* Eig. keine Zahl.

31

6 Jehova hält aufrecht die Elenden; er erniedrigt bis zur Erde die Gesetzlosen.

7 Stimmet Jehova einen Lobgesang*a* an, singet Psalmen unserem Gott mit der Laute!

8 Ihm, der die Himmel mit Wolken bedeckt, der Regen bereitet für die Erde, der Gras sprossen läßt auf den Bergen;

9 Der dem Vieh sein Futter gibt, den jungen Raben, die da rufen.

10 Er hat nicht Lust an der Stärke des Rosses, noch Gefallen an den Beinen des Mannes;

11 Jehova hat Gefallen an denen, die ihn fürchten, an denen, die auf seine Güte harren.

12 Rühme, Jerusalem, Jehova! lobe, Zion, deinen Gott!

13 Denn er hat befestigt die Riegel deiner Tore, hat deine Kinder gesegnet in deiner Mitte;

14 Er, der Frieden stellt in deine Grenzen, dich sättigt mit dem Fette des Weizens;

15 Der seinen Befehl auf die Erde sendet: sehr schnell läuft sein Wort;

16 Der Schnee gibt wie Wolle, Reif wie Asche streut;

17 Der sein Eis*b* wirft wie Brocken: wer kann bestehen vor seinem Frost?

18 Er sendet sein Wort und schmelzt sie; er läßt seinen Wind wehen: es rieseln die Wasser.

19 Er verkündet*c* Jakob sein Wort, Israel seine Satzungen und seine Rechte.

20 Keiner Nation hat er also getan; und die Rechte, sie haben sie nicht gekannt*d*. Lobet Jehova!*e*

Psalm 148

Lobet Jehova!e

1 Lobet Jehova von den Himmeln her; lobet ihn in den Höhen!

2 Lobet ihn, alle seine Engel; lobet ihn, alle seine Heerscharen!

3 Lobet ihn, Sonne und Mond; lobet ihn, alle ihr leuchtenden Sterne!

4 Lobet ihn, ihr Himmel der Himmel, und ihr Wasser, die ihr oberhalb der Himmel seid!

5 Loben sollen sie den Namen Jehovas! Denn er gebot, und sie wurden geschaffen;

6 Und er stellte sie hin für immer und ewig; er gab *ihnen* eine Satzung, und sie werden sie nicht überschreiten.

7 Lobet Jehova von der Erde her, ihr Wasserungeheuer und alle Tiefen!

8 Feuer und Hagel, Schnee und Nebel, du Sturmwind, der du ausrichtest sein Wort;

9 Ihr Berge und alle Hügel, Fruchtbäume und alle Zedern;

10 Wildes Getier und alles Vieh, kriechende Tiere und geflügeltes Gevögel!

11 Ihr Könige der Erde und alle Völkerschaften, ihr Fürsten und alle Richter der Erde;

12 Ihr Jünglinge und auch ihr Jungfrauen, ihr Alten samt den Jungen!

13 Loben sollen sie den Namen Jehovas! Denn sein Name ist hoch erhaben, er allein; seine Majestät ist über Erde und Himmel.

14 Und er hat erhöht das Horn seines Volkes*f*, das Lob*g* all seiner Frommen, der Kinder Israel, des Volkes, das ihm nahe ist. Lobet Jehova!*e*

Psalm 149

Lobet Jehova!e

1 Singet Jehova ein neues Lied, sein Lob in der Versammlung der Frommen!

2 Israel freue sich seines Schöpfers; die Kinder Zions sollen frohlocken über ihren König!

3 Loben sollen sie seinen Namen mit Reigen, mit Tamburin und Laute ihm Psalmen singen!

4 Denn Jehova hat Wohlgefallen an seinem Volke; er schmückt die Sanftmütigen mit Rettung.

5 Es sollen jubeln die Frommen in*h* Herrlichkeit, jauchzen auf ihren Lagern!

6 Lobeserhebungen Gottes*i* seien in ihrer Kehle, und ein zweischneidiges Schwert in ihrer Hand,

7 Um Rache auszuüben an den Nationen, Bestrafungen an den Völkerschaften;

8 Ihre Könige zu binden mit Ketten, und ihre Edlen mit eisernen Fesseln*j*;

9 An ihnen auszuüben das geschriebene Gericht! Das ist die Ehre aller seiner Frommen. Lobet Jehova!*e*

Psalm 150

Lobet Jehova!e

1 Lobet Gott*i* in seinem Heiligtum; lobet ihn in der Feste*k* seiner Stärke!

2 Lobet ihn wegen seiner Machttaten; lobet ihn nach der Fülle seiner Größe!

3 Lobet ihn mit Posaunenschall; lobet ihn mit Harfe und Laute!

4 Lobet ihn mit Tamburin und Reigen; lobet ihn mit Saitenspiel und Schalmei!

5 Lobet ihn mit klingenden Zimbeln; lobet ihn mit schallenden Zimbeln!

6 Alles was Odem hat lobe Jah! Lobet Jehova!*e*

---

a O. ein Danklied. — *b* d. h. den Hagel. — *c* O. verkündete. — *d* O. kennen sie nicht. — *e* Hallelujah! — *f* Eig. ein Horn seinem Volke. — *g* O. den Ruhm. — *h* O. über die. — *i* El. — *j* Eig. Fußeisen. — *k* Das gleiche Wort wie „Ausdehnung", 1. Mose 1, 6—8.

Die Sprüche

1 Sprüche Salomos, des Sohnes Davids, des Königs von Israel: um Weisheit und Unterweisung zu kennen, um Worte des Verstandes zu verstehen, 3 um zu empfangen einsichtsvolle Unterweisung, Gerechtigkeit und Recht 4 und Geradheit; um Einfältigen *a* Klugheit zu geben, dem Jüngling Erkenntnis und Besonnenheit. Der Weise wird *b* 5 hören und an Kenntnis zunehmen, und der Verständige wird *b* sich weisen 6 Rat *c* erwerben; um einen Spruch zu verstehen und verschlungene Rede *d*, Worte der Weisen und ihre Rätsel. — 7 Die Furcht Jehovas ist der Erkenntnis Anfang; die Narren verachten Weisheit und Unterweisung.

8 Höre, mein Sohn, die Unterweisung deines Vaters, und verlaß *e* nicht die 9 Belehrung deiner Mutter! Denn sie werden ein anmutiger Kranz sein deinem Haupte und ein Geschmeide deinem Halse. — Mein Sohn, wenn Sünder dich locken, so willige nicht ein. 11 Wenn sie sagen: Geh mit uns, wir wollen auf Blut lauern, wollen den Unschuldigen nachstellen ohne Ursache; wir wollen sie lebendig verschlingen wie der Scheol, und unverletzt, gleich denen, welche *plötzlich* in die 13 Grube hinabfahren; wir werden allerlei kostbares Gut erlangen, werden 14 unsere Häuser mit Beute füllen; du sollst dein Los mitten unter uns werfen, wir alle werden **einen** Beutel 15 haben: Mein Sohn, wandle nicht mit ihnen auf dem Wege, halte deinen Fuß 16 zurück von ihrem Pfade; denn ihre Füße laufen dem Bösen zu, und sie 17 eilen, Blut zu vergießen. Denn vergeblich wird das Netz ausgespannt vor 18 den Augen alles Geflügelten; sie aber lauern auf ihr eigenes Blut, stellen 19 ihren eigenen Seelen nach. So sind die Pfade aller derer, welche dem Habsucht frönen: sie nimmt ihrem eigenen Herrn das Leben.

20 Die Weisheit schreit draußen, sie läßt auf den Straßen ihre Stimme er- 21 schallen. Sie ruft an der Ecke lärmender Plätze; an den Eingängen der Tore, 22 in der Stadt redet sie ihre Worte: Bis wann, ihr Einfältigen, wollt ihr Einfältigkeit lieben, und werden Spötter ihre Lust haben an Spott, und Toren 23 Erkenntnis hassen? Wendet euch um zu meiner Zucht! Siehe, ich will euch meinen Geist hervorströmen lassen, will euch kundtun meine Reden. — 24 Weil ich gerufen, und ihr euch gewei-

gert habt, meine Hand ausgestreckt, und niemand aufgemerkt hat, und ihr 25 all meinen Rat verworfen, und meine Zucht nicht gewollt habt: so werde 26 auch ich bei eurem Unglück lachen, werde spotten, wenn euer Schrecken kommt; wenn euer Schrecken kommt 27 wie ein Unwetter, und euer Unglück hereinbricht wie ein Sturm, wenn Bedrängnis und Angst über euch kommen. Dann werden sie zu mir rufen, 28 und ich werde nicht antworten; sie werden mich eifrig suchen, und mich nicht finden: darum daß sie Erkennt- 29 nis gehaßt und die Furcht Jehovas nicht erwählt, nicht eingewilligt ha- 30 ben in meinen Rat, verschmäht alle meine Zucht. Und sie werden essen 31 von der Frucht ihres Weges, und von ihren eigenen Ratschlägen sich sättigen. Denn die Abtrünnigkeit der Einfäl- 32 tigen wird sie töten, und die Sorglosigkeit der Toren sie umbringen; wer 33 aber auf mich hört, wird sicher wohnen, und wird ruhig sein vor des Uebels Schrecken.

2 Mein Sohn, wenn du meine Reden annimmst und meine Gebote bei dir 2 verwahrst, sodaß du dein Ohr auf Weisheit merken läßt, dein Herz neigst zum Verständnis; ja, wenn du dem 3 Verstande rufst, deine Stimme erhebst zum Verständnis; wenn du ihn suchst 4 wie Silber, und wie nach verborgenen Schätzen ihm nachspürst: dann wirst 5 du die Furcht Jehovas verstehen und die Erkenntnis Gottes finden. Denn 6 Jehova gibt Weisheit; aus seinem Munde kommen Erkenntnis und Verständnis. Er bewahrt klugen Rat *f* auf für 7 die Aufrichtigen, er ist ein Schild denen, die in Vollkommenheit *g* wandeln; indem er die Pfade des Rechts behü- 8 tet und den Weg seiner Frommen bewahrt.

Dann wirst du Gerechtigkeit ver- 9 stehen und Recht und Geradheit, jede Bahn *h* des Guten. Denn Weisheit 10 wird in dein Herz kommen, und Erkenntnis wird deiner Seele lieblich sein; Besonnenheit wird über dich 11 wachen, Verständnis dich behüten: um dich zu erretten von dem bösen 12 Wege, von dem Manne, der Verkehrtes redet; die da verlassen die Pfade 13 der Geradheit, um auf den Wegen der Finsternis zu wandeln; die sich freu- 14 en, Böses zu tun, über boshafte Verkehrtheit frohlocken; deren Pfade 15 krumm sind, und die abbiegen in ih-

---

a O. Unerfahrenen, Unverständigen, so überall in den Sprüchen. — *b* O. möge. — *c* Eig. Steuerungen, d. h. Verhaltungsregeln, weise Lenkung. — *d* d. h. rätselhafter Spruch, bildliche Rede. — *e* O. verwirf. — *f* O. Heil; eig. das was fördert, frommt.— *g* O. Lauterkeit. — *h* Eig. Geleise, Spur; so auch später.

16 ren Bahnen: um dich zu erretten von
dem fremden Weibe a, von der Frem-
17 den b, die ihre Worte glättet; welche
den Vertrauten ihrer Jugend verläßt
und den Bund ihres Gottes vergißt.
18 Denn zum Tode sinkt ihr Haus hinab,
und ihre Bahnen zu den Schatten c;
19 alle, die zu ihr eingehen, kehren nicht
wieder und erreichen nicht die Pfade
20 des Lebens: Damit du wandelst auf
dem Wege der Guten und die Pfade
21 der Gerechten einhältst. Denn die
Aufrichtigen werden das Land bewohnen, und die Vollkommenen darin
22 übrigbleiben; aber die Gesetzlosen
werden aus dem Lande ausgerottet,
und die Treulosen daraus weggerissen
werden.

3 Mein Sohn, vergiß nicht meine Belehrung, und dein Herz bewahre mei-
2 ne Gebote. Denn Länge der Tage und
Jahre des Lebens und Frieden werden
3 sie dir mehren. — Güte und Wahrheit
mögen dich nicht verlassen; binde sie
um deinen Hals, schreibe sie auf die
4 Tafel deines Herzens; so wirst du
Gunst finden und gute Einsicht in den
Augen Gottes und der Menschen. —
5 Vertraue auf Jehova mit deinem ganzen Herzen, und stütze dich nicht auf
6 deinen Verstand. Erkenne ihn auf allen deinen Wegen, und er wird ge-
7 rade machen d deine Pfade. — Sei nicht
weise in deinen Augen, fürchte Jeho-
8 va und weiche vom Bösen: es wird
Heilung e sein für deinen Nabel und
9 Saft f für deine Gebeine. — Ehre Jehova von deinem Vermögen und von
10 den Erstlingen all deines Ertrages; so
werden deine Speicher sich füllen mit
Ueberfluß, und deine Kufen von Most
überfließen.
11 Mein Sohn, verwirf nicht die Unterweisung Jehovas, und laß dich seine
12 Zucht nicht verdrießen. Denn wen Jehova liebt, den züchtigt er, und zwar
wie ein Vater den Sohn, an dem er Wohl-
13 gefallen hat. — Glückselig der Mensch,
der Weisheit gefunden hat, und der
14 Mensch, der Verständnis erlangt! Denn
ihr Erwerb ist besser als der Erwerb
von Silber, und ihr Gewinn g besser
15 als feines Gold; kostbarer ist sie als
Korallen, und alles was du begehren magst, kommt h ihr an Wert nicht
16 gleich. Länge des Lebens i ist in ihrer Rechten, in ihrer Linken Reich-
17 tum und Ehre. Ihre Wege sind liebliche Wege, und alle ihre Pfade sind
18 Frieden. Ein Baum des Lebens ist sie
denen, die sie ergreifen, und wer sie
festhält, ist glückselig.
19 Jehova hat durch Weisheit die Erde gegründet, und durch Einsicht die
20 Himmel festgestellt. Durch seine Erkenntnis sind hervorgebrochen die Tiefen j, und die Wolken träufelten Tau
21 herab. — Mein Sohn, laß sie nicht von
deinen Augen weichen, bewahre klu-

gen Rat und Besonnenheit; so werden 22
sie Leben sein für deine Seele und Anmut deinem Halse. Dann wirst du in 23
Sicherheit deinen Weg gehen, und
dein Fuß wird sich nicht anstoßen. Wenn 24
du dich niederlegst, wirst du nicht erschrecken; und liegst du, so wird dein
Schlaf süß sein. Fürchte dich nicht 25
vor plötzlichem Schrecken, noch vor
der Verwüstung der Gesetzlosen, wenn
sie kommt; denn Jehova wird deine 26
Zuversicht sein, und wird deinen Fuß
vor dem Fange bewahren.
Enthalte kein Gutes dem vor, wel- 27
chem es zukommt, wenn es in der
Macht deiner Hand steht, es zu tun.
— Sage nicht zu deinem Nächsten: 28
„Geh hin und komm wieder, und morgen will ich geben", da es doch bei dir
ist. — Schmiede nichts Böses wider 29
deinen Nächsten, während er vertrau-
ensvoll bei dir wohnt. — Hadere nicht 30
mit einem Menschen ohne Ursache,
wenn er dir nichts Böses angetan hat.—
Beneide nicht den Mann der Gewalt- 31
tat, und erwähle keinen von seinen
Wegen. — Denn der Verkehrte ist 32
Jehova ein Greuel, aber sein Geheimnis ist bei k den Aufrichtigen. Der 33
Fluch Jehovas ist im Hause des Gesetzlosen, aber er segnet die Wohnung
der Gerechten. Fürwahr, der Spötter 34
spottet er l, den Demütigen aber gibt
er Gnade. Die Weisen erben Ehre, 35
aber die Toren erhöht die Schande m.
Höret, Söhne, die Unterweisung des
Vaters, und merket auf, um Verstand **4**
zu kennen! Denn gute Lehre gebe ich 2
euch: verlasset meine Belehrung nicht.
Denn ein Sohn bin ich meinem Vater 3
gewesen, ein zarter und einziger vor
meiner Mutter. Und er lehrte mich 4
und sprach zu mir: Dein Herz halte
meine Worte fest; beobachte meine
Gebote und lebe. Erwirb Weisheit, 5
erwirb Verstand; vergiß nicht und weiche nicht ab von den Reden meines
Mundes. Verlaß sie nicht, und sie wird 6
dich behüten; liebe sie, und sie wird
dich bewahren. Der Weisheit Anfang 7
ist: Erwirb Weisheit; und um alles
was du erworben hast, erwirb Verstand. Halte sie hoch, und sie wird 8
dich erhöhen; sie wird dich zu Ehren
bringen, wenn du sie umarmst. Sie 9
wird deinem Haupte einen anmutigen
Kranz verleihen, wird dir darreichen
eine prächtige Krone.
Höre, mein Sohn, und nimm meine 10
Reden an! und des Lebens Jahre werden sich dir mehren. Ich unterweise 11
dich in dem Wege der Weisheit, leite
dich auf Bahnen der Geradheit. Wenn 12
du gehst, wird dein Schritt nicht beengt werden, und wenn du läufst, wirst
du nicht straucheln. Halte fest an der 13
Unterweisung, laß nicht los; bewahre
sie, denn sie ist dein Leben. —
Komm nicht auf den Pfad der Gesetz- 14

---

a d. h. dem Eheweibe eines anderen. — b Eig. Ausländerin. — c S. die Anm. zu
Ps. 88, 10. — d O. ebnen. — e O. Gesundheit. — f Eig. Tränkung. — g O. Ertrag. —
h O. alle deine Kostbarkeiten kommen. — i W. der Tage. — j S. d. Anm. zu Ps. 33, 7. —
k Eig. sein vertrauter Umgang ist mit. — l Eig. Wenn es sich um die Spötter handelt,
so spottet auch er. — m O tragen Schande davon.

losen, und schreite nicht einher auf
15 dem Wege der Bösen. Laß ihn fahren,
geh nicht darauf; wende dich von
16 ihm ab und geh vorbei. Denn sie
schlafen nicht, wenn sie nichts Böses
getan, und ihr Schlaf wird ihnen geraubt, wenn sie nicht zu Fall gebracht
17 haben. Denn sie essen Brot der Gesetzlosigkeit, und trinken Wein der
18 Gewalttaten. Aber der Pfad der Gerechten ist wie das glänzende Morgenlicht, das stets heller leuchtet bis zur
19 Tageshöhe. Der Weg der Gesetzlosen
ist dem Dunkel gleich; sie erkennen
nicht, worüber sie straucheln.
20 Mein Sohn, merke auf meine Worte,
21 neige dein Ohr zu meinen Reden. Laß
sie nicht von deinen Augen weichen,
bewahre sie im Innern deines Her-
22 zens. Denn Leben sind sie denen, die
sie finden, und Gesundheit ihrem gan-
23 zen Fleische. — Behüte dein Herz mehr
als alles was zu bewahren ist; denn
von ihm aus sind die Ausgänge des
24 Lebens. — Tue von dir die Verkehrtheit des Mundes, und die Verdrehtheit
25 der Lippen entferne von dir. — Laß
deine Augen geradeaus blicken, und
deine Wimpern stracks vor dich hin
26 schauen. — Ebne die Bahn deines Fußes, und alle deine Wege seien ge-
27 rade a; biege nicht aus zur Rechten
noch zur Linken, wende deinen Fuß
ab vom Bösen.

5 Mein Sohn, merke auf meine Weisheit, neige dein Ohr zu meiner Ein-
2 sicht, um Besonnenheit zu beobachten,
und damit deine Lippen Erkenntnis
3 bewahren. Denn Honigseim träufeln
die Lippen der Fremden, und glätter
4 als Oel ist ihr Gaumen; aber ihr Letztes ist bitter wie Wermut, scharf wie
5 ein zweischneidiges Schwert. Ihre Füße steigen hinab zum Tode, an dem
6 Scheol haften ihre Schritte. Damit
sie nicht den Weg des Lebens ein-
schlage, schweifen ihre Bahnen, ohne
daß sie es weiß.
7 Nun denn, ihr Söhne, höret auf mich,
und weichet nicht ab von den Worten
8 meines Mundes! Halte fern von dir
deinen Weg, und nahe nicht zu der
9 Tür ihres Hauses: damit du nicht anderen deine Blüte gebest, und deine
10 Jahre dem Grausamen; damit nicht
Fremde sich sättigen an deinem Vermögen, und dein mühsam Erworbenes nicht komme in eines Ausländers
11 Haus; und du nicht stöhnest bei deinem Ende, wenn dein Fleisch und dein
12 Leib dahinschwinden, und sagest: Wie
habe ich die Unterweisung gehaßt, und
mein Herz hat die Zucht verschmäht!
13 Und ich habe nicht gehört auf die Stimme meiner Unterweiser, und mein Ohr
14 nicht zugeneigt meinen Lehrern. Wenig fehlte, so wäre ich in allem Bösen
gewesen, inmitten der Versammlung
und der Gemeinde.
15 Trinke Wasser aus deiner Zisterne
und Fließendes aus deinem Brunnen.
16 Mögen nach außen sich ergießen dei-

ne Quellen, *deine* Wasserbäche auf die
Straßen. Dir allein sollen sie gehören, 17
und nicht Fremden mit dir. Deine 18
Quelle sei gesegnet, und erfreue dich
an dem Weibe deiner Jugend; die lieb- 19
liche Hindin und anmutige Gemse —
ihre Brüste mögen dich berauschen zu
aller Zeit, taumle stets in ihrer Liebe.
Und warum solltest du, mein Sohn, an 20
einer Fremden taumeln, und den Busen einer Fremden b umarmen? — Denn 21
vor den Augen Jehovas sind eines jeden Wege, und alle seine Geleise wägt
er ab c. Die eigenen Missetaten wer- 22
den ihn, den Gesetzlosen, fangen, und
in seiner Sünde Banden wird er festgehalten werden. Sterben wird er, weil 23
ihm Zucht mangelt, und in der Größe
seiner Torheit wird er dahintaumeln.

Mein Sohn, wenn du Bürge geworden bist für deinen Nächsten, für **6**
einen anderen deine Hand eingeschlagen hast; bist du verstrickt durch die 2
Worte deines Mundes, gefangen durch
die Worte deines Mundes: tue denn 3
dieses, mein Sohn, und rette dich los,
da du in deines Nächsten Hand gekommen bist; geh hin, wirf dich nieder,
und bestürme deinen Nächsten; ge- 4
statte deinen Augen keinen Schlaf,
und keinen Schlummer deinen Wimpern; reiße dich los wie eine Gazelle 5
aus der Hand, und wie ein Vogel aus
der Hand des Vogelstellers.
Geh hin zur Ameise, du Fauler, 6
sieh ihre Wege und werde weise. Sie, 7
die keinen Richter, Vorsteher und Gebieter hat, sie bereitet im Sommer ihr 8
Brot, hat in der Ernte ihre Nahrung
eingesammelt. Bis wann willst du lie- 9
gen, du Fauler? wann willst du von
deinem Schlafe aufstehen? Ein wenig 10
Schlaf, ein wenig Schlummer, ein wenig Händefalten, um auszuruhen: und 11
deine Armut wird kommen wie ein rüstig Zuschreitender, und deine Not wie
ein gewappneter Mann d.
Ein Belialsmensch, ein heilloser Mann 12
ist, wer umhergeht mit Verkehrtheit e
des Mundes, mit seinen Augen zwinkt, 13
mit seinen Füßen scharrt, mit seinen
Fingern deutet. Verkehrtheiten sind 14
in seinem Herzen; er schmiedet Böses
zu aller Zeit, streut Zwietracht aus.
Darum wird plötzlich sein Verderben 15
kommen; im Augenblick wird er zerschmettert werden ohne Heilung. —
Sechs sind es, die Jehova haßt, und 16
sieben sind seiner Seele ein Greuel:
Hohe Augen, eine Lügenzunge, und 17
Hände, die unschuldiges Blut vergießen; ein Herz, welches heillose An- 18
schläge schmiedet, Füße, die eilends
zum Bösen hinlaufen; wer Lügen aus- 19
spricht als falscher Zeuge, und wer
Zwietracht ausstreut zwischen Brüdern.
Mein Sohn, bewahre das Gebot dei- 20
nes Vaters, und verlaß nicht die Belehrung deiner Mutter; binde sie stets 21
auf dein Herz, knüpfe sie um deinen
Hals. Wenn du einhergehst, wird sie 22

---

a Eig. gerichtet; s. die Anm. zu Hiob 11, 13. — b Eig. Ausländerin. — c O. bahnt
er. — d W. ein Mann des Schildes. — e O. Verziehung.

dich leiten; wenn du dich niederlegst a, wird sie über dich wachen; und erwachst du, so wird sie mit dir reden.

23 Denn das Gebot ist eine Leuchte, und die Belehrung ein Licht; und die Zurechtweisungen der Zucht sind der
24 Weg des Lebens: um dich zu bewahren vor dem bösen Weibe, vor der Glätte der Zunge einer Fremden b.
25 Begehre nicht in deinem Herzen nach ihrer Schönheit, und sie fange dich
26 nicht mit ihren Wimpern! Denn um eines hurerischen Weibes willen *kommt man* bis auf einen Laib Brot, und eines Mannes Weib stellt einer kostba-
27 ren Seele nach. — Sollte jemand Feuer in seinen Busen nehmen c, ohne
28 daß seine Kleider verbrannten? oder sollte jemand über glühende Kohlen gehen, ohne daß seine Füße versengt
29 würden? So der, welcher zu dem Weibe seines Nächsten eingeht: keiner, der sie berührt, wird für schuldlos
30 gehalten werden d. — Man verachtet den Dieb nicht, wenn er stiehlt, um seine Gier zu stillen, weil ihn hun-
31 gert; und wenn er gefunden wird, kann er siebenfach erstatten, kann alle Gut seines Hauses hingeben. Wer
32 mit einem Weibe Ehebruch begeht, ist unsinnig; wer seine Seele verderben will, der tut solches. Plage und
33 Schande wird er finden, und seine Schmach wird nicht ausgelöscht wer-
34 den. Denn Eifersucht ist eines Mannes Grimm, und am Tage der Rache
35 schont er nicht. Er nimmt keine Rücksicht auf irgendwelche Sühne und willigt nicht ein, magst du auch das Geschenk vergrößern.

7 Mein Sohn, bewahre meine Worte, und birg bei dir meine Gebote; be-
2 wahre meine Gebote und lebe, und meine Belehrung wie deinen Augap-
3 fel. Binde sie um deine Finger, schreibe sie auf die Tafel deines Herzens.
4 Sprich zur Weisheit: Du bist meine Schwester! und nenne den Verstand
5 deinen Verwandten; damit sie dich bewahre vor dem fremden Weibe, vor der Fremden b, die ihre Worte glät-
6 tet. — Denn an dem Fenster meines Hauses schaute ich durch mein Git-
7 ter hinaus; und ich sah unter den Einfältigen, gewahrte unter den Söhnen
8 einen unverständigen e Jüngling, der hin und her ging auf der Straße, neben ihrer Ecke, und den Weg nach
9 ihrem Hause schritt, in der Dämmerung, am Abend des Tages, in der Mitte der Nacht und in der Dunkelheit.
10 Und siehe, ein Weib kam ihm entgegen im Anzug einer Hure und mit verstecktem Herzen. — Sie ist leiden-
11 schaftlich und unbändig, ihre Füße
12 bleiben nicht in ihrem Hause; bald ist sie draußen, bald auf den Straßen, und neben jeder Ecke lauert sie. —
13 Und sie ergriff ihn und küßte ihn, und

mit unverschämtem Angesicht sprach sie zu ihm: Friedensopfer lagen mir 14 ob, heute habe ich meine Gelübde bezahlt; darum bin ich ausgegangen, 15 dir entgegen, um deine Antlitz zu suchen, und ich habe dich gefunden.
Mit Teppichen habe ich mein Bett be- 16 reitet, mit bunten Decken von ägyptischem Garne; ich habe mein Lager 17 benetzt mit Myrrhe, Aloe und Zimmet.
Komm, wir wollen uns in Liebe be- 18 rauschen bis an den Morgen, an Liebkosungen uns ergötzen. Denn der 19 Mann ist nicht zu Hause, er ist auf eine weite Reise gegangen; er hat den 20 Geldbeutel in seine Hand genommen, am Tage des Vollmondes wird er heimkehren. Sie verleitete ihn durch ihr 21 vieles Bereden, riß ihn fort durch die Glätte ihrer Lippen. Auf einmal ging 22 er ihr nach, wie ein Ochs zur Schlachtbank geht, und wie Fußfesseln zur Züchtigung des Narren *dienen f*, bis 23 ein Pfeil seine Leber zerspaltet; wie ein Vogel zur Schlinge eilt und nicht weiß, daß es sein Leben gilt. — Nun 24 denn, ihr Söhne, höret auf mich, und horchet auf die Worte meines Mundes! Dein Herz wende sich nicht ab nach 25 ihren Wegen, und irre nicht umher auf ihren Pfaden! Denn viele Erschlagene 26 hat sie niedergestreckt, und zahlreich sind alle ihre Ermordeten. Ihr Haus 27 sind Wege zum Scheol, die hinabführen zu den Kammern des Todes.

8 Ruft nicht die Weisheit, und läßt nicht die Einsicht ihre Stimme erschallen? Oben auf den Erhöhungen 2 am Wege, da wo Pfade zusammenstoßen, hat sie sich aufgestellt. Zur 3 Seite der Tore, wo die Stadt sich auftut, am Eingang der Pforten schreit sie: Zu euch, ihr Männer, rufe ich, 4 und meine Stimme *ergeht* an die Menschenkinder. Lernet g Klugheit, ihr 5 Einfältigen, und ihr Toren, lernet g Verstand! Höret! denn Vortreffliches 6 will ich reden, und das Auftun meiner Lippen soll Geradheit sein. Denn 7 mein Gaumen spricht Wahrheit aus, und Gesetzlosigkeit ist meinen Lippen ein Greuel. Alle Worte meines 8 Mundes sind in Gerechtigkeit; es ist nichts Verdrehtes und Verkehrtes in ihnen. Sie alle sind richtig h dem Verständigen, und gerade denen, die Erkenntnis erlangt haben. Nehmet an 10 meine Unterweisung, und nicht Silber, und Erkenntnis lieber als auserlesenes, feines Gold. Denn Weisheit ist 11 besser als Korallen, und alles was man begehren mag, kommt i ihr nicht gleich. — Ich, Weisheit, bewohne die 12 Klugheit, und finde die Erkenntnis der Besonnenheit j. Die Furcht Jeho- 13 vas ist: das Böse hassen. Hoffart und Hochmut und den Weg des Bösen und den Mund der Verkehrtheit hasse ich.
Mein sind Rat und Einsicht k; ich bin 14

---

a O. wenn du liegst. — b Eig. Ausländerin. — c Eig. wegnehmen (vom Herde). — d O. ungestraft bleiben. — e Eig. des Verstandes bar; so auch Kap. 6, 32; 9, 4; 10, 13 und öfter. — f Wahrsch. ist zu l.: und wie ein Narr zur Züchtigung in Fußfesseln. — g Eig. Gewinnet Einsicht in. — h Eig. geradeaus gehend. — i O. und alle Kostbarkeiten kommen. — j O. der wohl durchdachten Entschlüsse. — k S. die Anm. zu Kap. 2, 7.

der Verstand, mein ist die Stärke.
15 Durch mich regieren Könige, und Fürsten treffen gerechte Entscheidun-
16 gen *a*; durch mich herrschen Herrscher und Edle, alle Richter der Er-
17 de. Ich liebe, die mich lieben; und die mich früh *b* suchen, werden mich
18 finden. Reichtum und Ehre sind bei mir, bleibendes Gut und Gerechtig-
19 keit. Meine Frucht ist besser als feines Gold und gediegenes Gold, und mein Ertrag als auserlesenes Silber.
20 Ich wandle auf dem Pfade der Gerechtigkeit, mitten auf den Steigen des
21 Rechts; um die, die mich lieben, beständiges Gut *c* erben zu lassen, und um ihre Vorratskammern zu füllen.
22 Jehova besaß mich im *d* Anfang seines Weges, vor seinen Werken von
23 jeher. Ich war eingesetzt von Ewigkeit her, von Anbeginn, vor den Ur-
24 anfängen der Erde. Ich war geboren, als die Tiefen *e* noch nicht waren, als noch keine Quellen *f* waren, reich an
25 Wasser. Ehe die Berge eingesenkt wurden, vor den Hügeln war ich ge-
26 boren; als er die Erde und die Fluren noch nicht gemacht hatte, und den Beginn der Schollen *g* des Erdkreises.
27 Als er die Himmel feststellte, war ich da, als er einen Kreis abmaß über der
28 Fläche der Tiefe; als er die Wolken *h* droben befestigte, als er Festigkeit gab
29 den Quellen der Tiefe *i*; als er dem Meere seine Schranke setzte, daß die Wasser seinen Befehl nicht übertreten, als er die Grundfesten der Erde
30 feststellte: da war ich Schoßkind *j* bei ihm *k*, und war Tag für Tag *seine* Wonne *l*, vor ihm mich ergötzend alle-
31 zeit, mich ergötzend auf dem bewohnten Teile *m* seiner Erde; und meine Wonne war bei den Menschenkindern.
32 Nun denn, ihr Söhne, höret auf mich: Glückselig sind, die meine Wege be-
33 wahren! Höret Unterweisung und werdet weise, und verwerfet sie nicht!
34 Glückselig der Mensch, der auf mich hört, indem er an meinen Türen wacht Tag für Tag, die Pfosten meiner To-
35 re hütet! Denn wer mich findet, hat das Leben gefunden und Wohlgefal-
36 len erlangt von Jehova. Wer aber an mir sündigt *n*, tut seiner Seele Gewalt an; alle, die mich hassen, lieben den Tod.

9

Die Weisheit hat ihr Haus gebaut, hat ihre sieben Säulen ausgehauen;
2 sie hat ihr Schlachtvieh geschlachtet, ihren Wein gemischt, auch ihren Tisch
3 gedeckt; sie hat ihre Mägde ausgesandt, ladet ein auf den Höhen *o* der Stadt:
4 „Wer ist einfältig? er wende sich hierher!" Zu den Unverständigen spricht
5 sie: „Kommet, esset von meinem Brote, und trinket von dem Weine, den ich ge-
6 mischt habe! Lasset ab von der Einfältigkeit *p* und lebet, und schreitet einher

auf dem Wege des Verstandes!" — Wer 7 den Spötter zurechtweist, zieht sich Schande zu; und wer den Gesetzlosen straft, sein Schandfleck ist es. Strafe 8 den Spötter nicht, daß er dich nicht hasse: strafe den Weisen, und er wird dich lieben. Gib dem Weisen, so wird er 9 noch weiser; belehre den Gerechten, so wird er an Kenntnis zunehmen. — Die Furcht Jehovas ist der Weisheit 10 Anfang; und die Erkenntnis des Heiligen *q* ist Verstand. Denn durch mich 11 werden deine Tage sich mehren, und Jahre des Lebens werden dir hinzugefügt werden. Wenn du weise bist, so 12 bist du weise für dich; und spottest du, so wirst du allein es tragen.

Frau Torheit *r* ist leidenschaftlich; 13 sie ist lauter Einfältigkeit und weiß gar nichts. Und sie sitzt am Eingang ihres 14 Hauses, auf einem Sitze an hochgelegenen Stellen der Stadt, um einzuladen 15 die des Weges vorübergehen, die ihre Pfade gerade halten: „Wer ist einfäl- 16 tig? er wende sich hierher!" Und zu dem Unverständigen spricht sie: „Ge- 17 stohlene Wasser sind süß, und heimliches Brot ist lieblich". Und er weiß 18 nicht, daß dort die Schatten *s* sind, in den Tiefen des Scheols ihre Geladenen.

Sprüche Salomos.

10

Ein weiser Sohn erfreut den Vater, aber ein törichter Sohn ist seiner Mutter Kummer. Schätze der Gesetzlosigkeit nützen 2 nichts, aber Gerechtigkeit errettet vom Tode. Jehova läßt die Seele des Gerechten 3 nicht hungern, aber die Gier der Gesetzlosen stößt er hinweg. Wer mit lässiger Hand schafft, wird 4 arm; aber die Hand der Fleißigen macht reich. Wer im Sommer einsammelt, ist ein 5 einsichtsvoller Sohn; wer zur Erntezeit in tiefem Schlafe liegt, ist ein Sohn, der Schande bringt. Dem Haupte des Gerechten werden 6 Segnungen zuteil, aber den Mund *t* der Gesetzlosen bedeckt Gewalttat. Das Gedächtnis des Gerechten ist 7 zum Segen, aber der Name der Gesetzlosen verwest. Wer weisen Herzens ist, nimmt Ge- 8 bote an; aber ein närrischer Schwätzer *u* kommt zu Fall. Wer in Vollkommenheit *v* wandelt, 9 wandelt sicher; wer aber seine Wege krümmt, wird bekannt werden. Wer mit den Augen zwinkt, verur- 10 sacht Kränkung; und ein närrischer Schwätzer *u* kommt zu Fall. Ein Born des Lebens ist der Mund 11 des Gerechten, aber den Mund *t* der Gesetzlosen bedeckt Gewalttat.

---

a W. beschließen Gerechtigkeit. — *b* O. eifrig. — *c* Eig. Vorhandenes, Wirkliches. — *d* O. als. — *e* S. die Anm. zu Ps. 33, 7 ; so auch V. 27 u. 28. — *f* Eig. Quellenorte. — *g* O. die Summe des Staubes. — *h* S. die Anm. zu Hiob 35, 5. — *i* O. als die Quellen der Tiefe festen Halt gewannen. — *j* Eig. Pflegling, Liebling ; oder Künstler, Werkmeister. — *k* Eig. an seiner Seite. — *l* O. lauter Wonne. — *m* Eig. den Erdreich. — *n* O. mich verfehlt. — *o* Eig. Höhenrücken. — *p* O. ihr Einfältigen. — *q* Eig. Allerheiligsten. — *r* d. i. die verkörperte Torheit. — *s* S. die Anm. zu Ps. 88, 10. — *t* O. aber der Mund. — *u* Eig. ein Lippen-Narr. — *v* O. Lauterkeit; so auch V. 29.

12 Haß erregt Zwietracht, aber Liebe deckt alle Uebertretungen zu.

13 Auf den Lippen des Verständigen wird Weisheit gefunden; aber der Stock gebührt dem Rücken des Unverständigen.

14 Die Weisen bewahren Erkenntnis auf, aber der Mund des Narren ist drohender Unglücksfall.

15 Der Wohlstand des Reichen ist seine feste Stadt, der Unglücksfall der Geringen ihre Armut.

16 Der Erwerb des Gerechten gereicht zum Leben, der Ertrag des Gesetzlosen zur Sünde.

17 Es ist der Pfad zum Leben, wenn einer Unterweisung beachtet; wer aber Zucht unbeachtet läßt, geht irre.

18 Wer Haß verbirgt, hat Lügenlippen; und wer Verleumdung ausbringt, ist ein Tor.

19 Bei der Menge der Worte fehlt Uebertretung nicht; wer aber seine Lippen zurückhält, ist einsichtsvoll.

20 Die Zunge des Gerechten ist auserlesenes Silber, der Verstand der Gesetzlosen ist wenig wert.

21 Die Lippen des Gerechten weiden viele, aber die Narren sterben durch Mangel an Verstand.

22 Der Segen Jehovas, er macht reich, und Anstrengung fügt neben ihm nichts hinzu *a*.

23 Dem Toren ist es wie ein Spiel, Schandtat zu verüben, und Weisheit *zu üben* dem verständigen Manne.

24 Wovor dem Gesetzlosen bangt, das wird über ihn kommen, und das Begehren der Gerechten wird gewährt.

25 Wie *b* ein Sturmwind daherfährt, so ist der Gesetzlose nicht mehr; aber der Gerechte ist ein ewig fester Grund.

26 Wie der Essig den Zähnen, und wie der Rauch den Augen, so ist der Faule denen, die ihn senden.

27 Die Furcht Jehovas mehrt die Tage, aber die Jahre der Gesetzlosen werden verkürzt.

28 Das Harren der Gerechten wird Freude, aber die Hoffnung der Gesetzlosen wird zunichte.

29 Der Weg Jehovas ist eine Feste für die Vollkommenheit, aber Untergang für die, welche Frevel tun.

30 Der Gerechte wird nicht wanken in Ewigkeit, aber die Gesetzlosen werden das Land nicht bewohnen.

31 Der Mund des Gerechten sproßt Weisheit, aber die Zunge der Verkehrtheit wird ausgerottet werden.

32 Die Lippen des Gerechten verstehen sich *c* auf Wohlgefälliges, aber der Mund der Gesetzlosen ist Verkehrtheit.

11 Trügerische Wagschalen sind Jehova ein Greuel, aber volles Gewicht ist sein Wohlgefallen.

Kommt Uebermut, so kommt auch 2
Schande; bei den Bescheidenen aber ist Weisheit.

Die Unsträflichkeit der Aufrichti- 3
gen *d* leitet sie, aber der Treulosen Verkehrtheit *e* zerstört sie.

Vermögen nützt nichts am Tage des 4
Zornes, aber Gerechtigkeit errettet vom Tode.

Des Vollkommenen *f* Gerechtigkeit 5
macht seinen Weg gerade *g*, aber der Gesetzlose fällt durch seine Gesetzlosigkeit.

Der Aufrichtigen Gerechtigkeit er- 6
rettet sie, aber die Treulosen werden gefangen in ihrer Gier.

Wenn ein gesetzloser Mensch stirbt, 7
wird *seine* Hoffnung zunichte, und die Erwartung der Frevler *h* ist zunichte geworden.

Der Gerechte wird aus der Drang- 8
sal befreit, und der Gesetzlose tritt an seine Stelle.

Mit dem Munde verdirbt der Ruch- 9
lose seinen Nächsten, aber durch Erkenntnis werden die Gerechten befreit.

Die Stadt frohlockt beim Wohle der 10
Gerechten, und beim Untergang der Gesetzlosen ist Jubel.

Durch den Segen der Aufrichtigen 11
kommt eine Stadt empor, aber durch den Mund der Gesetzlosen wird sie niedergerissen.

Wer seinen Nächsten verachtet, hat 12
keinen Verstand; aber ein verständiger Mann schweigt still.

Wer als Verleumder *i* umhergeht, 13
deckt das Geheimnis auf; wer aber treuen Geistes ist, deckt die Sache zu.

Wo keine Führung *j* ist, verfällt ein 14
Volk; aber Heil ist bei der Menge der Ratgeber.

Sehr schlecht ergeht's einem, wenn 15
er für einen anderen Bürge geworden ist; wer aber das Handeinschlagen haßt, ist sicher.

Ein anmutiges Weib erlangt Ehre, 16
und Gewalttätige erlangen Reichtum.

Sich selbst *k* tut er der Mildtätige wohl, 17
der Unbarmherzige aber tut seinem Fleische wehe.

Der Gesetzlose schafft sich trügli- 18
chen Gewinn, wer aber Gerechtigkeit sät, wahrhaftigen Lohn.

Wie die Gerechtigkeit zum Leben, 1
so gereicht es dem, der Bösem nachjagt, zu seinem Tode. *l*

Die verkehrten Herzens sind, sind 20
Jehova ein Greuel; aber sein Wohlgefallen sind die im Wege Vollkommenen.

Die Hand darauf! der Böse wird 21
nicht für schuldlos gehalten werden *m*; aber der Same der Gerechten wird entrinnen.

Ein goldener Ring *i* der Nase eines 22
Schweines, *so ist* ein schönes Weib ohne Anstand. *n*

---

a O. und keinen Kummer fügt er neben ihm hinzu. — *b* O. Sobald. — *c* O. sind bedacht. — *d* O. Geraden, Rechtschaffenen; so auch V. 6. 11 usw. — *e* O. Schiefheit. — *f* O. Redlichen, Tadellosen; so auch V. 20; 28, 10. 18. — *g* O. ebnet seinen Weg. — *h* And. üb.: der Kraftvollen. — *i* O. Ausplauderer. — *j* S. die Anm. *c* zu Kap. 1, 5. — *k* Eig. Seiner Seele. — *l* O. Echte Gerechtigkeit gereicht zum Leben, und wer Bösem nachjagt, dem gereicht es zum Tode. — *m* O. nicht ungestraft bleiben. — *n* Eig. Schicklichkeitsgefühl.

23 Das Begehren der Gerechten ist nur Gutes; die Hoffnung der Gesetzlosen ist der Grimm *a*.

24 Da ist einer, der ausstreut, und er bekommt noch mehr; und einer, der mehr spart als recht ist, *und es ist* nur zum Mangel.

25 Die segnende Seele wird reichlich gesättigt, und der Tränkende wird auch selbst getränkt.

26 Wer Korn zurückhält, den verflucht das Volk; aber Segen wird dem Haupte dessen zuteil, der Getreide verkauft.

27 Wer das Gute eifrig sucht, sucht Wohlgefallen; wer aber nach Bösem trachtet, über ihn wird es kommen.

28 Wer auf seinen Reichtum vertraut, der wird fallen; aber die Gerechten werden sprossen wie Laub.

29 Wer sein Haus verstört, wird Wind erben; und der Narr wird ein Knecht dessen, der weisen Herzens ist.

30 Die Frucht des Gerechten ist ein Baum des Lebens, und der Weise gewinnt Seelen.

31 Siehe, dem Gerechten wird auf Erden vergolten, wieviel mehr dem Gesetzlosen und Sünder!

12 Wer Unterweisung liebt, liebt Erkenntnis; und wer Zucht haßt, ist dumm.

2 Der Gütige erlangt Wohlgefallen von Jehova, aber den Mann der Ränke spricht er schuldig.

3 Ein Mensch wird nicht bestehen durch Gesetzlosigkeit, aber die Wurzel der Gerechten wird nicht erschüttert werden.

4 Ein wackeres Weib ist ihres Mannes Krone, aber wie Fäulnis in seinen Gebeinen ist ein schändliches *b*.

5 Die Gedanken der Gerechten sind Recht, die Ueberlegungen der Gesetzlosen sind Betrug.

6 Die Worte der Gesetzlosen sind ein Lauern auf Blut; aber der Mund der Aufrichtigen errettet sie *c*.

7 Man kehrt die Gesetzlosen um, und sie sind nicht mehr; aber das Haus der Gerechten bleibt stehen.

8 Gemäß seiner Einsicht wird ein Mann gelobt; wer aber verkehrten Herzens *d* ist, wird zur Verachtung sein.

9 Besser, wer gering ist und einen Knecht hat, als wer vornehm tut und hat Mangel an Brot.

10 Der Gerechte kümmert sich um das Leben seines Viehes, aber das Herz *e* der Gesetzlosen ist grausam.

11 Wer sein Land bebaut, wird mit Brot gesättigt werden; wer aber nichtigen Dingen nachjagt, ist unverständig.

12 Den Gesetzlosen gelüstet nach dem Raube der Bösen, aber die Wurzel der Gerechten trägt ein.

13 In der Uebertretung der Lippen ist ein böser Fallstrick, aber der Gerechte entgeht der Drangsal.

14 Von der Frucht seines Mundes wird ein Mann mit Gutem gesättigt, und das Tun der Hände eines Menschen kehrt zu ihm zurück *f*.

15 Der Weg des Narren ist richtig in seinen Augen, aber der Weise hört auf Rat.

16 Der Unmut des Narren tut sich am selben Tage kund, aber der Kluge verbirgt den Schimpf.

17 Wer Wahrheit ausspricht, tut Gerechtigkeit kund, aber ein falscher Zeuge Trug.

18 Da ist einer, der unbesonnene Worte redet gleich Schwertstichen; aber die Zunge der Weisen ist Heilung *g*.

19 Die Lippe der Wahrheit besteht ewiglich, aber nur einen Augenblick *h* die Zunge der Lüge.

20 Trug ist im Herzen derer, die Böses schmieden; bei denen aber, die Frieden planen, ist Freude.

21 Dem Gerechten wird keinerlei Unheil widerfahren, aber die Gesetzlosen haben Uebel die Fülle.

22 Die Lippen der Lüge sind Jehova ein Greuel, die aber, welche Wahrheit üben, sein Wohlgefallen.

23 Ein kluger Mensch hält die Erkenntnis verborgen, aber das Herz der Toren ruft Narrheit aus.

24 Die Hand der Fleißigen wird herrschen, aber die lässige wird fronpflichtig sein.

25 Kummer im Herzen des Mannes beugt es nieder, aber ein gutes Wort erfreut es.

26 Der Gerechte weist seinem Nächsten den Weg *i*, aber der Weg der Gesetzlosen führt sie irre.

27 Nicht erjagt *j* der Lässige sein Wild; aber kostbares Gut eines Menschen ist es, wenn er fleißig ist.

28 Auf dem Pfade der Gerechtigkeit ist Leben, und kein Tod auf dem Wege *k* ihres Steiges.

13 Ein weiser Sohn hört auf die *l* Unterweisung des Vaters, aber ein Spötter hört nicht auf Schelten.

2 Von der Frucht seines Mundes ißt ein Mann Gutes, aber die Seele der Treulosen *ißt* Gewalttat *m*.

3 Wer seinen Mund bewahrt, behütet seine Seele; wer seine Lippen aufreißt, dem wird's zum Untergang.

4 Die Seele des Faulen begehrt, und nichts ist da; aber die Seele der Fleißigen wird reichlich gesättigt.

5 Der Gerechte haßt Lügenrede *n*, aber der Gesetzlose handelt schändlich und schmählich *o*.

6 Die Gerechtigkeit behütet den im Wege Vollkommenen, und die Gesetzlosigkeit kehrt den Sünder um.

7 Da ist einer, der sich reich stellt

---

a O. die Vermessenheit. — *b* O. eines, das Schande macht. — *c* d. h. die Aufrichtigen, od. solche, deren Leben durch die Gesetzlosen bedroht ist. — *d* O. Sinnes. — *e* Eig. die Eingeweide, das Innerste. — *f* Nach and. Les.: vergilt man ihm. — *g* O. Gesundheit, od. Lindigkeit. — *h* Eig. aber solange ich mit den Augen zucke. — *i* And. l.: Der Gerechte erspäht seine Weide. — *j* And.: brät. — *h* Eig. ist der Weg. — *l* And. üb.: ist das Ergebnis der. — *m* O. die Gier der Treulosen ist Gewalttat. — *n* O. Lügnerisches. — *o* O. bringt in Schande (od. üblen Geruch) und in Schmach.

und hat gar nichts, *und* einer, der sich arm stellt und hat viel Vermögen.

8 Lösegeld für das Leben eines Mannes ist sein Reichtum, aber der Arme hört keine Drohung.

9 Das Licht der Gerechten brennt fröhlich, aber die Leuchte der Gesetzlosen erlischt.

10 Durch Uebermut gibt es nur Zank; bei denen aber, die sich raten lassen, Weisheit.

11 Vermögen, das auf nichtige Weise erworben ist, vermindert sich; wer aber allmählich *a* sammelt, vermehrt es.

12 Lang hingezogenes Harren macht das Herz krank, aber ein eingetroffener Wunsch ist ein Baum des Lebens.

13 Wer das Wort verachtet, wird von ihm gepfändet; wer aber das Gebot fürchtet, dem wird vergolten werden.

14 Die Belehrung des Weisen ist ein Born des Lebens, um zu entgehen den Fallstricken des Todes.

15 Gute Einsicht verschafft Gunst, aber der Treulosen Weg ist hart.

16 Jeder Kluge handelt mit Bedacht; ein Tor aber breitet Narrheit aus.

17 Ein gottloser Bote fällt *b* in Unglück, aber ein treuer Gesandter ist Gesundheit.

18 Armut und Schande dem, der Unterweisung verwirft; wer aber Zucht beachtet, wird geehrt.

19 Ein erfülltes Begehren ist der Seele süß, und den Toren ist's ein Greuel, vom Bösen zu weichen.

20 Wer mit Weisen umgeht, wird weise; aber wer sich zu Toren gesellt, wird schlecht.

21 Das Böse verfolgt die Sünder, aber den Gerechten wird man mit Gutem vergelten.

22 Der Gute vererbt auf Kindeskinder, aber des Sünders Reichtum ist aufbewahrt für den Gerechten.

23 Der Neubruch der Armen *gibt* viel Speise, aber mancher geht zu Grunde durch Unrechtlichkeit.

24 Wer seine Rute spart, haßt seinen Sohn, aber wer ihn lieb hat, sucht ihn früh heim mit Züchtigung.

25 Der Gerechte ißt bis zur Sättigung seiner Seele, aber der Leib der Gesetzlosen muß darben.

14 Der Weiber Weisheit baut ihr Haus, und *ihre* Narrheit reißt es mit eigenen Händen nieder.

2 Wer in seiner Geradheit wandelt, fürchtet Jehova; wer aber in seinen Wegen verkehrt ist, verachtet ihn *c*.

3 Im Munde des Narren ist eine Gerte des Hochmuts; aber die Lippen der Weisen, sie bewahren sie *d*.

4 Wo keine Rinder sind, ist die Krippe rein; aber viel Ertrag ist durch die Kraft des Stieres.

5 Ein treuer Zeuge lügt nicht, aber ein falscher Zeuge spricht Lügen aus.

6 Der Spötter sucht Weisheit, und sie

ist nicht da; aber für den Verständigen ist Erkenntnis leicht.

7 Geh hinweg von einem törichten Manne und bei wem du nicht Lippen der Erkenntnis merkst *e*.

8 Die Weisheit des Klugen ist, auf seinen Weg zu merken, und die Narrheit der Toren ist Betrug.

9 Die Schuld spottet der Narren *f*, aber unter den Aufrichtigen ist Wohlwollen.

10 Das Herz kennt seine eigene Bitterkeit, und kein Fremder kann sich in seine Freude mischen.

11 Das Haus der Gesetzlosen wird vertilgt werden, aber das Zelt der Aufrichtigen wird emporblühen.

12 Da ist ein Weg, der einem Menschen gerade erscheint, aber sein Ende sind Wege des Todes.

13 Auch beim Lachen hat das Herz Kummer, und ihr, der Freude, Ende ist Traurigkeit.

14 Von seinen Wegen wird gesättigt, wer abtrünnig Herzens ist, und von dem, was in ihm ist, der gute Mann.

15 Der Einfältige glaubt jedem Worte, aber der Kluge merkt auf seine Schritte.

16 Der Weise fürchtet sich und meidet das Böse, aber der Tor braust auf und ist sorglos.

17 Der Jähzornige begeht Narrheit, und der Mann von Ränken wird gehaßt.

18 Die Einfältigen erben Narrheit, die Klugen aber werden mit Erkenntnis gekrönt.

19 Die Bösen beugen sich vor den Guten, und die Gesetzlosen *stehen* an den Toren des Gerechten.

20 Selbst von seinem Nächsten wird der Arme gehaßt; aber derer, die den Reichen lieben, sind viele.

21 Wer seinen Nächsten verachtet, sündigt; wer aber der Elenden sich erbarmt, ist glückselig.

22 Werden nicht irregehen, die Böses schmieden, aber Güte und Wahrheit *finden*, die Gutes schmieden?

23 Bei jeder Mühe wird Gewinn sein, aber Lippengerede gereicht nur zum Mangel *g*.

24 Der Weisen Krone ist ihr Reichtum; die Narrheit der Toren ist Narrheit.

25 Ein wahrhaftiger Zeuge errettet Seelen; wer aber Lügen ausspricht, ist lauter Trug.

26 In der Furcht Jehovas ist ein starkes Vertrauen, und seine *h* Kinder haben eine Zuflucht.

27 Die Furcht Jehovas ist ein Born des Lebens, um zu entgehen den Fallstricken des Todes.

28 In der Menge des Volkes ist die Herrlichkeit eines Königs, aber im Schwinden der Bevölkerung eines Fürsten Untergang.

29 Ein Langmütiger hat viel Verstand, aber ein Jähzorniger erhöht die Narrheit *i*.

---

a Eig. auf der Hand, od. handweise. — *b* Viell. ist zu l.: stürzt. — *c* O. Wer Jehova fürchtet, wandelt . . .; wer ihn aber verachtet, ist verkehrt usw. — *d* d. h. die Weisen oder die Weisheit. — *e* O. denn Lippen der Erkenntnis hast du nicht bei ihm bemerkt. — *f* And. üb.: Die Narren spotten der Schuld. — *g* O. Nachteil, Verlust. — *h* d. h. dessen, der Jehova fürchtet. — *i* O. trägt Narrheit davon.

30 Ein gelassenes Herz ist des Leibes Leben, aber Ereiferung *a* ist Fäulnis der Gebeine.

31 Wer den Armen bedrückt, verhöhnt den, der ihn gemacht hat; wer aber des Dürftigen sich erbarmt, ehrt ihn.

32 In seinem Unglück wird der Gesetzlose umgestoßen, aber der Gerechte vertraut *b auch* in seinem Tode.

33 Die Weisheit ruht im Herzen des Verständigen; aber was im Inneren der Toren ist, tut sich kund.

34 Gerechtigkeit erhöht eine Nation, aber Sünde ist der Völker Schande.

35 Des Königs Gunst wird dem einsichtigen Knechte zuteil; aber der Schändliche wird Gegenstand seines Grimmes sein.

15 Eine gelinde Antwort wendet den Grimm ab, aber ein kränkendes Wort erregt den Zorn.

2 Die Zunge der Weisen spricht tüchtiges Wissen aus, aber der Mund der Toren sprudelt Narrheit.

3 Die Augen Jehovas sind an jedem Orte, schauen aus auf Böse und auf Gute.

4 Lindigkeit der Zunge ist ein Baum des Lebens, aber Verkehrtheit in ihr ist eine Verwundung des Geistes.

5 Ein Narr verschmäht die Unterweisung seines Vaters; wer aber die Zucht beachtet, ist klug *c*.

6 Das Haus des Gerechten ist eine große Schatzkammer; aber im Einkommen des Gesetzlosen ist Zerrüttung.

7 Die Lippen der Weisen streuen Erkenntnis aus, aber nicht also das Herz der Toren *d*.

8 Das Opfer der Gesetzlosen ist Jehova ein Greuel, aber das Gebet der Aufrichtigen sein Wohlgefallen.

9 Der Weg des Gesetzlosen ist Jehova ein Greuel; wer aber der Gerechtigkeit nachjagt, den liebt er.

10 Schlimme Züchtigung *wird* dem *zuteil*, der den Pfad verläßt; wer Zucht haßt, wird sterben.

11 Scheol und Abgrund *e* sind vor Jehova, wieviel mehr die Herzen der Menschenkinder!

12 Der Spötter liebt es nicht, daß man ihn zurechtweise; zu den Weisen geht er nicht.

13 Ein frohes Herz erheitert das Antlitz; aber bei Kummer des Herzens ist der Geist zerschlagen.

14 Des Verständigen Herz sucht Erkenntnis, aber der Mund der Toren weidet sich an *f* Narrheit.

15 Alle Tage des Elenden sind böse, aber ein fröhliches Herz *g* ist ein beständiges Festmahl.

16 Besser wenig mit der Furcht Jehovas, als ein großer Schatz und Unruhe dabei.

17 Besser ein Gericht Gemüse und Liebe dabei, als ein gemästeter Ochs und Haß dabei.

Ein zorniger Mann erregt Zank, 18 aber ein Langmütiger beschwichtigt den Streit.

Der Weg des Faulen ist wie eine 19 Dornhecke *h*, aber der Pfad der Aufrichtigen ist gebahnt.

Ein weiser Sohn erfreut den Vater, 20 aber ein törichter Mensch verachtet seine Mutter.

Die Narrheit ist dem Unverständi- 21 gen Freude, aber ein verständiger Mann wandelt geradeaus.

Pläne scheitern, wo keine Bespre- 22 chung ist; aber durch viele Ratgeber kommen sie zustande.

Ein Mann hat Freude an der Ant- 23 wort seines Mundes; und ein Wort zu seiner Zeit, wie gut!

Der Weg des Lebens ist für den 24 Einsichtigen aufwärts, damit er dem Scheol unten entgehe.

Das Haus der Hoffärtigen reißt Je- 25 hova nieder, aber die Witwe Grenze stellt er fest.

Böse Anschläge sind Jehova ein 26 Greuel, aber huldvolle Worte sind rein.

Wer der Habsucht frönt, verstört 27 sein Haus; wer aber Geschenke *i* haßt, wird leben.

Das Herz des Gerechten überlegt, 28 um zu antworten; aber der Mund der Gesetzlosen sprudelt Bosheiten.

Jehova ist fern von den Gesetzlosen, 29 aber das Gebet der Gerechten hört er.

Das Leuchten der Augen erfreut das 30 Herz; eine gute Nachricht labt das Gebein.

Ein Ohr, das auf die Zucht zum Le- 31 ben hört, wird inmitten der Weisen weilen.

Wer Unterweisung verwirft, verach- 32 tet seine Seele; wer aber auf Zucht hört, erwirbt Verstand.

Die Furcht Jehovas ist Unterwei- 33 sung zur Weisheit, und der Ehre geht Demut voraus.

Die Entwürfe des Herzens sind **16** des Menschen, aber die Antwort der Zunge kommt von Jehova.

Alle Wege eines Mannes sind rein 2 in seinen Augen, aber Jehova wägt die Geister.

Befiehl Jehova *j* deine Werke, und 3 deine Gedanken werden zustande kommen.

Jehova hat alles zu seiner Absicht 4 gemacht, und auch den Gesetzlosen für den Tag des Unglücks.

Jeder Hochmütige ist Jehova ein 5 Greuel; die Hand darauf! er wird nicht für schuldlos gehalten werden *k*.

Durch Güte und Wahrheit wird die 6 Missetat gesühnt, und durch die Furcht Jehovas weicht man vom Bösen *l*.

Wenn eines Mannes Wege Jehova 7 wohlgefallen, so läßt er selbst seine Feinde mit ihm in Frieden sein.

Besser wenig mit Gerechtigkeit, als 8 viel Einkommen mit Unrechtlichkeit.

---

a O. Eifersucht. — *b* S. die Anm. zu Ps. 2, 12. — *c* O. wird klug. — *d* O. aber das Herz der Toren ist nicht richtig. — *e* S. die Anm. zu Ps. 88, 11. — *f* Eig. weidet, od. pflegt (übt). — *g* Eig. wer fröhlichen Herzens ist. — *h* O. wie mit Dornen verzäunt. — *i* d. h. Bestechungsgeschenke. — *j* W. Wälze auf Jehova. — *k* O. nicht ungestraft bleiben. — *l* O. entgeht man dem Bösen.

9 Das Herz des Menschen erdenkt seinen Weg, aber Jehova lenkt seine Schritte.

10 Ein Orakelspruch ist auf den Lippen des Königs: sein Mund vergeht sich nicht am Recht *a*.

11 Gerechte Wage und Wagschalen sind Jehovas; sein Werk sind alle Gewichtsteine des Beutels.

12 Der Könige Greuel ist, Gesetzlosigkeit zu tun; denn durch Gerechtigkeit steht ein Thron fest.

13 Der Könige Wohlgefallen sind gerechte Lippen; und wer Aufrichtiges redet, den liebt er.

14 Des Königs Grimm *gleicht* Todesboten; aber ein weiser Mann versöhnt ihn *b*.

15 Im Lichte des Angesichts des Königs ist Leben, und sein Wohlgefallen ist wie eine Wolke des Spätregens.

16 Weisheit erwerben, wieviel besser ist es als feines Gold, und Verstand erwerben, *wieviel* vorzüglicher als Silber!

17 Der Aufrichtigen Straße ist: vom Bösen weichen; wer seinen Weg bewahrt, behütet seine Seele.

18 Hoffart geht dem Sturze *c*, und Hochmut dem Falle voraus.

19 Besser niedrigen Geistes sein mit den Demütigen *d*, als Raub teilen mit den Hoffärtigen.

20 Wer auf das Wort achtet, wird Gutes *e* erlangen; und wer auf Jehova vertraut, ist glückselig.

21 Wer weisen Herzens ist, wird verständig genannt; und Süßigkeit der Lippen mehrt *f* die Lehre.

22 Einsicht ist für ihre Besitzer ein Born des Lebens, aber die Züchtigung der Narren ist die Narrheit.

23 Das Herz des Weisen gibt seinem Munde Einsicht, und mehrt auf seinen Lippen die Lehre.

24 Huldvolle Worte sind eine Honigwabe, Süßes für die Seele und Gesundheit für das Gebein.

25 Da ist ein Weg, der einem Menschen gerade erscheint, aber sein Ende sind Wege des Todes.

26 Des Arbeiters Hunger arbeitet für ihn, denn sein Mund spornt ihn an.

27 Ein Belialsmann gräbt nach Bösem, und auf seinen Lippen ist es wie brennendes Feuer.

28 Ein verkehrter Mann streut Zwietracht aus, und ein Ohrenbläser entzweit Vertraute.

29 Ein Mann der Gewalttat verlockt seinen Nächsten und führt ihn auf einen Weg, der nicht gut ist.

30 Wer seine Augen zudrückt, um Verkehrtes zu ersinnen, seine Lippen zusammenkneift, hat das Böse beschlossen.

31 Das graue Haar ist eine prächtige *g* Krone: auf dem Wege der Gerechtigkeit wird sie gefunden.

32 Besser ein Langmütiger als ein Held, und wer seinen Geist beherrscht, als wer eine Stadt erobert.

33 Das Los wird in dem Busen *h* geworfen, aber all seine Entscheidung kommt von Jehova.

17

17 Besser ein trockener Bissen und Friede *i* dabei, als ein Haus voll Opferfleisch mit Zank *j*.

2 Ein einsichtiger Knecht wird über den schändlichen *k* Sohn herrschen, und inmitten der Brüder die Erbschaft teilen.

3 Der Schmelztiegel für das Silber, und der Ofen für das Gold; aber Prüfer der Herzen ist Jehova.

4 Ein Uebeltäter horcht auf die Lippe des Unheils, ein Lügner gibt Gehör der Zunge *l* des Verderbens.

5 Wer des Armen spottet, verhöhnt den, der ihn gemacht hat; wer über Unglück sich freut, wird nicht für schuldlos gehalten werden *m*.

6 Kindeskinder sind die Krone der Alten, und der Kinder Schmuck sind ihre Väter.

7 Vortreffliche *n* Rede schickt sich nicht für einen gemeinen Menschen; wieviel weniger Lügenrede für einen Edlen!

8 Das Geschenk *o* ist ein Edelstein in den Augen des Empfängers; wohin er sich wendet, gelingt es ihm.

9 Wer Liebe sucht, deckt die Uebertretung zu; wer aber eine Sache immer wieder anregt, entzweit Vertraute.

10 Ein Verweis dringt bei einem Verständigen tiefer ein, als hundert Schläge bei einem Toren.

11 Der Böse sucht nur Empörung *p*; aber ein grausamer Bote wird gegen ihn gesandt werden.

12 Eine Bärin, die der Jungen beraubt ist, begegne einem Manne, aber nicht ein Tor in seiner Narrheit!

13 Wer Böses für Gutes vergilt, von dessen Hause wird die Böse nicht weichen.

14 Der Anfang eines Zankes ist, wie wenn einer Wasser entfesselt; so laß den Streit, ehe er heftig wird *q*.

15 Wer den Gesetzlosen rechtfertigt, und wer den Gerechten verdammt, sie alle beide sind Jehova ein Greuel.

16 Wozu doch Geld *r* in der Hand eines Toren, um Weisheit zu kaufen, da ihm doch der Verstand fehlt?

17 Der Freund liebt zu aller Zeit, und als Bruder für die Drangsal wird er geboren *s*.

18 Ein unverständiger Mensch ist, wer in die Hand einschlägt, wer Bürgschaft leistet gegenüber seinem Nächsten.

19 Wer Zank liebt, liebt Uebertretung; wer seine Tür hoch macht, sucht Einsturz.

---

a d. h. im Urteil, im Rechtsprechen. — *b* d. h. den Grimm. — *c* Eig. dem Zusammenbruch; so auch Kap. 18, 12. — *d* O. Sanftmütigen. — *e* O. Glück. — *f* d. h. fördert, steigert. — *g* O. zierende. — *h* S. die Anm. zu Neh. 5, 13. — *i* Eig. Sorglosigkeit. — *j* W. Opferschlachtungen des Haders. — *k* S. die Anm. zu Kap. 12, 4. — *l* And. üb.: . . Unheils, gibt Gehör der Lüge auf der Zunge usw. — *m* O. nicht ungestraft bleiben. — *n* O. Anmaßende. — *o* d. h. das Bestechungsgeschenk; so auch V. 23. — *p* O. Der Empörer sucht nur Böses. — *q* Eig. ehe es zum Zähnefletschen kommt. — *r* Eig. ein Kaufpreis. — *s* And. üb.: und ein Bruder wird für die Drangsal geboren.

20 Wer verkehrten Herzens ist, wird das Gute nicht finden; und wer sich mit seiner Zunge windet, wird ins Unglück fallen.

21 Wer einen Toren zeugt, dem wird es zum Kummer, und der Vater eines Narren *a* hat keine Freude.

22 Ein fröhliches Herz bringt gute Besserung, aber ein zerschlagener Geist vertrocknet das Gebein.

23 Der Gesetzlose nimmt ein Geschenk aus dem Busen, um die Pfade des Rechts zu beugen.

24 Vor dem Angesicht des Verständigen ist Weisheit, aber die Augen des Toren sind am Ende der Erde.

25 Ein törichter Sohn ist ein Gram für seinen Vater, und Bitterkeit für die, welche ihn geboren.

26 Auch den Gerechten zu bestrafen, ist nicht gut, Edle zu schlagen um der Geradheit willen.

27 Wer seine Worte zurückhält, besitzt Erkenntnis; und wer kühlen Geistes ist, ist ein verständiger Mann *b*.

28 Auch ein Narr, der schweigt, wird für weise gehalten, für verständig, wer *c* seine Lippen verschließt.

18 Wer sich absondert, trachtet nach einem Gelüst; gegen alle Einsicht *d* geht er heftig an *e*.

2 Der Tor hat keine Lust an Verständnis, sondern nur daran, daß sein Herz sich offenbare.

3 Wenn ein Gesetzloser kommt, so kommt auch Verachtung; und mit der Schande *kommt* Schmähung.

4 Die Worte aus dem Munde eines Mannes sind tiefe Wasser, ein sprudelnder Bach, ein Born *f* der Weisheit.

5 Es ist nicht gut, die Person des Gesetzlosen anzusehen, um den Gerechten zu beugen im Gericht.

6 Die Lippen des Toren geraten in Streit *g*, und sein Mund ruft nach Schlägen.

7 Der Mund des Toren wird ihm zum Untergang, und seine Lippen sind der Fallstrick seiner Seele.

8 Die Worte des Ohrenbläsers sind wie Leckerbissen, und sie dringen hinab in das Innerste des Leibes.

9 Auch wer sich lässig zeigt in seiner Arbeit, ist ein Bruder des Verderbers.

10 Der Name Jehovas ist ein starker Turm; der Gerechte läuft dahin und ist in Sicherheit.

11 Das Vermögen des Reichen ist seine feste Stadt, und in seiner Einbildung gleich einer hochragenden Mauer.

12 Vor dem Sturze wird hoffärtig des Mannes Herz, und der Ehre geht Demut voraus.

13 Wer Antwort gibt, bevor er anhört, dem ist es Narrheit und Schande.

14 Eines Mannes Geist erträgt seine Krankheit; aber ein zerschlagener Geist, wer richtet ihn auf? *h*

Das Herz des Verständigen erwirbt 15 Erkenntnis, und das Ohr der Weisen sucht nach Erkenntnis.

Das Geschenk des Menschen macht 16 ihm Raum und verschafft ihm Zutritt zu den Großen.

Der erste in seiner Streitsache hat 17 recht; *doch* sein Nächster kommt und forscht ihn aus.

Das Los schlichtet Zwistigkeiten 18 und bringt Mächtige auseinander.

Ein Bruder, an dem man treulos *i* 19 gehandelt hat, widersteht mehr als eine feste Stadt; und Zwistigkeiten sind wie der Riegel einer Burg.

Von der Frucht des Mundes eines 20 Mannes wird sein Inneres *j* gesättigt, vom Ertrage seiner Lippen wird er gesättigt.

Tod und Leben sind in der Gewalt 21 der Zunge, und wer sie liebt, wird ihre Frucht essen.

Wer ein Weib gefunden, hat Gutes 22 gefunden und hat Wohlgefallen erlangt von Jehova.

Flehentlich bittet der Arme, aber 23 der Reiche antwortet Hartes.

Ein Mann vieler Freunde wird zu 24 Grunde gehen; doch es gibt einen, der liebt *und* anhänglicher *ist* als ein Bruder.

19 Besser ein Armer, der in seiner Vollkommenheit *k* wandelt, als wer verkehrter *l* Lippen und dabei ein Tor ist.

2 Auch Unkenntnis der Seele ist nicht gut; und wer mit den Füßen hastig ist, tritt fehl.

3 Die Narrheit des Menschen verdirbt *m* seinen Weg, und sein Herz grollt wider Jehova.

4 Reichtum verschafft viele Freunde; aber der Arme — sein Freund trennt sich *von ihm.*

5 Ein falscher Zeuge wird nicht für schuldlos gehalten werden *n*; und wer Lügen ausspricht, wird nicht entrinnen.

6 Viele schmeicheln einem Edlen, und alle sind Freunde des Mannes *o*, der Geschenke gibt.

7 Alle Brüder des Armen hassen ihn; wieviel mehr entfernen sich von ihm seine Freunde! *p* Er jagt Worten nach, die nichts sind.

8 Wer Verstand erwirbt, liebt seine Seele; wer auf Verständnis achtet, wird Glück erlangen.

9 Ein falscher Zeuge wird nicht für schuldlos gehalten werden *n*, und wer Lügen ausspricht, wird umkommen.

10 Nicht geziemt einem Toren Wohlleben; wieviel weniger einem Knechte, über Fürsten zu herrschen!

11 Die Einsicht eines Menschen macht ihn langmütig, und sein Ruhm ist es, Vergehung zu übersehen.

---

a zugl.: Gemeinen, Gottlosen. — *b* O. und ein verständiger Mann ist kühlen Geistes. — *c* O. wenn er. — *d* S. die Anm. zu Kap. 2, 7. — *e* Eig. fletscht er die Zähne. — *f* And.: ist der Born. — *g* O. führen Streit herbei. — *h* Eig. wer hebt (trägt) ihn? — *i* O. frevelhaft. — *j* Eig. sein Leib. — *k* O. Lauterkeit. — *l* O. hämischer. — *m* Eig. stürzt um. — *n* O. nicht ungestraft bleiben. — *o* Eig. alles was Freund heißt, gehört dem Manne. — *p* Viell. ist hier der Anfang eines neuen zweizeiligen Spruches ausgefallen.

12 Des Königs Zorn ist wie das Knurren eines jungen Löwen, aber sein Wohlgefallen wie Tau auf das Gras.

13 Ein törichter Sohn ist Verderben für seinen Vater; und die Zänkereien eines Weibes sind eine beständige Traufe.

14 Haus und Gut sind ein Erbteil der Väter, aber eine einsichtsvolle Frau kommt von Jehova.

15 Faulheit versenkt in tiefen Schlaf, und eine lässige Seele wird hungern.

16 Wer das Gebot bewahrt, bewahrt seine Seele; wer seine Wege verachtet, wird sterben.

17 Wer des Armen sich erbarmt, leiht Jehova; und er wird ihm seine Wohltat vergelten.

18 Züchtige deinen Sohn, weil noch Hoffnung da ist; aber trachte nicht danach, ihn zu töten.

19 Wer jähzornig ist, muß dafür büßen; denn greifst du auch ein, so machst du's nur noch schlimmer *a*.

20 Höre auf Rat und nimm Unterweisung *b* an, damit du weise seiest in der *c* Zukunft.

21 Viele Gedanken sind in dem Herzen eines Mannes; aber der Ratschluß Jehovas, er kommt zustande.

22 Die Willigkeit *d* des Menschen *macht* seine Mildtätigkeit *aus*, und besser ein Armer als ein lügnerischer Mann.

23 Die Furcht Jehovas ist zum Leben; und gesättigt verbringt man die Nacht, wird nicht heimgesucht vom Uebel.

24 Hat der Faule seine Hand in die Schüssel gesteckt, nicht einmal zu seinem Munde bringt er sie zurück.

25 Schlägst du den Spötter, so wird der Einfältige klug; und weist man den Verständigen zurecht, so wird er Erkenntnis verstehen.

26 Wer den Vater zu Grunde richtet, die Mutter verjagt, ist ein Sohn, der Schande und Schmach bringt.

27 Laß ab, mein Sohn, auf Unterweisung *b* zu hören, die abirren macht von den Worten der Erkenntnis.

28 Ein Belialszeuge spottet des Rechts, und der Mund der Gesetzlosen verschlingt Unheil.

29 Für die Spötter sind Gerichte bereit, und Schläge für den Rücken der Toren.

20 Der Wein ist ein Spötter, starkes Getränk ein Lärmer; und jeder, der davon taumelt, wird nicht weise.

2 Des Königs Schrecken ist wie das Knurren eines jungen Löwen; wer ihn gegen sich aufbringt, verwirkt sein Leben.

3 Ehre ist es dem Manne, vom Streite abzustehen; wer aber ein Narr ist, stürzt sich hinein *e*.

4 Wegen des Winters *f* mag der Faule nicht pflügen; zur Erntezeit wird er begehren, und nichts ist da.

5 Tiefes Wasser ist der Ratschluß im Herzen des Mannes, aber ein verständiger Mann schöpft ihn heraus.

Die meisten Menschen rufen ein 6 jeder seine Güte aus *g*; aber einen zuverlässigen Mann, wer wird ihn finden?

Wer in seiner Vollkommenheit *h* gerecht *i* wandelt, glückselig sind seine Kinder nach ihm!

Ein König, der auf dem Throne des 8 Gerichts sitzt, zerstreut alles Böse mit seinen Augen.

Wer darf sagen: Ich habe mein 9 Herz gereinigt, ich bin rein geworden von meiner Sünde?

Zweierlei Gewichtsteine, zweierlei 10 Epha, sie alle beide sind Jehova ein Greuel.

Selbst ein Knabe gibt sich durch sei- 11 ne Handlungen zu erkennen, ob sein Tun lauter, und ob es aufrichtig ist.

Das hörende Ohr und das sehende 12 Auge, Jehova hat sie alle beide gemacht.

Liebe nicht den Schlaf, damit du 13 nicht verarmest; tue deine Augen auf, so wirst du satt Brot haben.

Schlecht, schlecht! spricht der Käu- 14 fer; und wenn er weggeht, dann rühmt er sich.

Es gibt Gold und Korallen die Men- 15 ge; aber ein kostbares Gerät sind Lippen der Erkenntnis.

Nimm ihm das Kleid, denn er ist für 16 einen anderen Bürge geworden; und der Fremden *j* halber pfände ihn.

Das Brot der Falschheit ist einem 17 Manne süß, aber hernach wird sein Mund voll Kies.

Pläne kommen durch Beratung zu- 18 stande, und mit weiser Ueberlegung führe Krieg.

Wer als Verleumder *k* umhergeht, 19 enthüllt das Geheimnis; und mit dem, der seine Lippen aufsperrt, laß dich nicht ein.

Wer seinem Vater oder seiner Mut- 20 ter flucht, dessen Leuchte wird erlöschen in tiefster Finsternis.

Ein Erbe, das hastig erlangt wird 21 im Anfang, dessen Ende wird nicht gesegnet sein.

Sprich nicht: Ich will Böses vergel- 22 ten. Harre auf Jehova, so wird er dich retten *l*.

Zweierlei Gewichtsteine sind Jeho- 23 va ein Greuel, und trügerische Wagschalen sind nicht gut.

Des Mannes Schritte *hängen ab* von 24 Jehova; und der Mensch, wie sollte er seinen Weg verstehen?

Ein Fallstrick des Menschen ist es, 25 vorschnell zu sprechen: Geheiligt! und nach den Gelübden zu überlegen.

Ein weiser König zerstreut *m* die 26 Gesetzlosen und führt das *Dresch*rad über sie hin.

Der Geist des Menschen ist eine 27 Leuchte Jehovas, durchforschend alle Kammern des Leibes.

Güte und Wahrheit behüten den 28

---

a Eig. so steigerst du's noch. — *b* O. Zucht. — *c* Eig. in deiner. — *d* Eig. das Wollen. — *e* Eig. fletscht die Zähne. — *f* And.: Mit Eintritt des Herbstes. — *g* O. begegnen einem Manne, der ihnen Güte erweist. — *h* O. Lauterkeit. — *i* Eig. als ein Gerechter. — *j* Nach and. Les.: der Ausländerin, od. fremder Sache. — *k* O. Ausplauderer. — *l* O. dir helfen. — *m* O. worfelt.

König, und durch Güte stützt er seinen Thron.

29 Der Schmuck der Jünglinge ist ihre
Kraft, und graues Haar die Zierde
der Alten.

30 Wundstriemen scheuern das Böse
weg, und Schläge *scheuern* die Kammern des Leibes.

21 *Gleich* Wasserbächen ist eines Königs Herz in der Hand Jehovas; wohin immer er will, neigt er es.

2 Jeder Weg eines Mannes ist gerade
in seinen Augen, aber Jehova wägt
die Herzen.

3 Gerechtigkeit und Recht üben ist
Jehova angenehmer als Opfer.

4 Stolz der Augen und Hochmut *a* des
Herzens, die Leuchte der Gesetzlosen,
sind Sünde.

5 Die Gedanken des Fleißigen führen
nur zum Ueberfluß *b*; und jeder, der
hastig ist — es ist nur zum Mangel *b*.

6 Erwerb von Schätzen durch Lügenzunge ist verwehender Dunst; solche
suchen den Tod *c*.

7 Die Gewalttätigkeit der Gesetzlosen
rafft sie hinweg, denn Recht zu üben
weigern sie sich.

8 Vielgewunden ist der Weg des schuld-
beladenen Mannes; der Lautere aber,
sein Tun ist gerade.

9 Besser ist es, auf einer Dachecke
zu wohnen, als ein zänkisches Weib
und ein gemeinsames Haus.

10 Die Seele des Gesetzlosen begehrt
das Böse: sein Nächster findet keine
Gnade in seinen Augen.

11 Wenn man dem Spötter bestraft, so
wird der Einfältige weise; und wenn
man den Weisen belehrt, so nimmt er
Erkenntnis an.

12 Ein Gerechter hat acht auf das Haus
des Gesetzlosen, er stürzt die Gesetzlosen ins Unglück.

13 Wer sein Ohr verstopft vor dem
Schrei des Armen, auch e r wird rufen
und nicht erhört werden.

14 Eine Gabe im Verborgenen wendet
den Zorn ab, und ein Geschenk im
Busen den heftigen Grimm.

15 Dem Gerechten ist es Freude, Recht
zu üben; aber denen, die Frevel tun,
ein Schrecken.

16 Ein Mensch, der von dem Wege der
Einsicht abirrt, wird ruhen in der
Versammlung der Schatten *d*.

17 Wer Freude liebt, wird ein Mann
des Mangels werden; wer Wein und
Oel liebt, wird nicht reich.

18 Der Gesetzlose ist ein Lösegeld für
den Gerechten, und der Treulose tritt
an die Stelle der Aufrichtigen.

19 Besser ist es, in einem wüsten Lande zu wohnen, als ein zänkisches Weib
und Aerger.

20 Ein kostbarer Schatz und Oel ist in
der Wohnung des Weisen, aber ein
törichter Mensch verschlingt es.

Wer der Gerechtigkeit und der Gü- 21
te nachjagt, wird Leben finden, Gerechtigkeit und Ehre.

Der Weise ersteigt die Stadt der 22
Helden und stürzt nieder die Feste
ihres *e* Vertrauens.

Wer seinen Mund und seine Zunge 23
bewahrt, bewahrt vor Drangsalen seine Seele.

Der Uebermütige, Stolze — Spötter 24
ist sein Name — handelt mit vermes-
senem Uebermut.

Die Begierde des Faulen tötet ihn, 25
denn seine Hände weigern sich zu arbeiten.

Den ganzen Tag begehrt und be- 26
gehrt man *f*, aber der Gerechte gibt
und hält nicht zurück.

Das Opfer der Gesetzlosen ist ein 27
Greuel; wieviel mehr, wenn er es in
böser Absicht *g* bringt!

Ein Lügenzeuge wird umkommen; 28
ein Mann aber, welcher hört, darf immerdar reden.

Ein gesetzloser Mann zeigt ein trotzi- 29
ges Gesicht; aber der Aufrichtige, er
merkt auf seinen Weg *h*.

Da ist keine Weisheit und keine 30
Einsicht und kein Rat gegenüber Jehova.

Das Roß wird gerüstet für den Tag 31
des Streites, aber die Rettung *i* ist Jehovas.

Ein *guter* Name ist vorzüglicher **22**
als großer Reichtum, Anmut besser
als Silber und Gold.

Reiche und Arme begegnen sich: 2
Jehova hat sie alle gemacht.

Der Kluge sieht das Unglück und 3
verbirgt sich; die Einfältigen aber gehen weiter und leiden Strafe.

Die Folge der Demut, der Furcht 4
Jehovas, ist *j* Reichtum und Ehre und
Leben.

Dornen, Schlingen sind auf dem We- 5
ge des Verkehrten; wer seine Seele
bewahrt, hält sich fern von ihnen.

Erziehe den Knaben seinem Wege 6
gemäß *k*; er wird nicht davon weichen, auch wenn er alt wird.

Der Reiche herrscht über den Ar- 7
men, und der Borgende ist ein Knecht
des Leihenden.

Wer Unrecht sät, wird Unheil ern- 8
ten, und seines Zornes Rute wird ein
Ende nehmen.

Wer gütigen Auges ist, der wird 9
gesegnet werden; denn er gibt von
seinem Brote dem Armen.

Treibe den Spötter fort, so geht der 10
Zank hinaus, und Streit und Schande
hören auf.

Wer Reinheit des Herzens liebt, 11
wessen Lippen Anmut sind, dessen
Freund ist der König.

Die Augen Jehovas behüten die Er- 12
kenntnis, und er vereitelt *l* die Worte
des Treulosen.

---

a Eig. Aufgeblasenheit. — *b* O. Gewinn . . . Verlust. — *c* O. solcher, die den Tod
suchen. And. l. mit der alexandr. Uebersetzung: Fallstricke des Todes. — *d* S. die
Anm. zu Ps. 88, 10. — *e* d. h. der Stadt. — *f* O. er. — *g* O. für eine Schandtat. —
h Nach and. Les.: er richtet seine Wege. — *i* O. der Sieg. — *j* And. üb.: Die Folge
der Demut ist die Furcht Jehovas usw. — *k* O. seiner Weise (d. h. der Natur des
Knaben) angemessen. — *l* Eig. stürzt um.

13 Der Faule spricht: Ein Löwe ist draußen; ich möchte ermordet werden mitten auf den Straßen!

14 Der Mund fremder Weiber ist eine tiefe Grube; wem Jehova zürnt, der fällt hinein.

15 Narrheit ist gekettet an das Herz des Knaben; die Rute der Zucht wird sie davon entfernen.

16 Wer den Armen bedrückt, ihm zur Bereicherung ist es; wer dem Reichen gibt, es ist nur zum Mangel.

17 Neige dein Ohr und höre die Worte der Weisen, und richte dein Herz auf 18 mein Wissen! Denn lieblich ist es, wenn du sie in deinem Innern bewahrst; möchten sie allzumal auf dei-19 nen Lippen Bestand haben! Damit dein Vertrauen auf Jehova sei, habe 20 ich heute dich, ja, dich, belehrt. Habe ich dir nicht Vortreffliches *a* aufgeschrieben an Ratschlägen und Er-21 kenntnis, um dir kundzutun die Richtschnur *b* der Worte der Wahrheit: damit du denen, die dich senden, Worte zurückbringest *c*, welche Wahrheit sind?

22 Beraube nicht den Armen, weil er arm ist, und zertritt nicht den Elen-23 den im Tore. Denn Jehova wird ihre Rechtssache führen, und ihre Berauber des Lebens berauben.

24 Geselle dich nicht zu einem Zornigen, und geh nicht um mit einem 25 hitzigen *d* Manne, damit du seine Pfade nicht lernest und einen Fallstrick davontragest für deine Seele.

26 Sei nicht unter denen, die in die Hand einschlagen, unter denen, welche für Darlehen Bürgschaft leisten. 27 Wenn du nicht hast, um zu bezahlen, warum soll er *e* dein Bett unter dir wegnehmen?

28 Verrücke nicht die alte Grenze, welche deine Väter gemacht haben.

29 Siehst du einen Mann, der gewandt ist in seinem Geschäft — vor Königen wird er stehen *f*, er wird nicht vor Niedrigen *g* stehen.

23 Wenn du dich hinsetzest, um mit einem Herrscher zu speisen, so be-2 achte wohl, wen du vor dir hast; und setze ein Messer an deine Kehle, wenn 3 du gierig bist. Laß dich nicht gelüsten nach seinen Leckerbissen, denn sie sind eine trügliche Speise.

4 Bemühe dich nicht, reich zu werden, 5 laß ab von deiner Klugheit. Willst du deine Augen darauf hinfliegen lassen, und *siehe*, fort ist es? Denn sicherlich schafft es sich Flügel gleich dem Adler, der gen Himmel fliegt.

6 Iß nicht das Brot des Scheelsehenden, und laß dich nicht gelüsten nach 7 seinen Leckerbissen. Denn wie er es *h* abmißt in seiner Seele, so ist er. „Iß und trink!" spricht er zu dir, aber 8 sein Herz ist nicht mit dir. Deinen Bissen, den du gegessen hast, mußt

du ausspeien, und deine freundlichen Worte wirst du verlieren.

Rede nicht zu den Ohren eines To- 9 ren, denn er wird die Einsicht deiner Worte verachten.

Verrücke nicht die alte Grenze, und 10 dringe nicht ein in die Felder der Waisen. Denn ihr Erlöser ist stark; er wird 11 ihren Rechtsstreit wider dich führen.

Bringe dein Herz her zur Unterwei- 12 sung, und deine Ohren zu den Worten der Erkenntnis.

Entziehe dem Knaben nicht die 13 Züchtigung; wenn du ihn mit der Rute schlägst, wird er nicht sterben. Du schlägst ihn mit der Rute, und du 14 errettest seine Seele vom Scheol.

Mein Sohn, wenn dein Herz weise ist, 15 so wird auch m e i n Herz sich freuen; und meine Nieren werden frohlocken, 16 wenn deine Lippen Geradheit reden.

Dein Herz beneide nicht die Sün- 17 der, sondern beeifere sich jeden Tag um die Furcht Jehovas. Wahrlich, es 18 gibt ein Ende *i*, und deine Hoffnung wird nicht vernichtet werden.

Höre du, mein Sohn, und werde weise, 19 und leite dein Herz geradeaus auf dem Wege. Sei nicht unter Weinsäufern, 20 *noch* unter denen, die Fleisch verprassen; denn ein Säufer und ein Schlem- 21 mer verarmen, und Schlummer kleidet in Lumpen.

Höre auf deinen Vater, der dich ge- 22 zeugt hat, und verachte deine Mutter nicht, wenn sie alt geworden ist. Kaufe 23 Wahrheit und verkaufe sie nicht, Weisheit und Unterweisung und Verstand.

Hoch frohlockt der Vater eines Ge- 24 rechten; *und* wer einen Weisen gezeugt hat, der freut sich seiner. Freuen 25 mögen sich dein Vater und deine Mutter, und frohlocken, die dich geboren!

Gib mir, mein Sohn, dein Herz, und 26 laß deine Augen Gefallen haben an meinen Wegen! Denn die Hure ist 27 eine tiefe Grube und die Fremde *j* ein enger Brunnen; ja, sie lauert auf wie 28 ein Räuber, und sie mehrt die Treulosen unter den Menschen.

Wer hat Ach, wer hat Weh, wer 29 Zänkereien, wer Klage, wer Wunden ohne Ursache? wer Trübung der Augen? Die spät beim Weine sitzen, die 30 einkehren, um Mischtrank zu kosten. Sieh den Wein nicht an, wenn er sich 31 rot zeigt, wenn er im Becher blinkt, leicht hinuntergleitet. Sein Ende ist, 32 daß er beißt wie eine Schlange und sticht wie ein Basilisk. Deine Augen 33 werden Seltsames sehen *k*, und dein Herz wird verkehrte Dinge reden. Und 34 du wirst sein wie einer, der im Herzen des Meeres liegt, und wie einer, der da liegt auf der Spitze eines Mastes. „Man 35 hat mich geschlagen, es schmerzte mich nicht; man hat mich geprügelt, ich fühlte es nicht. Wann werde ich aufwachen? Ich will es wieder tun, ich ihn abermals aufsuchen."

---

a O. Auserlesenes. — *b* O. Regel, Norm. — *c* And. l.: damit du denen, welche dich befragen, Worte antwortest. — *d* Eig. überaus hitzigen. — *e* d.h. der Gläubiger. — *f* d. h. in denDienst von Königen berufen werden. — *g* Eig. Unansehnlichen. — *h* O. wie einer, der es usw. — *i* O. eine Zukunft. — *j* Eig. die Ausländerin. — *k* And. üb.: nach fremden Weibern blicken.

24 Beneide nicht böse Menschen, und laß dich nicht gelüsten, mit ihnen zu 2 sein; denn ihr Herz sinnt auf Gewalttat, und ihre Lippen reden Mühsal.

3 Durch Weisheit wird ein Haus gebaut, und durch Verstand wird es be- 4 festigt; und durch Erkenntnis füllen sich die Kammern mit allerlei kostbarem und lieblichem Gut.

5 Ein weiser Mann ist stark, und ein Mann von Erkenntnis befestigt seine 6 Kraft. Denn mit weiser Ueberlegung wirst du glücklich Krieg führen, und bei der Ratgeber Menge ist Heil *a*.

7 Weisheit ist dem Narren zu hoch *b*, im Tore tut er seinen Mund nicht auf.

8 Wer darauf sinnt, Böses zu tun, den nennt man einen Ränkeschmied.

9 Das Vorhaben der Narrheit ist die Sünde, und der Spötter ist den Menschen ein Greuel.

10 Zeigst du dich schlaff am Tage der Drangsal, so ist deine Kraft gering *c*.

11 Errette die zum Tode geschleppt werden, und die zur Würgung hin- 12 wanken, o halte sie zurück! Wenn du sprichst: Siehe, wir wußten nichts davon — wird nicht er, der die Herzen wägt, es merken? und er, der auf deine Seele achthat, es wissen? Und er wird dem Menschen vergelten nach seinem Tun.

13 Iß Honig, mein Sohn, denn er ist gut, und Honigseim ist deinem Gau- 14 men *d* süß. Ebenso betrachte die Weisheit für deine Seele: wenn du sie gefunden hast, so gibt es eine Zukunft, und deine Hoffnung wird nicht vernichtet werden.

15 Laure nicht, Gesetzloser, auf die Wohnung des Gerechten, zerstöre nicht 16 seine Lagerstätte. Denn der Gerechte fällt siebenmal und steht *wieder* auf, aber die Gesetzlosen stürzen nieder im Unglück.

17 Freue dich nicht über den Fall deines Feindes, und dein Herz frohlocke 18 nicht über seinen Sturz: damit Jehova es nicht sehe, und es böse sei in seinen Augen, und er seinen Zorn von ihm abwende.

19 Erzürne dich nicht über die Uebeltäter, beneide nicht die Gesetzlosen; 20 denn für den Bösen wird keine Zukunftsein, die Leuchte der Gesetzlosen wird erlöschen.

21 Mein Sohn, fürchte Jehova und den König; mit Aufrührern *e* laß dich nicht 22 ein. Denn plötzlich erhebt sich ihr Verderben; und ihrer beider Untergang *f*, wer weiß ihn?

23 Auch diese sind von den Weisen:

Die Person ansehen im Gericht ist 24 nicht gut. Wer zu dem Gesetzlosen *g* spricht: Du bist gerecht, den verfluchen die Völker, den verwünschen die Völ- 25 kerschaften; denen aber, welche gerecht entscheiden, geht es wohl, und über sie kommt Segnung des Guten.

Die Lippen küßt, wer richtige Ant- 26 wort gibt.

Besorge draußen deine Arbeit und 27 bestelle sie dir auf dem Felde; hernach magst du dann dein Haus bauen.

Werde nicht ohne Ursache Zeuge 28 wider deinen Nächsten; wolltest du denn täuschen mit deinen Lippen?

Sprich nicht: Wie er mir getan hat, 29 so will ich ihm tun, will dem Manne vergelten nach seinem Werke.

An dem Acker eines faulen Mannes 30 kam ich vorüber, und an dem Weinberge eines unverständigen Menschen. Und siehe, er war ganz mit Disteln 31 überwachsen, seine Fläche war mit Brennnesseln bedeckt, und seine steinerne Mauer eingerissen. Und ich 32 schaute es, ich richtete mein Herz darauf; ich sah es, empfing Unterweisung: Ein wenig Schlaf, ein wenig 33 Schlummer, ein wenig Händefalten, um auszuruhen — und deine Armut 34 kommt herangeschritten, und deine Not *h* wie ein gewappneter Mann *i*.

Auch diese sind Sprüche Salomos, **25** welche die Männer Hiskias, des Königs von Juda, zusammengetragen haben:

Gottes Ehre ist es, eine Sache zu 2 verbergen, aber der Könige Ehre, eine Sache zu erforschen.

Der Himmel an Höhe, und die Erde 3 an Tiefe, und das Herz der Könige sind unerforschlich.

Man entferne die Schlacken von dem 4 Silber, so geht für den Goldschmied ein Gerät hervor. Man entferne den 5 Gesetzlosen vor dem König, so wird sein Thron feststehen durch Gerechtigkeit.

Brüste dich nicht vor dem König, 6 und stelle dich nicht an den Platz der Großen. Denn besser ist es, daß man 7 dir sage: Komm hier herauf, als daß man dich erniedrige vor den Edlen, den deine Augen doch gesehen haben.

Geh nicht eilig aus zu einem Streit- 8 handel, damit am Ende davon nicht *fraglich werde*, was du zu tun hast, wenn dein Nächster dich beschämt. — Führe **deinen** Streithandel mit dei- 9 nem Nächsten, aber enthülle nicht das Geheimnis eines anderen: damit dich 10 nicht schmähe wer es hört, und dein übler Ruf nicht mehr weiche.

Goldene Aepfel in silbernen Prunk- 11 geräten: *so ist* ein Wort, geredet zu seiner Zeit *j*.

Ein goldener Ohrring und ein Hals- 12 geschmeide von feinem Golde: *so ist* ein weiser Tadler für ein hörendes Ohr.

Wie Kühlung des Schnees an einem 13 Erntetage ist ein treuer Bote denen, die ihn senden: er erquickt die Seele seines Herrn.

Wolken und Wind, und kein Regen: 14 *so ist* ein Mann, welcher mit trügerischem Geschenke prahlt.

---

a O. Sieg. — *b* O. *gleich* Korallen, d. h. unerschwinglich. — *c* Eig. beschränkt. — *d* Eig. an deinem Gaumen. — *e* Eig. mit Andersgesinnten. — *f* And. l.: ihrer Jahre Untergang. — *g* O. Schuldigen. — *h* Eig. deine Nöte. — *i* W. ein Mann des Schildes. — *j* Eig. seinen Umständen gemäß.

15 Ein Richter a wird überredet durch Langmut, und eine gelinde Zunge zerbricht Knochen.

16 Hast du Honig gefunden, so iß dein Genüge, damit du seiner nicht satt werdest und ihn ausspeiest.

17 Mache deinen Fuß selten im Hause deines Nächsten, damit er deiner nicht satt werde und dich hasse.

18 Hammer und Schwert und geschärfter Pfeil: so ist ein Mann, der wider seinen Nächsten falsches Zeugnis ablegt.

19 Ein zerbrochener Zahn und ein wankender Fuß: so ist das Vertrauen auf einen Treulosen am Tage der Drangsal.

20 Einer, der das Oberkleid ablegt am Tage der Kälte, Essig auf Natron: so wer einem traurigen Herzen Lieder singt.

21 Wenn deinen Hasser hungert, speise ihn mit Brot, und wenn ihn dürstet, 22 tränke ihn mit Wasser; denn glühende Kohlen wirst du auf sein Haupt häufen, und Jehova wird dir vergelten.

23 Nordwind gebiert Regen, und eine heimliche Zunge verdrießliche Gesichter.

24 Besser auf einer Dachecke wohnen, als ein zänkisches Weib und ein gemeinsames Haus.

25 Frisches Wasser auf eine lechzende Seele: so eine gute Nachricht aus fernem Lande.

26 Getrübter Quell und verderbter Brunnen: so ist der Gerechte, der vor dem Gesetzlosen wankt.

27 Viel Honig essen ist nicht gut, aber schwere Dinge erforschen ist Ehre.

28 Eine erbrochene Stadt ohne Mauer: so ist ein Mann, dessen Geist Beherrschung mangelt.

26 Wie Schnee im Sommer und wie Regen in der Ernte, so ist Ehre dem Toren nicht geziemend.

2 Wie der Sperling hin und her flattert, wie die Schwalbe wegfliegt, so ein unverdienter Fluch: er trifft nicht ein.

3 Die Peitsche dem Pferde, der Zaum dem Esel, und der Stock dem Rücken der Toren.

4 Antworte dem Toren nicht nach seiner Narrheit, damit nicht auch du ihm gleich werdest.

5 Antworte dem Toren nach seiner Narrheit, damit er nicht weise sei in seinen Augen.

6 Die Füße haut sich ab, Unbill trinkt, wer Bestellungen ausrichten läßt durch einen Toren.

7 Schlaff hängen die Beine des Lahmen b herab: so ein Spruch im Munde der Toren.

8 Wie das Binden eines Steines in eine Schleuder: so wer einem Toren Ehre erweist.

9 Ein Dorn, der in die Hand eines Trunkenen gerät: so ein Spruch im Munde der Toren.

Ein Schütze, der alles verwundet: 10 so wer den Toren dingt und die Vorübergehenden dingt c.

Wie ein Hund, der zurückkehrt zu 11 seinem Gespei: so ist ein Tor, der seine Narrheit wiederholt.

Siehst du einen Mann, der in seinen 12 Augen weise ist — für einen Toren ist mehr Hoffnung als für ihn.

Der Faule spricht: Der Brüller ist 13 auf dem Wege, ein Löwe inmitten der Straßen.

Die Tür dreht sich in ihrer Angel: 14 so der Faule auf seinem Bette.

Hat der Faule seine Hand in die 15 Schüssel gesteckt, beschwerlich wird es ihm, sie zu seinem Munde zurückzubringen.

Der Faule ist weiser in seinen Augen 16 als sieben, die verständig antworten.

Der ergreift einen Hund bei den 17 Ohren, wer vorbeigehend sich über einen Streit ereifert d, der ihn nichts angeht.

Wie ein Wahnsinniger, der Brand- 18 geschosse, Pfeile und Tod schleudert: so ein Mann, der seinen Nächsten be- 19 trügt und spricht: Habe ich nicht Scherz getrieben?

Wo es an Holz fehlt, erlischt das 20 Feuer; und wo kein Ohrenbläser ist, hört der Zank auf.

Kohle zur Glut und Holz zum Feuer, 21 und ein zänkischer Mann zum Schüren des Streites.

Die Worte des Ohrenbläsers sind 22 wie Leckerbissen, und sie dringen hinab in das Innerste des Leibes.

Ein irdenes Geschirr, mit Schlacken- 23 silber e überzogen: so sind feurige Lippen und ein böses Herz.

Der Hasser verstellt sich mit seinen 24 Lippen, aber in seinem Innern hegt er Trug. Wenn er seine Stimme hold- 25 selig macht, traue ihm nicht; denn sieben Greuel sind in seinem Herzen.

Versteckt sich der Haß in Trug, sei- 26 ne Bosheit wird sich in der Versammlung enthüllen.

Wer eine Grube gräbt, fällt hinein; 27 und wer einen Stein wälzt, auf den kehrt er zurück.

Eine Lügenzunge haßt diejenigen, 28 welche sie zermalmt; und ein glatter Mund bereitet Sturz.

27 Rühme dich nicht des morgenden Tages, denn du weißt nicht, was ein Tag gebiert.

Es rühme dich ein anderer und nicht 2 dein Mund, ein Fremder und nicht deine Lippen.

Schwer ist der Stein, und der Sand 3 eine Last; aber der Unmut des Narren ist schwerer als beide.

Grimm ist grausam, und Zorn eine 4 überströmende Flut; wer aber kann bestehen vor der Eifersucht!

Besser offener Tadel als verhehlte 5 Liebe.

---

a O. Fürst. — b Eig. an dem Lahmen. — c O. mit geringer Textänderung: Viel bringt alles hervor, aber des Toren Lohn und wer ihn dingt, vergehen. Der hebr. Text ist schwer verständlich. — d Mit anderer Interpunktion: Der ergreift einen vorüberlaufenden Hund bei den Ohren, wer sich über einen Streit ereifert usw. — e d. h. mit Glasur.

6 Treu*gemeint* sind die Wunden dessen, der liebt, und überreichlich des
Hassers Küsse.

7 Eine satte Seele zertritt Honigseim;
aber einer hungrigen Seele ist alles
Bittere süß.

8 Wie ein Vogel, der fern von seinem
Neste schweift: so ein Mann, der fern
von seinem Wohnorte schweift.

9 Oel und Räucherwerk erfreuen das
Herz, und die Süßigkeit eines *a* Freundes kommt aus dem Rate der Seele.

10 Verlaß nicht deinen Freund und
deines Vaters Freund, und geh nicht
am Tage deiner Not in deines Bruders
Haus: besser ein naher Nachbar als
ein ferner Bruder.

11 Sei weise, mein Sohn, und erfreue
mein Herz, damit ich Antwort geben
könne meinem Schmäher.

12 Der Kluge sieht das Unglück *und*
verbirgt sich; die Einfältigen gehen
weiter *und* leiden Strafe.

13 Nimm ihm das Kleid, denn er ist für
einen anderen Bürge geworden; und
der Fremden *b* halber pfände ihn.

14 Wer frühmorgens aufsteht und
seinem Nächsten mit lauter Stimme
Glück *c* wünscht, als Verwünschung
wird es ihm angerechnet.

15 Eine beständige Traufe am Tage des
strömenden Regens und ein zänkisches
Weib gleichen sich. Wer dieses zurückhält, hält den Wind zurück und
seine Rechte greift in Oel.

16

17 Eisen wird scharf durch Eisen, und
ein Mann schärft das Angesicht des
anderen.

18 Wer des Feigenbaums wartet, wird
seine Frucht essen; und wer über seinen
Herrn wacht *d*, wird geehrt werden.

19 Wie im Wasser das Angesicht dem
Angesicht *entspricht*, so das Herz des
Menschen dem Menschen.

20 Scheol und Abgrund sind unersättlich: so sind unersättlich die Augen
des Menschen.

21 Der Schmelztiegel für das Silber,
und der Ofen für das Gold; und ein
Mann nach Maßgabe seines Lobes.

22 Wenn du den Narren mit der Keule
im Mörser zerstießest, mitten unter der
Grütze, so würde seine Narrheit *doch*
nicht von ihm weichen.

23 Bekümmere dich wohl um das Aussehen deines Kleinviehes, richte deine
Aufmerksamkeit *e* auf die Herden.

24 Denn Wohlstand ist nicht ewig; und
währt eine Krone von Geschlecht zu
25 Geschlecht? Ist geschwunden das Heu,
und erscheint das junge Gras, und sind
eingesammelt die Kräuter der Berge,
26 so dienen Schafe zu deiner Kleidung,
und der Kaufpreis für ein Feld sind
27 Böcke; und genug Ziegenmilch ist da
zu deiner Nahrung, zur Nahrung deines Hauses, und Lebensunterhalt für
deine Mägde.

Die Gesetzlosen fliehen, obgleich **28**
kein Verfolger da ist; die Gerechten
aber sind getrost gleich einem jungen
Löwen.

Durch die Frevelhaftigkeit eines 2
Landes werden seiner Fürsten viele;
aber durch einen verständigen, einsichtigen Mann wird *sein* Bestand verlängert *f*.

Ein armer Mann *g*, der Geringe be- 3
drückt, ist ein Regen, der hinweg-
schwemmt und kein Brot bringt.

Die das Gesetz verlassen, rühmen 4
die Gesetzlosen; die aber das Gesetz
beobachten, entrüsten sich über sie.

Böse Menschen verstehen das Recht 5
nicht; die aber Jehova suchen, verstehen alles.

Besser ein Armer, der in seiner Voll- 6
kommenheit *h* wandelt, als ein Verkehrter *i*, der auf zwei Wegen geht
und dabei reich ist.

Ein verständiger Sohn bewahrt das 7
Gesetz *j*; wer sich aber zu Schlemmern
gesellt, macht seinem Vater Schande.

Wer sein Vermögen durch Zins und 8
durch Wucher *k* mehrt, sammelt es für
den, der sich der Armen erbarmt.

Wer sein Ohr abwendet vom Hören 9
des Gesetzes: selbst sein Gebet ist ein
Greuel.

Wer Aufrichtige *l* irreführt auf bö- 10
sen Weg, wird selbst in seine Grube
fallen; aber die Vollkommenen werden Gutes erben.

Ein reicher Mann ist weise in sei- 11
nen Augen, aber ein verständiger Armer durchschaut ihn.

Wenn die Gerechten frohlocken, ist 12
die Pracht groß; wenn aber die Gesetzlosen emporkommen, verstecken
sich die Menschen *m*.

Wer seine Uebertretungen verbirgt, 13
wird kein Gelingen haben; wer sie
aber bekennt und läßt, wird Barmherzigkeit erlangen.

Glückselig der Mensch, der sich be- 14
ständig fürchtet; wer aber sein Herz
verhärtet, wird ins Unglück fallen.

Ein brüllender Löwe und ein gieri- 15
ger Bär: *so ist* ein gesetzloser Herrscher über ein armes Volk.

Du Fürst, ohne Verstand und reich 16
an Erpressungen! Wer unrechtmäßigen Gewinn haßt, wird seine Tage
verlängern.

Ein Mensch, belastet mit dem Blute 17
einer Seele, flieht bis zur Grube: man
unterstütze ihn nicht!

Wer vollkommen wandelt, wird ge- 18
rettet werden; wer aber verkehrt *n* auf
zwei Wegen geht, wird auf einmal
fallen.

Wer sein Land bebaut, wird mit Brot 19
gesättigt werden; wer aber nichtigen
Dingen nachjagt, wird mit Armut gesättigt werden.

Ein treuer Mann hat viel Segen *o*; 20

---

a Eig. seines. — *b* Eig. der Ausländerin; O. fremder Sache. — *c* O. Segen. — *d* O. auf
seinen Herrn achthat. — *e* Eig. dein Herz. — *f* O. dauert das Bestehende (od. die Ordnung) fort. — *g* And. l. : Ein Mann, der Haupt ist, und usw. — *h* O. Lauterkeit. — *i* d. h. Falscher, Heuchler. — *j* O. bewahrt Unterweisung. — *k* Eig. der Aufschlag bei Zurückerstattung
entlehnter Naturalien. Vergl. 3. Mose 25, 36. 37. — *l* O. Rechtschaffene. — *m* Eig. lassen
sich die Menschen suchen. — *n* d. h. falsch, heuchlerisch. — *o* Eig. viele Segnungen.

wer aber hastig ist, reich zu werden, wird nicht schuldlos sein *a*.

21 Die Person ansehen ist nicht gut, und um einen Bissen Brot kann ein Mann übertreten.

22 Ein scheelsehender Mann hascht nach Reichtum, und er erkennt nicht, daß Mangel über ihn kommen wird.

23 Wer einen Menschen straft *b*, wird hernach mehr Gunst finden *c*, als wer mit der Zunge schmeichelt.

24 Wer seinen Vater und seine Mutter beraubt und spricht: Kein Frevel ist es! der ist ein Genosse des Verderbers.

25 Der Habgierige erregt Zank; wer aber auf Jehova vertraut, wird reichlich gesättigt.

26 Wer auf sein Herz vertraut, der ist ein Tor; wer aber in Weisheit wandelt, der wird entrinnen.

27 Wer dem Armen gibt, wird keinen Mangel haben; wer aber seine Augen verhüllt, wird mit Flüchen überhäuft werden.

28 Wenn die Gesetzlosen emporkommen, verbergen sich die Menschen; und wenn sie umkommen, mehren sich die Gerechten.

29 Ein Mann, der, oft zurechtgewiesen, den Nacken verhärtet, wird plötzlich zerschmettert werden ohne Heilung.

2 Wenn die Gerechten sich mehren, freut sich das Volk; wenn aber ein Gesetzloser herrscht, seufzt ein Volk.

3 Ein Mann, der Weisheit liebt, erfreut seinen Vater; wer sich aber zu Huren gesellt, richtet das Vermögen zu Grunde.

4 Ein König gibt durch Recht dem Lande Bestand; aber ein Mann, der Geschenke liebt *d*, bringt es herunter.

5 Ein Mann, der seinem Nächsten schmeichelt, breitet ein Netz aus vor seine Tritte.

6 In der Uebertretung des bösen Mannes ist ein Fallstrick; aber der Gerechte jubelt *e* und ist fröhlich.

7 Der Gerechte erkennt das Recht *f* der Armen; der Gesetzlose versteht keine Erkenntnis.

8 Spötter versetzen eine Stadt in Aufruhr *g*, Weise aber wenden den Zorn ab.

9 Wenn ein weiser Mann mit einem närrischen Manne rechtet – mag er sich erzürnen oder lachen, er hat keine Ruhe *h*.

10 Blutmenschen hassen den Unsträflichen, aber die Aufrichtigen *i* bekümmern sich um seine Seele *j*.

11 Der Tor läßt seinen ganzen Unmut herausfahren, aber der Weise hält ihn beschwichtigend zurück.

12 Ein Herrscher, der auf Lügenrede horcht, dessen Diener sind alle gesetzlos.

13 Der Arme und der Bedrücker begegnen sich: Jehova erleuchtet ihrer beider Augen.

14 Ein König, der die Geringen in Wahrheit richtet, dessen Thron wird feststehen immerdar.

15 Rute und Zucht geben Weisheit; aber ein sich selbst überlassener Knabe macht seiner Mutter Schande.

16 Wenn die Gesetzlosen sich mehren, mehrt sich die Uebertretung; aber die Gerechten werden ihrem Falle zusehen.

17 Züchtige deinen Sohn, so wird er dir Ruhe *k* verschaffen und Wonne gewähren deiner Seele.

18 Wenn kein Gericht da ist, wird ein Volk zügellos; aber glückselig ist es, wenn es das Gesetz beobachtet.

19 Durch Worte wird ein Knecht nicht zurechtgewiesen; denn er versteht, aber er folgt nicht.

20 Siehst du einen Mann, der hastig ist in seinen Worten – für einen Toren ist mehr Hoffnung als für ihn.

21 Wenn einer seinen Knecht von Jugend auf verhätschelt, so wird dieser am Ende zum Sohne werden.

22 Ein zorniger Mann erregt Zank, und ein Hitziger ist reich an Uebertretung.

23 Des Menschen Hoffart wird ihn erniedrigen; wer aber niedrigen Geistes ist, wird Ehre erlangen.

24 Wer mit einem Diebe teilt, haßt seine *eigene* Seele: er hört den Fluch *l* und zeigt es nicht an.

25 Menschenfurcht legt einen Fallstrick; wer aber auf Jehova vertraut, wird in Sicherheit gesetzt.

26 Viele suchen das Angesicht eines Herrschers, doch von Jehova kommt das Recht des Mannes.

27 Der ungerechte Mann ist ein Greuel für die Gerechten, und wer geraden Weges *wandelt*, ein Greuel für den Gottlosen.

30 Worte Agurs, des Sohnes Jakes, der Ausspruch. Es spricht der Mann *m* zu Ithiel, zu Ithiel und Ukal: Fürwahr, 2 ich *n* bin unvernünftiger als irgend einer, und Menschenverstand habe ich nicht. Und Weisheit habe ich nicht 3 gelernt, daß ich Erkenntnis des Heiligen *o* besäße *p*. Wer ist hinaufgestie- 4 gen gen Himmel und herniedergefahren? wer hat den Wind in seine Fäuste gesammelt? wer die Wasser in ein Tuch gebunden? wer hat aufgerichtet alle Enden der Erde? Was ist sein Name, und was ist der Name seines Sohnes, wenn du es weißt?

Alle Rede Gottes *q* ist geläutert; ein 5

---

a O. ungestraft bleiben. — *b* d. h. tadelt, zurechtweist; wie Kap. 29, 1. — *c* O. Wer einen Menschen straft, der rückwärts geht, wird mehr Gunst finden. — *d* Eig. ein Mann der Geschenke oder der Abgaben. — *e* And. l.: läuft. — *f* O. nimmt Kenntnis von der Rechtssache. — *g* Eig. fachen eine Stadt an. — *h* O. so braust dieser auf oder lacht, und es gibt keine Ruhe. — *i* O. Rechtschaffenen. — *j* Eig. suchen seine Seele, d. h. um sie am Leben zu erhalten. And. üb.: und Aufrichtige, ihnen trachten sie nach dem Leben. — *k* Zugleich: Befriedigung. — *l* Vergl. 3. Mose 5, 1. — *m* Eig. Spruch des Mannes. — *n* Viell. ist zu üb. mit veränderten Vokalen: Es spricht der Mann: Ich habe mich abgemüht, o Gott! ich habe mich abgemüht, o Gott! und bin verschmachtet. Denn ich usw. — *o* S. die Anm. zu Kap. 9, 10. — *p* Eig. verstände. — *q* Eloah.

Schild ist er denen, die auf ihn trau-
6 en a. Tue nichts zu seinen Worten hinzu, damit er dich nicht überführe und
du als Lügner erfunden werdest.

7 Zweierlei erbitte ich von dir; ver-
weigere es mir nicht, ehe ich sterbe:
8 Eitles b und Lügenwort entferne von
mir, Armut und Reichtum gib mir nicht,
speise mich mit dem mir beschiedenen
9 Brote; damit ich nicht satt werde und
dich verleugne und spreche: Wer ist
Jehova? und damit ich nicht verarme
und stehle, und mich vergreife an dem
Namen meines Gottes.

10 Verleumde einen Knecht nicht bei seinem Herrn, damit er dir nicht fluche,
und du es büßen müssest.

11 Ein Geschlecht, das seinem Vater
flucht und seine Mutter nicht segnet;
12 ein Geschlecht, das rein ist in seinen
Augen und doch nicht gewaschen von
13 seinem Unflat; ein Geschlecht – wie
stolz c sind seine Augen, und seine
14 Wimpern erheben sich! – ein Geschlecht, dessen Zähne Schwerter sind,
und Messer sein Gebiß d, um wegzu-
fressen die Elenden von der Erde und
die Dürftigen aus der Menschen Mitte!

15 Der Blutegel hat zwei Töchter: Gib
her! gib her! Drei sind es, die nicht
satt werden, vier, die nicht sagen: Ge-
16 nug! Der Scheol und der verschlos-
sene Mutterleib, die Erde, welche des
Wassers nicht satt wird, und das Feuer, das nicht sagt: Genug!

17 Ein Auge, das den Vater verspottet
und den Gehorsam gegen die Mutter
verachtet, das werden die Raben des
Baches aushacken und die Jungen des
Adlers fressen.

18 Drei sind es, die zu wunderbar für
mich sind, und vier, die ich nicht er-
19 kenne: der Weg des Adlers am Himmel, der Weg einer Schlange auf dem
Felsen, der Weg eines Schiffes im Herzen des Meeres, und der Weg eines
20 Mannes mit einer Jungfrau. – Also ist
der Weg eines ehebrecherischen Weibes: sie ißt, und wischt ihren Mund
und spricht: Ich habe kein Unrecht
begangen.

21 Unter dreien erzittert die Erde, und
unter vieren kann sie es nicht aushal-
22 ten: unter einem Knechte, wenn er
König wird, und einem gemeinen Men-
23 schen, wenn er satt Brot hat; unter
einem unleidlichen Weibe, wenn sie
zur Frau genommen wird, und einer
Magd, wenn sie ihre Herrin beerbt.

24 Vier sind die Kleinen der Erde, und
doch sind sie mit Weisheit wohl ver-
25 sehen: die Ameisen, ein nicht starkes
Volk, und doch bereiten sie im Som-
26 mer ihre Speise; die Klippendächse,
ein nicht kräftiges Volk, und doch set-
27 zen sie ihr Haus auf den Felsen; die
Heuschrecken haben keinen König,
und doch ziehen sie allesamt aus in ge-

ordneten Scharen; die Eidechse kannst 28
du mit Händen fangen, und doch ist
sie in den Palästen der Könige.

Drei haben einen stattlichen Schritt, 29
und vier einen stattlichen Gang: der 30
Löwe, der Held unter den Tieren und
der vor nichts zurückweicht; der Len- 31
denstraffe f, oder der Bock; und ein
König, bei welchem der Heerbann ist.

Wenn du töricht gehandelt hast, in- 32
dem du dich erhobst, oder wenn du
Böses ersonnen g: die Hand auf den
Mund! Denn das Pressen der Milch 33
ergibt Butter, und das Pressen der
Nase ergibt Blut, und das Pressen des
Zornes ergibt Hader.

Worte Lemuels, des Königs; Aus- **31**
spruch h, womit seine Mutter ihn
unterwies:

Was, mein Sohn, und was, Sohn meines 2
Leibes, und was, Sohn meiner Gelübde?

Gib nicht den Weibern deine Kraft, 3
noch deine Wege den Verderberinnen
der Könige.

Nicht für Könige ziemt es sich, Le- 4
muel, nicht für Könige, Wein zu trinken, noch für Fürsten, *zu fragen:* Wo
ist starkes Getränk? damit er nicht 5
trinke und das Vorgeschriebenen vergesse, und verdrehe die Rechtssache
aller Kinder des Elends. – Gebet star- 6
kes Getränk dem Umkommenden, und
Wein denen, die betrübter Seele sind:
er trinke, und vergesse seine Armut 7
und gedenke seiner Mühsal nicht mehr.

Tue deinen Mund auf für die Stum- 8
men, für die Rechtssache aller Unglücklichen i. Tue deinen Mund auf, 9
richte gerecht, und schaffe Recht dem
Elenden und dem Dürftigen.

Ein j wackeres Weib, wer wird es 10
finden? denn ihr Wert steht weit über
Korallen.

Das Herz ihres Mannes vertraut auf 11
sie, und an Ausbeute wird es ihm
nicht fehlen.

Sie erweist ihm Gutes und nichts 12
Böses alle Tage ihres Lebens.

Sie sucht Wolle und Flachs, und 13
arbeitet dann mit Lust ihrer Hände.

Sie ist Kaufmannsschiffen gleich, 14
von fernher bringt sie ihr Brot herbei.

Und sie steht auf, wenn es noch 15
Nacht ist, und bestimmt die Speise
für ihr Haus und das Tagewerk k für
ihre Mägde.

Sie sinnt auf ein Feld und erwirbt 16
es; von der Frucht ihrer Hände pflanzt
sie einen Weinberg.

Sie gürtet ihre Lenden mit Kraft 17
und stärkt ihre Arme.

Sie erfährt, daß ihr Erwerb gut ist: 18
des Nachts geht ihr Licht nicht aus;

Sie legt ihre Hände an den Spinn- 19
rocken, und ihre Finger erfassen die
Spindel.

---

a S. die Anm. zu Ps. 2, 12. — b O. Falschheit. — c Eig. hoch. — d O. seine Hauer. —
e d. h. auf hoher See. — f Ein unbekanntes Tier. — g O. Wenn du töricht handelst,
indem du auftrittst, oder wenn bei Sinnen. — h O. Worte Lemuels, Königs von Massa. —
i W. aller Kinder des Dahinschwindens. — j Im Hebr. folgen die Anfangsbuchstaben
der einzelnen Verse von hier ab nach alphabetischer Ordnung. — k O. und den Tages-
bedarf; eig. das Zugemessene.

20 Sie breitet ihre Hand aus zu dem Elenden und streckt ihre Hände dem Dürftigen entgegen.

21 Sie fürchtet für ihr Haus den Schnee nicht, denn ihr ganzes Haus ist in Karmesin gekleidet.

22 Sie verfertigt sich Teppiche; Byssus und Purpur sind ihr Gewand.

23 Ihr Mann ist bekannt in den Toren, indem er sitzt bei den Aeltesten des Landes.

24 Sie verfertigt Hemden und verkauft sie, und Gürtel liefert sie dem Kaufmann *a*.

25 Macht und Hoheit sind ihr Gewand, und so lacht sie des künftigen Tages.

26 Sie tut ihren Mund auf mit Weisheit, und liebreiche Lehre ist auf ihrer Zunge.

27 Sie überwacht die Vorgänge in ihrem Hause und ißt nicht das Brot der Faulheit.

28 Ihre Söhne stehen auf und preisen sie glücklich, ihr Mann *steht auf* und rühmt sie:

29 „Viele Töchter haben wacker gehandelt, du aber hast sie alle übertroffen!"

30 Die Anmut ist Trug, und die Schönheit Eitelkeit; ein Weib, das Jehova fürchtet, s i e wird *b* gepriesen werden.

31 Gebet ihr von der Frucht ihrer Hände; und in den Toren mögen ihre Werke sie preisen!

Der Prediger

1 Worte des Predigers, des Sohnes Davids, des Königs in Jerusalem.

2 Eitelkeit der Eitelkeiten! spricht der Prediger; Eitelkeit der Eitelkeiten! alles ist Eitelkeit.

3 Welchen Gewinn hat der Mensch bei all seiner Mühe, womit er sich abmüht unter der Sonne?

4 Ein Geschlecht geht, und ein Geschlecht kommt; aber die Erde besteht ewiglich. Und die Sonne geht auf, und die Sonne geht unter; und sie eilt ihrem Orte zu, wo sie aufgeht.

6 Der Wind geht nach Süden, und wendet sich *c* nach Norden; sich wendend und wendend geht er, und zu seinen Wendungen *d* kehrt der Wind zurück.

7 Alle Flüsse gehen in das Meer, und das Meer wird nicht voll; an den Ort, wohin die Flüsse gehen, dorthin gehen sie *immer* wieder.

8 Alle Dinge mühen sich ab: niemand vermag es auszusprechen *e* ; das Auge wird des Sehens nicht satt, und das Ohr nicht voll vom Hören.

9 Das was gewesen, ist das was sein wird; und das was geschehen, ist das was geschehen wird. Und es ist gar nichts Neues unter der Sonne.

10 Gibt es ein Ding, von dem man sagt: Siehe, das ist neu — längst ist es gewesen in den Zeitaltern *f*, die vor uns gewesen sind.

11 Da ist kein Andenken an die Früheren; und für die Nachfolgenden, die sein werden, für sie wird es auch kein Andenken bei denen geben, welche später sein werden.

12 Ich, Prediger, war König über Israel, in Jerusalem.

13 Und ich richtete mein Herz darauf, alles mit Weisheit zu erforschen und zu erkunden, was unter dem Himmel geschieht: ein übles Geschäft *g*, das Gott den Menschenkindern gegeben hat, sich damit abzuplagen.

14 Ich habe alle die Taten gesehen, welche unter der Sonne geschehen; und siehe, alles ist Eitelkeit und ein Haschen nach Wind.

15 Das Krumme kann nicht gerade werden, und das Fehlende kann nicht gezählt werden.

16 Ich sprach in *h* meinem Herzen und sagte: Siehe, ich habe Weisheit vergrößert und vermehrt über alle hinaus, die vor mir über Jerusalem waren, und mein Herz hat Fülle von Weisheit und Erkenntnis gesehen;

17 und ich habe mein Herz darauf gerichtet, Weisheit zu erkennen, und Unsinn *i* und Torheit zu erkennen: ich habe erkannt, daß auch das ein Haschen nach Wind ist.

18 Denn bei viel Weisheit ist viel Verdruß: und wer Erkenntnis mehrt, mehrt Kummer.

2 Ich sprach in meinem Herzen: Wohlan denn, ich will dich prüfen durch Freude, und genieße *j* das Gute! Aber siehe, auch das ist Eitelkeit. Zum Lachen sprach ich, es sei unsinnig; und zur Freude, was denn schaffe! Ich

3 beschloß *k* in meinem Herzen, meinen Leib durch Wein zu pflegen, während mein Herz sich mit Weisheit benähme, und es mit der Torheit zu halten, bis ich sähe, was den Menschenkindern gut wäre, unter dem Himmel zu tun die Zahl ihrer Lebenstage. Ich un-

4 ternahm große Werke: ich baute mir Häuser, ich pflanzte mir Weinberge;

5 ich machte mir Gärten und Parkanlagen, und pflanzte darin Bäume von allerlei Frucht; ich machte mir Wasserteiche, um daraus den mit Bäumen sprossenden Wald zu bewässern. Ich kaufte Knechte und Mägde, und hatte Hausgeborene; auch hatte ich ein großes Besitztum an Rind- und Klein-

---

a O. dem Kanaaniter, Phönizier.— b O. soll. — c Eig. kreist. — d Eig. Kreisungen.— e d. h. mit Worten völlig zu erschöpfen. — f Eig. nach Ewigkeiten (unabsehbar langen Zeiträumen) gemessen. — g Das hebr. Wort bedeutet eine Beschäftigung, welche Mühe und Anstrengung kostet. — h O. mit. — i Eig. Tollheit; so auch Kap. 2, 12. — j Eig. sich, schaue; wie V. 24 usw. — k Eig. Ich spähte aus, ich ersah.

vieh, mehr als alle, die vor mir in
8 Jerusalem waren. Ich sammelte mir
auch Silber und Gold und Reichtum *a*
der Könige und Landschaften; ich
schaffte mir Sänger und Sängerinnen,
und die Wonnen der Menschenkinder:
9 Frau und Frauen. Und ich wurde
groß und größer, mehr als alle, die
vor mir in Jerusalem waren. Auch
10 meine Weisheit verblieb mir. Und was
irgend meine Augen begehrten, entzog ich ihnen nicht; ich versagte meinem Herzen keine Freude, denn mein
Herz hatte Freude von all meiner
Mühe, und das war mein Teil von all
11 meiner Mühe. Und ich wandte mich
hin zu allen meinen Werken, die meine Hände gemacht, und zu der Mühe,
womit ich wirkend mich abgemüht
hatte: und siehe, das alles war Eitelkeit und ein Haschen nach Wind; und
es gibt keinen Gewinn unter der Sonne.
12 Und ich wandte mich, um Weisheit
und Unsinn und Torheit zu betrachten. Denn was *wird* der Mensch *tun,*
der nach dem Könige kommen wird?
— was man schon längst getan hat.
13 Und ich sah, daß die Weisheit den
Vorzug hat vor der Torheit, gleich
dem Vorzuge des Lichtes vor der Fin-
14 sternis: der Weise hat seine Augen
in seinem Kopfe, der Tor aber wandelt in der Finsternis. Und ich erkannte zugleich *b*, daß einerlei Ge-
15 schick *c* ihnen allen widerfährt; und
ich sprach in meinem Herzen: Gleich
dem Geschick des Toren wird auch
m i r widerfahren, und wozu bin ich
dann überaus weise gewesen? Und ich
sprach in meinem Herzen, daß auch
16 dies Eitelkeit sei. Denn dem Weisen,
gleichwie dem Toren, wird kein ewiges Andenken zuteil, weil in den
kommenden Tagen alles längst vergessen sein wird. Und wie stirbt der
17 Weise gleich dem Toren hin! Da haßte ich das Leben; denn das Tun, welches unter der Sonne geschieht, mißfiel mir; denn alles ist Eitelkeit und
18 ein Haschen nach Wind. — Und ich
haßte alle meine Mühe *d*, womit ich
mich abmühte unter der Sonne, weil
ich sie dem Menschen hinterlassen
19 muß, der nach mir sein wird. Und wer
weiß, ob er weise oder töricht sein
wird? Und doch wird er schalten über
alle meine Mühe, womit ich mich abgemüht habe, und worin ich mich weise gewesen bin unter der Sonne. Auch das
20 ist Eitelkeit. Da wandte ich mich zu
verzweifeln *e* ob all der Mühe, womit
ich mich abgemüht hatte unter der
21 Sonne. Denn da ist ein Mensch, dessen
Mühe mit Weisheit und mit Kenntnis
und mit Tüchtigkeit *geschieht*; und
doch muß er sie einem Menschen als
sein Teil abgeben, der sich nicht dar-

um gemüht hat. Auch das ist Eitelkeit und ein großes Uebel. — Denn was 22
wird dem Menschen bei all seiner Mühe und beim Trachten seines Herzens,
womit er sich abmüht unter der Sonne? Denn alle seine Tage sind Kum- 23
mer *f*, und seine Geschäftigkeit *g* ist
Verdruß; selbst des Nachts ruht sein
Herz nicht. Auch das ist Eitelkeit.
Es gibt nichts Besseres unter den 24
Menschen, als daß man esse und trinke
und seine Seele Gutes sehen lasse bei
seiner Mühe. Ich habe gesehen, daß
auch das von der Hand Gottes *abhängt.*
Denn wer kann essen und wer kann 25
genießen ohne ihn *h*? Denn dem Men- 26
schen, der ihm wohlgefällig ist, gibt
er Weisheit und Kenntnis und Freude;
dem Sünder aber gibt er das Geschäft,
einzusammeln und aufzuhäufen, um es
dem abzugeben, der Gott wohlgefällig
ist. Auch das ist Eitelkeit und ein Haschen nach Wind.
Alles hat eine bestimmte Zeit, und **3**
jedes Vornehmen *i* unter dem Himmel
hat seine *j* Zeit. Geborenwerden hat 2
seine Zeit, und Sterben hat seine Zeit;
Pflanzen hat seine Zeit, und das Gepflanzte Ausreißen hat seine Zeit; Tö- 3
ten hat seine Zeit, und Heilen hat seine Zeit; Abbrechen hat seine Zeit, und
Bauen hat seine Zeit; Weinen hat sei- 4
ne Zeit, und Lachen hat seine Zeit;
Klagen hat seine Zeit, und Tanzen
hat seine Zeit; Steinewerfen hat sei- 5
ne Zeit, und Steinesammeln hat seine
Zeit; Umarmen hat seine Zeit, und
vom Umarmen Sichfernhalten hat seine Zeit; Suchen hat seine Zeit, und 6
Verlieren hat seine Zeit; Aufbewahren hat seine Zeit, und Fortwerfen hat
seine Zeit; Zerreißen hat seine Zeit, 7
und Nähen hat seine Zeit; Schweigen
hat seine Zeit, und Reden hat seine
Zeit; Lieben hat seine Zeit, und Has- 8
sen hat seine Zeit; Krieg hat seine
Zeit, und Frieden hat seine Zeit.
Was für einen Gewinn hat der Schaf- 9
fende bei dem, womit er sich abmüht?
Ich habe das Geschäft *k* gesehen, wel- 10
ches Gott den Menschenkindern gegeben hat, sich damit abzuplagen. Al- 11
les hat er schön gemacht zu seiner
Zeit; auch hat er die Ewigkeit *l* in
ihr Herz gelegt, ohne daß der Mensch
das Werk, welches Gott gewirkt hat,
von Anfang bis zu Ende zu erfassen *m*
vermag. Ich habe erkannt, daß es 12
nichts Besseres unter ihnen gibt, als
sich zu freuen und sich in seinem Leben
gütlich zu tun; und auch, daß er esse
und trinke und Gutes sehe bei all seiner Mühe, es für jeden Menschen eine
Gabe Gottes. Ich habe erkannt, daß 14
alles, was Gott tut, für ewig sein wird:
es ist ihm nichts hinzuzufügen, und
nichts davon wegzunehmen; und Gott

---

a Eig. eigenes Gut. — *b* Eig. Und ich, derselbe, erkannte. — *c* Eig. Begegnis,
Zufall; so auch V. 15. — *d* O. Arbeit; so auch nachher. — *e* Eig. mein Herz (meinen
Mu) aufzugeben. — *f* Eig. Schmerzen. — *g* O. Anstrengung; s. die Anm. zu Kap. 1, 13.
h So die alten Uebersetzungen mit geringfügiger Textänderung; im hebr. Texte steht:
genießen außer mir? — *i* O. jede Sache, Angelegenheit. — *j* Eig. eine; so auch nachher. — *k* S. die Anm. zu Kap. 1, 13. — *l* And. üb.: die Welt. — *m* Eig. zu dem
Werke hinzugelangen.

hat es *also* gemacht, damit man sich
15 vor ihm fürchte. Was da ist, war
längst, und was sein wird, ist längst
gewesen; und Gott sucht das Vergangene *a wieder* hervor.

16   Und ferner habe ich unter der Sonne gesehen: an der Stätte des Rechts,
da war die Gesetzlosigkeit, und an
der Stätte der Gerechtigkeit, da war
17 die Gesetzlosigkeit. Ich sprach in meinem Herzen: Gott wird den Gerechten und den Gesetzlosen richten; denn
er hat eine Zeit gesetzt *b* für jedes
18 Vornehmen und für jedes Werk. Ich
sprach in meinem Herzen: Wegen der
Menschenkinder *geschieht es,* damit
Gott sie prüfe, und damit sie sehen,
daß sie an und für sich Tiere sind.
19 Denn was das Geschick der Menschenkinder und das Geschick der Tiere betrifft, so haben sie einerlei Geschick *c*:
wie diese sterben, so sterben jene, und
einen Odem haben sie alle; und da
ist kein Vorzug des Menschen vor dem
20 Tiere, denn alles ist Eitelkeit. Alles
geht an einen Ort; alles ist aus dem
Staube geworden, und alles kehrt zum
21 Staube zurück. Wer weiß von dem
Odem der Menschenkinder, ob er aufwärts fährt, und von dem Odem der
Tiere, ob er niederwärts zur Erde
22 hinabfährt? Und so habe ich gesehen,
daß nichts besser ist, als daß der
Mensch sich freue an seinen Werken;
denn das ist sein Teil. Denn wer wird
ihn dahin bringen, daß er Einsicht gewinne in das, was nach ihm werden
wird?

4   Und ich wandte mich und sah *d* alle
die Bedrückungen, welche unter der
Sonne geschehen; und siehe, da waren
Tränen der Bedrückten, und sie hatten
keinen Tröster; und von der Hand ihrer Bedrücker ging Gewalttat aus,
2 und sie hatten keinen Tröster. Und
ich pries die Toten, die längst gestorben, mehr als die Lebenden, welche
3 jetzt noch leben; und glücklicher als
beide *pries ich* den, der noch nicht gewesen ist, der das böse Tun nicht
gesehen hat, welches unter der Sonne
geschieht.

4   Und ich sah all die Mühe und all
die Geschicklichkeit in der Arbeit, daß
es Eifersucht des einen gegen den anderen ist. Auch das ist Eitelkeit und
5 ein Haschen nach Wind. — Der Tor fal-
tet seine Hände und verzehrt sein ei-
6 genes Fleisch. — Besser eine Hand
voll Ruhe, als beide Fäuste voll Mühe *e*
und Haschen nach Wind.

7   Und ich wandte mich und sah Eitel-
8 keit unter der Sonne: Da ist ein einzelner und kein zweiter, auch hat er
weder Sohn noch Bruder, und all seiner Mühe ist kein Ende; gleichwohl
werden seine Augen des Reichtums

nicht satt: „Für wen mühe ich mich
doch, und lasse meine Seele Mangel
leiden am Guten?" Auch das ist Eitelkeit und ein übles Geschäft *f*.

Zwei sind besser daran als einer, 9
weil sie eine gute Belohnung für ihre
Mühe haben; denn wenn sie fallen, so 10
richtet der eine seinen Genossen auf.
Wehe aber dem einzelnen, welcher
fällt, ohne daß ein zweiter da ist, um
ihn aufzurichten! Auch wenn zwei bei- 11
einander liegen, so werden sie warm;
der einzelne aber, wie will er warm
werden? Und wenn jemand den ein- 12
zelnen *g* gewalttätig angreift, so werden ihm die zwei widerstehen; und
eine dreifache Schnur zerreißt nicht
so bald.

Besser ein armer und weiser Jüng- 13
ling als ein alter und törichter König,
der nicht mehr weiß, sich warnen zu
lassen. Denn aus dem Hause der Ge- 14
fangenen ging er hervor, um König
zu sein, obwohl er im Königreiche
jenes arm geboren war. Ich sah alle 15
Lebenden, die unter der Sonne wandeln, mit dem Jünglinge, dem zweiten,
welcher an jenes Stelle treten sollte:
kein Ende all des Volkes, aller derer, 16
welchen er vorstand; dennoch werden die Nachkommen sich seiner nicht
freuen. Denn auch das ist Eitelkeit
und ein Haschen nach Wind.

Bewahre deinen Fuß, wenn du zum **5**
Hause Gottes gehst; und nahen, um
zu hören, ist besser, als wenn die Toren Schlachtopfer geben: denn sie haben keine Erkenntnis, sodaß sie Böses
tun. — Sei nicht vorschnell mit deinem 2
Munde, und dein Herz eile nicht, ein
Wort vor Gott hervorzubringen; denn
Gott ist im Himmel, und du bist auf
der Erde: darum seien deiner Worte
wenige. Denn Träume kommen durch 3
viel Geschäftigkeit, und der Tor wird
laut durch viele Worte *h*. — Wenn du 4
Gott ein Gelübde tust, so säume nicht,
es zu bezahlen; denn er hat *i* kein
Gefallen an den Toren. Was du gelobst, bezahle. Besser, daß du nicht 5
gelobst, als daß du gelobst und nicht
bezahlst. Gestatte deinem Munde nicht, 6
daß er dein Fleisch sündigen mache;
und sprich nicht vor dem Boten *j* Gottes, es sei in Versehen gewesen: warum sollte Gott über deine Stimme
zürnen und dein Werk deiner Hände
verderben? Denn bei vielen Träumen 7
und Worten sind auch viele Eitelkeiten. *k* Vielmehr fürchte Gott.

Wenn du die Bedrückung des Ar- 8
men und den Raub des Rechts und der
Gerechtigkeit in der Landschaft siehst,
so verwundere dich nicht über die Sache; denn ein Hoher lauert über dem
Hohen, und Hohe über ihnen. Aber
ein König, der sich dem Ackerbau 9

---

a Eig. das Verdrängte. — *b* So mit geringfügiger Textänderung; im hebr. Texte
steht: denn dort ist eine Zeit. — *c* And. üb.: Denn ein Zufall sind die Menschenkinder
und ein Zufall die Tiere, und sie haben einerlei Zufall; d. h. sie haben kein selbst-
bestimmtes Dasein. — *d* O. Und wiederum sah ich; so auch V. 7. — *e* O. Arbeit. —
f S. die Anm. zu Kap. 1, 13. — *g* Eig. ihn, den einzelnen. — *h* Eig. und die Stimme
des Toren durch viele Worte. — *i* Eig. denn es gibt. — *j* Vergl. Mal. 2, 7. — *k* So mit
Umstellung des hebr. Satzes.

widmet, ist durchaus ein Vorteil für ein Land. *a*

10 Wer das Geld liebt, wird des Geldes nicht satt; und wer den Reichtum liebt *b*, nicht des Ertrages *c*. Auch das

11 ist Eitelkeit. — Wenn das Gut sich mehrt, so mehren sich die davon zehren; und welchen Nutzen hat dessen Besitzer, als das Anschauen seiner Au-

12 gen? — Der Schlaf des Arbeiters ist süß, mag er wenig oder viel essen; aber der Ueberfluß des Reichen läßt

13 ihn nicht schlafen. — Es gibt ein schlimmes Uebel, das ich unter der Sonne gesehen habe: Reichtum, welcher von dessen Besitzer zu seinem Unglück

14 aufbewahrt wird. Solcher Reichtum geht nämlich durch irgend ein Mißgeschick verloren; und hat er einen Sohn gezeugt, so ist gar nichts in dessen

15 Hand. Gleichwie er aus dem Leibe seiner Mutter hervorgekommen ist, wird er nackt wieder hingehen, wie er gekommen ist; und für seine Mühe wird er nicht das Geringste davontragen, das er in seiner Hand mitnehmen

16 könnte. Und auch dies ist ein schlimmes Uebel: ganz so wie er gekommen ist, also wird er hingehen; und was für einen Gewinn hat er davon, daß

17 er in den Wind sich müht? Auch isset er alle seine Tage in Finsternis, und hat viel Verdruß und Leid und Zorn.

18 Siehe, was ich als gut, was ich als schön ersehen habe: daß einer esse und trinke und Gutes sehe bei all seiner Mühe, womit er sich abmüht unter der Sonne, die Zahl seiner Lebenstage, die Gott ihm gegeben hat; denn

19 das ist sein Teil. Auch ist für jeden Menschen, welchem Gott Reichtum und Güter gegeben, und den er ermächtigt hat, davon zu genießen und sein Teil zu nehmen und sich bei seiner Mühe zu freuen, eben dieses eine

20 Gabe Gottes. Denn er wird nicht viel an die Tage seines Lebens denken, weil Gott ihm die Freude seines Herzens gewährt *d*.

6 Es gibt ein Uebel, welches ich unter der Sonne gesehen habe, und schwer

2 lastet es auf dem Menschen: Einer, dem Gott Reichtum und Güter und Ehre gibt, und welcher nichts für seine Seele entbehrt von allem was er wünschen mag; aber Gott ermächtigt ihn nicht, davon zu genießen, sondern ein Fremder genießt es. Das ist Eitelkeit und ein schlimmes Uebel *e*.

3 Wenn einer hundert *Söhne* zeugte und viele Jahre lebte, und der Tage seiner Jahre wären viele, und seine Seele sättigte sich nicht an Gutem, und auch würde ihm kein Begräbnis zuteil, so sage ich: Eine Fehlgeburt ist besser

4 daran als er. Denn in Nichtigkeit kommt sie, und in Finsternis geht sie

dahin, und mit Finsternis wird ihr Name bedeckt; auch hat sie die Son- 5 ne nicht gesehen noch gekannt. Diese hat mehr Ruhe als jener. Und wenn 6 er auch zweimal tausend Jahre gelebt, und Gutes nicht gesehen hätte: geht nicht alles an einen Ort?

Alle Mühe des Menschen ist für sei- 7 nen Mund, und dennoch wird seine Begierde nicht gestillt *f*. Denn was 8 hat der Weise vor dem Toren voraus, was der Arme, der vor den Lebenden zu wandeln versteht? Besser das An- 9 schauen der Augen als das Umherschweifen der Begierde. Auch das ist Eitelkeit und ein Haschen nach Wind.

Was entsteht, *schon* längst war sein 10 Name genannt; und es ist bekannt *g*, was ein Mensch sein wird, und er vermag nicht *h* mit dem zu rechten, der stärker ist als er. Denn es gibt viele 11 Worte *i*, welche die Eitelkeit mehren; welchen Nutzen hat der Mensch davon? Denn wer weiß, was dem Menschen gut ist im Leben, die Zahl der Tage seines eitlen Lebens, welche er wie im Schatten verbringt? Denn wer kann dem Menschen kundtun, was nach ihm sein wird unter der Sonne?

Besser ein guter Name als gutes *j* **7** Salböl, und der Tag des Todes als der Tag, da einer geboren wird.

Besser, in das Haus der Trauer zu 2 gehen, als in das Haus des Gelages zu gehen, indem jenes das Ende aller Menschen ist; und der Lebende nimmt es zu Herzen. — Besser Bekümmernis 3 als Lachen; denn bei traurigem Angesicht ist es dem Herzen wohl. — Das Herz der Weisen ist im Hause der 4 Trauer, und das Herz der Toren im Hause der Freude.

Besser, das Schelten der Weisen zu 5 hören, als daß einer den Gesang der Toren hört. Denn wie das Geknister 6 der Dornen unter dem Topfe, so das Lachen des Toren. Auch das ist Eitelkeit.

. . . Denn die Erpressung macht den 7 Weisen toll, und das *Bestechungs*geschenk richtet das Herz *k* zu Grunde.

Besser das Ende einer Sache als ihr 8 Anfang; besser der Langmütige als der Hochmütige. Sei nicht vorschnell 9 in deinem Geiste zum Unwillen, denn der Unwille ruht im Busen der Toren.

Sprich nicht: Wie ist es, daß die frü- 10 heren Tage besser waren als diese? denn nicht aus Weisheit fragst du danach.

Weisheit ist gut wie ein *l* Erbbe- 11 sitz, und ein Vorteil für die, welche die Sonne sehen. Denn im Schatten 12 ist, wer Weisheit hat, im Schatten, wer Geld hat *m*; aber der Vorzug der Erkenntnis ist dieser, daß die Weisheit ihren Besitzern Leben gibt *n*.

---

a And. üb. mit veränd. Interpunktion: Aber ein Vorteil ist *das* Land in allem; *selbst* ein König ist dem Felde dienstbar. — *b* Eig. dem Reichtum mit Liebe anhängt. — *c* O. hat keinen Ertrag (Gewinn). — *d* Eig. denn Gott antwortet auf die Freude seines Herzens, d. h. stimmt ihr bei. — *e* Eig. Leid. — *f* Eig. seine Seele nicht gefüllt. — *g* Eig. gewußt, d. h. von Gott. — *h* Auch: darf nicht. — *i* O. Dinge. — *j* d. h. wohlriechendes. — *k* O. den Verstand. — *l* O. mit einem. — *m* Eig. im Schatten ist die Weisheit, im Schatten ist das Geld. — *n* O. ihre Besitzer am Leben erhält.

13 Schaue das Werk Gottes an; denn wer kann gerade machen, was er ge-
14 krümmt hat? Am Tage der Wohlfahrt sei guter Dinge; aber am Tage des Unglücks bedenke a: auch diesen wie jenen hat Gott gemacht, damit der Mensch nicht irgend etwas nach sich finde b.

15 Allerlei habe ich gesehen in den Tagen meiner Eitelkeit: da ist ein Gerechter, der bei seiner Gerechtigkeit umkommt, und da ist ein Gesetzloser, der bei seiner Bosheit seine Tage ver-
16 längert. Sei nicht allzu gerecht, und erzeige dich nicht übermäßig weise:
17 warum willst du dich verderben? Sei nicht allzu gesetzlos, und sei nicht töricht: warum willst du sterben, ehe
18 deine Zeit da ist? Es ist gut, daß du an diesem festhältst, und auch von jenem deine Hand nicht abziehst; denn der Gottesfürchtige entgeht dem allen c.

19 Die Weisheit macht den Weisen stärker als zehn Machthaber, die in der
20 Stadt sind. Denn unter den Menschen ist kein Gerechter auf Erden, der Gu-
21 tes tue und nicht sündige. Auch richte dein Herz nicht auf alle Worte, die man redet, damit du nicht deinen
22 Knecht dir fluchen hörst; denn auch viele Male, dein Herz weiß es, hast auch du anderen geflucht.

23 Das alles habe ich mit Weisheit geprüft. Ich sprach: Ich will weise wer-
24 den; aber sie blieb fern von mir. Fern ist das was ist, und tief, tief: wer kann
25 es erreichen? — Ich wandte mich, und mein Herz ging darauf aus d, Weisheit und ein richtiges Urteil e zu erkennen und zu erkunden und zu suchen, und zu erkennen, daß die Gesetzlosigkeit Torheit ist, und die Narr-
26 heit Tollheit. Und ich fand, was bitterer ist als der Tod: das Weib, welches Netzen gleicht, und dessen Herz Fanggarne, dessen Hände Fesseln sind. Wer Gott wohlgefällig ist, wird ihr entrin-
27 nen; aber der Sünder wird durch sie gefangen werden. Siehe, dieses habe ich gefunden, spricht der Prediger, in-
28 dem ich eines zum anderen fügte, um ein richtiges Urteil e zu finden: Was meine Seele fort und fort gesucht und ich nicht gefunden habe, ist dies: einen Mann aus Tausenden habe ich gefunden, aber ein Weib unter diesen
29 allen habe ich nicht gefunden. Allein, siehe, dieses habe ich gefunden, daß Gott den Menschen aufrichtig f geschaffen hat; sie aber haben viele Ränke g gesucht.

8 Wer ist, wie der Weise? und wer versteht die Deutung der Dinge? Die Weisheit des Menschen erleuchtet sein Angesicht, und der Trotz seines Ange-
2 sichts wird verwandelt. Ich sage: Habe

acht auf den Befehl des Königs, und zwar wegen des Eides Gottes. Ueber-
3 eile dich nicht, von ihm wegzugehen, laß dich nicht ein in eine böse Sache, denn er tut alles was er will; weil
4 des Königs Wort eine Macht h ist, und wer will zu ihm sagen: Was tust du?
5 Wer das Gebot hält, wird nichts Böses erfahren, und eines Weisen Herz kennt i Zeit und richterliche Entschei-
6 dung. Denn für jede Sache gibt es eine Zeit und eine richterliche Entscheidung; denn das Unglück des Men-
7 schen lastet schwer j auf ihm; denn er weiß nicht, was werden wird; denn wer sollte ihm kundtun, wie es wer-
8 den wird? Kein Mensch hat Macht über den Wind k, den Wind k zurückzuhalten; und niemand hat Macht l über den Tag des Todes; und keine Entlassung gibt es im Kriege; und die Gesetzlosigkeit wird den nicht retten,
9 der sie übt m. Das alles habe ich gesehen, und habe mein Herz auf alles Tun gerichtet, welches unter der Sonne geschieht, zur Zeit, wo der Mensch über die Menschen herrscht zu ihrem Unglück.

10 Und alsdann habe ich Gesetzlose gesehen, die begraben wurden und zur Ruhe eingingen; diejenigen aber, welche recht gehandelt hatten, mußten von der heiligen Stätte wegziehen und wurden in der Stadt vergessen. Auch
11 das ist Eitelkeit. Weil das Urteil über böse Taten nicht schnell vollzogen wird, darum ist das Herz der Menschenkinder in ihnen voll, Böses zu
12 tun; weil ein Sünder hundertmal Böses tut und doch seine Tage verlängert — obgleich ich weiß, daß es denen, die Gott fürchten, wohlgehen wird, weil sie sich n vor ihm fürchten;
13 aber dem Gesetzlosen wird es nicht wohlgehen, und er wird, dem Schatten gleich, seine Tage nicht verlängern, weil er sich vor Gott nicht fürch-
14 tet. Es ist eine Eitelkeit, die auf Erden geschieht: daß es Gerechte gibt, welchen nach dem Tun der Gesetzlosen widerfährt, und daß es Gesetzlose gibt, welchen nach dem Tun der Gerechten widerfährt. Ich sagte, daß
15 auch das Eitelkeit sei. Und ich pries die Freude, weil es für den Menschen nichts Besseres unter der Sonne gibt, als zu essen und zu trinken und sich zu freuen; und dies wird o ihn begleiten bei seiner Mühe, die Tage seines Lebens hindurch, welche Gott ihm unter der Sonne gegeben hat.

16 Als ich mein Herz darauf richtete, Weisheit zu erkennen und das Treiben p zu besehen, welches auf Erden geschieht, (denn weder bei Tage noch bei Nacht sieht er q den Schlaf mit sei-
17 nen Augen) da habe ich bezüglich des

---

a Eig. siehe. — b d. h. wahrsch.: nicht ausfindig mache, was nach ihm geschehen wird. — c d. h. den beiden Extremen und ihren Folgen. — d And. l.: Ich wandte mich in meinem Herzen. — e Eig. Rechenschaft, Denkergebnis. — f Eig. gerade. — g Eig. Berechnungen, Ausklügelungen. — h Eig. machtgebietend. — i O. wird erfahren. — j O. denn das Böse des Menschen wird groß. — k O. Geist. — l Eig. ist machtgebietend. — m Eig. wird ihren Herrn nicht retten. — n O. welche sich. — o O. möge. — p S. die Anm. zu Kap. 1. 13. — q nämlich der Mensch.

ganzen Werkes Gottes gesehen, daß der Mensch das Werk nicht zu erfassen *a* vermag, welches unter der Sonne geschieht, indem der Mensch sich abmüht es zu suchen, aber es nicht erfaßt. Und selbst wenn der Weise es zu erkennen meint *b*, vermag er es *doch* nicht es zu erfassen.

9 Denn dies alles habe ich mir zu Herzen genommen *c*, und zwar um dies alles zu prüfen *d*: daß die Gerechten und die Weisen und ihre Werke in der Hand Gottes sind; weder Liebe noch Haß kennt der Mensch *im voraus*: al-
2 les ist vor ihnen *e*. Alles ist gleicherweise für alle *f*: einerlei Geschick *g* für den Gerechten und den Gesetzlosen, für den Guten und den Reinen und den Unreinen, und für den, der opfert, und den, der nicht opfert; wie der Gute, so der Sünder, der, welcher schwört, wie der, welcher den Eid
3 fürchtet. Das ist ein Uebel in allem was unter der Sonne geschieht, daß einerlei Geschick allen zuteil wird; und auch ist das Herz der Menschenkinder voll Bosheit, und Narrheit *h* ist in ihrem Herzen während ihres Lebens; und danach *i* geht's zu den Toten.
4 Denn für einen jeden, der all den Lebenden zugesellt wird, gibt es Hoffnung; denn selbst ein lebendiger Hund ist besser daran als ein toter Löwe.
5 Denn die Lebenden wissen, daß sie sterben werden; die Toten aber wissen gar nichts, und sie haben keinen Lohn mehr, denn ihr Gedächtnis ist
6 vergessen. Sowohl ihre Liebe als auch ihr Haß und ihr Eifern sind längst verschwunden; und sie haben ewiglich kein Teil mehr an allem was unter der Sonne geschieht.
7 Geh, iß dein Brot mit Freude und trinke deinen Wein mit frohem Herzen; denn längst hat Gott Wohlgefallen
8 an deinem Tun. Deine Kleider seien weiß zu aller Zeit, und das Oel mangle
9 nicht auf deinem Haupte! Genieße das Leben mit dem Weibe, das du liebst, alle Tage deines eitlen Lebens, welches er dir unter der Sonne gegeben hat, alle deine eitlen Tage hindurch; denn das ist dein Teil am Leben und an deiner Mühe, womit du dich abmühst
10 unter der Sonne. Alles was du zu tun vermagst *j* mit deiner Kraft, das tue *k*; denn es gibt weder Tun noch Ueberlegung noch Kenntnis noch Weisheit im Scheol, wohin du gehst.
11 Ich wandte mich und sah *l* unter der Sonne, daß nicht den Schnellen der Lauf gehört, und nicht den Helden der Krieg, und auch nicht den Weisen das Brot, und auch nicht den Verständigen

der Reichtum, und auch nicht den Kenntnisreichen die Gunst; denn Zeit und Schicksal trifft sie alle. Denn der 12 Mensch weiß auch seine Zeit nicht; gleich den Fischen, welche gefangen werden im verderblichen Netze, und gleich den Vögeln, welche in der Schlinge gefangen werden: gleich diesen werden die Menschenkinder verstrickt zur Zeit des Unglücks, wenn dieses sie plötzlich überfällt.

Auch dieses habe ich als Weisheit 13 unter der Sonne gesehen, und sie kam mir groß vor: Es war eine kleine Stadt, 14 und wenig Männer waren darin; und wider sie kam ein großer König, und er umzingelte sie und baute große Belagerungswerke wider sie. Und es 15 fand sich darin ein *m* armer weiser Mann, der die Stadt durch seine Weisheit rettete; aber kein Mensch gedachte dieses armen Mannes. Da sprach ich: 16 Weisheit ist besser als Kraft; aber die Weisheit des Armen wird verachtet, und seine Worte werden nicht gehört. — Worte der Weisen, in Ruhe gehört, 17 sind mehr wert als das Geschrei des Herrschers unter den Toren. — Weis- 18 heit ist besser als Kriegsgeräte; aber ein Sünder vernichtet viel Gutes. —

10 ☀ Tote Fliegen *n* machen das Oel des Salbenmischers stinkend und gärend: ein wenig Torheit hat mehr Gewicht als Weisheit und Ehre. — Des Weisen 2 Herz *o* ist nach seiner Rechten, und des Toren Herz nach seiner Linken *gerichtet*. Und auch wenn der Tor auf 3 dem Wege wandelt, fehlt ihm der Verstand, und er sagt allen, er sei ein Tor *p*. Wenn der Zorn des Herrschers wider 4 dich aufsteigt, so verlaß deine Stelle nicht; denn Gelassenheit verhindert *q* große Sünden. — Es gibt ein Uebel, 5 das ich unter der Sonne gesehen habe, gleich einem Irrtum, welcher von dem Machthaber ausgeht: Die Torheit wird 6 in große Würden eingesetzt *r*, und Reiche sitzen in Niedrigkeit. Ich habe 7 Knechte auf Rossen gesehen, und Fürsten, die wie Knechte zu Fuß *s* gingen. Wer eine Grube gräbt, kann hinein- 8 fallen; und wer eine Mauer einreißt, den kann eine Schlange beißen. Wer 9 Steine bricht, kann sich daran verletzen; wer Holz spaltet, kann sich dadurch gefährden. — Wenn das Eisen 10 stumpf geworden ist, und er hat die Schneide nicht geschliffen, so muß er seine Kräfte mehr anstrengen; aber die Weisheit ist vorteilhaft, um *etwas* in Stand zu setzen *t*. — Wenn die 11 Schlange beißt, ehe die Beschwörung da ist, so hat der Beschwörer keinen Nutzen.

---

a Eig. zu erreichen, zu dem Werke hinzuzugelangen; so auch nachher. — *b* O. sich vornimmt. — *c* O. in Erwägung gezogen. — *d* O. und ich suchte dies alles mir klar zu machen. — *e* d. h. in der Zukunft verborgen. — *f* W. Alles ist wie allen. — *g* Eig. Begegnis, Zufall; so auch V. 3. — *h* Eig. Tollheit. — *i* W. nach ihm, d. h. wenn es mit den Menschen aus ist. — *j* Eig. was deine Hand erreichen mag. — *k* And. üb. mit veränd. hebr. Interpunktion: Alles was deine Hand zu tun findet, das tue mit deiner Kraft. — *l* O. Wiederum sah ich. — *m* Eig. er fand darin einen usw. — *n* O. Giftige Fliegen; eig. Fliegen des Todes. — *o* Zugl: Verstand. — *p* d. h. er trägt seine Torheit zur Schau. — *q* Eig. läßt ruhen (fahren). — *r* W. auf große Höhen gestellt. — *s* W. auf der Erde. — *t* And. üb.: um Gelingen zu haben, oder: um *etwas* gelingen zu machen.

12 Die Worte des Mundes eines Weisen sind Anmut, aber die Lippen eines To-
13 ren verschlingen ihn. Der Anfang der Worte seines Mundes ist Torheit, und das Ende seiner Rede *a* ist schlimmer
14 Unsinn *b*. Und der Tor macht viele Worte: doch weiß der Mensch nicht, was sein wird; und was nach ihm sein
15 wird, wer wird es ihm kundtun? Die Mühe des Toren macht ihn müde, ihn, der nicht *einmal* nach der Stadt zu gehen weiß.

16 Wehe dir, Land, dessen König ein Knabe ist, und dessen Fürsten am Mor-
17 gen schmausen *c*! Glücklich, du Land, dessen König ein Sohn der Edlen ist, und dessen Fürsten zu rechter Zeit speisen, als Männer und nicht als
18 Schwelger *d*! — Durch Faulenzen senkt sich das Gebälk, und durch Lässigkeit
19 der Hände tropft das Haus. — Um sich zu belustigen, hält man Mahlzeiten, und Wein erheitert das Leben, und
20 das Geld gewährt alles. — Auch in deinen Gedanken fluche dem Könige nicht, und in deinen Schlafgemächern fluche nicht dem Reichen; denn das Gevögel des Himmels möchte die Stimme entführen, und das Geflügelte das Wort anzeigen.

11 Wirf dein Brot hin auf die Fläche der Wasser, denn nach vielen Tagen
2 wirst du es finden. Gib einen Teil an sieben, ja, sogar an acht *e*; denn du weißt nicht, was für Unglück sich auf der Erde
3 ereignen wird. — Wenn die Wolken voll Regen sind, so entleeren sie sich auf die Erde; und wenn ein Baum nach Süden oder nach Norden fällt: an dem Orte, wo der Baum fällt, da bleibt er liegen. —
4 Wer auf den Wind achtet, wird nicht säen, und wer auf die Wolken sieht,
5 wird nicht ernten. — Gleichwie du nicht weißt, welches der Weg des Windes ist, wie die Gebeine in dem Leibe der Schwangeren *sich bilden*, ebenso weißt du das Werk Gottes
6 nicht, der alles wirkt. — Am Morgen säe deinen Samen, und des Abends ziehe deine Hand nicht ab; denn du weißt nicht, welches gedeihen wird: ob dieses oder jenes, oder ob beides
7 zugleich gut werden wird. — Und süß ist das Licht, und wohltuend den Au-
8 gen, die Sonne zu sehen. Denn wenn der Mensch auch viele Jahre lebt, möge er in ihnen allen sich freuen und der Tage der Finsternis gedenken, daß ihrer viele sein werden: alles was kommt ist Eitelkeit.
9 Freue dich, Jüngling, in deiner Jugend, und dein Herz mache dich fröhlich in den Tagen deiner Jugendzeit, und wandle in den Wegen deines Herzens und im Anschauen deiner Augen; doch wisse, daß um dies alles Gott dich ins Gericht bringen wird. Und entferne den Unmut aus deinem 10 Herzen, und tue das Uebel von deinem Leibe weg; denn die Jugend und das Mannesalter *f* sind Eitelkeit. * Und gedenke deines Schöpfers in den Ta- **12** gen deiner Jugendzeit, ehe die Tage des Uebels kommen, und die Jahre herannahen, von welchen du sagen wirst: Ich habe kein Gefallen an ihnen;
— ehe sich verfinstern die Sonne und 2 das Licht, und der Mond und die Sterne, und die Wolken nach dem Regen wie- derkehren; an dem Tage, da die Hüter 3 des Hauses zittern, und sich krümmen die starken Männer, und die Müllerin- nen feiern, weil ihrer wenig geworden, und sich verfinstern die durch die Fen- ster Sehenden, und die Türen nach der 4 Straße geschlossen werden; indem das Geräusch der Mühle dumpf wird, und er *g* aufsteht bei der Stimme des Vo- gels, und gedämpft werden alle Töchter des Gesanges. Auch fürchten sie *h* sich 5 vor der Höhe, und Schreckrisse sind auf dem Wege; und der Mandelbaum steht in Blüte, und die Heuschrecke schleppt sich hin, und die Kaper *i* ist wirkungslos. Denn der Mensch geht hin zu seinem ewigen Hause, und die Klagenden ziehen umher auf der Straße; — ehe zerrissen wird die sil- 6 berne Schnur, und zerschlagen die gol- dene Schale, und zerbrochen der Eimer am Quell, und zerschlagen die Schöpf- welle an der Zisterne *j*; und der Staub 7 zur Erde zurückkehrt, so wie er ge- wesen, und der Geist zu Gott zurück- kehrt, der ihn gegeben hat.
Eitelkeit der Eitelkeiten! spricht der 8 Prediger; alles ist Eitelkeit!
Und überdem, daß der Prediger 9 weise war, lehrte er noch das Volk Erkenntnis und erwog und forschte, verfaßte viele Sprüche. Der Prediger 10 suchte angenehme Worte zu finden; und das Geschriebene ist richtig *k*, Worte der Wahrheit.
Die Worte der Weisen sind wie 11 Treibstacheln, und wie eingeschlagene Nägel die gesammelten *Sprüche*; sie sind gegeben von e i n e m Hirten. Und 12 überdies, mein Sohn, laß dich warnen: Des vielen Büchermachens ist kein Ende, und viel Studieren ist Ermü- dung des Leibes.
Das Endergebnis des Ganzen laßt 13 uns hören *l*: Fürchte Gott und halte seine Gebote; denn das ist der ganze Mensch *m*. Denn Gott wird jedes Werk, 14 es sei gut oder böse, in das Gericht über alles Verborgene bringen.

---

a Eig. seines Mundes. — *b* Eig. schlimme Tollheit. — *c* Eig. speisen, wie V. 17. — *d* Eig. mit Mannhaftigkeit und nicht mit Betrinken. — *e* O. zerlege den Teil in sie- ben, ja, sogar in acht. — *f* Eig. das schwarze Haar. And. üb.: die Morgenröte. — *g* d. h. der Greis gewordene Mensch. — *h* die Greise. — *i* als Mittel zur Reizung der Eßlust. — *j* Eig. in die Zisterne hinein. — *k* O. und Niedergeschriebenes in Gerad- heit. — *l* O. Das Endergebnis, nachdem alles vernommen, *ist*. — *m* O. denn das *soll* jeder Mensch.

Das Lied der Lieder

(Das Hohelied)

1 Das Lied der Lieder, von Salomo.
2 Er küsse mich mit den Küssen seines Mundes, denn deine Liebe ist bes-
3 ser als Wein. Lieblich an Geruch*a* sind deine Salben, ein ausgegossenes Salböl ist dein Name; darum lieben dich die
4 Jungfrauen. Ziehe mich: wir werden dir nachlaufen. Der König hat mich in seine Gemächer geführt: wir wollen*b* frohlocken und deiner uns freuen, wollen deine Liebe preisen*c* mehr als Wein! Sie lieben dich in Aufrichtigkeit.
5 Ich bin schwarz, aber anmutig, Töchter Jerusalems, wie die Zelte*d* Kedars*e*, wie die Zeltbehänge Salomos.
6 Sehet mich nicht an, weil ich schwärzlich bin, weil die Sonne mich verbrannt hat: meiner Mutter Söhne zürnten mir, bestellten mich zur Hüterin der Weinberge; meinen eigenen Weinberg habe
7 ich nicht gehütet. — Sage mir an, du, den meine Seele liebt, wo weidest du, wo lässest du lagern am Mittag? denn warum sollte ich wie eine Verschleierte*f* sein bei den Herden deiner Ge-
8 nossen? — Wenn du es nicht weißt, du Schönste unter den Frauen, so geh hinaus, den Spuren der Herde*g* nach, und weide deine Zicklein bei den Wohnungen der Hirten.
9 Einem Rosse*h* an des Pharao Prachtwagen*i* vergleiche ich dich, meine
10 Freundin. Anmutig sind deine Wangen in den Kettchen*j*, dein Hals in den
11 Schnüren. Wir wollen dir goldene Kettchen machen mit Punkten von
12 Silber. — Während der König an seiner Tafel*k* war, gab*l* meine Narde ihren
13 Duft. Mein Geliebter ist mir ein Bündel Myrrhe, das zwischen meinen
14 Brüsten ruht. Eine Zypertraube*m* ist mir mein Geliebter, in den Weinbergen
15 von Engedi. — Siehe, du bist schön, meine Freundin, siehe, du bist schön,
16 deine Augen sind Tauben. — Siehe, du bist schön, mein Geliebter, ja, holdselig; ja, unser Lager ist frisches Grün.
17 Die Balken unserer Behausung sind **2** Zedern, unser Getäfel Zypressen. ✸ Ich
2 bin eine Narzisse Sarons, eine Lilie der Täler. — Wie eine Lilie inmitten
3 der Dornen, so ist meine Freundin inmitten der Töchter. — Wie ein Apfelbaum unter den Bäumen des Waldes, so ist mein Geliebter inmitten der

Söhne; ich habe mich mit Wonne in seinen Schatten gesetzt, und seine Frucht ist meinem Gaumen süß. Er 4 hat mich in das Haus des Weines geführt, und sein Panier über mir ist die Liebe. Stärket mich mit Trauben- 5 kuchen, erquicket mich mit Aepfeln, denn ich bin krank vor Liebe! — Seine 6 Linke ist unter meinem Haupte, und seine Rechte umfaßt mich.

Ich beschwöre euch, Töchter Jeru- 7 salems, bei den Gazellen oder bei den Hindinnen des Feldes, daß ihr nicht wecket noch aufwecket die Liebe, bis es ihr gefällt!

Horch! mein Geliebter!*n* siehe, da 8 kommt er, springend über die Berge, hüpfend über die Hügel. Mein Gelieb- 9 ter gleicht einer Gazelle, oder einem Jungen der Hirsche. Siehe, da steht er hinter unserer Mauer, schaut durch die Fenster, blickt durch die Gitter. Mein 10 Geliebter hob an und sprach zu mir: Mache dich auf, meine Freundin, meine Schöne, und komm! Denn siehe, der 11 Winter ist vorbei, der Regen ist vorüber, er ist dahin. Die Blumen er- 12 scheinen im Lande, die Zeit des Gesanges ist gekommen, und die Stimme der Turteltaube läßt sich hören in unserem Lande. Der Feigenbaum rötet seine 13 Feigen, und die Weinstöcke sind in der Blüte, geben Duft. Mache dich auf, meine Freundin, meine Schöne, und komm! Meine Taube im Geklüft der 14 Felsen, im Versteck der Felswände, laß mich deine Gestalt sehen, laß mich deine Stimme hören; denn deine Stimme ist süß und deine Gestalt anmutig. — Fanget uns die Füchse, die kleinen 15 Füchse, welche die Weinberge verderben; denn unsere Weinberge sind in der Blüte! Mein Geliebter ist mein, 16 und ich bin sein, der unter den Lilien weidet. — Bis der Tag sich kühlt und 17 die Schatten fliehen, wende dich, sei, mein Geliebter, gleich einer Gazelle oder einem Jungen der Hirsche auf den zerklüfteten Bergen!

Auf meinem Lager in den Nächten **3** suchte ich den meine Seele liebt: ich 2 suchte ihn und fand ihn nicht. Ich will doch aufstehen und in der Stadt umhergehen, auf den Straßen und auf den Plätzen, will suchen den meine Seele liebt. Ich suchte ihn und fand ihn nicht.

---

a O. dem Geruch. — *b* O. Hat mich der König ... gepriesen, so werden wir usw. — *c* O. deiner Liebkosungen gedenken. — *d* welche aus dunklen Ziegenhaardecken verfertigt wurden. — *e* S. die Anm. zu Hes. 27, 21. — *f* And. l.: Umherirrende. — *g* Eig. des Kleinviehs. — *h* Eig. Einer Stute. — *i* O. Prachtgespann. — *j* Eig. rundliche Schmuckstücke, welche zu beiden Seiten vom Kopfbunde herabhingen. — *k* Eig. bei seiner Tafelrunde. — *l* O. ist, gibt. — *m* d. i. der traubenförmige Blumenbüschel der Zyperpflanze. — *n* W. Stimme meines Geliebten! So auch an späteren Stellen.

Es fanden mich die Wächter, die in der Stadt umhergehen: Habt ihr den
4 gesehen, den meine Seele liebt? Kaum war ich an ihnen vorüber, da fand ich den meine Seele liebt. Ich ergriff ihn und ließ ihn nicht, bis ich ihn gebracht hatte in das Haus meiner Mutter und in das Gemach meiner Gebärerin.
5 Ich beschwöre euch, Töchter Jerusalems, bei den Gazellen oder bei den Hindinnen des Feldes, daß ihr nicht wecket noch aufwecket die Liebe, bis es ihr gefällt!
6 Wer ist die, die da heraufkommt von der Wüste her wie Rauchsäulen, durchduftet von Myrrhe und Weihrauch, von allerlei Gewürzpulver des
7 Krämers? Siehe da. Salomos Tragbett: Sechzig Helden rings um dasselbe her
8 von den Helden Israels. Sie alle führen das Schwert, sind geübt im Kriege; ein jeder hat sein Schwert an seiner Hüfte, *zum Schutz* vor dem Schrecken
9 in den Nächten. — Der König Salomo hat sich ein Prachtbett gemacht von
10 dem Holze des Libanon. Seine Säulen hat er von Silber gemacht, seine Lehne von Gold, seinen Sitz von Purpur; das Innere ist kunstvoll gestickt *a*, aus Liebe, von den Töchtern Jerusalems.
11 Kommet heraus, Töchter Zions, und betrachtet den König Salomo in der Krone, mit welcher seine Mutter ihn gekrönt hat *b* am Tage seiner Vermählung und am Tage der Freude seines Herzens!

4 Siehe, du bist schön, meine Freundin, siehe, du bist schön: Deine Augen sind Tauben hinter deinem Schleier. Dein Haar ist wie eine Herde Ziegen, die an den Abhängen des Gebirges
2 Gilead lagern. Deine Zähne sind wie eine Herde geschorener Schafe, die aus der Schwemme heraufkommen, welche allzumal Zwillinge gebären, und kei-
3 nes unter ihnen ist unfruchtbar. Deine Lippen sind wie eine Karmesinschnur, und dein Mund ist zierlich. Wie ein Schnittstück einer Granate ist deine
4 Schläfe hinter deinem Schleier. Dein Hals ist wie der Turm Davids, der in Terrassen *c* gebaut ist: tausend Schilde hängen daran, alle Schilde der Helden.
5 Deine beiden Brüste sind wie ein Zwillingspaar junger Gazellen, die unter
6 den Lilien weiden. — Bis der Tag sich kühlt und die Schatten fliehen, will ich zum Myrrhenberge hingehen und zum
7 Weihrauchhügel. — Ganz schön bist du, meine Freundin, und kein Makel
8 ist an dir. Mit mir vom Libanon herab, *meine Braut*, mit mir vom Libanon sollst du kommen; vom Gipfel des Amana *d* herab sollst du schauen, vom Gipfel des Senir und Hermon, von den Lagerstätten der Löwen, von den Ber-
9 gen der Panther. Du hast mir das Herz geraubt, meine Schwester, *meine Braut*; du hast mir das Herz geraubt

mit einem deiner Blicke, mit einer Kette von deinem Halsschmuck. Wie 10 schön ist deine Liebe, meine Schwester, *meine Braut*; wieviel besser ist deine Liebe als Wein, und der Duft deiner Salben als alle Gewürze! Honigseim 11 träufeln deine Lippen, *meine Braut*; Honig und Milch ist unter deiner Zunge, und der Duft deiner Gewänder wie der Duft des Libanon. Ein verschlossener 12 Garten ist meine Schwester, *meine* Braut, ein verschlossener Born, eine versiegelte Quelle. Was dir entsproßt, 13 ist ein Lustgarten von Granaten nebst edlen Früchten, Zyperblumen nebst Narden; Narde und Safran, Würzrohr 14 und Zimmet, nebst allerlei Weihrauchgehölz, Myrrhe und Aloe nebst allen vortrefflichsten Gewürzen; eine Gar- 15 tenquelle, ein Brunnen lebendigen Wassers, und Bäche, die vom Libanon fließen. — Wache auf, Nordwind, und 16 komm, Südwind: durchwehe meinen Garten, laß träufeln seine Wohlgerüche! Mein Geliebter komme in seinen Garten und esse die ihm köstliche Frucht. — *Ich bin in meinen Garten **5** gekommen, meine Schwester, *meine* Braut, habe meine Myrrhe gepflückt samt meinem Balsam, habe meine Wabe gegessen samt meinem Honig, meinen Wein getrunken samt meiner Milch. Esset, Freunde; trinket und berauschet euch, Geliebte!
Ich schlief, aber mein Herz wachte. 2 Horch! mein Geliebter! er klopft: Tue mir auf, meine Schwester, meine Freundin, meine Taube, meine Vollkommene! denn mein Haupt ist voll Tau, meine Locken voll Tropfen der Nacht. — Ich 3 habe mein Kleid *e* ausgezogen, wie sollte ich es *wieder* anziehen? Ich habe meine Füße gewaschen, wie sollte ich sie *wieder* beschmutzen? — Mein Geliebter 4 streckte seine Hand durch die Oeffnung *f*, und mein Inneres ward seinetwegen erregt. Ich stand auf, um meinem 5 Geliebten zu öffnen, und meine Hände troffen von Myrrhe und meine Finger von fließender *g* Myrrhe an dem Griffe des Riegels. Ich öffnete meinem 6 Geliebten; aber mein Geliebter hatte sich umgewandt, war weitergegangen. Ich war außer mir *h*, während er redete. Ich suchte ihn und fand ihn nicht; ich rief ihn, und er antwortete mir nicht. Es fanden mich die Wächter, die in 7 der Stadt umhergehen: sie schlugen mich, verwundeten mich; die Wächter der Mauern nahmen mir meinen Schleier *i* weg. Ich beschwöre euch, 8 Töchter Jerusalems, wenn ihr meinen Geliebten findet, was sollt ihr ihm berichten? Daß ich krank bin vor Liebe.— Was ist dein Geliebter vor einem *an-* 9 *deren* Geliebten, du Schönste unter den Frauen? Was ist dein Geliebter vor einem *anderen* Geliebten, daß du uns also beschwörst? — Mein Geliebter 10

---

a Eig. ist ausgelegt. — *b* O. in dem Kranze (Diadem), mit welchem . . . bekränzt hat. — *c* O. zum Aufhängen von Waffen. — *d* Diejenige Gruppe des Antilibanon, von welcher die Quellen des Amana-Flusses sich ergießen; vergl. 2. Kön. 5, 12. — *e* Eig. meinen Leibrock. — *f* das Guckloch der Tür. — *g* d. h. von selbst entquellender, köstlichster. — *h* Eig. Ich war entseelt. — *i* Eig. meinen Ueberwurf.

ist weiß und rot, ausgezeichnet vor
11 Zehntausenden. Sein Haupt ist gediegenes, feines Gold, seine Locken sind
herabwallend *a*, schwarz wie der Rabe;
12 seine Augen wie Tauben an Wasserbächen, badend in Milch, eingefaßte
13 Steine *b*; seine Wangen wie Beete von
Würzkraut, Anhöhen von duftenden
Pflanzen *c*; seine Lippen Lilien, träu-
14 felnd von fließender Myrrhe; seine
Hände *d* goldene Rollen, mit Topasen
besetzt; sein Leib ein Kunstwerk von
15 Elfenbein, bedeckt mit Saphiren; seine
Schenkel Säulen von weißem Marmor,
gegründet auf Untersätze von feinem
Golde; seine Gestalt wie der Libanon,
16 auserlesen wie die Zedern; sein Gaumen ist *e* lauter Süßigkeit, und alles an
ihm ist lieblich. Das ist mein Geliebter, und das mein Freund, ihr Töch-
6 ter Jerusalems! — ✳ Wohin ist dein
Geliebter gegangen, du Schönste unter
den Frauen? wohin hat dein Geliebter
sich gewendet? und wir wollen ihn mit
2 dir suchen. — Mein Geliebter ist in
seinen Garten hinabgegangen, zu den
Würzkrautbeeten, um in den Gärten zu
3 weiden und Lilien zu pflücken. Ich bin
meines Geliebten; und mein Geliebter
ist mein, der unter den Lilien weidet.
4 Du bist schön, meine Freundin, wie
Tirza, lieblich wie Jerusalem, furcht-
5 bar wie Kriegsscharen *f*. Wende deine
Augen von mir ab, denn sie überwältigen mich. Dein Haar ist wie eine
Herde Ziegen, die an den Abhängen
6 des Gilead lagern; deine Zähne sind
wie eine Herde Mutterschafe, die aus
der Schwemme heraufkommen, welche allzumal Zwillinge gebären, und
keines unter ihnen ist unfruchtbar;
7 wie ein Schnittstück einer Granate ist
deine Schläfe hinter deinem Schleier.
8 Sechzig sind der Königinnen und achtzig der Kebsweiber, und Jungfrauen
9 ohne Zahl. Eine ist meine Taube,
meine Vollkommene; sie ist die einzige ihrer Mutter, sie ist die Auser-
korene ihrer Gebärerin. Töchter sahen sie und priesen sie glücklich,
Königinnen und Kebsweiber, und sie
rühmten sie.
10 Wer ist sie, die da hervorglänzt wie
die Morgenröte, schön wie der Mond,
rein wie die Sonne, furchtbar wie
11 Kriegsscharen *f*? — In den Nußgarten
ging ich hinab, um die jungen Triebe
des Tales zu besehen, um zu sehen,
ob der Weinstock ausgeschlagen wäre,
12 ob die Granaten blühten. Unbewußt
setzte mich meine Seele auf den Prachtwagen meines willigen *g* Volkes. —
13 Kehre um, kehre um, Sulamith; kehre um, kehre um, daß wir dich anschauen! — Was möget ihr an der
Sulamith schauen? — Wie den Reigen von Machanaim.

Wie schön sind deine Tritte in den **7**
Schuhen, Fürstentochter! Die Biegun-
gen deiner Hüften sind wie ein Halsgeschmeide, ein Werk von Künstlerhand. Dein Nabel ist eine runde Scha- 2
le, in welcher der Mischwein nicht
mangelt; dein Leib ein Weizenhau-
fen, umzäunt mit Lilien. Deine bei- 3
den Brüste sind wie ein Zwillingspaar junger Gazellen. Dein Hals ist 4
wie ein Turm von Elfenbein *h*; deine
Augen *wie* die Teiche zu Hesbon am
Tore der volkreichen *Stadt*; deine
Nase wie der Libanon-Turm, der nach
Damaskus hinschaut. Dein Haupt auf 5
dir ist wie der Karmel, und das her-
abwallende Haar deines Hauptes wie
Purpur; ein König ist gefesselt durch
deine Locken!
Wie schön bist du, und wie lieblich 6
bist du, o Liebe, unter den Wonnen!
Dieser dein Wuchs gleicht der Palme, 7
und deine Brüste den Trauben. Ich 8
sprach: Ich will die Palme ersteigen,
will ihre Zweige erfassen; und deine
Brüste sollen *mir* sein wie Trauben
des Weinstocks, und der Duft deiner
Nase wie Aepfel, und dein Gaumen *i* 9
wie der beste Wein, . . .
der meinem Geliebten sanft hinuntergleitet, der über die Lippen der
Schlummernden schleicht *j*. Ich bin 10
meines Geliebten, und nach mir ist
sein Verlangen. Komm, mein Gelieb- 11
ter, laß uns aufs Feld hinausgehen,
in den Dörfern übernachten. Wir wol- 12
len uns früh aufmachen nach den Weinbergen, wollen sehen, ob die Weinstock ausgeschlagen ist, die Weinblüte
sich geöffnet hat, ob die Granaten
blühen; dort will ich dir meine Liebe
geben. Die Liebesäpfel *k* duften, und 13
über unseren Türen sind allerlei
edle Früchte, neue und alte, die ich,
mein Geliebter, dir aufbewahrt habe.
✳ O wärest du mir gleich einem Bru- **8**
der, der die Brüste meiner Mutter gesogen! Fände ich dich draußen, ich
wollte dich küssen; und man würde
mich nicht verachten. Ich würde dich 2
führen, dich hineinbringen in meiner
Mutter Haus, du würdest mich belehren; ich würde dich tränken mit Würzwein, mit dem Moste meiner Granaten.
— Seine Linke sei unter meinem Haup- 3
te, und seine Rechte umfasse *l* mich.
Ich beschwöre euch, Töchter Jeru- 4
salems, daß ihr nicht wecket noch aufwecket die Liebe, bis es ihr gefällt!
Wer ist sie, die da heraufkommt 5
von der Wüste her, sich lehnend auf
ihren Geliebten? Unter dem Apfelbau-
me habe ich dich geweckt. Dort hat
mit dir Wehen gehabt deine Mutter,
dort hat Wehen gehabt die dich geboren. — Lege mich wie einen Siegel- 6
ring an dein Herz, wie einen Siegel-

---

a Eig. hügelig, d. h. gewellt. — *b* Eig. sitzend in *ihrer* Einfassung. — *c* Da das mit „Anhöhe" übersetzte Wort eigentlich „Turm" bedeutet, so lesen And.: Beete von Würzkraut, duftende Pflanzen tragend. — *d* nämlich die einzelnen Finger. — *e* d. h. seine Worte sind; vergl. Kap. 4, 11. — *f* Eig. Bannerscharen. — *g* O. edlen. — *h* O. aus der Elfenbeinturm. — *i* S. die Anm. zu Kap. 5, 16. — *j* Viell. ist mit Aenderung eines Buchstabens zu lesen: der die Lippen usw. reden macht. — *k* wie 1. Mose 30, 14; Mandragoren, Alraunen. — *l* O. ist unter . . . umfaßt.

ring an deinen Arm! Denn die Liebe ist gewaltsam wie der Tod, hart *a* wie der Scheol ihr Eifer; ihre Gluten sind 7 Feuergluten *b*, eine Flamme Jahs. Große Wasser vermögen nicht die Liebe auszulöschen, und Ströme überfluten sie nicht. Wenn ein Mann allen Reichtum seines Hauses um die Liebe geben wollte, man würde ihn nur verachten.

8 Wir haben eine Schwester, eine kleine, die noch keine Brüste hat; was sollen wir mit unserer Schwester tun an dem Tage, da man sie werben 9 wird? Wenn sie eine Mauer ist, so wollen wir eine Zinne von Silber darauf bauen; und wenn sie eine Tür ist, so wollen wir sie mit einem Zedernbrett verschließen *c*.

Ich bin eine Mauer, und meine Brü- 10 ste sind wie Türme; da wurde ich in seinen Augen wie eine, die Frieden findet.

Salomo hatte einen Weinberg zu 11 Baal-Hamon; er übergab den Weinberg den Hütern: ein jeder sollte für seine Frucht tausend Silber*sekel* bringen. Mein eigener Weinberg ist vor 12 mir *d*; die tausend sind dein, Salomo, und zweihundert seien den Hütern seiner Frucht.

Bewohnerin der Gärten, die Genos- 13 sen horchen auf deine Stimme; laß mich hören!

Enteile, mein Geliebter, und sei gleich 14 einer Gazelle oder einem Jungen der Hirsche auf den duftenden Bergen!

Der Prophet Jesaja

1 Das Gesicht Jesajas, des Sohnes Amoz', welches er über Juda und Jerusalem geschaut hat in den Tagen Ussijas, Jothams, Ahas', Jehiskias, der Könige von Juda.

2 Höret, ihr Himmel, und horche auf, du Erde! denn Jehova hat geredet: Ich habe Kinder großgezogen und auferzogen, und sie sind von mir abge- 3 fallen. Ein Ochse kennt seinen Besitzer, und ein Esel die Krippe seines Herrn; Israel hat keine Erkenntnis, 4 mein Volk hat kein Verständnis. Wehe der sündigen Nation, dem Volke, belastet mit Ungerechtigkeit *e*, dem Samen der Uebeltäter, den verderbt handelnden Kindern! Sie haben Jehova verlassen, haben den Heiligen Israels verschmäht, sind rückwärts gewichen.

5 — Warum solltet ihr weiter geschlagen werden, da ihr *nur* den Abfall mehren würdet? Das ganze Haupt ist krank, und das ganze Herz ist siech. 6 Von der Fußsohle bis zum Haupte ist nichts Gesundes an ihm: Wunden und Striemen und frische Schläge; sie sind nicht ausgedrückt und nicht verbunden, und nicht erweicht worden mit 7 Oel. Euer Land ist eine Wüste, eure Städte sind mit Feuer verbrannt; eure Flur — Fremde verzehren sie vor euren Augen; und eine Wüste ist es, gleich einer Umkehrung durch Fremde. 8 Und die Tochter Zion ist übriggeblieben wie eine Hütte im Weinberge, wie eine Nachthütte im Gurkenfelde, wie eine belagerte Stadt. 9 Wenn Jehova der Heerscharen uns nicht einen gar kleinen Ueberrest gelassen hätte, wie Sodom wären wir, Gomorra gleich geworden.

10 Höret das Wort Jehovas, Vorsteher von Sodom; horchet auf das Gesetz 11 unseres Gottes, Volk von Gomorra! Wozu soll mir die Menge eurer Schlacht-

opfer? spricht Jehova; ich bin satt der Brandopfer von Widdern und des Fettes der Mastkälber, und am Blute von Farren und Lämmern und jungen Böcken habe ich kein Gefallen. Wenn ihr 12 kommet, um vor meinem Angesicht zu erscheinen, wer hat dieses von eurer Hand gefordert, meine Vorhöfe zu zertreten? Bringet keine eitle *f* Opfer- 13 gabe *g* mehr! Räucherwerk ist mir ein Greuel *h*. Neumond und Sabbath, das Berufen von Versammlungen: Frevel und Festversammlung mag ich nicht *i*. Eure Neumonde und eure Festzeiten 14 haßt meine Seele; sie sind mir zur Last geworden, ich bin des Tragens müde. Und wenn ihr eure Hände aus- 15 breitet, verhülle ich meine Augen vor euch; selbst wenn ihr des Betens viel machet, höre ich nicht: eure Hände sind voll Blutes. Waschet euch, reini- 16 get euch; schaffet die Schlechtigkeit eurer Handlungen mir aus den Augen, lasset ab vom Uebeltun! Lernet Gu- 17 tes tun, trachtet nach Recht, leitet den Bedrückten; schaffet Recht der Waise, führet der Witwe Sache!

Kommt denn und laßt uns mitein- 18 ander rechten, spricht Jehova. Wenn eure Sünden wie Scharlach sind, wie Schnee sollen sie weiß werden; wenn sie rot sind wie Karmesin, wie Wolle sollen sie werden. Wenn ihr willig 19 seid und höret, so sollt ihr das Gute des Landes essen. Wenn ihr euch aber 20 weigert und widerspenstig seid, so sollt ihr vom Schwerte verzehrt werden. Denn der Mund Jehovas hat geredet.

Wie ist zur Hure geworden die 21 treue Stadt! Sie war voll Recht, Gerechtigkeit weilte darin, und jetzt Mörder! Dein Silber ist zu Schlacken 22 geworden, dein edler Wein mit Wasser verdünnt. Deine Fürsten sind Wi- 23 derspenstige und Diebsgesellen, ein

---

a d. h. unerweichlich. — *b* Eig. ihre Blitze sind feurige Blitzstrahlen. — *c* Eig. umsperren. — *d* d. h. steht zu meiner Verfügung. — *e* O. Schuld, Missetat. — *f* O. falsche, lügenhafte. — *g* O. kein eitles Speisopfer. — *h* And. üb.: ein Greuelräucherwerk ist es mir. — *i* Eig. vermag ich nicht *zu ertragen.*

jeder von ihnen liebt Geschenke und jagt nach Belohnungen; der Waise schaffen sie nicht Recht, und der Witwe Sache kommt nicht vor sie.

24 Darum spricht der Herr *a*, Jehova der Heerscharen, der Mächtige Israels: Ha! ich werde mich letzen an meinen Widersachern und Rache neh-
25 men an meinen Feinden. Und ich werde meine Hand gegen dich wenden, und werde deine Schlacken ausschmelzen wie mit Laugensalz und hinweg-
26 schaffen all dein Blei. Und ich werde deine Richter wiederherstellen wie zuerst, und deine Räte wie im Anfang. Danach wird man dich nennen: Stadt
27 der Gerechtigkeit, treue Stadt. Zion wird erlöst werden durch Gericht, und seine Rückkehrenden durch Gerech-
28 tigkeit. Aber Zerschmetterung der Uebertreter *b* und der Sünder allzumal; und die Jehova verlassen, wer-
29 den untergehen. Denn sie werden beschämt werden wegen der Terebinthen, die ihr begehrt, und ihr werdet mit Scham bedeckt werden wegen der Gärten, an denen ihr Gefallen hattet.
30 Denn ihr werdet sein wie eine Terebinthe, deren Laub verwelkt ist, und wie ein Garten, der kein Wasser hat.
31 Und der Starke wird zum Werge werden und sein Tun zum Funken; und sie werden beide miteinander verbrennen, und niemand wird löschen.

2 Das Wort, welches Jesaja, der Sohn Amoz', über Juda und Jerusalem geschaut hat.
2 Und *c* es wird geschehen am Ende der Tage, da wird der Berg des Hauses Jehovas feststehen auf dem Gipfel der Berge *d* und erhaben sein über die Hügel; und alle Nationen werden zu
3 ihm strömen. Und viele Völker werden hingehen und sagen: Kommt und laßt uns hinaufziehen zum Berge Jehovas, zum Hause des Gottes Jakobs! Und er wird uns belehren aus seinen Wegen, und wir wollen wandeln in seinen Pfaden. Denn von Zion wird das Gesetz *e* ausgehen, und das Wort
4 Jehovas von Jerusalem; und er wird richten zwischen den Nationen und Recht sprechen vielen Völkern. Und sie werden ihre Schwerter zu Pflugmessern schmieden, und ihre Speere zu Winzermessern; nicht wird Nation wider Nation das Schwert erheben, und sie werden den Krieg nicht mehr lernen.
5 Kommt, Haus Jakob, und laßt uns
6 wandeln im Lichte Jehovas! Denn du hast dein Volk, das Haus Jakob, verstoßen; denn sie sind voll dessen, was vom Morgenlande kommt *f*, und sind Zauberer gleich den Philistern, und schlagen ein mit den Kindern der
7 Fremden. Und ihr Land ist voll Silber und Gold, und ihrer Schätze ist kein Ende; und ihr Land ist voll Rosse, und ihrer Wagen ist kein Ende.

Und ihr Land ist voll Götzen; sie 8 werfen sich nieder vor dem Werke ihrer Hände, vor dem, was ihre Finger gemacht haben. Und der Mensch 9 wird gebeugt und der Mann erniedrigt *werden*; und du wirst ihnen nicht vergeben. Verkrieche dich in die Fel- 10 sen und verbirg dich im Staube vor dem Schrecken Jehovas und vor der Pracht seiner Majestät! Die hochmü- 11 tigen Augen des Menschen werden erniedrigt, und die Hoffart des Mannes wird gebeugt werden; und Jehova wird hoch erhaben sein, er allein, an jenem Tage.

Denn Jehova der Heerscharen hat 12 einen Tag über alles Hoffärtige *g* und Hohe, und über alles Erhabene, und es wird erniedrigt werden; und über 13 alle Zedern des Libanon, die hohen und erhabenen, und über alle Eichen Basans; und über alle hohen Berge 14 und über alle erhabenen Hügel; und 15 über jeden hohen Turm und über jede feste Mauer; und über alle Tarsis- 16 Schiffe *h* und über alle kostbaren Schauwerke. Und der Hochmut des Men- 17 schen wird gebeugt und die Hoffart des Mannes erniedrigt werden; und Jehova wird hoch erhaben sein, er allein, an jenem Tage. Und die Götzen 18 werden gänzlich verschwinden. Und 19 sie werden sich in Felsenhöhlen und in Löcher der Erde verkriechen vor dem Schrecken Jehovas und vor der Pracht seiner Majestät, wenn er sich aufmacht, die Erde zu schrecken. An 20 jenem Tage wird der Mensch seine Götzen von Silber und seine Götzen von Gold, die man ihm zum Anbeten gemacht hat, den Maulwürfen und den Fledermäusen hinwerfen, um sich in 21 die Spalten der Felsen und in die Felsenklüfte zu verkriechen vor dem Schrecken Jehovas und vor der Pracht seiner Majestät, wenn er sich aufmacht, die Erde zu schrecken. Lasset 22 ab von dem Menschen, in dessen Nase *nur* ein Odem ist! denn wofür ist er zu achten?

Denn siehe, der Herr, Jehova der **3** Heerscharen, nimmt von Jerusalem und von Juda Stütze und Unterstützung hinweg, jede Stütze des Brotes und jede Stütze des Wassers; Held 2 und Kriegsmann, Richter und Prophet und Wahrsager und Aeltesten; den 3 Obersten über fünfzig und den Angesehenen und den Rat, und den geschickten Künstler *i* und den Zauberkundigen. Und ich werde Jünglinge 4 zu ihren Fürsten machen, und Buben sollen über sie herrschen. Und das 5 Volk wird sich gegenseitig bedrücken, der eine den anderen, und ein jeder seinen Nächsten; der Knabe wird frech auftreten gegen den Greis, und der Verachtete gegen den Geehrten. Wenn 6 jemand seinen Bruder in seines Vaters Hause ergreift *und sagt:* Du hast ein

---

a Eig. ist der Spruch des Herrn; so auch später an vielen Stellen. — *b* O. der Abtrünnigen. — *c* Vergl. Micha 4. — *d* d. h. hoch über allen Bergen. — *e* O. die Lehre. — *f* And. l.: sind voll Wahrsagerei. — *g* O. Emporragende. — *h* Siehe zu „Tarsis" die Anm. zu Hes. 27, 12. — *i* O. den Kunstverständigen.

Kleid a, unser Vorsteher sollst du sein; und dieser Einsturz sei unter deiner 7 Hand! so wird er an jenem Tage seine Stimme erheben und sagen: Ich kann kein Wundarzt sein; ist doch in meinem Hause weder Brot noch Kleid: machet mich nicht zum Vorsteher des 8 Volkes. — Denn Jerusalem ist gestürzt und Juda gefallen, weil ihre Zunge und ihre Taten wider Jehova sind, um zu trotzen den Augen seiner Herr- 9 lichkeit. Der Ausdruck ihres Angesichts zeugt wider sie; und von ihrer Sünde sprechen sie offen wie Sodom, sie verhehlen sie nicht. Wehe ihrer Seele! denn sich selbst bereiten sie 10 Böses. Saget vom Gerechten, daß es ihm wohlgehen wird; denn die Frucht ihrer Handlungen werden sie genie- 11 ßen. Wehe dem Gesetzlosen! es wird ihm übelgehen; denn das Tun seiner 12 Hände wird ihm angetan werden. Mein Volk — seine Bedrücker sind Buben, und Weiber herrschen über dasselbe. Mein Volk, deine Leiter führen irre, und den Weg deiner Pfade haben sie dir entrückt b.

13 Jehova steht da, um zu rechten; und er tritt auf, um die Völker zu 14 richten. Jehova wird ins Gericht gehen mit den Aeltesten seines Volkes und dessen Fürsten: Und ihr, ihr habt den Weinberg abgeweidet, der Raub des Elenden ist in euren Häusern; 15 was habt ihr, daß ihr mein Volk zertretet und das Angesicht der Elenden zermalmet? spricht der Herr, Jehova der Heerscharen.

16 Und Jehova sprach: Weil die Töchter Zions hoffärtig sind, und einhergehen mit gerecktem Halse und blinzelnden Augen, und trippelnd einhergehen und mit ihren Fußspangen klir- 17 ren: so wird der Herr den Scheitel der Töchter Zions kahl machen, und 18 Jehova ihre Scham entblößen. An jenem Tage wird der Herr wegnehmen den Schmuck der Fußspangen und der 19 Stirnbänder c und der Halbmonde; die Ohrgehänge und die Armketten und 20 die Schleier; die Kopfbunde und die Schrittkettchen und die Gürtel und die Riechfläschchen und die Amulette; 21 die Fingerringe und die Nasenringe; 22 die Prachtkleider und die Oberröcke 23 und die Umhänge und die Beutel; die Handspiegel und die Hemden und die 24 Turbane und die Ueberwürfe d. Und es wird geschehen, statt des Wohlgeruchs wird Moder sein, und statt des Gürtels ein Strick, und statt des Lockenwerks eine Glatze, und statt des Prunkgewandes ein Kittel von Sacktuch, Brandmal statt Schönheit. Deine 25 Männer werden durchs Schwert fal- 26 len, und deine Helden im Kriege. Und ihre e Tore werden klagen und trauern, und ausgeleert wird sie sein, sich

zur Erde niedersetzen. ✳ Und an je- 4 nem Tage werden sieben Weiber einen Mann ergreifen und sprechen: Wir wollen unser eigenes Brot essen und uns mit unseren eigenen Kleidern bekleiden; nur laß uns nach deinem Namen genannt werden, nimm unsere Schmach hinweg.

An jenem Tage wird der Sproß f 2 Jehovas zur Zierde und zur Herrlichkeit sein, und die Frucht der Erde zum Stolz und zum Schmuck g für die Entronnenen Israels. Und es wird ge- 3 schehen, wer in Zion übriggeblieben und wer in Jerusalem übriggelassen ist, wird heilig heißen, ein jeder, der zum Leben eingeschrieben ist in Jerusalem: wenn der Herr den Unflat 4 der Töchter Zions abgewaschen und die Blutschulden Jerusalems aus dessen Mitte hinweggefegt haben wird durch den Geist des Gerichts und durch den Geist des Vertilgens. Und Jehova 5 wird h über jede Wohnstätte des Berges Zion und über seine i Versammlungen eine Wolke und einen Rauch schaffen bei Tage, und den Glanz eines flammenden Feuers bei Nacht; denn über der ganzen Herrlichkeit wird eine Decke sein. Und eine Hütte wird 6 sein zum Schatten bei Tage vor der Hitze, und zur Zuflucht und zur Bergung vor Sturm und vor Regen.

Wohlan, ich will singen von meinem 5 Geliebten, ein Lied meines Lieben von seinem Weinberge: Mein Geliebter hatte einen Weinberg auf einem fetten Hügel j. Und er grub ihn um und 2 säuberte ihn von Steinen und bepflanzte ihn mit Edelreben; und er baute einen Turm in seine Mitte und hieb auch eine Kelter k darin aus; und er erwartete, daß er Trauben brächte, aber er brachte Herlinge.

Nun denn, Bewohner von Jerusalem 3 und Männer von Juda, richtet doch zwischen mir und meinem Weinberge! Was war noch an meinem Weinberge 4 zu tun, das ich nicht an ihm getan hätte? Warum habe ich erwartet, daß er Trauben brächte, und er brachte Herlinge? Nun, so will ich euch denn 5 kundmachen, was ich meinem Weinberge tun will: seinen Zaun wegnehmen, daß er abgeweidet werde, seine Mauer niederreißen, daß er zertreten werde. Und ich werde ihn zu Grunde 6 richten; er soll nicht beschnitten noch behackt werden, und Dornen und Disteln sollen in ihm aufschießen l; und ich will den Wolken gebieten, daß sie keinen Regen auf ihn fallen lassen. Denn 7 der Weinberg Jehovas der Heerscharen ist das Haus Israel, und die Männer von Juda sind die Pflanzung seines Ergötzens; und er wartete auf Recht, und siehe da: Blutvergießen m, auf Gerechtigkeit, und siehe da: Wehgeschrei.

---

a Eig. ein Oberkleid. — b W. haben sie verschlungen. — c And. üb.: der Sönnchen. — d weite Schleier, die über Kopf und Schultern geworfen wurden. — e d. h. der Tochter Zion. — f Vergl. Sach. 3, 8; 6, 12. — g O. Ruhm. — h O. (V. 4) Wenn der Herr . . . Geist des Vertilgens: dann wird Jehova usw. — i nämlich Zions. — j Eig. Horne, d. h. einem freistehenden Hügel. — k Eig. einen Keltertrog. — l Eig. und er soll in Dornen und Disteln aufgehen. — m O. gewaltsames Wegraffen.

8 Wehe denen, die Haus an Haus reihen, Feld an Feld rücken, bis gar kein Raum mehr ist, und ihr allein
9 seßhaft seid inmitten des Landes! Vor meinen *a* Ohren *hat* Jehova der Heerscharen *gesprochen*: Wenn nicht die vielen Häuser zur Wüste werden, die großen und schönen ohne Bewohner!
10 Denn zehn Juchart Weinberge werden ein Bath bringen, und ein Homer Samen wird ein Epha *b* bringen.
11 — Wehe denen, die des Morgens früh sich aufmachen, um starkem Getränk nachzulaufen, bis spät am Abend blei-
12 ben — der Wein erhitzt sie! und Laute und Harfe, Tamburin und Flöte und Wein sind bei ihrem Gelage; aber auf das Tun Jehovas schauen sie nicht, und das Werk seiner Hände sehen sie nicht.
13 Darum wird mein Volk weggeführt aus Mangel an Erkenntnis, und seine Edlen verhungern *c*, und seine Menge
14 lechzt vor Durst. Darum sperrt der Scheol weit auf seinen Schlund und reißt seinen Rachen auf ohne Maß; und hinab fährt seine *d* Pracht und sein Getümmel und sein Getöse und wer
15 darin frohlockt. Und der Mensch wird gebeugt und der Mann erniedrigt, und die Augen der Hoffärtigen werden er-
16 niedrigt. Und Jehova der Heerscharen wird im Gericht erhaben sein, und Gott, der Heilige, sich heilig erweisen
17 in Gerechtigkeit. — Und Schafe werden *dort* weiden wie auf ihrer Trift, und Fremdlinge *e* in den verwüsteten Fluren der Fetten sich nähren.
18 Wehe denen, welche die Ungerechtigkeit einherziehen mit Stricken der Falschheit, und die Sünde wie mit
19 Wagenseilen! die da sprechen: Er beeile, er beschleunige sein Werk, damit wir es sehen; und der Ratschluß des Heiligen Israels möge herannahen und kommen, damit wir ihn erfahren!
20 — Wehe denen, die das Böse gut heißen, und das Gute böse; welche Finsternis zu Licht machen, und Licht zu Finsternis; welche Bitteres zu Süßem machen, und Süßes zu Bitterem! —
21 Wehe denen, die in ihren Augen weise und bei sich selbst verständig sind! —
22 Wehe denen, die Helden sind, um Wein zu trinken, und tapfere Männer, um starkes Getränk zu mischen;
23 welche den Gesetzlosen um eines Geschenkes willen gerecht sprechen, und die Gerechtigkeit *f* der Gerechten ihnen entziehen!
24 Darum, wie des Feuers Zunge die Stoppeln verzehrt, und dürres Gras in der Flamme zusammensinkt, so wird ihre Wurzel wie Moder werden, und ihre Blüte auffliegen wie Staub; denn sie haben das Gesetz Jehovas der Heerscharen verworfen und das Wort des
25 Heiligen Israels verschmäht. Darum ist der Zorn Jehovas wider sein Volk

entbrannt, und er hat seine Hand gegen dasselbe ausgestreckt und es geschlagen; und die Berge erbebten, und ihre Leichname wurden wie Kehricht inmitten der Straßen. — Bei dem allen wendet sich sein Zorn nicht ab, und noch ist seine Hand ausgestreckt!

Und er wird ein Panier erheben den 26 fernen Nationen, und eine *g* wird er herbeizischen vom Ende der Erde; und siehe, eilends, schnell wird sie kommen. Bei ihr ist kein Müder und 27 kein Strauchelnder, keiner schlummert noch schläft; auch ist nicht gelöst der Gürtel ihrer *h* Lenden, noch zerrissen der Riemen ihrer *h* Schuhe. Ihre Pfeile sind geschärft, und alle 28 ihre Bogen gespannt; die Hufe ihrer Rosse sind Kieseln gleich zu achten, und ihre Räder dem Wirbelwinde. Ihr 29 Gebrüll ist wie das einer Löwin, sie brüllt wie die jungen Löwen; und sie knurrt und packt die Beute und bringt sie in Sicherheit, und kein Erretter ist da. Und sie knurrt über ihr 30 an jenem Tage gleich dem Rauschen des Meeres. Und man blickt zur Erde, und siehe, Finsternis, Drangsal; und das Licht ist verfinstert durch ihr *i* Gewölk.

Im Todesjahre des Königs Ussija, **6** da sah ich den Herrn sitzen auf hohem und erhabenem Throne, und seine Schleppen erfüllten den Tempel. Seraphim standen über ihm; ein je- 2 der von ihnen hatte sechs Flügel: mit zweien bedeckte er sein Angesicht, und mit zweien bedeckte er seine Füße, und mit zweien flog er. Und einer 3 rief dem anderen zu und sprach: Heilig, heilig, heilig ist Jehova der Heerscharen, die ganze Erde ist voll seiner Herrlichkeit! Und es erbebten die 4 Grundfesten der Schwellen von der Stimme der Rufenden, und das Haus wurde mit Rauch erfüllt. — Und ich 5 sprach: Wehe mir! denn ich bin verloren; denn ich bin ein Mann von unreinen Lippen, und inmitten eines Volkes von unreinen Lippen wohne ich; denn meine Augen haben den König, Jehova der Heerscharen, gesehen. Und 6 einer der Seraphim flog zu mir; und in seiner Hand war eine glühende Kohle, die er mit der Zange vom Altar genommen hatte. Und er berührte 7 meinen Mund damit und sprach: Siehe, dieses hat deine Lippen berührt; und so ist deine Ungerechtigkeit *j* gewichen und deine Sünde gesühnt.

Und ich hörte die Stimme des Herrn, 8 welcher sprach: Wen soll ich senden, und wer wird für uns gehen? Da sprach ich: Hier bin ich, sende mich. Und er sprach: Geh hin und sprich zu 9 diesem Volke: Hörend höret *k*, und verstehet nicht; und sehend sehet *k*, und erkennet nicht! Mache das Herz die- 10 ses Volkes fett, und mache seine Ohren

---

a Eig. In meine. — *b* ein Homer = 12 Epha. — *c* W. sind Männer des Hungers. Viell. ist zu l.: und ausgezehrt durch Hunger. — *d* d. i. Jerusalems. — *e* Wahrsch. Wanderhirten. — *f* O. das Recht. — *g* Eig. sie (die nachher beschriebene Nation). — *h* Eig. seiner, d. h. jedes einzelnen von ihnen. — *i* der Erde. — *j* O. Missetat, Schuld. — *k* Eine bekannte hebr. Redeweise, um die durch das Zeitwort ausgedrückte Handlung hervorzuheben.

schwer, und verklebe seine Augen: damit es mit seinen Augen nicht sehe und mit seinen Ohren nicht höre und sein Herz nicht verstehe, und es nicht 11 umkehre und geheilt werde. Und ich sprach: Wie lange, Herr? Und er sprach: Bis die Städte verwüstet sind, ohne Bewohner, und die Häuser ohne Menschen, und das Land zur Oede 12 verwüstet ist, und Jehova die Menschen weit entfernt hat, und der verlassenen Orte viele sind inmitten des 13 Landes. Und ist noch ein Zehntel darin, so wird es wiederum vertilgt werden, gleich der Terebinthe und gleich der Eiche, von welchen, wenn sie gefällt sind, ein Wurzelstock bleibt; ein heiliger Same ist sein Wurzelstock.

7 Und es geschah in den Tagen Ahas', des Sohnes Jothams, des Sohnes Ussijas, des Königs von Juda, da zog Rezin, der König von Syrien, und Pekach, der Sohn Remaljas, der König von Israel, nach Jerusalem hinauf zum Streit wider dasselbe; aber er vermochte nicht wider dasselbe zu strei-2 ten. Und es wurde dem Hause David berichtet und gesagt: Syrien hat sich in Ephraim gelagert. Da bebte sein Herz und das Herz seines Volkes, wie die Bäume des Waldes vor dem 3 Winde beben. Und Jehova sprach zu Jesaja: Geh doch hinaus, dem Ahas entgegen, du und dein Sohn Schear-Jaschub *a*, an das Ende der Wasserleitung des oberen Teiches, nach der 4 Straße des Walkerfeldes hin, und sprich zu ihm: Hüte dich und halte dich ruhig; fürchte dich nicht, und dein Herz verzage nicht vor diesen beiden rauchenden Brandscheit-Stümpfen, bei *b* der Zornglut Rezins und Syriens und 5 des Sohnes Remaljas. Darum, daß Syrien Böses wider dich beratschlagt hat, Ephraim und der Sohn Remaljas, und 6 gesagt: Laßt uns wider Juda hinaufziehen und ihm Grauen einjagen und es uns erobern *c* und den Sohn Tabeels 7 zum König darin machen; so spricht der Herr Jehova: Es wird nicht zustande kommen und nicht geschehen. 8 Denn Damaskus ist das Haupt von Syrien, und Rezin das Haupt von Damaskus; und in noch fünfundsechzig Jahren wird Ephraim zerschmettert 9 werden, daß es kein Volk mehr sei. Und Samaria ist das Haupt von Ephraim, und der Sohn Remaljas das Haupt von Samaria. Wenn ihr nicht glaubet, werdet ihr, fürwahr, keinen Bestand haben! 10 Und Jehova fuhr fort, zu Ahas zu 11 reden, und sprach: Fordere dir ein Zeichen von Jehova, deinem Gott; fordere es in der Tiefe oder oben in der 12 Höhe. Und Ahas sprach: Ich will nicht fordern und will Jehova nicht versu-13 chen. Da sprach er: Höret doch, Haus David! Ist es euch zu wenig, Men-

schen zu ermüden, daß ihr auch meinen Gott ermüdet? Darum wird der 14 Herr selbst euch ein Zeichen geben: Siehe, die Jungfrau wird schwanger werden und einen Sohn gebären, und wird seinen Namen Immanuel *d* heißen. Rahm *e* und Honig wird er essen, wenn 15 er weiß, das Böse zu verwerfen und das Gute zu erwählen. Denn ehe der 16 Knabe weiß, das Böse zu verwerfen und das Gute zu erwählen, wird das Land verlassen sein, vor dessen beiden Königen dir graut. *f* Jehova wird 17 über dich und über dein Volk und über das Haus deines Vaters Tage kommen lassen, wie sie nicht gekommen sind seit dem Tage, da Ephraim von Juda gewichen ist — den König von Assyrien.

Und es wird geschehen an jenem 18 Tage, da wird Jehova die Fliege, die am Ende der Ströme *g* Aegyptens, und die Biene, die im Lande Assyrien ist, herbeizischen. Und sie werden kom-19 men und sich allesamt niederlassen in den Tälern der steilen Höhen und in den Spalten der Felsen und in allen Dornsträuchern und auf allen Triften. An jenem Tage wird der Herr durch 20 ein gedungenes *h* Schermesser, auf der anderen Seite des Stromes, durch den König von Assyrien, das Haupt und das Haar der Beine abscheren; ja, auch den Bart wird es wegnehmen. Und es wird geschehen an jenem Ta-21 ge, daß jemand eine junge Kuh und zwei Schafe *i* füttern wird. Und es 22 wird geschehen, wegen der Menge des Milchertrags wird er Rahm *e* essen, denn Rahm und Honig wird jeder essen, der im Lande übriggeblieben ist. Und es wird geschehen an jenem Ta-23 ge, daß jeder Ort, wo tausend Weinstöcke von tausend Silber *sekel* waren, zu Dornen und Disteln geworden sein wird. Mit Pfeilen und mit Bogen wird 24 man dorthin kommen; denn das ganze Land wird Dornen und Disteln sein. Und alle Berge, die mit der Hacke 25 behackt wurden, dahin wirst du nicht kommen, aus Furcht vor Dornen und Disteln; und sie werden ein Ort sein, wohin man Rinder treibt, und welcher vom Kleinvieh zertreten wird.

Und Jehova sprach zu mir: Nimm **8** dir eine große Tafel und schreibe darauf mit Menschengriffel *j*: Es eilt der Raub, bald kommt die Beute; und ich 2 will mir *k* zuverlässige Zeugen nehmen: Urija, den Priester, und Sacharja, den Sohn Jeberekjas. — Und ich 3 nahte der Prophetin, und sie ward schwanger und gebar einen Sohn. Und Jehova sprach zu mir: Gib ihm den Namen: „Es eilt der Raub, bald kommt die Beute". Denn ehe der Knabe zu 4 rufen weiß „mein Vater" und „meine Mutter", wird man vor dem König von Assyrien hertragen den Reichtum von Damaskus und die Beute von Samaria.

---

a Bedeutet: der Ueberrest wird umkehren; vergl. Kap. 10, 21. — *b* O. wegen. — *c* Eig. erbrechen. — *d* Gott mit uns. — *e* Eig. dicke, geronnene Milch. — *f* Vergl. 2. Kön. 15, 29; 16, 9. — *g* Das hebr. Wort bezeichnet die Kanäle und Arme des Nil. — *h* Eig. durch das zur Miete stehende, feile. — *i* O. Ziegen. — *j* d. h. mit leicht leserlicher Schrift. — *k* O. und ich sollte mir. And. üb.: ich nahm mir.

5 Und Jehova fuhr fort, weiter zu mir
6 zu reden, und sprach: Darum, daß dieses Volk die Wasser von Siloah verachtet, die still fließen, und Freude hat an Rezin und an dem Sohne Remal-
7 jas: darum, siehe, läßt der Herr über sie heraufkommen die Wasser des Stromes, die mächtigen und großen — den König von Assyrien und alle seine Herrlichkeit *a*; und er wird über alle seine Betten steigen und über al-
8 le seine Ufer gehen. Und er wird in Juda eindringen, überschwemmen und überfluten; bis an den Hals wird er reichen. Und die Ausdehnung seiner Flügel wird die Breite deines Landes füllen, Immanuel!

9 Tobet *b*, ihr Völker, und werdet zerschmettert! Und nehmet es zu Ohren, alle ihr Fernen der Erde! Gürtet euch und werdet zerschmettert, gürtet euch
10 und werdet zerschmettert! Beschließet einen Ratschlag, und *c* soll vereitelt werden; redet ein Wort, und es soll nicht zustande kommen; denn Gott ist
11 mit uns. Denn also hat Jehova zu mir gesprochen, indem seine Hand stark auf mir war und er *c* mich warnte, nicht auf dem Wege dieses Volkes zu
12 wandeln: Ihr sollt nicht alles Verschwörung nennen, was dieses Volk Verschwörung nennt; und fürchtet nicht ihre Furcht *d* und erschrecket
13 nicht davor. Jehova der Heerscharen, den sollt ihr heiligen; und er sei eure Furcht, und er sei euer Schrecken.
14 Und er wird zum Heiligtum sein; aber zum Stein des Anstoßes und zum Fels des Strauchelns den beiden Häusern Israels, zur Schlinge und zum Fallstrick den Bewohnern von Jerusalem.
15 Und viele, unter ihnen werden straucheln, und werden fallen und zerschmettert und verstrickt und gefan-
16 gen werden. — Binde das Zeugnis zu, versiegele das Gesetz *e* unter *f* meinen
17 Jüngern. — Und ich will auf Jehova harren, der sein Angesicht verbirgt vor dem Hause Jakob, und will auf ihn hoffen.
18 Siehe, ich und die Kinder, die Jehova mir gegeben hat, wir sind zu Zeichen und zu Wundern *g* in Israel, vor Jehova der Heerscharen, der da
19 wohnt auf dem Berge Zion. Und wenn sie zu euch sprechen werden: Befraget die Totenbeschwörer und die Wahrsager, die da flüstern und murmeln, *so sprechet:* Soll nicht ein Volk seinen Gott befragen? *soll es* für die Leben-
20 den die Toten *befragen*? Zum Gesetz und zum Zeugnis! Wenn sie nicht nach diesem Worte sprechen, so gibt es für sie keine Morgenröte *h*.

Und es wird darin *i* umherziehen, 21 schwer gedrückt und hungernd. Und es wird geschehen, wenn es Hunger leidet, so wird es erzürnt sein und seinen König und seinen Gott verfluchen. Und es wird aufwärts schauen 22 und wird zur Erde blicken: und siehe, Drangsal und Finsternis, angstvolles Dunkel; und in dichte Finsternis ist es hineingestoßen.

Doch *j* nicht bleibt Finsternis dem **9** Lande, welches Bedrängnis hat. Um die erste Zeit hat er das Land Sebulon und das Land Naphtali verächtlich gemacht; und in der letzten bringt er zu Ehren den Weg am Meere *k*, das Jenseitige des Jordan, den Kreis *l* der Nationen. Das Volk *m*, das im Finstern 2 wandelt, hat ein großes Licht gesehen; die da wohnen im Lande des Todesschattens, Licht hat über sie geleuchtet. Du hast die Nation vermehrt, hast 3 ihr groß gemacht *n* die Freude; sie freuen sich vor dir, gleich der Freude in der Ernte, wie man frohlockt beim Verteilen der Beute. Denn das Joch 4 ihrer Last und den Stab ihrer Schulter, den Stock ihres Treibers hast du zerschlagen wie am Tage Midians. Denn jeder Stiefel der Gestiefelten 5 im Getümmel, und jedes Gewand, in Blut gewälzt, die werden zum Brande, ein Fraß des Feuers. Denn ein Kind 6 ist uns geboren, ein Sohn uns gegeben, und die Herrschaft *ruht* auf seiner Schulter; und man nennt seinen Namen: Wunderbarer, Berater *o*, starker Gott *p*, Vater der Ewigkeit *q*, Friedefürst. Die Mehrung der Herrschaft 7 und der Friede werden kein Ende haben auf dem Throne Davids und über sein Königreich, um es zu befestigen und zu stützen durch Gericht und durch Gerechtigkeit, von nun an bis in Ewigkeit. Der Eifer Jehovas der Heerscharen wird dieses tun.

Der Herr hat ein Wort gesandt wi- 8 der Jakob, und es steigt hernieder in Israel. Und das ganze Volk wird es 9 erfahren, Ephraim und die Bewohner von Samaria, die in Hochmut und in Ueberhebung des Herzens sprechen: Die Ziegelsteine sind eingefallen, aber 10 mit behauenen Steinen bauen wir auf; die Sykomoren sind abgehauen, aber wir setzen Zedern an ihre Stelle. Denn Jehova wird die Bedränger Re- 11 zins über dasselbe erheben *r* und seine Feinde aufreizen: die Syrer von 12 Osten und die Philister von Westen; und sie werden Israel fressen mit vollem Maule. — Bei dem allen wendet sich sein Zorn nicht ab, und noch ist seine Hand ausgestreckt.

---

a O. seine ganze Heeresmenge. — *b* Eig. Erboset euch. — *c* Eig. gesprochen, mit starker Hand, indem er und usw. (Vergl. Hes. 3, 14.) — *d* d. h. das was sie fürchten. — *e* O. die Lehre, Unterweisung. — *f* O. in. — *g* O. Vorbildern. — *h* Eig. so ist es (das Volk) in solches, für welches es keine Morgenröte *gibt.* — *i* d. h. im Lande. — *j* O. denn. — *k* d. h. am Meere Tiberias. — *l* Hebr. Gelil; das nördliche Grenzgebiet Palästinas, ein Teil des späteren Galiläa. — *m* And. üb.: Doch wird die Finsternis nicht sein, wie die Bedrängnis auf der *Erde* war, als es im Anfang leicht auf dem Lande Sebulon und dem Lande Naphtali lag, und später schwerer wurde . . . . Weg am Meere, jenseit des Jordan, Galiläa der Nationen: das Volk. — *n* And. l.: Du hast das Frohlocken vermehrt, hast groß gemacht usw. — *o* O. Wunder-Rat. — *p* El. — *q* O. Ewigvater. — *r* d. h. wird ihnen die Uebermacht über Ephraim geben.

13 Und das Volk kehrt nicht um zu dem, der es schlägt, und Jehova der Heer-
14 scharen suchen sie nicht. Und Jehova wird aus Israel Haupt und Schwanz, Palmzweig und Binse ausrotten *a* an
15 einem Tage. Der Aelteste und Angesehene, er ist das Haupt; und der Prophet, der Lüge lehrt, er ist der
16 Schwanz. Denn die Leiter dieses Volkes führen irre, und die von ihnen Ge-
17 leiteten werden verschlungen. Darum wird sich der Herr über dessen Jünglinge nicht freuen *b*, und seiner Waisen und seiner Witwen sich nicht erbarmen; denn sie allesamt sind Ruchlose und Uebeltäter, und jeder Mund redet Torheit *c*. — Bei dem allen wendet sich sein Zorn nicht ab, und noch ist seine Hand ausgestreckt.
18 Denn die Gesetzlosigkeit brennt wie Feuer: sie verzehrt Dornen und Disteln, und zündet in den Dickichten des Waldes, daß sie emporwirbeln in
19 hoch aufsteigendem Rauche. Durch den Grimm Jehovas der Heerscharen ist das Land verbrannt, und das Volk ist wie eine Speise des Feuers gewor-
20 den; keiner schont des anderen. Und man schlingt zur Rechten und hungert, und man frißt zur Linken und wird
21 nicht satt. Sie fressen ein jeder das Fleisch seines eigenen Armes: Manasse den Ephraim, und Ephraim den Manasse; diese miteinander *fallen* über Juda her. — Bei dem allen wendet sich sein Zorn nicht ab, und noch ist seine Hand ausgestreckt.

10 Wehe denen, die Satzungen des Unheils verordnen, und den Schrei-
2 bern, welche Mühsal ausfertigen, um die Armen vom Gericht zu verdrängen und die Elenden meines Volkes ihres Rechtes zu berauben, damit die Witwen ihre Beute werden, und sie die
3 Waisen plündern. Und was wollt ihr tun am Tage der Heimsuchung und beim Sturme, der *d* von fern daherkommt? Zu wem wollt ihr fliehen um Hilfe, und wohin eure Herrlichkeit in
4 Sicherheit bringen *e*? Nichts anderes *bleibt übrig*, als unter Gefesselten sich zu krümmen; und unter Erschlagenen fallen sie hin. — Bei dem allen wendet sich sein Zorn nicht ab, und noch ist seine Hand ausgestreckt.
5 He *!f* Assyrer *g*, Rute meines Zornes! und der Stock in seiner Hand ist mein
6 Grimm. Wider eine ruchlose Nation werde ich ihn senden und gegen das Volk meines Grimmes ihn entbieten, um Raub zu rauben und Beute zu erbeuten, und es der Zertretung hinzu-
7 geben gleich Straßenkot. Er aber meint es nicht also, und sein Herz denkt nicht also; sondern zu vertilgen hat er im Sinne und auszurotten nicht wenige
8 Nationen. Denn er spricht: Sind nicht
9 meine Fürsten *h* allesamt Könige? Ist

nicht Kalno *i* wie Karchemis? nicht Hamath wie Arpad? nicht Samaria wie Damaskus? So wie meine Hand die 10 Königreiche der Götzen erreicht hat, — und ihre geschnitzten Bilder waren mehr *j* als die von Jerusalem und von Samaria — werde ich nicht, wie ich 11 Samaria und seinen Götzen getan habe, ebenso Jerusalem und seinen Götzen *k* tun?

Und es wird geschehen, wenn der 12 Herr sein ganzes Werk an dem Berge Zion und an Jerusalem vollbracht hat, so werde ich heimsuchen die Frucht der Ueberhebung des Herzens des Königs von Assyrien und den Stolz der Hoffart seiner Augen. Denn er hat 13 gesagt: Durch die Kraft meiner Hand und durch meine Weisheit habe ich es getan, denn ich bin verständig; und ich verrückte die Grenzen der Völker und plünderte ihre Schätze und stieß, als ein Gewaltiger, Thronende hinab; und meine Hand hat den Reichtum der 14 Völker erreicht wie ein Nest, und wie man verlassene Eier zusammenrafft, so habe ich *ch* die ganze Erde zusammengerafft: da war keiner, der den Flügel regte, oder den Schnabel aufsperrte und zirpte. — Darf die Axt sich rüh- 15 men wider den, der damit haut? oder die Säge sich brüsten wider den, der sie zieht? als schwänge ein Stock die, welche ihn emporheben, als höbe ein Stab den empor, der kein Holz ist! Darum wird der Herr, Jehova der 16 Heerscharen, Magerkeit *l* senden unter seine Fetten; und unter *m* seiner Herrlichkeit wird ein Brand auflodern wie ein Feuerbrand. Und das Licht Is- 17 raels wird zum Feuer werden, und sein Heiliger zur Flamme, die seine Dornen und seine Disteln in Brand setzen und verzehren wird an einem Tage. Und er wird die Herrlichkeit seines 18 Waldes und seines Fruchtgefildes von der Seele bis zum Fleische vernichten, daß es sein wird, wie wenn ein Kranker hinsiecht. Und der Rest der 19 Bäume seines Waldes wird zu zählen sein: ein Knabe könnte sie aufschreiben.

Und es wird geschehen an jenem 20 Tage, da wird der Ueberrest Israels und das Entronnene des Hauses Jakob sich nicht mehr stützen auf den, der es schlägt; sondern es wird sich stützen auf Jehova, den Heiligen Israels, in Wahrheit. Der Ueberrest wird um- 21 kehren *n*, der Ueberrest Jakobs zu dem starken Gott *o*. Denn wenn auch dein 22 Volk, Israel, wie der Sand des Meeres wäre, *nur* ein Ueberrest davon wird umkehren. Vertilgung ist festbeschlossen, sie bringt einherflutend Gerechtigkeit *p*. Denn der Herr, Jehova der 23 Heerscharen, vollführt Vernichtung und Festbeschlossenes inmitten der ganzen Erde *q*.

---

a Eig. Da rottet Jehova aus usw. — *b* And. l.: wird der Herr dessen Jünglinge nicht verschonen. — *c* Zugl.: Gottlosigkeit, Gemeinheit. — *d* O. Verderben, das. — *e* Eig. hinterlegen. — *f* O. Wehe! — *g* Eig. Assyrien (Assur), wie V. 24. — *h* O. Feldherren. — *i* Dasselbe wie Kalne; 1. Mose 10, 10. — *j* d. h. mächtiger. — *k* Eig. Götzenbildern. — *l* d. h. Abzehrung. — *m* d. h. unterhalb. — *n* S. Kap. 7, 3. — *o* El. — *p* Eig. welche Gerechtigkeit einherflutet. — *q* O. des ganzen Landes.

24 Darum spricht der Herr, Jehova der Heerscharen, also: Fürchte dich nicht, mein Volk, das in Zion wohnt, vor Assur, wenn er dich mit dem Stocke schlagen und seinen Stab wider dich erheben wird nach der Weise Aegyp-
25 tens! Denn noch um ein gar Kleines, so wird der Grimm zu Ende sein und mein Zorn *sich wenden* zu ihrer Ver-
26 nichtung. Und Jehova der Heerscharen wird über ihn die Geißel schwingen wie in der Niederlage Midians am Felsen Oreb *a*; und sein Stab wird über das Meer sein, und er wird ihn erheben, wie er ihn über Aegypten erhob *b*.
27 Und es wird geschehen an jenem Tage, daß seine Last weichen wird von deiner Schulter und sein Joch von deinem Halse; und das Joch wird gesprengt werden infolge des Fettes *c*.
28 Er kommt gegen Aijath, zieht durch Migron; in Mikmas legt er sein Ge-
29 päck ab. Sie ziehen über den Paß, zu Geba schlagen sie ihr Nachtlager auf *d*.
30 Rama bebt, Gibea Sauls flieht. Schreie laut, Tochter Gallims! Horche auf,
31 Lais *e*! Armes Anathoth! Madmena eilt davon, die Bewohner von Gebim
32 flüchten *f*. Noch heute macht er halt in Nob; — er schwingt seine Hand gegen den Berg der Tochter Zion, den Hügel
33 Jerusalems. — Siehe, der Herr, Jehova der Heerscharen, haut mit Schreckensgewalt die Aeste herunter; und die von hohem Wuchse werden gefällt, und die Emporragenden werden erniedrigt.
34 Und er schlägt die Dickichte des Waldes nieder mit dem Eisen, und der Libanon fällt durch einen Mächtigen *g*.

11 Und ein Reis wird hervorgehen aus dem Stumpfe Isais, und ein Schößling aus seinen Wurzeln wird Frucht brin-
2 gen. Und auf ihm wird ruhen der Geist Jehovas, der Geist der Weisheit und des Verstandes, der Geist des Rates und der Kraft, der Geist der Erkennt-
3 nis und Furcht Jehovas; und sein Wohlgefallen wird sein an der Furcht Jehovas. Und er wird nicht richten nach dem Sehen seiner Augen, und nicht Recht sprechen nach dem Hören seiner
4 Ohren; und er wird die Geringen richten in Gerechtigkeit, und den Demütigen *h* des Landes Recht sprechen in Geradheit. Und er wird die Erde schlagen mit der Rute seines Mundes, und mit dem Hauche seiner Lippen den
5 Gesetzlosen töten. Und Gerechtigkeit wird der Gurt seiner Lenden sein, und die Treue in Gurt seiner Hüften. —
6 Und der Wolf wird bei dem Lamme weilen, und der Pardel bei dem Böcklein lagern; und das Kalb und der junge Löwe und das Mastvieh werden zu-

sammen sein, und ein kleiner Knabe wird sie treiben. Und Kuh und Bärin 7 werden *miteinander* weiden, ihre Jungen zusammen lagern; und der Löwe wird Stroh fressen wie das Rind. Und 8 der Säugling wird spielen an dem Loche der Natter, und das entwöhnte Kind seine Hand ausstrecken nach der Höhle des Basilisken. Man wird nicht 9 übeltun, noch verderbt handeln auf meinem ganzen heiligen Gebirge; denn die Erde *i* wird voll sein der Erkenntnis Jehovas, gleichwie die Wasser den Meeresgrund *j* bedecken. — Und es 10 wird geschehen an jenem Tage: der Wurzelsproß *k* Isais, welcher dasteht als Panier der Völker, nach ihm werden die Nationen fragen; und seine Ruhestätte wird Herrlichkeit sein.

Und es wird geschehen an jenem 11 Tage, da wird der Herr noch zum zweiten Male seine Hand ausstrecken, um den Ueberrest seines Volkes, der übrigbleiben wird, loszukaufen *l* aus Assyrien und aus Aegypten und aus Pathros *m* und aus Aethiopien und aus Elam *n* und aus Sinear *o* und aus Hamath und aus den Inseln des Meeres *p*. Und er wird den Nationen ein Panier 12 erheben *q* und die Vertriebenen Israels zusammenbringen, und die Zerstreuten Judas wird er sammeln von den vier Enden der Erde. Und der 13 Neid Ephraims wird weichen, und die Bedränger Judas werden ausgerottet werden; Ephraim wird Juda nicht beneiden, und Juda wird Ephraim nicht bedrängen. Und sie werden den Phi- 14 listern auf die Schultern fliegen gegen Westen, werden miteinander plündern die Söhne des Ostens; an Edom und Moab werden sie ihre Hand legen, und die Kinder Ammon werden ihnen gehorsam sein. Und Jehova wird die 15 Meereszunge Aegyptens zerstören *r*; und er wird seine Hand über den Strom *s* schwingen mit der Glut seines Hauches, und ihn in sieben Bäche zerschlagen und machen, daß man mit Schuhen hindurchgeht. Und so wird 16 eine Straße sein von Assyrien her für den Ueberrest seines Volkes, der übrigbleiben wird, wie eine *Straße* für Israel war an dem Tage, da es aus dem Lande Aegypten heraufzog.

Und an jenem Tage wirst du sagen: **12** Ich preise dich *t*, Jehova; denn du warst gegen mich erzürnt: dein Zorn hat sich gewendet, und du hast mich getröstet. Siehe, Gott ist mein Heil *u*, 2 ich vertraue, und fürchte mich nicht; denn Jah, Jehova, ist meine Stärke und mein Gesang, und er ist *mir* zum Heil geworden. — Und mit Wonne wer- 3

---

a S. Richter 7, 25. — *b* Eig. in der Weise Aegyptens. — *c* And. üb.: der Salbung. — *d* O. über den Paß (od. die Furt); — „Geba sei unser Nachtquartier!" — *e* Hebr. Laischa. — *f* O. retten ihre Habe. — *g* Zugl.: Herrlichen. — *h* O. Sanftmütigen. — *i* O. das Land. — *j* W. das Meer. — *k* Das hebr. Wort bedeutet zugl. „Wurzel" und „Wurzelsproß". — *l* Eig. zu erkaufen, wie anderswo. — *m* Oberägypten. — *n* die persische Provinz, deren Hauptstadt Susa war. — *o* d.i. Babylonien. — *p* die Inseln und Küstengebiete des Mittelländischen Meeres. — *q* Vergl. Kap. 49, 22. — *r* Eig. verbannen; den Bannfluch darüber aussprechen; and. l.: austrocknen. — *s* den Euphrat. — *t* O. Ich danke dir. — *u* O. meine Rettung: so auch nachher. (Vergl. 2. Mose 15, 2; Ps. 118, 14.)

det ihr Wasser schöpfen aus den Quel-
4 len des Heils, und werdet sprechen an
jenem Tage: Preiset a Jehova, rufet seinen Namen aus, machet unter den Völkern kund seine Taten, verkündet b,
5 daß sein Name hoch erhaben ist! Besinget Jehova, denn Herrliches c hat
er getan; solches werde kund auf der
6 ganzen Erde! Jauchze und jubele, Bewohnerin von Zion! denn groß ist in
deiner Mitte der Heilige Israels.

13 Ausspruch über Babel, welchen Jesaja, der Sohn Amoz', geschaut hat.
2 Erhebet ein Panier auf kahlem Berge, rufet ihnen zu mit lauter Stimme,
schwinget die Hand, daß sie einziehen
3 in die Tore der Edlen! Ich habe meine
Geheiligten entboten, auch meine Helden gerufen zu meinem Zorne, meine
4 stolz Frohlockenden. Horch! ein Getümmel d auf den Bergen, wie von einem
großen Volke; horch! ein Getöse d von
Königreichen versammelter Nationen:
Jehova der Heerscharen mustert ein
5 Kriegsheer, aus fernem Lande Gekom-
mene, vom Ende des Himmels — Jehova und die Werkzeuge seines Grimmes, um das ganze Land e zu verder-
6 ben. Heulet, denn nahe ist der Tag
Jehovas; er kommt wie eine Verwü-
7 stung vom Allmächtigen. Darum werden alle Hände erschlaffen, und jedes
8 Menschenherz wird zerschmelzen. Und
sie werden bestürzt sein, Wehen und
Schmerzen werden sie ergreifen, sie
werden sich winden gleich einer Gebärenden; einer starrt den anderen an,
ihre Angesichter glühen f.
9 Siehe, der Tag Jehovas kommt grausam, und Grimm und Zornglut, um die
Erde zur Wüste zu machen; und ihre
Sünder wird er von derselben vertil-
10 gen. Denn die Sterne des Himmels
und seine Gestirne g werden ihr Licht
nicht leuchten lassen; die Sonne wird
finster sein bei ihrem Aufgang, und
der Mond wird sein Licht nicht schei-
11 nen lassen. Und ich werde an dem
Erdkreis heimsuchen die Bosheit, und
an den Gesetzlosen ihre Missetat; und
ich werde ein Ende machen dem Hochmut der Stolzen h und die Hoffart der
12 Gewalttätigen erniedrigen. Ich will
den Sterblichen kostbarer machen als
gediegenes Gold, und den Menschen
13 als Gold von Ophir. Darum werde ich
die Himmel erzittern machen, und die
Erde wird aufbeben von ihrer Stelle:
beim Grimme Jehovas der Heerscharen
14 und am Tage seiner Zornglut. Und es
wird sein wie mit einer verscheuchten
Gazelle und wie mit einer Herde, die
niemand sammelt: ein jeder wird sich
zu seinem Volke wenden, und ein je-
15 der in sein Land fliehen. Wer irgend

gefunden wird, wird durchbohrt werden; und wer irgend erhascht wird,
wird durchs Schwert fallen. Und ihre 16
Kinder werden vor ihren Augen zerschmettert, ihre Häuser geplündert und
ihre Weiber geschändet werden.
Siehe, ich erwecke wider sie die 17
Meder, welche Silber nicht achten, und
an Gold kein Gefallen haben. Und ihre 18
Bogen werden Jünglinge niederstrek-
ken, und über die Leibesfrucht werden sie sich nicht erbarmen, ihr Auge
wird der Kinder nicht schonen i. Und 19
Babel, die Zierde der Königreiche,
der Stolz des Hochmuts der Chaldäer,
wird gleich sein der Umkehrung Sodoms und Gomorras durch Gott. Es 20
wird in Ewigkeit nicht bewohnt werden, und keine Niederlassung mehr
sein von Geschlecht zu Geschlecht;
und der Araber wird dort nicht zelten,
und Hirten werden dort nicht lagern
lassen. Aber Wüstentiere werden dort 21
lagern, und ihre Häuser mit Uhus angefüllt sein; und Strauße werden dort
wohnen und Böcke j dort hüpfen; und 22
wilde Hunde werden heulen in seinen
Palästen und Schakale in den Lust-
schlössern. Und seine Zeit steht nahe
bevor, und seine Tage werden nicht
verlängert werden.
Denn Jehova wird sich Jakobs er- **14**
barmen und Israel noch erwählen,
und wird sie in ihr Land einsetzen.
Und der Fremdling wird sich ihnen
anschließen, und sie werden sich dem
Hause Jakob zugesellen. Und die Völ- 2
ker werden sie nehmen und sie an ihren Ort bringen; und das Haus Israel
wird sich dieselben zu Knechten und
zu Mägden zueignen im Lande Jehovas. Und sie werden sie gefangen wegführen die sie gefangen wegführten,
und werden herrschen über ihre Bedrücker.
Und es wird geschehen an dem Tage, 3
an welchem Jehova dir Ruhe schafft
von deiner Mühsal und von deiner Unruhe und von dem harten Dienst, welchen man dir auferlegt hat, da wirst 4
du diesen Spruch anheben über den
König von Babel und sprechen: Wie
hat aufgehört der Bedrücker, aufgehört die Erpressung k! Zerbrochen hat 5
Jehova den Stab der Gesetzlosen, den
Herrscherstab, welcher Völker schlug 6
im Grimme mit Schlägen ohne Unterlaß, Nationen unterjochte im Zorn mit
Verfolgung ohne Einhalt. Es ruht, es 7
rastet die ganze Erde; man bricht in
Jubel aus. Auch die Zypressen freuen 8
sich über dich, die Zedern des Libanon:
„Seit du daliegst, kommt niemand mehr
herauf, uns abzuhauen l". Der Scheol 9
drunten ist in Bewegung um deinetwillen, deiner Ankunft entgegen; er

---

a O. Danket. — b Eig. erwähnet rühmend. — c Eig. Erhabenes. — d W. Stimme
eines Getümmels (Getöses). — e d. i. das ganze Reich Babel. — f d. i. vor Angst;
W. ihre Angesichter sind Flammenangesichter. — g Eig. seine Orione; d. h. der Orion
und die gleich ihm hell strahlenden Sterne. — h O. Uebermütigen, Frechen. — i Eig.
nicht mitleidig blicken auf. — j d. h. wahrsch. bockgestaltige Dämonen; vergl.
Kap. 34, 14; 3. Mose 17, 7. — k And.: der Ort des Verschmachtens; der hebr. Ausdruck kommt nur hier vor. — l Eig. kommt der Holzhauer nicht mehr gegen uns
herauf.

stört deinetwegen die Schatten *a* auf,
alle Mächtigen *b* der Erde, er läßt von
ihren Thronen aufstehen alle Könige
10 der Nationen. Sie alle heben an und
sagen zu dir: „Auch du bist kraftlos
geworden wie wir, bist uns gleich ge-
11 worden!“ In den Scheol hinabgestürzt
ist deine Pracht, das Rauschen deiner
Harfen. Maden sind unter dir gebet-
tet, und Würmer sind deine Decke.
12 Wie bist du vom Himmel gefallen,
du Glanzstern, Sohn der Morgenröte!
zur Erde gefällt, Ueberwältiger der
13 Nationen! Und du, du sprachst in deinem Herzen: „Zum Himmel will ich
hinaufsteigen, hoch über die Sterne
Gottes *c* meinen Thron erheben, und
mich niedersetzen auf den Versamm-
14 lungsberg im äußersten Norden *d*. Ich
will hinauffahren auf Wolkenhöhen,
mich gleichmachen dem Höchsten.“
15 — Doch in den Scheol wirst du hin-
16 abgestürzt, in die tiefste Grube. Die
dich sehen, betrachten dich, schauen
dich an: „Ist das der Mann, der die
Erde beben machte, Königreiche er-
17 schütterte; der den Erdkreis der Wüste
gleich machte und dessen Städte nie-
derriß, dessen Gefangene nicht in die
18 Heimat entließ?“ Alle Könige der Nationen insgesamt liegen mit Ehren, ein
19 jeder in seinem Hause; du aber bist
hingeworfen fern von deiner Grabstätte, wie ein verabscheuter Schößling, bedeckt mit Erschlagenen, vom
Schwerte Durchbohrten, die zu den
Steinen der Grube hinabgefahren
20 sind *e*, wie ein zertretenes Aas. Nicht
wirst du mit ihnen vereint werden im
Begräbnis; denn du hast dein Land
zu Grunde gerichtet, dein Volk hingemordet. Der Same der Uebeltäter
wird nicht genannt werden in Ewigkeit.
21 Bereitet seinen Söhnen die Schlachtung, um der Missetat ihrer Väter willen! Nicht sollen sie aufstehen und
die Erde in Besitz nehmen, und mit
Städten füllen die Fläche des Erd-
22 kreises. Und ich werde wider sie aufstehen, spricht Jehova der Heerscharen, und werde von Babel ausrotten
Namen und Ueberrest, und Sohn und
23 Nachkommen *f*, spricht Jehova. Und
ich werde es zum Besitztum der Igel
machen und zu Wassersümpfen; und
ich werde es ausfegen mit dem Besen
der Vertilgung, spricht Jehova der
Heerscharen.
24 Jehova der Heerscharen hat geschworen und gesprochen: Wahrlich!
Wie ich es vorbedacht, also geschieht
es; und wie ich es beschlossen habe,
25 also wird es zustande kommen: daß
ich Assyrien in meinem Lande zerschmettern und es auf meinen Bergen

zertreten werde. Und so wird sein
Joch von ihnen weichen, und seine
Last wird weichen von ihrer Schulter.
Das ist der Ratschluß, der beschlossen 26
ist über die ganze Erde; und das ist
die Hand, die ausgestreckt ist über
alle Nationen. Denn Jehova der Heer- 27
scharen hat es beschlossen, und wer
wird es vereiteln? und seine ausge-
streckte Hand — wer *g* könnte sie abwenden?
Im Todesjahre des Königs Ahas ge- 28
schah dieser Ausspruch:
Freue dich nicht gänzlich, Philistäa, 29
daß zerbrochen ist der Stock, der dich
schlug! Denn aus der Wurzel der
Schlange wird ein Basilisk hervorkommen, und seine Frucht wird sein
eine fliegende, feurige Schlange. Und 30
die Erstgeborenen der Armen *h* werden weiden, und die Dürftigen sich
in Sicherheit lagern; aber deine Wurzel werde ich durch Hunger töten,
und deinen Ueberrest wird er umbringen. Heule, Tor! schreie, Stadt! gänz- 31
lich hinschmelzen sollst du, Philistäa;
denn von Norden her kommt Rauch,
und kein Vereinzelter ist unter seinen
Scharen. Und was antwortet man den 32
Boten *i* der Nationen? Daß Jehova Zion gegründet hat, und daß die Elenden
seines Volkes darin Zuflucht finden.

Ausspruch über Moab.
Denn über Nacht ist Ar-Moab ver- **15**
wüstet, vernichtet; denn über Nacht
ist Kir-Moab verwüstet, vernichtet.
Man *j* steigt zum Götzentempel *k* hin- 2
auf, und nach Dibon auf die Höhen,
um zu weinen; auf Nebo und auf Medeba jammert Moab; auf allen seinen
Häuptern ist eine Glatze, jeder Bart
ist abgeschoren. Auf seinen Gassen 3
gürten sie sich Sacktuch um, auf seinen Dächern und auf seinen Märkten
jammert alles, zerfließend in Tränen *l*.
Und Hesbon schreit und Elale; bis 4
Jahaz wird ihre Stimme gehört. Darum schreien die Gerüsteten Moabs
laut auf, seine Seele bebt in ihm.
Mein Herz schreit über Moab — seine 5
Flüchtlinge *fliehen* bis Zoar, *bis* Eglath-Schelischija *m*. Denn die Anhöhe
von Luchith steigt man mit Weinen
hinauf; denn auf dem Wege nach Horonaim erhebt man Jammergeschrei *n*.
Denn die Wasser von Nimrim sollen 6
zu Wüsten werden. Denn verdorrt ist
das Gras, verschmachtet das Kraut;
das Grün ist nicht mehr. Darum tra- 7
gen sie was sie erübrigt haben und
ihr Aufbewahrtes über den Weiden-
bach. Denn das Wehgeschrei hat die 8
Runde gemacht in den Grenzen von
Moab: bis Eglaim *dringt* sein Jammern, und bis Beer-Elim sein Jammern. Denn die Wasser Dimons sind 9

---

a Eig. ˜ die Hingestreckten, Schlaffen; daher die Verstorbenen. — *b* Eig. Leit-
böcke. — *c* El. — *d* Dort dachten sich die Assyrer den Sitz ihrer Götterversamm-
lung. — *e* d. h. die in eine Grube geworfen und mit Steinen bedeckt wurden. — *f* Eig. Sproß
und Schoß. — *g* Eig. wer denn. — *h* d. h. die Aermsten unter den Armen. — *i* O.
Und was für Antwort bringen die Boten. — *j* O. Es (Moab). — *k* And. üb.: nach Baith. —
l W. niederträrend in Weinen. — *m* And. üb.: Zoar, der dreijährigen Färse, d. h.
der bisher unbezwungenen Stadt. Ebenso Jer. 48, 34. — *n* Eig. Geschrei der Zertrümmerung, d. h. über drohenden Untergang.

voll von Blut; denn ich verhänge noch mehr *Unheil* über Dimon: einen Löwen über die Entronnenen Moabs und über den Ueberrest des Landes.

16 Sendet die Fettschafe des Landesherrschers *a* von Sela *b* durch die Wüste nach dem Berge der Tochter Zion.

2 Und es geschieht, wie umherflatternde Vögel, wie ein aufgescheuchtes Nest sind die Töchter Moabs an den Uebergängen des Arnon. 3 Schaffe Rat, triff Entscheidung; mache deinen Schatten der Nacht gleich am hellen Mittag, verbirg die Vertriebenen, den Flüchtling entdecke nicht! laß meine Vertriebenen bei dir weilen, Moab! sei ein Schutz vor dem Verwüster! — Denn der Bedrücker hat ein Ende, die Zerstörung hat aufgehört, die Zertreter sind aus dem Lande verschwunden. 5 Und ein Thron wird durch Güte aufgerichtet werden; und auf ihm wird im Zelte Davids einer sitzen in Wahrheit, der da richtet und nach Recht trachtet und der Gerechtigkeit kundig ist. 6 Wir haben vernommen den Hochmut Moabs, des sehr Hochmütigen, seine Hoffart und seinen Hochmut und 7 sein Wüten, sein eitles Prahlen. Darum wird Moab heulen über Moab; alles wird heulen. Um die Traubenkuchen *c* von Kir-Hareseth werdet ihr 8 seufzen, tief betrübt; denn Hesbons Fluren sind verwelkt, der Weinstock von Sibma. Die Herren der Nationen schlugen seine Edelreben nieder *d*; sie reichten bis Jaser, irrten durch die Wüste: seine Ranken breiteten sich 9 aus, gingen über das Meer *e*. Darum weine ich mit dem Weinen Jasers über den Weinstock von Sibma, ich überströme dich mit meinen Tränen, Hesbon und Elale. Denn über deine Obsternte und über deine Weinlese ist ein 10 lauter Ruf *f* gefallen; und verschwunden sind Freude und Frohlocken aus dem Fruchtgefilde, und in den Weinbergen wird nicht gejubelt, nicht gejauchzt; der Keltertreter tritt keinen Wein in den Keltern; dem lauten Ru- 11 fe *g* habe ich ein Ende gemacht. Darum rauschen meine Eingeweide wegen Moabs wie eine Laute, und mein 12 Inneres wegen Kir-Heres'. Und es wird geschehen, wenn Moab erscheint, sich abmüht auf der Höhe und in sein Heiligtum eintritt, um zu beten, so wird es nichts ausrichten. 13 Das ist das Wort, welches Jehova 14 vorlängst über Moab geredet hat. Jetzt aber redet Jehova und spricht: In drei Jahren, wie die Jahre eines Tagelöhners, da wird die Herrlichkeit Moabs verächtlich gemacht werden samt all der großen Menge; und der Ueberrest wird sehr gering, nicht groß sein.

Ausspruch über Damaskus.

17 Siehe, Damaskus hört auf, eine Stadt zu sein, und wird ein Trümmerhaufen. 2 Verlassen sind die Städte Aroer, sie werden den Herden preisgegeben; und diese lagern, und niemand schreckt sie auf. 3 Und die Festung nimmt ein Ende in Ephraim und das Königtum in Damaskus, sowie der Ueberrest von Syrien: er wird sein wie die Herrlichkeit der Kinder Israel, spricht Jehova der Heerscharen.

4 Und es wird geschehen an jenem Tage, da wird die Herrlichkeit Jakobs verkümmert sein und das Fett seines 5 Fleisches mager werden. Und es wird sein, wie wenn ein Schnitter Getreidehalme zusammenfaßt und sein Arm Aehren abmäht; und es wird sein, wie wenn einer Aehren sammelt in der 6 Talebene Rephaim. Doch wird eine Nachlese davon übrigbleiben wie beim Abschlagen der Oliven: zwei, drei Beeren oben im Wipfel, vier, fünf an seinen, des Fruchtbaumes, Zweigen, spricht Jehova, der Gott Israels. — 7 An jenem Tage wird der Mensch auf den hinschauen, der ihn gemacht hat, und seine Augen werden auf den 8 Heiligen Israels blicken. Und er wird nicht schauen auf die Altäre, das Werk seiner Hände; und was seine Finger gemacht haben wird er nicht ansehen, noch die Ascherim, noch die Sonnen- 9 säulen. — An jenem Tage werden seine Festungsstädte sein wie die verlassenen Orte des Waldes und des Berggipfels *h*, welche man vor den Kindern Israel verließ; und es wird eine 10 Wüste sein. — Denn du hast vergessen den Gott deines Heils und nicht gedacht des Felsen deiner Stärke *i*. Darum pflanzest du liebliche Pflan- 11 zungen und besetzest sie mit ausländischen Reben. Am Tage deiner Pflanzung hegst du sie ein, und am Morgen bringst du deine Pflanzen zur Blüte: ein Haufen Reisig *j* am Tage gefährlicher Wunde und tödlichen Schmerzes.

12 Wehe dem Getümmel vieler Völker: wie das Brausen der Meere brausen sie; und dem Rauschen von Völkerschaften: wie das Rauschen gewaltiger Wasser rauschen sie! Völkerschaf- 13 ten rauschen wie das Rauschen vieler Wasser. Und er schilt sie, und sie fliehen weithin; und sie werden gejagt wie Spreu der Berge vor dem Winde und wie Stoppeln vor dem Sturme. 14 Zur Abendzeit, siehe da, Bestürzung! ehe es Morgen wird, sind sie nicht mehr. Das ist das Teil derer, die uns plündern, und das Los derer, die uns berauben.

He! *k* Land der Flügelgeschwirres, **18** jenseit der Ströme *l* von Aethiopien *m*, welches Boten entsendet auf dem Meere 2

---

a d. h. den ihm zukommenden Tribut. — *b* d. h. von der felsigen Gegend. — *c* And. üb.: Ueber die Trümmer. — *d* O. Seine Edelreben berauschten die Herren der Nationen. — *e* das Tote Meer. — *f* d. h. Schlachtruf von seiten der Feinde; vergl. Jer. 48, 32. 33. — *g* d. h. dem Jubelruf des Kelterer, während sie die Trauben ausstampfen; vergl. Jer. 25, 30; 48, 33. — *h* d. h. wie die Wald- und Bergruinen. — *i* Eig. Feste, Schutzwehr. — *j* And. üb.: ein Erntehaufen, d. h. ein Haufen, welcher der richterlichen Ernte anheimfällt. — *k* O. Wehe! — *l* Bezeichnung des äthiopischen Reiches in seiner größten Ausdehnung; wie Zeph. 3, 10. — *m* Hebr. Kusch.

und in Rohrschiffchen *a* über der Wasserfläche! Gehet hin, schnelle Boten, zu der Nation, die *weithin* geschleppt und gerupft ist, zu dem Volke, wunderbar seitdem es ist und hinfort, der Nation von Vorschrift auf Vorschrift und von Zertretung, deren Land 3 Ströme beraubt haben. Ihr alle, Bewohner des Erdkreises und die ihr auf der Erde ansässig seid, wenn man ein Panier auf den Bergen erhebt, so sehet hin; und wenn man in die Posaune stößt, so höret!

4 Denn also hat Jehova zu mir gesprochen: Ich will still sein und will zuschauen in meiner Wohnstätte, wie heitere Wärme bei Sonnenschein, wie 5 Taugewölk in der Ernte Glut. Denn vor der Ernte, sobald die Blüte vorbei ist und die Blume zur reifenden Traube wird, da wird er die Reben abschneiden mit Winzermessern und 6 die Ranken hinwegtun, abhauen. Sie werden allzumal den Raubvögeln der Berge und den Tieren der Erde überlassen werden; und die Raubvögel werden darauf übersommern, und alle Tiere der Erde werden darauf überwintern.

7 In jener Zeit wird Jehova der Heerscharen ein Geschenk dargebracht werden: ein Volk, das *weithin* geschleppt und gerupft ist, und von einem Volke *b*, wunderbar seitdem es ist und hinfort, einer Nation von Vorschrift auf Vorschrift und von Zertretung, deren Land Ströme beraubt haben *c* — nach der Stätte des Namens Jehovas der Heerscharen, nach dem Berge Zion.

19 Ausspruch über Aegypten.
Siehe, Jehova fährt auf schneller Wolke und kommt nach Aegypten. Und die Götzen Aegyptens beben vor ihm, und das Herz Aegyptens zer-2 schmilzt in seinem Innern. Und ich will Aegypten aufreizen gegen Aegypten; und sie werden streiten, ein jeder wider seinen Bruder und ein jeder wider seinen Nächsten, Stadt wider Stadt, Königreich wider König-3 reich. Und der Geist Aegyptens wird vergehen *d* in seinem Innern, und ich will seinen Ratschlag zunichte machen: und sie werden die Götzen und die Beschwörer und die Zauberer und 4 die Wahrsager befragen. Und ich will die Aegypter überliefern in die Hand eines harten Herrn; und ein grausamer König wird über sie herrschen, spricht der Herr, Jehova der Heer-

scharen. — Und die Wasser werden 5 sich aus dem Meere *e* verlaufen *f*, und der Strom wird versiegen und austrocknen, und die Ströme *g* werden 6 stinken; die Kanäle Mazors *h* nehmen ab und versiegen, Rohr und Schilf verwelken. Die Auen am Nil, am Ufer 7 des Nil, und jedes Saatfeld am Nil verdorrt, zerstiebt und ist nicht mehr. Und die Fischer klagen, und es trau- 8 ern alle, welche Angeln in den Nil auswerfen; und die das Netz ausbreiten auf der Wasserfläche schmachten hin *i*. Und beschämt sind die Wirker ge- 9 hechelten Flachses und die Weber von Baumwollenzeug. Und seine Grund- 10 pfeiler *j* sind zerschlagen; alle, die um Lohn arbeiten, sind seelenbetrübt. — Eitel Toren sind die Fürsten von 11 Zoan, die weisen Räte des Pharao; *ihr* Ratschlag ist dumm geworden. Wie saget ihr zu dem Pharao: „Ich bin ein Sohn der Weisen, ein Sohn der Könige von ehemals"? Wo sind 12 sie denn, deine Weisen? mögen sie dir doch verkünden und erkennen, was Jehova der Heerscharen über *k* Aegypten beschlossen hat. Die Fürsten von 13 Zoan sind betört, die Fürsten von Noph *l* sind betrogen; es haben Aegypten irregeführt die Häupter *m* seiner Stämme. Jehova hat in sein Inneres 14 einen Geist des Schwindels ausgegossen, daß sie Aegypten irregeführt haben in all seinem Tun, wie ein Trunkener taumelt in seinem Gespei. Und 15 von Aegypten wird keine Tat geschehen, welche Haupt oder Schwanz, Palmzweig oder Binse verrichte. — An jenem Tage werden die Aegypter 16 wie Weiber sein; und sie werden zittern und beben vor dem Schwingen der Hand Jehovas der Heerscharen, die er wider sie schwingen wird. Und 17 das Land Juda wird für Aegypten zum Schrecken sein; so oft jemand es bei den Aegyptern *n* erwähnt, werden sie beben wegen des Ratschlusses Jehovas der Heerscharen, welchen er über sie beschlossen hat.

An jenem Tage werden fünf Städte 18 im Lande Aegypten sein, welche die Sprache Kanaans reden und bei Jehova der Heerscharen schwören werden. Eine wird die Stadt Heres *o* heißen. An jenem Tage wird inmitten 19 des Landes Aegypten ein Altar dem Jehova *geweiht* sein, und eine Denksäule nahe an seiner Grenze dem Jehova; und das wird zu einem Denk- 20

---

a Eig. Papyrusschiffchen. — *b* O. und zwar aus einem Volke, d. h. aus diesem bestehend. — *c* Die neueren Uebersetzer beziehen das ganze Kapitel auf die Aethiopier (vergl. Ps. 68, 31) und übers. V. 2: Gehet hin, schnelle Boten, zu der Nation, die hochgewachsen und schöngebildet (eig. geglättet) ist, zu dem weithin furchtbaren Volke, der Nation von Befehl auf Befehl und Niedertretung (d. h. welche die anderen niedertritt), deren Land Ströme durchschneiden. — Und Vers 7: ein Volk, das hochgewachsen und schöngebildet ist, und dem weithin furchtbaren Volke, einer Nation von Befehl auf Befehl und Niedertretung, deren Land Ströme durchschneiden. — *d* Eig. ausgeleert werden. — *e* Eine im Altertum bekannte Bezeichnung für große Ströme; hier der vereinigte Nil. — *f* Eig. seicht werden. — *g* d. h. die verschiedenen Arme des Nil. — *h* Mazor, eig. Unterägypten, bezeichnet auch als poetischer Name das ganze Aegyptenland. — *i* O. stehen kläglich da. — *j* d. h. die Pfeiler des Staates. — *k* O. gegen; so auch V. 17. — *l* Memphis. — *m* W. Ecksteine. — *n* Eig. vor ihm (Aegypten). — *o* Stadt des Niederreißens; and. l.: Cheres: die Sonnenstadt, Heliopolis.

zeichen und zu einem Zeugnis sein dem Jehova der Heerscharen im Lande Aegypten. Denn sie werden zu Jehova schreien wegen der Bedrücker, und er wird ihnen einen Retter und Streiter *a* senden und sie erretten.

21 Und Jehova wird sich den Aegyptern kundgeben, und die Aegypter werden Jehova erkennen an jenem Tage; und sie werden dienen mit Schlachtopfern und Speisopfern, und werden Jehova

22 Gelübde tun und bezahlen. Und Jehova wird die Aegypter schlagen, schlagen und heilen *b*; und sie werden sich zu *c* Jehova wenden, und er wird sich von ihnen erbitten lassen und sie heilen.

23 An jenem Tage wird eine Straße *d* sein von Aegypten nach Assyrien; und die Assyrer werden nach Aegypten und die Aegypter nach Assyrien kommen, und die Aegypter werden mit

24 den Assyrern *Jehova* dienen. An jenem Tage wird Israel das dritte sein mit Aegypten und mit Assyrien, ein

25 Segen inmitten der Erde; denn Jehova der Heerscharen segnet es und spricht: Gesegnet sei mein Volk Aegypten, und Assyrien, meiner Hände Werk, und Israel, mein Erbteil!

20 In dem Jahre, da der Tartan *e* nach Asdod kam, als Sargon, der König von Assyrien, ihn gesandt hatte, und er wider Asdod stritt und es einnahm:

2 in dieser Zeit redete Jehova durch Jesaja, den Sohn Amoz', und sprach: Geh und löse das Sacktuch von deinen Lenden und ziehe deine Sandalen von deinen Füßen. Und er tat also,

3 ging nackt *f* und barfuß. Und Jehova sprach: Gleichwie mein Knecht Jesaja nackt und barfuß gegangen ist, drei Jahre lang ein Zeichen und Vorbild betreffs Aegyptens und betreffs Aethio-

4 piens: also wird der König von Assyrien die Gefangenen Aegyptens und die Weggeführten Aethiopiens hinwegtreiben, Jünglinge und Greise, nackt und barfuß und mit entblößtem Ge-

5 säß, zur Schande Aegyptens. Und sie werden bestürzt und beschämt sein wegen Aethiopiens, ihrer Zuversicht, und wegen Aegyptens, ihres Ruhmes.

6 Und die Bewohner dieses Küstenlandes *g* werden an jenem Tage sprechen: Siehe, also ist es mit unserer Zuversicht, wohin wir um Hilfe flohen, um vor dem Könige von Assyrien errettet zu werden! und wie sollten w i r entrinnen?

21 Ausspruch über die Wüste des Meeres *h*.

Wie Stürme, wenn sie im Süden daherfahren, so kommt's aus der Wü-

2 ste aus furchtbarem Lande. Ein hartes Gesicht ist mir kundgetan: Der Räuber *i* raubt, und der Verwüster ver-

wüstet. Ziehe hinauf, Elam! belagere, Medien! All ihrem *j* Seufzen mache ich ein Ende. Darum sind meine Len- 3 den voll Schmerzes *k*, Wehen haben mich ergriffen wie die Wehen einer Gebärenden; ich krümme mich, daß ich nicht hören, bin bestürzt, daß ich nicht sehen kann. Mein Herz schlägt 4 wild *l*, Schauder ängstigt mich; die Dämmerung, die ich liebe, hat er mir in Beben verwandelt.

Man rüstet den Tisch, es wacht die 5 Wache, man ißt, man trinkt. . . . Stehet auf, ihr Fürsten! salbet den Schild! — Denn also hat der Herr zu mir ge- 6 sprochen: Geh hin, stelle einen Wächter *m* auf; was er sieht, soll er berichten. Und er sah einen Reiterzug: Rei- 7 ter bei Paaren; einen Zug Esel, einen Zug Kamele. Und er horchte gespannt, mit großer Aufmerksamkeit; und er 8 rief wie ein Löwe: Herr, ich stehe auf der Turmwarte beständig bei Tage, und auf meinem Wachtposten stehe ich da alle Nächte hindurch! Und 9 siehe da, es kam ein Zug Männer, Reiter bei Paaren. . . . Und er hob an und sprach: Gefallen, gefallen ist Babel, und alle geschnitzten Bilder seiner Götzen hat er zu Boden geschmettert!

Du mein Gedroschenes und Sohn 10 meiner Tenne! Was ich von Jehova der Heerscharen, dem Gott Israels, gehört, habe ich euch verkündigt.

Ausspruch über Duma *n*. 11

Aus Seir ruft man mir zu: Wächter, wie weit ist's in der Nacht? Wächter, wie weit in der Nacht? Der Wäch- 12 ter spricht: Der Morgen kommt, und auch die Nacht *o*. Wollt ihr fragen, so fraget! kehret wieder *p*, kommet her!

Ausspruch über Arabien. 13

In der Wildnis von Arabien müßt ihr übernachten, Karawanen der Dedaniter. Bringet dem Durstigen Was- 14 ser entgegen! Die Bewohner des Landes Tema kommen mit seinem Brote dem Flüchtling entgegen. Denn sie 15 flüchten vor den Schwertern, vor dem gezückten Schwerte und vor dem gespannten Bogen und vor der Wucht des Krieges. Denn also hat der Herr 16 zu mir gesprochen: Binnen Jahresfrist, wie die Jahre eines Tagelöhners, wird alle Herrlichkeit Kedars verschwinden. Und die übriggebliebene Zahl der 17 Bogen, der Helden der Söhne Kedars, wird gering sein; denn Jehova, der Gott Israels, hat geredet.

Ausspruch über das Tal der Gesichte. **22**

Was ist dir denn, daß du insgesamt auf die Dächer gestiegen bist? O getümmelvolle, lärmende Stadt, du 2 frohlockende Stadt, deine Erschlagenen sind nicht von Schwert Erschlagene und nicht in der Schlacht Getö-

---

a O. Feldherrn. — *b* Eig. schlagend und heilend. — *c* Eig. bis zu. — *d* Eig. ein hoher, aufgeworfener Weg. — *e* Assyrischer Annamen des Oberfeldherrn. — *f* d. h. ohne Oberkleid. — *g* d. i. Palästinas. — *h* d. h. wahrscheinlich Babel; Südbabylonien hieß im Assyrischen, wegen der häufigen Ueberschwemmungen des Euphrat, das Meerland, und dessen König der König des Meeres. — *i* Eig. Der treulos und räuberisch Handelnde. — *j* d. h. der Bedrückten. — *k* Eig. Krampfes. — *l* Eig. taumelt, schwindelt. — *m* Eig. einen Späher. — *n* Stillschweigen, *Totenstille*. — *o* d. h. ein Morgenschimmer und gleich wieder Umnachtung. — *p* O. um.

3 tete! Alle deine Oberen, flüchtend allzumal, wurden ohne Bogen a gefesselt; alle in dir Gefundenen wurden miteinander gefesselt, fernhin wollten sie
4 fliehen. Darum sage ich: Schauet von mir weg, daß ich bitterlich weine; dringet nicht in mich, um mich zu trösten über die Zerstörung der Toch-
5 ter meines Volkes! Denn es ist ein Tag der Bestürzung und der Zertretung und der Verwirrung vom Herrn, Jehova der Heerscharen b, im Tal der Gesichte, *ein Tag,* der Mauern zertrümmert; und Wehgeschrei c *hallt*
6 nach dem Gebirge hin. Und Elam trägt den Köcher, mit bemannten Wagen *und* mit Reitern; und Kir entblößt
7 den Schild. Und es wird geschehen, deine auserlesenen Täler d werden voll Wagen sein, und die Reiter nehmen
8 Stellung gegen das Tor. — Und er deckt den Schleier auf von Juda, und du blickst an jenem Tage nach den
9 Waffen des Waldhauses e. Und ihr sehet die Risse der Stadt Davids, daß ihrer viele sind; und ihr sammelt die
10 Wasser des unteren Teiches; und ihr zählet die Häuser von Jerusalem und brechet die Häuser ab, um die Mauer
11 zu befestigen; und ihr machet einen Behälter zwischen den beiden Mauern für die Wasser des alten Teiches. Aber ihr blicket nicht auf den, der es getan, und sehet den nicht an, der von
12 fernher es gebildet hat. — Und es ruft der Herr, Jehova der Heerscharen, an jenem Tage zum Weinen und zur Wehklage, und zum Haarscheren und zur
13 Sackumgürtung. Aber siehe, Wonne und Freude, Rinderwürgen und Schafeschlachten, Fleischessen und Weintrinken: „Laßt uns essen und trinken,
14 denn morgen sterben wir!" Und Jehova der Heerscharen hat sich meinen Ohren geoffenbart: Wenn euch diese Missetat vergeben wird, bis ihr sterbet! spricht der Herr, Jehova der Heerscharen.
15 So sprach der Herr, Jehova der Heerscharen: Auf! geh zu diesem Verwalter da, zu Schebna, der über
16 das Haus ist, *und sprich*: Was hast du hier, und wen hast du hier, daß du dir hier ein Grab aushaust? *du,* der sein Grab aushaut auf der Höhe, sich eine Wohnung im Felsen gräbt?
17 Siehe, Jehova wird dich weithin wegschleudern mit Manneswurf; und er
18 wird dich zusammenwickeln f, zu einem Knäuel wird er dich fest zusammenrollen, wie einen Ball *dich wegschleudern* in ein geräumiges Land. Dort sollst du sterben, und dorthin *sollen* deine Prachtwagen *kommen,* du Schande des Hauses deines Herrn!
19 Und ich werde dich von deinem Posten

hinwegstoßen, und von deinem Standorte wird er dich herunterreißen. —
20 Und es wird geschehen an jenem Tage, da werde ich meinen Knecht Eljakim rufen, den Sohn Hilkijas. Und ich
21 werde ihn mit deinem Leibrock bekleiden und ihm deinen Gürtel g fest umbinden, und werde deine Herrschaft in seine Hand legen; und er wird den Bewohnern von Jerusalem und dem
22 Hause Juda zum Vater sein. Und ich werde den Schlüssel des Hauses Davids auf seine Schulter legen; und er wird öffnen, und niemand wird schließen, und er wird schließen, und nie-
23 mand wird öffnen. Und ich werde ihn als Pflock einschlagen an einen festen Ort; und er wird seinem Vaterhause zum Throne der Ehre sein. Und man
24 wird an ihn hängen die gesamte Herrlichkeit seines Vaterhauses: die Sprößlinge und die Seitenschosse, alle kleinen Gefäße, von den Beckengefäßen bis zu allen Kruggefäßen. — An jenem
25 Tage, spricht Jehova der Heerscharen, wird der Pflock weichen, der eingeschlagen war an einem festen Orte, und er wird abgehauen werden und fallen; und die Last, die er trug, wird zu Grunde gehen h; denn Jehova der Heerscharen hat geredet.

Ausspruch über Tyrus. **23**

Heulet, ihr Tarsis-Schiffe i! denn *Tyrus* ist verwüstet, *ist* ohne Haus, ohne Eingehenden j. Vom Lande der
2 Kittäer k her ist es ihnen kundgeworden. Verstummet, ihr Bewohner der
3 Insel l! Zidonische Kaufleute, die das Meer befahren, füllten dich; und auf großen Wassern war die Saat des Sichor m, die Ernte des Nil ihr Ertrag; und sie war die Erwerbsquelle n der
4 Nationen. Sei beschämt, Zidon! denn das Meer spricht, des Meeres Feste o, und sagt: Ich habe keine Wehen gehabt und nicht geboren, und keine Jünglinge großgezogen, noch Jung-
5 frauen auferzogen. Sobald die Kunde nach Aegypten kommt, werden sie zit-
6 tern bei der Kunde von Tyrus. Fahret hinüber nach Tarsis; heulet, ihr
7 Bewohner der Insel l! Ist das eure frohlockende Stadt p, deren Ursprung aus den Tagen der Vorzeit ist, welche ihre Füße tragen, um in der Ferne zu weilen q?
8 Wer hat solches beschlossen über Tyrus, die Kronenspenderin, deren Kaufleute Fürsten, deren Händler die
9 Vornehmsten der Erde waren? Jehova der Heerscharen hat es beschlossen, um zu entweihen den Stolz jeder Pracht, um verächtlich zu machen alle Vornehmen der Erde.
10 Ueberflute dein Land wie der Nil, Tochter Tarsis! es gibt keinen Gürtel

---

a d. h. ohne daß man den Bogen gegen sie zu spannen brauchte. — b Eig. Denn Jehova . . . hat einen Tag usw. — c O. Hilfsgeschrei. — d Eig. Talebenen. — e Vergl. 1. Kön. 10, 17. — f And. üb.: fest packen. — g Der hebr. Ausdruck bezeichnet nur den Gürtel der Priester und der Amtspersonen. — h Eig. ausgerottet werden. — i S. zu "Tarsis" die Anm. zu Hes. 27, 12. — j Eig. ohne Eintritt. — k Hebr. Kittim, die Bewohner Cyperns. — l d. i. der Insel Tyrus und des phönizischen Küstenlandes. — m Eig. Schichor: der trübe Fluß; hier und in Jer. 2, 18 eine Benennung des Nil. — n And. üb.: der Markt, Handelsplatz. — o d. i. Tyrus. — p O. So ergeht es euch, du Frohlockende! — q O. trugen, um in der Ferne sich anzusiedeln.

11 mehr. Er *a* hat seine Hand über das Meer ausgestreckt, hat Königreiche in Beben versetzt; Jehova hat über Kanaan *b* geboten, seine Festen zu zer-
12 stören. Und er sprach: Du sollst nicht mehr frohlocken, du geschändete Jungfrau, Tochter *c* Zidon! Mache dich auf nach Kittim, fahre hinüber! auch dort
13 wird dir keine Ruhe werden. Siehe, das Land der Chaldäer, dieses Volk, das nicht war, (Assur hat es den Bewohnern der Wüste angewiesen *d*) richtete *e* seine Belagerungstürme auf, schleift dessen *f* Paläste, macht es zu
14 einem Trümmerhaufen. Heulet, ihr Tarsis-Schiffe *g* ! denn eure Feste ist verwüstet.

15 Und es wird geschehen an jenem Tage, da wird Tyrus siebenzig Jahre vergessen werden, gleich den Tagen eines Königs. Am Ende von siebenzig Jahren wird es Tyrus ergehen nach
16 dem Liede von der Hure: „Nimm die Laute, geh umher in der Stadt, vergessene Hure! spiele so gut du kannst, singe Lied auf Lied, daß man deiner
17 gedenke“. Denn es wird geschehen am Ende von siebenzig Jahren, da wird Jehova Tyrus heimsuchen *h* ; und sie wird wieder zu ihrem Hurenlohn kommen, und wird Hurerei treiben mit allen Königreichen der Erde auf der
18 Fläche des Erdbodens. Und ihr Erwerb und ihr Hurenlohn wird Jehova heilig sein; er wird nicht aufgehäuft und nicht aufbewahrt werden; sondern ihr Erwerb wird für die sein, die vor Jehova wohnen, damit sie essen bis zur Sättigung und prächtig gekleidet seien.

24 *−*Siehe, Jehova leert das Land *i* aus und verödet es; und er kehrt seine Oberfläche um und zerstreut seine Be-
2 wohner. Und wie dem Volke, so ergeht es dem Priester; wie dem Knechte, so seinem Herrn; wie der Magd, so ihrer Gebieterin; wie dem Käufer, so dem Verkäufer; wie dem Leiher, so dem Borger; wie dem Schuldner, so seinem
3 Gläubiger. Das Land wird völlig ausgeleert und geplündert; denn Jehova
4 hat dieses Wort geredet. Es trauert, es welkt hin das Land; es schmachtet, es welkt hin der Erdkreis; es schmachten hin die Hohen des Volkes im Lande.
5 Und die Erde ist entweiht worden unter ihren Bewohnern; denn sie haben die Gesetze übertreten, die Satzung überschritten, gebrochen den ewigen
6 Bund. Darum hat der Fluch die Erde verzehrt, und es büßen ihre Bewohner:

darum sind verbrannt der Erde Bewohner, und wenig Menschen bleiben übrig. Es trauert der Most, es schmach- 7 tet der Weinstock; es seufzen alle, die fröhlichen Herzens waren; es feiert 8 die Freude der Tamburine, aufgehört hat der Frohlockenden Getümmel, es feiert die Freude der Laute; man trinkt 9 keinen Wein mehr unter Gesang, bitter schmeckt das starke Getränk denen, die es trinken. Zertrümmert ist die Stadt 10 der Oede, verschlossen jedes Haus, sodaß niemand hineingeht *j*. Klagge- 11 schrei um Wein ist auf den Straßen *k* ; untergegangen ist alle Freude, weggezogen die Wonne der Erde. Von 12 der Stadt ist *nur* eine Wüste übriggeblieben, und in Trümmer zerschlagen ward das Tor. Denn so wird es 13 geschehen inmitten der Erde, in der Mitte der Völker: wie beim Abschlagen der Oliven, wie bei der Nachlese, wenn die Weinernte zu Ende ist.

Jene *l* werden ihre Stimme erheben, 14 werden jubeln. Ob der Majestät Jehovas jauchzen sie vom Meere her: Darum gebet Jehova Ehre im Osten *m* , 15 auf den Inseln des Meeres *n* dem Namen Jehovas, des Gottes Israels! Vom 16 Ende der Erde her hören wir Gesänge: „Herrlichkeit dem Gerechten!“ — Da sprach ich: Ich vergehe, ich vergehe, wehe mir! Räuber *o* rauben, und räuberisch raubend rauben sie. Grauen 17 und Grube und Garn über dich, Bewohner der Erde! Und es geschieht, 18 wer vor der Stimme des Grauens *p* flieht, fällt in die Grube; und wer aus der Grube heraufsteigt, wird im Garne gefangen. Denn die Fenster in der Höhe tun sich auf, und es erbeben die Grundfesten der Erde. Die Erde klafft 19 auseinander, die Erde zerberstet, die Erde schwankt hin und her; die Erde 20 taumelt wie ein Trunkener und schaukelt wie eine Hängematte; und schwer lastet auf ihr ihre Uebertretung *q* ; und sie fällt und steht nicht wieder auf.

Und es wird geschehen an jenem 21 Tage, da wird Jehova heimsuchen die Heerschar der Höhe in der Höhe, und die Könige der Erde auf der Erde. Und 22 sie werden in die Grube eingesperrt, wie man Gefangene einsperrt, und in den Kerker eingeschlossen; und nach vielen Tagen werden sie heimgesucht werden. Und der Mond wird mit Scham 23 bedeckt und die Sonne beschämt werden; denn Jehova der Heerscharen herrscht als König auf dem Berge Zion und in Jerusalem, und vor seinen Aeltesten ist Herrlichkeit.

---

a d. i. Jehova. — *b* d. i. über Phönizien. — *c* Eig. du geschändete jungfräuliche Tochter. — *d* Eig. festgesetzt. — *e* Da diese Stelle schwer verständlich ist, so lesen and.: „Kanaaniter“ statt „Chaldäer“, und d. i.: Siehe, das Land der Kanaaniter, dieses Volk ist nicht mehr; Assur hat es den Wüstentieren angewiesen. Es (Assur) richtet usw. — *f* bezieht sich im Hebr. auf Tyrus (od. nach der and. Lesart auf das Land der Kanaaniter). — *g* S. zu „Tarsis“ die Anm. zu Hes. 27, 12. — *h* d. h. sich Tyrus' annehmen, nach ihm sehen. — *i* O. die Erde; so auch V. 3 usw. Die Prophezeiung beginnt, wie es scheint, mit dem Lande Israel und geht nachher auf die ganze Erde über. — *j* O. hineingehen kann; eig. ohne Eintritt. — *k* O. Fluren. — *l* d. h. die Entronnenen aus der Zerstreuung Israels. — *m* Eig. in den Lichtgegenden. — *n* d. h. den Inseln und Küstenländern des Mittelländischen Meeres. — *o* S. die Anm. zu Kap. 21, 2. — *p* d. h. vor der grauenvollen Kunde. — *q* O. ihr Frevel (eig. Treubruch, Abfall).

25 Jehova, du bist mein Gott; ich will dich erheben, preisen will ich deinen Namen; denn du hast Wunder gewirkt, Ratschlüsse von fernher, Treue *und* 2 Wahrheit. Denn du hast aus einer Stadt einen Steinhaufen gemacht, die feste Stadt zu einem Trümmerhaufen, den Palast der Fremden, daß er keine Stadt mehr sei: er wird in Ewigkeit 3 nicht aufgebaut werden. Darum wird dich ehren ein trotziges *a* Volk, Städte gewalttätiger Nationen werden dich 4 fürchten. Denn du bist eine Feste gewesen dem Armen, eine Feste dem Dürftigen in seiner Bedrängnis, eine Zuflucht vor dem Regensturm, ein Schatten vor der Glut; denn das Schnauben der Gewalttätigen war wie ein Regensturm gegen eine Mauer. 5 Wie die Glut in einem dürren Lande, beugtest du der Fremden Ungestüm; wie die Glut durch einer Wolke Schatten, wurde gedämpft der Gewalttätigen Siegesgesang.

6 Und Jehova der Heerscharen wird auf diesem Berge allen Völkern ein Mahl von Fettspeisen bereiten, ein Mahl von Hefenweinen, von markigen Fettspeisen, geläuterten Hefenweinen. 7 Und er wird auf diesem Berge den Schleier vernichten *b*, der alle Völker verschleiert, und die Decke, die über 8 alle Nationen gedeckt ist. Den Tod verschlingt er auf ewig *c*; und der Herr, Jehova, wird die Tränen abwischen von jedem Angesicht, und die Schmach seines Volkes wird er hinwegtun von der ganzen Erde. Denn Jehova hat geredet. 9 Und an jenem Tage wird man sprechen: Siehe da, unser Gott, auf den wir harrten, daß er uns retten würde; da ist Jehova, auf den wir harrten! Laßt uns frohlocken und 10 uns freuen in seiner Rettung! Denn die Hand Jehovas wird ruhen auf diesem Berge *d*: und Moab wird unter ihm zertreten *e* werden, wie Stroh zertre- 11 ten *e* wird in einer Mistlache. Und er wird seine Hände darin *f* ausbreiten, wie der Schwimmer sie ausbreitet, um zu schwimmen; und er wird seinen Hochmut niederzwingen samt den 12 Ränken seiner Hände *g*. Und deine festen, hochragenden Mauern wird er niederwerfen, niederstürzen, zu Boden strecken bis in den Staub.

26 An jenem Tage wird dieses Lied im Lande Juda gesungen werden: Wir haben eine starke Stadt; Rettung setzt er zu Mauern und zum Bollwerk. 2 Machet auf die Tore, daß einziehe ein gerechtes Volk *h*, welches Treue be- 3 wahrt! Den festen Sinn bewahrst du in Frieden, in Frieden; denn er ver-

traut auf dich. Vertrauet auf Jehova 4 ewiglich; denn in Jah, Jehova, ist ein Fels der Ewigkeiten. Denn er hat Hoch- 5 wohnende niedergebeugt, die hochragende Stadt; er hat sie niedergestürzt, zu Boden gestürzt, hat sie niedergestreckt bis in den Staub. Es zertritt 6 sie der Fuß, die Füße der Elenden, die Tritte der Armen. — Der Pfad des Ge- 7 rechten ist gerade *i*; du bahnest gerade *i* den Weg *j* des Gerechten. Ja, 8 wir haben dich, Jehova, erwartet auf dem Pfade deiner Gerichte; nach deinem Namen und nach deinem Gedächtnis *k* ging das Verlangen der Seele. Mit meiner Seele verlangte ich nach 9 dir in der Nacht; ja, mit meinem Geiste in meinem Innern suchte ich dich früh *l*; denn wenn deine Gerichte die Erde treffen, so lernen Gerechtigkeit die Bewohner des Erdkreises. Wird dem Gesetzlosen Gnade erzeigt, 10 so lernt er nicht Gerecht*z*keit: im Lande der Geradheit handelt er unrecht und sieht nicht die Majestät Jehovas. Jehova, deine Hand war hoch 11 erhoben, sie wollten nicht schauen. Schauen werden sie den Eifer um das Volk und beschämt werden; ja, deine Widersacher, Feuer wird sie verzehren. — Jehova, du wirst uns Frieden geben, 12 denn du hast ja alle unsere Werke für uns vollführt. Jehova, unser Gott, über 13 uns haben Herren geherrscht außer dir; durch dich allein gedenken wir *m* deines Namens. Tote leben nicht auf, 14 Schatten *n* erstehen nicht wieder; darum hast du sie heimgesucht und vertilgt, und hast all ihr Gedächtnis zunichte gemacht. Du hast die Nation 15 vermehrt, Jehova, du hast die Nation vermehrt, du hast dich verherrlicht; du hast hinausgerückt alle Grenzen *o* des Landes. Jehova, in der Bedräng- 16 nis haben sie dich gesucht *p*; als deine Züchtigung sie traf, flehten sie mit flüsterndem Gebet *q*. Wie eine Schwan- 17 gere, die, dem Gebären nahe, sich windet *und* schreit in ihren Wehen: also sind wir gewesen, Jehova, fern von deinem Angesicht. Wir gingen schwanger, 18 wir wanden uns; es war, als ob wir Wind geboren hätten: Rettung verschafften wir dem Lande nicht, und die Bewohner des Erdkreises sind nicht gefallen *r*. Deine Toten werden auf- 19 leben, meine Leichen wieder erstehen. Wachet auf und jubelt, die ihr im Staube lieget *s*! Denn ein Tau des Lichtes *t* ist dein Tau; und die Erde wird die Schatten *n* auswerfen.

Geh hin, mein Volk, tritt ein in 20 deine Gemächer und schließe deine Tür hinter dir zu; verbirg dich einen

---

a O. mächtiges. — *b* Eig. verschlingen, wie V. 8. — *c* And. üb.: „in Sieg“, der Bedeutung gemäß, welche das hebr. Wort im Aramäischen hat. — *d* O. sich niedersenken auf diesen Berg. — *e* Eig. zerstampft. — *f* d. h. in Moab. — *g* And. üb.: Mistlache; und es (Moab) wird seine Hände darin ausbreiten, wie . . . schwimmen; aber er wird . . . niederzwingen trotz der Fertigkeit seiner Hände. — *h* Anderswo mit „Nation“ übersetzt. — *i* O. eben. — *j* Eig. das Geleise. — *k* d. h. an denjenigen, wodurch Gott seiner gedenken macht; vergl. 2. Mose 3, 15. — *l* O. eifrig. — *m* d. h. rühmend. — *n* S. die Anm. zu Kap. 14, 9. — *o* Eig. Enden. — *p* Eig. vermißt. — *q* Eig. ergossen sie ein flüsterndes Gebet. — *r* O. und Bewohner des Erdkreises wurden keine geboren. — *s* Eig. ihr Bewohner des Staubes. — *t* Eig. der Lichter.

kleinen Augenblick, bis der Zorn vor-
21 übergehe! Denn siehe, Jehova tritt
hervor aus seiner Stätte, um die Ungerechtigkeit *a* der Bewohner der Erde
an ihnen heimzusuchen; und die Erde
enthüllt ihr Blut und bedeckt nicht
länger ihre Ermordeten.

27 An jenem Tage wird Jehova mit
seinem Schwerte, dem harten und
großen und starken, heimsuchen den
Leviathan, die flüchtige Schlange,
und den Leviathan, die gewundene
Schlange, und wird das Ungeheuer
töten, welches im Meere *b* ist *c*.

2 An jenem Tage *wird man singen*: Ein
Weinberg feurigen Weines! *d* besinget
3 ihn! Ich, Jehova, behüte ihn, bewässere
ihn alle Augenblicke; daß nichts ihn
heimsuche, behüte ich ihn Nacht und
4 Tag. Grimm habe ich nicht. O hätte ich
Dornen und Disteln *vor mir*, im Kriege
würde ich auf sie losschreiten, sie ver-
5 brennen allzumal! Oder man müßte
meinen Schutz ergreifen, Frieden mit
mir machen, Frieden machen mit mir.

6 In Zukunft wird Jakob Wurzel schlagen, Israel blühen und knospen; und
sie werden mit Früchten füllen die
7 Fläche des Erdkreises. — Hat er es
geschlagen, wie er seinen Schläger
schlug? oder ist es ermordet worden,
wie *e* die Ermordeten jenes ermor-
8 dete? Mit Maßen, als du es *e* verstießest, hast du mit ihm *e* gerechtet; er
scheuchte es *e* hinweg mit seinem heftigen Hauche am Tage des Ostwindes.
9 Deshalb wird dadurch gesühnt werden
die Ungerechtigkeit *a* Jakobs. Und
dies ist die ganze Frucht der Hinweg-
nahme seiner Sünde: wenn es alle
Altarsteine gleich zerschlagenen Kalk-
steinen machen wird, *und* Ascherim
und Sonnensäulen sich nicht mehr er-
10 heben. Denn die feste Stadt ist einsam, eine preisgegebene und verlassene
Wohnstätte wie die Steppe; daselbst
weiden Kälber, und daselbst lagern sie
11 und fressen ihre Zweige ab; wenn ihre
Reiser dürr geworden sind, werden sie
abgebrochen: Weiber kommen und
zünden sie an. Denn es ist kein verständiges Volk; darum erbarmt sich seiner nicht, der es gemacht, und der es
gebildet hat, erweist ihm keine Gnade.
12 Und es wird geschehen an jenem
Tage, da wird Jehova *Getreide* ausschlagen von der Strömung des Euphrat *f* bis zum Bache Aegyptens; und
i h r werdet zusammengelesen werden,
einer zu dem anderen, ihr Kinder Is-
13 rael. Und es wird geschehen an jenem
Tage, da wird in eine große Posaune
gestoßen werden, und die Verlorenen
im Lande Assyrien und die Vertriebenen im Lande Aegypten werden
kommen und Jehova anbeten auf dem
heiligen Berge zu Jerusalem.

Wehe der stolzen Krone *g* der Trun- **28**
kenen Ephraims, und der welkenden
Blume seiner herrlichen Pracht auf
dem Haupte des fetten Tales *h* der vom
Weine Ueberwältigten! Siehe, der 2
Herr hat einen Starken und Mächtigen, gleich einem Hagelwetter, einem
verderbenden Sturmwinde; wie ein
Wetter gewaltiger, überflutender Wasser reißt er zu Boden mit Macht. Mit 3
Füßen wird zertreten die stolze Krone
der Trunkenen Ephraims. Und der 4
welkenden Blume seiner herrlichen
Pracht auf dem Haupte des fetten Tales
ergeht es wie dessen *i* Frühfeige vor der
Obsternte: kaum ist sie in der Hand
dessen, der sie erblickt, so verschlingt
er sie.

An jenem Tage wird Jehova der 5
Heerscharen dem Ueberrest seines Volkes zur prächtigen Krone und zum herrlichen Kranze sein; und zum Geiste 6
des Rechts dem, der zu Gericht sitzt;
und zur Heldenkraft denen, welche
den Streit zurückdrängen ans Tor.

Und auch diese wanken vom Wein 7
und taumeln von starkem Getränk:
Priester und Prophet wanken von starkem Getränk, sind übermannt *j* vom
Wein, taumeln vom starken Getränk;
sie wanken beim Gesicht, schwanken
beim Rechtsprechen. Denn alle Tische 8
sind voll unflätigen Gespeies, daß kein
Platz mehr ist. Wen soll *k* er Erkennt- 9
nis lehren, und wem die Botschaft verständlich machen? Den von der Milch
Entwöhnten, den von den Brüsten Entfernten? Denn *es ist* Gebot auf Gebot, 10
Gebot auf Gebot, Vorschrift auf Vorschrift, Vorschrift auf Vorschrift, hier
ein wenig, da ein wenig! — Ja, durch 11
stammelnde Lippen *l* und durch eine
fremde Sprache wird er zu diesem
Volke reden, er, der zu ihnen sprach: 12
Dies ist die Ruhe, schaffet Ruhe dem
Ermüdeten; und dies die Erquickung!
Aber sie wollten nicht hören. Und so 13
wird ihnen das Wort Jehovas sein: Gebot auf Gebot, Gebot auf Gebot, Vorschrift auf Vorschrift, Vorschrift auf
Vorschrift, hier ein wenig, da ein wenig; auf daß sie hingehen und rücklings fallen und zerschmettert werden
und verstrickt und gefangen werden.

Darum höret das Wort Jehovas, ihr 14
Spötter, Beherrscher dieses Volkes, das
in Jerusalem ist! Denn ihr sprechet: 15
Wir haben einen Bund mit dem Tode
geschlossen und einen Vertrag mit dem
Scheol gemacht: wenn die überflutende Geißel hindurchfährt, wird sie an
uns nicht kommen; denn wir haben
die Lüge zu unserer Zuflucht gemacht
und in der Falschheit uns geborgen.
Darum, so spricht der Herr, Jehova: 16
Siehe, ich gründe *m* einen Stein in Zion,
einen bewährten Stein *n*, einen kost-

---

a O. Schuld. — *b* S. die Anm. zu Kap. 19, 5. — *c* Das Ungeheuer, welches im Meere
ist: stehendes Sinnbild von Aegypten; vergl. Kap. 51, 9; Hes. 29, 3. — *d* And. l.:
Ein anmutiger Weinberg! — *e* Eig. sie . . . ihr . . . sie (Israel als Weib betrachtet). —
f W. des Stromes. — *g* Wahrsch. Samaria. — *h* Samaria lag auf einem Hügel. — *i* d. i.
des Tales. — *j* Eig. verschlungen. — *k* O. will. — *l* d. h. durch solche, die eine unver-
ständliche Sprache reden; vergl. Kap. 33, 19. — *m* Eig. Siehe, ich bin der, der
gegründet hat. — *n* Eig. einen Stein der Bewährung.

baren Eckstein, aufs festeste gegründet *a*; wer glaubt *b*, wird nicht ängst-
17 lich eilen. Und ich werde das Recht zur Richtschnur machen, und die Gerechtigkeit zum Senkblei. Und der Hagel wird hinwegraffen die Zuflucht der Lüge, und die Wasser werden
18 den Bergungsort wegschwemmen. Und euer Bund mit dem Tode wird zunichte werden, und euer Vertrag mit dem Scheol nicht bestehen: wenn die überflutende Geißel hindurchfährt, so werdet ihr von derselben zertreten wer-
19 den. So oft sie hindurchfährt, wird sie euch hinraffen; denn jeden Morgen wird sie hindurchfahren, bei Tage und bei Nacht. Und es wird eitel Schrecken sein, die Botschaft zu verneh-
20 men. Denn das Bett ist zu kurz, um sich auszustrecken, und die Decke zu
21 schmal, um sich einzuhüllen. Denn Jehova wird sich aufmachen wie bei dem Berge Perazim *c*, wie im Tale zu Gibeon *d* wird er zürnen: um sein Werk zu tun — befremdend ist sein Werk! — und um seine Arbeit zu verrichten — außergewöhnlich *e* ist seine Arbeit!
22 Und nun treibet nicht Spott, damit eure Bande nicht fester gemacht werden; denn ich habe Vernichtung vernommen und Festbeschlossenes von seiten des Herrn, Jehovas der Heerscharen, über die ganze Erde.
23 Nehmet zu Ohren und höret meine Stimme, merket auf und höret meine
24 Rede! Pflügt wohl der Pflüger den ganzen Tag, um zu säen? furcht und eggt er *den ganzen Tag* sein Ackerland?
25 Ist es nicht so? wenn er dessen Fläche geebnet hat, so streut er Dill und sät Kümmel, und wirft Weizen reihenweise, und Gerste auf das abgesteckte Stück, und den Spelt an seinen Rand.
26 So unterweist ihn sein Gott zum rich-
27 tigen Verfahren, er belehrte ihn. Denn Dill wird nicht mit dem Dreschschlitten ausgedroschen, und das Wagenrad nicht über Kümmel gerollt; sondern Dill wird mit den Stabe ausgeschlagen
28 und Kümmel mit dem Stocke. Wird Brotkorn zermalmt? Nein, nicht unaufhörlich drischt er es; und wenn er das Rad seines Wagens und seine Pferde darüber hintreibt, so zermalmt er
29 es nicht. Auch dieses geht aus von Jehova der Heerscharen; er ist wunderbar in *seinem* Rat, groß an Verstand.

29 Wehe Ariel *f*, Ariel, Stadt, wo David lagerte! Füget Jahr zu Jahr,
2 laßt die Feste kreisen! Und ich werde Ariel bedrängen, und es wird Seufzen und Stöhnen geben. Und sie wird
3 mir sein wie ein Ariel. Und ich werde dich im Kreise umlagern, und dich mit Heeresaufstellung einschließen, und Belagerungswerke wider dich aufrich-
4 ten. Und erniedrigt wirst du aus der Erde reden, und deine Sprache wird dumpf aus dem Staube ertönen; und

deine Stimme wird wie die eines Geistes *g* aus der Erde hervorkommen, und deine Sprache wird aus dem Staube flüstern. — Aber wie feiner Staub wird 5 die Menge deiner Feinde sein, und wie dahinfahrende Spreu die Menge der Gewaltigen; und in einem Augenblick, plötzlich, wird es geschehen. Von sei- 6 ten Jehovas der Heerscharen wird sie heimgesucht werden *h* mit Donner und mit Erdbeben und großem Getöse — Sturmwind und Gewitter und eine Flamme verzehrenden Feuers. Und wie 7 ein nächtliches Traumgesicht wird die Menge all der Nationen sein, welche Krieg führen wider Ariel, und alle, welche sie und ihre Festung bestürmen und sie bedrängen. Und es wird 8 geschehen, gleichwie der Hungrige träumt, und siehe, er ißt — und er wacht auf, und seine Seele ist leer; und gleichwie der Durstige träumt, und siehe, er trinkt — und er wacht auf, und siehe, er ist matt und seine Seele lechzt: also wird die Menge all der Nationen sein, welche Krieg führen wider den Berg Zion.

Stutzet und staunet! blendet euch 9 und erblindet! Sie sind trunken, doch nicht von Wein; sie schwanken, doch nicht von starkem Getränk. Denn Je- 10 hova hat einen Geist tiefen Schlafes über euch ausgegossen und hat eure Augen verschlossen; die Propheten und eure Häupter, die Seher, hat er verhüllt. Und jedes Gesicht *i* ist euch 11 geworden wie die Worte einer versiegelten Schrift, die man einem gibt, der lesen kann, indem man sagt: Lies doch dieses! er aber sagt: Ich kann nicht, denn es ist versiegelt; und man gibt 12 die Schrift einem, der nicht lesen kann, indem man sagt: Lies doch dieses! er aber sagt: Ich kann nicht lesen. Und 13 der Herr hat gesprochen: Weil dieses Volk mit seinem Munde sich naht und mit seinen Lippen mich ehrt, und sein Herz fern von mir hält, und ihre Furcht vor mir angelerntes Menschengebot ist: darum, siehe, will ich fortan wun- 14 derbar mit diesem Volke handeln, wunderbar und wundersam; und die Weisheit seiner Weisen wird zunichte werden, und der Verstand seiner Verständigen sich verbergen.

Wehe denen, welche ihre Pläne tief 15 verbergen vor Jehova, und deren Werke im Finstern geschehen, und die da sprechen: Wer sieht uns, und wer kennt uns? O über eure Verkehrtheit! Soll 16 denn der Töpfer dem Tone gleichgeachtet werden? daß das Werk von seinem Meister spreche: Er hat mich nicht gemacht! und das Gebilde von seinem Bildner spreche: Er versteht es nicht!

Ist es nicht noch um ein gar Kleines, 17 daß der Libanon sich in ein Fruchtgefilde verwandeln und das Fruchtgefilde dem Walde gleichgeachtet werden

---

a Eig. gegründetster Gründung. — *b* O. wer *auf ihn* vertraut. — *c* Vergl. 1. Chron. 14, 11. — *d* Vergl. 1. Chron. 14, 13—16. — *e* Eig. fremdartig. — *f* Gotteslöwe, d. h. Heldenstadt; oder Gottesherd (Hes. 43, 15. 16); vergl. Kap. 31, 9. — *g* Eig. eines durch Totenbeschwörung Heraufbeschworenen. And. üb.: eines Totenbeschwörers. — *h* d. h. Jehova wird sich der Stadt wieder annehmen. — *i* Eig. das Gesicht von allem.

18 wird? Und an jenem Tage werden die
Tauben die Worte des Buches*a* hören,
und aus Dunkel und Finsternis hervor werden die Augen der Blinden
19 sehen. Und die Sanftmütigen werden
ihre Freude in Jehova mehren, und
die Armen unter den Menschen werden frohlocken in dem Heiligen Isra-
20 els. Denn der Gewalttätige hat ein
Ende, und der Spötter verschwindet;
und ausgerottet werden alle, die auf
21 Unheil bedacht sind, die einen Menschen schuldig erklären um eines Wortes willen und dem Schlingen legen,
welcher im Tore Recht spricht*b*, und
um nichts den Gerechten aus seinem
22 Recht verdrängen. Darum, so spricht
Jehova, der Abraham erlöst hat, zum
Hause Jakob: Nunmehr wird Jakob
nicht beschämt werden, und nunmehr
wird sein Angesicht nicht erblassen.
23 Denn wenn er, wenn *c* seine Kinder das
Werk meiner Hände in seiner Mitte
sehen werden, so werden sie meinen
Namen heiligen; und sie werden den
Heiligen Jakobs heiligen und vor dem
24 Gott Israels beben. Und die verirrten
Geistes sind werden Verständnis erlangen, und Murrende werden Lehre
annehmen.

30 Wehe den widerspenstigen Kindern, spricht Jehova, welche Pläne
ausführen*d*, aber nicht von mir aus,
und Bündnisse schließen, aber nicht
nach meinem Geiste, um Sünde auf
2 Sünde zu häufen; die hingehen, um
nach Aegypten hinabzuziehen, — aber
meinen Mund haben sie nicht befragt
— um sich zu flüchten unter den Schutz
des Pharao und Zuflucht zu suchen
3 unter den Schatten Aegyptens! Und
der Schutz des Pharao wird euch zur
Schmach werden, und die Zuflucht
unter dem Schatten Aegyptens zur
4 Schande. Denn seine *e* Fürsten waren
in Zoan, und seine Gesandten langten
5 in Hanes an. Alle werden beschämt
werden über ein Volk, das ihnen nichts
nützt, das nicht zur Hilfe und nicht
zum Nutzen, sondern zur Beschämung
6 und auch zum Hohne wird. — Ausspruch über das Behemoth*f* des Südens: Durch ein Land der Bedrängnis
und der Angst, aus welchem Löwin
und Löwe, Ottern und fliegende feurige Schlangen*g* kommen, tragen sie
auf den Rücken der Eselsfüllen ihren
Reichtum und auf den Höckern der
Kamele ihre Schätze zu einem Volke,
7 das nichts nützt. Denn umsonst und
vergebens wird Aegypten helfen. Darum nenne ich dieses *Aegypten*: Groß-
tuer*h*, die still sitzen.
8 Geh nun hin, schreibe es vor ihnen auf eine Tafel und zeichne es in
ein Buch*i* ein; und es bleibe für die
zukünftige Zeit*j*, auf immer*k* bis in

Ewigkeit. Denn ein widerspen- 9
stiges Volk, betrügerische Kinder, Kinder, die das Gesetz Jehovas nicht hören wollen; die zu den Sehern spre- 10
chen: Sehet nicht! und zu den Schau-
ern: Schauet uns nicht das Richtige,
saget uns Schmeicheleien, schauet uns
Täuschungen! weichet ab vom Wege, 11
bieget ab vom Pfade; schaffet den Heiligen Israels vor unserm Angesicht
hinweg! Darum, so spricht der Heilige 12
Israels: Weil ihr dieses Wort verwerfet und auf Bedrückung und Verdre-
hung*l* vertrauet und euch darauf stüt-
zet, darum wird euch diese Missetat 13
wie ein sturzdrohender Riß sein, wie
eine Ausbauchung an einer hochragenden Mauer, deren Einsturz in einem
Augenblick, plötzlich kommt. Und er 14
wird sie*m* zerbrechen, wie man einen
Töpferkrug zerbricht, der ohne Schonung zertrümmert wird, und von welchem, wenn er zertrümmert ist, nicht
ein Scherben gefunden wird, um damit Feuer vom Herde zu holen oder
Wasser aus einer Zisterne*n* zu schöpfen.

Denn so spricht der Herr, Jehova, 15
der Heilige Israels: Durch Umkehr
und durch Ruhe würdet ihr gerettet
werden; in Stillsein und in Vertrauen
würde eure Stärke sein. Aber ihr
habt nicht gewollt; und ihr sprachet: 16
„Nein, sondern auf Rossen wollen wir
fliegen"; darum werdet ihr fliehen;
und: „Auf Rennern wollen wir reiten"; darum werden eure Verfolger
rennen. Ein Tausend *wird fliehen* vor 17
dem Dräuen eines einzigen; vor dem
Dräuen von fünfen werdet ihr fliehen,
bis ihr übrigbleibet wie eine Stange*o*
auf des Berges Spitze und wie ein Panier auf dem Hügel. Und darum wird 18
Jehova verziehen, euch gnädig zu sein;
und darum wird er sich hinweg erheben, bis er sich euer erbarmt: denn Jehova ist ein Gott des Gerichts. Glückselig alle, die auf ihn harren!
Denn ein Volk wird in Zion woh- 19
nen, in Jerusalem. Du wirst nie mehr
weinen; er wird dir gewißlich Gnade
erweisen auf die Stimme deines Schreiens: sobald er hört, wird er dir antworten. Und der Herr wird euch Brot 20
der Drangsal und Wasser der Trübsal
geben. Und deine Lehrer werden sich
nicht mehr verbergen, sondern deine
Augen werden deine Lehrer sehen; und 21
wenn ihr zur Rechten oder wenn ihr
zur Linken abbieget, so werden deine Ohren ein Wort hinter dir her hören: Dies ist der Weg, wandelt darauf!
Und ihr werdet der Ueberzug deiner 22
silbernen Schnitzbilder und die Bekleidung deiner goldenen Gußbilder
verunreinigen; du wirst sie wegwerfen*p* wie ein unflätiges Kleid: „Hin-

---

a Eig. Schriftworte, d. h. geschriebene Worte. — *b* O. gerecht entscheidet. — *c* Eig.
nämlich. — *d* Eig. indem sie Pläne ausführen, od.: um Pläne auszuführen. — *e* d. i.
Judas. — *f* das Nilpferd, ein Sinnbild Aegyptens. — *g* S. die Anm. zu 4. Mose 21, 6.
— *h* Eig. Uebermut, Prahlerei; Hebr. Rahab. — *i* O. auf ein Blatt. — *j* Eig. für den
zukünftigen Tag. — *k* And. l.: zum Zeugnis. — *l* O. List; eig. Verbogenes, Gewun-
denes. — *m* die Mauer. — *n* O. aus einem Teiche. — *o* O. eine Pinie. — *p* Eig. zerstreuen.

23 aus!" wirst du zu ihnen sagen. — Und er wird Regen geben zu deiner Saat *a*, womit du am Erdboden besäst, und Brot als Ertrag des Erdbodens, und es wird fett und nahrhaft sein. Deine Herden werden an jenem Tage wei-
24 den auf weiter Aue; und die Ochsen und die Eselsfüllen, die das Ackerland bearbeiten, werden gesalzenes *b* Futter fressen, welches man mit der Schaufel und mit der Gabel geworfelt hat.
25 Und auf jedem hohen Berge und auf jedem erhabenen Hügel werden Bäche, Wasserströme sein an dem Tage des großen Gemetzels, wenn Türme fal-
26 len. Und das Licht des Mondes wird sein wie das Licht der Sonne, und das Licht der Sonne wird siebenfältig sein, wie das Licht von sieben Tagen, an dem Tage, da Jehova den Schaden seines Volkes verbinden und seiner Schläge Wunden heilen wird.
27 Siehe, der Name Jehovas kommt von fernher. Sein Zorn brennt, und der aufsteigende Rauch ist gewaltig; seine Lippen sind voll Grimmes, und seine Zunge ist wie ein verzehrendes Feuer,
28 und sein Odem wie ein überflutender Bach, der bis an den Hals reicht: um die Nationen zu schwingen mit einer Schwinge der Nichtigkeit *c*, und einen irreführenden Zaum an die Kinnbak-
29 ken der Völker *zu legen d*. Gesang werdet ihr haben wie in der Nacht, da das Fest geweiht wird, und Freude des Herzens gleich denen, die unter Flötenspiel hinziehen, um zu kommen auf den Berg Jehovas, zum Felsen Is-
30 raels. Und Jehova wird hören lassen die Majestät seiner Stimme, und sehen lassen das Herabfahren seines Armes mit Zornesschnauben und einer Flamme verzehrenden Feuers — Wolkenbruch und Regenguß und Hagelsteine.
31 Denn vor der Stimme Jehovas wird Assur zerschmettert werden *e*, wenn
32 er mit dem Stocke schlägt. Und es wird geschehen, jeder Streich der verhängten Rute *f*, die Jehova auf ihn herabfahren läßt, ergeht unter Tamburinund Lautenspiel; und mit geschwungenem Arme *g* wird er gegen ihn kämp-
33 fen. Denn vorlängst ist eine Greuelstätte *h* zugerichtet; auch für den König ist sie bereitet. Tief, weit hat er sie gemacht, ihr Holzstoß hat Feuer und Holz in Menge; wie ein Schwefelstrom setzt der Hauch Jehovas ihn in Brand.

31 Wehe denen, welche nach Aegypten hinabziehen um Hilfe, auf Rosse sich stützen, und die ihr Vertrauen auf Wagen setzen, weil ihrer viele, und auf Reiter weil sie zahlreich sind;

und die auf den Heiligen Israels nicht schauen und nach Jehova nicht fragen! Aber auch er ist weise und führt 2 Unglück herbei, und nimmt seine Worte nicht zurück; und er steht auf wider das Haus der Uebeltäter und wider die Helferschaft derer, welche Frevel tun. Und die Aegypter sind Men- 3 schen und nicht Gott *i*, und ihre Rosse sind Fleisch und nicht Geist. Und Jehova streckt seine Hand aus, und es strauchelt der Helfer, und es stürzt der, welchem geholfen wird; und sie werden zunichte alle miteinander.

Denn also hat Jehova zu mir gespro- 4 chen: Wie der Löwe und der junge Löwe, wider den der Hirten Menge zusammengerufen wird, über seinem Raube knurrt, vor ihrer Stimme nicht erschrickt und sich vor ihrem Lärmen nicht ergibt, also wird Jehova der Heerscharen herniedersteigen, um auf dem Berge Zion *j* und auf seinem Hügel zu streiten. Gleich schwirrenden *k* Vö- 5 geln, also wird Jehova der Heerscharen Jerusalem beschirmen: beschirmen und erretten, schonen *l* und befreien. — Kehret um, Kinder Israel, zu dem, 6 von welchem ihr so weit abgewichen seid! Denn an jenem Tage werden sie 7 verabscheuen, ein jeder seine Götzen von Silber und seine Götzen von Gold, die eure Hände euch gemacht haben zur Sünde. Und Assyrien wird fallen 8 durch ein Schwert, nicht eines Mannes; und ein Schwert, nicht eines Menschen, wird es verzehren. Und es wird vor dem Schwerte fliehen, und seine Jünglinge werden fronpflichtig werden. Und sein Fels *m* wird vor Schrek- 9 ken entweichen, und seine Fürsten werden vor dem Panier verzagen, spricht Jehova, der sein Feuer in Zion und seinen Ofen in Jerusalem hat.

Siehe, ein König wird regieren in **32** Gerechtigkeit; und die Fürsten, sie werden nach Recht herrschen. Und ein 2 Mann *n* wird sein wie ein Bergungsort vor dem Winde und ein Schutz vor dem Regensturm, wie Wasserbäche in dürrer Gegend, wie der Schatten eines gewaltigen Felsens in lechzendem Lande. Und die Augen der Sehenden wer- 3 den nicht mehr verklebt sein, und die Ohren der Hörenden werden aufmerken; und das Herz der Unbesonnenen 4 wird Erkenntnis erlangen, und die Zunge der Stammelnden wird fertig und deutlich reden. Der gemeine 5 Mensch wird nicht mehr edel genannt und der Arglistige *p* nicht mehr vornehm geheißen werden. Denn ein ge- 6 meiner Mensch redet Gemeinheit; und sein Herz geht mit Frevel *q* um, um

---

a Eig. deinen Saatregen geben, d. h. den Frühregen. — *b* d. h. mit Salzkräutern gesalzen. — *c* d. h. mit einer Schwinge, durch welche alles, was nicht Korn ist, als Nichtigkeit erwiesen und behandelt wird. — *d* O. und ein irreführender Zaum kommt an die usw. — *e* O. zusammenschrecken. — *f* Eig. der Rute der *göttlichen* Bestimmung. — *g* Eig. mit Kämpfen der Schwingung. — *h* Hebr. Thapheth, ein von Tophet (2. Kön. 23, 10) abgeleitetes Wort. — *i* El. — *j* O. gegen den Berg Zion usw., d. h. gegen die dort wohnenden Frevler. — *k* d. h. über ihren Jungen. — *l* Dasselbe Wort wie: vorübergehen, 2. Mose 12, 13. — *m* d. h. wahrscheinlich der König von Assyrien. — *n* O. vielleicht: Und jeder *von ihnen*. — *o* Eig. verstehen, unterscheiden. — *p* O. Tückische. — *q* O. Unheil.

Ruchlosigkeit zu verüben und Irrtum *a* zu reden wider Jehova, um leer zu lassen die Seele des Hungrigen und dem Durstigen den **Trank** zu entziehen.

7 Und der Arglistige, seine Werkzeuge sind böse: er entwirft böse Anschläge, um die Sanftmütigen durch Lügenreden zu Grunde zu richten, selbst wenn
8 der Arme sein Recht dartut *b*. Aber der Edle entwirft Edles, und auf Edlem besteht er.

9 Stehet auf, ihr sorglosen Weiber, höret meine Stimme! ihr sicheren Töchter, nehmet zu Ohren meine Rede!
10 Nach Jahr und Tag werdet ihr zittern, ihr Sicheren; denn die Weinlese ist
11 dahin, die Obsternte kommt nicht. Bebet, ihr Sorglosen; zittert, ihr Sicheren! ziehet euch aus und entblößet euch und umgürtet *mit Sacktuch* die
12 Lenden! An die Brust schlägt man sich wegen der lieblichen Fluren, we-
13 gen des fruchtbaren Weinstocks. Auf dem Felde *c* meines Volkes schießen Gestrüpp *und* Dornen auf, ja, auf allen Häusern der Wonne *in* der froh-
14 lockenden Stadt. Denn der Palast ist aufgegeben, verlassen das Getümmel der Stadt; Ophel *d* und Wartturm dienen zu Höhlen auf ewig, zur Freude der Wildesel, zum Weideplatz der Her-
15 den — bis der Geist über uns ausgegossen wird aus der Höhe, und die Wüste zum Fruchtgefilde wird, und das Fruchtgefilde dem Walde gleich-
16 geachtet wird. Und das Recht wird sich niederlassen in der Wüste, und die Gerechtigkeit auf dem Fruchtge-
17 filde wohnen; und das Werk der Gerechtigkeit wird Friede sein, und der Ertrag der Gerechtigkeit Ruhe und
18 Sicherheit ewiglich. Und mein Volk wird wohnen an einer Wohnstätte des Friedens und in sicheren Wohnungen und an stillen *e* Ruhestätten. —
19 Und es wird hageln beim Niedersturz des Waldes, und die Stadt wird in Nie-
20 drigkeit versinken. — Glückselig ihr, die ihr an allen Wassern säet, frei umherschweifen lasset den Fuß der Rinder und der Esel!

33 Wehe dir, Verwüster, und du selbst wurdest nicht verwüstet; und dir, Räuber *f*, und man hat dich nicht beraubt! Sobald du das Verwüsten vollendet hast, wirst du verwüstet werden; sobald du mit dem Rauben fertig bist *g*,
2 wirst du beraubt werden. — Jehova, sei uns gnädig! auf dich harren wir; sei ihr Arm jeden Morgen, ja, unsere Rettung zur Zeit der Bedrängnis! —
3 Vor dem Brausen deines *h* Getümmels entfliehen die Völker, vor deiner Erhebung zerstreuen sich die Nationen.
4 Und weggerafft wird eure Beute, wie

die Heuschrecken wegraffen; wie Heuschrecken rennen, rennt man darauf los. Jehova ist hocherhaben; denn er 5 wohnt in der Höhe, er füllt Zion mit Recht und Gerechtigkeit. Und es wird 6 Festigkeit deiner Zeiten *i*, Fülle von Heil, von Weisheit und Erkenntnis geben; die Furcht Jehovas wird sein *j* Schatz sein.

Siehe, ihre Helden schreien drau- 7 ßen, die Friedensboten weinen bitterlich. Die Straßen sind verödet, der 8 Wanderer feiert. Er hat den Bund gebrochen, die Städte verachtet, keines Menschen geachtet. Es trauert, es 9 schmachtet das Land; der Libanon steht beschämt da, er verdorrt; Saron ist einer Steppe gleich geworden, und Basan und Karmel schütteln ihr Laub ab. Nun will ich aufstehen, spricht Je- 10 hova; nun will ich mich emporrichten, nun mich erheben. Ihr gehet schwan- 11 ger mit Heu, Stoppeln werdet ihr gebären; euer Schnauben ist ein Feuer, das euch verzehren wird. Und die Völ- 12 ker werden zu Kalkbränden, wie abgehauene Dornen, die im Feuer verbrannt werden. Höret, ihr Fernen, 13 was ich getan, und ihr Nahen, erkennet meine Macht!

Die Sünder in Zion sind erschrok- 14 ken *k*, Beben hat die Ruchlosen ergriffen. „Wer von uns kann weilen bei verzehrendem Feuer? wer von uns kann weilen bei ewigen Gluten?“ — Wer in Gerechtigkeit *l* wandelt und 15 Aufrichtigkeit *m* redet; wer den Gewinn der Bedrückungen verschmäht; wer seine Hände schüttelt, um keine Bestechung anzunehmen; wer sein Ohr verstopft, um nicht von Bluttaten zu hören, und seine Augen verschließt, um Böses nicht zu sehen: der wird 16 auf Höhen wohnen, Felsenfesten sind seine Burg; sein Brot wird ihm dargereicht, sein Wasser versiegt nie. — Deine Augen werden den König schau- 17 en in seiner Schönheit, sehen werden sie ein weithin offenes Land. Dein Herz wird des Schreckens ge- 18 denken: Wo ist der Schreiber *o*? wo der Wäger *p*? wo der die Türme zählte? Du wirst das freche Volk nicht 19 mehr sehen, das Volk von unverständlicher Sprache *q*, daß man sie nicht vernehmen, von stammelnder Zunge, die man nicht verstehen kann. Schaue 20 Zion an, die Stadt unserer Festversammlungen! Deine Augen werden Jerusalem sehen, eine ruhige *r* Wohnstätte, ein Zelt, das nicht wandern wird, dessen Pflöcke ewiglich nicht herausgezogen, und von dessen Seiten keines je losgerissen werden wird; — sondern daselbst ist ein Mächtiger *s*, 21

---

a Eig. Irreführendes, d. h. was von Gott abirren macht. — *b* Eig. das Recht redet. — *c* Eig. Erdboden. — *d* der von Jotham befestigte Südabhang des Tempelberges; vergl. 2. Chron. 27, 3. — *e* Zugl.: sorglosen. — *f* S. die Anm. zu Kap. 21, 2. — *g* Eig. zum Ziele gekommen bist. — *h* Eig. eines. — *i* d. h. Zeitverhältnisse, Geschicke; wie Ps. 31, 15. — *j* d. i. Israels. — *k* O. zittern. — *l* Eig. in Gerechtigkeiten, d. h. in Betätigungen der Gerechtigkeit. — *m* O. Redlichkeit. — *n* Eig. ist beständig. — *o* d. h. der Schätzer bei der Tributerhebung. — *p* der das Gewicht des eingezahlten Geldes prüfte. — *q* W. Lippe; wie Kap. 28, 11. — *r* Zugl.: sorglose. — *s* Zugl.: ein Herrlicher.

Jehova, bei uns *a*; — ein Ort von Flüssen, von breiten Strömen *b*: kein Ruderschiff kommt hinein, und durch denselben zieht kein mächtiges Schiff.
22 Denn Jehova ist unser Richter, Jehova unser Feldherr *c*, Jehova unser Kö-
23 nig; er wird uns retten. — Schlaff hängen deine Taue; sie halten nicht fest das Gestell ihres Mastes, halten das Segel nicht ausgebreitet. — Dann wird
24 *selbst* Lahme plündern die Beute. Und kein Einwohner wird sagen: Ich bin schwach. Dem Volke, das darin wohnt, wird die Missetat vergeben sein. —

34 Tretet herzu, ihr Nationen, um zu hören; und ihr Völkerschaften, merket auf! Es höre die Erde und ihre Fülle, der Erdkreis *d* und alles, was ihm
2 entsproßt! Denn der Zorn Jehovas ergeht wider alle Nationen, und sein Grimm *e* wider all ihr Heer. Er hat sie der Vertilgung geweiht *f*, zur Schlach-
3 tung hingegeben. Und ihre Erschlagenen werden hingeworfen, und der Gestank ihrer Leichname steigt auf, und die Berge zerfließen von ihrem
4 Blute. Und alles Heer der Himmel zerschmilzt; und die Himmel werden zusammengerollt wie ein Buch; und all ihr Heer fällt herab, wie das Blatt vom Weinstock abfällt, und wie das Verwelkte *g* vom Feigenbaum.
5 Denn trunken ist im Himmel mein Schwert; siehe, auf Edom fährt es herab und auf das Volk meines Bannes *h*
6 zum Gericht. Das Schwert Jehovas ist voll Blut, es ist getränkt von Fett, vom Blute der Fettschafe und Böcke, vom Nierenfett der Widder; denn Jehova hat ein Schlachtopfer in Bozra und eine große Schlachtung im Lande
7 Edom. Und Wildochsen stürzen mit ihnen hin, und Farren samt Stieren; und ihr Land wird trunken von Blut,
8 und ihr Staub von Fett getränkt. Denn Jehova hat einen Tag der Rache, ein Jahr der Vergeltungen für die Rechts-
9 sache Zions. — Und Edoms *i* Bäche verwandeln sich in Pech, und sein Staub in Schwefel; und sein Land wird
10 zu brennendem Peche. Tag und Nacht erlischt es nicht, ewiglich steigt sein Rauch empor. Von Geschlecht zu Geschlecht liegt es verödet, für immer und ewig zieht niemand hindurch.
11 Und Pelikan und Igel nehmen es in Besitz, und Eule und Rabe wohnen darin. Und er zieht darüber die Meßschnur der Oede und das Senkblei
12 der Leere. Seine Edlen — keine sind da, welche das Königtum ausrufen; und alle seine Fürsten sind zu nichts
13 geworden. Und in seinen Palästen

schießen Dornen auf, Nesseln und Disteln in seinen Burgen; und es wird zur Wohnstätte der Schakale, zur Wohnung der Strauße *j*. Und Wüsten- 14 tiere treffen mit wilden Hunden zusammen, und Böcke *k* begegnen einander *l*; ja, dort rastet die Lilith *m* und findet einen Ruheplatz für sich. Dort 15 nistet die Pfeilschlange und legt Eier *n*, und brütet *sie* aus in ihrem Schatten; ja, daselbst versammeln sich die Geier, einer zum anderen. — For- 16 schet nach im Buche Jehovas und leset! Es fehlt nicht eines von diesen, keines vermißt das andere. Denn mein Mund, er hat es geboten; und sein Geist *o*, er hat sie zusammengebracht; und er selbst hat ihnen das Los ge- 17 worfen, und seine Hand hat es *p* ihnen zugeteilt mit der Meßschnur. Ewiglich werden sie es besitzen, von Geschlecht zu Geschlecht darin wohnen.

Die Wüste und das dürre Land **35** werden sich freuen, und die Steppe wird frohlocken und aufblühen wie eine Narzisse. Sie wird in voller Blüte 2 stehen und frohlocken, ja, frohlockend und jubelnd; die Herrlichkeit des Libanon ist ihr gegeben, die Pracht des Karmel und Sarons: sehen werden sie die Herrlichkeit Jehovas, die Pracht unseres Gottes. Stärket die schlaffen 3 Hände und befestiget die wankenden Kniee! Saget zu denen, welche zag- 4 haften Herzens sind: Seid stark, fürchtet euch nicht! siehe, euer Gott *kommt*, Rache kommt, die Vergeltung Gottes! er selbst kommt und wird euch retten.

Dann werden die Augen der Blin- 5 den aufgetan und die Ohren der Tauben geöffnet werden; dann wird der 6 Lahme springen wie ein Hirsch, und aufjauchzen wird die Zunge des Stummen. Denn es brechen Wasser hervor in der Wüste, und Bäche in der Steppe; und die Kimmung *q* 7 wird zum Teiche, und das dürre Land zu Wasserquellen; an der Wohnstätte der Schakale, wo sie lagern *r*, wird Gras nebst Rohr und Binse *s* sein. Und daselbst wird eine Straße *t* sein 8 und ein Weg, und er wird der heilige Weg genannt werden; kein Unreiner wird darüber hinziehen, sondern er wird für sie *u* sein. Wer auf dem Wege wandelt — selbst Einfältige werden nicht irregehen. Daselbst wird kein 9 Löwe sein, und kein reißendes Tier wird ihn ersteigen noch daselbst gefunden werden; und die Erlösten werden darauf wandeln. Und die Befrei- 10 ten *v* Jehovas werden zurückkehren und nach Zion kommen mit Jubel, und ewige Freude wird über ihrem Haupte

---

a Eig. haben wir einen Mächtigen, Jehova. — *b* O. Kanälen. — *c* And. üb.: Gesetzgeber. — *d* Eig. das Erdreich. — *e* Eig. Denn Jehova hat einen Zorn . . . und einen Grimm; d. h. er ist im Begriff, ihn zu verwirklichen. — *f* Eig. sie verbannt, mit dem Banne belegt. — *g* Eig. das Abfallende. — *h* d. h. welches ich mit dem Banne belegt, der Vertilgung geweiht habe; vergl. V. 2. — *i* Eig. seine. — *j* O. zum grasigen Platze für Strauße. — *k* S. die Anm. zu Kap. 13, 21. — *l* O. rufen einander zu. — *m* eine Nachtgottheit. — *n* Eig. und gebiert und legt. — *o* O. sein Hauch. — *p* das Land Edom. — *q* die trügerische Wasserspiegelung der Wüste. — *r* Im hebr. Texte steht: der Schakale, ihrem (der Schakalin) Lagerplatze. — *s* Eig. Papyrusschilf. — *t* S. die Anm. zu Kap. 19, 23. — *u* And. l.: für sein Volk. — *v* Eig. die Losgekauften.

18

sein; sie werden Wonne und Freude erlangen, und Kummer und Seufzen werden entfliehen.

36 Und *a* es geschah im vierzehnten Jahre des Königs Hiskia, da zog Sanherib, der König von Assyrien, herauf wider alle festen Städte Judas und 2 nahm sie ein. Und der König von Assyrien sandte von Lachis den Rabsake zum König Hiskia, mit einem großen Heere, nach Jerusalem; und er hielt an der Wasserleitung des oberen Teiches, an der Straße des Wal-3 kerfeldes. Da gingen zu ihm hinaus Eljakim, der Sohn Hilkijas, der über das Haus war, und Schebna, der Schreiber, und Joach, der Sohn Asaphs, der Geschichtsschreiber.

4 Und der Rabsake sprach zu ihnen: Saget doch zu Hiskia: So spricht der große König, der König von Assyrien: Was ist das für ein Vertrauen, womit 5 du vertraust? Ich sage: Nur ein Wort der Lippen *b* ist Rat und Macht zum Kriege. Nun, auf wen vertraust du, daß du dich wider mich empört hast? 6 Siehe, du vertraust auf jenen geknickten Rohrstab, auf Aegypten, der, wenn jemand sich auf ihn stützt, ihm in die Hand fährt und sie durchbohrt. So ist der Pharao, der König von Aegypten, 7 allen, die auf ihn vertrauen. Und wenn du zu mir sprichst: Auf Jehova, unseren Gott, vertrauen wir; — ist er es nicht, dessen Höhen und dessen Altäre Hiskia hinweggetan, da er zu Juda und zu Jerusalem gesagt hat: Vor 8 diesem Altar sollt ihr anbeten? Und nun, laß dich doch ein *c* mit meinem Herrn, dem König von Assyrien; und ich will dir zweitausend Rosse geben, wenn du dir Reiter darauf setzen 9 kannst. Und wie wolltest du einen einzigen Befehlshaber von den geringsten Knechten meines Herrn zurücktreiben? Aber du vertraust auf Aegypten 10 der Wagen und Reiter wegen. Und nun, bin ich ohne Jehova wider dieses Land heraufgezogen, um es zu verheeren? Jehova hat zu mir gesagt: Ziehe hinauf in dieses Land und verheere es. 11 Und Eljakim und Schebna und Joach sprachen zu dem Rabsake: Rede doch zu deinen Knechten auf aramäisch, denn wir verstehen es; und rede nicht zu uns auf jüdisch vor den Ohren des Volkes, das auf der Mauer ist. 12 Und der Rabsake sprach: Hat mein Herr mich zu deinem Herrn und zu dir gesandt, um diese Worte zu reden? nicht zu den Männern, die auf der Mauer sitzen, um mit euch ihren Kot zu essen und ihren Harn zu trinken? 13 Und der Rabsake trat hin und rief mit lauter Stimme auf jüdisch und sprach: Höret die Worte des großen 14 Königs, des Königs von Assyrien! So spricht der König: Daß Hiskia euch nicht täusche; denn er wird euch nicht

zu erretten vermögen. Und daß Hiskia 15 euch nicht auf Jehova vertröste, indem er spricht: Jehova wird uns gewißlich erretten; diese Stadt wird nicht in die Hand des Königs von Assyrien gegeben werden. Höret nicht auf His-16 kia; denn also spricht der König von Assyrien: Machet Frieden mit mir und kommet zu mir heraus, so sollt ihr ein jeder von seinem Weinstock und ein jeder von seinem Feigenbaum essen, und ein jeder das Wasser seines Brunnens *d* trinken, bis ich komme und euch 17 in ein Land hole wie euer Land, ein Land von Korn und Most, ein Land von Brot und Weinbergen. Daß His-18 kia euch nicht verführe, indem er spricht: Jehova wird uns erretten! Haben die Götter der Nationen ein jeder sein Land von der Hand des Königs von Assyrien errettet? Wo sind 19 die Götter von Hamath und Arpad? wo die Götter von Sepharwaim? Und haben sie *e* Samaria von meiner Hand errettet? Welche sind es unter allen 20 Göttern dieser Länder, die ihr Land von meiner Hand errettet haben, daß Jehova Jerusalem von meiner Hand erretten sollte? Und sie schwiegen 21 still und antworteten ihm kein Wort; denn es war das Gebot des Königs, der gesagt hatte: Ihr sollt ihm nicht antworten. — Und Eljakim, der Sohn 22 Hilkijas, der über das Haus war, und Schebna, der Schreiber, und Joach, der Sohn Asaphs, der Geschichtsschreiber, kamen zu Hiskia mit zerrissenen Kleidern und berichteten ihm die Worte des Rabsake.

Und es geschah, als der König His- **37** kia es hörte, da zerriß er seine Kleider und hüllte sich in Sacktuch und ging in das Haus Jehovas. Und er 2 sandte Eljakim, der über das Haus war, und Schebna, den Schreiber, und die Aeltesten der Priester, in Sacktuch gehüllt, zu dem Propheten Jesaja, dem Sohne Amoz'. Und sie spra-3 chen zu ihm: So spricht Hiskia: Dieser Tag ist ein Tag der Bedrängnis und der Züchtigung und der Schmähung; denn die Kinder sind bis an die Geburt gekommen, aber da ist keine Kraft zum Gebären. Vielleicht wird 4 Jehova, dein Gott, die Worte des Rabsake hören, welchen sein Herr, der König von Assyrien, gesandt hat *f*, um den lebendigen Gott zu verhöhnen, und wird die Worte bestrafen *g*, die Jehova, dein Gott, gehört hat. Erhebe denn ein Gebet für den Ueberrest, der sich noch vorfindet.

Und die Knechte des Königs His- 5 kia kamen zu Jesaja. Und Jesaja sprach 6 zu ihnen: Also sollt ihr zu eurem Herrn sagen: So spricht Jehova: Fürchte dich nicht vor den Worten, die du gehört hast, womit die Diener *h* des Königs von Assyrien mich gelästert haben. Siehe, ich will ihm einen Geist eingeben, daß

---

a 2. Kön. 18, 13 usw. — *b* d. h. eitel Geschwätz. — *c* O. geh doch eine Wette ein. — *d* Eig. seiner Zisterne. — *e* O. Und um wieviel weniger haben sie (d. h. die Götter von Samaria). — *f* O. womit . . . ihn gesandt hat. — *g* O. wegen der Worte strafen. — *h* Eig. die Knappen.

er ein Gerücht hören und in sein Land zurückkehren wird *a*; und ich will ihn durchs Schwert fällen in seinem Lande.

8 Und der Rabsake kehrte zurück und fand den König von Assyrien streitend wider Libna; denn er hatte gehört, daß er von Lachis aufgebrochen 9 war. Und er hörte von Tirhaka, dem König von Aethiopien, sagen: Er ist ausgezogen, um wider dich zu streiten. Und als er es hörte. sandte er Boten zu Hiskia und sprach:

10 So sollt ihr zu Hiskia, dem Könige von Juda, sprechen und sagen: Daß dich nicht täusche dein Gott, auf den du vertraust, indem du sprichst: Jerusalem wird nicht in die Hand des Königs 11 von Assyrien gegeben werden! Siehe, du hast gehört, was die Könige von Assyrien allen Ländern getan haben, indem sie sie vertilgten; und du soll- 12 test errettet werden? Haben die Götter der Nationen, welche meine Väter vernichtet haben, sie errettet: Gosan und Haran und Rezeph und die Kinder Edens, die in Telassar waren? 13 Wo ist der König von Hamath und der König von Arpad und der König der Stadt Sepharwaim, von Hena und Iwa?

14 Und Hiskia nahm den Brief aus der Hand der Boten und las ihn; und er ging hinauf in das Haus Jehovas, und Hiskia breitete ihn vor Jehova aus. 15 Und Hiskia betete zu Jehova und 16 sprach: Jehova der Heerscharen, Gott Israels, der du zwischen *b* den Cherubin thronst, du allein bist es, der der Gott von allen Königreichen der Erde; *d* u hast den Himmel 17 und die Erde gemacht. Jehova, neige dein Ohr und höre! Jehova, tue deine Augen auf und sieh! Ja, höre alle die Worte Sanheribs, der gesandt hat, um den lebendigen Gott zu verhöhnen! 18 Wahrlich, Jehova, die Könige von Assyrien haben alle Nationen *c* und 19 ihr Land verwüstet; und sie haben ihre Götter ins Feuer geworfen, denn sie waren nicht Götter, sondern ein Werk von Menschenhänden, Holz und 20 Stein, und sie haben sie zerstört. Und nun, Jehova, unser Gott, rette uns von seiner Hand, damit alle Königreiche der Erde wissen, daß du allein Jehova bist!

21 Da sandte Jesaja, der Sohn Amoz', zu Hiskia und ließ *ihm* sagen: So spricht Jehova, der Gott Israels: Was du zu mir gebetet hast wegen Sanheribs, des Königs von Assyrien — 22 dies ist das Wort, welches Jehova über ihn geredet hat:

Es verachtet dich, es spottet deiner die Jungfrau, die Tochter *d* Zion; die Tochter Jerusalem schüttelt das Haupt dir nach.

23 Wen hast du verhöhnt und gelästert, und gegen wen die Stimme er-

hoben? Gegen den Heiligen Israels hast du deine Augen emporgerichtet! 24 Durch deine Knechte hast du den Herrn verhöhnt und hast gesprochen: „Mit meiner Wagen Menge habe i c h die Höhen der Berge erstiegen, das äußerste Ende des Libanon; und ich werde umhauen den Hochwuchs seiner Zedern, die Auswahl seiner Zypressen, und ich werde kommen auf seine äußerste Höhe, in seinen Gartenwald.

25 I c h habe gegraben und Wasser getrunken; und mit der Sohle meiner Füße werde ich austrocknen alle Ströme *e* Mazors *f*."

26 Hast du nicht gehört, daß ich von fernher es gewirkt und von den Tagen der Vorzeit her es gebildet habe? Nun habe ich es kommen lassen, daß du feste Städte verwüstest zu öden Steinhaufen.

27 Und ihre Bewohner waren machtlos, sie wurden bestürzt und beschämt; sie waren wie Kraut des Feldes und grünes Gras, wie Gras der Dächer, und Korn, das verbrannt ist *g*, ehe es aufschießt.

28 Und ich kenne dein Sitzen, und dein Aus- und dein Eingehen, und dein Toben wider mich.

29 Wegen deines Tobens wider mich, und weil dein Uebermut in meine Ohren heraufgekommen ist, werde ich meinen Ring in deine Nase legen und mein Gebiß in deine Lippen, und werde dich zurückführen auf dem Wege, auf welchem du gekommen bist.

30 Und dies soll dir das Zeichen sein: Man wird in diesem Jahre den Nachwuchs *der Ernte* essen, und im zweiten Jahre was ausgesproßt ist; und im dritten Jahre säet und erntet, und pflanzet Weinberge und esset ihre 31 Frucht. Und das Entronnene vom Hause Juda, das übriggeblieben ist, wird wieder wurzeln nach unten und 32 Frucht tragen nach oben. Denn von Jerusalem wird ein Ueberrest ausgehen, und ein Entronnenes vom Berge Zion. Der Eifer Jehovas der Heerscharen wird solches tun.

33 Darum, so spricht Jehova von dem König von Assyrien: Er soll nicht in diese Stadt kommen, und er soll keinen Pfeil darein schießen und keinen Schild ihr zukehren, und er soll kei- 34 nen Wall gegen sie aufschütten. Auf dem Wege, den er gekommen ist, auf dem soll er zurückkehren und soll in diese Stadt nicht kommen, spricht Je- 35 hova. Und ich will diese Stadt beschirmen, um sie zu retten, um meinet- und um Davids, meines Knechtes, willen.

36 Und ein Engel Jehovas zog aus und schlug in dem Lager der Assyrer hundertfünfundachtzigtausend *Mann*. Und als man des Morgens früh aufstand, siehe, da waren sie allesamt Leichname *h*. Und Sanherib, der König von 37

Assyrien, brach auf, und er zog fort und kehrte zurück und blieb in Ninive.
38 Und es geschah, als er sich niederbeugte im Hause Nisroks, seines Gottes, da erschlugen ihn Adrammelek und Scharezer, seine Söhne, mit dem Schwerte; und sie entrannen *a* in das Land Ararat. Und Esar-Haddon, sein Sohn, ward König an seiner Statt.

38 In jenen Tagen wurde Hiskia krank zum Sterben. Und Jesaja, der Sohn Amoz', der Prophet, kam zu ihm und sprach zu ihm: So spricht Jehova: Bestelle dein Haus, denn du wirst
2 sterben und nicht genesen *b*. Da wandte Hiskia sein Angesicht gegen die Wand
3 und betete zu Jehova und sprach: Ach, Jehova! gedenke doch, daß ich vor deinem Angesicht gewandelt habe in Wahrheit und mit ungeteiltem Herzen, und daß ich getan, was gut ist in deinen Augen! Und Hiskia weinte
4 sehr. Da geschah das Wort Jehovas
5 zu Jesaja also: Geh hin und sage zu Hiskia: So spricht Jehova, der Gott deines Vaters David: Ich habe dein Gebet gehört, ich habe deine Tränen gesehen; siehe, ich will zu deinen Ta-
6 gen fünfzehn Jahre hinzufügen. Und von der Hand des Königs von Assyrien will ich dich und diese Stadt erretten; und ich will diese Stadt be-
7 schirmen. Und dies wird dir das Zeichen sein von seiten Jehovas, daß Jehova dieses Wort tun wird, welches
8 er geredet hat: Siehe, ich lasse den Schatten der Grade, welche er an dem Sonnenzeiger *c* Ahas' durch die Sonne niederwärts gegangen ist *d*, um zehn Grade rückwärts gehen. Und die Sonne kehrte an dem Sonnenzeiger *c* zehn Grade zurück, welche sie niederwärts gegangen war.
9 Aufzeichnung Hiskias, des Königs von Juda, als er krank gewesen und von seiner Krankheit genesen war.
10 Ich sprach: In der Ruhe meiner Tage soll ich hingehen zu den Pforten des Scheol, bin beraubt des Restes
11 meiner Jahre. Ich sprach: Ich werde Jehova *f* nicht sehen, Jehova *f* im Lande der Lebendigen; ich werde Menschen nicht mehr erblicken bei den
12 Bewohnern des Totenreiches *g*. Meine Wohnung ist abgebrochen und ward von mir weggeführt wie ein Hirtenzelt. Ich habe, dem Weber gleich, mein Leben aufgerollt: vom Trumme schnitt er mich los. Vom Tage bis zur Nacht *h* wirst du ein Ende mit mir machen!
13 Ich beschwichtigte meine Seele bis zum Morgen . . . dem Löwen gleich, also zerbrach er alle meine Gebeine. Vom Tage bis zur Nacht wirst du
14 ein Ende mit mir machen! Wie eine Schwalbe, wie ein Kranich, so klagte

ich; ich girrte wie die Taube. Schmachtend blickten meine Augen zur Höhe: O Herr, mir ist bange! tritt als Bürge für mich ein!
Was soll ich sagen? Daß er es mir 15 zugesagt und es auch ausgeführt hat. Ich will sachte wallen alle meine Jahre wegen der Betrübnis meiner Seele. O Herr! durch dieses lebt man, und 16 in jeder Hinsicht *i* ist darin das Leben meines Geistes. Und du machst mich gesund und erhältst mich am Leben. Siehe, zum Heile ward mir bitteres 17 Leid: Du, du zogest liebevoll meine Seele aus der Versenkung Grube; denn alle meine Sünden hast du hinter deinen Rücken geworfen.
Denn nicht der Scheol preist dich, 18 der Tod lobsingt dir nicht; die in die Grube hinabgefahren sind, harren nicht auf deine Treue. Der Lebende, der 19 Lebende, der preist dich, wie ich heute: der Vater gibt den Kindern Kunde von deiner Treue. Jehova war be- 20 reit, mich zu retten; und wir wollen mein Saitenspiel rühren alle Tage unseres Lebens im Hause Jehovas.
Und Jesaja sagte, daß man einen 21 Feigenkuchen als Pflaster nehmen und ihn auf das Geschwür legen solle, damit er genese. Und Hiskia sprach: 22 Welches ist das Zeichen, daß ich in das Haus Jehovas hinaufgehen werde? *j*

Zu jener Zeit sandte Merodak-Baladan, der Sohn Baladans, der Kö- **39** nig von Babel, Brief und Geschenk an Hiskia; denn er hatte gehört, daß er krank gewesen und *wieder* gesund geworden *k* war. Und Hiskia freute 2 sich über sie und zeigte ihnen sein Schatzhaus: das Silber und das Gold und die Gewürze und das köstliche Oel; und sein ganzes Zeughaus, und alles was sich in seinen Schätzen vorfand; es war nichts in seinem Hause und in seiner ganzen Herrschaft, das Hiskia ihnen nicht gezeigt hätte. Da 3 kam Jesaja, der Prophet, zum König Hiskia und sprach zu ihm: Was haben diese Männer gesagt? und woher sind sie zu dir gekommen? Und Hiskia sprach: Aus fernem Lande sind sie zu mir gekommen, von Babel. Und 4 er sprach: Was haben sie in deinem Hause gesehen? Und Hiskia sprach: Sie haben alles gesehen was in meinem Hause ist; es gibt nichts in meinen Schätzen, das ich ihnen nicht gezeigt hätte. Da sprach Jesaja zu His- 5 kia: Höre das Wort Jehovas der Heerscharen! Siehe, es kommen Tage, da 6 alles was in deinem Hause ist und was deine Väter aufgehäuft haben bis auf diesen Tag, nach Babel weggebracht werden wird; es wird nichts übrigbleiben, spricht Jehova. Und von 7 deinen Söhnen, die aus dir hervor-

---

a Eig. sie aber entrannen. — *b* W. leben. — *c* Eig. an den Graden. — *d* Viell. ist zu l.: welche die Sonne niederwärts gegangen ist. — *e* Eig. bin heimgesucht um den Rest, d. h. bestraft mit Verlust des Restes. — *f* Hebr. Jah. — *g* Eig. des Aufhörens, des Hingeschiedenseins. — *h* d. h. in kürzester Frist. — *i* W. in Bezug auf alles. — *j* Die beiden letzten Verse scheinen durch ein Versehen an das Ende des Kapitels gestellt worden zu sein. Vergl. V. 6 und 7 mit den entsprechenden Versen in 2. Kön. 20. — *k* Eig. erstarkt.

kommen werden, die du zeugen wirst, wird man nehmen, und sie werden Kämmerer sein im Palaste des Königs 8 von Babel. Und Hiskia sprach zu Jesaja: Das Wort Jehovas ist gut, das du geredet hast; und er sprach: Es wird ja Friede und Bestand sein in meinen Tagen.

40 Tröstet, tröstet mein Volk! spricht euer Gott. Redet zum Herzen Jeru2 salems, und rufet ihr zu, daß ihre Mühsal vollendet, daß ihre Schuld a abgetragen ist, daß sie von der Hand Jehovas Zwiefältiges empfangen hat für alle ihre Sünden.

3 Stimme eines Rufenden: In der Wüste bahnet b den Weg Jehovas; ebnet in der Steppe eine Straße c für unse4 ren Gott! Jedes Tal soll erhöht, und jeder Berg und Hügel erniedrigt werden; und das Höckerichte soll zur Ebene werden, und das Hügelige zur 5 Niederung! Und die Herrlichkeit Jehovas wird sich offenbaren, und alles Fleisch miteinander wird sie sehen; denn der Mund Jehovas hat geredet.

6 Stimme eines Sprechenden: Rufe! Und er spricht: Was soll ich rufen? „Alles Fleisch ist Gras, und alle seine 7 Anmut wie die Blume des Feldes. Das Gras ist verdorrt, die Blume ist abgefallen d; denn der Hauch Jehovas hat sie angeweht. Fürwahr, das Volk 8 ist Gras. Das Gras ist verdorrt, die Blume ist abgefallen d; aber das Wort unseres Gottes besteht in Ewigkeit."

9 Auf einen hohen Berg steige hinauf, Zion, du Verkündigerin froher Botschaft; erhebe mit Macht deine Stimme, Jerusalem, du Verkündigerin froher Botschaft! erhebe sie, fürchte dich nicht; sprich zu den Städten Judas: 10 Siehe da, euer Gott! Siehe, der Herr, Jehova, kommt mit Kraft e, und sein Arm übt Herrschaft für ihn; siehe, sein Lohn ist bei ihm, und seine Ver11 geltung geht vor ihm her. Er wird seine Herde weiden wie ein Hirt, die Lämmer wird er in seinen Arm nehmen und in seinem Busen tragen, die Säugenden wird er sanft leiten.

12 Wer hat die Wasser gemessen mit seiner hohlen Hand und die Himmel abgegrenzt mit der Spanne, und hat den Staub der Erde in ein Maß f gefaßt, und die Berge mit der Wage gewogen und die Hügel mit Wagscha13 len? Wer hat den Geist Jehovas gelenkt g, und wer, als sein Ratgeber, 14 ihn unterwiesen? Mit wem beriet er sich, daß er ihm Verstand gegeben und ihn belehrt hätte über den Pfad des Rechts, und ihn Erkenntnis gelehrt und ihn den Weg der Einsicht h kund15 gemacht hätte? Siehe, Nationen sind geachtet wie ein Tropfen am Eimer

und wie ein Sandkorn auf der Wagschale. Siehe, Inseln sind wie ein Stäubchen, das emporschwebt i. Und 16 der Libanon reicht nicht hin zum Brennholz j, und sein Wild reicht nicht hin zum Brandopfer. Alle Nationen 17 sind wie nichts vor ihm, und werden von ihm geachtet wie Nichtigkeit und Leere. — Und wem wollt ihr Gott k 18 vergleichen? und was für ein Gleichnis wollt ihr ihm an die Seite stellen? Hat der Künstler das Bild gegossen, 19 so überzieht es der Schmelzer mit Gold und schweißt silberne Ketten daran. Wer arm ist, sodaß er nicht 20 viel opfern kann l, der wählt ein Holz, das nicht fault; er sucht sich einen geschickten Künstler, um ein Bild herzustellen, das nicht wanke. — Wisset 21 ihr es nicht? höret ihr es nicht? Ist es euch nicht von Anbeginn verkündet worden? habt ihr nicht Einsicht erlangt in die Grundlegung m der Erde? Er ist es, der da thront über dem 22 Kreise der Erde, und ihre Bewohner sind wie Heuschrecken; der die Himmel ausgespannt hat wie einen Flor, und sie ausgebreitet wie ein Zelt zum Wohnen; der die Fürsten zu nichts 23 macht, die Richter der Erde in Nichtigkeit verwandelt n. Kaum sind sie 24 gepflanzt, kaum sind sie gesät, kaum hat ihr Stock Wurzeln in der Erde getrieben: da bläst er sie schon an, und sie verdorren, und ein Sturmwind rafft sie wie Stoppeln hinweg. Wem 25 denn wollt ihr mich vergleichen, dem ich gleich wäre? spricht der Heilige. Hebet zur Höhe eure Augen empor 26 und sehet: Wer hat diese da geschaffen? Er, der ihr Heer herausgeführt nach der Zahl, ruft sie alle mit Namen: wegen der Größe seiner Macht und der Stärke seiner Kraft o bleibt keines aus.

Warum sprichst du, Jakob, und re27 dest du, Israel: Mein Weg ist verborgen vor Jehova, und mein Recht entgeht meinem Gott? Weißt du es nicht? 28 oder hast du es nicht gehört? Ein ewiger Gott ist Jehova, der Schöpfer der Enden der Erde; er ermüdet nicht und ermattet nicht, unergründlich ist sein Verstand. Er gibt dem Müden Kraft, 29 und dem Unvermögenden reicht er Stärke dar in Fülle. Und Jünglinge 30 ermüden und ermatten, und junge Männer fallen hin; aber die auf Je31 hova harren, gewinnen neue Kraft: sie heben die Schwingen empor wie die Adler; sie laufen und ermatten nicht, sie gehen und ermüden nicht.

Wendet euch schweigend zu mir, **41** ihr Inseln; und die Völkerschaften mögen neue Kraft gewinnen; sie mögen herannahen, dann mögen sie reden; laßt uns miteinander vor Gericht

---

a O. Missetat. — b So nach der hebr. Interpunktion; die alexandr. Uebersetzung liest: „Stimme eines Rufenden in der Wüste: Bahnet usw.", und läßt die Worte „in der Steppe" weg. — c S. die Anm. zu Kap. 19, 23. — d O. verwelkt. — e Eig. als ein Starker. — f Eig. in den Dreiling (ein Drittel Epha). — g Eig. geregelt, abgegrenzt. — h Eig. der Einsichten, d.h. der vollen Einsicht. — i And. üb.: Siehe, Inseln hebt er empor wie ein Stäubchen. — j Eig. zum Brennen. — k El. — l Eig. Wer verarmt ist in Bezug auf ein Hebopfer. — m W. in die Grundfesten. — n Eig. der Oede gleichmacht. — o Eig. und als Starker an Kraft.

2 treten! Wer hat vom Aufgang her den erweckt, welchem Gerechtigkeit auf Schritt und Tritt begegnet? Er gab *a* Nationen vor ihm dahin und ließ ihn Könige unterjochen, machte sie wie Staub vor seinem Schwerte, wie fortgetriebene Stoppeln vor sei-
3 nem Bogen. Er verfolgte sie, zog hin in Frieden *b* einen Weg, den er mit
4 seinen Füßen nie gegangen war. Wer hat es gewirkt und getan? Der die Geschlechter ruft von Anbeginn. Ich, Jehova, bin der Erste, und bei den
5 Letzten bin ich derselbe *c*. Die Inseln sahen es und fürchteten sich, es erbebten die Enden der Erde; sie näher-
6 ten sich und kamen herbei: einer half dem anderen und sprach zu seinem
7 Bruder: Sei mutig! Und der Künstler ermutigte den Schmelzer, der mit dem Hammer glättet *ermutigte* den, der auf den Amboß schlägt, und sprach von der Lötung: sie ist gut; und er befestige es *d* mit Nägeln, daß es nicht wanke.
8 Du aber, Israel, mein Knecht, Jakob, den ich erwählt habe, Same Abra-
9 hams, meines Freundes; du, den ich ergriffen von den Enden der Erde und von ihren fernsten Gegenden her gerufen habe, und zu welchem ich sprach: Du bist mein Knecht, ich habe dich er-
10 wählt und nicht verschmäht — fürchte dich nicht, denn ich bin mit dir; schaue nicht ängstlich umher, denn ich bin dein Gott; ich stärke dich, ja, ich helfe dir, ja, ich stütze dich mit
11 der Rechten meiner Gerechtigkeit. Siehe, es sollen beschämt und zu Schanden werden alle, die wider dich entbrannt sind; es sollen wie nichts werden und umkommen deine Wider-
12 sacher *e*. Du wirst sie suchen und nicht finden, die Männer, die mit dir hadern; wie nichts und wie Nichtigkeit sollen die Männer werden, die dich
13 bekriegen. Denn ich, Jehova, dein Gott, ergreife deine Rechte, der ich zu dir spreche: Fürchte dich nicht, ich
14 helfe dir! — Fürchte dich nicht, du Wurm Jakob, du Häuflein Israel; ich helfe dir, spricht Jehova, und dein
15 Erlöser ist der Heilige Israels. Siehe, ich habe dich zu einem scharfen, neuen Dreschschlitten gemacht, mit Doppelschneiden versehen: du wirst Berge dreschen und zermalmen, und Hü-
16 gel der Spreu gleich machen; du wirst sie worfeln, daß der Wind sie entführt und der Sturm sie zerstreut. Du aber, du wirst in Jehova frohlocken und in dem Heiligen Israels dich rühmen. —
17 Die Elenden und die Armen, welche nach Wasser suchen, und keines ist da, deren Zunge vor Durst vertrocknet: ich, Jehova, werde sie erhören, ich,

der Gott Israels, werde sie nicht verlassen. Ich werde Ströme hervorbre- 18 chen lassen *f* auf den kahlen Höhen, und Quellen inmitten der Talebenen; ich werde die Wüste zum Wasserteich machen, und das dürre Land zu Wasserquellen. Ich werde Zedern in die 19 Wüste setzen, Akazien und Myrten und Olivenbäume, werde in die Steppe pflanzen *g* Zypressen, Platanen und Scherbinzedern miteinander; damit sie 20 sehen und erkennen und zu Herzen nehmen und verstehen allzumal, daß die Hand Jehovas dieses getan und der Heilige Israels es geschaffen hat.

Bringet eure Rechtssache vor, spricht 21 Jehova; bringet eure Beweisgründe herbei, spricht der König Jakobs. Sie 22 mögen herbeibringen und uns verkünden was sich ereignen wird: das Zunächstkommende, was es sein wird, verkündet, damit wir es zu Herzen nehmen und dessen Ausgang wissen; oder laßt uns das Künftige hören, ver- 23 kündet das späterhin Kommende, damit wir erkennen *h*, daß ihr Götter seid! Ja, tut Gutes oder tut Böses, damit wir uns gegenseitig anblicken *i* und miteinander es sehen. Siehe, ihr 24 seid nichts, und euer Tun ist Nichtigkeit; ein Greuel ist, wer euch erwählt.

Ich habe *ihn* von Norden her er- 25 weckt, und er kam herbei — von Sonnenaufgang her den, der meinen Namen anruft. Und er tritt auf Fürsten *j* wie auf Lehm, und wie ein Töpfer, welcher Ton zerknetet. Wer hat es 26 verkündet von Anbeginn, daß wir es wüßten? und von ehedem, daß wir sagen könnten *k*: Es ist recht? Ja, da war keiner, der es verkündete, ja, keiner, der es hören ließ, ja, keiner, der eure Worte gehört hätte. Als Er- 27 ster *habe ich* zu Zion *gesagt*: Siehe, siehe, da ist es *l*! Und Jerusalem will ich einen Freudenboten geben! Und 28 ich sah hin: und da war niemand, und unter diesen war kein Bescheidgeber, daß ich sie hätte fragen können, und sie mir Antwort gegeben hätten. Siehe, 29 sie allesamt — Eitelkeit, Nichtigkeit sind ihre Machwerke, Wind und Leere *m* ihre gegossenen Bilder.

Siehe, mein Knecht, den ich stüt- **42** ze, mein Auserwählter, an welchem meine Seele Wohlgefallen hat: Ich habe meinen Geist auf ihn gelegt, er wird den Nationen das Recht kundtun *n*. Er wird nicht schreien und nicht 2 rufen *o*, noch seine Stimme hören lassen auf der Straße. Das geknickte 3 Rohr wird er nicht zerbrechen, und den glimmenden Docht wird er nicht auslöschen; er wird der Wahrheit gemäß das Recht kundtun *p*. Er wird 4 nicht ermatten noch niedersinken *q*,

a O. gibt; so auch weiterhin in diesem und dem folgenden Verse. — *b* O. unversehrt. — *c* Eig. die Ann. zu Ps. 102, 27. — *d* das Götzenbild. — *e* Eig. die Männer deiner Streitsache. — *f* Eig. öffnen. — *g* Eig. stellen. — *h* O. so wollen wir anerkennen. — *i* O. so wollen wir uns gegenseitig anblicken (d. h. uns prüfend od. messend ins Auge schauen). — *j* Eig. Satrapen, Statthalter. — *k* O. von Anbeginn? so wollen wir es anerkennen, und von ehedem? so wollen wir sagen. — *l* Eig. da sind sie (die Dinge, Ereignisse). — *m* Eig. Oede. — *n* Eig. das Recht hinausbringen zu den Nationen. — *o* Eig. erheben (seine Stimme). — *p* Eig. hervorgehen lassen. — *q* Eig. nicht verglimmen noch knicken.

bis er das Recht auf Erden gegründet hat; und die Inseln werden auf seine 5 Lehre harren. — So spricht Gott *a*, Jehova, der die Himmel schuf und sie ausspannte, der die Erde ausbreitete mit ihren Gewächsen, dem Volke auf ihr den Odem gab *b*, und den *Lebens-* 6 hauch denen, die darauf wandeln: Ich, Jehova, ich habe dich gerufen in Gerechtigkeit und ergriff dich bei der Hand; und ich werde dich behüten und dich setzen zum Bunde des Volkes *c*, zum Licht der Nationen: um 7 blinde Augen aufzutun, um Gefangene aus dem Kerker herauszuführen, *und* aus dem Gefängnis die in der Finsternis sitzen *d*. — Ich bin Jehova, das 8 ist mein Name; und meine Ehre gebe ich keinem anderen, noch meinen Ruhm den geschnitzten Bildern. 9 Das Frühere, siehe, es ist eingetroffen, und Neues verkündige ich; ehe es hervorsproßt, lasse ich es euch hören.

10 Singet Jehova ein neues Lied, seinen Ruhm vom Ende der Erde: die ihr das Meer befahret, und alles was es erfüllt, ihr Inseln und ihre Bewoh- 11 ner! Es mögen ihre Stimme erheben die Steppe und ihre Städte, die Dörfer, welche Kedar *e* bewohnt; jubeln mögen die Bewohner von Sela *f*, jauch- 12 zen vom Gipfel der Berge her! Man möge Jehova Ehre geben und seinen Ruhm verkündigen auf den Inseln. 13 Jehova wird ausziehen wie ein Held, wie ein Kriegsmann den Eifer anfachen; er wird einen Schlachtruf, ja, ein gellendes Kriegsgeschrei erheben, sich als Held beweisen gegen seine 14 Feinde. Von lange her *g* habe ich geschwiegen, war still, habe an mich gehalten. Gleich einer Gebärenden will ich tief aufatmen, schnauben und 15 schnaufen zumal. Ich will Berge und Hügel öde machen und all ihr Kraut vertrocknen lassen; und ich will Ströme zu Inseln machen und Seen trok- 16 ken legen. Und ich will die Blinden auf einem Wege führen, den sie nicht kennen; auf Steigen, die sie nicht kennen, will ich sie schreiten lassen; die Finsternis vor ihnen will ich zum Lichte machen, und das Höckerichte zur Ebene. Das sind die Dinge, die ich tun und nicht unterlassen werde. 17 Die auf das geschnitzte Bild vertrauen, die zu dem gegossenen Bilde sagen: Du bist unser Gott! werden zurückweichen, werden gänzlich beschämt werden.

18 Höret, ihr Tauben! und ihr Blin- 19 den, schauet her, um zu sehen! Wer ist blind, als nur mein Knecht? und taub wie mein Bote, den ich sende? Wer ist blind wie der Vertraute, und 20 blind wie der Knecht Jehovas? Du hast vieles gesehen, aber du beachtest

es nicht; bei offenen Ohren hört er nicht. Jehova gefiel es um seiner Ge- 21 rechtigkeit willen, das Gesetz groß und herrlich zu machen. *h* Und doch 22 ist es ein beraubtes und ausgeplündertes Volk; sie sind in Löchern gefesselt und allesamt in Kerkern versteckt; sie sind zur Beute geworden, und kein Erretter ist da, zur Plünderung, und niemand spricht: Gib wieder heraus! Wer unter euch will dieses zu Ohren 23 nehmen, will aufmerken und in Zukunft hören? Wer hat Jakob der Plün- 24 derung hingegeben und Israel den Räubern? Nicht Jehova, gegen den wir gesündigt haben? Und sie wollten nicht auf seinen Wegen wandeln, und hörten nicht auf sein Gesetz. Da hat 25 er die Glut seines Zornes *i* und die Gewalt des Krieges über ihn ausgegossen; und diese hat ihn ringsum angezündet, aber er ist nicht zur Erkenntnis gekommen; und sie hat ihn in Brand gesteckt, aber er nahm es nicht zu Herzen.

Und nun, so spricht Jehova, der **43** dich geschaffen, Jakob, und der dich gebildet hat, Israel: Fürchte dich nicht, denn ich habe dich erlöst; ich habe dich bei deinem Namen gerufen, du bist mein. Wenn du durchs Wasser 2 gehst, ich bin bei dir, und durch Ströme, sie werden dich nicht überfluten; wenn du durchs Feuer gehst, wirst du nicht versengt werden, und die Flamme wird dich nicht verbrennen. Denn ich bin Jehova, dein Gott, *ich,* 3 der Heilige Israels, dein Heiland *j*; ich gebe als dein Lösegeld Aegypten hin, Aethiopien und Seba *k* an deiner Statt. Weil du teuer, wertvoll bist in 4 meinen Augen, und ich dich lieb habe, so werde ich Menschen hingeben an deiner Statt und Völkerschaften anstatt deines Lebens. Fürchte dich nicht, denn 5 ich bin mit dir; vom Aufgang her werde ich deinen Samen bringen, und vom Niedergang her werde ich dich sammeln. Ich werde zum Norden sagen: 6 Gib heraus! und zum Süden: Halte nicht zurück, bringe meine Söhne von fernher und meine Töchter vom Ende der Erde, einen jeden, der mit meinem 7 Namen genannt ist, und den ich zu meiner Ehre geschaffen, den ich gebildet, ja, gemacht habe!

Führe heraus das blinde Volk, das 8 doch Augen hat, und die Tauben, die doch Ohren haben! Alle Nationen 9 mögen sich miteinander versammeln, und die Völkerschaften zusammenkommen! Wer unter ihnen kann solches verkünden? so mögen sie uns Früheres *l* hören lassen! mögen sie ihre Zeugen stellen und gerechtfertigt werden, daß man es höre und sage: Es ist wahr! Ihr seid meine Zeugen, spricht 10 Jehova, und mein Knecht, den ich erwählt habe: damit ihr erkennet und mir glaubet und einsehet, daß ich derselbe bin a. Vor mir ward kein Gott b gebildet, und nach mir wird keiner 11 sein. Ich, ich bin Jehova, und außer 12 mir ist kein Heiland c. Ich habe verkündigt und gerettet und vernehmen lassen, und kein fremder Gott war unter euch; und ihr seid meine Zeugen, spricht Jehova, und ich bin Gott b. 13 Ja, von jeher d bin ich derselbe a; und da ist niemand, der aus meiner Hand errette. Ich wirke, und wer kann es abwenden e?

14 So spricht Jehova, euer Erlöser, der Heilige Israels: Um euretwillen habe ich nach Babel gesandt; und ich werde sie alle als Flüchtlinge hinabtreiben, und auch die Chaldäer, auf den Schif-15 fen ihres Jubels f. Ich, Jehova, bin euer Heiliger, ich, der Schöpfer Isra-16 els, euer König. — So spricht Jehova, der einen Weg gibt im Meere, und 17 einen Pfad in mächtigen Wassern; der ausziehen läßt Wagen und Roß, Heer und Held — zusammen liegen sie da, stehen nicht wieder auf; sie sind erloschen, verglommen wie ein Docht —: 18 Gedenket nicht des Früheren, und über die Dinge der Vorzeit sinnet nicht nach! 19 Siehe, ich wirke Neues; jetzt sproßt es auf; werdet ihr es nicht erfahren? Ja, ich mache die Wüste einen Weg, 20 Ströme durch die Einöde. Das Getier des Feldes wird mich preisen g, Schakale und Strauße; denn ich werde Wasser geben in der Wüste, Ströme in der Einöde, um mein Volk zu trän-21 ken, mein auserwähltes. Dieses Volk, das ich mir gebildet habe, sie sollen 22 meinen Ruhm erzählen. — Doch nicht mich hast du angerufen, Jakob, daß du dich um mich gemüht hättest, Is-23 rael h! Du hast mir die Schafe deiner Brandopfer nicht gebracht, und mit deinen Schlachtopfern hast du mich nicht geehrt; ich habe dir nicht mit Speisopfern zu schaffen gemacht i, noch 24 mit Weihrauch dich ermüdet; du hast mir nicht um Geld Würzrohr gekauft, noch mit dem Fette deiner Schlachtopfer mich gelabt. Aber du hast mir zu schaffen gemacht mit deinen Sünden, du hast mich ermüdet mit deinen 25 Missetaten. Ich, ich bin es, der deine Uebertretungen tilgt um meinetwillen; und deiner Sünden will ich nicht *mehr* 26 gedenken. — Rufe mir ins Gedächtnis, wir wollen rechten miteinander; erzähle doch, damit du gerechtfertigt 27 werdest! Dein erster Vater hat gesündigt, und deine Mittler j sind von mir 28 abgefallen. Und ich habe die Fürsten des Heiligtums entweiht, und Jakob dem Banne k und Israel den Schmähungen hingegeben.

Und nun höre, Jakob, mein Knecht, **44** und du, Israel, den ich erwählt habe. So spricht Jehova, der dich gemacht 2 und von Mutterleibe an dich gebildet hat, der dir hilft: Fürchte dich nicht, mein Knecht Jakob, und du, Jeschurun l, den ich erwählt habe. Denn 3 ich werde Wasser gießen auf das Durstige, und Bäche auf das Trockene; ich werde meinen Geist ausgießen auf deinen Samen, und meinen Segen auf deine Sprößlinge. Und sie werden auf-4 sprossen zwischen dem Grase wie Weiden an Wasserbächen. Dieser wird 5 sagen: Ich bin Jehovas; und der wird den Namen Jakobs ausrufen m; und jener wird mit seiner Hand schreiben: *Ich bin* Jehovas, und wird den Namen Israels ehrend nennen n.

So spricht Jehova, der König Israels 6 und sein Erlöser, Jehova der Heerscharen: Ich bin der Erste und bin der Letzte, und außer mir ist kein Gott. Und wer ruft aus o wie ich, — so 7 künde er es und lege es mir vor! — seitdem ich das Volk der Urzeit eingesetzt habe? Und das Zukünftige und was da kommen wird mögen sie p verkünden! Erschrecket nicht und zittert 8 nicht! Habe ich es nicht von längsther dich hören lassen und *dir* verkündet? und ihr seid meine Zeugen. Gibt es einen Gott q außer mir? und es gibt keinen Fels, ich weiß keinen. Die Bildner geschnitzter Bilder sind 9 allesamt nichtig r, und ihre Lieblinge nützen nichts; und die für sie s zeugen, sehen nicht und haben keine Erkenntnis, damit sie beschämt werden. Wer 10 hat einen Gott gebildet und ein Bild gegossen, daß es nichts nütze? Siehe, 11 alle seine Genossen t werden beschämt werden; und die Künstler sind ja *nur* Menschen. Mögen sie sich alle versammeln, hintreten: erschrecken sollen sie, beschämt werden allzumal! Der Eisenschmied *hat* ein Werkzeug 12 und arbeitet bei Kohlenglut, und er gestaltet es u mit Hämmern und verarbeitet es mit seinem kräftigen Arm. Er wird auch hungrig und kraftlos; er hat kein Wasser getrunken und ermattet. Der Holzschnitzler spannt die 13 Schnur, zeichnet es ab mit dem Stifte, führt es aus mit den Hobeln und zeichnet es ab mit dem Zirkel; und er macht es wie das Bildnis eines Mannes, wie die Schönheit eines Menschen, damit es in einem Hause wohne. Man haut 14 sich Zedern ab, oder nimmt eine Steineiche oder eine Eiche, und wählt sich aus unter den Bäumen des Waldes; man pflanzt eine Fichte, und der Regen macht sie wachsen. Und es dient 15 dem Menschen zur Feuerung, und er nimmt davon und wärmt sich; auch

---

a S. die Anm. zu Ps. 102, 27; vergl. auch Kap. 41, 4. — b El. — c O. Retter, Helfer. — d O. Auch von heute ab. — e O. rückgängig machen. — f d. h. auf den Schiffen, die ihren Stolz ausmachen. — g Eig. mir Ehre geben. — h And. üb.: denn du bist meiner müde geworden, Israel. — i Eig. dich nicht mit . . . geknechtet; so auch nachher. — j Eig. Dolmetscher, Ausleger (d. h. die Priester und die Propheten). — k S. die Anm. zu Kap. 34, 5. — l S. die Anm. zu 5. Mose 32, 15. — m d. h. als den, zu welchem er sich hält. — n Eig. wird Israel einen Ehrennamen geben. — o d. h. verkündet. — p nämlich die Götzen. — q Eloah. — r Eig. eine Oede. — s d. h. für die Götzen. — t Eig. die mit ihm (dem Götzen) verbunden sind; vergl. Hos. 4, 17. — u das Götzenbild.

heizt er und bäckt Brot; auch verarbeitet er es zu einem Gott a und wirft sich *davor* nieder, macht ein *Götzen-*
16 bild daraus und betet es an. Die Hälfte davon hat er im Feuer verbrannt; bei der Hälfte davon ißt er Fleisch, brät einen Braten und sättigt sich; auch wärmt er sich und spricht: Ha! mir
17 wird's warm, ich spüre Feuer. Und das Uebrige davon macht er zu einem Gott, zu seinem *Götzenbilde*; er betet es an und wirft sich nieder, und er betet zu ihm und spricht: Errette mich, denn du bist mein Gott!
18 Sie haben keine Erkenntnis und keine Einsicht; denn er hat ihre Augen verklebt b, daß sie nicht sehen, *und* ihre Herzen, daß sie nicht ver-
19 stehen. Und man nimmt es nicht zu Herzen, und da ist keine Erkenntnis und keine Einsicht, daß man sagte: Die Hälfte davon habe ich im Feuer verbrannt, und auch habe ich auf seinen Kohlen Brot gebacken, Fleisch gebraten, und habe gegessen; und den Rest davon sollte ich zu einem Greuel machen, ich sollte ein Stück
20 Holz anbeten? Wer der Asche nach-geht — ein betörtes Herz hat ihn irre-geführt, sodaß er seine Seele nicht er-rettet und sagt: Ist nicht Lüge in meiner Rechten?
21 Gedenke dessen, Jakob und Israel! denn du bist mein Knecht. Ich habe dich gebildet, du bist mein Knecht; Israel, du wirst nicht von mir vergessen
22 werden. Ich habe deine Uebertretun-gen getilgt wie einen Nebel, und wie eine Wolke deine Sünden. Kehre um zu
23 mir, denn ich habe dich erlöst! Jubelt, ihr Himmel! denn Jehova hat es voll-führt; jauchzet, ihr Tiefen der Erde! brechet in Jubel aus, ihr Berge, du Wald und jeder Baum darin! Denn Jehova hat Jakob erlöst, und an Israel verherrlicht er sich.
24 So spricht Jehova, dein Erlöser und der von Mutterleibe an dich gebildet hat: Ich, Jehova, bin es, der alles wirkt, der die Himmel ausspannte, ich allein, die Erde ausbreitete durch mich selbst c;
25 der die Wunderzeichen der Lügner vereitelt und die Wahrsager zu Narren macht; der die Weisen zurückdrängt
26 und ihr Wissen zur Torheit macht; der das Wort seines Knechtes bestätigt und den Bescheid d seiner Boten vollführt; der von Jerusalem spricht: Es soll be-wohnt werden! und von den Städten Judas: Sie sollen aufgebaut werden, und ich will seine Trümmer *wieder*
27 aufrichten! der zu der Flut spricht: Versiege, und ich will deine Ströme e
28 austrocknen! der von Kores f spricht: Mein Hirt, und der all mein Wohlge-fallen g vollführt, indem er h von Jeru-salem sprechen wird: Es werde auf-gebaut! und vom Tempel: Er werde gegründet!

45 So spricht Jehova zu seinem Ge-salbten, zu Kores, dessen Rechte ich ergriffen habe, um Nationen vor ihm niederzuwerfen, und damit ich die Len-den der Könige entgürte, um Pforten vor ihm aufzutun, und damit Tore nicht
2 verschlossen bleiben. Ich, ich werde vor dir herziehen und werde das Hök-kerichte eben machen; eherne Pfor-ten werde ich zerbrechen und eiserne
3 Riegel zerschlagen; und ich werde dir verborgene Schätze i und versteckte Reichtümer j geben, auf daß du wissest, daß ich Jehova bin, der dich bei dei-nem Namen gerufen hat, der Gott Is-
4 raels. Um Jakobs, meines Knechtes, und Israels, meines Auserwählten, willen rief ich dich bei deinem Na-men, ich gab dir einen Beinamen k,
5 und du kanntest mich nicht; ich bin Jehova, und sonst ist keiner, außer mir ist kein Gott; ich gürtete dich, und
6 du kanntest mich nicht: — auf daß man wisse vom Aufgang der Sonne und von ihrem Niedergang her, daß außer mir gar keiner ist. Ich bin Jehova, und
7 sonst ist keiner! der ich das Licht bilde und die Finsternis schaffe, den Frie-den l mache und das Unglück schaffe; ich, Jehova, bin es, der dieses alles wirkt.
8 Träufelt, ihr Himmel droben, und Gerechtigkeit mögen rieseln die Wol-ken! Die Erde tue sich auf, und es sprosse Heil, und sie lasse Gerechtig-keit hervorwachsen zugleich! Ich, Je-
9 hova, habe es geschaffen. Wehe dem, der mit seinem Bildner rechtet — ein Tongefäß unter irdenen Tongefäßen! Darf wohl der Ton zu seinem Bildner sagen: Was machst du? und dein Werk
10 *von dir:* Er hat keine Hände? Wehe dem, der zum Vater spricht: Warum zeugst du? und zum Weibe: Warum gebierst
11 du? So spricht Jehova, der Heilige Israels und der es gebildet hat: Ueber das Zukünftige fraget mich; meine
12 Kinder und das Werk meiner Hände lasset mir anbefohlen sein! Ich habe die Erde gemacht und den Menschen auf ihr geschaffen; m e i n e Hände ha-
13 ben die Himmel ausgespannt, und all ihr Heer habe ich bestellt. I c h habe ihn erweckt in Gerechtigkeit, und alle seine Wege werde ich ebnen; er wird meine Stadt bauen und meine Wegge-führten entlassen, nicht um Kaufgeld und nicht um ein Geschenk, spricht Jehova der Heerscharen.
14 So spricht Jehova: Der Reichtum m Aegyptens und der Erwerb Aethiopiens und die Sabäer, Männer von hohem Wuchse, werden zu dir übergehen n und dir gehören; sie werden dir nach-folgen, in Fesseln werden sie *zu dir* übergehen n; und sie werden sich vor dir niederwerfen, werden zu dir flehen: Fürwahr, Gott o ist in dir; und sonst
15 ist kein, gar kein Gott! — Wahrlich,

---

a El. — b O. denn ihre Augen sind verklebt. — c Eig. von mir aus. — d Eig. was sie bestimmt haben. — e O. Strömungen. — f Cyrus. — g O. meinen Willen. — h Eig. und zwar indem er. — i W. Schätze der Finsternis. — j Eig. Kostbarkeiten. — k in dem Sinne von: Ehrennamen. — l O. die Wohlfahrt. — m Eig. Das Erarbeitete. — n O. an dir vorbeiziehen (als Gefangene).

du bist ein Gott *a*, der sich verborgen hält, du Gott Israels, du Heiland *b*! —
16 Sie alle werden beschämt *c* und auch zu Schanden, sie gehen insgesamt mit Schande dahin, die Götzenmacher *d*.
17 Israel wird gerettet durch Jehova mit ewiger Rettung; ihr werdet nicht beschämt und nicht zu Schanden werden
18 in alle Ewigkeiten. Denn so spricht Jehova, der die Himmel geschaffen (er ist Gott *e*), der die Erde gebildet und sie gemacht hat (er hat sie bereitet *f*; nicht als eine Oede *g* hat er sie geschaffen; um bewohnt zu werden, hat er sie gebildet): Ich bin Jehova, und sonst ist
19 keiner! Nicht im verborgenen habe ich geredet, an einem Orte des Landes der Finsternis; ich sprach nicht zu dem Samen Jakobs: Suchet mich vergeblich. Ich bin Jehova, der Gerechtigkeit redet, Aufrichtiges verkündet.
20 Versammelt euch und kommet, nähert euch insgesamt, ihr Entronnenen der Nationen! Es haben keine Erkenntnis, die das Holz ihres geschnitzten Bildes tragen und zu einem Gott *a* fle-
21 hen, der nicht retten kann. Tut kund und bringet herbei *h*; ja, beraten mögen sie sich miteinander! Wer hat dieses von alters her hören lassen, vorlängst es verkündet? Nicht ich, Jehova? und es ist sonst kein Gott außer mir; ein gerechter und rettender Gott *a*
22 ist keiner außer mir! Wendet euch zu mir und werdet gerettet, alle ihr Enden der Erde! denn ich bin Gott *a*,
23 und keiner sonst. Ich habe bei mir selbst geschworen, aus meinem Munde ist ein Wort in Gerechtigkeit hervorgegangen *i*, und es wird nicht rückgängig werden, daß jedes Knie sich vor mir beugen, jede Zunge mir schwö-
24 ren wird. Nur in Jehova, wird man von mir sagen, ist Gerechtigkeit *j* und Stärke. Zu ihm wird man kommen, und es werden beschämt werden alle, die
25 wider ihn entbrannt waren. In Jehova wird gerechtfertigt werden und sich rühmen aller Same Israels.

46 Bel krümmt sich, Nebo *k* sinkt zusammen; ihre Bilder sind dem Saumtiere und dem Lastvieh zuteil geworden; eure Tragbilder *l* sind aufgeladen,
2 eine Last für das ermüdete Vieh. Sie sind zusammengesunken, haben sich gekrümmt allzumal und haben die Last nicht retten können; und sie selbst sind in die Gefangenschaft gezogen.
3 Höret auf mich, Haus Jakob und aller Ueberrest des Hauses Israel, die ihr von Mutterleibe an aufgeladen, von Mutterschoße an getragen worden seid!
4 Und bis in *euer* Greisenalter bin ich derselbe *m*, und bis zu *eurem* grauen Haare werde ich *euch* tragen; ich

habe es getan, und *ich* werde heben, und *ich* werde tragen und erretten.
5 Wem wollt ihr mich vergleichen und gleichstellen und mich ähnlich machen, daß wir gleich seien? — Sie, die Gold
6 aus dem Beutel schütten und Silber mit der Wage darwägen, dingen einen Schmelzer, daß er einen Gott *a* daraus mache; sie beten an, ja, sie werfen sich nieder. Sie heben ihn auf, tragen ihn
7 auf der Schulter und lassen ihn nieder auf seine Stelle, und er steht da: von seinem Orte weicht er nicht. Auch schreit man zu ihm, aber er antwortet nicht: niemand rettet er aus seiner Not. — Gedenket dessen und werdet
8 fest, nehmet es zu Herzen, ihr Abtrünnigen! Gedenket des Anfänglichen von
9 der Urzeit her, daß ich Gott *a* bin, und sonst ist keiner, daß *ich* Gott *bin* und gar keiner wie ich; der ich von An-
10 fang an das Ende verkünde, und von alters her, was noch nicht geschehen ist; der ich spreche: Mein Ratschluß soll zustande kommen, und all mein Wohlgefallen werde ich tun *n*; der ich
11 einen Raubvogel rufe von Osten her, aus fernem Lande den Mann meines Ratschlusses. Ich habe geredet, und werde es auch kommen lassen; ich habe entworfen, und werde es auch
12 ausführen. — Höret auf mich, ihr Trotzigen *o*, die ihr fern seid von Gerech-
13 tigkeit! Ich habe meine Gerechtigkeit nahe gebracht, sie ist nicht fern, und mein Heil *p* zögert nicht; und ich gebe in Zion Heil, *und* Israel meine Herrlichkeit.

47 Steige herunter und setze dich in den Staub, Jungfrau, Tochter Babel! Setze dich hin zur Erde, ohne Thron, Tochter der Chaldäer! denn nicht mehr sollst du Weichliche und Verzärtelte
2 genannt werden. Nimm die Mühle und mahle Mehl; schlage deinen Schleier zurück, ziehe die Schleppe herauf, entblöße die Schenkel, wate durch Ströme;
3 aufgedeckt werde deine Blöße, ja, gesehen deine Schande! Ich werde Rache nehmen und Menschen nicht verscho-
4 nen *q*. — Unser Erlöser, Jehova der Heerscharen ist sein Name, der Heilige
5 Israels! — Sitze stumm und geh in die Finsternis, Tochter der Chaldäer! denn nicht mehr sollst du Herrin der König-
6 reiche genannt werden. Ich war ergrimmt über mein Volk, ich entweihte mein Erbteil, und ich gab sie in deine Hand. Du hast ihnen kein Erbarmen erzeigt, auf den Greis legtest du schwer
7 dein Joch; und du sprachst: In Ewigkeit werde ich Herrin sein! sodaß du dir dieses nicht zu Herzen nahmst, das Ende davon nicht bedachtest. Und
8 nun höre dieses, du Ueppige, die in

---

a El. — *b* O. Retter, Helfer. — *c* Eig. sind beschämt worden usw. — *d* Eig. die Künstler von *Götzen*gestalten. — *e* Eig. der Gott. — *f* O. festgestellt. — *g* O. nicht wüst; dasselbe Wort wie 1. Mose 1, 2. — *h* Vergl. Kap. 41, 21. 22. — *i* O. aus dem Munde der Gerechtigkeit ist ein Wort hervorgegangen. — *j* Eig. sind Gerechtigk *ei*ten, d. h. Fülle von Gerechtigkeit. — *k* Bel und Nebo waren die Hauptgottheiten von Babel. — *l* welche feierlich umhergetragen wurden; vergl. Kap. 45, 20; Jer. 10, 5; Amos 5, 26. — *m* S. die Anm. zu Ps. 102, 27. — *n* O. all meinen Willen werde ich vollführen. — *o* W. Starkherzigen. — *p* O. meine Rettung. — *q* Eig. und Menschen nicht entgegenkommen.

Sicherheit wohnt, die in ihrem Herzen spricht: Ich bin's, und gar keine sonst! ich werde nicht als Witwe sitzen, noch 9 Kinderlosigkeit kennen. Dieses beides wird über dich kommen in einem Augenblick, an e i n e m Tage: Kinderlosigkeit und Witwentum; in vollstem Maße werden sie über dich kommen, trotz der Menge deiner Zaubereien, trotz der gewaltigen Zahl deiner Bann- 10 sprüche. Und du vertrautest auf deine Bosheit, du sprachst: Niemand sieht mich. Deine Weisheit und dein Wissen, das hat dich irregeführt; und du sprachst in deinem Herzen: Ich bin's, 11 und gar keine sonst! Aber es kommt ein Unglück über dich, das du nicht wegzaubern kannst; und ein Verderben wird über dich herfallen, welches du nicht zu sühnen vermagst; und plötzlich wird eine Verwüstung über dich 12 kommen, die du nicht ahnst. – Tritt doch auf mit deinen Bannsprüchen und mit der Menge deiner Zaubereien, worin du dich abgemüht hast von deiner Jugend an! vielleicht kannst du 13 dir Nutzen schaffen, vielleicht wirst du Schrecken einflößen. Du bist müde geworden durch die Menge deiner Beratungen. Sie mögen doch auftreten und dich retten, die Himmelszerleger, die Sternebeschauer, welche jeden Neumond kundtun, was über dich 14 kommen wird!... Siehe, sie sind wie Stoppeln geworden, Feuer hat sie verbrannt! Vor der Gewalt der Flamme konnten sie ihr Leben nicht retten: es war keine Kohle, um sich zu wärmen, 15 kein Feuer, um davor zu sitzen. Also sind dir geworden, für welche du dich abgemüht hast; deine Handelsgenossen von deiner Jugend an, sie irren umher, ein jeder nach seiner Richtung hin *a*; niemand hilft dir.

48 Höret dieses, Haus Jakob! die ihr mit dem Namen Israel genannt und aus den Wassern Judas hervorgegangen seid, die ihr schwöret bei dem Namen Jehovas und des Gottes Israels rühmend gedenket, *doch* nicht in Wahr- 2 heit und nicht in Gerechtigkeit; denn nach der heiligen Stadt nennen sie sich, und sie stützen sich *b* auf den Gott Israels, Jehova der Heerscharen 3 ist sein Name: Ich habe das Frühere vorlängst verkündet, und aus meinem Munde ist es hervorgegangen, und ich habe es hören lassen; plötzlich voll- 4 führte ich es, und es traf ein. Weil ich wußte, daß du hart bist, und daß dein Nacken eine eiserne Sehne und 5 deine Stirn von Erz ist, so habe ich es vorlängst dir verkündet, ehe es eintraf, habe ich es dich hören lassen; damit du nicht sagen möchtest: Mein Götze *c* hat es getan, und mein geschnitztes und mein gegossenes Bild 6 hat es geboten. Du hast es gehört, betrachte es alles; und ihr, wollt ihr es nicht bekennen? Von nun an lasse ich

dich Neues hören und Verborgengehaltenes und was du nicht gewußt hast. Jetzt ist es geschaffen und nicht vor- 7 längst, und vor diesem Tage hast du nicht davon gehört; damit du nicht sagen möchtest: Siehe, ich habe es gewußt. Du hast es weder gehört noch 8 gewußt, noch war von längsther dein Ohr geöffnet *d*; denn ich wußte, daß du gar treulos bist, und daß man dich von Mutterleibe an einen Uebertreter *e* genannt hat. Um meines Namens wil- 9 len verziehe ich meinen Zorn, und um meines Ruhmes willen bezwinge ich ihn, dir zu gut, um dich nicht auszurotten. Siehe, ich habe dich geläutert, 10 doch nicht wie Silber; ich habe dich geprüft im Schmelzofen des Elends. Um meinetwillen, um meinetwillen 11 will ich es tun; denn wie würde mein Name *f* entweiht werden *g*! und meine Ehre gebe ich keinem anderen.

Höre auf mich, Jakob, und Israel, 12 mein Berufener! Ich bin, der da ist *h*, ich der Erste, ich auch der Letzte. Auch hat meine Hand die Erde ge- 13 gründet, und meine Rechte die Himmel ausgespannt; ich rufe ihnen zu: allesamt stehen sie da. Versammelt 14 euch, ihr alle, und höret! Wer unter ihnen hat dieses verkündet? Den Jehova liebt, der wird sein Wohlgefallen *i* vollführen an Babel und seinen Arm an den Chaldäern. Ich, ich habe 15 geredet, ja, ich habe ihn gerufen; ich habe ihn kommen lassen, und sein Weg wird gelingen. Nahet euch zu mir, hö- 16 ret dieses! Ich habe vom Anfang an nicht im verborgenen geredet; von der Zeit an, da es ward, bin ich da. – Und nun hat der Herr, Jehova, mich gesandt und sein Geist *j*. – So spricht 17 Jehova, dein Erlöser, der Heilige Israels: Ich bin Jehova, dein Gott, der dich lehrt *k*, zu tun was *dir* frommt, der dich leitet auf dem Wege, den du gehen sollst. O daß du gemerkt hät- 18 test auf meine Gebote! dann würde dein Friede gewesen sein wie ein Strom, und deine Gerechtigkeit wie des Meeres Wogen; und dein Same 19 würde gewesen sein wie der Sand, und die Sprößlinge deines Leibes wie seine Körner; sein Name würde nicht ausgerottet und nicht vertilgt werden vor meinem Angesicht.

Ziehet aus Babel, fliehet aus Chal- 20 däa mit Jubelschall; verkündiget, laßt dieses hören, bringet es aus bis an das Ende der Erde! Sprechet: Jehova hat seinen Knecht Jakob erlöst. Und sie 21 dürsteten nicht, als er sie durch die Wüste führte; er ließ ihnen Wasser rieseln aus dem Felsen, er spaltete den Felsen, und Wasser flossen heraus. – Kein Friede den Gesetzlosen! spricht 22 Jehova. –

Höret auf mich, ihr Inseln, und merket auf, ihr Völkerschaften in **49** der Ferne! Jehova hat mich berufen

---

a d. h. seiner Heimat zu. — *b* O. und nicht in Gerechtigkeit, wenn sie sich auch . . . nennen und sich stützen. — *c* Eig. Götzenbild. — *d* Eig. offen. — *e* O. einen Abtrünnigen. — *f* W. er. — *g* Vergl. Hes. 36, 19—24. — *h* O. derselbe. — *i* O. seinen Willen. — O. mit seinem Geiste. — *k* O. Ich, Jehova, dein Gott, lehre dich.

von Mutterleibe an, hat von meiner Mutter Schoße an meines Namens Erwähnung getan. Und er machte mei2 nen Mund wie ein scharfes Schwert, hat mich versteckt in dem Schatten seiner Hand; und er machte mich zu einem geglätteten Pfeile, hat mich 3 verborgen in seinem Köcher. Und er sprach zu mir: Du bist mein Knecht, bist Israel, an dem ich mich verherr4 lichen werde. — Ich aber sprach: Umsonst habe ich mich abgemüht, vergeblich und für nichts meine Kraft verzehrt; doch mein Recht ist bei Jehova und mein Lohn bei meinem Gott.—
5 Und nun spricht Jehova, der mich von Mutterleibe an zu seinem Knechte gebildet hat, um Jakob zu ihm zurückzubringen, — und Israel ist nicht gesammelt worden; aber *a* ich bin geehrt in den Augen Jehovas, und mein Gott 6 ist meine Stärke geworden — ja, er spricht: Es ist zu gering, daß du mein Knecht seiest, um die Stämme Jakobs aufzurichten und die Bewahrten von Israel zurückzubringen; ich habe dich auch zum Licht der Nationen gesetzt *b*, um mein Heil zu sein bis an das Ende der Erde.
7 So spricht Jehova, der Erlöser Israels, sein Heiliger, zu dem von jedermann *c* Verachteten *d*, zu dem Abscheu der Nation, zu dem Knechte der Herrscher: Könige werden es sehen und aufstehen, Fürsten, und sie werden sich niederwerfen, um Jehovas willen, der treu ist, des Heiligen 8 Israels, der dich *e* erwählt hat. So spricht Jehova: Zur Zeit der Annehmung *f* habe ich dich erhört, und am Tage des Heils habe ich dir geholfen. Und ich werde dich behüten und dich setzen zum Bunde des Volkes *g*, um das Land aufzurichten, um die ver9 wüsteten Erbteile auszuteilen, um den Gefangenen zu sagen: Gehet hinaus! zu denen, die in Finsternis sind: Kommet ans Licht! Sie werden an den Wegen weiden, und auf allen kahlen Hö10 hen wird ihre Weide sein; sie werden nicht hungern und nicht dürsten, und weder Kimmung noch Sonne wird sie treffen *h*. Denn ihr Erbarmer wird sie führen und wird sie leiten an Wasserquellen. 11 Und alle meine Berge will ich zum Wege machen, und meine Stra12 ßen *i* werden erhöht werden. Siehe, diese werden von fernher kommen, und siehe, diese von Norden und von Westen, und diese aus dem Lande der 13 Sinim *j*. Jubelt, ihr Himmel, und frohlocke, du Erde; und ihr Berge, brechet in Jubel aus! Denn Jehova hat sein Volk getröstet, und seiner Elenden erbarmt er sich.
14 Und Zion sprach: Jehova hat mich verlassen, und der Herr hat meiner

vergessen. Könnte auch ein Weib ih-15 res Säuglings vergessen, daß sie sich nicht erbarmte über den Sohn ihres Leibes? Sollten selbst d i e s e vergessen, i c h werde deiner nicht vergessen. Siehe, in *meine* beiden Handflächen 16 habe ich dich eingezeichnet; deine Mauern sind beständig vor mir. Dei-17 ne Kinder eilen herbei, deine Zerstörer und deine Verwüster ziehen aus dir hinweg. Erhebe ringsum deine 18 Augen und sieh: sie alle versammeln sich, kommen zu dir. *So wahr* ich lebe, spricht Jehova, du wirst sie alle wie ein Geschmeide anlegen und dich damit gürten wie eine Braut. Denn 19 deine Trümmer und deine Wüsten und dein zerstörtes Land — ja, nun wirst du zu enge werden für die Bewohner; und deine Verschlinger werden fern sein. Die Kinder deiner Kinderlosig-20 keit *k* werden noch vor deinen Ohren sagen: Der Raum ist mir zu eng; mache mir Platz, daß ich wohnen möge. Und du wirst in deinem Herzen 21 sprechen: Wer hat mir diese geboren, da ich doch der Kinder beraubt und unfruchtbar war, verbannt und umherirrend *l* ? und diese, wer hat sie großgezogen? Siehe, ich war ja allein übriggeblieben; diese, wo waren sie?
So spricht der Herr, Jehova: Siehe, 22 ich werde meine Hand zu den Nationen hin erheben, und zu den Völkern hin mein Panier aufrichten; und sie werden deine Söhne im Busen bringen, und deine Töchter werden auf der Schulter getragen werden. Und 23 Könige werden deine Wärter sein, und ihre Fürstinnen deine Ammen; sie werden sich vor dir niederwerfen mit dem Antlitz zur Erde, und den Staub deiner Füße lecken. Und du wirst erkennen *m*, daß ich Jehova bin: die auf mich harren, werden nicht beschämt werden *n*.
Sollte wohl einem Helden die Beute 24 entrissen werden? oder soll en rechtmäßig Gefangene entrinnen? Ja, so 25 spricht Jehova: Auch die Gefangenen des Helden werden *ihm* entrissen werden, und die Beute des Gewaltigen wird entrinnen. Und i c h werde den befehden, der dich befehdet; und i c h werde deine Kinder retten. Und ich 26 werde deine Bedrücker speisen mit ihrem eigenen Fleische, und von ihrem Blute sollen sie trunken werden wie vom Most. Und alles Fleisch wird erkennen, daß ich, Jehova, dein Heiland *o* bin, und *ich*, der Mächtige Jakobs, dein Erlöser.
So spricht Jehova: Wo ist der **50** Scheidebrief eurer Mutter, mit dem ich sie entließ? oder welchem von meinen Gläubigern habe ich euch verkauft? Siehe, um eurer Missetaten wil-

---

a O. nach and. Les.: und damit Israel zu ihm gesammelt werde — und usw. — *b* O. und ich werde dich . . . setzen. — *c* Eig. von *jeder* Seele. — *d* And. üb.: zu dem, der nicht wertgeachtet war, zu leben. — *e* Eig. der dich. — *f* O. der Huld; eig. der Betätigung des Wohlgefallens. — *g* Vergl. Kap. 42, 6. — *h* d. h. weder die Kimmung (s. die Anm. zu Kap. 35, 7) wird sie täuschen, noch die Sonne sie stechen. — *i* S. die Anm. zu Kap. 19, 23. — *j* d. h. vielleicht der Sinesen oder Chinesen. — *k* Eig. deiner Kinderberaubung. — *l* Eig. fernweggegangen. — *m* O. erfahren. — *n* Eig. daß ich Jehova bin, ich, dessen Hoffer nicht beschämt werden. — *o* O. Retter, Helfer.

len seid ihr verkauft, und um eurer Uebertretungen willen ist eure Mutter entlassen.

2 Warum bin ich gekommen, und kein Mensch war da? habe gerufen, und niemand antwortete? Ist meine Hand etwa zu kurz zur Erlösung? oder ist in mir keine Kraft, um zu erretten? Siehe, durch mein Schelten trockne ich das Meer aus, mache Ströme zu einer Wüste: es stinken ihre Fische, weil kein Wasser da ist, und sie ster-

3 ben vor Durst. Ich kleide die Himmel in Schwarz und mache Sacktuch zu

4 ihrer Decke. — Der Herr, Jehova, hat mir eine Zunge der Belehrten *a* gegeben, damit ich wisse, den Müden durch ein Wort aufzurichten *b*. Er weckt jeden Morgen, er weckt mir das Ohr, damit ich höre gleich solchen, die be-

5 lehrt werden. Der Herr, Jehova, hat mir das Ohr geöffnet, und ich, ich bin nicht widerspenstig gewesen, bin nicht

6 zurückgewichen. Ich bot meinen Rükken den Schlagenden und meine Wangen den Raufenden, mein Angesicht verbarg ich nicht vor Schmach *c* und

7 Speichel. Aber der Herr, Jehova, hilft mir; darum bin ich nicht zu Schanden geworden, darum machte ich mein Angesicht wie einen Kieselstein, und wußte, daß ich nicht würde beschämt

8 werden. Nahe ist der mich rechtfertigt: Wer will mit mir rechten? laßt uns zusammen hintreten! Wer hat eine Rechtssache wider mich? er trete her

9 zu mir! Siehe, der Herr, Jehova, wird mir helfen: wer ist es, der mich für schuldig erklären könnte? Siehe, allesamt werden sie zerfallen wie ein Kleid, die Motte wird sie fressen.

10 Wer unter euch fürchtet Jehova? wer hört auf die Stimme seines Knechtes? Wer in Finsternis wandelt und welchem kein Licht glänzt, vertraue auf den Namen Jehovas und stütze sich

11 auf seinen Gott. Siehe, ihr alle, die ihr ein Feuer anzündet, mit Brandpfeilen euch rüstet: hinweg in die Glut eures Feuers und in die Brandpfeile, die ihr angestecket habt! Solches geschieht euch von meiner Hand; in Herzeleid sollt ihr daliegen.

51 Höret auf mich, die ihr der Gerechtigkeit nachjaget, die ihr Jehova suchet! Blicket hin auf den Felsen, aus dem ihr gehauen, und auf die Höhlung der Grube, aus welcher ihr

2 gegraben seid. Blicket hin auf Abraham, euren Vater, und auf Sara, die euch geboren hat; denn ich rief ihn, den einen *d*, und ich segnete ihn und

3 mehrte ihn. Denn Jehova tröstet Zion, tröstet alle ihre Trümmer; und er macht ihre Wüste gleich Eden, und ihre

Steppe gleich dem Garten Jehovas. Wonne und Freude werden darin gefunden werden, Danklied und Stimme des Gesanges.

Merket auf mich, mein Volk, und 4 meine Nation *e*, horchet auf mich! denn ein Gesetz *f* wird von mir ausgehen, und mein Recht werde ich aufstellen zum Lichte der Völker. Nahe ist meine 5 Gerechtigkeit, mein Heil ist ausgezogen, und meine Arme werden die Völker richten. Auf mich werden die Inseln hoffen, und sie werden harren auf meinen Arm. Hebet eure Augen 6 auf gen Himmel und blicket auf die Erde unten! denn die Himmel werden zergehen wie Rauch, und die Erde wird zerfallen wie ein Kleid, und ihre Bewohner werden dahinsterben *g*. Aber mein Heil wird in Ewigkeit sein, und meine Gerechtigkeit wird nicht zerschmettert werden. Höret auf mich, 7 die ihr Gerechtigkeit kennet, du Volk, in dessen Herzen mein Gesetz ist: Fürchtet nicht der Menschen Hohn, und erschrecket nicht vor ihren Schmähungen! Denn wie ein Kleid wird sie 8 verzehren die Motte, und wie Wolle sie verzehren die Schabe; aber meine Gerechtigkeit wird in Ewigkeit sein, und mein Heil durch alle Geschlechter hindurch.

Wache auf, wache auf! kleide dich 9 in Macht, du Arm Jehovas! Wache auf wie in den Tagen der Vorzeit, in den Geschlechtern vor alters! Bist du es nicht, der Rahab *h* zerhauen, das Seeungeheuer *i* durchbohrt hat? Bist 10 du es nicht, der das Meer, die Wasser der großen Flut, trocken gelegt, der die Tiefen des Meeres zu einem Wege gemacht hat, damit die Erlösten hindurchzögen? Und die Befreiten *j* Jeho- 11 vas werden zurückkehren und nach Zion kommen mit Jubel, und ewige Freude wird über ihrem Haupte sein; sie werden Wonne und Freude erlangen, Kummer und Seufzen werden entfliehen *k*.

Ich, ich bin es, der euch tröstet. 12 Wer bist du, daß du dich vor dem Menschen fürchtest, der hinstirbt, und vor dem Menschenkinde, welches wie Gras dahingegeben wird? und daß du Je- 13 hova vergissest, der dich gemacht, der die Himmel ausgespannt und die Erde gegründet hat; und dich beständig, den ganzen Tag, vor dem Grimme des Bedrängers fürchtest, wenn *l* er sich rüstet *m*, um zu verderben? Wo ist denn der Grimm des Bedrängers? Der *in Fesseln* Gekrümmte wird als- 14 bald losgelassen werden und wird nicht hinsterben in die Grube, und sein Brot wird ihm nicht mangeln. Denn ich bin 15

---

a d. h. solcher, welche, durch eine göttliche Offenbarung unterwiesen, belehrt werden; dasselbe Wort wie „gelehrt" (Kap. 54, 13) und „Jünger" (Kap. 8, 16). — *b* Eig. dem Müden durch ein Wort beizustehen. — *c* Eig. Beschimpfungen. — *d* Eig. als einen od. als einzelnen; vergl. Hes. 33, 24. — *e* Anderswo mit „Völkerschaft" übersetzt. — *f* O. denn Lehre, Unterweisung; wie Kap. 42, 4. — *g* Eig. sterben wie das! d. h. wie etwas durchaus Wertloses, Nichtiges. — *h* Ungestüm, auch Wasserungeheuer (sinnbildlicher Name Aegyptens). — *i* Vergl. Hes. 29, 3. — *j* Eig. die Losgekauften; vergl. Kapitel 35, 10. — *k* O. entflohen sind Kummer und Seufzen. — *l* O. weil. — *m* Eig. wenn er richtet (den Pfeil oder den Bogen).

Jehova, dein Gott, der das Meer erregt, und seine Wogen brausen; Jehova der Heerscharen ist sein Name.
16 — Und ich habe meine Worte in deinen Mund gelegt und dich bedeckt mit dem Schatten meiner Hand, um die Himmel aufzuschlagen *a* und die Erde zu gründen, und zu Zion zu sagen: Du bist mein Volk!
17 Erwache, erwache; stehe auf, Jerusalem, die du aus der Hand Jehovas den Becher seines Grimmes getrunken! Den Kelchbecher des Taumels hast du getrunken, hast *ihn* ausge-
18 schlürft. Da war niemand, der sie leitete, von allen Kindern, die sie geboren; und niemand, der sie bei der Hand nahm von allen Kindern, die sie
19 großgezogen. Zweierlei war es, was dir begegnete — wer sollte dir Beileid bezeigen? — : die Verheerung und die Zerschmetterung, und die Hungersnot und das Schwert. Wie könnte ich
20 dich trösten? Deine Kinder sind ohnmächtig hingesunken, sie lagen an allen Straßenecken wie eine Antilope im Netze; sie waren voll *b* des Grimmes Jehovas, des Scheltens deines Got-
21 tes. Darum höre doch dieses, du Elende und Trunkene, aber nicht von
22 Wein! So spricht Jehova, dein Herr, und dein Gott, der die Rechtssache seines Volkes führt: Siehe, ich nehme aus deiner Hand den Taumelbecher, den Kelchbecher meines Grimmes; du wirst ihn hinfort nicht mehr trinken.
23 Und ich gebe ihn in die Hand deiner Peiniger, die zu deiner Seele sprachen: Bücke dich, daß wir darüber hinschreiten! Und du machtest deinen Rücken der Erde gleich, und gleich einer Straße für die darüber Schreitenden.

52 Wache auf, wache auf; kleide dich, Zion, in deine Macht! Kleide dich in deine Prachtgewänder, Jerusalem, du heilige Stadt! Denn hinfort wird kein Unbeschnittener und kein Un-
2 reiner in dich eintreten. Schüttle den Staub von dir ab, stehe auf, setze dich hin, Jerusalem! mache dich los von den Fesseln deines Halses, du gefange-
3 ne Tochter Zion! Denn so spricht Jehova: Umsonst seid ihr verkauft worden, und nicht um Geld sollt ihr ge-
4 löst werden. Denn so spricht der Herr, Jehova: Nach Aegypten zog mein Volk im Anfang hinab, um sich daselbst aufzuhalten; und Assyrien hat es ohne
5 Ursache bedrückt. Und nun, was habe ich hier *zu schaffen?* spricht Jehova. Denn mein Volk ist umsonst hinweggenommen; seine Beherrscher jauchzen, spricht Jehova, und beständig, den ganzen Tag, wird mein Name ge-
6 lästert. Darum soll mein Volk meinen Namen kennen lernen, darum an jenem Tage *erfahren,* daß ich es bin, der da spricht: Hier bin ich!

Wie lieblich sind auf den Bergen 7 die Füße dessen, der frohe Botschaft bringt, der Frieden verkündigt, der Botschaft des Guten *c* bringt, der Heil verkündigt, der zu Zion spricht: Dein Gott herrscht als König! Stimme dei- 8 ner Wächter *d*! sie erheben die Stimme, sie jauchzen insgesamt; denn Auge in Auge sehen sie, wie Jehova Zion wiederbringt. Brechet in Jubel aus 9 jauchzet insgesamt, ihr Trümmer Jerusalems! denn Jehova hat sein Volk getröstet, hat Jerusalem erlöst. Jeho- 10 va hat seinen heiligen Arm entblößt vor den Augen aller Nationen, und alle Enden der Erde sehen die Rettung unseres Gottes. — Weichet, weichet, ge- 11 het von dannen hinaus, rühret nichts Unreines an! Gehet hinaus aus ihrer Mitte, reiniget euch, die ihr die Geräte Jehovas traget! Denn nicht in Hast 12 sollt ihr ausziehen, und nicht in Flucht weggehen; denn Jehova zieht vor euch her, und eure Nachhut ist der Gott Israels.

Siehe, mein Knecht wird einsichtig 13 handeln; er wird erhoben und erhöht werden und sehr hoch sein. Gleichwie 14 sich viele über ihn entsetzt haben, — so entstellt war sein Aussehen, mehr als irgend eines Mannes, und seine Gestalt, mehr als der Menschenkinder — ebenso wird er viele Nationen in 15 Staunen setzen *e*, über ihn werden Könige ihren Mund verschließen. Denn sie werden sehen, was ihnen nicht erzählt worden war; und was sie nicht gehört hatten, werden sie wahrnehmen *f*.

Wer hat unserer Verkündigung *g* **53** geglaubt, und wem ist der Arm Jehovas offenbar geworden *h*? — Und er 2 ist wie ein Reis vor ihm aufgeschossen, und wie ein Wurzelsproß aus dürrem Erdreich *i*. Er hatte keine Gestalt und keine Pracht; und als wir ihn sahen, da hatte er kein Ansehen, daß wir seiner begehrt hätten *j*. Er war ver- 3 achtet und verlassen von den Menschen *k*, ein Mann der Schmerzen und mit Leiden vertraut, und wie einer, vor dem man das Angesicht verbirgt; er war verachtet, und wir haben ihn für nichts geachtet.

Fürwahr, er hat unsere Leiden ge- 4 tragen, und unsere Schmerzen hat er auf sich geladen. Und wir, wir hielten ihn für bestraft *l*, von Gott geschlagen und niedergebeugt; doch um unserer 5 Uebertretungen willen war er verwundet, um unserer Missetaten willen zerschlagen. Die Strafe zu unserem Frieden lag auf ihm, und durch seine Striemen ist uns Heilung geworden. Wir alle irrten umher wie Schafe, wir 6 wandten uns ein jeder auf seinen Weg; und Jehova hat ihn treffen lassen unser aller Ungerechtigkeit. — Er wurde 7 mißhandelt, aber er beugte sich und

---

a wie ein Zelt; and. üb.: zu pflanzen. — *b* Eig. sie, die voll waren. — *c* O. des Glückes. — *d* Eig. Späher. — *e* Eig. *vor Bewunderung* aufbeben machen. — *f* Eig. denn sie sehen . . . , denn sie nehmen wahr, was usw. — *g* O. der uns betreffenden Kunde. — *h* Eig. enthüllt worden. — *i* Vergl. Kap. 11, 1. — *j* O. Gefallen an ihm gefunden hätten. — *k* Eig. von den Männern, d. h. den Hochgestellten. — *l* Eig. für einen *von göttlicher Strafe* Getroffenen.

tat seinen Mund nicht auf, gleich dem Lamme, welches zur Schlachtung geführt wird, und wie ein Schaf, das stumm ist vor seinen Scherern; und 8 er tat seinen Mund nicht auf. — Er ist hinweggenommen worden aus der Angst a und aus dem Gericht. Und wer wird sein Geschlecht aussprechen? denn er wurde abgeschnitten aus dem Lande der Lebendigen: wegen der Uebertretung meines Volkes hat ihn 9 Strafe b getroffen. c Und man hat sein Grab bei Gesetzlosen bestimmt; aber bei einem Reichen *ist er gewesen* in seinem Tode d, weil er kein Unrecht begangen hat e und kein Trug in seinem Munde gewesen ist.

10 Doch Jehova gefiel es, ihn zu zerschlagen, er hat ihn leiden lassen. Wenn seine Seele zum Schuldopfer gestellt haben wird, so wird er Samen sehen, er wird seine Tage verlängern; und das Wohlgefallen f Jehovas wird 11 in seiner Hand gedeihen. Von der Mühsal seiner Seele wird er *Frucht* sehen und sich sättigen. Durch seine Erkenntnis wird mein gerechter Knecht die Vielen zur Gerechtigkeit weisen g, und ihre Missetaten wird er 12 auf sich laden. Darum werde ich ihm die Großen zuteil geben h, und mit Gewaltigen wird er die Beute teilen: dafür daß er seine Seele ausgeschüttet hat in den Tod und den Uebertretern i beigezählt worden ist j; er aber k hat die Sünde vieler getragen und für die Uebertreter i Fürbitte getan.

54 Jubele, du Unfruchtbare, die nicht geboren, brich in Jubel aus und jauchze, die keine Wehen gehabt hat! denn der Kinder der Vereinsamten sind mehr als der Kinder der Ver- 2 mählten, spricht Jehova. Mache weit den Raum deines Zeltes, und man spanne aus die Behänge deiner Wohnstätte l; wehre nicht m! Mache deine Seile lang, und deine Pflöcke stecke 3 fest! Denn du wirst dich ausbreiten zur Rechten und zur Linken; und dein Same wird die Nationen in Besitz nehmen, und wird die verödeten Städte 4 bevölkern. Fürchte dich nicht, denn du wirst nicht beschämt werden, und schäme dich nicht, denn du wirst nicht zu Schanden werden; sondern du wirst der Schmach deiner Jugend vergessen und der Schande deiner Witwenschaft 5 nicht mehr gedenken. Denn der dich gemacht hat, ist dein Mann, — Jehova der Heerscharen ist sein Name — und der Heilige Israels ist dein Erlöser: er wird der Gott der ganzen Erde ge-

nannt werden. Denn wie ein verlas- 6 senes und im Geiste betrübtes Weib ruft dich Jehova, und wie ein Weib der Jugend, wenn sie verstoßen ist, spricht dein Gott. Einen kleinen Augen- 7 blick habe ich dich verlassen, aber mit großem Erbarmen will ich dich sammeln n; im Zorneserguß habe ich einen 8 Augenblick mein Angesicht vor dir verborgen, aber mit ewiger Güte werde ich mich deiner erbarmen, spricht Jehova, dein Erlöser. Denn dieses soll 9 mir sein wie die Wasser Noahs, als ich schwur, daß die Wasser Noahs die Erde nicht mehr überfluten sollten; so habe ich geschworen, daß ich nicht mehr über dich ergrimmen, noch dich schelten werde. Denn die Berge mö- 10 gen weichen und die Hügel wanken, aber meine Güte wird o nicht von dir weichen und mein Friedensbund nicht wanken, spricht Jehova, dein Erbarmer.

Du Elende, Sturmbewegte, Ungetrö- 11 stete! siehe, ich lege deine Steine in Bleiglanz p und gründe dich mit Saphiren; und ich mache deine Zinnen 12 aus Rubinen und deine Tore von Karfunkeln und dein ganzes Gebiet von Edelsteinen. Und alle deine Kinder 13 werden von Jehova gelehrt, und der Friede deiner Kinder wird groß sein. Durch Gerechtigkeit wirst du befestigt 14 werden. Sei fern von Angst, denn du hast dich nicht zu fürchten, und von Schrecken, denn er wird dir nicht nahen. Siehe, wenn man sich auch 15 rottet, so ist es nicht von mir aus; wer sich wider dich rottet, der wird um deinetwillen fallen. Siehe, ich habe 16 den Schmied geschaffen, der das Kohlenfeuer anbläst und die Waffe hervorbringt, seinem Handwerk gemäß; und ich habe den Verderber geschaffen, um zu zerstören. Keiner Waffe, 17 die wider dich gebildet wird, soll es gelingen; und jede Zunge, die vor Gericht wider dich aufsteht, wirst du schuldig sprechen q. Das ist das Erbteil der Knechte Jehovas und ihre Gerechtigkeit von mir aus r, spricht Jehova.

He! ihr Durstigen alle, kommet **55** zu den Wassern; und die ihr kein Geld habt, kommet, kaufet ein und esset! ja, kommet, kaufet ohne Geld und ohne Kaufpreis Wein und Milch! Warum wäget ihr Geld dar für das, 2 was nicht Brot ist, und euren Erwerb für das, was nicht sättigt? Höret doch auf mich und esset das Gute, und eure Seele labe sich an Fettem! Neiget euer 3 Ohr und kommet zu mir; höret, und eure Seele wird leben. Und ich will

---

a Eig. aus der Bedrückung. — b Eig. Schlag, Plage. — c O. Und wer von seinen Zeitgenossen bedachte es, daß er . . . abgeschnitten wurde, indem ihn Strafe traf wegen der Uebertretung meines Volkes? — d Eig. seinem qualvollen Tode; vergl. die Anm. zu Hes. 28, 8. — e O. (aber bei einem Reichen usw.), obwohl er kein Unrecht begangen hat. — f O. der Wille. — g O. den Vielen zur Gerechtigkeit verhelfen, die Vielen gerecht machen. — h Eig. Anteil geben an den Großen. — i O. den (die) Abtrünnige. — j O. sich beizählen ließ. — k O. jedoch, hingegen. — l Eig. deiner Wohnstätten, d. h. deiner geräumigen Wohnung. — m O. spare nicht. — n O. aufnehmen. — o O. wenn auch die Berge wichen . . ., so wird doch usw. — p Eig. Stibium, womit die orientalischen Frauen ihre Augenlider schwarz färbten, um den Glanz der Augen zu erhöhen; hier als Mörtel gedacht. — q Eig. als schuldig erweisen. — r O. mit veränderter Interpunktion: und ihre Gerechtigkeit ist aus mir.

einen ewigen Bund mit euch schließen: die gewissen a Gnaden Davids. —

4 Siehe, ich habe ihn zu einem Zeugen
für Völkerschaften gesetzt, zum Fürsten und Gebieter von Völkerschaften.

5 Siehe, du wirst eine Nation herbeirufen, die du nicht kanntest; und eine
Nation, die dich nicht kannte, wird dir
zulaufen, um Jehovas willen, deines
Gottes, und wegen des Heiligen Israels; denn er hat dich herrlich gemacht.

6 Suchet Jehova, während er sich finden läßt; rufet ihn an, während er

7 nahe ist. Der Gesetzlose verlasse seinen Weg und der Mann des Frevels
seine Gedanken; und er kehre um zu
Jehova, so wird er sich seiner erbarmen, und zu unserem Gott, denn er

8 ist reich an Vergebung. Denn meine
Gedanken sind nicht eure Gedanken,
und eure Wege sind nicht meine Wege,

9 spricht Jehova. Denn wie der Himmel höher ist als die Erde, so sind
meine Wege höher als eure Wege und
meine Gedanken als eure Gedanken.

10 Denn gleichwie der Regen und der
Schnee vom Himmel herabfällt und
nicht dahin zurückkehrt, er habe denn
die Erde getränkt und befruchtet und
sie sprossen gemacht, und dem Säemann Samen gegeben und Brot dem

11 Essenden: also wird mein Wort sein,
das aus meinem Munde hervorgeht;
es wird nicht leer zu mir zurückkehren, sondern es wird ausrichten, was
mir gefällt, und durchführen, wozu

12 ich es gesandt habe. Denn in Freuden
werdet ihr ausziehen und in Frieden
geleitet werden; die Berge und die
Hügel werden vor euch in Jubel ausbrechen, und alle Bäume des Feldes

13 werden in die Hände klatschen; statt
der Dornsträucher werden Zypressen
aufschießen, und statt der Brennesseln
werden Myrten aufschießen. Und es
wird Jehova zum Ruhme b, zu einem
ewigen Denkzeichen sein, das nicht
ausgerottet wird.

56 So spricht Jehova: Wahret das
Recht und übet Gerechtigkeit! Denn
mein Heil steht im Begriff c zu kommen, und meine Gerechtigkeit geof-

2 fenbart zu werden. Glückselig der
Mensch, der dieses tut, und das Menschenkind, welches hieran festhält:
der den Sabbath hält, daß er ihn nicht
entweihe, und seine Hand davor bewahrt, irgend etwas Böses zu tun!

3 Und der Sohn der Fremde, der sich Jehova angeschlossen hat, spreche nicht
und sage: Jehova wird mich sicherlich von seinem Volke ausschließen;
und der Verschnittene sage nicht: Sie-

4 he, bin ich ein dürrer Baum. Denn so
spricht Jehova: Den Verschnittenen,
welche meine Sabbathe halten und das
erwählen, woran ich Gefallen habe,

5 und festhalten an meinem Bunde, ih-

nen will ich in meinem Hause und in
meinen Mauern einen Platz d geben,
und einen Namen, besser als Söhne
und Töchter: einen ewigen Namen
werde ich ihnen e geben, der nicht
ausgerottet werden soll. Und die Söh- 6
ne der Fremde, die sich Jehova angeschlossen haben, um ihm zu dienen
und den Namen Jehovas zu lieben,
ihm zu Knechten zu sein — einen jeden, der den Sabbath hält, daß er ihn
nicht entweihe, und die da festhalten
an meinem Bunde: die werde ich zu 7
meinem heiligen Berge bringen und
sie erfreuen in meinem Bethause; ihre Brandopfer und ihre Schlachtopfer
sollen wohlgefällig sein auf meinem
Altar. Denn mein Haus wird ein Bethaus genannt werden für alle Völker.
Es spricht der Herr, Jehova, der die 8
Vertriebenen Israels sammelt: Zu ihm,
zu seinen Gesammelten, werde ich
noch mehr hinzusammeln.

Kommet her, um zu fressen, alle ihr 9
Tiere des Feldes, alle ihr Tiere im
Walde! Seine Wächter f sind alle, 10
sind alle ohne Erkenntnis; sie alle sind
stumme Hunde, die nicht bellen können; sie träumen g, liegen da, lieben
den Schlummer. Und die Hunde sind 11
gefräßig, kennen keine Sättigung; und
das sind Hirten! Sie haben kein Verständnis h; sie alle wenden sich auf
ihren eigenen Weg, ein jeder von ihnen allem seinem Vorteil nach: „Kom- 12
met her, ich will Wein holen, und laßt
uns starkes Getränk saufen; und der
morgende Tag soll wie dieser sein,
herrlich über alle Maßen!"

Der Gerechte kommt um, und nie- **57**
mand nimmt es zu Herzen, und die
Frommen werden hinweggerafft, ohne
daß jemand es beachtet, daß der Gerechte vor dem Unglück hinweggerafft
wird. Er geht ein zum Frieden; sie 2
ruhen auf ihren Lagerstätten, ein jeder, der in Geradheit i gewandelt hat.

Und ihr, nahet hierher, Kinder der 3
Zauberin, Same des Ehebrechers und
der Hure! Ueber wen machet ihr euch 4
lustig j, über wen sperret ihr das Maul
auf und strecket die Zunge heraus?
Seid ihr nicht Kinder des Abfalls, ein
Same der Lüge, die ihr für die Göt- 5
zen entbranntet unter k jedem grünen
Baume, die ihr Kinder in den Tälern
schlachtet unter den Klüften der
Felsen? An den glatten Steinen l des 6
Talbaches war dein Teil; sie, sie waren dein Los; auch gossest du ihnen
Trankopfer aus, opfertest ihnen Speisopfer. Sollte ich mich darüber trösten?
Auf einem hohen und erhabenen Ber- 7
ge schlugest du dein Lager auf; auch
stiegest du dort hinauf, um Schlachtopfer zu opfern. Und hinter die Tür 8
und den Pfosten setztest du dein Gedächtnis m. Denn von mir abgewendet n

---

a O. zuversichtlichen, unwandelbaren. — b W. zum Namen. — c W. ist nahe. —
d O. einen Anteil. — e Eig. ihm, d. h. einem jeden von ihnen. — f Eig. Späher. —
g Eig. phantasieren. — h Eig. Wissen, um zu verstehen, d. h. sind unfähig, ein verständiges Urteil zu fällen. — i Eig. gerade vor sich hin. — j Eig. empfindet ihr
Wonne, d. h. Schadenfreude. — k O. die ihr bei den Terebinthen entbranntet, unter
usw. — l d. h. Steinblöcken. — m Vergl. 5. Mose 6, 9. — n Eig. von mir hinweg.

decktest du auf und bestiegest, machtest breit dein Lager, und du beding-
test dir *Lohn* von ihnen aus; du lieb-
test ihr Beilager, schautest ihre Blö-
9 ße. Und du zogest mit Oel zu dem
König und machtest viel deiner wohlriechenden Salben; und du sandtest
deine Boten in die Ferne und ernie-
10 drigtest dich bis zum Scheol. Durch
die Weite deines Weges bist du müde
geworden, *doch* du sprachst nicht: Es
ist umsonst! Du gewannst neue Kraft *a*,
darum bist du nicht erschlafft. Und
11 vor wem hast du dich gescheut und
gefürchtet, daß du gelogen hast, und
meiner nicht gedachtest, es nicht zu
Herzen nahmst? Habe ich nicht geschwiegen, und zwar seit langer Zeit *b*?
12 und mich fürchtest du nicht. Ich, ich
werde deine Gerechtigkeit kundtun;
und deine Machwerke, sie werden dir
13 nichts nützen. Wenn du schreist, mögen dich deine *Götzen*haufen erretten!
aber ein Wind wird sie allesamt entführen, ein Hauch sie hinwegnehmen.
Wer aber zu mir seine Zuflucht nimmt,
wird das Land erben und meinen heili-
14 gen Berg besitzen. Und man wird sagen: Machet Bahn, machet Bahn; bereitet *c* einen Weg, hebet aus dem Wege
meines Volkes jeden Anstoß hinweg!
15 Denn so spricht der Hohe und Erhabene, der in Ewigkeit wohnt *d*, und
dessen Name der Heilige ist: Ich wohne in der Höhe und im Heiligtum,
und bei dem, der zerschlagenen und
gebeugten Geistes ist, um zu beleben
den Geist der Gebeugten und zu beleben das Herz der Zerschlagenen.
16 Denn ich will nicht ewiglich rechten
und nicht auf immerdar ergrimmt sein;
denn der Geist würde vor mir verschmachten, und die Seelen *e*, die ich
17 ja gemacht habe. Wegen der Missetat
seiner Habsucht ergrimmte ich und
schlug es, indem ich mich verbarg
und ergrimmt war; und es wandelte
abtrünnig auf dem Wege seines Her-
18 zens. Seine Wege habe ich gesehen
und werde es heilen; und ich werde es
leiten, und Tröstungen erstatten ihm
19 und *f* seinen Trauernden. Die Frucht
der Lippen schaffend, spricht Jehova:
Friede, Friede den Fernen und den
Nahen *g*, und ich will es heilen. —
20 Aber die Gesetzlosen sind wie das
aufgewühlte Meer; denn es kann nicht
ruhig sein, und seine Wasser wühlen
21 Schlamm und Kot auf. Kein Friede
den Gesetzlosen! spricht mein Gott. —

58 Rufe aus voller Kehle, halte nicht
zurück! erhebe deine Stimme gleich
einer Posaune, und tue meinem Volke
seine Uebertretung *h* kund, und dem
2 Hause Jakob seine Sünden! Und doch
fragen sie nach mir Tag für Tag und
begehren meine Wege zu kennen;
gleich einer Nation, welche Gerech-

tigkeit übt und das Recht ihres Gottes
nicht verlassen hat, fordern sie von
mir Gerichte der Gerechtigkeit, begehren das Herannahen Gottes. „Warum 3
haben wir gefastet, und du hast es
nicht gesehen, unsere Seelen kasteit,
und du hast es nicht gemerkt?" Siehe, am Tage eures Fastens geht ihr
euren Geschäften nach und dränget
alle eure Arbeiter *i*. Siehe, zu Hader 4
und Zank fastet ihr, und um zu schlagen mit boshafter Faust. Heutzutage
fastet ihr nicht, um eure Stimme hören zu lassen in der Höhe. Ist derglei- 5
chen ein Fasten, an dem ich Gefallen
habe, ein Tag, an welchem der Mensch
seine Seele kasteit? Seinen Kopf zu
beugen wie ein Schilf, und Sacktuch
und Asche unter sich zu betten, nennst
du das ein Fasten und einen dem Jehova wohlgefälligen Tag? Ist nicht 6
dieses ein Fasten, an dem ich Gefallen habe: daß man löse die Schlingen
der Bosheit, daß man losmache die
Knoten des Joches und gewalttätig
Behandelte als Freie entlasse, und daß
ihr jedes Joch zersprenget? *Besteht es* 7
nicht *darin*, dein Brot dem Hungrigen
zu brechen, und daß du verfolgte *j*
Elende ins Haus führst? wenn du einen
Nackten siehst, daß du ihn bedeckst und
deinem Fleische dich nicht entziehst?
Dann wird dein Licht hervorbrechen 8
wie die Morgenröte, und deine Heilung wird eilends sprossen; und deine
Gerechtigkeit wird vor dir herziehen,
die Herrlichkeit Jehovas wird deine
Nachhut sein. Dann wirst du rufen, 9
und Jehova wird antworten; du wirst
um Hilfe schreien, und er wird sagen:
Hier bin ich! Wenn du das Joch, das
Fingerausstrecken *k* und unheilvolle
Reden aus deiner Mitte hinwegtust,
und deine Speise *l* dem Hungrigen 10
darreichst und die niedergedrückte
Seele sättigst: so wird dein Licht aufgehen in der Finsternis, und dein
Dunkel wird sein wie der Mittag. Und 11
beständig wird Jehova dich leiten, und
er wird deine Seele sättigen in Zeiten *m* der Dürre und deine Gebeine
rüstig machen. Und du wirst sein wie
ein bewässerter Garten und wie ein
Wasserquell, dessen Gewässer nicht
trügen. Und die aus dir *kommen*, wer- 12
den die uralten Trümmer aufbauen;
die Grundmauern vergangener Geschlechter wirst du aufrichten; und
du wirst genannt werden: Vermaurer
der Lücken, Wiederhersteller bewohn-
barer Straßen.
Wenn du deinen Fuß vom Sabbath 13
zurückhältst, daß du dein Geschäft
nicht tust an meinem heiligen Tage,
und den Sabbath ein Ergötzen und
den heiligen *Tag* Jehovas ehrwürdig
nennst; und *wenn du* ihn ehrst, sodaß
du nicht deine Wege verfolgst *n*, dein

---

a Eig. Wiederbelebung deiner Kraft. — *b* Eig. seit ewiglang. — *c* Eig. räumet auf,
lichtet. — *d* O. bleibt. — *e* W. die Odem. — *f* O. und zwar. — *g* W. Gesproß der Lippen schaffend, Friede . . . den Nahen, spricht Jehova. — *h* Eig. ihren Abfall. — *i* O.
und fordert streng alle eure Arbeiten. — *j* O. umherirrende. — *k* d. h. das Fingerdeuten,
als Verhöhnung; wie Spr. 6, 13. — *l* W. Seele; od.: Gier, Hunger; d. h. also hier
was den Hunger stillt. — *m* O. an Oertern. — *n* Eig. tust.

Geschäft treibst und *eitle* Worte re-
14 dest: dann wirst du dich an Jehova
ergötzen, und ich werde dich einherfahren lassen auf den Höhen der Erde *a*, und werde dich speisen mit dem
Erbteil Jakobs, deines Vaters; denn
der Mund Jehovas hat geredet.

59 Siehe, die Hand Jehovas ist nicht
zu kurz, um zu retten, und sein Ohr
2 nicht zu schwer, um zu hören; sondern
eure Missetaten haben eine Scheidung
gemacht zwischen euch und eurem
Gott, und eure Sünden haben sein
Angesicht *b* vor euch verhüllt, daß er
3 nicht hört. Denn eure Hände sind mit
Blut befleckt und eure Finger mit Ungerechtigkeit; eure Lippen reden Lü-
4 ge, eure Zunge spricht Unrecht. Niemand ruft Gerechtigkeit aus *c*, und niemand rechtet in Treue; man vertraut
auf Nichtigkeit und redet Falschheit;
man ist schwanger mit Mühsal und
5 gebiert Unheil. Basiliskeneier brüten
sie aus, und sie weben Spinnengewebe: wer von ihren Eiern ißt, muß sterben, und wird eines zertreten, so fährt
6 eine Otter heraus; ihr Gewebe taugt
nicht zur Bekleidung, und mit ihrem
Gewirke kann man sich nicht bedek-
ken. Ihre Werke sind Werke des Unheils, und Gewalttat *d* ist in ihren
7 Händen. Ihre Füße laufen zum Bösen
und eilen, unschuldiges Blut zu vergießen; ihre Gedanken sind Gedanken
des Unheils, Verwüstung und Zertrüm-
8 merung ist auf ihren Bahnen. Den
Weg des Friedens kennen sie nicht,
und kein Recht ist in ihren Geleisen;
ihre Pfade machen sie krumm: wer irgend sie betritt, kennt keinen Frieden.
9 Darum ist das Recht fern von uns,
und die Gerechtigkeit erreicht uns
nicht. Wir harren auf Licht, und siehe, Finsternis; auf Helle, *aber* in dik-
10 tem Dunkel wandeln wir. Wie Blinde
tappen wir an der Wand herum, und
wir tappen herum wie solche, die keine Augen haben; wir straucheln am
Mittag wie in der Dämmerung. Wir
sind unter Gesunden den Toten gleich.
11 Wir brummen alle wie die Bären, und
wir girren wie die Tauben. Wir harren auf Recht, und da ist keines; auf
Rettung, *aber* sie ist fern von uns.
12 Denn viele sind unserer Uebertretungen *e* vor dir, und unsere Sünden zeugen wider uns; denn unsere Uebertretungen sind wir uns bewußt, und
unsere Missetaten, die kennen wir:
13 abfallen von Jehova und ihn verleugnen und zurückweichen von unserem
Gott *f*, reden von Bedrückung und Abfall, Lügenworte in sich aufnehmen
14 und sie aus dem Herzen sprechen. Und
das Recht ist zurückgedrängt, und die
Gerechtigkeit steht von ferne; denn
die Wahrheit ist gestrauchelt auf dem
Markte, und die Geradheit findet kei-

nen Einlaß. Und die Wahrheit wird 15
vermißt; und wer das Böse meidet,
setzt sich der Beraubung aus. Und Jehova sah es, und es war böse in seinen
Augen, daß kein Recht vorhanden war.
Und er sah, daß kein Mann da war; 16
und er staunte, daß kein Vermittler *g*
vorhanden. Da half ihm sein Arm, und
seine Gerechtigkeit, sie unterstützte
ihn. Und er zog Gerechtigkeit an wie 17
einen Panzer, und *setzte* den Helm des
Heils auf sein Haupt, und er zog Ra-
chegewänder an als Kleidung und hüllte sich in Eifer wie in einen Mantel *h*.
Nach den Taten, danach wird er ver- 18
gelten: Grimm seinen Widersachern,
Vergeltung seinen Feinden; den Inseln wird er Vergeltung erstatten. Und 19
sie werden den Namen Jehovas fürchten vom Niedergang an, und von Sonnenaufgang seine Herrlichkeit. Wenn
der Bedränger kommen wird wie ein
Strom, so wird der Hauch Jehovas ihn
in die Flucht schlagen. Und ein Erlö- 20
ser wird kommen für Zion und für
die, welche in Jakob von der Uebertretung *i* umkehren, spricht Jehova.
Und ich — dies ist mein Bund mit ih- 21
nen, spricht Jehova: Mein Geist, der
auf dir ist, und meine Worte, die ich
in deinen Mund gelegt habe, werden
nicht aus deinem Munde weichen, noch
aus dem Munde deiner Nachkommen *j*,
noch aus dem Munde der Nachkommen deiner Nachkommen, spricht Jehova, von nun an bis in Ewigkeit.

Stehe auf, leuchte! denn dein Licht **60**
ist gekommen, und die Herrlichkeit
Jehovas ist über dir aufgegangen. Denn 2
siehe, Finsternis bedeckt die Erde und
Dunkel die Völkerschaften; aber über
dir strahlt Jehova auf, und seine Herrlichkeit erscheint über dir. Und Na- 3
tionen wandeln zu deinem Lichte hin,
und Könige zu dem Glanze deines Aufgangs. Erhebe ringsum deine Augen 4
und sieh! Sie alle versammeln sich,
kommen zu dir: deine Söhne kommen
von ferne, und deine Töchter werden
auf den Armen *k* herbeigetragen. —
Dann wirst du es sehen und *vor Freu-* 5
de strahlen, und dein Herz wird beben und weit werden; denn des Meeres Fülle wird sich zu dir wenden, der
Reichtum der Nationen zu dir kommen. Eine Menge Kamele wird dich 6
bedecken, junge Kamele von Midian
und Epha. Allesamt werden sie aus
Scheba *l* kommen, Gold und Weihrauch
bringen, und Sie werden das Lob *m* Jehovas fröhlich verkündigen. Alle Her- 7
den Kedars werden sich zu dir versammeln, die Widder Nebajoths werden dir zu Diensten stehen: wohlgefällig werden sie auf meinen Altar
kommen, und das Haus meiner Pracht
werde ich prächtig machen. — Wer 8
sind diese, die wie eine Wolke geflo-

---

a Vergl. 5. Mose 32, 13; 33, 29. — *b* Eig. das Angesicht; d. h. das Angesicht, welches
alles sieht und überall gegenwärtig ist. — *c* And. üb.: ruft Gerechtigkeit an. — *d* Eig.
Verübung von Gewalttat. — *e* Eig. Treubrüche, Abtrünnigkeiten. — *f* Eig. von hinter
unserem Gott, d. h. von seiner Nachfolge. — *g* Eig. kein Fürbittender. — *h* Eig. Talar.
— *i* Eig. dem Treubruch, dem Abfall. — *j* W. deines Samens. — *k* Eig. an der Seite. —
l Jemen, das glückliche Arabien. — *m* O. die Ruhmestaten.

gen kommen, und gleich Tauben zu
9 ihren Schlägen? Denn auf mich hoffen
die Inseln, und die Tarsis-Schiffe *zie-*
hen voran, um deine Kinder aus der
Ferne zu bringen, *und* ihr Silber und
ihr Gold mit ihnen, zu dem Namen
Jehovas, deines Gottes, und zu dem
Heiligen Israels, weil er dich herrlich
10 gemacht hat. — Und die Söhne der
Fremde werden deine Mauern bauen,
und ihre Könige dich bedienen; denn
in meinem Grimm habe ich dich geschlagen, aber in meiner Huld habe
11 ich mich deiner erbarmt. Und deine
Tore werden beständig offen stehen;
Tag und Nacht werden sie nicht geschlossen werden, um zu dir zu bringen den Reichtum der Nationen und
12 ihre hinweggeführten *a* Könige. Denn
die Nation und das Königreich, welche dir nicht dienen wollen, werden
untergehen, und diese Nationen wer-
13 den gewißlich vertilgt werden. Die
Herrlichkeit des Libanon wird zu dir
kommen, Zypresse, Platane und Scherbinzeder miteinander, um die Stätte
meines Heiligtums zu schmücken; und
ich werde herrlich machen die Stätte
14 meiner Füße. Und gebeugt werden zu
dir kommen die Kinder deiner Bedrücker, und alle deine Schmäher werden niederfallen zu den Sohlen deiner Füße; und sie werden dich nennen: Stadt Jehovas, Zion des Heili-
15 gen Israels. Statt daß du verlassen warst und gehaßt, und niemand hindurchzog, will
ich dich zum ewigen Stolz machen, zur
Wonne von Geschlecht zu Geschlecht.
16 Und du wirst saugen die Milch der Nationen, und saugen an der Brust der
Könige; und du wirst erkennen *b*, daß
ich, Jehova, dein Heiland bin, und
ich, der Mächtige Jakobs, dein Er-
17 löser. Statt des Erzes werde ich Gold
bringen, und statt des Eisens Silber
bringen, und statt des Holzes Erz, und
statt der Steine Eisen. Und ich werde
deinen Frieden setzen zu deinen Aufsehern, und die Gerechtigkeit zu deinen
18 Vögten. Nicht wird man ferner von
Gewalttat hören in deinem Lande, von
Verheerung und Zertrümmerung in
deinen Grenzen; sondern deine Mauern wirst du Heil nennen, und deine
19 Tore Ruhm. Nicht wird ferner die
Sonne dir zum Licht sein bei Tage,
noch zur Helle der Mond dir scheinen;
sondern Jehova wird dir zum ewigen
Licht sein, und dein Gott zu deinem
20 Schmuck. Nicht wird ferner deine Sonne untergehen, noch dein Mond sich
zurückziehen *c*; denn Jehova wird dir
zum ewigen Licht sein. Und die Tage
deines Trauerns werden ein Ende ha-
21 ben. Und dein Volk, sie alle werden
Gerechte sein, werden das Land besitzen auf ewig, *sie*, ein Sproß meiner
Pflanzungen, ein Werk meiner Hände,
22 zu meiner Verherrlichung. Der Kleinste wird zu einem Tausend werden, und

der Geringste zu einer gewaltigen Nation. Ich, Jehova, werde es zu seiner
Zeit eilends ausführen.

Der Geist des Herrn, Jehovas, ist **61**
auf mir, weil Jehova mich gesalbt
hat, um den Sanftmütigen frohe Botschaft zu bringen, *weil er* mich gesandt hat, um zu verbinden die zerbrochenen Herzens sind, Freiheit auszurufen den Gefangenen, und Oeffnung
des Kerkers den Gebundenen: um aus- 2
zurufen das Jahr der Annehmung *d* Jehovas und den Tag der Rache unseres
Gottes, *und* zu trösten alle Trauernden; um den Trauernden Zions auf- 3
zusetzen *und* ihnen zu geben Kopfschmuck statt Asche, Freudenöl statt
Trauer, ein Ruhmesgewand statt eines verzagten *e* Geistes; damit sie genannt werden Terebinthen der Gerechtigkeit, eine Pflanzung Jehovas, zu
seiner Verherrlichung.

Und sie werden die uralten Trüm- 4
mer aufbauen, die Verwüstungen der
Vorzeit *f* aufrichten; und sie werden
die veröbeten Städte erneuern, was
wüst lag von Geschlecht zu Geschlecht.
Und Fremdlinge werden dastehen und 5
eure Herden weiden, und Söhne der
Fremde werden eure Ackersleute und
eure Weingärtner sein. Ihr aber, ihr 6
werdet Priester Jehovas genannt werden; Diener unseres Gottes wird man
euch heißen. Ihr werdet der Nationen Reichtümer genießen und in ihre
Herrlichkeit eintreten *g*. Anstatt eu- 7
rer Schmach werdet ihr das Doppelte
haben, und anstatt der Schande werden sie jubeln über ihr Teil; darum *h*
werden sie in ihrem Lande das Doppelte besitzen, werden ewige Freude
haben. Denn ich, Jehova, liebe das 8
Recht, ich hasse den frevelhaften Raub;
und ich werde ihnen ihre Belohnung
getreulich geben und einen ewigen
Bund mit ihnen schließen. Und ihr Sa- 9
me wird bekannt werden unter den
Nationen, und ihre Sprößlinge inmitten der Völker: alle, die sie sehen,
werden sie erkennen, daß sie ein Same sind, den Jehova gesegnet hat.

Hoch erfreue ich mich in Jehova; 10
meine Seele soll frohlocken in meinem
Gott! Denn er hat mich bekleidet mit
Kleidern des Heils, den Mantel *i* der
Gerechtigkeit mir umgetan, wie ein
Bräutigam den Kopfschmuck *j* nach
Priesterart anlegt, und wie eine Braut
sich schmückt mit ihrem Geschmeide.
Denn wie die Erde ihr Gesproß her- 11
vorbringt, und wie ein Garten sein
Gesätes aufsprossen läßt, also wird der
Herr, Jehova, Gerechtigkeit und Ruhm
aufsprossen lassen vor allen Nationen.

Um Zions willen will ich nicht **62**
schweigen, und um Jerusalems willen will ich nicht still sein, bis ihre
Gerechtigkeit hervorbricht wie Lichtglanz und ihr Heil wie eine lodernde
Fackel. Und die Nationen werden dei- 2
ne Gerechtigkeit sehen, und alle Kö-

a O. herbeigetriebenen. — *b* O. erfahren. — *c* O. verschwinden. — *d* O. der Huld;
eig. der Betätigung des Wohlgefallens. — *e* Eig. verglimmenden. — *f* Eig. der Vorfahren. — *g* And. üb.: und ihrer Herrlichkeit euch rühmen. — *h* d. h. somit, folglich. — *i* Eig. Talar. — *j* d. i. den Turban.

nige deine Herrlichkeit; und du wirst mit einem neuen Namen genannt werden, welchen der Mund Jehovas 3 bestimmen wird. Und du wirst eine prachtvolle Krone sein in der Hand Jehovas und ein königliches Diadem in 4 der Hand deines Gottes. Nicht mehr wird man dich „Verlassene" heißen, und dein Land nicht mehr „Wüste" heißen; sondern man wird dich nennen „meine Lust an ihr", und dein Land „Vermählte" a; denn Jehova wird Lust an dir haben, und dein Land wird 5 vermählt werden. Denn wie der Jüngling sich mit der Jungfrau vermählt, so werden deine Kinder sich mit dir vermählen; und wie der Bräutigam sich an der Braut erfreut, so wird dein Gott sich an dir erfreuen.

6 Auf deine Mauern, Jerusalem, habe ich Wächter bestellt; den ganzen Tag und die ganze Nacht werden sie keinen Augenblick schweigen. Ihr, die ihr Jehova erinnert, gönnet euch kei-7 ne Ruhe und laßt ihm keine Ruhe, bis er Jerusalem befestigt und bis er es 8 zum Ruhme macht auf Erden! — Jehova hat geschworen bei seiner Rechten und bei seinem starken Arm: Wenn ich fortan deinen Feinden dein Korn zur Speise gebe, und wenn Söhne der Fremde deinen Most trinken werden, um welchen du dich abgemüht hast! 9 Sondern die es einsammeln, sollen es essen und Jehova preisen; und die ihn einbringen, sollen ihn trinken in den Vorhöfen meines Heiligtums.

10 Ziehet, ziehet durch die Tore, bereitet b den Weg des Volkes; bahnet, bahnet die Straße, reiniget sie von Steinen; erhebet ein Panier über die 11 Völker! Siehe, Jehova hat eine Kunde erschallen lassen nach dem Ende der Erde hin: Saget der Tochter Zion: Siehe, dein Heil kommt; siehe, sein Lohn ist bei ihm, und seine Vergel-12 tung geht vor ihm her. Und man wird sie nennen: das heilige Volk, die Erlösten Jehovas; und dich wird man nennen: die Gesuchte c, Stadt, die nicht mehr verlassen wird.

63 Wer ist dieser, der von Edom kommt, von Bozra in hochroten Kleidern, dieser, prächtig in seinem Gewande, der einherzieht d in der Größe seiner Kraft? — Ich bin's, der in Gerechtigkeit redet, der mächtig ist zu 2 retten e. — Warum ist Rot an deinem Gewande, und sind deine Kleider wie 3 die eines Keltertreters? — Ich habe die Kelter allein getreten, und von den Völkern war niemand bei mir: und ich zertrat sie f in meinem Zorn und zerstampfte sie in meinem Grimm; und ihr Saft spritzte auf meine Kleider, und ich besudelte mein ganzes Ge-4 wand. Denn der Tag der Rache war in meinem Herzen, und das Jahr mei-

ner Erlösung g war gekommen. Und 5 ich blickte umher, und da war kein Helfer; und ich staunte, und da war kein Unterstützer. Da hat mein Arm mir geholfen, und mein Grimm, er hat mich unterstützt. Und ich trat die 6 Völker nieder in meinem Zorn und machte sie trunken in meinem Grimm, und ich ließ ihren Saft zur Erde rinnen.

Ich will der Gütigkeiten Jehovas ge- 7 denken h, der Ruhmestaten Jehovas, nach allem was Jehova uns erwiesen hat, und der großen Güte gegen das Haus Israel, welche er ihnen erwiesen nach seinem Erbarmungen und nach der Menge seiner Gütigkeiten. Und er sprach: Sie sind ja mein Volk, 8 Kinder, die nicht trügen werden; und er ward ihnen zum Heiland i. In all 9 ihrer Bedrängnis war er bedrängt, und der Engel seines Angesichts hat sie gerettet. In seiner Liebe und in seiner Erbarmung j hat er sie erlöst; und er hob sie empor und trug sie alle Tage vor alters. Sie aber sind widerspen- 10 stig gewesen und haben seinen heiligen Geist betrübt; da wandelte er sich ihnen in einen Feind: er selbst stritt wider sie.

Da gedachte sein Volk der Tage vor 11 alters, der Tage Moses k: „Wo ist der, welcher sie aus dem Meere heraufführte samt den Hirten seiner Herde? wo ist der, welcher seinen heiligen Geist in ihre Mitte gab l; der seinen 12 herrlichen m Arm zur Rechten Moses einherziehen ließ; der die Wasser vor ihnen her spaltete, um sich einen ewigen Namen zu machen; der sie durch 13 die Tiefen n ziehen ließ, gleich dem Rosse in der Steppe, ohne daß sie strauchelten? Gleich dem Vieh, welches in 14 das Tal hinabsteigt, brachte der Geist Jehovas sie zur Ruhe. Also hast du dein Volk geleitet, um dir einen herrlichen Namen zu machen." — „Blicke 15 vom Himmel herab und sieh, von der Wohnstätte deiner Heiligkeit und deiner Majestät! wo sind dein Eifer und deine Machttaten? Die Regung deines Innern und deine Erbarmungen halten sich gegen mich zurück. Denn 16 du bist unser Vater; denn Abraham weiß nicht von uns, und Israel kennt uns nicht; du, Jehova, bist unser Vater; unser Erlöser von alters her ist dein Name o. Warum, Jehova, läßt du uns 17 von deinen Wegen abirren, verhärtest unser Herz, daß wir dich nicht fürchten? Kehre zurück um deiner Knechte willen, der Stämme deines Erbteils! Auf eine kleine Zeit hat dein heiliges 18 Volk es besessen: unsere Widersacher haben dein Heiligtum zertreten. Wir 19 sind zu solchen geworden, über die du von alters her nicht geherrscht hast, die nicht genannt gewesen sind nach

---

a Land ist im Hebräischen weiblich. — b Eig. räumet auf, lichtet. — c Eig. die, nach welcher man fragt; vergl. Jer. 30, 17. — d Eig. stolz einhergeht. — e O. zu helfen. — f d. h. die Völker; wie V. 6. — g And. üb.: meiner Erlösten. — h d. h. rühmend gedenken. — i O. Retter, Helfer. — j Eig. seiner Schonung, seinem Mitleid. — k O. vor alters und Moses. — l Eig. legte (vergl. Neh. 9, 20). — m O. majestätischen. — n O. Fluten. — o Nach and. Interpunktion: unser Erlöser ist dein Name von alters her.

64 deinem Namen." – * „O daß du die Himmel zerrissest, herniederführest, *daß* vor deinem Angesicht die Berge 2 erbebten, wie Feuer Reisig entzündet, Feuer die Wasser wallen macht, um deinen Namen kundzutun deinen Widersachern: damit die Nationen vor 3 deinem Angesicht erzittern, indem du furchtbare Taten vollziehst, die wir nicht erwarteten ; *o daß du* herniederführest, *daß* vor deinem Angesicht die 4 Berge erbebten *a* ! Denn von alters her hat man nicht gehört noch vernommen, hat kein Auge einen Gott gesehen, außer dir, der sich wirksam er- 5 wiese für den auf ihn Harrenden. Du kommst dem entgegen, der Freude daran hat, Gerechtigkeit zu üben *b*, denen, die auf deinen Wegen deiner gedenken. Siehe, du, du ergrimmtest, und wir haben gesündigt; darin *c* sind wir *schon* lang *d*, so laß uns gerettet 6 werden *e* ! Und wir allesamt sind dem Unreinen gleich geworden, und alle unsere Gerechtigkeiten sind gleich einem unflätigen Kleide; und wir verwelkten allesamt wie ein Blatt, und unsere Missetaten rafften uns dahin, wie 7 der Wind. Und da war niemand, der deinen Namen anrief, der sich aufmachte, dich zu ergreifen; denn du hast dein Angesicht vor uns verborgen und uns vergehen lassen durch 8 unsere Missetaten *f*." – „Und nun, Jehova, du bist unser Vater; wir sind der Ton, und du bist unser Bildner, und wir alle sind das Werk deiner 9 Hände. Jehova, zürne nicht allzusehr *g* und gedenke nicht ewiglich der Missetat. Sieh, schaue doch her, dein Volk 10 sind wir alle! deine heiligen Städte sind eine Wüste geworden, Zion ist eine Wüste geworden, Jerusalem eine 11 Einöde. Unser heiliges und herrliches Haus, worin unsere Väter dich lobten, ist mit Feuer verbrannt, und alle unsere Kostbarkeiten sind verheert. 12 Willst du, Jehova, bei solchem *h* an dich halten ? willst du schweigen und uns ganz und gar niederbeugen?"

65 Ich bin gesucht worden von denen, die nicht *nach mir* fragten; ich bin gefunden worden von denen, die mich nicht suchten. *i* Ich sprach: Hier bin ich, hier bin ich! zu einer Nation, die nicht mit meinem Namen genannt 2 war *j*. Ich habe den ganzen Tag meine Hände ausgebreitet zu einem widerspenstigen Volke, welches seinen eigenen Gedanken nach auf dem Wege 3 wandelt, der nicht gut ist. Das Volk,

das mich beständig ins Angesicht reizt, in den Gärten opfert und auf Ziegelsteinen räuchert; welches in *k* den Grä- 4 bern sitzt und in verborgenen Orten übernachtet; welches Schweinefleisch ißt und Greuelbrühe in seinen Gefäßen hat; das da spricht: Bleibe für dich 5 und nahe mir nicht, denn ich bin dir heilig –: diese sind ein Rauch in meiner Nase, ein Feuer, das den ganzen Tag brennt. Siehe, das ist vor mir aufgeschrieben. Ich werde nicht schwei- 6 gen, ich habe denn vergolten; und in ihren Busen werde ich vergelten eure 7 Missetaten und die Missetaten eurer Väter miteinander, spricht Jehova, die *l* auf den Bergen geräuchert und mich auf den Hügeln verhöhnt haben; und ich werde zuvor *m* ihren Lohn in ihren Busen messen.

So spricht Jehova: Wie wenn sich 8 Most in der Traube findet, und man spricht: Verdirb sie nicht, denn ein Segen ist in ihr; so werde ich tun um meiner Knechte willen, daß ich nicht das Ganze verderbe. Und ich werde 9 aus Jakob einen Samen hervorgehen lassen, und aus Juda einen Besitzer meiner Berge; und meine Auserwählten sollen es *n* besitzen, und meine Knechte sollen daselbst wohnen. Und 10 Saron *o* wird zu einer Trift der Schafe *p*, und das Tal Achor zu einem Lagerplatz der Rinder werden, für mein Volk, das mich gesucht hat *q*. Ihr aber, 11 die ihr Jehova verlasset, die ihr meines heiligen Berges vergesset, die ihr dem Gad einen Tisch zurichtet und der Meni *r* Mischtrank einschenket: ich 12 habe euch dem Schwerte bestimm *t s*, und ihr alle werdet zur Schlachtung niedersinken ; weil ich gerufen, und ihr nicht geantwortet habt, geredet, und ihr nicht gehört habt, sondern getan was böse ist in meinen Augen, und das erwählet, woran ich kein Gefallen habe.

Darum spricht der Herr, Jehova, al- 13 so: Siehe, meine Knechte werden essen, ihr aber werdet hungern; siehe, meine Knechte werden trinken, ihr aber werdet dürsten. Siehe, meine Knechte werden sich freuen, ihr aber werdet beschämt sein; siehe, meine 14 Knechte werden jubeln vor Freude *t* des Herzens, ihr aber werdet schreien vor Herzeleid und heulen vor Kummer *u* des Geistes. Und ihr werdet euren 15 Namen meinen Auserwählten zum Fluchwort hinterlassen; und der Herr, Jehova, wird dich töten. Seine Knechte

---

a And. üb.: . . . erzittern. Als du furchtbare Taten vollzogst . . ., fuhrst du hernieder, vor deinem Angesicht erbebten die Berge. — *b* O. der Freude an Gerechtigkeit hat und sie übt. — *c* d. h. in ihnen (in dem soeben beschriebenen Dingen). — *d* Eig. ewig lang. And. üb.: in ihnen (auf „Wege" bezogen) ist Beständigkeit (W.*Ewigkeit). — *e* O. und sollten wir gerettet werden ? — *f* Eig. und uns zerrinnen lassen, indem du unseren Missetaten uns preisgabst. — *g* Eig. ganz und gar. — *h* O. trotzdem. — *i* O. Ich war zu erfragen für die, welche nicht fragten; ich war zu finden für die, welche mich nicht suchten. — *j* And. l.: die meinen Namen nicht anrief. — *k* O. unter. — *l* O. weil sie. — *m* d. h. bevor die Segnungen kommen ; vergl. Jer. 16, 18. — *n* d. h. das Land. — *o* Vergl. Kap. 33, 9. — *p* Eig. des Kleinviehes. — *q* Eig. nach mir gefragt hat. — *r* Gad (der Planet Jupiter) wurde als Glücksgott verehrt, Meni (der Planet Venus) als Schicksals- oder Bestimmungsgöttin. — *s* Im Hebr. ein Wortspiel mit dem Namen „Meni". — *t* Eig. Wohlsein, Behagen. — *u* Eig. Zerschlagung, Verwundung.

aber wird er mit einem anderen
16 Namen nennen: sodaß, wer sich im
Lande segnet, sich bei dem Gott der
Treue *a* segnen wird, und wer im Lande schwört, bei dem Gott der Treue *a*
schwören wird; denn die früheren
Drangsale werden vergessen und vor
meinen Augen verborgen sein.

17　Denn siehe, ich schaffe einen neuen
Himmel und eine neue Erde; und der
früheren wird man nicht mehr gedenken, und sie werden nicht mehr in den
18 Sinn kommen. Sondern freuet euch und
frohlocket für und für über das, was
ich schaffe. Denn siehe, ich wandle *b*
Jerusalem in Frohlocken um und sein
19 Volk in Freude. Und ich werde über
Jerusalem frohlocken und über mein
Volk mich freuen; und die Stimme des
Weinens und die Stimme des Wehgeschreis wird nicht mehr darin gehört
20 werden. Und dort wird kein Säugling
von einigen Tagen und kein Greis mehr
sein *c*, der seine Tage nicht erfüllte;
denn der Jüngling wird als Hundertjähriger sterben, und der Sünder als
21 Hundertjähriger verflucht werden. Und
sie werden Häuser bauen und bewohnen, und Weinberge pflanzen und ihre
22 Frucht essen. Sie werden nicht bauen
und ein anderer *es* bewohnen, sie werden nicht pflanzen und ein anderer essen; denn gleich den Tagen der Bäume
sollen die Tage meines Volkes sein, und
meine Auserwählten werden das Werk
23 ihrer Hände verbrauchen. Nicht vergeblich werden sie sich mühen, und
nicht zum jähen Untergang werden sie
zeugen *d*; denn sie sind der Same der
Gesegneten Jehovas, und ihre Spröß
24 linge werden bei ihnen sein. Und es
wird geschehen: ehe sie rufen, werde
ich antworten; während sie noch re
25 den, werde ich hören. Wolf und Lamm
werden beisammen weiden; und der
Löwe wird Stroh fressen wie das Rind;
und die Schlange: Staub wird ihre
Speise sein. Man wird nicht übeltun
noch verderbt handeln auf meinem ganzen heiligen Gebirge, spricht Jehova.

66 So spricht Jehova: Der Himmel ist
mein Thron, und die Erde der Schemel meiner Füße. Welches ist das Haus,
das ihr mir bauen könntet, und welches
2 der Ort zu meiner Ruhestätte? Hat
doch meine Hand dieses alles gemacht,
und alles dieses ist geworden, spricht
Jehova. Aber auf diesen will ich blikken: auf den Elenden und den, der zerschlagenen Geistes ist, und der da zit
3 tert vor meinem Worte. Wer ein Rind
schlachtet, erschlägt einen Menschen;
wer ein Schaf opfert, bricht einem
Hunde das Genick; wer Speisopfer
opfert: es ist Schweinsblut; wer Weihrauch als Gedächtnisopfer darbringt,
preist einen Götzen. So wie diese ihre
Wege erwählt haben und ihre Seele
4 Lust hat an ihren Scheusalen, ebenso
werde ich ihre Mißgeschicke erwählen und ihre Schrecknisse über sie brin

gen; weil ich gerufen, und niemand geantwortet hat, geredet, und sie nicht
gehört haben, sondern getan was böse
ist in meinen Augen, und das erwählten, woran ich kein Gefallen habe.

Höret das Wort Jehovas, die ihr zit 5
tert vor seinem Worte! Es sagen eure
Brüder, die euch hassen, die euch verstoßen um meines Namens willen: Jehova erzeige sich herrlich, daß wir eure
Freude sehen mögen! aber sie werden
beschämt werden. Stimme eines Getö 6
ses von der Stadt her! Stimme aus dem
Tempel! Stimme Jehovas, der Vergeltung erstattet seinen Feinden!

Ehe sie Wehen hatte, hat sie gebo 7
ren; ehe Schmerzen sie ankamen,
wurde sie von einem Knaben entbunden. Wer hat solches gehört, wer hat 8
dergleichen gesehen? Kann ein Land
an einem Tage zur Welt gebracht *e*,
oder eine Nation mit einem Male geboren werden? Denn Zion hat Wehen bekommen und zugleich ihre Kinder geboren. Sollte ich zum Durchbruch brin 9
gen und nicht gebären lassen? spricht
Jehova; oder sollte ich, der gebären
läßt, verschließen? spricht dein Gott.

Freuet euch mit Jerusalem und froh 10
locket über sie, alle, die ihr sie liebet;
seid hocherfreut mit ihr, alle, die ihr
über sie trauert! auf daß ihr sauget 11
und euch sättiget an der Brust ihrer
Tröstungen, auf daß ihr schlürfet und
euch ergötzet an der Fülle ihrer Herrlichkeit. Denn so spricht Jehova: Siehe, 12
ich wende ihr Frieden *f* zu wie einen
Strom, und die Herrlichkeit der Nationen wie einen überflutenden Bach,
und ihr werdet saugen; auf den Armen *g* werdet ihr getragen und auf den
Knieen geliebkost werden. Wie einen, 13
den seine Mutter tröstet, also werde
ich euch trösten; und in Jerusalem
sollt ihr getröstet werden. Und ihr 14
werdet es sehen, und euer Herz wird
sich freuen; und eure Gebeine werden
sprossen wie das junge Gras. Und die
Hand Jehovas wird sich kundgeben
an seinen Knechten, und gegen seine
Feinde wird er ergrimmen.

Denn siehe, Jehova wird kommen im 15
Feuer, und seine Wagen sind wie der
Sturmwind, um seinen Zorn zu vergelten in Glut und sein Schelten in Feuerflammen. Denn durch Feuer und durch 16
sein Schwert wird Jehova Gericht üben
an allem Fleische, und der Erschlagenen Jehovas werden viele sein. Die
sich weihen und sich reinigen für die 17
Gärten *h*, hinter einem her in der
Mitte; die Schweinefleisch essen und
Greuel und Mäuse: allzumal werden
sie ein Ende nehmen, spricht Jehova.

Und ich — ihre Werke und ihre Ge 18
danken *sind vor mir*. Es kommt *die
Zeit*, alle Nationen und Sprachen zu
versammeln; und sie werden kommen
und meine Herrlichkeit sehen. Und 19
ich werde ein Wunderzeichen an ihnen
tun, und werde von ihnen Entronnene

---

a O. der Wahrheit; W. des Amen. — *b* Eig. schaffe. — *c* Eig. Und von dort wird . . .
entstehen. — *d* O. gebären. — *e* And. üb.: kreißend gemacht. — *f* O. Wohlfahrt. —
g Eig. an der Seite. — *h* d. h. für den Götzendienst, der in den Gärten stattfindet.

an die Nationen senden, nach Tarsis, Pul*a* und Lud, die den Bogen spannen, nach Tubal und Jawan *b*, nach den fernen Inseln, die von mir *c* nicht gehört und meine Herrlichkeit nicht gesehen haben; und sie werden meine Herrlichkeit unter den Nationen verkün-
20 digen. Und sie werden alle eure Brüder aus allen Nationen als Opfergabe für Jehova bringen, auf Rossen und auf Wagen und auf Sänften und auf Maultieren und auf Dromedaren, nach meinem heiligen Berge, nach Jerusalem, spricht Jehova, gleichwie die Kinder Israel das Speisopfer in einem reinen Gefäße zum Hause Jehovas
21 bringen. Und auch aus ihnen werde ich zu Priestern *und* zu Leviten nehmen *d*, spricht Jehova.

22 Denn gleichwie der neue Himmel und die neue Erde, die ich mache, vor mir bestehen, spricht Jehova, also wird euer Same und euer Name bestehen.
23 Und es wird geschehen: von Neumond zu Neumond und von Sabbath zu Sabbath wird alles Fleisch kommen, um vor mir anzubeten, spricht Jehova.
24 Und sie werden hinausgehen und sich die Leichname der Menschen ansehen, die von mir abgefallen sind; denn ihr Wurm wird nicht sterben und ihr Feuer nicht erlöschen, und sie werden ein Abscheu sein allem Fleische.

Der Prophet Jeremia

1 Worte Jeremias, des Sohnes Hilkijas, von den Priestern, die zu Ana-
2 thoth waren im Lande Benjamin, zu welchem das Wort Jehovas geschah in den Tagen Josias, des Sohnes Amons, des Königs von Juda, im dreizehnten
3 Jahre seiner Regierung; und es geschah auch in den Tagen Jojakims, des Sohnes Josias, des Königs von Juda, bis zum Ende des elften Jahres Zedekias, des Sohnes Josias, des Königs von Juda, bis zur Wegführung Jerusalems im fünften Monat.

4 Und das Wort Jehovas geschah zu
5 mir also: Ehe ich dich im Mutterleibe bildete, habe ich dich erkannt, und ehe du aus dem Mutterschoße hervorkamst, habe ich dich geheiligt: zum Propheten an die Nationen habe ich
6 dich bestellt *e*. Und ich sprach: Ach, Herr, Jehova! Siehe, ich weiß nicht
7 zu reden, denn ich bin jung *f*. Da sprach Jehova zu mir: Sage nicht: Ich bin jung *f*; denn zu allen, wohin ich dich senden werde, sollst du gehen, und alles was ich dir gebieten werde,
8 sollst du reden. Fürchte dich nicht vor ihnen; denn ich bin mit dir, um dich
9 zu erretten, spricht Jehova *g*. Und Jehova streckte seine Hand aus und rührte meinen Mund an, und Jehova sprach zu mir: Siehe, ich lege meine
10 Worte in deinen Mund. Siehe, ich bestelle dich an diesem Tage über die Nationen und über die Königreiche, um auszurotten und niederzureißen und zu zerstören und abzubrechen, um zu bauen und um zu pflanzen.
11 Und das Wort Jehovas geschah zu mir also: Was siehst du, Jeremia? Und ich sprach: Ich sehe einen Mandel-
12 stab *h*. Und Jehova sprach zu mir: Du hast recht gesehen; denn ich werde über mein Wort wachen, es auszuführen.

Und das Wort Jehovas geschah zu 13 mir zum zweiten Male also: Was siehst du? Und ich sprach: Ich sehe einen siedenden Topf, dessen Vorderteil gegen Süden gerichtet ist *i*. Und Jehova 14 sprach zu mir: Von Norden her wird das Unglück losbrechen über alle Bewohner des Landes. Denn siehe, ich 15 rufe allen Geschlechtern der Königreiche gegen Norden, spricht Jehova, daß sie kommen und ein jeder seinen Thron stellen an den Eingang der Tore Jerusalems und wider alle seine Mauern ringsum, und wider alle Städte Judas. Und ich werde meine Gerichte 16 über sie sprechen wegen all ihrer Bosheit, daß sie mich verlassen und anderen Göttern geräuchert und vor den Werken ihrer Hände sich niedergebeugt haben. Du aber gürte deine 17 Lenden und mache dich auf, und rede zu ihnen alles, was ich dir gebieten werde; verzage nicht vor ihnen, damit ich dich nicht vor ihnen verzagt mache. Und ich, siehe, ich mache dich heute 18 zu einer festen Stadt und zu einer eisernen Säule und zu einer ehernen Mauer wider das ganze Land, sowohl *wider* die Könige von Juda als auch dessen Fürsten, dessen Priester und das Volk des Landes. Und sie werden 19 gegen dich streiten, aber dich nicht überwältigen; denn ich bin mit dir, spricht Jehova, um dich zu erretten.

2 Und das Wort Jehovas geschah zu
2 mir also: Geh und rufe vor die Ohren Jerusalems und sprich: So spricht Jehova: Ich gedenke dir die Zuneigung deiner Jugend, die Liebe deines Brautstandes, dein Wandeln hinter mir her in der Wüste, im unbesäten Lande.
3 Israel war heilig dem Jehova, der Erstling seines Ertrags: alle, die es verzehren wollten, verschuldeten sich: Unglück kam über sie, spricht Jehova.

---

a Wahrsch. ist „Put“ zu lesen, wie Hes. 27, 10; 30, 5. — *b* Griechenland. — *c* Eig. die meine Kunde. — *d* O. zu den Priestern *und* zu den Leviten hinzunehmen. — *e* Eig. eingesetzt. — *f* Eig. ein Knabe. — *g* Eig. ist der Spruch Jehovas; so öfter. — *h* Der Mandelbaum, welcher vor allen anderen Bäumen zu blühen beginnt, heißt im Hebr. der Wachsame. (Vergl. V. 12.) — *i* Eig. von Norden her ist.

4 Höret das Wort Jehovas, Haus Jakob und alle Geschlechter des Hau-
5 ses Israel! So spricht Jehova: Was haben eure Väter Unrechtes an mir gefunden, daß sie sich von mir entfernt haben und der Nichtigkeit *a* nachgegangen und nichtig geworden sind?
6 Und sie sprachen nicht: Wo ist Jehova, der uns aus dem Lande Aegypten heraufgeführt hat, der uns leitete in der Wüste, in dem Lande der Steppen und der Gruben, in ihm Lande der Dürre und des Todesschattens, in dem Lande, durch welches niemand zieht, und
7 wo kein Mensch wohnt? Und ich brachte euch in ein Land der Fruchtgefilde *b*, um seine Frucht und seinen Ertrag *c* zu essen; und ihr kamet hin und verunreinigt mein Land, und mein Erbteil habt ihr zum Greuel gemacht.
8 Die Priester sprachen nicht: Wo ist Jehova? Und die das Gesetz handhabten, kannten mich nicht, und die Hirten fielen von mir ab; und die Propheten weissagten durch den Baal und sind denen nachgegangen, welche nichts nützen.
9 Darum werde ich weiter mit euch rechten, spricht Jehova; und mit euren Kindeskindern werde ich rechten.
10 Denn gehet hinüber zu den Inseln der Kittäer *d* und sehet, und sendet nach Kedar *e* und merket wohl auf; und sehet, ob dergleichen geschehen ist!
11 Hat irgend eine Nation die Götter vertauscht? und doch sind sie nicht Götter *f*; aber mein Volk hat seine Herrlichkeit vertauscht gegen das,
12 was nichts nützt. Entsetzet euch darüber, ihr Himmel, und schaudert,
13 starret sehr! spricht Jehova. Denn zwiefach Böses hat mein Volk begangen: Mich, den Born lebendigen Wassers, haben sie verlassen, um sich Zisternen auszuhauen, geborstene Zisternen, die kein Wasser halten.
14 Ist Israel ein Knecht, oder ist er ein Hausgeborener? Warum ist er
15 zur Beute geworden? Junge Löwen haben wider ihn gebrüllt, ließen ihre Stimme hören, und haben sein Land zur Wüste gemacht; seine Städte sind verbrannt worden, sodaß niemand
16 darin wohnt. Auch die Söhne von Noph *g* und Tachpanches *h* weideten
17 dir den Scheitel ab. Ist es nicht dein Verlassen Jehovas, deines Gottes, zur Zeit, da er dich auf dem Wege führte,
18 welches dir dieses bewirkt? Und nun, was hast du mit dem Wege nach Aegypten zu schaffen, um die Wasser des Sichor *i* zu trinken? und was hast du mit dem Wege nach Assyrien zu schaffen, um die Wasser des Stromes zu trinken? Deine Bosheit züch-
19 tigt dich, und deine Abtrünnigkeiten strafen dich; so erkenne und sieh, daß es schlimm und bitter ist, daß du Je-

hova, deinen Gott, verlässest, und daß meine Furcht nicht bei dir ist, spricht der Herr, Jehova der Heerscharen.
    Denn vor alters hast du dein Joch 20 zerbrochen, deine Bande zerrissen, und hast gesagt: Ich will nicht dienen! sondern auf jedem hohen Hügel und unter jedem grünen Baume gabst du dich preis als Hure. Und ich hatte dich 21 gepflanzt als Edelrebe, lauter echtes Gewächs *j*; und wie hast du dich mir verwandelt in entartete Ranken eines fremden Weinstocks! Ja, wenn du dich 22 mit Natron wüschest und viel Laugensalz nähmest: schmutzig bleibt deine Ungerechtigkeit *k* vor mir, spricht der Herr, Jehova.
    Wie sprichst du: Ich habe mich 23 nicht verunreinigt, ich bin den Baalim nicht nachgegangen? Sieh deinen Weg im Tale, erkenne, was du getan hast, du flinke Kamelin, die rechts und links umherläuft *l*! Eine Wildeselin, 24 die Wüste gewohnt, in ihrer Lustbegierde schnappt sie nach Luft; ihre Brunst, wer wird sie hemmen? Alle, die sie suchen, brauchen sich nicht abzumüden: in ihrem Monat werden sie sie finden. Bewahre deinen Fuß vor 25 dem Barfußgehen *m* und deine Kehle vor dem Durste! Aber du sprichst: Es ist umsonst, nein! denn ich liebe die Fremden, und ihnen gehe ich nach.
    Wie ein Dieb beschämt ist, wenn 26 er ertappt wird, also ist beschämt worden das Haus Israel, sie, ihre Könige, ihre Fürsten und ihre Priester und ihre Propheten, die zum Holze spre-27 chen: Du bist mein Vater, und zum Steine: Du hast mich geboren; denn sie haben mir den Rücken zugekehrt und nicht das Angesicht. Aber zur Zeit ihres Unglücks sprechen sie: Stehe auf und rette uns! Wo sind nun deine 28 Götter, die du dir gemacht hast? Mögen sie aufstehen, ob sie dich retten können zur Zeit deines Unglücks! Denn so zahlreich wie deine Städte sind deine Götter geworden, Juda.
    Warum rechtet ihr mit mir? Alle-29 samt seid ihr von mir abgefallen, spricht Jehova. Vergeblich habe ich 30 eure Kinder geschlagen, sie haben keine Zucht angenommen; euer Schwert hat eure Propheten gefressen wie ein verderbender Löwe. O Geschlecht, das 31 ihr seid, merket das Wort Jehovas! Bin ich für Israel eine Wüste gewesen, oder ein Land tiefer Finsternis? Warum spricht mein Volk: wir schweifen umher, wir kommen nicht mehr zu dir? Vergißt auch eine Jungfrau 32 ihres Schmuckes, eine Braut ihres Gürtels? aber mein Volk hat meiner vergessen Tage ohne Zahl. Wie schön 33 richtest du deinen Weg ein, um Liebe zu suchen! Darum hast du auch an Uebeltaten deine Wege gewöhnt. Ja, 34

---

a d. h. den nichtigen Götzen; vergl. Kap. 16, 19. — *b* Eig. in ein Gartenland. — *c* W. sein Gut. — *d* d. h. nach Westen; s. die Anm. zu Hes. 27, 6. — *e* d. h. nach Osten; s. die Anm. zu Hes. 27, 21. — *f* O. Nichtgötter; wie Kap. 5, 7. — *g* S. die Anm. zu Hes. 30, 13. — *h* S. die Anm. zu Hes. 30, 18. — *i* S. die Anm. zu Jes. 23, 3. — *j* Eig. echter Same (Setzling). — *k* O. Schuld. — *l* Eig. die ihre Wege kreuzt. — *m* d. h. viell.: Laufe dir die Schuhe nicht ab durch das Rennen nach den Götzen.

an den Säumen deiner Kleider findet sich das Blut *a* unschuldiger Armer; *und* nicht beim Einbruch hast du sie betroffen *b*, sondern wegen all jener
35 Dinge *c hast du es getan.* Und du sagst *d*: Ich bin unschuldig, ja, sein Zorn hat sich von mir abgewandt. Siehe, ich werde Gericht an dir üben,
36 weil du sagst: Ich habe nicht gesündigt. Was läufst du so sehr, um deinen Weg zu ändern? Auch wegen Aegyptens wirst du beschämt werden, wie du wegen Assyriens beschämt wor
37 den bist; auch von diesen wirst du weggehen mit deinen Händen auf deinem Haupte. Denn Jehova verwirft die, auf welche du vertraust, und es wird dir mit ihnen nicht gelingen.

3 ✳ Er spricht *e*: Wenn ein Mann sein Weib entläßt, und sie von ihm weggeht und eines anderen Mannes wird, darf er wieder zu ihr zurückkehren? Würde nicht selbiges Land entweiht werden? Du aber hast mit vielen Buhlen gehurt, und doch solltest du zu mir
2 zurückkehren! spricht Jehova. Hebe deine Augen auf zu den kahlen Höhen und sieh! wo bist du nicht geschändet worden? An den Wegen saßest du für sie, wie ein Araber in der Wüste; und du hast das Land entweiht durch deine Hurerei und durch deine Bosheit.
3 Und die Regenschauer wurden zurückgehalten, und es ist kein Spätregen gewesen; aber du hattest die Stirn eines Hurenweibes, weigertest dich, dich zu
4 schämen. Nicht wahr? von jetzt an rufst du mir zu: Mein Vater, der
5 Freund meiner Jugend bist du! wird er ewiglich nachtragen, wird er immerdar *Zorn* bewahren? Siehe, so redest du, und begehst Uebeltaten und setzest sie durch.
6 Und Jehova sprach zu mir in den Tagen des Königs Josia: Hast du gesehen, was die abtrünnige Israel getan hat? Sie ging auf jeden hohen Berg und unter jeden grünen Baum und
7 hurte daselbst. Und ich sprach: Nachdem sie dies alles getan hat, wird sie zu mir zurückkehren. Aber sie kehrte nicht zurück. Und ihre treulose
8 Schwester Juda sah es; und ich sah, daß trotz alledem, daß ich die abtrünnige Israel, weil sie die Ehe gebrochen, entlassen und ihr einen Scheidebrief gegeben hatte, doch die treulose Juda, ihre Schwester, sich nicht fürchtete, sondern hinging und selbst auch hurte.
9 Und es geschah, wegen des Lärmes ihrer Hurerei entweihte sie das Land; und sie trieb Ehebruch mit Stein und
10 mit Holz. Und selbst bei diesem allen ist ihre treulose Schwester Juda nicht zu mir zurückgekehrt mit ihrem ganzen Herzen, sondern nur in Falschheit, spricht Jehova.

Und Jehova sprach zu mir: Die ab- 11 trünnige Israel hat sich gerechter erwiesen als Juda, die treulose. Geh, 12 und rufe diese Worte aus gegen Norden und sprich: Kehre zurück, du abtrünnige Israel, spricht Jehova; ich will nicht finster auf euch blicken *f*. Denn ich bin gütig, spricht Jehova, ich werde nicht ewiglich nachtragen. Nur erkenne deine Missetat *g*, daß du 13 von Jehova, deinem Gott, abgefallen und zu den Fremden *h* hin und her gelaufen bist unter jeden grünen Baum; aber auf meine Stimme habt ihr nicht gehört, spricht Jehova. Kehret um, 14 ihr abtrünnigen Kinder, spricht Jehova, denn ich habe mich ja mit euch vermählt; und ich werde euch nehmen, einen aus einer Stadt und zwei aus einem Geschlecht, und euch nach Zion bringen. Und ich werde euch 15 Hirten geben nach meinem Herzen, und sie werden euch weiden mit Erkenntnis und Einsicht. Und es wird 16 geschehen, wenn ihr euch im Lande mehret und fruchtbar seid in jenen Tagen, spricht Jehova, so wird man nicht mehr sagen: „Die Bundeslade Jehovas"; und sie wird nicht mehr in den Sinn kommen, und man wird ihrer nicht mehr gedenken noch sie suchen *i*, und sie wird nicht wieder gemacht werden. In jener Zeit wird man Je- 17 rusalem den Thron Jehovas nennen, und alle Nationen werden sich zu ihr versammeln wegen des Namens Jehovas in Jerusalem; und sie werden nicht mehr dem Starrsinn ihres bösen Herzens nachwandeln. In jenen Tagen 18 wird das Haus Juda mit dem Hause Israel ziehen, und sie werden miteinander aus dem Lande des Nordens in das Land kommen, welches ich euren Vätern zum Erbteil gegeben habe.
Und ich sprach: Wie will ich dich 19 stellen *j* unter den Söhnen und geben ein köstliches Land geben, ein Erbteil, das die herrlichste Zierde der Nationen ist! Und ich sprach: Ihr werdet mir zurufen: Mein Vater! und werdet euch nicht von mir *k* abwenden. Fürwahr, 20 wie ein Weib ihren Freund treulos verläßt, so habt ihr treulos gegen mich gehandelt, Haus Israel, spricht Jehova.
Eine Stimme wird gehört auf den 21 kahlen Höhen, ein Weinen, ein Flehen der Kinder Israel; weil *l* sie ihren Weg verkehrt, Jehovas, ihres Gottes, vergessen haben. — Kehret um, ihr 22 abtrünnigen Kinder; ich will eure Abtrünnigkeiten heilen. — „Hier sind wir, wir kommen zu dir; denn du bist Jehova, unser Gott. Fürwahr, trüglich 23 geht von den Hügeln, von den Bergen her das Lärmen *m*; fürwahr, in Jehova, unserem Gott, ist das Heil *n* Israels!" Denn die Schande *o* hat den Erwerb 24

---

a W. Blut von Seelen. — *b* Vergl. 2. Mose 22, 2. — *c* d. h. wegen deines Abfalls und deines Götzendienstes. — *d* O. mit veränderter Interpunktion: . . . . hast du sie betroffen. Aber trotz alledem sagst du usw. — *e* Eig. indem er spricht. — *f* Eig. mein Angesicht nicht gegen euch senken. — *g* O. Schuld. — *h* d. h. fremden Göttern. — *i* O. vermissen. — *j* d. h. dir eine besondere Stellung geben. — *k* Eig. von hinter mir. — *l* O. daß. — *m* Wahrsch. die lärmende Anrufung der Götzen. (Vergl. V. 9.) And. üb.: Fürwahr, vergeblich *erwartet man Hilfe* von den Hügeln, von der Menge der Berge her. — *n* O. die Rettung. — *o* d. i. der Schandgötze; vergl. Kap. 11, 13.

unserer Väter verzehrt von unserer Jugend an, ihr Kleinvieh und ihre Rin- 25 der, ihre Söhne und ihre Töchter. In unserer Schande müssen wir daliegen, und unsere Schmach bedeckt uns! denn wir haben gegen Jehova, unseren Gott, gesündigt, wir und unsere Väter, von unserer Jugend an bis auf diesen Tag, und wir haben nicht auf die Stimme Jehovas, unseres Gottes, gehört."

4 Wenn du umkehrst, Israel, spricht Jehova, zu mir umkehrst, und wenn du deine Scheusale von meinem Angesicht hinwegtust, und nicht *mehr* umherschweifst, sondern schwörst *a*: So 2 *wahr* Jehova lebt! in Wahrheit, in Recht *b* und in Gerechtigkeit, so werden die Nationen sich in ihm segnen und sich seiner rühmen.

3 Denn so spricht Jehova zu den Männern von Juda und zu Jerusalem: Pflüget euch einen Neubruch, und säet 4 nicht unter die Dornen. Beschneidet euch für Jehova und tut hinweg die Vorhäute eurer Herzen, ihr Männer von Juda und ihr Bewohner von Jerusalem, damit mein Grimm nicht ausbreche wie ein Feuer und unauslöschlich brenne wegen der Bosheit eurer Handlungen.

5 Verkündiget in Juda und laßt in Jerusalem vernehmen, und sprechet: Stoßet in die Posaune im Lande! rufet aus voller Kehle und sprechet: Versammelt euch und laßt uns in die festen 6 Städte ziehen! Erhebet ein Panier gegen Zion hin; flüchtet, bleibet nicht stehen! denn ich bringe Unglück von Norden her und große Zerschmette7 rung. Ein Löwe steigt herauf aus seinem Dickicht, und ein Verderber der Nationen bricht auf; er zieht von seinem Orte aus, um dein Land zur Wüste zu machen, daß deine Städte 8 zerstört werden, ohne Bewohner. Darum gürtet euch Sacktuch um, klaget und jammert! denn die Glut des Zornes Jehovas hat sich nicht von uns 9 abgewendet. Und es wird geschehen an jenem Tage, spricht Jehova, da wird das Herz des Königs und das Herz der Fürsten vergehen; und die Priester werden sich entsetzen, und die Propheten erstarrt sein.

10 Da sprach ich: Ach, Herr, Jehova! fürwahr, getäuscht hast du dieses Volk und Jerusalem, indem du sprachst: Ihr werdet Frieden haben; und das Schwert dringt bis an die Seele!

11 In jener Zeit wird diesem Volke und Jerusalem gesagt werden: Ein scharfer Wind von den kahlen Höhen in der Wüste kommt des Weges zur Tochter meines Volkes, nicht zum Wor12 feln und nicht zum Säubern; ein Wind zu voll dazu *c* wird mir kommen. Nun will auch i c h Gerichte über sie aus13 sprechen. Siehe, gleich Wolken zieht er herauf, und wie der Sturmwind sind seine Wagen, schneller als Adler

seine Rosse. Wehe uns! denn wir sind verwüstet. Wasche dein Herz rein von 14 Bosheit, Jerusalem, damit du gerettet werdest! Wie lange sollen deine heillosen Anschläge in deinem Innern weilen? Denn eine Stimme berichtet 15 von Dan und verkündet Unheil *d* vom Gebirge Ephraim her. Meldet es den 16 Nationen, siehe, verkündet es Jerusalem: Belagerer kommen aus fernem Lande und lassen ihre Stimme erschallen wider die Städte Judas; wie Feld- 17 wächter sind sie ringsumher wider dasselbe. Denn gegen mich ist es widerspenstig gewesen, spricht Jehova. Dein Weg und deine Handlungen ha- 18 ben dir solches bewirkt; dies ist deine Bosheit *e*; ja, es ist bitter, ja, es dringt bis an dein Herz.

Meine Eingeweide, meine Einge- 19 weide! Mir ist angst! Die Wände meines Herzens! Es tobt in mir mein Herz! Ich kann nicht schweigen! Denn du, meine Seele, hörst den Schall der Posaune, Kriegsgeschrei: Zerstörung *f* 20 über Zerstörung wird ausgerufen. Denn das ganze Land ist verwüstet; plötzlich sind meine Zelte zerstört, meine Zeltbehänge in einem Augenblick. Wie lange soll ich das Panier 21 sehen, den Schall der Posaune hören? — Denn mein Volk ist närrisch, mich 22 kennen sie nicht; törichte Kinder sind sie und unverständig. Weise sind sie, Böses zu tun; aber Gutes zu tun verstehen sie nicht. — Ich schaue die Erde 23 an, und siehe, sie ist wüst und leer *g*; und den Himmel, und sein Licht ist nicht da. Ich schaue die Berge an, 24 und siehe, sie beben; und alle Hügel schwanken. Ich schaue, und siehe, kein 25 Mensch ist da: und alle Vögel des Himmels sind entflohen. Ich schaue, und 26 siehe, der Karmel *h* ist eine Wüste; und alle seine Städte sind niedergerissen vor Jehova, vor der Glut seines Zornes.

Denn so spricht Jehova: Das ganze 27 Land soll eine Wüste werden; doch will ich es nicht gänzlich zerstören. Darum wird die Erde trauern, und 28 der Himmel oben schwarz werden, weil ich es geredet, beschlossen habe; und ich werde es mich nicht gereuen lassen und nicht davon zurückkommen. Vor dem Geschrei der Reiter und 29 der Bogenschützen flieht jede Stadt: sie gehen ins Dickicht und ersteigen die Felsen; jede Stadt ist verlassen, und kein Mensch wohnt darin. Und 30 du, Verwüstete, was wirst du tun? Wenn du dich auch in Karmesin kleidest, wenn du mit goldenem Geschmeide dich schmückst, wenn du deine Augen mit Schminke aufreißest: vergeblich machst du dich schön; die Buhlen verschmähen dich, sie trachten nach deinem Leben. Denn ich höre 31 eine Stimme wie von einer Kreißenden, Angst wie von einer Erstgebä-

---

a And. üb.: so sollst du nicht *mehr* umherirren; und schwörst du. — *b* d. i. in gerechter Sache. — *c* Eig. voller als diese. — *d* O. Denn die Stimme des Berichtenden von Dan und eines Unheilverkündenden. — *e* d. h. die Folge deiner Bosheit. — *f* Eig. Zerschmetterung. — *g* Derselbe Ausdruck wie 1. Mose 1, 2. — *h* O. das Fruchtgefilde.

renden, die Stimme der Tochter Zion;
sie seufzt, sie breitet ihre Hände aus:
Wehe mir! denn kraftlos erliegt meine
Seele den Mördern.

5 Durchstreifet die Gassen Jerusalems,
und sehet doch und erkundet und suchet auf ihren Plätzen, ob ihr jemand
findet, ob einer da ist, der Recht übt,
der Treue sucht: so will ich ihr ver-
2 geben. Und wenn sie sprechen: *So
wahr* Jehova lebt! so schwören sie dar-
3 um doch falsch. — Jehova, sind deine Augen nicht auf die Treue gerichtet? Du hast sie geschlagen, aber es
hat sie nicht geschmerzt; du hast sie
vernichtet: sie haben sich geweigert,
Zucht anzunehmen; sie haben ihre Angesichter härter gemacht als einen
Fels, sie haben sich geweigert, um-
4 zukehren. Und ich sprach: Nur Geringe sind es; die sind betört, weil
sie den Weg Jehovas, das Recht ihres
5 Gottes, nicht kennen. Ich will doch zu
den Großen gehen und mit ihnen reden; denn s i e kennen den Weg Jehovas, das Recht ihres Gottes. Doch
s i e haben allzumal das Joch zerbro-
6 chen, die Bande zerrissen. Darum erschlägt sie ein Löwe aus dem Walde,
ein Wolf der Steppen vertilgt sie, ein
Pardel belauert ihre Städte; jeder, der
aus ihnen hinausgeht, wird zerrissen;
denn ihrer Uebertretungen sind viele,
zahlreich ihre Abtrünnigkeiten. —
7 Weshalb sollte ich dir vergeben? Deine Söhne haben mich verlassen und
schwören bei Nichtgöttern. Obwohl
ich sie schwören ließ *a*, haben sie Ehebruch getrieben und laufen scharen-
8 weise ins Hurenhaus. Wie wohlge-
nährte Pferde schweifen sie umher;
sie wiehern ein jeder nach seines Näch-
9 sten Weibe. Sollte ich solches nicht
heimsuchen? spricht Jehova; oder sollte an einer Nation, wie diese, meine
Seele sich nicht rächen?
10 Ersteiget seine *b* Mauern und zer-
störet, doch richtet ihn nicht völlig zu
Grunde; nehmet seine Ranken weg,
11 denn nicht Jehovas sind sie. Denn das
Haus Israel und das Haus Juda haben gar treulos gegen mich gehandelt,
12 spricht Jehova. Sie haben Jehova verleugnet und gesagt: Er ist nicht; und
kein Unglück wird über uns kommen,
und Schwert und Hunger werden wir
13 nicht sehen; und die Propheten werden zu Wind werden, und der da redet, ist nicht in ihnen *c*: also wird
ihnen geschehen.
14 Darum, so spricht Jehova, der Gott
der Heerscharen: Weil ihr dieses Wort
redet, siehe, so will ich meine Worte
in deinem Munde zu Feuer machen
und dieses Volk zu Holz, und es soll
15 sie verzehren. Siehe, ich bringe über
euch eine Nation aus der Ferne, Haus
Israel, spricht Jehova; es ist eine starke Nation, es ist eine Nation von alters her, eine Nation, deren Sprache
du nicht kennst, und deren Rede du

nicht verstehst. Ihr Köcher ist wie ein 16
offenes Grab; sie sind Helden allesamt. Und sie wird deine Ernte ver- 17
zehren und dein Brot, sie wird deine
Söhne und deine Töchter verzehren,
sie wird verzehren dein Kleinvieh und
deine Rinder, verzehren deinen Weinstock und deinen Feigenbaum; deine
festen Städte, auf welche du dich verlässest, wird sie mit dem Schwerte
zerstören. Aber auch in selbigen Ta- 18
gen, spricht Jehova, werde ich euch
nicht den Garaus machen. — Und es 19
soll geschehen, wenn ihr sagen werdet: Weshalb hat Jehova, unser Gott,
uns dies alles getan? so sprich zu ihnen:
Gleichwie ihr mich verlassen und fremden Göttern gedient habt in eurem Lande, also sollt ihr Fremden dienen in
einem Lande, das nicht euer ist.
Verkündet dieses im Hause Jakob 20
und laßt es hören in Juda, und sprechet: Höret doch dieses, törichtes Volk, 21
ohne Verstand, die Augen haben und
nicht sehen, die Ohren haben und nicht
hören. Wollt ihr m i c h nicht fürchten, 22
spricht Jehova, und vor m i r nicht zittern? der ich dem Meere Sand zur
Grenze gesetzt habe, eine ewige
Schranke, die es nicht überschreiten
wird; und es regen sich seine Wogen, aber sie vermögen nichts, und
sie brausen, aber überschreiten sie
nicht. Aber dieses Volk hat ein stör- 23
riges und widerspenstiges Herz; sie
sind abgewichen und weggegangen.
Und sie sprachen nicht in ihrem Her- 24
zen: Laßt uns doch Jehova, unseren
Gott, fürchten, welcher Regen gibt,
sowohl Frühregen als Spätregen, zu
seiner Zeit; der die bestimmten Wochen der Ernte uns einhält. Eure Mis- 25
setaten haben dieses weggewendet,
und eure Sünden das Gute von euch
abgehalten. Denn unter meinem Volke 26
finden sich Gesetzlose; sie lauern *d*,
wie Vogelsteller sich ducken; sie stellen Fallen, fangen Menschen. Wie ein 27
Käfig voll Vögel, so sind ihre Häuser
voll Betrugs; darum sind sie groß
und reich geworden. Sie sind fett, sie 28
sind glatt; ja, sie überschreiten das
Maß *e* der Bosheit. Die Rechtssache
richten sie nicht, die Rechtssache der
Waisen, sodaß es ihnen gelingen könnte; und die Rechtssache der Armen
entscheiden sie nicht *f*. Sollte ich sol- 29
ches nicht heimsuchen? spricht Jehova;
oder sollte an einer Nation wie diese
meine Seele sich nicht rächen? — Ent- 30
setzliches und Schauderhaftes ist im
Lande geschehen: die Propheten weis- 31
sagen falsch, und die Priester herrschen
unter ihrer Leitung, und mein Volk
liebt es so. Was werdet ihr aber tun
am Ende von den *allen*?

Flüchtet, ihr Kinder Benjamin, aus **6**
Jerusalem hinaus, und stoßet in
die Posaune zu Tekoa, und errichtet
ein Zeichen über Beth - Hakkerem;
denn Unglück ragt herein von Norden

---

a O. sie durch einen Eid verpflichtete; and. l. : sie sättigte. — *b* auf den Weinstock (Kap.
4, 21) bezogen. — *c* d. h. sie reden nach ihren eigenen Gedanken. — *d* Eig. man lauert.
— *e* Eig. die Kundgebungen. — *f* d. h. sie verhelfen den Armen nicht zu ihrem Recht.

2 her und große Zerschmetterung. Die Schöne und die Verzärtelte, die Toch-
3 ter Zion, vertilge ich. Hirten kommen zu ihr mit ihren Herden; sie schlagen Zelte rings um sie auf, weiden ein
4 jeder seinen Raum *a* ab. „Heiliget einen Krieg *b* wider sie! Machet euch auf und laßt uns am Mittag hinaufziehen! . . . Wehe uns! denn der Tag hat sich geneigt, denn die Abend-
5 schatten strecken sich. Machet euch auf und laßt uns in der Nacht hinaufziehen und ihre Paläste verderben!"
6 Denn so spricht Jehova der Heerscharen gesprochen: Fället Bäume und schüttet einen Wall wider Jerusalem auf! Sie ist die Stadt, die heimgesucht werden soll: sie ist voll Bedrückung in ihrem
7 Innern. Wie ein Brunnen sein Wasser quellen läßt, so läßt sie ihre Bosheit quellen. Gewalttat und Zerstörung werden in ihr gehört, Wunde und Schlag sind beständig vor meinem An-
8 gesicht. Laß dich zurechtweisen, Jerusalem, damit meine Seele sich nicht von dir losreiße, damit ich dich nicht zur Wüste mache, zu einem unbewohnten Lande.
9 So spricht Jehova der Heerscharen: Wie am Weinstock wird *c* man Nachlese halten an dem Ueberrest Israels. Lege wieder deine Hand an, wie der
10 Winzer an die Ranken. Zu wem soll ich reden und wem Zeugnis ablegen, daß sie hören? Siehe, ihr Ohr ist unbeschnitten, und sie können nicht aufmerken; siehe, das Wort Jehovas ist ihnen zum Hohn geworden, sie haben
11 keine Lust daran. Und ich bin voll des Grimmes Jehovas, bin müde, ihn zurückzuhalten. —Ergieße ihn über die Kinder auf der Gasse und über den Kreis der Jünglinge allzumal; denn sowohl Mann als Weib werden getroffen werden *d*, der Alte wie der Hochbetagte,
12 und ihre Häuser werden anderen zugewandt werden, Felder und Weiber allzumal. Denn ich strecke meine Hand aus wider die Bewohner des Landes,
13 spricht Jehova. Denn von ihrem Kleinsten bis zu ihrem Größten sind sie insgesamt der Gewinnsucht ergeben; und vom Propheten bis zum Priester üben
14 sie allesamt Falschheit *e*, und sie heilen die Wunde *f* der Tochter meines Volkes leichthin und sprechen: Friede, Friede! und da ist doch kein Friede.
15 Sie werden beschämt werden *g*, weil sie Greuel verübt haben. Ja, sie schämen sich keineswegs, ja, Beschämung kennen sie nicht. Darum werden sie fallen unter den Fallenden; zur Zeit, da ich sie heimsuchen werde, werden sie straucheln *h*, spricht Jehova.
16 So spricht Jehova: Tretet auf die Wege, und sehet und fraget nach den Pfaden der Vorzeit, welches der Weg des Guten sei, und wandelt darauf; so

werdet ihr Ruhe finden für eure Seelen. Aber sie sprechen: Wir wollen nicht *darauf* wandeln. Und ich habe 17 Wächter über euch bestellt, die *da* sagen: Merket auf den Schall der Posaune! Aber sie sprechen: Wir wollen nicht *darauf* merken. Darum höret, ihr 18 Nationen, und wisse *i*, du Gemeinde, was wider sie *j* geschieht! Höre es, Erde! 19 Siehe, ich bringe Unglück über dieses Volk, die Frucht ihrer Gedanken; denn auf meine Worte haben sie nicht gemerkt, und mein Gesetz — sie haben es verschmäht. Wozu soll mir denn 20 Weihrauch aus Scheba *k* kommen, und das gute Würzrohr aus fernem Lande? Eure Brandopfer sind mir nicht wohlgefällig und eure Schlachtopfer mir nicht angenehm. Darum, so spricht 21 Jehova: Siehe, ich lege diesem Volke Anstöße, daß Väter und Kinder darüber straucheln, daß der Nachbar und sein Genosse zumal umkommen.
So spricht Jehova: Siehe, es kommt 22 ein Volk aus dem Lande des Nordens, und eine große Nation macht sich auf *l* von dem äußersten Ende der Erde. Bogen und Wurfspieß führen sie, sie 23 sind grausam und ohne Erbarmen; ihre Stimme braust wie das Meer, und auf Rossen reiten sie: gerüstet wider dich, Tochter Zion, wie ein Mann zum Kriege. — Wir haben die Kunde von 24 ihm vernommen: unsere Hände sind schlaff geworden; Angst hat uns ergriffen, Wehen, der Gebärenden gleich. — Geh nicht hinaus aufs Feld und 25 wandle nicht auf dem Wege; denn der Feind hat ein Schwert — Schrecken ringsum! Tochter meines Volkes, gürte 26 dir Sacktuch um und wälze dich in der Asche, trauere wie um den Eingeborenen, führe bittere Klage! denn plötzlich wird der Verwüster über uns kommen.
Ich habe dich zum Prüfer unter mei- 27 nem Volke gesetzt, als eine Feste *m*, damit du ihren Weg erkennen und prüfen möchtest. Allesamt sind sie 28 die Widerspenstigsten der Widerspenstigen; sie gehen als Verleumder umher, sie sind Erz und Eisen *n*; sie handeln verderbt allesamt. Versengt 29 vom Feuer ist der Blasebalg, zu Ende ist das Blei *o*; vergebens hat man geschmolzen und geschmolzen: die Bösen sind nicht ausgeschieden worden. Verworfenes Silber nennt man sie, 30 denn Jehova hat sie verworfen.

Das Wort, welches von seiten Jehovas zu Jeremia geschah, also: 7 Stelle dich in das Tor des Hauses 2 Jehovas, und rufe daselbst dieses Wort aus und sprich: Höret das Wort Jehovas, ganz Juda, die ihr durch diese Tore eingehet, um Jehova anzubeten. So spricht Jehova der Heerscharen, 3 der Gott Israels: Machet gut eure

---

a O. sein Teil. — *b* d. h. Weihet einen Krieg; vergl. Kap. 12, 3; 22, 7; 51, 27. — *c* O. soll. — *d* d. h. vom Zorne. — *e* O. Lüge. — *f* Eig. den Bruch; so auch später. — *g* Eig. sind beschämt worden (prophetisches Perfektum); so auch Kap. 8, 9. 12. — *h* O. hinstürzen. — *i* O. nimm wahr. — *j* And. üb.: unter ihnen. — *k* S. die Anm. zu Jes. 60, 6. — *l* Eig. regt sich. — *m* d. h. unerschütterlich. — *n* d. h. unedles Metall. — *o* das Blei, welches zugesetzt wird, um die Masse in Fluß zu bringen.

Wege und eure Handlungen, so will ich euch an diesem Orte wohnen las-
4 sen. Und verlasset euch nicht auf Worte der Lüge, indem man spricht: Der Tempel Jehovas, der Tempel Jehovas, der Tempel Jehovas ist dies!
5 Sondern wenn ihr eure Wege und eure Handlungen wirklich gut machet, wenn ihr wirklich Recht übet zwischen dem
6 einen und dem anderen, den Fremdling, die Waise und die Witwe nicht bedrücket, und unschuldiges Blut an diesem Orte nicht vergießet, und anderen Göttern nicht nachwandelt euch
7 zum Unglück: so will ich euch an diesem Orte, in dem Lande, das ich euren Vätern gegeben habe, wohnen lassen von Ewigkeit zu Ewigkeit.
8 Siehe, ihr verlasset euch auf Worte
9 der Lüge, die nichts nutzen. Wie? stehlen, morden und Ehebruch treiben und falsch schwören und dem Baal räuchern und anderen Göttern nach-
10 wandeln, die ihr nicht kennet! und dann kommet ihr und tretet vor mein Angesicht in diesem Hause, welches nach meinem Namen genannt ist, und sprechet: Wir sind errettet — damit
11 ihr alle diese Greuel verübet! Ist dieses Haus, welches nach meinem Namen genannt ist, eine Räuberhöhle geworden in euren Augen? Ich selbst, siehe, ich habe es gesehen, spricht Je-
12 hova. Denn gehet doch hin nach meiner Stätte, die zu Silo war, woselbst ich zuerst meinen Namen wohnen ließ, und sehet, was ich ihr getan habe wegen der Bosheit meines Volkes Israel.
13 Und nun, weil ihr alle diese Werke getan habt, spricht Jehova, und ich zu euch geredet habe, früh mich aufmachend und redend, ihr aber nicht gehört habt; und ich euch gerufen,
14 ihr aber nicht geantwortet habt: so werde ich diesem Hause, welches nach meinem Namen genannt ist, worauf ihr euch verlasset, und dem Orte, den ich euch und euren Vätern gegeben, ebenso tun, wie ich Silo getan habe.
15 Und ich werde euch wegwerfen von meinem Angesicht, so wie ich alle eure Brüder, den ganzen Samen Ephraims, weggeworfen habe.
16 Du aber, bitte nicht für dieses Volk und erhebe weder Flehen noch Gebet für sie, und dringe nicht in mich; denn
17 ich werde nicht auf dich hören. Siehst du nicht, was sie in den Städten Judas und auf den Straßen von Jerusa-
18 lem tun? Die Kinder lesen Holz auf, und die Väter zünden das Feuer an; und die Weiber kneten den Teig, um Kuchen zu bereiten für die Königin des Himmels und anderen Göttern Trankopfer zu spenden, um mich zu
19 kränken. Kränken sie mich, spricht Jehova, nicht vielmehr sich selbst zur
20 Beschämung ihres Angesichts? Darum spricht der Herr, Jehova, also: Siehe, mein Zorn und mein Grimm wird sich über diesen Ort ergießen, über die

Menschen und über das Vieh, und über die Bäume des Feldes und über die Frucht des Landes; und er wird bren-
21 nen und nicht erlöschen. So spricht Jehova der Heerscharen, der Gott Israels: Füget eure Brandopfer zu euren Schlachtopfern und esset Fleisch. Denn
22 ich habe nicht mit euren Vätern geredet und ihnen nicht betreffs des Brandopfers und des Schlachtopfers geboten, an dem Tage, da ich sie aus dem Lande Aegypten herausführte; sondern die-
23 ses Wort habe ich ihnen geboten, und gesagt: Höret auf meine Stimme, so werde ich euer Gott sein, und ihr werdet mein Volk sein a; und wandelt auf dem ganzen Wege, den ich euch gebiete, auf daß es euch wohlgehe. Aber
24 sie haben nicht gehört und ihr Ohr nicht geneigt, sondern haben gewandelt in den Ratschlägen, in dem Starrsinn ihres bösen Herzens; und sie haben mir den Rücken zugekehrt und nicht das Angesicht. Von dem Tage an,
25 da eure Väter aus dem Lande Aegypten auszogen, bis auf diesen Tag habe ich alle meine Knechte, die Propheten, zu euch gesandt, täglich früh mich aufmachend und sendend. Aber sie
26 haben nicht auf mich gehört und ihr Ohr nicht geneigt; und sie haben ihren Nacken verhärtet, haben es ärger gemacht als ihre Väter. Und wenn du
27 alle diese Worte zu ihnen redest, so werden sie nicht auf dich hören; und rufst du ihnen zu, so werden sie dir nicht antworten. So sprich denn zu
28 ihnen: Dies ist das Volk, welches auf die Stimme Jehovas, seines Gottes, nicht hört und keine Zucht annimmt; die Treue ist untergegangen und ist ausgerottet aus ihrem Munde.

Schere b deinen Haarschmuck c und
29 wirf ihn weg, und erhebe ein Klagelied d auf den kahlen Höhen: denn Jehova hat das Geschlecht seines Grimmes verworfen und verstoßen. Denn
30 die Kinder Juda haben getan, was böse ist in meinen Augen, spricht Jehova; sie haben ihre Scheusale in das Haus gestellt, welches nach meinem Namen genannt ist, um es zu verunreinigen. Und sie haben die Höhen
31 des Topheth e gebaut, welches im Tale des Sohnes Hinnoms ist, um ihre Söhne und ihre Töchter im Feuer zu verbrennen, was ich nicht geboten habe und mir nicht in den Sinn gekommen ist. Dar-
32 um siehe, Tage kommen, spricht Jehova, da man nicht mehr Topheth, noch Tal des Sohnes Hinnoms, sondern Würgetal sagen wird; man wird im Topheth begraben aus Mangel an Raum. Und die Leichname dieses Vol-
33 kes werden dem Gevögel des Himmels und den Tieren der Erde zur Speise sein, und niemand wird sie wegscheuchen. Und ich werde in den Städten
34 Judas und auf den Straßen von Jerusalem aufhören lassen die Stimme der Wonne und die Stimme der Freude,

---

a Eig. euch zum Gott . . . mir zum Volke sein; so auch Kap. 11, 4; 24, 7 usw. —
b Anrede an die Tochter Zion. — c O. dein ungeschnittenes Haar. — d O. eine Klage. —
e S. die Anm. zu 2. Kön. 23, 10.

die Stimme des Bräutigams und die Stimme der Braut; denn das Land soll zur Einöde werden. ✳ In jener Zeit, spricht Jehova, wird man die Gebeine der Könige von Juda und die Gebeine seiner Fürsten und die Gebeine der Priester und die Gebeine der Propheten und die Gebeine der Bewohner von Jerusalem aus ihren Gräbern her-

8

2 ausnehmen. Und man wird sie ausbreiten vor der Sonne und vor dem Monde und vor dem ganzen Heere des Himmels, welche sie geliebt und welchen sie gedient haben, und denen sie nachgewandelt sind, und welche sie gesucht und vor denen sie sich niedergebeugt haben; sie werden nicht gesammelt noch begraben werden, zu Dünger auf der Fläche des Erdbodens

3 sollen sie werden. Und der Tod wird dem Leben vorgezogen werden von dem ganzen Rest, der von diesem bösen Geschlecht übriggeblieben ist an allen Orten, wohin ich die Uebriggebliebenen verstoßen haben werde, spricht Jehova der Heerscharen.

4 Und sprich zu ihnen: So spricht Jehova: Fällt man denn und steht nicht wieder auf? Oder wendet man sich ab und kehrt nicht wieder zurück?

5 Warum kehrt sich dieses Volk Jerusalems ab in immerwährender Abkehr? Sie halten fest am Truge, sie weigern

6 sich umzukehren. Ich habe gehorcht und zugehört: sie reden, was nicht recht ist; da ist keiner, der seine Bosheit bereue und spreche: Was habe ich getan! Allesamt wenden sie sich zu ihrem Laufe, wie ein in den Kampf

7 stürmendes Roß. Selbst der Storch am Himmel kennt seine bestimmten Zeiten, und Turteltaube und Schwalbe und Kranich halten die Zeit ihres Kommens ein; aber mein Volk kennt das

8 Recht Jehovas nicht. Wie möget ihr sagen: Wir sind weise, und das Gesetz Jehovas ist bei uns? Siehe, fürwahr, zur Lüge hat es a gemacht der Lügen-

9 griffel der Schriftgelehrten. Die Weisen werden beschämt, bestürzt und gefangen b werden; siehe, das Wort Jehovas haben sie verschmäht, und

10 welcherlei Weisheit haben sie? — Darum werde ich ihre Weiber anderen geben, ihre Felder anderen Besitzern c. Denn vom Kleinsten bis zum Größten sind sie insgesamt der Gewinnsucht ergeben; vom Propheten bis zum Prie-

11 ster üben sie allesamt Falschheit d, und sie heilen die Wunde der Tochter meines Volkes leichthin und sprechen: Friede, Friede! und da ist doch kein

12 Friede. Sie werden beschämt werden, weil sie Greuel verübt haben. Ja, sie schämen sich keineswegs, ja, Beschämung kennen sie nicht. Darum werden sie fallen unter den Fallenden; zur Zeit ihrer Heimsuchung werden sie

13 straucheln e, spricht Jehova. Wegraffen werde ich sie, spricht Jehova. Keine

Trauben am Weinstock und keine Feigen am Feigenbaum, und das Blatt ist verwelkt: so will ich ihnen solche bestellen, die sie verheeren werden f.

14 Wozu bleiben wir sitzen? Versammelt euch, und laßt uns in die festen Städte ziehen und dort umkommen! denn Jehova, unser Gott, hat uns zum Untergang bestimmt, und uns mit bitterem Wasser getränkt, weil wir gegen Jehova gesündigt haben.

15 Man hofft auf Frieden g, und da ist nichts Gutes; auf die Zeit der Heilung, und siehe da, Schrecken. — Von Dan her wird

16 das Schnauben seiner Rosse gehört; vom Schall des Wieherns seiner starken Rosse erzittert das ganze Land. Und sie kommen und verzehren das Land und seine Fülle, die Städte und ihre Bewohner. Denn siehe, ich

17 sende unter euch Schlangen, Basilisken, gegen welche es keine Beschwörung gibt; und sie werden euch beißen, spricht Jehova. — O meine Er-

18 quickung im Kummer! Mein Herz ist siech in mir. Siehe, die Stimme des

19 Geschreies der Tochter meines Volkes kommt aus fernem Lande: „Ist Jehova nicht in Zion, oder ist ihr König nicht darin?" Warum haben sie mich gereizt durch ihre geschnitzten Bilder, durch

20 Nichtigkeiten der Fremde? „Vorüber ist die Ernte, die Obstlese ist zu Ende, und wir sind nicht gerettet!"

21 Ich bin zerschlagen wegen der Zerschmetterung der Tochter meines Volkes; ich gehe trauernd einher h, Entsetzen hat mich ergriffen. Ist kein

22 Balsam in Gilead, oder kein Arzt daselbst? Denn warum ist der Tochter meines Volkes kein Verband angelegt

9

worden? ✳ O daß mein Haupt Wasser wäre und mein Auge ein Tränenquell, so wollte ich Tag und Nacht beweinen die Erschlagenen der Tochter meines Volkes!

2 O daß ich in der Wüste eine Wanderer-Herberge hätte, so wollte ich mein Volk verlassen und von ihnen wegziehen! Denn sie sind allesamt

3 Ehebrecher, eine Rotte Treuloser. Und sie spannen ihre Zunge, ihren Bogen, mit Lüge, und nicht nach Treue schalten sie im Lande; denn sie schreiten fort von Bosheit zu Bosheit, und mich

4 kennen sie nicht, spricht Jehova. Hütet euch ein jeder vor seinem Freunde, und auf keinen Bruder vertrauet; denn jeder Bruder treibt Hinterlist, und jeder Freund geht als Verleumder ein-

5 her. Und sie betrügen einer den anderen, und Wahrheit reden sie nicht; sie lehren ihre Zunge Lügen reden, sie mühen sich ab, verkehrt zu han-

6 deln. Deine Wohnung ist mitten unter Trug. Vor Trug weigern sie sich, mich zu erkennen, spricht Jehova.

7 Darum, so spricht Jehova der Heerscharen: Siehe, ich will sie schmelzen und läutern; denn wie sollte ich an-

---

ders handeln wegen der Tochter mei-
8 nes Volkes? Ihre Zunge ist ein mör-
derischer Pfeil, man redet Trug; mit
seinem Munde redet man Frieden mit
seinem Nächsten, und in seinem Innern legt man ihm einen Hinterhalt.
9 Sollte ich solches nicht an ihnen heimsuchen? spricht Jehova; oder sollte an
einer Nation wie diese meine Seele
sich nicht rächen?
10 Ueber die Berge will ich ein Weinen und eine Wehklage erheben, und
über die Auen der Steppe ein Klagelied. Denn sie sind verbrannt, sodaß
niemand hindurchzieht und man die
Stimme der Herde nicht hört; sowohl
die Vögel des Himmels als auch das
11 Vieh sind entflohen, weggezogen. Und
ich werde Jerusalem zu Steinhaufen
machen, zur Wohnung der Schakale,
und die Städte von Juda zur Wüste
12 machen, ohne Bewohner. — Wer ist
der weise Mann, daß er dieses verstehe, und zu wem hat der Mund Jehovas geredet, daß er es kundtue, warum das Land zu Grunde geht *und*
verbrannt wird gleich der Wüste, so-
13 daß niemand hindurchzieht? Und Jehova sprach: Weil sie mein Gesetz
verlassen haben, das ich ihnen vorgelegt, und auf meine Stimme nicht gehört, und nicht darin gewandelt haben,
14 sondern dem Starrsinn ihres Herzens
und den Baalim nachgegangen sind,
15 was ihre Väter sie gelehrt haben. Darum, so spricht Jehova der Heerscharen, der Gott Israels: Siehe, ich will
sie, dieses Volk, mit Wermut speisen
und sie mit bitterem Wasser tränken,
16 und sie unter die Nationen zerstreu-
en, die sie nicht gekannt haben, weder
sie noch ihre Väter; und ich will das
Schwert hinter ihnen her senden, bis
ich sie vernichtet habe.
17 So spricht Jehova der Heerscharen:
Gebet acht, und rufet Klageweiber,
daß sie kommen, und schicket zu den
18 weisen Frauen, daß sie kommen und
eilends eine Wehklage über uns erheben, damit unsere Augen von Tränen rinnen und unsere Wimpern von
19 Wasser fließen. Denn eine Stimme der
Wehklage wird aus Zion gehört: „Wie
sind wir verwüstet! wir sind völlig zu
Schanden geworden; denn wir haben
das Land verlassen müssen, denn sie
haben unsere Wohnungen umgestürzt".
20 Denn höret, ihr Weiber, das Wort Jehovas, und euer Ohr fasse das Wort
seines Mundes; und lehret eure Töchter Wehklage und eine die andere
21 Klaggesang. Denn der Tod ist durch
unsere Fenster gestiegen, er ist in
unsere Paläste gekommen, um das
Kind auszurotten von der Gasse, die
22 Jünglinge von den Straßen. Rede: So
spricht Jehova: Ja, die Leichen der
Menschen werden fallen wie Dünger
auf der Fläche des Feldes und wie

eine Garbe hinter dem Schnitter, die *a*
niemand sammelt.
So spricht Jehova: Der Weise rüh- 23
me sich nicht seiner Weisheit, und der
Starke rühme sich nicht seiner Stärke, der Reiche rühme sich nicht seines
Reichtums; sondern wer sich rühmt, 24
rühme sich dessen: Einsicht zu haben
und mich zu erkennen, daß ich Jehova bin, der Güte, Recht und Gerechtigkeit übt auf der Erde; denn daran
habe ich Gefallen, spricht Jehova. Sie- 25
he, Tage kommen, spricht Jehova, da
ich heimsuchen werde alle Beschnitte-
nen mit den Unbeschnittenen *b*: Aegyp- 26
ten und Juda und Edom und die Kinder
Ammon und Moab, und alle mit geschorenen *Haarrändern c*, die in der
Wüste wohnen; denn alle Nationen
sind unbeschnitten, und das ganze Haus
Israel ist unbeschnittenen Herzens.
Höret das Wort, welches Jehova zu 10
euch redet, Haus Israel! So spricht
Jehova: Lernet nicht den Weg *d* der 2
Nationen, und erschrecket nicht vor
den Zeichen des Himmels, weil die
Nationen vor ihnen erschrecken. Denn 3
die Satzungen der Völker sind Nichtigkeit; denn Holz ist es, das einer aus
dem Walde gehauen hat, ein Werk von
Künstlerhänden, mit dem Beile *ver-*
fertigt. Er schmückt es mit Silber und 4
mit Gold; mit Nägeln und mit Hämmern befestigen sie es, daß es nicht
wanke; sie sind wie eine gedrechselte 5
Säule und reden nicht; sie werden getragen, denn sie gehen *e* nicht. Fürchtet euch nicht vor ihnen; denn sie können nichts Böses tun, und Gutes zu
tun steht auch nicht bei ihnen.
Gar niemand ist dir gleich, Jehova; 6
du bist groß, und groß ist dein Name
in Macht. Wer sollte dich nicht fürch- 7
ten, König der Nationen? denn dir gebührt es. Denn unter allen Weisen der
Nationen und in allen ihren Königreichen ist gar niemand dir gleich, son- 8
dern sie *s*ind allzumal dumm und töricht; die Unterweisung der Nichtigkeiten ist Holz *f*. Dünngeschlagenes 9
Silber wird aus Tarsis *g* gebracht und
Gold aus Uphas, ein Werk des Künstlers und der Hände des Goldschmieds;
blauer und roter Purpur ist ihr Gewand, ein Werk von Kunstfertigen
sind sie allesamt. Aber Jehova, Gott, 10
ist Wahrheit *h*; er ist der lebend ge
Gott und ein ewiger König. Vor seinem Grimm erbebt die Erde, und seinen Zorn können die Nationen nicht
ertragen.
So sollt ihr zu ihnen sprechen: Die 11
Götter, die den Himmel und die Erde
nicht gemacht haben, diese werden verschwinden von der Erde und unter diesem Himmel hinweg *i*.
Er hat die Erde gemacht *j* durch 12
seine Kraft, den Erdkreis festgestellt
durch seine Weisheit und die Him-

---

a Eig. und. — *b* Eig. mit Nichtbeschneidung; daher üb. and.: die unbeschnitten
sind. — *c* Vergl. 3. Mose 19, 27. — *d* O. Gewöhnet euch nicht an den Weg. — *e* Eig.
schreiten. — *f* d. h. die Unterweisung der Götzen ist ihnen gleich: Holz. — *g* S. die
Anm. zu Hes. 27, 12. — *h* O. Jehova ist Gott in Wahrheit. — *i* Dieser Vers ist bis
auf ein Wort in aramäischer Sprache verfaßt. — *j* Eig. der die Erde machte usw. —

mel ausgespannt durch seine Einsicht.
13 Wenn er beim Schalle *a des Donners*
Wasserrauschen am Himmel bewirkt
und Dünste aufsteigen läßt vom Ende
der Erde, Blitze zum Regen macht *b*
und den Wind herausführt *c* aus sei-
14 nen Vorratskammern —: dumm wird
jeder Mensch, ohne Erkenntnis; beschämt wird jeder Goldschmied über
das *Götzenbild*; denn sein gegossenes
Bild ist Lüge, und kein Geist ist in
15 ihnen. Nichtigkeit sind sie, ein Werk
des Gespöttes: zur Zeit ihrer Heim-
16 suchung gehen sie zu Grunde. Jakobs
Teil ist nicht wie diese; denn er ist
es, der das All gebildet hat, und Israel ist der Stamm seines Erbteils; Jehova der Heerscharen ist sein Name.
17 Raffe dein Gepäck zusammen aus
dem Lande, du Bewohnerin der Fe-
18 stung *d*! Denn so spricht Jehova: Siehe,
ich werde diesmal die Bewohner des
Landes hinwegschleudern und sie äng-
19 stigen *e*, damit sie *f* sie finden. — Wehe
mir ob meiner Wunde! Schmerzlich *g*
ist mein Schlag. Doch ich spreche: Ja,
das ist mein Leiden, und ich will es
20 tragen. Mein Zelt ist zerstört, und alle
meine Seile sind zerrissen; meine Kinder sind von mir weggezogen und sind
nicht mehr. Da ist niemand, der ferner mein Zelt ausspannt und meine
21 Zeltbehänge aufrichtet. Denn die Hirten sind dumm geworden und haben
Jehova nicht gesucht; darum haben
sie nicht verständig gehandelt *h*, und
ihre ganze Herde hat sich zerstreut. —
22 Horch! ein Gerücht: siehe, es kommt,
und ein großes Getöse vom Lande des
Nordens, um die Städte Judas zur Wüste zu machen, zur Wohnung der Scha-
23 kale. — Ich weiß, Jehova, daß nicht
beim Menschen sein Weg steht, nicht
bei dem Manne, der da wandelt, sei-
24 nen Gang zu richten. Züchtige mich,
Jehova, doch nach Gebühr; nicht in
deinem Zorne, daß du mich nicht auf-
25 reibest *i*. Ergieße deinen Grimm über
die Nationen, die dich nicht kennen,
und über die Geschlechter, die deinen
Namen nicht anrufen! denn sie haben
Jakob aufgezehrt, ja, sie haben ihn
aufgezehrt und ihn vernichtet und seine Wohnung verwüstet.

11 Das Wort, welches von seiten Jehovas zu Jeremia geschah, also:
2 Höret auf die Worte dieses Bundes
und redet zu den Männern von Juda
und zu den Bewohnern von Jerusalem!
3 Und *du*, sprich zu ihnen: So spricht
Jehova, der Gott Israels: Verflucht sei
der Mann, der nicht hört auf die Wor-
4 te dieses Bundes, welchen ich euren
Vätern geboten habe an dem Tage, da
ich sie herausführte aus dem Lande
Aegypten, aus dem eisernen Schmelzofen, indem ich sprach: Höret auf meine Stimme und tut diese Worte *j*, nach

allem was ich euch gebiete, so werdet
ihr mein Volk, und ich werde euer
Gott sein; auf daß ich den Eid auf- 5
recht halte, den ich euren Vätern geschworen habe, ihnen ein Land zu geben, das von Milch und Honig fließt,
wie es an diesem Tage ist. Und ich
antwortete und sprach: Amen, Jehova! Und Jehova sprach zu mir: Ru- 6
fe alle diese Worte aus in den Städten
Judas und auf den Straßen von Jerusalem, und sprich: Höret die Worte dieses Bundes und tut sie! Denn ich ha- 7
be euren Vätern ernstlich bezeugt an
dem Tage, da ich sie aus dem Lande
Aegypten heraufführte, bis auf diesen
Tag, früh mich aufmachend und bezeugend, indem ich sprach: Höret auf
meine Stimme! Aber sie haben nicht 8
gehört und ihr Ohr nicht geneigt, sondern sie wandelten ein jeder in dem
Starrsinn ihres bösen Herzens. Und
ich brachte über sie alle Worte dieses
Bundes, welche ich zu tun geboten, und
die sie nicht getan haben.

Und Jehova sprach zu mir: Es hat 9
sich eine Verschwörung gefunden unter den Männern von Juda und unter
den Bewohnern von Jerusalem. Sie 10
sind zurückgekehrt zu den Missetaten
ihrer ersten Väter, die sich geweigert
haben, auf meine Worte zu hören; und
sie selbst sind anderen Göttern nachgegangen, um ihnen zu dienen. Das
Haus Israel und das Haus Juda haben
meinen Bund gebrochen, den ich mit
ihren Vätern gemacht habe. Darum, 11
so spricht Jehova: Siehe, ich bringe
über sie ein Unglück, dem sie nicht
werden entgehen können; und sie werden zu mir schreien, aber ich werde
nicht auf sie hören. Und die Städte von 12
Juda und die Bewohner von Jerusalem
werden hingehen und zu den Göttern
schreien, welchen sie geräuchert haben; aber retten werden diese sie nicht
zur Zeit ihres Unglücks. Denn so zahl- 13
reich wie deine Städte sind deine Götter geworden, Juda; und nach der Zahl
der Straßen von Jerusalem habt ihr
der Schande Altäre gesetzt, Altäre, um
dem Baal zu räuchern. — Du aber, bit- 14
te nicht für dieses Volk und erhebe weder Flehen noch Gebet für sie; denn
ich werde nicht hören zu der Zeit, da
sie wegen ihres Unglücks zu mir rufen
werden.

Was hat mein Geliebter in meinem 15
Hause zu schaffen, da die Vielen Arglist üben? Wird heiliges Fleisch deine Bosheit von dir wegnehmen? dann
mögest du frohlocken *k*. Einen grü- 16
nen Olivenbaum, schön an herrlicher
Frucht, hatte Jehova dich *l* genannt;
bei dem Lärm eines großen Getümmels legte er Feuer an ihn, und es brachen seine Aeste. Und Jehova der Heer- 17
scharen, der dich gepflanzt, hat Böses

---

a Eig. Beim Schalle, wenn er usw. — *b* S. die Anm. zu Ps. 135, 7. — *c* O. so läßt
er Dünste aufsteigen . . . macht Blitze . . . führt heraus usw. — *d* O. die du in Belagerung sitzest. — *e* O. bedrängen. — *f* d. h. die Feinde. — *g* O. gefährlich, tödlich. —
h O. haben sie kein Gelingen gehabt. — *i* Eig. gering machest. — *j* W. dieselben. —
k And. üb.: : . . . Arglist üben, und heiliges Fleisch an dir vorübergeht? Wenn dein
Unglück kommt, dann mögest du frohlocken. (Der hebr. Text ist wohl verderbt.) —
l Eig. deinen Namen.

über dich geredet wegen der Bosheit des Hauses Israel und des Hauses Juda, die sie verübt haben *a*, um mich zu reizen, indem sie dem Baal räucherten.

18 Und Jehova hat es mir kundgetan, und ich erfuhr es; damals zeigtest du

19 mir ihre Handlungen. Und ich war wie ein zahmes Lamm, das zum Schlachten geführt wird; und ich wußte nicht, daß sie Anschläge wider mich ersannen: „Laßt uns den Baum mit seiner Frucht verderben und ihn aus dem Lande der Lebendigen ausrotten, daß seines Namens nicht mehr gedacht

20 werde!" Aber du, Jehova der Heerscharen, der du gerecht richtest, Nieren und Herz prüfst, laß mich deine Rache an ihnen sehen; denn dir habe ich meine Rechtssache anvertraut. —

21 Darum, so spricht Jehova über die Männer von Anathoth, welche nach deinem Leben trachten und sprechen: Du sollst nicht weissagen im Namen Jehovas, damit du nicht durch unsere

22 Hände sterbest — darum, so spricht Jehova der Heerscharen: Siehe, ich suche sie heim; die Jünglinge werden durchs Schwert sterben, ihre Söhne und ihre Töchter werden vor Hunger

23 sterben, und sie werden keinen Ueberrest haben: denn ich bringe Unglück über die Männer von Anathoth, das Jahr ihrer Heimsuchung.

12 Du bist gerecht, Jehova, wenn ich mit dir hadere; doch von *deinen* Urteilen *b* möchte ich mit dir reden: Warum ist der Weg der Gesetzlosen glücklich, sind sicher *c* alle, die Treu-

2 losigkeit üben? Du hast sie gepflanzt, sie haben auch Wurzel geschlagen; sie kommen vorwärts, tragen auch Frucht. Du bist nahe in ihrem Munde, doch

3 fern von ihren Nieren. Du aber, Jehova, du kennst mich, du siehst mich und prüfst mein Herz gegen dich. Reiße sie hinweg wie Schafe zur Schlachtung, und weihe sie für den Tag des

4 Würgens! Wie lange soll das Land trauern und das Kraut des ganzen Feldes welken? Wegen der Bosheit seiner Bewohner sind Vieh und Gevögel dahin; denn sie sprechen: Er wird

5 unser Ende nicht sehen. — Wenn du mit Fußgängern liefest, und sie dich ermüdeten, wie wolltest du denn mit Rossen wetteifern? Und wenn du auf ein Land des Friedens dein Vertrauen setzest, wie willst du es denn machen

6 in der Pracht des Jordan *d*? Denn auch deine Brüder und deines Vaters Haus, auch sie *e* sind treulos gegen dich, auch sie rufen dir nach aus voller Kehle. Glaube ihnen nicht, wenn sie freundlich mit dir reden.

7 Ich habe mein Haus verlassen, mein Erbteil verstoßen, ich habe den Liebling *e* meiner Seele in die Hand sei-

8 ner Feinde gegeben. Mein Erbteil ist mir geworden wie ein Löwe im Wal-

de; es hat seine Stimme gegen mich erhoben, darum habe ich es gehaßt.

9 Ist mir mein Erbteil ein bunter Raubvogel, daß Raubvögel rings um dasselbe her sind? Auf! versammelt alle Tiere des Feldes, bringet sie zum Fraße herbei! Viele Hirten *f* haben

10 meinen Weinberg verderbt, mein Ackerstück zertreten; sie haben mein köstliches Ackerstück zur öden Wüste gemacht. Man *g* hat es zur Oede

11 gemacht: verwüstet trauert es um mich her. Das ganze Land ist verwüstet, weil niemand es zu Herzen

12 nahm. Ueber alle kahlen Höhen in der Steppe *h* sind Verwüster gekommen; denn ein Schwert von Jehova frißt von einem Ende des Landes bis zum anderen Ende des Landes: kein Frie-

13 de allem Fleische! Sie haben Weizen gesät und Dornen geerntet; sie haben sich erschöpft und nichts ausgerichtet. So werdet zu Schanden an euren Erträgen vor der Glut des Zornes Jehovas!

14 So spricht Jehova über alle meine bösen Nachbarn, welche das Erbteil antasten, das ich mein Volk Israel habe erben lassen: Siehe, ich werde sie aus ihrem Lande herausreißen, und das Haus Juda werde ich aus ihrer Mitte

15 reißen. Und es soll geschehen, nachdem ich sie herausgerissen habe, werde ich mich ihrer wieder erbarmen und sie zurückbringen, einen jeden in sein Erbteil und einen jeden in sein

16 Land. Und es soll geschehen, wenn sie die Wege meines Volkes wirklich lernen, sodaß sie bei meinem Namen schwören: *So wahr Jehova lebt!* gleichwie sie mein Volk gelehrt haben, bei dem Baal zu schwören, so sollen sie inmitten meines Volkes aufgebaut wer-

17 den. Wenn sie aber nicht hören, so werde ich die selbige Nation ausreißen, ausreißen und vertilgen, spricht Jehova.

So hat Jehova zu mir gesprochen: **13** Geh und kaufe dir einen leinenen Gürtel, und lege ihn um deine Lenden; aber ins Wasser sollst du ihn nicht

2 bringen. Und ich kaufte den Gürtel, nach dem Worte Jehovas, und legte ihn um meine Lenden. Und das Wort

3 Jehovas geschah zum zweiten Male zu mir also: Nimm den Gürtel, den du

4 gekauft hast, der um deine Lenden ist, und mache dich auf, geh an den Euphrat und verbirg ihn daselbst in einer Felsenspalte. Da ging ich hin und

5 verbarg ihn am Euphrat, wie Jehova mir geboten hatte. Und es geschah am

6 Ende vieler Tage, da sprach Jehova zu mir: Mache dich auf, geh an den Euphrat und hole von dort den Gürtel, den ich dir geboten habe daselbst

7 zu verbergen. Und ich ging an den Euphrat und grub, und nahm den Gürtel von dem Orte, wo ich ihn verborgen hatte; und siehe, der Gürtel war verdorben, taugte zu gar nichts

---

a O. wegen des Bösen, das sie sich selbst angetan haben. — *b* d. h. von der Art und Weise, wie du Recht übst. — *c* O. sorglos, wohlgemut. — *d* d. h. an den üppig bewachsenen Ufern des Jordan, wo Löwen lagern; vergl. Kap. 49, 19; 50, 44; Sach. 11, 3. — *e* Eig. den Gegenstand der Liebe. — *f* Vergl. Kap. 6, 3. — *g* O. er (der Feind). — *h* d. i. überall, wo Weide zu finden war.

19

8 mehr. — Und das Wort Jehovas ge-
9 schah zu mir also: So spricht Jehova:
Also werde ich verderben die Hoffart
Judas und die große Hoffart Jerusa-
10 lems. Dieses böse Volk, das sich weigert meine Worte zu hören, das da
wandelt in dem Starrsinn seines Herzens, und anderen Göttern nachgeht,
um ihnen zu dienen und sich vor ihnen niederzubeugen: es soll werden
wie dieser Gürtel, der zu gar nichts
11 taugt. Denn gleichwie der Gürtel sich
an die Lenden eines Mannes anschließt,
so habe ich das ganze Haus Israel und
das ganze Haus Juda an mich geschlossen, spricht Jehova, damit sie mir zum
Volk und zum Namen und zum Ruhm
und zum Schmuck seien; aber sie haben nicht gehört.

12   Und sprich dieses Wort zu ihnen:
So spricht Jehova, der Gott Israels:
Jeder Krug wird mit Wein gefüllt.
Und wenn sie zu dir sagen: Wissen
wir nicht sehr wohl, daß jeder Krug
13 mit Wein gefüllt wird? so sprich zu
ihnen: Also spricht Jehova: Siehe,
ich werde alle Bewohner dieses Landes, und die Könige, die auf dem
Throne Davids sitzen*a*, und die Priester und die Propheten und alle Bewohner von Jerusalem mit Trunken-
14 heit erfüllen. Und ich werde sie zerschmettern einen gegen den anderen,
die Väter und die Kinder allzumal,
spricht Jehova; ich werde nicht Mitleid haben, noch schonen, noch mich
erbarmen, daß ich sie nicht verderbe.
15   Höret und nehmet zu Ohren, über-
hebet euch nicht! denn Jehova hat ge-
16 redet. Gebet Jehova, eurem Gott, Ehre, bevor er finster macht, und bevor
eure Füße sich an Bergen der Dämmerung stoßen, und ihr auf Licht wartet, und er es in Todesschatten verwandelt und zur Dunkelheit macht.
17 Wenn ihr aber nicht höret, so wird
meine Seele im Verborgenen weinen
wegen *eures* Hochmuts; und tränen
wird mein Auge und von Tränen rinnen, weil*b* die Herde Jehovas gefangen weggeführt ist.
18   Sprich zu dem König und zu der
Königin: Setzet euch tief herunter;
denn von euren Häuptern ist herabgesunken*c* die Krone eurer Herrlich-
19 keit. Die Städte des Südens*d* sind verschlossen, und niemand öffnet; Juda
ist weggeführt insgesamt, ist gänzlich
20 weggeführt. Hebet eure Augen auf
und sehet die von Norden Kommenden! Wo ist die Herde, die dir gege-
21 ben war, deine herrliche Herde? Was
willst du sagen, wenn er die zum
Haupte über dich bestellt, welche du
als Vertraute an dich gewöhnt hast?
Werden nicht Wehen dich ergreifen,
22 einer Gebärenden gleich? Und wenn
du in deinem Herzen sprichst: War-

um ist mir dieses begegnet? Um der
Größe deiner Ungerechtigkeit*f* willen
sind deine Säume*g* aufgedeckt und haben deine Fersen Gewalt gelitten. —
Kann ein Mohr*h* seine Haut wandeln, 23
ein Pardel seine Flecken? *dann* könntet auch ihr Gutes tun, die ihr an Bösestun gewöhnt seid. Darum werde 24
ich sie zerstreuen wie Stoppeln, welche durch den Wind der Wüste dahinfahren. Das ist dein Los, dein von 25
mir zugemessenes Teil, spricht Jehova,
weil du meiner vergessen und auf Lüge vertraut hast. Und so werde auch 26
ich deine Säume*g* aufstreifen über dein
Angesicht, daß deine Schande gesehen werde. Dein Ehebrechen und dein 27
Wiehern, die Schandtat*i* deiner Hurerei auf den Hügeln im Felde: deine
Greuel habe ich gesehen. Wehe dir,
Jerusalem! Du wirst nicht rein werden — wie lange wird's noch währen?

Das Wort Jehovas, welches zu Je- **14**
remia geschah*j* betreffs der Dürre*k*.
Juda trauert, und seine Tore schmach- 2
ten, liegen in Trauer am Boden, und
Jerusalems Klaggeschrei steigt empor.
Und seine Vornehmen schicken seine 3
Geringen nach Wasser; sie kommen
zu den Zisternen, finden kein Wasser,
sie kommen leer zurück mit ihren Gefäßen; sie sind beschämt und mit Scham
bedeckt und verhüllen ihr Haupt. We- 4
gen des Erdbodens, der bestürzt ist,
weil kein Regen im Lande war, sind
die Ackerleute beschämt, verhüllen ihr
Haupt. Ja, auch die Hindin auf dem 5
Felde, sie gebiert und verläßt *ihre
Jungen*; denn kein Gras ist da. Und 6
die Wildesel stehen auf den kahlen
Höhen, schnappen nach Luft wie die
Schakale; ihre Augen schmachten hin,
denn kein Kraut ist da.

Wenn unsere Missetaten wider uns 7
zeugen, Jehova, so handle um deines
Namens willen; denn viele sind unserer Abtrünnigkeiten, gegen d i c h haben wir gesündigt. Du Hoffnung Is- 8
raels, sein Retter in der Zeit der Bedrängnis, warum willst du sein wie
ein Fremdling im Lande, und wie ein
Wanderer, der zum Uebernachten eingekehrt ist? Warum willst du sein wie 9
ein bestürzter Mann, wie ein Held, der
nicht zu retten vermag? Du bist doch
in unserer Mitte, Jehova, und wir sind
nach deinem Namen genannt; verlaß
uns nicht!

So spricht Jehova zu diesem Volke: 10
Also haben sie geliebt umherzuschwei-
fen, sie hielten ihre Füße nicht zurück; und Jehova hat kein Wohlgefallen an ihnen: nun wird er ihrer Missetaten gedenken und ihre Sünden
heimsuchen. — Und Jehova sprach zu 11
mir: Bitte nicht für dieses Volk zum
Guten. Wenn sie fasten, werde ich 12
nicht auf ihr Flehen hören; und wenn

---

a Eig. die dem David (od. von David) auf seinem Throne sitzen. — *b* O. daß. —
c Eig. denn herabgesunken ist, was euch zu Häupten war. — *d* Das hebr. Wort bezeichnet stets den Süden Palästinas. — *e* And. üb.: sagen, wenn er dich heimsuchen
wird, da du sie doch daran gewöhnt hast, als Fürsten über dich zu herrschen? —
f O. Missetat, Schuld. — *g* O. Schleppen. — *h* Eig. ein Aethiopier. — *i* O. das Laster.
— *j* Eig. Was als Wort Jehovas zu Jeremia geschah. — *k* W. der Dürren.

sie Brandopfer und Speisopfer opfern, werde ich kein Wohlgefallen an ihnen haben; sondern ich werde sie durch das Schwert und durch den Hunger 13 und durch die Pest vernichten. Und ich sprach: Ach, Herr, Jehova! siehe, die Propheten sprechen zu ihnen: Ihr werdet kein Schwert sehen, und Hunger wird euch nicht treffen, sondern ich werde euch einen sicheren Frie- 14 den geben an diesem Orte. Und Jehova sprach zu mir: Die Propheten weissagen Lüge in meinem Namen; ich habe sie nicht gesandt und sie nicht entboten *a*, noch zu ihnen geredet; sie weissagen euch Lügengesicht 15 und Wahrsagung und Nichtigkeit und Trug ihres Herzens. Darum spricht Jehova also über die Propheten, welche in meinem Namen weissagen, und ich habe sie doch nicht gesandt, und die da sprechen: Weder Schwert noch Hunger wird in diesem Lande sein —: Die Propheten sollen durch das Schwert und durch den Hunger auf- 16 gerieben werden. Und das Volk, welchem sie weissagen, soll wegen des Hungers und des Schwertes hingeworfen liegen auf den Straßen von Jerusalem; und niemand wird sie begraben, sie, ihre Weiber und ihre Söhne und ihre Töchter: und ich werde ihre 17 Bosheit über sie ausschütten. Und du sollst dieses Wort zu ihnen sprechen: Nacht und Tag rinnen meine Augen von Tränen und hören nicht auf; denn die Jungfrau, die Tochter *b* meines Volkes, ist mit großer Zerschmetterung, mit einem sehr schmerzlichen *c* Schla- 18 ge zerschmettert. Wenn ich aufs Feld hinausgehe, siehe da, vom Schwert Erschlagene; und wenn ich in die Stadt komme, siehe da, vor Hunger Verschmachtete. Denn *d* sowohl Propheten als Priester ziehen im Lande umher und wissen nicht Rat *e*.

19 Hast du Juda gänzlich verworfen? oder verabscheut deine Seele Zion? Warum hast du uns geschlagen, daß keine Heilung für uns ist? Man hofft auf Frieden *f*, und da ist nichts Gutes, und auf die Zeit der Heilung, und siehe 20 da, Schrecken. Jehova, wir kennen unsere Gesetzlosigkeit, die Ungerechtigkeit unserer Väter; denn wir haben 21 gegen dich gesündigt. Verschmähe *uns* nicht um deines Namens willen, entehre nicht *g* den Thron deiner Herrlichkeit; gedenke, brich nicht deinen 22 Bund mit uns! Gibt es unter den Nichtigkeiten *h* der Nationen Regenspender, oder kann der Himmel Regengüsse geben? Bist du es nicht, Jehova, unser Gott? Und wir hoffen auf dich; denn du, du hast dieses alles gemacht.

15 Und Jehova sprach zu mir: Wenn auch Mose und Samuel vor mir ständen, so würde meine Seele *sich* nicht zu diesem Volke *wenden*. Treibe sie

von meinem Angesicht hinweg, daß sie fortgehen. Und es soll geschehen, 2 wenn sie zu dir sagen: Wohin sollen wir fortgehen? so sage ihnen: So spricht Jehova: Wer zum Tode bestimmt ist, *gehe* zum Tode; und wer zum Schwerte, zum Schwerte; und wer zum Hunger, zum Hunger; und wer zur Gefangenschaft, zur Gefangenschaft. Denn ich bestelle über sie vier 3 Arten *von Uebeln*, spricht Jehova: das Schwert zum Würgen, und die Hunde zum Zerren *i*, und das Gevögel des Himmels und die Tiere der Erde zum Fressen und zum Vertilgen. Und ich 4 will sie zur Mißhandlung hingeben allen Königreichen der Erde, um Manasses willen, des Sohnes Hiskias, des Königs von Juda, wegen dessen, was er in Jerusalem getan hat. — Denn 5 wer wird sich über dich erbarmen, Jerusalem, und wer wird dir Beileid bezeigen, und wer wird einkehren, um nach deinem Wohlergehen zu fragen? Du 6 hast mich verstoßen, spricht Jehova, du gingst *j* rückwärts; und so werde ich meine Hand wider dich ausstrekken *k* und dich verderben; ich bin des Bereuens müde. Und ich werde sie 7 mit der Worfschaufel zu den Toren des Landes hinausworfeln; ich werde mein Volk der Kinder berauben, es zu Grunde richten. Sie sind von ihren Wegen nicht umgekehrt. Ihre Witwen 8 werden mir zahlreicher sein als der Sand der Meere; ich bringe ihnen über die Mütter der Jünglinge einen Verwüster am *hellen* Mittag, lasse plötzlich Angst und Schrecken auf sie *l* fallen. Die sieben gebar verschmachtet, sie 9 haucht ihre Seele aus; ihre Sonne ist untergegangen, als es noch Tag war; sie ist beschämt und zu Schanden geworden. Und ihren Ueberrest werde ich dem Schwerte hingeben angesichts ihrer Feinde, spricht Jehova.

„Wehe mir, meine Mutter, daß du 10 mich geboren hast, einen Mann des Haders und einen Mann des Zankes für das ganze Land! Ich habe nicht ausgeliehen, und man hat mir nicht geliehen; alle fluchen mir." — Jehova 11 spricht: Wenn ich dich nicht zum Guten stärken *m*, wenn ich nicht machen werde, daß zur Zeit des Unglücks und zur Zeit der Bedrängnis der Feind dich bittend angeht! Kann man Eisen, 12 Eisen aus Norden, und Erz zerbrechen? *n* Dein Vermögen und deine 13 Schätze will ich zur Beute geben ohne Kaufpreis, und zwar wegen all deiner Sünden und in allen deinen Grenzen. Und ich werde es deine Fein- 14 de in ein Land bringen lassen *o*, das du nicht kennst; denn ein Feuer ist entbrannt in meinem Zorn, über euch wird es brennen. — Jehova, du weißt 15 es ja; gedenke meiner und nimm dich meiner an und räche mich an meinen

---

a O. ihnen nichts geboten. — *b* Eig. die jungfräuliche Tochter. — *c* O. gefährlichen, tödlichen. — *d* O. Ja. — *e* Eig. und wissen nichts. — *f* O. Wohlfahrt. — *g* Eig. mache nicht verächtlich. — *h* d. h. den nichtigen Götzen. — *i* Eig. Herumzerren, Herumschleppen. — *j* O. gehst. — *k* Eig. und so habe ich . . . ausgestreckt usw., bis zum Schluß von Vers 8 (prophetisches Perfektum). — *l* d. i. die Mütter. — *m* Nach and. Les.: befreien. — *n* O. Kann Eisen usw. brechen? — *o* Eig. mit deinen Feinden . . . hinübergehen lassen.

Verfolgern! Raffe mich nicht hin nach deiner Langmut *a*; erkenne, daß ich
16 um deinetwillen Schmach trage. Deine Worte waren vorhanden, und ich habe sie gegessen, und deine Worte waren mir zur Wonne und zur Freude meines Herzens; denn ich bin nach deinem Namen genannt, Jehova, Gott
17 der Heerscharen. Ich saß nicht im Kreise der Scherzenden und frohlockte; wegen deiner Hand saß ich allein, weil du mit *deinem* Grimm mich er-
18 füllt hast. Warum ist mein Schmerz beständig und mein Schlag tödlich? er will nicht heilen. Willst du mir wirklich wie ein trügerischer Bach sein, wie Wasser, die versiegen *b*? —
19 Darum spricht Jehova also: Wenn du umkehrst, so will ich dich zurückbringen, daß du vor mir stehest *c*; und wenn du das Köstliche vom Gemeinen ausscheidest *d*, so sollst du wie mein Mund sein. Jene sollen zu dir umkehren, du aber sollst nicht zu ihnen um-
20 kehren. Und ich werde dich diesem Volke zu einer festen ehernen Mauer machen, und sie werden wider dich streiten, aber dich nicht überwältigen; denn ich bin mit dir, um dich zu retten und dich zu befreien, spricht Je-
21 hova. Und ich werde dich befreien aus der Hand der Bösen und dich erlösen aus der Faust der Gewalttätigen.

16 Und das Wort Jehovas geschah zu mir also: Du sollst dir kein Weib
2 nehmen, und weder Söhne noch Töch-
3 ter haben an diesem Orte. Denn so spricht Jehova über die Söhne und über die Töchter, welche an diesem Orte geboren werden, und über ihre Mütter, die sie gebären, und über ihre Väter, die sie zeugen in diesem Lan-
4 de: sie sollen an schmerzlichen Krankheiten *e* sterben, sie sollen nicht beklagt noch begraben werden, zu Dünger auf der Fläche des Erdbodens sollen sie werden; und durch Schwert und durch Hunger sollen sie vernichtet werden, und ihre Leichname sollen dem Gevögel des Himmels und den Tieren der Erde zur Speise die-
5 nen. Denn so spricht Jehova: Geh nicht in ein Haus der Klage, und geh nicht hin, um zu trauern, und bezeige ihnen kein Beileid; denn ich habe meinen Frieden von diesem Volke weggenommen, spricht Jehova, die Gnade
6 und die Barmherzigkeit. Und Große und Kleine werden in diesem Lande sterben, ohne begraben zu werden; und man wird nicht um sie trauern, und sich nicht ritzen und sich nicht kahl scheren
7 ihretwegen. Und man wird ihnen nicht Brot brechen bei der Trauer, um jemand zu trösten über die Toten, noch ihnen zu trinken geben aus dem Becher des Trostes über jemandes Vater und über
8 jemandes Mutter. Auch in ein Haus des Gastmahls sollst du nicht gehen, bei ihnen zu sitzen, um zu essen und zu
9 trinken. Denn so spricht Jehova der

Heerscharen, der Gott Israels: Siehe, ich werde an diesem Orte vor euren Augen und in euren Tagen aufhören lassen die Stimme der Wonne und die Stimme der Freude, die Stimme des Bräutigams und die Stimme der Braut.
Und es soll geschehen, wenn du die- 10 sem Volke alle diese Worte verkünden wirst, und sie zu dir sprechen: Warum hat Jehova all dieses große Unglück über uns geredet? und was ist unsere Missetat, und was unsere Sünde, die wir gegen Jehova, unseren Gott, begangen haben? so sollst du 11 zu ihnen sprechen: Darum, daß eure Väter mich verlassen haben, spricht Jehova, und anderen Göttern nachgegangen sind, und ihnen gedient und sich vor ihnen niedergebeugt, mich aber verlassen und mein Gesetz nicht beobachtet haben; und ihr es ärger 12 getrieben habt als eure Väter — und siehe, ihr gehet ein jeder dem Starrsinn seines bösen Herzens nach, sodaß ihr nicht auf mich höret —: so werde 13 ich euch aus diesem Lande wegschleudern in ein Land, welches ihr nicht gekannt habt, weder ihr noch eure Väter; und daselbst werdet *f* ihr anderen Göttern dienen Tag und Nacht, weil ich euch keine Gnade schenken werde.
Darum siehe, Tage kommen, spricht 14 Jehova, da nicht mehr gesagt werden wird: *So wahr Jehova lebt, der die Kinder Israel aus dem Lande Aegypten heraufgeführt hat!* sondern: *So* 15 *wahr Jehova lebt, der die Kinder Israel heraufgeführt hat aus dem Lande des Nordens und aus allen den Ländern, wohin er sie vertrieben hatte!* Und ich werde sie in ihr Land zurückbringen, das ich ihren Vätern gegeben habe.
Siehe, ich will zu vielen Fischern 16 senden, spricht Jehova, daß sie sie fischen; und danach will ich zu vielen Jägern senden, daß sie sie jagen von jedem Berge und von jedem Hügel und aus den Felsenklüften. Denn mei- 17 ne Augen sind auf alle ihre Wege *gerichtet*; sie sind vor mir nicht verborgen, und ihre Ungerechtigkeit *g* ist nicht verhüllt vor meinen Augen. Und 18 zuvor *h* will ich zwiefach vergelten ihre Ungerechtigkeit *g* und ihre Sünde, weil sie mein Land mit den Leichen ihrer Scheusale entweiht und mein Erbteil mit ihren Greueln erfüllt haben.
Jehova, meine Stärke und mein 19 Hort *i*, und meine Zuflucht am Tage der Bedrängnis! Zu dir werden Nationen kommen von den Enden der Erde und sprechen: Nur Lüge haben unsere Väter ererbt, nichtige Götter *j*; und unter ihnen ist keiner, der etwas nützt. Soll ein Mensch sich Götter machen, 20 die doch keine Götter sind? Darum sie- 21 he, dieses Mal werde ich ihnen kundtun, werde ihnen kundtun meine Hand und meine Macht; und sie werden wissen *k*, daß mein Name Jehova ist.

---

a d. h. indem du meinen Feinden gegenüber langmütig bist. — *b* Eig. nicht andauern. — *c* d. h. mir dienest. — *d* O. absonderst. — *e* Eig. an Toden (s. die Anm. zu Hes. 28, 8) von Krankheiten. — *f* O. möget. — *g* O. Schuld. — *h* d. h. vor dem in V. 15 angekündigten Segen. — *i* Eig. Feste, od. Bergungsort. — *j* W. einen Hauch, Nichtigkeit. — *k* O. erkennen, erfahren.

17 Die Sünde Judas ist geschrieben mit eisernem Griffel, mit diamantener Spitze; sie ist eingegraben in die Tafel ihres Herzens und an die Hörner eurer Altäre. Wie ihrer Kinder, so gedenken sie ihrer Altäre und ihrer Ascherim bei den grünen Bäumen, auf 3 den hohen Hügeln. Meinen Berg im Gefilde, dein Vermögen, alle deine Schätze werde ich zur Beute geben — deine Höhen, um der Sünde willen in 4 allen deinen Grenzen. Und du wirst, und zwar durch dich selbst *a*, dein Erbteil fahren lassen müssen, welches ich dir gegeben habe, und ich werde dich deinen Feinden dienen lassen in einem Lande, das du nicht kennst; denn ihr habt ein Feuer angezündet in meinem Zorn, es wird ewiglich brennen.

5 So spricht Jehova: Verflucht ist der Mann, der auf den Menschen vertraut und Fleisch zu seinem Arme macht, und dessen Herz von Jehova weicht! 6 Und er wird sein wie ein Entblößter *b* in der Steppe und nicht sehen, daß Gutes kommt *c*; und an dürren Oertern in der Wüste wird er wohnen, in einem salzigen und unbewohnten Lande. 7 Gesegnet ist der Mann, der auf Jehova vertraut und dessen Vertrauen 8 Jehova ist! Und er wird sein wie ein Baum, der am Wasser gepflanzt ist und am Bache seine Wurzeln ausstreckt, und sich nicht fürchtet, wenn die Hitze kommt; und sein Laub ist grün, und im Jahre der Dürre ist er unbekümmert, und er hört nicht auf, 9 Frucht zu tragen. — Arglistig ist das Herz, mehr als alles, und verderbt *d* 10 ist es; wer mag es kennen? Ich, Jehova, erforsche das Herz und prüfe die Nieren, und zwar um einem jeden zu geben nach seinen Wegen, nach 11 der Frucht seiner Handlungen. — Ein Rebhuhn, das Eier brütet, die es nicht gelegt hat, so ist, wer Reichtum erwirbt und nicht mit Recht: in der Hälfte seiner Tage wird er ihn verlassen, und an seinem Ende wird er ein Tor sein.

12 Thron der Herrlichkeit, Höhe *e* von Anbeginn, du Ort unseres Heiligtums! 13 Hoffnung Israels, Jehova! alle, die dich verlassen, werden beschämt werden. — Und die von mir weichen, werden in die Erde geschrieben werden *f*; denn sie haben den Born lebendigen Wassers, Jehova, verlassen.

14 Heile mich, Jehova, so werde ich geheilt werden; rette mich, so werde ich gerettet werden; denn du bist mein 15 Ruhm. Siehe, jene sprechen zu mir: Wo ist das Wort Jehovas? es möge 16 doch kommen! Ich aber habe mich nicht entzogen, Hirte hinter dir her zu sein *g*, und habe den unheilvollen Tag nicht herbeigewünscht; du weißt es ja. Was aus meinen Lippen hervor- 17 ging, war vor deinem Angesicht. Sei

mir nicht zum Schrecken, du bist meine Zuflucht am Tage des Unglücks! Laß meine Verfolger beschämt wer- 18 den, aber laß mich nicht beschämt werden; laß sie verzagt werden, aber laß mich nicht verzagt werden; bringe über sie den Tag des Unglücks, und zerschmettere sie mit zwiefacher Zerschmetterung!

So sprach Jehova zu mir: Geh hin 19 und stelle dich in das Tor der Kinder des Volkes *h*, durch welches die Könige von Juda einziehen und durch welches sie ausziehen, und in alle Tore Jerusalems, und sprich zu ihnen: Hö- 20 ret das Wort Jehovas, ihr Könige von Juda, und ganz Juda und alle Bewohner von Jerusalem, die ihr durch diese Tore einziehet! So spricht Jehova: 21 Hütet euch bei euren Seelen *i*, und traget keine Last am Sabbathtage, daß ihr sie durch die Tore Jerusalems hereinbringet! Und ihr sollt am Sabbath- 22 tage keine Last aus euren Häusern hinausbringen, und sollt keinerlei Arbeit tun; sondern heiliget den Sabbathtag, wie ich euren Vätern geboten habe. Aber sie haben nicht gehört 23 und ihr Ohr nicht geneigt, und sie haben ihren Nacken verhärtet, um nicht zu hören und Zucht nicht anzunehmen. Und es wird geschehen, wenn 24 ihr fleißig auf mich höret, spricht Jehova, daß ihr am Sabbathtage keine Last durch die Tore dieser Stadt hereinbringet, und daß ihr den Sabbathtag heiliget, indem ihr keinerlei Arbeit an demselben tut: so werden durch 25 die Tore dieser Stadt Könige und Fürsten einziehen, welche auf dem Throne Davids sitzen, auf Wagen fahrend und auf Rossen reitend, sie und ihre Fürsten, die Männer von Juda und die Bewohner von Jerusalem; und diese Stadt wird bewohnt werden ewiglich. Und sie werden aus den Städten Ju- 26 das kommen und aus den Umgebungen von Jerusalem und aus dem Lande Benjamin, und aus der Niederung und vom Gebirge und aus dem Süden, indem sie Brandopfer und Schlachtopfer und Speisopfer und Weihrauch bringen, und Lob *j* bringen in das Haus Jehovas. Wenn ihr aber nicht auf mich 27 höret, den Sabbathtag zu heiligen und keine Last zu tragen, und nicht durch die Tore Jerusalems einzugehen am Sabbathtage: so werde ich ein Feuer in seinen Toren anzünden, daß es die Paläste Jerusalems verzehren und nicht erlöschen wird.

Das Wort, welches von seiten Jehovas zu Jeremia geschah, also: **18** Mache dich auf und geh in das Haus 2 des Töpfers hinab, und daselbst werde ich dich meine Worte hören lassen. Und ich ging in das Haus des Töpfers 3 hinab, und siehe, er machte eine Arbeit auf der Scheibe. Und das Gefäß, 4

---

a d. h. durch deine eigene Schuld. — *b* And.: wie ein Wachholderstrauch. — *c* d. h. kein Gutes erfahren. — *d* Eig. bösartig. — *e* Vergl. Hes. 17, 23 ; 20, 40. — *f* d. h. so, daß die Schrift bald verwischt od. verweht wird. — *g* And. üb.: mich nicht beeilt, vom Hirten*beruf* dir nach*zugehen*. — *h* d. h. des gemeinen Volkes. — *i* d. h. um eures Lebens willen. — *j* O. Dank.

das er aus dem Ton machte, mißriet in der Hand des Töpfers; und er machte wiederum ein anderes Gefäß daraus, wie es zu machen den Töpfer gut 5 dünkte. Und das Wort Jehovas ge-6 schah zu mir also: Vermag ich euch nicht zu tun wie dieser Töpfer, Haus Israel? spricht Jehova; siehe, wie der Ton in der Hand des Töpfers, also seid ihr in meiner Hand, Haus Israel. 7 Einmal rede ich über ein Volk *a* und über ein Königreich, es auszureißen und abzubrechen und zu zerstören; 8 kehrt aber jenes Volk, über welches ich geredet habe, von seiner Bosheit um, so lasse ich mich des Uebels gereuen, das ich ihm zu tun gedachte. 9 Und ein anderes Mal rede ich über ein Volk und über ein Königreich, es 10 zu bauen und zu pflanzen; tut es aber, was böse ist in meinen Augen, sodaß es auf meine Stimme nicht hört, so lasse ich mich des Guten gereuen, das ich ihm zu erweisen gesagt hatte.

11　Und nun rede zu den Männern von Juda und zu den Bewohnern von Jerusalem und sage: So spricht Jehova: Siehe, ich bereite ein Unglück wider euch und sinne wider euch einen Anschlag; kehret doch um, ein jeder von seinem bösen Wege, und machet gut 12 eure Wege und eure Handlungen. Aber sie sagen: Es ist umsonst; denn unseren Gedanken wollen wir nachgehen und ein jeder nach dem Starrsinn sei-13 nes bösen Herzens tun. Darum, so spricht Jehova: Fraget doch unter den Nationen! wer hat dergleichen gehört? Gar Schauderhaftes hat die Jungfrau 14 Israel getan. Verläßt wohl der Schnee des Libanon den Fels des Gefildes *b*? Oder versiegen weither kommende, 15 kalte, rieselnde Wasser? Denn mein Volk hat mich vergessen, sie räuchern den nichtigen Götzen *c*; und diese haben sie straucheln gemacht auf ihren Wegen, den Pfaden der Vorzeit, um Steige zu gehen, einen Weg, der nicht 16 gebahnt ist, damit sie ihr Land zum Entsetzen machen, zu ewigem Gezisch: jeder, der an demselben vorüberzieht, wird sich entsetzen und den Kopf 17 schütteln. Wie der Ostwind werde ich sie vor dem Feinde zerstreuen; mit dem Rücken und nicht mit dem Angesicht werde ich sie ansehen an dem Tage ihres Verderbens *d*.

18　Da sprachen sie: Kommt und laßt uns Anschläge wider Jeremia ersinnen; denn nicht geht dem Priester das Gesetz verloren, noch der Rat dem Weisen und das Wort dem Propheten. Kommt und laßt uns ihn mit der Zunge schlagen und nicht aufmerken auf 19 alle seine Worte! — Merke du, Jehova, auf mich, und höre die Stimme 20 meiner Gegner! Soll Böses für Gutes vergolten werden? denn sie haben meiner Seele eine Grube gegraben.

Gedenke, daß ich vor dir gestanden habe, Gutes über sie zu reden, um deinen Grimm von ihnen abzuwen-21 den. Darum übergib ihre Kinder dem Hunger, und gib sie preis der Gewalt des Schwertes, damit ihre Weiber kinderlos und Witwen werden, und ihre Männer vom Tode erwürgt, ihre Jünglinge vom Schwerte erschlagen werden 22 im Kriege. Es erschalle ein Geschrei aus ihren Häusern, wenn du plötzlich Kriegsscharen über sie bringst; denn sie haben eine Grube gegraben, um mich zu fangen, und meinen Füßen haben sie heimlich Schlingen gelegt. 23 Und du, Jehova, du kennst alle ihre Mordanschläge wider mich; vergib nicht ihre Missetat, und tilge ihre Sünde nicht aus vor deinem Angesicht, sondern laß sie niedergestürzt vor dir liegen; zur Zeit deines Zornes handle mit ihnen!

So sprach Jehova: Geh und kaufe **19** einen irdenen Kruge, und nimm mit *dir* von den Aeltesten des Volkes und 2 von den Aeltesten der Priester; und geh hinaus in das Tal des Sohnes Hinnoms, welches vor dem Eingang des Tores Charsuth *f* liegt, und rufe daselbst die Worte aus, die ich zu dir 3 reden werde, und sprich: Höret das Wort Jehovas, ihr Könige von Juda und ihr Bewohner von Jerusalem! So spricht Jehova der Heerscharen, der Gott Israels: Siehe, ich bringe Unglück über diesen Ort, daß einem jeden, der es hört, seine Ohren gellen 4 werden. Darum, daß sie mich verlassen und diesen Ort verkannt und in ihm anderen Göttern geräuchert haben, die sie nicht kannten, weder sie noch ihre Väter noch die Könige von Juda, und diesen Ort mit dem Blute 5 Unschuldiger erfüllt haben, und die Höhen des Baal gebaut, um ihre Kinder als Brandopfer für den Baal im Feuer zu verbrennen, was ich nicht geboten noch geredet habe und mir nicht in den Sinn gekommen ist: dar-6 um siehe, Tage kommen, spricht Jehova, da dieser Ort nicht mehr Topheth *g*, noch Tal des Sohnes Hinnoms, sondern Würgetal genannt werden 7 wird. Und ich werde den Rat von Juda und Jerusalem vereiteln *h* an diesem Orte, und werde sie durchs Schwert fallen lassen vor ihren Feinden und durch die Hand derer, welche nach ihrem Leben trachten; und ich werde ihre Leichname den Vögeln des Himmels und den Tieren der 8 Erde zur Speise geben. Und ich werde diese Stadt zum Entsetzen und zum Gezisch machen: jeder, der an ihr vorüberzieht, wird sich entsetzen und zischen über alle ihre Plagen *i*. Und 9 ich werde sie das Fleisch ihrer Söhne und das Fleisch ihrer Töchter essen lassen, und sie sollen einer des anderen Fleisch essen in der Belagerung

---

a Anderswo mit „Nation" üb.; so auch V. 8. 9. — *b* d. h. den über das umliegende Land hervorragenden Fels; wahrsch. ist der mit ewigem Schnee bedeckte Hermon gemeint. — *c* Eig. der Nichtigkeit, od. der Falschheit, Lüge. — *d* O. Untergangs. — *e* Eig. einen Töpferkrug. — *f* d. h. des Scherbentores. — *g* S. die Anm. zu 2. Kön. 23, 10. — *h* Eig. ausleeren. — *i* O. Schläge.

und in der Bedrängnis, womit ihre Feinde und die nach ihrem Leben 10 trachten sie bedrängen werden. — Und du sollst den Krug zerbrechen vor den Augen der Männer, die mit dir 11 gegangen sind, und zu ihnen sprechen: So spricht Jehova der Heerscharen: Also werde ich dieses Volk und diese Stadt zerschmettern, wie man ein Töpfergefäß zerschmettert, das nicht wiederhergestellt werden kann. Und man wird im Topheth begraben, 12 aus Mangel an Raum zu begraben. Also werde ich diesem Orte tun, spricht Jehova, und seinen Bewohnern, um diese Stadt dem Topheth gleich zu machen. 13 Und die Häuser von Jerusalem und die Häuser der Könige von Juda sollen unrein werden wie der Ort Topheth: alle die Häuser, auf deren Dächern sie dem ganzen Heere des Himmels geräuchert und anderen Göttern Trankopfer gespendet haben.

14 Und Jeremia kam vom Topheth, wohin Jehova ihn gesandt hatte zu weissagen, und er trat in den Vorhof des Hauses Jehovas und sprach zu dem 15 ganzen Volke: So spricht Jehova der Heerscharen, der Gott Israels: Siehe, ich will über diese Stadt und über alle ihre Städte all das Unglück bringen, welches ich über sie geredet habe; denn sie haben ihren Nacken verhärtet, um meine Worte nicht zu hören.

20 Und als Paschchur, der Sohn Immers, der Priester, (er war Oberaufseher im Hause Jehovas) Jeremia die- 2 se Worte weissagen hörte, da schlug Paschchur den Propheten Jeremia, und legte ihn in den Stock im obersten Tore Benjamin, das im Hause Jeho- 3 vas ist. Und es geschah am folgenden Tage, als Paschchur Jeremia aus dem Stock herausbringen ließ, da sprach Jeremia zu ihm: Nicht Paschchur *a* heißt Jehova deinen Namen, sondern 4 Magor-Missabib *b*. Denn so spricht Jehova: Siehe, ich mache dich zum Schrecken, dir selbst und allen deinen Freunden; und sie sollen durch das Schwert ihrer Feinde fallen, indem deine Augen es sehen; und ich werde ganz Juda in die Hand des Königs von Babel geben, damit er sie nach Babel wegführe und sie mit dem Schwerte 5 erschlage. Und ich werde den ganzen Reichtum dieser Stadt dahingeben und all ihren Erwerb und alle ihre Kostbarkeiten; und alle Schätze der Könige von Juda werde ich in die Hand ihrer Feinde geben; und sie werden sie plündern und wegnehmen und nach 6 Babel bringen. Und du, Paschchur, und alle Bewohner deines Hauses, ihr werdet in die Gefangenschaft gehen; und du wirst nach Babel kommen und daselbst sterben und daselbst begraben werden, du und alle deine Freunde, welchen du falsch geweissagt hast. — 7 Jehova, du hast mich beredet, und ich habe mich bereden lassen; du hast mich ergriffen und überwältigt. Ich

bin zum Gelächter geworden den ganzen Tag, jeder spottet meiner. Denn 8 so oft ich rede, muß ich schreien, Gewalttat und Zerstörung rufen; denn das Wort Jehovas ist mir zur Verhöhnung und zum Spott geworden den ganzen Tag. Und spreche ich: Ich will 9 ihn nicht mehr erwähnen, noch in seinem Namen reden, so ist es in meinem Herzen wie brennendes Feuer, eingeschlossen in meinen Gebeinen; und ich werde müde, es auszuhalten, und vermag es nicht. Denn ich habe 10 die Verleumdung *c* vieler gehört, Schrecken ringsum: „Zeiget an, so wollen wir ihn anzeigen!" Alle meine Freunde lauern auf meinen Fall: „Vielleicht läßt er sich bereden, sodaß wir ihn überwältigen und uns an ihm rächen können". Aber Jehova ist mit 11 mir wie ein gewaltiger Held, darum werden meine Verfolger straucheln und nichts vermögen *d*; sie werden sehr beschämt werden, weil sie nicht verständig gehandelt haben *e*: eine ewige Schande, die nicht vergessen werden wird. Und du, Jehova der 12 Heerscharen, der du den Gerechten prüfst, Nieren und Herz siehst, laß mich deine Rache an ihnen sehen; denn dir habe ich meine Rechtssache anvertraut. Singet Jehova, preiset Jehova! denn er 13 hat die Seele des Armen errettet aus der Hand der Uebeltäter.

Verflucht sei der Tag, an welchem 14 ich geboren wurde; der Tag, da meine Mutter mich gebar, sei nicht gesegnet! Verflucht sei der Mann, der meinem 15 Vater die frohe Botschaft brachte und sprach: „Ein männliches Kind ist dir geboren", *und* der ihn hoch erfreute! Und jener Mann werde den Städten 16 gleich, die Jehova umgekehrt hat, ohne sich's gereuen zu lassen; und er höre ein Geschrei am Morgen und Feldgeschrei zur Mittagszeit: weil er mich 17 nicht tötete im Mutterleibe *f*, sodaß meine Mutter mir zum Grabe geworden und ihr Leib ewig schwanger geblieben wäre! Warum bin ich 18 doch aus dem Mutterleibe hervorgekommen, um Mühsal und Kummer zu sehen, und daß meine Tage in Schande vergingen? —

Das Wort, welches von seiten Je- **21** hovas zu Jeremia geschah, als der König Zedekia Paschchur, den Sohn Malkijas, und Zephanja, den Sohn Maasejas, den Priester, zu ihm sandte und sagen ließ: Befrage doch Jehova 2 für uns, denn Nebukadrezar, der König von Babel, streitet wider uns; vielleicht wird Jehova mit uns handeln nach allen seinen Wundern, daß er von uns abziehe.

Und Jeremia sprach zu ihnen: Also 3 sollt ihr zu Zedekia sagen: So spricht 4 Jehova, der Gott Israels: Siehe, ich will die Kriegswaffen umwenden, die in eurer Hand sind, mit welchen ihr außerhalb der Mauer wider den König von Babel und wider die Chaldäer

---

a Erlösung, Wohlfahrt. — *b* Schrecken ringsum. — *c* O. Schmähung. — *d* O. nicht die Oberhand haben. — *e* O. weil es ihnen nicht gelungen ist. — *f* W. von Mutterleibe an.

streitet, die euch belagern, und sie *a* in diese Stadt hinein versammeln. Und 5 ich selbst werde wider euch streiten mit ausgestreckter Hand und mit starkem Arm und mit Zorn und mit Grimm 6 und mit großer Wut. Und ich werde die Bewohner dieser Stadt schlagen, sowohl Menschen als Vieh; an einer 7 großen Pest sollen sie sterben. Und danach, spricht Jehova, werde ich Zedekia, den König von Juda, und seine Knechte und das Volk, und zwar die in dieser Stadt von der Pest, vom Schwerte und vom Hunger Uebriggebliebenen, in die Hand Nebukadrezars, des Königs von Babel, geben, und in die Hand ihrer Feinde und in die Hand derer, welche nach ihrem Leben trachten; und er wird sie schlagen mit der Schärfe des Schwertes, er wird ihrer nicht schonen, noch Mitleid haben, noch sich erbarmen.

8 Und zu diesem Volke sollst du sagen: So spricht Jehova: Siehe, ich lege euch den Weg des Lebens vor 9 und den Weg des Todes. Wer in dieser Stadt bleibt, wird sterben durch das Schwert und durch den Hunger und durch die Pest; wer aber hinausgeht und zu den Chaldäern überläuft, die euch belagern, wird leben, und seine Seele wird ihm zur Beute sein. 10 Denn ich habe mein Angesicht wider diese Stadt gerichtet zum Bösen und nicht zum Guten, spricht Jehova; sie wird in die Hand des Königs von Babel gegeben werden, und er wird sie mit 11 Feuer verbrennen. — Und zu dem Hause des Königs von Juda *sollst du* 12 *sagen*: Höret das Wort Jehovas! Haus David, so spricht Jehova: Haltet jeden Morgen Gericht und befreiet den Beraubten aus der Hand des Bedrückers, damit mein Grimm nicht ausbreche wie ein Feuer und unauslöschlich brenne wegen der Bosheit eurer Handlungen. 13 Siehe, ich will an dich, du Bewohnerin *b* des Tales, des Felsens *c* der Ebene, spricht Jehova; die ihr sprechet: Wer wird wider uns herabsteigen, und wer wird in unsere Wohnungen kommen? 14 Und ich will euch heimsuchen nach der Frucht eurer Handlungen, spricht Jehova; und ich will ein Feuer anzünden in ihrem *d* Walde, daß es alle ihre Umgebungen verzehre.

22 So sprach Jehova: Geh hinab in das Haus des Königs von Juda, und 2 rede daselbst dieses Wort und sprich: Höre das Wort Jehovas, König von Juda, der du auf dem Throne Davids sitzest, du und deine Knechte und dein Volk, die ihr durch diese Tore einzie- 3 het. So spricht Jehova: Uebet *e* Recht und Gerechtigkeit, und befreiet den Beraubten aus der Hand des Bedrükkers; und den Fremdling, die Waise und die Witwe bedrücket *und* vergewaltiget nicht, und vergießet nicht un- 4 schuldiges Blut an diesem Orte. Denn

wenn ihr dieses Wort wirklich tun werdet, so werden durch die Tore dieses Hauses Könige einziehen, welche auf dem Throne Davids sitzen *f*, auf Wagen fahrend und auf Rossen reitend, er und seine Knechte und sein Volk. Wenn ihr aber nicht auf diese 5 Worte höret, so habe ich bei mir geschworen, spricht Jehova, daß dieses Haus zur Einöde werden soll. Denn 6 also spricht Jehova über das Haus des Königs von Juda: Du bist mir ein Gilead *g*, ein Haupt des Libanon; wenn ich dich nicht zur Wüste machen werde, zu unbewohnten Städten! Und ich werde 7 Verderber wider dich weihen, einen jeden mit seinen Waffen, und sie werden die Auswahl deiner Zedern umhauen und ins Feuer werfen. Und viele 8 Nationen werden an dieser Stadt vorüberziehen, und einer wird zum anderen sagen: Warum hat Jehova an dieser großen Stadt also getan? Und man 9 wird sagen: Weil sie den Bund Jehovas, ihres Gottes, verlassen und sich vor anderen Göttern niedergebeugt und ihnen gedient haben.

Weinet nicht um den Toten, und be- 10 klaget ihn nicht; weinet vielmehr um den Weggezogenen, denn er wird nicht mehr zurückkehren und das Land seiner Geburt sehen. Denn so spricht Je- 11 hova von Schallum *h*, dem Sohne Josias, dem König von Juda, welcher König ward an seines Vaters Josia Statt, *und* der aus diesem Orte weggezogen ist: er wird nicht mehr hierher zurückkehren; sondern an dem Orte, wohin 12 sie ihn weggeführt haben, daselbst wird er sterben, und er wird dieses Land nicht wiedersehen.

Wehe dem, der sein Haus mit Un- 13 gerechtigkeit baut und seine Obergemächer mit Unrecht, der seinen Nächsten umsonst arbeiten läßt und ihm seinen Lohn nicht gibt; der da spricht: 14 Ich will mir ein geräumiges Haus bauen und weite Obergemächer! und er haut sich Fenster aus und deckt mit Zedern, und er streicht es an mit Zinnober. Bist du ein König, weil du in Zedern 15 wetteiferst? Hat nicht dein Vater gegessen und getrunken und Recht und Gerechtigkeit geübt? da erging es ihm wohl. Er hat die Rechtssache des Elen- 16 den und des Armen gerichtet; da stand es wohl. Heißt das nicht mich erkennen? spricht Jehova. Denn deine Au- 17 gen und dein Herz *i* sind auf nichts gerichtet als auf deinen Gewinn, und auf das Blut des Unschuldigen, um es zu vergießen, und auf Bedrückung und Gewalttat, um sie zu verüben. Darum 18 spricht Jehova von Jokakim, dem Sohne Josias, dem König von Juda, also: Man wird nicht um ihn klagen: Wehe, mein Bruder! und: Wehe, Schwester! man wird nicht um ihn klagen: Wehe, Herr! und: Wehe, seine Herrlichkeit! Mit 19 dem Begräbnis eines Esels wird er

---

begraben werden; man wird ihn fortschleifen und wegwerfen weit hinweg von den Toren Jerusalems.

20 Steige auf den Libanon und schreie, und erhebe deine Stimme auf dem *Gebirge* Basan und schreie vom Abarim her; denn zerschmettert sind alle deine

21 Buhlen. Ich redete zu dir in deinem Wohlergehen; du sprachst: Ich will nicht hören. Das war dein Weg von deiner Jugend an, daß du auf meine

22 Stimme nicht hörtest. Der Wind wird alle deine Hirten abweiden *a*, und deine Buhlen werden in die Gefangenschaft gehen. Ja, dann wirst du beschämt und zu Schanden werden ob all deiner

23 Bosheit. Die du auf dem Libanon wohnst und auf den Zedern nistest, wie mitleidswürdig wirst du sein *b*, wenn Schmerzen dich ankommen, Wehen, der Gebärenden gleich!

24 *So wahr* ich lebe, spricht Jehova, wenn auch Konja *c*, der Sohn Jojakims, der König von Juda, ein Siegelring wäre an meiner rechten Hand, so würde ich dich doch von dannen

25 wegreißen. Und ich werde dich in die Hand derer geben, welche nach deinem Leben trachten, und in die Hand derer, vor welchen du dich fürchtest, und in die Hand Nebukadrezars, des Königs von Babel, und in

26 die Hand der Chaldäer. Und ich werde dich und deine Mutter, die dich geboren hat, in ein anderes Land schleudern, wo ihr nicht geboren seid; und

27 daselbst werdet ihr sterben. Und in das Land, wohin sie sich sehnen zurückzukehren, dahin werden sie nicht

28 zurückkehren. — Ist denn dieser Mann Konja ein verachtetes Gefäß, das man zertrümmert, oder ein Gerät, an welchem man kein Gefallen hat? Warum werden sie weggeschleudert, er und sein Same, und in ein Land gewor-

29 fen, das sie nicht kennen? — O Land, Land, Land, höre das Wort Jehovas!

30 So spricht Jehova: Schreibet diesen Mann auf als kinderlos, als einen Mann, der kein Gedeihen hat in seinen Tagen; denn von seinem Samen wird nicht einer gedeihen, der auf dem Throne Davids sitze und fortan über Juda herrsche.

23 Wehe den Hirten, welche die Schafe meiner Weide zu Grunde richten und zerstreuen! spricht Je-

2 hova. Darum spricht Jehova, der Gott Israels, also über die Hirten, die mein Volk weiden: Ihr habt meine Schafe zerstreut und sie vertrieben, und habt nicht nach ihnen gesehen *d*; siehe, ich werde die Bosheit eurer Handlungen an euch heimsuchen, spricht Jehova.

3 Und i c h werde den Ueberrest meiner Schafe sammeln aus all den Ländern, wohin ich sie vertrieben habe; und ich werde sie auf ihre Triften zurückbringen, daß sie fruchtbar seien und

4 sich mehren. Und ich werde Hirten über sie erwecken, die sie weiden

werden; und sie sollen sich nicht mehr fürchten und nicht erschrecken, noch vermißt werden, spricht Jehova.

Siehe, Tage kommen, spricht Jehova, 5 da ich dem David einen gerechten Sproß erwecken werde; und er wird als König regieren und verständig handeln, und Recht und Gerechtigkeit üben im Lande. In seinen Tagen wird 6 Juda gerettet werden und Israel in Sicherheit wohnen; und dies wird sein Name sein, mit dem man ihn nennen wird: J e h o v a, u n s e r e G e r e c h - t i g k e i t *e*. Darum siehe, Tage kom- 7 men, spricht Jehova, da man nicht mehr sagen wird: *So wahr* Jehova lebt, der die Kinder Israel aus dem Lande Aegypten heraufgeführt hat! sondern: 8 *So wahr* Jehova lebt, der den Samen des Hauses Israel heraufgeführt und ihn gebracht hat aus dem Lande des Nordens und aus all den Ländern, wohin ich sie vertrieben hatte! Und sie sollen in ihrem Lande wohnen.

Ueber die Propheten. 9

Mein Herz ist gebrochen in meinem Innern, es schlottern alle meine Gebeine; ich bin wie ein Trunkener und wie ein Mann, den der Wein überwältigt hat, wegen Jehovas und wegen seiner heiligen Worte. Denn das Land 10 ist voll von Ehebrechern; denn das Land trauert wegen des Fluches, die Auen der Steppe verdorren, und ihr Lauf ist böse, und ihre Macht *f* ist Unrecht. Denn sowohl Propheten als Prie- 11 ster sind ruchlos; sogar in meinem Hause habe ich ihre Bosheit gefunden, spricht Jehova. Darum wird ihnen ihr 12 Weg sein wie schlüpfrige Orte in der Dunkelheit, sie werden gestoßen werden und auf ihm fallen; denn ich bringe Unglück über sie, das Jahr ihrer Heimsuchung, spricht Jehova. Und an den 13 Propheten Samarias habe ich Torheit gesehen: sie weissagten durch den Baal und führten mein Volk Israel irre. Aber an den Propheten Jerusalems 14 habe ich Schauderhaftes gesehen: Ehebrechen und in der Lüge Wandeln, und sie stärken die Hände der Uebeltäter, auf daß sie nicht umkehren, ein jeder von seiner Bosheit; sie sind mir allesamt wie Sodom geworden, und seine *g* Bewohner wie Gomorra. Dar- 15 um spricht Jehova der Heerscharen über die Propheten also: Siehe, ich will sie mit Wermut speisen und sie mit bitterem Wasser tränken; denn von den Propheten Jerusalems ist Ruchlosigkeit ausgegangen über das ganze Land.

So spricht Jehova der Heerscharen: 16 Höret nicht auf die Worte der Propheten, die euch weissagen; sie täuschen euch, sie reden das Gesicht ihres Herzens *und* nicht aus dem Munde Jehovas. Sie sagen stets zu denen, die 17 mich verachten: „Jehova hat geredet: ihr werdet Frieden haben"; und zu jedem, der in dem Starrsinn seines Her-

---

a d. h. wegraffen. — *b* And.: wie wirst du seufzen. — *c* Der Name Konja oder Jekonja ist gleichbedeutend mit Jojakim. — *d* O. euch ihrer nicht angenommen. — *e* H. Jahwe-Tsidkenu. — *f* O. Kraft. — *g* d. i. Jerusalems.

zens wandelt, sprechen sie: „Es wird kein Unglück über euch kommen".
18 Denn wer hat im Rate Jehovas gestanden, daß er sein Wort gesehen und gehört hätte? Wer hat auf mein *a* Wort
19 gemerkt und gehört? Siehe, ein Sturmwind Jehovas, ein Grimm ist ausgegangen, ja, ein wirbelnder Sturmwind; er wird sich herniederwälzen
20 auf den Kopf der Gesetzlosen. Nicht wenden wird sich der Zorn Jehovas, bis er getan und bis er ausgeführt hat die Gedanken seines Herzens. Am Ende der Tage werdet ihr dessen mit
21 Verständnis inne werden. Ich habe die Propheten nicht gesandt, und doch sind sie gelaufen: ich habe nicht zu ihnen geredet, und doch haben sie ge-
22 weissagt. Hätten sie aber in meinem Rate gestanden, so würden sie mein Volk meine Worte hören lassen und es abbringen von seinem bösen Wege und von der Bosheit seiner Handlun-
23 gen. — Bin ich ein Gott aus der Nähe, spricht Jehova, und nicht ein Gott aus
24 der Ferne? oder kann sich jemand in Schlupfwinkel verbergen, und i c h sähe ihn nicht? spricht Jehova. Erfülle i c h nicht den Himmel und die Erde? spricht
25 Jehova. Ich habe gehört, was die Propheten sagen, die in meinem Namen Lüge weissagen und sprechen: Einen
26 Traum, einen Traum habe ich gehabt! Wie lange sollen *das* im Sinne haben die Propheten, welche Lüge weissagen, und die Propheten des Truges
27 ihres Herzens, welche gedenken *b*, meinen Namen bei meinem Volke in Vergessenheit zu bringen durch ihre Träume, die sie einer dem anderen erzählen, so wie ihre Väter meines Namens
28 vergaßen über dem Baal? Der Prophet, der einen Traum hat, erzähle den Traum; und wer mein Wort hat, rede mein Wort in Wahrheit! Was hat das Stroh mit dem Korn gemein? spricht
29 Jehova. Ist mein Wort nicht also — wie Feuer, spricht Jehova, und wie ein Hammer, der Felsen zerschmettert?
30 Darum siehe, ich will an die Propheten, spricht Jehova, die einer vom an-
31 deren meine Worte stehlen. Siehe, ich will an die Propheten, spricht Jehova, die ihre Zungen nehmen und sprechen:
32 Er hat geredet *c*. Siehe, ich will an die, spricht Jehova, welche Lügenträume weissagen und sie erzählen und mein Volk irreführen mit ihrer Prahlerei; da i c h sie doch nicht gesandt und sie nicht entboten *d* habe, und sie diesem Volke gar nichts nützen, spricht Jehova.
33 Und wenn dieses Volk, oder ein Prophet oder ein Priester dich fragt und spricht: Was ist die Last *e* Jehovas? so sprich zu ihnen: Was die Last sei? — ich *f* werde euch abwerfen, spricht
34 Jehova. Und der Prophet und der Prie-

ster und das Volk, welche sagen werden: „Last Jehovas", diesen Mann und sein Haus werde ich heimsuchen. Also 35 sollt ihr sprechen, ein jeder zu seinem Nächsten und ein jeder zu seinem Bruder: Was hat Jehova geantwortet und was hat Jehova geredet? Und die 36 Last Jehovas sollt ihr *g* nicht mehr erwähnen, denn die Last wird für einen jeden sein eigenes Wort sein; denn ihr verdrehet die Worte des lebendigen Gottes, Jehovas der Heerscharen, unseres Gottes. Also sollst du zu dem 37 Propheten sagen: Was hat Jehova dir geantwortet und was hat Jehova geredet? Wenn ihr aber saget: „Last 38 Jehovas", darum, so spricht Jehova: Weil ihr dieses Wort saget: „Last Jehovas", und ich doch zu euch gesandt und gesprochen habe: Ihr sollt nicht sagen: „Last Jehovas" — darum, 39 siehe, werde ich euch ganz vergessen *h*, und euch und die Stadt, die ich euch und euren Vätern gegeben habe, von meinem Angesicht verstoßen; und ich 40 werde ewigen Hohn auf euch legen und eine ewige Schande, die nicht vergessen werden wird.

Jehova ließ mich sehen, — und sie- **24**
he, zwei Körbe Feigen waren vor dem Tempel Jehovas aufgestellt — nachdem Nebukadrezar, der König von Babel, Jekonja, den Sohn Jojakims, den König von Juda, und die Fürsten von Juda und die Werkleute und die Schlosser aus Jerusalem weggeführt und sie nach Babel gebracht hatte. In 2 dem einen Korbe waren sehr gute Feigen, gleich den Frühfeigen; und in dem anderen Korbe waren sehr schlechte Feigen, die vor Schlechtigkeit nicht gegessen werden konnten. Und Jehova sprach zu mir: Was siehst 3 du, Jeremia? Und ich sprach: Feigen; die guten Feigen sind sehr gut, und die schlechten sehr schlecht, sodaß sie vor Schlechtigkeit nicht gegessen werden können.

Und das Wort Jehovas geschah zu 4 mir also: So spricht Jehova, der Gott 5 Israels: Wie diese guten Feigen, also werde ich die Weggeführten von Juda, die ich aus diesem Orte in das Land der Chaldäer weggeschickt habe, ansehen zum Guten. Und ich werde 6 mein Auge auf sie richten zum Guten und sie in dieses Land zurückbringen; und ich werde sie bauen und nicht abbrechen, und sie pflanzen und nicht ausreißen. Und ich will ihnen ein Herz 7 geben, mich zu erkennen, daß ich Jehova bin; und sie werden mein Volk, und i c h werde ihr Gott sein; denn sie werden mit ihrem ganzen Herzen zu mir umkehren. — Und wie die schlech- 8 ten Feigen, die vor Schlechtigkeit nicht gegessen werden können: ja, so spricht Jehova, also werde ich Zedekia, den

---

a Nach anderer Les.: sein. — *b* O. wie lange *soll das währen*? Haben im Sinne die Propheten, welche . . . Namens, gedenken sie usw. — *c* Eig. sprechen: Spruch! — *d* O. ihnen nichts geboten. — *e* Der hebr. Ausdruck hat die doppelte Bedeutung: „Last" und „wichtiger Ausspruch". (Vergl. Jes. 13, 1; 15, 1 usw.) — *f* And. üb. nach anderer Wortabteilung: Ihr seid die Last, und ich usw. — *g* Eig. Und „Last Jehovas" (d. h. diesen Ausdruck) sollt ihr usw.; vergl. V. 38. — *h* Nach and.: aufheben, aufladen.

König von Juda, machen, und seine Fürsten und den Ueberrest von Jerusalem, die in diesem Lande Uebriggebliebenen und die im Lande Aegyp-9ten Wohnenden. Und ich werde sie zur Mißhandlung, zum Unglück hingeben allen Königreichen der Erde, zum Hohn und zum Sprichwort, zur Spottrede und zum Fluch an allen Orten, wo-10 hin ich sie vertreiben werde. Und ich werde das Schwert, den Hunger und die Pest unter sie senden, bis sie aufgerieben sind aus dem Lande, das ich ihnen und ihren Vätern gegeben habe.

25 Das Wort, welches zu Jeremia geschah über das ganze Volk von Juda, im vierten Jahre Jojakims, des Sohnes Josias, des Königs von Juda, das ist das erste Jahr Nebukadrezars, des Kö-2nigs von Babel, welches Jeremia, der Prophet, zu dem ganzen Volke von Juda und zu allen Bewohnern von Jerusalem redete, indem er sprach:
3 Vom dreizehnten Jahre Josias, des Sohnes Amons, des Königs von Juda, bis auf diesen Tag, diese dreiundzwanzig Jahre, ist das Wort Jehovas zu mir geschehen; und ich habe zu euch geredet, früh mich aufmachend 4 und redend, aber ihr hörtet nicht. Und Jehova hat alle seine Knechte, die Propheten, zu euch gesandt, früh sich aufmachend und sendend; aber ihr hörtet nicht und neigtet eure Ohren 5 nicht, um zu hören. Und er sprach: Kehret doch um, ein jeder von seinem bösen Wege und von der Bosheit eurer Handlungen, so sollt ihr in dem Lande, das Jehova euch und euren Vätern gegeben hat, wohnen von Ewig-6keit zu Ewigkeit. Und wandelt nicht anderen Göttern nach, um ihnen zu dienen und euch vor ihnen niederzubeugen; und reizet mich nicht durch das Werk eurer Hände, daß ich euch 7 nicht Uebles tue. Aber ihr habt nicht auf mich gehört, spricht Jehova, um mich durch das Werk eurer Hände 8 zu reizen, euch zum Unglück. Darum, so spricht Jehova der Heerscharen: Weil ihr auf meine Worte nicht ge-9hört habt, siehe, so sende ich hin und hole alle Geschlechter des Nordens, spricht Jehova, und sende zu Nebukadrezar, dem König von Babel, meinem Knechte, und bringe sie über dieses Land und über seine Bewohner und über alle diese Nationen ringsum; und ich will sie vertilgen a und sie zum Entsetzen machen und zum Gezisch und 10 zu ewigen Einöden. Und ich will unter ihnen aufhören lassen die Stimme der Wonne und die Stimme der Freude, die Stimme des Bräutigams und die Stimme der Braut, das Geräusch der 11 Mühlen und das Licht der Lampe. Und dieses ganze Land wird zur Einöde, zur Wüste werden; und diese Nationen werden dem König von Babel dienen siebenzig Jahre.

Und es wird geschehen, wenn sie-12 benzig Jahre voll sind, werde ich an dem König von Babel und an jenem Volke, spricht Jehova, ihre Schuld heimsuchen, und an dem Lande der Chaldäer; und ich werde es zu ewigen Wüsteneien machen. Und ich wer-13 de über jenes Land alle meine Worte bringen, die ich über dasselbe geredet habe: alles, was in diesem Buche geschrieben steht, was Jeremia geweissagt hat über alle Nationen. Denn viele 14 Nationen und große Könige werden auch sie b dienstbar machen; und ich werde ihnen nach ihrem Tun und nach dem Werke ihrer Hände vergelten.

Denn so hat Jehova, der Gott Isra-15 els, zu mir gesprochen: Nimm diesen Becher Zornwein aus meiner Hand, und gib ihn zu trinken all den Nationen, zu welchen ich dich sende; damit 16 sie trinken, und taumeln und rasen wegen des Schwertes, das ich unter sie sende. — Und ich nahm den Becher 17 aus der Hand Jehovas und ließ trinken all die Nationen, zu welchen Jehova mich gesandt hatte: Jerusalem 18 und die Städte von Juda, und ihre Könige, ihre Fürsten, um sie zur Einöde, zum Entsetzen, zum Gezisch und zum Fluche zu machen, wie es an diesem Tage ist; den Pharao, den Kö-19 nig von Aegypten, und seine Knechte und seine Fürsten und sein ganzes Volk, und alle gemischten Völker, und 20 alle Könige des Landes Uz c; und alle Könige des Landes der Philister, und Askalon und Gasa und Ekron und den Ueberrest von Asdod; Edom und Moab 21 und die Kinder Ammon; und alle Kö-22 nige von Tyrus und alle Könige von Zidon; und die Könige der Inseln, welche jenseit des Meeres sind d; De-23 dan und Tema und Bus, und alle mit geschorenen Haarrändern e; und alle 24 Könige von Arabien und alle Könige der gemischten Völker, die in der Wüste wohnen; und alle Könige von 25 Simri und alle Könige von Elam und alle Könige von Medien; und alle Kö-26 nige des Nordens, die nahen und die fernen, den einen nach dem anderen f; und alle Königreiche der Erde, die auf der Fläche des Erdbodens sind. — Und der König von Scheschak g soll nach ihnen trinken. Und sprich zu 27 ihnen: So spricht Jehova der Heerscharen, der Gott Israels: Trinket, und werdet berauscht und speiet, und fallet und stehet nicht wieder auf wegen des Schwertes, das ich unter euch sende. Und es soll geschehen, wenn sie 28 sich weigern, den Becher aus deiner Hand zu nehmen, um zu trinken, so sollst du zu ihnen sagen: Also spricht Jehova der Heerscharen: Ihr sollt trinken. Denn siehe, bei der Stadt, 29 welche nach meinem Namen genannt ist, beginne ich Uebles zu tun h, und ihr solltet etwa ungestraft bleiben? Ihr

---

a Eig. verbannen, dem Bannfluch anheimgeben. — *b* d. h. die Chaldäer. — *c* Vergl. Klagel. 4, 21. — *d* d. h. der Inseln und Küstenländer des Mittelmeeres. — *e* Vergl. 3. Mose 19, 27. — *f* Eig. zu dem anderen hin, d. h. der Reihe nach. — *g* Eine durch künstliche Buchstabenversetzung entstandene Benennung von Babel. — *h* O. zu verderben, zu vernichten.

werdet nicht ungestraft bleiben; denn ich rufe das Schwert über alle Bewohner der Erde, spricht Jehova der Heerscharen.

30 Und du, weissage ihnen alle diese Worte und sprich zu ihnen: Jehova wird brüllen aus der Höhe und seine Stimme erschallen lassen aus seiner heiligen Wohnung; brüllen wird er gegen seine Wohnstätte, einen lauten Ruf erheben, wie die Keltertreter, gegen alle Bewohner der Erde.
31 Ein Getöse dringt bis an das Ende der Erde, denn Jehova rechtet mit den Nationen, e r hält Gericht mit allem Fleische; die Gesetzlosen gibt er dem Schwerte hin, spricht Jehova. —
32 So spricht Jehova der Heerscharen: Siehe, Unglück geht aus von Nation zu Nation, und ein gewaltiger Sturm macht sich auf von dem äußersten Ende
33 der Erde. Und die Erschlagenen Jehovas werden an jenem Tage liegen von einem Ende der Erde bis zum anderen Ende der Erde; sie werden nicht beklagt und nicht gesammelt noch begraben werden; zu Dünger auf der Fläche des Erdbodens sollen sie
34 werden. — Heulet, ihr Hirten, und schreiet! Und wälzet euch *in der Asche*, ihr Herrlichen der Herde! denn eure Tage sind erfüllt, um geschlachtet zu werden; und ich zerstreue euch, daß ihr hinfallen werdet wie ein kostbares
35 Gefäß. Und die Zuflucht ist den Hirten verloren, und das Entrinnen den
36 Herrlichen der Herde. Horch! Geschrei *a* der Hirten, und Heulen der Herrlichen der Herde; denn Jehova
37 verwüstet ihre Weide. Und die Auen des Friedens werden zerstört vor der
38 Glut des Zornes Jehovas. Gleich einem jungen Löwen hat er sein Dickicht verlassen; denn ihr Land ist zur Wüste geworden vor dem verderbenden *b* Schwerte *c* und vor der Glut seines Zornes.

26 Im Anfang der Regierung Jojakims, des Sohnes Josias, des Königs von Juda, geschah dieses Wort von seiten Jehovas also:
2 So spricht Jehova: Tritt in den Vorhof des Hauses Jehovas und zu allen Städten Judas, welche kommen, um anzubeten im Hause Jehovas, rede alle die Worte, welche ich dir geboten habe, zu ihnen zu reden; tue kein Wort
3 davon. Vielleicht werden sie hören und ein jeder von seinem bösen Wege umkehren: so werde ich mich des Uebels gereuen lassen, welches ich ihnen zu tun gedenke wegen der Bos-
4 heit ihrer Handlungen. Und sprich zu ihnen: So spricht Jehova: Wenn ihr nicht auf mich höret, daß ihr in meinem Gesetz wandelt, welches ich euch
5 vorgelegt habe, daß ihr auf die Worte meiner Knechte, der Propheten, höret, welche ich zu euch sende, früh mich aufmachend und sendend (ihr habt

aber nicht gehört): so will ich dieses 6 Haus wie Silo machen, und diese Stadt werde ich zum Fluche machen allen Nationen der Erde.

Und die Priester und die Propheten 7 und alles Volk hörten Jeremia diese Worte reden im Hause Jehovas. Und 8 es geschah, als Jeremia alles zu Ende geredet was Jehova geboten hatte, zu dem ganzen Volke zu reden, da ergriffen ihn die Priester und die Propheten und alles Volk und sprachen: Du mußt gewißlich sterben. Warum hast 9 du im Namen Jehovas geweissagt und gesprochen: Dieses Haus wird wie Silo werden, und diese Stadt verwüstet, ohne Bewohner? Und alles Volk versammelte sich gegen Jeremia im Hause Jehovas. Und als die Fürsten von 10 Juda diese Worte hörten, gingen sie hinauf aus dem Hause des Königs zum Hause Jehovas und setzten sich in den Eingang des neuen Tores Jehovas. Und die Priester und die Pro- 11 pheten redeten zu den Fürsten und zu allem Volke und sprachen: Diesem Manne gebührt die Todesstrafe *d*, denn er hat wider diese Stadt geweissagt, wie ihr mit euren Ohren gehört habt.

Und Jeremia redete zu den Fürsten 12 und zu allem Volke und sprach: Jehova hat mich gesandt, um wider dieses Haus und wider diese Stadt all die Worte zu weissagen, welche ihr gehört habt. Und nun machet gut eure 13 Wege und eure Handlungen, und höret auf die Stimme Jehovas, eures Gottes: so wird Jehova sich des Uebels gereuen lassen, welches er über euch geredet hat. Ich aber, siehe, ich bin 14 in eurer Hand; tut mir, wie es gut und wie es recht ist in euren Augen. Doch wisset bestimmt, daß ihr, wenn 15 ihr mich tötet, unschuldiges Blut bringen werdet auf euch und auf diese Stadt und auf ihre Bewohner; denn in Wahrheit, Jehova hat mich zu euch gesandt, um alle diese Worte vor euren Ohren zu reden.

Und die Fürsten und alles Volk spra- 16 chen zu den Priestern und zu den Propheten: Diesem Manne gebührt nicht die Todesstrafe; denn er hat im Namen Jehovas, unseres Gottes, zu uns geredet. Und es erhoben sich Männer 17 von den Aeltesten des Landes, und sie sprachen zu der ganzen Versammlung des Volkes und sagten: Micha, 18 der Moraschtiter *e*, hat in den Tagen Hiskias, des Königs von Juda, geweissagt und zu dem ganzen Volke von Juda gesprochen und gesagt: So spricht Jehova der Heerscharen: „Zion wird als Acker gepflügt werden, und Jerusalem wird zu Trümmerhaufen und der Berg des Hauses *f* zu Waldeshöhen werden". *g* Haben denn Hiskia, 19 der König von Juda, und ganz Juda ihn getötet? Hat er *h* nicht Jehova gefürchtet und Jehova angefleht, sodaß

---

a W. Stimme des Geschreis. — *b* O. gewalttätigen. — *c* Im hebr. Texte steht: vor der verderbenden Glut; doch vergl. Kap. 46, 16; 50, 16. — *d* Eig. ein Todesurteil; so auch V. 16. — *e* d. h. von Morescheth-Gath; vergl. Micha 1, 1. 14. — *f* d. h. des Tempels. — *g* Micha 3, 12. — *h* d. i. Hiskia.

Jehova sich des Uebels gereuen ließ, welches er über sie geredet hatte? Und wir wollen eine so große Uebeltat wider unsere Seelen begehen!

20 Und es war auch ein Mann, der im Namen Jehovas weissagte, Urija, der Sohn Schemajas, aus Kirjath-Jearim; und er weissagte wider diese Stadt und wider dieses Land nach allen Worten

21 Jeremias. Und als der König Jojakim und alle seine Helden und alle Fürsten seine Worte hörten, suchte der König ihn zu töten. Und als Urija es hörte, fürchtete er sich und floh, und er kam

22 nach Aegypten. Da sandte der König Jojakim Männer nach Aegypten, Elnathan, den Sohn Akbors, und Männer mit

23 ihm nach Aegypten. Und sie brachten Urija aus Aegypten und führten ihn zu dem König Jojakim; und er erschlug ihn mit dem Schwerte und warf seinen Leichnam auf die Gräber der Kinder

24 des Volkes *a*. Doch die Hand Achikams, des Sohnes Schaphans, war mit Jeremia, daß man ihn nicht in die Hand des Volkes gab, um ihn zu töten.

27 Im Anfang der Regierung Zedekias *b*, des Sohnes Josias, des Königs von Juda, geschah dieses Wort zu Je-

2 remia seitens Jehovas also: — so sprach Jehova zu mir:

3 Mache dir Bande und Jochstäbe, und lege sie um deinen Hals; und sende sie an den König von Edom und an den König von Moab und an den König der Kinder Ammon, und an den König von Tyrus und an den König von Zidon, durch die Boten, welche nach Jerusalem zu Zedekia, dem Kö-

4 nig von Juda, gekommen sind; und befiehl ihnen, daß sie ihren Herren sagen: So spricht Jehova der Heerscharen, der Gott Israels: Also sollt ihr

5 euren Herren sagen: Ich habe die Erde gemacht, die Menschen und das Vieh, die auf der Fläche der Erde sind, durch meine große Kraft und durch meinen ausgestreckten Arm; und ich

6 gebe sie, wem es mich gut dünkt. Und nun habe ich alle diese Länder in die Hand Nebukadnezars, des Königs von Babel, meines Knechtes, gegeben; und auch die Tiere des Feldes habe ich

7 ihm gegeben, daß sie ihm dienen. Und alle Nationen werden ihm dienen und seinem Sohne und seinem Sohnessohne, bis die Zeit auch seines Landes gekommen ist, und viele Völker und große

8 Könige ihn dienstbar machen. Und es wird geschehen, die Nation und das Königreich, welche ihm, Nebukadnezar, dem König von Babel, nicht dienen und ihren Hals unter *c* das Joch des Königs von Babel nicht geben wollen, selbige Nation, spricht Jehova, werde ich heimsuchen mit dem Schwerte und mit dem Hunger und mit der Pest, bis ich sie ende durch seine Hand auf-

9 gerieben habe. Und ihr, höret nicht auf eure Propheten und auf eure Wahrsager und auf eure Träume und auf eure

Zauberer und auf eure Beschwörer, die zu euch sprechen und sagen: Ihr wer-

10 det dem König von Babel nicht dienen. Denn sie weissagen euch Lüge, um euch aus eurem Lande zu entfernen, und damit ich euch vertreibe und

11 ihr umkommet. Die Nation aber, welche ihren Hals unter das Joch des Königs von Babel bringen und ihm dienen wird, die werde ich in ihrem Lande lassen, spricht Jehova; und sie wird es bebauen und darin wohnen.

12 Und ich redete zu Zedekia, dem König von Juda, nach allen diesen Worten und sprach: Bringet eure Hälse unter das Joch des Königs von Babel und dienet ihm und seinem Volke, so

13 werdet ihr leben. Warum wollet ihr, du und dein Volk, durch das Schwert, durch den Hunger und durch die Pest sterben, wie Jehova über die Nation geredet hat, welche dem König von

14 Babel nicht dienen will? Und höret nicht auf die Worte der Propheten, die zu euch sprechen und sagen: Ihr werdet dem König von Babel nicht die-

15 nen; denn sie weissagen euch Lüge. Denn ich habe sie nicht gesandt, spricht Jehova, und sie weissagen falsch in meinem Namen, damit ich euch vertreibe und ihr umkommet, ihr und die Propheten, die euch weissagen.

16 Und ich redete zu den Priestern und zu diesem ganzen Volke und sprach: So spricht Jehova: Höret nicht auf die Worte eurer Propheten, die euch weissagen und sprechen: Siehe, die Geräte des Hauses Jehovas werden nun bald aus Babel zurückgebracht werden;

17 denn sie weissagen euch Lüge. Höret nicht auf sie; dienet dem König von Babel, so werdet ihr leben; warum sollte diese Stadt zur Einöde werden?

18 Wenn sie aber Propheten sind, und wenn das Wort Jehovas bei ihnen ist, so mögen sie doch bei Jehova der Heerscharen Fürbitte tun, damit die Geräte, welche im Hause Jehovas und im Hause des Königs von Juda und in Jerusalem übriggeblieben sind, nicht

19 nach Babel kommen. Denn so spricht Jehova der Heerscharen von den Säulen und von dem Meere und von den Gestellen und von den übrigen Geräten, die in dieser Stadt übriggeblie-

20 ben sind, welche Nebukadnezar, der König von Babel, nicht weggenommen hat, als er Jekonja, den Sohn Jojakims, den König von Juda, samt allen Edlen von Juda und Jerusalem, von Jerusa-

21 lem nach Babel wegführte — denn so spricht Jehova der Heerscharen, der Gott Israels, von den Geräten, welche im Hause Jehovas und im Hause des Königs von Juda und in Jerusalem

22 übriggeblieben sind: Sie sollen nach Babel gebracht werden, und sollen daselbst sein bis auf den Tag, da ich nach ihnen sehen *d* werde, spricht Jehova, und ich sie heraufführe und sie an diesen Ort zurückbringe.

---

a d. h. auf die Gräber des geringen Volkes. — *b* Im hebr. Texte steht irrtümlich: Jojakims. (Vergl. V. 3 u. 12.) — *c* Eig. in; so auch nachher. — *d* O. mich ihrer annehmen.

28 Und es geschah in demselben Jahre, im Anfang der Regierung Zedekias, des Königs von Juda, im vierten Jahre, im fünften Monat, da sprach zu mir Hananja, der Sohn Assurs, der Prophet, der von Gibeon war, im Hause Jehovas vor den Augen der Prie-
2 ster und alles Volkes, und sagte: So spricht Jehova der Heerscharen, der Gott Israels, und sagt: Ich zerbreche
3 das Joch des Königs von Babel. Binnen zwei Jahren *a* werde ich alle Geräte des Hauses Jehovas an diesen Ort zurückbringen, welche Nebukadnezar, der König von Babel, von diesem Orte weggenommen und nach Babel ge-
4 bracht hat. Und Jekonja, den Sohn Jojakims, den König von Juda, und alle Weggeführten von Juda, die nach Babel gekommen sind, werde ich an diesen Ort zurückbringen, spricht Jehova; denn ich werde das Joch des Königs von Babel zerbrechen.
5 Da sprach der Prophet Jeremia zu dem Propheten Hananja vor den Augen der Priester und vor den Augen alles Volkes, das im Hause Jehovas
6 stand; und der Prophet Jeremia sprach: Amen, Jehova tue also! Jehova bestätige deine Worte, die du geweissagt hast, daß er die Geräte des Hauses Jehovas und alle Weggeführten von Babel an diesen Ort zurückbringe!
7 Nur höre doch dieses Wort, welches ich vor deinen Ohren und vor den Oh-
8 ren alles Volkes rede: Die Propheten, welche von alters her vor mir und vor dir gewesen sind, sie haben auch über viele Länder und über große Königreiche geweissagt von Krieg und
9 von Unglück und von Pest. Der Prophet, der von Frieden weissagt, wird, wenn das Wort des Propheten eintrifft, als der Prophet erkannt werden, welchen Jehova in Wahrheit gesandt hat.
10 Und Hananja, der Prophet, nahm die Jochstäbe *b* vom Halse des Propheten
11 Jeremia und zerbrach sie. Und Hananja redete vor den Augen alles Volkes und sprach: So spricht Jehova: Ebenso werde ich binnen zwei Jahren das Joch Nebukadnezars, des Königs von Babel, zerbrechen vom Halse aller Nationen. Und der Prophet Jeremia ging seines Weges.
12 Und das Wort Jehovas geschah zu Jeremia, nachdem der Prophet Hananja die Jochstäbe *b* vom Halse des Propheten Jeremia zerbrochen hatte, also:
13 Geh und sprich zu Hananja und sage: So spricht Jehova: Hölzerne Jochstäbe hast du zerbrochen, aber an ihrer Statt
14 eiserne Jochstäbe gemacht. Denn so spricht Jehova der Heerscharen, der Gott Israels: Ein eisernes Joch habe ich auf den Hals aller dieser Nationen gelegt, damit sie Nebukadnezar, dem König von Babel, dienen, und sie werden ihm dienen; und auch die Tiere des Feldes habe ich ihm gegeben.
15 Und der Prophet Jeremia sprach zu dem Propheten Hananja: Höre doch, Hananja! Jehova hat dich nicht gesandt, sondern du hast dieses Volk auf eine Lüge vertrauen lassen. Darum, 16 so spricht Jehova: Siehe, ich werfe dich vom Erdboden hinweg; dieses Jahr wirst du sterben; denn du hast Abfall geredet wider Jehova. Und der 17 Prophet Hananja starb in demselben Jahre im siebenten Monat.

Und dies sind die Worte des Briefes, **29** welchen der Prophet Jeremia von Jerusalem an die übriggebliebenen Aeltesten der Weggeführten und an die Priester und an die Propheten und an das ganze Volk sandte, welches Nebukadnezar von Jerusalem nach Babel weggeführt hatte, (nachdem der König 2 Jekonja und die Königin, und die Kämmerer, die Fürsten von Juda und Jerusalem, und die Werkleute und die Schlosser aus Jerusalem weggezogen waren) durch Eleasar, den Sohn Scha- 3 phans, und Gemarja, den Sohn Hilkijas, welche Zedekia, der König von Juda, nach Babel zu Nebukadnezar, dem König von Babel, sandte: So spricht Jeho- 4 va der Heerscharen, der Gott Israels, zu allen Weggeführten, die ich von Jerusalem nach Babel weggeführt habe: Bauet Häuser und bewohnet sie, und 5 pflanzet Gärten und esset ihre Frucht. Nehmet Weiber und zeuget Söhne und 6 Töchter, und nehmet Weiber für eure Söhne, und eure Töchter gebet Männern, damit sie Söhne und Töchter gebären; und mehret euch daselbst, und mindert euch nicht. Und suchet den 7 Frieden *c* der Stadt, wohin ich euch weggeführt habe, und betet für sie zu Jehova; denn in ihrem Frieden werdet ihr Frieden haben. Denn so spricht 8 Jehova der Heerscharen, der Gott Israels: Laßt euch von euren Propheten, die in eurer Mitte sind, und von euren Wahrsagern nicht täuschen; und höret nicht auf eure Träume, die ihr euch träumen lasset. Denn sie weissa- 9 gen euch falsch in meinem Namen; ich habe sie nicht gesandt, spricht Jehova. Denn so spricht Jehova: Sobald 10 siebenzig Jahre für Babel voll sind *d*, werde ich mich euer annehmen und mein gutes Wort an euch erfüllen, euch an diesen Ort zurückzubringen. Denn 11 ich weiß ja die Gedanken, die ich über euch denke, spricht Jehova, Gedanken des Friedens und nicht zum Unglück, um euch Ausgang *e* und Hoffnung zu gewähren. Und ihr werdet mich an- 12 rufen und hingehen und zu mir beten, und ich werde auf euch hören. Und 13 ihr werdet mich suchen und finden, denn ihr werdet nach mir fragen *f* mit eurem ganzen Herzen *g*; und ich wer- 14 de mich von euch finden lassen, spricht Jehova. Und ich werde eure Gefangenschaft wenden und euch sammeln aus allen Nationen und aus allen Orten, wohin ich euch vertrieben habe, spricht Jehova; und ich werde euch an den

---

a Eig. Jahren von Tagen, d. h. nach genau zwei Jahren; so auch V. 11. — *b* Eig. den Jochstab. — *c* O. die Wohlfahrt. — *d* Vergl. Kap. 25, 11 usw. — *e* O. Zukunft. — *f* Eig. trachten. — *g* Vergl. 5. Mose 4, 29; Jer. 24, 7.

Ort zurückbringen, von wo ich euch weggeführt habe.

15 Wenn ihr saget: Jehova hat uns in
16 Babel Propheten erweckt, ja, so spricht Jehova von dem König, der auf dem Throne Davids sitzt, und von dem ganzen Volke, das in dieser Stadt wohnt, euren Brüdern, welche nicht mit euch in die Gefangenschaft a weggezogen
17 sind — so spricht Jehova der Heerscharen: Siehe, ich sende unter sie das Schwert, den Hunger und die Pest, und will sie machen wie die abscheulichen Feigen, die vor Schlechtigkeit nicht gegessen werden können b.
18 Und ich will ihnen nachjagen mit dem Schwerte, mit dem Hunger und mit der Pest; und ich will sie zur Mißhandlung hingeben allen Königreichen der Erde, zum Fluch und zum Entsetzen und zum Gezisch und zum Hohn unter allen Nationen, wohin ich sie vertrie-
19 ben habe: darum daß sie auf meine Worte nicht gehört haben, spricht Jehova, womit ich meine Knechte, die Propheten, zu ihnen sandte, früh mich aufmachend und sendend. Und auch ihr habt nicht gehört, spricht Jehova.
20 Ihr nun, höret das Wort Jehovas, ihr Weggeführten alle, die ich von Jerusalem nach Babel weggeschickt habe!
21 So spricht Jehova der Heerscharen, der Gott Israels, von Ahab, dem Sohne Kolajas, und von Zedekia, dem Sohne Maasejas, die euch Lügen weissagen in meinem Namen: Siehe, ich gebe sie in die Hand Nebukadrezars, des Königs von Babel, damit er sie
22 vor euren Augen erschlage. Und von ihnen wird ein Fluch entnommen werden seitens aller Weggeführten Judas, die in Babel sind, sodaß man sagen wird: Jehova mache dich wie Zedekia und wie Ahab, welche der König von
23 Babel im Feuer braten ließ! weil sie eine Ruchlosigkeit c begangen in Israel und Ehebruch getrieben haben mit den Weibern ihrer Nächsten, und in meinem Namen Lügenworte geredet haben, was ich ihnen nicht geboten hatte; und ich, ich weiß es und bin
24 Zeuge, spricht Jehova. — Und zu Schemaja, dem Nechelamiter, sollst du spre-
25 chen und sagen: So spricht Jehova der Heerscharen, der Gott Israels, und sagt: Weil du in deinem Namen Briefe gesandt hast an alles Volk, das in Jerusalem ist, und an den Priester Zephanja, den Sohn Maasejas, und an
26 alle die Priester, und gesagt: „Jehova hat dich zum Priester gesetzt anstatt des Priesters Jojada, damit Aufseher seien im Hause Jehovas betreffs jedes Rasenden und Weissagenden, damit du ihn in den Stock und in das Hals-
27 eisen legest. Und nun, warum hast du Jeremia, den Anathothiter, nicht ge-
28 scholten, der euch weissagt? da er ja zu uns nach Babel gesandt und gesagt hat d: Es wird lange dauern; bauet Häuser und bewohnet sie, und pflan-

zet Gärten und esset ihre Frucht." . . .
29 (Und der Priester Zephanja hatte diesen Brief vor den Ohren des Propheten Jeremia gelesen.) Und das Wort
31 Jehovas geschah zu Jeremia also: Sende hin zu allen Weggeführten und sprich: Also spricht Jehova von Schemaja, dem Nechelamiter: Weil Schemaja euch geweissagt, und ich ihn doch nicht gesandt habe, und er euch auf
32 Lügen hat vertrauen lassen, darum spricht Jehova also: Siehe, ich will Schemaja, den Nechelamiter, und seinen Samen heimsuchen: er soll niemand haben, der inmitten dieses Volkes wohne, und er soll das Gute nicht sehen, welches ich meinem Volke tun werde, spricht Jehova; denn er hat Abfall geredet wider Jehova.

Das Wort, welches von seiten Jehovas zu Jeremia geschah, also:

30

2 So spricht Jehova, der Gott Israels, und sagt: Schreibe dir alle Worte, die ich zu dir geredet habe, in ein Buch.
3 Denn siehe, Tage kommen, spricht Jehova, da ich die Gefangenschaft meines Volkes Israel und Juda wenden werde, spricht Jehova; und ich werde sie in das Land zurückbringen, welches ich ihren Vätern gegeben habe, damit sie es besitzen.
4 Und dies sind die Worte, welche Jehova über Israel und über Juda geredet hat. Denn so spricht Jehova: Eine
5 Stimme des Schreckens haben wir gehört; da ist Furcht und kein Friede.
6 Fraget doch und sehet, ob ein Mann e gebiert? Warum sehe ich eines jeden Mannes Hände auf seinen Lenden, einer Gebärenden gleich, und jedes Angesicht in Blässe verwandelt? Wehe!
7 denn groß ist jener Tag, ohnegleichen, und es ist eine Zeit der Drangsal für Jakob; doch wird er aus ihr gerettet
8 werden. Denn es wird geschehen an jenem Tage, spricht Jehova der Heerscharen, daß ich sein Joch von deinem Halse zerbrechen und deine Fesseln zerreißen werde, und Fremde sollen ihn f nicht mehr dienstbar machen;
9 sondern sie werden Jehova, ihrem Gott, dienen und ihrem König David, den ich ihnen erwecken werde. Und
10 du, fürchte dich nicht, mein Knecht Jakob, spricht Jehova, und erschrick nicht, Israel! denn siehe, ich will dich retten aus der Ferne und deine Nachkommen g aus dem Lande ihrer Gefangenschaft; und Jakob wird zurückkehren und ruhig und sicher sein, und
11 niemand wird ihn aufschrecken. Denn ich bin mit dir, spricht Jehova, um dich zu retten. Denn ich werde den Garaus machen allen h Nationen, wohin ich dich zerstreut habe; nur dir werde ich nicht den Garaus machen, sondern dich nach Gebühr züchtigen und dich keineswegs ungestraft lassen.
12 Denn so spricht Jehova: Deine Wunde ist unheilbar, schmerzlich i ist dein
13 Schlag; niemand führt deine Streit-

---

a Eig. in die Wegführung, Verbannung. — b Vergl. Kap. 24, 8. — c Anderswo: Torheit, Gemeinheit. — d And. üb.: denn darum hat er . . . gesagt. — e Eig. ein Männliches. — f d. i. Jakob. — g Eig. deinen Samen. — h Eig. unter allen. — i O. gefährlich, tödlich.

sache, für das Geschwür gibt es kein Heilmittel, da ist kein Pflaster für
14 dich! Alle deine Buhlen haben dich vergessen, sie fragen nicht nach dir. Denn ich habe dich geschlagen mit dem Schlage eines Feindes, mit grausamer Züchtigung, um der Größe deiner Ungerechtigkeit *a* willen, weil dei-
15 ne Sünden zahlreich sind. Was schreist du über deine Wunde, daß dein Schmerz unheilbar ist? Um der Größe deiner Ungerechtigkeit willen, weil deine Sünden zahlreich sind, habe ich dir
16 solches getan. Darum sollen alle, die dich fressen, gefressen werden, und alle deine Bedränger sollen insgesamt in die Gefangenschaft gehen; und deine Berauber sollen zum Raube werden, und alle deine Plünderer werde
17 ich zur Plünderung hingeben. Denn ich will dir einen Verband anlegen und dich von deinen Schlägen heilen, spricht Jehova, weil man dich eine Verstoßene nennt: „Das ist Zion, nach der niemand fragt!"
18 So spricht Jehova: Siehe, ich will die Gefangenschaft der Zelte Jakobs wenden, und seiner Wohnungen will ich mich erbarmen. Und die Stadt wird auf ihrem Hügel wieder erbaut, und der Palast nach seiner Weise bewohnt
19 werden; und Lobgesang und die Stimme der Spielenden *b* wird von ihnen ausgehen. Und ich will sie mehren, und sie werden sich nicht mindern; und ich will sie herrlich machen, und
20 sie werden nicht gering werden. Und seine Söhne werden sein wie ehedem, und seine Gemeinde wird vor mir feststehen; und alle seine Bedrücker wer-
21 de ich heimsuchen. Und sein Herrlicher wird aus ihm sein, und sein Herrscher aus seiner Mitte hervorgehen; und ich will ihn herzutreten lassen, daß er mir nahe; denn wer ist es wohl, der sein Herz verpfändete, um zu mir
22 zu nahen? spricht Jehova. Und ihr werdet mein Volk, und i c h werde euer Gott sein.
23 Siehe, ein Sturmwind Jehovas, ein Grimm ist ausgegangen, ein sausender Sturmwind; er wird sich herniederwälzen auf den Kopf der Gesetz-
24 losen. Nicht wenden wird sich die Glut des Zornes Jehovas, bis er getan und bis er ausgeführt hat die Gedanken seines Herzens. Am Ende der Tage werdet ihr dessen innewerden.

31 In jener Zeit, spricht Jehova, werde ich der Gott aller Geschlechter Israels sein, und s i e werden mein
2 Volk sein. So spricht Jehova: Das Volk der dem Schwerte Entronnenen hat Gnade gefunden in der Wüste. Ich will gehen, um Israel *c* zur Ruhe zu
3 bringen. — Jehova ist mir von fern erschienen: Ja, mit ewiger Liebe habe ich dich geliebt; darum habe ich dir
4 fortdauern lassen *meine* Güte. Ich will dich wieder bauen, und du wirst ge-

baut werden, Jungfrau Israel! Du wirst dich wieder mit deinen Tamburinen schmücken und ausziehen im Reigen der Tanzenden. Du wirst wie- 5 der Weinberge pflanzen auf den Bergen Samarias; die Pflanzer werden pflanzen und genießen *d*. Denn ein Tag 6 wird sein, da die Wächter auf dem Gebirge Ephraim rufen werden: Machet euch auf und lasset uns nach Zion hinaufziehen zu Jehova, unserem Gott!

Denn so spricht Jehova: Jubelt über 7 Jakob mit Freuden und jauchzet an der Spitze *e* der Nationen! Lobsinget laut und sprechet: Rette dein Volk, Jehova, den Ueberrest Israels! Siehe, 8 ich bringe sie aus dem Lande des Nordens und sammle sie von den äußersten Ende der Erde, unter ihnen Blinde und Lahme, Schwangere und Gebärende allzumal; in großer Versammlung kehren sie hierher zurück. Mit 9 Weinen kommen sie, und unter Flehen leite ich sie; ich führe sie zu Wasserbächen auf einem ebenen Wege, auf dem sie nicht straucheln werden. Denn ich bin Israel zum Vater geworden, und Ephraim ist mein Erstgeborener. — Höret das Wort Jehovas, 10 ihr Nationen, und meldet es auf den fernen Inseln und sprechet: Der Israel zerstreut hat, wird es *wieder* sammeln und es hüten wie ein Hirt seine Herde. Denn Jehova hat Jakob losge- 11 kauft und hat ihn erlöst aus der Hand dessen, der stärker war als er. Und 12 sie werden kommen und jubeln auf der Höhe Zions, und herbeiströmen zu den Gütern Jehovas: zum Korn und zum Most und zum Oel und zu den jungen Schafen und Rindern; und ihre Seele wird sein wie ein bewässerter Garten, und sie werden hinfort nicht mehr verschmachten. Dann wird die 13 Jungfrau sich freuen im Reigen, und Jünglinge und Greise allzumal; und ich will ihre Trauer in Freude verwandeln und sie trösten, und will sie erfreuen, indem ich sie von ihrem Kummer befreie *f*. Und ich will die Seele 14 der Priester laben mit Fett, und mein Volk wird sich an meinen Gütern sättigen, spricht Jehova.

So spricht Jehova: Eine Stimme 15 wird in Rama gehört, Wehklage, bitteres Weinen. Rahel beweint ihre Kinder; sie will sich nicht trösten lassen *g* über ihre Kinder, weil sie nicht mehr sind. So spricht Jehova: Halte deine 16 Stimme zurück vom Weinen und deine Augen von Tränen; denn es gibt Lohn für deine Arbeit, spricht Jehova, und sie werden aus dem Lande des Feindes zurückkehren; und Hoffnung 17 ist da für dein Ende *h*, spricht Jehova, und deine Kinder werden in ihr Gebiet zurückkehren.

Wohl habe ich Ephraim klagen hö- 18 ren: Du hast mich gezüchtigt, und ich bin gezüchtigt worden wie ein nicht

---

a O. Missetat, Schuld. — *b* O. Tanzenden. — *c* Eig. um es, Israel. — *d* Eig. entweihen; vergl. 5. Mose 20, 6. — *e* O. über das Haupt; vergl. Amos 6, 1. — *f* Eig. will sie erfreuen aus ihrem Kummer heraus. — *g* Eig. sie weigert sich, sich trösten zu lassen. — *h* O. deine Zukunft.

ans Joch gewöhntes Kalb; bekehre mich, daß ich mich bekehre, denn du 19 bist Jehova, mein Gott. Denn nach meiner Umkehr *a* empfinde ich Reue, und nachdem ich zur Erkenntnis gebracht worden bin *b*, schlage ich mich auf die Lenden. Ich schäme mich und bin auch zu Schanden geworden, denn ich trage die Schmach meiner Jugend. 20 — Ist mir Ephraim ein teurer Sohn oder ein Kind der Wonne? Denn sooft ich auch wider ihn geredet habe, gedenke ich seiner doch immer wieder. Darum ist mein Innerstes um ihn erregt; ich will mich gewißlich seiner erbarmen, spricht Jehova.

21 Richte dir Wegweiser auf, setze dir Stangen, richte dein Herz auf die Straße, auf den Weg, den du gegangen bist! Kehre um, Jungfrau Israel, kehre 22 um zu diesen deinen Städten! Wie lange willst du dich hin und her wenden, du abtrünnige Tochter? Denn Jehova hat ein Neues geschaffen auf der Erde: Das Weib wird den Mann umgeben.

23 So spricht Jehova der Heerscharen, der Gott Israels: Dieses Wort wird man noch sprechen im Lande Juda und in seinen Städten, wenn ich ihre Gefangenschaft wenden werde: Jehova segne dich, du Wohnung der Ge-24 rechtigkeit, du heiliger Berg! Und Juda und alle seine Städte werden allzumal darin wohnen, Ackersleute und 25 die mit der Herde umherziehen. Denn ich habe die lechzende Seele reichlich getränkt und jede schmachtende Seele gesättigt *c*.

26 Darüber erwachte ich und sah, und mein Schlaf war mir süß.

27 Siehe, Tage kommen, spricht Jehova, da ich das Haus Israel und das Haus Juda besäen werde mit Samen von Menschen und Samen von Vieh. 28 Und es wird geschehen, wie ich über sie gewacht habe, um auszureißen und abzubrechen und niederzureißen und zu zerstören und zu verderben, also werde ich über sie wachen, um zu bauen und zu pflanzen, spricht Jeho-29 va. In jenen Tagen wird man nicht mehr sagen: Die Väter haben Herlinge gegessen, und die Zähne der Söhne 30 sind stumpf geworden; sondern ein jeder wird für seine Missetat sterben: jeder Mensch, der Herlinge ißt, dessen Zähne sollen stumpf werden.

31 Siehe, Tage kommen, spricht Jehova, da ich mit dem Hause Israel und mit dem Hause Juda einen neuen Bund 32 machen werde: nicht wie der Bund, den ich mit ihren Vätern gemacht habe an dem Tage, da ich sie bei der Hand faßte, um sie aus dem Lande Aegypten herauszuführen, welchen meinen Bund s i e gebrochen haben; und doch hatte ich mich mit ihnen vermählt, 33 spricht Jehova. Sondern dies ist der Bund, den ich mit dem Hause Israel machen werde nach jenen Tagen, spricht Jehova: Ich werde mein Ge-

setz in ihr Inneres legen und werde es auf ihr Herz schreiben; und ich werde ihr Gott, und s i e werden mein Volk sein. Und sie werden nicht mehr 34 ein jeder seinen Nächsten und ein jeder seinen Bruder lehren und sprechen: Erkennet Jehova! denn sie alle werden mich erkennen von ihrem Kleinsten bis zu ihrem Größten, spricht Jehova. Denn ich werde ihre Missetat vergeben und ihrer Sünde nicht mehr gedenken. — So spricht Jehova, der 35 die Sonne gesetzt hat zum Lichte bei Tage, die Ordnungen des Mondes und der Sterne zum Lichte bei Nacht, der das Meer erregt, und seine Wogen brausen, Jehova der Heerscharen ist sein Name: Wenn diese Ordnungen 36 vor *d* meinem Angesicht weichen werden, spricht Jehova, so soll auch der Same Israels aufhören, eine Nation zu sein vor meinem Angesicht alle Tage. So spricht Jehova: Wenn die Himmel 37 oben gemessen, und die Grundfesten der Erde unten erforscht werden können, so will ich auch den ganzen Samen Israels verwerfen wegen alles dessen, was sie getan haben, spricht Jehova.

Siehe, Tage kommen, spricht Jeho-38 va, da diese Stadt dem Jehova gebaut werden wird vom Turme Hananel bis zum Ecktore. Und die Meßschnur wird 39 weiter fortlaufen geradeaus über den Hügel Gareb, und sich nach Goah wenden. Und das ganze Tal der Leichen 40 und der Asche, und alles Gefilde bis zum Bache *e* Kidron, bis zur Ecke des Roßtores gegen Osten, wird Jehova heilig sein; es soll nicht ausgerottet noch zerstört werden in Ewigkeit.

Das Wort, welches von seiten Je- **32** hovas zu Jeremia geschah im zehnten Jahre Zedekias, des Königs von Juda; dieses Jahr war das achtzehnte Jahr Nebukadrezars. Und das Heer 2 des Königs von Babel belagerte damals Jerusalem. Und der Prophet Jeremia war im Gefängnishofe eingesperrt, der im Hause des Königs von Juda ist; denn Zedekia, der König von 3 Juda, hatte ihn eingesperrt und gesagt: „Warum weissagst du und sprichst: So spricht Jehova: Siehe, ich gebe diese Stadt in die Hand des Königs von Babel, daß er sie einnehme; und Ze-4 dekia, der König von Juda, wird der Hand der Chaldäer nicht entrinnen, sondern gewißlich in die Hand des Königs von Babel gegeben werden; und sein Mund wird mit dessen Munde reden, und seine Augen werden dessen Augen sehen; und er wird Ze-5 dekia nach Babel führen, und daselbst wird er sein, bis ich mich seiner annehme *f*, spricht Jehova. Wenn ihr mit den Chaldäern streitet, so wird es euch nicht gelingen?"

Und Jeremia sprach: Das Wort Je-6 hovas ist zu mir geschehen also: Sie-7 he, Hanamel, der Sohn Schallums, deines Oheims, wird zu dir kommen und

---

a O. meiner Bekehrung. — *b* Eig. nachdem ich gewitzigt bin. — *c* Eig. gefüllt. — *d* Eig. von vor. — *e* O. Tale. — *f* Vergl. Kap. 34, 3—5.

sagen: Kaufe dir mein Feld, das zu Anathoth ist; denn du hast das Lö-8 sungsrecht, um *es* zu kaufen. Und Hanamel, der Sohn meines Oheims, kam zu mir, nach dem Worte Jehovas, in den Gefängnishof und sprach zu mir: Kaufe doch mein Feld, das zu Anathoth im Lande Benjamin ist, denn du hast das Erbrecht *a*, und du hast die Lösung; kaufe es dir. Und ich erkannte, daß es das Wort Jehovas war.

9 Und ich kaufte von Hanamel, dem Sohne meines Oheims, das Feld, das zu Anathoth ist, und wog ihm das Geld dar: siebenzehn Sekel Silber.

10 Und ich schrieb einen Kaufbrief *b* und versiegelte ihn und nahm Zeugen, und ich wog das Geld auf der Wage dar.

11 Und ich nahm den Kaufbrief, den versiegelten: die Festsetzung und die Bestimmungen, und auch den offenen;

12 und ich gab den Kaufbrief Baruk, dem Sohne Nerijas, des Sohnes Machsejas, vor den Augen Hanamels, meines Vetters, und vor den Augen der Zeugen, welche den Kaufbrief unterschrieben hatten, vor den Augen aller Juden,

13 die im Gefängnishofe saßen. Und ich befahl Baruk vor ihren Augen und

14 sprach: So spricht Jehova der Heerscharen, der Gott Israels: Nimm diese Briefe, diesen Kaufbrief, sowohl den versiegelten als auch diesen offenen Brief, und lege sie in ein irdenes Gefäß, auf daß sie viele Tage erhalten

15 bleiben. Denn so spricht Jehova der Heerscharen, der Gott Israels: Es werden wiederum Häuser und Felder und Weinberge in diesem Lande gekauft werden.

16 Und nachdem ich Baruk, dem Sohne Nerijas, den Kaufbrief gegeben hatte, betete ich zu Jehova und sprach:

17 Ach, Herr, Jehova! Siehe, du hast die Himmel und die Erde gemacht durch deine große Kraft und durch deinen ausgestreckten Arm: kein Ding ist

18 dir unmöglich *c*; der du Güte übst an Tausenden, und die Ungerechtigkeit *d* der Väter vergiltst in den Busen ihrer Kinder nach ihnen; du großer, mächtiger Gott, dessen Name Jehova der

19 Heerscharen ist, groß an Rat und mächtig an Tat; du, dessen Augen über alle Wege der Menschenkinder offen sind, um einem jeden zu geben nach seinen Wegen und nach der Frucht

20 seiner Handlungen; der du Zeichen und Wunder getan im Lande Aegypten *und* bis auf diesen Tag, sowohl an Israel als auch an *anderen* Menschen, und dir einen Namen gemacht

21 hast, wie es an diesem Tage ist. Und du hast dein Volk Israel aus dem Lande Aegypten herausgeführt mit Zeichen und mit Wundern und mit starker Hand und mit ausgestrecktem Arm

22 und mit großem Schrecken; und hast ihnen dieses Land gegeben, welches du ihren Vätern geschworen hattest ihnen zu geben, ein Land, das von

23 Milch und Honig fließt. Und sie sind

hineingekommen und haben es in Besitz genommen; aber sie hörten nicht auf deine Stimme und wandelten nicht in deinem Gesetz: sie haben nichts getan von allem, was du ihnen zu tun geboten hattest. Da hast du ihnen all dieses Unglück widerfahren lassen. Siehe, die Wälle reichen bis an die 24 Stadt, um sie einzunehmen; und durch das Schwert und durch den Hunger und durch die Pest ist die Stadt in die Hand der Chaldäer gegeben, welche wider sie streiten. Und was du geredet hast, ist geschehen; und siehe, du siehst es. Und doch hast du zu 25 mir gesprochen, Herr, Jehova: Kaufe dir das Feld für Geld und nimm Zeugen; — und die Stadt ist *ja* in die Hand der Chaldäer gegeben!

Und das Wort Jehovas geschah zu 26 Jeremia also: Siehe, ich bin Jehova, 27 der Gott alles Fleisches; sollte mir irgend ein Ding unmöglich *c* sein? Darum, so spricht Jehova: Siehe, ich 28 gebe diese Stadt in die Hand der Chaldäer und in die Hand Nebukadrezars, des Königs von Babel, daß er sie einnehme. Und die Chaldäer, die wider die- 29 se Stadt streiten, werden hineinkommen und werden diese Stadt mit Feuer anzünden und sie verbrennen, samt den Häusern, auf deren Dächern sie dem Baal geräuchert und anderen Göttern Trankopfer gespendet haben, um mich zu reizen. Denn die Kinder Israel und 30 die Kinder Juda taten von ihrer Jugend an nur was böse ist in meinen Augen; denn die Kinder Israel haben mich nur gereizt durch das Werk ihrer Hände, spricht Jehova. Denn zu 31 meinem Zorne und zu meinem Grimme ist mir diese Stadt gewesen von dem Tage an, da man sie gebaut hat, bis auf diesen Tag, auf daß ich sie von meinem Angesicht hinwegtäte: wegen all der Bosheit der Kinder Is- 32 rael und der Kinder Juda, die sie verübt haben, um mich zu reizen, sie, ihre Könige, ihre Fürsten, ihre Priester und ihre Propheten, und die Männer von Juda und die Bewohner von Jerusalem. Und sie haben mir den Rük- 33 ken zugekehrt und nicht das Angesicht. Und ob ich sie auch lehrte, früh mich aufmachend und lehrend, so hörten sie doch nicht, um Zucht anzunehmen. Und sie haben ihre Scheu- 34 sale in das Haus gesetzt, welches nach meinem Namen genannt ist, um es zu verunreinigen. Und sie haben die Hö- 35 hen des Baal gebaut, welche im Tale des Sohnes Hinnoms sind, um ihre Söhne und ihre Töchter dem Moloch *f* durch *das Feuer* gehen zu lassen, — was ich nicht geboten habe und mir nicht in den Sinn gekommen ist — um diesen Greuel zu verüben, damit sie Juda sündigen machten. Und dar- 36 um spricht Jehova, der Gott Israels, nun also betreffs dieser Stadt, von welcher ihr saget: sie ist in die Hand des Königs von Babel gegeben durch

---

a Eig. das Eigentumsrecht. — *b* W. schrieb in den Brief. — *c* Eig. zu wunderbar. — *d* O. Missetat, Schuld. — *e* El. — *f* Eig. Molech.

das Schwert und durch den Hunger
37 und durch die Pest: Siehe, ich werde
sie aus all den Ländern sammeln, wohin ich sie vertrieben haben werde in
meinem Zorn und in meinem Grimm
und in großer Entrüstung *a*; und ich
werde sie an diesen Ort zurückbringen und sie in Sicherheit wohnen las-
38 sen. Und sie werden mein Volk, und
39 i c h werde ihr Gott sein. Und ich werde ihnen e i n Herz und e i n e n Weg
geben, damit sie mich fürchten alle
Tage, ihnen und ihren Kindern nach
40 ihnen zum Guten. Und ich werde einen
ewigen Bund mit ihnen machen, daß
ich nicht von ihnen lassen *b* -werde,
ihnen wohlzutun; und ich werde meine Furcht in ihr Herz legen, damit
41 sie nicht von mir abweichen. Und ich
werde mich über sie freuen, ihnen
wohlzutun, und werde sie in diesem
Lande pflanzen in Wahrheit *c* mit meinem ganzen Herzen und mit meiner
42 ganzen Seele. Denn so spricht Jehova: Gleichwie ich über dieses Volk
all dieses große Unglück gebracht
habe, also will ich über sie all das Gute
43 bringen, das ich über sie rede. Und
es sollen Felder gekauft werden in
diesem Lande, von welchem ihr saget:
Es ist öde, ohne Menschen und ohne
Vieh, es ist in die Hand der Chaldäer
44 gegeben. Man wird Felder um Geld
kaufen und Kaufbriefe schreiben *d* und
sie versiegeln und Zeugen nehmen im
Lande Benjamin und in den Umgebungen von Jerusalem und in den
Städten Judas, sowohl in den Städten
des Gebirges als auch in den Städten
der Niederung und in den Städten des
Südens. Denn ich werde ihre Gefangenschaft wenden, spricht Jehova.

33 Und das Wort Jehovas geschah
zum zweiten Male zu Jeremia, als
er noch im Gefängnishofe verhaftet
war, also:
2 So spricht Jehova, der es tut, Jehova, der es bildet, um es zu verwirk-
3 lichen, Jehova ist sein Name: Rufe zu
mir, und ich will dir antworten und
will dir große und unerreichbare Din-
4 ge kundtun, die du nicht weißt. Denn
so spricht Jehova, der Gott Israels,
über die Häuser dieser Stadt und über
die Häuser der Könige von Juda,
welche abgebrochen werden wegen
der Wälle und wegen des Schwertes;
5 indem man kommt *e*, um gegen die
Chaldäer zu streiten und die Häuser *f*
mit den Leichnamen der Menschen zu
füllen, welche ich in meinem Zorn
und in meinem Grimm geschlagen, und
um all deren Bosheit willen ich mein
Angesicht vor dieser Stadt verborgen
6 habe: Siehe, ich will ihr einen Verband anlegen und Heilung *bringen*,
und sie heilen, und ich will ihnen eine
Fülle von Frieden *g* und Wahrheit *c*
7 offenbaren. Und ich werde die Gefan-

genschaft Judas und die Gefangenschaft Israels wenden, und werde sie
bauen wie im Anfang. Und ich werde 8
sie reinigen von all ihrer Ungerechtigkeit, womit sie gegen mich gesündigt haben; und ich werde alle ihre
Missetaten vergeben, womit sie gegen
mich gesündigt haben und womit sie
von mir abgefallen sind. Und sie *h* soll 9
mir zum Freudennamen, zum Ruhm
und zum Schmuck sein bei allen Nationen der Erde, welche all das Gute
hören werden, das ich ihnen tue. Und
sie werden zittern und beben *i* über
all das Gute und über all den Frieden,
den *j* ich ihr *h* angedeihen lasse. — So 10
spricht Jehova: An diesem Orte, von
dem ihr saget: „Er ist verödet, ohne
Menschen und ohne Vieh", in den
Städten Judas und auf den Straßen
Jerusalems, die verwüstet sind, ohne
Menschen und ohne Bewohner und
ohne Vieh, wird wiederum gehört werden die Stimme der Wonne und die 11
Stimme der Freude, die Stimme des
Bräutigams und die Stimme der Braut,
die Stimme derer, welche sagen: Lobet *k* Jehova der Heerscharen, denn Je-
hova ist gütig, denn seine Güte *währt*
ewiglich! *die Stimme* derer, welche
Lob *l* in das Haus Jehovas bringen.
Denn ich werde die Gefangenschaft
des Landes wenden wie im Anfang,
spricht Jehova. So spricht Jehova der 12
Heerscharen: An diesem Orte, der
verödet ist, ohne Menschen und ohne
Vieh, und in allen seinen Städten wird
wiederum eine Wohnung sein für die
Hirten, welche Herden *m* lagern lassen.
In den Städten des Gebirges, in den 13
Städten der Niederung und in den
Städten des Südens, und im Lande
Benjamin und in den Umgebungen
von Jerusalem und in den Städten Judas werden wiederum die Herden unter den Händen des Zählers vorüberziehen, spricht Jehova.
Siehe, Tage kommen, spricht Jeho- 14
va, da ich das gute Wort erfüllen werde, welches ich über das Haus Israel und über das Haus Juda geredet
habe. In jenen Tagen und zu jener 15
Zeit werde ich dem David einen Sproß
der Gerechtigkeit hervorsprossen lassen, und er wird Recht und Gerechtigkeit üben im Lande. In jenen Ta- 16
gen wird Juda gerettet werden und
Jerusalem in Sicherheit wohnen; und
dies wird *der Name* sein, mit welchem
man es *h* benennen wird: Jehova,
u n s e r e G e r e c h t i g k e i t. *n* Denn so 17
spricht Jehova: Nie soll es dem Da-
vid an einem Manne fehlen, der auf
dem Throne des Hauses Israel sitze.
Und den Priestern, den Leviten, soll 18
es nie an einem Manne vor mir fehlen, der Brandopfer opfere und Speisopfer anzünde und Schlachtopfer zu-
richte alle Tage. — Und das Wort Je- 19

---

a Eig. Wut. — *b* W. mich nicht hinter ihnen zurückziehen. — *c* O. Treue. — *d* W.
und in den Brief schreiben. — *e* O. *und über* die, welche kommen. — *f* W. sie. —
g O. Wohlfahrt. — *h* d. i. Jerusalem. — *i* Vergl. Jes. 60, 5; Hos. 3, 5. — *j* O. die
Wohlfahrt, die. — *k* O. Danket. — *l* O. Dank. — *m* Eig. Kleinvieh. — *n* S. die Anm.
zu Kap. 23, 6.

20 hovas geschah zu Jeremia also: So spricht Jehova: Wenn ihr meinen Bund betreffs des Tages und meinen Bund betreffs der Nacht brechen könnt, so-21 daß Tag und Nacht nicht mehr seien zu ihrer Zeit, so wird auch mein Bund mit meinem Knechte David gebrochen werden, daß er keinen Sohn habe, der auf seinem Throne König sei, und auch mit den Leviten, den Priestern, 22 meinen Dienern. Wie das Heer des Himmels nicht gezählt und der Sand des Meeres nicht gemessen werden kann, also werde ich den Samen Davids, meines Knechtes, und die Levi-23 ten mehren, die mir dienen. — Und das Wort Jehovas geschah zu Jeremia 24 also: Hast du nicht gesehen, was dieses Volk redet, indem es spricht: „Die zwei Geschlechter *a*, welche Jehova erwählt hatte, die hat er verworfen"? und so verachten sie mein Volk, sodaß es vor ihnen keine Nation mehr ist. 25 So spricht Jehova: Wenn nicht mein Bund betreffs des Tages und der Nacht *besteht, wenn* ich nicht die Ordnungen des Himmels und der Erde festgesetzt 26 habe, so werde ich auch den Samen Jakobs und Davids, meines Knechtes, verwerfen, daß ich nicht mehr von seinem Samen Herrscher nehme über den Samen Abrahams, Isaaks und Jakobs. Denn ich werde ihre Gefangenschaft wenden und mich ihrer erbarmen.

34 Das Wort, welches von seiten Jehovas zu Jeremia geschah, als Nebukadnezar, der König von Babel, und sein ganzes Heer und alle Königreiche der Erde, die unter der Herrschaft seiner Hand waren, und alle Völker wider Jerusalem und wider alle seine Städte stritten: 2 So spricht Jehova, der Gott Israels: Geh und sprich zu Zedekia, dem König von Juda, und sage ihm: So spricht Jehova: Siehe, ich gebe diese Stadt in die Hand des Königs von Babel, daß 3 er sie mit Feuer verbrenne. Und du, du wirst seiner Hand nicht entrinnen, sondern gewißlich ergriffen und in seine Hand gegeben werden; und deine Augen werden die Augen des Königs von Babel sehen, und sein Mund wird mit deinem Munde reden, und du wirst 4 nach Babel kommen. Doch höre das Wort Jehovas, Zedekia, König von Juda! So spricht Jehova über dich: Du wirst nicht durch das Schwert ster-5 ben; in Frieden wirst du sterben, und gleich den Bränden deiner Väter, der früheren Könige, die vor dir gewesen sind, also wird man dir einen Brand machen, und man wird über dich klagen: „Wehe, Herr!" denn i c h habe das Wort geredet, spricht Jehova. — 6 Und Jeremia, der Prophet, redete zu Zedekia, dem König von Juda, alle 7 diese Worte in Jerusalem, während das Heer des Königs von Babel wider Jerusalem und wider alle übriggebliebenen Städte Judas stritt, wider Lachis und wider Aseka; denn diese wa-

ren als feste Städte unter den Städten Judas übriggeblieben.

Das Wort, welches von seiten Je-8 hovas zu Jeremia geschah, nachdem der König Zedekia einen Bund mit dem ganzen Volke, das zu Jerusalem war, gemacht hatte, um ihnen Freiheit auszurufen, damit ein jeder sei-9 nen Knecht und ein jeder seine Magd, den Hebräer und die Hebräerin, frei entließe, sodaß niemand mehr einen Juden, seinen Bruder, zum Dienst anhielte. Und es gehorchten alle Für-10 sten und das ganze Volk, welches den Bund eingegangen war, daß ein jeder seinen Knecht und ein jeder seine Magd frei entließe, ohne sie ferner zum Dienst anzuhalten; sie gehorchten und entließen sie. Aber nachher 11 wandten sie sich um und ließen die Knechte und Mägde wiederkommen, welche sie frei entlassen hatten, und unterjochten sie zu Knechten und zu Mägden. — Und das Wort Jehovas ge-12 schah von seiten Jehovas zu Jeremia also: So spricht Jehova, der Gott Is-13 raels: Ich habe einen Bund mit euren Vätern gemacht an dem Tage, da ich sie aus dem Lande Aegypten, aus dem Hause der Knechtschaft *b*, herausführte, und habe gesprochen: Am Ende 14 von sieben Jahren sollt ihr ein jeder seinen Bruder entlassen, den Hebräer, der sich dir verkauft hat; er soll dir sechs Jahre dienen, und dann sollst du ihn frei von dir entlassen. Aber eure Väter hörten nicht auf mich und neigten ihr Ohr nicht. Und ihr seid 15 heute zwar umgekehrt und habt getan was recht ist in meinen Augen, daß ein jeder seinem Nächsten Freiheit ausrief; und ihr habt einen Bund vor mir gemacht in dem Hause, welches nach meinem Namen genannt ist; aber 16 ihr habt euch wieder umgewandt und meinen Namen entweiht, und habt ein jeder seinen Knecht und ein jeder seine Magd wiederkommen lassen, die ihr nach ihrem Belieben frei entlassen hattet; und ihr habt sie unterjocht, daß sie euch zu Knechten und zu Mägden seien. Darum spricht Jehova 17 also: Ihr habt n i c h t auf mich gehört, Freiheit auszurufen, ein jeder seinem Bruder und ein jeder seinem Nächsten; siehe, so rufe ich euch Freiheit aus, spricht Jehova, für das Schwert, für die Pest und für den Hunger, und gebe euch zur Mißhandlung hin allen Königreichen der Erde. Und ich will 18 die Männer, welche meinen Bund übertreten haben, welche die Worte des Bundes nicht gehalten, den sie vor mir gemacht haben, wie das Kalb machen, das sie entzweigeschnitten und zwischen dessen Stücken sie hindurchgegangen sind *c*: die Fürsten von Ju-19 da und die Fürsten von Jerusalem, die Kämmerer und die Priester und alles Volk des Landes, welche zwischen den Stücken des Kalbes hindurchgegangen sind, die will ich in 20

---

a Israel und Juda. — *b* Eig. aus dem Hause der Knechte od. Sklaven. — *c* Ein uralter Gebrauch beim Abschließen von Bündnissen; vergl. 1. Mose 15, 17.

die Hand ihrer Feinde geben und in die Hand derer, welche nach ihrem Leben trachten; und ihre Leichname sollen dem Gevögel des Himmels und den Tieren der Erde zur Speise die- 21 nen. Und Zedekia, den König von Juda, und seine Fürsten werde ich in die Hand ihrer Feinde geben und in die Hand derer, welche nach ihrem Leben trachten, und in die Hand des Heeres des Königs von Babel, das von 22 euch abgezogen ist. Siehe, ich gebiete, spricht Jehova, und bringe sie zu dieser Stadt zurück, damit sie wider dieselbe streiten und sie einnehmen und sie mit Feuer verbrennen; und ich werde die Städte Judas zur Wüste machen, ohne Bewohner.

35 Das Wort, welches von seiten Jehovas zu Jeremia geschah in den Tagen Jojakims, des Sohnes Josias, 2 des Königs von Juda, also: Geh zum Hause *a* der Rekabiter *b* und rede mit ihnen, und bringe sie in das Haus Jehovas in eine der Zellen *c*, und gib 3 ihnen Wein zu trinken. Und ich nahm Jaasanja, den Sohn Jeremias, des Sohnes Chabazinjas, und seine Brüder und alle seine Söhne und das ganze Haus 4 der Rekabiter, und ich brachte sie in das Haus Jehovas, in die Zelle der Söhne Chanans, des Sohnes Jigdaljas, des Mannes Gottes, neben der Zelle der Fürsten, welche oberhalb der Zelle Maasejas war, des Sohnes Schallums, 5 des Hüters der Schwelle. Und ich setzte den Söhnen des Hauses der Rekabiter Kelche, mit Wein gefüllt, und Becher vor und sprach zu ihnen: Trin-6 ket Wein! Aber sie sprachen: Wir trinken keinen Wein; denn Jonadab *d*, der Sohn Rekabs, unser Vater, hat uns geboten und gesagt: Ihr sollt keinen Wein trinken, weder ihr noch eure 7 Kinder, ewiglich; und ihr sollt kein Haus bauen und keinen Samen säen und keinen Weinberg pflanzen, noch sie besitzen; sondern in Zelten sollt ihr wohnen alle eure Tage, auf daß ihr viele Tage lebet auf dem Erdboden, 8 wo ihr euch aufhaltet. Und wir haben der Stimme Jonadabs, des Sohnes Rekabs, unseres Vaters, gehorcht nach allem was er uns geboten hat: keinen Wein zu trinken alle unsere Tage, weder wir, noch unsere Weiber, noch unsere Söhne, noch unsere Töchter, 9 und keine Häuser zu unserer Wohnung zu bauen; und wir besitzen weder 10 Weinberg, noch Feld, noch Saat; und wir haben in Zelten gewohnt, und haben gehorcht und getan nach allem was unser Vater Jonadab uns geboten 11 hat. Und es geschah, als Nebukadrezar, der König von Babel, nach diesem Lande heraufzog, da sprachen wir: Kommt und laßt uns nach Jerusalem ziehen vor dem Heere der Chaldäer und vor dem Heere der Syrer; und so wohnen wir in Jerusalem.
12 Und das Wort Jehovas geschah zu

Jeremia also: So spricht Jehova der 13 Heerscharen, der Gott Israels: Geh und sprich zu den Männern von Juda und zu den Bewohnern von Jerusalem: Werdet ihr keine Zucht annehmen, um auf meine Worte zu hören? spricht Jehova. Die Worte Jonadabs, des 14 Sohnes Rekabs, die er seinen Kindern geboten hat, keinen Wein zu trinken, sind gehalten worden, und bis auf diesen Tag trinken sie keinen *Wein*; denn sie haben dem Gebot ihres Vaters gehorcht. Und i c h habe zu euch geredet, früh mich aufmachend und redend; aber ihr habt nicht auf mich gehört. Und ich habe alle meine 15 Knechte, die Propheten, zu euch gesandt, früh mich aufmachend und sendend, und habe gesprochen: Kehret doch um, ein jeder von seinem bösen Wege, und machet eure Handlungen gut, und wandelt nicht anderen Göttern nach, um ihnen zu dienen, so sollt ihr in dem Lande wohnen, das ich euch und euren Vätern gegeben habe; aber ihr habt euer Ohr nicht geneigt und nicht auf mich gehört. Ja, die 16 Kinder Jonadabs, des Sohnes Rekabs, haben das Gebot ihres Vaters gehalten, welches er ihnen geboten hat; aber dieses Volk hat nicht auf mich gehört. Darum spricht Jehova, der 17 Gott der Heerscharen, der Gott Israels, also: Siehe, ich bringe über Juda und über alle Bewohner von Jerusalem all das Unglück, welches ich über sie geredet habe, weil ich zu ihnen geredet und sie nicht gehört, und ich ihnen zugerufen und sie nicht geantwortet haben.
Und Jeremia sprach zu dem Hause 18 der Rekabiter: So spricht Jehova der Heerscharen, der Gott Israels: Weil ihr dem Gebot Jonadabs, eures Vaters, gehorcht und alle seine Gebote bewahrt, und getan habt nach allem was er euch geboten hat, darum spricht Jehova der 19 Heerscharen, der Gott Israels, also: Es soll Jonadab, dem Sohne Rekabs, nicht an einem Manne fehlen, der vor mir stehe, alle Tage.

36 Und es geschah im vierten Jahre Jojakims, des Sohnes Josias, des Königs von Juda, da geschah dieses Wort von seiten Jehovas zu Jeremia also: Nimm dir eine Buchrolle und schreibe 2 darauf alle die Worte, welche ich zu dir geredet habe über Israel und über Juda und über alle Nationen, von dem Tage an, da ich zu dir geredet habe, von den Tagen Josias an bis auf diesen Tag. Vielleicht wird das Haus 3 Juda auf all das Böse hören, welches ich ihnen zu tun gedenke, damit sie umkehren, ein jeder von seinem bösen Wege, und ich ihre Missetat *e* und ihre Sünde vergebe. — Und Jeremia rief 4 Baruk, den Sohn Nerijas; und Baruk schrieb aus dem Munde Jeremias auf eine Buchrolle alle die Worte Jehovas, welche er zu ihm geredet hatte. Und 5 Jeremia gebot Baruk und sprach: Ich

---

a d. h. zum Geschlecht. — *b* Die Rekabiter waren ein Zweig der Keniter. (S. 1. Chron. 2, 55; Richter 1, 16.) — *c* Nebengebäude in den Höfen des Tempels; vergl. 1. Chron. 28, 12. — *d* S. 2. Kön. 10, 15. — *e* O. Schuld.

bin verhindert, ich kann nicht in das
6 Haus Jehovas gehen; so geh du hin
und lies aus der Rolle, was du aus mei-
nem Munde aufgeschrieben hast, die
Worte Jehovas, vor den Ohren des
Volkes im Hause Jehovas am Tage des
Fastens; und du sollst sie auch vor den
Ohren aller Juden *a* lesen, die aus ihren
7 Städten kommen. Vielleicht wird ihr
Flehen vor Jehova kommen *b*, sodaß sie
umkehren, ein jeder von seinem bösen
Wege; denn groß ist der Zorn und der
Grimm, den Jehova über dieses Volk
8 ausgesprochen hat. Und Baruk, der
Sohn Nerijas, tat nach allem was der
Prophet Jeremia ihm geboten hatte,
indem er aus dem Buche die Worte
Jehovas im Hause Jehovas vorlas.
9 Und es geschah im fünften Jahre
Jojakims, des Sohnes Josias, des Königs von Juda, im neunten Monat, da
rief man allem Volke in Jerusalem
und allem Volke, das aus den Städten
Judas nach Jerusalem kam, ein Fasten
10 aus vor Jehova. Und Baruk las aus
dem Buche die Worte Jeremias im
Hause Jehovas, in der Zelle Gemarjas,
des Sohnes Schaphans, des Schreibers,
im oberen Vorhof, im Eingang des
neuen Tores des Hauses Jehovas, vor
11 den Ohren des ganzen Volkes. Und
Mikaja, der Sohn Gemarjas, des Sohnes Schaphans, hörte alle Worte Jeho-
12 vas aus dem Buche, und er ging zum
Hause des Königs hinab in das Gemach des Schreibers; und siehe, daselbst saßen alle Fürsten *c*: Elischama,
der Schreiber, und Delaja, der Sohn
Schemajas, und Elnathan, der Sohn
Akbors, und Gemarja, der Sohn Schaphans, und Zedekia, der Sohn Hanan-
13 jas, und alle Fürsten. Und Mikaja
berichtete ihnen alle die Worte, die
er gehört hatte, als Baruk vor den
Ohren des Volkes aus dem Buche las.
14 Da sandten alle Fürsten Jehudi, den
Sohn Nethanjas, des Sohnes Schelemjas, des Sohnes Kuschis, zu Baruk
und ließen *ihm* sagen: Die Rolle, aus
welcher du vor den Ohren des Volkes
gelesen hast, nimm sie in deine Hand
und komm! Und Baruk, der Sohn Nerijas, nahm die Rolle in seine Hand
15 und kam zu ihnen. Und sie sprachen
zu ihm: Setze dich doch und lies sie
vor unseren Ohren. Und Baruk las
16 vor ihren Ohren. Und es geschah, als
sie alle die Worte hörten, sahen sie einander erschrocken an und sprachen zu
Baruk: Wir müssen dem König alle
17 diese Worte berichten. Und sie fragten Baruk und sprachen: Teile uns doch
mit, wie du alle diese Worte aus seinem
18 Munde aufgeschrieben hast. Und Baruk
sprach zu ihnen: Aus seinem Munde
sagte er mir alle diese Worte vor, und
ich schrieb sie mit Tinte in das Buch.
19 Und die Fürsten sprachen zu Baruk:
Geh, verbirg dich, du und Jeremia, daß
20 niemand wisse, wo ihr seid. – Und sie

gingen zu dem König in den Hof *d*; die
Rolle aber hatten sie in dem Gemach
Elischamas, des Schreibers, niedergelegt; und sie berichteten alle die
Worte vor den Ohren des Königs. Da 21
sandte der König den Jehudi, um die
Rolle zu holen; und er holte sie aus dem
Gemach Elischamas, des Schreibers;
und Jehudi las sie vor den Ohren des
Königs und vor den Ohren aller Fürsten, die um den König standen. Der Kö- 22
nig aber saß im Winterhause, im neunten Monat, und der Kohlentopf war
vor ihm angezündet. Und es geschah, 23
sooft Jehudi drei oder vier Spalten
vorgelesen hatte, zerschnitt sie der
König *e* mit dem Schreibermesser und
warf sie in das Feuer, das im Kohlentopf war, bis die ganze Rolle in dem
Feuer des Kohlentopfes vernichtet war.
Und der König und alle seine Knechte, 24
welche alle diese Worte hörten, erschraken nicht und zerrissen nicht ihre
Kleider. Und obwohl Elnathan und 25
Delaja und Gemarja den König angin-
gen, daß er die Rolle nicht verbrennen möchte, hörte er doch nicht auf sie.
Und der König gebot Jerachmeel, dem 26
Königssohne *f*, und Seraja, dem Sohne
Asriels, und Schelemja, dem Sohne Ab-
deels, Baruk, den Schreiber, und Jeremia, den Propheten, zu ergreifen; aber
Jehova hatte sie verborgen.
Und das Wort Jehovas geschah zu 27
Jeremia, nachdem der König die Rolle
und die Worte, welche Baruk aus dem
Munde Jeremias aufgeschrieben, verbrannt hatte, also: Nimm dir wieder 28
eine andere Rolle und schreibe darauf alle die vorigen Worte, die auf der
vorigen Rolle waren, welche Jojakim,
der König von Juda, verbrannt hat.
Und über Jojakim, den König von Ju- 29
da, sollst du sprechen: So spricht Jehova: Du hast diese Rolle verbrannt, indem du sprachst: „Warum hast du darauf geschrieben: der König von Babel
wird gewißlich kommen und dieses
Land verderben und Menschen und
Vieh daraus vertilgen?" Darum spricht 30
Jehova also über Jojakim, den König
von Juda: Er wird niemand haben,
der auf dem Throne Davids sitze; und
sein Leichnam wird hingeworfen sein
der Hitze bei Tage und der Kälte bei
Nacht *g*. Und ich will an ihm und an 31
seinem Samen und an seinen Knechten ihre Missetat *h* heimsuchen, und will
über sie und über die Bewohner von Jerusalem und über die Männer von Juda all das Unglück bringen, welches ich
über sie geredet habe; aber sie haben
nicht gehört. – Und Jeremia nahm eine 32
andere Rolle und gab sie Baruk, dem
Sohne Nerijas, dem Schreiber. Und er
schrieb darauf aus dem Munde Jeremias
alle Worte des Buches, welches Jojakim, der König von Juda, im Feuer verbrannt hatte. Und es wurden noch viele Worte gleichen Inhalts *i* hinzugefügt.

---

a Eig. von ganz Juda. — *b* Eig. niederfallen, weil der Anbeter vor Gott niederfiel; so
auch Kap. 37, 20; 42, 2. 9. — *c* d. h. die Obersten von Jerusalem. — *d* d. h. den inneren Hof
des königlichen Palastes. — *e* W. er. — *f* d. h. einem Prinzen aus dem königl. Geschlecht;
wie 1. Kön. 22, 26; 2. Kön. 11, 2. — *g* Vergl. Kap. 22, 19. — *h* O. Schuld. — *i* W. gleich jenen.

37 Und Zedekia, der Sohn Josias, welchen Nebukadrezar, der König von Babel, zum König gemacht hatte im Lande Juda, regierte als König an der Stelle Konjas, des Sohnes Joja-2 kims. Und weder er, noch seine Knechte, noch das Volk des Landes hörten auf die Worte Jehovas, welche er durch Jeremia, den Propheten, geredet hatte. 3 Und der König Zedekia sandte Jehukal, den Sohn Schelemjas, und Zephanja, den Sohn Maasejas, den Priester, zu dem Propheten Jeremia und ließ *ihm* sagen: Bete doch für uns zu Je-4 hova, unserem Gott! Und Jeremia ging ein und aus inmitten des Volkes, und man hatte ihn noch nicht ins Gefäng-5 nis gesetzt. Und das Heer des Pharao war aus Aegypten ausgezogen; und die Chaldäer, welche Jerusalem belagerten, hatten die Kunde von ihnen vernommen und waren von Jerusalem abgezogen.

6 Und das Wort Jehovas geschah zu 7 Jeremia, dem Propheten, also: So spricht Jehova, der Gott Israels: Also sollt ihr dem König von Juda sagen, der euch zu mir gesandt hat, um mich zu befragen: Siehe, das Heer des Pharao, welches euch zu Hilfe ausgezogen ist, wird in sein Land Aegypten 8 zurückkehren. Und die Chaldäer werden wiederkommen und gegen diese Stadt streiten, und sie werden sie einnehmen und mit Feuer verbrennen. 9 So spricht Jehova: Täuschet euch nicht selbst, daß ihr sprechet: Die Chaldäer werden gewißlich von uns wegziehen; denn sie werden nicht weg-10 ziehen. Denn wenn ihr auch das ganze Heer der Chaldäer schlüget, die wider euch streiten, und es blieben unter ihnen *nur* einige durchbohrte Männer übrig, so würden diese ein jeder in seinem Zelte aufstehen und diese Stadt mit Feuer verbrennen.

11 Und es geschah, als das Heer der Chaldäer von Jerusalem abgezogen 12 war vor dem Heere des Pharao, da ging Jeremia aus Jerusalem hinaus, um in das Land Benjamin unter das Volk zu gehen, um seinen Anteil von 13 dort zu holen. Und als er im Tore Benjamin war, wo ein Befehlshaber der Wache *stand*, namens Jerija, der Sohn Schelemjas, des Sohnes Hananjas, ergriff dieser den Propheten Jeremia und sprach: Du willst zu den 14 Chaldäern überlaufen. Und Jeremia sprach: Eine Lüge! ich will nicht zu den Chaldäern überlaufen. Aber er hörte nicht auf ihn, und Jerija nahm Jeremia fest und brachte ihn zu den 15 Fürsten. Und die Fürsten gerieten in Zorn über Jeremia und schlugen ihn, und sie setzten ihn in Gewahrsam im Hause Jonathans, des Schreibers; denn dieses hatten sie zum Ge-16 fängnis gemacht. Als Jeremia in den Kerker *a*, und zwar in die Gewölbe, gekommen war, und Jeremia viele 17 Tage dort gesessen hatte, da sandte der König Zedekia hin und ließ ihn holen. Und der König fragte ihn in seinem Hause insgeheim und sprach: Ist ein Wort da von seiten Jehovas? Und Jeremia sprach: Es ist eines da, nämlich: Du wirst in die Hand des Königs von Babel gegeben werden. Und 18 Jeremia sprach zu dem König Zedekia: Was habe ich an dir, oder an deinen Knechten, oder an diesem Volke gesündigt, daß ihr mich ins Gefängnis gesetzt habt? Wo sind denn 19 eure Propheten, die euch geweissagt und gesagt haben: Der König von Babel wird nicht über euch noch über dieses Land kommen? Und nun höre doch, 20 mein Herr König: Laß doch mein Flehen vor dich kommen und bringe mich nicht in das Haus Jonathans, des Schreibers, zurück, damit ich nicht daselbst sterbe. Da gebot der König Zedekia, 21 und man versetzte Jeremia in den Gefängnishof; und man gab ihm täglich einen Laib Brot aus der Bäckerstraße, bis alles Brot in der Stadt aufgezehrt war. So blieb Jeremia im Gefängnishofe.

Und Schephatja, der Sohn Mattans, **38** und Gedalja, der Sohn Paschchurs, und Jukal, der Sohn Schelemjas, und Paschchur, der Sohn Malkijas, hörten die Worte, welche Jeremia zu allem Volke redete, indem er sprach: So 2 spricht Jehova: Wer in dieser Stadt bleibt, wird sterben durch das Schwert, durch den Hunger und durch die Pest; wer aber zu den Chaldäern hinausgeht, wird leben, und seine Seele wird ihm zur Beute sein, daß er lebe. So 3 spricht Jehova: Diese Stadt wird gewißlich in die Hand des Heeres des Königs von Babel gegeben werden, und er wird sie einnehmen. Und die 4 Fürsten sprachen zu dem König: Möge doch dieser Mann getötet werden! da er ja nur die Hände der Kriegsleute schlaff macht *b*, die in dieser Stadt übriggeblieben sind, und die Hände des ganzen Volkes, indem er nach allen diesen Worten zu ihnen redet; denn dieser Mann sucht nicht den Frieden *c*, sondern das Unglück dieses Volkes. Und der König Zedekia sprach: Siehe, 5 er ist in eurer Hand, denn der König vermag nichts neben euch. Da nah-6 men sie Jeremia und warfen ihn in die Grube Malkijas, des Königssohnes, welche im Gefängnishofe war, und sie ließen Jeremia mit Stricken hinab; und in der Grube war kein Wasser, sondern Schlamm, und Jeremia sank in den Schlamm.

Und Ebedmelech, der Aethiopier, ein 7 Eunuch, der im Hause des Königs war, hörte, daß sie Jeremia in die Grube getan hatten; der König aber saß im Tore Benjamin. Und Ebedmelech ging 8 aus dem Hause des Königs hinaus und redete zum König und sprach: Mein 9 Herr König, diese Männer haben übel gehandelt in allem, was sie dem Propheten Jeremia getan, den sie in die

---

a W. Haus der Grube; wahrsch. ein unterirdischer Kerker. — *b* And. üb.: denn darum (and.: warum) macht er . . . schlaff. — *c* O. die Wohlfahrt.

Grube geworfen haben; er muß ja, da wo er ist, vor Hunger sterben, denn es ist kein Brot mehr in der Stadt.

10 Und der König gebot Ebedmelech, dem Aethiopier, und sprach: Nimm von hier dreißig Männer unter deine Hand und hole den Propheten Jeremia aus der Grube herauf, bevor er stirbt.

11 Und Ebedmelech nahm die Männer unter seine Hand und ging in das Haus des Königs, unter die Schatzkammer, und er nahm von dort zerrissene Lappen und abgetragene Lumpen, und er ließ sie an Stricken zu

12 Jeremia in die Grube hinab. Und Ebedmelech, der Aethiopier, sprach zu Jeremia: Lege doch diese zerrissenen Lappen und abgetragenen Lumpen unter die Achseln deiner Arme, unter die Stricke. Und Jeremia tat

13 also. Und sie zogen Jeremia an den Stricken empor und holten ihn aus der Grube herauf; und Jeremia blieb im Gefängnishof.

14 Und der König Zedekia sandte hin und ließ den Propheten Jeremia zu sich holen in den dritten Eingang, der im Hause Jehovas war. Und der König sprach zu Jeremia: Ich will dich um ein Wort a fragen, verhehle mir

15 nichts. Und Jeremia sprach zu Zedekia: Wenn ich es dir kundtue, wirst du mich nicht sicherlich töten? und wenn ich dir einen Rat erteile, wirst

16 du nicht auf mich hören. Da schwur der König Zedekia dem Jeremia insgeheim und sprach: *So wahr* Jehova lebt, der uns diese Seele gemacht hat, wenn ich dich töten, oder wenn ich dich in die Hand dieser Männer geben werde, die nach deinem Leben

17 trachten! Und Jeremia sprach zu Zedekia: So spricht Jehova, der Gott der Heerscharen, der Gott Israels: Wenn du zu den Fürsten b des Königs von Babel hinausgehst c, so wird deine Seele am Leben bleiben, und diese Stadt wird nicht mit Feuer verbrannt werden; und du wirst am Le-

18 ben bleiben, du und dein Haus. Wenn du aber nicht zu den Fürsten des Königs von Babel hinausgehst, so wird diese Stadt in die Hand der Chaldäer gegeben werden, und sie werden sie mit Feuer verbrennen; und du, du

19 wirst ihrer Hand nicht entrinnen. Und der König Zedekia sprach zu Jeremia: Ich fürchte mich vor den Juden, die zu den Chaldäern übergelaufen sind, daß man mich in ihre Hand liefere

20 und sie mich mißhandeln. Und Jeremia sprach: Man wird dich nicht überliefern; höre doch auf die Stimme Jehovas nach dem was ich zu dir rede, so wird es dir wohlgehen, und deine

21 Seele wird leben. Wenn du dich aber weigerst hinauszugehen, so ist dies das Wort, welches Jehova mich hat

22 sehen lassen: Siehe, alle Weiber, die im Hause des Königs von Juda übrig-

geblieben sind, werden hinausgeführt werden zu den Fürsten des Königs von Babel; und sie werden sprechen: „Deine Freunde haben dich betrogen und überwältigt; deine Füße sanken ein in den Sumpf: sie wichen zurück".

23 Und alle deine Weiber und deine Söhne wird man zu den Chaldäern hinausführen; und du, du wirst ihrer Hand nicht entrinnen, sondern wirst von der Hand des Königs von Babel ergriffen werden, und du wirst diese

24 Stadt mit Feuer verbrennen d. — Und Zedekia sprach zu Jeremia: Niemand soll um diese Worte wissen, damit du

25 nicht sterbest! Und wenn die Fürsten hören, daß ich mit dir geredet habe, und zu dir kommen und zu dir sprechen: Berichte uns doch, was du zu dem König geredet hast, verhehle es uns nicht, daß wir dich nicht töten;

26 und was hat der König zu dir geredet? so sollst du ihnen sagen: Ich legte mein Flehen vor dem König nieder, daß er mich nicht in das Haus Jonathans e zurückbrächte, um daselbst

27 zu sterben. — Und alle Fürsten kamen zu Jeremia und fragten ihn; und er berichtete ihnen nach allen jenen Worten, welche der König geboten hatte. Und sie wandten sich schweigend von ihm ab, denn die Sache war nicht

28 ruchbar geworden. Und Jeremia blieb im Gefängnishofe bis zu dem Tage, da Jerusalem eingenommen wurde.

Und f es geschah, als Jerusalem eingenommen wurde, (im neunten **39** Jahre Zedekias, des Königs von Juda, im zehnten Monat, war Nebukadrezar, der König von Babel, und sein ganzes Heer gegen Jerusalem gekommen,

2 und sie belagerten es; im elften Jahre Zedekias, im vierten Monat, am neunten des Monats, wurde die Stadt

3 erbrochen) da zogen alle Fürsten des Königs von Babel ein und besetzten das g Mitteltor: Nergal-Scharezer, Samgar-Nebusarsekim, der Oberkämmerer, Nergal-Scharezer, der Obermagier, und alle übrigen Fürsten des

4 Königs von Babel. Und es geschah, als Zedekia, der König von Juda, und alle Kriegsleute sie sahen, da flohen sie und zogen des Nachts aus der Stadt hinaus den Weg des Königsgartens, durch das Tor zwischen den beiden Mauern; und er zog hinaus den Weg

5 zur Ebene h. Aber das Heer der Chaldäer jagte ihnen nach, und sie erreichten Zedekia in den Ebenen i von Jericho; und sie fingen ihn und führten ihn hinauf zu Nebukadnezar, dem König von Babel, nach Ribla im Lande Hamath; und er sprach das Urteil

6 über ihn. Und der König von Babel schlachtete die Söhne Zedekias in Ribla vor seinen Augen, und der König von Babel schlachtete alle Edlen von

7 Juda. Und er blendete die Augen Ze-

---

a d. h. um ein Wort Gottes. — b O. Obersten. — c d. h. dich ihnen ergibst. — d d. h. schuld daran sein, daß sie verbrannt wird. — e Vergl. Kap. 37, 15. — f 2. Kön. 25. — g Eig. setzten sich im. — h Hebr. Araba; s. die Anm. zu 5. Mose 1, 1. — i O. Steppen.

dekias, und er band ihn mit ehernen Fesseln a, um ihn nach Babel zu brin-8 gen. Und die Chaldäer verbrannten das Haus des Königs und die Häuser des Volkes mit Feuer, und rissen die 9 Mauern von Jerusalem nieder. Und den Rest des Volkes, die in der Stadt Uebriggebliebenen und die Ueberläu-fer, die zu ihm übergelaufen waren, und den Rest des Volkes, die Uebrig-gebliebenen, führte Nebusaradan, der Oberste der Leibwache, nach Babel 10 hinweg. Aber von dem Volke, den Geringen, die nichts hatten, ließ Ne-busaradan, der Oberste der Leibwache, im Lande Juda zurück; und er gab ihnen Weinberge und Aecker an je-nem Tage.

11 Und betreffs Jeremias gebot Nebu-kadrezar, der König von Babel, durch Nebusaradan, den Obersten der Leib-12 wache, und sprach: Nimm ihn und richte deine Augen auf ihn und tue ihm nichts zuleide, sondern wie er zu 13 dir reden wird, so tue mit ihm. Da sandten Nebusaradan, der Oberste der Leibwache, und Nebuschasban, der Oberkämmerer, und Nergal-Schare-zer, der Obermagier, und alle Großen 14 des Königs von Babel, sie sandten hin und ließen Jeremia aus dem Gefäng-nishofe holen; und sie übergaben ihn Gedalja, dem Sohne Achikams, des Sohnes Schaphans, daß er ihn ins Haus b hinausführe. Und so wohnte er inmit-ten des Volkes.

15 Und das Wort Jehovas war zu Je-remia geschehen, als er im Gefäng-16 nishofe verhaftet war, also: Geh und sprich zu Ebedmelech c, dem Aethio-pier, und sage: So spricht Jehova der Heerscharen, der Gott Israels: Siehe, ich bringe meine Worte über diese Stadt zum Bösen und nicht zum Gu-ten, und sie werden an selbigem Ta-17 ge vor dir geschehen. Aber ich werde dich an jenem Tage erretten, spricht Jehova, und du wirst nicht in die Hand der Männer gegeben werden, vor wel-18 chen du dich fürchtest. Denn ich wer-de dich gewißlich entrinnen lassen, und du wirst nicht durch das Schwert fallen; und du sollst deine Seele zur Beute haben, weil du auf mich ver-traut hast, spricht Jehova.

40 Das Wort, welches von seiten Je-hovas zu Jeremia geschah, nachdem Nebusaradan, der Oberste der Leib-wache, ihn von Rama entlassen hatte, als er ihn holen ließ, und er mit Ket-ten gebunden war inmitten aller Weg-geführte von Jerusalem und Juda, 2 die nach Babel weggeführt wurden. Und der Oberste der Leibwache ließ Jeremia holen und sprach zu ihm: Jehova, dein Gott, hat dieses Unglück 3 über diesen Ort geredet; und Jehova hat es kommen lassen und hat getan, wie er geredet hatte; denn ihr habt gegen Jehova gesündigt und auf seine Stimme nicht gehört, und so ist euch

solches geschehen. Und nun siehe, ich 4 löse dich heute von den Ketten, die an deinen Händen sind; wenn es gut ist in deinen Augen, mit mir nach Babel zu kommen, so komm, und ich werde mein Auge auf dich richten; wenn es aber übel ist in deinen Augen, mit mir nach Babel zu kommen, so laß es. Siehe, das ganze Land ist vor dir; wohin es gut und wohin es recht ist in deinen Augen zu gehen, *dahin* geh. — Und da er sich noch nicht ent- 5 schließen konnte d, *sprach er:* So kehre zurück zu Gedalja, dem Sohne Achi-kams, des Sohnes Schaphans, welchen der König von Babel über die Städte Judas bestellt hat, und wohne bei ihm inmitten des Volkes; oder wohin ir-gend es recht ist in deinen Augen zu gehen, *dahin* geh. Und der Oberste der Leibwache gab ihm Zehrung und 6 ein Geschenk und entließ ihn. Und Jeremia kam zu Gedalja, dem Sohne Achikams, nach Mizpa; und er wohnte bei ihm inmitten des Volkes, das im Lande übriggeblieben war.

Und als alle Heerobersten, die im 7 Gefilde waren e, sie und ihre Männer, hörten, daß der König von Babel Ge-dalja, den Sohn Achikams, über das Land bestellt, und daß er ihm Männer und Weiber und Kinder und von den Geringen des Landes anvertraut hatte, von denen, welche nicht nach Babel weggeführt worden waren, da kamen 8 sie zu Gedalja nach Mizpa: nämlich Ismael, der Sohn Nethanjas, und Jocha-nan und Jonathan, die Söhne Kare-achs, und Seraja, der Sohn Tanchu-meths, und die Söhne Ophais f, des Netophathiters, und Jesanja, der Sohn eines Maakathiters, sie und ihre Män-ner. Und Gedalja, der Sohn Achikams, 9 des Sohnes Schaphans, schwur ihnen und ihren Männern und sprach: Fürch-tet euch nicht, den Chaldäern zu dienen; bleibet im Lande und dienet dem Kö-nig von Babel, so wird es euch wohl-gehen. Und ich, siehe, ich bleibe in 10 Mizpa, um vor den Chaldäern zu ste-hen, die zu uns kommen werden. Ihr aber sammelt Wein und Obst und Oel ein, und tut sie in eure Gefäße; und wohnet in euren Städten, die ihr in Besitz genommen habt. Und auch alle 11 Juden, welche in Moab und unter den Kindern Ammon und in Edom, und welche in allen diesen Ländern wa-ren, hörten, daß der König von Babel einen Ueberrest in Juda gelassen, und daß er Gedalja, den Sohn Achikams, des Sohnes Schaphans, über sie be-stellt hatte; und alle Juden kehrten 12 aus all den Orten zurück, wohin sie vertrieben worden waren, und sie ka-men in das Land Juda zu Gedalja nach Mizpa. Und sie sammelten sehr viel Wein und Obst ein.

Und Jochanan, der Sohn Kareachs, 13 und alle Heerobersten, die im Gefilde gewesen waren, kamen zu Gedalja

---

a Eig. Doppelfesseln. — b in welchem Gedalja als Statthalter wohnte. — c S. Kap. 38, 7. — d Eig. sich noch nicht *dahin oder dorthin* wenden wollte. — e d. h. die sich in das Innere des Landes geflüchtet hatten. — f Nach and. Les.: Ephais.

14 nach Mizpa, und sie sprachen zu ihm: Weißt du auch, daß Baalis, der König der Kinder Ammon, Ismael, den Sohn Nethanjas, ausgesandt hat, um dich zu ermorden? Aber Gedalja, der Sohn Achikams, glaubte ihnen nicht.

15 Und Jochanan, der Sohn Kareachs, sprach insgeheim zu Gedalja in Mizpa und sagte: Laß mich doch hingehen und Ismael, den Sohn Nethanjas, erschlagen, und niemand wird es wissen; warum soll er dich ermorden, daß alle Juden a, die sich zu dir gesammelt haben, zerstreut werden, und der Ueberrest von Juda umkomme? 16 Aber Gedalja, der Sohn Achikams, sprach zu Jochanan, dem Sohne Kareachs: Tue diese Sache nicht, denn du redest eine Lüge über Ismael.

41 Und es geschah im siebenten Monat, da kam Ismael, der Sohn Nethanjas, des Sohnes Elischama, vom königlichen Geschlecht b und von den Großen des Königs, und zehn Männer mit ihm, zu Gedalja, dem Sohne Achikams, nach Mizpa; und sie speisten 2 daselbst zusammen in Mizpa. Und Ismael, der Sohn Nethanjas, stand auf, und die zehn Männer, die mit ihm waren, und sie erschlugen Gedalja, den Sohn Achikams, des Sohnes Schaphans, mit dem Schwerte; und er tötete ihn, den der König von Babel über das 3 Land bestellt hatte. Und Ismael erschlug alle Juden, die bei ihm, bei Gedalja, in Mizpa waren, und auch die Chaldäer, die Kriegsleute, welche 4 sich daselbst befanden. Und es geschah am zweiten Tage, nachdem er Gedalja getötet hatte, (niemand aber wußte 5 es) da kamen Leute von Sichem, von Silo und von Samaria, achtzig Mann, die den Bart abgeschoren und die Kleider zerrissen und sich Ritze c gemacht hatten, mit Speisopfer und Weihrauch in ihrer Hand, um es zu dem Hause 6 Jehovas zu bringen. Und Ismael, der Sohn Nethanjas, ging aus von Mizpa, ihnen entgegen, indem er weinend einherging; und es geschah, als er sie antraf, da sprach er zu ihnen: Kommet zu Gedalja, dem Sohne Achikams. 7 Und es geschah, als sie in die Stadt hineingekommen waren, da schlachtete sie Ismael, der Sohn Nethanjas, *und warf sie* in die Grube, er und die Män- 8 ner, die mit ihm waren. Es fanden sich aber unter ihnen zehn Männer, die zu Ismael sprachen: Töte uns nicht! denn wir haben verborgene Vorräte d im Felde: Weizen und Gerste und Oel und Honig. Und er ließ ab und tötete 9 sie nicht inmitten ihrer Brüder. Und die Grube, in welche Ismael alle Leichname der Männer, die er erschlagen hatte, neben Gedalja warf, war diejenige, welche der König Asa wegen e Baesas, des Königs von Israel, machen ließ; diese füllte Ismael, der Sohn Ne-

thanjas, mit den Erschlagenen. Und 10 Ismael führte den ganzen Ueberrest des Volkes, der in Mizpa war, gefangen weg: die Königstöchter und alles Volk, welches in Mizpa übriggeblieben war, welches Nebusaradan, der Oberste der Leibwache, Gedalja, dem Sohne Achikams, anvertraut hatte; und Ismael, der Sohn Nethanjas, führte sie gefangen weg und zog hin, um zu den Kindern Ammon hinüberzugehen.

Und als Jochanan, der Sohn Kare- 11 achs, und alle Heerobersten, die mit ihm waren, all das Böse hörten, welches Ismael, der Sohn Nethanjas, verübt hatte, da nahmen sie alle Männer 12 und zogen hin, um wider Ismael, den Sohn Nethanjas, zu streiten; und sie fanden ihn an dem großen Wasser f, das bei Gibeon ist. Und es geschah, 13 als alles Volk, welches mit Ismael war, Jochanan, den Sohn Kareachs, sah und alle Heerobersten, die mit ihm waren, da freuten sie sich. Und alles Volk, 14 welches Ismael von Mizpa gefangen weggeführt hatte, wandte sich und kehrte um und ging zu Jochanan, dem Sohne Kareachs, über. Ismael aber, 15 der Sohn Nethanjas, entrann vor Jochanan mit acht Männern und zog zu den Kindern Ammon. Da nahmen Jo- 16 chanan, der Sohn Kareachs, und alle Heerobersten, die mit ihm waren, den ganzen Ueberrest des Volkes, welchen er von Ismael, dem Sohne Nethanjas, von Mizpa zurückgebracht g, — nachdem dieser den Gedalja, den Sohn Achikams, erschlagen hatte — die Männer, die Kriegsleute, und die Weiber und die Kinder und die Kämmerer, welche er von Gibeon zurückgebracht hatte; und sie zogen hin und 17 machten halt in der Herberge Kimhams, welche bei Bethlehem ist, um fortzuziehen, damit sie nach Aegypten kämen, aus Furcht vor den Chal- 18 däern; denn sie fürchteten sich vor ihnen, weil Ismael, der Sohn Nethanjas, Gedalja, den Sohn Achikams, erschlagen, welchen der König von Babel über das Land bestellt hatte.

Da traten herzu alle Heerobersten **42** und Jochanan, der Sohn Kareachs, und Jesanja, der Sohn Hoschajas, und das ganze Volk, vom Kleinsten bis zum Größten, und sprachen zu dem Pro- 2 pheten Jeremia: Laß doch unser Flehen vor dich kommen, und bete für uns zu Jehova, deinem Gott, für diesen ganzen Ueberrest; denn wenige sind wir übriggeblieben von vielen, wie deine Augen uns sehen: damit Je- 3 hova, dein Gott, uns den Weg kundtue, auf welchem wir gehen, und die Sache, die wir tun sollen. Und der 4 Prophet Jeremia sprach zu ihnen: Ich habe es gehört; siehe, ich will zu Jehova, eurem Gott, beten nach euren Worten; und es soll geschehen, je-

---

a Eig. ganz Juda. — *b* W. Samen. — *c* als Zeichen der Trauer (vergl. Kap. 16, 6) über die Zerstörung des Tempels. — *d* Eig. verborgene (unterirdische) Speicher, wie sie in Palästina noch heute gebräuchlich sind. — *e* O. aus Furcht vor. — *f* Vergl. 2. Sam. 2, 13. — *g* Viell. ist ein Fehler im hebr. Texte; daher l. and.: welche Ismael, der Sohn Nethanjas, aus Mizpa gefangen weggeführt hatte.

des Wort, das Jehova euch antworten wird, werde ich euch kundtun, ich werde euch kein Wort vorenthalten.

5 Und sie sprachen zu Jeremia: Jehova sei wider uns ein wahrhaftiger und zuverlässiger Zeuge, wenn wir nicht nach jedem Worte, womit Jehova, dein Gott, dich zu uns senden wird, also 6 tun werden. Es sei Gutes oder Böses, wir wollen hören auf die Stimme Jehovas, unseres Gottes, an den wir dich senden; damit es uns wohlgehe, wenn wir auf die Stimme Jehovas, unseres Gottes, hören.

7 Und es geschah am Ende von zehn Tagen, da geschah das Wort Jehovas 8 zu Jeremia. Und er berief Jochanan, den Sohn Kareachs, und alle Heerobersten, die mit ihm waren, und das ganze Volk, vom Kleinsten bis zum 9 Größten, und sprach zu ihnen: So spricht Jehova, der Gott Israels, an welchen ihr mich gesandt habt, um euer Flehen vor ihn kommen zu las- 10 sen: Wenn ihr in diesem Lande wohnen bleibet, so werde ich euch bauen und nicht abbrechen, und euch pflanzen und nicht ausreißen; denn es reut mich des Uebels, das ich euch getan 11 habe. Fürchtet euch nicht vor dem König von Babel, vor dem ihr euch fürchtet; fürchtet euch nicht vor ihm, spricht Jehova; denn ich bin mit euch, um euch aus seiner Hand zu retten 12 und zu befreien. Und ich werde euch Barmherzigkeit zuwenden, daß er sich euer erbarme und euch in euer Land 13 zurückkehren lasse. Wenn ihr aber sprechet: Wir wollen nicht in diesem Lande bleiben; sodaß ihr nicht höret auf die Stimme Jehovas, eures Gottes, 14 und sprechet: Nein, sondern wir wollen in das Land Aegypten ziehen, wo wir keinen Krieg sehen und den Schall der Posaune nicht hören und nicht nach Brot hungern werden, und da- 15 selbst wollen wir wohnen — nun denn, darum höret das Wort Jehovas, ihr Ueberrest von Juda! So spricht Jehova der Heerscharen, der Gott Israels: Wenn ihr eure Angesichter wirklich dahin richtet, nach Aegypten zu ziehen, und hinziehet, um euch da- 16 selbst aufzuhalten, so wird es geschehen, daß das Schwert, vor dem ihr euch fürchtet, euch dort, im Lande Aegypten, erreichen wird; und der Hunger, vor dem euch bange ist, wird dort, in Aegypten, hinter euch her sein; 17 und ihr werdet dort sterben. Und es wird geschehen, alle Männer, die ihre Angesichter dahin gerichtet haben, nach Aegypten zu ziehen, um sich daselbst aufzuhalten, werden sterben durch das Schwert, durch den Hunger und durch die Pest; und sie werden keinen Uebriggebliebenen noch Entronnenen haben vor dem Unglück, welches ich über sie bringen werde. 18 Denn so spricht Jehova der Heerscharen, der Gott Israels: Gleichwie mein Zorn und mein Grimm sich ergossen haben über die Bewohner von Jerusalem, also wird mein Grimm sich über euch ergießen, wenn ihr nach Aegypten ziehet; und ihr werdet zum Fluch und zum Entsetzen und zur Verwünschung und zum Hohne sein, und werdet diesen Ort nicht mehr sehen. — 19 Jehova hat zu euch geredet, ihr Ueberrest von Juda: Ziehet nicht nach Aegypten! Wisset bestimmt, daß ich es euch heute ernstlich bezeugt habe. 20 Denn ihr habt um den Preis eurer Seelen geirrt. Denn i h r habt mich an Jehova, euren Gott, gesandt und gesprochen: Bete für uns zu Jehova, unserem Gott; und nach allem was Jehova, unser Gott, sagen wird, also tue uns kund, und wir werden es tun. Und 21 ich habe es euch heute kundgetan; aber ihr habt nicht auf die Stimme Jehovas, eures Gottes, gehört, nach allem *a*, womit er mich zu euch gesandt hat. Und 22 nun wisset bestimmt, daß ihr sterben werdet durch das Schwert, durch den Hunger und durch die Pest an dem Orte, wohin es euch zu ziehen gelüstet, um euch daselbst aufzuhalten.

Und es geschah, als Jeremia zu dem ganzen Volke alle Worte Jehovas, **43** ihres Gottes, zu Ende geredet, womit ihn Jehova, ihr Gott, zu ihnen gesandt hatte, alle jene Worte, da sprachen 2 Asarja *b*, der Sohn Hoschajas, und Jochanan, der Sohn Kareachs, und alle frechen Männer — sie sprachen zu Jeremia: Du redest Lügen! Jehova, unser Gott, hat dich nicht gesandt und gesagt: Ihr sollt nicht nach Aegypten ziehen, um euch daselbst aufzuhalten; 3 sondern Baruk, der Sohn Nerijas, hetzt dich wider uns auf, um uns in die Hand der Chaldäer zu liefern, damit sie uns töten und uns nach Babel wegführen. — Und so hörten Jochanan, der Sohn 4 Kareachs, und alle Heerobersten und das ganze Volk nicht auf die Stimme Jehovas, im Lande Juda zu bleiben. Und Jochanan, der Sohn Kareachs, und 5 alle Heerobersten nahmen den ganzen Ueberrest von Juda, welche aus allen Nationen, wohin sie vertrieben worden, zurückgekehrt waren, um sich im Lande Juda aufzuhalten: die Män- 6 ner und die Weiber und die Kinder und die Königstöchter, und alle Seelen, welche Nebusaradan, der Oberste der Leibwache, bei Gedalja, dem Sohne Achikams, des Sohnes Schaphans, zurückgelassen hatte, und auch den Propheten Jeremia und Baruk, den Sohn Nerijas; und sie zogen nach 7 Aegypten, denn sie hörten nicht auf die Stimme Jehovas. Und sie kamen nach Tachpanches *d*.

Und das Wort Jehovas geschah zu 8 Jeremia in Tachpanches also: Nimm 9 große Steine in deine Hand und senke sie in Mörtel ein am Ziegelofen, der bei dem Eingang des Hauses des Pharao in Tachpanches ist, vor den Augen der jüdischen Männer; und sprich zu 10 ihnen: So spricht Jehova der Heerscha-

---

a Eig. und zwar nach allem. — *b* Wahrsch. ist zu l.: Jesanja (S. Kap. 42, 1). — *c* S. Kap. 40, 11. 12. — *d* S. die Anm. zu Hes. 30, 18.

ren, der Gott Israels: Siehe, ich sende hin und hole Nebukadrezar, den König von Babel, meinen Knecht, und setze seinen Thron über diese Steine, die ich eingesenkt habe; und er wird seinen Prachtteppich über ihnen ausbreiten.

11 Und er wird kommen und das Land Aegypten schlagen: wer zum Tode bestimmt ist, *gehe* zum Tode; und wer zur Gefangenschaft, zur Gefangenschaft; und wer zum Schwerte, zum Schwerte.

12 Und ich werde ein Feuer anzünden in den Häusern der Götter Aegyptens, und er wird sie verbrennen und sie wegführen. Und er wird das Land Aegypten um sich wickeln, wie der Hirt sein Oberkleid um sich wickelt; und er wird von dannen ziehen in Frieden.

13 Und er wird die Säulen *a* von Beth-Semes *b*, welche im Lande Aegypten sind, zerschlagen, und die Häuser der Götter Aegyptens mit Feuer verbrennen.

44 Das Wort, welches zu Jeremia geschah an alle *c* Juden, die im Lande Aegypten wohnten, welche in Migdol *d* und in Tachpanches und in Noph *e* und im Lande Pathros *f* wohnten:

2 So spricht Jehova der Heerscharen, der Gott Israels: Ihr habt all das Unglück gesehen, welches ich über Jerusalem und über alle Städte Judas gebracht habe; und siehe, sie sind eine Einöde an diesem Tage, und niemand wohnt

3 darin, um ihrer Bosheit willen, die sie verübt haben, um mich zu reizen, indem sie hingingen, zu räuchern und anderen Göttern zu dienen, welche sie nicht kannten, weder sie noch ihr und

4 eure Väter. Und ich habe alle meine Knechte, die Propheten, zu euch gesandt, früh mich aufmachend und sendend, indem ich sprach: Tut doch nicht

5 diesen Greuel, den ich hasse! Aber sie haben nicht gehört und ihr Ohr nicht geneigt, um von ihrer Bosheit umzukehren, daß sie anderen Göttern

6 nicht räucherten. Da ergoß sich mein Grimm und mein Zorn, und er brannte in den Städten Judas und auf den Straßen von Jerusalem; und sie sind zur Einöde, zur Wüste geworden, wie es an

7 diesem Tage ist. Und nun, so spricht Jehova, der Gott der Heerscharen, der Gott Israels: Warum begehet ihr eine so große Uebeltat wider eure Seelen, um euch Mann und Weib, Kind und Säugling aus Juda auszurotten, sodaß ihr euch keinen Ueberrest übriglasset;

8 indem ihr mich reizet durch die Werke eurer Hände, dadurch daß ihr anderen Göttern räuchert im Lande Aegypten, wohin ihr gekommen seid, um euch daselbst aufzuhalten, auf daß ihr euch ausrottet und zum Fluch und zum Hohne werdet unter allen Nationen

9 der Erde? Habt ihr die Uebeltaten eurer Väter vergessen und die Uebeltaten der Könige von Juda und die Uebeltaten ihrer Weiber und eure Uebeltaten und die Uebeltaten eurer

Weiber, welche sie im Lande Juda und auf den Straßen von Jerusalem begangen haben? Bis auf diesen Tag 10 sind sie nicht gedemütigt *g*, und sie haben sich nicht gefürchtet und haben nicht gewandelt in meinem Gesetz und in meinen Satzungen, die ich euch und euren Vätern vorgelegt habe. —

Darum, so spricht Jehova der Heer- 11 scharen, der Gott Israels: Siehe, ich will mein Angesicht wider euch richten zum Unglück, und zur Ausrottung von ganz Juda. Und ich werde den 12 Ueberrest von Juda wegraffen, die ihre Angesichter dahin gerichtet haben, in das Land Aegypten zu ziehen, um sich daselbst aufzuhalten; und sie sollen alle aufgerieben werden, im Lande Aegypten sollen sie fallen; durch das Schwert, durch den Hunger sollen sie aufgerieben werden, vom Kleinsten bis zum Größten; durch das Schwert und durch den Hunger sollen sie sterben. Und sie sollen zum Fluche, zum Entsetzen und zur Verwünschung und zum Hohne werden. Und ich will die im 13 Lande Aegypten Wohnenden heimsuchen, wie ich Jerusalem heimgesucht habe durch das Schwert, durch den Hunger und durch die Pest. Und der 14 Ueberrest von Juda, der in das Land Aegypten gekommen ist, um sich daselbst aufzuhalten, wird keinen Entronnenen noch Uebriggebliebenen haben, um in das Land Juda zurückzukehren, wohin sie sich sehnen zurückzukehren, um dort zu wohnen; denn sie werden nicht zurückkehren, außer *einigen* Entronnenen. —

Und alle Männer, welche wußten, 15 daß ihre Weiber anderen Göttern räucherten, und alle Weiber, die in großer Menge dastanden, und alles Volk, das im Lande Aegypten, in Pathros wohnte, antworteten dem Jeremia und sprachen: Was das Wort betrifft, wel- 16 ches du im Namen Jehovas zu uns geredet hast, so werden wir nicht auf dich hören; sondern wir wollen gewiß 17 lich alles tun, was aus unserem Munde hervorgegangen ist, der Königin des Himmels zu räuchern und ihr Trankopfer zu spenden, so wie wir getan haben, wir und unsere Väter, unsere Könige und unsere Fürsten, in den Städten Judas und auf den Straßen von Jerusalem. Da hatten wir Brot in Fülle, und es ging uns wohl, und wir sahen kein Unglück. Aber seitdem wir 18 aufgehört haben, der Königin des Himmels zu räuchern und ihr Trankopfer zu spenden, haben wir an allem Mangel gehabt, und sind durch das Schwert und durch den Hunger aufgerieben worden. Und wenn wir der Königin des 19 Himmels räucherten und ihr Trankopfer spendeten, haben wir ihr denn ohne unsere Männer *h* Kuchen bereitet, um sie abzubilden, und ihr Trankopfer gespendet?

---

a d. h. die Obelisken. — *b* Beth-Schemesch (Sonnenhaus) ist die hebr. Uebersetzung des heiligen Namens der Stadt On, welche durch ihre dem Sonnengott geweihten Tempel berühmt war. — *c* O. betreffs aller. — *d* an der nördlichen Grenze Aegyptens. — *e* Memphis. — *f* Unterägypten. — *g* Eig. zerschlagen, zerknirscht. — *h* d. h. ohne die Zustimmung unserer Männer.

20 Und Jeremia sprach zu dem ganzen
Volke, zu den Männern und zu den
Weibern und zu allem Volke, welches
ihm Antwort gegeben hatte, und sag-
21 te: Das Räuchern, mit welchem ihr in
den Städten Judas und auf den Straßen von Jerusalem geräuchert habt,
ihr und eure Väter, eure Könige und
eure Fürsten und das Volk des Landes — hat nicht Jehova daran gedacht,
und ist es ihm nicht in den Sinn ge-
22 kommen? Und Jehova konnte es nicht
mehr ertragen wegen der Bosheit eurer
Handlungen, wegen der Greuel, die ihr
verübtet. Darum ist euer Land zur
Einöde, zum Entsetzen und zum Fluche geworden, ohne Bewohner, wie es
23 an diesem Tage ist. Darum daß ihr
geräuchert und gegen Jehova gesündigt und auf die Stimme Jehovas nicht
gehört, und in seinem Gesetz und in
seinen Satzungen und in seinen Zeugnissen nicht gewandelt habt, darum
ist euch dieses Unglück widerfahren,
24 wie es an diesem Tage ist. — Und Jeremia sprach zu dem ganzen Volke
und zu allen Weibern: Höret das Wort
Jehovas, alle Juden a, die ihr im Lan-
25 de Aegypten seid! So spricht Jehova
der Heerscharen, der Gott Israels, und
sagt: Ihr und eure Weiber, ihr habt
es mit eurem Munde geredet und es
mit euren Händen vollführt und gesprochen: Wir wollen unsere Gelübde
gewißlich erfüllen, die wir getan haben, der Königin des Himmels zu räuchern und ihr Trankopfer zu spenden.
So haltet nur eure Gelübde und er-
26 füllet nur eure Gelübde! Darum höret das Wort Jehovas, alle Juden a, die
ihr im Lande Aegypten wohnet! Siehe,
ich habe bei meinem großen Namen
geschworen, spricht Jehova: Wenn je
wieder mein Name im Munde irgend
eines Mannes von Juda genannt werden soll, daß er spreche: „So wahr der
Herr, Jehova, lebt!“ im ganzen Lande
27 Aegypten! Siehe, ich wache über sie
zum Bösen und nicht zum Guten; und
alle Männer von Juda, die im Lande Aegypten sind, sollen durch das
Schwert und durch den Hunger aufgerieben werden, bis sie vernichtet
28 sind. Und dem Schwert Entronnene
werden aus dem Lande Aegypten in
das Land Juda zurückkehren, ein zählbares Häuflein. Und der ganze Ueberrest von Juda, der in das Land Aegypten gekommen ist, um sich daselbst aufzuhalten, wird wissen b, welches Wort
sich bestätigen wird, das meinige oder
29 das ihrige. Und dies sei euch das Zeichen, spricht Jehova, daß ich euch an
diesem Orte heimsuchen werde, auf daß
ihr wisset, daß meine Worte über euch c
sich gewißlich bestätigen werden zum
30 Unglück; so spricht Jehova: Siehe,
ich gebe den Pharao Hophra, den König
von Aegypten, in die Hand seiner Feinde
und in die Hand derer, welche nach

seinem Leben trachten, so wie ich Zedekia, den König von Juda, in die Hand
Nebukadrezars gegeben habe, des Königs von Babel, seines Feindes, der d
ihm nach dem Leben trachtete.

Das Wort, welches der Prophet Je- **45**
remia zu Baruk, dem Sohne Nerijas,
redete, als er diese Worte aus dem
Munde Jeremias in ein Buch schrieb,
im vierten Jahre Jojakims, des Sohnes Josias, des Königs von Juda, e in-
2 dem er sprach: So spricht Jehova,
3 der Gott Israels, von dir, Baruk: Du
sprichst: Wehe mir! denn Jehova hat
Kummer zu meinem Schmerze gefügt;
ich bin müde von meinem Seufzen,
4 und Ruhe finde ich nicht. So sollst du
zu ihm sagen: So spricht Jehova: Siehe, was ich gebaut habe, breche ich
ab; und was ich gepflanzt habe, reiße
5 ich aus, und zwar das ganze Land. Und
du, du trachtest nach großen Dingen
für dich? Trachte nicht danach! denn
siehe, ich bringe Unglück über alles
Fleisch, spricht Jehova; aber ich gebe
dir deine Seele zur Beute an allen Orten, wohin du ziehen wirst.

Das Wort Jehovas, welches zu Je- **46**
remia, dem Propheten, geschah f wider g die Nationen.
2 Ueber Aegypten.
Wider g die Heeresmacht des Pharao Neko, des Königs von Aegypten,
welche zu Karchemis war, am Strome
Euphrat, welche Nebukadrezar, der
König von Babel, schlug im vierten
Jahre Jojakims, des Sohnes Josias, des
Königs von Juda.
3 Rüstet Tartsche und Schild und rük-
4 ket heran zum Streit! Spannet die
Rosse an und besteiget die Reitpferde h!
und stellet euch auf in Helmen, putzet
die Lanzen, ziehet die Panzer an!
5 Warum sehe ich sie bestürzt zurückweichen? Und ihre Helden sind zerschmettert, und sie ergreifen die Flucht
und sehen sich nicht um — Schrecken
6 ringsum! spricht Jehova. Der Schnelle
soll nicht entfliehen, und der Held nicht
entrinnen; gegen Norden, zur Seite
des Stromes Euphrat, sind sie gestrau-
7 chelt und gefallen. — Wer ist es, der
heraufzieht wie der Nil, wie Ströme
8 wogen seine Gewässer? Aegypten zieht
herauf wie der Nil, und wie Ströme
wogen seine Gewässer; und es spricht:
Ich will hinaufziehen, will das Land
bedecken, will Städte zerstören und
9 ihre Bewohner. Ziehet hinauf i, ihr
Rosse, und raset, ihr Wagen; und ausziehen mögen die Helden, Kusch j und
Put, die den Schild fassen, und die
Ludim k, die den Bogen fassen und
10 spannen! Aber selbiger Tag ist dem
Herrn, Jehova der Heerscharen, ein
Tag der Rache, um sich zu rächen an
seinen Widersachern; und fressen wird
das Schwert und sich sättigen, und
sich laben an l ihrem Blute. Denn der

---

a Eig. ganz Juda. — b O. erfahren. — c O. an euch. — d W. und der. — e S. Kap. 36. —
f Eig. Was als Wort Jehovas zu Jeremia, dem Propheten, geschah. — g O. über. — h And.
üb.: und sitzet auf, ihr Reiter. — i O. Bäumet euch. — j Aethiopien. — k Put und
Ludim waren nordafrikanische Völkerschaften. — l O. reichlich getränkt werden mit.

Herr, Jehova der Heerscharen, hat ein Schlachtopfer im Lande des Nordens, 11 am Strome Euphrat. Geh hinauf nach Gilead und hole Balsam, du Jungfrau, Tochter Aegyptens! Vergeblich häufst du die Heilmittel; da ist kein Pflaster 12 für dich. Die Nationen haben deine Schande gehört, und die Erde ist voll deines Klagegeschreis; denn ein Held ist über den anderen gestrauchelt, sie sind gefallen beide zusammen.

13 Das Wort, welches Jehova zu Jeremia, dem Propheten, redete betreffs der Ankunft Nebukadrezars, des Königs von Babel, um das Land Aegypten 14 zu schlagen: Verkündiget es in Aegypten, und laßt es hören in Migdol, und laßt es hören in Noph und in Tachpanches! Sprechet: Stelle dich und rüste dich! denn das Schwert frißt alles 15 rings um dich her. Warum sind deine Starken niedergeworfen? Keiner hielt stand, denn Jehova hat sie niederge-16 stoßen.*a* Er machte der Straucheln-den viele; ja, einer fiel über den anderen, und sie sprachen: Auf! und laßt uns zurückkehren zu unserem Volke und zu unserem Geburtslande vor dem 17 verderbenden*b* Schwerte! Man rief daselbst: Der Pharao, der König von Aegypten, ist verloren*c*; er hat die bestimmte Zeit*d* vorübergehen lassen!

18 *So wahr* ich lebe, spricht der König, Jehova der Heerscharen ist sein Name: Wie der Tabor unter den Bergen und wie der Karmel am Meere wird er *e* 19 kommen! Mache dir Auswanderungs-geräte, du Bewohnerin, Tochter Aegyptens; denn Noph wird zur Wüste werden und verbrannt, ohne Bewohner. — 20 Eine sehr schöne junge Kuh ist Aegypten; eine Bremse von Norden kommt, 21 sie kommt. Auch seine Söldner in seiner Mitte sind wie gemästete Kälber; ja, auch s i e wandten sich um, sind geflohen allzumal, haben nicht standgehalten; denn der Tag ihres Verderbens*f* ist über sie gekommen, die Zeit ihrer 22 Heimsuchung. Sein*g* Laut ist wie das Geräusch einer Schlange*h*, die da-voneilt; denn sie *i* ziehen mit Heeres-macht einher und kommen über Aegyp-23 ten*j* mit Beilen, wie Holzhauer. Sie haben seinen Wald umgehauen, spricht Jehova, denn sie sind unzählig*k*; denn ihrer sind mehr als der Heuschrecken, 24 und ihrer ist keine Zahl. Die Tochter Aegyptens ist zu Schanden geworden, sie ist in die Hand des Volkes von Nor-25 den gegeben. Es spricht Jehova der Heerscharen, der Gott Israels: Siehe, ich suche heim den Amon von No*l*, und den Pharao und Aegypten und seine Götter und seine Könige, ja, den Pha-26 rao und die auf ihn trauen. Und

ich gebe sie in die Hand derer, welche nach ihrem Leben trachten, und zwar in die Hand Nebukadrezars, des Königs von Babel, und in die Hand seiner Knechte. Hernach aber soll es bewohnt werden wie in den Tagen der Vorzeit, spricht Jehova.

Du aber, *m* fürchte dich nicht, mein 27 Knecht Jakob, und erschrick nicht, Israel! denn siehe, ich will dich retten aus der Ferne und deine Nachkommen aus dem Lande ihrer Gefangenschaft; und Jakob wird zurückkehren und ruhig und sicher sein, und niemand wird ihn aufschrecken. Du, mein Knecht 28 Jakob, fürchte dich nicht, spricht Jehova, denn ich bin mit dir. Denn ich werde den Garaus machen allen Nationen, wohin ich dich vertrieben habe; aber dir werde ich nicht den Garaus machen, sondern dich nach Gebühr züchtigen und dich keineswegs unge-straft lassen.

Das Wort Jehovas, welches zu Je-**47** remia, dem Propheten, geschah *n* über*o* die Philister, ehe der Pharao Gasa schlug.

So spricht Jehova: Siehe, Wasser 2 steigen herauf von Norden her und werden zu einem überschwemmenden Wildbach; und sie überschwemmen das Land und seine Fülle, die Städte und ihre Bewohner. Und es schreien die Menschen, und alle Bewohner des Landes heulen, vor dem Schalle des 3 Stampfens der Hufe seiner starken *Rosse*, vor dem Getöse seiner Wagen, dem Gerassel seiner Räder, — Väter sehen sich nicht um nach den Söhnen vor Erschlaffung der Hände — wegen 4 des Tages, der da kommt, um alle Philister zu zerstören *und* für Tyrus und Zidon jeden hilfebringenden Ueberrest zu vertilgen. Denn Jehova zerstört die Philister, den Ueberrest der Insel*p* Kaphtor. Kahlheit ist über Gasa ge-5 kommen, vernichtet ist Askalon, der Ueberrest ihres *q* Tales*r*. Wie lange willst du dich ritzen? — Wehe! Schwert 6 Jehovas, wie lange willst du nicht rasten? Fahre zurück in deine Scheide, halte dich ruhig und still! Wie sollte 7 es rasten, da doch Jehova ihm geboten hat? Gegen Askalon und gegen das Gestade des Meeres, dorthin hat er es bestellt.

Ueber Moab.

So spricht Jehova der Heerscharen, **48** der Gott Israels: Wehe über Nebo! denn es ist verwüstet. Zu Schanden geworden, eingenommen ist Kirja-thaim; zu Schanden geworden ist die hohe Feste und bestürzt. Moabs Ruhm 2 ist dahin. In Hesbon*s* hat man Böses ersonnen gegen dasselbe: „Kommt und

---

a Dieser Vers scheint im Hebr. verderbt zu sein, und die Uebersetzung ist nicht sicher. — *b* O. gewalttätigen. — *c* Eig. ist Untergang. — *d* d. h. die Frist, welche Gott ihm gewährte. — *e* d. h. der alle anderen überragende König von Babel. — *f* O. Untergangs. — *g* d. i. Aegyptens. — *h* Eig. ist wie die Schlange. — *i* die Chaldäer. — *j* W. es. — *k* Eig. denn es ist unerforschlich (nicht zu ermitteln); and. üb.: obgleich er undurchdringlich ist. — *l* d. h. von Theben, wo der Gott Amon verehrt wurde. — *m* Vergl. Kap. 30, 10. 11. — *n* Im Hebr. wie Kap. 14, 1; 46, 1. — *o* O. wider. — *p* O. des Küstengebietes. — *q* bezieht sich auf Gasa und Askalon. — *r* Eig. ihrer Talebene. — *s* Zur Zeit Jeremias gehörte Hesbon den Ammonitern. (Vergl. Kap. 49, 3.)

laßt es uns ausrotten, daß es keine Nation mehr sei!" Auch du, Madmen, wirst vernichtet werden; das Schwert 3 zieht hinter dir her. Horch! ein Geschrei aus Horonaim: Verheerung und 4 große Zertrümmerung! Moab ist zerschmettert, seine Geringen haben ein 5 lautes Geschrei erhoben. Denn die Anhöhe von Luchith steigt man mit Weinen *hinauf*, mit Weinen *a*; denn am Abhang von Horonaim hat man Angstgeschrei der Zerschmetterung gehört. 6 Fliehet, rettet euer Leben, und seid wie 7 ein Entblößter *b* in der Wüste! Denn weil du auf deine Werke und auf deine Schätze vertrautest, sollst auch du eingenommen werden; und Kamos *c* wird in die Gefangenschaft *d* ziehen, seine Priester und seine Fürsten all-8 zumal. Und der Verwüster wird über jede Stadt kommen, und keine Stadt wird entrinnen; und das Tal wird zu Grunde gehen und die Ebene vernichtet werden, wie Jehova gesprochen hat. 9 Gebet Moab Flügel, denn fliegend wird es wegziehen; und seine Städte werden zur Wüste werden, sodaß niemand darin wohnt. Verflucht sei, wer das Werk 10 Jehovas lässig treibt, und verflucht, wer sein Schwert vom Blute zurückhält! 11 Sorglos *e* war Moab von seiner Jugend an, und still lag es auf seinen Hefen und wurde nicht ausgeleert von Faß zu Faß, und in die Gefangenschaft *d* ist es nie gezogen; daher ist sein Geschmack ihm geblieben und sein Geruch nicht verändert. Darum siehe, 12 Tage kommen, spricht Jehova, da ich ihm Schröter senden werde, die es schroten *f* und seine Fässer ausleeren und seine Krüge zerschmeißen werden. 13 Und Moab wird sich über Kamos schämen, gleichwie das Haus Israel sich geschämt hat über Bethel, ihre Zuver-14 sicht. Wie sprechet ihr: Wir sind Helden und tapfere Männer zum Streit? 15 Moab ist verwüstet, und seine Städte hat man erstiegen, und die Auswahl seiner Jünglinge ist zur Schlachtung hingestürzt, spricht der König, Jehova der Heerscharen ist sein Name. 16 Moabs Verderben steht nahe bevor, 17 und sein Unglück eilt sehr. Beklaget es, ihr seine Umwohner alle, und alle, die ihr seinen Namen kennet! Sprechet: Wie ist zerbrochen das Zepter 18 der Macht, der Stab der Majestät! Steige herab von der Herrlichkeit und wohne in dürrem Lande, du Bewohnerin, Tochter Dibons; denn Moabs Verwüster ist wider dich heraufgezogen, hat deine 19 Festen zerstört. Tritt an den Weg und schaue, Bewohnerin von Aroer! Frage den Fliehenden und die Entronnenen, sprich: Was ist geschehen? 20 Moab ist zu Schanden geworden, denn es ist bestürzt. Heulet und schreiet, verkündet am Arnon, daß Moab verwü-

stet ist! Und das Gericht ist gekommen 21 über das Land der Ebene, über Cholon und über Jahza und über Mephaath, und 22 über Dibon und über Nebo und über Beth-Diblathaim, und über Kirjathaim 23 und über Beth-Gamul und über Beth-Meon, und über Kerijoth und über Bozra, 24 und über alle Städte des Landes Moab, die fernen und die nahen. Das Horn 25 Moabs ist abgehauen, und sein Arm ist zerschmettert, spricht Jehova. Berauschet es, — denn wider Jehova 26 hat es großgetan — denn damit Moab sich wälze in seinem Gespei *g*, und auch selbst zum Gelächter werde! Oder 27 war dir Israel nicht zum Gelächter? oder war es unter Dieben ertappt worden, daß, sooft du von ihm sprachest, du den Kopf schütteltest? Verlasset die 28 Städte und wohnet in den Felsen *h*, ihr Bewohner von Moab, und seid wie die Taube, welche an den Rändern des Abgrundes nistet! Wir haben vernommen 29 den Hochmut Moabs, des sehr hochmütigen, seinen Stolz und seinen Hochmut und seine Hoffart und die Erhebung seines Herzens. Ich kenne wohl 30 sein Wüten, spricht Jehova, und sein eitles Prahlen; unwahr haben sie gehandelt. Darum jammere ich über 31 Moab, und wegen ganz Moab schreie ich; über die Leute von Kir-Heres seufzt man. Mehr als das Weinen Ja-32 sers weine ich über dich, du Weinstock von Sibma; deine Ranken gingen über das Meer, sie reichten bis zum Meere von Jaser. Ueber deine Obsternte und 33 über deine Weinlese ist der Verwüster hergefallen, und verschwunden sind Freude und Frohlocken aus dem Fruchtgefilde und aus dem Lande Moab. Und dem Weine aus den Kufen habe ich ein Ende gemacht: man tritt nicht mehr *die Kelter* unter Jubelruf; der laute Ruf ist kein Jubelruf *i*. Von dem 34 Geschrei Hesbons haben sie bis Elale, bis Jahaz ihre Stimme erschallen lassen, von Zoar bis Horonaim, bis Eglath-Schelischija; denn auch die Wasser von Nimrim sollen zu Wüsten werden. Und ich mache ein Ende in Moab, 35 spricht Jehova, dem, der auf die Höhe steigt und seinen Göttern räuchert. Deshalb klagt *j* gleich Flöten mein 36 Herz um Moab, und klagt *j* gleich Flöten mein Herz um die Leute von Kir-Heres. Deshalb geht was es erübrigt hat zu Grunde. Denn jedes Haupt ist 37 kahl und jeder Bart abgeschoren; auf allen Händen sind Ritze, und Sacktuch ist an den Lenden. Auf allen Dächern 38 Moabs und auf seinen Straßen ist lauter Klage; denn ich habe Moab zerbrochen wie ein Gefäß, an dem man kein Gefallen hat, spricht Jehova. Wie ist 39 es bestürzt! sie heulen. Wie hat Moab den Rücken gewandt vor Scham! *k* Und allen seinen Umwohnern wird Moab

---

a Wahrsch. ist statt des zweiten „mit Weinen" zu lesen „hinauf", wie Jes. 15, 5. — *b* And.: wie ein Wachholderstrauch. — *c* Hebr. Kemosch, die Hauptgottheit der Moabiter. — *d* Eig. in die Wegführung, Verbannung. — *e* O. ungestört. — *f* Eig. neigen (zum Ausgießen). — *g* Eig. hineinschlage in sein Gespei. — *h* W. im Sela; wahrsch. die schwer zugängliche Felsengegend am Arnon. — *i* d. h. der Jubelruf (eig. laute Ruf) der Keltertreter hat sich in den Schlachtruf des Verwüsters (V. 32) verwandelt. — *j* Eig. rauscht. — *k* Eig. den Rücken gewandt, ist beschämt worden!

zum Gelächter und zur Bestürzung sein.

40 Denn so spricht Jehova: Siehe, wie der Adler fliegt er daher und breitet
41 seine Flügel aus über Moab. Kerijoth ist eingenommen, und die Festen sind erobert. Und das Herz der Helden Moabs wird an selbigem Tage sein wie das Herz eines Weibes in Kindesnöten.
42 Und Moab wird vertilgt werden, daß es kein Volk mehr sei, weil es groß-
43 getan hat wider Jehova. Grauen und Grube und Garn über dich, du Bewoh-
44 ner von Moab! spricht Jehova. Wer vor dem Grauen flieht, wird in die Grube fallen, und wer aus der Grube heraufsteigt, wird in dem Garne gefangen werden; denn ich bringe über dasselbe, über Moab, das Jahr seiner Heimsuchung, spricht Jehova.
45 Im Schatten Hesbons bleiben Flüchtlinge kraftlos stehen; denn ein Feuer ist ausgegangen von Hesbon und eine Flamme aus der Mitte Sihons, und hat die Seite Moabs verzehrt und den Schei-
46 tel der Söhne des Getümmels. Wehe dir, Moab! verloren ist das Volk des Kamos! denn deine Söhne sind als Gefangene weggeführt, und deine Töchter
47 in die Gefangenschaft. — Aber ich werde die Gefangenschaft Moabs wenden am Ende der Tage, spricht Jehova.
Bis hierher das Gericht über Moab.

49 Ueber die Kinder Ammon.

So spricht Jehova: Hat denn Israel keine Söhne, oder hat es keinen Erben? Warum hat ihr König a Gad in Besitz genommen, und *warum* wohnt
2 sein Volk in dessen Städten? Darum siehe, Tage kommen, spricht Jehova, da ich wider Rabba der Kinder Ammon Kriegsgeschrei werde erschallen lassen; und es soll zum Schutthaufen werden, und seine Tochterstädte sollen mit Feuer verbrannt werden. Und Israel wird seine Erben beerben, spricht
3 Jehova. Heule, Hesbon, denn Ai ist verwüstet! Schreiet, ihr Töchter von Rabba, gürtet euch Sacktuch um; klaget und laufet hin und her in den Einzäunungen b! denn ihr König wird in die Gefangenschaft c gehen, seine Prie-
4 ster und seine Fürsten allzumal. Was rühmst du dich der Täler? Dein Tal zerfließt d, du abtrünnige Tochter, die auf ihre Schätze vertraut: „Wer sollte
5 an mich kommen?" Siehe, ich lasse Schrecken über dich kommen von allen deinen Umwohnern, spricht der Herr, Jehova der Heerscharen; und ihr sollt weggetrieben werden, ein jeder vor sich hin, und niemand wird die Flüch-
6 tigen sammeln. — Aber nachher werde ich die Gefangenschaft der Kinder Ammon wenden, spricht Jehova.
7 Ueber Edom.

So spricht Jehova der Heerscharen: Ist keine Weisheit mehr in Teman? ist den Verständigen der Rat entschwunden, ist ihre Weisheit ausgeschüttet?
8 Fliehet, wendet um, verkriechet euch, Bewohner von Dedan! Denn Esaus Verderben habe ich über ihn gebracht, die Zeit, da ich ihn heimsuche. Wenn
9 Winzer über dich kommen, so werden sie keine Nachlese übriglassen; wenn Diebe in der Nacht, so verderben sie nach ihrem Genüge. Denn ich, ich habe
10 Esau entblößt, ich habe seine Verstecke aufgedeckt; und will er sich verbergen, so kann er es nicht. Zerstört sind seine Nachkommen e und seine Brüder und seine Nachbarn, und sie sind
11 nicht mehr. Verlasse deine Waisen, i c h werde sie am Leben erhalten; und deine Witwen sollen auf mich ver-
12 trauen. Denn so spricht Jehova: Siehe, deren Urteil es nicht war, den Becher zu trinken, die müssen ihn trinken; und d u solltest der sein, welcher ungestraft bliebe? Du wirst nicht unge-
13 straft bleiben, sondern sicherlich sollst du ihn trinken. Denn ich habe bei mir geschworen, spricht Jehova, daß Bozra zum Entsetzen, zum Hohne, zur Verwüstung und zum Fluche werden soll, und alle seine f Städte zu ewigen Einöden.
14 Eine Kunde habe ich vernommen von Jehova, und ein Bote ist unter die Nationen gesandt: Versammelt euch und kommet über dasselbe f, und ma-
15 chet euch auf zum Kriege! Denn siehe, ich habe dich klein gemacht unter den Nationen, verachtet unter den Men-
16 schen. Deine Furchtbarkeit g und der Uebermut deines Herzens haben dich verführt, der du in Felsenklüften wohnst, den Gipfel des Hügels inne hast. Wenn du dein Nest hoch baust wie der Adler, ich werde dich von dort
17 hinabstürzen, spricht Jehova. Und Edom soll zum Entsetzen werden; ein jeder, der an demselben vorüberzieht, wird sich entsetzen und zischen über
18 alle seine Plagen h. Gleich der Umkehrung von Sodom und Gomorra und ihrer Nachbarn, spricht Jehova, wird niemand daselbst wohnen und kein Menschenkind darin weilen.
19 Siehe, er steigt herauf, wie ein Löwe von der Pracht des Jordan, wider die feste i Wohnstätte; denn ich werde es j plötzlich von ihr hinwegtreiben, und den, der auserkoren ist, über sie bestellen. Denn wer ist mir gleich, und wer will mich vorladen k? und wer ist der
20 Hirt, der vor mir bestehen könnte? Darum höret den Ratschluß Jehovas, welchen er beschlossen hat über Edom, und seine Gedanken, die er denkt über die Bewohner von Teman: Wahrlich, man wird sie fortschleppen, die Geringen der Herde l; wahrlich, ihre Trift m wird
21 sich über sie entsetzen! Von dem Getöse ihres Falles erbebt die Erde;

---

a Hebr. Malkam; wohl zugleich eine Anspielung auf den Götzen Milkom (Moloch); so auch V. 3. — b d. h. auf freiem Felde. — c Eig. in die Wegführung, Verbannung. — d And. üb.: daß dein Tal überströme. — e Eig. sein Same. — f bezieht sich auf Edom. — g d. i. furchterweckende Macht (Größe). — h O. Schläge. — i O. unzerstörbare. — j Edom — k d. h. vor Gericht. — l And. üb.: die Kleinen der Herde werden sie fortschleppen. — m O. ihre Wohnstätte.

Geschrei — am Schilfmeere wird sein
22 Schall vernommen. Siehe, wie der Adler zieht er herauf und fliegt und breitet seine Flügel aus über Bozra; und das Herz der Helden Edoms wird an selbigem Tage sein wie das Herz eines Weibes in Kindesnöten.
23   Ueber Damaskus.

Beschämt sind Hamath und Arpad; denn sie haben eine böse Kunde vernommen, sie verzagen. Am Meere ist Bangigkeit, ruhen kann man nicht *a*.
24 Damaskus ist schlaff *b* geworden; es hat sich umgewandt, um zu fliehen, und Schrecken hat es ergriffen; Angst und Wehen haben es erfaßt, der Gebärenden gleich. Wie ist es, daß sie nicht
25 verlassen ist, *c* die Stadt des Ruhmes,
26 die Stadt meiner Freude? Darum werden ihre Jünglinge auf ihren Straßen fallen und alle Kriegsmänner umkommen an selbigem Tage, spricht Jehova
27 der Heerscharen. Und ich werde ein Feuer anzünden in den Mauern von Damaskus, und es wird die Paläste Ben-Hadads verzehren.
28   Ueber Kedar *d* und über die Königreiche Hazors, welche Nebukadrezar, der König von Babel, schlug.

So spricht Jehova: Machet euch auf, ziehet hinauf wider Kedar und zerstö-
29 ret die Kinder des Ostens. Ihre Zelte und ihr Kleinvieh werden sie nehmen, ihre Zeltbehänge und alle ihre Geräte und ihre Kamele sich wegführen, und werden über sie ausrufen: Schrecken
30 ringsum! Fliehet, flüchtet schnell, verkriechet euch, Bewohner von Hazor! spricht Jehova; denn Nebukadrezar, der König von Babel, hat einen Ratschluß wider euch beschlossen und einen Anschlag wider euch ersonnen.
31 Machet euch auf, ziehet hinauf wider eine sorglose Nation, die in Sicherheit wohnt! spricht Jehova; sie hat weder Tore noch Riegel, sie wohnen allein.
32 Und ihre Kamele sollen zum Raube und die Menge ihrer Herden zur Beute werden; und ich werde sie, die mit geschorenen *Haar*rändern, nach allen Winden hin zerstreuen, und werde ihr Verderben bringen von allen Seiten
33 her, spricht Jehova. Und Hazor wird zur Wohnung der Schakale werden, zur Wüste in Ewigkeit; niemand wird daselbst wohnen und kein Menschenkind darin weilen.
34   Das Wort Jehovas, welches zu Jeremia, dem Propheten, geschah *e* über *f* Elam *g*, im Anfang der Regierung Zedekias, des Königs von Juda, indem er sprach:
35   So spricht Jehova der Heerscharen: Siehe, ich zerbreche den Bogen Elams,
36 seine vornehmste Stärke. Und ich werde die vier Winde von den vier Enden des Himmels her über Elam bringen und

es nach allen diesen Winden hin zerstreuen; und es soll keine Nation geben, wohin nicht Vertriebene Elams kommen werden. Und ich werde Elam 37 verzagt machen vor ihren Feinden und vor denen, welche nach ihrem Leben trachten, und werde Unglück über sie bringen, die Glut meines Zornes, spricht Jehova; und ich werde das Schwert hinter ihnen her senden, bis ich sie vernichtet habe. Und ich werde 38 meinen Thron in Elam aufstellen und werde König und Fürsten daraus vertilgen, spricht Jehova. — Aber es wird 39 geschehen am Ende der Tage, da werde ich die Gefangenschaft Elams wenden, spricht Jehova.

Das Wort, welches Jehova über **50** Babel, über das Land der Chaldäer, durch den Propheten Jeremia geredet hat.

Verkündiget es unter den Nationen 2 und laßt es hören, und erhebet ein Panier; laßt es hören, verhehlet es nicht! sprechet: Babel ist eingenommen, Bel zu Schanden geworden, Merodak *h* bestürzt; ihre Götzenbilder sind zu Schanden geworden, ihre Götzen *i* sind bestürzt. Denn wider dasselbe ist eine 3 Nation heraufgezogen von Norden her: diese wird sein Land zur Wüste machen, daß kein Bewohner mehr darin sein wird; sowohl Menschen als Vieh sind entflohen, weggezogen.

In jenen Tagen und zu jener Zeit, 4 spricht Jehova, werden die Kinder Israel kommen, sie und die Kinder Juda zusammen; fort und fort weinend werden sie gehen und Jehova, ihren Gott, suchen. Sie werden nach Zion 5 fragen, indem ihr Angesicht dahin gerichtet ist: Kommet und schließet euch an Jehova an mit einem ewigen Bunde, der nicht vergessen werde! — Mein 6 Volk war eine verlorene Schafherde: ihre Hirten leiteten sie irre auf verführerische Berge*j*; sie gingen von Berg zu Hügel, vergaßen ihre Lagerstätte. Alle, die sie fanden, fraßen sie; 7 und ihre Feinde *k* sprachen: Wir verschulden uns nicht, weil sie gegen Jehova gesündigt haben, die Wohnung der Gerechtigkeit, und *gegen* Jehova, die Erwartung ihrer Väter.

Flüchtet aus Babel hinaus, und zie- 8 het aus dem Lande der Chaldäer; und seid wie die Böcke vor der Herde her! Denn siehe, ich erwecke und führe 9 herauf wider Babel eine Versammlung großer Nationen aus dem Lande des Nordens, und sie werden sich wider dasselbe aufstellen: von dort aus wird es eingenommen werden. Ihre Pfeile sind wie die eines geschickten *l* Helden, keiner kehrt leer zurück *m*. Und 10 Chaldäa wird zum Raube werden; alle, die sie berauben, werden satt werden,

---

a And. üb.: Im Meere (d. h. im Völkermeere) ist Bangigkeit, ruhen kann es nicht. — *b* d. h. mutlos. — *c* And. üb.: Wie ist sie nicht verlassen, u. s. w. — *d* S. die Anm. zu Hes. 27, 21. — *e* Im Hebr. wie Kap. 14, 1; 46, 1; 47, 1. — *f* O. wider; so auch später. — *g* Name der persischen Provinz, deren Hauptstadt Susa war. — *h* Bel-Merodak war die Schutzgottheit Babylons. — *i* Eig. ihre Klötze. — *j* Eig. abtrünnig machende Berge (Anspielung auf den Höhenkultus); nach and. Les.: machten sie abtrünnig auf die Berge hin. — *k* O. Bedränger. — *l* O. glücklichen. — *m* O. der nicht leer zurückkehrt.

11 spricht Jehova. Denn möget ihr euch auch freuen, denn möget ihr auch frohlocken, Plünderer meines Erbteils, denn möget ihr auch hüpfen wie eine dreschende junge Kuh, und wiehern
12 gleich starken *Rossen*; sehr beschämt ist eure Mutter, zu Schanden geworden eure Gebärerin. Siehe, es *a* ist die
13 letzte der Nationen, eine Wüste, eine Dürre und eine Steppe. Vor dem Grimm Jehovas wird es nicht mehr bewohnt werden, sondern eine Wüste sein ganz und gar. Ein jeder, der an Babel vorüberzieht, wird sich entsetzen und zischen über alle seine Plagen *b*.
14 Stellet euch ringsum auf wider Babel, alle, die ihr den Bogen spannet; schießet nach ihm, schonet die Pfeile nicht! denn gegen Jehova hat es ge-
15 sündigt. Erhebet ein Schlachtgeschrei gegen dasselbe ringsum! Es hat sich ergeben *c*; gefallen sind seine Festungswerke, niedergerissen seine Mauern. Denn es ist die Rache Jehovas. Rächet euch an ihm, tut ihm, wie es ge-
16 tan hat! Rottet aus Babel den Säemann aus und den, der die Sichel führt zur Erntezeit! Vor dem verderbenden *d* Schwerte wird ein jeder zu seinem Volke sich wenden und ein jeder in sein Land fliehen.
17 Israel ist ein versprengtes Schaf, welches Löwen verscheucht haben. Zuerst hat der König von Assyrien es gefressen, und nun zuletzt hat Nebukadrezar, der König von Babel, ihm
18 die Knochen zermalmt. Darum spricht Jehova der Heerscharen, der Gott Israels, also: Siehe, ich suche heim den König von Babel und sein Land, gleichwie ich den König von Assyrien heim-
19 gesucht habe. Und ich will Israel zu seiner Trift zurückbringen, daß es den Karmel und Basan beweide, und seine Seele sich sättige auf dem Gebirge
20 Ephraim und in Gilead. In jenen Tagen und zu jener Zeit, spricht Jehova, wird Israels Missetat *e* gesucht werden, und sie wird nicht da sein, und die Sünden Judas, und sie werden nicht gefunden werden; denn ich will denen vergeben, die ich übriglasse.
21 Wider das Land „Doppelte Widerspenstigkeit", wider dasselbe ziehe hinauf und gegen die Bewohner von „Heimsuchung" *f*. Verwüste und vertilge *g* hinter ihnen her, spricht Jehova, und tue nach allem was ich dir gebo-
22 ten habe! Kriegslärm im Lande und
23 große Zertrümmerung! Wie ist zerhauen und zertrümmert der Hammer der ganzen Erde! Wie ist Babel zum Entsetzen geworden unter den Natio-
24 nen! Ich habe dir Schlingen gelegt, und du wurdest auch gefangen, Babel, ohne daß du es wußtest; du wurdest gefunden und auch ergriffen, weil du dich wider Jehova in Krieg eingelas-
25 sen hast. Jehova hat seine Rüstkammer

aufgetan und hervorgeholt die Waffen seines Grimmes; denn der Herr, Jehova der Heerscharen, hat ein Werk in dem Lande der Chaldäer. Kommet 26 über dasselbe von allen Seiten her, öffnet seine Scheunen, schüttet es auf wie Garbenhaufen und vertilget es; nicht bleibe ihm ein Ueberrest! Er- 27 würget alle seine Farren, zur Schlachtung sollen sie hinstürzen! Wehe über sie! denn ihr Tag ist gekommen, die Zeit ihrer Heimsuchung. Horch! 28 Flüchtlinge und Entronnene aus dem Lande Babel, um in Zion zu verkünden die Rache Jehovas, unseres Gottes, die Rache seines Tempels.

Rufet Schützen herbei wider Babel, 29 alle, die den Bogen spannen! belagert es ringsum, niemand entrinne! Vergeltet ihm nach seinem Werke, tut ihm nach allem was es getan hat; denn es hat vermessen gehandelt gegen Jehova, gegen den Heiligen Israels. Dar- 30 um sollen seine Jünglinge auf seinen Straßen fallen und alle seine Kriegsmänner umkommen an selbigem Tage, spricht Jehova. Siehe, ich will an dich, 31 du Stolze *h*, spricht der Herr, Jehova der Heerscharen; denn gekommen ist dein Tag, die Zeit, da ich dich heimsuche. Dann wird die Stolze *h* strau- 32 cheln und fallen, und niemand wird sie aufrichten; und ich werde ein Feuer anzünden in ihren Städten, daß es alle ihre Umgebung verzehre.

So spricht Jehova der Heerscharen: 33 Die Kinder Israel und die Kinder Juda sind Bedrückte allzumal; und alle, die sie gefangen weggeführt, haben sie festgehalten, haben sich geweigert, sie zu entlassen. Ihr Erlöser ist stark, 34 Jehova der Heerscharen ist sein Name; er wird ihre Rechtssache gewißlich führen, auf daß er dem Lande Ruhe schaffe und die Bewohner von Babel erzittern mache. Das Schwert über 35 die Chaldäer, spricht Jehova, und über die Bewohner von Babel und über seine Fürsten und über seine Weisen! das Schwert über die Schwätzer *i*, daß 36 sie zu Narren werden! das Schwert über seine Helden, daß sie verzagen! das Schwert über seine Rosse und über 37 seine Wagen und über das ganze Mischvolk, welches in seiner Mitte ist, daß sie zu Weibern werden! das Schwert über seine Schätze, daß sie geplündert werden! Dürre über seine Gewässer, 38 daß sie austrocknen! Denn es ist ein Land der geschnitzten Bilder, und sie rasen *j* durch ihre erschreckenden Götzen *k*. Darum werden Wüstentiere mit 39 wilden Hunden darin wohnen, und Strauße darin wohnen; und es soll in Ewigkeit nicht mehr bewohnt werden, und keine Niederlassung von Geschlecht zu Geschlecht. Gleich der Um- 40 kehrung Sodoms und Gomorras und ihrer Nachbarn durch Gott, spricht Je-

---

a Chaldäa. — *b* O. Schläge. — *c* W. Es hat seine Hand gereicht. — *d* O. gewalttätigen. — *e* O. Schuld. — *f* O. von Pekod (eine Benennung Babels). — *g* Eig. verbanne, gib dem Bannfluch anheim; so auch V. 26 und Kap. 51, 3. — *h* Eig. du (der) Stolz, oder du (der) Uebermut. — *i* O. Lügner; vergl. Jes. 44, 25. — *j* d. h. haben allen Verstand verloren. — *k* Eig. durch Schrecknisse, d. i. Schreckbilder, Schreckgestalten.

hova, wird niemand daselbst wohnen und kein Menschenkind darin weilen.

41 Siehe, es kommt ein Volk von Norden her, und eine große Nation und viele Könige machen sich auf von dem 42 äußersten Ende der Erde. Bogen und Wurfspieß führen sie, sie sind grausam und ohne Erbarmen; ihre Stimme braust wie das Meer, und auf Rossen reiten sie: gerüstet wider dich, Tochter Babel, wie ein Mann zum Kriege. *a*

43 Der König von Babel hat die Kunde von ihnen vernommen, und seine Hände sind schlaff geworden; Angst hat ihn ergriffen, Wehen, der Gebärenden 44 gleich. Siehe, er steigt herauf, wie ein Löwe von der Pracht des Jordan, wider die feste *b* Wohnstätte; denn ich werde es *c* plötzlich von ihr hinwegtreiben und den, der auserkoren ist, über sie bestellen. Denn wer ist mir gleich, und wer will mich vorladen? 45 und wer ist der Hirt, der vor mir bestehen könnte? Darum höret den Ratschluß Jehovas, welchen er über Babel beschlossen hat, und seine Gedanken, die er denkt über das Land der Chaldäer: Wahrlich, man wird sie fortschleppen, die Geringen der Herde *d*; wahrlich, die Trift *e* wird sich über sie 46 entsetzen! Von dem Rufe: Babel ist erobert! erzittert die Erde und wird ein Geschrei unter den Nationen vernommen.

51 So spricht Jehova: Siehe, ich erwekke wider Babel und gegen die, welche im Herzen meiner Widersacher *f* wohnen, einen verderbenden Wind *g*. 2 Und ich sende nach Babel Fremde, die es worfeln *h* und sein Land ausleeren werden; denn sie werden ringsumher wider dasselbe sein am Tage 3 des Unglücks. Der Schütze spanne seinen Bogen gegen den, der da spannt, und gegen den, der sich in seinem Panzer erhebt; und schonet seiner Jünglinge nicht, vertilget sein ganzes Kriegs4 heer! Und Erschlagene sollen fallen im Lande der Chaldäer und Durchbohrte auf seinen Straßen.

5 Denn nicht verwitwet ist Israel noch Juda von seinem Gott, von Jehova der Heerscharen; denn jener Land ist voll Schuld wegen des Heiligen Israels. 6 Fliehet aus Babel hinaus und rettet ein jeder sein Leben, werdet nicht vertilgt wegen seiner *i* Ungerechtigkeit *j*! denn es ist die Zeit der Rache Jehovas: was es getan hat, vergilt er ihm. 7 Babel war ein goldener Becher in der Hand Jehovas, der die ganze Erde berauschte; von seinem Weine haben die Nationen getrunken, darum sind die 8 Nationen rasend geworden. Plötzlich ist Babel gefallen und zertrümmert. Jammert über dasselbe! holet Balsam

für seinen Schmerz; vielleicht wird es geheilt werden! „Wir haben Babel hei- 9 len wollen, aber es ist nicht genesen. Verlasset es und laßt uns ein jeder in sein Land ziehen; denn sein Gericht reicht bis an den Himmel und erhebt sich bis zu den Wolken." Jehova hat 10 unsere Gerechtigkeiten ans Licht gebracht; kommt und laßt uns in Zion erzählen die Tat Jehovas, unseres Gottes.

Schärfet die Pfeile, fasset den Schild! 11 Jehova hat den Geist der Könige von Medien erweckt; denn wider Babel ist sein Vornehmen, es zu verderben; denn es ist die Rache Jehovas, die Rache seines Tempels. Erhebet das Pa- 12 nier gegen die Mauern von Babel hin, verschärfet die Bewachung *k*, stellet Wächter auf, bereitet die Hinterhalte! denn wie Jehova es sich vorgenommen, also führt er aus, was er über die Bewohner von Babel geredet hat. Die du an vielen Wassern wohnst, reich 13 an Schätzen *bist*, dein Ende ist gekommen, das Maß deines Raubes. Jehova 14 der Heerscharen hat bei sich selbst geschworen: Habe ich dich auch mit Menschen gefüllt wie mit Heuschrekken, so wird man doch Triumphgeschrei *l* über dich anstimmen!

Er *m* hat die Erde gemacht durch 15 seine Kraft, den Erdkreis festgestellt durch seine Weisheit und die Himmel ausgespannt durch seine Einsicht. Wenn er beim Schalle *des Donners* 16 Wasserrauschen am Himmel bewirkt und Dünste aufsteigen läßt vom Ende der Erde, Blitze zum Regen macht und den Wind herausführt aus seinen Vorratskammern –: dumm wird jeder 17 Mensch, ohne Erkenntnis; beschämt wird jeder Goldschmied über das *Götzenbild*; denn sein gegossenes Bild ist Lüge, und kein Geist ist in ihnen. Nichtigkeit sind sie, ein Werk des Ge- 18 spöttes: zur Zeit ihrer Heimsuchung gehen sie zu Grunde. Jakobs Teil ist 19 nicht wie diese; denn er ist es, der das All gebildet hat und den Stamm seines Erbteils *n*; Jehova der Heerscharen ist sein Name.

Du bist mir ein Streithammer, eine 20 Kriegswaffe; und mit dir zerschmettere ich Nationen, und mit dir zerstöre ich Königreiche; und mit dir zer- 21 schmettere ich das Roß und seinen Reiter, und mit dir zerschmettere ich den Wagen und seinen Lenker *o*; und 22 mit dir zerschmettere ich Mann und Weib, und mit dir zerschmettere ich Greis und Knaben, und mit dir zerschmettere ich Jüngling und Jungfrau; und mit dir zerschmettere ich 23 den Hirten und seine Herde, und mit dir zerschmettere ich den Ackersmann und sein Gespann, und mit dir zer-

---

a Vergl. Kap. 6, 23. — *b* S. die Anm. zu Kap. 49, 19. — *c* Babel. — *d* And. üb.: die Kleinen der Herde werden sie fortschleppen. — *e* O. die Wohnstätte. — *f* Eig. in „leb kamai", welches, durch eine künstliche Buchstabenversetzung des Wortes Kasdim, das Land Chaldäa bezeichnen soll. S. d. Anm. zu Kap. 25, 26. — *g* O. den Geist eines Verderbers; vergl. V. 11. — *h* O. zerstreuen. — *i* O. für seine. — *j* O. Schuld, Missetat. — *k* O. die Belagerung. — *l* O. den Kriegsruf. — *m* Vergl. Kap. 10, 12 usw., auch bezüglich der Anmerkungen. — *n* Viell. ist zu l. wie Kap. 10, 16. — *o* Eig. und den darauf Fahrenden.

schmettere ich Landpfleger und Statt-
24 halter. Und ich will Babel und allen
Bewohnern Chaldäas all ihr Böses, das
sie an Zion verübt haben, vor euren
25 Augen vergelten, spricht Jehova. Siehe, ich will an dich, spricht Jehova,
du Berg des Verderbens, der die ganze Erde verderbt *a*; und ich will meine Hand wider dich ausstrecken und
dich von dem Felsen hinabwälzen und
dich zu einem verbrannten Berge ma-
26 chen, sodaß man von dir weder Eckstein noch Grundstein nehmen kann;
denn eine ewige Wüstenei *b* sollst du
sein, spricht Jehova.
27 Erhebet das Panier im Lande, stoßet in die Posaune unter den Nationen! weihet Nationen wider dasselbe,
rufet wider dasselbe die Königreiche
Ararat, Minni *c* und Aschkenas *d* herbei; bestellet Kriegsoberste *e* wider
dasselbe, lasset Rosse heraufziehen
28 wie furchtbare *f* Heuschrecken! Weihet Nationen wider dasselbe, die Könige von Medien, dessen Landpfleger
und alle seine Statthalter und das gan-
29 ze Land ihrer *g* Herrschaft! Da erbebt
und erzittert die Erde; denn die Gedanken Jehovas erfüllen sich wider Babel, um das Land Babel zu einer Wü-
30 ste zu machen, ohne Bewohner. Babels Helden haben aufgehört zu streiten, sie sitzen in den Bergfesten; versiegt ist ihre Kraft, sie sind zu Weibern geworden; man hat ihre Wohnungen angezündet, ihre Riegel sind
31 zerbrochen. Ein Läufer läuft dem anderen entgegen *h*, und der Bote dem
Boten, um dem König von Babel die
Botschaft zu bringen, daß seine Stadt
von allen Seiten her eingenommen ist.
32 Und die Uebergänge sind besetzt, und
die Teiche hat man mit Feuer ausge-
brannt, und die Kriegsmänner sind
33 erschrocken. — Denn so spricht Jehova der Heerscharen, der Gott Israels:
Die Tochter Babel ist wie eine Tenne,
zur Zeit, da man sie stampft; noch um
ein Kleines, so wird die Zeit der Ernte
für sie kommen.
34 Nebukadrezar, der König von Babel, hat mich gefressen, hat mich vernichtet, hat mich hingestellt als ein
leeres Gefäß *i*; er verschlang mich wie
ein Ungeheuer, füllte seinen Bauch
mit meinen Leckerbissen, stieß mich
35 fort. Die an mir begangene Gewalttat
und mein Fleisch komme über Babel!
spreche die Bewohnerin von Zion, und
mein Blut über die Bewohner von
36 Chaldäa! spreche Jerusalem. Darum
spricht Jehova also: Siehe, ich will
deine Rechtssache führen und deine
Rache vollziehen, und ich werde sein
Meer *j* austrocknen und seine Quelle
37 versiegen lassen. Und Babel soll zum
Steinhaufen, zur Wohnung der Scha-

kale, zum Entsetzen und zum Gezisch
werden, ohne Bewohner.
38 Sie brüllen allzumal wie junge Löwen, knurren wie die Jungen der Lö-
39 winnen. Wenn sie erhitzt sind, richte
ich ihnen ein Trinkgelage an und berausche sie, auf daß sie frohlocken,
und entschlafen zu ewigem Schlafe
und nicht mehr erwachen, spricht Je-
40 hova. Gleich Fettschafen, gleich Widdern samt Böcken stürze ich sie hinab zur Schlachtung. — Wie ist Sche-
41 schak *k* eingenommen, und erobert der
Ruhm der ganzen Erde! Wie ist Babel zum Entsetzen geworden unter den
42 Nationen! Das Meer ist heraufgestiegen über Babel; mit seiner Wellen
43 Brausen ist es bedeckt. Seine Städte
sind zur Wüste geworden, ein dürres
Land und eine Steppe, ein Land, worin niemand wohnt, und durch wel-
44 ches kein Menschenkind zieht. Und
ich werde den Bel zu Babel heimsuchen und aus seinem Maule heraus-
nehmen, was er verschlungen hat; und
nicht mehr sollen Nationen zu ihm strömen. Auch Babels Mauer ist gefallen.
45 Ziehet aus ihm hinaus, mein Volk,
und rettet ein jeder sein Leben vor
46 der Glut des Zornes Jehovas! Und daß
euer Herz nicht zaghaft werde, und
ihr euch nicht fürchtet vor dem Gerüchte, welches im Lande vernommen
wird! denn in dem einen Jahre kommt
dieses Gerücht und in dem Jahre nachher jenes Gerücht, und Gewalttat im
47 Lande *l*, Herrscher gegen Herrscher.
Darum siehe, Tage kommen, da ich
die geschnitzten Bilder Babels heimsuchen werde; und sein ganzes Land
wird beschämt werden, und alle seine
48 Erschlagenen werden in seiner Mitte
fallen. Und Himmel und Erde, und
alles was in ihnen ist, werden jubeln
über Babel; denn von Norden her kommen ihm die Verwüster, spricht Jeho-
49 va. Wie Babel darauf ausging, daß Erschlagene Israels fielen, also werden
wegen Babel Erschlagene der ganzen
50 Erde fallen. — Ihr dem Schwert Entronnene, gehet, bleibet nicht stehen!
gedenket Jehovas aus der Ferne, und
Jerusalem komme euch in den Sinn! —
51 Wir sind beschämt worden, denn wir
haben Verhöhnung gehört; Schmach
hat unser Angesicht bedeckt; denn
Fremde sind über die Heiligtümer des
52 Hauses Jehovas gekommen *m*. — Darum siehe, Tage kommen, spricht Jehova, da ich seine geschnitzten Bilder
heimsuchen werde; und tödlich Verwundete werden ächzen in seinem gan-
53 zen Lande. Wenn auch Babel bis zum
Himmel hinaufstiege und die Höhe seiner Stärke befestigte, von mir aus werden ihm Verwüster kommen, spricht
Jehova.

---

a O. verderbte. — *b* Eig. ewige Wüsteneien. — *c* Ein Name von Armenien. —
d eine Landschaft in der Nähe von Armenien. — *e* Der Sinn des nur hier und Nahum 3, 17 vorkommenden nichthebräischen Wortes ist unsicher. — *f* And.: borstige. —
g Eig. seiner, d. i. des eigenen Königs der Meder. — *h* Eig. entgegen einem Läufer,
d. h. sie kommen von allen Seiten her. — *i* d. h. zum leeren Gefäß (menschenleer)
gemacht. — *j* den Euphrat. — *k* S. die Anm. zu Kap. 25, 26. — *l* O. auf der Erde. —
m O. in die Heiligtümer eingedrungen.

54 Horch! ein Geschrei aus Babel, und große Zertrümmerung von dem Lande 55 der Chaldäer her. Denn Jehova verwüstet Babel und tilgt aus demselben das laute Getöse; und es brausen seine Wogen wie große Wasser, es erschallt das Geräusch ihres Getöses. 56 Denn über dasselbe, über Babel, kommt ein Verwüster; und seine Helden werden gefangen, ihre Bogen sind zerbrochen. Denn ein Gott *a* der Vergeltung ist Jehova, er wird gewißlich erstat-57 ten. Und ich berausche seine Fürsten und seine Weisen, seine Landpfleger und seine Statthalter und seine Helden, daß sie entschlafen zu ewigem Schlafe und nicht mehr erwachen, spricht der König, Jehova der Heerscharen 58 ist sein Name. So spricht Jehova der Heerscharen: Die Mauern von Babel, die breiten, sollen gänzlich geschleift und seine hohen Tore mit Feuer verbrannt werden. — Und so mühen sich Völker vergebens ab, und Volkerschaften fürs Feuer, und sie ermatten.

59 Das Wort, welches der Prophet Jeremia Seraja, dem Sohne Nerijas, des Sohnes Machsejas, gebot, als er mit Zedekia, dem König von Juda, im vierten Jahre seiner Regierung nach Babel zog; und Seraja war Reisemar-60 schall *b*. Und Jeremia schrieb in ein Buch all das Unglück, welches über Babel kommen sollte, alle diese Worte, welche gegen Babel geschrieben 61 sind. Und Jeremia sprach zu Seraja: Wenn du nach Babel kommst, so sieh 62 zu und lies alle diese Worte, und sprich: Jehova, du hast gegen diesen Ort geredet, daß du ihn ausrotten werdest, sodaß kein Bewohner mehr darin sei, weder Mensch noch Vieh, sondern daß er zu ewigen Wüsteneien 63 werden solle. Und es soll geschehen, wenn du dieses Buch zu Ende gelesen hast, so binde einen Stein daran und 64 wirf es mitten in den Euphrat und sprich: Also wird Babel versinken und nicht wieder emporkommen wegen des Unglücks, welches ich über dasselbe bringe; und sie werden erliegen.

Bis hierher die Worte Jeremias.

52 Einundzwanzig Jahre war Zedekia *c* alt, als er König wurde, und er regierte elf Jahre zu Jerusalem; und der Name seiner Mutter war Hamutal, die Tochter Jeremias, von Lib-2 na. Und er tat was böse war in den Augen Jehovas, nach allem was Joja-3 kim getan hatte. Denn wegen des Zornes Jehovas erging es Jerusalem und Juda *also*, bis er sie weggeworfen hatte von seinem Angesicht. Und Zedekia empörte sich gegen den König von Babel.

4 Und *d* es geschah im neunten Jahre seiner Regierung, im zehnten Monat, am zehnten des Monats, da kamen Nebukadrezar, der König von Babel, er und sein ganzes Heer, wider Jerusa-

lem und lagerten sich wider dasselbe; und sie bauten Belagerungstürme wider dasselbe ringsumher. Und die Stadt 5 kam in Belagerung bis in das elfte Jahr des Königs Zedekia. Im vierten 6 Monat, am neunten des Monats, da nahm der Hunger in der Stadt überhand; und es war kein Brot *mehr* da für das Volk des Landes. Und die Stadt 7 wurde erbrochen, und alle Kriegsmänner flohen und zogen des Nachts aus der Stadt hinaus auf dem Wege durch das Tor, welches zwischen den beiden Mauern bei dem Garten des Königs war (die Chaldäer aber waren rings um die Stadt her); und sie zogen den Weg zur Ebene *e*. Aber das Heer der 8 Chaldäer jagte dem König nach, und sie erreichten Zedekia in den Ebenen *f* von Jericho; und sein ganzes Heer zerstreute sich von ihm weg. Und sie 9 ergriffen den König und führten ihn hinauf zu dem König von Babel, nach Ribla im Lande Hamath; und er sprach das Urteil über ihn. Und der König 10 von Babel schlachtete die Söhne Zedekias vor seinen Augen, und er schlachtete auch alle Fürsten von Juda zu Ribla. Und er blendete die Augen Ze-11 dekias und band ihn mit ehernen Fesseln; und der König von Babel brachte ihn nach Babel und setzte ihn in Gewahrsam *g* bis zum Tage seines Todes.

Und im fünften Monat, am zehnten 12 des Monats, das war das neunzehnte Jahr des Königs Nebukadrezar, des Königs von Babel, kam Nebusaradan, der Oberste der Leibwache, der vor dem König von Babel stand, nach Jerusalem; und er verbrannte das Haus 13 Jehovas und das Haus des Königs; und alle Häuser von Jerusalem und jedes große Haus verbrannte er mit Feuer. Und das ganze Heer der Chaldäer, 14 welches bei dem Obersten der Leibwache war, riß alle Mauern von Jerusalem ringsum nieder. Und von den 15 Geringen des Volkes und den Rest des Volkes, die in der Stadt Uebriggebliebenen, und die Ueberläufer, die zum König von Babel übergelaufen waren, und den Rest der Menge führte Nebusaradan, der Oberste der Leibwache, hinweg. Aber von den Geringen des 16 Landes ließ Nebusaradan, der Oberste der Leibwache, zurück zu Weingärtnern und zu Ackersleuten.

Und die Chaldäer zerschlugen die 17 ehernen Säulen, die am Hause Jehovas waren, und die Gestelle und das eherne Meer, welche im Hause Jehovas waren; und sie führten alles Erz davon nach Babel. Und sie nahmen 18 die Töpfe weg und die Schaufeln und die Lichtmesser und die Sprengschalen und die Schalen und alle ehernen Geräte, womit man den Dienst verrichtete. Auch die Becken und die 19 Räucherpfannen und die Sprengschalen und die Töpfe und die Leuchter und die Schalen und die Spendschalen,

---

a El. — *b* W. Fürst des Ruheortes. — *c* 2. Kön. 24, 18. — *d* Vergl. Kap. 39, 1—14. — *e* H. Araba; s. die Anm. zu 5. Mose 1, 1. — *f* O. Steppen. — *g* Eig. in das Haus der Wachen.

was von Gold war, das Gold, und was von Silber war, das Silber, nahm 20 der Oberste der Leibwache weg. Die zwei Säulen, das eine Meer und die zwölf ehernen Rinder, welche unter *demselben waren, und* die Gestelle, welche der König Salomo für das Haus Jehovas gemacht hatte: das Erz aller dieser Geräte war nicht zu wägen.

21 Und die Säulen: achtzehn Ellen war die Höhe der einen Säule, und ein Faden von zwölf Ellen umfaßte sie; und ihre Dicke war vier Finger, sie 22 war hohl. Und ein Kapitäl von Erz war darauf, und die Höhe des einen Kapitäls war fünf Ellen; *und* ein Netzwerk und Granatäpfel waren an dem Kapitäl ringsum: alles von Erz; und desgleichen war die andere Säule, und 23 Granatäpfel *daran*. Und der Granatäpfel waren sechsundneunzig nach den vier Winden hin*a*; aller Granatäpfel waren hundert am Netzwerk ringsum.

24 Und der Oberste der Leibwache nahm Scheraja, den Oberpriester, und Zephanja, den zweiten Priester, und 25 die drei Hüter der Schwelle: und aus der Stadt nahm er einen Kämmerer, der über die Kriegsleute bestellt war, und sieben Männer von denen, welche das Angesicht des Königs sahen, die in der Stadt vorgefunden wurden, und den Schreiber des Heerobersten, welcher das Volk des Landes zum Heere aushob, und sechzig Mann von dem Volke des Landes, die in der Stadt 26 vorgefunden wurden. Und Nebusaradan, der Oberste der Leibwache, nahm

sie und brachte sie zu dem König von Babel nach Ribla. Und der König von 27 Babel erschlug sie und tötete sie zu Ribla im Lande Hamath. — Und so wurde Juda aus seinem Lande weggeführt.

Dies ist das Volk, welches Nebu- 28 kadrezar weggeführt hat: Im siebenten Jahre dreitausend dreiundzwanzig Juden; im achtzehnten Jahre Nebu- 29 kadrezars achthundert zweiunddreißig Seelen aus Jerusalem; im drei- 30 undzwanzigsten Jahre Nebukadrezars führte Nebusaradan, der Oberste der Leibwache, von den Juden siebenhundert fünfundvierzig Seelen weg; aller Seelen waren viertausend und sechshundert.

Und es geschah im siebenunddrei- 31 ßigsten Jahre der Wegführung Jojakins, des Königs von Juda, im zwölften Monat, am fünfundzwanzigsten des Monats, da erhob Ewil-Merodak, der König von Babel, im *ersten* Jahre seiner Regierung das Haupt Jojakins, des Königs von Juda, und führte ihn aus dem Gefängnis. Und er redete gü- 32 tig mit ihm und setzte seinen Stuhl über die Stühle der Könige, die bei ihm in Babel waren; und er verän- 33 derte die Kleider seines Gefängnisses. Und Jojakin *b* aß beständig vor ihm alle Tage seines Lebens; und sein 34 Unterhalt: ein beständiger Unterhalt wurde ihm von dem König von Babel gegeben, soviel er täglich bedurfte, *c* bis zum Tage seines Todes, alle Tage seines Lebens.

Die Klagelieder

1 Wie *d* sitzt einsam die volkreiche Stadt, ist einer Witwe gleich geworden die Große unter den Nationen; die Fürstin unter den Landschaften ist zinsbar geworden!

2 Bitterlich weint sie des Nachts, und ihre Tränen sind auf ihren Wangen; sie hat keinen Tröster unter allen, die sie liebten; alle ihre Freunde haben treulos an ihr gehandelt, sind ihr zu Feinden geworden.

3 Juda ist ausgewandert vor Elend und vor schwerer Dienstbarkeit *e*; es wohnt unter den Nationen, hat keine Ruhe *f* gefunden; seine Verfolger haben es in der Bedrängnis ergriffen *g*.

4 Die Wege Zions trauern, weil niemand zum Feste kommt; alle ihre Tore sind öde; ihre Priester seufzen; ihre Jungfrauen sind betrübt, und ihr selbst ist es bitter.

5 Ihre Bedränger sind zum Haupte geworden *h*, ihre Feinde sind wohlge-

mut *i*; denn Jehova hat sie betrübt wegen der Menge ihrer Uebertretungen; vor dem Bedränger her sind ihre Kinder in Gefangenschaft gezogen.

6 Und von der Tochter Zion ist all ihre Pracht gewichen; ihre Fürsten sind wie Hirsche geworden, die keine Weide finden, und kraftlos gingen sie vor dem Verfolger einher.

7 In den Tagen ihres Elends und ihres Umherirrens gedenkt Jerusalem all ihrer Kostbarkeiten, die seit den Tagen der Vorzeit waren, da *nun* ihr Volk durch die Hand des Bedrängers gefallen ist und sie keinen Helfer hat: die Bedränger sehen sie an, spotten ihres Feierns *j*.

8 Jerusalem hat schwer gesündigt, darum ist sie wie eine Unreine *k* geworden; alle, die sie ehrten, verachten sie, weil sie ihre Blöße gesehen haben; auch sie selbst seufzt und wendet sich ab.

9 Ihre Unreinigkeit ist an ihren Säu-

---

a Eig. nach dem Winde hin. — *b* W. er. — *c* W. das Tägliche an seinem Tage. — *d* Im Hebr. bestehen die beiden ersten Lieder aus dreizeiligen Strophen (mit Ausnahme von Kap. 1, 7 und Kap. 2, 11), deren Anfangsbuchstaben der alphabetischen Reihenfolge entsprechen. — *e* Eig. vor vieler Dienstbarkeit. — *f* O. Ruhestätte. — *g* Eig. zwischen den Bedrängnissen erreicht. — *h* Vergl. 5. Mose 28, 44. — *i* O. sorglos, sicher. — *j* And.: ihres Untergangs. — *k* Eig. zu einer Unreinheit; so auch V. 17.

men *a*; sie hat ihr Ende nicht bedacht und ist wunderbar heruntergekommen: da ist niemand, der sie tröste. Sieh, Jehova, mein Elend, denn der Feind hat großgetan!

10   Der Bedränger hat seine Hand ausgebreitet über alle ihre Kostbarkeiten; denn sie hat gesehen, daß Nationen in ihr Heiligtum gekommen sind, von welchen du geboten hast: sie sollen nicht in deine Versammlung kommen!

11   All ihr Volk seufzt, sucht nach Brot; sie geben ihre Kostbarkeiten für Speise hin, um sich *b* zu erquicken. Sieh, Jehova, und schaue, daß ich verachtet bin!

12   Merket ihr es nicht *c*, alle, die ihr des Weges ziehet? Schauet und sehet, ob ein Schmerz sei wie mein Schmerz, der mir angetan worden, *mir*, die Jehova betrübt hat am Tage seiner Zornglut.

13   Aus der Höhe hat er ein Feuer in meine Gebeine gesandt, daß es sie überwältigte; ein Netz hat er meinen Füßen ausgebreitet, hat mich zurückgewendet; er hat mich zur Wüste gemacht, siech den ganzen Tag.

14   Angeschirrt durch seine Hand ist das Joch meiner Uebertretungen: sie haben sich verflochten, sind auf meinen Hals gekommen; er *d* hat meine Kraft gebrochen *e*. Der Herr hat mich in Hände gegeben, daß ich mich nicht aufrichten kann *f*.

15   Der Herr hat alle meine Starken weggerafft in meiner Mitte; er hat ein Fest *g* wider mich ausgerufen, um meine Jünglinge zu zerschmettern; der Herr hat der Jungfrau, der Tochter Juda, die Kelter getreten.

16   Darüber weine ich, rinnt mein Auge, mein Auge von Wasser; denn fern von mir ist ein Tröster, der meine Seele erquicken könnte; meine Kinder sind vernichtet *h*, denn der Feind hat obgesiegt.

17   Zion breitet ihre Hände aus: da ist niemand, der sie tröste. Jehova hat seine Bedränger ringsum gegen Jakob entboten; wie eine Unreine ist Jerusalem unter ihnen geworden.

18   Jehova ist gerecht, denn ich bin widerspenstig gegen seinen Mund gewesen. Höret doch, ihr Völker alle, und sehet meinen Schmerz! Meine Jungfrauen und meine Jünglinge sind in die Gefangenschaft gezogen.

19   Ich rief meinen Liebhabern, sie aber betrogen mich; meine Priester und meine Aeltesten sind in der Stadt verschieden, als sie für sich Speise suchten, damit sie ihre Seele erquicken möchten.

20   Sieh, Jehova, wie *i* mir angst ist! Meine Eingeweide wallen *j*, mein Herz wendet sich um in meinem Innern;

denn ich bin sehr widerspenstig *k* gewesen. Draußen hat mich das Schwert der Kinder beraubt, drinnen ist es wie der Tod.

21   Sie haben gehört, daß ich seufze; da ist niemand, der mich tröstet! Alle meine Feinde haben mein Unglück gehört, haben sich gefreut, daß du es getan hast. Führst du den Tag herbei, den du verkündigt hast, so werden sie sein wie ich.

22   Laß alle ihre Bosheit vor dein Angesicht kommen und tue ihnen, wie du mir getan hast wegen aller meiner Uebertretungen; denn viele sind meiner Seufzer, und mein Herz ist siech.

2   Wie umwölkt der Herr in seinem Zorne die Tochter Zion! Er hat die Herrlichkeit *l* Israels vom Himmel zur Erde geworfen, und hat des Schemels seiner Füße nicht gedacht am Tage seines Zornes.

2   Der Herr hat schonungslos vernichtet *m* alle Wohnstätten Jakobs; er hat in seinem Grimme niedergerissen die Festen der Tochter Juda; zu Boden geworfen, entweiht hat er das Königtum und seine Fürsten.

3   In Zornesglut hat er abgehauen jedes Horn Israels; er hat seine Rechte zurückgezogen vor dem Feinde, und hat Jakob in Brand gesteckt wie ein flammendes Feuer, das ringsum frißt.

4   Seinen Bogen hat er gespannt wie ein Feind, hat mit seiner Rechten sich hingestellt wie ein Gegner und alle Lust der Augen *n* getötet; in das Zelt der Tochter Zion hat er seinen Grimm ausgegossen wie Feuer.

5   Der Herr ist wie ein Feind geworden, er hat Israel vernichtet, vernichtet alle ihre *o* Paläste, seine Festen zerstört; und bei der Tochter Juda hat er Seufzen und Stöhnen gemehrt.

6   Und er hat sein Gehege zerwühlt wie einen Garten, hat den Ort seiner Festversammlung zerstört; Jehova machte in Zion Fest und Sabbath vergessen; und in seines Zornes Grimm verschmähte er König und Priester.

7   Der Herr hat seinen Altar verworfen, sein Heiligtum verschmäht; er hat die Mauern ihrer *o* Prachtgebäude der Hand des Feindes preisgegeben: sie haben im Hause Jehovas Lärm erhoben wie an einem Festtage.

8   Jehova hat sich vorgenommen, die Mauer der Tochter Zion zu zerstören; er zog die Meßschnur, wandte seine Hand vom Verderben *p* nicht ab; und Wall und Mauer hat er trauern lassen: zusammen liegen sie kläglich da.

9   In die Erde gesunken sind ihre Tore, zerstört und zerschlagen hat er ihre Riegel; ihr König und ihre Fürsten sind unter den Nationen, kein Gesetz ist mehr; auch ihre Propheten erlangen kein Gesicht von Jehova.

---

a O. Schleppen. — *b* W. um die Seele. — *c* Eig. Kommt es nicht an (bis zu) euch? — *d* O. es. — *e* Eig. zu Fall gebracht. — *f* O. vor welchen ich nicht bestehen kann. — *g* O. eine Festversammlung, näml. der Feinde; vergl. Kap. 2, 22. — *h* Eig. verwüstet. — *i* Eig. daß. — *j* Eig. gären; so auch Kap. 2, 11. — *k* O. trotzig. — *l* O. Zierde. — *m* W. verschlungen; so auch V. 5. — *n* Eig. alles was dem Auge köstlich ist. — *o* d. h. der Tochter Zion. — *p* W. Verschlingen.

10 Verstummt sitzen auf der Erde die Aeltesten der Tochter Zion; sie haben Staub auf ihr Haupt geworfen, Sacktuch sich umgürtet; die Jungfrauen Jerusalems haben ihr Haupt zur Erde gesenkt.

11 Durch Tränen vergehen meine Augen, meine Eingeweide wallen, meine Leber hat sich zur Erde ergossen: wegen der Zertrümmerung der Tochter meines Volkes, weil Kind und Säugling auf den Straßen der Stadt verschmachten.

12 Zu ihren Müttern sagen sie: Wo ist Korn und Wein? indem sie wie tödlich Verwundete hinschmachten auf den Straßen der Stadt, indem ihre Seele sich ergießt in den Busen ihrer Mütter.

13 Was soll ich dir bezeugen, was dir vergleichen, Tochter Jerusalem? Was soll ich dir gleichstellen, daß ich dich tröste, du Jungfrau, Tochter Zion? Denn deine Zertrümmerung ist groß wie das Meer: wer kann dich heilen?

14 Nichtiges *a* und Ungereimtes haben deine Propheten dir geschaut; und sie deckten deine Ungerechtigkeit *b* nicht auf, um deine Gefangenschaft zu wenden; sondern sie schauten dir Aussprüche der Nichtigkeit *c* und der Vertreibung *d*.

15 Alle, die des Weges ziehen, schlagen über dich die Hände zusammen, sie zischen und schütteln ihren Kopf über die Tochter Jerusalem: „Ist das die Stadt, von der man sagte: „Ist die Schönheit Vollendung, eine Freude der ganzen Erde?"

16 Alle deine Feinde sperren ihren Mund über dich auf, sie zischen und knirschen mit den Zähnen; sie sprechen: Wir haben *sie* verschlungen; fürwahr, dies ist der Tag, den wir erhofft haben: wir haben *ihn* erreicht, gesehen! *e*

17 Jehova hat getan was er beschlossen, hat sein Wort erfüllt, das er von den Tagen der Vorzeit her entboten hat. Er hat schonungslos niedergerissen und den Feind sich über dich freuen lassen, hat das Horn deiner Bedränger erhöht.

18 Ihr *f* Herz schreit zu dem Herrn. Du Mauer der Tochter Zion, laß, einem Bache gleich, Tränen rinnen Tag und Nacht; gönne dir keine Rast, deinem Augapfel keine Ruhe *g*!

19 Mache dich auf, klage in der Nacht beim Beginn der Nachtwachen, schütte dein Herz aus wie Wasser vor dem Angesicht des Herrn; hebe deine Hände zu ihm empor für die Seele deiner Kinder, die vor Hunger verschmachten an allen Straßenecken!

20 Sieh, Jehova, und schaue, wem du also getan hast! Sollen Weiber ihre *Leibes*frucht essen, die Kindlein, welche sie auf den Händen tragen? Sollen im Heiligtum des Herrn ermordet werden Priester und Prophet?

21 Knaben und Greise liegen am Boden auf den Straßen; meine Jungfrauen und meine Jünglinge sind durchs Schwert gefallen; hingemordet hast du am Tage deines Zornes, geschlachtet ohne Schonung.

22 Meine Schrecknisse hast du von allen Seiten herbeigerufen wie an einem Festtage, und nicht einer entrann oder blieb übrig am Tage des Zornes Jehovas; die ich auf den Händen getragen und erzogen habe, mein Feind hat sie vernichtet.

3

Ich *h* bin der Mann, der Elend gesehen durch die Rute seines Grimmes. Mich hat er geleitet und geführt in Finsternis und Dunkel *i*. Nur *j* gegen mich kehrt er immer wieder seine Hand den ganzen Tag.

Er hat verfallen lassen mein Fleisch und meine Haut, meine Gebeine hat er zerschlagen. Bitterkeit *k* und Mühsal hat er wider mich gebaut und mich damit umringt. Er ließ mich wohnen in Finsternissen, gleich den Toten der Urzeit *l*.

Er hat mich umzäunt, daß ich nicht herauskommen kann; er hat schwer gemacht meine Fesseln. Wenn ich auch schreie und rufe, so hemmt er mein Gebet *m*. Meine Wege hat er mit Quadern vermauert, meine Pfade umgekehrt *n*.

Ein lauernder Bär ist er mir, ein Löwe im Versteck. Er hat mir die Wege entzogen und hat mich zerfleischt, mich verwüstet. Er hat seinen Bogen gespannt und mich wie ein Ziel dem Pfeile hingestellt.

Er ließ in meine Nieren dringen die Söhne seines Köchers. Meinem ganzen Volke bin ich zum Gelächter geworden, *bin* ihr Saitenspiel den ganzen Tag. Mit Bitterkeiten hat er mich gesättigt, mit Wermut mich getränkt.

Und er hat mit Kies meine Zähne zermalmt, hat mich niedergedrückt in die Asche. Und du verstießest meine Seele vom Frieden *o*, ich habe des Guten *p* vergessen. Und ich sprach: Dahin ist meine Lebenskraft und meine Hoffnung auf *q* Jehova.

Gedenke meines Elends und meines Umherirrens, des Wermuts und der Bitterkeit *r*! Beständig denkt meine Seele daran und ist niedergebeugt in mir. Dies will ich mir zu Herzen nehmen, darum will ich hoffen: Es sind die Gütigkeiten Jehovas, daß wir nicht aufgerieben sind; denn seine

---

a O. Falsches. — *b* O. Missetat, Schuld. — *c* O. Falschheit. — *d* Vergl. Jer. 27, 10. 15. — *e* Eig. den wir erhofft, erreicht, gesehen haben! — *f* bezieht sich auf die Einwohner von Jerusalem. — *g* Eig. dein Augapfel ruhe nicht. — *h* Das dritte Lied ist wie die beiden ersten gebildet, nur mit dem Unterschiede, daß hier jede Strophenzeile mit dem Anfangsbuchstaben der Strophe beginnt. — *i* Eig. und Nicht-Licht. — *j* O. Fürwahr. — *k* Eig. Gift. — *l* O. gleich ewig Toten (welche nie wiederkommen); vergl. auch Ps. 143, 3. — *m* Vergl. V. 44. — *n* d. h. von Grund aus zerstört. — *o* O. von der Wohlfahrt. — *p* O. des Glückes. — *q* Eig. von. — *r* Eig. des Giftes.

23 Erbarmungen sind nicht zu Ende *a*; sie sind alle Morgen neu, deine Treue ist 24 groß. Jehova ist mein Teil, sagt meine Seele; darum will ich auf ihn hoffen.
25 Gütig ist Jehova gegen die, welche auf ihn harren, gegen die Seele, die 26 nach ihm trachtet. Es ist gut, daß man still warte *b* auf die Rettung Jehovas.
27 Es ist dem Manne gut, daß er das Joch in seiner Jugend trage.
28 Er sitze einsam und schweige, weil 29 er es ihm *c* auferlegt hat; er lege seinen Mund in den Staub: vielleicht gibt 30 es Hoffnung. Dem, der ihn schlägt, reiche er den Backen dar, werde mit Schmach gesättigt *d*.
31 Denn der Herr verstößt nicht ewig- 32 lich; sondern wenn er betrübt hat, erbarmt er sich nach der Menge seiner 33 Gütigkeiten. Denn nicht von Herzen plagt *e* und betrübt er die Menschenkinder.
34 Daß man alle Gefangenen der Er- 35 de unter seinen Füßen zertrete, das Recht eines Mannes beuge vor dem 36 Angesicht des Höchsten, einem Menschen Unrecht tue in seiner Streitsache: sollte der Herr nicht darauf achten?
37 Wer ist, der da sprach, und es geschah, ohne daß der Herr es geboten?
38 Das Böse und das Gute, geht es nicht aus dem Munde des Höchsten hervor?
39 Was beklagt sich der lebende Mensch? über seine Sünden *beklage sich der* Mann? *f*
40 Prüfen und erforschen wir unsere Wege, und laßt uns zu Jehova *g* um-41 kehren! laßt uns unser Herz samt den Händen erheben zu Gott *h* im Himmel!
42 Wir, wir sind abgefallen und sind widerspenstig gewesen; du hast nicht vergeben.
43 Du hast dich in Zorn gehüllt und hast uns verfolgt; du hast hingemor-44 det ohne Schonung. Du hast dich in eine Wolke gehüllt, sodaß kein Gebet 45 hindurchdrang. Du hast uns zum Kehricht und zum Ekel gemacht inmitten der Völker.
46 Alle unsere Feinde haben ihren 47 Mund gegen uns aufgesperrt. Grauen und Grube sind über uns gekommen, 48 Verwüstung und Zertrümmerung. Mit Wasserbächen rinnt mein Auge wegen der Zertrümmerung der Tochter meines Volkes.
49 Mein Auge ergießt sich ruhelos *und* 50 ohne Rast, bis Jehova vom Himmel 51 herniederschaue und dareinsehe. Mein Auge schmerzt mich *i* wegen aller Töchter meiner Stadt.
52 Wie einen Vogel haben mich heftig gejagt, die ohne Ursache meine Fein-53 de sind. Sie haben mein Leben in die

Grube hinein vernichtet und Steine auf mich geworfen. Wasser strömten 54 über mein Haupt; ich sprach: Ich bin abgeschnitten!

Jehova, ich habe deinen Namen an- 55 gerufen aus der tiefsten Grube. Du 56 hast meine Stimme gehört; verbirg dein Ohr nicht vor meinem Seufzen, meinem Schreien! Du hast dich ge- 57 naht an dem Tage, da ich dich anrief; du sprachst: Fürchte dich nicht!
Herr, du hast die Rechtssachen mei- 58 ner Seele geführt, hast mein Leben erlöst. Jehova, du hast meine Bedrük- 59 kung gesehen; verhilf mir zu meinem Rechte *j*! Du hast gesehen alle ihre Ra- 60 che, alle ihre Anschläge gegen mich.
Jehova, du hast ihr Schmähen ge- 61 hört, alle ihre Anschläge wider mich, das Gerede derer, die wider mich auf- 62 gestanden sind, und ihr Sinnen wider mich den ganzen Tag. Schaue an ihr 63 Sitzen und ihr Aufstehen! ich bin ihr Saitenspiel.
Jehova, erstatte ihnen Vergeltung 64 nach dem Werke ihrer Hände! Gib ih- 65 nen *k* Verblendung *l* des Herzens, dein Fluch komme über sie! Verfolge sie 66 im Zorne und tilge sie unter Jehovas Himmel hinweg!

Wie *m* ward verdunkelt das Gold, ver- **4** ändert das gute, feine Gold! wie wurden verschüttet *n* die Steine des Heiligtums an allen Straßenecken!
Die Kinder Zions, die kostbaren, die 2 mit gediegenem Golde aufgewogenen, wie sind sie irdenen Krügen gleichgeachtet, dem Werke von Töpferhänden!
Selbst Schakale reichen die Brust, 3 säugen ihre Jungen; die Tochter meines Volkes ist grausam geworden wie die Strauße in der Wüste.
Die Zunge des Säuglings klebt vor 4 Durst an seinem Gaumen; die Kinder fordern Brot, niemand bricht es ihnen.
Die von Leckerbissen aßen, ver- 5 schmachten auf den Straßen; die auf Karmesin getragen wurden, liegen auf *o* Misthaufen.
Und die Schuld der Tochter meines 6 Volkes ist größer geworden als die Sünde Sodoms, welches plötzlich umgekehrt wurde, ohne daß Hände dabei tätig waren.
Ihre Fürsten *p* waren reiner als 7 Schnee, weißer als Milch; röter waren sie am Leibe als Korallen, wie Saphir ihre Gestalt.
Dunkler als Schwärze ist ihr Aus- 8 sehen, man erkennt sie nicht auf den Straßen; ihre Haut klebt an ihrem Gebein, ist dürr geworden wie Holz.
Die vom Schwert Erschlagenen sind 9

---

a O. nicht aufgerieben, daß seine Erbarmungen nicht zu Ende sind. — *b* Eig. warte, und zwar still. — *c* O. wenn er ihm etwas. — *d* d. h. lasse sich mit Schmach sättigen. — *e* O. demütigt. — *f* O. Was beklagt sich der lebende Mensch, der Mann über seine Sündenstrafe? — *g* Eig. bis zu Jehova hin. — *h* El. — *i* W. schmerzt meine Seele. — *j* Eig. entscheide meine Rechtssache. — *k* O. du wirst ihnen erstatten . . . wirst ihnen geben usw. — *l* Eig. Verdeckung. — *m* Im vierten Liede folgen die einzelnen, zweizeiligen Strophen, wie im 1. und 2., der alphabetischen Ordnung. — *n* Eig. Wie wird verdunkelt . . . wie werden verschüttet. — *o* Eig. umarmen; wie Hiob 24, 8. — *p* O. Nasiräer.

glücklicher als die vom Hunger Getöteten *a*, welche hinschmachten, durchbohrt vom Mangel an Früchten des
Feldes.

10 Die Hände barmherziger Weiber haben ihre Kinder gekocht; sie wurden
ihnen zur Speise bei der Zertrümmerung der Tochter meines Volkes.

11 Jehova hat seinen Grimm vollendet,
seine Zornglut ausgegossen; und er
hat in Zion ein Feuer angezündet, das
seine Grundfesten verzehrt hat.

12 Die Könige der Erde hätten es nicht
geglaubt, noch alle Bewohner des Erdkreises, daß Bedränger und Feind in
die Tore Jerusalems kommen würden.

13 Es ist wegen der Sünden seiner Propheten, der Missetaten seiner Priester,
welche in seiner Mitte das Blut der
Gerechten vergossen haben.

14 Sie irrten blind auf den Straßen umher; sie waren mit Blut befleckt, sodaß man ihre Kleider nicht anrühren
mochte.

15 „Weichet! unrein!" rief man ihnen
zu; „weichet, weichet, rühret nicht
an!" Wenn sie flüchteten, so irrten
sie umher *b*; man sagte unter den Nationen: Sie sollen nicht länger *bei uns*
weilen!

16 Jehovas Angesicht hat sie zerstreut,
er schaut sie nicht mehr an. Auf die
Priester hat man keine Rücksicht
genommen, an Greisen nicht Gnade
geübt.

17 Noch schmachten unsere Augen nach
unserer nichtigen Hilfe; in unserem
Warten warten wir auf ein *c* Volk, das
nicht retten wird.

18 Sie stellen unseren Schritten nach,
daß wir auf unseren Straßen nicht gehen können. Unser Ende ist nahe, voll
sind unsere Tage; ja, unser Ende ist
gekommen.

19 Unsere Verfolger waren schneller
als die Adler des Himmels; sie jagten
uns nach auf den Bergen, in der Wüste lauerten sie auf uns.

20 Unser Lebensodem *d*, der Gesalbte
Jehovas, wurde in ihren Gruben gefangen, von welchem wir sagten: In
seinem Schatten werden wir leben unter den Nationen.

21 Sei fröhlich und freue dich, Tochter
Edom, Bewohnerin des Landes Uz *e*!
Auch an dich wird der Becher kommen; du wirst trunken werden und
dich entblößen.

22 Zu Ende ist deine Schuld, Tochter
Zion! er wird dich nicht mehr weg

führen. Er wird deine Missetat heimsuchen, Tochter Edom, er wird deine
Sünden aufdecken.

Gedenke *f*, Jehova, dessen, was uns 5
geschehen! schaue her und sieh unsere
Schmach!

Unser Erbteil ist Fremden zuge 2
fallen, unsere Häuser Ausländern.

Wir sind Waisen, ohne Vater; un 3
sere Mütter sind wie Witwen.

Unser Wasser trinken wir um Geld, 4
unser Holz bekommen wir gegen Zahlung.

Unsere Verfolger sind uns auf dem 5
Nacken; wir ermatten, man läßt uns
keine Ruhe.

Aegypten reichen wir die Hand *g*, 6
und Assyrien, um mit Brot gesättigt
zu werden.

Unsere Väter haben gesündigt, sie 7
sind nicht mehr; wir, wir tragen ihre
Missetaten.

Knechte herrschen über uns; da ist 8
niemand, der uns aus ihrer Hand reiße.

Wir holen unser Brot mit Gefahr 9
unseres Lebens, wegen des Schwertes
der Wüste.

Vor den Gluten des Hungers brennt 10
unsere Haut wie ein Ofen.

Sie haben Weiber geschwächt in 11
Zion, Jungfrauen in den Städten Judas.

Fürsten sind durch ihre Hand auf- 12
gehängt, das Angesicht der Alten wird
nicht geehrt.

Jünglinge tragen die Handmühle, 13
und Knaben straucheln unter dem
Holze.

Die Alten bleiben fern *h* vom Tore, 14
die Jünglinge von ihrem Saitenspiel.

Die Freude unseres Herzens hat 15
aufgehört, in Trauer ist unser Reigen
verwandelt.

Gefallen ist die Krone unseres Haup- 16
tes. Wehe uns! denn wir haben gesündigt.

Darum ist unser Herz siech gewor- 17
den, um dieser Dinge willen sind unsere Augen verdunkelt:

Wegen des Berges Zion, der verwü- 18
stet ist; Füchse streifen auf ihm umher.

Du, Jehova, thronst in Ewigkeit; 19
dein Thron ist von Geschlecht zu Geschlecht.

Warum willst du uns für immer ver- 20
gessen, uns verlassen auf immerdar *i*?

Jehova, bringe uns zu dir zurück, 21
daß wir umkehren; erneuere unsere
Tage wie vor alters!

Oder solltest du uns gänzlich ver- 22
worfen haben, gar zu sehr auf uns
zürnen?

---

a Eig. Erschlagenen. — *b* Vergl. 5. Mose 28, 65. — *c* Eig. in unserem Ausschauen
schauen wir aus nach einem. — *d* W. Der Hauch unserer Nasen. — *e* S. die Anm. zu
Hiob 1, 1. — *f* Das fünfte Lied besteht aus zweizeiligen Strophen, welche bloß ihrer
Zahl nach den Buchstaben des Alphabets entsprechen. — *g* d. h. unterwerfen wir
uns. — *h* Eig. feiern. — *i* W. auf Länge der Tage.

Der Prophet Hesekiel

1 Und es geschah im dreißigsten Jahre, im vierten *Monat*, am fünften des Monats, als ich inmitten der Weggeführten war, am Flusse Kebar, da taten sich die Himmel auf, und ich sah Gesichte Gottes. 2 Am fünften des Monats, das war das fünfte Jahr der Wegführ- 3 rung des Königs Jojakin *a*, geschah das Wort Jehovas ausdrücklich zu Hesekiel, dem Sohne Busis, dem Priester, im Lande der Chaldäer, am Flusse Kebar; und daselbst kam die Hand Jehovas über ihn.

4 Und ich sah: und siehe, ein Sturmwind kam von Norden her, eine große Wolke und ein Feuer, sich ineinander schlingend *b*, und ein Glanz rings um dieselbe; und aus seiner Mitte, aus der Mitte des Feuers her, *strahlte es* wie der Anblick von glänzendem Metall. 5 Und aus seiner Mitte hervor *erschien* die Gestalt *c* von vier lebendigen Wesen; und dies war ihr Aussehen: sie hatten die Gestalt eines Menschen. 6 Und jedes hatte vier Angesichter, und 7 jedes von ihnen hatte vier Flügel. Und ihre Füße waren gerade Füße, und ihre Fußsohlen wie die Fußsohle eines Kalbes; und sie funkelten wie der Anblick von leuchtendem *d* Erze. Und 8 Menschenhände waren unter ihren Flügeln an ihren vier Seiten; und die vier hatten ihre Angesichter und ihre Flü- 9 gel. Ihre Flügel waren verbunden *e* einer mit dem anderen; sie wandten sich nicht, wenn sie gingen: sie gingen 10 ein jeder stracks vor sich hin. Und die Gestalt ihres Angesichts war eines Menschen Angesicht, und rechts hatten die vier eines Löwen Angesicht, und links hatten die vier eines Stieres Angesicht, und eines Adlers Angesicht *f* 11 hatten die vier. Und ihre Angesichter und ihre Flügel waren oben getrennt; jedes hatte zwei *Flügel* miteinander verbunden *e*, und zwei, welche ihre 12 Leiber bedeckten. Und sie gingen ein jedes stracks vor sich hin; wohin der Geist gehen wollte, gingen sie; sie wandten sich nicht, wenn sie gingen. 13 Und die Gestalt der lebendigen Wesen: ihr Aussehen war wie brennende Feuerkohlen, wie das Aussehen von Fackeln. Das Feuer *g* fuhr umher zwischen den lebendigen Wesen; und das

Feuer hatte einen Glanz, und aus dem Feuer gingen Blitze hervor. Und die 14 lebendigen Wesen liefen hin und her wie das Aussehen von Blitzstrahlen *h*.

Und ich sah die lebendigen Wesen, 15 und siehe, da war ein Rad auf der Erde neben den lebendigen Wesen, nach ihren vier Vorderseiten *i*. Das Aus- 16 sehen der Räder und ihre Arbeit war wie der Anblick eines Chrysoliths *j*, und die vier hatten einerlei Gestalt; und ihr Aussehen und ihre Arbeit war, wie wenn ein Rad inmitten eines Rades wäre. Wenn sie gingen, so gingen 17 sie nach ihren vier Seiten hin: sie wandten sich nicht, wenn sie gingen. Und ihre Felgen, sie waren hoch und 18 furchtbar; und ihre Felgen waren voll Augen ringsum bei den vieren. Und 19 wenn die lebendigen Wesen gingen, so gingen die Räder neben ihnen; und wenn die lebendigen Wesen sich von der Erde erhoben, so erhoben sich die Räder. Wohin der Geist gehen wollte, 20 gingen sie, dahin, wohin der Geist gehen wollte; und die Räder erhoben sich neben ihnen *k*, denn der Geist des lebendigen Wesens war in den Rädern. Wenn sie gingen, gingen *auch* sie, und 21 wenn sie stehen blieben, blieben *auch* sie stehen; und wenn sie sich von der Erde erhoben, so erhoben sich die Räder neben ihnen *k*; denn der Geist des lebendigen Wesens war in den Rädern.

Und über den Häuptern des leben- 22 digen Wesens war das Gebilde *c* einer Ausdehnung *l*, wie der Anblick eines wundervollen *m* Kristalls, ausgebreitet oben über ihren Häuptern. Und unter 23 der Ausdehnung waren ihre Flügel gerade *n* gerichtet, einer gegen den anderen; ein jedes von ihnen hatte zwei *Flügel*, welche ihre Leiber bedeckten *o*. Und wenn sie gingen, hörte ich das 24 Rauschen ihrer Flügel wie das Rauschen großer Wasser, wie die Stimme des Allmächtigen, das Rauschen eines Getümmels, wie das Rauschen eines Heerlagers. Wenn sie still standen, ließen sie ihre Flügel sinken. Und es 25 kam eine Stimme *p* von oberhalb der Ausdehnung, die über ihren Häuptern war. Wenn sie still standen, ließen sie ihre Flügel sinken.

Und oberhalb der Ausdehnung, die 26

---

a Vergl. 2. Kön. 24, 15. — *b* Eig. zusammengeballtes Feuer; nur hier und 2. Mose 9, 24. — *c* Eig. eine Aehnlichkeit; so auch nachher. — *d* Viell. geglättetem. — *e* Eig. sich verbindend; d. h. der rechte Flügel des einen Cherubs rührte an den linken Flügel des anderen (vergl. Kap. 3, 13 und 1, 23), indem die Cherubim paarweise einander gegenüber standen und ein Ganzes bildeten. (Vergl. V. 22; Kap. 9, 3; 10, 2. 4. 15.) — *f* nämlich an ihrer Hinterseite. — *g* Eig. es. — *h* Eig. von Zickzack des Blitzes. — *i* d. h. neben der Vorderseite eines jeden Cherubs. — *j* O. eines Topases; so auch nachher. — *k* Eig. gleichlaufend mit ihnen. — *l* O. eines Firmaments; d. h. einer dem Himmelsgewölbe ähnlichen Wölbung. — *m* O. erschreckenden. — *n* d. h. wagerecht. — *o* Eig. ein jedes von ihnen hatte zwei, bedeckend, und ein jedes von ihnen hatte zwei, bedeckend ihre Leiber; hieraus erhellt, daß die Cherubim in zwei Paare geteilt waren. — *p* O. ein Donner.

über ihren Häuptern war, war die Gestalt eines Thrones wie das Aussehen eines Saphirsteines; und auf der Gestalt des Thrones eine Gestalt wie das Aussehen eines Menschen oben darauf.

27 Und ich sah wie den Anblick von glänzendem Metall, wie das Aussehen von Feuer innerhalb desselben ringsum; von seinen Lenden *a* aufwärts und von seinen Lenden *a* abwärts sah ich wie das Aussehen von Feuer; und ein Glanz

28 war rings um denselben. Wie das Aussehen des Bogens, der am Regentage in der Wolke ist, also war das Aussehen des Glanzes ringsum. Das war das Aussehen des Bildes der Herrlichkeit Jehovas. — Und als ich es sah, fiel ich nieder auf mein Angesicht; und ich hörte die Stimme eines Redenden.

2 Und er sprach zu mir: Menschensohn, stelle dich auf deine Füße, und

2 ich mit dir reden. Und als er zu mir redete, kam der Geist in mich und stellte mich auf meine Füße; und ich

3 hörte den, der zu mir redete. Und er sprach zu mir: Menschensohn, ich sende dich zu den Kindern Israel, zu den empörerischen Nationen *b*, die sich wider mich empört haben; sie und ihre Väter sind von mir abgefallen bis auf

4 diesen selbigen Tag. Und diese Kinder sind schamlosen Angesichts und harten Herzens; zu ihnen sende ich dich, und du sollst zu ihnen sprechen: „So

5 spricht der Herr, Jehova!" Und sie, mögen sie hören oder es lassen, (denn sie sind ein widerspenstiges Haus) sie sollen doch wissen *c*, daß ein Prophet

6 in ihrer Mitte war. Und du, Menschensohn, fürchte dich nicht vor ihnen und fürchte dich nicht vor ihren Worten; denn Nesseln und Dornen sind bei dir, und bei Skorpionen wohnst du *d*. Fürchte dich nicht vor ihren Worten, und erschrick nicht vor ihrem Angesicht; denn ein widerspenstiges Haus

7 sind sie. Und du sollst meine Worte zu ihnen reden, mögen sie hören oder es lassen; denn sie sind widerspenstig.

8 Und du, Menschensohn, höre, was ich zu dir rede; sei nicht widerspenstig wie das widerspenstige Haus: tue deinen Mund auf und iß was ich dir

9 gebe. — Und ich sah: und siehe, eine Hand war gegen mich ausgestreckt; und siehe, in derselben war eine Buch-

10 rolle. Und er breitete sie vor mir aus, und sie war auf der Vorder- und auf der Hinterseite beschrieben; und es waren darauf geschrieben Klagen und

3 Seufzer und Wehe. — *Und er sprach zu mir: Menschensohn, iß was du findest; iß diese Rolle, und geh hin,

2 rede zu dem Hause Israel. Und ich öffnete meinen Mund, und er gab mir

3 diese Rolle zu essen. Und er sprach zu mir: Menschensohn, speise deinen Bauch und fülle deinen Leib mit dieser Rolle, welche ich dir gebe. Und

ich aß sie, und sie war in meinem Munde süß wie Honig.

Und er sprach zu mir: Menschen- 4 sohn! auf, geh hin zu dem Hause Israel und rede zu ihnen mit meinen Worten! Denn nicht zu einem Volke 5 von unverständlicher Sprache und schwieriger Rede bist du gesandt, *sondern* zum Hause Israel; nicht zu vie- 6 len Völkern von unverständlicher Sprache und schwieriger Rede, deren Worte du nicht verstehst, sondern zu ihnen habe ich dich gesandt; sie können auf dich hören *e*. Aber das Haus 7 Israel wird nicht auf dich hören wollen, denn sie wollen nicht auf mich hören. Denn das ganze Haus Israel ist von harter Stirn und verstockten Herzens. Siehe, ich habe dein Ange- 8 sicht hart gemacht gegenüber ihrem Angesicht, und deine Stirn hart gegenüber ihrer Stirn; wie einen Diamant, 9 der härter ist als ein Fels, habe ich deine Stirn gemacht. Fürchte sie nicht und erschrick nicht vor ihrem Angesicht, denn ein widerspenstiges Haus sind sie. — Und er sprach zu mir: 10 Menschensohn, alle meine Worte, die ich zu dir reden werde, nimm in dein Herz auf und höre sie mit deinen Ohren; und *mache dich* auf, geh hin zu 11 den Weggeführten, zu den Kindern deines Volkes, und rede zu ihnen und sprich zu ihnen: „So spricht der Herr, Jehova!" Sie mögen hören oder es lassen.

Und der Geist hob mich empor; und 12 ich hörte hinter mir den Schall eines starken Getöses: „Gepriesen sei die Herrlichkeit Jehovas von ihrer Stätte her!" und das Rauschen der Flügel 13 der lebendigen Wesen, welche einander berührten, und das Sausen der Räder neben ihnen *f*, und den Schall eines starken Getöses. Und der Geist 14 hob mich empor und nahm mich hinweg; und ich fuhr dahin, erbittert in der Glut meines Geistes; und die Hand Jehovas war stark auf mir. Und ich 15 kam nach Tel-Abib zu den Weggeführten, die am Flusse Kebar wohnten; und daselbst, wo sie saßen, dort saß ich sieben Tage betäubt *g* in ihrer Mitte.

Und es geschah am Ende von sie- 16 ben Tagen, da geschah das Wort Jehovas zu mir also: Menschensohn, ich 17 habe dich dem Hause Israel zum Wächter gesetzt; und du sollst das Wort aus meinem Munde hören und sie von meinetwegen warnen. Wenn ich zu dem 18 Gesetzlosen spreche: Du sollst gewißlich sterben; und du warnst ihn nicht und redest nicht, um den Gesetzlosen vor seinem gesetzlosen Wege zu warnen, um ihn am Leben zu erhalten, so wird er, der Gesetzlose, wegen seiner *h* Ungerechtigkeit sterben, aber sein Blut werde ich von deiner Hand fordern. Wenn du aber den Gesetz- 19

---

a Eig. von dem Aussehen seiner Lenden. — *b* O. zu Nationen, den Empörern. — *c* O. erkennen, erfahren. — *d* O. und auf Skorpionen sitzest du. — *e* And. üb.: gewiß, hätte ich dich zu ihnen gesandt, s i e würden auf dich hören. — *f* Eig. gleichlaufend mit ihnen. — *g* O. entsetzt; eig. hinstarrend vor Entsetzen. — *h* O. durch seine.

losen warnst, und er kehrt nicht um von seiner Gesetzlosigkeit und von seinem gesetzlosen Wege, so wird er wegen seiner *a* Ungerechtigkeit sterben; du aber hast deine Seele errettet. Und wenn ein Gerechter von sei-
20 ner Gerechtigkeit umkehrt und unrecht tut, und ich einen Anstoß vor ihn lege, so soll er sterben. Wenn du ihn nicht warnst, so wird er wegen seiner *a* Sünde sterben, und seiner gerechten Taten *b*, die er getan hat, wird nicht gedacht werden; aber sein Blut werde ich von deiner Hand fordern.
21 Wenn du aber ihn, den Gerechten, warnst, damit der Gerechte nicht sündige, und er sündigt nicht, so wird er gewißlich leben, weil er sich hat warnen lassen; und du, du hast deine Seele errettet.

22 Und die Hand Jehovas kam daselbst über mich, und er sprach zu mir: Mache dich auf, geh hinaus in das Tal *c*,
23 und dort will ich mit dir reden. Und ich machte mich auf und ging hinaus in das Tal; und siehe, daselbst stand die Herrlichkeit Jehovas, gleich der Herrlichkeit, die ich am Flusse Kebar gesehen hatte; und ich fiel nieder auf
24 mein Angesicht. Und der Geist kam in mich und stellte mich auf meine Füße. Und er redete mit mir und sprach zu mir: Geh, schließe dich in deinem
25 Hause ein. Und du, Menschensohn, siehe, man wird dir Stricke anlegen und dich damit binden, daß du nicht wirst hinausgehen können in ihre Mit-
26 te. Und ich werde deine Zunge an deinem Gaumen kleben lassen, damit du verstummest und sie nicht mehr zurechtweisest *d*; denn ein widerspen-
27 stiges Haus sind sie. Wenn ich aber mit dir reden werde, will ich deinen Mund auftun, und du sollst zu ihnen sprechen: „So spricht der Herr, Jehova!" Wer hören will, der höre, und wer es läßt, der lasse es; *e* denn ein widerspenstiges Haus sind sie.

4 Und du, Menschensohn, nimm dir einen Ziegelstein und lege ihn vor dich hin, und zeichne darauf eine Stadt,
2 Jerusalem. Und mache eine Belagerung wider sie, und baue Belagerungstürme wider sie, und schütte wider sie einen Wall auf, und stelle Heerlager wider sie, und errichte Sturmböcke
3 wider sie ringsum. Und du, nimm dir eine eiserne Pfanne und stelle sie als eine eiserne Mauer zwischen dich und die Stadt; und richte dein Angesicht gegen sie, daß sie in Belagerung sei und du sie belagerst. Das sei ein Wahr-
4 zeichen dem Hause Israel. — Und du, lege dich auf deine linke Seite und lege darauf die Ungerechtigkeit *f* des Hauses Israel: nach der Zahl der Tage, die du darauf liegst, sollst du ihre

Ungerechtigkeit tragen. Denn ich ha- 5 be dir die Jahre ihrer Ungerechtigkeit zu einer Anzahl Tage gemacht: dreihundertundneunzig Tage; und du sollst die Ungerechtigkeit des Hauses Israel tragen. Und hast du diese vollen- 6 det, so lege dich zum zweiten auf deine rechte Seite und trage die Ungerechtigkeit des Hauses Juda vierzig Tage; je einen Tag für ein Jahr habe ich dir auferlegt *g*. — Und du sollst dein 7 Angesicht und deinen entblößten Arm gegen die Belagerung Jerusalems hin richten *h*, und du sollst wider dasselbe weissagen. Und siehe, ich lege dir 8 Stricke an, daß du dich nicht von einer Seite auf die andere wirst umwenden können, bis du die Tage deiner Belagerung vollendet hast.

Und du, nimm dir Weizen und Gerste 9 und Bohnen und Linsen und Hirse und Spelt, und tue sie in ein Gefäß; und mache dir Brot daraus, nach der Zahl der Tage, die du auf deiner Seite liegst: dreihundertundneunzig Tage sollst du davon essen. Und deine Speise, die du 10 essen wirst, soll nach dem Gewicht sein: zwanzig Sekel für den Tag; von Zeit zu Zeit sollst du davon essen. Und Wasser sollst du nach dem Maße 11 trinken: ein Sechstel Hin; von Zeit zu Zeit sollst du trinken. Und wie 12 Gerstenkuchen sollst du sie *i* essen, und du sollst sie auf Ballen von Menschenkot vor ihren Augen backen. Und Je- 13 hova sprach: Also werden die Kinder Israel ihr Brot unrein essen unter den Nationen, wohin ich sie vertreiben werde. — Da sprach ich: Ach, Herr, 14 Jehova! siehe, meine Seele ist nie verunreinigt worden, und weder Aas noch Zerrissenes habe ich gegessen von meiner Jugend an bis jetzt, und kein Greuelfleisch ist in meinen Mund gekommen. Und er sprach zu mir: Sie- 15 he, ich habe dir Rindermist statt Menschenkot gestattet; und darauf magst du dein Brot bereiten. *j* Und er sprach 16 zu mir: Menschensohn, siehe, ich will in Jerusalem den Stab *k* des Brotes zerbrechen; und sie werden Brot essen nach dem Gewicht und in Angst, und Wasser trinken nach dem Maße und 17 in Entsetzen, weil Brot und Wasser mangeln werden, und sie miteinander verschmachten und in ihrer *l* Ungerechtigkeit hinschwinden werden.

Und du, Menschensohn, nimm dir **5** ein scharfes Schwert: als Schermesser sollst du es dir nehmen und damit über dein Haupt und über deinen Bart fahren; und nimm dir Wagschalen und teile die Haare *m*. Ein Drittel sollst du 2 mit Feuer verbrennen inmitten der Stadt *n*, wenn die Tage der Belagerung voll sind; und ein Drittel sollst du nehmen, *und* rings um sie her mit dem

---

a O. durch seine. — *b* W. seiner Gerechtigkeiten. — *c* Eig. in die Talebene; so auch V. 23. — *d* W. und ihnen nicht zum zurechtweisenden Manne seiest. — *e* And. üb.: „So spricht der Herr, Jehova: Wer . . . der lasse es!" — *f* O. Schuld. — *g* Eig. gemacht. — *h* nämlich gegen die Zeichnung hin. (V. 1.) — *i* nämlich die in V. 9 genannten Dinge. — *j* Im Osten verwendet man heute noch vielfach trockenen Mist als Brennmaterial. — *k* d. i. die Stütze. — *l* O. wegen ihrer. — *m* Eig. sie. — *n* S. Kap. 4, 1.

Schwerte schlagen; und ein Drittel sollst du in den Wind streuen, denn ich werde das Schwert ziehen hinter 3 ihnen her. Und du sollst davon eine kleine Zahl nehmen und in deine 4 *Rockzipfel* binden. Und von diesen sollst du abermals nehmen und sie mitten ins Feuer werfen und sie mit Feuer verbrennen; davon wird ein Feuer ausgehen wider das ganze Haus Israel. 5 So spricht der Herr, Jehova: Dieses Jerusalem, inmitten der Nationen habe ich es gesetzt, und Länder rings 6 um dasselbe. Und es war widerspenstig gegen meine Rechte in Gesetzlosigkeit, mehr als die Nationen, und gegen meine Satzungen, mehr als die Länder, welche rings um dasselbe her sind; denn meine Rechte haben sie verworfen, und in meinen Satzun-7 gen haben sie nicht gewandelt. Darum spricht der Herr, Jehova, also: Weil ihr getobt habt, mehr als die Nationen, die rings um euch her sind, in meinen Satzungen nicht gewandelt und meine Rechte nicht getan habt, ja, *selbst* nach den Rechten der Nationen, die rings um euch her sind, nicht getan 8 habt — darum spricht der Herr, Jehova, also: Siehe, auch i c h will wider dich sein, und will Gerichte in deiner Mitte üben vor den Augen der Natio-9 nen. Und ich will an dir tun, was ich nicht getan habe und desgleichen ich nicht wieder tun werde, um all dei-10 ner Greuel willen. Darum werden Väter *ihre* Kinder essen in deiner Mitte, und Kinder werden ihre Väter essen; und ich will Gerichte an dir üben, und will deinen ganzen Ueberrest in alle 11 Winde zerstreuen. Darum, *so wahr* ich lebe, spricht der Herr, Jehova*a*: Wahrlich, weil du mein Heiligtum verunreinigt hast durch alle deine Scheusale und durch alle deine Greuel, so will auch i c h mein Auge abziehen ohne Mitleid*b*, und auch i c h will mich 12 nicht erbarmen. Ein Drittel von dir soll an der Pest sterben und durch Hunger umkommen in deiner Mitte; und ein Drittel soll durchs Schwert fallen rings um dich her; und ein Drittel werde ich in alle Winde zerstreuen, und ich werde das Schwert ziehen hin-13 ter ihnen her. — Und mein Zorn soll sich vollenden, und meinen Grimm werde ich an ihnen stillen und Rache nehmen. Und wenn ich meinen Grimm an ihnen vollende, so werden sie wissen*c*, daß ich, Jehova, in meinem Ei-14 fer geredet habe. Und ich werde dich zur Einöde machen und zum Hohne unter den Nationen, die rings um dich her sind, vor den Augen jedes Vor-15 übergehenden. Und es soll ein Hohn und ein Spott*d* sein, eine Warnung und ein Entsetzen für die Nationen, die rings um dich her sind, wenn ich Gerichte an dir üben werde im Zorn

und im Grimm und in Züchtigungen des Grimmes. Ich, Jehova, habe geredet. Wenn ich die bösen Pfeile des 16 Hungers wider sie sende, welche zum Verderben sein werden, die ich senden werde, um euch zu verderben, so werde ich den Hunger über euch häufen und euch den Stab*e* des Brotes zerbrechen. Und ich werde Hunger 17 über euch senden und böse Tiere, daß sie dich der Kinder berauben; und Pest und Blut sollen über dich ergehen*f*, und das Schwert werde ich über dich bringen. Ich, Jehova, habe geredet.

Und das Wort Jehovas geschah zu **6** mir also: Menschensohn, richte dein 2 Angesicht gegen die Berge Israels, und weissage über sie und sprich: Berge 3 Israels, höret das Wort des Herrn, Jehovas! So spricht der Herr, Jehova, zu den Bergen und zu den Hügeln, zu den Tälern und zu den Gründen: Siehe, ich, ich bringe das Schwert über euch und werde eure Höhen zerstören; und 4 eure Altäre sollen verwüstet und eure Sonnensäulen zerbrochen werden. Und ich werde eure Erschlagenen fallen machen vor euren Götzen*g*; und die 5 Leichname der Kinder Israel werde ich vor ihre Götzen hinlegen und eure Gebeine rings um eure Altäre streuen. In allen euren Wohnsitzen sollen 6 die Städte verödet und die Höhen verwüstet werden, auf daß eure Altäre verödet und wüst, und eure Götzen zerbrochen und vernichtet*h*, und eure Sonnensäulen umgehauen und eure Machwerke vertilgt seien; und Er-7 schlagene sollen in eurer Mitte fallen. Und ihr werdet wissen*c*, daß ich Jehova bin. — Doch will ich einen Ueber-8 rest lassen, indem ihr unter den Nationen solche haben werdet, die dem Schwert entronnen sind, wenn ihr in die Länder zerstreut seid. Und eure 9 Entronnenen werden meiner gedenken unter den Nationen, wohin sie gefangen weggeführt sind, wenn ich mir ihr hurerisches Herz, das von mir abgewichen ist, und ihre Augen, die ihren Götzen nachhurten, zerschlagen haben werde; und sie werden an sich selbst Ekel empfinden wegen der Uebeltaten, die sie begangen haben nach allen ihren Greuln. Und sie werden wissen, daß 10 ich Jehova bin. Nicht umsonst habe ich geredet, daß ich ihnen dieses Uebel tun würde.

So spricht der Herr, Jehova: Schla-11 ge in deine Hand und stampfe mit deinem Fuße und sprich: Wehe über alle bösen Greuel des Hauses Israel! denn sie müssen fallen durch das Schwert, durch den Hunger und durch die Pest! Wer fern ist, wird an der Pest ster-12 ben, und wer nahe ist, wird durch das Schwert fallen, und wer übriggeblieben und bewahrt worden ist, wird vor Hunger sterben, und ich werde mei-

---

a Eig. ist der Spruch des Herrn, Jehovas; so auch später. — *b* Eig. ohne daß es mitleidig blicke. — *c* O. erkennen, erfahren; so auch nachher. — *d* Eig. eine Verhöhnung. — *e* d. i. die Stütze. — *f* Eig. durch dich ziehen. — *g* Eig. Klötzen (eine verächtliche Bezeichnung der Götzen); so fast immer in Hesekiel. — *h* Eig. zerbrochen seien und ein Ende nehmen.

13 nen Grimm an ihnen vollenden. Und ihr werdet wissen, daß ich Jehova bin, wenn ihre Erschlagenen mitten unter ihren Götzen sein werden, um ihre Altäre her, auf jedem hohen Hügel, auf allen Gipfeln der Berge und unter jedem grünen Baume und unter jeder dichtbelaubten Terebinthe, an den Orten, wo sie allen ihren Götzen lieblichen
14 Geruch dargebracht haben. Und ich werde meine Hand wider sie ausstrekken und das Land zur Wüste und Verwüstung machen, mehr als die Wüste Diblath, in allen ihren Wohnsitzen. Und sie werden wissen, daß ich Jehova bin.

7 Und das Wort Jehovas geschah zu mir also: Und du, Menschensohn, so
2 spricht der Herr, Jehova, zum Lande Israel: *Es hat* ein Ende! das Ende kommt über die vier Ecken des Lan-
3 des! Nun *kommt* das Ende über dich, und ich werde meinen Zorn wider dich senden und dich nach deinen Wegen richten; und alle deine Greuel
4 werde ich über dich bringen. Und mein Auge wird deiner nicht schonen *a*, und ich werde mich nicht erbarmen; sondern ich will deine Wege über dich bringen, und deine Greuel sollen in deiner Mitte sein. Und ihr werdet wissen, daß ich Jehova bin.
5 So spricht der Herr, Jehova: Unglück, einziges Unglück, siehe, es
6 kommt! das Ende kommt; es kommt das Ende, es erwacht wider dich; sie-
7 he, es kommt! Es kommt das Verhängnis über dich, Bewohner des Landes; es kommt die Zeit, nahe ist der Tag: Getümmel und nicht Jubel auf den
8 Bergen *b*! Jetzt, bald werde ich meinen Grimm über dich ausgießen und meinen Zorn an dir vollenden, und dich nach deinen Wegen richten; und alle deine Greuel werde ich über dich
9 bringen. Und mein Auge soll nicht schonen, und ich werde mich nicht erbarmen; nach deinen Wegen will ich's über dich bringen, und deine Greuel sollen in deiner Mitte sein. Und ihr werdet wissen, daß ich, Jehova, es bin,
10 der schlägt. — Siehe, der Tag! siehe, es kommt! das Verhängnis wächst hervor; es blüht die Rute *c*, es sproßt der
11 Uebermut; die Gewalttat erhebt sich zur Rute der Gesetzlosigkeit. Nichts von ihnen *wird bleiben*, nichts von ihrer Menge und nichts von ihrem Getümmel, und nichts Herrliches an ihnen.
12 Die Zeit kommt, der Tag trifft ein! Der Käufer freue sich nicht, und der Verkäufer betrübe sich nicht; denn Zornglut *kommt* über seine *d* ganze
13 Menge. Denn der Verkäufer wird nicht wieder zu dem Verkauften gelangen *e*, und wenn er auch noch am Leben wäre unter den Lebenden; denn das Gesicht wider seine *d* ganze Menge wird nicht rückgängig werden, und niemand wird durch seine Ungerech-

tigkeit sein Leben befestigen. Man 14 stößt in das Horn und macht alles bereit, aber niemand zieht in den Streit; denn meine Zornglut *kommt* über seine *d* ganze Menge. — Das Schwert ist 15 draußen und die Pest und der Hunger drinnen. Wer auf dem Felde ist, wird durchs Schwert sterben; und wer in der Stadt ist, den werden Hunger und Pest verzehren. Und wenn Entronne- 16 ne von ihnen entrinnen, so werden sie auf den Bergen sein wie die Tauben der Täler, alle girrend, ein jeder wegen seiner Missetat. Alle Hände 17 werden erschlaffen, und alle Kniee werden zerfließen wie Wasser. Und 18 sie werden sich Sacktuch umgürten, und Schauder wird sie bedecken, und auf allen Angesichtern wird Scham sein, und Kahlheit auf allen ihren Häuptern. Ihr Silber werden sie auf 19 die Gassen werfen, und ihr Gold wird als Unflat gelten; ihr Silber und ihr Gold wird sie nicht erretten können am Tage des Grimmes Jehovas; ihren Hunger werden sie *damit* nicht stillen und ihren Bauch *davon* nicht füllen. Denn es ist ein Anstoß zu ihrer Missetat gewesen. Und seinen zierenden 20 Schmuck, zur Hoffart hat es *f* ihn gebraucht *g* und ihre Greuelbilder, ihre Scheusale, haben sie daraus verfertigt; darum habe ich ihnen denselben zum Unflat gemacht. Und ich will ihn der 21 Hand der Fremden zur Beute geben und den Gesetzlosen der Erde zum Raube, daß sie ihn entweihen. Und 22 ich werde mein Angesicht von ihnen abwenden, daß sie meine verborgene Stätte *h* entweihen; und Gewalttätige werden in dieselbe eindringen und sie entweihen.

Verfertige die Kette! denn das Land 23 ist voll Blutschuld, und die Stadt voll Gewalttat. Und ich werde die bösesten 24 der Nationen kommen lassen, daß sie ihre Häuser in Besitz nehmen; und ich werde der Hoffart der Starken ein Ende machen, daß ihre Heiligtümer entweiht werden. Schrecken kommt; 25 und sie werden Frieden suchen, aber da ist keiner. Verderben auf Verderben 26 wird kommen, und Gerücht auf Gerücht wird entstehen. Und sie werden von Propheten Gesichte suchen; aber das Gesetz wird dem Priester entschwinden und der Aeltesten der Rat. Der König wird trauern, und der Fürst 27 wird sich in Entsetzen kleiden, und die Hände des Volkes des Landes werden zittern. Nach ihren Wegen will ich mit ihnen handeln, und mit ihren Rechten will ich sie richten, und sie werden wissen, daß ich Jehova bin.

Und es geschah im sechsten Jahre, 8 im sechsten *Monat*, am fünften des Monats: ich saß in meinem Hause, und die Aeltesten von Juda saßen vor mir — da fiel daselbst die Hand des Herrn, Jehovas, auf mich. Und ich sah: und 2

---

a Eig. nicht mitleidig auf dir ruhen (auf dich blicken); so auch V. 9 usw. (Vergl. Kap. 16, 5.) — *b* Eig. der Berge. — *c* d. h. die Zuchtrute (eig. der Stock). — *d* bezieht sich auf das Wort „Land" in V. 2. — *e* Vergl. 3. Mose 25, 14—28. — *f* d. h. das Volk. — *g* Eig. gestellt. — *h* O. wie anderswo : meinen Schatz.

siehe, eine Gestalt a wie das Aussehen von Feuer: von ihren Lenden b abwärts Feuer; und von ihren Lenden b aufwärts wie das Aussehen eines Lichtglanzes, wie der Anblick von glänzen- 3 dem Metall. Und er streckte das Gebilde einer Hand aus und nahm mich beim Haarschopf meines Hauptes; und der Geist hob mich zwischen Erde und Himmel empor und brachte mich in Gesichten Gottes nach Jerusalem, an den Eingang des Tores des inneren Vorhofs, welches gegen Norden sieht, wo der Standort des Bildes der Eifersucht war, welches zum Eifer e reizt. 4 Und siehe, daselbst war die Herrlichkeit des Gottes Israels, gleich dem Gesicht, welches ich im Tale gesehen 5 hatte. d Und er sprach zu mir: Menschensohn, hebe nun deine Augen auf gegen Norden! Und ich hob meine Augen auf gegen Norden, und siehe, nördlich vom Tore des Altars war dieses Bild der Eifersucht am Eingang. 6 Und er sprach zu mir: Menschensohn, siehst du, was sie tun, die großen Greuel, welche das Haus Israel hier verübt, damit ich mich von meinem Heiligtum entferne? Und du sollst noch 7 weiter große Greuel sehen. — Und er brachte mich an den Eingang des Vorhofs; und ich sah: und siehe, ein Loch 8 war in der Mauer. Und er sprach zu mir: Menschensohn, durchbrich doch die Mauer. Und ich durchbrach die Mauer; 9 und siehe, da war eine Tür. Und er sprach zu mir: Geh hinein und sieh die bösen Greuel, die sie hier verü- 10 ben. Und ich ging hinein und sah: und siehe, da waren allerlei Gebilde von scheußlichem Gewürm und Vieh, und allerlei Götzen des Hauses Israel, ringsumher an die Wand gezeich- 11 net. Und siebenzig Männer von den Aeltesten des Hauses Israel, und Jaasanja, der Sohn Schaphans, in ihrer Mitte stehend, standen davor, jeder mit seinem Räucherfaß in seiner Hand; und der Duft einer Weihrauchwolke 12 stieg empor. Und er sprach zu mir: Hast du gesehen, Menschensohn, was die Aeltesten des Hauses Israel im Finstern tun, ein jeder in seinen Bilderkammern? denn sie sagen: Jehova sieht uns nicht, Jehova hat das Land 13 verlassen! Und er sprach zu mir: Du sollst noch weiter große Greuel sehen, 14 die sie verüben. — Und er brachte mich an den Eingang des Tores des Hauses Jehovas, das gegen Norden ist; und siehe, dort saßen die Weiber, wel- 15 che den Tammuz e beweinten. Und er sprach zu mir: Hast du gesehen, Menschensohn? Du sollst weiter noch grö- 16 ßere Greuel sehen als diese. — Und er brachte mich in den inneren Vorhof des Hauses Jehovas; und siehe, am Eingang des Tempels Jehovas, zwi-

schen der Halle und dem Altar, waren fünfundzwanzig Männer, ihre Rükken gegen den Tempel Jehovas und ihre Angesichter gegen Osten gerichtet; und sie bückten sich gegen Osten hin vor der Sonne. Und er sprach zu 17 mir: Hast du gesehen, Menschensohn? Ist es dem Hause Juda zu gering, die Greuel zu verüben, die sie hier verüben, daß sie auch das Land mit Gewalttat füllen und mich immer wieder reizen? denn siehe, sie halten das Reis an ihre Nase f. So will auch ich han- 18 deln im Grimm, mein Auge soll nicht schonen, und ich werde mich nicht erbarmen; und rufen sie auch vor meinen Ohren mit lauter Stimme, so werde ich sie doch nicht hören.

Und er rief vor meinen Ohren mit lauter Stimme und sprach: Nahet euch, **9** ihr Aufseher der Stadt, ein jeder mit seinem Werkzeuge der Zerstörung in seiner Hand! Und siehe, sechs Män- 2 ner kamen des Weges vom oberen Tore, welches gegen Norden sieht, ein jeder mit seinem Werkzeuge zum Zerschlagen in seiner Hand; und ein Mann war in ihrer Mitte, in Linnen gekleidet, mit einem Schreibzeug an seiner Hüfte; und sie kamen und stellten sich neben den ehernen Altar. — Und die Herrlichkeit des Gottes Isra- 3 els erhob sich vom Cherub, über welchem sie war, zu der Schwelle des Hauses hin. Und er rief dem in Linnen gekleideten Manne, der das Schreibzeug an seiner Hüfte hatte, und Jeho- 4 va sprach zu ihm: Geh mitten durch die Stadt, mitten durch Jerusalem, und mache ein Zeichen g an die Stirnen der Leute, welche seufzen und jammern über all die Greuel, die in ihrer Mitte geschehen. Und zu jenen 5 sprach er vor meinen Ohren: Gehet hinter ihm her durch die Stadt und schlaget; euer Auge schone nicht, und erbarmet euch nicht. Mordet bis zur 6 Vertilgung h Greise, Jünglinge und Jungfrauen und Kinder und Weiber! aber nahet euch niemand, an welchem das Zeichen ist; und bei meinem Heiligtum sollt ihr anfangen. Und sie fingen an bei den alten Männern. welche vor dem Hause i waren. — Und er 7 sprach zu ihnen: Verunreiniget das Haus und füllet die Vorhöfe mit Erschlagenen; gehet hinaus! Und sie gingen hinaus und schlugen in der Stadt. Und es geschah, als sie schlu- 8 gen, und ich allein übrigblieb, da fiel ich nieder auf mein Angesicht und schrie und sprach: Ach, Herr, Jehova! willst du den ganzen Ueberrest Israels verderben, indem du deinen Grimm über Jerusalem ausgießest? Und er 9 sprach zu mir: Die Schuld j des Hauses Israel und Juda ist über die Maßen groß, und das Land ist mit Ge-

---

walttat erfüllt, und die Stadt ist voll Beugung *des Rechts;* denn sie sagen: Jehova hat das Land verlassen, und 10 Jehova sieht uns nicht! So auch ich — mein Auge soll nicht schonen, und ich werde mich nicht erbarmen; ihren Weg will ich auf ihren Kopf bringen. 11 Und siehe, der in Linnen gekleidete Mann, welcher das Schreibzeug an seiner Hüfte hatte, brachte Antwort und sprach: Ich habe getan, wie du mir geboten hast.

10 Und ich sah: und siehe, auf der Ausdehnung *a*, die über dem Haupte der Cherubim war, war es wie ein Saphirstein, wie das Aussehen der Gestalt eines Thrones, der über ihnen er-2 schien. Und er sprach zu dem in Linnen gekleideten Manne und sagte: Geh hinein zwischen den *Räder*wirbel unterhalb des Cherubs *b*, und fülle deine Hände mit Feuerkohlen von dem Raume *c* zwischen den Cherubim, und streue sie über die Stadt hin. Und er 3 ging vor meinen Augen hinein. Die Cherubim aber standen zur rechten Seite des Hauses, als der Mann hineinging; und die Wolke erfüllte den in-4 neren Vorhof. Und die Herrlichkeit Jehovas hatte sich von dem Cherub auf die Schwelle des Hauses hin erhoben; und das Haus war von der Wolke erfüllt, und der Vorhof war voll von dem 5 Glanze der Herrlichkeit Jehovas. Und das Rauschen der Flügel der Cherubim wurde bis in den äußeren Vorhof gehört wie die Stimme Gottes *d*, des 6 Allmächtigen, wenn er redet. Und es geschah, als er dem in Linnen gekleideten Manne gebot und sprach: Nimm Feuer zwischen den *Räder*wirbel, zwischen den Cherubim weg, und er hineinging und zur Seite des Rades trat, 7 da streckte ein Cherub seine Hand zwischen den Cherubim hervor, zu dem Feuer hin, welches zwischen den Cherubim war, und hob es ab und gab es in die Hände dessen, der in Linnen gekleidet war; der nahm es und ging 8 hinaus. Und es erschien an den Cherubim das Gebilde einer Menschen-9 hand unter ihren Flügeln. — Und ich sah: und siehe, vier Räder waren neben den Cherubim, je ein Rad neben je einem Cherub. Und das Aussehen 10 der Räder war wie der Anblick eines Chrysolithsteines; und ihr Aussehen: die vier hatten einerlei Gestalt, wie 11 wenn ein Rad inmitten eines Rades wäre. Wenn sie gingen, so gingen sie nach ihren vier Seiten hin: sie wandten sich nicht, wenn sie gingen; denn nach dem Orte, wohin das Vorderteil gerichtet war, folgten sie demselben: sie wandten sich nicht, wenn sie gin-12 gen. Und ihr ganzer Leib und ihr Rükken und ihre Hände und ihre Flügel und die Räder waren voll Augen rings-

um; alle vier hatten ihre Räder. Die 13 Räder, sie wurden vor meinen Ohren „Wirbel" genannt. Und ein jedes hatte 14 vier Angesichter; das Angesicht *e* des ersten war das Angesicht eines Cherubs, und das Angesicht des zweiten das Angesicht eines Menschen, und des dritten das Angesicht eines Löwen, und des vierten das Angesicht eines Adlers. Und die Cherubim hoben sich em-15 por. Das war das lebendige Wesen, welches ich am Flusse Kebar gesehen hatte. Und wenn die Cherubim gin-16 gen, so gingen die Räder neben ihnen; und wenn die Cherubim ihre Flügel erhoben, um sich von der Erde emporzuheben, so wandten sich die Räder auch nicht von ihrer Seite. Wenn 17 sie stehen blieben, blieben *auch* sie stehen; und wenn sie sich emporhoben, hoben sie sich mit ihnen empor; denn der Geist des lebendigen Wesens war in ihnen. — Und die Herrlichkeit 18 Jehovas begab sich von der Schwelle des Hauses hinweg und stellte sich über die Cherubim. Und die Cheru-19 bim erhoben ihre Flügel und hoben sich vor meinen Augen von der Erde empor, als sie sich hinwegbegaben; und die Räder waren neben ihnen *f*. Und sie stellten sich an den Eingang des östlichen Tores des Hauses Jehovas, und die Herrlichkeit des Gottes Israels war oben über ihnen. Das war 20 das lebendige Wesen, welches ich unter dem Gott Israels am Flusse Kebar gesehen hatte; und ich erkannte, daß es Cherubim waren. Jeder hatte vier 21 Angesichter, und jeder hatte vier Flügel, und das Gebilde von Menschenhänden war unter ihren Flügeln. Und 22 was die Gestalt ihrer Angesichter betrifft, so waren es die Angesichter, welche ich am Flusse Kebar gesehen hatte, ihr Aussehen und sie selbst. Sie gingen ein jeder stracks vor sich hin.

Und der Geist hob mich empor und **11** brachte mich zum östlichen Tore des Hauses Jehovas, welches gegen Osten sieht. Und siehe, an dem Eingang des Tores waren fünfundzwanzig Männer; und ich sah in ihrer Mitte Jaasanja, den Sohn Assurs, und Pelatja, den Sohn Benajas, die Fürsten *g* des Volkes. Und er sprach zu mir: Menschen-2 sohn, das sind die Männer, welche Unheil sinnen und bösen Rat erteilen in dieser Stadt, die da sprechen: Es ist 3 nicht an der Zeit *h*, Häuser zu bauen *i*; sie ist der Topf, und wir sind das Fleisch *j*. Darum weissage wider sie; 4 weissage, Menschensohn! — Und der 5 Geist Jehovas fiel auf mich und sprach zu mir: Sprich: So spricht Jehova: Also sprechet ihr, Haus Israel; und was in eurem Geiste aufsteigt, das weiß ich. Ihr habt eurer Erschlagenen viele ge-6 macht in dieser Stadt und ihre Straßen

---

a S. d. Anm. zu Kap. 1, 22. — *b* Der Ausdruck „Cherub" oder „das lebendige Wesen" (V. 15) bezeichnet die gesamte Erscheinung der Cherubim; s. die Anm. zu Kap. 1, 9. — *c* Eig. von heraus. — *d* El. — *e* nämlich das dem Propheten zugekehrte. — *f* S. die Anm. zu Kap. 1, 20. — *g* O. Obersten. — *h* O. Es eilt nicht. — *i* Vergl. Jer. 29, 5—11. — *j* d. h. die Stadt soll sie vor dem Verderben schützen, wie der Topf das Fleisch vor dem Verbrennen; vergl. V. 11.

7 mit Erschlagenen gefüllt. Darum, so spricht der Herr, Jehova: Eure Erschlagenen, die ihr in ihrer Mitte hingestreckt habt, die sind das Fleisch, und sie ist der Topf; euch aber wird man aus 8 ihrer Mitte hinausführen. Ihr fürchtet das Schwert; und das Schwert werde ich über euch bringen, spricht der Herr, 9 Jehova. Und ich werde euch aus ihrer Mitte hinausführen und euch in die Hand der Fremden geben, und werde 10 Gerichte an euch üben. Durch das Schwert sollt ihr fallen: an der Grenze Israels werde ich euch richten. Und ihr werdet wissen*a*, daß ich Jehova 11 bin. Sie wird euch nicht der Topf*b*, und ihr werdet in ihrer Mitte nicht das Fleisch*b* sein: an der Grenze Is-12 raels werde ich euch richten. Und ihr werdet wissen, daß ich Jehova bin, ich, in dessen Satzungen ihr nicht gewandelt und dessen Rechte ihr nicht getan habt; sondern ihr habt nach den Rechten der Nationen getan, welche 13 rings um euch her sind. — Und es geschah, als ich weissagte, da starb Pelatja, der Sohn Benajas. Und ich fiel nieder auf mein Angesicht und schrie mit lauter Stimme und sprach: Ach, Herr, Jehova! willst du einen Ueberrest Israels den Garaus machen?

14 Und das Wort Jehovas geschah zu 15 mir also: Menschensohn, deine Brüder, deine Brüder, die Männer deiner Verwandtschaft, sind es und das ganze Haus Israel insgesamt, zu welchen die Bewohner von Jerusalem sprechen: Bleibet fern von Jehova; uns ist das Land zum Besitztum gegeben! 16 Darum sprich: So spricht der Herr, Jehova: Obgleich ich sie unter die Nationen entfernt, und obgleich ich sie in die Länder zerstreut habe, so bin ich ihnen doch*c* ein wenig zum Heiligtum geworden in den Ländern, 17 wohin sie gekommen sind. Darum sprich: So spricht der Herr, Jehova: Ja, ich werde*d* euch aus den Völkern sammeln und euch zusammenbringen aus den Ländern, in welche ihr zerstreut worden seid, und werde euch 18 das Land Israel geben. Und sie werden dorthin kommen und alle seine Scheusale und alle seine Greuel dar-19 aus entfernen. Und ich werde ihnen ein Herz geben, und werde einen neuen Geist in euer Inneres geben; und ich werde das steinerne Herz aus ihrem Fleische wegnehmen und ihnen 20 ein fleischernes Herz geben: auf daß sie in meinen Satzungen wandeln und meine Rechte bewahren und sie tun; und sie werden mein Volk, und ich 21 werde ihr Gott sein. Deren Herz aber nach dem Herzen*e* ihrer Scheusale und ihrer Greuel wandelt: denen will ich ihren Weg auf ihren Kopf bringen, spricht der Herr, Jehova.

22 Und die Cherubim erhoben ihre Flü-

gel, und die Räder waren neben ihnen; und die Herrlichkeit des Gottes Israels war oben über ihnen. Und die 23 Herrlichkeit Jehovas erhob sich aus der Mitte der Stadt und stellte sich auf den Berg, welcher gegen Osten der Stadt ist*f*. Und der Geist hob mich 24 empor und brachte mich im Gesicht durch den Geist*g* Gottes zu den Weggeführten nach Chaldäa; und das Gesicht, welches ich gesehen hatte, hob sich von mir weg. Und ich redete zu 25 den Weggeführten alle Worte Jehovas, die er mich hatte sehen lassen. —

Und das Wort Jehovas geschah zu **12** mir also: Menschensohn, du wohnst 2 inmitten des widerspenstigen Hauses, welche Augen haben zu sehen und nicht sehen, Ohren haben zu hören und nicht hören; denn ein widerspenstiges Haus sind sie. Und du, Men-3 schensohn, mache dir Auswanderergeräte und wandere bei Tage vor ihren Augen aus, und du sollst vor ihren Augen von deinem Orte zu einem anderen Orte auswandern: ob sie vielleicht sehen möchten; denn ein widerspenstiges Haus sind sie. Und trage 4 deine Geräte wie Auswanderergeräte bei Tage vor ihren Augen hinaus; und du, ziehe am Abend vor ihren Augen aus, wie man auszieht, um auszuwandern. Vor ihren Augen durchbrich dir 5 die Mauer, und trage sie dadurch hinaus; vor ihren Augen nimm sie auf 6 die Schulter, in dichter Finsternis trage sie hinaus; du sollst dein Angesicht verhüllen, damit du das Land nicht sehest. Denn ich habe dich zu einem Wahrzeichen gemacht für das Haus Israel. — Und ich tat also, wie 7 mir geboten war. Meine Geräte trug ich wie Auswanderergeräte bei Tage hinaus, und am Abend durchbrach ich mir die Mauer mit der Hand; in dichter Finsternis trug ich sie hinaus, ich nahm sie vor ihren Augen auf die Schulter. — Und das Wort Jehovas ge-8 schah zu mir am Morgen also: Men-9 schensohn, hat nicht das Haus Israel, das widerspenstige Haus, zu dir gesagt: Was tust du? Sprich zu ihnen: 10 So spricht der Herr, Jehova: Den Fürsten in Jerusalem betrifft dieser Ausspruch und das ganze Haus Israel, in dessen Mitte sie sind. Sprich: Ich bin 11 ein Wahrzeichen für euch*h*; gleichwie ich getan habe, also soll ihnen getan werden: in die Verbannung, in die Gefangenschaft werden sie gehen. Und der 12 Fürst, der in ihrer Mitte ist, wird es*i* in dichter Finsternis auf die Schulter nehmen und ausziehen; sie werden die Mauer durchbrechen, um es*i* dadurch hinauszutragen; er wird sein Angesicht verhüllen, auf daß er mit *seinen* Augen das Land nicht sehe. Und ich 13 will mein Netz über ihn ausbreiten, und in meinem Garne wird er gefangen

---

a O. erkennen, erfahren. — *b* Eig. als Topf . . . als Fleisch. — *c* And. üb.: Fürwahr, ich habe sie . . . entfernt, und fürwahr, ich habe sie . . . zerstreut; doch bin ich ihnen. — *d* O. Auch werde ich. — *e* d. h. nach dem Sinne. — *f* d. i. auf den Oelberg; vergl. Sach. 14, 4. — *g* O. im Geiste. — *h* Eig. Ich bin euer Wahrzeichen. — *i* d. h. was auf der Flucht mitgenommen wird.

werden; und ich will ihn nach Babel bringen, in das Land der Chaldäer, aber sehen wird er es nicht; und er 14 wird daselbst sterben. Und alle, die um ihn her sind, seine Hilfe und alle seine Scharen, will ich in alle Winde zerstreuen und das Schwert ziehen 15 hinter ihnen her. Und sie werden wissen a, daß ich Jehova bin, wenn ich sie unter die Nationen versprenge und 16 sie in die Länder zerstreue. Und ich werde von ihnen einige Leute übriglassen vom Schwert, vom Hunger und von der Pest, auf daß sie alle ihre Greuel erzählen unter den Nationen, wohin sie kommen werden. Und sie werden wissen, daß ich Jehova bin.

17 Und das Wort Jehovas geschah zu 18 mir also: Menschensohn, mit Beben sollst du dein Brot essen, und mit Zittern und in Angst dein Wasser trin- 19 ken. Und sprich zu dem Volke des Landes: So spricht der Herr, Jehova, von den Bewohnern Jerusalems im Lande Israel: In Angst werden sie ihr Brot essen und in Entsetzen ihr Wasser trinken, weil ihr Land veröden wird von seiner Fülle wegen der Ge- 20 walttat aller seiner Bewohner. Und die bewohnten Städte werden wüst, und das Land wird eine Einöde werden. Und ihr werdet wissen, daß ich Jehova bin.

21 Und das Wort Jehovas geschah zu 22 mir also: Menschensohn, was ist das für ein Spruch, den ihr im Lande Israel habt, indem ihr sprechet: Die Tage werden sich in die Länge ziehen, und jedes Gesicht wird zunichte 23 werden? Darum sprich zu ihnen: So spricht der Herr, Jehova: Ich will diesem Spruche ein Ende machen, und man soll ihn nicht mehr als Spruch gebrauchen in Israel; sondern rede zu ihnen: Nahe sind die Tage und das 24 Wort eines jeden Gesichts. Denn kein eitles b Gesicht und keine schmeichlerische Wahrsagung wird mehr sein in- 25 mitten des Hauses Israel. Denn ich bin Jehova, ich rede; das Wort, das ich rede, wird auch geschehen, es wird nicht mehr hinausgeschoben werden. Denn in euren Tagen, widerspenstiges Haus, rede ich ein Wort und tue es auch, spricht der Herr, Jehova.

26 Und das Wort Jehovas geschah zu 27 mir also: Menschensohn, siehe, das Haus Israel spricht: Das Gesicht, welches dieser schaut, ist auf viele Tage hin; und auf ferne Zeiten hin weissagt 28 er. Darum sprich zu ihnen: So spricht der Herr, Jehova: Keines meiner Worte soll mehr hinausgeschoben werden; das Wort, das ich rede, wird auch geschehen, spricht der Herr, Jehova.

13 Und das Wort Jehovas geschah zu mir also: Menschensohn, weissage 2 über die Propheten Israels, die da weissagen, und sprich zu denen, welche aus ihrem Herzen weissagen c:

Höret das Wort Jehovas! So spricht 3 der Herr, Jehova: Wehe den törichten d Propheten, welche ihrem eigenen Geiste nachgehen und dem, was sie nicht gesehen haben! Wie Füchse 4 in den Trümmern sind, Israel, deine Propheten geworden. In die Risse seid 5 ihr nicht getreten, und die Mauer habt ihr nicht vermauert um das Haus Israel her, um standzuhalten im Streit am Tage Jehovas. Sie schauten Eitles e 6 und Lügenwahrsagung, die da sagen: „Spruch Jehovas!" obwohl Jehova sie nicht gesandt hat; und sie ließen hoffen, daß ihr f Wort erfüllt würde. Schautet ihr nicht ein eitles b Gesicht, 7 und sprachet ihr nicht Lügenwahrsagung, als ihr sagtet: „Spruch Jehovas!" und ich hatte doch nicht geredet?

Darum spricht der Herr, Jehova, 8 also: Weil ihr Eitles e redet und Lüge schauet, darum, siehe, will ich an euch, spricht der Herr, Jehova; und meine 9 Hand wird wider die Propheten sein, die Eitles e schauen und Lüge wahrsagen. Im Rate meines Volkes sollen sie nicht stehen, und in das Buch des Hauses Israel nicht eingeschrieben werden, und in das Land Israel sollen sie nicht kommen. Und ihr werdet wissen, daß ich der Herr, Jehova, bin. Darum, ja, darum daß sie mein Volk 10 irreführen und sprechen: Friede! obwohl kein Friede da ist; und baut dieses eine Wand, siehe, sie bestreichen sie mit Tünche g; — sprich zu 11 den Uebertünchern: sie soll fallen! Es kommt ein überschwemmender Regen; und ihr Hagelsteine, ihr werdet fallen, und ein Sturmwind wird losbrechen; und siehe, die Mauer fällt. 12 Wird man euch nicht sagen: Wo ist das Getünchte, das ihr getüncht habt? — Darum, so spricht der Herr, Jeho- 13 va: Ich will h einen Sturmwind losbrechen lassen in meinem Grimm, und ein überschwemmender Regen wird kommen in meinem Zorn, und Hagelsteine im Grimm, zur Vernichtung. Und ich will die Mauer abbrechen, 14 die ihr mit Tünche bestrichen habt, und sie zur Erde niederwerfen, daß ihr Grund entblößt werde; und sie i soll fallen, und ihr werdet in ihrer i Mitte umkommen. Und ihr werdet wissen, daß ich Jehova bin. Und so wer- 15 de ich meinen Grimm vollenden an der Mauer und an denen, die sie mit Tünche bestreichen; und ich werde zu euch sagen: Die Mauer ist nicht mehr, und die sie tünchten, sind nicht mehr – die Propheten Israels, welche über 16 Jerusalem weissagen und für dasselbe Gesichte des Friedens schauen, obwohl kein Friede da ist, spricht der Herr, Jehova.

Und du, Menschensohn, richte dein 17 Angesicht wider die Töchter deines Volkes, welche aus ihrem Herzen weissagen; und weissage wider sie und 18

---

a O. erkennen, erfahren; so auch V. 16. 20 und weiterhin. — b O. nichtiges, falsches. — c Eig. zu den Propheten aus ihrem Herzen. — d Zugl.: ruchlosen, gottlosen. — e O. Nichtiges, Falsches. — f W. das. — g Eig. mit Kalkbewurf. — h Eig. Und so will ich. — i bezieht sich auf die Stadt Jerusalem.

sprich: So spricht der Herr, Jehova:
Wehe denen, welche Binden zusam-
mennähen über alle Gelenke der Hände *a* und Kopfhüllen machen für Häupter *b* jedes Wuchses, um Seelen zu fangen! Die Seelen meines Volkes fanget
ihr, und **eure** Seelen erhaltet ihr am
19 Leben? Und ihr entheiliget mich bei
meinem Volke für *einige* Hände voll
Gerste und für *einige* Bissen Brotes, indem ihr Seelen tötet, die nicht
sterben, und Seelen am Leben erhaltet, die nicht leben sollten; indem ihr
mein Volk belüget, das auf Lügen
20 hört? — Darum spricht der Herr, Jehova, also: Siehe, ich will an eure Binden, mit welchen ihr fanget, will die
Seelen wegfliegen lassen und sie von
euren Armen wegreißen; und ich will
die Seelen freilassen, die ihr fanget,
21 die Seelen, daß sie wegfliegen. Und
ich werde eure Kopfhüllen zerreißen
und mein Volk aus eurer Hand erretten, damit sie nicht mehr zur Beute
werden in eurer Hand. Und ihr wer-
22 det wissen, daß ich Jehova bin. Weil
ihr das Herz des Gerechten mit Lüge
kränket, da i c h ihn doch nicht betrübt
habe, und weil ihr die Hände des Gesetzlosen stärket, damit er von seinem
bösen Wege nicht umkehre, um sein
23 Leben zu erhalten: darum sollt ihr
nicht mehr Eitles *c* schauen und nicht
ferner Wahrsagerei treiben; und ich
werde mein Volk aus eurer Hand erretten. Und ihr werdet wissen, daß
ich Jehova bin.

14 Und es kamen Männer von den
Aeltesten Israels zu mir, und sie
2 setzten sich vor mir nieder. Und das
Wort Jehovas geschah zu mir also:
3 Menschensohn, diese Männer haben
ihre Götzen in ihrem Herzen aufkommen lassen und den Anstoß zu ihrer
Missetat vor ihr Angesicht gestellt;
sollte ich mich wohl von ihnen befra-
4 gen lassen? Darum rede mit ihnen
und sprich zu ihnen: So spricht der
Herr, Jehova: Jedermann aus dem
Hause Israel, der seine Götzen in seinem Herzen aufkommen läßt und den
Anstoß zu seiner Missetat vor sein
Angesicht stellt, und zu dem Propheten kommt — ich, Jehova, werde ihm
demgemäß antworten, gemäß der Men-
5 ge seiner Götzen: damit ich das Haus
Israel an seinem Herzen fasse, weil
sie allesamt durch ihre Götzen von
6 mir abgewichen sind. — Darum sprich
zum Hause Israel: So spricht der Herr,
Jehova: Kehret um, und wendet euch
ab von euren Götzen, und wendet von
allen euren Greueln euer Angesicht
7 ab! Denn jedermann aus dem Hause
Israel und von den Fremdlingen, die
in Israel weilen, welcher *d* sich von
mir *e* trennt und seine Götzen in seinem Herzen aufkommen läßt und den
Anstoß zu seiner Missetat vor sein
Angesicht stellt, und zu dem Prophe-

ten kommt, um mich für sich zu befragen — ich, Jehova, werde ihm in
meiner Weise *f* antworten. Und ich 8
werde mein Angesicht wider selbigen
Mann richten, und werde ihn zu einem
Denkzeichen und zu Sprichwörtern
machen *g*; und ich werde ihn ausrotten aus der Mitte meines Volkes. Und
ihr werdet wissen, daß ich Jehova
bin. — Wenn aber der Prophet sich 9
bereden läßt und ein Wort redet, so
habe ich, Jehova, diesen Propheten
beredet; und ich werde meine Hand
wider ihn ausstrecken und ihn aus
der Mitte meines Volkes Israel vertilgen. Und so sollen sie ihre Schuld tra- 10
gen; wie die Schuld des Fragenden,
also wird die Schuld des Propheten
sein: damit das Haus Israel nicht mehr 11
von mir *e* abirre und sie sich nicht
mehr durch alle ihre Uebertretungen
verunreinigen; und sie werden mein
Volk, und i c h werde ihr Gott sein,
spricht der Herr, Jehova.

Und das Wort Jehovas geschah zu 12
mir also: Menschensohn, wenn ein 13
Land gegen mich sündigt, indem es
Treulosigkeit begeht, und ich meine
Hand wider dasselbe ausstrecke, und
ihm den Stab *h* des Brotes zerbreche
und Hunger darein sende, und Menschen und Vieh darin ausrotte, und 14
diese drei Männer wären in demselben: Noah, Daniel und Hiob — sie
würden durch ihre Gerechtigkeit *nur*
ihre eigene Seele erretten, spricht der
Herr, Jehova. — Wenn ich böse Tiere 15
in das Land bringe, damit sie es ent-
völkern und es eine Wüste werde, sodaß wegen der Tiere niemand hin-
durchziehe: wären diese drei Männer 16
in demselben, *so wahr* ich lebe, spricht
der Herr, Jehova, sie würden weder
Söhne noch Töchter erretten können;
s i e allein würden errettet, das Land
aber würde eine Wüste werden. —
Oder *wenn* ich das Schwert über selbi- 17
ges Land bringe und spreche: Schwert,
fahre durch das Land! und Menschen
und Vieh darin ausrotte, und diese 18
drei Männer wären in demselben: *so
wahr* ich lebe, spricht der Herr, Jehova, sie würden weder Söhne noch
Töchter erretten können; sondern s i e
allein würden errettet werden. — Oder 19
wenn ich die Pest in selbiges Land
sende, und meinen Grimm in Blut
über dasselbe ausgieße, um Menschen
und Vieh darin auszurotten, und No- 20
ah, Daniel und Hiob wären in demselben: *so wahr* ich lebe, spricht der
Herr, Jehova, sie würden weder Sohn
noch Tochter erretten können; sie
würden durch ihre Gerechtigkeit *nur*
ihre eigene Seele erretten.

Denn so spricht der Herr, Jehova: 21
Wieviel mehr, wenn ich meine vier
bösen Gerichte, Schwert und Hunger
und böse Tiere und die Pest, gegen
Jerusalem entsenden werde, um Men-

---

a Im hebr. Text steht: meiner Hände. — *b* Eig. nach dem Haupte. — *c* O. Nichtiges, Falsches. — *d* Eig. wenn er. — *e* Eig. von hinter mir. — *f* Eig. mir gemäß. —
g And. l.: und werde ihn zum Entsetzen machen, zu einem Denkzeichen und zu Sprichwörtern. — *h* d. i. die Stütze.

schen und Vieh darin auszurotten!
22 Doch siehe, Entronnene sollen darin
übrigbleiben, die herausgeführt werden, Söhne und Töchter; siehe, sie
werden zu euch hinausziehen, und ihr
werdet ihren Weg und ihre Handlungen sehen; und ihr werdet euch trösten über das Unglück, welches ich
über Jerusalem gebracht, alles, was
23 ich über dasselbe gebracht habe. Und
sie werden euch trösten, wenn ihr ihren Weg und ihre Handlungen sehen
werdet; und ihr werdet erkennen, daß
ich nicht ohne Ursache alles getan habe, was ich an ihm getan, spricht der
Herr, Jehova.

15 Und das Wort Jehovas geschah zu
mir also: Menschensohn, was ist das
2 Holz des Weinstocks mehr als alles
andere Holz, die Rebe, welche unter
3 den Bäumen des Waldes war? Wird
Holz davon genommen, um es zu einer
Arbeit zu verwenden? oder nimmt
man davon einen Pflock, um irgend
4 ein Gerät daran zu hängen? Siehe,
es wird dem Feuer zur Speise gegeben. Hat das Feuer seine beiden Enden verzehrt und ist seine Mitte versengt, wird es zu einer Arbeit tau-
5 gen? Siehe, wenn es unversehrt ist,
wird es zu keiner Arbeit verwendet;
wieviel weniger, wenn das Feuer es
verzehrt hat und es versengt ist, kann
es noch zu einer Arbeit verwendet
6 werden! — Darum, so spricht der Herr,
Jehova: Wie das Holz des Weinstocks
unter den Bäumen des Waldes, welches ich dem Feuer zur Speise gebe,
also gebe ich die Bewohner von Jeru-
7 salem dahin; und ich werde mein Angesicht wider sie richten: aus dem
Feuer kommen sie heraus, und Feuer
wird sie verzehren. Und ihr werdet
wissen, daß ich Jehova bin, wenn ich
8 mein Angesicht wider sie richte. Und
ich werde das Land zur Wüste machen, weil sie Treulosigkeit begangen
haben, spricht der Herr, Jehova.

16 Und das Wort Jehovas geschah zu
mir also: Menschensohn, tue Jeru-
2 salem seine Greuel kund und sprich:
3 So spricht der Herr, Jehova, zu Jerusalem: Dein Ursprung und deine Abstammung *a* ist aus dem Lande der
Kanaaniter; dein Vater war ein Amoriter, und deine Mutter eine Hethite-
4 rin. Und was deine Geburt betrifft —
an dem Tage, da du geboren wurdest,
wurde dein Nabel nicht abgeschnitten, und du wurdest nicht in Wasser
gebadet zur Reinigung, und nicht mit
Salz abgerieben, und nicht in Win-
5 deln gewickelt. Kein Auge blickte mitleidig auf dich hin, um dir eines dieser Dinge zu tun, um sich deiner zu
erbarmen; und du wurdest auf das
freie Feld geworfen, vor Abscheu an
deinem Leben, an dem Tage, da du
6 geboren wurdest. — Da ging ich an
dir vorüber und sah dich zappeln in
deinem Blute; und ich sprach zu dir:
In deinem Blute lebe! und ich sprach
7 zu dir: In deinem Blute lebe! Zu Zehn-

tausenden, wie das Gewächs des Feldes, machte ich dich; und du wuch-
sest heran und wurdest groß, und du
gelangtest zu höchster Anmut; die
Brüste rundeten sich, und dein Haar
wuchs; aber du warst nackt und bloß.
Und ich ging an dir vorüber und sah 8
dich, und siehe, deine Zeit war die
Zeit der Liebe; und ich breitete meinen Zipfel über dich aus, und bedeckte
deine Blöße; und ich schwur dir und
trat in einen Bund mit dir, spricht der
Herr, Jehova, und du wurdest mein.
Und ich badete dich in Wasser, und 9
spülte dein Blut von dir ab, und salbte dich mit Oel. Und ich bekleidete 10
dich mit Buntgewirktem und beschuh-
te dich mit Seekuhfellen, und ich um-
wand dich mit Byssus und bedeckte
dich mit Seide; und ich schmückte 11
dich mit Schmuck: ich legte Armringe an deine Hände und eine Kette um
deinen Hals, und legte einen Reif in 12
deine Nase und Ringe in deine Ohren,
und *setzte* eine Prachtkrone auf dein
Haupt. Und so wurdest du mit Gold 13
und Silber geschmückt, und deine Kleidung war Byssus und Seide und Bunt-
gewirktes; du aßest Feinmehl und Honig und Oel. Und du warst überaus
schön und gelangtest zum Königtum.
Und dein Ruf ging aus unter die Na- 14
tionen wegen deiner Schönheit; denn
sie war vollkommen durch meine Herrlichkeit, die ich auf dich gelegt hatte,
spricht der Herr, Jehova.

Aber du vertrautest auf deine Schön- 15
heit, und du hurtest auf deinen Ruf hin
und gossest deine Hurereien aus über
jeden Vorübergehenden: ihm ward sie.
Und du nahmst von deinen Kleidern 16
und machtest dir bunte Höhen, und
du hurtest auf denselben — was nicht
vorkommen und nicht geschehen sollte. Und du nahmst deine prächtigen 17
Geschmeide von meinem Golde und
von meinem Silber, welches ich dir gegeben hatte, und machtest dir Manns-
bilder und hurtest mit ihnen. Und du 18
nahmst deine buntgewirkten Kleider
und bedecktest sie *damit*; und mein
Oel und mein Räucherwerk setztest
du ihnen vor; und meine Speise, die 19
ich dir gegeben: Feinmehl und Oel
und Honig, womit ich dich gespeist
hatte, die setztest du ihnen vor zum
lieblichen Geruch. Und das ist geschehen, spricht der Herr, Jehova. — Und 20
du nahmst deine Söhne und deine
Töchter, die du mir geboren, und opfertest sie ihnen zum Fraß. War es 21
zu wenig an deiner Hurerei, daß du
meine Kinder schlachtetest und sie
hingabst, indem du sie ihnen durch
das Feuer gehen ließest? Und bei al- 22
len deinen Greueln und deinen Hurereien gedachtest du nicht der Tage
deiner Jugend, als du nackt und bloß
warst, zappelnd in deinem Blute lagst.
— Und es geschah, nach aller deiner 23
Bosheit (wehe, wehe dir! spricht der
Herr, Jehova,) bautest du dir Gewöl- 24
be und machtest dir Höhen auf allen

---

a O. Geburt; wie V. 4.

25 Straßen; an jedem Scheidewege bautest du deine Höhen, und du schän-
detest deine Schönheit und spreiztest
deine Füße gegen jeden Vorübergе-
henden; und du mehrtest deine Hu-
26 rerei. Du hurtest mit den Söhnen
Aegyptens, deinen Nachbarn, *die* groß
an Fleisch *sind*; und du mehrtest dei-
27 ne Hurerei, um mich zu reizen. Und
siehe, ich streckte meine Hand wider
dich aus und verkürzte das dir Bestimmte; und ich gab dich hin der
Gier derer, die dich hassen, der Töchter der Philister, die sich vor deinem
28 unzüchtigen *a* Wege schämen. Und du
hurtest mit den Söhnen Assurs, weil
du nie satt werden kannst; und du
hurtest mit ihnen und wurdest auch
29 nicht satt. Und du mehrtest deine Hurerei nach dem Krämerlande Chaldäa
hin; und auch davon wurdest du nicht
30 satt. Wie schmachtend ist dein Herz!
spricht der Herr, Jehova, indem du
dieses alles tust, das Tun eines aus-
31 gelassenen Hurenweibes, indem du
deine Gewölbe baust an jedem Scheidewege und deine Höhen auf allen
Straßen machst. Und du warst nicht
einmal wie eine Hure, indem du den
32 Lohn verschmähtest; *das* ehebreche-
33 rische Weib nimmt statt ihres Mannes *b* Fremde an! Allen Huren gibt
man Geschenke; d u aber gabst deine
Geschenke allen deinen Buhlen, und
du beschenktest sie, damit sie von
ringsumher zu dir kämen, um Hurerei
34 mit dir zu treiben *c*. Und es geschah
bei dir das Umgekehrte von den Weibern bei deinen Hurereien, daß man
nicht dir nachhurte; denn indem du
Lohn gabst und dir kein Lohn gegeben wurde, bist du das Umgekehrte
gewesen.
35 Darum, Hure, höre das Wort Jeho-
36 vas! So spricht der Herr, Jehova: Weil
deine Unreinigkeit ausgegossen und
deine Blöße aufgedeckt worden ist in
deinen Hurereien mit deinen Buhlen,
und wegen all deiner greulhaften
Götzen und wegen des Blutes *d* deiner
Kinder, die du ihnen gegeben hast:
37 darum, siehe, werde ich alle deine
Buhlen sammeln, denen du gefielst,
und alle, die du geliebt, samt allen,
die du gehaßt hast. Und ich werde sie
von ringsumher wider dich sammeln
und deine Blöße vor ihnen aufdecken,
sodaß sie deine ganze Blöße sehen
38 werden. Und ich werde dich richten
nach den Rechten der Ehebrecherinnen und der Blutvergießerinnen, und
dich machen zum Blute des Grim-
39 mes und der Eifersucht. Und ich werde dich in ihre Hand geben, damit
sie deine Gewölbe zerstören und deine Höhen niederreißen, und dir deine
Kleider ausziehen und deine prächtigen Geschmeide nehmen und dich
40 nackt und bloß liegen lassen. Und sie
werden eine Versammlung wider dich

heraufführen und dich steinigen, und
werden dich mit ihren Schwertern
durchbohren. Und sie werden deine 41
Häuser mit Feuer verbrennen und
Gerichte an dir üben vor den Augen
vieler Weiber. Und so werde ich dich
aufhören lassen, eine Hure zu sein,
und du wirst auch keinen Lohn mehr
geben. Und ich werde meinen Grimm 42
an dir stillen, und mein Eifer wird
von dir weichen; und ich werde ruhig
sein und mich nicht mehr kränken. —
Darum, daß du nicht gedacht hast der 43
Tage deiner Jugend und mich durch
alles dieses gereizt hast, siehe, so habe auch i c h deinen Weg auf deinen
Kopf gebracht, spricht der Herr, Jehova, damit du nicht *mehr* diese Schandtat begehest *e* zu allen deinen Greueln
hinzu.
Siehe, jeder Spruchredner wird über 44
dich das Sprichwort reden und sprechen: Wie die Mutter, so ihre Tochter. Du bist die Tochter deiner Mut- 45
ter, die ihren Mann und ihre Kinder
verschmähte; und du bist die Schwester deiner Schwestern, die ihre Männer und ihre Kinder verschmähten.
Eure Mutter war eine Hethiterin, und
euer Vater ein Amoriter. Und deine 46
größere Schwester ist Samaria mit
ihren Töchtern *f*, die zu deiner Linken
wohnt; und deine Schwester, die kleiner ist als du, *und* die zu deiner Rechten wohnt, ist Sodom mit ihren Töchtern. Aber nicht auf ihren Wegen hast 47
du gewandelt, und nicht nur ein wenig nach ihren Greueln getan; denn
du hast verderbter gehandelt als sie
auf allen deinen Wegen. *So wahr* ich 48
lebe, spricht der Herr, Jehova, Sodom,
deine Schwester, sie und ihre Töchter haben das getan, wie du getan
hast, du und deine Töchter! Siehe, 49
dies war die Missetat Sodoms, deiner
Schwester: Hoffart, Fülle von Brot
und sorglose Ruhe hatte sie mit ihren
Töchtern, aber die Hand des Elenden
und des Armen stärkte sie nicht; und 50
sie waren hochmütig und verübten
Greuel vor meinem Angesicht. Und
ich tat sie hinweg, sobald ich es sah.
Und Samaria hat nicht gesündigt gleich 51
der Hälfte deiner Sünden; und du hast
deiner Greuel mehr gemacht als sie *g*,
und hast deine Schwestern gerechtfertigt durch alle deine Greuel, die
du verübt hast. So trage auch d u deine 52
Schmach, welche du deinen Schwestern zuerkannt hast; durch deine Sünden, die du greulicher begangen hast
als sie, sind sie gerechter als du. Und
so werde auch d u zu Schanden und
trage deine Schmach, weil du deine
Schwestern gerechtfertigt hast.
Und ich werde ihre Gefangenschaft 53
wenden, die Gefangenschaft Sodoms
und ihrer Töchter und die Gefangenschaft Samarias und ihrer Töchter, und
die Gefangenschaft deiner Gefange-

---

a O. lasterhaften. — *b* Eig. unter ihrem Manne *stehend*; vergl. Kap. 23, 5; 4. Mose
5, 19. — *c* Eig. um deiner Hurereien willen. — *d* Eig. und gemäß dem Blute. — *e* O.
damit du nicht *mehr* Unzucht begehest. — *f* d. i. Tochterstädten; so auch nachher.
— *g* d. i. Sodom und Samaria.

54 nen a in ihrer Mitte: auf daß du deine Schmach tragest und dich schämest alles dessen, was du getan hast, indem 55 du sie tröstest. Und deine Schwestern, Sodom und ihre Töchter, werden zurückkehren zu ihrem früheren Stande; und Samaria und ihre Töchter werden zurückkehren zu ihrem früheren Stande; und auch du und deine Töchter, ihr werdet zurückkehren zu eurem 56 früheren Stande. Und Sodom, deine Schwester, wurde nicht erwähnt b in deinem Munde am Tage deiner Hof- 57 färtigkeiten, ehe deine Bosheit aufgedeckt wurde, wie zur Zeit des Hohnes der Töchter Syriens und aller seiner Umgebungen, der Töchter der Philister, die dich verachteten ringsumher. 58 Deine Unzucht und deine Greuel, du 59 wirst sie tragen, spricht Jehova. Denn so spricht der Herr, Jehova: Ja, ich will dir tun, so wie du getan, die du den Eid verachtet und den Bund ge- 60 brochen hast c. — Doch ich will gedenken d meines Bundes mit dir in den Tagen deiner Jugend, und will dir 61 einen ewigen Bund errichten. Und du wirst deiner Wege gedenken und dich schämen, wenn du deine Schwestern empfangen wirst, die größer sind als du, samt denen, die kleiner sind als du, und ich sie dir zu Töchtern geben werde, aber nicht infolge deines Bun- 62 des. Und ich werde meinen Bund mit dir errichten, und du wirst wissen, daß 63 ich Jehova bin: auf daß du eingedenk seiest und dich schämest, und den Mund nicht mehr auftuest wegen deiner Schmach, wenn ich dir alles vergebe, was du getan hast, spricht der Herr, Jehova.

17 Und das Wort Jehovas geschah zu mir also: Menschensohn, gib ein Rät- 2 sel auf und rede im Gleichnis zu dem 3 Hause Israel, und sprich: So spricht der Herr, Jehova: Ein großer Adler mit großen Flügeln, langen Schwingen, voll buntfarbigen Gefieders, kam zum Libanon und nahm den Wipfel 4 einer Zeder. Den obersten ihrer Schößlinge brach er ab und brachte ihn in ein Krämerland, in eine Stadt von 5 Kaufleuten setzte er ihn. Und er nahm von dem Samen e des Landes und setzte ihn in ein Saatfeld, er brachte ihn zu vielen Wassern, behandelte ihn wie 6 eine Weide f. Und er wuchs und wurde zu einem üppigen Weinstock von niedrigem Wuchse, damit seine Ranken sich zu ihm hin g wendeten und seine Wurzeln unter ihm wären; und er wurde zu einem Weinstock und trieb Aeste und breitete sein Laubwerk aus. 7 — Und da war ein anderer großer Adler mit großen Flügeln und vielem Gefieder. Und siehe, von den Beeten seiner Pflanzung aus streckte dieser Weinstock seine Wurzeln lechzend zu ihm hin- und breitete seine Ranken

nach ihm aus, damit er ihn tränke. In ein gutes Feld, an vielen Wassern 8 war er gepflanzt, um Zweige zu treiben und Frucht zu tragen, um zu einem herrlichen Weinstock zu werden. Sprich: So spricht der Herr, Jehova: 9 Wird er gedeihen? Wird man nicht seine Wurzeln ausreißen und seine Frucht abschneiden, sodaß er verdorrt? Alle frischen Blätter seines Triebes werden verdorren; und nicht mit großem Arme und zahlreichem Volke wird es möglich sein, ihn von seinen Wurzeln emporzuheben h. Und 10 siehe, wenngleich er gepflanzt ist, wird er gedeihen? Wird er nicht, sobald der Ostwind ihn berührt, ganz verdorren? Auf den Beeten, wo er wächst, wird er verdorren.

Und das Wort Jehovas geschah zu 11 mir also: Sprich doch zu dem wider- 12 spenstigen Hause: Wisset ihr nicht, was das ist? Sprich: Siehe, der König von Babel i ist nach Jerusalem gekommen, und hat seinen König und seine Fürsten weggenommen und hat sie zu sich nach Babel geführt. Und er hat 13 von dem königlichen Samen genommen und einen Bund mit ihm gemacht, und hat ihn einen Eid eingehen lassen; die Mächtigen des Landes aber hat er mitgenommen, damit das Königreich 14 niedrig wäre, auf daß es sich nicht erhöbe, und damit er seinen Bund hielte, auf daß es bestände. Aber er empörte 15 sich wider ihn, indem er seine Boten nach Aegypten sandte, damit es ihm Rosse und viel Volks gäbe. Wird er gedeihen? Wird er, der solches getan hat, entrinnen? Da er den Bund gebrochen hat, sollte er entrinnen? So wahr ich lebe, 16 spricht der Herr, Jehova, wenn er nicht an dem Orte des Königs, der ihn zum König gemacht hat, dessen Eid er verachtet und dessen Bund er gebrochen hat, bei ihm in Babel sterben wird! Und 17 nicht wird der Pharao mit einem großen Heere und mit einer zahlreichen Schar für ihn etwas ausrichten im Kriege, wenn man einen Wall aufschüttet und Belagerungstürme baut, um viele Seelen auszurotten j. Da er den Eid ver- 18 achtet und den Bund gebrochen hat, — und siehe, er hatte seine Hand darauf gegeben und tat dennoch alles dieses — so wird er nicht entrinnen. Dar- 19 um spricht der Herr, Jehova, also: So wahr ich lebe, wenn ich nicht meinen Eid, den er verachtet, und meinen Bund, den er gebrochen hat, ihm auf seinen Kopf bringe! Und ich will mein 20 Netz über ihn ausbreiten, und in meinem Garne wird er gefangen werden; und ich will ihn nach Babel bringen und daselbst mit ihm rechten wegen seiner Treulosigkeit, die er gegen mich begangen hat. Und alle seine Flücht- 21 linge unter allen seinen Scharen, sie werden durchs Schwert fallen, und die

---

Uebriggebliebenen in alle Winde zerstreut werden. Und ihr werdet wissen, daß ich, Jehova, geredet habe.

22 So spricht der Herr, Jehova: Und ich werde von dem Wipfel der hohen Zeder *einen Schößling* nehmen und ihn setzen; von dem obersten ihrer Schößlinge werde ich einen zarten abbrechen und ihn pflanzen auf einen hohen 23 und erhabenen Berg. Auf den hohen Berg *a* Israels werde ich ihn pflanzen; und er wird Zweige treiben und Frucht tragen und zu einer herrlichen Zeder werden; und unter ihr werden alle Vögel wohnen, alles Geflügelte: im Schatten ihrer Zweige werden sie 24 wohnen. Und alle Bäume des Feldes werden erkennen, daß ich, Jehova, den hohen Baum erniedrigt, den niedrigen Baum erhöht habe, den grünen Baum verdorren und den dürren Baum grünen *b* ließ. Ich, Jehova, habe geredet und werde es tun.

18 Und das Wort Jehovas geschah zu mir also: Was habt ihr, daß ihr die-2 sen Spruch im Lande Israel gebrauchet und sprechet: Die Väter essen Herlinge, und die Zähne der Söhne 3 werden stumpf? *So wahr* ich lebe, spricht der Herr, Jehova, wenn ihr ferner diesen Spruch in Israel gebrau-4 chen sollt! Siehe, alle Seelen sind mein; wie die Seele des Vaters, so auch die Seele des Sohnes: sie sind mein; die Seele, welche sündigt, die soll sterben. *c*

5 Und wenn jemand gerecht ist und 6 Recht und Gerechtigkeit übt, auf den Bergen nicht isset und seine Augen nicht erhebt zu den Götzen des Hauses Israel, und das Weib seines Nächsten nicht verunreinigt und dem Weibe 7 in ihrer Unreinigkeit nicht naht, und niemand bedrückt, sein Schuldpfand zurückgibt, keinen Raub begeht, sein Brot dem Hungrigen gibt und den 8 Nackten mit Kleidung bedeckt, auf Zins nicht gibt und Wucher *d* nicht nimmt, seine Hand vom Unrecht zurückhält, der Wahrheit gemäß zwi-9 schen Mann und Mann richtet, in meinen Satzungen wandelt und meine Rechte hält, um nach Wahrheit zu handeln: der ist gerecht; er soll gewißlich leben, spricht der Herr, Jehova. — 10 Zeugt er aber einen gewalttätigen Sohn, der Blut vergießt und irgend 11 eines von diesen tut, — er selbst aber hat alles dieses nicht getan — wenn er sogar auf den Bergen isset, und das Weib seines Nächsten verunreinigt, 12 den Elenden und den Armen bedrückt, Raub begeht, das Pfand nicht zurückgibt, und seine Augen zu den 13 Götzen erhebt, Greuel verübt, auf Zins gibt und Wucher nimmt: sollte er leben? Er soll nicht leben! Alle diese Greuel hat er verübt; er soll gewißlich getötet werden, sein Blut soll 14 auf ihm sein. — Und siehe, er zeugt einen einen Sohn, und dieser sieht alle

Sünden seines Vaters, die er tut; er sieht sie und tut nicht dergleichen: er 15 isset nicht auf den Bergen und erhebt nicht seine Augen zu den Götzen des Hauses Israel, er verunreinigt nicht das Weib seines Nächsten, und er be- 16 drückt niemand, nimmt kein Pfand und begeht keinen Raub, er gibt dem Hungrigen sein Brot und bedeckt den Nackten mit Kleidung, er hält seine 17 Hand von dem Elenden zurück, nimmt weder Zins noch Wucher, er tut meine Rechte, wandelt in meinen Satzungen: der wird nicht wegen der Ungerechtigkeit seines Vaters sterben; er soll gewißlich leben. Sein Vater, weil er 18 Erpressung *e* verübt, Raub am Bruder begangen, und was nicht gut war inmitten seines Volkes getan hat: siehe, der soll wegen seiner Ungerechtigkeit sterben.

Und sprechet ihr: Warum trägt der 19 Sohn die Ungerechtigkeit des Vaters nicht mit? Der Sohn hat ja Recht und Gerechtigkeit geübt, hat alle meine Satzungen gehalten und sie getan: er soll gewißlich leben. Die Seele, welche 20 sündigt, *die* soll sterben. Ein Sohn soll nicht die Ungerechtigkeit des Vaters mittragen, und ein Vater nicht die Ungerechtigkeit des Sohnes mittragen; die Gerechtigkeit des Gerechten soll auf ihm sein, und die Gesetzlosigkeit des Gesetzlosen soll auf ihm sein. Wenn aber der Gesetzlose umkehrt 21 von allen seinen Sünden, die er getan hat, und alle meine Satzungen hält und Recht und Gerechtigkeit übt, so soll er gewißlich leben, er soll nicht sterben. Aller seiner Uebertretungen, 22 die er begangen hat, soll ihm nicht gedacht werden; wegen seiner Gerechtigkeit, die er geübt hat, soll er leben. Habe ich irgendwie Gefallen an dem 23 Tode des Gesetzlosen, spricht der Herr, Jehova? nicht *vielmehr* daran, daß er von seinen Wegen umkehre und lebe? Wenn aber ein Gerechter von seiner 24 Gerechtigkeit umkehrt und unrecht tut, nach all den Greueln tut, die der Gesetzlose verübt hat, sollte er leben? Aller seiner gerechten Taten *f*, die er getan hat, soll nicht gedacht werden; wegen seiner Treulosigkeit, die er begangen, und wegen seiner Sünde, die er getan hat, wegen dieser soll er sterben. — Und ihr sprechet: Der Weg des 25 Herrn ist nicht recht. Höret doch, Haus Israel: Ist mein Weg nicht recht? Sind nicht *vielmehr* eure Wege nicht recht? Wenn ein Gerechter von seiner Ge- 26 rechtigkeit umkehrt und unrecht tut, und um deswillen stirbt, so stirbt er wegen seines Unrechts, das er getan hat. Wenn aber ein Gesetzloser um- 27 kehrt von seiner Gesetzlosigkeit, die er begangen hat, und Recht und Gerechtigkeit übt: er wird seine Seele am Leben erhalten. Sieht er es ein und 28 kehrt er um von allen seinen Uebertretungen, die er begangen hat, so soll

---

a Vergl. Kap. 20, 40. — *b* Eig. treiben, blühen. — *c* Vergl. Jer. 31, 29. 30. — *d* Eig. Aufschlag bei der Rückerstattung entlehnter Naturerzeugnisse; so auch V. 13. — *e* O. Gewalttat. — *f* W. Gerechtigkeiten.

er gewißlich leben, er soll nicht ster-
29 ben. — Aber das Haus Israel spricht:
Der Weg des Herrn ist nicht recht.
Sind meine Wege nicht recht, Haus
Israel? Sind nicht *vielmehr* eure Wege
30 nicht recht? Darum werde ich euch
richten, Haus Israel, einen jeden nach
seinen Wegen, spricht der Herr, Jehova. Kehret um, und wendet euch
ab von allen euren Uebertretungen,
daß es euch nicht ein Anstoß zur
31 Missetat werde; werfet von euch alle
eure Uebertretungen, womit ihr übertreten habt, und schaffet euch ein
neues Herz und einen neuen Geist!
denn warum wollt ihr sterben, Haus
32 Israel? Denn ich habe kein Gefallen
am Tode des Sterbenden, spricht der
Herr, Jehova. So kehret um und lebet!

19 Und du, erhebe ein Klagelied über
die Fürsten Israels und sprich: Welch
2 eine Löwin war deine Mutter! Zwischen Löwen lagerte sie, unter jungen
3 Löwen zog sie ihre Jungen groß. *a* Und
sie zog eines von ihren Jungen auf,
es wurde ein junger Löwe; und er
lernte Raub rauben, er fraß Menschen.
4 Und die Völker *b* hörten von ihm, in
ihrer Grube wurde er gefangen; und
sie brachten ihn mit Nasenringen *c* in
5 das Land Aegypten. Und als sie sah,
daß ihre Hoffnung dahin, verloren war,
da nahm sie ein anderes von ihren
Jungen, machte es zu einem jungen
6 Löwen. Und es wandelte unter Löwen, wurde ein junger Löwe; und er
lernte Raub rauben, er fraß Menschen.
7 Und er zerstörte ihre Paläste *d*, verheerte ihre Städte; und das Land und
seine Fülle entsetzte sich *e* vor der
8 Stimme seines Gebrülls. Da stellten
sich gegen ihn die Völker *b* ringsum
aus den Landschaften; und sie breiteten ihr Netz über ihn aus, in ihrer
9 Grube wurde er gefangen. Und sie
setzten ihn mit Nasenringen *c* in den
Käfig und brachten ihn zu dem König
von Babel; sie brachten ihn in eine
der Festen, auf daß seine Stimme nicht
mehr gehört würde auf den Bergen
Israels.
10 Deine Mutter war wie ein Weinstock, gleich dir *f* an Wassern gepflanzt;
von vielen Wassern wurde er frucht-
11 bar und voll Ranken. Und er bekam
starke Zweige zu Herrscher-Zeptern,
und sein Wuchs erhob sich bis zwischen die Wolken; und er wurde sichtbar durch seine Höhe, durch die Menge
12 seiner Aeste. Da wurde er ausgerissen im Grimm, zu Boden geworfen,
und der Ostwind dörrte seine Frucht;
seine starken Zweige wurden abgerissen und dürr, Feuer verzehrte sie.
13 Und nun ist er in die Wüste gepflanzt,
in ein dürres und durstiges Land.
14 Und ein Feuer ist ausgegangen vom
Gezweige seiner Ranken, hat seine

Frucht verzehrt; und an ihm ist kein
starker Zweig mehr, kein Zepter zum
Herrschen.
Das ist ein Klagelied und wird zum
Klageliede.

Und es geschah im siebenten Jahre, **20**
im fünften *Monat*, am zehnten des
Monats, da kamen Männer von den
Aeltesten Israels, um Jehova zu befragen; und sie setzten sich vor mir
nieder. Und das Wort Jehovas geschah 2
zu mir also: Menschensohn, rede zu 3
den Aeltesten Israels und sprich zu
ihnen: So spricht der Herr, Jehova:
Um mich zu befragen, seid ihr gekommen? *So wahr* ich lebe, wenn ich mich
von euch befragen lasse! spricht der
Herr, Jehova. Willst du sie richten? 4
willst du richten, Menschensohn? Tue
ihnen kund die Greuel ihrer Väter
und sprich zu ihnen: So spricht der 5
Herr, Jehova: An dem Tage, da ich
Israel erwählte, und ich meine Hand
dem Samen des Hauses Jakob erhob *g*,
und ihnen im Lande Aegypten mich
kundgab, und meine Hand ihnen erhob und sprach: Ich bin Jehova, euer
Gott — an jenem Tage erhob ich ihnen 6
meine Hand, daß ich sie aus dem
Lande Aegypten führen würde in ein
Land, welches ich für sie erspäht hatte,
das von Milch und Honig fließt; die
Zierde ist es von allen Ländern. Und ich 7
sprach zu ihnen: Werfet ein jeder die
Scheusale seiner Augen weg, und verunreiniget euch nicht mit den Götzen
Aegyptens; ich bin Jehova, euer Gott.
Aber sie waren widerspenstig gegen 8
mich und wollten nicht auf mich hören; keiner warf die Scheusale seiner
Augen weg, und von den Götzen Aegyptens ließen sie nicht. Da gedachte ich
meinen Grimm über sie auszugießen,
meinen Zorn an ihnen zu vollenden
mitten im Lande Aegypten. Aber ich 9
handelte um meines Namens willen,
auf daß er nicht entweiht würde vor
den Augen der Nationen, in deren
Mitte sie waren, vor deren Augen ich
mich ihnen kundgegeben hatte, um sie
aus dem Lande Aegypten zu führen;
und ich führte sie aus dem Lande 10
Aegypten und brachte sie in die Wüste.
Und ich gab ihnen meine Satzungen 11
und tat ihnen meine Rechte kund, durch
welche der Mensch, wenn er sie tut,
leben wird. Und auch meine Sabbathe 12
gab ich ihnen, damit sie zum Denkzeichen wären zwischen mir und ihnen, auf daß sie wissen *h* möchten, daß
ich Jehova bin, der sie heiligt *i*. — Aber 13
das Haus Israel war widerspenstig gegen mich in der Wüste; sie wandelten nicht in meinen Satzungen und verwarfen meine Rechte, durch welche der
Mensch, wenn er sie tut, leben wird;
und sie entweihten meine Sabbathe
sehr. Da gedachte ich meinen Grimm

---

a O. Warum lagerte deine Mutter, eine Löwin, zwischen Löwen, zog unter . . . groß ?
— *b* Anderswo mit „Nationen" übersetzt. — *c* Eig. Haken (welche durch die Nase gezogen wurden); dasselbe Wort wie Hiob 40, 21. — *d* So mit geringer Veränderung. Im
hebr. Text steht: Und er kannte ihre Paläste (oder Schlösser). — *e* O. verödete. —
f And. üb.: zur Zeit deiner Ruhe. — *g* d. h. zum Schwure. — *h* O. erkennen, erfahren; so auch nachher. — *i* O. daß ich ich, Jehova, sie heilige.

über sie auszugießen in der Wüste, um 14 sie zu vernichten. Aber ich handelte um meines Namens willen, auf daß er nicht entweiht würde vor den Augen der Nationen, vor deren Augen ich 15 sie ausgeführt hatte. Und ich erhob ihnen auch *a* meine Hand in der Wüste, daß ich sie nicht in das Land bringen würde, welches ich *ihnen* gegeben hatte, das von Milch und Honig fließt; die Zierde ist es von allen Ländern: 16 weil sie meine Rechte verwarfen und in meinen Satzungen nicht wandelten und meine Sabbathe entweihten; denn ihr Herz wandelte ihren Götzen nach. 17 Aber mein Auge schonte ihrer, daß ich sie nicht verderbte und ihnen nicht den Garaus machte in der Wüste.

18 Und ich sprach zu ihren Kindern in der Wüste: Wandelt nicht in den Satzungen eurer Väter, und haltet ihre Rechte nicht, und verunreinigt euch 19 nicht mit ihren Götzen. Ich bin Jehova, euer Gott: wandelt in meinen Satzungen, und haltet meine Rechte und 20 tut sie; und heiliget meine Sabbathe, damit sie zum Denkzeichen seien zwischen mir und euch, auf daß ihr wisset, daß ich Jehova bin, euer Gott. — 21 Aber die Kinder waren widerspenstig gegen mich; sie wandelten nicht in meinen Satzungen und hielten meine Rechte nicht, um sie zu tun, durch welche der Mensch, wenn er sie tut, leben wird; sie entweihten meine Sabbathe. Da gedachte ich, meinen Grimm über sie auszugießen, meinen Zorn an 22 ihnen zu vollenden in der Wüste. Aber ich zog meine Hand zurück, und handelte um meines Namens willen, auf daß er nicht entweiht würde vor den Augen der Nationen, vor deren Augen 23 ich sie ausgeführt hatte. Auch erhob ich ihnen meine Hand in der Wüste, daß ich sie unter die Nationen versprengen und sie in die Länder zerstreuen 24 würde, weil sie meine Rechte nicht taten und meine Satzungen verwarfen und meine Sabbathe entweihten, und ihre Augen hinter den Götzen 25 ihrer Väter her waren. Und auch ich *h* gab ihnen Satzungen, die nicht gut waren, und Rechte, durch welche sie 26 nicht leben konnten. Und ich verunreinigte sie durch ihre Gaben, indem sie alles, was die Mutter bricht, durch *das Feuer* gehen ließen: auf daß ich sie verwüstete *b*, damit sie wissen möchten, daß ich Jehova bin.

27 Darum, Menschensohn, rede zum Hause Israel und sprich zu ihnen: So spricht der Herr, Jehova: Auch noch dadurch haben eure Väter mich geschmäht *c*, als sie Treulosigkeit gegen 28 mich begingen: Als ich sie in das Land gebracht, welches ihnen zu geben ich meine Hand erhoben hatte, ersahen sie jeden hohen Hügel und jeden dichtbelaubten Baum: und sie opferten daselbst ihre Schlachtopfer, und

gaben daselbst ihre Aerger erregenden Opfergaben *d*, und brachten daselbst den Duft ihrer Wohlgerüche dar, und spendeten daselbst ihre Trankopfer. Und ich sprach zu ihnen: Was ist das 29 für eine Höhe, wohin ihr gehet? Und ihr Name wird Bama *e* genannt bis auf diesen Tag. — Darum sprich zum Hau- 30 se Israel: So spricht der Herr, Jehova: Wie? ihr verunreinigt euch auf dem Wege eurer Väter und huret ihren Scheusalen nach; und ihr verun- 31 reinigt euch bis auf diesen Tag an allen euren Götzen durch das Darbringen *f* eurer Gaben, indem ihr eure Kinder durch das Feuer gehen lasset! und ich sollte mich von euch befragen lassen, Haus Israel? *So wahr ich lebe*, spricht der Herr, Jehova, wenn ich mich von euch befragen lasse! Und 32 was in eurem Geiste aufgestiegen ist, wird keineswegs geschehen, daß ihr sprechet: Wir wollen sein wie die Nationen und wie die Geschlechter der Länder, indem wir Holz und Stein dienen. *So wahr ich lebe*, spricht der 33 Herr, Jehova, wenn ich nicht mit starker Hand und mit ausgestrecktem Arm und mit ausgegossenem Grimm über euch regieren werde! Und ich 34 werde euch herausführen aus den Völkern und euch aus den Ländern sammeln, in welche ihr zerstreut worden seid, mit starker Hand und mit ausgestrecktem Arm und mit ausgegossenem Grimm. Und ich werde euch in 35 die Wüste der Völker bringen und daselbst mit euch rechten von Angesicht zu Angesicht; wie ich mit euren Vä- 36 tern gerechtet habe in der Wüste des Landes Aegypten, also werde ich mit euch rechten, spricht der Herr, Jehova. Und ich werde euch unter dem 37 Stabe hindurchziehen lassen *g*, und euch in das Band des Bundes bringen. Und ich werde die Empörer und die 38 von mir Abgefallenen von euch ausscheiden; ich werde sie herausführen aus dem Lande ihrer Fremdlingschaft, aber in das Land Israel soll keiner *von ihnen* kommen. Und ihr werdet wissen, daß ich Jehova bin.

Ihr denn, Haus Israel, so spricht der 39 Herr, Jehova: Gehet hin, dienet ein jeder seinen Götzen. Aber nachher — wahrlich, ihr werdet auf mich hören, und werdet meinen heiligen Namen nicht mehr entweihen mit euren Gaben und mit euren Götzen. Denn auf 40 meinem heiligen Berge, auf dem hohen Berge Israels, spricht der Herr, Jehova, daselbst wird mir das ganze Haus Israel insgesamt dienen im Lande; daselbst werde ich sie wohlgefällig annehmen, und daselbst werde ich eure Hebopfer fordern und die Erstlinge eurer Gaben, in allen euren geheiligten Dingen. Als einen lieblichen 41 Geruch werde ich euch wohlgefällig annehmen, wenn ich euch aus den

---

a Eig. Und ich, derselbe, erhob ihnen; so auch V. 23. — *b* O. zum Entsetzen brächte. — *c* O. verlästert. — *d* W. die Kränkung (oder Reizung) ihrer Opfergaben. — *e* Höhe. — *f* Eig. Erheben. — *g* wie der Hirt, um die Schafe zu zählen; vergl. 3. Mose 27, 32; Jer. 33, 13.

Völkern herausführe und euch aus den Ländern sammle, in welche ihr zerstreut worden seid, und ich mich vor den Augen der Nationen an euch heilige a. Und ihr werdet wissen, daß ich 42 Jehova bin, wenn ich euch in das Land Israel bringe, in das Land, welches euren Vätern zu geben ich meine Hand erhoben habe. Und ihr wer- 43 det daselbst eurer Wege und all eurer Handlungen gedenken, durch welche ihr euch verunreinigt habt; und ihr werdet Ekel an euch selbst empfinden wegen all eurer Uebeltaten, die ihr begangen habt. Und ihr werdet wis- 44 sen, daß ich Jehova bin, wenn ich mit euch handle um meines Namens willen, *und* nicht nach euren bösen Wegen und nach euren verderbten Handlungen, Haus Israel, spricht der Herr, Jehova.

21 Und das Wort Jehovas geschah zu mir also: Menschensohn, richte dein Angesicht gegen Süden und rede b 2 gegen Mittag, und weissage über den Wald des Gefildes im Süden c und 3 sprich zu dem Walde des Südens: Höre das Wort Jehovas! So spricht der Herr, Jehova: Siehe, ich will in dir ein Feuer anzünden, welches jeden grünen Baum und jeden dürren Baum in dir verzehren wird; die lodernde Flamme wird nicht erlöschen, und vom Süden bis zum Norden werden alle Angesichter dadurch versengt werden. Und 4 alles Fleisch soll sehen, daß ich, Jehova, es angezündet habe; es wird nicht erlöschen. Und ich sprach: Ach, 5 Herr, Jehova! sie sagen von mir: Redet er nicht in Gleichnissen?

Und das Wort Jehovas geschah zu 6 mir also: Menschensohn, richte dein 7 Angesicht gegen Jerusalem und rede b über die Heiligtümer, und weissage über das Land Israel; und sprich zu 8 dem Lande Israel: So spricht Jehova: Siehe, ich will an dich, und will mein Schwert aus seiner Scheide ziehen; und ich will aus dir ausrotten den Gerechten und den Gesetzlosen! Darum, 9 weil ich aus dir den Gerechten und den Gesetzlosen ausrotten will, darum soll mein Schwert aus seiner Scheide fahren wider alles Fleisch vom Süden bis zum Norden. Und al- 10 les Fleisch wird wissen, daß ich, Jehova, mein Schwert aus seiner Scheide gezogen habe; es soll nicht wieder zurückkehren. Und du, Menschensohn, 11 seufze, daß die Hüften brechen d, und mit bitterem Schmerze seufze vor ihren Augen! Und es soll geschehen, 12 wenn sie zu dir sprechen: Warum seufzest du? so sollst du sprechen: Wegen der kommenden Gerüchtes e; und jedes Herz wird zerschmelzen, und alle Hände werden erschlaffen,

und jeder Geist wird verzagen, und alle Kniee werden zerfließen wie Wasser; siehe, es kommt und wird geschehen, spricht der Herr, Jehova.

Und das Wort Jehovas geschah zu 13 mir also: Menschensohn, weissage und 14 sprich: So spricht der Herr: Sprich: Ein Schwert, ein Schwert, geschärft und auch geschliffen! Damit eine 15 Schlachtung anrichte, ist es geschärft; damit es blitze, ist es geschliffen. Oder sollen wir uns freuen *und sagen*: Das Zepter meines Sohnes verachtet alles Holz? Aber man hat es zu schleifen 16 gegeben, um es in der Hand zu führen. Das Schwert, geschärft ist es und geschliffen, um es in die Hand des Würgers zu geben. Schreie und heule, 17 Menschensohn! denn es ist gegen mein Volk, es ist gegen alle Fürsten Israels: samt meinem Volke sind sie dem Schwerte verfallen; darum schlage dich auf die Lenden. Denn die 18 Probe ist gemacht; und was? wenn sogar das verachtende Zepter nicht mehr sein wird f? spricht der Herr, Jehova. — Und du, Menschensohn, weis- 19 sage und schlage die Hände zusammen; denn das Schwert, das Schwert der Erschlagenen, wird sich ins Dreifache vervielfältigen; es ist das Schwert des erschlagenen Großen g, welches sie umkreist. Damit das Herz zerfließe und 20 viele hinstürzen h, habe ich das schlachtende Schwert wider alle ihre Tore gerichtet. Wehe! zum Blitzen ist es gemacht, zum Schlachten geschärft i. Nimm dich zusammen nach rechts, 21 richte dich nach links, wohin deine Schneide bestimmt ist! Und auch ich 22 will meine Hände zusammenschlagen und meinen Grimm stillen. Ich, Jehova, habe geredet.

Und das Wort Jehovas geschah zu 23 mir also: Und du, Menschensohn, ma- 24 che dir zwei Wege, auf welchen das Schwert des Königs von Babel kommen soll j: von einem Lande sollen sie beide ausgehen; und zeichne einen Wegweiser, am Anfang des Weges nach der Stadt zeichne ihn. Du sollst 25 einen Weg machen, damit das Schwert nach Rabbath der Kinder Ammon komme, und nach Juda in das befestigte Jerusalem. Denn der König von Ba- 26 bel bleibt am Kreuzwege stehen, am Anfang der beiden Wege, um sich wahrsagen zu lassen k; er schüttelt die Pfeile, befragt die Teraphim, beschaut die Leber. In seine Rechte 27 fällt l die Wahrsagung m „Jerusalem"n, daß er Sturmböcke aufstelle, den Mund auftue mit Geschrei, die Stimme erhebe mit Feldgeschrei, Sturmböcke gegen die Tore aufstelle, Wälle aufschütte und Belagerungstürme baue. — Und es wird ihnen wie eine falsche 28

a d. h. mich heilig erweise. — b Eig. träufle *deine Worte*. — c Das hebr. Wort bezeichnet stets den Süden Palästinas. — d Eig. mit Brechen der Hüften, d. h. mit einem Schmerze, der die Hüften brechen könnte. — e W. Wegen des Gerüchtes, weil es kommt. — f O. zu nichts wird. — g Vergl. V. 30. — h W. und die Anstöße sich mehren. — i Und. i. gezückt. — j Eig. damit das Schwert . . . komme (wie V. 25). — k Eig. um Wahrsagung vorzunehmen. — l Eig. wird, kommt. — m O. das Los. — n d. h. die Wahrsagung, die sich auf Jerusalem bezieht.

Wahrsagung in ihren Augen sein; Eide um Eide*a* haben sie; er aber wird die Ungerechtigkeit*b* in Erinnerung bringen, auf daß sie ergriffen werden.

29 Darum, so spricht der Herr, Jehova: Weil ihr eure Ungerechtigkeit*b* in Erinnerung bringet, indem eure Uebertretungen offenbar werden, sodaß eure Sünden in allen euren Handlungen zum Vorschein kommen — weil ihr in Erinnerung kommet, werdet ihr von der Hand*c* ergriffen werden. 30 Und du, Unheiliger, Gesetzloser, Fürst Israels, dessen Tag gekommen ist zur Zeit der Ungerechtigkeit des 31 Endes! so spricht der Herr, Jehova: Hinweg mit dem Kopfbund*d* und fort mit der Krone! Dies wird nicht mehr sein. *e* Das Niedrige werde erhöht und 32 das Hohe erniedrigt! Umgestürzt, umgestürzt, umgestürzt will ich sie machen; auch dies wird nicht mehr sein — bis der kommt, welchem das Recht gehört: dem werde ich's geben.

33 Und du, Menschensohn, weissage und sprich: So spricht der Herr, Jehova, über die Kinder Ammon und über ihren Hohn; und sprich: Ein Schwert, ein Schwert, zur Schlachtung gezückt, geschliffen, damit es fresse, 34 damit es blitze, (während man dir Eitles*f* schaut, während man dir Lügen wahrsagt) um dich zu den Hälsen der erschlagenen Gesetzlosen zu legen, deren Tag gekommen ist zur Zeit der Ungerechtigkeit des Endes! 35 Stecke es wieder in seine Scheide! An dem Orte, wo du geschaffen bist, in dem Lande deines Ursprungs, wer- 36 de ich dich richten. Und ich werde meinen Zorn über dich ausgießen, das Feuer meines Grimmes wider dich anfachen; und ich werde dich in die Hand roher*g* Menschen geben, welche 37 Verderben schmieden. Du wirst dem Feuer zum Fraße werden, dein Blut wird inmitten des Landes sein; deiner wird nicht mehr gedacht werden. Denn ich, Jehova, habe geredet.

22 Und das Wort Jehovas geschah zu mir also: Und du, Menschensohn, 2 willst du richten, willst du richten die Stadt der Blutschuld? so tue ihr 3 kund alle ihre Greuel und sprich: So spricht der Herr, Jehova: Stadt, die Blut vergießt in ihrer Mitte, damit ihre Zeit komme, und welche sich*h* Götzen macht, um sich zu verunreini- 4 gen! durch dein Blut, das du vergossen, hast du dich verschuldet, und durch deine Götzen, die du gemacht, hast du dich verunreinigt; und du hast deine Tage herbeigeführt und bist zu deinen Jahren gekommen. Darum habe ich dich den Nationen zum Hohne gemacht und allen Ländern zum Spott. 5 Die Nahen und die von dir Entfern-

ten werden dich verspotten als befleckten Namens*i* und reich an Verwirrung. — Siehe, in dir waren die 6 Fürsten Israels, ein jeder nach seiner Kraft, um Blut zu vergießen. Vater 7 und Mutter verachteten sie*j* in dir, an dem Fremdling handelten sie gewalttätig in deiner Mitte, Waisen und Witwen bedrückten sie in dir. Meine heiligen Dinge hast du verachtet und 8 meine Sabbathe entweiht. Verleumder 9 waren in dir, um Blut zu vergießen; und auf den Bergen in dir haben sie*j* gegessen, sie haben in deiner Mitte Schandtaten verübt. In dir hat man 10 die Blöße des Vaters aufgedeckt, in dir haben sie die Unreine in ihrer Unreinigkeit geschwächt. Und der eine 11 hat Greuel verübt mit dem Weibe seines Nächsten, und der andere hat seine Schwiegertochter durch Schandtat verunreinigt, und ein anderer hat in dir seine Schwester, die Tochter seines Vaters, geschwächt. In dir haben 12 sie Geschenke genommen, um Blut zu vergießen; du hast Zins und Wucher*k* genommen und deinen Nächsten mit Gewalt übervorteilt. Mich aber hast du vergessen, spricht der Herr, Jehova.

Und siehe,ich schlage in meine Hand*l* 13 wegen deines unrechtmäßigen Gewinnes, den du gemacht hast, und über deine Blutschuld, die in deiner Mitte ist. Wird dein Herz feststehen, oder 14 werden deine Hände stark sein an dem Tage, da ich mit dir handeln werde? Ich, Jehova, habe geredet und werde es tun. Und ich werde dich verspren- 15 gen unter die Nationen und dich zerstreuen in die Länder, und deine Unreinigkeit gänzlich aus dir wegschaffen. Und du wirst durch dich selbst 16 entweiht werden vor den Augen der Nationen; und du wirst wissen*m*, daß ich Jehova bin.

Und das Wort Jehovas geschah zu 17 mir also: Menschensohn, das Haus Is- 18 rael ist mir zu Schlacken geworden; sie alle sind Erz und Zinn und Eisen und Blei im Schmelzofen ; Silberschlacken sind sie geworden. Darum, so 19 spricht der Herr, Jehova: Weil ihr alle zu Schlacken geworden seid, darum, siehe, werde ich euch in Jerusalem zusammentun. Wie man Silber 20 und Erz und Eisen und Blei und Zinn in einen Schmelzofen zusammentut, um Feuer darüber anzublasen zum Schmelzen, also werde ich euch in meinem Zorn und in meinem Grimm zusammentun und euch hineinlegen und schmelzen. Und ich werde euch 21 sammeln und das Feuer meines Grimmes über euch anblasen, daß ihr in Jerusalem *n* geschmolzen werdet. Wie 22 Silber im Ofen geschmolzen wird, also werdet ihr in Jerusalem *n* geschmolzen werden. Und ihr werdet wissen, daß

---

a Eig. Eide der Eide, d. h. die stärksten Eide. — *b* O. Missetat, Schuld. — *c* d. i. des Würgers (V. 16). — *d* d. h. des Hohenpriesters. — *e* Eig. Dieses *wird* nicht mehr dieses sein. — *f* O. Nichtiges, Falsches; so auch Kap. 22, 28. — *g* Eig. viehischer. — *h* Eig. bei sich. — *i* d. h. befleckten Rufes. — *j* d. h. die ganze Bevölkerung; wie V. 10. 12. — *k* S. die Anm. zu Kap. 18, 8. — *l* als Zeichen der Entrüstung. — *m* O. erkennen, erfahren; so auch nachher. — *n* W. in ihr.

ich, Jehova, meinen Grimm über euch ausgegossen habe.

23 Und das Wort Jehovas geschah zu
24 mir also: Menschensohn, sprich zu ihm: Du bist ein Land, das nicht beschienen *a*, nicht beregnet wird *b* am
25 Tage des Zornes. Verschwörung seiner Propheten *c* ist in ihm; gleich einem brüllenden Löwen, der Beute zerreißt, fressen sie Seelen, nehmen Reichtum und Kostbarkeiten, mehren *d* seine
26 Witwen in seiner Mitte. Seine Priester tun meinem Gesetze Gewalt an und entweihen meine heiligen Dinge; zwischen Heiligem und Unheiligem unterscheiden sie nicht, und den Unterschied zwischen Unreinem und Reinem tun sie nicht kund; und vor meinen Sabbathen verhüllen sie ihre Augen, und ich werde in ihrer Mitte ent-
27 heiligt. Seine Fürsten in ihm sind wie Wölfe, die Beute zerreißen, indem sie Blut vergießen, Seelen vertilgen, um unrechtmäßigen Gewinn zu erlangen.
28 Und seine Propheten bestreichen ihnen *e* alles mit Tünche, indem sie Eitles schauen und ihnen Lügen wahrsagen und sprechen: So spricht der Herr, Jehova! und doch hat Jehova
29 nicht geredet. Das Volk des Landes *f* verübt Erpressung *g* und begeht Raub; und den Elenden und Dürftigen bedrücken sie, und den Fremdling über-
30 vorteilen *h* sie widerrechtlich. Und ich suchte einen Mann unter ihnen, der die Mauer zumauern und vor mir in den Riß treten möchte für das Land, auf daß ich es nicht verderbte; aber
31 ich fand keinen. Und ich gieße meinen Zorn über sie aus, vernichte sie durch das Feuer meines Grimmes; ich bringe ihren Weg auf ihren Kopf, spricht der Herr, Jehova.

23 Und das Wort Jehovas geschah zu
mir also: Menschensohn, es waren
2 zwei Weiber, Töchter e i n e r Mutter.
3 Und sie hurten in Aegypten, in ihrer Jugend hurten sie; dort wurden ihre Brüste gedrückt, und dort betastete
4 man ihren jungfräulichen Busen. Und ihre Namen sind Ohola *i*, die größere, und Oholiba *j*, ihre Schwester. Und sie wurden mein und gebaren Söhne und Töchter; und was ihre Namen betrifft: Samaria ist Ohola, und Jerusalem ist Oholiba.
5 Und Ohola hurte, *als sie* unter mir *war*. Und sie entbrannte gegen ihre Buhlen, gegen die Assyrer, die nahe
6 waren, gekleidet in Purpurblau, Landpfleger und Statthalter, allesamt anmutige Jünglinge *k*, Reiter, auf Rossen
7 reitend. Und sie richtete ihre Hurereien auf sie, die Auswahl der Söhne Assurs insgesamt; und mit allen, gegen welche sie entbrannte, mit allen deren Götzen verunreinigte sie sich.

Und auch ihre Hurereien von Aegyp- 8 ten her ließ sie nicht; denn sie hatten bei ihr gelegen in ihrer Jugend, und hatten ihren jungfräulichen Busen betastet und ihre Hurerei über sie ausgegossen. Darum habe ich sie in die 9 Hand ihrer Buhlen gegeben, in die Hand der Söhne Assurs, gegen welche sie entbrannt war. Sie deckten ihre 10 Blöße auf, nahmen ihre Söhne und ihre Töchter weg, und sie selbst töteten sie mit dem Schwerte; und so wurde sie berüchtigt unter den Weibern, und man übte Gerichte an ihr.

Und ihre Schwester Oholiba sah es, 11 und sie trieb ihre Lüsternheit ärger als sie, und ihre Hurereien weiter als die Hurereien ihrer Schwester. Sie 12 entbrannte gegen die Söhne Assurs, Landpfleger und Statthalter, die nahe waren, prächtig gekleidet, Reiter, auf Rossen reitend, allesamt anmutige Jünglinge. Und ich sah, daß sie sich 13 verunreinigt hatte: einerlei Weg hatten beide. Aber sie trieb ihre Hure- 14 reien noch weiter; denn sie sah Männer, an die Wand gezeichnet, Bilder von Chaldäern, mit Zinnober gezeichnet, mit Gürteln an ihren Hüften ge- 15 gürtet, überhängende Mützen *l* auf ihren Häuptern, von Aussehen Ritter *m* insgesamt, ähnlich den Söhnen Babels in Chaldäa, ihrem Geburtslande; und 16 sie entbrannte gegen sie, als ihre Augen sie sahen, und sie sandte Boten zu ihnen nach Chaldäa. Und die Söh- 17 ne Babels kamen zu ihr zum Liebeslager und verunreinigten sie durch ihre Hurerei. Und als sie sich an ihnen verunreinigt hatte, riß sich ihre Seele von ihnen los. Und als sie ihre Hure- 18 reien aufdeckte und ihre Blöße aufdeckte, da riß sich meine Seele von ihr los, so wie meine Seele sich von ihrer Schwester losgerissen hatte. Und 19 sie mehrte ihre Hurereien, indem sie der Tage ihrer Jugend gedachte, als sie im Lande Aegypten hurte. Und sie 20 entbrannte gegen dessen Buhlen, deren Fleisch wie das Fleisch der Esel, und deren Erguß wie der Erguß der Rosse ist. Und du schautest dich um 21 nach der Schandtat *n* deiner Jugend, als die von Aegypten deinen Busen betasteten um deiner jugendlichen Brüste willen. — Darum, Oholiba, so 22 spricht der Herr, Jehova: Siehe, ich erwecke wider dich deine Buhlen, von welchen deine Seele sich losgerissen hat, und lasse sie von ringsumher über dich kommen: die Söhne Babels und 23 alle Chaldäer, Pekod und Schoa und Koa *o*, alle Söhne Assurs mit ihnen, anmutige Jünglinge, Landpfleger und Statthalter insgesamt, Ritter *m* und Räte *p*, allesamt auf Rossen reitend. Und 24 sie werden über dich kommen mit

---

a And. üb.: gereinigt. — *b* O. ist. — *c* And. l.: seiner Fürsten. — *d* Eig. haben sie gefressen . . . nahmen . . . haben gemehrt usw., bis Schluß von V. 29. — *e* den Priestern und den Fürsten. — *f* d. i. das geringe Volk. — *g* O. Gewalttat. — *h* O. vergewaltigen. — *i* ihr Zelt. — *j* mein Zelt in ihr. — *k* O. Auserlesene, d. h. junge, kräftige Männer; so auch V. 12. 23. — *l* O. Turbane. — *m* O. vornehme Krieger. — *n* O. Unzucht; so auch V. 27. 29. 35 usw. — *o* Babylonische Völkerschaften; and. üb.: Aufseher und Vornehme und Edle. — *p* Eig. Berufene; dasselbe Wort wie 4. Mose 1, 16.

Waffen, Wagen und Rädern, und mit einer Schar von Völkern; Schild und Tartsche und Helm werden sie ringsum wider dich richten. Und ich werde ihnen das Gericht übergeben, und sie werden dich richten nach ihren 25 Rechten. Und ich will meinen Eifer wider dich richten, und sie werden im Grimme mit dir verfahren: deine Nase und deine Ohren werden sie abschneiden, und was dir übrigbleibt wird durch das Schwert fallen; deine Söhne und deine Töchter werden sie wegnehmen, und was dir übrigbleibt wird durch 26 das Feuer verzehrt werden. Und sie werden dir deine Kleider ausziehen und deine herrlichen Geschmeide neh- 27 men. Und ich will machen, daß deine Schandtat von dir abläßt, und deine Hurerei vom Lande Aegypten, sodaß du deine Augen nicht mehr zu ihnen erheben und Aegyptens nicht mehr ge- 28 denken wirst. — Denn so spricht der Herr, Jehova: Siehe, ich gebe dich in die Hand derer, die du hassest, in die Hand derer, von welchen deine Seele 29 sich losgerissen hat. Und sie werden im Haß mit dir verfahren, und deinen ganzen Erwerb wegnehmen und dich nackt und bloß lassen; und deine hurerische Blöße und deine Schandtat und deine Hurereien werden aufge- 30 deckt werden. Solches wird dir geschehen, weil du den Nationen nachgehurt, weil du dich mit ihren Götzen verun- 31 reinigt hast. Auf dem Wege deiner Schwester hast du gewandelt, und so will ich ihren Becher in deine Hand 32 geben. — So spricht der Herr, Jehova: Du wirst den Becher deiner Schwester trinken, den tiefen und weiten: zum Gelächter und zum Spott wird er 33 gereichen, weil er so viel faßt. Voll Trunkenheit und Kummer wirst du werden; der Becher deiner Schwester Samaria ist der des Entsetzens 34 und der Betäubung *a*. Und du wirst ihn trinken und ausschlürfen, und wirst seine Scherben benagen und deine Brüste zerreißen; denn ich habe geredet, 35 spricht der Herr, Jehova. — Darum, so spricht der Herr, Jehova: Weil du meiner vergessen und mich hinter deinen Rücken geworfen hast, so trage du auch deine Schandtat und deine Hurereien.

36 Und Jehova sprach zu mir: Menschensohn, willst du die Ohola und die Oholiba richten? so tue ihnen ihre 37 Greuel kund. Denn sie haben Ehebruch getrieben, und Blut ist an ihren Händen; und mit ihren Götzen haben sie Ehebruch getrieben, und sogar ihre Kinder, die sie mir geboren, haben sie ihnen durch *das Feuer* gehen las- 38 sen zum Fraß. Noch dieses haben sie mir getan: Sie haben mein Heiligtum verunreinigt an selbigem Tage und 39 meine Sabbathe entweiht. Denn wenn sie ihre Kinder ihren Götzen schlach-

teten, so kamen sie an demselben Tage in mein Heiligtum, es zu entweihen; und siehe, also haben sie getan inmitten meines Hauses. Ja, sie haben so- 40 gar zu Männern gesandt, die von ferne kommen sollten, — zu welchen ein Bote gesandt wurde, und siehe, sie kamen — für welche du dich badetest, deine Augen schminktest und dir Schmuck anlegtest, und dich auf ein 41 prächtiges Polster setztest, vor welchem ein Tisch zugerichtet war; und darauf setztest du mein Räucherwerk und mein Oel. Und dabei war die Stim- 42 me einer sorglosen Menge. Und zu den Männern aus der Menschenmenge wurden Zecher *b* gebracht aus der Wüste; und sie legten Armringe an ihre *c* Hände und *setzten* prächtige Kronen auf ihre Häupter.

Da sprach ich von der durch Ehe- 43 bruch Entkräfteten: Wird sie, ja sie, jetzt *noch* ihre Hurereien treiben? Und 44 man ging zu ihr ein, wie man zu einer Hure eingeht; so gingen sie ein zu Ohola und zu Oholiba, den lasterhaften Weibern. Aber gerechte Män- 45 ner, die werden sie richten nach dem Rechte der Ehebrecherinnen und nach dem Rechte der Blutvergießerinnen; denn sie sind Ehebrecherinnen, und Blut ist an ihren Händen. — Denn so 46 spricht der Herr, Jehova: Ich will eine Versammlung wider sie heraufführen, und sie zur Mißhandlung und zur Beute übergeben. Und die Ver- 47 sammlung wird sie steinigen und sie mit ihren Schwertern zerhauen; ihre Söhne und ihre Töchter wird sie töten und ihre Häuser mit Feuer verbrennen. Und so werde ich die Schandtat 48 wegschaffen aus dem Lande, damit alle Weiber sich zurechtweisen lassen und nicht nach eurer Schandtat tun. Und 49 sie werden eure Schandtat auf euch bringen, und die Sünden eurer Götzen werdet ihr tragen. Und ihr werdet wissen *d*, daß ich der Herr, Jehova, bin.

Und das Wort Jehovas geschah zu **24** mir im neunten Jahre, im zehnten Monat, am zehnten des Monats, also: Menschensohn, schreibe dir den Na- 2 men des Tages auf, dieses selbigen Tages! An diesem selbigen Tage rückt der König von Babel gegen Jerusalem heran.

Und rede ein Gleichnis zu dem wi- 3 derspenstigen Hause und sprich zu ihnen: So spricht der Herr, Jehova: Setze den Topf auf, setze auf, und gieße auch Wasser darein. Tue seine 4 Stücke zusammen darein, alle guten Stücke, Lende und Schulter; fülle ihn mit den besten *e* Knochen. Nimm das 5 Beste *f* Kleinvieh, und auch einen Holzstoß für die Knochen darunter; laß es tüchtig sieden, daß auch seine Knochen darin kochen. — Darum spricht 6 der Herr, Jehova, also: Wehe, Stadt der Blutschuld! Topf, an welchem sein

---

a Eig. des betäubten Hinstarrens. O. ein Becher der Wüste und der Verwüstung. — *b* Nach and. Les.: Sabäer. — *c* bezieht sich auf die beiden Weiber. — *d* O. erkennen, erfahren; so auch Kap. 24, 24 und später. — *e* Eig. mit auserlesenen. — *f* Eig. auserlesenes.

Rost ist, und dessen Rost nicht von ihm abgeht! Stück für Stück hole sie *a* heraus; nicht ist über sie das Los gefal-7 len *b*. Denn ihr Blut ist in ihrer Mitte: sie hat es auf einen kahlen Felsen getan, sie hat es nicht auf die Erde gegossen, daß man es mit Staub bedek-8 ken könnte. Um Grimm heraufzuführen, um Rache zu üben, habe ich ihr Blut auf einen kahlen Felsen getan, 9 damit es nicht bedeckt würde. — Darum, so spricht der Herr, Jehova: Wehe, Stadt der Blutschuld! Auch ich 10 werde den Holzstoß groß machen. Häufe das Holz, zünde das Feuer an, mache das Fleisch gar und laß die Brühe auskochen, und die Knochen sollen 11 verbrennen! Und stelle ihn leer auf seine Kohlen, damit sein Erz heiß und glühend werde, und seine Unreinigkeit in ihm schmelze, sein Rost verge-12 he. Die Bemühungen hat er erschöpft, und sein vieler Rost geht nicht von ihm 13 ab; ins Feuer mit seinem Rost! — In deiner Unreinigkeit ist Schandtat. Weil ich dich gereinigt habe und du nicht rein geworden bist, so wirst du von deiner Unreinigkeit nicht mehr rein werden, bis ich meinen Grimm an dir 14 stille. Ich, Jehova, habe geredet. Es kommt, und ich werde es tun; ich werde nicht nachlassen und werde kein Mitleid haben und es mich nicht gereuen lassen. Nach deinen Wegen und nach deinen Handlungen werden sie dich richten, spricht der Herr, Jehova.
15 Und das Wort Jehovas geschah zu mir 16 also: Menschensohn, siehe, ich nehme die Lust deiner Augen von dir weg durch einen Schlag; und du sollst nicht klagen und nicht weinen, und keine 17 Träne soll dir kommen. Seufze schweigend, Totenklage stelle nicht an; binde dir deinen Kopfbund um und ziehe deine Schuhe an deine Füße, und deinen Bart sollst du nicht verhüllen und Brot der Leute nicht essen *c*.
18 Und ich redete zu dem Volke am Morgen, und am Abend starb mein Weib. Und ich tat am Morgen, wie mir ge-19 boten war. Da sprach das Volk zu mir: Willst du uns nicht kundtun, was dies 20 uns bedeuten soll, daß du so tust? Und ich sprach zu ihnen: Das Wort Jeho-21 vas ist zu mir geschehen also: Sprich zum Hause Israel: So spricht der Herr, Jehova: Siehe, ich werde mein Heiligtum entweihen, den Stolz eurer Stärke *d*, die Lust eurer Augen und das Verlangen eurer Seele; und eure Söhne und eure Töchter, die ihr zurückgelassen habt, werden durchs Schwert 22 fallen. Dann werdet ihr tun, wie ich getan habe: den Bart werdet ihr nicht verhüllen und Brot der Leute 23 nicht essen, und eure Kopfbunde werden auf euren Häuptern sein, und eure Schuhe an euren Füßen; ihr werdet nicht klagen und nicht weinen, son-

dern werdet hinschwinden in euren *e* Missetaten, und seufzen einer gegen den anderen. Und so wird euch Hese-24 kiel zu einem Wahrzeichen sein: nach allem, was er getan hat, werdet ihr tun. Wenn es kommt, dann werdet ihr wissen, daß ich der Herr, Jehova, bin.

Und du, Menschensohn, siehe, an dem 25 Tage, da ich von ihnen wegnehmen werde ihre Stärke *f*, die Freude ihrer Pracht, die Lust ihrer Augen und die Sehnsucht ihrer Seelen, ihre Söhne und ihre Töchter: an jenem Tage wird 26 ein Entronnener zu dir kommen, um es deine Ohren vernehmen zu lassen; an jenem Tage wird dein Mund auf-27 getan werden gegen den Entronnenen, und du wirst reden und nicht mehr verstummen *g*. Und so wirst du ihnen zu einem Wahrzeichen sein; und sie werden wissen, daß ich Jehova bin.

Und das Wort Jehovas geschah zu **25** mir also: Menschensohn, richte dein 2 Angesicht gegen die Kinder Ammon und weissage wider sie; und sprich zu 3 den Kindern Ammon: Höret das Wort des Herrn, Jehovas! So spricht der Herr, Jehova: Weil du Haha! sprichst über mein Heiligtum, daß es entweiht ist, und über das Land Israel, daß es verwüstet ist, und über das Haus Juda, daß sie in die Gefangenschaft zogen: darum siehe, werde ich dich den Kin-4 dern des Ostens zum Besitztum geben, und sie werden ihre Zeltlager in dir aufschlagen und ihre Wohnungen in dir errichten; sie werden deine Früchte essen, und sie werden deine Milch 5 trinken. Und ich werde Rabba zur Trift der Kamele machen, und die Kinder Ammon zum Lagerplatz der Herden *h*. Und ihr werdet wissen, daß ich Jehova bin. — Denn so spricht der 6 Herr, Jehova: Weil du in die Hände geklatscht und mit dem Fuße gestampft und mit aller Verachtung deiner Seele dich über das Land Israel gefreut hast: darum, siehe, werde ich meine 7 Hand wider dich ausstrecken und dich den Nationen zur Beute geben, und ich werde dich ausrotten aus den Völkern und dich aus den Ländern vertilgen; ich werde dich vernichten, und du wirst wissen, daß ich Jehova bin.

So spricht der Herr, Jehova: Weil 8 Moab und Seir sprechen: Siehe, das Haus Juda ist wie alle Nationen; dar-9 um, siehe, werde ich die Seiten Moabs öffnen von den Städten her, von seinen Städten her, in seinem ganzen Umfange, die Zierde des Landes, Beth-Jesimoth, Baal-Meon und bis nach Kir-jathaim hin, den Kindern des Ostens, 10 zu den Kindern Ammon hinzu *i*, und werde es *ihnen* zum Besitztum geben, auf daß der Kinder Ammon nicht mehr gedacht werde unter den Nationen. Und ich werde an Moab Gerichte 11

a die Stadt; d. i. die Bevölkerung derselben. — *b* sodaß einzelne verschont bleiben würden. — *c* d. h. Brot, welches man zur Bezeigung seiner Teilnahme in das Trauerhaus zu schicken pflegte; vergl. 5. Mose 26, 14; Jer. 16, 7. — *d* O. Macht. — *e* O. wegen eurer. — *f* Eig. Feste, Schutzwehr (vergl. V. 21). — *g* Vergl. Kap. 3, 26. 27. — *h* Eig. des Kleinviehes. — *i* S. Vers 4.

üben; und sie werden wissen, daß ich Jehova bin.

12 So spricht der Herr, Jehova: Weil Edom mit Rachsucht gegen das Haus Juda gehandelt, und sie sich sehr verschuldet haben, indem sie sich an ih-
13 nen rächten: darum, so spricht der Herr, Jehova, werde ich meine Hand wider Edom ausstrecken und Menschen und Vieh aus ihm ausrotten; und ich werde es von Teman an zur Einöde machen, und bis nach Dedan hin werden sie durchs Schwert fallen.
14 Und ich werde meine Rache über Edom bringen durch die Hand meines Volkes Israel *a*, und sie werden an Edom handeln nach meinem Zorn und nach meinem Grimm. Und sie werden meine Rache kennen lernen, spricht der Herr, Jehova.

15 So spricht der Herr, Jehova: Weil die Philister mit Rachsucht gehandelt und Rache geübt haben mit Verachtung der Seele, zur Zerstörung in
16 ewiger Feindschaft: darum, so spricht der Herr, Jehova: Siehe, ich werde meine Hand wider die Philister ausstrecken, und werde die Kerethiter ausrotten und den Ueberrest an der
17 Küste des Meeres vertilgen. Und ich werde durch Züchtigungen des Grimmes große Rache an ihnen üben. Und sie werden wissen, daß ich Jehova bin, wenn ich meine Rache über sie bringe.

26 Und es geschah im elften Jahre, am ersten des Monats, da geschah das
2 Wort Jehovas zu mir also: Menschensohn, darum, daß Tyrus über Jerusalem spricht: Haha! zerbrochen ist die Pforte der Völker; sie hat sich mir zugewandt; ich werde erfüllt werden, sie
3 ist verwüstet! darum, so spricht der Herr, Jehova: Siehe, ich will an dich, Tyrus! und ich werde viele Nationen wider dich heraufführen, wie das Meer
4 seine Wellen heraufführt. Und sie werden die Mauern von Tyrus zerstören und seine Türme abbrechen; und ich werde seine Erde von ihm wegfegen und es zu einem kahlen Felsen ma-
5 chen; ein Ort zum Ausbreiten der Netze wird es sein mitten im Meere *b*. Denn ich habe geredet, spricht der Herr, Jehova. Und es wird den Na-
6 tionen zur Beute werden; und seine Töchter, die auf dem Gefilde sind *c*, werden mit dem Schwerte getötet werden. Und sie werden wissen, daß ich
7 Jehova bin. — Denn so spricht der Herr, Jehova: Siehe, ich werde Nebukadrezar, den König von Babel, den König der Könige, von Norden her gegen Tyrus bringen, mit Rossen und Wagen und Reitern und mit einer gro-
8 ßen Volksschar. Er wird deine Töchter auf dem Gefilde mit dem Schwerte töten; und er wird Belagerungstürme gegen dich aufstellen und einen Wall gegen dich aufschütten und Schilde *d*

gegen dich aufrichten, und wird seine 9 Mauerbrecher wider deine Mauern ansetzen und deine Türme mit seinen Eisen niederreißen. Von der Menge 10 seiner Rosse wird ihr Staub dich bedecken; vor dem Lärm der Reiter und Räder und Wagen werden deine Mauern erbeben, wenn er in deine Tore einziehen wird, wie man in eine erbrochene Stadt einzieht *e*. Mit den Hu- 11 fen seiner Rosse wird er alle deine Straßen zerstampfen; dein Volk wird er mit dem Schwerte töten, und die Bildsäulen deiner Stärke *f* werden zu Boden sinken. Und sie werden dein 12 Vermögen rauben und deine Waren plündern, und deine Mauern abbrechen und deine Prachthäuser niederreißen; und deine Steine und dein Holz und deinen Schutt werden sie ins Wasser werfen. Und ich werde 13 dem Getöne deiner Lieder ein Ende machen, und der Klang deiner Lauten wird nicht mehr gehört werden. Und 14 ich werde dich zu einem kahlen Felsen machen; ein Ort zum Ausbreiten der Netze wirst du sein, du wirst nicht wieder aufgebaut werden. Denn ich, Jehova, habe geredet, spricht der Herr, Jehova. — So spricht der Herr, Jeho- 15 va, zu Tyrus: Werden nicht vom Gedröhne deines Sturzes, wenn der Erschlagene stöhnt, wenn in deiner Mitte gemordet wird, die Inseln erbeben? Und alle Fürsten des Meeres werden 16 von ihren Thronen herabsteigen, und ihre Mäntel *g* ablegen und ihre buntgewirkten Kleider ausziehen; in Schrekken werden sie sich kleiden, werden auf der Erde sitzen und jeden Augenblick erzittern und sich über dich entsetzen. Und sie werden ein Klagelied 17 über dich erheben und zu dir sprechen: Wie bist du untergegangen, du von den Meeren her *h* Bewohnte, du berühmte Stadt, die mächtig auf dem Meere war, sie und ihre Bewohner, welche allen, die darin wohnten, ihren Schrecken einflößten! Nun erzit- 18 tern die Inseln am Tage deines Sturzes; und die Inseln, die im Meere sind, sind bestürzt wegen deines Ausgangs. — Denn so spricht der Herr, 19 Jehova: Wenn ich dich zu einer verwüsteten Stadt mache, den Städten gleich, die nicht mehr bewohnt werden; wenn ich die Flut über dich heraufführe, und die großen Wasser dich bedecken: so werde ich dich hinab- 20 stürzen zu denen, welche in die Grube hinabgefahren sind, zu dem Volke der Urzeit, und werde dich wohnen lassen in den untersten Oertern der Erde, in den Trümmern von der Vorzeit her, mit denen, welche in die Grube hinabgefahren sind, auf daß du nicht mehr bewohnt werdest; und ich werde Herrlichkeit setzen *i* in dem Lande der Lebendigen. Zum Schrek- 21

---

a Vergl. 4. Mose 24, 18. — *b* Tyrus lag auf einer Insel unweit des Festlandes. — *c* d. i. seine Tochterstädte auf dem Festlande. — *d* d. h. Schilddächer. — *e* Eig. wie die Einmärsche in eine erbrochene Stadt. — *f* d. i. die dem Baal geweihten Bild- oder Denksäulen. — *g* Eig. Talare. — *h* Eig. aus den Meeren heraus. — *i* O. Herrliches schaffen.

ken a werde ich dich machen, und du wirst nicht mehr sein; und du wirst gesucht und in Ewigkeit nicht wiedergefunden werden, spricht der Herr, Jehova.

27 Und das Wort Jehovas geschah zu mir also: Und du, Menschensohn, 2 erhebe ein Klagelied über Tyrus und 3 sprich zu Tyrus: Die du wohnst an den Zugängen des Meeres und Handel treibst mit den Völkern nach vielen Inseln b hin, so spricht der Herr, Jehova: Tyrus, du sprichst: Ich bin voll-4 kommen an Schönheit c! Deine Grenzen sind im Herzen der Meere; deine Bauleute haben deine Schönheit voll-5 kommen gemacht. Aus Zypressen von Senir d bauten sie dir alles Doppelplankenwerk; sie nahmen Zedern von Libanon, um dir e einen Mast zu ma-6 chen; aus Eichen von Basan machten sie deine Ruder; dein Verdeck machten sie aus Elfenbein, eingefaßt in Scherbinzeder von den Inseln der Kittä-7 er f. Byssus in Buntwirkerei aus Aegypten war dein Segel, um dir als Flagge zu dienen; blauer und roter Purpur von den Inseln Elischas war dein Zelt-8 dach g. Die Bewohner von Zidon und Arwad waren deine Ruderer; deine Weisen h, die in dir waren, Tyrus, 9 waren deine Steuermänner; die Aeltesten von Gebal und seine Weisen waren in dir als Ausbesserer deiner Lecke. — Alle Schiffe des Meeres und ihre Seeleute waren in dir, um deine 10 Waren einzutauschen. Perser und Lud und Put i waren in deinem Heere deine Kriegsleute; Schild und Helm hängten sie in dir auf, sie gaben dir 11 Glanz. Die Söhne Arwads und dein Heer waren auf deinen Mauern ringsum, und Tapfere waren auf deinen Türmen; ihre Schilde hängten sie ringsum an deinen Mauern auf; sie machten deine Schönheit vollkommen. 12 Tarsis j trieb Handel mit dir wegen der Menge von allerlei Gütern; mit Silber, Eisen, Zinn und Blei bezahlten 13 sie deinen Absatz. Jawan k, Tubal und Mesech l waren deine Kaufleute: mit Menschenseelen und ehernen Geräten 14 trieben sie Tauschhandel mit dir. Die vom Hause Togarma m zahlten Rosse und Reitpferde und Maulesel für dei-15 nen Absatz. Die Söhne Dedans waren deine Kaufleute. Viele Inseln b standen in Handelsbeziehungen mit dir n: Elfantenzähne o und Ebenholz erstat-16 teten sie dir als Zahlung. Aram p trieb

Handel mit dir wegen der Menge deiner Erzeugnisse; mit Karfunkeln, rotem Purpur und Buntwirkerei und Byssus und Korallen und Rubinen bezahlten sie deinen Absatz. Juda und 17 das Land Israel waren deine Kaufleute; mit Weizen von Minnith und süßem Backwerk und Honig und Oel und Balsam trieben sie Tauschhandel mit dir. Damaskus trieb Handel mit dir 18 um die Menge deiner Erzeugnisse, wegen der Menge von allerlei Gütern, mit Wein von Chelbon und Wolle von Zachar. Wedan und Jawan von Usal 19 zahlten bearbeitetes Eisen für deinen Absatz; Kassia und Würzrohr waren für deinen Tauschhandel. Dedan trieb 20 Handel mit dir in Prachtdecken q zum Reiten. Arabien und alle Fürsten Ke-21 dars r standen in Handelsbeziehungen mit dir; mit Fettschafen und Widdern und Böcken, damit trieben sie Handel mit dir. Die Kaufleute von Scheba 22 und Raghma s waren deine Kaufleute; mit den vorzüglichsten Gewürzen und mit allerlei Edelsteinen und Gold bezahlten sie deinen Absatz. Haran und 23 Kanne und Eden, die Kaufleute von Scheba, Assur und Kilmad waren dei-24 ne Kaufleute. Sie handelten mit dir in Prachtgewändern, in Mänteln von blauem Purpur und Buntwirkerei, und in Schätzen von gezwirnten Garnen, in gewundenen und festen Schnüren, gegen deine Waren. Die Tarsisschiffe 25 waren deine Karawanen für deinen t Tauschhandel. Und du wurdest angefüllt und sehr herrlich im Herzen der Meere.

Deine Ruderer führten dich auf gro-26 ßen Wassern; der Ostwind zerschellte dich im Herzen der Meere. Deine Gü-27 ter und dein Absatz, deine Tauschwaren, deine Seeleute und deine Steuermänner, die Ausbesserer deiner Lecke und die deine Waren eintauschten, und alle deine Kriegsleute, die in dir sind, samt u deiner ganzen Schar, die in deiner Mitte ist, werden ins Herz der Meere fallen am Tage deines Sturzes. Von dem Getöse des Geschreies 28 deiner Steuermänner werden die Gefilde v erbeben. Und alle, die das Ru-29 der führen, die Seeleute, alle Steuermänner des Meeres, werden aus ihren Schiffen steigen, werden ans Land treten; und sie werden ihre Stimme 30 über dich hören lassen und bitterlich schreien; und sie werden Staub auf ihre Häupter werfen und sich in der

---

a Eig. Zu Schrecknissen. — b Das hebr. Wort bedeutet sowohl Insel als Küstengebiet. — c Eig. der Schönheit Vollendung, wie Ps. 50, 2 ; Klag. 2, 15. — d Der amoritische Name des Hermon oder Antilibanon (5. Mose 3, 9). — e Eig. auf dir. — f Hebr. Kittim, d. i. Cyprier ; dann allgemeine Benennung der Bewohner der Inseln und Küstenländer des Mittelmeeres. — g W. deine Decke. — h d. i. Kundigen, Erfahrenen. — i Lud und Put waren nordafrikanische Völker. — j Aelteste Niederlassung der Tyrer in Südspanien, berühmt durch ihre Silberbergwerke. — k Griechenland. — l Tubal und Meschek waren ursprünglich Völkerstämme zwischen dem Schwarzen und dem Kaspischen Meere. — m Wahrsch. Armenien. — n W. waren Händler deiner Hand; so auch V. 21. — o W. Elfenbeinhörner. — p Eine allgemeine Benennung der in Syrien und Mesopotamien seßhaften Völker. — q Eig. Spreitdecken. — r Arabische Beduinenstämme zwischen dem peträischen Arabien und Babylonien. Kedar war ein Sohn Ismaels. — s im südöstlichen Arabien. — t Viell. ist zu l.: dienten dir in Bezug auf deinen usw. — u Eig. und zwar samt. — v Wahrsch. das zu Tyrus gehörige Landgebiet.

31 Asche wälzen. Und sie werden sich deinethalben kahl scheren und sich Sacktuch umgürten, und werden deinetwegen weinen mit Betrübnis der 32 Seele in bitterer Klage. Und in ihrem Jammern werden sie ein Klagelied über dich erheben und über dich klagen: Wer ist wie Tyrus, wie die Ver- 33 nichtete inmitten des Meeres! Als die Meere dir Absatz für deine Waren brachten *a*, hast du viele Völker gesättigt; mit der Menge deiner Güter und deiner Waren hast du die Könige der 34 Erde bereichert. Jetzt, da du von den Meeren weg zerschellt bist in den Tiefen der Wasser, und deine Waren und deine ganze Schar in deiner Mitte ge- 35 fallen sind *b*, entsetzen sich alle Bewohner der Inseln über dich, und ihre Könige schaudern, ihre Angesichter 36 zittern; die Händler unter den Völkern zischen über dich. Ein Schrecken *c* bist du geworden, und bist dahin auf ewig!

28 Und das Wort Jehovas geschah zu mir also: Menschensohn, sprich zu 2 dem Fürsten von Tyrus: So spricht der Herr, Jehova: Weil dein Herz sich erhebt, und du sprichst: „Ich bin ein Gott, ich sitze auf einem Gottessitze im Herzen der Meere!" (da du doch ein Mensch bist und nicht Gott) und hegst einen Sinn wie eines Got- 3 tes Sinn; — siehe, du bist weiser als Daniel, nichts Verborgenes ist dunkel 4 für dich; durch deine Weisheit und durch deinen Verstand hast du dir Reichtum *d* erworben, und hast Gold und Silber in deine Schatzkammern ge- 5 schafft; durch die Größe deiner Weisheit hast du mit deinem Handel deinen Reichtum gemehrt, und dein Herz hat sich wegen deines Reichtums er- 6 hoben; — darum, so spricht der Herr, Jehova: Weil du einen Sinn hegst, 7 wie eines Gottes Sinn, darum, siehe, werde ich Fremde, die Gewalttätigsten der Nationen, über dich bringen; und sie werden ihre Schwerter ziehen wider die Schönheit deiner Weisheit, 8 und deinen Glanz entweihen. In die Grube werden sie dich hinabstürzen, und du wirst des Todes *e* eines Erschlagenen sterben im Herzen der Meere. 9 Wirst du wohl angesichts deines Mörders sagen: Ich bin ein Gott! da du doch ein Mensch bist, und nicht Gott, in der Hand derer, die dich erschla- 10 gen? Des Todes *e* der Unbeschnittenen wirst du sterben durch die Hand der Fremden; denn ich habe geredet, spricht der Herr, Jehova.

11 Und das Wort Jehovas geschah zu 12 mir also: Menschensohn, erhebe ein Klagelied über den König von Tyrus und sprich zu ihm: So spricht der Herr, Jehova: Der du das Bild der Vollendung warst *f*, voll von Weisheit 13 und vollkommen an Schönheit, du warst in Eden, dem Garten Gottes;

allerlei Edelgestein war deine Decke: Sardis, Topas und Diamant, Chrysolith, Onyx *g* und Jaspis, Saphir, Karfunkel und Smaragd und Gold. Das Kunstwerk deiner Tamburine und deiner Pfeifen war bei dir; an dem Tage, da du geschaffen wurdest, wurden sie bereitet. Du warst ein schirmender, 14 gesalbter Cherub, und ich hatte dich *dazu* gemacht *h*; du warst auf Gottes heiligem Berge, du wandeltest inmitten feuriger Steine. Vollkommen warst 15 du in deinen Wegen von dem Tage an, da du geschaffen worden, bis Unrecht an dir gefunden wurde. Durch 16 die Größe deines Handels wurde dein Inneres mit Gewalttat erfüllt, und du sündigtest; und ich habe dich entweiht vom Berge Gottes hinweg und habe dich, du schirmender Cherub, vertilgt aus der Mitte der feurigen Steine. Dein Herz hat sich erhoben ob deiner 17 Schönheit, du hast deine Weisheit zunichte gemacht wegen deines Glanzes *i*; ich habe dich zu Boden geworfen, habe dich vor Königen dahingegeben, damit sie ihre Lust an dir sehen. Durch die Menge deiner Misse- 18 taten, in der Unrechtlichkeit deines Handels, hast du deine Heiligtümer entweiht; darum habe ich aus deinem Innern ein Feuer ausgehen lassen, welches dich verzehrt hat, und ich habe dich zu Asche gemacht auf der Erde vor den Augen aller derer, die dich sehen. Alle, die dich kennen un- 19 ter den Völkern, entsetzen sich über dich; ein Schrecken bist du geworden, und bist dahin auf ewig!

Und das Wort Jehovas geschah zu 20 mir also: Menschensohn, richte dein 21 Angesicht gegen Zidon und weissage wider dasselbe und sprich: So spricht 22 der Herr, Jehova: Siehe, ich will an dich, Zidon, und will mich verherrlichen in deiner Mitte; und sie werden wissen, daß ich Jehova bin, wenn ich Gerichte an ihm übe und mich an ihm heilige *j*. Und ich werde die Pest 23 darein senden und Blut auf seine Straßen; und Erschlagene werden in seiner Mitte fallen durch das Schwert, welches ringsum wider dasselbe sein wird. Und sie werden wissen, daß ich Jehova bin. — Und für das Haus Is- 24 rael soll es nicht mehr einen stechenden Dorn und einen schmerzenden Stachel geben *k* von allen um sie her, die sie verachteten. Und sie werden wissen, daß ich der Herr, Jehova, bin.

So spricht der Herr, Jehova: Wenn 25 ich das Haus Israel aus den Völkern sammeln werde, unter welche sie zerstreut worden sind, und ich mich an ihnen heilige vor den Augen der Nationen, dann werden sie in ihrem Lande wohnen, das ich meinem Knechte Jakob gegeben habe. Und sie werden 26 in Sicherheit darin wohnen und Häu-

---

a W. Als deine Waren aus den Meeren hervorgingen. — *b* And. l.: Jetzt bist du zerschellt . . ., und deine Waren . . . sind gefallen usw. — *c* Eig. Schrecknisse; so auch Kap. 28, 19. — *d* Zugl. Macht. — *e* Eig. der Tode: Mehrzahl, welche den Qualvolle der Todesart ausdrückt. — *f* Eig. Der du die Vollendung besiegeltest. — *g* O. Beryll. — *h* O. ich hatte dich eingesetzt. — *i* O. samt deinem Glanze. — *j* d. h. heilig erweise; so auch V. 25. — *k* Vergl. 4. Mose 33, 55.

ser bauen und Weinberge pflanzen; und sie werden in Sicherheit wohnen, wenn ich Gerichte geübt habe an allen, die sie verachteten aus ihrer Umgebung. Und sie werden wissen, daß ich Jehova, ihr Gott, bin.

29 Im zehnten Jahre, im zehnten *Monat*, am zwölften des Monats, geschah 2 das Wort Jehovas zu mir also: Menschensohn, richte dein Angesicht wider den Pharao, den König von Aegypten, und weissage wider ihn und wider 3 ganz Aegypten. Rede und sprich: So spricht der Herr, Jehova: Siehe, ich will an dich, Pharao, König von Aegypten, du großes Seeungeheuer, das in seinen Strömen *a* liegt, das da spricht: Mein Strom gehört mir, und i c h habe 4 ihn mir gemacht. Und ich werde Haken in deine Kinnbacken legen und die Fische deiner Ströme an deine Schuppen sich hängen lassen, und werde dich aus deinen Strömen heraufziehen samt allen Fischen deiner Ströme, die an deinen Schuppen hän-5 gen. Und ich werde dich in die Wüste werfen, dich und alle Fische deiner Ströme; auf des Feldes Fläche wirst du fallen; du wirst nicht aufgelesen und nicht gesammelt werden: den Tieren der Erde und den Vögeln des Himmels habe ich dich zur Speise ge-6 geben. Und alle Bewohner von Aegypten werden wissen, daß ich Jehova bin. Weil sie dem Hause Israel ein Rohr-7 stab gewesen sind, — wenn sie dich mit der Hand erfassen, knicktest du und rissest ihnen die ganze Schulter auf; und wenn sie sich auf dich lehnten, zerbrachst du und machtest ihnen 8 alle Hüften wanken — darum, so spricht der Herr, Jehova: Siehe, ich bringe das Schwert über dich und werde Menschen und Vieh aus dir 9 ausrotten; und das Land Aegypten wird zur Wüste und Einöde werden. Und sie werden wissen, daß ich Jehova bin. Weil der Pharao *b* spricht: Der Strom ist mein, und i c h habe ihn 10 gemacht, darum, siehe, will ich an dich und an deine Ströme; und ich werde das Land Aegypten zu öden, wüsten Einöden machen, von Migdol *c* bis nach Syene *d*, bis an die Grenze von Aethio-11 pien. Der Fuß des Menschen wird es nicht durchwandern, und der Fuß des Tieres wird es nicht durchwandern, und es wird nicht bewohnt sein, vier-12 zig Jahre. Und ich werde das Land Aegypten zu einer Wüste machen inmitten verwüsteter Länder, und seine Städte werden inmitten verödeter Städte eine Wüste sein, vierzig Jahre; und ich werde die Aegypter unter die Nationen versprengen und sie in die 13 Länder zerstreuen. — Denn so spricht der Herr, Jehova: Am Ende von vierzig Jahren werde ich die Aegypter aus den Völkern sammeln, wohin sie 14 versprengt waren; und ich werde die

Gefangenschaft der Aegypter wenden und sie in das Land Pathros *e*, in das Land ihres Ursprungs, zurückbringen, und daselbst werden sie ein niedriges Königreich sein. Und es wird niedri- 15 ger sein als die *anderen* Königreiche und sich nicht mehr über die Nationen erheben; und ich will sie vermindern, daß sie nicht mehr über die Nationen herrschen. Und nicht soll es ferner 16 dem Hause Israel zu einer Zuversicht sein, welche Missetat in Erinnerung bringt, indem sie sich nach ihnen hinwenden. Und sie werden wissen, daß ich der Herr, Jehova, bin.

Und es geschah im siebenundzwan- 17 zigsten Jahre, im ersten *Monat*, am ersten des Monats, da geschah das Wort Jehovas zu mir also: Menschensohn, 18 Nebukadrezar, der König von Babel, hat sein Heer eine schwere Arbeit tun lassen gegen Tyrus. Jedes Haupt ist kahl geworden, und jede Schulter ist abgerieben; und von Tyrus ist ihm und seinem Heere kein Lohn geworden für die Arbeit, welche er wider dasselbe getan hat. Darum, so spricht der Herr, 19 Jehova: Siehe, ich gebe Nebukadrezar, dem König von Babel, das Land Aegypten; und er wird seinen Reichtum wegtragen und seinen Raub rauben und seine Beute erbeuten, und das wird der Lohn sein für sein Heer. Als 20 seine Belohnung, um welche er gearbeitet hat, habe ich ihm das Land Aegypten gegeben, weil sie für mich gearbeitet haben *f*, spricht der Herr, Jehova. — An jenem Tage *g* werde ich 21 dem Hause Israel ein Horn hervorsprossen lassen, und dir werde ich den Mund auftun in ihrer Mitte; und sie werden wissen, daß ich Jehova bin.

Und das Wort Jehovas geschah zu **30** mir also: Menschensohn, weissage 2 und sprich: So spricht der Herr, Jehova: Heulet! Wehe der Tag! Denn 3 nahe ist der Tag; ja, der Tag Jehovas ist nahe, ein Tag des Gewölks: die Zeit der Nationen wird er sein. Und das 4 Schwert wird über Aegypten kommen; und im Lande Aethiopien wird große Angst sein, wenn Erschlagene in Aegypten fallen und man seinen Reichtum wegnimmt, und seine Grundfesten niedergerissen werden. Aethiopien 5 und Put und Lud und alles Mischvolk und Kub und die Kinder des Bundeslandes werden mit ihnen durchs Schwert fallen. — So spricht Jehova: 6 Ja, die, welche Aegypten stützen, werden fallen, und hinsinken wird der Stolz seiner Kraft *h*; von Migdol bis nach Syene werden sie darin durchs Schwert fallen, spricht der Herr, Jehova. Und sie werden verwüstet lie- 7 gen inmitten verwüsteter Länder, und seine Städte werden inmitten verödeter Städte sein. Und sie werden wissen, 8 daß ich Jehova bin, wenn ich Feuer anlege in Aegypten und alle seine

---

a Das hier und V. 4 usw. gebrauchte hebr. Wort bezeichnet stets die Arme und Kanäle des Nil. — *b* W. er. — *c* an der nordöstlichen Grenze Aegyptens. (Vergl. 2. Mose 14, 2.) — *d* in der Nähe des jetzigen Assuan. — *e* Oberägypten. — *f* Eig. *für das* was sie (Nebukadrezar und sein Heer) für mich getan haben. — *g* O. In jener Zeit. — *h* O. Macht.

9 Helfer zerschmettert werden. An jenem Tage werden Boten von mir *a* in Schiffen ausfahren, um das sichere Aethiopien zu erschrecken; und große Angst wird unter ihnen sein am Tage *b* Aegyptens; denn siehe, es kommt!—

10 So spricht der Herr, Jehova: Ja, ich werde dem Getümmel *c* Aegyptens ein Ende machen durch die Hand Nebu-

11 kadrezars, des Königs von Babel. Er und sein Volk mit ihm, die Gewalttätigsten der Nationen, werden herbeigeführt werden, um das Land zu verderben; und sie werden ihre Schwerter ziehen wider Aegypten und das Land

12 mit Erschlagenen füllen. Und ich werde die Ströme *d* trocken legen, und das Land in die Hand von Bösewichtern verkaufen, und das Land und seine Fülle durch die Hand Fremder verwüsten. Ich, Jehova, habe geredet.—

13 So spricht der Herr, Jehova: Ja, ich werde die Götzen vertilgen, und die Götzen *e* aus Noph *f* wegschaffen, und kein Fürst aus dem Lande Aegypten soll mehr sein; und ich werde Furcht

14 bringen in das Land Aegypten. Und ich werde Pathros verwüsten, und Feuer anlegen in Zoan, und Gerichte

15 üben an No *g*. Und ich werde meinen Grimm ausgießen über Sin *h*, die Feste Aegyptens; und die Menge von No

16 werde ich ausrotten. Und ich werde Feuer anlegen in Aegypten; Sin wird beben vor Angst, und No wird erbrochen werden, und Noph — Feinde bei

17 Tage! Die Jünglinge von Awen *i* und Pi-Beseth *j* werden durch das Schwert fallen, und sie selbst werden in die

18 Gefangenschaft ziehen. Und zu Tachpanches *k* wird der Tag sich verfinstern, wenn ich daselbst die Joche Aegyptens zerbreche, und der Stolz seiner Kraft *l* darin ein Ende nimmt; Gewölk wird es bedecken, und seine Tochterstädte werden in die Gefangenschaft

19 ziehen. Und so werde ich Gerichte üben an Aegypten; und sie werden wissen, daß ich Jehova bin.

20 Und es geschah im elften Jahre, im ersten *Monat*, am siebenten des Monats, da geschah das Wort Jehovas zu

21 mir also: Menschensohn, den Arm *m* Pharao, des Königs von Aegypten, habe ich zerbrochen; und siehe, er ist nicht verbunden worden, daß man Heilmittel angewandt hätte, ihn zu verbinden, um ihn zu stärken, damit er das

22 Schwert fasse. — Darum spricht der Herr, Jehova, also: Siehe, ich will an den Pharao, den König von Aegypten, und werde seine beiden Arme *n* zerbrechen, den starken und den zerbrochenen, und werde das Schwert seiner

Hand entfallen lassen. Und ich werde 23 die Aegypter unter die Nationen versprengen und sie in die Länder zerstreuen. Und ich werde die Arme des 24 Königs von Babel stärken und mein Schwert in seine Hand geben; und die Arme des Pharao werde ich zerbrechen, daß er wie ein Erschlagener *m* vor ihm ächzen wird. Und ich werde 25 die Arme des Königs von Babel stärken, aber die Arme des Pharao werden sinken. Und sie werden wissen, daß ich Jehova bin, wenn ich mein Schwert in die Hand des Königs von Babel gebe, und er es recken wird gegen das Land Aegypten. Und ich 26 werde die Aegypter unter die Nationen versprengen und sie in die Länder zerstreuen; und sie werden wissen, daß ich Jehova bin.

Und es geschah im elften Jahre, **31** im dritten *Monat*, am ersten des Monats, da geschah das Wort Jehovas zu mir also: Menschensohn, sprich zu dem 2 Pharao, dem König von Aegypten, und zu seiner Menge *n*: Wem gleichst du in deiner Größe? Siehe, Assur war eine 3 Zeder auf dem Libanon, mit schönen Zweigen, ein schattendes Dickicht und von hohem Wuchs; und sein Wipfel war zwischen den Wolken. Die Wasser 4 zogen ihn groß, die Flut machte ihn hoch; ihre Ströme gingen rings um ihre *o* Pflanzung, und sie entsandte ihre Kanäle zu allen Bäumen des Feldes. Darum wurde sein Wuchs höher als 5 alle Bäume des Feldes; und seine Zweige wurden groß und seine Aeste lang von den vielen Wassern, als er sich ausbreitete. Alle Vögel des Himmels nisteten in seinen Zweigen, und 6 alle Tiere des Feldes gebaren unter seinen Aesten; und in seinem Schatten wohnten alle großen Nationen. Und 7 er war schön in seiner Größe und in der Länge seiner Schößlinge; denn seine Wurzeln waren an vielen Wassern. Die Zedern im Garten Gottes verdun- 8 kelten ihn nicht, Zypressen kamen seinen Zweigen nicht gleich, und Platanen waren nicht wie seine Aeste; kein Baum im Garten Gottes kam ihm an Schönheit gleich. Ich hatte ihn 9 schön gemacht in der Menge seiner Schößlinge; und es beneideten ihn alle Bäume Edens, die im Garten Gottes waren.

Darum, so sprach der Herr, Jehova: 10 Weil du hoch geworden bist an Wuchs, und er seinen Wipfel bis zwischen die Wolken streckte, und sein Herz sich erhob wegen seiner Höhe: so werde 11 ich ihn in die Hand des Mächtigen der Nationen geben; nach seiner Bosheit soll er mit ihm handeln; ich habe ihn

---

a Eig. von vor mir. — *b* So nach der letzten krit. Ausgabe des hebr. Textes; mehrere Handschr. lesen: wie am Tage. — *c* d. h. allem, wodurch der Wohlstand Aegyptens sich kundgab. — *d* S. die Anm. zu Kap. 29, 3. — *e* Eig. die Nichtigkeiten. — *f* Memphis, die Hauptstadt Unterägyptens, ein Hauptsitz des Götzendienstes. — *g* Theben, die Hauptstadt Oberägyptens. — *h* Pelusium. — *i* On (Griech. Heliopolis), der Hauptsitz des ägyptischen Sonnendienstes. — *j* Aegypt. Pa-Bast (Bubastis), wo die Gottheit Bast verehrt wurde. — *k* Eine Grenzfestung gegen Syrien und Palästina, in der Nähe von Pelusium. — *l* O. Macht. — *m* W. daß er Geächze eines Durchbohrten usw. — *n* O. zu seinem Getümmel; so auch V. 18. (S. die Anm. zu Kap. 30, 10.) — *o* näml. der Flut.

12 verstoßen. Und Fremde, die Gewalttätigsten der Nationen, hieben ihn um und warfen ihn hin; seine Schößlinge fielen auf die Berge und in alle Täler, und seine Aeste wurden zerbrochen *und geworfen* in alle Gründe der Erde; und alle Völker der Erde zogen aus seinem Schatten hinweg und

13 ließen ihn liegen: auf seinen umgefallenen Stamm *a* ließen sich alle Vögel des Himmels nieder, und über seine Aeste kamen alle Tiere des Feldes:

14 auf daß keine Bäume am Wasser wegen ihres Wuchses sich überheben und ihren Wipfel bis zwischen die Wolken strecken, und keine Wassertrinkenden *b* auf sich selbst sich stützen wegen ihrer Höhe; denn sie alle sind dem Tode hingegeben in die untersten Oerter der Erde, mitten unter den Menschenkindern, zu denen hin, welche in

15 die Grube hinabgefahren sind. — So spricht der Herr, Jehova: An dem Tage, da er in den Scheol hinabfuhr, machte ich ein Trauern; ich verhüllte um seinetwillen die Tiefe und hielt ihre Ströme zurück, und die großen Wasser wurden gehemmt; und den Libanon hüllte ich in Schwarz um seinetwillen, und um seinetwillen verschmachteten alle Bäume des Feldes.

16 Von dem Getöse seines Falles machte ich die Nationen erbeben, als ich ihn in den Scheol hinabfahren ließ zu denen, welche in die Grube hinabgefahren sind. Und alle Bäume Edens, die Auserwählte und Beste des Libanon, alle Wassertrinkenden, trösteten sich in

17 den untersten Oertern der Erde. Auch s i e fuhren mit ihm in den Scheol hinab zu dem vom Schwerte Erschlagenen, die als seine Helfer *c* in seinem Schatten saßen unter den Nationen.

18 Wem gleichst du *d* so an Herrlichkeit und an Größe unter den Bäumen Edens? Und so sollst du mit *e* den Bäumen Edens hinabgestürzt werden in die untersten Oerter der Erde, sollst unter den Unbeschnittenen liegen, bei den vom Schwerte Erschlagenen. Das ist der Pharao und seine ganze Menge, spricht der Herr, Jehova.

32 Und es geschah im zwölften Jahre, im zwölften Monat, am ersten des Monats, da geschah das Wort Jehovas

2 zu mir also: Menschensohn, erhebe ein Klagelied über den Pharao, den König von Aegypten, und sprich zu ihm: Einem jungen Löwen unter den Nationen *f* wurdest du verglichen; und doch warst du wie ein Seeungeheuer in den Meeren, und du brachst hervor in deinen Strömen und trübtest die Wasser mit deinen Füßen und wühl-

3 test ihre Ströme auf. So spricht der Herr, Jehova: Daher werde ich mein Netz über dich ausbreiten durch eine

Schar vieler Völker, und sie werden dich in meinem Garne heraufziehen. Und ich werde dich auf das Land wer- 4 fen, werde dich auf das freie Feld schleudern; und ich werde machen, daß alle Vögel des Himmels sich auf dir niederlassen und die Tiere der ganzen Erde sich von dir sättigen. Und ich werde dein Fleisch auf die 5 Berge bringen und die Täler mit deinem Aase *g* füllen. Und ich werde 6 das Land bis an die Berge mit den Strömen *h* deines Blutes tränken, und die Gründe sollen von dir angefüllt werden. — Und ich werde, wenn ich 7 dich auslösche, den Himmel bedecken und seine Sterne verdunkeln; ich werde die Sonne mit Gewölk bedecken, und der Mond wird sein Licht nicht scheinen lassen. Alle leuchten- 8 den Lichter *i* am Himmel werde ich deinetwegen verdunkeln, und ich werde Finsternis über dein Land bringen, spricht der Herr, Jehova. Und ich 9 werde das Herz vieler Völker traurig machen, wenn ich dein Sturz *j* unter die Nationen ausbringe, in die Länder, die du nicht gekannt hast. Und 10 ich werde machen, daß viele Völker sich über dich entsetzen, und ihre Könige werden über dich schaudern, wenn ich mein Schwert vor ihnen schwingen werde; und sie werden jeden Augenblick zittern, ein jeder für sein Leben, am Tage deines Falles. — Denn so spricht der Herr, Jehova: 11 Das Schwert des Königs von Babel wird über dich kommen. Durch die 12 Schwerter von Helden werde ich deine Menge *k* fällen: die Gewalttätigsten der Nationen sind sie alle; und sie werden die Hoffart Aegyptens zerstören, und seine ganze Menge *k* wird vertilgt werden. Und ich werde all 13 sein Vieh an den vielen Wassern *l* vernichten, daß der Fuß des Menschen sie nicht mehr trübe, noch sie trüben die Klauen des Viehes. Dann werde 14 ich ihre Wasser sich klären *m* und ihre Flüsse wie Oel fließen lassen, spricht der Herr, Jehova. Wenn ich das Land 15 Aegypten zu einer Wüste mache, und wenn das Land seiner Fülle beraubt wird *n*, indem ich alle seine Bewohner schlage, so werden sie wissen, daß ich Jehova bin.

Das ist ein Klagelied, und man wird 16 es klagend singen, die Töchter der Nationen werden es klagend singen; sie werden es klagend singen über Aegypten und über seine ganze Menge *k*, spricht der Herr, Jehova.

Und es geschah im zwölften Jahre, 17 am fünfzehnten des Monats, da geschah das Wort Jehovas zu mir also: Men- 18 schensohn, wehklage über die Menge *k* Aegyptens, und stürze sie hinab, sie *o*

---

a Bedeutet zugleich im Hebr.: auf seinen Leichnam. — *b* d. h. im Sinne des Bildes: Fürsten, welche durch reichliche Hilfsmittel zu großer Macht gelangt sind. — *c* Eig. und zwar die als sein Arm. — *d* Vergl. V. 2. — *e* O. zu. — *f* Eig. der Nationen. — *g* Eig. Leichenhaufen. — *h* Eig. dem Ausfluß. — *i* Eig. Leuchter des Lichtes. — *j* Eig. deinen Zusammenbruch, deine Zerschmetterung. — *k* S. die Anm. zu Kap. 31, 2. — *l* Eig. von den vielen Wassern hinweg. — *m* Eig. sich senken. — *n* W. von seiner Fülle wüst wird. — *o* Eig. es (Aegypten).

und die Töchter herrlicher Nationen, in die untersten Oerter der Erde, zu denen, welche in die Grube hinabge-
19 fahren sind. Wen übertriffst du an Lieblichkeit? Fahre hinab und werde
20 zu den Unbeschnittenen hingelegt! Inmitten der vom Schwert Erschlagenen sollen sie fallen! Das Schwert ist über-
21 geben a; schleppet Aegypten b herbei und seine ganze Menge c! Aus der Mitte des Scheols reden von ihm die Mächtigen der Helden mit seinen Helfern. Sie sind hinabgefahren, sie liegen da, die Unbeschnittnen, vom Schwert erschlagen!
22 Dort ist Assur und seine ganze Schar; rings um ihn her ihre Gräber: sie alle sind erschlagen, durchs Schwert
23 Gefallene. Seine Gräber sind in der tiefsten Grube gemacht, und seine Schar ist rings um sein Grab. Sie alle sind erschlagen, durchs Schwert Gefallen, welche Schrecken verbreiteten im Lande der Lebendigen.
24 Dort ist Elam d, und seine ganze Menge rings um sein Grab. Sie alle sind erschlagen, durchs Schwert Gefallene, welche unbeschnitten hinabfuhren in die untersten Oerter der Erde, welche ihren Schrecken verbreiteten im Lande der Lebendigen; und sie tragen ihre Schmach bei denen, welche in die Grube hinabgefahren
25 sind. Mitten unter Erschlagenen hat man ihm ein Lager gegeben mit seiner ganzen Menge; rings um ihn her sind ihre Gräber. Sie alle, unbeschnitten, sind vom Schwert erschlagen, weil ihr Schrecken verbreitet war im Lande der Lebendigen; und sie tragen ihre Schmach bei denen, welche in die Grube hinabgefahren sind. Mitten unter Erschlagene ist er gelegt.
26 Dort ist Mesech-Tubal und seine ganze Menge; rings um ihn her ihre Gräber. Sie alle, unbeschnitten, sind vom Schwert erschlagen, weil sie ihren Schrecken verbreiteten im Lande
27 der Lebendigen. Und sie liegen nicht bei den Helden der Unbeschnittenen, die gefallen sind, welche in den Scheol hinabfuhren mit ihren Kriegswaffen, und denen man ihre Schwerter unter ihre Häupter legte. Und ihre Missetaten sind über ihre Gebeine gekommen, weil sie ein Schrecken der Helden waren im
28 Lande der Lebendigen. — Auch du, Aegypten, wirst inmitten der Unbeschnittenen zerschmettert werden und bei den vom Schwert Erschlagenen liegen.
29 Dort ist Edom, seine Könige und alle seine Fürsten, die trotz e ihrer Macht f zu den vom Schwert Erschlagenen gelegt wurden; sie liegen bei den Unbeschnittenen und bei denen, welche in die Grube hinabgefahren sind.
30 Dort sind die Fürsten des Nordens

insgesamt und alle Zidonier, welche zu den Erschlagenen hinabgefahren und trotz des Schreckens vor ihrer Macht g zu Schanden geworden sind; und sie liegen unbeschnitten bei den vom Schwert Erschlagenen, und tragen ihre Schmach mit denen, welche in die Grube hinabgefahren sind.

Der Pharao wird sie sehen und sich 31 trösten über seine ganze Menge. Vom Schwert erschlagen sind der Pharao und sein ganzes Heer, spricht der Herr, Jehova. Denn ich ließ ihn seinen 32 Schrecken verbreiten im Lande h der Lebendigen; und so wird er hingelegt werden inmitten der Unbeschnittenen zu den vom Schwert Erschlagenen, der Pharao und seine ganze Menge, spricht der Herr, Jehova.

Und das Wort Jehovas geschah **33**
zu mir also: Menschensohn, rede zu 2 den Kindern deines Volkes und sprich zu ihnen: Wenn ich das Schwert über ein Land bringe, und das Volk des Landes einen Mann aus seiner Gesamtheit nimmt und ihn für sich zum Wächter setzt, und er sieht das Schwert 3 über das Land kommen, und stößt in die Posaune und warnt das Volk: — wenn einer den Schall der Posaune 4 hört und sich nicht warnen läßt, sodaß das Schwert kommt und ihn wegrafft, so wird sein Blut auf seinem Kopfe sein. Er hat den Schall der Po- 5 saune gehört und hat sich nicht warnen lassen; sein Blut wird auf ihm sein; denn hätte er sich warnen lassen, so würde er seine Seele errettet haben. Wenn aber der Wächter 6 das Schwert kommen sieht, und er stößt nicht in die Posaune, und das Volk wird nicht gewarnt, sodaß das Schwert kommt und von ihnen einen Seele wegrafft, so wird dieser wegen seiner Ungerechtigkeit weggerafft: aber sein Blut werde ich von der Hand des Wächters fordern. — Du nun, Men- 7 schensohn, ich habe dich dem Hause Israel zum Wächter gesetzt: du sollst das Wort aus meinem Munde hören und sie von meinetwegen warnen. Wenn ich zu dem Gesetzlosen spreche: 8 Gesetzloser, du sollst gewißlich sterben! und du redest nicht, um den Gesetzlosen vor seinem Wege zu warnen, so wird er, der Gesetzlose, wegen seiner i Ungerechtigkeit sterben; aber sein Blut werde ich von deiner Hand fordern. Wenn du aber den Ge- 9 setzlosen vor seinem Wege warnst, damit er von demselben umkehre, und er von seinem Wege nicht umkehrt, so wird er wegen seiner Ungerechtigkeit sterben; du aber hast deine Seele errettet.

Und du, Menschensohn, sprich zu 10 dem Hause Israel: Also sprechet ihr und saget: Unsere Uebertretungen und

---

unsere Sünden sind auf uns, und in denselben *a* schwinden wir dahin; wie 11 könnten wir denn leben? Sprich zu ihnen: *So wahr* ich lebe, spricht der Herr, Jehova, ich habe kein Gefallen am Tode des Gesetzlosen, sondern daß der Gesetzlose von seinem Wege umkehre und lebe! Kehret um, kehret um von euren bösen Wegen! denn warum wollt ihr sterben, Haus 12 Israel? Und du, Menschensohn, sprich zu den Kindern deines Volkes: Die Gerechtigkeit des Gerechten wird ihn nicht erretten am Tage seiner Uebertretung; und die Gesetzlosigkeit des Gesetzlosen — er wird nicht durch dieselbe fallen an dem Tage, da er von seiner Gesetzlosigkeit umkehrt; und der Gerechte wird nicht durch seine Gerechtigkeit *b* leben können an dem 13 Tage, da er sündigt. Wenn ich dem Gerechten sage, daß er gewißlich leben soll, und er verläßt sich auf seine Gerechtigkeit und ·tut unrecht: so wird aller seiner gerechten Taten *c* nicht gedacht werden, und wegen seines Unrechts, das er getan hat, des- 14 wegen wird er sterben. Wenn ich aber zu dem Gesetzlosen spreche: Du sollst gewißlich sterben; und er kehrt von seiner Sünde um und übt Recht und 15 Gerechtigkeit, sodaß der Gesetzlose das Pfand zurückgibt, Geraubtes erstattet, in den Satzungen des Lebens wandelt, ohne unrecht zu tun, so soll er gewißlich leben, er soll nicht ster- 16 ben; aller seiner Sünden, die er begangen hat, soll ihm nicht gedacht werden; Recht und Gerechtigkeit hat er geübt: er soll gewißlich leben. 7 Und die Kinder deines Volkes sprechen: Der Weg des Herrn ist nicht recht; aber i h r Weg ist nicht recht. 8 Wenn der Gerechte von seiner Gerechtigkeit umkehrt und unrecht tut, 9 so wird er deswegen sterben. Und wenn der Gesetzlose von seiner Gesetzlosigkeit umkehrt und Recht und Gerechtigkeit übt, so wird er um des- 0 willen leben. Und doch sprechet ihr: Der Weg Jehovas ist nicht recht. Ich werde euch richten, einen jeden nach seinen Wegen, Haus Israel. 1 Und es geschah im zwölften Jahre unserer Wegführung, im zehnten *Monat*, am fünften des Monats, da kam ein Entronnener aus Jerusalem zu mir und sprach: Die Stadt ist geschla- 2 gen! Und die Hand Jehovas war am Abend über mich gekommen vor der Ankunft des Entronnenen, und er hatte meinen Mund aufgetan, bis jener am Morgen zu mir kam; und so war mein Mund aufgetan, und ich verstummte 3 nicht mehr *d*. — Und das Wort Jehovas geschah zu mir also: Menschensohn, die Bewohner jener Trümmer im Lande Israel sprechen und sagen: Abraham war ein einzelner, und er

erhielt das Land zum Besitztum; wir aber sind viele, u n s ist das Land zum Besitztum gegeben! Darum sprich zu 25 ihnen: So spricht der Herr, Jehova: Ihr esset mit dem Blute, und erhebet eure Augen zu euren Götzen und vergießet Blut, und ihr solltet das Land besitzen? Ihr steifet euch auf euer 26 Schwert, verübet Greuel und verunreiniget einer des anderen Weib, und ihr solltet das Land besitzen? So sollst 27 du zu ihnen sprechen: So spricht der Herr, Jehova: *So wahr* ich lebe, die in den Trümmern sind, sollen durchs Schwert fallen; und wer auf dem freien Felde ist, den gebe ich den wilden Tieren hin, daß sie ihn fressen; und die in den Festungen und in den Höhlen sind, sollen an der Pest sterben! Und ich werde das Land zur Wüste 28 und Verwüstung machen, und der Stolz seiner Stärke wird ein Ende haben; und die Berge Israels werden wüst sein, sodaß niemand darüber hinwandert. Und sie werden wissen *f*, 29 daß ich Jehova bin, wenn ich das Land zur Wüste und Verwüstung mache wegen all ihrer Greuel, die sie verübt haben.

Und du, Menschensohn, die Kinder 30 deines Volkes unterreden sich über dich an den Wänden und in den Türen der Häuser; und einer redet mit dem anderen, ein jeder mit seinem Bruder, und spricht: Kommet doch und höret, was für ein Wort von Jehova ausgeht. Und sie kommen scha- 31 renweise *g* zu dir, und sitzen vor dir als mein Volk und hören deine Worte, aber sie tun sie nicht; sondern sie tun was ihrem Munde angenehm ist *h*, ihr Herz geht ihrem Gewinne nach. Und siehe, du bist ihnen wie ein lieb- 32 liches Lied, wie einer, der eine schöne Stimme hat und gut zu spielen versteht; und sie hören deine Worte, doch sie tun sie nicht. Wenn es aber 33 kommt — siehe, es kommt! — so werden sie wissen, daß ein Prophet in ihrer Mitte war.

Und das Wort Jehovas geschah zu **34** mir also: Menschensohn, weissage 2 wider die Hirten Israels, weissage und sprich zu ihnen, den Hirten: So spricht der Herr, Jehova: Wehe den Hirten Israels, die sich selbst weiden *i*! Sollen die Hirten nicht die Herde *j* weiden? Ihr esset das Fett und klei- 3 det euch mit der Wolle, das fette Vieh schlachtet ihr; die Herde weidet ihr nicht. Die Schwachen habt ihr nicht 4 gestärkt und das Kranke nicht geheilt und das Verwundete nicht verbunden, und das Versprengte führtet ihr nicht zurück, und das Verlorene suchtet ihr nicht; und mit Strenge habt ihr über sie geherrscht und mit Härte. Und so 5 wurden sie zerstreut, weil sie ohne Hirten waren; und sie wurden allen

---

a O. durch dieselben. — *b* W. durch dieselbe. — *c* W. Gerechtigkeiten. — *d* Vergl. Kap. 24, 25 — 27. — *e* O. Macht; vergl. Kap. 24, 21. — *f* O. erkennen, erfahren; so auch V. 33 usw. — *g* W. wie das Kommen eines Volkes. — *h* d. h. was ihrem Geschmack zusagt. — *i* Eig. weideten. — *j* Eig. das Kleinvieh; dasselbe Wort wie „Schafe" (V. 6); so auch V. 3. 17. 31.

Tieren des Feldes zur Speise, und
6 wurden zerstreut. Meine Schafe irren
umher auf allen Bergen und auf jedem hohen Hügel; und über das ganze Land hin sind meine Schafe zerstreut worden, und da ist niemand,
der nach ihnen fragt, und niemand,
7 der sie sucht. — Darum, ihr Hirten,
8 höret das Wort Jehovas! So wahr ich
lebe, spricht der Herr, Jehova: Weil
meine Schafe zur Beute und meine
Schafe allen Tieren des Feldes zur
Speise geworden sind, weil kein Hirte da ist, und meine Hirten nicht nach
meinen Schafen fragen, und die Hirten sich selbst weiden, aber nicht mei-
9 ne Schafe weiden: darum, ihr Hirten,
10 höret das Wort Jehovas! So spricht
der Herr, Jehova: Siehe, ich will an
die Hirten, und ich werde meine Schafe von ihrer Hand fordern und machen, daß sie aufhören, die Schafe zu
weiden, damit die Hirten nicht mehr
sich selbst weiden; und ich werde
meine Schafe von ihrem Munde erretten, daß sie ihnen nicht mehr zur
Speise seien.
11　Denn so spricht der Herr, Jehova:
Siehe, ich bin da, und ich will nach
12 meinen Schafen fragen und mich ih-
rer annehmen. Wie ein Hirt sich seiner Herde annimmt an dem Tage, da
er unter seinen zerstreuten Schafen
ist, also werde ich mich meiner Schafe annehmen und werde sie erretten
aus allen Orten, wohin sie zerstreut
worden sind am Tage des Gewölks
13 und der Wolkendunkels. Und ich werde sie herausführen aus den Völkern
und sie aus den Ländern sammeln
und sie in ihr Land bringen; und ich
werde sie weiden auf den Bergen Israels, in den Tälern und an allen Wohn-
14 plätzen des Landes. Auf guter Weide
werde ich sie weiden, und auf den
hohen Bergen Israels wird ihre Trift
sein; daselbst, auf den Bergen Israels, werden sie auf guter Trift la-
15 gern und fette Weide beweiden. Ich
will meine Schafe weiden, und ich
16 will sie lagern, spricht der Herr, Jehova. Das Verlorene will ich suchen
und das Versprengte zurückführen,
und das Verwundete will ich verbinden, und das Kranke will ich stärken;
das Fette aber und das Starke werde
17 ich vertilgen: nach Recht werde ich
sie weiden. — Und ihr, meine Herde,
so spricht der Herr, Jehova: Siehe,
ich werde richten zwischen Schaf und
Schaf, den Widdern und den Böcken.
18 Ist es euch zu wenig, daß ihr die gute
Weide abweidet und das Uebrige eurer Weide mit euren Füßen zertretet,
und daß ihr das abgeklärte Wasser
trinket und das Uebriggebliebene mit
19 euren Füßen trübet? Und meine Schafe sollen abweiden, was mit euren Füßen zertreten, und trinken, was mit
20 euren Füßen getrübt ist? Darum, so
spricht der Herr, Jehova, zu ihnen:
Siehe, ich bin da, und ich werde richten zwischen fettem Schaf und mage-

rem Schaf. Weil ihr all die Schwachen 21
mit Seite und Schulter verdränget und
mit euren Hörnern stoßet, bis ihr sie
nach außen hin zerstreut habt, so 22
will ich meine Schafe retten, damit
sie nicht mehr zur Beute seien; und
ich werde richten zwischen Schaf und
Schaf.
　Und ich werde einen Hirten über 23
sie erwecken, und er wird sie weiden
— meinen Knecht David: der wird sie
weiden, und der wird ihr Hirt a sein.
Und ich, Jehova, werde ihr Gott a sein, 24
und mein Knecht David wird Fürst
sein in ihrer Mitte. Ich, Jehova, habe
geredet. Und ich werde einen Bund 25
des Friedens mit ihnen machen, und
werde die bösen Tiere aus dem Lande vertilgen; und sie werden in der
Wüste sicher wohnen und in den Wäldern schlafen. Und ich werde sie und 26
die Umgebungen meines Hügels zum
Segen machen; und ich werde den Regen fallen lassen zu seiner Zeit, Regen des Segens werden es sein. Und 27
der Baum des Feldes wird seine Frucht
geben, und das Land wird seinen Ertrag geben; und sie werden in ihrem
Lande sicher sein. Und sie werden
wissen, daß ich Jehova bin, wenn ich
die Stäbe ihres Joches zerbreche und
sie aus der Hand derer errette, welche sie knechteten. Und sie werden 28
nicht mehr den Nationen zur Beute
sein, und die wilden Tiere der Erde
werden sie nicht mehr fressen; sondern sie werden in Sicherheit wohnen, und niemand wird sie aufschrekken. Und ich werde ihnen eine Pflan- 29
zung erwecken zum Ruhme b, und sie
werden nicht mehr durch Hunger weggerafft werden im Lande und nicht
mehr die Schmach der Nationen tragen. Und sie werden wissen, daß ich, 30
Jehova, ihr Gott, mit ihnen bin, und
daß sie, das Haus Israel, mein Volk
sind, spricht der Herr, Jehova. Und 31
ihr, meine Herde, Herde meiner Weide, ihr seid Menschen; ich bin euer
Gott, spricht der Herr, Jehova.

　Und das Wort Jehovas geschah **35**
zu mir also: Menschensohn, richte　2
dein Angesicht wider das Gebirge
Seir, und weissage wider dasselbe und　3
sprich zu ihm: So spricht der Herr,
Jehova: Siehe, ich will an dich, Gebirge Seir; und ich werde meine Hand
wider dich ausstrecken und dich zur
Wüste und Verwüstung machen; und 4
ich werde deine Städte zur Einöde machen, und du selbst wirst eine Wüste
werden. Und du wirst wissen, daß ich
Jehova bin. — Weil du eine beständige 5
Feindschaft hegtest und die Kinder Israel der Gewalt des Schwertes preisgabst zur Zeit ihrer Not, zur Zeit der
Ungerechtigkeit des Endes: darum, so 6
wahr ich lebe, spricht der Herr, Jehova, werde ich dich zu Blut machen,
und Blut wird dich verfolgen; weil
du Blut nicht gehaßt, so soll Blut
dich verfolgen. Und ich werde das Gebirge Seir zur Wüstenei und Verwü-

---

a Eig. ihnen zum Hirten (zum Gott). — b Eig. zum Namen.

stung machen, und den Hin- und Wie-
8 derziehenden aus ihm ausrotten. Und
seine Berge werde ich mit seinen Erschlagenen füllen; auf deinen Hügeln und in deinen Tälern und in allen
deinen Gründen sollen vom Schwert
9 Erschlagene fallen. Zu ewigen Wüsteneien werde ich dich machen, und deine Städte sollen nicht mehr bewohnt
werden. Und ihr werdet wissen, daß
10 ich Jehova bin. — Weil du sprachst:
Die beiden Nationen und die beiden
Länder sollen mein sein, und wir werden es *a* in Besitz nehmen, da doch Je-
11 hova daselbst war: darum, *so wahr*
ich lebe, spricht der Herr, Jehova,
werde ich handeln nach deinem Zorn
und nach deiner Eifersucht, wie du
infolge deines Hasses gegen sie gehandelt hast; und ich werde mich unter
ihnen *b* kundtun, sobald ich dich ge-
12 richtet habe. Und du wirst wissen, daß
ich, Jehova, alle deine Schmähungen
gehört habe, welche du gegen die
Berge Israels ausgesprochen hast, indem du sagtest: Sie sind verwüstet *c*,
uns sind sie zur Speise gegeben!
13 Und ihr habt mit eurem Munde gegen
mich großgetan und eure Worte gegen
mich gehäuft; i c h habe es gehört. —
14 So spricht der Herr, Jehova: Wenn
die ganze Erde sich freut, werde ich
15 dir Verwüstung bereiten. Wie du
deine Freude hattest an dem Erbteil des Hauses Israel, darum daß
es verwüstet war, ebenso werde ich
dir tun: eine Wüste sollst du werden,
Gebirge Seir und ganz Edom insgesamt! Und sie werden wissen, daß
ich Jehova bin.

36 Und du, Menschensohn, weissage
über die Berge Israels und sprich:
Berge Israels, höret das Wort Jehovas!
2 So spricht der Herr, Jehova: Weil
der Feind über euch spricht: Haha!
und: Die ewigen Höhen, sie sind uns
3 zum Besitztum geworden! darum weissage und sprich: So spricht der Herr,
Jehova: Darum, ja darum, daß man
euch von allen Seiten her verwüstet
und angeschnaubt *d* hat, sodaß ihr dem
Ueberrest der Nationen ein Besitztum
geworden und ins Gerede der Zunge
und ins Geschwätz der Leute gekom-
4 men seid: darum, ihr Berge Israels,
höret das Wort des Herrn, Jehovas!
So spricht der Herr, Jehova, zu den
Bergen und zu den Hügeln, zu den
Gründen und zu den Tälern, und zu
den wüsten Trümmern und zu den verlassenen Städten, welche dem Ueberrest der Nationen ringsum zur Beute
5 und zum Spott geworden sind — darum, so spricht der Herr, Jehova: Wahrlich, im Feuer meines Eifers habe ich
geredet wider den Ueberrest der Nationen und wider ganz Edom, die sich
mein Land zum Besitztum gemacht
haben, mit ganzer Herzensfreude, mit
Verachtung der Seele, um es zur Plün-

derung auszuleeren! Darum weissage 6
von dem Lande Israel und sprich zu
den Bergen und zu den Hügeln, zu
den Gründen und zu den Tälern: So
spricht der Herr, Jehova: Siehe, in
meinem Eifer und in meinem Grimm
habe ich geredet, weil ihr die Schmach
der Nationen getragen habt. Darum, 7
so spricht der Herr, Jehova: Ich, ich
habe meine Hand erhoben *e*: Wenn
nicht die Nationen, welche rings um
euch her sind, ihre eigene Schmach tragen sollen! Ihr aber, Berge Israels, ihr 8
sollt meinem Volke Israel eure Zweige treiben und eure Frucht tragen,
denn sie *f* sind nahe daran zu kommen.
Denn siehe, ich will zu euch *kommen*, 9
und ich will mich zu euch wenden,
und ihr sollt bebaut und besät werden.
Und ich werde die Menschen auf euch 10
vermehren, das ganze Haus Israel insgesamt; und die Städte sollen bewohnt
und die Trümmer aufgebaut werden.
Und ich werde Menschen und Vieh auf 11
euch vermehren, und sie werden sich
mehren und fruchtbar sein; und ich
werde euch bewohnt machen, wie in
euren Vorzeiten, und werde euch wohltun, mehr als in euren Anfängen. Und
ihr werdet wissen, daß ich Jehova bin.
Und ich werde Menschen, mein Volk 12
Israel, auf euch wandeln lassen, und
sie werden dich *g* besitzen, und du
wirst ihnen zum Erbteil sein; und du
wirst sie hinfort nicht mehr der Kinder berauben. — So spricht der Herr, 13
Jehova: Weil sie zu euch sprechen:
Du *h* verzehrst Menschen und hast deine Nation der Kinder beraubt, darum 14
wirst du nicht mehr Menschen verzehren, und wirst deine Nation nicht mehr
straucheln machen *i*, spricht der Herr,
Jehova. Und ich will dich nicht mehr 15
die Schmähung der Nationen hören
lassen, und den Hohn der Völker sollst
du nicht mehr tragen; und du sollst
deine Nation nicht mehr straucheln
machen, spricht der Herr, Jehova.
Und das Wort Jehovas geschah zu 16
mir also: Menschensohn, das Haus Is- 17
rael wohnte in seinem Lande, und sie
verunreinigten es durch ihren Weg
und durch ihre Handlungen: ihr Weg
war vor mir wie die Unreinigkeit eines
unreinen Weibes. Da goß ich meinen 18
Grimm über sie aus wegen des Blutes, das sie im Lande vergossen, und
weil sie es durch ihre Götzen verunreinigt hatten. Und ich versprengte 19
sie unter die Nationen, und sie wurden in die Länder zerstreut; ich richtete sie nach ihrem Wege und nach
ihren Handlungen. Und als sie zu den 20
Nationen kamen, wohin sie kamen, da
entweihten sie meinen heiligen Namen, indem man von ihnen sagte: Jehovas Volk sind diese, und aus seinem
Lande sind sie gezogen. Aber ich habe 21
meinen heiligen Namen verschont *j*,
welchen das Haus Israel entweiht hat

---

a nämlich das Land. — *b* O. an ihnen. — *c* Eig. es (das Land) ist verwüstet. — *d* O.
nach euch geschnappt. — *e* d. i. zum Schwure. — *f* d. h. die Zweige und die Frucht.
— *g* bezieht sich nach dem Hebr. auf das Gebirge Israels. — *h* bezieht sich nach dem
Hebr. auf das Land. — *i* Nach and. Lesart: der Kinder berauben. — *j* Eig. ich habe
mich meines heiligen Namens erbarmt.

unter den Nationen, wohin sie kamen.
22 — Darum sprich zum Hause Israel:
So spricht der Herr, Jehova: Nicht um
euretwillen tue ich es, Haus Israel,
sondern um meines heiligen Namens
willen, den ihr entweiht habt unter
den Nationen, wohin ihr gekommen
23 seid. Und ich werde meinen großen
Namen heiligen, der entweiht ist unter den Nationen, welchen ihr entweiht
habt in ihrer Mitte. Und die Nationen
werden wissen, daß ich Jehova bin,
spricht der Herr, Jehova, wenn ich
mich vor ihren Augen an euch heili-
24 ge a. — Und ich werde euch aus den
Nationen holen und euch sammeln aus
allen Ländern und euch in euer Land
25 bringen. Und ich werde reines Wasser auf euch sprengen, und ihr werdet rein sein; von allen euren Unreinigkeiten und von allen euren Göt-
26 zen werde ich euch reinigen. Und ich
werde euch ein neues Herz geben
und einen neuen Geist in euer Inneres
geben; und ich werde das steinerne
Herz aus eurem Fleische wegnehmen
und euch ein fleischernes Herz geben.
27 Und ich werde meinen Geist in euer
Inneres geben; und ich werde machen,
daß ihr in meinen Satzungen wandelt
und meine Rechte bewahret und tut.
28 Und ihr werdet in dem Lande wohnen,
das ich euren Vätern gegeben habe;
und ihr werdet mein Volk, und ich
29 werde euer Gott sein. Und ich werde
euch befreien von allen euren Unreinigkeiten. Und ich werde das Getreide herbeirufen und es mehren, und
keine Hungersnot mehr auf euch brin-
30 gen; und ich werde die Frucht des
Baumes und den Ertrag des Feldes
mehren, auf daß ihr nicht mehr den
Schimpf einer Hungersnot traget un-
31 ter den Nationen. Und ihr werdet
eurer bösen Wege gedenken und eurer
Handlungen, die nicht gut waren, und
werdet Ekel an euch selbst empfinden
wegen eurer Missetaten und eurer
32 Greuel. Nicht um euretwillen tue ich
es, spricht der Herr, Jehova, das sei
euch kund; schämet euch und werdet
beschämt vor euren Wegen, Haus Is-
33 rael! — So spricht der Herr, Jehova: An
dem Tage, da ich euch reinigen werde
von allen euren Missetaten, da will
ich die Städte bewohnt machen, und
die Trümmer sollen aufgebaut wer-
34 den. Und das verwüstete Land soll bebaut werden, statt daß es eine Wüste
war vor den Augen jedes Vorüberge-
35 henden. Und man wird sagen: Dieses
Land da, das verwüstete, ist wie der
Garten Eden geworden, und die verödeten und verwüsteten und zerstör-
ten Städte sind befestigt und bewohnt.
36 Und die Nationen, welche rings um
euch her übrigbleiben werden, werden
wissen, daß ich, Jehova, das Zerstörte
aufbaue, das Verwüstete bepflanze. Ich,
Jehova, habe geredet und werde es
37 tun. — So spricht der Herr, Jehova:
Auch noch um dieses werde ich mich
vom Hause Israel erbitten b lassen,

daß ich es ihnen tue: Ich werde sie an
Menschen vermehren wie eine Herde.
38 Wie eine geheiligte Herde, wie die
Herde Jerusalems an seinen Festen c,
also werden die veröedeten Städte voll
Menschenherden sein. Und sie werden
wissen, daß ich Jehova bin.

37 Die Hand Jehovas kam über mich,
und Jehova führte mich im Geiste
hinaus und ließ mich nieder mitten im
Tale d; und dieses war voll Gebeine.
2 Und er führte mich ringsherum an ihnen vorüber; und siehe, es waren sehr
viele auf der Fläche des Tales, und
3 siehe, sie waren sehr verdorrt. Und
er sprach zu mir: Menschensohn, werden diese Gebeine lebendig werden?
Und ich sprach: Herr, Jehova, du weißt
4 es. Da sprach er zu mir: Weissage über
diese Gebeine und sprich zu ihnen:
Ihr verdorrten Gebeine, höret das Wort
5 Jehovas! So spricht der Herr, Jehova, zu diesen Gebeinen: Siehe, ich
bringe Odem in euch, daß ihr lebendig
6 werdet. Und ich werde Sehnen über
euch legen und Fleisch über euch wachsen lassen und euch mit Haut überziehen, und ich werde Odem in euch
legen, daß ihr lebendig werdet. Und
ihr werdet wissen, daß ich Jehova bin.
7 — Und ich weissagte, wie mir geboten
war. Da entstand ein Geräusch, als
ich weissagte, und siehe, ein Getöse:
und die Gebeine rückten zusammen,
8 Gebein an Gebein. Und ich sah, und
siehe, *es kamen* Sehnen über sie, und
Fleisch wuchs, und Haut zog sich darüber obenher; aber es war kein Odem
9 in ihnen. Und er sprach zu mir: Weissage dem Odem, weissage, Menschensohn, und sprich zu dem Odem: So
spricht der Herr, Jehova: Komm von
den vier Winden her, du Odem, und
hauche diese Getöteten an, daß sie le-
10 bendig werden! Und ich weissagte,
wie er mir geboten hatte; und der
Odem kam in sie, und sie wurden lebendig und standen auf ihren Füßen,
11 ein überaus großes Heer. — Und er
sprach zu mir: Menschensohn, diese
Gebeine sind das ganze Haus Israel.
Siehe, sie sprechen: Unsere Gebeine
sind verdorrt, und unsere Hoffnung ist
verloren; wir sind dahin e. Darum weis-
12 sage und sprich zu ihnen: So spricht
der Herr, Jehova: Siehe, ich werde
eure Gräber öffnen und euch aus euren
Gräbern heraufkommen lassen, mein
Volk, und werde euch in das Land Is-
13 rael bringen. Und ihr werdet wissen,
daß ich Jehova bin, wenn ich eure Gräber öffne und euch aus euren Gräbern
heraufkommen lasse, mein Volk. Und
14 ich werde meinen Geist in euch geben,
daß ihr lebet, und werde euch in euer
Land setzen. Und ihr werdet wissen,
daß ich, Jehova, geredet und es getan
habe, spricht Jehova.

15 Und das Wort Jehovas geschah zu
mir also: Und du, Menschensohn, nimm
16 dir ein Holz und schreibe darauf: Für
Juda und für die Kinder Israel, seine
Genossen. Und nimm ein anderes Holz

---

a d. h. heilig erweise. — b Eig. ersuchen. — c Eig. bestimmten Zeiten, d. h. alle geheiligten Zeiten und Tage; so auch Kap. 44, 24. — d Vergl. Kap. 3, 22. — e W. abgeschnitten.

und schreibe darauf: Für Joseph, Holz
Ephraims und des ganzen Hauses Is-
17 rael, seiner Genossen. Und bringe sie
zusammen, eines zum anderen, dir zu
einem Holze, sodaß sie geeint seien
18 in deiner Hand. Und wenn die Kinder
deines Volkes zu dir sprechen und sagen: Willst du uns nicht kundtun, was
19 diese dir bedeuten sollen? so rede zu
ihnen: So spricht der Herr, Jehova:
Siehe, ich werde das Holz Josephs nehmen, welches in der Hand Ephraims
ist, und die Stämme Israels, seine Genossen; und ich werde sie dazu tun,
zu dem Holze Judas, und werde sie
zu einem Holze machen, sodaß sie
20 eins seien in meiner Hand. Und die
Hölzer, auf welche du geschrieben
hast, sollen in deiner Hand sein vor
21 ihren Augen. Und rede zu ihnen: So
spricht der Herr, Jehova: Siehe, ich
werde die Kinder Israel aus den Nationen herausholen, wohin sie gezogen sind, und ich werde sie von ringsumher sammeln und sie in ihr Land
22 bringen. Und ich werde sie zu einer
Nation machen im Lande, auf den Bergen Israels, und sie werden allesamt
einen König zum König haben; und
sie sollen a nicht mehr zu zwei Nationen werden, und sollen sich fortan
nicht mehr in zwei Königreiche teilen.
23 Und sie werden sich nicht mehr verunreinigen durch ihre Götzen und
durch ihre Scheusale und durch alle
ihre Uebertretungen; und ich werde
sie retten aus allen ihren Wohnsitzen,
in welchen sie gesündigt haben, und
werde sie reinigen; und sie werden
mein Volk, und ich werde ihr Gott
24 sein. Und mein Knecht David wird
König über sie sein, und sie werden
allesamt einen Hirten haben; und
sie werden in meinen Rechten wandeln, und meine Satzungen bewahren
25 und sie tun. Und sie werden wohnen
in dem Lande, das ich meinem Knechte Jakob gegeben, worin eure Väter
gewohnt haben; und sie werden darin
wohnen, sie und ihre Kinder und ihre
Kindeskinder, bis in Ewigkeit; und
mein Knecht David wird ihr Fürst sein
26 ewiglich. Und ich werde einen Bund
des Friedens mit ihnen machen, ein
ewiger Bund wird es mit ihnen sein;
und ich werde sie einsetzen und sie
vermehren, und werde mein Heiligtum
27 in ihre Mitte setzen ewiglich. Und
meine Wohnung wird über ihnen sein;
und ich werde ihr Gott, und sie wer-
28 den mein Volk sein. Und die Nationen
werden wissen, daß ich Jehova bin,
der Israel heiligt, wenn mein Heiligtum in ihrer Mitte sein wird ewiglich.

38 Und das Wort Jehovas geschah zu
mir also: Menschensohn, richte dein
2 Angesicht gegen Gog vom Lande Magog b, den Fürsten von Rosch, Mesech
und Tubal c, und weissage wider ihn
3 und sprich: So spricht der Herr, Jehova: Siehe, ich will an dich, Gog,

Fürst von Rosch, Mesech und Tubal.
Und ich werde dich herumlenken d 4
und Haken in deine Kinnbacken legen;
und ich werde dich herausführen und
dein ganzes Heer, Rosse und Reiter,
allesamt prächtig gekleidet, eine große
Schar mit Schild und Tartsche, welche Schwerter führen allesamt: Per- 5
ser, Aethiopier und Put mit ihnen,
allesamt mit Schild und Helm; Go- 6
mer und alle seine Haufen, das Haus
Togarma im äußersten Norden und
alle seine Haufen; viele Völker mit
dir. Rüste dich und rüste dir zu, du 7
und alle deine Scharen, die sich zu dir
versammelt haben, und sei ihr Anführer! Nach vielen Tagen sollst du heim- 8
gesucht werden: am Ende der Jahre
sollst du in das Land kommen, das vom
Schwerte wiederhergestellt, das aus
vielen Völkern gesammelt ist, auf die
Berge Israels, welche beständig verödet waren; und es ist herausgeführt
aus den Völkern, und sie wohnen in Sicherheit allesamt. Und du sollst her- 9
aufziehen, wie ein Sturm herankommen, sollst wie eine Wolke sein, um
das Land zu bedecken, du und alle deine Haufen und viele Völker mit dir.
So spricht der Herr, Jehova: Und 10
es wird geschehen an jenem Tage, da
werden Dinge in deinem Herzen aufsteigen, und du wirst einen bösen Anschlag ersinnen und sprechen: Ich will 11
hinaufziehen in das Land der offenen
Städte, will über die kommen, welche
in Ruhe sind, in Sicherheit wohnen,
die allesamt ohne Mauern wohnen und
Riegel und Tore nicht haben: um Raub 12
zu rauben und Beute zu erbeuten, um
deine Hand zu kehren gegen die wie-
derbewohnten Trümmer e und gegen
ein Volk, das aus den Nationen gesammelt ist, welches Hab und Gut erworben hat, welches den Mittelpunkt f der
Erde bewohnt. Scheba und Dedan und 13
die Kaufleute von Tarsis und alle ihre
jungen Löwen g werden zu dir sagen:
Kommst du, um Raub zu rauben? hast
du deine Scharen versammelt, um Beute zu erbeuten, um Silber und Gold
wegzuführen, Hab und Gut wegzunehmen, um einen großen Raub zu rauben? — Darum, weissage, Menschen- 14
sohn, und sprich zu Gog: So spricht
der Herr, Jehova: Wirst du es an jenem Tage nicht wissen, wenn mein
Volk Israel in Sicherheit wohnt? Und 15
du wirst von deinem Orte kommen,
vom äußersten Norden her, du und viele Völker mit dir, auf Rossen reitend
allesamt, eine große Schar und ein
zahlreiches Heer. Und du wirst wider 16
mein Volk Israel heraufziehen wie eine
Wolke, um das Land zu bedecken. Am
Ende der Tage wird es geschehen, daß
ich dich heranbringen werde wider h
mein Land, auf daß die Nationen mich
kennen, wenn ich mich an dir, Gog,
vor ihren Augen heilige i.
So spricht der Herr, Jehova: Bist 17

---

a Nach and. Les.: und sie soll. — b Eig. vom Lande des Magogvolkes (1. Mose 10, 2).
— c O. den Hauptfürsten von Mesech und Tubal; so auch nachher. — d O. verleiten,
d. h. zum Kriege; so auch Kap. 39, 2. — e O. Einöden. — f W. den Nabel. — g d. h.
ihre raubgierigen Herrscher. (Vergl. Kap. 32, 2.) — h O. über. — i d. h. heilig erweise.

du der, von welchem ich in vergangenen Tagen geredet habe durch meine Knechte, die Propheten Israels, welche in jenen Tagen Jahre lang weissagten, daß ich dich wider sie heran 18 bringen würde? Und es wird geschehen an selbigem Tage, an dem Tage, wenn Gog in das Land Israel kommt, spricht der Herr, Jehova, da wird mein 19 Grimm in meiner Nase aufsteigen. Und in meinem Eifer, im Feuer meines Zornes habe ich geredet: Wahrlich, an selbigem Tage wird ein großes Beben 20 sein in Lande Israel! Und es werden vor mir beben die Fische des Meeres und die Vögel des Himmels und die Tiere des Feldes und alles Gewürm, das sich auf dem Erdboden regt, und alle Menschen, die auf der Fläche des Erdbodens sind; und die Berge werden niedergerissen werden, und die steilen Höhen werden einstürzen, und 21 jede Mauer wird zu Boden fallen. Und ich werde nach allen meinen Bergen hin das Schwert über *a* ihn herbeirufen, spricht der Herr, Jehova; das 22 Schwert des einen wird wider den anderen sein. Und ich werde Gericht an ihm üben durch die Pest und durch Blut; und einen überschwemmenden Regen und Hagelsteine, Feuer und Schwefel werde ich regnen lassen auf ihn und auf seine Haufen und auf die 23 vielen Völker, die mit ihm sind. Und ich werde mich groß und heilig erweisen, und werde mich kundtun vor den Augen vieler Nationen. Und sie werden wissen, daß ich Jehova bin.

39 Und du, Menschensohn, weissage wider Gog und sprich: So spricht der Herr, Jehova: Siehe, ich will an dich, Gog, Fürst von Rosch, Mesech 2 und Tubal. Und ich werde dich herumlenken und herbeiführen, und dich heraufziehen lassen vom äußersten Norden her, und dich auf die Berge Isra 3 els bringen. Und ich werde dir den Bogen aus deiner linken Hand schlagen und deine Pfeile aus deiner rechten Hand werfen. Auf den Bergen Israels wirst du fallen, du und alle deine Haufen und die Völker, die mit dir sind; den Raubvögeln allerlei Gefieders und den Tieren des Feldes habe 5 ich dich zur Speise gegeben; auf dem freien Felde sollst du fallen. Denn ich habe geredet, spricht der Herr, Jehova 6 va. Und ich werde Feuer senden unter Magog und unter die, welche auf den Inseln *b* sicher wohnen. Und sie werden wissen, daß ich Jehova bin. 7 Und ich werde meinen heiligen Namen kundtun inmitten meines Volkes Israel, und werde meinen heiligen Namen nicht mehr entweihen lassen. Und die Nationen werden wissen, daß ich Jehova bin, der Heilige *c* in Israel. 8 Siehe, es kommt und wird geschehen, spricht der Herr, Jehova. Das ist der Tag, von welchem ich geredet habe.

Und die Bewohner der Städte Isra 9 els werden hinausgehen, und werden Feuer machen und heizen mit Waffen und Tartschen und Schilden, mit Bogen und Pfeilen und mit Handstäben und Lanzen; und sie werden Feuer damit machen sieben Jahre lang. Und 10 sie werden kein Holz vom Felde holen noch aus den Wäldern hauen, sondern werden Feuer machen mit den Waffen. Und sie werden ihre Räuber berauben und ihre Plünderer plündern, spricht der Herr, Jehova. Und es wird 11 geschehen an jenem Tage, da werde ich Gog eine Grabstätte geben in Israel, das Tal der Wanderer *d* auf der Ostseite *e* des Meeres; und es wird den Wanderern den Weg versperren. Und daselbst werden sie Gog und seine ganze Menge begraben, und sie werden es nennen: Tal der Menge Gogs *f*. Und das Haus Israel wird sie begra 12 ben, um das Land zu reinigen, sieben Monate lang; und das ganze Volk des 13 Landes wird sie begraben, und es wird ihnen zum Ruhme *g* sein an dem Tage, da ich mich verherrlichen werde, spricht der Herr, Jehova. Und sie wer 14 den Männer aussondern, die beständig im Lande umherziehen, und solche, welche mit den Umherziehenden die auf der Fläche des Landes Uebriggebliebenen begraben, um es zu reinigen; nach Verlauf von sieben Monaten *h* werden sie es durchsuchen. Und 15 die Umherziehenden werden im Lande umherziehen; und wenn einer ein Menschengebein sieht, so wird er ein Mal daneben errichten, bis die Totengräber es im Tale der Menge Gogs begraben. Und auch der Name der 16 Stadt soll Hamona *i* sein. Und so werden sie das Land reinigen. — Und du, 17 Menschensohn, so spricht der Herr, Jehova: Sprich zu dem Gevögel allerlei Gefieders und zu allen Tieren des Feldes: Versammelt euch und kommet, sammelt euch von allen Seiten her zu meinem Schlachtopfer, das ich für euch schlachte, einem großen Schlachtopfer auf den Bergen Israels, und fresset Fleisch und trinket Blut! Fleisch 18 von Helden sollt ihr fressen, und Blut von Fürsten der Erde sollt ihr trinken: Widder, Fettschafe und Böcke *und* Farren, in Basan gemästet allesamt. Und Fett sollt ihr fressen bis zur Sät 19 tigung und Blut trinken bis zur Trunkenheit von meinem Schlachtopfer, das ich für euch geschlachtet habe. Und 20 ihr sollt euch sättigen an meinem Tische von Rossen und Reitern, von Helden und allerlei Kriegsleuten, spricht der Herr, Jehova.

Und ich werde meine Herrlichkeit 21 unter den Nationen erweisen *k*; und alle Nationen sollen mein Gericht sehen, welches ich gehalten, und meine Hand, die ich an sie gelegt habe. Und 22 von jenem Tage an und hinfort wird

---

a O. wider. — *b* d. h. den Inseln und Küstenländern des Mittelländischen Meeres. — *c* Eig. heilig. — *d* O. der Durchziehenden. — *e* Eig. Vorderseite. — *f* O. Tal Hamon-Gog. — *g* Eig. zum Namen. — *h* Vergl. V. 12. — *i* O. einer. — *j* Menge, Getümmel; vergl. V. 11. — *k* Eig. unter die Nationen setzen.

das Haus Israel wissen, daß ich, Je-
23 hova, ihr Gott bin. Und die Nationen
werden wissen, daß das Haus Israel um
seiner Ungerechtigkeit willen weggeführt wurde, weil sie treulos gegen
mich gewesen sind, und ich mein Angesicht vor ihnen verborgen und sie
in die Hand ihrer Bedränger gegeben
habe, sodaß sie allesamt durch das
24 Schwert gefallen sind. Nach ihrer Unreinigkeit und nach ihren Uebertretungen habe ich mit ihnen gehandelt,
und habe mein Angesicht vor ihnen
25 verborgen. — Darum, so spricht der
Herr, Jehova: Nun werde ich die Gefangenschaft Jakobs wenden und mich
des ganzen Hauses Israel erbarmen,
und werde eifern für meinen heiligen
26 Namen. Und sie werden ihre Schmach
tragen *a* und alle ihre Treulosigkeit,
mit welcher sie treulos gegen mich
gehandelt haben, wenn sie in ihrem
Lande sicher wohnen und niemand sie
27 aufschreckt, wenn ich sie aus den Völkern zurückbringe und sie aus den
Ländern ihrer Feinde gesammelt, und
ich mich an ihnen geheiligt *b* habe vor
28 den Augen der vielen Nationen. Und
sie werden wissen, daß ich, Jehova,
ihr Gott bin, indem ich sie zu den Nationen weggeführt habe und sie *wieder*
in ihr Land sammle und keinen mehr
29 von ihnen dort übriglasse. Und ich
werde mein Angesicht nicht mehr vor
ihnen verborgen, wenn *c* ich meinen
Geist über das Haus Israel ausgegossen
habe, spricht der Herr, Jehova.

40 Im fünfundzwanzigsten Jahre unserer Wegführung, im Anfang des Jahres, am zehnten des Monats, im vierzehnten Jahre, nachdem die Stadt geschlagen war, an diesem selbigen Tage
kam die Hand Jehovas über mich, und
2 er brachte mich dorthin. In Gesichten
Gottes brachte er mich in das Land
Israel, und er ließ mich nieder auf
einen sehr hohen Berg; und auf demselben, gegen Süden, war es wie der
3 Bau einer Stadt. Und er brachte mich
dorthin; und siehe da, ein Mann, dessen Aussehen war wie das Aussehen
von Erz; und in seiner Hand war eine
leinene Schnur und eine Meßrute; und
4 er stand im Tore. Und der Mann redete zu mir: Menschensohn, sieh mit
deinen Augen und höre mit deinen
Ohren, und richte dein Herz auf alles
was ich dir zeigen werde; denn damit
es dir gezeigt werde, bist du hierher
gebracht worden. Berichte dem Hause
Israel alles was du siehst.

Und siehe, eine Mauer *d* war außer- 5
halb des Hauses ringsherum; und in
der Hand des Mannes war eine Meßrute von sechs Ellen, jede von einer
Elle und einer Handbreite *e*. Und er
maß die Breite des Baues: eine Rute, 6
und die Höhe: eine Rute. — Und er
ging zu dem Tore, das gegen Osten
gerichtet war, und stieg dessen Stufen
hinauf. Und er maß die Schwelle des
Tores: eine Rute breit, und zwar die
erste Schwelle eine Rute breit *f*; und 7
jedes Wachtzimmer *g*: eine Rute lang
und eine Rute breit, und zwischen den
Wachtzimmern fünf Ellen; und die
Torschwelle neben der Torhalle nach
dem Hause hin *h*: eine Rute. Und er 8
maß die Torhalle nach dem Hause hin:
eine Rute *i*; und er maß die Torhalle: 9
acht Ellen *j*, und ihre Pfeiler: zwei
Ellen *dick*, und die Torhalle war nach
dem Hause hin. Und die Wachtzim- 10
mer des Tores gegen Osten *k* waren
drei auf dieser und drei auf jener Seite; ein Maß hatten alle drei, und ein
Maß die Pfeiler auf dieser und auf
jener Seite. Und er maß die Breite 11
der Toröffnung: zehn Ellen, *und die*
Länge des Tores *l*: dreizehn Ellen. Und 12
eine Grenzwehr *m* war vor den Wachtzimmern, von einer Elle *auf dieser
Seite*; und eine Elle Grenzwehr war
auf jener Seite. Und jedes Wachtzimmer war sechs Ellen auf dieser und
sechs Ellen auf jener Seite. Und er 13
maß das Tor vom Dache eines Wacht-
zimmers bis zum Dache des anderen:
fünfundzwanzig Ellen Breite, Tür gegen Tür *n*. Und er bestimmte *o* die Pfei- 14
ler zu sechzig Ellen *Höhe*. Und an die
Pfeiler stieß der Vorhof rings um das
Tor*gebäude*. Und von der Vorderseite 15
des Eingangstores bis zur Vorderseite
der Halle des inneren Tores waren
fünfzig Ellen *p*. Und vergitterte *q* Fen- 16
ster waren an den Wachtzimmern, und
zwar an ihren Pfeilern, nach dem
Inneren des Tor*gebäudes* zu, ringsherum, und ebenso an den Wandvorsprüngen; und so waren Fenster ringsherum nach innen zu; und an den
Pfeilern waren Palmen.

Und er brachte mich in den äuße- 17
ren Vorhof. Und siehe, da waren Zellen und ein Steinpflaster ringsum am
Vorhof gemacht; dreißig Zellen waren
auf dem Steinpflaster. Und das Stein- 18
pflaster war zur Seite der Tore, entsprechend der Länge der Tore *r*, *nämlich* das untere *s* Steinpflaster. Und er 19
maß die Breite von der Vorderseite
des Tores *t* des unteren *Vorhofs* bis

a S. Kap. 16, 63. — *b* d. h. heilig erwiesen. — *c* O. weil. — *d* die Ringmauer des äußeren Vorhofs. — *e* die alte hebr. Elle von 7 Handbreiten. — *f* der Dicke des Baues (d. h.
der Mauer, V. 5) entsprechend. — *g* für die Torwache. — *h* d. h. die zweite Schwelle
am Ausgang des Torgebäudes in den äußeren Vorhof. — *i* O. sechs Ellen, für die Tiefe
des inneren Raumes. — *j* für die Tiefe des inneren Raumes. — *k* d. h. des östlichen
Torgebäudes (V. 6). — *l* d. h. viell. eines jeden der beiden bedeckten Teile des Torweges,
in dessen Mitte ein unbedeckter Raum war. — *m* W. eine Grenze. — *n* d. i. die Breite
des ganzen Torgebäudes, die an beiden Seiten des Torweges befindlichen Wachtzimmer
inbegriffen. — *o* Eig. machte. — *p* Das war die Länge oder Tiefe des ganzen Osttor-
gebäudes. — *q* Eig. geschlossene; vergl. 1. Kön. 6. 4. — *r* d. h. die Breite des Pfla-
sters innerhalb der Ringmauer entsprach der Tiefe der Torgebäude des äußeren Vorhofs.
— *s* Der äußere Vorhof lag tiefer als der innere. — *t* Eig. von vor dem Tore.

vor den inneren Vorhof, von außen,
hundert Ellen; *so war es* an der Ost-
20 und an der Nordseite. — Und das
Tor, welches gegen Norden gerichtet
war, am äußeren Vorhof: er maß seine
21 Länge und seine Breite; und seine
Wachtzimmer, drei auf dieser und drei
auf jener Seite; und seine Pfeiler und
seine Wandvorsprünge. Es war nach
dem Maße des ersten Tores, fünfzig
Ellen seine Länge und fünfundzwan-
22 zig Ellen die Breite *a*. Und seine Fenster und seine Wandvorsprünge und
seine Palmen waren nach dem Maße
des Tores, das gegen Osten gerichtet
war; und auf sieben Stufen stieg man
hinauf, und seine Wandvorsprünge
23 waren vor ihnen *b*. Und ein Tor zum
inneren Vorhof war dem Tore nach
Norden und nach Osten gegenüber;
und er maß von Tor zu Tor hundert
24 Ellen *c*. — Und er führte mich gegen
Süden. Und siehe, da war ein Tor gegen Süden; und er maß seine Pfeiler
und seine Wandvorsprünge nach jenen
25 Maßen. Und Fenster waren an ihm und
an seinen Wandvorsprüngen ringsherum, gleich jenen Fenstern. Die Länge
war fünfzig Ellen und die Breite fünf-
26 undzwanzig Ellen. Und sieben Stufen
bildeten seine Stiege, und seine Wandvorsprünge waren vor ihnen; und es
hatte Palmen an seinen Pfeilern, eine
auf dieser und eine auf jener Seite.
27 Und ein Tor zum inneren Vorhof war
gegen Süden; und er maß vom Tore *d* zu
dem Tore gegen Süden, hundert Ellen.
28 Und er brachte mich durch das Südtor
in den inneren Vorhof. Und er maß
29 das Südtor nach jenen Maßen, und seine Wachtzimmer und seine Pfeiler und
seine Wandvorsprünge nach jenen Maßen. Und Fenster waren an ihm und
an seinen Wandvorsprüngen ringsherum. Die Länge war fünfzig Ellen und
30 die Breite fünfundzwanzig Ellen. Und
Wandvorsprünge waren ringsherum,
die Länge fünfundzwanzig Ellen und
31 die Breite fünf Ellen. Und seine Wandvorsprünge waren gegen den äußeren
Vorhof hin; und Palmen waren an
seinen Pfeilern; und acht Stufen *bil-*
32 *deten* seine Stiege. — Und er brachte
mich in den inneren Vorhof gegen
33 Osten. Und er maß das Tor nach jenen Maßen, und seine Wachtzimmer
und seine Pfeiler und seine Wandvorsprünge nach jenen Maßen. Und Fenster waren an ihm und an seinen Wandvorsprüngen ringsherum. Die Länge
war fünfzig Ellen und die Breite fünf-
34 undzwanzig Ellen. Und seine Wandvorsprünge waren gegen den äußeren
Vorhof hin; und Palmen waren an seinen Pfeilern auf dieser und auf jener

Seite; und acht Stufen *bildeten* seine
Stiege. — Und er brachte mich zu dem 35
Nordtore. Und er maß es nach jenen Maßen: seine Wachtzimmer, sei- 36
ne Pfeiler und seine Wandvorsprünge.
Und Fenster waren an ihm ringsherum. Die Länge war fünfzig Ellen und
die Breite fünfundzwanzig Ellen. Und 37
seine Pfeiler waren nach dem äußeren Vorhof zu; und Palmen waren an
seinen Pfeilern auf dieser und auf
jener Seite; und acht Stufen *bildeten*
seine Stiege.
Und eine Zelle und ihr Eingang war 38
an den Pfeilern der Tore; daselbst
spülte man das Brandopfer ab. Und in 39
der Torhalle waren zwei Tische auf
dieser und zwei Tische auf jener Seite, um auf dieselben das geschlachtete
Brandopfer und Sündopfer und Schuldopfer zu legen *e*. Und draußen, an der 40
dem zum Toreingang Hinaufgehenden
nördlich liegenden Seite *f*, waren zwei
Tische; und an der anderen Seite *f*
der Torhalle zwei Tische: vier Tische 41
auf dieser und vier Tische auf jener
Seite, an der Seite *g* des Tores: acht
Tische, auf welche man das geschlachtete Fleisch legte. Und bei der Stiege 42
waren vier Tische aus behauenen Steinen, anderthalb Ellen lang und anderthalb Ellen breit und eine Elle hoch;
auf diese legte man die Geräte, womit
man das Brandopfer und das Schlachtopfer schlachtete. Und die Doppel- 43
pflöcke *h*, eine Handbreit lang, waren
ringsherum am *Torhause* befestigt;
und auf die Tische kam das Opferfleisch. — Und außerhalb des inneren 44
Tores waren zwei Zellen im inneren
Vorhof: eine an der Seite *i* des Nordtores, und ihre Vorderseite gegen Süden; eine an der Seite *i* des Südtores *j*
in der Richtung gegen Norden. Und 45
er sprach zu mir: Diese Zelle, deren
Vorderseite gegen Süden liegt, ist für
die Priester, welche der Hut des Hauses warten. Und die Zelle, deren Vor- 46
derseite gegen Norden liegt, ist für
die Priester, welche der Hut des Altars warten. Das sind die Söhne Zadoks, welche aus den Söhnen Levis
Jehova nahen, um ihm zu dienen. Und 47
er maß den Vorhof: die Länge hundert Ellen und die Breite hundert Ellen ins Geviert. Und der Altar war
vor dem Hause.
Und er brachte mich zur Halle des 48
Hauses. Und er maß den Pfeiler *k* der
Halle: fünf Ellen auf dieser und fünf
Ellen auf jener Seite; und die Breite
des Tores: drei Ellen auf dieser und
drei Ellen auf jener Seite. Die Länge 49
der Halle war zwanzig Ellen und
Breite elf Ellen, und zwar an den

---

a Vergl. V. 13. — *b* d. h. vor den Stufen. — *c* wie V. 19. — *d* d. h. von dem soeben
beschriebenen Tore den äußeren Vorhofs. — *e* W. um auf dieselben hin das Brandopfer
usw. zu schlachten; so auch V. 41. — *f* Eig. Schulter: der äußere Vorsprung, den die
Torhalle bildete. (Diese Beschreibung scheint sich auf alle drei Tore des inneren Vor-
hofs.) — *g* Eig. auf jener Seite der Schulter. — *h* zum Aufhängen der geschlachteten
Tiere. — *i* W. Schulter; wie V. 18 und 40. — *j* So nach der alexandr. Uebersetzung.
Im hebr. Texte steht: waren die Zellen der Sänger im inneren Vorhof, welcher an der
Seite des Nordtores war, und ihre Vorderseite gegen Süden; eine an der Seite des
Osttores. — *k* d. h. das Pfeilerwerk: zwei Pfeiler von je fünf Ellen Breite.

Stufen, auf welchen man zu ihr hinaufstieg. Und Säulen waren an den Pfeilern, eine auf dieser und eine auf jener Seite.

41 Und er brachte mich in den Tempel. Und er maß die Pfeiler: sechs Ellen Breite auf dieser und sechs Ellen Breite auf jener Seite, die Breite 2 des Zeltes *a*. Und die Breite der Tür war zehn Ellen, und die Türschultern fünf Ellen auf dieser und fünf Ellen auf jener Seite. Und er maß seine Länge: vierzig Ellen, und die Breite: 3 zwanzig Ellen. Und er ging nach innen *b*. Und er maß den Türpfeiler *c*: zwei Ellen; und die Tür: sechs Ellen Höhe, und die Breite der Tür: sieben 4 Ellen. Und er maß seine Länge: zwanzig Ellen, und die Breite: zwanzig Ellen gegen den Tempel hin; und er sprach zu mir: Dies ist das Allerheiligste. 5 Und er maß die Wand des Hauses: sechs Ellen, und die Breite der Seitenzimmer *d*: vier Ellen, rings um das 6 Haus herum. Und die Seitenzimmer waren Zimmer über Zimmer, drei, und zwar dreißigmal; und sie gingen in die Wand, welche das Haus ringsherum für die Seitenzimmer *e* hatte, damit sie festgehalten würden; doch wurden sie nicht in der Wand des Hauses fest-7 gehalten *f*. Und die Erweiterung und Umgebung nahm nach oben hin mehr und mehr zu, hinsichtlich der Seitenzimmer; denn die Umgebung des Hauses vergrößerte sich nach oben hin mehr und mehr rings um das Haus *g*, wodurch Breite am Hause nach oben hin entstand. Und so stieg das untere Stockwerk zum oberen auf nach Ver-8 hältnis des mittleren. Und ich sah am Hause eine Erhöhung ringsherum: die Seitenzimmer hatten nämlich eine Grundlage von einer vollen Rute, sechs 9 Ellen nach der Verbindung hin *h*. Die Breite der Wand, welche die Seitenzimmer nach außen hatten, war fünf Ellen; und auch was freigelassen war am Seitenzimmergebäude des Hauses. 10 Und zwischen den Zellen *i* war eine Breite von zwanzig Ellen, rings um 11 das Haus, ringsherum. Und die Tür der Seitenzimmer ging nach dem freigelassenen Raume, eine Tür gegen Norden und eine Tür gegen Süden. Und die Breite des freigelassenen Raumes war fünf Ellen ringsherum. 12 Und das Bauwerk an der Vorderseite des abgesonderten Platzes *j*, an der gegen Westen gerichteten Seite *k*,

war siebenzig Ellen breit, und die Mauer des Bauwerks fünf Ellen breit ringsherum, und seine Länge neunzig Ellen. Und er maß das Haus *l*: die 13 Länge hundert Ellen; und den abgesonderten Platz und das Bauwerk und seine Mauern: die Länge hundert Ellen; und die Breite der Vorderseite 14 des Hauses und des abgesonderten Platzes gegen Osten: hundert Ellen. Und so maß er die Länge des an der 15 Vorderseite des abgesonderten Platzes befindlichen Bauwerks, welches *sich bis* zu seiner Hinterseite hin *erstreckte*; und seine Galerien auf dieser und auf jener Seite: hundert Ellen; und den inneren Tempel *m* und die Hallen des Vorhofs. — Die Schwellen und die 16 vergitterten *n* Fenster und die Galerien rings um diese drei *Gebäude* — den Schwellen gegenüber war getäfeltes Holz ringsherum *o*, und vom *p* Boden bis an die Fenster (und die Fenster waren verdeckt) — der Raum über 17 den Türen und das ganze Haus, sowohl inwendig als auswendig, und der Raum an allen Wänden ringsherum, innen und außen: *alles* hatte *seine* Maße. Und Cherubim und Palmen 18 waren gemacht, und zwar eine Palme zwischen Cherub und Cherub. Und der Cherub hatte zwei Angesichter: eines Menschen Angesicht gegen die 19 Palme auf dieser, und eines Löwen Angesicht gegen die Palme auf jener Seite; so war es gemacht am ganzen Hause ringsherum. Vom Boden bis 20 auf über die Tür waren die Cherubim und die Palmen gemacht, und zwar an der Wand des Tempels. Der Tem-21 pel hatte viereckige Türpfosten; und die *auf der* Vorderseite des Heiligtums *q* hatten die gleiche Gestalt. Der 22 Altar *r* war von Holz, drei Ellen hoch, und seine Länge zwei Ellen; und er hatte seine Ecken; und sein Gestell und seine Wände waren von Holz. Und er sprach zu mir: Das ist der 23 Tisch, der vor Jehova *steht*. Und der 23 Tempel und das Heiligtum hatten zwei Flügeltüren. Und die Türflügel hatten 24 zwei Flügelblätter, zwei drehbare Flügelblätter, zwei an den einen Türflügel und zwei Flügelblätter an dem anderen. Und an ihnen, an den Flügel-25 türen des Tempels, waren Cherubim und Palmen gemacht, wie sie an den Wänden gemacht waren. Und ein hölzernes Dachgesims *s* war an der Vorderseite der Halle draußen. Und ver-26

---

a Wahrsch. wird hier der innere Tempelraum mit dem Zelte der Zusammenkunft verglichen. — *b* d. h. ins Allerheiligste. — *c* d. h. das Pfeilerwerk der Tür: die Wandteile zu beiden Seiten, von je zwei Ellen Dicke. — *d* d. h. des ganzen Seitenstockwerks. — *e* O. nach den Seitenzimmern hin. — *f* Die Mauer des Hauses hatte bei jedem Stockwerk einen Absatz, um dessen Breite sie zurücktrat. — *g* Der Anbau der Seitenstockwerke wurde nach oben hin immer breiter, während die Mauer in demselben Maße zurücktrat. — *h* Die vorspringende untere Grundlage war sechs Ellen hoch bis zu dem Punkte, wo die Stockwerksmauer begann. — *i* d. h. zwischen dem Zellengebäude (Kap. 42, 1 usw.) und dem freigelassenen Raume. — *j* Hebr. Gisra (das Abgeschnittene), ein vom Heiligtum abgesonderter Platz an der Hinterseite oder West-Seite des Tempels. — *k* d. h. des Tempels. — *l* den Tempel. — *m* d. h. das Tempelgebäude im inneren Vorhof. — *n* S. die Anm. zu Kap. 40, 16. — *o* d. h. an der ganzen Türeinfassung. — *p* Eig. der. — *q* d. h. des Allerheiligsten. — *r* der Räucheraltar. — *s* O. Gebälk; so auch V. 26. Die Bedeutung des hebr. Wortes ist ungewiß.

gitterte a Fenster und Palmen waren auf dieser und auf jener Seite, an den Seitenwänden b der Halle und an den Seitenzimmern des Hauses und den Dachgesimsen.

42 Und er führte mich hinaus in den äußeren Vorhof, des Weges gegen Norden. Und er brachte mich zu den Zellen c, welche dem abgesonderten Platze gegenüber und dem Bauwerk

2 nach Norden gegenüber waren, vor die Langseite hin von hundert Ellen, mit dem Eingang gegen Norden, und

3 die Breite fünfzig Ellen; gegenüber den zwanzig *Ellen* des inneren Vorhofs und gegenüber dem Pflaster des äußeren Vorhofs, Galerie gegen Ga-

4 lerie war im dritten Stockwerk. Und vor den Zellen war ein Gang von zehn Ellen Breite: nach dem inneren *Vorhof* hin ein Weg von hundert Ellen. Und ihre Türen waren gegen Norden

5 gerichtet. Und weil die Galerien Raum von ihnen wegnahmen, waren die oberen Zellen schmäler als die unteren

6 und die mittleren des Baues. Denn sie waren dreistöckig, hatten aber keine Säulen wie die Säulen der Vorhöfe; darum waren sie schmäler am Boden

7 als die unteren und die mittleren. Und eine Mauer außerhalb, gleichlaufend den Zellen, nach dem äußeren Vorhof hin, war an der Vorderseite der Zellen; ihre Länge war fünfzig Ellen.

8 Denn die Länge der Zellen am äußeren Vorhof war fünfzig Ellen; und siehe, vor dem Tempel war sie hun-

9 dert Ellen. Und unterhalb dieser Zellen war der Zugang von Osten her, wenn man zu ihnen ging, vom äußeren

10 Vorhof her. — An der Breite der Mauer des Vorhofs gegen Süden, vor dem abgesonderten Platze und vor dem

11 Bauwerk d, waren Zellen e — und ein Weg vor ihnen — von gleicher Gestalt wie die Zellen, die gegen Norden waren, wie nach ihrer Länge so nach ihrer Breite, und nach allen ihren Ausgängen wie nach ihren Einrichtungen.

12 Und wie ihre Eingänge, so waren auch die Eingänge der Zellen, welche gegen Süden waren: ein Eingang am Anfang des Weges, des Weges, welcher gegenüber der entsprechenden Mauer war gegen Osten, wenn man zu ihnen kam.

13 Und er sprach zu mir: Die Zellen im Norden *und* die Zellen im Süden, welche vor dem abgesonderten Platze sind, sind die heiligen Zellen, wo die Priester, welche Jehova nahen, die hochheiligen Dinge essen sollen. Dahin sollen sie die hochheiligen Dinge legen, sowohl das Speisopfer als auch das Sündopfer und das Schuldopfer;

14 denn der Ort ist heilig. Wenn die Priester hineingehen, so sollen sie nicht aus dem Heiligtum in den äußeren Vorhof hinausgehen, sondern sollen dort ihre Kleider niederlegen, in wel-

chen sie den Dienst verrichten; denn sie sind heilig; sie sollen andere Kleider anziehen und sich dem nahen, was für das Volk ist.

15 Und als er die Maße des inneren Hauses vollendet hatte, führte er mich hinaus des Weges zum Tore, das gegen Osten gerichtet war; und er maß es f ringsherum. Er maß die Ostseite

16 mit der Meßrute, fünfhundert Ruten mit der Meßrute ringsum. Er maß die

17 Nordseite, fünfhundert Ruten mit der Meßrute ringsum. Die Südseite maß

18 er, fünfhundert Ruten mit der Meßrute. Er wandte sich um nach der

19 Westseite *und* maß fünfhundert Ruten mit der Meßrute. Er maß es nach den

20 vier Seiten g. Es hatte eine Mauer ringsherum: die Länge war fünfhundert und die Breite fünfhundert, um zwischen dem Heiligen und dem Unheiligen zu scheiden.

Und er führte mich zum Tore, dem **43** Tore, das gegen Osten sah. Und sie-

2 he, die Herrlichkeit des Gottes Israels kam von Osten her; und ihr Rauschen war wie das Rauschen großer Wasser, und die Erde leuchtete von seiner Herrlichkeit. Und das Ansehen des Ge-

3 sichtes h, das ich sah, war wie das Gesicht, welches ich gesehen hatte, als ich kam, um die Stadt zu verderben; und es waren Gesichte wie das Gesicht, welches ich am Flusse Kebar gesehen hatte. Und ich fiel nieder auf

4 mein Angesicht. Und die Herrlichkeit Jehovas kam in das Haus, den Weg des Tores, welches gegen Osten ge-

5 richtet war. Und der Geist hob mich empor und brachte mich in den inneren Vorhof; und siehe, die Herrlich-

6 keit Jehovas erfüllte das Haus. Und ich hörte einen, der aus dem Hause zu mir redete; und ein Mann stand neben mir.

7 Und er sprach zu mir: Menschensohn, *dies ist der* Ort meines Thrones und der Ort meiner Fußsohlen, wo ich inmitten der Kinder Israel wohnen werde ewiglich. Und das Haus Israel wird meinen heiligen Namen nicht mehr verunreinigen, sie und ihre Könige, durch ihre Hurerei und durch die Leichname ihrer Könige *und*

8 ihre Höhen: indem sie ihre Schwelle an meine Schwelle und ihre Türpfosten neben meine Türpfosten setzten, daß *nur* die Wand zwischen mir und ihnen war; und meinen heiligen Namen verunreinigten durch ihre Greuel, die sie verübten, sodaß ich sie in mei-

9 nem Zorne vernichtet habe. Nunmehr werden sie ihre Hurerei und die Leichname ihrer Könige von mir entfernen, und ich werde in ihrer Mitte wohnen ewiglich. Du, Menschensohn, 10 berichte dem Hause Israel über dieses Haus, damit sie sich ihrer Missetaten schämen und den Bau i messen. Und 11 wenn sie sich alles dessen schämen,

---

was sie getan haben, so zeige ihnen
die Form des Hauses und seine Einrichtung, und seine Ausgänge und seine Eingänge, und alle seine Formen
und alle seine Satzungen, und alle
seine Formen und alle seine Gesetze;
und schreibe es vor ihren Augen auf,
damit sie seine ganze Form und alle
seine Satzungen behalten und sie tun.
12 — Dies ist das Gesetz des Hauses:
Auf dem Gipfel des Berges *a* soll sein
ganzes Gebiet ringsherum hochheilig
sein; siehe, das ist das Gesetz des Hau-
13 ses. — Und dies sind die Maße des
Altars *b* nach Ellen, die Elle eine Elle
und eine Handbreite: ein Untersatz,
eine Elle *c* hoch und eine Elle breit *d*;
und sein Gesims an seinem Rande
ringsum: eine Spanne; und das ist
14 der Sockel des Altars. Und von dem
Untersatz *e* am Boden bis zur unteren
Umwandung: zwei Ellen *Höhe* und
eine Elle Breite *f*; und von der kleineren Umwandung bis zur größeren Umwandung: vier Ellen *Höhe* und eine
15 Elle Breite *f*. Und der Gottesberg *g*:
vier Ellen *Höhe*; und von dem Gottes-
16 herde *h* aufwärts die vier Hörner. Und
der Gottesherd: zwölf *Ellen* Länge bei
zwölf *Ellen* Breite, quadratförmig, an
17 seinen vier Seiten. Und die *untere*
Umwandung: vierzehn *Ellen* Länge
bei vierzehn *Ellen* Breite, an ihren
vier Seiten; und das Gesims rings um
dieselbe: eine halbe Elle *i*, und ihr
Untersatz eine Elle ringsum. Und seine
Stufen waren gegen Osten gerichtet.
18 Und er sprach zu mir: Menschensohn, so spricht der Herr, Jehova: Dies
sind die Satzungen des Altars, an dem
Tage, da er gemacht wird, um Brandopfer darauf zu opfern und Blut dar-
19 auf zu sprengen. Und du sollst den
Priestern, den Leviten, welche vom
Samen Zadoks sind, die mir nahen,
spricht der Herr, Jehova, um mir zu
dienen, einen jungen Farren geben
20 zum Sündopfer. Und du sollst von seinem Blute nehmen und es an seine
vier Hörner tun und an die vier Ek-
ken der Umwandung und an das Gesims ringsum; und so sollst du ihn
entsündigen und Sühnung für ihn tun.
21 Und du sollst den Farren des Sündopfers nehmen, und man soll ihn an
dem bestimmten Orte des Hauses,
außerhalb des Heiligtums, verbrennen.
22 Und am zweiten Tage sollst du einen
Ziegenbock ohne Fehl zum Sündopfer
darbringen; und man soll den Altar
entsündigen, so wie man ihn mit dem
23 Farren entsündigt hat. Wenn du das
Entsündigen vollendet hast, sollst du
einen jungen Farren ohne Fehl und
einen Widder ohne Fehl vom Klein-
24 vieh darbringen: du sollst sie vor Jehova darbringen, und die Priester sollen Salz auf sie streuen *j* und sie dem

Jehova als Brandopfer opfern. Sieben 25
Tage lang sollst du täglich einen Bock
als Sündopfer opfern; und einen jungen Farren und einen Widder vom
Kleinvieh, ohne Fehl, soll man opfern.
Sieben Tage lang soll man Sühnung 26
tun für den Altar und ihn reinigen und
ihn einweihen. Und wenn man die 27
Tage vollendet hat, so soll es am achten Tage und fernerhin geschehen,
daß die Priester eure Brandopfer und
eure Friedensopfer auf dem Altar opfern; und ich werde euch wohlgefällig
annehmen, spricht der Herr, Jehova.

Und er führte mich zurück des Weges zum äußeren Tore des Heilig- **44**
tums, welches gegen Osten sah; und
es war verschlossen. Und Jehova 2
sprach zu mir: Dieses Tor soll verschlossen sein; es soll nicht geöffnet
werden, und niemand soll durch dasselbe eingehen; weil Jehova, der Gott
Israels, durch dasselbe eingezogen ist. *k*
so soll es verschlossen sein. Was den 3
Fürsten betrifft, er, der Fürst, soll
darin sitzen, um zu essen *l* vor Jehova; auf dem Wege der Torhalle soll
er hineingehen, und auf demselben *m*
Wege soll er hinausgehen.

Und er brachte mich auf dem Wege 4
des Nordtores vor das Haus; und ich
sah; und siehe, die Herrlichkeit Jehovas erfüllte das Haus Jehovas; und
ich fiel nieder auf mein Angesicht.
Und Jehova sprach zu mir: Menschen- 5
sohn, richte dein Herz darauf, und
sieh mit deinen Augen und höre mit
deinen Ohren alles was ich mit dir
rede betreffs aller Satzungen des Hauses Jehovas und betreffs aller seiner
Gesetze; und richte dein Herz auf den
Eingang des Hauses samt allen Ausgängen des Heiligtums. Und sprich zu 6
den Widerspenstigen, zu dem Hause
Israel: So spricht der Herr, Jehova:
Laßt es genug sein an allen euren
Greueln, Haus Israel! indem ihr Söhne 7
der Fremde, unbeschnitten am Herzen
und unbeschnitten am Fleische, hin-
einführtet, um in meinem Heiligtum
zu sein, mein Haus *n* zu entweihen,
wenn ihr meine Speise *o*, Fett und Blut,
darbrachtet, sodaß sie meinen Bund
brachen zu allen euren Greueln hinzu.
Und ihr habt der Hut meiner heiligen 8
Dinge nicht gewartet, sondern habt
sie *p* euch zu Wärtern meiner Hut
gesetzt in meinem Heiligtum. — So 9
spricht der Herr, Jehova: Kein Sohn
der Fremde, unbeschnitten am Herzen
und unbeschnitten am Fleische, von
allen Söhnen der Fremde, welche inmitten der Kinder Israel sind, soll in
mein Heiligtum kommen. Wahrlich, 10
die Leviten, die sich von mir entfernt
haben bei der Verirrung Israels, welches von mir abgeirrt ist, seinen Götzen nach, sie sollen ihre Missetat *q*

---

a Vergl. Kap. 40, 2. — *b* des Brandopferaltars. — *c* Eig. diese (beschriebene) Elle. —
d d. h. vorspringend. — *e* And. l.: und die Höhe des Altars: von dem Untersatz usw. — *f* d. h. Vorsprung. — *g* Der Gottesberg ist die Grundlage des Feuer-
herdes. — *h* Hebr. Ariel. — *i* ≡ einer Spanne (s. V. 13). — *j* Eig. schütten. — *k* Vergl.
Kap. 43, 2. 4. — *l* d. h. um eine Opfermahlzeit zu halten. (Vergl. 2. Mose 18, 12.) —
m W. ihrem. — *n* W. es, mein Haus. — *o* W. mein Brot. — *p* näml. die Fremden
(V. 7). — *q* O. ihre Ungerechtigkeit, Schuld; so auch nachher.

11 tragen; aber sie sollen in meinem Heiligtum Diener sein, als Wachen an den Toren des Hauses und als Diener des Hauses; sie sollen das Brandopfer und das Schlachtopfer für das Volk schlachten, und sie sollen vor ih-
12 nen stehen, um ihnen zu dienen. Weil sie ihnen vor ihren Götzen gedient haben und dem Hause Israel ein Anstoß zur Verschuldung gewesen sind, darum habe ich meine Hand wider sie erhoben a, spricht der Herr, Jehova, daß
13 sie ihre Missetat tragen sollen. Und sie sollen mir nicht nahen, um mir den Priesterdienst auszuüben, und um allen meinen heiligen Dingen, den hochheiligen, zu nahen; sondern sie sollen ihre Schmach und ihre Greuel tragen,
14 die sie verübt haben. Und ich werde sie zu Wärtern der Hut des Hauses machen, für b all seinen Dienst und für b alles was darin verrichtet wird.
15 Aber die Priester, die Leviten, die Söhne Zadoks c, welche der Hut meines Heiligtums gewartet haben, als die Kinder Israel von mir abirrten, sie sollen mir nahen, um mir zu dienen, und sollen vor mir stehen, um mir das Fett und das Blut darzubringen, spricht
16 der Herr, Jehova. Sie sollen in mein Heiligtum kommen, und sie sollen meinem Tische d nahen, um mir zu dienen, und sollen meiner Hut warten.
17 — Und es soll geschehen, wenn sie zu den Toren des inneren Vorhofs eingehen, sollen sie leinene Kleider anziehen; aber Wolle soll nicht auf sie kommen, wenn sie in den Toren des inneren Vorhofs und gegen das Haus
18 hin dienen. Leinene Kopfbunde sollen auf ihrem Haupte sein, und leinene Beinkleider an ihren Lenden; sie sollen
19 sich nicht in Schweiß e gürten. Und wenn sie in den äußeren Vorhof hinausgehen, in den äußeren Vorhof zum Volke, so sollen sie ihre Kleider, in welchen sie gedient haben, ausziehen und in die heiligen Zellen niederlegen, und sollen andere Kleider anziehen, damit sie nicht das Volk mit ihren
20 Kleidern heiligen. Und sie sollen weder ihr Haupt kahl scheren, noch auch das Haar frei wachsen lassen; sie sol-
21 len ihr Haupthaar schneiden. Und kein Priester soll Wein trinken, wenn
22 sie in den inneren Vorhof gehen. Und eine Witwe und eine Verstoßene sollen sie sich nicht zu Weibern nehmen; sondern Jungfrauen vom Samen des Hauses Israel und die Witwe, welche von einem Priester Witwe geworden
23 ist, mögen sie nehmen. Und sie sollen mein Volk den Unterschied lehren zwischen Heiligem und Unheiligem, und sollen ihm den Unterschied kundtun
24 zwischen Unreinem und Reinem. Und

über Streitsachen sollen sie zum Gericht dastehen, nach meinen Rechten sollen sie richten; und sie sollen meine Gesetze und meine Satzungen bei allen meinen Festen beobachten und meine Sabbathe heiligen. Und keiner soll zu 25 dem Leichnam eines Menschen gehen, daß er unrein werde; nur allein wegen Vater und Mutter, und wegen Sohn und Tochter, wegen eines Bruders und wegen einer Schwester, die keines Mannes gewesen ist, dürfen sie sich verunreinigen. Und nach seiner Rei- 26 nigung soll man ihm sieben Tage zählen; und an dem Tage, da er in das 27 Heiligtum, in den inneren Vorhof, hineingeht, um im Heiligtum zu dienen, soll er sein Sündopfer darbringen, spricht der Herr, Jehova. — Und dies 28 soll ihr Erbteil sein: ich bin ihr Erbteil f; und ihr sollt ihnen kein Besitztum in Israel geben: ich bin ihr Besitztum. Das Speisopfer und das Sünd- 29 opfer und das Schuldopfer, die sollen sie essen; und alles Verbannte g in Israel soll ihnen gehören. Und das Erste 30 aller Erstlinge von allem, und alle Hebopfer h von allem, von allen euren Hebopfern sollen den Priestern gehören; und die Erstlinge eures Schrotmehls sollt ihr dem Priester geben, damit Segen auf deinem Hause ruhe. Kein Aas noch Zerrissenes vom Ge- 31 vögel und vom Vieh sollen die Priester essen.

Und wenn ihr das Land als Erbteil verlosen werdet, sollt ihr für **45** Jehova ein Hebopfer heben, als Heiliges i vom Lande: die Länge fünfundzwanzigtausend *Ruten* lang, und die Breite zwanzigtausend j; dasselbe soll heilig sein in seiner ganzen Grenze ringsum. Davon sollen zum Hei- 2 ligtum k gehören fünfhundert bei fünfhundert ins Geviert ringsum, und fünfzig Ellen Freiplatz dazu ringsum. Und von jenem Maße sollst du eine 3 Länge messen von fünfundzwanzigtausend und eine Breite von zehntausend; und darin soll das Heiligtum, das Allerheiligste, sein. Dies soll ein 4 Heiliges vom Lande sein; den Priestern, den Dienern des Heiligtums, soll es gehören, welche nahen, um Jehova zu dienen, und es soll ihnen ein Platz für Häuser sein, und ein Geheiligtes für das Heiligtum. Und fünfundzwan- 5 zigtausend *Ruten* in die Länge und zehntausend in die Breite soll den Leviten, den Dienern des Hauses, gehören, ihnen zum Eigentum, als Städte zum Wohnen l. Und als Eigentum der 6 Stadt sollt ihr fünftausend in die Breite und fünfundzwanzigtausend in die Länge geben, gleichlaufend dem heiligen Hebopfer; dem ganzen Hause

---

a d. h. zum Schwur. — b O. nach, gemäß. — c Vergl. 2. Sam. 15, 24 usw.; 1. Kön. 1, 32 usw.; 2, 26. 27. 35. — d Vergl. Kap. 41, 22. — e d. h. in etwas, das Schweiß hervorbringt. — f Eig. Und es soll ihnen zum Erbteil sein, daß ich ihr Erbteil bin. — g Vergl. 4. Mose 18, 14. — h Hier, wie öfters, in dem allgemeinen Sinne von Gaben, Schenkungen. — i O. Geheiligtes; so auch V. 4. — j So nach der alexandr. Uebersetzung. Im hebr. Texte steht: zehntausend. (Vergl. zu dieser Stelle Kap. 48.) — k Eig. zum Heiligen. — l Im hebr. Texte steht: zum Eigentum, zwanzig Zellen. And. l. mit geringerer Veränderung als oben: als Tore zum Wohnen.

7 Israel soll es gehören. Und dem Fürsten *sollt ihr geben* auf dieser und auf jener Seite des heiligen Hebopfers und des Eigentums der Stadt, längs des heiligen Hebopfers und längs des Eigentums der Stadt, an der Westseite westwärts und an der Ostseite ostwärts, und der Länge nach *a* gleichlaufend einem der *Stammteile, welche* von der Westgrenze bis zur Ostgrenze 8 *liegen.* Als Land soll es ihm gehören, als Eigentum in Israel; und meine Fürsten sollen nicht mehr mein Volk bedrücken, sondern das Land dem Hause Israel nach seinen Stämmen überlassen *b.*

9 So spricht der Herr, Jehova: Laßt es euch genug sein, ihr Fürsten Israels! tut Gewalttat und Bedrückung hinweg, und übet Recht und Gerechtigkeit; höret auf, mein Volk aus seinem Besitze zu vertreiben, spricht der Herr, 10 Jehova. Gerechte Wage und gerechtes Epha und gerechtes Bath sollt ihr 11 haben. Das Epha und das Bath sollen von einerlei Maß sein, sodaß das Bath den zehnten Teil des Homer enthalte, und das Epha den zehnten Teil des Homer; nach dem Homer soll ihr Maß 12 sein. Und der Sekel soll zwanzig Gera sein; zwanzig Sekel, fünfundzwanzig Sekel und fünfzehn Sekel soll euch die Mine sein.

13 Dies ist das Hebopfer, welches ihr heben sollt: ein Sechstel Epha vom Homer Weizen und ein Sechstel Epha vom Homer Gerste sollt ihr geben; 14 und die Gebühr an Oel, vom Bath Oel: ein Zehntel Bath vom Kor *c,* von zehn Bath, von einem Homer, denn zehn 15 Bath sind ein Homer; und ein Stück vom Kleinvieh, von zweihundert, von dem bewässerten Lande Israel —: zum Speisopfer und zum Brandopfer und zu den Friedensopfern, um Sühnung 16 für sie zu tun, spricht der Herr, Jehova. Das ganze Volk des Landes soll zu diesem Hebopfer für den Fürsten 17 in Israel gehalten sein. Und dem Fürsten sollen obliegen die Brandopfer und das Speisopfer und das Trankopfer an den Festen *d* und an den Neumonden und an den Sabbathen, zu allen Festzeiten *e* des Hauses Israel. Er soll das Sündopfer und das Speisopfer und das Brandopfer und die Friedensopfer opfern, um Sühnung zu tun für das Haus Israel.

18 So spricht der Herr, Jehova: Im ersten *Monat,* am ersten des Monats, sollst du einen jungen Farren ohne Fehl nehmen und das Heiligtum ent-19 sündigen. Und der Priester soll von dem Blute des Sündopfers nehmen, und es tun an die Türpfosten des Hauses und an die vier Ecken der Umwandung des Altars und an die Pfosten der Tore des inneren Vorhofs.

20 Und ebenso sollst du tun am siebenten des Monats für den, der aus Versehen sündigt, und für den Einfältigen. Und so sollt ihr Sühnung tun für das Haus.

21 Im ersten *Monat,* am vierzehnten Tage des Monats, soll euch das Passah sein, ein Fest von sieben Tagen; Un-22 gesäuertes soll gegessen werden. Und der Fürst soll an selbigem Tage für sich und für das ganze Volk des Landes einen Farren als Sündopfer opfern. 23 Und die sieben Tage des Festes soll er dem Jehova sieben Farren und sieben Widder, ohne Fehl, täglich, die sieben Tage als Brandopfer opfern, und einen Ziegenbock täglich als Sünd-24 opfer. Und als Speisopfer soll er ein Epha *Feinmehl* zu jedem Farren und ein Epha zu jedem Widder opfern; und Oel, ein Hin zu jedem Epha. Im 25 siebenten *Monat,* am fünfzehnten Tage des Monats, am Feste *f,* soll er desgleichen tun die sieben Tage, betreffs des Sündopfers wie des Brandopfers und betreffs des Speisopfers wie des Oeles.

46 So spricht der Herr, Jehova: Das Tor des inneren Vorhofs, welches gegen Osten sieht, soll die sechs Werktage geschlossen sein; aber am Sabbathtage soll es geöffnet werden, und am Tage des Neumondes soll es ge-2 öffnet werden. Und der Fürst soll durch die Torhalle hineingehen von außen her und sich an die Pfosten des Tores stellen; und die Priester sollen sein Brandopfer und seine Friedensopfer opfern, und er soll auf der Schwelle des Tores anbeten, und hinausgehen; das Tor soll aber nicht ge-3 schlossen werden bis zum Abend. Und das Volk des Landes soll anbeten am Eingang dieses Tores, an den Sabbathen und an den Neumonden, vor Jehova. 4 — Und das Brandopfer, welches der Fürst dem Jehova am Sabbathtage darbringen soll: sechs Lämmer ohne Fehl 5 und ein Widder ohne Fehl. Und als Speisopfer: ein Epha *Feinmehl* zu jedem Widder; und zu den Lämmern als Speisopfer: eine Gabe seiner Hand *g;* 6 und Oel, ein Hin zu jedem Epha. Und am Tage des Neumondes: ein junger Farren ohne Fehl und sechs Lämmer und ein Widder; ohne Fehl sollen sie 7 sein. Und ein Epha zu jedem Farren und ein Epha zu jedem Widder soll er als Speisopfer opfern; und zu den Lämmern, nach dem was seine Hand aufbringen kann; und Oel, ein Hin zu 8 jedem Epha. — Und wenn der Fürst hineingeht, soll er durch die Torhalle *h* hineingehen; und durch sie soll er hin-9 ausgehen. Und wenn das Volk des Landes an den Festen *e* vor Jehova kommt: wer durch das Nordtor hineingeht, um anzubeten, soll durch das

---

a d. h. eigentlich der Breite nach, da es die Schmalseite ist; aber hier und in Kap. 48 bedeutet der Ausdruck „Länge" stets die von Osten nach Westen sich erstreckende Seite. S. die Anm. zu Kap. 48, 21. — *b* Eig. geben. — *c* Kor ist eine spätere Benennung für Homer. — *d* Das hebr. Wort bezeichnet nur die großen Jahresfeste. — *e* S. die Anm. zu Kap. 36, 38. — *f* d. i. am Laubhüttenfeste. — *g* Derselbe Sinn wie V. 7; so auch V. 11. — *h* d. i. die Halle des Osttores; wie V. 2.

Südtor hinausgehen; und wer durch das Südtor hineingeht, soll durch das Nordtor hinausgehen; er soll nicht durch das Tor zurückkehren, durch welches er hineingegangen ist, sondern stracks vor sich hinausgehen.

10 Und der Fürst soll mitten unter ihnen hineingehen, wenn sie hineingehen; und wenn sie hinausgehen, sollen sie

11 zusammen hinausgehen. — Und an den Festen *a* und zu den Festzeiten soll das Speisopfer sein: ein Epha *Feinmehl* zu jedem Farren und ein Epha zu jedem Widder; und zu den Lämmern eine Gabe seiner Hand; und Oel, ein Hin

12 zu jedem Epha. Und wenn der Fürst ein freiwilliges Brandopfer oder freiwillige Friedensopfer dem Jehova opfern will, so soll man ihm das Tor öffnen, welches gegen Osten sieht; und er soll sein Brandopfer und seine Friedensopfer opfern, gleichwie er am Sabbathtage tut; und wenn er hinausgeht, so soll man das Tor verschließen, nachdem er hinausgegangen ist. —

13 Und du sollst täglich ein einjähriges Lamm ohne Fehl dem Jehova als Brandopfer opfern, Morgen für Mor-

14 gen sollst du es opfern. Und ein Speisopfer sollst du dazu opfern, Morgen für Morgen: ein Sechstel Epha; und Oel, ein Drittel Hin, um das Feinmehl zu befeuchten — als Speisopfer dem Jehova: ewige Satzungen, die beständig

15 währen sollen. Und opfert *b* das Lamm und das Speisopfer und das Oel, Morgen für Morgen, als ein beständiges Brandopfer.

16 So spricht der Herr, Jehova: Wenn der Fürst einem seiner Söhne ein Geschenk gibt, so ist es dessen Erbteil; es soll seinen Söhnen gehören, es ist

17 ihr Erbeigentum. Wenn er aber einem seiner Knechte ein Geschenk von seinem Erbteil gibt, so soll es demselben bis zum Freijahre gehören, und dann wieder an den Fürsten kommen; es ist ja sein Erbteil: seinen Söhnen,

18 ihnen soll es gehören. Und der Fürst soll nichts von dem Erbteil des Volkes nehmen, sodaß er sie aus ihrem Eigentum verdrängt; von seinem Eigentum soll er seinen Söhnen vererben, auf daß mein Volk nicht zerstreut werde, ein jeder aus seinem Eigentum.

19 Und er brachte mich durch den Zugang, der an der Seite *c* des Tores war, zu den heiligen Zellen für die Priester, welche gegen Norden sahen; und siehe, daselbst war ein Ort an der äußersten Seite gegen Westen.

20 Und er sprach zu mir: Das ist der Ort, wo die Priester das Schuldopfer und das Sündopfer kochen, wo sie das Speisopfer backen sollen, damit sie es nicht in den äußeren Vorhof hinaus-

21 tragen, das Volk zu heiligen. — Und er führte mich hinaus in den äußeren Vorhof und ließ mich an den vier Ek-

ken des Vorhofs vorübergehen; und siehe, in jeder Ecke des Vorhofs war

22 ein Hof. In den vier Ecken des Vorhofs waren geschlossene Höfe, vierzig *Ellen* lang und dreißig breit; alle vier Eckhöfe hatten einerlei Maß. Und in

23 denselben war eine *Mauer*reihe ringsherum bei allen vieren; und Kochherde waren unter den *Mauer*reihen

24 angebracht ringsum. Und er sprach zu mir: Dies sind die Kochhäuser, wo die Diener des Hauses das Schlachtopfer des Volkes kochen sollen.

47

Und er führte mich zurück zu der Tür des Hauses *d*; und siehe, Wasser flossen unter der Schwelle des Hauses hervor gegen Osten, denn die Vorderseite des Hauses war gegen Osten; und die Wasser flossen herab von unten, von der rechten Seite *e* des Hauses her, südlich vom Altar. Und

2 er führte mich hinaus durch das Nordtor, und führte mich draußen herum zum äußeren Tore, des Weges zu dem gegen Osten gerichteten *Tore*; und siehe, Wasser rieselten von der rechten

3 Seite *e* her. Und als der Mann gegen Osten hinausging, war eine Meßschnur in seiner Hand. Und er maß tausend Ellen, und ließ mich durch die Wasser gehen — Wasser bis an

4 die Knöchel; und er maß tausend *Ellen*, und ließ mich durch die Wasser gehen — Wasser bis an die Kniee; und er maß tausend *Ellen*, und ließ mich hindurchgehen — Wasser bis an

5 die Hüften; und er maß tausend *Ellen* — ein Fluß, durch den ich nicht gehen konnte; denn die Wasser waren hoch, Wasser zum Schwimmen, ein Fluß, der

6 nicht zu durchgehen war. Und er sprach zu mir: Hast du es gesehen, Menschensohn? Und er führte mich wieder zu-

7 rück an dem Ufer des Flusses. Als ich zurückkehrte, siehe, *da standen* an dem Ufer des Flusses sehr viele Bäume auf dieser und auf jener Seite.

8 Und er sprach zu mir: Diese Wasser fließen hinaus nach dem östlichen Kreise *f*, und fließen in die Ebene *g* hinab und gelangen in das Meer; und werden sie in das Meer hinausgeführt, so werden die Wasser des *Meeres* ge-

9 sund werden. Und es wird geschehen, daß alle lebendigen Seelen, die da wimmeln, überall wohin der Doppelfluß kommt, leben werden. Und der Fische werden sehr viele sein; denn wenn diese Wasser dorthin kommen, so werden die Wasser des Meeres *h* gesund werden, und alles wird leben, wohin der Fluß kommt. Und es wird

10 geschehen, daß Fischer an demselben stehen werden: von En-Gedi bis En-Eglaim werden Plätze sein zur Ausbreitung der Netze. Nach ihrer Art werden seine Fische sein, wie sehr zahlreich, wie die Fische des großen Meeres. Seine Sümpfe und seine Lachen

11 werden nicht gesund werden, sie wer-

---

a S. die Anm. zu Kap. 45, 17. — b Nach and. Les.: man soll opfern. — c W. Schulter, nämlich des nördlichen Binnentores. — d d. h. zum Eingang in das Heilige. — e W. Schulter. — f O. Bezirke (Jos. 22, 10), die Gegend oberhalb des Toten Meeres. — g Hebr. Araba. S. die Anm. zu 5. Mose 1, 1. — h W. so werden sie.

12 den salzig bleiben *a*. Und an dem Flusse, an seinem Ufer, auf dieser und auf jener Seite, werden allerlei Bäume wachsen, von denen man ißt, deren Blätter nicht verwelken und deren Früchte nicht ausgehen werden. Monat für Monat *b* werden sie reife Früchte tragen, denn seine Wasser fließen aus dem Heiligtum hervor; und ihre Früchte werden zur Speise dienen und ihre Blätter zur Heilung.

13 So spricht der Herr, Jehova: Dies ist die Grenze, nach welcher ihr euch das Land als Erbe verteilen sollt *c* nach den zwölf Stämmen Israels: für Jo-

14 seph *zwei* Lose. Und ihr sollt es erben, der eine wie der andere, *das Land*, welches euren Vätern zu geben ich meine Hand erhoben habe; und dieses Land soll euch als Erbteil zufal-

15 len. — Und dies ist die Grenze des Landes: Auf der Nordseite, vom großen Meere an, des Weges nach Heth-

16 lon, gegen Zedad hin; Hamath, Berotha, Sibraim, welches zwischen der Grenze von Damaskus und der Grenze von Hamath liegt, das mittlere Hazer, welches an der Grenze von Hau-

17 ran liegt. Und die Grenze vom Meere her *d* soll Hazar-Enon sein, die Grenze von Damaskus; und den Norden betreffend nordwärts, so ist Hamath die Grenze. Und das ist die Nordseite.

18 — Und was die Ostseite betrifft, so ist zwischen Hauran und Damaskus und Gilead und dem Lande Israel der Jordan; von der *Nord*grenze nach dem östlichen Meere hin sollt ihr messen.

19 Und das ist die Ostseite. — Und die Mittagsseite südwärts: von Thamar bis zum Haderwasser Kades, *und* nach dem Bache *Aegyptens* hin bis an das große Meer. Und das ist die Südseite

20 gegen Mittag. — Und die Westseite: das große Meer, von der *Süd*grenze, bis man Hamath gegenüber kommt;

21 das ist die Westseite. — Und dieses Land sollt ihr unter euch verteilen

22 nach den Stämmen Israels. Und es soll geschehen: euch und den Fremdlingen, die in eurer Mitte weilen, welche Kinder in eurer Mitte gezeugt haben, sollt ihr es als Erbteil verlosen; und sie sollen euch sein wie Eingeborene unter den Kindern Israel; mit euch sollen sie um ein Erbteil lo-

23 sen inmitten der Stämme Israels. Und es soll geschehen, in dem Stamme, bei welchem der Fremdling weilt, daselbst sollt ihr ihm sein Erbteil geben, spricht der Herr, Jehova.

48 Und dies sind die Namen der Stämme: Vom Nordende an, zur Seite des Weges nach Hethlon, gegen Hamath hin, *und* nach Hazar-Enon hin, der Grenze von Damaskus *e*, nordwärts, zur Seite von Hamath — die Ost- *und* die Westseite sollen Dan gehören: ein

2 *Los*. Und *an* der Grenze Dans, von der Ostseite bis zur Westseite: Aser

eines. Und an der Grenze Asers, von 3 der Ostseite bis zur Westseite: Naphtali eines. Und an der Grenze Naph- 4 talis, von der Ostseite bis zur Westseite: Manasse eines. Und an der Gren- 5 ze Manasses, von der Ostseite bis zur Westseite: Ephraim eines. Und an der 6 Grenze Ephraims, von der Ostseite bis zur Westseite: Ruben eines. Und 7 an der Grenze Rubens, von der Ostseite bis zur Westseite: Juda eines.

Und an der Grenze Judas, von der 8 Ostseite bis zur Westseite soll das Hebopfer sein, welches ihr heben sollt: fünfundzwanzigtausend *Ruten* Breite, und die Länge wie eines der *Stamm*teile von der Ostseite bis zur Westseite: und das Heiligtum soll in dessen Mitte sein. Das Hebopfer, welches 9 ihr für Jehova heben sollt, soll fünfundzwanzigtausend *Ruten* in die Länge, und zehntausend in die Breite sein. Und diesen soll das heilige Heb- 10 opfer gehören, den Priestern: gegen Norden fünfundzwanzigtausend *Ruten in die Länge*, und gegen Westen zehntausend in die Breite, und gegen Osten zehntausend in die Breite, und gegen Süden fünfundzwanzigtausend in die Länge; und das Heiligtum Jehovas soll in dessen Mitte sein. Den 11 Priestern, — wer geheiligt ist von den Söhnen Zadoks — die meiner Hut gewartet haben, welche, als die Kinder Israel abirrten, nicht abgeirrt sind, wie die Leviten abgeirrt sind, ihnen 12 soll ein Gehobenes von dem Hebopfer des Landes gehören, ein Hochheiliges an der Grenze der Leviten.

Und die Leviten *sollen*, gleichlau- 13 fend dem Gebiete der Priester, fünfundzwanzigtausend *Ruten* in die Länge und zehntausend in die Breite *erhalten; die* ganze Länge *f* soll fünfundzwanzigtausend und die Breite zehntausend sein. Und sie sollen nichts 14 davon verkaufen noch vertauschen; und der Erstling des Landes soll nicht *an andere* übergehen, denn er ist Jehova heilig.

Und die fünftausend *Ruten*, die in der 15 Breite übrig sind, längs der fünfundzwanzigtausend, soll gemeines *Land* sein für die Stadt zur Wohnung und zum Freiplatz; und die Stadt soll in der Mitte desselben sein. Und dies 16 sollen ihre Maße sein: die Nordseite viertausend fünfhundert *Ruten*, und die Südseite viertausend fünfhundert, und an der Ostseite viertausend fünfhundert, und die Westseite viertausend fünfhundert. Und der Freiplatz 17 der Stadt soll sein: gegen Norden zweihundertundfünfzig *Ruten*, und gegen Süden zweihundertundfünfzig, und gegen Osten zweihundertundfünfzig, und gegen Westen zweihundertundfünfzig. Und das Uebrige in der 18 Länge, gleichlaufend dem heiligen Hebopfer, zehntausend *Ruten*, gegen

---

a Eig. dem Salze sind sie hingegeben. — *b* W. Nach ihren Monaten. — *c* Eig. ihr das Land für euch erben sollt. — *d* d. h. der östliche Endpunkt, vom Meere an gerechnet. — *e* Vergl. Kap. 47, 17. — *f* d. h. die beiden Langseiten von Osten nach Westen.

Osten und zehntausend gegen Westen, (es ist gleichlaufend dem heiligen Hebopfer) dessen Ertrag soll den Arbeitern der Stadt zur Nahrung dienen.

19 Und die Arbeiter der Stadt, die sollen es bebauen aus allen Stämmen Israels.

20 Das ganze Hebopfer soll fünfundzwanzigtausend *Ruten* bei fünfundzwanzigtausend sein. Den vierten Teil des heiligen Hebopfers sollt ihr he-

21 ben zum Eigentum der Stadt *a*. Und das Uebrige soll dem Fürsten gehören; auf dieser und auf jener Seite des heiligen Hebopfers und des Eigentums der Stadt, längs der fünfundzwanzigtausend *Ruten* des Hebopfers bis zur Ostgrenze, und gegen Westen längs der fünfundzwanzigtausend, nach der Westgrenze hin, gleichlaufend den *Stammteilen b*, soll dem Fürsten gehören. Und das heilige Hebopfer und das Heiligtum des Hauses soll in des-

22 sen Mitte sein. Und von dem Eigentum der Leviten und von dem Eigentum der Stadt ab, *welche* in der Mitte dessen *liegen*, was dem Fürsten gehört, was zwischen der Grenze Judas und der Grenze Benjamins ist, soll dem Fürsten gehören.

23 Und die übrigen Stämme: Von der Ostseite bis zur Westseite: Benjamin

24 ein *Los*. Und an der Grenze Benjamins, von der Ostseite bis zur West-

25 seite: Simeon eines. Und an der Grenze Simeons, von der Ostseite bis zur

Westseite: Issaschar eines. Und an 26 der Grenze Issaschars, von der Ostseite bis zur Westseite: Sebulon eines. Und 27 an der Grenze Sebulons, von der Ostseite bis zur Westseite: Gad eines. Und an der Grenze Gads, nach der 28 Mittagseite hin südwärts, da soll die Grenze sein von Thamar nach dem Wasser Meriba-Kades, nach dem Bache *Aegyptens* hin bis an das große Meer. Das ist das Land, welches ihr 29 den Stämmen Israels als Erbteil verlosen sollt; und das sind ihre Teile, spricht der Herr, Jehova.

Und dies *sollen* die Ausgänge *c* der 30 Stadt *sein*: Von der Nordseite an viertausend und fünfhundert *Ruten* Maß; und die Tore der Stadt, nach den Na- 31 men der Stämme Israels: drei Tore gegen Norden: das Tor Rubens eines, das Tor Judas eines, das Tor Levis eines. Und nach der Ostseite hin, vier- 32 tausend und fünfhundert *Ruten*, und drei Tore: das Tor Josephs eines, das Tor Benjamins eines, das Tor Dans eines. Und an der Südseite, viertau- 33 send und fünfhundert *Ruten* Maß, und drei Tore: das Tor Simeons eines, das Tor Issaschars eines, das Tor Sebulons eines. An der Westseite, viertausend 34 und fünfhundert *Ruten*, ihrer Tore drei: das Tor Gads eines, das Tor Asers eines, das Tor Naphtalis eines. Ringsum acht- 35 zehntausend *Ruten*. Und der Name der Stadt *soll* von nun an *heißen*: J e h o - v a d a s e l b s t *d*.

Der Prophet Daniel

1 Im dritten Jahre der Regierung Jojakims, des Königs von Juda, kam Nebukadnezar, der König von Babel,

2 nach Jerusalem und belagerte es. Und der Herr gab Jojakim, den König von Juda, in seine Hand, und einen Teil der Geräte des Hauses Gottes, und er brachte sie in das Land Sinear, in das Haus seines Gottes; die Geräte brachte er in das Schatzhaus seines Gottes.

3 Und der König befahl dem Aschpenas, dem Obersten seiner Kämmerer, daß er von den Kindern Israel, sowohl von den königlichen Samen als auch von den Vornehmen, Jünglinge bräch-

4 te, an welchen keinerlei Fehl wäre, und schön von Ansehen und unterwiesen in aller Weisheit und kenntnisreich und mit Einsicht begabt, und welche tüchtig wären, im Palaste des Königs zu stehen; und daß man sie die Schriften und die Sprache der

5 Chaldäer lehre. Und der König verordnete ihnen ein Tagtägliches von

der Tafelkost des Königs und von dem Weine, den er trank, und daß man sie drei Jahre lang erzöge; und am Ende derselben sollten sie vor dem König stehen.

Und es waren unter ihnen, von den 6 Kindern Juda: Daniel, Hananja, Misael und Asarja. Und der Oberste der 7 Kämmerer gab ihnen Namen; und er nannte Daniel Beltsazar, und Hananja Sadrach, und Misael Mesach, und Asarja Abednego.

Und Daniel nahm sich in seinem 8 Herzen vor, sich nicht mit der Tafelkost des Königs und mit dem Weine, den er trank, zu verunreinigen; und er erbat sich von dem Obersten der Kämmerer, daß er sich nicht verunreinigen müsse. Und Gott gab Daniel 9 Gnade und Barmherzigkeit vor dem Obersten der Kämmerer. Und der 10 Oberste der Kämmerer sprach zu Daniel: Ich fürchte meinen Herrn, den König, der eure Speise und euer Ge-

---

a d. h. vom ganzen Hebopfer soll der vierte Teil vom Flächenraum des heiligen Hebopfers (des Anteils der Priester und der Leviten) der Stadt gegeben werden. — *b* Das Gebiet des Fürsten soll demnach auf beiden Seiten des Gebietes der Priester, der Leviten und der Stadt liegen, und zwar westlich bis zum Meere und östlich bis zum Jordan hin reichen, indem es sich westlich und östlich so weit wie die Stammgebiete erstreckt. (Vergl. Kap. 45, 7.) — *c* d. h. die vier äußersten Seiten. — *d* H. Jahwe-Schammah.

tränk verordnet hat; denn warum sollte er sehen, daß eure Angesichter verfallener wären als die der Jünglinge eures Alters, sodaß ihr meinen Kopf 11 beim König verwirktet a? Und Daniel sprach zu dem Aufseher, welchen der Oberste der Kämmerer über Daniel, Hananja, Misael und Asarja bestellt 12 hatte: Versuche es doch mit deinen Knechten zehn Tage, und man gebe uns Gemüse zu essen und Wasser zu 13 trinken; und dann mögen unser Aussehen und das Aussehen der Jünglinge, welche die Tafelkost des Königs essen, von dir geprüft b werden; und tue mit deinen Knechten nach dem 14 was du sehen wirst. Und er hörte auf sie in dieser Sache und versuchte es 15 zehn Tage mit ihnen. Und am Ende der zehn Tage zeigte sich ihr Aussehen besser und völliger an Fleisch als dasjenige aller Jünglinge, welche 16 die Tafelkost des Königs aßen. Da tat der Aufseher ihre Tafelkost und den Wein, den sie trinken sollten, weg und gab ihnen Gemüse. 17 Und diesen vier Jünglingen, ihnen gab Gott Kenntnis und Einsicht in aller Schrift und Weisheit; und Daniel hatte Verständnis für alle Gesichte 18 und Träume. Und am Ende der Tage, nach welchen der König sie zu bringen befohlen hatte, brachte sie der Oberste der Kämmerer vor Nebukad-19 nezar. Und der König redete mit ihnen; und unter ihnen allen wurde keiner gefunden wie Daniel, Hananja, Misael und Asarja; und sie standen 20 vor dem König. Und in allen Sachen einsichtsvoller Weisheit, welche der König von ihnen erfragte, fand er sie zehnmal allen Schriftgelehrten c und Beschwörern überlegen, die in seinem 21 ganzen Königreiche waren. — Und Daniel blieb bis zum ersten Jahre des Königs Kores.

2 Und im zweiten Jahre der Regierung Nebukadnezars hatte Nebukadnezar Träume, und sein Geist wurde beunruhigt, und sein Schlaf war für 2 ihn dahin. Und der König befahl, daß man die Schriftgelehrten und die Beschwörer und die Zauberer und die Chaldäer d rufen sollte, um dem König seine Träume kundzutun; und sie ka-3 men und traten vor den König. Und der König sprach zu ihnen: Ich habe einen Traum gehabt, und mein Geist ist beunruhigt, um den Traum zu wis-4 sen. Und die Chaldäer sprachen zu dem König auf aramäisch: O König, lebe ewiglich! Sage deinen Knechten den Traum, so wollen wir die Deu-5 tung anzeigen. Der König antwortete und sprach zu den Chaldäern: Die Sache ist von mir fest beschlossen: wenn ihr mir den Traum und seine Deutung nicht kundtut, so sollt ihr in Stücke zerhauen, und eure Häuser sollen zu Kotstätten gemacht werden;

wenn ihr aber den Traum und seine 6 Deutung anzeiget, so sollt ihr Geschenke und Gaben und große Ehre von mir empfangen. Darum zeiget mir den Traum und seine Deutung an. Sie 7 antworteten zum zweiten Male und sprachen: Der König sage seinen Knechten den Traum, so wollen wir die Deutung anzeigen. Der König ant-8 wortete und sprach: Ich weiß zuverlässig, daß ihr Zeit gewinnen wollt, weil ihr sehet, daß die Sache von mir fest beschlossen ist, daß, wenn ihr mir 9 den Traum nicht kundtut, es bei eurem Urteil verbleibt e; denn ihr habt euch verabredet, Lug und Trug f vor mir zu reden, bis die Zeit sich ändere. Darum saget mir den Traum, und ich werde wissen, daß ihr mir seine Deutung anzeigen könnt. Die Chaldäer 10 antworteten vor dem König und sprachen: Kein Mensch ist auf dem Erdboden, der die Sache des Königs anzeigen könnte; weil kein großer und mächtiger König jemals eine Sache wie diese von irgend einem Schriftgelehrten oder Zauberer oder Chaldäer verlangt hat. Denn die Sache, wel-11 che der König verlangt, ist schwer; und es gibt keinen anderen, der sie vor dem König anzeigen könnte, als nur die Götter, deren Wohnung nicht bei dem Fleische ist.

Dieserhalb ward der König zornig 12 und ergrimmte sehr, und er befahl, alle Weisen von Babel umzubringen. Und 13 der Befehl ging aus, und die Weisen wurden getötet g; und man suchte Daniel und seine Genossen, um sie zu töten. Da erwiderte Daniel mit Ver-14 stand und Einsicht dem Arioch, dem Obersten der Leibwache des Königs, welcher ausgezogen war, um die Weisen von Babel zu töten; er antwortete 15 und sprach zu Arioch, dem Oberbeamten des Königs: Warum der strenge Befehl vom König? Da tat Arioch die Sache dem Daniel kund. Und Daniel 16 ging hinein und erbat sich von dem König, daß er ihm eine Frist gewähren möge, um dem König die Deutung anzuzeigen. Hierauf ging Daniel in 17 sein Haus; und er tat die Sache seinen Genossen Hananja, Misael und Asarja kund, auf daß sie von dem 18 Gott des Himmels Barmherzigkeit erbitten möchten wegen dieses Geheimnisses, damit nicht Daniel und seine Genossen mit den übrigen Weisen von Babel umkämen. Hierauf wurde dem 19 Daniel in einem Nachtgesicht das Geheimnis geoffenbart. Da pries Daniel den Gott des Himmels. Daniel hob an 20 und sprach: Gepriesen sei der Name Gottes von Ewigkeit zu Ewigkeit! denn Weisheit und Macht, sie sind sein. Und er ändert Zeiten und Zeit-21 punkte, setzt Könige ab und setzt Könige ein; er gibt den Weisen Weisheit und Verstand den Verständigen; er 22

---

a Eig. in Schuld brächtet. — b Eig. vor dir gezeigt. — c d. h. Kennern der heiligen chaldäischen Schriften. — d d. h. die zu dem alten Volksstamme der in Babylonien eingewanderten Chaldäer gehörigen Priester. — e Eig. euer Urteil eines ist. — f Eig. heillose Lüge. — g Die Form des aramäischen Zeitwortes deutet an, daß die Tötung eben erst begann.

offenbart das Tiefe und das Verborgene; er weiß, was in der Finsternis ist,
23 und bei ihm wohnt das Licht. Dich, Gott meiner Väter, lobe und rühme ich, daß du mir Weisheit und Kraft gegeben, und mir jetzt kundgetan hast was wir von dir erbeten haben; denn du hast uns die Sache des Königs kundgetan.

24 Dieserhalb ging Daniel zu Arioch hinein, welchen der König bestellt hatte, die Weisen von Babel umzubringen; er ging hin und sprach zu ihm also: Bringe die Weisen von Babel nicht um; führe mich vor den König, und ich werde dem König die
25 Deutung anzeigen. Da führte Arioch eilends den Daniel vor den König, und er sprach zu ihm also: Ich habe einen Mann unter den Weggeführten *a* von Juda gefunden, welcher dem Kö-
26 nig die Deutung kundtun wird. Der König hob an und sprach zu Daniel, dessen Name Beltsazar war: Bist du imstande, den Traum, den ich gesehen habe, und seine Deutung mir kund-
27 zutun? Daniel antwortete vor dem König und sprach: Das Geheimnis, welches der König verlangt, können Weise, Beschwörer, Schriftgelehrte *und* Wahrsager dem König nicht an-
28 zeigen. Aber es ist ein Gott im Himmel, der Geheimnisse offenbart; und er hat dem König Nebukadnezar kundgetan was am Ende der Tage geschehen wird. Dein Traum und die Ge-
29 sichte deines Hauptes auf deinem Lager waren diese: Dir, o König, stiegen auf deinem Lager Gedanken auf, was nach diesem geschehen werde; und der, welcher die Geheimnisse offenbart, hat dir kundgetan was gesche-
30 hen wird. Mir aber ist nicht durch Weisheit, die in mir mehr als in allen Lebenden wäre, dieses Geheimnis geoffenbart worden, sondern deshalb, damit man dem König die Deutung kundtue und du deines Herzens Gedanken erfahrest.

31 Du, o König, sahst: und siehe, ein großes Bild; dieses Bild war gewaltig, und sein Glanz außergewöhnlich; es stand vor dir, und sein Aussehen
32 war schrecklich. Dieses Bild, sein Haupt war von feinem Golde; seine Brust und seine Arme von Silber; sein Bauch und seine Lenden von Erz;
33 seine Schenkel von Eisen; seine Füße
34 teils von Eisen und teils von Ton. Du schautest, bis ein Stein sich losriß ohne Hände *b*, und das Bild an seine Füße von Eisen und Ton schlug und sie
35 zermalmte. Da wurden zugleich das Eisen, der Ton, das Erz, das Silber und das Gold zermalmt, und sie wurden wie Spreu der Sommertennen; und der Wind führte sie hinweg, und es wurde keine Stätte für sie gefunden. Und der Stein, der das Bild geschlagen hatte, wurde zu einem großen Berge und füllte die ganze Erde.
36 Das ist der Traum; und seine Deutung

wollen wir vor dem König ansagen: Du, o König, du König der Könige, 37 dem der Gott des Himmels das Königtum, die Macht und die Gewalt und die Ehre gegeben hat; und überall, 38 wo Menschenkinder, Tiere des Feldes und Vögel des Himmels wohnen, hat er sie in deine Hand gegeben und dich zum Herrscher über sie alle gesetzt — du bist das Haupt von Gold. Und nach 39 dir wird ein anderes Königreich aufstehen, niedriger als du; und ein anderes, drittes Königreich, von Erz, welches über die ganze Erde herrschen wird. Und ein viertes Königreich wird stark sein wie Eisen; ebenso wie *c* das Eisen alles zermalmt und zerschlägt, so wird es, dem Eisen gleich, welches zertrümmert, alle diese zermalmen und zertrümmern. Und 41 daß du die Füße und die Zehen teils von Töpferton und teils von Eisen gesehen hast — es wird ein geteiltes Königreich sein; aber von der Festigkeit des Eisens wird in ihm sein, weil du das Eisen mit lehmigem Ton vermischt gesehen hast. Und die Zehen 42 der Füße, teils von Eisen und teils von Ton: zum Teil wird das Königreich stark sein, und ein Teil wird zerbrechlich sein. Daß du das Eisen 43 mit lehmigem Ton vermischt gesehen hast — sie werden sich mit dem Samen der Menschen vermischen, aber sie werden nicht aneinander haften: gleichwie sich Eisen mit Ton nicht vermischt. Und in den Tagen dieser 44 Könige wird der Gott des Himmels ein Königreich aufrichten, welches ewiglich nicht zerstört, und dessen Herrschaft keinem anderen Volke überlassen werden wird; es wird alle jene Königreiche zermalmen und vernichten, selbst aber ewiglich bestehen: weil du gesehen hast, daß von dem 45 Berge ein Stein sich losriß ohne Hände und das Eisen, das Erz, den Ton, das Silber und das Gold zermalmte. Der große Gott hat dem Könige kundgetan was nach diesem geschehen wird; und der Traum ist gewiß und seine Deutung zuverlässig.

Da fiel der König Nebukadnezar 46 nieder auf sein Angesicht und betete Daniel an; und er befahl, ihm Speisopfer und Räucherwerk darzubringen. Der König antwortete Daniel und 47 sprach: In Wahrheit, euer Gott ist der Gott der Götter und der Herr der Könige, und ein Offenbarer der Geheimnisse, da du vermocht hast, dieses Geheimnis zu offenbaren. Alsdann 48 machte der König den Daniel groß und gab ihm viele große Geschenke, und er setzte ihn als Herrscher ein über die ganze Landschaft Babel und zum Obervorsteher über alle Weisen von Babel. Und Daniel bat den Kö- 49 nig, und er bestellte Sadrach, Mesach und Abednego über die Verwaltung der Landschaft Babel. Und Daniel war im Tore *d* des Königs.

---

a Eig. unter den Kindern der Wegführung; so auch Kap. 5, 13. — *b* Eig. nicht durch Hände; d. h. ohne menschliche Vermittlung. — *c* O. dieweil. — *d* d. h. am Hofe wie Esther 3, 2 usw.

3 Der König Nebukadnezar machte ein Bild von Gold: seine Höhe sechzig Ellen, seine Breite sechs Ellen; er richtete es auf in der Ebene Dura,
2 in der Landschaft Babel. Und der König Nebukadnezar sandte aus, um die Satrapen, die Statthalter und die Landpfleger, die Oberrichter, die Schatzmeister, die Gesetzeskundigen, die Rechtsgelehrten und alle Oberbeamten der Landschaften zu versammeln, damit sie zur Einweihung des Bildes kämen, welches der König Nebukad-
3 nezar aufgerichtet hatte. Da versammelten sich die Satrapen, die Statthalter und die Landpfleger, die Oberrichter, die Schatzmeister, die Gesetzeskundigen, die Rechtsgelehrten und alle Oberbeamten der Landschaften zur Einweihung des Bildes, welches der König Nebukadnezar aufgerichtet hatte; und sie standen vor dem Bilde, welches Nebukadnezar aufgerichtet
4 hatte. Und der Herold rief mit Macht: Euch wird befohlen, ihr Völker, Völ-
5 kerschaften und Sprachen: Sobald ihr den Klang des Hornes, der Pfeife, der Zither, der Sambuke *a*, der Laute, der Sackpfeife, und allerlei Art von Musik hören werdet, sollt ihr niederfallen und das goldene Bild anbeten, welches der König Nebukadnezar aufge-
6 richtet hat. Und wer nicht niederfällt und anbetet, der soll sofort in den brennenden Feuerofen geworfen wer-
7 den. Darum, sobald alle Völker den Klang des Hornes, der Pfeife, der Zither, der Sambuke, der Laute, und allerlei Art von Musik hörten, fielen alle Völker, Völkerschaften und Sprachen nieder, indem sie das goldene Bild anbeteten, welches der König Nebukadnezar aufgerichtet hatte.
8 Deswegen traten zur selben Zeit chaldäische Männer herzu, welche die
9 Juden anzeigten. Sie hoben an und sprachen zum König Nebukadnezar:
10 O König, lebe ewiglich! Du, o König, hast den Befehl gegeben, daß jedermann, der den Klang des Hornes, der Pfeife, der Zither, der Sambuke, der Laute und der Sackpfeife, und allerlei Art von Musik hören würde, niederfallen und das goldene Bild anbeten
11 solle; und wer nicht niederfalle und anbete, der solle in den brennenden
12 Feuerofen geworfen werden. Es sind nun jüdische Männer da, welche du über die Verwaltung der Landschaft Babel bestellt hast: Sadrach, Mesach und Abednego; diese Männer, o König, achten nicht auf dich; deinen Göttern dienen sie nicht, und das goldene Bild, welches du aufgerichtet hast, be-
13 ten sie nicht an. Da befahl Nebukadnezar im Zorn und Grimm, Sadrach, Mesach und Abednego herbeizubringen. Da wurden diese Männer vor den
14 König gebracht. Nebukadnezar hob an und sprach zu ihnen: Ist es Absicht, Sadrach, Mesach und Abednego, daß ihr meinen Göttern nicht dienet und

das goldene Bild nicht anbetet, wel-
ches ich aufgerichtet habe? Nun, wenn 15 ihr bereit seid, zur Zeit, da ihr den Klang des Hornes, der Pfeife, der Zither, der Sambuke, der Laute und der Sackpfeife, und allerlei Art von Musik hören werdet, niederzufallen und das Bild anzubeten, welches ich gemacht habe...; wenn ihr es aber nicht anbetet, sollt ihr sofort in den brennenden Feuerofen geworfen werden; und wer ist der Gott, der euch aus meiner Hand erretten wird? Sadrach, 16 Mesach und Abednego antworteten und sprachen zu dem König: Nebukadnezar, wir halten es nicht für nötig, dir ein Wort darauf zu erwidern. Ob unser Gott, dem wir dienen, uns 17 aus dem brennenden Feuerofen zu erretten vermag — und er wird uns aus deiner Hand, o König, erretten — oder 18 ob nicht, es sei dir kund, o König, daß wir deinen Göttern nicht dienen und das goldene Bild, welches du aufgerichtet hast, nicht anbeten werden.
Da wurde Nebukadnezar voll Grim- 19 mes, und das Aussehen seines Antlitzes veränderte sich gegen Sadrach, Mesach und Abednego. Er hob an und befahl, den Ofen siebenmal mehr zu heizen, als zur Heizung hinreichend war. Und er befahl Männern, den 20 stärksten Männern in seinem Heere, Sadrach, Mesach und Abednego zu binden, um sie in den brennenden Feuerofen zu werfen. Da wurden diese Män- 21 ner in ihren Leibröcken, Oberröcken und Mänteln und ihren *sonstigen* Kleidern gebunden und in den brennenden Feuerofen geworfen. Darum, weil 22 das Wort des Königs streng, und der Ofen außergewöhnlich geheizt war, tötete die Flamme des Feuers jene Männer, welche Sadrach, Mesach und Abednego hinaufbrachten. Und diese 23 drei Männer, Sadrach, Mesach und Abednego, fielen gebunden in den brennenden Feuerofen. Da erschrak 24 der König Nebukadnezar, und er stand eilends auf, hob an und sprach zu seinen Räten: Haben wir nicht drei Männer gebunden ins Feuer geworfen? Sie antworteten und sprachen zu dem König: Gewiß, o König! Er antwor- 25 tete und sprach: Siehe, ich sehe vier Männer frei wandeln mitten im Feuer, und keine Verletzung ist an ihnen; und das Aussehen des vierten ist gleich einem Sohne der Götter *b*. Da trat Ne- 26 bukadnezar an die Oeffnung des brennenden Feuerofens, hob an und sprach: Sadrach, Mesach und Abednego, ihr Knechte des höchsten Gottes, gehet heraus und kommet her! Da gingen Sadrach, Mesach und Abednego aus dem Feuer heraus. Und es versam- 27 melten sich die Satrapen, die Statthalter und die Landpfleger und die Räte des Königs; sie sahen diese Männer, daß das Feuer keine Macht über ihre Leiber gehabt hatte: das Haar ihres Hauptes war nicht versengt, und ihre

---

a ein der Harfe ähnliches, viersaitiges Instrument. — *b* Eig. einem Göttersohne; d. h. einem, der zum Geschlecht der Götter gehört.

Leibröcke waren nicht verändert, und der Geruch des Feuers war nicht an sie gekommen.

28 Nebukadnezar hob an und sprach: Gepriesen sei der Gott Sadrachs, Mesachs und Abednegos, der seinen Engel gesandt und seine Knechte errettet hat, die auf ihn vertrauten und das Wort des Königs übertraten und ihre Leiber dahingaben, um keinem Gott zu dienen noch ihn anzubeten, 29 als nur ihrem Gott! Und von mir wird Befehl gegeben, daß jedes Volk, jede Völkerschaft und Sprache — wer Unrechtes spricht wider den Gott Sadrachs, Mesachs und Abednegos, in Stücke zerhauen, und daß sein Haus zu einer Kotstätte gemacht werde; weil es keinen anderen Gott gibt, der auf solche Weise zu erretten vermag. 30 Alsdann beförderte der König Sadrach, Mesach und Abednego in der Landschaft Babel.

4 Nebukadnezar, der König, allen Völkern, Völkerschaften und Sprachen, die auf der ganzen Erde wohnen: Frie- 2 de euch in Fülle! Es hat mir gefallen, die Zeichen und Wunder kundzutun, welche der höchste Gott an mir getan 3 hat. Wie groß sind seine Zeichen, und wie mächtig seine Wunder! Sein Reich *a* ist ein ewiges Reich *a*, und seine Herrschaft *währt* von Geschlecht 4 zu Geschlecht! — Ich, Nebukadnezar, war ruhig in meinem Hause und hatte 5 Gedeihen in meinem Palaste. Ich sah einen Traum, er erschreckte mich; und Gedanken auf meinem Lager und Gesichte meines Hauptes ängstigten mich. 6 Und von mir wurde Befehl gegeben, alle Weisen von Babel vor mich zu führen, auf daß sie mir die Deutung 7 des Traumes kundtäten. Alsdann kamen die Schriftgelehrten, die Beschwörer, die Chaldäer und die Wahrsager herbei; und ich trug ihnen den Traum vor, aber sie taten mir seine Deutung 8 nicht kund. Und zuletzt trat vor mich Daniel, dessen Name Beltsazar ist, nach dem Namen meines Gottes, und in welchem der Geist der heiligen Götter ist; und ich trug ihm den Traum vor: 9 „Beltsazar, du Oberster der Schriftgelehrten, da ich weiß, daß der Geist der heiligen Götter in dir ist, und daß kein Geheimnis dir zu schwer ist, so sage mir die Gesichte meines Traumes, den ich gesehen habe, und seine 10 Deutung. Was nun die Gesichte meines Hauptes auf meinem Lager betrifft, so sah ich: und siehe, ein Baum *stand* mitten auf der Erde, und seine 11 Höhe war gewaltig. Der Baum wurde groß und stark, und seine Höhe reichte bis an den Himmel, und er wurde gesehen bis an das Ende der ganzen 12 Erde; sein Laub war schön, und seine Frucht zahlreich, und es war Nahrung an ihm für alle; die Tiere des Feldes fanden Schatten unter ihm, und die Vögel des Himmels wohnten in seinen Zweigen, und alles Fleisch nährte sich 13 von ihm. Ich schaute in den Gesich-

ten meines Hauptes auf meinem Lager, und, siehe, ein Wächter und Heiliger stieg vom Himmel hernieder. Er 14 rief mit Macht und sprach also: Hauet den Baum um und schneidet seine Zweige weg; streifet sein Laub ab und streuet seine Frucht umher! die Tiere unter ihm sollen wegfliehen und die Vögel aus seinen Zweigen! Doch sei- 15 nen Wurzelstock lasset in der Erde, und zwar in Fesseln von Eisen und Erz, im Grase des Feldes; und von dem Tau des Himmels werde er benetzt, und mit den Tieren habe er teil an dem Kraut der Erde. Sein mensch- 16 liches Herz werde verwandelt und das Herz eines Tieres ihm gegeben; und sieben Zeiten sollen über ihn vergehen. Durch Beschluß der Wächter ist 17 dieser Ausspruch, und ein Befehl der Heiligen ist diese Sache: auf daß die Lebenden erkennen, daß der Höchste über das Königtum der Menschen herrscht und es verleiht, wem er will, und den Niedrigsten der Menschen darüber bestellt. Diesen Traum habe 18 ich, der König Nebukadnezar, gesehen; und du, Beltsazar, sage seine Deutung, da alle Weisen meines Königreichs mir die Deutung nicht kundzutun vermögen; du aber vermagst es, weil der Geist der heiligen Götter in dir ist.“

Da entsetzte sich *b* Daniel, dessen 19 Name Beltsazar ist, eine Zeitlang, und seine Gedanken ängstigten ihn. Der König hob an und sprach: Beltsazar, der Traum und seine Deutung ängstige dich nicht. Beltsazar antwortete und sprach: Mein Herr, der Traum gelte deinen Hassern und seine Deutung deinen Feinden! Der Baum, den 20 du gesehen hast, der groß und stark wurde, und dessen Höhe an den Himmel reichte, und der über die ganze Erde hin gesehen wurde; und dessen 21 Laub schön und dessen Frucht zahlreich, und an welchem Nahrung war für alle; unter welchem die Tiere des Feldes wohnten, und in dessen Zweigen die Vögel des Himmels sich aufhielten: das bist du, o König, der du 22 groß und stark geworden bist; und deine Größe wuchs und reichte bis an den Himmel, und deine Herrschaft bis an das Ende der Erde. Und daß der 23 König einen Wächter und Heiligen vom Himmel herniedersteigen sah, welcher sprach: Hauet den Baum um und verderbet ihn! doch seinen Wurzelstock lasset in der Erde, und zwar in Fesseln von Eisen und Erz, im Grase des Feldes: und von dem Tau des Himmels werde er benetzt, und er habe sein Teil mit den Tieren des Feldes, bis sieben Zeiten über ihn vergehen — dies ist die Deutung, o König, und 24 dies der Beschluß des Höchsten, der über meinen Herrn, den König, kommen wird: Man wird dich von den 25 Menschen ausstoßen, und bei den Tieren des Feldes wird deine Wohnung sein; und man wird dir Kraut zu essen

---

a O. Königtum. — *b* Eig. wurde starr vor Entsetzen.

geben, wie den Rindern, und dich vom Tau des Himmels benetzt werden lassen; und es werden sieben Zeiten über dir vergehen, bis du erkennst, daß der Höchste über das Königtum der Menschen herrscht und es verleiht, wem 26 er will. Und daß man gesagt hat, den Wurzelstock des Baumes zu lassen — dein Königtum wird dir wieder werden a, sobald du erkannt haben wirst, 27 daß die Himmel herrschen. Darum, o König, laß dir meinen Rat gefallen, und brich mit deinen Sünden durch Gerechtigkeit und mit deinen Missetaten durch Barmherzigkeit gegen Elende, wenn deine Wohlfahrt Dauer haben soll.

28 Alles das kam über den König Ne-
29 bukadnezar. Nach Verlauf von zwölf Monaten wandelte er umher auf dem
30 königlichen Palaste zu Babel; und der König hob an und sprach: Ist das nicht das große Babel, welches ich zum königlichen Wohnsitz erbaut habe durch die Stärke meiner Macht und
31 zu Ehren meiner Herrlichkeit? Noch war das Wort im Munde des Königs, da kam eine Stimme vom Himmel herab: Dir, König Nebukadnezar, wird gesagt: Das Königtum ist von dir
32 gewichen! und man wird dich von den Menschen ausstoßen, und bei den Tieren des Feldes wird deine Wohnung sein, und man wird dir Kraut zu essen geben wie den Rindern; und es werden sieben Zeiten über dir vergehen, bis du erkennst, daß der Höchste über das Königtum der Menschen herrscht und es verleiht, wem er will.
33 In demselben Augenblick wurde das Wort über Nebukadnezar vollzogen; und er wurde von den Menschen ausgestoßen, und er aß Kraut wie die Rinder, und sein Leib ward benetzt von dem Tau des Himmels, bis sein Haar wuchs gleich Adlerfedern b und seine Nägel gleich Vogelkrallen b.

34 Und am Ende der Tage erhob ich, Nebukadnezar, meine Augen zum Himmel, und mein Verstand kam mir wieder; und ich pries den Höchsten, und ich rühmte und verherrlichte den ewig Lebenden, dessen Herrschaft eine ewige Herrschaft ist, und dessen Reich c von Geschlecht zu Geschlecht währt.
35 Und alle Bewohner der Erde werden wie nichts geachtet, und nach seinem Willen tut er mit dem Heere des Himmels und mit den Bewohnern der Erde; und da ist niemand, der seiner Hand wehren und zu ihm sagen könn-
36 te: Was tust du? Zur selben Zeit kam mir mein Verstand wieder, und zur Ehre meines Königtums kamen meine Herrlichkeit und mein Glanz mir wieder; und meine Räte und meine Gewaltigen suchten mich auf, und ich wurde wieder in mein Königtum eingesetzt, und ausnehmende Größe wur-
37 de mir hinzugefügt. Nun rühme ich, Nebukadnezar, und erhebe und ver-

herrliche den König des Himmels, dessen Werke allesamt Wahrheit und dessen Wege Recht sind, und der zu erniedrigen vermag in Hoffart wandeln.

Der König Belsazar machte seinen tausend Gewaltigen ein großes Mahl, **5** und er trank Wein vor den Tausend. Belsazar befahl, als der Wein ihm 2 schmeckte, daß man die goldenen und die silbernen Gefäße herbeibrächte, welche sein Vater Nebukadnezar aus dem Tempel zu Jerusalem weggenommen hatte, auf daß der König und seine Gewaltigen, seine Frauen und seine Kebsweiber daraus tränken. Dann brachte man die goldenen Gefäße, 3 welche man aus dem Tempel des Hauses Gottes zu Jerusalem weggenommen hatte; und der König und seine Gewaltigen, seine Frauen und seine Kebsweiber tranken daraus. Sie 4 tranken Wein und rühmten die Götter von Gold und Silber, von Erz, Eisen, Holz und Stein.

In demselben Augenblick kamen 5 Finger einer Menschenhand hervor und schrieben, dem Leuchter gegenüber, auf den Kalk der Wand des königlichen Palastes; und der König sah die Hand d, welche schrieb. Da 6 veränderte sich die Gesichtsfarbe des Königs, und seine Gedanken ängstigten ihn; und die Bänder seiner Hüften lösten sich, und seine Kniee schlugen aneinander. Der König rief mit 7 Macht, daß man die Beschwörer, die Chaldäer und die Wahrsager hereinbringe; und der König hob an und sprach zu den Weisen von Babel: Jeder, der diese Schrift lesen und ihre Deutung mir anzeigen wird, der soll mit Purpur bekleidet werden, mit einer goldenen Kette um seinen Hals, und er soll als Dritter im Königreich herrschen. Dann kamen alle Weisen des 8 Königs herbei; aber sie vermochten nicht die Schrift zu lesen, noch die Deutung derselben dem König kundzutun. Da geriet der König Belsazar 9 in große Angst, und seine Gesichtsfarbe veränderte sich an ihm; und seine Gewaltigen wurden bestürzt. In- 10 folge der Worte des Königs und seiner Gewaltigen trat die Königin e in das Haus des Gelages. Die Königin hob an und sprach: O König, lebe ewiglich! laß deine Gedanken dich nicht ängstigen und deine Gesichtsfarbe sich nicht verändern! Es ist ein Mann in 11 deinem Königreich, in welchem der Geist der heiligen Götter ist; und in den Tagen deines Vaters wurden Erleuchtung und Verstand und Weisheit gleich der Weisheit der Götter bei ihm gefunden; und der König Nebukadnezar, dein Vater, hat ihn zum Obersten der Schriftgelehrten, der Beschwörer, der Chaldäer und der Wahrsager erhoben, dein Vater, o König! darum 12 daß ein außergewöhnlicher Geist, und Kenntnis und Verstand, ein Geist der

---

a Eig. dir erstehen. — b Eig. gleich dem der Adler . . . gleich denen der Vögel. — c O. Königtum. — d Eig. die Fläche (and.: das Ende) der Hand; so auch V. 24. — e d. h., wie auch aus V. 2 hervorgeht, die Königin-Mutter.

Traumdeutung und der Rätselerklärung und der Knotenlösung bei ihm gefunden wurde, bei Daniel, welchem der König den Namen Beltsazar gegeben hat. So werde nun Daniel gerufen, und er wird die Deutung anzeigen.

13 Darauf wurde Daniel vor den König geführt. Der König hob an und sprach zu Daniel: Bist du Daniel, einer der Weggeführten von Juda, welche der König, mein Vater, aus Juda her-

14 gebracht hat? Und ich habe von dir gehört, daß der Geist der Götter in dir ist, und daß Erleuchtung und Verstand und außergewöhnliche Weisheit

15 bei dir gefunden werden. Und nun sind die Weisen, die Beschwörer, vor mich geführt worden, damit sie diese Schrift läsen und ihre Deutung mir kundtäten; aber sie vermögen nicht, die

16 Deutung der Sache anzuzeigen. Ich habe aber von dir gehört, daß du Deutungen zu geben und Knoten zu lösen vermagst. Nun, wenn du diese Schrift zu lesen und ihre Deutung mir kundzutun vermagst, so sollst du mit Purpur bekleidet werden, mit einer goldenen Kette um deinen Hals, und du sollst als Dritter im Königreich herrschen.

17 Da antwortete Daniel und sprach vor dem König: Deine Gaben mögen dir verbleiben, und deine Geschenke gib einem anderen; jedoch werde ich die Schrift dem König lesen und die Deu-

18 tung ihm kundtun. Du, o König! der höchste Gott hatte Nebukadnezar, deinem Vater, das Königtum und die Größe und die Ehre und die Herrlichkeit ver-

19 liehen; und wegen der Größe, die er ihm verliehen, bebten und fürchteten sich vor ihm alle Völker, Völkerschaften und Sprachen. Wen er wollte tötete er, und wen er wollte ließ er leben; und wen er wollte erhob er, und wen er

20 wollte erniedrigte er. Als aber sein Herz sich erhob und sein Geist bis zur Vermessenheit sich verstockte, wurde er von seinem königlichen Throne gestürzt, und man nahm ihm seine Würde.

21 Und er wurde von den Menschenkindern ausgestoßen, und sein Herz wurde dem der Tiere gleich, und seine Wohnung war bei den Wildeseln; man gab ihm Kraut zu essen wie den Rindern, und sein Leib wurde vom Tau des Himmels benetzt — bis er erkannte, daß der höchste Gott über das Königtum der Menschen herrscht, und dar-

22 über bestellet wen er will. Und du, Belsazar, sein Sohn, hast dein Herz nicht gedemütigt, obwohl du dieses

23 alles gewußt hast. Und du hast dich über den Herrn des Himmels erhoben; und man hat die Gefäße seines Hauses vor dich gebracht, und du und deine Gewaltigen, deine Frauen und deine Kebsweiber, ihr habt Wein daraus getrunken. Und du hast die Götter von Silber und Gold, von Erz, Eisen, Holz und Stein gerühmt, die nicht sehen

und nicht hören und nicht wahrnehmen *a*; aber den Gott, in dessen Hand dein Odem ist, und bei dem alle deine Wege sind, hast du nicht geehrt. Da 24 wurde von ihm diese Hand gesandt und diese Schrift gezeichnet. Und dies 25 ist die Schrift, welche gezeichnet worden ist:

Mene, mene, tekel upharsin *b*.

Dies ist die Deutung der Sache: Mene 26 — Gott hat dein Königtum gezählt und macht ihm ein Ende. Tekel — du bist 27 auf der Wage gewogen und zu leicht erfunden worden. Peres *c* — dein Kö- 28 nigreich wird zerteilt und den Medern und Persern gegeben. Alsdann 29 befahl Belsazar, und man bekleidete Daniel mit Purpur, mit einer goldenen Kette um seinen Hals; und man rief über ihn aus, daß er der dritte Herrscher im Königreich sein solle. — In 30 derselben Nacht wurde Belsazar, der König der Chaldäer, getötet.

Und Darius, der Meder, bekam das **6** Königreich, als er ungefähr zweiundsechzig Jahre alt war. Es gefiel Da- 2 rius, über das Königreich hundertundzwanzig Satrapen zu bestellen, die im ganzen Königreich sein sollten, und 3 über diese drei Vorsteher, von welchen Daniel einer war: damit jene Satrapen ihnen Rechenschaft gäben und der König keinen Schaden erlitte. Da über- 4 traf dieser Daniel die Vorsteher und die Satrapen, weil ein außergewöhnlicher Geist in ihm war; und der König gedachte ihn über das ganze Königreich zu bestellen.

Da suchten die Vorsteher und die 5 Satrapen einen Anklagegrund gegen Daniel von seiten der Verwaltung *d* zu finden; aber sie konnten keinen Anklagegrund und keine schlechte Handlung finden, weil er treu war und kein Vergehen und keine schlechte Handlung an ihm gefunden wurden. Da 6 sprachen diese Männer: Wir werden gegen diesen Daniel keinen Anklagegrund finden, es sei denn daß wir in dem Gesetz seines Gottes einen gegen ihn finden. Dann liefen diese Vor- 7 steher und Satrapen eilig zu dem König und sprachen zu ihm also: König Darius, lebe ewiglich! Alle Vorsteher 8 des Königreichs, die Statthalter und Satrapen, die Räte und Landpfleger, sind Rats geworden, daß der König eine Verordnung aufstelle und ein Verbot erlasse *e*, daß ein jeder, der binnen dreißig Tagen von irgend einem Gott oder Menschen etwas erbittet außer von dir, o König, in die Löwengrube geworfen werden soll. Nun, o König, 9 erlaß das Verbot und laß eine Schrift aufzeichnen, die nach dem Gesetz der Meder und Perser, welches unwiderruflich ist, nicht abgeändert werden darf. Deshalb ließ der König Darius die 10 Schrift und das Verbot aufzeichnen.

Und als Daniel erfuhr, daß die Schrift 11

---

a O. fühlen. — *b* Gezählt, gezählt, gewogen und zerteilt. Das aramäische Wort für „gewogen" hat einen ähnlichen Klang wie dasjenige für „leicht erfunden werden". — *c* Peres, statt der Mehrzahl pharsin, klingt an den Namen „Perser" an. — *d* Eig. der Regierung. — *e* Eig. festmache.

aufgezeichnet war, ging er in sein Haus; und er hatte in seinem Obergemach offene Fenster gegen Jerusalem hin; und dreimal des Tages kniete er auf seine Kniee und betete und lobpries vor seinem Gott, wie er vordem 12 getan hatte. Da liefen jene Männer eilig herbei und fanden Daniel betend 13 und flehend vor seinem Gott. Dann nahten sie und sprachen vor dem König betreffs des königlichen Verbotes: Hast du nicht ein Verbot aufzeichnen lassen, daß jedermann, der binnen dreißig Tagen von irgend einem Gott oder Menschen etwas erbitten würde, außer von dir, o König, in die Löwengrube geworfen werden sollte? Der König antwortete und sprach: Die Sache steht fest nach dem Gesetz der Meder und Perser, welches unwider-14 ruflich ist. Hierauf antworteten sie und sprachen vor dem König: Daniel, einer der Weggeführten von Juda, achtet nicht auf dich, o König, noch auf das Verbot, welches du hast aufzeichnen lassen; sondern er verrichtet 15 dreimal des Tages sein Gebet. Dann wurde der König, als er die Sache hörte, sehr betrübt*a*, und er sann darauf, Daniel zu retten*b*; und bis zum Untergang der Sonne bemühte er sich, 16 ihn zu befreien. Da liefen jene Männer eilig zum König und sprachen zum König: Wisse, o König, daß die Meder und Perser ein Gesetz haben, daß kein Verbot und keine Verordnung, die der König aufgestellt hat, abgeändert wer-17 den darf. Dann befahl der König, und man brachte Daniel und warf ihn in die Löwengrube. Der König hob an und sprach zu Daniel: Dein Gott, welchem du ohne Unterlaß dienst, er mö-18 ge dich retten! Und ein Stein wurde gebracht und auf die Oeffnung der Grube gelegt; und der König versiegelte ihn mit seinem Siegelringe und mit dem Siegelringe seiner Gewaltigen, damit hinsichtlich Daniels nichts verändert würde.
19   Darauf ging der König in seinen Palast, und er übernachtete fastend und ließ keine Kebsweiber zu sich hereinführen; und sein Schlaf floh von 20 ihm. Dann stand der König bei der Morgenröte, sobald es hell wurde, auf und ging eilends zu der Löwengrube. 21 Und als er sich der Grube nahte, rief er mit trauriger Stimme nach Daniel. Der König hob an und sprach zu Daniel: Daniel, Knecht des lebendigen Gottes, hat dein Gott, welchem du ohne Unterlaß dienst, vermocht, dich von 22 den Löwen zu retten? Da sprach Daniel zu dem König: O König, lebe 23 ewiglich! Mein Gott hat seinen Engel gesandt und hat den Rachen der Löwen verschlossen, daß sie mich nicht verletzt haben, weil vor ihm Unschuld an mir gefunden wurde; und auch vor dir, o König, habe ich kein Verbrechen 24 begangen. Da freute sich der König sehr, und er befahl, Daniel aus der Grube heraufzuholen. Und Daniel

wurde aus der Grube herausgeholt; und keine Verletzung wurde an ihm gefunden, weil er auf seinen Gott vertraut hatte. Und der König be-25 fahl, und man brachte jene Männer, welche Daniel angezeigt hatten, und man warf sie in die Löwengrube, sie, ihre Kinder und ihre Weiber; und ehe sie noch auf den Boden der Grube gekommen waren, bemächtigten sich ihrer die Löwen und zermalmten alle ihre Gebeine.
  Alsdann schrieb der König Darius 26 an alle Völker, Völkerschaften und Sprachen, welche auf der ganzen Erde wohnten: Friede euch in Fülle! Von 27 mir wird Befehl gegeben, daß man in der ganzen Herrschaft meines Königreichs bebe und besteh fürchte vor dem Gott Daniels; denn er ist der lebendige Gott und besteht in Ewigkeit, und sein Reich wird nie zerstört werden, und seine Herrschaft *währt* bis ans Ende; der da rettet und befreit, und 28 Zeichen und Wunder tut im Himmel und auf der Erde: denn er hat Daniel aus der Gewalt der Löwen errettet.
  Und dieser Daniel hatte Gedeihen 29 unter der Regierung des Darius und unter der Regierung Kores, des Persers.

  Im ersten Jahre Belsazars, des Königs von Babel, sah Daniel einen **7** Traum und Gesichte seines Hauptes auf seinem Lager. Dann schrieb er den Traum auf, die Summe der Sache berichtete er.
  Daniel hob an und sprach: Ich 2 schaute in meinem Gesicht bei der Nacht, und siehe, die vier Winde des Himmels brachen los auf das große Meer. Und vier große Tiere stiegen 3 aus dem Meere herauf, eines verschieden von dem anderen. — Das erste war 4 gleich einem Löwen und hatte Adlersflügel; ich schaute, bis seine Flügel ausgerissen wurden, und es von der Erde aufgehoben und wie ein Mensch auf seine Füße gestellt und ihm eines Menschen Herz gegeben wurde. — Und siehe, ein anderes, zweites Tier, 5 gleich einem Bären; und es richtete sich auf einer Seite auf, und es hatte drei Rippen in seinem Maule zwischen seinen Zähnen; und man sprach zu ihm also: Stehe auf, friß viel Fleisch! — Nach diesem schaute ich, und siehe, 6 ein anderes, gleich einem Pardel; und es hatte vier Flügel eines Vogels auf seinem Rücken; und das Tier hatte vier Köpfe, und Herrschaft wurde ihm gegeben.
  Nach diesem schaute ich in Gesich-7 ten der Nacht: und siehe, ein viertes Tier, schrecklich und furchtbar und sehr stark, und es hatte große eiserne Zähne; es fraß und zermalmte, und was übrigblieb zertrat es mit seinen Füßen; und es war verschieden von allen Tieren, die vor ihm gewesen, und es hatte zehn Hörner. Während 8 ich auf die Hörner achtgab, siehe, da

---

a Eig. Da mißfiel es dem König sehr. — *b* Eig. und er richtete das Herz auf Daniel, ihn zu retten.

stieg ein anderes, kleines Horn zwischen ihnen empor, und drei von den ersten Hörnern wurden vor ihm ausgerissen; und siehe, an diesem Horne waren Augen wie Menschenaugen, und ein Mund, der große *a* Dinge redete.

9 Ich schaute, bis Throne aufgestellt wurden und ein Alter an Tagen sich setzte: sein Gewand war weiß wie Schnee, und das Haar seines Hauptes wie reine Wolle; sein Thron Feuerflammen, dessen Räder ein loderndes

10 Feuer. Ein Strom von Feuer floß und ging von ihm *b* aus; tausend mal Tausende dienten ihm, und zehntausend mal Zehntausende standen vor ihm. Das Gericht setzte sich, und Bücher

11 wurden aufgetan. Dann schaute ich wegen der Stimme der großen Worte, welche das Horn redete: ich schaute, bis das Tier getötet, und sein Leib zerstört und dem Brande des Feuers

12 übergeben wurde. — Und was die übrigen Tiere betrifft: ihre Herrschaft wurde weggenommen, aber Verlängerung des Lebens ward ihnen gegeben *c* bis auf Zeit und Stunde.

13 Ich schaute in Gesichten der Nacht: und siehe, mit den Wolken des Himmels kam einer wie eines Menschen Sohn; und er kam zu dem Alten an Tagen und wurde vor denselben ge-

14 bracht. Und ihm wurde Herrschaft und Herrlichkeit und Königtum gegeben, und alle Völker, Völkerschaften und Sprachen dienten ihm; seine Herrschaft ist eine ewige Herrschaft, die nicht vergehen, und sein Königtum ein solches, das nie zerstört werden wird.

15 Mir, Daniel, ward mein Geist in mir *d* tief ergriffen, und die Gesichte meines

16 Hauptes ängstigten mich. Ich nahte zu einem der Dastehenden, um von ihm Gewißheit über dies alles zu erbitten. Und er sagte mir, daß er mir die Deu-

17 tung der Sache kundtun wolle: Diese großen Tiere, deren vier waren, sind vier Könige, die von der Erde auf-

18 stehen werden. Aber die Heiligen der höchsten *Oerter* werden das Reich empfangen, und werden das Reich besitzen bis in Ewigkeit, ja, bis in

19 die Ewigkeit der Ewigkeiten. Darauf begehrte ich Gewißheit über das vierte Tier, welches von allen anderen verschieden war, sehr schrecklich, dessen Zähne von Eisen und dessen Klauen von Erz waren, welches fraß,

20 zermalmte, und was übrigblieb mit seinen Füßen zertrat; und über die zehn Hörner auf seinem Kopfe; und über das andere *Horn*, welches emporstieg, und vor welchem drei abfielen; und das Horn hatte Augen und einen Mund, der große Dinge redete, und dessen Aussehen war größer als das sei-

21 ner Genossen. Ich sah, wie dieses Horn Krieg wider die Heiligen führte und

22 sie besiegte, bis der Alte an Tagen kam, und das Gericht den Heiligen der höchsten *Oerter* gegeben wurde, und die Zeit kam, da die Heiligen das

Reich in Besitz nahmen. — Er sprach 23 also: Das vierte Tier: ein viertes Königreich wird auf Erden sein, welches von allen Königreichen verschieden sein wird; und es wird die ganze Erde verzehren und sie zertreten und sie zermalmen. Und die zehn Hörner: 24 aus jenem Königreich werden zehn Könige aufstehen; und ein anderer wird nach ihnen aufstehen, und dieser wird verschieden sein von den vorigen und wird drei Könige erniedrigen. Und er wird Worte reden gegen den 25 Höchsten und die Heiligen der höchsten *Oerter* vernichten; und er wird darauf sinnen, Zeiten und Gesetz zu ändern, und sie werden eine Zeit und Zeiten und eine halbe Zeit in seine Hand gegeben werden. Aber das Ge- 26 richt wird sich setzen; und man wird seine Herrschaft wegnehmen, um sie zu vernichten und zu zerstören bis zum Ende. Und das Reich und die 27 Herrschaft und die Größe der Königreiche unter dem ganzen Himmel wird dem Volke der Heiligen der höchsten *Oerter* gegeben werden. Sein *f* Reich ist ein ewiges Reich, und alle Herrschaften werden ihm dienen und gehorchen. — Bis hierher das Ende der 28 Sache. Mich, Daniel, ängstigten meine Gedanken sehr, und meine Gesichtsfarbe veränderte sich an mir; und ich bewahrte die Sache in meinem Herzen.

Im dritten Jahre der Regierung des **8** Königs Belsazar erschien mir, Daniel, ein Gesicht, nach demjenigen, welches mir im Anfang erschienen war. Und 2 ich sah im Gesicht; und es geschah, als ich sah, da war ich in der Burg *g* Susan, welche in der Landschaft Elam ist; und ich sah im Gesicht, und ich war am Flusse Ulai. Und ich erhob 3 meine Augen und sah: und siehe, ein Widder stand vor dem Flusse, der hatte zwei Hörner; und die zwei Hörner waren hoch, und das eine war höher als das andere, und das höhere stieg zuletzt empor. Ich sah den Wid- 4 der nach Westen und nach Norden und nach Süden stoßen, und kein Tier konnte vor ihm bestehen, und niemand rettete aus seiner Hand; und er handelte nach seinem Gutdünken und wurde groß. Und während ich acht- 5 gab, siehe, da kam ein Ziegenbock von Westen her über die ganze Erde, und er berührte die Erde nicht; und der Bock hatte ein ansehnliches Horn zwischen seinen Augen. Und er kam 6 bis zu dem Widder mit den zwei Hörnern, welchen ich vor dem Flusse hatte stehen sehen; und er rannte ihn an im Grimme seiner Kraft. Und ich sah ihn 7 bei dem Widder anlangen, und er erbitterte sich gegen ihn, und er stieß den Widder und zerbrach seine beiden Hörner; und in dem Widder war keine Kraft, um vor ihm zu bestehen. Und er warf ihn zu Boden und zertrat ihn, und niemand rettete den Widder aus seiner Hand.

---

a d. i. prahlerische, vermessene; so auch V. 11 u. 20. — *b* Eig. von vor ihm. — *c* O. doch Lebensdauer war ihnen gegeben. — *d* W. in seiner Scheide. — *e* O. das Königtum. — *f* S. V. 14. — *g* O. Hauptstadt.

8 Und der Ziegenbock wurde groß über die Maßen; und als er stark geworden war, zerbrach das große Horn, und vier ansehnliche *Hörner* wuchsen an seiner Statt nach den vier Winden des 9 Himmels hin. Und aus dem einen von ihnen kam ein kleines Horn *a* hervor; und es wurde ausnehmend groß gegen Süden und gegen Osten und gegen die 10 Zierde *b*. Und es wurde groß bis zum Heere des Himmels, und es warf von dem Heere und von den Sternen zur 11 Erde nieder und zertrat sie. Selbst bis zu dem Fürsten des Heeres tat es *c* groß; und es nahm ihm das beständige *Opfer* weg *d*, und die Stätte seines Heiligtums wurde niedergeworfen. 12 Und das Heer wurde dahingegeben samt dem *e* beständigen *Opfer*, um des Frevels *f* willen. Und es warf *g* die Wahrheit zu Boden und handelte und 13 hatte Gelingen. — Und ich hörte einen Heiligen reden; und ein Heiliger sprach zu jenem, welcher redete: Bis wann geht das Gesicht von dem beständigen *Opfer* und von dem verwüstenden Frevel *h*, daß sowohl das Heiligtum als auch das Heer zur Zertretung hinge- 14 geben ist? Und er sprach zu mir: Bis zu zweitausend dreihundert Abenden und Morgen *i*; dann wird das Heiligtum gerechtfertigt werden.

15 Und es geschah, als ich, Daniel, das Gesicht sah, da suchte ich Verständnis *darüber*; und siehe, da stand vor mir 16 wie die Gestalt eines Mannes. Und ich hörte eine Menschenstimme zwischen den Ufern des Ulai *j*, welche rief und sprach: Gabriel, gib diesem da 17 Gesicht zu verstehen! Und er trat an den Ort, wo ich stand; und als er herzutrat, erschrak ich und fiel nieder auf mein Angesicht. Und er sprach zu mir: Merke auf, Menschensohn! denn das Gesicht geht auf die Zeit des 18 Endes. Und als er mit mir redete, sank ich betäubt auf mein Angesicht zur Erde. Er aber rührte mich an und stellte mich auf meinen *früheren* Standort. 19 Und er sprach: Siehe, ich will dir kundtun, was in der letzten Zeit des Zornes geschehen wird; denn es geht 20 auf die bestimmte Zeit des Endes. Der Widder mit den zwei Hörnern, welchen du gesehen hast, sind die Köni- 21 ge von Medien und Persien. Und der zottige Ziegenbock ist der König von Griechenland; und das große Horn, das zwischen seinen Augen war, ist 22 der erste König. Und daß es zerbrach und vier an seiner Statt aufkamen: vier Königreiche werden aus dieser Nation aufstehen, aber nicht mit sei- 23 ner Macht. Und am Ende ihres Königtums, wenn die Frevler *k* das Maß voll gemacht haben werden, wird ein

König aufstehen, frechen Angesichts und der Ränke kundig. Und seine 24 Macht wird stark sein, aber nicht durch seine eigene Macht; und er wird erstaunliches Verderben anrichten, und Gelingen haben und handeln; und er wird Starke und das Volk der Heiligen verderben. Und durch seine Klug- 25 heit wird der Trug in seiner Hand gelingen; und er wird in seinem Herzen großtun und unversehens viele verderben. Und gegen den Fürsten der Fürsten wird er sich auflehnen, aber ohne *Menschen*hand zerschmettert werden. Und das Gesicht von den Abenden und 26 von den Morgen *l*, wovon gesprochen worden, ist Wahrheit; und du, verschließe das Gesicht, denn es sind noch viele Tage bis dahin *m*.

Und ich, Daniel, war dahin und war 27 einige Tage krank. Dann stand ich auf und verrichtete die Geschäfte des Königs. Und ich war entsetzt über das Gesicht, und niemand verstand es.

Im ersten Jahre Darius', des Sohnes **9** Ahasveros', aus dem Samen der Meder, welcher über das Reich der Chaldäer König geworden war, im ersten 2 Jahre seiner Regierung merkte ich, Daniel, in den Schriften auf die Zahl der Jahre, betreffs welcher das Wort Jehovas zu dem Propheten Jeremia geschehen war, daß *nämlich* siebenzig Jahre für die Verwüstung *h* Jerusalems vollendet werden sollten. Und ich 3 richtete mein Angesicht zu Gott, dem Herrn, um ihn mit Gebet und Flehen zu suchen, in Fasten und Sacktuch und Asche. Und ich betete zu Jehova, mei- 4 nem Gott, und ich bekannte und sprach: Ach, Herr! du großer und furchtbarer Gott, der den Bund und die Güte denen bewahrt, die ihn lieben und seine Gebote halten! wir haben gesündigt 5 und verkehrt und gesetzlos gehandelt, und wir haben uns empört und sind von deinen Geboten und von deinen Rechten abgewichen. Und wir haben 6 nicht auf deine Knechte, die Propheten, gehört, welche in deinem Namen zu unseren Königen, unseren Fürsten und unseren Vätern und zu allem Volke des Landes geredet haben. Dein, 7 o Herr, ist die Gerechtigkeit, uns aber die Beschämung des Angesichts, wie es an diesem Tage ist: der Männer von Juda und der Bewohner von Jerusalem, und des ganzen Israel, der Nahen und der Fernen, in allen Ländern, wohin du sie vertrieben hast wegen ihrer Treulosigkeit, die sie gegen dich begangen haben. Jehova! *o* un- 8 s e r ist die Beschämung des Angesichts, unserer Könige, unserer Fürsten und unserer Väter, weil wir gegen dich gesündigt haben. Des Herrn, 9

---

a Eig. ein Horn aus kleinem Anfang. — *b* d. i. das Land der Zierde (Palästina); vergl. Kap. 11, 16. 41. 45. — *c* Eig. er, so auch in V. 12. Viell. auf die durch das kleine Horn dargestellte Person hinweisend. — *d* Nach and. Les.: und das beständige *Opfer* wurde ihm weggenommen. — *e* And. üb.: Und eine *Zeit der* Mühsal wurde auferlegt dem. — *f* O. des Abfalls. — *g* O. wird dahingegeben . . . wirft usw. — *h* O. von dem verwüsteten Abfall. — *i* W. Abend-Morgen. — *j* Eig. zwischen dem Ulai. — *k* Eig. die Abtrünnigen. — *l* St. S. V. 14. — *m* W. es ist auf viele Tage hin. — *n* Eig. die Trümmer. — *o* So nach der letzten kritischen Ausgabe des hebr. Textes. And. l.: Herr!

unseres Gottes, sind die Erbarmungen und die Vergebungen; denn wir haben 10 uns gegen ihn empört, und wir haben der Stimme Jehovas, unseres Gottes, nicht gehorcht, um in seinen Gesetzen zu wandeln, welche er uns durch seine Knechte, die Propheten, vorge- 11 legt hat. Und ganz Israel hat dein Gesetz übertreten und ist abgewichen, sodaß es deiner Stimme nicht gehorcht hat. Und so hat sich der Fluch und der Schwur über uns ergossen, welcher im Gesetz Moses, des Knechtes Gottes, geschrieben steht, weil wir gegen ihn ge- 12 sündigt haben. Und er hat seine Worte erfüllt, die er über uns und über unsere Richter geredet hat, welche uns richteten, indem er ein großes Unglück über uns brachte a; sodaß unter dem ganzen Himmel keines geschehen ist wie dasjenige, welches an Jerusalem 13 geschehen ist. So wie es im Gesetz Moses geschrieben steht, ist all dieses Unglück über uns gekommen. Und wir flehten Jehova, unseren Gott, nicht an, daß wir von unseren Missetaten umgekehrt wären und Einsicht erlangt 14 hätten für deine Wahrheit. Und so hat Jehova über das Unglück gewacht b und es über uns kommen lassen. Denn Jehova, unser Gott, ist gerecht in allen seinen Taten, die er getan hat c; aber wir haben seiner Stimme nicht ge- 15 horcht. Und nun, Herr, unser Gott, der du dein Volk aus dem Lande Aegypten mit starker Hand herausgeführt, und dir einen Namen gemacht hast, wie es an diesem Tage ist — wir haben gesündigt, wir haben gesetzlos ge- 16 handelt. Herr, nach allen deinen Gerechtigkeiten d laß doch deinen Zorn und deinen Grimm sich wenden von deiner Stadt Jerusalem, deinem heiligen Berge! denn wegen unserer Sünden und der Missetaten unserer Väter sind Jerusalem und dein Volk zum Hohne geworden allen denen, die uns 17 umgeben. Und nun höre, unser Gott, auf das Gebet deines Knechtes und auf sein Flehen; und um des Herrn willen laß dein Angesicht leuchten über 18 dein verwüstetes Heiligtum! Neige, mein Gott, dein Ohr und höre! tue deine Augen auf und sieh unsere Verwüstungen und die Stadt, welche nach deinem Namen genannt ist! Denn nicht um unserer Gerechtigkeiten willen legen wir unser Flehen vor dir nieder, sondern um deiner vielen Er- 19 barmungen willen. Herr, höre! Herr, vergib! Herr, merke auf und handle; zögere nicht, um deiner selbst willen, mein Gott! denn deine Stadt und dein Volk sind nach deinem Namen genannt.

Während ich noch redete und bete- 20 te, und meine Sünde und die Sünde meines Volkes Israel bekannte, und mein Flehen vor Jehova, meinem Gott, für den heiligen Berg meines Gottes niederlegte, während ich noch redete 21 im Gebet, da kam der Mann Gabriel, den ich im Anfang im Gesicht, als ich ganz ermattet war, gesehen hatte, zu mir her e zur Zeit des Abendopfers f. Und er gab mir Verständnis und re- 22 dete mit mir und sprach: Daniel, jetzt bin ich ausgegangen, um dich Verständnis zu lehren. Im Anfang deines Flehens ist ein Wort ausgegangen, und 23 ich bin gekommen, um es dir kundzutun; denn du bist ein Vielgeliebter. So merke auf das Wort, und verstehe das Gesicht: Siebenzig Wochen sind 24 über dein Volk und über deine heilige Stadt bestimmt, um die Uebertretung zum Abschluß zu bringen und den Sünden ein Ende zu machen g, und die Ungerechtigkeit zu sühnen und eine ewige Gerechtigkeit einzuführen, und Gesicht und Propheten zu versiegeln, und ein Allerheiligstes zu salben. So 25 wisse denn und verstehe: Vom Ausgehen des Wortes, Jerusalem wiederherzustellen und zu bauen, bis auf den Messias, den Fürsten h, sind sieben Wochen und zweiundsechzig Wochen. Straßen und Gräben werden wiederhergestellt und gebaut werden i, und zwar in Drangsal der Zeiten. Und 26 nach den zweiundsechzig Wochen wird der Messias weggetan j werden und nichts haben. Und das Volk des kommenden Fürsten wird die Stadt und das Heiligtum zerstören, und das Ende davon wird durch die überströmende Flut sein k; und bis ans Ende: Krieg, Festbeschlossenes von Verwüstungen. Und er wird einen festen 27 Bund mit den Vielen i schließen für eine Woche; und zur Hälfte der Woche wird er Schlachtopfer und Speisopfer aufhören lassen. Und wegen der Beschirmung der Greuel m wird ein Verwüster kommen n, und zwar bis Vernichtung und Festbeschlossenes o über das Verwüstete p ausgegossen werden.

Im dritten Jahre Kores', des Königs 10 von Persien, wurde dem Daniel, welcher Beltsazar genannt wird, eine Sache geoffenbart, und die Sache ist Wahrheit und betrifft eine große Mühsal; und er verstand die Sache und bekam Verständnis über das Gesicht q. — In selbigen Tagen trauerte ich, Da- 2 niel, drei volle Wochen. Köstliche Spei- 3 se aß ich nicht, und weder Fleisch noch Wein kam in meinen Mund; und ich

---

a O. daß er ein großes Unglück über uns bringen würde. — b Vergl. Jer. 1, 12; 31, 28. — c O. tut. — d d. h. den Erweisungen, Betätigungen deiner Gerechtigkeit. — e And. üb.: im Gesicht gesehen hatte, schnell fliegend zu mir her. — f Eig. Abendspeisopfers. — g Nach and. Les.: die Sünden zu versiegeln. — h Eig. bis auf einen Gesalbten, einen Fürsten. — i Eig. Es (Jerusalem) wird wiederhergestellt usw. werden zu Straßen und Gräben. — j Eig. ausgerottet. — k O. Und die Stadt und das Heiligtum wird das Volk des Fürsten zerstören, welcher kommen und dessen Ende in der überströmenden Flut sein wird. — l d. h. mit der Masse des jüdischen Volkes. — m Viell. der Greuelgötzen. O. über den Flügel (Beschirmer) der Greuel. — n And. üb.: neben dem Flügel (näml. der Cherubim) werden Greuel der Verwüstung stehen. — o Vergl. Jes. 10, 23; 28, 22. — p And.: den Verwüster. — q O. die Erscheinung; so auch V. 7. 8. 16.

salbte mich nicht, bis drei volle Wochen um waren.

4 Und am vierundzwanzigsten Tage des ersten Monats, da war ich am Ufer des großen Stromes, das ist der Hiddekel *a*. 5 Und ich erhob meine Augen und sah: und siehe, da war ein Mann in Linnen gekleidet, und seine Lenden waren 6 umgürtet mit Gold von Uphas; und sein Leib war wie ein Chrysolith, und sein Angesicht wie das Aussehen des Blitzes, und seine Augen wie Feuerfackeln, und seine Arme und seine Füße *b* wie der Anblick von leuchtendem Erze; und die Stimme seiner Worte war wie die Stimme einer Menge. 7 Und ich, Daniel, allein sah das Gesicht; die Männer aber, welche bei mir waren, sahen das Gesicht nicht; doch fiel ein großer Schrecken auf sie, und 8 sie flohen und verbargen sich. Und ich blieb allein übrig und sah dieses große Gesicht; und es blieb keine Kraft in mir, und meine Gesichtsfarbe verwandelte sich an mir bis zur Entstel- 9 lung, und ich behielt keine Kraft. Und ich hörte die Stimme seiner Worte; und als ich die Stimme seiner Worte hörte, sank ich betäubt auf mein Angesicht, mit meinem Angesicht zur Er- 10 de. Und siehe, eine Hand rührte mich an und machte, daß ich auf meine 11 Kniee und Hände emporwankte. Und er sprach zu mir: Daniel, du vielgeliebter Mann! merke auf die Worte, die ich zu dir rede, und stehe auf deiner Stelle; denn ich bin jetzt zu dir gesandt. Und als er dieses Wort zu 12 mir redete, stand ich zitternd auf. Und er sprach zu mir: Fürchte dich nicht, Daniel! denn von dem ersten Tage an, da du dein Herz darauf gerichtet hast, Verständnis zu erlangen und dich vor deinem Gott zu demütigen, sind deine Worte erhört worden; und um deiner Worte willen bin ich gekommen. 13 Aber der Fürst des Königreichs Persien stand mir einundzwanzig Tage entgegen; und siehe, Michael, einer der ersten Fürsten, kam, um mir zu helfen, und ich trug daselbst den Sieg davon bei den Königen von Persien. 14 Und ich bin gekommen, um dich verstehen zu lassen, was deinem Volke am Ende der Tage widerfahren wird; denn das Gesicht geht noch auf *ferne* 15 Tage. Und als er in dieser Weise *c* mit mir redete, richtete ich mein Angesicht 16 zur Erde und verstummte. Und siehe, einer, den Menschenkindern gleich, berührte meine Lippen; und ich tat meinen Mund auf und redete und sprach zu dem, der vor mir stand: Mein Herr, wegen des Gesichts überfielen mich die Wehen, und ich habe keine Kraft 17 behalten. Und wie vermag ein Knecht dieses meines Herrn mit diesem meinem Herrn zu reden? Und ich — von nun an behielt keine Kraft in mir, 18 und kein Odem ist in mir übrig. Da

rührte mich wiederum einer an, von Aussehen wie ein Mensch, und stärkte mich. Und er sprach: Fürchte dich 19 nicht, du vielgeliebter Mann! Friede dir! sei stark, ja, sei stark! Und als er mit mir redete, fühlte ich mich gestärkt und sprach: Mein Herr möge reden, denn du hast mich gestärkt.

Da sprach er: Weißt du, warum ich 20 zu dir gekommen bin? Und jetzt werde ich zurückkehren, um mit dem Fürsten von Persien zu streiten; aber wenn ich ausziehe, siehe, so wird der Fürst von Griechenland kommen. Doch will 21 ich dir kundtun, was in dem Buche der Wahrheit verzeichnet ist. Und es ist kein einziger, der mir wider jene mutig beisteht, als nur Michael, euer Fürst. *Und auch ich stand im er- **11** sten Jahre Darius', des Meders, ihm 2 bei als Helfer und Schutz. Und nun will ich dir die Wahrheit kundtun: Siehe, noch drei Könige in Persien aufstehen, und der vierte wird größeren Reichtum erlangen als alle; und wenn er durch seinen Reichtum stark geworden ist, wird er alles gegen das Königreich Griechenland *d* aufregen.

Und ein tapferer König wird auf- 3 stehen, und er wird mit großer Macht herrschen und nach seinem Gutdünken handeln. Und sobald er aufge- 4 standen ist, wird sein Reich zertrümmert und nach den vier Winden des Himmels hin zerteilt werden. Aber nicht für seine Nachkommen wird es sein und nicht nach der Macht, mit welcher er geherrscht hat; denn sein Reich wird zerstört und anderen zuteil werden, mit Ausschluß von jenen.

Und der König des Südens, und zwar 5 einer von seinen *f* Obersten, wird stark werden. Und einer wird stark werden über ihn hinaus und wird herrschen: seine Herrschaft wird eine große Herrschaft sein. Und nach Verlauf von Jah- 6 ren werden sie sich verbünden; und die Tochter des Königs des Südens wird zu dem König des Nordens kommen *g*, um einen Ausgleich zu bewirken. Aber sie wird die Kraft des Armes nicht behalten, und er *h* wird nicht bestehen noch sein Arm; und sie wird dahingegeben werden, sie und die sie eingeführt haben, und der sie gezeugt, und der sie in jenen Zeiten unterstützt hat.

Doch einer von den Schößlingen ih- 7 rer Wurzeln wird an seiner *i* Statt aufstehen; und er wird gegen die Heeresmacht kommen, und wird in die Festungen des Königs des Nordens eindringen, und mit ihnen *nach Gutdünken* verfahren, und wird siegen. Und 8 auch wird er ihre Götter samt ihren gegossenen Bildern, samt ihren kostbaren Geräten, Silber und Gold, nach Aegypten in die Gefangenschaft führen; und er wird Jahre lang standhalten vor *j* dem König des Nordens.

---

a der Tigris. — *b* Eig. die Gegend der Füße. — *c* Eig. nach diesen Worten. — *d* O. nach dem Königreich Griechenland hin. — *e* O. gewaltiger. — *f* d. h. des Königs von Vers 3 u. 4. — *g* d. i. als Gattin. — *h* der König des Südens. — *i* des Königs des Südens. — *j* And. üb.: einige Jahre abstehen von.

9 Und dieser wird in das Reich des Königs des Südens kommen, aber in sein Land zurückkehren.

10 Aber seine Söhne werden sich zum Kriege rüsten und eine Menge großer Heere zusammenbringen; und einer *a* wird kommen und überschwemmen und überfluten; und er wird wiederkommen, und sie werden *b* Krieg füh-
11 ren bis zu seiner Festung. Und der König des Südens wird sich erbittern, und wird ausziehen und mit ihm, dem König des Nordens, streiten; und dieser wird eine große Menge aufstellen, aber die Menge wird in seine *c* Hand
12 gegeben werden. Und wie die Menge weggenommen wird, wird sein Herz sich erheben *d*; und er wird Zehntausende niederwerfen, aber nicht zu
13 Macht kommen. Und der König des Nordens wird wiederkommen und eine Menge aufstellen, größer als die frühere; und nach Verlauf der Zeiten von Jahren wird er mit einem großen Heere und mit großer Ausrüstung kom-
14 men. Und in jenen Zeiten werden viele aufstehen gegen den König des Südens; und Gewalttätige deines Volkes werden sich erheben, um das Gesicht zu erfüllen, und werden zu Fall
15 kommen. Und der König des Nordens wird kommen und einen Wall aufwerfen und eine befestigte Stadt einnehmen; und die Streitkräfte des Südens werden nicht standhalten, selbst sein auserlesenes Volk wird keine Kraft
16 haben, um standzuhalten. Und der, welcher gegen ihn gekommen ist, wird nach seinem Gutdünken handeln, und niemand wird vor ihm bestehen; und er wird seinen Stand nehmen im Lande der Zierde, und Vertilgung wird
17 in seiner Hand sein. Und er wird sein Angesicht darauf richten, mit der Macht seines ganzen Reiches zu kommen, indem er einen Ausgleich im Sinne hat, und er wird ihn bewirken; und er wird ihm *e* eine Tochter der Weiber geben, zu ihrem Verderben; und sie wird nicht bestehen und wird nichts
18 für ihn sein. Und er wird sein Angesicht nach den Inseln hinwenden und viele einnehmen; aber ein Feldherr wird seinem Hohne ein Ende machen *f*, dazu noch seinen Hohn ihm zurück-
19 geben. Und er wird sein Angesicht nach den Festungen seines Landes hinwenden, und wird straucheln und fallen und nicht mehr gefunden werden.
20 Und an seiner Statt wird einer aufstehen, welcher einen Eintreiber *der Abgaben* durch die Herrlichkeit des Reiches ziehen läßt; aber in wenigen Tagen wird er zerschmettert werden, und zwar weder durch Zorn noch durch Krieg.
21 Und an seiner Statt wird ein Verachteter aufstehen, auf den man nicht die Würde des Königtums legen wird;

und er wird unversehens kommen und durch Schmeicheleien *g* sich des Königtums bemächtigen. Und die über- 22 schwemmenden Streitkräfte werden vor ihm überschwemmt und zertrümmert werden, und sogar ein Fürst des Bundes. Denn seitdem er sich mit ihm 23 verbündet hat, wird er Trug üben, und wird hinaufziehen und mit wenig Volk Macht gewinnen. Unversehens wird 24 er in die fettesten Gegenden der Landschaft eindringen und tun was weder seine Väter noch die Väter seiner Väter getan haben: Raub und Beute und Gut wird er ihnen zerstreuen *h* und wider die Festungen seine Anschläge ersinnen, und zwar eine Zeitlang.

Und er wird seine Kraft und seinen 25 Mut wider den König des Südens erwecken mit einem großen Heere. Und der König des Südens wird sich zum Kriege rüsten mit einem großen und überaus starken Heere; aber er wird nicht bestehen, denn man wird Anschläge wider ihn ersinnen; und die 26 seine Tafelkost essen werden ihn zerschmettern; und sein Heer wird überschwemmen, und viele Erschlagene werden fallen. Und die beiden Könige: 27 ihre Herzen werden auf Bosheit bedacht sein, und an e i n e m Tische werden sie Lügen reden; aber es wird nicht gelingen, denn das Ende *verzieht sich* noch bis zur bestimmten Zeit. Und 28 er wird mit großem Reichtum in sein Land zurückkehren, und sein Herz wird wider den heiligen Bund *gerichtet* sein; und er wird handeln und in sein Land zurückkehren.

Zur bestimmten Zeit wird er wieder- 29 kehren und gegen den Süden ziehen, aber es wird zuletzt nicht sein wie im Anfang. Denn Schiffe von Kittim *j* wer- 30 den wider ihn kommen; und er wird verzagen und umkehren, und er wird gegen den heiligen Bund ergrimmen und handeln: er wird umkehren und sein Augenmerk auf diejenigen richten, welche den heiligen Bund verlassen. Und Streitkräfte von ihm werden 31 dastehen; und sie werden das Heiligtum, die Feste, entweihen, und werden das beständige *Opfer* abschaffen und den verwüstenden Greuel aufstellen. Und diejenigen, welche gottlos han- 32 deln *k* gegen den Bund, wird er durch Schmeicheleien zum Abfall verleiten; aber das Volk, welches seinen Gott kennt, wird sich stark erweisen und handeln. Und die Verständigen des Vol- 33 kes werden die Vielen *l* unterweisen, aber sie werden fallen durch Schwert und Flamme, durch Gefangenschaft und Raub, eine Zeitlang. Und wenn sie 34 fallen, wird ihnen mit einer kleinen Hilfe geholfen werden; und viele werden sich ihnen mit Heuchelei anschließen. Und von den Verständigen werden ei- 35 nige fallen, um sie zu läutern und

---

a d. h. einer der Söhne. W. er. — *b* Nach and. Les.: und wird. — *c* des Königs von Aegypten oder des Südens. — *d* Zugleich: sein Mut steigen. — *e* dem König des Südens. — *f* Eig. ihm seinen Hohn aufhören machen. — *g* Eig. durch gleißnerisches Benehmen. — *h* d. h. ihnen zum Schaden vergeuden. — *i* der König des Nordens. — Vergl. die Anm. zu Hes. 27, 6. — *k* O. welche freveln. — *l* d. h. die Masse des jüdischen Volkes; so auch V. 39; Kap. 12, 3.

zu reinigen und weiß zu machen bis zur Zeit des Endes; denn *es verzieht sich* noch bis zur bestimmten Zeit.

36 Und der König wird nach seinem Gutdünken handeln, und er wird sich erheben und groß machen über jeden Gott, und wider den Gott der Götter wird er Erstaunliches reden; und er wird Gelingen haben, bis der Zorn vollendet ist, denn das Festbeschlos-

37 sene wird vollzogen. Und auf den Gott seiner Väter wird er nicht achten, und weder auf die Sehnsucht *a* der Weiber noch auf irgend einen Gott wird er achten, sondern er wird sich über alles

38 erheben. Und an dessen Statt wird er den Gott der Festungen ehren: den Gott, den seine Väter nicht gekannt haben, wird er ehren mit Gold und mit Silber und mit Edelsteinen und mit

39 Kleinodien. Und er wird gegen die starken Festungen *b* so verfahren mit dem fremden Gott: wer *ihm* Anerkennung zollt, dem wird er viel Ehre erweisen, und er wird ihm Herrschaft verleihen über die Vielen und das Land austeilen zum Lohne.

40 Und zur Zeit des Endes wird der König des Südens mit ihm zusammenstoßen, und der König des Nordens wird gegen ihn anstürmen mit Wagen und mit Reitern und mit vielen Schiffen; und er wird in die Länder eindringen und wird sie überschwemmen

41 und überfluten. Und er wird in das Land der Zierde eindringen, und viele *Länder* werden zu Fall kommen; diese aber werden seiner Hand entrinnen: Edom und Moab und die Vor-

42 nehmsten der Kinder Ammon. Und er wird seine Hand an die Länder legen, und das Land Aegypten wird nicht

43 entrinnen; und er wird die Schätze an Gold und Silber und alle Kostbarkeiten Aegyptens in seine Gewalt bringen, und Libyer und Aethiopier wer-

44 den in seinem Gefolge sein. Aber Gerüchte von Osten und von Norden her werden ihn erschrecken; und er wird ausziehen in großem Grimme, um viele zu vernichten und zu vertilgen. Und

45 er wird sein Palastgezelt aufschlagen zwischen dem Meere und dem Berge der heiligen Zierde. Und er wird zu seinem Ende kommen, und niemand wird ihm helfen.

12 Und in jener Zeit wird Michael aufstehen, der große Fürst, der für die Kinder deines Volkes steht; und

es wird eine Zeit der Drangsal sein, dergleichen nicht gewesen ist, seitdem eine Nation besteht bis zu jener Zeit. Und in jener Zeit wird dein Volk errettet werden, ein jeder, der im Buche geschrieben gefunden wird. Und 2 viele von denen, die im Staube der Erde schlafen, werden erwachen: diese zu ewigem Leben, und jene zur Schande *d*, zu ewigem Abscheu. Und 3 die Verständigen werden leuchten wie der Glanz der Himmelsfeste, und die, welche die Vielen zur Gerechtigkeit weisen, wie die Sterne, immer und ewiglich.

Und du, Daniel, verschließe *e* die 4 Worte und versiegele das Buch bis zur Zeit des Endes. Viele werden es durchforschen, und die Erkenntnis wird sich mehren.

Und ich, Daniel, sah: und siehe, zwei 5 andere standen da, einer hier am Ufer des Stromes, und einer dort am Ufer des Stromes. Und einer sprach zu dem 6 in Linnen gekleideten Manne, welcher oben über dem Wasser des Stromes war *f*: Wie lange *wird dauern* das Ende *g* dieser wunderbaren Dinge? Und ich hörte den in Linnen kleid- 7 eten Mann, welcher oben über dem Wasser des Stromes war, und er erhob seine Rechte und seine Linke zum Himmel und schwur bei dem, der ewig lebt: Eine Zeit, Zeiten *h* und eine halbe *Zeit*; und wenn die Zerschmetterung der Kraft des heiligen Volkes vollbracht sein wird, *dann* werden alle diese Dinge vollendet sein. Und ich 8 hörte es, aber ich verstand es nicht; und ich sprach: Mein Herr, was wird der Ausgang von diesen sein? Und 9 er sprach: Gehe hin, Daniel; denn die Worte sollen verschlossen und versiegelt sein bis zur Zeit des Endes. Viele 10 werden sich reinigen und weiß machen und läutern, aber die Gottlosen werden gottlos handeln; und keine der Gottlosen werden es verstehen, die Verständigen aber werden es verstehen. Und von der Zeit an, da das beständi- 11 ge *Opfer* abgeschafft wird, und zwar um den verwüstenden Greuel aufzustellen, sind tausend zweihundertundneunzig Tage. Glückselig der, wel- 12 cher harrt und tausend dreihundertundfünfunddreißig Tage erreicht! Du 13 aber gehe hin bis zum Ende; und du wirst ruhen, und wirst auferstehen zu deinem Lose am Ende der Tage.

Der Prophet Hosea

1 Das Wort Jehovas, welches zu Hosea, dem Sohne Beeris, geschah in den Tagen Ussijas, Jothams, Ahas', Hiskias, der Könige von Juda, und in

den Tagen Jerobeams, des Sohnes Joas', des Königs von Israel.

Als Jehova anfing mit Hosea zu re- 2 den, da sprach Jehova zu Hosea: Gehe

---

a d. h. auf den Gegenstand der Sehnsucht. — *b* d. h. gegen die Bewohner derselben. — *c* Eig. den Meeren, zur Bezeichnung des großen Mittelländischen Meeres. — *d* Eig. zu Schanden, d. h. zur Fülle von Schande. — *e* O. verwahre. — *f* Vergl. Kap. 10, 4. 5. — *g* d. h. der Zeitabschnitt des Endes. — *h* Eig. Bis auf eine bestimmte Zeit, bestimmte Zeiten.

hin, nimm dir ein Hurenweib und Hurenkinder; denn das Land treibt beständig Hurerei, von *a* Jehova hinweg.

3 Und er ging hin und nahm Gomer, die Tochter Diblaims; und sie ward schwanger und gebar ihm einen Sohn.

4 Und Jehova sprach zu ihm: Gib ihm den Namen Jisreel; denn noch um ein Kleines, so werde ich die Blutschuld von Jisreel an dem Hause Jehus heimsuchen und dem Königtum des Hauses

5 Israel ein Ende machen. Und es wird geschehen an jenem Tage, da werde ich den Bogen Israels zerbrechen im

6 Tale Jisreel. — Und sie ward wiederum schwanger und gebar eine Tochter. Und er sprach zu ihm: Gib ihr den Namen Lo-Ruchama *b*; denn ich werde mich fortan des Hauses Israel nicht mehr erbarmen, daß ich ih-

7 nen irgendwie vergebe. Aber des Hauses Juda werde ich mich erbarmen und sie retten durch Jehova, ihren Gott; und nicht werde ich sie retten durch Bogen und durch Schwert und durch Krieg, durch Rosse und durch

8 Reiter. — Und sie entwöhnte die Lo-Ruchama. Und sie ward schwanger

9 und gebar einen Sohn. Und er sprach: Gib ihm den Namen Lo-Ammi *c*; denn ihr seid nicht mein Volk, und ich, ich will nicht euer sein.

10 Doch die Zahl der Kinder Israel wird sein wie der Sand des Meeres, der nicht gemessen und nicht gezählt werden kann; und es wird geschehen, an dem Orte, wo zu ihnen gesagt wurde: Ihr seid nicht mein Volk, wird zu ihnen gesagt werden: Kinder des le-

11 bendigen Gottes *d*. Und die Kinder Juda und die Kinder Israel werden sich miteinander versammeln, und sich e i n Haupt setzen und aus dem Lande heraufziehen; denn groß ist der Tag von

2 Jisreel. ✳ Sprechet zu euren Brüdern: Mein Volk *e*, und zu euren Schwestern: Begnadigte *f*.

2 Rechtet mit eurer Mutter, rechtet! — denn sie ist nicht mein Weib, und ich bin nicht ihr Mann — damit sie ihre Hurerei von ihrem Angesicht wegtue und ihren Ehebruch zwischen

3 ihren Brüsten hinweg: auf daß ich sie nicht nackt ausziehe und sie hinstelle wie an dem Tage, da sie geboren wurde, und ich sie der Wüste gleich mache und sie setze wie ein dürres Land und sie sterben lasse vor

4 Durst. — Und ihrer Kinder werde ich mich nicht erbarmen, weil sie Huren-

5 kinder sind. Denn ihre Mutter hat gehurt, ihre Gebärerin hat Schande getrieben; denn sie sprach: Ich will meinen Buhlen nachgehen, die *mir* mein Brot und mein Wasser geben, meine Wolle und mein Flachs, mein Oel und mein Getränk.

6 Darum siehe, ich will deinen Weg mit Dornen verzäunen, und ich will ihr eine Mauer errichten, daß sie ihre

7 Pfade nicht finden soll. Und sie wird ihren Buhlen nachlaufen und sie nicht

erreichen, und sie wird sie suchen und nicht finden; und sie wird sagen: Ich will hingehen und zu meinem ersten Manne zurückkehren, denn damals ging es mir besser als jetzt. Und sie 8 erkannte nicht, daß i c h ihr das Korn und den Most und das Oel gab, und ihr Silber und Gold mehrte, was sie für den Baal verwendet haben. Dar- 9 um werde ich mein Korn zurücknehmen zu seiner Zeit, und meinen Most zu seiner bestimmten Zeit, und werde *ihr* meine Wolle und meinen Flachs entreißen, die ihre Blöße bedecken sollten. Und nun werde ich 10 ihre Schande aufdecken vor den Augen ihrer Buhlen, und niemand wird sie aus meiner Hand erretten. Und 11 ich werde all ihrer Freude, ihren Festen, ihren Neumonden und ihren Sabbathen und allen ihren Festzeiten ein Ende machen. Und ich werde ihren 12 Weinstock und ihren Feigenbaum verwüsten, von welchen sie sagte: Diese sind mein Lohn, den mir meine Buhlen gegeben haben. Und ich werde dieselben zu einem Walde machen, und die Tiere des Feldes werden sie abfressen. Und ich werde an ihr die 13 Tage der Baalim heimsuchen, da sie denselben räucherte und sich mit ihren Ohrringen und ihrem Halsgeschmeide schmückte und ihren Buhlen nachging; mich aber hat sie vergessen, spricht Jehova.

Darum siehe, ich werde sie locken 14 und sie in die Wüste führen und ihr zum Herzen reden; und ich werde ihr 15 von dort aus ihre Weinberge geben, und das Tal Achor *g* zu einer Tür der Hoffnung. Und sie wird daselbst singen *h* wie in den Tagen ihrer Jugend, und wie an dem Tage, da sie aus dem Lande Aegypten heraufzog. Und es wird 16 geschehen an jenem Tage, spricht Jehova *i*, da wirst du mich nennen: Mein Mann; und du wirst mich nicht mehr nennen: Mein Baal. Und ich werde 17 die Namen der Baalim aus ihrem Munde hinwegtun, und sie werden nicht mehr mit ihrem Namen erwähnt werden. Und ich werde an jenem Tage 18 einen Bund für sie schließen mit den Tieren des Feldes und mit den Vögeln des Himmels und mit den kriechenden Tieren der Erde; und ich werde Bogen und Schwert und den Krieg aus dem Lande zerbrechen, und werde sie in Sicherheit wohnen lassen. Und ich will dich mir verloben in 19 Ewigkeit, und ich will dich mir verloben in Gerechtigkeit und in Gericht, und in Güte und in Barmherzigkeit, und ich will dich mir verloben in 20 Treue; und du wirst Jehova erkennen. Und es wird geschehen an jenem Ta- 21 ge, da werde ich erhören, spricht Jehova: ich werde den Himmel erhören, und dieser wird die Erde erhören; und die Erde wird erhören das Korn 22 und den Most und das Oel; und sie, sie werden Jisreel *j* erhören. Und ich will 23

---

a Eig. von hinter. — *b* Nicht-Begnadigte. — *c* Nicht-mein-Volk. — *d* El. — *e* Hebr. Ammi. — *f* Hebr. Ruchama. — *g* S. die Anm. zu Jos. 7, 26. — *h* Eig. anheben zu singen; od. antworten. — *i* Eig. ist der Spruch Jehovas; so auch nachher. — *j* = den Gott sät.

sie *a* mir säen in dem Lande und will mich der Lo-Ruchama erbarmen. Und ich will zu Lo-Ammi sagen: Du bist mein Volk; und es *b* wird sagen: Mein Gott.

3 Und Jehova sprach zu mir: Geh wiederum hin, liebe ein Weib, das von ihrem Freunde geliebt wird und Ehebruch treibt: wie Jehova die Kinder Israel liebt, welche sich aber zu anderen Göttern hinwenden und Traubenkuchen lieben. 2 Und ich kaufte sie mir für fünfzehn Silbersekel und einen Homer Gerste und einen Letech *c* 3 Gerste. Und ich sprach zu ihr: Du sollst mir viele Tage *also* bleiben, du sollst nicht huren und keines Mannes sein; und *so werde* auch ich dir gegen- 4 über *tun*. Denn die Kinder Israel werden viele Tage ohne König bleiben und ohne Fürsten, und ohne Schlachtopfer und ohne Bildsäule *d*, und ohne 5 Ephod und Teraphim. Danach werden die Kinder Israel umkehren und Jehova, ihren Gott, und David, ihren König, suchen; und sie werden sich zitternd wenden zu Jehova und zu seiner Güte am Ende der Tage.

4 Höret das Wort Jehovas, ihr Kinder Israel! denn Jehova hat einen Rechtsstreit mit den Bewohnern des Landes; denn es ist keine Wahrheit und keine Güte und keine Erkenntnis Gottes im 2 Lande. Schwören und Lügen, und Morden und Stehlen, und Ehebruchtreiben; sie brechen ein, und Blutschuld 3 reiht sich an Blutschuld. Darum trauert das Land und verschmachtet alles was darin wohnt, sowohl die Tiere des Feldes als auch die Vögel des Himmels; und auch die Fische des 4 Meeres werden hinweggerafft. Doch niemand rechte und niemand tadle! ist doch dein Volk wie die, welche mit 5 dem Priester rechten. Und du wirst fallen bei Tage, und auch der Prophet wird mit dir fallen bei Nacht; und ich werde deine Mutter vertilgen.

6 Mein Volk wird vertilgt aus Mangel an Erkenntnis; weil du die Erkenntnis verworfen hast, so verwerfe ich dich, daß du mir nicht mehr Priesterdienst ausübest; und du hast das Gesetz deines Gottes vergessen: so werde auch i ch deine Kinder verges- 7 sen. Je mehr ihrer geworden sind, desto mehr haben sie gegen mich gesündigt; ich werde ihre Herrlichkeit in 8 Schande verwandeln. Sie essen die Sünde *e* meines Volkes und verlangen 9 nach seiner Missetat. Und so wird, wie das Volk, der Priester sein, und ich werde ihre Wege an ihnen heimsuchen und ihre Handlungen ihnen verge- 10 ten; und sie werden essen und nicht satt werden. Sie treiben Hurerei, aber

sie werden sich nicht ausbreiten; denn sie haben es aufgegeben, auf Jehova zu achten. Hurerei, Wein und Most 11 nehmen den Verstand weg. Mein Volk 12 befragt sein Holz, und sein Stab tut es ihm kund *f*; denn der Geist der Hurerei hat es irregeführt, und, ihren Gott verlassend, huren sie *g*. Sie opfern auf 13 den Gipfeln der Berge und räuchern auf den Hügeln, unter Eiche und Pappel und Terebinthe, weil ihr Schatten gut ist; darum huren eure Töchter und treiben eure Schwiegertöchter Ehebruch. Ich werde es an euren 14 Töchtern nicht heimsuchen, daß sie huren, und an euren Schwiegertöchtern, daß sie Ehebruch treiben; denn sie selbst *h* gehen mit den Huren beiseite und opfern mit den Buhldirnen; und das Volk, das keinen Verstand hat, kommt zu Fall.

Wenn du hurst, Israel, so verschul- 15 de sich Juda nicht! und kommet nicht nach Gilgal und ziehet nicht hinauf nach Beth-Awen *i*, und schwöret nicht: *So wahr* Jehova lebt! Denn Israel 16 ist widerspenstig geworden wie eine widerspenstige Kuh; nun wird Jehova sie weiden wie ein Lamm in weitem Raume *j*. Ephraim ist mit Götzen ver- 17 bündet; laß ihn gewähren! Ihr Zech- 18 gelage ist ausgeartet: der Hurerei geben sie sich hin; leidenschaftlich lieben seine Fürsten *k* die Schande. Der Wind 19 hat ihn *l* in seine Flügel geschlossen, und sie werden beschämt werden wegen ihrer Opfer.

Höret dieses, ihr Priester, und mer- **5** ket auf, Haus Israel! und ihr, Haus des Königs, nehmet es zu Ohren! denn euch gilt das Gericht; denn ihr seid eine Schlinge zu Mizpa geworden und ein ausgebreitetes Netz auf Tabor; und im Verderbthandeln haben es die 2 Abtrünnigen weit getrieben *m*. Ich aber werde sie alle züchtigen. Ich kenne 3 Ephraim wohl, und Israel ist nicht vor mir verborgen; denn nun hast du Hurerei getrieben, Ephraim, Israel hat sich verunreinigt. Ihre Handlungen 4 gestatten ihnen nicht, zu ihrem Gott umzukehren; denn der Geist der Hurerei ist in ihrem Innern, und Jehova kennen sie nicht. Und die Hoffart Is- 5 raels zeugt ihm ins Angesicht; und Israel und Ephraim werden fallen durch ihre Ungerechtigkeit *n*; auch Juda fällt mit ihnen. Mit ihrem Kleinvieh 6 und mit ihren Rindern werden sie hingehen, um Jehova zu suchen, und werden ihn nicht finden: er hat sich ihnen entzogen. Sie haben treulos gegen 7 Jehova gehandelt, denn sie haben fremde Kinder gezeugt; nun wird sie der Neumond *o* verzehren mit ihren Erbteilen *p*.

---

a bezieht sich nach dem Hebr. auf das Weib (V. 13. 14). — *b* Eig. und es seinerseits. — *c* = einem halben Homer. — *d* O. Denkmäle (des Baal). — *e* Das hebr. Wort bedeutet „Sünde“ und „Sündopfer“. — *f* d. h. wahrsagt ihm. — *g* Eig. sie huren unter ihrem Gott hinweg. — *h* d. h. das Volk. — *i* = Götzenhaus, ironische Bezeichnung für Bethel (Gotteshaus); vergl. 1. Kön. 12, 29. — *j* d. h. allen Gefahren preisgegeben. — *k* Eig. ihre (auf Ephraim, als Weib, bezogen) Vgl. Ps. 47, 9. — *l* Eig. sie (Ephraim). — *m* And. üb.: und ins verderbliche Treiben der Ausschweifung sind sie tief versunken. — *n* O. Verschuldung. — *o* d. h. ihr heuchlerischer Gottesdienst. — *p* O. Feldern.

8 Stoßet in die Posaune zu Gibea, in die Trompete zu Rama; rufet laut*a* zu Beth-Awen: *Der Feind* hinter dir
9 her, Benjamin! Ephraim wird zur Wüste werden am Tage der Strafe; über die Stämme Israels habe ich Gewisses *b*
10 verkündigt. Die Fürsten von Juda sind wie diejenigen geworden, welche die Grenze verrücken; über sie werde ich meinen Grimm ausgießen
11 wie Wasser. Ephraim ist bedrückt, zerschlagen vom Gericht; denn willig wandelte es nach *Menschen*geboten *c*.
12 Und ich werde für Ephraim wie die Motte sein, und für das Haus Juda
13 wie der Wurmfraß. Und Ephraim sah seine Krankheit, und Juda sein Geschwür; und Ephraim ging nach Assyrien und sandte zu dem König Jareb *d*; der aber vermag euch nicht zu heilen und wird euer Geschwür nicht ver-
14 treiben. Denn ich werde für Ephraim wie ein Löwe sein, und für das Haus Juda wie ein junger Löwe. Ich, ich werde zerreißen und davongehen; ich werde wegtragen, und niemand wird
15 erretten. Ich werde davongehen, an meinen Ort zurückkehren, bis sie ihre Schuld büßen und mein Angesicht suchen. In ihrer Bedrängnis werden sie mich eifrig suchen.

6 „Kommt und laßt uns zu Jehova umkehren; denn er hat zerrissen und wird uns heilen, er hat geschlagen
2 und wird uns verbinden. Er wird uns nach zwei Tagen wieder beleben, am dritten Tage uns aufrichten; und so werden wir vor seinem Angesicht leben.
3 So laßt uns Jehova erkennen, *ja*, laßt uns trachten *e* nach seiner Erkenntnis! Sein Hervortreten ist sicher wie die Morgendämmerung; und er wird für uns kommen wie der Regen, wie der Spätregen die Erde benetzt.“
4 Was soll ich dir tun, Ephraim, was soll ich dir tun, Juda, da eure Frömmigkeit wie die Morgenwolke ist und wie der Tau, der früh verschwindet?
5 Darum habe ich sie behauen durch die Propheten, habe sie getötet durch die Worte meines Mundes; und mein Gericht geht hervor wie das Licht.
6 Denn an Frömmigkeit habe ich Gefallen und nicht am Schlachtopfer, und an der Erkenntnis Gottes mehr als
7 an Brandopfern. Sie aber haben den Bund übertreten wie Adam, haben dort
8 treulos gegen mich gehandelt. Gilead ist eine Stadt von Uebeltätern *f*, voll
9 Blutspuren. Und wie ein Straßenräuber *g* auflauert, so die Rotte der Priester; sie morden auf dem Wege nach
10 Sichem, ja, sie verüben Schandtat. Im Hause Israel habe ich Schauderhaftes gesehen: daselbst ist Ephraims Hurerei, Israel hat sich verunreinigt.
11 Auch über dich, Juda, ist eine Ernte verhängt, wenn ich die Gefangenschaft meines Volkes wenden werde.

7 Sobald ich Israel heilen will, werden die Ungerechtigkeit *h* Ephraims und die Bosheiten Samarias offenbar; denn sie üben Falschheit *i*, und der Dieb dringt ein, draußen raubt die Streifschar. Und sie sprechen nicht in
2 ihrem Herzen, daß ich all ihrer Bosheit gedenke; nun haben ihre Handlungen sie umringt, sie stehen vor meinem Angesicht. Mit ihrer Bosheit er-
3 freuen sie den König und mit ihren Lügen die Fürsten. Sie sind Ehebre-
4 cher allesamt, gleich einem Ofen, vom Bäcker geheizt, der zu schüren aufhört vom Kneten des Teiges an bis zu seiner Gärung. Am Tage unseres
5 Königs machen sich die Fürsten krank von der Glut des Weines; er streckt seine Hand aus mit den Spöttern. Denn sie haben ihr Herz wie einen
6 Ofen ihrer Arglist nahe gebracht; ihr Bäcker schläft die ganze Nacht; am Morgen brennt jener wie ein flammendes Feuer. Sie allesamt glühen wie
7 ein Ofen und verzehren ihre Richter. Alle ihre Könige sind gefallen; niemand unter ihnen ruft mich an.

Ephraim vermischt sich mit den Völ-
8 kern; Ephraim ist wie ein Kuchen geworden, der nicht umgewendet ist. Fremde haben seine Kraft verzehrt,
9 und er weiß es nicht; auch ist graues Haar auf sein Haupt *j* gesprengt, und er weiß es nicht. Und die Hof-
10 fart Israels zeugt ihm ins Angesicht; und sie kehren nicht um zu Jehova, ihrem Gott, und bei alledem suchen sie ihn nicht. Und Ephraim ist wie
11 eine einfältige Taube geworden, ohne Verstand; sie rufen Aegypten an, sie gehen nach Assyrien. Sobald sie hin-
12 gehen, werde ich mein Netz über sie ausbreiten, wie das Gevögel des Himmels werde ich sie herniederziehen. Ich werde sie züchtigen gemäß dem, was ihrer Gemeinde verkündigt worden ist. *k*

Wehe ihnen! denn sie sind von mir
13 geflohen; Zerstörung über sie! denn sie sind von mir abgefallen. Und ich möchte sie erlösen, sie aber reden Lügen über mich. Und sie schreien nicht
14 zu mir in ihrem Herzen, sondern *l* sie heulen auf ihren Lagern; um Korn und Most scharen sie sich; sie weichen ab *und wenden sich* gegen mich. Und
15 ich, ich hatte ihre Arme unterwiesen *m* *und* gestärkt, aber sie ersinnen Böses gegen mich. Sie wenden sich um, *doch*
16 nicht nach oben: sie sind wie ein trüglicher Bogen geworden. Ihre Fürsten werden durchs Schwert fallen wegen der Wut ihrer Zunge: das wird ihre Verspottung sein im Lande Aegypten.

Die Posaune an deinen Mund! Wie
8 ein Adler *stürzt er* auf das Haus Jehovas, weil sie meinen Bund übertreten und gegen mein Gesetz gefrevelt haben. Sie werden zu mir schreien:
2

---

a O. blaset Lärm. — *b* O. Dauerndes, d. h. andauerndes Unglück. — *c* O. Satzungen. — *d* Streiter, Streitsüchtiger. — *e* Eig. jagen. — *f* Anderswo mit „Frevler“ übersetzt. — *g* W. ein Mann der Streifscharen. — *h* O. die Schuld. — *i* O. Lüge. — *j* Eig. auf ihn. — *k* Vergl. 5. Mose 28, 15 usw. — *l* O. wenn. — *m* Vergl. Ps. 18, 34.

Mein Gott, wir kennen dich, wir, Is-
3 rael! . . . Israel hat das Gute verwor-
4 fen: der Feind verfolge es! Sie haben
Könige gemacht, aber nicht von mir
aus; sie haben Fürsten eingesetzt, und
ich wußte es nicht. Von ihrem Silber
und von ihrem Golde haben sie sich
Götzenbilder gemacht, damit es ver-
5 nichtet werde. Er *a* hat dein Kalb verworfen, Samaria; mein Zorn ist wider
sie entbrannt. Bis wann sind sie der
6 Reinheit unfähig? Denn auch dieses
ist von Israel; ein Künstler hat es
gemacht, und es ist kein Gott, denn *b*
das Kalb Samarias wird zu Stücken
7 werden. Denn Wind säen sie, und
Sturm ernten sie; Halme hat es *c* nicht,
das Ausgesproßte bringt kein Mehl;
wenn es auch *Mehl* brächte, so würden Fremde es verschlingen.
8   Israel ist verschlungen; nun sind sie
unter den Nationen wie ein Gefäß geworden, an welchem man kein Gefal-
9 len hat. Denn sie sind nach Assyrien
hinaufgezogen. Der Wildesel bleibt für
sich allein *d*, *aber* Ephraim hat Buhlen
10 gedungen. Ob sie auch unter den Nationen dingen, nun will ich sie sammeln; und sie werden anfangen, sich
zu vermindern wegen der Last des
11 Königs der Fürsten *e*. Denn Ephraim
hat die Altäre vermehrt zur Versündigung, *und* die Altäre sind ihm zur
12 Versündigung geworden. Ich schreibe
ihm zehntausend *f* *Satzungen* meines
Gesetzes vor: wie Fremdes werden
13 sie geachtet. Als Schlachtopfer meiner
Opfergaben opfern sie Fleisch und
essen es; Jehova hat kein Wohlgefallen an denselben. Nun wird er ihrer
Ungerechtigkeit *g* gedenken und ihre
Sünden heimsuchen: sie werden nach
14 Aegypten zurückkehren. Und Israel
hat den vergessen, der es gemacht, und
hat Paläste gebaut, und Juda hat die
festen Städte vermehrt; aber ich werde
ein Feuer in seine Städte senden, welches seine Schlösser verzehren wird.

9 Freue dich nicht, Israel, bis zum
Frohlocken, wie die Völker; denn du
hast von deinem Gott weg gehurt, hast
Buhlerlohn geliebt auf allen Kornten-
2 nen. Tenne und Kelter werden sie
nicht ernähren, und der Most wird sie
3 täuschen. Sie werden nicht im Lande Jehovas bleiben, sondern Ephraim
wird nach Aegypten zurückkehren,
und sie werden Unreines essen in Assy-
4 rien. Sie werden Jehova keinen Wein
spenden, und ihre Schlachtopfer werden ihm nicht angenehm sein; wie
Trauerspeise *h* wird es ihnen sein; alle
die davon essen, werden sich verunreinigen; denn für ihren Hunger *i* wird

ihre Speise sein, in das Haus Jehovas
wird sie nicht kommen. Was werdet 5
ihr tun am Tage der Feier und am
Tage des Festes Jehovas? Denn siehe, 6
sie sind weggezogen wegen der Zerstörung; Aegypten wird sie sammeln,
Moph *j* sie begraben; ihre Kostbarkeiten an Silber werden die Nesseln in
Besitz nehmen, Dornen werden in ihren Zelten sein.
Gekommen sind die Tage der Heim- 7
suchung, gekommen die Tage der Vergeltung; Israel wird es erfahren *k*. Der
Prophet wird närrisch, der Mann des
Geistes *l* wahnsinnig, wegen der Größe der Ungerechtigkeit und der
großen Feindseligkeit. Ephraim schaut 8
nach Offenbarungen aus neben meinem
Gott; der Prophet — eines Vogelstellers Schlinge ist auf allen seinen Wegen, Feindseligkeit ist im Hause seines Gottes. Tief haben sie sich ver- 9
derbt *m* wie in den Tagen von Gibea *n*.
Er wird ihrer Ungerechtigkeit gedenken, er wird ihre Sünden heimsuchen.
Ich fand Israel wie Trauben in der 10
Wüste; wie eine Frühfrucht am Feigenbaum, in seinem ersten Triebe *o*,
ersah ich eure Väter. Sie aber gingen
nach Baal-Peor und weihten sich der
Schande *p*, und sie wurden Greuel
wie ihr Buhle. Ephraim — dem Vogel 11
gleich wird ihre Herrlichkeit wegfliegen. Kein Gebären und keine Schwangerschaft und keine Empfängnis: ja, 12
wenn sie auch ihre Söhne groß ziehen,
so werde ich sie doch derselben berauben, sodaß kein Mann mehr bleibt;
denn wehe ihnen *q*, wenn ich von ihnen weichen werde! Ephraim, wie ich 13
hinschaute, war ein Tyrus *r*, auf der
Aue gepflanzt; aber Ephraim muß *s*
seine Söhne zum Würger hinausbringen. Gib ihnen, Jehova; was wirst du 14
ihnen geben? gib ihnen einen unfruchtbaren Mutterleib und trockene Brüste!
Alle ihre Bosheit ist zu Gilgal, denn 15
daselbst habe ich sie gehaßt. Wegen
der Bosheit ihrer Handlungen werde
ich sie aus meinem Hause vertreiben;
ich werde sie nicht mehr lieben; alle
ihre Fürsten sind Abtrünnige. Ephra- 16
im ist geschlagen: ihre Wurzel ist verdorrt, sie werden keine Frucht bringen; selbst wenn sie gebären, werde
ich die Lieblinge ihres Leibes töten.
Mein Gott verwirft sie, weil sie nicht 17
auf ihn gehört haben; und sie sollen
Flüchtlinge sein unter den Nationen.
Israel ist ein wuchernder Wein- **10**
stock, der seine Frucht ansetzte; nach
der Menge seiner Frucht hat er
die Altäre vermehrt, nach der Güte
seines Landes haben sie die Bildsäu-

---

a nämlich Gott. — *b* O. sondern. — *c* das Gesäte. — *d* d. h. selbst der unvernünftige Wildesel behauptet seine Unabhängigkeit. — *e* nämlich des Königs von Assyrien;
vergl. Jes. 10, 8. — *f* Nach and. Les.: Mengen. — *g* O. Schuld; so auch Kap. 9, 7. 9.
— *h* d. h. wie die bei Leichenmahlzeiten genossene Speise. — *i* And. üb.: für sie
selbst. W. für ihre Seele. — *j* Memphis. — *k* O. erkennen. — *l* d. h. der durch den
Geiste Gottes erfüllt ist. — *m* O. Sie sind tief (od. weit) gegangen im Verderbthandeln. — *n* Vergl. Richt. 19 usw. — *o* Eig. in seiner ersten Zeit. — *p* Vergl. Jer. 3, 24.
— *q* Eig. ja ihnen, od. eben ihnen. — *r* And.: eine Palme; der hebräische Text ist
schwer verständlich. — *s* And. üb.: Ephraim — gleichwie ich es zu einem Tyrus ersehen hatte . . ., so soll Ephraim.

2 len *a* verschönert. Gleißnerisch war ihr
Herz, nun werden sie es büßen: er
wird ihre Altäre zertrümmern, ihre
3 Bildsäulen zerstören. Ja, nun werden
sie sagen: Wir haben keinen König;
denn wir haben Jehova nicht gefürchtet, und der König, was wird er für
4 uns tun? Sie haben *eitle* Worte geredet, falsch geschworen, Bündnisse geschlossen: so wird das Gericht sprossen wie Giftkraut *b* in den Furchen
5 des Feldes. Die Bewohner von Samaria werden bange sein für das Kalb
von Beth-Awen *c*; ja, sein Volk wird
über dasselbe trauern, und seine Götzenpriester werden seinetwegen beben, wegen seiner Herrlichkeit, weil
6 sie von ihm fortgezogen ist; auch dieses wird nach Assyrien gebracht werden als Geschenk für den König Jareb *d*. Scham wird Ephraim ergreifen,
und Israel wird zu Schanden werden
7 wegen seines Ratschlags. Dahin ist Samaria *und* sein König, wie ein Split-
8 ter auf des Wassers Fläche. Und die
Höhen von Awen, die Sünde Israels,
werden vertilgt werden; Dornen und
Disteln werden über ihre Altäre wachsen. Und sie werden zu den Bergen
sagen: Bedecket uns! und zu den Hügeln: Fallet auf uns!
9　　Seit den Tagen von Gibea hast du
gesündigt, Israel: dort sind sie stehen
geblieben *e*; nicht erreichte sie zu Gibea der Streit wider die Kinder des
10 Frevels *f*. Nach meiner Lust werde ich
sie züchtigen, und Völker werden gegen sie versammelt werden, wenn ich
sie an ihre beiden Sünden *g* binden
11 werde. Und Ephraim ist eine *ans Joch*
gewöhnte junge Kuh, die zu dreschen
liebt; und ich, ich bin über die Schönheit ihres Halses hergefahren: ich werde Ephraim einspannen, Juda soll pflü-
12 gen, Jakob soll eggen. Säet euch zur *h*
Gerechtigkeit, erntet der Güte *i* gemäß; pflüget euch einen Neubruch:
denn es ist Zeit, Jehova zu suchen,
bis er komme und euch Gerechtigkeit
13 regnen lasse. Ihr habt Gesetzlosigkeit
gepflügt, Unrecht geerntet, die Frucht
der Lüge gegessen; denn du hast auf
deinen Weg vertraut, auf die Menge
14 deiner Helden. Und es wird sich ein
Getümmel erheben unter deinen Völkern *j*, und alle deine Festen werden
zerstört werden, wie Schalman Beth-
Arbel zerstörte am Tage des Krieges;
die Mutter samt den Kindern wurde
15 zerschmettert. Also hat Bethel euch
getan um der Bosheit eurer Bosheit
willen: mit dem Morgenrot wird Israels König gänzlich vernichtet sein.

11　Als Israel jung war, da liebte ich
es, und aus Aegypten habe ich mei-
2 nen Sohn gerufen. So oft sie *k* ihnen

riefen, gingen sie von ihrem Angesicht hinweg: sie opferten den Baalim
und räucherten den geschnitzten Bildern. Und ich, ich gängelte Ephraim, 3
— er nahm sie auf seine Arme — aber
sie erkannten nicht, daß ich sie heilte.
Mit Menschenbanden zog ich sie, mit 4
Seilen der Liebe; und ich ward ihnen
wie solche, die das Joch auf ihren
Kinnbacken emporheben *l*, und sanft
gegen sie, gab ich ihnen Speise. Es 5
wird nicht nach dem Lande Aegypten
zurückkehren; sondern der Assyrer,
der wird sein König sein, weil sie sich
geweigert haben umzukehren. Und 6
das Schwert wird kreisen in seinen
Städten und seine Riegel vernichten,
und wird fressen um ihrer Ratschläge
willen; denn mein Volk hängt an 7
dem Abfall *m* von mir, und ruft man
es nach oben, keiner von ihnen erhebt sich.

Wie sollte ich dich hingeben, Ephra- 8
im, dich überliefern, Israel? Wie sollte ich dich machen wie Adama, wie
Zeboim dich setzen? Mein Herz hat
sich in mir umgewendet, erregt sind
alle meine Erbarmungen. Nicht will 9
ich ausführen die Glut meines Zornes,
nicht wiederum Ephraim verderben;
denn ich bin Gott *n* und nicht ein
Mensch, der Heilige in deiner Mitte,
und ich will nicht in Zornesglut kommen. — Sie werden Jehova nachwan- 10
deln: wie ein Löwe wird er brüllen;
denn er wird brüllen, und zitternd
werden die Kinder herbeieilen vom
Meere *o*; wie Vögel werden sie zit- 11
ternd herbeieilen aus Aegypten und
wie Tauben aus dem Lande Assyrien;
und ich werde sie in ihren Häusern
wohnen lassen, spricht Jehova.

Mit Lüge hat Ephraim mich um- **12**
ringt, und das Haus Israel mit Trug;
und Juda ist immer noch zügellos gegen Gott *p* und gegen den Heiligen *q*,
der treu ist. Ephraim weidet sich an 2
Wind und jagt dem Ostwinde nach:
den ganzen Tag mehrt es Lüge und
Gewalttat; und sie schließen einen
Bund mit Assyrien, und Oel wird nach 3
Aegypten gebracht. Auch mit Juda
hat Jehova einen Rechtsstreit; und er
wird Jakob heimsuchen nach seinen
Wegen, nach seinen Handlungen ihm
vergelten. — Im Mutterleibe hielt er 4
seines Bruders Ferse, und in seiner
Manneskraft kämpfte er mit Gott *n*:
er kämpfte mit dem Engel und über- 5
wand, er weinte und flehte zu ihm;
zu Bethel fand er ihn, und daselbst rede- 6
te er mit uns. Und Jehova, der Gott
der Heerscharen — Jehova ist sein Gedächt-
name *r*. Du denn, kehre um zu dei- 7
nem Gott; bewahre Güte und Recht,
und hoffe beständig auf deinen Gott.

---

a O. Denksäulen (des Baal). — *b* O. Bitterkraut. — *c* S. die Anm. zu Kap. 4, 15. —
d S. die Anm. zu Kap. 5, 13. — *e* d. h. wahrsch.: sie sind bei der Sünde Gibeas geblieben. — *f* O. des Unrechts. Vergl. Richt. 20 usw. — *g* Eig. Missetaten, Verschuldungen. — *h* O. nach. — *i* O. Frömmigkeit. — *j* O. wider deine Völker. — *k* nämlich die Propheten. — *l* d. h. zur Erleichterung lüpfen. — *m* Eig. ist an dem Abfall
befestigt (wie an einen Pfahl). — *n* El. — *o* d. h. von den Inseln und Ländern des
Westens. — *p* El. — Eig. schweift immer noch umher in Bezug auf Gott. — *q* S. die
Anm. zu Spr. 9, 10. — *r* Eig. sein Gedächtnis.

8 Ein Kaufmann *ist er*; in seiner Hand ist eine Wage des Betrugs, er liebt zu
9 übervorteilen. Und Ephraim spricht: Ich bin doch reich geworden, habe mir Vermögen erworben; in all meinem Erwerb wird man mir keine Ungerechtigkeit nachweisen *a*, welche
10 Sünde wäre. Ich aber bin Jehova, dein Gott, vom Lande Aegypten her; ich werde dich wieder in Zelten wohnen lassen wie in den Tagen der Festfeier.
11 Und ich habe zu den Propheten geredet, ja, ich habe Gesichte vermehrt und durch die Propheten in Gleich-
12 nissen geredet. Wenn Gilead *b* Frevel *c* ist, so werden sie nur Nichtiges werden. In Gilgal opferten sie Stiere; so werden auch ihre Altäre wie Steinhaufen sein auf den Furchen des Fel-
13 des. Und Jakob entfloh nach dem Gefilde von Aram, und Israel diente um ein Weib und hütete um ein Weib.
14 Und Jehova führte Israel durch einen Propheten aus Aegypten herauf, und durch einen Propheten wurde es ge-
15 hütet. Ephraim erzürnte ihn bitterlich, und sein Herr wird seine Blutschuld auf ihm lassen und seine Schmähung ihm vergelten.

13 Wenn Ephraim redete, war Schrecken; es erhob sich in Israel. Aber es verschuldete sich durch Baal und
2 starb. Und nun fahren sie fort zu sündigen und machen sich von ihrem Silber gegossene Bilder, Götzenbilder nach ihrem Verstande, allesamt ein Werk der Künstler; von eben diesen sagt man: Die Menschen, welche op-
3 fern, küssen die Kälber! *d* Darum werden sie sein wie die Morgenwolke und wie der Tau, der früh verschwindet, wie Spreu, welche von der Tenne dahinfliegt, und wie Rauch aus dem Git-
4 ter. Ich aber bin Jehova, dein Gott, vom Lande Aegypten her; und du kennst keinen Gott außer mir, und da
5 ist kein Retter als ich. Ich habe dich ja gekannt in der Wüste, in dem Lan-
6 de der Gluten. Ihrer Weide gemäß wurden sie satt, sie wurden satt, und ihr Herz erhob sich; darum haben sie
7 mich vergessen. Und so wurde ich ihnen wie ein Löwe; wie ein Pardel
8 laure ich am Wege; ich werde sie anfallen wie eine Bärin, welche der Jungen beraubt ist, und werde den Verschluß ihres Herzens *e* zerreißen; und ich werde sie daselbst verzehren wie ein Löwe; die Tiere des Feldes werden sie zerfleischen.
9 Es hat dich zu Grunde gerichtet, Israel, daß du wider mich, wider deine
10 Hilfe, bist. Wo ist nun dein König, daß er dich rette in allen deinen Städten, und wo deine Richter, von wel-

chen du sagtest: Gib mir einen König und Fürsten? Ich gab dir einen König 11 in meinem Zorn, und nahm *f* ihn weg in meinem Grimm.
Die Ungerechtigkeit *g* Ephraims ist 12 zusammengebunden, aufbewahrt seine Sünde; Wehen einer Gebärenden wer- 13 den ihn ankommen. Er ist ein unweiser Sohn; denn wenn es Zeit ist, tritt er nicht ein in den Durchbruch der Kinder.
Von der Gewalt des Scheols werde 14 ich sie erlösen, vom Tode sie befreien! Wo sind, o Tod, deine Seuchen? wo ist, o Scheol, dein Verderben? Reue ist vor meinen Augen verborgen. Denn e *r* 15 wird Frucht tragen unter den Brüdern. Ein Ostwind wird kommen, ein Wind Jehovas, von der Wüste heraufsteigend, und sein Born wird vertrocknen und sein Quell versiegen; er *h* wird die Schatzkammer aller kostbaren Geräte plündern. Samaria wird büßen, denn 16 es ist widerspenstig gewesen gegen seinen Gott; sie werden durchs Schwert fallen, ihre Kinder werden zerschmettert und ihre Schwangeren aufgeschlitzt werden.

Kehre um, Israel, bis zu Jehova, **14** deinem Gott, denn du bist gefallen durch deine Ungerechtigkeit *i*. Nehmet 2 Worte mit euch und kehret um zu Jehova; sprechet zu ihm: Vergib alle Ungerechtigkeit, und nimm an was gut ist, daß wir *die Frucht* unserer Lippen als Schlachtopfer darbringen *j*. Assyrien wird uns nicht retten; auf 3 Rossen wollen wir nicht reiten, und zu dem Machwerk unserer Hände wollen wir nicht mehr sagen: Unser Gott! denn die Waise findet Erbarmen bei dir.
Ich will ihre Abtrünnigkeit heilen, 4 will sie willig lieben; denn mein Zorn hat sich von ihm abgewendet. Ich wer- 5 de für Israel sein wie der Tau: blühen soll es wie die Lilie, und Wurzel schlagen wie der Libanon. Seine Schöß- 6 linge sollen sich ausbreiten, und seine Pracht soll sein wie der Olivenbaum, und sein Geruch wie der Libanon. Die 7 unter seinem Schatten Wohnenden sollen wiederum Getreide hervorbringen, und blühen wie ein Weinstock, dessen Ruf wie der Wein des Libanon ist. Ephraim *wird sagen*: Was habe ich 8 fortan mit den Götzen zu schaffen? — Ich, ich habe ihn erhört und auf ihn geblickt. — Ich bin wie eine grünende Zypresse. — Aus mir wird deine Frucht gefunden.
Wer weise ist, der wird dieses ver- 9 stehen; wer verständig ist, der wird es erkennen. *k* Denn die Wege Jehovas sind gerade, und die Gerechten werden darauf wandeln; die Abtrünnigen aber werden darauf fallen.

---

a Eig. finden. — *b* S. Kap. 6, 8. — *c* O. Nichtswürdigkeit, Nichtigkeit. — *d* And. üb.: Menschen opfern, Kälber küssen sie! — *e* d. i. ihre Brust. — *f* O. gebe . . . . nehme. — *g* O. Verschuldung. — *h* der als Ostwind kommende Eroberer. — *i* O. Missetat, Schuld. — *j* Eig. als Farren erstatten. — *k* O. Wer ist weise, daß er dieses verstehe? wer verständig, daß er es erkenne?

Der Prophet Joel

1 Das Wort Jehovas, welches zu Joel, dem Sohne Pethuels, geschah.

2 Höret dieses, ihr Alten, und nehmet es zu Ohren, alle ihr Bewohner des Landes! Ist solches in euren Tagen geschehen oder in den Tagen eurer 3 Väter? Erzählet davon euren Kindern, und eure Kinder ihren Kindern, und ihre Kinder dem folgenden Geschlecht: 4 Was der Nager *a* übriggelassen hatte, fraß die Heuschrecke *b*; und was die Heuschrecke übriggelassen, fraß der Abfresser *a*; und was der Abfresser übriggelassen, fraß der Vertilger *a*. 5 Wachet auf, ihr Trunkenen, und weinet! und heulet, alle ihr Weinsäufer, über den Most, weil er wegge- 6 nommen ist von eurem Munde! Denn eine Nation ist über mein Land heraufgezogen, mächtig und ohne Zahl; ihre Zähne sind Löwenzähne, und sie 7 hat ein Gebiß einer Löwin. Sie hat meinen Weinstock zu einer Wüste gemacht und meinen Feigenbaum zerknickt; sie hat ihn gänzlich abgeschält und hingeworfen, seine Ranken sind weiß geworden.

8 Wehklage wie eine Jungfrau, die mit Sacktuch umgürtet ist wegen des 9 Gatten ihrer Jugend! Speisopfer und Trankopfer sind weggenommen vom Hause Jehovas; es trauern die Prie- 10 ster, die Diener Jehovas. — Das Feld ist verwüstet, es trauert der Erdboden; denn das Korn ist verwüstet, der Most ist vertrocknet, verwelkt das 11 Oel. Seid beschämt, ihr Ackersleute, heulet, ihr Winzer, über den Weizen und über die Gerste! Denn die Ernte des Feldes ist zu Grunde gegangen; 12 der Weinstock ist verdorrt und der Feigenbaum verwelkt; Granate, auch Palme und Apfelbaum, alle Bäume des Feldes sind verdorrt; ja, *c* verdorrt ist die Freude von den Menschenkin- 13 dern. — Umgürtet euch und wehklaget, ihr Priester; heulet, ihr Diener des Altars! kommet, übernachtet in Sacktuch, ihr Diener meines Gottes! denn Speisopfer und Trankopfer sind dem Hause eures Gottes entzogen. 14 Heiliget ein Fasten, rufet eine Festversammlung aus; versammelt die Aeltesten, alle Bewohner des Landes, zum Hause Jehovas, eures Gottes, und schreiet zu Jehova! 15 Ach über den Tag! denn nahe ist der Tag Jehovas, und er kommt wie eine Verwüstung vom Allmächtigen. 16 Ist nicht die Speise vor unseren Augen weggenommen, Freude und Frohlocken von dem Hause unseres Gottes? 17 Vermodert sind die Samenkörner unter ihren Schollen; verödet sind die

Vorratshäuser, zerfallen die Scheunen, denn das Korn ist verdorrt. Wie stöhnt 18 das Vieh! die Rinderherden sind bestürzt, weil sie keine Weide haben; auch die Kleinviehherden büßen, Jeho- 19 va, rufe ich; denn ein Feuer hat die Auen der Steppe verzehrt, und eine Flamme alle Bäume des Feldes versengt. Auch die Tiere des Feldes 20 schreien lechzend zu dir; denn vertrocknet sind die Wasserbäche, und ein Feuer hat die Auen der Steppe verzehrt.

Stoßet in die Posaune auf Zion, und **2** blaset Lärm auf meinem heiligen Berge! Beben sollen alle Bewohner des Landes; denn es kommt der Tag Jehovas, denn er ist nahe: ein Tag der 2 Finsternis und der Dunkelheit, ein Tag des Gewölks und der Wolkennacht. Wie die Morgendämmerung ist es ausgebreitet über die Berge, ein großes und mächtiges Volk, desgleichen von Ewigkeit her nicht gewesen ist und nach ihm nicht mehr sein wird bis in die Jahre der Geschlechter und Geschlechter. Vor ihm her verzehrt das 3 Feuer, und nach ihm lodert die Flamme; vor ihm ist das Land wie der Garten Eden, und nach ihm eine öde Wüste, und auch keine Entronnenen läßt es übrig. Sein Aussehen ist wie das 4 Aussehen von Rossen; und wie Reitpferde, also rennen sie. Gleich Wa- 5 gengerassel hüpfen sie auf den Gipfeln der Berge, gleich dem Prasseln der Feuerflamme, welche Stoppeln verzehrt; *sie sind* wie ein mächtiges Volk, zum Kampfe gerüstet. Vor ihm 6 zittern die Völker, alle Angesichter erblassen. Sie rennen wie Helden, wie 7 Kriegsleute ersteigen sie die Mauer; und sie ziehen ein jeder auf seinem Wege, und ihre Pfade wechseln sie nicht; und keiner drängt den anderen, 8 sie ziehen jeder einzeln auf seiner Bahn; und sie stürzen zwischen den Waffen hindurch *und* verwunden sich nicht *d*. Sie laufen in der Stadt um- 9 her, rennen auf die Mauer, steigen in die Häuser; durch die Fenster dringen sie ein wie der Dieb. Vor ihnen er- 10 bebt die Erde, erzittert der Himmel; Sonne und Mond verfinstern sich, und die Sterne verhalten ihren Glanz. Und 11 Jehova läßt vor seinem Heere her seine Stimme erschallen, denn sein Heerlager ist sehr groß, denn der Vollstrecker seines Wortes ist mächtig; denn groß ist der Tag Jehovas und sehr furchtbar, und wer kann ihn ertragen?

Aber auch jetzt *noch*, spricht Jeho- 12 va *e*, kehret um zu mir *f* mit eurem ganzen Herzen, und mit Fasten und mit

---

a Verschiedene Arten oder Benennungen der Heuschrecke. — *b* Eig. der Mehrling, die gewöhnliche hebr. Benennung der Heuschrecke. — *c* O. denn. — *d* O. brechen nicht ab, d. h. halten in ihrem Zuge nicht inne. — *e* Eig. ist der Spruch Jehovas. — *f* Eig. bis zu mir, d. i. völlig zu mir.

13 Weinen und mit Klagen. Und zerreißet euer Herz und nicht eure Kleider, und kehret um zu Jehova, eurem Gott; denn er ist gnädig und barmherzig, langsam zum Zorn und groß an Güte, und läßt sich des Uebels gereuen.
14 Wer weiß? er möchte umkehren und es sich gereuen lassen, und er möchte Segen hinter sich zurücklassen: Speisopfer und Trankopfer für Jehova, euren
15 Gott. *a* Stoßet in die Posaune auf Zion, heiliget ein Fasten, rufet eine Festver-
16 sammlung aus! Versammelt das Volk, heiliget eine Versammlung, bringet die Aeltesten zusammen, versammelt die Kinder und die Säuglinge an den Brüsten; der Bräutigam trete aus seiner Kammer, und die Braut aus ihrem
17 Gemach! Die Priester, die Diener Jehovas, sollen weinen zwischen der Halle und dem Altar und sprechen: Schone, Jehova, deines Volkes und gib nicht dein Erbteil der Schmähung hin, daß die Nationen zur Spottrede *b* seien! Warum soll man unter den Völkern sagen: Wo ist ihr Gott?
18 Dann eifert Jehova für sein Land, und er hat Mitleid mit seinem Volke.
19 Und Jehova antwortet und spricht zu seinem Volke: Siehe, ich sende euch das Korn und den Most und das Oel, daß ihr davon satt werdet; und ich werde euch nicht mehr zum Hohne
20 machen unter den Nationen. Und ich werde den von Norden *Kommenden* von euch entfernen und ihn in ein dürres und wüstes Land vertreiben, seinen Vortrab in das vordere Meer und seinen Nachtrab in das hintere Meer *c* ; und sein Gestank wird aufsteigen, und aufsteigen sein übler Geruch *d*,
21 weil er Großes getan hat *e*. Fürchte dich nicht, Erde; frohlocke und freue
22 dich! denn Jehova tut Großes. Fürchtet euch nicht, ihr Tiere des Feldes! denn es grünen die Auen der Steppe; denn der Baum trägt seine Frucht, der Feigenbaum und der Weinstock
23 geben ihren Ertrag *f*. Und ihr, Kinder Zions, frohlocket und freuet euch in Jehova, eurem Gott! denn er gibt euch den Frühregen nach rechtem Maße, und er läßt euch Regen herabkommen: Frühregen und Spätregen
24 wie zuvor *g*. Und die Tennen werden voll Getreide sein, und die Kufen über-
25 fließen von Most und Oel. Und ich werde euch die Jahre erstatten, welche die Heuschrecke, der Abfresser und der Vertilger und der Nager gefressen haben — mein großes Heer, das ich
26 unter euch gesandt habe. Und ihr werdet essen, essen und satt werden, und werdet den Namen Jehovas, eures Gottes, preisen, der Wunderbares an euch getan hat. Und mein Volk soll
27 nimmermehr beschämt werden. Und

ihr werdet wissen *h*, daß ich in Israels Mitte bin, und daß ich, Jehova, euer Gott bin, und keiner sonst. Und mein Volk soll nimmermehr beschämt werden.
28 Und danach wird es geschehen, daß ich meinen Geist ausgießen werde über alles Fleisch; und eure Söhne und eure Töchter werden weissagen, eure Greise werden Träume haben, eure Jünglinge werden Gesichte sehen. Und selbst
29 über die Knechte und über die Mägde werde ich meinen Geist ausgießen in jenen Tagen. — Und ich werde Wun-
30 der geben im Himmel und auf der Erde: Blut und Feuer und Rauchsäulen;
31 die Sonne wird sich in Finsternis verwandeln und der Mond in Blut, ehe der Tag Jehovas kommt, der große und furchtbare. — Und es wird geschehen,
32 ein jeder, der den Namen Jehovas anrufen wird, wird errettet werden; denn auf dem Berge Zion und in Jerusalem wird Errettung *i* sein, wie Jehova gesprochen hat, und unter den Uebriggebliebenen, welche *j* Jehova berufen wird.

3 Denn siehe, in jenen Tagen und zu jener Zeit, wenn ich die Gefangen-
2 schaft Judas und Jerusalems wenden werde, dann werde ich alle Nationen versammeln und sie in das Tal *k* Josaphat *l* hinabführen; und ich werde daselbst mit ihnen rechten über mein Volk und mein Erbteil Israel, welches
3 sie unter die Nationen zerstreut haben; und mein Land haben sie geteilt, und über mein Volk das Los geworfen; und den Knaben haben sie um eine Hure gegeben, und das Mädchen um Wein verkauft, den sie getrunken haben. —
4 Und auch ihr, was wollt ihr mir, Tyrus und Zidon und alle ihr Bezirke Philistäas? Wollt ihr mir eine Tat vergelten, oder wollt ihr mir etwas antun?
5 Schnell, eilends werde ich euer Tun auf euren Kopf zurückbringen, daß ihr mein Silber und mein Gold weggenommen und meine besten Kleinode in
6 eure Tempel *m* gebracht, und die Kinder Judas und die Kinder Jerusalems den Kindern der Griechen verkauft habt, um sie weit von ihrer Grenze zu
7 entfernen. Siehe, ich will sie erwecken *n* von dem Orte, wohin ihr sie verkauft habt, und will euer Tun auf euren
8 Kopf zurückbringen. Und ich werde eure Söhne und eure Töchter in die Hand der Kinder Judas verkaufen; und diese werden sie an die Sabäer *o* verkaufen, an eine ferne Nation; denn Jehova hat geredet.
9 Rufet dieses aus unter den Nationen, heiliget einen Krieg *p*, erwecket die Helden; es sollen herankommen und heraufziehen alle Kriegsmänner! Schmie-
10 det eure Pflugmesser zu Schwertern

a Vergl. Kap. 1, 9—12. — *b* Eig. zum Sprichwort. — *c* d. h. in das Tote und in das Mittelländische Meer. — *d* Eig. seine Fäulnis. — *e* Zugleich: sich überhoben hat. — *f* W. ihre Kraft. — *g* So mit geringer Textänderung; im hebr. Texte steht: Frühregen und Spätregen zuerst. — *h* O. erkennen, erfahren. — *i* O. werden Entronnene. — *j* O. wen. — *k* Eig. in die Talebene. — *l* = Jehova hat gerichtet. — *m* Zugleich: Paläste. — *n* Eig. aufregen, antreiben; so auch V. 9. — *o* ein Handelsvolk im Glücklichen Arabien. — *p* S. die Anm. zu Jer. 6, 4.

und eure Winzermesser zu Speeren: der Schwache sage: Ich bin ein Held!

11 Eilet und kommet her, alle ihr Nationen ringsum, und versammelt euch! Dahin, Jehova, sende deine Helden

12 hinab! Die Nationen sollen sich aufmachen und hinabziehen in das Tal [a] Josaphat; denn dort werde ich sitzen, um alle Nationen ringsum zu richten.

13 Leget die Sichel an, denn die Ernte ist reif; kommet, stampfet, denn die Kelter ist voll, die Kufen fließen über! Denn

14 groß ist ihre Bosheit.—Getümmel [b], Getümmel [b] im Tale der Entscheidung; denn nahe ist der Tag Jehovas im Tale

15 der Entscheidung. Die Sonne und der Mond verfinstern sich, und die Sterne

16 verhalten ihren Glanz. Und Jehova brüllt aus Zion und läßt aus Jerusalem seine Stimme erschallen, und Himmel und Erde erbeben. Und Jehova ist eine Zuflucht für sein Volk und eine Feste

17 für die Kinder Israel. Und ihr werdet

erkennen, daß ich, Jehova, euer Gott bin, der auf Zion wohnt, meinem heiligen Berge. Und Jerusalem wird heilig sein, und Fremde werden es nicht mehr durchziehen.

Und es wird geschehen, an jenem 18 Tage, da werden die Berge von Most triefen, und die Hügel von Milch fließen, und alle Bäche Judas werden von Wasser fließen; und eine Quelle wird aus dem Hause Jehovas hervorbrechen und das Tal Sittim [c] bewässern. Aegyp- 19 ten wird zur Einöde und Edom zu einer öden Wüste werden wegen der Gewalttat an den Kindern Judas, weil sie in ihrem Lande unschuldiges Blut vergossen haben. Aber Juda soll ewig- 20 lich bewohnt werden, und Jerusalem von Geschlecht zu Geschlecht. Und 21 ich werde sie von ihrem Blute reinigen, von dem ich sie nicht gereinigt hatte. Und Jehova wird in Zion wohnen.

Der Prophet Amos

1 Worte des Amos, der unter den Hirten von Tekoa war, welche er über Israel geschaut hat in den Tagen Ussijas, des Königs von Juda, und in den Tagen Jerobeams, des Sohnes Joas', des Königs von Israel, zwei Jahre vor dem Erdbeben.

2 Und er sprach: Jehova wird aus Zion brüllen und aus Jerusalem seine Stimme erschallen lassen, und die Auen der Hirten werden trauern, und der Gipfel des Karmel wird verdorren.

3 So spricht Jehova: Wegen drei Freveltaten von Damaskus und wegen vier werde ich es nicht rückgängig machen: Weil sie Gilead mit eisernen Dresch-

4 schlitten gedroschen haben, so werde ich ein Feuer senden in das Haus Hasaels, und es wird die Paläste Ben-

5 Hadads verzehren; und ich werde den Riegel von Damaskus zerbrechen, und den Bewohner ausrotten aus dem Tale Awen, und den, der das Zepter hält, aus Beth-Eden; und das Volk von Syrien wird nach Kir weggeführt werden, spricht Jehova.

6 So spricht Jehova: Wegen drei Freveltaten von Gasa und wegen vier werde ich es nicht rückgängig machen: Weil sie Gefangene in voller Zahl weggeführt haben, um sie an Edom auszu-

7 liefern, so werde ich ein Feuer senden in die Mauer von Gasa, und es wird

8 seine Paläste verzehren; und ich werde den Bewohner ausrotten aus Asdod, und den, der das Zepter hält, aus Askalon; und ich werde meine Hand wenden wider Ekron, und der Ueberrest der Philister wird untergehen, spricht der Herr, Jehova.

9 So spricht Jehova: Wegen drei Freveltaten von Tyrus und wegen vier

werde ich es nicht rückgängig machen: Weil sie Gefangene in voller Zahl an Edom ausgeliefert und des Bruderbundes nicht gedacht haben, so werde ich 10 ein Feuer senden in die Mauer von Tyrus, und es wird seine Paläste verzehren.

So spricht Jehova: Wegen drei Fre- 11 veltaten von Edom und wegen vier werde ich es nicht rückgängig machen: Weil es seinen Bruder mit dem Schwerte verfolgt und alle Erbarmen erstickt hat, und weil sein Zorn beständig zerfleischt, und es seinen Grimm immerdar bewahrt, so werde ich ein Feuer 12 senden nach Teman, und es wird die Paläste von Bozra verzehren.

So spricht Jehova: Wegen drei Fre- 13 veltaten der Kinder Ammon und wegen vier werde ich es nicht rückgängig machen: Weil sie die Schwangeren von Gilead aufgeschlitzt haben, um ihre Grenze zu erweitern, so werde 14 ich ein Feuer anzünden in der Mauer von Rabba, und es wird seine Paläste verzehren unter Kriegsgeschrei am Tage des Kampfes, unter Sturm am Tage des Ungewitters; und ihr König 15 wird in die Gefangenschaft gehen, er und seine Fürsten miteinander, spricht Jehova.

So spricht Jehova: Wegen drei Fre- **2** veltaten von Moab und wegen vier werde ich es nicht rückgängig machen: Weil es die Gebeine des Königs von Edom zu Kalk verbrannt hat, so werde 2 ich ein Feuer senden nach Moab, und es wird die Paläste von Kerijoth verzehren; und Moab wird sterben im Getümmel, unter Kriegsgeschrei, unter Posaunenschall; und ich werde den 3 Richter ausrotten aus seiner Mitte und

---

a Eig. in die Talebene. — *b* Eig. Lärmende Menschenmengen. — *c* Das unfruchtbare Jordantal oberhalb des Toten Meeres.

alle seine Fürsten mit ihm umbringen, spricht Jehova.

4 So spricht Jehova: Wegen drei Freveltaten von Juda und wegen vier werde ich es nicht rückgängig machen: Weil sie das Gesetz Jehovas verworfen und seine Satzungen nicht bewahrt haben, und ihre Lügen sie verführten, denen ihre Väter nachgewandelt sind,

5 so werde ich ein Feuer senden nach Juda, und es wird die Paläste Jerusalems verzehren.

6 So spricht Jehova: Wegen drei Freveltaten von Israel und wegen vier werde ich es nicht rückgängig machen: Weil sie den Gerechten für Geld und den Dürftigen um ein Paar Schuhe

7 verkaufen; sie, welche danach lechzen, den Staub der Erde auf dem Haupte der Armen zu sehen, und den Weg der Sanftmütigen *a* krümmen; und ein Mann und sein Vater gehen zu derselben Dirne, um meinen heiligen Namen

8 zu entweihen; und neben jedem Altare strecken sie sich hin auf gepfändeten Oberkleidern *b*, und im Hause ihres Gottes trinken sie Wein von

9 Strafgeldern *c*. Und doch habe ich den Amoriter vor ihnen vertilgt, dessen Höhe wie die Höhe der Zedern war, und er war stark wie die Eichen; und ich habe seine Frucht vertilgt von oben

10 und seine Wurzeln von unten. Und doch habe ich euch aus dem Lande Aegypten heraufgeführt und euch vierzig Jahre in der Wüste geleitet, damit ihr das Land des Amoriters in

11 Besitz nähmet. Und ich habe Propheten erweckt aus euren Söhnen und Nasiräer aus euren Jünglingen. Ja, ist es nicht also, ihr Kinder Israel,

12 spricht Jehova *d*? Aber ihr habt den Nasiräern Wein zu trinken gegeben, und den Propheten geboten und gesagt: Ihr sollt nicht weissagen! —

13 Siehe, ich werde euch niederdrücken, wie der Wagen drückt, der voll Garben

14 ist. Und dem Schnellen wird die Flucht entschwinden; und der Starke wird seine Kraft nicht befestigen, und der

15 Held sein Leben nicht erretten; und der den Bogen führt wird nicht standhalten; und der Schnellfüßige wird nicht entrinnen, und der auf dem Rosse reitet sein Leben nicht erretten;

16 und der Beherzteste unter den Helden wird nackt entfliehen an jenem Tage, spricht Jehova.

Höret dieses Wort, das Jehova über euch redet, ihr Kinder Israel, über das ganze Geschlecht, welches ich aus dem Lande Aegypten heraufgeführt habe!

2 indem er spricht: Nur euch habe ich von allen Geschlechtern der Erde erkannt; darum werde ich alle eure

3 Missetaten an euch heimsuchen. Wandeln wohl zwei miteinander, es sei denn, daß sie übereingekommen sind?

4 Brüllt der Löwe im Walde, wenn er keinen Raub hat? Läßt der junge

Löwe seine Stimme aus seiner Höhle erschallen, außer wenn er einen Fang

5 getan hat? Fällt der Vogel in die Schlinge am Boden, wenn ihm kein Sprenkel gelegt ist? Schnellt die Schlinge von der Erde empor, wenn

6 sie gar nichts gefangen hat? Oder wird die Posaune in der Stadt geblasen, und das Volk sollte nicht erschrecken? Oder geschieht ein Un-

7 glück in der Stadt, und Jehova hätte es nicht bewirkt? Denn der Herr, Jehova, tut nichts, es sei denn, daß er sein Geheimnis seinen Knechten, den

8 Propheten, geoffenbart habe. — Der Löwe hat gebrüllt, wer sollte sich nicht fürchten? Der Herr, Jehova, hat geredet, wer sollte nicht weissagen?

9 Rufet *e* über die Paläste in Asdod und über die Paläste im Lande Aegypten hin und sprechet: Versammelt euch auf den Bergen von Samaria *f*, und sehet die große Verwirrung in seiner Mitte und die Bedrückungen *g*

10 in seinem Innern! Und sie wissen nicht zu tun was recht ist, spricht Jehova, sie, welche Gewalttat und Zerstörung häufen in ihren Palästen.

11 Darum, so spricht der Herr, Jehova: Der Feind, und zwar rings um das Land her! und er wird deine Macht von dir herabstürzen, und deine Paläste

12 werden geplündert werden. So spricht Jehova: Gleichwie der Hirt zwei Beine oder einen Ohrzipfel aus dem Rachen des Löwen rettet, also werden gerettet werden die Kinder Israel, welche in Samaria in der Ecke des Polsters und auf dem Damaste des

13 Ruhebettes sitzen. — Höret und bezeuget es dem Hause *h* Jakob, spricht der Herr, Jehova, der Gott der Heerscha-

14 ren: An dem Tage, da ich Israels Uebertretungen an ihm heimsuchen werde, werde ich auch die Altäre von Bethel heimsuchen; und die Hörner des Altars sollen abgehauen werden

15 und zu Boden fallen. Und ich werde das Winterhaus zertrümmern samt dem Sommerhause, und die Elfenbeinhäuser werden zu Grunde gehen, die großen Häuser werden verschwinden, spricht Jehova.

4 Höret dieses Wort, ihr Kühe Basans, die ihr auf dem Berge Samarias seid, die ihr die Armen bedrücket, die Dürftigen mißhandelt, *und* zu euren Herren

2 sprechet: Bringe her, daß wir trinken! Geschworen hat der Herr, Jehova, bei seiner Heiligkeit: Siehe, Tage werden über euch kommen, da man euch an Haken wegschleppen wird, und

3 euren Rest *i* an Fischerangeln. Und ihr werdet durch die Mauerrisse hinausgehen, eine jede vor sich hin, und ihr werdet nach Harmon *j* hingeworfen werden, spricht Jehova.

4 Gehet nach Bethel und übertretet! nach Gilgal und mehret die Uebertretung! Und bringet jeden Morgen eure

---

a O. Demütigen. — *b* Vergl. 2. Mose 22, 26. 27; 5. Mose 24, 12. 13. — *c* W. Wein der an Geld Gestraften. — *d* Eig. ist der Spruch Jehovas; so auch nachher. — *e* Eig. Verkündet. — *f* Samaria lag auf einem ringsum von höheren Bergen umgebenen Kegel. — *g* O. die Bedrückten. — *h* Eig. und zeuget gegen das Haus. — *i* Eig. euer Letztes. — *j* Der Sinn dieses Wortes ist unbekannt.

Schlachtopfer. alle drei Tage eure 5 Zehnten; und räuchert von dem Gesäuerten Dankopfer, und rufet aus, verkündet freiwillige Gaben! Denn also liebet ihr's, ihr Kinder Israel, spricht der Herr, Jehova.

6 Und so habe auch ich euch reine Zähne gegeben in allen euren Städten, und Mangel an Brot in allen euren Orten; und doch seid ihr nicht bis zu 7 mir umgekehrt, spricht Jehova. Und auch ich habe euch den Regen entzogen, als noch drei Monate bis zur Ernte waren; und ich habe auf die eine Stadt regnen lassen, während ich auf die andere Stadt nicht regnen ließ; der eine Acker wurde beregnet, und der Acker, auf welchen es nicht reg- 8 nete, verdorrte; und zwei, drei Städte wankten zu einer Stadt hin, um Wasser zu trinken, und wurden nicht satt. Dennoch seid ihr nicht bis zu mir um- 9 gekehrt, spricht Jehova. Ich habe euch mit Kornbrand und mit Vergilben geschlagen; eine große Zahl eurer Gärten und eurer Weinberge und eurer Feigen- und eurer Olivenbäume fraß die Heuschrecke. Dennoch seid ihr nicht bis zu mir umgekehrt, spricht 10 Jehova. Ich habe die Pest unter euch gesandt in der Weise Aegyptens; ich habe eure Jünglinge mit dem Schwerte getötet, indem zugleich eure Rosse gefangen weggeführt wurden, und ich ließ den Gestank eurer Heerlager aufsteigen, und zwar in eure Nase. Dennoch seid ihr nicht bis zu mir umge- 11 kehrt, spricht Jehova. Ich habe eine Umkehrung unter euch angerichtet wie die Umkehrung von Sodom und Gomorra durch Gott; und ihr waret wie ein Brandscheit, das aus dem Feuer gerettet ist. Dennoch seid ihr nicht bis zu mir 12 umgekehrt, spricht Jehova. — Darum werde ich dir also tun, Israel. Weil ich dir dieses tun will, so schicke dich an, Is- 13 rael, deinem Gott zu begegnen! Denn siehe, der die Berge bildet und den Wind schafft, und dem Menschen kundtut, was sein Gedanke ist; der die Morgenröte *und die a* Finsternis macht, und einherschreitet auf den Höhen der Erde: Jehova, Gott der Heerscharen, ist sein Name.

5 Höret dieses Wort, das ich über euch erhebe, ein Klagelied, Haus Is- 2 rael! Sie ist gefallen, die Jungfrau Israel, sie wird nicht wieder aufstehen; sie liegt hingeworfen auf ihrem Lan- 3 de, niemand richtet sie auf. Denn so spricht der Herr, Jehova: Die Stadt, die zu tausend auszieht, wird hundert übrigbehalten, und die zu hundert auszieht, wird zehn übrigbehalten für das Haus Israel.

4 Denn so spricht Jehova zum Hause 5 Israel! Suchet mich und lebet. Und suchet nicht Bethel auf, und gehet nicht nach Gilgal, und gehet nicht hinüber nach Beerseba; denn Gilgal wird gewißlich weggeführt und Bethel zu 6 nichte *b* werden. Suchet Jehova und

lebet, damit er nicht in das Haus Josephs eindringe wie ein Feuer und es verzehre, und für Bethel niemand da sei, der es lösche — sie verwandeln 7 das Recht in Wermut und werfen die Gerechtigkeit zu Boden — ; *suchet* 8 *den,* der das Siebengestirn und den Orion gemacht hat, und den Todesschatten in Morgen verwandelt und den Tag zur Nacht verfinstert, der den Wassern des Meeres ruft und sie ausgießt über die Fläche der Erde: Jehova ist sein Name; der Verwü- 9 stung losbrechen läßt über den Starken, und Verwüstung kommt über die Feste.

Sie hassen den, der im Tore Recht 10 spricht *c,* und verabscheuen den, der Unsträflichkeit redet. Darum, weil ihr 11 den Armen niedertretet und Getreidegaben von ihm nehmet, habt ihr Häuser von behauenen Steinen gebaut und werdet nicht darin wohnen, liebliche Weinberge gepflanzt und werdet deren Wein nicht trinken. Denn 12 ich weiß, daß eurer Uebertretungen viele, und daß eure Sünden zahlreich sind; — sie bedrängen den Gerechten, nehmen Lösegeld und beugen das Recht der Dürftigen im Tore. Darum schweigt 13 der Einsichtige in dieser Zeit, denn es ist eine böse Zeit.

Trachtet nach dem Guten und nicht 14 nach dem Bösen, auf daß ihr lebet; und Jehova, der Gott der Heerscharen, wird also mit euch sein, wie ihr saget. Hasset das Böse und liebet das Gute, 15 und richtet das Recht auf im Tore; vielleicht wird Jehova, der Gott der Heerscharen, dem Ueberrest Josephs gnädig sein.

Darum spricht Jehova, der Gott der 16 Heerscharen, der Herr, also: Auf allen Plätzen Wehklage! und auf allen Gassen wird man sagen: Wehe, wehe! und man wird den Ackermann zur Trauer rufen, und die des Klageliedes Kundigen zur Wehklage; und in 17 allen Weinbergen wird Wehklage sein. Denn ich werde durch deine Mitte ziehen, spricht Jehova.

Wehe denen, welche den Tag Jeho- 18 vas herbeiwünschen! Wozu soll euch der Tag Jehovas sein? Er wird Finsternis sein und nicht Licht: wie wenn 19 jemand vor dem Löwen flieht, und es begegnet ihm ein Bär; und er kommt nach Hause und stützt seine Hand an die Mauer, und es beißt ihn eine Schlange. Wird denn nicht der Tag Jehovas 20 Finsternis sein und nicht Licht, und Dunkelheit und nicht Glanz? Ich hasse, 21 ich verschmähe eure Feste, und eure Festversammlungen mag ich nicht riechen: denn wenn ihr mir Brandopfer 22 und eure Speisopfer opfert, habe ich kein Wohlgefallen daran; und das Friedensopfer von eurem Mastvieh mag ich nicht ansehen. Tue den Lärm dei- 23 ner Lieder von mir hinweg, und das Spiel deiner Harfen mag ich nicht hören. Aber das Recht wälze sich ein- 24

---

a And. üb.: die Morgenröte zur. — *b* Hebr. Awen; vergl. Hos. 4, 15. — *c* O. gerecht entscheidet.

her wie Wasser, und die Gerechtigkeit wie ein immerfließender Bach!
25 Habt ihr mir vierzig Jahre in der Wüste Schlachtopfer und Speisopfer
26 dargebracht, Haus Israel? Ja, ihr habt die Hütte eures Königs *a* und das Gestell eurer Götzenbilder getragen, *b* das Sternbild eures Gottes, die ihr
27 euch gemacht hattet. So werde ich euch jenseit Damaskus wegführen, spricht Jehova, Gott der Heerscharen ist sein Name.

6 Wehe den Sorglosen in Zion und den Sicheren auf dem Berge von Samaria, den Vornehmen *c* der ersten der Nationen, zu welchen das Haus Israel
2 kommt! Gehet hinüber nach Kalne *d* und sehet, und gehet von dort nach Hamath, der großen *Stadt*, und steiget hinab nach Gath der Philister: sind sie vorzüglicher als diese Königreiche, oder ist ihr Gebiet größer als euer
3 Gebiet? *ihr*, die den Tag des Unglücks hinausschieben und den Thron der Ge-
4 waltthat nahe rücken; die auf Polstern von Elfenbein liegen und auf ihren Ruhebetten sich strecken, und Fettschafe von der Herde essen und Käl-
5 ber aus dem Maststall; die da faseln zum Klange der Harfe, sich wie David Musikinstrumente ersinnen; die
6 Wein aus Schalen trinken und mit den besten Oelen sich salben, und sich nicht grämen über die Wunde Josephs.
7 Darum werden sie nun weggeführt werden an der Spitze der Weggeführten, und das Gejauchze der *träge* Hingestreckten wird aufhören.
8 Der Herr, Jehova, hat bei sich selbst geschworen, spricht Jehova, der Gott der Heerscharen: Ich verabscheue die Hoffart Jakobs und hasse seine Paläste; und ich werde die Stadt preis-
9 geben und alles was sie erfüllt. Und es wird geschehen, wenn zehn Männer in einem Hause übrigbleiben, so
10 werden sie sterben. Und hebt einen *der Gestorbenen* sein Oheim *e* und sein Bestatter *f* auf, um die Gebeine aus dem Hause hinauszuschaffen, und spricht zu dem, der im Innern des Hauses ist: Ist noch jemand bei dir? und dieser sagt: Niemand; so wird er
11 sagen: Still! denn der Name Jehovas darf nicht erwähnt werden. Denn siehe, Jehova gebietet, und man schlägt das große Haus in Trümmer und das
12 kleine Haus in Splitter *g*. Rennen wohl Rosse auf Felsen, oder pflügt man *darauf* mit Rindern? *h* daß ihr das Recht in Gift und die Frucht der Gerechtig-
13 keit in Wermut verwandelt habt, die ihr euch über Nichtiges freuet, die ihr sprechet: Haben wir uns nicht durch unsere Stärke Hörner *i* erworben?
14 Denn siehe, ich werde wider euch, Haus

Israel, eine Nation erwecken, spricht Jehova, der Gott der Heerscharen; und sie werden euch bedrücken von dem Eingange Hamaths an bis zum Bache der Ebene *j*.

Also ließ mich der Herr, Jehova, sehen: Siehe, er bildete Heuschrecken 7 im Anfang des Spätgraswuchses; und siehe, es war das Spätgras nach dem Königsmähen. Und es geschah, als sie 2 das Kraut der Erde ganz abgefressen hatten, da sprach ich: Herr, Jehova, vergib doch! wie sollte Jakob bestehen? denn es ist klein. Jehova ließ 3 sich dieses gereuen: es soll nicht geschehen, sprach Jehova.

Also ließ mich der Herr, Jehova, sehen: Siehe, der Herr, Jehova, rief, um 4 mit Feuer zu richten *k*; und es fraß die große Flut und fraß das *Erb*teil. Da sprach ich: Herr, Jehova, laß 5 doch ab! wie sollte Jakob bestehen? denn es ist klein. Jehova ließ sich die- 6 ses gereuen: auch das soll nicht geschehen, sprach der Herr, Jehova.

Also ließ er mich sehen: Siehe, der 7 Herr stand auf einer senkrechten Mauer, und ein Senkblei war in seiner Hand. Und Jehova sprach zu mir: Was 8 siehst du, Amos? Und ich sprach: Ein Senkblei. Und der Herr sprach: Siehe, ich lege ein Senkblei an mein Volk Israel, in seiner Mitte; ich werde fortan nicht mehr *schonend* an ihm vorübergehen. Und die Höhen Isaaks wer- 9 den verwüstet und die Heiligtümer Israels zerstört werden, und ich werde mit dem Schwerte wider das Haus Jerobeams aufstehen.

Da sandte Amazja, der Priester von 10 Bethel, zu Jerobeam, dem König von Israel, und ließ *ihm* sagen: Amos hat eine Verschwörung wider dich angestiftet inmitten des Hauses Israel; das Land wird alle seine Worte nicht zu ertragen vermögen; denn so spricht 11 Amos: Jerobeam wird durchs Schwert sterben, und Israel wird gewißlich aus seinem Lande weggeführt werden. Und Amazja sprach zu Amos: Seher, 12 geh, entfliehe in das Land Juda; und iß dort dein Brot, und dort magst du weissagen. Aber in Bethel sollst du 13 fortan nicht mehr weissagen; denn dies ist ein Heiligtum des Königs, und dies ein königlicher Wohnsitz. Und Amos 14 antwortete und sprach zu Amazja: Ich war kein Prophet und war kein Prophetensohn *l*, sondern ich war ein Viehhirt und las Maulbeerfeigen. Und Je- 15 hova nahm mich hinter dem Kleinvieh weg, und Jehova sprach zu mir: Gehe hin, weissage meinem Volke Israel. — Und nun höre das Wort Jehovas: Du 16 sprichst: Du sollst nicht weissagen über Israel und sollst nicht reden *m* über

---

a Hebr. malkam; wahrsch. eine Anspielung auf Milkom (Molech). — *b* O. ihr habt den Sikkut, euren König, und den Kijun (Kaiwan = Saturn), eure Götzenbilder, getragen. — *c* Eig. den Namhaften. — *d* In Babylonien am Flusse Tigris gelegen. — *e* d. i. sein naher Verwandter. — *f* Eig. sein Verbrenner, weil die Toten so zahlreich sein würden, daß man sie verbrennen muß. — *g* Eig. in Risse. — *h* And. l.: oder pflügt man das Meer mit dem Rinde? — *i* d. i. Macht. — *j* O. Steppe, Hebr. Araba; d. h. wahrsch. bis zu dem Grenzflusse zwischen Moab und Edom. (Vergl. 2. Kön. 14, 25.) — *k* Eig. zu rechten; vergl. Jes. 66, 16. — *l* d. h. Mitglied einer Prophetenschule, wie auch 1. Kön. 20, 35. — *m* Eig. Worte träufeln.

17 das Haus Isaak. Darum spricht Jehova also: Dein Weib wird zur Hure werden in der Stadt, und deine Söhne und deine Töchter werden durchs Schwert fallen, und dein Land wird verteilt werden mit der Meßschnur, und du selbst wirst in einem unreinen Lande sterben; und Israel wird gewißlich aus seinem Lande weggeführt werden.

8 Also ließ mich der Herr, Jehova, sehen: Siehe, ein Korb mit reifem Obst.

2 Und er sprach: Was siehst du, Amos? Und ich sprach: Einen Korb mit reifem Obst. Und Jehova sprach zu mir: Das Ende ist über mein Volk Israel *a* gekommen, ich werde fortan nicht mehr *schonend* an ihm vorübergehen.

3 Und die Gesänge des Palastes werden sich in Geheul verwandeln *b* an jenem Tage, spricht der Herr, Jehova. Leichen in Menge, aller Orten hat er *c* sie hingeworfen . . . Still!

4 Höret dieses, die ihr nach dem Dürftigen schnaubet und nach der Vernichtung der Sanftmütigen *d* im Lande,

5 und sprechet: Wann ist der Neumond vorüber, daß wir Getreide verkaufen, und der Sabbath, daß wir *die* Kornspeicher auftun; um das Epha zu verkleinern und den Sekel zu vergrößern und die Wage des Betrugs zu fälschen;

6 um die Armen für Geld *e*, und den Dürftigen um ein Paar Schuhe zu kaufen; und damit wir den Abfall des Korns

7 verkaufen? Jehova hat geschworen bei dem Stolze Jakobs *f*: Wenn ich alle ihre Werke vergessen werde ewiglich!

8 Sollte das Land darob nicht erbeben, und jeder, der darin wohnt, nicht trauern? Und es wird insgesamt emporsteigen wie der Nil, und aufwogen und zurücksinken wie der Strom Aegyp-

9 tens. Und es wird geschehen an jenem Tage, spricht der Herr, Jehova, da werde ich die Sonne untergehen lassen am Mittag und Finsternis über die Er-

10 de bringen am lichten Tage. Und ich werde eure Feste in Trauer verwandeln und alle eure Gesänge in Klagelieder, und werde auf alle Lenden Sacktuch und auf jedes Haupt eine Glatze bringen; und ich werde es machen gleich der Trauer um den Eingeborenen, und das Ende davon wie einen

11 bittern Tag. — Siehe, Tage kommen, spricht der Herr, Jehova, da werde ich einen Hunger in das Land senden, nicht einen Hunger nach Brot und nicht einen Durst nach Wasser, sondern die

12 Worte Jehovas zu hören. Und sie werden umherschweifen von Meer zu Meer und vom Norden bis zum Osten; sie werden umherlaufen, um das Wort Jehovas zu suchen, und werden es nicht

13 finden. An jenem Tage werden die schönen Jungfrauen und die Jünglin-

14 ge vor Durst verschmachten *g*, die da schwören bei der Schuld Samarias und sprechen: So *wahr* dein Gott lebt, Dan!

und: So *wahr* der Weg nach Beerseba lebt! und sie werden fallen und nicht mehr aufstehen.

9 Und ich sah den Herrn an *h* dem Altar stehen; und er sprach: Schlage auf den *Säulen*knauf, daß die Schwellen erbeben, und zerschmettere sie auf ihrer aller Haupt; und ich werde ihren Rest *i* mit dem Schwerte umbringen; kein Flüchtling von ihnen soll entfliehen und kein Entronnener von

2 ihnen davonkommen. Wenn sie in den Scheol einbrechen, wird von dort meine Hand sie holen; und wenn sie in den Himmel hinaufsteigen, werde ich

3 von dort sie herniederbringen; und wenn sie sich auf den Gipfel des Karmel verbergen, werde ich von dort sie hervorsuchen und holen; und wenn sie sich, vor meinen Augen hinweg, im Grunde des Meeres verstecken, werde ich von dort die Schlange entbieten,

4 und sie wird sie beißen; und wenn sie vor ihren Feinden her in Gefangenschaft ziehen, werde ich von dort das Schwert entbieten, und es wird sie umbringen. Und ich werde mein Auge wider sie richten zum Bösen und nicht zum Guten.

5 Und der Herr, Jehova der Heerscharen, der das Land *i* anrührt, und es zerfließt, und es trauern alle, die darin wohnen, und es steigt empor insgesamt, wie der Nil, und sinkt zurück,

6 wie der Strom Aegyptens; der seine Obergemächer im Himmel gebaut und seine Gewölbe über der Erde gegründet hat; der den Wassern des Meeres ruft und sie ausgießt über die Fläche der Erde: Jehova ist sein Name.

7 Seid ihr mir nicht wie die Kinder der Aethiopier, Kinder Israel? spricht Jehova. Habe ich nicht Israel aus dem Lande Aegypten heraufgeführt, und die Philister aus Kaphtor und die Syrer

8 aus Kir? Siehe, die Augen des Herrn, Jehovas, sind wider das sündige Königreich, und ich will es vom Erdboden hinweg vertilgen; nur daß ich das Haus Jakob nicht gänzlich vertilgen

9 werde, spricht Jehova. Denn siehe, ich will gebieten und will das Haus Israel unter allen Nationen schütteln, wie *Getreide* in einem Siebe geschüttelt wird; und nicht ein Körnchen wird

10 zur Erde fallen. Alle Sünder meines Volkes werden durchs Schwert sterben, die da sprechen: Das Unglück wird uns nicht nahen und nicht an uns herankommen.

11 An jenem Tage werde ich die verfallene Hütte Davids aufrichten und ihre Risse vermauern und ihre Trümmer aufrichten, und ich werde sie bauen wie in den Tagen vor alters; auf daß

12 sie *k* den Ueberrest Edoms und all die Nationen in Besitz nehmen, über welche mein Name genannt werden wird *l*, spricht Jehova, der dieses tut. Siehe, 13

---

a Eig. an . . . heran. — *b* W. werden heulen. — *c* Jehova. — *d* O. Demütigen. — *e* Vergl. 3. Mose 25, 39. — *f* d. h. bei dem, worauf Jakob stolz ist; O. bei der Hoheit, Herrlichkeit Jakobs. — *g* Eig. ohnmächtig hinsinken. — *h* O. auf, über. — *i* Eig. ihr Letztes. — *j* O. die Erde. — *k* d. h. die Kinder Israel. — *l* d. h. welche nach meinem Namen genannt sein werden.

Tage kommen, spricht Jehova, da der Pflüger an den Schnitter und der Traubentreter in den Säemann reichen wird; und die Berge werden träufeln von Most, und alle Hügel werden zerfließen. 14 Und ich werde die Gefangenschaft meines Volkes Israel wenden; und sie werden die verwüsteten Städte aufbauen und bewohnen, und Weinberge pflanzen und deren Wein trinken, und Gärten anlegen und deren Frucht essen. Und ich werde sie in 15 ihrem Lande pflanzen; und sie sollen nicht mehr herausgerissen werden aus ihrem Lande, das ich ihnen gegeben habe, spricht Jehova, dein Gott.

Der Prophet Obadja

1 Gesicht Obadjas.

So spricht der Herr, Jehova, von Edom: Eine Kunde haben wir von Jehova gehört, und ein Bote ist unter die Nationen gesandt worden: „Machet euch auf, und laßt uns wider dasselbe 2 aufstehen zum Kriege!" Siehe, ich habe dich klein gemacht unter den Na- 3 tionen, du bist sehr verachtet. Der Uebermut deines Herzens hat dich verführt, der du in Felsenklüften, auf hohem Sitze wohnst *und* in deinem Herzen sprichst: Wer wird mich zur Er- 4 de hinabstürzen? Wenn du dein Nest auch hoch baust wie der Adler, und wenn es zwischen die Sterne gesetzt wäre: ich werde dich von dort hinab- 5 stürzen, spricht Jehova. Wenn Diebe über dich gekommen wären, wenn nächtliche Räuber — wie bist du vernichtet! — würden sie nicht gestohlen haben nach ihrer Genüge? Wenn Winzer über dich gekommen wären, würden sie nicht eine Nachlese übrigge- 6 lassen haben? Wie sind die von Esau durchsucht, ausgeforscht ihre verborgenen Schätze! 7 Alle deine Bundesgenossen haben dich bis zur Grenze geschickt; betrogen, überwältigt haben dich deine Freunde, die dein Brot aßen *a*; sie legten eine Schlinge unter dich. Es ist 8 kein Verstand in ihm. Werde ich nicht an jenem Tage, spricht Jehova *b*, die Weisen aus Edom vertilgen und den 9 Verstand vom Gebirge Esaus? Und deine Helden, Teman, werden verzagen, auf daß jedermann vom Gebirge Esaus ausgerottet werde durch Ermor- 10 dung. Wegen der an deinem Bruder Jakob verübten Gewalttat wird Schande dich bedecken, und du wirst aus- 11 gerottet werden auf ewig. An dem Tage, da du gegenüber standest, an dem Tage, da Fremde sein Vermögen hinwegführten, und Ausländer zu seinen Toren einzogen und über Jerusalem das Los warfen, da warst auch du wie 12 einer von ihnen. Und du solltest nicht auf den Tag deines Bruders sehen *c* am Tage seines Mißgeschicks, und dich nicht freuen über die Kinder Juda am Tage ihres Untergangs, noch dein Maul aufsperren am Tage der Bedrängnis; du solltest nicht in das Tor meines 13 Volkes einziehen am Tage seiner Not, und du, auch du, nicht auf sein Unglück sehen am Tage seiner Not, noch deine Hand ausstrecken nach *d* seinem Vermögen am Tage seiner Not; und 14 du solltest nicht am Kreuzwege stehen, um seine Flüchtlinge zu vertilgen, und solltest seine Entronnenen *e* nicht ausliefern am Tage der Bedrängnis. Denn der Tag Jehovas ist nahe 15 über *f* alle Nationen: wie du getan hast, wird dir getan werden; dein Tun wird auf dein Haupt zurückkehren. Denn 16 gleichwie ihr getrunken habt auf meinem heiligen Berge, so werden beständig trinken alle Nationen; ja, sie werden trinken und schlürfen, und werden sein wie solche, die nie gewesen sind.

Aber auf dem Berge Zion wird Er- 17 rettung sein *g*, und er wird heilig sein; und die vom Hause Jakob werden ihre Besitzungen *wieder* in Besitz nehmen *h*. Und das Haus Jakob wird ein 18 Feuer sein, und das Haus Joseph eine Flamme, und das Haus Esau zu Stoppeln; und sie werden unter ihnen brennen und sie verzehren. Und dem Hause Esau wird keinen Uebriggebliebenen haben, denn Jehova hat geredet. Und 19 die vom Süden werden das Gebirge Esaus, und die von der Niederung die Philister in Besitz nehmen; und sie *i* werden das Gefilde Ephraims und das Gefilde Samarias, und Benjamin wird Gilead in Besitz nehmen; und die Weg- 20 geführten dieses Heeres der Kinder Israel werden in Besitz nehmen, was den Kanaanitern gehört bis nach Zarpath *j* hin; und die Weggeführten von Jerusalem, welche in Sepharad sind, die Städte des Südens. Und es werden 21 Retter auf den Berg Zion ziehen, um das Gebirge Esaus zu richten; und das Reich *k* wird Jehova gehören.

---

a Eig. die Männer deines Friedens, deines Brotes. Der hebr. Text ist nicht klar. — *b* Eig. ist der Spruch Jehovas. — *c* Eig. mit Vergnügen (Schadenfreude) sehen; so auch V. 13. — *d* Eig. noch langen nach. — *e* O. Uebriggebliebenen. — *f* O. wider. — *g* O. werden Entronnene sein. — *h* O. besitzen. — *i* nämlich die Uebrigen von Juda. — *j* Hebr. Zarephat. — *k* O. Königtum.

Der Prophet Jona

1 Und das Wort Jehovas geschah zu Jona, dem Sohne Amittais *a*, also: Ma-2 che dich auf, geh nach Ninive, der großen Stadt, und predige wider sie; denn ihre Bosheit ist vor mich heraufgestiegen.

3 Aber Jona machte sich auf, um von dem Angesicht Jehovas hinweg nach Tarsis *b* zu fliehen; und er ging nach Japho *c* hinab und fand ein Schiff, das nach Tarsis fuhr; und er gab sein Fährgeld und stieg in dasselbe hinab, um mit ihnen nach Tarsis zu fahren von dem Angesicht Jehovas hinweg.

4 Da warf Jehova einen heftigen Wind auf das Meer, und es entstand ein großer Sturm auf dem Meere, sodaß das 5 Schiff zu zerbrechen drohte. Und die Seeleute fürchteten sich und schrieen, ein jeder zu seinem Gott; und sie warfen die Geräte, welche im Schiffe waren, ins Meer, um sich zu erleichtern. Jona aber war in die unteren Schiffsraum hinabgestiegen, und hatte sich hingelegt und war in tiefen Schlaf ge-6 sunken. Und der Obersteuermann trat zu ihm hin und sprach zu ihm: Was ist mit dir, du Schläfer? Stehe auf, rufe deinen Gott an! vielleicht wird der Gott unser gedenken, daß wir 7 nicht umkommen. Und sie sprachen einer zum anderen: Kommt und laßt uns Lose werfen, damit wir erfahren, um wessentwillen dieses Unglück uns trifft. Und sie warfen Lose, und das Los fiel auf Jona.

8 Da sprachen sie zu ihm: Tue uns doch kund, um wessentwillen dieses Unglück uns trifft! Was ist dein Geschäft, und woher kommst du? Welches ist dein Land, und von welchem 9 Volke bist du? Und er sprach zu ihnen: Ich bin ein Hebräer; und ich fürchte Jehova, den Gott des Himmels, der das Meer und das Trockene gemacht hat. 10 Da fürchteten sich die Männer mit großer Furcht und sprachen zu ihm: Was hast du getan! Denn die Männer wußten, daß er von dem Angesicht Jehovas hinwegfloh; denn er hatte es 11 ihnen kundgetan. Und sie sprachen zu ihm: Was sollen wir dir tun, damit das Meer sich gegen uns beruhige? 12 scher *d*. Und er sprach zu ihnen: Nehmet mich und werfet mich ins Meer, so wird das Meer sich gegen euch beruhigen; denn ich weiß, daß dieser große Sturm um meinetwillen über 13 euch *gekommen ist.* Und die Männer

ruderten hart *e*, um *das Schiff* ans Land zurückzuführen; aber sie vermochten es nicht, weil das Meer immer stürmischer gegen sie wurde. Da 14 riefen sie zu Jehova und sprachen: Ach, Jehova! laß uns doch nicht umkommen um der Seele dieses Mannes willen, und lege nicht unschuldiges Blut auf uns; denn du, Jehova, hast getan, wie es dir gefallen hat. Und 15 sie nahmen Jona und warfen ihn ins Meer. Da ließ das Meer ab *f* von seinem Wüten. Und die Männer fürchte-16 ten sich vor Jehova mit großer Furcht, und sie schlachteten Schlachtopfer und taten Gelübde dem Jehova.

Und Jehova bestellte einen großen **2** Fisch, um Jona zu verschlingen; und Jona war im Bauche des Fisches drei 2 Tage und drei Nächte. Und Jona betete zu Jehova, seinem Gott, aus dem Bauche des Fisches und sprach:

Ich rief aus meiner Bedrängnis zu 3 Jehova, und er antwortete mir; ich schrie aus dem Schoße des Scheols, du hörtest meine Stimme.

Denn du hattest mich in die Tiefe, in 4 das Herz der Meere geworfen, und der Strom umschloß mich; alle deine Wogen und deine Wellen fuhren über mich hin.

Und ich sprach *g*: Verstoßen bin ich 5 aus deinen Augen; dennoch werde ich wieder hinschauen nach deinem heiligen Tempel.

Die Wasser umfingen mich bis an die 6 Seele, die Tiefe umschloß mich, das Meergras schlang sich um mein Haupt.

Ich fuhr hinab zu den Gründen der 7 Berge; der Erde Riegel waren hinter mir auf ewig. Da führtest du mein Leben aus der Grube herauf, Jehova, mein Gott.

Als meine Seele in mir verschmach-8 tete, gedachte ich Jehovas, und zu dir kam mein Gebet in deinen heiligen Tempel *h*.

Die auf nichtige Götzen achten, ver-9 lassen ihre Gnade *i*.

Ich aber werde dir opfern mit der 10 Stimme des Lobes *j*; was ich gelobt habe werde ich bezahlen. Bei Jehova *k* ist die Rettung.

Und Jehova befahl dem Fische, und 11 er spie Jona an das Land aus.

Und das Wort Jehovas geschah zum **3** zweiten Male zu Jona also: Mache dich auf, geh nach Ninive, der gro-2 ßen Stadt, und rufe ihr die Botschaft aus, die ich dir sagen werde.

Da machte sich Jona auf und ging 3

---

a S. 2. Kön. 14, 25. — *b* Eine phönizische Ansiedlung in Spanien. — *c* Joppe. — *d* O. stürmte fort und fort; so auch V. 13. — *e* W. wollten durchbrechen. — *f* Eig. Da stand das Meer still. — *g* Eig. Ich zwar sprach. — *h* O. Palast. — *i* O. ihre Güte, d. h. den, der ihre Güte ist; vergl. Ps. 144, 2. — *j* O. Dankes. — *k* Eig. Jehovas.

nach Ninive, nach dem Worte Jehovas. Ninive war aber eine außerordentlich
4 große Stadt *a* von drei Tagereisen. Und Jona begann in die Stadt hineinzugehen eine Tagereise *weit*, und er rief und sprach: Noch vierzig Tage, so ist
5 Ninive umgekehrt! Und die Leute von Ninive glaubten Gott; und sie riefen ein Fasten aus und kleideten sich in Sacktuch, von ihrem Größten bis zu
6 ihrem Kleinsten. Und das Wort *b* gelangte an den König von Ninive; und er stand von seinem Throne auf und legte seinen Mantel ab, und hüllte sich in Sacktuch und setzte sich in die
7 Asche. Und er ließ in Ninive, auf Befehl des Königs und seiner Großen, ausrufen und sagen: Menschen und Vieh, Rinder und Kleinvieh sollen gar nichts kosten, sie sollen nicht weiden
8 und kein Wasser trinken; und Menschen und Vieh sollen mit Sacktuch bedeckt sein und sollen heftig zu Gott rufen; und sie sollen umkehren, ein jeder von seinem bösen Wege und von dem Unrecht, das in ihren Händen
9 ist. Wer weiß? Gott möchte sich wenden und sich gereuen lassen, und umkehren von der Glut seines Zornes, daß wir nicht umkommen.
10 Und Gott sah ihre Werke, daß sie von ihrem bösen Wege umgekehrt waren; und Gott ließ sich des Uebels gereuen, wovon er geredet hatte, daß er es ihnen tun wolle, und tat es nicht.

4 Und es verdroß Jona sehr, und er wurde zornig. Und er betete zu Jeho
2 va und sprach: Ach, Jehova! war das nicht mein Wort, als ich noch in meinem Lande war? Darum kam ich zuvor, indem ich nach Tarsis entfloh; denn ich wußte, daß du ein gnädiger und barmherziger Gott *c* bist, langsam zum Zorn und groß an Güte, und der

sich des Uebels gereuen läßt. Und nun, 3 Jehova, nimm doch meine Seele von mir; denn es ist besser, daß ich sterbe, als daß ich lebe. Und Jehova sprach: 4 Ist es recht, daß du zürnest?

Und Jona ging aus der Stadt hin 5 aus und setzte sich gegen Osten der Stadt. Und er machte sich daselbst eine Hütte; und er saß darunter im Schatten, bis er sähe, was mit der Stadt geschehen würde. Und Jehova 6 Gott bestellte einen Wunderbaum *d* und ließ ihn über Jona emporwachsen, damit Schatten über seinem Haupte wäre, um ihn von seinem Mißmut zu befreien; und Jona freute sich über den Wunderbaum mit großer Freude. — Aber Gott bestellte einen Wurm am 7 folgenden Tage, beim Aufgang der Morgenröte; und dieser stach den Wunderbaum, daß er verdorrte. Und es ge 8 schah, als die Sonne aufging, da bestellte Gott einen schwülen Ostwind; und die Sonne stach Jona aufs Haupt, daß er ermattet niedersank. Und er begehrte, daß seine Seele stürbe, und sprach: Es ist besser, daß ich sterbe, als daß ich lebe.

Und Gott sprach zu Jona: Ist es 9 recht, daß du wegen des Wunderbaumes zürnest? Und er sprach: Mit Recht zürne ich bis zum Tode! Und Jehova 10 sprach: Du erbarmst dich des Wunderbaumes *e*, um welchen du dich nicht gemüht und den du nicht großgezogen hast, der als Sohn einer Nacht entstand und als Sohn einer Nacht zu Grunde ging; und ich sollte mich Ni 11 nives, der großen Stadt, nicht erbarmen, in welcher mehr als hundertundzwanzigtausend Menschen sind, die nicht zu unterscheiden wissen zwischen ihrer Rechten und ihrer Linken, und eine Menge Vieh?

Der Prophet Micha

1 Das Wort Jehovas, welches zu Micha, dem Moraschtiter *f*, geschah in den Tagen Jothams, Ahas' und Hiskias, der Könige von Juda, das er schaute über Samaria und Jerusalem.
2 Höret, ihr Völker alle, merke auf, du Erde und ihre Fülle! Und der Herr, Jehova, sei zum Zeugen wider euch, der Herr aus seinem heiligen Palast!
3 Denn siehe, Jehova geht aus von seiner Stätte und kommt herab und schreitet einher auf den Höhen der Erde.
4 Und die Berge zerschmelzen unter ihm, und die Täler spalten sich wie das Wachs vor dem Feuer, wie Was
5 ser, ausgegossen am Abhange. Das alles wegen der Uebertretung Jakobs und wegen der Sünden des Hauses Israel. Von wem geht die Uebertretung

Jakobs aus? ist es nicht Samaria? Und von wem die Höhen *h* Judas? ist es nicht Jerusalem? So werde ich Sama 6 ria zu einem Steinhaufen des Feldes, zu Weinbergpflanzungen machen, und ich werde ihre Steine ins Tal hinabstürzen und ihre Grundfesten entblößen. Und alle ihre gegossenen Bilder 7 werden zerschlagen und alle ihre Hurengeschenke mit Feuer verbrannt werden, und ich werde alle ihre Götzenbilder zur Wüste machen; denn sie hat sie durch Hurenlohn gesammelt, und zum Hurenlohn sollen sie wieder werden.

Darum will ich klagen und heulen, 8 will entblößt *i* und nackt *j* einhergehen; ich will eine Wehklage halten gleich den Schakalen, und eine Trauer

---

a W. eine Stadt groß für Gott. — *b* O. die Sache. — *c* El. — *d* Hebr. Kikajon; wahrsch. eine Rizinusstaude. — *e* Eig. Du läßt es dir leid sein um den Wunderbaum. — *f* d. h. von Morescheth (bei Gath) in Juda. — *g* O. des Abfalls. — *h* Eig. Wer ist die Uebertretung Jakobs? ... Und wer die Höhen usw. — *i* Eig. beraubt, geplündert. — *j* d. h. ohne Oberkleid.

9 gleich den Straußen. Denn ihre Schläge sind tödlich; denn es kommt bis Juda, es reicht bis an das Tor meines Volkes, bis an Jerusalem. Berichtet es nicht in Gath, weinet nur nicht a!
10 Zu Beth-Leaphra wälze ich mich b im Staube. Ziehe hin c, Bewohnerin von Schaphir, in schimpflicher Blöße; die Bewohnerin von Zaanan ist nicht ausgezogen; die Wehklage Beth-Ezels
11 wird dessen Rastort von euch wegnehmen d. Denn die Bewohnerin von Maroth zittert wegen ihrer Habe; denn von seiten Jehovas ist Unglück zum To-
12 re Jerusalems herabgekommen. Spanne die Renner an den Wagen, Bewohnerin von Lachis! Der Anfang der Sünde war es e für die Tochter Zion; denn in dir sind die Uebertretungen
13 Israels gefunden worden. Darum wirst du Morescheth-Gath ein Entlassungsgeschenk geben f. Die Häuser von Aksib werden zu einem trügerischen Ba-
14 che für die Könige von Israel. Noch werde ich den Besitznehmer dir bringen, Bewohnerin von Marescha g. Bis Adullam werden kommen h die Edlen
15 von Israel. Mache dich kahl und schere dich um der Kinder deiner Wonne willen, mache deine Glatze breit wie die des Geiers; denn sie sind von dir hinweggeführt.

2 Wehe denen, die Unheil sinnen und Böses vorbereiten auf ihren Lagern! Beim Morgenlicht führen sie es aus, weil es in der Macht ihrer Hand steht.
2 Und sie begehren nach Aeckern und rauben sie, und nach Häusern und nehmen sie weg; und sie verüben Gewalttat an dem Manne und seinem Hause, an dem Menschen und seinem
3 Erbteil. Darum, so spricht Jehova: Siehe, ich sinne ein Unglück wider i dieses Geschlecht, aus dem ihr eure Hälse nicht ziehen und unter welchem ihr nicht hoch einhergehen werdet;
4 denn es ist eine böse Zeit. An jenem Tage wird man einen Spruch über euch anheben und ein Klagelied anstimmen. Es ist geschehen! wird man sagen; wir sind gänzlich verwüstet: das Teil meines Volkes vertauscht er; wie entzieht er es mir! dem Abtrün-
5 nigen verteilt er unsere Felder. Darum wirst du niemand haben, der in der Versammlung Jehovas die Meßschnur wirft, um ein Los zu bestimmen j.
6 „Weissaget k nicht", weissagen sie l. Weissagt man nicht jenen m, so wird
7 die Schmach nicht weichen. Du, Haus Jakob genannt, ist Jehova ungeduldig n? oder sind dies seine Taten? Sind meine Worte nicht gütig gegen den,

der aufrichtig o wandelt? Aber noch 8 unlängst lehnte sich mein Volk als Feind auf: vom Oberkleide ziehet ihr den Mantel denen ab, die sorglos vorübergehen, vom Kriege abgewandt sind; die Weiber meines Volkes ver- 9 treibet ihr aus dem Hause ihrer Wonne, von ihren Kindern nehmet ihr meinen Schmuck auf immer. — Machet 10 euch auf und ziehet hin! denn dieses Land ist der Ruheort nicht, um der Verunreinigung willen, die Verderben bringt, und zwar gewaltiges Verderben. Wenn ein Mann da ist, der dem 11 Winde nachgeht und betrügerisch lügt: „Ich will dir weissagen von Wein und von starkem Getränk", der wird ein Prophet dieses Volkes sein.

Sammeln werde ich dich, Jakob, 12 ganz sammeln; versammeln, ja, versammeln werde ich den Ueberrest Israels. Ich werde ihn zusammenbringen wie die Schafe von Bozra, wie eine Herde inmitten ihrer Trift; sie werden lärmen vor Menge der Menschen. Der Durchbrecher zieht herauf 13 vor ihnen her; sie brechen durch, und ziehen durch das Tor und gehen durch dasselbe hinaus; und ihrKönig zieht vor ihnen her, und Jehova an ihrer Spitze.

Und ich sprach: Höret doch, ihr **3** Häupter Jakobs und ihr Fürsten des Hauses Israel: Ist es nicht an euch, das Recht zu kennen? die ihr das 2 Gute hasset und das Böse liebet; die ihr ihnen die Haut abziehet und das Fleisch von ihren Gebeinen; und die 3 ihr das Fleisch meines Volkes fresset, und ihre Haut von ihnen abstreifet, und ihre Gebeine zerbrechet und zerstücket wie in einem Topfe und wie Fleisch inmitten des Kessels. Dann 4 werden sie zu Jehova schreien, und er wird ihnen nicht antworten; und er wird sein Angesicht vor ihnen verbergen zu jener Zeit, gleichwie sie ihre Handlungen böse gemacht haben.

So spricht Jehova über die Prophe- 5 ten, die mein Volk irreführen, welche mit ihren Zähnen beißen und Frieden rufen p; und wer ihnen nichts ins Maul gibt, wider den heiligen sie einen Krieg q: Darum soll es euch Nacht wer- 6 den, ohne Gesicht, und Finsternis werden, ohne Wahrsagung; und die Sonne wird über den Propheten untergehen, und der Tag über ihnen schwarz werden. Und die Seher werden be- 7 schämt und die Wahrsager zu Schanden werden, und sie werden allesamt den Bart verhüllen, weil keine Antwort Gottes da ist. Ich hingegen, ich 8 bin mit Kraft erfüllt durch den Geist

---

a Eig. weinet nicht weinend. — b Nach and. Les.: wälze dich. — c O. vorüber. — d d. h. es euch unmöglich machen, dort zu rasten. O. das Unglück wird nicht bei Beth-Ezel stehen bleiben. — e näml. Lachis. — f d. h. auf Morescheth-Gath verzichten müssen. — g In den Versen 10—15 bilden die meisten Städtenamen ein Wortspiel: Beth-Leaphra = Staubheim, Schaphir = Schönstadt, Zaanan = Auszug, Maroth = Bitterkeiten, Morescheth = Besitztum, Aksib = Trug, Marescha = Besitz. — h d. h. wahrsch. sich dort verbergen müssen. — i O. über. — j Eig. der . . . die Meßschnur als Los wirft. — k Eig. Träufelt Worte; so auch nachher. — l d. h. die falschen Propheten. — m d. h. den in V. 1 u. 2 angeführten Gottlosen. — n O. zornmütig. — o O. rechtschaffen. — p d. h. welche, wenn sie etwas mit ihren Zähnen zu beißen haben, Frieden (od. Wohlfahrt) verkündigen. — q S. die Anm. zu Jer. 6, 4.

Jehovas, und mit Recht und Stärke, um Jakob seine Uebertretung *a* kundzutun und Israel seine Sünde.

9 Höret doch dieses, ihr Häupter des Hauses Jakob und ihr Fürsten des Hauses Israel, die ihr das Recht verabscheuet und alles Gerade krümmet;

10 die ihr Zion mit Blut bauet und Je-

11 rusalem mit Unrecht. Seine Häupter richten um Geschenke, und seine Priester lehren um Lohn, und seine Propheten wahrsagen um Geld; und sie stützen sich auf Jehova und sagen: Ist nicht Jehova in unserer Mitte? kein Unglück wird über uns kommen!

12 Darum wird euretwegen Zion als Akker gepflügt werden, und Jerusalem wird zu Trümmerhaufen und der Berg des Hauses zu Waldeshöhen werden *b*.

4 Und es wird geschehen am Ende der Tage, da wird der Berg des Hauses Jehovas feststehen auf dem Gipfel der Berge und erhaben sein über die Hügel. Und Völker werden zu ihm strö-

2 men; und viele Nationen werden hingehen und sagen: Kommt und laßt uns hinaufziehen zum Berge Jehovas und zum Hause des Gottes Jakobs! Und er wird uns belehren aus seinen Wegen, und wir wollen wandeln auf seinen Pfaden. Denn von Zion wird ausgehen das Gesetz *c*, und das Wort

3 Jehovas von Jerusalem; und er wird richten zwischen vielen Völkern und Recht sprechen mächtigen Nationen bis in die Ferne. Und sie werden ihre Schwerter zu Pflugmessern schmieden, und ihre Speere zu Winzermessern; nicht wird Nation wider Nation das Schwert erheben, und sie werden den Krieg nicht mehr lernen *d*.

4 Und sie werden sitzen, ein jeder unter seinem Weinstock und unter seinem Feigenbaum, und niemand wird sie aufschrecken. Denn der Mund Jehovas

5 der Heerscharen hat geredet. Denn alle Völker werden wandeln, ein jedes im Namen seines Gottes; wir aber werden wandeln im Namen Jehovas, unseres Gottes, immer und ewiglich. —

6 An jenem Tage, spricht Jehova *e*, werde ich das Hinkende sammeln und das Vertriebene zusammenbringen, und

7 dem ich Uebles getan habe. Und ich werde das Hinkende zu einem Ueberrest und das Weitentfernte zu einer gewaltigen Nation machen; und Jehova wird König über sie sein auf dem Berge Zion, von nun an bis in Ewig-

8 keit. Und du Herdenturm, du Hügel der Tochter Zion, zu dir wird gelangen und zu dir wird kommen die frühere Herrschaft, das Königtum der Tochter Jerusalem.

9 Nun, warum erhebst du ein Geschrei? Ist kein König in dir? oder ist dein Ratgeber umgekommen, daß dich Wehen ergriffen haben der Gebärenden

10 gleich? Kreiße und stöhne *f*, Tochter Zion, gleich einer Gebärenden!

denn nun wirst du aus der Stadt hinausziehen und auf dem Felde wohnen und bis nach Babel kommen. — Daselbst wirst du errettet werden, daselbst wird Jehova dich aus der Hand deiner Feinde erlösen. Und nun haben 11 sich viele Nationen wider dich versammelt, die da sprechen: Sie werde entweiht, und unsere Augen mögen an Zion ihre Lust sehen! Aber sie ken- 12 nen nicht die Gedanken Jehovas und verstehen nicht seinen Ratschluß; denn er hat sie gesammelt, wie *man* Garben auf die Tenne *sammelt*. Mache dich 13 auf und drisch, Tochter Zion! denn ich werde dein Horn zu Eisen und deine Hufe zu Erz machen, und du wirst viele Völker zermalmen; und ich werde ihren Raub *g* dem Jehova verbannen *h*, und ihr Vermögen dem Herrn der ganzen Erde. — Nun dränge dich 14 zusammen, Tochter des Gedränges: man hat eine Belagerung gegen uns gerichtet; mit dem Stabe schlagen sie den Richter Israels auf den Backen.

Und du, Bethlehem-Ephrata, zu **5** klein, um unter den Tausenden von Juda zu sein, aus dir wird mir hervorkommen, der Herrscher über Israel sein soll; und seine Ausgänge *i* sind von der Urzeit, von den Tagen der Ewigkeit her. Darum wird er sie da- 2 hingeben bis zur Zeit, da eine Gebärende geboren hat; und der Rest seiner Brüder wird zurückkehren samt *j* den Kindern Israel. Und er wird da- 3 stehen *k* und *seine Herde* weiden in der Kraft Jehovas, in der Hoheit des Namens Jehovas, seines Gottes. Und sie werden wohnen *l*; denn nun wird er groß sein bis an die Enden der Erde. Und dieser wird Friede sein. Wenn 4 Assyrien in unser Land kommen und wenn es in unsere Paläste treten wird, so werden wir sieben Hirten und acht Menschenfürsten *m* gegen dasselbe aufstellen. Und sie werden das Land 5 Assyrien mit dem Schwerte weiden, und das Land Nimrods in seinen Toren; und er wird *uns* von Assyrien erretten, wenn es in unser Land kommen und wenn es in unsere Grenzen treten wird. Und der Ueberrest Jakobs wird 6 inmitten vieler Völker sein wie ein Tau von Jehova, wie Regenschauer auf das Kraut, der nicht auf Menschen wartet und nicht auf Menschenkinder harrt. Und der Ueberrest Jakobs wird 7 unter den Nationen, inmitten vieler Völker, sein wie ein Löwe unter den Tieren des Waldes, wie ein junger Löwe unter den Schafherden, der, wenn er hindurchgeht, zertritt und zerreißt, und niemand errettet. — Hoch erho- 8 ben sei deine Hand über deine Bedränger, und alle deine Feinde mögen ausgerottet werden!

Und es wird geschehen an jenem 9 Tage, spricht Jehova, da werde ich deine Rosse ausrotten aus deiner Mitte

---

a O. seinen Abfall. — *b* Vergl. Jer. 26, 18. — *c* O. die Lehre. — *d* Vergl. Jes. 2, 2—4. — *e* Eig. ist der Spruch Jehovas; so auch Kap. 5, 9. — *f* And. üb.: bringe (treibe) hervor. — *g* Eig. ihren unrechtmäßigen Gewinn. — *h* d. h. weihen; vergl. 3. Mose 27, 21 usw. — *i* d. h. Ursprünge. — *j* And.: zu. — *k* O. auftreten. — *l* d. h. ungestört in ihrem Lande bleiben. — *m* W. Eingesetzte, die Menschen sind.

10 und deine Wagen vernichten. Und
ich werde ausrotten die Städte deines
Landes und alle deine Festungen nie-
11 derreißen. Und ich werde die Wahr-
sagereien ausrotten aus deiner Hand,
und du wirst keine Zauberer mehr
12 haben. Und ich werde deine geschnitzten Bilder und deine Bildsäulen aus
deiner Mitte ausrotten, und du wirst
dich nicht mehr niederwerfen vor dem
13 Werke deiner Hände. Und ich werde
deine Ascherim herausreißen aus deiner Mitte und deine Städte vertilgen.
14 Und ich werde in Zorn und in Grimm
Rache üben an den Nationen, die nicht
gehört haben.

6 Höret doch, was Jehova sagt: Mache
dich auf, rechte vor den Bergen und
laß die Hügel deine Stimme hören!
2 Höret, ihr Berge, den Rechtsstreit
Jehovas, und ihr Unwandelbaren, ihr
Grundfesten der Erde! Denn Jehova
hat einen Rechtsstreit mit seinem Volke, und mit Israel wird er rechten.
3 „Mein Volk, was habe ich dir getan,
und womit habe ich dich ermüdet?
4 Lege Zeugnis gegen mich ab! Denn
ich habe dich aus dem Lande Aegypten heraufgeführt und aus dem Dienst-
hause*a* dich erlöst; und ich habe Mose, Aaron und Mirjam vor dir herge-
5 sandt. Mein Volk, gedenke doch, was
Balak, der König von Moab, beratschlagt, und was Bileam, der Sohn
Beors, ihm geantwortet hat, *dessen
was von Sittim bis Gilgal geschehen
ist;* auf daß du die gerechten Taten
Jehovas erkennest.“
6 „Womit soll ich vor Jehova treten,
mich beugen vor dem Gott der Höhe?
Soll ich vor ihn treten mit Brandop-
7 fern, mit einjährigen Kälbern? Wird
Jehova Wohlgefallen haben an Tausenden von Widdern, an Zehntausenden von Strömen Oels? Soll ich meinen Erstgeborenen geben für meine
Uebertretung, die Frucht meines Lei-
8 bes für die Sünde meiner Seele?“ Er
hat dir kundgetan, o Mensch, was gut
ist; und was fordert Jehova von dir,
als Recht zu üben und Güte zu lieben, und demütig zu wandeln mit deinem Gott?
9 Die Stimme Jehovas ruft der Stadt,
und dein Name hat Weisheit im Auge*b*: Höret auf die Zucht*rute* und wer
10 den, der sie bestellt! Sind noch im
Hause des Gesetzlosen Schätze der
Gesetzlosigkeit und das knappe, ver-
11 fluchte Epha? „Sollte ich rein sein bei
der Wage der Gesetzlosigkeit und bei
einem Beutel mit betrügerischen Ge-
12 wichtsteinen?“ Ihre Reichen sind voll
Gewalttat, und ihre Bewohner reden
Lügen, und ihre Zunge ist Trug in
13 ihrem Munde! So will auch ich dich
unheilbar schlagen, dich verwüsten um
14 deiner Sünden willen. Du wirst essen,
aber nicht satt werden, und dein In-

neres wird leer bleiben. Und du wirst
fortschaffen und nicht retten; und was
du rettest werde ich dem Schwerte
hingeben. Du wirst säen, aber nicht 15
ernten; du wirst Oliven keltern, aber
dich nicht mit Oel salben, und Most,
aber keinen Wein trinken. Und man 16
beobachtet eifrig die Satzungen Omris und alles Tun des Hauses Ahabs,
und ihr wandelt in ihren Ratschlägen:
auf daß ich dich zum Entsetzen mache und ihre *c* Bewohner zum Gezisch;
und ihr werdet die Schmach meines
Volkes tragen.

Wehe mir! denn mir ist es wie bei **7**
der Obstlese, wie bei der Nachlese der
Weinernte: keine Traube zu essen!
keine Frühfeige, die meine Seele begehrt! Der Gütige *d* ist aus dem Lan- 2
de verschwunden, und da ist kein
Rechtschaffener unter den Menschen:
allesamt lauern sie auf Blut, sie jagen
ein jeder seinen Bruder mit dem Netze. Nach dem Bösen sind beide Hän- 3
de *gerichtet,* um es wohl auszuführen.
Der Fürst fordert, und der Richter
richtet gegen Entgelt, und der Große
spricht die Gier seiner Seele aus *e,* und
sie flechten es ineinander. Der Beste 4
unter ihnen ist wie ein Dornstrauch,
der Rechtschaffenste wie eine Dornhecke *f.* — Der Tag deiner Wächter *g,*
deine Heimsuchung, ist gekommen;
dann wird ihre Verwirrung da sein.
Trauet nicht den Genossen, verlasset 5
euch nicht auf den Vertrauten; verwahre die Pforten deines Mundes vor
der, die an deinem Busen liegt. Denn 6
der Sohn verachtet den Vater, die Tochter lehnt sich auf gegen ihre Mutter, die
Schwiegertochter gegen ihre Schwiegermutter; des Mannes Feinde sind
seine Hausgenossen. — Ich aber will 7
nach Jehova ausschauen, will harren
auf den Gott meines Heils; mein Gott
wird mich erhören. Freue dich nicht 8
über mich, meine Feindin! denn bin
ich gefallen, so stehe ich wieder auf;
denn sitze ich in Finsternis, so ist
Jehova mein Licht. Den Grimm Je- 9
hovas will ich tragen, — denn ich
habe gegen ihn gesündigt — bis er
meinen Rechtsstreit führen und mir
Recht verschaffen wird. Er wird mich
herausführen an das Licht, ich werde
seine Gerechtigkeit anschauen. Und 10
meine Feindin soll es sehen, und Scham
soll sie bedecken, die zu mir sprach:
Wo ist Jehova, dein Gott? Meine Augen
werden ihre Lust an ihr sehen: nun wird
sie zertreten werden wie Straßenkot.
Ein Tag *kommt,* um deine Mauern 11
aufzubauen. An jenem Tage *h* wird
die Schranke entfernt werden; an je- 12
nem Tage, da wird man zu dir kommen von Assyrien und den Städten
Mazors *i,* und von Mazor bis zum Strome, und von Meer zu Meer und von
Gebirge zu Gebirge. — Und das Land *j* 13

a Eig. dem Hause der Knechte (Sklaven). — *b* O. die Weisheit hat deinen Namen im
Auge; and. l.: und Weisheit ist es, deinen Namen zu fürchten. — *c* d. i. der Stadt (V. 9.12).
— *d* O. Fromme. — *e* O. redet das Verderben, das er begehrt. — *f* So mit Versetzung eines
Buchstabens; der hebr. Text ergibt keinen klaren Sinn. — *g* d. h. deiner Propheten; vergl.
Jer. 6, 17; Hes. 3, 17. — *h* O. an dem Tage, da deine Mauern aufgebaut werden sollen, an
jenem Tage usw. — *i* S. die Anm. zu Jes. 19, 6. — *j* O. die Erde.

wird zur Wüste werden um seiner Bewohner willen, wegen der Frucht ihrer Handlungen.

14 „Weide dein Volk mit deinem Stabe, die Herde deines Erbteils, die abgesondert wohnt im Walde, inmitten des Karmel; laß sie weiden in Basan und Gilead, wie in den Tagen der Vor-

15 zeit.“ Wie in den Tagen, da du aus dem Lande Aegypten zogest, werde

16 ich es Wunder sehen lassen. Die Nationen werden es sehen und beschämt werden über all ihre Macht: sie werden die Hand auf den Mund legen,

17 ihre Ohren werden taub werden; sie werden Staub lecken wie die Schlange, wie die kriechenden Tiere der Er-

de; sie werden hervorzittern aus ihren Schlössern; sie werden sich bebend wenden zu Jehova, unserem Gott, und vor dir sich fürchten.

18 Wer ist ein Gott$a$ wie du, der die Ungerechtigkeit$b$ vergibt, und die Uebertretung des Ueberrestes seines Erbteils übersieht$c$? Er behält seinen Zorn nicht auf immer, denn er hat Gefallen

19 an Güte. Er wird sich unser wieder erbarmen, wird unsere Ungerechtigkeiten$d$ niedertreten; und du wirst alle ihre Sünden in die Tiefen des Meeres werfen. Du wirst an Jakob Wahrheit,

20 an Abraham Güte erweisen, die du von den Tagen der Vorzeit her unseren Vätern geschworen hast.

Der Prophet Nahum

1 Ausspruch über Ninive. Das Buch des Gesichtes Nahums, des Elkoschiters.

2 Ein eifernder und rächender Gott$a$ ist Jehova, ein Rächer ist Jehova und voll von Grimm; Jehova übt Rache an seinen Widersachern und trägt seinen

3 Feinden nach. Jehova ist langsam zum Zorn und groß an Kraft, und er hält keineswegs für schuldlos$e$ den Schuldigen. Jehova — im Sturmwind und im Gewitter ist sein Weg, und Gewölk

4 ist der Staub seiner Füße. Er schilt das Meer und legt es trocken, und alle Flüsse macht er versiegen; Basan und Karmel verwelken, und es verwelkt

5 die Blüte des Libanon. Vor ihm erbeben die Berge und zerfließen die Hügel, und vor seinem Angesicht erhebt sich die Erde$f$, und der Erdkreis

6 und alle, die darauf wohnen. Wer kann vor seinem Grimme bestehen, und wer standhalten bei der Glut seines Zornes? Sein Grimm ergießt sich wie Feuer, und die Felsen werden von ihm zerrissen.

7 Jehova ist gütig, er ist eine Feste$g$ am Tage der Drangsal; und er kennt die,

8 welche auf ihn vertrauen$h$. Und mit einer überschwemmenden Flut wird er ihre$i$ Stätte gänzlich zerstören, und Finsternis wird$j$ seine Feinde verfol-

9 gen. Was sinnet ihr widerJehova?k Er wird gänzlich zerstören; die Drangsal

10 wird nicht zweimal erstehen. Denn wären sie gar wie Dornen verflochten und von ihrem edlen Weine berauscht, sie sollen völlig verzehrt werden wie

11 dürre Stoppeln. Von dir$l$ ist ausgegangen der Böses sann wider Jehova, ein

12 nichtswürdiger Ratgeber. So spricht Jehova: Wenn sie gleich unversehrt und noch so zahlreich sind, auch so sollen sie weggemäht werden; und er

wird dahin sein. — Und habe ich dich$m$ auch niedergebeugt, ich werde dich

13 nicht mehr niederbeugen; sondern ich werde nun sein Joch von dir zerbrechen und deine Bande zerreißen. —

14 Und über dich$n$ hat Jehova geboten, daß von deinem Namen nicht mehr gesät werden soll; aus dem Hause deines Gottes werde ich das geschnitzte und das gegossene Bild ausrotten; ich werde dir ein Grab machen, denn verächtlich bist du$o$.

15 Siehe, auf den Bergen die Füße dessen, der gute Botschaft bringt, der Frieden$p$ verkündigt! Feiere, Juda, deine Feste, bezahle deine Gelübde! denn der Nichtswürdige wird fortan nicht mehr durch dich ziehen; er ist ganz ausgerottet.

2 Der Zerschmetterer zieht wider dich herauf. Bewahre die Festung; über-

2 wache den Weg, stärke deine Lenden, befestige sehr deine Kraft! Denn Jehova stellt die Herrlichkeit$q$ Jakobs wie die Herrlichkeit Israels wieder her;

3 denn Plünderer haben sie geplündert und haben ihre Reben zerstört. Die Schilde seiner Helden sind gerötet, die tapferen Männer sind in Karmesin gekleidet, die Wagen glänzen von Stahl$r$ am Tage seines Rüstens, und die Lan-

4 zen$s$ werden geschwungen. Die Wagen rasen auf den Straßen, sie rennen auf den Plätzen, ihr Aussehen ist wie Fackeln, wie Blitze fahren sie daher. —

5 Ert gedenkt seiner Edlen: sie straucheln$u$ auf ihren Wegen, sie eilen zu ihrer$i$ Mauer, und das Schutzdach wird

6 aufgerichtet. Die Tore an den Strömen sind geöffnet, und der Palast verzagt.

7 Denn es ist beschlossen: sie wird entblößt, weggeführt; und ihre Mägde stöhnen wie die Stimme der Tauben,

---

a El. — b O. Missetat, Schuld. — c Eig. hinweggeht über. — d O. Missetaten, Verschuldungen. — e O. läßt keineswegs ungestraft. — f Vergl. Jes. 13, 13. — g O. ein Schutz, eine Zuflucht. — h Eig. die Zuflucht zu ihm nehmen. — i d. i. Ninives. — j And. üb.: in (od. mit) Finsternis wird er. — k O. (an die Juden gerichtet) Was denket ihr von Jehova? — l d. i. Ninive. — m d. i. Juda. — n d. i. den Assyrer. — o O. zu leicht bist du erfunden. — p Zugl.: Heil. — q O. den Stolz, d. h. das worauf Jakob stolz war. — r W. in Feuer von Stahl die Wagen. — s Eig. die Zypressenschäfte. — t der Assyrer. — u vor lauter Eile.

8 sie schlagen *a* an ihre Brust. Ninive war ja von jeher wie ein Wasserteich; und doch fliehen sie! Stehet, stehet!
9 aber keiner sieht sich um. Raubet Silber, raubet Gold! denn unendlich ist der Vorrat *b*, der Reichtum an aller-
10 lei kostbaren Geräten. Leere und Entleerung und Verödung! und das Herz zerfließt, und die Kniee wanken, und in allen Lenden ist Schmerz *c*, und ih-
11 rer aller Angesichter erblassen. — Wo ist *nun* die Wohnung der Löwen, und der Weideort der jungen Löwen, wo der Löwe wandelte, die Löwin *und* das Junge des Löwen, und niemand sie
12 aufschreckte? Der Löwe raubte für den Bedarf seiner Jungen und erwürgte für seine Löwinnen, und er füllte seine Höhlen mit Raub und seine Wohnungen mit Geraubtem.

13　Siehe, ich will an dich, spricht Jehova *d* der Heerscharen, und ich werde ihre *e* Wagen in Rauch aufgehen lassen, und deine jungen Löwen wird das Schwert verzehren; und ich werde deinen Raub von der Erde ausrotten, und die Stimme deiner Boten wird nicht mehr gehört werden.

3　Wehe der Blutstadt, ganz erfüllt mit Lüge und Gewalttat! das Rauben hört
2 nicht auf. — Peitschenknall und Getöse des Rädergerassels, und jagende
3 Rosse und aufspringende Wagen; heransprengende Reiter, und flammendes Schwert und blitzender Speer! und Mengen Erschlagener und Haufen von Toten und Leichen ohne Ende; man
4 strauchelt über ihre Leichen! wegen der vielen Hurereien der anmutvollen Hure, der Zauberkundigen, welche Nationen verkauft mit ihren Hurereien und Geschlechter mit ihren Zaubereien.
5　Siehe, ich will an dich, spricht Jehova der Heerscharen; und ich werde deine Säume *f* aufdecken über dein Angesicht, und die Nationen deine Blöße sehen lassen und die Königreiche dei-
6 ne Schande. Und ich werde Unrat auf dich werfen, und dich verächtlich ma-
7 chen und dich zur Schau stellen. Und es wird geschehen, jeder, der dich sieht, wird von dir fliehen und sprechen: Ninive ist verwüstet! Wer wird ihr Bei-

leid bezeigen? Woher soll ich dir Tröster suchen?

Bist du vorzüglicher als No-Ammon *g*, 8 die an den Strömen wohnte, Wasser rings um sich her? Das Meer *h* war ihr Bollwerk, aus Meer bestand ihre Mauer. Aethiopien war ihre Stärke und 9 Aegypten in zahlloser Menge *i*; Put und Libyen waren zu ihrer *j* Hilfe. Auch 10 sie ist in die Verbannung, in die Gefangenschaft gezogen; auch i h r e Kinder wurden zerschmettert an allen Straßenecken; und über ihre Vornehmen warf man das Los, und alle ihre Großen wurden mit Ketten gefesselt. Auch 11 d u sollst trunken werden, sollst verborgen sein *k*; auch d u wirst eine Zuflucht suchen vor dem Feinde.

Alle deine Festungen sind Feigen- 12 bäume mit Frühfeigen: wenn sie geschüttelt werden, so fallen sie den Essenden in den Mund. Siehe, dein Volk 13 ist zu Weibern geworden in deiner Mitte; deinen Feinden sind die Tore deines Landes weit aufgetan, Feuer verzehrt deine Riegel. Schöpfe dir Was- 14 ser für die Belagerung; bessere deine Festungswerke aus! tritt den Ton und stampfe den Lehm, stelle den Ziegelofen wieder her! Dort wird das Feuer 15 dich verzehren, wird das Schwert dich ausrotten, dich verzehren wie der Jelek *l*. Vermehre dich wie der Jelek, vermehre dich wie die Heuschrecken! Du 16 hast deiner Kaufleute mehr gemacht als die Sterne des Himmels: der Jelek fällt raubend ein *m* und fliegt davon. Deine Auserlesenen sind wie die Heu- 17 schrecken, und deine Kriegsobersten wie Heuschreckenschwärme, die sich an den Zäunen lagern am Tage des Frostes: geht die Sonne auf, so entfliehen sie, und man weiß ihre Stätte nicht; — wo sind sie? Deine Hirten 18 schlafen, König von Assyrien, deine Edlen liegen da; dein Volk ist auf den Bergen zerstreut, und niemand sammelt es. Keine Linderung für deine 19 Wunde, dein Schlag ist tödlich! Alle, welche die Kunde von dir hören, klatschen über dich in die Hände; denn über wen ist nicht deine Bosheit beständig ergangen?

Der Prophet Habakuk

1　Der Ausspruch, welchen Habakuk, der Prophet, geschaut hat.
2　Wie lange, Jehova, habe ich gerufen, und du hörst nicht! Ich schreie zu dir: Gewalttat! und du rettest nicht.
3 Warum läßt du mich Unheil *n* sehen, und schaust Mühsal *o* an? *p* Und Verwüstung und Gewalttat sind vor mir,

und Streit entsteht, und Hader erhebt sich. Darum wird das Gesetz kraftlos, 4 und das Recht kommt nimmermehr hervor; denn der Gesetzlose umzingelt den Gerechten: darum kommt das Recht verdreht hervor.

Sehet unter den Nationen und schauet 5 und erstaunet, staunet; denn ich wir-

---

a Eig. schlagend. — *b* Eig. die Ausstattung. — *c* Eig. Krampf. — *d* Eig. ist der Spruch Jehovas; so auch Kap. 3, 5. — *e* d. i. Ninives. — *f* O. deine Schleppen. — *g* Theben. — *h* d. i. der Nil, der heute noch in Aegypten „das Meer" genannt wird, — *i* W. und zwar ohne Ende. — *j* Eig. deiner. — *k* d. h. nicht mehr zum Vorschein kommen; vergl. Obadja 16. — *l* der Abfresser. S. Joel 1, 4 und die Anmerkung. — *m* O. breitet sich aus. — *n* O. Frevel. — *o* Unheil, Jammer. — *p* d. h. ohne einzugreifen; vergl. V. 13.

ke*a* ein Werk in euren Tagen — ihr würdet es nicht glauben, wenn es er-
6 zählt würde. Denn siehe, ich erwecke die Chaldäer, das grimmige und un-gestüme Volk*b*, welches die Breiten der Erde durchzieht, um Wohnungen in Besitz zu nehmen, die ihm nicht
7 gehören. Es ist schrecklich und furcht-bar; sein Recht und seine Hoheit ge-
8 hen von ihm aus. Und schneller als Pardel sind seine Rosse und rascher als Abendwölfe; und seine Reiter sprengen einher, und seine Reiter kom-men von ferne, fliegen herbei wie ein
9 Adler, der zum Fraße eilt. Sie kom-men zur Gewalttat allesamt; das Stre-ben ihrer Angesichter ist vorwärts ge-richtet, und Gefangene rafft es zusam-
10 men wie Sand. Und es spottet der Kö-nige, und Fürsten sind ihm ein Ge-lächter; es lacht jeder Festung, und es schüttet Erde auf und nimmt sie
11 ein. Dann fährt es daher wie der Wind, und zieht weiter und verschuldet sich: diese seine Kraft ist sein Gott*c*!
12 Bist du nicht von alters her, Jeho-va, mein Gott, mein Heiliger? Wir werden nicht sterben. Jehova, zum Gericht hast du es gesetzt, und, o Fels,
13 zur Züchtigung es bestellt. Du bist zu rein von Augen, um Böses zu se-hen, und Mühsal*d* vermagst du nicht anzuschauen. Warum schaust du Räu-bern*e* zu, schweigst, wenn der Gesetz-lose den verschlingt, der gerechter ist
14 als er? und machst die Menschen wie die Fische des Meeres, wie das Ge-
15 würm, das keinen Herrscher hat? Er hebt sie alle mit der Angel herauf, er zieht sie herbei mit seinem Netze und sammelt sie in sein Garn; darum freut
16 er sich und jubelt. Darum opfert er seinem Netze und räuchert seinem Garne, denn durch sie ist sein Teil
17 fett und seine Speise feist. Soll er des-halb sein Netz ausleeren, und bestän-dig darauf ausgehen, Nationen scho-nungslos hinzumorden?

2 Auf meine Warte will ich treten und auf den Turm mich stellen, und will spähen, was in mir reden wird, und was ich erwidern soll
2 auf meine Klage*f*. — Da antwortete mir Jehova und sprach: Schreibe das Gesicht auf, und grabe es in Tafeln ein, damit man es geläufig lesen kön-
3 ne; denn das Gesicht geht noch auf die bestimmte Zeit, und es strebt nach dem Ende hin*g* und lügt nicht. Wenn es verzieht, so harre sein; denn kom-men wird es, es wird nicht ausbleiben.
4 Siehe, aufgeblasen, nicht aufrichtig ist in ihm seine Seele. Der Gerechte aber wird durch seinen Glauben le-
5 ben. Und überdies: Der Wein ist treu-

los*h*; der übermütige Mann, der bleibt*i* nicht, er, der seinen Schlund weit auf-sperrt wie der Scheol, und er ist wie der Tod und wird nicht satt; und er rafft an sich alle Nationen und sammelt zu sich alle Völker. Werden nicht 6 diese alle über ihn einen Spruch und eine Spottrede anheben, Rätsel auf ihn? und man wird sagen:
Wehe dem, der aufhäuft was nicht sein ist! — auf wie lange? — und wer 7 Pfandlast*j* auf sich ladet! Und werden nicht plötzlich aufstehen die dich bei-ßen, und aufwachen die dich fortscheu-chen*k* werden? und du wirst ihnen zur Beute werden. Denn du, du hast 8 viele Nationen beraubt; und so wer-den alle übriggebliebenen Völker dich berauben wegen des Blutes der Men-schen und der Gewalttat an Land und Stadt und an allen ihren Bewohnern.
Wehe dem, der bösen Gewinn macht 9 für sein Haus, um sein Nest hoch zu setzen, um sich zu retten aus der Hand des Unglücks! Du hast Schande berat- 10 schlagt für dein Haus, die Vertilgung vieler Völker, und hast dein Leben verschuldet*l*. Denn der Stein wird 11 schreien aus der Mauer, und der Spar-ren aus dem Holzwerk ihm antworten.
Wehe dem, der Städte mit Blut baut, 12 und Städte mit Ungerechtigkeit grün-det! Siehe, ist es nicht von Jehova der 13 Heerscharen, daß Völker fürs Feuer sich abmühen, und Völkerschaften ver-gebens sich plagen? Denn die Erde 14 wird voll werden von der Erkenntnis der Herrlichkeit Jehovas, gleichwie die Wasser den Meeresgrund bedecken.*m*
Wehe dem, der seinem Nächsten zu 15 trinken gibt, indem du deinen Zorn beimischest*n*, und sie auch trunken machst, um ihre Blöße anzuschauen! Du hast mit Schande dich gesättigt 16 anstatt mit Ehre: trinke auch du und zeige dein Unbeschnittensein; der Be-cher der Rechten Jehovas wird sich zu dir wenden, und schimpfliche Schan-de über deine Herrlichkeit *kommen*. Denn die Gewalttat am Libanon wird 17 dich bedecken, und die Zerstörung der Tiere, welche sie*o* in Schrecken setze-te*p*: wegen des Blutes der Menschen und der Gewalttat an Land *und* Stadt und an allen ihren Bewohnern.
Was nützt ein geschnitztes Bild, daß 18 sein Bildner es geschnitzt hat? ein gegossenes Bild, und welches Lügen lehrt, daß der Bildner seines Bildes darauf vertraut, um stumme Götzen zu machen? Wehe dem, der zum Holze 19 spricht: Wache auf! zum schweigen-den Steine: Erwache! Er sollte leh-ren? siehe, er ist mit Gold und Silber überzogen, und gar kein Odem ist in

---

a Eig. denn man wirkt, d. h. es wird gewirkt. — *b* Anderswo mit „Nation" über-setzt. — *c* Eloah. — *d* O. Unheil. — *e* S. die Anm. zu Jes. 21, 2. — *f* Eig. meine Einrede (Kap. 1, 12—17). — *g* d. h. nach der Zeit des Endes hin; vergl. Dan. 8, 19. — *h* O. tückisch. — *i* And. üb.: rastet. — *j* Hier und in V. 7 liegt im Hebr. ein Wort-spiel vor, indem „Pfandlast" auch „Kotmasse" bedeuten kann und das Wort für „bei-ßen" an „Wucherzins fordern" anklingt. — *k* Eig. aufrütteln (aus deinem Besitztum). — *l* O. und so verschuldet dut usw. — *m* Vergl. Jes. 11, 9. — *n* And. üb. mit ver-änderten Vokalen: indem du deinen Schlauch ausgießest. — *o* nämlich die Tiere. — *p* And. l.: wird dich in Schrecken setzen.

20 seinem Innern. Aber Jehova ist in seinem heiligen Palast — schweige *a* vor ihm, ganze Erde!

3 Gebet Habakuks, des Propheten, nach Schigjonoth *b*.

2 Jehova, ich habe deine Kunde *c* vernommen, ich fürchte mich; Jehova, belebe *d* dein Werk inmitten der Jahre, inmitten der Jahre mache es kund; im Zorn gedenke des Erbarmens!

3 Gott *e* kommt von Teman her, und der Heilige vom Gebirge Paran. (Sela.) Seine Pracht *f* bedeckt die Himmel, und die Erde ist voll seines Ruhmes.

4 Und es entsteht ein Glanz wie das *Sonnen*licht; Strahlen sind zu seinen Seiten, und daselbst ist die Hülle seiner Macht.

5 Vor ihm her geht die Pest, und die Seuche zieht aus, seinen Füßen nach.

6 Er stand und machte die Erde schwanken *g*, er schaute und machte aufbeben die Nationen; und es zerbarsten *h* die Berge der Vorzeit, es senkten sich die ewigen Hügel; seine Wege sind die Wege vor alters *i*.

7 Unter Trübsal sah ich die Zelte Kuschans *j*, es zitterten die Zeltbehänge des Landes Midian.

8 Ist Jehova wider die Ströme entbrannt? ist etwa dein Zorn wider die Ströme, dein Grimm wider das Meer, daß du einherziehst auf deinen Rossen, deinen Wagen des Heils *k*?

9 Entblößt, entblößt ist dein Bogen ... Zuchtruten, geschworen durch *dein* Wort! (Sela.) Zu Strömen spaltest du die Erde.

10 Es sahen dich, es zitterten die Berge; eine Wasserflut fuhr daher, die Tiefe ließ ihre Stimme erschallen, zur Höhe erhob sie ihre Hände.

Sonne *und* Mond traten in ihre Wohnung beim Lichte deiner Pfeile, welche daherschossen, beim Glanze deines blitzenden Speeres. 11

Im Grimme durchschreitest du die Erde, im Zorne stampfest du die Nationen. 12

Du zogest aus zum Heile deines Volkes, zum Heile deines Gesalbten; du zerschmettertest das Haupt *l* vom Hause des Gesetzlosen, entblößend den Grund bis zum Halse. (Sela.) 13

Du durchbohrtest mit seinen eigenen Spießen die Häupter seiner Scharen *m*, welche heranstürmten, mich zu zerstäuben, deren Frohlocken war, den Elenden im Verborgenen zu verschlingen. 14

Du betratest das Meer mit deinen Rossen, den Schwall großer Wasser. — 15

Ich vernahm es, und es zitterte mein Leib; bei der Stimme bebten meine Lippen; Morschheit drang in meine Gebeine, und wo ich stand, erzitterte ich: der ich ruhen werde am Tage *n* der Drangsal, wenn derjenige gegen das Volk heranzieht, der es angreifen wird. 16

Denn der Feigenbaum wird nicht blühen, und kein Ertrag wird an den Reben sein; und es trügt die Frucht des Olivenbaumes, und die Getreidefelder tragen keine Speise; aus der Hürde ist verschwunden das Kleinvieh, und kein Rind ist in den Ställen. — 17

Ich aber, ich will in Jehova frohlocken, will jubeln in dem Gott meines Heils. 18

Jehova, der Herr, ist meine Kraft, und macht meine Füße denen der Hindinnen gleich und läßt mich einherschreiten auf meinen Höhen *o*. 19

Dem Vorsänger, mit meinem Saitenspiel!

Der Prophet Zephanja

1 Das Wort Jehovas, welches zu Zephanja geschah, dem Sohne Kuschis, des Sohnes Gedaljas, des Sohnes Amarjas, des Sohnes Hiskijas, in den Tagen Josias, des Sohnes Amons, des Königs von Juda.

2 Ich werde alles von der Fläche des Erdbodens gänzlich wegraffen, spricht Jehova.

3 Jehova *p*; ich werde Menschen und Vieh wegraffen, ich werde wegraffen die Vögel des Himmels und die Fische des Meeres, und die Aergernisse samt den Gesetzlosen; und ich werde die Menschen ausrotten von der Fläche des Erdbodens, spricht Jehova. —

4 Und ich werde meine Hand ausstrecken wider *q* Juda und wider *q* alle Bewohner von Jerusalem. Und ich werde

de aus diesem Orte den Ueberrest des Baal, den Namen der Götzenpriester samt den Priestern ausrotten; und die 5 auf den Dächern das Heer des Himmels anbeten, und die Anbetenden, welche dem Jehova schwören und bei ihrem König *r* schwören; und die von 6 Jehova zurückweichen, und die Jehova nicht suchen noch nach ihm fragen.

Still vor dem Herrn Jehova! denn 7 nahe ist der Tag Jehovas; denn Jehova hat ein Schlachtopfer bereitet, er hat seine Geladenen geheiligt. Und 8 es wird geschehen an dem Tage des Schlachtopfers Jehovas, da werde ich die Fürsten und die Königssöhne heimsuchen und alle, die sich mit fremder Kleidung bekleiden. Und an jenem 9

---

a O. still. — *b* Bedeutet wahrsch.: in bewegten Rythmen. — *c* d. h. was du angekündigt hast. — *d* O. rufe ins Leben. — *e* Eloah. — *f* O. Majestät. — *g* And. üb.: und maß die Erde. — *h* Eig. zerstoßen. — *i* W. Günge der Vorzeit (od. der Ewigkeit) sind seine *Günge*. — *j* d. i. Aethiopiens. — *k* O. der Rettung. — *l* d. i. den Giebel od. First. — *m* O. das Haupt seiner Führer. — *n* And. üb.: daß ich ruhig erwarten soll den Tag. — *o* Vergl. Ps. 18, 33. 34; 5. Mose 33, 29. — *p* Eig. ist der Spruch Jehovas; so auch nachher. — *q* O. über. — *r* Hebr. malkam; wahrsch. eine Anspielung auf Milkom (Molech).

Tage werde ich einen jeden heimsuchen, der über die Schwelle springt *a*, 10 *alle*, die das Haus ihres Herrn mit Gewalttat und Betrug erfüllen. Und an jenem Tage, spricht Jehova, wird ein Geschrei erschallen vom Fischtore her, und ein Geheul von der Unterstadt *b*, 11 und lautes Jammern *c* von den Hügeln her. Heulet, ihr Bewohner von Maktesch *d*! denn alles Krämervolk ist vernichtet, alle mit Silber Beladenen sind 12 ausgerottet. Und es wird geschehen zu jener Zeit, da werde ich Jerusalem mit Leuchten durchsuchen; und ich werde die Männer heimsuchen, welche auf ihren Hefen liegen, die in ihrem 13 Herzen sprechen: Jehova tut nichts Gutes und tut nichts Böses. Und ihr Vermögen wird zum Raube, und ihre Häuser werden zur Wüste werden; und sie werden Häuser bauen und sie nicht bewohnen, und Weinberge pflanzen und deren Wein nicht trinken. 14 Nahe ist der große Tag Jehovas; er ist nahe und eilt sehr. Horch, der Tag Jehovas! bitterlich schreit dort der 15 Held. Ein Tag des Grimmes ist dieser Tag, ein Tag der Drangsal und der Bedrängnis, ein Tag des Verwüstens und der Verwüstung, ein Tag der Finsternis und der Dunkelheit, ein Tag des 16 Gewölks und des Wolkendunkels, ein Tag der Posaune und des Kriegsgeschreis wider die festen Städte und 17 wider die hohen Zinnen. Und ich werde die Menschen ängstigen, und sie werden einhergehen wie die Blinden, weil sie gegen Jehova gesündigt haben; und ihr Blut wird verschüttet werden wie Staub, und ihr Fleisch 18 wie Kot; auch ihr Silber, auch ihr Gold wird sie nicht erretten können am Tage des Grimmes Jehovas; und durch das Feuer seines Eifers wird das ganze Land verzehrt werden. Denn ein Ende, ja, ein plötzliches Ende wird er machen mit allen Bewohnern des Landes.

2 Gehet in euch und sammelt euch, du Nation ohne Scham, ehe der Be-2 schluß gebieret, — wie Spreu fährt der Tag daher — ehe denn über euch komme die Glut des Zornes Jehovas, ehe denn über euch komme der Tag 3 des Zornes Jehovas! Suchet Jehova, alle ihr Sanftmütigen *f* des Landes, die ihr sein Recht gewirkt habt; suchet Gerechtigkeit, suchet Demut; vielleicht werdet ihr geborgen am Tage des Zornes Jehovas.

4 Denn Gasa wird verlassen und Askalon eine Wüste sein; Asdod: am *hellen* Mittag wird man es vertreiben, und Ekron wird entwurzelt werden. 5 Wehe den Bewohnern des Landstrichs am Meere, der Nation der Kerethiter! das Wort Jehovas *kommt* über euch, Kanaan, Land der Philister! und ich werde dich vernichten, daß kein Be-6 wohner mehr bleibt. Und der Land-

strich am Meere wird zu Triften voll Hirtenzisternen und Kleinviehhürden werden; und es wird ein Landstrich 7 sein für den Ueberrest des Hauses Juda: sie werden darauf weiden und am Abend sich lagern in den Häusern Askalons; denn Jehova, ihr Gott, wird sich ihrer annehmen und ihre Gefangenschaft wenden. Ich habe gehört die Schmähung Mo-8 abs und die Lästerungen der Kinder Ammon, womit sie mein Volk geschmäht und großgetan haben wider dessen Gebiet. Darum, *so wahr* ich 9 lebe, spricht Jehova der Heerscharen, der Gott Israels, soll Moab gewißlich wie Sodom, und die Kinder Ammon wie Gomorra werden, ein Besitztum der Brennesseln und eine Salzgrube und eine Wüste ewiglich. Der Ueberrest meines Volkes wird sie berauben, und das Ueberbleibsel meiner Nation sie beerben *g*. Solches wird ihnen für 10 ihren Hochmut *zuteil*, weil sie das Volk Jehovas der Heerscharen geschmäht und wider dasselbe großgetan haben. Furchtbar wird Jehova wider 11 sie sein, denn er wird hinschwinden lassen alle Götter der Erde; und alle Inseln der Nationen werden ihn anbeten, ein jeder von seiner Stätte aus. Auch ihr, Aethiopier, werdet Er-12 schlagene meines Schwertes sein. Und er wird seine Hand gegen Nor-13 den ausstrecken, und wird Assyrien vernichten und Ninive zur Wüste machen, dürr wie die Steppe. Und in 14 seiner Mitte werden Herden sich lagern, allerlei Tiere in Menge; auch Pelikane, auch Igel werden auf seinen *Säulen*knäufen übernachten *h*. Eine Stimme singt im Fenster, Trümmer sind auf der Schwelle, denn er hat das Zederngetäfel bloßgelegt. Das ist 15 die frohlockende Stadt, die in Sicherheit wohnte, die in ihrem Herzen sprach: Ich bin's und gar keine sonst! Wie ist sie zur Wüste geworden, zum Lagerplatz der wilden Tiere! Ein jeder, der an ihr vorüberzieht, wird zischen, wird seine Hand schwenken.

Wehe der Widerspenstigen und Be-**3** fleckten, der bedrückenden Stadt! Sie hat auf keine Stimme gehört, keine 2 Zucht angenommen; auf Jehova hat sie nicht vertraut, ihrem Gott sich nicht genaht. Ihre Fürsten in ihrer Mitte 3 sind brüllende Löwen; ihre Richter sind Abendwölfe, die nichts für den Morgen übriglassen. Ihre Propheten 4 sind Prahler, treulose Männer; ihre Priester entweihen das Heiligtum, tun dem Gesetze Gewalt an. Jehova ist 5 gerecht in ihrer Mitte, er tut kein Unrecht; Morgen für Morgen stellt er sein Recht ans Licht, ohne zu fehlen. Aber der Ungerechte kennt keine Scham. Ich habe Nationen ausgerottet, 6 ihre Zinnen sind verödet; ich habe ihre Straßen verwüstet, daß niemand

---

a d. h. gewaltsam in die Häuser eindringt. — *b* Eig. von dem zweiten Stadtteile. — *c* Eig. große Zertrümmerung. — *d* Eig. des Mörsers; wahrsch. der Kessel, welcher heute das Mühlental genannt wird. — *e* d. h. ehe das Beschlossene sich verwirklicht. — *f* O. Demütigen. — *g* O. als Erbteil besitzen; vergl. Jes. 14, 2. — *h* O. verweilen.

darüber zieht; ihre Städte sind verheert, daß niemand da ist, kein Bewohner mehr. Ich sprach: Möchtest
7 du mich nur fürchten, möchtest du Zucht annehmen! und ihre Wohnung würde nicht ausgerottet werden — alles was ich über sie verhängt habe. Allein sie haben sich früh aufgemacht, haben alle ihre Handlungen verderbt.
8 Darum harret auf mich, spricht Jehova, auf den Tag, da ich mich aufmache zur Beute! Denn mein Rechtsspruch ist, die Nationen zu versammeln, die Königreiche zusammenzubringen, um meinen Grimm über sie auszugießen, die ganze Glut meines Zornes; denn durch das Feuer meines Eifers wird die ganze Erde verzehrt werden.
9 Denn alsdann werde ich die Lippen der Völker in reine *Lippen* umwandeln, damit sie alle den Namen Jehovas anrufen und ihm einmütig dienen.
10 Von jenseit der Ströme Aethiopiens a werden sie meine Flehenden, meine zerstreute Schar b, mir als Opfergabe
11 darbringen c. An jenem Tage wirst du dich nicht mehr all deiner Handlungen schämen müssen, womit du wider mich übertreten hast; denn alsdann werde ich die deine stolz Frohlokkenden aus deiner Mitte wegnehmen, und du wirst fortan nicht mehr hoffärtig sein auf meinem heiligen Berge.
12 Und ich werde in deiner Mitte ein elendes und armes Volk übriglassen, und sie werden auf den Namen Jehovas vertrauen. Der Ueberrest Israels 13 wird kein Unrecht tun und keine Lüge reden, und in ihrem Munde wird keine Zunge des Truges gefunden werden; denn sie werden weiden und lagern, und niemand wird sie aufschrecken.
— Jubele, Tochter Zion! jauchze d, 14 Israel! freue dich und frohlocke von ganzem Herzen, Tochter Jerusalem! Jehova hat deine Gerichte weggenom- 15 men, deinen Feind weggefegt; der König Israels, Jehova, ist in deiner Mitte, du wirst kein Unglück mehr sehen. An jenem Tage wird zu Jeru- 16 salem gesagt werden: Fürchte dich nicht! Zion, laß deine Hände nicht erschlaffen! Jehova, dein Gott, ist in 17 deiner Mitte, ein rettender Held; er freut sich über dich mit Wonne, er schweigt e in seiner Liebe, frohlockt über dich mit Jubel. Die wegen der 18 Festversammlung Trauernden werde ich sammeln; sie waren aus dir, Schmach lastete auf ihnen. Siehe, ich 19 werde zu jener Zeit handeln mit allen deinen Bedrückern, und die Hinkenden retten und die Vertriebenen sammeln: und ich werde sie zum Lobe und zum Namen machen in allen Ländern ihrer Schmach. In jener Zeit 20 werde ich euch herbeibringen und zu der Zeit, wenn ich euch sammeln werde; denn ich werde euch zum Namen und zum Lobe machen unter allen Völkern der Erde, wenn ich eure Gefangenschaft vor euren Augen wenden werde, spricht Jehova.

Der Prophet Haggai

1 Im zweiten Jahre des Königs Darius, im sechsten Monat, am ersten Tage des Monats, geschah das Wort Jehovas durch den Propheten Haggai f zu Serubbabel, dem Sohne Schealtiels, dem Landpfleger g von Juda, und zu Josua, dem Sohne Jozadaks, dem Hohenpriester, also:
2 So spricht Jehova der Heerscharen und sagt: Dieses Volk spricht: Die Zeit ist nicht gekommen, die Zeit, daß
3 das Haus Jehovas gebaut werde. Und das Wort Jehovas geschah durch den
4 Propheten Haggai also: Ist es für euch selbst Zeit, in euren getäfelten Häusern zu wohnen, während dieses Haus
5 wüst liegt? Und nun, so spricht Jehova der Heerscharen: Richtet euer
6 Herz auf eure Wege! Ihr habt viel gesät und wenig eingebracht; ihr esset, aber nicht zur Sättigung; ihr trinket, aber nicht zur Genüge; ihr kleidet euch, aber es wird keinem warm; und der Lohnarbeiter erwirbt Lohn für
7 einen durchlöcherten Beutel. So spricht Jehova der Heerscharen: Richtet euer
8 Herz auf eure Wege! Steiget auf das Gebirge und bringet Holz herbei und bauet das Haus, so werde ich Wohlgefallen daran haben und verherrlicht werden h, spricht Jehova. Ihr habt 9 nach vielem ausgeschaut, und siehe, es wurde wenig; und brachtet ihr es heim, so blies ich darein. Weshalb das? spricht Jehova i der Heerscharen: wegen meines Hauses, das j wüst liegt, während ihr laufet, ein jeder für sein eigenes Haus. Darum hat der Himmel 10 den Tau über euch zurückgehalten, und die Erde ihren Ertrag zurückgehalten. Und ich habe eine Dürre 11 gerufen über das Land und über die Berge, und über das Korn und über den Most und über das Oel, und über das was der Erdboden hervorbringt, und über die Menschen und über das Vieh, und über alle Arbeit der Hände.

Und Serubbabel, der Sohn Scheal- 12 tiels, und Josua, der Sohn Jozadaks, der Hohepriester, und der ganze Ueberrest des Volkes hörten auf die Stimme Jehovas, ihres Gottes, und auf die Worte des Propheten Haggai, so wie Jehova, ihr Gott, ihn gesandt hatte; und das Volk fürchtete sich vor Jehova. Da sprach Haggai, der Bote Jehovas, 13

---

a S. die Anm. zu Jes. 18, 1. — b W. die Tochter meiner Zerstreuten. — c And. üb.: werden meine Flehenden . . . meine Opfergabe darbringen. — d Eig. jauchzet. — e And. üb.: ruht. — f Vergl. Esra 5. — g O. Statthalter. — h O. mich verherrlichen. — i Eig. ist der Spruch Jehovas; so auch nachher. — j O. weil es.

vermöge der Botschaft Jehovas, zu dem Volke und sagte: Ich bin mit euch, 14 spricht Jehova. Und Jehova erweckte den Geist Serubbabels, des Sohnes Schealtiels, des Landpflegers von Juda, und den Geist Josuas, des Sohnes Jozadaks, des Hohenpriesters, und den Geist des ganzen Ueberrestes des Volkes; und sie kamen und arbeiteten am Hause Jehovas der Heerscharen, 15 ihres Gottes, am vierundzwanzigsten Tage des sechsten Monats, im zweiten Jahre des Königs Darius.

2 Im siebenten *Monat*, am einundzwanzigsten des Monats, geschah das Wort Jehovas durch den Propheten 2 Haggai also: Rede doch zu Serubbabel, dem Sohne Schealtiels, dem Landpfleger von Juda, und zu Josua, dem Sohne Jozadaks, dem Hohenpriester, und zu dem Ueberrest des Volkes, und sprich: 3 Wer ist unter euch übriggeblieben, der dieses Haus in seiner früheren Herrlichkeit gesehen hat? und wie sehet ihr es jetzt? Ist es nicht wie nichts 4 in euren Augen? Und nun sei stark, Serubbabel, spricht Jehova; und sei stark, Josua, Sohn Jozadaks, du Hohenpriester, und seid stark, alles Volk des Landes, spricht Jehova, und arbeitet! denn ich bin mit euch, spricht Jehova 5 der Heerscharen. Das Wort, welches ich mit euch eingegangen bin *b*, als ihr aus Aegypten zoget, und mein Geist bestehen in eurer Mitte: Fürchtet euch 6 nicht! Denn so spricht Jehova der Heerscharen: Noch einmal, eine kleine Weile ist es, da werde ich den Himmel erschüttern und die Erde und das 7 Meer und die Trockene. Und ich werde alle Nationen erschüttern; und das Ersehnte aller Nationen wird kommen *c*, und ich werde dieses Haus mit Herrlichkeit füllen, spricht Jehova der 8 Heerscharen. Mein ist das Silber und mein das Gold, spricht Jehova der 9 Heerscharen. Die letzte Herrlichkeit dieses Hauses wird größer sein als die erste, spricht Jehova der Heerscharen; und an diesem Orte will ich Frieden geben, spricht Jehova der Heerscharen.

10 Am vierundzwanzigsten des neunten *Monats*, im zweiten Jahre des Darius, geschah das Wort Jehovas zu dem Pro11 pheten Haggai also: So spricht Jehova der Heerscharen: Frage doch die Priester über das Gesetz *d* und sprich: 12 Siehe, trägt jemand heiliges Fleisch im Zipfel seines Kleides, und er berührt mit seinem Zipfel Brot oder Gekochtes oder Wein oder Oel oder irgend eine Speise, wird es heilig werden? Und die Priester antworteten und sprachen: Nein. Und Haggai 13 sprach: Wenn ein wegen einer Leiche Verunreinigter alles dieses anrührt, wird es unrein werden? und die Priester antworteten und sprachen: Es wird unrein werden. Da antwortete 14 Haggai und sprach: Also ist dieses Volk und also diese Nation vor mir, spricht Jehova, und also ist alles Tun ihrer Hände; und was sie daselbst darbringen, ist unrein. Und nun richtet 15 doch euer Herz auf *die Zeit* von diesem Tage an und aufwärts, ehe Stein auf Stein gelegt wurde am Tempel Jehovas! Bevor dieses geschah: Kam man 16 zu einem Garbenhaufen von zwanzig *Maß*, so wurden es zehn; kam man zu der Kufe, um fünfzig Eimer zu schöpfen, so wurden es zwanzig. Ich schlug 17 euch mit Kornbrand und mit Vergilben, und mit Hagel alle Arbeit eurer Hände; und ihr kehrtet nicht zu mir um, spricht Jehova. Richtet doch euer 18 Herz auf *die Zeit* von diesem Tage an und aufwärts; von dem vierundzwanzigsten Tage des neunten *Monats* an, von dem Tage an, da der Tempel Jehovas gegründet wurde, richtet euer Herz darauf! Ist noch die Saat auf dem 19 Speicher? ja, sogar der Weinstock und der Feigenbaum und der Granatbaum und der Olivenbaum haben nichts getragen. Von diesem Tage an will ich segnen.

Und das Wort Jehovas geschah zum 20 zweiten Male zu Haggai, am vierundzwanzigsten des Monats, also: Rede 21 zu Serubbabel, dem Landpfleger von Juda, und sprich: Ich werde den Himmel und die Erde erschüttern. Und 22 ich werde den Thron der Königreiche umstürzen und die Macht der Königreiche der Nationen vernichten; und ich werde die Streitwagen umstürzen und die darauf fahren; und die Rosse und ihre Reiter sollen hinfallen, ein jeder durch das Schwert des anderen. An jenem Tage, spricht Jehova der 23 Heerscharen, werde ich dich nehmen, Serubbabel, Sohn Schealtiels, meinen Knecht, spricht Jehova, und werde dich wie einen Siegelring machen; denn ich habe dich erwählt, spricht Jehova der Heerscharen.

Der Prophet Sacharja

1 Im achten Monat, im zweiten Jahre des Darius, geschah das Wort Jehovas zu Sacharja *e*, dem Sohne Berekjas, des Sohnes Iddos, dem Propheten *f*, also: 2 Jehova ist heftig erzürnt gewesen über eure Väter. Und sprich zu ihnen: 3 So spricht Jehova der Heerscharen: Kehret zu mir um, spricht Jehova *g* der Heerscharen, und ich werde zu euch umkehren, spricht Jehova der Heerscharen. Seid nicht wie eure 4

---

a d. h. sie nahmen den Bau wieder in Angriff (welcher unter Cyrus begonnen worden war). — *b* O. zu welchem ich mich gegen euch verpflichtet habe. — *c* And. üb.: die köstlichen Dinge aller Nationen werden kommen. — *d* O. um Belehrung. — *e* H. Sekarja. — *f* S. Esra 5, 1; 6,14: Neh. 12, 16. — *g* Eig. ist der Spruch Jehovas; so auch nachher.

Väter, denen die früheren Propheten zuriefen und sprachen: So spricht Jehova der Heerscharen: Kehret doch um von euren bösen Wegen und von euren bösen Handlungen! aber sie hörten nicht und merkten nicht auf
5 mich, spricht Jehova. Eure Väter, wo sind sie? und die Propheten, leben sie
6 ewiglich? Doch meine Worte und meine Beschlüsse, welche ich meinen Knechten, den Propheten, gebot, haben sie eure Väter nicht getroffen? Und sie kehrten um und sprachen: So wie Jehova der Heerscharen vorhatte, uns nach unseren Wegen und nach unseren Handlungen zu tun, also hat er mit uns getan.

7 Am vierundzwanzigsten Tage, im elften Monat, das ist der Monat Schebat a, im zweiten Jahre des Darius, geschah das Wort Jehovas zu Sacharja, dem Sohne Berekjas, des Sohnes Iddos,
8 dem Propheten, also: — Ich schaute des Nachts, und siehe, ein Mann, der auf einem roten Rosse ritt; und er hielt zwischen den Myrten, welche im Talgrunde waren, und hinter ihm waren rote, hellrote und weiße Rosse.
9 Und ich sprach: Mein Herr, wer sind diese? Und der Engel, der mit mir redete, sprach zu mir: Ich will dir
10 zeigen, wer diese sind. Und der Mann, der zwischen den Myrten hielt, antwortete und sprach: Diese sind die, welche Jehova ausgesandt hat, um die
11 Erde zu durchziehen. Und sie antworteten dem Engel Jehovas, der zwischen den Myrten hielt, und sprachen: Wir haben die Erde durchzogen, und siehe, die ganze Erde sitzt still
12 und ist ruhig. Da hob der Engel Jehovas an und sprach: Jehova der Heerscharen, wie lange willst du dich nicht Jerusalems und der Städte Judas erbarmen, auf welche du gezürnt hast
13 diese siebenzig Jahre? Und Jehova antwortete dem Engel, der mit mir redete, gütige Worte, tröstliche Worte.
14 Und der Engel, der mit mir redete, sprach zu mir: Rufe aus und sprich: So spricht Jehova der Heerscharen: Ich habe mit großem Eifer für Jeru-
15 salem und für Zion geeifert, und mit sehr großem Zorne zürne ich über die sicheren b Nationen; denn ich habe ein wenig c gezürnt, sie aber haben
16 zum Unglück geholfen. Darum spricht Jehova also: Ich habe mich Jerusalem mit Erbarmen wieder zugewandt; mein Haus, spricht Jehova der Heerscharen, soll darin gebaut, und die Meßschnur
17 über Jerusalem gezogen werden. Rufe ferner aus und sprich: So spricht Jehova der Heerscharen: Meine Städte sollen noch überfließen von Gutem; und Jehova wird Zion noch trösten und Jerusalem noch erwählen.
18 Und ich hob meine Augen auf und
19 sah: und siehe, vier Hörner. Und ich sprach zu dem Engel, der mit mir redete: Was sind diese? Und er sprach zu mir: Diese sind die Hörner, welche Juda, Israel und Jerusalem zerstreut haben. Und Jehova ließ mich vier Werk- 20 leute sehen. Und ich sprach: Was wol- 21 len diese tun? d Und er sprach zu mir und sagte: Jene sind die Hörner, welche Juda dermaßen zerstreut haben, daß niemand mehr sein Haupt erhob; und diese sind gekommen, um sie in Schrecken zu setzen und die Hörner der Nationen niederzuwerfen, welche das Horn gegen das Land Juda erhoben haben, um es zu zerstreuen.

2
Und ich hob meine Augen auf und saht: und siehe, ein Mann, und eine Meßschnur war in seiner Hand. Und 2 ich sprach: Wohin gehst du? Und er sprach zu mir: Jerusalem zu messen, um zu sehen, wie groß seine Breite und wie groß seine Länge ist. Und 3 siehe, der Engel, der mit mir redete, ging aus; und ein anderer Engel ging aus, ihm entgegen. Und er sprach zu 4 ihm: Laufe, rede zu diesem Jüngling und sprich: Als offene Stadt wird Jerusalem bewohnt werden e wegen der Menge Menschen und Vieh in seiner Mitte. Und ich, spricht Jehova, werde 5 ihm eine feurige Mauer sein ringsum, und werde zur Herrlichkeit sein in seiner Mitte. — Hui! hui! fliehet aus 6 dem Lande des Nordens! spricht Jehova; denn nach den vier Winden f des Himmels breite ich euch aus g, spricht Jehova. Hui! entrinne, Zion, 7 die du wohnst bei der Tochter Babels! Denn so spricht Jehova der Heerscha- 8 ren: Nach der Herrlichkeit hat er mich zu den Nationen gesandt, die euch geplündert haben; denn wer euch antastet, tastet seinen Augapfel an. Denn 9 siehe, ich werde meine Hand über sie schwingen, und sie werden denen zum Raube sein, welche ihnen dienten; und ihr werdet erkennen, daß Jehova der Heerscharen mich gesandt hat. — Ju- 10 bele und freue dich, Tochter Zion! denn siehe, ich komme und werde in deiner Mitte wohnen, spricht Jehova. Und 11 an jenem Tage werden viele Nationen sich an Jehova anschließen, und sie werden mein Volk sein; und ich werde in deiner Mitte wohnen, und du wirst erkennen, daß Jehova der Heerscharen mich zu dir gesandt hat. Und 12 Jehova wird Juda als sein Erbteil besitzen h in dem heiligen Lande, und wird Jerusalem noch erwählen. Alles 13 Fleisch schweige i vor Jehova! denn er hat sich aufgemacht aus seiner heiligen Wohnung.

3
Und er ließ mich den Hohenpriester Josua j sehen, der vor dem Engel Jehovas stand; und der Satan stand zu seiner Rechten, ihm zu widerstehen. Und Jehova sprach zum Satan: Je- 2 hova schelte dich, Satan! ja, es schelte

---

a Vom Neumonde des Februar bis zum Neumonde des März. — b Zugl.: sorglosen, übermütigen. — c O. eine kleine Weile. — d Eig. Was kommen diese zu tun? — e O. bleiben, daliegen. — f Eig. wie die vier Winde. — g And. üb.: habe ich euch zerstreut. — h O. in Besitz nehmen. — i Eig. Still, alles Fleisch. — j S. die Anm. zu Esra 2, 2; vergl. Esra 3, 2.

dich Jehova, der Jerusalem erwählt hat! Ist dieser nicht ein Brandscheit, das aus dem Feuer gerettet ist? Und 3 Josua war bekleidet mit schmutzigen Kleidern und stand vor dem Engel. 4 Und der Engel *a* hob an und sprach zu denen, welche vor ihm standen, und sagte: Ziehet ihm die schmutzigen Kleider aus; und zu ihm sprach er: Siehe, ich habe deine Ungerechtigkeit *b* von dir weggenommen, und ich kleide 5 dich in Feierkleider. Und ich sprach: Man setze einen reinen Kopfbund auf sein Haupt. Und sie setzten den reinen Kopfbund auf sein Haupt und zogen ihm Kleider an; und der Engel Jeho-6 vas stand dabei. Und der Engel Jehovas bezeugte dem Josua und sprach: 7 So spricht Jehova der Heerscharen: Wenn du in meinen Wegen wandeln, und wenn du meiner Hut warten wirst, so sollst du sowohl mein Haus richten *c* als auch meine Vorhöfe behüten; und du sollst ein- und ausgehen unter die-8 sen, die hier stehen. — Höre doch, Josua, du Hoherpriester, du und deine Genossen, die vor dir sitzen — denn Männer des Wunders *d* sind sie; denn siehe, ich will meinen Knecht, Sproß 9 *genannt*, kommen lassen. Denn siehe, der Stein, den ich vor Josua gelegt habe, — auf *einem* Steine sieben Augen — siehe, ich will seine Eingrabung eingraben, spricht Jehova der Heerscharen, und will die Ungerechtigkeit *b* dieses Landes hinwegnehmen an *einem* 10 Tage. An jenem Tage, spricht Jehova der Heerscharen, werdet ihr einer den anderen einladen unter den Weinstock und unter den Feigenbaum.

4 Und der Engel, der mit mir redete, kam wieder und weckte mich wie einen Mann, der aus seinem Schlafe geweckt 2 wird. Und er sprach zu mir: Was siehst du? Und ich sprach: Ich sehe, und siehe, ein Leuchter ganz von Gold, und sein Oelbehälter an seinem oberen Ende, und seine sieben Lampen an ihm, sieben, und sieben Gießröhren *e* zu den Lampen, die an seinem oberen 3 Ende sind; und zwei Olivenbäume neben demselben, einer zur Rechten des Oelbehälters und einer zu seiner 4 Linken. Und ich hob an und sprach zu dem Engel, der mit mir redete, und 5 sagte: Mein Herr, was sind diese? Und der Engel, der mit mir redete, antwortete und sprach zu mir: Weißt du nicht, was diese sind? Und ich sprach: 6 Nein, mein Herr. Da antwortete er und sprach zu mir und sagte: Dies ist das Wort Jehovas an Serubbabel: Nicht durch Macht und nicht durch Kraft, sondern durch meinen Geist, 7 spricht Jehova der Heerscharen. Wer bist du, großer Berg, vor Serubbabel? zur Ebene *sollst du werden!* Und er wird den Schlußstein *f* herausbringen unter lautem Zuruf: Gnade, Gnade

ihm! — Und das Wort Jehovas geschah 8 zu mir also: Die Hände Serubbabels 9 haben dieses Haus gegründet, und seine Hände werden es vollenden; und du wirst erkennen, daß Jehova der Heerscharen mich zu euch gesandt hat. Denn wer verachtet den Tag kleiner 10 Dinge? Und mit Freuden werden jene Sieben das Senkblei in der Hand Serubbabels sehen: die Augen Jehovas, sie durchlaufen die ganze Erde. — Und ich hob an und sprach zu ihm: 11 Was sind diese zwei Olivenbäume zur Rechten des Leuchters und zu seiner Linken? Und ich hob zum zweiten 12 Male an und sprach zu ihm: Was sind die beiden Zweige *g* der Olivenbäume, welche neben den zwei goldenen Röhren sind, die das Gold von sich aus ergießen? Und er sprach zu mir und 13 sagte: Weißt du nicht, was diese sind? Und ich sprach: Nein, mein Herr. Da 14 sprach er: Dies sind die beiden Söhne des Oels, welche bei dem Herrn der ganzen Erde stehen.

Und ich hob wiederum meine Augen **5** auf und sah: und siehe, eine fliegende Rolle. Und er sprach zu mir: Was 2 siehst du? Und ich sprach: Ich sehe eine fliegende Rolle, ihre Länge zwanzig Ellen und ihre Breite zehn Ellen. Und er sprach zu mir: Dies ist der 3 Fluch, welcher über die Fläche des ganzen Landes *h* ausgeht; denn ein jeder, der stiehlt, wird gemäß dem, was auf dieser Seite der Rolle geschrieben ist *i*, weggefegt werden; und ein jeder, der *falsch* schwört, wird gemäß dem, was auf jener Seite der Rolle geschrieben ist, weggefegt werden. Ich 4 habe ihn *j* ausgehen lassen, spricht Jehova der Heerscharen; und er wird kommen in das Haus des Diebes und in das Haus dessen, der bei meinem Namen falsch schwört; und er wird in seinem Hause herbergen und es vernichten, sowohl sein Gebälk als auch seine Steine. — Und der Engel, der mit 5 mir redete, trat hervor und sprach zu mir: Hebe doch deine Augen auf und sieh: was ist dieses, das da hervorkommt? Und ich sprach: Was ist es? 6 Und er sprach: Dies ist ein Epha, das hervorkommt; und er sprach: Solches ist ihr Aussehen *k* im ganzen Lande. Und siehe, eine Scheibe von Blei wurde 7 aufgehoben; und da war ein Weib, welches inmitten des Ephas saß. Und 8 er sprach: Dies ist die Gesetzlosigkeit; und er warf sie in das Epha hinein und warf das Bleigewicht auf dessen Mündung. Und ich hob meine Augen auf 9 und sah: und siehe, da kamen zwei Weiber hervor, und Wind war in ihren Flügeln, und sie hatten Flügel wie die Flügel des Storches; und sie hoben das Epha empor zwischen Erde und Himmel. Und ich sprach zu dem 10 Engel, der mit mir redete: Wohin

---

a W. er. — *b* O. Schuld. — *c* O. verwalten. — *d* Zugl.: des Wahrzeichens, Vorbildes. — *e* O. an ihm, je sieben Gießröhren; wahrsch. ist zu l.: an ihm, und sieben Gießröhren. — *f* O. Giebelstein. — *g* Eig. Zweigspitzen (W. Aehren). — *h* O. der ganzen Erde. — *i* Eig. wird ihr (der Rolle) gemäß auf dieser Seite; so auch nachher. — *j* den Fluch. — *k* d. h. der Diebe und der Meineidigen.

11 bringen diese das Epha? Und er sprach zu mir: Um ihm ein Haus zu bauen im Lande Sinear; und ist dieses aufgerichtet, so wird es daselbst auf seine Stelle niedergesetzt werden.

6
Und ich hob wiederum meine Augen auf und sah: und siehe, vier Wagen kamen hervor zwischen zwei Bergen; und die Berge waren Berge von Erz.
2 An dem ersten Wagen waren rote Rosse, und an dem zweiten Wagen schwar-
3 ze Rosse; und an dem dritten Wagen weiße Rosse, und an dem vierten Wa-
4 gen scheckige, starke Rosse. Und ich hob an und sprach zu dem Engel, der mit mir redete: Mein Herr, was sind
5 diese? Und der Engel antwortete und sprach zu mir: Diese sind die vier Winde a des Himmels, welche ausgehen, nachdem sie sich vor den Herrn
6 der ganzen Erde gestellt haben. An welchem die schwarzen Rosse sind, die ziehen aus nach dem Lande des Nordens; und die weißen ziehen aus hinter ihnen her; und die scheckigen ziehen aus nach dem Lande des Sü-
7 dens; und die starken Rosse, und trachten hinzugehen, die Erde zu durchziehen. Und er sprach: Sehet, durchziehet die Erde! Und sie durchzogen
8 die Erde. Und er rief mir und redete zu mir und sprach: Siehe, diejenigen, welche nach dem Lande des Nordens ausgezogen sind, lassen meinen Geist Ruhe finden b im Lande des Nordens.
9 Und das Wort Jehovas geschah zu
10 mir also: Nimm von den Weggeführten, von Cheldai und von Tobija und von Jedaja, — und geh du an selbigem Tage, geh in das Haus Josijas, des Sohnes Zephanjas, wohin sie aus Babel
11 gekommen sind — ja, nimm Silber und Gold und mache eine Krone c. Und setze sie auf das Haupt Josuas, des Sohnes Jozadaks, des Hohenpriesters,
12 und sprich zu ihm und sage: So spricht Jehova der Heerscharen und sagt: Siehe, ein Mann, sein Name ist Sproß; und er wird von seiner Stelle aufsprossen und den Tempel Jehovas bauen.
13 Ja, er wird den Tempel Jehovas bauen; und er wird Herrlichkeit tragen; und er wird auf seinem Throne sitzen und herrschen, und er wird Priester sein auf seinem Throne; und der Rat des Friedens wird zwischen ihnen bei-
14 den sein. Und die Krone soll dem Chelem und Tobija und Jedaja und der Güte d des Sohnes Zephanjas zum Ge-
15 dächtnis sein im Tempel Jehovas. Und Entfernte werden kommen und am Tempel Jehovas bauen; und ihr werdet erkennen, daß Jehova der Heerscharen mich zu euch gesandt hat. Und dieses wird geschehen, wenn ihr fleißig auf die Stimme Jehovas, eures Gottes, hören werdet.

7
Und es begab sich im vierten Jahre des Königs Darius, da geschah das Wort Jehovas zu Sacharja, am vierten Tage des neunten Monats, im Monat Kislev,
2 als Bethel e den Scharezer und Regem-Melech und seine Männer sandte, um Jehova anzuflehen, und um den Prie-
3 stern des Hauses Jehovas der Heerscharen und den Propheten zu sagen: Soll ich weinen im fünften Monat und mich enthalten f, wie ich schon so viele
4 Jahre getan habe? Und das Wort Jehovas der Heerscharen geschah zu mir al-
5 so: Rede zum ganzen Volke des Landes und zu den Priestern und sprich: Wenn ihr im fünften und im siebenten Monat gefastet und gewehklagt habt, und zwar schon siebenzig Jahre, habt ihr irgendwie m i r gefastet? Und
6 wenn ihr esset, und wenn ihr trinket, seid nicht i h r die Essenden und i h r
7 die Trinkenden? Kennet ihr nicht die Worte, welche Jehova durch die früheren Propheten ausrief, als Jerusalem bewohnt und ruhig war, und seine Städte rings um dasselbe her, und der Süden und die Niederung bewohnt waren?

8 Und das Wort Jehovas geschah zu
9 Sacharja also: So spricht Jehova der Heerscharen und sagt: Uebet ein wahrhaftiges Gericht und erweiset Güte und Barmherzigkeit einer dem ande-
10 ren; und bedrücket nicht die Witwe und die Waise, den Fremdling und den Elenden; und sinnet keiner auf seines Bruders Unglück in euren Herzen.
11 Aber sie weigerten sich, aufzumerken, und zogen die Schulter widerspenstig zurück und machten ihre Ohren
12 schwer, um nicht zu hören. Und sie machten ihr Herz zu Diamant, um das Gesetz nicht zu hören noch die Worte, welche Jehova der Heerscharen durch seinen Geist mittelst der früheren Propheten sandte; und so kam ein großer Zorn von seiten Jehovas der Heerscha-
13 ren. Und es geschah, gleichwie er gerufen, und sie nicht gehört hatten, also riefen sie, und ich hörte nicht, spricht Jehova der Heerscharen; und ich
14 stürmte sie hinweg unter alle Nationen g, die sie nicht kannten, und das Land wurde hinter ihnen verwüstet, sodaß niemand hin und wieder zieht; und sie machten das köstliche Land zu einer Wüste.

8
Und es geschah das Wort Jehovas der Heerscharen also: So spricht Je-
2 hova der Heerscharen: Ich eifere für Zion mit großem Eifer, und mit großem Grimme eifere ich für dasselbe.
3 So spricht Jehova: Ich kehre nach Zion zurück und will inmitten Jerusalems wohnen; und Jerusalem wird genannt werden „Stadt der Wahrheit", und der Berg Jehovas der Heerscharen „der

---

a O. Geister. — b Zugl.: stillen meinen Zorn. — c Eig. Kronen, d. h. eine aus mehreren Reifen bestehende Prachtkrone; so auch V. 14. — d d. h. der von ihm erwiesenen Güte; vergl. V. 10. And. üb.: und Chen, dem Sohne Zephanjas. — e d. h. die Einwohnerschaft von Bethel. — f Die Juden hatten in der Verbannung die Sitte angenommen, zur Erinnerung an die Hauptereignisse bei der Einnahme Jerusalems an gewissen Tagen im 4., 5., 7. und 10. Monat zu fasten. (Vergl. V. 5 und Kap. 8, 19.) — g Eig. über alle Nationen hin.

4 heilige Berg". So spricht Jehova der Heerscharen: Es werden noch Greise und Greisinnen in den Straßen von Jerusalem sitzen, ein jeder mit seinem Stabe in seiner Hand vor Menge der 5 Tage. Und die Straßen der Stadt werden voll sein von Knaben und Mädchen, 6 die auf seinen Straßen spielen. So spricht Jehova der Heerscharen: Wenn es wunderbar ist in den Augen des Ueberrestes dieses Volkes in jenen Tagen, wird es auch in meinen Augen wunderbar sein? spricht Jehova der 7 Heerscharen. So spricht Jehova der Heerscharen: Siehe, ich werde mein Volk retten aus dem Lande des Aufgangs und aus dem Lande des Unter-8 gangs der Sonne; und ich werde sie herbeibringen, und sie werden wohnen inmitten Jerusalems; und sie werden mein Volk, und ich werde ihr Gott sein in Wahrheit und in Gerechtigkeit. 9 So spricht Jehova der Heerscharen: Stärket eure Hände, die ihr in diesen Tagen diese Worte aus dem Munde der Propheten höret, welche an dem Tage waren, da der Grund des Hauses Jehovas der Heerscharen, des Tempels, gelegt wurde, um ihn zu erbau-10 en! Denn vor diesen Tagen war kein Lohn für die Menschen und kein Lohn für das Vieh; und der Aus- und Eingehende hatte keinen Frieden vor dem Bedränger, und ich ließ alle Menschen 11 gegen einander los. Nun aber will ich dem Ueberrest dieses Volkes nicht sein wie in den früheren Tagen, spricht 12 Jehova der Heerscharen; sondern die Saat*a* des Friedens, der Weinstock, wird seine Frucht geben, und die Erde ihren Ertrag geben, und der Himmel wird seinen Tau geben; und dem Ueberrest dieses Volkes werde ich das 13 alles zum Erbteil geben. Und es wird geschehen, gleichwie ihr, Haus Juda und Haus Israel, ein Fluch unter den Nationen gewesen seid, also werde ich euch retten, und ihr werdet ein Segen sein. Fürchtet euch nicht, stärket eure 14 Hände! Denn so spricht Jehova der Heerscharen: Gleichwie ich euch Böses zu tun gedachte, als eure Väter mich erzürnten, spricht Jehova der Heerscharen, und ich es mich nicht 15 gereuen ließ, also gedenke ich wiederum in diesen Tagen Jerusalem und dem Hause Juda Gutes zu tun. Fürch-16 tet euch nicht! Dies sind die Dinge, die ihr tun sollt: Redet die Wahrheit einer mit dem anderen; richtet *der* Wahrheit *gemäß* und *fället* einen Rechtsspruch des Friedens*b* in euren Toren; 17 und sinnet keiner auf des anderen Unglück in euren Herzen, und falschen Eid liebet nicht; denn alles dieses, ich hasse es, spricht Jehova.

18 Und das Wort Jehovas der Heer-19 scharen geschah zu mir also: So spricht Jehova der Heerscharen: Das Fasten des vierten und das Fasten des fünf-

ten und das Fasten des siebenten und das Fasten des zehnten *Monats* wird dem Hause Juda zur Wonne und zur Freude und zu fröhlichen Festzeiten werden. Doch liebet die Wahrheit und 20 den Frieden. So spricht Jehova der Heerscharen: Noch *wird es geschehen,* daß Völker und Bewohner vieler Städ-21 te kommen werden; und die Bewohner der einen werden zur anderen gehen und sagen: „Laßt uns doch hingehen, um Jehova anzuflehen und Jehova der Heerscharen zu suchen!" „Auch ich will gehen!" Und viele Völ-22 ker und mächtige*c* Nationen werden kommen, um Jehova der Heerscharen in Jerusalem zu suchen und Jehova anzuflehen. So spricht Jehova der Heer-23 scharen: In jenen Tagen, da werden zehn Männer aus allerlei Sprachen der Nationen ergreifen, ja, ergreifen werden sie den Rockzipfel eines jüdischen Mannes und sagen: Wir wollen mit euch gehen, denn wir haben gehört, daß Gott mit euch ist.

Ausspruch des Wortes Jehovas über 9 das Land Chadrak; und auf Damaskus läßt es sich nieder, (denn Jehova hat ein Auge auf die Menschen und auf alle Stämme Israels) und auch auf 2 Hamath, welches daran grenzt, auf Tyrus und Zidon, weil es sehr weise ist. — Und Tyrus hat sich eine Feste 3 erbaut und Silber gehäuft wie Staub, und Feingold wie Straßenkot. Siehe, 4 der Herr wird es einnehmen und seine Macht*d* im Meere schlagen; und es selbst wird vom Feuer verzehrt werden. Askalon soll es sehen und sich 5 fürchten; auch Gasa, und soll sehr erzittern, und Ekron, denn seine Zuversicht ist zu Schanden geworden. Und der König wird aus Gasa vertilgt, und Askalon wird nicht mehr bewohnt werden. Und ein Bastard*e* wird in Asdod 6 wohnen, und ich werde den Hochmut der Philister ausrotten. Und ich wer-7 de sein Blut aus seinem Munde wegtun und seine Greuel zwischen seinen Zähnen hinweg; und auch er*f* *f* wird übrigbleiben unserem Gott, und wird sein wie ein Fürst*g* in Juda, und Ekron wie die Jebusiter.

Und ich werde für mein Haus ein 8 Lager aufschlagen vor dem Kriegsheere, vor dem Hin- und Wiederziehenden, und kein Bedränger*h* wird sie mehr überziehen; denn jetzt habe ich dareingesehen mit meinen Augen. — Frohlocke laut, Tochter Zion; jauch-9 ze, Tochter Jerusalem! Siehe, dein König wird *zu dir* kommen: gerecht und ein Retter*i* ist er, demütig*j*, und auf einem Esel reitend, und zwar auf einem Füllen, einem Jungen der Eselin. Und ich werde die Wagen ausrot-10 ten aus Ephraim und die Rosse aus Jerusalem, und der Kriegsbogen wird ausgerottet werden. Und er wird Frie-

---

a O. die Pflanzung. — *b* d. h. der Frieden stiftet. — *c* O. zahlreiche. — *d* Zugl.: seinen Reichtum. — *e* d. h. ein nicht gesetzmäßiger, fremder Herrscher, oder gemeines, fremdes Gesindel. — *f* der Philister. — *g* Eig. Stamm- od. Geschlechtsfürst. — *h* O. Bedrücker. — *i* Eig. ein mit Rettung (od. Heil) Begabter. — *j* Eig. gebeugt, elend; die alexandr. Uebersetzung liest „sanftmütig" od. „demütig".

den reden zu den Nationen; und seine Herrschaft wird sein von Meer zu Meer, und vom Strome *a* bis an die
11 Enden der Erde. *Und* du — um des Blutes deines Bundes willen entlasse ich auch deine Gefangenen aus der Grube, in welcher kein Wasser ist.
12 Kehret zur Festung zurück, ihr Gefangenen der Hoffnung *b*! Schon heute verkündige ich, daß ich dir das Doppelte
13 erstatten werde *c*. — Denn ich habe mir Juda gespannt, den Bogen mit Ephraim gefüllt *d*; und ich wecke deine Söhne, Zion, auf wider deine Kinder, Griechenland, und mache dich
14 wie das Schwert eines Helden. Und Jehova wird über ihnen erscheinen *e*, und sein Pfeil wird ausfahren wie der Blitz; und der Herr, Jehova, wird in die Posaune stoßen und einherziehen
15 in Stürmen des Südens. Jehova der Heerscharen wird sie beschirmen; und sie werden die Schleudersteine *f* verzehren und niedertreten; und sie werden trinken, lärmen wie vom Wein und voll werden wie die Opferschalen,
16 wie die Ecken des Altars. Und Jehova, ihr Gott, wird sie retten an jenem Tage, *wird* sein Volk *retten* wie eine Herde; denn Kronensteine sind sie,
17 funkelnd auf seinem Lande. Denn wie groß ist seine Anmut *g*, und wie groß seine Schönheit! Das Korn wird Jünglinge und der Most Jungfrauen wachsen lassen.

10 Erbittet von Jehova Regen zur Zeit des Spätregens; Jehova schafft die Wetterstrahlen, und er wird euch *h* Regengüsse geben, Kraut auf dem Felde
2 einem jeden. Denn die Teraphim haben Nichtiges geredet, und die Wahrsager haben Lüge geschaut; und sie reden Träume des Truges, trösten mit Dunst. Darum sind sie fortgewandert wie eine Herde, werden bedrückt, weil
3 kein Hirte da ist. Mein Zorn ist wider die Hirten entbrannt, und die Böcke werde ich heimsuchen; denn Jehova der Heerscharen wird seiner Herde, des Hauses Juda, sich annehmen und sie machen wie sein Prachtroß im
4 Streite. Von ihm *i* kommt der Eckstein, von ihm der Pflock, von ihm der Kriegsbogen, von ihm werden alle Bedränger hervorkommen insgesamt.
5 Und sie werden wie Helden sein, die den Kot der Straßen im Kampfe zertreten; und sie werden kämpfen, denn Jehova ist mit ihnen, und die Reiter
6 auf Rossen werden zu Schanden. Und ich werde das Haus Juda stärken und das Haus Joseph retten, und werde sie wohnen *j* lassen; denn ich habe mich ihrer erbarmt, und sie werden sein, als ob ich sie nicht verstoßen hätte. Denn ich bin Jehova, ihr Gott, und
7 werde ihnen antworten. Und Ephraim

wird sein wie ein Held, und ihr Herz wird sich freuen wie vom Wein; und ihre Kinder werden es sehen und sich freuen, ihr Herz wird frohlocken in Jehova. Ich will sie herbeizischen und 8 sie sammeln, denn ich habe sie erlöst; und sie werden sich mehren, wie sie sich gemehrt haben. Und ich will sie 9 unter den Völkern säen *k*, und in den fernen *Ländern* werden sie meiner gedenken; und sie werden mit ihren Kindern leben und zurückkehren. Und 10 ich werde sie zurückführen aus dem Lande Aegypten und sie sammeln aus Assyrien, und sie in das Land Gilead und auf den Libanon bringen; und nicht wird Raum genug für sie gefunden werden *l*. Und er wird durch das 11 Meer der Angst ziehen und die Wellen im Meere schlagen, und alle Tiefen des Stromes *m* werden versiegen; und die Hoffart Assyriens wird niedergeworfen werden, und weichen wird das Zepter *n* Aegypten. Und ich wer- 12 de sie stark machen in Jehova, und in seinem Namen werden sie wandeln, spricht Jehova.

11 Tue auf, Libanon, deine Tore, und Feuer verzehre deine Zedern! Heule, Zypresse! denn die Zeder ist ge- 2 fallen, denn die Herrlichen sind verwüstet. Heulet, Eichen Basans! denn der unzugängliche Wald ist niedergestreckt. Lautes Heulen der Hirten, 3 denn ihre Herrlichkeit ist verwüstet; lautes Gebrüll *o* der jungen Löwen, denn die Pracht des Jordan ist verwüstet!

Also sprach Jehova, mein Gott: Weide die Herde des Würgens, deren Käu- 5 fer sie erwürgen und es nicht büßen, und deren Verkäufer sprechen: Gepriesen sei Jehova, denn ich werde reich! und deren Hirten sie nicht verschonen. Denn ich werde die Bewoh- 6 ner des Landes nicht mehr verschonen, spricht Jehova; und siehe, ich überliefere die Menschen, einen jeden der Hand seines Nächsten und der Hand seines Königs; und sie werden das Land zertrümmern, und ich werde nicht aus ihrer Hand befreien. — Und ich weidete die Herde des Wür- 7 gens, mithin die Elenden der Herde; und ich nahm mir zwei Stäbe: den einen nannte ich Huld, und den anderen nannte ich Bande *p*, und ich weidete die Herde. Und ich vertilgte 8 drei Hirten in einem Monat. Und meine Seele wurde ungeduldig über sie, und auch ihre Seele wurde meiner überdrüssig. Da sprach ich: Ich 9 will euch nicht mehr weiden; was stirbt, mag sterben, und was umkommt, mag umkommen; und die Uebrigbleibenden mögen eines des anderen Fleisch fressen. Und ich nahm meinen Stab Huld 10

---

a Euphrat. — *b* d. h. die ihr nicht hoffnungslos seid. — *c* Vergl. Jes. 61, 7. — *d* Nach and. Interpunktion: ich habe mir Juda als Bogen gespannt, mit Ephraim (als Pfeil) ihn gefüllt. — *e* And. l.: wird auf sie schießen. — *f* d. h. die Feinde (im Gegensatz zu Israel in V. 16), welche weggeschleudert werden. — *g* O. Vortrefflichkeit. — *h* Eig. ihnen, d. h. jedem Bittenden. — *i* d. i. von Juda. — *j* S. die Anm. zu Micha 5, 3. — *k* d. h. sie vermehren; wie Hos. 2, 23. — *l* Eig. und es wird für sie nicht hinreichen. — *m* Der hebr. Ausdruck bezeichnet den Nil. — *n* O. der Stab (des Treibers). — *o* W. Stimme des Heulens . . . des Gebrülls. — *p* O. Verbindung.

und zerbrach ihn, um meinen Bund zu brechen, den ich mit allen Völkern 11 gemacht hatte. Und er wurde gebrochen an jenem Tage; und also erkannten die Elenden der Herde, die auf mich achteten, daß es das Wort Jeho- 12 vas war. Und ich sprach zu ihnen *a*: Wenn es gut ist in euren Augen, so gebet mir meinen Lohn, wenn aber nicht, so lasset es; und sie wogen mei- 13 nen Lohn dar: dreißig Silber*sekel*. Da sprach Jehova zu mir: Wirf ihn dem Töpfer hin, den herrlichen Preis, dessen ich von ihnen wertgeachtet bin! Und ich nahm die dreißig Silber*sekel* und warf sie in das Haus Jehovas, 14 dem Töpfer hin. Und ich zerbrach meinen zweiten Stab, **die Bande**, um die Brüderschaft zwischen Juda und Is- 15 rael zu brechen. — Und Jehova sprach zu mir: Nimm dir noch das Gerät 16 eines törichten Hirten. Denn siehe, ich erwecke einen Hirten im Lande: der Umkommenden wird er sich nicht annehmen, das Versprengte wird er nicht suchen, und das Verwundete nicht heilen; das Gesunde *b* wird er nicht versorgen, und das Fleisch des Fetten wird er essen und ihre Klauen 17 zerreißen. Wehe dem nichtigen Hirten, der die Herde verläßt! Das Schwert über seinen Arm und über sein rechtes Auge! Sein Arm soll gänzlich verdorren, und sein rechtes Auge völlig erlöschen.

12 Ausspruch des Wortes Jehovas über Israel.

Es spricht Jehova, der den Himmel ausspannt und die Erde gründet, und des Menschen Geist in seinem Innern 2 bildet: Siehe, ich mache Jerusalem zu einer Taumelschale für alle Völker ringsum; und auch über Juda wird es *c* kommen bei der Belagerung von 3 Jerusalem. Und es wird geschehen an jenem Tage, da werde ich Jerusalem zu einem Laststein machen für alle Völker: alle die ihn aufladen *wollen*, werden sich gewißlich daran verwunden. Und alle Nationen der Erde werden sich wider dasselbe versammeln. 4 An jenem Tage, spricht Jehova, werde ich alle Rosse mit Scheuwerden und ihre Reiter mit Wahnsinn schlagen; und über das Haus Juda werde ich meine Augen offen halten, und alle Rosse der Völker mit Blindheit 5 schlagen. Und die Fürsten *d* von Juda werden in ihrem Herzen sprechen: Eine Stärke sind mir die Bewohner von Jerusalem in Jehova der Heer- 6 scharen, ihrem Gott. — An jenem Tage werde ich die Fürsten von Juda machen gleich einem Feuerbecken unter Holzstücken und gleich einer Feuerfackel unter Garben; und sie werden zur Rechten und zur Linken alle Völker ringsum verzehren. Und fort-

an wird Jerusalem *e* an seiner Stätte wohnen in Jerusalem. Und Jehova 7 wird die Zelte Judas zuerst retten, auf daß die Pracht *f* des Hauses Davids und die Pracht der Bewohner von Jerusalem sich nicht über Juda erhebe. — An jenem Tage wird Jeho- 8 va die Bewohner von Jerusalem beschirmen; und der Strauchelnde unter ihnen wird an jenem Tage wie David sein, und das Haus Davids wie Gott, wie der Engel Jehovas vor ihnen her. Und es wird geschehen an jenem Ta- 9 ge, da werde ich alle Nationen zu vertilgen suchen, die wider Jerusalem heranziehen.

Und ich werde über das Haus Da- 10 vids und über die Bewohner von Jerusalem den Geist der Gnade und des Flehens ausgießen; und sie werden auf mich blicken, den sie durchbohrt haben, und werden über ihn wehklagen gleich der Wehklage über den Eingeborenen, und bitterlich über ihn leidtragen, wie man bitterlich über den Erstgeborenen leidträgt. An je- 11 nem Tage wird die Wehklage in Jerusalem groß sein wie die Wehklage von Hadad-Rimmon im Tale Megiddo *g*. Und wehklagen wird das Land, jedes 12 Geschlecht besonders: das Geschlecht des Hauses Davids besonders, und ihre Weiber besonders; das Geschlecht des Hauses Nathans *h* besonders, und ihre Weiber besonders; das Geschlecht 13 des Hauses Levis besonders, und ihre Weiber besonders; das Geschlecht der Simeiter *i* besonders, und ihre Weiber besonders; alle übrigen Geschlechter, 14 jedes Geschlecht besonders, und ihre Weiber besonders.

An jenem Tage wird ein Quell **13** geöffnet sein dem Hause Davids und den Bewohnern von Jerusalem für Sünde und für Unreinigkeit. Und es wird 2 geschehen an jenem Tage, spricht Jehova der Heerscharen, da werde ich die Namen der Götzen ausrotten aus dem Lande, und ihrer wird nicht mehr gedacht werden; und auch die Propheten und den Geist der Unreinheit werde ich aus dem Lande wegschaffen. Und es wird geschehen, wenn ein 3 Mann ferner weissagt, so werden sein Vater und seine Mutter, seine Erzeuger, zu ihm sprechen: Du darfst nicht leben, denn du hast Lüge geredet im Namen Jehovas! und sein Vater und seine Mutter, seine Erzeuger, werden ihn durchbohren, wenn er weissagt. Und es wird geschehen an jenem 4 Tage, da werden die Propheten sich schämen, ein jeder über sein Gesicht, wenn er weissagt; und sie werden nicht mehr einen härenen Mantel anlegen, um zu lügen. Und er wird spre- 5 chen: Ich bin kein Prophet, ich bin ein Mann, der das Land bebaut; denn man *j* hat mich gekauft von meiner

---

a näml. zu der Herde oder den Schafen, V. 7 usw. — *b* Eig. das Stehende. — *c* näml. das was Jerusalem treffen wird. — *d* S. die Anm. zu Kap. 9, 7. — *e* d. h. die Einwohnerschaft von Jerusalem. — *f* O. die Herrlichkeit. — *g* Vergl. 2. Chron. 35, 22 usw. — *h* Vergl. Luk. 3, 31. (Von Nathan stammte auch Serubbabel ab; s. Luk. 3, 27.) — *i* Vergl. 4. Mose 3, 21; es werden somit zwei Häuser aus königlichem und zwei aus priesterlichem Geschlecht angeführt. — *j* Eig. ein Mensch.

6 Jugend an. Und wenn jemand zu ihm spricht: Was sind das für Wunden in *a* deinen Händen? so wird er sagen: *Es sind* die *Wunden*, womit ich geschlagen worden bin im Hause derer, die mich lieben.

7 Schwert, erwache wider meinen Hirten und wider den Mann, der mein Genosse ist! spricht Jehova der Heerscharen; schlage den Hirten, und die Herde wird sich zerstreuen. Und ich werde meine Hand den Kleinen *b* zuwenden.

8 Und es wird geschehen im ganzen Lande, spricht Jehova: zwei Teile davon werden ausgerottet werden *und* verscheiden, aber der dritte

9 Teil davon wird übrigbleiben. Und ich werde den dritten Teil ins Feuer bringen, und ich werde sie läutern, wie man das Silber läutert, und sie prüfen, wie man das Gold prüft. Es wird meinen Namen anrufen, und ich werde ihm antworten; ich werde sagen *c*: Es ist mein Volk; und es wird sagen: Jehova ist mein Gott.

14 Siehe, ein Tag kommt für Jehova, da wird deine Beute verteilt werden

2 in deiner Mitte. Und ich werde alle Nationen nach Jerusalem zum Kriege versammeln; und die Stadt wird eingenommen und die Häuser werden geplündert und die Weiber geschändet werden; und die Hälfte der Stadt wird in die Gefangenschaft ausziehen, aber das übrige Volk wird nicht aus der Stadt ausgerottet werden.

3 Und Jehova wird ausziehen und wider jene Nationen streiten, wie an dem Tage, da er streitet, an dem Tage der

4 Schlacht. Und seine Füße werden an jenem Tage auf dem Oelberge stehen, der vor Jerusalem gegen Osten liegt; und der Oelberg wird sich in der Mitte spalten nach Osten und nach Westen hin, zu einem sehr großen Tale, und die Hälfte des Berges wird nach Norden und seine *andere* Hälfte nach Sü-

5 den weichen. Und ihr werdet in das Tal meiner Berge fliehen, und das Tal der Berge wird bis Azel reichen; und ihr werdet fliehen, wie ihr vor dem Erdbeben geflohen seid in den Tagen Ussijas, des Königs von Juda. Und kommen wird Jehova, mein Gott, *und* alle Heiligen mit dir.

6 Und es wird geschehen an jenem Tage, da wird kein Licht sein; die Ge-

7 stirne *d* werden sich verfinstern *e*. Und es wird ein einziger *f* Tag sein, (er ist Jehova bekannt) nicht Tag und nicht Nacht; und es wird geschehen zur Zeit des Abends, da wird es Licht sein *g*.

8 Und es wird geschehen an jenem Tage, da werden lebendige Wasser aus Jerusalem fließen, zur Hälfte nach dem östlichen Meere und zur Hälfte nach dem hinteren Meere; im Sommer und

9 im Winter wird es geschehen. Und Jehova wird König sein über die ganze Erde; an jenem Tage wird Jehova

einer sein und sein Name einer. 10 Das ganze Land wird sich umwandeln wie die Ebene, von Geba bis Rimmon *h*, *welches* südlich von Jerusalem *liegt*; und Jerusalem *i* wird erhaben sein und an seiner Stätte wohnen *j*, vom Tore Benjamin bis zur Stelle des ersten Tores *und* bis zum Ecktore, und vom Turme Hananel bis zu den Keltern des Kö-

11 nigs. Und man wird darin wohnen, und kein Bann wird mehr sein; und Jerusalem wird in Sicherheit wohnen.

12 Und dies wird die Plage sein, womit Jehova alle Völker plagen wird, welche gegen Jerusalem Krieg geführt haben: Er wird eines jeden Fleisch verwesen lassen, während er auf seinen Füßen steht, und seine Augen werden verwesen in ihren Höhlen, und seine Zunge wird in seinem Munde ver-

13 wesen. Und es wird geschehen an jenem Tage, da wird eine große Verwirrung von Jehova unter ihnen entstehen; und sie werden einer des anderen Hand ergreifen, und einer jeden Hand wird sich gegen die Hand seines

14 Nächsten erheben. Und auch Juda wird in Jerusalem streiten; und der Reichtum aller Nationen ringsum wird gesammelt werden: Gold und Silber und Kleider in großer Menge. Und ebenso,

15 gleich dieser Plage, wird die Plage der Rosse, der Maultiere, der Kamele und der Esel und alles Viehes sein, welches in jenen Heerlagern sein wird.

16 Und es wird geschehen, daß alle Uebriggebliebenen von allen Nationen, welche wider Jerusalem gekommen sind, von Jahr zu Jahr hinaufziehen werden, um dem König, Jehova der Heerscharen, anzubeten und das Laub-

17 hüttenfest zu feiern. Und es wird geschehen, wenn eines *k* von den Geschlechtern der Erde nicht nach Jerusalem hinaufziehen wird, um den König, Jehova der Heerscharen, anzubeten: über dasselbe wird kein Regen

18 kommen; und wenn das Geschlecht Aegyptens nicht hinaufzieht und nicht kommt, so *wird der Regen* auch nicht über dieses *kommen*. Das wird die Plage sein, womit Jehova die Nationen plagen wird, welche nicht hinaufziehen werden, um das Laubhüttenfest zu feiern.

19 Das wird die Strafe *l* Aegyptens und die Strafe aller Nationen sein, welche nicht hinaufziehen werden, um das Laubhüttenfest zu feiern.

20 An jenem Tage wird auf den Schellen der Rosse stehen: Heilig dem Jehova. Und die Kochtöpfe im Hause Jehovas werden sein wie die Opferscha-

21 len vor dem Altar; und jeder Kochtopf in Jerusalem und in Juda wird Jehova der Heerscharen heilig sein; und alle Opfernden werden kommen und von denselben nehmen und darin kochen. Und es wird an jenem Tage kein Kanaaniter mehr sein im Hause Jehovas der Heerscharen.

---

a Eig. zwischen. — *b* O. Geringen. — *c* Eig. ich sage. — *d* Eig. die Prächtigen. — *e* Eig. gerinnen, sich zusammenziehen. — *f* d. h. einzig in seiner Art. — *g* O. werden. — *h* Geba lag an der nördlichen Grenze von Juda, Rimmon im Süden, an der Grenze von Edom. — *i* W. es. — *j* Vergl. Kap. 12, 6. — *k* Eig. welches. — *l* Eig. die Sündenstrafe; wie 4. Mose 32, 23 und öfters.

Der Prophet Maleachi

1 Ausspruch des Wortes Jehovas an Israel durch Maleachi.

2 Ich habe euch geliebt, spricht Jehova; aber ihr sprechet: „Worin hast du uns geliebt?" War nicht Esau der Bruder Jakobs? spricht Jehova *a*, und ich 3 habe Jakob geliebt; Esau aber habe ich gehaßt, und ich habe seine Berge zur Wüste gemacht und sein Erbteil 4 für die Schakale der Steppe. Wenn Edom spricht: Wir sind zerschmettert, werden aber die Trümmer wieder aufbauen, so spricht Jehova der Heerscharen: Sie werden bauen, ich aber werde niederreißen; und man wird sie nennen „Gebiet der Gesetzlosigkeit" und „das Volk, welchem Jehova 5 ewiglich zürnt". Und eure Augen werden es sehen, und ihr werdet sprechen: Groß ist *b* Jehova über das Gebiet Israels hinaus!

6 Ein Sohn soll den Vater ehren, und ein Knecht seinen Herrn. Wenn ich denn Vater bin, wo ist meine Ehre? und wenn ich Herr bin, wo ist meine Furcht *c*? spricht Jehova der Heerscharen zu euch, ihr Priester, die ihr meinen Namen verachtet und doch sprechet: Womit haben wir deinen Na-7 men verachtet? die ihr unreines Brot *d* auf meinem Altar darbringet und doch sprechet: Womit haben wir dich verunreinigt? Damit daß ihr saget: Der 8 Tisch *e* Jehovas ist verächtlich. Und wenn ihr Blindes darbringet, um es zu opfern, so ist es nichts Böses; und wenn ihr Lahmes und Krankes darbringet, so ist es nichts Böses. Bringe doch deinem Landpfleger dar: wird er dich wohlgefällig annehmen, oder Rücksicht auf dich nehmen? spricht Je-9 hova der Heerscharen. Und nun, flehet doch Gott *f* an, daß er uns gnädig sei! — von eurer Hand ist das geschehen — wird er um euretwillen Rücksicht nehmen? spricht Jehova der Heer-10 scharen. Wäre doch nur einer unter euch, der die Türen verschlösse, damit ihr nicht vergeblich auf meinem Altar Feuer anzündetet *g*! Ich habe keine Lust an euch, spricht Jehova der Heerscharen, und eine Opfergabe *h* nehme ich nicht wohlgefällig aus eurer Hand 11 an. — Denn vom Aufgang der Sonne bis zu ihrem Niedergang wird mein Name groß sein unter den Nationen; und an jedem Orte wird geräuchert, dargebracht werden meinem Namen, und zwar reine Opfergaben. Denn mein Name wird groß sein unter den Nationen, spricht Jehova der Heerscharen. Ihr aber entweihet ihn, indem ihr spre-12 chet: Der Tisch des Herrn *i* ist verunreinigt, und sein Einkommen, seine Speise ist verächtlich. Und ihr spre-13 chet: Siehe, welch eine Mühsal! und ihr blaset ihn an *j*, spricht Jehova der Heerscharen, und bringet Geraubtes herbei und das Lahme und das Kranke; und so bringet ihr die Opfergabe. Soll ich das wohlgefällig von eurer Hand annehmen? spricht Jehova. Und verflucht sei, wer betrügt, wäh-14 rend ein Männliches in seiner Herde ist; und wer gelobt und dem Herrn ein Verdorbenes opfert! Denn ich bin ein großer König, spricht Jehova der Heerscharen, und mein Name ist furchtbar unter den Nationen.

Und nun, ihr Priester, an euch er-**2** geht dieses Gebot! Wenn ihr nicht hö-2 ret, und wenn ihr es nicht zu Herzen nehmet, meinem Namen Ehre zu geben, spricht Jehova der Heerscharen, so werde ich den Fluch unter *k* euch senden, und eure Segnungen verfluchen; ja, ich habe sie auch verflucht, weil ihr es nicht zu Herzen nehmet. Siehe, ich schelte euch die Saat und 3 streue euch Mist in das Angesicht, den Mist eurer Feste, und man wird euch zu ihm hintragen. Und ihr werdet wis-4 sen *l*, daß ich dieses Gebot an euch gesandt habe, damit mein Bund mit Levi sei, spricht Jehova der Heerscharen. Mein Bund mit ihm war das Leben und 5 der Friede: und ich gab es ihm zur Furcht, und er fürchtete mich, und er zitterte vor meinem Namen. Das 6 Gesetz *m* der Wahrheit war in seinem Munde, und Unrecht fand sich nicht auf seinen Lippen; er wandelte mit mir in Frieden und Geradheit, und viele brachte er von ihrer Ungerechtigkeit *n* zurück. Denn die Lippen des 7 Priesters sollen Erkenntnis bewahren, und das Gesetz *m* sucht man aus seinem Munde, denn er ist ein Bote Jehovas der Heerscharen. Ihr aber seid 8 abgewichen von dem Wege, habt viele straucheln gemacht im Gesetz, ihr habt den Bund Levis zerstört, spricht Jehova der Heerscharen. So habe auch 9 ich euch bei dem ganzen Volke verächtlich und niedrig gemacht, in demselben Maße, wie ihr meine Wege nicht bewahret und die Person ansehet beim Gesetz *o*.

---

a Eig. ist der Spruch Jehovas. — *b* O. Groß erweist sich. — *c* d. h. die Furcht, die mir gebührt. — *d* d. h. Speise, Opferfleisch; vergl. 3. Mose 21, 6 usw. — *e* d. i. der Altar. — *f* El. — *g* W. vergeblich meinen Altar erleuchtetet. — *h* O. ein Speisopfer; so auch später. — *i* Nach and. Les.: Der Tisch Jehovas. — *j* d. h. verachtet ihn. — *k* O. wider. — *l* O. erkennen, erfahren. — *m* O. Lehre, Unterweisung. — *n* O. Schuld, Missetat. — *o* d. h. in der Handhabung des Gesetzes; vergl. Micha 3, 11.

10 Haben wir nicht alle e i n e n Vater? Hat nicht e i n Gott *a* uns geschaffen? Warum handeln wir treulos einer gegen den anderen, indem wir den Bund 11 unserer Väter entweihen? Juda hat treulos gehandelt, und ein Greuel ist verübt worden in Israel und in Jerusalem; denn Juda hat das Heiligtum Jehovas entweiht, welches er liebte, und ist mit der Tochter eines fremden 12 Gottes *a* vermählt. Jehova wird den Mann, der solches tut, aus den Zelten Jakobs ausrotten, den wachenden und den, der einen Laut von sich gibt, und den, welcher Jehova der Heerscharen 13 eine Opfergabe darbringt *b*. Und zweitens tut ihr dieses: Ihr bedecket den Altar Jehovas mit Tränen, mit Weinen und Seufzen, sodaß er sich nicht mehr zu *eurer* Opfergabe wendet, noch Wohlgefälliges aus eurer Hand an-14 nimmt. Und ihr sprechet: Warum? Weil Jehova Zeuge gewesen ist zwischen dir und dem Weibe deiner Jugend, an welchem du treulos gehandelt hast, da sie doch deine Genossin 15 und das Weib deines Bundes *c* ist. Und hat nicht e i n e r *sie* gemacht? Und sein war der Ueberrest des Geistes. Und was *wollte d* der e i n e? Er suchte einen Samen Gottes. So hütet euch in eurem Geiste *e*, und handle nicht treulos gegen das Weib deiner Jugend! 16 Denn ich hasse Entlassung, spricht Jehova, der Gott Israels; und er bedeckt mit Gewalttat sein Gewand *f*, spricht Jehova der Heerscharen. So hütet euch in eurem Geiste, daß ihr nicht treulos handelt! 17 Ihr habt Jehova mit euren Worten ermüdet; und ihr sprechet: Womit haben wir ihn ermüdet? Damit daß ihr saget: Jeder Uebeltäter ist gut in den Augen Jehovas, und an ihnen hat er Gefallen; oder *g* wo ist der Gott des Gerichts?

3 Siehe, ich sende meinen Boten, daß er den Weg bereite *h* vor mir her. Und plötzlich wird zu seinem Tempel kommen der Herr, den ihr suchet; und der Engel des Bundes, den ihr begehret: siehe, er kommt, spricht Jehova der 2 Heerscharen. Wer aber kann den Tag seines Kommens ertragen, und wer wird bestehen bei seinem Erscheinen? Denn er wird wie das Feuer des Schmelzers sein und wie die Lauge der Wä-3 scher. Und er wird sitzen und das Silber schmelzen und reinigen; und er wird die Kinder Levi reinigen und sie läutern wie das Gold und wie das Silber, sodaß sie Opfergaben dem Jehova darbringen werden in Gerechtigkeit. 4 Dann wird die Opfergabe Judas und Jerusalems Jehova angenehm sein wie in den Tagen vor alters und wie in 5 den Jahren der Vorzeit. Und ich werde euch nahen zum Gericht und wer-

de ein schneller Zeuge sein gegen die Zauberer und gegen die Ehebrecher und gegen die falsch Schwörenden; und gegen die, welche den Tagelöhner im Lohn, die Witwe und die Waise bedrücken und das Recht des Fremdlings beugen, und mich nicht fürchten, spricht Jehova der Heerscharen. Denn ich, Jehova, ich verändere mich 6 nicht; und ihr, Kinder Jakobs, ihr werdet nicht vernichtet werden *i*. Seit den Tagen eurer Väter seid ihr 7 von meinen Satzungen abgewichen und habt sie nicht bewahrt. Kehret um zu mir, so will ich zu euch umkehren, spricht Jehova der Heerscharen. Und ihr sprechet: Worin sollen wir umkehren? Darf ein Mensch Gott berau- 8 ben, daß ihr mich beraubet? Und ihr sprechet: Worin haben wir dich beraubt? In dem Zehnten und in dem Hebopfer. Mit dem Fluche seid ihr 9 verflucht, und doch beraubet ihr m i c h, *ihr*, die ganze Nation! Bringet den 10 ganzen Zehnten in das Vorratshaus, auf daß Speise in meinem Hause sei; und prüfet mich doch dadurch, spricht Jehova der Heerscharen, ob ich euch nicht die Fenster des Himmels auftun und euch Segen ausgießen werde bis zum Uebermaß. Und ich werde um 11 euretwillen *j* den Fresser schelten, daß er euch die Frucht des Bodens nicht verderbe; und der Weinstock auf dem Felde wird euch nicht mehr fehltragen, spricht Jehova der Heerscharen. Und alle Nationen werden euch glück- 12 lich preisen, denn ihr werdet ein Land des Wohlgefallens sein, spricht Jehova der Heerscharen. Eure Worte sind trotzig gegen mich 13 gewesen, spricht Jehova. Und ihr sprechet: Was haben wir miteinander wider dich beredet? Ihr sprechet: Ver- 14 geblich ist es, Gott zu dienen, und was für Gewinn, daß wir seiner Hut warteten, und daß wir in Trauer einhergingen vor Jehova der Heerscharen? Und so preisen wir nun die Ueber- 15 mütigen glücklich: nicht nur sind die Täter der Gesetzlosigkeit aufgebaut worden, sondern sie haben auch Gott versucht und sind entronnen. — Da un- 16 terredeten sich miteinander die Jehova fürchten, und Jehova merkte auf und hörte; und ein Gedenkbuch ward vor ihm geschrieben für die, welche Jehova fürchten und welche seinen Namen achten. Und sie werden mir, 17 spricht Jehova der Heerscharen, zum Eigentum *k* sein an dem Tage, den ich machen werde; und ich werde ihrer schonen, wie ein Mann seines Sohnes schont, der ihm dient. Und ihr wer- 18 det wiederum den Unterschied sehen *l* zwischen dem Gerechten und dem Gesetzlosen, zwischen dem, der Gott dient, und dem, der ihm nicht dient.

---

a El. — *b* Bedeutet wohl: jeden nur lebenden Nachkommen und Verwandten. — *c* d. h. mit dem du dich feierlich verbunden hast. — *d* O. suchte. — *e* O. um eures Geistes willen; so auch V. 16. — *f* d. h. ein solcher bedeckt usw.; O. und Gewalttat bedeckt sein Gewand. — *g* d. h. oder wenn es nicht so ist. — *h* Eig. bahne. — *i* O. vergehen. — *j* Eig. zu euren Gunsten. — *k* O. viell. Sondereigentum. — *l* And. üb.: ihr werdet umkehren und den Unterschied machen.

4 Denn siehe, der Tag kommt, brennend wie ein Ofen; und es werden alle Uebermütigen und jeder Täter der Gesetzlosigkeit zu Stoppeln werden; und der kommende Tag wird sie verbrennen, spricht Jehova der Heerscharen, sodaß er ihnen weder Wurzel noch **2** Zweig lassen wird. Aber euch, die ihr meinen Namen fürchtet, wird die Sonne der Gerechtigkeit aufgehen mit Heilung in ihren Flügeln. Und ihr werdet ausziehen und hüpfen gleich Mast-**3** kälbern; und ihr werdet die Gesetzlosen zertreten, denn sie werden Asche sein unter euren Fußsohlen an dem Tage, den ich machen werde, spricht Jehova der Heerscharen.

Gedenket des Gesetzes Moses, meines Knechtes, welches ich ihm auf Horeb an ganz Israel geboten habe — Satzungen und Rechte. Siehe, ich sende euch Elia, den Propheten, ehe der Tag Jehovas kommt, der große und furchtbare. Und er wird das Herz der Väter zu den Kindern, und das Herz der Kinder zu ihren Vätern wenden, auf daß ich nicht komme und das Land mit dem Banne schlage. **4** **5** **6**

Ende des Alten Testamentes

Vergleichende Zeittafel
der Könige und Propheten von Juda und Israel

Könige, welche über ganz Israel geherrscht haben:

Saul . . . . ? Jahre*.) Prophet Samuel
David . . . 40   „   „   Nathan
Salomo . . 40   „   Beginn des Tempelbaues im 480. Jahre
des Auszugs aus Aegypten

Propheten von Juda	Könige von Juda (von 975—588 v. Chr.)	Regierungs-jahre		Könige von Israel (von 975—721 v. Chr.)	Regierungs-jahre	Propheten von Israel
Schemaja 1. Kön. 12, 22.	Rehabeam	17	1. Kön. 14, 20. 21	Jerobeam I.	22	Der Mann Gottes von Juda 1. Kön. 13.
Iddo 2. Chron. 12, 15.	Abijam	3	— 15, 1			Achija 1. Kön. 11, 29 usw.
Asarja, Sohn Odeds 2. Chron. 15, 1.	Asa	41	— 15, 9			2. Chron. 9, 29.
Hanani 2. Chron. 16, 7.			— 15, 25	Nadab	2	
			— 15, 33	Baesa	24	
Jehu, Sohn Hananis 1. Kön. 16, 1. 2. Chron. 19, 2.			— 16, 8	Ela	2	
			— 16, 10	Simri	7 Tage	
			— 16, 16	Omri	12	Elia 1. Kön. 17, 1 usw.
			— 16, 29	Ahab	22	
Jachasiel 2. Chron. 20, 14.	Josaphat	25	— 22, 41			Micha, Sohn Jimlas 1. Kön. 22, 8.
Elieser 2. Chron. 20, 37.			— 22, 52	Ahasja	2	
			2. Kön. 3, 1	Joram	12	Elisa 1. Kön. 19, 16 usw. 2. Kön. 2, 1 usw.
	Joram	8	— 8, 16			
	Ahasja	1	— 8, 25			
	Athalja	6	— 11, 3			
			— 10, 36	Jehu	28	
Sekarja, Sohn Jojadas 2. Chron. 24, 20.	Joas	40	— 12, 1			
			— 13, 1	Joahas	17	
Joel (?)			— 13, 10	Joas	16	Jona 2. Kön. 14, 25
	Amazja	29	— 14, 1			
			— 14, 23	Jerobeam II.	41	Hosea Hosea 1, 1.

Einige nehmen zwischen Jerobeam II. und Sekarja eine Zwischen-
herrschaft von 10 bis 11 Jahren an.
Andere meinen, daß in 2. Kön. 14,
23 „einundfünfzig“ statt „einundvierzig“ zu lesen sei.

Amos Amos 1, 1.

Propheten von Juda	Könige von Juda	Regierungs-jahre		Könige von Israel	Regierungs-jahre	Propheten von Israel
Sekarja 2. Chron. 26, 5	Ussija oder Asarja	52	— 14, 21			
			— 15, 8	Sekarja	6 Mon.	
			— 15, 13	Sallum	1 Mon.	

*) Saul regierte in der ersten Hälfte des 11. Jahrhunderts vor Christo. Die Dauer seiner Regierung wird in 1. Sam. 13, 1 auf nur 2 Jahre angegeben. Mehrere nehmen an, daß der hebr. Buchstabe für die Zahl 20 (and. 30) ausgefallen sei, sodaß 22 (bezw. 32) zu lesen wäre. Doch vergl. Apstgsch. 13. 21. — Davids Regierung begann um das Jahr 1055 vor Christo.

Propheten von Juda	Könige von Juda	Regierungsjahre		Könige von Israel	Regierungsjahre	Propheten von Israel
			2. Kön. 15, 17	**Menachem**	10	
Jesaja Jesaja 1, 1.			— 15, 23	**Pekachja**	2	
Micha Micha 1, 1.	**Jotham**	16	— 15, 27	**Pekach**	20	Oded 2. Chron. 28, 9.
			— 15, 32	Ein Zeitraum von 9 Jahren, in welchem wahrsch. mehrere Gegenkönige geherrscht haben.		
	Ahas	16	— 16, 1			
			— 17, 1	**Hosea**	9	
Nahum	**Hiskia**	29	— 18, 1	Ende des Königreichs Israel und Wegführung des Volkes nach Assyrien durch Salmanassar, um das Jahr 721 v. Christo.		
Habakuk (And. setzen Hab. etwas früher.)	**Manasse**	55	— 17, 6 — 21, 1			
Jeremia Jer. 1, 1—3.	**Amon**	2	— 21, 19			
	Josia	31	— 22, 1			
Zephanja Zeph. 1, 1.	**Joahas**	3 Mon.	— 23, 31			
	Jojakim Erste Wegführung d. Juden nach Babylon durch Nebukadnezar, um das Jahr 606 v. Christo.	11	— 23, 36 2. Chron. 36, 6. 7			
Hesekiel Hes. 1, 2 usw. Daniel Obadja (?) (And. setzen Ob. viel früher, in die Regierungszeit Jorams.)	**Jojakin** od. **Jekonja** Zweite Wegführung nach Babylon.	3 Mon. u. 10 Tage	2. Kön. 24, 8 2. Chron. 36, 9 2. Kön. 24, 14—17			
	Zedekia Einnahme v. Jerusalem; Zerstörung der Stadt und des Tempels im Jahre 588 vor Christo.	11	— 24, 18 — 25.			

Ende der 70-jährigen Gefangenschaft im Jahre 536. Serubbabel und Jeschua (Josua) kehren mit der Mehrzahl der Weggeführten nach Jerusalem zurück, um auf Befehl des Cyrus den Tempel wieder aufzubauen. 78 Jahre später, im 7. Jahre der Regierung Artaxerxes (Artaxerxes I., 465—424), kam Esra mit einer weiteren Schar der Weggeführten nach Jerusalem (s. Esra 7), und wieder 13 Jahre später, im 20. Jahre Artaxerxes, zog Nehemia nach Jerusalem, um die Stadt und die Mauern wieder aufzubauen. (Vergl. Dan. 9, 25.)

Juda nach der Gefangenschaft (von 536—424 vor Chr.)

Propheten	Landpfleger	
Haggai Sacharja Maleachi	**Serubbabel** **Esra** **Nehemia**	Esra 2, 2; 3, 2 usw. — 7, 1 Nehemia

DIE
HEILIGE SCHRIFT

ZWEITER TEIL

GENANNT
DAS NEUE TESTAMENT

60. AUFLAGE
1979

Das Evangelium nach Matthäus

1 Buch des Geschlechts Jesu Christi, des Sohnes Davids, des Sohnes Abrahams.

2 Abraham zeugte Isaak; Isaak aber zeugte Jakob, Jakob aber zeugte Juda
3 und seine Brüder; Juda aber zeugte Phares und Zara von der Thamar; Phares aber zeugte Esrom, Esrom aber
4 zeugte Aram, Aram aber zeugte Aminadab, Aminadab aber zeugte Nahasson,
5 Nahasson aber zeugte Salmon, Salmon aber zeugte Boas von der Rahab; Boas aber zeugte Obed von der Ruth; Obed
6 aber zeugte Isai *a*, Isai aber zeugte David, den König. David aber zeugte Salomon von der, *die* Urias *Weib*
7 *gewesen*; Salomon aber zeugte Roboam, Roboam aber zeugte Abia, Abia aber
8 zeugte Asa, Asa aber zeugte Josaphat, Josaphat aber zeugte Joram, Joram
9 aber zeugte Osia, Osia aber zeugte Joatham, Joatham aber zeugte Achas,
10 Achas aber zeugte Ezekia, Ezekia aber zeugte Manasse, Manasse aber zeugte
11 Amon, Amon aber zeugte Josia, Josia aber zeugte Jechonia und seine Brüder um die Zeit der Wegführung nach
12 Babylon. Nach der Wegführung nach Babylon aber zeugte Jechonia Salathiel, Salathiel aber zeugte Zorobabel,
13 Zorobabel aber zeugte Abiud, Abiud aber zeugte Eliakim, Eliakim aber
14 zeugte Asor, Asor aber zeugte Zadok, Zadok aber zeugte Achim, Achim aber
15 zeugte Eliud, Eliud aber zeugte Eleasar, Eleasar aber zeugte Matthan, Matthan aber zeugte Jakob, Jakob aber
16 zeugte Joseph, den Mann der Maria, von welcher Jesus geboren wurde, der
17 Christus genannt wird. So sind nun alle Geschlechter von Abraham bis auf David vierzehn Geschlechter, und von David bis zu der Wegführung nach Babylon vierzehn Geschlechter, und von der Wegführung nach Babylon bis auf den Christus vierzehn Geschlechter.

18 Die Geburt Jesu Christi war aber also: Als nämlich Maria, seine Mutter, dem Joseph verlobt war, wurde sie, ehe sie zusammengekommen waren, schwanger erfunden von *dem* Heiligen
19 Geiste. Joseph aber, ihr Mann, indem er gerecht war und sie nicht öffentlich zur Schau stellen wollte, gedachte
20 sie heimlich zu entlassen. Indem er aber solches bei sich überlegte, siehe, da erschien ihm ein Engel *des Herrn b* im Traum und sprach: Joseph, Sohn Davids, fürchte dich nicht, Maria, dein Weib, zu dir zu nehmen; denn das in ihr Gezeugte ist von *dem* Heiligen
21 Geiste. Und sie wird einen Sohn gebären, und du sollst seinen Namen Jesus *b* heißen; denn er wird sein Volk
22 erretten von ihren Sünden. Dies alles geschah aber, auf daß erfüllt würde, was von *dem* Herrn *c* geredet ist durch
23 den Propheten, welcher spricht: „Siehe, die Jungfrau wird schwanger sein und einen Sohn gebären, und sie werden seinen Namen Emmanuel heißen", *d* was verdolmetscht ist: Gott mit uns.
24 Joseph aber, vom Schlafe erwacht, tat, wie ihm der Engel *des* Herrn befohlen hatte, und nahm sein Weib zu sich;
25 und er erkannte sie nicht, bis sie ihren erstgeborenen Sohn geboren hatte; und er hieß seinen Namen Jesus.

2 Als aber Jesus zu Bethlehem in Judäa geboren war, in den Tagen Herodes', des Königs, siehe, da kamen Magier *e* vom Morgenlande nach Jeru-
2 salem, welche sprachen: Wo ist der König der Juden, der geboren worden ist? denn wir haben seinen Stern im Morgenlande *f* gesehen und sind gekommen, ihm zu huldigen.
3 Als aber der König Herodes es hörte, wurde er bestürzt, und ganz Jerusalem
4 mit ihm; und er versammelte alle Hohenpriester und Schriftgelehrten des Volkes und erkundigte sich bei ihnen, wo der Christus geboren werden solle.
5 Sie aber sagten ihm: Zu Bethlehem in Judäa; denn also steht durch den
6 Propheten geschrieben: „Und du, Bethlehem, Land Juda, bist keineswegs die geringste unter den Fürsten Judas; denn aus dir wird ein Führer hervorkommen, der mein Volk Israel weiden wird". *g*
7 Dann berief Herodes die Magier heimlich und erforschte *h* genau von ihnen die Zeit der Erscheinung des Sternes *i*; und er sandte sie nach Beth-
8 lehem und sprach: Ziehet hin und forschet genau nach dem Kindlein; wenn ihr es aber gefunden habt, so berichtet es mir, damit auch ich komme
9 und ihm huldige. Sie aber, als sie den König gehört hatten, zogen hin. Und siehe, der Stern, den sie im Morgenlande gesehen hatten, ging vor ihnen her, bis er kam und über *dem Orte* stand, wo das Kindlein war. Als
10 sie aber den Stern sahen, freuten sie sich mit sehr großer Freude. Und als sie
11 in das Haus gekommen waren, sahen sie das Kindlein mit Maria, seiner

---

a Gr. Jessai. — *b* Vergl. 2. Mose 17, 9, Anm. — *c* „Herr" ohne Artikel bezeichnet hier und an vielen anderen Stellen den Namen „Jehova". — *d* Jes. 7, 14. — *e* Morgenländ. Priester und Sternkundige. — *f* O. im Osten; so auch V. 9. — *g* Micha 5, 1. — *h* O. erfuhr. — *i* O. des Sternes, welcher erschien; W. des erscheinenden Sternes.

Mutter, und sie fielen nieder und huldigten ihm; und sie taten ihre Schätze auf und opferten ihm Gaben: Gold und 12 Weihrauch und Myrrhe. Und als sie im Traum eine göttliche Weisung empfangen hatten, nicht wieder zu Herodes zurückzukehren, zogen sie auf einem anderen Wege hin in ihr Land.

13 Als sie aber hingezogen waren, siehe, da erscheint ein Engel *des* Herrn dem Joseph im Traum und spricht: Stehe auf, nimm das Kindlein und seine Mutter zu dir und fliehe nach Aegypten, und sei daselbst, bis ich es dir sage; denn Herodes wird das Kindlein su-14 chen, um es umzubringen. Er aber stand auf, nahm das Kindlein und seine Mutter des Nachts zu sich und zog hin 15 nach Aegypten. Und er war daselbst bis zum Tode Herodes', auf daß erfüllt würde, was von *dem* Herrn geredet ist durch den Propheten, welcher spricht: „Aus Aegypten habe ich meinen Sohn 16 gerufen".*a* Da ergrimmte Herodes sehr, als er sah, daß er von den Magiern hintergangen worden war; und er sandte hin und ließ alle Knaben töten, die in Bethlehem und in allen seinen Grenzen waren, von zwei Jahren und darunter, nach der Zeit, die er von den Magiern genau erforscht *b* hatte. 17 Da wurde erfüllt, was durch den Propheten Jeremias geredet ist, welcher 18 spricht: „Eine Stimme ist in Rama gehört worden, Weinen und viel Wehklagen: Rahel beweint ihre Kinder, und sie wollte sich nicht trösten lassen, weil sie nicht *mehr* sind". *c*

19 Als aber Herodes gestorben war, siehe, da erscheint ein Engel *des* Herrn dem Joseph im Traum in Aegypten 20 und spricht: Stehe auf, nimm das Kindlein und seine Mutter zu dir und ziehe in das Land Israel; denn sie sind gestorben, die dem Kindlein nach dem 21 Leben trachteten. Und er stand auf und nahm das Kindlein und seine Mutter zu sich, und er kam in das Land 22 Israel. Als er aber hörte, daß Archelaus über Judäa herrsche, anstatt seines Vaters Herodes, fürchtete er sich, dahin zu gehen; und als er im Traum eine göttliche Weisung empfangen hatte, zog er hin in die Gegenden von 23 Galiläa und kam und wohnte in einer Stadt, genannt Nazareth; damit erfüllt würde, was durch die Propheten geredet ist; „Er wird Nazarener genannt werden". *d*

3 In jenen Tagen aber kommt Johannes der Täufer und predigt in der 2 Wüste von Judäa und spricht: Tut Buße, denn das Reich der Himmel ist 3 nahe gekommen. Denn dieser ist der, von welchem durch den Propheten Jesaias geredet ist, welcher spricht: „Stimme eines Rufenden in der Wüste: Bereitet den Weg *des* Herrn, machet 4 gerade seine Steige". *d* Er aber, Johan-

nes, hatte seine Kleidung von Kamelhaaren und einen ledernen Gürtel um seine Lenden; seine Speise aber war Heuschrecken und wilder Honig.

Da ging zu ihm hinaus Jerusalem 5 und ganz Judäa und die ganze Umgegend des Jordan; und sie wurden 6 von ihm im Jordan getauft, indem sie ihre Sünden bekannten.

Als er aber viele der Pharisäer und 7 Sadducäer zu seiner Taufe kommen sah, sprach er zu ihnen: Otternbrut! wer hat euch gewiesen, dem kommenden Zorn zu entfliehen? Bringet e 8 nun der Buße würdige Frucht; und 9 denket nicht bei euch selbst zu sagen: Wir haben Abraham zum Vater; denn ich sage euch, daß Gott dem Abraham aus diesen Steinen Kinder zu erwecken vermag. Schon ist aber die 10 Axt an die Wurzel der Bäume gelegt; jeder Baum nun, der nicht gute Frucht bringt, wird abgehauen und ins Feuer geworfen. Ich zwar taufe euch mit *f* 11 Wasser zur Buße; der nach mir Kommende aber ist stärker als ich, dessen Sandalen zu tragen ich nicht würdig *g* bin; er wird euch mit *f* Heiligem Geiste und Feuer taufen; dessen Worfschaufel 12 in seiner Hand ist, und er wird seine Tenne durch und durch reinigen und seinen Weizen in die Scheune sammeln, die Spreu aber wird er verbrennen mit unauslöschlichem Feuer.

Dann kommt Jesus aus Galiläa an 13 den Jordan zu Johannes, um von ihm getauft zu werden. Johannes aber 14 wehrte ihm und sprach: Ich habe nötig von dir getauft zu werden, und du kommst zu mir? Jesus aber antwortete 15 und sprach zu ihm: Laß es jetzt *so sein*; denn also gebührt es uns, alle Gerechtigkeit zu erfüllen. Dann läßt er es ihm zu. *h* Und als Jesus getauft 16 war, stieg er alsbald von dem Wasser herauf; und siehe, die Himmel wurden ihm aufgetan, und er sah den Geist Gottes wie eine Taube herniederfahren und auf ihn kommen. Und siehe, eine 17 Stimme *kommt* aus den Himmeln, welche spricht: Dieser ist mein geliebter Sohn, an welchem ich Wohlgefallen gefunden habe.

Dann wurde Jesus von dem Geiste **4** in die Wüste hinaufgeführt, um von dem Teufel versucht zu werden; und 2 als er vierzig Tage und vierzig Nächte gefastet hatte, hungerte ihn danach. Und der Versucher trat zu ihm hin 3 und sprach: Wenn du Gottes Sohn bist, so sprich, daß diese Steine Brot werden. Er aber antwortete und sprach: Es 4 steht geschrieben: „Nicht von Brot allein soll der Mensch leben, sondern von jedem Worte, das durch den Mund Gottes ausgeht". *i*

Dann nimmt der Teufel ihn mit in 5 die heilige Stadt und stellt ihn auf die Zinne des Tempels *j* und spricht zu 6

---

a Hos. 11, 1. — *b* O. erfahren. — *c* Jer. 31, 15. — *d* Jes. 40, 3. — *e* Eig. Habet gebracht; die griechische Zeitform bezeichnet eine während Vergangenheit, also: Habet gebracht und bringet immerfort. — *f* W. in. — *g* Eig. genugsam, tüchtig. — *h* W. Dann läßt er ihn. — *i* 5. Mose 8, 3. — *j* d. h. der Gebäude im allgemeinen; der Tempel selbst, das „Heiligtum", wird im Griechischen durch ein anderes Wort bezeichnet.

ihm: Wenn du Gottes Sohn bist, so wirf dich hinab; denn es steht geschrieben: „Er wird seinen Engeln über dir befehlen, und sie werden dich auf den Händen tragen, damit du nicht etwa deinen Fuß an einen Stein stoßest". a Jesus sprach zu ihm: Wiederum steht geschrieben: „Du sollst den Herrn, deinen Gott, nicht versuchen". b

8 Wiederum nimmt der Teufel ihn auf einen sehr hohen Berg und zeigt ihm alle Reiche der Welt und ihre 9 Herrlichkeit und spricht zu ihm: Alles dieses will ich dir geben, wenn du niederfallen und mich anbeten c willst.

10 Da spricht Jesus zu ihm: Geh hinweg, Satan! denn es steht geschrieben: „Du sollst den Herrn, deinen Gott, anbeten und ihm allein dienen". d

11 Dann verläßt ihn der Teufel, und siehe, Engel kamen herzu und dienten ihm.

12 Als er aber gehört hatte, daß Johannes überliefert worden war, ent-13 wich er nach Galiläa; und er verließ Nazareth und kam und wohnte in Kapernaum, das am See e liegt, in dem Gebiet von Zabulon und Nephtalim; 14 auf daß erfüllt würde, was durch den Propheten Jesaias geredet ist, welcher 15 spricht: „Land Zabulon und Land Nephtalim, gegen den See hin, jenseit 16 des Jordan, Galiläa der Nationen: das Volk, das in Finsternis saß, hat ein großes Licht gesehen, und denen, die im Lande und Schatten des Todes saßen, Licht ist ihnen aufgegan-17 gen". f Von da an begann Jesus zu predigen und zu sagen: Tut Buße, denn das Reich der Himmel ist nahe gekommen.

18 Als er aber am See von Galiläa wandelte, sah er zwei Brüder: Simon, genannt Petrus, und Andreas, seinen Bruder, die ein Netz in den See war-19 fen, denn sie waren Fischer. Und er spricht zu ihnen: Kommet mir nach, und ich werde euch zu Menschen-20 fischern machen. Sie aber verließen alsbald die Netze und folgten ihm 21 nach. Und als er von dannen weiterging, sah er zwei andere Brüder: Jakobus, den Sohn des Zebedäus, und Johannes, seinen Bruder, im Schiffe mit ihrem Vater Zebedäus, wie sie ihre Netze ausbesserten; und er rief sie. 22 Sie aber verließen alsbald das Schiff und ihren Vater und folgten ihm nach.

23 Und Jesus zog in ganz Galiläa umher, lehrte in ihren Synagogen und predigte das Evangelium des Reiches und heilte jede Krankheit und jedes 24 Gebrechen unter dem Volke. Und sein Ruf ging aus in das ganze Syrien; und sie brachten zu ihm alle Leidenden, die mit mancherlei Krankheiten und Qualen behaftet waren, und Besessene und Mondsüchtige und Gelähmte; und 25 er heilte sie. Und es folgten ihm große

Volksmengen von Galiläa und Dekapolis g und Jerusalem und Judäa und von jenseit des Jordan.

Als er aber die Volksmengen sah, 5 stieg er auf den Berg; und als er sich gesetzt hatte, traten seine Jünger 2 zu ihm. Und er tat seinen Mund auf, lehrte sie und sprach: Glückselig die 3 Armen im Geiste, denn ihrer ist das Reich der Himmel. Glückselig die 4 Trauernden, denn sie werden getröstet werden. Glückselig die Sanft- 5 mütigen, denn sie werden das Land ererben. Glückselig die nach der Gerechtigkeit hungern und dürsten, denn 6 sie werden gesättigt werden. Glück- 7 selig die Barmherzigen, denn ihnen wird Barmherzigkeit widerfahren. Glückselig die reinen Herzens sind h, 8 denn sie werden Gott schauen. Glückselig die Friedensstifter, denn sie 9 werden Söhne Gottes heißen. Glück- 10 selig die um Gerechtigkeit willen Verfolgten, denn ihrer ist das Reich der Himmel. Glückselig seid ihr, wenn 11 sie euch schmähen und verfolgen und jedes böse Wort lügnerisch wider euch reden werden um meinetwillen. Freuet 12 euch und frohlocket, denn euer Lohn ist groß in den Himmeln; denn also haben sie die Propheten verfolgt, die vor euch waren.

Ihr seid das Salz der Erde; wenn 13 aber das Salz kraftlos i geworden ist, womit soll es gesalzen werden? Es taugt zu nichts mehr, als hinausgeworfen und von den Menschen zertreten zu werden.

Ihr seid das Licht der Welt; eine 14 Stadt, die oben auf einem Berge liegt, kann nicht verborgen sein. Man zün- 15 det auch nicht eine Lampe an und setzt sie unter den Scheffel, sondern auf das Lampengestell, und sie leuchtet allen, die im Hause sind. Also j lasset euer 16 Licht leuchten vor den Menschen, damit sie eure guten k Werke sehen und euren Vater, der in den Himmeln ist, verherrlichen.

Wähnet nicht, daß ich gekommen 17 sei, das Gesetz oder die Propheten aufzulösen; ich bin nicht gekommen, aufzulösen, sondern zu erfüllen l. Denn 18 wahrlich, ich sage euch: Bis der Himmel und die Erde vergehen, soll auch nicht ein Jota oder ein Strichlein von dem Gesetz vergehen, bis alles geschehen ist. Wer irgend nun eines 19 dieser geringsten Gebote auflöst und also die Menschen lehrt, wird der Geringste heißen im Reiche der Himmel; wer irgend aber sie tut und lehrt, dieser wird groß heißen im Reiche der Himmel. Denn ich sage euch: Wenn 20 nicht eure Gerechtigkeit vorzüglicher ist als die der Schriftgelehrten und Pharisäer, so werdet ihr nicht in das Reich der Himmel eingehen.

Ihr habt gehört, daß zu den Alten 21

---

a Ps. 91, 11. 12. — b 5. Mose 6, 16. — c O. mir huldigen; so auch V. 10. — d 5. Mose 6, 13. — e d. i. See Genezareth oder Tiberias. — f Jes. 9, 1. 2. — g d. h. Zehnstadt, ein Landstrich mit zehn Städten im Nordosten von Palästina. — h W. die Reinen im (von) Herzen. — i O. fade. — j d. h. so wie die Lampe in V. 15. — k O. rechtschaffenen. — l d. h. in ganzer Fülle darzustellen.

gesagt ist: Du sollst nicht töten; wer aber irgend töten wird, wird dem Ge-
22 richt verfallen sein. Ich aber sage euch, daß jeder, der seinem Bruder [ohne Grund] zürnt, dem Gericht verfallen sein wird; wer aber irgend zu seinem Bruder sagt: Raka a! dem Synedrium verfallen sein wird; wer aber irgend sagt: Du Narr b! der Hölle des
23 Feuers verfallen sein wird. Wenn du nun deine Gabe darbringst zu dem Altar und dich daselbst erinnerst, daß dein Bruder etwas wider dich habe,
24 so laß daselbst deine Gabe vor dem Altar und geh zuvor hin, versöhne dich mit deinem Bruder; und dann komm und bringe deine Gabe dar.
25 Willfahre deiner Gegenpartei c schnell, während du mit ihr auf dem Wege bist; damit nicht etwa die Gegenpartei c dich dem Richter überliefere, und der Richter dich dem Diener überliefere, und du ins Gefängnis geworfen werdest.
26 Wahrlich, ich sage dir: Du wirst nicht von dannen herauskommen, bis du auch den letzten Pfennig d bezahlt hast.
27 Ihr habt gehört, daß gesagt ist: Du
28 sollst nicht ehebrechen. Ich aber sage euch, daß jeder, der ein Weib ansieht, ihrer zu begehren, schon Ehebruch mit ihr begangen hat in seinem Herzen.
29 Wenn aber dein rechtes Auge dich ärgert e, so reiß es aus und wirf es von dir; denn es ist dir nütze, daß eines deiner Glieder umkomme und nicht dein ganzer Leib in die Hölle
30 geworfen werde. Und wenn deine rechte Hand dich ärgert e, so haue sie ab und wirf sie von dir; denn es ist dir nütze, daß eines deiner Glieder umkomme und nicht dein ganzer Leib in die Hölle geworfen werde.
31 Es ist aber gesagt: Wer irgend sein Weib entlassen wird, gebe ihr einen
32 Scheidebrief. Ich aber sage euch: Wer irgend sein Weib entlassen wird, außer auf Grund von Hurerei, macht, daß sie Ehebruch begeht: und wer irgend eine Entlassene heiratet, begeht Ehebruch.
33 Wiederum habt ihr gehört, daß zu den Alten gesagt ist: Du sollst nicht fälschlich schwören, du sollst aber dem
34 Herrn deine Eide erfüllen. Ich aber sage euch: Schwöret überhaupt nicht; weder bei dem Himmel, denn er ist
35 Gottes Thron; noch bei der Erde, denn sie ist seiner Füße Schemel; noch bei Jerusalem, denn sie ist die großen Kö-
36 nigs Stadt; noch sollst du bei deinem Haupte schwören, denn du vermagst nicht, ein Haar weiß oder schwarz
37 zu machen. Es sei aber eure Rede: Ja, ja; nein, nein; was aber mehr ist als dieses, ist aus dem Bösen.
38 Ihr habt gehört, daß gesagt ist: Auge
39 um Auge, und Zahn um Zahn. Ich aber sage euch: Widerstehet nicht dem Bösen, sondern wer irgend dich auf

deinen rechten Backen schlagen wird, dem biete auch den anderen dar; und
40 dem, der mit dir vor Gericht gehen f und deinen Leibrock g nehmen will, dem laß auch den Mantel. Und wer
41 irgend dich zwingen wird, eine Meile zu gehen, mit dem geh zwei. Gib
42 dem, der dich bittet, und weise den nicht ab h, der von dir borgen will.
43 Ihr habt gehört, daß gesagt ist: Du sollst deinen Nächsten lieben und deinen Feind hassen. Ich aber sage
44 euch: Liebet eure Feinde, [segnet, die euch fluchen, tut wohl denen, die euch hassen,] und betet für die, die euch [beleidigen und] verfolgen, damit ihr
45 Söhne eures Vaters seid, der in den Himmeln ist; denn er läßt seine Sonne aufgehen über Böse und Gute und läßt regnen über Gerechte und Ungerechte. Denn wenn ihr liebet die euch lie-
46 ben, welchen Lohn habt ihr? Tun nicht auch die Zöllner dasselbe? Und wenn
47 ihr eure Brüder allein grüßet, was tut ihr Besonderes? Tun nicht auch die von den Nationen dasselbe? Ihr nun
48 sollt vollkommen sein, wie euer himmlischer Vater vollkommen ist.

6 Habet acht, daß ihr euer Almosen nicht gebet i vor den Menschen, um von ihnen gesehen zu werden; wenn aber nicht, so habt ihr keinen Lohn bei eurem Vater, der in den Himmeln
2 ist. Wenn du nun Almosen gibst, sollst du nicht vor dir her posaunen lassen, wie die Heuchler tun in den Synagogen und auf den Straßen, damit sie von den Menschen geehrt werden. Wahrlich, ich sage euch, sie haben
3 ihren Lohn dahin. Du aber, wenn du Almosen gibst, so laß deine Linke nicht
4 wissen, was deine Rechte tut; damit dein Almosen im Verborgenen sei, und dein Vater, der im Verborgenen sieht, wird dir vergelten.
5 Und wenn du betest, sollst du nicht sein wie die Heuchler; denn sie lieben es, in den Synagogen und an den Ecken der Straßen stehend zu beten, damit sie von den Menschen gesehen werden. Wahrlich, ich sage euch, sie
6 haben ihren Lohn dahin. Du aber, wenn du betest, so geh in deine Kammer und, nachdem du deine Tür geschlossen hast, bete zu deinem Vater, der im Verborgenen ist, und dein Vater, der im Verborgenen sieht, wird dir
7 vergelten. Wenn ihr aber betet, sollt ihr nicht plappern wie die von den Nationen; denn sie meinen, daß sie um ihres vielen Redens willen werden
8 erhört werden. Seid ihnen nun nicht gleich; denn euer Vater weiß, was ihr bedürfet, ehe ihr ihn bittet.
9 Betet ihr nun also: Unser Vater, der du bist in den Himmeln, geheiligt werde dein Name; dein Reich komme;
10 dein Wille geschehe, wie im Himmel also auch auf Erden. Unser nötiges 11

---

a Ein Ausdruck der Verachtung: Tor, Taugenichts. — *b* O. Verrückter; auch: Gottloser. — *c* O. deinem (dem) Widersacher; wie anderswo. — *d* W. Quadrans = 2 Lepta od. 1 Pfennig. — *e* d. h. dir zum Fallstrick wird. — *f* O. rechten. — *g* O. dein Unterkleid; so auch später. — *h* O. wende dich nicht von dem ab. — *i* Nach and. Les.: eure Gerechtigkeit nicht übet.

12 Brot *a* gib uns heute; und vergib uns
unsere Schulden, wie auch w i r un-
13 seren Schuldnern vergeben; und führe
uns nicht in Versuchung, sondern er-
14 rette uns von dem Bösen. — Denn wenn
ihr den Menschen ihre Vergehungen
vergebet, so wird euer himmlischer
15 Vater auch euch vergeben; wenn ihr
aber den Menschen ihre Vergehungen
nicht vergebet, so wird euer Vater auch
eure Vergehungen nicht vergeben.
16 Wenn ihr aber fastet, so sehet nicht
düster aus wie die Heuchler; denn sie
verstellen ihre Angesichter, damit sie
den Menschen als Fastende erscheinen.
Wahrlich, ich sage euch, sie haben
17 ihren Lohn dahin. Du aber, wenn du
fastest, so salbe dein Haupt und wasche
18 dein Angesicht, damit du nicht den
Menschen als ein Fastender erschei-
nest, sondern deinem Vater, der im
Verborgenen ist; und dein Vater, der
im Verborgenen sieht, wird dir vergelten.
19 Sammelt euch nicht Schätze auf der
Erde, wo Motte und Rost zerstört, und
wo Diebe durchgraben und stehlen;
20 sammelt euch aber Schätze im Himmel, wo weder Motte noch Rost zerstört, und wo Diebe nicht durchgraben
21 noch stehlen; denn wo dein Schatz ist,
da wird auch dein Herz sein.
22 Die Lampe des Leibes ist das Auge;
wenn nun dein Auge einfältig ist, so
23 wird dein ganzer Leib licht sein; wenn
aber dein Auge böse ist, so wird dein
ganzer Leib finster sein. Wenn nun
das Licht, das in dir ist, Finsternis ist,
wie groß die Finsternis!
24 Niemand kann zwei Herren dienen;
denn entweder wird er den einen hassen und den anderen lieben, oder er
wird einem anhangen und den anderen
verachten. Ihr könnet nicht Gott die-
25 nen und *dem* Mammon. Deshalb sage
ich euch: Seid nicht besorgt für euer
Leben, was ihr essen und was ihr trinken sollt, noch für euren Leib, was ihr
anziehen sollt. Ist nicht das Leben
mehr als die Speise, und der Leib *mehr*
26 als die Kleidung? Sehet hin auf die
Vögel des Himmels, daß sie nicht säen
noch ernten, noch in Scheunen sammeln, und euer himmlischer Vater ernährt sie. Seid i h r nicht viel vorzüg-
27 licher als sie? Wer aber unter euch
vermag mit Sorgen seiner Größe *b*
28 e i n e Elle zuzusetzen? Und warum
seid ihr um Kleidung besorgt? Betrachtet die Lilien des Feldes, wie sie
wachsen: sie mühen sich nicht, auch
29 spinnen sie nicht. Ich sage euch aber,
daß selbst nicht Salomon in all seiner
Herrlichkeit bekleidet war wie eine
30 von diesen. Wenn aber Gott das Gras
des Feldes, das heute ist und morgen
in den Ofen geworfen wird, also kleidet, nicht vielmehr euch, Kleingläu-
31 bige? So seid nun nicht besorgt, indem ihr saget: Was sollen wir essen?
oder: Was sollen wir trinken? oder:

Was sollen wir anziehen? denn nach 32
allem diesem trachten die Nationen;
denn euer himmlischer Vater weiß,
daß ihr dies alles bedürfet. Trachtet 33
aber zuerst nach dem Reiche Gottes
und nach seiner *c* Gerechtigkeit, und
dies alles wird euch hinzugefügt werden. So seid nun nicht besorgt auf den 34
morgenden Tag, denn der morgende
Tag wird für sich selbst sorgen. Jeder
Tag hat an seinem Uebel genug. *d*

7

Richtet nicht, auf daß ihr nicht gerichtet werdet; denn mit welchem Ge- 2
richt ihr richtet, werdet ihr gerichtet
werden, und mit welchem Maße ihr
messet, wird euch gemessen werden.
Was aber siehst du den *e* Splitter, der 3
in deines Bruders Auge ist, den Balken aber in deinem Auge nimmst du
nicht wahr? Oder wie wirst du zu 4
deinem Bruder sagen: Erlaube, ich
will den Splitter aus deinem Auge
ziehen *f*; und siehe, der Balken ist in
deinem Auge? Heuchler, ziehe zuerst 5
den Balken aus deinem Auge, und
dann wirst du klar sehen, um den
Splitter aus deines Bruders Auge zu
ziehen.
Gebet nicht das Heilige den Hun- 6
den; werfet auch nicht eure Perlen
vor die Schweine, damit sie dieselben
nicht etwa mit ihren Füßen zertreten
und sich umwenden und euch zerreißen.
Bittet, und es wird euch gegeben 7
werden; suchet, und ihr werdet finden; klopfet an, und es wird euch aufgetan werden. Denn jeder Bittende 8
empfängt, und der Suchende findet,
und dem Anklopfenden wird aufgetan
werden. Oder welcher Mensch ist un- 9
ter euch, der, wenn sein Sohn ihn um
ein Brot bitten würde, ihm einen Stein
geben wird? und wenn er um einen 10
Fisch bitten würde, ihm eine Schlange
geben wird? Wenn nun ihr, die ihr 11
böse seid, euren Kindern gute Gaben
zu geben wisset, wieviel mehr wird
euer Vater, der in den Himmeln ist,
Gutes geben denen, die ihn bitten!
Alles nun, was immer ihr wollt, daß 12
euch die Menschen tun sollen, also tut
auch ihr ihnen: denn dies ist das Gesetz und die Propheten.
Gehet ein durch die enge Pforte; 13
denn weit ist die Pforte und breit der
Weg, der zum Verderben führt, und
viele sind, die durch dieselbe eingehen.
Denn eng ist die Pforte und schmal 14
der Weg, der zum Leben führt, und
wenige sind, die ihn finden.
Hütet euch aber vor den falschen 15
Propheten, die in Schafskleidern zu
euch kommen, inwendig aber sind sie
reißende Wölfe. An ihren Früchten 16
werdet ihr sie erkennen. Liest man etwa von Dornen eine Traube, oder von
Disteln Feigen? Also bringt jeder gute 17
Baum gute Früchte, aber der faule
Baum bringt schlechte Früchte. Ein gu- 18
ter Baum kann nicht schlechte Früchte

---

a O. tägliches Brot, od.: unser Brot für (od. bis) morgen. — *b* O. viell.: Lebens-
länge. — *c* d. i. Gottes. — *d* W. Genug *ist* dem Tage sein Uebel. — *e* O. auf den. —
f W. hinauswerfen.

bringen, noch ein fauler Baum gute
19 Früchte bringen. Jeder Baum, der
nicht gute Frucht bringt, wird abge-
20 hauen und ins Feuer geworfen. Deshalb, an ihren Früchten werdet ihr
sie erkennen.

21　Nicht jeder, der zu mir sagt: Herr,
Herr! wird in das Reich der Himmel
eingehen, sondern wer den Willen
meines Vaters tut, der in den Him-
22 meln ist. Viele werden an jenem Tage zu mir sagen: Herr, Herr! haben
wir nicht durch d e i n e n Namen geweissagt, und durch d e i n e n Namen
Dämonen ausgetrieben, und durch
d e i n e n Namen viele Wunderwerke
23 getan? und dann werde ich ihnen bekennen: Ich habe euch niemals gekannt; weichet von mir, ihr Uebeltäter!
24　Jeder nun, der irgend diese meine
Worte hört und sie tut, den werde ich
einem klugen Manne vergleichen, der
25 sein Haus auf den Felsen baute; und
der Platzregen fiel hernieder, und die
Ströme kamen, und die Winde wehten
und stürmten wider jenes Haus; und
es fiel nicht, denn es war auf den Fel-
26 sen gegründet. Und jeder, der diese
meine Worte hört und sie nicht tut,
der wird einem törichten Manne verglichen werden, der sein Haus auf
27 den Sand baute; und der Platzregen
fiel hernieder, und die Ströme kamen,
und die Winde wehten und stießen an
jenes Haus; und es fiel, und sein Fall
war groß.

28　Und es geschah, als Jesus diese
Worte vollendet hatte, da erstaunten
die Volksmengen sehr über seine Leh-
29 re; denn er lehrte sie wie einer, der
Gewalt hat, und nicht wie ihre Schriftgelehrten.

8　Als er aber von dem Berge herabgestiegen war, folgten ihm große Volks-
2 mengen. Und siehe, ein Aussätziger
kam herzu und warf sich vor ihm nieder und sprach: Herr, wenn du willst,
3 kannst du mich reinigen. Und er streckte seine Hand aus, rührte ihn an und
sprach: Ich will; sei gereinigt! Und
alsbald wurde sein Aussatz gereinigt.
4 Und Jesus spricht zu ihm: Siehe, sage
es niemand; sondern gehe hin, zeige
dich dem Priester, und bringe die Gabe dar, die Moses angeordnet hat, ihnen zum Zeugnis.

5　Als er aber in Kapernaum eintrat,
kam ein Hauptmann zu ihm, der ihn
6 bat und sprach: Herr, mein Knecht
liegt zu Hause gelähmt und wird
7 schrecklich gequält. Und Jesus spricht
zu ihm: Ich will kommen und ihn
8 heilen. Der Hauptmann aber antwortete und sprach: Herr, ich bin nicht
würdig a, daß du unter mein Dach
tretest; sondern sprich nur ein Wort,
und mein Knecht wird gesund wer-
9 den. Denn auch ich bin ein Mensch
unter Gewalt und habe Kriegsknechte
unter mir; und ich sage zu diesem:
Gehe hin, und er geht; und zu einem
anderen: Komm, und er kommt; und

zu meinem Knechte b: Tue dieses, und
er tut's. Als aber Jesus es hörte, ver- 10
wunderte er sich und sprach zu denen,
welche nachfolgten: Wahrlich, ich sage euch, selbst nicht in Israel habe
ich so großen Glauben gefunden. Ich 11
sage euch aber, daß viele von Osten
und Westen kommen und mit Abraham und Isaak und Jakob zu Tische
liegen werden in dem Reiche der Himmel, aber die Söhne des Reiches wer- 12
den hinausgeworfen werden in die
äußere Finsternis c: da wird sein das
Weinen und das Zähneknirschen. Und 13
Jesus sprach zu dem Hauptmann: Gehe hin, und dir geschehe, wie du geglaubt hast. Und sein Knecht wurde
gesund in jener Stunde.

Und als Jesus in das Haus des Pe- 14
trus gekommen war, sah er dessen
Schwiegermutter fieberkrank danie-
derliegen. Und er rührte ihre Hand 15
an, und das Fieber verließ sie; und
sie stand auf und diente ihm.

Als es aber Abend geworden war, 16
brachten sie viele Besessene zu ihm;
und er trieb die Geister aus mit einem
Worte, und er heilte alle Leidenden,
damit erfüllt würde, was durch den 17
Propheten Jesaias geredet ist, welcher spricht: „Er selbst nahm unsere
Schwachheiten und trug unsere Krankheiten".d

Als aber Jesus eine große Volks- 18
menge um sich sah, befahl er, an das
jenseitige Ufer hinwegzufahren. Und 19
ein Schriftgelehrter kam herzu und
sprach zu ihm: Lehrer, ich will dir
nachfolgen, wohin irgend du gehst.
Und Jesus spricht zu ihm: Die Füch- 20
se haben Höhlen, und die Vögel des
Himmels Nester, aber der Sohn des
Menschen hat nicht, wo er das Haupt
hinlege. Ein anderer aber von seinen 21
Jüngern sprach zu ihm: Herr, erlaube
mir, zuvor hinzugehen und meinen
Vater zu begraben. Jesus aber sprach 22
zu ihm: Folge mir nach, und laß die
Toten ihre Toten begraben.

Und als er in das Schiff gestiegen 23
war, folgten ihm seine Jünger. Und 24
siehe, es erhob sich ein großes Ungestüm auf dem See, sodaß das Schiff
von den Wellen bedeckt wurde; er
aber schlief. Und die Jünger traten 25
hinzu, weckten ihn auf und sprachen:
Herr, rette uns, wir kommen um! Und 26
er spricht zu ihnen: Was seid ihr
furchtsam, Kleingläubige? Dann stand
er auf und bedrohte die Winde und
den See; und es ward eine große Stille. Die Menschen aber verwunderten 27
sich und sprachen: Was für einer ist
dieser, daß auch die Winde und der
See ihm gehorchen?

Und als er an das jenseitige Ufer 28
gekommen war, in das Land der Gergesener e, begegneten ihm zwei Besessene, die aus den Grüften hervor-
kamen, sehr wütend, sodaß niemand
jenes Weges vorbeizugehen vermochte.
Und siehe, sie schrieen und sprachen: 29

---

a O. genugsam, tüchtig. — b O. Sklaven. — c O. in die Finsternis draußen. —
d Jes. 53, 4. — e Viell. ist hier mit mehreren Handschriften „Gadarener" zu lesen.

Was haben wir mit dir zu schaffen, Sohn Gottes? Bist du hierhergekom-30 men, vor der Zeit uns zu quälen? Es war aber fern von ihnen eine Herde 31 vieler Schweine, welche weidete. Die Dämonen aber baten ihn und sprachen: Wenn du uns austreibst, so sen-32 de uns in die Herde Schweine. Und er sprach zu ihnen: Gehet hin. Sie aber fuhren aus und fuhren in die [Herde] Schweine. Und siehe, die ganze Herde [Schweine] stürzte sich den Abhang hinab in den See, und sie kamen 33 um in dem Gewässer. Die Hüter aber flohen und gingen in die Stadt und verkündeten alles und das von den Be-34 sessenen. Und siehe, die ganze Stadt ging hinaus, Jesu entgegen, und als sie ihn sahen, baten sie, daß er aus ihren Grenzen weggehen möchte.

9 *Und er stieg in das Schiff, setzte über und kam in seine eigene Stadt *a*.
2 Und siehe, sie brachten einen Gelähmten zu ihm, der auf einem Bette lag; und als Jesus ihren Glauben sah, sprach er zu dem Gelähmten: Sei gutes Mutes, Kind, deine Sünden sind 3 vergeben. Und siehe, etliche von den Schriftgelehrten sprachen bei sich 4 selbst: Dieser lästert. Und als Jesus ihre Gedanken sah, sprach er: Warum denket ihr Arges in euren Her-5 zen? Denn was ist leichter, zu sagen: Deine Sünden sind vergeben, oder zu 6 sagen: Stehe auf und wandle? Auf daß ihr aber wisset, daß der Sohn des Menschen Gewalt hat auf der Erde Sünden zu vergeben . . . Dann sagt er zu dem Gelähmten: Stehe auf, nimm 7 dein Bett auf und geh nach deinem Hause. Und er stand auf und ging 8 nach seinem Hause. Als aber die Volksmengen es sahen, fürchteten sie sich und verherrlichten Gott, der solche Gewalt den Menschen gegeben.

9 Und als Jesus von dannen weiterging, sah er einen Menschen am Zollhause sitzen, Matthäus genannt, und er spricht zu ihm: Folge mir nach. Und er stand auf und folgte ihm nach. 10 Und es geschah, als er in dem Hause zu Tische lag, siehe, da kamen viele Zöllner und Sünder und lagen zu Tische mit Jesu und seinen Jüngern. 11 Und als die Pharisäer es sahen, sprachen sie zu seinen Jüngern: Warum isset euer Lehrer mit den Zöllnern 12 und Sündern? Als aber [Jesus] es hörte, sprach er: Die Starken bedürfen nicht eines Arztes, sondern die Kran-13 ken. Gehet aber hin und lernet was *das* ist: „Ich will Barmherzigkeit und nicht Schlachtopfer;*b* denn ich bin nicht gekommen, Gerechte zu rufen, sondern Sünder.

14 Dann kommen die Jünger des Johannes zu ihm und sagen: Warum fasten wir und die Pharisäer oft, dei-15 ne Jünger aber fasten nicht? Und Jesus sprach zu ihnen: Können etwa die Gefährten des Bräutigams *c* trau-

ern, so lange der Bräutigam bei ihnen ist? Es werden aber Tage kommen, da der Bräutigam von ihnen weggenommen sein wird, und dann werden sie fasten. Niemand aber setzt einen 16 Flicken von neuem *d* Tuch auf ein altes Kleid; denn das Eingesetzte reißt von dem Kleide ab, und der Riß wird ärger. Auch tut man nicht neuen Wein 17 in alte Schläuche; sonst zerreißen die Schläuche, und der Wein wird verschüttet, und die Schläuche verderben; sondern man tut neuen Wein in neue Schläuche, und beide werden zusammen erhalten.

Während er dies zu ihnen redete, 18 siehe, da kam ein Vorsteher herein und warf sich vor ihm nieder und sprach: Meine Tochter ist eben jetzt verschieden; aber komm und lege deine Hand auf sie, und sie wird leben. Und Jesus stand auf und folgte ihm, 19 und seine Jünger. Und siehe, ein Weib, 20 das zwölf Jahre blutflüssig war, trat von hinten herzu und rührte die Quaste seines Kleides an; denn sie sprach 21 bei sich selbst: Wenn ich nur sein Kleid anrühre, so werde ich geheilt *f* werden. Jesus aber wandte sich um, 22 und als er sie sah, sprach er: Sei gutes Mutes, Tochter; dein Glaube hat dich geheilt *f*. Und das Weib war geheilt von jener Stunde an. Und als 23 Jesus in das Haus des Vorstehers kam und die Pfeifer und die lärmende Volksmenge sah, sprach er: Gehet fort, 24 denn das Mägdlein ist nicht gestorben, sondern es schläft. Und sie verlachten ihn. Als aber die Volksmenge 25 hinausgetrieben war, ging er hinein und ergriff sie bei der Hand; und das Mägdlein stand auf. Und das Gerücht 26 hiervon ging aus in jenes ganze Land.

Und als Jesus von dannen weiter-27 ging, folgten ihm zwei Blinde, welche schrieen und sprachen: Erbarme dich unser, Sohn Davids! Als er aber in 28 das Haus gekommen war, traten die Blinden zu ihm; und Jesus spricht zu ihnen: Glaubet ihr, daß ich dieses tun kann? Sie sagen zu ihm: Ja, Herr. Dann rührte er ihre Augen an und 29 sprach: Euch geschehe nach eurem Glauben. Und ihre Augen wurden auf-30 getan; und Jesus bedrohte sie und sprach: Sehet zu, niemand erfahre es! Sie aber gingen aus und machten ihn 31 ruchbar in jenem ganzen Lande.

Als sie aber weggingen, siehe, da 32 brachten sie einen stummen Menschen zu ihm, der besessen war. Und als der 33 Dämon ausgetrieben war, redete der Stumme. Und die Volksmengen verwunderten sich und sprachen: Niemals ward es also in Israel gesehen. Die Pharisäer aber sagten: Er treibt 34 die Dämonen aus durch *g* den Obersten der Dämonen.

Und Jesus zog umher durch alle 35 Städte und Dörfer und lehrte in ihren Synagogen und predigte das Evan-

---

a d. i. Kapernaum (vergl. Kap. 4, 13). — *b* Hos. 6, 6. — *c* W. Söhne des Brautgemachs. — *d* O. ungewalktem. — *e* S. 4. Mose 15, 37—39. — *f* O. gerettet. — *g* W. in (in der Kraft des).

gelium des Reiches und heilte jede Krankheit und jedes Gebrechen.

36 Als er aber die Volksmengen sah, wurde er innerlich bewegt über sie, weil sie erschöpft und verschmachtet waren wie Schafe, die keinen Hirten 37 haben. Dann spricht er zu seinen Jüngern: Die Ernte zwar ist groß, der 38 Arbeiter aber sind wenige; bittet nun den Herrn der Ernte, daß er Arbeiter aussende in seine Ernte.

10 Und als er seine zwölf Jünger herzugerufen hatte, gab er ihnen Gewalt über unreine Geister, um sie auszutreiben, und jede Krankheit und je- 2 des Gebrechen zu heilen. Die Namen der zwölf Apostel aber sind diese: Der erste, Simon, der Petrus genannt wird, und Andreas, sein Bruder; Jakobus, der *Sohn* des Zebedäus, und 3 Johannes, sein Bruder; Philippus und Bartholomäus; Thomas und Matthäus, der Zöllner; Jakobus, der *Sohn* des Alphäus, und Lebbäus, der zubenamt 4 war Thaddäus; Simon, der Kananäer *a*, und Judas, der Iskariot, der ihn auch überlieferte.

5 Diese zwölf sandte Jesus aus und befahl ihnen und sprach: Gehet nicht auf einen Weg der Nationen, und gehet nicht in eine Stadt der Samariter; 6 gehet aber vielmehr zu den verlore- 7 nen Schafen des Hauses Israel. Indem ihr aber hingehet, prediget und sprechet: Das Reich der Himmel ist nahe 8 gekommen. Heilet Kranke, [wecket Tote auf,] reiniget Aussätzige, treibet Dämonen aus; umsonst habt ihr emp- 9 fangen, umsonst gebet. Verschaffet euch nicht Gold noch Silber noch Kup- 10 fer in eure Gürtel, keine Tasche auf den Weg, noch zwei Leibröcke, noch Sandalen, noch einen Stab; denn der 11 Arbeiter ist seiner Nahrung wert. In welche Stadt aber oder in welches Dorf irgend ihr eintretet, erforschet, wer darin würdig ist; und daselbst bleibet, 12 bis ihr weggehet. Wenn ihr aber in das Haus eintretet, so grüßet es. 13 Und wenn nun das Haus würdig ist, so komme euer Friede auf dasselbe; wenn es aber nicht würdig ist, so wende sich euer Friede zu euch zu- 14 rück. Und wer irgend euch nicht aufnehmen, noch eure Worte hören wird – gehet hinaus aus jenem Hause oder jener Stadt und schüttelt den Staub 15 von euren Füßen. Wahrlich, ich sage euch, es wird dem Lande von Sodom und Gomorra erträglicher ergehen am 16 Tage des Gerichts als jener Stadt. Siehe, ich sende euch wie Schafe inmitten von Wölfen; so seid nun klug wie die Schlangen und einfältig wie die 17 Tauben. Hütet euch aber vor den Menschen; denn sie werden euch an Synedrien überliefern und in ihren Syna- 18 gogen euch geißeln; und auch vor Statthalter und Könige werdet ihr geführt werden um meinetwillen, ihnen 19 und den Nationen zum Zeugnis. Wenn

sie euch aber überliefern, so seid nicht besorgt, wie oder was ihr reden sollt; denn es wird euch in jener Stunde gegeben werden, was ihr reden sollt. 20 Denn nicht ihr seid die Redenden, sondern der Geist eures Vaters, der in euch redet. Es wird aber der Bruder 21 den Bruder zum Tode überliefern, und der Vater das Kind; und Kinder werden sich erheben wider die Eltern und sie zum Tode bringen *b*. Und ihr 22 werdet von allen gehaßt werden um meines Namens willen. Wer aber ausharrt bis ans Ende, dieser wird errettet werden. Wenn sie euch aber ver- 23 folgen in dieser Stadt, so fliehet in die andere; denn wahrlich, ich sage euch, ihr werdet mit den Städten Israels nicht zu Ende sein, bis der Sohn des Menschen gekommen sein wird. Ein 24 Jünger ist nicht über den Lehrer, und ein Knecht *c* nicht über seinen Herrn. Es ist dem Jünger genug, daß er sei 25 wie sein Lehrer, und der Knecht *c* wie sein Herr. Wenn sie den Hausherrn Beelzebub genannt haben, wieviel mehr seine Hausgenossen! Fürchtet 26 euch nun nicht vor ihnen. Denn es ist nichts verdeckt, was nicht aufgedeckt, und verborgen, was nicht kundwerden wird. Was ich euch sage in der 27 Finsternis, redet in dem Lichte, und was ihr höret ins Ohr, rufet aus auf den Dächern *d*. Und fürchtet euch nicht 28 vor denen, die den Leib töten, die Seele aber nicht zu töten vermögen; fürchtet aber vielmehr den, der sowohl Seele als Leib zu verderben vermag in der Hölle. Werden nicht zwei 29 Sperlinge um einen Pfennig *e* verkauft? und nicht einer von ihnen fällt auf die Erde ohne euren Vater; an euch aber sind selbst die Haare 30 des Hauptes alle gezählt. Fürchtet 31 euch nun nicht; ihr seid vorzüglicher als viele Sperlinge. Ein jeder nun, 32 der mich vor den Menschen bekennen wird, den werde auch ich bekennen vor meinem Vater, der in den Himmeln ist. Wer aber irgend mich vor 33 den Menschen verleugnen wird, den werde auch ich verleugnen vor meinem Vater, der in den Himmeln ist. Wähnet nicht, daß ich gekommen sei, 34 Frieden auf die Erde zu bringen; ich bin nicht gekommen, Frieden zu bringen, sondern *das* Schwert. Denn ich 35 bin gekommen, den Menschen zu entzweien mit seinem Vater, und die Tochter mit ihrer Mutter, und die Schwiegertochter mit ihrer Schwiegermutter; und des Menschen Feinde *werden* sei- 36 ne eigenen Hausgenossen *sein*. Wer 37 Vater oder Mutter mehr liebt als mich, ist meiner nicht würdig; und wer Sohn oder Tochter mehr liebt als mich, ist meiner nicht würdig; und wer nicht 38 sein Kreuz aufnimmt und mir nachfolgt, ist meiner nicht würdig. Wer 39 sein Leben findet, wird es verlieren, und wer sein Leben verliert um mei-

---

a Wahrsch. das hebr. Wort für „Zelotes" = Eiferer. — *b* d. i. ihre Hinrichtung bewirken. — *c* O. Sklave. — *d* O. Häusern. — *e* W. Assarion (As), eine kleine Münze im Werte von 4–5 Pfennig.

40 netwillen, wird es finden. Wer euch aufnimmt, nimmt mich auf, und wer mich aufnimmt, nimmt den auf, der 41 mich gesandt hat. Wer einen Propheten aufnimmt in eines Propheten Namen, wird eines Propheten Lohn empfangen; und wer einen Gerechten aufnimmt in eines Gerechten Namen, wird 42 eines Gerechten Lohn empfangen. Und wer irgend einen dieser Kleinen *a* nur mit einem Becher kalten Wassers tränken wird in eines Jüngers Namen, wahrlich, ich sage euch, er wird seinen Lohn n i c h t verlieren.

11 Und es geschah, als Jesus seine Befehle an seine zwölf Jünger vollendet hatte, ging er von dannen hinweg, um in ihren Städten zu lehren und zu predigen.

2 Als aber Johannes im Gefängnis die Werke des Christus *b* hörte, sandte er 3 durch seine Jünger und ließ ihm sagen: Bist d u der Kommende, oder sollen wir auf einen anderen warten? 4 Und Jesus antwortete und sprach zu ihnen: Gehet hin und verkündet Jo- 5 hannes, was ihr höret und sehet: Blinde werden sehend, und Lahme wandeln, Aussätzige werden gereinigt, und Taube hören, und Tote werden auferweckt, und Armen wird gute Botschaft 6 verkündigt; und glückselig ist, wer irgend sich nicht an mir ärgern wird! 7 Als diese aber hingingen, fing Jesus an, zu den Volksmengen zu reden über Johannes: Was seid ihr in die Wüste hinausgegangen zu sehen? ein Rohr, vom Winde hin und her bewegt? 8 Aber was seid ihr hinausgegangen zu sehen? einen Menschen, mit weichen [Kleidern] angetan? Siehe, die die weichen *Kleider* tragen, sind in den Häu- 9 sern der Könige. Aber was seid ihr hinausgegangen zu sehen? einen Propheten? Ja, sage ich euch, und mehr *c* 10 als einen Propheten. Denn dieser ist es, von dem geschrieben steht: „Siehe, ich sende meinen Boten vor deinem Angesicht her, der deinen Weg 11 vor dir bereiten wird". *d* Wahrlich, ich sage euch, unter den von Weibern Geborenen ist kein Größerer aufgestanden als Johannes der Täufer; der Kleinste aber im Reiche der Himmel 12 ist größer als er. Aber von den Tagen Johannes' des Täufers an bis jetzt wird dem Reiche der Himmel Gewalt angetan *e*, und Gewalttuende reißen es 13 an sich. Denn alle Propheten und das Gesetz haben geweissagt bis auf Jo- 14 hannes. Und wenn ihr es annehmen wollt, er ist Elias, der kommen soll. 15 Wer Ohren hat zu hören, der höre! 16 Wem aber soll ich dieses Geschlecht vergleichen? Es ist Kindern gleich, die auf den Märkten sitzen und ihren 17 Gespielen zurufen und sagen: Wir haben euch gepfiffen, und ihr habt nicht getanzt; wir haben [euch] Klagelieder gesungen, und ihr habt nicht gewe- 18 klagt. Denn Johannes ist gekommen, der weder aß noch trank, und sie sa-

gen: Er hat einen Dämon. Der Sohn 19 des Menschen ist gekommen, der da ißt und trinkt, und sie sagen: Siehe, ein Fresser und Weinsäufer, ein Freund der Zöllner und Sünder; — und die Weisheit ist gerechtfertigt worden von ihren Kindern.

Dann fing er an die Städte zu schel- 20 ten, in welchen seine meisten Wunderwerke geschehen waren, weil sie nicht Buße getan hatten. Wehe dir, 21 Chorazin! wehe dir, Bethsaida! denn wenn zu Tyrus und Sidon die Wunderwerke geschehen wären, die unter euch geschehen sind, längst hätten sie in Sack und Asche Buße getan. Doch 22 ich sage euch: Tyrus und Sidon wird es erträglicher ergehen am Tage des Gerichts als euch. Und du, Kaper- 23 naum, die du bis zum Himmel erhöht worden bist, bis zum Hades wirst du hinabgestoßen werden; denn wenn in Sodom die Wunderwerke geschehen wären, die in dir geschehen sind, es wäre geblieben bis auf den heutigen Tag. Doch ich sage euch: Dem Sodo- 24 mer Lande wird es erträglicher ergehen am Tage des Gerichts als dir.

Zu jener Zeit hob Jesus an und 25 sprach: Ich preise dich, Vater, Herr des Himmels und der Erde, daß du dies vor Weisen und Verständigen verborgen hast, und hast es Unmündigen geoffenbart. Ja, Vater, denn also war 26 es wohlgefällig vor dir. Alles ist mir 27 übergeben von meinem Vater; und niemand erkennt den Sohn, als nur der Vater, noch erkennt jemand den Vater, als nur der Sohn, und wem irgend der Sohn ihn offenbaren will. Kom- 28 met her zu mir, alle ihr Mühseligen und Beladenen, und i c h werde euch Ruhe geben *f*. Nehmet auf euch mein 29 Joch und lernet von mir, denn ich bin sanftmütig und von *g* Herzen demütig, und ihr werdet Ruhe finden für eure Seelen; denn mein Joch ist sanft, und 30 meine Last ist leicht.

Zu jener Zeit ging Jesus am Sab- **12** bath durch die Saaten; es hungerte aber seine Jünger, und sie fingen an Aehren abzupflücken und zu essen. Als aber die Pharisäer es sahen, spra- 2 chen sie zu ihm: Siehe, deine Jünger tun, was am Sabbath zu tun nicht erlaubt ist. Er aber sprach zu ihnen: 3 Habt ihr nicht gelesen, was David tat, als ihn und die bei ihm waren hungerte? wie er in das Haus Gottes ging 4 und die Schaubrote aß, welche er nicht essen durfte, noch die bei ihm waren, sondern allein die Priester? Oder habt 5 ihr nicht in dem Gesetz gelesen, daß an den Sabbathen die Priester im dem Tempel den Sabbath entheiligen und schuldlos sind? Ich sage euch aber: Grö- 6 ßeres als der Tempel ist hier. Wenn ihr 7 aber erkannt hättet, was es ist: „Ich will Barmherzigkeit und nicht Schlachtopfer", *h* so würdet ihr die Schuldlosen nicht verurteilt haben. Denn der Sohn 8 des Menschen ist Herr des Sabbaths.

---

a O. Geringen. — *b* O. Christi. — *c* Eig. Vortrefflicheres. — *d* Mal. 3, 1. — *e* d. h. es wird mit Gewalt eingenommen. — *f* O. zur Ruhe bringen. — *g* O. im. — *h* Hos. 6, 6.

9 Und als er von dannen weiterging,
10 kam er in ihre Synagoge. Und siehe, da war ein Mensch, der eine verdorrte Hand hatte. Und sie fragten ihn und sprachen: Ist es erlaubt, an den Sabbathen zu heilen? auf daß sie ihn an-
11 klagen möchten. Er aber sprach zu ihnen: Welcher Mensch wird unter euch sein, der ein Schaf hat und, wenn dieses am Sabbath in eine Grube fiele, es nicht ergreifen und aufrichten
12 würde? Wieviel vorzüglicher ist nun ein Mensch als ein Schaf! Also ist es erlaubt, an den Sabbathen Gutes zu tun.
13 Dann spricht er zu dem Menschen: Strecke deine Hand aus. Und er streckte sie aus, und sie ward wiederhergestellt, gesund wie die andere.
14 Die Pharisäer aber gingen hinaus und hielten Rat wider ihn, wie sie
15 ihn umbrächten. Als aber Jesus es erkannte, entwich er von dannen; und es folgten ihm große Volksmengen,
16 und er heilte sie alle. Und er bedrohte sie, daß sie ihn nicht offenbar machten;
17 damit erfüllt würde, was durch den Propheten Jesaias geredet ist, welcher
18 spricht: „Siehe, mein Knecht, den ich erwählt habe, mein Geliebter, an welchem meine Seele Wohlgefallen gefunden hat; ich werde meinen Geist auf ihn legen, und er wird den Nationen
19 Gericht ankündigen. Er wird nicht streiten noch schreien, noch wird jemand seine Stimme auf den Straßen
20 hören; ein geknicktes Rohr wird er nicht zerbrechen, und einen glimmenden Docht wird er nicht auslöschen, bis er das Gericht hinausführe zum
21 Siege; und auf seinen Namen werden die Nationen hoffen." a
22 Dann wurde ein Besessener zu ihm gebracht, blind und stumm; und er heilte ihn, sodaß der [Blinde und]
23 Stumme redete und sah. Und es erstaunten alle die Volksmengen und sagten: Dieser ist doch nicht etwa der
24 Sohn Davids? Die Pharisäer aber sagten, als sie es hörten: Dieser treibt die Dämonen nicht anders aus, als durch b den Beelzebub, den Obersten
25 der Dämonen. Da er aber ihre Gedanken wußte, sprach er zu ihnen: Jedes Reich, das wider sich selbst entzweit ist, wird verwüstet; und jede Stadt oder jedes Haus, das wider sich selbst entzweit ist, wird nicht bestehen.
26 Und wenn der Satan den Satan austreibt, so ist er wider sich selbst entzweit; wie wird denn sein Reich be-
27 stehen? Und wenn ich durch b Beelzebub die Dämonen austreibe, durch wen treiben eure Söhne sie aus? Darum
28 werden sie eure Richter sein. Wenn ich aber durch b den Geist Gottes die Dämonen austreibe, so ist also das Reich Gottes zu euch hingekommen c.
29 Oder wie kann jemand in das Haus des Starken eindringen und seinen Hausrat rauben, wenn er nicht zuvor den Starken bindet? und alsdann wird
30 er sein Haus berauben. Wer nicht mit mir ist, ist wider mich, und wer

nicht mit mir sammelt, zerstreut. Des-31 halb sage ich euch: Jede Sünde und Lästerung wird den Menschen ·vergeben werden; aber die Lästerung des Geistes wird den Menschen nicht vergeben werden. Und wer irgend ein 32 Wort reden wird wider den Sohn des Menschen, dem wird vergeben werden; wer aber irgend wider den Heiligen Geist reden wird, dem wird nicht vergeben werden, weder in diesem Zeitalter noch in dem zukünftigen. Ent-33 weder machet den Baum gut und seine Frucht gut, oder machet den Baum faul und seine Frucht faul; denn aus der Frucht wird der Baum erkannt. Ottern-34 brut! wie könnt ihr Gutes reden, da ihr böse seid? denn aus der Fülle des Herzens redet der Mund. Der gute 35 Mensch bringt aus dem guten Schatze Gutes hervor, und der böse Mensch bringt aus dem bösen Schatze Böses hervor. Ich sage euch aber, daß von 36 jedem unnützen Worte, das irgend die Menschen reden werden, sie von demselben Rechenschaft geben werden am Tage des Gerichts; denn aus deinen 37 Worten wirst du gerechtfertigt werden, und aus deinen Worten wirst du verdammt werden.

Dann antworteten ihm etliche der 38 Schriftgelehrten und Pharisäer und sprachen: Lehrer, wir möchten ein Zeichen von dir sehen. Er aber ant-39 wortete und sprach zu ihnen: Ein böses und ehebrecherisches Geschlecht begehrt ein Zeichen, und kein Zeichen wird ihm gegeben werden, als nur das Zeichen Jonas', des Propheten. Denn gleichwie Jonas drei Tage und 40 drei Nächte in dem Bauche des großen Fisches war, also wird der Sohn des Menschen drei Tage und drei Nächte in dem Herzen der Erde sein. Männer 41 von Ninive werden aufstehen im Gericht mit diesem Geschlecht und werden es verdammen, denn sie taten Buße auf die Predigt Jonas'; und siehe, mehr als Jonas ist hier. Eine Königin 42 des Südens wird auftreten im Gericht mit diesem Geschlecht und wird es verdammen, denn sie kam von den Enden der Erde, um die Weisheit Salomons zu hören; und siehe, mehr als Salomon ist hier.

Wenn aber der unreine Geist von dem 43 Menschen ausgefahren ist, so durchwandert er dürre Oerter, Ruhe suchend, und findet sie nicht. Dann 44 spricht er: Ich will in mein Haus zurückkehren, von wo ich ausgegangen bin; und wenn er kommt, findet er es leer, gekehrt und geschmückt. Dann 45 geht er hin und nimmt sieben andere Geister mit sich, böser als er selbst, und sie gehen hinein und wohnen daselbst; und das Letzte jenes Menschen wird ärger als das Erste. Also wird es auch diesem bösen Geschlecht ergehen.

Als er aber noch zu den Volksmen-46 gen redete, siehe, da standen seine Mutter und seine Brüder draußen und

---

a Jes. 42, 1—4. — b W. in (in der Kraft des). — c O. auf euch gekommen.

47 suchten ihn zu sprechen. Und es sprach einer zu ihm: Siehe, deine Mutter und deine Brüder stehen draußen und su-
48 chen dich zu sprechen. Er aber antwortete und sprach zu dem, der es ihm sagte: Wer ist meine Mutter, und wer
49 sind meine Brüder? Und er streckte seine Hand aus über seine Jünger und sprach: Siehe da, meine Mutter und
50 meine Brüder; denn wer irgend den Willen meines Vaters tun wird, der in den Himmeln ist, derselbe ist mein Bruder und meine Schwester und meine Mutter.

13 An jenem Tage aber ging Jesus aus dem Hause hinaus und setzte sich
2 an den See. Und es versammelten sich große Volksmengen zu ihm, sodaß er in ein Schiff stieg und sich setzte; und die ganze Volksmenge stand am Ufer.
3 Und er redete vieles in Gleichnissen zu ihnen und sprach: Siehe, der Säe-
4 mann ging aus zu säen; und indem er säte, fiel etliches an den Weg, und die
5 Vögel kamen und fraßen es auf. Anderes aber fiel auf das Steinichte, wo es nicht viel Erde hatte; und alsbald ging es auf, weil es nicht tiefe Erde
6 hatte. Als aber die Sonne aufging, wurde es verbrannt, und weil es keine
7 Wurzel hatte, verdorrte es. Anderes aber fiel unter die Dornen; und die Dornen schossen auf und erstickten es.
8 Anderes aber fiel auf die gute Erde und gab Frucht: das eine hundert-, das andere sechzig-, das andere dreißig*fäl-
9 tig.* Wer Ohren hat [zu hören], der höre!
10 Und die Jünger traten herzu und sprachen zu ihm: Warum redest du
11 in Gleichnissen zu ihnen? Er aber antwortete und sprach zu ihnen: Weil euch gegeben ist, die Geheimnisse des Reiches der Himmel zu wissen, jenen
12 aber ist es nicht gegeben; denn wer da hat, dem wird gegeben werden, und er wird Ueberfluß haben; wer aber nicht hat, von dem wird selbst was er
13 hat genommen werden. Darum rede ich in Gleichnissen zu ihnen, weil sie sehend nicht sehen und hörend nicht
14 hören, noch verstehen; und es wird *an* ihnen die Weissagung Jesaias' erfüllt, welche sagt: „Mit Gehör werdet ihr hören und doch nicht verstehen, und sehend werdet ihr sehen und doch nicht
15 wahrnehmen; denn das Herz dieses Volkes ist dick geworden, und mit den Ohren haben sie schwer gehört, und ihre Augen haben sie geschlossen, damit sie nicht etwa mit den Augen sehen und mit den Ohren hören und mit dem Herzen verstehen und sich be-
16 kehren, und ich sie heile".*a* Glückselig aber *eure* Augen, daß sie sehen, und
17 *eure* Ohren, daß sie hören; denn wahrlich, ich sage euch: Viele Propheten und Gerechte haben begehrt zu sehen, was ihr anschauet, und haben es nicht gesehen; und zu hören, was ihr höret, und haben es nicht gehört.

Höret ihr nun das Gleichnis vom 18 Säemann. So oft jemand das Wort vom 19 Reiche hört und nicht versteht, kommt der Böse und reißt weg, was in sein Herz gesät war; dieser ist es, der an den Weg gesät ist. Der aber auf das 20 Steinichte gesät ist, dieser ist es, der das Wort hört und es alsbald mit Freuden aufnimmt; er hat aber keine Wur-21 zel in sich, sondern ist nur für eine Zeit; und wenn Drangsal entsteht oder Verfolgung um des Wortes willen, alsbald ärgert er sich *b.* Der aber unter 22 die Dornen gesät ist, dieser ist es, der das Wort hört, und die Sorge dieses Lebens *c* und der Betrug des Reichtums ersticken das Wort, und er *d* bringt keine Frucht. Der aber auf 23 die gute Erde gesät ist, dieser ist es, der das Wort hört und versteht, welcher wirklich Frucht bringt; und der eine trägt hundert-, der andere sechzig-, der andere dreißig*fältig.*

Ein anderes Gleichnis legte er ihnen 24 vor und sprach: Das Reich der Himmel ist einem Menschen gleich geworden, der guten Samen auf seinen Acker säte. Während aber die Menschen 25 schliefen, kam sein Feind und säte Unkraut *f* mitten unter den Weizen und ging hinweg. Als aber die Saat auf-26 sproßte und Frucht brachte, da erschien auch das Unkraut. Es kamen aber die 27 Knechte des Hausherrn hinzu und sprachen zu ihm: Herr, hast du nicht guten Samen auf deinen Acker gesät? woher kam er denn das Unkraut? Er aber 28 sprach zu ihnen: Ein feindseliger Mensch hat dies getan. Die Knechte aber sprachen zu ihm: Willst du denn, daß wir hingehen und es zusammenlesen? Er aber sprach: Nein, damit 29 ihr nicht etwa beim Zusammenlesen des Unkrauts zugleich mit demselben den Weizen ausraufet. Laßt es bei-30 des zusammen wachsen bis zur Ernte, und zur Zeit der Ernte werde ich den Schnittern sagen: Leset zuerst das Unkraut zusammen und bindet es in Bündel, um es zu verbrennen; den Weizen aber sammelt in meine Scheune.

Ein anderes Gleichnis legte er ihnen 31 vor und sprach: Das Reich der Himmel ist gleich einem Senfkorn, welches ein Mensch nahm und auf seinen Acker säte; das zwar kleiner ist als alle Sa-32 men, wenn es aber gewachsen ist, so ist es größer als die Kräuter *g* und wird ein Baum, sodaß die Vögel des Himmels kommen und sich niederlassen *h* in seinen Zweigen.

Ein anderes Gleichnis redete er zu 33 ihnen: Das Reich der Himmel ist gleich einem Sauerteig, welchen ein Weib nahm und unter drei Maß Mehl verbarg, bis es ganz durchsäuert war.

Dies alles redete Jesus in Gleich-34 nissen zu den Volksmengen, und ohne Gleichnis redete er nicht zu ihnen, da-35 mit erfüllt würde, was durch den Pro-

---

a Jes. 6, 9. 10. — *b* O. stößt er sich, nimmt er Anstoß. So auch später, wo dieser Ausdruck vorkommt. — *c* W. Zeitalters. — *d* O. es. — *e* W. er (es) wird unfruchtbar. — *f* Eig. Lolch, ein dem Weizen ähnliches Unkraut; so auch V. 26. 27 usw. — *g* O. Gartengewächse. — *h* O. nisten.

pheten geredet ist, welcher spricht: „Ich werde meinen Mund auftun in Gleichnissen; ich werde aussprechen, was von Grundlegung der Welt an verborgen war". *a*

36 Dann entließ er die Volksmengen und kam in das Haus; und seine Jünger traten zu ihm und sprachen: Deute uns das Gleichnis vom Unkraut des Ak-

37 kers. Er aber antwortete und sprach: Der den guten Samen sät, ist der Sohn

38 des Menschen, der Acker aber ist die Welt; der gute Same aber, dies sind die Söhne des Reiches, das Unkraut

39 aber sind die Söhne des Bösen; der Feind aber, der es gesät hat, ist der Teufel; die Ernte aber ist die Vollendung des Zeitalters, die Schnitter aber

40 sind Engel. Gleichwie nun das Unkraut zusammengelesen und in Feuer verbrannt wird, also wird es in der

41 Vollendung des Zeitalters sein. Der Sohn des Menschen wird seine Engel aussenden, und sie werden aus seinem Reiche alle Aergernisse zusammenlesen und die das Gesetzlose *b* tun;

42 und sie werden sie in den Feuerofen werfen: da wird sein das Weinen und

43 das Zähneknirschen. Dann werden die Gerechten leuchten wie die Sonne in dem Reiche ihres Vaters. Wer Ohren hat [zu hören], der höre!

44 Das Reich der Himmel ist gleich einem in Acker verborgenen Schatz, welchen ein Mensch fand und verbarg; und vor Freude darüber geht er hin und verkauft alles, was er hat, und kauft jenen Acker.

45 Wiederum ist das Reich der Himmel gleich einem Kaufmann, der schöne

46 Perlen sucht; als er aber eine sehr kostbare Perle gefunden hatte, ging er hin und verkaufte alles, was er hatte, und kaufte sie.

47 Wiederum ist das Reich der Himmel gleich einem Netze *c*, das ins Meer geworfen wurde und von jeder Gattung

48 zusammenbrachte, welches sie, als es voll war, ans Ufer heraufgezogen hatten; und sie setzten sich nieder und lasen die Guten in Gefäße zusammen,

49 aber die Faulen warfen sie aus. Also wird es in der Vollendung des Zeitalters sein: Die Engel werden ausgehen und die Bösen aus der Mitte der Gerechten

50 aussondern, und sie in den Feuerofen werfen: da wird sein das Weinen und das Zähneknirschen.

51 [Jesus spricht zu ihnen:] Habt ihr dies alles verstanden? Sie sagen zu

52 ihm: Ja, [Herr]. Er aber sprach zu ihnen: Darum ist jeder Schriftgelehrte, der im Reiche der Himmel unterrichtet ist *d*, gleich einem Hausherrn, der aus seinem Schatze Neues und Altes hervorbringt.

53 Und es geschah, als Jesus diese Gleichnisse vollendet hatte, ging er

54 von dannen hinweg. Und er kam in seine Vaterstadt und lehrte sie in ihrer Synagoge, so daß sie sehr erstaunten und

sprachen: Woher diesem diese Weisheit und die Wunderwerke? Ist dieser 55 nicht der Sohn des Zimmermanns? Heißt nicht seine Mutter Maria, und seine Brüder Jakobus und Joseph und Simon und Judas? Und seine Schwe- 56 stern, sind sie nicht alle bei uns? Woher nun diesem dies alles? Und sie är- 57 gerten sich an ihm. Jesus aber sprach zu ihnen: Ein Prophet ist nicht ohne Ehre, außer in seiner Vaterstadt und in seinem Hause. Und er tat daselbst 58 nicht viele Wunderwerke wegen ihres Unglaubens.

Zu jener Zeit hörte Herodes, der **14** Vierfürst, das Gerücht von Jesu und 2 sprach zu seinen Knechten: Dieser ist Johannes der Täufer; er ist von den Toten auferstanden, und darum wirken solche Kräfte in ihm *e*. Denn He- 3 rodes hatte Johannes gegriffen, ihn gebunden und ins Gefängnis gesetzt, um der Herodias willen, des Weibes seines Bruders Philippus. Denn Jo- 4 hannes hatte ihm gesagt *f*: Es ist dir nicht erlaubt, sie zu haben. Und als 5 er ihn töten wollte, fürchtete er die Volksmenge, weil sie ihn für einen Propheten hielten. Als aber der Ge- 6 burtstag des Herodes begangen wurde, tanzte die Tochter der Herodias vor ihnen *g*, und sie gefiel dem Herodes; weshalb er mit einem Eide zusagte, 7 ihr zu geben, um was irgend sie bitten würde. Sie aber, von ihrer Mutter 8 angewiesen, sagt: Gib mir hier auf einer Schüssel das Haupt Johannes' des Täufers. Und der König wurde 9 traurig; aber um der Eide und um derer willen, die mit zu Tische lagen, befahl er es zu geben. Und er 10 sandte hin und ließ den Johannes im Gefängnis enthaupten. Und sein Haupt 11 wurde auf einer Schüssel gebracht und dem Mägdlein gegeben, und sie brachte es ihrer Mutter. Und seine Jünger 12 kamen herzu, hoben den Leib auf und begruben ihn. Und sie kamen und verkündeten es Jesu. Und als Jesus es 13 hörte, entwich er von dannen in einem Schiffe an einen öden Ort besonders. Und als die Volksmengen es hörten, folgten sie ihm zu Fuß aus den Städten. Und als er hinausging, sah er 14 eine große Volksmenge, und er wurde innerlich bewegt über sie und heilte ihre Schwachen. Als es aber Abend ge- 15 worden war, traten seine Jünger zu ihm und sprachen: Der Ort ist öde, und die Zeit ist schon vergangen; entlaß die Volksmengen, auf daß sie hingehen in die Dörfer und sich Speise kaufen. Jesus 16 aber sprach zu ihnen: Sie haben nicht nötig wegzugehen; gebt ihr ihnen zu essen. Sie aber sagen zu ihm: Wir 17 haben nichts hier als nur fünf Brote und zwei Fische. Er aber sprach: 18 Bringet sie mir her. Und er befahl den Volksmengen, sich auf das Gras zu lagern, nahm die fünf Brote und die 19 zwei Fische, blickte auf gen Himmel

---

a Ps. 78, 2. — *b* W. die Gesetzlosigkeit. — *c* Eig. einem Ziehgarn, Schleppnetz. — *d* O. ein Schüler des Reiches der Himmel geworden ist. — *e* O. entfalten die Wunderwerke ihre Kraft in ihm. — *f* Eig. sagte ihm (d. h. oftmals). — *g* W. in der Mitte.

und segnete *sie a*; und er brach die Brote und gab sie den Jüngern, die Jünger aber *gaben sie* den Volksmen-
20 gen. Und sie aßen alle und wurden gesättigt. Und sie hoben auf, was an Brocken übrigblieb, zwölf Handkörbe
21 voll. Die aber aßen waren bei fünftausend Männer, ohne Weiber und Kindlein.

22 Und alsbald nötigte er die Jünger, in das Schiff zu steigen und ihm an das jenseitige Ufer vorauszufahren, bis er die Volksmengen entlassen habe.
23 Und als er die Volksmengen entlassen hatte, stieg er auf den Berg besonders, um zu beten. Als es aber Abend ge-
24 worden, war er daselbst allein. Das Schiff aber war schon mitten auf dem See und litt Not von den Wellen, denn
25 der Wind war *ihnen* entgegen. Aber in der vierten Nachtwache kam er zu
26 ihnen, wandelnd auf dem See. Und als die Jünger ihn auf dem See wandeln sahen, wurden sie bestürzt und sprachen: Es ist ein Gespenst! Und
27 sie schrieen vor Furcht. Alsbald aber redete Jesus zu ihnen und sprach: Seid gutes Mutes, ich bin's; fürchtet euch
28 nicht! Petrus aber antwortete ihm und sprach: Herr, wenn du es bist, so befiehl mir, zu dir zu kommen auf den
29 Wassern. Er aber sprach: Komm! Und Petrus stieg aus dem Schiffe und wandelte auf den Wassern, um zu Jesu
30 zu kommen. Als er aber den starken Wind sah, fürchtete er sich; und als er anfing zu sinken, schrie er und sprach:
31 Herr, rette mich! Alsbald aber streckte Jesus die Hand aus, ergriff ihn und spricht zu ihm: Kleingläubiger, warum
32 zweifeltest du? Und als sie in das Schiff gestiegen waren, legte sich der Wind.
33 Die aber in dem Schiffe waren, kamen und warfen sich vor ihm nieder und sprachen: Wahrhaftig, du bist Gottes Sohn!
34 Und als sie hinübergefahren waren, kamen sie in das Land Genezareth.
35 Und als die Männer jenes Ortes ihn erkannten, schickten sie in jene ganze Umgegend und brachten alle Leiden-
36 den zu ihm; und sie baten ihn, daß sie nur die Quaste *b* seines Kleides anrühren dürften; und so viele ihn anrührten, wurden völlig geheilt.

15 Dann kommen die Schriftgelehrten und Pharisäer von Jerusalem zu
2 Jesu und sagen: Warum übertreten deine Jünger die Ueberlieferung der Aeltesten *c*? denn sie waschen ihre
3 Hände nicht, wenn sie Brot essen. Er aber antwortete und sprach zu ihnen: Warum übertretet auch i h r das Gebot Gottes um eurer Ueberlieferung wil-
4 len? denn Gott hat geboten und gesagt: „Ehre den Vater und die Mutter!"*d* und: „Wer Vater oder Mutter flucht *e*,
5 soll des Todes sterben".*f* Ihr aber saget: Wer irgend zu dem Vater oder

zu der Mutter spricht: Eine Gabe *g sei das*, was irgend dir von mir zunutze kommen könnte; und er wird keineswegs seinen Vater oder seine Mutter
6 ehren; und ihr habt *so* das Gebot Gottes ungültig gemacht um eurer Ueberlieferung willen. Heuchler! Trefflich hat
7 Jesaias über euch geweissagt, indem er spricht: „Dieses Volk ehrt mich mit
8 den Lippen, aber ihr Herz ist weit entfernt von mir. Vergeblich aber ver-
9 ehren sie mich, indem sie als Lehren Menschengebote lehren".*h* Und er rief
10 die Volksmenge herzu und sprach zu ihnen: Höret und verstehet! Nicht
11 was in den Mund eingeht, verunreinigt den Menschen, sondern was aus dem Munde ausgeht, das verunreinigt den Menschen. Dann traten seine Jünger
12 herzu und sprachen zu ihm: Weißt du, daß die Pharisäer sich ärgerten, als sie das Wort hörten? Er aber antwortete
13 und sprach: Jede Pflanze, die mein himmlischer Vater nicht gepflanzt hat, wird ausgerottet werden. Laßt sie; sie
14 sind blinde Leiter der Blinden. Wenn aber ein Blinder einen Blinden leitet, so werden beide in eine Grube fallen.
15 Petrus aber antwortete und sprach zu ihm: Deute uns dieses Gleichnis. Er
16 aber sprach: Seid auch ihr noch unverständig? Begreifet ihr noch nicht,
17 daß alles, was in den Mund eingeht, in den Bauch geht und in den Abort ausgeworfen wird? Was aber aus dem
18 Munde ausgeht, kommt aus dem Herzen hervor, und das verunreinigt den Menschen. Denn aus dem Herzen
19 kommen hervor böse Gedanken, Mord, Ehebruch, Hurerei, Dieberei *i*, falsche Zeugnisse, Lästerungen; diese Dinge
20 sind es, die den Menschen verunreinigen, aber mit ungewaschenen Händen essen verunreinigt den Menschen nicht.

Und Jesus ging aus von dannen und
21 entwich in die Gegenden von Tyrus und Sidon; und siehe, ein kananäisches
22 Weib, das von jenen Grenzen herkam, schrie [zu ihm] und sprach: Erbarme dich meiner, Herr, Sohn Davids! meine Tochter ist schlimm besessen. Er
23 aber antwortete ihr nicht ein Wort. Und seine Jünger traten herzu und baten ihn und sprachen: Entlaß sie,
24 denn sie schreit hinter uns her. Er aber antwortete und sprach: Ich bin nicht gesandt, als nur zu den verlore-
25 nen Schafen des Hauses Israel. Sie aber kam und warf sich vor ihm nie-
26 der und sprach: Herr, hilf mir! Er aber antwortete und sprach: Es ist nicht schön, das Brot der Kinder zu nehmen und den Hündlein *j* hinzuwer-
27 fen. Sie aber sprach: Ja, Herr; denn es essen ja auch die Hündlein von den Brosamen, die von dem Tische ihrer
28 Herren fallen. Da antwortete Jesus und sprach zu ihr: O Weib, dein Glaube ist groß; dir geschehe, wie du

---

a O. lobpries, dankte. — *b* S. 4. Mose 15, 37—39. — *c* O. der Alten. — *d* 2. Mose 20, 12. — *e* O. schmäht, übel redet von. — *f* 2. Mose 21, 17. — *g* d. i. Opfergabe, Gabe für Gott. — *h* Jes. 29, 13. — *i* Im Griechischen stehen die Wörter von „Mord" bis „Dieberei" in der Mehrzahl. — *j* Im Griechischen ein noch verächtlicherer Ausdruck als „Hunde".

willst. Und ihre Tochter war geheilt von jener Stunde an.

29 Und Jesus ging von dannen hinweg und kam an den See von Galiläa; und als er auf den Berg gestiegen war, 30 setzte er sich daselbst. Und große Volksmengen kamen zu ihm, welche Lahme, Blinde, Stumme, Krüppel und viele andere bei sich hatten, und sie warfen sie ihm zu Füßen; und er heil- 31 te sie, sodaß die Volksmengen sich verwunderten, als sie sahen, daß Stumme redeten, Krüppel gesund wurden, Lahme wandelten und Blinde sahen; und sie verherrlichten den Gott Isra- 32 els. Als Jesus aber seine Jünger herzugerufen hatte, sprach er: Ich bin innerlich bewegt über die Volksmenge, denn schon drei Tage weilen sie bei mir und haben nichts zu essen; und ich will sie nicht entlassen, ohne daß sie gegessen haben, damit sie nicht etwa auf dem Wege verschmachten.

33 Und seine Jünger sagen zu ihm: Woher nehmen wir in der Einöde so viele Brote, um eine so große Volksmenge 34 zu sättigen? Und Jesus spricht zu ihnen: Wie viele Brote habt ihr? Sie aber sagten: Sieben, und wenige klei- 35 ne Fische. Und er gebot der Volksmenge, sich auf die Erde zu lagern. 36 Und er nahm die sieben Brote und die Fische, dankte und brach und gab sie seinen Jüngern, die Jünger aber 37 *gaben sie* den Volksmengen. Und sie aßen alle und wurden gesättigt; und sie hoben auf was an Brocken übrig- 38 blieb, sieben Körbe voll. Die aber aßen waren viertausend Männer, ohne 39 Weiber und Kindlein. Und als er die Volksmengen entlassen hatte, stieg er in das Schiff und kam in das Gebiet von Magada.

16 Und die Pharisäer und Sadducäer kamen herzu, und, um *ihn* zu versuchen, baten sie ihn, er möge ihnen ein Zeichen aus dem Himmel zeigen. 2 Er aber antwortete und sprach zu ihnen: Wenn es Abend geworden ist, so saget ihr: Heiteres Wetter, denn 3 der Himmel ist feuerrot; und frühmorgens: Heute stürmisches Wetter, denn der Himmel ist feuerrot und trübe; das Angesicht des Himmels wisset ihr zwar zu beurteilen, aber die Zeichen der Zeiten könnt ihr nicht *beur-* 4 *teilen*. Ein böses und ehebrecherisches Geschlecht verlangt nach einem Zeichen, und kein Zeichen wird ihm gegeben werden, als nur das Zeichen Jonas'. Und er verließ sie und ging hinweg.

5 Und als seine Jünger an das jenseitige Ufer gekommen waren, hatten sie 6 vergessen, Brote *mit*zunehmen. Jesus aber sprach zu ihnen: Sehet zu und hütet euch vor dem Sauerteig der Pha- 7 risäer und Sadducäer. Sie aber überlegten bei sich selbst und sagten: Weil wir keine Brote *mit*genommen haben. 8 Als aber Jesus es erkannte, sprach

er: Was überleget ihr bei euch selbst, Kleingläubige, weil ihr keine Brote *mit*genommen habt? Verstehet ihr noch 9 nicht, erinnert ihr euch auch nicht an die fünf Brote der fünftausend, und wie viele Handkörbe ihr aufhobet? noch an die sieben Brote der viertau- 10 send, und wie viele Körbe ihr aufhobet? *a* Wie, verstehet ihr nicht, daß 11 ich euch nicht von Broten sagte: Hütet euch vor dem Sauerteig der Pharisäer und Sadducäer? Da verstanden 12 sie, daß er nicht gesagt hatte, sich zu hüten vor dem Sauerteig des Brotes, sondern vor der Lehre der Pharisäer und Sadducäer.

Als aber Jesus in die Gegenden von 13 Cäsarea Philippi gekommen war, fragte er seine Jünger und sprach: Wer sagen die Menschen, daß ich, der Sohn des Menschen, sei? Sie aber sagten: 14 Etliche: Johannes der Täufer; andere aber: Elias; und andere wieder: Jeremias, oder einer der Propheten. Er 15 spricht zu ihnen: Ihr aber, wer saget ihr, daß ich sei? Simon Petrus aber 16 antwortete und sprach: Du bist der Christus, der Sohn des lebendigen Gottes. Und Jesus antwortete und sprach 17 zu ihm: Glückselig bist du, Simon, Bar Jona *b*; denn Fleisch und Blut haben es dir nicht geoffenbart, sondern mein Vater, der in den Himmeln ist. Aber auch i c h sage dir, daß du 18 bist Petrus *c*; und auf diesen Felsen will ich meine Versammlung *d* bauen, und *des* Hades Pforten werden sie nicht überwältigen. Und ich werde 19 dir die Schlüssel des Reiches der Himmel geben; und was irgend du auf der Erde binden wirst, wird in den Himmeln gebunden sein, und was irgend du auf der Erde lösen wirst, wird in den Himmeln gelöst sein. Dann gebot 20 er seinen Jüngern, daß sie niemand sagten, daß e r der Christus sei.

Von der Zeit an begann Jesus sei- 21 nen Jüngern zu zeigen, daß er nach Jerusalem hingehen müsse und von den Aeltesten und Hohenpriestern und Schriftgelehrten vieles leiden, und getötet und am dritten Tage auferweckt werden *müsse*. Und Petrus nahm ihn 22 zu sich und fing an ihn zu strafen, indem er sagte: *Gott* behüte dich, Herr! dies wird dir n i c h t widerfahren. Er 23 aber wandte sich um und sprach zu Petrus: Geh hinter mich, Satan! du bist mir ein Aergernis, denn du sinnest nicht auf das, was Gottes, sondern auf das, was der Menschen ist. Dann sprach Jesus zu seinen Jüngern: 24 Wenn jemand mir nachkommen will, der verleugne sich selbst und nehme sein Kreuz auf und folge mir nach. Denn wer irgend sein Leben *e* erret- 25 ten will, wird es verlieren; wer aber irgend sein Leben *e* verliert um meinetwillen, wird es finden. Denn was 26 wird es einem Menschen nützen, wenn er die ganze Welt gewönne, aber seine

---

a Vergl. Kap. 14, 20; 15, 37. — *b* O. Sohn Jonas'. — *c* O. ein Stein. — *d* O. Gemeinde; s. das Vorwort. — *e* Das griech. Wort bezeichnet beides: „Leben" und „Seele"; vergl. V. 26.

Seele einbüßte? Oder was wird ein Mensch als Lösegeld geben für seine
27 Seele? Denn der Sohn des Menschen wird *a* kommen in der Herrlichkeit seines Vaters mit seinen Engeln, und dann wird er einem jeden vergelten nach sei-
28 nem Tun. Wahrlich, ich sage euch: Es sind etliche von denen, die hier stehen, welche den Tod n i c h t schmecken werden, bis sie den Sohn des Menschen haben kommen sehen in seinem Reiche.

17 Und nach sechs Tagen nimmt Jesus den Petrus und Jakobus und Johannes, seinen Bruder, mit und führt sie auf einen hohen Berg besonders.
2 Und er wurde vor ihnen umgestaltet. Und sein Angesicht leuchtete wie die Sonne, seine Kleider aber wurden weiß
3 wie das Licht; und siehe, Moses und Elias erschienen ihnen und unterre-
4 deten sich mit ihm. Petrus aber hob an und sprach zu Jesu: Herr, es ist gut, daß wir hier sind. Wenn du willst, laß uns *b* hier drei Hütten machen, dir eine und Moses eine und Elias eine.
5 Während er noch redete, siehe, da überschattete sie *c* eine lichte Wolke, und siehe, eine Stimme *kam* aus der Wolke, welche sprach: Dieser ist mein geliebter Sohn, an welchem ich Wohlgefallen gefunden habe; ihn höret.
6 Und als die Jünger es hörten, fielen sie auf ihr Angesicht und fürchteten
7 sich sehr. Und Jesus trat herzu, rührte sie an und sprach: Stehet auf und
8 fürchtet euch nicht. Als sie aber ihre Augen aufhoben, sahen sie niemand als Jesum allein.
9 Und als sie von dem Berge herabstiegen, gebot ihnen Jesus und sprach: Saget niemand das Gesicht, bis der Sohn des Menschen aus *den* Toten auf-
10 erstanden ist. Und [seine] Jünger fragten ihn und sprachen: Was sagen denn die Schriftgelehrten, daß Elias
11 zuerst kommen müsse? Er aber antwortete und sprach zu ihnen: Elias zwar kommt [zuerst] und wird alle
12 Dinge wiederherstellen. Ich sage euch aber, daß Elias schon gekommen ist, und sie haben ihn nicht erkannt, sondern an ihm getan, was irgend sie wollten. Also wird auch der Sohn des
13 Menschen von ihnen leiden. Da verstanden die Jünger, daß er von Johannes dem Täufer zu ihnen sprach.
14 Und als sie zu der Volksmenge kamen, trat ein Mensch zu ihm und fiel
15 vor ihm auf die Kniee und sprach: Herr, erbarme dich meines Sohnes, denn er ist mondsüchtig und leidet arg; denn oft fällt er ins Feuer und
16 oft ins Wasser. Und ich brachte ihn zu deinen Jüngern, und sie konnten
17 ihn nicht heilen. Jesus aber antwortete und sprach: O ungläubiges und

verkehrtes Geschlecht! bis wann soll ich bei euch sein? bis wann soll ich
18 euch ertragen? Bringet mir ihn her. Und Jesus bedrohte ihn, und der Dämon fuhr von ihm aus; und von jener Stunde an war der Knabe geheilt.
19 Da traten die Jünger zu Jesu besonders und sprachen: Warum haben w i r ihn nicht austreiben können? Er aber
20 spricht zu ihnen: Wegen eures Unglaubens; denn wahrlich, ich sage euch, wenn ihr Glauben habt wie ein Senfkorn, so werdet ihr zu diesem Berge sagen: Werde versetzt von hier dorthin! und er wird versetzt werden; und nichts wird euch unmöglich sein.
21 Diese Art aber fährt nicht aus, als nur durch Gebet und Fasten.
22 Als sie sich aber in Galiläa aufhielten *d*, sprach Jesus zu ihnen: Der Sohn des Menschen wird überliefert werden
23 in der Menschen Hände, und sie werden ihn töten, und am dritten Tage wird er auferweckt werden. Und sie wurden sehr betrübt.
24 Als sie aber nach Kapernaum kamen, traten die Einnehmer der Doppeldrachmen *e* zu Petrus und sprachen: Zahlt euer Lehrer nicht die Doppel-
25 drachmen? Er sagt: Ja *f*. Und als er in das Haus eintrat, kam Jesus ihm zuvor und sprach: Was dünkt dich, Simon? von wem erheben die Könige der Erde Zoll oder Steuer, von ihren
26 Söhnen oder von den Fremden? [Petrus] sagt zu ihm: Von den Fremden. Jesus sprach zu ihm: Demnach sind
27 die Söhne frei. Auf daß wir ihnen aber kein Aergernis geben, geh an den See, wirf eine Angel aus und nimm den ersten Fisch, der heraufkommt, tue seinen Mund auf, und du wirst einen Stater finden; den nimm und gib ihnen für mich und dich.

18 In jener Stunde traten die Jünger zu Jesu und sprachen: Wer ist denn der Größte *g* im Reiche der Himmel?
2 Und als Jesus ein Kindlein herzugerufen hatte, stellte er es in ihre Mitte
3 und sprach: Wahrlich, ich sage euch, wenn ihr nicht umkehret und werdet wie die Kindlein, so werdet ihr n i c h t in das Reich der Himmel eingehen.
4 Darum, wer irgend sich selbst erniedrigen wird wie dieses Kindlein, dieser ist der Größte *h* im Reiche der
5 Himmel; und wer irgend e i n solches Kindlein aufnehmen wird in meinem
6 Namen *i*, nimmt mich auf. Wer aber irgend e i n e s dieser Kleinen *j*, die an mich glauben, ärgern *k* wird, dem wäre nütze, daß ein Mühlstein *l* an seinen Hals gehängt, und er in die Tiefe des Meeres versenkt würde. Wehe der
7 Welt der Aergernisse wegen! Denn es ist notwendig, daß Aergernisse

---

a O. steht im Begriff zu; so auch Kap. 17, 12. 22. — *b* Nach and. Les.: will ich. — *c* d. h. überdeckte sie, ohne zu verdunkeln; denn es war eine lichte Wolke, „die prachtvolle Herrlichkeit" (2. Petr. 1, 17). Dasselbe Wort wird von der Wolke gebraucht, welche die Stiftshütte bedeckte. — *d* O. umherzogen. — *e* eine jüdische Kopfsteuer für den Tempel; vergl. Neh. 10, 32. 33. — *f* O. Gewiß. — *g* W. größer. — *h* W. Größere. — *i* Eig. auf Grund meines Namens. — *j* O. einen dieser Geringen. — *k* d. h. ihm einen Fallstrick legen. — *l* Eig. ein Esels-Mühlstein, d. h. ein großer Mühlstein, der durch einen Esel getrieben wurde.

kommen; doch wehe dem Menschen, durch welchen das Aergernis kommt! 8 Wenn aber deine Hand oder dein Fuß dich ärgert, so haue ihn ab und wirf ihn von dir. Es ist dir besser a, lahm oder als Krüppel in das Leben einzugehen, als mit zwei Händen oder mit zwei Füßen in das ewige Feuer ge- 9 worfen zu werden. Und wenn dein Auge dich ärgert, so reiß es aus und wirf es von dir. Es ist dir besser a, einäugig in das Leben einzugehen, als mit zwei Augen in die Hölle des 10 Feuers geworfen zu werden. Sehet zu, daß ihr nicht e i n e s dieser Kleinen verachtet; denn ich sage euch, daß ihre Engel in den Himmeln allezeit das Angesicht meines Vaters schauen, 11 der in den Himmeln ist. Denn der Sohn des Menschen ist gekommen, das 12 Verlorene zu erretten. Was dünkt euch? Wenn ein Mensch hundert Schafe hätte, und eines von ihnen sich verirrte, läßt er nicht die neunundneunzig auf den Bergen und geht hin und 13 sucht das irrende? Und wenn es geschieht, daß er es findet, wahrlich, ich sage euch, er freut sich mehr über dieses, als über die neunundneunzig, 14 die nicht verirrt sind. Also ist es nicht der Wille eures Vaters b, der in den Himmeln ist, daß e i n e s dieser Kleinen verloren gehe.

15 Wenn aber dein Bruder wider dich sündigt, so gehe hin, überführe ihn zwischen dir und ihm allein. Wenn er auf dich hört, so hast du deinen Bru- 16 der gewonnen. Wenn er aber nicht hört, so nimm noch einen oder zwei mit dir, damit aus zweier oder dreier Zeugen Mund jede Sache bestätigt 17 werde c. Wenn er aber nicht auf sie hören wird, so sage es der Versammlung; wenn er aber auch auf die Versammlung nicht hören wird, so sei er dir wie der Heide d und der Zöllner. 18 Wahrlich, ich sage euch: Was irgend ihr auf der Erde binden werdet, wird im Himmel gebunden sein, und was irgend ihr auf der Erde lösen werdet, 19 wird im Himmel gelöst sein. Wiederum sage ich euch: Wenn zwei von euch auf der Erde übereinkommen werden über irgend eine Sache, um welche sie auch bitten mögen, so wird sie ihnen werden von meinem Vater, 20 der in den Himmeln ist. Denn wo zwei oder drei versammelt sind in meinem Namen e, da bin ich in ihrer Mitte.

21 Dann trat Petrus zu ihm und sprach: Herr, wie oft soll ich meinem Bruder, der wider mich sündigt, vergeben? f 22 bis siebenmal? Jesus spricht zu ihm: Nicht sage ich dir, bis siebenmal, son- 23 dern bis siebenzig mal sieben. Deswegen ist das Reich der Himmel einem Könige gleich geworden, der mit sei- 24 nen Knechten g abrechnen wollte. Als er aber anfing abzurechnen, wurde

einer zu ihm gebracht, der zehntau- 25 send Talente schuldete. Da derselbe aber nicht hatte zu bezahlen, befahl [sein] Herr, ihn und sein Weib und die Kinder und alles, was er hatte, zu verkaufen und zu bezahlen. Der 26 Knecht nun fiel nieder, huldigte ihm und sprach: Herr, habe Geduld mit mir, und ich will dir alles bezahlen. Der Herr jenes Knechtes aber, inner- 27 lich bewegt, gab ihn los und erließ ihm das Darlehen. Jener Knecht aber 28 ging hinaus und fand einen seiner Mitknechte, der ihm hundert Denare schuldig war. Und er ergriff und würgte ihn und sprach: Bezahle, wenn du etwas schuldig bist. Sein Mitknecht 29 nun fiel nieder und bat ihn und sprach: Habe Geduld mit mir, und ich will dir bezahlen. Er aber wollte nicht, 30 sondern ging hin und warf ihn ins Gefängnis, bis er die Schuld bezahlt habe. Als aber seine Mitknechte sahen, 31 was geschehen war, wurden sie sehr betrübt und gingen und berichteten ihrem Herrn alles was geschehen war. Dann rief ihn sein Herr herzu und 32 spricht zu ihm: Böser Knecht! jene ganze Schuld habe ich dir erlassen, dieweil du mich batest; solltest nicht 33 auch du dich deines Mitknechtes erbarmt haben, wie auch ich mich deiner erbarmt habe? Und sein Herr wur- 34 de zornig und überlieferte ihn den Peinigern, bis er alles bezahlt habe, was er ihm schuldig war. Also wird 35 auch mein himmlischer Vater euch tun, wenn ihr nicht ein jeder seinem Bruder von Herzen vergebet.

Und es geschah, als Jesus diese **19** Reden vollendet hatte, begab er sich von Galiläa hinweg und kam in das Gebiet von Judäa, jenseit des Jordan. Und es folgten ihm große Volksmen- 2 gen, und er heilte sie daselbst.

Und die Pharisäer kamen zu ihm, 3 versuchten ihn und sprachen: Ist es einem Manne erlaubt, aus jeder Ursache sein Weib zu entlassen? Er aber 4 antwortete und sprach [zu ihnen]: Habt ihr nicht gelesen, daß der, welcher sie schuf, von Anfang sie Mann und Weib h schuf i und sprach: „Um des- 5 willen wird ein Mensch Vater und Mutter verlassen und seinem Weibe anhangen, und es werden die zwei ein Fleisch sein" j; sodaß sie nicht 6 mehr zwei sind, sondern e i n Fleisch? Was nun Gott zusammengefügt hat, soll der Mensch nicht scheiden. Sie 7 sagen zu ihm: Warum hat denn Moses geboten, einen Scheidebrief zu geben und [sie] zu entlassen? Er spricht 8 zu ihnen: Moses hat wegen eurer k Herzenshärtigkeit euch gestattet, eure Weiber zu entlassen; von Anfang aber ist es nicht also gewesen. Ich sage 9 euch aber, daß, wer irgend sein Weib entlassen wird, nicht wegen Hurerei,

a Eig. gut. — b Eig. ist kein Wille vor eurem Vater. — c Vergl. 5. Mose 19, 15. — d O. der von den Nationen. — e Eig. zu meinem Namen hin. — f W. wie oft soll mein Bruder wider mich sündigen und ich ihm vergeben? g O. Sklaven; so auch nachher. — h Eig. männlich und weiblich. — i O. welcher sie von Anfang machte, sie Mann und Weib machte; vergl. 1. Mose 1, 27; 5, 2. — j 1. Mose 2, 24. — k Eig. in Hinsicht auf eure.

und eine andere heiratet wird, Ehebruch begeht; und wer eine Entlas- 10 sene heiratet, begeht Ehebruch. Seine Jünger sagen zu ihm: Wenn die Sache des Mannes mit dem Weibe also steht, so ist es nicht ratsam zu heiraten. 11 Er aber sprach zu ihnen: Nicht alle fassen dieses Wort, sondern denen es 12 gegeben ist; denn es gibt Verschnittene, die von Mutterleibe also geboren sind; und es gibt Verschnittene, die von den Menschen verschnitten worden sind; und es gibt Verschnittene, die sich selbst verschnitten haben um des Reiches der Himmel willen. Wer es zu fassen vermag, der fasse es.

13 Dann wurden Kindlein zu ihm gebracht, auf daß er ihnen die Hände auflege und bete; die Jünger aber ver- 14 wiesen es ihnen. Jesus aber sprach: Lasset die Kindlein und wehret ihnen nicht, zu mir zu kommen, denn solcher 15 ist das Reich der Himmel. Und er legte ihnen die Hände auf und ging von dannen hinweg.

16 Und siehe, einer trat herzu und sprach zu ihm: Lehrer, welches Gute soll ich tun, auf daß ich ewiges Leben habe? 17 Er aber sprach zu ihm: Was fragst du mich über das Gute? Einer ist gut*a*. Wenn du aber ins Leben ein- 18 gehen willst, so halte die Gebote. Er spricht zu ihm: Welche? Jesus aber sprach: Diese: Du sollst nicht töten; du sollst nicht ehebrechen; du sollst nicht stehlen; du sollst nicht falsches 19 Zeugnis geben; ehre deinen Vater und die Mutter, und: du sollst deinen Näch- 20 sten lieben wie dich selbst. Der Jüngling spricht zu ihm: Alles dieses habe ich beobachtet; was fehlt mir noch? 21 Jesus sprach zu ihm: Wenn du vollkommen sein willst, so gehe hin, verkaufe deine Habe und gib den Armen, und du wirst einen Schatz im Himmel 22 haben; und komm, folge mir nach. Als aber der Jüngling das Wort hörte, ging er betrübt hinweg, denn er hatte viele 23 Güter. Jesus aber sprach zu seinen Jüngern: Wahrlich, ich sage euch: Schwerlich wird ein Reicher in das 24 Reich der Himmel eingehen. Wiederum aber sage ich euch: Es ist leichter, daß ein Kamel durch ein Nadelöhr eingehe, als [daß] ein Reicher in das 25 Reich Gottes [eingehe]. Als aber die Jünger es hörten, waren sie sehr erstaunt und sagten: Wer kann dann er- 26 rettet werden? Jesus aber sah sie an und sprach zu ihnen: Bei Menschen ist dies unmöglich, bei Gott aber sind 27 alle Dinge möglich. Da antwortete Petrus und sprach zu ihm: Siehe, wir haben alles verlassen und sind dir nachgefolgt; was wird uns nun werden? 28 Jesus aber sprach zu ihnen: Wahrlich, ich sage euch: Ihr, die ihr mir nachgefolgt seid, auch ihr werdet in der Wiedergeburt, wenn der Sohn des Menschen sitzen wird auf seinem Throne der Herrlichkeit *b*, auf zwölf Thronen sitzen und richten die zwölf Stäm-

me Israels. Und ein jeder, der irgend 29 verlassen hat Häuser, oder Brüder, oder Schwestern, oder Vater, oder Mutter, oder Weib, oder Kinder, oder Aecker um meines Namens willen, wird hundertfältig empfangen und ewiges Leben erben. Aber viele Erste werden 30 Letzte, und Letzte Erste sein. ✻ Denn das Reich der Himmel ist gleich einem **20** Hausherrn, der frühmorgens ausging, um Arbeiter in seinen Weinberg zu dingen. Nachdem er aber mit den Ar- 2 beitern um einen Denar den Tag übereingekommen war, sandte er sie in seinen Weinberg. Und als er um die dritte 3 Stunde ausging, sah er andere auf dem Markte müßig stehen; und zu diesen 4 sprach er: Gehet auch ihr hin in den Weinberg, und was irgend recht ist, werde ich euch geben. Sie aber gingen 5 hin. Wiederum aber ging er aus um die sechste und neunte Stunde und tat desgleichen. Als er aber um die elfte 6 [Stunde] ausging, fand er andere stehen und spricht zu ihnen: Was stehet ihr hier den ganzen Tag müßig? Sie 7 sagen zu ihm: Weil niemand uns gedungen hat. Er spricht zu ihnen: Gehet auch ihr hin in den Weinberg, [und was irgend recht ist werdet ihr empfangen]. Als es aber Abend geworden 8 war, spricht der Herr des Weinbergs zu seinem Verwalter: Rufe die Arbeiter und zahle [ihnen] den Lohn, anfangend von den letzten bis zu den ersten. Und als die um die elfte Stunde *Gedun*- 9 *genen* kamen, empfingen sie je einen Denar. Als aber die ersten kamen, 10 meinten sie, daß sie mehr empfangen würden; und auch sie empfingen je einen Denar. Als sie aber den empfin- 11 gen, murrten sie wider den Hausherrn und sprachen: Diese letzten haben 12 eine Stunde gearbeitet, und du hast sie uns gleich gemacht, die wir die Last des Tages und die Hitze getragen haben. Er aber antwortete und 13 sprach zu einem von ihnen: Freund, ich tue dir nicht unrecht. Bist du nicht um einen Denar mit mir übereingekommen? Nimm das Deine und gehe 14 hin. Ich will aber diesem letzten geben wie auch dir. Ist es mir nicht er- 15 laubt, mit dem Meinigen zu tun, was ich will? Blickt *c* dein Auge böse *d*, weil ich gütig bin? Also werden die 16 Letzten Erste, und die Ersten Letzte sein; denn viele sind Berufene, wenige aber Auserwählte.

Und als Jesus nach Jerusalem hin- 17 aufging, nahm er die zwölf Jünger auf dem Wege besonders zu sich und sprach zu ihnen: Siehe, wir gehen hinauf nach 18 Jerusalem, und der Sohn des Menschen wird den Hohenpriestern und Schriftgelehrten überliefert werden, und sie werden ihn zum Tode verurteilen; und 19 sie werden ihn den Nationen überliefern, um ihn zu verspotten und zu geißeln und zu kreuzigen; und am dritten Tage wird er auferstehen.

Dann trat die Mutter der Söhne des 20

---

a W. der Gute. — *b* O. dem Throne seiner Herrlichkeit. — *c* W. Ist. — *d* d. i. neidisch, mißgünstig.

Zebedäus mit ihren Söhnen zu ihm und warf sich nieder und erbat etwas 21 von ihm. Er aber sprach zu ihr: Was willst du? Sie sagt zu ihm: Sprich, daß diese meine zwei Söhne einer zu deiner Rechten und einer zu deiner Linken sitzen mögen in deinem Rei-22 che. Jesus aber antwortete und sprach: Ihr wisset nicht, um was ihr bittet. Könnt ihr den Kelch trinken, den i c h trinken werde a? Sie sagen zu ihm: 23 Wir können es. [Und] er spricht zu ihnen: Meinen Kelch werdet ihr zwar trinken, aber das Sitzen zu meiner Rechten und zu [meiner] Linken steht nicht bei mir zu vergeben, sondern *ist für die*, welchen es von meinem Vater 24 bereitet ist. Und als die Zehn es hörten, wurden sie unwillig über die zwei 25 Brüder. Jesus aber rief sie herzu und sprach: Ihr wisset, daß die Regenten der Nationen über dieselben herrschen und die Großen Gewalt über 26 sie üben. Unter euch soll es nicht also sein; sondern wer irgend unter euch groß werden will, soll euer Diener 27 sein, und wer irgend unter euch der Erste sein will, soll euer Knecht sein; 28 gleichwie der Sohn des Menschen nicht gekommen ist, um bedient zu werden, sondern um zu dienen und sein Leben zu geben als Lösegeld für viele.

29 Und als sie von Jericho auszogen, 30 folgte ihm eine große Volksmenge. Und siehe, zwei Blinde, die am Wege saßen, als sie hörten, daß Jesus vorübergehe, schrieen und sprachen: Erbarme 31 dich unser, Herr, Sohn Davids! Die Volksmenge aber bedrohte sie, daß sie schweigen sollten. Sie aber schrieen noch mehr und sprachen: Erbarme 32 dich unser, Herr, Sohn Davids! Und Jesus blieb stehen und rief sie und sprach: Was wollt ihr, daß ich euch 33 tun soll? Sie sagen zu ihm: Herr, daß 34 unsere Augen aufgetan werden. Jesus aber, innerlich bewegt, rührte ihre Augen an; und alsbald wurden ihre Augen sehend, und sie folgten ihm nach.

21 Und als sie Jerusalem nahten und nach Bethphage kamen, an den Oel-2 berg, da sandte Jesus zwei Jünger und sprach zu ihnen: Gehet hin in das Dorf, das euch gegenüberliegt; und alsbald werdet ihr eine Eselin angebunden finden, und ein Füllen bei ihr; bindet 3 sie los und führet sie zu mir. Und wenn jemand etwas zu euch sagt, so sollt ihr sprechen: Der Herr bedarf ihrer, und alsbald wird er sie senden. 4 Dies alles aber ist geschehen, auf daß erfüllt würde, was durch den Prophe-5 ten geredet ist, welcher spricht: „Saget der Tochter Zion: Siehe, dein König kommt zu dir, sanftmütig und reitend auf einer Eselin und *b* auf einem 6 Füllen, des Lasttiers Jungen". *c* Als aber die Jünger hingegangen waren und getan hatten, wie Jesus ihnen auf-7 getragen, brachten sie die Eselin und

das Füllen und legten ihre Kleider auf sie, und er setzte sich auf dieselben. Und eine sehr große Volksmenge 8 breitete ihre Kleider aus auf den Weg; andere aber hieben Zweige von den Bäumen und streuten sie auf den Weg. Die Volksmengen aber, welche vor ihm 9 hergingen und nachfolgten, riefen und sprachen: Hosanna dem Sohne Davids! Gepriesen *sei*, der da kommt im Namen *des Herrn!d* Hosanna in der Höhe *e*! Und als er in Jerusalem einzog, 10 kam die ganze Stadt in Bewegung und sprach: Wer ist dieser? Die Volks- 11 mengen aber sagten: Dieser ist Jesus, der Prophet, der von Nazareth in Galiläa.

Und Jesus trat in den Tempel *f* Gottes 12 ein und trieb alle hinaus, die im Tempel *f* verkauften und kauften, und die Tische der Wechsler und die Sitze der Taubenverkäufer stieß er um. Und er 13 spricht zu ihnen: Es steht geschrieben: „Mein Haus wird ein Bethaus genannt werden"; *g* i h r aber habt es zu einer Räuberhöhle gemacht". *h* Und es tra- 14 ten Blinde und Lahme in dem Tempel zu ihm, und er heilte sie. Als aber 15 die Hohenpriester und die Schriftgelehrten die Wunder sahen, welche er tat, und die Kinder, die im Tempel schrieen und sagten: Hosanna dem Sohne Davids! wurden sie unwillig und 16 sprachen zu ihm: Hörst du, was diese sagen? Jesus aber spricht zu ihnen: Ja, habt ihr nie gelesen: „Aus dem Munde der Unmündigen und Säuglinge hast du dir Lob bereitet"? *i* Und er verließ 17 sie und ging zur Stadt hinaus nach Bethanien, und übernachtete daselbst.

Des Morgens früh aber, als er in die 18 Stadt zurückkehrte, hungerte ihn. Und 19 als er e i n e n Feigenbaum an dem Wege sah, ging er auf ihn zu und fand nichts an ihm als nur Blätter. Und er spricht zu ihm: Nimmermehr komme Frucht von dir in Ewigkeit! Und alsbald verdorrte der Feigenbaum. Und 20 als die Jünger es sahen, verwunderten sie sich und sprachen: Wie alsbald ist der Feigenbaum verdorrt! Jesus aber 21 antwortete und sprach zu ihnen: Wahrlich, ich sage euch: Wenn ihr Glauben habt und nicht zweifelt, so werdet ihr nicht allein das mit dem Feigenbaum Geschehene tun, sondern wenn ihr auch zu diesem Berge sagen werdet: Werde aufgehoben und ins Meer geworfen! so wird es geschehen. Und alles was 22 irgend ihr im Gebet glaubend begehret, werdet ihr empfangen.

Und als er in den Tempel kam, tra- 23 ten, als er lehrte, die Hohenpriester und die Aeltesten des Volkes zu ihm und sprachen: In welchem Recht *j* tust du diese Dinge? und wer hat dir dieses Recht gegeben? Jesus aber antwor- 24 tete und sprach zu ihnen: Auch i c h will euch e i n Wort fragen, und wenn ihr es mir saget, so werde auch i c h

---

a O. zu trinken im Begriff stehe. — b Wohl in dem Sinne von „und zwar". — c Psal. 9, 9. — d Vergl. Ps. 118, 26. — e Eig. in den höchsten (Oertern). —f die Gebäude s. die Anm. zu Kap. 4, 5); so auch V. 14. 15. 23. — g Jes. 56, 7. — h Vergl. Jer. 7, 11. — i Ps. 8, 2. — j O. welcher Vollmacht; so auch nachher.

euch sagen, in welchem Recht ich die-
25 se Dinge tue. Die Taufe Johannes',
woher war sie? vom Himmel oder von
Menschen? Sie aber überlegten bei sich
selbst und sprachen: Wenn wir sagen:
vom Himmel, so wird er zu uns sagen:
Warum habt ihr ihm denn nicht ge-
26 glaubt? Wenn wir aber sagen: von
Menschen — wir fürchten die Volksmenge, denn alle halten Johannes für
27 einen Propheten. Und sie antworteten
Jesu und sprachen: Wir wissen es nicht.
Da sagte auch e r zu ihnen: So sage
auch i c h euch nicht, in welchem Recht
28 ich diese Dinge tue. Was dünkt euch
aber? Ein Mensch hatte zwei Kinder;
und er trat hin zu dem ersten und
sprach: Kind, geh heute hin, arbeite in
29 [meinem] Weinberge. Er aber antwortete und sprach: Ich will nicht; danach
aber gereute es ihm, und er ging hin.
30 Und er trat hin zu dem zweiten und
sprach desgleichen. Der aber antwortete und sprach: Ich *gehe*, Herr, und
31 ging nicht. Welcher von den beiden
hat den Willen des Vaters getan? Sie
sagen [zu ihm]: Der erste. Jesus spricht
zu ihnen: Wahrlich, ich sage euch,
daß die Zöllner und die Huren euch
32 vorangehen in das Reich Gottes. Denn
Johannes kam zu euch im Wege der
Gerechtigkeit, und ihr glaubtet ihm
nicht; die Zöllner aber und die Huren
glaubten ihm; euch aber, als ihr es
sahet, gereute es danach nicht, um ihm
zu glauben.

33   Höret ein anderes Gleichnis: Es war
ein Hausherr, der einen Weinberg
pflanzte und einen Zaun um denselben setzte und eine Kelter in ihm grub
und einen Turm baute; und er verdingte ihn an Weingärtner *a* und reiste
34 außer Landes. Als aber die Zeit der
Früchte nahte, sandte er seine Knechte *b* zu den Weingärtnern, um seine
35 Früchte zu empfangen. Und die Weingärtner nahmen seine Knechte, einen
schlugen sie, einen anderen töteten sie,
36 einen anderen steinigten sie. Wiederum sandte er andere Knechte, mehr
als die ersten; und sie taten ihnen
37 ebenso. Zuletzt aber sandte er seinen
Sohn zu ihnen, indem er sagte: Sie
werden sich vor meinem Sohne scheu-
38 en! Als aber die Weingärtner den Sohn
sahen, sprachen sie untereinander:
Dieser ist der Erbe; kommt, laßt uns
ihn töten und sein Erbe in Besitz neh-
39 men! Und sie nahmen ihn, warfen
ihn zum Weinberg hinaus und töte-
40 ten ihn. Wenn nun der Herr des Weinbergs kommt, was wird er jenen Wein-
41 gärtnern tun? Sie sagen zu ihm: Er
wird jene Übeltäter übel umbringen,
und den Weinberg wird er an andere
Weingärtner verdingen, die ihm die
Früchte abgeben werden zu ihrer Zeit *c*.
42 Jesus spricht zu ihnen: Habt ihr nie
in den Schriften gelesen: „Der Stein,
den die Bauleute verworfen haben,
dieser ist zum Eckstein *d* geworden;

von *dem* Herrn *e* her ist er dies geworden, und er ist wunderbar in unseren
Augen"? *f* Deswegen sage ich euch: 43
Das Reich Gottes wird von euch weggenommen und einer Nation gegeben
werden, welche dessen Früchte bringen wird. Und wer auf diesen Stein 44
fällt, wird zerschmettert werden; aber
auf welchen irgend er fallen wird, den
wird er zermalmen. Und als die Ho- 45
henpriester und die Pharisäer seine
Gleichnisse gehört hatten, erkannten
sie, daß er von ihnen rede. Und als 46
sie ihn zu greifen suchten, fürchteten
sie die Volksmengen, denn sie hielten
ihn für einen Propheten.

   Und Jesus antwortete und redete **22**
wiederum in Gleichnissen zu ihnen
und sprach: Das Reich der Himmel 2
ist einem Könige gleich geworden, der
seinem Sohne Hochzeit machte. Und 3
er sandte seine Knechte aus, um die
Geladenen zur Hochzeit zu rufen; und
sie wollten nicht kommen. Wiederum 4
sandte er andere Knechte aus und
sprach: Saget den Geladenen: Siehe,
mein Mahl habe ich bereitet, meine
Oehsen und mein Mastvieh sind geschlachtet, und alles ist bereit; kommt
zur Hochzeit. Sie aber achteten es 5
nicht und gingen hin, der eine auf seinen Acker, der andere an seinen Handel. Die übrigen aber ergriffen seine 6
Knechte, mißhandelten und töteten
sie. Der König aber ward zornig und 7
sandte seine Heere aus, brachte jene
Mörder um und steckte ihre Stadt in
Brand. Dann sagt er zu seinen Knech- 8
ten: Die Hochzeit ist zwar bereit, aber
die Geladenen waren nicht würdig;
so gehet nun hin auf die Kreuzwege 9
der Landstraßen, und so viele immer
ihr finden werdet, ladet zur Hochzeit. Und jene Knechte gingen aus auf 10
die Landstraßen und brachten alle zusammen, so viele sie fanden, sowohl
Böse als Gute. Und die Hochzeit wurde voll von Gästen. Als aber der Kö- 11
nig hereinkam, die Gäste zu besehen,
sah er daselbst einen Menschen, der
nicht mit einem Hochzeitskleide bekleidet war. Und er spricht zu ihm: 12
Freund, wie bist du hier hereingekommen, da du kein Hochzeitskleid anhast?
Er aber verstummte. Da sprach der 13
König zu den Dienern: Bindet ihm
Füße und Hände, [nehmet ihn] und
werfet ihn hinaus in die äußere Finsternis *g*; da wird sein das Weinen und
das Zähneknirschen. Denn viele sind 14
Berufene, wenige aber Auserwählte.

   Dann gingen die Pharisäer hin und 15
hielten Rat, wie sie ihn in der Rede
in eine Falle lockten. Und sie senden 16
ihre Jünger mit den Herodianern zu
ihm und sagen: Lehrer, wir wissen,
daß du wahrhaftig bist und den Weg
Gottes in Wahrheit lehrst und dich um
niemand kümmerst, denn du siehst
nicht auf die Person *h* der Menschen;
sage uns nun, was denkst du: Ist es 17

---

a Eig. Ackerbauer; so auch V. 34 usw. — *b* O. Sklaven; so auch V. 35. 36; 22, 3
usw. — *c* W. ihren Zeiten. — *d* W. Haupt der Ecke. — *e* S. die Anm. zu Kap. 1, 20.
— *f* Ps. 118, 22. 23. — *g* O. in die Finsternis draußen. — *h* O. das Aeußere.

erlaubt, dem Kaiser Steuer zu geben,
18 oder nicht? Da aber Jesus ihre Bosheit erkannte, sprach er: Was versu-
19 chet ihr mich, Heuchler? Zeiget mir
die Steuermünze. Sie aber überreich-
20 ten ihm einen Denar. Und er spricht
zu ihnen: Wessen ist dieses Bild und
21 die Ueberschrift? Sie sagen zu ihm:
Des Kaisers. Da spricht er zu ihnen:
Gebet denn dem Kaiser, was des Kai-
22 sers ist, und Gott, was Gottes ist. Und
als sie *das* hörten, verwunderten sie
sich und ließen ihn und gingen hinweg.

23   An jenem Tage kamen Sadducäer
zu ihm, die da sagen, es gebe keine
24 Auferstehung; und sie fragten ihn und
sprachen: Lehrer, Moses hat gesagt:
Wenn jemand stirbt und keine Kinder
hat, so soll sein Bruder sein Weib heiraten und soll seinem Bruder Samen
25 erwecken. *a* Es waren aber bei uns
sieben Brüder. Und der erste verheiratete sich und starb; und weil er keinen Samen hatte, hinterließ er sein
26 Weib seinem Bruder. Gleicherweise
auch der zweite und der dritte, bis auf
27 den siebenten. Zuletzt aber von allen
28 starb auch das Weib. In der Auferstehung nun, wessen Weib von den sieben
wird sie sein? denn alle hatten sie.
29 Jesus aber antwortete und sprach zu
ihnen: Ihr irret, indem ihr die Schriften
nicht kennet, noch die Kraft Gottes;
30 denn in der Auferstehung heiraten
sie nicht, noch werden sie verheiratet, sondern sie sind wie Engel Gottes
31 im Himmel. Was aber die Auferstehung der Toten betrifft – habt ihr
nicht gelesen, was zu euch geredet ist
32 von Gott, der da spricht: „Ich bin der
Gott Abrahams und der Gott Isaaks
und der Gott Jakobs"? *b* Gott ist nicht
ein Gott der Toten, sondern der Le-
33 bendigen. Und als die Volksmengen es
hörten, erstaunten sie über seine Lehre.
34   Als aber die Pharisäer hörten, daß
er die Sadducäer zum Schweigen gebracht hatte, versammelten sie sich
35 miteinander. Und es fragte einer aus
ihnen, ein Gesetzgelehrter, und ver-
36 suchte ihn und sprach: Lehrer, welches ist das große Gebot in dem Ge-
37 setz? Er aber sprach zu ihm: „Du sollst
den Herrn, deinen Gott, lieben mit
deinem ganzen Herzen und mit deiner
ganzen Seele und mit deinem ganzen
38 Verstande *c*". Dieses ist das große und
39 erste Gebot. Das zweite aber, ihm
gleiche, ist: „Du sollst deinen Nächsten
40 lieben wie dich selbst". *d* An diesen
zwei Geboten hängt das ganze Gesetz
und die Propheten.
41   Als aber die Pharisäer versammelt
42 waren, fragte sie Jesus und sagte: Was
dünkt euch von dem Christus? wessen
Sohn ist er? Sie sagen zu ihm: Davids.
43 Er spricht zu ihnen: Wie nennt David
ihn denn im Geiste Herr, indem er
44 sagt: „Der Herr sprach zu meinem

Herrn: Setze dich zu meiner Rechten,
bis ich deine Feinde lege unter deine
Füße" ? *e* Wenn nun David ihn Herr 45
nennt, wie ist er sein Sohn? Und nie- 46
mand konnte ihm ein Wort antworten,
noch wagte jemand von dem Tage an
ihn ferner zu befragen.

Dann redete Jesus zu den Volks- **23**
mengen und zu seinen Jüngern
und sprach: Die Schriftgelehrten und 2
die Pharisäer haben sich auf Moses'
Stuhl gesetzt. Alles nun, was irgend 3
sie euch sagen, tut und haltet; aber
tut nicht nach ihren Werken, denn sie
sagen es und tun's nicht. Sie binden 4
aber schwere und schwer zu tragende
Lasten und legen sie auf die Schultern
der Menschen, aber sie wollen sie nicht
mit ihrem Finger bewegen. Alle ihre 5
Werke aber tun sie, um sich vor den
Menschen schen zu lassen; denn sie
machen ihre Denkzettel *f* breit und die
Quasten *g* groß. Sie lieben aber den 6
ersten Platz bei den Gastmählern und
die ersten Sitze in den Synagogen und 7
die Begrüßungen auf den Märkten und
von den Menschen Rabbi, Rabbi! genannt zu werden. Ihr aber, laßt ihr 8
euch nicht Rabbi nennen *h*; denn e i n e r
ist euer Lehrer, ihr alle aber seid Brüder. Ihr sollt auch nicht *jemand* auf 9
der Erde euren Vater nennen; denn
e i n e r ist euer Vater, der in den Himmeln ist. Laßt euch auch nicht Mei- 10
ster *i* nennen; denn e i n e r ist euer
Meister *i*, der Christus. Der Größte *j* 11
aber unter euch soll euer Diener sein.
Wer irgend aber sich selbst erhöhen 12
wird, wird erniedrigt werden; und wer
irgend sich selbst erniedrigen wird,
wird erhöht werden.

Wehe aber euch, Schriftgelehrte und 13
Pharisäer, Heuchler! denn ihr verschließet das Reich der Himmel vor
den Menschen; denn i h r gehet nicht
hinein, noch laßt ihr die Hineingehen-
den eingehen. (*) Wehe euch, Schrift- $\genfrac{}{}{0pt}{}{14}{15}$
gelehrte und Pharisäer, Heuchler!
denn ihr durchziehet das Meer und
das Trockene, um e i n e n Proselyten
zu machen; und wenn er es geworden
ist, so machet ihr ihn zu einem Sohne
der Hölle, zwiefältig mehr als ihr.
Wehe euch, blinde Leiter! die ihr sa- 16
get: Wer irgend bei dem Tempel *k*
schwören wird, das ist nichts; wer aber
irgend bei dem Golde des Tempels
schwören wird, ist schuldig *l*. Narren 17
und Blinde! denn was ist größer, das
Gold, oder der Tempel, der das Gold
heiligt? Und: Wer irgend bei dem 18
Altar schwören wird, das ist nichts;
wer aber irgend bei der Gabe schwören wird, die auf ihm ist, ist schuldig.
[Narren und] Blinde! denn was ist 19
größer, die Gabe oder der Altar, der
die Gabe heiligt? Wer nun bei dem 20
Altar schwört, schwört bei demselben
und bei allem, was auf ihm ist. Und 21

---

a S. 5. Mose 25, 5. — *b* 2. Mose 3, 6. — *c* O. Gemüt; 5. Mose 6, 5. — *d* 3. Mose 19,
18. — *e* Ps. 110, 1. — *f* S. 5. Mose 6, 8; 11, 18. — *g* S. 4. Mose 15, 37—39. — *h* O.
ihr sollt nicht . . . genannt werden; so auch V. 10. — *i* Eig. Lehrmeister, od. Führer. — *j* W. Der Größere. — *k* der eigentl. Tempel, das Heiligtum; so auch weiterhin in diesem Kapitel. — *l* d. h. verpflichtet, den Eid zu halten; so auch V. 18.

wer bei dem Tempel schwört, schwört bei demselben und bei dem, der ihn 22 bewohnt a. Und wer bei dem Himmel schwört, schwört bei dem Throne Gottes und bei dem, der darauf sitzt. Wehe 23 euch, Schriftgelehrte und Pharisäer, Heuchler! denn ihr verzehntet die Krausemünze und den Anis und den Kümmel, und habt die wichtigeren Dinge des Gesetzes beiseite gelassen: das Gericht und die Barmherzigkeit und den Glauben b; diese hättet ihr tun 24 und jene nicht lassen sollen. Blinde Leiter, die ihr die Mücke seihet, das 25 Kamel aber verschlucket! Wehe euch, Schriftgelehrte und Pharisäer, Heuchler! denn ihr reiniget das Äeußere des Bechers und der Schüssel, inwendig aber sind sie voll von Raub und Un-26 enthaltsamkeit. Blinder Pharisäer! reinige zuerst das Inwendige des Bechers und der Schüssel, auf daß auch das Auswendige derselben rein werde. 27 Wehe euch, Schriftgelehrte und Pharisäer, Heuchler! denn ihr gleichet übertünchten Gräbern, die von außen zwar schön scheinen, inwendig aber voll von Totengebeinen und aller Unreinigkeit 28 sind. Also scheinet auch ihr von außen zwar gerecht vor den Menschen, von innen aber seid ihr voll Heuchelei und 29 Gesetzlosigkeit. Wehe euch, Schriftgelehrte und Pharisäer, Heuchler! denn ihr bauet die Gräber der Propheten und schmücket die Grabmäler der Ge-30 rechten und saget: Wären wir in den Tagen unserer Väter gewesen, so würden wir nicht ihre Teilhaber an dem Blute der Propheten gewesen sein. 31 Also gebet ihr euch selbst Zeugnis, daß ihr Söhne derer seid, welche die Pro-32 pheten ermordet haben; und ihr, ma-33 chet voll das Maß eurer Väter! Schlangen! Otternbrut! wie solltet ihr dem 34 Gericht der Hölle entfliehen? Deswegen siehe, i c h sende zu euch Propheten und Weise und Schriftgelehrte; und *etliche* von ihnen werdet ihr töten und kreuzigen, und *etliche* von ihnen werdet ihr in euren Synagogen geißeln und werdet sie verfolgen von Stadt zu 35 Stadt; damit über euch komme alles gerechte Blut, das auf der Erde vergossen wurde c, von dem Blute Abels, des Gerechten, bis zu dem Blute Zacharias', des Sohnes Barachias', den ihr zwischen dem Tempel und dem Altar 36 ermordet habt. Wahrlich, ich sage euch, dies alles wird über dieses Geschlecht 37 kommen. Jerusalem, Jerusalem, die da tötet die Propheten und steinigt, die zu ihr gesandt sind! Wie oft habe ich deine Kinder versammeln wollen, wie eine Henne ihre Küchlein versammelt unter ihre Flügel, und ihr habt nicht 38 gewollt! Siehe, euer Haus wird euch 39 öde gelassen; denn ich sage euch: Ihr werdet mich von jetzt an n i c h t sehen, bis ihr sprechet: „Gepriesen *sei*, der da kommt im Namen *des Herrn*!" d

Und Jesus trat hinaus und ging **24** von dem Tempel e hinweg; und seine Jünger traten herzu, um ihm die Gebäude des Tempels zu zeigen. Er aber 2 antwortete und sprach zu ihnen: Sehet ihr nicht alles dieses? Wahrlich, ich sage euch: Hier wird n i c h t ein Stein auf dem anderen gelassen werden, der nicht abgebrochen werden wird. Als 3 er aber auf dem Oelberge saß, traten seine Jünger zu ihm besonders und sprachen: Sage uns, wann wird dieses sein, und was ist das Zeichen deiner Ankunft und der Vollendung des Zeitalters? Und Jesus antwortete und 4 sprach zu ihnen: Sehet zu, daß euch niemand verführe! denn viele werden 5 unter meinem Namen f kommen und sagen: I c h bin der Christus! und sie werden viele verführen. Ihr werdet 6 aber von Kriegen und Kriegsgerüchten hören. Sehet zu, erschrecket nicht; denn *dies* alles muß geschehen, aber es ist noch nicht das Ende. Denn es 7 wird sich Nation wider Nation erheben und Königreich wider Königreich, und es werden Hungersnöte und Seuchen sein und Erdbeben an verschiedenen Orten. Alles dieses aber ist der Anfang 8 der Wehen. Dann werden sie euch in 9 Drangsal überliefern und euch töten; und ihr werdet von allen Nationen gehaßt werden um meines Namens willen. Und dann werden viele geärgert 10 werden und werden einander überliefern und einander hassen; und viele 11 falsche Propheten werden aufstehen und werden viele verführen; und we-12 gen des Ueberhandnehmens der Gesetzlosigkeit wird die Liebe der Vielen g erkalten; wer aber ausharrt bis ans 13 Ende, dieser wird errettet werden. Und dieses Evangelium des Reiches 14 wird gepredigt werden in dem ganzen Erdkreis, allen Nationen zu einem Zeugnis, und dann wird das Ende kommen. Wenn ihr nun den Greuel der Ver-15 wüstung, von welchem durch Daniel, den Propheten, geredet ist, stehen sehet an heiligem Orte, (wer es liest, der beachte h es) daß alsdann die in 16 Judäa sind auf die Berge fliehen; wer 17 auf dem Dache i ist, nicht hinabsteige, um die Sachen aus seinem Hause zu holen; und wer auf dem Felde ist, 18 nicht zurückkehre, um sein Kleid zu holen. Wehe aber den Schwangeren 19 und den Säugenden in jenen Tagen! Betet aber, daß eure Flucht nicht im 20 Winter geschehe, noch an Sabbath; denn alsdann wird große Drangsal 21 sein, dergleichen von Anfang der Welt bis jetzthin nicht gewesen ist, noch je sein wird; und wenn jene Tage nicht 22 verkürzt würden, so würde kein Fleisch gerettet werden; aber um der Auserwählten willen werden jene Tage verkürzt werden. Alsdann, wenn je-23 mand zu euch sagt: Siehe, hier *ist* der

---

a O. bewohnt hat; oder ihn zu seinem Wohnsitz genommen hat. — b O. die Treue. — c Eig. wird. — d Ps. 118, 26. — e die Gebäude; s. die Anm. zu Kap. 4, 5. — f Eig. auf Grund meines Namens. — g d. i. der Masse der Bekenner; vergl. Dan. 9, 27. — h O. verstehe. — i O. Hause.

Christus, oder hier! so glaubet nicht.
24 Denn es werden falsche Christi und
falsche Propheten aufstehen und werden große Zeichen und Wunder tun,
um so, wenn möglich, auch die Aus-
25 erwählten zu verführen. Siehe, ich
26 habe es euch vorhergesagt. Wenn sie
nun zu euch sagen: Siehe, er ist in
der Wüste! so gehet nicht hinaus;
siehe, in den Gemächern! so glaubet
27 nicht. Denn gleichwie der Blitz aus-
fährt von Osten und scheint bis gen
Westen, also wird die Ankunft des
28 Sohnes des Menschen sein. [Denn] wo
irgend das Aas ist, da werden die Adler versammelt werden.
29   Alsbald aber nach der Drangsal jener
Tage wird die Sonne verfinstert werden, und der Mond seinen Schein nicht
geben, und die Sterne werden vom
Himmel fallen, und die Kräfte der
Himmel werden erschüttert werden.
30 Und dann wird das Zeichen des Sohnes
des Menschen in dem Himmel erscheinen; und dann werden wehklagen alle
Stämme des Landes *a*, und sie werden
den Sohn des Menschen kommen sehen
auf den Wolken des Himmels mit
31 Macht und großer Herrlichkeit *b*. Und
er wird seine Engel aussenden mit
starkem Posaunenschall *c*, und sie werden seine Auserwählten versammeln
von den vier Winden her, von dem
einen Ende der Himmel bis zu ihrem
anderen Ende *d*.
32   Von dem Feigenbaum aber lernet
das Gleichnis: Wenn sein Zweig schon
weich geworden ist *e* und die Blätter
hervortreibt, so erkennet ihr, daß der
33 Sommer nahe ist. Also auch ihr, wenn
ihr alles dieses sehet, so erkennet,
34 daß es nahe an der Tür ist. Wahrlich,
ich sage euch: Dieses Geschlecht wird
n i c h t vergehen, bis alles dieses ge-
35 schehen ist. Der Himmel und die
Erde werden vergehen, meine Worte
36 aber sollen n i c h t vergehen. Von jenem Tage aber und jener Stunde weiß
niemand, auch nicht die Engel der
Himmel, sondern mein Vater allein.
37 Aber gleichwie die Tage Noahs *waren*,
also wird auch die Ankunft des Soh-
38 nes des Menschen sein. Denn gleichwie sie in den Tagen vor der Flut
waren: sie aßen und tranken, sie hei-
rateten und verheirateten, bis zu dem
39 Tage, da Noah in die Arche ging, und
sie es nicht erkannten, bis die Flut
kam und alle wegraffte, also wird auch
die Ankunft des Sohnes des Menschen
40 sein. Alsdann werden zwei auf dem
Felde sein, einer wird genommen und
41 einer gelassen; zwei *Weiber* werden
an den Mühlstein mahlen, eine wird
42 genommen und eine gelassen. Wachet
also, denn ihr wisset nicht, zu welcher
43 Stunde euer Herr kommt. Jenes aber
erkennet: Wenn der Hausherr gewußt
hätte, in welcher Wache der Dieb
komme, so würde er wohl gewacht

und nicht erlaubt haben, daß sein Haus
durchgraben würde. Deshalb auch ihr, 44
seid bereit; denn in der Stunde, in
welcher ihr es nicht meinet, kommt
der Sohn des Menschen. — Wer ist nun 45
der treue und kluge Knecht *f*, den sein
Herr über sein Gesinde gesetzt hat, um
ihnen die Speise zu geben zur rechten
Zeit? Glückselig jener Knecht, den sein 46
Herr, wenn er kommt, also tuend finden wird! Wahrlich, ich sage euch, er 47
wird ihn über seine ganze Habe setzen.
Wenn aber jener böse Knecht in sei- 48
nem Herzen sagt: Mein Herr verzieht
zu kommen, und anfängt seine Mit- 49
knechte zu schlagen, und ißt und trinkt
mit den Trunkenen, so wird der Herr 50
jenes Knechtes kommen an einem Tage, an welchem er es nicht erwartet,
und in einer Stunde, die er nicht weiß,
und wird ihn entzweischneiden und 51
ihm sein Teil setzen mit den Heuch-
lern: da wird sein das Weinen und
das Zähneknirschen.

Alsdann wird das Reich der Him-   **25**
mel gleich geworden sein zehn Jungfrauen, welche ihre Lampen nahmen
und ausgingen, dem Bräutigam entgegen *g*. Fünf aber von ihnen waren 2
klug und fünf töricht. Die, welche tö- 3
richt waren, nahmen ihre Lampen und
nahmen kein Oel mit sich; die Klugen 4
aber nahmen Oel in ihren Gefäßen mit
ihren Lampen. Als aber der Bräuti- 5
gam verzog, wurden sie alle schläfrig
und schliefen ein. Um Mitternacht 6
aber entstand ein Geschrei: Siehe, der
Bräutigam! gehet aus, ihm entgegen!
Da standen alle jene Jungfrauen auf 7
und schmückten ihre Lampen. Die 8
Törichten aber sprachen zu den Klugen: Gebet uns von eurem Oel, denn
unsere Lampen erlöschen. Die Klugen 9
aber antworteten und sagten: *Nicht*
also, damit es nicht etwa für uns und
euch nicht ausreiche; gehet lieber hin
zu den Verkäufern und kaufet für euch
selbst. Als sie aber hingingen zu kau- 10
fen, kam der Bräutigam, und die bereit
waren gingen mit ihm ein zur Hochzeit; und die Tür ward verschlossen.
Später aber kommen auch die übrigen 11
Jungfrauen und sagen: Herr, Herr,
tue uns auf! Er aber antwortete und 12
sprach: Wahrlich, ich sage euch, ich
kenne euch nicht. So wachet nun, 13
denn ihr wisset weder den Tag noch
die Stunde.

Denn gleichwie ein Mensch, der außer 14
Landes reiste, seine eigenen Knechte
rief und ihnen seine Habe übergab:
und einem gab er fünf Talente, einem 15
anderen zwei, einem anderen eins,
einem jeden nach seiner eigenen Fä-
higkeit; und alsbald *h* reiste er außer
Landes. Der die fünf Talente empfan- 16
gen hatte, ging aber hin und handelte
mit denselben und gewann andere fünf
Talente. Desgleichen auch, der die zwei 17
empfangen hatte, auch er gewann an-

---

a O. der Erde. — *b* O. mit großer Macht und Herrlichkeit. — *c* O. Trompetenschall.
— *d* W. von den Enden der Himmel bis zu ihren Enden. — *e* O. weich wird. — *f* O.
Sklave; so auch nachher. — *g* Eig. zur Begegnung (And.: Einholung) des Bräutigams;
so auch V. 6. — *h* And. verbinden „alsbald" mit V. 16.

18 dere zwei. Der aber das eine empfangen hatte, ging hin, grub in die Erde und verbarg das Geld seines Herrn.
19 Nach langer Zeit aber kommt der Herr jener Knechte und hält Rechnung mit
20 ihnen. Und es trat herzu, der die fünf Talente empfangen hatte, und brachte andere fünf Talente und sagte: Herr, fünf Talente hast du mir übergeben, siehe, andere fünf Talente habe ich zu
21 denselben gewonnen. Sein Herr sprach zu ihm: Wohl, *du* guter und treuer Knecht! über weniges warst du treu, über vieles werde ich dich setzen; gehe ein in die Freude deines Herrn.
22 Es trat aber auch herzu, der die zwei Talente empfangen hatte, und sprach: Herr, zwei Talente hast du mir übergeben; siehe, andere zwei Talente
23 habe ich zu denselben gewonnen. Sein Herr sprach zu ihm: Wohl, *du* guter und treuer Knecht! über weniges warst du treu, über vieles werde ich dich setzen; gehe ein in die Freude deines
24 Herrn. Es trat aber auch herzu, der das eine Talent empfangen hatte, und sprach: Herr, ich kannte dich, daß du ein harter Mann bist: du erntest, wo du nicht gesät, und sammelst, wo du
25 nicht ausgestreut hast; und ich fürchtete mich und ging hin und verbarg dein Talent in der Erde; siehe, da hast
26 du das Deine. Sein Herr aber antwortete und sprach zu ihm: Böser und fauler Knecht! du wußtest, daß ich ernte, wo ich nicht gesät, und sammle,
27 wo ich nicht ausgestreut habe? So solltest du nun mein Geld den Wechslern gegeben haben, und wenn ich kam, hätte ich das Meine mit Zinsen
28 erhalten. Nehmet nun das Talent von ihm und gebet es dem, der die zehn
29 Talente hat; denn jedem, der da hat, wird gegeben werden, und er wird Ueberfluß haben; von dem aber, der nicht hat, von dem wird selbst was er
30 hat weggenommen werden. Und den unnützen Knecht werfet hinaus in die äußere Finsternis *a*: da wird sein das Weinen und das Zähneknirschen.
31 Wenn aber der Sohn des Menschen kommen wird in seiner Herrlichkeit, und alle Engel mit ihm, dann wird er auf seinem Throne der Herrlichkeit *b*
32 sitzen; und vor ihm werden versammelt werden alle Nationen, und er wird sie voneinander scheiden, gleichwie der Hirt die Schafe von den Bök-
33 ken *c* scheidet. Und er wird die Schafe zu seiner Rechten stellen, die Böcke *d*
34 aber zur Linken. Dann wird der König zu denen zu seiner Rechten sagen: Kommet her. Gesegnete meines Vaters, ererbet das Reich, das euch bereitet ist
35 von Grundlegung der Welt an; denn mich hungerte, und ihr gabet mir zu essen; mich dürstete, und ihr tränktet mich; ich war Fremdling, und ihr nah-
36 met mich auf; nackt, und ihr bekleidetet mich; ich war krank, und ihr besuchtet mich; ich war im Gefängnis,

und ihr kamet zu mir. Alsdann wer-37 den die Gerechten ihm antworten und sagen: Herr, wann sahen wir dich hungrig, und speisten dich? oder durstig, und tränkten dich? wann aber 38 sahen wir dich als Fremdling, und nahmen dich auf? oder nackt, und bekleideten dich? wann aber sahen wir 39 dich krank oder im Gefängnis, und kamen zu dir? Und der König wird 40 antworten und zu ihnen sagen: Wahrlich, ich sage euch, insofern ihr es einem der geringsten dieser meiner Brüder getan habt, habt ihr es mir getan.
Dann wird er auch zu denen zur 41 Linken sagen: Gehet von mir, Verfluchte, in das ewige Feuer, das bereitet ist dem Teufel und seinen Engeln; denn mich hungerte, und ihr 42 gabet mir nicht zu essen; mich dürstete, und ihr tränktet mich nicht; ich 43 war Fremdling, und ihr nahmet mich nicht auf; nackt, und ihr bekleidetet mich nicht; krank und im Gefängnis, und ihr besuchtet mich nicht. Dann 44 werden auch sie antworten und sagen: Herr, wann sahen wir dich hungrig, oder durstig, oder als Fremdling, oder nackt, oder krank, oder im Gefängnis, und haben dir nicht gedient? Dann wird er ihnen antworten und 45 sagen: Wahrlich, ich sage euch, insofern ihr es einem dieser Geringsten nicht getan habt, habt ihr es auch mir nicht getan. Und diese werden 46 hingehen in *die* ewige Pein *e*, die Gerechten aber in *das* ewige Leben.

Und es geschah, als Jesus alle diese **26** Reden vollendet hatte, sprach er zu seinen Jüngern: Ihr wisset, daß nach 2 zwei Tagen das Passah ist, und der Sohn des Menschen wird überliefert, um gekreuzigt zu werden.
Dann versammelten sich die Hohen-3 priester und die Aeltesten des Volkes in den Hof des Hohenpriesters, der Kajaphas hieß, und ratschlagten mit-4 einander, auf daß sie Jesum mit List griffen und töteten. Sie sagten aber: 5 Nicht an dem Feste, auf daß nicht ein Aufruhr unter dem Volk entstehe.
Als aber Jesus in Bethanien war, im 6 Hause Simons, des Aussätzigen, kam 7 ein Weib zu ihm, die ein Alabasterfläschchen mit sehr kostbarer Salbe hatte, und goß es aus auf sein Haupt, als er zu Tische lag. Als aber die Jün-8 ger es sahen, wurden sie unwillig und sprachen: Wozu diese Verschwendung? denn dieses hätte um vieles verkauft 9 und den Armen gegeben werden können. Als aber Jesus es erkannte, 10 sprach er zu ihnen: Was machet ihr dem Weibe Mühe? denn sie hat ein gutes Werk an mir getan; denn die 11 Armen habt ihr allezeit bei euch, mich aber habt ihr nicht allezeit. Denn in-12 dem sie diese Salbe über meinen Leib geschüttet hat, hat sie es zu meinem Begräbnis *f* getan. Wahrlich, ich sage 13

---

a O. in die Finsternis draußen. — *b* O. dem Throne seiner Herrlichkeit. — *c* Eig. Ziegenböcken. — *d* Eig. Böcklein; vergl. die Anm. zu Kap. 15, 26. — *e* O. Strafe. — *f* O. zu meiner Einbalsamierung.

euch: Wo irgend dieses Evangelium gepredigt werden wird in der ganzen Welt, wird auch von dem geredet werden, was diese getan hat, zu ihrem Gedächtnis.

14 Dann ging einer von den Zwölfen, der Judas Iskariot genannt war, zu
15 den Hohenpriestern und sprach: Was wollt ihr mir geben, und ich werde ihn euch überliefern? Sie aber stellten ihm dreißig Silberlinge *a* fest *b*.
16 Und von da an suchte er Gelegenheit, auf daß er ihn überliefere.
17 An dem ersten *Tage* der ungesäuerten Brote aber traten die Jünger zu Jesu und sprachen: Wo willst du, daß wir dir bereiten, das Passah zu essen?
18 Er aber sprach: Gehet in die Stadt zu dem und dem und sprechet zu ihm: Der Lehrer sagt: Meine Zeit ist nahe; bei dir halte ich das Passah mit meinen
19 Jüngern. Und die Jünger taten, wie Jesus ihnen befohlen hatte, und bereiteten das Passah.
20 Als es aber Abend geworden war, legte er sich mit den Zwölfen zu Tische.
21 Und während sie aßen, sprach er: Wahrlich, ich sage euch: Einer von
22 euch wird mich überliefern. Und sie wurden sehr betrübt und fingen an, ein jeder von ihnen zu ihm zu sagen:
23 Ich bin es doch nicht, Herr? Er aber antwortete und sprach: Der mit mir die Hand in die Schüssel eintaucht *c*,
24 dieser wird mich überliefern. Der Sohn des Menschen geht zwar dahin, wie über ihn geschrieben steht; wehe aber jenem Menschen, durch welchen der Sohn des Menschen überliefert wird! Es wäre jenem Menschen gut,
25 wenn er nicht geboren wäre. Judas aber, der ihn überlieferte, antwortete und sprach: Ich bin es doch nicht, Rabbi? Er spricht zu ihm: Du hast es gesagt.
26 Während sie aber aßen, nahm Jesus Brot, segnete *d*, brach und gab es den Jüngern und sprach: Nehmet, esset;
27 dieses ist mein Leib. Und er nahm [den] Kelch und dankte und gab ihnen *denselben* und sprach: Trinket alle
28 daraus. Denn dieses ist mein Blut, das des [neuen] Bundes, welches für viele vergossen wird zur Vergebung der
29 Sünden. Ich sage euch aber, daß ich von nun an nicht mehr von diesem Gewächs des Weinstocks trinken werde, bis an jenem Tage, da ich es neu mit euch trinken werde in dem Reiche
30 meines Vaters. Und als sie ein Loblied gesungen hatten, gingen sie hinaus nach dem Oelberg.
31 Da spricht Jesus zu ihnen: Ihr werdet euch alle in dieser Nacht an mir ärgern; denn es steht geschrieben: „Ich werde den Hirten schlagen, und die Schafe der Herde werden zerstreut
32 werden". *e* Nachdem ich aber auferweckt sein werde, werde ich vor euch
33 hingehen nach Galiläa. Petrus aber antwortete und sprach zu ihm: Wenn sich alle an dir ärgern werden, ich

werde mich niemals ärgern. Jesus 34 sprach zu ihm: Wahrlich, ich sage dir, daß du in dieser Nacht, ehe der Hahn kräht, mich dreimal verleugnen wirst. Petrus spricht zu ihm: Selbst wenn 35 ich mit dir sterben müßte, werde ich dich nicht verleugnen. Gleicherweise sprachen auch alle Jünger.

Dann kommt Jesus mit ihnen an 36 einen Ort, genannt Gethsemane, und er spricht zu den Jüngern: Setzet euch hier, bis ich hingegangen bin und dort gebetet habe. Und er nahm den Petrus 37 und die zwei Söhne des Zebedäus mit, und fing an betrübt und beängstigt zu werden. Dann spricht er zu ihnen: 38 Meine Seele ist sehr betrübt bis zum Tode; bleibet hier und wachet mit mir. Und er ging ein wenig weiter und 39 fiel auf sein Angesicht und betete und sprach: Mein Vater, wenn es möglich ist, so gehe dieser Kelch an *f* mir vorüber; doch nicht wie ich will, sondern wie du *willst*. Und er kommt zu 40 den Jüngern und findet sie schlafend; und er spricht zu Petrus: Also nicht eine Stunde vermochtet ihr mit mir zu wachen? Wachet und betet, auf 41 daß ihr nicht in Versuchung kommet; der Geist zwar ist willig, das Fleisch aber schwach. Wiederum, zum zwei- 42 ten Male, ging er hin und betete und sprach: Mein Vater, wenn dieser *Kelch* nicht [an *f* mir] vorübergehen kann, ohne daß ich ihn trinke, so geschehe dein Wille. Und als er kam, fand 43 er sie wiederum schlafend, denn ihre Augen waren beschwert. Und er ließ 44 sie, ging wiederum hin, betete zum dritten Male und sprach dasselbe Wort. Dann kommt er zu den Jüngern und 45 spricht zu ihnen: So schlafet denn fort und ruhet aus; siehe, die Stunde ist nahe gekommen, und der Sohn des Menschen wird in Sünderhände überliefert. Stehet auf, laßt uns gehen; 46 siehe, nahe ist gekommen der mich überliefert.

Und während er noch redete, siehe, 47 da kam Judas, einer der Zwölfe, und mit ihm eine große Volksmenge mit Schwertern und Stöcken, von den Hohenpriestern und Aeltesten des Volkes. Der ihn aber überlieferte, hatte ihnen 48 ein Zeichen gegeben und gesagt: Welchen irgend ich küssen werde, der ist es; ihn greifet. Und alsbald trat er zu 49 Jesu und sprach: Sei gegrüßt, Rabbi! und küßte ihn sehr *g*. Jesus aber sprach 50 zu ihm: Freund, wozu bist du gekommen! Dann traten sie herzu und legten die Hände an Jesum und griffen ihn. Und siehe, einer von denen, die mit 51 Jesu waren, streckte die Hand aus, zog sein Schwert und schlug den Knecht des Hohenpriesters und hieb ihm das Ohr ab. Da spricht Jesus zu ihm: 52 Stecke dein Schwert wieder an seinen Ort; denn alle, die das Schwert nehmen, werden durchs Schwert umkommen. Oder meinst du, daß ich nicht 53 jetzt meinen Vater bitten könne, und

---

a O. Silbersekel. — *b* O. wogen ihm . . . dar. — *c* O. eingetaucht hat. — *d* O. lobpries, dankte. — *e* Sach. 13, 7. — *f* W. von. — *g* O. vielmals, od. zärtlich.

er mir mehr als zwölf Legionen Engel
54 stellen werde? Wie sollten denn die
Schriften erfüllt werden, daß es also
geschehen muß?
55 In jener Stunde sprach Jesus zu den
Volksmengen: Seid ihr ausgezogen wie
gegen einen Räuber mit Schwertern
und Stöcken, mich zu fangen? Täglich
saß ich bei euch, im Tempel *a* lehrend,
und ihr habt mich nicht gegriffen.
56 Aber dies alles ist geschehen, auf daß
die Schriften der Propheten erfüllt
würden. Da verließen ihn die Jünger
alle und flohen.
57 Die aber Jesum gegriffen hatten,
führten ihn hinweg zu Kajaphas, dem
Hohenpriester, wo die Schriftgelehrten und die Aeltesten versammelt wa
58 ren. Petrus aber folgte ihm von ferne
bis zu dem Hofe des Hohenpriesters
und ging hinein und setzte sich zu
den Dienern, um das Ende zu sehen.
59 Die Hohenpriester aber und die Aeltesten und das ganze Synedrium suchten falsches Zeugnis wider Jesum, da
60 mit sie ihn zum Tode brächten; und
sie fanden keines, wiewohl viele falsche Zeugen herzutraten. Zuletzt aber
61 traten zwei falsche Zeugen herzu und
sprachen: Dieser sagte: Ich kann den
Tempel *b* Gottes abbrechen und in drei
62 Tagen ihn aufbauen. Und der Hohepriester stand auf und sprach zu ihm:
Antwortest du nichts? Was zeugen
63 diese wider dich? Jesus aber schwieg.
Und der Hohepriester hob an und
sprach zu ihm: Ich beschwöre dich
bei dem lebendigen Gott, daß du uns
sagest, ob du der Christus bist, der
64 Sohn Gottes! Jesus spricht zu ihm:
Du hast es gesagt. Doch ich sage euch:
Von nun an werdet ihr den Sohn des
Menschen sitzen sehen zur Rechten
der Macht und kommen auf den Wol
65 ken des Himmels. Da zerriß der Hohepriester seine Kleider und sprach:
Er hat gelästert; was bedürfen wir
noch Zeugen? siehe, jetzt habt ihr die
66 Lästerung gehört. Was dünkt euch?
Sie aber antworteten und sprachen:
67 Er ist des Todes schuldig. Dann spieen sie ihm ins Angesicht und schlugen ihn mit Fäusten; etliche aber ga
68 ben ihm Backenstreiche und sprachen:
Weissage uns, Christus, wer ist es,
der dich schlug?
69 Petrus aber saß draußen im Hofe;
und es trat eine Magd zu ihm und
sprach: Auch du warst mit Jesu, dem
70 Galiläer. Er aber leugnete vor allen
und sprach: Ich weiß nicht, was du
71 sagst. Als er aber in das Tor *c* hinausgegangen war, sah ihn eine andere;
und sie spricht zu denen, die daselbst
waren: Auch dieser war mit Jesu,
72 dem Nazaräer. Und wiederum leugnete er mit einem Eide: Ich kenne
73 den Menschen nicht! Kurz nachher
aber traten die Dastehenden herzu
und sprachen zu Petrus: Wahrhaftig,
auch du bist *einer* von ihnen, denn

auch deine Sprache macht dich offenbar. Da fing er an sich zu verwün 74
schen und zu schwören: Ich kenne den
Menschen nicht! Und alsbald krähte
der Hahn. Und Petrus gedachte des 75
Wortes Jesu, der [zu ihm] gesagt hatte: Ehe der Hahn kräht, wirst du mich
dreimal verleugnen. Und er ging hinaus und weinte bitterlich.

Als es aber Morgen geworden war, **27**
hielten alle Hohenpriester und Aeltesten des Volkes Rat wider Jesum *d*,
um ihn zum Tode zu bringen. Und 2
nachdem sie ihn gebunden hatten, führten sie ihn weg und überlieferten ihn
Pontius Pilatus, dem Landpfleger.

Als nun Judas, der ihn überliefert 3
hatte, sah, daß er verurteilt wurde, gereute es ihn, und er brachte die drei
ßig Silberlinge den Hohenpriestern
und den Aeltesten zurück und sagte: 4
Ich habe gesündigt, indem ich schuldloses Blut überliefert habe. Sie aber
sagten: Was geht das uns an? siehe
du zu. Und er warf die Silberlinge in 5
den Tempel *b* und machte sich davon
und ging hin und erhängte sich. Die 6
Hohenpriester aber nahmen die Silberlinge und sprachen: Es ist nicht
erlaubt, sie in den Korban *e* zu werfen, dieweil es Blutgeld *f* ist. Sie hiel 7
ten aber Rat und kauften dafür den
Acker des Töpfers zum Begräbnis für
die Fremdlinge. Deswegen ist jener 8
Acker Blutacker genannt worden bis
auf den heutigen Tag. Da wurde er 9
füllt, was durch den Propheten Jeremias geredet ist, welcher spricht:
„Und sie nahmen die dreißig Silberlinge, den Preis des Geschätzten, welchen man geschätzt hatte seitens der
Söhne Israels, und gaben sie für den 10
Acker des Töpfers, wie mir *der* Herr
befohlen hat". *g*

Jesus aber stand vor dem Landpfle 11
ger. Und der Landpfleger fragte ihn
und sprach: Bist du der König der
Juden? Jesus aber sprach zu ihm: Du
sagst es. Und als er von den Hohen 12
priestern und den Aeltesten angeklagt
wurde, antwortete er nichts. Da spricht 13
Pilatus zu ihm: Hörst du nicht, wie
vieles sie wider dich zeugen? Und er 14
antwortete ihm auch nicht auf ein einziges Wort, sodaß der Landpfleger sich
sehr verwunderte. Auf das Fest aber 15
war der Landpfleger gewohnt, der
Volksmenge einen Gefangenen loszugeben, welchen sie wollten. Sie hat 16
ten aber damals einen berüchtigten
Gefangenen, genannt Barabbas. Als 17
sie nun versammelt waren, sprach Pilatus zu ihnen: Wen wollt ihr, daß ich
euch losgeben soll, Barabbas oder Jesum, welcher Christus genannt wird?
denn er wußte, daß sie ihn aus Neid 18
überliefert hatten. Während er aber 19
auf dem Richterstuhl saß, sandte sein
Weib zu ihm und ließ *ihm* sagen: Habe du nichts zu schaffen mit jenem
Gerechten; denn viel habe ich heute

---

a die Gebäude; s. d. Anm. zu Kap. 4, 5. — *b* das Heiligtum; vergl. V. 55. — *c* O.
den Torweg, die Torhalle. — *d* O. betreffs Jesu. — *e* d. h. in den Opferkasten. —
f Eig. ein Preis für Blut. — *g* Vergl. Sach. 11, 12. 13.

im Traum gelitten um seinetwillen.
20 Aber die Hohenpriester und die Aeltesten überredeten die Volksmengen,
daß sie um den Barabbas bäten, Je-
21 sum aber umbrächten. Der Landpfleger aber antwortete und sprach zu
ihnen: Welchen von den beiden wollt
ihr, daß ich euch losgebe? Sie aber
22 sprachen: Barabbas. Pilatus spricht
zu ihnen: Was soll ich denn mit Jesu
tun, welcher Christus genannt wird?
Sie sagen alle: Er werde gekreuzigt!
23 Der Landpfleger aber sagte: Was hat
er denn Böses getan? Sie aber schrieen
übermäßig und sagten: Er werde ge-
24 kreuzigt! Als aber Pilatus sah, daß er
nichts ausrichtete, sondern vielmehr
ein Tumult entstand, nahm er Wasser,
wusch seine Hände vor der Volksmenge und sprach: Ich bin schuldlos an
dem Blute dieses Gerechten; sehet
25 ihr zu. Und das ganze Volk antwortete und sprach: Sein Blut *komme* über
26 uns und über unsere Kinder! Alsdann
gab er ihnen den Barabbas los; Jesum
aber ließ er geißeln und überlieferte
ihn, auf daß er gekreuzigt würde.
27   Dann nahmen die Kriegsknechte des
Landpflegers Jesum mit in das Prätorium und versammelten über ihn die
28 ganze Schar; und sie zogen ihn aus
und legten ihm einen Purpurmantel *a*
29 um. Und sie flochten eine Krone aus
Dornen und setzten sie auf sein Haupt,
und *gaben ihm* ein Rohr in seine Rechte; und sie fielen vor ihm auf die Kniee
und verspotteten ihn und sagten: Sei
30 gegrüßt, König der Juden! Und sie
spieen ihn an, nahmen das Rohr und
31 schlugen ihn auf das Haupt. Und als
sie ihn verspottet hatten, zogen sie
ihm den Mantel aus und zogen ihm
seine eigenen Kleider an; und sie führten ihn hin, um ihn zu kreuzigen.
32   Als sie aber hinausgingen, fanden
sie einen Menschen von Kyrene, mit
Namen Simon; diesen zwangen sie,
33 daß er sein Kreuz trüge. Und als sie
an einen Ort gekommen waren, genannt Golgatha, das heißt Schädelstät-
34 te, gaben sie ihm Essig *b* mit Galle
vermischt zu trinken; und als er es
geschmeckt hatte, wollte er nicht trin-
35 ken. Als sie ihn aber gekreuzigt hatten, verteilten sie seine Kleider, in-
36 dem sie das Los warfen. Und sie sa-
37 ßen und bewachten ihn daselbst. Und
sie befestigten oben über seinem Haupte seine Beschuldigungsschrift *c*: Dieser ist Jesus, der König der Juden.
38 Alsdann werden zwei Räuber mit ihm
gekreuzigt, einer zur Rechten und
einer zur Linken.
39   Die Vorübergehenden aber lästerten ihn, indem sie ihre Köpfe schüt-
40 telten und sagten: Der du den Tempel *d* abbrichst und in drei Tagen auf-
baust, rette dich selbst. Wenn du Gottes Sohn bist, so steige herab vom
41 Kreuze. Gleicherweise aber spotteten auch die Hohenpriester samt den

Schriftgelehrten und Aeltesten und
sprachen: Andere hat er gerettet, sich 42
selbst kann er nicht retten. Er ist Israels König; so steige er jetzt vom
Kreuze herab, und wir wollen an ihn
glauben. Er vertraute auf Gott, der 43
rette ihn jetzt, wenn er ihn begehrt*e*;
denn er sagte: Ich bin Gottes Sohn. –
Auf dieselbe Weise schmähten ihn 44
auch die Räuber, die mit ihm gekreuzigt waren.
Aber von der sechsten Stunde an 45
kam eine Finsternis über das ganze
Land *f* bis zur neunten Stunde; um 46
die neunte Stunde aber schrie Jesus
auf mit lauter Stimme und sagte: Eli,
Eli, lama sabachthani? das ist: Mein
Gott, mein Gott, warum hast du mich
verlassen? Als aber etliche der Da- 47
stehenden es hörten, sagten sie: Dieser ruft den Elias. Und alsbald lief 48
einer von ihnen und nahm einen
Schwamm, füllte ihn mit Essig und
steckte ihn auf ein Rohr und tränkte
ihn. Die Uebrigen aber sagten: Halt, 49
laßt uns sehen, ob Elias kommt, ihn
zu retten! Jesus aber schrie wieder- 50
um mit lauter Stimme und gab den
Geist auf. Und siehe, der Vorhang des 51
Tempels *d* zerriß in zwei *Stücke*, von
oben bis unten; und die Erde erbebte, und die Felsen zerrissen, und die 52
Grüfte taten sich auf, und viele Leiber der entschlafenen Heiligen wurden auferweckt; und sie gingen nach 53
seiner Auferweckung aus den Grüften
und gingen in die heilige Stadt und
erschienen vielen.
Als aber der Hauptmann und die 54
mit ihm Jesum bewachten das Erdbeben sahen und das was geschah,
fürchteten sie sich sehr und sprachen:
Wahrhaftig, dieser war Gottes Sohn!
Es waren aber daselbst viele Wei- 55
ber, die von ferne zusahen, welche
Jesu von Galiläa nachgefolgt waren
und ihm gedient hatten; unter wel- 56
chen Maria Magdalena*g* war und Maria, Jakobus' und Joses' Mutter, und
die Mutter der Söhne des Zebedäus.
Als es aber Abend geworden war, 57
kam ein reicher Mann von Arimathia,
namens Joseph, der auch selbst ein
Jünger Jesu war. Dieser ging hin zu 58
Pilatus und bat um den Leib Jesu.
Da befahl Pilatus, daß *ihm* der Leib
übergeben würde. Und Joseph nahm 59
den Leib und wickelte ihn in reine,
feine Leinwand, und legte ihn in sei- 60
ne neue Gruft, die er in den Felsen
ausgehauen hatte; und er wälzte einen
großen Stein an die Tür der Gruft und
ging hinweg. Es waren aber daselbst 61
Maria Magdalena und die andere Maria, die dem Grabe gegenüber saßen.
Des folgenden Tages aber, der nach 62
dem Rüsttage ist, versammelten sich
die Hohenpriester und die Pharisäer
bei Pilatus und sprachen: Herr, wir 63
haben uns erinnert, daß jener Verführer sagte, als er noch lebte: Nach drei

---

a Eig. einen scharlachroten Mantel (wie die römischen Soldaten ihn trugen). – *b* V. l.:
Wein, wie Mark. 15, 23. – *c* Eig. seine Beschuldigung, geschrieben. – *d* das Heiligtum;
vergl. Kap. 26, 55. – *e* W. will. – *f* O. die ganze Erde. – *g* d. i. von Magdala.

64 Tagen stehe ich wieder auf *a*. So befiehl nun, daß das Grab gesichert werde bis zum dritten Tage, damit nicht etwa seine Jünger kommen, ihn stehlen und dem Volke sagen: Er ist von den Toten auferstanden; und die letzte Verführung wird ärger sein als die
65 erste. Pilatus [aber] sprach zu ihnen: Ihr habt eine Wache *b*; gehet hin, si-
66 chert es, so gut *c* ihr es wisset. Sie aber gingen hin und sicherten, nachdem sie den Stein versiegelt hatten, das Grab mit der Wache.

28 Aber spät am Sabbath, in der Dämmerung des ersten Wochentages, kam Maria Magdalena und die andere Maria, um das Grab zu besehen.
2 Und siehe, da geschah ein großes Erdbeben; denn ein Engel *des* Herrn kam aus dem Himmel hernieder, trat hinzu, wälzte den Stein weg und setz-
3 te sich darauf. Sein Ansehen aber war wie der Blitz, und sein Kleid weiß
4 wie Schnee. Aber aus Furcht vor ihm bebten die Hüter und wurden wie To-
5 te. Der Engel aber hob an und sprach zu den Weibern: Fürchtet ihr euch nicht, denn ich weiß, daß ihr Jesum,
6 den Gekreuzigten, suchet. Er ist nicht hier, denn er ist auferstanden, wie er gesagt hat. Kommet her, sehet die
7 Stätte, wo der Herr gelegen hat, und gehet eilends hin und saget seinen Jüngern, daß er von den Toten auferstanden ist; und siehe, er geht vor euch hin nach Galiläa, daselbst werdet ihr ihn sehen. Siehe, ich habe es
8 euch gesagt. Und sie gingen eilends von der Gruft hinweg mit Furcht und großer Freude, und liefen, es seinen
9 Jüngern zu verkünden. Als sie aber hingingen, es seinen Jüngern zu verkünden, siehe, da kam Jesus ihnen entgegen und sprach: Seid gegrüßt!
10 Sie aber traten herzu, umfaßten seine Füße und huldigten ihm. Da spricht Jesus zu ihnen: Fürchtet euch nicht; gehet hin, verkündet meinen Brüdern, daß sie hingehen nach Galiläa, und daselbst werden sie mich sehen.

Während sie aber hingingen, siehe, da kamen etliche von der Wache in die Stadt und verkündeten den Ho-
12 henpriestern alles was geschehen war. Und sie versammelten sich mit den Aeltesten und hielten Rat; und sie
13 gaben den Soldaten Geld genug und sagten: Sprechet: Seine Jünger ka-
14 men bei Nacht und stahlen ihn, während wir schliefen. Und wenn dies dem Landpfleger zu Ohren kommen sollte, so werden wir ihn zufriedenstellen und machen, daß ihr ohne Sorge seid.
15 Sie aber nahmen das Geld und taten, wie sie unterrichtet worden waren. Und diese Rede ist bei den Juden ruchbar geworden bis auf den heutigen Tag.
16 Die elf Jünger aber gingen nach Galiläa, an den Berg, wohin Jesus sie
17 beschieden hatte. Und als sie ihn sahen, warfen sie sich vor ihm nieder;
18 einige aber zweifelten. Und Jesus trat herzu und redete mit ihnen und sprach: Mir ist alle Gewalt gegeben im Himmel und auf Erden. Gehet [nun]
19 hin und machet alle Nationen zu Jüngern, und taufet sie auf den Namen des Vaters und des Sohnes und des
20 Heiligen Geistes, und lehret sie, alles zu bewahren, was ich euch geboten habe. Und siehe, ich bin bei euch alle Tage bis zur Vollendung des Zeitalters.

Das Evangelium nach Markus

1 Anfang des Evangeliums Jesu Chri-
2 sti, des Sohnes Gottes *d*; wie geschrieben steht in Jesaias, dem Propheten: „Siehe, ich sende meinen Boten vor deinem Angesicht her, der deinen Weg
3 bereiten wird". „Stimme eines Rufenden in der Wüste: Bereitet den Weg *des* Herrn *e*, machet gerade seine Steige!" *f*
4 Johannes kam und taufte in der Wüste und predigte *die* Taufe der Buße
5 zur Vergebung *der* Sünden. Und es ging zu ihm hinaus das ganze jüdische Land und alle Bewohner von Jerusalem; und sie wurden im Jordanflusse von ihm getauft, indem sie ihre Sün-
6 den bekannten. Johannes aber war bekleidet mit Kamelhaaren und einem ledernen Gürtel um seine Lenden; und er aß Heuschrecken und wilden
7 Honig. Und er predigte und sagte: Es kommt nach mir, der stärker ist als ich, dessen ich nicht würdig *g* bin, *ihm* gebückt den Riemen seiner Sandalen zu lösen. Ich zwar habe euch mit *h*
8 Wasser getauft, er aber wird euch mit *h* Heiligem Geiste taufen.
9 Und es geschah in jenen Tagen, da kam Jesus von Nazareth in Galiläa, und wurde von Johannes in dem *i* Jor-
10 dan getauft. Und alsbald, als er von dem Wasser heraufstieg, sah er die Himmel sich teilen und den Geist wie eine Taube auf ihn herniederfahren.
11 Und eine Stimme geschah aus den Himmeln: Du bist mein geliebter Sohn, an dir habe ich Wohlgefallen gefunden.
12 Und alsbald treibt der Geist ihn
13 hinaus in die Wüste. Und er war vierzig Tage in der Wüste und wurde von dem Satan versucht; und er war unter den wilden Tieren, und die Engel dienten ihm.
14 Nachdem aber Johannes überliefert war, kam Jesus nach Galiläa, predig-
15 te das Evangelium des Reiches Gottes und sprach: Die Zeit ist erfüllt, und das

---

a O. werde ich auferweckt. — *b* O. Ihr sollt eine Wache haben. — *c* W. wie. — *d* O. von Jesu Christo, dem Sohne Gottes. — *e* S. die Anm. zu Matth. 1, 20. — *f* Mal. 3, 1; Jes. 40, 3. — *g* Eig. genugsam, tüchtig. — *h* W. in. — *i* W. in den.

Reich Gottes ist nahe gekommen. Tut Buße und glaubet an das Evangelium.

16 Als er aber am See von Galiläa wandelte, sah er Simon und Andreas, Simons Bruder, die in dem See ein Netz hin- und herwarfen, denn sie waren

17 Fischer. Und Jesus sprach zu ihnen: Kommet mir nach, und ich werde euch

18 zu Menschenfischern machen*a*; und alsbald verließen sie ihre Netze und

19 folgten ihm nach. Und von dannen ein wenig weitergehend, sah er Jakobus, den *Sohn* des Zebedäus, und seinen Bruder Johannes, auch sie im Schiffe,

20 wie sie die Netze ausbesserten; und alsbald rief er sie. Und sie ließen ihren Vater Zebedäus in dem Schiffe mit den Tagelöhnern und gingen weg, ihm nach.

21 Und sie gehen hinein nach Kapernaum. Und alsbald an dem Sabbath ging

22 er in die Synagoge und lehrte. Und sie erstaunten sehr über seine Lehre; denn er lehrte sie wie einer, der Gewalt hat, und nicht wie die Schriftgelehrten.

23 Und es war in ihrer Synagoge ein Mensch mit einem *b* unreinen Geiste;

24 und er schrie auf und sprach: Laß ab!*c* was haben wir mit dir zu schaffen, Jesu, Nazarener? Bist du gekommen, uns zu verderben? Ich kenne dich, wer

25 du bist: der Heilige Gottes. Und Jesus bedrohte ihn und sprach: Verstumme

26 und fahre aus von ihm! Und der unreine Geist zerrte ihn und rief mit lauter Stimme und fuhr von ihm aus.

27 Und sie entsetzten sich alle, sodaß sie sich untereinander befragten und sprachen: Was ist dies? was ist dies für eine neue Lehre? denn mit Gewalt gebietet er selbst den unreinen Geistern,

28 und sie gehorchen ihm. Und alsbald ging das Gerücht von ihm aus in die ganze Umgegend von Galiläa.

29 Und alsbald gingen sie aus der Synagoge und kamen in das Haus Simons und Andreas', mit Jakobus und Jo-

30 hannes. Die Schwiegermutter Simons aber lag fieberkrank danieder; und

31 alsbald sagen sie ihm von ihr. Und er trat hinzu und richtete sie auf, indem er sie bei der Hand ergriff; und das Fieber verließ sie alsbald; und sie diente ihnen.

32 Als es aber Abend geworden war, als die Sonne unterging, brachten sie alle Leidenden und Besessenen zu ihm;

33 und die ganze Stadt war an der Tür

34 versammelt. Und er heilte viele, die an mancherlei Krankheiten leidend waren; und er trieb viele Dämonen aus und erlaubte den Dämonen nicht zu reden, weil sie ihn kannten.

35 Und frühmorgens, als es noch sehr dunkel war, stand er auf und ging hinaus und ging hin an einen öden

36 Ort und betete daselbst. Und Simon und die mit ihm waren gingen ihm

37 nach; und als sie ihn gefunden hatten, sagen sie zu ihm: Alle suchen dich.

38 Und er spricht zu ihnen: Laßt uns anderswohin in die nächsten Flecken

gehen, auf daß ich auch daselbst predige; denn dazu bin ich ausgegangen.

39 Und er predigte in ihren Synagogen in ganz Galiläa und trieb die Dämonen aus.

40 Und es kommt ein Aussätziger zu ihm, bittet ihn und kniet vor ihm nieder und spricht zu ihm: Wenn du willst, kannst du mich reinigen. Jesus

41 aber, innerlich bewegt, streckte die Hand aus, rührte ihn an und spricht zu ihm: Ich will; sei gereinigt. Und

42 [während er redete], wich alsbald der Aussatz von ihm, und er war gereinigt.

43 Und er bedrohte ihn und schickte ihn alsbald fort und spricht zu ihm: Siehe

44 zu, sage niemand etwas; sondern gehe hin, zeige dich dem Priester und opfere für deine Reinigung, was Moses geboten hat, ihnen zu einem Zeugnis.

45 Er aber ging weg und fing an es viel kundzumachen und die Sache auszubreiten, sodaß er nicht mehr öffentlich in die Stadt gehen konnte; sondern er war draußen in öden Oertern, und sie kamen von allen Seiten zu ihm.

2 Und nach etlichen Tagen ging er wiederum hinein nach Kapernaum, und es wurde ruchbar, daß er im Hau-

2 se sei. Und alsbald versammelten sich viele, sodaß selbst an der Tür nicht mehr Raum war; und er redete zu

3 ihnen das Wort. Und sie kommen zu ihm und bringen einen Gelähmten,

4 von vieren getragen. Und da sie wegen der Volksmenge nicht nahe zu ihm kommen konnten, deckten sie das Dach ab, wo er war; und als sie es aufgebrochen hatten, ließen sie das Ruhebett hinab, auf welchem der Ge-

5 lähmte lag. Als Jesus aber ihren Glauben sah, spricht er zu dem Gelähmten: Kind, deine Sünden sind vergeben.

6 Etliche aber von den Schriftgelehrten saßen daselbst und überlegten in ih-

7 ren Herzen: Was redet dieser also? er lästert. Wer kann Sünden verge-

8 ben, als nur einer, Gott? Und alsbald erkannte Jesus in seinem Geiste, daß sie also bei sich überlegten, und sprach zu ihnen: Was überleget ihr dies in eu-

9 ren Herzen? Was ist leichter, zu dem Gelähmten zu sagen: Deine Sünden sind vergeben, oder zu sagen: Stehe auf, nimm dein Ruhebett auf und

10 wandle? Auf daß ihr aber wisset, daß der Sohn des Menschen Gewalt hat auf der Erde Sünden zu vergeben . . . spricht er zu dem Gelähmten: Ich sa-

11 ge dir, stehe auf, nimm dein Ruhebett auf und geh nach deinem Hause. Und

12 alsbald stand er auf, nahm das Ruhebett auf und ging hinaus vor allen, sodaß alle außer sich gerieten und Gott verherrlichten und sagten: Niemals haben wir es also gesehen!

13 Und er ging wiederum hinaus an den See, und die ganze Volksmenge kam zu ihm, und er lehrte sie. Und

14 er vorüberging, sah er Levi, den *Sohn* des Alphäus, am Zollhause sitzen, und

---

a W. werde machen, daß ihr Menschenfischer werdet. — *b* W. in einem, d. h. in der Gewalt eines. — *c* O. Ha!

er spricht zu ihm: Folge mir nach; und er stand auf und folgte ihm nach.
15 Und es geschah, als er in seinem Hause zu Tische lag, daß viele Zöllner und Sünder zu Tische lagen mit Jesu und seinen Jüngern; denn es waren ihrer
16 viele, und sie folgten ihm nach. Und als die Schriftgelehrten und die Pharisäer ihn mit den Sündern und Zöllnern essen sahen, sprachen sie zu seinen Jüngern: Warum ißt und trinkt er
17 mit den Zöllnern und Sündern? Und als Jesus es hörte, spricht er zu ihnen: Die Starken bedürfen nicht eines Arztes, sondern der Kranken. Ich bin nicht gekommen, Gerechte zu rufen, sondern Sünder.
18 Und die Jünger Johannes' und die Pharisäer fasteten; und sie kommen und sagen zu ihm: Warum fasten die Jünger Johannes' und die Jünger der Pharisäer, deine Jünger aber fasten
19 nicht? Und Jesus sprach zu ihnen: Können etwa die Gefährten des Bräutigams a fasten, während der Bräutigam bei ihnen ist? So lange sie den Bräutigam bei sich haben, können sie
20 nicht fasten. Es werden aber Tage kommen, da der Bräutigam von ihnen weggenommen sein wird, und dann, an jenem Tage, werden sie fasten.
21 Niemand näht einen Flicken von neuem b Tuch auf ein altes Kleid; sonst reißt das Eingesetzte von ihm ab, das neue vom alten, und der Riß wird ärger.
22 Auch tut niemand neuen Wein in alte Schläuche; sonst zerreißt der Wein die Schläuche, und der Wein wird verschüttet, und die Schläuche verderben; sondern neuen Wein muß man in neue Schläuche tun.
23 Und es geschah, daß er am Sabbath durch die Saaten ging; und seine Jünger fingen an, im Gehen die Aehren
24 abzupflücken. Und die Pharisäer sprachen zu ihm: Siehe, was tun sie am
25 Sabbath, das nicht erlaubt ist? Und er sprach zu ihnen: Habt ihr nie gelesen, was David tat, als er Mangel hatte und *als* ihn und die bei ihm
26 waren hungerte? wie er in das Haus Gottes ging unter Abjathar, dem Hohenpriester, und die Schaubrote aß, (welche niemand essen darf, als nur die Priester) und auch denen gab,
27 die bei ihm waren? Und er sprach zu ihnen: Der Sabbath ward um des Menschen willen, nicht der Mensch um
28 des Sabbaths willen; also ist der Sohn des Menschen Herr auch des Sabbaths.

3 Und er ging wiederum in die Synagoge; und es war daselbst ein Mensch,
2 der eine verdorrte Hand hatte. Und sie lauerten auf ihn, ob er ihn am Sabbath heilen würde, auf daß sie ihn
3 anklagen möchten. Und er spricht zu dem Menschen, der die verdorrte Hand hatte: Stehe auf *und tritt* in die Mitte.
4 Und er spricht zu ihnen: Ist es erlaubt, an den Sabbathen Gutes zu tun oder Böses zu tun, das Leben c zu retten

oder zu töten? Sie aber schwiegen.
Und er blickte auf sie umher mit Zorn, 5 betrübt über die Verstockung ihres Herzens, und spricht zu dem Menschen: Strecke deine Hand aus! Und er streckte sie aus, und seine Hand wurde wiederhergestellt. Und die Pharisäer gin- 6 gen alsbald hinaus und hielten mit den Herodianern Rat wider ihn, wie sie ihn umbrächten.

Und Jesus entwich mit seinen Jün- 7 gern an den See; und es folgte [ihm] eine große Menge von Galiläa und von Judäa und von Jerusalem und 8 von Idumäa und *von* jenseit des Jordan; und die um Tyrus und Sidon, eine große Menge, als sie gehört hatten, wie vieles er tat, kamen zu ihm. Und 9 er sagte seinen Jüngern, daß ein Schifflein für ihn in Bereitschaft bleiben solle wegen der Volksmenge, auf daß sie ihn nicht drängten. Denn er 10 heilte viele, sodaß alle, welche Plagen hatten, ihn überfielen, auf daß sie ihn anrühren möchten. Und wenn die un- 11 reinen Geister ihn sahen, fielen sie vor ihm nieder und riefen und sprachen: Du bist der Sohn Gottes. Und 12 er bedrohte sie sehr, daß sie ihn nicht offenbar machten.

Und er steigt auf den Berg und ruft 13 herzu, welche er selbst wollte. Und sie kamen zu ihm; und er bestellte 14 zwölf, auf daß sie bei ihm seien, und auf daß er sie aussende zu predigen und Gewalt zu haben, [die Krankhei- 15 ten zu heilen und] die Dämonen auszutreiben. Und er gab dem Simon den 16 Beinamen Petrus; und Jakobus, den 17 *Sohn* des Zebedäus, und Johannes, den Bruder des Jakobus, und er gab ihnen den Beinamen Boanerges, das ist Söhne des Donners; und Andreas und 18 Philippus und Bartholomäus und Matthäus und Thomas und Jakobus, den *Sohn* des Alphäus, und Thaddäus, und Simon, den Kananäer d, und Judas 19 Iskariot, der ihn auch überlieferte.

Und sie kommen in ein Haus e. Und 20 wiederum kommt eine Volksmenge zusammen, sodaß sie nicht einmal essen konnten. Und als seine Angehörigen 21 es hörten, gingen sie hinaus, um ihn zu greifen; denn sie sprachen: Er ist außer sich. Und die Schriftgelehrten, 22 die von Jerusalem herabgekommen waren, sprachen: Er hat *den* Beelzebub, und: Durch f den Obersten der Dämonen treibt er die Dämonen aus. Und er rief sie herzu und sprach in 23 Gleichnissen zu ihnen: Wie kann Satan *den* Satan austreiben? Und wenn 24 ein Reich wider sich selbst entzweit ist, so kann jenes Reich nicht bestehen. Und wenn ein Haus wider sich 25 selbst entzweit ist, so kann jenes Haus nicht bestehen. Und wenn der Satan 26 wider sich selbst aufsteht und entzweit ist, so kann er nicht bestehen, sondern hat ein Ende. Niemand aber 27 kann in das Haus des Starken ein-

---

a W. Söhne des Brautgemachs. — b O. ungewalktem. — c O. ein Leben. — d O. Zelotes; s. die Anm. zu Matth. 10, 4. — e O. ins Haus. V. 1.: er kommt. — f W. In (in der Kraft des).

dringen und seinen Hausrat rauben, wenn er nicht zuvor den Starken bindet, und alsdann wird er sein Haus 28 berauben. Wahrlich, ich sage euch: Alle Sünden werden den Söhnen der Menschen vergeben werden, und die Lästerungen, mit welchen irgend sie 29 lästern mögen; wer aber irgend wider den Heiligen Geist lästern wird, hat keine Vergebung in Ewigkeit, sondern ist ewiger Sünde schuldig; — 30 weil sie sagten: Er hat einen unreinen Geist.

31 Und es kommen seine Mutter und seine Brüder; und draußen stehend sandten sie zu ihm und riefen ihn. 32 Und eine Volksmenge saß um ihn her; sie sagten aber zu ihm: Siehe, deine Mutter und deine Brüder draußen su- 33 chen dich. Und er antwortete ihnen und sprach: Wer ist meine Mutter 34 oder meine Brüder? Und im Kreise umherblickend auf die um ihn her Sitzenden, spricht er: Siehe da, meine 35 Mutter und meine Brüder; denn wer irgend den Willen Gottes tun wird, derselbe ist mein Bruder und meine Schwester und meine Mutter.

4 Und wiederum fing er an am See zu lehren. Und es versammelte sich eine große Volksmenge zu ihm, sodaß er in ein Schiff stieg und auf dem See saß; und die ganze Volksmenge war 2 am See auf dem Lande. Und er lehrte sie vieles in Gleichnissen; und er 3 sprach zu ihnen in seiner Lehre: Höret! Siehe, der Sämann ging aus zu 4 säen. Und es geschah, indem er säte, fiel etliches an den Weg, und die Vö- 5 gel kamen und fraßen es auf. Und anderes fiel auf das Steinichte, wo es nicht viel Erde hatte; und alsbald ging es auf, weil es nicht tiefe Erde hatte. 6 Und als die Sonne aufging, wurde es verbrannt, und weil es keine Wur- 7 zel hatte, verdorrte es. Und anderes fiel unter die Dornen; und die Dornen schossen auf und erstickten es, 8 und es gab keine Frucht. Und anderes fiel in die gute Erde und gab Frucht, die aufschoß und wuchs*a*; und eines trug dreißig-, und eines sechzig-, und 9 eines hundert*fältig b*. Und er sprach: Wer Ohren hat zu hören, der höre! 10 Und als er allein war, fragten ihn die um ihn waren mit den Zwölfen 11 um die Gleichnisse. Und er sprach zu ihnen: Euch ist es gegeben, das Geheimnis des Reiches Gottes [zu wissen]; jenen aber, die draußen sind, geschieht 12 alles in Gleichnissen, „auf daß sie sehend sehen und nicht wahrnehmen, und hörend hören und nicht verstehen, damit sie sich nicht etwa bekehren 13 und ihnen vergeben werde".*c* Und er spricht zu ihnen: Fasset ihr dieses Gleichnis nicht? und wie werdet ihr 14 all die Gleichnisse verstehen? Der 15 Sämann sät das Wort. Diese aber sind die an dem Wege: wo das Wort gesät wird, und wenn sie es hören,

alsbald der Satan kommt und das Wort wegnimmt, das in ihre Herzen gesät war. Und diese sind es gleicherweise, 16 die auf das Steinichte gesät werden, welche, wenn sie das Wort hören, es alsbald mit Freuden aufnehmen, und sie 17 haben keine Wurzel in sich, sondern sind *nur* für eine Zeit; dann, wenn Drangsal entsteht oder Verfolgung um des Wortes willen, ärgern sie sich alsbald. Und andere sind die, 18 welche unter die Dornen gesät werden: diese sind es, welche das Wort gehört haben, und die Sorgen des Lebens *d* und der Betrug des Reichtums 19 und die Begierde nach den übrigen Dingen kommen hinein und ersticken das Wort, und es bringt keine Frucht*e*. Und diese sind es, die auf die gute 20 Erde gesät sind, welche das Wort hören und aufnehmen und Frucht bringen: eines dreißig-, und eines sechzig-, und eines hundert*fältig f*.

Und er sprach zu ihnen: Kommt 21 etwa die Lampe, auf daß sie unter den Scheffel oder unter das Bett gestellt werde? nicht daß sie auf das Lampengestell gestellt werde? Denn 22 es ist nichts verborgen, außer damit es offenbar gemacht werde, noch gibt es *g* etwas Geheimes, sondern auf daß es ans Licht komme. Wenn jemand 23 Ohren hat zu hören, der höre! Und 24 er sprach zu ihnen: Sehet zu, was ihr höret; mit welchem Maße ihr messet, wird euch gemessen werden, und es wird euch hinzugefügt werden. Denn 25 wer irgend hat, dem wird gegeben werden; und wer nicht hat, von dem wird selbst was er hat genommen werden.

Und er sprach: Also ist das Reich 26 Gottes, wie wenn ein Mensch den Samen auf das Land wirft, und schläft 27 und aufsteht, Nacht und Tag, und der Same sprießt hervor und wächst, er weiß selbst nicht wie. Die Erde bringt 28 von selbst Frucht hervor, zuerst Gras, dann eine Aehre, dann vollen Weizen in der Aehre. Wenn aber die 29 Frucht sich darbietet, so schickt er alsbald die Sichel, denn die Ernte ist da.

Und er sprach: Wie sollen wir das 30 Reich Gottes vergleichen? oder in welchem Gleichnis sollen wir es darstellen? Gleichwie ein Senfkorn, welches, 31 wenn es auf die Erde gesät wird, kleiner ist als alle Samen, die auf der Erde sind; und, wenn es gesät ist, 32 aufschießt und größer wird als alle Kräuter *h* und große Zweige treibt, sodaß unter seinem Schatten die Vögel des Himmels sich niederlassen *i* können. Und in vielen solchen Gleichnis- 33 sen redete er zu ihnen das Wort, wie sie es zu hören vermochten. Ohne 34 Gleichnis aber redete er nicht zu ihnen; aber seinen Jüngern erklärte er alles besonders.

Und an jenem Tage, als es Abend 35

---

a O. sich mehrte. — *b* Nach and. L.: und es trug bis dreißigfältig und sechzigfältig und hundertfältig. — *c* Jes. 6, 10. — *d* W. Zeitalters. — *e* O. wird unfruchtbar. — *f* Nach and. L.: bringen: dreißigfältig und sechzigfältig und hundertfältig. — *g* Eig. ward. — *h* O. Gartengewächse. — *i* O. nisten.

geworden war, spricht er zu ihnen: Laßt uns übersetzen an das jenseitige 36 Ufer. Und als er die Volksmenge entlassen hatte, nehmen sie ihn, wie er war, in dem Schiffe mit. Aber auch 37 andere Schiffe waren mit ihm. Und es erhebt sich ein heftiger Sturmwind, und die Wellen schlugen in das Schiff, 38 sodaß es sich schon füllte. Und er war im Hinterteil *des Schiffes* und schlief auf einem *a* Kopfkissen; und sie wecken ihn auf und sprechen zu ihm: Lehrer, liegt dir nichts daran, 39 daß wir umkommen? Und er wachte auf, bedrohte den Wind und sprach zu dem See: Schweig, verstumme! Und der Wind legte sich, und es ward 40 eine große Stille. Und er sprach zu ihnen: Was seid ihr [so] furchtsam? 41 Wie, habt ihr keinen Glauben? Und sie fürchteten sich mit großer Furcht und sprachen zueinander: Wer ist denn dieser, daß auch der Wind und der See ihm gehorchen?

5 Und sie kamen an das jenseitige Ufer des Sees in das Land der Gada-2 rener. Und als er aus dem Schiff gestiegen war, begegnete ihm alsbald aus den Grüften ein Mensch mit *b* ei-3 nem unreinen Geiste, der seine Wohnung in den Grabstätten hatte; und selbst mit Ketten konnte keiner ihn 4 binden, da er oft mit Fußfesseln und mit Ketten gebunden gewesen, und die Ketten von ihm in Stücke zerrissen und die Fußfesseln zerrieben worden waren; und niemand vermochte ihn 5 zu bändigen. Und allezeit, Nacht und Tag, war er in den Grabstätten und auf den Bergen und schrie und zer-6 schlug sich mit Steinen. Als er aber Jesum von ferne sah, lief er und warf 7 sich vor ihm nieder; und mit lauter Stimme schreiend, sagt er: Was habe ich mit dir zu schaffen, Jesu, Sohn Gottes, des Höchsten? Ich beschwöre 8 dich bei Gott, quäle mich nicht! Denn er sagte zu ihm: Fahre aus, du unreiner 9 Geist, aus dem Menschen. Und er fragte ihn: Was ist dein Name? Und er spricht zu ihm: Legion ist mein Name, denn 10 wir sind viele. Und er bat ihn sehr, daß er sie nicht aus der Gegend fort-11 schicken möchte. Es war aber daselbst an dem Berge eine große Herde 12 Schweine, welche weidete. Und sie baten ihn und sprachen: Schicke uns in die Schweine, daß wir in sie fahren. 13 Und Jesus erlaubte es ihnen [alsbald]. Und die unreinen Geister fuhren aus und fuhren in die Schweine, und die Herde stürzte sich den Abhang hinab in den See, (bei zweitausend) und sie 14 ertranken in dem See. Und die Hüter flohen und verkündeten es in der Stadt und auf dem Lande; und sie gingen [hinaus], um zu sehen, was geschehen 15 war. Und sie kommen zu Jesu und sehen den Besessenen sitzen, bekleidet und vernünftig, den, der die Legion gehabt hatte; und sie fürchteten sich.

Und die es gesehen hatten, erzählten 16 ihnen, wie dem Besessenen geschehen war, und *das* von den Schweinen. Und 17 sie fingen an ihm zuzureden, aus ihren Grenzen wegzugehen. Und als er in 18 das Schiff stieg, bat ihn der Besessene, daß er bei ihm sein dürfe. Und er 19 ließ es ihm nicht zu, sondern spricht zu ihm: Gehe hin nach deinem Hause zu den Deinigen und verkünde ihnen, wieviel der Herr an dir getan, und *wie* er sich deiner erbarmt hat. Und er 20 ging hin und fing an, in der Dekapolis *c* auszurufen, wieviel Jesus an ihm getan hatte; und alle verwunderten sich.

Und als Jesus in dem Schiffe wieder 21 an das jenseitige Ufer hinübergefahren war, versammelte sich eine große Volksmenge zu ihm; und er war am See. Und [siehe,] es kommt einer der 22 Synagogenvorsteher, mit Namen Jairus, und als er ihn sieht, fällt er ihm zu Füßen; und er bat ihn sehr und 23 sprach: Mein Töchterlein liegt in den letzten Zügen; *ich bitte,* daß du kommest und ihr die Hände auflegest, auf daß sie gerettet *d* werde und lebe. Und 24 er ging mit ihm, und eine große Volksmenge folgte ihm und drängte ihn.

Und ein Weib, das zwölf Jahre mit 25 einem Blutfluß behaftet war, und vie-26 les erlitten hatte von vielen Aerzten und alle ihre Habe verwandt und keinen Nutzen davon gehabt hatte, es war vielmehr schlimmer mit ihr geworden *e*) kam, als sie von Jesu ge-27 hört, in der Volksmenge von hinten und rührte sein Kleid an; denn sie 28 sprach: Wenn ich nur seine Kleider anrühre, so werde ich geheilt *f* werden. Und alsbald vertrocknete der Quell ih-29 res Blutes, und sie merkte am Leibe, daß sie von der Plage geheilt war. Und 30 alsbald erkannte Jesus in sich selbst die Kraft, die von ihm ausgegangen war, wandte sich um in der Volksmenge und sprach: Wer hat meine Kleider 31 angerührt? Und seine Jünger sprachen zu ihm: Du siehst, daß die Volksmenge dich drängt, und du sprichst: Wer 32 mich angerührt? Und er blickte umher, um sie zu sehen, die dieses getan hatte. Das Weib aber, voll Furcht 33 und Zittern, wissend, was ihr geschehen war, kam und fiel vor ihm nieder und sagte ihm die ganze Wahrheit. Er 34 aber sprach zu ihr: Tochter, dein Glaube hat dich geheilt; gehe hin in Frieden und sei gesund von deiner Plage.

Während er noch redete, kommen 35 sie von dem Synagogenvorsteher und sagen: Deine Tochter ist gestorben; was bemühst du den Lehrer noch? Als aber Jesus das Wort reden hörte, 36 spricht er [alsbald] zu dem Synagogenvorsteher: Fürchte dich nicht; glaube nur. Und er erlaubte niemand, ihn zu 37 begleiten, außer Petrus und Jakobus und Johannes, dem Bruder des Jakobus. Und sie kommen in das Haus des 38 Synagogenvorstehers, und er sieht ein

---

a Eig. dem. — *b* W. in; wie Kap. 1, 23. — *c* S. die Anm. zu Matth. 4, 25. — *d* O. geheilt. — *e* W. sondern vielmehr ins Schlimmere gekommen war. — *f* O. gerettet; so auch V. 34.

Getümmel und Weinende und laut
39 Heulende. Und als er eingetreten war,
spricht er zu ihnen: Was lärmet und
weinet ihr? Das Kind ist nicht ge-
40 storben, sondern es schläft. Und sie
verlachten ihn. Als er aber alle hinausgetrieben hatte, nimmt er den Vater des Kindes und die Mutter und die
bei ihm waren mit und geht hinein,
41 wo das Kind lag. Und indem er das
Kind bei der Hand ergriff, spricht er
zu ihm: Talitha kumi! das ist verdolmetscht: Mägdlein, ich sage dir, stehe
42 auf! Und alsbald stand das Mägdlein
auf und wandelte umher, denn es war
zwölf Jahre alt. Und sie erstaunten
43 mit großem Erstaunen. Und er gebot
ihnen dringend, daß niemand dies erführe, und hieß ihr zu essen geben.

6 Und er ging von dannen hinweg und
kam in seine Vaterstadt. und seine Jün-
2 ger folgten ihm nach. Und als es Sabbath geworden war, fing er an in der
Synagoge zu lehren; und viele, die zuhörten, erstaunten und sprachen: Woher dieses solches? und was ist das
für eine Weisheit, die ihm gegeben ist,
und solche Wunderwerke geschehen
3 durch seine Hände? Ist dieser nicht
der Zimmermann, der Sohn der Maria, und ein Bruder des Jakobus und
Joses und Judas und Simon? und sind
nicht seine Schwestern hier bei uns?
4 Und sie ärgerten sich an ihm. Und
Jesus sprach zu ihnen: Ein Prophet
ist nicht ohne Ehre, außer in seiner
Vaterstadt und unter seinen Verwand-
5 ten und in seinem Hause. Und er
konnte daselbst kein Wunderwerk tun,
außer daß er einigen Schwachen die
6 Hände auflegte und sie heilte. Und er
verwunderte sich über ihren Unglauben. Und er ging durch die Dörfer
ringsum und lehrte.
7 Und er ruft die Zwölfe herzu; und
er fing an, sie zu *zwei und* zwei aus-
zusenden, und gab ihnen Gewalt über
8 die unreinen Geister. Und er gebot
ihnen, daß sie nichts *mit* auf den Weg
nehmen sollten, als nur einen Stab;
keine Tasche, kein Brot, keine Mün-
9 ze in den Gürtel, sondern Sandalen
untergebunden; und ziehet nicht zwei
10 Leibröcke *a* an. Und er sprach zu ihnen: Wo irgend ihr in ein Haus eintretet, daselbst bleibet, bis ihr von dan-
11 nen weggehet. Und welcher Ort irgend
euch nicht aufnehmen, und *wo* man
euch nicht hören wird, von dannen
gehet hinaus und schüttelt den Staub
ab, der unter euren Füßen ist, ihnen
12 zum Zeugnis. Und sie gingen aus und
predigten, daß sie Buße tun sollten;
13 und sie trieben viele Dämonen aus
und salbten viele Schwache mit Oel
und heilten sie.
14 Und der König Herodes hörte *von
ihm* (denn sein Name war bekannt geworden) und sagte: Johannes der Täufer ist aus *den* Toten auferstanden, und
darum wirken solche Kräfte in ihm.

Andere aber sagten: Es ist Elias; und 15
andere sagten: Es ist ein Prophet, wie
einer der Propheten. Als aber Hero- 16
des es hörte, sagte er: Johannes, den
ich enthauptet habe, dieser ist auferweckt. Denn er, Herodes, hatte hin- 17
gesandt und den Johannes greifen und
ihn im Gefängnis binden lassen, um
der Herodias willen, des Weibes seines
Bruders Philippus, weil er sie geheiratet hatte. Denn Johannes hatte dem 18
Herodes gesagt *b*: Es ist dir nicht erlaubt, das Weib deines Bruders zu haben. Die Herodias aber trug es ihm nach 19
und wollte ihn töten, und sie konnte
nicht; denn Herodes fürchtete den Jo- 20
hannes, da er wußte, daß er ein gerechter und heiliger Mann war, und er
verwahrte ihn *c*; und wenn er ihn gehört hatte, so tat er vieles, und er hörte
ihn gern. Und als ein geeigneter Tag *d* 21
kam, als Herodes an seinem Geburtstage seinen Großen und den Obersten *e*
und den Vornehmsten von Galiläa ein
Gastmahl machte, und ihre, der He- 22
rodias, Tochter hereinkam und tanzte,
gefiel sie dem Herodes und denen, die
mit zu Tische lagen. Und der König
sprach zu dem Mägdlein: Bitte von
mir, was irgend du willst, und ich
werde es dir geben. Und er schwur 23
ihr: Was irgend du von mir bitten
wirst, werde ich dir geben, bis zur
Hälfte meines Reiches. Sie aber ging 24
hinaus und sagte ihrer Mutter: Um
was soll ich bitten? Diese aber sprach:
Um das Haupt Johannes' des Täufers.
Und sie ging alsbald mit Eile zu dem 25
König hinein und bat und sagte: Ich
will, daß du mir sofort auf einer Schüssel das Haupt Johannes' des Täufers
gebest. Und der König wurde sehr be- 26
trübt; doch um der Eide und um derer willen, die mit zu Tische lagen,
wollte er sie nicht zurückweisen. Und 27
alsbald schickte der König einen von
der Leibwache und befahl, sein Haupt
zu bringen. Der aber ging hin und 28
enthauptete ihn im Gefängnis; und er
brachte sein Haupt auf einer Schüssel
und gab es dem Mägdlein, und das
Mägdlein gab es ihrer Mutter. Und als 29
seine Jünger es hörten, kamen sie und
hoben seinen Leichnam auf und legten ihn in eine Gruft.
Und die Apostel versammeln sich zu 30
Jesu; und sie berichteten ihm alles,
was sie getan und was sie gelehrt hatten. Und er sprach zu ihnen: Kommet 31
ihr selbst her an einen öden Ort besonders und ruhet ein wenig aus. Denn
derer, die da kamen und gingen, waren viele, und sie fanden nicht einmal Zeit, um zu essen. Und sie gin- 32
gen hin in einem Schiffe an einen öden
Ort besonders; und viele sahen sie weg- 33
fahren und erkannten sie, und liefen
zu Fuß von allen Städten dorthin zusammen und kamen ihnen zuvor. Und 34
als Jesus aus *dem Schiffe* trat, sah er
eine große Volksmenge und wurde

---

a O. Unterkleider; so auch später. — *b* S. die Anm. zu Matth. 14, 2–4. — *c* And.
üb.: gab acht auf ihn. — *d* O. ein Feiertag. — *e* W. Chiliarchen, Befehlshaber
über tausend Mann.

innerlich bewegt über sie; denn sie waren wie Schafe, die keinen Hirten haben. Und er fing an, sie vieles zu 35 lehren. Und als es schon spät am Tage war, traten seine Jünger zu ihm und sagen: Der Ort ist öde, und es ist schon 36 spät am Tage; entlaß sie, auf daß sie hingehen auf das Land und in die Dörfer ringsum und sich Brote kaufen, 37 denn sie haben nichts zu essen. Er aber antwortete und sprach zu ihnen: Gebet ihr ihnen zu essen. Und sie sagen zu ihm: Sollen wir hingehen und für zweihundert Denare Brote kaufen 38 und ihnen zu essen geben? Er aber spricht zu ihnen: Wie viele Brote habt ihr? gehet hin [und] sehet. Und als sie es wußten, sagen sie: Fünf, und zwei Fische.

39 Und er befahl ihnen, daß sie alle sich lagern ließen, in Gruppen, auf dem 40 grünen Grase. Und sie lagerten sich in Abteilungen zu je hundert und je 41 fünfzig. Und er nahm die fünf Brote und die zwei Fische, blickte auf gen Himmel, segnete *a* und brach die Brote und gab sie seinen Jüngern, auf daß sie ihnen vorlegten; und die zwei Fi-42 sche verteilte er unter alle. Und sie 43 aßen alle und wurden gesättigt. Und sie hoben auf an Brocken zwölf Hand-44 körbe voll, und von den Fischen. Und es waren derer, welche von den Broten gegessen hatten, fünftausend Männer.

45 Und alsbald nötigte er seine Jünger, in das Schiff zu steigen und an das jenseitige Ufer nach Bethsaida vorauszufahren, während er die Volksmenge 46 entläßt. Und als er sie verabschiedet hatte, ging er hin auf den Berg, um 47 zu beten. Und als es Abend geworden, war das Schiff mitten auf dem See, und 48 er allein auf dem Lande. Und als er sie beim Rudern Not leiden sah, denn der Wind war ihnen entgegen, kommt er um die vierte Nachtwache zu ihnen, wandelnd auf dem See; und er wollte 49 an ihnen vorübergehen. Sie aber, als sie ihn auf dem See wandeln sahen, meinten, es sei ein Gespenst, und schrie-50 en auf; denn alle sahen ihn und wurden bestürzt. Und alsbald redete er mit ihnen und spricht zu ihnen: Seid 51 gutes Mutes, ich bin's; fürchtet euch nicht! Und er stieg zu ihnen in das Schiff, und der Wind legte sich. Und sie erstaunten sehr über die Maßen bei sich selbst und verwunderten sich; 52 denn sie waren durch die Brote nicht verständig geworden, denn ihr Herz war verhärtet.

53 Und als sie hinübergefahren waren, kamen sie in das Land Genezareth 54 und legten an. Und als sie aus dem Schiffe gestiegen waren, erkannten sie 55 ihn alsbald und liefen in jener ganzen Umgegend umher und fingen an, die Leidenden auf den Betten umherzutragen, wo sie hörten, daß er sei. 56 Und wo irgend er eintrat in Dörfer oder Städte oder aufs Land, legten sie

die Kranken auf den Marktplätzen hin und baten ihn, daß sie nur die Quaste *b* seines Kleides anrühren dürften; und so viele irgend ihn anrührten, wurden geheilt *c*.

Und es versammeln sich zu ihm die **7** Pharisäer und etliche der Schriftgelehrten, die von Jerusalem gekommen waren; und als sie etliche seiner Jün-2 ger mit unreinen, das ist ungewaschenen Händen Brot essen sahen, (denn 3 die Pharisäer und alle Juden essen nicht, es sei denn, daß sie sich sorgfältig die Hände waschen, indem sie die Ueberlieferung der Aeltesten *d* halten; und vom Markte *kommend,* essen 4 sie nicht, es sei denn, daß sie sich waschen; und vieles andere ist, was sie zu halten überkommen haben: Waschungen der Becher und Krüge und ehernen Gefäße und Tischlager;) [so-5 dann] fragen ihn die Pharisäer und die Schriftgelehrten: Warum wandeln deine Jünger nicht nach der Ueberlieferung der Aeltesten, sondern essen das Brot mit unreinen Händen? Er 6 aber antwortete und sprach zu ihnen: Trefflich hat Jesaias über euch Heuchler geweissagt, wie geschrieben steht: „Dieses Volk ehrt mich mit den Lippen, aber ihr Herz ist weit entfernt von mir. Vergeblich aber verehren sie 7 mich, indem sie als Lehren Menschengebote lehren." *e* [Denn] das Gebot 8 Gottes aufgebend, haltet ihr die Ueberlieferung der Menschen: Waschungen der Krüge und Becher, und vieles andere dergleichen ähnliche tut ihr. Und 9 er sprach zu ihnen: Trefflich hebet ihr das Gebot Gottes auf, auf daß ihr eure Ueberlieferung haltet. Denn Moses hat 10 gesagt: „Ehre deinen Vater und deine Mutter!" *f* und: „Wer Vater oder Mutter flucht *g*, soll des Todes sterben." *h* Ihr 11 aber saget: Wenn ein Mensch zu dem Vater oder zu der Mutter spricht: Korban (das ist Gabe *i*) *sei das*, was irgend dir von mir zunutze kommen könnte —; und ihr lasset ihn *so* nichts mehr für 12 seinen Vater oder seine Mutter tun, indem ihr das Wort Gottes ungültig 13 machet durch eure Ueberlieferung, die ihr überliefert habt; und vieles dergleichen ähnliche tut ihr. Und als er 14 die Volksmenge wieder herzugerufen hatte, sprach er zu ihnen: Höret mich alle und verstehet! Da ist nichts, was 15 von außerhalb des Menschen in denselben eingeht, das ihn verunreinigen kann, sondern was von ihm ausgeht, das ist es, was den Menschen verunreinigt. Wenn jemand Ohren hat zu 16 hören, der höre!

Und als er von der Volksmenge weg 17 in ein Haus *j* eintrat, befragten ihn seine Jünger über das Gleichnis. Und er 18 spricht zu ihnen: Seid auch ihr so unverständig? Begreifet ihr nicht, daß alles, was von außerhalb in den Menschen eingeht, ihn nicht verunreinigen kann? Denn es geht nicht in sein Herz 19

---

a O. lobpries, dankte. — *b* S. 4. Mose 15, 37—39. — *c* O. gerettet. — *d* O. der Alten; so auch V. 5. — *e* Jes. 29, 13. — *f* 2. Mose 20, 12. — *g* O. schmäht, übel redet von. — *h* 2. Mose 21, 17. — *i* d. h. Opfergabe, Gabe für Gott. — *j* O. ins Haus.

hinein, sondern in den Bauch, und es geht heraus in den Abort, indem so
20 alle Speisen gereinigt werden *a*. Er sagte aber: Was aus dem Menschen ausgeht, das verunreinigt den Menschen.
21 Denn von innen aus dem Herzen der Menschen gehen hervor die schlechten Gedanken, Ehebruch, Hurerei, Mord,
22 Dieberei, Habsucht *b*, Bosheit *c*, List, Ausschweifung, böses *d* Auge, Lästerung, Hochmut, Torheit; alle diese bösen
23 Dinge gehen von innen heraus und verunreinigen den Menschen.

24 Und er stand auf und ging hin in das Gebiet von Tyrus und Sidon; und als er in ein Haus getreten war, wollte er, daß niemand es erfahre; und er konnte nicht ver-
25 borgen sein. Aber alsbald hörte ein Weib von ihm, deren Töchterlein einen unreinen Geist hatte, kam und fiel nie-
26 der zu seinen Füßen; das Weib aber war eine Griechin, eine Syro-Phönicierin von Geburt; und sie bat ihn, daß er den Dämon von ihrer Tochter
27 austreibe. [Jesus] aber sprach zu ihr: Laß zuerst die Kinder gesättigt werden, denn es ist nicht schön, das Brot der Kinder zu nehmen und den Hündlein *e*
28 hinzuwerfen. Sie aber antwortete und sprich zu ihm: Ja, Herr; denn es essen ja auch die Hündlein unter dem Tische von den Brosamen der Kinder *f*.
29 Und er sprach zu ihr: Um dieses Wortes willen gehe hin; der Dämon ist von
30 deiner Tochter ausgefahren. Und sie ging hin nach ihrem Hause und fand den Dämon ausgefahren und die Tochter auf dem Bette liegen.

31 Und als er aus dem Gebiet von Tyrus und Sidon wieder weggegangen war, kam er an den See von Galiläa, mitten durch das Gebiet von Dekapo-
32 lis *g*. Und sie bringen einen Tauben zu ihm, der schwer redete, und bitten
33 ihn, daß er ihm die Hand auflege. Und er nahm ihn von der Volksmenge weg besonders und legte seine Finger in seine Ohren; und er spützte und rühr-
34 te seine Zunge an; und, gen Himmel blickend, seufzte er und spricht zu ihm: Ephata! das ist: Werde aufge-
35 tan! Und alsbald wurden seine Ohren aufgetan, und das Band seiner Zunge
36 wurde gelöst, und er redete recht. Und er gebot ihnen, daß sie es niemand sagen sollten. Je mehr er es ihnen aber gebot, desto mehr machten s i e
37 es übermäßig kund; und sie erstaunten überaus und sprachen: Er hat alles wohlgemacht; er macht sowohl die Tauben hören, als auch die Stummen reden.

8 In jenen Tagen, als wiederum eine große Volksmenge da war und nichts zu essen hatte, rief er seine Jünger
2 herzu und spricht zu ihnen: Ich bin innerlich bewegt über die Volksmenge, denn schon drei Tage weilen sie bei mir und haben nichts zu essen;

und wenn ich sie nach Hause entlasse, 3 ohne daß sie gegessen haben, so werden sie auf dem Wege verschmachten; denn etliche von ihnen sind von ferne gekommen. Und seine Jünger antwor- 4 teten ihm: Woher wird jemand diese hier in der Einöde mit Brot sättigen können? Und er fragte sie: Wie 5 viele Brote habt ihr? Sie aber sagten: Sieben. Und er gebot der Volksmenge, 6 sich auf der Erde zu lagern. Und er nahm die sieben Brote, dankte und brach sie und gab sie den Jüngern, auf daß sie vorlegten; und sie legten der Volksmenge vor. Und sie hatten 7 einige kleine Fische; und als er *sie* gesegnet hatte *h*, hieß er auch diese vorlegen. Sie aßen aber und wurden 8 gesättigt; und sie hoben auf was an Brocken übrigblieb, sieben Körbe *voll*. Es waren aber [derer, welche geges- 9 sen hatten] bei viertausend; und er entließ sie.

Und alsbald stieg er mit seinen Jün- 10 gern in das Schiff und kam in die Gegenden von Dalmanutha. Und die Pha- 11 risäer kamen heraus und fingen an mit ihm zu streiten, indem sie, um ihn zu versuchen, ein Zeichen vom Himmel von ihm begehrten. Und in seinem 12 Geiste tief seufzend, spricht er: Was begehrt dieses Geschlecht ein Zeichen? Wahrlich, ich sage euch: Wenn diesem Geschlecht ein Zeichen gegeben werden wird! Und er ließ sie, stieg 13 wieder in das Schiff und fuhr an das jenseitige Ufer.

Und sie vergaßen Brote *mitzuneh- 14 men*, und hatten nichts bei sich auf dem Schiffe als nur e i n Brot. Und er 15 gebot ihnen und sprach: Sehet zu, hütet euch vor dem Sauerteig der Pharisäer und dem Sauerteig des Herodes. Und sie überlegten miteinander [und 16 sprachen]: Weil wir keine Brote haben. Und als Jesus es erkannte, spricht 17 er zu ihnen: Was überleget ihr, weil ihr keine Brote habt? Begreifet ihr noch nicht und verstehet auch nicht? Habt ihr euer Herz [noch] verhärtet? Augen habt ihr und sehet nicht? und 18 Ohren habt ihr und höret nicht? und erinnert ihr euch nicht? Als ich die 19 fünf Brote unter die fünftausend brach, wie viele Handkörbe voll Brocken hobet ihr auf? Sie sagen zu ihm: Zwölf. Als aber die sieben unter die viertau- 20 send, wie viele Körbe, mit Brocken gefüllt, hobet ihr auf? Sie aber sagten: Sieben. Und er sprach zu ihnen: Wie, 21 verstehet ihr [noch] nicht?

Und er kommt nach Bethsaida; und 22 sie bringen ihm einen Blinden und bitten ihn, daß er ihn anrühre. Und er 23 faßte den Blinden bei der Hand und führte ihn aus dem Dorfe hinaus; und als er in seine Augen gespützt hatte, legte er ihm die Hände auf und fragte ihn, ob er etwas sehe. Und aufblik- 24

---

a W. reinigend alle Speisen. — *b* O. Gier. — *c* Im Griech. stehen die Wörter von „Ehebruch" bis „Bosheit" in der Mehrzahl. — *d* d. i. neidisches, mißgünstiges. — *e* S. die Anm. zu Matth. 15, 26. — *f* Hier „Kinder" im allgemeinen Sinne; ein anderes Wort als im vorhergehenden Verse. — *g* S. die Anm. zu Matth. 4, 25. — *h* O. als er eine Lobpreisung gesprochen hatte.

kend sprach er: Ich sehe die Menschen,
denn ich gewahre *solche*, die wie Bäu-
25 me umherwandeln. Dann legte er wiederum die Hände auf seine Augen, und
er sah deutlich, und er war wiederher-
26 gestellt und sah alles klar. Und er
schickte ihn nach seinem Hause und
sprach: Geh nicht in das Dorf, [sage
es auch niemand im Dorfe].

27 Und Jesus ging hinaus und seine Jünger in die Dörfer von Cäsarea Philippi. Und auf dem Wege fragte er seine
Jünger und sprach zu ihnen: Wer sa-
28 gen die Menschen, daß ich sei? Sie
aber antworteten ihm und sagten: Johannes der Täufer; und andere: Elias; andere aber: einer der Propheten.
29 Und er fragte sie: Ihr aber, wer saget
ihr, daß ich sei? Petrus aber antwortet und spricht zu ihm: Du bist der
30 Christus. Und er bedrohte sie, daß sie
31 niemand von ihm sagen sollten. Und
er fing an sie zu lehren, daß der Sohn
des Menschen vieles leiden und verworfen werden müsse von den Aeltesten und Hohenpriestern und Schriftgelehrten, und *daß er* getötet werden
und nach drei Tagen auferstehen *müsse*.
32 Und er redete das Wort öffentlich. Und
Petrus nahm ihn zu sich und fing an
33 ihn zu strafen. Er aber wandte sich
um, und als er seine Jünger sah, stra-
te er den Petrus und sagte: Geh hinter mich, Satan! denn du sinnst nicht
auf das was Gottes, sondern auf das
34 was der Menschen ist. Und als er die
Volksmenge samt seinen Jüngern herzugerufen hatte, sprach er zu ihnen:
Wer irgend mir nachkommen will,
verleugne sich selbst und nehme sein
35 Kreuz auf und folge mir nach. Denn
wer irgend sein Leben erretten will,
wird es verlieren; wer aber irgend
sein Leben verliert um meinet- und
des Evangeliums willen, wird es er-
36 retten. Denn was wird es einem Menschen nützen, wenn er die ganze Welt
gewönne und seine Seele *a* einbüßte?
37 Denn was wird ein Mensch als Löse-
38 geld geben für seine Seele *a*? Denn wer
irgend sich meiner und meiner Worte
schämt unter diesem ehebrecherischen
und sündigen Geschlecht, dessen wird
sich auch der Sohn des Menschen schämen, wenn er kommen wird in der
Herrlichkeit seines Vaters mit den heiligen Engeln. **✱**Und er sprach zu ih-
9 nen: Wahrlich, ich sage euch: Es sind
etliche von denen, die hier stehen, welche den Tod n i c h t schmecken werden, bis sie das Reich Gottes, in Macht
gekommen, gesehen haben.
2 Und nach sechs Tagen nimmt Jesus
den Petrus und den Jakobus und Johannes mit und führt sie auf einen
hohen Berg besonders allein. Und er
3 wurde vor ihnen umgestaltet; und seine Kleider wurden glänzend, sehr weiß
[wie Schnee], wie kein Walker auf der
4 Erde weiß machen kann. Und es er-

schien ihnen Elias mit Moses, und sie
unterredeten sich mit Jesu. Und Pe- 5
trus hob an und spricht zu Jesu: Rabbi,
es ist gut, daß wir hier sind; und laß
uns drei Hütten machen, dir eine und
Moses eine und Elias eine. Denn er 6
wußte nicht, was er sagen sollte, denn
sie waren voll Furcht. Und es kam eine 7
Wolke, welche sie überschattete *b*; und
eine Stimme kam aus der Wolke: Dieser ist mein geliebter Sohn, ihn höret.
Und plötzlich, als sie sich umblickten, 8
sahen sie niemand mehr, sondern Jesum allein bei sich.

Als sie aber von dem Berge herab- 9
stiegen, gebot er ihnen, daß sie niemand erzählen sollten, was sie gesehen hatten, außer wenn der Sohn des
Menschen aus *den* Toten auferstanden
wäre. Und sie behielten das Wort, in- 10
dem sie sich untereinander befragten:
Was ist das: aus *den* Toten auferstehen? Und sie fragten ihn und spra- 11
chen: Was sagen die Schriftgelehrten *c*,
daß Elias zuerst kommen müsse? Er 12
aber antwortete und sprach zu ihnen:
Elias zwar kommt zuerst und stellt
alle Dinge wieder her; und wie über
den Sohn des Menschen geschrieben
steht, *d* daß er vieles leiden und für
nichts geachtet werden soll. Aber ich 13
sage euch, daß auch Elias gekommen
ist, und sie haben ihm getan, was irgend sie wollten, so wie über ihn geschrieben steht.

Und als er zu den Jüngern kam, sah 14
er eine große Volksmenge um sie her,
und Schriftgelehrte, die sich mit ihnen
stritten. Und alsbald, als die ganze 15
Volksmenge ihn sah, war sie sehr erstaunt; und sie liefen herzu und begrüßten ihn. Und er fragte sie: Wor- 16
über streitet ihr euch mit ihnen? Und 17
einer aus der Volksmenge antwortete
ihm: Lehrer, ich habe meinen Sohn
zu dir gebracht, der einen stummen
Geist hat; und wo immer er ihn er- 18
greift, reißt er ihn, und er schäumt
und knirscht mit seinen Zähnen, und
er magert ab *e*. Und ich sprach zu deinen Jüngern, daß sie ihn austreiben
möchten, und sie vermochten es nicht.
Er aber antwortet ihnen und spricht: 19
O ungläubiges Geschlecht! bis wann
soll ich bei euch sein? bis wann soll
ich euch ertragen? bringet ihn zu mir.
Und sie brachten ihn zu ihm. Und als 20
er ihn sah, zerrte ihn alsbald der Geist;
und er fiel zur Erde und wälzte sich
schäumend. Und er fragte seinen Va- 21
ter: Wie lange Zeit ist es, daß ihm
dies geschehen ist? Er aber sprach:
Von Kindheit an; und oftmals hat er 22
ihn sogar ins Feuer geworfen und ins
Wasser, auf daß er ihn umbrächte;
aber wenn du etwas kannst, so erbarme dich unser und hilf uns! Jesus 23
aber sprach zu ihm: Das „wenn du
kannst" *ist, wenn du* glauben *kannst*;
dem Glaubenden *f* ist alles möglich.

---

a O. sein Leben. — *b* S. die Anm. zu Matth. 17, 5. — *c* O. Die Schriftgelehrten
sagen. — *d* And. üb.: und wie steht über . . . geschrieben? — *e* And. üb.: wird starr;
W. vertrocknet. — *f* Nach and. Lesart: *was das „wenn du kannst" betrifft* — dem
Glaubenden.

24 Und alsbald rief der Vater des Kindleins und sagte [mit Tränen]: Ich glau-
25 be; hilf meinem Unglauben! Als aber Jesus sah, daß eine Volksmenge zusammenlief, bedrohte er den unreinen Geist, indem er zu ihm sprach: Du stummer und tauber Geist, i c h gebiete dir: fahre von ihm aus und fahre
26 nicht mehr in ihn. Und schreiend und *ihn* sehr zerrend fuhr er aus; und er wurde tot, sodaß die meisten sag-
27 ten: Er ist gestorben. Jesus aber nahm ihn bei der Hand und richtete ihn empor; und er stand auf.

28 Und als er in ein Haus *a* getreten war, fragten ihn seine Jünger besonders: Warum haben w i r ihn nicht austrei-
29 ben können? Und er sprach zu ihnen: Diese Art kann durch nichts ausfahren, als nur durch Gebet und Fasten.

30 Und sie gingen von dannen hinweg und zogen durch Galiläa; und er woll-
31 te nicht, daß es jemand erführe. Denn er lehrte seine Jünger und sprach zu ihnen: Der Sohn des Menschen wird überliefert in der Menschen Hände, und sie werden ihn töten; und nachdem er getötet worden ist, wird er
32 nach drei Tagen auferstehen. Sie aber verstanden die Rede nicht und fürchteten sich, ihn zu fragen.

33 Und er kam nach Kapernaum, und als er in dem Hause war, fragte er sie: Was habt ihr auf dem Wege verhan-
34 delt? Sie aber schwiegen; denn sie hatten sich auf dem Wege untereinander besprochen, wer der Größte *b* sei.
35 Und nachdem er sich niedergesetzt hatte, rief er die Zwölfe; und er spricht zu ihnen: Wenn jemand der erste sein will, so soll *c* er der letzte von allen
36 und aller Diener sein. Und er nahm ein Kindlein und stellte es in ihre Mitte; und als er es in seine Arme genom-
37 men hatte, sprach er zu ihnen: Wer irgend e i n e s solcher Kindlein aufnehmen wird in meinem Namen *d*, nimmt mich auf; und wer irgend mich aufnehmen wird, nimmt nicht mich auf, sondern den, der mich gesandt hat.
38 Johannes aber antwortete ihm und sprach: Lehrer, wir sahen jemand, der uns nicht nachfolgt, Dämonen austreiben in deinem Namen; und wir wehrten ihm, weil er uns nicht nachfolgt.
39 Jesus aber sprach: Wehret ihm nicht, denn es ist niemand, der ein Wunderwerk in meinem Namen tun und bald übel von mir zu reden vermögen wird;
40 denn wer nicht wider uns ist, ist für
41 uns. Denn wer irgend euch mit einem Becher Wassers tränken wird in *meinem* Namen, weil ihr Christi seid, wahrlich, ich sage euch: er wird seinen
42 Lohn n i c h t verlieren. Und wer irgend e i n e n der Kleinen *e*, die [an mich] glauben, ärgern *f* wird, dem wäre besser, wenn ein Mühlstein *f* um seinen Hals gelegt, und er ins Meer
43 geworfen würde. Und wenn deine Hand dich ärgert, so haue sie ab. Es

ist dir besser, als Krüppel in das Leben einzugehen, als mit zwei Händen in die Hölle hinabzufahren, in das un-
44 auslöschliche Feuer, [wo ihr Wurm nicht stirbt und das Feuer nicht erlischt]. Und wenn dein Fuß dich är-
45 gert, so haue ihn ab. Es ist dir besser, lahm in das Leben einzugehen, als mit zwei Füßen in die Hölle geworfen zu
46 werden, [in das unauslöschliche Feuer, wo ihr Wurm nicht stirbt und das
47 Feuer nicht erlischt]. Und wenn dein Auge dich ärgert, so wirf es weg. Es ist dir besser, einäugig in das Reich Gottes einzugehen, als mit zwei Augen
48 in die Hölle des Feuers geworfen zu werden, wo ihr Wurm nicht stirbt und
49 das Feuer nicht erlischt. Denn jeder wird mit Feuer gesalzen werden, und jedes Schlachtopfer wird mit Salz ge-
50 salzen werden. Das Salz ist gut; wenn aber das Salz unsalzig geworden ist, womit wollt ihr es würzen? Habt Salz in euch selbst und seid in Frieden untereinander.

Und er stand auf dann en und **10** kommt in das Gebiet von Judäa und von jenseit des Jordan. Und wiederum kommen Volksmengen zu ihm zusammen, und wie er gewohnt war, lehrte
2 er sie wiederum. Und es traten Pharisäer herzu und fragten ihm: Ist es einem Manne erlaubt, *sein* Weib zu entlassen? indem sie ihn versuchten.
3 Er aber antwortete und sprach zu ihnen: Was hat euch Moses geboten?
4 Sie aber sagten: Moses hat gestattet, einen Scheidebrief zu schreiben und
5 zu entlassen. Und Jesus antwortete und sprach zu ihnen: Wegen eurer *g* Herzenshärtigkeit hat er euch dieses
6 Gebot geschrieben; von Anfang der Schöpfung aber schuf *h* Gott sie Mann
7 und Weib *i*. „Um deswillen wird ein Mensch seinen Vater und seine Mutter verlassen und seinem Weibe anhangen,
8 und es werden die zwei e i n Fleisch sein" *j* also sind sie nicht mehr zwei,
9 sondern e i n Fleisch. Was nun Gott zusammengefügt hat, soll der Mensch
10 nicht scheiden. Und in dem Hause befragten ihn die Jünger wiederum
11 hierüber; und er spricht zu ihnen: Wer irgend sein Weib entlassen und eine andere heiraten wird, begeht Ehebruch
12 gegen sie. Und wenn ein Weib ihren Mann entlassen und einen anderen heiraten wird, so begeht sie Ehebruch.

13 Und sie brachten Kindlein zu ihm, auf daß er sie anrühre. Die Jünger aber verwiesen es denen, welche sie
14 herzubrachten. Als aber Jesus es sah, wurde er unwillig und sprach zu ihnen: Lasset die Kindlein zu mir kommen [und] wehret ihnen nicht, denn solcher
15 ist das Reich Gottes. Wahrlich, ich sage euch: Wer irgend das Reich Gottes nicht aufnehmen wird wie ein Kindlein, wird n i c h t in dasselbe eingehen.
16 Und er nahm sie in seine Arme, legte die Hände auf sie und segnete sie.

---

a O. ins Haus. — *b* W. größer. — *c* O. wird. — *d* Eig. auf Grund meines Namens; so auch V. 39. — *e* O. Geringen. — *f* S. die Anm. zu Matth. 18, 6. — *g* Eig. in Hinsicht auf eure. — *h* W. machte. — *i* Eig. männlich und weiblich. — *j* 1. Mose 2, 24.

17 Und als er auf den Weg hinausging, lief einer herzu, fiel vor ihm auf die Kniee und fragte ihn: Guter Lehrer, was soll ich tun, auf daß ich ewiges Le-
18 ben ererbe? Jesus aber sprach zu ihm: Was heißest du mich gut? Niemand ist
19 gut als nur E i n e r, Gott. Die Gebote weißt du: „Du sollst nicht ehebrechen; du sollst nicht töten; du sollst nicht stehlen; du sollst nicht falsches Zeugnis reden; du sollst nichts vorenthalten; ehre
20 deinen Vater und deine Mutter“. Er aber antwortete und sprach zu ihm: Lehrer, dieses alles habe ich beobach-
21 tet von meiner Jugend an. Jesus aber blickte ihn an, liebte ihn und sprach zu ihm: Eines fehlt dir; gehe hin, verkaufe was irgend du hast, und gib *es* den Armen, und du wirst einen Schatz im Himmel haben, und komm, folge mir nach, [das Kreuz aufnehmend].
22 Er aber ging, betrübt über das Wort, traurig hinweg, denn er hatte viele
23 Güter. Und Jesus blickte umher und spricht zu seinen Jüngern: Wie schwerlich werden die, welche Güter *a* haben,
24 in das Reich Gottes eingehen! Die Jünger aber entsetzten sich über seine Worte. Jesus aber antwortete wiederum und spricht zu ihnen: Kinder, wie schwer ist es, daß die, welche auf Güter *a* vertrauen, in das Reich Gottes
25 eingehen! Es ist leichter, daß ein Kamel durch das Oehr der Nadel gehe, als daß ein Reicher in das Reich Got-
26 tes eingehe. Sie aber waren über die Maßen erstaunt und sprachen zueinander: Und wer kann *dann* errettet
27 werden? Jesus aber sah sie an und spricht: Bei Menschen ist es unmöglich, aber nicht bei Gott; denn bei Gott
28 sind alle Dinge möglich. Petrus fing an zu ihm zu sagen: Siehe, w i r haben alles verlassen und sind dir nachge-
29 folgt. Jesus antwortete und sprach: Wahrlich, ich sage euch: Da ist niemand, der Haus oder Brüder oder Schwestern oder Vater oder Mutter [oder Weib] oder Kinder oder Aecker verlassen hat um meinet- und um des
30 Evangeliums willen, der nicht hundertfältig empfange, jetzt in dieser Zeit Häuser und Brüder und Schwestern und Mütter und Kinder und Aecker, mit Verfolgungen, und in dem kom-
31 menden Zeitalter ewiges Leben. Aber viele Erste werden Letzte, und Letzte Erste sein.
32 Sie waren aber auf dem Wege hinauf *b* nach Jerusalem, und Jesus ging vor ihnen her; und sie entsetzten sich und, indem sie nachfolgten, fürchteten sie sich. Und er nahm wiederum die Zwölfe zu sich und fing an ihnen zu sagen, was ihm widerfahren sollte:
33 Siehe, wir gehen hinauf nach Jerusalem, und der Sohn des Menschen wird den Hohenpriestern und den Schriftgelehrten überliefert werden; und sie werden ihn zum Tode verurteilen und werden ihn den Nationen überliefern;
34 und sie werden ihn verspotten und ihn geißeln und ihn anspeien und ihn

töten; und nach drei Tagen wird er auferstehen.
35 Und es treten zu ihm Jakobus und Johannes, die Söhne des Zebedäus, und sagen zu ihm: Lehrer, wir wollen, daß du uns tuest, um was irgend wir dich
36 bitten werden. Er aber sprach zu ihnen: Was wollt ihr, daß ich euch tun soll? Sie
37 aber sprachen zu ihm: Gib uns, daß wir einer zu deiner Rechten und einer zu deiner Linken sitzen mögen in deiner Herrlichkeit. Jesus aber sprach
38 zu ihnen: Ihr wisset nicht, um was ihr bittet. Könnt ihr den Kelch trinken, den i c h trinke, oder mit der Taufe getauft werden, mit der ich
39 getauft werde? Sie aber sprachen zu ihm: Wir können es. Jesus aber sprach zu ihnen: Den Kelch, den i c h trinke, werdet ihr trinken, und mit der Taufe, mit der i c h getauft werde, werdet ihr
40 getauft werden; aber das Sitzen zu meiner Rechten oder Linken steht nicht bei mir zu vergeben, sondern ist *für die*, welchen es bereitet ist. Und als
41 die Zehn es hörten, fingen sie an, unwillig zu werden über Jakobus und
42 Johannes. Und als Jesus sie herzugerufen hatte, spricht er zu ihnen: Ihr wisset, daß die, welche als Regenten der Nationen gelten, über dieselben herrschen, und ihre Großen Gewalt über sie üben. Aber also ist es
43 nicht unter euch; sondern wer irgend unter euch groß werden will, soll *c* euer Diener sein; und wer irgend von
44 euch der erste sein will, soll *c* aller Knecht sein. Denn auch der Sohn
45 des Menschen ist nicht gekommen, um bedient zu werden, sondern um zu dienen und sein Leben zu geben als Lösegeld für viele.
46 Und sie kommen nach Jericho. Und als er aus Jericho ging mit seinen Jüngern und einer zahlreichen Volksmenge, saß der Sohn des Timäus, Bartimäus, der Blinde, bettelnd am Wege.
47 Und als er hörte, daß es Jesus, der Nazarener, sei, fing er an zu schreien und zu sagen: O Sohn Davids, Jesu,
48 erbarme dich meiner! Und viele bedrohten ihn, daß er schweigen solle; er aber schrie um so mehr: Sohn Da-
49 vids, erbarme dich meiner! Und Jesus blieb stehen und hieß ihn rufen. Und sie rufen den Blinden und sagen zu ihm: Sei gutes Mutes; stehe auf, er
50 ruft dich! Er aber warf sein Gewand ab, sprang auf und kam zu Jesu. Und
51 Jesus hob an und spricht zu ihm: Was willst du, daß ich dir tun soll? Der Blinde aber sprach zu ihm: Rabbuni,
52 daß ich sehend werde. Jesus aber sprach zu ihm: Gehe hin, dein Glaube hat dich geheilt *d*. Und alsbald wurde er sehend und folgte ihm nach auf dem Wege.
11 Und als sie Jerusalem, Bethphage und Bethanien nahen, gegen den Oelberg hin, sendet er zwei seiner Jünger
2 und spricht zu ihnen: Gehet hin in das Dorf, das euch gegenüber liegt; und alsbald, wenn ihr in dasselbe kommet,

---

a O. Vermögen, Geld. — *b* W. hinaufgehend. — *c* O. wird. — *d* O. gerettet.

werdet ihr ein Füllen angebunden finden, auf welchem kein Mensch je gesessen hat; bindet es los und füh- 3 ret es *her*. Und wenn jemand zu euch sagt: Warum tut ihr dies? so saget: Der Herr bedarf seiner; und alsbald 4 sendet er es hierher. Sie aber gingen hin und fanden ein Füllen angebunden an der Tür draußen auf dem 5 Wege *a*; und sie binden es los. Und etliche von denen, die daselbst standen, sprachen zu ihnen: Was tut ihr, 6 daß ihr das Füllen losbindet? Sie aber sprachen zu ihnen, wie Jesus gesagt 7 hatte. Und sie ließen sie. Und sie führten das Füllen zu Jesu und legten ihre Kleider darauf, und er setzte sich 8 auf dasselbe. Viele aber breiteten ihre Kleider aus auf den Weg; andere hieben Zweige von den Bäumen [und 9 streuten sie auf den Weg]; und die vorangingen und nachfolgten riefen: Hosanna! gepriesen *sei*, der da kommt 10 im Namen *des* Herrn! *b* Gepriesen *sei* das kommende Reich unseres Vaters 11 David! Hosanna in der Höhe *c*! Und er zog in Jerusalem ein und *ging* in den Tempel *d*; und als er über alles umhergeblickt hatte, ging er, da es schon spät an der Zeit war, mit den Zwölfen hinaus nach Bethanien.

12 Und des folgenden Tages, als sie von Bethanien weggegangen waren, hungerte ihn. Und als er von ferne einen 13 Feigenbaum sah, der Blätter hatte, ging er hin, ob er vielleicht etwas an ihm fände; und als er zu ihm kam, fand er nichts als nur Blätter, denn es 14 war nicht die Zeit der Feigen. Und er hob an und sprach zu ihm: Nimmermehr esse jemand Frucht von dir in Ewigkeit! Und seine Jünger hörten es.

15 Und sie kommen nach Jerusalem. Und als er in den Tempel eingetreten war, fing er an auszutreiben die im Tempel verkauften und kauften; und die Tische der Wechsler und die Sitze 16 der Taubenverkäufer stieß er um. Und er erlaubte nicht, daß jemand ein Ge- 17 fäß *e* durch den Tempel trug. Und er lehrte und sprach zu ihnen: Steht nicht geschrieben: „Mein Haus wird ein Bethaus genannt werden für alle Nationen" ? *f* „Ihr aber habt es zu einer 18 Räuberhöhle gemacht". *g* Und die Hohenpriester und die Schriftgelehrten hörten es und suchten, wie sie ihn umbrächten; denn sie fürchteten ihn, weil die ganze Volksmenge sehr erstaunt 19 war über seine Lehre. Und wenn es Abend wurde, ging er zur Stadt hinaus.

20 Und als sie frühmorgens vorbeigingen, sahen sie den Feigenbaum ver- 21 dorrt von der Wurzeln an. Und Petrus erinnerte sich und spricht zu ihm: Rabbi, siehe, der Feigenbaum, den du 22 verfluchtest, ist verdorrt. Und Jesus antwortet und spricht zu ihnen: Habet

Glauben an Gott. Wahrlich, ich sage 23 euch: Wer irgend zu diesem Berge sagen wird: Werde aufgehoben und ins Meer geworfen! und nicht zweifelt wird in seinem Herzen, sondern glaubt, daß geschieht was er sagt, dem wird werden [was irgend er sagen wird]. Darum sage ich euch: Alles, 24 um was irgend ihr betet und bittet, glaubet, daß ihr es empfanget *h*, und es wird euch werden. Und wenn ihr im 25 Gebet dastehet, so vergebet, wenn ihr etwas wider jemand habt, auf daß auch euer Vater, der in den Himmeln ist, euch eure Uebertretungen *i* vergebe. Wenn i h r aber nicht vergebet, so wird 26 euer Vater, der in den Himmeln ist, auch eure Uebertretungen *i* nicht vergeben.

Und sie kommen wiederum nach 27 Jerusalem. Und als er in dem Tempel umherwandelte, kommen die Hohenpriester und die Schriftgelehrten und die Aeltesten zu ihm und sagen zu 28 ihm: In welchem Recht *j* tust du diese Dinge? und wer hat dir dieses Recht gegeben, daß du diese Dinge tust? Jesus aber [antwortete und] sprach zu 29 ihnen: Auch i c h will euch ein Wort fragen, und antwortet mir, und ich werde euch sagen, in welchem Recht ich diese Dinge tue: Die Taufe Jo- 30 hannes', war sie vom Himmel oder von Menschen? Antwortet mir. Und sie 31 überlegten miteinander und sprachen: Wenn wir sagen: vom Himmel, so wird er sagen: Warum habt ihr ihm denn nicht geglaubt? sagen wir aber: 32 von Menschen . . . sie fürchteten das Volk; denn alle hielten von Johannes, daß er wirklich ein Prophet war. Und 33 sie antworten und sagen zu Jesu: Wir wissen es nicht. Und Jesus [antwortet und] spricht zu ihnen: So sage i c h auch euch nicht, in welchem Recht ich diese Dinge tue.

Und er fing an, in Gleichnissen zu **12** ihnen zu reden: Ein Mensch pflanzte einen Weinberg und setzte einen Zaun um denselben und grub einen Keltertrog und baute einen Turm; und er verdingte ihn an Weingärtner *k* und reiste außer Landes. Und er sandte 2 zur bestimmten Zeit einen Knecht *l* zu den Weingärtnern, auf daß er von den Weingärtnern von der Frucht des Weinbergs empfinge. Sie aber nah- 3 men ihn, schlugen ihn und sandten ihn leer fort. Und wiederum sandte er 4 einen anderen Knecht zu ihnen; und d e n verwundeten sie [durch Steinwürfe] am Kopf und sandten ihn entehrt fort. Und [wiederum] sandte er 5 einen anderen, und d e n töteten sie; und viele andere: die einen schlugen sie, die anderen töteten sie. Da er 6 nun noch e i n e n geliebten Sohn hatte, sandte er auch ihn, den letzten, zu ihnen, indem er sprach: Sie werden

---

a O. der Gasse; eig. ein Weg, der um ein Haus oder ein Gehöft führt. — *b* Vergl. Ps. 118, 26. — *c* Eig. in den höchsten (Oertern). — *d* die Gebäude (s. die Anm. zu Matth. 4, 5); so auch Vers 15. 16 und 27. — *e* O. Gerät. — *f* Jes. 56, 7. — *g* Vergl. Jer. 7, 11. — *h* Eig. empfinget. — *i* O. Fehltritte. — *j* O. welcher Vollmacht; so auch nachher. — *k* Eig. Ackerbauer; so auch V. 2 usw. — *l* O. Sklaven; so auch nachher.

7 sich vor meinem Sohne scheuen. Jene Weingärtner aber sprachen zueinander: Dieser ist der Erbe; kommt, laßt uns ihn töten, und das Erbe wird un-8 ser sein. Und sie nahmen ihn und tö-teten ihn und warfen ihn zum Wein-9 berg hinaus. Was wird nun der Herr des Weinbergs tun? Er wird kommen und die Weingärtner umbringen und 10 den Weinberg anderen geben. Habt ihr nicht auch diese Schrift gelesen: „Der Stein, den die Bauleute verwor-fen haben, dieser ist zum Eckstein *a* 11 geworden; von *dem* Herrn *b* her ist er dies geworden, und er ist wunderbar 12 in unseren Augen"? *c* Und sie suchten ihn zu greifen, und sie fürchteten die Volksmenge; denn sie erkannten, daß er das Gleichnis auf sie geredet hatte. Und sie ließen ihn und gingen hinweg.

13 Und sie senden etliche der Phari-säer und der Herodianer zu ihm, auf 14 daß sie ihn in der Rede fingen. Sie aber kommen und sagen zu ihm: Leh-rer, wir wissen, daß du wahrhaftig bist und dich um niemand kümmerst; denn du siehst nicht auf die Person *d* der Menschen, sondern lehrst den Weg Gottes in Wahrheit; ist es erlaubt, dem Kaiser Steuer zu geben oder nicht? sollen wir *sie* geben, oder sollen wir 15 *sie* nicht geben? Da er aber ihre Heu-chelei kannte, sprach er zu ihnen: Was versuchet ihr mich? Bringet mir einen 16 Denar, auf daß ich ihn sehe. Sie aber brachten ihn. Und er spricht zu ihnen: Wessen ist dieses Bild und die Ueber-schrift? Und sie sprachen zu ihm: Des 17 Kaisers. Und Jesus antwortete und sprach zu ihnen: So gebet dem Kaiser, was des Kaisers ist, und Gott, was Gottes ist. Und sie verwunderten sich über ihn.

18 Und es kommen Sadducäer zu ihm, welche sagen, es gebe keine Auf-stehung; und sie fragten ihn und spra-19 chen: Lehrer, Moses hat uns geschrie-ben: Wenn jemandes Bruder stirbt und hinterläßt ein Weib und hinter-läßt keine Kinder, daß sein Bruder sein Weib nehme und seinem Bruder 20 Samen erwecke. Es waren sieben Brüder. Und der erste nahm ein Weib; und als er starb, hinterließ er keinen 21 Samen; und der zweite nahm sie und starb, und auch e r hinterließ keinen Samen; und der dritte desgleichen. 22 Und die sieben [nahmen sie und] hin-terließen keinen Samen. Am letzten 23 von allen starb auch das Weib. In der Auferstehung, wenn sie auferste-hen werden, wessen Weib von ihnen wird sie sein? Denn die sieben haben 24 sie zum Weibe gehabt. Und Jesus ant-wortete und sprach zu ihnen: Irret ihr deshalb nicht, indem *e* ihr die Schriften nicht kennet, noch die Kraft 25 Gottes? Denn wenn sie aus *den* Toten auferstehen, heiraten sie nicht, noch werden sie verheiratet, sondern sie

sind wie Engel in den Himmeln. Was 26 aber die Toten betrifft, daß sie aufer-stehen, habt ihr nicht in dem Buche Moses' gelesen, „in dem Dornbusch", wie Gott zu ihm redete und sprach: „Ich bin der Gott Abrahams und der Gott Isaaks und der Gott Jakobs"? *f* Er ist nicht der Gott der Toten, son-27 dern der Lebendigen. Ihr irret also sehr.

Und einer der Schriftgelehrten, der 28 gehört hatte, wie sie sich befragten, trat herzu, und als er wahrnahm, daß er ihnen gut geantwortet hatte, fragte er ihn: Welches Gebot ist das erste von allen? Jesus aber antwortete ihm: 29 Das erste Gebot von allen ist: „Höre, Israel: der Herr, unser Gott, ist ein einiger Herr; und du sollst *den* Herrn, 30 deinen Gott, lieben aus deinem gan-zen Herzen und aus deiner ganzen Seele und aus deinem ganzen Verstan-de *h* und aus deiner ganzen Kraft". *i* [Dies ist das erste Gebot.] Und das 31 zweite, *ihm* gleiche, ist dieses: „Du sollst deinen Nächsten lieben wie dich selbst". *j* Größer als diese ist kein an-deres Gebot. Und der Schriftgelehrte 32 sprach zu ihm: Recht, Lehrer, du hast nach der Wahrheit geredet; denn *k* er ist ein einiger *Gott*, und da ist kein anderer außer ihm; und ihn lieben 33 aus ganzem Herzen und aus ganzem Verständnis und aus ganzer Seele und aus ganzer Kraft, und den Nächsten lieben wie sich selbst, ist mehr als alle Brandopfer und Schlachtopfer. Und als Jesus sah, daß er verständig 34 geantwortet hatte, sprach er zu ihm: Du bist nicht fern vom Reiche Got-tes. Und hinfort wagte niemand ihn zu befragen.

Und Jesus hob an und sprach, als er im 35 Tempel *l* lehrte: Wie sagen die Schrift-gelehrten, daß der Christus Davids Sohn sei? [Denn] David selbst hat in 36 dem Heiligen Geiste gesagt: „Der Herr sprach zu meinem Herrn: Setze dich zu meiner Rechten, bis ich deine Fein-de lege zum Schemel deiner Füße".*m* David selbst [also] nennt ihn Herr, 37 und woher ist er sein Sohn? — Und die große Menge des Volkes hörte ihn gern.

Und er sprach zu ihnen in seiner 38 Lehre: Hütet euch vor den Schriftge-lehrten, die in langen Gewändern ein-hergehen wollen und die Begrüßun-gen auf den Märkten *lieben* und die 39 ersten Sitze in den Synagogen und die ersten Plätze bei den Gastmählern; welche die Häuser der Witwen ver-40 schlingen und zum Schein *n* lange Ge-bete halten. Diese werden ein schwe-reres Gericht empfangen.

Und Jesus setzte sich dem Schatz-41 kasten gegenüber und sah, wie die Volksmenge Geld in den Schatzkasten legte; und viele Reiche legten viel ein. Und eine arme Witwe kam und 42

---

a W. zum Haupt der Ecke. — *b* S. die Anm. zu Matth. 1, 20. — *c* Ps. 118, 22. 23. — *d* O. das Aeußere. — *e* O. weil. — *f* 2. Mose 3, 6. — *g* O. Gott ist nicht *ein Gott* der Toten. — *h* O. Gemüt. — *i* 5. Mose 6, 4. 5. — *j* 3. Mose 19, 18. — *k* O. daß. — *l* die Gebäude; s. die Anm. zu Matth. 4, 5. — *m* Ps. 110, 1. — *n* O. Vorwand.

legte zwei Scherflein *a* ein, das ist ein
43 Pfennig *b*. Und er rief seine Jünger
herzu und sprach zu ihnen: Wahrlich,
ich sage euch: Diese arme Witwe hat
mehr eingelegt als alle, die in den
44 Schatzkasten eingelegt haben. Denn
alle haben aus ihrem Ueberfluß eingelegt; diese aber hat von ihrem Mangel, alles was sie hatte, eingelegt, ihren ganzen Lebensunterhalt.

13 Und als er aus dem Tempel *c* her-
austrat, sagt einer seiner Jünger zu
ihm: Lehrer, siehe, was für Steine und
2 was für Gebäude! Und Jesus antwortete und sprach zu ihm: Siehst du diese
großen Gebäude? Es wird nicht ein
Stein auf dem anderen gelassen werden, der nicht abgebrochen werden
3 wird. Und als er auf dem Oelberge
saß, dem Tempel *c* gegenüber, fragten
ihn Petrus und Jakobus und Johan-
4 nes und Andreas besonders: Sage uns,
wann wird dieses sein, und was ist
das Zeichen, wann dieses alles voll-
5 endet werden soll? Jesus aber antwortete ihnen und fing an zu reden:
Sehet zu, daß euch niemand verführe!
6 Denn viele werden unter meinem Namen *d* kommen und sagen: Ich bin's!
7 und sie werden viele verführen. Wenn
ihr aber von Kriegen und Kriegsgerüchten hören werdet, so erschrecket
nicht; denn *dies* muß geschehen, aber
8 es ist noch nicht das Ende. Denn es
wird sich Nation wider Nation erheben und Königreich wider Königreich;
und es werden Erdbeben sein an verschiedenen Orten, und es werden Hungersnöte und Unruhen sein. Dies sind
9 die Anfänge der Wehen. Ihr aber, sehet auf euch selbst, denn sie werden
euch an Synedrien und an Synagogen
überliefern; ihr werdet geschlagen
und vor Statthalter und Könige gestellt werden um meinetwillen, ihnen
10 zu einem Zeugnis; und allen Nationen muß zuvor das Evangelium ge-
11 predigt werden. Wenn sie euch aber
hinführen, um euch zu überliefern, so
sorget nicht zuvor, was ihr reden sollt,
[bereitet euch auch nicht vor] sondern was irgend euch in jener Stunde
gegeben wird, das redet; denn nicht
ihr seid die Redenden, sondern der
12 Heilige Geist. Es wird aber der Bruder den Bruder zum Tode überliefern,
und der Vater das Kind; und Kinder
werden sich erheben wider die Eltern
13 und sie zum Tode bringen *e*. Und ihr
werdet von allen gehaßt werden um
meines Namens willen; wer aber ausharrt bis ans Ende, dieser wird errettet werden.
14 Wenn ihr aber den Greuel der Verwüstung stehen sehet, wo er nicht sollte, (wer es liest, der beachte *f* es) daß
alsdann, die in Judäa sind, auf die
15 Berge fliehen, und wer auf dem Dache *g*
ist, nicht in das Haus hinabsteige, noch
hineingehe, um etwas aus seinem Hau-
16 se zu holen; und wer auf dem Felde

ist, sich nicht zurückwende, um sein
Kleid zu holen. Wehe aber den Schwan- 17
geren und den Säugenden in jenen Tagen! Betet aber, daß es nicht im Win- 18
ter geschehe; denn jene Tage werden 19
eine Drangsal sein, wie dergleichen
von Anfang der Schöpfung, welche
Gott schuf, bis jetzt hin nicht gewesen
ist und nicht sein wird. Und wenn 20
nicht *der* Herr die Tage verkürzt hätte,
so würde kein Fleisch gerettet werden;
aber um der Auserwählten willen, die
er auserwählt hat, hat er die Tage verkürzt. Und alsdann, wenn jemand zu 21
euch sagt: Siehe, hier *ist* der Christus! oder: Siehe dort! so glaubet nicht.
Denn es werden falsche Christi und 22
falsche Propheten aufstehen und werden Zeichen und Wunder tun, um
wenn möglich auch die Auserwählten
zu verführen. Ihr aber sehet zu! Sie- 23
he, ich habe euch alles vorhergesagt.
Aber in jenen Tagen, nach jener 24
Drangsal, wird die Sonne verfinstert
werden und der Mond seinen Schein
nicht geben; und die Sterne des Him- 25
mels werden herabfallen, und die
Kräfte in den Himmeln werden erschüttert werden. Und dann werden 26
sie den Sohn des Menschen kommen
sehen in Wolken mit großer Macht
und Herrlichkeit. Und dann wird er 27
seine Engel aussenden und seine Auserwählten versammeln von den vier
Winden her, vom Ende der Erde bis
zum Ende des Himmels.
Von dem Feigenbaum aber lernet 28
das Gleichnis: Wenn sein Zweig schon
weich geworden ist *h* und die Blätter
hervortreibt, so erkennet ihr, daß der
Sommer nahe ist. Also auch ihr, wenn 29
ihr dies geschehen sehet, so erkennet,
daß es nahe an der Tür ist. Wahrlich, 30
ich sage euch: dieses Geschlecht wird
nicht vergehen, bis alles dieses geschehen ist. Der Himmel und die Er- 31
de werden vergehen, meine Worte
aber sollen nicht vergehen. Von je- 32
nem Tage aber oder der Stunde weiß
niemand, weder die Engel, die im
Himmel sind, noch der Sohn, sondern
nur der Vater. Sehet zu, wachet und 33
betet; denn ihr wisset nicht, wann die
Zeit ist. Gleichwie ein Mensch, der au- 34
ßer Landes reiste, sein Haus verließ und
seinen Knechten *i* die Gewalt gab und
einem jeden sein Werk, und dem Türhüter einschärfte, daß er wache. So 35
wachet nun, denn ihr wisset nicht,
wann der Herr des Hauses kommt,
des Abends, oder um Mitternacht, oder
um den Hahnenschrei, oder frühmorgens; damit er nicht, plötzlich kom- 36
mend, euch schlafend finde. Was ich 37
aber euch sage, sage ich allen: Wachet!
Es war aber nach zwei Tagen das **14**
Passah und das Fest der ungesäuerten Brote *j*. Und die Hohenpriester
und die Schriftgelehrten suchten, wie
sie ihn mit List griffen und töteten;
denn sie sagten: Nicht an dem Feste, 2

---

a W. zwei Lepta. — *b* W. Quadrans, der vierte Teil eines As; s. die Anm. zu
Matth. 10, 29. — *c* die Gebäude; s. die Anm. zu Matth. 4, 5. — *d* Eig. auf Grund meines
Namens. — *e* d. i. ihre Hinrichtung bewirken. — *f* O. verstehe. — *g* O. Hause. — *h* O.
weich wird. — *i* O. Sklaven. — *j* W. und das Ungesäuerte.

damit nicht etwa ein Aufruhr des Volkes entstehe.

3 Und als er in Bethanien war, in dem Hause Simons, des Aussätzigen, kam, während er zu Tische lag, ein Weib, die ein Alabaster-Fläschchen mit Salbe von echter*a*, kostbarer Narde hatte; und sie zerbrach das Fläschchen 4 und goß es aus auf sein Haupt. Es waren aber etliche unwillig bei sich selbst und sprachen: Wozu ist dieser 5 Verlust der Salbe geschehen? denn diese Salbe hätte für mehr als dreihundert Denare verkauft und den Armen gegeben werden können. Und 6 sie zürnten mit ihr. Jesus aber sprach: Lasset sie; was machet ihr ihr Mühe? sie hat ein gutes Werk an mir getan; 7 denn die Armen habt ihr allezeit bei euch, und wenn ihr wollt, könnt ihr ihnen wohltun; mich aber habt ihr 8 nicht allezeit. Sie hat getan, was sie vermochte; sie hat zum voraus meinen Leib zum Begräbnis*b* gesalbt. 9 Und wahrlich, ich sage euch: Wo irgend dieses Evangelium gepredigt werden wird in der ganzen Welt, wird auch von dem geredet werden, was diese getan hat, zu ihrem Gedächtnis.

10 Und Judas Iskariot, einer von den Zwölfen, ging hin zu den Hohenpriestern, auf daß er ihn denselben über- 11 lieferte. Sie aber freuten sich, als sie es hörten, und versprachen, ihm Geld zu geben; und er suchte, wie er ihn zu gelegener Zeit überliefern könnte.

12 Und an dem ersten Tage der ungesäuerten Brote, da man das Passah schlachtete, sagen seine Jünger zu ihm: Wo willst du, daß wir hingehen und bereiten, auf daß du das Passah es- 13 sest? Und er sendet zwei seiner Jünger und spricht zu ihnen: Gehet hin in die Stadt, und es wird euch ein Mensch begegnen, der einen Krug 14 Wasser trägt; folget ihm. Und wo irgend er hineingeht, sprechet zu dem Hausherrn: Der Lehrer sagt: Wo ist mein Gastzimmer, wo ich mit meinen 15 Jüngern das Passah essen mag? Und derselbe wird euch einen großen Obersaal zeigen, mit Polstern belegt *und* 16 fertig; daselbst bereitet für uns. Und seine Jünger gingen aus und kamen in die Stadt und fanden es, wie er ihnen gesagt hatte; und sie bereiteten das Passah.

17 Und als es Abend geworden war, 18 kommt er mit den Zwölfen. Und während sie zu Tische lagen und aßen, sprach Jesus: Wahrlich, ich sage euch: Einer von euch wird mich überliefern, 19 der, welcher mit mir isset. Sie aber fingen an betrübt zu werden und einer nach dem anderen zu ihm zu sagen: Doch nicht ich? [und ein ande- 20 rer: Doch nicht ich?] Er aber antwortete und*s*sprach zu ihnen: Einer von den Zwölfen, der mit mir in die Schüs- 21 sel eintaucht. Der Sohn des Menschen geht zwar dahin, wie über ihn geschrieben steht; wehe aber jenem Men-

schen, durch welchen der Sohn des Menschen überliefert wird! Es wäre jenem Menschen gut, wenn er nicht geboren wäre.

22 Und während sie aßen, nahm Jesus Brot, segnete *c* und brach und gab es ihnen und sprach: Nehmet; dieses ist mein Leib. Und er nahm [den] Kelch, 23 dankte und gab ihnen *denselben*; und sie tranken alle daraus. Und er sprach 24 zu ihnen: Dieses ist mein Blut, das des [neuen] Bundes, welches für viele vergossen wird. Wahrlich, ich sage euch, 25 daß ich hinfort n i c h t mehr von dem Gewächs des Weinstocks trinken werde bis an jenem Tage, da ich es neu trinken werde in dem Reiche Gottes. Und 26 als sie ein Loblied gesungen hatten, gingen sie hinaus nach dem Oelberg.

Und Jesus spricht zu ihnen: Ihr 27 werdet euch alle ärgern, denn es steht geschrieben: „Ich werde den Hirten schlagen, und die Schafe werden zerstreut werden".*d* Nachdem ich aber 28 auferweckt sein werde, werde ich vor euch hingehen nach Galiläa. Petrus 29 aber sprach zu ihm: Wenn sich auch alle ärgern werden, ich aber nicht. Und Jesus spricht zu ihm: Wahrlich, 30 ich sage dir, daß du heute, in dieser Nacht, ehe der Hahn zweimal kräht, mich dreimal verleugnen wirst. Er 31 aber sprach über die Maßen [mehr]: Wenn ich mit dir sterben müßte, werde ich dich n i c h t verleugnen. Desgleichen aber sprachen auch alle.

Und sie kommen an einen Ort, mit 32 Namen Gethsemane, und er spricht zu seinen Jüngern: Setzet euch hier, bis ich gebetet habe *e*. Und er nimmt 33 den Petrus und Jakobus und Johannes mit sich und fing an, sehr bestürzt und beängstigt zu werden. Und er spricht zu 34 ihnen: Meine Seele ist sehr betrübt, bis zum Tode; bleibet hier und wachet. Und 35 er ging ein wenig weiter und fiel auf die Erde; und er betete, daß, wenn es möglich wäre, die Stunde an *f* ihm vorüber gehe. Und er sprach: Abba, 36 Vater, alles ist dir möglich; nimm diesen Kelch von mir weg; doch nicht was i c h will, sondern was du *willst!* Und er kommt und findet sie schla- 37 fend, und er spricht zu Petrus: Simon, schläfst du? Vermochtest du e i n e Stunde zu wachen? Wachet und 38 betet, auf daß ihr nicht in Versuchung kommet; der Geist zwar ist willig, das Fleisch aber schwach. Und er ging 39 wiederum hin, betete und sprach dasselbe Wort. Und als er zurückkam, 40 fand er sie wiederum schlafend, denn ihre Augen waren beschwert; und sie wußten nicht, was sie ihm antworten sollten. Und er kommt zum dritten 41 Mal und spricht zu ihnen: So schlafet denn fort und ruhet aus. Es ist genug; die Stunde ist gekommen, siehe, der Sohn des Menschen wird in die Hände der Sünder überliefert. Stehet auf, 42 laßt uns gehen; siehe, der mich überliefert ist nahe gekommen.

---

a O. flüssiger. — *b* O. zur Einbalsamierung. — *c* O. lobpries, dankte. — *d* Sach. 13, 7. — *e* O. während ich bete. — *f* W. von.

43 Und alsbald, während er noch redete, kommt Judas, einer der Zwölfe, herzu, und mit ihm eine große Volksmenge mit Schwertern und Stöcken, von den Hohenpriestern und den Schriftgelehrten und den Aeltesten. 44 Der ihn aber überlieferte, hatte ihnen ein Zeichen gegeben und gesagt: Welchen irgend ich küssen werde, der ist's; ihn greifet und führet ihn sicher 45 fort. Und als er kam, trat er alsbald zu ihm und spricht: Rabbi, Rabbi! und 46 küßte ihn sehr a. Sie aber legten ihre 47 Hände an ihn und griffen ihn. Einer aber von den Dabeistehenden zog das Schwert, schlug den Knecht des Hohenpriesters und hieb ihm das Ohr ab. 48 Und Jesus hob an und sprach zu ihnen: Seid ihr ausgezogen wie gegen einen Räuber, mit Schwertern und 49 Stöcken, mich zu fangen? Täglich war ich bei euch, im Tempel b lehrend, und ihr habt mich nicht gegriffen; — aber auf daß die Schriften erfüllt würden. 50 Und es verließen ihn alle und flohen. 51 Und ein gewisser Jüngling folgte ihm, der eine feine Leinwand um den bloßen *Leib* geworfen hatte; und [die 52 Jünglinge] greifen ihn. Er aber ließ die feine Leinwand fahren und floh nackt von ihnen. 53   Und sie führten Jesum hinweg zu dem Hohenpriester; und alle Hohenpriester und Aeltesten und Schriftge-54 lehrten versammeln sich zu ihm. Und Petrus folgte ihm von ferne bis hinein in den Hof des Hohenpriesters; und er saß mit bei den Dienern und wärmte sich an dem Feuer. 55   Die Hohenpriester aber und das ganze Synedrium suchten Zeugnis wider Jesum, um ihn zum Tode zu bringen; 56 und sie fanden keines. Denn viele gaben falsches Zeugnis wider ihn, und die Zeugnisse waren nicht überein-57 stimmend. Und etliche standen auf und gaben falsches Zeugnis wider ihn 58 und sprachen: Wir hörten ihn sagen: Ich werde diesen Tempel c, der mit Händen gemacht ist, abbrechen, und in drei Tagen werde ich einen anderen aufbauen, der nicht mit Händen 59 gemacht ist. Und auch also war ihr 60 Zeugnis nicht übereinstimmend. Und der Hohepriester stand auf, *trat* in die Mitte und fragte Jesum und sprach: Antwortest du nichts? Was zeugen die-61 se wider dich? Er aber schwieg und antwortete nichts. Wiederum fragte ihn der Hohepriester und spricht zu ihm: Bist du der Christus, der Sohn 62 des Gesegneten? Jesus aber sprach: Ich bin's! Und ihr werdet den Sohn des Menschen sitzen sehen zur Rechten der Macht und kommen mit den 63 Wolken des Himmels. Der Hohepriester aber zerriß seine Kleider und spricht: Was bedürfen wir noch Zeu-64 gen? Ihr habt die Lästerung gehört; was dünkt euch? Sie alle aber verurteilten ihn, daß er des Todes schuldig 65 sei. Und etliche fingen an ihn anzu-

speien, und sein Angesicht zu verhüllen und ihn mit Fäusten zu schlagen und zu ihm zu sagen: Weissage! Und die Diener gaben ihm Backenstreiche.

Und als Petrus unten im Hofe war, 66 kommt eine von den Mägden des Hohenpriesters, und als sie den Petrus 67 sich wärmen sah, blickt sie ihn an und spricht: Auch du warst mit dem Nazarener Jesus. Er aber leugnete 68 und sprach: Ich weiß nicht, verstehe auch nicht, was du sagst. Und er ging hinaus in den Vorhof; und der Hahn krähte. Und als die Magd ihn sah, fing 69 sie wiederum an, zu den Dabeistehenden zu sagen: Dieser ist *einer* von ihnen. Er aber leugnete wiederum. Und 70 kurz nachher sagten wiederum die Dabeistehenden zu Petrus: Wahrhaftig, du bist *einer* von ihnen, denn du bist auch ein Galiläer. Er aber fing 71 an, sich zu verfluchen und zu schwören: Ich kenne diesen Menschen nicht, von welchem ihr redet. Und zum zweiten 72 Male krähte der Hahn. Und Petrus gedachte des Wortes, wie Jesus zu ihm gesagt hatte: Ehe der Hahn zweimal kräht, wirst du mich dreimal verleugnen. Und als er daran dachte, weinte er.

Und alsbald am frühen Morgen **15** hielten die Hohenpriester Rat samt den Aeltesten und Schriftgelehrten und das ganze Synedrium, und sie banden Jesum und führten ihn weg und überlieferten ihn dem Pilatus. Und 2 Pilatus fragte ihn: Bist du der König der Juden? Er aber antwortete und sprach zu ihm: Du sagst es. Und die 3 Hohenpriester klagten ihn vieler Dinge d an. Pilatus aber fragte ihn wie-4 derum und sprach: Antwortest du nichts? Siehe, wie vieles sie wider dich zeugen! Jesus aber antwortete 5 gar nichts mehr, sodaß Pilatus sich verwunderte. Auf das Fest aber pfleg-6 te er ihnen einen Gefangenen loszugeben, um welchen sie baten. Es war 7 aber einer, genannt Barabbas, mit seinen Mitaufrührern gebunden, welche in dem Aufstande einen Mord begangen hatten. Und die Volksmenge er-8 hob ein Geschrei und fing an zu begehren, *daß er täte*, wie er ihnen allezeit getan. Pilatus aber antwortete ih-9 nen und sprach: Wollt ihr, daß ich euch den König der Juden losgebe? denn er wußte, daß die Hohenprie-10 ster ihn aus Neid überliefert hatten. Die Hohenpriester aber wiegelten die 11 Volksmenge auf, daß er ihnen lieber den Barabbas losgebe. Pilatus aber 12 antwortete und sprach wiederum zu ihnen: Was wollt ihr denn, daß ich mit dem tue, welchen ihr König der Juden nennet? Sie aber schrieen wie-13 derum: Kreuzige ihn! Pilatus aber 14 sprach zu ihnen: Was hat er denn Böses getan? Sie aber schrieen über-mäßig: Kreuzige ihn! Da aber Pilatus 15 der Volksmenge willfahren wollte, gab er ihnen den Barabbas los und überlieferte Jesum, nachdem er ihn hatte

---

a O. vielmals, oder zärtlich. — b die Gebäude; siehe die Anm. zu Matth. 4, 5. — c das Heiligtum; vergl. V. 49. — d O. viel, d. h. heftig.

geißeln lassen, auf daß er gekreuzigt würde.

16 Die Kriegsknechte aber führten ihn in den Hof hinein, das ist das Prätorium; und sie rufen die ganze Schar 17 zusammen. Und sie legen ihm einen Purpur an und flechten eine Dornen-18 krone und setzen sie ihm auf; und sie fingen an ihn zu grüßen: Sei ge-19 grüßt, König der Juden! Und sie schlugen ihn mit einem Rohr auf das Haupt und spieen ihn an, und sie beugten 20 die Kniee und huldigten ihm. Und als sie ihn verspottet hatten, zogen sie ihm den Purpur aus und zogen ihm seine eigenen Kleider an; und sie führten ihn hinaus, auf daß sie ihn kreuzig-21 ten. Und sie zwingen einen Vorübergehenden, einen gewissen Simon von Kyrene, der vom Felde kam, den Vater Alexanders und Rufus', daß er sein Kreuz trüge.

22 Und sie bringen ihn nach der Stätte Golgatha, was verdolmetscht ist 23 Schädelstätte. Und sie gaben ihm Wein, mit Myrrhen vermischt, [zu trinken] 24 er aber nahm es nicht. Und als sie ihn gekreuzigt hatten, verteilen sie seine Kleider, indem sie das Los über dieselben warfen, was jeder bekom-25 men sollte. Es war aber die dritte 26 Stunde, und sie kreuzigten ihn. Und die Ueberschrift seiner Beschuldigung war oben über geschrieben: Der Kö-27 nig der Juden. Und mit ihm kreuzigen sie zwei Räuber, einen zu seiner Rechten und einen zu seiner Linken. 28 [Und die Schrift wurde erfüllt, welche sagt: „Und er ist unter die Gesetzlosen gerechnet worden". a]

29 Und die Vorübergehenden lästerten ihn, indem sie ihre Köpfe schüttelten und sagten: Ha! der du den Tempel b 30 rette dich selbst und steige herab und 31 Kreuze. Gleicherweise spotteten auch die Hohenpriester samt den Schriftgelehrten untereinander und sprachen: Andere hat er gerettet, sich selbst kann 32 er nicht retten. Der Christus, der König Israels, steige jetzt herab vom Kreuze, auf daß wir sehen und glauben. Auch die mit ihm gekreuzigt waren schmähten ihn.

33 Als es aber die sechste Stunde war, kam eine Finsternis über das ganze 34 Land c bis zur neunten Stunde; und zur neunten Stunde schrie Jesus mit lauter Stimme [und sagte]: Eloi, Eloi, lama sabachthani? was verdolmetscht ist: Mein Gott, mein Gott, warum hast 35 du mich verlassen? Und als etliche der Dabeistehenden es hörten, sagten 36 sie: Siehe, er ruft den Elias. Es lief aber einer und füllte einen Schwamm mit Essig und steckte ihn auf ein Rohr und tränkte ihn und sprach: Halt, laßt uns sehen, ob Elias kommt, ihn herab-37 zunehmen. Jesus aber gab einen lau-38 ten Schrei von sich und verschied. Und der Vorhang des Tempels b zerriß in zwei Stücke, von oben bis unten.

Als aber der Hauptmann, der ihm 39 gegenüber dabeistand, sah, daß er also schrie und verschied, sprach er: Wahrhaftig, dieser Mensch war Gottes Sohn!

Es waren aber auch Weiber, die von 40 ferne zusahen, unter welchen auch Maria Magdalene d war und Maria, Jakobus' des Kleinen und Joses' Mutter, und Salome, welche auch, als er in 41 Galiläa war, ihm nachfolgten und ihm dienten; und viele andere, die mit ihm nach Jerusalem hinaufgekommen waren.

Und als es schon Abend geworden, 42 (dieweil es Rüsttag war, welches der Vorsabbath ist) kam Joseph von Ari-43 mathia, ein ehrbarer Ratsherr, der auch selbst das Reich Gottes erwartete, und ging kühn zu Pilatus hinein und bat um den Leib Jesu. Pilatus 44 aber wunderte sich, daß e er schon gestorben sei; und er rief den Hauptmann herzu und fragte ihn, ob er schon lange gestorben sei. Und als er es von 45 dem Hauptmann erfuhr, schenkte er dem Joseph den Leib. Und er kaufte 46 feine Leinwand, nahm ihn herab und wickelte ihn in die feine Leinwand und legte ihn in eine Gruft, die aus einem Felsen gehauen war; und er wälzte einen Stein an die Tür der Gruft. Aber Maria Magdalene und Ma-47 ria, Joses' Mutter, sahen zu, wo er hingelegt wurde.

Und als der Sabbath vergangen **16** war, kauften Maria Magdalene und Maria, die Mutter des Jakobus, und Salome wohlriechende Spezereien, auf daß sie kämen und ihn salbten.

Und sehr früh am ersten Wochen-2 tage kommen sie zu der Gruft, als die Sonne aufgegangen war. Und sie spra-3 chen zueinander: Wer wird uns den Stein von der Tür der Gruft wälzen? Und als sie aufblickten, sehen sie, daß 4 der Stein weggewälzt ist; denn er war sehr groß. Und als sie in die Gruft 5 eintraten, sahen sie einen Jüngling zur Rechten sitzen, angetan mit einem weißen Gewande, und sie entsetzten sich. Er aber spricht zu ihnen: Ent-6 setzet euch nicht; ihr suchet Jesum, den Nazarener, den Gekreuzigten. Er ist auferstanden, er ist nicht hier. Siehe da die Stätte, wo sie ihn hingelegt hatten. Aber gehet hin, saget seinen 7 Jüngern und Petrus, daß er vor euch hingeht nach Galiläa; daselbst werdet ihr ihn sehen, wie er euch gesagt hat. Und sie gingen hinaus und flohen von 8 der Gruft. Denn Zittern und Bestürzung hatte sie ergriffen, und sie sagten niemand etwas, denn sie fürchteten sich.

[Als er aber früh am ersten Wochen-9 tage auferstanden war, erschien er zuerst der Maria Magdalene, von welcher er sieben Dämonen ausgetrieben hatte. Diese ging hin und verkündete 10 es denen, die mit ihm gewesen waren, welche trauerten und weinten. Und 11

---

a Jes. 53, 12. — b das Heiligtum; s. die Anm. zu Matth. 4, 5. — c O. die ganze Erde. — d d. i. von Magdala; so auch nachher. — e Eig. ob.

als jene hörten, daß er lebe und von ihr gesehen worden sei, glaubten sie es nicht.

12 Nach diesem aber offenbarte er sich zweien aus ihnen in einer anderen Gestalt, während sie wandelten, als 13 sie aufs Land gingen. Und diese gingen hin und verkündeten es den übrigen; auch denen glaubten sie nicht.

14 Nachher, als sie zu Tische lagen, offenbarte er sich den Elfen und schalt ihren Unglauben und ihre Herzenshärtigkeit, daß sie denen, die ihn auferweckt gesehen, nicht geglaubt hat-15 ten. Und er sprach zu ihnen: Gehet hin in die ganze Welt und prediget das Evangelium der ganzen Schöp-16 fung. Wer da glaubt und getauft wird,

wird errettet werden; wer aber nicht glaubt, wird verdammt werden. Diese 17 Zeichen aber werden denen folgen, welche glauben: In meinem Namen werden sie Dämonen austreiben; sie werden in neuen Sprachen *a* reden, wer-18 den Schlangen aufnehmen, und wenn sie etwas Tödliches trinken, so wird es ihnen nicht schaden; Schwachen werden sie die Hände auflegen, und sie werden sich wohl befinden.

Der Herr nun wurde, nachdem er 19 mit ihnen geredet hatte, in den Himmel aufgenommen und setzte sich zur Rechten Gottes. Jene aber gingen aus 20 und predigten allenthalben, indem der Herr mitwirkte und das Wort bestätigte durch die darauf folgenden Zeichen.]

Das Evangelium nach Lukas

1 Dieweil ja viele es unternommen haben, eine Erzählung von den Dingen *b*, die unter uns völlig geglaubt 2 werden *c*, zu verfassen *d*, so wie es uns die überliefert haben, welche von Anfang an Augenzeugen und Diener des 3 Wortes gewesen sind, hat es auch mir gut geschienen, der ich allem von Anfang an genau gefolgt bin, es dir, vortrefflichster Theophilus, der Reihe nach 4 zu schreiben, auf daß du die Zuverlässigkeit der Dinge erkennest, in welchen du unterrichtet worden bist.

5 Es war in den Tagen Herodes', des Königs von Judäa, ein gewisser Priester, mit Namen Zacharias, aus der Abteilung Abias; und sein Weib war aus den Töchtern Aarons, und ihr Na-6 me Elisabeth. Beide aber waren gerecht vor Gott, indem sie untadelig wandelten in allen Geboten und Sat-7 zungen des Herrn. Und sie hatten kein Kind, weil Elisabeth unfruchtbar war; und beide waren in ihren Tagen weit 8 vorgerückt. Es geschah aber, als er in der Ordnung seiner Abteilung den priesterlichen Dienst vor Gott erfüll-9 te, traf ihn, nach der Gewohnheit des Priestertums, das Los, in den Tempel *e* des Herrn zu gehen, um zu räu-10 chern. Und die ganze Menge des Volkes war betend draußen zur Stunde 11 des Räucherns. Es erschien ihm aber ein Engel *des* Herrn *f*, zur Rechten des 12 Räucheraltars stehend. Und als Zacharias *ihn* sah, ward er bestürzt, und 13 Furcht überfiel ihn. Der Engel aber sprach zu ihm: Fürchte dich nicht, Zacharias, denn dein Flehen ist erhört, und dein Weib Elisabeth wird dir einen Sohn gebären, und du sollst seinen 14 Namen Johannes *g* heißen. Und er wird dir zur Freude und Wonne sein *h*, und viele werden sich über seine Geburt 15 freuen. Denn er wird groß sein vor

dem Herrn; weder Wein noch starkes Getränk wird er trinken und schon von Mutterleibe an mit Heiligem Geiste erfüllt werden. Und viele der Söh-16 ne Israels wird er zu *dem* Gott, ihrem Gott, bekehren. Und er wird vor 17 ihm hergehen in dem Geist und der Kraft des Elias, um der Väter Herzen zu bekehren zu den Kindern und Ungehorsame zur Einsicht von Gerechten, um *dem* Herrn ein zugerüstetes Volk zu bereiten. Und Zacharias sprach 18 zu dem Engel: Woran soll ich dies erkennen? denn ich bin ein alter Mann, und mein Weib ist weit vorgerückt in ihren Tagen. Und der Engel ant-19 wortete und sprach zu ihm: Ich bin Gabriel, der vor Gott steht, und ich bin gesandt worden, zu dir zu reden und dir diese gute Botschaft zu verkündigen. Und siehe, du wirst stumm 20 sein und nicht sprechen können bis zu dem Tage, da dieses geschehen wird, weil du meinen Worten nicht geglaubt hast, die zu ihrer Zeit werden erfüllt werden. Und das Volk wartete auf Za-21 charias, und sie wunderten sich darüber, daß er im Tempel *e* verzog. Als 22 er aber herauskam, konnte er nicht zu ihnen reden, und sie erkannten, daß er im Tempel *e* ein Gesicht gesehen hatte. Und er winkte ihnen zu und blieb stumm. Und es geschah, als 23 die Tage seines Dienstes erfüllt waren, ging er weg nach seinem Hause.

Nach diesen Tagen aber wurde Eli-24 sabeth, sein Weib, schwanger und verbarg sich fünf Monate, indem sie sagte: Also hat mir der Herr getan in 25 den Tagen, in welchen er *mich* angesehen hat, um meine Schmach unter den Menschen wegzunehmen.

Im sechsten Monat aber wurde der 26 Engel Gabriel von Gott gesandt in eine Stadt von Galiläa, mit Namen

---

a O. Zungen. — *b* O. Ereignissen. — *c* O. unter uns völlig erwiesen (beglaubigt) sind. — *d* Eig. der Reihe nach aufzustellen. — *e* das Heiligtum; s. die Anm. zu Matth. 4, 5. — *f* S. die Anm. zu Matth. 1, 20. — *g* d. i. Jehova ist gütig (gnädig). — *h* O. Und du wirst Freude und Wonne haben.

27 Nazareth, zu einer Jungfrau, die einem Manne verlobt war mit Namen Joseph, aus dem Hause Davids; und der Na-
28 me der Jungfrau war Maria. Und der Engel kam zu ihr hinein und sprach: Sei gegrüßt, Begnadigte! der Herr *ist* mit dir; [gesegnet *bist* du unter den
29 Weibern!] Sie aber, [als sie *ihn* sah] ward bestürzt über sein Wort und überlegte, was für ein Gruß dies sei.
30 Und der Engel sprach zu ihr: Fürchte dich nicht, Maria, denn du hast
31 Gnade *a* bei Gott gefunden; und siehe, du wirst im Leibe empfangen und einen Sohn gebären, und du sollst sei-
32 nen Namen Jesus heißen. Dieser wird groß sein und Sohn des Höchsten genannt werden; und *der* Herr, Gott *b*, wird ihm den Thron seines Vaters Da-
33 vid geben; und er wird über das Haus Jakobs herrschen ewiglich *c*, und sei-
34 nes Reiches wird kein Ende sein. Maria aber sprach zu dem Engel: Wie wird dies sein, die weil ich keinen Mann
35 kenne? Und der Engel antwortete und sprach zu ihr: *Der* Heilige Geist wird über dich kommen, und Kraft des Höchsten wird dich überschatten; darum wird auch das Heilige, das geboren *d*
36 werden wird, Sohn Gottes genannt werden. Und siehe, Elisabeth, deine Verwandte, ist auch mit einem Sohne schwanger in ihrem Alter, und dies ist der sechste Monat bei ihr, welche un-
37 fruchtbar genannt war; denn bei Gott
38 wird kein Ding unmöglich sein *e*. Maria aber sprach: Siehe, *ich bin* die Magd *f des* Herrn; es geschehe mir nach deinem Worte. Und der Engel schied von ihr.
39 Maria aber stand in selbigen Tagen auf und ging mit Eile nach dem Ge-
40 birge, in eine Stadt Judas; und sie kam in das Haus des Zacharias und
41 begrüßte die Elisabeth. Und es geschah, als Elisabeth den Gruß der Maria hörte, hüpfte das Kind in ihrem Leibe; und Elisabeth wurde mit Hei-
42 ligem Geiste erfüllt und rief aus mit lauter Stimme und sprach: Gesegnet *g bist* du unter den Weibern, und gesegnet *g ist* die Frucht deines Leibes!
43 Und woher mir dieses, daß die Mutter
44 meines Herrn zu mir kommt? Denn siehe, wie die Stimme deines Grußes in meine Ohren drang, hüpfte das Kind vor Freude in meinem Leibe.
45 Und glückselig, die geglaubt hat, denn es wird zur Erfüllung kommen, was von *dem* Herrn zu ihr geredet ist!
46 Und Maria sprach:
47 Meine Seele erhebt den Herrn, und mein Geist hat frohlockt in Gott, mei-
48 nem Heilande; denn *h* er hat hingeblickt auf die Niedrigkeit seiner Magd; denn siehe, von nun an werden mich glückselig preisen alle Geschlechter.
49 Denn große Dinge hat der Mächtige an mir getan, und heilig ist sein
50 Name; und seine Barmherzigkeit ist von Geschlecht zu Geschlecht über die, welche ihn fürchten.

Er hat Macht geübt mit seinem Arm; 51 er hat zerstreut, die in der Gesinnung ihres Herzens hochmütig sind.
Er hat Mächtige von Thronen hin- 52 abgestoßen, und Niedrige erhöht.
Hungrige hat er mit Gütern erfüllt, 53 und Reiche leer fortgeschickt.
Er hat sich Israels, seines Knech- 54 tes, angenommen, damit er eingedenk sei der Barmherzigkeit (wie er zu un- 55 seren Vätern geredet hat) gegen Abraham und seinen Samen in Ewigkeit. —
Und Maria blieb ungefähr drei Mo- 56 nate bei ihr; und sie kehrte nach ihrem Hause zurück.
Für Elisabeth aber wurde die Zeit 57 erfüllt, daß sie gebären sollte, und sie gebar einen Sohn. Und ihre Nachbarn 58 und Verwandten hörten, daß *der* Herr seine Barmherzigkeit an ihr groß gemacht habe, und sie freuten sich mit ihr. Und es geschah am achten Tage, 59 da kamen sie, das Kindlein zu beschneiden; und sie nannten es nach dem Namen seines Vaters: Zacharias. Und seine Mutter antwortete und 60 sprach: Nein, sondern er soll Johannes heißen. Und sie sprachen zu ihr: 61 Niemand ist aus deiner Verwandtschaft, der diesen Namen trägt. Sie 62 winkten aber seinem Vater zu, wie er etwa wolle, daß *er* genannt werde. Und er forderte ein Täfelchen und 63 schrieb also: Johannes ist sein Name. Und sie verwunderten sich alle. Als- 64 bald aber wurde sein Mund aufgetan und seine Zunge *gelöst*, und er redete, indem er Gott lobte. Und Furcht kam 65 über alle, die um sie her wohnten; und auf den ganzen Gebirge von Judäa wurden alle diese Dinge besprochen. Und alle, die es hörten, nahmen 66 es zu Herzen und sprachen: Was wird doch aus diesem Kindlein werden? Denn auch *des* Herrn Hand war mit ihm.
Und Zacharias, sein Vater, wurde 67 mit Heiligem Geiste erfüllt und weissagte und sprach:
Gepriesen sei *der* Herr, der Gott Is- 68 raels, daß er besucht und Erlösung geschafft hat seinem Volke, und uns 69 ein Horn des Heils aufgerichtet hat in dem Hause Davids, seines Knechtes, (gleichwie er geredet hat durch 70 den Mund seiner heiligen Propheten, die von alters her waren) Rettung von 71 unseren Feinden und von der Hand aller, die uns hassen; um Barmherzig- 72 keit zu vollbringen an unseren Vätern und seines heiligen Bundes zu gedenken, des Eides, den er Abraham, un- 73 serem Vater, geschworen hat, um uns zu geben, daß wir, gerettet aus der 74 Hand unserer Feinde, ohne Furcht ihm dienen sollen in Frömmigkeit und 75 Gerechtigkeit vor ihm alle unsere Tage. Und du, Kindlein, wirst ein Pro- 76 phet des Höchsten genannt werden; denn du wirst vor dem Angesicht *des* Herrn hergehen, seine Wege zu bereiten, um seinem Volke Erkenntnis des 77

---

a O. Gunst. — *b* d. i. Jehova-Elohim des Alten Testaments. — *c* W. in die Zeitalter. — *d* O. gezeugt. — *e* And. üb.: denn von seiten Gottes wird kein Wort unmöglich (kraftlos) sein. — *f* O. Sklavin; so auch V. 48. — *g* O. Gepriesen. — *h* O. daß.

Heils zu geben in Vergebung ihrer
78 Sünden, durch die herzliche Barmherzigkeit unseres Gottes, in welcher
uns besucht hat der Aufgang aus der
79 Höhe, um denen zu leuchten, die in
Finsternis und Todesschatten sitzen,
um unsere Füße zu richten auf den
Weg des Friedens.
80 Das Kindlein aber wuchs und erstarkte im Geist, und war in den Wüsteneien bis zum Tage seines Auftre-
tens vor Israel.

2 Es geschah aber in jenen Tagen, daß
eine Verordnung von Kaiser Augustus
ausging, den ganzen Erdkreis einzu-
2 schreiben. Die Einschreibung selbst
geschah erst *a*, als Kyrenius Landpfle-
3 ger von Syrien war. Und alle gingen
hin, um sich einschreiben zu lassen,
4 ein jeder in seine eigene Stadt. Es
ging aber auch Joseph von Galiläa,
aus der Stadt Nazareth, hinauf nach
Judäa, in Davids Stadt *b*, welche Bethlehem heißt, weil er aus dem Hause
5 und Geschlecht Davids war, um sich
einschreiben zu lassen mit Maria, seinem verlobten Weibe, welche schwan-
6 ger war. Und es geschah, als sie daselbst waren, wurden ihre Tage er-
7 füllt, daß sie gebären sollte; und sie
gebar ihren erstgeborenen Sohn und
wickelte ihn in Windeln und legte ihn
in eine Krippe, weil in der Herberge
kein Raum für sie war.
8 Und es waren Hirten in selbiger
Gegend, die auf freiem Felde blieben
und des Nachts Wache hielten über
9 ihre Herde. Und siehe, ein Engel des
Herrn stand bei ihnen, und die Herrlichkeit *des* Herrn umleuchtete sie, und
sie fürchteten sich mit großer Furcht.
10 Und der Engel sprach zu ihnen: Fürchtet euch nicht, denn siehe, ich verkündige *c* euch große Freude, die für das
11 ganze Volk sein wird; denn euch ist
heute, in Davids Stadt, ein Erretter *d*
geboren, welcher ist Christus, *der* Herr.
12 Und dies sei euch das Zeichen: Ihr
werdet ein Kind *e* finden, in Windeln
gewickelt und in einer Krippe liegend.
13 Und plötzlich war bei dem Engel eine
Menge der himmlischen Heerscharen,
14 welche Gott lobten und sprachen: Herrlichkeit Gott in der Höhe *f*, und Friede auf Erden, an den Menschen ein
15 Wohlgefallen! Und es geschah, als die
Engel von ihnen hinweg in den Himmel fuhren, daß die Hirten zueinander
sagten: Laßt uns nun hingehen nach
Bethlehem und diese Sache sehen, die
geschehen ist, welche der Herr uns
16 kundgetan hat. Und sie kamen eilends
und fanden sowohl Maria als Joseph,
und das Kind in der Krippe liegend.
17 Als sie es aber gesehen hatten, machten
sie überall das Wort kund, welches
über dieses Kindlein zu ihnen geredet
18 worden war. Und alle, die es hörten,
verwunderten sich über das, was von

den Hirten zu ihnen gesagt wurde.
19 Maria aber bewahrte alle diese Worte *g* und erwog sie in ihrem Herzen.
20 Und die Hirten kehrten um, indem sie
Gott verherrlichten und lobten über
alles was sie gehört und gesehen hatten, so wie es ihnen gesagt worden war.
21 Und als acht Tage erfüllt waren,
daß man ihn beschneiden sollte, da
wurde sein Name Jesus genannt, welcher von dem Engel genannt worden
war, ehe er im Leibe empfangen wurde.
22 Und als die Tage ihrer Reinigung
nach dem Gesetz Moses' erfüllt waren,
brachten sie ihn nach Jerusalem hinauf, um ihn dem Herrn darzustellen,
23 (gleichwie im Gesetz *des* Herrn geschrieben steht: „Alles Männliche, das
die Mutter bricht *h*, soll dem Herrn
heilig heißen" *i*) und ein Schlachtopfer
24 zu geben nach dem, was im Gesetz *des*
Herrn gesagt ist: ein Paar Turteltauben oder zwei junge Tauben.
25 Und siehe, es war in Jerusalem ein
Mensch, mit Namen Simeon; und dieser Mensch war gerecht und gottesfürchtig und wartete auf den Trost
Israels; und *der* Heilige Geist war auf
26 ihm. Und es war ihm von dem Heiligen Geist ein göttlicher Ausspruch geworden, daß er den Tod nicht sehen
solle, ehe er den Christus des Herrn
27 gesehen habe. Und er kam durch *j* den
Geist in den Tempel. Und als die Eltern das Kindlein Jesus hereinbrachten, um betreffs seiner nach der Ge-
28 wohnheit des Gesetzes zu tun, da
nahm auch er es auf seine Arme und
29 lobte Gott und sprach: Nun, Herr *k*,
entlässest du deinen Knecht *l*, nach
30 deinem Worte, in Frieden; denn meine Augen haben dein Heil gesehen,
31 welches du bereitet hast vor dem Ange-
32 sicht aller Völker: ein Licht zur Offenbarung *der* Nationen und zur Herrlich-
33 keit deines Volkes Israel. Und sein Vater und seine Mutter verwunderten sich
über das, was über ihn geredet wurde.
34 Und Simeon segnete sie und sprach zu
Maria, seiner Mutter: Siehe, dieser ist
gesetzt zum Fall und Aufstehen *m* vieler
in Israel und zu einem Zeichen, dem
35 widersprochen wird, (aber auch deine
eigene Seele wird ein Schwert durch-
dringen) damit die Ueberlegungen
vieler Herzen offenbar werden.
36 Und es war eine Prophetin Anna,
eine Tochter Phanuels, aus dem Stamme Aser. Diese war in ihren Tagen
weit vorgerückt und hatte sieben Jah-
37 re mit *ihrem* Manne gelebt von ihrer
Jungfrauschaft an; und sie war eine
Witwe von *n* vierundachtzig Jahren,
die nicht von dem Tempel wich, indem sie Nacht und Tag mit Fasten
38 und Flehen diente. Und sie trat zu derselben Stunde herzu, lobte den Herrn
und redete von ihm zu allen, welche
auf Erlösung warteten in Jerusalem *o*.

---

a And. üb.: Diese Einschreibung geschah als erste. — *b* O. in eine Stadt Davids. — *c* W. evangelisiere, frohbotschafte. — *d* O. Heiland. — *e* Eig. einen Säugling; so auch V. 16. — *f* W. in den höchsten (Oertern). — *g* O. Dinge. — *h* O. den Mutterleib er-schließt. — *i* 2. Mose 13, 2. — *j* W. in (in der Kraft des). — *k* O. Gebieter, Herr-scher. — *l* O. Sklaven. — *m* O. Auferstehen. — *n* Eig. bis zu. — *o* Viele l.: auf Jeru-salems Erlösung warteten.

39 Und als sie alles vollendet hatten nach dem Gesetz *des* Herrn, kehrten sie nach Galiläa zurück in ihre Stadt
40 Nazareth. Das Kindlein aber wuchs und erstarkte, erfüllt mit Weisheit, und seine Gnade *a* war auf ihm.
41 Und seine Eltern gingen alljährlich
42 am Passahfest nach Jerusalem. Und als er zwölf Jahre alt war und sie [nach Jerusalem] hinaufgingen, nach
43 der Gewohnheit des Festes, und die Tage vollendet hatten, blieb bei ihrer Rückkehr der Knabe Jesus in Jerusalem zurück; und seine Eltern wuß-
44 ten es nicht. Da sie aber meinten, er sei unter der Reisegesellschaft, kamen sie eine Tagereise weit und suchten ihn unter den Verwandten und Be-
45 kannten; und als sie ihn nicht fanden, kehrten sie nach Jerusalem zurück
46 und suchten ihn. Und es geschah, nach drei Tagen fanden sie ihn im Tempel, wie er inmitten der Lehrer saß und
47 ihnen zuhörte und sie befragte. Alle aber, die ihn hörten, gerieten außer sich über sein Verständnis und seine
48 Antworten. Und als sie ihn sahen, erstaunten sie; und seine Mutter sprach zu ihm: Kind, warum hast du uns also getan? siehe, dein Vater und ich ha-
49 ben dich mit Schmerzen gesucht. Und er sprach zu ihnen: Was ist es, daß ihr mich gesucht habt? Wußtet ihr
50 nicht, daß ich in dem sein muß, was meines Vaters ist *b*? Und sie verstanden das Wort nicht, das er zu ihnen
51 redete. Und er ging mit ihnen hinab und kam nach Nazareth, und er war ihnen untertan. Und seine Mutter bewahrte alle diese Worte *c* in ihrem
52 Herzen. Und Jesus nahm zu an Weisheit und an Größe *d*, und an Gunst *e* bei Gott und Menschen.

3 Aber im fünfzehnten Jahre der Regierung des Kaisers Tiberius, als Pontius Pilatus Landpfleger von Judäa war, und Herodes Vierfürst von Galiläa, und sein Bruder Philippus Vierfürst von Ituräa und der Landschaft Trachonitis, und Lysanias Vierfürst
2 von Abilene, unter dem Hohenpriestertum von Annas und Kajaphas, geschah das Wort Gottes zu Johannes, dem Sohne Zacharias', in der Wüste.
3 Und er kam in die ganze Umgegend des Jordan und predigte *die* Taufe der
4 Buße zur Vergebung *der* Sünden; wie geschrieben steht im Buche der Worte Jesaias', des Propheten: „Stimme eines Rufenden in der Wüste: Bereitet den Weg *des* Herrn, machet gerade seine
5 Steige! Jedes Tal wird ausgefüllt und jeder Berg und Hügel erniedrigt werden, und das Krumme wird zum geraden *Wege*, und die höckerichten
6 zu ebenen Wegen werden; und alles Fleisch wird das Heil Gottes sehen". *f*
7 Er sprach nun zu den Volksmengen, die hinausgingen, um von ihm getauft zu werden: Otternbrut! wer hat euch gewiesen, dem kommenden Zorn zu

entfliehen? Bringet nun der Buße 8 würdige Früchte; und beginnet nicht bei euch selbst zu sagen: Wir haben Abraham zum Vater; denn ich sage euch, daß Gott dem Abraham aus diesen Steinen Kinder zu erwecken
9 vermag. Schon ist aber auch die Axt an die Wurzel der Bäume gelegt; jeder Baum nun, der nicht gute Frucht bringt, wird abgehauen und ins Feuer gewor-
10 fen. Und die Volksmengen fragten ihn und sprachen: Was sollen wir denn
11 tun? Er aber antwortete und sprach zu ihnen: Wer zwei Leibröcke hat, teile dem mit, der keinen hat; und wer
12 Speise hat, tue gleicherweise. Es kamen aber auch Zöllner, um getauft zu werden; und sie sprachen zu ihm:
13 Lehrer, was sollen wir tun? Er aber sprach zu ihnen: Fordert nicht mehr,
14 als euch bestimmt ist. Es fragten ihn aber auch Kriegsleute und sprachen: Und wir, was sollen wir tun? Und er sprach zu ihnen: Tut niemand Gewalt *g*, und klaget niemand fälschlich an, und begnüget euch mit eurem Solde.

Als aber das Volk in Erwartung 15 war, und alle in ihren Herzen wegen Johannes überlegten, ob er nicht etwa
16 der Christus sei, antwortete Johannes allen und sprach: Ich zwar taufe euch mit Wasser; es kommt aber, der stärker ist als ich, dessen ich nicht würdig *h* bin, *ihm* den Riemen seiner Sandalen zu lösen; er wird euch mit *i*
17 Heiligem Geiste und Feuer taufen; dessen Worfschaufel in seiner Hand ist, und er wird seine Tenne durch und durch reinigen und den Weizen in seine Scheune sammeln; die Spreu aber wird er verbrennen mit unauslöschlichem Feuer. Indem er nun auch 18 mit vielem anderen ermahnte, verkündigte er dem Volke gute Botschaft.
19 Herodes aber, der Vierfürst, weil er wegen der Herodias, des Weibes seines Bruders, und wegen alles Bösen, das Herodes getan hatte, von ihm ge-
20 straft wurde, fügte allem auch dies hinzu, daß er Johannes ins Gefängnis einschloß.

Es geschah aber, als das ganze Volk 21 getauft wurde, und Jesus getauft war und betete, daß der Himmel aufgetan
22 wurde, und der Heilige Geist in leiblicher Gestalt, wie eine Taube, auf ihn herabstieg, und eine Stimme aus dem Himmel kam: Du bist mein geliebter Sohn, an *i* dir habe ich Wohlgefallen gefunden.

Und er selbst, Jesus, begann unge- 23 fähr dreißig Jahre alt zu werden, und war, wie man meinte, ein Sohn des Joseph, des Eli, des Matthat, des Levi,
24 des Melchi, des Janna, des Joseph, des
25 Mattathias, des Amos, des Nahum, des Esli, des Naggai, des Maath, des Matta-
26 thias, des Semei, des Joseph, des Juda, des Johanna, des Resa, des Zorobabel,
27 des Salathiel, des Neri, des Melchi, des
28

---

a O. Gunst. — *b* Eig. daß ich in den Dingen (od. Angelegenheiten) meines Vaters sein muß. — *c* O. Dinge. — *d* O. Gestalt. — *e* O. Gnade. — *f* Jes. 40, 3—5. — *g* O. Uebet an niemand Erpressung. — *h* Eig. genugsam, tüchtig. — *i* W. in.

Addi, des Kosam, des Elmodam, des Er,
29 des Joses, des Elieser, des Jorim, des
30 Matthat, des Levi, des Simeon, des
Juda, des Joseph, des Jonan, des Elia-
31 kim, des Melea, des Menna, des Matta-
32 tha, des Nathan, des David, des Isai,
des Obed, des Boas, des Salmon, des
33 Nahasson, des Aminadab, des Aram,
34 des Esrom, des Phares, des Juda, des Jakob, des Isaak, des Abraham, des Tha-
35 ra, des Nachor, des Seruch, des Rhagau,
36 des Phalek, des Eber, des Sala, des
Kainan, des Arphaxad, des Sem, des
37 Noah, des Lamech, des Methusala,
des Enoch, des Jared, des Maleleel,
38 des Kainan, des Enos, des Seth, des
Adam, des Gottes.

4 Jesus aber, voll Heiligen Geistes,
kehrte vom Jordan zurück und wurde
durch *a* den Geist in der Wüste vier-
2 zig Tage *umher*geführt, indem er von
dem Teufel versucht wurde. Und er
aß in jenen Tagen nichts; und als sie
3 vollendet waren, hungerte ihn. Und
der Teufel sprach zu ihm: Wenn du
Gottes Sohn bist, so sprich zu diesem
4 Steine, daß er Brot werde. Und Jesus
antwortete ihm [und sprach]: Es steht
geschrieben: „Nicht vom Brot allein
soll der Mensch leben, sondern von
jedem Worte Gottes". *b*
5 Und [der Teufel] führte ihn auf einen
hohen Berg und zeigte ihm in einem
Augenblick alle Reiche der Erdkrei-
6 ses. Und der Teufel sprach zu ihm:
Ich will dir alle diese Gewalt und ihre
Herrlichkeit geben; denn mir ist sie
übergeben, und wem irgend ich will,
7 gebe ich sie. Wenn du nun vor mir
anbeten *c* willst, soll sie alle dein sein.
8 Und Jesus antwortete ihm und sprach:
Es steht geschrieben: „Du sollst den
Herrn, deinen Gott, anbeten und ihm
allein dienen". *d*
9 Und er führte ihn nach Jerusalem
und stellte ihn auf die Zinne des Tempels *e* und sprach zu ihm: Wenn du
Gottes Sohn bist, so wirf dich von hier
10 hinab; denn es steht geschrieben: „Er
wird seinen Engeln über dir befehlen,
11 daß sie dich bewahren; und sie werden dich auf den Händen tragen, damit du nicht etwa deinen Fuß an einen
12 Stein stoßest". *f* Und Jesus antwortete
und sprach zu ihm: Es ist gesagt: „Du
sollst den Herrn, deinen Gott, nicht
13 versuchen". *g* Und als der Teufel jede
Versuchung vollendet hatte, wich er
für eine Zeit *h* von ihm.
14 Und Jesus kehrte in der Kraft des
Geistes nach Galiläa zurück, und das
Gerücht über ihn ging aus durch die
15 ganze Umgegend. Und er lehrte in
ihren Synagogen, geehrt von allen.
16 Und er kam nach Nazareth, wo er erzogen war; und er ging nach seiner
Gewohnheit am Sabbathtage in die
Synagoge und stand auf, um vorzu-
17 lesen. Und es wurde ihm das Buch
des Propheten Jesaias gereicht; und

als er das Buch aufgerollt hatte, fand
er die Stelle, wo geschrieben war:
„Der Geist des Herrn ist auf mir, weil 18
er mich gesalbt hat, Armen gute Botschaft zu verkündigen; er hat mich
gesandt, Gefangenen Befreiung auszurufen und Blinden das Gesicht, Zer-
schlagene in Freiheit hinzusenden,
auszurufen das angenehme *i* Jahr *des* 19
Herrn". *j* Und als er das Buch zuge- 20
rollt hatte, gab er es dem Diener zurück und setzte sich; und aller Augen
in der Synagoge waren auf ihn gerichtet. Er fing aber an, zu ihnen zu 21
sagen: Heute ist diese Schrift vor
euren Ohren erfüllt. Und alle gaben 22
ihm Zeugnis und verwunderten sich
über die Worte der Gnade, die aus
seinem Munde hervorgingen; und sie
sprachen: Ist dieser nicht der Sohn
Josephs? Und er sprach zu ihnen: 23
Ihr werdet allerdings dieses Sprichwort *k* zu mir sagen: Arzt, heile dich
selbst; alles was wir gehört haben,
daß es in Kapernaum geschehen *sei*,
tue auch hier in deiner Vaterstadt.
Er sprach aber: Wahrlich, ich sage 24
euch, daß kein Prophet in seiner Vaterstadt angenehm *l* ist. In Wahrheit
aber sage ich euch: Viele Witwen
waren in den Tagen Elias' in Israel,
als der Himmel drei Jahre und sechs
Monate verschlossen war, sodaß eine
große Hungersnot über das ganze Land
kam; und zu keiner von ihnen wurde 26
Elias gesandt, als nur nach Sarepta
in Sidonia, zu einem Weibe, einer
Witwe. Und viele Aussätzige waren 27
zur Zeit des Propheten Elisa in Israel,
und keiner von ihnen wurde gereinigt,
als nur Naaman, der Syrer. Und alle 28
wurden von Wut erfüllt in der Synagoge, als sie dies hörten. Und sie 29
standen auf und stießen ihn zur Stadt
hinaus und führten ihn bis an den
Rand des Berges, auf welchem ihre
Stadt erbaut war, um ihn so hinabzu-
stürzen. Er aber, durch ihre Mitte hin- 30
durchgehend, ging hinweg.
Und er kam nach Kapernaum hinab, 31
einer Stadt in Galiläa, und lehrte sie
an den Sabbathen. Und sie erstaunten 32
sehr über seine Lehre, denn sein Wort
war mit Gewalt. Und es war in der 33
Synagoge ein Mensch, der einen Geist
eines unreinen Dämons hatte, und er
schrie auf mit lauter Stimme und 34
sprach: Laß ab! *m* was haben wir mit
dir zu schaffen, Jesu, Nazarener? Bist
du gekommen, uns zu verderben? Ich
kenne dich, wer du bist: der Heilige
Gottes. Und Jesus bedrohte ihn und 35
sprach: Verstumme und fahre aus von
ihm! Und als der Dämon ihn mitten
unter sie geworfen hatte, fuhr er von
ihm aus, ohne ihn zu beschädigen. Und 36
Entsetzen kam über alle, und sie redeten untereinander und sprachen:
Was ist dies für ein Wort? denn mit
Gewalt und Kraft gebiet et er den

---

a W. in (in der Kraft des). — *b* 5. Mose 8, 3. — *c* O. huldigen; so auch V. 8. —
d 5. Mose 6, 13. — *e* die Gebäude. — *f* Ps. 91, 11. 12. — *g* 5. Mose 6, 16. — *h* O.
bis zu einer *anderen* Zeit. — *i* O. wohlgefällige. — *j* Jes. 61, 1. 2. — *k* Eig. Gleichnis. — *l* O. wohlgefällig. — *m* O. Ha!

unreinen Geistern, und sie fahren 37 aus. Und das Gerücht über ihn ging aus in jeden Ort der Umgegend.

38 Er machte sich aber auf von der Synagoge und kam in das Haus Simons. Die Schwiegermutter des Simon aber war von einem starken Fieber befal-39 len; und sie baten ihn für sie. Und über ihr stehend, bedrohte er das Fieber, und es verließ sie; sie aber stand alsbald auf und diente ihnen.

40 Als aber die Sonne unterging, brachten alle, welche an mancherlei Krankheiten Leidende hatten, dieselben zu ihm; er aber legte einem jeden von ihnen die Hände auf und heilte sie.

41 Und auch Dämonen fuhren von vielen aus, indem sie schrieen und sprachen: Du bist der Sohn Gottes. Und er bedrohte sie und ließ sie nicht reden, weil sie wußten, daß er der Christus war.

42 Als es aber Tag geworden war, ging er aus und begab sich an einen öden Ort; und die Volksmengen suchten ihn auf und kamen bis zu ihm, und sie hielten ihn auf, daß er nicht von ihnen 43 ginge. Er aber sprach zu ihnen: Ich muß auch den anderen Städten das Evangelium vom Reiche Gottes verkündigen, denn dazu bin ich gesandt 44 worden. Und er predigte in den Synagogen von Galiläa.

5 Es geschah aber, als die Volksmenge auf ihn andrängte, um das Wort Gottes zu hören, daß er an dem See Gene-2 zareth stand. Und er sah zwei Schiffe am See stehen; die Fischer aber waren aus denselben getreten und wu-3 schen ihre Netze. Er aber stieg in eines der Schiffe, welches Simon gehörte, und bat ihn, ein wenig vom Lande hinauszufahren; und er setzte sich und lehrte die Volksmengen vom Schiffe 4 aus. Als er aber aufhörte zu reden, sprach er zu Simon: Fahre hinaus auf die Tiefe und lasset eure Netze zu 5 einem Fange hinab. Und Simon antwortete und sprach zu ihm: Meister, wir haben uns die ganze Nacht hindurch bemüht und nichts gefangen, aber auf dein Wort will ich das Netz 6 hinablassen. Und als sie dies getan hatten, umschlossen sie eine große Menge 7 Fische, und ihr Netz riß. Und sie winkten ihren Genossen in dem anderen Schiffe, daß sie kämen und ihnen hülfen; und sie kamen, und sie füllten 8 beide Schiffe, sodaß sie sanken. Als aber Simon Petrus es sah, fiel er zu den Knieen Jesu nieder und sprach: Geh von mir hinaus, denn ich bin ein 9 sündiger Mensch, Herr. Denn Entsetzen hatte ihn erfaßt und alle, die bei ihm waren, über den Fang der Fische, 10 den sie getan hatten; gleicherweise aber auch Jakobus und Johannes, die Söhne des Zebedäus, welche Genossen *a* von Simon waren. Und Jesus sprach zu Simon: Fürchte dich nicht; von nun 11 an wirst du Menschen fangen. Und als sie die Schiffe ans Land gebracht hatten, verließen sie alles und folgten ihm nach.

Und es geschah, als er in einer der 12 Städte war, siehe, da war ein Mann voll Aussatz; und als er Jesum sah, fiel er auf sein Angesicht und bat ihn und sprach: Herr, wenn du willst, kannst du mich reinigen. Und er streck-13 te die Hand aus, rührte ihn an und sprach: Ich will; sei gereinigt! Und alsbald wich der Aussatz von ihm. Und 14 er gebot ihm, es niemand zu sagen: sondern gehe hin und zeige dich dem Priester und opfere für deine Reinigung, wie Moses geboten hat, ihnen zum Zeugnis. Aber die Rede über ihn 15 verbreitete sich um so mehr; und große Volksmengen versammelten sich, *ihn* zu hören und von ihren Krankheiten geheilt zu werden. Er aber zog sich 16 zurück und war in den Wüsteneien und betete.

Und es geschah an einem der Tage, 17 daß er lehrte; und es saßen da Pharisäer und Gesetzlehrer, welche aus jedem Dorfe von Galiläa und Judäa und *aus* Jerusalem gekommen waren: und *des* Herrn Kraft war *da*, um sie zu heilen. Und siehe, Männer, welche auf 18 einem Bett einen Menschen bringen, der gelähmt war; und sie suchten ihn hineinzubringen und vor ihn zu legen. Und da sie nicht fanden, auf welchem 19 Wege sie ihn hineinbringen sollten wegen der Volksmenge, stiegen sie auf das Dach und ließen ihn durch die Ziegel hinab mit dem Bettlein in die Mitte vor Jesum. Und als er ihren Glauben 20 sah, sprach er: Mensch, deine Sünden sind dir vergeben. Und die Schriftge-21 lehrten und die Pharisäer fingen an zu überlegen, indem sie sagten: Wer ist dieser, der Lästerungen redet? Wer kann Sünden vergeben, außer Gott allein? Als aber Jesus ihre Ueberle-22 gungen erkannte, antwortete und sprach er zu ihnen: Was überleget ihr in euren Herzen? Was ist leichter, zu 23 sagen: Dir sind deine Sünden vergeben, oder zu sagen: Stehe auf und wandle? Auf daß ihr aber wisset, daß der Sohn 24 des Menschen Gewalt hat auf der Erde Sünden zu vergeben ... sprach er zu dem Gelähmten: Ich sage dir, stehe auf und nimm dein Bettlein auf und geh nach deinem Hause. Und alsbald stand 25 er vor ihnen auf, nahm auf, worauf er gelegen hatte, und ging hin nach seinem Hause, indem er Gott verherrlichte. Und Staunen ergriff alle, und sie ver-26 herrlichten Gott und wurden mit Furcht erfüllt und sprachen: Wir haben heute außerordentliche *b* Dinge gesehen.

Und nach diesem ging er hinaus und 27 sah einen Zöllner, mit Namen Levi, am Zollhause sitzen und sprach zu ihm: Folge mir nach. Und alles verlassend, 28 stand er auf und folgte ihm nach. Und 29 Levi machte ihm ein großes Mahl in seinem Hause; und daselbst war eine große Menge Zöllner und anderer, die mit ihnen zu Tische lagen. Und die 30 Pharisäer und ihre Schriftgelehrten murrten gegen seine Jünger und sprachen: Warum esset und trinket ihr mit

---

a Eig. Teilhaber. — *b* O. seltsame, unglaubliche.

31 den Zöllnern und Sündern? Und Jesus antwortete und sprach zu ihnen: Die Gesunden bedürfen nicht eines 32 Arztes, sondern die Kranken; ich bin nicht gekommen, Gerechte zu rufen, 33 sondern Sünder zur Buße. Sie aber sprachen zu ihm: Warum fasten die Jünger Johannes' oft und verrichten Gebete, gleicherweise auch die der Pharisäer; die deinigen aber essen und 34 trinken? Jesus aber sprach zu ihnen: Ihr könnt doch nicht die Gefährten des Bräutigams a fasten lassen, während 35 der Bräutigam bei ihnen ist? Es werden aber Tage kommen, und wann der Bräutigam von ihnen weggenommen sein wird, dann, in jenen Tagen, wer- 36 den sie fasten. Er sagte aber auch ein Gleichnis zu ihnen: Niemand setzt einen Flicken von einem neuen Kleide auf ein altes Kleid; sonst wird er sowohl das neue zerschneiden b, als auch c der Flicken von dem neuen zum 37 alten nicht passen wird. Und niemand tut neuen Wein in alte Schläuche: sonst wird der neue Wein die Schläuche zerreißen, und er selbst wird verschüttet werden, und die Schläuche werden ver- 38 derben; sondern neuen Wein tut man in neue Schläuche, und beide werden 39 zusammen erhalten. Und niemand will, wenn er alten getrunken hat, [alsbald] neuen, denn er spricht: Der alte ist besser.

6 Und es geschah am zweit-ersten bath, daß er durch die Saaten ging, und seine Jünger die Aehren abpflückten und aßen, indem sie sie mit den 2 Händen zerrieben. Einige der Pharisäer aber sprachen zu ihnen: Warum tut ihr, was nicht erlaubt ist am Sab- 3 bath zu tun? Und Jesus antwortete und sprach zu ihnen: Habt ihr auch dieses nicht gelesen, was David tat, als ihn und die bei ihm waren hunger- 4 te? wie er in das Haus Gottes ging und die Schaubrote nahm und aß, und auch denen gab, die bei ihm waren, welche niemand essen darf, als nur 5 die Priester allein? Und er sprach zu ihnen: Der Sohn des Menschen ist Herr auch des Sabbaths.

6 Es geschah aber auch an einem anderen Sabbath, daß er in die Synagoge ging und lehrte; und es war daselbst ein Mensch, dessen rechte Hand 7 verdorrt war. Die Schriftgelehrten und die Pharisäer aber lauerten darauf, ob er am Sabbath heilen würde, auf daß sie eine Beschuldigung wider ihn fän- 8 den. Er aber wußte ihre Ueberlegungen und sprach zu dem Menschen, der die verdorrte Hand hatte: Stehe auf und stelle dich in die Mitte. Er aber stand auf und stellte sich hin d. 9 Jesus sprach nun zu ihnen: Ich will euch fragen, ob es erlaubt ist, am Sabbath Gutes zu tun oder Böses zu tun, das e Leben zu retten oder zu verder- 10 ben. Und nachdem er sie alle umher

angeblickt hatte, sprach er zu ihm: Strecke deine Hand aus! Und er tat [also]; und seine Hand wurde wiederhergestellt, wie die andere. Sie aber 11 wurden mit Unverstand erfüllt und besprachen sich untereinander, was sie Jesu tun sollten.

Und es geschah in selbigen Tagen, 12 daß er auf den Berg hinausging, um zu beten; und er verharrte die Nacht im Gebet zu Gott. Und als es Tag wur- 13 de, rief er seine Jünger herzu und erwählte aus ihnen zwölf, die er auch Apostel nannte: Simon, den er auch 14 Petrus nannte, und Andreas, seinen Bruder, und Jakobus und Johannes, und Philippus und Bartholomäus, und 15 Matthäus und Thomas, und Jakobus, Alphäus' Sohn, und Simon, genannt Zelotes f, und Judas, Jakobus' Bruder g, 16 und Judas Iskariot, der auch sein Verräter wurde. Und als er mit ihnen her- 17 abgestiegen war, stand er auf einem ebenen Platze, und eine Menge seiner Jünger und eine große Menge des Volkes von ganz Judäa und Jerusalem und von der Seeküste von Tyrus und Sidon, welche kamen, ihn zu hören und von ihren Krankheiten geheilt zu werden; und die von unreinen Gei- 18 stern Geplagten wurden geheilt. Und 19 die ganze Volksmenge suchte ihn anzurühren, denn es ging Kraft von ihm aus und heilte alle.

Und er hob seine Augen auf zu sei- 20 nen Jüngern und sprach: Glückselig ihr Armen, denn euer ist das Reich Gottes. Glückselig, die ihr jetzt hun- 21 gert, denn ihr werdet gesättigt werden. Glückselig, die ihr jetzt weinet, denn ihr werdet lachen. Glückselig 22 seid ihr, wenn die Menschen euch hassen werden, und wenn sie euch absondern und schmähen und euren Namen als böse verwerfen werden um des Sohnes des Menschen willen; freuet euch 23 an selbigem Tage und hüpfet, denn siehe, euer Lohn ist groß in dem Himmel; denn desgleichen taten ihre Väter den Propheten. Aber wehe euch Reichen, 24 denn ihr habt euren Trost dahin. Wehe 25 euch, die ihr voll seid, denn ihr werdet hungern. Wehe euch, die ihr jetzt lachet, denn ihr werdet trauern und weinen. Wehe, wenn alle Menschen wohl 26 von euch reden; denn desgleichen taten ihre Väter den falschen Propheten. Aber sage ich, die ihr höret: Lie- 27 bet eure Feinde; tut wohl denen, die euch hassen; segnet, die euch fluchen; 28 betet für die, welche euch beleidigen; Dem, der dich auf den Backen schlägt, 29 biete auch den anderen dar; und dem, der dir den Mantel nimmt, wehre auch den Leibrock nicht. Gib jedem, der dich 30 bittet; und von dem, der dir das Deinige nimmt, fordere es nicht zurück. Und wie ihr wollt, daß euch die Men- 31 schen tun sollen, tut auch ihr ihnen gleicherweise. Und wenn ihr liebet, 32

---

a W. Söhne des Brautgemachs. — b O. sonst wird sowohl das neue zerreißen. — c O. mit vielen alten Handschr.: Niemand schneidet einen Flicken von einem neuen Kleide und setzt ihn auf ein altes Kleid; sonst wird er sowohl das neue zerschneiden als auch usw. — d O. stand da. — e O. ein. — f Eiferer. — g And.: Sohn.

die euch lieben, was für Dank ist es euch? denn auch die Sünder lieben,
33 die sie lieben. Und wenn ihr denen Gutes tut, die euch Gutes tun, was für Dank ist es euch? denn auch die Sün-
34 der tun dasselbe. Und wenn ihr denen leihet, von welchen ihr *wieder* zu empfangen hoffet, was für Dank ist es euch? [denn] auch die Sünder leihen Sündern, auf daß sie das gleiche wie-
35 der empfangen. Doch liebet eure Feinde, und tut Gutes, und leihet, ohne etwas wieder zu hoffen, und euer Lohn wird groß sein, und ihr werdet Söhne des Höchsten sein; denn er ist gütig gegen die Undankbaren und Bösen.
36 Seid nun barmherzig, wie auch euer
37 Vater barmherzig ist. Und richtet nicht, und ihr werdet n i c h t gerichtet werden; verurteilet nicht, und ihr werdet n i c h t verurteilt werden. Lasset los, und ihr werdet losgelassen *a* werden.
38 Gebet, und es wird euch gegeben werden: ein gutes, gedrücktes und gerütteltes und überlaufendes Maß wird man in euren Schoß geben; denn mit demselben Maße, mit welchem ihr messet, wird euch wieder gemessen werden.
39 Er sagte aber auch ein Gleichnis zu ihnen: Kann etwa ein Blinder einen Blinden leiten? werden nicht bei-
40 de in eine Grube fallen? Ein Jünger ist nicht über den Lehrer; jeder aber, der vollendet ist, wird sein wie sein
41 Lehrer. Was aber siehst du den *b* Splitter, der in deines Bruders Auge ist, den Balken aber, der in deinem eigenen Auge ist, nimmst du nicht wahr?
42 Oder wie kannst du zu deinem Bruder sagen: Bruder, erlaube, ich will den Splitter herausziehen *c*, der in deinem Auge ist, während du selbst den Balken in deinem Auge nicht siehst? Heuchler, ziehe zuerst den Balken aus deinem Auge, und dann wirst du klar sehen, um den Splitter herauszuziehen, der in deines Bruders Auge ist.
43 Denn es gibt keinen guten Baum, der faule Frucht bringt, noch einen faulen Baum, der gute Frucht bringt;
44 denn ein jeder Baum wird an seiner eigenen Frucht erkannt; denn von Dornen sammelt man nicht Feigen, noch liest man von einem Dornbusch
45 Trauben *d*. Der gute Mensch bringt aus dem guten Schatze seines Herzens das Gute hervor, und der böse bringt aus dem bösen das Böse hervor; denn aus der Fülle des Herzens redet sein
46 Mund. Was heißet ihr mich aber: Herr, Herr! und tut nicht, was ich sage?
47 Jeder, der zu mir kommt und meine Worte hört und sie tut — ich will
48 euch zeigen, wem er gleich ist. Er ist einem Menschen gleich, der ein Haus baute, welcher grub und vertiefte und den Grund auf den Felsen legte; als aber eine Flut kam, schlug der Strom an jenes Haus und ver-
49 mochte es nicht zu erschüttern, denn es war auf den Felsen gegründet. Der

aber gehört und nicht getan hat, ist einem Menschen gleich, der ein Haus auf die Erde baute ohne Grundlage, an welches der Strom schlug, und alsbald fiel es, und der Sturz jenes Hauses war groß.

7 Nachdem er aber alle seine Worte vor den Ohren des Volkes vollendet hatte, ging er hinein nach Kapernaum.
2 Eines gewissen Hauptmanns Knecht aber, der ihm wert war, war krank und lag im Sterben. Als er aber von
3 Jesu hörte, sandte er Aelteste der Juden zu ihm und bat ihn, daß er käme und seinen Knecht gesund mache *f*.
4 Als diese aber zu Jesu hinkamen, baten sie ihn angelegentlich und sprachen: Er ist würdig, daß du ihm dies
5 gewährest; denn er liebt unsere Nation, und er selbst hat uns die Synagoge erbaut. Jesus aber ging mit ihnen.
6 Als er aber schon nicht mehr weit von dem Hause entfernt war, sandte der Hauptmann Freunde zu ihm und ließ ihm sagen *g*: Herr, bemühe dich nicht, denn ich bin nicht würdig *h*, daß du unter mein Dach tretest. Dar-
7 um habe ich mich selbst auch nicht würdig geachtet, zu dir zu kommen; sondern sprich ein Wort, und mein
8 Knecht wird gesund werden. Denn auch i c h bin ein Mensch, unter Gewalt gestellt, und habe Kriegsknechte unter mir; und ich sage zu diesem: Gehe hin, und er geht; und zu einem anderen: Komm, und er kommt; und zu meinem Knechte: Tue dieses, und
9 er tut's. Als aber Jesus dies hörte, verwunderte er sich über ihn; und er wandte sich zu der Volksmenge, die ihm folgte, und sprach: Ich sage euch, selbst nicht in Israel habe ich so gro-
10 ßen Glauben gefunden. Und als die Abgesandten in das Haus zurückkehrten, fanden sie den kranken Knecht gesund.

11 Und es geschah danach *i*, daß er in eine Stadt ging, genannt Nain, und viele seiner Jünger und eine große
12 Volksmenge gingen mit ihm. Als er sich aber dem Tore der Stadt näherte, siehe, da wurde ein Toter herausgetragen, der eingeborene Sohn seiner Mutter, und sie war eine Witwe; und eine zahlreiche Volksmenge aus
13 der Stadt [war] mit ihr. Und als der Herr sie sah, wurde er innerlich bewegt über sie und sprach zu ihr: Wei-
14 ne nicht! Und er trat hinzu und rührte die Bahre an, die Träger aber standen still; und er sprach: Jüngling,
15 ich sage dir, stehe auf! Und der Tote setzte sich auf und fing an zu reden; und er gab ihn seiner Mutter. Alle
16 aber ergriff Furcht; und sie verherrlichten Gott und sprachen: Ein großer Prophet ist unter uns erweckt worden, und Gott hat sein Volk besucht. Und diese Rede über ihn ging
17 aus in ganz Judäa und in der ganzen Umgegend.

---

a O. sprechet frei, und ihr werdet freigesprochen. — *b* O. auf den. — *c* Eig. hinauswerfen; so auch nachher. — *d* Eig. eine Traube. — *e* O. Sklave; so auch V. 8 und 10. — *f* O. rette. — *g* W. ihm sagend. — *h* Eig. genugsam, tüchtig. — *i* O. am folgenden *Tage*.

18 Und dem Johannes berichteten seine Jünger über dies alles. Und Johannes rief zwei seiner Jünger herzu 19 und sandte sie zu Jesu und ließ *ihm* sagen *a*: Bist du der Kommende, oder sollen wir auf einen anderen warten? 20 Als aber die Männer zu ihm gekommen waren, sprachen sie: Johannes der Täufer hat uns zu dir gesandt und läßt *dir* sagen *a*: Bist du der Kommende, oder sollen wir auf einen anderen warten? 21 In jener Stunde aber heilte er viele von Krankheiten und Plagen und bösen Geistern, und vielen Blinden schenkte er das Gesicht. 22 Und Jesus antwortete und sprach zu ihnen: Gehet hin und verkündet Johannes, was ihr gesehen und gehört habt: daß Blinde sehend werden, Lahme wandeln, Aussätzige gereinigt werden, Taube hören, Tote auferweckt werden, Armen gute Botschaft verkündigt wird; 23 und glückselig ist, wer irgend sich nicht an mir ärgern wird.

24 Als aber die Boten des Johannes weggegangen waren, fing er an zu den Volksmengen zu reden über Johannes: Was seid ihr in die Wüste hinausgegangen zu sehen? ein Rohr, vom 25 Winde hin und her bewegt? Aber was seid ihr hinausgegangen zu sehen? einen Menschen, mit weichen Kleidern angetan? Siehe, die in herrlicher Kleidung und in Ueppigkeit leben, sind an den königlichen Höfen. 26 Aber was seid ihr hinausgegangen zu sehen? einen Propheten? Ja, sage ich euch, und mehr *b* als einen Propheten. 27 Dieser ist es, von dem geschrieben steht: „Siehe, ich sende meinen Boten vor deinem Angesicht her, der deinen 28 Weg vor dir bereiten wird" *; c* denn ich sage euch: Unter den von Weibern Geborenen ist kein größerer Prophet als Johannes der Täufer; aber der Kleinste *d* in dem Reiche Gottes 29 ist größer als er. (Und das ganze Volk, das zuhörte, und die Zöllner rechtfertigten Gott, indem sie mit der Taufe Johannes' getauft worden waren; 30 die Pharisäer aber und die Gesetzgelehrten machten in Bezug auf sich selbst den Ratschluß Gottes wirkungslos, indem sie nicht von ihm getauft 31 worden waren.) Wem soll ich nun die Menschen dieses Geschlechts vergleichen? und wem sind sie gleich? 32 Sie sind Kindern gleich, die auf dem Markte sitzen und einander zurufen und sagen: Wir haben euch gepfiffen, und ihr habt nicht getanzt; wir haben euch Klagelieder gesungen, und 33 ihr habt nicht geweint. Denn Johannes der Täufer ist gekommen, der weder Brot aß, noch Wein trank, und ihr 34 saget: Er hat einen Dämon. Der Sohn des Menschen ist gekommen, der da ißt und trinkt, und ihr saget: Siehe, ein Fresser und Weinsäufer, ein Freund von Zöllnern und Sündern; 35 — und die Weisheit ist gerechtfertigt worden von allen ihren Kindern.

Es bat ihn aber einer der Pharisä- 36 er, daß er mit ihm essen möchte; und er ging in das Haus des Pharisäers und legte sich zu Tische. Und siehe, 37 *da war* ein Weib in der Stadt, die eine Sünderin war; und als sie erfahren hatte, daß er in dem Hause des Pharisäers zu Tische liege, brachte sie eine Alabasterflasche mit Salbe; und 38 hinten zu seinen Füßen stehend *und* weinend, fing sie an, seine Füße mit Tränen zu benetzen; und sie trocknete sie mit den Haaren ihres Hauptes und küßte seine Füße sehr und salbte sie mit der Salbe. Als es aber 39 der Pharisäer sah, der ihn geladen hatte, sprach er bei sich selbst und sagte: Wenn dieser ein Prophet wäre, so würde er erkennen, wer und was für ein Weib es ist, die ihn anrührt; denn sie ist eine Sünderin. Und Jesus 40 antwortete und sprach zu ihm: Simon, ich habe dir etwas zu sagen. Er aber spricht: Lehrer, sage an. Ein gewis- 41 ser Gläubiger hatte zwei Schuldner; der eine schuldete fünfhundert Denare, der andere aber fünfzig; da sie 42 aber nicht hatten zu bezahlen, schenkte er es beiden. Wer nun von ihnen, [sage] wird ihn am meisten lieben? Simon aber antwortete und sprach: 43 Ich meine, dem er das meiste geschenkt hat. Er aber sprach zu ihm: Du hast recht geurteilt. Und sich zu dem Weibe 44 wendend, sprach er zu Simon: Siehst du dieses Weib? Ich bin in das Haus gekommen, du hast mir kein Wasser auf meine Füße gegeben; diese aber hat meine Füße mit Tränen benetzt und mit ihren Haaren getrocknet. Du 45 hast mir keinen Kuß gegeben; diese aber hat, seitdem ich hereingekommen bin, nicht abgelassen, meine Füße zu küssen *f*. Du hast mein Haupt 46 nicht mit Oel gesalbt; diese aber hat mit Salbe meine Füße gesalbt. Des- 47 wegen sage ich dir: Ihre vielen Sünden sind vergeben, denn sie hat viel geliebt; wem aber wenig vergeben wird, der liebt wenig. Er aber sprach 48 zu ihr: Deine Sünden sind vergeben. Und die mit zu Tische lagen, fingen 49 an, bei sich selbst zu sagen: Wer ist dieser, der auch Sünden vergibt? Er 50 sprach aber zu dem Weibe: Dein Glaube hat dich errettet; gehe hin in Frieden.

Und es geschah danach, daß er **8** nacheinander Stadt und Dorf durchzog, indem er predigte und das Evangelium vom Reiche Gottes verkündigte; und die Zwölfe mit ihm, und **2** wisse Weiber, die von bösen Geistern und Krankheiten geheilt worden waren: Maria, genannt Magdalene *g*, von welcher sieben Dämonen ausgefahren waren, und Johanna, das Weib Chu- **3** sas, des Verwalters Herodes', und Susanna und viele andere *Weiber*, die ihm dienten mit ihrer Habe.

Als sich aber eine große Volksmen- **4** ge versammelte, und sie aus jeder Stadt *h* zu ihm hinkamen, sprach er

5 durch ein Gleichnis: Der Säemann ging aus, seinen Samen zu säen; und indem er säte, fiel etliches an den Weg, und es wurde zertreten, und die Vögel des Himmels fraßen es auf.
6 Und anderes fiel auf den Felsen; und als es aufging, verdorrte es, weil es keine Feuchtigkeit hatte. Und an-
7 deres fiel mitten unter die Dornen; und indem die Dornen mit aufwuch-
8 sen, erstickten sie es. Und anderes fiel in die gute Erde und ging auf und brachte hundertfältige Frucht. Als er dies sagte, rief er aus: Wer Ohren hat zu hören, der höre!
9 Seine Jünger aber fragten ihn [und sprachen]:
10 Was mag dieses Gleichnis sein? Er aber sprach: Euch ist es gegeben, die Geheimnisse des Reiches Gottes zu wissen, den übrigen aber in Gleichnissen, auf daß sie sehend nicht sehen
11 und hörend nicht verstehen. Dies aber ist das Gleichnis: Der Same ist das
12 Wort Gottes. Die aber an dem Wege sind die, welche hören; dann kommt der Teufel und nimmt das Wort von ihren Herzen weg, auf daß sie nicht
13 glauben und errettet werden. Die aber auf den Felsen sind die, welche, wenn sie hören, das Wort mit Freuden aufnehmen; und diese haben keine Wurzel, welche für eine Zeit glauben und in der Zeit der Versuchung abfallen.
14 Das aber unter die Dornen fiel sind diese, welche gehört haben und hingehen und durch Sorgen und Reichtum und Vergnügungen des Lebens erstickt werden und nichts zur Reife
15 bringen. Das in der guten Erde aber sind diese, welche in einem redlichen und guten Herzen das Wort, nachdem sie es gehört haben, bewahren und
16 Frucht bringen mit Ausharren. Niemand aber, der eine Lampe angezündet hat, bedeckt sie mit einem Gefäß oder stellt sie unter ein Bett, sondern er stellt sie auf ein Lampengestell, auf daß die Hereinkommenden das
17 Licht sehen. Denn es ist nichts verborgen, was nicht offenbar werden wird, noch geheim, was nicht kundwerden und ans Licht kommen soll.
18 Sehet nun zu, wie ihr höret; denn wer irgend hat, dem wird gegeben werden, und wer irgend nicht hat, von dem wird selbst was er zu haben scheint*a* genommen werden.
19 Es kamen aber seine Mutter und seine Brüder zu ihm; und sie konnten wegen der Volksmenge nicht zu ihm
20 gelangen. Und es wurde ihm berichtet, [indem man sagte]: Deine Mutter und deine Brüder stehen draußen und wol-
21 len dich sehen. Er aber antwortete und sprach zu ihnen: Meine Mutter und meine Brüder sind diese, welche das Wort Gottes hören und tun.
22 Und es geschah an einem der Tage, daß er in ein Schiff stieg, er und seine Jünger; und er sprach zu ihnen: Laßt uns übersetzen an das jenseitige
23 Ufer des Sees. Und sie fuhren ab. Wäh-

rend sie aber fuhren, schlief er ein. Und es fiel ein Sturmwind auf den See, und das Schiff füllte sich*b mit Wasser*, und sie waren in Gefahr.
24 Sie traten aber hinzu und weckten ihn auf und sprachen: Meister, Meister, wir kommen um! Er aber stand auf, bedrohte den Wind und das Wogen des Wassers; und sie hörten auf,
25 und es ward eine Stille. Er aber sprach zu ihnen: Wo ist euer Glaube? Erschrocken aber erstaunten sie und sagten zueinander: Wer ist denn dieser, daß er auch den Winden und dem Wasser gebietet, und sie ihm gehorchen?
26 Und sie fuhren an in dem Lande der Gadarener*c*, welches Galiläa gegenüber ist.
27 Als er aber an das Land ausgestiegen war, kam ihm ein gewisser Mann aus der Stadt entgegen, der seit langer Zeit Dämonen hatte und keine Kleider anzog und nicht im Hause blieb, sondern in den Grab-
28 stätten. Als er aber Jesum sah, schrie er auf und fiel vor ihm nieder und sprach mit lauter Stimme: Was habe ich mit dir zu schaffen, Jesu, Sohn Gottes, des Höchsten? Ich bitte dich,
29 quäle mich nicht. Denn er hatte dem unreinen Geist geboten, von dem Menschen auszufahren. Denn öfters*d* hatte er ihn ergriffen; und er war gebunden worden, verwahrt mit Ketten und Fußfesseln, und er zerbrach die Bande und wurde von dem Dämon in die
30 Wüsteneien getrieben. Jesus fragte ihn aber und sprach: Was ist dein Name? Er aber sprach: Legion; denn
31 viele Dämonen waren in ihn gefahren. Und sie baten ihn, daß er ihnen nicht gebieten möchte, in den Abgrund zu
32 fahren. Es war aber daselbst eine Herde vieler Schweine, welche an dem Berge weideten. Und sie baten ihn, daß er ihnen erlauben möchte, in jene zu fahren. Und er erlaubte es ih-
33 nen. Die Dämonen aber fuhren von dem Menschen aus und fuhren in die Schweine, und die Herde stürzte sich den Abhang hinab in den See und er-
34 trank. Als aber die Hüter sahen, was geschehen war, flohen sie und verkündeten es in der Stadt und auf dem
35 Lande. Sie aber gingen hinaus, um zu sehen, was geschehen war. Und sie kamen zu Jesu und fanden den Menschen, von welchem die Dämonen ausgefahren waren, bekleidet und vernünftig, zu den Füßen Jesu sitzend;
36 und sie fürchteten sich. Die es gesehen hatten verkündeten ihnen aber [auch], wie der Besessene geheilt*e* worden war.
37 Und die ganze Menge der Umgegend der Gadarener bat ihn, von ihnen wegzugehen, denn sie waren von einer großen Furcht ergriffen. Er aber stieg in das Schiff und kehrte
38 wieder zurück. Der Mann aber, von welchem die Dämonen ausgefahren waren, bat ihn, daß er bei ihm sein dürfe. Er aber entließ ihn und sprach:
39 Kehre in dein Haus zurück und er-

---

a O. meint. — *b* W. sie wurden gefüllt. — *c* O. Gergesener, od. Gerasener; so auch V. 37. — *d* O. lange Zeit. — *e* O. gerettet.

zähle, wieviel Gott an dir getan hat. Und er ging hin und rief aus durch die ganze Stadt, wieviel Jesus an ihm getan hatte.

40 Es geschah aber, als Jesus zurückkehrte, nahm ihn das Volk auf, denn 41 alle erwarteten ihn. Und siehe, es kam ein Mann, mit Namen Jairus, (und er war Vorsteher der Synagoge) und fiel Jesu zu Füßen und bat ihn, in 42 sein Haus zu kommen; denn er hatte eine eingeborene Tochter von etwa zwölf Jahren, und diese lag im Sterben. Indem er aber hinging, drängten ihn die Volksmengen.

43 Und ein Weib, das seit zwölf Jahren mit einem Blutfluß behaftet war, welche, obgleich sie ihren ganzen Lebensunterhalt an die Aerzte verwandt hatte, von niemand geheilt werden 44 konnte, kam von hinten herzu und rührte die Quaste a seines Kleides an; und alsbald stand der Fluß ihres Blu- 45 tes. Und Jesus sprach: Wer ist es, der mich angerührt hat? Als aber alle leugneten, sprach Petrus und die mit ihm waren: Meister, die Volksmengen drängen und drücken dich, und du sagst: Wer ist es, der mich 46 angerührt hat? Jesus aber sprach: Es hat mich jemand angerührt; denn ich habe erkannt, daß Kraft von mir aus- 47 gegangen ist. Als das Weib aber sah, daß sie nicht verborgen blieb, kam sie zitternd und fiel vor ihm nieder und verkündete vor dem ganzen Volke, um welcher Ursache willen sie ihn angerührt habe, und wie sie alsbald ge- 48 heilt worden sei. Er aber sprach zu ihr: [Sei gutes Mutes.] Tochter, dein Glaube hat dich geheilt b; gehe hin in Frieden.

49 Während er noch redete, kommt einer von dem Synagogenvorsteher und sagt zu ihm: Deine Tochter ist gestor- 50 ben, bemühe den Lehrer nicht. Als aber Jesus es hörte, antwortete er ihm [und sprach]: Fürchte dich nicht, glaube nur, und sie wird gerettet werden. 51 Als er aber in das Haus kam, erlaubte er niemand hineinzugehen, außer Petrus und Johannes und Jakobus und dem Vater des Kindes und der Mutter. 52 Alle aber weinten und beklagten sie. Er aber sprach: Weinet nicht, denn sie ist nicht gestorben, sondern sie 53 schläft. Und sie verlachten ihn, da sie 54 wußten, daß sie gestorben war. Als er aber alle hinausgetrieben hatte, ergriff er sie bei der Hand und rief und sprach: 55 Kind, stehe auf! Und ihr Geist kehrte zurück, und alsbald stand sie auf; und 56 er befahl, ihr zu essen zu geben. Und ihre Eltern gerieten außer sich; er aber gebot ihnen, niemand zu sagen was geschehen war.

9 Als er aber die Zwölfe zusammengerufen hatte, gab er ihnen Kraft und Gewalt über alle Dämonen, und Krank- 2 heiten zu heilen; und er sandte sie, das Reich Gottes zu predigen und die 3 Kranken gesund zu machen. Und er sprach zu ihnen: Nehmet nichts mit

auf den Weg: weder Stab, noch Tasche, noch Brot, noch Geld, noch soll jemand zwei Leibröcke haben. Und in welches 4 Haus irgend ihr eintretet, daselbst bleibet, und von dannen gehet aus. Und so 5 viele euch etwa nicht aufnehmen werden — gehet fort aus jener Stadt und schüttelt auch den Staub von euren Füßen, zum Zeugnis wider sie. Sie gingen 6 aber aus und durchzogen die Dörfer nacheinander, indem sie das Evangelium verkündigten und überall heilten. Es hörte aber Herodes, der Vier- 7 fürst, alles was [durch ihn] geschehen war, und er war in Verlegenheit, weil von etlichen gesagt wurde, daß Johannes aus den Toten auferweckt worden sei; von etlichen aber, daß Elias 8 erschienen, von anderen aber, daß einer der alten Propheten c auferstanden sei. Und Herodes sprach: Johan- 9 nes habe i c h enthauptet; wer aber ist dieser, von dem ich solches höre? Und er suchte ihn zu sehen.

Und als die Apostel zurückkehrten, 10 erzählten sie ihm alles, was sie getan hatten; und er nahm sie mit und zog sich besonders zurück nach [einem öden Ort] einer Stadt, mit Namen Bethsaida. Als aber die Volksmengen es 11 erfuhren, folgten sie ihm; und er nahm sie auf und redete zu ihnen vom Reiche Gottes, und die der Heilung bedurften machte er gesund. Der Tag 12 aber begann sich zu neigen, und die Zwölfe traten herzu und sprachen zu ihm: Entlaß die Volksmenge, auf daß sie in die Dörfer ringsum und aufs Land gehen und Herberge und Speise finden; denn hier sind wir an einem öden Orte. Er aber sprach zu ihnen: 13 Gebet ihr ihnen zu essen. Sie aber sprachen: Wir haben nicht mehr als fünf Brote und zwei Fische, es sei denn, daß w i r hingingen und für dieses ganze Volk Speise kauften. Denn es 14 waren der fünftausend Mann. Er sprach aber zu seinen Jüngern: Laßt sie sich reihenweise zu je fünfzig niederlegen. Und sie taten also und ließen sie alle 15 lagern. Er nahm aber die fünf Brote 16 und die zwei Fische, blickte auf gen Himmel und segnete sie; und er brach sie und gab sie den Jüngern, um der Volksmenge vorzulegen. Und sie aßen 17 und wurden alle gesättigt; und es wurde aufgehoben, was ihnen an Brokken übriggeblieben war, zwölf Handkörbe voll.

Und es geschah, als er allein be- 18 tete, waren die Jünger bei ihm; und er fragte sie und sprach: Wer sagen die Volksmengen, daß ich sei? Sie aber 19 antworteten und sprachen: Johannes der Täufer; andere aber: Elias; andere aber, daß einer der alten Propheten auferstanden sei. Er sprach 20 aber zu ihnen: Ihr aber, wer saget ihr, daß ich sei? Petrus aber antwortete und sprach: Der Christus Gottes. Er aber bedrohte sie und gebot ihnen, 21 dies niemand zu sagen, und sprach: 22 Der Sohn des Menschen muß vieles

---

a S. 4. Mose 15, 37—39. — b O. gerettet. — c W. ein Prophet, einer der alten ; so auch V. 19.

leiden und verworfen werden von den Aeltesten und Hohenpriestern und Schriftgelehrten, und getötet und am 23 dritten Tage auferweckt werden. Er sprach aber zu allen: Wenn jemand mir nachkommen will, der verleugne sich selbst und nehme sein Kreuz auf 24 täglich und folge mir nach. Denn wer irgend sein Leben erretten will, wird es verlieren; wer aber irgend sein Leben verliert um meinetwillen, der 25 wird es erretten. Denn was wird es einem Menschen nützen, wenn er die ganze Welt gewönne, sich selbst aber 26 verlöre oder einbüßte? Denn wer irgend sich meiner und meiner Worte schämt, dessen wird der Sohn des Menschen sich schämen, wenn er kommen wird in seiner Herrlichkeit und der des Vaters und der heiligen En- 27 gel. Ich sage euch aber in Wahrheit: Es sind etliche von denen, die hier stehen, welche den Tod n i c h t schmekken werden, bis sie das Reich Gottes gesehen haben.

28 Es geschah aber bei acht Tagen nach diesen Worten, daß er Petrus und Johannes und Jakobus mitnahm und auf 29 den Berg stieg, um zu beten. Und indem er betete, wurde das Aussehen seines Angesichts anders und sein Ge- 30 wand weiß, strahlend. Und siehe, zwei Männer redeten mit ihm, welche Mo- 31 ses und Elias waren. Diese erschienen in Herrlichkeit und besprachen seinen Ausgang, den er in Jerusalem erfüllen 32 sollte *a*. Petrus aber und die mit ihm waren, waren beschwert vom Schlaf; als sie aber völlig aufgewacht waren, sahen sie seine Herrlichkeit und die zwei Männer, welche bei ihm standen. 33 Und es geschah, als sie von ihm schieden, sprach Petrus zu Jesu: Meister, es ist gut, daß wir hier sind; und laß uns drei Hütten machen, dir eine und Moses eine und Elias eine; und er 34 wußte nicht, was er sagte. Als er aber dies sagte, kam eine Wolke und überschattete *b* sie. Sie fürchteten sich aber, als sie in die Wolke eintraten; 35 und es geschah eine Stimme aus der Wolke, welche sagte: Dieser ist mein 36 geliebter Sohn, ihn höret. Und indem die Stimme geschah, wurde Jesus allein gefunden. Und sie schwiegen und verkündeten in jenen Tagen niemand etwas von dem, was sie gesehen hatten. 37 Es geschah aber an dem folgenden Tage, als sie von dem Berge herabgestiegen waren, kam ihm eine große 38 Volksmenge entgegen. Und siehe, ein Mann aus der Volksmenge rief laut und sprach: Lehrer, ich bitte dich, blicke hin auf meinen Sohn, denn er 39 ist mein eingeborener; und siehe, ein Geist ergreift ihn, und plötzlich schreit er, und er zerrt ihn unter Schäumen, und mit Mühe weicht er von ihm, in- 40 dem er ihn aufreibt. Und ich bat deine Jünger, daß sie ihn austreiben möch- 41 ten, und sie konnten es nicht. Jesus

aber antwortete und sprach: O ungläubiges und verkehrtes Geschlecht, bis wann soll ich bei euch sein und euch ertragen? Bringe deinen Sohn her. Während er aber noch herzukam, 42 riß ihn der Dämon und zog ihn zerrend zusammen. Jesus aber bedrohte den unreinen Geist und heilte den Knaben und gab ihn seinem Vater zurück. Sie erstaunten aber alle sehr über die 43 herrliche Größe Gottes.

Als sich aber alle verwunderten über alles was [Jesus] tat, sprach er zu seinen Jüngern: Fasset ihr diese Worte in 44 eure Ohren; denn der Sohn des Menschen wird überliefert werden *c* in der Menschen Hände. Sie aber verstan- 45 den dieses Wort nicht, und es war vor ihnen verborgen, auf daß sie es nicht vernähmen; und sie fürchteten sich, ihn über dieses Wort zu fragen. Es 46 entstand aber unter ihnen eine Ueberlegung, wer wohl der Größte *d* unter ihnen wäre. Als Jesus aber die Ueber- 47 legung ihres Herzens sah, nahm er ein Kindlein und stellte es neben sich und 48 sprach zu ihnen: Wer irgend dieses Kindlein aufnehmen wird in meinem Namen *e*, nimmt mich auf; und wer irgend mich aufnehmen wird, nimmt den auf, der mich gesandt hat; denn wer der Kleinste *f* ist unter euch allen, der ist groß. Johannes aber antwor- 49 tete und sprach: Meister, wir sahen jemand Dämonen austreiben in deinem Namen *e*, und wir wehrten ihm, weil er *dir* nicht mit uns nachfolgt. Und Jesus sprach zu ihm: Wehret 50 nicht; denn wer nicht wider euch ist, ist für euch.

Es geschah aber, als sich die Tage 51 seiner Aufnahme erfüllten, daß er sein Angesicht feststellte, nach Jerusalem zu gehen. Und er sandte Boten vor 52 seinem Angesicht her; und sie gingen hin und kamen in ein Dorf der Samariter, um für ihn zuzubereiten. Und 53 sie nahmen ihn nicht auf, weil sein Angesicht nach Jerusalem hin gerichtet war *g*. Als aber seine Jünger Jako- 54 bus und Johannes es sahen, sprachen sie: Herr, willst du, daß wir Feuer vom Himmel herabfallen und sie verzehren heißen, wie auch Elias tat? Er 55 wandte sich aber um und strafte sie [und sprach: Ihr wisset nicht, wes Geistes ihr seid]. Und sie gingen nach 56 einem anderen Dorfe.

Es geschah aber, als sie auf dem 57 Wege dahinzogen, sprach einer zu ihm: Ich will dir nachfolgen, wohin irgend du gehst, Herr. Und Jesus sprach zu 58 ihm: Die Füchse haben Höhlen und die Vögel des Himmels Nester; aber der Sohn des Menschen hat nicht, wo er sein Haupt hinlege. Er sprach aber 59 zu einem anderen: Folge mir nach. Der aber sprach: Herr, erlaube mir zuvor hinzugehen und meinen Vater zu begraben. Jesus aber sprach zu ihm: 60 Laß die Toten ihre Toten begraben, du

---

a O. zu erfüllen im Begriff stand. — *b* S. die Anm. zu Matth. 17, 5. — *c* O. steht im Begriff überliefert zu werden. — *d* W. größer. — *e* Eig. auf Grund meines (deines) Namens. — *f* W. kleiner. — *g* Eig. auf der Reise nach Jerusalem war.

aber gehe hin und verkündige das
61 Reich Gottes. Es sprach aber auch ein
anderer: Ich will dir nachfolgen, Herr;
zuvor aber erlaube mir, Abschied zu
nehmen von denen, die in meinem
62 Hause sind. Jesus aber sprach zu ihm:
Niemand, der seine Hand an den Pflug
gelegt hat und zurückblickt, ist geschickt zum Reiche Gottes.

10 Nach diesem aber bestellte der Herr
auch siebenzig andere und sandte sie
zu je zwei vor seinem Angesicht her
in jede Stadt und jeden Ort, wohin er
2 selbst kommen wollte *a*. Er sprach
aber zu ihnen: Die Ernte zwar ist groß,
der Arbeiter aber sind wenige. Bittet
nun den Herrn der Ernte, daß er Ar-
3 beiter aussende in seine Ernte. Gehet
hin! Siehe, ich sende euch wie Läm-
4 mer inmitten von Wölfen. Traget weder Börse noch Tasche, noch Sandalen,
und grüßet niemand auf dem Wege.
5 In welches Haus irgend ihr aber eintretet, sprechet zuerst: Friede diesem
6 Hause! Und wenn daselbst ein Sohn
des Friedens ist, so wird euer Friede
auf demselben ruhen; wenn aber nicht,
7 so wird er zu euch zurückkehren. In
demselben Hause aber bleibet, und esset und trinket was sie haben *b*; denn
der Arbeiter ist seines Lohnes wert.
Gehet nicht aus einem Hause in ein
8 anderes *c*. Und in welche Stadt irgend
ihr eintretet, und sie nehmen euch auf,
da esset was euch vorgesetzt wird,
9 und heilet die Kranken in ihr und
sprechet zu ihnen: Das Reich Gottes
10 ist nahe zu euch gekommen. In welche
Stadt irgend ihr aber eingetreten seid,
und sie nehmen euch nicht auf, *da*
gehet hinaus auf ihre Straßen und
11 sprechet: Auch den Staub, der uns aus
eurer Stadt an den Füßen hängt, schütteln wir gegen euch ab; doch dieses
wisset, daß das Reich Gottes nahe ge-
12 kommen ist. Ich sage euch, daß es
Sodom an jenem Tage erträglicher er-
13 gehen wird als jener Stadt. Wehe dir,
Chorazin! wehe dir, Bethsaida! denn
wenn in Tyrus und Sidon die Wunderwerke geschehen wären, die unter
euch geschehen sind, längst hätten sie,
in Sack und Asche sitzend, Buße getan.
14 Doch Tyrus und Sidon wird es erträglicher ergehen im Gericht als euch.
15 Und du, Kapernaum, die du bis zum
Himmel erhöht worden bist, bis zum
Hades wirst du hinabgestoßen werden.
16 Wer euch hört, hört mich; und wer
euch verwirft, verwirft mich; wer aber
mich verwirft, verwirft den, der mich
gesandt hat.
17 Die Siebenzig aber kehrten mit Freuden zurück und sprachen: Herr, auch
die Dämonen sind uns untertan in dei-
18 nem Namen. Er sprach aber zu ihnen:
Ich schaute den Satan wie einen Blitz
19 vom Himmel fallen. Siehe, ich gebe
euch die Gewalt, auf Schlangen und
Skorpionen zu treten, und über die
ganze Kraft des Feindes, und nichts
20 soll euch irgendwie beschädigen. Doch

darüber freuet euch nicht, daß euch
die Geister untertan sind; freuet euch
aber, daß eure Namen in den Himmeln angeschrieben sind. In selbiger 21
Stunde frohlockte Jesus im Geiste und
sprach: Ich preise dich, Vater, Herr
des Himmels und der Erde, daß du dies
vor Weisen und Verständigen verborgen hast, und hast es Unmündigen geoffenbart. Ja, Vater, denn also war es
wohlgefällig vor dir. Alles ist mir über- 22
geben von meinem Vater; und nie-
mand erkennt, wer der Sohn ist, als
nur der Vater; und wer der Vater ist,
als nur der Sohn, und wem irgend
der Sohn *ihn* offenbaren will. Und er 23
wandte sich zu den Jüngern besonders und sprach: Glückselig die Augen,
welche sehen, was ihr sehet! Denn ich 24
sage euch, daß viele Propheten und
Könige begehrt haben zu sehen, was
ihr sehet, und haben es nicht gesehen,
und zu hören, was ihr höret, und haben
es nicht gehört.
Und siehe, ein gewisser Gesetzgelehr- 25
ter stand auf und versuchte ihn und
sprach: Lehrer, was muß ich getan
haben, um ewiges Leben zu ererben?
Er aber sprach zu ihm: Was steht in 26
dem Gesetz geschrieben? wie liesest
du? Er aber antwortete und sprach: 27
„Du sollst *den* Herrn, deinen Gott, lieben aus deinem ganzen Herzen und
mit deiner ganzen Seele und mit deiner ganzen Kraft und mit deinem ganzen Verstande *d*, und deinen Nächsten
wie dich selbst". *e* Er sprach aber zu 28
ihm: Du hast recht geantwortet; tue
dies, und du wirst leben. Indem er 29
aber sich selbst rechtfertigen wollte,
sprach er zu Jesu: Und wer ist mein
Nächster? Jesus aber erwiderte und 30
sprach: Ein gewisser Mensch ging von
Jerusalem nach Jericho hinab und fiel
unter Räuber, die ihn auch auszogen
und ihm Schläge versetzten und weggingen und ihn halbtot liegen ließen.
Von ungefähr aber ging ein gewisser 31
Priester jenes Weges hinab; und als
er ihn sah, ging er an der entgegengesetzten Seite vorüber. Gleicher- 32
weise aber auch ein Levit, der an
den Ort gelangte, kam und sah *ihn*
und ging an der entgegengesetzten
Seite vorüber. Aber ein gewisser Sa- 33
mariter, der auf der Reise war *f*, kam
zu ihm hin; und als er ihn sah, wurde
er innerlich bewegt; und er trat hinzu 34
und verband seine Wunden und goß
Oel und Wein darauf; und er setzte
ihn auf sein eigenes Tier und führte
ihn in eine Herberge und trug Sorge
für ihn. Und am folgenden Morgen 35
[als er fortreiste] zog er zwei Denare
heraus und gab sie dem Wirt und
sprach [zu ihm]: Trage Sorge für ihn;
und was irgend du noch dazu verwenden wirst, werde ich dir bezahlen,
wenn ich zurückkomme. Wer von die- 36
sen dreien dünkt dich der Nächste gewesen zu sein von dem, der unter die
Räuber gefallen war? Er aber sprach: 37

a O. im Begriff stand zu kommen. — *b* O. was *euch* von ihnen *angeboten wird.* —
c Eig. Gehet nicht über von Haus zu Haus. — *d* O. Gemüt. — *e* 5. Mose 6, 5; 3. Mose
19, 18. — *f* O. der seines Weges zog.

Der die Barmherzigkeit an ihm tat. Jesus aber sprach zu ihm: Gehe hin und tue du desgleichen.

38 Es geschah aber, als sie ihres Weges zogen, daß er in ein Dorf kam; und ein gewisses Weib, mit Namen Martha,
39 nahm ihn in ihr Haus auf. Und diese hatte eine Schwester, genannt Maria, die sich auch zu den Füßen Jesu niedersetzte und seinem Worte zuhörte.
40 Martha aber war sehr beschäftigt mit vielem *a* Dienen; sie trat aber hinzu und sprach: Herr, kümmert es dich nicht *b*, daß meine Schwester mich allein gelassen hat zu dienen? Sage ihr
41 nun, daß sie mir helfe *c*. Jesus aber antwortete und sprach zu ihr: Martha, Martha! du bist besorgt und beunruhigt um viele Dinge; eines aber ist
42 nicht. Maria aber hat das gute Teil erwählt, welches nicht von ihr genommen werden wird.

11 Und es geschah, als er an einem gewissen Orte war und betete, da sprach, als er aufhörte, einer seiner Jünger zu ihm: Herr, lehre uns beten, wie auch Johannes seine Jünger lehrte.
2 Er sprach aber zu ihnen: Wenn ihr betet, so sprechet: Vater, geheiligt werde dein Name; dein Reich komme;
3 unser nötiges Brot *d* gib uns täglich;
4 und vergib uns unsere Sünden, denn auch wir selbst vergeben jedem, der uns schuldig ist; und führe uns nicht
5 in Versuchung. Und er sprach zu ihnen: Wer von euch wird einen Freund haben und wird um Mitternacht zu ihm gehen und zu ihm sagen: Freund,
6 leihe mir drei Brote, da mein Freund von der Reise bei mir angelangt ist, und ich nicht habe, was ich ihm
7 vorsetzen soll; und jener würde von innen antworten und sagen: Mache mir keine Mühe, die Tür ist schon geschlossen, und meine Kinder sind bei mir im Bett; ich kann nicht aufstehen
8 und dir geben? Ich sage euch, wenn er auch nicht aufstehen und ihm geben wird, weil er sein Freund ist, so wird er wenigstens um seiner Unverschämtheit willen aufstehen und ihm geben,
9 soviel er bedarf. Und ich sage euch: Bittet, und es wird euch gegeben werden; suchet, und ihr werdet finden; klopfet an, und es wird euch aufgetan
10 werden. Denn jeder Bittende empfängt, und der Suchende findet, und dem Anklopfenden wird aufgetan werden. Wer aber ist ein Vater unter
11 euch, den der Sohn um Brot bitten wird — er wird ihm doch nicht einen Stein geben? oder auch um einen Fisch — er wird ihm statt des Fisches
12 doch nicht eine Schlange geben? oder auch wenn er um ein Ei bäte — er wird ihm doch nicht einen Skorpion
13 geben? Wenn nun ihr, die ihr böse seid, euren Kindern gute Gaben zu geben wisset, wieviel mehr wird der

Vater, der vom Himmel ist, *den* Heiligen Geist geben *e* denen, die ihn bitten!

Und er trieb einen Dämon aus, und 14 derselbe war stumm. Es geschah aber, als der Dämon ausgefahren war, redete der Stumme; und die Volksmengen verwunderten sich. Einige aber von ihnen 15 sagten: Durch *f* Beelzebub, den Obersten der Dämonen, treibt er die Dämonen aus. Andere aber, *ihn* versu- 16 chend, forderten von ihm ein Zeichen aus dem Himmel. Da er aber ihre Ge- 17 danken wußte, sprach er zu ihnen: Jedes Reich, das wider sich selbst entzweit ist, wird verwüstet, und Haus wider Haus *entzweit*, fällt *g*. Wenn 18 aber auch der Satan wider sich selbst entzweit ist, wie wird sein Reich bestehen? weil ihr saget, daß ich durch Beelzebub die Dämonen austreibe. Wenn aber ich durch Beelzebub die 19 Dämonen austreibe, durch wen treiben eure Söhne sie aus? Darum werden sie eure Richter sein. Wenn ich aber 20 durch den Finger Gottes die Dämonen austreibe, so ist also das Reich Gottes zu euch hingekommen *h*. Wenn der 21 Starke bewaffnet seinen Hof *i* bewacht, so ist seine Habe in Frieden; wenn 22 aber ein Stärkerer als er über ihn kommt und ihn besiegt, so nimmt er seine ganze Waffenrüstung weg, auf welche er vertraute, und seine Beute teilt er aus. Wer nicht mit mir ist, 23 ist wider mich; und wer nicht mit mir sammelt, zerstreut. Wenn der unreine 24 Geist von dem Menschen ausgefahren ist, so durchwandert er dürre Oerter, Ruhe suchend; und da er sie nicht findet, spricht er: Ich will in mein Haus zurückkehren, von wo ich ausgegangen bin; und wenn er kommt, 25 findet er es gekehrt und geschmückt. Dann geht er hin und nimmt sieben 26 andere Geister mit, böser als er selbst, und sie gehen hinein und wohnen daselbst; und das Letzte jenes Menschen wird ärger als das Erste. Es geschah 27 aber, indem er dies sagte, erhob ein gewisses Weib aus der Volksmenge ihre Stimme und sprach zu ihm: Glückselig der Leib, der dich getragen, und die Brüste, die du gesogen hast! Er aber sprach: Ja, vielmehr 28 glückselig die das Wort Gottes hören und bewahren!

Als aber die Volksmengen sich zu- 29 sammendrängten *j*, fing er an zu sagen: Dieses Geschlecht ist ein böses Geschlecht; es fordert ein Zeichen, und kein Zeichen wird ihm gegeben werden, als nur das Zeichen Jonas'. Denn 30 gleichwie Jonas den Niniviten ein Zeichen war *k*, so wird es auch der Sohn des Menschen diesem Geschlecht sein. Eine Königin des Südens wird auf- 31 treten im Gericht mit den Männern dieses Geschlechts und wird sie verdammen; denn sie kam von den En-

---

a O. wurde abgezogen durch vieles. — *b* O. liegt dir nichts daran. — *c* W. mit mir angreife. — *d* S. die Anm. zu Matth. 6, 11. — *e* O. wieviel mehr der Vater, welcher vom Himmel den Heiligen Geist geben wird. — *f* W. In (in der Kraft des); so auch V. 18. 19. — *g* O. und Haus fällt auf Haus. — *h* O. auf euch gekommen. — *i* O. sein Haus. — *j* O. anhäuften. — *k* O. wurde.

den der Erde, um die Weisheit Salomons zu hören; und siehe, mehr als
32 Salomon ist hier. Männer von Ninive
werden aufstehen im Gericht mit diesem Geschlecht und werden es verdammen; denn sie taten Buße auf die
Predigt Jonas'; und siehe, mehr als
33 Jonas ist hier. Niemand aber, der eine
Lampe angezündet hat, stellt sie ins
Verborgene, noch unter den Scheffel,
sondern auf das Lampengestell, auf
daß die Hereinkommenden den Schein
34 sehen. Die Lampe des Leibes ist dein
Auge; wenn dein Auge einfältig ist, so
ist auch dein ganzer Leib licht; wenn
es aber böse ist, so ist auch dein Leib
35 finster. Sieh nun zu, daß das Licht,
welches in dir ist, nicht Finsternis ist.
36 Wenn nun dein ganzer Leib licht ist
und keinen finsteren Teil hat, so wird
er ganz licht sein, wie wenn die Lampe
mit ihrem Strahle dich erleuchtete.[a]
37 Indem er aber redete, bat ihn ein
gewisser Pharisäer, daß er bei ihm zu
Mittag essen möchte; er ging aber hin-
38 ein und legte sich zu Tische. Als aber
der Pharisäer es sah, verwunderte er
sich, daß er sich nicht erst vor dem
39 Essen gewaschen hatte. Der Herr aber
sprach zu ihm: Jetzt, ihr Pharisäer,
reiniget ihr das Äußere des Bechers
und der Schüssel, euer Inneres aber
40 ist voller Raub und Bosheit. Toren!
hat nicht der, welcher das Äußere gemacht hat, auch das Innere gemacht?
41 Gebet vielmehr Almosen von dem, was
ihr habt[b], und siehe, alles ist euch rein.
42 Aber wehe euch Pharisäern! denn ihr
verzehntet die Krausemünze und die
Raute und alles Kraut, und übergehet
das Gericht und die Liebe Gottes; diese Dinge hättet ihr tun und jene nicht
43 lassen sollen. Wehe euch Pharisäern!
denn ihr liebet den ersten Sitz in den
Synagogen und die Begrüßungen auf
44 den Märkten. Wehe euch! denn ihr seid
wie die Grüfte, die verborgen sind, und
die Menschen, die darüber wandeln,
45 wissen es nicht. Aber einer der Gesetzgelehrten antwortete und spricht
zu ihm: Lehrer, indem du dieses sagst,
46 schmähst du auch uns. Er aber sprach:
Auch euch Gesetzgelehrten wehe! denn
ihr belastet die Menschen mit schwer
zu tragenden Lasten, und selbst rühret ihr die Lasten nicht mit einem
47 eurer Finger an. Wehe euch! denn ihr
bauet die Grabmäler der Propheten,
48 eure Väter aber haben sie getötet. Also gebet ihr Zeugnis und stimmet den
Werken eurer Väter bei; denn sie
bauet [ihr aber bauet [ihre
49 Grabmäler]. Darum hat auch die Weisheit Gottes gesagt: Ich werde Propheten und Apostel zu ihnen senden, und
etliche[c] von ihnen werden sie töten und
50 vertreiben, auf daß das Blut aller Propheten, welches von Grundlegung der
Welt an vergossen worden ist, von
diesem Geschlecht gefordert werde;
51 von dem Blute Abels bis zu dem Blute

Zacharias', welcher umkam zwischen
dem Altar und dem Hause[c]; ja, sage
ich euch, es wird von diesem Geschlecht
gefordert werden. Wehe euch Gesetz- 52
gelehrten! denn ihr habt den Schlüssel der Erkenntnis weggenommen; ihr
selbst seid nicht hineingegangen, und
die Hineingehenden habt ihr gehindert. Als er aber dies zu ihnen sagte, 53
fingen die Schriftgelehrten und die
Pharisäer an, hart auf ihn einzudrin-
gen und ihn über vieles[d] auszufragen;
und sie lauerten auf ihn, etwas aus 54
seinem Munde zu erjagen.

Als sich unterdessen viele Tausende[e] der Volksmenge versammelt hat- **12**
ten, sodaß sie einander traten, fing er
an, zu seinen Jüngern zu sagen, zuerst: Hütet[f] euch vor dem Sauerteig
der Phar.säer, welcher Heuchelei ist.
Es ist aber nichts verdeckt, was nicht 2
aufgedeckt, und verborgen, was nicht
kundwerden wird; deswegen, soviel 3
ihr in der Finsternis gesprochen haben werdet, wird im Lichte gehört
werden, und was ihr ins Ohr gesprochen haben werdet in den Kammern,
wird auf den Dächern[g] ausgerufen
werden. Ich sage aber euch, meinen 4
Freunden: Fürchtet euch nicht vor
denen, die den Leib töten und nach
diesem nichts weiter zu tun vermögen.
Ich will euch aber zeigen, wen ihr 5
fürchten sollt: Fürchtet den, der nach
dem Töten Gewalt hat in die Hölle zu
werfen; ja, sage ich euch, diesen fürchtet. Werden nicht fünf Sperlinge um 6
zwei Pfennig[h] verkauft? und nicht
einer von ihnen ist vor Gott vergessen.
Aber selbst die Haare eures Hauptes 7
sind alle gezählt. So fürchtet euch nun
nicht; ihr seid vorzüglicher als viele
Sperlinge. Ich sage euch aber: Jeder, 8
der irgend mich vor den Menschen
bekennen wird, den wird auch der
Sohn des Menschen vor den Engeln
Gottes bekennen; wer aber mich vor 9
den Menschen verleugnet haben wird,
der wird vor den Engeln Gottes verleugnet werden. Und jeder, der ein 10
Wort sagen wird wider den Sohn des
Menschen, dem wird vergeben werden; dem aber, der wider den Heiligen Geist lästert, wird nicht vergeben
werden. Wenn sie euch aber vor die 11
Synagogen und die Obrigkeiten und
die Gewalten führen, so sorget nicht,
wie oder womit ihr euch verantworten oder was ihr sagen sollt; denn der 12
Heilige Geist wird euch in selbiger
Stunde lehren, was ihr sagen sollt.

Einer aus der Volksmenge aber 13
sprach zu ihm: Lehrer, sage meinem
Bruder, daß er das Erbe mit mir teile.
Er aber sprach zu ihm: Mensch, wer 14
hat mich zu einem Richter oder Erb-
teiler über euch gesetzt? Er sprach 15
aber zu ihnen: Sehet zu und hütet
euch vor aller Habsucht[i], denn nicht
weil jemand Ueberfluß hat, besteht
sein Leben von seiner Habe. Er sagte 16

---

a O. beleuchtete. — b O. was darinnen ist. — c S. Matth. 23, 35. — d O. mehreres,
immer mehr. — e Eig. die Myriaden. — f And. üb.: zu seinen Jüngern zu sagen: Zuerst
hütet usw. — g O. Häusern. — h W. Assarion; s. die Anm. zu Matth. 10, 29. — i O. Gier.

aber ein Gleichnis zu ihnen und sprach: Das Land eines gewissen reichen Men-

17 schen trug viel ein. Und er überlegte bei sich selbst und sprach: Was soll ich tun? denn ich habe nicht, wohin ich meine Früchte einsammeln soll.

18 Und er sprach: Dies will ich tun: ich will meine Scheunen niederreißen und größere bauen, und will dahin all mein Gewächs und meine Güter *a* einsam-

19 meln; und ich will zu meiner Seele sagen: Seele, du hast viele Güter *b* daliegen auf viele Jahre; ruhe aus, iß,

20 trink, sei fröhlich. Gott aber sprach zu ihm: Du Tor! in dieser Nacht wird man deine Seele von dir fordern; was du aber bereitet hast, für wen wird

21 es sein? Also ist der für sich Schätze sammelt, und ist nicht reich in Bezug auf Gott.

22 Er sprach aber zu seinen Jüngern: Deshalb sage ich euch: Seid nicht besorgt für das Leben, was ihr essen, noch für den Leib, was ihr anziehen

23 sollt. Das Leben ist mehr als die Nahrung, und der Leib *mehr* als die Klei-

24 dung. Betrachtet die Raben, daß *c* sie nicht säen noch ernten, die weder Vorratskammer noch Scheune haben, und Gott ernähret sie; um wieviel vorzüg-

25 licher seid ihr als die Vögel! Wer aber unter euch vermag mit Sorgen seiner

26 Größe *d* eine Elle zuzusetzen? Wenn ihr nun auch das Geringste nicht vermöget, warum seid ihr um das Uebri-

27 ge besorgt? Betrachtet die Lilien, wie sie wachsen; sie mühen sich nicht und spinnen auch nicht. Ich sage euch aber, selbst nicht Salomon in all seiner Herrlichkeit war bekleidet wie eine von

28 diesen. Wenn aber Gott das Gras, das heute auf dem Felde ist *e* und morgen in den Ofen geworfen wird, also kleidet, wieviel mehr euch, Kleingläubi-

29 ge! Und ihr, trachtet nicht *danach*, was ihr essen oder was ihr trinken

30 sollt, und seid nicht in Unruhe *f*; denn nach diesem allem trachten die Nationen der Welt; euer Vater aber weiß,

31 daß ihr dieses bedürfet. Trachtet jedoch nach seinem Reiche, und dieses

32 wird euch hinzugefügt werden. Fürchte dich nicht, du kleine Herde, denn es hat eurem Vater wohlgefallen, euch das

33 Reich zu geben. Verkaufet eure Habe und gebet Almosen; machet euch Säckel, die nicht veralten, einen Schatz, unvergänglich *g*, in den Himmeln, wo kein Dieb sich naht und keine Motte

34 verderbt. Denn wo euer Schatz ist, da

35 wird auch euer Herz sein. Es seien eure Lenden umgürtet und die Lam-

36 pen brennend; und ihr, seid Menschen gleich, die auf ihren Herrn warten, wann irgend er aufbrechen *h* mag von der Hochzeit, auf daß, wenn er kommt und anklopft, sie ihm alsbald aufma-

37 chen. Glückselig jene Knechte *i*, die der Herr, wenn er kommt, wachend finden wird! Wahrlich, ich sage euch:

Er wird sich umgürten und sie sich zu Tische legen lassen und wird hinzutreten und sie bedienen. Und wenn 38 er in der zweiten Wache kommt und in der dritten Wache kommt und findet sie also — glückselig sind jene [Knechte]! Dies aber erkennet: Wenn 39 der Hausherr gewußt hätte, zu welcher Stunde der Dieb kommen würde, so hätte er gewacht und nicht erlaubt, daß sein Haus durchgraben würde. Auch ihr [nun], seid bereit; denn in der 40 Stunde, in welcher ihr es nicht meinet, kommt der Sohn des Menschen. Pe- 41 trus aber sprach zu ihm: Herr, sagst du dieses Gleichnis zu uns oder auch zu allen? Der Herr aber sprach: Wer 42 ist nun der treue und kluge Verwalter, welchen der Herr über sein Gesinde setzen wird, um *ihm* die zugemessene Speise zu geben zur rechten Zeit? Glückselig jener Knecht, den 43 sein Herr, wenn er kommt, also tuend finden wird! In Wahrheit sage ich euch, 44 daß er ihn über seine ganze Habe setzen wird. Wenn aber jener Knecht in 45 seinem Herzen sagt: Mein Herr verzieht zu kommen, und anfängt, die Knechte und Mägde zu schlagen und zu essen und zu trinken und sich zu berauschen, so wird der Herr jenes 46 Knechtes kommen an einem Tage, an welchem er es nicht erwartet, und in einer Stunde, die er nicht weiß, und wird ihn entzweischneiden und ihm sein Teil setzen mit den Untreuen *j*. Jener Knecht aber, der den Willen 47 seines Herrn wußte und *sich* nicht bereitet, noch nach seinem Willen getan hat, wird mit vielen *Schlägen* geschlagen werden; wer ihn aber nicht ge- 48 te, aber getan hat, was der Schläge wert ist, wird mit wenigen geschlagen werden. Jedem aber, dem viel gegeben ist — viel wird von ihm verlangt werden; und wem man viel anvertraut hat, von dem wird man desto mehr fordern. Ich bin gekommen, Feuer auf 49 die Erde zu werfen; und was will ich, wenn es schon angezündet ist? Ich 50 habe aber eine Taufe, womit ich getauft werden muß, und wie bin ich beengt, bis sie vollbracht ist! Denket 51 ihr, daß ich gekommen sei, Frieden auf der Erde zu geben? Nein, sage ich euch, sondern vielmehr Entzweiung. Denn es werden von nun an fünf 52 in einem Hause entzweit sein; drei werden wider zwei und zwei wider drei entzweit sein: Vater wider Sohn 53 und Sohn wider Vater, Mutter wider Tochter und Tochter wider Mutter, Schwiegermutter wider ihre Schwiegertochter und Schwiegertochter wider ihre Schwiegermutter.

Er sprach aber auch zu den Volks- 54 mengen: Wenn ihr eine Wolke von Westen aufsteigen sehet, so saget ihr alsbald: Ein Regenguß kommt; und es geschieht also. Und wenn *ihr* den 55

---

a Eig. mein Gutes. — *b* Eig. vieles Gute. — *c* O. denn. — *d* S. die Anm. zu Matth. 6, 27. — *e* O. das Gras auf dem Felde, das heute ist. — *f* O. wollet nicht hoch hinaus. — *g* O. der nicht abnimmt. — *h* O. zurückkehren. — *i* O. Sklaven; so auch V. 38 usw. — *j* O. Ungläubigen.

Südwind wehen *sehet*, so saget ihr: Es wird Hitze geben; und es geschieht. 56 Heuchler! das Angesicht der Erde und des Himmels wisset ihr zu beurteilen; wie aber ist es, daß ihr diese Zeit 57 nicht beurteilet? Warum aber auch richtet ihr von euch selbst nicht was 58 recht ist? Denn wenn du mit deiner Gegenpartei *a* vor die Obrigkeit *b* gehst, so gib dir auf dem Wege Mühe, von ihr loszukommen, damit sie dich nicht etwa zu dem Richter hinschleppe; und der Richter wird dich dem Gerichtsdiener überliefern, und der Gerichts- 59 diener dich ins Gefängnis werfen. Ich sage dir: Du wirst nicht von dannen herauskommen, bis du auch den letzten Heller *c* bezahlt hast.

13 Zu selbiger Zeit waren aber einige gegenwärtig, die ihm von den Galiläern berichteten, deren Blut Pilatus mit ihren Schlachtopfern vermischt 2 hatte. Und er antwortete und sprach zu ihnen: Meinet ihr, daß diese Galiläer vor allen Galiläern Sünder waren, 3 weil sie solches erlitten haben? Nein, sage ich euch, sondern wenn ihr nicht Buße tut, werdet ihr alle ebenso um- 4 kommen. Oder jene achtzehn, auf welche der Turm in Siloam fiel und sie tötete: meinet ihr, daß sie vor allen Menschen, die in Jerusalem wohnen, 5 Schuldner waren? Nein, sage ich euch, sondern wenn ihr nicht Buße tut, werdet ihr alle gleicherweise umkommen. 6 Er sagte aber dieses Gleichnis: Es hatte jemand einen Feigenbaum, der in seinem Weinberge gepflanzt war; und er kam und suchte Frucht an ihm 7 und fand keine. Er sprach aber zu dem Weingärtner: Siehe, drei Jahre komme ich und suche Frucht an diesem Feigenbaum und finde keine; haue ihn ab, wozu macht er auch das Land un- 8 nütz? Er aber antwortet und sagt zu ihm: Herr, laß ihn noch dieses Jahr, bis ich um ihn graben und Dünger 9 legen werde; und wenn er etwa Frucht bringen wird, *gut*, wenn aber nicht, so magst du ihn künftig abhauen. 10 Er lehrte aber an Sabbath in einer 11 der Synagogen. Und siehe, [da war] ein Weib, die achtzehn Jahre einen Geist der Schwachheit hatte; und sie war zusammengekrümmt und gänzlich 12 unfähig sich aufzurichten *d*. Als aber Jesus sie sah, rief er ihr zu und sprach zu ihr: Weib, du bist gelöst von dei- 13 ner Schwachheit! Und er legte ihr die Hände auf, und alsbald wurde sie ge- 14 rade und verherrlichte Gott. Der Synagogenvorsteher aber, unwillig, daß Jesus am Sabbath heilte, hob an und sprach zu der Volksmenge: Sechs Tage sind es, an denen man arbeiten soll; an diesen nun kommt und laßt euch heilen, und nicht am Tage des Sab- 15 baths. Der Herr nun antwortete ihm und sprach: Heuchler! löst nicht ein jeder von euch am Sabbath seinen Ochsen oder Esel von der Krippe und führt ihn hin und tränkt ihn? Diese aber, 16 die eine Tochter Abrahams ist, welche der Satan gebunden hat, siehe, achtzehn Jahre, sollte sie nicht von dieser Fessel gelöst werden am Tage des Sab- baths? Und als er dies sagte, wurden 17 alle seine Widersacher beschämt; und die ganze Volksmenge freute sich über all die herrlichen Dinge, welche durch ihn geschahen.

Er sprach aber: Wem ist das Reich 18 Gottes gleich, und wem soll ich es ver- gleichen? Es ist gleich einem Senf- 19 korn, welches ein Mensch nahm und in seinen Garten warf; und es wuchs und wurde zu einem großen Baume, und die Vögel des Himmels ließen sich nieder *e* in seinen Zweigen.

Und wiederum sprach er: Wem soll 20 ich das Reich Gottes vergleichen? Es 21 ist gleich einem Sauerteig, welchen ein Weib nahm und unter drei Maß Mehl verbarg, bis es ganz durchsäuert war.

Und er durchzog nacheinander Städte 22 und Dörfer, indem er lehrte und nach Jerusalem reiste. Es sprach aber je- 23 mand zu ihm: Herr, sind derer weni- ge, die errettet werden? Er aber sprach zu ihnen: Ringet danach, durch die 24 enge Pforte einzugehen; denn viele, sage ich euch, werden einzugehen su- chen und werden es nicht vermögen. Von da an, wenn der Hausherr auf- 25 gestanden ist und die Tür verschlossen hat, und ihr anfangen werdet, draußen zu stehen und an die Tür zu klopfen und zu sagen: Herr, tue uns auf! und er antworten und zu euch sagen wird: Ich kenne euch nicht, wo ihr her seid; alsdann werdet ihr anfangen zu sagen: 26 Wir haben vor dir gegessen und ge- trunken, und auf unseren Straßen hast du gelehrt. Und er wird sagen: Ich 27 sage euch, ich kenne euch nicht, wo ihr her seid; weichet von mir, alle ihr Uebeltäter! Da wird sein das Weinen 28 und das Zähneknirschen, wenn ihr se- hen werdet Abraham und Isaak und Jakob und alle Propheten im Reiche Gottes, euch aber draußen hinausge- worfen. Und sie werden kommen von 29 Osten und Westen und von Norden und Süden und zu Tische liegen im Reiche Gottes. Und siehe, es sind Letzte, wel- 30 che Erste sein werden, und es sind Er- ste, welche Letzte sein werden.

In demselben Stunde kamen einige 31 Pharisäer herzu und sagten zu ihm: Geh hinaus und ziehe von hinnen, denn Herodes will dich töten. Und er 32 sprach zu ihnen: Gehet hin und saget diesem Fuchs: Siehe, ich treibe Dä- monen aus und vollbringe Heilungen heute und morgen, und am dritten *Ta- ge* werde ich vollendet. Doch ich muß 33 heute und morgen und am folgenden *Tage* wandeln; denn es geht nicht an, daß ein Prophet außerhalb Jerusalems umkomme. Jerusalem, Jerusalem, die 34 da tötet die Propheten und steinigt die zu ihr gesandt sind! Wie oft habe ich

---

a O. deinem Widersacher; wie anderswo. — *b* Eig. zum Archonten. — *c* W. Lepton; die kleinste Geldmünze, welche damals im Umlauf war. — *d* O. unfähig sich gänz- lich aufzurichten. — *e* O. nisteten.

deine Kinder versammeln wollen, wie eine Henne ihre Brut unter die Flügel, und ihr habt nicht gewollt! Siehe, euer Haus wird euch überlassen. Ich sage euch aber: Ihr werdet mich nicht sehen, bis es kommt, daß ihr sprechet: „Gepriesen *sei*, der da kommt im Namen *des Herrn*!" *a*

14 Und es geschah, als er am Sabbath in das Haus eines der Obersten der Pharisäer kam, um zu essen *b*, daß sie 2 auf ihn lauerten. Und siehe, ein gewisser wassersüchtiger Mensch war vor 3 ihm. Und Jesus hob an und sprach zu den Gesetzgelehrten und Pharisäern und sagte: Ist es erlaubt, am Sabbath 4 zu heilen? Sie aber schwiegen. Und er faßte ihn an und heilte ihn und entließ ihn. Und er antwortete und sprach zu ihnen: Wer ist unter euch, dessen Esel oder Ochs in einen Brunnen fällt, und der ihn nicht alsbald herauszieht 6 am Tage des Sabbaths? Und sie vermochten nicht, ihm darauf zu antworten.

7 Er sprach aber zu den Eingeladenen ein Gleichnis, indem er bemerkte, wie sie die ersten Plätze wählten, 8 und sagte zu ihnen: Wenn du von jemand zur Hochzeit geladen wirst, so lege dich nicht auf den ersten Platz, damit nicht etwa ein Geehrterer als 9 du von ihm geladen sei, und der, welcher dich und ihn geladen hat, komme und zu dir spreche: Mache diesem Platz; und dann wirst du anfangen, mit Schande den letzten Platz einzu- 10 nehmen. Sondern wenn du geladen bist, so gehe hin und lege dich auf den letzten Platz, auf daß, wenn der, welcher dich geladen hat, kommt, er zu dir spreche: Freund, rücke höher hinauf. Dann wirst du Ehre haben vor allen, die mit dir zu Tische liegen; 11 denn jeder, der sich selbst erhöht, wird erniedrigt werden, und wer sich selbst erniedrigt, wird erhöht werden.

12 Er sprach aber auch zu dem, der ihn geladen hatte: Wenn du ein Mittagsoder ein Abendmahl machst, so lade nicht deine Freunde, noch deine Brüder, noch deine Verwandten, noch reiche Nachbarn, damit nicht etwa auch sie dich wiederladen und dir Vergel- 13 tung werde. Sondern wenn du ein Mahl machst, so lade Arme, Krüppel, 14 Lahme, Blinde, und glückselig wirst du sein, weil sie nicht haben, dir zu vergelten; denn es wird dir vergolten werden in der Auferstehung der Gerechten.

15 Als aber einer von denen, die mit zu Tische lagen, dies hörte, sprach er zu ihm: Glückselig, wer Brot essen 16 wird im Reiche Gottes! Er aber sprach zu ihm: Ein gewisser Mensch machte ein großes Abendmahl und lud viele. 17 Und er sandte seinen Knecht *c* zur Stunde des Abendmahls, um den Geladenen zu sagen: Kommt, denn schon 18 ist alles bereit. Und sie fingen alle ohne Ausnahme an, sich zu entschuldi-

gen. Der erste sprach zu ihm: Ich habe einen Acker gekauft und muß notwendig ausgehen und ihn besehen; ich bitte dich, halte mich für entschuldigt. Und ein anderer sprach: Ich habe fünf 19 Joch Ochsen gekauft, und ich gehe hin sie zu versuchen; ich bitte dich, halte mich für entschuldigt. Und ein ande- 20 rer sprach: Ich habe ein Weib geheiratet, und darum kann ich nicht kommen. Und der Knecht kam herbei und 21 berichtete dies seinem Herrn. Da wurde der Hausherr zornig und sprach zu seinem Knechte: Geh eilends hinaus auf die Straßen und Gassen der Stadt, und bringe hier herein die Armen und Krüppel und Lahmen und Blinden. Und der Knecht sprach: Herr, es ist 22 geschehen, wie du befohlen hast, und es ist noch Raum. Und der Herr sprach 23 zu dem Knechte: Geh hinaus auf die Wege und *an die* Zäune und nötige *sie* hereinzukommen, auf daß mein Haus voll werde; denn ich sage euch, 24 daß nicht einer jener Männer, die geladen waren, mein Abendmahl schmecken wird.

Es gingen aber große Volksmengen 25 mit ihm; und er wandte sich um und sprach zu ihnen: Wenn jemand zu mir 26 kommt und haßt nicht seinen Vater und seine Mutter und sein Weib und seine Kinder und seine Brüder und Schwestern, dazu aber auch sein eigenes Leben, so kann er nicht mein Jünger sein; und wer nicht sein Kreuz trägt 27 und mir nachkommt, kann nicht mein Jünger sein. Denn wer unter euch, der 28 einen Turm bauen will, setzt sich nicht zuvor nieder und berechnet die Kosten, ob er *das Nötige* zur Ausführung habe? auf daß nicht etwa, wenn er den 29 Grund gelegt hat und nicht zu vollenden vermag, alle, die es sehen, anfangen ihn zu verspotten und sagen: 30 Dieser Mensch hat angefangen zu bauen und vermochte nicht zu vollenden. Oder welcher König, der auszieht, um 31 sich mit einem anderen König in Krieg einzulassen, setzt sich nicht zuvor nieder und ratschlagt, ob er imstande sei, dem mit Zehntausend entgegen zu treten, der wider ihn kommt mit Zwanzigtausend? Wenn aber nicht, so sen- 32 det er, während er noch fern ist, eine Gesandtschaft und bittet um die Friedensbedingungen *d*. Also nun jeder von 33 euch, der nicht allem entsagt, was er hat, kann nicht mein Jünger sein. Das 34 Salz [nun] ist gut; wenn aber auch das Salz kraftlos *e* geworden ist, womit soll es gewürzt werden? Es ist weder für 35 das Land noch für den Dünger tauglich; man wirft es hinaus. Wer Ohren hat zu hören, der höre!

Es nahten *f* aber zu ihm alle Zöllner und Sünder, ihn zu hören; und **15** die Pharisäer und die Schriftgelehrten 2 murrten und sprachen: Dieser nimmt Sünder auf und isset mit ihnen. Er 3 sprach aber zu ihnen dieses Gleichnis

---

a Ps. 118, 26. — *b* W. Brot zu essen. — *c* O. Sklaven; so auch nachher. — *d* O. um Friedensverhandlungen; W. um das zum Frieden. — *e* O. fade. — *f* O. pflegten zu nahen; der griech. Ausdruck bezeichnet eine fortgesetzte Handlung.

4 und sagte: Welcher Mensch unter euch, der hundert Schafe hat und e i n e s von ihnen verloren hat, läßt nicht die neun-undneunzig in der Wüste und geht dem verlorenen nach, bis er es findet?
5 Und wenn er es gefunden hat, so legt er es mit Freuden auf seine Schultern;
6 und wenn er nach Hause kommt, ruft er die Freunde und die Nachbarn zusammen und spricht zu ihnen: Freuet euch mit mir, denn ich habe mein
7 Schaf gefunden, das verloren war. Ich sage euch: Also wird Freude im Himmel sein über e i n e n Sünder, der Buße tut, *mehr* als über neunundneunzig Gerechte, welche der Buße nicht bedürfen.
8 — Oder welches Weib, das zehn Drachmen hat, zündet nicht, wenn sie e i n e Drachme verliert, eine Lampe an und kehrt das Haus und sucht sorgfältig, bis sie sie findet?
9 Und wenn sie sie gefunden hat, ruft sie die Freundinnen und Nachbarinnen zusammen und spricht: Freuet euch mit mir, denn ich habe die Drachme gefunden, die
10 ich verloren hatte. Also, sage ich euch, ist Freude *a* vor den Engeln Gottes über e i n e n Sünder, der Buße tut.
11 Er sprach aber: Ein gewisser Mensch
12 hatte zwei Söhne; und der jüngere von ihnen sprach zu dem Vater: Vater, gib mir den Teil des Vermögens, der mir zufällt. Und er teilte ihnen die Habe.
13 Und nach nicht vielen Tagen brachte der jüngere Sohn alles zusammen und reiste weg in ein fernes Land, und daselbst vergeudete er sein Vermögen,
14 indem er ausschweifend lebte. Als er aber alles verzehrt hatte, kam eine gewaltige Hungersnot über jenes Land, und er selbst fing an, Mangel zu lei-
15 den. Und er ging hin und hängte sich an einen der Bürger jenes Landes; der *b* schickte ihn auf seine Aecker, Schwei-
16 ne zu hüten. Und er begehrte seinen Bauch zu füllen mit den Trädern *c*, welche die Schweine fraßen; und nie-
17 mand gab ihm. Als er aber zu sich selbst kam, sprach er: Wie viele Tagelöhner meines Vaters haben Ueberfluß an Brot, i c h aber komme hier um
18 vor Hunger. Ich will mich aufmachen und zu meinem Vater gehen, und will zu ihm sagen: Vater, ich habe gesündigt gegen den Himmel und vor dir,
19 ich bin nicht mehr würdig, dein Sohn zu heißen; mache mich wie einen dei-
20 ner Tagelöhner. Und er machte sich auf und ging zu seinem *d* Vater. Als er aber noch fern war, sah ihn sein Vater und wurde innerlich bewegt und lief ihn und küßte ihn sehr *e*. Der Sohn aber
21 sprach zu ihm: Vater, ich habe gesündigt gegen den Himmel und vor dir, ich bin nicht mehr würdig, dein Sohn
22 zu heißen. Der Vater aber sprach zu seinen Knechten: Bringet das beste Kleid her und ziehet es ihm an und tut einen Ring an seine Hand und San-
23 dalen an seine Füße; und bringet das

gemästete Kalb her und schlachtet es, und lasset uns essen und fröhlich sein; denn dieser mein Sohn war tot 24 und ist wieder lebendig geworden, war verloren und ist gefunden worden. Und sie fingen an fröhlich zu sein. Es 25 war aber sein älterer Sohn auf dem Felde; und als er kam und sich dem Hause näherte, hörte er Musik und Reigen. Und er rief einen der Knechte 26 herzu und erkundigte sich, was das wäre. Der aber sprach zu ihm: Dein Bru- 27 der ist gekommen, und dein Vater hat das gemästete Kalb geschlachtet, weil er ihn gesund wieder erhalten hat. Er 28 aber wurde zornig und wollte nicht hineingehen. Sein Vater aber ging hinaus und drang in ihn. Er aber antworte- 29 te und sprach zu dem Vater: Siehe, so viele Jahre diene ich dir, und niemals habe ich ein Gebot von dir übertreten; und mir hast du niemals ein Böcklein gegeben, auf daß ich mit meinen Freunden fröhlich wäre; da aber dieser dein 30 Sohn gekommen ist, der deine Habe mit Huren verschlungen hat, hast du ihm das gemästete Kalb geschlachtet. Er aber sprach zu ihm: Kind, d u bist 31 allezeit bei mir, und all das Meinige ist dein. Es geziemte sich aber fröhlich 32 zu sein und sich zu freuen; denn dieser dein Bruder war tot und ist wieder lebendig geworden, und verloren und ist gefunden worden.

Er sprach aber auch zu [seinen] Jüngern: Es war ein gewisser rei- **16** cher Mann, der einen Verwalter hatte; und dieser wurde bei ihm angeklagt, als verschwende er seine Habe. Und 2 er rief ihn und sprach zu ihm: Was ist dies, das ich von dir höre? lege die Rechnung von deiner Verwaltung ab, denn du wirst nicht mehr Verwalter sein können. Der Verwalter aber 3 sprach bei sich selbst: Was soll ich tun? denn mein Herr nimmt mir die Verwaltung ab. Zu graben vermag ich nicht, zu betteln schäme ich mich. Ich 4 weiß, was ich tun werde, auf daß sie mich, wenn ich der Verwaltung enthoben bin, in ihre Häuser aufnehmen. Und er rief jeden einzelnen der Schuld- 5 ner seines Herrn herzu und sprach zu dem ersten: Wieviel bist du meinem Herrn schuldig? Der aber sprach: Hun- 6 dert Bath Oel. Und er sprach zu ihm: Nimm deinen Schuldbrief und setze dich flugs hin und schreibe fünfzig. Danach sprach er zu einem anderen: 7 Du aber, wieviel bist du schuldig? Der aber sprach: Hundert Kor Weizen. Und er spricht zu ihm: Nimm deinen Schuldbrief und schreibe achtzig. Und der Herr lobte den unge- 8 rechten Verwalter, weil er klug gehandelt hatte; denn die Söhne dieser Welt *f* sind klüger als die Söhne des Lichts gegen *g* ihr eigenes Geschlecht. Und 9 i c h sage euch: Machet euch Freunde mit dem ungerechten Mammon, auf daß, wenn er zu Ende geht, man euch auf-

---

a Eig. wird Freude. — *b* W. und er. — *c* Johannisbrot, ein Nahrungsmittel für Tiere und auch wohl für arme Leute. — *d* Eig. seinem eigenen. — *e* O. vielmals, oder zärtlich. — *f* O. dieses Zeitlaufs. — *g* O. in Bezug auf.

10 nehme in die ewigen Hütten. Wer im Geringsten treu ist, ist auch in vielem treu, und wer im Geringsten ungerecht
11 ist, ist auch in vielem ungerecht. Wenn ihr nun in dem ungerechten Mammon nicht treu gewesen seid, wer wird euch
12 das Wahrhaftige anvertrauen? und wenn ihr in dem Fremden nicht treu gewesen seid, wer wird euch das Eu-
13 rige geben? Kein Hausknecht kann zwei Herren dienen; denn entweder wird er den einen hassen und den anderen lieben, oder er wird den einen anhangen und den anderen verachten. Ihr könnt nicht Gott dienen und dem Mammon.

14 Dies alles hörten aber auch die Pharisäer, welche geldliebend waren, und
15 sie verhöhnten ihn *a*. Und er sprach zu ihnen: Ihr seid es, die sich selbst rechtfertigen vor den Menschen, Gott aber kennt eure Herzen; denn was unter den Menschen hoch ist, ist ein Greuel
16 vor Gott. Das Gesetz und die Propheten *waren* bis auf Johannes; von da an wird das Evangelium des Reiches Gottes verkündigt, und jeder dringt
17 mit Gewalt hinein. Es ist aber leichter, daß der Himmel und die Erde vergehen, als daß ein Strichlein des Ge-
18 setzes wegfalle. Jeder, der sein Weib entläßt und eine andere heiratet, begeht Ehebruch; und jeder, der die von einem Manne Entlassene heiratet, begeht Ehebruch.

19 Es war aber ein gewisser reicher Mann, und er kleidete sich in Purpur und feine Leinwand *b* und lebte alle
20 Tage fröhlich *und* in Prunk. [Es war] aber ein gewisser Armer, mit Namen Lazarus, [der] an dessen Tor *c* lag,
21 voller Geschwüre, und er begehrte sich von den Brosamen zu sättigen, die von dem Tische des Reichen fielen; aber auch die Hunde kamen und leck-
22 ten seine Geschwüre. Es geschah aber, daß der Arme starb und von den Engeln getragen wurde in den Schoß Abrahams. Es starb aber auch der Rei-
23 che und wurde begraben. Und in dem Hades seine Augen aufschlagend, als er in Qualen war, sieht er Abraham von ferne und Lazarus in seinem Scho-
24 ße. Und er rief und sprach: Vater Abraham, erbarme dich meiner und sende Lazarus, daß er die Spitze seines Fingers ins Wasser tauche und meine Zunge kühle; denn ich leide
25 Pein in dieser Flamme. Abraham aber sprach: Kind, gedenke, daß du dein Gutes völlig empfangen hast in deinem Leben, und Lazarus gleicherweise das Böse; jetzt aber wird er hier getrö-
26 stet, du aber leidest Pein. Und zu diesem allem ist zwischen uns und euch eine große Kluft befestigt, damit die, welche von hier zu euch hinübergehen wollen, nicht können, noch die, welche von dort zu uns herüberkom-
27 men wollen. Er sprach aber: Ich bitte dich nun, Vater, daß du ihn in das

Haus meines Vaters sendest, denn ich 28 habe fünf Brüder, damit er ihnen ernstlich Zeugnis gebe *d*, auf daß sie nicht auch kommen an diesen Ort der Qual. Abraham aber spricht zu ihm: Sie ha- 29 ben Moses und die Propheten; mögen sie dieselben hören. Er aber sprach: Nein, 30 Vater Abraham, sondern wenn jemand von *den* Toten zu ihnen geht, so werden sie Buße tun. Er sprach aber zu 31 ihm: Wenn sie Moses und die Propheten nicht hören, so werden sie auch nicht überzeugt werden, wenn jemand aus *den* Toten aufersteht.

Er sprach aber zu seinen Jüngern: **17** Es ist unmöglich, daß nicht Aergernisse kommen; wehe aber dem, durch welchen sie kommen! Es wäre ihm 2 nützlicher *e*, wenn ein Mühlstein um seinen Hals gelegt und er ins Meer geworfen würde, als daß er einen dieser Kleinen ärgere! *f* Habet acht auf 3 euch selbst: wenn dein Bruder sündigt, so verweise es ihm, und wenn er es bereut, so vergib ihm. Und wenn er 4 siebenmal des Tages an dir sündigt und siebenmal zu dir umkehrt und spricht: Ich bereue es, so sollst du ihm vergeben.

Und die Apostel sprachen zu dem 5 Herrn: Vermehre uns den Glauben! Der Herr aber sprach: Wenn ihr Glau- 6 ben habt wie ein Senfkorn, so würdet ihr zu diesem Maulbeer-Feigenbaum sagen: Werde entwurzelt und ins Meer gepflanzt! und er würde euch gehorchen. Wer aber von euch, der einen 7 Knecht *g* hat, welcher pflügt oder weidet, wird zu ihm, wenn er vom Felde hereinkommt, sagen: Komm und lege dich alsbald zu Tische? Wird er nicht 8 vielmehr zu ihm sagen: Richte zu, was ich zu Abend essen soll, und gürte dich und diene mir, bis ich gegessen und getrunken habe; und danach sollst du essen und trinken? Dankt er etwa 9 dem Knechte, daß er das Befohlene getan hat? Ich meine nicht. Also auch ihr, 10 wenn ihr alles getan habt, was euch befohlen ist, so sprechet: Wir sind unnütze Knechte; wir haben getan, was wir zu tun schuldig waren.

Und es geschah, als er nach Jerusa- 11 lem reiste, daß er mitten durch Samaria und Galiläa ging. Und als er in ein 12 gewisses Dorf eintrat, begegneten ihm zehn aussätzige Männer, welche von ferne standen. Und sie erhoben ihre 13 Stimme und sprachen: Jesu, Meister, erbarme dich unser! Und als er *sie* 14 sah, sprach er zu ihnen: Gehet hin und zeiget euch den Priestern. Und es geschah, indem sie hingingen, wurden sie gereinigt. Einer aber von ihnen, 15 als er sah, daß er geheilt war, kehrte zurück, indem er mit lauter Stimme Gott verherrlichte; und er fiel aufs An- 16 gesicht zu seinen Füßen und dankte ihm; und derselbe war ein Samariter. Jesus aber antwortete und sprach: 17 Sind nicht die zehn gereinigt worden?

---

a Eig. rümpften die Nase über ihn. — *b* W. Byssus. — *c* O. Torweg. — *d* O. sie beschwöre, dringend verwarne. — *e* W. nützlich. — *f* Siehe zu diesem Verse die Anmerkungen zu Matth. 18, 6. — *g* O. Sklaven; so auch nachher.

18 wo sind [aber] die neun? Sind keine
gefunden worden, die zurückkehrten,
um Gott Ehre zu geben, außer diesem
19 Fremdling? Und er sprach zu ihm:
Stehe auf und gehe hin; dein Glaube
hat dich gerettet.
20   Und als er von den Pharisäern gefragt wurde: Wann kommt das Reich
Gottes? antwortete er ihnen und sprach:
Das Reich Gottes kommt nicht so, daß
21 man es beobachten könnte a; noch wird
man sagen: Siehe hier! oder: Siehe
dort! denn siehe, das Reich Gottes ist
22 mitten unter euch. Er sprach aber zu
den Jüngern: Es werden Tage kommen, da ihr begehren werdet, einen
der Tage des Sohnes des Menschen zu
sehen, und ihr werdet ihn nicht sehen.
23 Und man wird zu euch sagen: Siehe
hier! oder: Siehe dort! Gehet nicht
24 hin, folget auch nicht. Denn gleichwie
der Blitz blitzend leuchtet von einem
Ende unter dem Himmel bis zum anderen Ende unter dem Himmel, also wird
der Sohn des Menschen sein an seinem
25 Tage. Zuvor aber muß er vieles leiden
und verworfen werden von diesem Ge-
26 schlecht. Und gleichwie es in den Tagen Noahs geschah, also wird es auch
sein in den Tagen des Sohnes des Men-
27 schen: sie aßen, sie tranken, sie hei-
rateten, sie wurden verheiratet, bis zu
dem Tage, da Noah in die Arche ging,
und die Flut kam und alle umbrachte.
28 Gleicherweise auch, wie es geschah in
den Tagen Lots: sie aßen, sie tranken,
sie kauften, sie verkauften, sie pflanz-
29 ten, sie bauten; an dem Tage aber, da
Lot von Sodom ausging, regnete es
Feuer und Schwefel vom Himmel und
30 brachte alle um. Desgleichen wird es
an dem Tage sein, da der Sohn des
31 Menschen geoffenbart wird. An jenem
Tage — wer auf dem Dache b sein wird
und sein Gerät im Hause hat, der steige nicht hinab, um es zu holen; und
wer auf dem Felde ist, wende sich glei-
32 cherweise nicht zurück. Gedenket an
33 Lots Weib! Wer irgend sein Leben
zu retten sucht, wird es verlieren; und
wer irgend es verliert, wird es erhal-
34 ten. Ich sage euch: In jener Nacht werden zwei auf einem Bett sein; einer
wird genommen und der andere ge-
35 lassen werden. Zwei Weiber werden
zusammen mahlen, die eine wird genommen, [und] die andere gelassen
36 werden. Und sie antworten und sagen
zu ihm: Wo, Herr? Er aber sprach zu
ihnen: Wo der Leichnam ist, da werden auch die Adler versammelt werden.

18 Er sagte ihnen aber auch ein Gleichnis dafür, daß sie allezeit beten und
2 nicht ermatten sollten, und sprach:
Es war ein gewisser Richter in einer
Stadt, der Gott nicht fürchtete und vor
3 keinem Menschen sich scheute. Es war
aber eine Witwe in jener Stadt; und
sie kam zu ihm und sprach: Schaffe
mir Recht von meinem Widersacher.

Und eine Zeitlang wollte er nicht; da- 4
nach aber sprach er bei sich selbst:
Wenn ich auch Gott nicht fürchte und
vor keinem Menschen mich scheue, so 5
will ich doch, weil diese Witwe mir
Mühe macht c, ihr Recht verschaffen,
auf daß sie nicht unaufhörlich komme
und mich quäle d. Der Herr aber sprach: 6
Höret, was der ungerechte Richter sagt.
Gott aber, sollte er das Recht seiner 7
Auserwählten nicht ausführen, die
Tag und Nacht zu ihm schreien, und
ist er in Bezug auf sie langsam e? Ich 8
sage euch, daß er ihr Recht schnell
ausführen wird. Doch wird wohl der
Sohn des Menschen, wenn er kommt,
den Glauben finden auf der Erde?

Er sprach aber auch zu etlichen, die 9
auf sich selbst vertrauten, daß sie gerecht seien, und die übrigen für nichts
achteten, dieses Gleichnis: Zwei Men- 10
schen gingen hinauf in den Tempel,
um zu beten, der eine ein Pharisäer
und der andere ein Zöllner. Der Pha- 11
risäer stand und betete bei sich selbst
also: O Gott, ich danke dir, daß ich
nicht bin wie die übrigen der Menschen, Räuber, Ungerechte, Ehebrecher, oder auch wie dieser Zöllner. Ich 12
faste zweimal in der Woche, ich ver-
zehnte alles, was ich erwerbe f. Und 13
der Zöllner, von ferne stehend, wollte
sogar die Augen nicht aufheben gen
Himmel, sondern schlug an seine Brust
und sprach: O Gott, sei mir, dem Sünder, gnädig! Ich sage euch: Dieser 14
ging gerechtfertigt hinab in sein Haus
vor g jenem; denn jeder, der sich selbst
erhöht, wird erniedrigt werden; wer
aber sich selbst erniedrigt, wird erhöht werden.

Sie brachten aber auch die Kind- 15
lein h zu ihm, auf daß er sie anrühre.
Als aber die Jünger es sahen, verwiesen sie es ihnen. Jesus aber rief sie 16
herzu und sprach: Lasset die Kindlein zu mir kommen und wehret ihnen
nicht, denn solcher ist das Reich Gottes. Wahrlich, ich sage euch: Wer ir- 17
gend das Reich Gottes nicht aufnehmen wird wie ein Kindlein, wird nicht
in dasselbe eingehen.

Und es fragte ihn ein gewisser Ober- 18
ster und sprach: Guter Lehrer, was
muß ich getan haben, um ewiges Leben zu ererben? Jesus aber sprach zu 19
ihm: Was heißest du mich gut? Niemand ist gut, als nur e i n e r, Gott. Die 20
Gebote weißt du: „Du sollst nicht ehebrechen; du sollst nicht töten; du sollst
nicht stehlen; du sollst nicht falsches
Zeugnis geben; ehre deinen Vater und
deine Mutter". Er aber sprach: Dies 21
alles habe ich beobachtet von meiner
Jugend an. Als aber Jesus dies hörte, 22
sprach er zu ihm: Noch e i n e s fehlt
dir: Verkaufe alles was du hast, und
verteile es an die Armen, und du wirst
einen Schatz in den Himmeln haben,
und komm, folge mir nach. Als er 23
aber dies hörte, wurde er sehr betrübt,

---

a W. kommt nicht unter Beobachtung. — b O. Hause. — c O. mich belästigt. —
d O. endlich komme und mir ins Gesicht fahre. — e Eig. langmütig. — f O. besitze.
— g O. gegenüber, d. i. im Gegensatz zu. — h Eig. Säuglinge.

24 denn er war sehr reich. Als aber Jesus sah, daß er sehr betrübt wurde, sprach er: Wie schwerlich werden die, welche Güter *a* haben, in das Reich
25 Gottes eingehen! denn es ist leichter, daß ein Kamel durch ein Nadelöhr eingehe, als daß ein Reicher in das Reich
26 Gottes eingehe. Es sprachen aber die es hörten: Und wer kann *dann* errettet werden?
27 Er aber sprach: Was bei Menschen unmöglich ist, ist möglich
28 bei Gott. Petrus aber sprach: Siehe, w i r haben alles *b* verlassen und sind
29 dir nachgefolgt. Er aber sprach zu ihnen: Wahrlich, ich sage euch: Es ist niemand, der Haus oder Eltern oder Brüder oder Weib oder Kinder verlassen hat um des Reiches Gottes wil-
30 len, der nicht Vielfältiges empfangen wird in dieser Zeit und in dem kommenden Zeitalter ewiges Leben.
31 Er nahm aber die Zwölfe zu sich und sprach zu ihnen: Siehe, wir gehen hinauf nach Jerusalem, und es wird alles vollendet werden, was durch die Propheten auf den Sohn des Menschen
32 geschrieben ist; denn er wird den Nationen überliefert werden und wird verspottet und geschmäht und ange-
33 spieen werden; und wenn sie ihn gegeißelt haben, werden sie ihn töten, und am dritten Tage wird er aufer-
34 stehen. Und sie verstanden nichts von diesen Dingen, und dieses Wort war vor ihnen verborgen *c*, und sie begriffen das Gesagte nicht.

35 Es geschah aber, als er Jericho nahte, saß ein gewisser Blinder bettelnd
36 am Wege. Und als er eine Volksmenge vorbeizichen hörte, erkundigte er
37 sich, was das wäre. Sie verkündeten ihm aber, daß Jesus, der Nazaräer,
38 vorübergehe. Und er rief und sprach: Jesu, Sohn Davids, erbarme dich mei-
39 ner! Und die Vorangehenden bedrohten ihn, daß er schweigen sollte; er aber schrie umsomehr: Sohn Davids,
40 erbarme dich meiner! Jesus aber stand still und hieß ihn zu sich führen. Als er sich aber näherte, fragte er ihn
41 [und sprach]: Was willst du, daß ich dir tun soll? Er aber sprach: Herr, daß
42 ich sehend werde! Und Jesus sprach zu ihm: Sei sehend! dein Glaube hat
43 dich geheilt *d*. Und alsbald ward er sehend und folgte ihm nach, indem er Gott verherrlichte. Und das ganze Volk, das es sah, gab Gott Lob.

19 Und er ging hinein und zog durch Jericho. Und siehe, *da war* ein Mann,
2 mit Namen Zachäus, und selbiger war
3 ein Oberzöllner, und er war reich. Und er suchte Jesum zu sehen, wer er wäre; und er vermochte es nicht vor der Volksmenge, denn er war klein von
4 Gestalt. Und er lief voraus und stieg auf einen Maulbeer-Feigenbaum, auf daß er ihn sähe; denn er sollte daselbst
5 durchkommen. Und als er an den Ort kam, sah Jesus auf und erblickte ihn und sprach zu ihm: Zachäus, steige

eilends hernieder, denn heute muß ich in deinem Hause bleiben. Und er stieg 6 eilends hernieder und nahm ihn auf mit Freuden. Und als sie es sahen, 7 murrten alle und sagten: Er ist eingekehrt, um bei einem sündigen Manne zu herbergen. Zachäus aber stand 8 und sprach zu dem Herrn: Siehe, Herr, die Hälfte meiner Güter gebe ich den Armen, und wenn ich von jemand etwas durch falsche Anklage genommen habe, so erstatte ich es vierfältig. Je- 9 sus aber sprach zu ihm: Heute ist diesem Hause Heil widerfahren, dieweil auch e r ein Sohn Abrahams ist; denn 10 der Sohn des Menschen ist gekommen, zu suchen und zu erretten was verloren ist.

Während sie aber dieses hörten, 11 fügte er noch ein Gleichnis hinzu, *e* weil er nahe bei Jerusalem war, und sie meinten, daß das Reich Gottes alsbald erscheinen sollte. Er sprach nun: 12 Ein gewisser hochgeborener Mann zog in ein fernes Land, um ein Reich für sich zu empfangen und wiederzukommen. Er berief aber seine zehn *f* Knech- 13 te *g* und gab ihnen zehn Pfunde *h* und sprach zu ihnen: Handelt, bis *i* ich komme. Seine Bürger aber haßten ihn 14 und schickten eine Gesandtschaft hinter ihm her und ließen sagen: Wir wollen nicht, daß dieser über uns herrsche. Und es geschah, als er zurückkam, 15 nachdem er das Reich empfangen hatte, da hieß er diese Knechte, denen er das Geld gegeben, zu sich rufen, auf daß er wisse, was ein jeder erhandelt hätte. Der erste aber kam herbei und 16 sagte: Herr, dein Pfund hat zehn Pfunde hinzugewonnen. Und er sprach 17 zu ihm: Wohl, *du* guter Knecht! weil du im Geringsten treu warst, so habe Gewalt über zehn Städte. Und der 18 zweite kam und sagte: Herr, dein Pfund hat fünf Pfunde eingetragen. Er 19 sprach aber auch zu diesem: Und du, sei über fünf Städte. Und ein ande- 20 rer kam und sagte: Herr, siehe, *hier ist* dein Pfund, welches ich in einem Schweißtuch verwahrt hielt; denn ich 21 fürchtete dich, weil du ein strenger Mann bist: du nimmst, was du nicht hingelegt, und du erntest, was du nicht gesät hast. Er spricht zu ihm: Aus 22 deinem Munde werde ich dich richten, *du* böser Knecht! Du wußtest, daß i c h ein strenger Mann bin, der ich nehme, was ich nicht hingelegt, und ernte, was ich nicht gesät habe? Und warum hast 23 du mein Geld nicht in eine Bank gegeben, und wenn ich kam, hätte i c h es mit Zinsen eingefordert? Und er 24 sprach zu den Dabeistehenden: Nehmet das Pfund von ihm und gebet es dem, der die zehn Pfunde hat. (Und 25 sie sprachen zu ihm: Herr, er hat zehn Pfunde!) Denn ich sage euch: Jedem, 26 der da hat, wird gegeben werden; von dem aber, der nicht hat, von dem wird selbst was er hat weggenommen wer-

---

a O. Vermögen, Geld. — *b* O. nach anderer Lesart: unser Eigentum. — *c* O. verhüllt, verschlossen. — *d* O. gerettet. — *e* W. sprach er hinzufügend ein Gleichnis. — *f* O. zehn seiner. — *g* O. Sklaven; so auch nachher. — *h* W. Minen. — *i* Eig. indem, während.

27 den. Doch jene, meine Feinde, die nicht wollten, daß ich über sie herrschen sollte, bringet her und erschlaget sie vor mir.

28 Und als er dies gesagt hatte, zog er voran, indem er hinaufging nach Je-
29 rusalem. Und es geschah, als er Bethphage und Bethanien nahte, gegen den Berg hin, welcher *Oelberg* genannt wird, sandte er zwei seiner Jünger
30 und sprach: Gehet hin in das Dorf gegenüber, und wenn ihr hineinkommet, werdet ihr ein Füllen darin angebunden finden, auf welchem kein Mensch je gesessen hat; bindet es los
31 und führet es *her*. Und wenn jemand euch fragt: Warum bindet ihr es los? so sprechet also zu ihm: Der Herr be-
32 darf seiner. Und die Abgesandten gingen hin und fanden es, wie er ihnen
33 gesagt hatte. Als sie aber das Füllen losbanden, sprachen die Herren desselben zu ihnen: Warum bindet ihr
34 das Füllen los? Sie aber sprachen: Der
35 Herr bedarf seiner. Und sie führten es zu Jesu; und sie warfen ihre Kleider auf das Füllen und setzten Jesum
36 darauf. Während er aber hinzog, breiteten sie ihre Kleider aus auf dem Weg.
37 Und als er schon nahte *und* bei dem Abhang des Oelbergs *war*, fing die ganze Menge der Jünger an, mit lauter Stimme freudig Gott zu loben über alle die Wunderwerke, die sie gese-
38 hen hatten, indem sie sagten: „Gepriesen *sei* der König, der da kommt im Namen *des* Herrn!"*a* Friede im Himmel und Herrlichkeit in der Hö-
39 he*b*! Und etliche der Pharisäer aus der Volksmenge sprachen zu ihm: Leh-
40 rer, verweise es deinen Jüngern. Und er antwortete und sprach zu ihnen: Ich sage euch, wenn diese schweigen,
41 so werden die Steine schreien. Und als er sich näherte und die Stadt sah,
42 weinte er über sie und sprach: Wenn auch d u erkannt hättest, und selbst an diesem deinem Tage, was zu deinem Frieden dient! Jetzt aber ist es
43 vor deinen Augen verborgen. Denn Tage werden über dich kommen, da werden deine Feinde einen Wall um dich aufschütten und dich umzingeln und dich von allen Seiten einengen;
44 und sie werden dich und deine Kinder in dir zu Boden werfen und werden in dir nicht einen Stein auf dem anderen lassen, darum daß du die Zeit deiner Heimsuchung nicht erkannt hast.
45 Und als er in den Tempel*c* eingetreten war, fing er an auszutreiben
46 die darin verkauften und kauften, indem er zu ihnen sprach: Es steht geschrieben: „Mein Haus ist ein Bethaus"; *d* „i h r aber habt es zu einer Räuberhöhle gemacht". *e*
47 Und er lehrte täglich im Tempel*c*; die Hohenpriester aber und die Schrift-

gelehrten und die Ersten des Volkes
48 suchten ihn umzubringen. Und sie fanden nicht, was sie tun sollten, denn das ganze Volk hing an seinem Munde*f*.

20 Und es geschah an einem der Tage, als er das Volk im Tempel*c* lehrte und das Evangelium verkündigte, da traten die Hohenpriester und die Schriftge-
2 lehrten mit den Aeltesten herzu und sprachen zu ihm und sagten: Sage uns, in welchem Recht*g* tust du diese Dinge? oder wer ist es, der dir dieses
3 Recht gegeben hat? Er aber antwortete und sprach zu ihnen: Auch i c h will euch ein Wort fragen, und saget
4 mir: Die Taufe Johannes', war sie
5 vom Himmel oder von Menschen? Sie aber überlegten miteinander und sprachen: Wenn wir sagen: vom Himmel, so wird er sagen: Warum habt
6 ihr ihm nicht geglaubt? Wenn wir aber sagen: von Menschen, so wird das ganze Volk uns steinigen, denn es ist überzeugt, daß Johannes ein
7 Prophet ist. Und sie antworteten, sie
8 wüßten nicht, woher. Und Jesus sprach zu ihnen: So sage auch i c h euch nicht, in welchem Recht ich diese Dinge tue.
9 Er fing aber an, zu dem Volke dieses Gleichnis zu sagen: Ein Mensch pflanzte einen Weinberg und verdingte ihn an Weingärtner*h* und reiste für
10 lange Zeit außer Landes. Und zur bestimmten Zeit sandte er einen Knecht*i* zu den Weingärtnern, auf daß sie ihm von der Frucht des Weinbergs gäben; die Weingärtner aber schlugen ihn
11 und schickten ihn leer fort. Und er fuhr fort und sandte einen anderen Knecht*i*; sie aber schlugen auch den und behandelten ihn verächtlich und
12 schickten ihn leer fort. Und er fuhr fort und sandte einen dritten; sie aber verwundeten auch diesen und warfen ihn
13 hinaus. Der Herr des Weinbergs aber sprach: Was soll ich tun? Ich will meinen geliebten Sohn senden; vielleicht, wenn sie diesen sehen, werden
14 sie sich scheuen. Als aber die Weingärtner ihn sahen, überlegten sie miteinander und sagten: Dieser ist der Erbe; [kommt,] laßt uns ihn töten, auf
15 daß das Erbe unser werde. Und als sie ihn aus dem Weinberg hinausgeworfen hatten, töteten sie ihn. Was wird nun der Herr des Weinbergs ih-
16 nen tun? Er wird kommen und diese Weingärtner umbringen und den Weinberg anderen geben. Als sie aber *das* hörten, sprachen sie: Das sei ferne!
17 Er aber sah sie an und sprach: Was ist denn dies, das geschrieben steht: „Der Stein, den die Bauleute verworfen haben, dieser ist zum Eckstein*j* geworden"?*k* Jeder, der auf jenen
18 Stein fällt, wird zerschmettert werden; auf welchen irgend er aber fallen wird, den wird er zermalmen.
19 Und die Hohenpriester und die Schrift-

---

a Ps. 118, 26. — *b* Eig. in den höchsten (Oertern). — *c* die Gebäude (s. die Anm. zu Matth. 4, 5); so auch Kap. 21, 5. 37. 38; 22, 52. 53; 24, 53. — *d* Jes. 56, 7. — *e* Vergl. Jer. 7, 11. — *f* Eig. hing hörend an ihm. — *g* O. welcher Vollmacht; so auch nachher. — *h* Eig. Ackerbauer; so auch V. 10 usw. — *i* O. Sklaven. — *j* W. Haupt der Ecke. — *k* Ps. 118, 22.

gelehrten suchten zu derselben Stunde die Hände an ihn zu legen, und sie fürchteten das Volk; denn sie erkannten, daß er dieses Gleichnis auf sie geredet hatte.

20 Und sie beobachteten *ihn* und sandten Auflaurer *a* aus, die sich verstellten, als ob sie gerecht wären, auf daß sie ihn in *seiner* Rede fingen, damit sie ihn der Obrigkeit und der Gewalt des Landpflegers überliefern möchten.

21 Und sie fragten ihn und sagten: Lehrer, wir wissen, daß du recht redest und lehrst und die Person nicht ansiehst, sondern den Weg Gottes in

22 Wahrheit lehrst. Ist es uns erlaubt, dem Kaiser Steuer zu geben oder

23 nicht? Aber ihre Arglist wahrnehmend, sprach er zu ihnen: Was ver-

24 suchet ihr mich? Zeiget mir einen Denar. Wessen Bild und Ueberschrift hat er? Sie aber antworteten und sagten:

25 Des Kaisers. Er aber sprach zu ihnen: Gebet daher dem Kaiser, was des Kaisers ist, und Gott, was Gottes

26 ist. Und sie vermochten nicht, ihn in *seinem* Worte vor dem Volke zu fangen; und sie verwunderten sich über seine Antwort und schwiegen.

27 Es kamen aber etliche der Sadducäer herzu, welche einwenden, es gebe keine Auferstehung, und fragten ihn

28 und sagten: Lehrer, Moses hat uns geschrieben: Wenn jemandes Bruder stirbt, der ein Weib hat, und dieser kinderlos stirbt, daß sein Bruder das Weib nehme und seinem Bruder Sa-

29 men erwecke. *b* Es waren nun sieben Brüder. Und der erste nahm ein Weib

30 und starb kinderlos; und der zweite [nahm das Weib, und dieser starb kin-

31 derlos;] und der dritte nahm sie; desgleichen aber auch die sieben hinter-

32 ließen keine Kinder und starben. Zuletzt aber [von allen] starb auch das

33 Weib. In der Auferstehung nun, wessen Weib von ihnen wird sie? denn die

34 sieben hatten sie zum Weibe. Und Jesus sprach zu ihnen: Die Söhne dieser

35 Welt *c* heiraten und werden verheiratet; die aber würdig geachtet werden, jener Welt *c* teilhaftig zu sein und der Auferstehung aus *den* Toten, heiraten nicht, noch werden sie verhei-

36 ratet; denn sie können auch nicht mehr sterben, denn sie sind Engeln gleich und sind Söhne Gottes, da sie

37 Söhne der Auferstehung sind. Daß aber die Toten auferstehen, hat auch Moses angedeutet „in dem Dornbusch", wenn er *den* Herrn „den Gott Abrahams und den Gott Isaaks und den Gott

38 Jakobs" nennt. *d* Er ist aber nicht Gott der Toten, sondern der Lebendigen;

39 denn für ihn leben alle. Einige der Schriftgelehrten aber antworteten und sprachen: Lehrer, du hast wohl *e* ge-

40 sprochen. Denn sie wagten nicht mehr, ihn über irgend etwas zu befragen.

41 Er aber sprach zu ihnen: Wie sagen sie, daß der Christus Davids Sohn sei,

und David selbst sagt im Buche der 42 Psalmen: „Der Herr sprach zu meinem Herrn: Setze dich zu meiner Rechten, bis ich deine Feinde lege zum 43 Schemel deiner Füße"? *f* David also 44 nennt ihn Herr, und wie ist er sein Sohn?

Während aber das ganze Volk zu- 45 hörte, sprach er zu seinen Jüngern: Hütet euch vor den Schriftgelehrten, 46 die in langen Gewändern einhergehen wollen und die Begrüßungen auf den Märkten lieben und die ersten Sitze in den Synagogen und die ersten Plätze bei den Gastmählern; welche die Häu- 47 ser der Witwen verschlingen und zum Schein *g* lange Gebete halten. Diese werden ein schwereres Gericht empfangen.

Er blickte aber auf und sah die **21** Reichen ihre Gaben in den Schatzkasten legen. Er sah aber auch eine 2 gewisse arme Witwe zwei Scherflein *h* daselbst einlegen. Und er sprach: In 3 Wahrheit sage ich euch, daß diese arme Witwe mehr eingelegt hat als alle. Denn alle diese haben von ihrem Ueber- 4 fluß eingelegt zu den Gaben [Gottes]; diese aber hat von ihrem Mangel den ganzen Lebensunterhalt, den sie hatte, eingelegt.

Und als etliche von dem Tempel 5 sagten, daß er mit schönen Steinen und Weihgeschenken geschmückt sei, sprach er: Diese Dinge, die ihr sehet 6 — Tage werden kommen, in welchen nicht ein Stein auf dem anderen gelassen wird, der nicht abgebrochen werden wird. Sie fragten ihn aber und 7 sagten: Lehrer, wann wird denn dieses sein, und was ist das Zeichen, wann dieses geschehen soll? Er aber sprach: 8 Sehet zu, daß ihr nicht verführt werdet! denn viele werden unter meinem Namen *i* kommen und sagen: Ich bin's, und die Zeit ist nahe gekommen! Gehet ihnen [nun] nicht nach. Wenn ihr aber 9 von Kriegen und Empörungen hören werdet, so erschrecket nicht; denn dies muß zuvor geschehen, aber das Ende ist nicht alsbald. Dann sprach er zu 10 ihnen: Es wird sich Nation wider Nation erheben und Königreich wider Königreich; und es werden große Erd- 11 beben sein an verschiedenen Orten, und Hungersnöte und Seuchen; auch Schrecknisse und große Zeichen vom Himmel wird es geben. Vor diesem 12 allem aber werden sie ihre Hände an euch legen und euch verfolgen, indem sie euch an die Synagogen und Gefängnisse überliefern, um euch vor Könige und Statthalter zu führen um meines Namens willen. Es wird euch 13 aber zu einem Zeugnis ausschlagen. Setzet es nun fest in euren Herzen, 14 nicht vorher darauf zu sinnen, wie ihr euch verantworten sollt; denn ich 15 werde euch Mund und Weisheit geben, welcher alle eure Widersacher nicht werden widersprechen oder

---

a O. Bestochene. — *b* 5. Mose 25, 5. — *c* O. dieses (jenes) Zeitalters. — *d* 2. Mose 3, 6. — *e* O. wie anderswo: trefflich. — *f* Ps. 110, 1. — *g* O. Vorwand. — *h* W. zwei Lepta; s. die Anm. zu Kap. 12, 59. — *i* Eig. auf Grund meines Namens.

16 widerstehen können. Ihr werdet aber sogar von Eltern und Brüdern und Verwandten und Freunden überlie-
17 fert werden, und sie werden *etliche* von euch zum Tode bringen*a*; und ihr werdet von allen gehaßt werden
18 um meines Namens willen. Und n i c h t ein Haar von eurem Haupte wird ver-
19 loren gehen. Gewinnet*b* eure Seelen*c*
20 durch euer Ausharren. Wenn ihr aber Jerusalem von Heerscharen umzingelt sehet, alsdann erkennet, daß ihre Ver-
21 wüstung nahe gekommen ist. Daß als-dann, die in Judäa sind, auf die Berge fliehen, und die in ihrer*d* Mitte sind, daraus entweichen, und die auf dem Lande*e* sind, nicht in sie hineingehen.
22 Denn dies sind Tage der Rache, daß alles erfüllt werde, was geschrieben
23 steht. Wehe aber den Schwangeren und den Säugenden in jenen Tagen! denn große Not wird in*f* dem Lande sein,
24 und Zorn über dieses Volk. Und sie werden fallen durch die Schärfe des Schwertes und gefangen weggeführt werden unter alle Nationen; und Jeru-salem wird zertreten werden von den Nationen, bis die Zeiten der Natio-
25 nen erfüllt sein werden. Und es werden Zeichen sein an Sonne und Mond und Sternen, und auf der Erde Bedräng-nis der Nationen in Ratlosigkeit bei*g* brausendem Meer und Wasserwogen;
26 indem die Menschen verschmachten*h* vor Furcht und Erwartung der Dinge, die über den Erdkreis kommen, denn die Kräfte der Himmel werden er-
27 schüttert werden. Und dann werden sie den Sohn des Menschen kommen sehen in einer Wolke mit Macht und
28 großer Herrlichkeit. Wenn aber diese Dinge anfangen zu geschehen, so blik-ket auf und hebet eure Häupter empor, weil eure Erlösung naht.
29 Und er sprach ein Gleichnis zu ih-nen: Sehet den Feigenbaum und alle
30 Bäume; wenn sie schon ausschlagen, so erkennet ihr von selbst, indem ihr es sehet, daß der Sommer schon nahe
31 ist. So auch ihr, wenn ihr dies ge-schehen sehet, erkennet, daß das Reich
32 Gottes nahe ist. Wahrlich, ich sage euch, daß dieses Geschlecht n i c h t vergehen wird, bis alles geschehe.
33 ist. Der Himmel und die Erde wer-den vergehen, meine Worte aber wer-
34 den n i c h t vergehen. Hütet euch aber, daß eure Herzen nicht etwa beschwert werden durch Völlerei und Trunken-heit und Lebenssorgen, und jener Tag
35 plötzlich über euch hereinbreche; denn wie ein Fallstrick wird er kommen über alle, die auf dem ganzen Erd-
36 boden*i* ansässig sind. Wachet nun, zu aller Zeit betend, auf daß ihr wür-dig geachtet werdet, diesem allem, was geschehen soll*j*, zu entfliehen und vor dem Sohne des Menschen zu stehen.
37 Er lehrte aber des Tages in dem Tempel*k*, und des Nachts ging er hin-

aus und übernachtete auf dem Berge, welcher Oel*berg* genannt wird. Und 38 das ganze Volk kam frühmorgens im Tempel*k* zu ihm, ihn zu hören.

Es nahte aber das Fest der unge- **22** säuerten Brote, welches Passah ge-nannt wird. Und die Hohenpriester 2 und die Schriftgelehrten suchten, wie sie ihn umbrächten, denn sie fürchte-ten das Volk. Aber Satan fuhr in Ju- 3 das, der Iskariot zubenamt ist, welcher aus der Zahl der Zwölfe war. Und er 4 ging hin und besprach sich mit den Hohenpriestern und Hauptleuten, wie er ihn denselben überliefere. Und sie 5 waren erfreut und kamen überein, ihm Geld zu geben. Und er versprach es und 6 suchte eine Gelegenheit, um ihn densel-ben zu überliefern ohne Volksauflauf*l*.

Es nahte aber der Tag der ungesäu- 7 erten Brote, an welchem das Passah geschlachtet werden mußte. Und er 8 sandte Petrus und Johannes und sprach: Gehet hin und bereitet uns das Pas-sah, auf daß wir es essen. Sie aber 9 sprachen zu ihm: Wo willst du, daß wir es bereiten? Er aber sprach zu 10 ihnen: Siehe, wenn ihr in die Stadt kommet, wird euch ein Mensch begeg-nen, der einen Krug Wasser trägt; folget ihm in das Haus, wo er hinein-geht. Und ihr sollt zu dem Herrn des 11 Hauses sagen: Der Lehrer sagt dir: Wo ist das Gastzimmer, wo ich mit meinen Jüngern das Passah essen mag? Und jener wird euch einen großen, mit 12 Polstern belegten Obersaal zeigen; da-selbst bereitet. Als sie aber hingingen, 13 fanden sie es, wie er ihnen gesagt hatte; und sie bereiteten das Passah.

Und als die Stunde gekommen war, 14 legte er sich zu Tische, und die [zwölf] Apostel mit ihm. Und er sprach zu 15 ihnen: Mit Sehnsucht habe ich mich gesehnt, dieses Passah mit euch zu es-sen, ehe ich leide. Denn ich sage euch, 16 daß ich hinfort n i c h t mehr davon es-sen werde, bis es erfüllt sein wird im Reiche Gottes. Und er nahm einen 17 Kelch, dankte und sprach: Nehmet die-sen und teilet ihn unter euch. Denn 18 ich sage euch, daß ich n i c h t von dem Gewächs des Weinstocks trinken wer-de, bis das Reich Gottes komme. Und er nahm Brot, dankte, brach und 19 gab es ihnen und sprach: Dies ist mein Leib, der für euch gegeben wird; die-ses tut zu meinem Gedächtnis! Des- 20 gleichen auch den Kelch nach dem Mahle und sagte: Dieser Kelch ist der neue Bund in meinem Blute, das für euch vergossen wird. Doch siehe, die 21 Hand dessen, der mich überliefert, ist mit mir über Tische. Und der Sohn 22 des Menschen geht zwar dahin, wie es beschlossen ist; wehe aber jenem Men-schen, durch welchen er überliefert wird! Und sie fingen an, sich unter- 23 einander zu befragen, wer es wohl von ihnen sein möchte, der dies tun werde.

---

a d. h. ihre Hinrichtung bewirken. — *b* O. Besitzet. — *c* O. Leben. — *d* d. i. Jeru-salems. — *e* O. in den Landschaften. — *f* O. über. — *g* And. üb.: vor, wegen. — *h* Eig. aushauchen, den Geist aufgeben. — *i* O. in dem ganzen Lande. — *j* O. im Begriff ist zu geschehen. — *k* die Gebäude. — *l* O. abseits der Volksmenge.

24 Es entstand aber auch ein Streit unter ihnen, wer von ihnen für den Größ-
25 ten *a* zu halten sei. Er aber sprach zu ihnen: Die Könige der Nationen herrschen über dieselben, und die Gewalt über sie üben werden Wohltäter ge-
26 nannt. Ihr aber nicht also; sondern der Größte unter euch sei wie der Jüngste *b*, und der Leiter wie der Die-
27 nende. Denn wer ist größer, der zu Tische Liegende oder der Dienende? Nicht der zu Tische Liegende? Ich aber bin in eurer Mitte wie der Die-
28 nende. Ihr aber seid es, die mit mir ausgeharrt haben in meinen Versuchun-
29 gen; und ich verordne euch, gleichwie mein Vater mir verordnet hat, ein
30 Reich, auf daß ihr esset und trinket an meinem Tische in meinem Reiche und auf Thronen sitzet, richtend die zwölf Stämme Israels.

31 Der Herr aber sprach: Simon, Simon! siehe, der Satan hat euer begehrt, euch zu sichten wie den Wei-
32 zen. Ich aber habe für dich gebetet, auf daß dein Glaube nicht aufhöre; und du, bist du einst zurückgekehrt,
33 so stärke deine Brüder. Er aber sprach zu ihm: Herr, mit dir bin ich bereit auch ins Gefängnis und in den Tod zu
34 gehen. Er aber sprach: Ich sage dir, Petrus, der Hahn wird heute nicht krähen, ehe du mich heute geleugnet hast,
35 daß du mich kennest. Und er sprach zu ihnen: Als ich euch ohne Börse und Tasche und Sandalen sandte, mangelte euch wohl etwas? Sie aber sag-
36 ten: Nichts. Er sprach nun zu ihnen: Aber jetzt, wer eine Börse hat, der nehme sie und gleicherweise eine Tasche, und wer keine hat, verkaufe sein Kleid und kaufe ein Schwert;
37 denn ich sage euch, daß noch dieses, was geschrieben steht, an mir erfüllt werden muß: „Und er ist unter die Gesetzlosen gerechnet worden"; *c* denn auch das, was mich betrifft, hat eine
38 Vollendung. Sie aber sprachen: Herr, siehe, hier sind zwei Schwerter. Er aber sprach zu ihnen: Es ist genug.
39 Und er ging hinaus und begab sich der Gewohnheit nach an den Oelberg; es folgten ihm aber auch die Jünger.
40 Als er aber an den Ort gekommen war, sprach er zu ihnen: Betet, daß
41 ihr nicht in Versuchung kommet. Und er zog sich ungefähr einen Steinwurf weit von ihnen zurück und kniete nie-
42 der, betete und sprach: Vater, wenn du diesen Kelch von mir wegnehmen willst — doch nicht mein Wille, son-
43 dern der deine geschehe! Es erschien ihm aber ein Engel vom Himmel, der
44 ihn stärkte. Und als er in ringendem Kampfe war, betete er heftiger. Es wurde aber sein Schweiß wie große Blutstropfen, die auf die Erde herab-
45 fielen. Und er stand auf vom Gebet, kam zu den Jüngern und fand sie ein-
46 geschlafen vor Traurigkeit. Und er sprach zu ihnen: Was schlafet ihr? Stehet auf und betet, auf daß ihr nicht in Versuchung kommet.

Während er noch redete, siehe, *da* 47 kam eine Volksmenge, und der, welcher Judas genannt war, einer der Zwölfe, ging vor ihnen her und nahte Jesu, um ihn zu küssen. Jesus aber 48 sprach zu ihm: Judas, überlieferst du den Sohn des Menschen mit einem Kuß? Als aber die, welche um ihn 49 waren, sahen, was es werden würde, sprachen sie [zu ihm]: Herr, sollen wir mit dem Schwerte dreinschla-50 gen? Und einer aus ihnen schlug den Knecht *d* des Hohenpriesters und hieb ihm das rechte Ohr ab. Jesus aber 51 antwortete und sprach: Lasset es so weit; und er rührte sein Ohr an und heilte ihn. Jesus aber sprach zu den 52 Hohenpriestern und Hauptleuten des Tempels *e* und Aeltesten, die wider ihn gekommen waren: Seid ihr ausgezogen wie gegen einen Räuber, mit Schwertern und Stöcken? Als ich täg-53 lich bei euch im Tempel war, habt ihr die Hände nicht gegen mich ausgestreckt; aber dies ist eure Stunde und die Gewalt der Finsternis.

Sie ergriffen ihn aber und führten 54 ihn hin und brachten ihn in das Haus des Hohenpriesters. Petrus aber folgte von ferne. Als sie aber mitten im Ho-55 fe ein Feuer angezündet und sich zusammengesetzt hatten, setzte sich Petrus in ihre Mitte. Es sah ihn aber 56 eine gewisse Magd bei dem Feuer sitzen und blickte ihn unverwandt an und sprach: Auch dieser war mit ihm. Er aber verleugnete [ihn] und sagte: 57 Weib, ich kenne ihn nicht. Und kurz 58 danach sah ihn ein anderer und sprach: Auch du bist *einer* von ihnen. Petrus aber sprach: Mensch, ich bin's nicht. Und nach Verlauf von etwa einer 59 Stunde behauptete ein anderer und sagte: In Wahrheit, auch dieser war mit ihm, denn er ist auch ein Galiläer. Petrus aber sprach: Mensch, ich 60 weiß nicht, was du sagst. Und alsbald, während er noch redete, krähte der Hahn. Und der Herr wandte sich um 61 und blickte Petrus an; und Petrus gedachte an das Wort des Herrn, wie er zu ihm sagte: Ehe der Hahn kräht, wirst du mich dreimal verleugnen. Und Petrus ging hinaus und weinte 62 bitterlich.

Und die Männer, die ihn festhielten, 63 verspotteten und schlugen ihn. Und 64 als sie ihn verhüllt hatten, fragten sie ihn und sprachen: Weissage, wer ist es, der dich schlug? Und vieles ande-65 re sagten sie lästernd gegen ihn.

Und als es Tag wurde, versammelte 66 sich die Aeltestenschaft des Volkes, sowohl Hohepriester als Schriftgelehrte, und führten ihn hin in ihr Synedrium und sagten: Wenn du der Christus 67 bist, so sage es uns. Er aber sprach zu ihnen: Wenn ich es euch sagte, so würdet ihr nicht glauben; wenn ich 68 aber fragen würde, so würdet ihr mir nicht antworten, [noch *mich* loslassen]. Von nun an aber wird der Sohn 69 des Menschen sitzen zur Rechten der

---

a W. für größer. — *b* W. der Größere . . . der Jüngere. — *c* Jes. 53, 12. — *d* O. Sklaven. — *e* die Gebäude.

70 Macht Gottes. Sie sprachen aber alle: Du bist also der Sohn Gottes? Er aber sprach zu ihnen: Ihr saget, daß ich 71 es bin. Sie aber sprachen: Was bedürfen wir noch Zeugnis? denn wir selbst haben es aus seinem Munde gehört.

23 *Und die ganze Menge derselben stand auf, und sie führten ihn zu Pilatus.

2 Sie fingen aber an ihn zu verklagen, indem sie sagten: Diesen haben wir befunden als einen, der unsere Nation verführt und wehrt, dem Kaiser Steuer zu geben, indem er sagt, daß er selbst Christus, ein König, sei. 3 Pilatus aber fragte ihn und sprach: Bist du der König der Juden? Er aber antwortete ihm und sprach: Du sagst 4 es. Pilatus aber sprach zu den Hohenpriestern und den Volksmengen: Ich finde keine Schuld an diesem Men- 5 schen. Sie aber bestanden darauf und sagten: Er wiegelt das Volk auf, indem er durch ganz Judäa hin lehrt, 6 anfangend von Galiläa bis hierher. Als aber Pilatus von Galiläa hörte, fragte er, ob der Mensch ein Galiläer sei. 7 Und als er erfahren hatte, daß er aus dem Gebiet_a_ des Herodes sei, sandte er ihn zu Herodes, der auch selbst in 8 jenen Tagen zu Jerusalem war. Als aber Herodes Jesum sah, freute er sich sehr; denn er wünschte schon seit langer Zeit ihn zu sehen, weil er vieles über ihn gehört hatte, und er hoffte, irgend ein Zeichen durch ihn gesche- 9 hen zu sehen. Er befragte ihn aber mit vielen Worten; er aber antworte- 10 te ihm nichts. Die Hohenpriester und die Schriftgelehrten standen aber auf 11 und verklagten ihn heftig. Als aber Herodes mit seinen Kriegsleuten ihn geringschätzig behandelt und verspottet hatte, warf er ihm ein glänzendes Gewand um und sandte ihn zu 12 Pilatus zurück. Pilatus und Herodes aber wurden an selbigem Tage Freunde miteinander, denn vorher waren sie gegeneinander in Feindschaft.

13 Als aber Pilatus die Hohenpriester und die Obersten und das Volk zu- 14 sammengerufen hatte, sprach er zu ihnen: Ihr habt diesen Menschen zu mir gebracht, als mache er das Volk abwendig; und siehe, ich habe ihn vor euch verhört, und habe an diesem Menschen keine Schuld gefunden; 15 treffs dessen ihr ihn anklaget; aber auch Herodes nicht, denn ich habe euch zu ihm gesandt, und siehe, nichts 16 Todeswürdiges ist von ihm getan. Ich will ihn nun züchtigen und losgeben. 17 [Er mußte ihnen aber notwendig auf 18 das Fest einen losgeben.] Die ganze Menge schrie aber zugleich und sagte: Hinweg mit diesem, gib uns aber 19 den Barabbas los! Derselbe war wegen eines gewissen Aufruhrs, der in der Stadt geschehen war, und _wegen_ eines Mordes ins Gefängnis geworfen. 20 Pilatus rief _ihnen_ nun wiederum zu, 21 indem er Jesum losgeben wollte. Sie

aber schrieen dagegen_b_ und sagten: Kreuzige, kreuzige ihn! Er aber sprach 22 zum dritten Male zu ihnen: Was hat dieser denn Böses getan? ich habe keine Ursache des Todes an ihm gefunden; ich will ihn nun züchtigen und losgeben. Sie aber lagen ihm an 23 mit großem Geschrei und forderten, daß er gekreuzigt würde. Und ihr [und der Hohenpriester]Geschrei nahm überhand. Pilatus aber urteilte, daß ihre 24 Forderung geschehe. Er gab aber den 25 los, der eines Aufruhrs und Mordes wegen ins Gefängnis geworfen war, welchen sie forderten; Jesum aber übergab er ihrem Willen.

Und als sie ihn wegführten, ergrif- 26 fen sie einen gewissen Simon von Kyrene, der vom Felde kam, und legten das Kreuz auf ihn, um es Jesu nachzutragen. Es folgte ihm aber eine gro- 27 ße Menge Volks und Weiber, welche wehklagten und ihn bejammerten. Je- 28 sus wandte sich aber zu ihnen und sprach: Töchter Jerusalems, weinet nicht über mich, sondern weinet über euch selbst und über eure Kinder; denn siehe, Tage kommen, an welchen 29 man sagen wird: Glückselig die Unfruchtbaren und die Leiber, die nicht geboren, und die Brüste, die nicht gesäugt haben! Dann werden sie anhe- 30 ben, zu den Bergen zu sagen: Fallet auf uns! und zu den Hügeln: Bedeket uns! Denn wenn man dies tut an 31 dem grünen Holze, was wird an dem dürren geschehen? Es wurden aber 32 auch zwei andere hingeführt, Uebeltäter, um mit ihm hingerichtet zu werden. Und als sie an den Ort kamen, 33 der Schädel_stätte_ genannt wird, kreuzigten sie daselbst ihn und die Uebeltäter, den einen zur Rechten, den anderen zur Linken. Jesus aber sprach: 34 Vater, vergib ihnen, denn sie wissen nicht, was sie tun! Sie aber verteilten seine Kleider und warfen das Los _darüber._ Und das Volk stand und sah zu; 35 es höhnten_c_ aber auch die Obersten [mit denselben] und sagten: Andere hat er gerettet; er rette sich selbst, wenn dieser der Christus ist, der Auserwählte Gottes! Aber auch die Kriegs- 36 knechte verspotteten ihn, indem sie herzutraten, ihm Essig brachten und 37 sagten: Wenn du der König der Juden bist, so rette dich selbst! Es war 38 aber auch eine Ueberschrift über ihm [geschrieben] in griechischen und lateinischen und hebräischen Buchstaben: Dieser ist der König der Juden.

Einer aber der gehenkten Uebeltä- 39 ter lästerte ihn und sagte: Bist du nicht der Christus? Rette dich selbst und uns! Der andere aber antwortete 40 und strafte ihn und sprach: Auch du fürchtest Gott nicht, da du in demselben Gericht bist? und wir zwar mit 41 Recht, denn wir empfangen was unsere Taten wert sind; dieser aber hat nichts Ungeziemendes getan. Und 42

_a_ Eig. der Gewalt, Gerichtsbarkeit. — _b_ O. riefen ihm zu. — _c_ Eig. rümpften die Nase.

er sprach zu Jesu: Gedenke meiner,
[Herr] wenn du in deinem Reiche
43 kommst! Und Jesus sprach zu ihm:
Wahrlich, ich sage dir: Heute wirst
du mit mir im Paradiese sein.
44 Es war aber um die sechste Stunde;
und es kam eine Finsternis über das
ganze Land *a* bis zur neunten Stunde.
45 Und die Sonne ward verfinstert, und
der Vorhang des Tempels *b* riß mitten
46 entzwei. Und Jesus rief mit lauter
Stimme und sprach: Vater, in deine
Hände übergebe ich meinen Geist! Und
als er dies gesagt hatte, verschied er.
47 Als aber der Hauptmann sah, was
geschah, verherrlichte er Gott und
sagte: Fürwahr, dieser Mensch war
48 gerecht. Und alle die Volksmengen,
die zu diesem Schauspiel zusammengekommen waren, schlugen sich, als
sie sahen, was geschehen war, an die
49 Brust und kehrten zurück. Aber alle
seine Bekannten standen von ferne,
auch die Weiber, die ihm von Galiläa
nachgefolgt waren, und sahen dies.
50 Und siehe, ein Mann, mit Namen
Joseph, der ein Ratsherr war, ein gu-
51 ter und gerechter Mann, — dieser hatte nicht eingewilligt in ihren Rat und
in ihre Tat — von Arimathia, einer
Stadt der Juden, der [auch selbst] das
52 Reich Gottes erwartete; dieser ging
hin zu Pilatus und bat um den Leib
53 Jesu. Und als er ihn abgenommen
hatte, wickelte er ihn in feine Leinwand und legte ihn in eine in Felsen
gehauene Gruft, wo noch nie jemand
54 gelegen hatte. Und es war Rüsttag,
55 und der Sabbath brach an. Es folgten
aber die Weiber nach, welche mit ihm
aus Galiläa gekommen waren, und
besahen die Gruft und wie sein Leib
56 hineingelegt wurde. Als sie aber zurückgekehrt waren, bereiteten sie Spezereien und Salben; und den Sabbath
über ruhten sie nach dem Gebot.

24 An dem ersten Wochentage aber,
ganz in der Frühe, kamen sie zu der
Gruft und brachten die Spezereien,
2 die sie bereitet hatten. Sie fanden aber
den Stein von der Gruft weggewälzt;
3 und als sie hineingingen, fanden sie
4 den Leib des Herrn Jesus nicht. Und
es geschah, als sie darüber in Verlegenheit waren, siehe, da standen zwei
Männer in strahlenden Kleidern bei
5 ihnen. Als sie aber von Furcht erfüllt
wurden und das Angesicht zur Erde
neigten, sprachen sie zu ihnen: Was
suchet ihr den Lebendigen unter den
6 Toten? Er ist nicht hier, sondern ist
auferstanden. Gedenket daran, wie er
zu euch geredet hat, als er noch in
7 Galiläa war, indem er sagte: Der Sohn
des Menschen muß in die Hände sündiger Menschen überliefert und gekreuzigt werden und am dritten Tage
8 auferstehen. Und sie gedachten an
9 seine Worte; und sie kehrten von der
Gruft zurück und verkündigten dies

alles den Elfen und den übrigen allen.
Es waren aber die Maria Magdalene *c* 10
und Johanna und Maria, des Jakobus
Mutter, und die übrigen mit ihnen,
welche dies zu den Aposteln sagten.
Und ihre Reden schienen vor ihnen 11
wie ein Märchen, und sie glaubten
ihnen nicht. Petrus aber stand auf und 12
lief zu der Gruft; und sich hinein-
bückend, sieht er die leinenen Tücher
allein liegen, und er ging weg nach
Hause und verwunderte sich über das,
was geschehen war.

Und siehe, zwei von ihnen gingen 13
an selbigem Tage nach einem Dorfe,
mit Namen Emmaus, sechzig Stadien *d*
von Jerusalem entfernt. Und sie un- 14
terhielten sich miteinander über alles
dieses, was sich zugetragen hatte. Und 15
es geschah, indem sie sich unterhiel-
ten und miteinander überlegten *e*, daß
Jesus selbst nahte und mit ihnen ging;
aber ihre Augen wurden gehalten, da- 16
mit sie ihn nicht erkennten *f*. Er sprach 17
aber zu ihnen: Was sind das für Reden, die ihr wandelnd miteinander
wechselt, und seid niedergeschlagen?
Einer aber, mit Namen Kleopas, ant- 18
wortete und sprach zu ihm: Bist du
der einzige, der in Jerusalem weilt *g*
und nicht weißt *h*, was in ihr geschehen
ist in diesen Tagen? Und er sprach 19
zu ihnen: Was denn? Sie aber sprachen zu ihm: Das von Jesu, dem Nazaräer, der ein Prophet war, mächtig
im Werk und Wort vor Gott und dem
ganzen Volke; und wie ihn die Hohen- 20
priester und unsere Obersten überlieferten, um zum Tode verurteilt zu
werden, und ihn kreuzigten. Wir aber 21
hofften, daß er der sei, der Israel erlösen solle. Doch auch bei alledem ist
es heute der dritte Tag *i*, seitdem dies
geschehen ist. Aber auch etliche Wei- 22
ber von uns haben uns außer uns gebracht, die am frühen Morgen bei der
Gruft gewesen sind, und, als sie sei- 23
nen Leib nicht fanden, kamen und
sagten, daß sie auch ein Gesicht von
Engeln gesehen hätten, welche sagen,
daß er lebe. Und etliche von denen, 24
die mit uns sind, gingen zu der Gruft
und fanden es so, wie auch die Weiber gesagt hatten; ihn aber sahen sie
nicht. Und er sprach zu ihnen: O ihr 25
Unverständigen und trägen Herzens,
zu glauben an alles, was die Propheten geredet haben! Mußte nicht der 26
Christus dies leiden und in seine Herrlichkeit eingehen? Und von Moses und 27
von allen Propheten anfangend, erklärte er ihnen in allen Schriften das,
was ihn betraf. Und sie nahten dem 28
Dorfe, wohin sie gingen; und er stellte sich, als wolle er weitergehen. Und 29
sie nötigten ihn und sagten: Bleibe
bei uns, denn es ist gegen Abend, und
der Tag hat sich schon geneigt. Und
er ging hinein, um bei ihnen zu bleiben. Und es geschah, als er mit ihnen 30

---

a O. die ganze Erde. — *b* das Heiligtum. — *c* d. i. von Magdala. — *d* etwa zwei-
einhalb Wegstunden. — *e* O. verhandelten. — *f* O. sodaß sie ihn nicht erkannten. —
g O. sich als Fremdling aufhält. — *h* W. Du allein weilst in Jerusalem und weißt
nicht. — *i* And. üb.: bei alledem bringt er (Jesus) nun den dritten Tag zu.

zu Tische lag, nahm er das Brot und segnete es *a*; und als er es gebrochen
31 hatte, reichte er es ihnen. Ihre Augen aber wurden aufgetan, und sie erkannten ihn; und er wurde ihnen unsicht-
32 bar *b*. Und sie sprachen zueinander: Brannte nicht unser Herz in uns, als er auf dem Wege zu uns redete, [und]
33 als er uns die Schriften öffnete? Und sie standen zur selbigen Stunde auf und kehrten nach Jerusalem zurück. Und sie fanden die Elfe und die mit
34 ihnen waren versammelt, welche sagten: Der Herr ist wirklich auferweckt worden und dem Simon erschienen.
35 Und sie erzählten, was auf dem Wege *geschehen war*, und wie er von ihnen erkannt worden war an dem Brechen des Brotes.
36 Während sie aber dieses redeten, stand er selbst in ihrer Mitte und
37 spricht zu ihnen: Friede euch! Sie aber erschraken und wurden von Furcht erfüllt und meinten, sie sähen
38 einen Geist. Und er sprach zu ihnen: Was seid ihr bestürzt, und warum steigen Gedanken auf in euren Herzen?
39 Sehet meine Hände und meine Füße, daß ich es selbst bin: betastet mich und sehet, denn ein Geist hat nicht Fleisch und Bein, wie ihr sehet, daß
40 ich habe. Und als er dies gesagt hatte, zeigte er ihnen die Hände und die
41 Füße. Als sie aber noch nicht glaub-

ten vor Freude und sich verwunderten, sprach er zu ihnen: Habt ihr hier et-
42 was zu essen? Sie aber reichten ihm ein Stück gebratenen Fisch [und von
43 einer Honigscheibe]; und er nahm und aß vor ihnen. Er sprach aber zu ihnen:
44 Dies sind die Worte, die ich zu euch redete, als ich noch bei euch war, daß alles erfüllt werden muß, was über mich geschrieben steht in dem Gesetz Moses' und den Propheten und Psal-
45 men. Dann öffnete er ihnen das Verständnis, um die Schriften zu verste-
46 hen, und sprach zu ihnen: Also steht geschrieben, und also mußte der Christus leiden und am dritten Tage auf-
47 erstehen aus *den* Toten, und in seinem Namen *c* Buße und Vergebung *der* Sünden gepredigt werden allen Nationen, anfangend von Jerusalem. Ihr aber
48 seid Zeugen hiervon; und siehe, ich
49 sende die Verheißung meines Vaters auf euch. Ihr aber, bleibet in der Stadt, bis ihr angetan werdet mit *d* Kraft aus der Höhe.
50 Er führte sie aber hinaus bis nach Bethanien und hob seine Hände auf und segnete sie. Und es geschah, indem
51 er sie segnete, schied er von ihnen und wurde hinaufgetragen in *den* Himmel.
52 Und sie warfen sich vor ihm nieder und kehrten nach Jerusalem zurück mit
53 großer Freude; und sie waren allezeit im Tempel, Gott lobend und preisend.

Das Evangelium nach Johannes

1 Im Anfang war das Wort, und das Wort war bei Gott, und das Wort war
2 Gott. Dieses *e* war im Anfang bei Gott.
3 Alles ward durch dasselbe *f*, und ohne dasselbe *f* ward auch nicht eines, das geworden ist.
4 In ihm war Leben, und das Leben
5 war das Licht der Menschen. Und das Licht scheint in der Finsternis, und die Finsternis hat es nicht erfaßt.
6 Da war ein Mensch, von Gott ge-
7 sandt, sein Name Johannes. Dieser kam zum Zeugnis, auf daß er zeugte von dem Lichte, damit alle durch ihn
8 glaubten. Er war nicht das Licht, sondern auf daß er zeugte von dem Lichte.
9 Das war das wahrhaftige Licht, welches, in die Welt kommend, jeden
10 Menschen erleuchtet *g*. Er war in der Welt, und die Welt ward durch ihn,
11 und die Welt kannte ihn nicht. Er kam in das Seinige, und die Seinigen *h* aber
12 nahmen ihn nicht an; so viele ihn aber aufnahmen, denen gab er *das* Recht, Kinder Gottes zu werden, denen, die
13 an seinen Namen glauben, welche nicht aus Geblüt, noch aus dem Willen des Fleisches, noch aus dem Willen des

Mannes, sondern aus Gott geboren sind.
14 Und das Wort ward Fleisch und wohnte *i* unter uns, (und wir haben seine Herrlichkeit angeschaut, eine Herrlichkeit als eines Eingeborenen vom Vater) voller Gnade und Wahr-
15 heit; (Johannes zeugt von ihm und rief und sprach: Dieser war es, von dem ich sagte: Der nach mir Kommende ist mir vor *j*, denn er war vor mir *k*)
16 denn aus seiner Fülle haben wir alle empfangen, und *zwar* Gnade um Gnade.
17 Denn das Gesetz wurde durch Moses gegeben; die Gnade und die Wahrheit ist durch Jesum Christum geworden.
18 Niemand hat Gott jemals gesehen; der eingeborene Sohn, der in des Vaters Schoß ist, der hat *ihn* kundgemacht.
19 Und dies ist das Zeugnis des Johannes, als die Juden aus Jerusalem Priester und Leviten sandten, damit sie ihn fragen sollten: Wer bist du?
20 Und er bekannte und leugnete nicht, und er bekannte: Ich bin nicht der
21 Christus. Und sie fragten ihn: Was denn? Bist du Elias? Und er sagt: Ich bin's nicht. Bist du der Prophet?
22 Und er antwortete: Nein. Sie sprachen

---

a O. lobpries, dankte. — *b* O. er verschwand vor ihnen. — *c* Eig. auf Grund seines Namens. — *d* O. angezogen habt. — *e* O. Er. — *f* O. ihn. — *g* d. h. jeden Menschen ins Licht stellt. And. üb.: welches jeden in die Welt kommenden Menschen erleuchtet. — *h* Eig. in das Eigene, und die Eigenen. — *i* Eig. zeltete. — *j* W. vor geworden; so auch V. 30. — *k* O. eher als ich.

nun zu ihm: Wer bist du? auf daß wir Antwort geben denen, die uns gesandt haben; was sagst du von dir 23 selbst? Er sprach: Ich bin die „Stimme eines Rufenden in der Wüste: Machet gerade den Weg *des* Herrn*a*", wie Jesaias, der Prophet, gesagt hat.*b* 24 Und sie waren abgesandt von *c* den 25 Pharisäern. Und sie fragten ihn und sprachen zu ihm: Was taufst du denn, wenn du nicht der Christus bist, noch 26 Elias, noch der Prophet? Johannes antwortete ihnen und sprach: Ich taufe mit *d* Wasser; mitten unter euch steht, 27 den ihr nicht kennet, der nach mir Kommende, dessen ich nicht würdig bin, *ihm* den Riemen seiner Sandale 28 zu lösen. Dies geschah zu Bethanien, jenseit des Jordan, wo Johannes taufte.

29 Des folgenden Tages sieht er Jesum zu sich kommen und spricht: Siehe, das Lamm Gottes, welches die Sünde 30 der Welt wegnimmt. Dieser ist es, von dem ich sagte: Nach mir kommt ein Mann, der mir vor ist, denn er 31 war vor mir *e*. Und ich kannte ihn nicht; aber auf daß er Israel offenbar werden möchte, deswegen bin ich ge-32 kommen, mit *d* Wasser taufend. Und Johannes zeugte und sprach: Ich schaute den Geist wie eine Taube aus dem Himmel herniederfahren, und er 33 blieb auf ihm. Und ich kannte ihn nicht; aber der mich gesandt hat, mit *d* Wasser zu taufen, der sprach zu mir: Auf welchen du sehen wirst den Geist herniederfahren und auf ihm bleiben, dieser ist es, der mit *d* Heiligem Geiste 34 tauft. Und ich habe gesehen und habe bezeugt, daß dieser der Sohn Gottes ist.

35 Des folgenden Tages stand wiederum Johannes und zwei von seinen Jün-36 gern, und hinblickend auf Jesum, der da wandelte, spricht er: Siehe, das 37 Lamm Gottes! Und es hörten ihn die zwei Jünger reden und folgten Jesu 38 nach. Jesus aber wandte sich um und sah sie nachfolgen und spricht zu ihnen: Was suchet ihr? Sie aber sagten zu ihm: Rabbi, (was verdolmetscht heißt: Lehrer) wo hältst du dich auf? 39 Er spricht zu ihnen: Kommet und sehet! *f* Sie kamen nun und sahen, wo er sich aufhielt, und blieben jenen Tag bei ihm. Es war um die zehnte Stunde. 40 Andreas, der Bruder des Simon Petrus, war einer von den zweien, die es von Johannes gehört hatten und ihm 41 nachgefolgt waren. Dieser findet zuerst seinen eigenen Bruder Simon und spricht zu ihm: Wir haben den Messias gefunden, (was verdolmetscht ist: 42 Christus *g*). Und er führte ihn zu Jesu. Jesus blickte ihn an und sprach: Du bist Simon, der Sohn Jonas'; du sollst Kephas heißen, (was verdolmetscht wird: Stein *h*).

43 Des folgenden Tages wollte er aufbrechen nach Galiläa, und er findet Philippus; und Jesus spricht zu ihm:

Folge mir nach. Philippus aber war 44 von Bethsaida, aus der Stadt des Andreas und Petrus. Philippus findet den 45 Nathanael und spricht zu ihm: Wir haben den gefunden, von welchem Moses in dem Gesetz geschrieben und die Propheten, Jesum, den Sohn des Joseph, den von Nazareth. Und Natha-46 nael sprach zu ihm: Kann aus Nazareth etwas Gutes kommen *i*? Philippus spricht zu ihm: Komm und sieh! Je-47 sus sah den Nathanael zu sich kommen und spricht von ihm: Siehe, wahrhaftig ein Israelit, in welchem kein Trug ist. Nathanael spricht zu ihm: Woher 48 kennst du mich? Jesus antwortete und sprach zu ihm: Ehe Philippus dich rief, als du unter dem Feigenbaum warst, sah ich dich. Nathanael ant-49 wortete und sprach [zu ihm]: Rabbi, du bist der Sohn Gottes, du bist der König Israels. Jesus antwortete und 50 sprach zu ihm: Weil ich dir sagte: Ich sah dich unter dem Feigenbaum, glaubst du? Du wirst Größeres als dieses sehen. Und er spricht zu ihm: 51 Wahrlich, wahrlich, ich sage euch: [Von nun an] werdet ihr den Himmel geöffnet sehen und die Engel Gottes auf- und niedersteigen auf den Sohn des Menschen.

Und am dritten Tage war *j* eine Hochzeit zu Kana in Galiläa; und die Mutter Jesu war daselbst. Es war aber 2 auch Jesus mit seinen Jüngern zu der Hochzeit geladen. Und als es an Wein 3 gebrach, spricht die Mutter Jesu zu ihm: Sie haben keinen Wein. Jesus 4 spricht zu ihr: Was habe ich mit dir zu schaffen, Weib? Meine Stunde ist noch nicht gekommen. Seine Mutter 5 spricht zu den Dienern: Was irgend er euch sagen mag, tut. Es waren aber 6 daselbst sechs steinerne Wasserkrüge aufgestellt, nach der Reinigungs*sitte* der Juden, wovon jeder zwei oder drei Maß *k* faßte. Jesus spricht zu ihnen: 7 Füllet die Wasserkrüge mit Wasser. Und sie füllten sie bis oben an. Und 8 er spricht zu ihnen: Schöpfet nun und bringet es dem Speisemeister. Und sie brachten es. Als aber der Speisemei-9 ster das Wasser gekostet hatte, welches Wein geworden war, (und er wußte nicht, woher er war *l*, die Diener aber, welche das Wasser geschöpft hatten, wußten es) ruft der Speisemeister den Bräutigam und spricht zu ihm: Jeder 10 Mensch setzt zuerst den guten Wein vor, und wenn sie trunken geworden sind, alsdann den geringeren; du hast den guten Wein bis jetzt aufbewahrt.

Diesen Anfang der Zeichen machte 11 Jesus zu Kana in Galiläa und offenbarte seine Herrlichkeit; und seine Jünger glaubten an ihn.

Nach diesem ging er hinab nach 12 Kapernaum, er und seine Mutter und seine Brüder und seine Jünger; und daselbst blieben sie nicht viele Tage.

2

---

a S. die Anm. zu Matth. 1, 20. — *b* Jes. 40, 3. — *c* W. aus (aus der Mitte der). — *d* W. in. — *e* O. eher als ich. — *f* Nach and. Les.: und ihr werdet sehen. — *g* O. Gesalbter. — *h* Griech.: Petros (Petrus). — *i* Eig. sein. — *j* Eig. ward. — *k* Griech.: Metreten, ein Hohlmaß von etwa 39 Liter. — *l* W. ist.

13 Und das Passah der Juden war nahe, und Jesus ging hinauf nach Jerusalem.
14 Und er fand im Tempel *a* die Ochsen- und Schafe- und Taubenverkäufer, und
15 die Wechsler dasitzen. Und er machte eine Geißel aus Stricken und trieb sie alle zum Tempel *a* hinaus, sowohl die Schafe als auch die Ochsen *b*; und die Münze der Wechsler schüttete er aus,
16 und die Tische warf er um; und zu den Taubenverkäufern sprach er: Nehmet dies weg von hier, machet nicht das Haus meines Vaters zu einem
17 Kaufhause. Seine Jünger [aber] gedachten daran, daß geschrieben steht: „Der Eifer um dein Haus verzehrt
18 mich". *c* Die Juden nun antworteten und sprachen zu ihm: Was für ein Zeichen zeigst du uns, daß du diese
19 Dinge tust? Jesus antwortete und sprach zu ihnen: Brechet diesen Tempel *d* ab, und in drei Tagen werde ich
20 ihn aufrichten. Da sprachen die Juden: Sechsundvierzig Jahre ist an diesem Tempel *d* gebaut worden, und du willst ihn in drei Tagen aufrichten?
21 Er aber sprach von dem Tempel *d*
22 seines Leibes. Als er nun aus *den* Toten auferweckt war, gedachten seine Jünger daran, daß er dies gesagt hatte, und sie glaubten der Schrift und dem Worte, welches Jesus gesprochen hatte.
23 Als er aber zu Jerusalem war, am Passah, auf dem Feste, glaubten viele an seinen Namen, als sie seine Zeichen
24 sahen, die er tat. Jesus selbst aber vertraute sich ihnen nicht an, weil er
25 alle kannte und nicht bedurfte, daß jemand Zeugnis gebe von dem Menschen; denn er selbst wußte, was in dem Menschen war.

3 Es war aber ein Mensch aus den Pharisäern, sein Name Nikodemus, ein
2 Oberster der Juden. Dieser kam zu ihm bei Nacht und sprach zu ihm: Rabbi, wir wissen, daß du ein Lehrer bist, von Gott gekommen, denn niemand kann diese Zeichen tun, die du
3 tust, es sei denn Gott mit dir. Jesus antwortete und sprach zu ihm: Wahrlich, wahrlich, ich sage dir: Es sei denn daß jemand von neuem *e* geboren werde, so kann er das Reich Gottes nicht
4 sehen. Nikodemus spricht zu ihm: Wie kann ein Mensch geboren werden, wenn er alt ist? Kann er etwa zum zweiten Male in den Leib seiner Mutter eingehen und geboren werden?
5 Jesus antwortete: Wahrlich, wahrlich, ich sage dir: Es sei denn daß jemand aus Wasser und Geist geboren werde, so kann er nicht in das Reich Gottes
6 eingehen. Was aus dem Fleische geboren ist, ist Fleisch, und was aus dem Geiste geboren ist, ist Geist.
7 Verwundere dich nicht, daß ich dir sagte: Ihr müsset von neuem *e* geboren werden. Der Wind weht, wo er will,
8 und du hörst sein Sausen, aber du weißt nicht, woher er kommt, und wohin er geht; also ist jeder, der aus

dem Geiste geboren ist. Nikodemus 9 antwortete und sprach zu ihm: Wie kann dies geschehen? Jesus antwor- 10 tete und sprach zu ihm: Du bist der Lehrer Israels und weißt dieses nicht? Wahrlich, wahrlich, ich sage dir: Wir 11 reden was wir wissen, und bezeugen was wir gesehen haben, und unser Zeugnis nehmet ihr nicht an. Wenn 12 ich euch das Irdische gesagt habe, und ihr glaubet nicht, wie werdet ihr glauben, wenn ich euch das Himmlische sage? Und niemand ist hinaufgestie- 13 gen in den Himmel, als nur der aus dem Himmel herabgestiegen ist, der Sohn des Menschen, der im Himmel ist. Und gleichwie Moses in der Wüste 14 die Schlange erhöhte, also muß der Sohn des Menschen erhöht werden, auf daß jeder, der an ihn glaubt, [nicht 15 verloren gehe, sondern] ewiges Leben habe. Denn also hat Gott die Welt ge- 16 liebt, daß er seinen eingeborenen Sohn gab, auf daß jeder, der an ihn glaubt, nicht verloren gehe, sondern ewiges Leben habe. Denn Gott hat seinen Sohn 17 nicht in die Welt gesandt, auf daß er die Welt richte, sondern auf daß die Welt durch ihn errettet werde. Wer 18 an ihn glaubt, wird nicht gerichtet; wer aber nicht glaubt, ist schon gerichtet, weil er nicht geglaubt hat an den Namen des eingeborenen Sohnes Gottes. Dies aber ist das Gericht, daß 19 das Licht in die Welt gekommen ist, und die Menschen haben die Finsternis mehr geliebt als das Licht, denn ihre Werke waren böse. Denn jeder, 20 der Arges tut, haßt das Licht und kommt nicht zu dem Lichte, auf daß seine Werke nicht bloßgestellt *f* werden; wer aber die Wahrheit tut, kommt 21 zu dem Lichte, auf daß seine Werke offenbar werden, daß sie in Gott gewirkt sind.

Nach diesem kam Jesus und seine 22 Jünger in das Land Judäa, und daselbst verweilte er mit ihnen und taufte. Aber auch Johannes taufte zu 23 Aenon, nahe bei Salim, weil viel Wasser daselbst war; und sie kamen hin und wurden getauft. Denn Johannes 24 war noch nicht ins Gefängnis geworfen. Es entstand nun eine Streitfrage 25 unter den Jüngern Johannes' mit einem Juden über die Reinigung. Und 26 sie kamen zu Johannes und sprachen zu ihm: Rabbi, der jenseit des Jordan bei dir war, dem du Zeugnis gegeben hast, siehe, der tauft, und alle kommen zu ihm. Johannes antwortete 27 und sprach: Ein Mensch kann nichts empfangen *g*, es sei ihm denn aus dem Himmel gegeben. Ihr selbst gebet mir 28 Zeugnis, daß ich sagte: Ich bin nicht der Christus, sondern daß ich vor ihm hergesandt bin. Der die Braut hat, ist 29 der Bräutigam; der Freund des Bräutigams aber, der dasteht und ihn hört, ist hoch erfreut über die Stimme des Bräutigams; diese meine Freude nun

---

a die Gebäude; s. die Anm. zu Matth. 4, 5. — *b* O. auch die Schafe und die Ochsen.
— *c* Ps. 69, 9. — *d* das Heiligtum; s. die Anm. zu Matth. 4, 5. — *e* O. von oben her.
— *f* O. gestraft. — *g* O. nehmen.

30 ist erfüllt. Er muß wachsen, ich
31 aber abnehmen. Der von oben kommt,
ist über allen *a*; der von der *b* Erde
ist, ist von der Erde und redet von
der Erde *c*. Der vom *d* Himmel kommt,
32 ist über allen *a*, [und] was er gesehen
und gehört hat, dieses bezeugt er;
und sein Zeugnis nimmt niemand an.
33 Wer sein Zeugnis angenommen hat *e*,
hat besiegelt, daß Gott wahrhaftig ist.
34 Denn der, welchen Gott gesandt hat,
redet die Worte Gottes; denn Gott
35 gibt den Geist nicht nach Maß. Der
Vater liebt den Sohn und hat alles in
36 seine Hand gegeben. Wer an den Sohn
glaubt, hat ewiges Leben; wer aber
dem Sohne nicht glaubt *f*, wird *das*
Leben nicht sehen, sondern der Zorn
Gottes bleibt auf ihm.

4 Als nun der Herr erkannte, daß
die Pharisäer gehört hatten, daß Jesus mehr Jünger mache und taufe als
2 Johannes, (wiewohl Jesus selbst nicht
3 taufte, sondern seine Jünger) verließ
er Judäa und zog wieder nach Gali-
4 läa. Er mußte aber durch Samaria
5 ziehen. Er kommt nun in eine Stadt
Samarias, genannt Sichar, nahe bei
dem Felde, welches Jakob seinem Soh-
6 ne Joseph gab. Es war aber daselbst
eine Quelle Jakobs. Jesus nun, ermüdet von der Reise, setzte sich also
an die Quelle nieder. Es war um die
7 sechste Stunde. *Da* kommt ein Weib
aus Samaria, Wasser zu schöpfen. Je-
8 sus spricht zu ihr: Gib mir zu trinken. (Denn seine Jünger waren weggegangen in die Stadt, um Speise zu
9 kaufen.) Das samaritische Weib spricht
nun zu ihm: Wie bittest d u, der du
ein Jude bist, von mir zu trinken, die
ich ein samaritisches Weib bin? (Denn
10 die Juden verkehren nicht mit den
Samaritern.) Jesus antwortete und
sprach zu ihr: Wenn du die Gabe
Gottes kenntest, und wer es ist, der
zu dir spricht: Gib mir zu trinken, so
würdest d u ihn gebeten haben, und
er hätte dir lebendiges Wasser ge-
11 geben. Das Weib spricht zu ihm: Herr,
du hast kein Schöpfgefäß, und der
Brunnen ist tief: woher hast du denn
12 das lebendige Wasser? D u bist doch
nicht größer als unser Vater Jakob,
der uns den Brunnen gab, und er selbst
trank aus demselben und seine Söhne
13 und sein Vieh? Jesus antwortete und
sprach zu ihr: Jeden, der von diesem
Wasser trinkt, wird wiederum dür-
14 sten; wer irgend aber von dem Wasser
trinken wird, das i c h ihm geben werde,
den wird n i c h t dürsten in Ewigkeit;
sondern das Wasser, das ich ihm geben werde, wird in ihm eine Quelle
Wassers werden, das ins ewige Leben
15 quillt. Das Weib spricht zu ihm: Herr,
gib mir dieses Wasser, damit mich
nicht dürste und ich nicht hierher
16 komme, um zu schöpfen. Jesus spricht

zu ihr: Gehe hin, rufe deinen Mann
und komm hierher. Das Weib antwor- 17
tete und sprach: Ich habe keinen Mann.
Jesus spricht zu ihr: Du hast recht gesagt: Ich habe keinen Mann; denn 18
fünf Männer hast du gehabt, und der,
den du jetzt hast, ist nicht dein Mann;
hierin *g* hast du wahr geredet. Das 19
Weib spricht zu ihm: Herr, ich sehe,
daß du ein Prophet bist. Unsere Vä- 20
ter haben auf diesem Berge angebetet,
und i h r saget, daß in Jerusalem der
Ort sei, wo man anbeten müsse.
Jesus spricht zu ihr: Weib, glaube 21
mir, es kommt die *h* Stunde, da ihr
weder auf diesem Berge, noch in Jerusalem den Vater anbeten werdet.
Ihr betet an *und* wisset nicht, was i; 22
wir beten an *und* wissen, was j, denn
das Heil ist aus den Juden. Es kommt 23
aber die *h* Stunde und ist jetzt, da die
wahrhaftigen Anbeter den Vater in
Geist und Wahrheit anbeten werden;
denn auch der Vater sucht solche als
seine Anbeter. Gott ist ein Geist, und 24
die ihn anbeten, müssen in Geist und
Wahrheit anbeten. Das Weib spricht 25
zu ihm: Ich weiß, daß *der* Messias
kommt, welcher Christus genannt wird;
wenn jener kommt, wird er uns alles
verkündigen. Jesus spricht zu ihr: Ich 26
bin's, der mit dir redet. Und über die- 27
sem kamen seine Jünger und verwunderten sich, daß er mit einem Weibe
redete. Dennoch sagte niemand: Was
suchst du? oder: Was redest du mit
ihr? Das Weib nun ließ ihren Was- 28
serkrug stehen und ging weg in die
Stadt und sagt zu den Leuten: Kom- 29
met, sehet einen Menschen, der mir
alles gesagt hat, was irgend ich getan
habe; dieser ist doch nicht etwa der
Christus? Sie gingen zu der Stadt hin- 30
aus und kamen zu ihm.
In der Zwischenzeit [aber] baten ihn 31
die Jünger und sprachen: Rabbi, iß.
Er aber sprach zu ihnen: I c h habe 32
eine Speise zu essen, die i h r nicht kennet. Da sprachen die Jünger zuein- 33
ander: Hat ihm wohl jemand zu essen
gebracht? Jesus spricht zu ihnen: Mei- 34
ne Speise ist, daß ich den Willen dessen tue, der mich gesandt hat, und sein
Werk vollbringe *k*. Saget i h r nicht: 35
Es sind noch vier Monate, und die
Ernte kommt? Siehe, ich sage euch:
Hebet eure Augen auf und schauet
die Felder an, denn sie sind schon
weiß *zur* Ernte. Der da erntet empfängt 36
Lohn *l* und sammelt Frucht zum ewigen Leben, auf daß beide, der da sät
und der da erntet, zugleich sich freu-
en. Denn hierin ist der Spruch wahr: 37
Ein anderer ist es, der da sät, und
ein anderer, der da erntet. I c h ha- 38
be euch gesandt, zu ernten, woran
i h r nicht gearbeitet habt; andere haben gearbeitet, und i h r seid in ihre
Arbeit eingetreten.

---

a O. über allem. — *b* W. aus der, d. h. der daselbst seinen Ursprung hat. — *c* d. h.
wie einer, der von der Erde ist; od.: von der Erde aus. — *d* W. aus dem. — *e* O.
annimmt. — *f* O. sich nicht unterwirft, nicht gehorcht. — *g* W. dies. — *h* O. eine. —
i O. was ihr nicht kennet. — *j* O. was wir kennen. — *k* O. vollende. — *l* O. . . . . sie
sind weiß zur Ernte. Schon empfängt, der da erntet, Lohn.

39 Aus jener Stadt aber glaubten viele von den Samaritern an ihn um des Wortes des Weibes willen, welches bezeugte: Er hat mir alles ge-
40 sagt, was irgend ich getan habe. Als nun die Samariter zu ihm kamen, baten sie ihn, bei ihnen zu bleiben; und
41 er blieb daselbst zwei Tage. Und *noch* viele mehr glaubten um seines Wor-
42 tes willen; und sie sagten zu dem Weibe: Wir glauben nicht mehr um deines Redens willen, denn wir selbst haben gehört und wissen, daß dieser wahrhaftig der Heiland der Welt ist.
43 Nach den zwei Tagen aber zog er von dannen aus [und ging hin] nach
44 Galiläa; denn Jesus selbst bezeugte, daß ein Prophet in dem eigenen Va-
45 terlande *a* keine Ehre hat. Als er nun nach Galiläa kam, nahmen die Galiläer ihn auf, da sie alles gesehen, was er in Jerusalem auf dem Feste getan hatte; denn auch sie kamen zu dem Fest.
46 Er kam nun wiederum nach Kana in Galiläa, wo er das Wasser zu Wein gemacht hatte. Und es war ein gewisser königlicher *Beamter*, dessen Sohn
47 krank war, in Kapernaum. Als dieser gehört hatte, daß Jesus aus Judäa nach Galiläa gekommen sei, ging er zu ihm hin und bat [ihn], daß er herabkomme und seinen Sohn heile; denn
48 er lag im Sterben. Jesus sprach nun zu ihm: Wenn ihr nicht Zeichen und Wunder sehet, so werdet ihr **nicht**
49 glauben. Der königliche *Beamte* spricht zu ihm: Herr, komm herab, ehe mein
50 Kind stirbt! Jesus spricht zu ihm: Gehe hin, dein Sohn lebt. Und der Mensch glaubte dem Worte, das Jesus
51 ihm sagte, und ging hin. Aber schon während er hinabging, begegneten ihm seine Knechte und berichteten, daß
52 sein Knabe lebe. Er erforschte nun von ihnen die Stunde, in welcher es besser mit ihm geworden sei; und sie sagten zu ihm: Gestern zur siebenten
53 Stunde verließ ihn das Fieber. Da erkannte der Vater, daß es in jener Stunde war, in welcher Jesus zu ihm sagte: Dein Sohn lebt. Und er glaubte,
54 er und sein ganzes Haus. Dies tat Jesus wiederum als zweites Zeichen, als er aus Judäa nach Galiläa gekommen war.

5 Nach diesem war ein Fest der Juden, und Jesus ging hinauf nach Je-
2 rusalem. Es ist aber in Jerusalem bei dem Schaftor ein Teich, der auf hebräisch Bethesda zubenamt ist, wel-
3 cher fünf Säulenhallen hat. In diesen lag eine Menge Kranker, Blinder, Lahmer, Dürrer, [die auf die Bewegung
4 des Wassers warteten. Denn zu gewissen Zeiten stieg ein Engel in den Teich herab und bewegte das Wasser. Wer nun auch der Bewegung des Wassers zuerst hineinstieg, ward gesund, mit welcher Krankheit irgend er behaftet
5 war.] Es war aber ein gewisser Mensch daselbst, der achtunddreißig Jahre mit
6 seiner Krankheit behaftet war. Als Je-

sus diesen daliegen sah und wußte, daß es schon lange Zeit *also* mit ihm war, spricht er zu ihm: Willst du ge-
7 sund werden? Der Kranke antwortete ihm: Herr, ich habe keinen Menschen, daß er mich, wenn das Wasser bewegt worden ist, in den Teich werfe; indem ich aber komme, steigt ein anderer vor
8 mir hinab. Jesus spricht zu ihm: Stehe auf, nimm dein Bett auf und wandle! Und alsbald ward der Mensch ge-
9 sund und nahm sein Bett auf und wandelte. Es war aber an jenem Tage Sab-
10 bath. Es sagten nun die Juden zu dem Geheilten: Es ist Sabbath, es ist dir
11 nicht erlaubt, das Bett zu tragen. Er antwortete ihnen: Der mich gesund machte, d e r sagte zu mir: Nimm dein
12 Bett auf und wandle. [Da] fragten sie ihn: Wer ist der Mensch, der zu dir sagte: Nimm [dein Bett] auf und wand-
13 le? Der Geheilte aber wußte nicht, wer es sei; denn Jesus war entwichen, weil eine Volksmenge an dem Orte war.
14 Danach findet Jesus ihn im Tempel, und er sprach zu ihm: Siehe, du bist gesund geworden; sündige nicht mehr, auf daß dir nichts Aergeres widerfah-
15 re. Der Mensch ging hin und verkündete den Juden, daß es Jesus sei, der ihn
16 gesund gemacht habe. Und darum verfolgten die Juden Jesum [und suchten ihn zu töten], weil er dies am Sabbath
17 tat. Jesus aber antwortete ihnen: Mein Vater wirkt bis jetzt, und i c h wirke.
18 Darum nun suchten die Juden noch mehr, ihn zu töten, weil er nicht allein den Sabbath brach, sondern auch Gott seinen eigenen Vater nannte, sich selbst
19 Gott gleich machend. Da antwortete Jesus und sprach zu ihnen: Wahrlich, wahrlich, ich sage euch: Der Sohn kann nichts von sich selbst tun, außer was er den Vater tun sieht; denn was irgend e r tut, das tut auch der Sohn
20 gleicherweise. Denn der Vater hat den Sohn lieb und zeigt ihm alles, was er selbst tut; und er wird ihm größere Werke als diese zeigen, auf daß i h r
21 euch verwundert. Denn gleichwie der Vater die Toten auferweckt und lebendig macht, also macht auch der Sohn
22 lebendig, welche er will. Denn der Vater richtet auch niemand, sondern das ganze Gericht hat er dem Sohne gegeben, auf daß alle den Sohn ehren,
23 wie sie den Vater ehren. Wer den Sohn nicht ehrt, ehrt den Vater nicht, der ihn gesandt hat. Wahrlich, wahrlich,
24 ich sage euch: Wer mein Wort hört und glaubt dem, der mich gesandt hat, hat ewiges Leben und kommt nicht ins Gericht, sondern er ist aus dem Tode in das Leben übergegangen. Wahr-
25 lich, wahrlich, ich sage euch, daß die *b* Stunde kommt und jetzt ist, da die Toten die Stimme des Sohnes Gottes hören werden, und die sie gehört haben, werden leben. Denn gleichwie
26 der Vater Leben in sich selbst hat, also hat er auch dem Sohne gegeben, Leben zu haben in sich selbst; und er
27 hat ihm Gewalt gegeben, [auch] Ge-

---

a O. in der eigenen Vaterstadt; wie anderswo. — *b* O. eine.

richt zu halten, weil er des Menschen
28 Sohn ist. Wundert euch darüber nicht,
denn es kommt die *a* Stunde, in welcher alle, die in den Gräbern sind, sei-
29 ne Stimme hören, und hervorkommen
werden: die das Gute getan haben, zur
Auferstehung des Lebens, die aber das
Böse *b* verübt haben, zur Auferstehung
30 des Gerichts. Ich kann nichts von mir
selbst tun; so wie ich höre, richte ich,
und mein Gericht ist gerecht, denn ich
suche nicht meinen Willen, sondern
den Willen dessen, der mich gesandt
31 hat. Wenn ich von mir *c* selbst zeuge,
32 so ist mein Zeugnis nicht wahr. Ein
anderer ist es, der von mir zeugt, und
ich weiß, daß das Zeugnis wahr ist,
33 welches er von mir zeugt. Ihr habt
zu Johannes gesandt, und er hat der
34 Wahrheit Zeugnis gegeben. Ich aber
nehme nicht Zeugnis von *d* einem Menschen, sondern dies sage ich, auf daß
35 ihr errettet werdet. Jener war die
brennende und scheinende Lampe; ihr
aber wolltet für eine Zeit in seinem *e*
36 Lichte fröhlich sein. Ich aber habe
das Zeugnis, *das größer ist* als *das* des
Johannes; denn die Werke, welche der
Vater mir gegeben hat, auf daß ich sie
vollbringe, die Werke selbst, die ich
tue, zeugen von mir, daß der Vater
37 mich gesandt hat. Und der Vater, der
mich gesandt hat, er selbst hat Zeugnis von mir gegeben. Ihr habt weder
jemals seine Stimme gehört, noch seine
38 Gestalt gesehen, und sein Wort habt
ihr nicht bleibend in euch; denn welchen er gesandt hat, diesem glaubet
39 ihr nicht. Ihr erforschet die Schriften *f*, denn ihr meinet, in ihnen ewiges Leben zu haben, und sie sind es,
40 die von mir zeugen; und ihr wollt nicht
zu mir kommen, auf daß ihr Leben ha-
41 bet. Ich nehme nicht Ehre von Men-
42 schen; sondern ich kenne euch, daß
ihr die Liebe Gottes nicht in euch habt.
43 Ich bin in dem Namen meines Vaters
gekommen, und ihr nehmet mich nicht
auf; wenn ein anderer in seinem eigenen Namen kommt, den werdet ihr
44 aufnehmen. Wie könnt ihr glauben,
die ihr Ehre voneinander nehmet und
die Ehre, welche von Gott allein *g* ist,
45 nicht suchet? Wähnet nicht, daß ich
euch bei dem Vater verklagen werde;
da ist *einer*, der euch verklagt, Moses,
auf den ihr eure Hoffnung gesetzt
46 habt. Denn wenn ihr Moses glaubtet,
so würdet ihr mir glauben, denn er
47 hat von mir geschrieben. Wenn ihr
aber seinen Schriften nicht glaubet, wie
werdet ihr meinen Worten glauben?

6 Nach diesem ging Jesus weg auf die
andere Seite des Sees von Galiläa *oder*
2 von Tiberias; und es folgte ihm eine
große Volksmenge, weil sie die Zeichen sahen, die er an den Kranken
3 tat. Jesus aber ging hinauf auf den
Berg und setzte sich daselbst mit sei-
4 nen Jüngern. Es war aber das Passah
5 nahe, das Fest der Juden. Als nun Je-

sus die Augen aufhob und sah, daß
eine große Volksmenge zu ihm kommt,
spricht er zu Philippus: Woher sollen
wir Brote kaufen, auf daß diese essen?
Dies sagte er aber, ihn zu versuchen *h*; 6
denn er selbst wußte, was er tun wollte. Philippus antwortete ihm: Für zwei- 7
hundert Denare Brote reichen nicht für
sie hin, auf daß ein jeder etwas weniges bekomme. Einer von seinen Jün- 8
gern, Andreas, der Bruder des Simon
Petrus, spricht zu ihm: Es ist ein klei- 9
ner Knabe hier, der fünf Gerstenbrote
und zwei Fische hat; aber was ist dies
unter so viele? Jesus [aber] sprach: 10
Machet, daß die Leute sich lagern. Es
war aber viel Gras an dem Orte. Es
lagerten sich nun die Männer, an Zahl
bei fünftausend. Jesus aber nahm die 11
Brote, und als er gedankt hatte, teilte
er *sie* denen aus, die da lagerten; gleicherweise auch von den Fischen, soviel sie wollten. Als sie aber gesättigt 12
waren, spricht er zu seinen Jüngern:
Sammelt die übriggebliebenen Brokken, auf daß nichts umkomme. Sie sam- 13
melten nun und füllten zwölf Handkörbe mit Brocken von den fünf Ger-
stenbroten, welche denen, die gegessen hatten, übrigblieben. Als nun die 14
Leute das Zeichen sahen, das Jesus
tat, sprachen sie: Dieser ist wahrhaftig der Prophet, der in die Welt kommen soll. Da nun Jesus erkannte, daß 15
sie kommen und ihn ergreifen wollten,
auf daß sie ihn zum König machten,
entwich er wieder auf den Berg, er
selbst allein.

Als es aber Abend geworden war, gin- 16
gen seine Jünger hinab an den See;
und sie stiegen in das Schiff und fuh- 17
ren über den See nach Kapernaum.
Und es war schon finster geworden,
und Jesus war noch nicht zu ihnen gekommen; und der See erhob sich, in- 18
dem ein starker Wind wehte. Als sie 19
nun etwa fünfundzwanzig oder dreißig Stadien gerudert waren, sehen sie
Jesum auf dem See wandeln und nahe an das Schiff herankommen, und
sie fürchteten sich. Er aber spricht zu 20
ihnen: Ich bin's, fürchtet euch nicht!
Sie wollten ihn nun in das Schiff neh- 21
men, und alsbald war das Schiff an
dem Lande, zu welchem sie hinfuhren.
Des folgenden Tages, als die Volks- 22
menge, die jenseit des Sees stand, gesehen hatte, daß daselbst kein anderes
Schifflein war, als nur jenes, in welches seine Jünger gestiegen waren,
und daß Jesus nicht mit seinen Jüngern in das Schiff gestiegen, sondern
seine Jünger allein weggefahren waren, (es kamen aber andere Schifflein 23
aus Tiberias nahe an den Ort, wo sie
das Brot gegessen, nachdem der Herr
gedankt hatte) da nun die Volksmen- 24
ge sah, daß Jesus nicht daselbst sei,
noch seine Jünger, stiegen sie in die
Schiffe und kamen nach Kapernaum
und suchten Jesum. Und als sie ihn 25

---

a O. eine. — *b* Eig. das Schlechte. — *c* O. über mich, betreffs meiner; so auch
V. 32. 36. 37 usw. — *d* O. von seiten; so auch V. 41. 44. — *e* O. ihrem. — *f* O. Erforschet die Schriften. — *g* O. von dem alleinigen Gott. — *h* W. ihn versuchend.

jenseit des Sees gefunden hatten, sprachen sie zu ihm: Rabbi, wann bist du
26 hierhergekommen? Jesus antwortete ihnen und sprach: Wahrlich, wahrlich, ich sage euch: Ihr suchet mich, nicht weil ihr Zeichen gesehen, sondern weil ihr von den Broten gegessen habt und
27 gesättigt worden seid. Wirket nicht *für* die Speise, die vergeht, sondern *für* die Speise, die da bleibt ins ewige Leben, welche der Sohn des Menschen euch geben wird; denn diesen hat der
28 Vater, Gott, versiegelt. Da sprachen sie zu ihm: Was sollen wir tun, auf
29 daß wir die Werke Gottes wirken? Jesus antwortete und sprach zu ihnen: Dies ist das Werk Gottes, daß ihr an
30 den glaubet, den er gesandt hat. Da sprachen sie zu ihm: Was tust du nun für ein Zeichen, auf daß wir sehen und
31 dir glauben? was wirkst du? Unsere Väter aßen das Manna in der Wüste, wie geschrieben steht: „Brot aus dem
32 Himmel gab er ihnen zu essen". *a* Da sprach Jesus zu ihnen: Wahrlich, wahrlich, ich sage euch: Nicht Moses hat euch das Brot aus dem Himmel gegeben, sondern mein Vater gibt euch das wahrhaftige Brot aus dem Himmel.
33 Denn das Brot Gottes ist der, welcher aus dem Himmel herniederkommt und
34 der Welt *das* Leben gibt. Da sprachen sie zu ihm: Herr, gib uns allezeit die-
35 ses Brot! Jesus aber sprach zu ihnen: Ich bin das Brot des Lebens: wer zu mir kommt, wird nicht hungern, und wer an mich glaubt, wird nimmermehr
36 dürsten. Aber ich habe euch gesagt, daß ihr mich auch gesehen habt und
37 nicht glaubet. Alles was mir der Vater gibt, wird zu mir kommen, und wer zu mir. kommt, den werde ich nicht
38 hinausstoßen; denn ich bin vom Himmel herniedergekommen, nicht auf daß ich meinen Willen tue, sondern den Willen dessen, der mich gesandt hat.
39 Dies aber ist der Wille dessen, der mich gesandt hat, daß ich von allem, was er mir gegeben hat, nichts verliere, sondern es auferwecke am letzten
40 Tage. Denn dies ist der Wille meines Vaters, daß jeder, der den Sohn sieht und an ihn glaubt, ewiges Leben habe; und ich werde ihn auferwecken
41 am letzten Tage. Da murrten die Juden über ihn, weil er sagte: Ich bin das Brot, das aus dem Himmel hernie-
42 dergekommen ist; und sie sprachen: Ist dieser nicht Jesus, der Sohn Josephs, dessen Vater und Mutter wir kennen? Wie sagt denn dieser: Ich bin aus dem Himmel herniedergekommen?
43 Da antwortete Jesus und sprach zu ih-
44 nen: Murret nicht untereinander. Niemand kann zu mir kommen, es sei denn daß der Vater, der mich gesandt hat, ihn ziehe; und ich werde ihn aufer-
45 wecken am letzten Tage. Es steht in den Propheten geschrieben: „Und sie werden alle von Gott gelehrt sein". *b*

Jeder, der von dem Vater *c* gehört und gelernt hat, kommt zu mir. Nicht daß 46 jemand den Vater gesehen habe, außer dem, der von Gott *d* ist, dieser hat den Vater gesehen. Wahrlich, wahrlich, ich 47 sage euch: Wer [an mich] glaubt, hat ewiges Leben. Ich bin das Brot des 48 Lebens. Eure Väter haben das Manna 49 in der Wüste gegessen und sind gestorben. Dies ist das Brot, das aus dem 50 Himmel herniederkommt, auf daß man davon esse und nicht sterbe. Ich bin 51 das lebendige Brot, das aus dem Himmel herniedergekommen ist; wenn jemand von diesem Brote ißt *e*, so wird er leben in Ewigkeit. Das Brot aber *f*, das ich geben werde, ist mein Fleisch, welches ich geben werde für das Leben der Welt. Die Juden stritten nun 52 untereinander und sagten: Wie kann dieser uns sein Fleisch zu essen geben? Da sprach Jesus zu ihnen: Wahrlich, 53 wahrlich, ich sage euch: Es sei denn daß ihr das Fleisch des Sohnes des Menschen esset und sein Blut trinket *g*, so habt ihr kein Leben in euch selbst. Wer mein Fleisch ißt und mein Blut 54 trinkt, hat ewiges Leben, und ich werde ihn auferwecken am letzten Tage; denn mein Fleisch ist wahrhaftig Speise, und mein Blut ist wahrhaftig Trank. Wer mein Fleisch ißt und mein Blut 55 trinkt, bleibt in mir und ich in ihm. Gleichwie der lebendige Vater mich 57 gesandt hat und ich lebe des Vaters wegen *h*, so auch, wer mich ißt, der wird auch leben meinetwegen *h*. Dies 58 ist das Brot, das aus dem Himmel herniedergekommen ist. Nicht wie die Väter aßen und starben; wer dieses Brot ißt, wird leben in Ewigkeit. Die- 59 ses sprach er in der Synagoge, lehrend zu Kapernaum.

Viele nun von seinen Jüngern, die 60 es gehört hatten, sprachen: Diese Rede ist hart; wer kann sie hören? Da 61 aber Jesus bei sich selbst wußte *i*, daß seine Jünger hierüber murrten, sprach er zu ihnen: Ärgert euch dieses? Wenn ihr nun den Sohn des Menschen 62 *dahin* auffahren sehet, wo er zuvor war? Der Geist ist es, der lebendig 63 macht; das Fleisch nützt nichts. Die Worte, welche ich zu euch geredet habe, sind Geist und sind Leben; aber 64 es sind etliche unter *j* euch, die nicht glauben. Denn Jesus wußte von Anfang, welche es seien, die nicht glaubten, und wer es sei, der ihn überliefern würde. Und er sprach: Darum 65 habe ich euch gesagt, daß niemand zu mir kommen kann, es sei ihm denn von dem Vater gegeben. Von da an 66 gingen viele seiner Jünger zurück und wandelten nicht mehr mit ihm. Da 67 sprach Jesus zu den Zwölfen: Wollt ihr etwa auch weggehen? Simon Petrus antwortete ihm: Herr, zu wem sollen wir gehen? du hast Worte ewigen Lebens; und wir haben geglaubt 69

---

a Neh. 9, 15. — *b* Jes. 54, 13. — *c* Eig. von seiten des Vaters. — *d* Eig. von Gott her. — *e* O. gegessen hat. — *f* Eig. Und das Brot aber. — *g* O. gegessen . . . . getrunken habt. — *h* „wegen" hier in dem Sinne von „infolge des". — *i* Eig. in sich selbst erkannte. — *j* W. aus.

und erkannt *a*, daß du der Heilige Got-
70 tes bist. Jesus antwortete ihnen: Habe ich nicht euch, die Zwölfe, auserwählt? und von euch ist einer ein Teu-
71 fel. Er sprach aber von Judas, Simons
Sohn, dem Iskariot; denn dieser sollte
ihn überliefern, *er*, der einer von den
Zwölfen war.

7 Und nach diesem wandelte Jesus in
Galiläa; denn er wollte nicht in Judäa
wandeln, weil die Juden ihn zu töten
2 suchten. Es war aber nahe das Fest
3 der Juden, die Laubhütten. Es sprachen nun seine Brüder zu ihm: Ziehe
von hinnen und geh nach Judäa, auf
daß auch deine Jünger deine Werke
4 sehen, die du tust; denn niemand tut
etwas im Verborgenen und sucht *dabei* selbst öffentlich bekannt zu sein.
Wenn du diese Dinge tust, so zeige
5 dich der Welt; denn auch seine Brü-
6 der glaubten nicht an ihn. Da spricht
Jesus zu ihnen: Meine Zeit ist noch
nicht da, eure Zeit aber ist stets be-
7 reit. Die Welt kann euch nicht hassen;
mich aber haßt sie, weil ich von ihr
8 zeuge, daß ihre Werke böse sind. Gehet ihr hinauf zu diesem Feste; ich
gehe nicht hinauf zu diesem Feste;
denn meine Zeit ist noch nicht er-
9 füllt. Nachdem er dies zu ihnen ge-
10 sagt hatte, blieb er in Galiläa. Als
aber seine Brüder hinaufgegangen waren, da ging auch er hinauf zu dem
Feste, nicht offenbarlich, sondern wie
11 im Verborgenen. Die Juden nun suchten ihn auf dem Feste und sprachen:
12 Wo ist jener? Und viel Gemurmel war
über ihn unter den Volksmengen; die
einen sagten: Er ist gut; andere sagten: Nein, sondern er verführt die
13 Volksmenge. Niemand jedoch sprach
öffentlich von ihm aus Furcht vor den
Juden.
14 Als es aber schon um die Mitte des
Festes war, ging Jesus hinauf in den
15 Tempel und lehrte. Da verwunderten
sich die Juden und sagten: Wie besitzt dieser Gelehrsamkeit, da er doch
16 nicht gelernt hat? Da antwortete ihnen Jesus und sprach: Meine Lehre
ist nicht mein, sondern dessen, der
17 mich gesandt hat. Wenn jemand seinen Willen tun will, so wird er von *b*
der Lehre wissen, ob sie aus Gott ist,
18 oder ob ich aus *c* mir selbst rede. Wer
aus *c* sich selbst redet, sucht seine eigene Ehre *d*; wer aber die Ehre *d* dessen
sucht, der ihn gesandt hat, dieser ist
wahrhaftig, und Ungerechtigkeit ist
19 nicht in ihm. Hat nicht Moses euch das
Gesetz gegeben? und keiner von euch
tut das Gesetz. Was suchet ihr mich zu
20 töten? Die Volksmenge antwortete
[und sprach]: Du hast einen Dämon;
21 wer sucht dich zu töten? Jesus antwortete und sprach zu ihnen: Ein
Werk habe ich getan, und ihr alle
22 verwundert euch. Deswegen gab Moses *e* euch die Beschneidung, (nicht

daß sie von Moses sei, sondern von
den Vätern) und am Sabbath beschneidet ihr einen Menschen. Wenn ein 23
Mensch die Beschneidung am Sabbath
empfängt, auf daß das Gesetz Moses'
nicht gebrochen werde, zürnet ihr mir,
daß ich einen Menschen ganz *f* gesund
gemacht habe am Sabbath? Richtet 24
nicht nach dem Schein, sondern richtet ein gerechtes *g* Gericht. Es sagten 25
nun etliche von den Bewohnern Jerusalems: Ist das nicht der, welchen
sie zu töten suchen? und siehe, er 26
redet öffentlich, und sie sagen ihm
nichts. Haben denn etwa die Obersten
in Wahrheit erkannt, daß dieser *der*
Christus ist? Diesen aber kennen 27
wir, woher er ist; wenn aber der Christus kommt, so weiß niemand, woher
er ist. Jesus nun rief im Tempel, lehr- 28
te und sprach: Ihr kennet mich und
wisset auch, woher ich bin; und ich
bin nicht von mir selbst gekommen,
sondern der mich gesandt hat ist wahrhaftig, welchen ihr nicht kennet. Ich 29
kenne ihn, weil ich von ihm *h* bin,
und er mich gesandt hat. Da suchten 30
sie ihn zu greifen; und niemand legte die Hand an ihn, weil seine Stunde
noch nicht gekommen war. Viele aber 31
von der Volksmenge glaubten an ihn
und sprachen: Wenn der Christus
kommt, wird er wohl mehr Zeichen
tun als der, welche dieser getan hat?
Die Pharisäer hörten die Volksmenge 32
dies über ihn murmeln; und die Pharisäer und die Hohenpriester sandten
Diener, daß sie ihn greifen möchten.
Da sprach Jesus: Noch eine kleine 33
Zeit bin ich bei euch, und ich gehe
hin zu dem, der mich gesandt hat. Ihr 34
werdet mich suchen und nicht finden,
und wo ich bin, könnt ihr nicht hinkommen. Es sprachen nun die Juden 35
zueinander: Wohin will dieser gehen,
daß wir ihn nicht finden sollen? Will
er etwa in die Zerstreuung der Griechen *i* gehen und die Griechen lehren?
Was ist das für ein Wort, das er 36
sprach: Ihr werdet mich suchen und
nicht finden, und: Wo ich bin, könnt
ihr nicht hinkommen?
An dem letzten, dem großen Tage 37
des Festes aber stand Jesus und rief
und sprach: Wenn jemand dürstet, so
komme er zu mir und trinke. Wer an 38
mich glaubt, gleichwie die Schrift gesagt hat, aus dessen Leibe werden
Ströme lebendigen Wassers fließen.
Dies aber sagte er von dem Geiste, 39
welchen die an ihn Glaubenden empfangen sollten; denn noch war *der*
Geist nicht da, weil Jesus noch nicht
verherrlicht worden war. *Etliche* nun 40
aus der Volksmenge sagten, als sie
diese Worte hörten: Dieser ist wahrhaftig der Prophet. Andere sagten: 41
Dieser ist der Christus. Andere sagten: Der Christus kommt doch nicht
aus Galiläa? Hat nicht die Schrift 42

---

a O. glauben und wissen. — *b* d. h. hinsichtlich. — *c* W. von. — *d* O. Herrlichkeit.
— *e* O. . . . ihr alle verwundert euch deswegen. Moses gab usw. — *f* Eig. einen ganzen
Menschen. — *g* Eig. das gerechte. — *h* Eig. von ihm her. — *i* d. h. zu den unter den
Griechen zerstreut wohnenden Juden.

gesagt: Aus dem Samen Davids und aus Bethlehem, dem Dorfe, wo David 43 war, kommt der Christus? Es entstand nun seinethalben eine Spaltung in der 44 Volksmenge. Etliche aber von ihnen wollten ihn greifen, aber keiner legte 45 die Hände an ihn. Es kamen nun die Diener zu den Hohenpriestern und Pharisäern, und diese sprachen zu ihnen: Warum habt ihr ihn nicht ge-46 bracht? Die Diener antworteten: Niemals hat ein Mensch so geredet wie 47 dieser Mensch. Da antworteten ihnen die Pharisäer: Seid ihr denn auch 48 verführt? Hat wohl jemand von den Obersten an ihn geglaubt, oder von 49 den Pharisäern? Diese Volksmenge aber, die das Gesetz nicht kennt, sie 50 ist verflucht! *Da* spricht Nikodemus zu ihnen, der einer von ihnen war: 51 Richtet denn unser Gesetz den Menschen, ehe es zuvor von ihm selbst gehört und erkannt hat, was er tut? 52 Sie antworteten und sprachen zu ihm: Bist du etwa auch aus Galiläa? Forsche und sieh, daß aus Galiläa kein 53 Prophet aufsteht. [Und ein jeder ging nach seinem Hause. ✳ Jesus aber ging 8 nach dem Oelberge.

2 Frühmorgens aber kam er wiederum in den Tempel, und alles Volk kam zu ihm, und er setzte sich und 3 lehrte sie. Die Schriftgelehrten und die Pharisäer aber bringen ein Weib [zu ihm], im Ehebruch ergriffen, und 4 stellen sie in die Mitte und sagen zu ihm: Lehrer, dieses Weib ist im Ehebruch, auf der Tat selbst, ergriffen 5 worden. In dem Gesetz aber hat uns Moses geboten, solche zu steinigen; 6 du nun, was sagst du? Dies aber sagten sie, ihn zu versuchen, auf daß sie *etwas* hätten, um ihn anzuklagen. Jesus aber bückte sich nieder und schrieb 7 mit dem Finger auf die Erde. Als sie aber fortfuhren ihn zu fragen, richtete er sich auf und sprach zu ihnen: Wer von euch ohne Sünde ist, werfe 8 zuerst den Stein auf sie. Und wiederum bückte er sich nieder und schrieb 9 auf die Erde. Als sie aber *dies* hörten, gingen sie einer nach dem anderen hinaus, anfangend von den Aeltesten bis zu den Letzten; und Jesus wurde allein gelassen mit dem Weibe in der 10 Mitte. Als aber Jesus sich aufrichtete [und außer dem Weibe niemand sah], sprach er zu ihr: Weib, wo sind jene, [deine Verkläger]? Hat niemand 11 dich verurteilt? Sie aber sprach: Niemand, Herr. Jesus aber sprach zu ihr: So verurteile auch ich dich nicht; gehe hin und sündige nicht mehr.]

12 Wiederum nun redete Jesus zu ihnen und sprach: Ich bin das Licht der Welt; wer mir nachfolgt, wird nicht in der Finsternis wandeln, sondern wird das Licht des Lebens ha-13 ben. Da sprachen die Pharisäer zu ihm: Du zeugst von dir *a* selbst; dein 14 Zeugnis ist nicht wahr. Jesus antwor-

tete und sprach zu ihnen: Auch wenn ich von mir *a* selbst zeuge, ist mein Zeugnis wahr, weil ich weiß, woher ich gekommen bin und wohin ich gehe; ihr aber wisset nicht, woher ich komme und wohin ich gehe. Ihr rich-15 tet nach dem Fleische, ich richte niemand. Wenn ich aber auch richte, so 16 ist mein Gericht wahr, weil ich nicht allein bin, sondern ich und der Vater, der mich gesandt hat. Aber auch in 17 eurem Gesetz steht geschrieben, daß das Zeugnis zweier Menschen wahr ist. *b* Ich bin es, der von mir selbst 18 zeugt, und der Vater, der mich gesandt hat, zeugt von mir. Da sprachen 19 sie zu ihm: Wo ist dein Vater? Jesus antwortete: Ihr kennet weder mich noch meinen Vater; wenn ihr mich gekannt hättet, so würdet ihr auch meinen Vater gekannt haben. Diese 20 Worte redete er in der Schatzkammer, lehrend im Tempel; und niemand griff ihn, denn seine Stunde war noch nicht gekommen.

Er sprach nun wiederum zu ihnen: 21 Ich gehe hin, und ihr werdet mich suchen und werdet in eurer Sünde sterben; wo ich hingehe, könnt ihr nicht hinkommen. Da sagten die Ju-22 den: Er will sich doch nicht selbst töten, daß er spricht: Wo ich hingehe, könnt ihr nicht hinkommen? Und er sprach zu ihnen: Ihr seid von 23 dem, was unten ist, ich bin von dem, was oben ist; ihr seid von dieser Welt, ich bin nicht von dieser Welt. Daher sagte ich euch, daß ihr in euren 24 Sünden sterben werdet; denn wenn ihr nicht glauben werdet, daß ich es bin, so werdet ihr in euren Sünden sterben. Da sprachen sie zu ihm: Wer 25 bist du? [Und] Jesus sprach zu ihnen: Durchaus das, was ich auch zu euch rede *d*. Vieles habe ich über euch zu 26 reden und zu richten, aber der mich gesandt hat ist wahrhaftig; und ich, was ich von ihm gehört habe, das rede ich zu der Welt. Sie erkannten 27 nicht, daß er von dem Vater zu ihnen sprach. Da sprach Jesus zu ihnen: 28 Wenn ihr den Sohn des Menschen erhöht haben werdet, dann werdet ihr erkennen, daß ich es bin, und *daß* ich nichts von mir selbst tue, sondern wie der Vater mich gelehrt hat, das rede ich. Und der mich gesandt hat 29 ist mit mir; er hat mich nicht allein gelassen, weil ich allezeit das ihm Wohlgefällige tue. Als er dies redete, 30 glaubten viele an ihn.

Jesus sprach nun zu den Juden, wel-31 che ihm geglaubt hatten: Wenn ihr in meinem Worte bleibet, so seid ihr wahrhaft meine Jünger; und ihr wer-32 det die Wahrheit erkennen, und die Wahrheit wird euch frei machen. Sie 33 antworteten ihm: Wir sind Abrahams Same und sind nie jemandes Knechte gewesen *e*; wie sagst du: Ihr sollt frei werden? Jesus antwortete: 34

a O. über dich (mich); so auch V. 18. — *b* 5. Mose 17, 6; 19, 15. — *c* W. aus; so auch weiterhin in diesem Verse. — *d* d. h. die Worte Jesu stellten ihn als den dar, welcher er war: die Wahrheit. — *e* O. haben nie jemand Sklavendienste getan.

Wahrlich, wahrlich, ich sage euch: Jeder, der die Sünde tut, ist der Sünde 35 Knecht *a*. Der Knecht *a* aber bleibt nicht für immer *b* in dem Hause; der Sohn 36 bleibt für immer *b*. Wenn nun der Sohn euch frei machen wird, so werdet ihr 37 wirklich frei sein. Ich weiß, daß ihr Abrahams Same seid; aber ihr suchet mich zu töten, weil mein Wort nicht 38 Raum *c* in euch findet. Ich rede was ich bei meinem Vater gesehen habe, und ihr nun tut was ihr von eurem 39 Vater gehört habt. Sie antworteten und sprachen zu ihm: Abraham ist unser Vater. Jesus spricht zu ihnen: Wenn ihr Abrahams Kinder wäret, so würdet ihr die Werke Abrahams 40 tun; jetzt aber suchet ihr mich zu töten, einen Menschen, der die Wahrheit zu euch geredet hat, die ich von Gott gehört habe; das hat Abraham 41 nicht getan. Ihr tut die Werke eures Vaters. [Da] sprachen sie zu ihm: Wir sind nicht durch Hurerei geboren; 42 wir haben einen Vater, Gott. Jesus sprach zu ihnen: Wenn Gott euer Vater wäre, so würdet ihr mich lieben *d*, denn ich bin von Gott ausgegangen und gekommen; denn ich bin auch nicht von mir selbst gekommen, son-43 dern er hat mich gesandt. Warum verstehet ihr meine Sprache nicht? Weil 44 ihr mein Wort nicht hören könnt. Ihr seid aus dem Vater, dem Teufel, und die Begierden eures Vaters wollt ihr tun. Jener war ein Menschenmörder von Anfang und ist in der Wahrheit nicht bestanden *e*, weil keine Wahrheit in ihm ist. Wenn er die Lüge redet, so redet er aus seinem eigenen, denn er ist ein Lügner und der Vater der-45 selben *f*. Weil ich aber die Wahrheit 46 sage, glaubet ihr mir nicht. Wer von euch überführt mich der *g* Sünde? Wenn ich die Wahrheit sage, warum glau-47 bet ihr mir nicht? Wer aus Gott ist, hört die Worte Gottes. Darum höret ihr nicht, weil ihr nicht aus Gott seid. 48 Die Juden antworteten und sprachen zu ihm: Sagen wir nicht recht, daß du ein Samariter bist und einen Dä-49 mon hast? Jesus antwortete: Ich habe keinen Dämon, sondern ich ehre meinen Vater, und ihr verunehrt 50 mich. Ich aber suche nicht meine Ehre *h*: es ist einer, der *sie* sucht, und 51 der richtet. Wahrlich, wahrlich, ich sage euch: Wenn jemand mein Wort bewahren *i* wird, so wird er den Tod 52 nicht sehen ewiglich. [Da] sprachen die Juden zu ihm: Jetzt erkennen wir *j*, daß du einen Dämon hast. Abraham ist gestorben und die Propheten, und du sagst: Wenn jemand mein Wort bewahren wird, so wird er den 53 Tod nicht schmecken ewiglich. Bist du etwa größer als unser Vater Abraham, der gestorben ist? und die Propheten sind gestorben. Was machst

du aus dir selbst? Jesus antwortete: 54 Wenn ich mich selbst ehre *k*, so ist meine Ehre *h* nichts; mein Vater ist es, der mich ehrt *k*, von welchem ihr saget: Er ist unser Gott. Und ihr habt 55 ihn nicht erkannt, ich aber kenne ihn; und wenn ich sagte: Ich kenne ihn nicht, so würde ich euch gleich sein — ein Lügner. Aber ich kenne ihn, und ich bewahre sein Wort. Abra-56 ham, euer Vater, frohlockte, daß er meinen Tag sehen sollte, und er sah *ihn* und freute sich. Da sprachen die 57 Juden zu ihm: Du bist noch nicht fünfzig Jahre alt und hast Abraham gesehen? Jesus sprach zu ihnen: Wahr-58 lich, wahrlich, ich sage euch: Ehe Abraham ward, bin ich. Da hoben sie 59 Steine auf, damit sie auf ihn würfen. Jesus aber verbarg sich und ging aus dem Tempel hinaus.

Und als er vorüberging, sah er einen 9 Menschen, blind von Geburt. Und seine Jünger fragten ihn und sagten: 2 Rabbi, wer hat gesündigt, dieser oder seine Eltern, daß er blind geboren wurde? Jesus antwortete: Weder die-3 ser hat gesündigt, noch seine Eltern, sondern auf daß die Werke Gottes an ihm geoffenbart würden. Ich muß die 4 Werke dessen wirken, der mich gesandt hat, so lange es Tag ist; es kommt die Nacht, da niemand wirken kann. So lange ich in der Welt bin, 5 bin ich *das* Licht der Welt. Als er dies 6 gesagt hatte, spützte er auf die Erde und bereitete einen Kot aus dem Speichel und strich den Kot wie Salbe auf seine Augen; und er sprach zu ihm: 7 Gehe hin, wasche dich in dem Teiche Siloam (was verdolmetscht wird: Gesandt *l*). Da ging er hin und wusch sich und kam sehend. Die Nachbarn 8 nun und die ihn früher gesehen hatten, daß er ein Bettler war, sprachen: Ist dieser nicht der, der da saß und bettelte? Einige sagten: Er ist es; 9 andere sagten: Nein, sondern er ist ihm ähnlich; er sagte: Ich bin's. Sie 10 sprachen nun zu ihm: Wie sind deine Augen aufgetan worden? Er antwor-11 tete [und sprach]: Ein Mensch, genannt Jesus, bereitete einen Kot und salbte meine Augen *damit* und sprach zu mir: Gehe hin nach Siloam und wasche dich. Als ich aber hinging und mich wusch, wurde ich sehend. Da 12 sprachen sie zu ihm: Wo ist jener? Er sagt: Ich weiß es nicht.

Sie führen ihn, den einst Blinden, 13 zu den Pharisäern. Es war aber Sab-14 bath, als Jesus den Kot bereitete und seine Augen auftat. Nun fragten ihn 15 wiederum auch die Pharisäer, wie er sehend geworden sei. Er aber sprach zu ihnen: Er legte Kot auf meine Augen, und ich wusch mich, und ich sehe. Da sprachen etliche von den 16 Pharisäern: Dieser Mensch ist nicht

---

a O. Sklave. — *b* O. ewiglich. — *c* O. keinen Eingang, od. auch: Fortgang. — *d* O. geliebt haben. — *e* O. steht nicht in der Wahrheit. — *f* d. i. der Lüge; O. desselben (des Lügners). — *g* O. einer; W. betreffs Sünde. — *h* O. Herrlichkeit. — *i* O. halten; so auch V. 52. 55. — *j* O. haben wir erkannt. — *k* O. verherrliche . . . verherrlicht. — *l* O. Gesandter.

von Gott *a*, denn er hält den Sabbath nicht. Andere sagten: Wie kann ein sündiger Mensch solche Zeichen tun? Und es war Zwiespalt unter ihnen.

17 Sie sagen nun wiederum zu dem Blinden: Was sagst d u von ihm, weil er deine Augen aufgetan hat? Er aber

18 sprach: Er ist ein Prophet. Es glaubten nun die Juden nicht von ihm, daß er blind war und sehend geworden, bis sie die Eltern dessen riefen, der

19 sehend geworden war. Und sie fragten sie und sprachen: Ist dieser euer Sohn, von dem i h r saget, daß er blind geboren wurde? Wie sieht er denn

20 jetzt? Seine Eltern antworteten [ihnen] und sprachen: Wir wissen, daß dieser unser Sohn ist, und daß er blind

21 geboren wurde; wie er aber jetzt sieht, wissen wir nicht, oder wer seine Augen aufgetan hat, wissen wir nicht. E r ist mündig; fraget i h n, er

22 wird selbst über sich reden. Dies sagten seine Eltern, weil sie die Juden fürchteten; denn die Juden waren schon übereingekommen, daß, wenn jemand ihn als Christus bekennen würde, er aus der Synagoge ausgeschlossen wer-

23 den sollte. Deswegen sagten seine El-

24 tern: Er ist mündig, fraget i h n. Sie riefen nun zum zweiten Male den Menschen, der blind war, und sprachen zu ihm: Gib Gott *die* Ehre! w i r wissen, daß dieser Mensch ein Sünder ist.

25 Da antwortete e r: Ob er ein Sünder ist, weiß ich nicht; eines weiß ich,

26 daß ich blind war und jetzt sehe. Und sie sprachen wiederum zu ihm: Was hat er dir getan? wie tat er deine

27 Augen auf? Er antwortete ihnen: Ich habe es euch schon gesagt, und ihr habt nicht gehört; warum wollt ihr es nochmals hören? Wollt i h r etwa auch

28 seine Jünger werden? Sie schmähten ihn und sprachen: D u bist sein Jünger; w i r aber sind Moses' Jünger.

29 W i r wissen, daß Gott zu Moses geredet hat; von diesem aber wissen wir

30 nicht, woher er ist. Der Mensch antwortete und sprach zu ihnen: Hierbei ist es doch wunderbar, daß i h r nicht wisset, woher er ist, und er hat *doch*

31 meine Augen aufgetan. Wir wissen [aber], daß Gott Sünder nicht hört, sondern wenn jemand gottesfürchtig ist und seinen Willen tut, den hört

32 er. Von Ewigkeit her ist es nicht erhört, daß jemand die Augen eines

33 Blindgeborenen aufgetan habe. Wenn dieser nicht von Gott wäre, so könnte

34 er nichts tun. Sie antworteten und sprachen zu ihm: D u bist ganz in Sünden geboren, und d u lehrst uns? Und sie warfen ihn hinaus.

35 Jesus hörte, daß sie ihn hinausgeworfen hatten; und als er ihn fand, sprach er zu ihm: Glaubst d u an den Sohn

36 Gottes? E r antwortete und sprach: Und wer ist es, Herr, auf daß ich an

37 ihn glaube? Jesus sprach zu ihm: Du hast ihn gesehen, und der mit dir redet,

der ist es. Er aber sprach: Ich glaube, 38 Herr; und er warf sich vor ihm nieder.

Und Jesus sprach: Zum Gericht bin 39 i c h in diese Welt gekommen, auf daß die Nichtsehenden sehen und die Sehenden blind werden. [Und] *etliche* 40 von den Pharisäern, die bei ihm waren, hörten dies und sprachen zu ihm: Sind denn auch w i r blind? Jesus sprach 41 zu ihnen: Wenn ihr blind wäret, so würdet ihr keine Sünde haben; nun ihr aber saget: Wir sehen, so bleibt eure Sünde. **✳** Wahrlich, wahrlich, ich sage euch: Wer nicht durch die **10** Tür in den Hof der Schafe eingeht, sondern anderswo hinübersteigt, der ist ein Dieb und ein Räuber. Wer aber 2 durch die Tür eingeht, ist Hirte der Schafe. Diesem tut der Türhüter auf, 3 und die Schafe hören seine Stimme, und er ruft seine eigenen Schafe mit Namen und führt sie heraus. Wenn 4 er seine eigenen *Schafe* alle herausgebracht hat, geht er vor ihnen her, und die Schafe folgen ihm, weil sie seine Stimme kennen. Einem Frem- 5 den aber werden sie nicht folgen, sondern werden vor ihm fliehen, weil sie die Stimme der Fremden nicht kennen. Dieses Gleichnis *b* sprach Jesus 6 zu ihnen; s i e aber verstanden nicht, was es war, das er zu ihnen redete.

Jesus sprach nun wiederum zu ihnen: 7 Wahrlich, wahrlich, ich sage euch: I c h bin die Tür der Schafe. Alle, die ir- 8 gend vor mir gekommen, sind Diebe und Räuber; aber die Schafe hörten nicht auf sie. I c h bin die Tür; 9 wenn jemand durch mich eingeht, so wird er errettet werden und wird ein- und ausgehen und Weide finden. Der 10 Dieb kommt nur, um zu stehlen und zu schlachten und zu verderben. I c h bin gekommen, auf daß sie Leben haben und *es* in Ueberfluß *c* haben. I c h 11 bin der gute Hirte; der gute Hirte läßt *d* sein Leben für die Schafe. Der Miet- 12 ling aber und der nicht Hirte ist, dem die Schafe nicht eigen sind, sieht den Wolf kommen und verläßt die Schafe und flieht; und der Wolf raubt sie und zerstreut [die Schafe. Der Mietling 13 aber flieht], weil er ein Mietling ist und sich um die Schafe nicht kümmert *e*. I c h bin der gute Hirte; und ich kenne 14 die Meinen *f* und bin gekannt von den Meinen, gleichwie der Vater mich 15 kennt, und i c h den Vater kenne; und ich lasse mein Leben für die Schafe. Und ich habe andere Schafe, die nicht 16 aus diesem Hofe sind; auch diese muß ich bringen, und sie werden meine Stimme hören, und es wird eine Herde, ein Hirte sein *g*. Darum liebt 17 mich der Vater, weil ich mein Leben lasse, auf daß ich es wiedernehme. Niemand nimmt es von mir, sondern 18 i c h lasse es von mir selbst. Ich habe Gewalt es zu lassen, und habe Gewalt es wiederzunehmen. Dieses Gebot habe ich von meinem Vater empfangen. Es 1

---

a Eig. von Gott her; so auch V. 33. — *b* Eig. Diese sinnbildliche Rede. — *c* And.: und Ueberfluß. — *d* Eig. setzt ein; legt dar; so auch V. 15. 17. 18. — *e* O. ihm an den Schafen nichts liegt. — *f* O. was mein ist. — *g* O. werden.

entstand wiederum ein Zwiespalt unter den Juden dieser Worte wegen. 20 Viele aber von ihnen sagten: Er hat einen Dämon und ist von Sinnen; was 21 hört ihr ihn? Andere sagten: Diese Reden sind nicht *die* eines Besessenen; kann etwa ein Dämon der Blinden Augen auftun?

22 Es war aber das Fest der Tempelweihe in Jerusalem; [und] es war Winter. 23 Und Jesus wandelte in dem Tempel, 24 in der Säulenhalle Salomons. Da umringten ihn die Juden und sprachen zu ihm: Bis wann hältst du unsere Seele hin? Wenn d u der Christus bist, 25 so sage es uns frei heraus. Jesus antwortete ihnen: Ich habe es euch gesagt, und ihr glaubet nicht. Die Werke, die i c h in dem Namen meines Vaters 26 tue, diese zeugen von mir; aber i h r glaubet nicht, denn ihr seid nicht von meinen Schafen, wie ich euch gesagt 27 habe. Meine Schafe hören meine Stimme, und i c h kenne sie, und sie folgen 28 mir; und i c h gebe ihnen ewiges Leben, und sie gehen n i c h t verloren ewiglich, und niemand wird sie aus 29 meiner Hand rauben. Mein Vater, der sie mir gegeben hat, ist größer als alles *a*, und niemand kann sie aus der 30 Hand meines Vaters rauben. Ich und der Vater sind eins.

31 Da hoben die Juden wiederum Steine 32 auf, auf daß sie ihn steinigten. Jesus antwortete ihnen: Viele gute Werke habe ich euch von meinem Vater gezeigt; für welches Werk unter den- 33 selben steiniget ihr mich? Die Juden antworteten ihm: Wegen eines guten Werkes steinigen wir dich nicht, sondern wegen Lästerung, und weil d u, der du ein Mensch bist, dich selbst zu 34 Gott machst. Jesus antwortete ihnen: Steht nicht in eurem Gesetz geschrieben: „I c h habe gesagt: Ihr seid Göt- 35 ter"*b*? In Wenn er jene Götter nannte, zu welchen das Wort Gottes geschah, (und die Schrift kann nicht aufgelöst 36 werden) saget i h r von dem, welchen der Vater geheiligt und in die Welt gesandt hat: Du lästerst, weil ich sagte: 37 Ich bin Gottes Sohn? Wenn ich nicht die Werke meines Vaters tue, so glau- 38 bet mir nicht; wenn ich sie aber tue, so glaubet den Werken, wenn ihr auch mir nicht glaubet, auf daß ihr erkennet und glaubet, daß der Vater in mir ist, und ich in ihm.

39 Da suchten sie wiederum ihn zu grei- 40 fen, und er entging ihrer Hand. Und er ging wieder weg jenseit des Jordan an den Ort, wo Johannes zuerst taufte, 41 und er blieb daselbst. Und viele kamen zu ihm und sagten: Johannes tat zwar kein Zeichen; alles aber, was Johannes von diesem gesagt hat, war wahr. 42 Und viele glaubten daselbst an ihn.

11 Es war aber ein Gewisser krank, Lazarus von Bethanien, aus dem Dorfe der Maria und ihrer Schwester 2 Martha. (Maria aber war es, die *c* den

Herrn mit Salbe salbte und seine Füße mit ihren Haaren abtrocknete; deren Bruder Lazarus war krank.) Da sand- 3 ten die Schwestern zu ihm und ließen *ihm* sagen: Herr, siehe, der, den du lieb hast, ist krank. Als aber Jesus es hörte, 4 sprach er: Diese Krankheit ist nicht zum Tode, sondern um der Herrlichkeit Gottes willen, auf daß der Sohn Gottes durch sie verherrlicht werde. Jesus aber liebte die Martha und ihre 5 Schwester und den Lazarus. Als er 6 nun hörte, daß er krank sei, blieb er noch zwei Tage an dem Orte, wo er war. Danach spricht er dann zu den 7 Jüngern: Laßt uns wieder nach Judäa gehen. Die Jünger sagen zu ihm: 8 Rabbi, eben suchten die Juden dich zu steinigen, und wiederum gehst du dahin? Jesus antwortete: Sind der Stun- 9 den des Tages nicht zwölf? Wenn jemand am Tage wandelt, stößt er nicht an, weil er das Licht dieser Welt sieht; wenn aber jemand in der Nacht wan- 10 delt, stößt er an, weil das Licht nicht in ihm ist. Dies sprach er, und da- 11 nach sagt er zu ihnen: Lazarus, unser Freund, ist eingeschlafen *d*; aber ich gehe hin, auf daß ich ihn aufwecke. Da sprachen die Jünger zu ihm: Herr, 12 wenn er eingeschlafen ist, so wird er geheilt *e* werden. Jesus aber hatte 13 von seinem Tode gesprochen; s i e aber meinten, er rede von der Ruhe des Schlafes. Dann nun sagte ihnen 14 Jesus gerade heraus: Lazarus ist gestorben; und ich bin froh um euret- 15 willen, daß ich nicht dort war, auf daß ihr glaubet; aber laßt uns zu ihm gehen. Da sprach Thomas, der Zwilling *f* 16 genannt ist, zu den Mitjüngern: Laßt auch uns gehen, auf daß wir mit ihm sterben.

Als nun Jesus kam, fand er ihn schon 17 vier Tage in der Gruft liegen. Betha- 18 nien aber war nahe bei Jerusalem, etwa fünfzehn Stadien *g* weit; und viele 19 von den Juden waren zu *h* Martha und Maria gekommen, auf daß sie dieselben über ihren Bruder trösteten. Martha 20 nun, als sie hörte, daß Jesus komme, ging ihm entgegen. Maria aber saß im Hause. Da sprach Martha zu Jesu: 21 Herr, wenn du hier gewesen wärest, so wäre mein Bruder nicht gestorben; [aber] auch jetzt weiß ich, daß, was 22 irgend du von Gott bitten magst, Gott dir geben wird. Jesus spricht zu ihr: 23 Dein Bruder wird auferstehen. Martha 24 spricht zu ihm: Ich weiß, daß er auferstehen wird in der Auferstehung am letzten Tage. Jesus sprach zu ihr: Ich 25 bin die Auferstehung und das Leben; wer an mich glaubt, wird leben, auch wenn er gestorben ist; und jeder, der 26 da lebt und an mich glaubt, wird n i c h t sterben in Ewigkeit. Glaubst du dies? Sie spricht zu ihm: Ja, Herr, i c h glau- 27 be, daß d u der Christus bist, der Sohn Gottes, der in die Welt kommen soll. Und als sie dies gesagt hatte, ging sie 28

---

a O. alle. — *b* Ps. 82, 6. — *c* O. Es war aber die Maria, welche. — *d* O. entschlafen. — *e* O. gerettet. — *f* O. Didymus. — *g* eine Entfernung von etwa 40 Minuten. — *h* O. nach and. Les.: in das Haus, oder in die Umgebung von.

hin und rief ihre Schwester Maria heimlich und sagte: Der Lehrer ist da und
29 ruft dich. Als jene es hörte, steht sie
30 schnell auf und geht zu ihm. Jesus aber war noch nicht in das Dorf gekommen, sondern war an dem Orte,
31 wo Martha ihm begegnet war. Als nun die Juden, die bei ihr im Hause waren und sie trösteten, sahen, daß Maria schnell aufstand und hinausging, folgten sie ihr, indem sie sagten: Sie geht zur Gruft, auf daß sie daselbst weine.
32 Als nun Maria dahin kam, wo Jesus war, und ihn sah, fiel sie ihm zu Füßen und sprach zu ihm: Herr, wenn du hier gewesen wärest, so wäre mein Bruder
33 nicht gestorben. Als nun Jesus sie weinen sah, und die Juden weinen, die mit ihr gekommen waren, seufzte er tief a
34 im Geist und erschütterte sich und sprach: Wo habt ihr ihn hingelegt? Sie
35 sagen zu ihm: Herr, komm und sieh! Je-
36 sus vergoß Tränen. Da sprachen die Juden: Siehe, wie lieb hat er ihn gehabt!
37 Etliche aber von ihnen sagten: Konnte dieser, der die Augen des Blinden auftat, nicht machen, daß auch dieser nicht
38 gestorben wäre? Jesus nun, wiederum tief in sich selbst seufzend, kommt zur Gruft. Es war aber eine Höhle, und ein
39 Stein lag darauf. Jesus spricht: Nehmet den Stein weg. Die Schwester des Verstorbenen, Martha, spricht zu ihm: Herr, er riecht schon, denn er ist vier
40 Tage hier b. Jesus spricht zu ihr: Habe ich dir nicht gesagt, wenn du glauben würdest, so würdest du die Herrlich-
41 keit Gottes sehen? Sie nahmen nun den Stein weg. Jesus aber hob die Augen empor und sprach: Vater, ich danke
42 dir, daß du mich erhört c hast. Ich aber wußte, daß du mich allezeit erhörst; doch um der Volksmenge willen, die umhersteht, habe ich es gesagt, auf daß sie glauben, daß du mich gesandt
43 hast. Und als er dies gesagt hatte, rief er mit lauter Stimme: Lazarus, komm
44 heraus! Und der Verstorbene kam heraus, an Füßen und Händen mit Grabtüchern gebunden, und sein Gesicht war mit einem Schweißtuch umbunden. Jesus spricht zu ihnen: Löset
45 ihn auf und laßt ihn gehen. Viele nun von den Juden, die zu Maria gekommen waren und sahen, was er getan hatte, glaubten an ihn.
46 Etliche aber von ihnen gingen hin zu den Pharisäern und sagten ihnen, was
47 Jesus getan hatte. Da versammelten die Hohenpriester und die Pharisäer ein Synedrium und sprachen: Was tun wir? denn dieser Mensch tut viele
48 Zeichen. Wenn wir ihn also lassen, werden alle an ihn glauben, und die Römer werden kommen und sowohl unseren Ort als auch unsere Nation
49 wegnehmen. Ein Gewisser aber aus ihnen, Kajaphas, der jenes Jahr d Hoherpriester war, sprach zu ihnen: Ihr

wisset nichts, und überleget auch nicht, 50 daß es euch nützlich ist, daß ein Mensch für das Volk sterbe und nicht die ganze Nation umkomme. Dies aber 51 sagte er nicht aus sich selbst, sondern da er jenes Jahr Hoherpriester war, weissagte er, daß Jesus für die Nation sterben sollte e; und nicht für die Na-52 tion allein, sondern auf daß er auch die zerstreuten Kinder Gottes in eins versammelte. Von jenem Tage an rat-53 schlagten sie nun, auf daß sie ihn töteten. Jesus nun wandelte nicht mehr 54 frei öffentlich unter den Juden, sondern ging von dannen hinweg in die Gegend nahe bei der Wüste, in eine Stadt, genannt Ephraim; und daselbst verweilte er mit den Jüngern.

Es war aber nahe das Passah der 55 Juden, und viele gingen aus dem Lande hinauf nach Jerusalem vor dem Passah, auf daß sie sich reinigten. Sie 56 suchten nun Jesum und sprachen, im Tempel stehend, untereinander: Was dünkt euch? daß er nicht zu dem Fest kommen wird? Es hatten aber 57 die Hohenpriester und die Pharisäer Befehl gegeben, daß, wenn jemand wisse, wo er sei, er es anzeigen solle, damit sie ihn griffen.

12
Jesus nun kam sechs Tage vor dem Passah nach Bethanien, wo Lazarus, der Gestorbene, war, welchen Jesus aus den Toten auferweckt hatte. Sie machten ihm nun daselbst 2 ein Abendessen, und Martha diente; Lazarus aber war einer von denen, die mit ihm zu Tische lagen. Da nahm 3 Maria ein Pfund Salbe von echter f, sehr kostbarer Narde und salbte die Füße Jesu und trocknete seine Füße mit ihren Haaren. Das Haus aber wurde von dem Geruch der Salbe erfüllt. Es sagt nun einer von seinen Jüngern, 4 Judas, Simons Sohn, der Iskariot, der ihn überliefern sollte: Warum ist diese 5 Salbe nicht für dreihundert Denare verkauft und den Armen gegeben worden? Er sagte dies aber, nicht weil 6 er für die Armen besorgt war g, sondern weil er ein Dieb war und die Kasse hatte und trug h, was eingelegt wurde. Da sprach Jesus: Erlaube ihr, 7 es auf den Tag meines Begräbnisses i aufbewahrt zu haben j; denn die Ar-8 men habt ihr allezeit bei euch, mich aber habt ihr nicht allezeit.

Eine große Volksmenge aus den Ju-9 den erfuhr nun, daß er daselbst sei; und sie kamen, nicht um Jesu willen allein, sondern damit sie auch den Lazarus sähen, welchen er aus den Toten auferweckt hatte. Die Hohenprie-10 ster aber ratschlagten, auf daß sie auch den Lazarus töteten, weil viele von 11 den Juden um seinetwillen hingingen und an Jesum glaubten.

Des folgenden Tages, als eine große 12 Volksmenge, die zu dem Feste gekom-

---

a O. wurde er heftig bewegt; so auch V. 38. — b W. er ist viertägig. — c Eig. gehört; so auch V. 42. — d O. jenes Jahres; so auch V. 51. — e O. zu sterben im Begriff stand. — f O. flüssiger. — g O. weil ihm an den Armen gelegen war. — h O. wegnahm. — i O. meiner Einbalsamierung. — j Eig. Laß sie, damit sie es . . . aufbewahrt habe.

men war, hörte, daß Jesus nach Je-
13 rusalem komme, nahmen sie Palmzweige und gingen hinaus, ihm entgegen, und schrieen: Hosanna! Gepriesen *sei*, der da kommt im Namen
14 *des* Herrn, der König Israels! *a* Jesus
aber fand einen jungen Esel und setzte
sich darauf, wie geschrieben steht:
15 „Fürchte dich nicht, Tochter Zion!
siehe, dein König kommt, sitzend auf
16 einem Eselsfüllen". *b* Dies [aber] verstanden seine Jünger zuerst nicht; jedoch als Jesus verherrlicht war, dann
erinnerten sie sich, daß dies von ihm *c*
geschrieben war und ihm dies ge-
17 tan hatten. Es bezeugte nun die Volksmenge, die bei ihm war, daß *d* er Lazarus aus dem Grabe gerufen und ihn
18 aus den Toten auferweckt habe. Darum ging ihm auch die Volksmenge
entgegen, weil sie hörten, daß er die-
19 ses Zeichen getan hatte. Da sprachen
die Pharisäer zueinander: Ihr sehet,
daß ihr gar nichts ausrichtet; siehe,
die Welt ist ihm nachgegangen.
20   Es waren aber etliche Griechen unter denen, die hinaufkamen, auf daß
21 sie auf dem Feste anbeteten. Diese
nun kamen zu Philippus, dem von
Bethsaida in Galiläa, und baten ihn
und sagten: Herr, wir möchten Jesum
22 sehen. Philippus kommt und sagt es
Andreas, [und wiederum] kommt Andreas und Philippus, und sie sagen es
23 Jesu. Jesus aber antwortete ihnen und
sprach: Die Stunde ist gekommen, daß
der Sohn des Menschen verherrlicht
24 werde. Wahrlich, wahrlich, ich sage
euch: Wenn das Weizenkorn nicht in
die Erde fällt und stirbt, bleibt es allein; wenn es aber stirbt, bringt es viel
25 Frucht. Wer sein Leben liebt, wird
es verlieren; und wer sein Leben in
dieser Welt haßt, wird es zum ewi-
26 gen Leben bewahren. Wenn mir jemand dient, so folge er mir nach; und
wo i c h bin, da wird auch m e i n Diener sein. Wenn mir jemand dient, den
27 wird der Vater ihn ehren. Jetzt ist
meine Seele bestürzt *e*, und was soll
ich sagen? Vater, rette mich aus die-
28 ser Stunde! Doch darum bin ich in
diese Stunde gekommen. Vater, verherrliche deinen Namen! Da kam eine Stimme aus dem Himmel: Ich habe *ihn* verherrlicht und werde *ihn* auch
29 wiederum verherrlichen. Die Volksmenge nun, die dastand und zuhörte,
sagte, es habe gedonnert; andere sagten: Ein Engel hat mit ihm geredet.
30 Jesus antwortete und sprach: Nicht
um meinetwillen ist diese Stimme ge-
31 schehen, sondern um euretwillen. Jetzt
ist *das* Gericht dieser Welt; jetzt wird
der Fürst dieser Welt hinausgeworfen
32 werden. Und ich, wenn ich von *f* der
Erde erhöht bin, werde alle zu mir
33 ziehen. (Dies aber sagte er, andeutend,
34 welches Todes er sterben sollte.) Die
Volksmenge antwortete ihm: W i r ha-

ben aus dem Gesetz gehört, daß der
Christus bleibe in Ewigkeit, und wie
sagst d u, daß der Sohn des Menschen
erhöht werden müsse? Wer ist dieser,
der Sohn des Menschen? Da sprach 35
Jesus zu ihnen: Noch eine kleine Zeit
ist das Licht unter euch; wandelt, während ihr das Licht habt, auf daß nicht
Finsternis euch ergreife. Und wer in
der Finsternis wandelt, weiß nicht, wohin er geht. Während ihr das Licht 36
habt, glaubet an das Licht, auf daß ihr
Söhne des Lichtes werdet. Dieses redete Jesus und ging hinweg und verbarg sich vor ihnen.
Wiewohl er aber so viele Zeichen 37
vor ihnen getan hatte, glaubten sie
nicht an ihn, auf daß das Wort des 38
Propheten Jesaias erfüllt würde, welches er sprach: „Herr, wer hat unserer Verkündigung *g* geglaubt, und wem
ist der Arm *des* Herrn geoffenbart worden?" *h* Darum konnten sie nicht glau- 39
ben, weil Jesaias wiederum gesagt
hat: „Er hat ihre Augen verblendet 40
und ihr Herz verstockt, auf daß sie
nicht sehen mit den Augen und verstehen mit dem Herzen und sich bekehren, und ich sie heile". *i* Dies 41
sprach Jesaias, weil er seine Herrlichkeit sah und von ihm redete. Den- 42
noch aber glaubten auch von den Obersten viele an ihn; doch wegen der Pharisäer bekannten sie *ihn* nicht, auf
daß sie nicht aus der Synagoge ausgeschlossen würden; denn sie liebten 43
die Ehre bei den Menschen mehr, als
die Ehre bei Gott *j*.
Jesus aber rief und sprach: Wer an 44
mich glaubt, glaubt nicht an mich,
sondern an den, der mich gesandt hat;
und wer mich sieht, sieht den, der 45
mich gesandt hat. Ich bin *als* Licht 46
in die Welt gekommen, auf daß jeder,
der an mich glaubt, nicht in der Finsternis bleibe; und wenn jemand mei- 47
ne Worte hört und nicht bewahrt *k*, so
richte i c h ihn nicht, denn ich bin
nicht gekommen, auf daß ich die Welt
richte, sondern auf daß ich die Welt
errette. Wer mich verwirft und mei- 48
ne Worte nicht annimmt, hat den, der
ihn richtet: das Wort, das ich geredet
habe, das wird ihn richten an dem
letzten Tage. Denn i c h habe nicht 49
aus mir selbst geredet, sondern der
Vater, der mich gesandt hat, e r hat
mir ein Gebot gegeben, was ich sagen
und was ich reden soll; und ich weiß, 50
daß sein Gebot ewiges Leben ist. Was
ich nun rede, rede ich also, wie mir
der Vater gesagt hat.
Vor dem Feste des Passah aber, **13**
als Jesus wußte, daß seine Stunde
gekommen war, daß er aus dieser Welt
zu dem Vater hingehen sollte — da
er die Seinigen, die in der Welt waren, geliebt hatte, liebte er sie bis ans
Ende. Und während des Abendessens, 2
als der Teufel schon dem Judas,

---

a Vergl. Ps. 118, 26. — *b* Sach. 9, 9. — *c* Eig. auf ihn. — *d* O. Da gab die Volksmenge Zeugnis . . ., weil. — *e* O. erschüttert. — *f* Eig. aus. — *g* O. Botschaft. —
h Jes. 53, 1. — *i* Jes. 6, 10. — *j* W. die Ehre der Menschen . . . . die Ehre Gottes. —
k O. beobachtet.

26

Simons *Sohn*, dem Iskariot, es ins Herz gegeben hatte, daß er ihn überliefere,
3 steht [Jesus], wissend, daß der Vater ihm alles in die Hände gegeben, und daß er von Gott ausgegangen war und
4 zu Gott hingehe, von dem Abendessen auf und legt die Oberkleider ab; und er nahm ein leinenes Tuch und um-
5 gürtete sich. Dann gießt er Wasser in das Waschbecken und fing an, die Füße der Jünger zu waschen und mit dem leinenen Tuch abzutrocknen, mit
6 welchem er umgürtet war. Er kommt nun zu Simon Petrus, und der spricht zu ihm: Herr, d u wäschest meine Fü-
7 ße? Jesus antwortete und sprach zu ihm: Was ich tue, weißt du jetzt nicht, du wirst es aber hernach verstehen.
8 Petrus spricht zu ihm: Du sollst nimmermehr *a* meine Füße waschen! Jesus antwortete ihm: Wenn ich dich nicht wasche, so hast du kein Teil
9 mit mir. Simon Petrus spricht zu ihm: Herr, nicht meine Füße allein, sondern auch die Hände und das Haupt.
10 Jesus spricht zu ihm: Wer gebadet *b* ist, hat nicht nötig sich zu waschen, ausgenommen die Füße, sondern ist ganz rein; und i h r seid rein, aber
11 nicht alle. Denn er kannte den, der ihn überlieferte; darum sagte er: Ihr seid nicht alle rein.
12 Als er nun ihre Füße gewaschen und seine Oberkleider genommen hatte, legte er sich wiederum zu Tische und sprach zu ihnen: Wisset ihr, was
13 ich euch getan habe? I h r heißet mich Lehrer und Herr, und ihr saget recht,
14 denn ich bin es. Wenn nun i c h , der Herr und der Lehrer, eure Füße gewaschen habe, so seid auch i h r schuldig, einander die Füße zu waschen.
15 Denn ich habe euch ein Beispiel gegeben, auf daß, gleichwie i c h euch
16 getan habe, auch i h r tuet. Wahrlich, wahrlich, ich sage euch: Ein Knecht *c* ist nicht größer als sein Herr, noch ein Gesandter *d* größer, als der ihn ge-
17 sandt hat. Wenn ihr dies wisset, glück-
18 selig seid ihr, wenn ihr es tut. Ich rede nicht von euch allen, i c h weiß *e*, welche ich auserwählt habe; aber auf daß die Schrift erfüllt würde: „Der mit mir das Brot ißt, hat seine Ferse
19 wider mich aufgehoben". *f* Von jetzt an sage ich es euch, ehe es geschieht, auf daß ihr, wenn es geschieht, glaubet,
20 daß i c h es bin. Wahrlich, wahrlich, ich sage euch: Wer aufnimmt, wen irgend ich senden werde, nimmt mich auf; wer aber mich aufnimmt, nimmt den auf, der mich gesandt hat.
21 Als Jesus dies gesagt hatte, ward er im Geiste erschüttert und bezeugte und sprach: Wahrlich, wahrlich, ich sage euch: Einer von euch wird mich über-
22 liefern. Da blickten die Jünger einander an, zweifelnd, von wem er rede.
23 Einer aber von seinen Jüngern, den Jesus liebte, lag zu Tische in dem
24 Schoße Jesu. Diesem nun winkt Simon

Petrus, damit er forschen möchte, wer es wohl wäre, von welchem er rede.
Jener aber, sich an die Brust Jesu 25 lehnend, spricht zu ihm: Herr, wer ist es? Jesus antwortete: Jener ist es, 26 welchem i c h den Bissen, wenn ich ihn eingetaucht habe, geben werde. Und als er den Bissen eingetaucht hatte, gibt er ihn dem Judas, Simons *Sohn*, dem Iskariot. Und nach dem Bissen 27 fuhr alsdann der Satan in ihn. Jesus spricht nun zu ihm: Was du tust, tue schnell. Keiner aber von den zu Tische 28 Liegenden verstand, wozu er ihm dies sagte. Denn etliche meinten, weil 29 Judas die Kasse hatte, daß Jesus zu ihm sage: Kaufe was wir für das Fest bedürfen, oder daß er den Armen etwas geben solle. Als nun jener den Bissen 30 genommen hatte, ging er alsbald hinaus. Es war aber Nacht.
Als er nun hinausgegangen war, 31 spricht Jesus: Jetzt ist der Sohn des Menschen verherrlicht, und Gott ist verherrlicht in ihm. Wenn Gott ver- 32 herrlicht ist in ihm, so wird auch Gott ihn verherrlichen in sich selbst, und alsbald wird er ihn verherrlichen. Kin- 33 der, noch eine kleine Weile bin ich bei euch; ihr werdet mich suchen, und wie ich den Juden sagte: Wo i c h hingehe, könnt i h r nicht hinkommen, so sage ich jetzt auch euch. Ein neues 34 Gebot gebe ich euch, daß ihr einander liebet, auf daß, gleichwie ich euch geliebet habe, auch i h r einander liebet. Daran werden alle erkennen, daß ihr 35 meine *g* Jünger seid, wenn ihr Liebe untereinander habt. Simon Petrus 36 spricht zu ihm: Herr, wo gehst du hin? Jesus antwortete ihm: Wo ich hingehe, kannst du mir jetzt nicht folgen; du wirst mir aber später folgen. Petrus 37 spricht zu ihm: Herr, warum kann ich dir jetzt nicht folgen? Mein Leben will ich für dich lassen *h*. Jesus ant- 38 wortet: Dein Leben willst du für mich lassen *h* ? Wahrlich, wahrlich, ich sage dir, der Hahn wird n i c h t krähen, bis du mich dreimal verleugnet hast.

Euer Herz werde nicht bestürzt *i*. **14** Ihr glaubet an *j* Gott, glaubet auch an mich. In dem Hause meines Vaters sind 2 viele Wohnungen ; wenn es nicht so wäre, würde ich es euch gesagt haben; denn ich gehe hin, euch eine Stätte zu bereiten. Und wenn ich hingehe und 3 euch eine Stätte bereite, so komme ich wieder und werde euch zu mir nehmen, auf daß, wo i c h bin, auch i h r seiet. Und wo ich hingehe, wisset ihr, und 4 den Weg wisset ihr. Thomas spricht zu 5 ihm: Herr, wir wissen nicht, wo du hingehst, und wie können wir den Weg wissen? Jesus spricht zu ihm: I c h bin 6 der Weg und die Wahrheit und das Leben. Niemand kommt zum Vater, als nur durch mich. Wenn ihr mich erkannt 7 hättet, so würdet ihr auch meinen Vater erkannt haben; und von jetzt an erkennet ihr ihn und habt ihn gesehen.

---

a O. in Ewigkeit nicht. — *b* O. ganz gewaschen. — *c* O. Sklave. — *d* O. Apostel. — *e* O. kenne die. — *f* Ps. 41, 9. — *g* Eig. mir. — *h* Eig. einsetzen, darlegen. — *i* O. erschüttert ; so auch V. 27. — *j* And. üb.: Glaubet an.

8 Philippus spricht zu ihm: Herr, zeige
9 uns den Vater, und es genügt uns. Jesus
spricht zu ihm: So lange Zeit bin ich
bei euch, und du hast mich nicht erkannt, Philippus? Wer mich gesehen
hat, hat den Vater gesehen, und wie
10 sagst d u: Zeige uns den Vater? Glaubst
du nicht, daß ich in dem Vater bin und
der Vater in mir ist? Die Worte, die
i c h zu euch rede, rede ich nicht von
mir selbst; der Vater aber, der in mir
11 bleibt *a*, er tut die Werke. Glaubet mir,
daß ich in dem Vater bin und der Vater in mir ist; wenn aber nicht, so glaubet mir um der Werke selbst willen.
12 Wahrlich, wahrlich, i c h sage euch:
Wer an mich glaubt, der wird auch
die Werke tun, die i c h tue, und wird
größere als diese tun, weil i c h zum
13 Vater gehe. Und was irgend ihr bitten
werdet in meinem Namen, das werde
ich tun, auf daß der Vater verherrlicht
14 werde in dem Sohne. Wenn ihr etwas
bitten werdet in meinem Namen, so wer-
15 de i c h es tun. Wenn ihr mich liebet,
16 so haltet meine Gebote; und i c h werde den Vater bitten, und er wird euch
einen anderen Sachwalter *b* geben, daß
17 er bei euch sei in Ewigkeit, den Geist
der Wahrheit, den die Welt nicht empfangen kann, weil sie ihn nicht sieht
noch ihn kennt. I h r [aber] kennet ihn,
denn er bleibt bei euch und wird in
18 euch sein. Ich werde euch nicht als
Waisen *c* lassen, ich komme zu euch.
19 Noch ein Kleines, und die Welt sieht
mich nicht mehr; i h r aber sehet mich:
weil i c h lebe, werdet auch i h r leben.
20 An jenem Tage werdet i h r erkennen,
daß ich in meinem Vater bin, und ihr in
21 mir und ich in euch. Wer meine Gebote
hat und sie hält, der ist es, der mich
liebt; wer aber mich liebt, wird von
meinem Vater geliebt werden; und i c h
werde ihn lieben und mich selbst ihm
22 offenbar machen. Judas, nicht der Iskariot, spricht zu ihm: Herr, wie ist
es *d*, daß du dich uns offenbar machen
23 willst, und nicht der Welt? Jesus antwortete und sprach zu ihm: Wenn jemand mich liebt, so wird er mein Wort
halten *e*, und mein Vater wird ihn lieben, und wir werden zu ihm kommen
24 und Wohnung bei ihm machen *f*. Wer
mich nicht liebt, hält meine Worte nicht;
und das Wort, welches ihr höret, ist
nicht mein, sondern des Vaters, der
25 mich gesandt hat. Dies habe ich zu
euch geredet, während ich bei euch
26 bin *g*. Der Sachwalter *b* aber, der
Heilige Geist, welchen der Vater senden wird in meinem Namen, jener
wird euch alles lehren und euch an
alles erinnern, was ich euch gesagt ha-
27 be. Frieden lasse ich euch, m e i n e n
Frieden gebe ich euch; nicht wie die
Welt gibt, gebe i c h euch. Euer Herz
werde nicht bestürzt, sei auch nicht

28 furchtsam. Ihr habt gehört, daß i c h
euch gesagt habe: Ich gehe hin, und
ich komme zu euch. Wenn ihr mich
liebtet, so würdet ihr euch freuen, daß
ich zum Vater gehe, denn [mein] Vater
ist größer als ich. Und jetzt habe ich
29 es euch gesagt, ehe es geschieht, auf
daß, wenn es geschieht, ihr glaubet.
Ich werde nicht mehr vieles mit euch
30 reden, denn der Fürst der Welt kommt
und hat nichts in mir; aber auf daß
31 die Welt erkenne, daß ich den Vater
liebe und also tue, wie mir der Vater
geboten hat. — Stehet auf, lasset uns
von hinnen gehen.

I c h bin der wahre Weinstock, und **15**
mein Vater ist der Weingärtner *h*. Jede Rebe an *i* mir, die nicht Frucht 2
bringt, die nimmt er weg; und jede,
die Frucht bringt, die reinigt er, auf
daß sie mehr Frucht bringe. I h r seid 3
schon rein um des Wortes willen, das
ich zu euch geredet habe. Bleibet in mir, 4
und ich in euch. Gleichwie die Rebe
nicht von sich selbst Frucht bringen
kann, sie bleibe denn am Weinstock,
also auch i h r nicht, ihr bleibet denn
in mir. I c h bin der Weinstock, i h r 5
seid die Reben. Wer in mir bleibt und
ich in ihm, dieser bringt viel Frucht,
denn außer mir *j* könnt ihr nichts tun.
Wenn jemand nicht in mir bleibt, so 6
wird er hinausgeworfen wie die Rebe
und verdorrt *k*; und man sammelt sie
und wirft sie ins Feuer, und sie werden verbrannt. Wenn ihr in mir bleibet und 7
meine Worte in euch bleiben, so werdet ihr bitten was ihr wollt, und es
wird euch geschehen. Hierin wird 8
mein Vater verherrlicht, daß ihr viel
Frucht bringet, und ihr werdet meine m
Jünger werden. Gleichwie der Vater 9
mich geliebet hat, habe auch i c h euch
geliebet; bleibet in meiner Liebe. Wenn 10
ihr meine Gebote haltet, so werdet ihr
in meiner Liebe bleiben, gleichwie i c h
die Gebote meines Vaters gehalten habe und in seiner Liebe bleibe. Dies 11
habe ich zu euch geredet, auf daß meine Freude in euch sei und eure Freude
völlig *n* werde. Dies ist mein Gebot, 12
daß ihr einander liebet, gleichwie ich
euch geliebet habe. Größere Liebe hat 13
niemand, als diese, daß jemand sein
Leben läßt *o* für seine Freunde. I h r 14
seid meine Freunde, wenn ihr tut was
irgend i c h euch gebiete. Ich nenne 15
euch nicht mehr Knechte *p*, denn der
Knecht *p* weiß nicht, was sein Herr tut;
aber ich habe euch Freunde genannt,
weil ich alles, was ich von meinem *q*
Vater gehört, euch kundgetan habe.
I h r habt nicht mich auserwählt, son- 16
dern i c h habe euch auserwählt und
euch gesetzt, auf daß ihr hingehet und
Frucht bringet, und eure Frucht bleibe, auf daß, was irgend ihr den Vater
bittet werdet in meinem Namen, er

---

a O. wohnt. — *b* O. Fürsprecher, Tröster. — *c* Eig. verwaist. — *d* Eig. was ist geschehen. — *e* O. bewahren; so auch V. 24. — *f* Eig. bei ihm uns machen. — *g* Eig.
bleibe, wohne. — *h* Eig. Ackerbauer. — *i* Eig. in. — *j* Eig. außerhalb, getrennt von
mir. — *k* Eig. in mir geblieben ist, so ist er hinausgeworfen worden . . . und ist
verdorrt. — *l* O. ist. — *m* Eig. mir. — *n* O. voll, vollgemacht. — *o* Eig. einsetzt, dar-
legt. — *p* O. Sklaven (Sklave). — *q* O. von seiten meines.

17 euch gebe. Dies gebiete ich euch, daß
18 ihr einander liebet. Wenn die Welt
euch haßt, so wisset c, daß sie mich vor
19 euch gehaßt hat. Wenn ihr von der
Welt wäret, würde die Welt das Ihrige lieben; weil ihr aber nicht von
der Welt seid, sondern ich euch aus
der Welt auserwählt habe, darum haßt
20 euch die Welt. Gedenket des Wortes,
das ich euch gesagt habe: Ein Knecht b
ist nicht größer als sein Herr. Wenn
sie mich verfolgt haben, werden sie
auch euch verfolgen; wenn sie mein
Wort gehalten haben, werden sie auch
21 das eure halten. Aber dies alles werden sie euch tun um meines Namens
willen, weil sie den nicht kennen, der
22 mich gesandt hat. Wenn ich nicht gekommen wäre und zu ihnen geredet
hätte, so hätten sie keine Sünde; jetzt
aber haben sie keinen Vorwand für
23 ihre Sünde. Wer mich haßt, haßt auch
24 meinen Vater. Wenn ich nicht die Werke unter ihnen getan hätte, die kein
anderer getan hat, so hätten sie keine
Sünde; jetzt aber haben sie gesehen
und gehaßt sowohl mich als auch mei-
25 nen Vater. Aber auf daß das Wort erfüllt würde, das in ihrem Gesetz geschrieben steht: „Sie haben mich ohne
26 Ursache gehaßt“.c Wenn aber der Sachwalter d gekommen ist, den ich euch
von dem Vater senden werde, der Geist
der Wahrheit, der von dem Vater aus-
27 geht, so wird er von mir zeugen. Aber
auch ihr zeuget, weil ihr von Anfang
an bei mir seid.

16 Dieses habe ich zu euch geredet,
auf daß ihr euch nicht ärgert. Sie
2 werden euch aus der Synagoge ausschließen; es kommt aber die Stunde,
daß jeder, der euch tötet, meinen wird,
3 Gott einen Dienst e darzubringen. Und
dies werden sie tun, weil sie weder
den Vater noch mich erkannt haben.
4 Dieses aber habe ich zu euch geredet,
auf daß, wenn die Stunde gekommen
ist, ihr daran gedenket, daß ich es
euch gesagt habe. Dieses aber habe
ich euch von Anfang nicht gesagt, weil
5 ich bei euch war. Jetzt aber gehe ich
hin zu dem, der mich gesandt hat, und
niemand von euch fragt mich: Wo
6 gehst du hin? sondern weil ich dieses
zu euch geredet habe, hat Traurigkeit
7 euer Herz erfüllt. Doch ich sage euch
die Wahrheit: Es ist euch nützlich, daß
ich weggehe, denn wenn ich nicht weggehe, wird der Sachwalter nicht zu
euch kommen; wenn ich aber hingehe,
8 werde ich ihn zu euch senden. Und
wenn er gekommen ist, wird er die
Welt überführen von Sünde und von
9 Gerechtigkeit und von Gericht. Von
Sünde, weil sie nicht an mich glauben;
10 von Gerechtigkeit aber, weil ich zu
[meinem] Vater gehe, und ihr mich
11 nicht mehr sehet; von Gericht aber,

weil der Fürst dieser Welt gerichtet ist.
Noch vieles habe ich euch zu sagen, 12
aber ihr könnt es jetzt nicht tragen.
Wenn aber jener, der Geist der Wahr- 13
heit, gekommen ist, wird er euch in
die ganze Wahrheit leiten; denn er
wird nicht aus f sich selbst reden, sondern was irgend er hören wird, wird
er reden, und das Kommende wird er
euch verkündigen. Er wird mich ver- 14
herrlichen, denn von dem Meinen wird
er empfangen g und euch verkündigen.
Alles was der Vater hat, ist mein; dar- 15
um sagte ich, daß er von dem Meinen
empfängt h und euch verkündigen wird.
Ueber ein Kleines, und ihr schauet mich 16
nicht, und wiederum *über* ein Kleines,
und ihr werdet mich sehen [weil ich
zum Vater hingehe]. Es sprachen nun 17
etliche von seinen Jüngern zueinander:
Was ist dies, das er zu uns sagt: *Ueber*
ein Kleines, und ihr schauet mich nicht,
und wiederum *über* ein Kleines, und
ihr werdet mich sehen, und: weil ich
zum Vater hingehe? Da sprachen sie: 18
Was ist das für ein Kleines, wovon er
redet? i Wir wissen nicht, was er sagt.
[Da] erkannte Jesus, daß sie ihn fra- 19
gen wollten, und sprach zu ihnen: Forschet ihr darüber untereinander, daß
ich sagte: *Ueber* ein Kleines, und ihr
schauet mich nicht, und wiederum *über*
ein Kleines, und ihr werdet mich sehen? Wahrlich, wahrlich, ich sage euch, 20
daß ihr weinen und wehklagen werdet, aber die Welt wird sich freuen;
ihr werdet traurig sein, aber eure
Traurigkeit wird zur Freude werden.
Das Weib, wenn sie gebiert, hat Trau- 21
rigkeit, weil ihre Stunde gekommen
ist; wenn sie aber das Kind geboren
hat, gedenkt sie nicht mehr der Drangsal, um der Freude willen, daß ein
Mensch zur Welt geboren ist. Auch ihr 22
nun habt jetzt zwar Traurigkeit; aber
ich werde euch wiedersehen, und euer
Herz wird sich freuen, und eure Freude nimmt niemand von euch. Und an 23
jenem Tage werdet ihr mich nichts
fragen j. Wahrlich, wahrlich, ich sage
euch: Was irgend ihr den Vater bitten
werdet in meinem Namen, wird er euch
geben k. Bis jetzt habt ihr nichts ge- 24
beten in meinem Namen. Bittet, und ihr
werdet empfangen, auf daß eure Freude völlig l sei. Dies habe ich in Gleich- 25
nissen m zu euch geredet; es kommt
die n Stunde, da ich nicht mehr in
Gleichnissen zu euch reden, sondern
euch offen von dem Vater verkündigen
werde. An jenem Tage werdet 26
ihr bitten in meinem Namen, und ich
sage euch nicht, daß ich den Vater für
euch bitten werde; denn der Vater 27
selbst hat euch lieb, weil ihr mich geliebt und geglaubt habt, daß ich von
Gott ausgegangen bin. Ich bin von o 28
dem Vater ausgegangen und bin in

---

a O. so wisset ihr. — b O. Sklave. — c Ps. 69, 4. — d O. Fürsprecher, Tröster;
so auch Kap. 16, 7. — e Eig. Opferdienst, Gottesdienst. — f W. von. — g O. nehmen. — h O. nimmt. — i Eig. Was ist dies, das er sagt, das Kleine? — j O. um nichts
bitten. — k O. bitten werdet, wird er euch in meinem Namen geben. — l O. voll,
vollgemacht; so auch Kap. 17, 13. — m Eig. in sinnbildl. Reden; so auch V. 29. —
n O. eine. — o Eig. aus.

die Welt gekommen; wiederum verlasse ich die Welt und gehe zum Vater.

29 Seine Jünger sprechen zu ihm: Siehe, jetzt redest du offen und sprichst 30 kein Gleichnis; jetzt wissen wir, daß du alles weißt und nicht nötig hast, daß dich jemand frage; hierdurch glauben wir, daß du von Gott ausgegangen 31 bist. Jesus antwortete ihnen: Glaubet 32 ihr jetzt? Siehe, es kommt die *a* Stunde und ist gekommen, daß ihr zerstreut sein werdet, ein jeder in das Seinige, und mich allein lassen werdet; und ich bin nicht allein, denn der Vater 33 ist bei mir. Dieses habe ich zu euch geredet, auf daß ihr in mir Frieden habet. In der Welt habt ihr Drangsal; aber seid gutes Mutes, ich habe die Welt überwunden.

17 Dieses redete Jesus und hob seine Augen auf gen Himmel und sprach: Vater, die Stunde ist gekommen; verherrliche deinen Sohn, auf daß dein 2 Sohn dich verherrliche. Gleichwie du ihm Gewalt gegeben hast über alles Fleisch, auf daß er allen, die du ihm 3 gegeben *b*, ewiges Leben gebe. Dies aber ist das ewige Leben, daß sie dich, den allein wahren Gott, und den du gesandt hast, Jesum Christum, erken-4 nen. Ich habe dich verherrlicht auf der Erde; das Werk habe ich vollbracht, welches du mir gegeben hast, daß ich 5 es tun sollte. Und nun verherrliche du, Vater, mich bei dir selbst mit der Herrlichkeit, die ich bei dir hatte, ehe die Welt war.

6 Ich habe deinen Namen geoffenbart den Menschen, die du mir aus der Welt gegeben hast. Dein waren sie, und mir hast du sie gegeben, und sie haben 7 dein Wort bewahrt *c*. Jetzt haben sie erkannt, daß alles, was du mir gege-8 ben hast, von dir ist; denn die Worte *d*, die du mir gegeben hast, habe ich ihnen gegeben, und sie haben sie angenommen und wahrhaftig erkannt, daß ich von dir ausgegangen bin, und haben geglaubt, daß du mich gesandt 9 hast. Ich bitte für sie *e*; nicht für die Welt bitte ich, sondern für die *e*, welche du mir gegeben hast, denn sie sind 10 dein, (und alles was mein ist, ist dein, und was dein ist, mein) und ich bin 11 in ihnen verherrlicht. Und ich bin nicht mehr in der Welt, und diese sind in der Welt, und ich komme zu dir. Heiliger Vater! bewahre sie in deinem Namen, den du mir *f* gegeben hast, auf daß sie eins seien, gleichwie wir. 12 Als ich bei ihnen war, bewahrte ich sie in deinem Namen, den du mir gegeben hast; und ich habe sie behütet *g*, und keiner von ihnen ist verloren *h*, als nur der Sohn des Verderbens, auf 13 daß die Schrift erfüllt werde. Jetzt aber komme ich zu dir; und dieses rede ich in der Welt, auf daß sie meine Freu-

de völlig in sich haben. Ich habe ih-14 nen dein Wort gegeben, und die Welt hat sie gehaßt, weil sie nicht von der Welt sind, gleichwie ich nicht von der Welt bin. Ich bitte nicht, daß du sie 15 aus der Welt wegnehmest, sondern daß du sie bewahrest vor dem Bösen. Sie 16 sind nicht von der Welt, gleichwie ich nicht von der Welt bin. Heilige sie 17 durch die *i* Wahrheit: dein Wort ist Wahrheit. Gleichwie du mich in die 18 Welt gesandt hast, habe auch ich sie in die Welt gesandt; und ich heilige 19 mich selbst für sie, auf daß auch sie Geheiligte seien durch *i* Wahrheit. Aber nicht für diese allein bitte ich, 20 sondern auch für die, welche durch ihr Wort an mich glauben; auf daß sie 21 alle eins seien, gleichwie du, Vater, in mir und ich in dir, auf daß auch sie in uns eins seien, auf daß die Welt glaube, daß du mich gesandt hast. Und 22 die Herrlichkeit, die du mir gegeben hast, habe ich ihnen gegeben, auf daß sie eins seien, gleichwie wir eins sind; ich in ihnen und du in mir, auf daß 23 sie in eins vollendet seien, [und] auf daß die Welt erkenne, daß du mich gesandt und sie geliebt hast, gleichwie du mich geliebt hast. Vater, ich 24 will, daß die, welche du mir gegeben hast, auch bei mir seien, wo ich bin, *j* auf daß sie meine Herrlichkeit schauen, die du mir gegeben hast, denn du hast mich geliebt vor Grundlegung der Welt. Gerechter Vater! — und die Welt 25 hat dich nicht erkannt; ich aber habe dich erkannt, und diese haben erkannt, daß du mich gesandt hast. Und ich 26 habe ihnen deinen Namen kundgetan und werde *ihn* kundtun, auf daß die Liebe, womit du mich geliebt hast, in ihnen sei und ich in ihnen.

18 Als Jesus dieses gesagt hatte, ging er mit seinen Jüngern hinaus über den Bach Kidron, wo ein Garten war, in welchen er hineinging, er und seine Jünger. Aber auch Judas, der ihn 2 überlieferte, wußte den Ort, weil Jesus sich oft daselbst mit seinen Jüngern versammelte. Als nun Judas die 3 Schar und von den Hohenpriestern und Pharisäern Diener genommen hatte, kommt er dahin mit Leuchten und Fackeln und Waffen. Jesus nun, der 4 alles wußte, was über ihn kommen würde, ging hinaus und sprach zu ihnen: Wen suchet ihr? Sie antworte-5 ten ihm: Jesum, den Nazaräer. Jesus spricht zu ihnen: Ich bin's. Aber auch Judas, der ihn überlieferte, stand bei ihnen. Als er nun zu ihnen sagte: Ich 6 bin's, wichen sie zurück und fielen zu Boden. Da fragte er sie wiederum: 7 Wen suchet ihr? Sie aber sprachen: Jesum, den Nazaräer. Jesus antwor-8 tete: Ich habe euch gesagt, daß ich es bin; wenn ihr nun mich suchet, so

---

a O. eine. — *b* Eig. auf daß alles, was du ihm gegeben, er ihnen usw. — *c* O. gehalten. — *d* O. Aussprüche, Mitteilungen. — *e* Eig. betreffs ihrer (der, derer); so auch V. 20. — *f* O. viell.: in welchem du *sie* mir. — *g* O. nach und. Les.: ... Namen. Die du mir gegeben hast, habe ich behütet. — *h* O. verdorben. — *i* O. in (der). — *j* W. Vater, die (nach und. Les.: was) du mir gegeben hast — ich will, daß, wo ich bin, auch jene bei mir seien.

9 laßt diese gehen; auf daß das Wort erfüllt würde, welches er sprach: Von denen, die du mir gegeben hast, habe 10 ich keinen verloren *a*. Simon Petrus nun, der ein Schwert hatte, zog es und schlug den Knecht des Hohenpriesters und hieb ihm das rechte Ohr ab. Der Name des Knechtes aber war Malchus. 11 Da sprach Jesus zu Petrus: Stecke das Schwert in die Scheide. Den Kelch, den mir der Vater gegeben hat, soll ich den nicht trinken?

12 Die Schar nun und der Oberste *b* und die Diener der Juden nahmen Je-13 sum und banden ihn; und sie führten ihn zuerst hin zu Annas, denn er war Schwiegervater des Kajaphas, der je-14 nes Jahr *c* Hoherpriester war. Kajaphas aber war es, der den Juden geraten hatte, es sei nützlich, daß ein Mensch 15 für das Volk sterbe. Simon Petrus aber folgte Jesu und der andere Jünger. Dieser Jünger aber war dem Hohenpriester bekannt und ging mit Jesu hinein in den Hof des Hohenpriesters. 16 Petrus aber stand an der Tür draußen. Da ging der andere Jünger, der dem Hohenpriester bekannt war, hinaus und sprach mit der Türhüterin 17 und führte Petrus hinein. Da spricht die Magd, die Türhüterin, zu Petrus: Bist nicht auch du *einer* von den Jüngern dieses Menschen? Er sagt: Ich 18 bin's nicht. Es standen aber die Knechte und die Diener, die ein Kohlenfeuer gemacht hatten, weil es kalt war, und wärmten sich; Petrus aber stand 19 auch bei ihnen und wärmte sich. Der Hohepriester nun fragte Jesum über seine Jünger und über seine Lehre. 20 Jesus antwortete ihm: Ich habe öffentlich zu der Welt geredet; ich habe allezeit in der Synagoge und in dem Tempel gelehrt, wo alle Juden zusammenkommen, und im Verborge-21 nen habe ich nichts geredet; was fragst du mich? Frage die, welche gehört, was ich zu ihnen geredet habe; siehe, diese wissen, was ich gesagt habe. 22 Als er aber dieses sagte, gab einer der Diener, der dabeistand, Jesu einen Backenstreich und sagte: Antwortest 23 du also dem Hohenpriester? Jesus antwortete ihm: Wenn ich übel geredet habe, so gib Zeugnis von dem Uebel; wenn aber recht, was schlägst du mich? 24 Annas nun hatte ihn gebunden zu Kajaphas, dem Hohenpriester, gesandt *d*. 25 Simon Petrus aber stand und wärmte sich. Da sprachen sie zu ihm: Bist nicht auch du *einer* von seinen Jüngern? Er leugnete und sprach: Ich 26 bin's nicht. Es spricht einer von den Knechten des Hohenpriesters, der ein Verwandter dessen war, welchem Petrus das Ohr abgehauen hatte: Sah ich dich nicht in dem Garten bei ihm? 27 Da leugnete Petrus wiederum; und alsbald krähte der Hahn. 28 Sie führen nun Jesum von Kajaphas in das Prätorium; es war aber frühmorgens. Und sie gingen nicht hin-

ein in das Prätorium, auf daß sie sich nicht verunreinigten, sondern das Passah essen möchten. Pilatus ging nun 29 zu ihnen hinaus und sprach: Welche Anklage bringet ihr wider diesen Menschen? Sie antworteten und sprachen 30 zu ihm: Wenn dieser nicht ein Uebeltäter wäre, würden wir ihn dir nicht überliefert haben. Da sprach Pilatus 31 zu ihnen: Nehmet ihr ihn und richtet ihn nach eurem Gesetz. Da sprachen die Juden zu ihm: Es ist uns nicht erlaubt, jemand zu töten; auf daß das 32 Wort Jesu erfüllt würde, das er sprach, andeutend, welches Todes er sterben sollte. Pilatus ging nun wieder hin- 33 ein in das Prätorium und rief Jesum und sprach zu ihm: Bist du der König der Juden? Jesus antwortete [ihm]: 34 Sagst du dies von dir selbst, oder haben dir andere von mir gesagt? Pi- 35 latus antwortete: Bin ich etwa ein Jude? Deine Nation und die Hohenpriester haben dich mir überliefert; was hast du getan? Jesus antwortete: 36 Mein Reich ist nicht von dieser Welt; wenn mein Reich von dieser Welt wäre, so hätten meine Diener gekämpft, auf daß ich den Juden nicht überliefert würde; jetzt aber ist mein Reich nicht von hier. Da sprach Pilatus zu 37 ihm: Also du bist ein König? Jesus antwortete: Du sagst es, daß ich ein König bin. Ich bin dazu geboren und dazu in die Welt gekommen, auf daß ich der Wahrheit Zeugnis gebe. Jeder, der aus der Wahrheit ist, hört meine Stimme. Pilatus spricht zu ihm: Was 38 ist Wahrheit? Und als er dies gesagt hatte, ging er wieder zu den Juden hinaus und spricht zu ihnen: Ich finde keinerlei Schuld an ihm; ihr habt 39 aber eine Gewohnheit, daß ich euch an dem Passah einen losgebe. Wollt ihr nun, daß ich euch den König der Juden losgebe? Da schrieen wiederum 40 alle und sagten: Nicht diesen, sondern den Barabbas! Barabbas aber war ein Räuber.

Dann nahm nun Pilatus Jesum und ließ ihn geißeln. Und die Kriegs- **19** knechte flochten eine Krone aus Dor- 2 nen und setzten sie auf sein Haupt und warfen ihm ein Purpurkleid um; und sie kamen zu ihm und sagten: 3 Sei gegrüßt, König der Juden! und sie gaben ihm Backenstreiche. Und 4 Pilatus ging wieder hinaus und spricht zu ihnen: Siehe, ich führe ihn zu euch heraus, auf daß ihr wisset, daß ich keinerlei Schuld an ihm finde. Jesus 5 nun ging hinaus, die Dornenkrone und das Purpurkleid tragend. Und er spricht zu ihnen: Siehe, der Mensch! Als nun 6 die Hohenpriester und die Diener sahen, schrieen sie und sagten: Kreuzige, kreuzige ihn! Pilatus spricht zu ihnen: Nehmet ihr ihn hin und kreuziget ihn, denn ich finde keine Schuld an ihm. Die Juden antworteten ihm: 7 Wir haben ein Gesetz, und nach [unserem] Gesetz muß er sterben, weil er

---

a O. verderben lassen. — *b* W. Chiliarch, Befehlshaber über tausend Mann. — *c* O. jenes Jahres. — *d* O. Da sandte Annas ihn usw.

sich selbst zu Gottes Sohn gemacht
8 hat. Als nun Pilatus dieses Wort hör-
9 te, fürchtete er sich noch mehr: und
er ging wieder hinein in das Prätorium und spricht zu Jesu: Wo bist du
her? Jesus aber gab ihm keine Ant-
10 wort. Da spricht Pilatus zu ihm: Redest du nicht mit mir? Weißt du nicht,
daß ich Gewalt habe, dich loszugeben,
und Gewalt habe, dich zu kreuzigen?
11 Jesus antwortete: Du hättest keinerlei Gewalt wider mich, wenn sie dir
nicht von oben gegeben wäre; darum
hat der, welcher mich dir überliefert
12 hat, größere Sünde. Von da an suchte
Pilatus ihn loszugeben. Die Juden
aber schrieen und sagten: Wenn du
diesen losgibst, bist du des Kaisers
Freund nicht; jeder, der sich selbst
zum König macht, spricht a wider den
13 Kaiser. Als nun Pilatus diese Worte
hörte, führte er Jesum hinaus und
setzte sich auf den Richterstuhl an
einen Ort, genannt Steinpflaster, auf
14 hebräisch aber Gabbatha. Es war aber
Rüsttag des Passah; es war um die
sechste Stunde. Und er spricht zu den
15 Juden: Siehe, euer König! Sie aber
schrieen: Hinweg, hinweg! b kreuzige
ihn! Pilatus spricht zu ihnen: Euren
König soll ich kreuzigen? Die Hohenpriester antworteten: Wir haben kei-
16 nen König, als nur den Kaiser. Dann
nun überlieferte er ihn denselben, auf
daß er gekreuzigt würde. Sie aber
nahmen Jesum hin und führten ihn fort.
17 Und sein c Kreuz tragend, ging er
hinaus nach der Stätte, genannt Schädelstätte, die auf hebräisch Golgatha
18 heißt, wo sie ihn kreuzigten, und zwei
andere mit ihm, auf dieser und auf
jener Seite, Jesum aber in der Mitte.
19 Pilatus schrieb aber auch eine Ueberschrift und setzte sie auf das Kreuz.
Es war aber geschrieben: Jesus, der
20 Nazaräer, der König der Juden. Diese Ueberschrift nun lasen viele von
den Juden, denn die Stätte, wo Jesus
gekreuzigt wurde, war nahe bei der
Stadt d; und es war geschrieben auf
hebräisch, griechisch und lateinisch.
21 Die Hohenpriester der Juden sagten
nun zu Pilatus: Schreibe nicht: Der
König der Juden, sondern daß jener
gesagt hat: Ich bin König der Juden.
22 Pilatus antwortete: Was ich geschrieben habe, habe ich geschrieben.
23 Die Kriegsknechte nun nahmen, als
sie Jesum gekreuzigt hatten, seine Kleider (und machten vier Teile, einem
jeden Kriegsknecht einen Teil) und
den Leibrock e. Der Leibrock aber war
ohne Naht, von oben an durchweg
24 gewebt. Da sprachen sie zueinander:
Laßt uns ihn nicht zerreißen, sondern
um ihn losen, wessen er sein soll; auf
daß die Schrift erfüllt würde, welche
spricht: "Sie haben meine Kleider unter sich verteilt, und über mein Gewand haben sie das Los geworfen". f

Die Kriegsknechte nun haben dies
getan.
Es standen aber bei dem Kreuze 25
Jesu seine Mutter und die Schwester
seiner Mutter, Maria, des Kleopas Weib,
und Maria Magdalene g. Als nun Jesus 26
die Mutter sah und den Jünger, welchen er liebte, dabeistehen, spricht er
zu seiner Mutter: Weib, siehe, dein
Sohn! Dann spricht er zu dem Jün- 27
ger: Siehe, deine Mutter! Und von jener Stunde an nahm der Jünger sie
zu sich h. Danach, da Jesus wußte, 28
daß alles schon vollbracht war, spricht
er, auf daß die Schrift erfüllt würde:
Mich dürstet! Es stand nun daselbst 29
ein Gefäß voll Essig. Sie aber füllten
einen Schwamm mit Essig und legten
ihn um einen Ysop und brachten ihn
an seinen Mund. Als nun Jesus den 30
Essig genommen hatte, sprach er: Es
ist vollbracht! und er neigte das Haupt
und übergab den Geist.
Die Juden nun baten den Pilatus, 31
damit die Leiber nicht am Sabbath
am Kreuze blieben, weil es Rüsttag
war, (denn der Tag jenes Sabbaths
war groß) daß ihre Beine gebrochen i,
und sie abgenommen werden möchten. Da kamen die Kriegsknechte und 32
brachen die Beine des ersten und des
anderen, der mit ihm gekreuzigt war.
Als sie aber zu Jesu kamen und sa- 33
hen, daß er schon gestorben war, brachen sie ihm die Beine nicht, sondern 34
einer der Kriegsknechte durchbohrte
mit einem Speer seine Seite, und alsbald kam Blut und Wasser heraus.
Und der es gesehen hat, hat es be- 35
zeugt, und sein Zeugnis ist wahrhaftig; und er weiß, daß er sagt was
wahr ist, auf daß auch ihr glaubet.
Denn dies geschah, auf daß die Schrift 36
erfüllt würde: "Kein Bein von ihm
wird zerbrochen werden".j Und wie- 37
derum sagt eine andere Schrift: "Sie
werden den anschauen, welchen sie
durchstochen haben".k
Nach diesem aber bat Joseph von 38
Arimathia, der ein Jünger Jesu war,
aber aus Furcht vor den Juden ein
verborgener, den Pilatus, daß er den
Leib Jesu abnehmen dürfe. Und Pilatus erlaubte es. Er kam nun und
nahm den Leib Jesu ab. Es kam aber 39
auch Nikodemus, der zuerst bei Nacht
zu Jesu gekommen war, und brachte
eine Mischung von Myrrhe und Aloe,
bei hundert Pfund. Sie nahmen nun 40
den Leib Jesu und wickelten ihn in
leinene Tücher mit den Spezereien,
wie es bei den Juden Sitte ist, zum
Begräbnis zuzubereiten. Es war aber 41
an dem Orte, wo er gekreuzigt wurde, ein Garten, und in dem Garten
eine neue Gruft, in welche noch nie
jemand gelegt worden war. Dorthin 42
nun, wegen des Rüsttags der Juden,
weil die Gruft nahe war, legten sie
Jesum.

---

a d. h. erklärt sich, lehnt sich auf. — b Eig. Nimm weg, nimm weg! — c O. nach
and. Lesart: sich selbst das. — d O. der Ort der Stadt, wo . . . wurde, war nahe.
— e O. das Unterkleid. — f Ps. 22, 18. — g d. i. von Magdala; so auch Kap. 20,
1. 18. — h Eig. in das Seinige. — i O. zerschlagen; so auch V. 32. 33. — j 2. Mose
12, 46; Ps. 34, 20. — k Sach. 12, 10.

20 An dem ersten Wochentage aber kommt Maria Magdalene früh, als es noch finster war, zur Gruft und sieht den Stein von der Gruft weggenom- 2 men. Sie läuft nun und kommt zu Simon Petrus und zu dem anderen Jünger, den Jesus lieb hatte, und spricht zu ihnen: Sie haben den Herrn aus der Gruft weggenommen, und wir 3 wissen nicht, wo sie ihn hingelegt ha- ben. Da ging Petrus hinaus und der andere Jünger, und sie gingen zu der 4 Gruft. Die beiden aber liefen zusammen, und der andere Jünger lief voraus, schneller als Petrus, und kam 5 zuerst zu der Gruft; und sich vorüberbückend, sicht er die leinenen Tücher liegen; doch ging er nicht hin- 6 ein. Da kommt Simon Petrus, ihm folgend, und ging hinein in die Gruft und sieht die leinenen Tücher liegen, 7 und das Schweißtuch, welches auf seinem Haupte war, nicht bei den leinenen Tüchern liegen, sondern besonders zusammengewickelt an einem Or- 8 te. Dann ging nun auch der andere Jünger hinein, der zuerst zu der Gruft 9 kam, und er sah und glaubte. Denn sie kannten die Schrift noch nicht, daß er aus *den* Toten auferstehen mußte. 10 Es gingen nun die Jünger wieder heim.

11 Maria aber stand bei der Gruft, draußen, und weinte. Als sie nun weinte, bückte sie sich vorn über in die Gruft 12 und sieht zwei Engel in weißen *Kleidern* sitzen, einen zu dem Haupte und einen zu den Füßen, wo der Leib Je- 13 su gelegen hatte. Und jene sagen zu ihr: Weib, was weinst du? Sie spricht zu ihnen: Weil sie meinen Herrn weggenommen, und ich nicht weiß, wo 14 sie ihn hingelegt haben. Als sie dies gesagt hatte, wandte sie sich zurück und sieht Jesum stehen; und sie wuß- 15 te nicht, daß es Jesus sei. Jesus spricht zu ihr: Weib, was weinst du? Wen suchst du? S i e, in der Meinung, es sei der Gärtner, spricht zu ihm: Herr, wenn du ihn weggetragen, so sage mir, wo du ihn hingelegt hast, und 16 i c h werde ihn weg holen. Jesus spricht zu ihr: Maria! Sie wendet sich um und spricht zu ihm auf hebräisch: Rabbu- 17 ni! das heißt Lehrer. Jesus spricht zu ihr: Rühre mich nicht an, denn ich bin noch nicht aufgefahren zu [meinem] Vater. Geh aber hin zu meinen Brüdern und sprich zu ihnen: Ich fahre auf zu meinem Vater und eurem Vater, und zu meinem Gott und eurem 18 Gott. Maria Magdalene kommt und verkündet den Jüngern, daß sie den Herrn gesehen, und er dies zu ihr gesagt habe.

19 Als es nun Abend war an jenem Tage, dem ersten der Woche, und die Türen, wo die Jünger waren, aus Furcht vor den Juden verschlossen waren, kam Jesus und stand in der Mitte und spricht zu ihnen: Friede 20 euch! Und als er dies gesagt hatte, zeigte er ihnen seine Hände und seine Seite. Da freuten sich die Jünger, 21 als sie den Herrn sahen. [Jesus] sprach nun wiederum zu ihnen: Friede euch! Gleichwie der Vater mich ausgesandt hat, sende ich auch euch. Und als er 22 dies gesagt hatte, hauchte er in sie *a* und spricht zu ihnen: Empfanget *den* Heiligen Geist! Welchen irgend ihr 23 die Sünden vergebet, denen sind sie vergeben, welchen irgend ihr sie behaltet, sind sie behalten.

24 Thomas aber, einer von den Zwölfen, genannt Zwilling *b*, war nicht bei ihnen, als Jesus kam. Da sagten die 25 anderen Jünger zu ihm: Wir haben den Herrn gesehen. Er aber sprach zu ihnen: Es sei denn daß ich in seinen Händen das Mal der Nägel sehe und meine Finger in das Mal der Nägel lege, und lege meine Hand in seine Seite, so werde ich n i c h t glauben. Und nach acht Tagen waren seine 26 Jünger wiederum drinnen und Thomas bei ihnen. *Da* kommt Jesus, als die Türen verschlossen waren, und stand in der Mitte und sprach: Friede euch! Dann spricht er zu Thomas: Reiche 27 deinen Finger her und sieh meine Hände, und reiche deine Hand *her* und lege sie in meine Seite, und sei nicht ungläubig, sondern gläubig. Thomas 28 antwortete und sprach zu ihm: Mein Herr und mein Gott! Jesus spricht zu 29 ihm: Weil du mich gesehen hast, hast du geglaubt. Glückselig *sind*, die nicht gesehen und geglaubt haben!

Auch viele andere Zeichen hat nun 30 zwar Jesus vor seinen Jüngern getan, die nicht in diesem Buche geschrieben sind. Diese aber sind geschrieben, 31 auf daß ihr glaubet, daß Jesus der Christus ist, der Sohn Gottes, und auf daß ihr glaubend Leben habet in seinem Namen.

Nach diesem offenbarte Jesus sich **21** wiederum den Jüngern am See von Tiberias. Er offenbarte sich aber also: Simon Petrus und Thomas, genannt 2 Zwilling *b*, und Nathanael, der von Kana in Galiläa war, und die *Söhne* des Zebedäus und zwei andere von seinen Jüngern waren zusammen. Si- 3 mon Petrus spricht zu ihnen: Ich gehe hin fischen. Sie sprechen zu ihm: Auch w i r gehen mit dir. Sie gingen hinaus und stiegen in das Schiff; und in jener Nacht fingen sie nichts. Als 4 aber schon der frühe Morgen anbrach, stand Jesus am Ufer; doch wußten die Jünger nicht, daß es Jesus sei. Jesus 5 spricht nun zu ihnen: Kindlein, habt ihr wohl etwas zu essen *c*? Sie antworteten ihm: Nein. Er aber sprach 6 zu ihnen: Werfet das Netz auf der rechten Seite des Schiffes *aus*, und ihr werdet finden. Sie warfen sie *aus* und vermochten es vor der Menge der Fische nicht mehr zu ziehen. Da sagt 7 jener Jünger, welchen Jesus liebte, zu Petrus: Es ist der Herr. Simon Petrus nun, als er hörte, daß es der Herr sei, gürtete das Oberkleid um (denn er war nackt *d*) und warf sich in den See. Die anderen Jünger aber kamen in 8 dem Schifflein, (denn sie waren nicht

---

a O. sie an. — *b* O. Didymus. — *c* Eig. etwas Zukost. — *d* d. h. ohne Oberkleid.

weit vom Lande, sondern bei zweihundert Ellen) und zogen das Netz
9 mit den Fischen nach. Als sie nun ans
Land ausstiegen, sehen sie ein Kohlenfeuer liegen und Fisch darauf liegen
10 und Brot. Jesus spricht zu ihnen: Bringet her von den Fischen, die ihr jetzt
11 gefangen habt. Da ging Simon Petrus
hinauf und zog das Netz voll großer
Fische, hundertdreiundfünfzig, auf das
Land; und wiewohl ihrer so viele wa-
12 ren, zerriß das Netz nicht. Jesus spricht
zu ihnen: Kommet her, frühstücket.
Keiner aber von den Jüngern wagte
ihn zu fragen: Wer bist du? da sie
13 wußten, daß es der Herr sei. Jesus
kommt und nimmt das Brot und gibt
es ihnen, und gleicherweise den Fisch.
14 Dies ist schon das dritte Mal, daß Jesus sich den Jüngern offenbarte, nachdem er aus *den* Toten auferweckt war.
15 Als sie nun gefrühstückt hatten,
spricht Jesus zu Simon Petrus: Simon,
Sohn Jonas', liebst du mich mehr als
diese? Er spricht zu ihm: Ja, Herr, du
weißt, daß ich dich lieb habe. Spricht
er zu ihm: Weide meine Lämmlein.
16 Wiederum spricht er zum zweiten
Male zu ihm: Simon, *Sohn Jonas'*,
liebst du mich? Er spricht zu ihm:
Ja, Herr, du weißt, daß ich dich lieb
habe. Spricht er zu ihm: Hüte meine
17 Schafe. Er spricht zum dritten Male
zu ihm: Simon, *Sohn Jonas'*, hast du
mich lieb? Petrus wurde traurig, daß
er zum dritten Male zu ihm sagte:
Hast du mich lieb? und sprach zu ihm:
Herr, du weißt alles; du erkennst,

daß ich dich lieb habe. Jesus spricht
zu ihm: Weide meine Schafe. Wahr- 18
lich, wahrlich, ich sage dir: Als du
jünger warst, gürtetest du dich selbst
und wandeltest, wohin du wolltest;
wenn du aber alt geworden bist, wirst
du deine Hände ausstrecken, und ein
anderer wird dich gürten und hinbringen, wohin du nicht willst. Dies 19
aber sagte er, andeutend, mit welchem
Tode er Gott verherrlichen sollte. Und
als er dies gesagt hatte, spricht er zu
ihm: Folge mir nach. Petrus wandte 20
sich um und sieht den Jünger nachfolgen, welchen Jesus liebte, der sich
auch bei dem Abendessen an seine
Brust gelehnt und gesagt hatte: Herr,
wer ist es, der dich überliefert? Als 21
nun Petrus diesen sah, spricht er zu
Jesu: Herr, was *soll* aber dieser? Je- 22
sus spricht zu ihm: Wenn ich will,
daß er bleibe, bis ich komme, was
geht es dich an? Folge du mir nach.
Es ging nun dieses Wort unter die 23
Brüder aus: Jener Jünger stirbt nicht.
Und Jesus sprach nicht zu ihm, daß
er nicht sterbe, sondern: Wenn ich
will, daß er bleibe, bis ich komme,
was geht es dich an?

Dieser ist der Jünger, der von die- 24
sen Dingen zeugt und der dieses geschrieben hat; und wir wissen, daß
sein Zeugnis wahr ist. Es sind aber 25
auch viele andere Dinge, die Jesus
getan hat, und wenn diese alle einzeln
niedergeschrieben würden, so würde,
dünkt mich, selbst die Welt die ge-
schriebenen Bücher nicht fassen.

Die Apostelgeschichte [a]

1 Den ersten Bericht [b] habe ich verfaßt, o Theophilus, von allem, was
Jesus anfing, sowohl zu tun als auch
2 zu lehren, bis zu dem Tage, an welchem er aufgenommen wurde, nachdem
er den Aposteln, die er sich auserwählt,
durch *den* Heiligen Geist Befehl gege-
3 ben hatte; welchen er sich auch nach
seinem Leiden in vielen sicheren Kenn-
zeichen lebendig dargestellt hat, indem
er vierzig Tage hindurch von ihnen
gesehen wurde und über die Dinge
redete, welche das Reich Gottes be-
4 treffen. Und als er mit ihnen versammelt war, befahl er ihnen, sich nicht
von Jerusalem zu entfernen, sondern
auf die Verheißung des Vaters zu warten — die ihr von mir gehört habt;
5 denn Johannes taufte zwar mit Wasser, ihr aber werdet mit c Heiligem
Geiste getauft werden nach nunmehr
nicht vielen Tagen.
6 Sie nun, als sie zusammengekommen waren, fragten ihn und sagten:
Herr, stellst du in dieser Zeit dem Is-
7 rael das Reich wieder her? Er sprach

aber zu ihnen: Es ist nicht eure Sache,
Zeiten oder Zeitpunkte zu wissen, die
der Vater in seine eigene Gewalt gesetzt hat d. Aber ihr werdet Kraft emp- 8
fangen, wenn der Heilige Geist auf
euch gekommen ist; und ihr werdet
meine Zeugen sein, sowohl in Jerusalem als auch in ganz Judäa und Samaria und bis an das Ende der Erde.
Und als er dies gesagt hatte, wurde 9
er emporgehoben, indem sie es sahen e,
und eine Wolke nahm ihn auf von ihren Augen hinweg.
Und wie sie unverwandt gen Him- 10
mel schauten, als er auffuhr, siehe, da
standen zwei Männer in weißem Kleide
bei ihnen, welche auch sprachen: Män- 11
ner von Galiläa, was stehet ihr und
sehet hinauf gen Himmel? Dieser Jesus, der von euch weg in den Himmel
aufgenommen worden ist, wird also
kommen, wie ihr ihn habt hingehen
sehen in den Himmel. Da kehrten sie 12
nach Jerusalem zurück von dem Berge,
welcher Oelberg heißt, der nahe bei
Jerusalem ist, einen Sabbathweg f ent-

---

a Eig. Taten (Handlungen) der Apostel. — b O. die erste Erzählung, Darstellung.
— c W. in. — d And. üb.: in seiner eigenen Gewalt festgesetzt hat. — e O. indem
sie zusahen. — f d. i. 5—6 Stadien (2000 Ellen).

13 fernt. Und als sie hineingekommen waren, stiegen sie auf den Obersaal, wo sie blieben *a*: sowohl Petrus, als Johannes und Jakobus und Andreas, Philippus und Thomas, Bartholomäus und Matthäus, Jakobus, Alphäus' *Sohn*, und Simon, der Eiferer, und Judas, 14 Jakobus' *Bruder b*. Diese alle verharrten einmütig im Gebet mit *etlichen* Weibern und Maria, der Mutter Jesu, und mit seinen Brüdern.

15 Und in diesen Tagen stand Petrus in der Mitte der Brüder auf und sprach (es war aber eine Menge *c* von etwa 16 hundertundzwanzig beisammen): Brüder *d*, es mußte die Schrift erfüllt werden, welche der Heilige Geist durch den Mund Davids vorhergesagt hat über Judas, der denen, die Jesum griffen, ein Wegweiser geworden ist. 17 Denn er war unter uns gezählt und hatte das Los dieses Dienstes empfan- 18 gen. (Dieser nun hat zwar von dem Lohne der Ungerechtigkeit einen Akker erworben und ist, kopfüber gestürzt, mitten entzwei geborsten, und alle seine Eingeweide sind ausge- 19 schüttet worden. Und es ist allen Bewohnern von Jerusalem kundgeworden, sodaß jener Acker in ihrer [sprachenen] Mundart Akeldama, das ist Blut- 20 acker, genannt worden ist.) Denn es steht im Buche der Psalmen geschrieben: „Seine Wohnung werde öde, und es sei niemand, der darin wohne", und: „Sein Aufseheramt empfange ein 21 anderer". *f* Es muß nun von den Männern, die mit uns gegangen sind in all der Zeit, in welcher der Herr Jesus 22 bei uns ein- und ausging, anfangend von der Taufe Johannes' bis zu dem Tage, an welchem er von uns aufgenommen wurde — von diesen *muß* einer ein Zeuge seiner Auferstehung 23 mit uns werden. Und sie stellten zwei dar: Joseph, genannt Barsabas, der Justus zubenannt war, und Matthias. 24 Und sie beteten und sprachen: Du, Herr, Herzenskündiger aller, zeige von diesen beiden den einen an, den du 25 auserwählt hast, um das Los dieses Dienstes und Apostelamtes *g* zu empfangen, von welchem Judas abgewichen ist, um an seinen eigenen Ort zu 26 gehen. Und sie gaben Lose über *h* sie; und das Los fiel auf Matthias, und er wurde den elf Aposteln zugezählt.

2 Und als der Tag der Pfingsten erfüllt wurde, waren sie alle an e i n e m Orte 2 beisammen. Und plötzlich geschah aus dem Himmel ein Brausen, wie von einem daherfahrenden, gewaltigen Winde *i*, und erfüllte das ganze Haus, wo sie 3 saßen. Und es erschienen ihnen zerteilte Zungen wie von Feuer, und sie setzten sich *j* auf jeden einzelnen von 4 ihnen. Und sie wurden alle mit Heiligem Geiste erfüllt und fingen an, in anderen Sprachen *k* zu reden, wie der Geist ihnen gab auszusprechen.

Es wohnten aber in Jerusalem Juden, 5 gottesfürchtige Männer, von jeder Nation derer, die unter dem Himmel sind. Als sich aber das Gerücht hiervon ver- 6 breitete *l*, kam die Menge zusammen und wurde bestürzt, weil jeder einzelne in seiner eigenen Mundart sie reden hörte. Sie entsetzten sich aber alle 7 und verwunderten sich und sagten: Siehe, sind nicht alle diese, die da reden, Galiläer? Und wie hören w i r 8 sie, ein jeder in unserer eigenen Mundart, in der wir geboren sind: Parther 9 und Meder und Elamiter, und die Bewohner von Mesopotamien und von Judäa und Kappadocien, Pontus und Asien, und Phrygien und Pamphylien, 10 Aegypten und den Gegenden von Libyen gegen Kyrene hin, und die *hier* weilenden Römer, sowohl Juden als 11 Proselyten, Kreter und Araber — *wie* hören wir sie die großen Taten Gottes in unseren Sprachen reden? Sie ent- 12 setzten sich aber alle und waren in Verlegenheit und sagten einer zum anderen: Was mag dies wohl sein? Andere aber sagten spottend: Sie sind 13 voll süßen Weines.

Petrus aber stand auf mit den Elfen, 14 erhob seine Stimme und redete zu ihnen: Männer von Judäa, und ihr alle, die ihr zu Jerusalem wohnet, dies sei euch kund, und nehmet zu Ohren meine Worte! Denn diese sind nicht 15 trunken, wie i h r meinet, denn es ist die dritte Stunde des Tages; sondern 16 dies ist es, was durch den Propheten Joel gesagt ist: „Und es wird geschehen in den letzten Tagen, spricht Gott, *daß* ich von meinem Geiste ausgießen werde auf alles Fleisch, und eure Söhne und eure Töchter werden weissagen, und eure Jünglinge werden Gesichte sehen, und eure Aeltesten werden Träume haben *m*; und sogar 18 auf meine Knechte und auf meine Mägde werde ich in jenen Tagen von meinem Geiste ausgießen, und sie werden weissagen. Und ich werde Wun- 19 der geben in dem Himmel oben und Zeichen auf der Erde unten: Blut und Feuer und Rauchdampf; die Sonne 20 wird verwandelt werden in Finsternis und der Mond in Blut, ehe der große und herrliche Tag *n des* Herrn *o* kommt. Und es wird geschehen, ein jeder, der 21 irgend den Namen *des* Herrn anrufen wird, wird errettet werden." *p* Männer 22 von Israel, höret diese Worte: Jesum, den Nazaräer, einen Mann, von Gott an euch erwiesen durch mächtige Taten und Wunder und Zeichen, die Gott durch ihn in eurer Mitte tat, wie ihr selbst wisset — diesen, übergeben nach 23 dem bestimmten Ratschluß und nach Vorkenntnis Gottes, habt ihr durch die

---

a O. sich aufzuhalten pflegten. — *b* And.: *Sohn*. — *c* W. Menge von Namen. — *d* W. Männer, Brüder (ein Hebraismus), so gewöhnlich bei der Anrede. — *e* Ps. 69, 25. — *f* Ps. 109, 8. — *g* Eig. dieser Apostelschaft. — *h* O. für. — *i* O. Wehen. — *j* Eig. es setzte sich. — *k* O. Zungen. — *l* O. Als aber diese Stimme geschehen war. — *m* Eig. mit Träumen träumen. — *n* O. der große und Erscheinungs-Tag. — *o* S. die Anm. zu Matth. 1, 20. — *p* Joel 2, 28—32.

Hand von Gesetzlosen an *Kreuz* ge-
24 heftet und umgebracht. Den hat Gott
auferweckt, nachdem er die Wehen
des Todes aufgelöst hatte, wie es denn
nicht möglich war, daß er von dem-
25 selben behalten würde. Denn David
sagt über *a* ihn: „Ich sah *b* den Herrn
allezeit vor mir; denn er ist zu meiner
Rechten, auf daß ich nicht wanke.
26 Darum freute sich mein Herz, und
meine Zunge frohlockte; ja, auch mein
Fleisch wird in *c* Hoffnung ruhen;
27 denn du wirst meine Seele nicht im
Hades zurücklassen, noch zugeben,
daß dein Frommer *d* Verwesung sehe *e*.
28 Du hast mir kundgetan Wege des
Lebens; du wirst mich mit Freude er-
29 füllen mit deinem Angesicht."*f* Brüder *g*, es sei erlaubt, mit Freimütigkeit
zu euch zu reden über den Patriarchen
David, daß er sowohl gestorben als
auch begraben ist, und sein Grab ist
30 unter uns bis auf diesen Tag. Da er
nun ein Prophet war und wußte, daß
Gott ihm mit einem Eide geschworen
hatte, von der Frucht seiner Lenden
31 auf seinen Thron zu setzen, hat er,
voraussehend, von der Auferstehung
des Christus geredet, daß er nicht im
Hades zurückgelassen worden ist, noch
sein Fleisch die Verwesung gesehen
32 hat. Diesen Jesus hat Gott auferweckt,
33 wovon w i r alle Zeugen sind. Nachdem
er nun durch die Rechte Gottes erhöht
worden ist und die Verheißung des
Heiligen Geistes vom Vater empfangen hat, hat er dieses ausgegossen, was
34 i h r sehet und höret. Denn nicht David ist in die Himmel aufgefahren;
er sagt aber selbst: „Der Herr sprach
zu meinem Herrn: Setze dich zu
35 meiner Rechten, bis ich deine Feinde
36 lege zum Schemel deiner Füße". *h* Das
ganze Haus Israel wisse nun zuverlässig, daß Gott ihn sowohl zum Herrn
als auch zum Christus gemacht hat,
diesen Jesus, den ihr gekreuzigt habt.
37 Als sie aber das hörten, drang es
ihnen durchs Herz, und sie sprachen zu
Petrus und den anderen Aposteln:
38 Was sollen wir tun, Brüder? Petrus
aber [sprach] zu ihnen: Tut Buße, und
ein jeder von euch werde getauft auf
den Namen Jesu Christi zur Vergebung
der Sünden, und ihr werdet die Gabe
39 des Heiligen Geistes empfangen. Denn
euch ist die Verheißung und euren
Kindern und allen, die in der Ferne
sind, so viele irgend *der* Herr, unser
40 Gott, herzurufen wird. Und mit vielen
anderen Worten beschwor und ermahnte er sie, indem er sagte: Laßt
euch retten von diesem verkehrten
41 Geschlecht! Die nun sein Wort aufnahmen *i*, wurden getauft; und es wurden an jenem Tage hinzugetan bei
dreitausend Seelen.

Sie verharrten aber in der Lehre der 42
Apostel und in der Gemeinschaft *j*,
im Brechen des Brotes und in den Gebeten. Es kam aber jede Seele Furcht 43
an, und es geschahen viele Wunder
und Zeichen durch die Apostel. Alle 44
aber, welche glaubten, waren beisammen und hatten alles gemein; und sie 45
verkauften die Güter und die Habe
und verteilten sie an alle, jenachdem
einer irgend Bedürfnis hatte. Und in- 46
dem sie täglich einmütig im Tempel *k*
verharrten und zu Hause das Brot
brachen, nahmen sie Speise mit Frohlocken und Einfalt des Herzens, lobten 47
Gott und hatten Gunst bei dem ganzen
Volke. Der Herr aber tat täglich [zu
der Versammlung] hinzu, die gerettet
werden sollten. *l*

Petrus aber und Johannes gingen **3**
zusammen hinauf in den Tempel um
die Stunde des Gebets, die neunte. Und 2
ein gewisser Mann, der von seiner
Mutter Leibe an lahm war, wurde getragen, welchen sie täglich an die
Pforte des Tempels setzten, die man
die schöne nennt, um Almosen zu erbitten von denen, die in den Tempel
gingen. Als dieser Petrus und Johan- 3
nes sah, wie sie in den Tempel eintreten wollten, bat er, daß er ein
Almosen empfinge. Petrus aber blickte 4
unverwandt mit Johannes auf ihn hin
und sprach: Sieh uns an! Er aber 5
gab acht auf sie, in der Erwartung,
etwas von ihnen zu empfangen. Petrus 6
aber sprach: Silber und Gold habe ich
nicht; was ich aber habe, das gebe
ich dir: In dem Namen Jesu Christi,
des Nazaräers, [stehe auf und] wandle!
Und er ergriff ihn bei der rechten Hand 7
und richtete ihn auf. Alsbald aber
wurden seine Füße und seine Knöchel
stark, und aufspringend stand er und 8
wandelte; und er ging mit ihnen in
den Tempel, wandelte und sprang und
lobte Gott. Und das ganze Volk sah 9
ihn wandeln und Gott loben; und sie 10
erkannten ihn, daß er der war, welcher um das Almosen an der schönen
Pforte des Tempels gesessen; und sie
wurden mit Verwunderung und Erstaunen erfüllt über das, was sich mit
ihm ereignet hatte. Während er aber 11
den Petrus und Johannes festhielt, lief
das ganze Volk voll Erstaunen zu ihnen zusammen in der Säulenhalle, die
Salomons *halle* genannt wird.

Als aber Petrus es sah, antwortete 12
er dem Volke: Männer von Israel, was
verwundert ihr euch hierüber, oder
was sehet ihr unverwandt auf uns,
als hätten wir aus eigener Kraft oder
Frömmigkeit ihn wandeln gemacht?
Der Gott Abrahams und Isaaks und 13
Jakobs, der Gott unserer Väter, hat
seinen Knecht Jesus verherrlicht, den

---

a Eig. auf. — *b* Eig. sah im voraus. — *c* O. auf. — *d* O. Heiliger, Barmherziger,
Gnädiger. — *e* O. deinen Frommen hingeben (eig. geben), Verwesung zu sehen. —
f Ps. 16, 8—11. — *g* wie Kap. 1, 16 — *h* Ps. 110, 1. — *i* Eig. in Fülle od. als wahr
aufnahmen. — *j* O. in der Lehre (od. Belehrung) und in der Gemeinschaft der Apostel. —
k die Gebäude (s. die Anm. zu Matth. 4, 5); so auch Kap. 3, 1 ff.; 4, 1; 5, 20 ff.
— *l* d. h. den Ueberrest aus Israel, welchen Gott vor den Gerichten retten wollte, indem er ihn der Versammlung (christl. Gemeinde) hinzufügte.

i h r überliefert und angesichts des Pilatus verleugnet habt, als dieser geur-
14 teilt hatte, ihn loszugeben. I h r aber habt den Heiligen und Gerechten verleugnet und gebeten, daß euch ein Mann, *der* ein Mörder *war*, geschenkt
15 würde; den Urheber *a* des Lebens aber habt ihr getötet, welchen Gott aus *den* Toten auferweckt hat, wovon w i r Zeu-
16 gen sind. Und durch Glauben *b* an seinen Namen hat sein Name diesen, den ihr sehet und kennet, stark gemacht; und der Glaube, der durch ihn ist, hat ihm diese vollkommene Gesundheit ge-
17 geben vor euch allen. Und jetzt, Brüder, ich weiß, daß ihr in Unwissenheit gehandelt habt, gleichwie auch eure
18 Obersten. Gott aber hat also erfüllt, was er durch den Mund aller Propheten zuvor verkündigt hat, daß sein
19 Christus leiden sollte. So tut nun Buße und bekehret euch, daß eure Sünden ausgetilgt werden, damit Zeiten der Erquickung kommen vom Angesicht
20 des Herrn, und er den euch zuvorver-
21 ordneten Jesus Christus sende, welchen freilich der Himmel aufnehmen muß bis zu den Zeiten der Wiederherstellung aller Dinge, von welchen Gott durch den Mund seiner heiligen Pro-
22 pheten von jeher geredet hat. Moses hat schon gesagt: „Einen Propheten wird euch *der* Herr, euer Gott, aus euren Brüdern erwecken, gleich mir; auf ihn sollt ihr hören in allem, was
23 irgend er zu euch reden wird. Es wird aber geschehen, jede Seele, die irgend auf jenen Propheten nicht hören wird, soll aus dem Volke ausgerottet wer-
24 den." *c* Aber auch alle Propheten, von Samuel an und der Reihe nach, so viele *ihrer* geredet haben, haben auch diese
25 Tage verkündigt. I h r seid die Söhne der Propheten und des Bundes, den Gott unseren Vätern verordnet hat, indem er zu Abraham sprach: „Und in deinem Samen werden gesegnet werden alle Geschlechter der Erde". *d*
26 Euch zuerst hat Gott, als er seinen Knecht erweckte, ihn gesandt, euch zu segnen, indem er einen jeden von euren Bosheiten abwendet.

4 Während sie aber zu dem Volke redeten, kamen die Priester und der Hauptmann des Tempels und die Sad-
2 ducäer auf sie zu, welche es verdroß, daß sie das Volk lehrten und in Jesu die Auferstehung aus *den* Toten ver-
3 kündigten. Und sie legten die Hände an sie und setzten sie in Gewahrsam bis an den Morgen, denn es war schon Abend.
4 Viele aber von denen, welche das Wort gehört hatten, wurden gläubig; und es wurde die Zahl der Männer [bei] fünftausend.
5 Es geschah aber des folgenden Tages, daß ihre Obersten und Aeltesten und Schriftgelehrten sich in Jerusalem
6 versammelten, und Annas, der Hohepriester, und Kajaphas und Johannes

und Alexander, und so viele vom hohenpriesterlichen Geschlecht waren. Und nachdem sie sie in die Mitte ge- 7 stellt hatten, fragten sie: In welcher Kraft oder in welchem Namen habt i h r dies getan? Da sprach Petrus, er- 8 füllt mit Heiligem Geiste, zu ihn*en*: Oberste des Volkes und Aelteste [von Israel]! Wenn wir heute über die 9 Wohltat an einem kranken Menschen verhört *und gefragt* werden, wodurch dieser geheilt worden ist, so sei euch 10 allen und dem ganzen Volke Israel kund, daß in dem Namen Jesu Christi, des Nazaräers, welchen i h r gekreuzigt habt, den Gott auferweckt hat aus *den* Toten, *daß* durch ihn *f* dieser gesund vor euch steht. Dieser ist der 11 Stein, der von euch, den Bauleuten, für nichts geachtet, der zum Eckstein *g* geworden ist. Und es ist in keinem 12 anderen das Heil, denn auch kein anderer Name ist unter dem Himmel, der unter den Menschen gegeben ist, in welchem wir errettet werden müssen.

Als sie aber die Freimütigkeit des 13 Petrus und Johannes sahen und inne wurden, daß es ungelehrte und ungebildete Leute seien, verwunderten sie sich; und sie erkannten sie, daß sie mit Jesu gewesen waren. Und da sie 14 den Menschen, der geheilt worden war, bei ihnen stehen sahen, hatten sie nichts dawider zu sagen. Nachdem sie ihnen 15 aber befohlen hatten, aus dem Synedrium zu gehen, überlegten sie miteinander und sagten: Was sollen wir 16 diesen Menschen tun? Denn daß wirklich ein kundbares Zeichen durch sie geschehen ist, ist allen offenbar, die zu Jerusalem wohnen, und wir können es nicht leugnen. Aber auf daß 17 es nicht weiter unter dem Volke ausgebreitet werde, laßt uns sie ernstlich bedrohen, daß sie nicht mehr in diesem Namen *h* zu irgend einem Menschen reden. Und als sie sie gerufen hatten, 18 geboten sie [ihnen], durchaus nicht in dem Namen Jesu zu äußern noch zu lehren. Petrus aber und Jo- 19 hannes antworteten und sprachen zu ihnen: Ob es vor Gott recht ist, auf euch mehr zu hören, als auf Gott, urteilet ihr; denn es ist uns unmöglich, 20 von dem, was wir gesehen und gehört haben, nicht zu reden. Sie aber be- 21 drohten sie noch mehr und entließen sie, indem sie nicht fanden, auf welche Weise sie sie strafen sollten, um des Volkes willen; denn alle verherrlichten Gott über das, was geschehen war. Denn der Mensch war mehr als vier- 22 zig Jahre alt, an welchem dieses Zeichen der Heilung geschehen war.

Als sie aber entlassen waren, ka- 23 men sie zu den Ihrigen und verkündeten alles, was die Hohenpriester und die Aeltesten zu ihnen gesagt hatten. Sie aber, als sie es hörten, erhoben 24 einmütig *ihre* Stimme zu Gott und spra-

---

a O. Anführer. — *b* O. auf Grund des Glaubens. — *c* 5. Mose 18, 15. 18. 19. — *d* 1. Mose 22, 18. — *e* O. in dem Jesus. — *f* O. in diesem. — *g* W. Haupt der Ecke. — *h* Eig. auf Grund dieses Namens; so auch V. 18.

chen: Herrscher a, du bist [der Gott], der den Himmel und die Erde und das Meer gemacht hat b und alles was
25 in ihnen ist; der du durch den Mund deines Knechtes David gesagt hast c:
„Warum tobten die Nationen, und san-
26 nen Eitles die Völker? Die Könige der Erde standen da, und die Obersten d versammelten sich wider den Herrn und wider seinen Christus. " e
27 Denn in dieser Stadt versammelten sich in Wahrheit wider deinen heiligen Knecht Jesus, den du gesalbt hast, sowohl Herodes als Pontius Pilatus mit den Nationen und den Völkern
28 Israels, alles zu tun, was deine Hand und dein Ratschluß zuvorbestimmt hat,
29 daß es geschehen sollte. Und nun, Herr, sieh an ihre Drohungen und gib deinen Knechten f, dein Wort zu re-
30 den mit aller Freimütigkeit, indem du deine Hand ausstreckst zur Heilung, und daß Zeichen und Wunder geschehen durch den Namen deines heiligen
31 Knechtes Jesus. Und als sie gebetet hatten, bewegte sich die Stätte, wo sie versammelt waren; und sie wurden alle mit Heiligem Geiste erfüllt und redeten das Wort Gottes mit Freimütigkeit.
32 Die Menge derer aber, die gläubig geworden, war ein Herz und eine Seele g; und auch nicht einer sagte, daß etwas von seiner Habe sein eigen wäre, sondern es war ihnen alles ge-
33 mein. Und mit großer Kraft legten die Apostel das Zeugnis von der Auferstehung des Herrn Jesus ab; und große Gnade war auf ihnen allen.
34 Denn es war auch keiner dürftig unter ihnen, denn so viele Besitzer von Aekkern oder Häusern waren, verkauften sie und brachten den Preis des Ver-
35 kauften und legten ihn nieder zu den Füßen der Apostel; es wurde aber einem jeden ausgeteilt, so wie einer irgend Bedürfnis hatte.
36 Joseph aber, der von den Aposteln Barnabas zubenamt wurde, (was verdolmetscht heißt: Sohn des Trostes) ein Levit, ein Cyprier von Geburt,
37 der einen Acker besaß, verkaufte ihn, brachte das Geld und legte es nieder zu den Füßen der Apostel.

5 Ein gewisser Mann aber, mit Namen Ananias, mit Sapphira, seinem
2 Weibe, verkaufte ein Gut und schaffte von dem Kaufpreis beiseite, wovon auch das Weib wußte; und er brachte einen gewissen Teil und legte ihn nie-
3 der zu den Füßen der Apostel. Petrus aber sprach: Ananias, warum hat der Satan dein Herz erfüllt, daß du dem Heiligen Geist belogen und von dem Kaufpreis des Feldes beiseite geschafft
4 hast? Blieb es nicht dein, wenn es so blieb, und war es nicht, nachdem es verkauft war, in deiner Gewalt? Was

ist es, daß du dir diese Tat in deinem Herzen vorgenommen hast? Nicht Menschen hast du gelogen, sondern
5 Gott. Als aber Ananias diese Worte hörte, fiel er hin und verschied. Und es kam große Furcht über alle,
6 die es hörten. Die Jünglinge aber standen auf, rafften ihn zusammen und trugen ihn hinaus und begruben ihn. Es geschah aber nach Verlauf
7 von etwa drei Stunden, daß sein Weib hereinkam, ohne zu wissen, was geschehen war. Petrus aber antwortete
8 ihr: Sage mir, ob ihr für so viel das Feld hingegeben habt? Sie aber sprach:
9 Ja, für so viel. Petrus aber [sprach] zu ihr: Was ist es, daß ihr übereingekommen seid, den Geist des Herrn zu versuchen? Siehe, die Füße derer, welche deinen Mann begraben haben, sind an der Tür, und sie werden dich hinaus-
10 tragen. Sie fiel aber alsbald zu seinen Füßen nieder und verschied. Und als die Jünglinge hereinkamen, fanden sie sie tot; und sie trugen sie hinaus und begruben sie bei ihrem Manne.
11 Und es kam große Furcht über die ganze Versammlung und über alle, welche dies hörten.
12 Aber durch die Hände der Apostel geschahen viele Zeichen und Wunder unter dem Volke; (und sie waren alle einmütig in der Säulenhalle Salomons.
13 Von den übrigen aber wagte keiner sich ihnen anzuschließen, sondern das Volk erhob sie. Aber um so mehr
14 Gläubige wurden dem Herrn hinzugetan h, Scharen i von Männern sowohl als Weibern;) sodaß sie die Kranken
15 auf die Straßen hinaustrugen und auf Betten und Lager legten, auf daß, wenn Petrus käme, auch nur sein Schatten einen von ihnen überschatten möchte
16 Es kam aber auch die Menge der umliegenden Städte nach Jerusalem zusammen, und sie brachten Kranke und von unreinen Geistern Geplagte, welche alle geheilt wurden.
17 Der Hohepriester aber stand auf und alle, die mit ihm waren, das ist die Sekte der Sadducäer, und wurden von
18 Eifersucht j erfüllt; und sie legten die Hände an die Apostel und setzten sie in öffentlichen Gewahrsam. Ein En-
19 gel des Herrn aber öffnete während der Nacht die Türen des Gefängnisses und führte sie hinaus und sprach:
20 Gehet und stellet euch hin und redet in dem Tempel zu dem Volke alle Worte dieses Lebens! Als sie es aber ge-
21 hört hatten, gingen sie frühmorgens in den Tempel und lehrten. Der Hohepriester aber kam und die mit ihm waren, und sie beriefen das Synedrium und die ganze Aeltestenschaft der Söhne Israels zusammen und sandten nach dem Gefängnis, daß sie herbei-
22 geführt würden. Als aber die Diener

---

a O. Gebieter. — b O. du bist Gott (Elohim), der du . . . gemacht hast. — c Viell. ist hier nach vielen Handschriften zu lesen: der du durch den Heiligen Geist durch den Mund deines Knechtes David, unseres Vaters, gesagt hast. — d O. die Herrscher, Fürsten. — e Ps. 2, 1. 2. — f O. Sklaven. — g W. das Herz und die Seele der Menge derer . . . war eins. — h O. Gläubige an den Herrn wurden hinzugetan. — i Eig. Mengen. — j O. Neid.

hinkamen, fanden sie sie nicht in dem Gefängnis; und sie kehrten zurück,
23 berichteten und sagten: Wir fanden das Gefängnis mit aller Sorgfalt verschlossen und die Wachen an den Türen stehen; als wir aber aufgemacht hatten, fanden wir niemand darin.
24 Als aber sowohl [der Priester und] der Hauptmann des Tempels als auch die Hohenpriester diese Worte hörten, waren sie über sie in Verlegenheit,
25 was dies doch werden möchte. Es kam aber einer und berichtete ihnen: Siehe, die Männer, die ihr ins Gefängnis gesetzt habt, sind im Tempel, stehen und
26 lehren das Volk. Da ging der Hauptmann mit den Dienern hin und führte sie herbei, nicht mit Gewalt, denn sie fürchteten das Volk, sie möchten
27 gesteinigt werden. Sie führten sie aber herbei und stellten sie vor das Synedrium; und der Hohepriester befragte sie und sprach: Wir haben euch
28 streng geboten, in diesem Namen a nicht zu lehren, und siehe, ihr habt Jerusalem erfüllt mit eurer Lehre und wollt das Blut dieses Menschen auf
29 uns bringen. Petrus und die Apostel aber antworteten und sprachen: Man muß Gott mehr gehorchen als Men-
30 schen. Der Gott unserer Väter hat Jesum auferweckt, den ihr ermordet habt, indem ihr ihn an ein Holz häng-
31 tet. Diesen hat Gott durch seine Rechte zum Führer und Heiland erhöht, um Israel Buße und Vergebung der Sün-
32 den zu geben. Und wir sind [seine] Zeugen von diesen Dingen b, aber auch der Heilige Geist, welchen Gott denen gegeben hat, die ihm gehorchen.
33 Sie aber wurden, als sie es hörten, durchbohrt und ratschlagten, sie um-
34 zubringen. Es stand aber einer in dem Synedrium auf, ein Pharisäer, mit Namen Gamaliel, ein Gesetzgelehrter, angesehen bei dem ganzen Volke, und befahl, die Leute eine kurze Zeit hin-
35 auszutun. Und er sprach zu ihnen: Männer von Israel, sehet euch vor betreffs dieser Menschen, was ihr tun
36 wollt. Denn vor diesen Tagen stand Theudas auf und sagte, daß er selbst etwas sei, welchem eine Anzahl von etwa vierhundert Männern anhing; der ist getötet worden, und alle, so viele ihm Gehör gaben, sind zerstreut
37 und zunichte geworden. Nach diesem stand Judas der Galiläer auf, in den Tagen der Einschreibung, und machte Volk abfällig sich nach; auch der kam um, und alle, so viele ihm Ge-
38 hör gaben, wurden zerstreut. Und jetzt sage ich euch: Stehet ab von diesen Menschen und lasset sie, (denn wenn dieser Rat oder dieses Werk aus Menschen ist, so wird es zu Grunde
39 gehen; wenn es aber aus Gott ist, so werdet ihr sie nicht zu Grunde richten können) damit ihr nicht gar als solche erfunden werdet, die wider Gott strei-

ten c. Und sie gaben ihm Gehör; und 40 als sie die Apostel herbeigerufen hatten, schlugen sie sie und geboten ihnen, nicht in dem Namen Jesu zu reden, und entließen sie. Sie nun gingen aus 41 dem Synedrium hinweg, voll Freude d, daß sie gewürdigt worden waren, für den Namen Schmach zu leiden; und 42 jeden Tag, in dem Tempel und in den Häusern, hörten sie nicht auf, zu lehren und Jesum als den Christus zu verkündigen e.

In diesen Tagen aber, als die Jünger **6** sich vermehrten, entstand ein Murren der Hellenisten f gegen die Hebräer, weil ihre Witwen bei der täglichen Bedienung übersehen wurden. Die 2 Zwölfe aber beriefen die Menge der Jünger und sprachen: Es ist nicht gut, daß wir das Wort Gottes verlassen und die Tische bedienen. So sehet euch 3 nun um, Brüder, nach sieben Männern aus euch, von gutem Zeugnis, voll [Heiligen] Geistes und Weisheit, die wir über dieses Geschäft bestellen wollen; wir aber werden im Gebet und im 4 Dienst des Wortes verharren. Und die 5 Rede gefiel der ganzen Menge; und sie erwählten Stephanus, einen Mann voll Glaubens und Heiligen Geistes, und Philippus und Prochorus und Nikanor und Timon und Parmenas und Nikolaus, einen Proselyten aus Antiochien, welche sie vor die Apostel 6 stellten; und als sie gebetet hatten, legten sie ihnen die Hände auf.

Und das Wort Gottes wuchs, und 7 die Zahl der Jünger in Jerusalem vermehrte sich sehr; und eine große Menge der Priester wurde dem Glauben gehorsam.

Stephanus aber, voll Gnade und 8 Kraft, tat Wunder und große Zeichen g unter dem Volke. Es standen aber 9 etliche auf von der sogenannten Synagoge der Libertiner h und der Kyrenäer und der Alexandriner und derer von Cilicien und Asien und stritten mit Stephanus. Und sie vermochten nicht 10 der Weisheit und dem Geiste zu widerstehen, womit i er redete. Da schoben 11 sie heimlich Männer vor j, welche sagten: Wir haben ihn Lästerworte reden hören wider Moses und Gott. Und sie 12 erregten das Volk und die Aeltesten und die Schriftgelehrten; und sie fielen über ihn her und rissen ihn mit sich fort und führten ihn vor das Synedrium. Und sie stellten falsche Zeu- 13 gen auf, welche sagten: Dieser Mensch hört nicht auf, Worte zu reden wider die heilige Stätte und das Gesetz; denn 14 wir haben ihn sagen hören: Dieser Jesus, der Nazaräer, wird diese Stätte zerstören und die Gebräuche verändern, die uns Moses überliefert hat. Und alle, die in dem Synedrium saßen, 15 schauten unverwandt auf ihn und sahen sein Angesicht wie eines Engels Angesicht.

---

a Eig. auf Grund dieses Namens; so auch V. 40. — b O. Worten. — c Eig. als Gottes Bekämpfer erfunden werdet. — d W. sich freuend. — e W. zu evangelisieren. — f griechische Juden. — g O. große Wunder und Zeichen. — h O. Freigelassenen. — i O. durch welchen. — j O. stifteten sie Männer an.

7 Der Hohepriester aber sprach: Ist [denn] dieses also? Er aber sprach:
2 Brüder und Väter, höret! Der Gott der Herrlichkeit erschien unserem Vater Abraham, als er in Mesopotamien war,
3 ehe er in Haran wohnte, und sprach zu ihm: „Geh aus deinem Lande und aus deiner Verwandtschaft, und komm in das Land, das ich dir zeigen werde".a
4 Da ging er aus dem Lande der Chaldäer und wohnte in Haran; und von da übersiedelte er ihn, nachdem sein Vater gestorben war, in dieses Land,
5 in welchem ihr jetzt wohnet. Und er gab ihm kein Erbe darin, auch nicht einen Fußbreit; und er verhieß es ihm zum Besitztum zu geben und seinem Samen nach ihm, als er kein Kind hatte.
6 Gott aber sprach also: „Sein Same wird ein Fremdling b sein in fremdem Lande, und man wird ihn knechten und
7 mißhandeln vierhundert Jahre. Und die Nation, welcher sie dienen werden, werde i c h richten", sprach Gott, „und danach werden sie ausziehen und mir
8 dienen an diesem Orte".c Und er gab ihm den Bund der Beschneidung; und also zeugte er den Isaak und beschnitt ihn am achten Tage, und Isaak den Jakob, und Jakob die zwölf Patriar-
9 chen. Und die Patriarchen, neidisch auf Joseph, verkauften ihn nach Aegyp-
10 ten. Und Gott war mit ihm und rettete ihn aus allen seinen Drangsalen und gab ihm Gunst und Weisheit vor Pharao, dem König von Aegypten; und er setzte ihn zum Verwalter über Aegyp-
11 ten und sein ganzes Haus. Es kam aber eine Hungersnot über das ganze [Land] Aegypten und Kanaan und eine große Drangsal, und unsere Väter fan-
12 den keine Speise d. Als aber Jakob hörte, daß in Aegypten Getreide sei, sandte er unsere Väter zum ersten Male
13 aus. Und beim zweiten Male wurde Joseph von seinen Brüdern wiedererkannt, und dem Pharao wurde das Ge-
14 schlecht Josephs offenbar. Joseph aber sandte hin und ließ seinen Vater Jakob holen und die ganze Verwandtschaft,
15 an fünfundsiebenzig Seelen. Jakob aber zog hinab nach Aegypten und
16 starb, er und unsere Väter; und sie wurden nach Sichem hinübergebracht und in die Grabstätte gelegt, welche Abraham für eine Summe Geldes von den Söhnen Hemors, des Vaters Si-
17 chems, kaufte. Als aber die Zeit der Verheißung nahte, welche Gott dem Abraham zugesagt hatte, wuchs das Volk und vermehrte sich in Aegypten,
18 bis ein anderer König über Aegypten aufstand, der Joseph nicht kannte.
19 Dieser handelte mit List gegen unser Geschlecht und mißhandelte die Väter, sodaß sie ihre Kindlein e aussetzen mußten, damit sie nicht am Leben blieben.
20 In dieser Zeit wurde Moses geboren, und er war ausnehmend schön f; und

er wurde drei Monate aufgezogen in dem Hause des Vaters. Als er aber 21 ausgesetzt worden war, nahm ihn die Tochter Pharaos zu sich g und zog ihn auf, sich zum Sohne. Und Moses wurde 22 unterwiesen in aller Weisheit der Aegypter; er war aber mächtig in seinen Worten und Werken. Als er aber 23 ein Alter von vierzig Jahren erreicht hatte h, kam es in seinem Herzen auf, nach seinen Brüdern, den Söhnen Israels, zu sehen. Und als er einen Un- 24 recht leiden sah, verteidigte er ihn und rächte den Unterdrückten, indem er den Aegypter erschlug. Er meinte 25 aber, seine Brüder würden verstehen, daß Gott durch seine Hand ihnen Rettung gebe; sie aber verstanden es nicht. Und am folgenden Tage zeigte 26 er sich ihnen, als sie sich stritten, und trieb sie zum Frieden, indem er sagte: Ihr seid Brüder, warum tut ihr einander unrecht? Der aber dem Näch- 27 sten unrecht tat, stieß ihn weg und sprach: Wer hat dich zum Obersten und Richter über uns gesetzt? Willst 28 du mich etwa umbringen, wie du gestern den Aegypter umgebracht hast? Moses aber entfloh bei diesem Worte 29 und wurde Fremdling b im Lande Midian, wo er zwei Söhne zeugte. Und 30 als vierzig Jahre verflossen i waren, erschien ihm in der Wüste des Berges Sinai ein Engel in einer Feuerflamme eines Dornbusches. Als aber Moses 31 es sah, verwunderte er sich über das Gesicht; während er aber hinzutrat, es zu betrachten, geschah eine Stimme des Herrn: „Ich bin der Gott deiner 32 Väter, der Gott Abrahams und Isaaks und Jakobs".j Moses aber erzitterte und wagte nicht es zu betrachten. Der 33 Herr aber sprach zu ihm: „Löse die Sandale von deinen Füßen, denn der Ort, auf dem du stehst, ist heiliges Land. Gesehen habe ich die Mißhand- 34 lung meines Volkes, das in Aegypten ist, und ihr Seufzen habe ich gehört, und ich bin herniedergekommen, sie herauszureißen. Und nun komm, ich will dich nach Aegypten senden."k Diesen Moses, den sie verleugneten, 35 indem sie sagten: „Wer hat dich zum Obersten und Richter gesetzt?"l diesen hat Gott zum Obersten und Retter m gesandt mit der Hand des Engels, der ihm in dem Dornbusch erschien. Dieser 36 führte sie heraus, indem er Wunder und Zeichen tat im Lande Aegypten und im Roten Meere und in der Wüste, vierzig Jahre. Dieser ist der Moses, 37 der zu den Söhnen Israels sprach: „Einen Propheten wird euch Gott aus euren Brüdern erwecken, gleich mir; [ihn sollt ihr hören]".n Dieser ist es, 38 der in der Versammlung in der Wüste mit dem Engel, welcher auf den Berge Sinai zu ihm redete, und mit unseren Vätern gewesen ist; der lebendige Aus-

---

a 1. Mose 12, 1. — b O. Beisasse. — c 1. Mose 15, 13. 14. — d O. kein Futter. — e Eig. Säuglinge. — f W. schön für Gott; ein bekannter Hebraismus. — g Eig. hob ihn sich auf. — h W. Als ihm aber eine Zeit von . . . erfüllt wurde. — i W. erfüllt; so auch Kap. 9, 23. — j 2. Mose 3, 6. — k 2. Mose 3, 5. 7. 8. 10. — l 2. Mose 2, 14. — m O. Erlöser, Befreier. — n 5. Mose 18, 15. 18.

sprüche *a* empfing, um sie uns zu geben;
39 welchem unsere Väter nicht gehorsam
sein wollten, sondern stießen ihn von
sich und wandten sich in ihren Herzen
40 nach Aegypten zurück, indem sie zu
Aaron sagten: „Mache uns Götter, die
vor uns herziehen sollen; denn dieser
Moses, der uns aus dem Lande Aegypten geführt hat — wir wissen nicht,
41 was ihm geschehen ist“.*b* Und sie machten ein Kalb in jenen Tagen und brachten dem Götzenbilde ein Schlachtopfer
und ergötzten sich an den Werken
42 ihrer Hände. Gott aber wandte sich
ab und gab sie dahin, dem Heere des
Himmels zu dienen, wie geschrieben
steht im Buche der Propheten: „Habt
ihr etwa mir vierzig Jahre in der Wüste
Opfertiere und Schlachtopfer darge-
43 bracht, Haus Israel? Ja, ihr nahmet
die Hütte des Moloch auf und das Gestirn [eures] Gottes Remphan, die Bilder, welche ihr gemacht hattet, sie anzubeten; und ich werde euch ver-
44 pflanzen über Babylon hinaus“.*c* Unsere Väter hatten die Hütte des Zeugnisses in der Wüste, wie der, welcher
zu Moses redete, befahl, sie nach dem
Muster zu machen, das er gesehen
45 hatte; welche auch unsere Väter über-
kamen und mit Josua einführten bei
der Besitzergreifung *des Landes* der
Nationen, welche Gott austrieb von
dem Angesicht unserer Väter hinweg,
46 bis zu den Tagen Davids, welcher
Gnade fand vor Gott und eine Wohnstätte zu finden begehrte für den Gott
47 Jakobs. Salomon aber baute ihm ein
48 Haus. Aber der Höchste wohnt nicht
in Wohnungen, die mit Händen gemacht sind *d*, wie der Prophet spricht:
49 „Der Himmel ist mein Thron, und die
Erde der Schemel meiner Füße. Was
für ein Haus wollt ihr mir bauen,
spricht *der* Herr, oder welches ist der
50 Ort meiner Ruhe? Hat nicht meine
Hand dies alles gemacht?“*e*
51   Ihr Halsstarrigen und Unbeschnittenen an Herz und Ohren! ihr widerstreitet allezeit dem Heiligen Geiste;
52 wie eure Väter, so auch ihr. Welchen
der Propheten haben eure Väter nicht
verfolgt? Und sie haben die getötet,
welche die *f* Ankunft des Gerechten
zuvor verkündigten, dessen Verräter
und Mörder i h r jetzt geworden seid,
53 die ihr das Gesetz durch Anordnung
von Engeln *g* empfangen und nicht beobachtet habt.
54   Als sie aber dies hörten, wurden ihre
Herzen durchbohrt, und sie knirschten
55 mit den Zähnen gegen ihn. Als er
aber, voll Heiligen Geistes, unverwandt gen Himmel schaute, sah er die
Herrlichkeit Gottes, und Jesum zur
56 Rechten Gottes stehen; und er sprach:
Siehe, ich sehe die Himmel geöffnet,
und den Sohn des Menschen zur Rech-
57 ten Gottes stehen! Sie schrieen aber

mit lauter Stimme, hielten ihre Ohren
zu und stürzten einmütig auf ihn los.
Und als sie ihn aus der Stadt hinaus- 58
gestoßen hatten, steinigten sie ihn.
Und die Zeugen legten ihre Kleider
ab zu den Füßen eines Jünglings, ge-
nannt Saulus. Und sie steinigten den 59
Stephanus, welcher betete *h* und sprach:
Herr Jesus, nimm meinen Geist auf!
Und niederknieend rief er mit lauter 60
Stimme: Herr, rechne ihnen diese
Sünde nicht zu! Und als er dies ge-
sagt hatte, entschlief er. *Saulus aber 8
willigte in seine Tötung ein.

Es entstand aber an jenem Tage eine große Verfolgung wider die Versammlung, die in Jerusalem war; und
alle wurden in die Landschaften von
Judäa und Samaria zerstreut, ausgenommen die Apostel. Gottesfürchtige 2
Männer aber bestatteten den Stephanus und stellten eine große Klage über
ihn an. Saulus aber verwüstete die 3
Versammlung, indem er der Reihe
nach in die Häuser ging; und er
schleppte sowohl Männer als Weiber
fort und überlieferte sie ins Gefängnis.
Die Zerstreuten nun gingen umher *i* 4
und verkündigten *j* das Wort. Philip- 5
pus aber ging hinab in eine Stadt Samarias und predigte ihnen den Christus.
Und die Volksmengen achteten ein- 6
mütig auf das, was von Philippus geredet wurde, indem sie zuhörten und
die Zeichen sahen, die er tat. Denn 7
von vielen, welche unreine Geister
hatten, fuhren sie aus, mit lauter Stimme schreiend; und viele Gelähmte und
Lahme wurden geheilt. Und es war 8
eine große Freude in jener Stadt.

Ein gewisser Mann aber, mit Na- 9
men Simon, befand sich vorher in der
Stadt, der Zauberei trieb und das Volk *k*
von Samaria außer sich brachte, indem er von sich selbst sagte, daß er
etwas Großes *l* sei; welchem alle, vom 10
Kleinen *m* bis zum Großen, anhingen,
indem sie sagten: Dieser ist die Kraft
Gottes, die man die große nennt. Sie 11
hingen ihm aber an, weil er sie lange
Zeit mit den Zaubereien außer sich
gebracht hatte. Als sie aber dem Phi- 12
lippus glaubten, der das Evangelium
von dem Reiche Gottes und den Namen Jesu Christi verkündigte, wurden sie getauft, sowohl Männer als
Weiber. Aber auch Simon selbst glaub- 13
te, und als er getauft war, hielt er
sich zu Philippus; und als er die Zeichen und großen Wunder sah, welche
geschahen, geriet er außer sich.

Als aber die Apostel, welche in Je- 14
rusalem waren, gehört hatten, daß Samaria das Wort Gottes angenommen
habe, sandten sie Petrus und Johannes zu ihnen; welche, als sie hinab- 15
gekommen waren, für sie beteten, damit sie *den* Heiligen Geist empfangen
möchten; denn er war noch nicht auf 16

---

a O. Orakel. — *b* 2. Mose 32, 1. — *c* Amos 5, 25—27. — *d* Eig. in mit Händen
Gemachtem. — *e* Jes. 66, 1. 2. — *f* Eig. über die, betreffs der. — *g* Eig. auf Anordnungen
von Engeln hin. — *h* Eig. anrief. — *i* Eig. zogen hindurch; wie Kap. 11, 19. — *j* W.
evangelisierten. — *k* Anderswo mit „Nation“ übersetzt. — *l* Eig. ein Großer. —
m O.Geringen.

einen von ihnen gefallen, sondern sie waren allein getauft auf den Namen
17 des Herrn Jesus. Dann legten sie ihnen die Hände auf, und sie empfingen *den*
18 Heiligen Geist. Als aber Simon sah, daß durch das Auflegen der Hände der Apostel der [Heilige] Geist gege-
19 ben wurde, bot er ihnen Geld an und sagte: Gebet auch mir diese Gewalt, auf daß, wem irgend ich die Hände auflege, er *den* Heiligen Geist emp-
20 fange. Petrus aber sprach zu ihm: Dein Geld fahre samt dir ins Verder- ben, weil du gemeint hast, daß die Gabe Gottes durch Geld zu erlangen
21 sei! Du hast weder Teil noch Los an dieser Sache, denn dein Herz ist nicht
22 aufrichtig vor Gott. Tue nun Buße über diese deine Bosheit und bitte den Herrn, ob dir etwa der Anschlag
23 deines Herzens vergeben werde; denn ich sehe, daß du in Galle der Bitter- keit und in Banden der Ungerechtig-
24 keit bist. Simon aber antwortete und sprach: Bittet ihr für mich den Herrn, damit nichts über mich komme von
25 dem, was ihr gesagt habt. Nachdem sie nun das Wort des Herrn bezeugt und geredet hatten, kehrten sie nach Jerusalem zurück und verkündigte das Evangelium vielen Dörfern der Samariter.

26 Ein Engel *des* Herrn aber redete zu Philippus und sprach: Stehe auf und geh gegen Süden auf den Weg, der von Jerusalem nach Gaza hinab-
27 führt; derselbe ist öde. Und er stand auf und ging hin. Und siehe, ein Aethio- pier, ein Kämmerer *a*, ein Gewalti- ger der Kandace, der Königin der Aethiopier, der über ihren ganzen Schatz *gesetzt* war, war gekommen,
28 um zu Jerusalem anzubeten; und er war auf der Rückkehr und saß auf sei- nem Wagen und las den Propheten
29 Jesaias. Der Geist aber sprach zu Phi- lippus: Tritt hinzu und schließe dich
30 diesem Wagen an. Philippus aber lief hinzu und hörte ihn den Propheten Jesaias lesen und sprach: Verstehst
31 du auch, was du liesest? Er aber sprach: Wie könnte ich denn, wenn nicht je- mand mich anleitet? Und er bat den Philippus, daß er aufsteige und sich
32 zu ihm setze. Die Stelle der Schrift aber, welche er las, war diese: „Er wurde wie ein Schaf zur Schlachtung geführt, und wie ein Lamm stumm ist vor seinem Scherer, also tut er sei-
33 nen Mund nicht auf. In seiner Ernie- drigung wurde sein Gericht weggenom- men; wer aber wird sein Geschlecht beschreiben? denn sein Leben wird
34 von der Erde weggenommen." *b* Der Kämmerer aber antwortete dem Phi- lippus und sprach: Ich bitte dich, von wem sagt der Prophet dieses? von sich
35 selbst oder von einem anderen? Phi- lippus aber tat seinen Mund auf, und, anfangend von dieser Schrift, verkün- digte er ihm das Evangelium von Je-

su. Als sie aber auf dem Wege fort-36 zogen, kamen sie an ein gewisses Was- ser. Und der Kämmerer spricht: Sie- he, *da ist* Wasser; was hindert mich, getauft zu werden? (*) Und er hieß 37 den Wagen halten. Und sie stiegen 38 beide in das Wasser hinab, sowohl Phi- lippus als der Kämmerer; und er tauf- te ihn. Als sie aber aus dem Wasser her- 39 aufstiegen, entrückte *der* Geist *des* Herrn den Philippus; und der Käm- merer sah ihn nicht mehr, denn er zog seinen Weg mit Freuden. Philippus 40 aber wurde zu Asdod gefunden; und indem er hindurchzog, verkündigte er das Evangelium allen Städten, bis er nach Cäsarea kam.

Saulus aber, noch Drohung und **9** Mord wider die Jünger des Herrn schnaubend, ging zu dem Hohenprie- 2 ster und erbat sich von ihm Briefe nach Damaskus an die Synagogen, damit, wenn er etliche, die des We- ges *c* wären, fände, sowohl Männer als Weiber, er sie gebunden nach Je- rusalem führe. Als er aber hinzog, ge- 3 schah es, daß er Damaskus nahte. Und plötzlich umstrahlte ihn ein Licht aus dem Himmel; und auf die Erde fal- 4 lend, hörte er eine Stimme, die zu ihm sprach: Saul, Saul, was verfolgst du mich? Er aber sprach: Wer bist du, 5 Herr? Er aber *sprach*: Ich bin Jesus, den du verfolgst. Stehe aber auf und 6 geh in die Stadt, und es wird dir ge- sagt werden, was du tun sollst. Die 7 Männer aber, die mit ihm des Weges zogen, standen sprachlos, da sie wohl die Stimme *d* hörten, aber niemand sahen. Saulus aber richtete sich von 8 der Erde auf. Als aber seine Augen aufgetan waren, sah er niemand. Und sie leiteten ihn bei der Hand und führ- ten ihn nach Damaskus. Und er war 9 drei Tage nicht sehend und aß nicht und trank nicht. Es war aber ein ge- 10 wisser Jünger in Damaskus, mit Na- men Ananias; und der Herr sprach zu ihm in einem Gesicht: Ananias! Er aber sprach: Siehe, *hier bin ich*, Herr! Der Herr aber *sprach* zu ihm: 11 Stehe auf und geh in die Straße, wel- che die gerade genannt wird, und fra- ge im Hause des Judas nach einem, mit Namen Saulus, von Tarsus, denn siehe, er betet; und er hat [im Gesicht] 12 einen Mann, mit Namen Ananias, ge- sehen, der hereinkam und ihm die Hände auflegte, damit er wieder se- hend werde. Ananias aber antwortete 13 Herr, ich habe von vielen von diesem Manne gehört, wie viel Böses er dei- nen Heiligen in Jerusalem getan hat. Und hier hat er Gewalt von den Ho- 14 henpriestern, alle zu binden, die dei- nen Namen anrufen. Der Herr aber 15 sprach zu ihm: Gehe hin; denn dieser ist mir ein auserwähltes Gefäß, mei- nen Namen zu tragen sowohl vor Na- tionen als Könige und Söhne Israels. Denn i c h werde ihm zeigen, wie 16

---

a Griech.: Eunuch; im weiteren Sinne für Hof- oder Palastbeamter gebraucht. — *b* Jes. 53, 7. 8. — *c* d. i. des Christenweges, des christl. Bekenntnisses. — *d* O. den Schall.

vieles er für meinen Namen leiden muß.

17 Ananias aber ging hin und kam in das Haus; und ihm die Hände auflegend, sprach er: Bruder Saul, der Herr hat mich gesandt, Jesus, der dir erschienen ist auf dem Wege, den du kamst, damit du wieder sehend und mit Heiligem Geiste erfüllt werdest.

18 Und alsbald fiel es wie Schuppen von seinen Augen, und er wurde sehend

19 und stand auf und wurde getauft. Und nachdem er Speise genommen hatte, wurde er gestärkt. Er war aber etliche Tage bei den Jüngern, die in Damaskus waren. Und alsbald predigte

20 er in den Synagogen Jesum, daß

21 dieser der Sohn Gottes ist. Alle aber, die es hörten, gerieten außer sich und sagten: Ist dieser nicht der, welcher in Jerusalem die zerstörte, welche diesen Namen anrufen, und dazu hierhergekommen war, auf daß er sie gebunden zu den Hohenpriestern führe?

22 Saulus aber erstarkte um so mehr und brachte die Juden, die in Damaskus wohnten, in Verwirrung, indem er bewies, daß dieser der Christus ist.

23 Als aber viele Tage verflossen waren, ratschlagten die Juden miteinander,

24 ihn umzubringen. Es wurde aber dem Saulus ihr Anschlag bekannt. Und sie bewachten auch die Tore sowohl bei Tage als bei Nacht, damit sie ihn um-

25 brächten. Die Jünger aber nahmen ihn bei der Nacht und ließen ihn durch die Mauer hinab, indem sie ihn in einem Korbe hinunterließen.

26 Als er aber nach Jerusalem gekommen war, versuchte er, sich den Jüngern anzuschließen; und alle fürchteten sich vor ihm, da sie nicht glaub-

27 ten, daß er ein Jünger sei. Barnabas aber nahm ihn und brachte ihn zu den Aposteln und erzählte ihnen, wie er auf dem Wege den Herrn gesehen habe, und daß derselbe zu ihm geredet, und wie er in Damaskus freimütig im Namen Jesu gesprochen habe.

28 Und er ging mit ihnen aus und ein in Jerusalem [und] sprach freimütig im

29 Namen des Herrn. Und er redete und stritt mit den Hellenisten; sie aber

30 trachteten ihn umzubringen. Als die Brüder es aber erfuhren, brachten sie ihn nach Cäsarea hinab und sandten ihn hinweg nach Tarsus.

31 So hatten denn die Versammlungen *a* durch ganz Judäa und Galiläa und Samaria hin Frieden und wurden erbaut und wandelten in der Furcht des Herrn und wurden vermehrt durch den Trost des Heiligen Geistes.

32 Es geschah aber, daß Petrus, indem er allenthalben hindurchzog, auch zu den Heiligen hinabkam, die zu Lydda

33 wohnten. Er fand aber daselbst einen gewissen Menschen, mit Namen Aeneas, der seit acht Jahren zu Bett lag,

34 welcher gelähmt war. Und Petrus sprach zu ihm: Aeneas! Jesus, der Christus, heilt dich; stehe auf und

bette dir selbst! Und alsbald stand er auf. Und es sahen ihn alle, die zu Lyd- 35 da und Saron wohnten, welche sich zum Herrn bekehrten.

In Joppe aber war eine gewisse Jün- 36 gerin, mit Namen Tabitha, was verdolmetscht heißt: Dorkas *b*; diese war voll guter Werke und Almosen, die sie übte. Es geschah aber in jenen Ta- 37 gen, daß sie krank wurde und starb. Und als sie sie gewaschen hatten, legten sie sie auf den Obersaal. Da aber 38 Lydda nahe bei Joppe war, sandten die Jünger, als sie gehört hatten, daß Petrus daselbst sei, zwei Männer zu ihm und baten: Zögere nicht, zu uns zu kommen. Petrus aber stand auf und 39 ging mit ihnen; und als er angekommen war, führten sie ihn auf den Obersaal. Und alle Witwen traten weinend zu ihm und zeigten ihm die Leibröcke und Kleider, welche die Dorkas gemacht hatte, während sie bei ihnen war. Petrus aber trieb alle hinaus, 40 kniete nieder und betete. Und er wandte sich zu dem Leichnam und sprach: Tabitha, stehe auf! Sie aber schlug ihre Augen auf, und als sie den Petrus sah, setzte sie sich auf. Er aber 41 gab ihr die Hand und richtete sie auf; er rief aber die Heiligen und die Witwen und stellte sie lebend dar. Es 42 wurde aber durch ganz Joppe hin kund, und viele glaubten an den Herrn. Es 43 geschah aber, daß er viele Tage in Joppe blieb, bei einem gewissen Simon, einem Gerber.

Ein gewisser Mann aber in Cäsarea, mit Namen Kornelius, — ein **10** Hauptmann von der sogenannten italischen Schar, fromm und gottesfürch- 2 tig mit seinem ganzen Hause, der dem Volke viele Almosen gab und allezeit zu Gott betete — sah in einem 3 Gesicht ungefähr um die neunte Stunde des Tages offenbarlich, wie ein Engel Gottes zu ihm hereinkam und zu ihm sagte: Kornelius! Er aber 4 sah ihn unverwandt an und wurde von Furcht erfüllt und sagte: Was ist, Herr? Er sprach aber zu ihm: Deine Gebete und deine Almosen sind hinaufgestiegen zum Gedächtnis vor Gott. Und jetzt sende Männer nach Joppe 5 und laß Simon holen, der Petrus zubenamt ist; dieser herbergt bei einem 6 gewissen Simon, einem Gerber, dessen Haus am Meere ist *c*. Als aber 7 der Engel, der mit ihm redete, weggegangen war, rief er zwei seiner Hausknechte und einen frommen Kriegsknecht von denen, die beständig bei ihm waren; und als er ihnen 8 alles erzählt hatte, sandte er sie nach Joppe.

Des folgenden Tages aber, während 9 jene reisten und sich der Stadt näherten, stieg Petrus um die sechste Stunde auf das Dach *d*, um zu beten. Er 10 wurde aber hungrig und verlangte zu essen. Während sie ihm aber zubereiteten, kam eine Entzückung über

---

a O. nach vielen alten Handschr.: So hatte denn die Versammlung usw. — *b* Gazelle.
— *c* O. der ein Haus am Meere hat. — *d* O. Haus.

11 ihn. Und er sieht den Himmel geöffnet und ein gewisses Gefäß, gleich einem großen leinenen Tuche, herabkommen, an vier Zipfeln [gebunden 12 und] auf die Erde herniedergelassen, in welchem allerlei vierfüßige und kriechende Tiere der Erde waren und das 13 Gevögel des Himmels. Und eine Stimme geschah zu ihm: Stehe auf, Petrus, 14 schlachte und iß! Petrus aber sprach: Keineswegs, Herr! denn niemals habe ich irgend etwas Gemeines 15 oder Unreines gegessen. Und wiederum *geschah* eine Stimme zum zweiten Male zu ihm: Was Gott gereinigt hat, 16 mache d u nicht gemein! Dieses aber geschah dreimal; und das Gefäß wurde alsbald hinaufgenommen in den 17 Himmel. Als aber Petrus bei sich selbst in Verlegenheit war, was doch das Gesicht sein möchte, das er gesehen hatte, siehe, da standen die Männer, welche von Kornelius gesandt waren und Simons Haus erfragt hatten, vor 18 dem Tore; und als sie gerufen hatten, fragten sie, ob Simon, der Petrus zubenamt sei, daselbst herberge. 19 Während aber Petrus über das Gesicht nachsann, sprach der Geist zu ihm: Siehe, drei Männer suchen dich. 20 Stehe aber auf, geh hinab und ziehe mit ihnen, ohne irgend zu zweifeln, 21 weil i c h sie gesandt habe. Petrus aber ging zu den Männern hinab und sprach: Siehe, ich bin's, den ihr suchet. Was ist die Ursache, weshalb ihr kommet? 22 Sie aber sprachen: Kornelius, ein Hauptmann, ein gerechter und gottesfürchtiger Mann, und der ein *gutes* Zeugnis hat von der ganzen Nation der Juden, ist von einem heiligen Engel göttlich gewiesen worden, dich in sein Haus holen zu lassen und Worte 23 von dir zu hören. Als er sie nun hereingerufen hatte, beherbergte er sie. Des folgenden Tages aber machte er sich auf und zog mit ihnen fort, und etliche der Brüder von Joppe gingen 24 mit ihm; und des folgenden Tages kamen sie nach Cäsarea. Kornelius aber, der seine Verwandten und nächsten Freunde zusammengerufen hatte, erwartete sie.
25 Als es aber geschah, daß Petrus hereinkam, ging Kornelius ihm entgegen, fiel ihm zu Füßen und huldigte ihm. 26 Petrus aber richtete ihn auf und sprach: Stehe auf! auch i c h selbst bin ein 27 Mensch. Und sich mit ihm unterredend, ging er hinein und findet viele 28 versammelt. Und er sprach zu ihnen: Ihr wisset, wie unerlaubt es für einen jüdischen Mann ist, sich einem Fremdling *a* anzuschließen oder zu ihm zu kommen; und mir hat Gott gezeigt, keinen Menschen gemein oder 29 unrein zu heißen. Darum kam ich auch ohne Widerrede, als ich geholt wurde. Ich frage nun: Aus welchem Grunde 30 habt ihr mich holen lassen? Und Kornelius sprach: Vor vier Tagen [fa-

stete ich] bis zu dieser Stunde, [und] um die neunte betete ich in meinem Hause; und siehe, ein Mann stand vor mir in glänzendem Kleide und spricht: 31 Kornelius! dein Gebet ist erhört, und deiner Almosen ist gedacht worden vor Gott. Sende nun nach Joppe und 32 laß Simon holen, der Petrus zubenamt ist; dieser herbergt in dem Hause Simons, eines Gerbers, am Meere; [der wird, wenn er hierhergekommen ist, zu dir reden]. Sofort nun 33 sandte ich zu dir, und du hast wohlgetan, daß du gekommen bist. Jetzt sind wir nun alle vor Gott gegenwärtig, um alles zu hören, was dir von Gott befohlen ist.
Petrus aber tat den Mund auf und 34 sprach: In Wahrheit begreife ich, daß Gott die Person nicht ansieht, sondern 35 in jeder Nation, wer ihn fürchtet und Gerechtigkeit wirkt, ist ihm angenehm *b*. Das Wort, welches er den 36 Söhnen Israels gesandt hat, Frieden verkündigend *c* durch Jesum Christum, [dieser ist aller *d* Herr] kennet i h r: 37 das Zeugnis *e*, welches, anfangend von Galiläa, durch ganz Judäa hin ausgebreitet worden *f* ist, nach der Taufe, die Johannes predigte: Jesum, den von 38 Nazareth, wie Gott ihn mit Heiligem Geiste und mit Kraft gesalbt hat, der umhergieng *g*, wohltuend und heilend alle, die von dem Teufel überwältigt waren; denn Gott war mit ihm. Und 39 wir sind Zeugen alles dessen, was er sowohl im Lande der Juden als auch in Jerusalem getan hat; welchen sie auch umgebracht haben, indem sie ihn an ein Holz hängten. Diesen hat Gott 40 am dritten Tage auferweckt und ihn sichtbar werden lassen, nicht dem gan- 41 zen Volke, sondern den von Gott zuvor erwählten Zeugen, uns, die wir mit ihm gegessen und getrunken haben, nachdem er aus *den* Toten auferstanden war. Und er hat uns befohlen, 42 dem Volke zu predigen und ernstlich zu bezeugen, daß *er* der von Gott verordnete Richter der Lebendigen und der Toten ist. Diesem geben alle Pro- 43 pheten Zeugnis, daß jeder, der an ihn glaubt, Vergebung *der* Sünden empfängt durch seinen Namen.
Während Petrus noch diese Worte 44 redete, fiel der Heilige Geist auf alle, die das Wort hörten. Und die Gläu- 45 bigen aus der Beschneidung, so viele ihrer mit Petrus gekommen waren, gerieten außer sich, daß auch auf die Nationen die Gabe des Heiligen Geistes ausgegossen worden war; denn sie 46 hörten sie in Sprachen reden und Gott erheben. Dann antwortete Pe- 47 trus: Könnte wohl jemand *h* das Wasser verwehren, daß diese nicht getauft würden, die den Heiligen Geist empfangen haben, gleichwie auch wir? Und er befahl, sie getauft würden 48 in dem Namen des Herrn. Dann baten sie ihn, etliche Tage zu bleiben.

---

a Eig. jemand, der einem anderen Volke angehört. — *b* O. annehmlich. — *c* W. Frieden evangelisierend. — *d* O. von allem. — *e* O. die Rede, die Sache. — *f* W. geschehen. — *g* Eig. hindurchzog. — *h* O. Es kann doch nicht jemand.

11 Die Apostel aber und die Brüder, die in Judäa waren, hörten, daß auch die Nationen das Wort Gottes ange-
2 nommen hätten; und als Petrus nach Jerusalem hinaufkam, stritten die aus
3 der Beschneidung mit ihm und sagten: Du bist zu Männern eingekehrt, die Vorhaut haben, und hast mit ihnen ge-
4 gessen. Petrus aber fing an und setzte es ihnen der Reihe nach auseinander
5 und sprach: Ich war in der Stadt Joppe im Gebet, und ich sah in einer Entzückung ein Gesicht, wie ein gewisses Gefäß herabkam, gleich einem großen leinenen Tuche, an vier Zipfeln herniedergelassen aus dem Him-
6 mel; und es kam bis zu mir. Und als ich es unverwandt anschaute, betrachtete und sah ich die vierfüßigen Tiere der Erde und die wilden Tiere und die kriechenden und das Gevögel des Him-
7 mels. Ich hörte aber auch eine Stimme, die zu mir sagte: Stehe auf, Petrus,
8 schlachte und iß! Ich sprach aber: Keineswegs, Herr! denn niemals ist Gemeines oder Unreines in meinen Mund ge-
9 kommen. Eine Stimme aber antwortete zum zweiten Male aus dem Himmel: Was Gott gereinigt hat, mache du nicht
10 gemein! Dies aber geschah dreimal; und alles wurde wiederum hinaufgezo-
11 gen in den Himmel. Und siehe, alsbald standen vor dem Hause, in welchem ich war, drei Männer, die von Cäsarea
12 zu mir gesandt waren. Der Geist aber hieß mich mit ihnen gehen, ohne irgend zu zweifeln. Es kamen aber auch diese sechs Brüder mit mir, und wir kehrten
13 in das Haus des Mannes ein. Und er erzählte uns, wie er den Engel gesehen habe in seinem Hause stehen und [zu ihm] sagen: Sende nach Joppe und laß Simon holen der Petrus zubenamt
14 ist; der wird Worte zu dir reden, durch welche du errettet werden wirst, du
15 und dein ganzes Haus. Indem ich aber zu reden begann, fiel der Heilige Geist auf sie, so wie auch auf uns im An-
16 fang. Ich gedachte aber an das Wort des Herrn, wie er sagte: Johannes taufte zwar mit Wasser, ihr aber werdet mit Heiligem Geiste getauft wer-
17 den. Wenn nun Gott ihnen die gleiche Gabe gegeben hat wie auch uns, die wir an den Herrn Jesus Christus geglaubt haben, wer war ich, daß ich
18 vermocht hätte, Gott zu wehren? Als sie aber dies gehört hatten, beruhigten sie sich und verherrlichten Gott und sagten: Dann hat Gott also auch den Nationen die Buße gegeben zum Leben.
19 Die nun zerstreut waren durch die Drangsal, welche wegen Stephanus entstanden war, zogen hindurch bis nach Phönicien und Cypern und Antiochien und redeten zu niemand das
20 Wort, als allein zu Juden. Es waren aber unter ihnen etliche Männer von Cypern und Kyrene, welche, als sie nach Antiochien kamen, auch zu den Griechen redeten, indem sie das Evangelium von dem Herrn Jesus verkün-
21 digten. Und des Herrn Hand war mit ihnen, und eine große Zahl glaubte
22 und bekehrte sich zum Herrn. Es kam aber die Rede von ihnen zu den

Ohren der Versammlung, die in Jerusalem war, und sie sandten Barnabas aus, daß er hindurchzöge bis nach An-
23 tiochien; welcher, als er hingekommen war und die Gnade Gottes sah, sich freute und alle ermahnte, mit Herzensentschluß bei dem Herrn zu verharren.
24 Denn er war ein guter Mann und voll Heiligen Geistes und Glaubens; und eine zahlreiche Menge wurde dem
25 Herrn hinzugetan. Er zog aber aus nach Tarsus, um Saulus aufzusuchen; und als er ihn gefunden hatte, brachte
26 er ihn nach Antiochien. Es geschah aber, daß sie ein ganzes Jahr in der Versammlung zusammenkamen und eine zahlreiche Menge lehrten, und daß die Jünger zuerst in Antiochien Christen genannt wurden.
27 In diesen Tagen aber kamen Propheten von Jerusalem nach Antiochien
28 herab. Einer aber von ihnen, mit Namen Agabus, stand auf und zeigte durch den Geist eine große Hungersnot an, die über den ganzen Erdkreis kommen sollte, welche auch unter Klaudius
29 eintrat. Sie beschlossen aber, jenachdem einer der Jünger begütert war, ein jeder von ihnen zur Hilfsleistung den Brüdern zu senden, die in Judäa
30 wohnten; was sie auch taten, indem sie es an die Aeltesten sandten durch die Hand des Barnabas und Saulus.

12 Um jene Zeit aber legte Herodes, der König, die Hände an etliche von der Versammlung, sie zu mißhandeln;
2 er tötete aber Jakobus, den Bruder des
3 Johannes, mit dem Schwerte. Und als er sah, daß es den Juden gefiel, fuhr er fort, auch Petrus festzunehmen, (es waren aber die Tage der ungesäuerten
4 Brote) welchen er auch, nachdem er ihn ergriffen hatte, ins Gefängnis setzte und an vier Abteilungen von je vier Kriegsknechten zur Bewachung überlieferte, indem er willens war, ihn nach dem Passah dem Volke vorzu-
5 führen. Petrus nun wurde in dem Gefängnis verwahrt; aber von der Versammlung geschah ein anhaltendes
6 Gebet für ihn zu Gott. Als aber Herodes ihn vorführen wollte, schlief Petrus in jener Nacht zwischen zwei Kriegsknechten, gebunden mit zwei Ketten, und Wächter vor der Tür ver-
7 wahrten das Gefängnis. Und siehe, ein Engel des Herrn stand da, und ein Licht leuchtete in dem Kerker; und er schlug Petrus an die Seite, weckte ihn und sagte: Stehe schnell auf! Und die Ketten fielen ihm von den Händen.
8 Und der Engel sprach zu ihm: Gürte dich und binde deine Sandalen unter. Er tat aber also. Und er spricht zu ihm: Wirf dein Oberkleid um und
9 folge mir. Und er ging hinaus und folgte [ihm] und wußte nicht, daß es Wirklichkeit war, was durch den Engel geschah; er meinte aber ein Ge-
10 sicht zu sehen. Als sie aber durch die erste und die zweite Wache gegangen waren, kamen sie an das eiserne Tor, das in die Stadt führte, welches sich ihnen von selbst auftat; und sie traten hinaus und gingen eine Straße entlang, und alsbald schied der Engel

11 von ihm. Und als Petrus zu sich selbst kam, sprach er: Nun weiß ich in Wahrheit, daß *der* Herr seinen Engel gesandt und mich gerettet hat aus der Hand des Herodes und aller Erwar-
12 tung des Volkes der Juden. Und als er sich bedachte *a*, kam er an das Haus der Maria, der Mutter des Johannes, der Markus zubenamt war, wo viele
13 versammelt waren und beteten. Als er aber an der Tür des Tores klopfte, kam eine Magd, mit Namen Rhode,
14 herbei, um zu horchen. Und als sie die Stimme des Petrus erkannte, öffnete sie vor Freude das Tor nicht; sie lief aber hinein und verkündete,
15 Petrus stehe vor dem Tore. Sie aber sprachen zu ihr: Du bist von Sinnen. Sie aber beteuerte, daß es also sei. Sie
16 aber sprachen: Es ist sein Engel. Petrus aber fuhr fort zu klopfen. Als sie aber aufgetan hatten, sahen sie ihn
17 und waren außer sich. Er aber winkte ihnen mit der Hand zu schweigen, und erzählte [ihnen], wie der Herr ihn aus dem Gefängnis herausgeführt habe; und er sprach: Verkündet dies Jakobus und den Brüdern. Und er ging hinaus und zog an einen anderen Ort.
18 Als es aber Tag geworden, war eine nicht geringe Bestürzung unter den Kriegsknechten, was doch aus Petrus
19 geworden sei. Als aber Herodes nach ihm verlangte und ihn nicht fand, zog er die Wächter zur Untersuchung und befahl sie abzuführen *b*; und er ging von Judäa nach Cäsarea hinab und
20 verweilte *daselbst*. Er war aber sehr erbittert gegen die Tyrer und Sidonier. Sie kamen aber einmütig zu ihm, und nachdem sie Blastus, den Kämmerer des Königs, überredet hatten, baten sie um Frieden, weil ihr Land von
21 dem königlichen ernährt wurde. An einem festgesetzten Tage aber hielt Herodes, nachdem er königliche Kleider angelegt und sich auf den Thron *c* gesetzt hatte, eine öffentliche Rede an
22 sie. Das Volk aber rief *ihm* zu: Eines Gottes Stimme und nicht eines Men-
23 schen! Alsbald aber schlug ihn ein Engel *des* Herrn, darum daß er nicht Gott die Ehre gab; und von Würmern gefressen, verschied er.
24 Das Wort Gottes aber wuchs und
25 mehrte sich. Barnabas aber und Saulus kehrten, nachdem sie den Dienst erfüllt hatten, von Jerusalem zurück und nahmen auch Johannes mit, der Markus zubenamt war.

13 Es waren aber in Antiochien, in der dortigen Versammlung, Propheten und Lehrer: Barnabas und Simeon, genannt Niger, und Lucius von Kyrene, und Manaen, der mit Herodes, dem Vierfürsten, auferzogen war *d*,
2 und Saulus. Während sie aber dem Herrn dienten und fasteten, sprach der Heilige Geist: Sondert mir nun Barnabas und Saulus zu dem Werke aus, zu welchem ich sie berufen habe.
3 Da fasteten und beteten sie; und als

sie ihnen die Hände aufgelegt hatten, entließen sie sie.
4 Sie nun, ausgesandt von dem Heiligen Geiste, gingen hinab nach Seleucia, und von dannen segelten sie
5 nach Cypern. Und als sie in Salamis waren, verkündigten sie das Wort Gottes in den Synagogen der Juden. Sie hatten aber auch Johannes zum
6 Diener. Als sie aber die ganze Insel bis Paphos durchzogen hatten, fanden sie einen gewissen Mann, einen Ma-
7 gier, einen falschen Propheten, einen Juden, mit Namen Bar-Jesus, der bei dem Prokonsul Sergius Paulus war,
8 einem verständigen Manne. Dieser rief Barnabas und Saulus herbei und begehrte das Wort Gottes zu hören. Elymas aber, der Zauberer, (denn so wird sein Name verdolmetscht) widerstand ihnen und suchte den Prokonsul von dem Glauben abwendig zu ma-
9 chen. Saulus aber, der auch Paulus *heißt*, erfüllt mit Heiligem Geiste,
10 blickte unverwandt auf ihn hin und sprach: O du, voll aller List und aller Bosheit, Sohn des Teufels, Feind aller Gerechtigkeit! willst du nicht aufhören, die geraden Wege *des* Herrn zu
11 verkehren? Und jetzt siehe, die Hand *des* Herrn *ist* auf dir! und du wirst blind sein und die Sonne eine Zeitlang nicht sehen. Und alsbald fiel Dunkel und Finsternis auf ihn; und er tappte umher und suchte solche,
12 die ihn an der Hand leiteten. Dann, als der Prokonsul sah, was geschehen war, glaubte er, erstaunt über die Lehre des Herrn.
13 Als aber Paulus und seine Begleiter von Paphos abgefahren waren, kamen sie nach Perge in Pamphylien. Johannes aber sonderte sich von ihnen ab und kehrte nach Jerusalem
14 zurück. Sie aber zogen von Perge aus hindurch und kamen nach Antiochien in Pisidien; und sie gingen am Tage des Sabbaths in die Synagoge und
15 setzten sich. Aber nach dem Vorlesen des Gesetzes und der Propheten sandten die Vorsteher der Synagoge zu ihnen und sagten: Brüder *e*, wenn in euch irgend ein Wort der Ermahnung
16 an das Volk ist, so redet. Paulus aber stand auf, winkte mit der Hand und sprach: Männer von Israel und die ihr
17 Gott fürchtet, höret: Der Gott dieses Volkes Israel erwählte unsere Väter und erhöhte das Volk in der Fremdlingschaft im Lande Aegypten, und mit erhobenem Arm führte er sie von
18 dannen heraus; und eine Zeit von etwa vierzig Jahren pflegte er sie in
19 der Wüste. Und nachdem er sieben Nationen im Lande Kanaan vertilgt hatte, ließ er sie deren Land erben.
20 Und nach diesem, bei vierhundert und fünfzig Jahren, gab er ihnen Richter bis auf Samuel, den Propheten. Und
21 von da an begehrten sie einen König, und Gott gab ihnen Saul, den Sohn Kis', einen Mann aus dem Stamme

---

a O. es erkannte. — *b* d. h. zur Hinrichtung. — *c* O. Rednerstuhl. — *d* O. der Milchbruder des Vierfürsten Herodes. — *e* wie Kap. 1, 16; so auch nachher.

22 Benjamin, vierzig Jahre lang. Und nachdem er ihn weggetan hatte, erweckte er ihnen David zum König, welchem er auch Zeugnis gab und sprach: „Ich habe David gefunden, den Sohn Isais, einen Mann nach meinem Herzen, der meinen ganzen Wil-
23 len tun wird".*a* Aus dessen Samen hat Gott nach Verheißung dem Israel
24 als Erretter *b* Jesum gebracht, nachdem Johannes, angesichts seines Eintritts, zuvor *die* Taufe *der* Buße dem ganzen Volke Israel verkündigt hatte.
25 Als aber Johannes seinen Lauf erfüllte, sprach er: Wer meinet ihr, daß ich sei? Ich bin es nicht, sondern siehe, es kommt einer nach mir, dessen ich nicht würdig bin, *ihm* die Sandale
26 an den Füßen zu lösen. Brüder, Söhne des Geschlechts Abrahams, und die unter euch Gott fürchten, euch ist das
27 Wort dieses Heils gesandt. Denn die zu Jerusalem wohnen und ihre Obersten, indem sie diesen nicht erkannten, haben auch die Stimmen der Propheten erfüllt, welche jeden Sabbath gelesen werden, indem sie *über ihn*
28 Gericht hielten. Und obschon sie keine Ursache des Todes fanden, baten sie den Pilatus, daß er umgebracht
29 würde. Und nachdem sie alles vollendet hatten, was über ihn geschrieben ist, nahmen sie ihn vom Holze herab und legten ihn in eine Gruft.
30 Gott aber hat ihn aus *den* Toten auf-
31 erweckt, und er ist *c* mehrere Tage hindurch denen erschienen, die mit ihm hinaufgezogen waren von Galiläa nach Jerusalem, welche jetzt seine
32 Zeugen an das *d* Volk sind. Und wir verkündigen euch die gute Botschaft von der zu den Vätern geschehenen
33 Verheißung, daß Gott dieselbe uns, ihren Kindern, erfüllt hat, indem er Jesum erweckte; wie auch in dem zweiten *e* Psalm geschrieben steht: „Du bist mein Sohn, heute habe ich
34 dich gezeugt".*f* Daß er ihn aber aus *den* Toten auferweckt hat, um nicht mehr zur Verwesung zurückzukehren, hat er also ausgesprochen: „Ich werde euch die gewissen Gnaden *g* Davids
35 geben".*h* Deshalb sagt er auch an einer anderen *Stelle*: „Du wirst nicht zugeben *i*, daß dein Frommer *j* die Verwe-
36 sung sehe".*k* Denn David freilich, als er zu seiner Zeit dem Willen Gottes *l* gedient hatte, entschlief und wurde zu seinen Vätern beigesetzt und sah
37 die Verwesung. Der aber, den Gott auferweckt hat, sah die Verwesung
38 nicht. So sei es euch nun kund, Brüder, daß durch diesen euch Vergebung
39 *der* Sünden verkündigt wird; und von allem, wovon ihr im Gesetz *m* Moses' nicht gerechtfertigt werden konntet,

wird in diesem jeder Glaubende gerechtfertigt. Sehet nun zu, daß nicht 40 über [euch] komme, was in den Propheten gesagt ist: „Sehet, ihr Veräch- 41 ter, und verwundert euch und verschwindet; denn i c h wirke ein Werk in euren Tagen, ein Werk, das ihr n i c h t glauben werdet, wenn es euch jemand erzählt".*n*
Als sie aber hinausgingen, baten sie, 42 daß auf den folgenden Sabbath diese Worte zu ihnen geredet würden. Als 43 aber die Synagoge aus *o* war, folgten viele der Juden und der anbetenden Proselyten dem Paulus und Barnabas, welche zu ihnen sprachen und ihnen zuredeten, in der Gnade Gottes zu verharren. Am nächsten Sabbath 44 aber versammelte sich fast die ganze Stadt, um das Wort Gottes zu hören. Als aber die Juden die Volksmengen 45 sahen, wurden sie von Eifersucht *p* erfüllt und widersprachen dem, was von Paulus geredet wurde, [widersprechend und] lästernd. Paulus aber und 46 Barnabas gebrauchten Freimütigkeit und sprachen: Zu euch mußte notwendig das Wort Gottes zuerst geredet werden; weil ihr es aber von euch stoßet und euch selbst nicht würdig achtet des ewigen Lebens, siehe, so wenden wir uns zu den Nationen. Denn also hat uns der Herr geboten: 47 „Ich habe dich zum Licht der Nationen gesetzt, auf daß du zum Heil seiest bis an das Ende der Erde".*q* Als 48 aber die *aus den* Nationen es hörten, freuten sie sich und verherrlichten das Wort des Herrn; und es glaubten, so viele *ihrer* zum ewigen Leben verordnet waren. Das Wort des Herrn aber 49 wurde ausgebreitet durch die ganze Gegend. Die Juden aber erregten die 50 anbetenden vornehmen Frauen und die Ersten der Stadt und erweckten eine Verfolgung wider Paulus und Barnabas und vertrieben sie aus ihren Grenzen. Sie aber schüttelten den 51 Staub von ihren Füßen wider sie ab und kamen nach Ikonium. Die Jün- 52 ger aber wurden mit Freude und heiligem Geiste erfüllt.

Es geschah aber zu Ikonium, daß 14 sie zusammen in die Synagoge der Juden gingen und also redeten, daß eine große Menge, sowohl von Juden als auch von Griechen, glaubte. Die 2 ungläubigen *r* Juden aber reizten und erbitterten die Seelen *derer aus den* Nationen wider die Brüder. Sie ver- 3 weilten nun lange Zeit und sprachen freimütig in dem Herrn, der dem Worte seiner Gnade Zeugnis gab, indem er Zeichen und Wunder geschehen ließ durch ihre Hände. Die Menge 4 der Stadt aber war entzweit, und die

---

a Ps. 89, 20; 1. Sam. 13, 14. — *b* O. Heiland. — *c* W. welcher ist. — *d* O. bei dem. — *e* Wahrsch. ist nach mehreren Handschriften „dem ersten" zu lesen, da von den Juden *der* 1. Psalm häufig nicht besonders gezählt, sondern als Eingang des Psalters betrachtet wurde. — *f* Ps. 2, 7. — *g* O. Barmherzigkeiten. — *h* Jes. 55, 3. — *i* Eig. geben. — *j* S. die Anm. zu Kap. 2, 27. — *k* Ps. 16, 10. — *l* O. als er seinem Geschlecht (d. h. seinen Zeitgenossen) durch den Willen Gottes. — *m* d. h. auf dem Grundsatz des Gesetzes. — *n* Hab. 1, 5. — *o* Eig. aufgelöst. — *p* O. Neid. — *q* Jes. 49, 6. — *r* O. ungehorsamen.

einen waren mit den Juden, die an-
5 deren mit den Aposteln. Als aber ein
ungestümer Angriff geschah, sowohl
von denen *aus den* Nationen als auch
von den Juden samt ihren Obersten,
um sie zu mißhandeln und zu steini-
6 gen, entflohen sie, als sie es inne wurden, in die Städte von Lykaonien:
Lystra und Derbe, und die Umge-
7 gend; und daselbst verkündigten sie
das Evangelium.
8 Und ein gewisser Mann in Lystra
saß da, kraftlos an den Füßen, lahm
von seiner Mutter Leibe an, der nie-
9 mals gewandelt hatte. Dieser hörte
Paulus reden, welcher, als er unverwandt auf ihn hinblickte und sah, daß
er Glauben hatte, geheilt *a* zu werden,
10 mit lauter Stimme sprach: Stelle dich
gerade hin auf deine Füße! Und er
11 sprang auf und wandelte. Als die Volksmengen aber sahen, was Paulus tat,
erhoben sie ihre Stimme und sagten
auf lykaonisch: Die Götter sind den
Menschen gleich geworden und sind
12 zu uns herabgekommen. Und sie nannten den Barnabas Zeus *b*, den Paulus
aber Hermes *c*, weil er das Wort führ-
13 te. Der Priester des Zeus aber, welcher vor der Stadt war *d*, brachte Stiere und Kränze an die Tore und woll-
14 te mit den Volksmengen opfern. Als
aber die Apostel Barnabas und Paulus es hörten, zerrissen sie ihre Kleider, sprangen hinaus unter die Volks-
15 menge und riefen und sprachen: Männer, warum tut ihr dieses? Auch w i r
sind Menschen von gleichen Empfindungen wie ihr und verkündigen *e*
euch, daß ihr euch von diesen nichtigen *Götzen* bekehren sollt zu dem lebendigen Gott, welcher den Himmel
und die Erde und das Meer gemacht
16 hat und alles, was in ihnen ist; der in
den vergangenen Geschlechtern alle
Nationen in ihren eigenen Wegen ge-
17 hen ließ, wiewohl er sich doch nicht
unbezeugt gelassen hat, indem er Gutes tat und euch vom Himmel Regen
und fruchtbare Zeiten gab und eure
Herzen mit Speise und Fröhlichkeit
18 erfüllte. Und als sie dies sagten, still-
ten sie kaum die Volksmengen, daß
sie ihnen nicht opferten.
19 Es kamen aber aus Antiochien und
Ikonium Juden an, und nachdem sie
die Volksmengen überredet und Paulus
gesteinigt hatten, schleiften sie ihn
zur Stadt hinaus, indem sie meinten,
20 er sei gestorben. Als aber die Jünger
ihn umringten, stand er auf und ging
in die Stadt hinein; und des folgenden Tages zog er mit Barnabas aus
21 nach Derbe. Und als sie jener Stadt
das Evangelium verkündigt und viele
zu Jüngern gemacht hatten, kehrten
sie nach Lystra und Ikonium und An-
22 tiochien zurück, indem sie die Seelen
der Jünger befestigten, und sie ermahnten, im Glauben zu verharren,
und daß wir durch viele Trübsale *f* in

das Reich Gottes eingehen müssen.
Als sie ihnen aber in jeder Ver-samm- 23
lung Aelteste gewählt hatten, beteten
sie mit Fasten und befahlen sie dem
Herrn, an welchen sie geglaubt hatten. Und nachdem sie Pisidien durch- 24
zogen hatten, kamen sie nach Pamphylien; und als sie in Perge das Wort 25
geredet hatten, gingen sie hinab nach
Attalia; und von dannen segelten sie 26
ab nach Antiochien, von wo sie der
Gnade Gottes befohlen worden waren
zu dem Werke, das sie erfüllt hatten.
Als sie aber angekommen waren und 27
die Versammlung zusammengebracht
hatten, erzählten sie alles, was Gott
mit ihnen getan, und daß er den Nationen eine Tür des Glaubens aufgetan habe. Sie verweilten aber eine 28
nicht geringe Zeit bei den Jüngern.

Und etliche kamen von Judäa her- **15**
ab und lehrten die Brüder: Wenn
ihr nicht beschnitten worden seid nach
der Weise *g* Moses', so könnt ihr nicht
errettet werden. Als nun ein Zwie- 2
spalt entstand und ein nicht geringer
Wortwechsel zwischen ihnen und dem
Paulus und Barnabas, ordneten sie an,
daß Paulus und Barnabas und etliche
andere von ihnen zu den Aposteln und
Aeltesten nach Jerusalem hinaufgehen sollten wegen dieser Streitfrage.
Sie nun, nachdem sie von der Ver- 3
sammlung das Geleit erhalten hatten,
durchzogen Phönicien und Samaria
und erzählten die Bekehrung *derer*
aus den Nationen; und sie machten
allen Brüdern große Freude. Als sie 4
aber nach Jerusalem gekommen waren, wurden sie von der Versammlung
und den Aposteln und Aeltesten aufgenommen, und sie verkündeten alles,
was Gott mit ihnen getan hatte. Et- 5
liche aber derer von der Sekte der
Pharisäer, welche glaubten, traten auf
und sagten: Man muß sie beschneiden und ihnen gebieten, das Gesetz
Moses' zu halten.

Die Apostel aber und die Aeltesten 6
versammelten sich, um diese Angelegenheit zu besehen. Als aber viel Wort- 7
wechsel entstanden war, stand Petrus
auf und sprach zu ihnen: Brüder, i h r
wisset, daß Gott vor längerer Zeit *h*
mich unter euch auserwählt hat, daß
die Nationen durch meinen Mund das
Wort des Evangeliums hören und glauben sollten. Und Gott, der Herzens- 8
kenner, gab ihnen Zeugnis, indem er
ihnen den Heiligen Geist gab, gleichwie auch uns; und er machte keinen 9
Unterschied zwischen uns und ihnen,
indem er durch den Glauben ihre Herzen reinigte. Nun denn, was versuchet 10
ihr Gott, ein Joch auf den Hals der
Jünger zu legen, das weder unsere
Väter noch wir zu tragen vermochten? Sondern wir glauben durch die 11
Gnade des Herrn Jesus in derselben
Weise errettet zu werden wie auch
jene. Die ganze Menge aber schwieg 12

---

a O. gerettet. — *b* O. Jupiter. — *c* O. Merkur. — *d* bezieht sich auf Zeus, welcher
wahrscheinlich vor der Stadt seinen Tempel hatte. — *e* W. evangelisieren. — *f* O.
Drangsale. — *g* O. der Sitte, dem Gebrauch. — *h* W. von alten Tagen her.

und hörte Barnabas und Paulus zu, welche erzählten, wie viele Zeichen und Wunder Gott unter den Nationen 13 durch sie getan habe. Nachdem sie aber ausgeredet *a* hatten, antwortete Jakobus und sprach: Brüder, höret 14 mich! Simon hat erzählt, wie Gott zuerst die Nationen heimgesucht *b* hat, um aus ihnen ein Volk zu nehmen 15 für seinen Namen. Und hiermit stimmen die Worte der Propheten über-16 ein, wie geschrieben steht: „Nach diesem will ich zurückkehren und wieder aufbauen die Hütte Davids, die verfallen ist, und ihre Trümmer will ich wieder bauen und sie wieder 17 aufrichten; damit die übrigen der Menschen den Herrn suchen, und alle Nationen, über welche mein Name angerufen ist, spricht *der* Herr, der die-18 ses tut", *c* was von jeher bekannt ist. 19 Deshalb urteile i c h, daß man diejenigen, welche sich von den Nationen zu Gott bekehren, nicht beunruhige, 20 sondern ihnen schreibe, daß sie sich enthalten von den Verunreinigungen der Götzen und von der Hurerei und 21 vom Erstickten und vom Blut *d*. Denn Moses hat von alten Zeiten *e* her in jeder Stadt *solche*, die ihn predigen, indem er an jedem Sabbath in den Synagogen gelesen wird.

22   Dann deuchte es den Aposteln und den Aeltesten samt der ganzen Versammlung gut, Männer aus sich zu erwählen und sie mit *f* Paulus und Barnabas nach Antiochien zu senden: Judas, genannt Barsabas, und Silas, Männer, welche Führer unter den Brüdern wa-23 ren. Und sie schrieben *und sandten* durch ihre Hand [folgendes]: „Die Apostel und die Aeltesten und die Brüder an die Brüder, die aus *den* Nationen sind zu Antiochien und in Syrien 24 und Cilicien, *ihren* Gruß. Weil wir gehört haben, daß etliche, die aus unserer Mitte ausgegangen sind, euch mit Worten beunruhigt haben, indem sie eure Seelen verstören [und sagen, ihr müßtet beschnitten werden und das Gesetz halten] — denen wir keine Be-25 fehle gegeben haben — deuchte es uns, einstimmig geworden, gut, Männer auszuerwählen und sie mit unseren Geliebten, Barnabas und Paulus, 26 zu euch zu senden, *mit* Männern, die ihr Leben hingegeben haben für den Namen unseres Herrn Jesus Christus. 27 Wir haben nun Judas und Silas gesandt, die auch selbst mündlich das-28 selbe verkündigen werden. Denn es hat dem Heiligen Geiste und uns gut geschienen, keine größere Last auf euch zu legen, als diese notwendigen 29 Stücke: euch zu enthalten von Götzenopfern und von Blut und von Ersticktem und von Hurerei. Wenn ihr euch davor bewahret, so werdet ihr wohl tun *g*. Lebet wohl!"

Nachdem sie nun entlassen waren, 30 kamen sie nach Antiochien hinab; und sie versammelten die Menge und übergaben den Brief. Als sie ihn aber ge-31 lesen hatten, freuten sie sich über den Trost. Und Judas und Silas, die auch 32 selbst Propheten waren, ermunterten *h* die Brüder mit vielen Worten *i* und stärkten sie. Nachdem sie sich aber 33 eine Zeitlang aufgehalten hatten, wurden sie mit Frieden von den Brüdern entlassen zu denen, die sie gesandt hatten. (*)   34

Paulus aber und Barnabas verweil-35 ten in Antiochien und lehrten und verkündigten *j* mit noch vielen anderen das Wort des Herrn. Nach etlichen Ta-36 gen aber sprach Paulus zu Barnabas: Laß uns nun zurückkehren und die Brüder besuchen in jeder Stadt, in welcher wir das Wort des Herrn verkündigt haben, *und sehen*, wie es ihnen geht. Barnabas aber war geson-37 nen, auch Johannes, genannt Markus, mitzunehmen. Paulus aber hielt es für 38 billig, den nicht mitzunehmen, der aus Pamphylien von ihnen gewichen und nicht mit ihnen gegangen war zum Werke. Es entstand nun eine Erbit-39 terung, sodaß sie sich voneinander trennten, und daß Barnabas den Markus mitnahm und nach Cypern segelte. Paulus aber erwählte sich Silas und 40 zog aus, von den Brüdern der Gnade Gottes befohlen. Er durchzog aber Sy-41 rien und Cilicien und befestigte die Versammlungen.

Er gelangte aber nach Derbe und **16** Lystra. Und siehe, daselbst war ein gewisser Jünger, mit Namen Timotheus, der Sohn eines jüdischen gläubigen Weibes, aber eines griechischen Vaters; welcher ein *gutes* Zeugnis hat-2 te von den Brüdern in Lystra und Ikonium. Paulus wollte, daß dieser mit 3 ihm ausgehe, und er nahm und beschnitt ihn um der Juden willen, die in jenen Orten waren; denn sie kannten alle seinen Vater, daß er ein Grieche war. Als sie aber die Städte durch-4 zogen, teilten sie ihnen zur Beobachtung die Beschlüsse mit, welche von den Aposteln und Aeltesten in Jerusalem festgesetzt waren. Die Versamm-5 lungen nun wurden im Glauben befestigt und vermehrten sich täglich an Zahl.

Sie durchzogen aber Phrygien und 6 die galatische Landschaft *k*, nachdem sie von dem Heiligen Geiste verhindert worden waren, das Wort in Asien zu reden; als sie aber gegen Mysien hin 7 kamen, versuchten sie nach Bithynien zu reisen, und der Geist Jesu erlaubte es ihnen nicht. Als sie aber an Mysien 8 vorübergezogen waren, gingen sie nach Troas hinab. Und es erschien dem 9 Paulus in der Nacht ein Gesicht: Ein gewisser macedonischer Mann stand

---

a Eig. ausgeredet. — *b* O. angesehen, auf die Nationen geblickt. — *c* Amos 9, 11. 12. — *d* O. und der Hurerei und des Erstickten und des Blutes. — *e* W. Geschlechtern. — *f* O. auserwählte Männer aus ihrer Mitte mit usw.; so auch V. 25. — *g* O. so wird es euch wohlgehen. — *h* O. ermahnten, trösteten. — *i* W. mit vieler Rede. — *j* W. evangelisierten. — *k* Viell. ist zu l.: die phrygische und galatische Landschaft.

da und bat ihn und sprach: Komm herüber nach Macedonien und hilf uns!

10 Als er aber das Gesicht gesehen hatte, suchten wir alsbald nach Macedonien abzureisen, indem wir schlossen, daß der Herr *a* uns gerufen habe, ihnen das 11 Evangelium zu verkündigen. Wir fuhren nun von Troas ab und kamen geraden Laufs nach Samothrace, und des 12 folgenden Tages nach Neapolis, und von da nach Philippi, welches die erste Stadt jenes Teiles von Macedonien ist, eine Kolonie.

In dieser Stadt aber verweilten wir 13 einige Tage. Und am Tage des Sabbaths gingen wir hinaus vor das Tor an einen Fluß, wo es gebräuchlich war, das Gebet zu verrichten *b* ; und wir setzten uns nieder und redeten zu den Weibern, die zusammengekommen wa- 14 ren. Und ein gewisses Weib, mit Namen Lydia, eine Purpurkrämerin aus der Stadt Thyatira, welche Gott anbetete, hörte zu, deren Herz der Herr auftat, daß sie achtgab auf das, was 15 von Paulus geredet wurde. Als sie aber getauft worden war und ihr Haus, bat sie und sagte: Wenn ihr urteilet, daß ich dem Herrn treu *c* sei, so kehret in mein Haus ein und bleibet. Und sie nötigte uns.

16 Es geschah aber, als wir zum Gebet *d* gingen, daß uns eine gewisse Magd begegnete, die einen Wahrsagergeist *e* hatte, welche ihren Herren vielen Ge- 17 winn brachte durch Wahrsagen. Diese folgte dem Paulus und uns nach und schrie und sprach: Diese Menschen sind Knechte *f* Gottes, des Höchsten, die euch *den* Weg des Heils verkün- 18 digen. Dies aber tat sie viele Tage. Paulus aber, tiefbetrübt *g*, wandte sich um und sprach zu dem Geiste: Ich gebiete dir in dem Namen Jesu Christi, von ihr auszufahren! Und er fuhr aus 19 zu derselben Stunde. Als aber ihre Herren sahen, daß die Hoffnung auf ihren Gewinn dahin *h* war, griffen sie Paulus und Silas und schleppten sie auf den Markt zu den Vorstehern *i*. 20 Und sie führten sie zu den Hauptleuten *j* und sprachen: Diese Menschen, welche Juden sind, verwirren ganz 21 und gar unsere Stadt und verkündigen Gebräuche, die uns nicht erlaubt sind anzunehmen noch auszuüben, da 22 wir Römer sind. Und die Volksmenge erhob sich zugleich *k* wider sie, und die Hauptleute rissen ihnen die Kleider ab und befahlen, sie mit Ruten 23 zu schlagen. Und als sie ihnen viele Schläge gegeben hatten, warfen sie sie ins Gefängnis und befahlen dem Kerkermeister, sie sicher zu verwahren. 24 Dieser warf sie, als er solchen Befehl empfangen hatte, in das innerste Gefängnis und befestigte ihre Füße in 25 den Stock. Um Mitternacht aber beteten Paulus und Silas und lobsangen

Gott; und die Gefangenen hörten ihnen zu. Plötzlich aber geschah ein gro- 26 ßes Erdbeben, sodaß die Grundfesten des Gefängnisses erschüttert wurden; und alsbald öffneten sich alle Türen, und aller Bande wurden gelöst. Als 27 aber der Kerkermeister aus dem Schlafe aufwachte und die Türen des Gefängnisses geöffnet sah, zog er das Schwert und wollte sich umbringen, indem er meinte, die Gefangenen wären entflohen. Paulus aber rief mit 28 lauter Stimme und sprach: Tue dir nichts Uebles, denn wir sind alle hier. Er aber forderte Licht und sprang hin- 29 ein; und zitternd fiel er vor Paulus und Silas nieder. Und er führte sie 30 heraus und sprach: Ihr Herren, was muß ich tun, auf daß ich errettet werde? Sie aber sprachen: Glaube an den 31 Herrn Jesus, und du wirst errettet werden, du und dein Haus. Und sie 32 redeten das Wort des Herrn zu ihm samt allen, die in seinem Hause waren. Und er nahm sie in jener Stun- 33 de der Nacht zu sich und wusch ihnen die Striemen ab; und er wurde getauft, er und alle die Seinigen alsbald. Und er führte sie hinauf in sein Haus, 34 setzte ihnen einen Tisch vor und frohlockte, an Gott gläubig geworden *l*, mit seinem ganzen Hause.

Als es aber Tag geworden war, sand- 35 ten die Hauptleute die Rutenträger und sagten: Laß jene Menschen los. Der Kerkermeister aber berichtete dem 36 Paulus diese Worte: Die Hauptleute haben gesandt, daß ihr losgelassen würdet; so gehet denn jetzt hinaus und ziehet hin in Frieden. Paulus aber 37 sprach zu ihnen: Nachdem sie uns, die wir Römer sind, öffentlich unverurteilt geschlagen, haben sie uns ins Gefängnis geworfen, und jetzt stoßen sie uns heimlich aus? Nicht doch; sondern laß sie selbst kommen und uns hinausführen. Die Rutenträger aber mel- 38 deten diese Worte den Hauptleuten; und sie fürchteten sich, als sie hörten, daß sie Römer seien. Und sie kamen 39 und redeten ihnen zu; und sie führten sie hinaus und baten sie, daß sie aus der Stadt gehen möchten. Als sie aber 40 aus dem Gefängnis herausgegangen waren, gingen sie zu der Lydia; und als sie die Brüder gesehen hatten, ermahnten *m* sie sie und gingen weg.

Nachdem sie aber durch Amphi- **17** polis und Apollonia gereist waren, kamen sie nach Thessalonich, wo die Synagoge der Juden war. Nach seiner 2 Gewohnheit aber ging Paulus zu ihnen hinein und unterredete sich an drei Sabbathen mit ihnen aus den Schriften, indem er eröffnete und darlegte, 3 daß der Christus leiden und aus *den* Toten auferstehen mußte, und daß dieser, *der* Jesus, den i ch euch verkündige, der Christus ist. Und etliche von 4

---

a O. nach und. Les. : daß Gott. — *b* O. wo herkömml. Weise ein Betort war. — *c* O. gläubig. — *d* O. Betort. — *e* W. einen Pythons - Geist. — *f* O. Sklaven. — *g* O. erregt. — *h* W. ausgefahren. — *i* O. Archonten. — *j* O. Prätoren, 2 Männer (Duumvirn), welche in den römischen Koloniestädten die oberste Gerichtsbarkeit ausübten. — *k* O. gleichfalls. — *l* Eig. Gott geglaubt habend. — *m* O. ermunterten, trösteten.

ihnen glaubten a und gesellten sich zu Paulus und Silas, und von den anbetenden Griechen eine große Menge und der vornehmsten Frauen nicht wenige.

5 Die Juden aber wurden voll Neides b und nahmen etliche böse Männer vom Gassenpöbel zu sich, machten einen Volksauflauf und brachten die Stadt in Aufruhr; und sie traten vor das Haus Jasons und suchten sie unter
6 das Volk zu führen. Als sie sie aber nicht fanden, schleppten sie Jason und etliche Brüder vor die Obersten der Stadt c und riefen: Diese, welche den Erdkreis aufgewiegelt haben, sind auch
7 hier gekommen, welche Jason beherbergt hat; und diese alle handeln wider die Verordnungen des Kaisers, indem sie sagen, daß ein anderer Kö-
8 nig sei — Jesus. Sie beunruhigten aber die Volksmenge und die Obersten der
9 Stadt, als sie dies hörten. Und nachdem sie von Jason und den übrigen Bürgschaft genommen hatten, entließen sie dieselben.

10 Die Brüder aber sandten alsbald in der Nacht sowohl Paulus als Silas nach Beröa, welche, als sie angekommen waren, in die Synagoge der Juden gingen.
11 Diese aber waren edler als die in Thessalonich; sie nahmen mit aller Bereitwilligkeit das Wort auf, indem sie täglich die Schriften untersuchten, ob dies
12 sich also verhielte. Viele nun von ihnen glaubten, und von den griechischen vornehmen Weibern und Männern nicht
13 wenige. Als aber die Juden von Thessalonich erfuhren, daß auch in Beröa das Wort Gottes von Paulus verkündigt wurde, kamen sie auch dorthin
14 und erregten die Volksmengen. Da sandten aber die Brüder alsbald den Paulus fort, um d nach dem Meere hin
15 zu gehen. Aber sowohl Silas als Timotheus blieben daselbst. Die aber den Paulus geleiteten, brachten ihn bis nach Athen; und als sie für Silas und Timotheus Befehl empfangen hatten, daß sie sobald wie möglich zu ihm kommen sollten, reisten sie ab.

16 Während aber Paulus sie in Athen erwartete, wurde sein Geist in ihm erregt, da er die Stadt voll von Götzen-
17 bildern e sah. Er unterredete sich nun in der Synagoge mit den Juden und mit den Anbetern, und auf dem Markte an jedem Tage mit denen, welche ge-
18 rade herzukamen. Aber auch etliche der epikuräischen und stoischen Philosophen griffen ihn an; und etliche sagten: Was will doch dieser Schwätzer sagen? andere aber: Er scheint ein Verkündiger fremder Götter f zu sein, weil er [ihnen] das Evangelium von Jesu und der Auferstehung ver-
19 kündigte. Und sie ergriffen ihn, führten ihn zum Areopag g und sagten: Können wir erfahren, was diese neue
20 Lehre ist, von welcher du redest? denn

du bringst etwas Fremdes vor unsere Ohren. Wir möchten nun wissen, was das sein mag. Alle Athener aber und die 21 Fremden, die sich da aufhielten, brachten ihre Zeit mit nichts anderem zu, als etwas Neues zu sagen und zu hören.

Paulus aber stand mitten auf dem 22 Areopag und sprach: Männer von Athen, ich sehe, daß ihr in jeder Beziehung den Göttern sehr ergeben h seid. Denn als ich umherging und die 23 Gegenstände eurer Verehrung betrachtete, fand ich auch einen Altar, an welchem die Aufschrift war: Dem unbekannten Gott. Den ihr nun, ohne ihn zu kennen, verehret, diesen verkündige ich euch. Der Gott, der die 24 Welt gemacht hat und alles was darinnen ist, dieser, indem er der Herr des Himmels und der Erde ist, wohnt nicht in Tempeln, die mit Händen gemacht sind, noch wird er von Men- 25 schenhänden bedient, als wenn er noch etwas i bedürfe, da er selbst allen Leben und Odem und alles gibt. Und er hat 26 aus einem Blute jede Nation der Menschen gemacht, um auf dem ganzen Erdboden zu wohnen, indem er verordnete Zeiten und die Grenzen ihrer Wohnung bestimmt hat, daß sie Gott 27 suchen, ob sie ihn wohl tastend fühlen j und finden möchten, obgleich er nicht fern ist von einem jeden von uns. Denn 28 in ihm leben und weben und sind wir, wie auch etliche eurer Dichter gesagt haben: „Denn wir sind auch sein Geschlecht". Da wir nun Gottes Ge- 29 schlecht sind, so sollen wir nicht meinen, daß das Göttliche dem Golde oder Silber oder Stein, einem Gebilde der Kunst und der Erfindung des Menschen, gleich sei. Nachdem nun Gott 30 die Zeiten der Unwissenheit übersehen hat, gebietet er jetzt den Menschen, daß sie alle allenthalben Buße tun sollen, weil er einen Tag gesetzt hat, an 31 welchem er den Erdkreis richten wird in Gerechtigkeit durch einen Mann, den er dazu bestimmt hat, und hat allen den Beweis davon gegeben k, indem er ihn auferweckt hat aus den Toten.

Als sie aber von Toten-Auferstehung 32 hörten, spotteten die einen, die anderen aber sprachen: Wir wollen dich darüber auch nochmals hören. Also 33 ging Paulus aus ihrer Mitte hinweg. Etliche Männer aber schlossen sich ihm 34 an und glaubten, unter welchen auch Dionysius war, der Areopagit, und ein Weib, mit Namen Damaris, und andere mit ihnen.

Nach diesem aber schied er von **18** Athen und kam nach Korinth. Und als er einen gewissen Juden fand, mit 2 Namen Aquila, aus Pontus gebürtig, der kürzlich aus Italien gekommen war, und Priscilla, sein Weib, (weil Klaudius befohlen hatte, daß alle Juden sich aus Rom entfernen sollten)

---

a O. wurden überzeugt. — b O. wurden eifersüchtig. — c O. die Politarchen, ein besonderer Titel der Magistrats von Thessalonich. — d Eig. wie um. — e O. dem Götzendienst ergeben. — f W. Dämonen. — g d. i. Ares- oder Marshügel. — h Eig. dem Götter- oder Dämonendienst ergebener (näml. als andere). — i O. jemandes. — j W. betasten. — k And. üb.: hat allen Glauben dargeboten.

3 ging er zu ihnen, und weil er gleichen Handwerks war, blieb er bei ihnen und arbeitete; denn sie waren Zeltmacher 4 ihres Handwerks. Er unterredete sich aber in der Synagoge an jedem Sabbath und überzeugte Juden und Grie- 5 chen. Als aber sowohl Silas als Timotheus aus Macedonien herabkamen, wurde Paulus hinsichtlich des Wortes gedrängt und bezeugte den Juden, daß 6 Jesus der Christus sei. Als sie aber widerstrebten und lästerten, schüttelte er die Kleider aus und sprach zu ihnen: Euer Blut *komme* auf euren Kopf! Ich bin rein; von jetzt an wer- 7 de *ich a* zu den Nationen gehen. Und er ging von dannen fort und kam in das Haus eines Gewissen, mit Namen Justus, welcher Gott anbetete, dessen 8 Haus an die Synagoge stieß. Krispus aber, der Vorsteher der Synagoge, glaubte an den Herrn mit seinem ganzen Hause; und viele der Korinther, welche hörten, glaubten und wurden 9 getauft. Der Herr aber sprach durch ein Gesicht in der Nacht zu Paulus: Fürchte dich nicht, sondern rede und 10 schweige nicht! und sei du bei mir dir, und niemand soll dich angreifen, dir Uebles zu tun *b*; denn ich habe ein 11 großes Volk in dieser Stadt. Und er hielt sich ein Jahr und sechs Monate auf und lehrte unter ihnen das Wort Gottes.

12 Als aber Gallion Prokonsul von Achaja war, traten die Juden einmütig gegen Paulus auf und führten ihn vor 13 den Richterstuhl und sagten: Dieser überredet die Menschen, Gott anzube- 14 ten, dem Gesetz zuwider. Als aber Paulus den Mund öffnen wollte, sagte Gallion zu den Juden: Wenn es ein Unrecht oder eine böse Handlung wäre, o Juden, so hätte ich euch billiger- 15 weise ertragen; wenn es aber Streitfragen sind über Worte und Namen und das Gesetz, das ihr habt, so sehet ihr selbst zu, [denn] über diese Dinge 16 will i c h nicht Richter sein. Und er trieb sie von dem Richterstuhl hinweg. 17 Alle aber ergriffen Sosthenes, den Vorsteher der Synagoge, und schlugen ihn vor dem Richterstuhl; und Gallion bekümmerte sich nicht um dies alles.

18 Nachdem aber Paulus noch viele Tage dageblieben war, nahm er Abschied von den Brüdern und segelte nach Syrien ab, und mit ihm Priscilla und Aquila, nachdem er zu Kenchreä das Haupt geschoren hatte, denn er hatte ein Ge- 19 lübde. Er kam aber nach Ephesus und ließ jene daselbst; er selbst aber ging in die Synagoge und unterredete sich 20 mit den Juden. Als sie ihn aber baten, daß er längere Zeit [bei ihnen] bleiben 21 möchte, willigte er nicht ein, sondern nahm Abschied von ihnen und sagte: [Ich muß durchaus das zukünftige Fest in Jerusalem halten] ich werde, wenn Gott will, wieder zu euch zurückkehren. Und er fuhr von Ephesus ab.

Und als er zu Cäsarea gelandet war, 22 ging er hinauf *c* und begrüßte die Versammlung und zog hinab nach Antiochien.

Und als er eine Zeit *daselbst* zu- 23 gebracht hatte, reiste er ab und durchzog der Reihe nach die galatische Landschaft und Phrygien und befestigte alle Jünger.

Ein gewisser Jude aber, mit Namen 24 Apollos, aus Alexandrien gebürtig, ein beredter Mann, der mächtig war in den Schriften, kam nach Ephesus. Dieser 25 war in dem Wege des Herrn unterwiesen, und, brünstig im Geist, redete und lehrte er sorgfältig die Dinge von Jesu, wiewohl er nur die Taufe Johannes' kannte. Und dieser fing an, frei- 26 mütig in der Synagoge zu reden. Als aber Aquila und Priscilla ihn hörten, nahmen sie ihn zu sich und legten ihm den Weg Gottes genauer aus. Als er 27 aber nach Achaja reisen wollte, schrieben die Brüder den Jüngern und ermahnten *d* sie, ihn aufzunehmen. Dieser war, als er hinkam, den Glaubenden durch die Gnade *e* sehr behilflich; denn kräftig widerlegte er die Juden 28 öffentlich, indem er durch die Schriften bewies, daß Jesus der Christus ist.

Es geschah aber, während Apollos **19** in Korinth war, daß Paulus, nachdem er *d* die oberen Gegenden durchzogen hatte, nach Ephesus kam. Und er fand etliche Jünger und sprach zu 2 ihnen: Habt ihr *den* Heiligen Geist empfangen, nachdem ihr gläubig geworden seid? Sie aber [sprachen] zu ihm: Wir haben nicht einmal gehört, ob *der* Heilige Geist da ist. Und er 3 sprach: Worauf seid ihr denn getauft worden? Sie aber sagten: Auf die Taufe Johannes'. Paulus aber sprach: Jo- 4 hannes hat mit der Taufe der Buße *f* getauft, indem er dem Volke sagte, daß sie an den glauben sollten, der nach ihm käme, das ist an Jesum. Als sie 5 es aber gehört hatten, wurden sie auf den Namen des Herrn Jesus getauft; und als Paulus ihnen die Hände auf- 6 gelegt hatte, kam der Heilige Geist auf sie, und sie redeten in Sprachen und weissagten. Es waren aber ins- 7 gesamt etwa zwölf Männer. Er ging 8 aber in die Synagoge und sprach freimütig drei Monate lang, indem er sich unterredete und sie von den Dingen des Reiches Gottes überzeugte. Als 9 aber etliche sich verhärteten und nicht glaubten *g* und vor der Menge übel redeten von dem Wege *h*, trennte er sich von ihnen und sonderte die Jünger ab, indem er sich täglich in der Schule des Tyrannus unterredete. Dies aber 10 geschah zwei Jahre lang, sodaß alle, die in Asien wohnten, sowohl Juden als Griechen, das Wort des Herrn hörten. Und nicht gemeine Wunder- 11 werke tat Gott durch die Hände des Paulus, sodaß man sogar Schweiß- 12 tücher oder Schürzen von seinem

---

a O. Ich, von jetzt an rein (d. h. von ihrem Blute), werde. — *b* O. dich zu mißhandeln. — *c* nach Jerusalem. — *d* O. ermunterten. — *e* O. den durch die Gnade Glaubenden. — *f* Eig. eine Bußtaufe. — *g* O. ungehorsam waren. — *h* S. die Anm. zu Kap. 9, 2.

Leibe *a* weg auf die Kranken legte, und die Krankheiten von ihnen wichen und 13 die bösen Geister ausfuhren. Aber auch etliche von den umherziehenden jüdischen Beschwörern unternahmen es, über die, welche böse Geister hatten, den Namen des Herrn Jesus anzurufen *b*, indem sie sagten: Ich beschwöre euch bei dem Jesus, welchen Paulus 14 predigt! Es waren aber gewisse Söhne eines jüdischen Hohenpriesters Skeva, 15 *ihrer* sieben, die dies taten. Der böse Geist aber antwortete und sprach zu ihnen: Jesum kenne ich, und von Paulus weiß ich; aber ihr, wer seid ihr? 16 Und der Mensch, in welchem der böse Geist war, sprang auf sie los und bemeisterte sich beider und überwältigte sie, sodaß sie nackt und verwundet aus 17 jenem Hause entflohen. Dies aber wurde allen bekannt, sowohl Juden als Griechen, die zu Ephesus wohnten; und Furcht fiel auf sie alle, und der Name des Herrn Jesus wurde erhoben. 18 Viele aber von denen, die gläubig geworden waren, kamen und bekannten 19 und verkündigten ihre Taten. Viele aber von denen, welche vorwitzige Künste getrieben hatten, trugen die Bücher zusammen und verbrannten sie vor allen; und sie berechneten den Wert derselben und fanden ihn zu fünfzig- 20 tausend Stück Silber *c*. Also wuchs das Wort des Herrn mit Macht und nahm überhand *d*.

21 Als dies aber erfüllt war, setzte sich Paulus in seinem *e* Geiste vor, nachdem er Macedonien und Achaja durchzogen habe, nach Jerusalem zu reisen, und sprach: Nachdem ich dort gewe- 22 sen bin, muß ich auch Rom sehen. Er sandte aber zwei von denen, die ihm dienten, Timotheus und Erastus, nach Macedonien, und er selbst verweilte eine Zeitlang in Asien.

23 Es entstand aber um jene Zeit ein nicht geringer Lärm betreffs des We- 24 ges *f*. Denn ein Gewisser, mit Namen Demetrius, ein Silberschmied, der silberne Tempel der Artemis *g* machte, verschaffte den Künstlern nicht gerin- 25 gen Erwerb; und nachdem er diese samt den Arbeitern derartiger Dinge versammelt hatte, sprach er: Männer, ihr wisset, daß aus diesem Erwerb un- 26 ser Wohlstand ist; und ihr sehet und höret, daß dieser Paulus nicht allein von Ephesus, sondern beinahe von ganz Asien eine große Volksmenge überredet und abgewandt hat, indem er sagt, daß das keine Götter seien, die 27 mit Händen gemacht werden. Nicht allein aber ist für uns Gefahr, daß dieses Geschäft *h* in Verachtung komme, sondern auch, daß der Tempel der großen Göttin Artemis für nichts geachtet und auch ihre herrliche Größe, welche ganz Asien und der Erdkreis verehrt, 28 vernichtet werde. Als sie aber *das*

hörten und voll Wut wurden, schrieen sie und sagten: Groß ist die Artemis der Epheser! Und die [ganze] Stadt 29 geriet in *i* Verwirrung; und sie stürmte einmütig nach dem Theater, indem sie die Macedonier Gajus und Aristarchus, die Reisegefährten des Paulus, mit fortrissen. Als aber Paulus unter 30 das Volk gehen wollte, ließen die Jünger es ihm nicht zu. Und auch etliche 31 der Asiarchen *j*, die seine Freunde waren, sandten zu ihm und baten ihn, sich nicht nach dem Theater zu begeben. Die einen nun schrieen dieses, 32 die anderen jenes; denn die Versammlung war in Verwirrung, und die meisten wußten nicht, weshalb sie zusammengekommen waren. Sie zogen aber 33 Alexander aus der Volksmenge hervor, indem die Juden ihn hervorstießen. Alexander aber winkte mit der Hand und wollte sich vor dem Volke verantworten. Als sie aber erkannten *k*, daß 34 er ein Jude war, erhob sich eine Stimme aus aller Mund *l*, und sie schrieen bei zwei Stunden: Groß ist die Artemis der Epheser! Als aber 35 der Stadtschreiber die Volksmenge beruhigt hatte, spricht er: Männer von Ephesus, welcher Mensch ist denn, der nicht wisse, daß die Stadt der Epheser eine Tempelpflegerin der großen Artemis und des vom Himmel *m* gefallenen *Bildes* ist? Da nun dieses unwider- 36 sprechlich ist, so geziemt es euch, ruhig zu sein und nichts Uebereiltes zu tun. Denn ihr habt diese Männer her- 37 geführt, die weder Tempelräuber sind, noch eure Göttin lästern. Wenn nun 38 Demetrius und die Künstler mit ihm wider jemand eine Sache haben, so werden Gerichtstage gehalten, und es sind Statthalter da; mögen sie einander verklagen. Wenn ihr aber wegen 39 anderer Dinge ein Gesuch habt, so wird es in der gesetzlichen Versammlung erledigt werden. Denn wir sind 40 auch in Gefahr, wegen heute des *n* Aufruhrs angeklagt zu werden, indem es keine Ursache gibt, weswegen wir uns über diesen Auflauf werden verantworten können. Und als er dies 41 gesagt hatte, entließ er die Versammlung.

Nachdem aber der Tumult aufge- **20** hört hatte, rief Paulus die Jünger zu sich, und als er Abschied genommen hatte, ging er fort, um nach Macedonien zu reisen. Als er aber jene 2 Gegenden durchzogen und sie mit vielen Worten ermahnt *o* hatte, kam er nach Griechenland. Und nachdem er 3 sich drei Monate aufgehalten hatte und, als er nach Syrien abfahren wollte, von den Juden ein Anschlag gegen ihn geschehen war, wurde er des Sinnes, durch Macedonien zurückzukehren. Es begleitete ihn aber bis nach Asien 4 Sopater, des Pyrrhus *Sohn*, ein Beröer;

---

a O. seiner Haut. — *b* Eig. zu nennen. — *c* d. h. wahrscheinlich Silberdrachmen. — *d* O. erwies sich kräftig. — *e* W. dem. — *f* S. die Anm. zu Kap. 9, 2. — *g* O. Diana. — *h* Eig. Teil, Stück. — *i* W. wurde erfüllt mit. — *j* Vorsteher bei den öffentlichen Festen; eig. Oberpriester. — *k* O. erfuhren. — *l* W. aus allen. — *m* O. von Zeus (Jupiter). — *n* O. wegen des heutigen. — *o* O. ermuntert, getröstet.

von den Thessalonichern aber Aristarchus und Sekundus und Gajus von Derbe und Timotheus und Ty-
5 chikus und Trophimus aus Asien. Diese gingen voraus und warteten auf
6 uns in Troas; wir aber segelten nach den Tagen der ungesäuerten Brote von Philippi ab und kamen in fünf Tagen zu ihnen nach Troas, wo wir sieben Tage verweilten.

7 Am ersten Tage der Woche aber, als wir versammelt waren, um Brot zu brechen, unterredete sich Paulus mit ihnen, indem er am folgenden Tage abreisen wollte; und er verzog das
8 Wort bis Mitternacht. Es waren aber viele Fackeln a in dem Obersaal, wo
9 wir versammelt waren. Ein gewisser Jüngling aber, mit Namen Eutychus, saß im Fenster und wurde von einem tiefen Schlaf überwältigt, während Paulus noch weiter redete b; und von dem Schlaf überwältigt, fiel er vom dritten Stock hinunter und wurde tot
10 aufgehoben. Paulus aber ging hinab und fiel auf ihn, und, ihn umfassend, sagte er: Machet keinen Lärm, denn
11 seine Seele ist in ihm. Und als er hinaufgestiegen war und das Brot gebrochen und gegessen und lange bis zum Anbruch des Tages geredet hatte,
12 reiste er also ab. Sie brachten aber den Knaben lebendig und wurden nicht wenig getröstet.

13 Wir aber gingen voraus auf das Schiff und fuhren ab nach Assos, indem wir dort den Paulus aufnehmen wollten; denn so hatte er es angeordnet, da er selbst zu Fuß gehen wollte.
14 Als er aber in Assos mit uns zusammentraf, nahmen wir ihn auf und ka-
15 men nach Mitylene. Und als wir von da abgesegelt waren, langten wir am folgenden Tage Chios gegenüber an; des anderen Tages aber legten wir in Samos an, und nachdem wir in Trogyllion geblieben waren, kamen wir
16 am folgenden Tage nach Milet; denn Paulus hatte sich entschlossen, an Ephesus vorbeizufahren, damit es ihm nicht geschehe, in Asien Zeit zu versäumen; denn er eilte, wenn es ihm möglich wäre, am Pfingsttage in Jerusalem zu sein.

17 Von Milet aber sandte er nach Ephesus und rief die Aeltesten der Ver-
18 sammlung herüber. Als sie aber zu ihm gekommen waren, sprach er zu ihnen: Ihr wisset von dem ersten Tage an, da ich nach Asien kam, wie ich
19 die ganze Zeit bei euch gewesen bin, dem Herrn dienend mit aller Demut und mit Tränen und Versuchungen, welche mir durch die Nachstellungen
20 der Juden widerfuhren; wie ich nichts zurückgehalten habe von dem, was nützlich ist, daß ich es euch nicht verkündigt und euch gelehrt hätte, öffent-
21 lich und in den Häusern, indem ich sowohl Juden als Griechen bezeugte die Buße zu Gott und den Glauben an
22 unseren Herrn Jesus Christus. Und

nun siehe, gebunden in meinem Geiste gehe ich nach Jerusalem, nicht wissend, was mir daselbst begegnen wird, außer 23 daß der Heilige Geist mir von Stadt zu Stadt bezeugt und sagt, daß Bande und Drangsale meiner warten. Aber 24 ich nehme keine Rücksicht auf mein Leben, als teuer für mich selbst, auf daß ich meinen Lauf vollende und den Dienst, den ich von dem Herrn Jesus empfangen habe, zu bezeugen das Evangelium der Gnade Gottes. Und 25 nun siehe, ich weiß, daß ihr alle, unter welchen ich, das Reich [Gottes] predigend, umhergegangen bin, mein Angesicht nicht mehr sehen werdet. Deshalb bezeuge ich euch an dem 26 heutigen Tage, daß ich rein bin von dem Blute aller; denn ich habe nicht 27 zurückgehalten, euch den ganzen Ratschluß Gottes zu verkündigen. Habet 28 nun acht auf euch selbst und auf die ganze Herde, in welcher der Heilige Geist euch als Aufseher gesetzt hat, die Versammlung Gottes zu hüten, welche er sich erworben hat durch das Blut seines Eigenen. [Denn] ich weiß 29 [dieses], daß nach meinem Abscheide verderbliche Wölfe zu euch hereinkommen werden, die der Herde nicht schonen. Und aus euch selbst werden 30 Männer aufstehen, die verkehrte Dinge reden, um die Jünger abzuziehen hinter sich her. Darum wachet und 31 gedenket, daß ich drei Jahre lang Nacht und Tag nicht aufgehört habe, einen jeden mit Tränen zu ermahnen. Und nun befehle ich euch Gott und 32 dem Worte seiner Gnade, welches c vermag zu erbauen und [euch] ein Erbe zu geben unter allen Geheiligten. Ich 33 habe niemandes Silber oder Gold oder Kleidung begehrt. Ihr selbst wisset, 34 daß meinen Bedürfnissen und denen, die bei mir waren, diese Hände gedient haben. Ich habe euch alles d ge- 35 zeigt, daß man, also arbeitend, sich der Schwachen annehmen und eingedenk sein müsse der Worte des Herrn Jesus, der e selbst gesagt hat: Geben ist seliger als Nehmen.

Und als er dies gesagt hatte, kniete 36 er nieder und betete mit ihnen allen. Es entstand aber viel Weinens bei 37 allen; und sie fielen Paulus um den Hals und küßten ihn sehr f, am meisten 38 betrübt über das Wort, das er gesagt hatte, sie würden sein Angesicht nicht mehr sehen. Sie geleiteten ihn aber zu dem Schiffe.

Als es aber geschah, daß wir abfuhren, nachdem wir uns von ihnen losgerissen hatten, kamen wir geraden Laufs nach Kos, des folgenden Tages aber nach Rhodus und von da nach Patara. Und als wir ein Schiff fanden, 2 das nach Phönicien übersetzte, stiegen wir ein und fuhren ab. Als wir aber 3 Cyperns ansichtig wurden und es links liegen ließen, segelten wir nach Syrien und legten zu Tyrus an, denn daselbst hatte das Schiff die Ladung abzuliefern.

21

---

a O. Lampen. — b O. sich unterredete; so auch V. 11. — c O. welcher. — d O. in allen Stücken. — e Eig. daß er. — f O. vielmals, od. zärtlich.

4 Und als wir die Jünger gefunden hatten, blieben wir daselbst sieben Tage; diese sagten dem Paulus durch den Geist, er möge nicht nach Jerusalem hinauf-
5 gehen. Als es aber geschah, daß wir die Tage vollendet hatten, zogen wir fort und reisten weiter; und sie alle geleiteten uns mit Weibern und Kindern bis außerhalb der Stadt; und wir knie-
6 ten am Ufer nieder und beteten. Und als wir voneinander Abschied genommen hatten, stiegen wir in das Schiff,
7 jene aber kehrten heim. Als wir aber die Fahrt vollbracht hatten, gelangten wir von Tyrus nach Ptolemais; und wir begrüßten die Brüder und blieben
8 einen Tag bei ihnen. Des folgenden Tages aber zogen wir aus und kamen nach Cäsarea; und wir gingen in das Haus des Philippus, des Evangelisten, der *einer* von den sieben *a* war, und
9 blieben bei ihm. Dieser aber hatte vier Töchter, Jungfrauen, welche weissag-
10 ten. Als wir aber mehrere Tage blieben, kam ein gewisser Prophet, mit
11 Namen Agabus, von Judäa herab. Und er kam zu uns und nahm den Gürtel des Paulus und band sich die Hände und die Füße und sprach: Dies sagt der Heilige Geist: Den Mann, dem dieser Gürtel gehört, werden die Juden in Jerusalem also binden und in die
12 Hände *der* Nationen überliefern. Als wir aber dies hörten, baten sowohl wir als auch die daselbst Wohnenden, daß er nicht nach Jerusalem hinaufgehen
13 möchte. Paulus aber antwortete: Was machet ihr, daß ihr weinet und mir das Herz brechet? Denn i c h bin bereit, nicht allein gebunden zu werden, sondern auch in Jerusalem für den Namen
14 des Herrn Jesus zu sterben. Als er sich aber nicht überreden ließ, schwiegen wir und sprachen: Der Wille des Herrn geschehe!
15 Nach diesen Tagen aber machten wir unsere Sachen bereit und gingen
16 hinauf nach Jerusalem. Es gingen aber auch *einige* von den Jüngern aus Cäsarea mit uns und brachten einen gewissen Mnason *mit*, einen Cyprier *b*, einen alten Jünger, bei dem wir her-
17 bergen sollten. Als wir aber zu Jerusalem angekommen waren, nahmen
18 uns die Brüder freudig auf. Des folgenden Tages aber ging Paulus mit uns zu Jakobus, und alle Aeltesten ka-
19 men dahin. Und als er sie begrüßt hatte, erzählte er eines nach dem anderen, was Gott unter den Nationen durch
20 seinen Dienst getan hatte. Sie aber, als sie es gehört hatten, verherrlichten Gott und sprachen zu ihm: Du siehst, Bruder, wie viele Tausende *c* der Juden es gibt, welche glauben, und alle sind
21 Eiferer für das Gesetz. Es ist ihnen aber über dich berichtet worden, daß du alle Juden, die unter den Nationen sind, Abfall von Moses lehrest und sagest, sie sollen die Kinder nicht be-

schneiden, noch nach den Gebräuchen wandeln. Was ist es nun? Jedenfalls 22 muß eine Menge zusammenkommen, denn sie werden hören, daß du gekommen bist. Tue nun dieses, was wir 23 dir sagen: Wir haben vier Männer, die ein Gelübde auf sich haben. Diese 24 nimm zu dir und reinige dich mit ihnen und trage die Kosten für sie, damit sie das Haupt scheren lassen; und alle werden erkennen, daß nichts an dem ist, was ihnen über dich berichtet worden, sondern daß du selbst auch in der Beobachtung des Gesetzes wandelst. Was aber die Gläubigen *aus den* Na- 25 tionen betrifft, so haben wir geschrieben und verfügt, daß [sie nichts dergleichen halten sollten, als nur daß] sie sich sowohl vor dem Götzenopfer als auch vor Blut und Ersticktem und Hurerei bewahrten. Dann nahm Paulus die 26 Männer zu sich, und nachdem er sich des folgenden Tages gereinigt hatte, ging er mit ihnen in den Tempel *d* und kündigte die Erfüllung der Tage der Reinigung an, bis für einen jeden aus ihnen das Opfer dargebracht war. Als 27 aber die sieben Tage beinahe vollendet waren, sahen ihn die Juden aus Asien im Tempel und brachten die ganze Volksmenge in Aufregung und legten die Hände an ihn und schrieen: Män- 28 ner von Israel, helfet! Dies ist der Mensch, der alle allenthalben lehrt wider das Volk und das Gesetz und diese Stätte; und dazu hat er auch Griechen in den Tempel geführt und diese heilige Stätte verunreinigt. Denn 29 sie hatten vorher den Trophimus, den Epheser, mit ihm in der Stadt gesehen, von welchem sie meinten, daß Paulus ihn in den Tempel geführt habe. Und 30 die ganze Stadt kam in Bewegung, und es entstand ein Zusammenlauf des Volkes; und sie ergriffen Paulus und schleppten ihn aus dem Tempel, und alsbald wurden die Türen geschlossen. Während sie ihn aber zu 31 töten suchten, kam an den Obersten *e* der Schar die Anzeige, daß ganz Jerusalem in Aufregung sei; der nahm 32 sofort Kriegsknechte und Hauptleute mit und lief zu ihnen hinab. Als sie aber den Obersten und die Kriegsknechte sahen, hörten sie auf, den Paulus zu schlagen. Dann näherte sich 33 der Oberste, ergriff ihn und befahl, ihn mit zwei Ketten zu binden, und erkundigte sich, wer er denn sei und was er getan habe. Die einen aber 34 riefen dieses, die anderen jenes in der Volksmenge; da er aber wegen des Tumultes nichts Gewisses erfahren konnte, befahl er, ihn in das Lager *f* zu führen. Als er aber an die Stufen 35 kam, geschah es, daß er wegen der Gewalt des Volkes von den Kriegsknechten getragen wurde; denn die 36 Menge des Volkes folgte und schrie: Hinweg mit ihm! Und als Paulus eben 37

---

a S. Kap. 6. — *b* O. und brachten *uns* zu einem gewissen Mnason, einem Cyprier.
— *c* W. Zehntausende (Myriaden). — *d* O. mit ihnen gereinigt hatte, ging er in den Tempel. — *e* W. Chiliarchen. (S. die Anm. zu Mark. 6, 21.) — *f* d. h. in das Standlager der römischen Soldaten.

in das Lager hineingebracht werden sollte, spricht er zu dem Obersten: Ist es mir erlaubt, dir etwas zu sagen? Er aber sprach: Verstehst du Griechisch?
38 Du bist also nicht der Aegypter, der vor diesen Tagen eine Empörung gemacht und die viertausend Mann Meuchelmörder in die Wüste hinaus-
39 geführt hat? Paulus aber sprach: Ich bin ein jüdischer Mann aus Tarsus, Bürger einer nicht unberühmten Stadt in Cilicien; ich bitte dich aber, erlaube
40 mir, zu dem Volke zu reden. Als er es aber erlaubt hatte, winkte Paulus, auf den Stufen stehend, dem Volke mit der Hand; nachdem aber eine große Stille eingetreten war, redete er sie in hebräischer Mundart an und sprach:

22 ✳ Brüder und Väter, höret jetzt meine Verantwortung an euch! Als sie
2 aber hörten, daß er sie in hebräischer Mundart anredete, beobachteten sie
3 desto mehr Stille. Und er spricht: Ich bin ein jüdischer Mann, geboren zu Tarsus in Cilicien; aber auferzogen in dieser Stadt zu den Füßen Gamaliels, unterwiesen nach der Strenge des vä-terlichen Gesetzes, war ich, wie ihr alle heute seid, ein Eiferer für Gott;
4 der ich diesen Weg verfolgt habe bis zum Tode, indem ich sowohl Männer als Weiber band und in die Gefäng-
5 nisse überlieferte, wie auch der Hohe-priester und die ganze Aeltestenschaft mir Zeugnis gibt, von denen ich auch Briefe an die Brüder empfing und nach Damaskus reiste, um auch diejenigen, die dort waren, gebunden nach Jeru-salem zu führen, auf daß sie gestraft
6 würden. Es geschah mir aber, als ich reiste und Damaskus nahte, daß um Mittag plötzlich aus dem Himmel ein
7 großes Licht mich umstrahlte. Und ich fiel zu Boden und hörte eine Stimme, die zu mir sprach: Saul, Saul, was ver-
8 folgst du mich? Ich aber antwortete: Wer bist du, Herr? Und er sprach zu mir: Ich bin Jesus, der Nazaräer,
9 den du verfolgst. Die aber bei mir waren, sahen zwar das Licht [und wurden voll Furcht], aber die Stimme
10 dessen, der mit mir redete, hörten sie nicht. Ich sprach aber: Was soll ich tun, Herr? Der Herr aber sprach zu mir: Stehe auf und geh nach Damas-kus, und daselbst wird dir von allem gesagt werden, was dir zu tun verord-
11 net ist. Als ich aber vor der Herrlich-keit jenes Lichtes nicht sehen konnte, wurde ich von denen, die bei mir wa-ren, an der Hand geleitet und kam
12 nach Damaskus. Ein gewisser Ana-nias aber, ein frommer Mann nach dem Gesetze, der ein *gutes* Zeugnis hatte von
13 allen *daselbst* wohnenden Juden, kam zu mir, trat herzu und sprach zu mir: Bruder Saul, sei sehend! *a* Und zu der-selben Stunde schaute ich ihn an. Er
14 aber sprach: Der Gott unserer Vä-ter hat dich zuvor verordnet, seinen Willen zu erkennen und den Gerech-ten zu sehen und eine Stimme aus sei-

nem Munde zu hören. Denn du wirst *b* 15 ihm an alle Menschen ein Zeuge sein von dem, was du gesehen und gehört hast. Und nun, was zögerst du? Stehe 16 auf, laß dich taufen und deine Sünden abwaschen, indem du seinen Namen anrufst. Es geschah mir aber, als ich 17 nach Jerusalem zurückgekehrt war und in dem Tempel betete, daß ich in Entzückung geriet und ihn sah, der zu 18 mir sprach: Eile und geh schnell aus Jerusalem hinaus, denn sie werden dein Zeugnis über mich nicht anneh-men. Und ich sprach: Herr, sie selbst 19 wissen, daß ich die an dich Glauben-den ins Gefängnis warf und in den Synagogen schlug; und als das Blut 20 deines Zeugen Stephanus vergossen wurde, stand auch ich dabei und wil-ligte mit ein und verwahrte die Kleider derer, welche ihn umbrachten. Und 21 er sprach zu mir: Gehe hin, denn ich werde dich weit weg zu den Nationen senden.

Sie hörten ihm aber zu bis zu die- 22 sem Worte und erhoben ihre Stimme und sagten: Hinweg von der Erde mit einem solchen, denn es geziemte sich nicht, daß er am Leben blieb! Als 23 sie aber schrieen und die Kleider weg-schleuderten und Staub in die Luft warfen, befahl der Oberste *c*, daß er 24 in das Lager gebracht würde, und sagte, man solle ihn mit Geißelhie-ben ausforschen, auf daß er erfühere, um welcher Ursache willen sie also gegen ihn schrieen. Als sie ihn aber 25 mit den Riemen *d* ausspannten, sprach Paulus zu dem Hauptmann, der da-stand: Ist es euch erlaubt, einen Men-schen, *der* ein Römer *ist*, und zwar unverurteilt, zu geißeln? Als es aber 26 der Hauptmann hörte, ging er hin und meldete dem Obersten und sprach: Was hast du vor zu tun? denn dieser Mensch ist ein Römer. Der Oberste 27 aber kam herzu und sprach zu ihm: Sage mir, bist du ein Römer? Er aber sprach: Ja. Und der Oberste antwor- 28 tete: Ich habe um eine große Summe dieses Bürgerrecht erworben. Paulus aber sprach: Ich aber bin sogar *darin* geboren. Alsbald nun standen von ihm 29 ab, die ihn ausforschen sollten; aber auch der Oberste fürchtete sich, als er erfuhr, daß er ein Römer sei, und weil er ihn gebunden hatte. Des fol- 30 genden Tages aber, da er mit Gewiß-heit erfahren wollte, weshalb er von den Juden angeklagt sei, machte er ihn los und befahl, daß die Hohen-priester und das ganze Synedrium zu-sammenkommen sollten; und er führ-te Paulus hinab und stellte ihn vor sie.

Paulus aber blickte das Synedrium **23** unverwandt an und sprach: Brüder! ich habe mit allem guten Gewissen vor *e* Gott gewandelt bis auf diesen Tag. Der Hohepriester Ananias aber 2 befahl denen, die bei ihm standen, ihn auf den Mund zu schlagen. Da sprach 3 Paulus zu ihm: Gott wird dich schla-

---

a O. schaue auf! — *b* O. sollst. — *c* W. Chiliarch; so auch Kap. 23, 10. 15 usw. — *d* O. für die Riemen (Geißeln; die Geißeln bestanden aus Riemen). — *e* O. mit, für.

gen, du getünchte Wand! Und du, sitzest du da, mich nach dem Gesetz zu richten, und, wider das Gesetz handelnd, befiehlst du mich zu schlagen?
4 Die Dabeistehenden aber sprachen: Schmähst du den Hohenpriester Got-
5 tes? Und Paulus sprach: Ich wußte nicht, Brüder, daß es der Hohepriester ist; denn es steht geschrieben: „Von dem Obersten a deines Volkes sollst
6 du nicht übel reden".b Da aber Paulus wußte, daß der eine Teil von den Sadducäer, der andere aber von den Pharisäern war, rief er in dem Synedrium: Brüder, ich bin ein Pharisäer, ein Sohn von Pharisäern; wegen der Hoffnung und Auferstehung der Toten
7 werde ich gerichtet. Als er aber dies gesagt hatte, entstand ein Zwiespalt unter den Pharisäern und den Saddu-
8 cäern, und die Menge teilte sich. Denn die Sadducäer sagen, es gebe keine Auferstehung, noch Engel, noch Geist; die Pharisäer aber bekennen beides.
9 Es entstand aber ein großes Geschrei, und die Schriftgelehrten von der Partei der Pharisäer standen auf und stritten und sagten: Wir finden an diesem Menschen nichts Böses; wenn aber ein Geist oder ein Engel zu ihm
10 geredet hat ... Als aber ein großer Zwiespalt c entstand, fürchtete der Oberste, Paulus möchte von ihnen zerrissen werden, und befahl, daß das Kriegsvolk hinabgehe und ihn aus ihrer Mitte wegreiße und in das Lager führe.
11 In der folgenden Nacht aber stand der Herr bei ihm und sprach: Sei gutes Mutes! denn wie du von mir in Jerusalem gezeugt d hast, so mußt du
12 auch in Rom zeugen. Als es aber Tag geworden war, rotteten sich die Juden zusammen, verfluchten sich und sagten, daß sie weder essen noch trinken würden, bis sie Paulus getötet
13 hätten. Es waren aber mehr als vierzig, die diese Verschwörung gemacht
14 hatten, welche zu den Hohenpriestern und den Aeltesten kamen und sprachen: Wir haben uns mit einem Fluche verflucht, nichts zu genießen, bis
15 wir den Paulus getötet haben. Machet ihr nun jetzt mit dem Synedrium dem Obersten Anzeige, damit er ihn zu euch herabführe, als wolltet ihr seine Sache genauer entscheiden; wir aber sind bereit, ehe er nahe kommt, ihn
16 umzubringen. Als aber der Schwestersohn des Paulus von der Nachstellung gehört hatte, kam er hin und ging in das Lager und meldete es dem Pau-
17 lus. Paulus aber rief einen von den Hauptleuten zu sich und sagte: Führe diesen Jüngling zu dem Obersten,
18 denn er hat ihm etwas zu melden. Der nun nahm ihn zu sich und führte ihn zu dem Obersten und sagt: Der Gefangene Paulus rief mich herzu und bat mich, diesen Jüngling zu dir zu führen, der dir etwas zu sagen habe.
19 Der Oberste aber nahm ihn bei der

Hand und zog sich mit ihm besonders zurück und fragte: Was ist es, das du mir zu melden hast? Er aber sprach: 20 Die Juden sind übereingekommen, dich zu bitten, daß du morgen den Paulus in das Synedrium hinabbringest, als wollest du etwas Genaueres über ihn erkunden. Du nun, laß dich nicht von 21 ihnen überreden, denn mehr als vierzig Männer von ihnen stellen ihm nach, welche sich verflucht haben, weder zu essen noch zu trinken, bis sie ihn umgebracht haben; und jetzt sind sie bereit und erwarten die Zusage von dir. Der Oberste nun entließ den 22 Jüngling und befahl ihm: Sage niemand, daß du mir dies angezeigt hast. Und als er zwei von den Hauptleuten 23 herzugerufen hatte, sprach er: Machet zweihundert Kriegsknechte bereit, damit sie bis Cäsarea ziehen, und siebenzig Reiter und zweihundert Lanzenträger, von der dritten Stunde der Nacht an. Und sie sollten Tiere bereit 24 halten, auf daß sie den Paulus darauf setzten und sicher zu Felix, dem Landpfleger, hinbrächten. Und er schrieb 25 einen Brief folgenden Inhalts:
Klaudius Lysias dem vortrefflichsten Landpfleger Felix seinen Gruß! Diesen Mann, der von den Juden er- 27 griffen wurde und nahe daran war, von ihnen umgebracht zu werden, habe ich, mit dem Kriegsvolk einschreitend, ihnen entrissen, da ich erfuhr, daß er ein Römer sei. Da ich aber die 28 Ursache wissen wollte, weswegen sie ihn anklagten, führte ich ihn in ihr Synedrium hinab. Da fand ich, daß 29 er wegen Streitfragen ihres Gesetzes angeklagt war, daß aber keine Anklage gegen ihn vorlag, die des Todes oder der Bande wert wäre. Da 30 mir aber ein Anschlag hinterbracht wurde, der [von den Juden] wider den Mann im Werke sei, habe ich ihn sofort zu dir gesandt und auch den Klägern befohlen, vor dir zu sagen, was wider ihn vorliegt. [Lebe wohl!]
Die Kriegsknechte nun nahmen, wie 31 ihnen befohlen war, den Paulus und führten ihn bei der Nacht nach Antipatris. Des folgenden Tages aber lie- 32 ßen sie die Reiter mit ihm fortziehen und kehrten nach dem Lager zurück. Und als diese nach Cäsarea gekom- 33 men waren, übergaben sie dem Landpfleger den Brief und stellten ihm auch den Paulus dar. Als er es aber 34 gelesen und gefragt hatte, aus welcher Provinz er sei, und erfahren, daß er aus Cilicien sei, sprach er: Ich werde 35 dich völlig anhören, wenn auch deine Ankläger angekommen sind. Und er befahl, daß er in dem Prätorium des Herodes verwahrt werde.
Nach fünf Tagen aber kam der **24** Hohepriester Ananias mit den Aeltesten und einem gewissen Redner Tertullus herab, und sie machten bei dem Landpfleger Anzeige wider Paulus. Als er aber gerufen worden war, 2

a O. Fürsten. — b 2. Mose 22, 28. — c O. Aufruhr. — d Eig. das mich Betreffende . . . bezeugt.

begann Tertullus die Anklage und 3 sprach: Da wir großen Frieden durch dich genießen, und da durch deine Fürsorge für diese Nation löbliche Maßregeln a getroffen worden sind, so erkennen wir es allewege und allent-halben b, vortrefflichster Felix, mit 4 aller Dankbarkeit an. Auf daß ich dich aber nicht länger aufhalte, bitte ich dich, uns in Kürze nach deiner 5 Geneigtheit c anzuhören. Denn wir haben diesen Mann als eine Pest be-funden und als einen, der unter allen Juden, die auf dem Erdkreis sind d, Aufruhr erregt, und als einen Anfüh-6 rer der Sekte der Nazaräer; welcher auch versucht hat, den Tempel zu ent-heiligen, den wir auch ergriffen ha-ben [und nach unserem Gesetz rich-7 ten wollten. Lysias aber, der Oberste, kam herzu und führte ihn mit großer 8 Gewalt aus unseren Händen weg, in-dem er seinen Anklägern befahl, zu dir zu kommen;] von welchem du selbst, wenn du es untersucht e hast, über al-les dieses Gewißheit erhalten kannst, 9 dessen wir ihn anklagen. — Aber auch die Juden griffen *Paulus* mit an und sagten, daß dies sich also verhielte. 10 Paulus aber antwortete, nachdem ihm der Landpfleger zu reden gewinkt hatte: Da ich weiß, daß du seit vielen Jahren Richter über diese Nation bist, so verantworte ich mich über das mich 11 Betreffende getrost, indem du erken-nen kannst, daß es nicht mehr als 12 zwölf Tage sind, seit ich hinaufging, um in Jerusalem anzubeten. Und sie haben mich weder in dem Tempel mit jemand in Unterredung gefunden, noch einen Auflauf der Volksmenge ma-chend, weder in den Synagogen noch 13 in der Stadt f; auch können sie das nicht dartun, worüber sie mich jetzt 14 anklagen. Aber dies bekenne ich dir, daß ich nach dem Wege, den sie eine Sekte nennen, also dem Gott meiner Väter g diene, indem ich allem glaube, was in dem Gesetz h und in den Pro-15 pheten geschrieben steht, und die Hoff-nung zu Gott habe, welche auch selbst diese annehmen i, daß eine Aufer-stehung sein wird, sowohl der Gerechten 16 als der Ungerechten. Darum übe ich mich auch, allezeit ein Gewissen ohne Anstoß zu haben vor Gott und den 17 Menschen. Nach vielen Jahren aber kam ich her, um Almosen für meine 18 Nation und Opfer darzubringen, wo-bei sie mich gereinigt im Tempel fan-den, weder mit Auflauf noch mit Tu-19 mult; *es waren* aber etliche Juden aus Asien, die hier vor dir sein und Klage führen sollten, wenn sie etwas wider 20 mich hätten. Oder laß diese selbst sa-gen, welches Unrecht sie an mir ge-funden haben, als ich vor dem Syne-21 drium stand, es sei denn wegen die-

ses einen Ausrufs, den ich tat, als ich unter ihnen stand: Wegen der Auf-erstehung der Toten werde ich heute von euch gerichtet.

Felix aber, der in betreff des Weges 22 genauere Kenntnis hatte, beschied sie auf weiteres j und sagte: Wenn Ly-sias, der Oberste, herabkommt, so will ich eure Sache entscheiden. Und er 23 befahl dem Hauptmann, ihn zu ver-wahren und ihm Erleichterung zu ge-ben und niemand von den Seinigen zu wehren, ihm zu dienen.

Nach etlichen Tagen aber kam Fe-24 lix mit Drusilla, seinem Weibe, die eine Jüdin war, herbei und ließ den Paulus holen und hörte ihn über den Glauben an Christum. Als er aber über 25 Gerechtigkeit und Enthaltsamkeit und das kommende Gericht redete, wurde Felix mit Furcht erfüllt und antwor-tete: Für jetzt gehe hin; wenn ich aber gelegene Zeit habe, werde ich dich rufen lassen. Zugleich hoffte er, 26 daß ihm von Paulus Geld gegeben wer-den würde; deshalb ließ er ihn auch öfter holen und unterhielt sich mit ihm. Als aber zwei Jahre verflossen k 27 waren, bekam Felix den Porcius Fe-stus zum Nachfolger; und da Felix sich bei den Juden in Gunst setzen woll-te, hinterließ er den Paulus gefangen.

Als nun Festus in die Provinz ge-**25** kommen war, ging er nach drei Ta-gen von Cäsarea hinauf nach Jerusa-lem. Und die Hohenpriester und die 2 Vornehmsten der Juden machten An-zeige bei ihm wider Paulus und baten ihn, indem sie es als eine Gunst wi-3 der denselben begehrten, daß er ihn nach Jerusalem kommen ließe; indem sie eine Nachstellung bereiteten, ihn unterwegs umzubringen. Festus nun 4 antwortete, Paulus werde in Cäsarea behalten, er selbst aber werde in Kür-ze abreisen. Die Angesehenen l unter euch nun, sprach m er, mögen mit hin-abreisen und, wenn etwas an diesem Manne ist n, ihn anklagen. Nachdem 6 er aber nicht mehr als acht oder zehn Tage unter ihnen verweilt hatte, ging er nach Cäsarea hinab; und des fol-genden Tages setzte er sich auf den Richterstuhl und befahl, Paulus vor-zuführen. Als er aber angekommen 7 war, stellten sich die von Jerusalem herabgekommenen Juden um ihn her und brachten viele und schwere Be-schuldigungen vor, die sie nicht zu beweisen vermochten, indem Paulus 8 sich verantwortete: Weder gegen das Gesetz der Juden, noch gegen den Tempel, noch gegen den Kaiser habe ich etwas gesündigt. Festus aber, der 9 sich bei den Juden in Gunst setzen wollte, antwortete dem Paulus und sagte: Willst du nach Jerusalem hin-aufgehen und dort dieserhalb vor mir

---

a Nach and. Les.: Verbesserungen. — b O. Maßregeln allewege und allenthalben getroffen worden sind, so erkennen wir es usw. — c O. Milde. — d O. die über den Erdkreis hin wohnen. — e O. ihn ausgeforscht. — f Eig. durch die Stadt hin. — g Eig. dem väterlichen Gott. — h Eig. durch das Gesetz hin. — i O. erwarten. — j O. vertagte ihre Sache (W. sie). — k Eig. erfüllt. — l Eig. Mächtigen. — m Eig. spricht. — n O. nach and. Les.: wenn etwas Ungeziemendes an dem Manne ist.

10 gerichtet werden? Paulus aber sprach: Ich stehe vor dem Richterstuhl des Kaisers, wo ich gerichtet werden muß; den Juden habe ich kein Unrecht getan, wie auch du sehr wohl *a* weißt. 11 Wenn ich nun unrecht getan und etwas Todeswürdiges begangen habe, so weigere ich mich nicht zu sterben; wenn aber nichts an dem ist, wessen diese mich anklagen, so kann mich niemand ihnen preisgeben. Ich berufe 12 mich auf den Kaiser. Dann besprach sich Festus mit dem Rat und antwortete: Auf den Kaiser hast du dich berufen, zum Kaiser sollst du gehen.

13 Als aber etliche Tage vergangen waren, kamen der König Agrippa und Bernice nach Cäsarea, den Festus zu 14 begrüßen. Als sie aber mehrere Tage daselbst verweilt hatten, legte Festus dem König die Sache des Paulus vor und sprach: Ein gewisser Mann ist von Felix gefangen zurückgelassen 15 worden, wegen dessen, als ich zu Jerusalem war, die Hohenpriester und die Aeltesten der Juden Anzeige machten, indem sie ein Urteil gegen ihn 16 verlangten; denen ich antwortete: Es ist bei den Römern nicht Sitte, irgend einen Menschen preiszugeben, ehe der Angeklagte seine Ankläger persönlich vor sich habe und Gelegenheit bekommen, sich wegen der Anklage zu ver- 17 antworten. Als sie nun hierher zusammengekommen waren, setzte ich mich, ohne Aufschub zu machen, tags darauf auf den Richterstuhl und befahl, 18 den Mann vorzuführen; über welchen, als die Verkläger auftraten, sie keine Beschuldigung von dem vorbrachten, 19 was ich vermutete. Sie hatten aber etliche Streitfragen wider ihn wegen ihres eigenen Gottesdienstes und wegen eines gewissen Jesus, der gestorben ist, von welchem Paulus sagte, er 20 lebe. Da ich aber hinsichtlich der Untersuchung wegen dieser Dinge in Verlegenheit war, sagte ich, ob er nach Jerusalem gehen und daselbst wegen dieser Dinge gerichtet werden wolle. 21 Als aber Paulus Berufung einlegte und forderte, daß er auf das Erkenntnis des Augustus behalten würde, befahl ich, ihn zu verwahren, bis ich ihn zum 22 Kaiser senden werde. Agrippa aber [sprach] zu Festus: Ich möchte wohl auch selbst den Menschen hören. — Morgen, sagte er, sollst du ihn hören. 23 Als nun des folgenden Tages Agrippa und Bernice mit großem Gepränge gekommen und mit den Obersten *b* und den vornehmsten Männern der Stadt in den Verhörsaal eingetreten waren, und Festus Befehl gegeben hatte, wurde 24 Paulus vorgeführt. Und Festus spricht: König Agrippa und ihr Männer alle, die ihr mit uns zugegen seid, ihr sehet diesen, um welchen mich die ganze Menge der Juden angegangen hat, sowohl in Jerusalem als auch hier, indem sie gegen ihn schrieen, er dürfe 25 nicht mehr leben. Ich aber, da ich

fand, daß er nichts Todeswürdiges begangen, dieser selbst aber sich auch auf den Augustus berufen hat, habe 26 beschlossen, ihn zu senden; über welchen ich nichts Gewisses dem Herrn zu schreiben habe. Deshalb habe ich ihn vor euch geführt und besonders vor dich, König Agrippa, damit ich, wenn die Untersuchung geschehen ist, etwas zu schreiben habe. Denn es 27 scheint mir ungereimt, einen Gefangenen zu senden und nicht auch die gegen ihn vorliegenden Beschuldigungen anzuzeigen.

Agrippa aber sprach zu Paulus: **26** Es ist dir erlaubt, für dich selbst zu reden. Da streckte Paulus die Hand aus und verantwortete sich: Ich schätze 2 mich glücklich, König Agrippa, daß ich über alles, dessen ich von den Juden angeklagt werde, mich heute vor dir verantworten soll; besonders weil 3 du *c* von allen Gebräuchen und Streitfragen, die unter den Juden sind, Kenntnis hast; darum bitte ich dich, mich langmütig anzuhören. Meinen Lebenswandel nun von Jugend auf, der 4 von Anfang an unter meiner Nation in Jerusalem gewesen ist, wissen alle Juden, die mich von der ersten Zeit 5 her kennen, (wenn sie es bezeugen wollen) daß ich nach der strengsten Sekte unserer Religion, als Pharisäer, lebte. Und nun stehe ich vor Gericht 6 wegen der Hoffnung auf die von Gott an unsere Väter geschehene Verheißung, zu welcher unser zwölfstämmi- 7 ges *Volk*, unablässig Nacht und Tag *Gott* dienend, hinzugelangen hofft, wegen welcher Hoffnung, o König, ich von den Juden angeklagt werde. War- 8 um wird es bei euch für etwas Unglaubliches gehalten, wenn Gott Tote auferweckt? Ich meinte freilich bei 9 mir selbst, gegen den Namen Jesu, des Nazaräers, viel Widriges tun zu müssen, was ich auch in Jerusalem 10 getan habe; und viele der Heiligen habe ich in Gefängnisse eingeschlossen, nachdem ich von den Hohenpriestern die Gewalt empfangen hatte; und wenn sie umgebracht wurden, so gab ich meine Stimme dazu. Und in 11 allen Synagogen *d* sie oftmals strafend, zwang ich sie zu lästern; und über die Maßen gegen sie rasend, verfolgte ich sie sogar bis in die ausländischen Städte. Und als ich, damit *beschäftigt*, 12 mit Gewalt und Vollmacht von den Hohenpriestern nach Damaskus reiste, sah ich mitten am Tage auf dem We- 13 ge, o König, vom Himmel her ein Licht, das den Glanz der Sonne übertraf, welches mich und die mit mir reisten umstrahlte. Als wir aber alle 14 zur Erde niedergefallen waren, hörte ich eine Stimme in hebräischer Mundart zu mir sagen: Saul, Saul, was verfolgst du mich? Es ist hart für dich, wider den Stachel *e* auszuschlagen. Ich 15 aber sprach: Wer bist du, Herr? Der Herr aber sprach: Ich bin Jesus, den

---

a Eig. besser. — *b* W. Chiliarchen. — *c* O. weil du am meisten. — *d* Eig. durch alle Synagogen hin. — *e* W. wider Stacheln.

16 du verfolgst; aber richte dich auf und stelle dich auf deine Füße; denn hierzu bin ich dir erschienen, dich zu 17 einem Diener und Zeugen zu verordnen, sowohl dessen, was du gesehen hast, als auch worin ich dir erscheinen werde, indem ich dich herausnahm aus dem Volke und den Natio-18 nen, zu welchen i c h dich sende, ihre Augen aufzutun, auf daß sie sich bekehren von der Finsternis zum Licht und von der Gewalt des Satans zu Gott, auf daß sie Vergebung *der* Sünden empfangen und ein Erbe unter denen, die durch den Glauben an mich 19 geheiligt sind. Daher, König Agrippa, war ich nicht ungehorsam dem himm-20 lischen Gesicht, sondern verkündigte denen in Damaskus zuerst und Jerusalem und in der ganzen Landschaft von Judäa und den Nationen, Buße zu tun und sich zu Gott zu bekehren, indem sie der Buße würdige Werke 21 vollbrächten. Dieserhalb haben mich die Juden in dem Tempel ergriffen 22 und versucht, mich zu ermorden. Da mir nun der Beistand von Gott zuteil wurde, stehe ich bis zu diesem Tage, bezeugend sowohl Kleinen *a* als Großen, indem ich nichts sage außer dem, was auch die Propheten und Moses geredet haben, daß es geschehen wer-23 de, *nämlich,* daß *b* der Christus leiden sollte, daß *b* er als Erster durch *c* Toten-Auferstehung Licht verkündigen sollte, sowohl dem Volke als auch den Nationen.

24 Während er aber dieses zur Verantwortung sagte, spricht Festus mit lauter Stimme: Du rasest, Paulus! die große Gelehrsamkeit bringt dich zur 25 Raserei. Paulus aber spricht: Ich rase nicht, vortrefflichster Festus, sondern ich rede Worte der Wahrheit und der 26 Besonnenheit. Denn der König weiß um diese Dinge, zu welchem ich auch mit Freimütigkeit rede; denn ich bin überzeugt, daß ihm nichts hiervon verborgen ist, denn nicht in einem Win-27 kel ist dies geschehen. Glaubst du, König Agrippa, den Propheten? Ich 28 weiß, daß du glaubst. Agrippa aber [sprach] zu Paulus: In kurzem *d* überredest du mich, ein Christ zu werden. 29 Paulus aber [sprach]: Ich wollte zu Gott, daß über kurz oder lang *e* nicht allein du, sondern auch alle, die mich heute hören, solche würden, wie auch i c h bin, ausgenommen diese Bande *f*. 30 Und der König stand auf und der Landpfleger und Bernice und die mit 31 ihnen saßen. Und als sie sich zurückgezogen hatten, redeten sie miteinander und sagten: Dieser Mensch tut nichts, was des Todes oder der Bande 32 wert wäre. Agrippa aber sprach zu Festus: Dieser Mensch hätte losgelassen werden können, wenn er sich nicht auf den Kaiser berufen hätte.

Als es aber beschlossen war, daß **27** wir nach Italien absegeln sollten, überlieferten sie den Paulus und etliche andere Gefangene einem Hauptmann, mit Namen Julius, von der Schar des Augustus. Als wir aber in ein 2 adramyttisches Schiff gestiegen waren, das im Begriff stand, die Orte längs *der Küste* Asiens zu befahren, fuhren wir ab; und es war bei uns Aristarchus, ein Macedonier aus Thessalonich. Und 3 des anderen Tages legten wir zu Sidon an. Und Julius behandelte den Paulus sehr wohlwollend und erlaubte ihm, zu den Freunden zu gehen, um ihrer Fürsorge teilhaftig zu werden. Und 4 von da fuhren wir ab und segelten unter Cypern hin, weil die Winde *uns* entgegen waren. Und als wir das Meer 5 von Cilicien und Pamphylien durchsegelt hatten, kamen wir nach Myra in Lycien; und als der Hauptmann da- 6 selbst ein alexandrinisches Schiff fand, das nach Italien segelte, brachte er uns auf dasselbe. Als wir aber viele 7 Tage langsam segelten und mit Mühe gen Knidus gekommen waren, segelten wir, da uns der Wind nicht heranließ, unter Kreta hin, gegen Salmone; und als wir mit Mühe an ihr *g* dahin- 8 fuhren, kamen wir an einen gewissen Ort, Schönhafen genannt, in dessen Nähe die Stadt Lasea war.

Da aber viel Zeit verflossen und die 9 Fahrt schon unsicher war, weil auch die Fasten schon vorüber waren, ermahnte Paulus und sprach zu ihnen: 10 Männer, ich sehe, daß die Fahrt mit Ungemach und großem Schaden, nicht nur der Ladung und des Schiffes, sondern auch unseres Lebens geschehen wird. Der Hauptmann aber glaubte 11 dem Steuermann und dem Schiffsherrn mehr als dem von Paulus Gesagten. Da aber der Hafen zum Ueberwintern 12 ungeeignet war, rieten die meisten dazu, von dort abzufahren, ob sie etwa nach Phönix zu gelangen *und dort* zu überwintern vermöchten, einem Hafen von Kreta, der gegen Nordost und gegen Südost *h* sieht. Als aber ein 13 Südwind sanft wehte, meinten sie ihren Vorsatz erreicht zu haben, lichteten die Anker und fuhren dicht an Kreta hin. Aber nicht lange danach erhob 14 sich von Kreta *i* her ein Sturmwind, Euroklydon genannt. Als aber das 15 Schiff mitfortgerissen wurde und dem Winde nicht zu widerstehen vermochte, gaben wir uns *j* preis und trieben dahin. Als wir aber unter einer gewissen 16 kleinen Insel, Klauda genannt, hinliefen, vermochten wir kaum des Bootes mächtig zu werden. Dieses zogen 17 sie herauf und bedienten sich der Schutzmittel, indem sie das Schiff umgürteten; und da sie fürchteten, in die Syrte *k* verschlagen zu werden, ließen sie das Takelwerk *l* nieder und trieben

---

a d. h. Geringen. — *b* W. ob. — *c* O. aus. — *d* O. mit wenigem. — *e* O. sowohl mit wenigem als mit vielem. — *f* O. Fesseln; so auch V. 31. — *g* d. h. an der Insel Kreta. — *h* And. üb.: gegen Südwest und gegen Nordwest. — *i* W. von derselben. — *j* O. es. — *k* eine wegen ihrer Untiefen und Sandbänke gefürchtete Bucht an der afrikanischen Küste. — *l* O. Segelwerk.

18 also dahin. Indem wir aber sehr vom Sturme litten, machten sie des folgen-
19 den Tages einen Auswurf a; und am dritten Tage warfen sie mit eigenen
20 Händen das Schiffsgerät fort. Da aber viele Tage lang weder Sonne noch Sterne schienen und ein nicht geringes Unwetter auf uns lag, war zuletzt alle Hoffnung auf unsere Rettung ent-
21 schwunden. Und als man lange Zeit ohne Speise geblieben war, da stand Paulus in ihrer Mitte auf und sprach: O Männer! man hätte mir freilich ge-horchen und nicht von Kreta abfahren und dieses Ungemach und den Schaden
22 nicht ernten sollen. Und jetzt ermahne ich euch, gutes Mutes zu sein, denn kein Leben von euch wird verloren
23 gehen, nur das Schiff. Denn ein Engel des Gottes, dessen ich bin und dem ich diene, stand in dieser Nacht bei mir
24 und sprach: Fürchte dich nicht, Pau-lus! du mußt vor den Kaiser gestellt werden; und siehe, Gott hat dir alle
25 geschenkt, die mit dir fahren. Deshalb seid gutes Mutes, ihr Männer! denn ich vertraue Gott, daß es so sein wird,
26 wie ihr mir geredet worden ist. Wir müssen aber auf eine gewisse Insel verschlagen werden.
27   Als aber die vierzehnte Nacht ge-kommen war, und wir in dem Adria-tischen Meere umhertrieben, meinten gegen Mitternacht die Matrosen, daß
28 sich ihnen ein Land nahe. Und als sie das Senkblei ausgeworfen hatten, fan-den sie zwanzig Faden; nachdem sie aber ein wenig weiter gefahren waren und das Senkblei wiederum ausge-worfen hatten, fanden sie fünfzehn
29 Faden. Und indem sie fürchteten, wir möchten etwa auf felsige Orte ver-schlagen werden, warfen sie vom Hin-terteil vier Anker aus und wünschten,
30 daß es Tag würde. Als aber die Ma-trosen aus dem Schiffe zu fliehen such-ten und das Boot unter dem Vorwande, als wollten sie vom Vorderteil Anker auswerfen, in das Meer hinabließen,
31 sprach Paulus zu dem Hauptmann und den Kriegsleuten: Wenn diese nicht im Schiffe bleiben, könnt ihr nicht
32 gerettet werden. Dann hieben die Kriegsleute die Taue des Bootes ab und
33 ließen es hinabfallen. Als es aber Tag werden wollte, ermahnte Paulus alle, Speise zu nehmen, und sprach: Heute ist der vierzehnte Tag, daß ihr zuwar-tend ohne Essen geblieben seid, in-dem ihr nichts zu euch genommen habt.
34 Deshalb ermahne ich euch, Speise zu nehmen, denn dies gehört zu eurer Erhaltung b; denn keinem von euch wird ein Haar des Hauptes verloren
35 gehen. Und als er dies gesagt und Brot genommen hatte, dankte er Gott vor allen, und als er es gebrochen hatte,
36 begann er zu essen. Alle aber, gutes Mutes geworden, nahmen auch selbst

Speise zu sich. Wir waren aber in dem 37 Schiffe, alle Seelen, zweihundert sechs-undsiebenzig. Als sie sich aber mit 38 Speise gesättigt hatten, erleichterten sie das Schiff, indem sie den Weizen in das Meer warfen. Als es aber Tag 39 wurde, erkannten sie das Land nicht; sie bemerkten aber einen gewissen Meerbusen, der einen Strand hatte, auf welchen sie, wenn möglich, das Schiff zu treiben gedachten. Und als sie die 40 Anker gekappt hatten, ließen sie sie im Meere und machten zugleich die Bande der Steuerruder los und hißten das Vordersegel vor den Wind und hielten auf den Strand zu. Da sie aber 41 auf eine Landzunge gerieten, ließen sie das Schiff stranden; und das Vor-derteil saß fest und blieb unbeweglich, das Hinterteil aber wurde von der Ge-walt der Wellen zerschellt. Der Kriegs- 42 knechte Rat c aber war, daß sie die Gefangenen töten sollten, damit nicht jemand fortschwimmen und entfliehen möchte. Der Hauptmann aber, der 43 den Paulus retten wollte, hinderte sie an ihrem Vorhaben und befahl, daß diejenigen, welche schwimmen könn-ten, sich zuerst hinabwerfen und an das Land gehen sollten; und die übrigen 44 teils auf Brettern, teils auf Stücken vom Schiffe. Und also geschah es, daß alle an das Land gerettet wurden.

Und als wir gerettet waren, da er-**28** fuhren wir, daß die Insel Melite d heiße. Die Eingeborenen e aber erzeig- 2 ten uns eine nicht gewöhnliche Freund-lichkeit, denn sie zündeten uns Feuer an und nahmen uns alle zu sich wegen des eingetretenen Regens und wegen der Kälte. Als aber Paulus eine [ge- 3 wisse] Menge Reiser zusammenraffte und auf das Feuer legte, kam infolge der Hitze eine Natter heraus und hängte sich an seine Hand. Als aber die 4 Eingeborenen e das Tier an seiner Hand hängen sahen, sagten sie zueinander: Jedenfalls ist dieser Mensch ein Mör-der, welchen Dike f, obschon er aus dem Meere gerettet ist, nicht leben läßt. Er nun schüttelte das Tier in das Feuer 5 ab und erlitt nichts Schlimmes. Sie 6 aber erwarteten, daß er aufschwellen oder plötzlich tot hinfallen würde. Als sie aber lange warteten und sahen, daß ihm nichts Ungewöhnliches ge-schah, änderten sie ihre Meinung und sagten, er sei ein Gott.

In der Umgebung jenes Ortes aber 7 besaß der Erste g der Insel, mit Namen Publius, Ländereien; der nahm uns auf und beherbergte uns drei Tage freund-lich. Es geschah aber, daß der Vater 8 des Publius, von Fieber und Ruhr be-fallen, daniederlag. Zu dem ging Pau-lus hinein, und als er gebetet hatte, leg-te er ihm die Hände auf und heilte ihn. Als dies aber geschehen war, kamen 9 auch die übrigen auf der Insel, welche

---

a d. h. sie warfen einen Teil der Schiffsladung über Bord. — *b* O. Rettung. — *c* O. Plan, Absicht. — *d* O. Malta. — *e* Eig. Barbaren. So wurden von den Griechen und Römern alle Völker genannt, welche nicht griechischer oder römischer Abstammung waren und eine fremde Sprache redeten. — *f* die Göttin der Vergeltung. — *g* Titel des Landpflegers.

Krankheiten hatten, herzu und wurden
10 geheilt; diese ehrten uns auch mit vielen Ehren *a*, und als wir abfuhren, luden sie uns auf, was uns nötig war.

11 Nach drei Monaten aber fuhren wir ab in einem alexandrinischen Schiffe, das auf der Insel überwintert hatte,
12 mit dem Zeichen der Dioskuren. Und als wir in Syrakus gelandet waren,
13 blieben wir drei Tage. Von dort fuhren wir herum und kamen nach Rhegium; und da kaum einem Tage sich ein Südwind erhob, kamen wir den zweiten
14 Tag nach Puteoli, wo wir Brüder fanden und gebeten wurden, sieben Tage bei ihnen zu bleiben; und so kamen
15 wir nach Rom. Und von dort kamen die Brüder, als sie von uns gehört hatten, uns bis Appii-Forum und Tres-Tabernä entgegen; und als Paulus sie sah, dankte er Gott und faßte Mut.
16 Als wir aber nach Rom kamen, [überlieferte der Hauptmann die Gefangenen dem Oberbefehlshaber *b*; aber] dem Paulus wurde erlaubt, mit dem Kriegsknechte, der ihn bewachte, für
17 sich zu bleiben. Es geschah aber nach drei Tagen, daß er die, welche die Ersten der Juden waren, zusammenberief. Als sie aber zusammengekommen waren, sprach er zu ihnen: Brüder! ich, der ich nichts wider das Volk oder die väterlichen Gebräuche getan habe, bin gefangen aus Jerusalem in die Hände der Römer überliefert
18 worden, welche, nachdem sie mich verhört hatten, mich loslassen wollten, weil keine Ursache des Todes an mir
19 war. Als aber die Juden widersprachen, war ich gezwungen, mich auf den Kaiser zu berufen, nicht als hätte ich wider meine Nation etwas zu klagen.
20 Um dieser Ursache willen nun habe ich euch herbeigerufen, euch zu sehen und zu euch zu reden; denn wegen der Hoffnung Israels bin ich mit dieser
21 Kette umgeben. Sie aber sprachen zu

ihm: Wir haben über dich weder Briefe von Judäa empfangen, noch ist jemand von den Brüdern hergekommen und hat uns über dich etwas Böses berichtet oder gesagt. Aber wir be- 22 gehren *c* von dir zu hören, welche Gesinnung du hast; denn von dieser Sekte ist uns bekannt, daß ihr allenthalben widersprochen wird.

Als sie ihm aber einen Tag be- 23 stimmt hatten, kamen mehrere zu ihm in die Herberge, welchen er *die Wahrheit* auslegte, indem er das Reich Gottes bezeugte und sie zu überzeugen suchte von Jesu, sowohl aus dem Gesetz Moses' als auch den Propheten, von frühmorgens bis zum Abend. Und etliche 24 wurden überzeugt von dem *d*, was gesagt wurde, andere aber glaubten nicht. Als sie aber unter sich uneins waren, 25 gingen sie weg, als Paulus e in Wort sprach: Trefflich hat der Heilige Geist durch Jesaias, den Propheten, zu unseren Vätern geredet und gesagt: „Gehe 26 hin zu diesem Volke und sprich: Hörend werdet ihr hören und nicht verstehen, und sehend werdet ihr sehen und nicht wahrnehmen. Denn das Herz 27 dieses Volkes ist dick geworden, und mit den Ohren haben sie schwer gehört, und ihre Augen haben sie geschlossen, damit sie nicht etwa mit den Augen sehen und mit den Ohren hören und mit dem Herzen verstehen und sich bekehren und ich sie heile." *e* So 28 sei euch nun kund, daß dieses Heil Gottes den Nationen gesandt ist; sie werden auch hören. [Und als er dies 29 gesagt hatte, gingen die Juden weg und hatten viel Wortwechsel unter sich.]

Er aber blieb zwei ganze Jahre in 30 seinem eigenen gemieteten Hause und nahm alle auf, die zu ihm kamen, in- 31 dem er das Reich Gottes predigte und die Dinge, welche den Herrn Jesus Christus betreffen, mit aller Freimütigkeit ungehindert lehrte.

Der Brief an die Römer

Paulus, Knecht *f* Jesu Christi, berufener Apostel, abgesondert zum Evan-
2 gelium Gottes, (welches er durch seine Propheten in heiligen Schriften zuvor
3 verheißen hat) über seinen Sohn, (der aus dem Samen Davids gekommen *g*
4 ist *dem* Fleische nach, *und als* Sohn Gottes in Kraft erwiesen *h dem* Geiste der Heiligkeit nach durch Toten-Auferstehung) Jesum Christum, unseren
5 Herrn, (durch welchen wir Gnade und Apostelamt *i* empfangen haben für seinen Namen zum Glaubensgehorsam
6 unter allen Nationen, unter welchen auch ihr seid, Berufene Jesu Christi)
7 — allen Geliebten Gottes, berufenen

Heiligen, die in Rom sind: Gnade euch und Friede von Gott, unserem Vater, und dem Herrn Jesus Christus!

Aufs erste danke ich meinem Gott 8 durch Jesum Christum euer aller halben, daß euer Glaube verkündigt wird in der ganzen Welt. Denn Gott ist 9 mein Zeuge, welchem ich diene in meinem Geiste in dem Evangelium seines Sohnes, wie unablässig ich euer erwähne, allezeit flehend bei meinem Ge- 10 beten, ob ich nun endlich einmal durch den Willen Gottes so glücklich sein möchte, zu euch zu kommen. Denn 11 mich verlangt sehr euch zu sehen, auf daß ich euch etwas geistliche Gnaden-

---

a O. Ehrengeschenken. — *b* d. h. dem Befehlshaber der kaiserlichen Leibgarde. — *c* O. halten es für recht. — *d* O. gaben Gehör, glaubten dem. — *e* Jes. 6, 9. 10. — *f* O. Sklave; so auch später. — *g* Eig. geworden. — *h* W. bestimmt. — *i* Eig. Apostelschaft.

gabe mitteile, um euch zu befestigen,
12 das ist aber, mit *euch* getröstet zu werden in eurer Mitte, ein jeder durch den Glauben, *der* in dem anderen ist, so-
13 wohl euren als meinen. Ich will aber nicht, daß euch unbekannt sei, Brüder, daß ich mir oft vorgesetzt habe, zu euch zu kommen, (und bis jetzt verhindert worden bin) auf daß ich auch unter euch einige Frucht haben möchte, gleichwie auch unter den übrigen
14 Nationen. Sowohl Griechen als Barbaren *a*, sowohl Weisen als Unverstän-
15 digen bin ich ein Schuldner. Ebenso *b* bin ich, soviel an mir ist, bereitwillig, auch euch, die ihr in Rom seid, das Evangelium zu verkündigen.
16 Denn ich schäme mich des Evangeliums nicht, denn es ist Gottes Kraft zum Heil jedem Glaubenden, sowohl dem Juden zuerst als auch dem Grie-
17 chen. Denn Gottes Gerechtigkeit wird darin geoffenbart aus Glauben *c* zu Glauben, wie geschrieben steht: „Der Gerechte aber wird aus Glauben leben". *d*
18 Denn es wird geoffenbart Gottes Zorn vom Himmel her über alle Gottlosigkeit und Ungerechtigkeit der Menschen, welche die Wahrheit in Unge-
19 rechtigkeit besitzen *e*; weil das von Gott Erkennbare unter *f* ihnen offenbar ist, denn Gott hat es ihnen geoffenbart,
20 — denn das Unsichtbare von ihm, sowohl seine ewige Kraft als auch seine Göttlichkeit, die von Erschaffung der Welt an in dem Gemachten wahrgenommen *g* werden, wird geschaut — damit sie ohne Entschuldigung seien;
21 weil sie, Gott kennend *h*, ihn weder als Gott verherrlichten, noch *ihm* Dank darbrachten, sondern in ihren Ueberlegungen in Torheit verfielen, und ihr unverständiges Herz verfinstert wur-
22 de: indem sie sich für Weise ausgaben,
23 sind sie zu Narren geworden und haben die Herrlichkeit des unverweslichen Gottes verwandelt in das Gleichnis eines Bildes von einem verweslichen Menschen und von Vögeln und von vierfüßigen und kriechenden Tie-
24 ren. Darum hat Gott sie [auch] dahingegeben in den Gelüsten ihrer Herzen in Unreinigkeit, ihre Leiber untereinander zu schänden; welche die Wahr-
25 heit Gottes in die Lüge verwandelt und dem Geschöpf mehr Verehrung und Dienst *i* dargebracht haben als dem Schöpfer, welcher gepriesen ist
26 in Ewigkeit. Amen. Deswegen hat Gott sie dahingegeben in schändliche Leidenschaften; denn sowohl ihre Weiber *j* haben den natürlichen Gebrauch in den unnatürlichen verwan-
27 delt, als auch gleicherweise die Männer *k*, den natürlichen Gebrauch des Weibes verlassend, in ihrer Wollust zueinander entbrannt sind, indem sie

Männer mit Männern Schande trieben und den gebührenden Lohn ihrer Verirrung an sich selbst empfingen. Und 28 gleichwie sie es nicht für gut fanden, Gott in Erkenntnis zu haben, hat Gott sie dahingegeben in einen verworfenen Sinn, zu tun was sich nicht geziemt; erfüllt mit aller Ungerechtigkeit, Bos- 29 heit, Habsucht *l*, Schlechtigkeit: voll von Neid, Mord, Streit, List, Tücke; Ohrenbläser, Verleumder, Gottver- 30 haßte, Gewalttäter, Hochmütige, Prahler, Erfinder böser Dinge, Eltern Ungehorsame, Unverständige, Treulose, 31 ohne natürliche Liebe, Unbarmherzige; die, wiewohl sie Gottes gerechtes 32 Urteil *m* erkennen, daß, die solches tun, des Todes würdig sind, es nicht allein ausüben, sondern auch Wohlgefallen an denen haben, die es tun.

Deshalb bist du nicht zu entschul- **2** digen, o Mensch, jeder, der da richtet; denn worin du den anderen richtest, verdammst du dich selbst; denn du, der du richtest, tust dasselbe. Wir 2 wissen aber, daß das Gericht Gottes nach *der* Wahrheit ist über die, welche solches tun. Denkst du aber dies, o 3 Mensch, der du die richtest, die solches tun, und verübst dasselbe, daß du dem Gericht Gottes entfliehen werdest? Oder verachtest du den Reich- 4 tum seiner Gütigkeit und Geduld und Langmut, nicht wissend, daß die Güte Gottes dich zur Buße leitet? Nach 5 deiner Störrigkeit und deinem unbußfertigen Herzen aber häufst du dir selbst Zorn auf am Tage des Zorns und der Offenbarung des gerechten Gerichts Gottes, welcher einem jeden 6 vergelten wird nach seinen Werken: denen, die mit Ausharren in gutem 7 Werke Herrlichkeit und Ehre und Unverweslichkeit suchen, ewiges Leben; denen aber, die streitsüchtig sind und der 8 Wahrheit ungehorsam sind, der Ungerechtigkeit aber gehorsam, Zorn und 9 Grimm. Drangsal und Angst über jede Seele eines Menschen, der das Böse vollbringt, sowohl des Juden zuerst als auch des Griechen: Herrlichkeit 10 aber und Ehre und Frieden jedem, der das Gute wirkt, sowohl dem Juden zuerst als auch dem Griechen; denn es 11 ist kein Ansehen der Person bei Gott. Denn so viele ohne Gesetz gesündigt 12 haben, werden auch ohne Gesetz verloren gehen; und so viele unter Gesetz gesündigt haben, werden durch Gesetz gerichtet werden, (denn nicht die Hö- 13 rer des Gesetzes *sind* gerecht vor Gott, sondern die Täter des Gesetzes werden gerechtfertigt werden. Denn wenn 14 Nationen, die kein Gesetz haben, von Natur die Dinge des Gesetzes ausüben, so sind diese, die kein Gesetz haben, sich selbst ein Gesetz, welche das 15 Werk des Gesetzes geschrieben zeigen

---

a S. die Anm. zu Apstgsch. 28, 2. — *b* O. Also. — *c* O. auf dem Grundsatz des Glaubens; so auch nachher. — *d* Hab. 2, 4. — *e* And.: aufhalten. — *f* O. in. — *g* O. erkannt, mit dem Verstande ergriffen. — *h* Eig. erkannt habend; so auch V. 32. — *i* O. Gottesdienst. — *j* W. Weiblichen. — *k* W. Männlichen; so auch weiter in diesem Verse. — *l* O. Gier. — *m* Eig. Gottes Rechtsforderung, das was Gottes gerechter Wille fordert.

in ihren Herzen, indem ihr Gewissen mitzeugt und ihre Gedanken sich untereinander anklagen oder auch entschuldigen) an dem Tage, da Gott das 16 Verborgene der Menschen richten wird, nach meinem Evangelium, durch Jesum Christum.

17 Wenn du aber ein Jude genannt wirst und dich auf das Gesetz stützest a 18 und dich Gottes rühmst, und den Willen kennst und das Vorzüglichere unterscheidest b, indem du aus dem Gesetz unterrichtet bist, und getraust dir, 19 ein Leiter der Blinden zu sein, ein 20 Licht derer, die in Finsternis sind, ein Erzieher der Törichten, ein Lehrer der Unmündigen, der die Form der Erkenntnis und der Wahrheit im Gesetz 21 hat: — der du nun einen anderen lehrst, du lehrst dich selbst nicht? der du predigst, man solle nicht stehlen, du 22 stiehlst? der du sagst, man solle nicht ehebrechen, du begehst Ehebruch? der du die Götzenbilder für Greuel hältst, 23 du begehst Tempelraub? der du dich des Gesetzes rühmst, du verunehrst Gott durch die Uebertretung des Gesetzes? 24 Denn der Name Gottes wird euerthalben unter den Nationen gelästert, wie 25 geschrieben steht. c Denn Beschneidung ist wohl nütze, wenn du das Gesetz tust; wenn du aber ein Gesetzes-Uebertreter bist, so ist deine Beschnei-26 dung Vorhaut geworden. Wenn nun die Vorhaut die Rechte des Gesetzes beobachtet, wird nicht seine Vorhaut für Beschneidung gerechnet werden, 27 und die Vorhaut von Natur, die das Gesetz erfüllt, dich richten, der du mit Buchstaben und Beschneidung ein Ge-28 setzes - Uebertreter bist? Denn nicht der ist ein Jude, der es äußerlich d ist, noch ist die äußerliche d Beschneidung 29 im Fleische Beschneidung; sondern der ist ein Jude, der es innerlich e ist, und Beschneidung ist die des Herzens, im Geiste, nicht im Buchstaben; dessen Lob nicht von Menschen, sondern von Gott ist.

3 Was ist nun der Vorteil des Juden? oder was der Nutzen der Beschneidung? 2 Viel, in jeder Hinsicht. Denn zuerst sind ihnen die Aussprüche Gottes an-3 vertraut worden. Was denn? wenn etliche nicht geglaubt haben, wird etwa ihr Unglaube f die Treue Gottes 4 aufheben? Das sei ferne! Gott aber sei wahrhaftig, jeder Mensch aber Lügner, wie geschrieben steht: „Damit du gerechtfertigt werdest in deinen Worten, und überwindest, wenn du gerich-5 tet wirst“. g Wenn aber unsere Ungerechtigkeit Gottes Gerechtigkeit erweist, was wollen wir sagen? Ist Gott etwa ungerecht, der Zorn auferlegt? 6 (Ich rede nach Menschenweise.) Das

sei ferne! Wie könnte h sonst Gott die Welt richten? Denn wenn die Wahr- 7 heit Gottes durch meine Lüge überströmender geworden ist zu seiner Herrlichkeit, warum werde ich auch noch als Sünder gerichtet? und warum 8 nicht, wie wir gelästert werden, und wie etliche sagen, daß wir sprechen: Laßt uns das Böse tun, damit das Gute komme? — deren Gericht gerecht ist.

Was nun? Haben wir einen Vor- 9 zug? i Durchaus nicht; denn wir haben sowohl Juden als Griechen zuvor beschuldigt, daß sie alle unter der Sünde seien, wie geschrieben steht: „Da ist 10 kein Gerechter, auch nicht einer; da 11 ist keiner, der verständig sei; da ist keiner, der Gott suche. Alle sind ab- 12 gewichen, sie sind allesamt untauglich geworden; da ist keiner, der Gutes tue i, da ist auch nicht e i n e r.“ k „Ihr 13 Schlund ist ein offenes Grab; mit ihren Zungen handelten sie trüglich.“ l „Otterngift ist unter ihren Lippen.“ m „Ihr 14 Mund ist voll Fluchens und Bitterkeit.“ n „Ihre Füße sind schnell, Blut zu ver- 15 gießen; Verwüstung und Elend ist auf 16 ihren Wegen, und den Weg des Frie- 17 dens haben sie nicht erkannt.“ o „Es 18 ist keine Furcht Gottes vor ihren Augen.“ p Wir wissen aber, daß alles, 19 was das Gesetz sagt, es denen sagt, die unter dem Gesetz sind, auf daß jeder Mund verstopft werde und die ganze Welt dem Gericht Gottes verfallen sei. Darum, aus q Gesetzes- 20 werken wird kein Fleisch vor ihm gerechtfertigt werden; denn durch Gesetz kommt Erkenntnis der Sünde.

Jetzt aber ist, ohne r Gesetz, Gottes 21 Gerechtigkeit geoffenbart worden, bezeugt durch das Gesetz und die Propheten: Gottes Gerechtigkeit aber 22 durch Glauben an Jesum Christum s gegen alle und auf alle, die da glauben. Denn es ist kein Unterschied, denn 23 alle haben gesündigt und erreichen nicht die t Herrlichkeit Gottes, und 24 werden umsonst gerechtfertigt durch seine Gnade, durch die Erlösung, die in Christo Jesu ist; welchen Gott dar- 25 gestellt hat zu einem Gnadenstuhl u durch den Glauben an sein Blut, zur Erweisung seiner Gerechtigkeit wegen v des Hingehenlassens der vorher geschehenen Sünden unter der Nachsicht Gottes; zur Erweisung seiner 26 Gerechtigkeit in der jetzigen Zeit, daß er gerecht sei und dem rechtfertige, der des Glaubens an Jesum w ist.

Wo ist denn der Ruhm? Er ist aus- 27 geschlossen worden. Durch was für ein Gesetz? der Werke? Nein, sondern durch das Gesetz des Glaubens. Denn 28 wir urteilen, daß ein Mensch durch Glauben gerechtfertigt wird, ohne r

---

a O. verlässest. — b O. prüfst. — c Vergl. Hes. 36, 20—23; Jes. 52, 5. — d W. im Offenbaren. — e W. im Verborgenen. — f O. wenn etliche untreu waren, wird etwa ihre Untreue. — g Ps. 51, 4. — h Eig. wird. — i O. Schützen wir etwas vor? — j Eig. Güte übe. — k Ps. 14, 1—3. — l Ps. 5, 9. — m Ps. 140, 3. — n Ps. 10, 7. — o Jes. 59, 7. 8. — p Ps. 36, 1. — q O. verfallen sei, weil aus usw. — r Eig. außerhalb, getrennt von. — s O. Glauben Jesu Christi. — t im Sinne von: reichen nicht hinan an die, ermangeln der. — u O. zu einem (od. als ein) Sühnungsmittel. — v O. in betreff. — w O. Glaubens Jesu.

29 Gesetzeswerke. Oder ist *Gott* der Gott der Juden allein? nicht auch der Na-
30 tionen? Ja, auch der Nationen, die-weil es ein einiger Gott ist, der die Beschneidung aus Glauben *a* und die Vorhaut durch den Glauben rechtfertigen
31 wird. Heben wir denn *das* Gesetz auf durch den Glauben? Das sei ferne! sondern wir bestätigen *das* Gesetz.

4 Was wollen wir denn sagen, daß Abraham, unser Vater, nach dem Flei-
2 sche gefunden habe? Denn wenn Abraham aus Werken *b* gerechtfertigt worden ist, so hat er etwas zum Rühmen,
3 aber nicht vor Gott. Denn was sagt die Schrift? „Abraham aber glaubte Gott, und es wurde ihm zur Gerech-
4 tigkeit gerechnet.“ *c* Dem aber, der wirkt, wird der Lohn nicht nach Gnade zugerechnet, sondern nach Schuldig-
5 keit. Dem aber, der nicht wirkt, sondern an den glaubt, der den Gottlosen rechtfertigt, wird sein Glaube zur Ge-
6 rechtigkeit gerechnet. Gleichwie auch David die Glückseligkeit *d* des Menschen ausspricht, welchem Gott Gerech-
7 tigkeit ohne Werke zurechnet: „Glückselig *die*, deren Gesetzlosigkeiten vergeben und deren Sünden bedeckt sind!
8 Glückselig der Mann, dem *der* Herr Sünde nicht *e* zurechnet!“ *f*
9 Diese Glückseligkeit nun, *ruht sie* auf der Beschneidung, oder auch auf der Vorhaut? denn wir sagen, daß der Glaube dem Abraham zur Gerechtig-
10 keit gerechnet worden ist. Wie wurde er *ihm* denn zugerechnet? als er in der Beschneidung oder in der Vorhaut war? Nicht in der Beschneidung, son-
11 dern in der Vorhaut. Und er empfing das Zeichen der Beschneidung als Siegel der Gerechtigkeit des Glaubens, den er hatte, *als er* in der Vorhaut *war*, damit er Vater aller wäre, die in der Vorhaut glauben, damit [auch] ihnen die Gerechtigkeit zugerechnet
12 würde; und Vater der Beschneidung, nicht allein derer, die aus der Beschneidung sind, sondern auch derer, die in den Fußstapfen des Glaubens wandeln, den unser Vater Abraham hatte, *als er in der Vorhaut war*.
13 Denn nicht durch Gesetz *ward* dem Abraham oder seinem Samen die Verheißung, daß er der Welt Erbe sein sollte, sondern durch Glaubensgerech-
14 tigkeit. Denn wenn die vom Gesetz Erben sind, so ist der Glaube zunichte gemacht und die Verheißung aufgeho-
15 ben. Denn das Gesetz bewirkt Zorn; aber wo kein Gesetz ist, da ist auch
16 keine Uebertretung. Darum ist es aus Glauben *a*, auf daß es nach Gnade sei, damit die Verheißung dem ganzen Samen fest sei, nicht allein dem vom Gesetz, sondern auch dem vom Glauben Abrahams, welcher unser aller Vater

ist, (wie geschrieben steht: „Ich habe 17 dich zum Vater vieler Nationen gesetzt“ *g*) vor dem Gott, welchem er glaubte, der die Toten lebendig macht und das Nichtseiende ruft, wie wenn es da wäre; der wider Hoffnung auf 18 Hoffnung geglaubt hat, auf daß er ein Vater vieler Nationen würde, nach dem was gesagt ist: „Also soll dein Same sein“. *h* Und nicht schwach im 19 Glauben, sah er nicht seinen eigenen, schon erstorbenen Leib an, da er fast hundert Jahre alt war, und das Absterben des Mutterleibes der Sara, und 20 zweifelte nicht an der Verheißung Gottes durch Unglauben, sondern wurde gestärkt im Glauben, Gott die Ehre gebend, und war der vollen Gewißheit, 21 daß er, was er verheißen habe, auch zu tun vermöge. Darum ist es ihm 22 auch zur Gerechtigkeit gerechnet worden. Es ist aber nicht allein seinet- 23 wegen geschrieben, daß es ihm zugerechnet worden, sondern auch unsert- 24 wegen, denen es zugerechnet werden soll, die wir an den glauben, der Jesum, unseren Herrn, aus *den* Toten auferweckt hat, welcher unserer Uebertre- 25 tungen wegen dahingegeben und unserer Rechtfertigung wegen auferweckt worden ist.

Da wir nun gerechtfertigt worden 5 sind aus Glauben, so haben wir Frieden mit Gott *i* durch unseren Herrn Jesus Christus, durch welchen wir 2 mittelst des Glaubens auch Zugang haben *j* zu dieser Gnade *k*, in welcher wir stehen, und rühmen uns in *der l* Hoffnung der Herrlichkeit Gottes. Nicht allein aber *das*, sondern wir 3 rühmen uns auch der *m* Trübsale *n*, da wir wissen, daß die Trübsal *n* Ausharren bewirkt, das Ausharren aber Erfah- 4 rung *o*, die Erfahrung *o* aber Hoffnung; die Hoffnung aber beschämt nicht, denn 5 die Liebe Gottes ist ausgegossen in unsere Herzen durch *den* Heiligen Geist, welcher uns gegeben worden ist. Denn 6 Christus ist, da wir noch kraftlos waren, zur bestimmten Zeit für Gottlose gestorben. Denn kaum wird jemand für 7 einen Gerechten sterben; denn für den Gütigen möchte vielleicht jemand zu sterben wagen. Gott aber erweist s e i n e 8 Liebe gegen uns *darin*, daß Christus, da wir noch Sünder waren, für uns gestorben ist. Vielmehr nun, da wir jetzt durch 9 sein Blut *p* gerechtfertigt sind, werden wir durch ihn gerettet werden vom Zorn. Denn wenn wir, da wir Feinde 10 waren, mit Gott versöhnt wurden durch den Tod seines Sohnes, viel mehr werden wir, da wir versöhnt sind, durch sein Leben *q* gerettet werden.

Nicht allein aber *das*, sondern wir 11 rühmen uns auch Gottes *r* durch unseren Herrn Jesus Christus, durch wel-

---

a O. auf dem Grundsatz des Glaubens. — b O. auf dem Grundsatz der Werke. — c 1. Mose 15, 6. — d O. Seligpreisung; so auch V. 9. — e O. keineswegs, gewißlich nicht. — f Ps. 32, 1. 2. — g 1. Mose 17, 5. — h 1. Mose 15, 5. — i Eig. Gott gegenüber. — j Eig. erhalten haben (und noch besitzen). — k O. Gunst. — l O. auf Grund der, über die. — m W. in den. — n O. Drangsale; Drangsal. — o O. Bewährung. — p O. in seinem Blute, d. h. in der Kraft desselben. — q O. in seinem Leben, d. h. in der Kraft desselben. — r W. in Gott.

chen wir jetzt die Versöhnung empfangen haben.

12 Darum, gleichwie durch e i n e n Menschen die Sünde in die Welt gekommen, und durch die Sünde der Tod. und also der Tod zu allen Menschen durchgedrungen ist, weil *a* sie alle ge-
13 sündigt haben; (denn bis zu dem Gesetz war Sünde in der Welt; Sünde aber wird nicht zugerechnet, wenn
14 kein Gesetz ist. Aber der Tod herrschte von Adam bis auf Moses, selbst über die, welche nicht gesündigt hatten in der Gleichheit der Uebertretung Adams *b*, der ein Vorbild des Zukünf-
15 tigen ist. *Ist nicht aber c* wie die Uebertretung also auch die Gnadengabe? Denn wenn durch des Einen Uebertretung der Vielen gestorben sind, so ist vielmehr die Gnade Gottes und die Gabe in Gnade, die durch e i n e n Menschen, Jesum Christum, ist, gegen die
16 Vielen überströmend geworden. Und *ist nicht d* wie durch Einen, der gesündigt hat, *so auch* die Gabe? Denn das Urteil *e* war von einem *f* zur Verdammnis, die Gnadengabe aber von vielen Uebertretungen zur Gerechtigkeit *g*.
17 Denn wenn durch die Uebertretung des Einen der Tod durch den Einen geherrscht hat, so werden vielmehr die, welche die Ueberschwenglichkeit der Gnade und der Gabe der Gerechtigkeit empfangen, im Leben herrschen durch
18 den Einen, Jesum Christum :) also nun, wie *es* durch e i n e Uebertretung gegen alle Menschen zur Verdammnis *gereichte*, so auch durch e i n e Gerechtigkeit gegen alle Menschen zur Rechtfertigung des Lebens. Denn gleichwie
19 durch des e i n e n Menschen Ungehorsam die Vielen in die Stellung von Sündern gesetzt worden sind, so werden auch durch den Gehorsam des Einen die Vielen in die Stellung von Gerech-
20 ten gesetzt werden. *Das* Gesetz aber kam daneben ein, auf daß die Uebertretung überströmend würde. Wo aber die Sünde überströmend geworden, ist die Gnade noch überschwenglicher ge-
21 worden, auf daß, gleichwie die Sünde geherrscht hat im Tode *h*, also auch die Gnade herrsche durch Gerechtigkeit zu ewigem Leben durch Jesum Christum, unseren Herrn.

6 Was sollen wir nun sagen? Sollten wir in der Sünde verharren, auf daß
2 die Gnade überströme? Das sei ferne! Wir, die wir der Sünde gestorben sind, wie sollen wir noch in derselben leben?
3 oder wisset ihr nicht, daß wir, so viele auf Christum Jesum getauft worden, auf seinen Tod getauft worden sind?
4 So sind wir nun mit ihm begraben worden durch die Taufe auf den Tod, auf daß, gleichwie Christus aus *den* Toten auferweckt worden ist durch die Herr-

lichkeit des Vaters, also auch wir in Neuheit des Lebens wandeln. Denn 5 wenn wir mit *ihm* einsgemacht worden *i* sind in der Gleichheit seines Todes, so werden wir es auch in *der* seiner *j* Auferstehung sein, indem wir 6 dieses wissen *k*, daß unser alter Mensch mitgekreuzigt worden ist, auf daß der Leib der Sünde abgetan sei, daß wir der Sünde nicht mehr dienen *l*. Denn 7 wer gestorben ist, ist freigesprochen *m* von der Sünde. Wenn wir aber mit 8 Christo gestorben sind, so glauben wir, daß wir auch mit ihm leben werden, da wir wissen, daß Christus, aus *den* 9 Toten auferweckt, nicht mehr stirbt; der Tod herrscht nicht mehr über ihn. Denn was er gestorben ist, ist er ein 10 für allemal der Sünde gestorben; was er aber lebt, lebt er Gott. Also auch 11 ihr, haltet euch der Sünde für tot, Gott aber lebend in Christo Jesu.

So herrsche denn nicht die Sünde in 12 eurem sterblichen Leibe, um seinen Lüsten zu gehorchen; stellet auch nicht 13 eure Glieder der Sünde dar zu Werkzeugen der Ungerechtigkeit, sondern stellet euch selbst Gott dar *n* als Lebende aus *den* Toten, und eure Glieder Gott zu Werkzeugen der Gerechtigkeit. Denn *die* Sünde wird nicht über 14 euch herrschen, denn ihr seid nicht unter Gesetz, sondern unter Gnade.

Was nun, sollten wir sündigen, weil 15 wir nicht unter Gesetz, sondern unter Gnade sind? Das sei ferne! Wisset ihr 16 nicht, daß, wem ihr euch darstellet als Sklaven zum Gehorsam, ihr dessen Sklaven seid, dem ihr gehorchet? entweder der Sünde zum Tode, oder des Gehorsams zur Gerechtigkeit? Gott 17 aber sei Dank, daß ihr Sklaven der Sünde waret, aber von Herzen gehorsam geworden seid dem Bilde der Lehre, welchem ihr übergeben worden seid *o*! Freigemacht aber von der Sün- 18 de, seid ihr Sklaven der Gerechtigkeit geworden. Ich rede menschlich, we- 19 gen der Schwachheit eures Fleisches. Denn gleichwie ihr eure Glieder dargestellt habt zur Sklaverei der Unreinigkeit und der Gesetzlosigkeit zur Gesetzlosigkeit, also stellet jetzt eure Glieder dar zur Sklaverei der Gerechtigkeit zur Heiligkeit *p*. Denn als ihr 20 Sklaven der Sünde waret, da waret ihr Freie von der Gerechtigkeit *q*. Welche 21 Frucht hattet ihr denn damals von den Dingen, deren ihr euch jetzt schämet? denn das Ende derselben ist der Tod. Jetzt aber, von der Sünde freigemacht 22 und Gottes Sklaven geworden, habt ihr eure Frucht zur Heiligkeit, als das Ende aber ewiges Leben. Denn der 23 Lohn der Sünde ist *der* Tod, die Gnadengabe Gottes aber ewiges Leben in Christo Jesu, unserem Herrn.

---

a Eig. auf Grund dessen, daß. — *b* Vergl. Hos. 6, 7. — *c* O. Nicht aber *ist.* — *d* O. Und nicht *ist.* — *e* O. das Gericht. — *f* d. h. von e i n e r Sache oder Handlung. — *g* O. Rechtfertigung. — *h* d. h. in der Kraft des Todes. — *i* Eig. verwachsen. — *j* W. der. — *k* Eig. erkennen. — *l* O. nicht mehr der Sünde Sklaven seien. — *m* O. gerechtfertigt, oder freigelassen. — *n* Eig. habet euch dargestellt. Die griechische Zeitform bezeichnet eine während Vergangenheit, d. h. die Handlung ist geschehen und dauert fort. So auch V. 19. — *o* O. worin ihr unterwiesen worden seid. — *p* O. Heiligung; eig. zum Geheiligtsein; so auch V. 22. — *q* O. der Gerechtigkeit gegenüber.

7 Oder wisset ihr nicht, Brüder, (denn ich rede zu denen, die Gesetz kennen) daß das Gesetz über den Menschen 2 herrscht, solange er lebt? Denn das verheiratete Weib ist durchs Gesetz an den Mann gebunden, solange er lebt; wenn aber der Mann gestorben ist, so ist sie losgemacht von dem Ge-3 setz des Mannes. So wird sie denn, während der Mann lebt, eine Ehebrecherin geheißen, wenn sie eines anderen Mannes wird; wenn aber der Mann gestorben ist, ist sie frei von dem Gesetz, sodaß sie nicht eine Ehebrecherin ist, wenn sie eines anderen Mannes 4 wird. Also seid auch ihr, meine Brüder, dem Gesetz getötet worden durch den Leib des Christus, um eines anderen zu werden, des aus *den* Toten Auferweckten, auf daß wir Gott Frucht 5 brächten. Denn als wir im Fleische waren, wirkten die Leidenschaften der Sünden, die durch das Gesetz sind, in unseren Gliedern, um dem Tode Frucht 6 zu bringen. Jetzt aber sind wir von dem Gesetz losgemacht, da wir dem gestorben sind, in welchem wir festgehalten wurden, sodaß wir dienen in dem Neuen des Geistes und nicht in dem Alten *a* des Buchstabens.

7 Was sollen wir nun sagen? Ist das Gesetz Sünde? Das sei ferne! Aber die Sünde hätte ich nicht erkannt, als nur durch Gesetz. Denn auch von der Lust hätte ich nichts gewußt, wenn nicht das Gesetz gesagt hätte: „Laß 8 dich nicht gelüsten". Die Sünde aber, durch das Gebot Anlaß nehmend, bewirkte jede Lust in mir; denn ohne Ge-9 setz ist die Sünde tot. Ich aber lebte einst ohne Gesetz; als aber das Gebot 10 kam, lebte die Sünde auf; ich aber starb. Und das Gebot, das zum Leben *gegeben*, dasselbe erwies sich mir zum 11 Tode. Denn die Sünde, durch das Gebot Anlaß nehmend, täuschte mich und tötete mich durch dasselbe.

12 So ist also das Gesetz heilig und das 13 Gebot heilig und gerecht und gut. Gereichte nun das Gute mir zum Tode? Das sei ferne! sondern die Sünde, auf daß sie als Sünde erschiene, indem sie durch das Gute mir den Tod bewirkte, auf daß die Sünde überaus sündig 14 würde durch das Gebot. Denn wir wissen, daß das Gesetz geistlich ist, ich aber bin fleischlich *b*, unter die Sünde 15 verkauft; denn was ich vollbringe, erkenne ich nicht; denn nicht was ich will, das tue ich, sondern was ich hasse, 16 das übe ich aus. Wenn ich aber das, was ich nicht will, ausübe, so stimme ich dem Gesetz bei, daß es recht *d* ist. 17 Nun aber vollbringe nicht mehr ich dasselbe, sondern die in mir wohnen-18 de Sünde. Denn ich weiß, daß in mir, das ist in meinem Fleische, nichts Gutes wohnt; denn das Wollen ist bei mir vorhanden, aber das Vollbringen dessen, was recht ist, [finde ich] nicht.

Denn das Gute, das ich will, übe ich 19 nicht aus, sondern das Böse, das ich nicht will, dieses tue ich. Wenn ich 20 aber dieses, was ich nicht will, ausübe, so vollbringe nicht mehr ich dasselbe, sondern die in mir wohnende Sünde. Also finde ich das Gesetz für 21 mich, der ich das Rechte ausüben will, daß das Böse bei mir vorhanden ist. Denn ich habe Wohlgefallen an dem 22 Gesetz Gottes nach dem inneren Menschen; aber ich sehe ein anderes Ge-23 setz in meinen Gliedern, das dem Gesetz meines Sinnes widerstreitet und mich in Gefangenschaft bringt unter das Gesetz der Sünde, das in meinen Gliedern ist. Ich elender Mensch! wer 24 wird mich retten von *f* diesem Leibe des Todes? — Ich danke Gott durch 25 Jesum Christum, unseren Herrn! Also nun diene ich selbst mit dem Sinne Gottes Gesetz, mit dem Fleische aber der Sünde Gesetz.

Also ist jetzt keine *g* Verdammnis **8** für die, *welche* in Christo Jesu *sind*. Denn das Gesetz des Geistes des Le- 2 bens in Christo Jesu hat mich freigemacht von dem Gesetz der Sünde und des Todes. Denn das dem Gesetz Un- 3 mögliche, weil es durch das Fleisch kraftlos war, *tat* Gott, *indem er*, seinen eigenen Sohn in Gleichgestalt *h* des Fleisches der Sünde *i* und für *die* Sünde sendend, die Sünde im Fleische verurteilte, auf daß das Recht *j* des 4 Gesetzes erfüllt würde in uns, die nicht nach *dem* Fleische, sondern nach *dem* Geiste wandeln. Denn die, welche nach 5 *dem* Fleische sind, sinnen auf das, was des Fleisches ist; die aber, welche nach *dem* Geiste sind, auf das, was des Geistes ist. Denn die Gesinnung 6 des Fleisches ist *der* Tod, die Gesinnung des Geistes aber Leben und Frieden; weil die Gesinnung des Fleisches 7 Feindschaft ist gegen Gott, denn sie ist dem Gesetz Gottes nicht untertan, denn sie vermag es auch nicht. Die 8 aber, welche im Fleische sind, vermögen Gott nicht zu gefallen. Ihr aber 9 seid nicht im Fleische, sondern im Geiste, wenn anders Gottes Geist in euch wohnt. Wenn aber jemand Christi Geist nicht hat, der ist nicht sein. Wenn 10 aber Christus in euch ist, so ist der Leib zwar tot der Sünde wegen, der Geist aber Leben der Gerechtigkeit wegen. Wenn aber der Geist dessen, 11 der Jesum aus *den* Toten auferweckt hat, in euch wohnt, so wird er, der Christum aus *den* Toten auferweckt hat, auch eure sterblichen Leiber lebendig machen wegen seines in euch wohnenden Geistes.

So denn, Brüder, sind wir Schuld- 12 ner, nicht dem Fleische, um nach *dem* Fleische zu leben, denn wenn ihr nach 13 *dem* Fleische lebet, so werdet *k* ihr sterben, wenn ihr aber durch *den* Geist die Handlungen des Leibes tötet, so

---

a Eig. in Neuheit . . . in Altheit. — *b* Eig. fleischern. — *c* O. billige ich nicht. — *d* Eig. schön, trefflich; so auch V. 18. 21. — *e* Eig. Gutes nicht wohnt. — *f* W. aus. — *g* O. wie anderswo: keinerlei. — *h* O. Gleichheit, wie anderswo. — *i* Eig. von Sündenfleisch. — *j* d. i. die gerechte Forderung. — *k* O. müsset.

14 werdet ihr leben. Denn so viele durch *den* Geist Gottes geleitet werden, die-15 se sind Söhne Gottes. Denn ihr habt nicht einen Geist der Knechtschaft *a* empfangen, wiederum zur Furcht, sondern einen Geist der Sohnschaft habt ihr empfangen, in welchem wir rufen: 16 Abba, Vater! Der Geist selbst zeugt mit unserem Geiste, daß wir Kinder 17 Gottes sind. Wenn aber Kinder, so auch Erben — Erben Gottes und Miterben Christi, wenn wir anders mitleiden, auf daß wir auch mitverherrlicht werden.

18 Denn ich halte dafür, daß die Leiden der Jetztzeit nicht wert sind, verglichen zu werden mit der zukünftigen Herrlichkeit, die an uns geoffen-19 bart werden soll *b*. Denn das sehnsüchtige *c* Harren der Schöpfung wartet auf die Offenbarung der Söhne Gottes. 20 Denn die Schöpfung ist der Nichtigkeit *d* unterworfen worden, (nicht mit Willen, sondern um deswillen, der sie 21 unterworfen hat,) auf Hoffnung, daß auch selbst die Schöpfung freigemacht werden wird von der Knechtschaft *a* des Verderbnisses *e* zu der Freiheit der Herrlichkeit der Kinder Gottes. 22 Denn wir wissen, daß die ganze Schöpfung zusammen seufzt und zusammen in Geburtswehen liegt bis jetzt. 23 Nicht allein aber *sie*, sondern auch wir selbst, die wir die Erstlinge des Geistes haben, auch wir selbst seufzen in uns selbst, erwartend die Sohnschaft: die Erlösung unseres Leibes. 24 Denn in Hoffnung sind wir errettet worden. Eine Hoffnung aber, die gesehen wird, ist keine Hoffnung; denn was einer sieht, was hofft er es auch? 25 Wenn wir aber das hoffen, was wir nicht sehen, so warten wir mit Aus-26 harren. Desgleichen aber nimmt auch der Geist sich unserer Schwachheit an; denn wir wissen nicht, was wir bitten sollen, wie sich's gebührt, aber der Geist selbst verwendet sich *f für uns* 27 in unaussprechlichen Seufzern. Der aber die Herzen erforscht, weiß, was der Sinn des Geistes ist, denn er verwendet sich für Heilige Gott gemäß. 28 Wir wissen aber, daß denen, die Gott lieben, alle Dinge zum Guten mitwirken, denen, die nach Vorsatz berufen 29 sind. Denn welche er zuvorerkannt hat, die hat er auch zuvorbestimmt, dem Bilde seines Sohnes gleichförmig *zu sein*, damit er der Erstgeborene sei 30 unter vielen Brüdern. Welche er aber zuvorbestimmt hat, diese hat er auch .berufen; und welche er berufen hat, diese hat er auch gerechtfertigt; welche er aber gerechtfertigt hat, diese hat er auch verherrlicht.

31 Was sollen wir nun hierzu sagen? Wenn Gott für uns ist, wer wider 32 uns? Er, der doch seines eigenen Soh-

nes nicht geschont, sondern ihn für uns alle hingegeben hat: wie wird er uns mit ihm nicht auch alles schen-33 ken? Wer wird wider Gottes Auserwählte Anklage erheben? Gott *ist es*, 34 welcher rechtfertigt; wer *ist*, der verdamme? Christus *ist es*, der gestorben, ja noch mehr, der [auch] auferweckt, der auch zur Rechten Gottes ist, der sich auch für uns verwendet. 35 Wer wird uns scheiden von der Liebe Christi? Drangsal oder Angst oder Verfolgung oder Hungersnot oder Blö-36 ße oder Gefahr oder Schwert? Wie geschrieben steht: „Um deinetwillen werden wir getötet *g* den ganzen Tag; wie Schlachtschafe sind wir gerech-37 net worden." *h* Aber in diesem allen sind wir mehr als Ueberwinder durch den, der uns geliebt hat. Denn 38 ich bin überzeugt, daß weder Tod noch Leben, weder Engel noch Fürstentümer, weder Gegenwärtiges noch Zu-39 künftiges, noch Gewalten, weder Höhe noch Tiefe, noch irgend ein anderes Geschöpf uns zu scheiden vermögen wird von der Liebe Gottes, die in Christo Jesu ist, unserem Herrn.

Ich sage die Wahrheit in Christo, **9** ich lüge nicht, indem mein Gewissen mit mir Zeugnis gibt in *dem* Heiligen 2 Geiste, daß ich große Traurigkeit habe und unaufhörlichen Schmerz in 3 meinem Herzen; denn ich selbst, ich habe gewünscht, durch einen Fluch von Christo entfernt zu sein für meine Brüder *i*, meine Verwandten nach 4 dem Fleische; welche Israeliten sind, deren die Sohnschaft ist und die Herrlichkeit und die Bündnisse und die Gesetzgebung und der Dienst und die 5 Verheißungen; deren die Väter sind, und aus welchen, dem Fleische nach, der Christus ist, welcher über allem ist, Gott, *j* gepriesen in Ewigkeit. Amen.

Nicht aber als ob das Wort Gottes 6 hinfällig geworden wäre; denn nicht alle, die aus Israel sind, diese sind 7 Israel, auch nicht, weil sie Abrahams Same sind, sind alle Kinder, sondern „in Isaak wird dir ein Same genannt 8 werden" *k*. Das ist: Nicht die Kinder des Fleisches, diese sind Kinder Gottes, sondern die Kinder der Verheißung werden als Same gerechnet. Denn 9 dieses Wort ist ein Verheißungs*wort*: „Um diese Zeit will ich kommen, und Sara wird einen Sohn haben." *l* Nicht 10 allein aber *das*, sondern auch als Rebekka schwanger war von Einem, von Isaak, unserem Vater, selbst als *die* 11 *Kinder* noch nicht geboren waren und weder Gutes noch Böses getan hatten, (auf daß der Vorsatz Gottes nach Auswahl bestände, nicht aus Werken, son-12 dern aus dem Berufenden) wurde zu ihr gesagt: „Der Größere wird dem Kleineren dienen"; *m* wie geschrieben 13

---

a O. Sklaverei. — *b* O. mit der Herrlichkeit, die im Begriff steht, an uns geoffenbart zu werden. — *c* O. beständige. — *d* O. Hinfälligkeit. — *e* O. der Vergänglichkeit. — *f* O. vertritt, tritt ein; so auch V. 27 und 34. — *g* Eig. zum Tode gebracht. — *h* Ps. 44, 22. — *i* And.: in meinem Herzen (denn ich selbst . . . entfernt zu sein) für meine Brüder. — *j* O. Gott ist über allem (od. allen). — *k* 1. Mose 21, 12. — *l* 1. Mose 18, 10. — *m* 1. Mose 25, 23.

steht: „Den Jakob habe ich geliebt,
aber den Esau habe ich gehaßt".a
14 Was sollen wir nun sagen? Ist etwa Ungerechtigkeit bei Gott? Das sei
15 ferne! Denn er sagt zu Moses: „Ich
werde begnadigen, wen ich begnadige,
und werde mich erbarmen, wessen
16 ich mich erbarme".b Also liegt es nun
nicht an dem Wollenden, noch an dem
Laufenden, sondern an dem begnadi-
17 genden Gott. Denn die Schrift sagt
zum Pharao: „Eben hierzu habe ich
dich erweckt, damit ich meine Macht
an dir erzeige, und damit mein Name
verkündigt werde auf der ganzen Er-
18 de".c So denn, wen er will, begnadigt er, und wen er will, verhärtet er.
19 Du wirst nun zu mir sagen: Warum tadelst er noch? Denn wer hat sei-
20 nem Willen widerstanden? Ja freilich,
o Mensch, wer bist du, der du das
Wort nimmst wider Gott? Wird etwa
das Geformte zu dem Former sagen:
Warum hast du mich also gemacht?
21 Oder hat der Töpfer nicht Macht d über
den Ton, aus demselben Masse e ein
Gefäß zur Ehre und ein anderes zur
22 Unehre zu machen? Wenn aber Gott,
willens, seinen Zorn zu erzeigen und
seine Macht kundzutun, mit vieler
Langmut ertragen hat die Gefäße des
Zornes, die zubereitet sind zum Ver-
23 derben, — und auf daß er kundtäte
den Reichtum seiner Herrlichkeit an
den Gefäßen der Begnadigung f, die er
zur Herrlichkeit zuvorbereitet hat ...?
24 uns, die er auch berufen hat, nicht
allein aus den Juden, sondern auch
25 aus den Nationen. Wie er auch in Hosea sagt: „Ich werde Nicht-mein-Volk
mein Volk nennen, und die Nicht-Ge-
26 liebte Geliebte".g „Und es wird geschehen, an dem Orte, da zu ihnen gesagt wurde: Ihr seid nicht mein Volk,
daselbst werden sie Söhne des leben-
27 digen Gottes genannt werden."h Jesaias aber ruft über Israel: „Wäre die
Zahl der Söhne Israels wie der Sand
des Meeres, nur der Ueberrest wird
28 errettet werden. Denn er vollendet
die Sache und [kürzt sie ab in Gerechtigkeit, denn] der Herr wird eine ab-
29 gekürzte Sache tun auf Erden." i Und
wie Jesaias zuvorgesagt hat: „Wenn
nicht der Herr Zebaoth j uns Samen
übriggelassen hätte, so wären wir wie
Sodom geworden und Gomorra gleich
geworden".k
30 Was wollen wir nun sagen? Daß
die von den Nationen, die nicht nach
Gerechtigkeit strebten, Gerechtigkeit
erlangt haben, eine Gerechtigkeit aber,
31 die aus l Glauben ist; Israel aber, einem Gesetz der Gerechtigkeit nach-
strebend, nicht zu diesem Gesetz ge-

langt ist. Warum? Weil es nicht aus l 32
Glauben, sondern als aus l Werken
geschah. Sie haben sich gestoßen an den
Stein des Anstoßes, wie geschrieben 33
steht: „Siehe, ich lege in Zion einen
Stein des Anstoßes und einen Fels des
Aergernisses, und wer an ihn glaubt,
wird nicht zu Schanden werden".m

Brüder! das Wohlgefallen meines **10**
Herzens und mein Flehen für sie
zu Gott ist, daß sie errettet werden n.
Denn ich gebe ihnen Zeugnis, daß sie 2
Eifer für Gott haben, aber nicht nach
Erkenntnis. Denn da sie Gottes Ge- 3
rechtigkeit nicht erkannten und ihre
eigene [Gerechtigkeit] aufzurichten
trachteten, haben sie sich der Gerechtigkeit Gottes nicht unterworfen. Denn 4
Christus ist des Gesetzes Ende, jedem
Glaubenden zur Gerechtigkeit. Denn 5
Moses beschreibt die Gerechtigkeit,
die aus dem Gesetz ist: „Der Mensch,
der diese Dinge getan hat, wird durch
sie leben".o Die Gerechtigkeit aus 6
Glauben aber sagt also: Sprich nicht
in deinem Herzen: „Wer wird in den
Himmel hinaufsteigen?" das ist, um
Christum herabzuführen; oder: „Wer 7
wird in den Abgrund hinabsteigen?"
das ist, um Christum aus den Toten
heraufzuführen; sondern was sagt sie? 8
„Das Wort ist dir nahe, in deinem
Munde und in deinem Herzen"; p das
ist das Wort des Glaubens, welches 9
wir predigen, daß, wenn du mit deinem Munde Jesum als Herrn q bekennen wirst, und in deinem Herzen glauben
wirst, daß Gott ihn aus den Toten
auferweckt hat, du errettet werden 10
wirst. Denn mit dem Herzen wird geglaubt zur Gerechtigkeit, und mit dem
Munde wird bekannt zum Heil. Denn 11
die Schrift sagt: „Jeder, der an ihn
glaubt, wird nicht zu Schanden werden".m Denn es ist kein Unterschied r 12
zwischen Jude und Grieche, denn derselbe Herr von allen ist reich für alle s,
die ihn anrufen; „denn jeder, der ir- 13
gend den Namen des Herrn anrufen
wird, wird errettet werden".t
Wie werden sie nun den anrufen, 14
an welchen sie nicht geglaubt haben?
Wie aber werden sie an den glauben,
von welchem sie nicht gehört haben?
Wie aber werden sie hören ohne einen Prediger? Wie aber werden sie 15
predigen, wenn sie nicht gesandt sind?
wie geschrieben steht: „Wie lieblich
sind die Füße derer, welche das Evangelium des Friedens verkündigen, welche das Evangelium des Guten verkündigen!"u Aber nicht alle haben dem 16
Evangelium gehorcht. Denn Jesaias
sagt: „Herr, wer hat unserer Verkündigung v geglaubt?" w Also ist der Glaube 17

a Mal. 1, 2. 3. — b 2. Mose 33, 19. — c 2. Mose 9, 16. — d O. Vollmacht, Recht. —
e O. demselben Teige. — f O. Barmherzigkeit. — g Hos. 2, 23. — h Hos. 1, 10. — i Jes.
10, 22. 23. — j d. i. Jehova der Heerscharen. — k Jes. 1, 9. — l d. h. auf dem Grundsatz des (der); so auch Kap. 10, 5. 6; 11, 6. — m Jes. 28, 16. — n W. ist zur Errettung. — o 3. Mose 18, 5. — p 5. Mose 30, 12—14. — q O. den Herrn Jesus. — r Vergl.
Kap. 3, 22. — s O. denn derselbe ist der Herr von allen, reich für od. gegen alle. —
t Joel 2, 32. — u Jes. 52, 7. — v O. Botschaft, Kunde; das griech. Wort bedeutet
sowohl „das Gehörte" (den Inhalt der Verkündigung), als auch „das Hören" (das
In-sich-Aufnehmen) der Botschaft; so auch in V. 17. — w Jes. 53, 1.

aus der Verkündigung, die Verkündi-
18 gung aber durch Gottes a Wort. Aber ich
sage: Haben sie etwa nicht gehört? Ja
freilich. „Ihr Schall ist ausgegangen zu
der ganzen Erde, und ihre Reden zu
19 den Grenzen des Erdkreises." b Aber
ich sage: Hat Israel es etwa nicht erkannt? Zuerst spricht Moses: „Ich will
euch zur Eifersucht reizen über ein
Nicht-Volk, über eine unverständige
20 Nation will ich euch erbittern". c Jesaias aber erkühnt sich und spricht:
„Ich bin gefunden worden von denen,
die mich nicht suchten, ich bin offenbar geworden denen, die nicht nach
21 mir fragten". d Von e Israel aber sagt
er: „Den ganzen Tag habe ich meine
Hände ausgestreckt zu einem ungehorsamen f und widersprechenden Volke". g

11 Ich sage nun: Hat Gott etwa sein
Volk verstoßen? Das sei ferne! Denn
auch ich bin ein Israelit aus dem Samen Abrahams, vom Stamme Benja-
2 min. Gott hat sein Volk nicht verstoßen, das er zuvorerkannt hat. Oder
wisset ihr nicht, was die Schrift in
der Geschichte des Elias sagt? Wie er
3 vor Gott auftritt wider Israel: „Herr,
sie haben deine Propheten getötet,
deine Altäre niedergerissen, und ich
allein bin übriggeblieben, und sie
4 trachten nach meinem Leben". h Aber
was sagt ihm die göttliche Antwort?
„Ich habe mir übrigbleiben lassen siebentausend Mann, welche dem i Baal
5 das Knie nicht gebeugt haben". j Also
ist nun auch in der jetzigen Zeit ein
6 Ueberrest nach Wahl der Gnade. Wenn
aber durch Gnade, so nicht mehr aus
Werken; sonst ist die Gnade nicht
7 mehr Gnade. Was nun? Was Israel
sucht k, das hat es nicht erlangt; aber
die Auserwählten haben l es erlangt,
die übrigen aber sind verstockt m wor-
8 den, wie geschrieben steht: „Gott hat
ihnen einen Geist der Schlafsucht gegeben, Augen, um nicht zu sehen, und
Ohren, um nicht zu hören, bis auf den
9 heutigen Tag". n Und David sagt: „Es
werde ihr Tisch ihnen zur Schlinge
und zum Fallstrick und zum Anstoß
10 und zur Vergeltung! Verfinstert sei-
en ihre Augen, um nicht zu sehen,
und ihren Rücken beuge allezeit!" o
11 Ich sage nun: Sind sie etwa gestrauchelt, auf daß sie fallen sollten?
Das sei ferne! sondern durch ihren
Fall p ist den Nationen das Heil geworden, um sie zur Eifersucht zu rei-
12 zen. Wenn aber ihr Fall p der Reichtum der Welt ist, und ihr Verlust q
der Reichtum der Nationen, wieviel
13 mehr ihre Vollzahl r! Denn ich sage
euch, den Nationen: Insofern ich nun
der Nationen Apostel bin, ehre ich s
14 meinen Dienst, ob ich auf irgend eine
Weise sie, die mein Fleisch sind, zur

Eifersucht reizen und etliche aus ih-
15 nen erretten möge. Denn wenn ihre
Verwerfung die Versöhnung der Welt
ist, was wird die Annahme anders
sein als Leben aus den Toten?
16 Wenn aber der Erstling heilig ist,
so auch die Masse t; und wenn die
Wurzel heilig ist, so auch die Zweige.
17 Wenn aber einige der Zweige ausgebrochen worden sind, und du, der du
ein wilder Oelbaum warst, unter sie
eingepfropft und der Wurzel und der
Fettigkeit des Oelbaumes mitteilhaftig geworden bist, so rühme dich nicht
18 wider die Zweige. Wenn du dich aber
wider sie rühmst — du trägst nicht
die Wurzel, sondern die Wurzel dich.
19 Du wirst nun sagen: Die Zweige sind
ausgebrochen worden, auf daß ich
eingepfropft würde. Recht; sie sind
20 ausgebrochen worden durch den Unglauben; du aber stehst durch den
Glauben. Sei nicht hochmütig, sondern
21 fürchte dich; denn wenn Gott der natürlichen Zweige nicht geschont hat,
daß er auch deiner etwa nicht schonen
werde.
22 Sieh nun die Güte und die Strenge
Gottes: gegen die, welche gefallen
sind, Strenge; gegen dich aber Güte
Gottes, wenn du an der Güte bleibst;
sonst wirst auch du ausgeschnitten
23 werden. Und auch jene, wenn sie nicht
im Unglauben bleiben, werden eingepfropft werden; denn Gott vermag sie
24 wiederum einzupfropfen. Denn wenn
du aus dem von Natur wilden Oelbaum ausgeschnitten und wider die
Natur in den edlen Oelbaum eingepfropft worden bist, wieviel mehr werden diese, die natürlichen Zweige, in
25 ihren eigenen Oelbaum eingepfropft
werden! Denn ich will nicht, Brüder,
daß euch dieses Geheimnis unbekannt
sei, auf daß ihr nicht euch selbst klug
dünket: daß Verstockung u Israel zum
Teil widerfahren ist, bis die Vollzahl v der Nationen eingegangen sein
26 wird; und also wird ganz Israel errettet werden, wie geschrieben steht:
„Es wird aus Zion der Erretter kommen, er wird die Gottlosigkeiten von
27 Jakob abwenden; und dies ist für sie
der Bund von mir, wenn ich ihre Sün-
28 den wegnehmen werde". v Hinsichtlich des Evangeliums sind sie zwar
Feinde, um euretwillen, hinsichtlich
der Auswahl aber Geliebte, um der
29 Väter willen. Denn die Gnadengaben
und die Berufung Gottes sind unbe-
30 reubar. Denn gleichwie [auch] ihr r
einst Gott nicht geglaubt w habt, jetzt
aber unter die Begnadigung gekom-
31 men seid durch den Unglauben x dieser, also haben auch jetzt diese an
eure Begnadigung nicht geglaubt y,
auf daß auch sie unter die Begnadi-
32 gung kommen. Denn Gott hat alle zu-

---

a Nach and. Les.: Christi. — b Ps. 19, 4. — c 5. Mose 32, 21. — d Jes. 65, 1. —
e O. Zu. — f O. unglaubigen. — g Jes. 65, 2. — h Kön. 19, 10. 14. — i W. der. —
j 1. Kön. 19, 18. — k O. begehrt. — l W. die Auswahl hat. — m O. verblendet. —
n Vergl. Jes. 29, 10 und 5. Mose 29, 4. — o Ps. 69, 22. 23. — p O. Fehltritt. — q O.
ihre Einbuße; eig. ihre Niederlage. — r O. Fülle. — s O. mache ich herrlich. — t O.
der Teig. — u O. Verblendung. — v Jes. 59, 20. 21. — w O. gehorcht. — x O. Ungehorsam. — y O. sich eurer Begnadigung nicht unterworfen.

sammen in den Unglauben a eingeschlossen, auf daß er alle begnadige.

33 O Tiefe des Reichtums, sowohl der Weisheit als auch b der Erkenntnis Gottes! Wie unausforschlich sind sei-

34 ne Gerichte und unausspürbar seine Wege! Denn wer hat des Herrn Sinn erkannt, oder wer ist sein Mitberater

35 gewesen? c Oder wer hat ihm zuvorgegeben, und es wird ihm vergolten

36 werden? d Denn von ihm und durch ihn und für ihn sind alle Dinge; ihm sei die Herrlichkeit in Ewigkeit! Amen.

12 Ich ermahne euch nun, Brüder, durch die Erbarmungen Gottes, eure Leiber darzustellen als ein lebendiges, heiliges, Gott wohlgefälliges Schlachtopfer, welches euer vernünfti-

2 ger Dienst e ist. Und seid nicht gleichförmig dieser Welt f, sondern werdet verwandelt durch die Erneuerung [eures] Sinnes, daß ihr prüfen möget, was der gute und wohlgefällige und

3 vollkommene Wille Gottes ist. Denn ich sage durch die Gnade, die mir gegeben worden, jedem, der unter euch ist, nicht höher von sich zu denken, als zu denken sich gebührt, sondern so zu denken, daß er besonnen sei, wie Gott einem jeden das Maß des

4 Glaubens zugeteilt hat. Denn gleichwie wir in einem Leibe viele Glieder haben, aber die Glieder nicht alle die-

5 selbe Verrichtung g haben, also sind wir, die Vielen, ein Leib in Christo,

6 einzeln aber Glieder voneinander. Da wir aber verschiedene Gnadengaben haben, nach der uns verliehenen Gnade: es sei Weissagung, so laßt uns weissagen nach dem Maße des Glau-

7 bens; es sei Dienst, so laßt uns bleiben im Dienst; es sei der da lehrt, in der

8 Lehre; es sei der da ermahnt, in der Ermahnung; der da mitteilt, in Einfalt h; der da vorsteht, mit Fleiß; der da Barmherzigkeit übt, mit Freudigkeit.

9 Die Liebe sei ungeheuchelt. Verabscheuet das Böse, haltet fest am Gu-

10 ten. In der Bruderliebe seid herzlich gegeneinander, in Ehrerbietung einer

11 dem anderen vorangehend; im Fleiße i nicht säumig, inbrünstig im Geist;

12 dem Herrn dienend. In Hoffnung freuet euch; in Trübsal j harret aus; im

13 Gebet haltet an; an den Bedürfnissen der Heiligen nehmet teil; nach Gast-

14 freundschaft trachtet. Segnet die euch verfolgen; segnet, und fluchet nicht.

15 Freuet euch mit den sich Freuenden,

16 weinet mit den Weinenden. Seid gleichgesinnt gegeneinander; sinnet nicht auf hohe Dinge, sondern haltet euch zu den niedrigen k; seid nicht klug

17 bei euch selbst. Vergeltet niemand Böses mit Bösem; seid vorsorglich für das, was ehrbar ist vor allen Men-

18 schen. Wenn möglich, so viel an euch liegt, lebet mit allen Menschen in Frie-

den. Rächet nicht euch selbst, Gelieb- 19 te, sondern gebet Raum dem Zorn; denn es steht geschrieben: „Mein ist die Rache; ich will vergelten, spricht der Herr". l „Wenn nun deinen Feind 20 hungert, so speise ihn; wenn ihn dürstet, so tränke ihn; denn wenn du dieses tust, wirst du feurige Kohlen auf sein Haupt sammeln."m Laß dich nicht 21 von dem Bösen überwinden, sondern überwinde das Böse mit dem Guten.

13 Jede Seele unterwerfe sich den obrigkeitlichen Gewalten; denn es ist keine Obrigkeit n, außer von Gott, und diese, welche sind, sind von Gott

2 verordnet. Wer sich daher der Obrigkeit widersetzt, widersteht der Anordnung Gottes; die aber widerstehen, werden ein Urteil o über sich brin-

3 gen p. Denn die Regenten sind nicht ein Schrecken für das gute Werk, sondern für das böse. Willst du dich aber vor der Obrigkeit nicht fürchten? So übe das Gute, und du wirst Lob von ihr

4 haben; denn sie ist Gottes Dienerin, dir zum Guten. Wenn du aber das Böse übst, so fürchte dich, denn sie trägt das Schwert nicht umsonst; denn sie ist Gottes Dienerin, eine Rächerin zur Strafe q für den, der Böses tut.

5 Darum ist es notwendig, untertan zu sein, nicht allein der Strafe r wegen, sondern auch des Gewissens wegen.

6 Denn dieserhalb entrichtet ihr auch Steuern; denn sie sind Gottes Beamte, die eben hierzu fortwährend be-

7 schäftigt sind. Gebet allen, was ihnen gebührt: die Steuer, dem die Steuer, den Zoll, dem der Zoll, die Furcht, dem die Furcht, die Ehre, dem die

8 Ehre gebührt. Seid niemand irgend etwas schuldig, als nur einander zu lieben; denn wer den anderen liebt,

9 hat das Gesetz erfüllt. Denn das: „Du sollst nicht ehebrechen, du sollst nicht töten, du sollst nicht stehlen, laß dich nicht gelüsten", und wenn es ein anderes Gebot gibt, ist in diesem Worte zusammengefaßt: „Du sollst deinen Näch-

10 sten lieben wie dich selbst".s Die Liebe tut dem Nächsten nichts Böses. So ist nun die Liebe die Summe t des Gesetzes.

Und dieses noch, da wir die Zeit er- 11 kennen, daß die Stunde schon da ist, daß wir aus dem Schlaf aufwachen sollen; denn jetzt ist unsere Errettung u näher, als da wir geglaubt ha-

12 ben: Die Nacht ist weit vorgerückt, und der Tag ist nahe v. Laßt uns nun die Werke der Finsternis ablegen und

13 die Waffen des Lichts anziehen. Laßt uns anständig wandeln wie am Tage; nicht in Schwelgereien und Trinkgelagen, nicht in Unzucht und Ausschweifungen, nicht in Streit und Neid w;

14 sondern ziehet den Herrn Jesus Christus an, und treibet nicht Vorsorge für das Fleisch zur Erfüllung seiner Lüste x.

---

a O. Ungehorsam. — b O. und der Weisheit und. — c Vergl. Jes. 40, 13. 14. — d Vergl. Hiob 41, 2. — e O. vernünftiger Gottesdienst. — f W. diesem Zeitlauf. — g O. Tätigkeit. — h O. Bereitwilligkeit, Freigebigkeit. — i O. Eifer. — j O. Drangsal. — k O. den Niedrigen. — l 5. Mose 32, 35. — m Spr. 25, 21. 22. — n Eig. Gewalt; so auch V. 2. 3. — o O. Gericht. — p W. empfangen. — q W. zum Zorn. — r W. des Zornes. — s 3. Mose 19, 18. — t W. die Fülle. — u O. uns die Errettung. — v O. hat sich genaht. — w O. Eifersucht. — x O. zur Erregung seiner Lüste; w. zu Lüsten.

14 Den Schwachen im Glauben aber nehmet auf, *doch* nicht zur Entscheidung zweifelhafter Fragen *a*. Einer glaubt, er dürfe alles essen; der Schwache aber ißt Gemüse. Wer ißt, verachte den nicht, der nicht ißt; und wer nicht ißt, richte den nicht, der ißt; und denn Gott hat ihn aufgenommen. Wer bist du, der du den Hausknecht eines anderen richtest? Er steht oder fällt seinem eigenen Herrn. Er wird aber aufrecht gehalten werden, denn der Herr vermag ihn aufrecht zu halten. Der eine hält einen Tag vor dem anderen, der andere aber hält jeden Tag gleich. Ein jeder aber sei in seinem eigenen Sinne völlig überzeugt. Wer den Tag achtet, achtet ihn *dem* Herrn. Und wer ißt, ißt *dem* Herrn, denn er danksagt Gott; und wer nicht ißt, ißt *dem* Herrn nicht und danksagt Gott. Denn keiner von uns lebt sich selbst, und keiner stirbt sich selbst. Denn sei es daß wir leben, wir leben dem Herrn; sei es daß wir sterben, wir sterben dem Herrn. Sei es nun daß wir leben, sei es daß wir sterben, wir sind des Herrn. Denn hierzu ist Christus gestorben und *wieder* lebendig geworden, auf daß er herrsche sowohl über Tote als über Lebendige. Du aber, was richtest du deinen Bruder? Oder auch du, was verachtest du deinen Bruder? Denn wir werden alle vor den Richterstuhl Gottes gestellt werden. Denn es steht geschrieben: *„So wahr* ich lebe, spricht *der* Herr, mir soll sich jedes Knie beugen, und jede Zunge soll Gott bekennen".*b* Also wird nun ein jeder von uns für sich selbst Gott Rechenschaft geben. Laßt uns nun nicht mehr einander richten, sondern richtet vielmehr dieses: dem Bruder nicht einen Anstoß oder ein Aergernis zu geben. Ich weiß und bin überzeugt in *dem* Herrn Jesus, daß nichts an sich selbst gemein *c* ist; nur dem, der etwas für gemein achtet, dem ist es gemein. Denn wenn dein Bruder wegen einer Speise betrübt wird, so wandelst du nicht mehr nach der Liebe. Verdirb nicht mit deiner Speise den, für welchen Christus gestorben ist. Laßt nun euer Gut nicht verlästert werden. Denn das Reich Gottes ist nicht Essen und Trinken, sondern Gerechtigkeit und Friede und Freude im Heiligen Geiste. Denn wer in diesem dem Christus dient, ist Gott wohlgefällig und den Menschen bewährt. Also laßt uns nun dem nachstreben, was des Friedens ist, und dem, was der gegenseitigen Erbauung dient. Zerstöre nicht einer Speise wegen das Werk Gottes. Alles zwar ist rein, aber es ist böse für den Menschen, der mit Anstoß isset. Es ist gut, kein Fleisch zu essen, noch Wein zu trinken, noch etwas *zu tun*, worin dein Bruder sich stößt oder sich ärgert oder schwach ist. Hast du Glauben? habe ihn für

dich selbst vor Gott. Glückselig, wer sich selbst nicht richtet in dem, was er gutheißt! Wer aber zweifelt, wenn er isset, ist verurteilt, weil *er es* nicht aus Glauben *tut*. Alles aber, was nicht aus Glauben ist, ist Sünde.

15 Wir aber, die Starken, sind schuldig, die Schwachheiten der Schwachen zu tragen und nicht uns selbst zu gefallen. Ein jeder von uns gefalle dem Nächsten zum Guten, zur Erbauung. Denn auch der Christus hat nicht sich selbst gefallen, sondern wie geschrieben steht: „Die Schmähungen derer, die dich schmähen, sind auf mich gefallen".*d* Denn alles, was zuvor geschrieben ist, ist zu unserer Belehrung geschrieben, auf daß wir durch das Ausharren und durch die Ermunterung *e* der Schriften die Hoffnung haben. Der Gott des Ausharrens und der Ermunterung *e* aber gebe euch, gleichgesinnt zu sein untereinander, Christo Jesu gemäß, auf daß ihr einmütig mit einem Munde den Gott und Vater unseres Herrn Jesus Christus verherrlichet. Deshalb nehmet einander auf, gleichwie auch der Christus euch aufgenommen hat, zu Gottes Herrlichkeit. Denn ich sage, daß [Jesus] Christus ein Diener der Beschneidung geworden ist um der Wahrheit Gottes willen, um die Verheißungen der Väter zu bestätigen; auf daß die Nationen aber Gott verherrlichen möchten um der Begnadigung willen, wie geschrieben steht: „Darum werde ich dich bekennen unter den Nationen und deinem Namen lobsingen". *f* Und wiederum sagt er: „Seid fröhlich, ihr Nationen, mit seinem Volke!"*g* Und wiederum: „Lobet den Herrn, alle Nationen, und alle Völker sollen ihn preisen!"*h* Und wiederum sagt Jesaias: „Es wird sein die Wurzel Isais und der da aufsteht, über die Nationen zu herrschen — auf den werden die Nationen hoffen".*i* Der Gott der Hoffnung aber erfülle euch mit aller Freude und *allem* Frieden im Glauben, damit ihr überreich seiet *j* in der Hoffnung durch die Kraft *des* Heiligen Geistes.

Ich bin aber, meine Brüder, auch selbst betreffs euer überzeugt, daß auch ihr selbst voll Gütigkeit seid, erfüllt mit aller Erkenntnis *und* fähig, auch einander zu ermahnen. Ich habe aber zum Teil euch freimütiger geschrieben, [Brüder,] um euch zu erinnern *k*, wegen der Gnade, die mir von Gott gegeben ist, um ein Diener *l* Christi Jesu zu sein für die Nationen, priesterlich dienend an dem Evangelium Gottes, auf daß das Opfer der Nationen angenehm werde, geheiligt durch *den* Heiligen Geist. Ich habe also etwas zum Rühmen in Christo Jesu in den Dingen, die Gott angehen. Denn ich werde nicht wagen, etwas von dem

---

a Eig. von Ueberlegungen. — *b* Jes. 45, 23. — *c* O. unrein; so auch nachher. — *d* Ps. 69, 9. — *e* O. Tröstung. — *f* Ps. 18, 49. — *g* 5. Mose 32, 43. — *h* Ps. 117, 1. — *i* Jes. 11, 10. — *j* O. um euch überströmen zu lassen. — *k* W. als euch erinnernd. — *l* Eig. ein im öffentlichen Dienst Angestellter.

zu reden, was Christus nicht durch mich gewirkt hat zum Gehorsam der
19 Nationen durch Wort und Werk, in der Kraft der Zeichen und Wunder, in der Kraft *des* Geistes [Gottes], sodaß ich von Jerusalem an und ringsumher bis nach Illyrikum das Evangelium des
20 Christus völlig verkündigt *a* habe, und mich also beeifere *b*, das Evangelium zu predigen, nicht da, wo Christus genannt worden ist, auf daß ich nicht
21 auf eines anderen Grund baue; sondern wie geschrieben steht: „Denen nicht von ihm verkündigt wurde, die sollen sehen, und die nicht gehört haben, sollen verstehen". *c* Deshalb bin
22 ich auch oftmals verhindert worden, zu euch zu kommen. Nun aber, da
23 ich nicht mehr Raum habe in diesen Gegenden und großes Verlangen, zu euch zu kommen, seit vielen Jahren,
24 falls ich nach Spanien reise ...; denn ich hoffe auf der Durchreise euch zu sehen und von euch dorthin geleitet zu werden, wenn ich euch zuvor et-
25 was genossen *d* habe. Jetzt aber reise ich nach Jerusalem im Dienste für
26 die Heiligen. Denn es hat Macedonien und Achaja wohlgefallen, eine gewisse Beisteuer zu leisten für die Dürftigen unter den Heiligen, die in Je-
27 rusalem sind. Es hat ihnen nämlich wohlgefallen, auch sind sie ihre Schuldner. Denn wenn die Nationen ihrer geistlichen *Güter* teilhaftig geworden sind, so sind sie schuldig, ihnen auch
28 in den leiblichen *e* zu dienen. Wenn ich dies nun vollbracht und diese Frucht ihnen versiegelt habe, so will ich über *f* euch nach Spanien abrei-
29 sen. Ich weiß aber, daß, wenn ich zu euch komme, ich in der Fülle des
30 Segens Christi kommen werde. Ich bitte euch aber, Brüder, durch unseren Herrn Jesus Christus und durch die Liebe des Geistes, mit mir zu kämpfen in den Gebeten für mich zu Gott,
31 auf daß ich von den Ungläubigen *g* in Judäa errettet werde, und [auf daß] mein Dienst für Jerusalem den Hei-
32 ligen angenehm sei; auf daß ich durch den Willen Gottes mit Freuden zu euch komme und mich mit euch er-
33 quicke. Der Gott des Friedens aber sei mit euch allen! Amen.

16 Ich empfehle euch aber Phöbe, unsere Schwester, welche eine Dienerin
2 der Versammlung in Kenchreä ist, auf daß ihr sie in *dem* Herrn, der Heiligen würdig, aufnehmet und ihr beistehet, in welcher Sache irgend sie euer bedarf; denn auch s i e ist vielen ein Beistand *h* gewesen, auch mir selbst.
3 Grüßet Priska und Aquila, meine Mit-
4 arbeiter in Christo Jesu, (welche für mein Leben ihren eigenen Hals preisgegeben haben, denen nicht allein i c h danke, sondern auch alle Versammlun-
5 gen der Nationen) und [die

lung in ihrem Hause. Grüßet Epänetus, meinen Geliebten, welcher der Erst-
6 ling Asiens ist für Christum. Grüßet Maria, die sehr für euch gearbeitet hat.
7 Grüßet Andronikus und Junias, meine Verwandten und meine Mitgefangenen, welche unter den Aposteln ausgezeichnet *i* sind, die auch vor mir in
8 Christo waren. Grüßet Amplias, meinen Geliebten im Herrn. Grüßet Ur-
9 banus, unseren Mitarbeiter in Christo, und Stachys, meinen Geliebten. Grü-
10 ßet Apelles, den Bewährten in Christo. Grüßet die von Aristobulus' *Hause*.
11 Grüßet Herodion, meinen Verwandten. Grüßet die von Narcissus' *Hause*, die
12 im Herrn sind. Grüßet Tryphäna und Tryphosa, die im Herrn arbeiten. Grü-
13 ßet Persis, die Geliebte, die viel gearbeitet hat im Herrn. Grüßet Rufus, den Auserwählten im Herrn, und sei-
14 ne und meine Mutter. Grüßet Asynkritus, Phlegon, Hermes, Patrobas, Hermas und die Brüder bei ihnen. Grü-
15 ßet Philologus und Julias *j*, Nereus und seine Schwester und Olympas und alle Heiligen bei ihnen. Grüßet einan-
16 der mit heiligem Kuß. Es grüßen euch alle Versammlungen des Christus.

Ich ermahne *k* euch aber, Brüder, daß
17 ihr achthabet auf die, welche Zwiespalt und Aergernis *l* anrichten, entgegen der Lehre, die i h r gelernt habt, und wendet euch von ihnen ab. Denn sol-
18 che dienen nicht unserem Herrn Christus, sondern ihrem eigenen Bauche, und durch süße Worte und schöne Reden verführen sie die Herzen der Arglosen. Denn euer Gehorsam ist zu allen
19 hingelangt *m*. Daher freue ich mich eurethalben; ich will aber, daß ihr weise seid zum Guten, aber einfältig zum Bösen. Der Gott des Friedens
20 aber wird in kurzem den Satan unter eure Füße zertreten. Die Gnade unseres Herrn Jesus Christus sei mit euch!

Es grüßen euch Timotheus, mein
21 Mitarbeiter, und Lucius und Jason und Sosipater, meine Verwandten.

Ich, Tertius, der ich den Brief ge-
22 schrieben habe, grüße euch im Herrn. Es grüßt euch Gajus, mein und der
23 ganzen Versammlung Wirt. Es grüßen euch Erastus, der Stadt-Rentmeister, und der Bruder Quartus. Die Gnade
24 unseres Herrn Jesus Christus sei mit euch allen! Amen.

Dem aber, der euch zu befestigen
25 vermag nach meinem Evangelium und der Predigt von Jesu Christo, nach der Offenbarung des Geheimnisses *n*, das in den Zeiten der Zeitalter verschwiegen war, jetzt aber geoffenbart und
26 durch prophetische Schriften, nach Befehl des ewigen Gottes, zum Glaubensgehorsam an alle Nationen kundgetan worden ist, dem allein weisen Gott
27 durch Jesum Christum, ihm *o* sei die Herrlichkeit in Ewigkeit! Amen.

---

a W. erfüllt. — *b* O. meine Ehre darein setze. — *c* Jes. 52, 15. — *d* Eig. mich teilweise an euch gesättigt. — *e* Eig. fleischlichen. — *f* Eig. durch. — *g* O. Ungehorsamen. — *h* O. eine Beschützerin, Fürsorgerin. — *i* O. bei den Aposteln angesehen. — *j* O. Julia. — *k* O. bitte. — *l* Eig. die (d. i. die bekannten) Zwiespalte (Spaltungen) und Aergernisse. — *m* d. h., zur Kenntnis aller gekommen. — *n* Vergl. Eph. 3, 2—11; 5, 32; Kol. 1, 25—27; 2, 2. 3. — *o* W. welchem.

Der erste Brief an die Korinther

1 Paulus, berufener Apostel Jesu Christi durch Gottes Willen, und Sosthenes,
2 der Bruder, der Versammlung Gottes, die in Korinth ist, den Geheiligten in Christo Jesu, den berufenen Heiligen, samt allen, die an jedem Orte den Namen unseres Jesus Christus anrufen, sowohl ihres als unseres *Herrn*.
3 Gnade euch und Friede von Gott, unserem Vater, und dem Herrn Jesus Christus!
4 Ich danke meinem Gott allezeit eurethalben für die *a* Gnade Gottes, die euch
5 gegeben ist in Christo Jesu, daß ihr in ihm in allem reich gemacht worden seid, in allem Wort und aller Erkennt-
6 nis, wie das Zeugnis des Christus unter *b* euch befestigt *c* worden ist, sodaß
7 ihr in *d* keiner GnadengabeMangel habt, indem ihr die Offenbarung unseres
8 Herrn Jesus Christus erwartet, welcher euch auch befestigen wird bis ans Ende, *daß ihr* untadelig *seid* an dem Ta-
9 ge unseres Herrn Jesus Christus. Gott ist treu, durch welchen ihr berufen worden seid in die Gemeinschaft seines Sohnes Jesus Christus, unseres Herrn.
10 Ich ermahne *e* euch aber, Brüder, durch den Namen unseres Herrn Jesus Christus, daß ihr alle dasselbe redet und nicht Spaltungen unter euch seien, sondern *daß* ihr in demselben Sinne und in derselben Meinung völlig zu-
11 sammengefügt *f* seiet. Denn es ist mir von euch kund geworden, meine Brüder, durch die *Hausgenossen* der Chloe,
12 daß Streitigkeiten unter euch sind. Ich sage aber dieses, daß ein jeder von euch sagt: Ich bin des Paulus, ich aber des Apollos, ich aber des Kephas, ich aber
13 Christi. Ist der Christus zerteilt? Ist etwa Paulus für euch gekreuzigt, oder seid ihr auf Paulus' Namen getauft wor-
14 den? Ich danke Gott, daß ich niemand von euch getauft habe, außer Krispus
15 und Gajus, auf daß nicht jemand sage, daß ich auf meinen Namen getauft ha-
16 be. Ich habe aber auch das Haus des Stephanas getauft: sonst weiß ich nicht, ob ich jemand anders getauft habe.
17 Denn Christus hat mich nicht ausgesandt zu taufen, sondern das Evangelium zu verkündigen; nicht in Redeweisheit, auf daß nicht das Kreuz Chri-
18 sti zunichte gemacht werde. Denn das Wort vom Kreuz ist denen, die verloren gehen, Torheit; uns aber, die wir errettet werden, ist es Gottes Kraft.
19 Denn es steht geschrieben: „Ich will die Weisheit der Weisen vernichten, und den Verstand der Verständigen will

ich hinwegtun". *g* Wo *ist der* Weise? 20 wo *der* Schriftgelehrte? wo *der* Schulstreiter dieses Zeitlaufs? Hat nicht Gott die Weisheit der Welt zur Torheit gemacht? Denn weil ja in der Weis- 21 heit Gottes die Welt durch die Weisheit Gott nicht erkannte, so gefiel es Gott wohl, durch die Torheit der Predigt die Glaubenden zu erretten; weil 22 ja sowohl Juden Zeichen fordern, als auch Griechen Weisheit suchen; w i r 23 aber predigen Christum *als* gekreuzigt, *den* Juden ein Ärgernis, und *den* Nationen eine Torheit; den Berufenen 24 selbst aber, sowohl Juden als Griechen, Christum, Gottes Kraft und Gottes Weisheit; denn das Törichte Got- 25 tes ist weiser als die Menschen, und das Schwache Gottes ist stärker als die Menschen. Denn sehet eure Beru- 26 fung, Brüder, daß *es* nicht viele Weise nach dem Fleische, nicht viele Mächtige, nicht viele Edle *sind*; sondern 27 das Törichte der Welt hat Gott auserwählt, auf daß er die Weisen zu Schanden mache; und das Schwache der Welt hat Gott auserwählt, auf daß er das 28 Starke zu Schanden mache; und das Unedle der Welt und das Verachtete hat Gott auserwählt, [und] das, was nicht ist, auf daß er das, was ist, zu- 29 nichte mache, damit sich vor Gott kein Fleisch rühme. Aus ihm aber seid i h r 30 in Christo Jesu, der uns geworden ist Weisheit von Gott *h* und Gerechtigkeit und Heiligkeit *i* und Erlösung; auf 31 daß, wie geschrieben steht: „Wer sich rühmt, der rühme sich *des* Herrn *j*". *k*

Und ich, als ich zu euch kam, Brü- **2** der, kam nicht nach Vortrefflichkeit der Rede oder Weisheit, euch das Zeugnis Gottes verkündigend. Denn ich hielt 2 nicht dafür, etwas unter euch zu wissen, als nur Jesum Christum und i h n *als* gekreuzigt. Und i c h war bei euch 3 in Schwachheit und in Furcht und in vielem Zittern; und meine Rede und 4 meine Predigt war nicht in überredenden Worten der Weisheit, sondern in Erweisung *des* Geistes und *der* Kraft, auf daß euer Glaube nicht beruhe auf *l* 5 Menschen - Weisheit, sondern auf Gottes-Kraft.

Wir reden aber Weisheit unter den 6 Vollkommenen, nicht aber Weisheit dieses Zeitlaufs, noch der Fürsten dieses Zeitlaufs, die zunichte werden, sondern wir reden Gottes Weisheit in 7 einem Geheimnis, die verborgene, welche Gott zuvorbestimmt hat, vor den Zeitaltern, zu unserer Herrlichkeit; welche keiner von den Fürsten die- 8

---

a Eig. über der. — *b* O. in. — *c* O. bestätigt. — *d* O. an. — *e* O. bitte. — *f* Eig. vollbereitet. — *g* Jes. 29, 14. — *h* O. von Gott zur Weisheit. — *i* O. Heiligung; eig. Geheiligtsein. — *j* W. in *dem* Herrn. (S. die Anm. zu Matth. 1, 20.) — *k* Jer. 9, 23. 24; Jes. 45, 25. — *l* W. sei in.

ses Zeitlaufs erkannt hat, (denn wenn sie *dieselbe* erkannt hätten, so würden sie wohl den Herrn der Herrlichkeit nicht gekreuzigt haben) sondern wie 9 geschrieben steht: „Was kein Auge gesehen und kein Ohr gehört hat und in keines Menschen Herz gekommen ist, was Gott bereitet hat denen, 10 die ihn lieben“; *a* uns aber hat Gott es geoffenbart durch [seinen] Geist, denn der Geist erforscht alles, auch 11 die Tiefen Gottes. Denn wer von den Menschen weiß, was in *b* Menschen ist, als nur der Geist des Menschen, der in ihm ist? Also weiß *c* auch niemand, was in Gott *d* ist, als nur der 12 Geist Gottes. Wir aber haben nicht den Geist der Welt empfangen, sondern den Geist, der aus Gott ist, auf daß wir die Dinge kennen, die uns von 13 Gott geschenkt sind; welche wir auch verkündigen *e*, nicht in Worten, gelehrt durch menschliche Weisheit, sondern in *Worten*, gelehrt durch den Geist, mitteilend geistliche Dinge durch geist-14 liche Mittel *f*. Der natürliche *g* Mensch aber nimmt nicht an *h*, was des Geistes Gottes ist, denn es ist ihm eine Torheit, und er kann es nicht erkennen, 15 weil es geistlich beurteilt *i* wird; der geistliche aber beurteilt *j* alles, er selbst 16 aber wird von niemand beurteilt; denn „wer hat den Sinn *des* Herrn erkannt, der ihn unterweise?“ *k* Wir aber haben Christi Sinn.

3 Und ich, Brüder, konnte nicht zu euch reden als zu Geistlichen, sondern als zu Fleischlichen *l*, als zu Unmün-2 digen in Christo. Ich habe euch Milch zu trinken gegeben, nicht Speise; denn ihr vermochtet es noch nicht, aber ihr vermöget es auch jetzt noch nicht, 3 denn ihr seid noch fleischlich. Denn da Neid *m* und Streit unter euch ist, seid ihr nicht fleischlich und wandelt nach 4 Menschen*weise*? Denn wenn einer sagt: Ich bin des Paulus; der andere aber: Ich des Apollos; seid ihr nicht mensch-5 lich *n*? Wer ist denn Apollos, und wer Paulus? Diener, durch welche ihr geglaubt habt, und *zwar* wie der Herr 6 einem jeden gegeben hat. Ich habe gepflanzt, Apollos hat begossen, Gott 7 aber hat das Wachstum gegeben. Also ist weder der da pflanzt etwas, noch der da begießt, sondern Gott, der das 8 Wachstum gibt. Der aber pflanzt und der begießt sind eins; ein jeder aber wird seinen eigenen Lohn empfangen 9 nach seiner eigenen Arbeit *o*. Denn wir sind Gottes Mitarbeiter; Gottes Acker-10 feld *p*, Gottes Bau seid ihr. Nach der Gnade Gottes, die mir gegeben ist, habe ich als ein weiser Baumeister den Grund gelegt; ein anderer aber baut darauf; ein jeder aber sehe zu, wie 11 er darauf baut. Denn einen anderen

Grund kann niemand legen, außer dem, der gelegt ist *q*, welcher ist Jesus Christus. Wenn aber jemand auf 12 [diesen] Grund baut Gold, Silber, köstliche Steine, Holz, Heu, Stroh, so wird 13 das Werk eines jeden offenbar werden, denn der Tag wird es klar machen, weil er in Feuer geoffenbart wird; und welcherlei das Werk eines jeden ist, wird das Feuer bewähren. Wenn 14 das Werk jemandes bleiben wird, das er darauf gebaut hat, so wird er Lohn empfangen; wenn das Werk jemandes 15 verbrennen wird, so wird er Schaden leiden, er selbst aber wird gerettet werden, doch so wie durchs Feuer.

Wisset ihr nicht, daß ihr Gottes Tem- 16 pel seid und der Geist Gottes in *r* euch wohnt? Wenn jemand den Tempel 17 Gottes verdirbt, den wird Gott verderben; denn der Tempel Gottes ist heilig, und solche seid ihr.

Niemand betrüge sich selbst. Wenn 18 jemand unter euch sich dünkt weise zu sein in diesem Zeitlauf, so werde er töricht, auf daß er weise werde. Denn die Weisheit dieser Welt ist Tor- 19 heit bei Gott; denn es steht geschrieben: „Der die Weisen erhascht in ihrer List“. *s* Und wiederum: „Der Herr 20 kennt die Ueberlegungen der Weisen, daß sie eitel sind“. *t* So rühme sich 21 denn niemand der Menschen *u*, denn alles ist euer. Es sei Paulus oder Apol- 22 los oder Kephas, es sei Welt oder Leben oder Tod, es sei Gegenwärtiges oder Zukünftiges: alles ist euer, ihr 23 aber *seid* Christi, Christus aber *ist* Gottes.

Dafür halte man uns: für Diener Christi und Verwalter der Geheimnisse Got- **4** tes. Uebrigens sucht man hier an den 2 Verwaltern, daß einer treu erfunden werde. Mir aber ist es das Geringste, daß 3 ich von euch oder von einem menschlichen Tage *v* beurteilt werde; ich beurteile mich aber auch selbst nicht. Denn ich bin mir selbst nichts bewußt, 4 aber dadurch bin ich nicht gerechtfertigt. Der mich aber beurteilt, ist der Herr. So urteilet *w* nicht etwas vor 5 der Zeit, bis der Herr kommt, welcher auch das Verborgene der Finsternis ans Licht bringen und die Ratschläge der Herzen offenbaren wird; und dann wird einem jeden sein Lob werden von Gott.

Dies aber, Brüder, habe ich auf mich 6 und Apollos gedeutet *x* um euretwillen, auf daß ihr an uns lernet, nicht über das hinaus [zu denken], was geschrieben ist, auf daß ihr euch nicht aufblähet für den einen *y*, wider den anderen. Denn wer unterscheidet dich? 7 Was aber hast du, das du nicht empfangen hast? Wenn du es aber auch empfangen hast, was rühmst du dich,

---

a Jes. 64, 4. — *b* W. des. — *c* Eig. hat erkannt. — *d* W. Gottes. — *e* Eig. reden. — *f* W. Geistliches durch Geistliches; O. verbindend (od. klarlegend, erläuternd) Geistliches mit Geistlichem. — *g* W. seelische. — *h* O. faßt nicht. — *i* O. unterschieden. — *j* O. unterscheidet. — *k* Jes. 40, 13. 14. — *l* Eig. Fleischernen. — *m* O. Eifersucht. — *n* W. Menschen. — *o* O. Mühe. — *p* O. Ackerwerk. — *q* Eig. der da liegt. — *r* O. unter. — *s* Hiob 5, 13. — *t* Ps. 94, 11. — *u* Eig. in Menschen. — *v* d. h. Gerichtstage. — *w* O. richtet. — *x* O. bezogen. — *y* Eig. einer für den einen.

als hättest du es nicht empfangen?
8 Schon seid ihr gesättigt, schon seid ihr
reich geworden; ihr habt ohne uns geherrscht, und ich wollte wohl, daß ihr
herrschtet, auf daß auch w i r mit euch
9 herrschen möchten. Denn mich dünkt,
daß Gott uns, die Apostel, als die Letzten dargestellt hat, wie zum Tode bestimmt; denn wir sind der Welt ein
Schauspiel geworden, sowohl Engeln
10 als Menschen. Wir *sind* Narren um
Christi willen, ihr aber *seid* klug in
Christo; wir schwach, ihr aber stark;
11 ihr herrlich, wir aber verachtet. Bis
auf die jetzige Stunde leiden wir sowohl Hunger als Durst und sind nackt
und werden mit Fäusten geschlagen
und haben keine bestimmte Wohnung
12 und mühen uns ab, mit unseren eigenen Händen arbeitend. Geschmäht, seg-
13 nen wir; verfolgt, dulden wir; gelästert, bitten wir; als Auskehricht der
Welt sind wir geworden, ein Auswurf
14 aller bis jetzt. Nicht euch zu beschämen schreibe ich dieses, sondern ich
ermahne *euch* als meine geliebten Kin-
15 der. Denn wenn ihr zehntausend Zuchtmeister in Christo hättet, so doch nicht
viele Väter; denn in Christo Jesu habe
i c h euch gezeugt durch das Evange-
16 lium. Ich bitte *a* euch nun, seid meine
Nachahmer!
17 Dieserhalb habe ich euch Timotheus
gesandt, der mein geliebtes und treues
Kind ist in *dem* Herrn; der wird euch
erinnern an meine Wege, die in Christo sind, gleichwie ich überall in jeder
18 Versammlung lehre. Etliche aber sind
aufgeblasen, als ob ich nicht zu euch
19 kommen würde. Ich werde aber bald
zu euch kommen, wenn der Herr will,
und werde erkennen, nicht das Wort
der Aufgeblasenen, sondern die Kraft;
20 denn das Reich Gottes *besteht* nicht in
21 Worte, sondern in Kraft. Was wollt
ihr? soll ich mit der Rute zu euch
kommen, oder in Liebe und im Geiste
der Sanftmut?

5 Ueberhaupt *b* hört man, *daß* Hurerei unter euch *sei*, und eine solche Hurerei, die selbst unter den Nationen
nicht *stattfindet*: daß einer seines Va-
2 ters Weib habe. Und i h r seid aufgeblasen und habt nicht vielmehr Leid
getragen, auf daß der, welcher diese
Tat begangen hat, aus eurer Mitte hin-
3 weggetan würde. Denn i c h , zwar dem
Leibe nach abwesend, aber im Geiste
gegenwärtig, habe schon als gegenwärtig geurteilt, den, der dieses also
4 verübt hat, im Namen unseres Herrn
Jesus Christus, (wenn ihr und mein
Geist mit der Kraft unseres Herrn Je-
5 sus [Christus] versammelt seid) einen
solchen dem Satan zu überliefern zum
Verderben des Fleisches, auf daß der
Geist errettet werde am Tage des Herrn
6 Jesus. Euer Rühmen ist nicht gut. Wisset ihr nicht, daß ein wenig Sauerteig

die ganze Masse *c* durchsäuert? Feget 7
den alten Sauerteig aus, auf daß ihr
eine neue Masse *d* sein möget, gleichwie ihr ungesäuert seid. Denn auch
unser Passah, Christus, ist geschlachtet. Darum laßt uns Festfeier halten, 8
nicht mit altem Sauerteig, auch nicht
mit Sauerteig der Bosheit und Schlechtigkeit, sondern mit Ungesäuertem der
Lauterkeit und Wahrheit.
Ich habe euch in dem Briefe geschrie- 9
ben, nicht mit Hurern Umgang zu haben; nicht durchaus mit den Hurern 10
dieser Welt oder den Habsüchtigen und
Räubern oder Götzendienern, sonst
müßtet ihr ja aus der Welt hinausgehen. Nun aber habe ich euch geschrie- 11
ben, keinen Umgang zu haben, wenn
jemand, der Bruder genannt wird, ein
Hurer ist, oder ein Habsüchtiger oder
ein Götzendiener oder ein Schmäher
oder ein Trunkenbold oder ein Räuber, mit einem solchen selbst nicht zu
essen. Denn was habe ich [auch] zu 12
richten die draußen sind? Ihr, richtet
ihr nicht die drinnen sind? Die aber 13
draußen sind richtet Gott; tut den Bösen von euch selbst hinaus.

6 Darf *e* jemand unter euch, der eine
Sache wider den anderen hat, rechten
vor den Ungerechten und nicht vor
den Heiligen? Oder wisset ihr nicht, 2
daß die Heiligen die Welt richten werden? Und wenn durch euch *f* die Welt
gerichtet wird, seid ihr unwürdig, über
die geringsten Dinge zu richten *g* ? Wis- 3
set ihr nicht, daß wir Engel richten
werden? geschweige denn Dinge dieses Lebens. Wenn ihr nun über Dinge 4
dieses Lebens zu richten habt, so setzet diese dazu, die gering geachtet
sind *h* in der Versammlung. Zur Be- 5
schämung sage ich's euch. Also nicht
ein Weiser ist unter euch, auch nicht
e i n e r , der zwischen seinen Brüdern *i*
zu entscheiden vermag? sondern es 6
rechtet Bruder mit Bruder, und das
vor Ungläubigen! Es ist nun schon 7
überhaupt ein Fehler an euch, daß ihr
Rechtshändel miteinander habt. Warum laßt ihr euch nicht lieber unrecht
tun? Warum laßt ihr euch nicht lieber übervorteilen *j*? Aber i h r tut un- 8
recht und übervorteilet, und das Brüder! Oder wisset ihr nicht, daß Unge- 9
rechte das Reich Gottes nicht ererben werden? Irret euch nicht! weder
Hurer, noch Götzendiener, noch Ehebrecher, noch Weichlinge *k*, noch Knabenschänder, noch Diebe, noch Hab- 10
süchtige, noch Trunkenbolde, noch
Schmäher, noch Räuber werden das
Reich Gottes ererben. Und solches sind 11
euer etliche gewesen; aber ihr seid
abgewaschen, aber ihr seid geheiligt,
aber ihr seid gerechtfertigt worden in
dem Namen des Herrn Jesus und durch
den *l* Geist unseres Gottes.
Alles ist mir erlaubt, aber nicht alles 12

---

a O. ermahne. — *b* O. Allgemein. — *c* O. den ganzen Teig. — *d* O. ein neuer Teig. —
e Eig. Wagt, getraut sich . . . zu. — *f* O. vor (unter) euch, d. i. in eurem Beisein. —
g W. unwürdig der geringsten Gerichte. — *h* And. üb.: so setzet ihr dazu die Verachteten
(d. i. die Ungerechten, V. 1). — *i* W. seinem Bruder. — *j* O. vorenthalten, berauben; so
auch V. 8. — *k* O. Wollüstlinge. — *l* O. in dem (wie vorher), d. i. in der Kraft des.

ist nützlich. Alles ist mir erlaubt, aber **i c h** will mich von keinem überwältigen lassen. Die Speisen für den Bauch, und der Bauch für die Speisen; Gott aber wird sowohl diesen als jene zunichte machen. Der Leib aber nicht für die Hurerei, sondern für den Herrn, und der Herr für den Leib. Gott aber hat sowohl den Herrn auferweckt, als er auch uns auferwecken *a* wird durch seine Macht. Wisset ihr nicht, daß eure Leiber Glieder Christi sind? Soll ich denn die Glieder Christi nehmen und zu Gliedern einer Hure machen? Das sei ferne! Oder wisset ihr nicht, daß, wer der Hure anhängt, **e i n** Leib *mit ihr* ist? „Denn es werden", spricht er, „die zwei **e i n** *b* Fleisch sein." *c* Wer aber dem Herrn anhängt, ist **e i n** Geist *mit ihm.* Fliehet die Hurerei! Jede Sünde, die ein Mensch begehen mag, ist außerhalb des Leibes; wer aber hurt, sündigt wider seinen eigenen Leib. Oder wisset ihr nicht, daß euer Leib der Tempel des Heiligen Geistes ist, der in euch *wohnt,* den ihr von Gott habt, und *daß* ihr nicht euer selbst seid? Denn ihr seid um einen Preis erkauft worden; verherrlichet nun Gott in eurem Leibe.

7 Was aber das betrifft, wovon ihr mir geschrieben habt, so ist es gut für einen Menschen, kein Weib zu berühren. Aber um der Hurerei willen habe ein jeder sein eigenes Weib, und eine jede habe ihren eigenen Mann. Der Mann leiste dem Weibe die *eheliche* Pflicht, gleicherweise aber auch das Weib dem Manne. Das Weib hat nicht Macht über ihren eigenen Leib, sondern der Mann; gleicherweise aber hat auch der Mann nicht Macht über seinen eigenen Leib, sondern das Weib. Entziehet *d* euch einander nicht, es sei denn etwa nach Uebereinkunft eine Zeitlang, auf daß ihr zum Beten Muße habet *e;* und kommet wieder zusammen, auf daß der Satan euch nicht versuche wegen eurer Unenthaltsamkeit. Dieses aber sage ich aus Nachsicht, nicht befehlsweise. Ich wünsche aber, alle Menschen wären wie auch ich selbst; aber ein jeder hat seine eigene Gnadengabe von Gott, der eine so, der andere so. Ich sage aber den Unverheirateten und den Witwen: Es ist gut für sie, wenn sie bleiben wie auch ich. Wenn sie sich aber nicht enthalten *f* können, so laßt sie heiraten, denn es ist besser zu heiraten, als Brunst zu leiden. Den Verheirateten aber gebiete nicht *i c h,* sondern der Herr, daß ein Weib nicht vom Manne geschieden werde, (wenn sie aber auch geschieden ist, so bleibe sie unverheiratet, oder versöhne sich mit dem Manne) und daß ein Mann *sein* Weib nicht entlasse. Den übrigen aber sage **i c h,** nicht

der Herr: Wenn ein Bruder ein ungläubiges Weib hat, und sie willigt ein *g,* bei ihm zu wohnen, so entlasse er sie nicht. Und ein Weib, das einen ungläubigen Mann hat, und er willigt ein, bei ihr zu wohnen, so entlasse sie den Mann nicht. Denn der ungläubige Mann ist geheiligt durch das *h* Weib, und das ungläubige Weib ist geheiligt durch den *h* Bruder; sonst wären ja eure Kinder unrein, nun aber sind sie heilig. Wenn aber der Ungläubige sich trennt, so trenne er sich. Der Bruder oder die Schwester ist in solchen *Fällen* nicht gebunden; in Frieden aber hat uns Gott berufen. Denn was weißt du, Weib, ob du den Mann erretten wirst? Oder was weißt du, Mann, ob du das Weib erretten wirst? Doch wie der Herr einem jeden ausgeteilt hat, wie Gott einen jeden berufen hat, also wandle er; und also verordne ich in allen Versammlungen.

Ist jemand beschnitten berufen worden, so ziehe er keine Vorhaut; ist jemand in der Vorhaut berufen worden, so werde er nicht beschnitten. Die Beschneidung ist nichts, und die Vorhaut ist nichts, sondern das Halten der Gebote Gottes. Ein jeder bleibe in dem Beruf, in welchem er berufen worden ist. Bist du als Sklave berufen worden, so laß es dich nicht kümmern; wenn du aber auch frei werden kannst, so benutze es vielmehr. Denn der als Sklave im Herrn Berufene ist ein Freigelassener *des* Herrn; gleicherweise [auch] ist der als Freier Berufene ein Sklave Christi. Ihr seid um einen Preis erkauft; werdet nicht der Menschen Sklaven. Ein jeder, worin er berufen worden ist, Brüder, darin bleibe er bei Gott.

Was aber die Jungfrauen betrifft, so habe ich kein Gebot *des* Herrn; ich gebe aber eine Meinung, als vom Herrn begnadigt worden zu sein. Ich meine nun, daß dies gut sei um der gegenwärtigen Not willen, daß es einem Menschen gut sei, also zu sein *j.* Bist du an ein Weib gebunden, so suche nicht los zu werden; bist du frei von einem Weibe, so suche kein Weib. Wenn du aber auch heiratest, so hast du nicht gesündigt; und wenn die Jungfrau heiratet, so hat sie nicht gesündigt; aber solche werden Trübsal im Fleische haben; ich aber schone euer. Dieses aber sage ich, Brüder: Die Zeit ist gedrängt *k.* Uebrigens daß *l* auch die, welche Weiber haben, seien, als hätten sie keine, und die Weinenden als nicht Weinende, und die sich Freuenden als sich nicht Freuende, und die Kaufenden als nicht Besitzende, und die der Welt Gebrauchenden als *ihrer* nicht als Eigentum *m* Gebrauchende; denn die Gestalt dieser Welt vergeht.

a Eig. uns aus-auferwecken (d. i. auferwecken aus den Toten). — *b* W. zu **e i n e m.** — *c* 1. Mose 2, 24. — *d* O. Beraubet. — *e* O. euch dem Gebet widmet. — *f* O. beherrschen. — *g* Eig. stimmt mit bei; so auch V. 13. — *h* O. in dem. — *i* O. zuverlässig, vertrauenswürdig. — *j* d. h. zu bleiben, wie er ist. — *k* O. verkürzt. — *l* O. gedrängt, damit forthin. — *m* O. nicht nach Gutdünken (sondern nur als Gottes Verwalter).

32 Ich will aber, daß ihr ohne Sorge seid.
Der Unverheiratete ist für die Dinge
des Herrn besorgt, wie er dem Herrn
33 gefallen möge; der Verheiratete aber
ist für die Dinge der Welt besorgt, wie
34 er dem Weibe gefallen möge. Es ist
ein Unterschied zwischen dem Weibe
und der Jungfrau. Die Unverheiratete
ist für die Dinge des Herrn besorgt,
auf daß sie heilig sei, sowohl an Leib
als Geist; die Verheiratete aber ist für
die Dinge der Welt besorgt, wie sie
35 dem Manne gefallen möge. Dies aber
sage ich zu eurem eigenen Nutzen,
nicht auf daß ich euch eine Schlinge
überwerfe, sondern zur Wohlanstän-
digkeit und zu ungeteiltem Anhangen
36 an dem Herrn. Wenn aber jemand
denkt, er handle ungeziemend mit seiner Jungfrau*schaft*, wenn er *a* über die
Jahre der Blüte hinausgeht, und es
muß also geschehen, so tue er, was er
will; er sündigt nicht: sie mögen hei-
37 raten. Wer aber im Herzen feststeht
und keine Not, sondern Gewalt hat
über seinen eigenen Willen und dies
in seinem Herzen beschlossen hat, seine Jungfrau*schaft b* zu bewahren, der
38 tut wohl. Also, wer heiratet *c*, tut
wohl, und wer nicht heiratet *c*, tut bes-
39 ser. Ein Weib ist gebunden, so lange
Zeit ihr Mann lebt; wenn aber der
Mann entschlafen ist, so ist sie frei
sich zu verheiraten, an wen sie will,
40 nur im Herrn. Glückseliger ist sie aber,
wenn sie also bleibt, nach meiner Meinung; ich denke aber, daß auch i c h
Gottes Geist habe.

8 Was aber die Götzenopfer betrifft,
so wissen wir — (denn wir alle haben
Erkenntnis; die Erkenntnis bläht auf,
2 die Liebe aber erbaut. Wenn jemand
sich dünkt, er erkenne etwas, so hat
er noch nicht erkannt *d*, wie man er-
3 kennen soll; wenn aber jemand Gott
liebt, der ist von ihm erkannt) —
4 was nun das Essen der Götzenopfer
betrifft, so wissen wir, daß ein Götzenbild nichts ist in der Welt, und daß
kein [anderer] Gott ist, als nur e i n e r.
5 Denn wenn es anders *solche* gibt, die
Götter genannt werden, sei es im Himmel oder auf Erden, (wie es ja viele
6 Götter und viele Herren gibt) so ist
doch für uns e i n Gott, der Vater, von
welchem alle Dinge sind, und wir für
ihn, und e i n Herr, Jesus Christus,
durch welchen alle Dinge sind, und
7 wir durch ihn. Die Erkenntnis aber
ist nicht in allen, sondern etliche essen, infolge des Gewissens, *das sie*
bis jetzt vom Götzenbilde *haben*, als
von einem Götzenopfer, und ihr Gewissen, da es schwach ist, wird be-
8 fleckt. Speise aber empfiehlt uns Gott
nicht; weder sind wir, wenn wir nicht
essen, geringer *e*, noch sind wir, wenn
9 wir essen, vorzüglicher *f*. Sehet aber

zu, daß nicht etwa dieses euer Recht *g*
den Schwachen zum Anstoß werde.
Denn wenn jemand dich, der du Er- 10
kenntnis hast, im Götzentempel zu
Tische liegen sieht, wird nicht sein
Gewissen, da er schwach ist, bestärkt *h*
werden, die Götzenopfer zu essen? Und 11
durch deine Erkenntnis kommt der
Schwache um, der Bruder, um dessentwillen Christus gestorben ist. Wenn 12
ihr aber also gegen die Brüder sündiget und ihr schwaches Gewissen ver-
letzet, so sündiget ihr gegen Christum.
Darum, wenn eine Speise meinem Bru- 13
der Aergernis gibt, so will ich für immer *i* kein Fleisch essen, damit ich
meinem Bruder kein Aergernis gebe.

Bin ich nicht frei? bin ich nicht ein **9**
Apostel? habe ich nicht Jesum, unseren Herrn, gesehen? seid nicht i h r
mein Werk im Herrn? Wenn ich an- 2
deren nicht ein Apostel bin, so bin ich
es doch wenigstens euch; denn das
Siegel meines Apostelamtes *j* seid i h r
im Herrn. Meine Verantwortung vor 3
denen, welche mich zur Untersuchung
ziehen, ist diese: Haben wir etwa nicht 4
ein Recht zu essen und zu trinken?
Haben wir etwa nicht ein Recht, eine 5
Schwester als Weib umherzuführen,
wie auch die übrigen Apostel und die
Brüder des Herrn und Kephas? Oder 6
haben allein ich und Barnabas nicht
ein Recht, nicht zu arbeiten? Wer tut 7
jemals Kriegsdienste auf eigenen Sold?
wer pflanzt einen Weinberg und ißt
nicht [von] dessen Frucht? oder wer
weidet eine Herde und ißt nicht von
der Milch der Herde? Rede ich dieses 8
etwa nach Menschen*weise*, oder sagt
nicht auch das Gesetz dieses? Denn 9
in dem Gesetz Moses' steht geschrieben: „Du sollst dem Ochsen, der da
drischt, nicht das Maul verbinden". *k*
Ist Gott etwa für die Ochsen besorgt?
Oder spricht er *nicht* durchaus um 10
unsertwillen? Denn es ist um unsertwillen geschrieben, daß der Pflügende
auf Hoffnung pflügen soll, und der
Dreschende auf Hoffnung *dreschen*,
um *dessen l* teilhaftig zu werden. Wenn 11
w i r euch das Geistliche gesät haben,
ist es ein Großes, wenn wir euer Fleisch-
liches ernten? Wenn andere dieses 12
Rechtes an euch teilhaftig sind, nicht
vielmehr wir? Wir haben aber dieses
Recht nicht gebraucht, sondern wir
ertragen alles, auf daß wir dem Evangelium des Christus kein Hindernis
bereiten. Wisset ihr nicht, daß die, 13
welche mit den heiligen Dingen beschäftigt sind *m*, aus dem Tempel *n* essen? die, welche des Altars warten,
mit dem Altar teilen? Also hat auch 14
der Herr denen, die das Evangelium
verkündigen, verordnet, vom Evangelium zu leben. I c h aber habe von 15
keinem dieser Dinge Gebrauch ge-

---

a O. Jungfrau, wenn sie. — b O. Jungfrau. — c O. verheiratet. — d O. nach and.
Les.: er wisse etwas, so hat er noch gar nichts erkannt. — e O. stehen wir ... zurück.
— f O. haben wir ... einen Vorzug. — g O. diese eure Freiheit, Macht; so auch Kap.
9, 4. 5. — h W. erbaut. — i O. ewiglich. — j Eig. meiner Apostelschaft. — k 5. Mose
25, 4. — l d. h. der erhofften Ernte. — m O. welche die heiligen Dienste verrichten.
— n O. von dem Heiligen.

macht. Ich habe dies aber nicht geschrieben, auf daß es also mit mir geschehe; denn es wäre mir besser zu 16 sterben, als daß jemand meinen Ruhm zunichte machen sollte. Denn wenn ich das Evangelium verkündige, so habe ich keinen Ruhm, denn eine Notwendigkeit liegt mir auf; denn wehe mir, wenn ich das Evangelium nicht 17 verkündigte! Denn wenn ich dies freiwillig tue, so habe ich Lohn, wenn aber unfreiwillig, so bin ich mit einer 18 Verwaltung betraut. Was ist nun mein Lohn? Daß ich, das Evangelium verkündigend, das Evangelium kostenfrei mache, sodaß ich mein Recht am Evan-19 gelium nicht gebrauche *a*. Denn wiewohl ich von allen frei bin, habe ich mich allen zum Sklaven gemacht, auf daß ich so viele wie möglich *b* gewinne. 20 Und ich bin den Juden geworden wie ein Jude, auf daß ich die Juden gewinne; denen, *die* unter Gesetz *sind*, wie unter Gesetz, (wiewohl ich selbst nicht unter Gesetz bin) auf daß ich die, *welche* unter Gesetz *sind*, gewinne; 21 denen, die ohne Gesetz *c* sind, wie ohne Gesetz, (wiewohl ich nicht ohne Gesetz vor Gott bin, sondern Christo gesetzmäßig unterworfen) auf daß ich die, welche ohne Gesetz sind, gewinne. 22 Den Schwachen bin ich geworden *wie* ein Schwacher, auf daß ich die Schwachen gewinne. Ich bin allen alles geworden, auf daß ich auf alle Weise etliche 23 errette. Ich tue aber alles um des Evangeliums willen, auf daß ich mit ihm teilhaben möge. 24   Wisset ihr nicht, daß die, welche in der Rennbahn laufen, zwar alle laufen, aber e i n e r den Preis empfängt? Lau-25 fet also, auf daß ihr ihn erlanget. Jeder aber, der kämpft, ist enthaltsam in allem; jene freilich, auf daß sie eine vergängliche Krone empfangen, wir aber 26 eine unvergängliche. Ich laufe daher also, nicht wie aufs ungewisse; ich kämpfe also, nicht wie einer, der 27 Luft schlägt; sondern ich zerschlage meinen Leib und führe ihn in Knechtschaft, auf daß ich nicht, nachdem ich anderen gepredigt, selbst verwerflich werde.

10 Denn ich will nicht, daß ihr unkundig seid, Brüder, daß unsere Väter alle unter der Wolke waren und alle durch das Meer hindurchgegangen 2 sind, und alle auf Moses getauft wurden in der Wolke und in dem Meere, 3 und alle dieselbe geistliche Speise aßen, 4 und alle denselben geistlichen Trank tranken; denn sie tranken aus einem geistlichen Felsen, der *sie* begleitete. 5 (Der Fels aber war der Christus.) An den meisten derselben aber hatte Gott kein Wohlgefallen, denn sie sind in 6 der Wüste hingestreckt worden. Diese Dinge aber sind als Vorbilder für uns *d* geschehen *e*, daß wir nicht auch bösen

Dingen gelüsten, gleichwie auch jene gelüsteten. Werdet auch nicht Göt- 7 zendiener, gleichwie etliche von ihnen, wie geschrieben steht: „Das Volk setzte sich nieder, zu essen und zu trinken, und sie standen auf, zu spielen". *f* Auch 8 laßt uns nicht Hurerei treiben, gleichwie etliche von ihnen Hurerei trieben, und es fielen an e i n e m Tage dreiundzwanzigtausend. Laßt uns auch den 9 Christus nicht versuchen, gleichwie etliche von ihnen ihn versuchten und von den Schlangen umgebracht wurden. Murret auch nicht, gleichwie et- 10 liche von ihnen murrten und von dem Verderber umgebracht wurden. Alle 11 diese Dinge aber widerfuhren jenen als Vorbilder und sind geschrieben worden zu unserer Ermahnung, auf welche das Ende *g* der Zeitalter gekommen ist. Daher, wer zu stehen 12 sich dünkt, sehe zu, daß er nicht falle. Keine Versuchung hat euch ergriffen, 13 als nur eine menschliche; Gott aber ist treu, der nicht zulassen wird, daß ihr über euer Vermögen versucht werdet, sondern mit der Versuchung auch den Ausgang schaffen wird, sodaß *h* ihr sie ertragen könnt.

Darum, meine Geliebten, fliehet den 14 Götzendienst. Ich rede als zu Verstän- 15 digen *i*; beurteilet ihr, was ich sage. Der Kelch der Segnung, den wir seg- 16 nen, ist er nicht *die* Gemeinschaft des Blutes des Christus? Das Brot, das wir brechen, ist es nicht *die* Gemeinschaft des Leibes des Christus? Denn e i n 17 Brot, e i n Leib sind wir, die Vielen, denn wir alle nehmen teil an *j* dem e i n e n Brote. Sehet auf Israel *k* nach 18 dem Fleische. Sind nicht die, welche die Schlachtopfer essen, in Gemeinschaft mit dem Altar *l*? Was sage ich 19 nun? daß das einem Götzen Geopferte etwas sei? oder daß ein Götzenbild etwas sei? Sondern daß das, was [die 20 Nationen] opfern, sie den Dämonen opfern und nicht Gott. Ich will aber nicht, daß ihr Gemeinschaft habt mit den *m* Dämonen. Ihr könnt nicht des 21 Herrn Kelch trinken und der Dämonen Kelch; ihr könnt nicht des Herrn Tisches teilhaftig sein und des Dämonen-Tisches. Oder reizen wir den 22 Herrn zur Eifersucht? *n* Sind wir etwa stärker als er?

Alles ist erlaubt, aber nicht alles ist 23 nützlich; alles ist erlaubt, aber nicht alles erbaut. Niemand suche das Seine, 24 sondern das des anderen. Alles was 25 auf dem Fleischmarkte verkauft wird, esset, ohne zu untersuchen um des Gewissens willen. Denn „die Erde ist 26 des Herrn und ihre Fülle." *o* Wenn 27 aber jemand von den Ungläubigen euch einladet, und ihr wollt hingehen, so esset alles, was euch vorgesetzt wird, ohne zu untersuchen um des Gewissens willen. Wenn aber jemand zu 28

---

a O. als mir gehörend gebrauche; vergl. Kap. 7, 31. — *b* Eig. die Mehrzahl. — *c* O. gesetzlos; so auch nachher. — *d* W. von uns. — *e* O. sind Vorbilder von uns geworden. — *f* 2. Mose 32, 6. — *g* Eig. die Enden. — *h* O. damit. — *i* O. Klugen, Einsichtsvollen. — *j* O. genießen von. — *k* W. den Israel. — *l* Eig. Genossen des Altars. — *m* Eig. daß ihr Genossen seid der. — *n* Vergl. 5. Mose 32, 16. 21. — *o* Ps. 24, 1.

euch sagt: Dies ist als Opfer dargebracht a worden, so esset nicht, um
jenes willen, der es anzeigt, und um
29 des Gewissens willen, des Gewissens
aber, sage ich, nicht deines eigenen,
sondern desjenigen des anderen; denn
warum wird meine Freiheit von einem
30 anderen Gewissen beurteilt? Wenn
i ch mit Danksagung teilhabe, warum
werde ich gelästert über das, wofür
31 ich danksage? Ob ihr nun esset oder
trinket oder irgend etwas tut, tut alles
32 zur Ehre Gottes. Seid ohne Anstoß,
sowohl Juden als Griechen, und der
33 Versammlung Gottes; gleichwie auch
ich mich in allen Dingen allen gefällig
mache, indem ich nicht meinen Vorteil
suche, sondern den der Vielen, auf daß
sie errettet werden. ✳ Seid meine

11 Nachahmer, gleichwie auch ich Christi.
2 Ich lobe euch aber, daß ihr in allem
meiner eingedenk seid und der Ueberlieferungen b, wie ich sie euch über-
3 liefert habe, festhaltet. Ich will aber,
daß ihr wisset, daß der Christus das
Haupt eines jeden Mannes ist, des
Weibes Haupt aber der Mann, des
4 Christus Haupt aber Gott. Jeder Mann,
der betet oder weissagt, indem er etwas auf dem Haupte hat, entehrt sein
5 Haupt. Jedes Weib aber, das betet oder
weissagt mit unbedecktem Haupte,
entehrt ihr Haupt; denn es ist ein
und dasselbe, wie wenn sie geschoren
6 wäre. c Denn wenn ein Weib nicht bedeckt ist, so werde ihr auch das Haar
abgeschnitten; wenn es aber für ein
Weib schändlich ist, daß ihr das Haar
abgeschnitten oder sie geschoren wer-
7 de, so laß sie sich bedecken. Denn der
Mann freilich soll nicht das Haupt bedecken, da er Gottes Bild und Herrlichkeit ist; das Weib aber ist des
8 Mannes Herrlichkeit. Denn der Mann
ist nicht vom Weibe, sondern das Weib
9 vom Manne; denn der Mann wurde
auch nicht um des Weibes willen geschaffen, sondern das Weib um des
10 Mannes willen. Darum soll das Weib
eine Macht d auf dem Haupte haben,
11 um der Engel willen. Dennoch ist
weder das Weib ohne den Mann, noch
der Mann ohne das Weib im Herrn.
12 Denn gleichwie das Weib vom Manne
ist, also ist auch der Mann durch das
13 Weib; alles aber von Gott. Urteilet
bei euch selbst: Ist es anständig, daß
ein Weib unbedeckt zu Gott bete?
14 Oder lehrt euch nicht auch selbst die
Natur, daß, wenn ein Mann langes
Haar hat, es eine Unehre für ihn ist?
15 wenn aber ein Weib langes Haar hat,
es eine Ehre für sie ist? weil das Haar
ihr anstatt eines Schleiers gegeben ist.
16 Wenn es aber jemand gut dünkt,
streitsüchtig zu sein, so haben wir
solche Gewohnheit nicht, noch die Versammlungen Gottes.
17 Indem ich aber dieses e vorschreibe,

lobe ich nicht f, daß g ihr nicht zum
Besseren, sondern zum Schlechteren
zusammenkommet. Denn fürs erste, 18
wenn ihr als h Versammlung zusammenkommet, höre ich, es seien Spaltungen
unter euch, und zum Teil glaube ich es.
Denn es müssen auch Parteiungen un- 19
ter euch sein, auf daß die Bewährten
unter euch offenbar werden.
Wenn ihr nun an einem Orte zu- 20
sammenkommet, so ist das nicht des
Herrn Mahl essen. Denn ein jeder 21
nimmt beim Essen sein eigenes Mahl
vorweg, und der eine ist hungrig, der
andere ist trunken. Habt ihr denn 22
nicht Häuser, um zu essen und zu
trinken? oder verachtet ihr die Versammlung Gottes und beschämet die,
welche nichts i haben? Was soll ich
euch sagen? Soll ich euch loben?
In diesem lobe ich nicht. Denn i ch 23
habe von dem Herrn empfangen, was
ich auch euch überliefert habe, daß der
Herr Jesus in der Nacht, in welcher
er überliefert wurde, Brot nahm, und 24
als er gedankt hatte, es brach und
sprach: Dies ist mein Leib, der für
euch ist; dies tut zu meinem Gedächtnis. Desgleichen auch den Kelch nach 25
dem Mahle und sprach: Dieser Kelch
ist der neue Bund in meinem Blute;
dies tut, so oft ihr trinket, zu meinem
Gedächtnis. Denn so oft ihr dieses 26
Brot esset und den Kelch trinket, verkündiget ihr den Tod des Herrn, bis
er kommt. Wer also irgend das Brot 27
ißt oder den Kelch des Herrn trinkt
unwürdiglich, wird des j Leibes und
Blutes des Herrn schuldig sein. Ein 28
jeder k aber prüfe sich selbst, und also
esse er von dem Brote und trinke von
dem Kelche. Denn wer unwürdiglich 29
ißt und trinkt l, ißt und trinkt sich
selbst Gericht, indem er den Leib nicht
unterscheidet. Deshalb sind viele un- 30
ter euch schwach und krank, und ein
gut Teil sind entschlafen. Aber wenn 31
wir uns selbst beurteilten m, so würden
wir nicht gerichtet. Wenn wir aber 32
gerichtet werden, so werden wir vom
Herrn gezüchtigt, auf daß wir nicht
mit der Welt verurteilt werden. Daher, 33
meine Brüder, wenn ihr zusammenkommet, um zu essen, so wartet aufeinander. Wenn jemand hungert, der esse 34
daheim, auf daß ihr nicht zum Gericht
zusammenkommet. Das übrige aber
will ich anordnen, sobald ich komme.
Was aber die geistlichen Gaben be- **12**
trifft, Brüder, so will ich nicht, daß
ihr unkundig seid. Ihr wisset, daß ihr, 2
als ihr von den Nationen waret, zu
den stummen Götzenbildern hingeführt
wurdet, wie ihr irgend geleitet wurdet. Deshalb tue ich euch kund, daß 3
niemand, im n Geiste Gottes redend,
sagt: Fluch über Jesum! und niemand
sagen kann: Herr Jesus! als nur im n
Heiligen Geiste.

---

a O. einem Gott geopfert. — b O. Unterweisungen. — c W. sie ist . . . wie die Ge-
schorene. — d d. h. ein Zeichen der Macht oder Gewalt, unter welcher sie steht. —
e d. h. das was folgt. — f Vergl. V. 2. — g O. weil. — h Eig. in. — i O. keine. —
j O. hinsichtlich des; an dem. — k W. Ein Mensch. — l Eig. Denn der Esser und
Trinker. — m O. unterschieden; wie V. 29. — n d. h. in der Kraft des.

4 Es sind aber Verschiedenheiten von Gnadengaben, aber derselbe Geist; 5 und es sind Verschiedenheiten von 6 Diensten, und derselbe Herr; und es sind Verschiedenheiten von Wirkun- gen, aber derselbe Gott, der alles in 7 allen wirkt. Einem jeden aber wird die Offenbarung des Geistes zum Nut- 8 zen gegeben. Denn einem wird durch den Geist das Wort der Weisheit gege- ben, einem anderen aber das Wort der Erkenntnis nach demselben Geiste; 9 einem anderen aber Glauben in *a* dem- selben Geiste, einem anderen aber Gnadengaben der Heilungen in *a* dem- 10 selben Geiste, einem anderen aber Wunderwirkungen, einem anderen aber Prophezeiung *b*, einem anderen aber Unterscheidungen der Geister; einem anderen aber Arten von Spra- chen *c*, einem anderen aber Auslegung 11 der Sprachen *c*. Alles dieses aber wirkt ein und derselbe Geist, einem jeden ins- 12 besondere austeilend, wie er will. Denn gleichwie der Leib e i n e r ist und viele Glieder hat, alle Glieder des Leibes aber, obgleich viele, e i n Leib sind : 13 also auch der Christus. Denn auch in *a* e i n e m Geiste sind wir alle zu e i n e m Leibe getauft worden, es seien Juden oder Griechen, es seien Sklaven oder Freie, und sind alle mit e i n e m Geiste 14 getränkt worden. Denn auch der Leib ist nicht e i n Glied, sondern viele. 15 Wenn der Fuß spräche: Weil ich nicht Hand bin, so bin ich nicht von dem Leibe; ist er deswegen nicht von dem 16 Leibe? *d* Und wenn das Ohr spräche: Weil ich nicht Auge bin, so bin ich nicht von dem Leibe; ist es deswe- 17 gen nicht von dem Leibe? *d* Wenn der ganze Leib Auge wäre, wo wäre das Gehör? wenn ganz Gehör, wo 18 der Geruch? Nun aber hat Gott die Glieder gesetzt, jedes einzelne von ihnen an dem Leibe, wie es ihm ge- 19 fallen hat. Wenn aber alle e i n Glied 20 wären, wo wäre der Leib? Nun aber sind der Glieder zwar viele, der Leib 21 aber ist e i n e r *e*. Das Auge kann nicht zu der Hand sagen: Ich bedarf deiner nicht; oder wiederum das Haupt zu den Füßen: Ich bedarf euer nicht; 22 sondern vielmehr die Glieder des Lei- bes, die schwächer zu sein scheinen, 23 sind notwendig; und die uns die un- ehrbareren des Leibes zu sein dünken, diese umgeben wir mit reichlicherer Ehre; und unsere nichtanständigen haben desto reichlichere Wohlanstän- 24 digkeit; unsere wohlanständigen aber bedürfen es nicht. Aber Gott hat den Leib zusammengefügt, indem er dem Mangelhafteren reichlichere Ehre ge- 25 geben hat, auf daß keine Spaltung in dem Leibe sei, sondern die Glieder

dieselbe Sorge für einander haben möchten. Und wenn e i n Glied leidet, 26 so leiden alle Glieder mit; oder wenn e i n Glied verherrlicht wird, so freuen sich alle Glieder mit. Ihr aber seid 27 Christi Leib, und Glieder insonderheit. Und Gott hat etliche in der Versamm- 28 lung gesetzt: erstens Apostel, zwei- tens Propheten, drittens Lehrer, so- dann Wunderkräfte, sodann Gnaden- gaben der Heilungen, Hilfeleistungen, Regierungen, Arten von Sprachen. Sind etwa alle Apostel? alle Prophe- 29 ten? alle Lehrer? haben alle Wunder- kräfte? haben alle Gnadengaben der 30 Heilungen? reden alle in Sprachen? legen alle aus? Eifert aber um die 31 größeren Gnadengaben; und einen noch weit vortrefflicheren Weg zeige ich euch.

Wenn ich mit den Sprachen *f* der **13** Menschen und der Engel rede, aber ich nicht Liebe habe, so bin ich ein tö- nendes Erz geworden oder eine schal- lende Zimbel. Und wenn ich Prophe- 2 zeiung habe und alle Geheimnisse und alle Erkenntnis weiß, und wenn ich allen Glauben habe, sodaß ich Berge versetze, aber nicht Liebe habe, so bin ich nichts. Und wenn ich alle meine 3 Habe zur Speisung *der Armen* aus- teilen werde, und wenn ich meinen Leib hingebe, auf daß ich verbrannt werde, aber nicht Liebe habe, so ist es mir nichts nütze. Die Liebe ist 4 langmütig, ist gütig; die Liebe neidet nicht *g*; die Liebe tut nicht groß, sie bläht sich nicht auf, sie gebärdet sich 5 nicht unanständig, sie sucht nicht das Ihrige, sie läßt sich nicht erbittern, sie rechnet Böses nicht zu *h*, sie freut 6 sich nicht über die Ungerechtigkeit, sondern sie freut sich mit der Wahr- heit, sie erträgt alles *i*, sie glaubt alles, 7 sie hofft alles, sie erduldet alles. Die 8 Liebe vergeht nimmer; seien es aber Prophezeiungen, sie werden weggetan werden; seien es Sprachen, sie wer- den aufhören; sei es Erkenntnis, sie wird weggetan werden. Denn wir er- 9 kennen stückweise, und wir prophe- zeien *j* stückweise; wenn aber das 10 Vollkommene gekommen sein wird, so wird das, was stückweise ist, weg- getan werden. Als ich ein Kind *k* war, 11 redete ich wie ein Kind, dachte wie ein Kind, urteilte wie ein Kind; als ich ein Mann wurde, tat ich weg was kin- disch war. Denn wir sehen jetzt durch 12 einen Spiegel *l*, undeutlich *m*, dann aber von Angesicht zu Angesicht. Jetzt er- kenne ich stückweise, dann aber werde ich erkennen *n*, gleichwie auch ich er- kannt *n* worden bin. Nun aber bleibt 13 Glaube, Hoffnung, Liebe, diese drei; die größte *o* aber von diesen ist die Liebe.

---

a d. h. in der Kraft des. — *b* O. Weissagung; so auch später. — *c* O. Zungen; so auch Vers 28 und 30. — *d* O. so ist er (es) nicht deswegen kein Teil von dem Leibe. — *e* O. zwar viele Glieder, aber e i n Leib. — *f* O. Zungen. — *g* O. ist nicht eifersüchtig. — *h* O. denkt nichts Böses. — *i* O. deckt alles zu. — *j* O. weissagen; wie Kap. 14, 1. 3 usw. — *k* Eig. ein Unmündiger; so überall in diesem Verse. — *l* O. durch ein Fenster. (Die Fenster der Alten hatten statt des Glases nur halb- durchsichtige Stoffe.) — *m* O. im Rätsel, dunkel. — *n* O. ganz erkennen (erkannt); ein stärkeres Wort als vorher. — *o* W. größer.

14 Strebet nach der Liebe *a*; eifert aber um die geistlichen *Gaben*, viel-2 mehr aber, daß ihr weissaget. Denn wer in einer Sprache *b* redet, redet nicht Menschen, sondern Gott; denn niemand versteht *c* es, im Geiste aber 3 redet er Geheimnisse. Wer aber weissagt, redet den Menschen *zur* Erbauung und Ermahnung *d* und Tröstung. 4 Wer in einer Sprache redet, erbaut sich selbst; wer aber weissagt, erbaut 5 die Versammlung. Ich wollte aber, daß ihr alle in Sprachen redetet, vielmehr aber, daß ihr weissagtet. Wer aber weissagt, ist größer, als wer in Sprachen redet, es sei denn daß er es auslege, auf daß die Versammlung Erbauung empfange. 6 Jetzt aber, Brüder, wenn ich zu euch komme und in Sprachen rede, was werde ich euch nützen, wenn ich nicht zu euch rede, entweder in Offenbarung oder in Erkenntnis oder in Weissagung oder in Lehre? 7 Doch auch die leblosen Dinge, die einen Ton von sich geben, es sei Pfeife oder Harfe, wenn sie den Tönen keinen Unterschied geben, wie wird man erkennen, was gepfiffen oder geharft 8 wird? Denn auch wenn die Posaune *e* einen undeutlichen Ton gibt, wer wird 9 sich zum Kampfe rüsten? Also auch ihr, wenn ihr durch die Sprache *b* nicht eine verständliche Rede gebet, wie wird man wissen, was geredet wird? denn ihr werdet in den Wind reden. 10 Es gibt vielleicht so und so viele Arten von Stimmen in der Welt, und keine *Art* ist ohne bestimmten Ton. 11 Wenn ich nun die Bedeutung *f* der Stimme nicht weiß, so werde ich dem Redenden ein Barbar *g* sein, und der 12 Redende für mich ein Barbar. Also auch ihr, da ihr um geistliche Gaben *h* eifert, so suchet, daß ihr überströmend seid zur Erbauung der Versammlung. 13 Darum, wer in einer Sprache redet, 14 bete, auf daß er es auslege. Denn wenn ich in einer Sprache bete, so betet mein Geist, aber mein Verstand ist 15 fruchtleer. Was ist es nun? Ich will beten mit dem Geiste, aber ich will auch beten mit dem Verstande; ich will lobsingen mit dem Geiste, aber ich will auch lobsingen mit dem Ver-16 stande. Sonst, wenn du mit *dem* Geiste preisen wirst, wie soll der, welcher die Stelle des Unkundigen *i* einnimmt, das Amen sprechen zu deiner Danksagung, da er ja nicht weiß, was du sagst? 17 Denn du danksagst wohl gut, aber der 18 andere wird nicht erbaut. Ich danke Gott, ich rede mehr in einer Sprache 19 als ihr alle. Aber in der Versammlung will ich *lieber* fünf Worte reden mit meinem Verstande, auf daß ich auch andere unterweise, als zehntausend 20 Worte in einer Sprache. Brüder, werdet nicht Kinder am Verstande, son-

dern an der Bosheit seid Unmündige, am Verstande aber werdet Erwach-21 sene *j*. Es steht in dem Gesetz geschrieben: „Ich will in anderen Sprachen *k* und durch andere Lippen zu diesem Volke reden, und auch also werden sie nicht auf mich hören, spricht *der Herr*". *l* Daher sind die 22 Sprachen zu einem Zeichen, nicht den Glaubenden, sondern den Ungläubigen; die Weissagung aber nicht den Ungläubigen, sondern den Glaubenden. Wenn nun die ganze Versamm-23 lung an einem Orte zusammenkommt und alle in Sprachen reden, und es kommen Unkundige oder Ungläubige herein, werden sie nicht sagen, daß ihr von Sinnen seid? Wenn aber alle 24 weissagen, und irgend ein Ungläubiger oder Unkundiger kommt herein, so wird er von allen überführt, von allen beurteilt; das Verborgene seines Her-25 zens wird offenbar, und also, auf *sein* Angesicht fallend, wird er Gott anbeten und verkündigen, daß Gott wirklich unter euch ist.

Was ist es nun, Brüder? Wenn ihr 26 zusammenkommt, so hat ein jeder [von euch] einen Psalm, hat eine Lehre, hat eine Sprache, hat eine Offenbarung, hat eine Auslegung; alles geschehe zur Erbauung. Wenn nun jemand in einer 27 Sprache redet, *so sei es* zu zwei oder höchstens drei und nacheinander, und einer lege aus. Wenn aber kein Aus-28 leger da ist, so schweige er in der Versammlung, rede aber sich selbst und Gott. Propheten aber laßt zwei 29 oder drei reden, und die anderen laßt urteilen. Wenn aber einem anderen, 30 der dasitzt, eine Offenbarung wird, so schweige der erste. Denn ihr könnt 31 einer nach dem anderen alle weissagen, auf daß alle lernen und alle getröstet *m* werden. Und die Geister der Prophe-32 ten sind den Propheten untertan. Denn 33 Gott ist nicht *ein Gott n* der Unordnung, sondern des Friedens, wie in allen Versammlungen der Heiligen.

[Eure] Weiber sollen *o* schweigen in 34 den Versammlungen, denn es ist ihnen nicht erlaubt zu reden, sondern unterwürfig zu sein, wie auch das Gesetz sagt. Wenn sie aber etwas lernen 35 wollen, so sollen sie daheim ihre eigenen Männer fragen; denn es ist schändlich für ein Weib, in der Versammlung zu reden. Oder ist das Wort Gottes 36 von euch ausgegangen? oder ist es zu euch allein gelangt? Wenn jemand 37 sich dünkt, ein Prophet zu sein oder geistlich, so erkenne er, was ich euch schreibe, daß es ein Gebot *des* Herrn ist. Wenn aber jemand unwissend ist, so 38 sei er unwissend. Daher, Brüder, eifert 39 danach zu weissagen, und wehret nicht in Sprachen zu reden. Alles aber ge-40 schehe anständig und in Ordnung.

---

a O. Jaget der Liebe nach. — *b* O. Zunge. — *c* W. hört. — *d* O. Ermunterung. — *e* O. Trompete. — *f* W. Kraft. — *g* S. die Anm. zu Apstgsch. 28, 2. — *h* W. um Geister. — *i* O. Ungelehrten, Einfältigen; *so* auch V. 23. 24. — *j* W. Vollkommene; im Griech. für „Erwachsene" gebraucht. — *k* Eig. durch Leute anderer Zunge. — *l* Jes. 28, 11. 12. — *m* O. ermahnt. — *n* O. Denn er ist nicht der Gott. — *o* O. . . . sondern des Friedens. Wie in allen Versammlungen der Heiligen, sollen [eure] Weiber usw.

15 Ich tue euch aber kund, Brüder, das Evangelium, das ich euch verkündigt habe, das ihr auch angenommen habt, in welchem ihr auch stehet, 2 durch welches ihr auch errettet werdet, (wenn ihr an dem Worte festhaltet, das ich euch verkündigt *a* habe) es sei denn, daß ihr vergeblich geglaubt habt. 3 Denn ich habe euch zuerst überliefert, was ich auch empfangen habe: daß Christus für unsere Sünden gestorben 4 ist, nach den Schriften; und daß er begraben wurde, und daß er auferweckt worden ist am dritten Tage, 5 nach den Schriften; und daß er Kephas 6 erschienen ist, dann den Zwölfen. Danach erschien er mehr als fünfhundert Brüdern auf einmal, von denen die meisten bis jetzt übriggeblieben, et- 7 liche aber auch entschlafen sind. Danach erschien er Jakobus, dann den 8 Aposteln allen; am letzten aber von allen, gleichsam der unzeitigen Geburt, 9 erschien er auch mir. Denn i c h bin der geringste der Apostel, der ich nicht würdig *b* bin, ein Apostel genannt zu werden, weil ich die Versammlung 10 Gottes verfolgt habe. Aber durch Gottes Gnade bin ich, was ich bin; und seine Gnade gegen mich ist nicht vergeblich gewesen, sondern ich habe viel mehr gearbeitet als sie alle; nicht aber ich, sondern die Gnade Gottes, die mit 11 mir war *c*. Sei es nun, seien es jene, also predigen wir, und also habt 12 ihr geglaubt. Wenn aber Christus gepredigt wird, daß er aus *den* Toten auferweckt sei *d*, wie sagen etliche unter euch, daß es keine Auferstehung 13 der Toten gebe? Wenn es aber keine Auferstehung der Toten gibt, so ist 14 auch Christus nicht auferweckt *e*; wenn aber Christus nicht auferweckt ist, so ist also auch unsere Predigt vergeblich *f*, aber auch euer Glaube verge- 15 blich *f*. Wir werden aber auch als falsche Zeugen Gottes erfunden, weil wir in Bezug auf Gott gezeugt haben, daß er den Christus auferweckt habe, den er nicht auferweckt hat, wenn wirklich 16 Tote nicht auferweckt werden. Denn wenn Tote nicht auferweckt werden, so ist auch Christus nicht auferweckt. 17 Wenn aber Christus nicht auferweckt ist, so ist euer Glaube eitel; ihr seid 18 noch in euren Sünden. Also sind auch die, welche in Christo entschlafen sind, 19 verloren gegangen. Wenn wir allein in diesem Leben auf Christum Hoffnung haben, so sind wir die elendesten von allen *g* Menschen. 20 (Nun aber ist Christus aus *den* Toten auferweckt, der Erstling der Ent- 21 schlafenen; denn da ja durch einen M e n s c h e n der Tod *kam*, so auch durch einen M e n s c h e n die Aufer-

stehung der Toten. Denn gleichwie 22 in dem Adam alle sterben, also werden auch in dem Christus alle lebendig gemacht werden. Ein jeder aber in 23 seiner eigenen Ordnung *h*: Der Erstling, Christus; sodann die, *welche* des Christus *sind* bei seiner Ankunft; dann 24 das Ende, wenn er das Reich dem Gott und Vater übergibt, wenn er weggetan haben wird alle Herrschaft und alle Gewalt und Macht. Denn er muß herr- 25 schen, bis er alle Feinde unter seine Füße gelegt hat. Der letzte Feind, der 26 weggetan wird, ist der Tod. *i* „Denn alles 27 aber hat er seinen Füßen unterworfen." *j* Wenn er aber sagt, daß alles unterworfen sei, so ist es offenbar, daß der ausgenommen ist, der ihm alles unterworfen hat. Wenn ihm aber alles 28 unterworfen sein wird, dann wird auch der Sohn selbst dem unterworfen sein, der ihm alles unterworfen hat, auf daß Gott alles in allem *k* sei.)

Was werden sonst die tun, die für 29 die *l* Toten getauft werden, wenn überhaupt Tote nicht auferweckt werden? warum werden sie auch für sie getauft? Warum sind auch w i r jede 30 Stunde in Gefahr *m* ? Täglich sterbe ich, 31 bei eurem Rühmen, das ich habe in Christo Jesu, unserem Herrn. Wenn 32 ich, nach Menschen*weise zu reden*, mit wilden Tieren gekämpft habe zu Ephesus, was nützt es mir, wenn Tote nicht auferweckt werden ? „Laßt uns essen und trinken, denn morgen sterben wir!" *o* Laßt euch nicht verführen: 33 Böser Verkehr verdirbt gute Sitten. Werdet rechtschaffen *p* nüchtern *q* und 34 sündiget nicht, denn etliche sind in Unwissenheit über Gott; zur Beschämung sage ich's euch.

Es wird aber jemand sagen: Wie 35 werden die Toten auferweckt ? und mit was für einem Leibe kommen sie? Tor! was d u säst, wird nicht lebendig, 36 es sterbe denn. Und was du säst, du 37 säst nicht den Leib, der werden soll, sondern ein nacktes Korn, es sei von Weizen oder von einem der anderen *Samen*. Gott aber gibt ihm einen Leib, 38 wie er gewollt hat, und einem jeden der Samen seinen eigenen Leib. Nicht 39 alles Fleisch ist dasselbe Fleisch; sondern ein anderes *ist das* der Menschen, und ein anderes das Fleisch des Viehes, und ein anderes *das* der Vögel, und ein anderes *das* der Fische. Und es 40 gibt himmlische Leiber und irdische Leiber. Aber eine andere ist die Herrlichkeit der himmlischen, eine andere die der irdischen; eine andere die 41 Herrlichkeit der Sonne, und eine andere die Herrlichkeit des Mondes, und eine andere die Herrlichkeit der Sterne; denn es unterscheidet sich Stern von

---

a Eig. evangelisiert. — *b* Eig. genugsam, tüchtig. — *c* O. ist. — *d* O. worden sei. — *e* O. auferweckt worden. Die griech. Zeitform bezeichnet eine geschehene und in ihrer Wirkung fortdauernde Tatsache. So auch V. 12. 14. 16. 17. 20. — *f* Eig. leer, hohl. — *g* O. elender als alle. — *h* Eig. Abteilung (ein militärischer Ausdruck). — *i* Eig. Als letzter Feind wird der Tod weggetan. — *j* Ps. 8, 6. — *k* O. allen. — *l* O. an Stelle der; so auch nachher. — *m* O. bestehen auch wir . . . Gefahren. — *n* O. was nützt es mir? Wenn Tote nicht auferweckt werden, so „laßt usw. — *o* Jes. 22, 13. — *p* O. in rechter Weise. — *q* O. Wachet . . . auf.

42 Stern an Herrlichkeit. Also ist auch die Auferstehung der Toten. Es wird gesät in Verwesung, es wird auferweckt
43 in Unverweslichkeit. Es wird gesät in Unehre, es wird auferweckt in Herrlichkeit; es wird gesät in Schwachheit, es wird auferweckt in
44 Kraft; es wird gesät ein natürlicher a Leib, es wird auferweckt ein geistiger Leib. Wenn es einen natürlichen b Leib gibt, so gibt es auch einen geistigen.
45 So steht auch geschrieben: „Der erste Mensch, Adam, ward eine c lebendige Seele"; d der letzte Adam ein e lebendig
46 machender Geist. Aber das Geistige war nicht zuerst, sondern das Natür-
47 liche f, danach das Geistige. Der erste Mensch ist von g der Erde, von Staub;
48 der zweite Mensch vom g Himmel. Wie der von Staub ist, so sind auch die, welche von Staub sind; und wie der Himmlische, so sind auch die Himm-
49 lischen. Und wie wir das Bild dessen von Staub getragen haben, so werden wir auch das Bild des Himmlischen
50 tragen. Dies aber sage ich, Brüder, daß Fleisch und Blut das Reich Gottes nicht ererben können, auch die Verwesung nicht die Unverweslichkeit ererbt.
51 Siehe, ich sage euch ein Geheimnis: Wir werden zwar nicht alle entschlafen, wir werden aber alle verwandelt
52 werden, in einem Nu, in einem Augenblick, bei der letzten Posaune; denn posaunen h wird es, und die Toten werden auferweckt werden unverweslich, und wir werden verwandelt wer-
53 den. Denn dieses Verwesliche muß Unverweslichkeit anziehen, und dieses Sterbliche Unsterblichkeit anziehen.
54 Wenn aber dieses Verwesliche Unverweslichkeit anziehen und dieses Sterbliche Unsterblichkeit anziehen wird, dann wird das Wort erfüllt werden, das geschrieben steht: „Verschlungen
55 ist der Tod in Sieg".i „Wo ist, o Tod, dein Stachel? wo ist, o Tod, dein Sieg?"j
56 Der Stachel des Todes aber ist die Sünde, die Kraft der Sünde aber das
57 Gesetz. Gott aber sei Dank, der uns den Sieg gibt durch unseren Herrn
58 Jesus Christus! Daher, meine geliebten Brüder, seid fest, unbeweglich, allezeit überströmend in dem Werke des Herrn, da ihr wisset, daß eure Mühe nicht vergeblich ist im Herrn.

16 Was aber die Sammlung für die Heiligen betrifft: wie ich den Versammlungen von Galatien verordnet
2 habe, also tut auch ihr. An jedem ersten Wochentage lege ein jeder von euch bei sich k zurück und sammle auf, jenachdem er Gedeihen hat, auf daß

nicht dann, wenn ich komme, Sammlungen geschehen. Wenn ich aber an-
3 gekommen bin, so will ich die, welche irgend ihr für tüchtig erachten werdet, mit Briefen senden, daß sie eure Gabe l nach Jerusalem hinbringen. Wenn es
4 aber angemessen ist, daß auch ich hinreise, so sollen sie mit mir reisen. Ich
5 werde aber zu euch kommen, wenn ich Macedonien durchzogen habe, denn ich ziehe durch Macedonien. Vielleicht
6 aber werde ich bei euch bleiben oder auch überwintern, auf daß ihr mich geleitet, wohin irgend ich reise; denn
7 ich will euch jetzt nicht im Vorbeigehen sehen, denn ich hoffe einige Zeit bei euch zu bleiben, wenn der Herr
8 es erlaubt. Ich werde aber bis Pfingsten
9 in Ephesus bleiben, denn eine große und wirkungsvolle Tür ist mir aufgetan, und der Widersacher sind viele.
10 Wenn aber Timotheus kommt, so sehet zu, daß er ohne Furcht bei euch sei; denn er arbeitet am Werke des Herrn, wie auch ich. Es verachte ihn
11 nun niemand. Geleitet ihn aber in Frieden, auf daß er zu mir komme; denn ich erwarte ihn mit den Brüdern. Was
12 aber den Bruder Apollos betrifft, so habe ich ihn viel zugeredet, daß er mit den Brüdern zu euch komme; und er war durchaus m nicht willens, jetzt zu kommen, doch wird er kommen, wenn er eine gelegene Zeit finden wird.
13 Wachet, stehet fest im Glauben; seid
14 männlich, seid stark n! Alles bei euch o geschehe in Liebe.
15 Ich ermahne p euch aber, Brüder: Ihr kennet das Haus des Stephanas, daß es der Erstling von Achaja ist, und daß sie sich selbst den Heiligen zum
16 Dienst verordnet haben; daß auch ihr solchen unterwürfig seid und jedem, der mitwirkt und arbeitet. Ich freue
17 mich aber über die Ankunft q des Stephanas und Fortunatus und Achaikus, denn diese haben erstattet, was euer-
18 seits mangelte. Denn sie haben meinen Geist erquickt und den eurigen; erkennet nun solche an.
19 Es grüßen euch die Versammlungen Asiens. Es grüßen euch vielmal im Herrn Aquila und Priscilla, samt der Versammlung in ihrem Hause. Es grü-
20 ßen euch die Brüder alle. Grüßet einander mit heiligem Kuß.
21 Der Gruß mit meiner, des Paulus, Hand. Wenn jemand den Herrn [Jesus
22 Christus] nicht lieb hat, der sei Anathema r; Maran atha s! Die Gnade des
23 Herrn Jesus Christus sei mit euch! Meine Liebe sei t mit euch allen in
24 Christo Jesu! Amen.

---

a O. seelischer. — b O. seelischen. — c W. zu einer. — d 1. Mose 2, 7. — e W. zu einem. — f O. das Seelische. — g W. aus. — h O. Trompete; denn trompeten. — i Jes. 25, 8. — j Hos. 13, 14. — k O. zu Hause. — l O. Freigebigkeit, Liebesgabe. — m O. allerdings. — n Eig. erstarket. — o O. Alles Eurige. — p O. bitte. — q O. Anwesenheit. — r d. i. verflucht. — s d. i. der Herr kommt od. komme. — t O. ist.

Der zweite Brief an die Korinther

1 Paulus, Apostel Jesu Christi durch Gottes Willen, und Timotheus, der Bruder, der Versammlung Gottes, die in Korinth ist, samt allen Heiligen, 2 die in ganz Achaja sind: Gnade euch und Friede von Gott, unserem Vater, und dem Herrn Jesus Christus!

3 Gepriesen sei der Gott und Vater unseres Herrn Jesus Christus, der Vater der Erbarmungen und Gott alles 4 Trostes, der uns tröstet *a* in all unserer Drangsal, auf daß wir die trösten können, *die* in allerlei Drangsal *sind*, durch den Trost, mit welchem wir 5 selbst von Gott getröstet werden; weil, gleichwie die Leiden des Christus gegen uns überschwenglich sind, also auch durch den Christus unser Trost 6 überschwenglich ist. Es sei aber wir werden bedrängt, so ist es um eures Trostes und Heiles willen, das bewirkt wird im Ausharren in denselben *b* Lei-7 den, die auch wir leiden; (und unsere Hoffnung für euch ist fest;) es sei wir werden getröstet, so ist es um eures Trostes und Heiles willen, indem wir wissen, daß, gleichwie ihr der Leiden 8 teilhaftig seid, also auch des Trostes.

Denn wir wollen nicht, daß ihr unkundig seid, Brüder, was unsere Drangsal betrifft, die [uns] in Asien widerfahren ist, daß wir übermäßig beschwert wurden, über Vermögen, sodaß wir selbst am Leben verzwei-9 felten. Wir selbst aber hatten das Urteil des Todes in uns selbst, auf daß unser Vertrauen nicht auf uns selbst wäre, sondern auf Gott *c*, der die To-10 ten auferweckt, welcher uns von so großem Tode errettet hat und errettet, auf welchen wir unsere Hoffnung gesetzt haben, daß er *uns* auch ferner 11 erretten werde; indem auch ihr durch das Flehen für uns mitwirket, auf daß für die mittelst vieler Personen uns verliehene Gnadengabe durch viele für uns Danksagung dargebracht wer-12 de. Denn unser Rühmen ist dieses: das Zeugnis unseres Gewissens, daß wir in Einfalt und Lauterkeit Gottes *d*, nicht in fleischlicher Weisheit, sondern in der Gnade Gottes unseren Verkehr gehabt haben in der Welt, 13 am meisten *e* aber bei euch. Denn wir schreiben euch nichts anderes, als was ihr kennet *f* oder auch anerkennet; ich hoffe aber, daß ihr es bis ans Ende 14 anerkennen werdet, gleichwie ihr auch uns zum Teil anerkannt habt,

daß wir euer Ruhm sind, so wie auch ihr der unsrige *seid* an dem Tage des Herrn Jesus. Und in diesem Vertrau-15 en wollte ich vorher zu euch kommen, auf daß ihr eine zweite Gnade hättet, und bei euch hindurch nach Macedo-16 nien reisen, und wiederum von Macedonien zu euch kommen und von euch nach Judäa geleitet werden. Habe ich 17 nun, indem ich mir dieses vornahm, mich etwa der Leichtfertigkeit bedient? Oder was ich mir vornehme, nehme ich mir das nach dem Fleische vor, auf daß bei mir das Ja-ja und das Nein-nein wäre? Gott aber ist treu, 18 daß unser Wort an euch nicht ja und nein ist. Denn der Sohn Gottes, Je-19 sus Christus, der unter euch durch mich und Silvanus *g* und Timotheus, wurde nicht ja und nein, sondern es ist ja in ihm. Denn so viele der Verheißun-20 gen Gottes sind, in ihm ist das Ja und in ihm das Amen *h*, Gott zur Herrlichkeit durch uns. Der uns aber mit euch 21 befestigt in Christum *i* und uns gesalbt hat, ist Gott, der uns auch versiegelt 22 hat und hat das Unterpfand des Geistes in unsere Herzen gegeben.

Ich aber rufe Gott zum Zeugen an 23 auf meine Seele, daß ich, um euer zu schonen, noch nicht nach Korinth gekommen bin. Nicht daß wir über euren 24 Glauben herrschen, sondern wir sind Mitarbeiter an eurer Freude; denn ihr stehet durch den Glauben.

Ich habe aber bei mir selbst *j* dieses **2** beschlossen, nicht wieder in Traurig-2 keit zu euch zu kommen. Denn wenn ich euch traurig mache, wer ist es auch, der mich fröhlich mache, wenn nicht der, welcher durch mich traurig gemacht wird? Und eben dieses habe 3 ich [euch] geschrieben, auf daß ich nicht, wenn ich komme, von denen Traurigkeit habe, deren ich mich freuen sollte; indem ich euch allen vertraue, daß meine Freude *die* euer aller ist. Denn aus vieler Drangsal und 4 Herzensangst schrieb ich euch mit vielen Tränen, nicht auf daß ihr traurig gemacht werden solltet, sondern auf daß ihr die Liebe erkennen möchtet, die ich überschwenglicher zu euch habe.

Wenn aber jemand traurig gemacht 5 hat, so hat er nicht mich traurig gemacht, sondern in gewissem Maße (auf daß ich nicht beschwere) euch alle. Genügend ist einem solchen diese 6

---

a O. aller Ermunterung, der uns ermuntert; so auch nachher. — *b* O. in Erduldung derselben. — *c* O. auf den Gott. — *d* O. vor Gott. — *e* W. überströmender. — *f* And. üb.: leset. — *g* d. i. Silas; vergl. Apstgesch. 18, 1. 5. — *h* O. mit vielen alten Handschriften: das Ja, darum auch durch *ihn* das Amen. — *i* d. i. mit Christo fest verbindet. — *j* O. meinetwegen.

7 Strafe, die von den vielen *a* ist, sodaß ihr im Gegenteil vielmehr vergeben *b* und ermuntern solltet, damit nicht etwa ein solcher durch übermäßige Trau-
8 rigkeit verschlungen werde. Darum ermahne ich euch, Liebe gegen ihn
9 zu betätigen. Denn dazu habe ich auch geschrieben, auf daß ich eure Bewährung kennen lerne, ob ihr in allem
10 gehorsam seid. Wem ihr aber etwas vergebet, *dem vergebe* auch ich; denn auch ich, was ich vergeben, wenn ich etwas vergeben habe, *habe ich* um euretwillen *vergeben* in der Person
11 Christi, auf daß wir nicht vom Satan übervorteilt werden; denn *seine* Gedanken sind uns nicht unbekannt.

12 Als ich aber nach Troas kam für das Evangelium des Christus und mir eine Tür aufgetan wurde in Herrn,
13 hatte ich keine Ruhe in meinem Geiste, weil ich Titus, meinen Bruder, nicht fand, sondern ich nahm Abschied von ihnen und zog fort nach Macedo-
14 nien. Gott aber sei Dank, der uns allezeit im Triumphzuge umherführt in Christo *c* und den Geruch seiner Erkenntnis an jedem Orte durch uns of-
15 fenbart! Denn wir sind Gott ein Wohlgeruch Christi in *d* denen, die errettet werden, und in *d* denen, die verloren
16 gehen; den einen ein Geruch vom Tode zum Tode, den anderen aber ein Geruch vom Leben zum Leben. Und
17 wer ist dazu tüchtig? Denn wir verfälschen nicht *e*, wie die vielen, das Wort Gottes, sondern als aus Lauterkeit, sondern als aus Gott, vor Gott, reden wir in Christo.

3 Fangen wir wiederum an, uns selbst zu empfehlen? oder bedürfen wir etwa, wie etliche, Empfehlungsbriefe an euch oder [Empfehlungs*briefe*] von
2 euch? Ihr seid unser Brief, eingeschrieben in unsere Herzen, gekannt
3 und gelesen *f* von allen Menschen; die ihr offenbar geworden, daß ihr ein Brief Christi seid, angefertigt durch uns im Dienst *g*, geschrieben nicht mit Tinte, sondern mit *dem* Geiste des lebendigen Gottes, nicht auf steinerne Tafeln, sondern auf fleischerne Tafeln
4 des Herzens. Solches Vertrauen aber haben wir durch Christum *h* zu Gott:
5 nicht daß wir von uns selbst aus tüchtig sind, etwas zu denken, als aus uns selbst, sondern unsere Tüchtigkeit ist
6 von Gott, der uns auch tüchtig gemacht hat zu Dienern des neuen Bundes, nicht des Buchstabens, sondern des Geistes. Denn der Buchstabe tötet,
7 der Geist aber macht lebendig. (Wenn aber der Dienst des Todes, mit Buch-

staben in Steine eingegraben, in Herrlichkeit begann *i*, sodaß die Söhne Israels das Angesicht Moses' nicht unverwandt anschauen konnten *j* wegen der Herrlichkeit seines Angesichts, die hinweggetan werden sollte *k*, wie wird 8 nicht vielmehr der Dienst des Geistes in Herrlichkeit bestehen *l*? Denn wenn 9 der Dienst der Verdammnis Herrlichkeit ist *m*, so ist vielmehr der Dienst der Gerechtigkeit überströmend in Herrlichkeit. Denn auch das Verherrlichte 10 ist nicht in dieser Beziehung verherrlicht worden, wegen der überschwenglichen Herrlichkeit. Denn wenn das, 11 was hinweggetan werden sollte, mit Herrlichkeit *eingeführt wurde*, wieviel mehr *wird* das Bleibende in Herrlichkeit *bestehen*! Da wir nun eine solche 12 Hoffnung haben, so gebrauchen wir große Freimütigkeit, und *tun* nicht 13 gleichwie Moses, *der* eine Decke über sein Angesicht legte, auf daß die Söhne Israels nicht anschauen möchten *n* das Ende dessen, was hinweggetan werden sollte. Aber ihr Sinn ist *o* ver- 14 stockt worden, denn bis auf den heutigen Tag bleibt beim Lesen des alten Bundes dieselbe Decke unaufgedeckt, die *p* in Christo weggetan wird *q*. Aber 15 bis auf den heutigen Tag, wenn Moses gelesen wird, liegt die Decke auf ihrem Herzen. Wenn es aber zum 16 Herrn umkehren wird, so wird die Decke weggenommen.) Der Herr aber 17 ist der Geist; wo aber der Geist *des* Herrn ist, ist Freiheit. Wir alle aber, 18 mit aufgedecktem Angesicht die Herrlichkeit *des Herrn* anschauend, werden verwandelt nach demselben Bilde *r* von Herrlichkeit zu Herrlichkeit, als durch *den* Herrn, *den* Geist *s*.

Darum, da wir diesen Dienst haben, **4** wie wir begnadigt worden sind, ermatten wir nicht *t*; sondern wir haben 2 den geheimen Dingen der Scham *u* entsagt, indem wir nicht in Arglist wandeln, noch das Wort Gottes verfälschen *v*, sondern durch die Offenbarung der Wahrheit uns selbst jedem Gewissen der Menschen empfehlen vor Gott. Wenn aber auch unser Evangelium 3 verdeckt ist, so ist es in denen verdeckt, die verloren gehen, in welchen der Gott 4 dieser Welt *w* den Sinn *x* der Ungläubigen verblendet hat, damit *ihnen* nicht ausstrahle der Lichtglanz des Evangeliums der Herrlichkeit des Christus, welcher das Bild Gottes ist. Denn wir 5 predigen nicht uns selbst, sondern Christum Jesum als Herrn, uns selbst aber als eure Knechte um Jesu willen. Denn 6 der Gott, der aus Finsternis Licht

---

a O. von der Mehrheit, der Masse (der Versammlung). — *b* O. Gnade erzeigen. — *c* O. in dem Christus. — *d* O. unter. — *e* O. treiben nicht Handel mit. — *f* O. und wohl gekannt. — *g* W. durch uns bedient. — *h* O. durch den Christus. — *i* Eig. ward. V. 11. 13. — *l* Eig. sein. — *m* O. war. — *n* O. nicht ihre Augen heften möchten auf. — *o* Eig. ihre Gedanken sind. — *p* O. weil sie. — *q* And. üb.: ohne daß aufgedeckt wird, daß er (der Bund) in Christo weggetan wird. — *r* O. in das Bild. — *s* V. 6 u. 17. — *t* O. werden wir nicht mutlos; so auch V. 16. — *u* d. h. allem, dessen man sich schämt und das man deshalb verborgen hält. And. üb.: verschämter Heimlichkeit, Verheimlichung aus Scham. — *v* O. betrügerisch gebrauchen. — *w* O. dieses Zeitlaufs. — *x* Eig. die Gedanken.

leuchten hieß, *ist es*, der in unsere Herzen geleuchtet hat zum Lichtglanz der Erkenntnis der Herrlichkeit Gottes im Angesicht Christi.

7 Wir haben aber diesen Schatz in irdenen Gefäßen, auf daß die Ueberschwenglichkeit der Kraft sei Gottes 8 und nicht aus uns. Allenthalben bedrängt, aber nicht eingeengt; keinen Ausweg sehend, aber nicht ohne Ausweg a; verfolgt, aber nicht verlassen; niedergeworfen, aber nicht umkommend; allezeit das Sterben b Jesu am c Leibe umhertragend, auf daß auch das Leben Jesu an d unserem Leibe offenbar werde. Denn wir, die wir leben, werden allezeit dem Tode überliefert um Jesu willen, auf daß auch das Leben Jesu an d unserem sterblichen Fleische offenbar werde. So denn wirkt der Tod in uns, das Leben aber in euch. Da wir aber denselben Geist des Glaubens haben, (nach dem, was geschrieben steht: „Ich habe geglaubt, darum habe ich geredet" e) so glauben auch wir, darum reden wir auch, indem wir wissen, daß der, welcher den Herrn Jesus auferweckt hat, auch uns mit Jesu auferwecken und mit euch darstellen wird; denn alles ist um euretwillen, auf daß die Gnade, überreich geworden durch die Vielen, die Danksagung zur Herrlichkeit Gottes überströmen lasse.

16 Deshalb ermatten wir nicht, sondern wenn auch unser äußerer Mensch verfällt f, so wird doch der innere Tag für Tag erneuert. Denn das schnell vorübergehende Leichtere unserer Drangsal bewirkt uns ein über die Maßen überschwengliches, ewiges Gewicht von Herrlichkeit, indem wir nicht das anschauen, was man sicht, sondern das, was man nicht sieht; denn das, was man sieht, ist zeitlich, das aber, was man nicht sieht, ewig.

5 Denn wir wissen, daß, wenn unser irdisches Haus, die Hütte g, zerstört wird, wir einen Bau von h Gott haben, ein Haus, nicht mit Händen gemacht, ein ewiges, in den Himmeln. Denn in diesem freilich seufzen wir, uns sehnend, mit unserer Behausung, die aus dem Himmel ist, überkleidet zu werden; so wir anders, wenn wir auch bekleidet sind, nicht nackt erfunden werden. Denn wir freilich, die in der Hütte sind, seufzen beschwert, wiewohl wir nicht entkleidet, sondern überkleidet werden möchten, damit das Sterbliche verschlungen werde von dem Leben. Der uns aber eben hierzu bereitet hat, ist Gott, der uns [auch] das Unterpfand des Geistes gegeben hat. So sind wir nun allezeit gutes Mutes und wissen, daß, während einheimisch in dem Leibe, wir von dem Herrn ausheimisch sind; (denn wir wandeln durch Glauben, 7 nicht durch Schauen;) wir sind 8 aber gutes Mutes und möchten lieber ausheimisch von dem Leibe und einheimisch bei dem Herrn sein. Deshalb beeifern wir uns auch, ob einheimisch 9 oder ausheimisch, ihm wohlgefällig zu sein. Denn wir müssen alle vor dem 10 Richterstuhl des Christus offenbar werden, auf daß ein jeder empfange, was er in dem i Leibe getan, nach dem er gehandelt hat, es sei Gutes oder Böses. Da wir nun den Schrecken des 11 Herrn j kennen, so überreden wir die Menschen, Gott aber sind wir offenbar geworden; ich hoffe aber auch in euren Gewissen offenbar geworden zu sein. [Denn] wir empfehlen uns selbst euch 12 nicht wiederum, sondern geben euch Anlaß zum Ruhm unserthalben, auf daß ihr ihn habet bei denen, die sich nach dem Ansehen rühmen und nicht nach dem Herzen k. Denn sei es daß 13 wir außer uns sind, so *sind wir es* Gott; sei es daß wir vernünftig sind — euch l. Denn die Liebe des Christus drängt uns, 14 indem wir also geurteilt haben, daß einer für alle gestorben ist *und* somit alle gestorben sind m. Und er ist für alle 15 gestorben, auf daß die, welche leben, nicht mehr sich selbst leben, sondern der für sie gestorben ist und ist auferweckt worden. Daher kennen wir 16 von nun an niemand nach dem Fleische; wenn wir aber auch Christum nach dem Fleische gekannt haben, so kennen wir *ihn* doch jetzt nicht mehr *also.* Daher, wenn jemand in Christo 17 ist, *da ist* eine neue Schöpfung; das Alte ist vergangen, siehe, alles ist neu geworden. Alles aber von dem Gott, 18 der uns mit sich selbst versöhnt hat durch [Jesum] Christum und hat uns den Dienst der Versöhnung gegeben; nämlich daß Gott in Christo war, die 19 Welt mit sich selbst versöhnend, ihnen ihre Uebertretungen nicht zurechnend, und hat in uns das Wort der Versöhnung niedergelegt n. So 20 sind wir nun Gesandte für Christum o, als ob Gott durch uns ermahnte; wir bitten an Christi Statt o: Laßt euch versöhnen mit Gott! Den, der Sünde 21 nicht kannte, hat er für uns zur Sünde gemacht, auf daß wir Gottes Gerechtigkeit würden in ihm.

Mitarbeitend p aber ermahnen q wir **6** auch, daß die Gnade Gottes nicht 2 vergeblich empfanget; (denn er spricht: „Zur angenehmen r Zeit habe ich dich erhört, und am Tage des Heils habe ich dir geholfen". s Siehe, jetzt ist die wohlangenehme t Zeit, siehe, jetzt ist der Tag des Heils;) indem wir in kei- 3 ner Sache irgend einen Anstoß geben, auf daß der Dienst nicht verlästert

---

a O. in Verlegenheit, aber nicht verzweifelnd. — b O. die Tötung. — c O. in dem. — d O. in. — e Ps. 116, 10. — f O. verzehrt od. aufgerieben wird. — g O. unser irdisches Hütten- od. Zelthaus. — h O. aus. — i O. durch den. — j O. die Furcht des Herrn, d. h. wie sehr der Herr zu fürchten ist. — k O. im Angesicht . . . im Herzen. — l O. für Gott . . . für euch. — m O. gestorben waren, d. h. im Tode lagen. — n Eig. und in uns . . . niedergelegt habend. — o O. an Christi Statt . . . für Christum. — p S. 1. Kor. 3, 9. — q O. bitten. — r O. annehmlichen, wohlgefälligen. — s Jes. 49, 8. — t O. wohlannehmliche.

4 werde, sondern in allem uns erweisen *a* als Gottes Diener, in vielem Ausharren *b*, in Drangsalen, in Nöten, in
5 Aengsten, in Streichen, in Gefängnissen, in Aufständen *c*, in Mühen, in
6 Wachen, in Fasten; in Reinheit, in Erkenntnis, in Langmut, in Gütigkeit, im Heiligen Geiste, in ungeheuchelter
7 Liebe; im Worte der Wahrheit, in der Kraft Gottes; durch die Waffen der Gerechtigkeit zur Rechten und zur
8 Linken; durch Ehre und Unehre, durch böses Gerücht und gutes Gerücht, als
9 Verführer und Wahrhaftige; als Unbekannte und Wohlbekannte *d*; als Sterbende, und siehe, wir leben; als Ge-
10 züchtigte und nicht getötet *e*; als Traurige, aber allezeit uns freuend; als Arme, aber viele reich machend; als nichts habend und alles besitzend.
11 Unser Mund ist zu euch aufgetan, ihr Korinther; unser Herz ist weit ge-
12 worden. Ihr seid nicht verengt in uns, sondern ihr seid verengt in eurem In-
13 nern *f*. Zur gleichen Vergeltung aber (ich rede als zu Kindern) werdet auch
14 ihr weit. Seid nicht in einem ungleichen Joche *g* mit Ungläubigen. Denn welche Genossenschaft hat Gerechtigkeit und Gesetzlosigkeit? oder welche Gemeinschaft Licht mit Finsternis?
15 und welche Uebereinstimmung Christus mit Belial *h*? oder welches Teil ein Gläubiger mit einem Ungläubigen?
16 und welchen Zusammenhang der Tempel Gottes *i* mit Götzenbildern? Denn ihr seid der Tempel des lebendigen Gottes, wie Gott gesagt hat: „Ich will unter ihnen wohnen und wandeln, und ich werde ihr Gott sein, und sie wer-
17 den mein Volk sein". *j* Darum gehet aus ihrer Mitte aus und sondert euch ab, spricht *der* Herr *k*, und rühret Unreines nicht an, und ich werde euch
18 aufnehmen; und ich werde euch zum Vater sein, und ihr werdet mir zu Söhnen und Töchtern sein, spricht *der* Herr, *der* Allmächtige. *l*

7 Da wir nun diese Verheißungen haben, Geliebte, so laßt uns uns selbst reinigen von jeder Befleckung des Fleisches und des Geistes, indem wir die Heiligkeit vollenden in der Furcht Gottes.
2 Nehmet uns auf; wir haben niemand unrecht getan, wir haben niemand verderbt, wir haben niemand
3 übervorteilt. Nicht zur Verurteilung rede ich; denn ich habe vorhin gesagt, daß ihr in unseren Herzen seid, um mit zu sterben und mit zu leben.
4 Groß ist meine Freimütigkeit gegen euch, groß mein Rühmen eurethalben; ich bin mit Trost erfüllt, ich bin ganz überströmend in der Freude bei all
5 unserer Drangsal. Denn auch als wir nach Macedonien kamen, hatte unser

Fleisch keine Ruhe, sondern allenthalben *m* waren wir bedrängt; von außen Kämpfe, von innen Befürchtungen. Der 6 aber die Niedrigen tröstet, Gott, tröstete uns durch die Ankunft des Titus. Nicht allein aber durch seine Ankunft, 7 sondern auch durch den Trost, womit er eurethalben getröstet wurde, als er uns kundtat eure Sehnsucht, euer Wehklagen, euren Eifer für mich, sodaß ich mich umsomehr freute. Denn wenn 8 ich euch auch durch den Brief betrübt habe, so reut es mich nicht, wenn es mich auch gereut hat; denn ich sehe, daß jener Brief, wenn auch nur für eine Zeit, euch betrübt hat. Jetzt freue 9 ich mich, nicht daß ihr betrübt worden, sondern daß ihr zur Buße betrübt worden seid; denn ihr seid Gott gemäß betrübt worden, auf daß ihr in nichts von uns Schaden erlittet. Denn die 10 Betrübnis Gott gemäß bewirkt eine nie zu bereuende Buße zum Heil; die Betrübnis der Welt aber bewirkt den Tod. Denn siehe, eben dieses, daß ihr 11 Gott gemäß betrübt worden seid, wieviel Fleiß *n* hat es bei euch bewirkt! sogar *o* Verantwortung, sogar Unwillen, sogar Furcht, sogar Sehnsucht, sogar Eifer, sogar Vergeltung. Ihr habt euch in allem erwiesen, daß ihr an der Sache rein seid. So denn, wenn 12 ich euch auch geschrieben habe, *so geschah es* nicht um des Beleidigers, noch um des Beleidigten willen, sondern um deswillen, damit unser Fleiß für euch *p* bei euch offenbar werde vor Gott. Deswegen sind wir getröstet 13 worden; vielmehr aber freuten wir uns bei unserem Troste noch überschwenglicher über die Freude des Titus, weil sein Geist durch euch alle erquickt worden ist. Denn wenn ich 14 ihm etwas über euch gerühmt habe, so bin ich nicht zu Schanden geworden; sondern wie wir alles in Wahrheit zu euch geredet haben, also ist auch unser Rühmen gegen Titus Wahrheit geworden; und seine innerlichen 15 Gefühle *q* sind überströmender gegen euch, indem er an euer aller Gehorsam gedenkt, wie ihr ihn mit Furcht und Zittern empfangen habt. Ich freue 16 mich, daß ich in allem Zuversicht *r* betreffs euer habe.

Wir tun euch aber kund, Brüder, **8** die Gnade Gottes, die in den Versammlungen Macedoniens gegeben worden ist, daß bei großer Drangsalsprüfung 2 die Ueberströmung ihrer Freude und ihre tiefe Armut übergeströmt ist in den Reichtum ihrer Freigebigkeit. Denn 3 nach Vermögen, ich bezeuge es, und über Vermögen *waren sie* aus eigenem Antriebe willig, indem sie mit vielem 4 Zureden uns um die Gnade und die Gemeinschaft des Dienstes für die Hei-

---

a O. empfehlen. — *b* O. vieler Geduld. — *c* O. Unruhen. — *d* O. Erkannte. — *e* Eig. zum Tode gebracht. — *f* O. in euren innerlichen Gefühlen. — *g* Eig. seid nicht verschiedenartig zusammengejocht; vergl. 3. Mose 19, 19; 5. Mose 22, 10. — *h* Griech. Beliar. — *i* S. 1. Kor. 3, 16. — *j* 3. Mose 26, 11. 12. — *k* S. die Anm. zu Matth. 1, 20. — *l* Vergl. Jes. 52, 11. — *m* O. in jeder Weise. — *n* O. Rührigkeit, Ernst. — *o* O. vielmehr; so auch nachher. — *p* Nach and. Les.: euer Fleiß für uns. — *q* O. sein Inneres. — *r* O. guten Mut.

5 ligen baten. Und nicht wie wir hofften, sondern gaben sich selbst zuerst dem Herrn und uns durch Gottes
6 Willen, sodaß wir Titus zugeredet haben, daß er, wie er zuvor angefangen hatte, also auch bei a euch auch diese
7 Gnade vollbringen möchte. Aber so wie ihr in allem überströmend seid: in Glauben und Wort und Erkenntnis und allem Fleiß und in eurer Liebe b zu uns, daß ihr auch in dieser Gnade
8 überströmend sein möget. Nicht befehlsweise spreche ich, sondern wegen des Fleißes der anderen, und indem ich die Echtheit eurer Liebe prüfe.
9 Denn ihr kennet die Gnade unseres Herrn Jesus Christus, daß er, da er reich war, um euretwillen arm wurde, auf daß ihr durch seine Armut
10 reich würdet. Und ich gebe hierin eine Meinung; denn dies ist euch nützlich, die ihr nicht allein das Tun, sondern auch das Wollen vorher angefangen
11 habt seit vorigem Jahre. Nun aber vollbringet auch das Tun, damit, gleichwie die Geneigtheit zum Wollen, also auch das Vollbringen da sei nach dem, was
12 ihr habt. Denn wenn die Geneigtheit vorliegt, so ist einer annehmlich nach dem er c hat, und nicht nach dem er
13 nicht hat. Denn nicht auf daß andere Erleichterung haben, ihr aber Bedrängnis, sondern nach der Gleich-
14 heit: in der jetzigen Zeit diene euer Ueberfluß für den Mangel jener, auf daß auch jener Ueberfluß für euren Mangel diene, damit Gleichheit werde;
15 wie geschrieben steht: „Wer viel sammelte, hatte nicht Ueberfluß, und wer wenig sammelte, hatte nicht Mangel". d
16 Gott aber sei Dank, der denselben Eifer für euch in das Herz des Titus
17 gegeben hat e; denn er nahm zwar das Zureden an, aber weil er sehr eifrig war, ist er aus eigenem Antriebe
18 zu euch gegangen. Wir haben aber den Bruder mit ihm gesandt, dessen Lob im Evangelium durch alle Ver-
19 sammlungen verbreitet ist. Aber nicht allein das, sondern er ist auch von den Versammlungen gewählt worden zu unserem Reisegefährten mit dieser Gnade, die von uns bedient wird zur Herrlichkeit des Herrn selbst und als
20 Beweis unserer f Geneigtheit; indem wir dies verhüten, daß uns nicht jemand übel nachrede dieser reichen Gabe halben, die von uns bedient wird;
21 denn wir sind vorsorglich für das, was ehrbar ist, nicht allein vor dem Herrn,
22 sondern auch vor den Menschen. Wir haben aber unseren Bruder mit ihnen gesandt, den wir oft in vielen Stücken erprobt haben, daß er eifrig ist, nun aber noch viel eifriger durch große
23 Zuversicht, die er zu euch hat. Sei es

was Titus betrifft, er ist mein Genosse und in Bezug auf euch mein Mitarbeiter; seien es unsere Brüder, sie sind Gesandte der Versammlungen, Christi Herrlichkeit. So beweiset nun gegen 24 sie, angesichts der Versammlungen, den Beweis eurer Liebe und unseres Rühmens über euch.

Denn was den Dienst für die Heiligen betrifft, so ist es überflüssig für 9 mich, euch zu schreiben. Denn ich 2 kenne eure Geneigtheit, deren ich mich eurethalben gegen die Macedonier rühme, daß Achaja seit vorigem Jahre bereit gewesen ist; und der von euch ausgegangene Eifer hat viele g angereizt. Ich habe aber die Brüder 3 gesandt, auf daß nicht unser Rühmen über euch in dieser Beziehung zunichte würde, auf daß ihr, wie ich gesagt habe, bereit seid, damit nicht etwa, 4 wenn die Macedonier mit mir kommen und euch unbereit finden, wir, daß wir nicht sagen ihr, in dieser Zuversicht zu Schanden würden. Ich hielt 5 es daher für nötig, die Brüder zu bitten, daß sie zu euch vorauszögen und diesen euren zuvor angekündigten Segen vorher zubereiteten, daß er also bereit sei als Segen, und nicht als Habsucht h. Dies aber sage ich: 6 Wer sparsam sät, wird auch sparsam ernten, und wer segensreich i sät, wird auch segensreich i ernten. Ein jeder, 7 wie er sich in seinem Herzen vorsetzt: nicht mit Verdruß j oder aus Zwang, denn einen fröhlichen Geber hat Gott lieb. Gott aber ist mächtig, jede Gna- 8 de k gegen euch überströmen zu lassen, auf daß ihr in allem, allezeit alle Genüge habend, überströmend seid zu jedem guten Werke; wie geschrieben 9 steht: „Er hat ausgestreut, er hat den Armen gegeben; seine Gerechtigkeit bleibt in Ewigkeit". l Der aber Samen 10 darreicht dem Säemann und Brot zur Speise, wird eure Saat darreichen und überströmend machen und die Früchte eurer Gerechtigkeit wachsen lassen, indem ihr in allem reich geworden 11 seid zu aller Freigebigkeit, welche durch uns Gott Danksagung bewirkt. Denn die Bedienung dieses Dienstes m 12 ist nicht nur eine Erfüllung des Mangels der Heiligen, sondern ist auch überströmend durch viele Danksagungen gegen Gott; indem sie durch die Be- 13 währung dieses Dienstes n Gott verherrlichen wegen der Unterwürfigkeit eures Bekenntnisses zum o Evangelium des Christus und wegen der Freigebigkeit der Mitteilung gegen sie und gegen alle; und in ihrem Flehen 14 für euch, die sich nach euch sehnen p wegen der überschwenglichen Gnade Gottes an euch. Gott sei Dank für seine unaussprechliche Gabe! 15

---

a O. in Bezug auf. — b Eig. der Liebe von euch aus. — c O. so ist sie annehmlich (eig. wohlannehmlich od. wohlangenehm), nach dem man usw. — d 2. Mose 16, 18. — e O. gibt. — f W. und zu unserer. — g O. die Mehrzahl, die Masse (der Brüder). — h O. als Freigebigkeit, und nicht als etwas Erzwungenes. — i O. freigebig; W. mit Segnungen. — j Eig. aus Betrübnis. — k O. Gabe, od. Wohltat. — l Ps. 112, 9. — m Eig. Gottesdienstes. — n O. dieser Bedienung; wie V. 12. — o O. hinsichtlich des. — p O. indem sie im Flehen für euch sich nach euch sehnen.

10 Ich selbst aber, Paulus, ermahne euch durch die Sanftmut und Gelindigkeit des Christus, der ich unter euch gegenwärtig *a* zwar demütig, abwesend aber kühn gegen euch bin. Ich 2 flehe aber, daß ich anwesend nicht kühn sein müsse mit der Zuversicht, mit welcher ich gedenke, gegen etliche dreist zu sein, die uns als nach dem Fleische wandelnd erachten. Denn ob- 3 wohl wir im Fleische wandeln, kämp- 4 fen wir nicht nach dem Fleische; denn die Waffen unseres Kampfes sind nicht fleischlich, sondern göttlich *b* mächtig zur Zerstörung von Festungen; indem 5 wir Vernunftschlüsse zerstören und jede Höhe, die sich erhebt wider die Erkenntnis Gottes, und jeden Gedanken gefangen nehmen unter *c* dem Gehorsam des Christus *d*, und bereit 6 stehen, allen Ungehorsam zu rächen, wenn euer Gehorsam erfüllt sein wird. Sehet ihr auf das, was vor Augen ist? *e* 7 Wenn jemand sich selbst zutraut, daß er Christi sei, so denke er dies wiederum bei sich selbst, daß, gleichwie er Christi ist, also auch wir. Denn 8 falls ich mich auch etwas mehr *f* über unsere Gewalt rühmen wollte, die [uns] der Herr zur Auferbauung und nicht zu eurer Zerstörung gegeben hat, so werde ich nicht zu Schanden wer- 9 den, auf daß ich nicht scheine, als wolle ich euch durch die Briefe schrecken. Denn die Briefe, sagt man *g*, sind ge- 10 wichtig und kräftig, aber die Gegenwart des Leibes ist schwach und die Rede verächtlich. Ein solcher denke 11 dieses, daß, wie wir abwesend im Worte durch Briefe sind, *wir* solche auch anwesend in der Tat *sein werden*. Denn wir wagen nicht, uns selbst et- 12 lichen derer beizuzählen oder zu vergleichen, die sich selbst empfehlen; sie aber, indem sie sich an sich selbst messen und sich mit sich selbst vergleichen, sind unverständig. Wir aber 13 wollen uns nicht ins Maßlose rühmen, sondern nach dem Maße des Wirkungskreises *h*, den der Gott des Maßes uns zugeteilt hat, um *i* auch bis zu euch zu gelangen. Denn wir strecken uns 14 selbst nicht zu weit aus, als gelangten wir nicht bis zu euch, (denn wir sind auch bis zu euch gekommen in dem Evangelium des Christus) indem wir 15 uns nicht ins Maßlose rühmen in fremden Arbeiten, aber Hoffnung haben, wenn euer Glaube wächst, unter euch vergrößert zu werden nach unserem Wirkungskreise, um noch überströ- 16 mender das *j* Evangelium weiter über euch hinaus zu verkündigen, nicht in fremdem Wirkungskreise uns dessen zu rühmen, was *schon* bereit ist. "Wer sich aber rühmt, rühme sich 17 des *k* Herrn." *l* Denn nicht wer sich 18 selbst empfiehlt, der ist bewährt, sondern den der Herr empfiehlt.

Ich wollte, ihr möchtet ein wenig **11** Torheit von mir ertragen; doch ertraget mich auch. Denn ich eifere um 2 euch mit Gottes Eifer; denn ich habe euch e i n e m Manne verlobt, um *euch als* eine keusche Jungfrau dem Christus darzustellen. Ich fürchte aber, 3 daß etwa, wie die Schlange Eva durch ihre List verführte, [also] auch euer Sinn *m* verderbt *und abgewandt* werde von der Einfalt *und gegen* den Christus. Denn wenn der, welcher kommt, einen 4 anderen Jesus predigt, den wir nicht gepredigt haben, oder ihr einen anderen *n* Geist empfanget, den ihr nicht empfangen habt, oder ein anderes *n* Evangelium, das ihr nicht angenommen habt, so ertrüget ihr es gut. Denn 5 ich achte, daß ich in nichts den ausgezeichnetsten *o* Aposteln nachstehe. Wenn ich aber auch ein Unkundiger 6 in der Rede bin, so doch nicht in der Erkenntnis; sondern in jeder Weise sind wir in allen Stücken *p* gegen euch *q* offenbar geworden. Oder habe ich eine 7 Sünde begangen, indem ich mich selbst erniedrigte, auf daß ihr erhöht würdet, weil ich euch das Evangelium Gottes umsonst verkündigt habe? Andere Versammlungen habe ich beraubt, 8 indem ich Lohn empfing zu eurer Bedienung. Und als ich bei euch anwe- 9 send war und Mangel litt, fiel ich niemand zur Last, (denn meinen Mangel erstatteten die Brüder, die aus Macedonien kamen) und ich hielt mich in allem euch unbeschwerlich, und werde mich *also* halten. *Die* Wahrheit Christi 10 ist in mir, daß mir *r* dieses Rühmen in den Gegenden von Achaja nicht verwehrt werden soll *s*! Warum? weil 11 ich euch nicht liebe? Gott weiß es. Was ich aber tue, werde ich auch 12 tun, auf daß ich denen die Gelegenheit abschneide, die eine Gelegenheit wollen, auf daß sie, worin sie sich rühmen, erfunden werden wie auch wir. Denn solche sind falsche Apostel, 13 betrügerische Arbeiter, welche die Gestalt von Aposteln Christi annehmen. Und kein Wunder, denn der Satan 14 selbst nimmt die Gestalt eines Engels des Lichts an; es ist daher nichts Gro- 15 ßes, wenn auch seine Diener die Gestalt als Diener der Gerechtigkeit annehmen, deren Ende nach ihren Werken sein wird.

Wiederum sage ich: Niemand halte 16 mich für töricht; wenn aber nicht, so nehmet mich doch auf als einen Törichten, auf daß auch i c h mich ein wenig rühmen möge. Was ich rede, 17 rede ich nicht nach *dem* Herrn, son-

---

a Eig. ins Angesicht. — *b* O. Gott gemäß. — *c* Eig. in. — *d* O. Christi. — *e* S. V. 1. — *f* Eig. überschwenglicher. — *g* O. er. — *h* O. der Meßschnur; so auch V. 15. 16. — *i* And. üb.: den Gott uns als Maß zugeteilt hat, um — *j* O. unter euch überströmend vergrößert zu werden . . ., um das. — *k* W. in *dem*. — *l* Jer. 9, 24. — *m* Eig. eure Gedanken. — *n* O. andersartigen(s), ein anderes Wort als vorher. — *o* O. den übergroßen; in ironischem Sinne von den falschen Aposteln. — *p* Oder allen. — *q* O. vor euch. — *r* O. so *gewiß die* Wahrheit Christi in mir ist, soll mir. — *s* W. daß dieses Rühmen nicht verstopft werden soll in Bezug auf mich.

dern als in Torheit, in dieser Zuver-
18 sicht des Rühmens. Weil viele sich
nach dem Fleische rühmen, so will
19 auch ich mich rühmen. Denn ihr ertraget gern die Toren, da ihr klug
20 seid. Denn ihr ertraget es, wenn jemand euch knechtet, wenn jemand
euch aufzehrt, wenn jemand *von euch*
nimmt, wenn jemand sich überhebt,
wenn jemand euch ins Gesicht schlägt.
21 Ich rede bezüglich der Unehre, als ob
w i r schwach gewesen wären. Worin
aber irgend jemand dreist ist, (ich
rede in Torheit) bin auch i c h dreist.
22 Sind sie Hebräer? ich auch. Sind sie
Israeliten? ich auch. Sind sie Abra-
23 hams Same? ich auch. Sind sie Diener Christi? (ich rede als von Sinnen)
ich über die Maßen. In Mühen überschwenglicher, in Schlägen übermäßig, in Gefängnissen überschwenglich-
24 cher, in Todesgefahren oft. Von den
Juden habe ich fünfmal empfangen
25 vierzig *Streiche* weniger einen.ᵃ Dreimal bin ich mit Ruten geschlagen, einmal gesteinigt worden; dreimal habe
ich Schiffbruch gelitten, einen Tag und
eine Nacht habe ich in der Tiefe zu-
26 gebracht; oft auf Reisen, in Gefahren
auf Flüssen, in Gefahren von Räu-
bern, in Gefahren von *meinem* Geschlecht, in Gefahren von den Nationen, in Gefahren in der Stadt, in Gefahren in der Wüste, in Gefahren auf
dem Meere, in Gefahren unter fal-
27 schen Brüdern; in Arbeit und Mühe ᵇ,
in Wachen oft, in Hunger und Durst,
in Fasten oft, in Kälte und Blöße;
28 außer dem, was außergewöhnlich ᶜ ist,
noch das was täglich auf mich an-
dringt ᵈ: die Sorge um alle Versam-
29 lungen. Wer ist schwach, und ich bin
nicht schwach? Wer wird geärgert,
30 und i c h brenne nicht? Wenn es gerühmt sein muß, so will ich mich dessen rühmen, was meine Schwachheit
31 betrifft. Der Gott und Vater des Herrn
Jesus, der gepriesen ist in Ewigkeit,
32 weiß, daß ich nicht lüge. In Damaskus verwahrte der Landpfleger des
Königs Aretas die Stadt der Damas-
cener, indem er mich greifen wollte,
33 und ich wurde durch ein Fenster in
einem Korbe an der ᵉ Mauer hinabge-
lassen und entrann seinen Händen.

12 Zu rühmen nützt mir wahrlich
nicht; denn ich will auf Gesichte
und Offenbarungen *des* Herrn kom-
2 men. Ich kenne einen Menschen in
Christo, vor vierzehn Jahren, (ob im
Leibe, weiß ich nicht, oder außer dem
Leibe, weiß ich nicht; Gott weiß es)
einen Menschen ᶠ, der entrückt wurde
3 bis in den dritten Himmel. Und ich
kenne einen solchen Menschen, (ob
im Leibe oder außer ᵍ dem Leibe, weiß
4 ich nicht; Gott weiß es) daß er in das
Paradies entrückt wurde und unaus-

sprechliche Worte ʰ hörte, welche der
Mensch nicht sagen darf ᶦ. Ueber einen 5
solchen werde ich mich rühmen; über
mich selbst aber werde ich mich nicht
rühmen, es sei denn meiner Schwachheiten. Denn wenn ich mich rühmen 6
will ʲ, werde ich nicht töricht sein, denn
ich werde die Wahrheit sagen. Ich
enthalte mich aber *dessen*, auf daß nicht
jemand höher von mir denke, als was
er an mir sieht oder was er von mir
hört. Und auf daß ich mich nicht durch 7
die Ueberschwenglichkeit der Offenbarungen überhebe, wurde mir ein
Dorn für das Fleisch gegeben, ein Engel ᵏ Satans, auf daß er mich mit Fäusten schlage, auf daß ich mich nicht
überhebe. Für dieses flehte ich drei- 8
mal zum Herrn, auf daß er von mir
abstehen möge. Und er hat zu mir ge- 9
sagt: Meine Gnade genügt dir, denn
meine Kraft wird in Schwachheit vollbracht ᶦ. Daher will ich am allerlieb-
sten mich vielmehr meiner Schwachheiten rühmen, auf daß die Kraft des
Christus ᵐ über mir wohne ⁿ. Deshalb 10
habe ich Wohlgefallen an Schwachheiten, an Schmähungen ᵒ, an Nöten,
an Verfolgungen, an Aengsten für
Christum; denn wenn ich schwach bin,
dann bin ich stark.

Ich bin ein Tor geworden; i h r habt 11
mich *dazu* gezwungen. Denn i c h hätte
von euch empfohlen werden sollen,
denn ich habe in nichts den ausgezeichnetsten ᵖ Aposteln nachgestanden, wenn
ich auch nichts bin. Die Zeichen des 12
Apostels sind ja unter euch vollbracht
worden in allem Ausharren, *in* Zeichen und Wundern und mächtigen Taten. Denn was ist es, worin ihr gegen 13
die anderen Versammlungen verkürzt
worden seid, es sei denn, daß ich selbst
euch nicht zur Last gefallen bin? Ver-
zeihet mir dieses Unrecht. Siehe, die- 14
ses dritte Mal stehe ich bereit zu euch
zu kommen, und werde nicht zur Last
fallen, denn ich suche nicht das Eure,
sondern euch. Denn die Kinder sollen
nicht für die Eltern Schätze sammeln,
sondern die Eltern für die Kinder. I c h 15
will aber sehr gern *alles* verwenden
und völlig verwendet werden für eure
Seelen, wenn ich auch, je überschwenglicher ich euch liebe, umso weniger geliebt werde.

Doch es sei so, i c h habe euch nicht 16
beschwert; weil ich aber schlau bin,
so habe ich euch mit List gefangen.
Habe ich euch etwa durch einen von 17
denen übervorteilt, die ich zu euch gesandt habe? Ich habe Titus gebeten 18
und den Bruder mit *ihm* gesandt; hat
etwa Titus euch übervorteilt? Haben
wir nicht in demselben Geiste gewandelt? nicht in denselben Fußstapfen? Seit langem seid ihr der Meinung, 19
daß wir uns vor euch verantworten.

---

a Vergl. 5. Mose 25, 3. — *b* O. Mühe und Beschwerde; wie 1. Thess. 2, 9; 2. Thess.
3, 8. — *c* O. von außen. — *d* W. der tägliche Andrang an mich. — *e* O. durch die.
— *f* W. einen solchen. — *g* getrennt von (ein anderes Wort als in V. 2). — *h* O.
Reden, Mitteilungen. — *i* O. welche zu sagen dem Menschen nicht zusteht. — *j* W.
werde rühmen wollen. — *k* O. ein Bote. — *l* O. vollendet. — *m* O. Christi. — *n* W.
zelte. — *o* O. Mißhandlungen. — *p* S. die Anm. zu Kap. 11, 5.

Wir reden vor Gott in Christo, alles aber, Geliebte, zu eurer Auferbauung.
20 Denn ich fürchte, daß, wenn ich komme, ich euch etwa nicht als solche finde, wie ich will, und daß i c h von euch als solcher erfunden werde, wie ihr nicht wollet: daß etwa Streitigkeiten, Neid *a*, Zorn, Zänkereien, Verleumdungen, Ohrenbläsereien, Aufgeblasenheit, Unordnungen *b vorhanden sei-*
21 *en*; daß, wenn ich wiederkomme, mein Gott mich euerthalben *c* demütige, und ich über viele trauern müsse, die zuvor gesündigt und nicht Buße getan haben über die Unreinigkeit und Hurerei und Unzucht, die sie getrieben haben.

13 Dieses dritte Mal komme ich zu euch: aus zweier oder dreier Zeugen Mund sei Sache *d* bestätigt wer-
2 den. *e* Ich habe zuvor gesagt und sage zuvor, als wie das zweite Mal anwesend und jetzt abwesend, denen, die zuvor gesündigt haben, und den übrigen allen, daß, wenn ich wiederum
3 komme, ich nicht schonen werde. Weil ihr einen Beweis suchet, daß Christus in mir redet, (der gegen euch nicht schwach ist, sondern mächtig unter
4 euch; denn wenn er auch in *f* Schwachheit gekreuzigt worden ist, so lebt er doch durch *f* Gottes Kraft; denn auch wir sind schwach in ihm, aber wir werden mit ihm leben durch *f* Gottes

Kraft gegen euch) so prüfet euch selbst, 5 ob ihr im Glauben seid, untersuchet euch selbst; oder erkennet ihr euch selbst nicht, daß Jesus Christus in euch ist? es sei denn, daß ihr etwa unbewährt seid. Ich hoffe aber, daß ihr er- 6 kennen werdet, daß w i r nicht unbewährt sind. Wir beten aber zu Gott, 7 daß i h r nichts Böses tun möget; nicht auf daß w i r bewährt erscheinen, sondern auf daß i h r tuet was recht ist, w i r aber wie Unbewährte seien. Denn 8 wir vermögen nichts wider die Wahrheit, sondern für die Wahrheit. Denn 9 wir freuen uns, wenn w i r schwach sind, i h r aber mächtig seid; um dieses bitten wir auch, um eure Vervollkommnung *g*. Deswegen schreibe ich 10 dieses abwesend, auf daß ich anwesend nicht Strenge gebrauchen müsse, nach der Gewalt *h*, die der Herr mir gegeben hat zur Auferbauung und nicht zur Zerstörung.

Uebrigens, Brüder, freuet euch, wer- 11 det vollkommne *i*, seid getrost *j*, seid e i n e s Sinnes, seid in Frieden, und der Gott der Liebe und des Friedens wird mit euch sein. Grüßet einander 12 mit heiligem Kuß. Es grüßen euch die Heiligen alle. Die Gnade des Herrn 13 Jesus Christus und die Liebe Gottes und die Gemeinschaft des Heiligen Geistes sei mit euch allen!

Der Brief an die Galater

1 Paulus, Apostel, nicht von Menschen, noch durch einen Menschen, sondern durch Jesum Christum und Gott, den Vater, der ihn auferweckt hat aus den
2 Toten, und alle Brüder, die bei mir sind, den Versammlungen von Gala-
3 tien: Gnade euch und Friede von Gott, dem Vater, und unserem Herrn Jesus
4 Christus, der sich selbst für unsere Sünden hingegeben hat, damit er uns herausnehme aus der gegenwärtigen bösen Welt *k*, nach dem Willen unseres
5 Gottes und Vaters, welchem die Herrlichkeit sei *l* von Ewigkeit zu Ewigkeit *m*! Amen.
6 Ich wundere mich, daß ihr so schnell von dem, der euch in der *n* Gnade Christi berufen hat, zu einem anderen *o*
7 Evangelium umwendet *p*, welches kein anderes ist; nur daß etliche sind, die euch verwirren und das Evangelium
8 des Christus verkehren wollen. Aber wenn auch wir oder ein Engel aus dem Himmel euch *etwas* als Evangelium ver-

kündigte außer dem, was wir euch als Evangelium verkündigt haben: er sei verflucht! Wie wir zuvor gesagt ha- 9 ben, so sage ich auch jetzt wiederum: Wenn jemand euch *etwas* als Evangelium verkündigt außer dem, was ihr empfangen habt: er sei verflucht! Denn suche ich jetzt Menschen zufrie- 10 den zu stellen, oder Gott? oder suche ich Menschen zu gefallen? Wenn ich noch Menschen gefiele, so wäre ich Christi Knecht nicht.

Ich tue euch aber kund, Brüder, daß 11 das Evangelium, welches von mir verkündigt worden, nicht nach dem Menschen *q* ist. Denn ich habe es weder 12 von einem Menschen empfangen, noch erlernt, sondern durch Offenbarung Jesu Christi. Denn ihr habt von mei- 13 nem ehemaligen Wandel in dem Judentum gehört, daß ich die Versammlung Gottes über die Maßen verfolgte und sie zerstörte, und in dem Judentum zunahm über viele Altersgenossen

---

a O. Eifersucht. — *b* O. Unruhen; im Griech. stehen auch die Wörter „Neid, Zorn" usw. in der Mehrzahl. — *c* O. vor od. bei euch. — *d* O. jeder Ausspruch. — *e* Vergl. 5. Mose 19, 15. — *f* W. aus. — *g* O. Zurechtbringung. — *h* O. dem Recht. — *i* Eig. vervollkommnet euch; od. lasset euch zurechtbringen. — *j* O. werdet ermuntert. — *k* O. Zeitalter, Zeitlauf. — *l* O. ist. — *m* W. in die Zeitalter der Zeitalter. — *n* O. durch die. — *o* O. zu einem verschiedenen (nicht dasselbe Wort wie V. 7). — *p* O. umgewandt seid. — *q* O. menschengemäß.

in meinem Geschlecht, indem ich übermäßig ein Eiferer für meine väterli-
15 chen Ueberlieferungen war. Als es aber Gott *a*, der mich von meiner Mutter Leibe an abgesondert und durch seine Gnade berufen hat, wohlgefiel,
16 seinen Sohn in mir zu offenbaren, auf daß ich ihn unter den Nationen verkündigte *b*, ging ich alsbald nicht mit
17 Fleisch und Blut zu Rate und ging auch nicht hinauf nach Jerusalem zu denen, *die* vor mir Apostel *waren*, sondern ich ging fort nach Arabien und kehrte wiederum nach Damaskus zu-
18 rück. Darauf, nach drei Jahren, ging ich nach Jerusalem hinauf, um Kephas kennen zu lernen, und blieb fünfzehn
19 Tage bei ihm. Ich sah aber keinen anderen der Apostel, außer Jakobus, den
20 Bruder des Herrn. Was ich euch aber schreibe, siehe, vor Gott! ich lüge nicht.
21 Darauf kam ich in die Gegenden von
22 Syrien und Cilicien. Ich war aber den Versammlungen von Judäa, die in Christo sind, von Angesicht unbekannt;
23 sie hatten aber nur gehört: Der, welcher uns einst verfolgte, verkündigt jetzt den Glauben, den er einst zer-
24 störte. Und sie verherrlichten Gott an mir.

2 Darauf, nach Verlauf von vierzehn Jahren, zog ich wieder nach Jerusalem hinauf mit Barnabas und nahm auch
2 Titus mit. Ich zog aber hinauf zufolge einer Offenbarung und legte ihnen das Evangelium vor, das ich unter den Nationen predige, im besonderen *c* aber den Angesehenen, damit ich nicht etwa vergeblich laufe oder gelaufen wä-
3 re; (aber auch Titus, der bei mir war, wurde, obwohl er ein Grieche war, nicht gezwungen, sich beschneiden zu
4 lassen) *es war* aber der nebeneingeführten falschen Brüder wegen, die nebeneingekommen waren, um unsere Freiheit auszukundschaften, welche wir in Christo Jesu haben, auf daß sie
5 uns in Knechtschaft brächten; denen wir auch nicht eine Stunde durch Unterwürfigkeit nachgegeben haben, auf daß die Wahrheit des Evangeliums bei
6 euch verbliebe. Von denen aber, die in Ansehen standen, — was irgend sie auch waren, das macht keinen Unterschied für mich, Gott nimmt keines Menschen Person an — denn mir haben die Angesehenen nichts hinzuge-
7 fügt *d*; sondern im Gegenteil, als sie sahen, daß mir das Evangelium der Vorhaut anvertraut war, gleichwie Pe-
8 trus das der Beschneidung, (denn der, welcher in Petrus für das Apostelamt *e* der Beschneidung gewirkt hat, hat auch in mir in Bezug auf *f* die Nationen ge-
9 wirkt) und als sie die Gnade erkannten die mir gegeben ist, gaben Jakobus und Kephas und Johannes, die als Säulen angesehen wurden, mir und

Barnabas die Rechte *g* der Gemeinschaft, auf daß wir unter die Nationen, sie aber unter die Beschneidung gin-
10 gen; nur daß wir der Armen eingedenk wären, dessen ich mich auch befleißigt habe, also zu tun.

11 Als aber Kephas nach Antiochien kam, widerstand ich ihm ins Angesicht, weil er dem Urteil verfallen war.
12 Denn bevor etliche von Jakobus kamen, hatte er mit *denen aus* den Nationen gegessen; als sie aber kamen, zog er sich zurück und sonderte sich ab, da er sich vor denen aus der Beschneidung fürchtete. Und mit ihm
13 heuchelten auch die übrigen Juden, sodaß selbst Barnabas durch ihre Heuchelei mitfortgerissen wurde. Als ich
14 aber sah, daß sie nicht den geraden Weg nach der Wahrheit des Evangeliums wandelten, sprach ich zu Kephas vor allen: Wenn du, der du ein Jude bist, wie die Nationen lebst und nicht wie die Juden, wie zwingst du denn die Nationen, jüdisch zu leben? Wir,
15 von Natur Juden und nicht Sünder aus *den* Nationen, aber wissend, daß der
16 Mensch nicht aus *h* Gesetzeswerken gerechtfertigt wird, sondern nur durch den Glauben an Jesum Christum *i*, auch w i r haben an Christum Jesum geglaubt, auf daß wir aus *h* Glauben an Christum *j* gerechtfertigt würden, und nicht aus Gesetzeswerken, weil aus Gesetzeswerken kein Fleisch gerechtfertigt werden wird. Wenn wir
17 aber, indem wir in Christo gerechtfertigt zu werden suchen, auch selbst als Sünder erfunden worden sind — ist denn *k* Christus ein Diener der Sünde? Das sei ferne! Denn wenn ich
18 das, was ich abgebrochen habe, wiederum aufbaue, so stelle ich mich selbst als Uebertreter dar. Denn i c h bin
19 durchs Gesetz *dem* Gesetz gestorben, auf daß ich Gott lebe; ich bin mit
20 Christo gekreuzigt, und nicht mehr lebe i c h *l*, sondern Christus lebt in mir; was ich aber jetzt lebe im Fleische, lebe ich durch Glauben, *durch* den an den Sohn Gottes *m*, der mich geliebt und sich selbst für mich hingegeben hat. Ich mache die Gnade Gottes nicht
21 ungültig; denn wenn Gerechtigkeit durch Gesetz *kommt*, dann ist Christus umsonst gestorben.

3 O unverständige Galater! wer hat euch bezaubert, denen Jesus Christus, als [unter euch] gekreuzigt, vor Augen gemalt wurde? Dies allein will ich von
2 euch lernen: Habt ihr den Geist aus *h* Gesetzeswerken empfangen, oder aus der Kunde *n* des Glaubens? Seid ihr
3 so unverständig? Nachdem ihr im Geiste angefangen habt, wollt ihr jetzt im
4 Fleische vollenden *o*? Habt ihr so vieles vergeblich gelitten *p*? wenn anders
5 auch vergeblich? Der euch nun den

---

a O. dem Gott. — *b* W. evangelisierte; so auch V. 23. — *c* d. h. getrennt von den übrigen. — *d* O. nichts weiter mitgeteilt. — *e* Eig. die Apostelschaft. — *f* O. gegen. — *g* d. i. die rechte Hand. — *h* O. auf dem Grundsatz der (des); so auch nachher. — *i* O. Jesu Christi. — *j* O. Christi. — *k* O. dann ist. — *l* O. ich lebe nicht, nicht mehr ich. — *m* O. den des Sohnes Gottes. — *n* O. Botschaft; s. die Anm. zu Röm. 10, 16. — *o* O. zur Vollendung gebracht werden. — *p* O. erfahren.

Geist darreicht und Wunderwerke unter euch wirkt, *ist es* aus Gesetzeswerken oder aus der Kunde des Glaubens?

6 Gleichwie Abraham Gott glaubte, und es ihm zur Gerechtigkeit gerechnet 7 wurde. *a* Erkennet denn: die aus *b* Glauben sind, diese sind Abrahams 8 Söhne. Die Schrift aber, voraussehend, daß Gott die Nationen aus Glauben rechtfertigen würde, verkündigte dem Abraham die gute Botschaft zuvor: „In dir werden gesegnet werden alle 9 Nationen". *c* Also werden die, welche aus Glauben sind, mit dem gläubigen 10 Abraham gesegnet. Denn so viele aus Gesetzeswerken sind, sind unter dem Fluche; denn es steht geschrieben: „Verflucht ist jeder, der nicht bleibt in allem, was im Buche des Gesetzes 11 geschrieben ist, um es zu tun!" *d* Daß aber durch *e* Gesetz niemand vor Gott gerechtfertigt wird, ist offenbar, denn „der Gerechte wird aus Glauben le-12 ben". *f* Das Gesetz aber ist nicht aus Glauben, sondern: „Wer diese Dinge getan hat, wird durch sie leben". *g* 13 Christus hat uns losgekauft von dem Fluche des Gesetzes, indem er ein Fluch für uns geworden ist; (denn es steht geschrieben: „Verflucht ist jeder, 14 der am Holze hängt!" *h*) auf daß der Segen Abrahams in Christo Jesu zu den Nationen käme, auf daß wir die Verheißung des Geistes empfingen durch den Glauben.

15 Brüder, ich rede nach Menschen*weise*; selbst eines Menschen Bund, der bestätigt ist, hebt niemand auf oder 16 verordnet *etwas* hinzu. Dem Abraham aber waren die Verheißungen zugesagt und seinem Samen. Er sagt nicht: „und den Samen", als von vielen, sondern als von einem: „und deinem Sa-17 men", *i* welcher Christus ist. Dieses aber sage ich: Einen vorher von Gott bestätigten Bund macht das vierhundertunddreißig Jahre danach entstandene Gesetz nicht ungültig, um die 18 Verheißung aufzuheben. Denn wenn die Erbschaft aus *b* Gesetz ist, so nicht mehr aus *b* Verheißung: dem Abraham aber hat Gott sie durch Verheißung ge-19 schenkt. Warum nun das Gesetz? Es wurde der Uebertretungen wegen hinzugefügt (bis der Same käme, dem die Verheißung gemacht war) angeordnet durch Engel in der Hand eines Mitt-20 lers. Ein *j* Mittler aber ist nicht *Mittler* von e i n e m; Gott aber ist e i n e r. 21 Ist denn das Gesetz wider die Verheißungen Gottes? Das sei ferne! Denn wenn ein Gesetz gegeben worden wäre, das lebendig zu machen vermöchte, dann wäre wirklich die Gerechtig-22 keit aus *b* Gesetz. Die Schrift aber hat alles unter *die* Sünde eingeschlossen, auf daß die Verheißung aus *b* Glauben

an Jesum Christum *k* denen gegeben würde, die da glauben. Bevor aber der 23 Glaube kam, wurden wir unter *dem* Gesetz verwahrt, eingeschlossen auf den Glauben hin, der geoffenbart werden sollte. Also ist das Gesetz unser 24 Zuchtmeister gewesen auf Christum hin, auf daß wir aus *b* Glauben gerechtfertigt würden. Da aber der Glaube ge-25 kommen ist, sind wir nicht mehr unter einem Zuchtmeister; denn ihr alle seid 26 Söhne Gottes durch den Glauben an Christum Jesum *l*. Denn so viele euer 27 auf Christum getauft worden sind, ihr habt Christum angezogen. Da ist nicht 28 Jude noch Grieche, da ist nicht Sklave noch Freier, da ist nicht Mann und Weib *m*; denn ihr alle seid e i n e r in Christo Jesu. Wenn ihr aber Christi 29 seid, so seid ihr denn Abrahams Same *und* nach Verheißung Erben.

Ich sage aber: Solange der Erbe unmündig ist, unterscheidet er sich in **4** nichts von einem Knechte *n*, wiewohl er Herr ist von allem; sondern er ist 2 unter Vormündern und Verwaltern bis zu der vom Vater festgesetzten Frist. Also auch wir, als wir Unmün-3 dige waren, waren wir geknechtet unter die Elemente der Welt; als aber 4 die Fülle der Zeit gekommen war, sandte Gott seinen Sohn, geboren *o* von einem Weibe, geboren *o* unter Gesetz, auf daß er die, *welche* unter Ge-5 setz *waren*, loskaufte, auf daß wir die Sohnschaft empfingen. Weil ihr aber 6 Söhne seid, so hat Gott den Geist seines Sohnes in unsere Herzen gesandt, der da ruft: Abba, Vater! Also bist 7 du nicht mehr Knecht *p*, sondern Sohn; wenn aber Sohn, so auch Erbe durch Gott. Aber damals freilich, als ihr Gott 8 nicht kanntet, dientet ihr denen *q*, die von Natur nicht Götter sind *r*; jetzt 9 aber, da ihr Gott erkannt habt, vielmehr aber von Gott erkannt worden seid, wie wendet ihr wieder um zu den schwachen und armseligen Elementen, denen ihr wieder von neuem dienen *s* wollt? Ihr beobachtet Tage und 10 Monate und Zeiten und Jahre. Ich 11 fürchte um euch, ob ich nicht etwa vergeblich an *t* euch gearbeitet habe.

Seid wie ich, denn auch ich bin wie 12 ihr, Brüder, ich bitte euch; ihr habt mir nichts zuleide *u* getan. Ihr wisset 13 aber, daß ich in Schwachheit des Fleisches euch ehedem *v* das Evangelium verkündigt habe; und meine Versu-14 chung *w*, die in meinem Fleische war, habt ihr nicht verachtet noch verabscheut, sondern wie einen Engel Gottes nahmet ihr mich auf, wie Christum Jesum. Was *war* denn eure Glück-15 seligkeit? Denn ich gebe euch Zeugnis, daß ihr, wenn möglich, eure Augen ausgerissen und mir gegeben hättet.

---

a 1. Mose 15, 6. — *b* O. auf dem Grundsatz des (der); so auch nachher. — *c* 1. Mose 12, 3. — *d* 5. Mose 27, 26. — *e* W. in, d. h. in der Kraft des. — *f* Hab. 2, 4. — *g* 3. Mose 18, 5. — *h* 5. Mose 21, 23. — *i* 1. Mose 22, 18. — *j* W. der. — *k* O. Jesu Christi. — *l* W. in Christo Jesu. — *m* W. Männliches und Weibliches. — *n* O. Sklaven. — *o* Eig. geworden. — *p* O. Sklave. — *q* O. waret ihr Sklaven derer. — *r* Vergl. 2. Chron. 13, 9. — *s* O. Sklaven sein. — *t* O. in Bezug auf. — *u* O. keinerlei Unrecht. — *v* O. im Anfang. — *w* O. nach and. Les.: die Versuchung für euch.

16 Bin ich also euer Feind geworden,
17 weil ich euch die Wahrheit sage? Sie
eifern um euch nicht gut, sondern sie
wollen euch ausschließen a, auf daß ihr
18 um sie eifert. Es ist aber gut, allezeit
im Guten zu eifern, und nicht allein,
wenn ich bei euch gegenwärtig bin.
19 Meine Kindlein, um die ich abermals
Geburtswehen habe, bis Christus in
20 euch gestaltet worden ist; ich wünschte aber jetzt bei euch gegenwärtig zu
sein und meine Stimme umzuwandeln,
denn ich bin euethalben in Verlegenheit.
21 Saget mir, die ihr unter Gesetz sein
wollt, höret ihr das Gesetz nicht?
22 Denn es steht geschrieben, daß Abraham zwei Söhne hatte, einen von der
23 Magd und einen von der Freien; aber
der von der Magd war nach dem Fleische geboren, der aber von der Freien
24 durch die Verheißung, was einen bildlichen Sinn hat; denn diese sind zwei
Bündnisse: eines vom Berge Sinai,
das zur Knechtschaft b gebiert, welches
25 Hagar ist. Denn Hagar ist der Berg
Sinai in Arabien, entspricht aber dem
jetzigen Jerusalem, denn sie ist mit
26 ihren Kindern in Knechtschaft b; aber
das Jerusalem droben ist frei, welches
27 unsere Mutter ist. Denn es steht geschrieben: „Sei fröhlich, du Unfruchtbare, die du nicht gebierst; brich in
Jubel aus und schreie, die du keine
Geburtswehen hast! denn die Kinder
der Einsamen sind zahlreicher als der-
28 jenigen, die den Mann hat". c Ihr aber,
Brüder, seid, gleichwie d Isaak, Kin-
29 der der Verheißung. Aber so wie damals der nach dem Fleische Geborene
den nach dem Geiste Geborenen ver-
30 folgte, also auch jetzt. Aber was sagt
die Schrift? „Stoße hinaus die Magd
und ihren Sohn, denn der Sohn der
Magd soll n i c h t erben mit dem Soh-
31 ne der Freien." e Also, Brüder, sind
wir nicht Kinder der Magd, sondern
der Freien.

5 Für die f Freiheit hat Christus uns
freigemacht; stehet nun fest und lasset euch nicht wiederum unter einem
2 Joche der Knechtschaft b halten. Siehe,
ich, Paulus, sage euch, daß, wenn ihr beschnitten werdet, Christus euch nichts
3 nützen wird. Ich bezeuge aber wiederum jedem Menschen, der beschnitten wird, daß er das ganze Gesetz zu
4 tun schuldig ist. Ihr seid abgetrennt
von dem Christus g, so viele ihr im
Gesetz gerechtfertigt werdet; ihr seid
5 aus der Gnade gefallen. Denn w i r
erwarten durch den Geist aus h Glauben die Hoffnung der Gerechtigkeit.
6 Denn in Christo Jesu vermag weder
Beschneidung noch Vorhaut etwas, sondern der Glaube, der durch die Liebe
7 wirkt. Ihr liefet gut; wer hat euch

aufgehalten, daß ihr der Wahrheit nicht
gehorchet? Die Ueberredung ist nicht 8
von dem, der euch beruft. Ein wenig 9
Sauerteig durchsäuert den ganzen
Teig. I c h habe Vertrauen zu euch im 10
Herrn, daß ihr nicht anders gesinnt
sein werdet; wer euch aber verwirrt, wird das Urteil tragen, wer er
auch sei.
Ich aber, Brüder, wenn ich noch Be- 11
schneidung predige, was werde ich
noch verfolgt? Dann ist ja das Aergernis des Kreuzes hinweggetan. Ich woll- 12
te, daß sie sich auch abschnitten i, die
euch aufwiegeln!
Denn i h r seid zur Freiheit berufen 13
worden, Brüder; allein gebrauchet nicht
die Freiheit zu einem Anlaß des
Fleisches, sondern durch die Liebe dienet einander. Denn das ganze Gesetz ist 14
in e i n e m Worte erfüllt, in dem: „Du
sollst deinen Nächsten lieben wie dich
selbst". j Wenn ihr aber einander bei- 15
ßet und fresset, so sehet zu, daß ihr
nicht voneinander verzehrt werdet.
Ich sage aber: Wandelt im Geiste k, 16
und ihr werdet die Lust des Fleisches
n i c h t vollbringen. Denn das Fleisch 17
gelüstet wider den Geist, der Geist
aber wider das Fleisch; diese aber
sind einander entgegengesetzt, auf daß
ihr nicht das tuet, was ihr wollt. Wenn 18
ihr aber durch den Geist geleitet werdet, so seid ihr nicht unter Gesetz.
Offenbar aber sind die Werke des 19
Fleisches, welche sind: Hurerei, Unreinigkeit, Ausschweifung, Götzen- 20
dienst, Zauberei, Feindschaft, Hader,
Eifersucht, Zorn, Zank, Zwietracht,
Sekten, Neid, Totschlag, Trunkenheit, 21
Gelage l und dergleichen, von denen
ich euch vorhersage, gleichwie ich
auch vorhergesagt habe, daß, die solches tun, das Reich Gottes nicht ererben werden. Die Frucht des Geistes 22
aber ist: Liebe, Freude, Friede, Langmut, Freundlichkeit, Gütigkeit, Treue,
Sanftmut, Enthaltsamkeit m; wider sol- 23
che gibt es kein Gesetz. Die aber 24
des Christus sind, haben das Fleisch
gekreuzigt samt den Leidenschaften
und Lüsten. Wenn wir durch den Geist 25
leben, so laßt uns auch durch den Geist
wandeln. Laßt uns nicht eitler Ehre 26
geizig sein, indem wir einander her-
ausfordern, einander beneiden.
Brüder! wenn auch ein Mensch von n 6
einem Fehltritt übereilt würde, so
bringet i h r, die Geistlichen, einen solchen wieder zurecht im Geiste der
Sanftmut, indem du auf dich selbst
siehst, daß nicht auch du versuchst
werdest. Einer trage des anderen La- 2
sten, und also erfüllet o das Gesetz
des Christus p. Denn wenn jemand 3
meint, etwas zu sein, da er doch nichts
ist, so betrügt q er sich selbst. Ein je- 4

---

a d. h. von jeder Gemeinschaft mit dem Apostel. — b O. Sklaverei. — c Jes. 54, 1. —
d O. gemäß. — e 1. Mose 21, 10. — f O. In der. — g Der Sinn des griech. Ausdrucks
ist eigentl.: Ihr seid, als getrennt von Christo, allen Nutzens an ihm beraubt. —
h O. auf dem Grundsatz des. — i O. verschnitten, verstümmelten. — j 3. Mose 19, 18.
— k O. durch den Geist. — l Die Wörter „Feindschaft" bis „Gelage" stehen im Griech.
in der Mehrzahl. — m O. Selbstbeherrschung. — n Eig. in. — o Eig. habet erfüllt,
d. h. seid in diesem Zustande. — p O. Christi. — q O. täuscht.

der aber prüfe sein eigenes Werk, und dann wird er an *a* sich selbst allein und nicht an *a* dem anderen Ruhm ha-
5 ben; denn ein jeder wird seine eigene Last tragen.

6 Wer in dem Worte unterwiesen wird, teile aber von allerlei Gutem *b* dem mit, der *ihn* unterweist.

7 Irret euch nicht, Gott läßt sich nicht spotten! denn was irgend ein Mensch
8 sät, das wird er auch ernten. Denn wer für *c* sein eigenes Fleisch sät, wird von dem Fleische Verderben ernten; wer aber für *c* den Geist sät, wird von dem
9 Geiste ewiges Leben ernten. Laßt uns aber im Gutestun nicht müde *d* werden, denn zu seiner *e* Zeit werden wir er-
10 ten, wenn wir nicht ermatten. Also nun, wie wir Gelegenheit haben, laßt uns das Gute wirken gegen alle, am meisten aber gegen die Hausgenossen des Glaubens.

11 Sehet, welch einen langen Brief *f* ich euch geschrieben habe mit eigener

Hand! So viele im Fleische wohl an- 12 gesehen sein wollen, die nötigen euch, beschnitten zu werden, nur auf daß sie nicht um des Kreuzes Christi willen verfolgt werden. Denn auch sie, 13 die beschnitten sind, beobachten selbst das Gesetz nicht, sondern sie wollen, daß ihr beschnitten werdet, auf daß sie sich eures Fleisches *g* rühmen. Von 14 mir aber sei es ferne, mich zu rühmen, als nur des Kreuzes *h* unseres Herrn Jesus Christus, durch welchen *i* mir die Welt gekreuzigt ist, und ich der Welt. Denn weder Beschneidung noch Vor- 15 haut ist etwas, sondern eine neue Schöpfung. Und so viele nach dieser 16 Richtschnur wandeln werden — Friede über sie und Barmherzigkeit, und über den Israel Gottes!

Hinfort *j* mache mir keiner Mühe, 17 denn ich trage die Malzeichen *k* [des Herrn] Jesus an meinem Leibe. Die 18 Gnade unseres Herrn Jesus Christus sei mit eurem Geiste, Brüder! Amen.

Der Brief an die Epheser

1 Paulus, Apostel Jesu Christi durch Gottes Willen, den Heiligen und Treuen in Christo Jesu, die in Ephesus
2 sind: Gnade euch und Friede von Gott, unserem Vater, und dem Herrn Jesus Christus!

3 Gepriesen sei der Gott und Vater unseres Herrn Jesus Christus, der uns gesegnet hat mit jeder geistlichen Segnung in den himmlischen *Oertern* in
4 Christo, wie er uns auserwählt hat in ihm vor Grundlegung der Welt, daß wir heilig und tadellos seien vor ihm
5 in Liebe; und uns zuvorbestimmt hat zur Sohnschaft durch Jesum Christum für sich selbst nach dem Wohlgefallen
6 seines Willens, zum Preise der Herrlichkeit seiner Gnade, worin er uns
7 begnadigt hat *l* in dem Geliebten, in welchem wir die Erlösung haben durch sein Blut, die Vergebung der Vergehungen, nach dem Reichtum seiner
8 Gnade, welche er gegen uns hat überströmen lassen in aller Weisheit und
9 Einsicht, indem er uns kundgetan hat das Geheimnis seines Willens, nach seinem Wohlgefallen, das er sich vor-
10 gesetzt hat in sich selbst für die Verwaltung *m* der Fülle der Zeiten: alles unter ein Haupt zusammenzubringen in dem Christus *n*, das was in den Himmeln und das was auf der Erde
11 ist, in ihm, in welchem wir auch ein Erbteil erlangt haben *o*, die wir zuvorbestimmt sind nach dem Vorsatz des-

sen, der alles wirkt nach dem Rate seines Willens, damit wir zum Preise 12 seiner Herrlichkeit seien, die wir zuvor auf den Christus gehofft haben; auf welchen auch ihr *gehofft p*, nach- 13 dem ihr gehört habt das Wort der Wahrheit, das Evangelium eures Heils, in welchem ihr auch, nachdem ihr geglaubt habt, versiegelt worden seid mit dem Heiligen Geiste der Verheißung, welcher das Unterpfand unseres 14 Erbes ist, zur *q* Erlösung des erworbenen Besitzes, zum Preise seiner Herrlichkeit.

Weshalb auch ich, nachdem ich 15 gehört habe von dem Glauben an den Herrn Jesus, *der* in euch *ist*, und von der Liebe, die *ihr* zu allen Heiligen *habt*, nicht aufhöre, für euch zu dan- 16 ken, [euer] erwähnend in meinen Gebeten, auf daß der Gott unseres Herrn 17 Jesus Christus, der Vater der Herrlichkeit, euch gebe *den* Geist der Weisheit und Offenbarung in der Erkenntnis seiner *selbst*, damit ihr, erleuchtet an 18 den Augen eures Herzens, wisset, welches die Hoffnung seiner Berufung ist, [und] welches der Reichtum der Herrlichkeit seines Erbes in den Heiligen, und welches die überschwengliche 19 Größe seiner Kraft an *a* uns, den Glaubenden, nach der Wirksamkeit der Macht seiner Stärke, in welcher *r* er 20 gewirkt hat in dem Christus, indem er ihn aus *den* Toten auferweckte; (und

---

a O. in Bezug auf. — *b* Eig. von allerlei Gütern. — *c* O. auf; eig. in. — *d* O. mutlos. — *e* O. zur bestimmten. — *f* O. mit welch großen Buchstaben. — *g* Eig. in eurem Fleische. — *h* Eig. in dem Kreuze. — *i* O. welches. — *j* O. Uebrigens. — *k* O. Brandmale. — *l* O. womit er uns angenehm gemacht hat. — *m* O. den Haushalt. — *n* O. in dem Christus als Haupt zusammenzufassen (im Griech. e in Zeitwort). — *o* O. zu Erben gemacht worden sind. — *p* O. in welchem auch ihr *ein Erbteil erlangt habt*, od. in welchem auch ihr *seid*. — *q* O. für die, od. bis zur. — *r* Eig. welche.

er setzte ihn zu seiner Rechten in den
21 himmlischen *Oertern*, über jedes Fürstentum und *jede* Gewalt und Kraft
und Herrschaft und jeden Namen, der
genannt wird, nicht allein in diesem
Zeitalter, sondern auch in dem zu-
22 künftigen, und hat alles seinen Füßen
unterworfen und ihn als Haupt über
23 alles der Versammlung gegeben, welche sein Leib ist, die Fülle dessen,
der alles in allem erfüllt;) * auch euch,
2 die ihr tot waret in euren Vergehun-
2 gen und Sünden, in welchen ihr einst
wandeltet nach dem Zeitlauf dieser
Welt, nach dem Fürsten der Gewalt
der Luft, des Geistes, der jetzt wirksam ist in den Söhnen des Ungehor-
3 sams; unter welchen auch wir einst
alle unseren Verkehr hatten in den
Lüsten unseres Fleisches, indem wir
den Willen *a* des Fleisches und der
Gedanken taten und von Natur Kinder des Zorns waren, wie auch die üb-
4 rigen. Gott aber, der reich ist an Barmherzigkeit, wegen seiner vielen Liebe,
5 womit er uns geliebt hat, als auch
wir in den Vergehungen tot waren,
hat uns mit dem Christus lebendig gemacht, — durch Gnade seid ihr erret-
6 tet — und hat *uns* mitauferweckt und
mitsitzen lassen in den himmlischen
7 *Oertern* in Christo Jesu, auf daß er
in den kommenden Zeitaltern den
überschwenglichen Reichtum seiner
Gnade in Güte gegen uns erwiese in
8 Christo Jesu. Denn durch die Gnade
seid ihr errettet, mittelst *des* Glaubens;
und das nicht aus euch, Gottes Gabe
9 ist es; nicht aus Werken, auf daß nie-
10 mand sich rühme. Denn wir sind sein
Werk *b*, geschaffen in Christo Jesu zu
guten Werken, welche Gott zuvor bereitet hat, auf daß wir in ihnen wandeln sollen.
11 Deshalb seid eingedenk, daß ihr,
einst die Nationen im Fleische, welche Vorhaut genannt werden von der
sogenannten Beschneidung, die im
12 Fleische mit Händen geschieht, daß
ihr zu jener Zeit ohne *c* Christum waret, entfremdet dem Bürgerrecht Israels, und Fremdlinge betreffs der
Bündnisse der Verheißung, keine Hoffnung habend, und ohne Gott *d* in der
13 Welt. Jetzt aber, in Christo Jesu, seid
ihr, die ihr einst fern waret, durch
das Blut des Christus nahe geworden.
14 Denn er ist unser Friede, der aus beiden eines gemacht und abgebrochen
hat die Zwischenwand der Umzäunung,
15 nachdem er in seinem Fleische die
Feindschaft, das Gesetz der Gebote
in Satzungen, hinweggetan hatte, auf
daß er die zwei, Frieden stiftend, in
sich selbst zu einem neuen Menschen
16 schüfe, und die beiden in einem Leibe mit Gott versöhnte durch das Kreuz,
nachdem er durch dasselbe die Feind-

schaft getötet hatte. Und er kam und 17
verkündigte *e* Frieden, euch, den Fernen, und Frieden den Nahen. Denn 18
durch ihn haben wir beide den Zugang durch einen Geist zu dem Vater. Also seid ihr denn nicht mehr 19
Fremdlinge und ohne Bürgerrecht *f*,
sondern ihr seid Mitbürger der Heiligen und Hausgenossen Gottes, auf- 20
gebaut auf die Grundlage der Apostel
und Propheten, indem Jesus Christus
selbst Eckstein ist, in welchem der 21
ganze Bau, wohl zusammengefügt,
wächst zu einem heiligen Tempel im
Herrn, in welchem auch ihr mitauf- 22
gebaut werdet zu einer Behausung
Gottes im Geiste.
Dieserhalb ich, Paulus, der Gefan- **3**
gene *g* Christi Jesu für euch, die Nationen, — (wenn ihr anders gehört habt 2
von der Verwaltung der Gnade Gottes,
die mir in Bezug auf euch gegeben ist,
daß mir durch Offenbarung das Ge- 3
heimnis kundgetan worden, — wie ich
es zuvor in kurzem beschrieben habe,
woran ihr im Lesen merken könnt 4
mein Verständnis in dem Geheimnis
des Christus — welches in anderen Ge- 5
schlechtern den Söhnen der Menschen
nicht kundgetan worden, wie es jetzt
geoffenbart worden ist seinen heiligen
Aposteln und Propheten im Geiste *h*:
daß die *aus den* Nationen Miterben 6
seien und Miteinverleibte *i* und Mitteil-
haber [seiner] Verheißung in Christo
Jesu durch das Evangelium, dessen 7
Diener ich geworden bin nach der
Gabe der Gnade Gottes, die mir gegeben ist nach der Wirksamkeit seiner Kraft. Mir, dem Allergeringsten 8
von allen Heiligen, ist diese Gnade
gegeben worden, [unter] den Nationen
den unausforschlichen Reichtum des
Christus zu verkündigen *j*, und alle zu 9
erleuchten, welches die Verwaltung
des Geheimnisses sei, das von den Zeitaltern *k* her verborgen war in Gott, der
alle Dinge geschaffen hat; auf daß jetzt 10
den Fürstentümern und den Gewalten
in den himmlischen *Oertern* durch die
Versammlung kundgetan werde die
gar mannigfaltige Weisheit Gottes,
nach dem ewigen Vorsatz *l*, den er 11
gefaßt hat in Christo Jesu, unserem
Herrn; in welchem wir die Freimütig- 12
keit haben und den Zugang in Zuversicht durch den Glauben an ihn. Des- 13
halb bitte ich, nicht mutlos zu werden
durch meine Drangsale für euch, welche eure Ehre sind *m*. Dieserhalb beuge 14
ich meine Kniee vor dem Vater [un-
seres Herrn Jesus Christus], von wel- 15
chem jede Familie in den Himmeln
und auf Erden benannt wird, auf daß 16
er euch gebe, nach dem Reichtum seiner Herrlichkeit mit Kraft gestärkt zu
werden durch seinen Geist an dem inneren Menschen; daß der Christus 17

---

a W. die Willen, d. h. alles was das Fleisch und die Gedanken wollten. — *b* O.
Gebilde. — *c* O. getrennt von, außer Verbindung mit. — *d* O. und Atheisten, d. h.
nicht an Gott glaubend. — *e* W. evangelisierte. — *f* O. und Beisassen. — *g* O. der Gebundene. — *h* d. h. in der Kraft des Geistes. — *i* W. Mit-Leib. — *j* W. zu evangelisieren.
— *k* O. von Ewigkeit. — *l* W. nach dem Vorsatz der Zeitalter; vergl. V. 9. — *m* W.
welches . . . ist.

durch den Glauben in euren Herzen wohne, indem ihr in Liebe gewurzelt 18 und gegründet seid, auf daß ihr völlig zu erfassen vermöget mit allen Heiligen, welches die Breite und Länge und 19 Tiefe und Höhe sei, und zu erkennen die die Erkenntnis übersteigende Liebe des Christus, auf daß ihr erfüllt sein möget zu der ganzen Fülle Gottes.

20 Dem aber, der über alles hinaus zu tun vermag, über die Maßen mehr, als was wir erbitten oder erdenken, 21 nach der Kraft, die in uns wirkt, ihm sei die Herrlichkeit in der Versammlung in Christo Jesu, auf alle Geschlechter des Zeitalters der Zeitalter hin! Amen.) — ✳ Ich ermahne euch nun, **4** ich, der Gefangene *a* im Herrn, daß ihr würdig wandelt der Berufung, mit *b* 2 welcher ihr berufen worden seid, mit aller Demut und Sanftmut, mit Lang- 3 mut, einander ertragend in Liebe, euch befleißigend, die Einheit des Geistes zu bewahren in dem Bande *c* des Frie- 4 dens. *Da ist* e in Leib und e in Geist, wie ihr auch berufen worden seid in 5 e in e r Hoffnung eurer Berufung. Ein 6 Herr, e in Glaube, e ine Taufe, ein Gott und Vater aller, der *da ist* über allen *d* und durch alle *e* und in uns al- 7 len. Jedem einzelnen aber von uns ist die Gnade gegeben worden nach 8 dem Maße der Gabe des Christus. Darum sagt er: „Hinaufgestiegen in die Höhe, hat er die Gefangenschaft gefangen geführt und den Menschen Ga- 9 ben gegeben". *f* Das aber: Er ist hinaufgestiegen, was ist es anders, als daß er auch hinabgestiegen ist in die un- 10 teren Teile der Erde? Der hinabgestiegen ist, ist derselbe, der auch hinaufgestiegen ist über alle Himmel, auf 11 daß er alles erfüllte. Und er hat die einen gegeben *als* Apostel und andere *als* Propheten und andere *als* Evangelisten und andere *als* Hirten und Leh- 12 rer, zur Vollendung der Heiligen, für das Werk des Dienstes, für die Auf- 13 erbauung des Leibes Christi *g*, bis wir alle hingelangen zu der Einheit des Glaubens und zur Erkenntnis des Sohnes Gottes, zu dem erwachsenen Manne, zu dem Maße des vollen Wuch- 14 ses der Fülle des Christus; auf daß wir nicht mehr Unmündige seien, hin- und hergeworfen und umhergetrieben von jedem Winde der Lehre, *die da kommt* durch die Betrügerei der Menschen, durch *ihre* Verschlagenheit zu 15 listig ersonnenem Irrtum *h*; sondern die Wahrheit festhaltend *i* in Liebe, laßt uns in allem heranwachsen zu ihm hin, der das Haupt ist, der Christus, 16 aus welchem der ganze Leib, wohl zusammengefügt und verbunden durch jedes Gelenk der Darreichung, nach der Wirksamkeit in dem Maße jedes

einzelnen Teiles, für sich das Wachstum des Leibes bewirkt zu *s* seiner Selbstauferbauung in Liebe.

Dieses nun sage und bezeuge ich im 17 Herrn, daß ihr forthin nicht wandelt, wie auch die [übrigen] Nationen wan- 18 deln, in Eitelkeit ihres Sinnes, verfinstert am Verstande, entfremdet dem Leben Gottes wegen der Unwissenheit, die in ihnen ist, wegen der Verstok- kung *j* ihres Herzens, welche, da sie 19 alle Empfindung verloren, sich selbst der Ausschweifung hingegeben haben, alle Unreinigkeit mit Gier *k* auszuüben.

Ihr aber habt den Christus nicht 20 also gelernt, wenn ihr anders ihn ge- 21 hört habt und in ihm gelehrt worden seid, wie *die* Wahrheit in dem Jesus ist: daß ihr, was den früheren Lebens- 22 wandel betrifft, abgelegt habt den alten Menschen, der nach den betrügerischen Lüsten verdorben wird *l*, aber 23 erneuert werdet in dem Geiste eurer Gesinnung und angezogen habt den 24 neuen Menschen, der nach Gott geschaffen ist in wahrhaftiger Gerechtigkeit und Heiligkeit *m*.

Deshalb, da ihr die Lüge *n* abgelegt 25 habt, redet Wahrheit, ein jeder mit seinem Nächsten, denn wir sind Glieder voneinander. Zürnet, und sün- 26 diget nicht. Die Sonne gehe nicht unter über eurem Zorn, und gebet nicht 27 Raum dem Teufel. Wer gestohlen hat, 28 stehle nicht mehr, sondern arbeite vielmehr und wirke mit seinen Händen das Gute, auf daß er dem Dürftigen mitzuteilen habe. Kein faules *p* 29 Wort gehe aus eurem Munde, sondern das irgend gut ist zur notwendigen *q* Erbauung, auf daß es den Hörenden Gnade darreiche. Und betrübet nicht 30 den Heiligen Geist Gottes, durch welchen ihr versiegelt worden seid auf den Tag der Erlösung. Alle Bitterkeit 31 und Wut und Zorn und Geschrei und Lästerung sei von euch weggetan, samt aller Bosheit. Seid aber gegeneinander 32 gütig, mitleidig, einander vergebend *r*, gleichwie auch Gott in Christo euch vergeben s hat.

Seid nun Nachahmer Gottes, als ge- **5** liebte Kinder, und wandelt in Liebe, gleichwie auch der Christus uns ge- 2 liebt und sich selbst für uns hingegeben hat als Darbringung und Schlachtopfer, Gott zu einem duftenden Wohlgeruch.

Hurerei aber und alle Unreinigkeit 3 oder Habsucht *t* werde nicht einmal unter euch genannt, gleichwie es Heiligen geziemt; auch Schändlichkeit 4 und albernes Geschwätz oder Witzelei, welche sich nicht geziemen, sondern vielmehr Danksagung. Denn die- 5 ses wisset und erkennet ihr *u*, daß kein Hurer oder Unreiner oder Habsüchti-

---

a O. der Gebundene. — *b* O. gemäß. — *c* O. durch das Band. — *d* O. allem. — *e* O. überall. — *f* Ps. 68, 18. — *g* O. des Christus. — *h* And. üb.: in listig ersonnener Weise irrezuführen. — *i* O. bekennend, od. der Wahrheit uns befleißigend. — *j* O. Verblendung. — *k* And. üb.: in Habsucht. — *l* O. sich verdirbt. — *m* O. Frömmigkeit. W. Gerechtigkeit und Heiligkeit der Wahrheit. — *n* d. h. alles Falsche und Unwahre. — *o* W. der Stehler. — *p* O. verderbtes. — *q* d. h. je nach vorliegendem Bedürfnis. — *r* O. Gnade erweisend. — *s* O. Gnade erwiesen. — *t* O. Gier. — *u* Eig. wisset ihr, indem ihr erkennet.

ger *a*, (welcher ein Götzendiener ist) ein Erbteil hat in dem Reiche Christi 6 und Gottes. Niemand verführe euch mit eitlen *b* Worten, denn dieser Dinge wegen kommt der Zorn Gottes über 7 die Söhne des Ungehorsams. Seid nun 8 nicht ihre Mitgenossen. Denn einst waret ihr Finsternis, jetzt aber seid *ihr Licht* in *dem* Herrn; wandelt als 9 Kinder des Lichts, (denn die Frucht des Lichts *besteht* in aller Gütigkeit 10 und Gerechtigkeit und Wahrheit) indem ihr prüfet, was dem Herrn wohl-11 gefällig ist. Und habet nicht Gemeinschaft mit den unfruchtbaren Werken der Finsternis, vielmehr aber strafet 12 sie auch *c*; denn was heimlich von ihnen geschieht, ist schändlich selbst 13 zu sagen. Alles aber, was bloßgestellt *d* wird, wird durch das Licht offenbar gemacht *e*; denn das Licht ist es, wel-14 ches alles offenbar macht *f*. Deshalb sagt er: Wache auf, der du schläfst, und stehe auf aus den Toten, und der 15 Christus wird dir leuchten! Sehet nun zu, wie ihr sorgfältig wandelt, nicht 16 als Unweise, sondern als Weise, die gelegene Zeit auskaufend, denn die 17 Tage sind böse. Darum seid nicht töricht, sondern verständig, was der 18 Wille des Herrn sei. Und berauschet euch nicht mit Wein, in welchem Ausschweifung ist, sondern werdet mit 19 dem Geiste erfüllt, redend zueinander *g* in Psalmen und Lobliedern und geistlichen Liedern, singend und spielend 20 dem Herrn in *h* eurem Herzen, danksagend allezeit für alles dem Gott und Vater im Namen unseres Herrn Jesus 21 Christus, einander unterwürfig in der Furcht Christi.

22 Ihr Weiber, [seid unterwürfig] euren eigenen Männern, als dem Herrn. 23 Denn der Mann ist das Haupt des Weibes, wie auch der Christus das Haupt der Versammlung ist; er ist des Leibes 24 Heiland. Aber gleichwie die Versammlung dem Christus unterworfen ist, also auch die Weiber ihren Männern in 25 allem. Ihr Männer, liebet eure Weiber, gleichwie auch der Christus die Versammlung geliebt und sich selbst für 26 sie hingegeben hat, auf daß er sie heilige, sie reinigend *i* durch die Waschung mit Wasser durch das Wort, 27 auf daß e r die Versammlung sich selbst verherrlicht darstellte, die nicht Flekken oder Runzel oder etwas dergleichen habe, sondern daß sie heilig und 28 tadellos sei. Also sind auch die Männer schuldig, ihre *j* Weiber zu lieben wie *k* ihre eigenen Leiber. Wer sein *l* 29 Weib liebt, liebt sich selbst. Denn niemand hat jemals sein eigenes Fleisch gehaßt, sondern er nährt und pflegt es, gleichwie auch der Christus die 30 Versammlung. Denn wir sind Glieder

seines Leibes, [von seinem Fleische und von seinen Gebeinen]. „Deswe-31 gen wird ein Mensch seinen Vater und seine Mutter verlassen und seinem Weibe anhangen, und die zwei werden e in m Fleisch sein". *n* Dieses 32 Geheimnis ist groß; i ch aber sage es in Bezug auf Christum und auf die Versammlung. Doch auch ihr, ein 33 jeder von euch liebe sein Weib also wie sich selbst; das Weib aber, daß sie den Mann fürchte.

Ihr Kinder, gehorchet euren Eltern **6** im Herrn, denn das ist recht. „Ehre 2 deinen Vater und deine Mutter", welches das erste Gebot mit Verheißung ist, „auf daß es dir wohlgehe und du 3 lange lebest auf der Erde". *o* Und ihr 4 Väter, reizet eure Kinder nicht zum Zorn, sondern ziehet sie auf in der Zucht und Ermahnung *des* Herrn.

Ihr Knechte *p*, gehorchet euren Her-5 ren nach dem Fleische mit Furcht und Zittern, in Einfalt eures Herzens, als dem Christus; nicht mit Augendienerei, 6 als Menschengefällige, sondern als Knechte *p* Christi, indem ihr den Willen Gottes von Herzen tut, *und* mit 7 Gutwilligkeit dienet, als dem Herrn und nicht den Menschen, da ihr wisset, 8 daß, was irgend ein jeder Gutes tun wird, er dies vom Herrn empfangen wird, er sei Sklave oder Freier. Und 9 ihr Herren, tut dasselbe gegen sie und lasset das Drohen, da ihr wisset, daß sowohl ihr als euer Herr in den Himmeln ist, und daß bei ihm kein Ansehen der Person ist.

Uebrigens, Brüder, seid stark in 10 *dem* Herrn und in der Macht seiner Stärke. Ziehet an die ganze Waffen-11 rüstung Gottes, damit ihr zu bestehen vermöget wider die Listen des Teufels. Denn unser Kampf ist nicht wider 12 Fleisch und Blut *q*, sondern wider die Fürstentümer, wider die Gewalten, wider die Weltbeherrscher dieser Finsternis, wider die geistlichen *Mächte* der Bosheit in den himmlischen *Oertern*. Deshalb nehmet r die ganze 13 Waffenrüstung Gottes, auf daß ihr an dem bösen Tage zu widerstehen und, nachdem ihr alles ausgerichtet *s* habt, zu stehen vermöget. Stehet nun, eure 14 Lenden umgürtet mit Wahrheit, und angetan mit dem Brustharnisch der Gerechtigkeit, und beschuht an den 15 Füßen mit der Bereitschaft des *t* Evangeliums des Friedens, indem ihr über 16 *das* alles ergriffen habt den Schild des Glaubens, mit welchem ihr imstande sein werdet, alle feurigen *u* Pfeile des Bösen auszulöschen. Nehmet *v* auch 17 den Helm des Heils und das Schwert des Geistes, welches Gottes Wort ist; zu aller Zeit betend mit allem Gebet 18 und Flehen in *dem* Geiste, und eben

---

a O. Gieriger. — *b* O. leeren. — *c* O. stellet sie auch bloß. — *d* O. gestraft. — *e* O. was durch das Licht bloßgestellt wird, wird offenbar gemacht. — *f* And. üb.: denn alles, was offenbar gemacht wird, ist Licht. — *g* O. zu euch selbst. — *h* O. mit. — *i* O. gereinigt habend; s. die Anm. zu Röm. 6, 13. — *j* Eig. ihre eigenen. — *k* O. als. — *l* Eig. sein eigenes. — *m* W. zu e i n e m. — *n* 1. Mose 2, 24. — *o* 2. Mose 20, 12 ; 5. Mose 5, 16. — *p* O. Sklaven. — *q* Eig. Blut und Fleisch. — *r* O. ergreift. — *s* O. überwältigt. — *t* O. Bereitwilligkeit zum. — *u* O. brennenden. — *v* O. Empfanget.

hierzu wachend in allem Anhalten und
19 Flehen für alle Heiligen, und für mich,
auf daß mir Rede verliehen werde im
Auftun meines Mundes, um mit Freimütigkeit kundzutun das Geheimnis
20 des Evangeliums, (für welches ich ein
Gesandter bin in Ketten a) damit ich
in demselben freimütig rede, wie ich
reden soll.
21 Auf daß aber auch ihr meine Umstände b wisset, wie es mir geht c, so wird

Tychikus, der geliebte Bruder und
treue Diener im Herrn, euch alles kundtun, den ich eben deshalb zu euch ge- 22
sandt habe, auf daß ihr unsere Umstände wisset, und er eure Herzen tröste.
Friede den Brüdern und Liebe mit 23
Glauben von Gott, dem Vater, und
dem Herrn Jesus Christus! Die Gnade 24
mit allen denen, die unseren Herrn
Jesus Christus lieben in Unverderblichkeit d !

Der Brief an die Philipper

1 Paulus und Timotheus, Knechte Jesu
Christi, allen Heiligen in Christo Jesu,
die in Philippi sind, mit den Aufsehern
2 und Dienern e : Gnade euch und Friede
von Gott, unserem Vater, und dem
Herrn Jesus Christus!
3 Ich danke meinem Gott bei aller mei-
4 ner f Erinnerung an euch allezeit in
jedem meiner Gebete g, indem ich für
euch alle das Gebet mit Freuden tue,
5 wegen eurer Teilnahme an h dem Evangelium vom ersten Tage an bis jetzt,
6 indem ich eben dessen in guter Zuversicht bin, daß der, welcher ein gutes
Werk in euch angefangen hat, es vollführen wird bis auf den Tag Jesu
7 Christi; wie es für mich recht ist, daß
ich dies in betreff euer aller denke,
weil ihr mich im Herzen habt i, und
sowohl in meinen Banden, als auch in
der Verantwortung j und Bestätigung
des Evangeliums, ihr alle meine Mit-
8 teilnehmer der Gnade k seid. Denn Gott
ist mein Zeuge, wie ich nach euch nach
allen sehne mit dem Herzen Christi
Jesu.
9 Und um dieses bete ich, daß eure
Liebe noch mehr und mehr überströme
10 in Erkenntnis und aller Einsicht, damit ihr prüfen möget, was das Vorzüglichere sei, auf daß ihr lauter und un-
11 anstößig seid auf den Tag Christi, erfüllt mit der Frucht der Gerechtigkeit,
die durch Jesum Christum ist, zur
Herrlichkeit und zum Preise Gottes.
12 Ich will aber, daß ihr wisset, Brüder, daß meine Umstände mehr zur
Förderung des Evangeliums geraten
13 sind, sodaß meine Bande in Christo
offenbar geworden sind l in dem ganzen Prätorium und allen anderen m,
14 und daß die meisten der Brüder, indem sie im Herrn Vertrauen gewonnen haben durch meine Bande n, viel
mehr sich erkühnen, das Wort Gottes
15 zu reden ohne Furcht. Etliche zwar

predigen Christum auch aus Neid und
Streit, etliche aber auch aus gutem
Willen. Diese aus Liebe, indem sie 16
wissen, daß ich zur Verantwortung
des Evangeliums gesetzt bin; jene 17
aus Streitsucht verkündigen Christum o
nicht lauter, indem sie meinen Banden Trübsal zu erwecken gedenken.
Was denn? Wird doch auf alle Weise, 18
sei es aus Vorwand oder in Wahrheit,
Christus verkündigt, und darüber freue
ich mich, ja, ich werde mich auch freu-
en; denn ich weiß, daß dies mir zur 19
Seligkeit ausschlagen wird durch euer
Gebet und durch Darreichung des Geistes Jesu Christi, nach meiner sehnli- 20
chen p Erwartung und Hoffnung, daß
ich in nichts werde zu Schanden werden, sondern mit aller Freimütigkeit,
wie allezeit, so auch jetzt Christus hoch
erhoben werden wird an q meinem Leibe, sei es durch Leben oder durch Tod.
Denn das Leben ist für mich Christus, 21
und das Sterben Gewinn. Wenn aber 22
das Leben im Fleische *mein Los ist,*
das ist für mich der Mühe wert r, und
was ich erwählen soll, weiß ich nicht s.
Ich werde aber von beidem bedrängt, 23
indem ich Lust habe, abzuscheiden und
bei Christo zu sein, [denn] es ist weit t
besser; das Bleiben im Fleische aber 24
ist nötiger um euretwillen. Und in 25
dieser Zuversicht u weiß ich, daß ich
bleiben und mit und bei euch allen
bleiben werde zu eurer Förderung
und Freude im Glauben, auf daß euer 26
Rühmen in Christo Jesu meinethalben
überströme durch meine Wiederkunft
zu euch. Wandelt v nur würdig des 27
Evangeliums des Christus, auf daß, sei
es daß ich komme und euch sehe, oder
abwesend bin, ich von euch w höre, daß
ihr feststehet in e i n e m Geiste, indem
ihr mit e i n e r Seele mitkämpfet mit
dem Glauben des Evangeliums, und 28
in nichts euch erschrecken lasset von

---

a W. in einer Kette. — *b* Eig. das mich Betreffende; so auch V. 22; Phil. 1, 12;
2, 19. — *c* O. was ich mache. — *d* O. Unvergänglichkeit. — *e* Griech.: Diakonen.
— *f* O. für meine ganze. — *g* Eig. Bitte, Flehen; so auch V. 19. — *h* O. Gemeinschaft mit. — *i* And. üb.: weil ich euch im Herzen habe. — *j* O. Verteidigung; so
auch V. 16. — *k* O. Mitteilnehmer meiner Gnade. — *l* d. h. als solche, die ich um
Christi willen trage. — *m* O. an allen anderen *Orten.* — *n* O. durch den Herrn hinsichtlich meiner Bande Vertrauen gewonnen haben. — *o* O. den Christus. — *p* O. beständigen. — *q* O. in. — *r* O. Frucht der Arbeit, des Wirkens. — *s* O. tue ich nicht
kund. — *t* Eig. um vieles mehr. — *u* Eig. in Bezug auf dieses Zuversicht habend.
— *v* O. Betraget euch. — *w* Eig. das euch Betreffende.

den Widersachern; was für sie ein Beweis des Verderbens ist, aber eures 29 Heils *a*, und das von Gott. Denn euch ist es in Bezug auf Christum geschenkt worden, nicht allein an ihn zu glauben, sondern auch für ihn zu leiden, 30 da ihr denselben Kampf habt, den ihr an mir gesehen und jetzt von *b* mir höret.

2 Wenn *es* nun irgend eine Ermunterung *gibt* in Christo, wenn irgend einen Trost der Liebe, wenn irgend eine Gemeinschaft des Geistes, wenn irgend innerliche Gefühle und Erbarmungen, 2 so erfüllet meine Freude, daß ihr einerlei gesinnt seid, dieselbe Liebe habend, 3 einmütig, *eines* Sinnes, nichts aus Parteisucht *c* oder eitlem Ruhm *tuend*, sondern in der Demut einer den andern 4 höher achtend als sich selbst; ein jeder nicht auf das Seinige sehend, sondern ein jeder auch auf das der andern 5 ren. Denn diese Gesinnung sei in *d* euch, die auch in Christo Jesu war, 6 welcher, da er in Gestalt Gottes war, es erfüllet einen Raub achtete, Gott 7 gleich zu sein, sondern sich selbst zu nichts machte *e* und Knechtsgestalt annahm, indem er in Gleichheit der 8 Menschen geworden ist, und, in *seiner* Gestalt *f* wie ein Mensch erfunden, sich selbst erniedrigte, indem er gehorsam ward bis zum Tode, ja, zum Tode am 9 Kreuze. Darum hat Gott ihn auch hoch erhoben und ihm einen *g* Namen gege-10 ben, der über jeden Namen ist, auf daß in dem Namen Jesu jedes Knie sich 11 beuge, der Himmlischen und Irdischen und Unterirdischen, und jede Zunge bekenne, daß Jesus Christus Herr ist, zur Verherrlichung Gottes, des Vaters.

12 Daher, meine Geliebten, gleichwie ihr allezeit gehorsam gewesen seid, nicht allein als in meiner Gegenwart, sondern jetzt vielmehr in meiner Abwesenheit, bewirket *h* eure eigene Se-13 ligkeit *i* mit Furcht und Zittern; denn Gott ist es, der in euch wirkt sowohl das Wollen als auch das Wirken, nach 14 seinem Wohlgefallen. Tut alles ohne Murren und zweifelnde Ueberlegun-15 gen, auf daß ihr tadellos und lauter *j* seid, unbescholtene Kinder Gottes, inmitten eines verdrehten und verkehrten Geschlechts, unter welchem ihr scheinet *k* wie Lichter *l* in der Welt, 16 darstellend das Wort des Lebens, mir zum Ruhm auf den Tag Christi, daß ich nicht vergeblich gelaufen bin, noch 17 auch vergeblich gearbeitet habe. Wenn ich aber auch als Trankopfer über das Opfer *m* und den Dienst eures Glaubens gesprengt werde, so freue ich mich und 18 freue mich mit euch allen. Gleicherweise *n* aber freuet auch ihr euch und freuet euch mit mir.

Ich hoffe aber in *dem* Herrn Jesus, 19 Timotheus bald zu euch zu senden, auf daß auch ich guten Mutes sei, wenn ich eure Umstände weiß. Denn ich 20 habe niemand gleichgesinnt, der von Herzen *o* für das Eure *p* besorgt sein wird; denn alle suchen das Ihrige, 21 nicht das, was Jesu Christi ist. Ihr kennet aber seine Bewährung, daß er, wie ein Kind dem Vater, mit mir gedient hat an dem Evangelium. Diesen nun 23 hoffe ich sofort zu senden, wenn ich gesehen haben werde, wie es um mich steht. Ich vertraue aber im Herrn, daß 24 auch ich selbst bald kommen werde. Ich habe es aber für nötig erachtet, 25 Epaphroditus, meinen Bruder und Mitarbeiter und Mitstreiter, aber euren Abgesandten und Diener meiner Notdurft, zu euch zu senden; da ihn ja 26 sehnlich nach euch allen verlangte, und er sehr bekümmert war, weil ihr gehört hattet, daß er krank war. Denn 27 er war auch krank, dem Tode nahe *q*; aber Gott hat sich über ihn erbarmt, nicht aber über ihn allein, sondern auch über mich, auf daß ich nicht Traurigkeit auf Traurigkeit hätte. Ich habe 28 ihn nun desto eilender gesandt, auf daß ihr, wenn ihr ihn sehet, wieder froh werdet, und ich weniger betrübt sei. Nehmet ihn nun auf im Herrn mit 29 aller Freude und haltet solche in Ehren; denn um des Werkes willen ist 30 er dem Tode nahe gekommen, indem er sein Leben wagte, auf daß er den Mangel in eurem Dienste gegen mich ausfüllte.

Uebrigens, meine Brüder, freuet euch **3** in *dem* Herrn! Euch dasselbe zu schreiben, ist mir nicht verdrießlich *r*, für euch aber *ist es* sicher. Sehet auf die 2 Hunde, sehet auf die bösen Arbeiter, sehet auf die Zerschneidung. Denn wir 3 sind die Beschneidung, die wir durch *den* Geist Gottes dienen *s* und uns Christi Jesu *t* rühmen und nicht auf Fleisch vertrauen; wiewohl ich auch 4 auf Fleisch Vertrauen habe *u*. Wenn irgend ein anderer sich dünkt, auf Fleisch zu vertrauen — ich noch mehr: Beschnitten *v* am achten Tage, vom Ge-5 schlecht Israel, vom Stamme Benjamin, Hebräer von Hebräern; was das Gesetz betrifft, ein Pharisäer; was den 6 Eifer betrifft, ein Verfolger der Versammlung; was die Gerechtigkeit betrifft, die im Gesetz ist, tadellos erfunden *w*. Aber was irgend mir Gewinn 7 war, das habe ich um Christi willen für Verlust geachtet; ja, wahrlich, ich 8 achte auch alles für Verlust wegen der Vortrefflichkeit *x* der Erkenntnis Christi Jesu, meines Herrn, um dessentwillen ich alles eingebüßt habe und es für Dreck achte, auf daß ich Chri-

---

a O. eurer Errettung, Seligkeit. — *b* Eig. an. — *c* O. Streitsucht. — *d* O. unter. — *e* W. sich selbst entäußerte oder entleerte. — *f* O. Haltung, äußere Erscheinung. — *g* O. nach and. Les.: den. — *h* O. wirket aus, vollführet. — *i* O. Errettung, Heil. — *j* O. einfältig. — *k* Eig. erscheinet, aufgehet. — *l* O. Himmelslichter. — *m* Eig. Schlachtopfer. — *n* O. Desselbigen. — *o* O. redlich, aufrichtig. — *p* Eig. das euch Betreffende, eure Umstände; wie V. 19. — *q* Eig. gleich. — *r* O. lästig. — *s* O. Gottesdienst üben. — *t* W. in Christo Jesu. — *u* d. h. Grund oder Ursache dazu habe. — *v* W. Was Beschneidung betrifft. — *w* W. geworden. — *x* Eig. des Uebertreffenden.

9 stum gewinne und in ihm erfunden werde, indem ich nicht meine Gerechtigkeit habe, die aus dem Gesetz ist, sondern die durch den Glauben an Christum *a* ist – die Gerechtigkeit aus
10 Gott durch den *b* Glauben; um ihn zu erkennen und die Kraft seiner Auferstehung und die Gemeinschaft seiner Leiden, indem ich seinem Tode gleich-
11 gestaltet *c* werde, ob ich auf irgend eine Weise hingelangen möge zur Auf-
12 erstehung *d* aus *den* Toten. Nicht daß ich es *e* schon ergriffen habe oder schon vollendet *f* sei; ich jage *ihm* aber nach, ob ich es auch ergreifen möge, indem *g* ich auch von Christo [Jesu] ergriffen
13 bin. Brüder, i c h halte mich selbst nicht
14 dafür, es ergriffen zu haben; e i n e s aber *tue ich:* Vergessend was dahinten, und mich ausstreckend nach dem, was vorn ist, jage ich, das Ziel anschauend *h,* hin zu dem Kampfpreis der Berufung Gottes nach oben *i* in Christo
15 Jesu. So viele nun vollkommen sind, laßt uns also gesinnt sein; und wenn ihr etwas anders gesinnt seid, so wird
16 euch Gott auch dies offenbaren. Doch wozu wir gelangt sind, *laßt uns* in demselben Fußstapfen *j* wandeln.

17 Seid zusammen *k* meine Nachahmer, Brüder, und sehet hin auf die, welche also wandeln, wie ihr uns zum Vor-
18 bilde habt. Denn viele wandeln, von denen ich euch oft gesagt habe, nun aber auch mit Weinen sage, daß sie die Feinde des Kreuzes Christi sind:
19 deren Ende Verderben, deren Gott der Bauch, und *deren* Ehre in ihrer Schande ist, die auf das Irdische sinnen.
20 Denn u n s e r Bürgertum ist in den Himmeln, von woher wir auch den Herrn Jesus Christus als Heiland er-
21 warten, der unseren Leib der Niedrigkeit umgestalten wird zur Gleichförmigkeit mit seinem Leibe der Herrlichkeit, nach der wirksamen Kraft, mit der er vermag, auch alle Dinge sich zu unterwerfen.

4 Daher, meine geliebten und ersehnten Brüder, meine Freude und Krone, also stehet fest in Herrn, Geliebte!
2 Die Evodia ermahne ich, und die Syntyche ermahne ich, einerlei gesinnt zu
3 sein in Herrn. Ja, ich bitte auch dich, mein treuer Mitknecht *l,* stehe ihnen bei *m,* die in dem Evangelium mit mir gekämpft haben, auch mit Clemens und meinen übrigen Mitarbeitern, deren Namen im Buche des Lebens sind.
4 Freuet euch in *dem* Herrn allezeit! wiederum will n *n* ich sagen: Freuet
5 euch! Laßt eure Gelindigkeit *o* kund-

werden allen Menschen; der Herr *ist*
6 nahe. Seid um nichts besorgt, sondern in allem lasset durch Gebet und Flehen mit Danksagung eure Anliegen
7 vor Gott kundwerden; und der Friede Gottes, der allen Verstand übersteigt, wird eure Herzen und euren Sinn *p*
8 bewahren in Christo Jesu. Uebrigens, Brüder, alles was wahr, alles was würdig, alles was gerecht, alles was rein, alles was lieblich *ist,* alles was wohllautet, wenn *es* irgend eine Tugend und wenn *es* irgend ein Lob *gibt,* dieses erwäget. Was ihr auch gelernt
9 und empfangen und gehört und an mir gesehen habt, dieses tut, und der Gott des Friedens wird mit euch sein.

Ich habe mich aber im Herrn sehr
10 gefreut, daß ihr endlich einmal wieder aufgelebt seid, meiner zu gedenken *q;* wiewohl ihr auch *meiner* gedachtet, aber ihr hattet keine Gelegenheit. Nicht daß ich *dies* des Man-
11 gels halber sage, denn i c h habe gelernt, worin ich bin, mich zu begnü-
12 gen. Ich weiß sowohl erniedrigt zu sein, als ich weiß Ueberfluß zu haben; in jedem und in allem bin ich unter-
13 wiesen *r,* sowohl satt zu sein als zu hungern, sowohl Ueberfluß zu haben als Mangel zu leiden. Alles vermag
13 ich in dem, der mich kräftigt. Doch
14 habt ihr wohlgetan, daß ihr an meiner Drangsal teilgenommen habt. Ihr
15 wisset aber auch, ihr Philipper, daß im Anfang des Evangeliums, als ich aus Macedonien wegging *s,* keine Versammlung mir in Bezug auf *t* Geben und Empfangen mitgeteilt hat, als nur
16 ihr allein. Denn auch in Thessalonich habt ihr mir einmal und zweimal für meine Notdurft gesandt. Nicht daß ich
17 die Gabe suche, sondern ich suche die Frucht, die überströmend sei für eure
18 Rechnung. Ich habe aber alles in Fülle und habe Ueberfluß; ich bin erfüllt, da ich von Epaphroditus das von euch *Gesandte* empfangen habe, einen duftenden Wohlgeruch, ein angenehmes *v* Opfer *v,* Gott wohlgefällig. Mein Gott
19 aber wird alle eure Notdurft erfüllen nach seinem Reichtum in Herrlichkeit
20 in Christo Jesu. Unserem Gott und Vater aber sei die Herrlichkeit von Ewigkeit zu Ewigkeit *w!* Amen.

Grüßet jeden Heiligen in Christo
21 Jesu. Es grüßen euch die Brüder, die bei mir sind. Es grüßen euch alle
22 Heiligen, und besonders die aus des Kaisers Hause. Die Gnade des Herrn
23 Jesus Christus sei mit eurem Geiste! Amen.

---

a O. Glauben Christi. – *b* O. auf Grund des. – *c* O. gleichförmig. – *d* Eig. Aus- oder Heraus-Auferstehung. – *e* d. h. den Preis oder das Ziel. – *f* O. zur Vollkommenheit gebracht. – *g* O. weil, od. wozu. – *h* Eig. gegen das Ziel hin, zielwärts. – *i* O. Berufung Gottes droben. – *j* O. in demselben Pfade. – *k* Eig. mit, d. h. mit anderen. – *l* W. mein echter Jochgenosse. – *m* nämlich der Evodia und der Syntyche. – *n* O. werde. – *o* O. Nachgiebigkeit, Milde. – *p* Eig. eure Gedanken. – *q* O. für mich zu sorgen. – *r* Eig. eingeweiht. – *s* O. weggegangen war. – *t* Eig. für Rechnung des. – *u* O. annehmliches. – *v* Eig. Schlachtopfer. – *w* W. in die Zeitalter der Zeitalter.

Der Brief an die Kolosser

1 Paulus, Apostel Christi Jesu durch Gottes Willen, und Timotheus, der 2 Bruder, den heiligen und treuen Brüdern in Christo, die in Kolossä sind: Gnade euch und Friede von Gott, unserem Vater, [und dem Herrn Jesus Christus]!

3 Wir danken dem Gott und Vater unseres Herrn Jesus Christus allezeit, 4 indem wir *a* für euch beten, nachdem wir gehört haben von eurem Glauben in Christo Jesu und der Liebe, die 5 ihr zu allen Heiligen habt, wegen der Hoffnung, die für euch aufgehoben ist in den Himmeln, von welcher ihr zuvor gehört habt in dem Worte der 6 Wahrheit des Evangeliums, das zu euch gekommen, so wie *es* auch in der ganzen Welt *ist*, und ist fruchtbringend und wachsend, wie auch unter *b* euch, von dem Tage an, da ihr es gehört und die Gnade Gottes in Wahr-7 heit erkannt *c* habt; so wie ihr gelernt habt von Epaphras, unserem geliebten Mitknecht, der ein treuer Die-8 ner des Christus für euch ist, der uns auch eure Liebe im Geiste kundgetan hat.

9 Deshalb hören auch wir nicht auf, von dem Tage an, da wir es gehört haben, für euch zu beten und zu bitten, auf daß ihr erfüllt sein möget mit der Erkenntnis seines Willens in aller Weisheit und geistlichem Verständnis, 10 um würdig des Herrn zu wandeln zu allem Wohlgefallen, in jedem guten Werke fruchtbringend, und wachsend 11 durch die Erkenntnis Gottes, gekräftigt mit aller Kraft nach der Macht seiner Herrlichkeit, zu allem Ausharren und *aller* Langmut mit Freuden; 12 danksagend dem Vater, der uns fähig *d* gemacht hat zu dem Anteil am Erbe 13 der Heiligen in dem Lichte, der uns errettet hat aus der Gewalt der Finsternis und versetzt in das Reich 14 des Sohnes seiner Liebe, in welchem wir die Erlösung haben, die Verge-15 bung der Sünden; welcher das Bild des unsichtbaren Gottes ist, der Erst-16 geborene aller Schöpfung. Denn durch ihn *e* sind alle Dinge geschaffen worden, die in den Himmeln und die auf der Erde, die sichtbaren und die unsichtbaren, es seien Throne oder Herrschaften oder Fürstentümer oder Gewalten: alle Dinge sind durch ihn 17 und für ihn geschaffen. Und er ist

vor allen, und alle Dinge bestehen zusammen durch ihn. Und er ist das 18 Haupt des Leibes, der Versammlung, welcher der Anfang ist, der Erstgeborene aus den Toten, auf daß er in allem den Vorrang habe; denn es war 19 das Wohlgefallen der ganzen Fülle *f*, in ihm zu wohnen und durch ihn alle 20 Dinge mit sich zu versöhnen, — indem *g* er Frieden gemacht hat durch das Blut seines Kreuzes — durch ihn, es seien die Dinge auf der Erde oder die Dinge in den Himmeln. Und euch, 21 die ihr einst entfremdet und Feinde waret nach der Gesinnung in den bösen Werken, hat er *h* aber nun versöhnt in dem Leibe seines Fleisches 22 durch den Tod, um euch heilig und tadellos und unsträflich vor sich hinzustellen, wenn ihr anders in dem 23 Glauben gegründet und fest bleibet und nicht abbewegt werdet von der Hoffnung des Evangeliums, welches ihr gehört habt, das gepredigt worden in der ganzen Schöpfung, die unter dem Himmel ist, dessen Diener ich, Paulus, geworden bin.

Jetzt freue ich mich in *den* Leiden 24 für euch und ergänze in meinem Fleische, was noch rückständig ist von den Drangsalen des Christus für seinen Leib, das ist die Versammlung, deren Diener i ch geworden bin nach 25 der Verwaltung Gottes, die mir in Bezug auf euch gegeben ist, das Wort Gottes zu vollenden *i*: das Ge-26 heimnis, welches von den Zeitaltern und von den Geschlechtern her verborgen war, jetzt aber seinen Heiligen geoffenbart worden ist, denen Gott 27 kundtun wollte, welches der Reichtum der Herrlichkeit dieses Geheimnisses sei unter den Nationen, welches ist Christus in euch, die Hoffnung der Herrlichkeit; den wir verkündigen, 28 indem wir jeden Menschen ermahnen und jeden Menschen lehren in aller Weisheit, auf daß wir jeden Menschen vollkommen in Christo darstellen; wo-29 zu ich mich auch bemühe, indem ich kämpfend ringe gemäß seiner Wirksamkeit, die in mir wirkt in Kraft.

Denn ich will, daß ihr wisset, welch **2** großen Kampf ich habe um euch und die in Laodicäa und so viele mein 2 Angesicht im Fleische nicht gesehen haben, auf daß ihre Herzen getröstet sein mögen, vereinigt in Liebe und

---

a O. . . . . Herrn Jesus Christus, indem wir allezeit. — *b* O. in. — *c* O. da ihr die Gnade Gottes in Wahrheit gehört und erkannt. — *d* O. passend. — *e* W. in ihm, d. h. in der Kraft seiner Person. — *f* Vergl. Kap. 2, 9. — *g* O. nachdem. — *h* O. sie, d. i. die Fülle (der Gottheit); s. V. 19. — *i* Eig. vollzumachen, auf sein Vollmaß zu bringen.

zu allem Reichtum der vollen Gewißheit des Verständnisses, zur Erkennt-
3 nis des Geheimnisses Gottes, in welchem verborgen sind alle Schätze der
4 Weisheit und der Erkenntnis. Dies sage ich aber, auf daß niemand euch verführe durch überredende Worte.
5 Denn wenn ich auch dem Fleische nach abwesend bin, so bin ich doch im Geiste bei euch, mich freuend und sehend eure Ordnung und die Festigkeit eures Glaubens an Christum.
6 Wie ihr nun den Christus Jesus, den Herrn, empfangen habt, so wan-
7 delt in ihm, gewurzelt und auferbaut in ihm und befestigt *a* in dem Glauben, so wie ihr gelehrt worden seid, überströmend in demselben mit Danksagung.
8 Sehet zu, daß nicht jemand sei, der euch als Beute wegführe durch die Philosophie und *durch* eitlen Betrug, nach der Ueberlieferung der Menschen, nach den Elementen
9 der Welt, und nicht nach Christo. Denn in ihm wohnt die ganze Fülle der
10 Gottheit leibhaftig; und ihr seid vollendet *b* in ihm, welcher das Haupt jedes Fürstentums und *jeder* Gewalt ist;
11 in welchem ihr auch beschnitten worden seid mit einer nicht mit Händen geschehenen Beschneidung, in dem Ausziehen des Leibes des Fleisches,
12 in der Beschneidung des Christus, mit ihm begraben in der Taufe, in welcher *c* ihr auch mitauferweckt worden seid durch den Glauben an die wirksame Kraft Gottes, der ihn aus den
13 Toten auferweckt hat. Und euch, als ihr tot waret in den Vergehungen und in der Vorhaut eures Fleisches, hat er mitlebendig gemacht mit ihm, indem er uns alle Vergehungen vergeben hat;
14 als er ausgetilgt die uns entgegenstehende Handschrift *d* in Satzungen, die wider uns war, hat er sie auch aus der Mitte weggenommen, indem er sie
15 an das Kreuz nagelte; als er die Fürstentümer und die Gewalten ausgezogen *e* hatte, stellte er *sie* öffentlich zur Schau, indem er durch dasselbe *f* über sie einen Triumph hielt.
16 So richte euch nun niemand über Speise oder Trank, oder in Ansehung eines Festes oder Neumondes oder von
17 Sabbathen, die ein Schatten der zukünftigen Dinge sind, der Körper aber
18 ist Christi. Laßt niemand euch um den Kampfpreis bringen, der seinen eigenen Willen tut *g* in Demut und Anbetung der Engel *h*, indem er auf Dinge eingeht, die er nicht gesehen hat *i*, eitler Weise aufgeblasen von dem Sinne sei-
19 nes Fleisches, und nicht festhaltend das

Haupt, aus welchem der ganze Leib, durch die Gelenke und Bande Darreichung empfangend und zusammengefügt, das Wachstum Gottes wächst.
20 Wenn ihr mit Christo den Elementen der Welt *j* gestorben seid, was unterwerfet ihr euch Satzungen *k*, als
21 lebtet ihr *noch* in der Welt? Berühre
22 nicht, koste nicht, betaste nicht! (Dinge, welche alle zur Zerstörung durch den Gebrauch bestimmt sind) nach den Geboten und Lehren der Menschen,
23 (welche zwar einen Schein von Weisheit haben, in eigenwilligem Gottesdienst *l* und in Demut und im Nichtverschonen des Leibes, *und* nicht in einer gewissen Ehre *m*) zur Befriedigung *n* des Fleisches.
3 Wenn ihr nun mit dem Christus auferweckt worden seid, so suchet was droben ist, wo der Christus ist,
2 sitzend zur Rechten Gottes. Sinnet auf das was droben ist, nicht auf das was
3 auf der Erde ist; denn ihr seid gestorben, und euer Leben ist verborgen mit dem Christus in Gott. Wenn
4 der Christus, unser Leben, geoffenbart werden wird, dann werdet auch ihr mit ihm geoffenbart werden in Herrlichkeit.
5 Tötet *o* nun eure Glieder, die auf der Erde sind: Hurerei, Unreinigkeit, Leidenschaft, böse Lust und Habsucht *p*,
6 welche Götzendienst ist, um welcher Dinge willen der Zorn Gottes kommt
7 über die Söhne des Ungehorsams; unter welchen *q* auch ihr einst gewandelt habt, als ihr in diesen Dingen lebtet.
8 Jetzt aber leget auch ihr das alles ab *r*: Zorn, Wut, Bosheit, Lästerung, schändliches Reden aus eurem Munde. Belüget
9 einander nicht, da ihr den alten Menschen mit seinen Handlungen ausgezogen und den neuen angezogen habt,
10 der erneuert wird zur Erkenntnis nach dem Bilde dessen, der ihn erschaffen
11 hat; wo nicht ist Grieche und Jude, Beschneidung und Vorhaut, Barbar *s*, Scythe, Sklave, Freier, sondern Christus alles und in allen.
12 Ziehet nun an *t*, als Auserwählte Gottes, *als* Heilige und Geliebte: herzliches Erbarmen, Güte, Demut, Milde, Langmut, einander ertragend und euch
13 gegenseitig vergebend, wenn einer Klage hat wider den anderen; wie auch der Christus euch vergeben hat, also
14 auch ihr. Zu diesem allen *u* aber *ziehet* die Liebe *an*, welche das Band der
15 Vollkommenheit ist. Und der Friede des Christus regiere *v* in euren Herzen, zu welchem ihr auch berufen worden seid in e i n e m Leibe; und seid dank-

---

a W. auferbaut werdend . . . befestigt werdend. — *b* O. erfüllt, zur Fülle gebracht (vergl. V. 9). — *c* O. welchem. — *d* O. den . . . Schuldbrief. — *e* d. h. völlig entwaffnet. — *f* O. an demselben, od. in sich. — *g* And. üb.: der *dies tun* will. — *h* O. Engel-Verehrung. — *i* Da „nicht" in vielen Handschriften fehlt, so übers. and.: das was er geschaut hat (d. h. das Gebiet von Gesichten) betretend. — *j* Eig. von den Elementen der Welt weg. — *k* O. was laßt ihr euch Satzungen auflegen. — *l* O. eigenwilliger Verehrung. — *m* d. h. in dem, was dem Leibe zukommt. — *n* And. üb. (ohne Klammer): *und* nicht in irgendwelcher Ehre zur Befriedigung. — *o* Eig. Habet getötet, d. h. seid in diesem Zustande. S. die Anm. zu Röm. 6, 13. So auch V. 8. 12. — *p* O. Gier. — *q* O. worin. — *r* Eig. habet . . . abgelegt. — *s* S. die Anm. zu Apstgsch. 28, 2. — *t* Eig. Habet nun angezogen. — *u* O. über dies alles. — *v* O. entscheide.

16 bar. Laßt das Wort des Christus reichlich in euch wohnen, indem ihr in aller Weisheit euch *a* gegenseitig lehret und ermahnet mit Psalmen, Lobliedern *und* geistlichen Liedern, Gott singend in euren Herzen in Gnade *b*.

17 Und alles, was immer ihr tut, im Wort oder im Werk, alles *tut* im Namen des Herrn Jesus, danksagend Gott, dem Vater, durch ihn.

18 Ihr Weiber, seid euren *c* Männern unterwürfig, wie es sich geziemt in

19 *dem* Herrn. Ihr Männer, liebet eure *d* Weiber und seid nicht bitter gegen sie.

20 Ihr Kinder, gehorchet euren *c* Eltern in allem, denn dies ist wohlgefällig

21 im Herrn. Ihr Väter, ärgert eure Kinder nicht, auf daß sie nicht mutlos

22 werden. Ihr Knechte *e*, gehorchet in allem euren *c* Herren nach dem Fleische, nicht in Augendienerei, als Menschengefällige, sondern in Einfalt des

23 Herzens, den Herrn fürchtend. Was irgend ihr tut, arbeitet von Herzen, als dem Herrn und nicht den Men-

24 schen, da ihr wisset, daß ihr vom Herrn die Vergeltung des Erbes empfanget werdet; ihr dienet dem Herrn Christus.

25 Denn wer unrecht tut, wird das Unrecht empfangen, das er getan hat; und da ist kein Ansehen der Person.

4 Ihr Herren, gewähret euren *c* Knechten *e*, was recht und billig ist, da ihr wisset, daß auch i h r einen Herrn in den Himmeln habt.

2 Beharret im Gebet und wachet in

3 demselben mit Danksagung; indem betet zugleich auch für uns, auf daß Gott uns eine Tür des Wortes auftue, um das Geheimnis des Christus zu reden, um des-

4 willen ich auch gebunden bin, auf daß ich es offenbare, wie ich reden soll.

5 Wandelt in Weisheit gegen die, welche draußen sind, die gelegene Zeit

auskaufend. Euer Wort sei allezeit 6 in Gnade, mit Salz gewürzt, um zu wissen, wie ihr jedem einzelnen antworten sollt.

Alles was mich angeht, wird euch 7 Tychikus kundtun, der geliebte Bruder und treue Diener und Mitknecht *f* in *dem* Herrn, den ich eben die- 8 serhalb zu euch gesandt habe, auf daß er eure Umstände erfahre und eure Herzen tröste, mit Onesimus, dem 9 treuen und geliebten Bruder, der von euch ist; sie werden euch alles kundtun, was hier *vorgeht*. Es grüßt euch 10 Aristarchus, mein Mitgefangener, und Markus, der Neffe *g* des Barnabas, betreffs dessen ihr Befehle erhalten habt, (wenn er zu euch kommt, so nehmet ihn auf) und Jesus, genannt 11 Justus, die aus der Beschneidung sind. Diese allein sind Mitarbeiter am Reiche Gottes, die mir ein Trost gewesen sind. Es grüßt euch Epaphras, der von 12 euch ist, ein Knecht *h* Christi Jesu, der allezeit für euch ringt in den Gebeten, auf daß ihr stehet vollkommen und völlig überzeugt in allem Willen Gottes. Denn ich gebe ihm Zeugnis, 13 daß er viel Mühe hat um euch und die in Laodicäa und die in Hierapolis. Es grüßt euch Lukas, der gelieb- 14 te Arzt, und Demas. Grüßet die Brüder 15 in Laodicäa, und Nymphas und die Versammlung, die in seinem Hause ist. Und wenn der Brief bei euch 16 gelesen ist, so machet, daß er auch in der Versammlung der Laodicäer gelesen werde, und daß auch i h r den aus Laodicäa leset; und saget Archip- 17 pus: Sieh auf den Dienst, den du im Herrn empfangen hast, daß du ihn erfüllest. Der Gruß mit meiner, des Pau- 18 lus, Hand. Gedenket meiner Bande. Die Gnade sei mit euch!

Der erste Brief an die Thessalonicher

1 Paulus und Silvanus und Timotheus der Versammlung der Thessalonicher in Gott, dem Vater, und dem Herrn Jesus Christus: Gnade euch und Friede!

2 Wir danken Gott allezeit für euch alle, indem wir euer erwähnen in un-

3 seren Gebeten, unablässig eingedenk eures Werkes des Glaubens und der Bemühung der Liebe und des Ausharrens der Hoffnung auf unseren Herrn Jesus Christus *i*, vor unserem

4 Gott und Vater, wissend, von Gott geliebte Brüder, eure Auserwählung.

5 Denn unser Evangelium war nicht bei euch *j* im Worte allein, sondern auch in Kraft und im Heiligen Geiste und in großer Gewißheit, wie ihr wisset, was *k* wir unter euch waren um

6 euretwillen. Und ihr seid unsere Nachahmer geworden und des Herrn, in-

dem ihr das Wort aufgenommen habt in vieler Drangsal mit Freude *des* Heiligen Geistes, sodaß ihr allen Gläu- 7 bigen in Macedonien und in Achaja zu Vorbildern geworden seid. Denn 8 von euch aus ist das Wort des Herrn erschollen, nicht allein in Macedonien und in Achaja, sondern an jedem Orte ist euer Glaube an Gott ausgebreitet worden, sodaß wir nicht nötig haben, etwas zu sagen. Denn sie selbst 9 verkündigen von uns, welchen Eingang wir bei euch hatten, und wie ihr euch von den Götzenbildern zu Gott bekehrt habt, dem *l* lebendigen und wahren Gott zu dienen und seinen 10 Sohn aus den Himmeln zu erwarten, den er aus den Toten auferweckt hat — Jesum, der uns errettet *m* von dem kommenden Zorn.

---

a O. wohnen in aller Weisheit, indem ihr euch. — *b* d. h. im Geiste der Gnade. — *c* W. den. — *d* W. die. — *e* O. Sklaven. — *f* O. Mitsklave. — *g* O. Vetter. — *h* O. Sklave. — *i* W. unseres Herrn Jesus Christus. — *j* O. war nicht zu euch gekommen. — *k* Eig. was für welche. — *l* O. einem. — *m* O. befreit.

2 Denn ihr selbst wisset, Brüder, unseren Eingang bei euch, daß er nicht
2 vergeblich war; sondern nachdem wir in Philippi zuvor gelitten hatten und mißhandelt worden waren, wie ihr wisset, waren wir freimütig in unserem Gott, das Evangelium Gottes zu euch zu reden unter großem Kampf *a*.
3 Denn unsere Ermahnung war *b* nicht aus Betrug, noch aus Unreinigkeit,
4 noch mit List; sondern so, wie wir von Gott bewährt worden sind, mit dem Evangelium betraut zu werden, also reden wir, nicht um Menschen zu gefallen, sondern Gott, der unsere
5 Herzen prüft. Denn niemals sind wir mit einschmeichelnder Rede umgegangen, wie ihr wisset, noch mit einem Vorwande für Habsucht, Gott *ist* Zeu-
6 ge; noch suchten wir Ehre von Menschen, weder von euch, noch von anderen, wiewohl wir als Christi Apo-
7 stel *euch* zur Last sein konnten; sondern wir sind in eurer Mitte zart gewesen, wie eine nährende Frau ihre
8 eigenen Kinder pflegt. Also, da wir ein sehnliches Verlangen nach euch haben *c*, gefiel es uns wohl, euch nicht allein das Evangelium Gottes, sondern auch unser eigenes Leben mitzuteilen, weil ihr uns lieb geworden waret.
9 Denn ihr gedenket, Brüder, an unsere Mühe und Beschwerde: Nacht und Tag arbeitend, um niemand von euch beschwerlich zu fallen, haben wir euch
10 das Evangelium Gottes gepredigt. Ihr seid Zeugen und Gott, wie göttlich *d* und gerecht und untadelig wir gegen
11 euch, die Glaubenden, waren; gleichwie ihr wisset, wie wir jeden einzelnen von euch, wie ein Vater seine eigenen Kinder, euch ermahnt und
12 getröstet und *euch* bezeugt haben, daß ihr wandeln sollet würdig des Gottes, der euch zu seinem eigenen Reiche und seiner eigenen Herrlichkeit beruft.
13 Und darum danken wir auch Gott unablässig, daß, als ihr von uns das Wort der Kunde Gottes empfinget, ihr es nicht als Menschenwort aufnahmet, sondern, wie es wahrhaftig ist, als Gottes Wort, das auch in euch, den Glau-
14 benden, wirkt. Denn, Brüder, ihr seid Nachahmer der Versammlungen Gottes geworden, die in Judäa sind in Christo Jesu, weil auch ihr dasselbe von den eigenen Landsleuten erlitten habt, wie auch jene von den Juden,
15 die sowohl den Herrn Jesus als auch die Propheten getötet und uns durch Verfolgung weggetrieben haben, und Gott nicht gefallen und allen Men-
16 schen entgegen sind, indem sie uns wehren, zu den Nationen zu reden, auf daß sie errettet werden, damit sie ihre Sünden allezeit vollmachen; aber der Zorn ist völlig *e* über sie gekommen.
17 Wir aber, Brüder, da wir für kurze Zeit von euch verwaist waren, dem

Angesicht, nicht dem Herzen nach, haben uns umsomehr befleißigt, euer Angesicht zu sehen, mit großem Ver-
18 langen. Deshalb wollten wir zu euch kommen, (ich, Paulus, nämlich) einmal und zweimal, und der Satan hat
19 uns verhindert. Denn wer ist unsere Hoffnung oder Freude oder Krone des Ruhmes? Nicht auch *f* ihr vor unserem Herrn Jesus bei seiner Ankunft?
20 Denn i h r seid unsere Herrlichkeit und Freude.

3 Deshalb, da wir es nicht länger aushalten konnten, gefiel es uns, in Athen
2 allein gelassen zu werden, und wir sandten Timotheus, unseren Bruder und Mitarbeiter Gottes *g* in dem Evangelium des Christus, um euch zu befestigen und zu trösten *h* eures Glau-
3 bens halber, auf daß niemand wankend werde in diesen Drangsalen. (Denn ihr selbst wisset, daß wir dazu
4 gesetzt sind; denn auch als wir bei euch waren, sagten wir euch vorher, daß wir Drangsale haben würden, wie es auch
5 geschehen ist und ihr wisset.) Darum auch, da ich es nicht länger aushalten konnte, sandte ich, um euren Glauben zu erfahren, ob nicht etwa der Versucher euch versucht habe und unsere
6 Arbeit *i* vergeblich gewesen sei. Da jetzt aber *j* Timotheus von euch zu uns gekommen ist und uns die gute Botschaft von eurem Glauben und eurer Liebe verkündigt hat, und daß ihr uns allezeit in gutem Andenken habt, indem euch sehr verlangt, uns zu sehen,
7 gleichwie auch uns euch: deswegen, Brüder, sind wir in all unserer Not und Drangsal über euch getröstet worden durch euren Glauben; denn jetzt
8 leben wir, wenn ihr feststehet im Herrn.
9 Denn was für Dank können wir Gott für euch vergelten über all der Freude, womit wir uns euretwegen freuen
10 vor unserem Gott; indem wir Nacht und Tag über die Maßen flehen, daß wir euer Angesicht sehen und vollenden *k* mögen, was an eurem Glauben
11 mangelt? Unser Gott und Vater selbst aber und unser Herr Jesus richte unseren Weg zu euch. Euch aber mache
12 der Herr völlig und überströmend in der Liebe gegeneinander und gegen alle, (gleichwie auch wir gegen euch sind) um eure Herzen tadellos in
13 Heiligkeit zu befestigen vor unserem Gott und Vater, bei der Ankunft unseres Herrn Jesus mit allen seinen Heiligen.

4 Uebrigens nun, Brüder, bitten und ermahnen wir euch in dem Herrn Jesus, wie ihr von uns empfangen habt, in welcher Weise ihr wandeln und Gott gefallen sollt, wie ihr auch wandelt, daß ihr reichlicher zunehmet.
2 Denn ihr wisset, welche Gebote wir euch gegeben haben durch den Herrn Jesus. Denn dies ist Gottes Wille *l*, daß ihr euch der

---

a O. großer Anstrengung. — *b* O. ist. — *c* O. von Liebe zu euch erfüllt sind. — *d* O. rein, heilig. — *e* W. bis zum Ende. — *f* O. gerade. — *g* O. unter Gott. — *h* O. zu ermuntern. — *i* O. Mühe. — *j* O. Jetzt aber, da. — *k* O. zurechtbringen, berichtigen. — *l* O. Heiligung; eig. Geheiligtsein; so auch V. 4. 7.

4 Hurerei enthaltet, daß ein jeder von euch sein eigenes Gefäß in Heiligkeit und Ehrbarkeit zu besitzen *a* wisse,
5 nicht in Leidenschaft der Lust, wie auch die Nationen, die Gott nicht ken-
6 nen; daß er seinen Bruder nicht übersehe *b* noch hintergehe in der Sache, weil der Herr Rächer ist über dies alles, wie wir euch auch zuvor gesagt
7 und ernstlich bezeugt haben. Denn Gott hat uns nicht zur Unreinigkeit
8 berufen, sondern in Heiligkeit. Deshalb nun, wer *dies* verachtet, verachtet nicht einen Menschen, sondern Gott, der euch auch seinen Heiligen Geist gegeben hat.
9 Was aber die Bruderliebe betrifft, so habt ihr nicht nötig, daß wir euch schreiben, denn ihr selbst seid von
10 Gott gelehrt, einander zu lieben; denn das tut ihr auch gegen alle Brüder, die in ganz Macedonien sind. Wir ermahnen euch aber, Brüder, reichlicher
11 zuzunehmen und euch zu beeifern *c*, still zu sein und eure eigenen Geschäfte zu tun und mit euren [eigenen] Händen zu arbeiten, so wie wir
12 euch geboten haben, auf daß ihr ehrbarlich *d* wandelt gegen die, *welche* draußen *sind*, und niemandes *e* bedürfet.
13 Wir wollen aber nicht, Brüder, daß ihr, was die Entschlafenen betrifft, unkundig seid, auf daß ihr euch nicht betrübet wie auch die übrigen, die kei-
14 ne Hoffnung haben. Denn wenn wir glauben, daß Jesus gestorben und auferstanden ist, also wird auch Gott die durch Jesum Entschlafenen mit ihm
15 bringen. (Denn dieses sagen wir euch im Worte *des* Herrn, daß wir, die Lebenden, die übrigbleiben bis zur Ankunft des Herrn, den Entschlafenen keineswegs zuvorkommen werden.
16 Denn der Herr selbst wird mit gebietendem Zuruf, mit der Stimme eines Erzengels und mit der Posaune *f* Gottes herniederkommen vom Himmel, und die Toten in Christo werden zu-
17 erst auferstehen; danach werden wir, die Lebenden, die übrigbleiben, zugleich mit ihnen entrückt werden in Wolken dem Herrn entgegen in die Luft; und also werden wir allezeit bei
18 *dem* Herrn sein. So ermuntert *g* nun einander mit diesen Worten.) *Was

5 aber die Zeiten und Zeitpunkte betrifft, Brüder, so habt ihr nicht nö-
2 tig, daß euch geschrieben werde. Denn ihr selbst wisset genau, daß der Tag *des* Herrn also kommt wie ein
3 Dieb in der Nacht. Wenn sie sagen: Friede und Sicherheit! dann kommt

ein plötzliches Verderben über sie, gleichwie die Geburtswehen über die Schwangere; und sie werden nicht entfliehen.
4 Ihr aber, Brüder, seid nicht in Finsternis, daß euch der Tag wie ein
5 Dieb ergreife; denn ihr alle seid Söhne des Lichtes und Söhne des Tages; wir sind nicht von der Nacht, noch von
6 der Finsternis. Also laßt uns nun nicht schlafen wie die übrigen, sondern wachen und nüchtern sein. Denn
7 die da schlafen, schlafen des Nachts, und die da trunken sind, sind des Nachts trunken. Wir aber, die von
8 *dem* Tage sind, laßt uns nüchtern sein, angetan mit dem Brustharnisch des Glaubens und der Liebe und als Helm mit der Hoffnung der Seligkeit *h*. Denn
9 Gott hat uns nicht zum Zorn gesetzt, sondern zur Erlangung der Seligkeit *h* durch unseren Herrn Jesus Christus,
10 der für uns gestorben ist, auf daß wir, sei es daß wir wachen oder schlafen, zusammen mit ihm leben. Deshalb er-
11 muntert einander und erbauet einer den anderen, wie ihr auch tut.
12 Wir bitten euch aber, Brüder, daß ihr die erkennet, die unter euch arbeiten und euch vorstehen im Herrn
13 und euch zurechtweisen, und daß ihr sie über die Maßen in Liebe achtet, um ihres Werkes willen. Seid in Frie-
14 den untereinander. Wir ermahnen euch aber, Brüder: Weiset die Unordentlichen zurecht, tröstet die Kleinmütigen, nehmet euch der Schwachen
15 an, seid langmütig gegen alle. Sehet zu, daß niemand Böses mit Bösem jemand vergelte, sondern strebet alle-
16 zeit dem Guten nach gegeneinander
17 und gegen alle. Freuet euch allezeit;
18 betet unablässig; danksaget in allem, denn dieses ist der Wille Gottes in Christo Jesu gegen euch. Den
19 Geist löschet nicht aus *i*; Weissagun-
20 gen verachtet nicht; prüfet aber alles,
21 das Gute haltet fest. Von aller Art
22 des Bösen haltet euch fern.
23 Er selbst aber, der Gott des Friedens, heilige euch völlig; und euer ganzer Geist und Seele und Leib werde *j* tadellos bewahrt bei der Ankunft
24 unseres Herrn Jesus Christus. Treu ist, der euch ruft; der wird es auch tun.
25 Brüder, betet für uns. Grüßet alle
26 Brüder mit heiligem Kuß. Ich be-
27 schwöre euch bei dem Herrn, daß der Brief allen [heiligen] Brüdern vorge-
28 lesen werde. Die Gnade unseres Herrn Jesus Christus sei mit euch!

---

a O. zu erwerben. — *b* W. übertrete, d. h. seines Bruders Rechte. — *c* O. eure Ehre dareinzusetzen. — *d* O, anständig. — *e* O. nichts. — *f* O. Trompete. — *g* O. tröstet; so auch Kap. 5, 11. — *h* O. Errettung. — *i* O. unterdrücket, dämpfet nicht. — *j* O. und euer Geist und Seele und Leib werde gänzlich.

Der zweite Brief an die Thessalonicher

1 Paulus und Silvanus und Timotheus der Versammlung der Thessalonicher in Gott, unserem Vater, und dem 2 Herrn Jesus Christus: Gnade euch und Friede von Gott, unserem Vater, und dem Herrn Jesus Christus!

3 Wir sind schuldig, Brüder, Gott allezeit für euch zu danken, wie es billig ist, weil euer Glaube überaus wächst, und die Liebe jedes einzelnen von euch allen gegeneinander überströ4mend ist, sodaß wir selbst uns euer rühmen in den Versammlungen Gottes wegen eures Ausharrens und Glaubens *a* in allen euren Verfolgungen 5 und Drangsalen, die ihr erduldet; ein offenbares Zeichen *b* des gerechten Gerichts Gottes, daß ihr würdig geachtet werdet *c* des Reiches Gottes, um des6sentwillen ihr auch leidet: wenn es anders bei Gott gerecht ist, Drangsal zu vergelten denen, die euch bedrängen, 7 und euch, die ihr bedrängt werdet, Ruhe mit uns bei der Offenbarung des Herrn Jesus vom Himmel, mit den 8 Engeln seiner Macht, in flammendem Feuer, wenn er Vergeltung gibt denen, die Gott nicht kennen, und denen, die dem Evangelium unseres Herrn Jesus Christus nicht gehorchen; 9 welche Strafe leiden werden, ewiges Verderben vom *d* Angesicht des Herrn und von der Herrlichkeit seiner Stär10ke, wenn er kommen wird, um an jenem Tage verherrlicht zu werden in seinen Heiligen und bewundert in allen denen, die geglaubt haben; denn unser Zeugnis bei *e* euch ist geglaubt 11 worden. Weshalb wir auch allezeit für euch beten, auf daß unser Gott euch würdig erachte der Berufung und erfülle alles Wohlgefallen *seiner* Gütigkeit und das Werk des Glau12bens in Kraft, damit der Name unseres Herrn Jesus [Christus] verherrlicht werde in euch, und ihr in ihm, nach der Gnade unseres Gottes und des Herrn Jesus Christus.

2 Wir bitten euch aber, Brüder, wegen der Ankunft unseres Herrn Jesus Christus und unseres Versammeltwer2dens zu ihm hin, daß ihr nicht schnell erschüttert werdet in der Gesinnung *f*, noch erschreckt, weder durch Geist, noch durch Wort, noch durch Brief als durch uns, als ob der Tag des Herrn 3 da wäre. Laßt euch von niemand auf irgend eine Weise verführen, denn *dieser Tag kommt nicht*, es sei denn,

daß zuerst der Abfall komme und geoffenbart worden sei der Mensch der Sünde, der Sohn des Verderbens, welcher widersteht und sich selbst erhöht 4 über *g* alles, was Gott heißt oder ein Gegenstand der Verehrung ist *h*, sodaß er sich in den Tempel *i* Gottes setzt und sich selbst darstellt, daß er Gott sei. Erinnert ihr euch nicht, daß ich 5 dies zu euch sagte, als ich noch bei euch war? Und jetzt wisset ihr, was 6 zurückhält, daß er zu seiner Zeit geoffenbart werde. Denn schon ist das 7 Geheimnis der Gesetzlosigkeit wirksam; nur ist jetzt der, welcher zurückhält, bis er aus dem Wege ist, und 8 dann wird der Gesetzlose geoffenbart werden, den der Herr Jesus verzehren *j* wird durch den Hauch seines Mundes und vernichten durch die Erscheinung seiner Ankunft, *ihn*, dessen 9 Ankunft nach der Wirksamkeit des Satans ist, in aller Macht und *allen* Zeichen und Wundern der Lüge und in 10 allem *k* Betrug der Ungerechtigkeit denen, die verloren gehen, darum daß sie die Liebe zur Wahrheit nicht annahmen, damit sie errettet würden. Und deshalb sendet ihnen Gott eine 11 wirksame Kraft *l* des Irrwahns, daß sie der Lüge glauben, auf daß alle ge-12richtet werden, die der Wahrheit nicht geglaubt, sondern Wohlgefallen gefunden haben an der Ungerechtigkeit.

Wir aber sind schuldig, Gott allezeit 13 für euch zu danken, vom Herrn geliebte Brüder, daß Gott euch von Anfang erwählt hat zur Seligkeit *m* in Heiligung *n* des Geistes und im Glauben an die Wahrheit, wozu er euch 14 berufen hat durch unser Evangelium, zur Erlangung der Herrlichkeit unseres Herrn Jesus Christus. Also nun, 15 Brüder, stehet fest und haltet die Ueberlieferungen *o*, die ihr gelehrt worden seid, sei es durch Wort oder durch unseren Brief. Er selbst aber, 16 unser Herr Jesus Christus, und unser Gott und Vater, der uns geliebt und *uns* ewigen Trost und gute Hoffnung gegeben hat durch *die* Gnade, tröste 17 eure Herzen und befestige [euch] in jedem guten Werk und Wort.

Uebrigens, Brüder, betet für uns, **3** daß das Wort des Herrn laufe und verherrlicht werde, wie auch bei euch, und daß wir errettet werden von den 2 schlechten und bösen Menschen; denn der Glaube *p* *ist* nicht aller *Teil*. Der 3

---

a O. *eurer* Treue. — *b* O. ein Beweis. — *c* O. werden sollt. — *d* O. hinweg vom. — *e* O. an. — *f* O. außer Fassung gebracht werdet. — *g* O. gegen. — *h* O. was Gott oder Gegenstand der Verehrung heißt. — *i* das Heiligtum; vergl. die Anm. zu Matth. 4, 5. — *j* O. nach and. Les.: hinwegtun, töten. — *k* d. h. in jeder Art von. — *l* O. eine Wirksamkeit. — *m* O. Errettung. — *n* Eig. im Geheiligtsein. — *o* O. Unterweisungen; so auch Kap. 3, 6. — *p* O. die Treue.

Herr aber ist treu, der euch befestigen und vor dem Bösen bewahren wird.
4 Wir haben aber im Herrn das Vertrauen zu euch, daß ihr, was wir gebieten, sowohl tut als auch tun wer-
5 det. Der Herr aber richte eure Herzen zu der Liebe Gottes und zu dem Ausharren des Christus!
6 Wir gebieten euch aber, Brüder, im Namen unseres Herrn Jesus Christus, daß ihr euch zurückziehet von jedem Bruder, der unordentlich wandelt, und nicht nach der Ueberlieferung, die er
7 von uns empfangen hat. Denn ihr selbst wisset, wie ihr uns nachahmen sollt; denn wir haben nicht unordent-
8 lich unter euch gewandelt, noch haben wir von jemand Brot umsonst gegessen, sondern wir haben mit Mühe und Beschwerde Nacht und Tag gearbeitet, um nicht jemand von euch beschwer-
9 lich zu fallen. Nicht daß wir nicht das Recht *dazu* haben, sondern auf daß wir uns selbst euch zum Vorbilde gä-
10 ben, damit ihr uns nachahmet. Denn auch als wir bei euch waren, geboten

wir euch dieses: Wenn jemand nicht arbeiten will, so soll er auch nicht essen. Denn wir hören, daß etliche 11 unter euch unordentlich wandeln, indem sie nichts arbeiten, sondern fremde Dinge treiben. Solchen aber gebieten 12 wir und ermahnen sie in dem Herrn Jesus Christus, daß sie, in der Stille arbeitend, ihr eigenes Brot essen. Ihr 13 aber, Brüder, ermattet nicht *a* im Gutestun *b*. Wenn aber jemand unserem 14 Wort durch den Brief nicht gehorcht, den bezeichnet und habet keinen Umgang mit ihm, auf daß er beschämt werde; und achtet ihn nicht als einen 15 Feind, sondern weiset ihn zurecht als einen Bruder.

Er selbst aber, der Herr des Frie-16 dens, gebe euch den Frieden immerdar auf alle Weise! Der Herr sei mit euch allen!

Der Gruß mit meiner, des Paulus, 17 Hand, welches das Zeichen in jedem Briefe ist; so schreibe ich. Die Gnade 18 unseres Herrn Jesus Christus sei mit euch allen!

Der erste Brief an Timotheus

1 Paulus, Apostel Jesu Christi *c*, nach Befehl Gottes, unseres Heilandes, und
2 Christi Jesu, unserer Hoffnung, Timotheus, *meinem* echten Kinde im Glauben: Gnade, Barmherzigkeit, Friede von Gott, dem Vater, und Christo Jesu, unserem Herrn!
3 So wie ich dich bat, als ich nach Macedonien reiste, in Ephesus zu bleiben, auf daß du etlichen gebötest, nicht
4 andere Lehren zu lehren, noch mit Fabeln und endlosen Geschlechtsregistern sich abzugeben, die mehr Streitfragen hervorbringen, als die Verwaltung Gottes *fördern*, die im Glauben
5 ist... Das Endziel des Gebotes *d* aber ist: Liebe aus reinem Herzen und gutem Gewissen und ungeheucheltem
6 Glauben, wovon etliche abgeirrt sind und sich zu eitelm Geschwätz gewandt
7 haben; die Gesetzlehrer sein wollen und nicht verstehen, weder was sie sagen, noch was sie fest behaupten.
8 Wir wissen aber, daß das Gesetz gut ist, wenn jemand es gesetzmäßig ge-
9 braucht, indem er dies weiß, daß für einen Gerechten *das* Gesetz nicht bestimmt ist, sondern für Gesetzlose und Zügellose, für Gottlose und Sünder, für Heillose *e* und Ungöttliche, Vaterschläger und Mutterschläger, Men-
10 schenmörder, Hurer, Knabenschänder, Menschenräuber, Lügner, Meineidige, und wenn etwas anderes der gesunden
11 Lehre zuwider ist, nach dem Evangelium der Herrlichkeit des seligen Gottes, welches mir anvertraut worden ist.

[Und] ich danke *f* Christo Jesu, unse-12 rem Herrn, der mir Kraft verliehen, daß er mich treu erachtet hat, indem er den in den Dienst stellte, der zuvor ein Lästerer und Verfolger und Gewalttäter war; aber mir ist Barmherzigkeit zuteil geworden, weil ich es unwissend im Unglauben tat. Ueber die 14 Maßen aber ist die Gnade unseres Herrn überströmend geworden mit Glauben und Liebe, die in Christo Jesu sind *g*. Das Wort ist gewiß *h* und aller Annah-15 me wert, daß Christus Jesus in die Welt gekommen ist, Sünder zu erretten, von welchen i ch der erste bin. Aber dar-16 um ist mir Barmherzigkeit zuteil geworden, auf daß an mir, dem ersten, Jesus Christus die ganze Langmut erzeige, zum Vorbild für die *i*, welche an ihn glauben werden zum ewigen Leben. Dem Könige der Zeitalter aber, 17 dem unverweslichen, unsichtbaren, alleinigen Gott, sei Ehre und Herrlichkeit von Ewigkeit zu Ewigkeit *j*! Amen.

Dieses Gebot vertraue ich dir an, 18 *mein* Kind Timotheus, nach den vorangegangenen Weissagungen über dich, auf daß du durch dieselben den guten Kampf kämpfest, indem du *den* Glau-19 ben bewahrst und ein gutes Gewissen, welches etliche von sich gestoßen und *so*, was den Glauben betrifft, Schiffbruch gelitten haben; unter welchen 20 Hymenäus ist und Alexander, die ich dem Satan überliefert habe, auf daß sie durch Zucht unterwiesen würden, nicht zu lästern.

---

a O. werdet nicht mutlos. — *b* O. das Rechte zu tun. — *c* O. nach and. Les.: Christi Jesu. — *d* Vergl. V. 3. — *e* O. Unheilige. — *f* Eig. bin dankbar. — *g* O. ist. — *h* O. zuverlässig, treu; so auch Kap. 3, 1; 4, 9 usw. — *i* O. als Beispiel derer. — W. in die Zeitalter der Zeitalter.

2 Ich ermahne nun vor allen Dingen, daß Flehen, Gebete, Fürbitten, Danksagungen getan werden für alle Men-
2 schen, für Könige und alle, die in Hoheit sind, auf daß wir ein ruhiges und stilles Leben führen mögen in aller Gottseligkeit und würdigem Ernst.
3 Denn dieses ist gut und angenehm vor
4 unserem Heiland · Gott, welcher will, daß alle Menschen errettet werden und zur Erkenntnis der Wahrheit
5 kommen. Denn Gott ist einer, und einer Mittler *a* zwischen Gott und Menschen, *der* Mensch Christus Jesus,
6 der sich selbst gab zum Lösegeld für alle, wovon das Zeugnis zu seiner Zeit *b*
7 *verkündigt werden sollte,* wozu ich bestellt worden bin als Herold *c* und Apostel, (ich sage die Wahrheit, ich lüge nicht) ein Lehrer der Nationen, in Glauben und Wahrheit.
8 Ich will nun, daß die Männer an jedem Orte beten, indem sie heilige *d* Hände aufheben, ohne Zorn und zwei-
9 felnde Ueberlegung. Desgleichen auch, daß die Weiber in bescheidenem *e* Aeußern *f* mit Schamhaftigkeit und Sittsamkeit *g* sich schmücken, nicht mit Haarflechten und Gold oder Per-
10 len oder kostbarer Kleidung, sondern was Weibern geziemt, die sich zur Gottesfurcht bekennen, durch gute
11 Werke. Ein Weib lerne in der Stille
12 in aller Unterwürfigkeit. Ich erlaube aber einem Weibe nicht, zu lehren, noch über den Mann zu herrschen, son-
13 dern still zu sein, denn Adam wurde
14 zuerst gebildet, danach Eva; und Adam wurde nicht betrogen, das Weib aber wurde betrogen und fiel in Uebertre-
15 tung. Sie wird aber gerettet werden in Kindesnöten, wenn sie bleiben in Glauben und Liebe und Heiligkeit *h* mit Sittsamkeit.

3 Das Wort ist gewiß: Wenn jemand nach einem Aufseherdienst trachtet, so
2 begehrt er ein schönes Werk. Der Aufseher nun muß untadelig sein, eines Weibes Mann, nüchtern, besonnen *i*,
3 sittsam, gastfrei, lehrfähig; nicht dem Wein ergeben, kein Schläger, sondern gelinde, nicht streitsüchtig, nicht geld-
4 liebend, der dem eigenen Hause wohl vorsteht, der *seine* Kinder in Unterwürfigkeit hält mit allem würdigen
5 Ernst, (wenn aber jemand dem eigenen Hause nicht vorzustehen weiß, wie wird er die Versammlung Gottes besorgen?)
6 nicht ein Neuling, auf daß er nicht, aufgebläht, ins Gericht des Teufels ver-
7 falle *j*. Er muß aber auch ein gutes Zeugnis haben von denen, *die* draußen *sind,* auf daß er nicht in Schmach und in *den* Fallstrick des Teufels verfalle.

Die Diener *k* desgleichen, würdig, 8 nicht doppelzüngig, nicht vielem Wein ergeben, nicht schändlichem Gewinn nachgehend, die das Geheimnis des 9 Glaubens in reinem Gewissen bewahren. Laß diese aber auch zuerst er- 10 probt werden, dann laß sie dienen, wenn sie untadelig sind. Die Weiber 11 desgleichen, würdig, nicht verleumderisch, nüchtern, treu in allem. Die 12 Diener seien eines Weibes Mann, die *ihren* Kindern und den eigenen Häusern wohl vorstehen; denn die, wel- 13 che wohl gedient haben, erwerben sich eine schöne Stufe und viel Freimütigkeit im Glauben, der in Christo Jesu ist.

Dieses schreibe ich dir in der Hoff- 14 nung, bald *l* zu dir zu kommen; wenn 15 ich aber zögere, auf daß du wissest, wie man sich verhalten soll im Hause Gottes, welches die Versammlung des lebendigen Gottes ist, der Pfeiler und die Grundfeste *m* der Wahrheit. Und 16 anerkannt groß ist das Geheimnis der Gottseligkeit: Gott ist geoffenbart worden im Fleische, gerechtfertigt *n* im Geiste, gesehen von den Engeln *o*, gepredigt unter den Nationen, geglaubt in der Welt, aufgenommen in Herrlichkeit.

4 Der Geist aber sagt ausdrücklich, daß in späteren *p* Zeiten etliche von dem Glauben abfallen werden, indem sie achten auf betrügerische *q* Geister 2 und Lehren von Dämonen, die in Heuchelei Lügen reden *und r* betreffs des eigenen Gewissens wie mit einem Brenneisen gehärtet *s* sind, verbieten 3 zu heiraten, *und gebieten,* sich von Speisen zu enthalten, welche Gott geschaffen hat zur Annehmung mit Danksagung für die, welche glauben und die Wahrheit erkennen *t*. Denn jedes Ge- 4 schöpf Gottes ist gut und nichts verwerflich, wenn es mit Danksagung genommen wird; denn es wird geheiligt 5 durch Gottes Wort und durch Gebet. Wenn du dieses den Brüdern vor- 6 stellst, so wirst du ein guter Diener Christi Jesu sein, auferzogen *u* durch die Worte des Glaubens und der guten Lehre, welcher du genau gefolgt bist *v*. Die ungöttlichen und altweibi- 7 schen Fabeln aber weise ab, übe dich aber zur Gottseligkeit; denn die leib- 8 liche Uebung ist zu wenigem nütze, die Gottseligkeit aber ist zu allen Dingen nütze, indem sie die Verheißung des Lebens hat, des jetzigen und des zukünftigen. Das Wort ist gewiß 9 und aller Annahme wert; denn für 10 dieses arbeiten wir und werden geschmäht, weil wir auf einen lebendigen Gott hoffen, der ein Erhalter aller

---

a O. da ist ein Gott und ein Mittler. — *b* W. zu seinen Zeiten. — *c* O. Prediger. — *d* O. reine, fromme. — *e* O. anständigem, ehrbarem. — *f* O. Auftreten. — *g* O. Besonnenheit, gesunden Sinn; so auch V. 15. — *h* Eig. Geheiligtsein. — *i* O. gesunden Sinnes. — *j* d. h. sich überhebe wie der Teufel, und so unter dasselbe Strafurteil Gottes falle. — *k* Griech.: Diakonen; so auch V. 12. — *l* Eig. bälder. — *m* O. Stütze. — *n* O. nach and. Les.: Er, der geoffenbart worden im Fleische, ist gerechtfertigt usw. — *o* Eig. erschienen den Engeln. — *p* O. künftigen. — *q* O. verführerische. — *r* O. viell.: durch die Heuchelei von Lügenrednern, die. — *s* O. an ihrem eigenen Gewissen gebrandmarkt. — *t* O. anerkennen. — *u* O. genährt. — *v* O. welche du genau erkannt hast; vergl. 2. Tim. 3, 10.

11 Menschen ist, besonders der Gläubi-
12 gen. Dieses gebiete und lehre. Niemand verachte deine Jugend, sondern
sei ein Vorbild der Gläubigen in Wort,
in Wandel, in Liebe, in Glauben, in
13 Keuschheit*a*. Bis ich komme, halte an
mit dem*b* Vorlesen, mit dem Ermah-
14 nen, mit dem Lehren. Vernachlässige
nicht die Gnadengabe in dir, welche
dir gegeben worden ist durch Weissagung mit Hände-Auflegen der Ael-
15 testenschaft. Bedenke*c* dieses sorgfältig; lebe darin, auf daß deine Fort-
16 schritte allen offenbar seien. Habe
acht auf dich selbst und auf die Lehre*d*; beharre in diesen Dingen*e*; denn
wenn du dieses tust, so wirst du sowohl dich selbst erretten als auch die,
welche dich hören.

5 Einen älteren *Mann* fahre nicht hart
an, sondern ermahne ihn als einen Va-
2 ter, jüngere als Brüder; ältere Frauen
als Mütter, jüngere als Schwestern, in
3 aller Keuschheit*a*. Ehre die Witwen,
4 die wirklich Witwen sind. Wenn aber
eine Witwe Kinder oder Enkel hat,
so mögen sie zuerst lernen, gegen das
eigene Haus fromm zu sein und den
Eltern Gleiches zu vergelten; denn
5 dieses ist angenehm vor Gott. Die aber
wirklich Witwe und vereinsamt ist,
hofft auf Gott und verharrt in dem
Flehen und den Gebeten Nacht und
6 Tag. Die aber in Üppigkeit*f* lebt,
7 ist lebendig tot. Und dies gebiete, auf
8 daß sie untadelich seien. Wenn aber
jemand für die Seinigen und besonders für die Hausgenossen nicht sorgt,
so hat er den Glauben verleugnet und
9 ist schlechter als ein Ungläubiger. Eine
Witwe werde verzeichnet*g*, wenn sie
nicht weniger als sechzig Jahre alt ist,
10 eines Mannes Weib *war*, ein Zeugnis hat in guten Werken, wenn sie
Kinder auferzogen, wenn sie Fremde
beherbergt, wenn sie der Heiligen Füße gewaschen, wenn sie Bedrängten
Hilfe geleistet hat, wenn sie jedem
11 guten Werke nachgegangen ist. Jüngere Witwen aber weise ab; denn
wenn sie üppig geworden sind wider
12 Christum, so wollen sie heiraten und
fallen *dem* Urteil anheim, weil*h* sie
den ersten Glauben verworfen haben.
13 Zugleich aber lernen sie auch müßig
sein, umherlaufend in den Häusern;
nicht allein aber müßig, sondern auch
geschwätzig und vorwitzig, indem sie
14 reden was sich nicht geziemt*i*. Ich
will nun, daß jüngere *Witwen* heiraten, Kinder gebären, Haushaltung führen, dem Widersacher keinen Anlaß
15 geben der Schmähung halber; denn
schon haben sich etliche abgewandt,
16 dem Satan nach. Wenn ein Gläubiger
oder eine Gläubige Witwen hat, so leiste er ihnen Hilfe, und die Versamm-

lung werde nicht beschwert, auf daß
sie denen Hilfe leiste, die wirklich
Witwen sind.

17 Die Aeltesten, welche wohl vorstehen, laß doppelter Ehre würdig geachtet werden, sonderlich die da ar-
18 beiten in Wort und Lehre*j*. Denn die
Schrift sagt: „Du sollst den Ochsen,
der da drischt, nicht das Maul verbinden"*k* und: „Der Arbeiter ist seines
19 Lohnes wert".*l* Wider einen Aeltesten
nimm keine Klage an, außer bei zwei
20 oder drei Zeugen. Die da sündigen
überführe vor allen, auf daß auch die
21 übrigen Furcht haben. Ich bezeuge
ernstlich vor Gott und Christo Jesu
und den auserwählten Engeln, daß du
diese Dinge ohne Vorurteil beobachtest, indem du nichts nach Gunst tust.
22 Die Hände lege niemand schnell
auf und habe nicht teil an fremden
Sünden. Bewahre dich selbst keusch*m*.
23 Trinke nicht länger nur Wasser, sondern gebrauche ein wenig Wein, um
deines Magens und deines häufigen
24 Unwohlseins*n* willen. Von etlichen
Menschen sind die Sünden vorher offenbar und gehen voraus zum Gericht,
25 etlichen aber folgen sie auch nach.
Desgleichen sind auch die guten Werke vorher offenbar, und die, welche
anders sind, können nicht verborgen
bleiben.

6 Alle, welche*o* Knechte*p* unter dem
Joche sind, sollen ihre eigenen Herren*q* aller Ehre würdig achten, auf
daß nicht der Name Gottes und die
2 Lehre verlästert werde. Die aber, welche gläubige Herren*q* haben, sollen
dieselben nicht verachten, weil sie Brüder sind, sondern *ihnen* vielmehr dienen, weil sie Treue*r* und Gläubige
3 sind, welche die Wohltat empfangen*s*.
Dieses lehre und ermahne. Wenn jemand anders lehrt und nicht beitritt
den gesunden Worten, die unseres
Herrn Jesus Christus sind, und der
Lehre, die nach der Gottseligkeit ist,
4 so ist er aufgeblasen und weiß nichts,
sondern ist krank an Streitfragen und
Wortgezänken, aus welchen entsteht:
Neid, Hader, Lästerungen, böse Ver-
5 dächtigungen, beständige Zänkereien
von Menschen, die an der Gesinnung
verderbt und von der Wahrheit entblößt sind, welche meinen, die Gottseligkeit sei ein *Mittel zum* Gewinn.
6 Die Gottseligkeit aber mit Genügsam-
7 keit ist ein großer Gewinn; denn wir
haben nichts in die Welt hereinge-
bracht, [so ist es offenbar,] daß wir
auch nichts hinausbringen können.
8 Wenn wir aber Nahrung und Bedek-
kung haben, so wollen wir uns daran
9 genügen lassen*t*. Die aber reich werden wollen, fallen in Versuchung und
Fallstrick und in viele unvernünftige

a O. Reinheit. — *b* O. widme dich dem. — *c* O. Uebe, betreibe. — *d* O. das Lehren, die Belehrung; wie V. 13. — *e* Eig. in ihnen. — *f* O. Genußsucht. — *g* O.
in die Liste eingetragen. — *h* O. daß. — *i* Eig. was man nicht soll. — *j* O. Belehrung. — *k* 5. Mose 25, 4. — *l* Luk. 10, 7. — *m* O. rein. — *n* Eig. vieler häufigen
Schwächen. — *o* O. So viele. — *p* O. Sklaven. — *q* Eig. Gebieter. — *r* O. Gläubige.
— *s* d. h. den Nutzen des treuen Dienstes haben. And. üb.: welche sich des Wohltuns befleißigen. — *t* O. so lasset uns ... genügen.

und schädliche Lüste, welche die Menschen versenken in Verderben und Untergang. Denn die Geldliebe ist eine 10 Wurzel alles Bösen, welcher nachtrachtend etliche von dem Glauben abgeirrt sind und sich selbst mit vielen 11 Schmerzen durchbohrt haben. Du aber, o Mensch Gottes, fliehe diese Dinge; strebe aber nach Gerechtigkeit, Gottseligkeit, Glauben, Liebe, Ausharren, 12 Sanftmut des Geistes. Kämpfe den guten Kampf des Glaubens; ergreife das ewige Leben, zu welchem du berufen worden bist und bekannt hast das gu- 13 te Bekenntnis vor vielen Zeugen. Ich gebiete dir vor Gott, der alles am Leben erhält *a*, und Christo Jesu, der vor Pontius Pilatus das gute Bekenntnis 14 bezeugt hat, daß du das Gebot unbefleckt, untadelig bewahrst bis zur Erscheinung unseres Herrn Jesus Chri- 15 stus, welche zu seiner Zeit *b* zeigen wird der selige und alleinige Machthaber, der König der Könige *c* und Herr

der Herren *d*, der allein Unsterblich- 16 keit hat, der in einunzugängliches Licht bewohnt, den keiner der Menschen gesehen hat noch sehen kann, welchem Ehre sei und ewige Macht! Amen.

Den Reichen in dem gegenwärtigen 17 Zeitlauf gebiete, nicht hochmütig zu sein, noch auf die Ungewißheit des Reichtums Hoffnung zu setzen, sondern auf Gott *e*, der uns alles reichlich darreicht zum Genuß; Gutes zu tun, 18 reich zu sein in guten Werken, freigebig zu sein, mitteilsam, indem sie 19 sich selbst eine gute Grundlage auf die Zukunft sammeln, auf daß sie das wirkliche Leben ergreifen.

O Timotheus, bewahre das anver- 20 traute *Gut*, indem du dich von den ungöttlichen, eitlen Reden und Widersprüchen *f* der fälschlich sogenannten Kenntnis *g* wegwendest, zu welcher 21 sich bekennend etliche von dem Glauben abgeirrt sind *h*. Die Gnade sei mit dir!

Der zweite Brief an Timotheus

1 Paulus, Apostel Jesu Christi *i* durch Gottes Willen, nach Verheißung des 2 Lebens, das in Christo Jesu ist, Timotheus, *meinem* geliebten Kinde: Gnade, Barmherzigkeit, Friede von Gott, dem Vater, und Christo Jesu, unserem Herrn!

3 Ich danke *j* Gott, dem ich von *meinen* Voreltern her mit reinem Gewissen diene, wie unablässig ich *k* deiner gedenke in meinen Gebeten *l* Nacht 4 und Tag, voll Verlangen, dich zu sehen, indem ich eingedenk bin deiner Tränen, auf daß ich mit Freude er- 5 füllt sein möge; indem ich mich erinnere des ungeheuchelten Glaubens in dir, der zuerst wohnte in deiner Großmutter Lois und deiner Mutter Eunike, ich bin aber überzeugt, auch in 6 dir. Um welcher Ursache willen ich dich erinnere, die Gnadengabe Gottes anzufachen, die in dir ist durch das 7 Auflegen meiner Hände. Denn Gott hat uns nicht einen Geist der Furchtsamkeit gegeben, sondern der Kraft und der Liebe und der Besonnenheit *m*. 8 So schäme dich nun nicht des Zeugnisses unseres Herrn, noch mein, seines Gefangenen, sondern leide Trübsal mit dem Evangelium, nach der 9 Kraft Gottes; der uns errettet hat und berufen mit heiligem Rufe, nicht nach unseren Werken, sondern nach *seinem* eigenen Vorsatz und der Gnade, die

uns in Christo Jesu vor den Zeiten der Zeitalter gegeben, jetzt aber geoffen- 10 bart worden ist durch die Erscheinung unseres Heilandes Jesus Christus, welcher den Tod zunichte gemacht, aber Leben und Unverweslichkeit *n* ans Licht gebracht hat durch das Evangelium, zu welchem ich bestellt worden 11 bin als Herold *o* und Apostel und Lehrer der Nationen. Um welcher Ursa- 12 che willen ich dies auch leide; aber ich schäme mich nicht, denn ich weiß, wem ich geglaubt habe, und bin überzeugt, daß er mächtig ist, das *ihm* von mir anvertraute *Gut* auf jenen Tag zu bewahren. Halte fest das *p* Bild *q* der ge- 13 sunder Worte, die du von mir gehört hast, in Glauben und Liebe, die in Christo Jesu sind *r*. Bewahre das schö- 14 ne anvertraute *Gut* durch den Heiligen Geist, der in uns wohnt. Du weißt 15 dieses, daß alle, die in Asien sind, sich von mir abgewandt haben, unter welchen Phygelus ist und Hermogenes. Der Herr gebe dem Hause des One- 16 siphorus Barmherzigkeit, denn er hat mich oft erquickt und sich meiner Kette nicht geschämt; sondern als er 17 in Rom war, suchte er mich fleißig auf und fand mich. Der Herr gebe ihm, 18 daß er von seiten *des Herrn* Barmherzigkeit finde an jenem Tage! Und wieviel er in Ephesus diente, weißt *du* am besten.

---

a O. allem Leben gibt. — *b* W. zu seinen Zeiten. — *c* Eig. derer, die Könige sind. — *d* Eig. derer, die herrschen. — *e* O. auf den Gott. — *f* O. Streitsätzen; eig. Gegenaufstellungen. — *g* O. des fälschlich sogenannten Wissens. — *h* O. hinsichtlich des Glaubens das Ziel verfehlt haben. — *i* O. nach and. Les.: Christi Jesu; so auch Kap. 2, 3. — *j* Eig. bin dankbar. — *k* O. wie unablässig. — *l* Eig. Bitten. — *m* O. des gesunden Sinnes. And. üb.: der Zurechtweisung, Zucht. — *n* O. Unvergänglichkeit. — *o* O. Prediger. — *p* O. Habe ein. — *q* O. Umriß, Form, Muster. — *r* O. ist.

2 Du nun, mein Kind, sei stark a in der Gnade, die in Christo Jesu ist;
2 und was du von mir in Gegenwart vieler Zeugen gehört hast, das vertraue treuen Leuten b an, welche tüchtig sein werden, auch andere zu leh-
3 ren. Nimm teil an den Trübsalen c als ein guter Kriegsmann Jesu Christi.
4 Niemand, der Kriegsdienste tut d, verwickelt sich in die Beschäftigungen des Lebens, auf daß er dem gefalle,
5 der ihn angeworben hat. Wenn aber auch jemand kämpft e, so wird er nicht gekrönt, er habe denn gesetzmäßig f
6 gekämpft. Der Ackerbauer muß, um die Früchte zu genießen, zuerst arbeiten. g
7 Bedenke was ich sage; denn der Herr wird dir Verständnis geben in
8 allen Dingen. Halte im Gedächtnis Jesum Christum, auferweckt aus den Toten, aus dem Samen Davids, nach
9 meinem Evangelium, in welchem ich Trübsal leide bis zu Banden, wie ein Uebeltäter; aber das Wort Gottes ist
10 nicht gebunden. Deswegen erdulde ich alles um der Auserwählten willen, auf daß auch sie die Seligkeit h erlangen, die in Christo Jesu ist, mit ewiger
11 Herrlichkeit. Das Wort ist gewiß i; denn wenn wir mitgestorben sind, so
12 werden wir auch mitleben; wenn wir ausharren, so werden wir auch mitherrschen; wenn wir verleugnen, so
13 wird auch er uns verleugnen; wenn wir untreu sind — er bleibt treu, denn er kann sich selbst nicht verleugnen.
14 Dies bringe in Erinnerung, indem du ernstlich vor dem Herrn bezeugst, nicht Wortstreit zu führen, was zu nichts nütze, sondern zum Verderben
15 der Zuhörer ist. Befleißige dich, dich selbst Gott bewährt darzustellen als einen Arbeiter, der sich nicht zu schämen hat, der das Wort der Wahrheit
16 recht teilt j. Die ungöttlichen eitlen Geschwätze aber vermeide; denn sie k werden zu weiterer Gottlosigkeit fort-
17 schreiten, und ihr Wort wird um sich fressen wie ein Krebs, unter welchen
18 Hymenäus ist und Philetus, die von der Wahrheit abgeirrt sind l, indem sie sagen, daß die Auferstehung schon geschehen sei, und den Glauben etli-
19 cher zerstören m. Doch der feste Grund Gottes steht und hat dieses Siegel: Der Herr kennt die sein sind; und: Jeder, der den Namen des Herrn nennt, ste-
20 he ab von der Ungerechtigkeit! In einem großen Hause aber sind nicht allein goldene und silberne Gefäße, sondern auch hölzerne und irdene, und die einen zur Ehre, die anderen

aber zur Unehre. Wenn nun jemand 21 sich von diesen reinigt n, so wird er ein Gefäß zur Ehre sein, geheiligt, nützlich o dem Hausherrn, zu jedem guten Werke bereitet. Die jugendli- 22 chen Lüste aber fliehe; strebe aber nach Gerechtigkeit, Glauben, Liebe, Frieden mit denen, die den Herrn anrufen aus reinem Herzen. Aber die 23 törichten und ungereimten Streitfragen weise ab, da du weißt, daß sie Streitigkeiten erzeugen. Ein Knecht p 24 des Herrn aber soll nicht streiten, sondern gegen alle milde sein, lehrfähig, duldsam, der in Sanftmut die Wider- 25 sacher zurechtweist q, ob ihnen Gott nicht etwa Buße gebe zur Erkenntnis der Wahrheit, und sie wieder nüch- 26 tern werden aus dem Fallstrick des Teufels, die von ihm gefangen sind, für seinen r Willen.

3 Dieses aber wisse, daß in den letzten Tagen schweres Zeiten da sein
2 werden; denn die Menschen werden eigenliebig sein, geldliebend, prahlerisch, hochmütig, Lästerer, den Eltern ungehorsam, undankbar, heillos t, oh-
3 ne natürliche Liebe, unversöhnlich u, Verleumder, unenthaltsam, grausam, das Gute nicht liebend, Verräter, ver- 4 wegen, aufgeblasen, mehr das Vergnügen liebend als Gott, die eine Form 5 der Gottseligkeit haben, deren Kraft aber verleugnen v; und von diesen wende dich weg. Denn aus diesen 6 sind, die sich in die Häuser schleichen und Weiblein gefangen nehmen, welche w, mit Sünden beladen, von mancherlei Lüsten getrieben werden, die w 7 immerdar lernen und niemals zur Erkenntnis der Wahrheit kommen können. Gleicherweise aber wie Jannes 8 und Jambres Mose widerstanden, also widerstehen auch diese der Wahrheit, Menschen, verderbt in der Gesinnung, unbewährt hinsichtlich des Glaubens. Sie werden aber nicht weiter fort- 9 schreiten, denn ihr Unverstand wird allen offenbar werden, wie auch der von jenen es wurde. Du aber hast ge- 10 nau erkannt meine x Lehre, mein Betragen, meinen Vorsatz, meinen Glauben, meine Langmut, meine Liebe, mein Ausharren, meine Verfolgungen, 11 meine Leiden: welcherlei Leiden mir widerfahren sind in Antiochien, in Ikonium, in Lystra; welcherlei Verfolgungen ich ertrug, und aus allen hat der Herr mich gerettet. Alle aber 12 auch, die gottselig leben wollen in Christo Jesu, werden verfolgt werden. Böse Menschen aber und Gaukler wer- 13 den im Bösen y fortschreiten, indem

---

a O. erstarke. — b O. Menschen. — c Eig. Leide Trübsal mit; vergl. Kap. 1, 8. — d O. in den Krieg zieht. — e Eig. im Kampfspiel kämpft. — f d. h. nach den Gesetzen des Kampfspiels. — g O. Der arbeitende Ackerbauer soll zuerst die Früchte genießen. — h O. Errettung. — i O. zuverlässig, treu. — j Eig. in gerader Richtung schneidet. — k d. h. die Menschen, welche solche Geschwätze führen. — l S. d. Anm. zu 1. Tim. 6, 21. — m O. umstürzen. — n Eig. sich von diesen wegreinigt, d. h. sich reinigt, indem er sich von ihnen absondert. — o O. brauchbar. — p O. Sklave. — q O. unterweist. — r W. für jenes; jezieht sich wahrscheinlich auf „Gott" (V. 25). — s O. gefahrvolle. — t O. unheilig. — u O. wortbrüchig, treulos. — v Eig. verleugnet haben. — w bezieht sich auf „Weiblein". — x O. bist genau gefolgt meiner usw.; wie 1. Tim. 4, 6. — y Eig. zu Schlimmerem.

sie verführen und verführt werden.
14 Du aber bleibe in dem, was du gelernt
hast und wovon du völlig überzeugt
bist, da du weißt, von wem du gelernt
15 hast, und weil du von Kind auf die
heiligen Schriften kennst, die vermögend sind, dich weise zu machen zur
Seligkeit *a* durch den Glauben, der in
16 Christo Jesu ist. Alle Schrift ist von
Gott eingegeben und *b* nütze zur Lehre *c*, zur Ueberführung, zur Zurechtweisung, zur Unterweisung in der Ge-
17 rechtigkeit, auf daß der Mensch Gottes
vollkommen sei, zu jedem guten Werke
völlig geschickt.

4 Ich bezeuge ernstlich vor Gott und
Christo Jesu, der da richten wird *d* Lebendige und Tote, und bei seiner Er-
2 scheinung und seinem Reiche: Predige das Wort, halte darauf *e* in gelegener und ungelegener Zeit; überführe,
strafe, ermahne mit aller Langmut und
3 Lehre. Denn es wird eine Zeit sein,
da sie die gesunde Lehre nicht ertragen, sondern nach ihren eigenen Lüsten sich selbst Lehrer aufhäufen wer-
den, die Ohren zu kitzeln *f*; und sie werden die Ohren von
der Wahrheit abkehren und zu den
5 Fabeln sich hinwenden *f*. Du aber sei
nüchtern in allem, leide Trübsal, tue
das Werk eines Evangelisten, vollführe
6 deinen Dienst. Denn i c h werde schon
als Trankopfer gesprengt, und die Zeit
7 meines Abscheidens ist vorhanden. Ich
habe den guten Kampf gekämpft, ich
habe den Lauf vollendet, ich habe den
8 Glauben bewahrt; fortan liegt mir bereit *g* die Krone der Gerechtigkeit, welche der Herr, der gerechte Richter,
mir zur Vergeltung geben wird an jenem Tage; nicht allein aber mir, son-

dern auch allen, die seine Erscheinung
lieben *h*.

9 Befleißige dich, bald zu mir zu kom-
10 men; denn Demas hat mich verlassen,
da er den jetzigen Zeitlauf liebgewonnen hat, und ist nach Thessalonich gegangen, Krescenz nach Galatien, Ti-
11 tus nach Dalmatien. Lukas ist allein
bei mir. Nimm Markus und bringe ihn
mit dir, denn er ist mir nützlich zum
12 Dienst. Tychikus aber habe ich nach
Ephesus gesandt. Den Mantel, den ich
13 in Troas bei Karpus zurückließ, bringe
mit, wenn du kommst, und die Bücher,
besonders die Pergamente. Alexander,
14 der Schmied, hat mir viel Böses erzeigt; der Herr wird ihm vergelten nach
15 seinen Werken. Vor ihm hüte auch du
dich, denn er hat unseren Worten sehr
16 widerstanden. Bei meiner ersten Verantwortung stand mir niemand bei,
sondern alle verließen mich; es wer-
17 de ihnen nicht zugerechnet. Der Herr
aber stand mir bei und stärkte mich,
auf daß durch mich die Predigt vollbracht werde, und alle die *aus den*
Nationen hören möchten; und ich bin
gerettet worden aus dem Rachen des
18 Löwen. Der Herr wird mich retten von
jedem bösen Werk und bewahren für
sein himmlisches Reich, welchem die
Herrlichkeit sei von Ewigkeit zu Ewigkeit *i*! Amen.

19 Grüße Priska und Aquila und das
20 Haus des Onesiphorus. Erastus blieb in
Korinth; Trophimus aber habe ich in
21 Milet krank zurückgelassen. Befleißige dich, vor dem Winter zu kommen.
Es grüßt dich Eubulus und Pudens und
Linus und Klaudia und die Brüder alle.
22 Der Herr Jesus Christus sei mit deinem Geiste! Die Gnade sei mit euch!

Der Brief an Titus

1 Paulus, Knecht *j* Gottes, aber Apostel Jesu Christi, nach dem Glauben
der Auserwählten Gottes und nach der
Erkenntnis der Wahrheit, die nach der
2 Gottseligkeit ist, in *k* der Hoffnung des
ewigen Lebens, welches Gott, der nicht
lügen kann, verheißen hat vor ewigen
3 Zeiten, zu seiner Zeit *l* aber sein Wort
geoffenbart hat durch die Predigt, die
m i r anvertraut worden ist nach Be-
4 fehl unseres Heiland-Gottes — Titus,
meinem echten Kinde nach *unserem* ge-
meinschaftlichen Glauben : Gnade und
Friede von Gott, dem Vater, und Christo Jesu, unserem Heilande!
5 Deswegen ließ ich dich in Kreta, daß
du, was noch mangelte, in Ordnung
bringen und in jeder Stadt Aelteste

anstellen möchtest, wie ich dir gebo-
6 ten hatte: Wenn jemand untadelig ist,
e i n e s Weibes Mann, der gläubige Kinder hat, die nicht eines ausschweifenden Lebens beschuldigt oder zügellos
7 sind. Denn der Aufseher muß untadelig sein als Gottes Verwalter, nicht
eigenmächtig, nicht zornmütig, nicht
dem Wein ergeben, nicht ein Schläger, nicht schändlichen Gewinn nach-
8 gehend, sondern gastfrei, das Gute liebend, besonnen *m*, gerecht, fromm *n*, ent-
9 haltsam, anhangend dem zuverlässigen Worte nach der Lehre, auf daß er
fähig sei, sowohl mit der gesunden Lehre *c* zu ermahnen *o*, als auch die Wi-
10 dersprechenden zu überführen. Denn
es gibt viele zügellose Schwätzer und

---

a O. Errettung. — *b* O. Alle von Gott eingegebene Schrift ist auch. — *c* O. Belehrung. — *d* O. im Begriff steht zu richten. — *e* And. üb.: tritt auf, tritt hinzu. —
f O. hingewandt werden. — *g* O. wird mir aufbewahrt. — *h* O. liebgewonnen haben.
— *i* W. in die Zeitalter der Zeitalter. — *j* O. Sklave. — *k* O. auf Grund. — *l* Eig.
zu seinen Zeiten. — *m* O. gesunden Sinnes; so auch nachher. — *n* O. heilig. — *o* O.
ermuntern.

Betrüger, besonders die aus der Be-
11 schneidung, denen man den Mund stop-
fen muß, welche ganze Häuser umkehren, indem sie um schändlichen Gewinnes willen lehren was sich nicht
12 geziemt a. Es hat einer aus ihnen, ihr
eigener Prophet, gesagt: „Kreter sind
immer Lügner, böse, wilde Tiere, faule
13 Bäuche". Dieses Zeugnis ist wahr; um
dieser Ursache willen weise sie streng
zurecht b, auf daß sie gesund seien im
14 Glauben und nicht achten auf jüdische
Fabeln und Gebote von Menschen, die
15 sich von der Wahrheit abwenden. Den
Reinen ist alles rein; den Befleckten
aber und Ungläubigen ist nichts rein,
sondern befleckt ist sowohl ihre Ge-
16 sinnung als auch ihr Gewissen. Sie
geben vor, Gott zu kennen, aber in
den Werken verleugnen sie ihn und
sind greulich und ungehorsam und zu
jedem guten Werke unbewährt.

2 Du aber rede, was der gesunden Lehre c geziemt: daß die alten Männer
2 nüchtern seien, würdig, besonnen, gesund im Glauben, in der Liebe, im
3 Ausharren; die alten Frauen desgleichen in ihrem Betragen, wie es dem
heiligen Stande d geziemt, nicht verleumderisch, nicht Sklavinnen von vielem Wein, Lehrerinnen des Guten;
4 auf daß sie die jungen Frauen unterweisen e, ihre Männer zu lieben, ihre
5 Kinder zu lieben, besonnen, keusch f,
mit häuslichen Arbeiten beschäftigt, gütig, den eigenen Männern unterwürfig
zu sein, auf daß das Wort Gottes nicht
6 verlästert werde. Die Jünglinge des-
7 gleichen ermahne, besonnen zu sein, indem du in allem dich selbst als ein
Vorbild guter Werke darstellst; in der
Lehre Unverderbtheit, würdigen Ernst,
8 gesunde, nicht zu verurteilende Rede,
auf daß der von der Gegenpartei sich
schäme, indem er nichts Schlechtes
9 über uns zu sagen hat. Die Knechte g
ermahne, ihren eigenen Herren h unterwürfig zu sein, in allem sich wohlgefällig zu machen i, nicht widerspre-
10 chend, nichts unterschlagend, sondern
alle gute Treue erweisend, auf daß
sie die Lehre, die unseres Heiland-
11 Gottes ist, zieren in allem. Denn die
Gnade Gottes ist erschienen, heilbrin-
12 gend für alle Menschen j, und unterweist uns, auf daß wir, die Gottlosigkeit und die weltlichen Lüste verleug-
nend, besonnen und gerecht und gottselig leben in dem jetzigen Zeitlauf,
13 indem wir erwarten die glückselige
Hoffnung und Erscheinung der Herr-

lichkeit unseres großen Gottes und Heilandes Jesus Christus, der sich selbst 14
für uns gegeben hat, auf daß er uns loskaufte von aller Gesetzlosigkeit und
reinigte sich selbst ein Eigentumsvolk,
eifrig in guten Werken. Dieses rede 15
und ermahne und überführe mit aller
Machtvollkommenheit. Laß dich niemand verachten.

Erinnere sie, Obrigkeiten und Ge- 3
walten untertan zu sein, Gehorsam zu
leisten, zu jedem guten Werke bereit
zu sein; niemand zu lästern, nicht streit- 2
süchtig zu sein, gelinde, alle Sanftmut
erweisend gegen alle Menschen. Denn 3
einst waren auch w i r unverständig,
ungehorsam, irregehend, dienten mancherlei Lüsten und Vergnügungen,
führten unser Leben in Bosheit und
Neid, verhaßt und einander hassend.
Als aber die Güte und die Menschen- 4
liebe unseres Heiland-Gottes erschien,
errettete er uns, nicht aus k Werken, 5
die, in Gerechtigkeit vollbracht, w i r
getan hatten, sondern nach seiner
Barmherzigkeit durch die Waschung
der Wiedergeburt und Erneuerung des
Heiligen Geistes, welchen er reichlich 6
über uns ausgegossen hat durch Jesum
Christum, unseren Heiland, auf daß wir, 7
gerechtfertigt durch s e i n e Gnade, Erben würden nach der Hoffnung des ewigen Lebens l. Das Wort ist gewiß m; 8
und ich will, daß du auf diesen Dingen
fest bestehst, auf daß die, welche Gott
geglaubt haben, Sorge tragen, gute
Werke zu betreiben. Dies ist gut und
nützlich für die Menschen. Törichte 9
Streitfragen aber und Geschlechtsregister und Zänkereien und Streitigkeiten über das Gesetz vermeide, denn
sie sind unnütz und eitel. Einen sek- 10
tiererischen Menschen weise ab nach
einer ein- und zweimaligen Zurechtweisung, da du weißt, daß ein solcher 11
verkehrt ist und sündigt, indem er
durch sich selbst verurteilt ist.

Wenn ich Artemas oder Tychikus zu 12
dir senden werde, so befleißige dich,
zu mir nach Nikopolis zu kommen,
denn ich habe beschlossen, daselbst zu
überwintern. Zenas, dem Gesetzge- 13
lehrten, und Apollos gib mit Sorgfalt
das Geleit n, auf daß ihnen nichts mangle. Laß aber auch die Unsrigen lernen, 14
für die notwendigen Bedürfnisse gute
Werke zu betreiben, auf daß sie nicht
unfruchtbar seien.

Es grüßen dich alle, die bei mir sind. 15
Grüße die uns lieben im Glauben. Die
Gnade sei mit euch allen!

---

a Eig. was man nicht soll. — b O. überführe sie scharf. — c O. Belehrung. — d O. dem Heiligtum. — e O. anleiten. — f O. rein. — g O. Sklaven. — h Eig. Gebietern. — i W. wohlgefällig zu sein. — j O. Die heilbringende Gnade Gottes ist erschienen allen Menschen. — k O. auf dem Grundsatz von. — l O. der Hoffnung nach Erben des ewigen Lebens würden. — m O. zuverlässig, treu. — n O. rüste mit Sorgfalt für die Reise aus.

Der Brief an Philemon

1 Paulus, ein Gefangener Christi Jesu, und Timotheus, der Bruder, Philemon, dem Geliebten und unserem Mitarbei- 2 ter *a*, und Appia, der Schwester, und Archippus, unserem Mitkämpfer, und der Versammlung, die in deinem Hau- 3 se ist: Gnade euch und Friede von Gott, unserem Vater, und dem Herrn Jesus Christus!

4 Ich danke meinem Gott, indem ich allezeit deiner erwähne in meinen Ge- 5 beten, da ich höre von deiner Liebe und von dem Glauben, den du an den Herrn Jesus und zu allen Heiligen 6 hast, daß *b* die Gemeinschaft deines Glaubens wirksam werde in der An- erkennung alles Guten, welches in 7 uns ist gegen Christum [Jesum]. Denn wir haben große Freude und *großen* Trost durch *c* deine Liebe, weil die Herzen *d* der Heiligen durch dich, Bru- der, erquickt worden sind.

8 Deshalb, obgleich ich große Freimü- tigkeit in Christo habe, dir zu gebie- 9 ten, was sich geziemt, so bitte ich *doch* vielmehr um der Liebe willen, da ich nun ein solcher bin, wie Paulus, der Alte, jetzt aber auch ein Gefangener 10 Jesu Christi. Ich bitte *e* dich für m e i n Kind, das ich gezeugt habe in den 11 Banden, Onesimus, der dir einst un- nütz war, jetzt aber dir und mir nütz- 12 lich ist, den ich zu dir zurückgesandt 13 habe — ihn, das ist m e i n Herz; wel- chen i c h bei mir behalten wollte, auf

daß er statt deiner mir diene in den Banden des Evangeliums. Aber ohne 14 deinen Willen wollte ich nichts tun, auf daß deine Wohltat *f* nicht wie ge- zwungen, sondern freiwillig sei. Denn 15 vielleicht ist er deswegen für eine Zeit *von dir* getrennt gewesen, auf daß du ihn für immer besitzen mögest, nicht 16 länger als einen Sklaven, sondern mehr als einen Sklaven, als einen ge- liebten Bruder, besonders für mich, wieviel mehr aber für dich, sowohl im Fleische als im Herrn. Wenn du 17 mich nun für *deinen* Genossen hältst, so nimm ihn auf wie mich. Wenn er 18 dir aber irgend ein Unrecht getan hat, oder *dir* etwas schuldig ist, so rechne dies mir an. Ich, Paulus, habe es mit 19 m e i n e r Hand geschrieben, ich will bezahlen; daß ich dir nicht sage, daß du auch dich selbst mir schuldig bist. Ja, Bruder, i c h möchte gern Nutzen 20 an dir haben im Herrn; erquicke mein Herz in Christo. Da ich deinem Ge- 21 horsam vertraue, so habe ich dir ge- schrieben, indem ich weiß, daß du auch mehr tun wirst, als ich sage. Zugleich 22 aber bereite mir auch eine Herberge, denn ich hoffe, daß ich durch eure Ge- bete euch werde geschenkt werden.

Es grüßt dich Epaphras, mein Mit- 23 gefangener in Christo Jesu, Markus, 24 Aristarchus, Demas, Lukas, meine Mit- arbeiter. Die Gnade unseres Herrn 25 Jesus Christus sei mit eurem Geiste!

Der Brief an die Hebräer

1 Nachdem Gott vielfältig und auf vielerlei Weise ehemals *g* zu den Vä- tern geredet hat in den *h* Propheten, hat er am Ende dieser Tage zu uns 2 geredet im Sohne *i*, den er gesetzt hat zum Erben aller Dinge, durch den 3 er auch die Welten gemacht hat; wel- cher, *der* Abglanz *j* seiner Herrlichkeit und *der* Abdruck seines Wesens sei- end und alle Dinge durch das Wort seiner *k* Macht tragend, nachdem er [durch sich selbst] die Reinigung der Sünden bewirkt, sich gesetzt hat zur Rechten der Majestät in der Höhe; 4 indem er um so viel besser geworden ist als die Engel, als er einen vor-

züglicheren Namen vor ihnen ererbt hat. Denn zu welchem der Engel hat 5 er je gesagt: „Du bist mein Sohn, heute habe i c h dich gezeugt"? *l* Und wiederum: „I c h will ihm zum Vater, und e r soll mir zum Sohne sein"? *m* Wenn er aber den Erstgeborenen wie- 6 derum in den Erdkreis *n* einführt, spricht er: „Und alle Engel Gottes sollen ihn anbeten". *o* Und in Bezug 7 auf die Engel zwar spricht er: „Der seine Engel zu Winden *p* macht und seine Diener zu einer Feuerflamme"; *q* in Bezug auf den Sohn aber: „Dein 8 Thron, o Gott, ist von Ewigkeit zu Ewigkeit *r*, und ein Zepter der Auf-

---

a O. unserem Geliebten und Mitarbeiter. — *b* Eig. derart daß. — *c* O. über, wegen. — *d* Eig. die Eingeweide (das Innere). — *e* O. ermahne. — *f* W. dein Gutes. — *g* O. vor alters. — *h* O. durch die. — *i* d. h. in der Person des Sohnes, nicht nur durch den Sohn; es ist bezeichnend, daß der Artikel im Griechischen fehlt. — *j* Eig. die Ausstrahlung. — *k* d. h. seiner eigenen. — *l* Ps. 2, 7. — *m* 1. Chron. 17, 13. — *n* O. die bewohnte *Erde*; so auch Kap. 2, 5. — *o* Ps. 97, 7. — *p* And.: zu Geistern. — *q* Ps. 104, 4. — *r* W. in das Zeitalter des Zeitalters.

richtigkeit ist das Zepter deines Rei-
9 ches; du hast Gerechtigkeit geliebt
und Gesetzlosigkeit gehaßt; darum
hat Gott, dein Gott, dich gesalbt mit
10 Freudenöl über deine Genossen". *a* Und:
„Du, Herr, hast im Anfang die Erde
gegründet, und die Himmel sind Wer-
11 ke deiner Hände; sie werden untergehen, du aber bleibst; und sie alle
12 werden veralten wie ein Kleid, und
wie ein Gewand wirst du sie zusammenwickeln, und sie werden verwandelt werden. Du aber bist derselbe *b*,
und deine Jahre werden nicht verge-
13 hen." *c* Zu welchem der Engel aber
hat er je gesagt: „Setze dich zu meiner Rechten, bis ich deine Feinde lege
14 zum Schemel deiner Füße"? *d* Sind
sie nicht alle dienstbare Geister, ausgesandt zum Dienst um derer willen,
welche die Seligkeit ererben sollen?

2 Deswegen sollen wir umsomehr auf
das achten, was wir gehört haben, da-
2 mit wir nicht etwa abgleiten *e*. Denn
wenn das durch Engel geredete Wort
fest war und jede Uebertretung und
jeder Ungehorsam gerechte Vergeltung
3 empfing, wie werden wir entfliehen,
wenn wir eine so große Errettung vernachlässigen *f*? welche den Anfang
ihrer Verkündigung durch den Herrn
empfangen hat und uns von denen bestätigt worden ist, die es gehört haben,
4 indem Gott außerdem mitzeugte, sowohl durch Zeichen als durch Wunder
und mancherlei Wunderwerke und
Austeilungen *des* Heiligen Geistes nach
seinem Willen.
5 Denn nicht Engeln hat er unterworfen den zukünftigen Erdkreis, von
6 welchem wir reden; es hat aber irgendwo jemand bezeugt und gesagt: „Was
ist der Mensch, daß du seiner gedenkst,
oder des Menschen Sohn, daß du auf
7 ihn siehst *g*? Du hast ihn ein wenig
unter die Engel erniedrigt *h*; mit Herrlichkeit und Ehre hast du ihn gekrönt
[und ihn gesetzt über die Werke dei-
8 ner Hände]; du hast alles seinen Füßen *i* unterworfen." *j* Denn indem er
ihm alles unterworfen, hat er nichts
gelassen, das ihm nicht unterworfen
wäre; jetzt aber sehen wir ihm noch
9 nicht alles unterworfen. Wir sehen
aber Jesum, der ein wenig unter die
Engel wegen des Leidens des Todes
erniedrigt war, mit *k* Herrlichkeit und
Ehre gekrönt — sodaß *l* er durch Gottes Gnade für alles *m* den Tod schmeck-
10 te. Denn es geziemte ihm, um dessen-
willen alle Dinge und durch den alle
Dinge sind, indem er viele Söhne zur
Herrlichkeit brachte, den Urheber ihrer Errettung durch Leiden vollkom-
11 men zu machen. Denn sowohl der, wel-

cher heiligt, als auch die, welche geheiligt werden, sind alle von einem;
um welcher Ursache willen er sich
nicht schämt, sie Brüder zu nennen,
indem er spricht: „Ich will deinen 12
Namen kundtun meinen Brüdern; inmitten der Versammlung will ich dir
lobsingen". *n* Und wiederum: „Ich will 13
mein Vertrauen auf ihn setzen". *o*
Und wiederum: „Siehe, ich und die
Kinder, die Gott mir gegeben hat". *p*
Weil nun die Kinder Blutes und Flei- 14
sches teilhaftig sind, hat auch er in
gleicher *q* Weise an denselben teilgenommen, auf daß er durch den Tod
den zunichte machte, der die Macht
des Todes hat, das ist den Teufel, und 15
alle die befreite, welche durch Todes-
furcht das ganze Leben hindurch der
Knechtschaft *r* unterworfen waren.
Denn er nimmt sich fürwahr nicht der 16
Engel an *t*, sondern des Samens Abrahams nimmt er sich an. Daher mußte 17
er in allem den Brüdern gleich werden,
auf daß er in den Sachen mit Gott *u*
ein barmherziger und treuer Hoherpriester werden möchte, um die Sünden des Volkes zu sühnen; denn wor- 18
in er selbst gelitten hat, als er versucht wurde, vermag er denen zu helfen, die versucht werden.
Daher, heilige Brüder, Genossen **3**
der himmlischen Berufung, betrachtet
den Apostel und Hohenpriester unseres Bekenntnisses, Jesum, der treu ist 2
dem, der ihn bestellt *v* hat, wie *es* auch
Moses *war* in seinem ganzen Hause. *w*
Denn dieser ist größerer Herrlichkeit 3
würdig geachtet worden als Moses, insofern größere Ehre als das Haus der
hat, der es bereitet hat. Denn jedes 4
Haus wird von jemand bereitet; der
aber alles bereitet hat, ist Gott. Und 5
Moses zwar war treu in seinem ganzen Hause als Diener, zum Zeugnis
von dem, was *hernach* geredet werden sollte; Christus aber als Sohn über 6
sein Haus, dessen Haus wir sind,
wenn wir anders die Freimütigkeit
und den Ruhm der Hoffnung bis zum
Ende standhaft festhalten.
Deshalb, wie der Heilige Geist 7
spricht: „Heute, wenn ihr seine Stimme höret, verhärtet eure Herzen nicht, 8
wie in der Erbitterung, an dem Tage
der Versuchung in der Wüste, wo 9
eure Väter *mich* versuchten, indem sie
mich prüften, und sie sahen *doch* meine Werke vierzig Jahre. Deshalb zürn- 10
te ich diesem Geschlecht und sprach:
Allezeit gehen sie irre mit dem Herzen; aber sie haben meine Wege
nicht erkannt. So schwur ich in meinem 11
Zorn: Wenn sie in meine Ruhe eingehen werden!" *x* Sehet zu, *y* Brüder, 12

---

a Ps. 45, 6. 7. — *b* d. h. der ewig Unveränderliche. — *c* Ps. 102, 25—27. — *d* Ps.
110, 1. — *e* O. *daran* vorbeigleiten, es verfehlen. — *f* O. mißachten. — *g* O. achthast. — *h* Eig. geringer gemacht als. — *i* Eig. unter seine Füße. — *j* Ps. 8, 4—6. —
k O. den, der ein wenig geringer gemacht war als die Engel, Jesum, wegen des Leidens des Todes mit. — *l* O. auf daß, damit. — *m* O. jeden. — *n* Ps. 22, 22. — *o* Ps.
16, 1; Jes. 8, 17 u. and. St. — *p* Jes. 8, 18. — *q* Eig. nahekommender. — *r* O. Sklaverei. — *s* O. verfallen. — *t* Eig. er ergreift nicht Engel, d. h. um sie herauszuführen,
zu befreien. — *u* O. die Gott betreffen; so auch Kap. 5, 1. — *v* O. *dazu* gemacht.
— *w* Vergl. 4. Mose 12, 7. — *x* Ps. 95, 7—11. — *y* O. mit Einschaltung der V. 7—11:
Deshalb (wie der Heil. Geist spricht: „Heute . . . eingehen werden!") sehet zu usw.

daß nicht etwa in jemand von euch ein böses Herz des Unglaubens sei in dem Abfallen vom lebendigen Gott, 13 sondern ermuntert euch selbst *a* jeden Tag, solange es heute heißt, auf daß niemand von euch verhärtet wer- 14 de durch Betrug der Sünde. Denn wir sind Genossen des Christus geworden, wenn wir anders den Anfang der Zuversicht bis zum Ende stand- 15 haft festhalten, indem *b* gesagt wird: „Heute, wenn ihr seine Stimme höret, verhärtet eure Herzen nicht, wie in 16 der Erbitterung". (Denn welche, als sie gehört hatten, haben *ihn* erbittert? *Waren es* aber nicht alle, die durch Moses von Aegypten ausgezogen sind 17 ren? Welchen aber zürnte er vierzig Jahre? Nicht denen, welche gesündigt hatten, deren Leiber *c* in der Wüste 18 fielen? Welchen aber schwur er, daß sie nicht in seine Ruhe eingehen sollten, als nur denen, die ungehorsam 19 gewesen waren *d*? Und wir sehen, daß sie nicht eingehen konnten wegen des Unglaubens.)

4 ✳Fürchten wir uns nun, daß nicht etwa, da eine Verheißung, in seine Ruhe einzugehen, hinterlassen ist, jemand von euch scheine zurück- 2 geblieben zu sein *e*. Denn auch uns ist eine gute Botschaft verkündigt worden, gleichwie auch jenen; aber das Wort der Verkündigung nützte jenen nicht, weil es bei denen, die es hörten, nicht 3 mit dem Glauben vermischt war. Denn wir, die wir geglaubt haben, gehen in die Ruhe ein, wie er gesagt hat: „So schwur ich in meinem Zorn: Wenn sie in meine Ruhe eingehen werden!" wiewohl die Werke von Grundlegung 4 der Welt an geworden waren. Denn er hat irgendwo von dem siebenten *Tage* also gesprochen: „Und Gott ruhte am siebenten Tage von allen seinen 5 Werken". *f* Und an dieser *Stelle* wiederum: „Wenn sie in meine Ruhe 6 eingehen werden!" Weil nun übrigbleibt, daß etliche in dieselbe eingehen, und die, welchen zuerst die gute Botschaft verkündigt worden ist, des Ungehorsams wegen nicht eingegan- 7 gen sind, so bestimmt er wiederum einen gewissen Tag: „Heute", in David nach so langer Zeit sagend, wie vorhin gesagt worden ist: „Heute, wenn ihr seine Stimme höret, verhärtet eure 8 Herzen nicht". Denn wenn Josua *g* sie in die Ruhe gebracht hätte, so würde er danach nicht von einem anderen 9 Tage geredet haben. Also bleibt noch eine Sabbathruhe dem Volke Gottes 10 aufbewahrt. Denn wer in seine Ruhe eingegangen ist, der ist auch zur Ruhe gelangt von seinen Werken, gleich- 11 wie Gott von seinen eigenen. Laßt uns nun Fleiß anwenden, in jene Ruhe einzugehen, auf daß nicht jemand nach demselben Beispiel des Ungehor- 12 sams falle. *h* Denn das Wort Gottes

ist lebendig und wirksam und schärfer als jedes zweischneidige Schwert, und durchdringend bis zur Scheidung von Seele und Geist, sowohl der Gelenke als auch des Markes, und ein Beurteiler *i* der Gedanken und Gesinnungen des Herzens; und kein Ge- 13 schöpf ist vor ihm unsichtbar, sondern alles bloß und aufgedeckt vor den Augen dessen, mit dem wir es zu tun haben.

Da wir nun einen großen Hohen- 14 priester haben, der durch die Himmel gegangen ist, Jesum, den Sohn Gottes, so laßt uns das Bekenntnis festhalten; denn wir haben nicht einen Hohen- 15 priester, der nicht Mitleid zu haben vermag mit unseren Schwachheiten, sondern der in allem versucht worden ist in gleicher Weise *wie wir*, ausgenommen die Sünde. Laßt uns nun mit 16 Freimütigkeit hinzutreten zu dem Thron der Gnade, auf daß wir Barmherzigkeit empfangen und Gnade finden zur rechtzeitigen Hilfe.

5 Denn jeder aus Menschen genommene Hohepriester wird für Menschen bestellt in den Sachen mit Gott, auf daß er sowohl Gaben als auch Schlacht- 2 opfer für Sünden darbringe; der Nachsicht zu haben vermag mit den Unwissenden und Irrenden, da auch er selbst mit Schwachheit umgeben ist; und um dieser willen muß er, wie 3 für das Volk, so auch für sich selbst opfern für *die* Sünden. Und niemand 4 nimmt sich selbst die Ehre, sondern *als* von Gott berufen, gleichwie auch Aaron. Also hat auch der Christus 5 sich nicht selbst verherrlicht, um Hoherpriester zu werden, sondern der, welcher zu ihm gesagt hat: „Du bist mein Sohn, heute habe i ch dich gezeugt". *j* Wie er auch an einer ande- 6 ren *Stelle* sagt: „Du bist Priester in Ewigkeit nach der Ordnung Melchisedeks". *k* Der in den Tagen seines 7 Fleisches, da er sowohl Bitten als Flehen dem, der ihn aus dem Tode zu erretten vermochte, mit starkem Geschrei und Tränen dargebracht hat, (und um seiner Frömmigkeit *l* willen erhört worden ist) obwohl er Sohn *m* 8 war, an dem, was er litt, den Gehorsam lernte; und, vollendet worden *n*, 9 ist er allen, die ihm gehorchen, der Urheber ewigen Heils geworden, von 10 Gott begrüßt *o* als Hoherpriester nach der Ordnung Melchisedeks. Ueber die- 11 sen haben wir viel zu sagen, und was mit Worten schwer auszulegen ist, weil ihr im Hören träge geworden seid. Denn da ihr der Zeit nach Leh- 12 rer sein solltet, bedürfet ihr wiederum, daß man euch lehre, welches die Elemente des Anfangs der Aussprüche Gottes sind; und ihr seid solche geworden, die der Milch bedürfen und nicht der festen Speise. Denn jeder, 13

---

a O. ermahnet einander. — *b* O. weil, od. solange als. — *c* W. Glieder. — *d* O. nicht geglaubt hatten. Vergl. 5. Mose 1, 26; 4. Mose 14, 43. — *e* O. sie nicht erreicht, od. sie verfehlt zu haben. — *f* 1. Mose 2, 2. — *g* Griech.: Jesus. — *h* Vergl. Kap. 3, 18 mit Anm. — *i* O. Richter. — *j* Ps. 2, 7. — *k* Ps. 110, 4. — *l* O. Ehrfurcht, Furcht. — *m* Siehe V. 5. — *n* O. vollkommen gemacht. — *o* O. angeredet.

der noch Milch genießt a, ist unerfahren im Worte der Gerechtigkeit, denn
14 er ist ein Unmündiger; die feste Speise aber ist für Erwachsene b, welche vermöge der Gewohnheit geübte Sinne haben zur Unterscheidung des Guten sowohl als auch des Bösen.

6 Deshalb, das Wort von dem Anfang des Christus lassend, laßt uns fortfahren zum vollen Wuchse c und nicht wiederum einen Grund legen mit der Buße von toten Werken und dem
2 Glauben an Gott, der Lehre von Waschungen und dem Hände-Auflegen und der Toten-Auferstehung und dem
3 ewigen Gericht. Und dies wollen wir
4 tun, wenn Gott es erlaubt. Denn es ist unmöglich, diejenigen, welche einmal erleuchtet waren und geschmeckt haben die himmlische Gabe, und teilhaftig geworden sind des Heiligen
5 Geistes, und geschmeckt haben das gute Wort Gottes und die Wunderwerke des zukünftigen Zeitalters,
6 und abgefallen sind, wiederum zur Buße zu erneuern, indem sie dem Sohn Gottes für sich selbst kreuzigen und ihn zur Schau stellen d.
7 Denn das Land, welches den häufig über dasselbe kommenden Regen trinkt und nützliches Kraut hervorbringt für diejenigen e, um derentwillen es auch bebaut wird, empfängt Segen von
8 Gott; wenn es aber Dornen und Disteln hervorbringt, so ist es unbewährt und dem Fluche nahe, und sein Ende
9 ist die f Verbrennung. Wir aber sind in Bezug auf euch, Geliebte, von besseren und mit der Seligkeit g verbundenen Dingen überzeugt, wenn wir
10 auch also reden. Denn Gott ist nicht ungerecht, eures Werkes zu vergessen und der Liebe, die ihr gegen seinen Namen bewiesen, da ihr den Heiligen
11 gedient habt und dienet. Wir wünschen aber sehr, daß ein jeder von euch denselben Fleiß beweise zur vollen Gewißheit der Hoffnung bis ans
12 Ende, auf daß ihr nicht träge werdet, sondern Nachahmer derer, welche durch Glauben und Ausharren die Ver-
13 heißungen ererben. Denn als Gott dem Abraham Verheißung gab, schwur er, weil er bei keinem Größeren zu schwö-
14 ren hatte, bei sich selbst und sprach: „Wahrlich, reichlich h werde ich dich segnen, und sehr i werde ich dich meh-
15 ren". j Und nachdem er also ausgeharrt hatte, erlangte er die Verheißung.
16 Denn Menschen schwören [wohl] bei einem Größeren, und der Eid ist ihnen ein Ende alles Widerspruchs zur
17 Bestätigung; worin k Gott, da er den Erben der Verheißung die Unwandelbarkeit seines Ratschlusses überschwenglicher beweisen wollte, mit
18 einem Eide ins Mittel getreten ist, auf daß wir durch zwei unveränderliche

Dinge, wobei es unmöglich war, daß Gott lügen sollte, einen starken Trost hätten, die wir Zuflucht genommen haben zum Ergreifen der vor uns lie-
19 genden Hoffnung, welche wir als einen sicheren und festen Anker der Seele haben, der auch in das Innere
20 des Vorhangs hineingeht, wohin Jesus als Vorläufer für uns eingegangen ist, welcher Hoherpriester geworden in Ewigkeit nach der Ordnung Melchisedeks.

Denn dieser Melchisedek, König von Salem, Priester Gottes, des Höchsten, **7** der Abraham entgegenging, als er von der Schlacht der Könige zurück-
2 kehrte, und ihn segnete, welchem auch Abraham den Zehnten zuteilte von allem; der erstlich verdolmetscht König der Gerechtigkeit heißt, sodann aber auch König von Salem, das ist
3 König des Friedens, ohne Vater, ohne Mutter, ohne Geschlechtsregister, weder Anfang der Tage noch Ende des Lebens habend, aber dem Sohne Gottes verglichen l, bleibt Priester auf
4 immerdar. Schauet aber, wie groß dieser war, welchem selbst Abraham, der Patriarch, den Zehnten von der Beute
5 gab. Und zwar haben die von den Söhnen Levi, welche das Priestertum empfangen, ein Gebot, den Zehnten von dem Volke zu nehmen nach dem Gesetz, das ist von ihren Brüdern, wiewohl sie aus den Lenden Abra-
6 hams gekommen sind. Er aber, der sein Geschlecht nicht von ihnen ableitete, hat den Zehnten von Abraham genommen und den gesegnet, der die
7 Verheißungen hatte. Ohne allen Widerspruch aber wird das Geringere von
8 dem Besseren gesegnet. Und hier zwar empfangen Menschen, welche sterben, die Zehnten, dort aber einer, von wel-
9 chem bezeugt wird, daß er lebe; und sozusagen ist durch Abraham auch Levi, der die Zehnten empfängt, ge-
10 zehntet worden, denn er war noch in der Lende des Vaters, als Melchisedek ihm entgegenging.

Wenn nun die Vollkommenheit durch 11 das levitische Priestertum wäre, (denn in Verbindung mit demselben m hat das Volk das Gesetz empfangen) welches Bedürfnis war noch vorhanden, daß ein anderer Priester nach der Ordnung Melchisedeks aufstehe, und nicht nach der Ordnung Aarons
12 genannt werde? Denn wenn das Priestertum geändert wird, so findet notwendig auch eine Aenderung des Gesetzes statt. Denn der, von welchem
13 dies gesagt wird, gehört zu n einem anderen Stamme, aus welchem niemand des Altars gewartet hat. Denn
14 es ist offenbar, daß unser Herr aus Juda entsprossen o ist, zu welchem Stamme Moses nichts in Bezug auf

---

a Eig. der an Milch Anteil hat. — b W. Vollkommene; im Griech. für „Erwachsene" gebraucht. — c O. zur Vollkommenheit; vergl. die vorhergehende Anm. — d d. h. der Schmach preisgebe. — e O. und Kraut hervorbringt, denen nützlich. — f W. zur. — g O. Errettung. — h Eig. segnend. — i Eig. mehrend. — j 1. Mose 22, 17. — k O. weshalb. — l O. ähnlich gemacht. — m O. gegründet auf dasselbe. — n W. hat teilgenommen an. — o O. aufgegangen.

15 Priester geredet hat. Und es ist noch weit augenscheinlicher, wenn, nach der Gleichheit Melchisedeks, ein anderer
16 Priester aufsteht, der es nicht nach dem Gesetz eines fleischlichen[a] Gebots geworden ist, sondern nach der Kraft eines unauflöslichen Lebens.
17 Denn ihm wird bezeugt: „Du bist Priester in Ewigkeit nach der Ordnung Melchisedeks".[b]
18 Denn da ist eine Abschaffung des vorhergehenden Gebots seiner Schwach-
19 heit und Nutzlosigkeit wegen, (denn das Gesetz hat nichts zur Vollendung gebracht) und die Einführung einer besseren Hoffnung, durch welche wir
20 Gott nahen. Und inwiefern dies nicht
21 ohne Eidschwur geschah, (denn jene sind ohne Eidschwur Priester geworden, dieser aber mit Eidschwur durch den, der zu ihm[c] sprach: „Der Herr hat geschworen, und es wird ihn nicht gereuen: Du bist Priester in Ewigkeit [nach der Ordnung Melchisedeks,]")
22 insofern ist Jesus eines besseren Bun-
23 des Bürge geworden. Und jener sind mehrere Priester geworden, weil sie durch den Tod verhindert waren zu
24 bleiben; dieser aber, weil er in Ewigkeit bleibt, hat ein unveränderliches[d]
25 Priestertum. Daher vermag er auch völlig zu erretten, die durch ihn Gott nahen, indem er immerdar lebt, um
26 sich für sie zu verwenden[e]. Denn ein solcher Hoherpriester geziemte uns: heilig[f], unschuldig[g], unbefleckt, abgesondert von den Sündern und höher
27 als die Himmel geworden, der nicht Tag für Tag nötig hat, wie die Hohenpriester, zuerst für die eigenen Sünden Schlachtopfer darzubringen, sodann für die des Volkes; denn dieses hat er ein für allemal getan, als er
28 sich selbst geopfert hat. Denn das Gesetz bestellt Menschen zu Hohenpriestern, die Schwachheit haben; das Wort des Eidschwurs aber, der nach dem Gesetz gekommen ist, einen Sohn, vollendet[h] in Ewigkeit.

8 Die Summe[i] dessen aber, was wir sagen, ist: Wir haben einen solchen Hohenpriester, der sich gesetzt hat zur Rechten des Thrones der Majestät
2 in den Himmeln, ein Diener des Heiligtums und der wahrhaftigen Hütte, welche der Herr errichtet hat, und nicht der Mensch.
3 Denn jeder Hohepriester wird bestellt, um sowohl Gaben als auch Schlachtopfer darzubringen; daher ist es notwendig, daß auch dieser etwas
4 habe, das er darbringe. Wenn er nun auf Erden wäre, so wäre er nicht einmal Priester, weil solche da sind, die nach dem Gesetz die Gaben darbrin-
5 gen, (welche dem Abbilde und Schatten der himmlischen Dinge dienen, gleichwie Moses eine göttliche Wei-

sung empfing, als er im Begriff war, die Hütte aufzurichten; denn „siehe", spricht er, „daß du alles nach dem Muster machest, das dir auf dem Berge
6 gezeigt worden ist".[j]) Jetzt aber hat er einen vortrefflicheren Dienst erlangt, insofern er auch Mittler ist eines besseren Bundes, der auf Grund bes-
7 serer Verheißungen gestiftet ist. Denn wenn jener erste Bund tadellos wäre, so wäre kein Raum gesucht worden
8 für einen zweiten. Denn tadelnd spricht er zu ihnen: „Siehe, es kommen Tage, spricht der Herr, da werde ich in Bezug auf das Haus Israel und in Bezug auf das Haus Juda einen neuen Bund
9 vollziehen; nicht nach dem Bunde, den ich mit ihren Vätern machte an dem Tage, da ich ihre Hand ergriff, um sie aus dem Lande Aegypten herauszuführen; denn sie blieben nicht in meinem Bunde, und ich kümmerte mich
10 um sie, spricht der Herr. Denn dies ist der Bund, den ich dem Hause Israel errichten werde nach jenen Tagen, spricht der Herr: Indem ich meine Gesetze in ihren Sinn gebe, werde ich sie auch in ihre Herzen schreiben; und ich werde ihnen zum Gott, und
11 sie werden mir zum Volke sein. Und sie werden nicht ein jeder seinen Mitbürger und ein jeder seinen Bruder lehren und sagen: Erkenne den Herrn! denn alle werden mich erkennen vom Kleinen[k] bis zum Großen unter ihnen.
12 Denn ich werde ihren Ungerechtigkeiten gnädig sein, und ihrer Sünden und ihrer Gesetzlosigkeiten werde ich
13 nie[l] mehr gedenken".[m] Indem er sagt: „einen neuen", hat er den ersten alt gemacht; was aber alt wird und veraltet, ist dem Verschwinden nahe.

9 Es hatte nun zwar auch der erste Bund Satzungen des Dienstes[n] und das
2 Heiligtum, ein weltliches. Denn eine Hütte wurde zugerichtet, die vordere[o], in welcher sowohl der Leuchter war als auch der Tisch und die Darstellung der Brote, welche das Heilige genannt
3 wird; hinter dem zweiten Vorhang aber eine Hütte, welche das Allerhei-
4 ligste genannt wird, die ein goldenes Räucherfaß[p] hatte und die Lade des Bundes, überall mit Gold überdeckt, in welcher der goldene Krug war, der das Manna enthielt, und der Stab Aarons, der gesproßt hatte, und die Tafeln des
5 Bundes; oben über demselben aber die Cherubim der Herrlichkeit, den Versöhnungsdeckel[q] überschattend, von welchen Dingen jetzt nicht im einzelnen zu reden ist.

Da nun dieses also eingerichtet ist, gehen in die vordere[o] Hütte allezeit die Priester hinein und vollbringen den Dienst[r]; in die zweite aber einmal des Jahres allein der Hohepriester, nicht ohne Blut, welches er für

---

a Eig. fleischernen. — b Ps. 110, 4. — c O. in Bezug auf ihn. — d O. unübertragbares. — e O. sie zu vertreten, für sie zu bitten. — f O. fromm. — g O. arglos, ohne Trug. — h O. vollkommen gemacht. — i O. der Hauptpunkt. — j 2. Mose 25, 40. — k O. Geringsten. — l O. durchaus nicht. — m Jer. 31, 31-34. — n O. Gottesdienstes. — o W. die erste. — p O. viell.: einen goldenen Räucheraltar. — q O. Gnadenstuhl; dasselbe Wort wie Röm. 3, 25. — r W. die Dienstleistungen.

sich selbst und für die Verirrungen
8 des Volkes darbringt; *wodurch* der
Heilige Geist dieses anzeigt, daß der
Weg zum Heiligtum *a* noch nicht geoffenbart ist, solange die vordere *b*
9 Hütte noch Bestand hat, welches ein
Gleichnis auf die gegenwärtige Zeit
ist, nach welchem sowohl Gaben als
auch Schlachtopfer dargebracht werden, die dem Gewissen nach den nicht
vollkommen machen können, der den
10 Gottesdienst übt, *welcher* allein in Speisen und Getränken und verschiedenen
Waschungen *besteht, in* Satzungen des
Fleisches, auferlegt bis auf die Zeit
11 der Zurechtbringung. Christus aber,
gekommen als Hoherpriester der zukünftigen Güter *c*, in Verbindung mit
der größeren *d* und vollkommneren
Hütte, die nicht mit Händen gemacht,
(das heißt nicht von dieser Schöpfung)
12 (ist) auch nicht mit *e* Blut von Böcken
und Kälbern, sondern mit *e* seinem
eigenen Blute, ist ein für allemal in
das Heiligtum eingegangen, als er
eine ewige Erlösung erfunden hatte.
13 Denn wenn das Blut von Böcken und
Stieren und die Asche einer jungen
Kuh, auf die Unreinen gesprengt, zur
14 Reinigkeit des Fleisches heiligt, wieviel mehr wird das Blut des Christus,
der durch den ewigen Geist sich selbst
ohne Flecken Gott geopfert hat, euer
Gewissen reinigen von toten Werken,
um dem lebendigen Gott zu dienen *f*!
15 Und darum ist er Mittler eines neuen
Bundes, damit, da der Tod stattgefunden hat zur Erlösung von den Uebertretungen unter dem ersten Bunde, die
Berufenen die Verheißung des ewigen
16 Erbes empfingen; (denn wo ein Testament *g* ist, da muß notwendig der Tod
dessen eintreten, der das Testament
17 gemacht hat. Denn ein Testament ist
gültig, wenn der Tod eingetreten ist *h*,
weil es niemals Kraft hat, solange der
lebt, der das Testament gemacht hat;)
18 daher ist auch der erste *Bund* nicht
19 ohne Blut eingeweiht worden. Denn
als jedes Gebot nach dem Gesetz von
Moses zu dem ganzen Volke geredet
war, nahm er das Blut der Kälber und
Böcke mit Wasser und Purpurwolle
und Ysop und besprengte sowohl das
Buch selbst als auch das ganze Volk,
20 und sprach: „Dies ist das Blut des
Bundes, den Gott für euch geboten
21 hat". *i* Und auch die Hütte und alle
Gefäße des Dienstes besprengte er
22 gleicherweise mit dem Blute; und fast
alle Dinge werden mit Blut gereinigt
nach dem Gesetz, und ohne Blutver-
gießung gibt es *j* keine Vergebung.
23 *Es war* nun nötig, daß die Abbilder der
Dinge in den Himmeln hierdurch gereinigt wurden, die himmlischen Dinge
selbst aber durch bessere Schlachtopfer

als diese. Denn der Christus ist nicht 24
eingegangen in das mit Händen ge-
machte Heiligtum, ein Gegenbild des
wahrhaftigen, sondern in den Himmel
selbst, um jetzt vor dem Angesicht
Gottes für uns zu erscheinen; auch 25
nicht, auf daß er sich selbst oftmals
opferte, wie der Hohepriester alljährlich in das Heiligtum hineingeht mit
fremdem Blut; sonst hätte er oftmals 26
leiden müssen von Grundlegung der
Welt an; jetzt aber ist er ein mal in
der Vollendung der Zeitalter geoffenbart worden zur Abschaffung der Sünde durch sein Opfer *k*. Und ebenso wie 27
es den Menschen gesetzt ist, ein mal
zu sterben, danach aber *das* Gericht,
also wird auch der Christus, nachdem 28
er ein mal geopfert worden ist, um
vieler Sünden zu tragen, zum zweiten
Male denen, die ihn erwarten, ohne *l*
Sünde erscheinen zur Seligkeit.

Denn das Gesetz einen Schatten **10**
der zukünftigen Güter, nicht der
Dinge Ebenbild selbst hat, so kann es
nimmer mit denselben Schlachtopfern,
welche sie alljährlich ununterbrochen
darbringen, die Hinzunahenden vollkommen machen. Denn würde sonst 2
nicht ihre Darbringung aufgehört haben, weil die den Gottesdienst Uebt-
den, einmal gereinigt, kein Gewissen
mehr von Sünden gehabt hätten? Aber 3
in jenen *Opfern* ist alljährlich ein Erinnern an *die* Sünden; denn unmög- 4
lich kann Blut von Stieren und Böcken
Sünden hinwegnehmen. Darum, als 5
er in die Welt kommt, spricht er:
„Schlachtopfer und *Speisopfer* hast du
nicht gewollt, einen Leib aber hast du
mir bereitet; an Brandopfern und *Op-* 6
fern für die Sünde hast du kein Wohlgefallen gefunden. Da sprach ich: 7
Siehe, ich komme, (in der Rolle des
Buches steht von mir geschrieben) um
deinen Willen, o Gott, zu tun." *m* In- 8
dem er vorher sagt: „Schlachtopfer
und Speisopfer und Brandopfer und
Opfer für die Sünde hast du nicht gewollt, noch Wohlgefallen daran gefunden", (die nach dem Gesetz dargebracht werden) sprach er dann: „Siehe, 9
ich komme, um deinen Willen zu tun".
(Er nimmt das Erste weg, auf daß er
das Zweite aufrichte.) Durch wel- 10
chen *n* Willen wir geheiligt sind durch
das ein für allemal geschehene Opfer
des Leibes Jesu Christi. — Und jeder 11
Priester steht täglich da, den Dienst
verrichtend und oft dieselben Schlachtopfer darbringend, welche niemals
Sünden hinwegnehmen können. Er 12
aber, nachdem er ein Schlachtopfer
für Sünden dargebracht, hat sich auf
immerdar gesetzt zur Rechten Gottes,
fortan wartend, bis seine Feinde ge- 13
legt sind zum Schemel seiner Füße.

---

a O. zu dem *Aller*heiligsten. — *b* W. die erste. — *c* d. i. der Segnungen, welche
Christus einführen sollte. — *d* O. durch die größere. — *e* O. durch. — *f* O. Gottesdienst darzubringen. — *g* Im Griech. dasselbe Wort wie „Bund". — *h* Eig. bei od.
über Toten. — *i* 2. Mose 24, 8. — *j* Eig. wird, erfolgt. — *k* Eig. Schlachtopfer. —
l Eig. getrennt von, od. ohne Beziehung zur; d. h. sein Kommen für die Seinen hat
nichts mehr mit der Sünde zu tun. (Vergl. V. 26.) — *m* Ps. 40, 6—8. — *n* Eig. In
welchem, d. i. auf Grund welches.

14 Denn mit einem Opfer hat er auf immerdar vollkommen gemacht, die
15 geheiligt werden. Das bezeugt uns aber auch der Heilige Geist; denn
16 nachdem er gesagt hat: „Dies ist der Bund, den ich ihnen a errichten werde nach jenen Tagen, spricht der Herr: Indem ich meine Gesetze in ihre Herzen gebe, werde ich sie auch auf ihre
17 Sinne schreiben"; und: „Ihrer Sünden und ihrer Gesetzlosigkeiten werde ich
18 nie b mehr gedenken". c Wo aber eine Vergebung derselben d ist, da ist nicht mehr ein Opfer für die Sünde.

19 Da wir nun, Brüder, Freimütigkeit haben zum Eintritt in das Heiligtum
20 durch das Blut Jesu, auf dem neuen und lebendigen Wege, welchen er uns eingeweiht hat durch den Vorhang hin,
21 das ist sein Fleisch, und einen großen
22 Priester über das Haus Gottes, so laßt uns hinzutreten mit wahrhaftigem Herzen, in voller Gewißheit des Glaubens, die Herzen besprengt und also gereinigt von bösen Gewissen, und den Leib gewaschen mit reinem Wasser.
23 Laßt uns das Bekenntnis der Hoffnung unbeweglich festhalten, (denn treu ist er, der die Verheißung gegeben hat;)
24 und laßt uns aufeinander achthaben zur Anreizung zur Liebe und zu gu-
25 ten Werken, indem wir unser Zusammenkommen nicht versäumen e, wie es bei etlichen Sitte ist, sondern einander ermuntern, und das umsomehr, jemehr
26 ihr den Tag herannahen sehet. Denn wenn wir mit Willen sündigen, nachdem wir die Erkenntnis der Wahrheit empfangen haben, so bleibt kein Schlachtopfer für Sünden mehr übrig,
27 sondern ein gewisses furchtvolles Erwarten des Gerichts und der Eifer eines Feuers, das die Widersacher verschlin-
28 gen wird f. Jemand, der das Gesetz Moses'verworfen hat, stirbt ohne Barmherzigkeit auf die Aussage von zwei
29 oder drei Zeugen; wieviel ärgerer Strafe, meint ihr, wird der wertgeachtet werden, der den Sohn Gottes mit Füßen getreten und das Blut des Bundes, durch welches er geheiligt worden ist, für gemein g geachtet und den Geist der Gnade geschmäht
30 hat? Denn wir kennen den, der gesagt hat: „Mein ist die Rache, i ch will vergelten, spricht der Herr". Und wiederum: „Der Herr wird sein Volk
31 richten". h Es ist furchtbar, in die Hände des lebendigen Gottes zu fallen!
32 Gedenket aber der vorigen Tage, in welchen ihr, nachdem ihr erleuchtet worden, viel Kampf der Leiden erdul-
33 det habt; indem ihr einerseits sowohl durch Schmähungen als Drangsale zur Schau gestellt wurdet, und anderseits Genossen derer wurdet, welche also einhergingen. Denn ihr habt so-
34 wohl den Gefangenen Teilnahme bewiesen, als auch den Raub eurer Güter mit Freuden aufgenommen, da ihr wisset, daß ihr für euch selbst eine bessere und bleibende Habe besitzet.
35 Werfet nun eure Zuversicht i nicht weg, die eine große Belohnung hat.
36 Denn ihr bedürfet des Ausharrens, auf daß ihr, nachdem ihr den Willen Gottes getan habt, die Verheißung davontraget.
37 Denn noch über ein gar Kleines, und der Kommende wird kommen und nicht verziehen.
38 „Der Gerechte aber wird aus Glauben j leben"; k und: „Wenn jemand l sich zurückzieht, so wird meine Seele kein Wohlgefallen an ihm haben".
39 Wir aber sind nicht von denen, die sich zurückziehen zum Verderben, sondern von denen, die da glauben zur m Errettung der Seele.

11 Der Glaube aber ist eine Verwirklichung n dessen, was man hofft, eine Ueberzeugung o von Dingen, die man
2 nicht sieht. Denn in diesem p haben die Alten Zeugnis erlangt.

3 Durch Glauben verstehen wir, daß die Welten durch Gottes Wort bereitet worden sind, sodaß das, was man sieht, nicht aus Erscheinendem q geworden ist.

4 Durch Glauben brachte Abel Gott ein vorzüglicheres r Opfer s dar als Kain, durch welches t er Zeugnis erlangte, daß er gerecht war, indem Gott Zeugnis gab zu seinen Gaben; und durch diesen u, obgleich er gestorben ist, redet er noch.

5 Durch Glauben ward Henoch entrückt, damit er den Tod nicht sehen sollte, und er wurde nicht gefunden, weil Gott ihn entrückt hatte; denn vor der Entrückung hat er das Zeugnis gehabt, daß er Gott wohlgefallen habe.
6 Ohne Glauben aber ist es unmöglich, ihm wohlzugefallen; denn wer Gott naht, muß glauben, daß er ist, und denen, die ihn suchen, ein Belohner ist.

7 Durch Glauben bereitete Noah, als er einen göttlichen Ausspruch über das, was noch nicht zu sehen war, empfangen hatte, von Furcht bewegt, eine Arche zur Rettung seines Hauses, durch welche u er die Welt verurteilte und Erbe der Gerechtigkeit wurde, die nach dem Glauben ist.

8 Durch Glauben war Abraham, als er gerufen wurde, gehorsam, auszuziehen an den Ort, den er zum Erbteil empfangen sollte; und er zog aus, ohne
9 zu wissen, wohin er komme. Durch Glauben hielt er sich auf in dem Lande der Verheißung, wie in einem fremden, und wohnte in Zelten mit Isaak und

---

a Eig. in Bezug auf sie. — b O. durchaus nicht. — c Jer. 31, 33. 34. — d W. dieser; bezieht sich auf V. 17. — e O. aufgeben. — f Eig. das im Begriff steht . . . zu verschlingen. — g O. unrein. — h 5. Mose 32, 35. 36. — i O. Freimütigkeit. — j d. h. auf dem Grundsatz des Glaubens. — k Hab. 2, 4. — l O. er. — m W. nicht vom Zurückziehen zum Verderben, sondern vom Glauben zur. — n O. Zuversicht, feste Ueberzeugung. — o O. ein Ueberführtsein. — p d. h. in der Kraft dieses Glaubens. — q d. h. aus Dingen, die mit den Sinnen wahrgenommen werden können. — r O. größeres. — s Eig. Schlachtopfer. — t O. welchen, d. i. Glauben. — u O. dieses; O. welchen (Glauben).

Jakob, den Miterben derselben Ver-
10 heißung; denn er erwartete die Stadt,
welche Grundlagen hat, deren Bau-
11 meister und Schöpfer a Gott ist. Durch
Glauben empfing auch selbst Sara
Kraft, einen Samen zu gründen b, und
zwar über die geeignete Zeit des Alters
hinaus, weil sie den sie für treu achtete,
12 der die Verheißung gegeben hatte. Deshalb sind auch von e i n e m, und zwar
Gestorbenen, geboren worden gleichwie die Sterne des Himmels an Menge,
und wie der Sand am Ufer des Meeres,
der unzählig ist.

13 Diese alle sind im Glauben c gestorben und haben die Verheißungen nicht
empfangen, sondern sahen sie von ferne
und begrüßten sie und bekannten, daß
sie Fremdlinge und ohne Bürgerschaft
14 auf der Erde d seien. Denn die solches
sagen, zeigen deutlich, daß sie ein
15 Vaterland suchen e. Und wenn sie an
jenes gedacht hätten, von welchem sie
ausgegangen waren, so hätten sie Zeit
16 gehabt zurückzukehren. Jetzt aber
trachten sie nach einem besseren, das
ist himmlischen. Darum schämt sich
Gott ihrer nicht, ihr Gott genannt zu
werden, denn er hat ihnen eine Stadt
bereitet.

17 Durch Glauben hat er Abraham, als er
versucht wurde, den Isaak geopfert,
und der, welcher die Verheißungen
empfangen hatte, brachte den Einge-
18 borenen dar, über welchen gesagt worden war: „In Isaak soll dein Same ge-
19 nannt werden"; f indem er urteilte, daß
Gott auch aus den Toten zu erwecken
vermöge, von woher er ihn auch im
20 Gleichnis empfing. Durch Glauben
segnete Isaak, in Bezug auf zukünftige
21 Dinge, den Jakob und den Esau. Durch
Glauben segnete Jakob sterbend einen
jeden der Söhne Josephs und betete
an über der Spitze seines Stabes g.
22 Durch Glauben gedachte Joseph sterbend h des Auszugs der Söhne Israels
und gab Befehl wegen seiner Gebeine.
23 Durch Glauben wurde Moses, als er
geboren wurde, drei Monate von seinen
Eltern verborgen, weil sie sahen, daß
das Kindlein schön war; und sie fürchteten das Gebot des Königs nicht.
24 Durch Glauben weigerte sich Moses,
als er groß geworden war, ein Sohn
25 der Tochter Pharaos zu heißen, und
wählte lieber, mit dem Volke Gottes
Ungemach zu leiden, als die zeitliche
26 Ergötzung der Sünde zu haben, indem
er die Schmach des Christus für größeren Reichtum hielt als die Schätze
Aegyptens; denn er schaute auf die
27 Belohnung. Durch Glauben verließ er
Aegypten und fürchtete die Wut des
Königs nicht; denn er hielt standhaft
aus, als sähe er den Unsichtbaren.
28 Durch Glauben hat er das Passah ge-

feiert und die Besprengung des Blutes, auf daß der Zerstörer der Erstgeburt sie nicht antaste.

Durch Glauben gingen sie durch das 29
Rote Meer wie durch trockenes Land,
welches die Aegypter versuchten und
verschlungen wurden.

Durch Glauben fielen die Mauern 30
Jerichos, nachdem sie sieben Tage
umzogen waren.

Durch Glauben kam Rahab, die Hu- 31
re, nicht mit den Ungläubigen i um,
da sie die Kundschafter in j Frieden
aufgenommen hatte.

Und was soll ich noch sagen? Denn 32
die Zeit würde mir fehlen, wenn ich
erzählen wollte von Gideon und Barak
und Simson und Jephta, und David
und Samuel und den Propheten, wel- 33
che durch Glauben Königreiche be-
zwangen, Gerechtigkeit wirkten, Verheißungen k erlangten, der Löwen Rachen verstopften, des Feuers Kraft aus- 34
löschten, des Schwertes Schärfe entgingen, aus der Schwachheit Kraft
gewannen, im Kampfe stark wurden,
der Fremden Heerscharen zurücktrie-
ben. Weiber erhielten ihre Toten wie- 35
der durch Auferstehung; andere aber
wurden gefoltert, da sie die Befreiung
nicht annahmen, auf daß sie eine bessere Auferstehung erlangten. Andere 36
aber wurden durch Verhöhnung und
Geißelung l versucht und dazu durch
Bande und Gefängnis. Sie wurden 37
gesteinigt, zersägt, versucht, starben
durch den Tod des Schwertes, gingen
umher in Schafpelzen, in Ziegenfellen,
hatten Mangel, Drangsal, Ungemach,
(deren die Welt nicht wert war) irr- 38
ten umher in Wüsten und Gebirgen
und Klüften und den Höhlen der Erde.

Und diese alle, die durch den Glau- 39
ben ein Zeugnis erlangten, haben die
Verheißung nicht empfangen, da Gott 40
für uns etwas Besseres vorgesehen
hat, auf daß sie nicht ohne uns vollkommen gemacht würden.

Deshalb nun, da wir eine so gro- **12**
ße Wolke von Zeugen um uns m haben, laßt auch uns, indem wir jede
Bürde und die leicht umstrickende
Sünde ablegen n, mit Ausharren laufen
den vor uns liegenden Wettlauf, hin- 2
schauend auf Jesum o, den Anfänger p
und Vollender des Glaubens, welcher,
der Schande nicht achtend, für die vor
ihm liegende Freude das Kreuz er-
duldete und sich gesetzt hat zur Rechten des Thrones Gottes. Denn betrach- 3
tet den, der so großen Widerspruch
von den Sündern gegen sich erduldet
hat, auf daß ihr nicht ermüdet, indem
ihr in euren Seelen ermattet.

Ihr habt noch nicht, wider die Sün- 4
de ankämpfend, bis aufs Blut widerstanden, und habt der Ermahnung q 5

---

a O. Werkmeister. — b O. schwanger zu werden. — c O. dem Glauben gemäß. —
d O. im Lande. — e O. begehren. — f 1. Mose 21, 12. — g d. h. sich darüber hin-
beugend. — h W. sein Leben beschließend. — i O. Ungehorsamen. — j W. mit. —
k d. h. das was ihnen verheißen war. — l Eig. Verhöhnungen und Geißeln. — m Eig.
uns umlagernd. — n Eig. abgelegt haben. — o Eig. wegschauend (von allem anderen)
auf Jesum hin. — p Zugleich; Urheber, Anführer; einer, der in einer Sache den ersten
Schritt tut und anderen vorangeht. — q O. Ermunterung.

vergessen, die zu euch als zu Söhnen spricht: „Mein Sohn! achte nicht gering *des* Herrn Züchtigung, noch ermatte, wenn du von ihm gestraft*a* 6 wirst; denn wen *der* Herr liebt, den züchtigt er; er geißelt aber jeden Sohn, 7 den er aufnimmt". *b Was* ihr erduldet, *ist* zur Züchtigung *c:* Gott handelt mit euch als mit Söhnen; denn wer ist ein Sohn, den der Vater nicht züchtigt? 8 Wenn ihr aber ohne Züchtigung seid, welcher alle teilhaftig geworden sind, so seid ihr denn Bastarde und nicht 9 Söhne. Zudem hatten wir auch unsere Väter nach dem Fleische *d* zu Züchtigern und scheuten sie; sollen wir nicht viel mehr dem Vater der Geister unterwürfig sein und leben? Denn jene 10 freilich züchtigten *uns* für wenige Tage nach ihrem Gutdünken, er aber zum Nutzen, damit er seiner Heilig-11 keit teilhaftig werde. Alle Züchtigung aber scheint für die Gegenwart nicht *ein Gegenstand der* Freude, sondern *der* Traurigkeit zu sein; hernach aber gibt sie die friedsame Frucht der Gerechtigkeit denen, die durch sie geübt sind.
12 Darum „richtet auf die erschlafften 13 Hände und die gelähmten Kniee",*e* und „machet gerade Bahn für eure Füße!*f* auf daß nicht das Lahme vom Wege abgewandt, sondern vielmehr 14 geheilt werde. Jaget dem Frieden nach mit allen und der Heiligkeit *g*, ohne welche niemand den Herrn schauen 15 wird; indem ihr darauf achtet, daß nicht jemand an der Gnade Gottes Mangel leide *h*, daß nicht irgend eine Wurzel der Bitterkeit aufsprosse und *euch* beunruhige, und viele *i* durch 16 diese verunreinigt werden; daß nicht jemand ein Hurer sei oder ein Ungöttlicher wie Esau, der für eine Speise 17 sein Erstgeburtsrecht verkaufte, denn ihr wisset, daß er auch nachher, als er den Segen ererben wollte, verworfen wurde, (denn er fand keinen Raum für die Buße) obgleich er ihn *j* mit Tränen eifrig suchte.
18 Denn ihr seid nicht gekommen zu dem [Berge], der betastet werden konnte, und zu dem entzündeten Feuer *k*, und dem Dunkel und der Finsternis 19 und dem Sturm, und dem Posaunenschall *l*, und der Stimme der Worte, deren Hörer baten *m*, daß das Wort nicht mehr an sie geriichtet würde, 20 (denn sie konnten nicht ertragen, was geboten wurde: „Und wenn ein Tier den Berg berührt, soll es gesteinigt 21 werden".*n* Und so furchtbar war die Erscheinung, daß Moses sagte: „Ich 22 bin voll Furcht und Zittern",) sondern ihr seid gekommen zum Berge Zion

und zur Stadt des lebendigen Gottes, dem himmlischen Jerusalem; und zu Myriaden von Engeln, der allgemei- 23 nen Versammlung; und zu der Versammlung der Erstgeborenen, die in den Himmeln angeschrieben sind; und zu Gott, dem Richter aller; und zu den Geistern der vollendeten Gerech- ten; und zu Jesu, dem Mittler eines 24 neuen Bundes; und zu dem Blute der Besprengung, das besser *o* redet als Abel. Sehet zu, daß ihr den nicht ab- 25 weiset, der da redet! Denn wenn jene nicht entgingen, die da abwiesen, der auf Erden die göttlichen Aussprüche gab: wieviel mehr wir *nicht*, wenn *p* wir uns von dem abwenden, der von den Himmeln her *redet!* dessen Stim- 26 me damals die Erde erschütterte; jetzt aber hat er verheißen und gesagt: „Noch einmal werde ich nicht allein die Erde bewegen, sondern auch den Himmel".*q* Aber das „noch einmal" 27 deutet die Verwandlung der Dinge an, die erschüttert werden als solche, die gemacht sind, auf daß die, welche nicht erschüttert werden, bleiben. Deshalb, 28 da wir ein unerschütterliches Reich empfangen, laßt uns Gnade haben, durch welche *r* wir Gott wohlgefällig dienen mögen mit Frömmigkeit *s* und Furcht. „Denn auch unser Gott ist ein 29 verzehrendes Feuer."*t*

Die Bruderliebe bleibe. Der Gast- **13** freundschaft vergesset nicht, denn durch dieselbe haben etliche ohne ihr 2 Wissen Engel beherbergt. Gedenket 3 der Gefangenen, als Mitgefangene; derer, die Ungemach leiden, als *solche*, die auch selbst im Leibe sind. Die Ehe 4 sei geehrt in allem *u*, und das Bett unbefleckt; Hurer aber und Ehebrecher wird Gott richten. Der Wandel sei 5 ohne Geldliebe; begnüget euch *v* mit dem, was vorhanden ist, denn er hat gesagt: „Ich will dich nicht verlassen, noch dich verlassen";*w* so daß wir 6 kühn sagen mögen: „Der Herr ist mein Helfer, und ich will mich nicht fürchten; was wird mir ein Mensch tun?"*x*
Gedenket eurer Führer, die das Wort 7 Gottes zu euch geredet haben, und, den Ausgang ihres Wandels anschauend, ahmet ihren Glauben nach.
Jesus Christus *ist* derselbe gestern 8 und heute und in Ewigkeit *y.* Laßt 9 euch nicht fortreißen durch mancherlei und fremde Lehren; denn es ist gut, daß das Herz durch Gnade befestigt werde, nicht durch Speisen, von welchen keinen Nutzen hatten, die darin wandelten. Wir haben einen Altar, 10 von welchem kein Recht haben zu essen, die der Hütte dienen. Denn von 11 den Tieren, deren Blut für *die* Sünde

---

a O. zurechtgewiesen. — *b* Spr. 3, 11. 12. — *c* d. h. euch nicht aus Zorn von seiten Gottes hervor. — *d* W. die Väter unseres Fleisches. — *e* Jes. 35, 3. — *f* Spr. 4, 26. — *g* Eig. Geheiligtsein. — *h* O. von . . . zurückbleibe. — *i* O. nach and. Les. : die Vielen, d. i. die große Menge. — *j* d. i. den Segen; vergl. 1. Mose 27, 34—38. — *k* O. und der vom Feuer entzündet war. — *l* O. Trompetenschall. — *m* O. es ablehnten, abwiesen; wie V. 25. — *n* 2. Mose 19, 13. — *o* O. Besseres. — *p* Eig. die. — *q* Hagg. 2, 6. — *r* O. laßt uns dankbar sein (Dankbarkeit hegen), wodurch. — *s* O. Ehrfurcht, Furcht. — *t* 5. Mose 4, 24. — *u* O. unter allen. — *v* O. indem ihr euch begnüget. — *w* 5. Mose 31, 6; Jos. 1, 5. — *x* Ps. 118, 6. — *y* W. in die Zeitalter.

in das Heiligtum *a* hineingetragen wird durch den Hohenpriester, werden die Leiber außerhalb des Lagers 12 verbrannt. Darum hat auch Jesus, auf daß er durch sein eigenes Blut das Volk heiligte, außerhalb des Tores ge- 13 litten. Deshalb laßt uns zu ihm hinausgehen, außerhalb des Lagers, sei- 14 ne Schmach tragend. Denn wir haben hier keine bleibende Stadt, sondern 15 die zukünftige suchen *b* wir. Durch ihn nun laßt uns Gott stets ein Opfer des Lobes darbringen, das ist die Frucht der Lippen, die seinen Namen 16 bekennen *c*. Des Wohltuns aber und Mitteilens vergesset nicht, denn an solchen Opfern hat Gott Wohlgefallen. 17 Gehorchet euren Führern und seid unterwürfig; denn sie wachen über eure Seelen, (als die da Rechenschaft geben sollen) auf daß sie dies mit Freuden tun und nicht mit Seufzen; denn dies wäre euch nicht nützlich. 18 Betet für uns; denn wir halten dafür, daß wir ein gutes Gewissen ha-

ben, da wir in allem ehrbar zu wandeln begehren. Ich bitte *euch* aber um- 19 somehr, dies zu tun, auf daß ich euch desto schneller wiedergegeben werde. Der Gott des Friedens aber, der 20 aus *den* Toten wiederbrachte *d* unseren Herrn Jesus, den großen Hirten der Schafe, in dem *e* Blute des ewigen Bundes *f*, vollende euch in jedem guten Werke, um seinen Willen zu tun *g*, in euch schaffend was vor ihm wohlgefällig ist, durch Jesum Christum, welchem die Herrlichkeit sei von Ewigkeit zu Ewigkeit *h*! Amen. Ich bitte euch aber, Brüder, ertra- 22 get das Wort der Ermahnung; denn ich habe euch auch mit kurzen *Worten* geschrieben. Wisset, daß unser Bruder Timotheus 23 freigelassen ist, mit welchem, wenn er bald *i* kommt, ich euch sehen werde. Grüßet alle eure Führer und alle 24 Heiligen. Es grüßen euch die von Italien. Die Gnade sei mit euch allen! 25 Amen.

Der Brief des Jakobus

1 Jakobus, Knecht *j* Gottes und des Herrn Jesus Christus, den zwölf Stämmen, die in der Zerstreuung sind, *seinen* Gruß!
2 Achtet es für lauter Freude, meine Brüder, wenn ihr in mancherlei Ver- 3 suchungen fallet, da ihr wisset, daß die Bewährung *k* eures Glaubens Aus- 4 harren bewirkt. Das Ausharren aber habe ein vollkommenes Werk, auf daß ihr vollkommen und vollendet seid und 5 in nichts Mangel habt. Wenn aber jemand von euch Weisheit mangelt, so bitte er von Gott, der allen willig gibt und nichts *l* vorwirft, und sie *m* wird 6 ihm gegeben werden. Er bitte aber im Glauben, ohne irgend zu zweifeln; denn der Zweifelnde ist gleich einer Meereswoge, die vom Winde bewegt 7 und hin und her getrieben wird. Denn jener Mensch denke nicht, daß er etwas von dem Herrn empfangen wer- 8 de; *er ist* ein wankelmütiger *n* Mann, unstet in allen seinen Wegen.
9 Der niedrige Bruder aber rühme sich 10 seiner Hoheit, der reiche aber seiner Erniedrigung *o*; denn wie des Grases 11 Blume wird er vergehen. Denn die Sonne ist aufgegangen mit ihrer *p* Glut und hat das Gras gedörrt, und die Zierde seines Ansehens ist verdorben *q*; also wird auch der Reiche in seinen We- 12 gen verwelken. Glückselig der Mann,

der die Versuchung erduldet! denn nachdem er bewährt ist, wird er die Krone des Lebens empfangen, welche er denen verheißen hat, die ihn lieben. Niemand sage, wenn er versucht 13 wird: Ich werde von Gott versucht; denn Gott kann nicht versucht werden vom Bösen, und selbst versucht er niemand. Ein jeder aber wird versucht, 14 wenn er von seiner eigenen Lust fortgezogen und gelockt wird. Danach, 15 wenn die Lust empfangen hat, gebiert sie die Sünde; die Sünde aber, wenn sie vollendet ist, gebiert den Tod. Irret euch nicht *r*, meine geliebten 16 Brüder! Jede gute Gabe und jedes voll- 17 kommene Geschenk kommt von oben herab, von dem Vater der Lichter, bei welchem keine Veränderung ist, noch eines Wechsels Schatten *s*. Nach seinem 18 eigenen Willen hat er uns durch das Wort der Wahrheit gezeugt, auf daß wir eine gewisse Erstlingsfrucht seiner Geschöpfe seien. Daher, meine geliebten Brüder, sei je- 19 der Mensch *t* schnell zum Hören, langsam zum Reden, langsam zum Zorn. Denn eines Mannes Zorn wirkt nicht 20 Gottes Gerechtigkeit. Deshalb leget 21 ab alle Unsauberkeit und alles Ueberfließen von Schlechtigkeit, und empfanget mit Sanftmut das eingepflanzte Wort, das eure Seelen zu erretten vermag. Seid aber Täter des Wortes und 22

---

a O. in das *Allerheiligste*. — *b* O. begehren. — *c* O. segnen. — *d* Eig. der Wiederbringer aus *den* Toten; eine charakteristische Bezeichnung Gottes. — *e* d. h. in der Kraft des. — *f* Vergl. Hes. 37, 26. — *g* Eig. getan zu haben. — *h* W. in die Zeitalter der Zeitalter. — *i* Eig. bälder. — *j* O. Sklave. — *k* O. Erprobung. — *l* W. nicht. — *m* O. es. — *n* O. doppelherziger. — *o* O. Niedrigkeit. W. rühme sich in seiner. — *p* Eig. der. — *q* O. vernichtet. — *r* O. Laßt euch nicht irreführen. — *s* O. Beschattung. — *t* O. nach and. Les.: Ihr wisset, (od. Wisset ihr) meine geliebten Brüder, jeder Mensch sei.

23 nicht allein Hörer, die sich selbst betrügen. Denn wenn jemand ein Hörer des Wortes ist und nicht ein Täter, der ist einem Manne gleich, welcher sein natürliches Angesicht in einem Spie-
24 gel betrachtet. Denn er hat sich selbst betrachtet und ist weggegangen, und er hat alsbald vergessen, wie er be-
25 schaffen war. Wer aber in das vollkommene Gesetz, das der Freiheit, nahe hineinschaut hat[a] und darin bleibt, indem er nicht ein vergeßlicher Hörer, sondern ein Täter des Werkes ist, dieser wird glückselig sein in sei-
26 nem Tun. Wenn jemand sich dünkt[b], er diene Gott[c], und zügelt nicht seine Zunge, sondern betrügt sein Herz, des-
27 sen Gottesdienst[d] ist eitel. Ein reiner und unbefleckter Gottesdienst[d] vor Gott und dem Vater ist dieser: Waisen und Witwen in ihrer Drangsal besuchen, sich selbst von der Welt unbefleckt erhalten.

2 Meine Brüder, habet den Glauben unseres Herrn Jesus Christus, *des Herrn* der Herrlichkeit, nicht mit Ansehen
2 der Person. Denn wenn in eure Synagoge ein Mann kommt mit goldenem Ringe[e], in prächtigem Kleide, es kommt aber auch ein Armer in unreinem[e]
3 sauberem Kleide herein, und ihr sehet auf den, der das prächtige Kleid trägt, und sprechet: Setze du dich bequem hierher, und zu dem Armen sprechet ihr: Stehe du dort, oder setze dich hier
4 unter meinen Fußschemel — habt ihr nicht unter[f] euch selbst einen Unterschied gemacht und seid Richter mit
5 böses Gedanken[g] geworden? Höret, meine geliebten Brüder: Hat nicht Gott die weltlich Armen[h] auserwählt, reich *zu sein* im Glauben, und zu Erben des Reiches, welches er denen verheißen
6 hat, die ihn lieben? Ihr aber habt den Armen verachtet[i]. Unterdrücken euch nicht die Reichen, und ziehen nicht
7 sie euch vor die Gerichte? Lästern nicht sie den guten Namen, der über
8 euch angerufen worden ist? Wenn ihr wirklich das königliche Gesetz erfüllet nach der Schrift: „Du sollst deinen Nächsten lieben wie dich selbst", so
9 tut ihr wohl. Wenn ihr aber die Person ansehet, so begehet ihr Sünde, indem ihr von dem Gesetz als Ueber-
10 treter überführt werdet. Denn wer irgend das ganze Gesetz halten, aber in einem straucheln wird, ist aller *Ge-*
11 *bote* schuldig geworden. Denn der da sprach: „Du sollst nicht ehebrechen", sprach auch: „Du sollst nicht töten". Wenn du nun nicht ehebrichst, aber tötest, so bist du ein Gesetzes-Ueber-
12 treter geworden. Also redet und also tut, als die durchs Gesetz der Freiheit
13 gerichtet werden sollen. Denn das Gericht *wird* ohne Barmherzigkeit *sein*

gegen den, der nicht Barmherzigkeit geübt hat. Die Barmherzigkeit rühmt sich wider das Gericht[j].

Was nützt es, meine Brüder, wenn 14 jemand sagt, er habe Glauben, hat aber nicht Werke? kann etwa *der* Glaube ihn erretten? Wenn aber ein 15 Bruder oder eine Schwester nackt ist und der täglichen Nahrung entbehrt, und jemand unter euch spricht zu ih- 16 nen: Gehet hin in Frieden, wärmet euch und sättiget euch! ihr gebet ihnen aber nicht die Notdurft des Leibes, was nützt es? Also tut auch der Glaube, 17 wenn er nicht Werke hat, an sich selbst[k] tot. Es wird aber jemand sagen: Du 18 hast Glauben, und i c h habe Werke; zeige mir deinen Glauben ohne Werke, und i c h werde dir meinen Glauben aus meinen Werken zeigen. D u glaubst, 19 daß Gott e i n e r ist, du tust wohl; auch die Dämonen glauben und zittern. Willst du aber wissen, o eitler Mensch, 20 daß der Glaube ohne die Werke tot ist? Ist nicht Abraham, unser Vater, aus[l] 21 Werken gerechtfertigt worden, da er Isaak, seinen Sohn, auf dem Altar opferte? Du siehst, daß der Glaube zu 22 seinen Werken mitwirkte, und *daß* der Glaube durch die Werke[m] vollendet wurde. Und die Schrift ward 23 erfüllt, welche sagt: „Abraham aber glaubte Gott, und es wurde ihm zur Gerechtigkeit gerechnet", [n] und er wurde Freund Gottes genannt. Ihr 24 sehet *also*, daß ein Mensch aus[l] Werken gerechtfertigt wird und nicht aus[l] Glauben allein. Ist aber gleicherweise 25 nicht auch Rahab, die Hure, aus[l] Werken gerechtfertigt worden, da sie die Boten aufnahm und auf einem anderen Wege hinausließ? Denn wie der 26 Leib ohne Geist tot ist, also ist auch der Glaube ohne die Werke tot.

Seid nicht viele Lehrer, meine Brü- 3 der, da ihr wisset, daß wir ein schwereres[o] Urteil[p] empfangen werden; denn wir alle straucheln oft[q]. Wenn 2 jemand nicht im Worte strauchelt, so ist ein vollkommener Mann, fähig, auch den ganzen Leib zu zügeln. Siehe, den 3 Pferden legen wir die Gebisse in die Mäuler, damit sie uns gehorchen, und lenken ihren ganzen Leib. Siehe, auch 4 die Schiffe, die so groß sind, und von heftigen Winden getrieben werden, werden durch ein sehr kleines Steuerruder gelenkt, wohin irgend der Trieb des Steuermanns will. So ist auch die 5 Zunge ein kleines Glied und rühmt sich großer Dinge. Siehe, ein kleines Feuer, welch einen großen Wald[r] zündet es an![s] und die Zunge ist ein 6 Feuer, die Welt der Ungerechtigkeit. Die Zunge ist unter unseren Gliedern gesetzt[t], *als* die den ganzen Leib befleckt und den Lauf der Natur[u] an-

---

a O. hineinschaut. — b O. scheint. — c O. er sei religiös. — d O. Religion. — e O. Fingerring. — f O. bei. — g Eig. Ueberlegungen. — h W. die Armen hinsichtlich der Welt. — i Eig. dem Armen Unehre angetan. — j O. triumphiert über das Gericht. — k O. an und für sich. — l O. auf dem Grundsatz der (des). — m W. aus den Werken. — n 1. Mose 15, 6. — o W. größeres. — p O. Gericht. — q O. viel, in vieler Hinsicht. — r O. Holzstoß. — s O. nach anderer Les.: Siehe, welch ein Feuer zündet welch einen Wald an! — t O. stellt sich dar. — u O. des Lebens, des Daseins.

zündet und von der Hölle angezündet
7 wird. Denn jede Natur, sowohl der
Tiere als der Vögel, sowohl der kriechenden als der Meertiere, wird gebändigt und ist gebändigt worden durch
8 die menschliche Natur; die Zunge aber
kann keiner der Menschen bändigen:
sie ist ein unstetes Uebel, voll tödli
9 chen Giftes. Mit ihr preisen *a* wir den
Herrn und Vater *b*, und mit ihr fluchen wir den Menschen, die nach dem
10 Bilde *c* Gottes geworden sind. Aus demselben Munde geht Segen *d* und Fluch
hervor. Dies, meine Brüder, sollte nicht
11 also sein. Die Quelle sprudelt doch
nicht aus derselben Oeffnung das Süße
12 und das Bittere? Kann etwa, meine
Brüder, ein Feigenbaum Oliven hervorbringen, oder ein Weinstock Feigen?
Auch *kann* Salziges nicht süßes Wasser hervorbringen.
13   Wer ist weise und verständig unter
euch? Er zeige aus dem guten Wandel *e* seine Werke in Sanftmut der
14 Weisheit. Wenn ihr aber bitteren Neid *f*
und Streitsucht in eurem Herzen habt,
so rühmet euch nicht und lüget *nicht*
15 wider die Wahrheit *g*. Dies ist nicht
die Weisheit, die von oben herabkommt, sondern eine irdische, sinn
16 liche *h*, teuflische *i*. Denn wo Neid *f*
und Streitsucht ist, da ist Zerrüttung *j*
17 und jede schlechte Tat. Die Weisheit
aber von oben ist aufs erste rein, sodann friedsam, gelinde, folgsam *k*, voll
Barmherzigkeit und guter Früchte, un
18 parteiisch *l*, ungeheuchelt. Die Frucht
der Gerechtigkeit in Frieden aber wird
denen gesät *m*, die Frieden stiften.

4 Woher *kommen* Kriege und woher
Streitigkeiten unter euch? Nicht daher, aus euren Lüsten, die in euren
2 Gliedern streiten? Ihr gelüstet und
habt nichts *n*; ihr tötet und neidet *o* und
könnet nichts *n* erlangen; ihr streitet
und krieget; ihr habt nichts *n*, weil ihr
3 nicht bittet; ihr bittet und empfanget
nichts *n*, weil ihr übel bittet, auf daß
4 ihr es in euren Lüsten vergeudet. Ihr
Ehebrecherinnen, wisset ihr nicht, daß
die Freundschaft der Welt Feindschaft
wider Gott ist? Wer nun irgend ein
Freund der Welt sein will, stellt sich
5 als Feind Gottes dar. Oder meinet ihr,
daß die Schrift vergeblich rede? Begehrt der Geist, der in uns wohnt *p*, mit
6 Neid? Er gibt aber größere Gnade;
deshalb spricht er: „Gott widersteht
den Hochmütigen, den Demütigen aber
7 gibt er Gnade". *q* Unterwerfet euch
nun Gott. Widerstehet dem Teufel, und
8 er wird von euch fliehen. Nahet euch *r*
Gott, und er wird sich euch nahen.
Säubert die Hände, ihr Sünder, und

reiniget die Herzen, ihr Wankelmütigen *s*. Seid niedergebeugt *t*, und trau9
ert und weinet; euer Lachen verwandle
sich in Traurigkeit und *eure* Freude
in Niedergeschlagenheit. Demütiget 10
euch vor *dem* Herrn, und er wird euch
erhöhen.
    Redet nicht widereinander, Brüder. 11
Wer wider *seinen* Bruder redet oder
seinen Bruder richtet, redet wider das
Gesetz und richtet das Gesetz. Wenn
du aber das Gesetz richtest, so bist du
nicht ein Täter des Gesetzes, sondern
ein Richter.   E i n e r ist der Gesetz 12
geber und Richter, der *u* zu erretten
und zu verderben vermag. Du aber,
wer bist du, der du den Nächsten
richtest?
    Wohlan denn, die ihr saget: Heute 13
oder morgen wollen wir in die und
die Stadt gehen und daselbst ein Jahr
zubringen und Handel treiben und
Gewinn machen; (die ihr nicht wisset, 14
was der morgende Tag bringen wird;
[denn] was ist euer Leben? Ein Dampf
ist es *v* ja, der eine kleine Zeit sichtbar
ist und dann verschwindet;) statt daß 15
ihr saget: Wenn der Herr will und
wir leben, so werden wir auch dieses
oder jenes tun. Nun aber rühmet ihr 16
euch in euren Großtuereien. Alles solches Rühmen ist böse. Wer nun weiß, 17
Gutes zu tun, und tut es nicht, dem
ist es Sünde.

5 Wohlan nun, ihr Reichen, weinet
und heulet über euer Elend *w*, das über
euch kommt! Euer Reichtum ist verfault, 2
und eure Kleider sind mottenfräßig
geworden. Euer Gold und Silber ist 3
verrostet, und ihr Rost wird zum Zeugnis sein wider euch und euer Fleisch
fressen wie Feuer; ihr habt Schätze
gesammelt in den letzten Tagen. Sie 4
he, der Lohn der Arbeiter, die eure
Felder geschnitten haben, der von euch
vorenthalten ist, schreit, und das Geschrei der Schnitter ist vor *x* die Ohren
des Herrn Zebaoth *y* gekommen. Ihr 5
habt in Ueppigkeit gelebt auf der Erde
und geschwelgt; ihr habt eure Herzen
gepfleget *wie* an einem Schlachttage.
Ihr habt verurteilt, ihr habt getötet den 6
Gerechten; er widersteht euch nicht.
    Habt nun Geduld *aa*, Brüder, bis zur 7
Ankunft des Herrn. Siehe, der Ackersmann wartet auf die köstliche Frucht
der Erde und hat Geduld *aa* ihretwegen,
bis sie den Früh- und Spätregen empfange. Habt auch ihr Geduld, befesti8
get eure Herzen, denn die Ankunft
des Herrn ist nahe gekommen. Seufzet 9
nicht widereinander, Brüder, auf daß
ihr nicht gerichtet werdet. Siehe, der
Richter steht vor der Tür. Nehmet, 10

---

a O. segnen. — *b* O. und den Vater. — *c* O. Gleichnis. — *d* O. Preis. — *e* O. Verhalten. — *f* O. (bittere) Eifersucht. — *g* „wider die Wahrheit" bezieht sich sowohl auf
„rühmet" als auch auf „lüget". — *h* O. seelische. — *i* Eig. dämonische. — *j* O. Unordnung. — *k* O. lenksam. — *l* O. nicht zweifelnd, nicht streitsüchtig. — *m* O. Die
Frucht der Gerechtigkeit aber wird in Frieden denen gesät. — *n* W. nicht. — *o* O.
seid eifersüchtig. — *p* O. Wohnung gemacht hat. — *q* Spr. 3, 34. — *r* Eig. Habet
euch genaht; so auch nachher: Habet gesäubert usw. — *s* O. Doppelherzigen. —
t O. Fühlet euch elend. — *u* O. der, welcher. — *v* O. ihr seid ... : seid ihr — *w* O.
eure Drangsale; das griech. Wort steht in der Mehrzahl. — *x* W. in. — *y* d. i. Jehovas
der Heerscharen. — *z* O. Genußsucht. — *aa* O. Ausharren; so auch V. 8. 10.

Brüder, zum Vorbild des Leidens und der Geduld die Propheten, die im Na-
11 men *des* Herrn geredet haben. Siehe, wir preisen die glückselig, welche ausgeharrt haben. Von dem Ausharren Hiobs habt ihr gehört, und das Ende *des Herrn* habt ihr gesehen, daß der Herr voll inniger Mitgefühls und barmherzig ist.

12 Vor allem aber, meine Brüder, schwöret nicht, weder bei dem Himmel, noch bei der Erde, noch mit irgend einem anderen Eide; es sei aber euer **Ja** ja, und euer **Nein** nein, auf daß ihr nicht unter Gericht fallet.

13 Leidet jemand unter euch Trübsal? er bete. Ist jemand gutes Mutes? er
14 singe Psalmen *a*. Ist jemand krank unter euch? er rufe die Aeltesten der Versammlung zu sich, und sie mögen über ihn beten und ihn mit Oel salben *b* im
15 Namen *des* Herrn. Und das Gebet des Glaubens wird den Kranken heilen *c*, und der Herr wird ihn aufrichten, und wenn er Sünden begangen hat, wird ihm vergeben werden. Bekennet denn 16 einander die Vergehungen und betet füreinander, damit ihr geheilt werdet; das inbrünstige Gebet *d* eines Gerechten vermag viel. Elias war ein Mensch 17 von gleichen Gemütsbewegungen *e* wie wir; und er betete ernstlich *f*, daß es nicht regnen möge, und es regnete nicht auf der Erde drei Jahre und sechs Monate. Und wiederum betete er, und 18 der Himmel gab Regen, und die Erde brachte ihre Frucht hervor.

Meine Brüder, wenn jemand unter 19 euch von der Wahrheit abirrt, und es führt ihn jemand zurück, so wisse er, 20 daß der, welcher einen Sünder von der Verirrung seines Weges zurückführt, eine Seele vom Tode erretten und eine Menge von Sünden bedecken wird.

Der erste Brief des Petrus

1 Petrus, Apostel Jesu Christi, den Fremdlingen *g* von der Zerstreuung von Pontus, Galatien, Kappadocien,
2 Asien und Bithynien, auserwählt nach Vorkenntnis Gottes, des Vaters, durch *h* Heiligung *i* des Geistes, zum Gehorsam und zur Blutbesprengung Jesu Christi: Gnade und Friede sei euch *j* vermehrt!

3 Gepriesen sei der Gott und Vater unseres Herrn Jesus Christus, der nach seiner großen Barmherzigkeit uns wiedergezeugt *k* hat zu einer lebendigen Hoffnung durch die Auferstehung Jesu
4 Christi aus *den* Toten, zu einem unverweslichen und unbefleckten und unverwelklichen Erbteil, welches in den
5 Himmeln aufbewahrt ist für euch, die ihr durch *l* Gottes Macht durch Glauben bewahrt werdet zur Errettung *m*, *die* bereit *ist*, in der letzten Zeit ge-
6 offenbart zu werden; worin ihr frohlocket, die ihr jetzt eine kleine Zeit, wenn es nötig ist, betrübt seid durch
7 mancherlei Versuchungen *o*; auf daß die Bewährung *p* eures Glaubens, viel köstlicher als *die* des Goldes, das vergeht, aber durch Feuer erprobt wird, erfunden werde zu Lob und Herrlichkeit und Ehre in der Offenbarung Jesu
8 Christi; welchen ihr, obgleich ihr nicht gesehen habt, liebet; an welchen glaubend, obgleich ihr ihn jetzt nicht sehet, ihr mit unaussprechlicher und
9 verherrlichter Freude frohlocket, indem ihr das Ende eures Glaubens, die Errettung der Seelen *q*, davontraget; über welche Errettung Propheten nach- 10 suchten und nachforschten, die von der Gnade gegen euch geweissagt haben, forschend, auf welche oder welcherlei 11 Zeit der Geist Christi, der in ihnen war, hindeutete, als er von den Leiden, die auf Christum *kommen sollten*, und von den Herrlichkeiten danach zuvor zeugte; welchen es geoffenbart 12 wurde, daß sie nicht für sich selbst, sondern für euch die Dinge bedienten, die euch jetzt verkündigt worden sind durch die, welche euch das Evangelium gepredigt haben durch *r* *den* vom Himmel gesandten Heiligen Geist, in welche Dinge Engel hineinzuschauen begehren.

Deshalb umgürtet die Lenden eurer 13 Gesinnung, seid nüchtern und hoffet *s* völlig auf die Gnade, die euch gebracht wird bei der Offenbarung Jesu Christi; als Kinder des Gehorsams bildet 14 euch nicht *t* nach den vorigen Lüsten in eurer Unwissenheit, sondern wie 15 der, welcher euch berufen hat, heilig ist, seid auch i h r heilig in allem Wandel; denn es steht geschrieben: "Seid 16 heilig, denn i c h bin heilig". *u* Und 17 wenn ihr den als Vater anrufet, der ohne Ansehen der Person richtet nach eines jeden Werk, so wandelt die Zeit eurer Fremdlingschaft in Furcht, indem ihr 18 wisset, daß ihr nicht mit verweslichen

---

a O. Loblieder. — *b* O. beten, nachdem sie ihn gesalbt haben. — *c* O. retten. — *d* Eig. Flehen. — *e* O. Empfindungen. — *f* mit Gebet. — *g* O. denen, die ohne Bürgerrecht sind, oder den Beisassen; wie Kap. 2, 11. — *h* O. in. — *i* S. die Anm. zu 2. Thess. 2, 13. — *j* W. Gnade euch und Friede sei. — *k* O. wiedergeboren. — *l* Eig. in, d. i. infolge, kraft. — *m* O. Seligkeit; so auch nachher. — *n* O. in welcher (d. i. Zeit). — *o* O. Prüfungen. — *p* O. Erprobung. — *q* Eig. Seelen-Errettung, im Gegensatz zu leiblichen und zeitlichen Befreiungen. — *r* W. in, d. h. in der Kraft des. — *s* Eig. Die Lenden umgürtet habend, nüchtern seiend, hoffet. — *t* O. die ihr als . . . nicht gebildet seid. — *u* 3. Mose 11, 45.

Dingen, mit Silber oder Gold, erlöst worden seid von eurem eitlen, von den 19 Vätern überlieferten Wandel, sondern mit dem kostbaren Blute Christi, als eines Lammes ohne Fehl und ohne 20 Flecken; welcher zwar zuvorerkannt ist vor Grundlegung der Welt, aber geoffenbart worden am Ende der Zeiten 21 um euretwillen, die ihr durch ihn glaubet *a* an Gott, der ihn aus *den* Toten auferweckt und ihm Herrlichkeit gegeben hat, auf daß euer Glaube und 22 eure Hoffnung auf Gott sei *b*. Da ihr eure Seelen gereinigt habt durch den Gehorsam gegen die Wahrheit zur ungeheuchelten Bruderliebe, so liebet einander mit Inbrunst *c* aus reinem 23 Herzen, die ihr nicht wiedergeboren *d* seid aus verweslichem Samen, sondern aus unverweslichem, durch das leben-24 dige und bleibende Wort Gottes; denn „alles Fleisch ist wie Gras, und alle seine Herrlichkeit wie des Grases Blume. Das Gras ist verdorrt, und [seine] 25 Blume ist abgefallen; aber das Wort *des* Herrn bleibt in Ewigkeit." *e* Dies aber ist das Wort, welches euch verkündigt *f* worden ist.

2 Leget nun ab alle Bosheit und allen Trug und Heuchelei und Neid *g* und 2 alles üble Nachreden, und wie *h* neugeborene Kindlein seid begierig *i* nach der vernünftigen *j*, unverfälschten Milch, auf daß ihr durch dieselbe wach-3 set zur Errettung, wenn ihr anders geschmeckt habt, daß der Herr gütig ist. 4 Zu welchem kommend, *als* zu einem lebendigen Steine, von Menschen zwar verworfen, bei Gott aber auserwählt, 5 kostbar, werdet auch ihr selbst *k*, als lebendige Steine, aufgebaut, ein geistliches Haus, ein heiliges Priestertum, um darzubringen geistliche Schlachtopfer, Gott wohlannehmlich durch Je-6 sum Christum. Denn es ist in der Schrift enthalten: „Siehe, ich lege in Zion einen Eckstein, einen auserwählten, kostbaren; und wer an ihn glaubt *l*, wird nicht zu Schanden werden". *m* 7 Euch nun, die ihr glaubet, *ist* die Kostbarkeit; den Ungehorsamen *n* aber: „Der Stein, den die Bauleute verworfen haben, dieser ist zum Eckstein *o* 8 geworden", und „ein Stein des Anstoßes und ein Fels des Aergernisses",*p* die sich, da sie nicht gehorsam sind, an dem Worte stoßen *q*, wozu sie auch 9 gesetzt worden sind. Ihr aber seid ein auserwähltes Geschlecht, ein königliches Priestertum, eine heilige Nation, ein Volk zum Besitztum *r*, damit ihr die Tugenden *s* dessen verkündigt,

der euch berufen hat aus der Finsternis zu seinem wunderbaren Licht; die 10 ihr einst „nicht ein Volk" waret, jetzt aber ein Volk Gottes seid; die ihr „nicht Barmherzigkeit empfangen hattet", jetzt aber Barmherzigkeit empfangen habt. *t*

Geliebte, ich ermahne *euch* als 11 Fremdlinge und *als die ihr* ohne Bürgerrecht *seid u*, daß ihr euch enthaltet von den fleischlichen Lüsten, welche wider die Seele streiten, indem ihr eu-12 ren Wandel unter den Nationen ehrbar führet, auf daß sie, worin sie wider euch als Uebeltäter reden, aus den guten Werken, die sie anschauen, Gott verherrlichen am Tage der Heimsuchung.

Unterwerfet euch [nun] aller mensch-13 lichen Einrichtung um des Herrn willen: es sei dem Könige als Oberherrn, oder den Statthaltern als denen, die 14 von ihm gesandt werden zur Bestrafung der Uebeltäter, aber zum Lobe derer, die Gutes tun. Denn also ist es 15 der Wille Gottes, daß ihr durch Gutestun die Unwissenheit der unverständigen Menschen zum Schweigen bringet: als Freie, und die nicht die Frei-16 heit zum Deckmantel der Bosheit haben, sondern als Knechte *v* Gottes. Er-17 weiset allen Ehre; liebet die Brüderschaft; fürchtet Gott; ehret den König.

Ihr Hausknechte, seid den Herren *w* 18 unterwürfig in aller Furcht, nicht allein den guten und gelinden, sondern auch den verkehrten. Denn dies ist 19 wohlgefällig, wenn jemand um des Gewissens vor Gott *x* willen Beschwerden erträgt, indem er ungerecht leidet. Denn was für ein Ruhm ist es, 20 wenn ihr ausharret, indem ihr sündiget und geschlagen werdet? Wenn ihr aber ausharret, indem ihr Gutes tut und leidet, das ist wohlgefällig bei Gott. Denn hierzu seid ihr berufen worden; 21 denn auch Christus hat für euch gelitten, euch ein Beispiel *y* hinterlassend, auf daß ihr seinen Fußstapfen nachfolget; welcher keine Sünde tat, noch 22 wurde Trug in seinem Munde erfunden, *z* der, gescholten, nicht wieder-23 schalt, leidend, nicht drohte, sondern *sich aa* dem übergab, der recht richtet; welcher selbst unsere Sünden an sei-24 nem Leibe auf dem Holze *bb* getragen hat, auf daß wir, den Sünden abgestorben, der Gerechtigkeit leben, durch dessen Striemen *cc* ihr heil geworden seid. *dd* Denn ihr ginget in der Irre wie 25 Schafe, aber ihr seid jetzt zurückgekehrt zu dem Hirten und Aufseher eurer Seelen.

---

a O. nach and. Les.: gläubig seid. — *b* O. sodaß . . ist. — *c* O. anhaltend, beharrlich. — *d* O. wiedergezeugt. — *e* Jes. 40, 6—8. — *f* W. evangelisiert. — *g* Eig. Heuchelein und Neidereien. — *h* O. als. — *i* Eig. abgelegt habend . ., und seid begierig. — *j* Da der griechische Ausdruck von logos (= Wort) abgeleitet ist, so üb. and.: vom Worte herstammend, wortgemäß; oder, um die wahrscheinliche Anspielung auf das Wort „logos" anzudeuten: unverfälschte Milch des Wortes. — *k* O. werdet auch selbst. — *l* O. auf ihn vertraut. — *m* Jes. 28, 16. — *n* O. Ungläubigen. — *o* W. Haupt der Ecke; Ps. 118, 22. — *p* Jes. 8, 14. — *q* O. die sich, da sie dem Worte nicht gehorchen (glauben), stoßen. — *r* Vergl. 2. Mose 19, 5. 6. — *s* O. Vortrefflichkeiten. — *t* Vergl. Hos. 1, 10; 2, 23. — *u* O. und *als* Beisassen. — *v* O. Sklaven. — *w* Eig. Gebietern. — *x* O. Gott gegenüber. — *y* O. Vorbild. — *z* Vergl. Jes. 53, 9. — *aa* O. *es.* — *bb* O. auf das Holz. — *cc* Wunden. — *dd* Jes. 53, 5.

3 Gleicherweise ihr Weiber, seid euren eigenen Männern unterwürfig, auf daß, wenn auch etliche dem Worte nicht gehorchen *a*, sie durch den Wandel *b* der Weiber ohne Wort mögen gewonnen 2 werden, indem sie euren in Furcht keuschen Wandel angeschaut haben; 3 deren Schmuck nicht der auswendige sei durch Flechten der Haare und Umhängen von Gold oder Anziehen 4 von Kleidern, sondern der verborgene Mensch des Herzens in dem unverweslichen *Schmuck* des sanften und stillen Geistes, welcher vor Gott sehr köstlich 5 ist. Denn also schmückten sich auch einst die heiligen Weiber, die ihre Hoffnung auf Gott setzten, indem sie ihren eigenen Männern unterwürfig 6 waren: wie Sara dem Abraham gehorchte und ihn Herr nannte, deren Kinder ihr geworden seid, wenn *c* ihr Gutes tut und keinerlei Schrecken fürchtet.

7 Ihr Männer gleicherweise, wohnet bei *ihnen* nach Erkenntnis *d*, als bei einem schwächeren Gefäße, dem weiblichen, *ihnen* Ehre gebend, als *die* auch Miterben der Gnade des Lebens *sind*, auf daß eure Gebete nicht verhindert werden.

8 Endlich aber seid alle gleichgesinnt, mitleidig, voll brüderlicher Liebe, 9 barmherzig, demütig *e*, und vergeltet nicht Böses mit Bösem, oder Scheltwort mit Scheltwort, sondern im Gegenteil 10 den seid, daß ihr Segen ererbet. „Denn wer das Leben lieben und gute Tage sehen will, der enthalte seine Zunge vom Bösen, und seine Lippen, daß sie 11 nicht Trug reden; er wende sich ab vom Bösen und tue Gutes; er suche 12 Frieden und jage ihm nach; denn die Augen *des* Herrn *sind gerichtet* auf die Gerechten, und seine Ohren auf ihr Flehen; das Angesicht *des* Herrn aber *ist* wider die, welche Böses tun.“ *f* 13 Und wer ist, der euch Böses tun wird, wenn ihr Nachahmer des Guten ge- 14 worden seid? Aber wenn ihr auch leiden solltet um der Gerechtigkeit willen, glückselig seid ihr! Fürchtet aber nicht 15 ihre Furcht, noch seid bestürzt, sondern heiliget Christus, den Herrn *g*, in euren Herzen. *h* Seid aber jederzeit bereit zur Verantwortung gegen jeden, der Rechenschaft von euch fordert über die Hoffnung, die in euch ist, aber 16 mit Sanftmut und Furcht; indem ihr ein gutes Gewissen habt, auf daß, worin sie wider euch als Uebeltäter reden, die zu Schanden werden, welche euren guten Wandel in Christo verleumden. 17 Denn es ist besser, wenn der Wille Gottes es will *i*, für Gutestun zu leiden, 18 als für Bösestun. Denn es hat ja *j* Christus einmal für Sünden gelitten,

der Gerechte für *die* Ungerechten, auf daß er uns zu Gott führe, getötet nach *k* dem Fleische, aber lebendig gemacht nach *k* dem Geiste, in welchem er auch 19 hinging und predigte den Geistern, *die* im Gefängnis *sind*, welche einst 20 ungehorsam waren *l*, als die Langmut Gottes harrte in den Tagen Noahs, während die Arche zugerichtet wurde, in welche *m* wenige, das ist acht Seelen, durch Wasser *n* gerettet wurden, wel- 21 ches Gegenbild auch euch jetzt errettet, *das ist* die Taufe, (nicht ein Ablegen der Unreinigkeit des Fleisches, sondern das Begehren *o* eines guten Gewissens vor *p* Gott) durch die Auferstehung Jesu Christi, welcher, in den 22 Himmel gegangen, zur Rechten Gottes ist, indem Engel und Gewalten und Mächte ihm unterworfen sind.

Da nun Christus [für uns] im Fleische **4** gelitten hat, so waffnet auch ihr euch mit demselben Sinne; denn wer *q* im Fleische gelitten hat, ruht von *r* der Sünde, um die im Fleische *noch* übrige 2 Zeit nicht mehr den Lüsten der Menschen, sondern dem Willen Gottes zu leben. Denn die vergangene Zeit ist 3 [uns] genug, den Willen der Nationen vollbracht zu haben, indem wir wandelten in Ausschweifungen, Lüsten, Trunkenheit, Festgelagen, Trinkgelagen und frevelhaften Götzendienereien; wobei es sie befremdet, daß ihr 4 nicht mitlaufet zu demselben Treiben *s* der Ausschweifung, und lästern *euch*, welche dem Rechenschaft geben 5 werden, der bereit ist, Lebendige und Tote zu richten. Denn dazu ist auch 6 *den* Toten gute Botschaft verkündigt worden, auf daß sie gerichtet werden möchten dem Menschen gemäß nach *k* dem Fleische, aber leben möchten Gott gemäß *k* dem Geiste.

Es ist aber nahe gekommen das Ende 7 aller Dinge. Seid nun besonnen und seid nüchtern zum Gebet *t*. Vor allen 8 Dingen aber habt untereinander eine inbrünstige Liebe, denn die Liebe bedeckt eine Menge von Sünden. Seid 9 gastfrei gegeneinander ohne Murren. Jenachdem ein jeder eine Gnaden- 10 gabe empfangen hat, dienet einander damit als gute Verwalter der mancherlei Gnade Gottes. Wenn jemand redet, 11 *so rede er* als Aussprüche Gottes; wenn jemand dient, *so sei es* als aus der Kraft, die Gott darreicht; auf daß in allem Gott verherrlicht werde durch Jesum Christum, welchem die Herrlichkeit ist und die Macht von Ewigkeit zu Ewigkeit *u*. Amen.

Geliebte, laßt euch das Feuer *der* 12 *Verfolgung* unter euch, das euch zur Versuchung *v* geschieht, nicht befremden, als begegne euch etwas Fremdes; sondern insoweit ihr der Leiden des 13

---

a O. glauben. — *b* O. das Verhalten; so auch V. 16. — *c* O. indem. — *d* O. mit Einsicht. — *e* O. niedriggesinnt. — *f* Ps. 34, 12—16. — *g* Eig. *den* Herrn, den Christus. — *h* Vergl. Jes. 8, 12. 13. — *i* Eig. wollen sollte. — *j* W. auch. — *k* O. in. — *l* O. nicht glaubten. — *m* O. in welche *eingehend*. — *n* O. durch Wasser hindurch. — *o* O. die Forderung, das Zeugnis. — *p* Eig. zu, an. — *q* O. . . . Sinne: daß, wer nun —. *r* O. ist zur Ruhe gekommen, hat abgeschlossen mit. — *s* O. Ueberströmen. — *t* Eig. zu den Gebeten. — *u* W. in die Zeitalter der Zeitalter; so auch Kap. 5, 11. — *v* O. Prüfung.

Christus teilhaftig seid, freuet euch, auf daß ihr auch in der Offenbarung seiner Herrlichkeit mit Frohlocken euch freuet. 14 Wenn ihr im Namen Christi geschmäht werdet, glückselig seid ihr! denn der *Geist* der Herrlichkeit und der Geist Gottes *a* ruht auf euch. [Bei ihnen freilich wird er verlästert, bei 15 euch aber wird er verherrlicht.] Daß doch niemand von euch leide als Mörder oder Dieb oder Uebeltäter, oder als einer, der sich in fremde Sachen 16 mischt; wenn aber als Christ, so schäme er sich nicht, sondern verherrliche Gott 17 in diesem Namen. Denn die Zeit *ist gekommen*, daß das Gericht anfange bei *b* dem Hause Gottes; wenn aber zuerst bei *b* uns, was *wird* das Ende derer *sein*, die dem Evangelium Gottes nicht gehorchen *c*! Und wenn der 18 Gerechte mit Not errettet wird, wo will der Gottlose und Sünder erschei-19 nen? Daher sollen auch die, welche nach dem Willen Gottes leiden, einem treuen Schöpfer ihre Seelen befehlen im Gutestun.

5 Die Aeltesten, die unter euch sind, ermahne ich, der Mitälteste und Zeuge der Leiden des Christus *und auch* Teilhaber der Herrlichkeit, die geof-2 fenbart werden soll *d* : Hütet die Herde Gottes, die bei euch *e* ist, indem ihr die Aufsicht nicht aus Zwang führet, sondern freiwillig, auch nicht um schändlichen Gewinn, sondern bereit-3 willig, nicht als die da herrschen über ihre *f* Besitztümer *g*, sondern indem 4 ihr Vorbilder der Herde seid. Und wenn der Erzhirte offenbar geworden

ist, so werdet ihr die unverwelkliche Krone der Herrlichkeit empfangen. Gleicherweise ihr jüngeren, seid 5 den älteren *h* unterwürfig. Alle aber seid gegeneinander mit Demut fest umhüllt; denn „Gott widersteht *den* Hochmütigen, *den* Demütigen aber gibt er Gnade". *i* So demütiget euch 6 nun unter die mächtige Hand Gottes, auf daß er euch erhöhe zur rechten Zeit, indem ihr alle eure Sorge auf 7 ihn werfet *j*; denn er ist besorgt für euch *k*.

Seid nüchtern, wachet; euer Wider-8 sacher, der Teufel, geht umher wie ein brüllender Löwe und sucht, wen er verschlinge. Dem widerstehet stand-9 haft im *l* Glauben, da ihr wisset, daß dieselben Leiden sich vollziehen an eurer Brüderschaft, die in der Welt ist.

Der Gott aller Gnade aber, der 10 euch berufen hat zu seiner ewigen Herrlichkeit in Christo Jesu, nachdem ihr eine kleine Zeit gelitten habt, er selbst wird [euch] vollkommen ma-chen *m*, befestigen, kräftigen, gründen. Ihm sei [die Herrlichkeit und] die 11 Macht von Ewigkeit zu Ewigkeit! Amen.

Durch Silvanus *n*, den treuen Bruder, 12 wie ich dafür halte, habe ich euch mit wenigem *o* geschrieben, *euch* ermah-nend *p* und bezeugend, daß dies die wahre Gnade Gottes ist, in welcher ihr stehet. Es grüßt euch die Miter-13 wählte in Babylon und Markus, mein Sohn. Grüßet einander mit dem Kuß 14 der Liebe. Friede euch allen, die *ihr* in Christo *seid*!

Der zweite Brief des Petrus

1 Simon Petrus, Knecht *q* und Apostel Jesu Christi, denen, die einen gleich kostbaren Glauben mit uns empfangen haben durch die Gerechtigkeit unseres Gottes und Heilandes Je-2 sus Christus: Gnade und Friede sei euch vermehrt *r* in der *s* Erkenntnis Gottes und Jesu, unseres Herrn! 3 Da seine göttliche Kraft uns alles in betreff des Lebens und der Gottseligkeit geschenkt hat durch die Erkenntnis dessen, der uns berufen hat 4 durch Herrlichkeit und Tugend *t*, durch welche er uns die größten und kostbaren Verheißungen geschenkt hat *u*, auf daß ihr durch diese Teilhaber der göttlichen Natur werdet, indem ihr dem Verderben entflohen seid, das in

der Welt ist durch die Lust: ebendes-5 halb reichet aber auch dar, indem ihr allen Fleiß anwendet *v*, in eurem Glauben die Tugend *t*, in der Tugend aber die Erkenntnis, in der Erkenntnis aber 6 die Enthaltsamkeit *w*, in der Enthaltsamkeit aber das Ausharren, in dem Ausharren aber die Gottseligkeit, in 7 der Gottseligkeit aber die Bruderliebe, in der Bruderliebe aber die Liebe. Denn wenn diese Dinge bei euch sind 8 und reichlich vorhanden, so stellen sie *euch* nicht träge noch fruchtleer hin bezüglich der Erkenntnis unseres Herrn Jesus Christus. Denn bei welchem die-9 se Dinge nicht sind, der ist blind, kurzsichtig und hat die Reinigung seiner vorigen Sünden vergessen. Darum, 10

---

a O. der Geist der Herrlichkeit und Gottes. — *b* W. von . . . an. — *c* O. glauben. — *d* O. im Begriff steht, geoffenbart zu werden. — *e* O. unter euch, wie V. 1. — *f* W. die. — *g* O. ihr Erbteil; eig. das durchs Los Zugefallene. — *h* O. Aeltesten. — *i* Spr.3, 34. — *j* Eig. geworfen habt. — *k* O. ihm liegt an euch. — *l* O. durch. — *m* O. vollenden, alles Mangelnde ersetzen. — *n* d. i. Silas. — *o* O. den euch treuen Bruder . . ., habe ich mit wenigem. — *p* O. ermunternd. — *q* O. Sklave. — *r* S. die Anm. zu 1. Petr. 1, 2. — *s* O. durch die. — *t* O. Tüchtigkeit, geistliche Energie, Entschiedenheit. — *u* O. durch welche uns . . . geschenkt sind. — *v* O. aufbietet; W. hinzubringet. — *w* O. Selbstbeherrschung.

Brüder, befleißiget euch umsomehr, eure Berufung und Erwählung fest zu machen; denn wenn ihr diese Dinge tut, so werdet ihr niemals strau-

11 cheln. Denn also wird euch reichlich dargereicht werden der Eingang in das ewige Reich unseres Herrn und Heilandes Jesus Christus.

12 Deshalb will ich Sorge tragen, euch immer an diese Dinge zu erinnern, wiewohl ihr sie wisset und in der gegenwärtigen Wahrheit befestigt seid.

13 Ich halte es aber für recht, solange ich in dieser Hütte bin, euch durch

14 Erinnerung aufzuwecken, da ich weiß, daß das Ablegen meiner Hütte bald geschieht, wie auch unser Herr Jesus

15 Christus mir kundgetan hat. Ich will mich aber befleißigen, daß ihr auch zu jeder Zeit nach meinem Abschiede imstande seid, euch diese Dinge in

16 Gedächtnis zu rufen. Denn wir haben euch die Macht und Ankunft unseres Herrn Jesus Christus nicht kundgetan, indem wir künstlich erdichteten Fabeln folgten, sondern als die da Augenzeugen seiner herrlichen Größe gewe-

17 sen sind. Denn er empfing von Gott, dem Vater, Ehre und Herrlichkeit, als von der prachtvollen Herrlichkeit eine solche Stimme an ihn erging: „Dieser ist mein geliebter Sohn, an welchem i c h Wohlgefallen gefunden ha-

18 be". Und diese Stimme hörten wir vom Himmel her erlassen, als wir mit ihm auf dem heiligen Berge waren.

19 Und *so* besitzen wir das prophetische Wort befestigt a, auf welches zu achten ihr wohl tut, als auf eine Lampe, welche an einem dunklen Orte leuchtet, bis der Tag anbreche und der Morgenstern aufgehe in euren Herzen;

20 indem ihr dies zuerst wisset, daß keine Weissagung der Schrift von eigener

21 Auslegung ist b. Denn die Weissagung wurde niemals c durch den Willen des Menschen hervorgebracht, sondern heilige Männer d Gottes redeten, getrieben vom Heiligen Geiste.

2 Es waren aber auch falsche Propheten unter dem Volke, wie auch unter euch falsche Lehrer sein werden, welche verderbliche Sekten e nebeneinführen werden und den Gebieter verleugnen, der sie erkauft hat, und sich selbst schnelles Verderben zuziehen.

2 Und viele werden ihren Ausschweifungen nachfolgen, um welcher willen der Weg der Wahrheit verlästert wird.

3 Und durch Habsucht werden sie euch verhandeln mit erkünstelten f Worten; welchen das Gericht von alters her nicht zögert, und ihr Verder-

4 ben schlummert nicht. Denn wenn Gott Engel, welche gesündigt hatten, nicht verschonte, sondern sie in den tiefsten Abgrund g hinabstürzend, Ketten der Finsternis überlieferte, um aufbe-

wahrt *zu werden* für das Gericht; und

5 die alte Welt nicht verschonte, sondern *nur* Noah, den Prediger der Gerechtigkeit, selbacht h erhielt, als er

6 *die* Flut über die Welt der Gottlosen brachte; und die Städte Sodom und Gomorra einäscherte und zur Zerstörung verurteilte, indem er sie denen,

7 welche gottlos leben würden, als Beispiel hinstellte; und den gerechten Lot rettete, der von dem ausschweifenden Wandel der Ruchlosen gequält

8 wurde; (denn der unter ihnen wohnende Gerechte quälte mit *ihren* gesetzlosen was er sah und hörte, i Tag für Tag *seine* gerechte Seele mit *ihren* gesetzlosen

9 Werken) ... *Der* Herr weiß *die* Gottseligen aus der Versuchung zu retten, *die* Ungerechten aber aufzubewahren auf den Tag des Gerichts, um bestraft

10 zu werden; besonders aber die, welche in der Lust der Befleckung dem Fleische nachwandeln und *die* Herrschaft verachten, Verwegene, Eigenmächtige; sie erzittern nicht, Herrlich-

11 keiten j zu lästern, während k Engel, die an Stärke und Macht größer sind, nicht ein lästerndes Urteil wider sie

12 beim Herrn vorbringen. Diese aber, wie unvernünftige, natürliche Tiere, geschaffen zum Fang und Verderben, lästern über das, was sie nicht wissen, werden auch in ihrem eigenen Ver-

13 derben umkommen, indem sie den Lohn der Ungerechtigkeit empfangen; welche eine einzige Schwelgerei l für Vergnügen achten, Flecken und Schandflecke, die in ihren eigenen Betrügereien schwelgen und Festessen mit

14 euch halten; welche Augen voll Ehebruch haben und von der Sünde nicht ablassen, indem sie unbefestigte Seelen anlocken; die ein Herz haben, in Habsucht m geübt, Kinder des Fluches,

15 welche, da sie den geraden Weg verlassen haben, abgeirrt sind, indem sie dem Wege des Balaam nachfolgten, *des Sohnes* Bosors, der den Lohn der

16 Ungerechtigkeit liebte, aber eine Zurechtweisung seiner eigenen Verkehrtheit empfing n: ein sprachloses Lasttier, mit Menschenstimme redend, wehrte der Torheit des Propheten. Die-

17 se sind Brunnen ohne Wasser, und Nebel, vom Sturmwind getrieben, welchen das Dunkel der Finsternis aufbewahrt ist [in Ewigkeit]. Denn stol-

18 ze, nichtige Reden führend, locken sie mit fleischlichen Lüsten durch Ausschweifungen diejenigen an, welche o entflohen sind denen, die im Irrtum wandeln; ihnen Freiheit versprechend, während sie selbst Skla-

19 ven des Verderbens sind; denn von wem jemand überwältigt ist, diesem ist er auch als Sklave unterworfen.

20 Denn wenn sie, entflohen den Befleckungen der Welt durch die Erkennt-

---

a W. haben wir . . . befestigter. — b O. sich selbst auslegt. — c O. ehemals nicht. — d Eig. Menschen. — e O. Parteiungen. — f O. betrügerischen. — g Eig. in den Tartarus (griech. Bezeichnung für den qualvollen Aufenthaltsort der abgeschiedenen Gottlosen). — h O. als achten. — i Eig. durch Sehen und Hören. — j O. Würden, Gewalten. — k Eig. wo. — l O. die Schwelgerei bei Tage. — m O. viell.: im Betrug, im Verführen. — n Eig. hatte. — o O. kaum.

nis des Herrn und Heilandes Jesus Christus, aber wiederum in diese verwickelt, überwältigt werden, so ist ihr Letztes ärger geworden als das Erste.

21 Denn es wäre ihnen besser, den Weg der Gerechtigkeit nicht erkannt zu haben, als, nachdem sie *ihn* erkannt haben, umzukehren von dem ihnen überlieferten heiligen Gebot. Es ist ihnen aber nach dem wahren Sprichwort *a* ergangen: Der Hund kehrte um zu seinem eigenen Gespei *b*, und die gewaschene Sau zum Wälzen im Kot.

3 Diesen zweiten Brief, Geliebte, schreibe ich euch bereits, in welchen *beiden* ich durch Erinnerung eure lautere Gesinnung aufwecke, damit ihr

2 gedenket der von den heiligen Propheten zuvor gesprochenen Worte und des Gebotes des Herrn und Heilandes durch eure Apostel; indem ihr zu-

3 erst dieses wisset, daß in den letzten Tagen Spötter mit Spötterei kommen werden, die nach ihren eigenen Lüsten

4 wandeln und sagen: Wo ist die Verheißung seiner Ankunft? denn seitdem die Väter entschlafen sind, bleibt alles

5 so von Anfang der Schöpfung an. Denn nach ihrem eigenen Willen ist ihnen dies *verborgen*, daß *c* von alters her Himmel waren und eine Erde, entstehend aus Wasser und im *d* Wasser

6 durch das Wort Gottes, durch welche *e* die damalige Welt, vom Wasser über-

7 schwemmt, unterging. Die jetzigen Himmel aber und die Erde sind durch sein Wort aufbewahrt, für das Feuer behalten auf den *f* Tag des Gerichts und des *g* Verderbens der gottlosen

8 Menschen. Dies eine aber sei euch nicht verborgen, Geliebte, daß ein Tag bei *dem* Herrn ist wie tausend Jahre, und tausend Jahre wie ein Tag.

9 [Der] Herr verzieht nicht die Verheißung, wie es etliche für einen Verzug achten, sondern er ist langmütig gegen euch, da er nicht will, daß irgend welche verloren gehen, sondern daß alle zur Buße kommen. Es wird aber

10 der Tag des Herrn kommen wie ein Dieb, an welchem die Himmel vergehen werden mit gewaltigem Geräusch, die Elemente aber im Brande werden aufgelöst und die Erde und die Werke auf ihr verbrannt werden.

Da nun dies alles aufgelöst wird, 11 welche solltet ihr *dann* sein in heiligem Wandel *g* und Gottseligkeit *h*! in-12 dem ihr erwartet und beschleuniget die Ankunft des Tages Gottes, dessentwegen die Himmel, in Feuer geraten, werden aufgelöst und die Elemente im Brande zerschmelzen werden. Wir er-13 warten aber, nach seiner Verheißung, neue Himmel und eine neue Erde, in welchen Gerechtigkeit wohnt. Deshalb, 14 Geliebte, da ihr dies erwartet, so befleißiget euch, ohne Flecken und tadellos von ihm erfunden zu werden in Frieden. Und achtet die Langmut un-15 seres Herrn für Errettung, so wie auch unser geliebter Bruder Paulus nach der ihm gegebenen Weisheit euch geschrieben hat, wie auch in allen sei-16 nen *i* Briefen, wenn er in denselben von diesen Dingen redet, von denen etliche schwer zu verstehen sind, welche die Unwissenden und Unbefestigten verdrehen, wie auch die übrigen Schriften, zu ihrem eigenen Verderben.

Ihr nun, Geliebte, da ihr es vorher 17 wisset, so hütet euch, daß ihr nicht, durch den Irrwahn der Ruchlosen mitfortgerissen, aus eurer eigenen Festigkeit fallet. Wachset aber in der Gna-18 de und Erkenntnis unseres Herrn und Heilandes Jesus Christus. Ihm sei die Herrlichkeit, sowohl jetzt als auch auf den Tag der Ewigkeit! Amen.

Der erste Brief des Johannes

1 Was von Anfang war, was wir gehört, was wir mit unseren Augen gesehen, was wir angeschaut und unsere Hände betastet haben, betreffend das

2 Wort des Lebens; (und das Leben ist geoffenbart worden, und wir haben gesehen und bezeugen und verkündigen euch das ewige Leben, welches bei dem Vater war und uns geoffen-

3 bart worden ist;) was wir gesehen und gehört haben, verkündigen wir euch, auf daß auch ihr mit uns Gemeinschaft habet; und zwar ist unsere Gemeinschaft mit dem Vater und mit sei-

4 nem Sohne Jesus Christus. Und dies schreiben wir euch, auf daß eure Freude völlig sei.

Und dies ist die Botschaft, die wir 5 von ihm gehört haben und euch verkündigen: daß Gott Licht ist und gar keine Finsternis in ihm ist.

Wenn *j* wir sagen, daß wir Gemein-6 schaft mit ihm haben, und wandeln in der Finsternis, so lügen wir und tun nicht die Wahrheit. Wenn wir aber 7 in dem Lichte wandeln, wie er in dem Lichte ist, so haben wir Gemeinschaft miteinander, und das Blut Jesu Christi, seines Sohnes, reinigt uns von aller *k* Sünde.

Wenn wir sagen, daß wir keine Sünde 8 haben, so betrügen wir uns selbst, und die Wahrheit ist nicht in uns.

Wenn wir unsere Sünden bekennen, 9

---

a Eig. der wahren bildlichen Rede. — *b* Vergl. Spr. 26, 11. — *c* O. bestehend. — *d* O. durch. — *e* bezieht sich auf „Wasser" in V. 5. — *f* O. einen. — *g* O. Verhalten. — *h* Die Wörter „Wandel" und „Gottseligkeit" stehen im Griech. in der Mehrzahl. — *i* W. den. — *j* O. Gesetzt den Fall, daß; so auch V. 7–10; 2, 1; 3, 20. 21 usw. — *k* O. jeder.

so ist er treu und gerecht, daß er uns die Sünden vergibt und uns reinigt von aller a Ungerechtigkeit.

10 Wenn wir sagen, daß wir nicht gesündigt haben, so machen wir ihn zum Lügner, und sein Wort ist nicht in uns.

2 Meine Kinder, ich schreibe euch dieses, auf daß ihr nicht sündiget, und wenn jemand gesündigt hat b — wir haben einen Sachwalter c bei dem Vater, Jesum Christum, den Gerechten.

2 Und er ist die Sühnung für unsere Sünden, nicht allein aber für die unseren, sondern auch für die ganze Welt.

3 Und hieran wissen d wir, daß wir ihn kennen, wenn wir seine Gebote halten.

4 Wer da sagt: Ich kenne ihn, und hält seine Gebote nicht, ist ein Lügner, und

5 in diesem ist die Wahrheit nicht. Wer aber irgend sein Wort hält, in diesem ist wahrhaftig die Liebe Gottes vollendet. Hieran wissen d wir, daß wir in ihm

6 sind. Wer da sagt, daß er in ihm bleibe, ist schuldig, selbst auch so zu wandeln, wie er gewandelt hat.

7 Geliebte, nicht ein neues Gebot schreibe ich euch, sondern ein altes Gebot, welches ihr von Anfang hattet. Das alte Gebot ist das Wort, welches ihr

8 gehört habt. Wiederum schreibe ich euch ein neues Gebot, das was wahr ist in ihm und in euch, weil die Finsternis vergeht und das wahrhaftige

9 Licht schon leuchtet. Wer da sagt, daß er in dem Lichte sei, und haßt seinen Bruder, ist in der Finsternis bis jetzt.

10 Wer seinen Bruder liebt, bleibt in dem Lichte, und kein Aergernis f ist in ihm.

11 Wer aber seinen Bruder haßt, ist in der Finsternis und wandelt in der Finsternis und weiß nicht, wohin er geht, weil die Finsternis seine Augen verblendet hat.

12 Ich schreibe euch, Kinder, weil euch die Sünden vergeben sind um seines Namens willen.

13 Ich schreibe euch, Väter, weil ihr den erkannt habt, der von Anfang ist.

Ich schreibe euch, Jünglinge, weil ihr den Bösen überwunden habt.

Ich schreibe euch, Kindlein, weil ihr den Vater erkannt habt.

14 Ich habe euch, Väter, geschrieben, weil ihr den erkannt habt, der von Anfang ist.

Ich habe euch, Jünglinge, geschrieben, weil ihr stark seid und das Wort Gottes in euch bleibt und ihr den Bösen

15 überwunden habt. Liebet nicht die Welt, noch was in der Welt ist. Wenn jemand die Welt liebt, so ist die Liebe

16 des Vaters nicht in ihm; denn alles was in der Welt ist, die Lust des Fleisches und die Lust der Augen und der Hochmut des Lebens, ist nicht von g dem Vater, sondern ist von g der Welt.

17 Und die Welt vergeht und ihre Lust; wer aber den Willen Gottes tut, bleibt in Ewigkeit.

18 Kindlein, es ist die letzte Stunde, und

wie ihr gehört habt, daß der Antichrist kommt, so sind auch jetzt viele Antichristen geworden; daher wissen wir, daß es die letzte Stunde ist. Sie sind 19 von uns ausgegangen, aber sie waren nicht von uns; denn wenn sie von uns gewesen wären, so würden sie wohl bei uns geblieben sein; aber auf daß sie offenbar würden, daß sie nicht von uns sind. Und ihr habt die Salbung 20 von dem Heiligen und wisset alles. Ich 21 habe euch nicht geschrieben, weil ihr die Wahrheit nicht wisset, sondern weil ihr sie wisset, und daß keine Lüge aus der Wahrheit ist. Wer ist der 22 Lügner, wenn nicht der, der da leugnet, daß Jesus der Christus ist? Dieser ist der Antichrist, der den Vater und den Sohn leugnet. Jeder, der den Sohn 23 leugnet, hat auch den Vater nicht; wer den Sohn bekennt, hat auch den Vater. Ihr, was ihr von Anfang gehört habt, 24 bleibe in euch. Wenn in euch bleibt, was ihr von Anfang gehört habt, so werdet auch ihr in dem Sohne und in dem Vater bleiben. Und dies ist die 25 Verheißung, welche er uns verheißen hat: das ewige Leben. Dies habe ich 26 euch betreffs derer geschrieben, die euch verführen. Und ihr, die Salbung, 27 die ihr von ihm empfangen habt, bleibt in euch, und ihr bedürfet nicht, daß euch jemand belehre, sondern wie dieselbe Salbung euch über alles belehrt und wahr ist und keine Lüge ist, und wie sie euch belehrt hat, so werdet ihr in ihm bleiben.

Und nun, Kinder, bleibet in ihm, auf 28 daß wir, wenn er geoffenbart werden wird, Freimütigkeit haben und nicht vor ihm h beschämt werden bei seiner Ankunft.

Wenn ihr wisset, daß er gerecht ist, 29 so erkennet i, daß jeder, der die Gerechtigkeit tut, aus ihm geboren ist. —

3 ✳ Sehet, welch eine Liebe uns der Vater gegeben hat, daß wir Kinder Gottes heißen sollen! Deswegen erkennt uns die Welt nicht, weil sie ihn nicht erkannt hat. Geliebte, jetzt sind wir Kin- 2 der Gottes, und es ist noch nicht offenbar geworden j, was wir sein werden; wir wissen, daß, wenn es offenbar werden wird k, wir ihm gleich sein werden, denn wir werden ihn sehen, wie er ist. Und jeder, der diese Hoffnung 3 zu ihm l hat, reinigt sich selbst, gleichwie er rein ist.

Jeder, der die Sünde tut, tut auch 4 die Gesetzlosigkeit, und die Sünde ist die Gesetzlosigkeit. Und ihr wisset, daß 5 er geoffenbart worden ist, auf daß er unsere Sünden wegnehme; und Sünde ist nicht in ihm. Jeder, der in ihm bleibt, 6 sündigt nicht; jeder, der sündigt, hat ihn nicht gesehen noch ihn erkannt.

Kinder, daß niemand euch verführe! 7 Wer die Gerechtigkeit tut, ist gerecht, gleichwie er gerecht ist. Wer die Sün- 8 de tut, ist aus dem Teufel, denn der

---

a O. jeder. — b O. sündigt. — c O. Fürsprecher, Vertreter. — d O. erkennen. — e Eig. erkannt haben; die Erkenntnis hat angefangen und dauert fort; so auch V. 4. 13. 14. — f O. kein Anlaß zum Anstoß. — g O. aus. — h Eig. von ihm hinweg. — i O. so erkennet ihr. — j O. geoffenbart worden. — k O. wenn er geoffenbart werden wird; vergl. Kap. 2, 28; Kol. 3, 4. — l O. auf ihn.

Teufel sündigt von Anfang. Hierzu ist der Sohn Gottes geoffenbart worden, auf daß er die Werke des Teufels ver- 9 nichte. Jeder, der aus Gott geboren *a* ist, tut nicht Sünde, denn sein Same bleibt in ihm; und er kann nicht sün- digen, weil er aus Gott geboren *a* ist. 10 Hieran sind offenbar die Kinder Got- tes und die Kinder des Teufels. Jeder, der nicht Gerechtigkeit tut, ist nicht aus Gott, und wer nicht seinen Bruder 11 liebt. Denn dies ist die Botschaft, die ihr von Anfang gehört habt, daß wir 12 einander lieben sollen; nicht wie Kain aus dem Bösen war und seinen Bru- der ermordete; und weshalb ermorde- te er ihn? weil seine Werke böse wa- ren, die seines Bruders aber gerecht. 13 Wundert euch nicht, Brüder, wenn 14 die Welt euch haßt. W i r wissen, daß wir aus dem Tode in das Leben über- gegangen sind, weil wir die Brüder lieben; wer den Bruder nicht liebt, 15 bleibt in dem Tode. Jeder, der seinen Bruder haßt, ist ein Menschenmörder, und ihr wisset, daß kein Menschen- mörder ewiges Leben in sich blei- bend *b* hat.

16 Hieran haben wir die Liebe erkannt, daß er für uns sein Leben dargelegt hat; auch wir sind schuldig, für die 17 Brüder das Leben darzulegen. Wer aber der Welt Güter *c* hat und sieht seinen Bruder Mangel leiden und ver- schließt sein Herz *d* vor ihm, wie bleibt die Liebe Gottes in ihm?

18 Kinder, laßt uns nicht lieben mit Wor- ten *e*, noch mit der Zunge, sondern in 19 Tat und Wahrheit. Und hieran werden wir erkennen, daß wir aus der Wahr- heit sind, und werden vor ihm unsere 20 Herzen überzeugen *f*, — daß, wenn unser Herz uns verurteilt, Gott grö- ßer ist als unser Herz und alles kennt. 21 Geliebte, wenn unser Herz uns nicht verurteilt, so haben wir Freimütigkeit 22 zu Gott, und was irgend wir bitten, empfangen wir von ihm, weil wir seine Gebote halten und das vor ihm Wohl- 23 gefällige tun. Und dies ist sein Gebot, daß wir an den Namen seines Sohnes Jesus Christus glauben und einander 24 lieben, gleichwie er uns ein Gebot ge- geben hat. Und wer seine Gebote hält, bleibt in ihm, und er in ihm; und hier- an erkennen wir, daß er in uns bleibt, durch den *g* Geist, den er uns gegeben hat.

4 Geliebte, glaubet nicht jedem Geiste, sondern prüfet die Geister, ob sie aus Gott sind; denn viele falsche Prophe- ten sind in die Welt ausgegangen. 2 Hieran erkennet ihr den Geist Gottes: Jeder Geist, der Jesum Christum im Fleische gekommen bekennt, ist aus 3 Gott; und jeder Geist, der nicht Jesum Christum im Fleische gekommen be- kennt, ist nicht aus Gott; und dies ist der *Geist* des Antichrists *h*, von wel-

chem ihr gehört habt, daß er komme, und jetzt ist er schon in der Welt.

I h r seid aus Gott, Kinder, und habt 4 sie *i* überwunden, weil der, welcher in euch ist, größer ist als der, welcher in der Welt ist. Sie sind aus der Welt, 5 deswegen reden sie aus *j* der Welt, und die Welt hört sie. W i r sind aus Gott; 6 wer Gott kennt, hört uns; wer nicht aus Gott ist, hört uns nicht. Hieraus erkennen wir den Geist der Wahrheit und den Geist des Irrtums.

Geliebte, laßt uns einander lieben, 7 denn die Liebe ist aus Gott; und jeder, der liebt, ist aus Gott geboren und erkennt Gott. Wer nicht liebt, hat Gott 8 nicht erkannt, denn Gott ist Liebe. Hierin ist die Liebe Gottes zu *k* uns 9 geoffenbart worden, daß Gott seinen eingeborenen Sohn in die Welt gesandt hat, auf daß wir durch ihn leben möch- ten. Hierin ist die Liebe: nicht daß 10 w i r Gott geliebt haben, sondern daß e r uns geliebt und seinen Sohn gesandt hat als eine Sühnung für unsere Sün- den.

Geliebte, wenn Gott uns also geliebt 11 hat, so sind auch w i r schuldig, einan- der zu lieben. Niemand hat Gott je- 12 mals gesehen. Wenn wir einander lie- ben, so bleibt Gott in uns, und seine Liebe ist vollendet in uns. Hieran er- 13 kennen wir, daß wir in ihm bleiben und er in uns, daß er uns von seinem Geiste gegeben hat. Und w i r haben 14 gesehen und bezeugen, daß der Vater den Sohn gesandt hat als Heiland der Welt.

Wer irgend bekennt, daß Jesus der 15 Sohn Gottes ist, in ihm bleibt Gott und er in Gott. Und w i r haben erkannt 16 und geglaubt die Liebe, die Gott zu uns hat. Gott ist Liebe, und wer in der Liebe bleibt, bleibt in Gott und Gott in ihm.

Hierin ist die Liebe mit uns vollen- 17 det worden, damit wir Freimütigkeit haben an dem Tage des Gerichts, daß, gleichwie er ist, auch w i r sind in dieser Welt. Furcht ist nicht in der 18 Liebe, sondern die vollkommene Liebe treibt die Furcht aus, denn die Furcht hat Pein. Wer sich aber fürchtet, ist nicht vollendet in der Liebe. W i r 19 lieben, weil e r uns zuerst geliebt hat.

Wenn jemand sagt: Ich liebe Gott, 20 und haßt seinen Bruder, so ist er ein Lügner. Denn wer seinen Bruder nicht liebt, den er gesehen hat, wie kann er Gott lieben, den er nicht gesehen hat? Und dieses Gebot haben wir von ihm, 21 daß, wer Gott liebt, auch seinen Bru- der liebe.

Jeder, der da glaubt, daß Jesus der **5** Christus ist, ist aus Gott geboren; und jeder, der den liebt, welcher geboren hat, liebt auch den, der aus ihm ge- boren ist. Hieran wissen *l* wir, daß 2 wir die Kinder Gottes lieben, wenn

---

a O. von Gott gezeugt; so auch Kap. 4, 7; 5, 1. 4 usw. — *b* O. wohnend. — *c* Eig. Lebensunterhalt. — *d* O. Inneres (W. sein Eingeweide). — *e* W. mit Wort. — *f* O. be- schwichtigen, versichern. — *g* O. aus dem. — *h* O. das *Wesen* des Antichrists; W. ist das des Antichrists. — *i* d. i. die falschen Propheten (V. 1). — *j* d. h. nach dem Grundsatz und Geist. — *k* O. an, in Bezug auf. — *l* O. erkennen.

wir Gott lieben und seine Gebote hal-
3 ten. Denn dies ist die Liebe Gottes,
daß wir seine Gebote halten, und seine
4 Gebote sind nicht schwer. Denn alles
was aus Gott ist, überwindet
die Welt; und dies ist der Sieg, der
die Welt überwunden hat: unser Glau-
5 be. Wer ist es, der die Welt überwindet, wenn nicht der, welcher glaubt,
daß Jesus der Sohn Gottes ist?
6 Dieser ist es, der gekommen ist durch
Wasser und Blut, Jesus, [der] Christus; nicht durch das *a* Wasser allein,
sondern durch das *a* Wasser und das
Blut. Und der Geist ist es, der da zeugt,
7 weil der Geist die Wahrheit ist. Denn
8 drei sind, die da zeugen: der Geist
und das Wasser und das Blut, und die
9 drei sind einstimmig *b*. Wenn wir das
Zeugnis der Menschen annehmen, das
Zeugnis Gottes ist größer; denn dies
ist das Zeugnis Gottes, welches er ge-
10 zeugt hat über seinen Sohn. Wer an
den Sohn Gottes glaubt, hat das Zeugnis in sich selbst; wer Gott nicht glaubt,
hat ihn zum Lügner gemacht, weil er
nicht an das Zeugnis geglaubt hat, welches Gott gezeugt hat über seinen Sohn.
11 Und dies ist das Zeugnis: daß Gott uns
ewiges Leben gegeben hat, und dieses
12 Leben ist in seinem Sohne. Wer den
Sohn hat, hat das Leben; wer den Sohn
Gottes nicht hat, hat das Leben nicht.

Dies habe ich euch geschrieben, auf 13
daß ihr wisset, daß ihr ewiges Leben
habt, die ihr glaubet an den Namen
des Sohnes Gottes.
Und dies ist die Zuversicht *c*, die wir 14
zu ihm haben, daß, wenn wir etwas
nach seinem Willen bitten, er uns hört.
Und wenn wir wissen, daß er uns hört, 15
um was irgend wir bitten, so wissen
wir, daß wir die Bitten haben, die wir
von ihm erbeten haben.
Wenn jemand seinen Bruder sündi- 16
gen sieht, eine Sünde nicht zum Tode,
so wird er bitten, und er wird ihm *das*
Leben geben, denen, die nicht zum
Tode sündigen. Es gibt Sünde zum
Tode; nicht für diese sage ich, daß er
bitten *d* solle. Jede Ungerechtigkeit 17
ist Sünde; und es gibt Sünde, *die* nicht
zum Tode *ist*. Wir wissen, daß jeder, 18
der aus Gott geboren ist, nicht sündigt; sondern der aus Gott Geborene
bewahrt sich, und der Böse tastet ihn
nicht an. Wir wissen, daß wir aus Gott 19
sind, und die ganze Welt liegt in dem
Bösen *e*. Wir wissen aber, daß der Sohn 20
Gottes gekommen ist und uns ein Verständnis gegeben hat, auf daß wir den
Wahrhaftigen kennen; und wir sind
in dem Wahrhaftigen, in seinem Sohne
Jesus Christus. Dieser ist der wahrhaftige Gott und [das] ewige Leben!
Kinder, hütet euch vor den Götzen! 21

Der zweite Brief des Johannes

1 Der Aelteste der auserwählten Frau *f*
und ihren Kindern, die ich liebe in *der*
Wahrheit; und nicht ich allein, sondern auch alle, welche die Wahrheit
2 erkannt haben, um der Wahrheit willen, die in uns bleibt und mit uns sein
3 wird in Ewigkeit. Es wird mit euch
sein Gnade, Barmherzigkeit, Friede
von Gott, dem Vater, und von dem
Herrn Jesus Christus, dem Sohne des
Vaters, in Wahrheit und Liebe.
4 Ich freute mich sehr, daß ich *einige*
von deinen Kindern in *der* Wahrheit
wandelnd gefunden habe, wie wir von
dem Vater ein Gebot empfangen haben.
5 Und ich bitte dich, Frau *f*, nicht
als ob ich ein neues Gebot dir schriebe,
sondern das, welches wir von Anfang
gehabt haben: daß wir einander lie-
6 ben sollen. Und dies ist die Liebe,
daß wir nach seinen Geboten wandeln.
Dies ist das Gebot, wie ihr von Anfang gehört habt, daß ihr darin wan-

deln sollt. Denn viele Verführer sind 7
in die Welt ausgegangen, die nicht
Jesum Christum im Fleische kommend
bekennen; dies ist der Verführer und
der Antichrist. Sehet auf euch selbst, 8
auf daß wir nicht verlieren was wir
erarbeitet haben, sondern vollen Lohn
empfangen. Jeder, der weitergeht und 9
nicht bleibt in der Lehre des Christus,
hat Gott nicht; wer in der Lehre bleibt,
dieser hat sowohl den Vater als auch
den Sohn. Wenn jemand zu euch 10
kommt und diese Lehre nicht bringt,
so nehmet ihn nicht ins Haus auf und
grüßet ihn nicht *g*. Denn wer ihn grüßt, 11
nimmt teil an seinen bösen Werken.
Da ich euch vieles zu schreiben habe, 12
wollte ich es nicht mit Papier und Tinte
tun, sondern ich hoffe zu euch zu kommen und mündlich mit euch *h* zu reden,
auf daß unsere Freude völlig sei. Es 13
grüßen dich die Kinder deiner auserwählten Schwester.

---

a O. in dem. — *b* W. sind auf das Eine *gerichtet.* — *c* O. die Freimütigkeit. — *d* O.
Fürbitte tun; ein anderes Wort als vorher. — *e* O. in dem Bösen liegt. — *f* Eig.
Herrin. — *g* Eig. bietet ihm keinen Gruß; so auch V. 11. — *h* Eig. von Mund zu
Mund.

Der dritte Brief des Johannes

1 Der Aelteste dem geliebten Gajus, den ich liebe in *der* Wahrheit.

2 Geliebter, ich wünsche, daß es dir in allem wohlgehe *a* und du gesund seiest, gleichwie es deiner Seele wohlgeht.

3 Denn ich freute mich sehr, als Brüder kamen und Zeugnis gaben von deinem Festhalten an der Wahrheit *b*, gleich-

4 wie du in *der* Wahrheit wandelst. Ich habe keine größere Freude als dies, daß ich höre, daß meine Kinder in der

5 Wahrheit wandeln. Geliebter, treulich tust du, was irgend du an den Brüdern, und zwar *an* Fremden, getan

6 haben magst, (die von deiner Liebe Zeugnis gegeben haben vor der Versammlung) und du wirst wohltun, wenn du sie auf eine gotteswürdige

7 Weise geleitest. Denn für den Namen sind sie ausgegangen und nehmen nichts von denen aus den Nationen.

8 W i r nun sind schuldig, solche aufzunehmen, auf daß wir Mitarbeiter

9 der Wahrheit werden. Ich schrieb etwas an die Versammlung, aber Dio-

trephes, der gern unter ihnen der erste sein will, nimmt uns nicht an. Des- 10 halb, wenn ich komme, will ich seiner Werke gedenken, die er tut, indem er mit bösen Worten wider uns schwatzt; und sich hiermit nicht begnügend, nimmt er selbst die Brüder nicht an und wehrt auch denen, die es wollen, und stößt sie aus der Versammlung.

Geliebter, ahme nicht das Böse nach, 11 sondern das Gute. Wer Gutes tut, ist aus Gott; wer Böses tut, hat Gott nicht gesehen. Dem Demetrius wird Zeug- 12 nis gegeben von allen und von der Wahrheit selbst; aber auch w i r geben Zeugnis, und du weißt, daß unser Zeugnis wahr ist.

Ich hätte dir vieles zu schreiben, aber 13 ich will dir nicht mit Tinte und Feder schreiben, sondern ich hoffe, dich bald 14 zu sehen, und wir wollen mündlich miteinander *c* reden. Friede dir! Es 15 grüßen dich die Freunde. Grüße die Freunde mit Namen.

Der Brief des Judas

1 Judas, Knecht *d* Jesu Christi und Bruder des Jakobus, den in Gott, dem Vater, geliebten und in Jesu Christo *e*

2 bewahrten Berufenen: Barmherzigkeit und Friede und Liebe sei euch vermehrt! *f*

3 Geliebte, indem ich allen Fleiß anwandte, euch über unser gemeinsames Heil zu schreiben, war ich genötigt, euch zu schreiben und zu ermahnen, für den einmal den Heiligen überlie-

4 ferten Glauben zu kämpfen. Denn gewisse Menschen haben sich nebeneingeschlichen, die schon vorlängst zu diesem Gericht *g* zuvor aufgezeichnet waren, Gottlose, welche die Gnade unseres Gottes in Ausschweifung verkehren und unseren alleinigen Gebieter und Herrn Jesus Christus *h* verleugnen.

5 Ich will euch aber, die ihr einmal alles wußtet, *daran* erinnern, daß der Herr, nachdem er das Volk aus dem Lande Aegypten gerettet hatte, zum anderenmal die vertilgte, welche nicht

6 geglaubt haben; und Engel, die ihren ersten Zustand i nicht bewahrt, sondern ihre eigene Behausung verlassen haben, hat er zum Gericht des großen Tages mit ewigen Ketten unter der

Finsternis verwahrt. Wie Sodom und 7 Gomorra und die umliegenden Städte, die sich, gleicherweise wie jene j, der Hurerei ergaben und anderem Fleische nachgingen, als ein Beispiel vorliegen, indem sie des ewigen Feuers Strafe leiden. Doch gleicherweise be- 8 flecken auch diese Träumer das Fleisch und verachten *die* Herrschaft und lästern Herrlichkeiten *k*. Michael aber, 9 der Erzengel, als er, mit dem Teufel streitend, Wortwechsel hatte um den Leib Moses', wagte nicht ein lästerndes Urteil über *ihn* zu fällen, sondern sprach: *Der* Herr schelte dich! Diese 10 aber lästern was *l* sie nicht kennen; was irgend sie aber von Natur wie die unvernünftigen Tiere verstehen, darin verderben sie sich. Wehe ihnen! denn 11 sie sind den Weg Kains gegangen und haben sich für Lohn dem Irrtum *m* Balaams überliefert, und in dem Widerspruch Korahs sind sie umgekommen. Diese sind Flecken *n* bei euren Liebes- 12 mahlen, indem sie ohne Furcht Festessen mit euch halten und sich selbst weiden; Wolken ohne Wasser, von Winden hingetrieben; spätherbstliche Bäume, fruchtleer, zweimal erstorben, entwurzelt; wilde Meereswogen, die 13

---

a And. üb.: vor allem wünsche ich, daß es dir wohlgehe. — *b* W. und deiner Wahrheit Zeugnis gaben. — *c* Eig. von Mund zu Mund. — *d* O. Sklave. — *e* O. für, oder durch Jesum Christum. — *f* O. Barmherzigkeit euch, und Friede und Liebe sei vermehrt! — *g* O. Urteil. — *h* O. den alleinigen Gebieter und unseren Herrn Jesus Christus. — *i* O. ihr Fürstentum. — *j* Eig. diese. — *k* O. Würden, Gewalten. — *l* Eig. was irgend. — *m* O. Irrwahn, Verirrung. — *n* O. Klippen.

ihre eigenen Schändlichkeiten ausschäumen; Irrsterne, denen das Dunkel der Finsternis in Ewigkeit aufbe-
14 wahrt ist. Es hat aber auch Henoch, der siebente von Adam, von diesen geweissagt und gesagt: „Siehe, der Herr ist gekommen inmitten seiner *a* bei-
15 ligen Tausende, Gericht auszuführen wider alle und völlig zu überführen alle ihre Gottlosen von allen ihren Werken der Gottlosigkeit, die sie gottlos verübt haben, und von all den harten *Worten,* welche gottlose Sünder
16 ihn geredet haben". Diese sind Murrende, mit ihrem Lose Unzufriedene, die nach ihren Lüsten wandeln; und ihr Mund redet stolze Worte, und Vorteils halber bewundern sie Personen *b.*
17 Ihr aber, Geliebte, gedenket an die von den Aposteln unseres Herrn Jesus Christus zuvorgesprochenen Wor-
18 te, daß sie euch sagten, daß am Ende der Zeit Spötter sein werden, die nach

ihren eigenen Lüsten der Gottlosig-
19 keit wandeln. Diese sind es, die *sich* absondern *c,* natürliche *d Menschen,* die *den* Geist nicht haben. Ihr aber, Ge-
20 liebte, euch selbst erbauend auf euren allerheiligsten Glauben, betend im Heiligen Geiste, erhaltet euch selbst *e*
21 in der Liebe Gottes, indem ihr die Barmherzigkeit unseres Herrn Jesus Christus erwartet zum ewigen Leben.
22 Und die einen, welche streiten *f,* weiset zurecht *g,* die anderen aber rettet
23 mit Furcht, sie aus dem Feuer reißend, *h* indem ihr auch das von dem Fleische befleckte Kleid *i* hasset.
24 Dem aber, der euch ohne Straucheln zu bewahren und vor seiner Herrlichkeit tadellos darzustellen vermag mit Frohlocken, dem alleinigen Gott, un-
25 serem Heilande, durch Jesum Christum, unseren Herrn, sei Herrlichkeit, Majestät, Macht und Gewalt vor aller Zeit und jetzt und in alle Ewigkeit *j*! Amen.

Die Offenbarung

1 Offenbarung Jesu Christi, welche Gott ihm gab, um seinen Knechten *k* zu zeigen was bald *l* geschehen muß; und durch seinen Engel sendend, hat er es seinem Knechte *k* Johannes ge-
2 zeigt *m,* der bezeugt hat das Wort Gottes und das Zeugnis Jesu Christi, alles was er sah.
3 Glückselig, der da liest und die da hören die Worte der Weissagung und bewahren was in ihr geschrieben ist; denn die Zeit ist nahe!
4 Johannes den sieben Versammlungen, die in Asien sind: Gnade euch und Friede von dem, der da ist und der da war und der da kommt, und von den sieben Geistern, die vor sei-
5 nen Throne sind, und von Jesu Christo, *welcher der* treue *Zeuge ist, der* Erstgeborene der Toten und der Fürst der Könige der Erde! Dem, der uns liebt und uns von unseren Sünden ge-
6 waschen hat in seinem Blute, und uns gemacht hat *n* zu einem Königtum, zu Priestern seinem Gott und Vater: ihm sei die Herrlichkeit und die Macht von Ewigkeit zu Ewigkeit *o*! Amen.
7 Siehe, er kommt mit den Wolken,

und jedes Auge wird ihn sehen, auch die ihn durchstochen haben, und wehklagen werden seinetwegen alle Stämme des Landes *p.* Ja, Amen.
8 Ich bin das Alpha und das Omega *q,* spricht der Herr, Gott *r,* der da ist und der da war und der da kommt, der Allmächtige.
9 Ich, Johannes, euer Bruder und Mitgenosse in der Drangsal und dem Königtum und dem Ausharren in Jesu *s,* war auf der Insel, genannt Patmos, um des Wortes Gottes und des Zeugnisses Jesu willen. Ich war *t* an dem
10 Herrn *u* Tage im Geiste, und ich hörte hinter mir eine laute Stimme wie *die* einer Posaune, welche sprach: Was
11 du siehst schreibe in ein Buch und sende es den sieben Versammlungen: nach Ephesus und nach Smyrna und nach Pergamus und nach Thyatira und nach Sardes und nach Philadelphia
12 und nach Laodicäa. Und ich wandte mich um, die Stimme zu sehen, welche mit mir redete, und als ich mich umgewandt hatte, sah ich sieben gol-
13 dene Leuchter *v,* und inmitten der [sieben] Leuchter *einen* gleich dem Sohne des Menschen *w,* angetan mit einem bis

---

a O. mit seinen. — *b* O. viell.: Unzufriedene, obwohl sie . . . wandeln; und ihr Mund redet stolze Worte, obwohl sie . . . Personen bewundern. — *c* O. die Parteiungen machen. — *d* O. seelische. — *e* Eig. habet euch selbst erhalten, d. h. seid in diesem Zustande. — *f* O. zweifeln. — *g* O. überführet. — *h* O. nach and. Les.: andere aber rettet, sie aus dem Feuer reißend, anderer aber erbarmet euch mit Furcht. — *i* Eig. Unterkleid, Leibrock. — *j* W. Zeitalter. — *k* O. Sklaven; so auch später. — *l* O. in Kürze. — *m* Eig. bezeichnet, durch Zeichen kundgetan. — *n* Eig. und er hat uns gemacht. — *o* W. in die Zeitalter der Zeitalter; so auch V. 18; Kap. 4, 9. 10 usw. — *p* O. alle Geschlechter der Erde. — *q* Alpha und Omega (A und O) sind der erste und der letzte Buchstabe des griechischen Abc. — *r* W. der Herr, der Gott. — *s* Die Wörter „Drangsal", „Königtum" und „Ausharren" beziehen sich alle auf „in Jesu"; im Griech. steht nur ein Artikel. — *t* Eig. ward. — *u* Eig. an dem dem Herrn gehörenden Tage. — *v* O. Lampen; so auch nachher. — *w* O. gleich einem Menschensohne. (Vergl. Dan. 7, 13; 10, 5. 6.)

zu den Füßen reichenden Gewande, und an der Brust *a* umgürtet mit einem
14 goldenen Gürtel; sein Haupt aber und seine Haare weiß wie weiße Wolle, wie Schnee, und seine Augen wie eine Feu-
15 erflamme, und seine Füße gleich glänzendem Kupfer, als glühten sie im Ofen, und seine Stimme wie das Rauschen
16 vieler Wasser; und er hatte in seiner rechten Hand sieben Sterne, und aus seinem Munde ging hervor ein scharfes, zweischneidiges Schwert, und sein Angesicht *war*, wie die Sonne leuch-
17 tet in ihrer Kraft. Und als ich ihn sah, fiel ich zu seinen Füßen wie tot. Und er legte seine Rechte auf mich und sprach: Fürchte dich nicht! Ich bin
18 der Erste und der Letzte und der Lebendige, und ich war *b* tot, und siehe, ich bin lebendig von Ewigkeit zu Ewigkeit und habe die Schlüssel des Todes
19 und des Hades. Schreibe nun was du gesehen hast, und was ist, und was
20 darnach geschehen wird *c*. Das Geheimnis der sieben Sterne, die du in *d* meiner Rechten gesehen hast, und die sieben goldenen Leuchter: Die sieben Sterne sind Engel der sieben Versammlungen, und die sieben Leuchter sind sieben Versammlungen.

2 Dem Engel der Versammlung in Ephesus schreibe: Dieses sagt, der die sieben Sterne in seiner Rechten hält, der da wandelt inmitten der sieben goldenen Leuchter:
2 Ich kenne deine Werke und deine Arbeit *e* und dein Ausharren, und daß du Böse nicht ertragen kannst; und du hast sie geprüft, welche sich Apostel nennen, und sind es nicht, und
3 hast sie als Lügner erfunden; und du hast Ausharren und hast getragen um meines Namens willen, und bist nicht
4 müde geworden. Aber ich habe wider dich, daß du deine erste Liebe verlas-
5 sen hast. Gedenke nun, wovon du gefallen bist, und tue Buße und tue die ersten Werke; wenn aber nicht, so komme ich dir und werde deinen Leuchter aus seiner Stelle wegrücken, wenn
6 du nicht Buße tust. Aber dieses hast du, daß du die Werke der Nikolaiten hassest, die auch ich hasse.
7 Wer ein Ohr hat, höre was der Geist den Versammlungen sagt! Dem, der überwindet, dem werde ich zu essen geben von dem Baume des Lebens, welcher in dem Paradiese Gottes ist.
8 Und dem Engel der Versammlung in Smyrna schreibe: Dieses sagt der Erste und der Letzte, der starb und wieder lebendig wurde *f*:
9 Ich kenne deine Drangsal und deine Armut, (du bist aber reich) und die Lästerung von denen, welche sagen, sie seien Juden, und sind es nicht, sondern eine Synagoge des Satans.
10 Fürchte nichts *von dem*, was du leiden wirst *g*. Siehe, der Teufel wird *etliche* von euch ins Gefängnis werfen *h*, auf

daß ihr geprüft werdet, und ihr werdet Drangsal haben zehn Tage. Sei getreu bis zum Tode, und ich werde dir die Krone des Lebens geben.
11 Wer ein Ohr hat, höre was der Geist den Versammlungen sagt! Wer überwindet, wird nicht beschädigt werden von dem zweiten Tode.
12 Und dem Engel der Versammlung in Pergamus schreibe: Dieses sagt, der das scharfe, zweischneidige Schwert hat:
13 Ich weiß, wo du wohnst, wo der Thron des Satans ist; und du hältst fest an meinem Namen und hast meinen Glauben nicht verleugnet, auch in den Tagen, in welchen Antipas mein treuer Zeuge war, der bei euch, wo der Satan wohnt, ermordet worden ist.
14 Aber ich habe ein weniges wider dich, daß du solche dort hast, welche die Lehre Balaams festhalten, der den Balak lehrte, ein Aergernis vor die Söhne Israels zu legen, Götzenopfer zu essen und Hurerei zu treiben. Also
15 hast auch du solche, welche in gleicher Weise die Lehre der Nikolaiten festhalten. Tue nun Buße; wenn aber
16 nicht, so komme ich dir bald *i* und werde Krieg mit ihnen führen mit dem Schwerte meines Mundes.
17 Wer ein Ohr hat, höre was der Geist den Versammlungen sagt! Dem, der überwindet, dem werde ich von dem verborgenen Manna geben; und ich werde ihm einen weißen Stein geben, und auf den Stein einen neuen Namen geschrieben, welchen niemand kennt, als wer ihn empfängt.
18 Und dem Engel der Versammlung in Thyatira schreibe: Dieses sagt der Sohn Gottes, der seine Augen hat wie eine Feuerflamme und seine Füße gleich glänzendem Kupfer:
19 Ich kenne deine Werke und deine Liebe und deinen Glauben und deinen Dienst und dein Ausharren, und *weiß, daß* deiner letzten Werke mehr *sind* als der ersten. Aber ich habe wider
20 dich, daß du das Weib Jesabel duldest *j*, welche sich eine Prophetin nennt, sie lehrt und verführt meine Knechte *k*, Hurerei zu treiben und Götzenopfer zu essen. Und ich gab ihr Zeit, auf
21 daß sie Buße täte, und sie will nicht Buße tun von ihrer Hurerei. Siehe, ich
22 werfe sie in ein Bett und die, welche Ehebruch mit ihr treiben, in große Drangsal, wenn sie nicht Buße tun von ihren *l* Werken. Und ihre *l* Kin-
23 der werde ich mit Tod töten, und alle Versammlungen werden erkennen, daß ich es bin, der Nieren und Herzen erforscht; und ich werde euch einem jeden nach euren Werken geben. Euch
24 aber sage ich, den übrigen, die in Thyatira sind, so viele diese Lehre nicht haben, welche die Tiefen des Satans, wie sie sagen, nicht erkannt haben: Ich werfe keine andere Last auf euch;

---

a Eig. an den Brüsten. — *b* Eig. ward. — *c* O. im Begriff steht zu geschehen. — *d* W. auf. — *e* O. Mühe. — *f* W. der tot ward und lebte. — *g* O. zu leiden im Begriff stehst. — *h* O. steht im Begriff . . . zu werfen. — *i* Eig. schnell, eilends. — *j* Eig. lässest. — *k* O. Sklaven. — *l* d. h. Jesabels.

25 doch was ihr habt haltet fest, bis ich
26 komme. Und wer überwindet und meine Werke bewahrt bis ans Ende, dem werde ich Gewalt über die Nationen
27 geben; und er wird sie weiden mit eiserner Rute, wie Töpfergefäße zerschmettert werden, wie auch ich von
28 meinem Vater empfangen habe; und ich werde ihm den Morgenstern geben.
29 Wer ein Ohr hat, höre was der Geist den Versammlungen sagt!

3 Und dem Engel der Versammlung in Sardes schreibe: Dieses sagt, der die sieben Geister Gottes hat und die sieben Sterne: Ich kenne deine Werke, daß du den Namen hast, daß du lebest, und bist tot.
2 Sei wachsam *a* und stärke das Uebrige, das sterben will *b*; denn ich habe deine Werke nicht völlig erfunden vor
3 meinem Gott. Gedenke nun, wie du empfangen und gehört hast, und bewahre es und tue Buße. Wenn du nun nicht wachen wirst, so werde ich [über dich] kommen wie ein Dieb, und du wirst nicht wissen, um welche Stun-
4 de ich über dich kommen werde. Aber du hast einige wenige Namen in Sardes, die ihre Kleider nicht besudelt haben; und sie werden mit mir einhergehen in weißen *Kleidern*, denn sie
5 sind es wert *c*. Wer überwindet, der wird mit weißen Kleidern bekleidet werden, und ich werde seinen Namen n i c h t auslöschen aus dem Buche des Lebens und werde seinen Namen bekennen vor meinem Vater und vor seinen Engeln.
6 Wer ein Ohr hat, höre was der Geist den Versammlungen sagt!
7 Und dem Engel der Versammlung in Philadelphia schreibe: Dieses sagt der Heilige, der Wahrhaftige, der den Schlüssel des David hat, der da öffnet, und niemand wird schließen, und schließt, und niemand wird öffnen:
8 Ich kenne deine Werke. Siehe, ich habe eine geöffnete Tür vor dir gegeben, die niemand zu schließen vermag; denn du hast eine kleine Kraft, und hast mein Wort bewahrt und hast mei-
9 nen Namen nicht verleugnet. Siehe, ich gebe aus der Synagoge des Satans von denen, welche sagen, sie seien Juden, und sind es nicht, sondern lügen; siehe, ich werde sie zwingen *d*, daß sie kommen und sich niederwerfen vor deinen Füßen und erkennen,
10 daß i c h dich geliebt habe. Weil du das Wort meines Ausharrens bewahrt hast, werde auch i c h dich bewahren vor der Stunde der Versuchung, die über den ganzen Erdkreis *e* kommen wird *f*, um die zu versuchen, welche
11 auf der Erde wohnen. Ich komme bald *g*; halte fest, was du hast, auf daß niemand
12 deine Krone nehme! Wer überwindet, den werde ich zu einer Säule machen in dem Tempel meines Gottes, und er wird nie mehr hinausgehen; und ich

werde auf ihn schreiben den Namen meines Gottes und den Namen der Stadt meines Gottes, des neuen Jerusalem, das aus dem Himmel herniederkommt von meinem Gott, und meinen neuen Namen.
13 Wer ein Ohr hat, höre was der Geist den Versammlungen sagt!
14 Und dem Engel der Versammlung in Laodicäa schreibe: Dieses sagt der Amen, der treue und wahrhaftige Zeuge, der Anfang der Schöpfung Gottes:
15 Ich kenne deine Werke, daß du weder kalt noch warm bist. Ach, daß du kalt oder warm wärest! Also, weil du
16 lau bist und weder kalt noch warm, so werde ich dich ausspeien *h* aus meinem Munde. Weil du sagst: Ich bin
17 reich und bin reich geworden und bedarf nichts, und weißt nicht, daß du der Elende und der Jämmerliche und arm und blind und bloß bist. Ich rate
18 dir, Gold von mir zu kaufen, geläutert im Feuer, auf daß du reich werdest; und weiße Kleider, auf daß du bekleidet werdest, und die Schande deiner Blöße nicht offenbar werde; und Augensalbe, deine Augen zu salben, auf daß du sehen mögest. I c h überführe
19 und züchtige, so viele ich liebe. Sei nun eifrig und tue Buße! Siehe, ich
20 stehe an der Tür und klopfe an; wenn jemand meine Stimme hört und die Tür auftut, zu dem werde ich eingehen und das Abendbrot mit ihm essen, und er mit mir. Wer überwindet, dem
21 werde ich geben, mit mir auf meinem Throne zu sitzen, wie auch ich überwunden habe und mich mit meinem Vater gesetzt habe auf seinen Thron.
22 Wer ein Ohr hat, höre was der Geist den Versammlungen sagt!

4 Nach diesem sah ich : und siehe, eine Tür *war* aufgetan in dem Himmel, und die erste Stimme, die ich gehört hatte wie *die* einer Posaune mit mir reden, sprach: Komm hier herauf, und ich werde dir zeigen, was nach diesem geschehen muß.
2 Alsbald war *i* ich im Geiste ; und siehe, ein Thron stand in dem Himmel,
3 und auf dem Throne saß einer. Und der da saß *war* von Ansehen gleich einem Jaspisstein und einem Sardis, und ein Regenbogen *war* rings um den Thron, von Ansehen gleich einem Smaragd. Und rings um den Thron *waren*
4 vierundzwanzig Throne, und auf den Thronen saßen vierundzwanzig Aelteste, bekleidet mit weißen Kleidern, und auf ihren Häuptern goldene Kronen.
5 Und aus dem Throne gehen hervor Blitze und Stimmen und Donner; und sieben Feuerfackeln brannten vor dem Throne, welche die sieben Geister Gottes sind. Und vor dem Throne wie ein
6 gläsernes Meer, gleich Kristall; und inmitten des Thrones und um den Thron her vier lebendige Wesen, voller Augen vorn und hinten. Und das erste 7

---

a Eig. werde wachend. — *b* Eig. wollte, od. im Begriff stand zu sterben. — *c* O. würdig. — *d* W. werde machen. — *e* O. die ganze bewohnte *Erde*. — *f* O. im Begriff steht zu kommen. — *g* Eig. schnell, eilends. — *h* O. stehe ich im Begriff dich auszuspeien. — *i* Eig. ward.

lebendige Wesen *war* gleich einem Löwen, und das zweite lebendige Wesen gleich einem Kalbe *a*, und das dritte lebendige Wesen hatte das Angesicht eines Menschen *b*, und das vierte lebendige Wesen *war* gleich einem fliegen-
8 den Adler. Und die vier lebendigen Wesen hatten, ein jedes von ihnen für sich, je sechs Flügel; ringsum und inwendig *sind sie* voller Augen, und sie hören Tag und Nacht nicht auf zu sagen *c*: Heilig, heilig, heilig, Herr, Gott, Allmächtiger, der da war und der da
9 ist und der da kommt! Und wenn die lebendigen Wesen Herrlichkeit und Ehre und Danksagung geben werden dem, der auf dem Throne sitzt, der da
10 lebt von Ewigkeit zu Ewigkeit, so werden die vierundzwanzig Aeltesten niederfallen vor dem, der auf dem Throne sitzt, und den anbeten *d*, der da lebt von Ewigkeit zu Ewigkeit, und werden ihre Kronen niederwerfen vor dem
11 Throne und sagen: Du bist würdig, o unser Herr und unser Gott, zu nehmen die Herrlichkeit und die Ehre und die Macht; denn d u hast alle Dinge *e* erschaffen, und um deines Willens wegen waren sie und sind sie erschaffen worden.

5 Und ich sah in *f* der Rechten dessen, der auf dem Throne saß *g*, ein Buch, beschrieben inwendig und auswendig *h*,
2 mit sieben Siegeln versiegelt. Und ich sah einen starken Engel, der mit lauter Stimme ausrief: Wer ist würdig, das Buch zu öffnen und seine Siegel zu
3 brechen? Und niemand in dem Himmel, noch auf der Erde, noch unter der Erde vermochte das Buch zu öff-
4 nen, noch es anzublicken. Und i ch weinte sehr, weil niemand würdig erfunden wurde, das Buch zu öffnen,
5 noch es anzublicken. Und einer von den Aeltesten spricht zu mir: Weine nicht! Siehe, es hat überwunden der Löwe, der aus dem Stamme Juda ist, die Wurzel Davids, das Buch zu öffnen und seine sieben Siegel.
6 Und ich sah inmitten des Thrones und der vier lebendigen Wesen und inmitten der Aeltesten ein Lamm stehen wie geschlachtet, das sieben Hörner hatte und sieben Augen, welche die sieben Geister Gottes sind, die ge-
7 sandt sind über die ganze Erde. Und es kam und nahm *das Buch* aus der Rechten dessen, der auf dem Throne
8 saß *g*. Und als es das Buch nahm, fielen die vier lebendigen Wesen und die vierundzwanzig Aeltesten nieder vor dem Lamme, und sie hatten ein jeder eine Harfe und goldene Schalen voll Räucherwerk, welches die Gebete der Hei-
9 ligen sind. Und sie singen ein neues Lied *i*: Du bist würdig, das Buch zu nehmen und seine Siegel zu öffnen; denn du bist geschlachtet worden und hast für Gott erkauft, durch dein Blut, aus jedem Stamm und Sprache und

Volk und Nation, und hast sie unserem 10 Gott zu Königen und Priestern gemacht, und sie werden über die Erde herrschen!
Und ich sah: und ich höre eine Stim- 11 me vieler Engel um den Thron her und *um* die lebendigen Wesen und die Aeltesten; und ihre Zahl war Zehntausende mal Zehntausende und Tausende mal Tausende, die mit lauter Stimme 12 sprachen: Würdig ist das Lamm, das geschlachtet worden ist, zu empfangen die Macht und Reichtum und Weisheit und Stärke und Ehre und Herrlichkeit und Segnung. Und jedes Geschöpf, 13 das in dem Himmel und auf der Erde und unter der Erde und auf dem Meere ist, und alles, *was* in ihnen *ist*, hörte ich sagen: Dem, der auf dem Throne sitzt, und dem Lamme die Segnung und die Ehre und die Herrlichkeit und die Macht von Ewigkeit zu Ewigkeit!
Und die vier lebendigen Wesen spra- 14 chen: Amen! Und die Aeltesten fielen nieder und beteten an.

Und ich sah, als das Lamm eines von 6 den sieben Siegeln öffnete: und ich hörte eines von den vier lebendigen Wesen wie eine Donnerstimme sagen: Komm! *j* Und ich sah: und siehe, ein 2 weißes Pferd, und der darauf saß *g* hatte einen Bogen; und eine Krone wurde ihm gegeben, und er zog aus, siegend und auf daß er siegte.
Und als es das zweite Siegel öffne- 3 te, hörte ich das zweite lebendige Wesen sagen: Komm! Und es zog aus ein 4 anderes, feuerrotes Pferd; und dem, der darauf saß *g*, ihm wurde gegeben, den Frieden von der Erde zu nehmen, und daß sie einander schlachteten; und ein großes Schwert wurde ihm gegeben.
Und als es das dritte Siegel öffnete, 5 hörte ich das dritte lebendige Wesen sagen: Komm! Und ich sah: und siehe, ein schwarzes Pferd, und der darauf saß *g* hatte eine Wage in seiner Hand. Und ich hörte wie eine Stimme 6 inmitten der vier lebendigen Wesen, welche sagte: Ein Chönix Weizen für einen Denar, und drei Chönix Gerste für einen Denar; und das Oel und den Wein beschädige nicht.
Und als es das vierte Siegel öffnete, 7 hörte ich [die Stimme des] vierten lebendigen Wesens sagen: Komm! Und 8 ich sah: und siehe, ein fahles Pferd, und der darauf saß *g*, sein Name *war* Tod; und der Hades folgte ihm *k*. Und ihm wurde Gewalt gegeben über den vierten Teil der Erde, zu töten mit *dem* Schwert und mit Hunger und mit Tod *l* und durch die wilden Tiere der Erde.
Und als es das fünfte Siegel öffnete, 9 sah ich unter dem Altar die Seelen derer, welche geschlachtet worden waren um des Wortes Gottes und um des Zeugnisses willen, das sie hatten. Und 10

---

a O. einem Stier. — *b* W. wie eines Menschen. — *c* W. sie haben . . . keine Ruhe, sagend. — *d* O. dem huldigen; so auch später. — *e* O. das All. — *f* W. auf. — *g* O. sitzt, — *h* Eig. hinten, auf der Rückseite (der Buchrolle). — *i* Eig. ein neues Lied, sagend. — *j* Mehrere Handschriften fügen hier und in V. 3. 5. 7 hinzu: und sieh. — *k* Eig. mit ihm. — *l* O. viell. Pest; vergl. Hes. 14, 21.

sie riefen mit lauter Stimme und sprachen: Bis wann, o Herrscher a, der du heilig und wahrhaftig bist, richtest und rächst du nicht unser Blut an denen, 11 die auf der Erde wohnen? Und es wurde ihnen einem jeden ein weißes Gewand gegeben; und es wurde ihnen gesagt, daß sie noch eine kleine Zeit ruhen sollten, bis auch ihre Mitknechte und ihre Brüder vollendet sein würden, die ebenso wie sie getötet werden würden.

12 Und ich sah, als es das sechste Siegel öffnete: und es geschah ein großes Erdbeben; und die Sonne wurde schwarz wie ein härener Sack, und die 13 ganze Mond wurde wie Blut, und die Sterne des Himmels fielen auf die Erde, wie ein Feigenbaum, geschüttelt von einem starken Winde, seine un- 14 reifen Feigen abwirft. Und der Himmel entwich wie ein Buch, das aufgerollt wird, und jeder Berg und jede Insel wurden aus ihren Stellen ge- 15 rückt. Und die Könige der Erde und die Großen und die Obersten und die Reichen und die Starken und jeder Knecht b und Freie verbargen sich in die Höhlen und in die Felsen der Ber- 16 ge; und sie sagen zu den Bergen und zu den Felsen: Fallet auf uns und verberget uns vor dem Angesicht dessen, der auf dem Throne sitzt, und vor dem 17 Zorne des Lammes; denn gekommen ist der große Tag seines Zornes, und wer vermag zu bestehen?

7 Und nach diesem sah ich vier Engel auf den vier Ecken der Erde stehen, welche die vier Winde der Erde festhielten, auf daß kein Wind wehe auf der Erde, noch auf dem Meere, noch 2 über irgend einen Baum. Und ich sah einen anderen Engel von Sonnenaufgang heraufsteigen, welcher das Siegel des lebendigen Gottes hatte; und er rief mit lauter Stimme den vier Engeln, welchen gegeben worden war, die Erde und das Meer zu beschädi- 3 gen, und sagte: Beschädiget nicht die Erde, noch das Meer, noch die Bäume, bis wir die Knechte unseres Gottes an 4 ihren Stirnen versiegelt haben. Und ich hörte die Zahl der Versiegelten: Hundertvierundvierzig tausend Versiegelte, aus jedem Stamme der Söhne 5 Israels. Aus dem Stamme Juda zwölftausend Versiegelte, aus dem Stamme Ruben zwölftausend, aus dem Stamme 6 Gad zwölftausend, aus dem Stamme Aser zwölftausend, aus dem Stamme Nephthalim zwölftausend, aus dem 7 Stamme Manasse zwölftausend, aus dem Stamme Simeon zwölftausend, aus dem Stamme Levi zwölftausend, aus dem Stamme Issaschar zwölftau- 8 send, aus dem Stamme Zabulon zwölftausend, aus dem Stamme Joseph zwölftausend, aus dem Stamme Benjamin zwölftausend Versiegelte.

9 Nach diesem sah ich: und siehe, eine große Volksmenge, welche niemand zählen konnte, aus jeder Nation und aus Stämmen und Völkern und Sprachen, und sie standen vor dem Throne und vor dem Lamme, bekleidet mit weißen Gewändern, und Palmen waren in ihren Händen. Und sie 10 rufen mit lauter Stimme und sagen: Das Heil unserem Gott, der auf dem Throne sitzt, und dem Lamme! Und 11 alle Engel standen um den Thron her und um die Aeltesten und die vier lebendigen Wesen, und sie fielen vor dem Throne auf ihre Angesichter und beteten Gott an und sagten: Amen! 12 die Segnung und die Herrlichkeit und die Weisheit und die Danksagung und die Ehre und die Macht und die Stärke unserem Gott von Ewigkeit zu Ewigkeit! Amen.

13 Und einer von den Aeltesten hob an und sprach zu mir: Diese, die mit weißen Gewändern bekleidet sind, wer sind sie, und woher sind sie gekom- 14 men? Und ich sprach zu ihm: Mein Herr, du weißt es. Und er sprach zu mir: Dies sind die, welche aus der großen Drangsal kommen, und sie haben ihre Gewänder gewaschen und haben sie weiß gemacht in dem Blute des 15 Lammes. Darum sind sie vor dem Throne Gottes und dienen ihm Tag und Nacht in seinem Tempel c; und der auf dem Throne sitzt wird sein Zelt 16 über ihnen errichten. Sie werden nicht mehr hungern, auch werden sie nicht mehr dürsten, noch wird je die Sonne auf sie fallen, noch irgend eine Glut; 17 denn das Lamm, das in der Mitte des Thrones ist, wird sie weiden und sie leiten zu Quellen der Wasser des Lebens, und Gott wird jede Träne von ihren Augen abwischen.

8 Und als es das siebente Siegel öffnete, entstand ein Schweigen in dem Himmel bei einer halben Stunde. Und 2 ich sah die sieben Engel, welche vor Gott stehen; und es wurden ihnen sieben Posaunen d gegeben. Und ein anderer Engel kam und stellte sich an den Altar, und er hatte ein goldenes Räucherfaß; und es wurde ihm viel Räucherwerk gegeben, auf daß er Kraft gebe e den Gebeten aller Heiligen auf f dem goldenen Altar, der vor dem Throne ist. Und der Rauch des Räucher- 4 werks stieg mit den Gebeten der Heiligen auf aus der Hand des Engels vor 5 Gott. Und der Engel nahm das Räucherfaß und füllte es von dem Feuer des Altars und warf es auf die Erde; und es geschahen Stimmen und Donner und Blitze und ein Erdbeben.

6 Und die sieben Engel, welche die sieben Posaunen d hatten, bereiteten sich, auf daß sie posauneten g.

7 Und der erste posaunte: und es kam Hagel und Feuer, mit Blut vermischt, und wurde auf die Erde geworfen. Und der dritte Teil der Erde verbrannte,

---

a O. Gebieter. — b O. Sklave. — c das Heiligtum; so auch nachher. — d O. Trompeten. — e O. auf daß er es (das Räucherwerk) gebe, (um dadurch den Gebeten der Heiligen vor Gott Wohlgeruch und Wirksamkeit zu verleihen). — f O. an. — g O. trompeteten; so auch nachher.

und der dritte Teil der Bäume verbrannte, und alles grüne Gras verbrannte.

8 Und der zweite Engel posaunte: und wie ein großer, mit Feuer brennender Berg wurde ins Meer geworfen; und der dritte Teil des Meeres wurde zu
9 Blut. Und es starb der dritte Teil der Geschöpfe, welche im Meere waren, die Leben hatten, und der dritte Teil der Schiffe wurde zerstört.

10 Und der dritte Engel posaunte: und es fiel vom a Himmel ein großer Stern, brennend wie eine Fackel, und er fiel auf den dritten Teil der Strö-
11 me und auf die Wasserquellen. Und der Name des Sternes heißt Wermut; und der dritte Teil der Wasser wurde zu Wermut, und viele der Menschen starben von den Wassern, weil sie bitter gemacht waren.

12 Und der vierte Engel posaunte: und es wurde geschlagen der dritte Teil der Sonne und der dritte Teil des Mondes und der dritte Teil der Sterne, auf daß der dritte Teil derselben verfinstert würde, und der Tag nicht schiene seinen dritten Teil und die Nacht gleicherweise.

13 Und ich sah: und ich hörte einen Adler fliegen inmitten des Himmels und mit lauter Stimme sagen: Wehe, wehe, wehe denen, die auf der Erde wohnen, wegen der übrigen Stimmen der Posaune der drei Engel, die posaunen werden b!

9 Und der fünfte Engel posaunte: und ich sah einen Stern, *der* vom Himmel auf die Erde gefallen *war*; und es wurde ihm der Schlüssel zum Schlun-
2 de des Abgrundes gegeben. Und er öffnete den Schlund des Abgrundes; und ein Rauch stieg auf aus dem Schlunde wie der Rauch eines großen Ofens, und die Sonne und die Luft wurden von dem
3 Rauche des Schlundes verfinstert. Und aus dem Rauche kamen Heuschrecken hervor auf die Erde, und es wurde ihnen Gewalt gegeben, wie die Skorpio-
4 nen der Erde Gewalt haben. Und es wurde ihnen gesagt, daß sie nicht beschädigen sollten das Gras der Erde, noch irgend etwas Grünes, noch irgend einen Baum, sondern die Menschen, welche nicht das Siegel Gottes
5 an ihren Stirnen haben. Und es wurde ihnen gegeben, daß sie sie nicht töteten, sondern daß sie fünf Monate gequält würden; und ihre Qual war wie die Qual eines Skorpions, wenn er
6 einen Menschen schlägt. Und in jenen Tagen werden die Menschen den Tod suchen und werden ihn nicht finden, und werden zu sterben begehren, und
7 der Tod flieht vor ihnen. Und die Gestalten der Heuschrecken waren gleich zum Kampfe gerüsteten Pferden, und auf ihren Köpfen wie Kronen gleich Gold, und ihre Angesichter wie Men-
8 schen-Angesichter; und sie hatten Haare wie Weiberhaare, und ihre Zähne

waren wie *die* der Löwen. Und sie 9 hatten Panzer wie eiserne Panzer, und das Geräusch ihrer Flügel war wie das Geräusch von Wagen mit vielen Pferden, die in den Kampf laufen; und 10 sie haben Schwänze gleich Skorpionen, und Stacheln, und ihre Gewalt ist in ihren Schwänzen, die Menschen fünf Monate zu beschädigen. Sie haben über 11 sich einen König, den Engel des Abgrundes; sein Name ist auf hebräisch Abaddon c, und im Griechischen hat er den Namen Apollyon d.

Das eine Wehe ist vorüber; siehe, 12 es kommen noch zwei Wehe nach diesen Dingen.

Und der sechste Engel posaunte: 13 und ich hörte eine Stimme aus den vier Hörnern des goldenen Altars, der vor Gott ist, zu dem sechsten Engel, der 14 die Posaune hatte, sagen: Löse die vier Engel, welche an dem großen Strome Euphrat gebunden sind. Und die vier 15 Engel wurden gelöst, welche bereitet waren auf Stunde und Tag und Monat und Jahr, auf daß sie den dritten Teil der Menschen töteten. Und die Zahl 16 der Kriegsheere zu Roß *war* zweimal zehntausend mal zehntausend; ich hörte ihre Zahl. Und also sah ich die 17 Rosse in dem Gesicht und die auf ihnen saßen e: und sie hatten feurige und hyazinthene und schweflichte Panzer; und die Köpfe der Rosse waren wie Löwenköpfe, und aus ihren Mäulern geht Feuer und Rauch und Schwefel hervor. Von diesen drei Plagen 18 wurde der dritte Teil der Menschen getötet, von dem Feuer und dem Rauch und dem Schwefel, die aus ihren Mäulern hervorgehen f. Denn die Gewalt 19 der Rosse ist in ihrem Maule und in ihren Schwänzen; denn ihre Schwänze sind gleich Schlangen und haben Köpfe, und mit ihnen beschädigen sie. Und die 20 übrigen der Menschen, welche durch diese Plagen nicht getötet wurden, taten nicht Buße von den Werken ihrer Hände, daß sie nicht anbeteten die Dämonen und die goldenen und die silbernen und die ehernen und die steinernen und die hölzernen Götzenbilder, die weder sehen noch hören noch wandeln können. Und sie taten nicht 21 Buße von ihren Mordtaten, noch von ihren Zaubereien, noch von ihrer Hurerei, noch von ihren Diebstählen.

Und ich sah einen anderen starken Engel aus dem Himmel herniederkommen, bekleidet mit einer Wolke, und der Regenbogen *war* auf seinem Haupte, und sein Angesicht *war* **10** wie die Sonne, und seine Füße wie Feuersäulen; und er hatte in seiner Hand 2 ein geöffnetes Büchlein. Und er stellte seinen rechten Fuß auf das Meer, den linken aber auf die Erde; und er rief 3 mit lauter Stimme, wie ein Löwe brüllt. Und als er rief, redeten die sieben Donner ihre Stimmen. Und als die sieben 4 Donner redeten, wollte ich schreiben:

---

a O. aus dem; so auch Kap. 9, 1. — b O. im Begriff stehen zu posaunen (trompeten). — c d. h. Verderben (Ort des Verderbens); vergl. Ps. 88, 11; Hiob 26, 6; 28, 22. — d d. h. Verderber. — e O. sitzen. — f O. der . . . hervorgeht.

und ich hörte eine Stimme aus dem Himmel sagen: Versiegle, was die sieben Donner geredet haben, und schreibe dieses nicht.

5 Und der Engel, den ich auf dem Meere und auf der Erde stehen sah, erhob seine rechte Hand zum Himmel 6 und schwur bei dem, der da lebt von Ewigkeit zu Ewigkeit, welcher den Himmel erschuf und was in ihm ist, und die Erde und was auf ihr ist, und das Meer und was in ihm ist, daß keine 7 Frist *a* mehr sein wird, sondern in den Tagen der Stimme des siebenten Engels, wenn er posaunen wird *b*, wird auch das Geheimnis Gottes vollendet sein, wie er seinen eigenen Knechten, den Propheten, die frohe Botschaft verkündigt hat.

8 Und die Stimme, die ich aus dem Himmel hörte, redete wiederum mit mir und sprach: Gehe hin, nimm das geöffnete Büchlein in der Hand des Engels, der auf dem Meere und auf 9 der Erde steht. Und ich ging zu dem Engel und sagte ihm, er möge mir das Büchlein geben. Und er spricht zu mir: Nimm es und iß es auf; und es wird deinen Bauch bitter machen, aber in deinem Munde wird es süß sein wie 10 Honig. Und ich nahm das Büchlein aus der Hand des Engels und aß es auf; und es war in meinem Munde süß, wie Honig, und als ich es gegessen hatte, wurde mein Bauch bitter 11 gemacht. Und es wurde mir gesagt: Du mußt wiederum weissagen über Völker und Nationen und Sprachen und viele Könige.

11 Und es wurde mir ein Rohr, gleich einem Stabe, gegeben und gesagt: Stehe auf und miß den Tempel Gottes und den Altar und die darin anbeten. 2 Und den Hof, der außerhalb des Tempels ist, wirf hinaus und miß ihn nicht; denn er ist den Nationen gegeben worden, und sie werden die heilige Stadt 3 zertreten zweiundvierzig Monate. Und ich werde meinen zwei Zeugen *Kraft* geben, und sie werden tausendzweihundertsechzig Tage weissagen, mit 4 Sacktuch bekleidet. Diese sind die zwei Oelbäume und die zwei Leuchter, die vor dem Herrn der Erde ste-5 hen. Und wenn jemand sie beschädigen will, so geht Feuer aus ihrem Munde und verzehrt ihre Feinde; und wenn jemand sie beschädigen will, 6 so muß er also getötet werden. Diese haben die Gewalt, den Himmel zu verschließen, auf daß während der Tage ihrer Weissagung kein Regen falle *c*; und sie haben Gewalt über die Wasser, sie in Blut zu verwandeln, und die Erde zu schlagen mit jeder Plage, so oft sie nur wollen. 7 Und wenn sie ihr Zeugnis vollendet haben werden, so wird das Tier, das aus dem Abgrund heraufsteigt, Krieg mit ihnen führen, und wird sie über-8 winden und sie töten. Und ihr Leichnam *wird* auf der Straße der großen

Stadt *liegen*, welche geistlicherweise Sodom und Aegypten heißt, wo auch ihr Herr gekreuzigt wurde. Und *viele* 9 aus den Völkern und Stämmen und Sprachen und Nationen sehen ihren Leichnam drei Tage und einen halben, und erlauben nicht, ihre Leichname ins Grab zu legen. Und die auf 10 der Erde wohnen freuen sich über sie und frohlocken und werden einander Geschenke senden, weil diese, die zwei Propheten, die quälten, welche auf der Erde wohnen. Und nach den drei Ta-11 gen und einem halben kam *der* Geist *d* des Lebens aus Gott in sie, und sie standen auf ihren Füßen; und große Furcht fiel auf die, welche sie schauten. Und ich hörte eine laute Stimme 12 aus dem Himmel zu ihnen sagen: Steiget hier herauf! Und sie stiegen in den Himmel hinauf in der Wolke, und es schauten sie ihre Feinde. Und in 13 jener Stunde geschah ein großes Erdbeben, und der zehnte Teil der Stadt fiel, und siebentausend Menschennamen kamen in dem Erdbeben um; und die übrigen *f* wurden voll Furcht und gaben dem Gott des Himmels Ehre.

Das zweite Wehe ist vorüber; sie-14 he, das dritte Wehe kommt bald *g*.

Und der siebente Engel posaunte: 15 und es geschahen laute Stimmen in dem Himmel, welche sprachen: Das Reich der Welt unseres Herrn und seines Christus ist gekommen, und er wird herrschen von Ewigkeit zu Ewigkeit. Und die vierundzwanzig Aelte-16 sten, die vor Gott auf ihren Thronen sitzen, fielen auf ihre Angesichter und beteten Gott an und sprachen: Wir 17 danken dir, Herr, Gott, Allmächtiger, der da ist und der da war, daß du angenommen hast deine große Macht und angetreten deine Herrschaft! Und die 18 Nationen sind zornig gewesen, und dein Zorn ist gekommen und die Zeit der Toten, um gerichtet zu werden, und den Lohn zu geben deinen Knechten, den Propheten, und den Heiligen und denen, die deinen Namen fürchten, den Kleinen und den Großen, und die zu verderben, welche die Erde verderben.

Und der Tempel Gottes im Himmel 19 wurde *i* geöffnet, und die Lade seines Bundes wurde in seinem Tempel gesehen; und es geschahen Blitze und Stimmen und Donner und ein Erdbeben und ein großer Hagel.

Und ein großes Zeichen erschien **12** in dem Himmel: Ein Weib, bekleidet mit der Sonne, und der Mond *war* unter ihren Füßen, und auf ihrem Haupte eine Krone von zwölf Sternen. Und sie ist schwanger, und schreit in 2 Geburtswehen und in Schmerzen zu gebären.

Und es erschien ein anderes Zeichen 3 in dem Himmel: und siehe, ein großer, feuerroter Drache, welcher sieben Köpfe und zehn Hörner hatte, und auf seinen Köpfen sieben Diademe; und 4

---

a O. kein Aufschub. — *b* O. im Begriff steht zu posaunen. — *c* Eig. netze. — *d* O. Odem. — *e* Eig. wurden . . . getötet. — *f* O. der Ueberrest. — *g* Eig. schnell, eilends. — *h* d. h. Geringen. — *i* O. wurde im Himmel.

sein Schwanz zieht den dritten Teil der Sterne des Himmels *mit sich* fort; und er warf sie auf die Erde. Und der Drache stand vor dem Weibe, das im Begriff war zu gebären, auf daß er, wenn sie geboren hätte, ihr Kind ver-
5 schlänge. Und sie gebar einen männlichen Sohn, der alle Nationen weiden soll mit eiserner Rute; und ihr Kind wurde entrückt zu Gott und zu seinem
6 Throne. Und das Weib floh in die Wüste, woselbst sie eine von Gott bereitete Stätte hat, auf daß man sie daselbst ernähre tausend zweihundertsechzig Tage.

7 Und es entstand ein Kampf in dem Himmel: Michael und seine Engel kämpften mit dem Drachen. Und der
8 Drache kämpfte und seine Engel; und sie siegten nicht ob, auch wurde ihre Stätte nicht mehr in dem Himmel ge-
9 funden. Und es wurde geworfen der große Drache, die alte Schlange, welcher Teufel und Satan *a* genannt wird, der den ganzen Erdkreis *b* verführt, geworfen wurde er auf die Erde, und seine Engel wurden mit ihm *hinab-*
10 geworfen. Und ich hörte eine laute Stimme in dem Himmel sagen: Nun ist das Heil und die Macht und das Reich unseres Gottes und die Gewalt seines Christus gekommen; denn *hin-abgeworfen* ist der Verkläger unserer Brüder, der sie Tag und Nacht vor
11 unserem Gott verklagte. Und s i e haben ihn überwunden um des Blutes des Lammes und um des Wortes ihres Zeugnisses willen, und sie haben ihr Leben nicht geliebt bis zum Tode!
12 Darum seid fröhlich, ihr Himmel und die ihr in ihnen wohnet *c*! Wehe der Erde und dem Meere! denn der Teufel ist zu euch hinabgekommen und hat große Wut, da er weiß, daß er wenig Zeit hat.
13 Und als der Drache sah, daß er auf die Erde geworfen war, verfolgte er das Weib, welches das männliche *Kind*
14 geboren hatte. Und es wurden dem Weibe die zwei Flügel des großen Adlers gegeben, auf daß sie in die Wüste fliege, an ihre Stätte, woselbst sie ernährt wird eine Zeit und Zeiten und eine halbe Zeit, *fern* von dem Ange-
15 sicht der Schlange. Und die Schlange warf aus ihrem Munde Wasser, wie einen Strom, hinter dem Weibe her, auf daß sie sie mit dem Strome fort-
16 risse. Und die Erde half dem Weibe, und die Erde tat ihren Mund auf und verschlang den Strom, den der Drache
17 aus seinem Munde warf. Und der Drache ward zornig über das Weib und ging hin, Krieg zu führen mit den übrigen *d* ihres Samens, welche die Gebote Gottes halten *e* und das Zeugnis Jesu haben.
18 Und ich stand auf dem Sande des

Meeres. ✳ Und ich sah aus dem Meere **13** ein Tier aufsteigen, welches zehn Hörner und sieben Köpfe hatte, und auf seinen Hörnern zehn Diademe, und auf seinen Köpfen Namen der Lästerung. Und das Tier, das ich 2 sah, war gleich einem Pardel *f*, und seine Füße wie *die eines* Bären, und sein Maul wie eines Löwen Maul. Und der Drache gab ihm seine Macht und seinen Thron und große Gewalt. Und 3 *ich sah* einen seiner Köpfe wie zum Tode geschlachtet. Und seine Todeswunde wurde geheilt, und die ganze Erde verwunderte sich über das Tier *g*. Und sie beteten den Drachen an, weil 4 er dem Tiere die Gewalt gab, und sie beteten das Tier an und sagten: Wer ist dem Tiere gleich? Und wer vermag mit ihm zu kämpfen? Und es 5 wurde ihm ein Mund gegeben, der große Dinge und Lästerungen redete; und es wurde ihm Gewalt gegeben, zweiundvierzig Monate zu wirken *h*. Und es öffnete seinen Mund zu Läste- 6 rungen wider Gott, seinen Namen zu lästern und seine Hütte *i* [und] die, welche ihre Hütte in dem Himmel haben *j*. Und es wurde ihm gegeben, mit 7 den Heiligen Krieg zu führen und sie zu überwinden *k*; und es wurde ihm Gewalt gegeben über jeden Stamm und Volk und Sprache und Nation. Und alle, die auf der Erde wohnen, 8 werden es anbeten, *ein jeder*, dessen Name nicht geschrieben ist in dem Buche des Lebens des geschlachteten Lammes von Grundlegung der Welt an. Wenn jemand ein Ohr hat, so höre 9 er! Wenn jemand in Gefangenschaft 10 [führt], so geht er in Gefangenschaft; wenn jemand mit dem Schwerte töten wird, so muß er mit dem Schwerte getötet werden. Hier ist das Ausharren und der Glaube der Heiligen.

Und ich sah ein anderes Tier aus der 11 Erde aufsteigen: und es hatte zwei Hörner gleich einem Lamme, und es redete wie ein Drache. Und die ganze 12 Gewalt des ersten Tieres übt es vor ihm aus, und es macht, daß die Erde und die auf ihr wohnen das erste Tier anbeten, dessen Todeswunde geheilt wurde. Und es tut große Zeichen, daß 13 es selbst Feuer vom Himmel auf die Erde herabkommen läßt vor den Menschen; und es verführt die auf der 14 Erde wohnen wegen der Zeichen, welche vor dem Tiere zu tun ihm gegeben wurde, indem es die, welche auf der Erde wohnen, auffordert *l*, ein Bild dem Tiere zu machen, das die Wunde des Schwertes hat und lebte. Und es 15 wurde ihm gegeben, dem Bilde des Tieres Odem *m* zu geben, auf daß das Bild des Tieres auch redete und bewirkte, daß alle getötet wurden, die das Bild des Tieres nicht anbeteten.

---

a Eig. der Satan. — *b* O. die ganze bewohnte *Erde*. — *c* O. zeltet, Hütten habt. — *d* O. dem Ueberrest. — *e* O. bewahren. — *f* Eig. weiblichen Pardel. — *g* W. hinter dem Tiere her. — *h* O. zu handeln; vergl. hierzu Dan. 8, 24. — *i* O. sein Zelt. — *j* O. welche in dem Himmel wohnen, zelten. — *k* Eig. Krieg geführt . . . überwunden zu haben; die Handlung wird als bereits vollendet betrachtet. — *l* Eig. indem es denen . . . sagt. — *m* O. Geist.

16 Und es bringt alle dahin, die Kleinen a und die Großen, und die Reichen und die Armen, und die Freien und die Knechte b, daß sie ein Malzeichen annehmen c an ihre rechte Hand oder
17 an ihre Stirn; und daß niemand kaufen oder verkaufen kann, als nur der, welcher das Malzeichen hat, den Namen des Tieres oder die Zahl seines
18 Namens. Hier ist die Weisheit. Wer Verständnis hat, berechne die Zahl des Tieres, denn es ist eines Menschen Zahl; und seine Zahl ist sechshundert sechsundsechzig.

14 Und ich sah: und siehe, das Lamm stand auf dem Berge Zion und mit ihm hundertvierundvierzig tausend, welche seinen Namen und den Namen seines Vaters an ihren Stirnen ge-
2 schrieben trugen d. Und ich hörte eine Stimme aus dem Himmel wie das Rauschen vieler Wasser und wie das Rollen eines lauten Donners; und die Stimme, welche ich hörte, war wie von Harfensängern, die auf ihren Harfen
3 spielen. Und sie singen ein neues Lied vor dem Throne und vor den vier lebendigen Wesen und den Aeltesten; und niemand konnte das Lied lernen, als nur die hundertvierundvierzig tausend, die von der Erde erkauft
4 waren. Diese sind es, die sich mit Weibern nicht befleckt haben, denn sie sind Jungfrauen; diese sind es, die dem Lamme folgen, wohin irgend es geht. Diese sind aus den Menschen erkauft worden als Erstlinge Gott und
5 dem Lamme. Und in ihrem Munde wurde kein Falsch gefunden; [denn] sie sind tadellos.
6 Und ich sah einen anderen Engel inmitten des Himmels fliegen, der das ewige e Evangelium hatte, um es denen zu verkündigen f, die auf der Erde ansässig sind, und jeder Nation und
7 Stamm und Sprache und Volk, indem er mit lauter Stimme sprach: Fürchtet Gott und gebet ihm Ehre, denn die Stunde seines Gerichts ist gekommen; und betet den an, der den Himmel und die Erde gemacht hat und das Meer und die Wasserquellen.
8 Und ein anderer, zweiter Engel folgte und sprach: Gefallen, gefallen ist Babylon, die große, die mit dem Weine der Wut ihrer Hurerei alle Nationen getränkt hat.
9 Und ein anderer, dritter Engel folgte ihnen und sprach mit lauter Stimme: Wenn jemand das Tier und sein Bild anbetet und ein Malzeichen annimmt
10 an seine Stirn oder an seine Hand, so wird auch er trinken von dem Weine des Grimmes Gottes, der unvermischt in dem Kelche seines Zornes bereitet ist; und er wird mit Feuer und Schwefel gequält werden vor den heiligen Engeln und vor dem Lamme. Und der
11 Rauch ihrer Qual steigt auf von Ewig-

keit zu Ewigkeit; und sie haben keine Ruhe Tag und Nacht, die das Tier und sein Bild anbeten, und wenn jemand das Malzeichen seines Namens annimmt. Hier ist das Ausharren der 12 Heiligen, welche die Gebote Gottes halten g und den Glauben Jesu.

Und ich hörte eine Stimme aus dem 13 Himmel sagen: Schreibe: Glückselig die Toten, die im Herrn sterben, von nun an! Ja, spricht der Geist, auf daß sie ruhen von ihren Arbeiten h, denn ihre Werke folgen ihnen nach i.

Und ich sah: und siehe, eine weiße 14 Wolke, und auf der Wolke saß einer gleich dem Sohne des Menschen j, welcher auf seinem Haupte eine goldene Krone und in seiner Hand eine scharfe Sichel hatte. Und ein anderer Engel 15 kam aus dem Tempel hervor und rief dem, der auf der Wolke saß, mit lauter Stimme zu: Schicke deine Sichel und ernte; denn die Stunde des Erntens ist gekommen, denn die Ernte der Erde ist überreif k geworden. Und der auf 16 der Wolke saß legte seine Sichel an l die Erde, und die Erde wurde geerntet.

Und ein anderer Engel kam aus dem 17 Tempel hervor, der in dem Himmel ist, und auch er hatte eine scharfe Sichel. Und ein anderer Engel, der Ge- 18 walt über das Feuer hatte, kam aus dem Altar hervor, und er rief dem, der die scharfe Sichel hatte, mit lautem Schrei zu und sprach: Schicke deine scharfe Sichel und lies die Trauben des Weinstocks der Erde, denn seine m Beeren sind reif geworden. Und 19 der Engel legte seine Sichel an die Erde und las die Trauben n des Weinstocks n der Erde und warf sie in die große Kelter des Grimmes Gottes. Und 20 die Kelter wurde außerhalb der Stadt getreten, und Blut ging aus der Kelter hervor bis an die Gebisse der Pferde, tausend sechshundert Stadien weit.

Und ich sah ein anderes Zeichen **15** in dem Himmel, groß und wunderbar: Sieben Engel, welche sieben Plagen hatten, die letzten; denn in ihnen ist der Grimm Gottes vollendet.

Und ich sah wie ein gläsernes Meer, 2 mit Feuer gemischt, und die Ueberwinder über das Tier und über sein Bild und über die Zahl seines Namens an dem gläsernen Meere stehen, und sie hatten Harfen Gottes. Und sie sin- 3 gen das Lied Moses', des Knechtes Gottes, und das Lied des Lammes und sagen: Groß und wunderbar sind deine Werke, Herr, Gott, Allmächtiger! gerecht und wahrhaftig deine Wege, o König der Nationen! Wer sollte nicht 4 [dich], Herr, fürchten und deinen Namen verherrlichen? denn du allein bist heilig o; denn alle Nationen werden kommen und vor dir anbeten, denn deine gerechten Taten p sind offenbar geworden.

---

a d. h. die Geringen. — b O. Sklaven. — c W. daß man ihnen . . . gebe. — d Eig. hatten. — e O. ein ewiges. — f Eig. zu evangelisieren. — g O. bewahren. — h O. Mühen. — i Eig. mit ihnen. — j O. gleich einem Menschensohne. — k Eig. dürre. — l And. üb.: warf seine Sichel auf; so auch V. 19. — m O. ihre. — n W. las den Weinstock. — o O. fromm. — p Eig. deine Gerechtigkeiten.

5 Und nach diesem sah ich: und der
Tempel der Hütte*a* des Zeugnisses in
6 dem Himmel wurde geöffnet. Und die
sieben Engel, welche die sieben Plagen hatten, kamen aus dem Tempel
hervor, angetan mit reinem, glänzen-
den Linnen, und um die Brust ge-
7 gürtet mit goldenen Gürteln. Und eines der vier lebendigen Wesen gab
den sieben Engeln sieben goldene Schalen, voll des Grimmes Gottes, der da
8 lebt von Ewigkeit zu Ewigkeit. Und
der Tempel wurde mit Rauch gefüllt
von der Herrlichkeit Gottes und von
seiner Macht; und niemand konnte in
den Tempel eintreten, bis die sieben
Plagen der sieben Engel vollendet
waren.

16 Und ich hörte eine laute Stimme
aus dem Tempel zu den sieben Engeln sagen: Gehet hin und gießet die
sieben Schalen des Grimmes Gottes
aus auf die Erde.
2 Und der erste ging hin und goß seine Schale aus auf die Erde; und es
kam ein böses und schlimmes Geschwür
an die Menschen, welche das Malzeichen des Tieres hatten und die sein
Bild anbeteten.
3 Und der zweite goß seine Schale
aus auf*b* das Meer; und es wurde *zu*
Blut, wie von einem Toten, und jede
lebendige Seele starb, alles was in
dem Meere war.
4 Und der dritte goß seine Schale aus
auf*b* die Ströme und [auf] die Wasser-
5 quellen, und sie wurden *c zu* Blut. Und
ich hörte den Engel der Wasser sagen: Du bist gerecht, der da ist und
der da war, der Heilige*d*, daß du also
6 gerichtet *e* hast. Denn Blut von Heiligen und Propheten haben sie vergossen, und Blut hast du ihnen zu trin-
7 ken gegeben; sie sind es wert. Und
ich hörte den Altar sagen: Ja, Herr,
Gott, Allmächtiger, wahrhaftig und gerecht sind deine Gerichte.
8 Und der vierte goß seine Schale aus
auf die Sonne; und es wurde ihr gegeben, die Menschen mit Feuer zu ver-
9 sengen. Und die Menschen wurden
von großer Hitze versengt und lästerten den Namen Gottes, der über diese Plagen Gewalt hat, und taten nicht
Buße, ihm Ehre zu geben.
10 Und der fünfte goß seine Schale aus
auf den Thron des Tieres; und sein
Reich wurde verfinstert; und sie ver-
11 bissen ihre Zungen vor Pein und lästerten den Gott des Himmels wegen
ihrer Pein und wegen ihrer Geschwüre, und taten nicht Buße von ihren
Werken.
12 Und der sechste goß seine Schale
aus auf den großen Strom Euphrat;
und sein Wasser vertrocknete, auf
daß der Weg der Könige bereitet würde, die von Sonnenaufgang herkom-
13 men. Und ich sah aus dem Munde des
Drachen und aus dem Munde des Tieres und aus dem Munde des falschen

Propheten drei unreine Geister kommen, wie Frösche; denn es sind Gei- 14
ster von Dämonen, die Zeichen tun,
welche zu den Königen des ganzen
Erdkreises *f* ausgehen, sie zu versammeln zu dem Kriege [jenes] großen
Tages Gottes, des Allmächtigen. (Sie- 15
he, ich komme wie ein Dieb. Glückselig, der da wacht und seine Kleider
bewahrt, auf daß er nicht nackt wandle und man seine Schande sehe!) Und 16
er versammelte sie an den Ort, der
auf hebräisch Armagedon*g* heißt.
Und der siebente goß seine Schale 17
aus in *h* die Luft; und es ging eine laute
Stimme aus von dem Tempel [des Him-
mels], von dem Throne, welche sprach:
Es ist geschehen. Und es geschahen Blit- 18
ze und Stimmen und Donner; und ein
großes Erdbeben geschah, desgleichen
nicht geschehen ist, seitdem die Menschen auf der Erde waren, solch ein
Erdbeben, so groß. Und die große 19
Stadt wurde in drei Teile *geteilt*, und
die Städte der Nationen fielen, und
die große Babylon kam ins Gedächtnis vor Gott, ihr den Kelch des Weines des Grimmes seines Zornes zu
geben. Und jede Insel entfloh, und 20
Berge wurden nicht gefunden. Und 21
große Hagelsteine, wie ein Talent
schwer, fallen *i* aus dem Himmel auf
die Menschen hernieder; und die Menschen lästerten Gott wegen der Plage des Hagels, denn seine Plage ist
sehr groß.
Und es kam einer von den sieben **17**
Engeln, welche die sieben Schalen
hatten, und redete mit mir und sprach:
Komm her, ich will dir das Urteil *j*
über die große Hure zeigen, die auf
[den] vielen Wassern sitzt, mit wel- 2
cher die Könige der Erde Hurerei getrieben haben; und die auf der Erde
wohnen sind trunken geworden von
dem Weine ihrer Hurerei. Und er führ- 3
te mich im Geiste hinweg in eine Wüste; und ich sah ein Weib auf einem
scharlachroten Tiere sitzen, voll Namen der Lästerung, das sieben Köpfe und zehn Hörner hatte. Und das 4
Weib war bekleidet mit Purpur und
Scharlach und übergoldet mit Gold
und Edelgestein und Perlen, und sie
hatte einen goldenen Becher in ihrer
Hand, voll Greuel und Unreinigkeit
ihrer Hurerei; und an ihrer Stirn ei- 5
nen Namen geschrieben: Geheimnis,
Babylon, die große, die Mutter der
Huren und der Greuel der Erde. Und 6
ich sah das Weib trunken von dem
Blute der Heiligen und von dem Blute
der Zeugen Jesu. Und ich verwunderte mich, als ich sie sah, mit großer
Verwunderung.
Und der Engel sprach zu mir: War- 7
um verwundertest du dich? Ich will
dir das Geheimnis des Weibes sagen
und des Tieres, das sie trägt, welches
die sieben Köpfe und die zehn Hörner
hat. Das Tier, welches du sahest, war 8

---

a O. des Zeltes. — *b* O. in. — *c* Eig. es wurde. — *d* O. Fromme. — *e* O. geurteilt.
— *f* O. der ganzen bewohnten *Erde*. — *g* O. Harmagedon. — *h* O. auf. — *i* W. und
ein großer Hagel . . . fällt. — *j* O. Gericht.

und ist nicht und wird aus dem Abgrund heraufsteigen a und ins Verderben gehen; und die auf der Erde wohnen, deren Namen nicht in dem Buche des Lebens geschrieben sind von Grundlegung der Welt an, werden sich verwundern, wenn sie das Tier sehen, daß es war und nicht ist 9 und da sein b wird. Hier ist der Verstand, der Weisheit hat: Die sieben Köpfe sind sieben Berge, auf welchen 10 das Weib sitzt. Und es sind c sieben Könige: fünf von ihnen d sind gefallen, der eine ist, der andere ist noch nicht gekommen; und wenn er kommt, muß er eine kleine Weile bleiben. 11 Und das Tier, welches war und nicht ist, er ist auch ein achter und ist von den sieben und geht ins Verderben. 12 Und die zehn Hörner, die du sahst, sind zehn Könige, welche noch kein Königreich empfangen haben, aber Gewalt wie Könige empfangen eine 13 Stunde mit dem Tiere. Diese haben einen Sinn und geben ihre Macht 14 und Gewalt dem Tiere. Diese werden mit dem Lamme Krieg führen, und das Lamm wird sie überwinden; denn er ist Herr der Herren und König der Könige, und die mit ihm sind Berufene und Auserwählte und Treue. 15 Und er spricht zu mir: Die Wasser, die du sahst, wo die Hure sitzt, sind Völker und Völkerscharen e und Nationen und Sprachen; und die zehn Hörner, die du sahst, und das Tier, diese 16 werden die Hure hassen und werden sie öde und nackt machen, und werden ihr Fleisch fressen und sie mit 17 Feuer verbrennen. Denn Gott hat in ihre Herzen gegeben, seinen Sinn zu tun und in einem Sinne zu handeln f und ihr Königreich dem Tiere zu geben, bis die Worte Gottes vollbracht sein 18 werden. Und das Weib, das du sahst, ist die große Stadt, welche das Königstum hat über die Könige der Erde.

18 Nach diesem sah ich einen anderen Engel aus dem Himmel herniederkommen, welcher große Gewalt hatte; und die Erde wurde von seiner 2 Herrlichkeit erleuchtet. Und er rief mit starker Stimme und sprach: Gefallen, gefallen ist Babylon, die große, und ist eine Behausung von Dämonen geworden und ein Gewahrsam g jedes unreinen Geistes und ein Gewahrsam g jedes unreinen und gehaßten Vogels. 3 Denn von dem Weine der Wut ihrer Hurerei haben alle Nationen getrunken, und die Könige der Erde haben Hurerei mit ihr getrieben, und die Kaufleute der Erde sind durch die Macht ihrer Üppigkeit reich geworden. 4 Und ich hörte eine andere Stimme aus dem Himmel sagen: Gehet aus ihr hinaus, mein Volk, auf daß ihr nicht ihrer Sünden mitteilhaftig werdet, und auf daß ihr nicht empfanget von ihren Plagen; denn ihre Sünden 5 sind aufgehäuft bis zum Himmel, und Gott hat ihrer Ungerechtigkeiten gedacht. Vergeltet ihr, wie auch sie vergolten hat, und verdoppelt [ihr] doppelt nach ihren Werken; in dem Kelche, welchen sie gemischt hat, mischet ihr doppelt. Wie viel sich verherrlicht und Üppigkeit getrieben hat, so viel Qual und Trauer gebet ihr. Denn sie spricht in ihrem Herzen: Ich sitze als Königin, und Witwe bin ich nicht, und Traurigkeit werde ich nicht sehen. Darum werden ihre Plagen an 8 einem Tage kommen: Tod und Traurigkeit und Hungersnot, und mit Feuer wird sie verbrannt werden; denn stark ist der Herr, Gott h, der sie gerichtet hat. Und es werden über sie 9 weinen und wehklagen die Könige der Erde, welche Hurerei und Üppigkeit mit ihr getrieben haben, wenn sie den Rauch ihres Brandes sehen; und sie 10 werden von ferne stehen aus Furcht vor ihrer Qual und sagen: Wehe, wehe! die große Stadt, Babylon, die starke Stadt! denn in einer Stunde ist dein Gericht gekommen. Und die Kaufleu- 11 te der Erde weinen und trauern über sie, weil niemand mehr ihre Ware kauft: Ware i von Gold und Silber 12 und Edelgestein und Perlen und feine Leinwand j und Purpur und Seide und Scharlach k, und alles Thynenholz l und jedes Gerät von Elfenbein und jedes Gerät von kostbarstem Holz und von Erz und Eisen und Marmor, und 13 Zimmet und Amomum m und Räucherwerk und Salbe und Weihrauch und Wein und Oel und Feinmehl und Weizen und Vieh und Schafe, und von Pferden und von Wagen und von Leibeigenen n, und Menschenseelen. Und das 14 Obst der Lust deiner Seele ist von dir gewichen, und alles Glänzende o und Prächtige ist dir verloren p, und du wirst es nie mehr finden. Die Kauf- 15 leute dieser Dinge, die an ihr reich geworden sind, werden aus Furcht vor ihrer Qual von ferne stehen, weinend und trauernd und werden sa- 16 gen: Wehe, wehe! die große Stadt, die bekleidet war mit feiner Leinwand und Purpur und Scharlach und übergoldet mit Gold und Edelgestein und Perlen! denn in einer Stunde ist der so große Reichtum verwüstet worden. Und jeder Steuermann und jeder, 17 der nach irgend einem Orte segelt, und Schiffsleute und so viele auf dem Meere beschäftigt sind, standen von ferne und riefen, als sie den Rauch 18 ihres Brandes sahen, und sprachen: Welche *Stadt* ist gleich der großen Stadt? Und sie warfen Staub auf ihre 19 Häupter und riefen weinend und trauernd und sprachen: Wehe, wehe! die

---

a O. steht im Begriff . . . heraufzusteigen. — b O. kommen. — c O. und sind. — d W. die fünf. — e O. Volksmassen. — f W. einen Sinn zu tun. — g O. Gefängnis. — h Siehe die Anm. zu Luk. 1, 32. — i Eig. Schiffsladung. — j O. Byssus; so auch V. 16; Kap. 19, 8. 14. — k O. Scharlachstoff; so auch V. 16. — l O. Thujaholz. — m eine indische Gewürzpflanze, aus welcher eine wohlriechende Salbe bereitet wurde. — n W. Leibern. — o Eig. Fette. — p O. vernichtet.

große Stadt, in welcher alle, die Schiffe auf dem Meere hatten, reich wurden von ihrer Kostbarkeit! denn in einer Stunde ist sie verwüstet worden.

20 Sei fröhlich über sie, *du* Himmel, und ihr Heiligen und ihr Apostel und ihr Propheten! denn Gott hat euer Urteil *a* an ihr vollzogen.

21 Und ein starker Engel hob einen Stein auf wie einen großen Mühlstein und warf ihn ins Meer und sprach: Also wird Babylon, die große Stadt, mit Gewalt niedergeworfen und nie 22 mehr gefunden werden. Und die Stimme der Harfensänger und Musiker und Flötenspieler und Trompeter wird nie mehr in dir gehört werden, und nie mehr wird ein Künstler irgend welcher Kunst in dir gefunden werden, und das Geräusch des Mühlsteins wird 23 nie mehr in dir gehört werden, und das Licht einer Lampe wird nie mehr in dir scheinen, und die Stimme des Bräutigams und der Braut wird nie mehr in dir gehört werden; denn deine Kaufleute waren die Großen der Erde; denn durch deine Zauberei sind 24 alle Nationen verführt worden. Und in ihr wurde das Blut von Propheten und Heiligen gefunden und von allen denen, die auf der Erde geschlachtet worden sind.

19 Nach diesem hörte ich wie eine laute Stimme einer großen Volksmenge in dem Himmel, welche sprach: Halleluja! das Heil und die Herrlichkeit und die Macht unseres Gottes! 2 denn wahrhaftig und gerecht sind seine Gerichte; denn er hat die große Hure gerichtet, welche die Erde mit ihrer Hurerei verderbte, und hat das Blut seiner Knechte gerächt an ihrer 3 Hand. Und zum anderen Male sprachen sie: Halleluja! Und ihr Rauch steigt auf von Ewigkeit zu Ewigkeit. 4 Und die vierundzwanzig Aeltesten und die vier lebendigen Wesen fielen nieder und beteten Gott an, der auf dem Throne sitzt, und sagten: Amen, Hal- 5 leluja! Und eine Stimme kam aus dem Throne hervor, welche sprach: Lobet unseren Gott, alle seine Knechte, [und] die ihr ihn fürchtet, die Kleinen *b* und die Großen! 6 Und ich hörte wie eine Stimme einer großen Volksmenge und wie ein Rauschen vieler Wasser und wie ein Rollen starker Donner, welche sprachen: Halleluja! denn *der* Herr, unser Gott, der Allmächtige, hat die Herrschaft 7 angetreten. Laßt uns fröhlich sein und frohlocken und ihm Ehre geben; denn die Hochzeit des Lammes ist gekommen, und sein Weib hat sich bereitet. 8 Und es ward ihr gegeben, daß sie sich kleide in feine Leinwand, glänzend [und] rein; denn die feine Leinwand sind die Gerechtigkeiten *c* der Heili- 9 gen. Und er spricht zu mir: Schreibe:

Glückselig, die geladen sind zum Hochzeitsmahle des Lammes! Und er spricht zu mir: Dies sind die wahrhaftigen Worte Gottes. Und ich fiel zu seinen 10 Füßen nieder, ihn anzubeten. Und er spricht zu mir: Siehe zu, *tue es* nicht. Ich bin dein Mitknecht *d* und der deiner Brüder, die das Zeugnis Jesu haben; bete Gott an. Denn der Geist der Weissagung ist das Zeugnis Jesu.

Und ich sah den Himmel geöffnet, 11 und siehe, ein weißes Pferd, und der darauf saß *e*, [genannt] Treu und Wahrhaftig, und er richtet und führt Krieg in Gerechtigkeit. Seine Augen aber 12 sind eine Feuerflamme, und auf seinem Haupte *sind* viele Diademe, und er trägt *f* einen Namen geschrieben, den niemand kennt, als nur er selbst; und er ist bekleidet mit einem in Blut 13 getauchten Gewande, und sein Name heißt: Das Wort Gottes. Und die Kriegs- 14 heere, die in dem Himmel sind, folgten ihm auf weißen Pferden, angetan mit weißer, reiner Leinwand *g*. Und 15 aus seinem Munde geht hervor ein scharfes [zweischneidiges] Schwert, auf daß er damit die Nationen schlage; und er wird sie weiden mit eiserner Rute, und er tritt die Kelter des Weines des Grimmes des Zornes Gottes, des Allmächtigen. Und er trägt *f* auf 16 seinem Gewande und auf seiner Hüfte einen Namen geschrieben: König der Könige und Herr der Herren.

Und ich sah einen Engel in der 17 Sonne stehen, und er rief mit lauter Stimme und sprach zu allen Vögeln, die inmitten des Himmels fliegen: Kommet her, versammelt euch zu dem großen Mahle Gottes! auf daß ihr Fleisch 18 von Königen fresset und Fleisch von Obersten und Fleisch von Starken und Fleisch von Pferden und von denen, die darauf sitzen, und Fleisch von allen, sowohl von Freien als Sklaven, sowohl von Kleinen *h* als Großen.

Und ich sah das Tier und die Köni- 19 ge der Erde und ihre Heere versammelt, Krieg zu führen mit dem, der auf dem Pferde saß *e*, und mit seinem Heere. Und es wurde ergriffen das 20 Tier und der falsche Prophet, der mit ihm war, der die Zeichen vor ihm tat, durch welche er die verführte, welche das Malzeichen des Tieres annahmen und die sein Bild anbeteten — lebendig wurden die zwei in den Feuersee geworfen, der mit Schwefel brennt. Und die übrigen wurden getötet mit 21 dem Schwerte dessen, der auf dem Pferde saß, welches *Schwert* aus seinem Munde hervorging; und alle Vögel wurden von ihrem Fleische gesättigt.

Und ich sah einen Engel aus dem **20** Himmel herniederkommen, welcher den Schlüssel des Abgrundes und eine große Kette in seiner Hand hatte. Und 2 er griff den Drachen, die alte Schlange, welche *der* Teufel und der Satan

---

a O. euer Gericht, od. eure Rechtssache; vergl. Jes. 34, 8. — *b* d. h. die Geringen. — *c* O. die gerechten Taten (od. Werke); vergl. Kap. 15, 4. — *d* O. Mitsklave. — *e* O. sitzt. — *f* W. er hat. — *g* Eig. weißer, reiner feiner Leinwand (Byssus). — *h* d. h. Geringen.

ist; und er band ihn tausend Jahre
3 und warf ihn in den Abgrund und schloß zu und versiegelte über ihm, auf daß er nicht mehr die Nationen verführe, bis die tausend Jahre vollendet wären. Nach diesem muß er eine kleine Zeit gelöst werden.

4 Und ich sah Throne, und sie saßen darauf, *a* und es wurde ihnen gegeben, Gericht *zu halten*; und die Seelen derer, welche um des Zeugnisses Jesu und um des Wortes Gottes willen enthauptet waren, und die, welche das Tier nicht angebetet hatten, noch sein Bild, und das Malzeichen nicht angenommen hatten an ihre Stirn und an ihre Hand, und sie lebten und herrschten mit dem Christus tausend Jahre.
5 Die übrigen der Toten wurden nicht lebendig *b*, bis die tausend Jahre vollendet waren. Dies ist die erste Auf-
6 erstehung. Glückselig und heilig, wer teilhat an der ersten Auferstehung! Ueber diese hat der zweite Tod keine Gewalt, sondern sie werden Priester Gottes und des Christus sein und mit ihm herrschen tausend Jahre.

7 Und wenn die tausend Jahre vollendet sind, wird der Satan aus seinem
8 Gefängnis losgelassen werden, und wird ausgehen, die Nationen zu verführen, die an den vier Ecken der Erde sind, den Gog und den Magog, sie zum Kriege zu versammeln, deren Zahl *c* wie der Sand des Meeres ist.
9 Und sie zogen herauf auf die Breite der Erde und umzingelten das Heerlager der Heiligen und die geliebte Stadt; und Feuer kam [von Gott] hernieder aus dem Himmel und verschlang
10 sie. Und der Teufel, der sie verführte, wurde in den Feuer- und Schwefelsee geworfen, wo sowohl das Tier ist als auch der falsche Prophet; und sie werden Tag und Nacht gepeinigt werden von Ewigkeit zu Ewigkeit.

11 Und ich sah einen großen weißen Thron und den, der darauf saß *d*, vor dessen Angesicht die Erde entfloh und der Himmel, und keine Stätte wurde
12 für sie gefunden. Und ich sah die Toten, die Großen und die Kleinen *e*, vor dem Throne stehen, und Bücher wurden aufgetan; und ein anderes Buch ward aufgetan, welches *das* des Lebens ist. Und die Toten wurden gerichtet nach dem, was in den Büchern geschrieben war, nach ihren Werken.
13 Und das Meer gab die Toten, die in ihm waren, und der Tod und der Hades gaben die Toten, die in ihnen waren, und sie wurden gerichtet, ein jeder nach seinen *f* Werken. Und der
14 Tod und der Hades wurden in den Feuersee geworfen. Dies ist der zweite
15 Tod, der Feuersee. *g* Und wenn jemand nicht geschrieben gefunden wurde in dem Buche des Lebens, so wurde er in den Feuersee geworfen.

Und ich sah einen neuen Himmel **21** und eine neue Erde; denn der erste Himmel und die erste Erde waren vergangen, und das Meer ist nicht mehr.
2 Und ich sah die heilige Stadt, das neue Jerusalem, aus dem Himmel herniederkommen von Gott, bereitet wie eine für ihren Mann geschmückte
3 Braut. Und ich hörte eine laute Stimme aus dem Himmel sagen: Siehe, die Hütte *h* Gottes bei den Menschen! Und er wird bei ihnen wohnen *i*, und sie werden sein Volk sein, und Gott selbst
4 wird bei ihnen sein, ihr Gott. Und er wird jede Träne von ihren Augen abwischen, und der Tod wird nicht mehr sein, noch Trauer, noch Geschrei, noch Schmerz wird mehr sein; denn das
5 Erste ist vergangen. Und der auf dem Throne saß sprach: Siehe, ich mache alles neu. Und er spricht [zu mir]: Schreibe, denn diese Worte sind ge-
6 wiß *j* und wahrhaftig. Und er sprach zu mir: Es ist geschehen. Ich bin das Alpha und das Omega *k*, der Anfang und das Ende. Ich will dem Dürstenden aus der Quelle des Wassers des Lebens geben umsonst. Wer überwin-
7 det, wird dieses ererben, und ich werde ihm Gott sein, und er wird mir
8 Sohn sein. Den Feigen aber und Ungläubigen *l* und mit Greueln Befleckten und Mördern und Hurern und Zauberern und Götzendienern und allen Lügnern — ihr Teil ist in dem See, der mit Feuer und Schwefel brennt, welches der zweite Tod ist.

9 Und es kam einer von den sieben Engeln, welche die sieben Schalen hatten, voll der sieben letzten Plagen, und redete mit mir und sprach: Komm her, ich will dir die Braut, das Weib
10 des Lammes *m*, zeigen. Und er führte mich im Geiste hinweg auf einen großen und hohen Berg und zeigte mir die heilige Stadt, Jerusalem, herniederkommend aus dem Himmel von
11 Gott; und sie hatte die Herrlichkeit Gottes. Ihr Lichtglanz *n* war gleich einem sehr kostbaren Edelstein, wie
12 ein kristallheller Jaspisstein; und sie hatte eine große und hohe Mauer und hatte zwölf Tore, und an den Toren zwölf Engel, und Namen darauf geschrieben, welche die der zwölf Stämme der Söhne Israels sind. Nach *o* Osten
13 drei Tore, und nach Norden drei Tore, und nach Süden drei Tore, und nach
14 Westen drei Tore. Und die Mauer der Stadt hatte zwölf Grundlagen, und auf denselben zwölf Namen der zwölf Apostel des Lammes.
15 Und der mit mir redete hatte ein Maß, ein goldenes Rohr, auf daß er die Stadt messe und ihre Tore und
16 ihre Mauern. Und die Stadt liegt viereckig, und ihre Länge ist so groß wie die Breite. Und er maß die Stadt mit dem Rohre — zwölftausend Stadien;

---

a In Dan. 7 sieht man niemand auf den Thronen sitzen. — *b* Eig. lebten nicht. — *c* Eig. deren Zahl von ihnen (ein Hebraismus). — *d* O. sitzt. — *e* d. h. die Geringen. — *f* Eig. ihren. — *g* O. Dieser zweite Tod ist der Feuersee. — *h* O. das Zelt. — *i* Eig. zelten. — *j* O. zuverlässig, treu. — *k* S. die Anm. zu Kap. 1, 8. — *l* O. Untreuen. — *m* O. die Braut des Lammes, das Weib. — *n* O. ihre Leuchte. — *o* Eig. von; so auch weiterhin in diesem Verse.

die Länge und die Breite und die Hö-
17 he derselben sind gleich. Und er maß
ihre Mauer, hundertvierundvierzig Ellen, eines Menschen Maß, das ist des
18 Engels a. Und der Bau ihrer Mauer
war Jaspis, und die Stadt reines Gold,
19 gleich reinem Glase. Die Grundlagen
der Mauer der Stadt waren geschmückt
mit jedem Edelstein: die erste Grundlage, Jaspis; die zweite, Saphir; die
dritte, Chalcedon; die vierte, Smaragd;
20 die fünfte, Sardonix; die sechste, Sardis; die siebente, Chrysolith; die achte,
Beryll; die neunte, Topas; die zehnte,
Chrysopras; die elfte, Hyazinth; die
21 zwölfte, Amethyst. Und die zwölf Tore
waren zwölf Perlen, je eines b der Tore
war aus einer Perle, und die Straße
der Stadt reines Gold, wie durchsich-
22 tiges Glas. Und ich sah keinen Tempel in ihr, denn der Herr, Gott, der
Allmächtige, ist ihr Tempel, und das
23 Lamm. Und die Stadt bedarf nicht der
Sonne, noch des Mondes, auf daß sie ihr
scheinen; denn die Herrlichkeit Gottes hat sie erleuchtet, und ihre Lampe
24 ist das Lamm. Und die Nationen werden durch ihr Licht c wandeln, und die
Könige der Erde bringen ihre Herr-
25 lichkeit zu ihr. Und ihre Tore sollen
bei Tage nicht geschlossen werden,
denn Nacht wird daselbst nicht sein.
26 Und man wird die Herrlichkeit und
die Ehre der Nationen zu ihr bringen.
27 Und nicht wird in sie eingehen irgend etwas Gemeines und was Greuel
und Lüge tut, sondern nur die geschrieben sind in dem Buche des Lebens des Lammes.

22 Und er zeigte mir einen Strom von
Wasser des Lebens d, glänzend wie
Kristall, der hervorging aus dem Thro-
2 ne Gottes und des Lammes. In der
Mitte ihrer Straße und des Stromes,
diesseits und jenseits, war der Baum
des Lebens, der zwölf Früchte trägt
und jeden Monat seine Frucht gibt;
und die Blätter des Baumes sind zur
3 Heilung der Nationen. Und keinerlei
Fluch wird mehr sein; und der Thron
Gottes und des Lammes wird in ihr
sein; und seine Knechte werden ihm
4 dienen, und sie werden sein Angesicht sehen; und sein Name wird an
5 ihren Stirnen sein. Und Nacht wird
nicht mehr sein und kein Bedürfnis
nach einer Lampe und dem Lichte der
Sonne; denn der Herr, Gott f, wird
über ihnen leuchten, und sie werden
herrschen von Ewigkeit zu Ewigkeit.
6 Und er sprach zu mir: Diese Worte
sind gewiß g und wahrhaftig, und [der]

Herr, der Gott der Geister der Propheten, hat seinen Engel gesandt, seinen Knechten zu zeigen was bald h
geschehen muß. Und siehe, ich komme 7
bald i. Glückselig, der da bewahrt die
Worte der Weissagung dieses Buches!
Und ich, Johannes, bin der, welcher 8
diese Dinge hörte und sah; und als ich
hörte und sah, fiel ich nieder, um anzubeten vor den Füßen des Engels, der
mir diese Dinge zeigte. Und er spricht 9
zu mir: Siehe zu, tue es nicht. Ich bin
dein Mitknecht j und der deiner Brüder, der Propheten, und derer, welche
die Worte dieses Buches bewahren.
Bete Gott an. Und er spricht zu mir: 10
Versiegle nicht die Worte der Weissagung dieses Buches; die Zeit ist nahe.
Wer unrecht tut, tue noch unrecht, 11
und wer unrein ist, verunreinige sich
noch, und wer gerecht ist, übe noch
Gerechtigkeit, und wer heilig ist, sei
noch geheiligt k. Siehe, ich komme 12
bald i, und mein Lohn mit mir, um
einem jeden zu vergelten, wie sein
Werk sein wird. Ich bin das Alpha 13
und das Omega l, der Erste und der
Letzte, der Anfang und das Ende.
Glückselig, die ihre Kleider waschen, 14
auf daß sie ein Recht haben an dem
Baume des Lebens und durch die Tore
in die Stadt eingehen! Draußen sind 15
die Hunde und die Zauberer und die
Hurer und die Mörder und die Götzendiener und jeder, der die Lüge liebt
und tut.
Ich, Jesus, habe meinen Engel ge- 16
sandt, euch diese Dinge zu bezeugen
in den Versammlungen. Ich bin die
Wurzel und das Geschlecht Davids,
der glänzende Morgenstern m. Und der 17
Geist und die Braut sagen: Komm!
Und wer es hört, spreche: Komm!
Und wen da dürstet, der komme; wer
da will, nehme das Wasser des Lebens
umsonst.
Ich bezeuge jedem, der die Worte 18
der Weissagung dieses Buches hört:
Wenn jemand zu diesen Dingen hin-
zufügt, so wird Gott ihm die Plagen
hinzufügen, die in diesem Buche geschrieben sind; und wenn jemand von 19
den Worten des Buches dieser Weis-
sagung wegnimmt, so wird Gott sein
Teil wegnehmen von dem Baume des
Lebens und aus der heiligen Stadt, wovon n in diesem Buche geschrieben ist.
Der diese Dinge bezeugt, spricht: 20
Ja, ich komme bald i. — Amen; komm,
Herr Jesu!
Die Gnade des Herrn Jesus Christus 21
sei mit allen Heiligen!

---

a O. Menschen-, d. i. Engel-Maß. — b W. je ein jedes einzelne. — c d. h. vermöge,
vermittelst ihres Lichtes. — d O. viell. von lebendigem Wasser; eig. von Lebens-
wasser. — e O. Gottesdienst erweisen. — f S. die Anm. zu Luk. 1, 32. — g O. zuverlässig, treu. — h O. in Kürze. — i Eig. schnell, eilends. — j O. Mitsklave. — k O.
heilige noch. — l S. die Anm. zu Kap. 1, 8. — m Eig. der glänzende, der Morgenstern. — n W. die . . . geschrieben sind. O. von den Dingen, die.

Ende des Neuen Testamentes